DIREITO ADMINISTRATIVO

JOSÉ MARIA PINHEIRO MADEIRA

Pós-Doutor em Direito Público pela Cambridge International University. Pós-doutorado em Administração Pública pela Emil Brunner World University. Doutor em Filosofia da Administração Pública e Mestre em Direito do Estado. Doutor em Ciências Jurídicas e Sociais. Professor Palestrante da Escola de Magistratura do Rio de Janeiro. Professor Coordenador de Direito Administrativo da Universidade Estácio de Sá. Coordenador Geral da Área de Graduação do Grupo Lusófona (Portugal/Brasil – RJ). Presidente da Academia Nacional de Juristas – ANAJ. Membro titular de inúmeras bancas examinadoras de Concursos Públicos, a nível Federal e Estadual. Obras referendadas pelo ex-ministro do STF, Márcio Thomaz Bastos, pelo Ministro do STJ, Benedito Gonçalves, pelo Ministro Antonio Saldanha, do STJ. Posicionamentos de sua autoria citados pelo STF, pelo STJ, pelo Conselho Nacional de Justiça, pela Procuradoria Geral da União, por quase todos os tribunais do nosso país. Autor das seguintes obras: Servidor Público na Atualidade (9ª edição); Comentários à Lei de Licitações e Contratos Administrativos Interpretados pelos Tribunais (2ª edição); A questão jurídico-social da Propriedade e de sua perda pela desapropriação; Concurso Público (2ª edição); Casos Concretos de Direito Administrativo; Estatuto da Cidade – Lei nº 10.257/10; Comentários à Lei de Responsabilidade Fiscal; Desapropriação, Institutos afins; Exame de Ordem – Segunda Fase – Direito Administrativo (6ª edição). Colaborador de publicações de várias revistas jurídicas, dentre elas: Revista Pró Ciência, Revista Ibero-Americana de Direito Público, Revista Forense, Revista da EMERJ, ADV Advocacia Dinâmica e Revista de Informação Legislativa, Governet, Editora Fórum, Lex Magister e Migalhas.

DIREITO ADMINISTRATIVO

13ª Edição

Freitas Bastos Editora

Editor: *Isaac D. Abulafia*
Diagramação e Capa: *Julianne P. Costa*

**DADOS INTERNACIONAIS DE CATALOGAÇÃO NA PUBLICAÇÃO (CIP)
DE ACORDO COM ISBD**

M181d   Madeira, José Maria Pinheiro

          Direito Administrativo / José Maria Pinheiro Madeira. -13 ed. -
Rio de Janeiro : Freitas Bastos, 2022.
          1050 p. ; 21cm x 28cm.

          ISBN: 978-65-5675-105-4

          1. Direito. 2. Direito administrativo. I. Título.

2022-1104   CDD 341.3
                                                                      CDU 342.9

Elaborado por Odilio Hilário Moreira Junior - CRB-8/9949

Índices para catálogo sistemático:
1. Direito administrativo 341.3
2. Direito administrativo 342.9

Freitas Bastos Editora

atendimento@freitasbastos.com
www. freitasbastos.com

DEDICATÓRIA

À minha esposa, Maria Aparecida do Carmo Madeira, que me faz crer que o amor não é mero devaneio dos poetas.

Ao meu pai, *in memoriam*, Amadeu de Castro Madeira, moldura de caráter.

In memoriam, Desembargador Murilo Andrade de Carvalho, cuja vida de desprendimento e amor ao próximo o torna digno de admiração e reconhecimento.

Não posso esquecer da incansável amiga, Flávia de Sena Campos, revisora, que, com suas enriquecedoras mensagens, nos dá a fé e a esperança em melhores dias.

Ao Professor José dos Santos Carvalho Filho, valoroso expoente da Ciência Jurídica contemporânea.

Aos Desembargadores do TJ do Rio de Janeiro, André Gustavo Corrêa de Andrade, Carlos Santos de Oliveira, Sérgio Cavalieri Filho, Werson Franco Pereira Rêgo, exemplos de vida, de persistência, de tenacidade, de generosidade, de contemporização e, sobretudo, de amor, porque somente a conjugação desses sentimentos, aliada à compreensão, à polidez, é capaz de conduzir ao êxito, onde somente predomine a alegria do cumprimento de uma missão.

Ao Professor Luiz Oliveira C. Jungstedt, pela colaboração imprescindível na cessão dos gráficos – resumo.

Aos Procuradores, Bruno Veloso, do Estado do Rio de Janeiro e Rafael Carvalho Rezende Oliveira, Procurador do Município do Rio de Janeiro, grandes amigos, exemplo de pensador, exemplo de jurista, exemplo de paixão e devoção pela ciência do Direito.

Aos Ministros do STJ, Antonio Saldanha Palheiro e Benedito Gonçalves, pelos relevantes serviços prestados à comunidade jurídica.

Ao Ministro do Tribunal de Contas da União (TCU), Antônio Anastasia, de quem recebi sólidos ensinamentos, principalmente no campo do Direito Administrativo.

E, por fim, Cora Coralina, em certa ocasião, afirmou: "Não sei se a vida é curta ou longa para nós, mas sei que nada do que vivemos tem sentido se não tocarmos o coração das pessoas."

NOTA À 13ª EDIÇÃO

A grande procura que este livro tem despertado da comunidade jurídica, a sucessivas edições, em sua décima terceira edição, ratifica a grande responsabilidade e a honestidade intelectual.

Todos os capítulos foram revisados, em função das incomensuráveis normas administrativas recentes e Emendas à Constituição Federal, bem como do advento da nova Lei de Licitações Públicas.

Abordamos os principais temas relevantes que envolvem a disciplina de Direito Administrativo, com abordagem de forma completa, clara, límpida, atraente, moderna, dinâmica, prática, objetiva, de fácil compreensão, sem rodeios doutrinários e sem perda da profundidade do conteúdo, partindo de nossas aulas na Escola da Magistratura do Rio de Janeiro – EMERJ.

A tarefa de atualização foi integralmente cumprida, mas sem prejuízo à estrutura original, conservando, no entanto, o espírito, a estrutura e a visão dos institutos que caracterizam a obra, desde a sua elaboração.

Trata-se de obra de grande atualidade. É destinada ao esclarecimento e à orientação dos que anseiam por ensinamentos, sobretudo, práticos. Portanto, uma obra que visa capacitar o teórico a sobrevivência da prática. Logo, procuramos desenvolver um estudo que não se limitasse apenas a reproduzir dados ou à mera preocupação teórica, sem visão de qualquer alcance prático, despido de discussões teóricas desnecessárias.

O presente livro não perde tempo com dissertações inúteis, destinadas a exibir erudição ou a engordar o seu volume. Cada tópico recebe o tratamento justo, com a extensão necessária. É simples manual, mero instrumento de utilização imediata na busca de solução para os casos de maior frequência.

Procuramos contribuir com um estudo doutrinário, prático e didático, dotado de coerência e funcionalidade que deu conteúdo a esse nosso estudo.

E ao percebermos divergências nos assuntos da matéria, indicamos qual deveria ser a linha de raciocínio a ser adotada, em consonância com as mais recentes decisões dos nossos tribunais, principalmente do STJ e do STF, funcionando, assim, como autêntica ferramenta, grande "arma" de estudo a todos aqueles que almejam aprimoramento na advocacia e nos concursos públicos.

Tivemos o máximo cuidado em usar uma linguagem simples de modo a permitir uma assimilação rápida do seu sentido, adotando uma sistemática de desenvolvimento gradual, sem fracionamento do raciocínio, onde os assuntos se sucedem ao sabor de uma sequência e num tom expositivo que levam o leitor a enfronhar-se gradativamente nos meandros de um novo universo sem fadigas. E nesse particular, acreditamos residir a sua maior utilidade.

Como magistralmente frisa o Ex-Presidente do Tribunal de Justiça do Rio de Janeiro, Des. Sérgio Cavalieri Filho, podemos dizer, igualmente, que o Direito – para nós – é instrumento de trabalho, e não, tertúlia acadêmica. É, simultaneamente, teoria, prática, realidade e vivência. A prática é alma do Direito, porque, segunda a máxima, "O Direito nasce do Fato". A nossa abordagem segue essa linha de exposição. Concentra-se em questões doutrinárias e evolui para os problemas de ordem prática.

Pretendemos suprir essa lacuna, funcionando como autêntica ferramenta, grande "arma" de estudo a todos aqueles que almejam aprimoramento na advocacia.

Neste trabalho se conjugam os termos do binômio da articulação da teoria x casos concretos, os quais são estribados em casos que acontecem no dia a dia, sem perder de vista, por um único instante, o sentido, a utilidade, a razão de ser dos estudos teóricos.

Graças a isto, a leitura destas práticas é palpitante, cheia de vida, rica em advertências, descarnando as controvérsias entre tendências doutrinárias e noticiando a orientação jurisprudencial ilustrativa dos vários subtópicos focalizados.

Auguramos, assim, a obra, em sua 13ª Edição, tenha uma acolhida desejável, e que seus frutos se enriqueçam e se propaguem.

Resta-me, por fim, dizer-lhe um simples e igualmente comovido "muito obrigado".

Prof. Dr. José Maria Pinheiro MADEIRA

PREFÁCIO

Com grande satisfação recebi o convite do Professor José Maria Pinheiro Madeira, para prefaciar o seu brilhante trabalho, que recebe o título de Direito Administrativo.

O presente estudo, da lavra do ilustrado Mestre em Direito do Estado, Doutor em Ciências Jurídicas e Sociais, *Doutor Honoris Causa em Ciência Política e Administração Pública* pela Emil Brunner University e Pós-Graduado no Exterior. Pós-Doutorado pela Cambridge International University. Membro de diversas associações de cultura jurídica, no Brasil e no Exterior. Professor Emérito da Universidade da Filadélfia. Professor-palestrante da Escola da Magistratura do Rio de Janeiro – EMERJ. Professor Coordenador de Direito Administrativo da Universidade Estado de Sá. Professor da Fundação Getúlio Vargas. Professor integrante do Corpo Docente do Curso de Pós-Graduação em Direito Administrativo da Universidade Cândido Mendes, da Universidade Gama Filho e da Universidade Federal Fluminense. Membro Titular do Instituto Ibero-Americano de Direito Público. Membro Efetivo do Instituto Internacional de Direito Administrativo. Presidente da Academia Nacional de Juristas e Doutrinadores, demonstra toda a atualidade e evolução do Direito Público, que como todo ramo da ciência não é estático, evoluindo a cada dia. Tal não bastasse, em razão de sua elevada cultura jurídica, integrou o Autor bancas examinadoras de diversos concursos públicos, fazendo parte, na condição de Membro Titular, da Banca Examinadora do Concurso de Delegado do Rio Janeiro, membro Integrante da banca examinadora de Exame da Ordem dos Advogados do Brasil, membro da banca do DETRAN, do IBAMA e da Agência Nacional de Saúde, do INSS, da Procuradoria do Estado do Espírito Santos, da Secretaria de Segurança do Estado Mato Grosso, do Estado de Sergipe, da Polícia Rodoviária Federal, além de ser um dos mais renomados e requisitados pareceristas no âmbito do Direito Administrativo. Por tudo isso, como afirmei, linhas acima, absolutamente dispensável qualquer tipo complementar de apresentação.

A obra está totalmente atualizada, contendo as modificações introduzidas por todas as Emendas Constitucionais e Informativos do STF e do STJ. Foram feitas atualizações ante a incomensurável produção acadêmica e normativa mais recente.

O autor procurou desenvolver um estudo que não se limitasse apenas a reproduzir dados ou à mera preocupação teórica, sem visão de qualquer alcance prático. Então, todo o enfoque procura valorizar as posições consolidadas da doutrina e das mais atuais jurisprudências. Constitui estudo e pesquisa úteis a todos os cultores do Direito, tais como: juízes, advogados, administradores, estudantes, procuradores, promotores e estudiosos de questões jurídicas.

Por certo que neste campo do Direito existem grandes administrativistas, com obras ricas e profundas. Todavia, tanto o subscritor do presente trabalho quanto o conteúdo do mesmo se engajam nesta gloriosa jornada do "palco do saber", onde todos os tópicos são tratadas como devem ser, ou seja, em todas as suas vertentes, para que o leitor possa extrair as respostas certas e necessárias de suas dúvidas.

Não se descuidou o Professor Madeira de abordar também os princípios expressos e implícitos da Administração Pública, facilitando sobremaneira o estudante na busca de um perfeito aprendizado.

Os fatos, atos administrativos, licitações e contratos também são tratados com precisão cirúrgica, onde o autor demonstra todo o enredo legal que deve nortear o administrador público, quando, em nome da Administração, pratica atos para movimentar a máquina estatal.

Com certeza, a impressão de todos quantos se dediquem à área do Direito Público, ou do Direito em geral, será a mesma que tive ao terminar a leitura da obra – a de não só pela importância dos temas nela examinados, como pela visão crítica e moderna do autor –, não pode a obra do Prof. Madeira deixar de ser fonte de consulta quando tivermos que enfrentar o desafio das intrincadas questões que ladeiam o Direito Administrativo.

O Professor Madeira, ilustre administrativista, com o presente livro, consolida o seu nome, definitivamente, no cenário jurídico, pois apresenta ótima fonte de consulta, com respostas rápidas e eficazes.

Rogério Vieira de Carvalho
Desembargador Federal do TRF – 2ª Região

SUMÁRIO

CAPÍTULO I
FONTES E INTERPRETAÇÃO DO DIREITO ADMINISTRATIVO

CAPÍTULO II
PRINCÍPIOS CONSTITUCIONAIS DA ADMINISTRAÇÃO PÚBLICA NO SISTEMA JURÍDICO BRASILEIRO

CAPÍTULO III
PODERES ADMINISTRATIVOS

CAPÍTULO IV
ATO ADMINISTRATIVO

CAPÍTULO V
LICITAÇÕES E CONTRATOS ADMINISTRATIVOS DE ACORDO COM A NOVA LEI DE LICITAÇÕES – LEI 14.133/21

CAPÍTULO VI
ADMINISTRAÇÃO PÚBLICA
ADMINISTRAÇÃO PÚBLICA DIRETA E INDIRETA

CAPÍTULO VII
SERVIÇOS PÚBLICOS

CAPÍTULO VIII
CONCESSÃO E PERMISSÃO DE SERVIÇOS PÚBLICOS

CAPÍTULO IX
CONCESSÃO ESPECIAL DE SERVIÇOS PÚBLICOS
PARCERIAS PÚBLICO-PRIVADAS, LEI 11.079/04 (PPPs)

CAPÍTULO X
AGENTES PÚBLICOS

CAPÍTULO XI
RESPONSABILIDADE CIVIL DO ESTADO

CAPÍTULO

I

FONTES E INTERPRETAÇÃO DO DIREITO ADMINISTRATIVO

1. EVOLUÇÃO HISTÓRICA

Inicialmente cumpre salientar que o Direito Administrativo brasileiro teve sua origem no Direito Administrativo francês, sendo, por isso, imprescindível analisarmos brevemente o surgimento desse ramo do direito público francês, para que, *a posteriori*, venhamos compreender a evolução do nosso Direito Administrativo.

O surgimento do Direito Administrativo, como ramo autônomo, deu-se em fins do século XVIII início do século XIX. Deve-se observar que isso não quer dizer que anteriormente não existissem normas para regular e disciplinar a função administrativa do Estado. Ocorre que essas normas se encontravam organizadas e sistematizadas com as demais normas dos outros ramos do direito, notadamente o direito privado. Dessa forma, quando se fala do aparecimento do Direito Administrativo), está-se falando do momento em que tal ramo do direito passou a ter seus próprios princípios e sistematização peculiar, ou seja, o direito administrativo passou a ser autônomo.

O Direito Administrativo nasceu na França com o declínio do absolutismo monárquico e com a colocação em prática da teoria da tripartição dos poderes estatais, criada pelo insigne Montesquieu, sua obra O Espírito das Leis. Desta feita, o contexto que reinava, até então, não propiciava o surgimento de teorias específicas que explicassem o funcionamento da Máquina Administrativa do Estado, a saber, o regramento que incidiria sobre as relações travadas entre Estado e administrado, seus direitos e deveres etc.

Revolução Francesa de 1789 é considerada o marco inicial para o nascimento do Direito Administrativo e, com isso, de outros ramos do Direito Público, como também é o caso do Direito Constitucional, haja vista que com a queda da monarquia e a separação das funções estatais entre os Poderes Legislativo, Executivo e Judiciário, surgiu o então Estado de Direito, o qual submete a vontade dos detentores do Poder ao império da Lei, não podendo mais reger o Estado com suas convicções pessoais, surgindo dessa premissa o maior princípio norteador da atividade administrativa Estado, o princípio da legalidade.

E nesse momento que se começa a tecer os primeiros comentários do que vem a ser Administração Pública, tendo um conceito ainda tenro de ser o Estado na figura do administrador, desempenhando atividades para atender o interesse coletivo.

Com esse novo regime surgiu a necessidade de se criar um controle dos atos do Poder Executivo, a fim de já nesse início do Estado de Direito, colocar-se em prática a teoria da tripartição dos poderes. Dessa forma, inicialmente os atos da Administração eram julgados pelo parlamento, que à época exercia função jurisdicional, mas que posteriormente, com a desconfiança que isso causara no povo, principalmente no que tangia a escolha dos juízes e a patente necessidade de desmembramento das atribuições políticas das judiciais, passaram a ser julgados pelos Tribunais Administrativos, que ara efeito de informação, até hoje existe na França.

Em 1800, a chamada Lei de 28 Pluvioso do ano VIII, organiza a Administração Pública francesa, atribuindo a esta a competência para julgar todas as lides em que fosse parte o Estado, surgindo assim, a justiça administrativa.

Com o recebimento de diferentes lides em envolvia a Administração Pública como parte, o Conselho de Estado, órgão de cúpula da justiça administrativa, para dar eficácia às novas acepções de direito público, necessitava adotar entendimentos diversos das normas de direito privado que disciplinavam as relações jurídicas entre particulares. Tratava-se, assim, de reconhecimento da supremacia da Administração Pública frente ao indivíduo e, ao mesmo tempo, garantindo a estes seus direitos frente à atuação do Estado. Daí afirmar-se que o Direito Administrativo francês ter nascido a elaboração jurisprudencial do Conselho de Estado, até hoje existente.

No Brasil, até enquanto vigorou o regime monárquico, o Direito Administrativo não teve espaço para evoluir como ramo autônomo. No entanto, em 1856, tivemos um marco importante para esse amo do Direito, que foi o ano da criação da cadeira de Direito Administrativo na Faculdade de Direito de São Paulo. Com a promulgação da Constituição de 1934, esse ramo experimentou significativo desenvolvimento. A partir daí diversos autores como Ruy Cirne Lima, José Cretella Júnior, Oswaldo Aranha Bandeira de Mello, entre outros, colaboraram substancialmente para o enriquecimento da disciplina do Direito Administrativo.

Portanto, nesse primeiro ponto histórico da matéria, podemos dizer que ao contrário do Direito Administrativo francês, que essencialmente jurisprudencial, o Direito Administrativo brasileiro nasceu nos grandes centros acadêmicos, recebendo, com isso, notável influência doutrinária, como vimos com a citação daqueles ilustres mestres, em que podemos citar, como exemplo, vários capítulos de puro desenvolvimento doutrinário, tais como: poderes administrativos, atos administrativos controle da Administração Pública.

2. CONCEITO

A doutrina tem-se utilizado de vários critérios para conceituar o Direito Administrativo. Entre os critérios corriqueiramente lembrados pelos doutrinadores, destacam-se os seguintes:

Critério legalista ou exegético, sendo aquele adotado por professores como Foucat, Dufour, Macarel, entre outros. Por tal critério, o direito administrativo é um conjunto de leis administrativas tendentes a regrar a Administração Pública de um determinado Estado. Foi bastante criticado, haja vista que traz limitação ao direito administrativo ao ser regido e disciplinado apenas por um torpor de leis, desprezando os princípios jurídicos e os conceitos produzidos pela doutrina e pela jurisprudência.

A) **Critério do poder executivo**, o qual é defendido por Meucci, entre outros, entendendo que o direito administrativo é ramo do direito que disciplina os atos do Poder Executivo. Tal conceito também não é suficiente em si mesmo, à medida que os Poderes Legislativo e Judiciário também desempenham atividades administrativas quando, atipicamente, editam atos administrativos disciplinados pelo direito administrativo.

B) **Critério do serviço público**, sendo advogado por Duguit, Gastón Jèze e Bonnard, os quais entendem que o conceito de direito administrativo consiste na disciplina que regulamenta a instituição, a organização e a prestação dos serviços públicos. No entanto, esse critério também é insuficiente, pois o direito administrativo se ocupa também de atividades tais como, a polícia administrativa, de fomento e de intervenção, por exemplo.

C) **Critério das relações jurídicas**, este acolhido por pensadores como Otto Mayer e Laferrière, em que lecionam que o direito administrativo é um conjunto de normas que regulam a relação entre a Administração e os administrados. Entretanto, tal critério também recebe crítica da doutrina, porquanto aquelas relações também são regidas e reguladas por outros ramos do direito público, como o direito penal, o tributário e o direito constitucional, por exemplo.

D) **Critério teleológico ou finalístico**, sendo defendido por Orlando, o qual traça ser o direito administrativo um sistema formado por princípios jurídicos que disciplinam a atividade do Estado, em atenção ao cumprimento dos seus fins. Esse critério também padece de imperfeição, visto que associa o direito administrativo aos fins do Estado somente.

E) **Critério negativista ou residual**, sustentado por Velasco e Fleiner, os quais conduzem o direito administrativo à compreensão de ser um estudo de toda e qualquer atividade do Estado que não seja a legislativa nem a judiciária. Por outro lado, também não é bastante tal critério, pois limita o direito administrativo ao exame do que será essa atividade residual, tendo em vista que dizer que será toda e qualquer atividade que não seja legislativa ou judiciária acaba por em nada contribuir para a exata compreensão do objeto (fenômeno) que se pretende estudar.

F) **Critério da administração pública**, tendo como idealizadores os eminentes Zanobini, Ruy Cirne Lima, Hely Lopes Meirelles, entre outros, os quais sustentam que o direito administrativo consiste num conjunto de normas que regulam a Administração Pública.

O conceito de Direito Administrativo não pode ficar restrito a um ou outro critério, antes, deve refletir a realidade jurídica do seu tempo e espaço, como ocorreu lá no seu início na França, abarcando o estudo das normas e das instituições que se propõem a tratar dos órgãos e entidades responsáveis pela realização da função administrativa.

Por derradeiro, e como forma de tentar conceituar sistematicamente o direito administrativo, podemos dizer que é um ramo do Direito Público que consiste num conjunto articulado e harmônico de normas jurídicas (normas-princípios e normas-regras) que têm seu atuar na disciplina da Administração Pública, de seus órgãos e entidades, de seu pessoal, serviços e bens, regulando, assim, uma das funções desenvolvidas pelo Estado, qual seja, a função administrativa, tendo como objeto específico, a Administração Pública e o desempenho das funções administrativas.

3. FONTES

Sob ponto de vista da explicação do significado, fonte é a nascente de onde provém algo, constituindo-se na gênese, na base de estudo do ramo de direito público.

Estudar as fontes de um ramo do Direito significa descobrir suas origens, fundamentos, em outras palavras, é descobrir de onde surgem suas regras e princípios norteadores.

Trata-se de um tema simples e de fácil percepção, mas de grande relevância, principalmente porque o Direito Administrativo no Brasil não foi codificado em uma única lei até hoje.

É de sabença enfatizar que o Direito Administrativo, antes de ser consolidado como um ramo do Direito Público, era uma parte integrante do Direito Civil.

Anterior à Revolução Francesa, quando até então reinava o poder dos Soberanos, o Direito Administrativo inexistia, já que o poder absoluto respeitava somente as suas próprias regras.

Com a queda do absolutismo, no fim do Século XVIII, começa, então, a surgir o Direito Administrativo que passa a estabelecer regras e normas sociais para regular a relação entre o poder público e a sociedade.

No que tange à importância, é indubitável que esse ramo do Direito é essencial nos ambientes democráticos, pois não somente estabelece como deve se dar a relação entre os cidadãos e o poder público, mas também opera como "freio" no proceder do próprio Estado, fixando limites.

Convém, a propósito, salientar que, em função da ausência do código administrativo, por exemplo, as estatais e as demais entidades administrativas controladas direta ou indiretamente pela União, que visem a objetivos estritamente econômicos, em regime de competitividade com a iniciativa privada, são dotadas de personalidade jurídica de direito privado e, consequentemente, estão sujeitas ao vínculo funcional de natureza contratual (contrato de trabalho), portanto, à legislação trabalhista, principalmente à CLT, são aplicadas aos empregados públicos, ressalvadas as nomeações para cargo em comissão declarado em lei de livre nomeação e exoneração.

Note-se, então, o que temos são várias leis esparsas, o que o torna mais complicado. Daí, outras fontes são verdadeiros alicerces do nosso direito administrativo em que se baseiam para funcionar.

A lei, em seu sentido amplo, é a única fonte primária jurídica e principal do Direito Administrativo, principalmente a Constituição Federal.

Insta mencionar que os artigos 39 até 41, do texto da Constituição, apresentam normas puras de direito administrativo que norteiam toda a Administração Pública.

IMPORTANTE REGISTRAR

Dessa forma, as fontes principais do Direito Administrativo são: a lei, a jurisprudência, a doutrina e os costumes, as quais serão mais detidamente analisadas abaixo, sendo a lei considerada fonte primária, enquanto as demais, secundárias.

Cumpre ainda ressaltar que o Direito Administrativo é composto de regras e princípios peculiares que lhe dão feição de ramo autônomo do direito público. Assim sendo, importante se faz o estudo de suas fontes, haja vista que são elas que participam ativamente da composição das teorias administrativas.

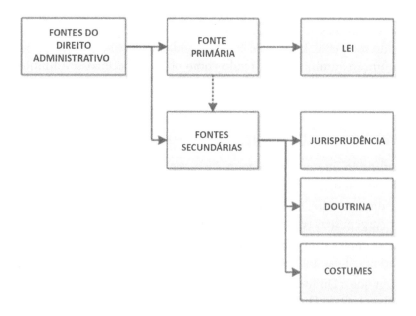

3.1. Lei

A lei é a fonte primordial e a mais importante do direito administrativo É importante destacar que a fonte originária surge do devido processo legislativo, bem como incluindo também as medidas provisórias, e, em face disso, o administrador somente pode agir como e quando autorizado pela lei, ao contrário do administrado, que pode agir quando houver lei autorizadora e também quando não houver lei proibitiva (o chamado silêncio geral), abrangendo a Constituição (por ser disciplina interligada), as leis ordinárias, as leis complementares, medidas provisórias, as leis delegadas etc., bem como, as infra legais (decretos regulamentares, portarias, decretos legislativos, decretos do Poder Executivo, regimentos internos, portarias, resoluções e regimentos, regulamentos, estatutos, e até Tratados Internacionais em que o Brasil é consignatário e demais atos normativos exarados por qualquer Poder (Legislativo, Executivo ou Judiciário).

A fonte primária é a lei que está acima das demais fontes. As fontes secundárias envolvem a doutrina, as jurisprudências, a analogia, os costumes, os princípios gerais do direito (que são aplicados a todos ramos do direito e, consequentemente, é aplicado no Direito Administrativo).

Insta trazer, *ab initio*, que o termo lei é aqui utilizado em sentido amplo, ou seja, não é fonte do direito administrativo apenas a lei em sentido estrito (lei ordinária e lei complementar), mas todo e qualquer ato normativo emanado do Poder Legislativo ou da própria Administração Pública. Sendo assim, são fontes do direito administrativo: a Constituição, as normas oriundas do Poder Legislativo e ainda os atos normativos editados pela Administração, como os decretos, portarias, instruções normativas, ordens de serviços etc.). Todas essas normas consubstanciam o sentido amplo do vocábulo lei.

No capítulo referente à Administração Pública será tratado o princípio da legalidade, quando então se dará foco à importância que tem a lei, tida como fonte primária do direito administrativo. Por hora, fica aqui registrado que tal princípio encontra-se positivado na Carta Maior, em seu art. 37, *caput*, sendo o mais importante princípio norteador de toda conduta estatal.

3.2. Jurisprudência

A jurisprudência hoje também é uma importante fonte do Direito Administrativo e de grande peso, tendo em vista que a ausência de sistematização provocada pela não codificação da disciplina ratifica a importância dessa fonte secundária, pois vários temas de direito administrativo não possuem o adequado e o necessário delineamento legal, tendo, por isso mesmo, certa influência da jurisprudência na composição dos conflitos, mas não possui caráter vinculativo. Portanto, o administrador pode decidir de acordo com a sua convicção.

Como é assente, a jurisprudência é formada a partir de decisões judiciais reiteradas em um mesmo sentido, de um mesmo tribunal. Como regra geral, tem-se que tal fonte não apresenta efeito erga omnes nem efeito vinculante, não possuindo seguimento obrigatório, apenas, norteia o funcionamento da Administração Pública.

No entanto, apesar de não exigir observância obrigatória por parte dos aplicadores do direito, a jurisprudência brasileira ganhou novo status a partir da criação da súmula vinculante, que poderá ser aprovada pelo Supremo Tribunal Federal, de ofício ou mediante provocação, por decisão de dois terços de seus membros, depois de reiteradas decisões sobre matéria constitucional, com efeito vinculante em relação aos demais órgãos do Poder Judiciário e também à Administração Pública direta e indireta, conforme está preconizado no atual art. 103-A da Carta Política, incorporado pela emenda constitucional n° 45/2004.

Há de ficar bem destacado na exceção da jurisprudência de que as Súmulas Vinculantes vinculam para toda a Administração Pública, por possuir força de lei.

Há vários exemplos disso, temos:

Súmula Vinculante 16/STF:

"Os arts. 7°, IV, e 39, § 3° (redação da EC 19/98), da Constituição, referem-se ao total da remuneração percebida pelo servidor público".

O vencimento do servidor não se aplica ao valor do salário em vigor, podendo ser, inclusive, inferior ao salário mínimo. No entanto, deve ser registrado que, a bem da verdade, a remuneração é que não pode ser abaixo ao salário mínimo. Infere-se da leitura da citada Súmula que o vencimento possa ser inferior ao salário mínimo, não havendo, consequentemente, ofensa ao artigo 7°, inciso IV e 39, parágrafo 3°, da Constituição Federal.

Cabe frisar que a Súmula 16, menciona textualmente que o total da remuneração básica percebida pelo servidor público, por exemplo, vencimento somado às gratificações, adicionais, abonos etc. é que não pode ser inferior ao salário mínimo.

Mais um bom exemplo está no verbete da Súmula vinculante n° 21/09: "*É inconstitucional a exigência de depósito ou arrolamento prévio de dinheiro ou bens para admissibilidade de recurso administrativo*"

Na mesma linha de raciocínio, torna-se incabível exigência de recolhimento prévio de multa para a admissibilidade de recurso administrativo na esfera trabalhista pela inobservância das garantias constitucionais do devido processo legal e da ampla defesa (Constituição Federal, art. 5º, LIV e LV).

Destaca-se, ainda, outra exceção: EC 45 traz o efeito vinculante para a decisão definitiva de mérito nestes dois tipos de procedimento, com o seguinte teor para o § 2º do art. 102:

"Art. 102. (...)

§ 2º. As decisões definitivas de mérito, proferidas pelo Supremo Tribunal Federal, nas ações diretas de inconstitucionalidade e nas ações declaratórias de constitucionalidade produzirão eficácia contra todos e efeito vinculante, relativamente aos demais órgãos do Poder Judiciário e à administração pública direta e indireta, nas esferas federal, estadual e municipal".

Vale ressaltar, por fim, que as Súmulas Vinculantes do Supremo Tribunal Federal não são meras fontes, são fontes primárias. Logo, o administrador público está impedido de divergir ou ter entendimento diverso dessas súmulas.

À TÍTULO DE ILUSTRAÇÃO, PODEMOS MENCIONAR A SÚMULA VINCULANTE Nº 11 DO STF:

"Só é lícito o uso de algemas em casos de resistência e de fundado receio de fuga ou de perigo à integridade física própria ou alheia, por parte do preso ou de terceiros, justificada a excepcionalidade por escrito, sob pena de responsabilidade disciplinar, civil e penal do agente ou da autoridade e de nulidade da prisão ou do ato processual a que se refere, sem prejuízo da responsabilidade civil do Estado".

Como se pode notar, a súmula vinculante inovou o sistema jurídico brasileiro e agora, tal como a lei, deve também ser elevada à condição de fonte primária do direito administrativo, tendo em vista que, indiscutivelmente, possui o condão de determinar condutas à Administração Pública e ao próprio Poder Judiciário.

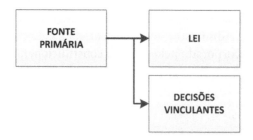

E, por fim, partilhamos do entendimento que a jurisprudência não está abraçada somente às decisões do Poder Judiciário, uma vez que os Tribunais de Contas, também exprimem suas compreensões, por exemplo, sobre licitações e contratos, servidores públicos e outros tópicos.

3.3. Doutrina

A doutrina é fonte secundária do direito administrativo como vimos acima e, em assim sendo, não possui o caráter de obrigatoriedade, tal como a lei e a súmula vinculante vistas acima. São interpretações pelos administrativistas, mas que influenciam na elaboração da lei. Entretanto, essa fonte possui enorme importância no cenário de construção do direito administrativo, pois é através dos estudos de nossos ilustres doutrinadores que surgem os diversos princípios informadores da matéria e que futuramente servirão de arcabouço para a atividade legislativa criar novas leis. Além disso, com o surgimento daqueles princípios por mãos doutrinárias, os membros do Poder Judiciário podem embasar suas decisões, a fim de dizer o direito no caso concreto. Daí, sustentarmos um devido liame entre tais fontes, quais sejam, a doutrina e a jurisprudência.

Como se sabe, a doutrina é formada pelas teses e estudos de juristas especializados em um determinado ramo do direito. Em todas as nossas obras e capítulos faremos alusão a diversos mestres como: Celso Antônio Bandeira de Mello, Maria Sylvia Zanella Di Pietro, Hely Lopes Meirelles, José dos Santos Carvalho Filho, Diógenes Gasparini, entre outros.

A doutrina exerce grande influência na formação do Direito Administrativo brasileiro, tendo em vista que desempenha um papel informador/orientador na elaboração das leis administrativas e da jurisprudência. Tal influência deve-se principalmente a dois fatores:

A. O direito administrativo brasileiro, ao contrário do que ocorre em outros ramos do direito público, não está reunido num único diploma legal, não existindo codificação, como já ressaltamos alhures. Sendo assim, o estudioso do direito administrativo brasileiro deve lançar mão de atos normativos esparsos, da jurisprudência de nossos tribunais e das teses doutrinárias;

B. Historicamente e diferente do que ocorreu na França, em que o direito administrativo nasceu das decisões do Conselho de Estado, nosso direito administrativo teve sua origem nas universidades públicas (a USP de São Paulo e a Federal de Olinda/PE), o que trouxe a forma, mais tarde, de ramo autônomo do direito público.

Portanto, em face dessa carência normativa, fica facilmente perceptível que o Direito Administrativo brasileiro foi, e continua sendo imensuravelmente influenciado pela doutrina, em que pese, nas últimas décadas, a jurisprudência ter crescido substancialmente em nosso País.

3.4. Costumes

São fontes secundárias e indiretas do direito administrativo, não estão escritas, as são condutas reiteradas praticadas pelos agentes públicos com a presunção de compulsoriedade, imposição, obrigatoriedade e reiterado por um período considerado longo a sua prática.

Os costumes podem ser compreendidos como a prática reiterada de determinados comportamentos que, em função de sua continuidade (que é o elemento externo ou objetivo), alcançaram convicção generalizada de sua obrigatoriedade por todos da coletividade (que é o elemento interno ou subjetivo) e preenchem as lacunas no sistema normativo, não podendo, é claro, violar a lei, tratando-se, por outro lado, de fontes secundárias.

Sendo assim, exemplo de costume administrativo é a formação das filas em repartição pública, pois até pouco tempo não havia no Brasil, lei que previsse a obrigatoriedade de tal conduta. No entanto, ninguém à época poderia negar a convicção de que toda a coletividade tinha acerca da obrigatoriedade desta conduta. Outro exemplo que se torna importante trazer à tona é o do procedimento do leilão, modalidade de licitação, em que a lei não o disciplinou detalhadamente assim como o fez com a modalidade de concorrência.

A utilização dos costumes, por ser caso de exceção, só podem ser utilizados na omissão da lei.

O costume, sem dúvida, é fonte de Direito, por isso que o artigo 4º, da Lei de Introdução às normas do Direito brasileiro, com previsão no Código Civil, dispõe que, quando a lei for omissa, o juiz decidirá o caso de acordo com a analogia, os costumes e os princípios gerais de direito.

Nesse sentido, cabe mencionar exemplo significativo do posicionamento Desembargador do TRT da 2ª Região. Professor titular de Direito do Trabalho da Faculdade de Direito da USP, Sérgio Pinto Martins, como pondera magistralmente:

"Exemplo é o fato de que se a matéria não está regulada em lei, o costume pode preencher a lacuna da lei. É, por exemplo, costume na Faculdade de Direito da USP que os docentes de maior titulação e antiguidade escolheram a matéria que querem ministrar. O Regimento da USP não estabelece a forma de escolher as aulas a ministrar. Outorga competência ao Departamento a atribuição da distribuição das aulas, mas não a forma como serem distribuídas. Logo, elas podem ser distribuídas de acordo com o costume na USP de antiguidade e titulação" (Transcrito do Jornal "Carta Forense", em 18/06/2018, São Paulo – SP).

Os costumes podem ser classificados como *secundum legem* (segundo a lei), *praeter legem* (aqueles que vão além da lei, visando sua complementação) e *contra legem* (contra a lei), sendo que este último não é admitido em nosso direito administrativo.

Em relação à última classificação, os costumes não podem se opor à lei, haja vista que ela é a fonte primordial do Direito Administrativo. Dessa maneira, é ilegal a União se utilizar da chamada faixa de *jundu* para fixar os terrenos de marinha, uma vez que já existe lei determinando exatamente onde iniciam os referidos terrenos.

Explicando melhor, a título de ilustração, são considerados terrenos de marinha aqueles situados até 33 metros contados da linha da preamar ou maré alta (quando a água do mar atinge sua altura mais alta dentro do ciclo das marés). Na prática, porém, a medida é contada da chamada "linha de *jundu*", ou seja, o limite da praia onde se inicia a vegetação natural ou, em sua ausência, onde comece outro ecossistema. *Jundu* é uma palavra indígena, com significado de vegetação rasteira do litoral, próxima às dunas e aos areais das praias.

Com a evolução ocorrida nas leis administrativas e na jurisprudência, hodiernamente os costumes exercem pouca influência no direito administrativo brasileiro. Fato este que em 1769 a Lei da Boa Razão proibiu o acolhimento do costume quando este fosse contrário à lei, o que foi reproduzido no art. 1.807 do Código Civil de 1916 e, mais tarde, no atual art. 2.045 do Código Civil de 2002. Reforçando ainda esta tese esposada, o STJ editou a súmula de n° 370, em que se reconhece o dano moral quando do depósito antecipado do cheque pré-datado.

Por fim a este ponto, insta mencionar que não se pode confundir o costume com a praxe administrativa. Esta se constitui por procedimentos adotados rotineiramente no âmbito interno da Administração Pública, não possuindo a consciência da obrigatoriedade, o tal elemento interno ou subjetivo dos costumes. Nestes, a consciência da obrigatoriedade é elemento imprescindível. Em outras palavras, na praxe administrativa a conduta é realizada constantemente, embora o administrador/agente saiba que não há compulsoriedade para sua prática, pois não existe determinação legal para tanto. Já nos costumes, a conduta é realizada porque o agente está convicto de que deve proceder com aquela certa maneira.

Assim, se em determinada repartição pública, quando da elaboração de PAD (processo administrativo disciplinar) que sempre nomeia servidor bacharel em direito para todos os processos em que o indiciado é intimado e não comparece, será praxe administrativa, pois conforme a lei, a defesa de servidor público poderia ser feita por outro servidor ocupante de cargo efetivo superior ou de mesmo nível que o do indiciado, ou ter nível de escolaridade igual ou superior ao do indiciado, não sendo necessária formação em direito para tanto, segundo o que preconiza o art. 164, da Lei n° 8.112/90.

3.5. Analogia

Ao direito administrativo não repugna, em princípio, a aplicação da analogia, regra a título de expressamente prevista para o direito comum no art. 4° da Lei de Introdução ao Código Civil, *in verbis*:

"Quando a Lei for omissa, o juiz decidirá o caso de acordo com a analogia, os costumes e os princípios gerais do direito".

Nas sempre firmes lições de Hely Lopes Meirelles temos que:

"*A analogia admissível no campo do Direito Público é a que permite aplicar o texto da norma administrativa à espécie não prevista, mas compreendida no seu espírito*".[1]

FIQUE LIGADO

Com efeito, óbices não existem à legítima invocação da analogia no campo do direito administrativo, desde que se façam presentes os pressupostos a seguir, extraídos dos inigualáveis ensinamentos de Carlos Maximiliano:

"a) uma hipótese não prevista, senão se trataria apenas de interpretação extensiva;

---

1   Direito Administrativo Brasileiro. 38. ed. São Paulo: Malheiros, p. 40.

b) a relação contemplada no texto, embora diversa da que se examina, deve ser semelhante, ter com ela um elemento de identidade;

c) este elemento não pode ser qualquer, e, sim, essencial, fundamental, isto é, o fato jurídico que deu origem ao dispositivo. Não bastam afinidades aparentes, semelhança formal; exige-se a real, verdadeira igualdade sob um ou mais aspectos, consistente no fato de se encontrar, num e noutro caso, o mesmo princípio básico e de ser uma só a ideia geradora tanto da regra existente como da que se busca".[2]

Um exemplo de Analogia em Direito Administrativo é a procura de respostas em estatutos similares. O estatuto federal, à título de ilustração, manda considerar, no julgamento, os atenuantes do funcionário, mas não relaciona quais são. Ora, posto no estatuto, é um direito do acusado ver os atenuantes considerados. Como a lei é omissa, será necessário buscar em outros estatutos a relação dos atenuantes para, enfim, dar eficácia a essa garantia. Obviamente a analogia, que é fonte do direito, não poderá ser usada em desfavor do arguido.

Vejamos, também a questão dos denominados "serviços essenciais": Sabemos que é lícito ao concessionário de serviço público interromper, após aviso prévio, o fornecimento de energia elétrica de ente público que deixa de pagar as contas de consumo, desde que não aconteça de forma indiscriminada, preservando-se as unidades públicas essenciais. A interrupção de fornecimento de energia elétrica de Município inadimplente somente é considerada ilegítima quando atinge as unidades públicas provedoras das necessidades inadiáveis da comunidade. Como entender essas necessidades inadiáveis? Já decidiu o STJ[3] que estas devem ser entendidas, por analogia à Lei de Greve, como "aquelas que, não atendidas, coloquem em perigo iminente a sobrevivência, a saúde ou a segurança da população".

No entanto, sendo o Direito Administrativo um ramo de Direito autônomo, constituído por normas e princípios próprios e não apenas por exceções ao Direito Privado, havendo lacunas a preencher, essas lacunas não podem ser integradas através de soluções que se vão buscar ao Direito Privado. Não havendo lacunas, o próprio sistema de Direito Administrativo; se não houver casos análogos, haverá que aplicar os Princípios Gerais de Direito Administrativo aplicáveis ao caso, deve recorrer-se à analogia e aos Princípios Gerais de Direito Público, ou seja, aos outros ramos de Direito Público. O que não se pode é, sem mais, ir buscar a solução no Direito Privado.

Ainda na lição do saudoso Hely Lopes Meirelles:

"(...); a interpretação extensiva, que negamos possa ser aplicada ao Direito Administrativo, é a que estende um entendimento do Direito Privado, não expresso no texto administrativo, nem compreendido no seu espírito, criando norma administrativa nova".[4]

Caso interessante, neste aspecto, é o que se refere ao direito de greve dos servidores públicos. O artigo 37, inciso VII da CRFB/88, reconheceu o direito de greve para os servidores públicos. Entretanto, o legislador constituinte estabeleceu que o exercício desse direito dependeria de regulamentação de uma lei complementar posterior, sendo que o legislador constituinte reformador através de uma emenda constitucional, a emenda n° 19/98, alterou a redação original da Constituição, dizendo que "o direito de greve será exercido nos termos e nos limites definidos em lei específica", lei esta que até hoje não foi editada. O Supremo Tribunal Federal decidiu durante o julgamento simultâneo de três Mandados de Injunção[5], que, enquanto não for elaborada a lei específica, os servidores públicos poderão exercer o direito de greve, nos termos e limites tomados de empréstimo, por analogia, da Lei n° 7.783/89, acima citada, e que regula a greve no âmbito dos trabalhadores da iniciativa privada.

Obviamente, a decisão do STF, apesar de histórica, mostrou-se apenas paliativa (e incompleta), já que, ao realizar tal analogia entre o direito público e o privado, deixa claro que será preciso uma análise

---

2   Hermenêutica e Aplicação do Direito. 12. ed. Rio de Janeiro: Forense, p. 212.

3   Resp. 726627 MT 2014/0021457-0

4   Direito Administrativo Brasileiro. 38. ed. São Paulo: Malheiros, p. 40.

5   MI 670, MI 708 e MI 712

principiológica e constitucional de todo o diploma (lei 7.783/89) no sentido de afirmar o que é, e o que não é, especificamente, aplicável na disciplina do direito de greve dos servidores públicos civis.

Com relação ao direito administrativo-disciplinar, percebe-se facilmente que, ao longo do tempo, com a consagração da ação punitiva do Estado, também com base em seu poder de polícia, os estudiosos passaram a perceber que o direito administrativo sancionador (ou punitivo), assim como o direito penal, é mais uma manifestação do jus puniendi estatal, compartilhando, portanto, dos mesmos princípios.

Nesse sentido, é a lição de Sebastião José Lessa:

"O direito disciplinar, como já dito, não é infenso à analogia penal, ainda mais quando se cogita de pena de natureza grave, conforme se vê do entendimento do SUPREMO TRIBUNAL FEDERAL, manifestado no RE 78.917 (RTJ 71/2010): 'O direito disciplinar não é infenso à analogia penal, ao que ensina Themístocles B. Cavalcanti nos casos das penas puramente administrativas, os mesmos princípios podem também ser aplicados por analogia (Direito e Processo Disciplinar, p. 179)'. Então vigoram no âmbito administrativo os mesmos princípios observados na esfera processual penal".[6]

Acompanhado por forte a doutrina que no processo disciplinar orienta:

"quando forem omissas as suas normas próprias, pode recepcionar, por analogia, procedimentos sacramentados em outros diplomas legais".[7]

Abaixo colacionamos diversos julgados de nossos Tribunais Superiores, de forma a trazer o entendimento consubstanciado por essas cortes:

1. EMENTA: CONVERSÃO DE FÉRIAS EM ESPÉCIE. SERVIDOR APOSENTADO. FUNDAÇÃO EDUCACIONAL DO DISTRITO FEDERAL. Não há falar-se em ofensa ao princípio da legalidade, se a decisão que condenou a Administração Pública ao pagamento de férias proporcionais ao servidor que se aposentou estribou-se em aplicação analógica de lei superveniente, em perfeita consonância com a norma do § 4°, segunda parte, do art. 40 da Constituição Federal, circunstância que afasta, por igual, o argumento de haver sido afrontado, no caso, o princípio do direito adquirido. Recurso não conhecido. (RE 202.626, Relator): Min. ILMAR GALVÃO, Tribunal Pleno).

2. STJ - AGRAVO REGIMENTAL NO RECURSO ESPECIAL: AgRg no Resp 544.293 PA 2012/0061743-5 Resumo: Agravo Regimental. Recurso Especial. Administrativo. Lei 8.112/90. Ajuda de Custo. Remoção a Pedido. Interesse Público. Existência.

Relator(a): Ministro CELSO LIMONGI (DESEMBARGADOR CONVOCADO DO TJ/SP)

Julgamento: 27/10/2020

Órgão Julgador: T6 - SEXTA TURMA

Ementa: AGRAVO REGIMENTAL. RECURSO ESPECIAL. ADMINISTRATIVO. LEI N° 8.112/90. AJUDA DE CUSTO. REMOÇÃO A PEDIDO. INTERESSE PÚBLICO. EXISTÊNCIA. O cerne da controvérsia circunvolve-se à concessão de ajuda de custo em decorrência de remoção a pedido de magistrado. Em razão da ausência de previsão expressa na Lei Orgânica da Magistratura Nacional, LOMAN, aplicável à espécie a interpretação analógica da Lei n° 8.112/90. O magistrado que, no interesse do serviço público, passar a ter exercício em nova sede, com efetiva mudança de domicílio, fará jus à ajuda de custo, para compensar as despesas de instalação. No caso, a remoção a pedido e a *ex officio* detém interesse público, peculiar a todo ato da administração, portanto, inadequada a distinção entre espécies de remoção. Agravo regimental a que se nega provimento.

3. RECURSO ESPECIAL: REsp 726.627 MT 2005/0021457-0

Resumo: Administrativo. Energia Elétrica. Município Inadimplente. Fornecimento. Corte. Art. 6, § 3°, Inciso II, da Lei N° 8.987/95 e Art. 17 da Lei N° 9.427/96.

---

6   LESSA, Sebastião José. Do Processo Administrativo Disciplinar e da Sindicância de Acordo com as Leis 8.112/90, 8.429/92 e 9.784/99. 6.ª ed. Brasília: Brasília Jurídica, 2018, p. 152.

7   José Armando da Costa, Teoria e prática do processo administrativo disciplinar, Ed. Brasília Jurídica, 4a ed., pág. 51

Relator(a): Ministro CASTRO MEIRA

Órgão Julgador: T2 - SEGUNDA TURMA

Ementa: ADMINISTRATIVO. ENERGIA ELÉTRICA. MUNICÍPIO INADIMPLENTE. FORNECIMENTO. CORTE. ART. 6º, § 3º, INCISO U, DA LEI Nº 8.987/95 E ART. 17 DA LEI Nº 9.427/96. É lícito ao concessionário de serviço público interromper, após aviso prévio, o fornecimento de energia elétrica de ente público que deixa de pagar as contas de consumo, desde que não aconteça de forma indiscriminada, preservando-se as unidades públicas essenciais. A interrupção de fornecimento de energia elétrica de Município inadimplente somente é considerada ilegítima quando atinge as unidades públicas provedoras das necessidades inadiáveis da comunidade, entendidas essas, por analogia à Lei de Greve, como "aquelas que, não atendidas, coloquem em perigo iminente a sobrevivência, a saúde ou a segurança da população". Não demonstrado que o corte de energia elétrica colocará em risco a sobrevivência, a saúde ou a segurança da coletividade local, o acórdão recorrido deve ser reformado. Recurso especial provido.

FIQUE LIGADO

É no mesmo sentido o entendimento de que é possível a aplicação, por analogia, do prazo decadencial previsto na Lei Federal nº 9.784/99 (*Regula o processo administrativo no âmbito da Administração Pública Federal*), para anulação e revisão de atos administrativos, aos estados e municípios, consoante ementa:

ADMINISTRATIVO. SERVIDOR PÚBLICO ESTADUAL. PENSÃO POR MORTE. REVISÃO DO VALOR. IMPOSSIBILIDADE. DECADÊNCIA ADMINISTRATIVA EM FACE DO DECURSO DO PRAZO DE CINCO ANOS APÓS A CONCESSÃO DO BENEFÍCIO. APLICAÇÃO DA LEI FEDERAL Nº 9.784/99 POR ANALOGIA INTEGRATIVA. 1. Nos termos da Súmula 473/STF, a Administração, com fundamento no seu poder de autotutela, pode anular seus próprios atos, de modo a adequá-lo aos preceitos legais. 2. **Com vistas nos princípios da razoabilidade e da proporcionalidade, este Superior Tribunal de Justiça tem admitido a aplicação, por analogia integrativa, da Lei Federal nº 9.784/1999, que disciplina a decadência quinquenal para revisão de atos administrativos no âmbito da administração pública federal, aos Estados e Municípios, quando ausente norma específica, não obstante a autonomia legislativa destes para regular a matéria em seus territórios.** Colheu-se tal entendimento tendo em consideração que não se mostra razoável e nem proporcional que a Administração deixe transcorrer mais de cinco anos para providenciar a revisão e correção de atos administrativos viciados, com evidente surpresa e prejuízo ao servidor beneficiário. Precedentes. 3. <u>Recurso especial</u> conhecido e provido. (REsp 1.251.769/SC, Rel. Ministro MAURO CAMPBELL MARQUES, SEGUNDA TURMA – Grifamos).

É importante destacar, por analogia, aplicabilidade aos Estados e Municípios de algumas das regras contidas na Lei nº 8.112/90 (*Dispõe sobre o regime jurídico dos servidores públicos civis da União, das autarquias e das fundações públicas federais*), quando envolver direito de cunho constitucional que seja autoaplicável e desde que tal situação não gere aumento de gasto público, como bem pondera a decisão do STJ:

ADMINISTRATIVO. SERVIDOR MUNICIPAL. MANDADO DE SEGURANÇA. CONCESSÃO DE LICENÇA. ACOMPANHAMENTO DE CÔNJUGE. SEM ÔNUS. SILÊNCIO NA LEI MUNICIPAL. ANALOGIA COM O REGIME JURÍDICO ÚNICO OU DIPLOMA ESTADUAL. POSSIBILIDADE. PRECEDENTES. QUESTÕES SIMILARES. ANÁLISE DE CADA CASO. PARCIMÔNIA. CASO CONCRETO. DIREITO LÍQUIDO E CERTO. 1. Cuida-se de recurso ordinário interposto por servidora pública municipal que postulava o direito à concessão de licença para acompanhamento de seu cônjuge, sem ônus, com base na proteção à família (art. 266, da Constituição Federal) e na analogia com o diploma estadual (Lei Complementar Estadual nº 39/93) e o regime jurídico único federal (Lei nº 8.112/90), ante o silêncio do Estatuto dos Servidores do Município (Lei Municipal nº 1.794 de 30 de setembro de 2009). 2. **A jurisprudência do STJ firmou a possibilidade de interpretação analógica em relação à matéria de servidores públicos, quando inexistir previsão específica no diploma normativo do Estado ou do município. Precedentes:**

RMS 30.511/PE, Rel. Min. Napoleão Nunes Maia Filho, Quinta Turma, DJe 22.11.2020; e RMS 15.328/ RN, Rel. Min. Maria Thereza de Assis Moura, Sexta Turma, DJe 2.3.2019. 3. O raciocínio analógico para suprir a existência de lacunas já foi aplicado nesta Corte Superior de Justiça, inclusive para o caso de licenças aos servidores estaduais: RMS 22.880/RJ, Rel. Ministro Arnaldo Esteves Lima, Quinta Turma 4. Relevante anotar a ressalva de que, "consoante o princípio insculpido no art. 226 da Constituição Federal, o Estado tem interesse na preservação da família, base sobre a qual se assenta a sociedade; no entanto, aludido princípio não pode ser aplicado de forma indiscriminada, merecendo cada caso concreto uma análise acurada de suas particularidades" (AgRg no REsp 1.201.626/RN, Rel. Min. Napoleão Nunes Maia Filho, Quinta Turma, DJe 14.2.2020). 5. No caso concreto, o reconhecimento do direito líquido e certo à concessão da licença pretendida justifica-se em razão da analogia derivada do silêncio da lei municipal, e da ausência de custos ao erário municipal, porquanto a sua outorga não terá ônus pecuniários ao ente público. Recurso ordinário provido. (RMS 34.630/AC, Rel. Ministro HUMBERTO MARTINS, SEGUNDA TURMA, julgado em 18/10/2019 – Grifamos)

Em boa hora, chamamos a atenção dos eleitores que o Supremo Tribunal Federal, por falta de previsão legal, na legislação estatutária, da contagem especial do tempo de serviço em atividade insalubre, reconheceu pela utilização das regras do regime geral de previdência social, em evidente aplicação da analogia.

4. SISTEMAS ADMINISTRATIVOS

Sistemas administrativos são os regimes adotados pelo Estado para o controle dos atos administrativos ilegais ou ilegítimos praticados pelo Poder Público em qualquer das esferas e em todos os Poderes. Dois são os sistemas existentes, a saber: o inglês e o francês.

O sistema inglês, também chamado de Unicidade de Jurisdição, é aquele em que todo e qualquer litígio, administrativo ou de interesse exclusivamente privado, podem ser levados à apreciação pelo Poder Judiciário, único que dispõe de competência para dizer o direito, no caso concreto, de forma definitiva, com a força da chamada coisa julgada, daí dizer-se que somente o Poder Judiciário tem jurisdição em sentido próprio.

Insta observar que o sistema da jurisdição única não obsta à existência de solução de litígios na esfera administrativa. O que se quis assegurar nesse sistema foi que qualquer litígio, mesmo que já tenha sido iniciado ou já concluído no âmbito administrativo, poderá, sem restrições, ser apreciado pelo Poder Judiciário. Portanto, suponha que um particular esteja em litígio com a Administração e tal conflito já se encontra terminado nessa esfera, sem a satisfação por parte do administrado. Em assim ocorrendo, poderá o particular se socorrer do Judiciário, pois este, como vimos, tem a competência exclusiva para dizer o direito aplicável ao caso concreto em definitivo.

Cabe ainda asseverar que o sistema da Unicidade de Jurisdição não impede a realização do controle de legalidade dos atos administrativos pela administração pública. Sem prejuízo da sujeição de todo e qualquer ato administrativo a controle judicial de legalidade, a administração dispõe de competência para anulá-lo, caso constate a existência de vício. Tal competência, a propósito, não é uma faculdade da administração, mas sim um verdadeiro dever de autotutela administrativa, o que será objeto de estudo no capítulo referente aos atos administrativos.

O sistema francês, também denominado de dualidade de jurisdição, ou sistema do contencioso administrativo é aquele em que se proíbe o conhecimento pelo Poder Judiciário de atos administrativos, ficando estes sujeitos à jurisdição especial do contencioso administrativo, formada pelo já mencionado Conselho de Estado, tribunal de índole totalmente administrativa. Nesse sistema há, dessa forma, uma dualidade de jurisdição, qual seja, a administrativa (formada por tribunal de natureza administrativa, com plena competência em matérias administrativas) e a jurisdição comum (aquela formada pelos órgãos do Poder Judiciário, com competência para resolver os demais litígios).

4.1. Sistema Administrativo Brasileiro

O Brasil adotou o sistema inglês, ou seja, sistema de jurisdição única ou sistema de controle judicial. Esse sistema foi positivado em nossa Carta Maior, em seu art. 5°, XXXV, recebendo o status de princípio, qual seja, o da Inafastabilidade da Tutela Jurisdicional e, como tal, encontra-se como garantia individual, ostentando posição de cláusula pétrea, como aduz o art. 60, § 4°, IV, da Constituição Republicana de 1988. Aquele dispositivo aduz que a lei não pode excluir da apreciação do Poder Judiciário lesão ou ameaça a direito, o que se pode depreender que todo e qualquer litígio, administrativo ou de cunho privado, poderá ser sindicável pelo Judiciário.

Entretanto, como bem salientamos acima, afirmar que no Brasil o controle da legalidade da atividade administrativa é efetivado pelo Poder Judiciário não significa retirar da Administração Pública o poder de controlar seus próprios atos, o que se dá pelo dever de autotutela. No Brasil, temos órgãos de cunho administrativo, com competência específica para decidir conflitos dessa natureza. O diferencial é que, no sistema da jurisdição única, as decisões dos órgãos administrativos não são dotadas da força e da definitividade que caracterizam as decisões do Poder Judiciário. Os órgãos administrativos pacificam aqueles litígios administrativos, no entanto, suas decisões não fazem coisa julgada em sentido próprio, ficando sujeitas à revisão pelo Judiciário, sempre mediante provocação, em regra, do administrado que não concorda com a decisão proferida no litígio administrativo em que participou como parte.

Como exemplo para elucidar bem a questão, temos que se uma autoridade da administração tributária, em procedimento de fiscalização, aplica uma multa a uma sociedade empresária, o representante dessa pessoa jurídica poderá recorrer ao Judiciário, se entender que a referida multa dele cobrada não é devida, ou seja, que está havendo uma lesão ao seu direito.

Entretanto, no Brasil, essa mesma sociedade empresária pode, se desejar, impugnar a exigência administrativa perante o próprio órgão que a autuou, ou perante a algum órgão administrativo especializado, se houver, contestando multa e apresentando as razões de fato e de direito que entenda comprovarem a legitimidade de sua irresignação. Tal atitude do contribuinte instaurará um processo administrativo, em que, ao término, a administração pública, exercendo o controle da legalidade e da legitimidade daquele ato administrativo, decidirá se houve ou não alguma irregularidade na aplicação da multa ou se as alegações do contribuinte são infundadas.

Caso ocorra decisão a favor do contribuinte, este não terá mais interesse em discutir o assunto na esfera judicial. Diferentemente se a administração decidir pela mantença da multa, a sociedade empresária poderá rediscutir o assunto através de propositura de ação judicial, apresentando as devidas provas que entender cabíveis, com o objetivo de afastar aquilo que ela considera uma lesão ao seu direito.

Somente a decisão final a ser proferida pelo Poder Judiciário dará fim a questão, fazendo surgir a coisa julgada e impedindo que esse mesmo tema seja discutido novamente no âmbito de qualquer Poder.

Deve-se ainda trazer à baila que, mesmo após o início do processo administrativo, por iniciativa do administrado, este pode abandoná-lo, em qualquer etapa, e recorrer ao Judiciário, com o fito de ver pacificada qualquer controvérsia criada na esfera administrativa, pondo-se fim ao litígio, mesmo ainda pendente de julgamento tal questão na esfera administrativa.

É oportuno ainda mencionar que, apesar de a decisão administrativa não assumir caráter de definitividade como vimos, para a administração pública a decisão proferida ao término de processo administrativo será definitiva quando for favorável ao administrado. Em outras palavras, a administração não poderá lançar mão de recurso ao Judiciário contra decisão que ela mesma tenha proferido no seu exercício de poder-dever de autotutela.

A fim de sintetizarmos o que foi narrado nesse tópico, presume-se que embora no Brasil sejam comuns processos, procedimentos e mesmo litígios, instaurados e solucionados em âmbito administrativo, sempre que o particular entender que houve lesão ou ameaça a direito seu, poderá recorrer ao Judiciário, antes ou depois de esgotada a via administrativa. O Poder Judiciário, uma vez provocado, poderá confirmar o entendimento esposado pela Administração Pública ou modificá-lo. De qualquer forma, somente após esgotada a via judi-cial pelo particular, a questão suscitada estará definitivamente solucionada.

Por derradeiro, abre-se um parêntese para fazer registrar que, em que pese todos os atos administrativos poderem ser submetidos a controle de legalidade pelo Poder Judiciário, existem atos e decisões, não classifica-dos como atos administrativos em sentido próprio, que não estão passíveis de sindicabilidade pelo Judiciário. Como exemplos podemos citar os atos políticos, tais como a sanção ou veto, praticado pelo Chefe do Poder Executivo, a um projeto de lei e o estabelecimento das chamadas políticas públicas, como a fixação das dire-trizes gerais de atuação governamental. Também cite-se, como outro exemplo, a previsão constitucional de julgamento do processo de impeachment do Presidente da República, o qual compete ao Senado Federal, conforme prevê o art. 52, 1, da Constituição Federal, não havendo possibilidade de revisão judicial do mérito da decisão por este proferida.

CAPÍTULO

II

PRINCÍPIOS CONSTITUCIONAIS DA ADMINISTRAÇÃO PÚBLICA NO SISTEMA JURÍDICO BRASILEIRO

1. Introdução

O estudo do Direito Administrativo, no Brasil, até hoje não foi codificado. Temos, na realidade, legislação esparsa. Daí que os PRINCÍPIOS são de vital importância na ausência de um sistema legal codificado.

O princípio jurídico é norma de hierarquia superior a das regras. É incorreta a interpretação da regra, quando dela se choca contra os princípios. E tem mais: *na ausência de regra específica para regular dada situação, utilizam-se os princípios.*

Há um caso interessantíssimo, julgado recentemente pelo TJ/RJ. Caso de probabilidade de "cola" em concurso público da Polícia Civil. A título de ilustração, segue recente decisão do STJ:

> *ADMINISTRATIVO. CONCURSO PÚBLICO. PROVA. COLA OU FRAUDE. NÃO CONSTATAÇÃO. EXCLUSÃO DO CERTAME. IMPOSSIBILIDADE. Se a Administração, durante a realização das provas, não constatou a existência de fraude ou cola, verifica-se a impossibilidade de excluir candidatos do certame, pelo fato de coincidência de acertos e erros nas questões. Sentença reformada". – APELAÇÃO.*

Probabilidade de cola não tem nada a ver com PROVAS INEQUÍVOCAS. Fere os Princípios da Presunção de Inocência, da Moralidade e da Motivação. Como pode a Administração Pública eliminar discricionariamente um candidato diante de tal circunstância? Os dois candidatos eram concurseiros, sempre estudavam juntos, frequentavam os mesmos cursinhos.

É com base nos princípios que possamos equacionar situações concretas.

Caros alunos, nunca se invocaram tanto os princípios como hoje. Estamos, sem sombra de dúvida, vivendo a era principiológica do Direito. Por isso mesmo, na atualidade, é bastante fácil encontrar decisões judiciais, do próprio STF e do STJ, unicamente fundamentada em princípios. Violar um princípio é muito mais grave que transgredir uma regra.

Solicito a atenção de todos que, às vezes, a só utilização de uma norma-regra pode levar a uma tremenda injustiça e estaríamos condenados a viver numa sociedade fechada.

Um bom exemplo vale mais do que mil palavras! Vejamos, pois, na praticidade: um particular prestou um serviço para a Administração Pública, via contrato verbal, mas não recebe a remuneração.

ATENÇÃO!

Pela leitura do Art. 60, da Lei de Licitações e Contratos (Lei 8.666/93), é estabelecida a norma pela qual não é possível a celebração de contrato verbal com a Administração (salvo as exceções previstas no § único, do mencionado artigo), sendo nulo e não produzindo efeitos.

Quais efeitos? Um dos efeitos é exatamente o pagamento. Como fica essa situação? A doutrina e o STJ entendem que a Administração tem que pagar ao particular. Nesse caso prático, há a colisão do artigo da lei *versus* princípio da moralidade. Questionamos: é justo o Estado se beneficiar às custas do particular? De certo, que não, pois haveria o enriquecimento ilícito do Estado. O Estado tem que prezar pela moralidade, tem que ser o exemplo, o modelar, o protótipo. Portanto, havendo colisões entre dispositivo da lei e um princípio, numa situação concreta, significa que o princípio prevalecerá.

Princípio é a **base**, é o **alicerce**, é o que sustenta **todo edifício jurídico**. Princípios são diretrizes e vetores a serem seguidos. Princípio é uma autêntica bússola. Princípio serve como **método interpretativo**. Então, pelos exemplos dados, verifica-se que o princípio define a **lógica, a racionalidade**. Os princípios se diferenciam das meras regras por serem mais **abrangentes**. Princípios traduzem valores a serem seguidos. Nos princípios, há alto nível de abstração; nas regras, baixo nível de abstração.

Não esqueçamos que os princípios que regem a Administração Pública configuram-na no seu aspecto funcional ou objetivo, isto é, demonstram como deve ser o funcionamento das diversas estruturas administrativas constituídas nos níveis federal, estaduais, distrital e municipais de nosso país.

Afora isso, a observância de tais princípios, entre outras vantagens, cria a necessária uniformidade para o funcionamento dessas administrações, o que facilita o relacionamento do administrado com o Estado brasileiro, pois as regras a serem acatadas terão como fundamento exatamente esses princípios.

Finalizando, como se observa facilmente, violar um princípio é muito mais grave de que se violar um artigo de determinada lei, a ponto que a Lei de Improbidade Administrativa faz alusão de que transgredir, infringir e violentar um princípio, está cometendo conduta de Improbidade Administrativa, nos termos do Art. 11, da Lei 8.429/92. Portanto, improbidade administrativa não é só desvio de verba ou intentos corruptíveis contra a Administração Pública.

A doutrina costuma dividir os princípios em: Princípios Expressos (ou Específicos) e Princípios Implícitos (ou Inespecíficos ou Reconhecidos).

Princípios Expressos são aqueles taxativamente previstos no texto normativo, como aqueles elencados no *caput* do Art. 37, da Constituição. Já os Princípios Implícitos são aqueles que não constam isoladamente do texto normativo, sendo reconhecidos a partir de uma elaboração doutrinária ou mesmo jurisprudencial.

Há livros utilizando a expressão "Princípios Fundamentais", o que é um pleonasmo, redundância. Se são princípios, de certo que são fundamentais, pois fundamental é aquilo que já possui valoração própria, tal qual ocorre com os princípios. Havendo colidência entre os princípios, o máximo que poderá ser feito será a ponderação entre os princípios conflitantes, conforme o caso concreto.

A resolução do conflito entre princípios pode se dar pela utilização do postulado da proporcionalidade, que guiará o processo de ponderação entre tais princípios, de modo a se buscar racionalidade, equilíbrio e aceitável aproximação entre os ideais de justiça e de segurança.

O mencionado postulado da proporcionalidade, desenvolvido por Robert Alexy, subdivide a proporcionalidade (alguns a tratam como postulado, outros como princípio) em três subprincípios: adequação, necessidade e proporcionalidade *stricto sensu*. Nessa exata sequência, os subprincípios vão ser empregados, no conflito de princípios em concreto, até ser encontrada a melhor solução.

Desse modo, os três subprincípios mostram-se como passos metodológicos rumo à resolução do impasse gerado pela colidência principiológica até então existente.

Abaixo, quando da exposição do Princípio da Razoabilidade e da Proporcionalidade, outros comentários sobre o tema.

2. PRINCÍPIOS

2.1. Princípio da Legalidade e da Submissão da Administração Pública ao Direito

O princípio da legalidade, um dos principais ideais da Revolução Francesa, que acabou por justificar a criação do próprio Direito Administrativo, é enunciado na Constituição Federal, geográfica e topograficamente falando, duas vezes: a primeira encontra-se no art. 5º, II, cuja enunciação é oriunda da Declaração dos Direitos do Homem e do Cidadão, de que legalidade consiste em que ninguém está obrigado a fazer ou deixar de fazer alguma coisa senão em virtude da lei; e, pela segunda vez, no art. 37, *caput*, que o repete como um dos princípios da Administração – o princípio da legalidade.

Mas, se já mencionado no art. 5º, II, qual então o sentido dessa repetição no art. 37, *caput*? Tal se justifica pelo fato de que o enunciado no art. 5º, II, se aplica aos particulares, sendo certo que a eles é permitido fazer tudo o que a lei não veda, enquanto que a Administração deve agir conforme a lei.

Em outros termos, quando aplicada ao particular, a legalidade é, como diz a doutrina portuguesa, identificada como a vinculação negativa à lei, ou seja, a lei é como mero limite da liberdade ou da autonomia privada dos particulares, que estão autorizados a fazer tudo aquilo que a lei não proíbe, não veda. Já em relação à Administração Pública, a legalidade tem como conteúdo, não de limite externo, mas de condição para ação, o que os portugueses chamam de vinculação positiva à lei, ou seja, a lei é algo que não só limita, mas preordena toda e qualquer ação administrativa.

E por que a legalidade, quando aplicada aos particulares, tem um conteúdo negativo de limite e, quando aplicada à Administração, tem um conteúdo positivo de condição? A lei é, idealmente, a manifestação de vontade dos titulares dos direitos ou interesses pelos quais cabe a Administração zelar. Consequentemente, a lei é o fundamento de validade de qualquer ação administrativa, que, na verdade, apenas concretiza a vontade popular expressa pelo Legislativo. Essa é a visão clássica.

O Estado, hoje, só pode agir quando autorizado por Lei. Somente a lei pode criar dever e obrigações ao particular. Logo, a Administração não pode, por simples ato administrativo, impor obrigações a terceiros, extinguir e criar direitos. Ato administrativo não é lei. O ato administrativo tem um papel secundário. Havendo uma colisão entre a lei e um ato administrativo, a lei prevalece e o ato será nulo.[1]

Neste caso, então, é importante que se dê uma lida – com olhos de direito administrativo – na Lei nº 4.898/65, os tipos de abuso de autoridade. Seu art. 4º configura, diante do princípio da legalidade, o extravasamento do elemento competência de determinados agentes públicos – claro que não em todos os tipos, mas em geral os tipos mostram isso –, tanto que o art. 9º diz que o lesado pelo crime de abuso de autoridade pode promover a responsabilidade administrativa de quem praticou esse crime, independente da responsabilidade penal, que também constituirá um ilícito administrativo.

Por fim, é importante frisar que o **Estado de Direito** está ligado à **legalidade** e o **Estado Democrático,** à **legitimidade,** ou seja, deve-se respeitar o limite do razoável, e um exemplo para isso seria aquele que, hipoteticamente, um prefeito resolvesse desapropriar visando construir um aeroporto para discos voadores a fim de incentivar o turismo, e isto porque a Lei Geral da Desapropriação (DL nº 3.365/41) prevê a desapropriação para construção de pista de pouso. Nesse caso hipotético, note-se que o ato é legal, mas não legítimo, por ter ferido a razoabilidade.

2.2. Princípio da Impessoalidade

O segundo princípio constitucional enunciado à Administração Pública é o princípio da impessoalidade, que, em última análise, visa a dar tratamento igualitário a todos que se encontrem em idêntica situação jurídica. Mas, no Direito Administrativo, em especial, impessoalidade tem duas acepções distintas.

A primeira acepção é justamente o da impessoalidade como projeção da isonomia, isto é, impessoalidade no sentido de não pertencer a uma pessoa em particular, ou seja, aquilo que não pode ser aplicado, especialmente, a pessoas determinadas; é uma característica genérica da coisa que não pertence à pessoa alguma, e é isso que a atividade da Administração Pública deve fazer: destinar-se a todos os administrados, à sociedade em geral, sem determinação ou discriminações que tenham o conteúdo de um privilégio odioso, não fundamentado em valores constitucionais. Como regra, portanto, toda ação administrativa deve dispensar tratamento

---

1   Manchete de jornais no Rio de Janeiro: Casas invadidas pelas enchentes tiveram isenção do IPTU, por decreto. O prefeito só poderia ter praticado tal ato se estivesse respaldado por Lei. O que fez um cidadão? Em nome da moralidade pública, postulou e prosperou uma ação popular. Também a título de exemplo, caso do prefeito de Aparecida do Norte/SP que impediu o uso de minissaia nas ruas do Município, atendendo pressão da Igreja, via decreto. E antes do surgimento do Código Brasileiro de Trânsito foi considerada nula a obrigatoriedade do uso do cinto de segurança, via decreto municipal do prefeito de São Paulo.

igual a todos os administrados, não podendo a Administração Pública, evidentemente, estabelecer tratamentos diferenciados, beneficiando determinadas pessoas ou empresas.

Então, seriam decorrências do princípio da impessoalidade regras, mesmo constitucionais, como a regra do concurso público, prevista no art. 37, II; a regra da licitação prevista também no art. 37, XXI; e a regra no sistema de precatórios prevista no art. 100, que impõe um dever de pagamento das dívidas judiciais da Fazenda Pública, tendo como critério exclusivo o critério cronológico de apresentação dos precatórios, aqui então se apresentando, somente a título de fixação, o seguinte esquema:

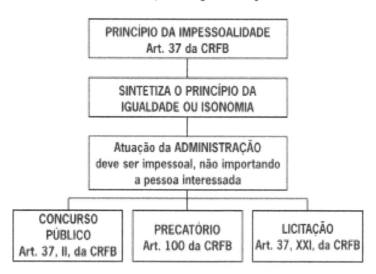

A segunda acepção do princípio da impessoalidade não tem a ver com o princípio da isonomia, mas com a estrutura interna da Administração. Impessoalidade, nesse sentido, significa que os atos da Administração Pública não são imputáveis, não são atribuíveis, aos agentes públicos que os praticam.

Portanto, dizer-se que ato administrativo é impessoal, nessa acepção, significa dizer que ele é praticado, em última análise, do ponto de vista jurídico, pela pessoa jurídica a que o agente público pertence, e não pela pessoa natural – agente público.

Importante também é ressaltar que o princípio da impessoalidade se encontra demonstrado internamente, ou seja, na própria gestão administrativa, quando o art. 37, § 1º, da CF, dispõe que atos de propaganda oficial de governo, como programas, obras, serviços e campanhas devem ter **caráter educativo, informativo ou de orientação social**, mas que dessa publicidade não podem constar **nomes dos governantes, símbolos ou imagens que caracterizem promoção pessoal**, podendo ser colocado, quando muito, por exemplo, "obra patrocinada pelo Governo do Estado", donde se conclui que, além de legal e moral, o ato administrativo deve ser também impessoal, sendo vedada, portanto, a publicidade por parte da entidade pública que implique promoção pessoal de autoridades ou servidores. Logo, o administrador não poderá se **autopromover** com seus atos, mesmo em caráter educativo e informativo.

O art. 37, § 1º, biparte-se: a) "a publicidade dos programas devem ter caráter educativo"; b) "não podendo constar nome/símbolo/imagens". Isto é uma proibição porque a Constituição entendeu que incluir nomes/símbolos/imagens não é nada educativo. Há uma presunção da Constituição nesse sentido, pois o ato é do Estado e não de um determinado Governo. Estado é diferente de Governo. O Estado tem força permanente; o Governo é algo passageiro. Então, se o ato de inauguração, por exemplo, de prédio ou ponte, é ato do Estado, e não do Governo, como é que se pode admitir que o Governo se promova? O Governo tem a força de meramente gerir o patrimônio público e não de se autopromover.

O princípio da impessoalidade, por outro lado, admite atenuações, como, por exemplo, no tocante à possibilidade de imposição de limite de idade e sexo, para concorrer a concurso público, que é sempre tormentosa. Não se havendo de ignorar, como regra, que os cargos públicos são acessíveis àqueles que preencham os requisitos estabelecidos em lei (art. 37, I, CF). De um lado, destacando-se a regra do art. 7º, XXX, da

CF, aplicável aos servidores públicos por força do art. 39, § 3º (redação da EC 19/98), que veda qualquer tipo de discriminação por motivo de idade, no processo de admissão a cargo ou emprego público, muito embora possa a lei estabelecer critérios diferenciados quando a natureza do cargo o exigir.

2.3. Princípio da Moralidade

Moral, como se sabe, é algo mais fácil de ser sentido do que propriamente definido. Trata-se de conceito eminentemente variável, que sofre acréscimos, ajustes e supressões conforme os critérios de ordem sociológica vigentes no meio em que se desenvolve sua análise, critérios estes que variam de acordo com os costumes e padrões de conduta delimitadores da ética que alicerçam um determinado grupo social, e que se adaptam com o passar do tempo. Moral, por conseguinte, é noção de natureza universal, apresentando conteúdo compatível com o tempo, o local e os mentores de sua concepção.[2][3]

A moral pode ser concebida, numa de suas acepções, como o conjunto de valores comuns entre os membros da coletividade em determinada época, ou, sob uma ótica restritiva, o manancial de valores que informam o atuar do indivíduo, estabelecendo os seus deveres para consigo e sua própria consciência sobre o Bem e o Mal.

Imagine-se o seguinte exemplo: se o presidente do sindicato dos delegados de um determinado Estado é um reconhecido inimigo detrator do chefe da Polícia Civil e este chefe da Polícia Civil, ao assumir, transfere o presidente do sindicato dos delegados de uma delegacia da capital para delegacia regional que, por exemplo, fica na zona da mata. Em princípio, do ponto de vista da legalidade estrita, esse ato de relotação é legal. É legal porque há uma vaga na mencionada delegacia, e há outro delegado para ser provido na vaga aberta na capital com a relotação daquele delegado no interior. E a escolha de onde os delegados serão lotados, na falta de outro critério legal específico, é ato discricionário e constitui porção discricionária do ato do chefe da Polícia Civil, que é a autoridade administrativa hierarquicamente superior.

Porém, conhecendo os fatos subjacentes a essa relotação, é possível dizer que o chefe da Polícia Civil se valeu de um meio lícito, que era discricionariamente lotar e relotar delegados, para atingir um fim ilícito, imoral do ponto de vista administrativo, que contraria em sentido amplo a finalidade da lei, que é utilizar a

---

2   Oportuna a observação de Lucas Rocha Furtado: "Este contexto mudou quando o Conselho Nacional da Justiça, por meio da Resolução 7/05, vedou a nomeação de parentes para cargo em comissão em todo o Poder Judiciário – inclusive no âmbito dos Tribunais de Justiça dos Estados em que, salvo honrosas e raras exceções, em razão da ausência de lei proibitiva, imperava o nepotismo –, e o STF, ao apreciar a ADI nº 3.617/DF, julgou legítima mencionada resolução independentemente de expressa previsão em lei. Deve ser mencionado que tão ou mais reprovável que a nomeação direta de parentes são as operações (casadas), tão comuns no serviço público e, infelizmente em tribunais judiciários. Nessas operações, para fugir aos mecanismos de fiscalização, o dirigente nomeia parente de dirigente de outro órgão, e vice-versa. Em boa hora, a Resolução nº 7/05 do CNJ igualmente vedou essa possibilidade". FURTADO, Lucas Rocha. *Curso de Direito Administrativo*. Belo Horizonte: Fórum, 2010, p. 104.

    No mesmo sentido, o Tribunal de Contas da União, Acórdão nº 586/05, Plenário: deliberação que negou provimento a agravo interposto contra medida cautelar que suspendeu pagamento de pensão instituída por avó em favor do neto. Trecho do Voto condutor: "A busca da guarda de netos, menores de 21 anos, por avós, sequiosos de prolongar a percepção do benefício econômico-financeiro, configurado nas pensões pelas respectivas famílias, ostenta evidente conteúdo antissocial, nitidamente ofensivo ao princípio da moralidade administrativa. Entendo, pois, absolutamente dissonante com os princípios que orientam o ordenamento jurídico, bem como com suas regras básicas, o comportamento consistente na obtenção judicial da guarda de menores por avós, com o objetivo final de deixar-lhes a pensão. Nestes termos, saliento que a pensão não é herança, dela discrepando tanto na definição legal, como nos objetivos que alberga".

3   As relações do Direito com a moral são tão antigas quanto polêmicas, noticiando Diogo de Figueiredo Moreira Neto que: "O estudo dessas relações, desde logo encontramos o magno problema da distinção entre os dois campos, da Moral e do Direito, e, destacadamente, duas geniais formulações: primeiro, no início do século XVIII, de Cristian Thommasius, e, depois, já no fim desse mesmo século, de Immanuel Kant. Thommasius delimitou as três disciplinas da conduta humana: a Moral (caracterizada pela ideia do *honestum*), a Política (caracterizada pela ideia do *decorum*) e o Direito (caracterizado pela ideia do *iustum*), para demonstrar que os deveres morais são do 'foro interno' e insujeitáveis, portanto, à coerção, enquanto os deveres jurídicos são externos e, por isso, coercíveis. Immanuel Kant, sem, de todo, abandonar essa linha, ao dividir a metafísica dos costumes em dois campos, distinguiu o da *teoria do direito* e o da *teoria da virtude* (Moral); as regras morais visam a garantir a liberdade interna dos indivíduos, ao passo que as regras jurídicas asseguram-lhes a liberdade externa na convivência social". MOREIRA NETO, Diogo de Figueiredo. Moralidade Administrativa: do conceito à efetivação. *Revista de Direito Administrativo*, Rio de Janeiro, nº 190, p. 1-44, out./dez. 2010.

relotação para punir inimigos políticos, detratores políticos, ou para punir até servidores que tenham praticado algum tipo de infração. E relotação ou remoção não é meio de punição. A relotação é um meio de distribuir servidores de forma a atender o interesse do serviço. Tanto ainda que, se do ponto de vista da legalidade estrita o ato fosse inatacável, seria inválido, por imoral.

Nesse caso, então, note-se que existe uma norma específica que foi violada, qual seja, o princípio da finalidade. Todo ato administrativo, além de ter um agente competente, uma forma, um objeto e um motivo, tem que ter uma finalidade. E esta finalidade do ato de relotação, que seria atender o melhor interesse do serviço, foi contrariada aqui. Portanto, o ato seria ilegal e não imoral em sentido amplo. O problema é que o princípio da legalidade nem sempre se apresenta de forma tão explícita, ele nem sempre delineia toda a sua finalidade.

Isso não significa dizer, contudo, que improbidade seja sinônimo de imoralidade, porque não o é, mas é através da ação de improbidade que se controla, entre outras coisas, a efetivação ou o respeito à moralidade, tanto que, para fins do Direito positivo, a Lei nº 8.429/92 apresenta vários atos de improbidade administrativa, trazendo, basicamente, três tipificações ou três atos de improbidade nos arts. 9º, 10 e 11[4], sendo oportuna a seguinte ilustração para aquilo que se está dizendo:

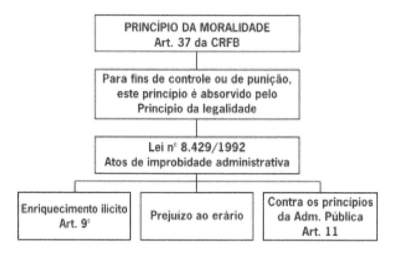

2.4. Princípio da Publicidade

Publicidade é a divulgação oficial do ato administrativo para conhecimento público e início de seus efeitos externos, porquanto a Administração, afinal, não pode atuar, em regra, secretamente, "por baixo dos panos"; ela tem que se mostrar para a sociedade.

A palavra chave, aqui, é a *transparência*. A publicidade visa a proteger a transparência para que se possa exercer o controle sobre a Administração Pública. Metaforicamente, a Administração deve ser vista como uma casa de vidro onde a coletividade poderá enxergar o que está sendo realizado no seu interior. E é a partir dessa noção de publicidade que se podem trazer algumas discussões concretas.

Assim sendo, tratando-se a publicidade de mais um dos princípios reitores da Administração Pública explícitos na Constituição Federal, este estabelece que a Administração está obrigada a dar conhecimento ao público, pelos mais variados meios de comunicação previstos em lei, de todos os seus atos, decisões e atividades, a fim de permitir não só o controle interno, bem como o externo, de sua obediência aos demais princípios

---

4   "Art. 9º. Constitui ato de improbidade administrativa importando enriquecimento ilícito auferir qualquer tipo de vantagem patrimonial indevida em razão do exercício de cargo, mandato, função, emprego ou atividade nas entidades mencionadas no art. 1º desta lei, e notadamente:"

"Art. 10. Constitui ato de improbidade administrativa que causa lesão ao erário qualquer ação ou omissão, dolosa ou culposa, que enseje perda patrimonial, desvio, apropriação, malbaratamento ou dilapidação dos bens ou haveres das entidades referidas no art. 1o desta lei, e notadamente:"

"Art. 11. Constitui ato de improbidade administrativa que atenta contra os princípios da administração pública qualquer ação ou omissão que viole os deveres de honestidade, imparcialidade, legalidade, e lealdade às instituições, e notadamente:"

de Administração, o que faz com que os administradores atuem às claras, permitindo aos cidadãos gozarem de pleno exercício do Estado Democrático de Direito. Daí, pelo princípio da publicidade, torna-se obrigatória a divulgação oficial dos atos administrativos, ressalvadas as hipóteses de sigilo legal, quando a própria publicidade pode causar lesão à finalidade de interesse público a ser atendido.

A publicidade é, inegavelmente, um pressuposto de eficácia do ato administrativo, isto significa que o ato administrativo, como qualquer ato jurídico, pelo menos como regra, passa por aqueles planos da existência, da validade, da eficácia. E isso não é uma mera afirmação doutrinária, pois ela tem consequências relevantíssimas na prática, quais sejam: no plano da existência, para saber se existe no mundo jurídico; da validade, para saber se é correspondente com a ordem jurídica; e da eficácia, para saber se o ato tem capacidade para produzir efeitos.[5]

Seguindo essa afirmação, uma questão concreta, por exemplo, seria a da exoneração de um servidor ou da aposentadoria deste, supondo-se o seguinte: um servidor pede a exoneração de seu cargo, a contar do dia 1º de abril, ou pede a aposentadoria (aposentadoria a pedido), a contar do dia 1º de abril. Só que, chegando a casa, depois de protocolar esse pedido na Administração, ele se arrepende, não quer mais ser exonerado ou não quer mais se aposentar; quer continuar trabalhando.

O servidor pode se arrepender ou esse arrependimento tem eficácia? Ele pode evitar a exoneração ou aposentadoria, nessa situação? Dependerá de ter ocorrido ou não a publicação do ato, porque, nesse exemplo, presumindo-se que ele tenha pedido a exoneração ou a aposentadoria na hora do almoço, até que ele chegue a casa, arrependa-se e volte, não haveria tempo hábil para a publicação no Diário Oficial do dia seguinte. Nesse caso, então, considerando-se que a exoneração ou a aposentadoria ainda não tenha sido publicada, ele poderá, então, retratar-se. Diferentemente da situação desse servidor acordar no dia seguinte e o ato já se encontrar publicado no Diário Oficial, mesmo que o servidor manifeste seu desejo de desistência, esta não mais poderá ser concretizada porque, se o ato foi publicado, já produziu sua eficácia.[6]

Em regra, todos os atos administrativos são publicados, porque pública é a Administração que os realiza, exceto os que a lei ou o regulamento eximam dessa imposição, em razão de segurança nacional, investigação criminal ou interesse público, o que exige prévia declaração e motivação em processo regular. Assim, a Constituição restringe a publicidade dos atos processuais, por exemplo, quando a defesa da intimidade ou o interesse social o exigirem (art. 5º, LX); para a retificação de dados, quando não prefira o cidadão fazê-lo por processo sigiloso, judicial ou administrativo (art. 5º, LXXII, "b").[7]

3. OUTROS PRINCÍPIOS INFORMADORES DO DIREITO ADMINISTRATIVO

Embora não explicitados pelo legislador no art. 37, *caput*, da Constituição Federal, há outros princípios igualmente fundamentais a serem observados pela Administração Pública, pois que já se encontram enraizados

---

5   Sobre o tema, assim decidiu o Superior Tribunal de Justiça: [...] 3. O ato administrativo, como de resto todo ato jurídico, tem na sua publicação o início de sua existência no mundo jurídico, irradiando, a partir de então, seus legais feitos, produzindo, assim, direitos e deveres. 4. Agravo regimental improvido (AgRg no RMS 15.350/DF, STJ - Sexta Turma, Rel. Min. Hamilton Carvalhido).

6   Nesse sentido: "ADMINISTRATIVO. CARGO PÚBLICO. APOSENTA¬DORIA. RETRATAÇÃO DO PEDIDO ANTES DA PUBLICAÇÃO DO ATO. RETORNO AO *STATUS QUO ANTE*. POSSIBILIDADE, 1 - Regida a Administração pelo princípio da publicidade de seus atos, estes somente têm eficácia depois de verificada aquela ocorrência, razão pela qual, retratando-se o servidor, antes de vir a lume o ato de aposentadoria, sua situação funcional deve retornar ao *status quo ante*, vale dizer, subsiste a condição de funcionário ativo. 2 - Recurso em mandado de segurança provido" (STJ, RMS nº 5.164/SP Rel. Min. Fernando Gonçalves, Sexta Turma).

7   Com relação à publicidade, STJ: RMS nº 10.131/PR, Ementa: "1. Dentre os Direitos e Garantias Fundamentais capitulados no art. 5o da Constituição Federal está inserido o de que 'todos têm direito de receber dos órgãos públicos informações de seu interesse particular, ou de interesse coletivo em geral, que serão prestados no prazo de lei, sob pena de responsabilidade, ressalvadas aquelas cujo sigilo seja imprescindível à segurança da sociedade e do Estado' (inciso XXXIII). 2. Inequívoco que os documentos cuja exibição foi requerida pelos impetrantes não estão protegidos pelo sigilo prescrito no art. 38 da Lei 1.595/64, sendo sua publicidade indispensável à demonstração da transparência dos negócios realizados pela Administração Pública envolvendo interesses patrimoniais e sociais da coletividade como um todo. 3. Recurso ordinário conhecido e provido para, reformando o acórdão impugnado, conceder a segurança nos termos do pedido formulados pelos recorrentes".

por todo o Direito Administrativo, especificamente, nele incidindo com a mesma força jurídica daqueles formalmente inscritos, orientando o administrador público no seu proceder.

Eis, então, alguns desses preceitos.

3.1. Princípio da Supremacia do Interesse Público e Indisponibilidade do mesmo pela Administração

Em atendimento ao **princípio da indisponibilidade**, é sempre oportuno frisar que a Administração Pública atua em prol da coletividade, e em seu nome, mas cuja situação não lhe outorga o direito de dispor dos bens e interesses públicos. Sua função é tão somente de geri-los, conservá-los e por eles zelar. Por esta razão é que a lei prevê a forma como podem ser alienados bens públicos, como também exige licitação para contratos administrativos, uma vez que a alienação de bens públicos é uma forma excepcional de gestão patrimonial. Por isso, ainda que se admita que os bens e o interesse público sejam indisponíveis, já decidiu o Supremo Tribunal Federal que eles o são com ressalvas.[8]

Partindo-se dessas acepções, já se pode perceber que o interesse público a ser perseguido pela Administração não se confunde com o interesse estatal, o que seria incompatível com o Estado Democrático de Direito que a Constituição preconiza, não se confundindo também com o interesse do aparato administrativo, que possui certas vantagens, por certo, mas que tais não podem ser reconhecidas como interesse público e, muito menos, este ser identificado com o interesse privado do agente público que exerce a função administrativa.[9]

E, com efeito, porque os interesses públicos da Administração não se acham entregues à livre disposição do administrador. Se o particular possui um carro, por exemplo, poderá dispor desse bem da forma que melhor lhe convier. No entanto, no caso de bens públicos, estes pertencem à sociedade, ao povo; por isso o administrador público não pode dispor desses bens. Hipoteticamente, o prefeito não pode dizer que não cobra imposto – IPTU, porque ele estaria ferindo o princípio da indisponibilidade dos bens públicos.

Assim, em regra, os bens da Administração só poderão ser alienados se demonstrado o interesse público específico e após a realização de prévia avaliação do bem, de acordo com as regras do art. 17 da Lei 8.666/93. Dessa forma, para transferir bens de sua propriedade, a Administração Pública precisa obedecer, além das regras aplicáveis da legislação civil, os princípios de Direito Público, além da própria lei de licitações.

Ainda em razão do princípio da indisponibilidade, o STF já decidiu que o poder de transigir ou de renunciar não se configura se a lei não o prevê. A relevação de prescrição é renúncia de direito que importa em liberalidade, cuja efetivação depende de autorização legislativa. Assim, por força do aludido princípio, a renúncia, total ou parcial, de poderes ou competências é vedada, salvo se houver autorização legal (art. 2º, parágrafo único, inciso II, da Lei nº 9.784/99). Ademais, não pode a Administração Pública deixar de usar os meios judiciais e extrajudiciais para repelir a turbação, o esbulho e a indevida utilização de áreas públicas.[10]

Em outras palavras, as competências administrativas, constitucionais ou legalmente fixadas, são irrenunciáveis, pois todo o poder atribuído à Administração é sempre um poder-dever. Sendo assim, os poderes administrativos de ação, quando não exercitados, devem ter essa inação devidamente justificada, devidamente motivada pela Administração Pública. Portanto, em regra, o fato de não agir gera responsabilidade do servidor público.

Questão tormentosa é saber se a Administração Pública pode se valer do instituto da arbitragem. No caso, estaria havendo ofensa à indisponibilidade do interesse público? Não há entendimento uniforme firmado no âmbito do próprio TCU. Entretanto, o STF já reconheceu a constitucionalidade do compromisso arbitral que importa numa renúncia ao controle jurisdicional *a posteriori*, a possibilidade de a Administração

---

8   STF, RE 253.885. "Há casos em que o princípio da indisponibilidade do interesse público deve ser atenuado, mormente quando se tem em vista que a solução adotada pela Administração é a que melhor atenderá à ultimação desse interesse".

9   Apud JUSTEN FILHO, *Curso de...*, op. cit., p. 37-39.

10 Os Procuradores Federais, Estaduais, Municipais, os Procuradores do INSS, os membros da Advocacia Geral da União, os Procuradores da Fazenda Nacional, não podem transigir nas ações cíveis judiciais, ou seja, regra geral, não cabem acordos judiciais com a parte devedora do Estado, salvo se a Lei autorizar. Exemplo: Juizados Especiais Cíveis, se houver lei, cabe transação. BORGES, José Arthur Diniz. *Direito administrativo sistematizado e sua interdependência com o Direito Constitucional*. Rio de Janeiro: Lumen Juris, 2016, p. 83.

Pública, em contratos administrativos, submeter-se à cláusula arbitral. Ou seja, é possível a União firmar compromisso arbitral, referindo-se ao litígio envolvendo sentença homologatória de transação celebrada entre o Município e servidores municipais, por exemplo. Como se pode observar facilmente, o princípio da indisponibilidade pode ser atenuado, embora evidente que o juízo arbitral não subtraia a garantia constitucional do juiz natural. O Ministro Luiz Fux, por exemplo, é pela validade do juízo arbitral no caso de minimizar os prejuízos patrimoniais da Administração. Exemplo? A Administração foi atingida por um ilícito ambiental e parcelou-se o valor da multa em dez vezes, sem acréscimo de juros e correção monetária.

A propósito, tal tema foi objeto na prova de ingresso à Procuradoria Geral do Estado, nos seguintes termos: ajuizou-se ação indenizatória em face de um determinado Estado em decorrência de danos oriundos de ato ilícito praticado por agente público estadual. Indaga-se, à luz do princípio da indisponibilidade do interesse público, se é possível ao Estado celebrar transação nos autos para pagar valores pecuniários sem a observância do art. 100, *caput*, da CF/88.

A solução para a questão deve ser buscada na esfera principiológica, pois não podemos deixar de considerar que o princípio da indisponibilidade do interesse público existe e é de observação obrigatória pela Administração Pública. Contudo, outros princípios, tão importantes quanto, devem ser igualmente observados. É o que os constitucionalistas chamam de *ponderação de princípios* (ou ponderação de valores ou interesses) e isto ocorre quando há mais de um princípio aplicado à hipótese em flagrante conflito.

Assim considerado, a situação que se apresenta não foge desse quadro; afinal, de um lado, temos o já mencionado princípio da indisponibilidade do interesse público e, de outro lado, o princípio da economicidade, que, em seu âmago, deriva do princípio do interesse público. O primeiro princípio impõe-se na medida em que não é permitido ao administrador abrir mão de seu direito, como representante da coletividade, de litigar em busca de provimento judicial favorável para realizar qualquer tipo de transação que imponha ônus para a Administração, enquanto o segundo princípio apresenta-se de forma que ao administrador, em prol do interesse público, é lícito realizar os atos de administração de modo a gerar a maior economicidade para o Estado. Desta forma, uma transação que, realizada, economize anos de litígio, liberando a máquina administrativa deste encargo, e talvez até evite um valor maior em sede de condenação judicial, está em perfeita sintonia com o interesse público.

Inobstante o que foi explanado, o Estado deve observância, ainda, a outro princípio, o da legalidade, pelo que só poderá agir de acordo com o que estiver previsto no ordenamento jurídico. Assim, em havendo lei que autorize a transação, será perfeitamente possível a realização da mesma para pagar valores pecuniários sem observância ao regime dos precatórios. Particularmente, no Estado do Rio de Janeiro, a previsão encontra-se na Lei Estadual nº 5.177/07, embora também na União exista esta previsão, segundo o disposto na Lei nº 9.469/97.

Mas há que se fazer a ressalva que tais recursos não poderiam ser retirados de verbas rubricadas para pagamento de precatórios (violação oblíqua da isonomia), bem como só haveria possibilidade de transação quanto a direitos patrimoniais disponíveis da Administração. Deve-se fixar como divisor de águas o trânsito em julgado, no sentido de que antes de a sentença do Tribunal julgador poderia haver acordo e, nas situações em que é possível a transação, o pagamento seria feito de forma imediata, sem precatório.

3.2. Princípio da Autotutela

Um dos mais importantes corolários do princípio da legalidade é a autotutela, que vem a ser um princípio informativo do Direito Administrativo de fácil entendimento, vez que já traz em sua própria nomenclatura a noção básica de seu significado, qual seja: se tutela é sinônimo de controle, logo, quando se fala em *autotutela*, fala-se em autocontrole. Daí partindo, autotutela administrativa significa o controle interno que a Administração Pública exerce sobre a sua própria atuação, sobre os seus próprios atos.

Assim, por ser o Estado o guardião da legalidade, ao se deparar com algum vício de legitimidade, seja uma ilegalidade expressa, seja um vício de moralidade, ou até mesmo um equívoco de interpretação da lei, não pode a Administração Pública andar de braços dados com a ilegalidade, ou ficar de braços cruzados, se assim se preferir dizer, sob pena de ferir o art. 37 da Constituição Federal.

Cabe ressaltar, porém, que o princípio da autotutela não está explícito na Constituição; ele é um conceito doutrinário que, construído pela jurisprudência, acabou consagrado, no Brasil, na **Súmula nº 473** do Supremo Tribunal Federal, a qual dispõe, *in verbis*:

"A Administração pode anular seus próprios atos, quando eivados de vícios que os tornam ilegais, porque deles não se originam direitos; ou revogá-los, por motivo de conveniência ou oportunidade, respeitados os direitos adquiridos e ressalvada, em todos os casos, a apreciação judicial".

Então, ao exercer uma fiscalização interna quanto à sua atuação, seja de ofício ou por provocação do particular, a autotutela possibilita à Administração Pública, de um lado, reapreciar seus atos e **anular** os que forem ilegais – nesse caso fala-se até em dever-poder de anulação, e não apenas em faculdade (em princípio é um dever, que não é absoluto, porque ainda teria a convalidação, assunto a ser estudado, mais detidamente, quando se começar a apreciar a teoria geral do ato administrativo) – e, de outro, como segunda prerrogativa nesse autocontrole, a Administração também pode **revogar** os atos legais, por se apresentarem inconvenientes e inoportunos, e **sem precisar de interferência do Judiciário**.

3.3. Princípio do Devido Processo Legal

Positivado no art. 5º, LIV, da Constituição da República, indubitavelmente se acha o **princípio do devido processo legal**, tendo o constituinte se inspirado, de forma notória, na redação encontrada no constitucionalismo norte-americano ao preceituar que "ninguém será privado da liberdade ou de seus bens sem o devido processo legal", embora muitas sejam as implicações deste enunciado, pois dele se pode retirar variados ditames, como a determinação de que ninguém será julgado senão por juízo competente e pré-constituído, além de se poder também a ele aplicar os brocardos latinos *nullum crimen sine lege* ou, então, *nullum crimen, nulla poena sine praevia lege*.

Independente das interpretações que lhe forem atribuídas, o princípio do devido processo legal, aliado à separação de poderes, constitui-se em fundamento essencial do regime democrático, uma vez que sua abrangência ultrapassa a condição de simples garantia processual; ele é garantia de liberdade, um direito fundamental do homem consagrado na Declaração Universal dos Direitos do Homem. Proclamada em 1948, cujo art. 8º preconiza que "todo homem tem direito a receber dos tribunais nacionais competentes remédio efetivo para os atos que violem os direitos fundamentais que lhe sejam reconhecidos pela constituição ou pela lei", assim como o art. 10 dispõe que "todo o homem tem o direito, em pena igualdade, a uma justa e pública audiência por parte de um tribunal independente e imparcial, para decidir de seus direitos e deveres ou do fundamento de qualquer acusação criminal contra ele", ou simplesmente quando se diz que todo homem é considerado inocente até prova em contrário, sendo-lhe asseguradas, de acordo com a lei, todas as garantias necessárias à sua defesa.

3.4. Princípio da Motivação

É um dos mais revolucionários do Direito Administrativo, sendo intensamente utilizado como garantia contra arbitrariedades dos governantes, porquanto seu conteúdo principiológico exige, em regra, que todo administrador público dê satisfação aos administrados das razões jurídicas e fáticas que justificam a prática de todos os atos e decisões administrativas.

Tal postulado foi desenvolvido primeiramente no Direito Administrativo alemão, visto que, por lá, a motivação consta em cláusulas do rol constitucional de direitos e garantias individuais. Assim, de acordo com o Direito alemão, esse princípio estaria implícito na ideia de que todo cidadão deve ter conhecimento das razões pelas quais os direitos lhe são conferidos ou negados. E mais do que isso: do ponto de vista da defesa desses direitos, individuais e coletivos, seria um desdobramento das cláusulas do devido processo legal e das garantias do contraditório e da ampla defesa.

Exemplifique-se, hipoteticamente, com o fechamento da Avenida Rio Branco, uma das mais movimentadas do centro do Rio de Janeiro. Mas, quais os motivos? Quais as razões? É preciso ter motivo e motivo idôneo. Então, o administrador tem que pensar nas consequências do fechamento da Av. Rio Branco, porque ele, administrador, serve ao interesse público, e o interesse da Administração não pode superar o interesse da coletividade, o que obriga ao Poder Público motivar os seus atos. Desse modo, a motivação serve principalmente para controlar os atos discricionários. A permissão de uso sem motivação, por exemplo, é ato arbitrário. E isto é muito bem vindo, pois os atos discricionários com motivação facilitam o controle no Judiciário.

No tocante ao dever de motivar, todavia, a doutrina é divergente, existindo diferentes entendimentos sobre essa obrigatoriedade, mas não sem antes aqui destacar-se uma curiosidade: em relação à Administração Pública como um todo, o constituinte pátrio foi extremamente técnico no art. 37, *caput*, simplesmente dizendo que os princípios da Administração Pública se aplicam verticalmente a todos os entes federativos da União até os municípios e horizontalmente a todas as administrações públicas dos três Poderes (Executivo, Legislativo e Judiciário), mas, no entanto, no que se refere ao princípio da motivação, o constituinte o inseriu como princípio cogente da administração do Poder Judiciário, genericamente dizendo que as decisões administrativas dos tribunais devem ser necessariamente motivadas, o que poderia ou deveria ter dito em relação à Administração Pública como um todo, fazendo alusão a essa exigência nos incisos IX e X do art. 93, ambos com redação dada pela EC nº 45, de 2004, como se pode apreciar, *in verbis*:

"Art. 93. Lei complementar, de iniciativa do Supremo Tribunal Federal, disporá sobre o Estatuto da Magistratura, observados os seguintes princípios:

[...]

IX – todos os julgamentos dos órgãos do Poder Judiciário serão públicos, e fundamentadas todas as decisões, sob pena de nulidade, podendo a lei limitar a presença, em determinados atos, às próprias partes e a seus advogados, ou somente a estes, em casos nos quais a preservação do direito à intimidade do interessado no sigilo não prejudique o interesse público à informação;

X – as decisões administrativas dos tribunais serão motivadas e em sessão pública, sendo as disciplinares tomadas pelo voto da maioria absoluta de seus membros;"

Corrente capitaneada por Celso Antônio Bandeira de Mello dirá que, embora seu *caput* só se refira ao Poder Judiciário, literalmente, tal artigo, porém, não pode ser interpretado *ipsis verbis*, assim afirmando que ele deve ser aplicado a todo e qualquer exercício de atividade administrativa. Trata-se, portanto, de uma interpretação ampliativa, pois, se, para a função atípica do Judiciário, a administrativa, ele tem que julgar, quem exercer essa mesma função administrativa de maneira atípica terá também que motivar; em outros termos, se o Judiciário, quando exerce atipicamente a função administrativa, tem que motivar a decisão, com muito mais razão o Poder Executivo, que tipicamente exerce essa função.

No entanto, parece não prevalecer ainda essa visão mais moderna; pode ser até uma tendência, mas hoje não prevalece essa corrente na doutrina.

A **segunda** corrente, porém, que é minoritária, tem uma visão completamente oposta à primeira, ou seja, nenhum ato precisa ser motivado se não houver previsão legal, já que a motivação não é princípio constitucional. Então, como regra, a motivação não é obrigatória.

Já a **terceira** corrente é mais tradicional, tendo como seu maior defensor o saudoso professor Hely Lopes Meirelles, cujo entendimento, e de seus seguidores, é no sentido de que os atos vinculados devem ser motivados, mas os discricionários não necessitam, obrigatoriamente, de motivação, a não ser quando a lei assim o exigir. Porém, se eles forem motivados ficariam vinculados aos motivos alegados para todos os fins de direito, o que em doutrina se chama de *teoria dos motivos determinantes*.

Essa posição, todavia, é muito criticada, pois se os atos vinculados são aqueles em que não há liberdade de agir, ora, para quê então estes atos precisam de motivação, se a própria lei já fornece os motivos? Mas é justamente nos atos discricionários, em que há certa liberdade de agir do administrador, uma liberdade nos limites da lei, que se necessita saber as razões, a fundamentação à atuação estatal, não se equivocando em afirmar, inclusive, que quanto maior a discricionariedade outorgada à autoridade, maior a necessidade dessa motivação.

Por fim, tem-se a **quarta** corrente cujo entendimento é no sentido de que <u>só os atos administrativos decisórios devem ser motivados</u>, ou seja, não é qualquer ato administrativo que será motivado, mas qualquer ato administrativo que tenha cunho decisório.

É claro que, já de início, acena certa dificuldade dizer o que é um ato decisório e o que não é um ato decisório, pois, na prática, é difícil falar-se de algum ato administrativo que, de alguma maneira, não afete direito de alguém. Mas, na definição do professor Diogo de Figueiredo, basicamente, <u>ato decisório é o que restringe ou condiciona o direito de alguém; é o ato que afeta direito ou interesse de alguém</u>. Se levado esse conceito ao pé da letra, porém, quase todo ato administrativo tem cunho decisório e, assim, praticamente, fica-se com a regra geral de Celso Antônio. Mas, em tese, Diogo frisa que só o ato decisório precisa ser motivado. Então, frente à banca da PGE/PGM, se for esquecida a definição de ato decisório, resta a "dica" do art. 50, I, da Lei nº 9.784/99, pois quando o professor Diogo define ato decisório, ele se vale das expressões que estão neste dispositivo da lei, ainda que não o cite.

Por que então essa última corrente só vai exigir motivação nos atos decisórios? Para isso, ela traz dois fundamentos constitucionais: o primeiro fundamento seria o <u>princípio da ampla defesa e do contraditório</u>. Só com a motivação, a defesa, do cidadão em geral, poderia ser considerada ampla e efetiva; sem saber o porquê de um ato administrativo, o cidadão não conseguiria se defender de maneira ampla e efetiva, argumento este do professor Diogo que parece já ter sido reconhecido pelo STF, inclusive nas relações privadas, cujo *leading case* consta no Informativo nº 405 do STF.[11]

3.5. Princípio da Continuidade dos Serviços Públicos

Partindo-se da noção mais estrita de serviços públicos, que tradicionalmente a doutrina concebe como sendo todas as atividades administrativas prestadas pelo Estado, ou por seus delegatários, no sentido de oferecer utilidades ou comodidades materiais destinadas a satisfazer não só os administrados em geral, como também a cada particular, singularmente, a exemplo do fornecimento de água, luz, gás, dentre outros, a expressão *serviço público* presente no **princípio da continuidade** significa mais que isso: ao englobar todas as atividades administrativas desempenhadas pelo Estado em seu conceito, por continuidade do serviço público entende-se que essas atividades estatais devem ser dotadas de uma organização tal, e cercadas de um conjunto de garantias legais, que não possam ser paralisadas em prejuízo de direitos dos cidadãos.

Assim, como o estabelecimento de um serviço público só se justifica se ele atender ao interesse público, ele há de ser prestado com regularidade, sob pena de sua interrupção implicar em apuração de responsabilidade objetiva do Estado.

E é a essa regularidade que se está a referir quando se afirma, por exemplo, que uma delegacia de polícia não pode fechar as portas. O Estado poderia ficar um mês sem prestar segurança pública? Certamente que não, porque segurança pública é poder de polícia, é dever do Estado, e esse serviço tem que existir continuamente, ao fundamento de que o art. 144 da CF/88, ao tratar de segurança pública, não colocou um limite de horário para essa atividade, isto é, que só haverá segurança pública das 7 às 17 horas e, depois desse horário, será cada um por si. É bem verdade que se vê as ruas sem policiamento depois de uma determinada hora,

---

11 Informativo nº 405 do STF: "Sociedade Civil de Direito Privado e Ampla Defesa. A Turma, concluindo julgamento, negou provimento a recurso extraordinário interposto contra acórdão do Tribunal de Justiça do Estado do Rio de Janeiro que mantivera decisão que reintegrara associado excluído do quadro da sociedade civil União Brasileira de Compositores – UBC, sob o entendimento de que fora violado o seu direito de defesa, em virtude de o mesmo não ter tido a oportunidade de refutar o ato que resultara na sua punição - v. Informativos 351, 370 e 385. Entendeu-se ser, na espécie, hipótese de aplicação direta dos direitos fundamentais às relações privadas. Ressaltou-se que, em razão de a UBC integrar a estrutura do ECAD – Escritório Central de Arrecadação e Distribuição, entidade de relevante papel no âmbito do sistema brasileiro de proteção aos direitos autorais, seria incontroverso que, no caso, ao restringir as possibilidades de defesa do recorrido, a recorrente assumira posição privilegiada para determinar, preponderantemente, a extensão do gozo e da fruição dos direitos autorais de seu associado. Concluiu-se que as penalidades impostas pela recorrente ao recorrido extrapolaram a liberdade do direito de associação e, em especial, o de defesa, sendo imperiosa a observância, em face das peculiaridades do caso, das garantias constitucionais do devido processo legal, do contraditório e da ampla defesa. Vencidos a Min. Ellen Gracie, relatora, e o Min. Carlos Velloso, que davam provimento ao recurso, por entender que a retirada de um sócio de entidade privada é solucionada a partir das regras do estatuto social e da legislação civil em vigor, sendo incabível a invocação do princípio constitucional da ampla defesa" (RE 201819/RJ, rel. Min. Ellen Gracie, rel. p/ acórdão Min. Gilmar Mendes, 11/10/2016).

mas isto pode gerar uma responsabilização civil para o Estado por falta de prestação do serviço adequado. É a chamada falta do serviço, por quebra do princípio da continuidade, por inexistência do serviço.

Note-se, portanto, que a continuidade, hoje, não é um princípio inerente só aos serviços públicos, mas também se aplica às atividades em geral da Administração, inclusive às atividades privadas socialmente relevantes ou consideradas essenciais pela legislação.

Em síntese, por se tratar a continuidade de um princípio que tem aplicação numa atividade administrativa específica, isto é, quando o Estado ou os seus delegatários estiverem prestando serviços públicos, neste âmbito, ele é importantíssimo para o Direito Administrativo, pois quem estiver prestando serviço público, seja o Estado, seja o delegatário, tem que prestá-lo com continuidade, e como esse termo já está a dizer, o serviço público não pode ser interrompido, em regra; de um modo geral, o serviço público deve ser prestado de forma ininterrupta, pois sua paralisação ou a sua não prestação vai gerar danos à coletividade, e é por isto que foi consagrado esse princípio basilar da continuidade do serviço público.

3.6. Princípio da Razoabilidade

Começamos fazendo um breve comentário acerca do caso de um candidato que, após ser aprovado nos exames, foi considerado inabilitado em função de ter respondido a processo por porte ilegal de arma, mesmo havendo, de acordo com os arts. 76 e 89 da Lei nº 9.099/95, uma transação, por se tratar de infração de menor potencial ofensivo. Será que a aceitação da transação penal, proposta pelo Ministério Público, sem sentença condenatória, pode ou não trazer consequências para o candidato?

Uma das restrições editalícias mais polêmicas, e que tem sido tema de diversas lides, é, inquestionavelmente, a que se refere à exclusão sumária de candidato em concurso público por constar seu nome em "cadastros de restrição ao crédito", tais como os conhecidos SPC e/ou SERASA, de maneira generalizada. Trata-se, muitas vezes, de uma restrição imposta à própria participação em si do candidato nas etapas do concurso; noutras, no ingresso ao cargo, após a aprovação em todas as etapas.

Outro caso digno de registro gira em torno do candidato ser eliminado do concurso por ter sido considerado inapto em função de não possuir a altura mínima exigida, hipoteticamente, de 1,65m para o ingresso na Polícia Militar, como foi, no caso concreto, um candidato a oficial da Polícia Militar do Estado do Rio de Janeiro, que foi aprovado em todas as etapas do certame, tendo sido eliminado, porém, por ter 1,675m de altura, ou seja, um metro e sessenta e sete e meio de altura, quando o edital exigia 1,68m.

Pode a Administração Pública, sem dúvida, determinar os critérios de seleção dos candidatos ao cargo de policial militar, fixando, inclusive, as condições físicas necessárias para o exercício da função. O edital é a lei interna do concurso. Todavia, não exclui que um mínimo de razoabilidade na aplicação das regras nele contempladas seja dispensado.

Outra hipótese interessante de registro refere-se ao caso de uma candidata, em Minas Gerais, que se inscreveu no concurso, sendo aprovada na 1ª fase – prova de conhecimentos –, mas excluída nos exames preliminares de saúde em razão de possuir prótese de silicone nos seios.

Essa reprovação não passa pelo crivo do critério da razoabilidade, visto que a prótese implantada operacionalizou-se apenas por motivos estéticos, e não para a substituição de órgão perdido total ou parcialmente, em razão de "doenças ou deformidades congênitas adquiridas", o que não a torna *inapta*, no caso, para a atividade policial. O ato que a exclui do processo seletivo é ilegal e, ainda, discriminatório, uma vez que a candidata não é portadora de qualquer distúrbio que a impeça para o exercício das funções do cargo.

Portanto, *in casu*, considerando o critério específico referente à prótese de silicone, impõe-se analisar as circunstâncias e especificidades do caso concreto para se estabelecer a razoabilidade da exigência, sob pena de se infringir os princípios da legalidade, isonomia, moralidade, eficiência e acessibilidade aos cargos públicos, que regem a Administração Pública. Mas, considerando que a candidata apresenta prótese de silicone em caráter estético, isto, a princípio, não a torna inapta para atividade policial.

Imagine-se, ainda, que um agente da vigilância sanitária de um município interdita um supermercado, por vinte dias, porque encontrou determinado tipo de alimento com três dias fora do prazo de validade. Neste caso concreto, feriu-se a razoabilidade: a medida adotada foi excessiva.

Assim, a violação de um princípio, ainda que não expressamente previsto no texto legal, mas, contudo, implícito e reconhecido pela doutrina e pela jurisprudência, **como o é o princípio da razoabilidade**, assim como os princípios da lealdade e da boa-fé administrativa, por exemplo, também origina uma violação à legalidade (em sentido amplo), ou seja, à juridicidade, e, deste modo, também autoriza o controle do ato pelo Judiciário com base no **princípio da legalidade administrativa** em sentido amplo, entendida **enquanto juridicidade**.

Portanto, o administrador **sempre** há de exercer o seu poder discricionário dentro dos estreitos limites da moralidade, da razoabilidade e da proporcionalidade, <u>sob pena de ofensa à lei e à Constituição</u>, que não autorizam senão medidas onde o interesse público seja legítimo.[12]

3.7. Princípio da Proporcionalidade

Sempre seguindo o entendimento da doutrina majoritária, passa-se agora a examinar um pouco mais a fundo o **princípio da proporcionalidade**, posto que, diferentemente da ideia de razoabilidade, ele teria se desenvolvido no Tribunal Constitucional alemão a partir da cláusula constitucional do Estado de Direito, como no Brasil se consagra o Estado Democrático de Direito.

Assim, quando a jurisprudência alemã e a própria doutrina passaram a interpretar essa cláusula, perceberam que, se o Estado é um Estado de Direito, deve respeitar o ordenamento jurídico, tendo que respeitar os direitos fundamentais dos cidadãos e, portanto, esse Estado, quando atua, não pode fazê-lo com excessos, de forma arbitrária, daí a doutrina alemã utilizar os termos *proporcionalidade* e *proibição de excesso* indistintamente. Portanto, é inerente à cláusula do Estado de Direito a ideia de proporcionalidade.

Caso contrário, suponha-se que a Administração Pública tenha determinado que feirantes, ocupantes de área pública, deveriam ser transferidos para outro local que lhes foi destinado, fixando prazo para que se procedesse à transferência. Expirados todos os prazos fixados, foi dada ordem para que a Polícia Militar providenciasse a desocupação da área pública. Porém, os ocupantes, em número de quinze, resistiram, usando paus e pedras, às tentativas de desocupação. A polícia, por sua vez, com um efetivo de trinta homens, usou de força para cumprir as ordens recebidas. Terminado o confronto, dois feirantes foram mortos e vários sofreram lesões corporais graves provocadas por tiros disparados pela polícia. Em face dessa atuação hipotética, não há dúvidas que o denominado "poder de polícia" é autoexecutório, não necessitando de autorização judicial, e é também coercível, na medida em que poderá se valer da força física para realizá-lo, uma vez que a coercibilidade é característica do poder de polícia. Contudo, para ser lícita, a atuação da Administração deveria ter obedecido ao princípio da razoabilidade e da proporcionalidade. No caso objeto da questão, a polícia agiu desarrazoada e desproporcionalmente ao desferir disparos com arma de fogo, provocando mortes e ferimentos dos manifestantes, que não portavam arma de fogo, mas pedras e paus, e estavam em número menor do que o de policiais envolvidos.

Para isso, no Direito alemão, convencionou-se que a proporcionalidade está dividida em três subprincípios – <u>adequação</u>, <u>necessidade ou exigibilidade</u> e <u>proporcionalidade em sentido estrito</u> –, como se fossem três aspectos da proporcionalidade, que não seriam princípios estanques, mas que se comunicariam como que numa gradação, pois é claro que se pretender objetivar de maneira absoluta é impossível, é uma noção indeterminada, uma noção aberta por natureza, mas é uma tentativa que toda a doutrina vai citar de objetivação do princípio da proporcionalidade ou da razoabilidade.

Concluindo-se, portanto, que uma medida ou um ato estatal tem que passar pelas seguintes apreciações:

√ Adequação

A **adequação**, também chamada de **idoneidade**, é o primeiro requisito pelo qual deve passar o princípio da proporcionalidade ou razoabilidade[13], no sentido de que <u>toda ação administrativa, toda a medida estatal</u>

---

12   Embora essa ampliação da noção de legalidade e de controle judicial venha evoluindo, ainda há bastante conservadorismo nos tribunais com relação à só permitir o controle de legalidade *stricto sensu*.

13   Conforme lição do professor José dos Santos Carvalho Filho: "O princípio da proporcionalidade [...] guarda alguns pontos que o assemelham ao princípio da razoabilidade e entre eles avulta o de que é objetivo de ambos a outorga ao Judiciário do poder de exercer controle sobre os atos dos demais Poderes". Acrescenta, ainda, que "o grande fundamento do princípio da proporcionalidade é o excesso de poder, e o fim a que se destina é exatamente

só se justifica na medida em que ela for apta, idônea, adequada e suficiente para promover uma finalidade prevista na norma jurídica.

Trazendo-se agora um exemplo jurídico, julgado inclusive pelo Supremo Tribunal Federal, e que está em livros, é a decisão clássica do corretor de imóveis. Em algum momento, a legislação exigiu que os corretores de imóveis tivessem uma habilitação específica para atuar como corretores. A legislação exigiu diploma, como acabou acontecendo em relação aos jornalistas, e a questão também foi decidida pelo Supremo Tribunal Federal.[14]

No caso em tela exigiu-se um diploma qualquer, um atestado diferenciado qualquer para o corretor exercer a sua profissão. Mas qual era o fim da norma? Controlar aquela profissão, o exercício da corretagem, e o meio utilizado para controlar aquela profissão foi a exigência de um atestado, um diploma profissional.

O Supremo Tribunal Federal entendeu pela desproporcionalidade da exigência de diploma para a atividade de corretagem, de um atestado especial, não se mostrando medida adequada para o fim perseguido, que é o controle daquela profissão. Não é por meio de um diploma ou de um mero atestado formal que se vai controlar de maneira eficaz a atuação de um corretor, que não deixa de desempenhar uma atividade de vendedor.

Em suma, os bens materiais empregados pela Administração devem ser compatíveis com a finalidade que ela pretende perseguir, pois ela não pode utilizar meios que sejam desproporcionais, ou seja, não pode o agente público empregar meios que sejam inadequados para atingir os fins colimados pelo Estado, mesmo porque eles geralmente são ineficientes, ainda que possam atingir o objetivo pretendido. Seria o mesmo que dizer, por exemplo, aproveitando-se de um clássico provérbio alemão, que *"não se abatem pardais disparando canhões"*, isto para sustentar que o administrador público deve observância ao princípio da proporcionalidade.

✓ Necessidade ou Exigibilidade

O segundo teste do princípio da proporcionalidade, que se soma ao anterior numa gradação, como uma espécie de segundo degrau da proporcionalidade, envolve a apreciação da **necessidade**, também chamada **exigibilidade** ou **subprincípio da vedação do excesso** da medida estatal.

Por esse subprincípio, dentre os meios adequados para a consecução de um determinado fim eleito pela Administração, deve a Administração escolher aquele que restringe no menor grau possível os direitos individuais. Ou seja, a atuação do agente deve ser aquela unicamente necessária quando não há outra forma menos gravosa, menos restritiva, para alcançar o fim perseguido, daí justificar-se a principal função dos juízes, que é aplicar as normas jurídicas de acordo com a gravidade do ato e o grau de importância do bem jurídico constitucionalmente protegido.[15]

A necessidade, enquanto subprincípio da proporcionalidade, também é chamada de exigibilidade ou de vedação ou proibição de excesso.

Então, por exemplo, quando há a possibilidade de a polícia administrativa sanitária apenas recolher todos aqueles gêneros que estão com três dias fora do prazo de validade ou que estão apodrecidos no supermercado, não há sentido em determinar o fechamento do estabelecimento, que seria um ato mais gravoso do que o necessário para o atendimento do interesse público, o que tornaria o ato irrazoável e desproporcional.

---

o de conter atos, decisões e condutas de agentes públicos que ultrapassem os limites adequados, com vistas ao objetivo colimado pela Administração [...]" (grifo do autor). CARVALHO FILHO, op. cit., p. 23.

14 Em junho de 2009 o STF declarou a inconstitucionalidade da exigência de diploma para jornalistas, ao fundamento de que a norma era incompatível com o princípio da liberdade de expressão. Registre-se que a questão voltou à baila novamente, quando em agosto de 2012 o Senado aprovou a PEC (206/2012) tornando obrigatório o diploma de curso superior de Comunicação Social, com habilitação em Jornalismo, expedido por curso reconhecido pelo Ministério da Educação. A proposta encontra-se atualmente na Comissão de Constituição e Justiça e Cidadania da Câmara dos Deputados e poderá ter sua apreciação acelerada caso passe a tramitar em conjunto com outra proposta de mesmo objetivo, que está pronta para ir ao Plenário – a PEC 386/2009.

15 A esse respeito, observa o professor Celso Antônio que "a inadequação à finalidade da lei é inadequação à própria lei. Donde, atos desproporcionais são ilegais e, por isso, fulmináveis pelo Poder Judiciário, que, sendo provocado, deverá invalidá-los quando impossível anular unicamente a demasia, o excesso detectado". BANDEIRA DE MELLO, op. cit., p. 101.

Exemplo hipotético que também se pode trazer aqui, por ser bastante significativo, é o de uma fábrica, que produz seus bens, gera renda, empregos a muitas pessoas de um determinado município, mas cuja chaminé, com o decorrer dos tempos, começou a emitir poluentes acima do normal na atmosfera. Sendo assim, supõe-se que um fiscal vai a essa fábrica, verifica que a emissão de poluentes está, de fato, um pouco acima do permitido pela legislação, chegando à conclusão de que, para essa irregularidade, há necessidade de o Poder Público aplicar uma medida para tentar evitar a poluição ao meio ambiente, e assim alcançar esse fim perseguido.

Então, o que pode o fiscal fazer no caso? Dentre as medidas que podem ser adotadas no caso, ele verifica que pode determinar a colocação de um filtro naquela chaminé e, assim, a questão estaria resolvida, fazendo com que não houvesse mais qualquer violação ao ordenamento, voltando tudo ao normal. Entretanto, esse fiscal resolve interditar a fábrica, que tem 15.000 empregados, que incluem famílias que precisam daqueles empregos, e que também é importante para o município, em virtude da circulação de bens e da produção de riquezas, mas que o fiscal simplesmente determinou seu fechamento.

Nesse caso, mesmo que o ordenamento abra, em tese, essa hipótese ao fiscal, poder-se-ia dizer que a medida adotada pelo Poder Público foi desproporcional, considerando-se a finalidade perseguida pela atuação do Poder Público, porque havia dois meios que poderiam ser empregados: a colocação do filtro ou a interdição da fábrica. Assim, se o fiscal tivesse adotado a primeira medida, que seria a colocação do filtro, esta seria menos restritiva, menos gravosa aos direitos fundamentais, e atingindo a mesma finalidade, que é a preservação do meio ambiente, é proteger a sociedade contra a poluição. Com essa atuação, ninguém seria prejudicado, nem o meio ambiente, que estaria protegido, nem as pessoas, que não estariam desempregadas com o fechamento da fábrica.

Percebe-se, desse modo, que a proporcionalidade pressupõe adequação entre os atos e as necessidades, e cuja ideia é a medida que necessariamente será adotada, é aquela medida menos gravosa, menos restritiva aos direitos fundamentais e que alcançará o fim previsto na norma, na legislação.

✓ Proporcionalidade em Sentido Estrito

Afirma aqui a doutrina que haverá uma verdadeira ponderação entre os direitos ou princípios envolvidos, uma análise do custo-benefício da medida; pois vamos analisar qual princípio vai ceder espaço e qual princípio será aplicado no caso concreto, trabalhando-se, assim, com o aspecto mais problemático da ponderação administrativa: a ponderação de interesses.

Esse subprincípio se parece muito com a necessidade, costumeiramente dizendo a doutrina que, na necessidade, analisam-se os fatos e, na proporcionalidade em sentido estrito, analisam-se as normas. Portanto, na necessidade, seriam analisadas as situações fáticas e, na proporcionalidade em sentido estrito, seria analisada a possibilidade jurídica, a ponderação jurídica propriamente dita. E exemplo disso pode-se encontrar naquele caso dos botijões de gás (trazido pelo próprio STF e citado por toda a doutrina), quando uma lei estadual determinou que todas as pessoas que comercializassem botijões ou cilindros de gás teriam que levar uma balança de precisão na hora da venda, efetuando a pesagem na frente de cada consumidor, para saber se realmente o que estava escrito na embalagem correspondia ao conteúdo efetivamente colocado dentro daquele botijão.

Eventualmente, se tivesse menos gás que o especificado no botijão, esses comerciantes teriam que pagar a diferença em dinheiro, na hora, em *cash* ao consumidor ou fazer o respectivo desconto. Mas ocorreu que os vendedores dos botijões, alegaram que não tinham condição de levar uma balança de precisão para cada venda, além de dinheiro trocado para poder pagar uma eventual diferença. E isto porque, na realidade, em grandes regiões ou em grande parte do país, principalmente no interior, é muito comum esse comércio ser feito por meio de motos e, com isso, essas pessoas não conseguiriam mais transportar na moto o que transportavam até então, pois, além do botijão de gás, teriam que levar, agora, também a necessária balança, assim podendo ficar impedidas de exercer essa atividade, por exemplo.

Ou seja, essa exigência dificultou bastante a atividade de comercialização de botijões e cilindros de gás, repercutindo a questão no STF, numa ADI, em relação a essa lei estadual, vendo-se a Suprema Corte diante de um conflito entre dois princípios constitucionais: de um lado, o princípio da livre iniciativa (art. 170, IV), e, de outro lado, o princípio da proteção ao consumidor (art. 170, V), dois princípios, duas exigências que, de fato, podem conflitar, como conflitam nesse caso.

Mas, afinal, qual era a intenção da legislação que trouxe a exigência de pesagem do botijão e de pagar a diferença? A intenção de proteger o consumidor. Só que, ao mesmo tempo, essa exigência impediria a comercialização normal do botijão por grande parte das pessoas que o comercializavam, ou seja, ela impediria, por via reflexa, a livre iniciativa.

E foi assim, ponderando esses dois princípios que estavam em jogo, ainda que implicitamente, que o STF acabou declarando aquela lei inconstitucional, pois, apesar de conferir proteção ao consumidor, aniquilava por completo a atividade empresarial, não deixando de dizer o STF, além disso, que seria até possível harmonizar-se, no caso concreto, as duas normas, sem aniquilar uma delas em detrimento da outra, ao observar que o legislador estadual poderia garantir a defesa do consumidor por outros meios, e não necessariamente por aquela medida adotada, que acabou inviabilizando outro princípio constitucional, a livre iniciativa. Então, se o Estado quer proteger o consumidor, que o faça fiscalizando diuturnamente naqueles estabelecimentos que comercializam os botijões, que seus agentes fiscalizem sem dizer a hora, sem dizer o local, utilizando-se do elemento surpresa, e, se encontrarem irregularidades, que o Estado aplique sanções gravosas para inibir uma atuação contra o consumidor.

Mas, ao dizer isso, o que ocorreu foi que o Supremo Tribunal Federal confundiu a ideia de necessidade, pois tinha uma medida apta, menos gravosa, para alcançar aquele fim, que é a fiscalização, percebendo-se, assim, que é difícil fazer uma distinção, na prática, entre a necessidade e a proporcionalidade em sentido estrito, quando se faz juridicamente um sopesamento entre princípios constitucionais. Mas, de uma forma ou de outra, não haveria dúvida no final: para o Tribunal, ainda que se apoiasse no subprincípio da necessidade, ele consideraria inconstitucional aquela lei estadual.

3.8. Princípio da Segurança Jurídica

Também chamado de *princípio da boa-fé* dos administrados ou *princípio da proteção da confiança*, o **princípio da segurança jurídica** é um dos que integram o rol de princípios elencados na Lei nº 9.784/99, que, como já reiteradas vezes dito, regula o processo administrativo no âmbito da Administração Pública Federal. Dessa forma, a Administração deve observância a esse princípio e, como uma das consequências dessa determinação, esta Lei veda textualmente a aplicação retroativa de nova interpretação de determinadas normas legais (art. 2º, parágrafo único, XIII, parte final), o que seria contrário, até mesmo, ao princípio da moralidade administrativa.

Assim, a segurança jurídica é geralmente caracterizada como uma das vigas mestras do Estado de Direito. É ela, ao lado da legalidade, um dos subprincípios integradores do próprio conceito de Estado de Direito, estando a ele visceralmente ligada a exigência de maior estabilidade das situações jurídicas, mesmo daquelas que, na origem, apresentam vício de ilegalidade. Portanto, a prevalência do princípio da legalidade sobre o da proteção da confiança só se dá quando a vantagem é obtida pelo destinatário por meios ilícitos por ele utilizados, com culpa sua, ou resulta de procedimentos que geram sua responsabilidade.

Observe-se, então, que a prescrição e a decadência são fatos jurídicos através dos quais o ordenamento confere destaque ao princípio da estabilidade das relações jurídicas, ou, como se tem denominado atualmente, princípio da segurança jurídica, que juntamente com o princípio da proteção da confiança passaram a constar de forma expressa, ainda que implicitamente, no art. 54 da Lei nº 9.784/99, segundo o qual "o direito da Administração de anular os atos administrativos de que decorram efeitos favoráveis para os destinatários decai em cinco anos, contados da data em que foram praticados, salvo comprovada má-fé", conjugando a norma, assim, não só o aspecto de tempo, como também o de boa-fé.

CAPÍTULO
III

PODERES ADMINISTRATIVOS

1. INTRODUÇÃO

1.1. A Competência dos Poderes no Estado Moderno

Para alcançar seu objetivo, o Estado Moderno conta com Poderes orgânicos, que se resumem em três: o Poder Legislativo, que declara o direito; o Poder Executivo, que administra o Estado, traduzindo o direito ao caso concreto; e o Poder Judiciário, que julga os litígios, distribuindo a justiça conforme as normas de direito.

No Estado Moderno, então, tais Poderes são separados com funções diversas, embora nada impeça que, se as Constituições devem determinar essa separação dos Poderes, elas mesmas deem, em hipóteses excepcionais, esta ou aquela competência típica de um Poder para outro Poder, sem que isso implique em delegação dessa competência.

E, de fato, examinando-se a atual Constituição brasileira, é possível verificar que, a exemplo das Constituições anteriores, é adotado o princípio da separação dos Poderes Legislativo, Executivo e Judiciário (art. 2º), os quais são tratados, separada e respectivamente, nos Capítulos I, II e III do Título IV, da Constituição Federal de 1988.

O Poder Executivo também exerce atribuições precípuas do Legislativo, como aquelas que dizem respeito ao início do processo legislativo e a sanção, promulgação e publicação das leis, bem como a expedição de decretos e regulamentos para sua fiel execução, o veto a projetos de lei, total ou parcialmente, e, ainda, a edição de medidas provisórias com força de lei, nos termos do art. 62 da Constituição Federal, tudo isso de acordo com o art. 84, incisos III, IV, V e XXVI.

Já o Poder Judiciário, por sua vez, tem o poder de controle pelo monopólio da jurisdição, salvo as indicadas hipóteses de competência do Poder Legislativo. Contudo, o Poder Judiciário também exerce atos de Administração do Estado, que seriam típicos do Poder Legislativo ou do Poder Executivo no que diz respeito à elaboração de seus regimentos internos, ao seu pessoal e serviços, inclusive na organização de suas secretarias e serviços auxiliares e os dos juízos, velando pelo exercício da atividade correicional respectiva, tudo dentro dos limites previstos no art. 96, *caput* e incisos, da Constituição da República.

Pode-se, portanto, afirmar que, no Estado Moderno, somente nas hipóteses estritamente expressas na Constituição, as atividades formal e material de cada Poder da República podem dissociar-se quando da prática de ato que, embora formalmente seja de um Poder, materialmente é praticado por outro.

Isto é tanto mais importante quando se sabe que as atividades da Administração Pública, típicas do Poder Executivo, coexistem nos dois outros Poderes, isto é, no Legislativo e no Judiciário, sendo regidas, assim, pelo Direito Administrativo, este considerado e definido como o conjunto de princípios jurídicos que disciplinam as atividades da Administração Pública em quaisquer dos departamentos de Governo.

2. OS PODERES E DEVERES DO ADMINISTRADOR PÚBLICO

A Administração Pública, formada por um complexo de órgãos e entes personalizados, conduzidos por um corpo de agentes, realiza grande número de atividades. Estas atividades se destinam principalmente a atender necessidades e interesses da população e fragmentam-se em inúmeras variedades, cada qual com características jurídicas e técnicas próprias. A Administração Pública desempenha, assim, amplo e diversificado leque de atividades para cumprir as tarefas que o ordenamento jurídico lhe confere, atividades estas, de diferentes tipos, sob várias formas e regimes.

Com efeito, ao tomar posse e ser investido no cargo público, o administrador passa a ter uma série de responsabilidades, encargos, poderes e deveres oriundos da posição que está ocupando. A partir daquele momento, ele passa a gerir bens e interesses da coletividade, tendo, para tal, uma competência decisória, e sendo a autoridade que irá responder pelas suas próprias atribuições e atos.

Para a concretização do interesse público, que, em última análise, resume-se no bem coletivo, os administradores públicos detêm poderes e deveres, ou seja, meios e responsabilidades para o exercício das respectivas funções públicas em prol de todos os que se achem no âmbito territorial ou funcional de suas atribuições legais. Neste contexto, deve-se ressaltar que o administrador público tem, principalmente, deveres a serem bem e fielmente cumpridos com os poderes e recursos materiais, financeiros e humanos ao seu dispor.

A realidade exige a especialização de funções e a distribuição de parcelas de competências entre os servidores integrantes da Administração Pública. Estas parcelas de poder são outorgadas por lei como atributos do cargo ou função, independentemente da pessoa que os exerça. Portanto, estes poderes e atributos, não pertencem à pessoa, mas ao cargo ou à função. Por isso, o agente político ou administrativo destituído do cargo ou da função não pode reivindicá-las, usá-las, nem invocá-las conforme sua vontade para impor--se aos administrados.

Observe-se, pois, que, para que a Administração possa realizar o conjunto das atividades que lhe cabem, no cumprimento de seu papel na vida coletiva, é necessária a presença de seus agentes, sendo estes o elemento físico e volitivo através do qual o Estado atua no mundo jurídico.

Obviamente que o ordenamento jurídico, ao conferir a tais agentes as prerrogativas peculiares à sua qualificação de prepostos do Estado, conferiu-lhes também prerrogativas indispensáveis à consecução dos fins públicos, que se constituem nos chamados *poderes administrativos*.

Os poderes e deveres que o administrador terá são gerados e concedidos por lei, cabendo a ele atuar mediante a moral administrativa e o interesse coletivo. Cada agente da Administração é investido de um poder público, para que possa melhor exercer sua função. Este poder deve ser sempre usado em prol da sociedade e, quando surge a oportunidade de agir em benefício dela, o administrador público tem a obrigação de atuar, porque isto está vinculado à sua função pública.

3. O PODER NO ÂMBITO ADMINISTRATIVO

3.1. O Uso do Poder

É milenar o fato de que o poder fascina o homem, que sempre o buscou desde a mais remota civilização. Vem de longínqua data, portanto, a existência do domínio de uns sobre os outros e que, em certas ocasiões, o poder perpassa os limites do justo e do razoável, criando um cenário de submissão, com contornos autoritários.[1]

Por isso, imperioso se faz dizer que o poder deve ser vigiado, pois, quando este tem total soberania e independência, tende a desencadear em abuso, excesso e consequente injustiça. Deve, pois, ser exercido com ponderação e com objetivos recobertos de legalidade.

---

1   Complementando seu próprio conceito de poder, Max Weber assevera que "toda forma típica de dominação, em virtude de situação de interesses, particularmente em virtude de uma posição monopolizadora, pode transformar-se, gradualmente, numa dominação autoritária, [...] aproximar-se bastante do caráter da dominação autoritária de uma instância burocrática estatal diante dos submetidos, e a sujeição assumiria o caráter de uma relação de obediência autoritária". WEBER. *Economia* ..., op. cit., p. 189.

Os exemplos de abusos de poder são inúmeros, praticados, pelo executivo, legislativo e judiciário, em todos os âmbitos da Administração Pública.

O poder da autoridade não é ilimitado, visto que esta deve obrigatoriamente respeitar o ordenamento jurídico. O uso do poder tem que ser utilizado pela Administração Pública em prol do bem comum, em prol da coletividade, em prol do interesse público.

Sendo o objetivo primordial da Administração Pública a realização do bem comum, o abuso do poder deve ser punido.

Nem sempre o Poder é utilizado de forma adequada e legítima pelos administradores públicos. Poder não é carta branca para o arbítrio, como aconteceu recentemente, por ocasião de uma revista íntima, realizada por um delegado, de forma ilegal. Não confundir revista pessoal com revista íntima, que, no caso, deveria ter sido feita obrigatoriamente por mulheres-policiais. Dessa forma, os policiais masculinos não podem realizar as chamadas "revistas íntimas" em mulheres e, inclusive, o Ministério da Justiça editou a Resolução nº 5 em 2014 tratando o assunto, onde determina no artigo 1º, parágrafo único que a *revista pessoal deverá ocorrer mediante uso de equipamentos eletrônicos detectores de metais, aparelhos de raio-x, scanner corporal, dentre outras tecnologias e equipamentos de segurança capazes de identificar armas, explosivos, drogas ou outros objetos ilícitos, ou, excepcionalmente, de forma manual.*

Está consagrado o entendimento de que o abuso de poder poderá ensejar indenização por danos morais, manchete noticiada pela imprensa recentemente em que uma pessoa, logo após ter travado uma breve discussão com os funcionários do estabelecimento no qual se encontrava para fazer algumas compras, ante a resistência daqueles em viabilizar o fornecimento da senha para uso da rede *wi-fi*, foi abordado no estacionamento do supermercado por policiais militares que o agrediram, causando-lhe intenso sofrimento... policiais militares, responsáveis pela abordagem, o agrediram com chutes e golpes de cassetete na região das costas quando já estava no chão, além do uso de spray de pimenta em seu rosto. O fato foi presenciado por transeuntes, registrado em vídeo, tendo a divulgação do material gerado repercussão nacional.

Como se sabe, a Constituição Federal, em seu art. 37, § 6º, estabeleceu que as pessoas jurídicas de direito público, e as de direito privado prestadoras de serviços públicos, responderão pelos danos que seus agentes, nessa qualidade, causarem a terceiros, assegurado o direito de regresso contra o responsável nos casos de dolo ou culpa. Nesse passo, devem ser plenamente caracterizados os elementos da responsabilidade objetiva, como a conduta estatal, o dano e nexo de causalidade.

Confira-se: Art. 37. A administração pública direta e indireta de qualquer dos Poderes da União, dos Estados, do Distrito Federal e dos Municípios obedecerá aos princípios de legalidade, impessoalidade, moralidade, publicidade e eficiência e, também, ao seguinte: § 6º - As pessoas jurídicas de direito público e as de direito privado prestadoras de serviços públicos responderão pelos danos que seus agentes, nessa qualidade, causarem a terceiros, assegurado o direito de regresso contra o responsável nos casos de dolo ou culpa.

Desse contexto, depreende-se que se encontra presente o dano ligado a uma conduta estatal pelo nexo de causalidade. Tal fato demanda que o autor seja ressarcido pelo abalo sofrido em seus direitos de personalidade, na medida em que o requerimento de indenização por danos morais deve ser acolhido.

Perfilhando o mesmo entendimento, registre-se aresto da jurisprudência promanada deste Egrégio Tribunal de Justiça, segundo a qual: REEXAME NECESSÁRIO E APELAÇÃO CÍVEL. DIREITO ADMINISTRATIVO E CIVIL. AÇÃO DE INDENIZAÇÃO. RESPONSABILIDADE CIVIL DO ESTADO. OBJETIVA. NEXO DE CAUSALIDADE DEMONSTRADO. DANOS MORAIS. VALOR RAZOÁVEL E PROPORCIONAL. SENTENÇA MANTIDA. 1. Nas hipóteses de pretensão à reparação cível, a parte lesada poderá optar por ajuizar ação na esfera cível de forma antecipada, conforme prevê o artigo 935 do Código Civil, ou aguardar a solução da questão criminal para propor o pedido de ressarcimento. Artigo 200 do Código Civil. 2. A responsabilidade civil do Estado é objetiva, com base na teoria do risco administrativo. A prova da culpa não é necessária para imposição do dever de reparar o dano. 3. O Estado é responsável pelos atos cometidos por seus agentes (policiais militares) contra terceiro, surgindo o dever de indenizar os familiares da vítima pelo ocorrido. 4. O valor fixado na sentença mostra-se proporcional e razoável para reparar o dano causado. 5. Dano moral: R$ 70.000,00 (setenta mil reais). 6. Reexame necessário e apelação desprovidos.

(TJDFT – 0048539-76.2010.8.07.0001, Relator: HECTOR VALVERDE, 5ª Turma Cível, Data de Julgamento: 24/06/2020, Publicado no DJE: 07/07/2020).

3.2. O Abuso do Poder

Numa definição bastante sumária, o abuso de poder é a violação formal ou ideológica da lei e, segundo a doutrina vigente, admite duas modalidades básicas: o *excesso de poder* e o *desvio de poder* ou de *finalidade*, como é mais conhecido.

O *excesso de poder* não enseja grandes discussões, pois é a violação de uma regra de competência; ocorre quando o agente, embora competente, atua fora da determinação legal ou do ato normativo. Assim, se a lei dita quais são as atribuições do agente e, mesmo assim, ele excede os limites da competência que lhe foi conferida pela Administração para agir em seu nome, utilizando o poder de forma abusiva, portanto, consequentemente há uma violação formal da lei.

Assim, há excesso de poder quando o próprio conteúdo (o que o ato decide) do ato vai além dos limites legais fixados. O excesso amplia ou restringe o conteúdo. O disposto pelo ato excede o estabelecido pela lei.

Essa ilegalidade conhecida por excesso de poder ocorre, por exemplo, quando a lei prescreve que a permissão de uso de bem público só pode ser outorgada a título precário, mas o agente a outorga por certo prazo. Da mesma forma, ocorre esse vício quando a lei estabelece que qualquer concessão de serviço público só pode ser outorgada sem exclusividade, mas o agente público celebra o contrato de concessão com esta cláusula. Mais um exemplo: pela Lei nº 8.112/90, a comissão de inquérito se encerra com o relatório. No entanto, a comissão, num determinado caso, aplica a sanção. A comissão de inquérito extrapolou os limites de sua atribuição em, por acaso, demitir o servidor de sua atribuição legal. E ainda, a lei permite a entrada de qualquer pessoa em dado recinto público; e um ato, no entanto, veda o ingresso de mulheres.

IMPORTANTE REGISTRAR

Há de se observar, todavia, que o excesso de poder é considerado pelo STJ menos grave que o desvio do poder (ou de finalidade). No excesso de poder, o ato não é nulo por inteiro; **naquilo que não exceder, aproveita-se.** Ou seja, há a nulidade de, apenas, uma parte. É o que ocorre, por exemplo, quando da penetração no imóvel, no decreto de desapropriação, que há de ser feita com cautelas, que constitui um dos efeitos do decreto. Só que, ao ingressar em bem imóvel, o abuso de poder não vai anular todo o ato de desapropriação.

Caso Concreto - A ilegalidade conhecida por excesso de poder ocorre, por exemplo, quando a lei prescreve que a permissão de uso de bem público só pode ser outorgada a título precário, mas o agente a outorga por certo prazo. Da mesma forma, ocorre esse vício quando a lei estabelece que qualquer concessão de serviço público só pode ser outorgada sem exclusividade, mas o agente público celebra o contrato de concessão com essa cláusula. Mais um exemplo: pela Lei nº 8.112/90, a comissão de inquérito se encerra com o relatório. No entanto, a comissão, num determinado caso, aplica a sanção. A comissão de inquérito extrapolou os limites de sua atribuição em, por acaso, demitir o servidor de sua atribuição legal. E ainda, a lei permite a entrada de qualquer pessoa em dado recinto público, enquanto um determinado ato, no entanto, veda o ingresso de mulheres.

Já a segunda espécie de abuso consiste no ***desvio de poder*** ou ***desvio de finalidade***. Neste caso, não é a competência que se excede, mas se trata do administrador praticar ato divorciado do interesse público, agindo de modo a afastar-se dos objetivos previstos, explícita ou implicitamente, na regra da competência, apartando-se, dessa forma, do princípio da impessoalidade ou da finalidade. O agente extrapola os limites da lei, valendo-se de sua suposta obrigação em agir nos ditames legais e voltado ao interesse público, mas pretendendo um fim diverso do qual lhe é lícito agir, assim violando ideológica ou moralmente a lei.

Ou seja, quando o poder é desviado, pressupõe-se haver discricionariedade, dada a liberdade de ação que o agente possui, e, por esse motivo, o desvio é facilmente mascarado.

Dessa forma, o desvio de poder ou desvio de finalidade se trata de um vício ideológico, subjetivo, ao colimar "o administrador público fins não queridos pelo legislador, ou utilizando motivos e meios imorais para a prática de um ato administrativo aparentemente legal[2]", um vício considerado insanável, não podendo, portanto, ser convalidado como no excesso de poder.

Por isso, desvio de finalidade constitui, no pensamento do jurista Celso Antônio Bandeira de Mello, no manejo de um complexo de poderes procedido de modo a atingir um resultado diverso daquele em vista do qual está outorgada a competência, assim asseverando que se trata "de um vício particularmente censurável, já que se traduz em comportamento soez, insidioso. A autoridade atua embuçada em pretenso interesse público, ocultando, dessarte, seu malicioso desígnio[3]".

Pode-se dizer, então, que o desvio de finalidade é a violação ideológica da lei, porque não se está violando a lei em sua literalidade, mas em seu espírito. A lei tem uma vontade, a *mens legis*, e, surgindo os casos concretos, a vontade da lei é no sentido de sua aplicação. Portanto, se o agente está violando essa *mens legis*, é óbvio que estará sendo cometido um ato com desvio de finalidade.

Tal desvio acontece, por exemplo, quando o agente desapropria um bem para perseguir ou vingar-se de um desafeto político ferrenho ou para favorecer um parente, como foi um caso ocorrido em Magé, cujo prefeito desapropriou um imóvel de um particular e, posteriormente, o vendeu para um sobrinho instalar uma escola privada, embora, neste caso, haja a retrocessão, sendo o direito do expropriado de exigir de volta seu imóvel, porquanto o mesmo não teve o destino para o qual foi desapropriado.

Note-se, assim, que a atuação do agente, nessa hipótese, está sendo de maneira pessoal, afastando-se, portanto, do interesse público para dar atendimento ao interesse privado, diferentemente quando se desapropria um imóvel para fazer uma escola pública e, posteriormente, muda-se a finalidade, ali se construindo um hospital, mesmo porque o interesse público muda a todo instante, a este instituto a doutrina denomina de tredestinação lícita.

3.3. O abuso de poder por omissão

De fato, quando se fala em abuso de poder, a ideia que se tem é que a conduta só pode ser cometida através de atos, condutas comissivas da Administração Pública. Ocorre que há também a forma omissiva de abuso de poder, que a Administração o faz, e com muita frequência, cometendo abusos através de omissões.

Para se ter uma ideia de como ocorre essa *forma omissiva de abuso de poder*, basta observar-se uma prática muito comum da Administração Pública, qual seja, quando ela se encontra obrigada a se manifestar diante de um requerimento (direito de petição), como por exemplo, certidões de tempo de serviço ou mesmo certidão negativa de débito, mas permanece inerte, embora seja direito de todo o indivíduo obter informação a respeito de dados ou circunstâncias de interesse pessoal (art. 5º, XXXIV, "b", da CRFB/88).

Nesse sentido, então, observa, mais uma vez, o saudoso Hely Lopes Meirelles, citando Caio Tácito, que "a inércia da autoridade administrativa, deixando de executar determinada prestação de serviço a que por lei está obrigada, lesa o patrimônio jurídico individual. É forma omissiva de abuso de poder, quer o ato seja doloso ou culposo[4]".

Mas, em que momento se configura o abuso de poder por omissão? A partir de que momento surge o abuso de poder? A partir de que momento tem o particular o direito de agir contra a Administração para compeli-la a se pronunciar ou a motivar a eventual negativa?

---

2   Ibidem, p. 109.
3   MELLO, Celso Antônio Bandeira de. O desvio de poder. *In:* Revista de Direito Administrativo, Rio de Janeiro: Renovar e Fundação Getúlio Vargas, nº 172, abr./jun. 1988, p. 9.
4   Ibidem, p. 107-108.

Caso concreto

Como exemplo, tem-se o daquele empresário que requer a renovação da licença de funcionamento de sua empresa e, passados seis meses da protocolização desse requerimento, nada foi decidido pela autoridade administrativa competente. Que medidas e argumentos jurídicos poderiam ser deduzidos em favor da empresa? Nesse caso, cabe ação judicial, especialmente o mandado de segurança, para compelir a autoridade competente a se pronunciar. O Judiciário não pode substituir à Administração para deferir a licença, mas pode ordenar que ela aprecie o pedido, deferindo-a ou indeferindo-a, pois todo pedido administrativo deve ser respondido (dever de decidir) por força do direito constitucional de petição (Art. 5º, XXXIV, "a", CF). A decisão deve ser proferida dentro do prazo fixado pela legislação (no âmbito federal, na ausência de lei específica, o prazo é de cinco dias – Art. 24, da Lei 9784/99, que trata do processo administrativo federal). Fora do âmbito da União, inexistindo lei específica, a resposta deve ser dada em prazo razoável, que certamente deve ser inferior a seis meses para uma licença de funcionamento.

IMPORTANTE REGISTRAR

Para responder tais questões, bom é lembrar-se de um entendimento doutrinário que diz o seguinte: "enquanto perdurar o silêncio, estando obrigada a Administração a se manifestar a respeito de determinado tema, o administrado não perde o seu direito subjetivo; por isso, afirma-se que, no silêncio, não flui o prazo do mandado de segurança. É claro que, se há prazo estabelecido em lei ou em regimento interno ou em outro ato normativo qualquer, ultrapassado aquele prazo, já há abuso de poder, começando, assim, a fluir o prazo do mandado de segurança".

Como exemplo, tem-se o daquele empresário que requer a renovação da licença de funcionamento de sua empresa e, passados seis meses da protocolização desse requerimento, nada foi decidido pela autoridade administrativa competente. Que medidas e argumentos jurídicos poderiam ser deduzidos em favor da empresa? Nesse caso, cabe ação judicial, especialmente o mandado de segurança, para compelir a autoridade competente a se pronunciar. O Judiciário não pode substituir à Administração para deferir a licença, mas pode ordenar que ela aprecie o pedido, deferindo-o ou indeferindo-o, visto que todo pedido administrativo deve ser respondido (dever de decidir) por força do direito constitucional de petição (art. 5º, XXXIV, "a", CF). A decisão deve ser proferida dentro do prazo fixado pela legislação (no âmbito federal, na ausência de lei específica, o prazo é de cinco dias – art. 24, LPAF). Fora do âmbito da União, inexistindo lei específica, a resposta deve ser dada em prazo razoável, que certamente deve ser inferior a seis meses para uma licença de funcionamento.

IMPORTANTE REGISTRAR

Questão polêmica, porém, em relação à última hipótese aventada, é quando o Poder Público não tem prazo para se manifestar, surgindo daí a complicação, tendo-se que aplicar o conceito do prazo razoável. Ultrapassado tal prazo, estará havendo, com certeza, o abuso do poder. Alguns autores dizem até que esse prazo razoável é o próprio prazo de 120 dias do mandado de segurança.

Mas, então, o que é prazo razoável? Como ele se configura? Para estas respostas não existem uma regra apriorística, pois o conceito jurídico de *prazo razoável* é indeterminado, dependendo do requerimento, dependendo do local, entre outros. É o magistrado, portanto, que vai analisar, casuisticamente, se o prazo razoável já escoou. A título ilustrativo, o juiz pode, simplesmente, afirmar: "*Diante da dificuldade deste requerimento, já que o direito postulado é complexo, entendo que não existe ainda a fluência do prazo razoável que daria ensejo à impetração do mandado de segurança. Não havendo, portanto, ato abusivo de poder, por omissão, indefiro a inicial*".

Em sentido contrário, pode ser que seja um requerimento bastante simplório, como uma certidão de tempo de serviço, mas que, após seis meses, a Administração não se manifeste. A certidão por tempo de serviço é um ato vinculado e, ultrapassado aquele prazo razoável, surge o abuso de poder. Assim, se o administrado demonstra preencher as condições e requisitos para obtenção daquele ato, o magistrado pode supri-lo, deferindo aquele direito pleiteado que foi sonegado pela Administração. Entende-se que, no ato vinculado, nada impede que o juiz faça isso, porque seria uma análise apenas da legalidade. O desembargador Jessé Torres Pereira Júnior, do Tribunal de Justiça do Rio de Janeiro, num caso paralelo ao exposto, assim se manifestou: "Para fins da licitação, a empresa pode participar do procedimento como se débito não tivesse[5]".

Quanto ao agente omisso, poderá ele ser responsabilizado civil, penal ou administrativamente, conforme o tipo de inércia a ele atribuída. Pode, inclusive, ser punido por desídia no respectivo estatuto funcional ou ser responsabilizado por conduta qualificada como improbidade administrativa (art. 11, II, da Lei nº 8.429/92, que regula os casos de improbidade administrativa), considerando como tal o fato de o servidor retardar ou deixar de praticar, indevidamente, ato de ofício.

Em caso dessa omissão administrativa sobrevierem danos para terceiros, estes terão ação indenizatória **em face da pessoa administrativa**[6] a que pertencer o servidor inerte, respondendo este em ação regressiva perante aquela, o que caracteriza a responsabilidade civil objetiva do Estado, conforme se observa do art. 37, § 6º, da Norma Maior.

FIQUE LIGADO

O grande problema é quando o silêncio da Administração incidir sobre um ato discricionário, porque o juiz não pode se intrometer no mérito administrativo, isto é, no aspecto relativo à conveniência e à oportunidade dos atos discricionários, que só podem ser valoradas pelo administrador público.

Então, como exemplo, tem-se o seguinte: um circo quer se instalar na cidade, mas, após requerimento visando tal objetivo, a Administração Pública não tem prazo para se manifestar. Porém, após 45 dias sem resposta, o circo impetra mandado de segurança, daí surgindo um problema para o juiz, pois ele não pode conceder uma coisa que está sujeita ao poder discricionário da Administração Pública. Nesta hipótese, o direito líquido e certo do postulante não é o próprio ato, mas a motivação do ato. O juiz poderá, tranquilamente, determinar à Administração Pública que motive o ato ou para que se expresse em tantos dias, sob pena de multa diária.

3.3.1. As medidas cabíveis ao abuso de poder

Com efeito, o abuso do poder tem merecido sistemático repúdio da doutrina e da jurisprudência, e, para seu combate, o constituinte armou-nos com o remédio heroico do ***mandado de segurança***, cabível contra ato ilegal ou abusivo de qualquer autoridade (art. 5º, LXIX, da CF, e Lei nº 12.016 de 07/08/2009). Além disso, assegurou a toda pessoa o *direito de representação* contra abusos de autoridade (art. 5º, XXXIV, "a", da CF), complementando este sistema de proteção contra os excessos de poder com a Lei nº 4.898, de 09/12/65, que pune criminalmente estes mesmos *abusos de autoridade*. Portanto, na real verdade, pode o excesso de poder ser coibido através do *mandado de segurança, por via administrativa ou por via criminal.*

Destaca-se também a Súmula 429, STF que indica "[A] a existência de recurso administrativo com efeito suspensivo não impede o uso do mandado de segurança contra omissão da autoridade".

---

5   Portanto, quando não houver prazo legal, regulamentar ou regimental para decisão, o administrado deve "aguardar por um tempo razoável a manifestação da autoridade ou do órgão competente", o qual ultrapassado, "o silêncio da Administração converte-se em abuso de poder, corrigível pela via judicial adequada, que tanto pode ser ação ordinária, medida cautelar, mandado de injunção ou mandado de segurança" (STF, Súmula nº 429). Em tal hipótese, não cabe ao Judiciário "praticar o ato omitido pela Administração, mas, sim, impor sua prática, ou desde logo suprir seus efeitos para restaurar ou amparar o direito do postulante, violado pelo silêncio administrativo". MEIRELLES, op. cit., p. 110.

6   STJ, AgRg no Ag 822764/MG, Rel. Min. JOSÉ DELGADO, (...) "3.A conclu¬são do acórdão exarado pelo Tribunal de origem está em consonância com a jurisprudência deste Superior Tribunal de Justiça que se orienta no sentido de reconhecer a legitimidade passiva de pessoa jurídica de direito público para responder por danos causados ao meio ambiente em decorrência da sua conduta omissiva quanto ao dever de fiscalizar".

Nesse sentido, tem-se o seguinte exemplo: a Administração Pública interdita modesto estabelecimento comercial que funcionava sem o necessário alvará. Com a interdição, os agentes administrativos arrecadam todo o material em estoque e informam ao comerciante que as mercadorias apreendidas ficarão em poder da Administração, a título de compensação pelo valor da multa normalmente aplicável. Porém, o modesto comerciante procura um Defensor Público para a adoção das medidas judiciais cabíveis em sua defesa. Então, analisando-se o procedimento da Administração Pública, será que há alguma solução jurídica a ser adotada em favor do assistido pela Defensoria Pública? Nesse caso, poderá o assistido, através da Defensoria Pública, interpor um mandado de segurança, que é o meio constitucional destinado a coibir ato ilegal de autoridade lesionador do direito subjetivo, líquido e certo do impetrante, pois, no caso em tela, a Administração aplicou e executou, arbitrariamente (com abuso de poder), uma sanção que só se legitimaria em processo adequado, assegurada ampla defesa e garantido o contraditório (art. 5º, inc. LV, da CRFB/88), deve alegar também evidente violação ao Principio da Razoabilidade da sanção.

Assim, verificando a ocorrência de irregularidade, a Administração Pública poderia advertir ou lavrar regularmente o auto de infração, ou até mesmo poderia ter interditado o estabelecimento que funcionava sem alvará, mas não poderiam os agentes arrecadar o material em estoque, pois tal ilícito configura confisco, repudiado pelo direito, face seu caráter abusivo.

Seja como for, portanto, o agente público que abuse do seu poder de autoridade está sujeito às sanções que o ordenamento jurídico brasileiro possa indicar, mesmo em face do princípio da impessoalidade já mencionado anteriormente.

O abuso de poder é uma conduta que extrapola o comando da lei, encontrável facilmente em todos os poderes constituídos, no judiciário, se verificou em 2014 quando um juiz, não conseguiu embarcar em um voo que ia de Imperatriz no Maranhão com destino a Ribeirão Preto (SP) que na chegada do magistrado já se encontrava de portas fechadas e se preparando para o taxi e decolagem, deste fato, o juiz de forma desmedida deu voz de prisão a três funcionários da companhia aérea.

4. OS PODERES ADMINISTRATIVOS

4.1. Poder Vinculado

Didaticamente, é conveniente que o poder vinculado e o poder discricionário sejam compreendidos conjuntamente, simultaneamente.

Na real verdade, sequer seria correto em falar em poder vinculado e poder discricionário, sendo mais correto de competência vinculado e competência discricionária, ou seja, tão-somente, regras de competência vinculada ou discricionária. o chamado poder vinculado não existe como poder autônomo, mas, ao contrário, dá ideia de restrição

Mas, quando estaremos diante do poder vinculado e do poder discricionário?

Para começar, verifica-se que, diante de determinadas situações concretas, tem o administrador margem de liberdade ou não para praticar um ato e, neste caso, para saber qual dos poderes está em jogo, se o discricionário ou o vinculado, é imprescindível que se observe os seguintes fatos: em situações que a lei deixa a critério da autoridade atuar ou não, de agir ou não, o ato é discricionário, tendo o administrador até a opção para decidir como irá praticá-lo; mas, se a lei já determina a atuação em um caso específico, o ato é vinculado.

Assim, em se tratando de poder vinculado, é de se perceber que ele não é propriamente um poder, seguindo entendimento dominante de balizada doutrina, pois decorre de um ato vinculado, ou seja, a própria lei já estabelece o que tem que ser feito diante de determinado fato, não tendo o administrador, nesse caso, poder algum de decisão; ele irá praticar, na expedição de seu ato administrativo, simplesmente, uma vinculação.

Portanto, o chamado poder vinculado não encerra nenhuma faculdade ao administrador, uma vez que sua atuação está vinculada à lei, que já determina os elementos e requisitos necessários à sua formalização. A lei retira o poder de decisão do administrador e decide no seu lugar, impondo a prática do ato, embora ele esteja no comando da lei. Assim visto, não há que se falar em poder, porque poder está ligado a não sujeição; consequentemente, não mais se fala em poder vinculado, posto que ninguém tem poder vinculado. Por exemplo, licença para construir é fruto da atuação do poder vinculado. A conduta está previamente está estabelecida na lei.

Mas, ilustrando-se hipóteses de poder vinculado, verifica-se que a Lei nº 8.112/90 prevê que o funcionário público, faltando ao serviço por mais de 30 (trinta) dias consecutivos ou 60 (sessenta) dias interpolados, durante o período de doze meses, **tem de ser demitido** (arts. 132, II e III). Constatadas essas hipóteses (requisitos legais), ao administrador a lei não oferece alternativa, nem mesmo em se tratando de um funcionário exemplar, não havendo que se falar, portanto, em perdão. Logo, constata-se que a autoridade administrativa está vinculada aos comandos da lei. Percebe-se facilmente que a lei obriga, em uma única opção do que deve ser feito diante de determinado fato, não tendo o administrador, nesse caso, poder algum de decisão, mas sim um dever da administração pública. Trata-se, na real verdade, de um "ato matemático" porque o administrador funciona como um autêntico "robô" da lei, que retira o poder de decisão do administrador e decide no seu lugar.

Pelo exemplo mencionado, deduz-se que o poder vinculado um ato matemático porque só há uma única atuação possível, aceitável, não havendo liberdade de ação do administrador público, devendo obrigatoriamente, apenas, seguir o que a lei prescreve. A lei retira o poder de decisão do administrador e decide no seu lugar. O administrador funciona como um autêntico "Robô" da lei.

4.2. Poder Discricionário

O poder discricionário tem sua origem proveniente do termo "discrição", do latim *discretio, discernere* (discernir, distinguir). Então, discricionário é o que se opõe à discrição de outrem, ou seja, que se deixa a seu critério, a seu arbítrio, para que delibere ou resolva segundo circunstância ou necessidade do momento.

Para o mestre Hely Lopes, poder discricionário é aquele "que o Direito concede à Administração, de modo explícito ou implícito, para a prática de atos administrativos com liberdade na escolha de sua conveniência, oportunidade e conteúdo"[7].

Exemplificando, o poder discricionário pode ser demonstrado da seguinte maneira: uma determinada pessoa mora num lugar que não tem iluminação; ela reclama e requer a prestação do serviço. A autoridade, então, irá prestar o serviço, se entender ser oportuno e conveniente, exercendo, assim, o poder discricionário.

Assim, na essência, poder discricionário é a faculdade conferida à autoridade administrativa de escolher, ante a certa circunstância, uma entre várias soluções possíveis. Mas, como se pode identificar se um ato é discricionário ou não?

No Poder Discricionário, o administrador está subordinado à lei. Só que o agente tem liberdade para atuar de acordo com o juízo de conveniência e oportunidade, dentro dos ditames da Lei. Havendo, por exemplo, duas alternativas, estabelecidas e Lei, o administrador poderá optar por uma delas, escolhendo a que melhor atende ao interesse público. As duas opções são válidas. Poder discricionário metaforicamente é "válvula de escape". Há uma margem legal de liberdade. A Lei admite mais de uma conduta válida, dentre as quais o administrador terá que optar. O juiz não pode optar por outro ato administrativo, por não ser substituto do administrador.

Toda vez que a lei utiliza o verbo poder ou, da mesma forma, expressões do tipo "é facultado", "*a critério*", "*de acordo com o juízo de conveniência e oportunidade*", ela estará se referindo a atos discricionários, estará enfocando o poder discricionário, e que pode ser demonstrado com o seguinte exemplo: uma determinada pessoa mora num lugar que não tem iluminação; ela reclama e requer a prestação deste serviço. Pois bem, a autoridade irá prestar o serviço, se entender ser oportuno e conveniente, exercendo, assim, o poder discricionário.

---

7   MEIRELLES, op. cit., p. 114.

Esse poder de escolha que, dentro dos limites legalmente estabelecidos, tem o agente do Estado, entre duas ou mais alternativas, na realização da ação estatal, é que se chama poder discricionário. Poder discricionário é poder, mas poder sob os limites da lei e que só será válido e legitimamente exercido dentro da área cuja fronteira a lei demarca. O poder ilimitado é arbítrio, noção que briga com a do Estado de Direito e com o princípio da legalidade que é dele decorrente.

O poder discricionário vem, geralmente, indicado nas leis que definem a competência dos órgãos e agentes públicos pelas expressões *"poderá"*, "é autorizado", *"permite-se"*, ou semelhantes, assim como as ressaltadas acima. Ao conceito de poder discricionário contrapõe-se o de competência vinculada ou ligada, referindo-se aos casos e situações em que o Estado está estritamente submetido à lei, não cabendo ao agente público qualquer margem de liberdade, como se demonstrou no tópico pretérito.

Então, a faculdade discricionária distingue-se da vinculada pela maior liberdade de ação que é conferida ao administrador. Se para a prática de um ato vinculado a autoridade pública está adstrita à lei em todos os seus elementos formadores, para praticar um ato discricionário ele é livre, no âmbito em que a lei lhe concede essa faculdade, assim conferindo-se: algumas carreiras têm direito ao porte de arma, por lei (juiz, procurador, promotor, policial), pelo perigo que correm no exercício da profissão. Fora estas, só tem direito ao porte de arma se houver autorização da Secretaria de Segurança. Portanto, o particular, e até mesmo o defensor público, não têm direito subjetivo a obtê-lo.

Outro exemplo do poder discricionário, no parâmetro da lei, é o fechamento de boates. Assim, se o fundo de comércio tinha autorização para funcionar como restaurante, mas funcionava como boate, apesar do alvará constar ser para restaurante, diz a legislação que, uma vez descumprida a finalidade do alvará, a Administração Pública pode: a) advertir; b) fixar um prazo para regularização; c) suspender temporariamente as atividades; d) cassar o alvará.

4.2.1. O discricionário e o arbitrário

Pelo que se acaba de expor, seria desnecessário dizer que poder discricionário não se confunde com poder arbitrário, pois *arbítrio* não se confunde com *discrição*, que é a faculdade de agir ou não agir de acordo com uma norma jurídica prévia. Arbítrio, ao contrário, é justamente a ação em desacordo com a norma jurídica de um determinado sistema, uma ação antijurídica, portanto.

Dessa forma, se entre muitas hipóteses dentro da lei o administrador seleciona a mais oportuna ou a mais conveniente, tem-se a discrição. Mas, se entre múltiplas opções o administrador seleciona conforme sua vontade, passando por cima da lei, tem-se o arbítrio. Poder arbitrário é, pois, a faculdade que tem o agente público de agir totalmente em desacordo com a norma jurídica.

Caso Concreto

Determinada lei prevê a possibilidade de suspensão punitiva por um mínimo de 30 (trinta) dias e, no máximo, de 90 (noventa) dias, e o administrador utiliza, por exemplo, uma suspensão por 100 (cem) dias. Ora, isso se caracteriza como arbitrariedade. Discricionariedade é liberdade para atuar dentro dos limites da lei, enquanto a arbitrariedade é a atuação do administrador fora dos limites da lei. Por isso, o ato arbitrário é ilegal, ilegítimo, inválido, e, portanto, nulo.

Devemos ter muito cuidado com a diferença entre discricionariedade e arbitrariedade. Discricionariedade consiste numa margem legal de liberdade, contendo mais de uma opção válida, tendo como parâmetro o atendimento do interesse público. Na discricionariedade, a lei não estabelece um único comportamento possível a ser adotado em situações concretas, mas vários, existindo, pois, margem para um juízo de valor. Já no ato arbitrário traduz-se na realização de um juízo de valor extrapolando os limites de opção dada pela lei. A discricionariedade apesar de estabelecer uma certa liberdade de ação para o gestor público, não se constitui um poder ilimitado, encontrando limites fixados expressamente em lei.

O Art. 87, da Lei 8.112/90, menciona textualmente que, após cada quinquênio de efetivo exercício, o servidor poderá, no interesse da Administração, afastar-se do exercício do cargo efetivo, com a respectiva remuneração, por até três meses, para participar de curso de **capacitação profissional**. (Redação dada pela Lei nº 9.527/97). Acontece que, estranhamente, à título de ilustração, o servidor público federal solicita licença, que é concedida, mas para participar de um curso sobre degustação de vinhos. Relevante observar que estamos diante de um ato arbitrário, ilegal, ilegítimo e inválido, arbitrário uma vez que o mencionado curso, inquestionavelmente, não atende o interesse público e contraria o objetivo específico da lei.

4.2.2. A apreciação do ato administrativo discricionário pelo Poder Judiciário

Todos os atos administrativos podem submeter-se à apreciação judicial quanto a sua legalidade, e este é o natural corolário do princípio da legalidade. No que se refere aos atos discricionários, todavia, é mister distinguir dois aspectos: podem eles sofrer controle judicial em relação a todos os elementos vinculados, ou seja, aqueles sobre os quais, o agente não tem liberdade quanto à decisão a tomar. Assim, dá-se como exemplo: se o ato é praticado por agente incompetente; ou com forma diversa da que a lei exige; ou com desvio de finalidade; ou com o objeto dissonante do motivo.

O controle judicial, entretanto, não pode ir ao extremo de admitir que o juiz se substitua ao administrador. Vale dizer, portanto, que não pode o juiz entrar no terreno que a lei reservou aos agentes da Administração, perquirindo os critérios de conveniência e oportunidade que lhe inspiraram a conduta. A razão é simples: se o juiz se atém ao exame da legalidade dos atos, não poderá questionar critérios que a própria lei defere ao administrador, sob pena de se macular o grandioso Sistema dos Freios e Contrapesos, atualmente conhecido como princípio da Separação dos Poderes, insculpido no Art. 2º de nossa Lex Mater.

Assim, embora louvável a moderna inclinação doutrinária de ampliar o controle judicial dos atos discricionários, não se poderá chegar ao extremo de permitir que o juiz examine a própria valoração administrativa, legítima em si e atribuída ao administrador.

Conclui-se, desse modo, que o controle judicial alcançará todos os aspectos de legalidade dos atos administrativos, não podendo, todavia, estender-se à valoração da conduta que a lei conferiu ao administrador.

Diversos são os precedentes que indicam os limites da apreciação do Poder Judiciário quanto aos atos administrativos, de tantos, abaixo destacamos trecho do Informativo 571, STJ onde foi apreciado o HC 333902-DF que discute a discricionariedade do Presidente da República expulsar estrangeiro. O texto é claro e cristalino, consoante com os ensinamentos vistos anteriormente, onde, a parte destacada deixa claro os limites de atuação do Estado-Juiz na análise do ato quanto aos motivos utilizados pelo Presidente, indicando que este, deve estar nos limites que a lei impõe. Destaca-se ao final a lei utilizada como baliza do ato e do julgado.

INFORMATIVO Nº 0571

Período: 15 a 27 de outubro de 2018.

PRIMEIRA SEÇÃO

DIREITO CONSTITUCIONAL E INTERNACIONAL PÚBLICO. CONDIÇÃO PARA EXPULSÃO DE REFUGIADO.

A expulsão de estrangeiro que ostente a condição de refugiado não pode ocorrer sem a regular perda dessa condição. Inicialmente, cumpre ressaltar que a expulsão é ato discricionário de prerrogativa do Poder Executivo, constitucionalmente responsável pela política externa do país e pela adoção de atos que gerem reflexos às relações internacionais do Brasil com outros países. **Não obstante, o reconhecimento da discricionariedade do ato de expulsão não corresponde à afirmação de que tal ato seria insuscetível de apreciação e revisão pelo Poder Judiciário, mas apenas quer significar que, ao analisar o ato, não poderá o Estado-Juiz substituir-se à atuação da chefia do Executivo na avaliação da conveniência, necessidade, oportunidade e utilidade da expulsão, devendo limitar-se à análise do cumprimento formal dos requisitos e à inexistência de óbices à expulsão. [...]** A Lei 9.474/1997, em seu art. 39, III, prevê que "implicará perda da condição de refugiado: [...] o exercício de atividades contrárias à segurança nacional ou à ordem pública". Tem-se, assim, que deve ser reconhecido como limitação imanente ao poder discricionário conferido ao Executivo para expulsar refugiado por motivos de segurança nacional ou ordem pública a conclusão de processo administrativo em que seja declarada a perda da condição de refugiado. HC 333.902-DF, Rel. Min. Humberto Martins. (grifos nossos)

Deste informativo, buscando exemplificar todo o ensinado até o momento, apresenta-se o diagrama abaixo com o objetivo de reforçar os pontos vistos até o momento.

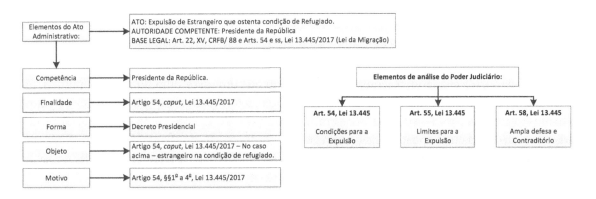

Cabe ressaltar que, modernamente, os doutrinadores têm considerado os princípios da razoabilidade e da proporcionalidade como valores que podem ensejar o controle da discricionariedade, enfrentando situações que, embora com aparência de legalidade, retratam verdadeiro abuso de poder.

O referido controle, entretanto, só pode ser exercido à luz da hipótese concreta, a fim de que seja verificado se a Administração agiu com equilíbrio, no que toca aos meios e fins da conduta, ou se o fator objetivo de motivação não ofende algum outro princípio, como, por exemplo, o da igualdade, ou, ainda, se a conduta era realmente necessária e gravosa sem excesso. Não é tarefa simples, porém, porque a exacerbação ilegítima desse tipo de controle reflete ofensa ao princípio republicano da Separação de Poderes, acima referido, cujo axioma fundamental é o do equilíbrio entre tais poderes.

Alguns autores entendem que a discricionariedade tem inserida em seu bojo a ideia de prerrogativa, uma vez que a lei, ao atribuir determinada competência, deixa alguns aspectos do ato para serem apreciados pela Administração diante do caso concreto; ela implica liberdade a ser exercida nos limites fixados na lei. No entanto, não se pode dizer que exista como poder autônomo.

O que ocorre, de fato, é que as várias competências exercidas pela Administração, com base nos poderes regulamentar, hierárquico, disciplinar e de polícia, serão vinculadas ou discricionárias, dependendo da liberdade deixada ou não pelo legislador à Administração Pública.

4.2.3. O controle judiciário sobre os atos políticos e de governo

Aqui se tem, nesse item, a questão que, talvez, seja a mais complicada de todas, no tocante ao controle judicial do poder discricionário. Quanto aos atos políticos e atos de governo, são passíveis de controle judicial, mas antigamente se entendia que tais atos não afetavam, não lesavam direito de terceiros. Após a Constituição Federal de 1988, porém, admite-se o controle judicial de atos discricionários, atos políticos, atos de governo.

O Ministério Público ajuíza, por exemplo, e até com frequência, ações civis públicas visando à construção de escolas e, neste caso, o STJ tem entendido que o julgador não poderia intrometer-se no mérito administrativo, muito embora seja dever do Estado prestar educação. Diante da falta de recursos, no entanto, que é notória, optar entre uma escola e um hospital é ato de conveniência e oportunidade da autoridade competente, no caso, o Chefe do Poder Executivo, ato este privativo da Administração Pública, sob pena de afrontar o princípio da Separação dos Poderes, já mencionado.

A primeira forma de atuação do juiz, diante de um ato administrativo discricionário, seria a verificação da competência, finalidade e forma, pois são os elementos vinculados. Um segundo item seria analisar a legalidade da discricionariedade invocada. Ora, diante de um ato que, alegadamente, é discricionário, o juiz pode verificar se aquela espécie de ato que está submetido à apreciação seria, em tese, um daqueles atos discricionários.

Posteriormente, surge a terceira etapa de análise do ato discricionário: a observância dos limites de opção, pois a discricionariedade é a liberdade de agir nos limites da lei. Hipoteticamente, entre várias opções, o administrador pode adotar, no caso concreto, a mais gravosa, inadequada, ou seja, indo além do estritamente necessário à observância do interesse público.

A esse respeito, o STJ julgou, recentemente, o caso em que uma servidora do INSS foi punida, mas cuja punição foi extremamente gravosa, sendo a mesma anulada, determinando aquela Corte que os autos administrativos retornassem para a instância de origem, a fim de que fosse aplicada uma sanção razoável. Observa-se, então, que não basta que a opção esteja compreendida nos limites legais. É preciso que seja uma opção, em tese, adequada e necessária para o atendimento do interesse público no caso concreto, podendo-se daí dizer que o princípio da razoabilidade está muito próximo do mérito administrativo.

Em item anterior, estudou-se caso onde determinado Prefeito teve seu ato de construção de "espaço porto" anulado por violar o Princípio da Razoabilidade. Este julgamento que indica o objeto da obra não ser razoável, não ser de interesse público, ainda que trate de elemento discricionário (objeto), tem sustentação uma vez que o ato está violando Princípios maiores, sendo, portanto, ilegal.

4.2.4. O princípio da razoabilidade e o mérito administrativo

Do caso anterior exposto, como se vê, havendo atuação de maneira desarrazoada do administrador, não se está dando atendimento à vontade concreta da lei e a função jurisdicional é justamente esta, a de fazer atuar a vontade concreta da lei. É lógico que o Judiciário não pode aplicar nenhuma sanção, porque isto fugiria de sua missão institucional, mas pode anular o ato e determinar o retorno dos autos à instância de origem para que a própria Administração aplique a penalidade, e desta vez adequada, visto que a proporcionalidade nunca é para mais.

FIQUE LIGADO

Mas, se a punição for muito *light*, pode o Judiciário ampliá-la? Neste caso, não. Por enquanto, é só redução para patamares razoáveis. Se, por acaso, a infração for grave, mas o administrador entender que cabe apenas uma advertência verbal, o Judiciário não interfere, haja vista que o poder disciplinar cabe ao administrador público, não ao Judiciário, que só vai verificar a legalidade do processo e se a aplicação da sanção foi proporcional ou não, se não foi além do necessário para o atendimento do interesse público.

Ademais, isso está sendo aplicado pelo Judiciário com previsão na Lei nº 9.784/99[8]. Então, hoje se tem essa possibilidade, ou seja, é vedada a imposição de sanção superior, embora a lei não fale em vedação de sanção inferior.

4.3. Poder Hierárquico

É o alicerce, a base, a espinha dorsal da própria estrutura da máquina administrativa, pois, sem hierarquia na atividade administrativa, nenhuma organização funcionaria, seria o caos, autêntico transtorno, anarquia e desordem. O poder hierárquico é o alicerce, a base, o sustentáculo da própria estrutura administrativa, objetivando a boa engrenagem administrativa. O poder hierárquico é inerente a toda estrutura administrativa. Toda estrutura tem um poder de comando. A hierarquia é fundamental. Gera efeitos, apenas, no âmbito interno da Administração Pública.

Quando se pensa em qualquer tipo de empresa bem organizada, pressupõe-se que dentro de sua estrutura haja uma hierarquia, além de disciplina aos seus funcionários. E, em se tratando da Administração Pública, isto não é diferente.

Então, quando se fala em poder hierárquico no âmbito da Administração Pública, fala-se de uma característica natural decorrente de sua estrutura, devendo-se pensar que todo o escalonamento de seus funcionários é feito, em princípio, a partir da hierarquia, da subordinação, ou seja, algumas pessoas vão mandar, outras vão executar, obedecer.[9] Portanto, é natural da estrutura administrativa, como é natural de qualquer organização, que pessoas venham a dar ordens e outras venham a receber e executar estas ordens.

Sendo assim, dentro da estrutura hierárquica, a autoridade superior vai poder exercer sua influência decisória sobre a autoridade inferior a ela subordinada, tendo-se, portanto, uma hierarquia dentro da estrutura administrativa.

Poder hierárquico, então, é o de que dispõe o Estado para distribuir e escalonar as funções de seus órgãos, ordenar e rever a atuação de seus agentes, estabelecendo a relação de subordinação entre os servidores do seu quadro de pessoal.

Encontrada em toda pessoa jurídica que compõe a Administração Pública, hierarquia é a graduação da autoridade, em plano vertical, dos órgãos e agentes da Administração, que tem como objetivo a organização da função administrativa. É ela o alicerce, a base da própria estrutura administrativa, pois sem hierarquia na atividade administrativa não seria possível seu funcionamento. Sem este poder nenhuma organização funciona.

4.3.1. Desconcentração e descentralização

O poder hierárquico está ligado diretamente ao fenômeno da desconcentração, que é um dos mecanismos que se utiliza a Administração Pública para se organizar, consistindo na distribuição interna de competências entre os vários órgãos (despersonalizados) de uma mesma pessoa jurídica. Portanto, como o mecanismo não cria nova pessoa jurídica, ou seja, ele só subdivide aquela já existente, como, por exemplo, os Ministérios, que integram a mesma pessoa jurídica da União, seu objetivo é desafogar o grande volume de decisões, o que permite melhorar o desempenho dos serviços públicos, tornando-os mais adequados aos usuários, sem que os órgãos e agentes percam o vínculo hierárquico existente, ao contrário do que ocorre com a descentralização, cuja distribuição de competências é feita de uma pessoa, distinta da do Estado, para outra (física ou jurídica), implicando a ruptura do liame hierárquico e excluindo qualquer relação de subordinação, havendo somente que se falar em vinculação entre as pessoas distintas.

A título ilustrativo, convém anotar que o mecanismo da desconcentração não ignora, por exemplo, a independência do Ministério Público, e até mesmo do STF, que, embora não sejam pessoas jurídicas, têm

---

8   Diz o inciso VI, do parágrafo único do art. 2º: "nos processos administrativos serão observados, entre outros, os critérios de adequação entre meios e fins, vedada a imposição de obrigações, restrições e sanções em medida superior àquelas estritamente necessárias ao atendimento do interesse público".

9   Aliás, a título ilustrativo, já dizia Aristóteles, ao falar que o poder circunda as esferas das relações humanas, que alguns seres, quando nascem, estão destinados a obedecer; outros, a mandar.

"personalidade judiciária" (podem atuar em juízo na defesa de suas prerrogativas), mas não possuem personalidade jurídica.

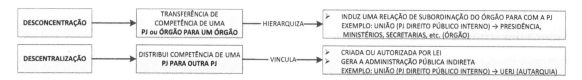

4.3.2. Objetivos do poder hierárquico

O poder hierárquico tem por objetivos ordenar, coordenar, controlar e corrigir as atividades administrativas, no âmbito interno da Administração Pública.

Nesse âmbito, então, o poder hierárquico **ordena** as atividades da Administração, repartindo e escalonando as funções entre os agentes do Poder, de modo que cada um possa exercer eficientemente seu encargo; **coordena**, entrosando as funções, no sentido de obter o funcionamento harmônico de todos os serviços a cargo do mesmo órgão; **controla**, velando pelo cumprimento da lei e das instruções e acompanhando a conduta, o cumprimento das obrigações e o rendimento de cada servidor; e corrige os erros administrativos, pela ação revisora dos superiores sobre os atos dos inferiores, verificando a legalidade de seus atos, podendo anular os atos ilegais ou revogar os inconvenientes ou inoportunos, seja *ex officio*, seja mediante provocação dos interessados, por meio dos recursos hierárquicos.

4.3.3. Ordem manifestamente ilegal

A título comparativo, verifica-se que, no sistema francês, um funcionário nunca pode questionar a legalidade de uma ordem, e quem vai responder, na hipótese de abuso, será quem expediu a tal ordem. O sistema alemão, por sua vez, apresenta o chamado *sistema da reiteração*, ou seja, se o funcionário tiver dúvida quanto à legalidade da ordem, ele pede que seja reiterada a ordem. Já no sistema vigente no Brasil, o funcionário tem a obrigação de questionar a ilegalidade da ordem.

Assim sendo, as ordens manifestamente ilegais não são passíveis de cumprimento ou observância, exceto – para alguns doutrinadores – no regime militar, em que a hierarquia é mais forte que na ordem civil. Em determinadas situações, uma ordem ilegal pode ter mitigada a punição.

Quando o subalterno, servidor público, está cumprindo uma ordem superior, ilegal, a responsabilidade da ordem é do superior, respondendo o servidor, ao cumprir tal ordem ilegal, como coparticipante na responsabilidade por aquele ato. Entretanto, caso o servidor não cumpra ordem legal da Administração, ele responderá a uma sanção administrativa, que constará em seus assentamentos funcionais.

Portanto, pela hierarquia administrativa, impõe-se ao subalterno a estrita obediência das ordens e instruções legais superiores e se define a responsabilidade de cada um. As determinações superiores devem ser cumpridas fielmente, sem ampliação ou restrição, a menos que sejam manifestamente ilegais.

No tocante a esta questão, porém, a doutrina não é uniforme, uma vez que o sistema constitucional brasileiro, ao declarar que "ninguém será obrigado a fazer ou deixar de fazer alguma coisa, senão em virtude de lei" (art. 5º, II, da CF/88), torna claro que o subordinado não pode ser compelido, pelo superior, a praticar ato evidentemente ilegal. No mesmo sentido, também a Lei nº 8.112/90 consagrou a lição, ao dispor que é dever do servidor "cumprir as ordens superiores, **exceto quando manifestamente ilegais**" (art. 116, IV).

O respeito hierárquico, no entanto, não chega ao ponto de imprimir, no subalterno, o senso do legal e do ilegal, do lícito e do ilícito, do bem e do mal, transformando-o em autômato executor de ordens superiores. Permite-lhe, sim, raciocinar e usar de iniciativa no tocante ao desempenho de suas atribuições, e nos restritos limites de sua competência. Daí não lhe ser lícito discutir ou deixar de cumprir ordens senão quando se apresentarem manifestamente ilegais. Somente as que se evidenciarem, ao senso comum, contrárias ou sem base na lei é que permitem ao subalterno recusar-lhe cumprimento.

Sobre o tema, veja-se importante precedente:

"Se a ordem do superior hierárquico é manifestamente ilegal, cabe ao subordinado não cumpri-la e, se a cumpre e daí resulta um fato punível, tem de responder por ele, em coautoria com o superior de quem emanou a ordem" *(RT 386/319)*. Dessa forma, o ordenamento jurídico outorga "ao inferior hierárquico uma relativa faculdade de indagação da legalidade da ordem» (RT 490/331).

A apreciação da conveniência e da oportunidade das determinações superiores refoge das atribuições meramente administrativas e, por isso, escapa da órbita de ação dos subalternos. Descumprindo-as ou retardando-as na execução, poderá o servidor relapso incorrer não só em falta disciplinar como, também, em crime funcional (prevaricação), previsto e definido no art. 319 do Código Penal Brasileiro.

OBSERVAÇÃO

Quanto ao parágrafo único do art. 116, ele informa que o instrumento da representação deverá ser dirigido à autoridade competente para a apuração do fato e consequente aplicação de penalidade, cuja tramitação da peça se verifica em obediência à via hierárquica.

Assim, a representação deve ser encaminhada pela via hierárquica, ou seja, pela chefia imediata, mesmo que a representação seja contra ela, e esta, por sua vez, a encaminhará, para apreciação, à autoridade superior àquela contra a qual é imputada a responsabilidade pelo ato ilegal, omissivo ou abusivo.

A respeito desse parágrafo único, doutrinadores, como Ivan Barbosa Rigolin (*op. cit.*, p. 207), chamam atenção para sua redação que, "salvo tenha havido erro de datilografia, até hoje não corrigida", o dispositivo alude ao representando, e não ao representado, a quem reconhecidamente é assegurado a ampla defesa. Contudo, o administrativista reconhece que o autor da representação contra alguém, aquele que está cumprindo com o dever de denunciar, estará sujeito a represálias. Por isso, a ele, representando, a Lei assegura a ampla defesa, e não ao representado, como é classicamente reconhecido, embora os acusados, em geral, já tenham esse direito consagrado constitucionalmente (art. 5º, LIII, da CF/88).

Portanto, a previsão legal de um direito de defesa ao representando deriva da preocupação que o legislador tem de evitar o argumentado por aquele que tem o dever de representar e não o faz sob a alegação de temor ou receio de sofrer retaliações, especialmente em se tratando de uma representação feita contra sua chefia imediata. Assim, a lei, para não ver sucumbir o seu interesse de ver a ordem administrativa preservada, subtrai daquele que tem o dever de representar, em função da previsão expressa do direito a ampla defesa ao representando.

4.3.4. Teoria da Encampação

FIQUE DE OLHO

A teoria da encampação é um desdobramento do Poder Hierárquico.

Dentro de uma estrutura administrativa, se uma autoridade subalterna pratica um determinado ato administrativo em desacordo com a lei e, por conta disto, dá ensejo a impetração de um Mandado de Segurança. Todavia, este MS é dirigido ao superior hierárquico daquela autoridade que praticou o ato irregular, que por sua vez, presta informações no referido MS, corroborando o acerto do ato praticado.

Em face da relação de hierarquia, o Superior pode perfeitamente encampar o ato na apresentação das informações, deslocando-se a titularidade do ato.

Isto ocorre, pois quando (ao ser erroneamente indicado como autoridade coatora) o Superior Hierárquico defende, em seu mérito, o ato impetrado. Teremos, aí, uma hipótese da chamada "Teoria da Encampação do Ato Impugnado no Mandado de Segurança".

Essa teoria consiste na encampação do ato por autoridade hierarquicamente superior àquela que efetivamente praticou o ato, materializado no momento de apresentação das informações. Ou seja, a autoridade superior avoca o ato de seu subordinado como sendo seu, prestando as informações como se fosse o titular do ato impugnado.

Além disso, a jurisprudência do E. Superior Tribunal de Justiça é pacífica no sentido que não basta apenas a prestação de informações, mas esta deve vir acompanhada da contestação dos fatos e direitos aduzidos na peça inicial do *writ*. *Cumpre, portanto, registrar que é indispensável a defesa do mérito, não servindo, apenas, prestar informações.*

A jurisprudência tem prestigiado esse entendimento:

"MANDADO DE SEGURANÇA. PROCESSO CIVIL E ADMINISTRATIVO. LEGITIMIDADE DA AUTORIDADE APONTADA COMO COATORA. TEORIA DA ENCAMPAÇÃO. MILITARES TEMPORÁRIOS. LICENCIAMENTO. ATO DISCRICIONÁRIO. AUSÊNCIA DE DIREITO LÍQUIDO E CERTO À PRORROGAÇÃO DE TEMPO DE SERVIÇO. 1. De acordo com a teoria da encampação, adotada por este Superior Tribunal de Justiça, a autoridade hierarquicamente superior, apontada como coatora nos autos de mandado de segurança, que defende o mérito do ato impugnado ao prestar informações, torna-se legitimada para figurar no polo passivo do Mandado de Segurança. (...)" (MS 8.206/DF, Rel. Ministra Maria Thereza de Assis Moura, Terceira Seção).

Destaca-se do voto da Min. Maria Thereza de Assis Moura com relação à aplicação da teoria da encampação no caso concreto:

"Desse modo, a autoridade responsável pela edição do ato impugnado neste *mandamus*, qual seja, o Comandante da 1ª Região Militar, não se enquadra entre aquelas cujos atos devem ser impugnados mediante mandado de segurança nesta Corte. Ocorre, porém, que, diante das informações prestadas pelo Comandante do Exército, tem aplicação ao caso a teoria da encampação, segundo a qual a autoridade hierarquicamente superior, apontada como coatora nos autos de mandado de segurança, que defende o mérito do ato impugnado ao prestar informações, torna-se legitimada para figurar no polo passivo do writ."

Conclui-se, então, que para aplicação da teoria da encampação – conforme posicionamento do E. STJ – faz-se necessário que a autoridade superior, na apresentação das informações, ataque o mérito do ato objeto do mandado de segurança, afastando por completo a ilegitimidade passiva da autoridade eleita. Então, será em prol da economia processual que não haverá de ser decretada a ilegitimidade passiva. Não haverá prejuízo nenhum ao feito e, muito menos, à prestação jurisdicional requerida, uma vez que o superior hierárquico possui comando em relação à inferior, possuindo a mesma atribuição para a correção do ato impugnado e, ao defendê-lo em seu mérito, estará assumindo a coautoria do ato.

No tocante a essa questão, foi editada a Súmula 628 do STJ: "A teoria da encampação é aplicada no mandado de segurança quando presentes, cumulativamente, os seguintes requisitos: a) existência de vínculo hierárquico entre a autoridade que prestou informações e a que ordenou a prática do ato impugnado; b) manifestação a respeito do mérito nas informações prestadas; e c) ausência de modificação de competência estabelecida na Constituição Federal".

compete originariamente ao TJ/MT o julgamento do mandado de segurança contra Secretário de Estado (art. 96, inciso I, alínea g, da Constituição Estadual), prerrogativa não extensível ao servidor responsável pela fiscalização fazendária. 3. Recurso especial provido, determinando-se a extinção do Mandado de Segurança sem resolução do mérito (Resp. 997623 MT. Relator Min. Luiz Fux. Julgador 1ª Turma – Grifamos).

4.4. Poder Disciplinar

Poder disciplinar significa justamente o poder que tem a autoridade competente de averiguar infrações funcionais praticadas por agentes públicos e para aplicar, se for o caso, a respectiva sanção disciplinar. Cabe à Administração Pública, portanto, apurar infrações e aplicar penalidades aos servidores públicos e demais pessoas sujeitas à disciplina administrativa. É uma supremacia especial que o Estado exerce sobre todos aqueles que se vinculam à Administração, por relações de qualquer natureza, subordinando-os às normas de funcionamento do serviço ou do estabelecimento que passam a integrar definitiva ou transitoriamente.

Dentro de uma relação funcional Agente Público→Estado, Agente Público→Entidade Administrativa, então, se for praticada alguma infração funcional, isto deve ser investigado dentro do poder disciplinar, dentro de um processo disciplinar, e, uma vez constatado o cometimento da infração, a autoridade competente aplica a sanção disciplinar adequada ao caso, pois várias são as sanções possíveis: uma advertência, uma repreensão, uma suspensão e, até mesmo, uma demissão do serviço público.

Assim, a autoridade administrativa, ao tomar ciência de que o servidor praticou uma falta, tem o dever de instaurar o processo disciplinar administrativo, sob pena de recair no crime de condescendência criminosa que, conforme as circunstâncias, pode representar crime de prevaricação, estatuído no art. 319 do Código Penal. O processo administrativo disciplinar é, portanto, ato vinculado e indisponível, e sua omissão acarreta improbidade administrativa, visto que atenta contra os princípios de honestidade, imparcialidade, legalidade e lealdade à Administração Pública, conforme assim preconiza o art. 11, *caput*, da Lei n° 8.429/92, mais conhecida como lei da improbidade administrativa.

Afirma-se, portanto, e mais uma vez, que o poder disciplinar decorre do poder hierárquico, mas, dentro do poder disciplinar, hoje se tem algumas questões importantes, atuais e controvertidas, as quais serão apontadas a seguir, mas não sem antes apreciarmos outros tópicos fundamentais a esse estudo.

É IMPORTANTE REGISTRAR

Na aplicação da sanção, sem dúvida, há certa discricionariedade na aplicação, diferente do Direito Penal. De acordo com a gravidade, o administrador tem um leque de opção, de acordo com a Lei 8.112/90, art. 127:

Art. 127. São penalidades disciplinares:

I - advertência;

II - suspensão;

III - demissão;

IV - cassação de aposentadoria ou disponibilidade;

V - destituição de cargo em comissão;

VI - destituição de função comissionada.

De acordo com a gravidade, a Administração Pública dentre elas, escolhe o que melhor atende o interesse público, mas terá que motivar o porquê da aplicação de tal sanção, sob pena de nulidade, ou seja, tem que haver uma adequação da penalidade x a falta praticada.

O judiciário não pode substituir-se à administração pública na punição do servidor, mas pode determinar aplicação de pena menos severa.

É interessante mencionar a citação do julgado abaixo:

"Embora o Judiciário não possa substituir-se à Administração na punição do servidor, pode determinar a esta, em homenagem ao princípio da proporcionalidade, a aplicação de pena menos severa, compatível com a falta cometida e a previsão legal" (STF, RMS 24.901).

Curiosamente, vale mencionar que, se a punição for muito *light*, pode o Judiciário ampliá-la? Nesse caso, não. Por enquanto, é só redução para patamares razoáveis. Se, por acaso, a infração for grave, mas o administrador entender que cabe apenas uma advertência verbal, o Judiciário não interfere, haja vista que o poder disciplinar cabe ao administrador público, não ao Judiciário, que só vai verificar se a aplica.

4.4.1. A indispensabilidade da motivação

Para a imposição da sanção disciplinar, é preciso haver motivação, isto é, a descrição das razões de fato e de direito que levaram a Administração a punir o servidor, uma justificativa fundamentada à prática do ato, que pode ser resumida, sim, mas não dispensada totalmente, por ser meio de controle do ato administrativo.

Conforme observado, para a imposição da sanção disciplinar, é preciso haver motivação, isto é, a descrição das razões de fato e de direito que levaram a Administração a punir o servidor, uma justificativa fundamentada à prática do ato, que pode ser resumida, sim, mas não dispensada totalmente; o que não se exige são aquelas formalidades de um processo judiciário, se bem que boa parte de seu rito possa ser utilmente adotada pela Administração, para resguardo da legalidade de seu ato. Assim, a autoridade administrativa não está adstrita, como a judiciária, às fórmulas processuais, podendo usar de meios mais simples e consentâneos com a finalidade disciplinar para apurar a falta e impor a pena adequada. Inadmissível é que o administrador deixe de indicar claramente o motivo e os meios regulares de que usou para a verificação da falta, objeto da punição disciplinar.

A motivação destina-se, portanto, a evidenciar a conformação da pena com a falta e a permitir que se confrontem, a todo tempo, a realidade e a legitimidade dos atos ou fatos ensejadores da punição administrativa, sendo mais um meio de controle do ato administrativo. Segundo a moderna doutrina francesa, hoje aceita pelos nossos publicistas e pela jurisprudência, todo ato administrativo é inoperante quando o motivo invocado é falso ou inidôneo, vale dizer, quando ocorre inexistência material ou inexistência jurídica dos motivos; ao contrário, estes motivos devem ser materialmente exatos e juridicamente fundados. Tal teoria tem inteira aplicação ao ato disciplinar, que é espécie do gênero ato administrativo.

Ao motivar a imposição da pena, o administrador não estará se despojando da discricionariedade que lhe é conferida em matéria disciplinar, mas sim legalizando-a, visto que a valoração dos motivos é matéria reservada privativamente à sua consideração, sem que outro Poder possa rever o mérito de tais motivos. O próprio Poder Judiciário deter-se-á no exame material e jurídico dos motivos invocados, sem lhes adentrar a substância administrativa.

4.5. Poder Regulamentar

O poder regulamentar é o poder atribuído à Administração Pública para editar regulamentos.

Regulamento consiste no conjunto de normas gerais e abstratas elaboradas pela Administração Pública. Portanto, a diferença entre ato administrativo e regulamento é que aquele tem caráter concreto e o regulamento estabelece a previsão geral e abstrata de autuação administrativa.

Poder regulamentar, também chamado por alguns autores de poder normativo, é um dos mais debatidos, sobretudo por conta de alterações havidas, relativamente recentes, no texto constitucional, que reacenderam antigas controvérsias, as quais serão dissecadas, a fundo, buscando-se o melhor entendimento possível das questões levantadas pela doutrina.

Até chegar-se a elas, porém, convém lembrar que a função estatal de editar normas gerais e abstratas é do Poder Legislativo, que desempenha um papel importantíssimo enquanto porta-voz da sociedade, sobretudo, buscando com ela satisfazer expectativas ou atender às necessidades de todos, inclusive do próprio Estado. Acontece que o legislador não é capaz de apreender, absorver detidamente todas as situações que surgem no meio social; consequentemente, não pode prever, no texto positivo, todas as situações fáticas, até mesmo por conta das transformações que ocorrem dentro da própria sociedade em tão pouco tempo.

O detalhamento, esclarecimento ou regulamentação das leis somente é possível em decorrência da existência desse poder regulamentar, também denominado poder normativo. Sendo assim, tem o administrador a faculdade de clarificar as leis, detalhando, esmiuçando, explicitando seus meandros, para dar executoriedade àquelas que não são autoexecutáveis, denominando-se esta competência de **poder regulamentar**, que é definido por Hely Lopes Meirelles como "a faculdade de que dispõem os Chefes do Executivo (Presidente da

República, Governadores e Prefeitos) de explicar a lei para sua correta execução, ou de expedir decretos autônomos sobre matéria de sua competência ainda não disciplinada por lei[10]".

Esse poder regulamentar é, então, na visão majoritaríssima da doutrina, uma prerrogativa da Administração Pública de editar atos gerais, normas gerais para complementar as leis, assim permitindo "sua fiel execução" (art. 84, IV, da CF/88).[11] Cabe frisar, porém, que o exercício dessa prerrogativa pela Administração é voltado apenas para complementar os vazios da lei, para dar à máquina administrativa condições de materializar a lei, não podendo, pois, a Administração alterá-la, modificá-la, inovando na ordem jurídica, a pretexto de estar regulamentando algo mais.

É de se perceber, portanto, que a atuação regulamentar, essa atuação normativa da Administração é uma atuação infra legal, uma atuação secundária, em princípio, porque ela não pode inovar na ordem jurídica; em regra, ela só pode complementar o que a lei já diz, só pode atuar de acordo com o que a lei expressamente determina, nada podendo editar sem prévia autorização legislativa. Então, enfatizando, a Administração Pública não pode atuar primariamente; sua atuação é secundária, só podendo executar o que a lei estabelece, sendo esta a visão que prevalece na doutrina, majoritariamente, embora seja uma visão discutível, que será analisada a seguir.

ATENÇÃO!

As leis administrativas podem ser regulamentadas, mesmo que os textos da legislação não contenham expressamente essa regulamentação, porque estamos diante das denominadas **leis não-autoexecutáveis**, portanto, por ser inerente a função administrativa, não há impedimento para tal, podendo ser materializadas por resoluções, Decretos, Portarias.

4.5.1. Fundamento legal

O fundamento constitucional do poder regulamentar, em relação à União, é o inciso IV do art. 84, da CF/88, ao dispor que ao Presidente da República compete expedir decretos e regulamentos para a fiel execução das leis – o que **pressupõe, portanto, a prévia existência de uma lei**. No que diz respeito aos Estados-Membros e Municípios, por sua vez, são os dispositivos semelhantes consignados nas Constituições estaduais e nas Leis Orgânicas municipais, até porque, pelo princípio da simetria constitucional, o mesmo poder é conferido aos Chefes do Poder Executivo (governadores, prefeitos, interventores) para os mesmos fins.

A omissão do Poder Executivo em editar regulamentos

Quanto à omissão do Poder Executivo em editar regulamentos, a Constituição de 1988 trouxe remédio que resolve parcialmente o problema, quando previu o *mandado de injunção* e a *ação de inconstitucionalidade por omissão.*

O primeiro tem alcance restrito às hipóteses em que a falta de norma regulamentadora torna inviável o exercício dos direitos e liberdades constitucionais e das prerrogativas inerentes à nacionalidade, à soberania e à cidadania (art. 5º, LXXI). Neste caso, cabe ao Poder Judiciário suprir a omissão, estabelecendo a norma que resolva o caso concreto.

Já a ação de inconstitucionalidade por omissão, prevista no art. 103, § 2º, tem âmbito um pouco menos restrito, porque é cabível quando haja omissão de medida necessária para tornar efetiva a norma constitucional. Neste caso, o Supremo Tribunal Federal, órgão competente para julgar, deverá dar ciência da decisão ao poder competente para cumprimento no prazo que entender adequado e poderá também definir medida que supere a omissão até que a lacuna legal seja devidamente tratada.

---

10 MEIRELLES, op. cit., p. 123-124.

11 "Art. 84. Compete privativamente ao Presidente da República: [...] IV – sancionar, promulgar e fazer publicar as leis, bem como expedir decretos e regulamentos para sua fiel execução; "

Continuam desprotegidas, no entanto, as hipóteses em que a falta de regulamentação torna inviável o cumprimento da legislação infraconstitucional. Neste caso, então, havendo omissão indefinida e intermitente do Poder Executivo em não viabilizar a vontade da lei, o cidadão vai poder exercer seus direitos, porque a vontade da lei tem de ser cumprida[12]. Logo, se não houver regulamentação dentro do prazo ("Essa lei será regulamentada pelo Poder Executivo em 60 dias", por exemplo), a lei passará a ser eficaz, cabendo observar que, contra o ato omissivo, cabe mandado de segurança, e a jurisprudência usa o prazo para ele estabelecido, que é de 120 dias, pois está inviabilizando o exercício de um direito que a lei já outorgou.

Enfatizando, mais uma vez, a lei deve prever o prazo para a sua regulamentação, sob pena de ser considerada formalmente inconstitucional. Expirado este prazo em branco, a lei deve tornar-se exequível para que a vontade do legislador não se figure inócua e eternamente condicionada à vontade do administrador. Nesse caso, os titulares de direitos previstos na lei passam a dispor de ação com vistas a obter do Judiciário decisão que lhes permita exercê-los, com o quê estará sendo reconhecido que a lei deve ser aplicada e observada. As leis que trazem a recomendação de serem regulamentadas não são exequíveis antes da expedição do decreto regulamentar, porque esse ato é condição da atuação normativa da lei. Em tal caso, o regulamento opera como condição suspensiva da execução da norma legal, deixando seus efeitos pendentes até expedição do ato do Executivo.

Assim, de acordo com a previsão do art. 103, § 2º, da Constituição Federal, cabe ação de inconstitucionalidade por omissão; o Supremo Tribunal Federal expede um provimento, declarando a mora administrativa, que, em se tratando de órgão administrativo, terá o prazo de 30 dias para fazê-lo.

4.5.2. Controle do Poder Regulamentar

Há total possibilidade de controle judicial em face do Poder Regulamentar? Sim, em conformidade com o art. 102, I, alínea "a" da Constituição Federal, exatamente por traduzir generalidade, abstratividade, quando o regulamento contrariar frontalmente os limites da lei, podendo ser atacado por via direta, isto é, por intermédio da Adin.

FIQUE LIGADO

Vêm julgando nossos tribunais que o regulamento se sujeita ao controle de constitucionalidade, se violar dispositivo constitucional. O regulamento não pode ser atacado via mandado de segurança, devido ao seu caráter normativo, por traduzir ideia de generalidade, abstratividade, aplicando-se tal qual à lei.

Veja-se, a respeito disso, transcrição do verbete:

O verbete nº 266 da Súmula do Supremo Tribunal Federal – "Não cabe mandado de segurança contra lei em tese".

4.6. Poder de Polícia

Polícia administrativa e polícia judiciária

Dentro do estudo do poder de polícia, há uma clássica distinção entre a polícia administrativa e a polícia judiciária, cujas modalidades estão bem distinguidas em Hely Lopes Meirelles[13], quando salienta que a polícia administrativa é a que incide sobre bens, direitos e atividades, ao passo que a polícia judiciária incide sobre as pessoas. Assim, o poder de polícia administrativa se difunde por todos os órgãos administrativos, de todos os Poderes e entidades públicas, enquanto o poder de polícia judiciária é privativo dos órgãos auxiliares da Justiça (Ministério Público e Polícia em geral). Exemplificando: quando a autoridade apreende uma carta

---

12 Hely Lopes entende do mesmo modo, ao dizer que, "quando a própria lei fixa o prazo para sua regulamentação, decorrido este sem a publicação do decreto regulamentar, os destinatários da norma legislativa podem invocar utilmente os seus preceitos e auferir todas as vantagens dela decorrentes, desde que possa prescindir do regulamento, porque a omissão do Executivo não tem o condão de invalidar os mandamentos legais do Legislativo". MEIRELLES. *Direito...*, op. cit., p. 125.

13 MEIRELLES. *Direito...*, op. cit., p. 127.

de motorista por infração de trânsito, pratica ato de polícia administrativa; quando prende o motorista por infração penal, pratica ato de polícia judiciária.

Bem, teoricamente falando, essa distinção parece fácil, mas a prática é muito mais rica do que se imagina, pois, a diferença entre essas duas "polícias" é apenas relativa. Na prática, suas características ora se invertem, ora se confundem, e nem sempre é fácil vislumbrar isso no caso concreto, tanto assim que a doutrina costuma dizer que a polícia administrativa tanto pode agir preventivamente (como, por exemplo, proibindo o porte de arma) como pode agir repressivamente (quando apreende a arma usada indevidamente). Entretanto, em ambas as hipóteses, poder-se-ia afirmar que ela está tentando impedir que o comportamento individual produza danos maiores à sociedade, e nesse sentido é correto dizer que o caráter da polícia administrativa é eminentemente preventivo. Mas, ainda assim, falta precisão ao critério, pois se pode inferir que a polícia judiciária, embora seja uma atividade administrativa repressiva em relação ao indivíduo infrator da lei penal, é também uma atividade preventiva em relação ao interesse geral, porque, punindo o infrator, procura-se evitar que o indivíduo volte a incidir na mesma infração.

Note-se, assim, que a distinção é complexa, mas aqui se vai tentar apontar algumas diferenças possíveis, das muitas encontradas na doutrina, entre polícia administrativa e polícia judiciária.

A primeira diferença que todos os autores enfocam é que a polícia administrativa atua de forma preventiva, dizendo que ela é uma "atividade-fim", que ela é um fim em si mesma ou se exaure em si mesma, em uma única fase, enquanto a polícia judiciária atua de forma repressiva, sendo considerada uma "atividade-meio" porque ela é preparatória, isto é, ela prepara o terreno para uma futura atuação estatal ou para um outro órgão ou ente estatal qualquer. No entanto, vimos que esse critério de distinção torna-se esvaziado quando se identifica entre ambas os efeitos preventivo e repressivo, como se demonstrou no exemplo acima e que também veremos abaixo.

É evidente que, em princípio, toda atuação da polícia administrativa **é preventiva, mas entendimento este que hoje em dia perdeu força**, pois a ela não se nega uma atuação repressiva. Senão, vejamos que: quando o fiscal da salubridade visita um supermercado, por exemplo, ou um restaurante, ele vai preventivamente (fazer uma fiscalização) para avaliar as condições gerais do estabelecimento. Mas, se o órgão ou entidade de fiscalização sanitária ingressa naquele estabelecimento comercial e lá encontra alimentos com validade vencida, alimentos fora da refrigeração adequada, enfim, impróprios para o consumo, em más condições de higiene na sua conservação, problemas sanitários, insetos, vestígios de roedores, o que pode fazer essa entidade ou esse órgão fiscalizador? Aplicar imediatamente as sanções àquele estabelecimento e, se for o caso, ao seu proprietário, apreendendo os alimentos impróprios para o consumo, por exemplo, inutilizando-os depois, além de aplicar a multa equivalente ao ilícito, assim abandonando a atuação preventiva para atuar repressivamente, lavrando o auto de infração bem como o auto de destruição, para dar ampla defesa e o contraditório ao dono do estabelecimento, sob pena de ser um ato arbitrário.

Portanto, no caso da polícia administrativa, verifica-se que, muito embora a ação do agente público seja, a princípio, fiscalizatória, meramente preventiva, nada impede que sua atuação se converta em repressiva, a fim de que seja garantida a salubridade, embora seja óbvio que esta não é a sua atividade principal.

Então, no exemplo citado, o que aconteceu? O órgão ou a entidade exerceu a polícia administrativa, alcançando o fim desejado. E qual era o fim desejado? Verificar se estava tudo certo, de acordo com a legislação, e, caso contrário, aplicar as sanções. Mas, ao visitar as instalações do estabelecimento, o agente constatou aquelas tais irregularidades e já diretamente aplicou as sanções respectivas, ou seja, a polícia administrativa atuou numa só fase, não tendo que preparar terreno para uma outra atuação estatal. É claro que aquela decisão da polícia administrativa, em tese, pode ser impugnada, até na via judicial, mas ela não é necessária ou não é necessária a atuação de outro órgão para que aquela polícia administrativa exerça a sua atividade a alcançar a sua finalidade, pois se trata de auto executoriedade do ato administrativo, ao contrário do que acontece, pelo menos em regra, na polícia judiciária, que é preparatória.

Outro exemplo de polícia administrativa é o caso em que o indivíduo construiu uma casa em área pública, de forma irregular e clandestina, tendo o Superior Tribunal de Justiça decidido que a edificação, em tal circunstância, está sujeita à demolição, não tendo o invasor direito à retenção nem à indenização por eventuais benfeitorias.

Já a polícia judiciária, por seu turno, embora também seja uma atividade administrativa, ela é a primeira fase para a função jurisdicional penal, e é executada por órgãos de segurança pública (polícia civil ou militar), sendo preparatória, portanto, para a repressão, que se dará pelo Poder Judiciário, em atenção ao *ius puniendi* do Estado.

É sempre importante lembrar que a *blitz*. de polícia civil não pode ser exercida, pois ela não exerce o poder de polícia administrativa, exerce, apenas, polícia judiciária, a não ser que esteja no curso de da investigação policial. Por exemplo, há um sujeito que está se evadindo do local do crime, é possível fazer uma *blitz*.

Um exemplo tradicional de polícia judiciária é a Polícia Civil, porque ela vai ser responsável pela investigação criminal. É a Polícia Civil, em regra, que vai investigar, vai colher os elementos de prova, vai tentar descobrir a autoria da ação penal, vai tentar trazer elementos em relação à materialidade daquela ação penal. Ocorre que essa polícia judiciária não é suficiente porque, na verdade, com esses elementos colhidos e com o documento preparado após o término do seu trabalho, ela entrega o inquérito pronto para outro órgão estatal, em regra, o Ministério Público, que vai ser o responsável, amanhã, pela perseguição criminal em juízo ou pela propositura da ação penal.

Ou seja, a polícia judiciária, a entidade ou o órgão que exerce a polícia judiciária, vai, na verdade, embasar e justificar uma futura ação também estatal, percebendo-se, assim, que a atuação da polícia judiciária instrumental faz esse "meio de campo", isto é, prepara o terreno para uma próxima atuação estatal, não se exaurindo em si mesma, portanto, pelo menos em regra.

Assim, quando agentes policiais, que são agentes administrativos, estão executando atos de poder de polícia, tais como a investigação de um crime, estes se caracterizam em atos de poder de polícia judiciária, mas de forma preparatória para repressão, ao preparar o inquérito, posto que, na verdade, quem vai reprimir é o Estado-Juiz, através da sentença, sendo esta a primeira fase para a função jurisdicional penal, portanto, executada por órgãos de segurança pública.

Já com relação à Polícia Federal, é claro que ela também exerce a polícia judiciária, auxiliando a Justiça Federal no cumprimento de suas decisões, para investigar, cumprir mandados, mas também desempenha o papel de polícia administrativa, por exemplo, na emissão de passaportes. Até a própria Polícia Militar, excepcionalmente, exerce a polícia judiciária adstrita aos militares, ou seja, tem-se exceção em todos os lugares. Por isso, é difícil falar-se dessas diferenças.

Não obstante, pode um policial militar ou civil praticar ato de polícia administrativa preventiva, ao acompanhar uma passeata, por exemplo, assim como um agente público praticar ato de polícia administrativa repressiva, quando apreende um alimento estragado.

Então, quando há uma passeata, quem se faz presente é a corporação da Polícia Militar, que faz polícia de segurança ou também chamada de ostensiva, acompanhada de seu batalhão de choque, para ostensivamente prevenir quaisquer incidentes. Na hipótese de a passeata criar confusão, tumulto, o batalhão de choque entra em ação para que volte a ordem, ou seja, a Polícia Militar abandona sua atuação preventiva, que não funcionou, e começa a atuar repressivamente.

Da mesma forma ocorre quando a autoridade administrativa se utiliza do poder de polícia para internar compulsoriamente loucos, ébrios e portadores de certas doenças, quando estes são encontrados perambulando em via pública, visto que o poder de polícia é conceituado como o mecanismo de frenagem para conter os abusos do direito individual. Assim, se houver expressa autorização legal, poderá a Administração Pública interná-los, obedecendo, por óbvio, o procedimento legal, assegurando-lhes o direito de defesa (art. 5º, LV, da CF), mas cabendo observar que, em situações de emergência, quando houver perigo maior para sociedade em deixá-los nas ruas, caso não haja lei que autorize este procedimento, poderá a Administração Pública, excepcionalmente, dispensar a autorização legal, sempre visando o interesse público. E é através desse mecanismo que o Estado detém a atividade dos particulares que se revelar contrária, nociva ou inconveniente ao bem-estar social, ao desenvolvimento e à segurança nacional. Entretanto, se a Administração agir arbitrariamente com excessos (de força, por exemplo), responderá pelos danos causados, conforme reza o art. 37, § 6º, da Constituição da República.

Cabe observar, entretanto, que não se pode diferenciar a polícia administrativa da judiciária pelo órgão aplicador, porque a Polícia Militar, por exemplo, que é a polícia de segurança pública, atua em ambas vertentes, ou seja, na administrativa e na judicial. Já a Polícia Civil, esta sim, só atua na polícia judiciária e não exerce polícia administrativa. Assim sendo, blitz de Polícia Civil não pode ser exercida, pois ela não exerce polícia administrativa e sim, apenas, polícia judiciária, a não ser que esteja no curso da investigação policial, dando-se como exemplo quando um sujeito está se evadindo do local do crime, sendo possível, aí sim, fazer uma blitz.

Agora, a Polícia Federal, como já se observou, exerce "ambas" as polícias, tanto a polícia administrativa quanto a polícia judiciária, ao apurar as infrações, através do inquérito policial, podendo realizar *blitz* e, inclusive, conter os manifestantes de uma passeata.

Vale aqui lembrar também da Guarda Municipal, que entra no grupo de polícia administrativa – e quem deixa isto bem claro é o art. 144, § 8º, da CF –, sendo sua incumbência a polícia de preservação dos bens públicos, tomando conta dos logradouros públicos, dos prédios municipais, assim o fazendo sem poder usar armas de fogo.

Insta ressaltar, portanto, mais uma vez, que o caráter da polícia administrativa é eminentemente preventivo e visa impedir comportamentos nocivos à sociedade. Já a polícia judiciária, não obstante ser atividade administrativa, age como preparadora da função judicial penal e possui natureza repressiva. Saliente-se, no entanto, que tal distinção não é absoluta, visto que alguns doutrinadores também apontam que os agentes da polícia administrativa, às vezes, também agem de forma repressiva e os agentes de segurança, de forma preventiva, com o intuito de evitar crimes. Então, a distinção tradicional de que a polícia administrativa tem caráter preventivo e a judiciária, caráter repressivo, não tem o mínimo fundamento, porque as duas podem ser repressivas, preventivas ou ambas, ao mesmo tempo.[14]

Então, para a maior parte da doutrina, a polícia é eclética, daí o professor Cretella Júnior possuir uma denominação própria no tocante às polícias, acrescentando em sua classificação, além da polícia administrativa ou judiciária, a polícia mista, que seria aquela realizada por organismos estatais que acumulariam ou exerceriam, "sucessiva ou simultaneamente, as duas funções: a preventiva e a repressiva, como é o caso da polícia brasileira, em que o mesmo órgão (o mesmo agente policial) previne e reprime".[15]

Outra distinção apontada por alguns autores leva em consideração o objeto da polícia administrativa e o da polícia judiciária. Para esses autores, a polícia administrativa tem um objeto de atuação mais amplo, porque ela vai se dirigir a pessoas, bens e direito, enquanto a polícia judiciária tem um objeto mais restrito porque ela só se dirige às pessoas.

É claro que essa distinção também vai ser muito relativizada, na prática. Mas, em tese, vai-se tentar clarificar um pouco mais essa diferença utilizando aquele mesmo exemplo da fiscalização sanitária em relação à polícia administrativa. Naquele caso, a fiscalização sanitária ingressou no estabelecimento comercial e encontrou tudo errado: alimentos vencidos, em péssimas condições de armazenamento, baratas no chão, subindo nas pias, enfim, várias irregularidades. E o que vai fazer a vigilância sanitária, na hora? Vai aplicar sanções. Mas o que ela pode fazer, em tese? Diz-se em tese porque, se a lei admitir, ela pode interditar o

---

14   Crettela Júnior entende que "a polícia administrativa tem por objetivo a manutenção da ordem pública e age ,a *priori*, preventivamente. Daí receber também os nomes de polícia preventiva ou polícia *a priori*. A polícia administrativa tem por objetivo impedir as infrações das leis antes que as infrações se concretizem, incumbe-lhe a vigilância, a proteção da sociedade, a manutenção da ordem e tranquilidade pública, assegurando os direitos individuais e auxiliando a execução dos atos e decisões da Justiça e da Administração. A polícia judiciária, também denominada polícia repressiva, atua, *a posteriori*, investigando os delitos, mas funciona apenas como auxiliar do Poder Judiciário". CRETELLA JUNIOR, José. *Manual de direito administrativo*. 7.ed.Rio de Janeiro: Forense, 2014, p. 265.
15   Idem. *Do poder de polícia*. Rio de Janeiro: Forense, 1999, p. 47.

estabelecimento, pode apreender os alimentos vencidos, e obviamente destruí-los depois, porque eles colocam em risco a saúde da população, além de aplicar eventualmente multa para aquele estabelecimento. Tem-se, então, eventuais sanções que podem ser aplicadas e, nesse caso, para essa visão doutrinária teórica, essas sanções vão incidir em relação às pessoas, bens e direitos. Ou seja, o sujeito vai perder o direito de exercer aquela atividade por um tempo, naquele estabelecimento; quer dizer, a polícia vai incidir sobre bens, pois os alimentos podem ser apreendidos e destruídos; pode incidir sobre o estabelecimento, a empresa, e também sobre a própria pessoa física, porque naquele estabelecimento pode ter um crime contra a saúde pública e, aí, o dono e/ou sócio podem eventualmente responder criminalmente.

Aliás, no que concerne à polícia sanitária, em especial, vale dizer que o agente público dispõe de uma grande discricionariedade quando de sua atuação, eis que o objeto tutelado é a higiene e a saúde da população, e suas atuações envolvem situações de perigo presente ou futuro que lesam ou ameaçam lesar estes bens. Então, na visão teórica de alguns autores, aqui se tem, na verdade, uma polícia administrativa ampla.

E em relação ao objeto da polícia judiciária? Para esses autores, a polícia judiciária tem um objeto mais restrito, em tese, que é unicamente investigar, não um bem, não um direito, mas sim a conduta humana, investigar pessoas, ou seja, são as condutas humanas que vão ser investigadas pela polícia judiciária. Então, o que quer saber a polícia judiciária, no final das contas? Quer saber quem cometeu aquela infração, caso a infração exista. Mas essa visão, na prática, também é muito relativizada; tudo é em tese.

De qualquer forma, poder-se-ia resumir essa diferença da seguinte maneira: a polícia administrativa incide sobre bens, direitos e atividades, não se podendo usar o bem imóvel, por exemplo, senão de acordo com a legislação edilícia do município; não se pode exercer atividade profissional se não for de acordo com as normas de ética e de conduta profissional estabelecidas pelos conselhos de fiscalização profissional. Já a polícia judiciária incide sobre pessoas diante da ocorrência de um ilícito penal.

Agora, aqui, também há de se observar o seguinte: a princípio, a polícia judiciária é apenas espécie do gênero polícia de prevenção e repressão a ilícitos penais, ou algo que alguns autores chamam – por exemplo, o Diogo de Figueiredo – de polícia de segurança pública, que seria gênero de prevenção às condutas sociais consideradas como de maior potencial ofensivo e, por isso, apenadas com a sanção penal.

Poder-se-ia dizer, então, que a distinção principal entre as polícias administrativa e judiciária diz respeito à natureza dos ilícitos que essas atividades administrativas do Estado visam a coibir. A polícia administrativa é, por excelência, voltada a reprimir ou prevenir a prática de ilícitos administrativos, ou seja, violações às normas de polícia que condicionam o exercício da liberdade individual, visando proteger direitos de terceiros e interesses da coletividade como um todo. Na verdade, ela é uma polícia de cunho conformador de direitos. Já a polícia de segurança pública, ou de repressão a ilícitos penais, tem uma finalidade apuratória dos ilícitos penais e dos autores desses ilícitos. É uma finalidade mais específica, voltada mais especificamente àquelas condutas sociais que a sociedade, através dos seus órgãos de representação, entendeu de submeter a um regime diferenciado do regime administrativo de polícia que é o regime penal.[16]

Mas, dentro dessa distinção, há uma grande discussão na doutrina para saber se existe diferença ontológica (de natureza) entre um ilícito administrativo e um ilícito penal ou se essa diferença se trata apenas de uma opção legislativa, fazendo-se a ressalva de que é muito comum que uma atividade não social seja sancionada no campo da polícia administrativa e, com o seu agravamento, passe a ser criminalizada, e algumas outras atividades, talvez não porque se tornem de menor potencial ofensivo, mas porque a sanção penal não alcance as suas finalidades, têm sido descriminalizadas e devolvidas ao campo da polícia administrativa.

Com efeito, é interessante saber se existe uma distinção entre os dois ilícitos (conduta não social caracterizada como ilícito administrativo e conduta caracterizada como crime ou contravenção penal) ou se trata simplesmente de discricionariedade administrativa, porque determinadas condutas não sociais, por terem potencial ofensivo maior e não serem de forma alguma toleráveis, são submetidas a um regime especial, que têm na privação de liberdade a sua sanção mais paradigmática, submetendo-se ao regime de direito penal,

---

16   No entendimento de Álvaro Lazzarini, "a linha de diferenciação está na ocorrência ou não de ilícito penal. Com efeito, quando atua na área do ilícito puramente administrativo (preventiva ou repressivamente), a polícia é administrativa. Quando o ilícito penal é praticado, é a polícia judiciária que age". Apud DI PIETRO, op. cit., p. 124.

enquanto outras condutas não sociais, apesar de serem prejudiciais a direitos de terceiros e a interesses da coletividade, permanecem no campo administrativo e estão submetidas às sanções administrativas, de que é sanção paradigmática a multa, e não a restrição à liberdade.

A conclusão a que se chega é que se trata de uma opção legislativa segundo o grau de reprovabilidade da conduta, se esta atinge um bem da vida mais valorado pela sociedade. Por exemplo, um homicídio não pode ser considerado por ninguém como uma infração administrativa, mas avançar um sinal pode ser considerado uma mera infração administrativa. O que parece existir, então, é uma discricionariedade legislativa em avaliar, de acordo com as circunstâncias de tempo e local, quais são as condutas que merecem ser criminalizadas e quais as que devem ficar no campo administrativo, seja porque não têm o mesmo potencial ofensivo dos crimes e contravenções, seja porque o direito penal não as sanciona devidamente.

Um exemplo muito recente de condutas que caracterizavam infrações administrativas e passaram a caracterizar infrações penais são as condutas no campo administrativo tributário e financeiro. Muitas dessas condutas eram sancionadas pela polícia administrativa financeira (Banco Central) e, a partir de um determinado momento, além de aplicar a multa pecuniária decorrente da infração administrativa, o Banco Central passou a fazer um comunicado ao órgão competente para apuração da infração penal, já que aquele fato, além de ser sancionado pelo Direito Administrativo, é sancionado pelo Direito Penal.

Mais outra distinção, também encontrada na doutrina, é que a polícia administrativa é exercida difusamente por órgãos administrativos diversos de acordo com a sua competência legal, mas não há órgãos especializados no desempenho da polícia administrativa como um todo. Os órgãos são distribuídos pelos diversos campos de atuação em que o Estado restringe, condiciona e disciplina atividades particulares e esses órgãos exercem, dentro do seu campo de atuação, polícias administrativas concorrentes. Ao contrário, a polícia de segurança pública (ou de repressão a ilícitos penais) é exercida concentradamente por órgãos específicos, o que significa que há órgãos que têm como atividade típica o desempenho da polícia de repressão penal e essa polícia pode ser puramente ostensiva, com caráter preventivo, ou polícia judiciária de caráter eminentemente investigatório.

No âmbito federal, então, quem exerce eminentemente a polícia judiciária é a Polícia Federal e, no campo estadual, é a Polícia Civil quem vai exercê-la, nos crimes não classificados como federais. Já as Polícias Militares e as Polícias Rodoviária e Ferroviária federais exercem, por sua vez, a polícia e o policiamento ostensivo no campo de rodovias e ferrovias, mas atentando-se para o seguinte: o fato de a Polícia federal exercer precipuamente a polícia judiciária federal e as Polícias Civis exercerem a polícia judiciária estadual não significa que esses policiais não possam, anomalamente, realizar o policiamento ostensivo. Por exemplo, a Polícia Federal faz policiamento ostensivo nos aeroportos e portos brasileiros, mas, da mesma forma, a Polícia Militar, que precipuamente desempenha a polícia ostensiva, pode colaborar com a polícia judiciária. Aliás, essa é a missão do policial militar, vale dizer, quando o ilícito penal já foi praticado, ao realizar a prisão e conduzir o preso até a delegacia mais próxima para que a atividade judiciária (investigativa) seja realizada, podendo sua atuação ser concretizada com seu depoimento ao delegado de polícia.

Aqui, portanto, há um intercâmbio entre as atividades. Todo órgão encarregado de polícia administrativa que, no desempenho da sua função, verificar a existência de um ilícito penal deve fazer um comunicado ou à autoridade policial ou, se assim entender, ao órgão do Ministério Público (algumas leis, como, por exemplo, a lei de crimes contra o sistema financeiro diz expressamente que a autoridade administrativa deve comunicar a possibilidade da existência do ilícito penal ao Ministério Público Federal, não significando isso que o comunicado não possa ser feito à autoridade policial). Cada vez mais, e, sobretudo depois da Constituição de 1988, com um grau maior de importância ao Ministério Público, esses comunicados têm sido encaminhados preferencialmente ao mesmo, que poderá encaminhar aqueles elementos à autoridade policial para que proceda a sua função de polícia judiciária.

Repete-se, por fim, ainda mais uma vez, que o poder de polícia se inicia e se completa, isto é, a polícia administrativa se inicia, em regra, no campo administrativo, com a concretização da vontade legal através de um consentimento discricionário ou vinculado, através da fiscalização administrativa, finalizando com a aplicação eventual da sanção. Esta sanção, quando admitida pela lei, tem caráter autoexecutório, sendo que o início e o encerramento de todo poder de polícia se dará no campo administrativo. As exceções vão acontecer quando, por previsão expressa da lei ou quando esta não admitir, o ato sancionatório não for autoexecutório.

Exemplo típico é a cobrança das sanções pecuniárias (multa), onde esta é exigível, mas a sua cobrança não é auto executória, porque o Poder Público não pode simplesmente arrecadar bens particulares a título de compensação pela multa. E, a nosso ver, não pode nem criar instrumentos de pressão indireta sobre os particulares como forma de burlar essa não auto executoriedade da cobrança da multa, a qual deve ser cobrada com a colaboração do Poder Judiciário, em ação de execução fiscal. Isso se dá através do encaminhamento pelo órgão de autuação do auto de infração a um órgão específico – no caso da União, Procuradoria da Fazenda Nacional; no caso do Estado, Procuradoria Geral do Estado – que irá fazer um controle de legalidade desse auto de infração de quem aplicou a multa no exercício do poder de polícia e, se a legalidade for verificada, a multa é inscrita nos livros da dívida ativa, dos quais será extraído um título executivo extrajudicial chamado de certidão da dívida ativa. E essa certidão é que vai aparelhar a peça inicial que irá instruir o processo de cobrança da multa, disciplinado em lei específica (Lei nº 6.830/80), que é o processo de execução fiscal, onde também podem ser executadas receitas não tributárias (o caso das multas administrativas).

Exemplo típico de ilegalidade praticada no Estado do Rio de Janeiro é o caso de o DETRAN-RJ indiretamente forçar o pagamento das multas de trânsito, vinculando este pagamento ao licenciamento anual, quando, na verdade, deveria se utilizar, como vimos, da via de ação executiva para a cobrança das referidas multas, haja vista que essa sanção pecuniária não é auto executória, dada a existência da lei de execuções fiscais que traz como meio de cobrança a utilização da ação aludida acima.

Agora, toda atividade de segurança pública constitui, na repressão dos ilícitos penais, atividade destinada, em regra, a não se completar apenas no âmbito administrativo, pois, ela se completa no âmbito da jurisdição penal. O mesmo não ocorre com a polícia de segurança pública, que, em regra, se completa no âmbito da jurisdição penal. Caso se pudesse traçar um iter, ter-se-ia que a atividade policial repressiva prende, o preso é conduzido até a delegacia de polícia e lá é realizada a atividade da polícia judiciária, com a apuração da autoria e existência do ilícito. Esta atividade policial vai resultar, como regra, em um inquérito policial a ser encaminhado a um órgão da Administração Pública, que é o Ministério Público. Este órgão vai realizar a *opinio delicti* e vai arquivar ou oferecer denúncia, deflagrando, neste último caso, a jurisdição penal com o julgamento daqueles réus acusados pelo Ministério Público. Como regra, então, isto se desemboca na jurisdição penal, tendo como exceção o pedido de arquivamento que, embora dele possa o juiz discordar, hoje em dia, no direito brasileiro é passível que o órgão competente na cúpula do Ministério Público (antes era o Procurador Geral, agora é o Conselho Superior do Ministério Público) tenha a última palavra sobre a deflagração ou não da jurisdição penal. E, aí, se o Conselho Superior do Ministério Público entender que não há crime ou que há outra circunstância impeditiva do oferecimento da denúncia, o arquivamento vai se dar em caráter definitivo. E é esse o argumento utilizado pelos defensores de que o Ministério Público é um quarto poder e que essa porção importante da soberania do país é exercida pelo Ministério Público, juízo definitivo se vai ou não haver instauração da jurisdição penal com o oferecimento da denúncia.

Portanto, o fato dos órgãos constitucionalmente previstos terem a atribuição precípua de desempenhar a polícia no campo da segurança pública não impede que eles exerçam algumas atividades de polícia administrativa. Por exemplo, a Polícia Militar, além de atuar preventivamente no campo da polícia ostensiva, reprimindo e prevenindo ilícitos penais, também desempenha polícia administrativa de trânsito, bastando que, para isso, exista parcela da corporação devidamente treinada para desempenhar esse papel.

Note-se, assim, pelo que foi até aqui exposto, que as diferenças entre polícia judiciária e polícia administrativa, na maioria dos casos, são muito mais doutrinárias do que práticas. Ocorre que essa diferenciação cai muito em certos concursos, como, por exemplo, para Magistratura, Ministério Público, Defensoria Pública, provas objetivas em âmbito federal, e, portanto, reconhecer essas diferenças é fundamental.

Mas, pelo óbvio, refoge-se a esse trabalho um melhor enfoque à polícia judiciária, que merece ser objeto de estudo mais detalhado no âmbito da disciplina do Direito Processual Penal, pois a atividade policial que aqui cabe abordar é a da polícia administrativa.

Há livros dizendo que o poder de polícia consiste numa obrigação negativa, de não fazer. Ex. Não edificar acima de cinco andares. Não ouvir som alto no repouso noturno. Nem sempre é negativa, podendo impor obrigações positivas (de *facere*, de fazer).

Nessa esteira, então, é importante relembrar o contido no parágrafo 4º, do art. 182, da Constituição Federal, cujo texto se segue, espelhando caráter positivo.

Art. 182 (...)

Parágrafo 4º - É facultado ao Poder Público municipal, mediante lei específica para área incluída no plano diretor, exigir, nos termos da lei federal, do proprietário do solo urbano não edificado, subutilizado ou não utilizado, que promova seu adequado aproveitamento (...). (grifos nossos).

(...)

III – desapropriação com pagamento mediante títulos da dívida pública (...) assegurado o valor real da indenização e os juros legais.

O parágrafo 4º do art. 182 dispõe que a desapropriação não terá início pelo decreto expropriatório, como de regra, mas sim através de lei específica. Por isso, a lei a que se refere o art. 182, parágrafo 4º, terá a natureza de lei municipal de efeito concreto. Este ato se traduz na manifestação do Poder Legislativo municipal, além da do Poder Executivo municipal, pois inobstante a iniciativa do Chefe do Poder Executivo.

Com isso, a desapropriação mencionada no art. 182, parágrafo 4º, III, está regulamentada pela aludida lei. Portanto, registre-se que a desapropriação a que se refere este dispositivo legal obedece a uma ordem sucessiva das punições listadas nos incisos do parágrafo 4º, o que pressupõe que só ocorrerá a desapropriação depois de esgotadas as demais punições previstas nos incisos anteriores.

O fundamento desta desapropriação punitiva é o poder de polícia. E tem mais: o valor real da indenização a que se refere o inciso III do parágrafo 4º, do art. 182, reflete o único caso na legislação brasileira em que a indenização não precisa ser justa. Esta justificativa se dá pelo fato de que, sendo esta modalidade de desapropriação punitiva, caso o Poder Público pagasse o valor justo, descaracterizaria a punição, ocorrendo uma desapropriação normal.

Natureza jurídica do poder de polícia administrativa

A polícia administrativa funda-se em um vínculo geral entre a Administração Pública e os administrados, que autoriza **a imposição de condicionamentos ou limitações ao uso, gozo e disposição da propriedade e ao exercício da liberdade, em benefício do interesse público:** a propriedade, porque deve cumprir sua função social, e a liberdade, por se compatibilizar com o princípio da prevalência do interesse público, condicionamentos estes relacionados ao bem-estar público ou social.

A razão do poder de polícia é, portanto, **o interesse social**, e o seu fundamento está na supremacia geral que o Estado exerce em seu território sobre todas as pessoas, bens e atividades, supremacia que se revela nos mandamentos constitucionais e nas normas de ordem pública, que a cada passo opõem condicionamentos e restrições aos direitos individuais em favor da coletividade, incumbindo ao Poder Público o seu policiamento administrativo.

Assim sendo, há elementos que bem caracterizam a polícia administrativa, quais sejam: os atos editados pela Administração Pública, diretamente ou por delegação legal; o vínculo com o interesse público ou social; a incidência sobre a propriedade ou a liberdade; o caráter notadamente preventivo, para evitar a ocorrência de dano social, ou especificamente repressivo, se já consumado o dano social ou se o administrado resiste em atender à prevenção.

Para desempenhar a função de polícia administrativa, então, a Administração assenta seus fundamentos na supremacia geral do interesse público sobre todos os cidadãos indistintamente, expressão em termos legais, mas não recaindo sobre este instituto qualquer limitação advinda da supremacia especial decorrente de algum vínculo específico entre o Poder Público e determinado sujeito, como ocorre com os concessionários, funcionários públicos, usuários de serviços públicos e com as próprias autarquias, nesse sentido observa-se a seguinte jurisprudência:

EMENTA: MANDADO DE SEGURANÇA – OBJETIVO – PERMANÊNCIA DE ATIVIDADE COMERCIAL EM PRÉDIO AMEAÇADO DE RUÍNA – INADMISSIBILIDADE – RECURSO PROVIDO PARA DENEGAR A SEGURANÇA.

Administração Pública agia dentro de seu poder de polícia, garantindo a segurança da coletividade, uma vez que o prédio estava ameaçado de desabamento. Nessa hipótese, não há que se falar em ilegalidade administrativa (TJSP – AC 138.854-1, São Roque, Rel. Flávio Pinheiro).[17]

Em 1º de maio de 2018, o incêndio e desabamento do edifício Wilton Paes de Almeida, de propriedade da União em São Paulo, interditado pela Defesa Civil do Estado e ocupado por dezenas de pessoas foi marcado pela omissão do Estado em atuar com o poder de polícia para promover a devida desocupação e recuperação do imóvel, face ao risco de vida das pessoas que viviam no edifício que se encontrava em ruinas. Até a revisão desta edição, não houve qualquer decisão judicial quanto a responsabilidade e devidas indenizações as vítimas desta catástrofe.

Há de se observar, porém, que não obstante se tenha uma definição precisa do poder de polícia no art. 78 do CTN, como já tivemos a oportunidade de apreciá-lo, a noção jurídica de polícia não encontra uma exata precisão doutrinária, vagando-se entre definições indeterminadas com relação à sua natureza, objeto e conteúdo. Mas, numa acepção mais ampla, pode-se afirmar que o seu significado recai sobre o exercício do Poder Público sobre pessoas e bens, visto que, com previsão hierarquicamente superior, a Constituição da República reconhece o poder de polícia através do art. 145, II, que assegura à União, aos Estados, ao Distrito Federal e aos Municípios a competência para instituir as taxas, em razão do exercício do poder de polícia.

Face a essas definições e previsões legais, então, verifica-se que a noção de polícia vem se firmando no decorrer da História, democratizando-se e ganhando contornos que mais se alinham a um Estado Social de Direito, cujo ideário é o bem comum. Com isso, sua concepção caminha juntamente com as formas de Estado que se sucedem, identificando-se com o governo e com a Administração, daí repetindo-se, seguindo essa linha de raciocínio, que o poder de polícia legitima a ação da polícia e sua própria existência, embora como manifestação da soberania estatal esteja sofrendo as mutações consequentes das próprias modificações de seu sujeito, que é o Poder Público.

A respeito, cumpre destacar que, quando se invoca expressamente a ordem pública como um instrumento de manutenção da segurança, da tranquilidade e da salubridade públicas, não se pode esquecer que o conceito jurídico de poder de polícia está impregnado de outros valores, voltando-se também à proteção da dignidade humana. Conforme diz Marçal Justen Filho, "o reconhecimento de que o poder de polícia se orienta a realizar o princípio da dignidade da pessoa humana conduz à sua imediata aproximação com o instituto do serviço público – cuja essência se relaciona com o mesmo valor".[18]

Conclusivo, então, que o poder de polícia guarda estreita relação com a constrição dos direitos individuais em face do interesse público; consequentemente, conclusivo também que o direito individual não é absoluto, sendo que o direito público prevalece sobre o privado, podendo este ser restringido, limitado ou condicionado em razão do primeiro.

Precipuamente, afirma-se que a polícia administrativa não é uma mera faculdade nem um poder propriamente dito, mas sim uma atribuição irrenunciável conferida por lei a certos órgãos da Administração Pública. Assim, o agente que exerce o poder de polícia não atua com faculdade ou discricionária manifestação de vontade, mas tão somente cumpre o preceito constitucional previsto no art. 37, *caput*, da Constituição Federal, concernente ao princípio da legalidade da Administração Pública.

---

17   A respeito, diz Hely Lopes Meirelles: "A *finalidade do poder de polícia* [...] é a *proteção ao interesse público* no seu sentido mais amplo [...]. Onde houver interesse relevante da coletividade ou do próprio Estado haverá, correlatamente, igual poder de polícia administrativa para a proteção desses interesses. É a regra, sem exceção" (grifos do autor). MEIRELLES. *Direito...*, op. cit., p. 130.

18   JUSTEN FILHO, Marçal. *Curso de direito administrativo*. São Paulo: Saraiva, 2015, p. 389.

Resta saber, então, quais entidades estão autorizadas a exercer o poder de polícia e em que áreas específicas de atuação esse poder pode ser desempenhado pelos diversos entes federativos, para isto sendo preciso buscar as definições das competências constitucionais em matéria de poder de polícia, observando as condições de sua validade.

Poder de polícia originário e poder de polícia delegado

Se o poder de polícia, como já dito, é conferido a todas as Pessoas Políticas da Federação, a elas cabendo atuar editando leis e atos administrativos, coerente é que se lhes confira, também, em decorrência, o poder de expor minuciosamente as restrições, atuação esta que caracteriza o poder de polícia originário, o qual nasce, portanto, com a entidade que o exerce, sendo pleno o seu exercício, subordinado unicamente à Constituição; melhor dizendo, é exercido pelo próprio Estado – pela administração pública direta. Então, a União, Estados, Distrito Federal e Municípios têm competência para exercer poder de polícia dentro daquele sistema de partilha de competências estabelecido na Constituição.

Existe, ainda, o poder de polícia delegado, este um pouco mais complexo, que é o que se transfere a outras pessoas administrativas vinculadas ao Estado – administração pública indireta –, para atuarem através de lei formal, caracterizando-se por serem atos de execução. É o poder que, embora limitado, as pessoas recebem através de um ato próprio para isso, mas cuja delegação não é outorgada a pessoas de direito privado desprovidas de vinculação real com os entes públicos, pois estas não possuem o *ius imperii* necessário ao desempenho do poder de polícia, ou seja, não têm competência legal, atribuída originalmente a elas, para fazer determinadas fiscalizações, como foi na época dos vários planos econômicos, quando vários órgãos da Administração municipal e estadual receberam competência para fiscalizar o tabelamento de preços, e como no caso do IBAMA, uma autarquia federal que, na área de meio ambiente, exerce poder de polícia derivado ou delegado[19].

Embora exista uma parte da doutrina que entenda que todas as entidades da administração indireta (autarquia, fundações públicas, empresas públicas e sociedades de economia mista) podem possuir poder de polícia, outros lecionam que somente aquelas que possuem personalidade jurídica de direito público estão aptas a exercer essa prerrogativa estatal, desde que exista previsão legal nesse sentido, como já anteriormente explicitado.

Em que pese os entes políticos possam criar também vinculadas a sua respectiva administração indireta, as chamadas empresas estatais (empresas públicas e sociedades de economia mista), tem-se que, para alguns doutrinadores, essas referidas entidades não poderão exercer o poder de polícia, pois tal prerrogativa é incompatível com a natureza privada dessas entidades.

Além da polêmica envolvendo as entidades da administração indireta, discute-se também a possibilidade das empresas privadas concessionárias ou permissionárias de serviços públicos exercerem poder de polícia. Da mesma forma que as empresas estatais não podem exercer tal prerrogativa, entendem que não o poderão as empresas privadas delegatárias de serviços públicos, pela mesma razão, qual seja, são pessoas jurídicas de direito privado. Desse modo, mesmo que para essas empresas concessionárias ou permissionárias de serviços públicos possam ser concedidos, por meio de contrato, algumas prerrogativas para a execução do objeto contratado, por certo é dizer que não poderão exercer o poder de polícia, repise-se, pois este é prerrogativa estatal que decorre de lei, conferida apenas às pessoas jurídicas de direito público.[20]

---

19 Das lições do mestre Hely Lopes, extrai-se que: "[...] deve-se distinguir o *poder de polícia originário do poder de polícia delegado*, pois que aquele nasce com a entidade que o exerce e este provém de outra, através da transferência legal. O poder de polícia *originário* é pleno no seu exercício e consectário, ao passo que o *delegado* é limitado aos termos da delegação e se caracteriza por atos de execução" (grifos do autor). MEIRELLES. *Direito...*, op. cit., p. 128.

20 O STF já decidiu pela impossibilidade de delegação do poder de polícia às empresas privadas concessionárias e permissionárias de serviços públicos na ADI n° 1717/DF, Rel. Min. Sydney Sanches, DJ 06.11.2002, Órgão Julgador: Tribunal Pleno.

Confirma-se, todavia, que o que ambas as atuações pretendem, tanto a do poder de polícia originário quanto à do poder de polícia delegado, também chamado de derivado, é ver alcançado o fim maior pretendido, que é disciplinar os direitos e liberdades individuais em prol do interesse público.

As características do poder de polícia derivado são a limitação no tempo e em matéria. Assim, a competência do poder de polícia derivado é nominativa, isto é, tem que ser indicado o órgão, o período e qual o âmbito de fiscalização desse poder de polícia, que cessará quando cessar o motivo.

A respeito, entretanto, há se tomar muito cuidado com o tema que trata de delegação do poder de polícia, pois, por ser este entendido pela doutrina majoritária como um serviço essencial, em princípio não pode ser delegado a particulares. Ocorre que o art. 30, V, da Constituição Federal, quer queira ou não, traz um serviço essencial delegável: ao dispor que cabem aos Municípios organizar e prestar diretamente os serviços públicos de interesse local, ao mesmo tempo delega esse poder sob o regime de concessão ou de permissão, incluindo o de transporte coletivo, que tem caráter essencial. Hoje, então, já se tem amparado pelo próprio texto constitucional da possibilidade de se afirmar que não é todo e qualquer serviço essencial que é indelegável, como radicalmente se coloca na doutrina.

A título de ilustração, vale aqui transcrever a Apelação Cível nº 3.012, da 7ª Câmara do Tribunal de Alçada Cível do Rio de Janeiro, cujo relator foi o juiz Maurício Gonçalves de Oliveira, assim julgada por unanimidade: "Se é a COMLURB que realiza as autuações em decorrência de um poder de polícia delegável em legislação, é sua a legitimidade *ad causam* no polo passivo".

Outro caso é o da CEDAE, empresa pública com a mesma personalidade jurídica de qualquer outra pessoa de direito privado, que possui atribuição legal da análise da qualidade da água consumida, ou seja, ela exerce o poder de polícia ambiental das águas, e, por tal motivo, é obrigada a publicar relatórios.

Mais um exemplo de poder de polícia realizado por pessoa jurídica de direito privado, mas que foi suspenso por liminares, é a vistoria de veículos automotores, feita, no Estado do Rio de Janeiro, pelo DETRAN, prevista nos termos do Código de Trânsito Brasileiro e regulamentada pelo CONTRAN, pois ela seria entregue a empresas privadas, que passariam a ser concessionárias de serviço público e a exercer, então, o poder de polícia de fiscalização. Só que o Código de Trânsito e o CONTRAN falam que essa competência será delegada à empresa que vencer uma licitação.

Aqui, porém, vale chamar a atenção para alguns aspectos importantes: para começar, ainda que o Código de Trânsito e o CONTRAN falem em delegar o poder de polícia de fiscalização, é preciso anotar que a competência de legislar sobre trânsito é privativa da União (art. 22, XI, da CF/88) – o que fez com a edição do Código de Trânsito Brasileiro. Estabeleceu-se, porém, que o CONTRAN regulamentaria algumas situações, dentre elas o sistema de licenciamento, mas observando-se que o Código de Trânsito não exige, na verdade, a vistoria anual de veículos, o que legalmente seria impeditivo para a edição de resoluções e portarias como forma de restringir direito, pois, como se sabe, não cabe ao ato administrativo, seja distrital, estadual ou municipal, ampliar matérias que não estejam disciplinadas em lei, razões pelas quais o STF afirma que a vistoria anual de veículos é inconstitucional[21]. Ocorre que o CONTRAN, ao arrepio da lei, burlando o comando cons-

---

21 "EMENTA: AÇÃO DIRETA DE INCONSTITUCIONALIDADE. VISTORIA DE VEÍCULOS. MATÉRIA RELATIVA À TRÂNSITO. COMPETÊNCIA LEGISLATIVA DA UNIÃO. INCONSTITUCIONALIDADE. Viola a competência legislativa privativa da União (art. 22, XI, CF/1988) lei distrital que torna obrigatória a vistoria prévia anual de veículos com tempo de uso superior a quinze anos. Precedentes. Pedido julgado procedente" (STF, ADI 3323 DF, Rel. Min. Joaquim Barbosa, j. 08/03/2015, Tribunal Pleno).
Nesse sentido, lê-se o seguinte em Notícias do STF, de 9 de março de 2005:
"Lei sobre vistoria de carros no DF é declarada inconstitucional.
O Plenário do Supremo Tribunal Federal (STF) declarou, por maioria, a inconstitucionalidade da Lei distrital 3.425/04, que regulamenta a periodicidade das vistorias obrigatórias em veículos automotores. Essa decisão foi tomada ontem (9/3) no julgamento da Ação Direta de Inconstitucionalidade (ADI) 3323, proposta pelo governador do Distrito Federal, Joaquim Roriz. O governo alegou que a referida lei, ao regulamentar matéria sobre trânsito, teria ofendido o artigo 22, inciso XI da Constituição Federal, que atribui à União a competência sobre a regulamentação do trânsito. Cita, ainda, que o Código de Trânsito Brasileiro (Lei federal 9.503/97) determina que o Contran estabeleça a periodicidade das vistorias,

titucional, editou a Resolução nº 84/98, estabelecendo a vistoria como exigência obrigatória para o licenciamento de veículo, o que estaria relacionado diretamente ao trânsito, sendo então suspensa sua aplicação pela Resolução nº 107/99, por tempo indeterminado. Curiosamente, no entanto, no Rio de Janeiro, o DETRAN vem descumprindo essa Resolução, sendo o único estado da federação a adotar o sistema de vistoria veicular anual, o que é visivelmente arbitrário, pelo que se acabou de demonstrar.

Pode-se afirmar, então, que a delegação do poder de polícia é bastante complexa, havendo inclusive, ultimamente, uma grande discussão sobre esse tema, questionando-se o seguinte: quem pode desempenhar o poder de polícia? Os momentos do poder de polícia podem ser materializados por pessoas de direito privado? Pode, ou não, o Estado delegar poder de polícia ou parcela do seu poder a terceiros, entidades privadas?

Bem, para tentar responder a essas questões, é importante apreciar, primeiramente, as formas de atuação do poder de polícia e, sobretudo, os meios administrativos para a sua execução, assim melhorando a compreensão do tema e até perceber, mais adiante, o porquê da controvérsia existente sobre essa questão.

Formas de atuação do poder de polícia e seus meios de execução

Afirmar que o poder de polícia não pode ser delegado por ser uma atividade adstrita à soberania estatal e o Estado não poder delegar aquilo que é ligado à sua soberania, trata-se de um posicionamento superado. Nem tudo ligado ao poder de polícia é vinculado à soberania do Estado, ou seja, ao poder de império, pois existem atividades ligadas ao poder de polícia que correspondem ao poder de gestão, que são justamente aquelas praticadas sem que o Estado utilize de sua supremacia sobre os destinatários. Para a corrente majoritária, o poder de polícia não pode ser delegado para as pessoas da administração Pública Indireta (pessoa jurídica de direito privado). No entanto, afirmar que o poder de polícia não pode ser delegado por ser uma atividade adstrita à soberania estatal e o Estado não poder delegá-la, trata-se de um posicionamento superado.

Por isso, hoje predomina a posição intermediária, isto é, que o poder de polícia é parcialmente delegável.

Assim, antes de se falar propriamente de delegação, há de se observar, conforme dito, as formas de atuação do poder de polícia, que podem ser a escrita ou a verbal, admitindo-se, ainda, a simbólica, como os silvos dos policiais de trânsito, por exemplo, a sinalização do tráfego de veículos e pedestres etc., atuações estas, no entanto, cujo exercício não é instantâneo, e sim percorrido em fases, que eventualmente vão ser seguidas no caso concreto.

Mas, por que é importante compreender essas fases de polícia? Por várias razões, principalmente para entender as controvérsias que existem sobre essa temática, que é a delegação do poder de polícia à entidade privada, pois invariavelmente a doutrina vai trazer, a partir dessas fases, diversos aspectos do poder de polícia para responder à questão em tela. A jurisprudência, no entanto, assim não procede, porque tem uma posição mais clássica, mais conservadora, mas infelizmente o que se observa é que não são poucos os magistrados que, em suas decisões, chegam a confundir poder de polícia com Polícia Militar, Polícia Civil e Polícia Federal, com poder de segurança pública, quando isto não é verdade. Uma entidade autárquica, quando fiscaliza o meio ambiente, quando fiscaliza as condições sanitárias de um restaurante, por exemplo, ela está exercendo poder de polícia, mas isto não tem nada a ver com o sentido técnico da expressão segurança pública. Assim, dizer que não se delega poder de polícia à entidade privada, até aí, tudo bem, é o raciocínio perfeito, mas afirmar que isto é porque segurança pública não se delega a terceiros é um argumento equivocado, bastando

---

em seu artigo 104. O relator da ação, ministro Joaquim Barbosa, rejeitou preliminar levantada pela Câmara Legislativa do Distrito Federal de que o STF não seria competente para avaliar a lei distrital, de natureza municipal, por regulamentar suposto interesse local referente à política de educação para a segurança do trânsito. O ministro entendeu que norma sobre a exigência de vistoria de veículos não regulamenta questões referentes à educação para a segurança no trânsito, mas, sim, questões relacionadas diretamente ao trânsito. Barbosa esclareceu que o tema pode ser regulamentado pela União, pelos Estados, pelo Distrito Federal ou pelos municípios, e confirmou a competência do STF para analisar o caso. Ao julgar o mérito, o relator sustentou que o tema da vistoria de automóveis é matéria relativa ao trânsito, a qual, por força do artigo 22, inciso XI, da CF/88, é de competência privativa da União. 'A invasão da competência legislativa da União me basta para considerar inconstitucional a norma ora atacada', afirmou Barbosa, julgando procedente a ADI para declarar a inconstitucionalidade da Lei 3.425/04, do Distrito Federal". Disponível em: <http://m.stf.jus.br>.

observar o caso concreto da fiscalização de trânsito, que faz lembrar segurança pública e que a Administração pode contratar com terceiros essa atividade instrumental, mas isto não é o poder de polícia que está sendo delegado[22]. Portanto, poder de polícia pode envolver segurança pública, mas pode envolver segurança de trânsito, pode incidir sobre a disciplina das construções (poder de polícia edilícia), sobre a proteção do meio ambiente (poder de polícia ambiental), da saúde pública (poder de polícia sanitária) etc. Enfim, há inúmeras manifestações de poder de polícia, sendo segurança pública apenas uma delas. Agora, é bom deixar claro que essa crítica que aqui se faz não é quanto à conclusão a que alguns magistrados chegam, de que não se delega poder de polícia à entidade privada, e sim com relação ao argumento, que tem que ser coerente, tem que ser um argumento jurídico, e não aquele que eles trazem.

Como se pode observar, então, o poder de polícia abrange uma área muito mais ampla do que polícia de segurança. Assim, certas áreas de atuação do poder de polícia não só podem como devem ser delegados a terceiros, inclusive pela falência dos próprios órgãos públicos, especialmente a polícia de costume.

Pois bem, partindo-se dessas premissas, seguindo a orientação didática do professor Diogo de Figueiredo Moreira Neto, que nesse ponto é praticamente repetida por quase todos os autores, <u>existe um ciclo de fases que vão ser adotadas no exercício do poder de polícia</u>, que ele denomina de **ciclo de polícia**, elencando quatro modos de atuação administrativa: pela **ordem de polícia**, pelo **consentimento de polícia**, pela **fiscalização de polícia** e, por fim, eventualmente, pois nem sempre necessária, pela **sanção de polícia**, momentos importantes que agora serão detidamente analisados, detalhando-se seus meios de execução.

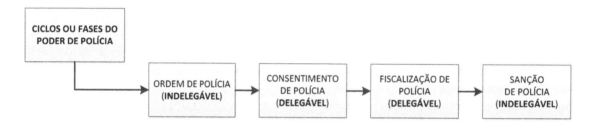

Ordem de polícia

O **primeiro momento** ou fase do exercício do poder de polícia é a **ordem de polícia**, que é qualquer norma consubstanciada no princípio da legalidade, pois ninguém é obrigado a fazer ou deixar de fazer alguma coisa senão em virtude de lei; logo, a ordem de polícia é matéria sujeita a reserva legal e só por lei se pode veicular ordem de polícia – por isso as autarquias reguladoras não podem legislar. E quem pode impor direitos e obrigações é a lei. <u>Então, essa ordem de polícia envolve necessariamente a atuação legislativa.</u>

Seria uma "gracinha", delegar competência para pessoa privada fazer lei (rs). Quer ver um exemplo de ordem de polícia? Um exemplo de ordem de polícia é quando o Código de Trânsito Brasileiro menciona os requisitos para que seja obtida a Carteira Nacional de Habilitação, uma norma genérica e também abstrata, dirigida a todos os casos e também a todas as pes-

---

22 Nesse sentido, aliás, esclarecedora e conclusiva é a afirmação do professor Diogo de Figueiredo, ao dizer que, "em regra, cabe ao próprio Estado, em seus desdobramentos políticos e administrativos, executar as atividades de Administração Pública. Tão volumosa e diversificada é, porém, essa tarefa demandada de um Estado contemporâneo, que passou a ser comum a transferência a entidades privadas dos encargos de execução, mediante instrumentos jurídicos de delegação.
A doutrina considera que certas atividades são, todavia, indelegáveis: as denominadas atividades jurídicas do Estado, que lhe são próprias e impostas como condição necessária de sua existência. As demais delegáveis são as chamadas atividades sociais ou impróprias, que são cometidas ao Estado na medida em que ao legislador pareçam úteis à sociedade, embora não sejam fundamentais à sua preservação" (grifos do original). MOREIRA NETO, op. cit., p. 85.

soas, que restringe a liberdade de conduzir um veículo automotor em prol da segurança de terceiros[23]. O particular não pode criar direitos e obrigações para outro particular.

Portanto, o ciclo de polícia se inicia guiado, necessariamente, por uma previsão legal dotada de generalidade e abstração que promove a limitação da liberdade individual, assim ocorrendo justamente para o Estado cumprir sua finalidade precípua, que é atender ao interesse público. Por isso, as restrições ou condicionamentos estatais a direitos fundamentais estão nesse primeiro momento, estão exatamente na ordem de polícia.

Partindo daí, então, o que vai dizer o Diogo de Figueiredo? Que <u>essa ordem de polícia envolve necessariamente a atuação legislativa</u>, porque só a lei pode impor primariamente restrições e condicionantes a direitos fundamentais, só a lei pode criar direitos e obrigações ao particular, pois é ato normativo primário como já vimos preteritamente. É a lei, portanto, o fundamento primeiro do poder de polícia, embora possa haver, variável ou eventualmente, outros atos administrativos normativos que vão executar, esmiuçar o que a lei já disse previamente, trazendo genericamente algumas condições e restrições a direitos fundamentais, como é o caso do regulamento executivo que analisamos em momento passado deste trabalho.

Em sendo a finalidade do poder de polícia, no seu sentido mais amplo, atender ao interesse público, resguardando o bem comum, <u>a Administração, com respaldo legal, pode atuar de duas maneiras: primeiro, editando atos normativos em geral</u>, que são aqueles que não têm destinatários determinados, que possuem como características a generalidade, a abstração e a impessoalidade, o que os torna dotados de grande abrangência, daí as limitações serem instituídas por lei. Nessa hipótese, tais limites são perpetrados por meio de decretos (ato administrativo da competência do Chefe do Executivo), regulamentos (como a venda de bebidas nos períodos eleitorais), resoluções, deliberações (órgãos colegiados), portarias, instruções, despachos, para a sua consecução, sendo exemplo clássico o gabarito dos prédios, ou, então, qualquer ordem de polícia. Ao lado das limitações administrativas, encontram-se os regulamentos de execução, os quais são baixados pelo Executivo para regulamentar as leis e disciplinar sua aplicação.

Além desses, <u>a Administração ainda pode atuar através de atos concretos</u>, que são aqueles que têm destinatários determinados, são direcionados a indivíduos devidamente identificados, a exemplo dos veiculados por atos sancionatórios, como a multa, a interdição de estabelecimentos, a dissolução de passeatas, a destruição de coisas, e por atos de consentimento, representados pela licença e a autorização, cujo instrumento formal é normalmente o alvará, embora outros documentos possam formalizar tais atos, como carteiras, declarações, certificados, entre outros que tenham idêntica finalidade.

Exemplificando, verifica-se que a CRFB/88 prevê que à União compete disciplinar o exercício profissional (art. 5º, VIII). Então, necessariamente, a lei, em decorrência do princípio da legalidade, vai criar as limitações ao desempenho de determinadas atividades profissionais que poderão ser exercidas por particulares. Há determinadas atividades, no entanto, que entende o legislador deva se estabelecer uma vedação absoluta e, aí, está-se diante de atividades simplesmente proscritas pela lei. Em relação a essas atividades, então, a Administração Pública não terá mais do que fiscalizar o cumprimento da proibição, estando-se aqui diante, pois, de uma atividade fiscalizatória. Neste caso, todavia, a restrição estabelecida pela lei não é, na verdade, uma vedação, mas uma restrição relativa (aquela que estabelece requisitos a serem preenchidos pelo particular como condição para o desempenho da atividade), como no caso da atividade dos advogados, por exemplo, que além do diploma de bacharel em Direito, a lei exige a aprovação em um exame de aferição do conhecimento ministrado pela OAB e o registro em um curso reconhecido pelo MEC, bem como de outros requisitos legais. Essa restrição é relativa, portanto, pois obedecidos os requisitos legais, qualquer pessoa terá o direito subjetivo a obter seu registro profissional. Note-se, assim, que aqui se passa de uma exigência legal genérica para uma restrição relativa à liberdade individual no campo do exercício profissional, que fica subordinada a

---

23 Nesse sentido, observe-se a jurisprudência do STJ: "Direito Administrativo. Recurso Ordinário em mandado de segurança. PROCON. Aplicação de multa no exercício do poder de polícia. Princípio da legalidade. Ausência de tipicidade da infração.

1.   O procedimento administrativo pelo qual se impõe multa, no exercício do Poder de Polícia, em decorrência da infringência à norma de defesa do consumidor deve obediência ao princípio da legalidade. É descabida, assim, a aplicação de sanção administrativa à conduta que não está prevista como infração.

2.   Recurso ordinário provido" (RMS nº 19510/GO, 1a T., Min. Teori Albino Zavascki).

uma aferição vinculada aos requisitos legais preenchidos pelo particular que pretende desempenhar aquela profissão. É nesse momento que se sai do ínterim de realização do poder de polícia (previsão legal, genérica e abstrata) para o segundo momento, o momento administrativo, que é o de aferição do preenchimento dos requisitos legais.

ORDEM DE POLÍCIA
(INDELEGÁVEL)

LEI
LIMITANTE A LIBERDADE OU PROPRIEDADE DO INDIVÍDUO EM PROL DO INTERESSE PÚBLICO.

Tem por base a lei que trata das limitações impostas aos particulares.

Consentimento de polícia

Na segunda fase, vem o **consentimento de polícia** e o nome já é auto sugestivo. No consentimento, o que o Estado vai fazer? Algumas atividades privadas só poderão ser executadas com consentimento prévio do Estado. Por exemplo, casas construídas nas proximidades da praia não poderão jogar detritos diretamente no mar, porque a lei exige sumidouro. Essas atividades privadas, para serem exercidas precisaram necessariamente de uma concordância prévia do poder público, de um consentimento prévio do poder público. O Estado diz: "olha, para exercer essa atividade privada, que é importante, que é perigosa, particular, tem que pedir primeiro um consentimento prévio pra mim, o Poder Público".

É ao lado da ordem de polícia que se encontra. Então, esse **segundo momento** do exercício, o **consentimento de polícia**, que se manifesta através de autorizações e licenças, basicamente. Nessa fase, então, o que o Estado vai fazer? Ele vai restringir o exercício de algumas atividades privadas, geralmente da livre iniciativa, que só poderão ser executadas com um consentimento prévio do Poder Público, e quem vai destacar quais são essas atividades que precisam desse consentimento é o legislador. Esse consentimento pode ser delegado. Atualmente, a título de ilustração, o poder público está delegando para as clínicas conveniadas, com o objetivo de aferir exames oftalmológicos, para o fim especial de verificar se o cidadão está apto para a renovação de carteira de habilitação de motorista.

Em sendo assim, se a lei destacar essas tais atividades, por representarem algum interesse social relevante, algum perigo, por exemplo, para a sociedade, elas só poderão ser exercidas, no caso concreto, mediante, necessariamente, uma concordância prévia do Estado, um consentimento prévio do Poder Público.

Esse ato de consentimento, então, através de licença ou de autorização, representa uma resposta positiva da Administração à intenção daqueles interessados em exercer determinada atividade que necessite desse referido consentimento para ser considerada legítima. Logo, a partir do momento que o Estado emite uma carteira de habilitação, por exemplo, ele está consentindo que o cidadão desempenhe uma atividade sujeita ao seu controle.

Assim, quando a lei confere à Administração apenas o poder-dever de aferir os requisitos legais sem nenhuma margem de deliberação sobre a conveniência e oportunidade de se permitir ou não permitir o desempenho da atividade, está-se diante de um consentimento vinculado, classificado pela lei como licença, que é o primeiro momento de concretização administrativa da vontade legal de limitar a vontade do particular em prol do interesse público maior.

Licença, então, é o ato administrativo vinculado pelo qual o Poder Público, verificando que o interessado atendeu a todas as exigências legais, possibilita-lhe a realização de atividades ou de fatos materiais, vedados sem tal apreciação. Portanto, a licença pressupõe apreciação do Poder Público no tocante ao exercício de direito que o ordenamento reconhece ao interessado, por isso não pode ser negada quando o requerente atende a todos os requisitos legais para sua obtenção. Logo, se o titular do direito comprova que atendeu a todas as exigências estabelecidas para a concessão da licença, a Administração Pública é obrigada a concedê-la; há o dever da Administração de deferir a licença – ato vinculado da Administração Pública. Uma vez expedida, ela traz o pressuposto da definitividade, embora possa estar sujeita a prazo de validade e ser anulada ante a ilegalidade superveniente. Mas, além disso, a licença ainda se desfaz por cassação, quando o particular descumprir requisitos para o exercício da atividade, e por revogação, se advier motivo de relevante interesse público que exija a não mais realização da atividade licenciada, cabendo, neste caso, indenização ao particular, *concessa venia* de balizado entendimento em contrário com fundamento de que ato vinculado só pode ser anulado e não revogado, pois revogação está ligada a critérios de oportunidade e conveniência, ou seja, de mérito administrativo.

Nesses moldes, um exemplo de consentimento de polícia vinculado é a licença da atividade profissional de advogado, como já se viu acima, cuja limitação se dá pelo conjunto de requisitos que o profissional deve preencher para desempenhar a função. Portanto, se o sujeito se formou, é bacharel em Direito, fez a prova da Ordem e passou, preenchendo todos os requisitos legais do art. 8º do Estatuto da Advocacia, a OAB tem a obrigação de conceder a licença para o exercício da função de advogado. E isso vale para qualquer Conselho.

Da mesma maneira acontece com a licença para dirigir veículos automotores: se o administrado fez a prova teórica, a prova prática, passou em tudo, atendeu a todas as exigências legais, o Poder Público tem o dever de dar a licença ao particular, não podendo negar-lhe a carteira de habilitação.

Então, conforme diz o Diogo de Figueiredo, a licença é um consentimento vinculado e declaratório: vinculado porque, se o particular preenche os requisitos legais, ele tem direito subjetivo àquele consentimento ou àquela licença e o Poder Público, o dever de editar a licença, no caso concreto; e declaratório porque, quando o Poder Público emite a licença, ele está apenas declarando, reconhecendo um direito preexistente desse particular, que já tinha direito a obter a licença.

Hipóteses há, no entanto, em que a lei, ao invés de estabelecer que o consentimento da Administração será manifestado de forma vinculada pela mera aferição do preenchimento dos requisitos legais pelo particular, ao contrário, ela transfere à Administração uma margem de liberdade para a autorização ou não da realização de atividade particular submetida ao Poder Público, e isto por causa da discricionariedade legislativa. Nesta hipótese, então, a lei diz que, pelas circunstâncias de certas atividades específicas, o administrador deve poder avaliar, no caso concreto, se é conveniente e oportuno ao interesse público permitir que elas se realizem, estando-se diante, nesse caso, de um consentimento discricionário, parcialmente vinculado (pois nenhum ato administrativo é totalmente discricionário), chamado pela doutrina de autorização, que seria o segundo momento do consentimento de polícia, mas que pode haver ou não, de acordo com o predisposto na norma legal. Em sendo assim, se ela não submeter a atividade particular a um consentimento prévio da Administração, esse segundo momento não existirá. Mas, de regra, ele existe.

Então, por ser ato discricionário, como se observou, o Poder Público não é obrigado a consentir, a autorizar o particular para certas atividades, tendo liberdade para conceder ou não uma autorização, por isso o Diogo vai dizer que a autorização é discricionária e constitutiva: discricionária porque o particular não tem um direito preexistente, não tem direito subjetivo à autorização, e constitutiva porque, quando o Estado resolve, através de uma conveniência e oportunidade, conceder aquela autorização, ele está constituindo o direito do particular de exercer aquela atividade.

Seguindo essa linha de raciocínio, ou seja, por não ser um direito do particular, mas o Poder Público quem o concede, por ser uma atuação discricionária, é de se deduzir que esse direito pode ser revogado a qualquer momento, em princípio, sem que isso gere indenização, daí se conclui ser também um ato de consentimento precário, pois tal característica é exatamente esta: pode ser revogada a qualquer momento, sem que gere direito de indenização ao administrado.

Portanto, por inexistir direito subjetivo à atividade, a autorização se apresenta como ato administrativo discricionário e precário por excelência. Isto porque, no âmbito do poder de polícia, diz respeito ao exercício de atividades cujo livre exercício pode, em muitos casos, constituir perigo ou dano para a coletividade, mas que não é oportuno impedir de modo absoluto; desde que a Administração Pública esteja convencida de que a atividade pretendida pelo administrado é conciliável com o interesse público, poderá deferi-la. É o caso da autorização para o comércio de fogos e da autorização de porte de arma, pois ninguém tem o direito de portar arma; pelo contrário, trata-se de um ilícito. Mas, se alguém pretender portar arma, para isso precisará de uma autorização de autoridade administrativa competente, que tem a "faculdade de examinar, caso a caso, as circunstâncias de fato em que o exercício pode se desenvolver, a fim de apreciar a conveniência e a oportunidade da outorga[24]".

Em sendo assim, de regra, a autorização se expressa por escrito, de modo explícito, ainda que se possa cogitar de autorização implícita, como no caso em que se exige, para o exercício da atividade, comunicação prévia à autoridade administrativa. A não oposição desta equivaleria a uma autorização implícita ou tácita; se a autoridade considerar que há perigo na atividade, manifesta-se, de modo explícito, em sentido contrário. Então, a condição ao exercício da atividade encontra-se na comunicação prévia, como, por exemplo, o direito de reunião, sem armas, pacificamente, em locais abertos, independentemente de autorização, sendo apenas exigido **prévio aviso à autoridade competente** (art. 5º, XVI, da CF). (grifo nosso).

Sanção de polícia

A **última fase** do exercício do poder de polícia é a **sanção**, que é uma penalidade aplicada pelo Poder Público àquele que, ao descumprir a ordem ou o consentimento de polícia, comete uma infração, um ilícito administrativo, que será sancionado de acordo com o que dispõe a lei.

Destaca-se, contudo, que essa aplicação de sanção é uma etapa eventual, pois poder de polícia não significa necessariamente aplicar sanção ao particular, ou seja, pode-se ter poder de polícia sem sanção. Se, na fiscalização, está tudo ok, tudo perfeito, claro que a autoridade administrativa não vai sancionar ninguém, mas exerceu o poder de polícia.

Portanto, em decorrência da fiscalização, que inclui a observação (ou vigilância observadora), a inspeção, a vistoria, os exames laboratoriais, só haverá sentido na aplicação da sanção se for verificada uma infração do particular, quando a atividade de poder de polícia se converte em atividade de poder sancionatório e, aí, têm-se as sanções, que podem ser pecuniárias e as consistentes em constrangimento da liberdade individual.

Então, como visto, o poder de polícia é coercitivo e conta com medidas punitivas indicadas nas diversas leis que o disciplinam, medidas estas, porém, que não se confundem com as sanções do poder disciplinar nem, muito menos, com as sanções penais. Elas são os elementos de coação e de intimidação, sem os quais o poder de polícia não teria razão de ser, ou seja, ele seria inócuo, contraproducente ou ineficiente. Portanto, quem exerce o poder de polícia deve estar aparelhado de meios coercitivos para as hipóteses de desobediência às leis em geral e às ordens da autoridade competente.

Quando se trafega em excesso de velocidade, o "pardal" fotografa (fiscalização), através de serviços terceirizados. Ocorre que não é esse terceiro que vai aplicar a multa, apenas encaminhará a infração ao poder concedente para lavrar o auto. Baseando-se naquela informação o poder público vai aplicar a sanção de polícia. A sanção de polícia, esta sim, é indelegável, pois é matéria sujeita à reserva coercitiva do Estado e só

---

24   MEDAUAR, op. cit., p. 372.

pessoas jurídicas de direito público, autarquias e fundações públicas de direito público, que pressupõem o poder de império do Estado, atividade esta exclusiva de Estado, podem multar.

Todavia, importante é deixar bem claro que tais meios sancionatórios devem estar, previamente, indicados na lei específica que discipline a matéria policiada. Sua aplicação deve obedecer estritamente às condições e aos limites estabelecidos na lei, ou seja, sua aplicação consiste no conhecido brocardo do Direito Penal segundo o qual *nullum crimen nulla poena sine praevia lege*, isto é, não há crime nem pena sem que haja uma lei prévia. Em outras palavras, é necessária a observância do princípio da legalidade, pois somente a lei pode instituir as sanções com a indicação das condutas que possam constituir infrações administrativas.

A aplicação de toda e qualquer sanção, por sua vez, depende, para sua validade, que, em processo administrativo regular, ofereça-se ao infrator o direito ao contraditório e à ampla defesa, conforme determina a Constituição Federal, em seu art. 5º, LV.

A sanção administrativa típica, imposta pelo Estado no exercício do poder de polícia, é a sanção pecuniária, denominada multa, que pode ser única ou multa diária. No entanto, além de adotar a multa, o Estado pode, ao invés de adotá-la, impor determinados constrangimentos materiais, chamados pela professora Di Pietro de "operações materiais", visando a paralisar ou extinguir a conduta ilícita do particular. Então, genericamente falando, sem a pretensão de exaurir as hipóteses, além da multa, paga em dinheiro, tem-se a possibilidade de aplicação de outras penalidades, que seriam até mais graves, tais como:

- ✓ a cassação de licença e a revogação de autorização;
- ✓ a apreensão e destruição de mercadorias, que pode acontecer, por exemplo, em um supermercado, verificando o agente de polícia sanitária que determinados alimentos se encontram deteriorados, estragados ou vencidos, colocando em risco a saúde da população que os consumir. Esta apreensão de mercadorias é atividade de caráter retributivo (gera a perda da propriedade) e educativo, pelo seu efeito desestimulador de outras condutas. Além desse exemplo, acrescenta-se a apreensão de armas e instrumentos usados na caça e pesca proibidas, e também o guinchamento de veículos, que faz parte das medidas administrativas previstas no Código de Trânsito Brasileiro;
- ✓ os impedimentos temporários (suspensão) ou definitivos (interdição) do exercício de atividades de particulares, como o fechamento de estabelecimentos (aposição de lacre),o embargo administrativo de obra, a demolição de obra e de edificação. Assim, por exemplo, quando determinado prédio comercial é construído sem a observância das normas de segurança contra incêndio, e nele há um grande volume de circulação de pessoas todos os dias, pode o corpo de bombeiros, no exercício do poder de polícia contra incêndios, interditar as atividades daquele prédio, verificando que há descumprimento das normas e risco para a coletividade. Nesta hipótese, aliás, o exercício do poder de polícia consubstanciado na interdição da atividade é algo que vale não apenas para sancionar o particular que violou a norma de poder de polícia, mas, mais do que isso, vai ser medida essencial para garantir a segurança da coletividade. A sanção, neste caso, tem caráter retributivo (representa a retribuição estatal pelo descumprimento da norma de polícia pelo particular) e educativo ou dissuasório (desestimular a repetição da infração pelo próprio infrator ou por outros particulares);
- ✓ a quarentena ou internação de pessoas, utilizadas no campo da saúde pública. Pode-se argumentar que a internação de pessoas é cerceamento de liberdade e só pode ser determinada pelo Judiciário, mas isto depende, pois, em determinadas circunstâncias, a internação de pessoas é algo que se impõe ao agente encarregado do exercício do poder de polícia e necessitando muitas vezes de urgência Exemplo disso é o psiquiatra da rede pública que determina a internação de determinada pessoa que esteja praticando atos não sociais ou se encontra na iminência de cometer um crime, uma operação material de cerceamento da liberdade praticada por agente público.

Então, no campo da saúde pública, sobretudo, tem-se medidas que são restritivas da liberdade individual, constrangendo a liberdade individual materialmente, mas que não necessariamente se aplicam em decorrência da prática de uma infração administrativa. Assim, na atividade fiscalizatória, há determinadas medidas de constrangimento que não têm necessariamente o conteúdo sancionatório, como é o caso da internação de pessoas, que tradicionalmente sempre foi vista como sanção, mas que não necessariamente praticaram uma conduta não social, mas que estejam na iminência de fazê-lo. Neste caso, então, não se tem uma sanção propriamente dita, mas uma medida acautelatória.

Assim exposto, cabe destacar que as referidas sanções são executáveis independentemente de autorização judicial, em virtude da autoexecutoriedade dos atos de polícia, que é uma de suas características, como se verá mais adiante, devendo estar presente, a cada sanção a ser aplicada, a correta medida punitiva entre ela e a infração cometida, sob pena de afronta ao princípio constitucional da proporcionalidade.

Agora, quanto à aplicação de medidas alternativas na aplicação da sanção, quando verificada a prática de um ilícito administrativo, repete-se que isto só será possível quando a lei expressamente prever. Entretanto, toda atividade de polícia, especialmente no campo sancionatório, é cogente, isto é, a Administração não tem a faculdade de deixar de aplicar a sanção quando da verificação de uma infração administrativa ou deixar de adotar uma medida assecuratória de interesse da coletividade não existindo a infração ainda, mas quando ela puder se configurar. A ideia da administração consensual, no plano do poder de polícia, é inspirada na ideia de ao invés de aplicar a sanção como medida dissuasória, incentivar o particular a obter vantagens, incentivar que a conduta do particular seja conforme a lei. A polícia ambiental, por exemplo, é nesse sentido, isto é, de que o particular tenha ganhos pelo seu bom comportamento.

Mas, questão importante que envolve o exercício do poder de polícia é a prescrição da ação punitiva, cujo prazo da Administração Pública federal, direta e indireta, objetivando apurar infração à legislação em vigor, prescreve em cinco anos, a contar da data da prática do ato ou, no caso de infração permanente ou continuada, do dia em que tiver cessado, conforme vem assim fixado no art. 1º da Lei nº 9.873/99, mas observando-se que no procedimento administrativo paralisado por mais de três anos, pendente de julgamento ou despacho, a prescrição não se regulará pelos cinco anos, mas por três anos, sendo os autos arquivados de ofício ou mediante requerimento do interessado, sem prejuízo da apuração da responsabilidade funcional decorrente da paralisação, se for o caso (art. 1º, § 1º).

Porém, quando o fato objeto da ação punitiva também constituir crime, o art. 1º, § 2º, da mesma Lei supra, prevê que o prazo prescricional não será de cinco anos, e sim o prazo previsto na lei penal, sendo este maior ou menor.

Outro dado importante é que, de acordo com o art. 2º da Lei nº 9.873/99, constituem causa de interrupção da prescrição (I) a notificação ou citação do indiciado ou acusado, inclusive por meio de edital; (II) qualquer ato inequívoco, que importe apuração do fato; (III) a decisão condenatória recorrível (quer dizer, se decidirem o processo e, havendo recurso, há a interrupção da prescrição); e (IV) qualquer ato inequívoco que importe em manifestação expressa de tentativa de solução conciliatória no âmbito interno da Administração Pública federal, este último incluído pela Lei nº 11.941, de 2009.

Ressalvadas essas hipóteses, se as infrações tiverem ocorrido há mais de três anos, contados do dia 1º de julho de 1998, a prescrição operará em dois anos, a partir dessa data (art. 4º da Lei nº 9.873/99).

Já o art. 3º da Lei estabelece que a prescrição fica suspensa durante a vigência (I) do compromisso de cessação ou do acordo em controle de concentrações, agora assim previsto nos termos do art. 46, § 2º, da Lei nº 12.529/2011 (essa é a nova lei de defesa da concorrência, que dispõe sobre a prevenção e repressão às infrações contra a ordem econômica); e (II) do termo de compromisso de que trata o § 5º do art. 11 da Lei nº 6.385/76, com a redação dada pela Lei nº 9.457/97 (diploma que regula o mercado de valores mobiliários e atuação punitiva da Comissão de Valores Mobiliários), e que foi alterada pelo Decreto nº 3.995, de 31 de outubro de 2001[25].

---

25 "Art. 11. A Comissão de Valores Mobiliários poderá impor aos infratores das normas desta Lei, da lei de sociedades por ações, das suas resoluções, bem como de outras normas legais cujo cumprimento lhe incumba fiscalizar, as seguintes penalidades:
    [...]
    § 5º A Comissão de Valores Mobiliários poderá, a seu exclusivo critério, se o interesse público permitir, suspender, em qualquer fase, o procedimento administrativo instaurado para a apuração de infrações da legislação do mercado de valores mobiliários, se o investigado ou acusado assinar termo de compromisso, obrigando-se a:
    I – cessar a prática de atividades ou atos considerados ilícitos pela Comissão de Valores Mobiliários; e
    II – corrigir as irregularidades apontadas, inclusive indenizando os prejuízos."

Vale ressaltar, porém, que a prescrição da ação punitiva regulada pela Lei nº 9.873 não se aplica às infrações de natureza funcional e aos processos e procedimentos de natureza tributária, conforme o art. 5º preceitua expressamente.

Cabe acrescentar também que, além do prazo prescricional para o exercício da ação punitiva pela Administração Pública federal, a Lei nº 9.873/99 passou a tratar da ação executória, incluída pela Lei nº 11.941/09 no art. 1º-A, o qual prevê que, constituído definitivamente o crédito não tributário, após o término regular do processo administrativo, prescreve em cinco anos a ação de execução relativa a crédito decorrente da aplicação de multa por infração à legislação em vigor.

Além disso, a Lei nº 11.941 também incluiu o art. 2º-A, que estabelece que o prazo prescricional da ação executória interrompe-se (I) pelo despacho do juiz que ordenar a citação em execução fiscal; (II) pelo protesto judicial; (III) por qualquer ato judicial que constitua em mora o devedor; (IV) por qualquer ato inequívoco, ainda que extrajudicial, que importe em reconhecimento do débito pelo devedor; e (V) por qualquer ato inequívoco que importe em manifestação expressa de tentativa de solução conciliatória no âmbito interno da Administração Pública federal.

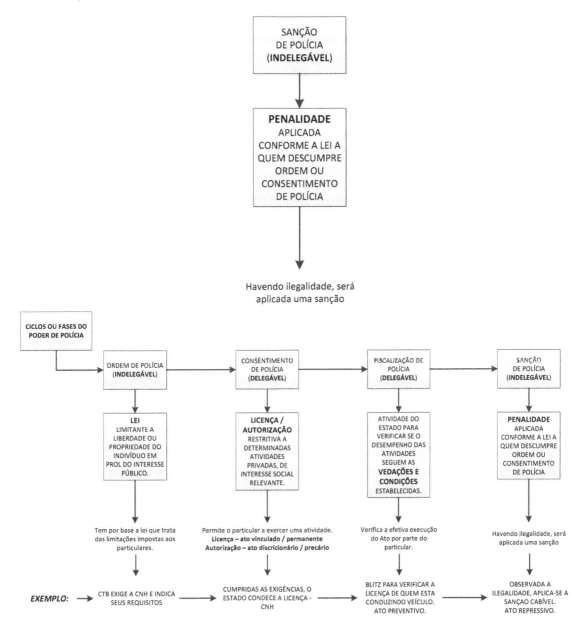

Atributos ou Características definidoras do poder de polícia

Os atributos do poder de polícia são supremacias especiais para externar e materializar a vontade estatal.

Sendo os atos de polícia atos administrativos, além de se sujeitarem aos mesmos princípios norteadores de tais atos, devendo ter, inclusive, a mesma infraestrutura, eles só serão legítimos se estiverem revestidos de todos os pressupostos de validade, isto é, em outras palavras, neles devem estar presentes os elementos constitutivos, como a competência, a finalidade, a forma, o motivo e o objeto, além da proporcionalidade entre a medida adotada e o desejo da lei, "sob pena de vício de nulidade do ato de polícia e de responsabilidade de seu autor", como leciona Diógenes Gasparini.[26]

Portanto, embora não seja uma característica peculiar apenas aos atos de polícia administrativa, a submissão ao princípio da proporcionalidade é de extrema relevância, daí valendo tecer algumas considerações a respeito.

Os atributos variam de autor para autor. Alguns chegam a elencar três, quatro, cinco...

Proporcionalidade

O sentido da proporcionalidade, como condição de validade do exercício do poder de polícia, é consequência da necessidade do uso deste poder para que se atinja o interesse público, o que equivale dizer que a arbitrariedade e a coerção não podem ser exercidas pelos agentes da Administração Pública. Dessa forma, **o poder de polícia só pode ser exercido na extensão e intensidade proporcionais ao que seja demandado para o cumprimento da finalidade de interesse público** a que está atrelado, sob pena de, caso os meios utilizados forem mais enérgicos do que o necessário à obtenção do resultado colimado, configurar-se-á o ato como ilegítimo. Segundo Marcelo Caetano, "o emprego imediato de meios extremos contra ameaças hipotéticas ou mal desenhadas constitui abuso de autoridade. Tem de existir proporcionalidade entre os males a evitar e os meios a empregar para a sua prevenção".[27]

É imperioso, portanto, o respeito à proporcionalidade entre a medida escolhida e a finalidade da lei que determina a execução de tal medida, uma relação de equilíbrio entre os meios e os fins da atividade administrativa, daí a doutrina mais autorizada ter erigido a proporcionalidade à categoria de princípio necessário à legitimidade do ato de polícia. Como realça Celso Antônio Bandeira de Mello, o princípio da proporcionalidade representa uma *faceta da razoabilidade*, que impõe à Administração cautela na sua atuação, devendo observar critérios aceitáveis sob a ótica racional, atribuindo à sua conduta prudência e sensatez, até porque uma conduta desarrazoada não condiz com a finalidade da lei, pois é através dela que se obtém a medida ideal que atende de modo perfeito a finalidade pretendida, ou seja, o poder de polícia não deve ir além do necessário à satisfação do interesse público.

Então, quando há inobservância desse princípio, o qual está vinculado, inicialmente, à própria ideia de Estado Democrático de Direito, incorre o agente administrativo em abuso de poder. Assim, a decisão da Administração que for "desproporcional", no que se refere a qualquer de seus elementos valorativos, deve ser considerada ilegal e, por via de consequência, ser anulada, sendo cabível, no caso concreto, o administrado valer-se, para resguardar seus direitos, do habeas corpus e do mandado de segurança, quando o ato atingir o exercício de uma liberdade ou o uso, gozo e disposição de uma propriedade, respectivamente. A medida utilizada deve ser, portanto, o único meio eficaz para alcançar a finalidade pretendida e não pode ser exercida de modo excessivo, com rigor maior que o necessário. O princípio da proporcionalidade caminha, enfim, no mesmo passo que os princípios da supremacia do interesse público, da legalidade, da finalidade e da razoabilidade.

A proporcionalidade está ligada à própria idéia do Estado Democrático de Direito e, afrontando-a, incorre o agente administrativo em abuso de poder. Não se admite utilização de recursos excessivos ou desnecessários. Por exemplo, o busto do pai de um prefeito, que foi cercado de fios elétricos para evitar pichamento, o que ocasionou a morte de um menino, por uma descarga violenta, pois os fios estavam descascados.

---

26   GASPARINI, op. cit., p. 129.
27   CAETANO. *Manual...,*op. cit., p. 1.159.

Outro exemplo elucidativo de ofensa ao princípio da proporcionalidade é o de reunião desautorizada pela lei que, embora pacífica, é dissolvida com o uso da violência.[28]

Assim, quando o servidor público, no exercício de sua fiscalização, encontra uma irregularidade, ele irá avaliar qual a gravidade da infração para escolher uma sanção proporcional. Desta forma, fica evidente que a lei não pode prever todo e qualquer tipo de sanção, e, por tal motivo, dá ao administrador margem discricionária, usando o juízo de valor diante da infração, a fim de impor a sanção adequada.

Nesse sentido, aliás, reporta-se ao ano de 2018, quando uma manifestação de taxistas interditou as principais ruas do centro de uma cidade, engessando o trânsito e causando o caos, por terem abandonado os veículos em vias de maior fluxo, como as Avenidas Presidente Vargas e Rio Branco. A Polícia Militar, então, segundo determinação da Secretaria de Segurança Pública, recebeu a ordem de fazer o possível para liberar o trânsito, mas um agente da Secretaria de Trânsito, à época, ao ser perguntado por um repórter sobre a violência empregada para retirar os táxis daqueles locais – quando foram quebrados os vidros dos veículos para que os mesmos fossem rebocados –, informou que estava agindo com discricionariedade, autoexecutoriedade e coercibilidade. Inegavelmente, o poder público agiu corretamente e adequadamente.

E, com efeito, no tocante às sanções de polícia, a maioria da doutrina trabalha com os elementos da discricionariedade, autoexecutoriedade e coercibilidade (com proporcionalidade), que são atributos característicos do poder de polícia. Tais características possibilitam que a autoridade administrativa possa aplicar a sanção imediatamente, como foi no caso de algumas marquises de edifícios de Copacabana, que estavam caindo, expondo a vida dos pedestres que ali transitavam. Diante disso, utilizando-se desses atributos, o Poder Público interditou o local (defesa civil) e demoliu as marquises, que foram condenadas em laudo pericial.

Portanto, as três grandes características do poder de polícia que a doutrina costuma apontar são estas: a discricionariedade, a autoexecutoriedade e a coercibilidade, que serão agora analisadas.

Discricionariedade (ou Vinculação?)

O poder de polícia, na maioria dos casos, é exercido sobre o impulso do poder discricionário, pois, ao editar a norma jurídica sobre matéria sujeita ao poder de polícia, o legislador nem sempre tem condições de regrar, de maneira explícita e objetiva, o comportamento do agente público ante às situações concretas. Nestes casos, que são a maioria, já se teve a oportunidade de apreciar anteriormente que ao agente é conferida, pela lei, certa liberdade para, de acordo com a conveniência e oportunidade, optar pela atuação da polícia administrativa mais adequada. Desse modo, a fiscalização do comércio de gêneros alimentícios ou da pesca, por exemplo, é feita de acordo com a escolha, meios e condições estabelecidos pelo órgão ou entidade encarregada desse mister.

É essa característica da discricionariedade que permite à Administração, por exemplo, escolher o melhor momento para fiscalizar determinada atividade; o local mais estratégico para se montar uma *Blitz* de trânsito; a gradação de uma sanção a ser aplicada a um particular etc. Em todas essas situações, e em inúmeras outras, o Poder Público tem a possibilidade de efetuar um juízo de valor sobre a conveniência e oportunidade de se praticar o ato, dentro dos limites estabelecidos pela lei e desde que observado o princípio da proporcionalidade.

A Administração Pública, portanto, tem a livre escolha, no exercício do poder de polícia, em que momento deve agir e estabelecer suas metas prioritárias. Quer dizer que, em relação ao momento de exercício da função de polícia, o poder público vai ter essa liberdade para avaliar qual é a conveniência, qual é a

---

28 Neste sentido, verifica-se: ATO ADMINISTRATIVO – PODER DE POLÍCIA – APREENSÃO DE MERCADORIAS DESTINADAS AO COMÉRCIO AMBULANTE – INADMISSIBILIDADE – EXISTÊNCIA DE LICENÇA PARA O EXERCÍCIO EM LUGAR DIVERSO – MEDIDA APLICÁVEL QUE SERIA A DE REMOÇÃO – COERÇÃO ILEGÍTIMA – DECISÃO MANTIDA – RECURSO NÃO PROVIDO (AC 174.724-1, São Paulo, Rel. Des. P. Costa Manso).
E mais: PODER DE POLÍCIA – PROCESSO ADMINISTRATIVO – DEFESA. A atuação da Administração Pública, no exercício do poder de polícia, ou seja, pronta e imediata, há de ficar restrita aos atos indispensáveis à eficácia da fiscalização, voltada aos interesses da sociedade. Extravasando a simples correção do quadro que a ensejou, a ponto de alcançar a imposição de pena, indispensável é que seja precedida da instauração de processo administrativo, no qual se assegure ao interessado o contraditório e, portanto, o direito de defesa, nos moldes do inc. LV do art. 5o da CF. Não subsiste decisão administrativa que, sem observância do rito imposto constitucionalmente, implique a imposição de pena se suspensão, projetada no tempo, obstaculizando o desenvolvimento do trabalho de taxista (STF, RE 153.540-7/SP, 2a T., Rel. Min. Marco Aurélio).

oportunidade, qual é o melhor momento melhor para exercer aquele poder de polícia. Daí, afirmarmos que, em regra, o poder de polícia é discricionário.

No exercício dessa faculdade discricionária, então, a Administração Pública deve estabelecer a periodicidade e a extensão do exercício do poder de polícia, levando em consideração vários fatores, mas sendo que o mais importante deles é o interesse público. Assim, observa-se, por exemplo, o caso de uma determinada empresa que propôs uma ação judicial requerendo que o órgão que fiscalizava seus tributos só o fizesse na primeira sexta-feira de cada mês, ou seja, a tal empresa queria marcar data e hora para que a fiscalização tributária fosse feita. Ora, é claro que o juiz da causa julgou extinto o processo por inadmissibilidade jurídica do pedido, por ser pretensão infundada, uma vez que não há como o Poder Judiciário, ou algum outro Poder, nortear a atuação de polícia de um órgão ou de uma entidade pública. Quer dizer, é inerente à própria função de polícia a escolha discricionária do seu momento de agir, até porque, se aquela propositura fosse possível, nunca iriam encontrar irregularidades, certo? É a mesma coisa quando se vai fazer uma escuta telefônica para saber, por exemplo, se alguém cometeu um crime. É claro que o órgão que recebeu essa competência não vai avisar o suspeito, marcando com ele um horário para tal escuta, o que, por óbvio, inviabilizaria o próprio poder de polícia.

Portanto, o atributo da discricionariedade se traduz na livre escolha, pela Administração, do momento de atuar, com base em conveniência e oportunidade, e sobre a sanção que será aplicada, cujos meios devem ser conducentes a atingir o fim colimado, que é a proteção de algum interesse público, com observância do princípio da razoabilidade e o da proporcionalidade, como ressaltado acima. Consequentemente, não se pode interditar um supermercado por estar vendendo uma maçã podre; não se pode utilizar da competência administrativa para aplicar sanção de medida maior do que aquela necessária ao atendimento do interesse público, no caso concreto. A discricionariedade do poder de polícia reside no uso da liberdade legal da valoração das atividades policiadas e na graduação das sanções aplicáveis aos infratores.

Essa **discricionariedade, contudo, como se sabe, não é absoluta; a liberdade do agente cinge-se a motivos e finalidade de acordo com a vontade da lei**, ainda que implícitos. Assim, existem casos em que o comportamento do agente encarregado do poder de polícia vem regrado na lei que disciplina a matéria e, nesta situação, não há escolha: o agente está jungido à conduta prescrita na lei, que já diz, de antemão, por exemplo, que há alguns requisitos a serem preenchidos para o exercício de certas atividades, não sendo necessário dar uma margem maior de liberdade ao administrador para fazer outras exigências. Ou seja, a lei estabeleceu de per si tudo o que era necessário para garantir a segurança das pessoas, por isso definiu que a atividade administrativa que se seguiria à previsão legal seria uma atividade plenamente vinculada. Exemplo dessa vinculação é a polícia que cuida da postura relativa à construção, instrumento materializador da licença para construir, de competência do Município, que é obrigatória se o interessado atender às condições e às exigências emanadas da lei e do regulamento, como já fizemos no estudo acima. Nessa hipótese, o poder de polícia é vinculado ou regrado, ou seja, o agente não encontra espaço para escolha; tendo o particular preenchido os requisitos legais para construir, ele tem o direito subjetivo à obtenção do alvará.

Desse modo, há de se observar que nem sempre o poder de polícia é discricionário, pois em algumas hipóteses ele é vinculado, como o exemplo clássico das licenças para construir, a que se fez alusão acima, para dirigir veículos, e outros atos caracterizados como licença, que expressam o consentimento de polícia, que se segue ao conjunto de requisitos legalmente previstos.

Há outras situações, porém, que o legislador, considerando as circunstâncias do caso, transfere parcela da deliberação ao administrador público, porque ele reconhece a sua incapacidade de se atualizar de acordo com as mudanças da sociedade e, mais do que isso, de aferir, naquelas circunstâncias, a conveniência ou não de dar o consentimento de polícia, e é por isso que existem atos de consentimento parcialmente vinculados, que são as autorizações. Ocorre que esses atos também são chamados de discricionários, mas que, sendo assim denominados, surge uma tendência de se dizer que o ato é absolutamente incontrolável e, no Estado Democrático de Direito, nenhum ato é totalmente discricionário, pois mesmo seus elementos discricionários podem ser passíveis de controle. É por isso que se prefere chamar esse ato discricionário, a autorização, de parcialmente vinculado, porque a Administração, diante do interesse público em jogo, vai apreciar a situação concreta e decidir se deve ou não conceder a autorização, com base na conveniência e oportunidade.

Entendeu o legislador, por exemplo, no caso da autorização para a produção e comercialização de material bélico, que ele não estava totalmente equipado para verificar em quais circunstâncias seria conveniente para sociedade que essa produção e comércio fossem autorizados e em quais circunstâncias o risco para a segurança pública era maior que sua vedação. Nestes casos, então, ao administrador compete integrar a vontade do legislador, procurando o interesse público de acordo com as circunstâncias no caso concreto.

Assim visto, pode-se inferir que a coexistência da liberdade individual e do poder de polícia repousa na conciliação entre a necessidade de respeitar essa liberdade e a de assegurar a ordem social.[29]

Mister se faz ressaltar, então, que a Administração Pública há de se conduzir com razoabilidade quando da prática de atos de poder de polícia discricionário, a fim de que estes não ultrapassem a legitimidade da atuação administrativa. Será, portanto, a razoabilidade o limite dessa atuação.

Além disso, cumpre sublinhar que, se o fim de qualquer ato administrativo é atender ao interesse coletivo, no caso do ato vinculado tal interesse já foi fixado previamente pelo legislador, condicionando de forma precisa a futura conduta do agente administrador, ou seja, no ato vinculado, a lei que o regula já estabelece o modo e a forma de sua realização. Em sendo assim, se o administrador, no uso do poder discricionário de que dispõe, deixa de atender ao fim legal a que está inexoravelmente ligado, está patente que exorbita do poder que a lei lhe conferiu. Portanto, não se pode confundir discricionariedade com arbitrariedade, pois aquela nada mais é do que a margem de liberdade que tem o administrador, dentro dos limites legais, de poder agir ou não agir, através dos critérios de oportunidade e conveniência, adotando os meios necessários para atingir um fim maior, que é o interesse público, uma atuação que será sempre legítima e válida, ao passo que a arbitrariedade representa uma ação praticada fora ou exorbitante das normas legais, um agir de forma contrária ao ordenamento jurídico, daí verificando-se o abuso ou desvio de poder, que fere os direitos individuais, e que será nulo, por ser uma atuação sempre ilegítima e inválida.

Deve-se ter sempre em mente, portanto, que a discricionariedade é um ato legítimo e que é fato rotineiro nas funções do administrador, que deverá avaliar a situação, usar o bom senso e agir com observância ao princípio da supremacia do interesse público, devendo ser o ato realizado dentro dos termos legais e que a autoridade competente atue de acordo com as opções de que dispõe[30]. Nesses moldes, quando o administrador manda instalar semáforos em uma determinada rua da cidade, ele usa sua discricionariedade para justificar porque deveria colocar ali e não em outro lugar.[31]

Nesse contexto, aliás, tem-se o entendimento do professor Carvalhinho, que diz que "a matéria tem de ser examinada à luz do enfoque a ser dado à atuação administrativa"[32], mas observando-se, por oportuno, que a doutrina atual vem se manifestando no sentido de que há necessidade de controle dos atos de polícia pelo Poder Judiciário, objetivando evitar excessos. No entanto, não pode o Judiciário agir como substituto do Poder Executivo, ou ocorrerá uma invasão nas funções constitucionais.

Então, pelo que foi exposto, é importante frisar que, em regra, a doutrina aponta esse caráter discricionário do poder de polícia, dizendo que o Poder Público, o responsável pelo poder de polícia, vai ter a liberdade de escolher o melhor momento para atuar. Quer dizer, pelo menos em relação ao momento do exercício da função de polícia, o órgão público, a entidade pública, seja quem for, vai ter, em princípio, essa liberdade para avaliar qual é a conveniência, qual é a oportunidade, qual é o melhor momento para exercer aquele poder de polícia.

---

29 São de Seabra Fagundes as conceituadas palavras sobre a discricionariedade do poder de polícia: "Não há direito público subjetivo absoluto no Estado moderno. Todos se submetem, com maior ou menor intensidade, à disciplina do interesse público, seja em sua formação ou em seu exercício. O poder de polícia é uma das faculdades discricionárias do Estado, visando à proteção da ordem, da paz e do bem estar social". FAGUNDES, op. cit., p. 306.

30 Hely Lopes Meirelles salienta que: "No uso da liberdade legal de valoração das atividades policiadas e na graduação das sanções aplicáveis aos infratores é que reside a discricionariedade do poder de polícia, mas mesmo assim a sanção deve guardar correspondência e proporcionalidade com a infração". MEIRELLES. *Direito...*, op. cit., p. 132.

31 Diógenes Gasparini ensina com precisão que: "A atividade de polícia ora é discricionária, a exemplo do que ocorre quando a Administração Pública outorga a alguém autorização para portar arma de fogo, ora é vinculada, nos moldes do que acontece quando a Administração Pública licencia uma construção (alvará ou licença de construção). O certo, então, é dizer que tal atribuição se efetiva por atos administrativos expedidos através do exercício de uma competência às vezes vinculada, às vezes discricionária. GASPARINI, op. cit., p. 127.

32 CARVALHO FILHO, op. cit., p. 65.

Em que pese a discussão da discricionariedade do atributo do poder de polícia, é claro que tem exceções. É lógico que não podemos fechar a porta para a seguinte situação: imaginem aquele fiscal que toda hora vai à empresa, fica lá 5 horas, atrapalhando o funcionamento da firma. Em tese, teremos medida judicial para impedir aquela atuação arbitrária daquele fiscal.

Mas, repetindo mais uma vez, o poder de polícia é predominantemente discricionário, uma vez que se orienta pelo binômio oportunidade-conveniência.

Ressalte-se também, assim como frisado alhures, que os atos de poder de polícia poderão ser apreciados e consequentemente anulados pela Administração e também pelo Poder Judiciário, pois a discricionariedade administrativa encontra limites na lei e também nos princípios da Administração Pública, principalmente os da moralidade administrativa, da razoabilidade e da proporcionalidade.

Além disso, repise-se, mesmo o ato de polícia seja discricionário, alguns de seus elementos serão sempre vinculados, tais como: competência, finalidade e forma) ou seja, de observância obrigatória pela Administração, permitindo com isso, amplo controle pelo Poder Judiciário.

Autoexecutoriedade

Trata-se de meios diretos de coerção.

Desde o momento de sua expedição, os atos de polícia se revestem de executoriedade, que é a qualidade pela qual o Poder Público pode compelir materialmente o administrado ao cumprimento da obrigação que impôs e exigiu, com a característica de que não precisa buscar, previamente, as vias judiciais. Então, quando a Administração apreende bens, interdita um estabelecimento e destrói os alimentos nocivos ao consumo público, ela o faz com base na prerrogativa da autoexecutoriedade que, segundo a corrente clássica, é a possibilidade de a Administração decidir e fazer atuar as suas decisões por seus próprios meios, independentemente de título judicial, assegurados o contraditório e a ampla defesa, ressalvados nos casos de urgência e flagrância, hipótese em que se lavra o auto de infração. Nesses moldes, então, poderá a Administração empregar meios diretos de coerção, compelindo materialmente o administrado a fazer alguma coisa, utilizando-se, inclusive, da força, se necessário. Esse atributo, portanto, que é próprio de todos os atos administrativos, possibilita que a atividade do poder de polícia, os atos de polícia administrativa, seja executada imediata e diretamente sem prévia apreciação judicial, mas cabendo repetir que, como os atos de polícia são atos administrativos, estão sujeitos a todos os princípios e atributos norteadores dessa espécie de atos jurídicos.

Observe decisão clara do Tribunal de Justiça de São Paulo:

> "exigir-se prévia autorização do Poder Judiciário equivale a negar-se o próprio poder de polícia administrativa, cujo ato tem que ser sumário, direto e imediato, sem as delongas e as complicações de um processo judiciário prévio (TJSP-Pleno, RT 138/823)".

Vale, desde já, mencionar o conceito que traz o ilustre professor Celso Antônio Bandeira de Mello quanto à autoexecutoriedade do poder de polícia, em que o considera autoexecutável quando a lei expressamente autorizar; a adoção da medida for urgente; inexistir outra via de direito capaz de assegurar a satisfação do interesse público.

Caso concreto

Qual é o fundamento jurídico de ato da Administração Pública que ordena a demolição de prédio particular ameaçado de ruir com risco à integridade física de pessoas? Pode o proprietário do imóvel sustar a iniciativa da Administração? Resposta objetivamente justificada (Prova para o Ministério Público de São Paulo).

Sim, o atributo da autoexecutoriedade autoriza a própria Administração Pública a executar as suas decisões, com os próprios meios, as prestações tipicamente administrativas podem ser exigidas e executadas imediata e diretamente sem precisar recorrer, previamente, ao Poder Judiciário. Dispensa, assim, de mandado judicial.

Poderá, então, a Administração empregar meios diretos de coerção, compelindo materialmente o administrado a fazer alguma coisa utilizando-se, inclusive, da força, se necessário.

O Ato da Administração Pública que ordena a demolição de prédio particular, ameaçado de ruir, com risco à integridade física de pessoas, tem como fundamento jurídico o princípio da predominância do interesse público sobre o particular O exercício desse poder perde a sua justificativa quando é utilizado para prejudicar ou beneficiar pessoa determinadas. Há desvio de poder da autoridade que se afasta da finalidade pública. O desvio de poder gera a nulidade do ato e responsabilidade do administrador, como consequência, nas esferas civil, penal e administrativa.

Não pode o proprietário do imóvel sustar a iniciativa da Administração Pública, baseado no princípio da supremacia do interesse público, não cabendo ao particular qualquer medida, administrativa ou judicial, que vise impedir a incidência da limitação sobre o imóvel de sua propriedade, pois as medidas tomadas pela Administração Pública foram impostas pelo **Poder de Polícia** do Estado.

Somente quando a Administração age com abuso de poder, extrapolando os limites legais, cabe ao particular opor-se à limitação imposta por ela, e arguir indenização pelos prejuízos decorrentes deste ato administrativo.

O próprio STF já decidiu que a Administração pode executar diretamente os atos emanados de seu poder de polícia sem utilizar-se da via cominatória, que é posta à sua disposição em caráter facultativo. Nem se opõe a essa conclusão o disposto nos arts. 287, 934 e 936 do CPC, uma vez que o pedido cominatório concedido ao Poder Público é simples faculdade para o acertamento judicial prévio dos atos resistidos pelo particular, se assim o desejar a Administração.

Assim, a regra geral é de que os atos de polícia são autoexecutórios, sendo certo de que apenas quando a lei expressamente estabelecer a necessidade de autorização judicial é que o ato em si estará desprovido desse importante atributo.

Importante ainda esclarecer, e que será argumentado mais abaixo também, que embora a autoexecutoriedade autorize a Administração Pública a executar seus próprios atos sem prévia autorização judicial, nada impede, de outro lado, que o interessado, antes, durante e depois de praticado o ato, provoque o Poder Judiciário visando sua anulação, em razão do princípio do livre acesso à justiça, preconizado no art. 5º, XXXV da Carta Política.

Coercibilidade

O quarto atributo do poder de polícia é a chamada coercibilidade, que no dizer sempre adotado de Hely Lopes Meirelles é "a imposição coativa das medidas adotadas pela Administração".[33]

De fato, todo ato de polícia é imperativo, isto é, obrigatório para o seu destinatário, admitindo-se até o emprego da força pública para seu cumprimento, quando este opõe resistência. Não há ato de polícia facultativo para o particular, pois todos eles admitem a coerção estatal para torná-los efetivos, e essa coerção também independe de autorização judicial; é a própria Administração que determina e faz executar as medidas de força que se tornarem necessárias para a execução do ato ou aplicação da penalidade administrativa, justificando-se, portanto, o emprego da força física quando houver oposição do infrator.

Porém, nos casos em que a força física exceder os limites da razoabilidade e for aplicada com violência desproporcional, caracterizar-se-á o excesso de poder e o abuso de autoridade, que serão passíveis de reparação e consequente punição dos agentes que o excederam. Daí estarem os atos de poder de polícia submissos ao princípio da proporcionalidade.

Portanto, o ato de polícia não é facultativo para o administrado, de vez que todo ato de polícia tem a coercibilidade estatal para efetivá-lo. E, dado o atributo da autoexecutoriedade, como visto, essa coerção independe de autorização do Poder Judiciário, pois é a própria Administração Pública que decide e toma as

---

33   MEIRELLES, op. cit., p. 134.

providências cabíveis para a realização do que decidiu, removendo os eventuais obstáculos que o administrado oponha, inclusive, para isso, aplicando as medidas punitivas que a lei indique.

Dentro da matéria de atributos, então, abre-se parêntese para fazer uma observação importante, aqui se tratando de uma característica que, embora não seja elencada pela doutrina como um atributo do poder de polícia, particularmente considera-se como principal, que é a atividade negativa do poder de polícia.

Para iniciar essa abordagem, faz-se a seguinte indagação: o que vai diferenciar o poder de polícia de outras atividades, muito parecidas com o poder de polícia? A título de ilustração, imagine-se uma servidão administrativa de energia elétrica. Isso tem base no poder de polícia? Em tese, sim, visto que ela está restringindo uma propriedade em prol do interesse coletivo. Ocorre que, na verdade, a resposta correta é não, que não tem base no poder de polícia, a começar porque o poder de polícia é uma coisa genérica, que incide sobre todos.

Numa prova oral da Magistratura, por exemplo, o examinador questionou se a punição decorrente de um contrato administrativo era decorrência do poder de polícia. Trata-se de uma questão um pouco complicada, mas que, se bem interpretada, chega-se à conclusão que não, porque o poder de polícia, como acima dito, é aquele que incide genericamente sobre todos. Então, sempre que se tiver uma relação particularizada, não há poder de polícia. O poder de polícia baseia-se num vínculo geral e todos estarão submetidos àquela fiscalização. É lógico que depois que se chega a uma infração de trânsito, como passar o sinal vermelho, por exemplo, existe a individualização, e quem a individualizou foi o proprietário do veículo, mas tendo, como substrato, uma norma geral. Assim, toda vez que houver uma situação especial, a exemplo do contrato administrativo, não há que se falar em polícia administrativa.

E no caso das limitações administrativas? O gabarito, o recuo ou afastamento são disposições de caráter genérico, impedindo o proprietário de construir numa área acima de tantos andares, na orla do Leblon, por exemplo. Todos, estando naquela determinada situação, estão jungidos por aquela limitação administrativa, que tem caráter genérico, abstrato e impessoal. No entanto, poder-se-ia argumentar contrariamente, pelo fato de estar circunscrito aos moradores do Leblon. Mas, neste caso, é norma geral e não específica, ou seja, é para todos aqueles que tenham imóveis no Leblon.

Mas, voltando-se àquela questão da servidão administrativa, seria poder de polícia ao tolerar a passagem de uma linha de transmissão de energia elétrica por um determinado terreno? Não. E não envolve o poder de polícia por dois motivos: primeiro porque existe uma relação particular entre o sujeito e o Poder Público; depois, porque não é um não fazer (é um tolerar que se faça alguma coisa, tolerar a passagem). Não sendo um não fazer, não é poder de polícia. Existem raríssimas servidões administrativas que impõem até obrigações negativas, como aquelas que se estabelecem em torno de aeroportos, em que não se pode construir acima de determinada altura. Mas, a regra geral é essa: o poder de polícia é sempre uma abstenção, um não fazer por parte do particular, salvo aquelas hipóteses constitucionais (de parcelamento, edificação compulsórios), em que o poder de polícia tem aspecto positivo.

Assim sendo, através da polícia administrativa, sempre se tem um não fazer, sob pena de multa. Ainda que, aparentemente, imponha a Administração uma prestação positiva, a exemplo da instalação de extintores como condição de licenciamento, não é esta a atividade efetivamente querida pela Administração. O que se quer, na verdade, é que aquela atividade privada não ponha em risco a população; gira em torno, portanto, de um não fazer, apesar de uma corrente minoritária de autores não entendam dessa forma.

Ressalte-se, entretanto, que há uma exceção em que o poder de polícia é uma atividade positiva, contida no art. 182, § 4º, III, da CF, como se aduziu acima, com respaldo na Lei nº 10.257/2001 – Estatuto da Cidade –, quando o Poder Público faz imposições para que o particular use a sua propriedade de acordo com a sua função social. Seria, por exemplo, o parcelamento e edificação compulsórios do solo urbano improdutivo, previstos na Constituição e no Estatuto da Cidade. O Poder Público municipal, mediante lei específica para área incluída no Plano Diretor, poderá exigir do proprietário do solo urbano não edificado, subutilizado ou não utilizado, que promova seu adequado aproveitamento, sob pena de parcelamento ou edificações compulsórias, bem como o aumento do IPTU progressivo no tempo. Neste último caso, não é poder de polícia, mas é poder tributário com natureza de sanção e, até mesmo, em último caso, a desapropriação com pagamento mediante títulos da dívida pública, resgatáveis no prazo de até dez anos, em parcelas anuais, iguais e sucessivas. Logo, o ordenamento jurídico determina alguém fazer alguma coisa, tendo em vista o interesse coletivo, não se tratando de uma atividade negativa.

Exigibilidade

A Administração se vale de meios indiretos de coerção, obrigando o particular a cumprir uma obrigação, independentemente de sua concordância, ou mesmo contra a sua vontade. Portanto, a exigibilidade é o poder que tem a Administração de tomar decisões executórias nos termos da lei.

Pode ser, por exemplo, uma situação de um imóvel que esteja em estado precário de condições e sem segurança ao público. O poder público lavra, então, um auto de infração e determina que o particular promova as obras de restauração, num prazo de 45 dias, por exemplo, sob pena de multa diária no valor de "x". O particular está obrigado a fazer isso e, se por acaso, quiser se insurgir contra esta decisão executória, que é exigível dele, terá que ir ao Judiciário para tentar anular aquele ato e demonstrar que tal imóvel está em perfeitas condições, podendo ser utilizado sem nenhum problema.

Outro exemplo: exigência do extintor de incêndio, em veículos, sob pena da não liberação do veículo. Igualmente, seria condicionar à obtenção do licenciamento do veículo, após pagamentos de multas pendentes.

CAPÍTULO
IV

ATO ADMINISTRATIVO

1. ASPECTOS RELEVANTES NA CONCEITUAÇÃO DE ATO ADMINISTRATIVO

Importa aduzir neste estudo que a conceituação de ato administrativo pressupõe a análise de alguns elementos que norteiam o tema e que a ele estão agregados, indispensáveis que são para o seu entendimento, e, alguns, para a sua própria legalidade. Buscar-se-á, sequencialmente, uma análise sucinta destes elementos, conforme se vê abaixo.

1.1. Juridicidade

A juridicidade se constitui em uma das características essenciais do *ato* administrativo, o que por si só já afasta desta qualificação os *fatos administrativos* e os *atos políticos*, posto que a ação destes não acarreta a ocorrência de efeitos jurídicos.

Os *atos administrativos*, por seu turno, caracterizam-se pela produção imediata de efeitos jurídicos, não se confundindo com atos diversos praticados por agentes administrativos.

1.2. Origem

Partindo-se da regra adotada pela doutrina, aduz-se que os *atos administrativos* têm sua origem em órgãos da Administração Pública no exercício de um Poder Público. Exclui-se deste entendimento os *atos meramente materiais*, o que faz com que o simples aluguel de um imóvel, por exemplo, não coloque o órgão da Administração na prática de um ato administrativo formal ou propriamente dito.

1.3. Autoridade

A autoridade a qual expressa a manifestação de vontade que emana no *ato administrativo* será necessariamente integrante do Poder Executivo, não obstante a prática deste ato ser comum aos demais Poderes (Legislativo e Judiciário), pois que estes praticam atos administrativos materiais, ou seja, com proporções e conotações diversas.

1.4. Imperatividade

Fique ligado - O *ato administrativo*, sendo espécie do gênero *ato jurídico*, é, pois, um ato jurídico realizado pela estrutura administrativa, mas possuidor de peculiaridades próprias. Uma delas, a mais importante, é a característica da imperatividade.

Com efeito, ato administrativo é a manifestação unilateral de vontade da Administração Pública que, graças ao poder de império, tem condições de impor obrigações a terceiros, visando travar relações jurídicas para atender ao interesse público.

1.5. Ato jurídico e ato administrativo

Preliminarmente, pode-se dizer que os atos jurídicos são gênero dos quais os *atos administrativos* são espécies. A expressão *ato jurídico* encontrava respaldo legal até a vigência do antigo Código Civil de 1916, cujo conceito ali delineado embasava diversas definições tecidas acerca do próprio *ato administrativo*, por possuírem a mesma base dos elementos estruturais, quais sejam: manifestação de vontade, licitude e a produção de efeitos jurídicos.

Vale ressaltar que surge uma substancial diferença no que alude aos elementos sujeito e objeto quando aplicáveis ao ato administrativo, por adquirirem estes uma conotação própria de direito público. Aqui, o sujeito será um agente com prerrogativas públicas, quer seja da Administração Pública, ou do Poder Executivo, quer seja do Estado, genericamente falando, incluindo-se os seus Poderes Legislativo e Judiciário, ao sabor da doutrina que assim acolhe o tema. No que concerne ao objeto, este será revestido de interesse público.

Já o ato jurídico encontra seu conceito relacionado à teoria geral do direito, e não especificamente ao Direito Civil, embora o artigo 81 do Código Civil de 1916 tecesse sua definição conforme segue:

> "Todo o ato lícito, que tenha por fim imediato adquirir, resguardar, transferir, modificar ou extinguir direitos, se denomina ato jurídico".

O atual Código Civil de 2002, por seu turno, alterou a figura do ato jurídico, tendo adotado nos artigos 104 a 184 a expressão negócio jurídico, a partir de onde insurgiu a necessidade de distinção entre estes. No primeiro, a manifestação de vontade está estritamente atrelada ao ordenamento jurídico, ou seja, tendo como executores agentes da Administração Pública e se formalizando em consonância com a previsão legal. No negócio jurídico a manifestação de vontade se inclina à vontade do emitente, a quem caberá traçar a finalidade perseguida pelo ato.

Portanto, tanto os atos administrativos propriamente ditos quanto os atos legislativos e jurisdicionais se enquadram na noção de atos jurídicos, mas não na de negócios jurídicos, porquanto não há que se falar, no primeiro caso, na manifestação de vontade de particular, sendo o interesse público o fim a ser alcançado. Não obstante, é certo que a Administração Pública também poderá se valer da prática de negócios jurídicos, ao praticar atos administrativos materiais ou atos não-jurídicos, quando compra um veículo ou aluga um imóvel, por exemplo.

1.6. Atos de administração, atos da Administração e atos administrativos

Cabe distinguir, nesta oportunidade, os atos de administração dos atos da Administração Os primeiros são atos meramente materiais, não jurídicos, embora editados por agentes administrativos credenciados.

Já os atos da Administração seria o gênero e os demais atos, inclusive os atos de administração, espécies. Dentre os atos de administração, subdividem-se estes em atos jurídicos e atos não-jurídicos, encaixando-se o ato administrativo no primeiro rol.

Portanto, nem todos os atos praticados pela Administração são atos administrativos, embora possam até ser consequentes daqueles. Atos da Administração são aqueles praticados pelo Estado no exercício da função administrativa para atingir as finalidades a que se propõem, ao passo que atos administrativos são aqueles em que o Poder Público atua com seu poder de império, usando de prerrogativas administrativas.

Vale, portanto, antecipar que ato administrativo é manifestação do exercício da função administrativa que sob o regime jurídico de direito público que objetiva a aquisição, conservação, modificação, transmissão ou extinção de direitos para consecução do interesse público. Exemplo disso é um decreto expropriatório.

Enquanto isso, ato da Administração significa qualquer negócio jurídico celebrado pela administração pública. Assim, observa-se que o conceito de ato administrativo é baseado no conceito de critérios objetivos, ao passo que o conceito de ato da administração é baseado em critérios subjetivos.

É interessante ainda observar que nem todo ato administrativo é ato da Administração, bem como, nem todo ato da administração é ato administrativo.

Como ato da Administração, temos, como típicos exemplos, contratos privados, em que a Administração Pública pratica ato sob regime jurídico de direito privado. Logo, se a Administração Pública celebra um contrato de locação, privado, na condição de locatária, não será ato administrativo, mas sim ato da Administração ou ato de mera atuação do Estado.

Deve-se lembrar, também, que, conceitualmente, o ato administrativo se submete ao regime jurídico de direito público. Já a locação e o comodato, ainda que celebrados pela Administração Pública, serão contratos submetidos ao regime jurídico de direito privado.

A distinção de ato administrativo para ato da Administração é defendida por doutrinadores argentinos, franceses e italianos.

Seguindo uma sistematização proposta por Oswaldo Aranha Bandeira de Melo[1], podemos distinguir os seguintes tipos de atos da Administração:

a) Atos inteiramente regidos pelo Direito Privado, conforme o Direito Civil, nivelando-se ao particular, abrindo, pois, mão do seu poder de supremacia, vez que desnecessário em muitas situações.

É o que ocorre, por exemplo, na locação de um grande galpão para servir de almoxarifado de certa repartição pública, nos contratos de compra e venda, ou na emissão de cheques ou outros títulos. Embora a escolha do imóvel possa, em alguns casos, ser precedida de uma licitação, procedimento de Direito Público, o contrato em si tem natureza privada, sendo regido pela legislação civil comum;

b) Atos puramente materiais, quer dizer, que não apresentam efeitos jurídicos diretos, não podendo, portanto, serem considerados sequer atos jurídicos. Tal é o caso, por exemplo, da execução de trabalhos técnicos, como a projeção de obras por um engenheiro, a pavimentação de uma rua, a verificação das condições sanitárias de uma população, o atendimento ambulatorial ou hospitalar em hospital da rede pública, o ministério de uma aula em universidade ou escola pública por ocupante de cargo público de professor, a colocação de um transformador numa rua ou a construção de uma galeria.

Tais atos, repita-se, embora não tenham conteúdo jurídico direto e imediato, podem, em alguns casos, ser produzidos de forma indireta, como no caso de danos causados a particulares, por agentes públicos, que ensejam a obrigação de indenizar;

c) Atos de governo ou atos políticos, praticados no exercício de função política, e que, do ponto de vista formal, submetem-se diretamente à Constituição e, pois, ao Direito Constitucional e não ao Direito Administrativo, como no caso da participação do Executivo no processo legislativo, de que são exemplos: o envio de Emenda Constitucional ao Congresso Nacional propondo reforma do Estado, o veto total ou parcial de projeto de lei, ou sua sanção.

Embora sejam atos de caráter infraconstitucional amplamente discricionários, ditados em consonância com os projetos das correntes político-ideológicas hegemônicas em determinada conjuntura, tais atos são passíveis de controle jurisdicional, sempre que afrontarem normas ou princípios constitucionais.

Ainda que submissos diretamente à regência do Direito Constitucional, deve-se excluir do conceito de atos políticos ou de governo os atos normativos ou especiais dos Poderes Legislativo e Judiciário, pertinentes ao exercício das suas funções;

d) Atos administrativos propriamente ditos, enquadrados dentro de um regime de Direito Público que lhes conferem poderes e limitações especiais, não detectáveis nos atos jurídicos comuns regidos pelo Direito Privado. São praticados não somente no Executivo, mas também nos Poderes Legislativo e Judiciário, no exercício de função administrativa, que lhes serve de suporte para o desempenho de suas funções típicas.

---

1   BANDEIRA DE MELLO, Oswaldo Aranha. *Princípios gerais de direito administrativo*. v. I. Rio de Janeiro: Forense, 1999, p. 412.

São atos administrativos a nomeação de pessoa para titularizar cargo público, bem como a concessão de aposentadoria, a realização de licitação para aquisição de bens ou serviços, ou a desapropriação de determinado imóvel para fins públicos etc.

Em relação aos atos materiais, é de se observar que eles decorrem da própria dinâmica administrativa, correspondendo a fatos administrativos, mas que são antecedidos por um ato administrativo; este sim, é que lhe dará as coordenadas da execução material que lhe foi incumbida.[2]

Exemplos de fatos administrativos são: a apreensão de mercadorias, a demolição de um imóvel, a desapropriação de um bem privado, dispersão de manifestantes etc., atividades que são desenvolvidas pela Administração Pública no exercício da função administrativa, mas que não geram efeito jurídico nenhum, não expressam manifestação de vontade, juízo ou conhecimento da Administração sobre uma certa situação, embora isto não signifique que, desses fatos, não possam decorrer efeitos de natureza jurídica, como o direito a uma indenização.

Fatos administrativos seriam todos aqueles fatos materiais e concretos praticados pela Administração ou que acarretam efeitos em relação à Administração, tal como a construção de uma ponte, a instalação de um serviço público.

Os fatos administrativos se dividem em fatos voluntários e fatos naturais.

O fato administrativo natural seria, por exemplo, uma enchente que obriga o corpo de bombeiros a agir. Não se trata de fato administrativo iniciado por ato de vontade, tendo origem em um evento da natureza.

O fato administrativo voluntário, por sua vez, é todo fato que emana de uma manifestação de vontade, subdividindo-se em ato administrativo e conduta administrativa.

Conduta administrativa é toda atuação concreta da Administração, não precedida de ato administrativo.

Saliente-se, contudo, que a atividade administrativa nem sempre se manifesta mediante um texto escrito, senão através da via oral, de sinais, de gestos, de símbolos. Veja-se o caso do controle do trânsito: é gesticulando que o guarda de trânsito direciona o tráfego em ruas e estradas, o qual também pode ser efetuado através de sinais, placas e equipamentos eletrônicos.

A respeito dos fatos administrativos, convém registrar que existem duas correntes que tratam da matéria, também denominados atos ajurídicos.[3] A primeira delas, minoritária, considera fato administrativo com base na doutrina alienígena, conceituando-o como todo acontecimento, independente da vontade humana, que provoca efeitos na órbita do Direito Administrativo. Seriam eles eventos da natureza, a exemplo da morte de servidor público, que gera a vacância de um cargo.

Já a corrente majoritária, da qual fez parte o saudoso mestre Hely Lopes Meirelles[4], entende que fato administrativo é toda a atividade pública material da Administração desenvolvida no exercício da função administrativa, mas desprovida de conteúdo de direito, como é o caso da instalação de um serviço público, a pavimentação de uma rua etc., atividades estas que não possuem efeitos jurídicos, e sim efeitos de ordem prática.

Coadunando com a consagrada definição doutrinária, ato administrativo é uma espécie do gênero ato da Administração, que é a forma de atuação genérica da Administração Pública.[5]

---

2   A título elucidativo, cumpre destacar que o nosso Direito Positivo admite algumas hipóteses em que à prática do fato administrativo deverá, necessariamente, anteceder o ato administrativo, como é o caso da aplicação de multas de trânsito ou nas prisões em flagrante, cujas lavraturas dos termos se dão *a posteriori*.

3   Segundo o professor Diógenes Gasparini, são os fatos administrativos chamados de atos ajurídicos, traduzidos como um "mero trabalho ou operação técnica dos agentes públicos. Não têm, portanto, laivos de juridicidade". GASPARINI, Diogenes. Direito administrativo. 13. ed. rev. e atual. São Paulo: Saraiva, 2016, p. 109.

4   MEIRELLES, op. cit., p. 146.

5   Jurisprudência: EMENTA: RMS – ADMINISTRATIVO – ATO DA ADMINISTRAÇÃO – ATO ADMINISTRATIVO – ATO DE ADMINISTRAÇÃO – LICENÇA PARA REALIZAR – CURSO DE MESTRADO – O ATO ADMINISTRATIVO NÃO SE CONFUNDE COM O ATO DA ADMINISTRAÇÃO. ESTE DE AMPLIDÃO JURÍDICA MAIOR, FAZENDO DAQUELE, UMA DE SUAS ESPÉCIES, COMO TAMBÉM O ATO DE ADMINISTRAÇÃO. POR ESTE, A ADMINISTRAÇÃO EXERCE O SEU AUTOGOVERNO. GERA EFEITOS NO ÂMBITO INTERNO. AQUI A MOTIVAÇÃO SE EVIDENCIA POR SI MESMA, QUAL

1.7. Atos políticos e atos de governo

A análise dos atos de governo pode-se iniciar no limite entre estes e a função administrativa, pois que os atos de governo são exclusivamente praticados pelo Poder Executivo, segundo disposição constitucional, não se coadunando com as características da função administrativa, em especial quanto ao sujeito que os pratica de forma típica.

Mister se faz, também, uma breve distinção entre Governo e Administração, sendo o primeiro entendido como o conjunto dos Poderes do Estado, cuja doutrina é abarcada pelo estudo do Direito Constitucional, ao passo que a Administração pode ser analisada tanto pelos seus órgãos, constituindo uma análise subjetiva, orgânica ou formal, quanto pelas suas funções, inclinando-se para o critério objetivo, funcional ou material.

Ainda dentro da concepção de se desmembrar os atos da Administração em atos de império e atos de gestão, os primeiros seriam os atos de governo, e não estariam submetidos ao controle do Poder Judiciário. Os segundos, os atos de gestão, se equivaleriam aos atos administrativos, estando sujeitos à apreciação jurisdicional.

Os atos de governo, conforme se depreende de sua denominação, são editados pelos chefes de Governo, e se diferenciam dos atos políticos conquanto que a esta classificação podem ser incluídos tanto os atos do Executivo, quanto do Legislativo e do Judiciário. Com isso, aqueles atos derivados do Poder Executivo podem ser tanto atos de governo quanto atos políticos.

Levando-se em consideração a avaliação do Estado como um todo, já que este, para a consecução de sua finalidade pública que é indissociável do bem comum tem que praticar uma infinidade de atos, a teoria que classifica os atos de governo e os atos políticos como distintos não encontra respaldo, pois que as atividades do Estado se confundem numa só, ressaltando-se tão somente a realização de seus fins, que jamais serão outros senão o alcance do interesse público.

Todavia, não há que se negar que a Constituição elenca um rol de atos de exclusividade do Chefe do Poder Executivo, que se denominam em atos de governo, situados alguns deles no plano do direito gentílico, como a assinatura de tratados, acordos comerciais internacionais, a defesa de sua soberania e do próprio território, ou ainda a declaração de guerra à nação estrangeira. Pode-se aqui ressaltar que a edição destes atos estaria mais diretamente relacionada à manutenção do Estado que aos interesses individuais.

A origem destes atos se deve à tentativa de excluir da apreciação do Poder Judiciário determinados atos estatais, fato este que caiu por terra após a chegada do Estado de Direito, pois que um de seus ideários é o de que "a lei não excluirá da apreciação do Poder Judiciário lesão ou ameaça de direito", princípio este insculpido no art. 5º, inciso XXXV da Constituição da República, como já visto acima.

Com efeito, após a criação do Estado de Direito não prevalece nenhum argumento, princípio ou regulamento constitucionalmente amparado que exclua do Poder Judiciário a apreciação, se derivar em lesão ou simples ameaça de lesão a direito. Nesse sentido, a intenção originária de afastar os atos de governo desta apreciação não subsiste, e acaso subsistisse, estar-se-ia diante da negação do próprio Estado de Direito. Comparando-os, contudo, aos atos administrativos, apenas o motivo informador do ato ou do próprio mérito poderá escapar da apreciação jurisdicional.

Não obstante, os atos de governo podem existir doutrinariamente, assim denominados, submetendo-se ao controle jurisdicional, como os demais atos que emanam do Estado. No que alude ao regime jurídico aplicável aos atos políticos e aos atos de governo, este se unifica e os reporta ao dispositivo constitucional, devendo, neste Documento Maior, tangenciar-se. Distinguem-se, ainda, das atividades administrativas pelos motivos políticos informadores.

SEJA, POLICIAR A ATIVIDADE DA ADMINISTRAÇÃO, VISANDO AO SEU DESENVOLVIMENTO INTERNO. Indexação. IMPOSSIBILIDADE, PRORROGAÇÃO, LICENÇA, PROCURADOR DE JUSTIÇA, OBJETIVO, ENCERRAMENTO, CURSO DE ESPECIALIZAÇÃO, OBSERVÂNCIA, CONVENIÊNCIA (DIREITO ADMINISTRATIVO), SERVIÇO PÚBLICO, VINCULAÇÃO, PODER DISCRICIONÁRIO, ADMINISTRAÇÃO PÚBLICA, FALTA, DIREITO LÍQUIDO E CERTO. DESCABIMENTO, RECURSO ADMINISTRATIVO, GOVERNADOR, REVISÃO, DECISÃO, COLÉGIO DE PROCURADORES, EXISTÊNCIA, AUTONOMIA, MINISTÉRIO PÚBLICO. (STJ. ROMS 7.861, Proc. 1996600705755/MT. 6ª T. Doc.: STJ000150907, p. 9.644 Rel. Luiz Vicente Cernicchiaro. Decisão: por unanimidade, negar provimento ao recurso).

Reportando-se a sua origem, a Teoria dos Atos de Governo surgiu na França, em decorrência de decisões pronunciadas pelo Conselho de Estado, a Alta Corte Francesa em matéria administrativa. Segundo a jurisprudência desta Corte, não lhe competia a apreciação dos atos de governo, apenas dos atos tipicamente administrativos.

Com base nesta postura, atenuada com o tempo de seu rigorismo inicial, a doutrina elaborou a Teoria da Função Governamental ou Política, distinta da função administrativa. Tal distinção revela-se, ainda hoje, polêmica tanto no plano doutrinário quanto no jurisprudencial, sendo, inclusive, rejeitada por muitos autores.

Controvérsias já são encontradas na própria terminologia empregada. No Direito de cunho latino são mais usuais as expressões ato de governo e ato político; no Direito norte-americano utiliza-se a locução questões políticas, enquanto no Direito inglês fala-se em atos de Estado.

Então, qual a terminologia mais adequada? Considerando-se a atuação do poder estatal, políticos seriam todos os atos que a expressassem, mormente os atos parlamentares e todos os atos administrativos. A política resultaria, tanto no Presidencialismo como no Parlamentarismo, da atuação conjunta destes dois Poderes, em conformidade com o sistema constitucional vigente, embora se fale cada vez mais de uma atuação política também do Judiciário.

Contudo, na atualidade, a locução ato de governo se encontra relacionada à atuação do Poder Executivo, devido a associação do termo governo a este Poder.

No plano doutrinário, tem-se intentado estabelecer, não sem sérias dificuldades, uma melhor, precisa e mais aceitável diferença entre os atos políticos e os atos administrativos.

Rivero acentua que a dificuldade de fixar fronteira entre governo e administração. Na prática a ação governamental e a direção da atividade administrativa cabem aos mesmos órgãos e leva a atos da mesma natureza. A distinção não tem, assim, alcance jurídico.[6]

Debbasch, por sua vez, refere-se à indissociável mescla entre o jurídico e o político, afirmando que na realidade não há fixação de finalidade pelo poder e o político e execução administrativa, mas emaranhado de fins e meios que favorecem interferências recíprocas.[7]

De fato, na estrutura do Estado contemporâneo, encarregado de múltiplas atribuições, parece difícil sustentar uma separação muito rígida entre política e administração, ou atividade política e atividade administrativa, dada a interferência recíproca entre estas duas esferas, embora algumas distinções possam e devam ser estabelecidas.

Todavia, antes de tudo, destaca-se uma nota singular orgânica presente nos atos de governo: o ato de governo provém dos agentes ou órgãos mais elevados do Poder Executivo. Poderíamos, então, indagar sobre quem poderia editar atos de governo em determinado sistema jurídico-constitucional.

Isso vai variar de acordo com a forma de Estado (federal, unitário) e o sistema de governo adotado (presidencialista, parlamentarista, ou uma forma mista). Nos Estados federais podem editá-los os chefes do Executivo federal, estadual e municipal, consoante a maior ou menor autonomia conferida aos entes federados. Normalmente, não podem editá-los os dirigentes de entidades integrantes da Administração Indireta (autarquias, fundações, empresas públicas e sociedades de economia mista), vez que destituídas de autonomia política.

Outra nota relevante dos atos de governo é o fato de decorrerem de uma execução direta da Constituição, embora convenha destacar que existam em nosso ordenamento jurídico-constitucional diversos atos do Poder Executivo de natureza infraconstitucional, sem que mereçam a qualificação de atos de governo.

Fiorini[8] acentua, ainda, as consequências jurídicas externas e os destinatários de tais atos, quais sejam, os outros poderes do Estado, ou outros Estados e organismos internacionais.

Diante de tais notas, poderíamos elencar os seguintes atos de governo na Constituição de 1988:

---

6   RIVERO, Jean. *Droit administratif.* Paris: Dalloz, 2018, p. 48.
7   DEBBASCH, Charles. Science administratif, 2016, p. 48.
8   FIORINI, Bartolomeu. *Derecho administrativo.* Tomo I, 2014, p. 339.

a) Apresentação ou retirada de projetos de lei (art. 84, III);

b) Sanção, promulgação e publicação de leis (art. 84, IV);

c) Convocação de sessão extraordinária do Congresso Nacional (art. 57, § 6º);

d) Veto a projetos de lei (art. 84, V);

e) Edição de medidas provisórias com força de lei (art. 84, XXVI);

f) Decretação e execução de intervenção federal (art. 84, IX);

g) Decretação de estado de defesa e estado de sítio (art. 84, IX);

h) Celebração de tratados, convenções e atos internacionais (art. 84, VIII);

i) Declaração de guerra no caso de agressão estrangeira (art. 84, XIX);

j) Decretação de mobilização nacional total ou parcial (art. 84, XIX); e

k) Celebração da paz (art. 84, XIX).

O desenvolvimento da teoria dos chamados atos de governo, diferenciados dos atos administrativos propriamente ditos gravitou, ratifica-se, em torno da possibilidade ou não de sua apreciação pelo Poder Judiciário, vez que, no esquema do Estado de Direito, calcado no Princípio da Legalidade, admitia-se como legítimo e necessário o controle de legalidade dos atos administrativos. Os atos de governo se caracterizariam, assim, por escapar a tal controle, decorrendo daí total liberdade do Executivo para editá-los.

Com efeito, a questão se coloca nos seguintes termos: sendo os atos políticos atos emanados do Poder Executivo, submeter-se-iam às formas de controle próprias do Estado de Direito, como o controle legislativo e o controle jurisdicional.

Não há dúvida de que no Direito pátrio os atos políticos sujeitam-se ao exame do Legislativo, que poderá, inclusive, recusar sua aprovação, como nos casos de estado de defesa, estado de sítio e intervenção federal, aos regulados diretamente pela Constituição, e que dependem de expressa aprovação do Congresso Nacional.

Mas, e o controle jurisdicional? De acordo com a caracterização dos atos de governo, estes são editados com fundamento direto em dispositivos constitucionais e apresentam-se como execução direta de preceitos constitucionais.

Ao editá-los, o Executivo exerce competências que lhe são conferidas pela Constituição, o que afasta o controle de legalidade, mas não o controle de constitucionalidade dos referidos atos, tanto do ponto de vista material, mediante invocação da intocabilidade das chamadas cláusulas pétreas, núcleo intangível da ordem jurídico-constitucional, tal como fixado pelo legislador constituinte, como sob o aspecto formal, referente aos procedimentos fixados pela Constituição.

Por outro lado, a Constituição de 1988, ao consagrar o Princípio da Inafastabilidade do Controle Jurisdicional em face de qualquer lesão ou ameaça de lesão de direito, inclina-se no sentido da possibilidade de apreciação também dos atos de governo.

De fato, tal princípio não comporta restrição de qualquer espécie, em razão da natureza do ato editado, seja de cunho estritamente administrativo, seja de caráter político, sempre que de tais medidas resultarem lesão ou ameaça de direito.

Finalmente, outro aspecto a merecer destaque é a distinção entre atos e fatos jurídicos que, na verdade, é onde se encontra o cerne da compreensão do ato administrativo.

1.8. Atos e fatos jurídicos

Fato jurídico é o fato material que provoca o surgimento, a modificação ou a extinção de direitos e deveres. É ele, portanto, o gerador da relação jurídica.

Em sentido amplo, fato jurídico é um gênero que contempla duas espécies: o fato jurídico em sentido restrito e o ato jurídico em sentido amplo. O primeiro se caracteriza por ser um evento natural, que independe da manifestação da vontade de um sujeito determinado, capaz de produzir efeitos na ordem jurídica, a exemplo dos fenômenos da natureza, como um raio, que pode destruir um bem público, ou uma enchente, quando inutiliza equipamentos do serviço público, fatos estes que acabam se refletindo na órbita administrativa.

Já o ato jurídico em sentido amplo traduz uma conduta que depende da vontade humana, quando os processos psicológicos internos do indivíduo comandam sua ação, tal como o casamento, o contrato, eventos estes que, em regra, produzem efeitos jurídicos. Percebe-se, então, que o elemento vontade é determinante para a relação jurídica. É o ponto crucial para definir o ato administrativo.

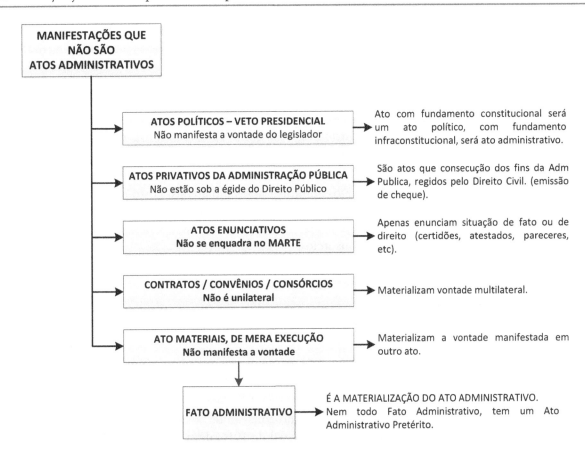

2. CONCEITO DE ATO ADMINISTRATIVO

2.1. A falta de um conceito exato

Registramos preliminarmente que o Direito Administrativo é povoado por institutos e instrumentos os quais nem sempre encontram suas conceituações amparadas na legislação vigente, ficando estas ao saber da interpretação dos diversos juristas que se dedicam ao tema.

Nesta linha de raciocínio se insere o ato administrativo, cuja definição e conceito não podem ser extraídos do ordenamento jurídico e, por conseguinte, não se pode, dentro do Direito Administrativo positivado, estabelecer um dito "conceito verdadeiro" sobre o tema.

Em razão dessa lacuna legal, vários são os conceitos traçados sobre o ato administrativo, de modo que sequer se cogita a sua unificação conceitual no Direito brasileiro.

Por conta disso, ao invés de se partir para uma busca conceitual exata, inclinam-se os juristas em tecer conceitos que lhes bastem para uma compreensão deste tema dentro da atividade administrativa. Não obstante, ressalta-se que a correta definição não deve ser ignorada em razão da falta de uma uniformidade, não devendo se confundir a falta de um conceito único, exato, com a variante de conceitos vagos e inexatos.

Ademais, correlatos aos diversos conceitos firmados deve se associar todo o ideário de que se reveste o ato administrativo, ainda que alguns deles encontrem controvérsias doutrinárias.

Portanto, a definição de ato administrativo no Direito brasileiro é tema que tem sofrido reiteradas controvérsias, sobretudo por qual critério prevaleceria para a conceituação destes atos, se o objetivo ou o subjetivo, divergindo a doutrina a este respeito.

Com efeito, a doutrina vem conceituando ato administrativo de diversos modos. No Brasil, pode-se conceituar o ato administrativo nos exatos termos do art. 81 do Código Civil de 1916, artigo este que traça a disposição acerca dos atos jurídicos, com o seguinte texto:

> [...]"manifestação de vontade da Administração Pública que, agindo na qualidade de Poder Público, objetiva adquirir, resguardar, transferir, modificar ou extinguir direitos, atendendo sempre ao princípio da legalidade, aplicando obrigações tanto a si própria quanto aos seus administrados".

É, portanto, um ato emanado de órgão competente, no exercício legal de suas funções e em razão destas.

O atual Código Civil, por seu turno, introduziu algumas alterações na disciplina relativa aos atos jurídicos, passando a denominá-los de negócios jurídicos. Uma dessas alterações consiste no fato de não mais se indicar o objeto da vontade, na hipótese em que a pessoa pretende adquirir, modificar ou extinguir direitos e obrigações, conforme prescrevia o art. 81 do antigo Código.

Note-se que este conceito se limita aos atos administrativos unilaterais, posto que inerentes à vontade da própria Administração e que é o ato administrativo típico. Se, todavia, for considerada a possibilidade de manifestação de terceiro, estar-se-á diante de atos bilaterais ou multilaterais, característicos, respectivamente, dos contratos administrativos, convênios e consórcios.

Conceito legal de ato administrativo, entretanto, não há na lei, tecendo cada autor um conceito diferente, embora com pontos em comum, mas se diferindo em algumas características meramente doutrinárias, de acordo com diferentes pontos de vista.

Pode-se afirmar, por certo, e isto é pacífico doutrinariamente, que os ato administrativo nada mais são do que uma espécie de ato jurídico.

Registre-se que foi Hauriou[9] quem afirmou, pela primeira vez, que o ato administrativo é um ato jurídico, assim dizendo a respeito que são os atos administrativos atos jurídicos editados pela Administração no desempenho de seus serviços públicos e para o pleno exercício de seus direitos.

A doutrina majoritária[10], entretanto, não diverge do conceito de ato administrativo, mormente ao admitir que ao conceito de "ato", insculpido no Código Civil de 1916, deva ser dada uma finalidade pública, elemento fundamental para sua caracterização.

---

9   In MIRANDA, Sandra Julien. *Do ato administrativo complexo.* São Paulo: Malheiros, 2016, p. 16.

10 Nestes termos, passamos a transcrever o que alguns renomados administrativistas lecionam sobre o tema: "Ato Administrativo é a declaração do Estado ou de quem o represente, que produz efeitos jurídicos imediatos, com observância da lei, sob regime jurídico de direito público e sujeita a controle pelo Poder Judiciário". (DI PIETRO, Maria Sylvia Zanella. *Direito administrativo.* 17. ed. São Paulo: Atlas, 2017, p. 162).

"Ato administrativo é toda manifestação unilateral de vontade da Administração Pública que, agindo nessa qualidade, tenha por fim imediato adquirir, resguardar, transferir, modificar, extinguir e declarar direitos, ou impor obrigações aos administrados ou a si própria". (MEIRELLES, *op. cit.*, p. 145).

"Ato administrativo é, assim, a manifestação unilateral de vontade da Administração Pública quem tem por objeto constituir, declarar, confirmar, alterar ou desconstituir uma relação jurídica, entre ela e os administrados ou entre seus *próprios órgãos e entidades*". (MOREIRA NETO, Diogo de Figueiredo. *Curso de direito administrativo.* 19. ed. Rio de Janeiro: Forense, 2012, p. 97).

"O ato administrativo constitui, assim, um dos modos de expressão das decisões tomadas por órgãos e autoridades da Administração Pública, que produz efeitos jurídicos, em especial no sentido de reconhecer, modificar, extinguir direitos ou impor restrições e obrigações, com observância da legalidade". (MEDAUAR, Odete. *Direito Administrativo Moderno.* São Paulo: Revista dos Tribunais, 2012, p. 152).

"Ato administrativo é toda emanação unilateral de vontade, juízo ou conhecimento, predisposta à produção de efeitos jurídicos, expedida pelo Estado ou por quem lhe faça as vezes, no exercício de suas prerrogativas e como parte interessada numa relação, estabelecida na conformidade ou na compatibilidade da lei, sob o fundamento de cumprir finalidades assinaladas no sistema normativo, sindicável pelo Judiciário. (GASPARINI, *op. cit.*, p. 59).

2.2. Pressupostos para o surgimento do ato administrativo unilateral

Restando pacífica a unilateralidade do ato administrativo típico, elenca-se sequencialmente os pressupostos para o seu surgimento, abaixo dispostos.

2.2.1. O uso da supremacia do Poder Público

O primeiro pressuposto para o surgimento do ato administrativo unilateral é que a Administração aja nessa qualidade, usando de sua supremacia de Poder Público. Com isso, quando a Administração Pública se nivela ao particular na prática rotineira de seus atos destituídos do teor público, tais atos perdem a característica administrativa, igualando-se ao ato jurídico privado.

2.2.2. Produção de efeitos jurídicos

O segundo pressuposto é que os atos praticados pela Administração contenham manifestação de vontade apta a produzir efeitos jurídicos para os administrados, para a própria Administração ou para seus servidores.

2.2.3. Agente capaz

O último pressuposto se refere à condição de que os atos administrativos sejam provenientes de agente competente, com finalidade pública e revestindo forma legal.

2.2.4. A manifestação de vontade da pessoa jurídica na forma de seus agentes

Importa observar que, para o Direito, o termo vontade não deve ser interpretado numa acepção psicológica, vez que suscitaria sérias e intermináveis disputas não-jurídicas.

Desse modo, para fins jurídicos, vontade é um processo psicológico interno do indivíduo, que comanda suas decisões, o que o faz diferente dos animais irracionais. É o ser humano, portanto, o titular de vontade.

No que tange às pessoas jurídicas, é fato que estas pessoas não são dotadas de vontade própria, pois que a sua vontade corresponde à vontade de seres humanos enquanto agentes e se expressam por meio destes.

Porém, para fins de Direito Administrativo, a vontade do ser humano é imputada ao ente administrativo, que transforma a vontade do indivíduo, ou de um grupo de indivíduos, em vontade da pessoa jurídica, cuja função pública é legitimada pelo Direito, daí aludir-se à vontade da Administração Pública.

Neste sentido é que se afirma que o ato administrativo típico é sempre manifestação volitiva da Administração, no desempenho de suas funções de Poder Público, visando a produzir algum efeito jurídico, o que o distingue do fato administrativo que, em si, é mera atividade pública material, decorrente de alguma decisão administrativa, que, em princípio, é desprovida de interesse para o Direito.

O fato administrativo, como materialização da vontade administrativa, refere-se ao domínio da técnica e só interessa ao Direito, em razão das consequências jurídicas que dele possam advir para a Administração e para os administrados.

Portanto, alguns autores afirmam que uma das características marcantes do ato administrativo é o fato de que ele resulta da vontade de uma autoridade, assegurando, em consequência disso, que os atos emanados de empresas públicas e sociedades de economia mista não são atos materialmente administrativos, pois que expedidos por pessoas de direito privado, conforme preceito constitucional transcrito no art. 173, § 1º, da Constituição da República de 1988, ainda que integrantes da Administração Pública.

Esta controvérsia tem como um de seus argumentos o descabimento do mandado de segurança contra atos daquelas entidades, por não serem atos de autoridade.[11] Em posição contrária, vem se levantando jurisprudência, nos termos da Súmula 333 do Superior Tribunal de Justiça, *in verbis:*

---

11   O tema é polêmico, pois, por outro lado, o art. 4o da Lei no 8.666/93 diz que a licitação é ato administrativo e os arts. 1o e 119, do mesmo diploma legal, obrigam as estatais, por força dos arts. 22, XXVII, e 37, XXI, da CF/88.
Em verdade, a controvérsia que paira sobre a questão de cabimento ou não de mandado de segurança contra atos de dirigentes de sociedade de economia mista é bem mais complexo. O regime jurídico das empresas públicas e das sociedades de economia mista não se vincula a um único modelo, eis que estas não estão sujeitas inteiramente ao regime de Direito Privado nem inteiramente ao regime de Direito Público. A afirmação dos estudiosos do assunto é no sentido de que seus regimes são de

Cabe mandado de segurança contra ato praticado em licitação promovida por sociedade de economia mista ou empresa pública.

2.3. Quem pode produzir o ato administrativo?

Inferior a lei em hierarquia, o ato administrativo emana, via de regra, do Poder Executivo, configurando-se no ato administrativo formal. Frise-se, contudo, que também os Poderes Legislativo e Judiciário, bem como os Ministérios Públicos e os Tribunais de Contas emitem atos administrativos de natureza material.

Os atos típicos do Poder Legislativo são as leis (atos legislativos), enquanto que os atos típicos do Poder Judiciário são as sentenças ou acórdãos (atos judiciais). Estas espécies de atos diferem, quanto à natureza, conteúdo e forma, dos atos típicos do Poder Executivo, os quais se denominam atos administrativos.

Para Diógenes Gasparini a produção de atos administrativos deve ser interpretada não somente em relação aos atos praticados pelo Estado-Administração, mas, também, por aqueles representantes investidos na função pública que, por força de investidura, precária ou não, exercem alguma prerrogativa estatal, tais como os concessionários ou permissionários de serviços públicos.[12]

A produção dos atos administrativos deve levar em conta o interesse coletivo, fato este que, se inobservado, acarretará em violação do Princípio da Moralidade Administrativa que, ao lado do Princípio da Legalidade, constituem pedras basilares da conduta da Administração Pública.

Asseveramos, então, que a prática de atos administrativos, no que concerne à Administração Pública Direta, não se circunscreve apenas ao âmbito do Poder Executivo.

Os Poderes Legislativo e Judiciário, os Ministérios Públicos e os Tribunais de Constas também o praticam, como atividade-instrumento necessária à sua organização administrativa, bem como em decorrência dos seus serviços de apoio.

Exemplo disso é o fato de um magistrado do Poder Judiciário conceder férias aos seus servidores, configurando a prática de ato administrativo, em sua atividade atípica.

No tocante à Administração Pública Indireta, também verificamos a incidência da prática de ato administrativo, por se achar preenchido um dos requisitos fundamentais para a caracterização deste ato, que se traduz quando a vontade de sua execução emana de agente da Administração Pública ou dotado de prerrogativas desta.

Encaixam-se aqui os atos da autarquia, empresa pública e sociedade de economia mista, quando da prática de serviço público, bem como da fundação pública.

O mais importante para se identificar um ato, como ato administrativo, vai depender do caso concreto, não importa quem prolatou o ato – particular ou Estado –, pois se o mesmo foi expedido materialmente no exercício de uma função pública, ato será administrativo.

Para confirmar o estamos afirmando, basta a leitura esclarecedora da Súmula 333 do STJ. O que ela vai dizer?

Súmula 333 - Cabe mandado de segurança contra ato praticado em licitação promovida por sociedade de economia mista ou empresa pública.

---

natureza híbrida, eis que sofrem o influxo de normas de Direito Privado e de Direito Público, de acordo com o setor de suas atuações. Esta assertiva é plenamente justificável, haja vista o revestimento de direito privado que as permeiam, bem como a íntima ligação que possuem com o Estado. Com isso, entendemos que cabe Mandado de Segurança contra atos de Empresa Pública e Sociedade de Economia Mista que se encontrem na prática de serviço público.

Da mesma forma, cabe Mandado de Segurança contra diretor de faculdade, ainda que particular, posto que ensino é atividade pública.

12   Com a devida vênia, ousamos discordar do ilustrado publicista, tendo em vista que o conceito de ato administrativo encerra, por si só, a natureza unilateral da Administração. A parceria da Administração com o particular se resume por meio do contrato administrativo que, por essência, é bilateral, ou seja, consubstancia-se em um acordo de vontades, objetivando o atingimento dos interesses públicos, porém, através de normas ditadas por ela, Administração, e atuação por atos privados.

O ato administrativo é manifestação unilateral de vontade da Administração Pública e de seus delegatários. Eventualmente, um concessionário ou um permissionário do serviço, quando do exercício da função pública delegada, podem editar também materialmente atos administrativos.

Ainda que, em regra, as estatais editem atos privados, estando no exercício da função pública, esses atos serão equiparados a atos administrativos e serão passíveis de controle. E, se assim são, podem ser impugnados pela via adequada, como é o mandado de segurança.

Dessa forma, a título de ilustração, cabe mandado de segurança contra ato da concessionária de serviço público, porque tal ato está relacionado ao exercício da função pública delegada, consistindo em um "ato de autoridade", portanto, equiparado a ato administrativo. Em geral, os atos delas são privados, mas, em casos específicos, atua como *longa manus do Estado*.

Pela mesma razão, sendo a licitação um procedimento administrativo (ou seja, conjunto de atos administrativos independentes e isolados entre si), seus atos isolados também são passíveis de controle via mandado de segurança.

Como regra geral, a licitação é uma norma de direito público por excelência. Se o procedimento licitatório é um procedimento administrativo, compreendendo o exercício de uma função pública, os atos praticados no processo administrativo público de licitação são atos administrativos e, consequentemente, impugnáveis via mandado de segurança.

3. ATRIBUTOS

Em razão da supremacia do interesse público, cuja satisfação incumbe, por obrigação política e constitucional, à Administração Pública, os atos administrativos são dotados de alguns atributos não comuns, e mesmo inexistentes, nos atos regidos pelo Direito Privado.

Tais atributos se constituem em decorrência natural da diferença de tratamentos jurídicos dispensados aos interesses públicos e privados, e se apresentam em face aos particulares como prerrogativas públicas, como meios jurídicos aptos à necessária e impostergável satisfação das necessidades políticas, que reclamam do Estado, por vezes, uma postura enérgica, rápida e eficiente. Em face de tais necessidades, são atributos específicos dos atos administrativos: a presunção de legitimidade, a imperatividade e a autoexecutoriedade.

Como o ato administrativo provém do Poder Público, recebe, pois, um tratamento jurídico diferenciado em relação aos atos praticados por particulares. Cabe lembrar aqui que ao particular, nada é defeso, senão por vedação em lei, ao passo que, ao administrador público só é permitido aquilo que esteja prescrito na lei.

Para fins didáticos, nada obstante outros serem apontados. A doutrina majoritária reconhece os seguintes atributos do ato administrativo, que os diferencia do ato submetido ao regime privado: imperatividade, presunção de legitimidade, legalidade e veracidade, e autoexecutoriedade.

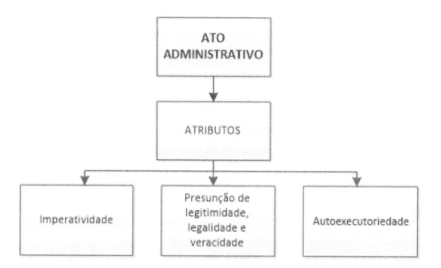

3.1. Imperatividade

Em princípio, no Direito Privado, a relação jurídica só é afetada se o titular dessa relação concordar com isto, como por exemplo, ninguém pode obrigar outrem a contratar. Já no Direito Público, o que vai caracterizar o ato administrativo é exatamente a imperatividade, ou seja, a possibilidade de afetar a esfera jurídica dos administrados sem a anuência destes.

Este atributo decorre do próprio exercício do Poder Público, donde se pode presumir que seus atos, já ao nascerem, apresentam força de império ao recaírem sobre seus destinatários, não se lhes cometendo a possibilidade de discutir sua decisão ou aplicação e restando, apenas, a sua execução. É o poder que a Administração tem de, unilateralmente, influenciar a esfera jurídica de outrem, ou seja, sem o consentimento deles. É um ato impositivo, mas requer expressa previsão em lei.

Portanto, a imperatividade permite à Administração Pública impor a sua vontade ao particular, mesmo que este não concorde com o ato administrativo. Esta acepção permite-nos afirmar, então, que a imperatividade é uma manifestação unilateral de vontade que pode criar obrigações a terceiros, porque há a supremacia do interesse público em jogo, passando a Administração figurar numa posição superior em relação aos particulares. E essa posição de supremacia vai fazer com que os atos administrativos sejam revestidos desse atributo da imperatividade, implícito na Constituição Federal e com previsão no artigo 2º, *caput*, da Lei nº 9.784/99.

FIQUE DE OLHO

O exemplo que podemos oferecer quanto à imperatividade é o tombamento e a desapropriação em que a concordância do proprietário não é necessária, onde nada pode o particular fazer, mas apenas aceitar a vontade da Administração, que decide quais os bens que serão tombados ou desapropriados.

É relevante a observação de que tombamento, mesmo havendo motivo vinculado, há uma exceção: quando o ato fica por conta adstrito ao pedido do dono do bem.

Todo ato administrativo dispõe de coercibilidade (obrigatoriedade) para seu cumprimento ou execução, como decorrência da própria existência do ato administrativo, posto que as manifestações de vontade do Poder Público trazem em si a presunção de legitimidade.

Como consequência da imperatividade, temos que todo ato administrativo deve sempre ser cumprido, sob pena de se sujeitar à execução forçada pela Administração ou pelo Judiciário. Daí ser a imperatividade, a nosso ver, a principal característica do ato.[13]

Cabe ressaltar que existe ato administrativo sem imperatividade, quando não houver na prática de um ato, uma posição de supremacia do Estado em relação ao particular como é o caso do ato administrativo enunciativo e nos atos negociais.

Os atos enunciativos não impõem nada a ninguém, como os atestados, as certidões, os pareceres, pois são apenas opiniões que não têm qualquer imperatividade, somente informam, dão alguma certeza oficial sobre algo. Numa certidão ou mesmo num atestado há um mero reconhecimento de uma situação de fato. Da mesma forma, os atos de consentimento ou negociais (como as autorizações e permissões), não são dotados de coercibilidade.

A bem do interesse público, o ato administrativo, quando fixa obrigações, é imperativo, e sua observância inevitável. Portanto, tal atributo somente se apresenta nas medidas administrativas que impõem obrigações, não aparecendo nos atos de outorga, como licenças e autorizações, ou nos atos meramente declaratórios, como as certidões.

---

13 GUTIERREZ, Monica Madariaga. *Seguridad jurídica y administración publica en el siglo XXI*. 8. ed. Santiago: Jurídica de Chile, 2016, p. 94-98. Tradução: O ato administrativo constitui a própria forma de realizar a administração.

É preciso explicar as diversas formas em que sua vinculação se manifesta positivamente, quer dizer, sua obrigatoriedade. Todo ato administrativo, para ser obrigatório, deve expressar um conteúdo determinado. [...]

A obrigatoriedade do ato administrativo se traduz na possibilidade de suas disposições serem executadas coercitivamente pelos próprios órgãos administrativos contra aqueles aos quais se dirige, sem um prévio juízo de conhecimento. Assim, o ato administrativo é obrigatório enquanto possui aptidão para ser executado por si mesmo, com apenas a intervenção da mesma autoridade da qual o ato emana.

Para uma melhor compreensão da força vinculante do ato administrativo é cedo formular uma discussão entre duas classes de atos:

i) uma primeira categoria de atos administrativos está representada por aqueles em que os efeitos que estão destinados a produzir vão implícitos no seu conteúdo, de tal maneira que não requerem a sua execução material e, mais ainda, que não a admitem. É o caso das certificações, que não se executam, afinal produzem todos seus efeitos por si mesma. Do mesmo modo, os atos de raciocínio, de juízo ou de conhecimento, possuem aptidão para produzir os efeitos que lhes são consubstanciais desde o instante em que tem aptidão suficiente para serem eficazes.

Tais atos produzem executoriedade, que é o mesmo que dizer que seus efeitos se produzem por si mesmos. Sua obrigatoriedade é *a posteriori*, e se manifesta, não no próprio ato, mais precisamente nos seus efeitos. Tanto o particular como a própria administração devem respeitar a verdade de seus conteúdos enquanto estes permaneçam premunidos de presunção de validade concernente a todo ato administrativo. Não existe possibilidade de resistência de seu cumprimento, mas somente a faculdade de impugnação *a posteriori*, por via de reconsideração ou de ilegitimidade. São atos de efeitos instantâneos.

ii) Um segundo grupo de categorias de atos administrativos está constituído por aqueles que devem cumprir-se, executar-se, para produzir seus próprios efeitos. Para sua efetiva e plena realização, se requer em etapa posterior a seu aperfeiçoamento, que é a etapa de execução material. Essa execução pode consistir na realização de determinados fatos ou na efetivação de novos atos administrativos que lhe procurem dar efetivo cumprimento e que sejam complementares do ato originário.

Doutrinariamente se tem sustentado, com uniformidade de critérios, que esta segunda classe de atos administrativos são os que causam executoriedade [...].

A executoriedade, por seu turno, não é mais que uma forma autônoma de executividade: se dá nos atos constitutivos de declaração de vontade cujo conteúdo requer que seja exteriorizado e cujos efeitos não se satisfaçam no mesmo ato, porém se projetem fora deste.

Sua obrigatoriedade flui da faculdade conferida à administração para fazer cumprir por si mesma, sem a intervenção de órgãos jurisdicionados dotados de império, para o qual, teoricamente, a autoridade pode solicitar por si o auxílio da força pública em caso de dificuldade.

ROMANO distingue duas classes de executoriedade: a que pode se considerar como simples exigibilidade, que implica na possibilidade jurídica de atuar em conformidade com o ato, e a executoriedade em sentido técnico e estrito, que comporta essa força particular que permite à administração realizar coercitivamente o ato, apesar da resistência dos interessados e sem necessidade de recorrer à autoridade jurisdicional. GUTIERREZ, Monica Madariaga. *Seguridad Jurídica y Administración Pública en el Siglo XXI*. 8. ed. Santiago: Jurídica de Chile, 2016, p. 94-98.

É o que o publicista Renato Alessi denomina de poder extroverso da Administração, que lhe possibilita tomar medidas e emitir provimentos que vão além da sua esfera jurídica, interferindo diretamente na esfera jurídica de terceiros.

Tais determinações impostas unilateralmente são de cumprimento imediato, tornando-se, desde logo, prontamente exigíveis pela Administração, salvo quando atentatórias ao Princípio da Legalidade, quando podem ser invalidadas por provocação da parte interessada.

Cite-se, como exemplo deste atributo a designação de uma rua para realização de uma feira livre, ou a mudança na direção do tráfego de uma avenida, invertendo seu sentido.

Outro exemplo é a requisição. A polícia pode parar o carro de um particular e lho requisitar para perseguir um bandido, cabendo ao proprietário desse veículo ceder a essa requisição, sob pena de responder a um processo penal.

É mister mencionar que a Administração Pública tem o poder de adquirir a propriedade, declarada de utilidade pública, compulsivamente, contra a vontade do particular ou requisitar bens móveis ou imóveis, sem que haja intervenção do Poder Judiciário, ou mesmo para lançar tributos e arrecadá-los, praticando atos que vão interferir na vontade individual de cada cidadão.

O que esses atos contêm é justamente a presença do atributo da imperatividade, o que os torna diferentes dos atos jurídicos praticados pelos particulares. Na imperatividade, o cumprimento dos atos administrativos é, pois, imposto de modo unilateral ao administrado, mesmo contra a sua vontade.

É sempre importante relembrar

A imperatividade não existe nem está presente em todos os atos administrativos, mas somente nos atos que impõem obrigações. O ato cujo conteúdo dependa da manifestação de vontade do administrado e negociais solicitados pelo particular (permissões, autorizações, alvará de funcionamento), não possuem tais atos, por uma questão óbvia, de tal atributo. Esse raciocínio é, cristalinamente, aplicado aos atos administrativos enunciativos ou meramente declaratórios (certidões, atestados e pareceres), pois conferem direitos postulados pelo interessado.

TOME NOTA

Cabe enfocar, por oportuno, que o parecer administrativo terá, obrigatoriamente, efeito imperativo, em havendo exigência legal, exatamente no caso de licitação/contratos administrativos, diferentemente quando girar em torno de assuntos puramente políticos e técnicos, o que, por consequência, isentará o servidor de responsabilidade por ser meramente ato opinativo e não vinculante. Por isso, é frequente o parecer finalizar com a expressão "salvo o melhor juízo". Não se está impondo nada a ninguém. É uma opinião (é ato enunciativo). Em havendo posição contrária, "Eu me rendo", ou seja, "se gostou, aprova!"; "se não gostou, reprova!". O parecer, na real verdade, é uma opinião do servidor público investido numa função.

Na imperatividade, repetindo, mais uma vez, o cumprimento dos atos administrativos é imposto, de modo unilateral, ao administrado, mesmo contra a sua vontade.

Outros exemplos:

- colocação de placas de nome de rua em parede de residências de particulares, situadas em esquina.
- estabelecimento de dia e horário para a realização de comícios políticos.

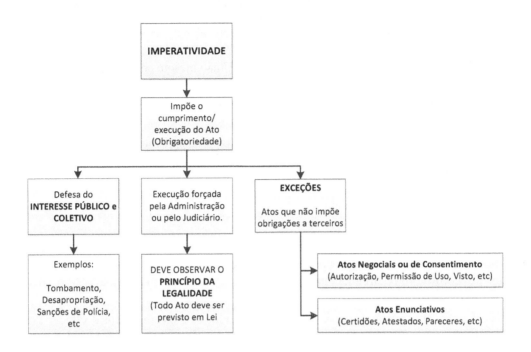

3.2. Presunção de legitimidade, legalidade e veracidade

Observe-se, com os olhos de ver, que a legitimidade está intimamente ligado com a legalidade e a veracidade dos atos administrativos. Os atos administrativos gozam da presunção de legalidade que, para ser afastada, necessita de prova cabal da deformação do ato e não podem ser consideradas, para efeito de anulação de um ato administrativo, alegações gerais e imprecisas, tais como violação aos princípios da dignidade da pessoa humana, da ampla defesa e do contraditório.

Em relação a tal aspecto, é de se ver o posicionamento do STJ – REsp 493.881-MG, REL. Min. Eliana Calmon, Informativo do STJ, nº 192:

> Embargos de declaração rejeitados.
>
> PROCESSUAL CIVIL E ADMINISTRATIVO. TAXA DE OCUPAÇÃO. IMÓVEIS SITUADOS EM TERRENO DE MARINHA E TÍTULO EXPEDIDO PELO RGI NO SENTIDO DE SEREM OS RECORRENTES POSSUIDORES DO DOMÍNIO PLENO. IRREFUTÁVEL DIREITO DE PROPRIEDADE DA UNIÃO. ESTRITA OBSERVÂNCIA QUANTO AO PROCEDIMENTO DE DEMARCAÇÃO. PRESUNÇÃO *JURIS TANTUM* EM FAVOR DA UNIÃO.
>
> 1. Os terrenos de marinha são bens públicos e pertencem à União.
>
> 2. Consectariamente, algumas premissas devem ser assentadas a saber:
>
> a) Os terrenos de marinha, cuja origem que remonta à época do Brasil-Colônia, são bens públicos dominicais de propriedade da União e estão previstos no Decreto-lei 9.760/46.
>
> b) O procedimento de demarcação dos terrenos de marinha produz efeito meramente declaratório da propriedade da União sobre as áreas demarcadas.
>
> c) O direito de propriedade, à Luz tanto do Código Civil Brasileiro de 1916 quanto do novo Código de 2002, adotou o sistema da presunção relativa (juris tantum) relativamente ao domínio, admitindo prova em contrário.
>
> d) Não tem validade qualquer título de propriedade outorgado a particular de bem imóvel situado em área considerada como terreno de marinha ou acrescido.
>
> e) Desnecessidade de ajuizamento de ação própria, pela União, para a anulação dos registros de propriedade dos ocupantes de terrenos de marinha, em razão de o procedimento administrativo de demarcação gozar dos atributos comuns a todos os atos administrativos: presunção de legitimidade, imperatividade, exigibilidade e executoriedade.

f) Informação da presunção de legitimidade do ato administrativo incumbe ao ocupante que tem o ônus da prova de que o imóvel não se situa em área de terreno de marinha.

g) Legitimidade da cobrança de taxa de ocupação pela União mesmo em relação aos ocupantes sem título por ela outorgado.

h) Ausência de fumus boni juris.

3. Sob esse enfoque, o título particular é inoponível quanto à UNIÃO nas hipóteses em que os imóveis situam-se em terrenos de marinha, revelando o domínio público quanto aos mesmos.

4. A Doutrina do tema não discrepa da jurisprudência da Corte ao sustentar que:

(...)

8. Recurso especial provido. (Grifamos)

Como a Administração está sujeita ao Princípio da Legalidade e, ao menos, em tese, atua desinteressadamente, os atos administrativos gozam de presunção de legitimidade. Ou seja, são presumidos como tendo sido praticados de acordo com o Direito. O particular é que deverá comprovar que aquele ato não corresponde à verdade.

Portanto, até prova em contrário, presumem-se legais todos os atos emanados do Poder Público. Daí se dizer que prevalece a presunção *juris tantum*, por ter sido realizado o ato em conformidade com o Direito. Essa característica decorre do próprio ato administrativo, não dependendo de lei expressa.

FIQUE LIGADO

Exemplo de legalidade e legitimidade seria o caso de um cidadão ter sido multado por dirigir com o braço para fora do carro. Ao postular recurso administrativo, alega que seu carro possui ar condicionado e que nunca dirigira de vidro aberto, muito menos com o braço para fora. Não logrará efeito, pois o Poder Público tem a presunção de legalidade e legitimidade. Ademais, a viabilidade de êxito do seu recurso estaria condicionada à apresentação de provas e não somente a argumentos.

Todavia, pode ocorrer de o ato administrativo apresentar-se eivado de ilegalidade, o que, por si só, não basta para desnudar a sua presunção de legalidade.

Em razão de sua própria natureza, não se faz necessária a autorização judicial para a execução ou operatividade do ato, que acontece de imediato. É o que se denomina de ato de pronta execução, salvo se a parte interessada vier a obter, mediante recursos internos ou por via judicial, a suspensão de tal execução, sob a alegação de ilegalidade deste. No entanto, até que tal suspensão ocorra, os atos são válidos e produzirão todos os efeitos, posto que ainda existentes no mundo jurídico.

Quando se afirma que o ato administrativo não pode ser controlado previamente, não se está fechando às portas para os remédios constitucionais. Apenas, está a se afirmar que o ato não pode ser questionado previamente quanto a sua existência.

Por outro lado, a Administração não tem necessidade de realizar a prova de legitimidade do ato praticado, visto que o ônus da prova é transferido à parte atingida pelo ato supostamente ilegal.

Nos termos do art. 19, inciso II, da Constituição de 1988, é vedado à União, aos Estados, ao Distrito Federal e aos Municípios recusar fé aos documentos públicos. É um voto de confiança a favor da administração púbica.

De fato, os atos administrativos, tendo em vista o exercício regular das funções administrativas, que, em muitos casos, não pode sofrer interrupção, têm em favor de si a presunção de legitimidade, a presunção de constituírem exercício legítimo de poder, por parte da autoridade administrativa.

Por conseguinte, toda resistência a tais atos, toda invocação de nulidade contra eles deve ser necessariamente alegada e provada em juízo, quando tal alegação não é aceita na própria esfera administrativa.

Assim, ao contrário do que ocorre com os atos jurídicos comuns, sempre que confrontados, a legitimidade dos atos administrativos, instrumento de trabalho da Administração, não necessita ser declarada por autoridade judicial ou administrativa de hierarquia superior.

Uma ordem de interdição de um restaurante, por exemplo, sob alegação de insalubridade, tem a seu favor a presunção de legitimidade. O titular do estabelecimento não pode opor resistência privada a tal ordem, como poderia fazê-lo se se tratasse de um título particular, como um contrato. Se a ordem for ilegítima, deverá o referido titular desconstituí-la na via administrativa, ou, no seu malogro, na via judicial.

A consequência mais direta dessa presunção que milita em prol dos atos administrativos é que as decisões administrativas podem ser executadas imediatamente, e têm, ademais, a possibilidade de criar obrigações para o particular, independentemente de sua concordância.

Não perfilhando totalmente essa teoria, Maria Sylvia Zanella Di Pietro[14] entende que "a presunção de veracidade inverte o ônus da prova; é errado afirmar que a presunção de legitimidade produz esse efeito, uma vez que, quando se trata de confronto entre o ato e a lei, não há matéria de fato a ser produzida".

Ao entender que a presunção de legitimidade não produz a inversão do ônus da prova, a autora suscita que a Administração deve provar que o ato praticado atende ao interesse público.

Ora, a presunção de veracidade diz respeito aos atos praticados serem tidos como verdadeiros; a presunção de legalidade, da mesma forma, no que pertine ao amparo legal; e, por fim, a presunção de legitimidade refere-se ao atingimento do interesse público.

Assim, deve ser entendido que cabe àquele que foi atingido pelo ato o apontamento da ilegitimidade. Note-se que não se está, aqui, a retirar a presunção relativa (*juris tantun*) que informa o ato, permitindo-se ao interessado a declaração de sua ilegitimidade.

De todo modo, sempre haverá a possibilidade de arguição do vício, salvo nos casos em que a presunção é explicitamente "juris et de juris", tal como na impossibilidade de impetração de habeas corpus atinente às punições disciplinares militares (art. 142, § 2º, da Constituição de 1988). Caso contrário, perderia a Administração o princípio de autoridade que lhe é inerente no poder de império.

Efeito da presunção de legitimidade é a autoexecutoriedade, pela qual se admite que o ato seja imediatamente executado. Outro efeito é a inversão do ônus da prova, cabendo a quem alegar não ser o ato legítimo a comprovação da ilegalidade.

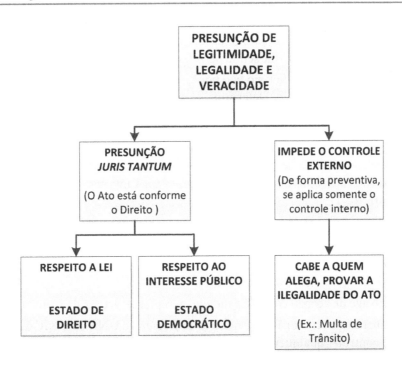

---

14   DI PIETRO, *op. cit.*, p. 162.

FIQUE LIGADO NO CASO CONCRETO, BASTANTE SIGNIFICATIVO, PARA COMPREENDER MELHOR.

Caso interessante julgado pelo tribunal de um determinado Estado. À época, houve uma batalha campal. A Procuradoria do Estado x Tribunal de Contas. O Tribunal de Contas baixou uma deliberação em que o Estado só poderia fazer dispensa de licitação se, antes, submetesse tal ato à apreciação do Tribunal de Contas, ou seja, teria que passar pelo seu crivo. Em juízo, a Procuradoria Geral do Estado conseguiu derrubar essa deliberação por estar ferindo a presunção de legalidade e legitimidade dos atos administrativos.

O caso acima mostra muito bem a força, no aspecto prático, que essa característica tem para o ato administrativo.

Tal conteúdo tem presunção de veracidade, ou seja, até prova em contrário, deve ser tido e considerado verdadeiro. Trata-se de um instrumento de trabalho colocado à Administração Pública, não necessitando sua autenticidade ser declarada por autoridade judicial ou administrativa de hierarquia superior.

Já pensaram se a Administração tivesse que provar: "Aquele fato aconteceu, aconteceu...". Se assim não fosse, seria embaraçada toda a atividade administrativa, causando sérios prejuízos ao interesse público.

Importante registrar que a presunção de legalidade, veracidade e legitimidade dos atos administrativos produz as consequências fundamentais:

1ª Consequência – O ato administrativo, mesmo inválido, praticado em desconformidade com a lei, produz todos os efeitos, como válido fosse, não podendo ser anulado, salvo pronunciamento no sentido contrário do Poder Judiciário ou a própria Administração.

Seria o caso, hipoteticamente, de uma farmácia vendendo remédio, controlado, sem receita médica. O agente público, em vez de multá-la, fechou e lacrou o estabelecimento, mesmo que a lei afirmasse que o agente público só tinha competência para multar. Não tem jeito! Está lacrado e interditado! Então, ato vai produzindo efeitos até o proprietário do estabelecimento provar administrativamente ou no judiciário a ilegalidade do agente.

2ª Consequência – Aduz o atual Código Civil, em seu art. 168, que as nulidades absolutas podem ser alegadas por qualquer interessado, ou pelo Ministério Público, quando lhe couber intervir.

Parágrafo único. As nulidades devem ser pronunciadas pelo juiz, quando conhecer do negócio jurídico ou dos seus efeitos e as encontrar provadas, não lhe sendo permitido supri-las, ainda que a requerimento das partes.

Em que pese a discussão, o Poder Judiciário não pode, "*ex officio*", apreciar a invalidade do ato, de modo diferente do ato jurídico de direito privado. Determina se, no artigo 168 do Código Civil, que as nulidades absolutas podem ser alegadas por qualquer interessado ou pelo Ministério Público, sempre que lhe couber intervir, devendo, quando couber o ato, ser pronunciadas pelo Juiz. A mesma coisa não acontece relativamente ao ato administrativo, pois a nulidade de tal ato só pode ser decretada pelo Judiciário, através de solicitação por parte da pessoa interessada. (Trata-se de uma corrente forte, Maria Sylvia Di Pietro). Não procede de ofício decidir a invalidade dos atos administrativos pois requer uma investigação de ação, ou seja, diante de provas evidentes em contrário.

Em que pese a discussão em questão, os motivos dessa segunda consequência residem:
a) o ato administrativo é um ato de poder, de soberania. O Estado é soberano e tem o poder de supremacia em tudo e em todos sobre o seu território.
b) A Administração age de acordo com a legalidade, não mente, art. 37 da Constituição.
c) O terceiro argumento gira em torno do Princípio da Jurisdição UNA ou ÚNICA, ou seja, o Judiciário pode apreciar e controlar qualquer ato.
d) O quarto fundamento seria de ordem operacional (se a Administração tivesse que provar que todos os atos são legais, a ação estaria encravada, sem celeridade).

3.3. Autoexecutoriedade ou executoriedade

A autoexecutoriedade complementa a imperatividade.

Todos possuem direitos que merecem ser satisfeitos. Caso não haja tais direitos satisfeitos de imediato, isso não autoriza o particular a executá-los diretamente.

Portanto, em regra, no Direito não há a autoexecutoriedade do próprio direito. Ao contrário, sua prática caracteriza, inclusive, crime de exercício arbitrário das próprias razões.

Observa-se, é verdade, que no Direito Civil há algumas exceções a isso: desforço pessoal no caso de posse isolada, cortar o galho de uma árvore que ultrapassa para o terreno do lado.

Enquanto a autoexecutoriedade no Direito Civil é exceção, no Direito Administrativo é a regra. Ou seja, como o ato administrativo tem presunção de que foi praticado de acordo com o Direito, tem imperatividade (é imposto ao particular independentemente de sua vontade), e a própria Administração pode executar seus atos. Exemplos: apreensão de veículo, que é um ato administrativo sancionatório, interdição de estabelecimento.

Apesar de a autoexecutoriedade ser a regra no Direito Administrativo, ela possui uma série de requisitos que a relativiza, posto que só pode existir autoexecutoriedade quando prevista expressamente em lei ou houver risco público iminente.

Alguns entendem que, salvo nos casos em que realmente não for possível, a autoexecutoriedade não pode levar a ausência do contraditório e da ampla defesa. Então, a Administração até pode autoexecutar, o que equivale a não recorrer ao Judiciário, mas se obriga a oferecer, antes, o contraditório e a ampla defesa.

Contudo, se o risco público iminente, que já deu respaldo à autoexecutoriedade, for considerado muito grave, exime-se a Administração da imediata apresentação do contraditório e da ampla defesa, podendo, logo, executar o ato e posteriormente oferecer-lhes.

A própria lei poderá dispor, em seu texto, que a Administração poderá praticar o ato e apenas depois conceder o contraditório e ampla defesa. É o que se dá, por exemplo, na apreensão do veículo.

Então, o contraditório e a ampla defesa condicionam a autoexecutoriedade. Outro é o desfecho se a lei já faz menção ou se o interesse público exigir, ocasião em que estes serão sobrepostos ao ato. Primeiro autoexecuta e depois concede o contraditório e a ampla defesa.

É de suma importância mencionar que a autoexecutoriedade não vai liberar a Administração Pública de dar ampla defesa e o contraditório. Só que o devido processo legal é dado posteriormente. Nesse caso, a Administração Pública lavra um ato circunstanciado com formalismo. Portanto, não confundir autoexecutoriedade com a arbitrariedade.

Importante

Um exemplo, muito frequente está no cultivo de plantas psicotrópicas. Imagine uma viatura da polícia que, ao passar casualmente, descobre uma lavoura com essas plantas. O policial para a viatura e, executoriamente, pode e deve penetrar na propriedade, fazendo a apreensão da maconha, sem a necessidade de recorrer ao órgão jurisdicional. Por óbvio, o policial deve ter todas as suas atividades devidamente documentadas, circunstanciado para evitar a arbitrariedade. Não precisa, pois, o Poder Público solicitar, junto ao Poder Judiciário, um alvará de autodestruição.

O fato de a Administração ter a autoexecutoriedade não isenta o administrado de buscar a tutela jurisdicional, como poderá fazê-lo numa ação cautelar. Como exemplo, no caso de um prédio que precisa ser demolido, poderá a Administração valer-se dessa prerrogativa e autoexecutar o ato. Não obstante, tem a opção de recorrer a uma autorização judicial, objetivando se resguardar de futuras contendas, como pedidos de indenização dos ex-moradores do prédio.

Destituída está a Administração Pública do poder de autoexecutar os valores pecuniários, pois a este fato não se aplicam os princípios que condicionam a autoexecutoriedade (previsão legal ou risco público iminente).

Por exemplo, não há que se falar em risco público iminente no pagamento de um tributo. Tampouco existe amparo legal que justifique a Administração autoexecutar valores pecuniários. Com isso, descaracterizada está a autoexecutoriedade administrativa no tocante a valores pecuniários, sendo certo que a sua cobrança deverá se submeter ao que dispõe a Lei de Execução Fiscal, que estabelece o procedimento de cobrança judicial que disciplina a execução fiscal, e a qual está obrigada a Administração Pública.

Todavia, mister se faz distinguir, neste contexto, autoexecutoriedade de exigibilidade. Conforme exposto, não dispõe a Administração de autoexecutoriedade quanto aos valores pecuniários. O mesmo não se aplica à exigibilidade, eis que esta não está atrelada aos princípios da previsão legal ou do risco público iminente.

Desta forma, nada impede que a Administração constitua um título executivo, e isto ela pode fazer, posto que possui exigibilidade, e o inclua na Dívida Ativa, submetendo-o aos trâmites do adequado procedimento judicial de cobrança administrativa (execução fiscal), independente de processo de conhecimento.

Nos variados atos que a Administração Pública executa, rotineiramente, muitas das vezes autoexecutoriedade e exigibilidade se confundem e se atropelam, pela falta de observância legal do administrador.

A autoexecutoriedade confere poderes à Administração Pública para que esta possa executar o ato diretamente, sem necessidade do crivo do Poder Judiciário, sob a pertinente alegação da necessidade da prestação imediata e continuada do serviço público, de forma a não prejudicar o seu bom andamento e, consequentemente, o interesse coletivo.

Com isso, constata-se a existência do Poder inerente à Administração Pública, que a permite levar seus atos às últimas consequências. Exemplo da autoexecutoriedade é o caso de um fiscal de salubridade que, na prática rotineira de suas atividades, se dirige a um supermercado e se depara com uma mercadoria de data de validade vencida. O fiscal, valendo-se de seu poder de polícia, inutilizará o material imediatamente, não precisando, para tanto, de autorização do Poder Judiciário.

Oportuno mencionar que autoexecutoriedade não pode caminhar de braços dados com a famigerada arbitrariedade, devendo esta última ser repudiada pelos administrados. O administrador, por seu turno, a fim de demonstrar lisura nos seus atos autoexecutáveis, deve valer-se, sempre que possível, da forma escrita para consigná-los.

Neste particular, releva considerar que, se submetido o ato do Poder Executivo ao controle do Poder Judiciário, restaria vulnerado o princípio constitucional básico da tripartição das funções estatais, consagrado no art. 2º da Constituição Federal.

No Direito Privado, são raras as hipóteses em que se permite ao particular executar suas próprias decisões. No Direito Público, porém, esta é a regra.

Vale dizer que o art. 5º, LV, da CF/88, restringiu a intensidade deste atributo, ao estender as garantias do contraditório e da ampla defesa para os procedimentos administrativos.

A característica da autoexecutoriedade é usada normalmente quando o Estado exerce o poder de polícia.[15]

Já para Clarissa Sampaio Silva[16], a autoexecutoriedade consiste em:

> [...] "um plus em relação à exigibilidade (Celso Antônio Bandeira de Mello), fazendo com que a Administração possa se socorrer de meios diretos para garantir a sua observância, prescindindo de intervenção do Poder Judiciário".

---

15 José dos Santos Carvalho Filho afirma que: Em determinadas situações, a autoexecutoriedade pode provocar sérios gravames aos indivíduos, e isso porque algumas espécies de danos podem ser irreversíveis. Esse tipo de ameaça de lesão pode ser impedido pela adoção de mecanismos que formalizem a tutela preventiva ou cautelar, prevista, aliás, no art. 5o, XXXV, da CF. Dentre as formas cautelares de proteção, a mais procurada pelas pessoas é a medida liminar, contemplada em leis que regulam algumas ações específicas contra o Poder Público. Sendo deferida pelo juiz, o interessado logrará obter a suspensão da eficácia do ato administrativo, tenha sido iniciada ou não. O objetivo é exatamente o de impedir que a imediata execução do ato, isto é, a sua autoexecutoriedade, acarrete a existência de lesões irreparáveis ou de difícil reparação. Trata-se, pois, de mecanismos que procuram neutralizar os efeitos próprios dessa especial prerrogativa dos atos administrativos (*op. cit.*, p. 102; 103).

16 SILVA, *op. cit.*, p. 27.

E para Agustín A. Gordillo[17], o ato administrativo é executório quando a Administração tiver à sua disposição, outorgados pelo ordenamento jurídico de forma implícita ou explícita, os meios para fazê-lo valer por ela mesma, sem necessitar se socorrer à Justiça para obter o seu cumprimento.

No Estado Democrático de Direito, as condutas administrativas são passíveis de amplo controle jurisdicional, a fim de que qualquer ameaça ou lesão de direito seja efetivamente combatida oportunamente e de forma eficaz. Urge, portanto, conciliar o atributo da autoexecutoriedade com o princípio da ampla tutela jurisdicional, consagrado na Constituição (art. 5º, XXXV). Já na esfera administrativa, cumpre que a executoriedade do ato administrativo manifestamente ilegal ou abusivo seja sustada, através dos mecanismos de controle interno, conferindo-se efeito suspensivo aos recursos administrativos interpostos em tais circunstâncias.

Sempre que a Administração Pública suscitar a necessidade de execução imediata de determinado ato ou decisão administrativa, a pretexto de dar cumprimento à certo interesse público relevante, cumpre que o ato seja devidamente motivado, a fim de que se afira, na esfera administrativa, quando da interposição do competente recurso, ou mesmo na esfera judicial, a efetiva necessidade da alegada urgência de execução coativa.

Não sendo razoável a invocada exigência de execução imediata, importa seja a mesma suspensa de pronto, vez que a referida executoriedade somente se justifica em face à exigência de tutela imediata de um interesse público qualquer, apto a suscitar a *"via coactiva"* da Administração Pública.

Esclarecedor, a esse respeito, que é ilegal o desconto na remuneração dos servidores públicos em razão de um dano causado ao erário. Na hipótese enfocada, a Administração não pode dar autoexecutoriedade aos atos que acarretem diminuição da remuneração. O próprio Supremo reconheceu que o desconto não seria um ato autoexecutório. Logo, dependeria de autorização judicial ou só seria aplicável quando houvesse consentimento do servidor.

Questão que desperta interesse no estudo, envolvendo ainda a autoexecutoriedade, gira em torno da anulação de nomeação do servidor público, acarretando a perda do cargo sem que o mesmo tenha direito a se defender. A matéria é complexa e o próprio Supremo Tribunal Federal apresenta certa divergência. Senão, vejamos:

a) A Ministra Ellen Grace sustenta que, havendo um ato ilegal na nomeação do servidor, por exemplo, não tinha diploma de universitário, mas foi nomeado, como não preencheu os requisitos exigidos por lei para o cargo, tal nomeação é ilegal e, sendo assim, não há que assegurar àquela pessoa o contraditório e a ampla defesa.

No caso, a autoexecutoriedade é de tamanha ordem que vai dispensar o contraditório. Na Súmula 473 do STF, há a seguinte previsão: "A Administração pode anular seus próprios atos, quando eivados de vícios que os tornam ilegais porque deles não se originam direitos...". Ato ilegal não pode originar direitos. Ora, se não pode originar direitos, não precisa assegurar ampla defesa e o contraditório a quem nem mesmo direitos tem. Há decisões também no STJ nesse mesmo sentido, seguindo esse mesmo raciocínio.

b) O Ministro Carlos Velloso possui uma colocação feliz: quando a discussão envolver apenas matéria de direito, não havendo controvérsia de fato, não haveria que se assegurar o contraditório e a ampla defesa. Por outro lado, diante de uma controvérsia de fato, antes de realizar a anulação de concurso, enfim, antes de praticar um ato lesivo ao patrimônio do particular, há que se assegurar o direito de ampla defesa ao servidor.

c) Há posições em sentido contrário, inclusive no próprio STF. O Ministro Gilmar Mendes discorda totalmente da Ministra Ellen Grace em relação a essa matéria. Se uma pessoa, hipoteticamente, vinha recebendo há mais de oito anos uma pensão, de forma irregular, para que tenha esse benefício cortado, o Tribunal de Contas não pode decidir, unilateral e sumariamente, cancelar o pagamento da pensão concedida.

O Tribunal de Contas, na forma do art. 71, III, da Constituição Federal, é competente para apreciar, para fins de registro, a legalidade das concessões de aposentadorias, reformas e pensões, muito embora os atos praticados sejam passíveis do controle do Poder Judiciário.

---

17   In: SILVA, Clarissa Sampaio. Limites à invalidação dos atos administrativos. São Paulo: Max Limonad, 2013, p. 27.

Cumpre, contudo, ressaltar que começam a surgir teses e discussões acadêmicas no sentido de que considerar que o Tribunal de Contas, quer no exercício da atividade administrativa de rever os atos de seu Presidente, quer no desempenho da competência constitucional para julgamento da legalidade da concessão de aposentadorias esteja jungido a um processo contraditório, seria submeter o controle externo, a cargo daquela Corte a um enfraquecimento absolutamente incompatível com o papel que vem sendo historicamente desempenhado pela Instituição desde os albores da República.

Sobre o tema, confira-se, ainda, precedente da relatoria do Ministro Sydney Sanches, segundo o qual:

> [...] "não ofende o artigo 5º, LV, da Constituição, o ato da autoridade em que, sem procedimento administrativo, – e, portanto, sem dar ao interessado oportunidade de se manifestar – retifica ato de sua aposentação para excluir vantagens atribuídas em desconformidade com a lei" (RE 185.255).

A tese do Ministro Sydney Sanches, data máxima vênia, não se apoia no próprio texto em vigor, já que o Estado, em tema de punições disciplinares ou de restrição a direitos, qualquer que seja o destinatário de tais medidas, não pode exercer a sua autoridade de maneira abusiva ou arbitrária, desconsiderando, no exercício de sua atividade, o postulado da plenitude de defesa, pois o reconhecimento da legitimidade ético-jurídica de qualquer medida estatal – que importe em punição disciplinar ou em limitação de direitos – exige, ainda que se cuide de procedimento meramente administrativo, a fiel observância do princípio do devido processo legal.[18]

Quando o Poder Público, no exercício de seu poder de polícia, entende de eliminar mercadorias deterioradas, por exemplo, realizando fiscalização de um bar, o ato se reveste do caráter de autoexecutoriedade.

Como exemplos, destacamos os seguintes:

a) Embargos e demolição de obras clandestinas;

b) Apreensão de gêneros alimentícios ou medicamentos, impróprios para o consumo, para posterior inutilização;

c) Apreensão de mercadorias vendidas ilegalmente (guardas municipais, policiais civis e federais contra "camelôs");

d) Internação compulsória de ébrios, loucos, portadores de doenças infectocontagiosas, que ponham em risco a saúde pública e o meio ambiente;

e) Interdição ou fechamento de estabelecimentos comerciais ou industriais que não atendam às normas de segurança, higiene e meio ambiente;

f) Envio, para depósito público, de bens móveis que estejam impedindo a passagem de pedestres nas calçadas, e de veículos nas vias públicas;

g) Polícia Civil ou Militar realizando uma busca pessoal em um traficante por portar arma ou substâncias psicotrópicas.

ATENÇÃO!!

A executoriedade provém da validade do ato, isto é, da presunção de legitimidade. Esse atributo, como já afirmamos, não é comum a todos os atos administrativos, só podendo ser utilizado:

✓ Nos casos previstos em lei; ou

---

18 "A jurisprudência do Supremo Tribunal Federal tem reafirmada a essencialidade desse princípio, nele reconhecendo uma insuprimível garantia, que, instituída em favor de qualquer pessoa ou entidade, rege e condiciona o exercício, pelo Poder Público, de sua atividade, ainda que em sede materialmente administrativa, sob pena de nulidade do próprio ato punitivo ou da medida restritiva de direitos (RTJ 183/371-372, Rel. Min. Celso de Mello)".

✓ Quando implícitos no sistema legal, isto é, naqueles casos em que se faz necessária a tomada de uma medida urgente, sob pena de geral comprometimento do Direito, acarretando prejuízo para o interesse público, se não for adotado (urgência, perigo iminente).

A multa goza da autoexecutoriedade? Sim. Portanto, sanção-multa a Administração não precisa ir ao judiciário para aplicá-la, mas terá que ir ao judiciário para buscar o pagamento da multa. A Administração, por exemplo, lança uma multa ambiental, que é altíssima, sem ir ao Judiciário. No entanto, para executar a cobrança da multa, transformar a multa em dinheiro, terá que acessar ao Judiciário.

Um esclarecimento necessário

A multa goza da autoexecutoriedade? Sim, a sanção-multa não precisa a Administração ir ao judiciário para aplicá-la, mas terá que ir ao judiciário para buscar o pagamento da multa. Por exemplo, lançamento de uma multa ambiental, que é altíssima e para executa-la, transformar a multa em dinheiro, terá que acessar ao Judiciário.

Um exemplo, muito frequente, vem acontecendo no interior do Nordeste brasileiro: o cultivo de plantas psicotrópicas. Imagine uma viatura da polícia que, ao passar casualmente, descobre uma lavoura com essas plantas. O policial para a viatura e, executoriamente, pode e deve penetrar na propriedade e pôr fogo, sem a necessidade de recorrer ao órgão jurisdicional. É lógico que, por outro lado, o faz tudo documentado, circunstanciado para evitar a legação de arbitrariedade. Consequentemente, a Administração Pública não precisará solicitar, junto ao Judiciário, um Alvará de autodestruição.

Este poder é privilégio fantástico que se confere à Administração, facultando-lhe, inclusive, o emprego da força, havendo resistência do afetado para se fazer obedecido, ou seja, passando-se a fazer o cumprimento das decisões adotadas em seus atos, sem que haja necessidade da interveniência do Juiz.

FIQUE AFIADO

E, por fim, não é demais lembrar que, na exigibilidade, a Administração faz uso de meios coercitivos indiretos de coação (penalidades administrativas, como a multa, advertência, interdição em estabelecimentos privados, por transgressão da ordem jurídica, sem aquiescência poder judiciário); na autoexecutoriedade seus meios de obrigar são diretos, exortando de forma material os administrados e, se for preciso, inclusive com o uso da força.

Para ficar mais claro, quando o Poder Público notifica o proprietário-particular para que construa muro no alinhamento da rua ou pode árvores cujos galhos ameaçam a segurança da rede elétrica (imperatividade). Pela não-execução do muro ou a não-realização da poda, a Administração constrange o particular ao pagamento, através de multas, sem a necessidade de recorrer ao Judiciário para o prévio reconhecimento desse direito, o de construção do muro. Pode, inclusive, a Administração Pública executar tais tarefas e, posteriormente, cobrar do responsável por essas obrigações, judicialmente. Observe-se que aqui não há a autoexecutoriedade, não podendo a Administração obrigar materialmente o particular a executar as mencionadas obrigações.

Vamos imaginar um caso concreto em função do andaço do *Zica* vírus. O possuidor de um sítio foi devidamente intimado para que higienize a piscina, pois encontra-se abarrotado de imundices gerados pela água parada, fato devidamente fotografado e enviado à prefeitura local. Acontece que o proprietário, devidamente citado, permanece silente, não cumprindo determinação da vigilância sanitária, resultando em multa. Estamos diante, nessa hipótese, do atributo exigibilidade. A seguir, a Administração Pública se utilizando de uma execução, ingressa no bem em tela, com o auxílio do chaveiro. Aí, estamos de autêntico meio direto de força em face do particular, caracterizando autoexecutoriedade.

A exigibilidade, por muitos doutrinadores, é considerada como desdobramento da autoexecutoriedade.

4. REQUISITOS OU ELEMENTOS DO ATO ADMINISTRATIVO

A identificação dos requisitos do ato administrativo não é matéria pacificada no estudo deste instituto, vez que não impera uma unidade para tal, mas, ao contrário, valem-se os doutrinadores de diferentes critérios e opiniões, inclusive no que alude à própria terminologia, já que alguns o denominam de requisito e outros de elemento.[19]

Conflitam alguns também em relação a quais são estes requisitos que compõem o ato administrativo, tendo prevalecido o rol elencado no art. 2º da Lei nº 4.717, de 29-6-1965, denominada de Lei da Ação Popular, que é: competência, finalidade, forma, motivo e objeto.

Prevalece também, incontroversamente, o entendimento de que, quando estes requisitos básicos não se fizerem presentes na constituição do ato administrativo, o seu resultado restará prejudicado e consequentemente inválido, independentemente da classificação a que se submetam.

Concernentemente à questão da terminologia aplicada, optamos neste trabalho pelo requisito, termo este também adotado nas decisões do Supremo Tribunal Federal e por alguns administrativistas, dentre eles Hely Lopes Meirelles e Diógenes Gasparini.

Insta registrar que não obstante tal diversidade quanto à abordagem dos requisitos do ato, é por meio desta correta abordagem que se identificará a *potestate* pública, ou seja, a diferença de tratamento dispensada pelo ordenamento jurídico ao ato administrativo e ao ato privado, que é peculiarmente identificada no primeiro pela adição dos componentes motivo e finalidade, haja vista a necessidade de aplicá-los aos atos provenientes da Administração Pública.

A falta de observância do motivo invalidará o ato administrativo, e o desvio deste da finalidade pública dará respaldo à decretação de sua ilegalidade. O motivo está atrelado simultaneamente ao dispositivo legal que dá embasamento ao ato e à situação fática a qual conduziu a Administração à prática do ato, pois que são eles pressupostos de fato e de direito de que o agente deverá se valer para fundamentar o ato administrativo.

Portanto, tais elementos se tornam desnecessários quando os atos em questão forem de âmbito privado, em razão da desnecessidade de manifestar o particular o motivo legal que dá base a seus atos, tampouco as circunstâncias que o levaram a praticá-los, imperando a sua vontade volitiva, desde que não se valha da prática de atos que sejam expressamente proibidos pelo ordenamento jurídico.

Conforme é cediço, no direito brasileiro o ato administrativo é comumente considerado espécie do gênero ato jurídico, sendo a definição daquela retirada a partir do conceito deste. Neste sentido, o Código Civil de 1916 definia o ato jurídico em seu art. 81 como sendo "todo ato lícito, que tenha por fim imediato adquirir, resguardar, transferir, modificar ou extinguir direitos", definição esta extensiva ao ato administrativo.

Já o novo Código Civil brasileiro substituiu o termo ato jurídico por negócio jurídico, na intenção de atribuir uma maior abrangência ao intuito maior deste instituto, que é a produção de efeitos jurídicos, posto que pela antiga denominação não havia uma generalidade neste sentido, já que nem todos os atos administrativos são dotados da finalidade de produzir efeitos no mundo jurídico.

Frise-se, também, que tal peculiaridade do ato administrativo se revela pelo só fato de que, ao se tratar de questões da esfera pública, acrescenta-se o "por quê" e o "para quê", embutidos nos elementos motivo e finalidade, pois que deverão estar necessariamente atrelados ao interesse público, e assim se expressarem na manifestação dos requisitos do ato.

---

19 "Nessa matéria, o que se observa é a divergência doutrinária quanto à indicação dos elementos do ato administrativo, a começar pelo próprio vocábulo elementos, que alguns preferem substituir por requisitos. Também existe divergência quanto à indicação desses elementos e à terminologia adotada" (DI PIETRO, Maria Sylvia Zanella. DIREITO ADMINISTRATIVO. 13. ed. São Paulo: Atlas, 2017, p. 195.

"Não há também unanimidade entre os estudiosos quanto aos elementos do ato administrativo, identificados que são por diversos critérios. Preferimos, entretanto, por questão didática, repetir os elementos mencionados pelo direito positivo na lei que regula a ação popular (Lei nº 4.717, de 29/6/1965, art. 2º), cuja ausência provoca a invalidação do ato [...]" CARVALHO FILHO, José dos Santos. MANUAL DE DIREITO ADMINISTRATIVO. 29. ed. São Paulo: Atlas, 2012, p. 93-94.

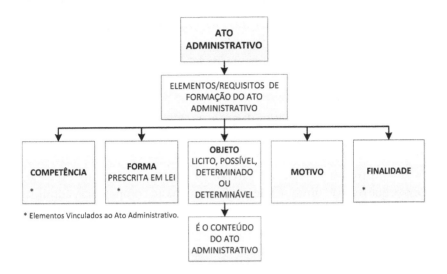

4.1. Competência

A competência é um dos requisitos a serem observados para a validade do ato.

No que tange à competência do ato administrativo, registramos que a Lei da Ação Popular (artigo 2º, Lei 4.717/65) elenca e conceitua todos os elementos do ato.

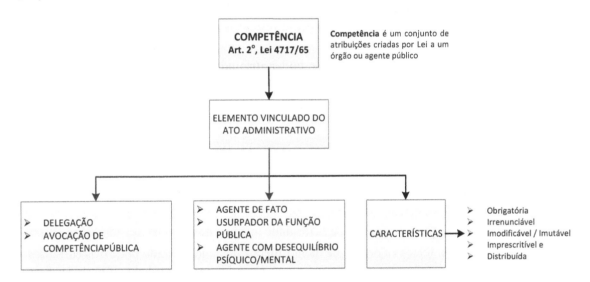

A competência é elemento vinculado, pois deve ser definida incondicionalmente pelo texto normativo, seja constitucional ou legal.

Competência[20] é o círculo definido pela lei, dentro do qual podem os agentes exercer legitimamente suas atividades. Esta denominada competência administrativa muito se assemelha à capacidade no Direito Privado.

---

20   Jurisprudência – EMENTA: CONSTITUCIONAL. SERVENTIAS. NOMEAÇÃO. ART. 14 DO ADCT DA CONSTITUIÇÃO DO ESTADO DE SANTA CATARINA. EC 10/96. EFEITOS *EX TUNC* E *ERGA OMNES* DA DECLARAÇÃO DE INSCONSTITUCIONALIDADE. ADIn Nº 363-1 E 1573-7. COMPETÊNCIA PARA A DESCONSTITUIÇÃO DO ATO ADVENTO DA LEI No 8935/94.

1.A desconstituição do ato administrativo, pela própria autoridade que o praticou, com lastro da inconstitucionalidade do art. 16 do ADCT da Constituição Estadual de Santa Catarina, que lhe servia de base legal, antes de macular princípios constitucionais de hierarquia nivelada, resguarda e protege o poder-dever da Administração em anular seus próprios atos quando eivados de vício.

Para Régis Fernandes de Oliveira, competência é, na verdade, o sujeito, porque antes de ser competente deve o agente ser capaz, nos termos da lei civil.[21]

A fonte da competência decorre, exclusivamente, da lei. No dizer dos doutrinadores, a lei é a fonte normal da competência. É nela que se encontram os limites e a dimensão das atribuições cometidas às pessoas administrativas, órgãos e agentes públicos.

No que alude à competência administrativa, frise-se que a lei não é a sua fonte exclusiva. Nesta hipótese, ela há de se originar de texto expresso contido da Constituição Federal, nas leis e nas normas administrativas. Com isso, a competência será sempre elemento vinculado da atuação administrativa.

A competência administrativa se relaciona diretamente com a investidura do cargo do agente público que executa o ato. Diz-se que o ato é válido se quem o pratica possui competência administrativa validamente delimitada pela lei, requisito este essencial para a produção de efeitos. Note-se que nesta circunstância não basta a capacidade pessoal do agente.

Desta sorte, se praticado um ato por quem não tenha sido investido de autorização legal para tanto, a primeira providência deve ser o reconhecimento de sua nulidade, salvo se for reconhecida a necessidade e a possibilidade da sanatória, hipótese em que caberá à autoridade competente ratificar as manifestações do agente desautorizado.

Com isso, tem-se a necessidade de observância da lei, a fim de verificar se uma determinada autoridade tinha a atribuição para a prática do ato, sob pena de vício de incompetência.

Este vício torna o ato nulo, inválido, conforme prescreve o art. 2º da Lei nº 4.717/65. É o caso, por exemplo, da pena disciplinar de demissão aplicada pelo chefe da repartição no âmbito federal. De acordo com a Lei nº 8.112/90 (Regime Jurídico dos Servidores Públicos da União, das autarquias e das fundações públicas federais), tal sanção somente poderia ser aplicada pelo Presidente da República. Igualmente, não pode um fiscal da Receita Federal aplicar multas a veículos.

Com referência aos agentes, a competência é o poder atribuído a estes para o desempenho de funções específicas. A competência sempre advém da lei ou de atos que regulamentem essas leis. São específicas pelo fato de haver entre elas uma divisão. Esta acepção repousa no Princípio da Especialidade, que se traduz no fato de que a competência dos órgãos e de seus agentes é sempre específica e se vincula ao respectivo poder de atuação.

É da lavra do ilustre administrativista Diogo de Figueiredo Moreira Neto[22] a definição que discorre sobre o Princípio da Reserva Legal da Competência, numa oportuna e inteligente paródia ao art. 1º do Código Penal Brasileiro: "Nenhum ato sem competência, nenhuma competência sem a lei anterior que a defina".

Insta acentuar que, havendo omissão do legislador quanto à fixação da competência para a prática de determinados atos, deduz-se que é competente a autoridade máxima da organização administrativa.

Vale ainda lembrar, com relação a órgãos de menor hierarquia, que o Estado pode descentralizar as atividades administrativas a ele atribuídas, que são inúmeras, criando outras entidades concebidas legalmente para tal desempenho e, assim, repartir os encargos que, constitucionalmente, são de sua alçada.

Neste caso, contudo, por se tratar de segmentos internos do órgão criado, a competência provém de normas expressas de atos administrativos organizacionais ou normas administrativas de caráter interno, como alguns autores preferem chamá-los.[23]

---

2. A superveniência da declaração de inconstitucionalidade pelo STF, na ADIn No 363-1, desse artigo, e o advento da Lei no 8.935/94 não retira, na hipótese específica, competência da autoridade que praticou o ato para anulá-lo, considerando tratar-se de mera desconstituição e não ato regular de demissão antecedido do devido processo legal, este, no caso, dispensável.

3. Recurso não provido. (STJ. ROMS no 10.406/SC. Rel. Edson Vidigal. Votação unânime. Resultado: indeferido).

21   Explica Régis Fernandes de Oliveira: [...] a pessoa que pratica o ato. Pode ele ser considerado simplesmente como qualquer pessoa física que faz parte da Administração e pratique qualquer ato. Pode ser considerado, também, como a pessoa a quem foram atribuídas determinadas quantidades de poder. Ou, ainda, fala-se também em sujeito, para significar *"una persona giuridica pubblica"*. (Ato administrativo. 3. ed. São Paulo: Revista dos Tribunais, 2014).

22   MOREIRA NETO, *op. cit.*, p. 99.

23   ALESSI *apud* DI PIETRO, *op. cit.*, p. 196.

Portanto, não é demais reprisar: a competência administrativa pode se originar de texto expresso contido na Constituição, na lei (neste caso, a regra geral) e em normas administrativas.

4.1.1. Características da competência

A inderrogabilidade e a improrrogabilidade são características inerentes à competência.

A primeira se justifica pelo fato de que a competência de um órgão ou agente não se transferir a outro por acordo de vontade. Não pode uma autoridade administrativa chegar a um consenso com outra autoridade e modificar a sua transferência, seja para transferi-la, seja para assumir uma nova competência.

Já a improrrogabilidade traz em si o fato de que não se pode assumir uma outra competência se não tiver autorização para tanto. Agente que não têm competência para determinada função, não poderá vir a tê-la sem que ocorra uma alteração legal superveniente.

Em processo civil, quando a competência é absoluta, ela é improrrogável. Quando a competência for relativa, estaremos diante de uma competência prorrogável. Então, proposta ação em juízo relativamente incapaz e, se não houver alegação de incompetência, em tempo hábil, aquele juízo vai ser prorrogável. Na Administração Pública, a competência vai ser sempre improrrogável.

No entanto, há hipóteses que excepcional a inderrogabilidade da competência. São os casos de avocação e de delegação, a serem discorridos adiante.

Um esclarecimento necessário

O ato de delegação não retira a competência da autoridade, que continua competente cumulativamente com a autoridade delegada.

A delegação ou a avocação não podem esvaziar o círculo da competência legalmente previsto para o órgão ou agente público.

Para que ocorra a delegação é necessário que haja norma autorizativa expressa (vide art. 84 da Constituição Federal).

Pode-se afirmar que a competência para a prática de um ato administrativo possui o elemento inderrogável e vinculado, ou seja, não cabe ao administrador a possibilidade quanto à valoração do seu motivo e objeto, porquanto completamente regrados em lei, admitindo-se, entretanto, a delegação e a avocação, desde que não perpasse os limites daquela lei que o concedeu. Desse modo, podemos afirmar que nenhum ato administrativo pode ser validamente realizado sem que o agente disponha do poder legal para praticá-lo.

Odete Medauar[24] ressalta que também devem ser analisados três aspectos: a competência em razão da matéria, observados o grau hierárquico e a delegação (competência *rationi materiae*); a competência em razão do local em que são praticados os atos (competência *rationi loci*), e a competência temporal, limitada ao momento da desvinculação daquele agente ao serviço público (competência *rationi temporis*).

O exercício irregular da competência jamais poderá ser convalidado pelo decurso do tempo, por se tratar de matéria de ordem pública, sendo reconhecido pela doutrina ato inexistente.

A competência não é exercida à livre discrição do agente público. A competência administrativa, sendo requisito de ordem pública, é obrigatória, irrenunciável, imodificável, imprescritível e distribuída, conforme descrições que se seguem:

4.1.2. Competência Obrigatória

A competência se traduz na distribuição de funções públicas. A função, por seu turno, é um poder instrumentalizado para determinados fins, diversos dos fins do próprio agente, e que se distingue do direito.

---

24   MEDAUAR, *op. cit.*

Daí falar-se que a Administração tem poderes-deveres ou deveres-poderes. Em razão disso, a competência é um exercício obrigatório. Registre-se, também, a existência de competência discricionária, onde reside certa margem de avaliação, não sendo, com isso, absoluta.

Competência não é direito, é atribuição, encargo. Obrigatoriamente, tem que ser aceita e exercida. Por isso, aquele que se encontra investido em determinada competência não poderá se eximir de exercê-la.

4.1.3. Competência Irrenunciável

A competência também é irrenunciável, ou seja, o agente competente não pode renunciar o seu exercício por ser este um requisito de ordem pública. A delegação não é exceção, posto que o seu titular, ou seja, aquele que a delegou, não perde a competência, e a qualquer momento poderá reavê-la. Nas palavras de Caio Tácito não é competente quem quer, mas quem pode, segundo a norma do direito.[25]

4.1.4. Competência Imodificável

O agente não pode aumentar, diminuir ou modificar a natureza de sua competência. Somente poderá fazê-lo a lei, o ato regulamentar ou o superior que tenha atribuído essa competência.

Registre-se que a competência, verticalmente, vem de cima para baixo, e que não é passível de ser auto-atribuída, ou seja, nenhum agente ou órgão se autoatribuir uma competência. Ademais, se a competência é estabelecida por lei, somente por lei poderá ser modificada.

A título de ilustração, se a competência é estabelecida pela ordem de serviço do diretor de um estabelecimento de ensino, somente uma ordem de serviço do mesmo poderá alterá-la. Noticie-se que este exemplo se infere em um princípio geral de direito, denominado de paralelismo da forma ou princípio da simetria.

A exemplo disso, um ato só pode ser alterado por outro ato da mesma forma e com as mesmas características. E uma lei não pode ser alterada por decreto, salvo se a própria lei assim permitir.

Nem todas as competências são expressas, sendo que, por vezes, a lei é que estabelece a finalidade – "quem dá os fins dá o meio". É o princípio dos poderes implícitos. Como exemplo, a Secretaria de Saúde não precisa de competência expressa para efetivar a compra de remédios.

A rigor, grande parte das competências não está expressamente prevista, mas se dissipam de formas gerais ou através de objetivos a serem atingidos.

4.1.5. Competência Imprescritível

Por mais que não seja exercida, a competência não prescreve. Hodiernamente, contudo, a imprescritibilidade se encontra atenuada pela teoria da anulabilidade dos atos administrativos. Estes, quando nulos, trazem um reverso a sua competência, que também se torna nula.

Insta ressaltar que a imprescritibilidade está atrelada à competência, visto que é ela que não prescreve. Se um determinado agente público, na qualidade de superior hierárquico, tem a competência para aplicar sanções e não as aplique por um longo período, isso não o exime de vir a aplicá-la quando necessário. Em suma, o superior hierárquico não perde a sua competência de punir por não exercê-la.

4.1.6. Competência Distribuída

A distribuição da competência, que se consagrou no sistema da separação de poderes, e mais modernamente ganhou consistência no sistema de freios e contrapesos tem como escopo evitar a concentração do poder. Em função disso, o termo divisão de competência tem sido substituído, doutrinariamente, por divisão de função.

O objetivo da separação de poderes só vai ser contemplado quando a divisão de competência não implicar uma relação hierárquica. Geralmente, quando a divisão de competência se dá dentro da mesma pessoa jurídica, há divisão através de controle hierárquico. Nesta hipótese, não atende ao objetivo de evitar a

---

25 TÁCITO, Caio. *O abuso do poder administrativo no Brasil*. Rio de Janeiro: DASP, 1969, p. 27.

concentração de poderes, eis que o superior hierárquico poderá, a qualquer momento, avocar, anular ou revogar os atos dos inferiores hierárquicos. Em suma, poderá dispor desses como melhor lhe convier, observado o interesse público.

Imprescindível à divisão de função é a competência originária, sem relações hierárquicas. Observa-se já a existência de órgãos autônomos, sem personalidade jurídica, mas dotados de autonomia em relação aos chefes de seus entes de origem, que são as Agências Reguladoras.

Em países da Europa como a França, Espanha e Itália, por exemplo, as agências reguladoras não são autarquias nem pessoas jurídicas, mas são órgãos da Administração Direta, semelhantes às nossas agências, onde os dirigentes são nomeados por mandatos determinados, não podendo ser exonerados.

Como exemplo, no Brasil tem-se o caso dos órgãos colegiados, como o Conselho Gestor do Fundo de Garantia. O seu presidente não pode ser exonerado livremente, é indicado pela entidade que o antecede e o seu mandato tem prazo determinado.

Contudo, dentro da mesma pessoa jurídica, este fato é exceção. O que ocorre, normalmente, é uma divisão de competência de forma hierárquica, sobretudo a partir da divisão de competência entre os órgãos independentes. Ou seja, de um órgão independente para o outro não há relação hierárquica, mas dentro dos órgãos independentes, que são os Poderes da Administração Pública, a regra é a predominância de relação hierárquica.

A propósito do exposto, ressaltamos a existência de critérios de distribuição de competência, conforme se segue:

▶ **Critério Material:** ocorre quando a competência se dá em razão da matéria. São os exemplos dos Ministérios. Dentro destes, também pode haver outras divisões. Dentro do Ministério da Educação, pode-se criar, abaixo do Ministro, a figura do Subsecretário para o Ensino Médio ou para a alfabetização de adultos.

▶ **Critério Hierárquico:** neste caso, a competência é distribuída de acordo com a posição do agente na pirâmide funcional da Administração Pública, ou seja, certos atos só podem ser praticados por agentes de determinado escalão. Como exemplo, na ratificação de uma licitação. De acordo com a previsão legal, a licitação deve ser homologada pela autoridade superior, e a declaração de inidoneidade para contratar com o Poder Público deve ser praticada pelo Ministro de Estado ou seus Secretários. Observa-se com isso que a lei, por vezes, confere competência apenas a titulares de determinados cargos de escalão.

▶ **Critério Espacial:** este critério se dá em razão do território. Nesta hipótese, a região é dividida entre o espaço geográfico que determinado órgão possui, criando outros sub-órgãos para exercer suas competências dentro das respectivas sub-regiões. São as Superintendências dos Ministérios de determinado Estado, as Administrações Regionais, as Subprefeituras etc.

▶ **Critério Temporal:** decorre em razão do tempo. Exemplificamos com o caso das eleições. Em razão do prazo eleitoral, várias competências são concedidas e tantas outras são negadas. O Presidente do Tribunal Regional Eleitoral se reveste da competência para requisitar carros, espaços públicos e pessoal para atenderem ao período eleitoral.

Em contrapartida, durante este período pré-eleitoral, o Poder Executivo não poderá realizar contratos administrativos. Então, na incidência de um caso de calamidade pública, é cabível a dispensa de licitação, por motivo de emergência. Ressalta-se que essa competência só vigora enquanto estiver existindo a calamidade pública, com fundamentação no inciso IV, art. 24, da Lei nº 8.666/93.

Em suma, entende-se por competência administrativa o poder atribuído por lei, e por ela delimitado, ao agente da Administração para o desempenho específico de suas funções. O ato administrativo, quando praticado por agente incompetente, é inválido.

A competência administrativa, como requisito de ordem pública, é intransferível e improrrogável pela vontade dos interessados. Pode, porém, ser delegada e avocada, desde que em conformidade com as normas reguladoras da Administração Pública.

A delegação[26] de competência está conceituada nos arts. 6º e 11, sendo que no art. 12, parágrafo único, do Decreto-lei nº 200/67 (o Estatuto da Reforma Administrativa federal) são apresentados os requisitos para a delegação de competência. Então, para que ocorra delegação de competência, será necessário que o ato de delegação indique a autoridade delegante, a autoridade delegada e as atribuições objeto da delegação.

A delegação é uma forma de desconcentração de serviço, visando eficiência da Administração e não pura comodidade da autoridade delegante, devendo ser autorizada por lei.

O art. 13 da Lei nº 9.784/99 traz o rol taxativo de hipóteses que não podem ser objeto deste instituto. Por delegação, entende-se a circunstância em que a norma pode autorizar que um agente transfira a outro, normalmente de plano hierárquico inferior, funções que originariamente lhe competem por lei.

Se, porém, o delegante atrair para a sua esfera decisória a prática de ato objeto de delegação, dar-se-á o fenômeno inverso, ou seja, a avocação. E é muito legítima a avocação quando houver recusa da autoridade inferior em praticar o ato, ou a sua omissão possa provocar prejuízo ao poder público ou ao administrado.

No que concerne à delegação de competência, a doutrina majoritária inclina-se no sentido de que ela deve ser temporária e deferida em caráter excepcional, haja vista ser a transferência de atribuições próprias para agentes subordinados, sempre na dependência de expressa autorização legal.

O fato de haver competência entre órgãos públicos faz supor, a alguns, a existência de hierarquia. Da mesma forma, há quem pense que o Chefe do Poder Executivo é o senhor supremo na Administração Pública. Contudo, estas acepções não se configuram como fatos reais. Quando a hipótese for de um órgão autônomo, com competência específica, não poderá ocorrer delegação nem avocação.

Delegação e avocação só incidem entre superiores e subordinados hierárquicos. Por isso, não raro pairam equivocados entendimentos sobre estes atos. O Chefe do Poder Executivo, como alguns supõem, não pode avocar a competência de um órgão autônomo, embora subordinado a este ente.

Como exemplo, o CEPA (Conselho Estadual de Proteção Ambiental), que possui uma legislação específica, não pode ter sua competência avocada pelo Chefe do Poder Executivo. Este poderá, em alguns casos, até mesmo destituir alguns de seus membros.

Outro exemplo é que o Chefe do Executivo poderá destituir os membros de uma comissão de licitação, mas jamais poderá avocar a competência do julgamento.

Pode se perceber que o conceito de avocação e delegação é neste sentido, na avocação nos termos de baixo para cima e na delegação de cima para baixo.

Portanto, tem-se que:

---

26 Jurisprudência. EMENTA: I. Mandado de Segurança: praticado o ato questionado mediante delegação de competência, é o delegado, não o delegante, a autoridade coatora. Ato administrativo: delegação de competência: sua revogação não infirma a validade da delegação, nem transfere ao delegante a responsabilidade pelo ato praticado na vigência dela. (STF – MS no 23.411 AgR/DF. AG.REG.NO MANDADO DE SEGURANÇA. Rel. Ministro Sepúlveda Pertence – Tribunal Pleno. Votação: Por maioria, vencido o Min. Carlos Velloso. Resultado: Desprovido).

↑Avocação é a exceção à inderrogabilidade em que a autoridade superior pode atrair para sim atribuições de agentes públicos hierarquicamente subordinados. Ou seja, dá-se de baixo para cima.

↓Delegação é a exceção à inderrogabilidade onde a autoridade superior pode distribuir atribuições suas a agentes públicos hierarquicamente subordinados, desde que parcialmente e dentro de limites estabelecidos. Ou seja, dá-se de cima para baixo.

IMPORTANTE

Avocação

superior

avocar = chamar para si

↕

inferior

Avocação é, geralmente, autorizada por lei. Pode, contudo, sem autorização legal, ser permitida, por ser regra de Direito Público irrenunciável em função da deficiência de idoneidade técnica, especialização científica e profissional do agente inferior. Portanto, em nosso ordenamento, permite-se a avocação com vida própria.

Quem exerce competência delegada não pode subdelegá-la, salvo por previsão legal. Importante registrar, ainda, se a autoridade delegante continua competente, em conjunto, com a autoridade delegada.

Isto é, aquele que delegou tem competência, ainda, junto com a autoridade que recebeu a delegação, para decidir sobre aquela matéria? A resposta é positiva. Isso pode acontecer porque a delegação não afasta a competência da autoridade delegante. Portanto, aquele que delegou, continuará competente em relação àquela matéria objeto da delegação, em função do poder hierárquico.

Tendo em vista que as competências são delineadas por poderes-deveres, na delegação transfere-se uma atribuição de obrigações. A delegação impõe funções públicas. O agente delegatário é obrigado a exercer as funções delegadas. Então, a autoridade superior é um chefe mandando no subordinado hierárquico. Se não houver a relação de hierarquia, não poderá haver essa delegação, salvo se a lei que originou o órgão autônomo assim permitir.

Desse modo, o art. 84 da Constituição brasileira admite, no parágrafo único, a delegação aos Ministros de Estado de algumas das funções originariamente atribuídas ao Presidente da República. O fato, por conseguinte, significa que a competência para as demais funções se configura como indelegável.

Art. 84, CF – Compete privativamente ao Presidente da República:

[...]

VI – dispor, mediante decreto, sobre:

a) organização e funcionamento da administração federal, quando não implicar aumento de despesa nem criação ou extinção de órgãos públicos;

b) extinção de funções ou cargos públicos, quando vagos;

[...]

XII - conceder indulto e comutar penas, com audiência, se necessário, dos órgãos instituídos em lei;

[...]

XXV - prover e extinguir os cargos públicos federais, na forma da lei;

[...]

Parágrafo único. O Presidente da República poderá delegar as atribuições mencionadas nos incisos VI, XII e XXV, primeira parte, aos Ministros de Estado, ao Procurador-Geral da República ou ao Advogado-Geral da União, que observarão os limites traçados nas respectivas delegações.

Contudo, delegação e avocação são institutos que se entrelaçam com a hierarquia. Não existindo hierarquia, não há que se falar em delegação e avocação. Tanto assim é que, no Poder Judiciário, onde não há hierarquia, não ocorrem delegação e avocação. Entretanto, há de se ressaltar que a Emenda Constitucional nº 45/2004 (Reforma do Judiciário), inserindo o inciso XIV no art. 93, da CF/88, passou a admitir que servidores do Judiciário recebam delegação para a prática de atos de administração e atos de mero expediente, mas sem caráter decisório. Embora praticados dentro do processo, estes, aliás, representam meros atos processuais de administração, razão por que o Constituinte pátrio resolveu admitir a delegação com o objetivo de proporcionar maior celeridade dos feitos, retirando do juiz o compromisso de praticar atos de menor relevância e evitando grande perda de tempo nessa função.

Da mesma forma, o art. 103-B, § 4º, III da Constituição, que também foi introduzido pela referida Emenda, admite expressamente a possibilidade de avocação pelo Conselho Nacional de Justiça de processos disciplinares em curso, instaurados contra membros ou órgãos do Poder Judiciário, exemplos estes, portanto, de modificação de competência.

Verifica-se que atualmente muitos mecanismos estão sendo criados para se chegar à avocatória. A própria Lei de Arguição de Descumprimento de Preceito Fundamental, no fundo, é para exercer uma dosagem de função avocatória. Deixou de ser um instrumento de defesa de direito fundamental para ser um instrumento de governo, uma política de governo.

A competência cuja previsão esteja contida no texto constitucional é indelegável (salvo raras hipóteses), e isto em razão do Princípio do Paralelismo das Formas, ou seja, quem dá competência é quem pode permitir que ela seja delegada.

A Constituição não prevê esta delegação, principalmente de um Poder para o outro, sob pena de estar sendo infringido este dispositivo. O mesmo se dá com o regulamento. Quando este atribui determinada competência e nada menciona sobre delegação, aquele agente imbuído da competência não poderá delegá-la, a menos que haja lei geral versando sobre o tema. Conclui-se, com isso, que delegação, assim como competência, carece de amparo legal.

Os atos políticos constantes na Constituição Federal, como sanção, veto e poder de tributar, não podem ser delegados. A vedação da delegação destes atos, entretanto, nada mais é do que uma extensão da própria vedação de se delegar competências, posto que as competências constitucionais não podem ser delegadas.

Como os atos políticos são, em sua grande maioria, competências previstas na Constituição, logo, não podem ser delegados, salvo no caso de permissão expressa no texto, como o exemplo da lei delegada.

Por exemplo, se um Governador de Estado, objetivando incentivar a reinserção social dos condenados, conceder anistia aos presos, cujas penas sejam inferiores a três anos de reclusão, este ato não será válido e jamais poderá ser ratificado, por versar sobre competência exclusiva prevista no texto constitucional, pois este é um ato privativo de Presidente da República, conforme prescreve o art. 21, XVII, da CF/88.

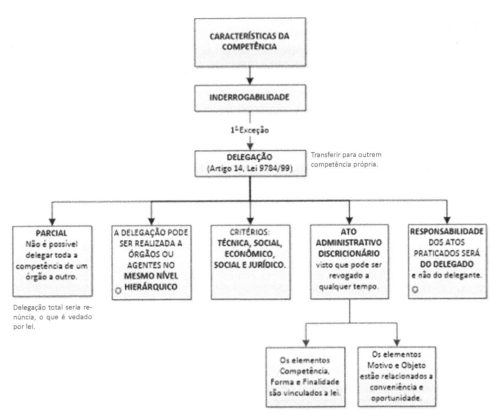

CARACTERÍSTICAS DA COMPETÊNCIA

INDERROGABILIDADE

1ª Exceção

DELEGAÇÃO
(Artigo 14, Lei 9784/99)

Transferir para outrem competência própria.

PARCIAL
Não é possível delegar toda a competência de um órgão a outro.

Delegação total seria renúncia, o que é vedado por lei.

A DELEGAÇÃO PODE SER REALIZADA A ÓRGÃOS OU AGENTES NO **MESMO NÍVEL HIERÁRQUICO**

CRITÉRIOS: **TÉCNICA, SOCIAL, ECONÔMICO, SOCIAL E JURÍDICO.**

ATO ADMINISTRATIVO DISCRICIONÁRIO visto que pode ser revogado a qualquer tempo.

RESPONSABILIDADE DOS ATOS PRATICADOS SERÁ DO DELEGADO e não do delegante.

Os elementos Competência, Forma e Finalidade são vinculados a lei.

Os elementos Motivo e Objeto estão relacionados a conveniência e oportunidade.

Esta regra tem previsão na legislação federal (Lei 9.784/99), a aplicação em âmbito estadual ou municipal deve ser validado por lei local. Na Lei do Estado do RJ, a previsão é de que a responsabilidade pelos atos praticados será do delegante.

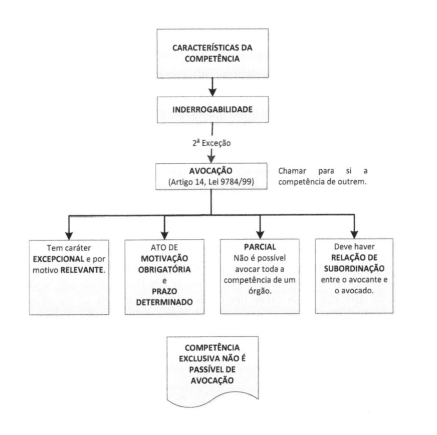

CARACTERÍSTICAS DA COMPETÊNCIA

INDERROGABILIDADE

2ª Exceção

AVOCAÇÃO
(Artigo 14, Lei 9784/99)

Chamar para si a competência de outrem.

Tem caráter **EXCEPCIONAL** e por motivo **RELEVANTE**.

ATO DE **MOTIVAÇÃO OBRIGATÓRIA** e **PRAZO DETERMINADO**

PARCIAL Não é possível avocar toda a competência de um órgão.

Deve haver **RELAÇÃO DE SUBORDINAÇÃO** entre o avocante e o avocado.

COMPETÊNCIA EXCLUSIVA NÃO É PASSÍVEL DE AVOCAÇÃO

4.1.7. Subdelegação

Em geral, a pessoa a quem é delegada uma competência não pode delegá-la a outrem, o que se traduz na concepção de que o recebimento de uma delegação não implica que se possa transmiti-la a outra pessoa.

A corrente majoritária é no sentido de que subdelegação só poderá acontecer se a própria delegação ou a autoridade delegante permiti-la.

A título de ilustração, vale citar que a União tem um decreto genérico sobre delegação de competência (Decreto nº 83.937, art. 6º). Tal artigo contempla o dito pela doutrina.

Insta observar, portanto, que a leitura do art. 2º da Lei nº 4.717/65, remete ao entendimento de que competência tem a ver com finalidade, é um meio de se atender ao interesse público e, por isso, surgem casos em que, apesar de serem incompetentes, agentes praticam atos visando atender a uma determinada finalidade e, neste caso, será possível salvar, sanar, convalidar o ato.

Exemplo disso, que apesar de ser um caso raro, pode eventualmente acontecer, é a lavratura de auto de prisão em flagrante, de um traficante, um estuprador ou um ladrão, que não é presidida pela autoridade policial. Embora o delegado de polícia, via de regra, deva estar sempre de plantão, regularmente, pode ocorrer que ele esteja ausente.

Nesse caso, o escrivão de polícia, ou outros policiais que estiverem de plantão, materialmente redigem o auto de prisão em flagrante como se o delegado estivesse presente, apesar de o processo penal e o administrativo dizerem que qualquer outro agente, que não o delegado, seja incompetente para tal. Assim que possível o delegado, agente competente nesta hipótese, assina o auto, ratificando-o.

Verifica-se que neste caso o agente incompetente praticou o ato visando o próprio fim e não fim diverso daquele acobertado pela competência do agente ausente. Portanto, caberá ao delegado ratificar, a que se denomina de convalidação ou sanatória de atos administrativos, atos estes que levarão em consideração a prevalência do interesse público.

Relevante registrar que ao delegante não cabe responder pelos erros ou ilegalidades eventualmente cometidas, uma vez que nenhum ato foi por ele praticado, salvo na hipótese de má-fé.

É muito comum o ato de delegação de competência vir sob a forma de Portaria. Essa delegação de competência é uma praxe administrativa, muito usual em qualquer esfera da administração.

Uma outra restrição à delegação é a de competências próprias, conferidas a determinados órgãos. Neste caso, tem-se a questão dos órgãos autônomos. Ainda que estes órgãos possuam competências próprias, eles não podem delegar essas competências, salvo se norma da mesma hierarquia (Princípio do paralelismo das formas) criar essa possibilidade. A comissão de licitação, por exemplo, tem sua competência específica, que não pode ser delegada.

Particularmente interessante é o caso do Mandado de Segurança. Quando a autoridade delegatária pratica um ato ilegal, quem será a autoridade impetrada? Autoridade delegante ou delegatária? Entende-se que, se o ato for praticado pela autoridade delegatária, o Mandado de Segurança será contra ela e não contra quem o delegou (entendimento da corrente majoritária, nos termos do verbete 510, da Súmula do STF).[27] [28]

---

27 Súmula 510 do STF: "Praticado o ato por autoridade, no exercício de competência delegada, contra ela cabe o mandado de segurança ou mandado judicial".

28 STF MS – AgR nº 234111/DF:
"EMENTA: 1 Mandado de segurança: praticado o ato questionado mediante delegação de competência, é o delegado, não o delegante, a autoridade coatora. 2. Ato administrativo: delegação de competência: sua revogação não infirma a validade da delegação, nem transfere ao delegante a responsabilidade do ato praticado na vigência dela".

No caso do delegante se omitir na prática de um ato – observe-se que aqui se trata de omissão – o Mandado de Segurança deve ser proposto em face dos dois, delegante e delegatário, uma vez que o mesmo não perde sua competência originária.

Outra característica da delegação é o fato de que ela pode ser sempre revista. A revisão é uma faculdade da Administração Pública, que consiste no fato de o superior hierárquico controlar o ato praticado e, se necessário, modificá-lo.

É a consequência da irrenunciabilidade e intransferibilidade das competências. A autoridade delega competência, mas o delegante sempre poderá rever os atos praticados pelo subordinado hierárquico delegatário, e poderá, também, sempre exercer essa competência em atos concretos, sem que isso represente, por si só, uma revogação da delegação.

Exemplificando, delega-se competência para o Secretário de Estado assinar contrato, mas se o Governador pretender fazê-lo, não haverá impedimento. Contudo, o fato de o contrato ser assinado pelo delegante da competência não revoga nem suspende a delegação.

Importa ressaltar que o subordinado hierárquico, em razão da característica da competência, não poderá recusar a delegação.

A regra é que a competência é indelegável, mas excepcionalmente a própria lei pode prever a delegação. A lei pode confiar no agente, por uma razão política ou por uma razão de eficiência administrativa, que no momento de exercer a competência delegue ou não essa competência.

Um exemplo é quando o Procurador Geral de Justiça não insiste no arquivamento recusado pelo juiz. Ele pode oferecer denúncia ou designar outro promotor para fazê-lo (regra de delegação). Então, ele pode fazer por ele mesmo ou por delegação e esse outro não age com independência funcional, porque o Procurador de Justiça, que é o órgão de execução, vai agir por delegação, pois a lei assim permite.

Mas cabe salientar que a lei tem que permitir expressamente a delegação para que isso possa acontecer. Não há delegação implícita, porque, senão, acabaríamos com a fonte única, primária do Direito Administrativo, que é a lei. Se não houver previsão, é o agente que está dispondo da competência, e isso não pode ocorrer.

Outro aspecto importante sobre competência está inserido numa lei de 1965, e que apesar de ser uma famigerada legislação, ainda vigora desde a época da ditadura, prevendo crimes gravíssimos com penas levíssimas. É a Lei nº 4.898/65, que tipifica crimes nos casos de abuso de autoridade.

4.1.8. Abuso de autoridade

O abuso de autoridade se constitui em vícios no elemento competência, normalmente excesso do exercício da competência, ultrapassando o atendimento da finalidade. Usa-se mal a competência, causando danos com isso. A Lei nº 4.898/65 cria tipos penais em seu art. 4º, mas em seu art. 9º reconhece que a todos os ilícitos penais corresponde ilícitos administrativos. Dispõe a lei ainda que o lesado pelo crime de abuso de autoridade pode, independentemente da responsabilização criminal, promover a responsabilização civil e administrativa.

Então, todo abuso de autoridade será seguido de um vício de competência, que alguns doutrinadores denominam de abuso de poder. Por outro lado, competência guarda relação com finalidade, pois que a competência é um meio de se atender à finalidade, que é o interesse público.

No que alude ao prazo da delegação, na falta de determinação expressa esta será por tempo indeterminado.

4.1.9. Agente de fato

Agente de fato é o oposto de agente de direito, ou seja, é aquele que não tem competência legal para a prática de ato administrativo, nem possui nenhum vínculo com a Administração, posto que não tem título algum que o legitime para tal, mas ainda assim realiza atividade administrativa.

Não obstante, tem o espírito público, não logrando obter proveito próprio. Nesta circunstância, o cidadão quer colaborar com a Administração Pública, porém, não está adequadamente investido nem possui atribuição concedida por lei. Pratica o ato mesmo sem competência legal, mas imbuído de boa vontade e boa-fé.

Supõe-se o caso de um servidor inativo que, mesmo após se aposentar, comparece todos os dias à repartição a qual era vinculado e, ainda que destituído de função pública, age como se a tivesse, praticando atos corriqueiros no âmbito administrativo, tais como assinando formulários, atendendo ao público etc., em síntese, praticando ato administrativo. Ocorre nesta ocasião que o ato, por si só, não pode existir.

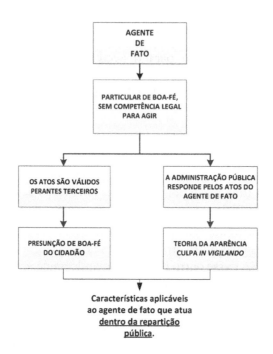

4.1.9.1. O ato do agente de fato produz efeito?

Em regra, esse ato administrativo será nulo. Internamente, contudo, desde que ratificado, produzirá efeitos. Isto se dá porque, externamente, a Administração Pública deve adotar a teoria da aparência e a culpa in vigilando, pois permitiu que uma pessoa sem a devida competência, praticasse ato administrativo, abrindo precedentes à irregularidade.

Com isso, somando-se à boa-fé do cidadão, há o entendimento majoritário de que o ato praticado pelo agente de fato é válido perante terceiros de boa-fé, tendo a Administração de arcar com os efeitos deste ato.

Trata-se, na real verdade, de um agente de fato putativo, encontrado no interior da própria Administração, e agindo como se agente de direito fosse; protagonizando o papel de servidor público, mas agindo de boa-fé. Sobre este caso, aplica-se a Teoria da Aparência.

Internamente, no entanto, quanto ao conteúdo, estando perfeito e tendo como único problema o vício de competência, a Administração deverá tomar providências para proceder à regularização deste ato, suprindo-lhe o vício da falta de competência, sob pena de ferir o Princípio da Legalidade. É necessário sanar, convalidar, ratificar o ato administrativo.

A Administração convocará a autoridade competente para ratificar o ato, retirando-lhe o vício de competência. Após a ratificação, este produzirá efeitos *ex tunc*.

O efeito do ato se dará independente dessa medida sanatória, em função de três argumentos válidos, quais sejam:

1. Teoria da aparência;
2. Presunção de boa-fé; e
3. Culpa in vigilando da Administração.

O ato praticado pelo agente de fato trata-se de um exemplo de ato nulo que produz efeitos no Direito Administrativo.

4.1.9.2. E se o ato praticado pelo agente de fato causar danos a terceiros?

Presume-se a boa-fé do cidadão, e com base na teoria da aparência os atos são válidos perante terceiros. Neste caso, a Administração responderá pelos atos – responsabilidade objetiva e, posteriormente, promoverá ação regressiva contra o agente administrativo causador do dano (agente de fato).

4.1.9.3. Agente de fato fora da Administração Pública

Estando o agente de fato fora da repartição pública, não se aplicam a teoria da aparência, a culpa *in vigilando*, nem haverá responsabilidade do Estado, por se achar referido agente fora da estrutura administrativa.

Exemplo típico de atuação de agente de fato é o que se deu por ocasião do tabelamento de preços com o Plano Cruzado. Um cidadão, se autointitulando fiscal do Presidente Sarney, fechou um supermercado, por estar com seus preços acima da tabela estabelecida por tal plano. Flagrantemente, aquele cidadão praticou um ato administrativo, agindo com poder de polícia indelegável a particular.

A toda evidência, no caso em tela, não há que se falar em responsabilidade do Estado, embora alguns doutrinadores opinaram contrariamente. Ocorre que havia, à época, um grande clamor público para acabar com a inflação, e que o próprio Presidente da República, em cadeia nacional, proclamou que qualquer cidadão poderia ser "fiscal do Sarney", incentivando tal ato e criando uma conivência com aquela ilegalidade, ao consentir que qualquer cidadão se valesse de mecanismos próprios da Administração Pública, e dispondo de uma competência, em princípio, de servidor público.

Se naquela oportunidade, posteriormente ao fato narrado, o supermercado provasse que não estava desrespeitando a tabela, caberia responsabilidade do Estado pelo ato do cidadão? Teria a Administração que arcar com os prejuízos provenientes daquele fato?

A questão se mostra bastante controvertida, mas nesse caso específico, entendemos que há responsabilidade do Estado.

4.1.9.4. Agente necessário

Exemplo de sua atuação é o que se dá quando um sinal de trânsito de um cruzamento perigoso deixa de funcionar, configurando-se numa evidente situação de perigo. Com isso, um cidadão toma a iniciativa de administrar a situação até a chegada da Polícia Militar, agindo tão-somente com a intenção de cooperar com a Administração Pública.

Era patente que esse cidadão não era servidor público (guarda de trânsito), tampouco procurou se passar por tal, e por isso não há que se falar em teoria da aparência. Ademais, não merece ser questionada a presunção de boa-fé do cidadão. Na interpretação do professor Diogo de Figueiredo, esse agente de fato é chamado de agente necessário, e o Estado responde objetivamente pelos atos causados por este agente.

Posteriormente, poderá o Estado agir regressivamente contra o agente, que terá responsabilidade subjetiva, fundada na culpa. O fundamento é a urgência (agente de fato necessário) que fez com que um mero cidadão assumisse uma função pública para evitar danos em função do perigo gerado. Neste caso, a urgência convalidaria aquele ato realizado pelo agente de fato, ou da culpa in vigilando.

Da mesma forma, fica subentendido que a urgência faz surgir um liame de obrigatoriedade entre a Administração e a sua obrigação de arcar com eventuais prejuízos que porventura venham a ocorrer decorrente de ato do agente de fato.

Com a devida vênia, não perfilhamos este entendimento, por entendermos que se constitui num perigo imposto à Administração o fato de imputar a cidadãos comuns a qualidade de autoridade.

Clássico exemplo de ato de agente de fato necessário gerando indenização: Supõe-se que o país esteja em guerra e que, durante este período, esteja sendo invadido por tropas inimigas. Com isso, os Chefes do Executivo se afastam de suas atividades administrativas, com o objetivo de articularem meios para deter a invasão. Presidente, Governador e Prefeito se ausentam, e alguém terá de assumir as suas posições.

Em consequência, um cidadão assume a função pública de um dos Poderes, com a intenção de colaborar com a Administração, face à situação de urgência que se impõe. Neste caso, tem-se a hipótese de que a urgência convalida o ato.

Fato concreto similar a este exemplo ocorreu no Brasil, no período da Revolução de 1932, quando agentes de fato, que tomaram o poder através de golpe de Estado, produziram atos de Estado de forma ilegítima. Os atos irregulares praticados por aqueles golpistas (agentes de fato) geraram direito à indenização quando os mandatários legais retornaram aos seus postos.

4.1.10. Usurpador da função pública

A usurpação da função pública ocorre quando um sujeito que não tem vínculo algum com a Administração Pública, nem um título que o legitime a praticar qualquer ato dentro desta, venha a praticar um ato supostamente administrativo.

É o caso de um determinado cidadão que, dizendo-se fiscal, multa estabelecimento comercial e desencadeia a prática de uma série de extorsões. Posteriormente, descobre-se que aquela pessoa não era fiscal, mas usurpador da função pública.

Aqui, tem-se um caso que difere do agente de fato, visto que o usurpador não visa atender o interesse público, mas tão somente interesse próprio e pessoal. Trata-se de crime contra a Administração Pública, e o ato praticado pelo usurpador da função pública, juridicamente falando, é inexistente, não incidindo qualquer espécie de responsabilidade sobre o Estado. Este ato supostamente administrativo será nulo.

Usurpação de função pública

Art. 328, CP – Usurpar o exercício de função pública:

Pena - detenção, de três meses a dois anos, e multa.

Parágrafo único - Se do fato o agente aufere vantagem:

Pena - reclusão, de dois a cinco anos, e multa.

4.1.11. Abuso de competência

Nesta escala, o agente possui um vínculo funcional com a Administração, e um título jurídico que o permite agir em seu nome, contudo, pratica um ato administrativo que está além de seus poderes. O ato praticado por desvio de finalidade estaria dentro desta hipótese de abuso de competência.

4.1.12. Invasão de competência

Invasão de competência seria um abuso de competência qualificado, com um *plus*, eis que o agente que pratica o ato trata-se de um agente público que extrapola o limite de seus poderes, invadindo a competência de outro agente.

Seria a hipótese do Conselho Administrativo de Defesa Econômica (CADE) praticar atos de regulação de serviços públicos, matéria essa das Agências Reguladoras de serviço público. Seria o caso, igualmente, de um Ministro de uma determinada pasta praticar atos de outro Ministro.

4.1.13. Vício de consentimento

Vício de consentimento é o caso de um contribuinte, como exemplo, mediante coação moral irresistível, conseguir com que um fiscal efetue o parcelamento de sua dívida perante a Fazenda Pública.

Quanto ao questionamento sobre a sua nulidade ou não, registre-se que o vício de consentimento nem sempre gera nulidade, devendo-se observar, antes, se os elementos do ato foram obedecidos, e, em caso positivo, os atos praticados serão mantidos.

Por outro lado, se o parcelamento da dívida se constituir em um verdadeiro afronto à lei, este ato será nulo em face da violação legal, e não pela coação em si, que será uma questão paralela.

Ocorre, contudo, que quando o vício de consentimento incidir sobre atos discricionários haverá a nulidade destes atos, já que, neste caso, infere-se à questão a conveniência e oportunidade. Como a discricionariedade se traduz pela atuação de uma vontade, se esta estava sob a eiva de vício, o ato há de ser nulo.

4.1.14. Ato administrativo editado por agente da Administração acometido de loucura: validade ou invalidade?

Entende a melhor doutrina que, para gerar validade a seus atos, ao agente público não basta ser competente, mas tem que ser capaz. Se este deixou de ser capaz, consequentemente perderá a sua competência. Portanto, se um agente público pratica um ato administrativo acometido de loucura, mas a motivação (vontade, motivo) estiver compatível com a vinculação do ato e em conformidade com o fato que gerou o dever de agir da Administração, o ato será válido.

O STJ opina no sentido da validade do ato administrativo vinculado, expedido por agente público que teve perda da capacidade, desde que praticado nos ditames da lei.

No entanto, o ato será inválido quando estiverem presentes os elementos da conveniência e oportunidade (discricionariedade), pois a toda evidência, um agente público incapacitado mentalmente não possui condições de vislumbrar, através de seu mérito, dentre as opções legais, um discernimento que melhor atenda ao interesse público.

Na questão acima enfocada, o ato será válido perante terceiros, e a Administração indenizará por eventuais danos causados por este agente, em face da teoria da aparência, presunção de boa-fé de terceiros e culpa in vigilando da Administração.

4.2. Forma

A forma é o modo, o revestimento, a roupagem externa do ato administrativo, ou seja, o revestimento como deve ser praticado.

Também vinculada à lei, quando a lei expressamente a exigir, mas não depende de forma determinada, consoante art. 22 da Lei 9.784/99. No entanto, é inevitável esclarecer que sem forma o ato é inexistente, pois informalismo não significa ausência de forma.

Portanto, sem a forma o ato sequer completa seu ciclo de existência, tornando-se nulo por não cumprir a observância completa e regular as formalidades essenciais à sua seriedade (art. 2º, parágrafo único, alínea "b", da Lei da Ação Popular).

No Direito Administrativo, vigora um princípio oposto ao Direito Civil. Enquanto neste existe uma liberdade de forma, sendo a formalidade uma exceção, para o Direito Administrativo a regra é que a forma deve ser prescrita em virtude do ato perfeito a ser atingido.[29]

---

29   Lei nº 9.784/99, art.22, *caput*, e § 1º:
     Art. 22. Os atos do processo administrativo não dependem de forma determinada senão quando a lei expressamente a exigir.
     § 1º Os atos do processo devem ser produzidos por escrito, em vernáculo com a data e o local de sua realização e a assinatura do responsável

Diferenças da forma no Direito Administrativo e no Direito Civil:

FORMA no Direito Administrativo	FORMA no Direito Civil
Sempre prescrita em lei	Prescrita ou não defesa em lei (art. 104, CC)
Princípio da Vinculação das formas, fundado no Princípio da Legalidade Estrita	Princípio da Liberdade das formas, fundado na autonomia das vontades.

Ou seja, entre os particulares, as vontades podem se manifestar livremente, enquanto que na esfera pública, a Administração exige procedimentos especiais e forma legal para que se expressem validamente. Assim, a inexistência de forma torna o ato administrativo inexistente, enquanto que a escolha de forma diversa da legalmente exigida torna o ato administrativo inválido.

> Apesar de a forma escrita ser a regra no Direito Administrativo (*Art. 2, § 1º Os atos do processo devem ser produzidos por escrito, em vernáculo, com a data e o local de sua realização e a assinatura da autoridade responsável)*, admite-se também, em caráter excepcional, a forma não escrita, como a oral, a gesticulação, atos verbais (v.g. sinais, art. 60, parágrafo único da Lei 8.666/93), em razão da urgência na manifestação de vontade de quem atua no interesse público. Admite-se até mesmo o silêncio como forma de manifestação do interesse público.[30]

Excepcionalmente a vontade administrativa exterioriza-se, por meio de:

a) sons (apito, sirene de ambulância);
b) sinais (semáforo ou placas de trânsito);
c) palavras (fiscais ou atos de polícia de segurança).

Então, a forma é, em regra, escrita. Aliás, o simples pressuposto para que a forma seja escrita acrescenta a esta o elemento da vinculação. Há exceções, conforme já explanado, tais como o sinal de trânsito, que é um ato administrativo visual; o apito do guarda, ato administrativo sonoro; o gesto do guarda de trânsito, ato administrativo visual, entre outros. Estes atos se caracterizam por não possuir uma forma escrita, apesar de esta ser a exceção.

Como exemplo de forma escrita têm-se os autos de punição, de destruição e de interdição. Sempre que possível, todo e qualquer ato administrativo deve ser escrito e reduzido a termo, a fim de facilitar o direito de defesa do cidadão que foi autuado com qualquer destes atos. Esta exigência "reduzida a termo" já faz da forma um elemento vinculado.[31] É, pois, importante, e mesmo fundamental, que todos os atos administrativos sejam devidamente formalizados e bem documentados, de modo a viabilizar o controle da conduta do administrador no manuseio da coisa pública, elemento essencial a um Estado Democrático de Direito.

Porém, conseguindo-se comprovar com testemunhas a existência do ato, e ele houver atendido a finalidade, haverá a convalidação. A mesma autoridade que emitir a causa de nulidade do ato (porque ao invés de escrito foi verbal) vai emitir o ato por escrito com efeito retroativo, embora ele permaneça existindo, porque aquela forma, embora mal adotada, permitiu que o ato existisse, atendendo a finalidade. Então, o ato não será anulado, porque forma é um meio para atender a um fim.

---

30 Exemplo prático ocorre no caso de o Parlamento oferecer proposta legislativa, sobre a qual o Chefe do Poder Executivo não se manifesta no prazo constitucionalmente previsto, importando a sua omissão em sanção tácita.

31 A única autora que entende que a forma não é elemento vinculado do ato administrativo é a Maria Sylvia Zanella Di Pietro, em razão da mutabilidade da forma não gerar necessariamente a nulidade. Mas isso não é novidade, porque a competência também é um elemento vinculado que se pode ratificar. Então, competência e forma são convalidáveis.

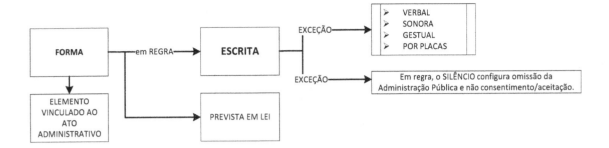

A forma, como concepção material, não se identifica com a forma na concepção jurídica. De fato, uma coisa é o ato ter forma, e outra, é o ato ter forma válida. Por isso, a forma do ato deve compatibilizar-se com o que expressamente dispõe a lei ou ato equivalente, com capacidade jurídica.

O aspecto relativo à forma válida tem estreita conexão com os procedimentos administrativos, que, aliás, não se confundem, pois estes são o conjunto de operações exigidas para o aperfeiçoamento do ato. A forma é estática e o procedimento é dinâmico.

Não se admite, no entanto, como já dito, a ausência ou a inobservância da forma, sob pena de caracterizar-se nulo o ato praticado.

Deve-se, contudo, diferenciar forma de formalidade. Esta última, diferentemente da forma, é aquela prevista no ordenamento jurídico. Não se vislumbra a possibilidade de ato administrativo sob a eiva de vício de forma. Entretanto, é viável a existência de vício de formalidade.

Exemplificando: se determinado servidor federal vier a ser demitido através de simples sindicância, registrar-se-á a incidência de vício de formalidade sobre a prática deste ato, posto que somente poderia sê-lo mediante prévio processo disciplinar.

Ainda concernente ao elemento da forma do ato administrativo, insurgem-se os estudos quanto ao seu rigor e à sua concepção.

4.2.1. Quanto ao rigor

Quanto ao rigor, questiona-se se a forma seria essencial ou facultativa, ou seja, se incide uma forma rígida para cada forma de agir.

A escolha entre atos, como portaria, circular e ordem de serviço, é facultativa e o Administrador terá de reduzi-los a termo. Dispõe, pois, de certa liberdade para escolher a melhor roupagem para o seu ato. Exemplificando: o Chefe de uma repartição pública quer passar ordens a seus subalternos. Poderá fazê-lo através de circular, instrução, ordem de serviço, aviso, portaria etc. Verifica-se que há várias formas à sua disposição, não sendo obrigatório seguir um rigor para expressar sua manifestação.

Inobstante a liberdade de que dispõe o administrador para a escolha da forma, ressalta-se que este não é um elemento discricionário, mas vinculado, por exigir que seja, como regra, escrito. Mas, qual é a forma escrita? Esta é facultativa, prevalecendo a não essencial. O mais importante é que a forma seja escrita, eis que "a forma" da forma escolhida não afeta o interesse público.

Contudo, existem alguns atos administrativos cuja forma será essencial para a sobrevivência do ato. Majoritariamente, a doutrina tem entendido que, **quando direito de terceiros estiverem em jogo**, a forma passa a ser essencial, rígida. Por exemplo: desapropriação atinge direito de propriedade.

O Decreto-lei federal nº 3.365/41, que trata de desapropriação, em seu art. 6º, assim reza: "A declaração de utilidade pública far-se-á por **decreto** do Presidente da República, Governador, Interventor ou Prefeito". (o grifo é nosso). Assim, desapropriação por ofício gera anulação.

Outro exemplo é o concurso público, cujo pontapé inicial é o edital, forma essencial e obrigatória, uma vez que estamos diante de direito de terceiros, do cidadão, da coletividade. Vigora o Princípio da Impessoalidade, pelo qual todos têm capacidade de se tornar agentes públicos. Nesta hipótese, a convalidação não é possível, pois a forma é essencial à qualidade do ato, não sendo possível qualquer outra, já que se trata de direito de terceiros.

Mais um exemplo: Governador, pretendendo realizar concorrência para aquisição de maquinário que se destine à pavimentação de uma estrada, manda publicar aviso do certame aos interessados, quando, na realidade, deveria publicar edital. Examinando a validade do ato, constata-se a existência de um vício insanável da forma essencial. A lei preferiu a maneira de exteriorização do ato, através de edital de licitação pública. O ato é, pois, inválido, por violar o Princípio da Impessoalidade. Todos têm a possibilidade de contratar com a Administração, em iguais condições, através da licitação pública.

4.2.2. Quanto à concepção

Quanto à concepção: questiona-se se esta forma seria ampla ou restrita, o que equivale saber se interessa somente o ato final, ou todo o procedimento realizado até à feitura do ato final. Se interessar apenas à parte final, a forma é restrita. Se interessar tudo o que foi feito até a exteriorização do ato, a forma é ampla.

Ao observar-se o disposto do art. 2º, parágrafo único, alínea "b", da Lei nº 4.717, constata-se que, no Brasil, é adotada a forma ampla, isto é, que se preocupa com todos os atos preparatórios do ato final, a exemplo do procedimento administrativo de licitação, cujos atos são: edital, habilitação, julgamento, homologação e adjudicação.

> Art. 2º, Lei 4717/65 – São nulos os atos lesivos ao patrimônio das entidades mencionadas no artigo anterior, nos casos de: [...]
>
> b) **vício de forma**; [...]
>
> Parágrafo único. Para a conceituação dos casos de nulidade observar-se-ão as seguintes normas: [...]
>
> **b) o vício de forma consiste na omissão ou na observância incompleta ou irregular de formalidades indispensáveis à existência ou seriedade do ato**; [...] (grifos nossos)

Quando se realiza um procedimento licitatório, o objetivo é atingir a adjudicação. Depois, materializar esta adjudicação através do contrato administrativo. Então, quando analisarmos a adjudicação, não bastará analisar tão-somente tal fase. Necessário se faz analisar todo o procedimento licitatório, já que um vício anterior comprometerá o ato final, que é a adjudicação. Esta é a forma ampla, quanto à concepção do ato administrativo, a qual descortinam-se todos os atos que o integram.

Insta aduzir que, antes do edital licitatório, há a fase interna, e que só se poderá abrir licitação se houver dotação orçamentária. Se a Administração Pública realizar licitação sem previsão orçamentária, toda a licitação estará comprometida.

Ora, se a Lei de Ação Popular, em seu art. 2º, parágrafo único, alínea "b", reza que a forma consiste na observância "completa" e regular das formalidades indispensáveis à existência e seriedade do ato, explícita está a preocupação em se observar todos os atos preparatórios, até se chegar à feitura do ato final.

Nos atos internos da Administração Pública (atos ordinários), a forma é escrita, mas não essencial. Nos atos externos, a forma geralmente é essencial. Aqui, há de se ressaltar, mais uma vez, a importante questão do silêncio como manifestação da forma do ato.

Normalmente, é dever da Administração Pública o pronunciamento sobre os requerimentos a serem realizados pelos administrados, quando em defesa de seus próprios interesses, ou por outros órgãos, seja do Judiciário ou do Executivo, dentro da função de controle, por prazo estabelecido no ordenamento jurídico. Caso esta manifestação não se efetive, tem-se o silêncio da Administração Pública (ou o silêncio administrativo).

Assim sendo, a ausência de pronunciamento por parte da Administração Pública, dentro de um limite temporal legalmente estabelecido, pode significar o deferimento ou indeferimento de um pedido ou a concordância ou oposição a um ato.

Se a lei nada estabelecer sobre o silêncio administrativo, deve o interessado recorrer ao Judiciário a fim de satisfazer seu direito. Deve, também, apurar esses fatos e responsabilizar quem lhe tiver dado causa, pois o servidor que é negligente ou omisso não está exercendo corretamente suas funções, devendo sofrer punição, se comprovada sua inércia ou descaso, nos termos do art. 37, § 4º, da Constituição Federal.[32]

Dessa forma, o silêncio administrativo não pode ser considerado como ato da administração, em razão da ausência de pronunciamento desta, sendo considerado, portanto, um fato jurídico administrativo.[33]

Em relação ao administrado, porém, quer a lei defira ou não o seu pedido, sua pretensão está concretizada, visto que a lei, ao dispor de determinada forma, supriu a ação do agente competente[34]. É importante ainda ressaltar que o deferimento do pedido do administrado ou a ratificação do ato administrativo controlado, quando a norma houver atribuído ao silêncio da administração esses efeitos, não acarretará na confirmação ou deferimento do ilegal contido no pedido.

Outra forma a ser considerada é o silêncio administrativo, que ocorre quando a Administração Pública se omite da incumbência de manifestar sua vontade, posto que a exigência desta é requisito de aperfeiçoamento do ato administrativo, o que provoca algumas divergências doutrinárias.

Conforme já explanado, no Direito Privado, de acordo com a lei civil, o silêncio, como regra, importa consentimento tácito, considerando-se os usos e as circunstâncias normais. Isto só não valerá se a lei já apontar a consequência da omissão, isto é, declarar como indispensável a manifestação expressa (art. 111 do Código Civil).

Entretanto, no Direito Público, o silêncio não revela a prática de ato administrativo, visto que inexiste manifestação formal de vontade. O que ocorre, neste caso, é um fato jurídico administrativo que, por isso mesmo, há de produzir efeitos na ordem jurídica. Portanto, se a Administração não responder à pretensão do particular, isso não vai significar que houve o consentimento estatal em relação ao que foi requerido, conforme ocorre no Direito privado. Aqui, ao contrário, **a ausência de manifestação ou a omissão não significa uma aceitação**.

Não se pode confundir manifestação omissiva com ausência de vontade, pois esta ausência significaria a não existência do ato administrativo em sentido restrito. O que pode existir, nestes casos, é um ato ilícito, nos seguintes termos: Se cabia à Administração a obrigação de atuar, e ela assim não procedeu, fica caracterizada a ilicitude, incidindo, neste caso, o regime de responsabilidade civil. O silêncio não deverá ser interpretado como manifestação de vontade. Deverá ser o não-ato, o vazio, o nada.

Ocorre que há situações em que o Direito determina que a Administração Pública deverá se manifestar obrigatoriamente e, desde logo, qualifica o silêncio como manifestação de vontade em determinado sentido, ou seja, o silêncio configurará um ato administrativo, porque assim está determinado juridicamente, bastando, para tanto, que uma lei preveja que a inércia da Administração significará a aceitação de um requerimento. Contudo, isso não é a regra.

---

32   Art. 37. A administração pública, direta e indireta de qualquer dos poderes da União, dos Estados, do Distrito Federal e dos Municípios obedecerá aos princípios de legalidade, impessoalidade, moralidade, publicidade e eficiência e, também, ao seguinte [...]:
      [...]
      § 4º. Os atos de improbidade administrativa importarão a suspensão dos direitos políticos, a perda da função pública, a indisponibilidade dos bens e o ressarcimento ao erário, na forma e gradação previstas em lei, sem prejuízo da ação penal cabível.

33   José dos Santos Carvalho Filho estabelece como fato jurídico aquele que é capaz de produzir efeitos na ordem jurídica, de modo que dele se originem e se extingam direitos (*ex facto oritur ius*). A ideia de fato administrativo, para o autor não tem correlação com tal conceito, pois que não leva em consideração a produção de efeitos jurídicos, mas, ao contrário, tem o sentido de atividade material no exercício da função administrativa, que visa a efeitos de ordem prática para a Administração. A noção indica tudo aquilo que retrata alteração dinâmica na Administração ou um movimento na ação administrativa. O fato administrativo não se consuma sempre em virtude de algum ato administrativo. Às vezes, decorre de uma conduta administrativa, ou seja, de uma ação da administração, não formalizada em ato administrativo. CARVALHO FILHO, José dos Santos. *Manual de direito administrativo*, 29. ed. São Paulo: Atlas, 2012, p. 93-94.
      17. ed. rev., ampl. e atual. Rio de Janeiro, 2010.

34   Diógenes Gasparini ensina que: "Destarte, não nos parece que se a determinação, no silêncio administrativo for denegatória, o administrado tem direito de, em juízo, exigir da Administração Pública uma decisão fundamentada, se o ato for discricionário, ou pleitear que o Juiz supra o comportamento da Administração Pública, se o ato for vinculado. Assim nos parece porque, a prevalecer este entendimento, nega-se a vigência à lei reguladora das consequências do silêncio administrativo". *Op. cit.*, p. 805.

Por isso, o silêncio administrativo e a manifestação indireta de vontade não se confundem, visto que o silêncio consiste na omissão e a manifestação indireta se verifica quando a Administração deixa de se manifestar formal e especificamente sobre certa questão, mas adota condutas indicativas, de modo indireto e inquestionável, da existência de uma vontade em determinado sentido.

Portanto, dependendo da natureza do silêncio ou omissão administrativa, poderá ser configurado como infração ao Direito, que não poderá ser invocado para eximir a Administração Pública da responsabilidade penal, administrativa e civil derivada da omissão.

A doutrina tem predominantemente adotado a solução de que, ao termo assinalado por lei, se a Administração não se manifestou, deve-se presumir uma solução de negação do pedido, de improcedência, salvo se a própria lei, expressamente, lhe tiver dado outro sentido.

Chamamos atenção esse argumento não é tão pacífico, consoante art. 24 da Lei 9.784/99:

> "Inexistindo disposição específica, os atos do órgão ou autoridade responsável pelo processo e dos prazos administrados que dele participem devem ser praticados no prazo de cinco dias, salvo motivo de força maior" (grifamos).

A ausência de motivação, "quando a motivação do ato for obrigatória, porque assim o impõe a lei, o vício nele existente pode situar-se no elemento forma, desde que haja descompasso entre o que a lei exige e o que consta o ato".[35]

Todavia, a responsabilidade do agente público, ao contrário do que ocorre com a Administração, não se limita à esfera cível, espraiando efeitos nas instâncias administrativa e penal, a depender da gravidade do comportamento que tenha ele assumido.

Imaginemos a hipótese de um agente público que, tendo o dever de solucionar determinado petitório de um particular, observe tratar-se de um antigo rival seu, deixando de cumprir o dever de responder. Estará, assim, incorrendo no crime de prevaricação, descrita no artigo 319 do Código Penal, ficando sujeito às penas daquele crime.

Ademais, considerando que a ausência de resposta ao pleito que lhe foi dirigido representa uma infração funcional, a partir do momento em que esteja demonstrado cuidar-se de atuação negligente, a violação a preceitos de ordem ética pelo agente faltoso o sujeitará à apenação administrativa, após o devido processo disciplinar, observados, em todos os casos, o contraditório e a ampla defesa.

Assim, sabendo-se que as instâncias civil, administrativa e penal são independentes, nada impede – aliás, a legalidade impõe – que haja a tríplice responsabilização do agente produtor do silêncio.

4.3. Objeto

Objeto é de suma importância e reside na essência, ou seja, naquilo que visa o ato.

O objeto tem íntima relação com o conteúdo do ato administrativo, por entendê-lo em um conjunto, ou seja, por tratar-se da situação jurídica por ele criada, modificada, declarada ou extinta no que concerne a pessoas, coisas, ou atividades sujeitas à atuação do Poder Público. Em síntese, é a transformação jurídica que o ato provoca (criação, aquisição, decisão, declaração, modificação, transformação comprovação ou extinção de situações jurídicas).

Trata-se, portanto, do conteúdo do ato, através do qual a Administração manifesta seu poder e sua vontade, ou simplesmente atesta situações preexistentes.

Objeto, como se observa facilmente, é aquilo que o ato almeja alcançar. Um ato de nomeação para cargo público tem como objeto (objetivo), a ocupação de um cargo público. O alvará de licença para construção tem por objeto permitir que o particular possa edificar de forma legal. O objeto da multa é penalizar o transgressor de norma administrativa.

---

35   É o ensinamento de José dos Santos Carvalho Filho, p.104.

É assim o resultado no mundo jurídico, ora o objeto é determinado, ora é determinável (indeterminado), sendo certo que só será válido se reconhecidamente estiver sob o prisma da licitude, moralidade e possibilidade. É o fim imediato do ato administrativo, verificado no momento do ato, ao contrário do motivo, que é anterior. É o que deseja a Administração Pública, isto é, é a realização de relações jurídicas, é a materialização do ato administrativo.

Quando for determinado, o elemento será vinculado, quando define o conteúdo do ato, reproduzindo a vontade do legislador e como exemplo teríamos a desapropriação do art. 243 da CF, que diz o que será expropriado. Já quando for indeterminado, o elemento será discricionário, podendo o agente público definir o alcance, os limites do conteúdo do ato administrativo, estabelecendo termos, condições e modos. Portanto, há uma margem de liberdade do Administrador para preencher o conteúdo do ato. A título de ilustração, uma autorização para passeatas de tantas a tantas horas em lugar tal. Outro exemplo, seria a desapropriação em que o administrador elege discricionariamente o bem, segundo a conveniência do interesse público.

Maria Sylvia Di Pietro[36] indica, com precisão, a maneira de identificar o objeto de um ato administrativo, bastando, para tanto, "verificar o que o ato enuncia, prescreve, dispõe", distinguindo-se o objeto do ato, do seu conteúdo. Para tanto, cita o exemplo de uma desapropriação, onde o conteúdo do ato seria a desapropriação em si, ao passo que o objeto se identificaria pelo imóvel sobre o qual recairia o procedimento administrativo. O ato administrativo de exoneração produz o desligamento do servidor público.

Em suma, pode-se observar que os requisitos da competência, finalidade e forma devem, impreterivelmente, estar prescritos em lei, ao passo que o motivo e o objeto são passíveis de valoração pelo administrador, reduzidos ao seu poder discricionário para dispor sobre sua aplicação. É de se destacar, no entanto, que, mesmo discricionária, a vontade do agente deve encontrar os limites na lei, de modo a afastar o desvio de finalidade ou o abuso de autoridade, repudiados pelo Direito.

Diógenes Gasparini[37], ao estudar a forma do ato, assim entende que, quando não observados e atendidos os requisitos, nulo será o ato administrativo praticado, tal como se extrai do teor do art. 2º, da Lei no 4.717/65 (Lei da Ação Popular), que prevê estarem maculados e nulos os atos lesivos ao patrimônio nos casos de incompetência, vício de forma, ilegalidade do objeto, inexistência dos motivos e/ou desvio de finalidade.

Posição divergente é a de Odete Medauar[38], que, ao discorrer sobre a nulidade do ato administrativo, descarta a possibilidade de se ancorar a anulabilidade dos atos lesivos no dispositivo legal supra, eis que a Constituição de 1988, ao regrar a ação popular em seu art. 5º, inciso LXXIII, utiliza o verbo "anular" em sentido diverso daquele outrora aplicado. Para a autora, não vige atualmente o citado fundamento legal, cujo teor é:

> Art. 5º. [...] LXXIII – qualquer cidadão é parte legítima para propor ação popular que vise a anular ato lesivo ao patrimônio público ou de entidade de que o Estado participe, à moralidade administrativa, ao meio ambiente e ao patrimônio histórico e cultural, ficando o autor, salvo comprovada má-fé, isento de custas judiciais e do ônus da sucumbência.

Para o ato administrativo ser válido, o objeto deve ser lícito, possível e determinado ou determinável. A licitude é o requisito fundamental. A possibilidade se dá quando é suscetível de ser realizado. Hoje, o novo Código Civil é mais preciso, exigindo que o objeto seja além de lícito e possível, determinado ou determinável.

Cabe ressaltar ainda que, em se tratando de atividade vinculada, o objeto deverá ser o mesmo que a lei previamente estipulou. Aliás, diz-se vinculada porque a lei já determinou o objeto a ser alcançado. Porém, quando se tratar de discricionariedade, onde a lei dá margem de escolha para o Administrador, é permitido ao agente traçar as linhas que limitam o conteúdo de seu ato, mediante a avaliação dos elementos que constituem critérios administrativos.

---

36   DI PIETRO, *op. cit.*, p. 171.
37   GASPARINI, *op. cit.* p. 62.
38   MEDAUAR, *op. cit.*, p. 177.

4.4. Motivo

O motivo[39] do ato administrativo diz respeito à causa que originou a prática daquele ato, ou seja, a situação de direito ou de fato que determina ou autoriza a prática do ato administrativo. É o "porquê" do ato administrativo, o que leva a Administração Pública a emitir o ato. O motivo é obrigatório, indispensável.

A existência dos motivos se verifica quando a matéria de fato ou de direito, em que se fundamenta o ato, é materialmente existente ou juridicamente adequada ao resultado obtido, que nada mais é do que a execução do objeto para atender efetivamente a finalidade.

Assim, o motivo ora será de fato, ora será de direito. Quando o motivo for deixado a critério do administrador para decidir se pratica ou não o ato (discricionário), terá este motivo de fato; quando o motivo for fixado em lei, que obriga o administrador a praticar um ato administrativo (vinculado) determinado, será ele motivo de direito.

Exemplo do motivo de fato é a desapropriação comum, onde a decisão cabe ao administrador. Já o motivo de direito teria como exemplo a desapropriação contida no art. 243 da Constituição Federal, pois aqui a lei está impondo à Administração o dever de agir daquela maneira determinada.

Então, motivo é a circunstância de fato ou de direito que autoriza ou impõe ao agente a prática do ato administrativo, que pode ser identificada como aquelas situações reais que devem ser levadas em conta para o agir da Administração Pública competente. Uma construção irregular, por exemplo, pode ensejar a edição de um ato (embargo) que imponha a imediata paralisação da obra, da mesma forma que a necessidade de um

---

39   Jurisprudência. EMENTA: ADMINISTRATIVO. DOCENTE DA UNIVERSIDADE FEDERAL DE JUIZ DE FORA. PROGRESSÃO FUNCIONAL. INDEFERIMENTO. ATO MOTIVADO. REQUISITOS OBJETIVOS E SUBJETIVOS. RESOLUÇÃO N° 36/93 DO CONSELHO DE ENSINO, PESQUISA E EXTENSÃO – CEPE. ENSINO DE DISCIPLINA PARA A QUAL NÃO FORA HABILITADO. TEORIA DOS MOTIVOS DETERMINANTES.
1. A progressão funcional do Autor, professor da Universidade Federal de Juiz de Fora da área de Informática, foi indeferida ao argumento de que ele não havia cumprido o Plano Individual de Trabalho – PIT proposto pela Coordenação da Universidade. Entretanto, a recusa em lecionar Filosofia, matéria de outro Departamento a para a qual o Autor, embora graduado nesta matéria, não prestara concurso, é legítima, haja vista o teor da Resolução nº 36/93 do Conselho de Ensino, Pesquisa e Extensão - CEPE que consigna "não se pode obrigar docente a lecionar disciplina de outro departamento, para cujo exercício não tenha se habilitado".
2. A motivação do indeferimento da progressão funcional vincula de tal ato à existência e legitimidade dos fatos alegados como ensejadores da negativa. Aplicação da teoria dos motivos determinantes. Inexistentes os motivos ou ilegais, impõe-se a invalidação do ato.
3. Apelação a que se nega provimento.
4. Sentença confirmada. (TRF-1ª Região, Apel. Cív. nº 96.01.22975-2/MG. Rel. Juiz Luciano Tolentino Amaral. Votação unânime. Resultado: improvida).

veículo para servir a Administração gera a edição de ato que determine a abertura de licitação. Vemos assim que, nos dois casos, os motivos levaram a Administração Pública a praticar os referidos atos.

Há, portanto, uma relação de causa e efeito entre motivo e finalidade. Finalidade é uma razão genérica, motivo é uma razão específica. Ocorrido o motivo, aquilo que, em abstrato, é a finalidade, torna-se necessário de se atender. Exemplo disto: não há vagas em escola; então, desapropria-se para prestar educação pública. Desapropriação é objeto e educação pública é a finalidade. Mas cabe observar que a educação pública só surgiu nessa história porque não há vagas na escola (motivo).

Observa-se daí que partimos sempre do concreto para o abstrato, ou seja, o motivo gera a finalidade. Então, motivo é anterior, é a exteriorização do ato. Finalidade, por sua vez, é posterior, é a consequência de toda atuação. É o que leva a Administração a editar o ato administrativo. Motivo poderá ser sempre identificado por ser uma coisa concreta, vai ser sempre um fato que levará o administrador à feitura do ato, ao passo que finalidade é uma coisa abstrata, genérica, geralmente ligada a princípios.

Para Maria Sylvia Zanella Di Pietro, o motivo é um pressuposto de fato, vez que está relacionada à situação que levou a Administração àquela decisão, e de direito, posto que amparado na lei.

Podemos dar como exemplo um Governador de Estado que resolve desapropriar uma área para a construção de um hospital. O motivo do ato será a falta de hospital, que tem por finalidade a melhoria da situação de saúde da população daquele Estado.

A propósito, caberia então perguntar: **por que razão de fato ou de direito?**

Para responder a essa pergunta temos que observar o objeto do ato administrativo, que pode ser vinculado (quando determinado) ou discricionário (quando indeterminado).

É claro que todo motivo fundado na realidade é uma razão de fato, mas a partir do momento que o legislador elabora a lei e imagina, como real, a razão, colocando-a no texto legal, esta razão se torna de direito, embora continue sendo uma razão de fato que ocorre na realidade, mas, se está no texto legal, é razão de direito. Será uma hipótese de motivo vinculado, motivo previsto no ato.

O caso de ato disciplinar, como o abandono de cargo, por exemplo, é um dado da realidade, mas é um motivo descrito em lei. Assim, se cometido um crime funcional (ofensa ao chefe, por exemplo), este será um motivo que, neste caso, é uma razão de direito e, portanto, um motivo vinculado.

Mas há que se destacar, em contrapartida, o art. 78, XII, da Lei nº 8.666/93, que trata da matéria de contrato administrativo, dispondo que constitui motivo para rescisão do contrato razões de interesse públicas, devidamente justificadas pela máxima autoridade que nos autos do processo o contrato foi firmado.

Mas, quais as razões de interesse público? O dispositivo não expressa, apenas faz menção ao "interesse público". Contudo, na sequência, o art. 79, I, afirma que esse ato (contrato administrativo) é unilateral da Administração Pública contratante. O que ocorre, neste caso, é que a lei confiou na autoridade máxima daquele órgão da Administração para determinar a rescisão do contrato por uma razão de interesse público, embora não descreva a razão de fato.

Na verdade, a lei confiou na autoridade para que ela verifique, na realidade, uma razão que gere a necessidade da rescisão sem culpa do contratado, sem que ele tenha que concordar. Ainda que ele discorde, o contrato vai ser rescindido, mas pelo princípio da supremacia do interesse público.

Portanto, contrato administrativo é completamente diferente do contrato comum, cuja função social nem mesmo o novo Código Civil descreve a razão de fato. Por isso é que o motivo pode ou não ser elemento vinculado.

Isto significa que o diploma legal deu discricionariedade à autoridade no momento de praticar o ato e, sendo assim, ela terá que expressar, terá que motivar a razão. Neste caso, o motivo vai ser elemento discricionário.

O motivo e o objeto são os únicos elementos que podem comportar o mérito administrativo, pois podem ser discricionários. O mérito é a oportunidade do motivo e a conveniência do objeto.

Observemos as seguintes situações fáticas:

– Insuficiência dos transportes marítimos entre as cidades do Rio de Janeiro e Niterói (motivo). O administrador não está obrigado, por lei, a praticar um ato administrativo de que resulte a construção de uma ponte entre as duas cidades (discricionariedade).

– Se um servidor público preencheu o seu período aquisitivo de férias, o administrador tem o dever de colocá-lo de férias (vinculação).

Sendo vinculado o motivo ou a causa do ato administrativo, o administrador, ao praticá-lo, deverá justificar a existência do referido motivo previsto em lei.

Portanto, repita-se, motivo gera a necessidade de atender a finalidade, por ser ele submisso a ela. Embora valha a finalidade, o motivo é insanável, porque ele é um só. Uma vez expresso o motivo, a autoridade está vinculada a ele, ainda que tenha escolhido discricionariamente.

A obrigatoriedade da existência no mundo real dos motivos alegados e que determinam a prática do ato administrativo como requisito de sua validade acabou por dar origem à teoria dos motivos determinantes.

É sempre importante relembrar

1. Motivo de Direito – O fato está previsto na norma legal. Por exemplo, ato e aposentação compulsória aos 75 anos. Não há, portanto, a possibilidade da Administração Pública escolher um comportamento que não o previamente indicado na norma pois a lei não abre possibilidade de entendimento diverso (vinculado).

2. Motivo de Fato - É a situação de fato que o administrador elege para a atividade administrativa, sem previsão na norma de direito (discricionário).

4.4.1. Teoria dos Motivos Determinantes

É aquela que diz que, mesmo quando o motivo é discricionário, mesmo quando a lei confia ao agente a escolha do motivo no momento de praticar o ato, o agente vai praticar o ato escolhendo, exercendo, assim, a discricionariedade. Mas, u**ma vez escolhido, o motivo se torna vinculado para efeito de controle**, o que significa dizer que, se colocarmos um outro motivo, estaremos praticando um outro ato. Ainda que tenha a mesma finalidade, é uma outra razão de fato.

Por isso, é importante destacar que não podemos substituir o motivo, pois ele é insanável. O motivo não é convalidado porque ele é específico, diferentemente da competência e forma, que são convalidados. Mesmo quando o motivo é escolhido, ele não é convalidado, exatamente pela teoria dos motivos determinantes.

Desse modo, ainda que não seja vinculado o motivo do ato administrativo, se o administrador, ao praticá-lo, justificar a sua prática (motivá-lo), este motivo se vinculará ao ato. Como exemplo, temos a destituição de cargo em confiança, exonerável *ad nutum*, isto é, por não ser cargo efetivo, pode haver dispensa do funcionário pelo simples arbítrio.

Mas, atenção para o seguinte: caso o motivo expresso da exoneração tenha sido, por exemplo, por improbidade do servidor, e esta não tenha sido comprovada, a exoneração será anulada. Entretanto, por não ser um servidor estável, vez que ele era titular de cargo em confiança, sem estabilidade, o servidor não terá direito à reintegração. O ato de exoneração deixa de existir (este é o efeito da decisão judicial), devendo ser publicado um novo ato, desta vez sem aquela motivação, com data retroativa à data de exoneração.

Em outras palavras, Teoria dos Motivos Determinantes é aquela que torna vinculados os motivos dos atos discricionários, desde que uma vez expressos.

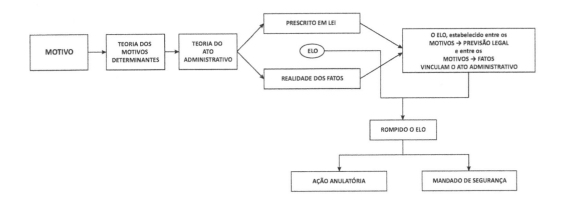

Frise-se, contudo, que nem sempre se faz mister a motivação na forma da lei. Neste caso, fica submetido à discricionariedade[40] do agente investido da função pública que, por sua vez, ao optar pela motivação espontânea, ficará subordinado a demonstrar a existência dos fatos que originaram, sob pena de tê-lo como materialmente inexistente.

A doutrina mais autorizada, no entanto, defende a inserção do motivo no âmbito da lei, por reforçar a garantia do princípio da reserva legal, bem como por reduzir a margem de espaço para a decisão discricionária. Essa, também, parece ser a tendência da jurisprudência, que se inclina no sentido da indispensabilidade de motivação do ato administrativo.[41]

A despeito da divergência que grassa entre alguns autores a propósito dos conceitos de motivo e motivação, tem-se firmado a orientação que os distingue e pela qual são eles configurados como institutos autônomos.

Motivo, conforme já demonstrado anteriormente, é a situação de fato. Já a motivação, como bem sintetiza Cretella Jr., "é a justificativa do pronunciamento tomado".[42] A motivação exprime de modo expresso e textual todas as situações de fato que levaram o agente à manifestação da vontade.

Discute-se a respeito da obrigatoriedade ou não da motivação nos atos administrativos. Alguns estudiosos entendem que é obrigatória; outros, que a obrigatoriedade se circunscreve apenas aos atos vinculados.

Quanto ao motivo, dúvida não subsiste de que é realmente obrigatório. Sem ele, o ato é írrito e nulo. Inconcebível é aceitar-se o ato administrativo sem que se tenha delineado situação de fato.

Não se pode esquecer também a teoria dos motivos determinantes, que se fundamenta na assertiva de que o motivo do ato administrativo deve sempre guardar compatibilidade com a situação de fato que gerou a manifestação da vontade. E não se nos afigura estranho que se chegue a essa conclusão se o motivo se conceitua como a própria situação de fato que impele a vontade do administrador, a inexistência dessa situação provoca a invalidação do ato.

Por fim, podemos dizer que, sendo o motivo um elemento calcado em situação anterior à prática do ato, deve ele sempre ser ajustado ao resultado deste, ou seja, aos fins a que se destinam. Impõe-se, desse modo,

40 Jurisprudência. EMENTA: ADMINISTRATIVO. ATO DISCRICIONÁRIO. O ato discricionário, quando motivado, fica vinculado ao motivo que lhe serviu de suporte, com o que, se verificado ser o mesmo falso ou inexistente, deixa de subsistir. Mandado de Segurança deferido.
    ACÓRDÃO. Vistos e relatados os autos, em que são partes as acima indicadas. Decide a 1ª Turma do Superior Tribunal de Justiça, por unanimidade, dar provimento ao recurso para reformar a sentença e deferir o Mandado de Segurança, na forma do relatório e notas taquigráficas constantes dos autos, que ficam fazendo parte integrante do presente julgado. Custas, como de lei.
    STJ-RECURSO ORDINÁRIO EM MANDADO DE SEGURANÇA Nº 12 – PE (Registro nº 89.0008629-4). Relator: Exmo. Sr. Ministro Armando Rollemberg. Recorrente: José Pereira de Araújo Filho. Recorrido: Tribunal de Justiça de Pernambuco. Impetrado: Comandante-Geral da Polícia Militar de Pernambuco. Advogado: Dr. João Monteiro de Melo Filho. Presidente e Relator: Ministro Armando Rollemberg.
41 Embora deferida ao Administrador certa dose de subjetivismo na prática de determinado ato, é indispensável a respectiva motivação, para que seja possível examiná-la à luz do *princípio da razoabilidade*. Inexistente a motivação, o ato será írrito. (TJ-PR – Ac. Unân. Nº 12.277 da 1ª Câm. Cív. – Reexame necessário nº 43.324-9 – Ortigueira. Rel. Des. Pacheco Rocha).
42 CRETELLA JR., José. *Curso de direito administrativo*. Rio de Janeiro: Forense, 2012, p. 310.

uma relação de congruência entre o motivo, de um lado, e o objeto e a finalidade, de outro. Nas corretas palavras de Marcelo Caetano[43], "os motivos devem aparecer como premissas donde se extraia logicamente a conclusão, que é a decisão".

Neste sentido, vamos observar que a Lei nº 4.717 exige essa compatibilidade, qual seja, depois de considerar a inexistência do motivo quando a razão de direito ou de fato não ocorreu (art. 2º, "d"), tornando nulos os atos que tenham tal vício, procura definir tal distorção ao dizer que a inexistência dos motivos se verifica quando não há adequação jurídica dessa razão de fato ou de direito ao resultado obtido (art. 2º, parágrafo único, alínea "d").

> Art. 2º, Lei 4717/65 – São nulos os atos lesivos ao patrimônio das entidades mencionadas no artigo anterior, nos casos de: [...]
>
> **d) inexistência dos motivos**; [...]
>
> Parágrafo único. Para a conceituação dos casos de nulidade observar-se-ão as seguintes normas: [...]
>
> **d) a inexistência dos motivos se verifica quando a matéria de fato ou de direito, em que se fundamenta o ato, é materialmente inexistente ou juridicamente inadequada ao resultado obtido**; [...]
> (grifos nossos)

Verifica-se, dessa forma, que a partir de um determinado motivo, não podemos escolher um objeto que vai dar um resultado inadequado para atender a finalidade do interesse público, e isto em razão do princípio da razoabilidade, o qual será melhor entendido quando falarmos da matéria dos requisitos para ser habilitado em licitação.

Como prévia, pode-se dizer que, ressalvadas as hipóteses previstas na legislação, obras, serviços etc., serão contratadas mediante processo de licitação, o qual somente exigirá os requisitos com garantias mínimas de execução do objeto aos interessados. Então, não podemos estabelecer, a partir dessa finalidade, a necessidade de licitação, requisitos que não sejam suportáveis pelos licitantes, com excludente da enorme maioria e desnecessário para o objeto.

Exemplificando o exposto, podemos citar uma obra pública estimada em um milhão de reais, e que, entre outros requisitos, os licitantes tenham que ter capital mínimo de cinquenta milhões. Ora, dessa maneira, serão excluídas 98% das empresas desnecessariamente, porque a responsabilização é de um milhão, mas é exigido que a empresa tenha capital de cinquenta milhões, o que não é razoável, de sorte que, a partir da razão de fato ou de direito, não obteremos um resultado adequado juridicamente.

É verdade que podemos controlar a legalidade do ato discricionário, como no caso de estipulação de idade máxima em concurso público. O STF já se pronunciou a respeito, dizendo que deverão ser observadas quais serão as atribuições do cargo e, para melhor atender ao serviço público, deve-se estabelecer em seu objeto a restrição da idade máxima. Para policial detetive, por exemplo, a idade máxima é possível, porque o esforço físico é necessário e a tendência das pessoas é perder o vigor quanto mais velhas ficam.

Então, será o interesse público a obrigar que se estabeleça uma idade máxima. Já para concurso para juiz não pode haver esta estipulação de idade máxima, porque em nada tem a ver esta função com vigor físico. Cada caso é um caso, exatamente porque o motivo, ainda que ele ocorra, tem que ter adequação jurídica ao resultado obtido.

Podem se apresentar como motivo do ato administrativo as circunstâncias e situações fáticas ou jurídicas mais diversas. Com efeito, no dia-a-dia da Administração Pública, envolta com a prática de uma enorme variedade de atos, diversos fatos, circunstâncias e elementos devem ser levados em consideração no sentido de que a medida tomada mediante decisão do Administrador se encaminhe, dentro do possível, na exata direção da realização do interesse público.

Nesta ótica, toda atividade administrativa, devidamente circunstanciada, contextualizada, delimitada no tempo e no espaço tem uma razão de ser, ou seja, deve ir ao encontro de problemas e situações concretas,

---

43 CAETANO, Marcelo. *Princípios fundamentais de direito administrativo*. Rio de Janeiro: Forense, 2009, p. 148.

de naturezas mais diversas, postas a todo instante pela experiência de gestão da coisa pública. No exemplo já referido, da dissolução de passeata, o pressuposto fático que legitimaria tal medida seria a existência de tumulto e desordem, de natureza tal que comprometeria a segurança pública. O motivo da aplicação de uma sanção disciplinar seria o efetivo cometimento de alguma infração funcional.

No Brasil, manifesta é a resistência dos agentes públicos em motivar seus atos. Geralmente, a Administração quando decide, limita-se a carimbar um "sim" ou um "não", um "deferido" ou um "indeferido", sem apresentar maiores justificativas ao cidadão, sobretudo quando a decisão é de "indeferimento".

Tal prática é incompatível com o Estado Democrático de Direito (art. 1º, *caput*, da CF/88). Ademais, ofende o princípio da motivação, corolário do princípio da legalidade. Por tal razão, a decisão que for tomada sem motivação, ou com motivação insuficiente, é nula de pleno direito.

Celso Antônio Bandeira de Mello, isoladamente, diz que o motivo não é elemento do ato administrativo, porque o motivo é anterior ao ato. Afirma tal autor que os elementos do ato são apenas a forma e o objeto, e que os outros seriam pressupostos do ato.

Há muito, a jurisprudência pátria vem adotando a chamada teoria dos motivos determinantes, desenvolvida pela doutrina francesa e seu Conselho de Estado. Esta teoria, sinteticamente apresentada por Gaston Jèze, encontra-se assim formulada: os agentes públicos só estão obrigados a motivar seus atos por exigência da lei. Mesmo quando dispensados da motivação, os motivos declarados pelos agentes serão, em princípio, considerados determinantes do ato.

Em quaisquer casos, os motivos alegados deverão ser materialmente exatos e lícitos. Sendo múltiplos os motivos, cumpre investigar se os lícitos e verdadeiros são suficientes para legitimar o ato, cuja prova do motivo determinante incumbe a quem o alega.

Importa, pois, em todos os casos, que exista uma rígida relação de pertinência entre motivo alegado e o conteúdo do ato que expressa a decisão tomada. Qualquer incongruência poderá ensejar a invalidação do ato administrativo.

Embora a teoria dos motivos determinantes tenha representado considerável avanço em termos de controle da atividade administrativa, novas ideias, concepções e exigências surgiram com a evolução do Direito Público, no tocante à motivação dos atos administrativos, conforme se verá adiante.

4.4.2. Motivação

Relacionada ao motivo está a questão da motivação dos atos administrativos, mas importa aduzir que os dois não se confundem. O motivo é o dado real, fático, objetivo ou empírico, que conduziu o agente público à prática de determinado ato.

Por sua vez, dá-se o nome de motivação à declaração, enunciação, descrição, explicitação dos motivos em que se baseia determinada medida administrativa tomada numa situação concreta. Para Rafael Bielsa[44]: "*La necessidad de motivar los achos administrativos es una necessidad no sólo jurídica sino también de moralidad administrativa*".

Cassagne[45], por sua vez: "*La motivación comprende la exposición de las razones que han llevado al órgano a emitirlo, y, en especial, la exposición de los entecedentes de hecho y de derecho que preceden y justifican el distado del acto*".

A submissão dos atos administrativos ao princípio da legalidade faz com que a validade destes esteja necessariamente vinculada à prévia exteriorização dos motivos que levaram a autoridade a determiná-los, ou seja, à sua motivação. Para Agustín Gordillo[46], esta fundamentação fática e jurídica com a Administração entende sustentar a legitimidade e oportunidade da decisão tomada é o ponto de partida para o julgamento dessa mesma legitimidade.

---

44 BIELSA, Rafael. *Estudios de derecho publico*. Derecho administrativo I. Buenos Aires: Depalma, 2042, p. 378.
45 CASSAGNE, Juan Carlos. *El acto administrativo*. 4. ed. Buenos Aires: Abeledo-Perrot, 2016, p. 212.
46 GORDILLO, Agustín. *Teoria general del derecho administrativo*. Madrid: Instituto de Estúdios de Administración Local, 2016, p. 490.

Contudo, importante é considerar quando se faz necessária a motivação de um ato administrativo. A motivação dos atos administrativos é obrigatória ou não? Alguns autores acreditam ser obrigatória somente no caso dos atos vinculados, quando a Administração tem que demonstrar que o ato está consoante os motivos definidos previamente em lei. Para outros, a motivação somente se faz necessária nos atos discricionários, porquanto, nesta hipótese ela possibilitaria um maior controle da legitimidade do ato, via aferição dos motivos que levaram à sua edição.

Convém colocar, todavia, a questão dentro de parâmetros mais amplos. Percebe-se, ao longo dos últimos anos, mormente na esteira do fortalecimento e consolidação do princípio da legalidade, o surgimento de uma atmosfera e cultura jurídica orientadas no sentido da necessidade de se motivarem os atos administrativos, atribuindo-se à Administração, no exercício de suas competências, o dever, e mesmo a obrigação, de justificar perante a sociedade seus atos. "A motivação é necessária para todo e qualquer ato administrativo", conforme bem lembrado por Diógenes Gasparini[47], consoante decisão do STF (RDP, 34:141).

Tal é uma decorrência natural dos princípios publicistas amplamente agasalhados no Texto Constitucional, principalmente o princípio republicano da democracia e da cidadania (art. 1º, II). De fato, na lição de Alberto Ramón[48], num Estado Democrático de Direito os cidadãos têm o Direito Público de saber o porquê, as razões das medidas tomadas na gestão dos negócios públicos. A própria aferição da legalidade e legitimidade das decisões tomadas demanda uma consideração das circunstâncias concretas em que se baseiam.

Nesta linha de raciocínio, a Constituição Federal exige que até as decisões administrativas dos tribunais sejam motivadas (art. 93, X). Assim, se dos tribunais, cuja função típica é jurisdicional, exige-se a motivação das decisões administrativas, com muito maior razão deve ela ser exigida dos órgãos, entidades e agentes que exercitam típica função administrativa.

O STF já decidiu que o ato de decisão sem motivação é nulo de pleno direito. O ato administrativo que contém cunho decisório deve trazer motivação obrigatória, porque a decisão sem motivação inviabiliza a ampla defesa e o contraditório, que são direitos constitucionais. É a corrente majoritária. Parte da doutrina fala que essa decisão tem que gerar litigantes ou acusados.

Observe-se que a exigência da motivação dos atos administrativos já consta expressamente de algumas Constituições estaduais e Leis Orgânicas de municípios. É o caso da Constituição do Estado de São Paulo, art. 111.

Embora a motivação seja uma exigência básica de todos os atos administrativos, mormente quando a lei expressamente o exige, ela se impõe com particular força nos atos que importem em: restrição de direitos e atividades; decisão sobre direitos subjetivos, como nos casos dos concursos, licitações, contratações diretas; aplicação de sanções e penalidades; imposição de sujeições e restrições, sobretudo quando direcionadas a pessoas concretas; anulação ou revogação de decisões anteriormente tomadas; publicação de resultados de certames e concursos; respostas a petições, reclamações e recursos, e exclusão de candidatos participantes de certames públicos.

4.4.2.1. Requisitos da Motivação

A motivação dos atos administrativos deriva diretamente do próprio princípio da legalidade. De fato, somente através do exame da motivação do ato administrativo se poderá avaliar concretamente a existência do nexo causal entre os motivos suscitados pelo administrador e o objeto do ato.

Cumpre aqui observar que não cabe tão-somente, substituir-se um conceito jurídico indeterminado (tal como "utilidade pública", "bem comum" ou "interesse público"), que está na base da lei, por outra noção igualmente indeterminada a título de execução do paradigma legal. No processo de motivação, deve-se justificar, de forma convincente e plausível, a aplicação desse conceito à circunstância de fatos concretos, de tal forma que se revele a adequação da invocação do pressuposto legal. A motivação deve deixar clara sua verdade fático-jurídica.

---

47   GASPARINI, *op. cit.*, p. 65.
48   RAMÓN, Alberto. La fundamentación del Acto Administrativo, *RDP* 62/17.

A fim de atender tais exigências, impõe-se que a motivação dos atos administrativos observe alguns requisitos básicos:

a) que seja expressa, contendo uma exposição, ainda que sucinta, dos fundamentos de fato e de direito da decisão;

b) que seja coerente com a decisão tomada;

c) que guarde uma conformação entre o pressuposto legal e as circunstâncias fático-jurídicas suscitadas.

4.4.2.2. Motivação e controle de legalidade

Observe-se que o controle de legalidade dos atos administrativos evolui na mesma medida e proporção que evolui entre nós o ideal jurídico-político do Estado de Direito. Neste sentido, o princípio da legalidade tem sido objeto de contínua e progressiva evolução, não sem percalços e resistências por parte daqueles que não se sentem muito à vontade dentro desta forma civilizada de convivência política e social.

Deve-se, portanto, considerar que o controle de legalidade da atividade administrativa, principalmente daquela de caráter discricionário, evoluiu no sentido da verificação dos motivos concretos determinantes da decisão administrativa, consubstanciada numa modalidade de ato administrativo. Tal verificação implica uma aferição da motivação expressa ou implícita do ato administrativo em apreço.

Tal é a formulação da teoria dos motivos determinantes, amplamente adotada nos Estados de Direito a partir da construção que lhe deu a doutrina francesa. Segundo esta teoria, os fatos que legitimaram a edição do ato administrativo devem ser apresentados, sob a forma de motivação, pelo autor do ato. Eventual desconformidade entre os fatos suscitados e o objeto do ato implicaria, necessariamente, a invalidação do ato por ofensa à legalidade. Desta forma, o administrador fica jungido aos fatos alegados como originadores ou inspiradores da decisão administrativa tomada.

Em matéria de motivação dos atos administrativos, deve-se considerar duas situações básicas. Primeiro, quando a lei expressamente condiciona a edição e validade do ato à sua motivação. Tal se dá, por exemplo, em matéria de concessão de serviços públicos, quando a lei exige que o poder concedente deverá publicar ato justificando a conveniência da outorga da concessão (art. 5º da Lei nº 8.987/95). Noutras situações a lei não prevê tal condicionamento.

Na primeira situação não há apelação. A ausência da motivação ou justificação do ato editado implicará sua ilicitude, tornando-o passível de invalidação.

Na segunda hipótese, cumpre admitir, a bem de uma adequada e madura aplicação do princípio da legalidade, que se deve atentar para os antecedentes que condicionaram a emissão do ato administrativo, adentrando-se nos motivos que inspiraram sua edição.

Assim, além de permitir um controle de legalidade do ato, no que se refere à existência ou não de nexo causal entre os motivos e o seu objeto, a verificação dos seus motivos possibilita ainda aferir dois outros requisitos fundamentais de sua legitimidade, quais sejam, sua proporcionalidade e sua razoabilidade.

O Judiciário pode controlar os motivos do ato administrativo em situações como:

d) inexistência do fundamento de fato;

e) quando houver uma incongruência entre o motivo e o resultado pretendido pela Administração (por exemplo, pratica-se um ato com um motivo que não tem nenhuma relação com aquele resultado).

f) consoante a ótica da razoabilidade.

Acresce-se a isso que o controle da legalidade do ato administrativo pelo Judiciário envolve os seus aspectos formais e materiais. Hoje não há mais dúvida de que a legalidade dos atos administrativos não se restringe ao seu aspecto procedimental, nem aos seus elementos sempre vinculados: competência, finalidade e forma.

Deve-se fazer presente também na faixa dos motivos e do objeto, os quais, embora infensos à revisão judiciária no que concerne aos aspectos de conveniência e oportunidade, são suscetíveis de verificação pelo juiz quanto à sua adequação à lei, porque é precisamente neste ponto que se pode manifestar o abuso do poder caracterizador da ilegalidade substancial.

De fato, o conceito moderno de legalidade administrativa pressupõe, como limite à discricionariedade, que os motivos determinantes do ato sejam verdadeiros, razoáveis e proporcionais ao seu objeto e à finalidade perseguida, declarada ou simplesmente implícita na regra de competência.

Como bem observa Celso Antônio Bandeira de Melo[49], a lei outorga competência em vista de certo fim. Toda demasia, todo excesso desnecessário ao seu atendimento configura desvio destoante do princípio da legalidade. Toda atividade administrativa deve, assim, conduzir a um resultado razoável e proporcional à finalidade do ato editado. O exame dos motivos, sua adequação ao objeto do ato, e deste à sua finalidade legal permite aferir a presença ou não dessas exigências.

Numa tentativa de esquematizar o itinerário percorrido pelo ato administrativo em sua estruturação lógica e fática, poder-se-ia afirmar que o mesmo caminha do motivo (pressuposto fático) à finalidade (pressuposto finalístico ou teleológico).

A presença de um determinado motivo provoca, dá lugar ou impulsiona a edição de determinado ato administrativo. Assim, por exemplo, a verificação da escassez de servidores ou de determinado gênero de consumo provoca a abertura de concurso público ou licitação por parte da autoridade competente.

Verificada determinada situação fática ou jurídica (motivo), faz-se necessária a intervenção do agente público, ou seja, da autoridade competente para editar o ato. Esta, pois, observa a existência de determinada situação (carência de recursos humanos e materiais) e toma a iniciativa de provê-la.

O QUE SÃO, NOS ATOS ADMINISTRATIVOS, OS "CONSIDERANDOS"?

Os "considerandos" no ato administrativo representam as motivações da prática do ato.

4.5. Finalidade

4.5.1. Conceituação

Ao se conceituar a finalidade do ato administrativo, este elemento é associado, de imediato, à satisfação do interesse público, que por seu turno se consuma com o alcance do bem comum. Já o bem comum será o resultado final que se sucederá aos atos praticados pelo agente público no âmbito de sua competência administrativa, de acordo com previsão de norma legal expressa. Com efeito, uma vez alcançado o interesse público e atingido o bem comum, poder-se-á considerar que a finalidade do ato foi atingida e consumada.

É da lavra do administrativista José dos Santos Carvalho Filho[50] a concisa definição da finalidade: "Finalidade é elemento pelo qual todo ato administrativo deve estar dirigido ao interesse público".

Já a nobre Maria Sylvia Zanella Di Pietro[51] assim a conceitua: "Finalidade é o resultado que a Administração quer alcançar com a prática do ato".

Em suma, a finalidade pode ser entendida como o resultado alcançado pelo agente público no uso de sua competência administrativa, tanto de forma mediata quanto imediata, por meio da prática de ato administrativo.

4.5.2. A finalidade com um *plus* de consciência social

O mestre Marçal Justen Filho[52], se inclinando para uma avaliação mais realística, assegura que "a finalidade é uma representação mental do agente". Esta assertiva se nos parece estar focada no sentido de que o agente público não é uma mera máquina (embora integre a máquina administrativa) a aplicar uma lei ao caso concreto,

49   BANDEIRA DE MELLO, *op. cit.*
50   CARVALHO FILHO, José dos Santos. Manual de Direito Administrativo. 29. ed. São Paulo: Atlas, 2012, p. 93-94.
51   DI PIETRO, Maria Sylvia Zanella. 17. ed. São Paulo: Atlas, p. 202.
52   JUSTEN FILHO, Marçal. Curso de Direito Administrativo. São Paulo: Saraiva, p. 200.

mas deve-se valer de um certo *feeling* para que estes elementos não se distanciem do verdadeiro interesse público e do bem comum.

Em seguida, adita que:

> [...] "a finalidade do ato administrativo não é "algo externo", existente no mundo circundante. É um aspecto do ato, no sentido de ser um modo específico pelo qual o agente estatal avalia o mundo".

Com isso, o entendimento do renomado mestre se posiciona no sentido de que, à prática do ato pelo agente deverá se agregar uma análise específica que o conduza a realizar atos conscientes quanto ao ambiente que circunda o ato, aos critérios a serem por ele utilizados e aos fins a serem alcançados. Uma dose de consciência social deverá se sobrepor à letra fria da lei.

4.5.3. O interesse público e o bem comum perpassando a previsão legal

Em razão da árdua tarefa de delimitar o interesse público e o bem comum, restarão sempre ao administrador a sensibilidade e a percepção para bem alcançá-los, levando em consideração tanto a competência administrativa legalmente prevista, a qual dispõe para atuar em nome da Administração Pública, quanto os casos concretos que tem diante de si e que estão à mercê de sua atuação, já que estes, por vezes, pressupõem a prática de ações que vão aquém das condutas delineadas pela norma jurídica.

De fato, não há como delimitar de forma perpétua aquilo que se entende por interesse púbico e bem comum, pois que o avanço tecnológico, o aumento da densidade demográfica e a própria incidência da globalização econômica, entre outros fatores, direta ou indiretamente trazem cada vez mais uma nova conotação e sentido a estes temas, tornando-os reiteradamente mais abertos a novos ajustes.

4.5.4. O sentido indeterminado de interesse público

A questão da imprecisão terminológica que pende sobre a locução "interesse público", e que em razão dessa imprecisão se enquadra no rol do denominado conceito jurídico indeterminado, requer uma pronta e eficaz interpretação por parte do administrador público, sob pena deste incorrer em equívocos quanto à sua extensão e profundidade, considerando-o em proporções menores que as reais quando da sua prestação.

Com isso, a imputação de um sentido demasiado vago e abstrato pode condenar o termo serviço público a uma existência mesquinha e limitada, engessando sentidos ultrapassados e não permitindo que este se expanda em consonância com as novas formas de atuação da Administração Pública.

Ademais, ao se valer de um sentido limitado, a aludida locução poderá induzir erroneamente o administrador a entender que, qualquer decisão por ele adotada, ainda que a mais trivial de todas, poderá ser considerada válida e conveniente, trazendo prejuízos irremediáveis ao administrado.

Contudo, estando o sentido de "interesse público" diretamente relacionado ao termo "bem comum", arrastar uma concepção sem a atualizar seria condenar sociedade, como um todo, a ver congelado o seu direito de receber da Administração a prestação de serviços pontuais e renovados, à medida que as necessidades humanas não são estáticas, mas são majoradas em razão da própria evolução humana.

Neste sentido, ao contrário de perpetuá-lo, a indeterminação da expressão interesse público pressupõe uma flexibilização no seu sentido, a possibilitar que o agente público, na prática cotidiana de suas atividades e em confronto com uma realidade desigual, a torne adequada aos exatos termos da solução preconizada na norma jurídica, e que não pode ser outra senão aquela que melhor supra a comunidade com a prestação de serviços públicos e propicie a certeza do alcance do bem comum.

A indeterminação, pois, do conceito de interesse público não tem outra função jurídica, senão tornar possível a mais exata e adequada aplicação de seu real sentido pelo administrador público, quando este se vale de sua competência e executa os atos administrativos.

A partir desta indeterminação do interesse público, este se divide em:

► **Interesse público primário** – é indisponível, imaterial, não pode ser negociado. É aquele que visa satisfazer as mais importantes demandas do interesse social: paz social, segurança, vida etc.

► **Interesse público secundário** – são as relações jurídicas onde o Estado se envolve com possibilidade de negociação, de patrimonialização.

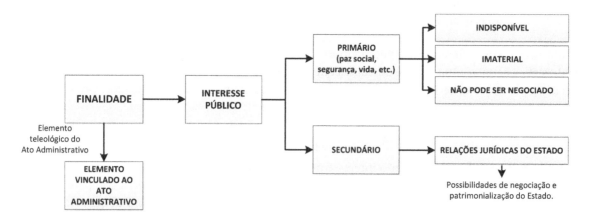

4.5.5. O interesse público e a discricionariedade do administrador

Diante da possibilidade de que dispõe o agente público para adequar o conceito indeterminado de interesse público à melhor forma que atenda aos anseios da comunidade, surge uma questão que se impõe seja apreciada sob a ótica da moralidade pública, que é a prática de atos discricionários pelo administrador em face à margem de liberdade de escolha de que este dispõe, devidamente respaldada por lei.

Por isso mesmo, os diversos contextos a serem apreciados em cada caso específico pelo agente público, quando este dispõe de discricionariedade, já pressupõe a dificuldade de prever qual solução ou decisão seria a mais adequada a em todas as situações em que tem de intervir.

Não resta dúvida de que a inequívoca pretensão da lei, em vista da qual foi conferida maior discricionariedade ao agente público, é que seja tomada a decisão ideal, a mais justa e adequada, isto é, a que mais satisfaça ao interesse público.

Ademais, a partir dessa indefinição, só resta ao administrador se valer de sua discricionariedade, sempre em conjunto com os Princípios da Moralidade e da Finalidade da Administração Pública, consagrados no art. 37, *caput*, da Constituição Federal.

4.5.6. A discricionariedade e os Princípios da Moralidade e da Finalidade da Administração

A observância ao Princípio da Moralidade é de extrema importância quando o administrador estiver se valendo da discricionariedade para a prática de atos administrativos, pois ao se valer da conveniência e da oportunidade, elementos associados à discricionariedade, não poderá o agente se afastar, sob nenhuma hipótese, dos preceitos morais a que se obriga a observar enquanto a serviço da Administração Pública.

Já o Princípio da Finalidade se relaciona ao fato de que a Administração Pública não poderá se afastar do seu objetivo maior, que é o alcance do interesse público. Portanto, ainda que o agente tenha a opção discricionária para a prática de seus atos, terá sempre como elemento medidor o interesse público.

No artigo 2º da Lei 9.784/99 de processo administrativo, a finalidade é tratada expressamente como Princípio da Finalidade.

> **Art. 2º, Lei 9.784/99** – A Administração Pública obedecerá, dentre outros, aos princípios da legalidade, **finalidade**, motivação, razoabilidade, proporcionalidade, moralidade, ampla defesa, contraditório, segurança jurídica, interesse público e eficiência.

Ao analisar o Princípio da Finalidade, deve-se observar também sua correlação com os Princípios da Isonomia e da Impessoalidade, visto que quando o administrador pratica ato que viola um destes três princípios, os outros dois também são violados, tendo como consequência o ato nascer ilegal devendo então ser anulado pelo judiciário ou pela própria administração por controle administrativo de ato administrativo.

4.5.7. Finalidade em sentido amplo

A finalidade em seu sentido amplo, ou genérico, está relacionada ao fim mediato da prática de todo ato praticado pela Administração Pública, que são os interesses da coletividade como um todo, nele incluído todas as atividades prestadas pela Administração Pública à coletividade.

Registre-se que tais atividades não compõem um rol taxativo, pois que a toda evidência as necessidades das pessoas são cada vez mais diversificadas e crescentes, em razão das evoluções que se sucedem.

Portanto, a finalidade em sentido amplo está relacionada ao resultado mediato do ato, que, em suma, é o próprio interesse coletivo o qual o administrador deverá perseguir, sendo este o único desfecho legalmente aceitável para a conduta do agente.

Em razão desta indissociável relação entre finalidade em sentido amplo e interesse coletivo, ou interesse público, pode-se antever um elo de vinculação entre ambos, sendo, pois, a finalidade mediata do ato administrativo um elemento vinculado, não restando margem de discricionariedade neste sentido.

4.5.8. O agente público e a sua conduta socialmente correta

O agente público, na prática de atos administrativos, deve ter aguçado o discernimento e a acuidade para bem se valer da melhor maneira de realizá-los, bem como para não se afastar do fim a ser por ele buscado, haja vista a possibilidade de, na prática, e isto tem sido cada vez mais comum, divergirem interesses, expectativas e necessidades das coletividades, que embora com realidades extremamente opostas, coabitam nas mesmas cidades, e estão todas sob a égide da mesma legislação.

Não se trata, com isso, de desconfigurar o interesse público, mas de se observar que nos casos concretos este termo pode ser desmembrado sob variadas formas de manifestação da Administração Pública.

A título de ilustração, se nos parece inviável conceber como um único interesse comum as expectativas dos moradores dos condomínios de luxo de São Conrado, e as necessidades e aspirações de atendimento público dos habitantes dos milhares barracos que se amontoam na sua vizinha Favela da Rocinha.

Apreciando-se este exemplo isoladamente, conclui-se que ao alcance da finalidade, ou do bem comum, se antecede a necessidade da prática de uma diversidade de atos, e antes mesmo de medidas preventivas, indispensáveis que são para o alcance mínimo do bem comum daquela comunidade como um todo.

Diante destas premissas, parece incontestável que o administrador deverá se valer, quando da prática de seus atos administrativos na busca do bem comum, da razoabilidade e da proporcionalidade, pois que estas são indispensáveis para se alcançar a justiça social, sobretudo em cidades com antagonismos econômicos e sociais tão gritantes.

Não se pode vislumbrar o alcance do bem comum se nele não se incluir a plenitude da justiça social. Caso contrário, não se estará, de fato, alcançando o "bem comum", mas tão somente o "bem relativo" ou o "bem parcial" em favor de alguns.

Neste sentido, verifica-se que o administrador se torna um mero condutor, ou seja, aquele mediador entre a finalidade que a Administração Pública busca alcançar e a expectativa da coletividade em ver satisfeito os seus interesses mais remotos enquanto administrados, não se concebendo a sua participação volitiva.

4.5.9. O Princípio da Impessoalidade do agente público

Oportuno anotar que a finalidade, esse requisito do ato administrativo, também guarda relação com o princípio da impessoalidade, sobretudo pelo fato de que o interesse público, não obstante coexistirem diferentes realidades sociais, deve ser alcançado por todos de igual maneira, embora os meios aplicados para o seu alcance possam diferir de acordo com os casos concretos.

A este propósito, registramos que o interesse público é tipicamente espécie de interesse difuso, o que leva a crer que, embora todos tenham interesse nele, ninguém é o seu titular, nem a própria Administração Pública. Daí o porquê da impessoalidade da atividade da Administração.

Exemplo cristalino desta assertiva é o que se aplica à realização de concurso público, pois que nesta ocasião estarão em tela os diversos interesses privados e legítimos dos candidatos, que compartilham do mesmo objetivo que é a aprovação nos exames e o ingresso nos quadros da Administração Pública.

Em consonância com o Princípio da Impessoalidade, todos os candidatos terão que ser igualmente tratados, submetendo-se aos exames probatórios e classificatórios nas mesmas proporções, ou seja, provas e critérios de aprovação idênticos, ressaltando-se que a finalidade da Administração, neste caso específico, é obter os mais capacitados para a ingressarem e passarem a integrar os seus quadros.[53] Feito isto, o interesse público terá sido consumado.

---

53 Elementar, nesta oportunidade, fazer uma ressalva de que outro princípio estará aqui em destaque, que é o Princípio da Eficiência, pois em atenção a ele, deve a Administração adotar os devidos critérios para garantir a qualidade na prestação do serviço público. Neste sentido, o concurso público serve como uma verdadeira ponte a levar a Administração até os mais qualificados para ingressarem em seu quadro, e por conseguinte, garantir a sua eficiência.

O Princípio da Eficiência foi introduzido na Constituição Federal por meio da Emenda Constitucional n° 19/98, passando a integrar o *caput* do seu artigo 37.

Este princípio, de fato, pôs termo ao famigerado conceito de que "serviço público não funciona, é mal prestado, deficiente, e na maioria das vezes, ineficaz. Ademais, traduz a nova feição do Estado Regulador, do Estado que descentralizou e abriu mão

Deve-se registrar que os candidatos só irão se tornar desiguais a partir do ato da aprovação, ou seja, da sua publicação em Diário Oficial, que ocorrerá após a devida correção dos conteúdos das provas, e levando-se também em conta a finalização dos prazos de revisão e de recurso, se assim dispuser o edital.

Acrescente-se que estes atos darão aos candidatos aprovados mera expectativa de direto à nomeação, por se submeter essa iniciativa à discricionariedade da Administração Pública, que se valendo da sua conveniência e oportunidade, decidirá quando nomear, e mais ainda "se" irá nomear. Com efeito, não gera a aprovação do candidato nenhum direito adquirido perante a Administração. Quanto aos eliminados, esvaziam-se quaisquer expectativas advindas destes após o resultado oficial dos exames.

Outro exemplo é quanto aos licitantes, pois que se aplica a mesma regra à Licitação Pública, sendo o Princípio da Impessoalidade um verdadeiro parâmetro para a sua legalidade. Aplica-se a igualdade de tratamento aos licitantes, elemento finalidade no princípio da isonomia, atingindo-se desta forma o interesse público.

É de se notar que o princípio da moralidade também é enfatizado nestes exemplos, já que relega os preceitos éticos que devem nortear a Administração Pública. Tais princípios estão expressos no art. 37, *caput*, da Constituição Federal.

4.5.10. Finalidade em sentido estrito

No que tange à finalidade em sentido estrito, deve-se considerar, num primeiro momento, ser ela o resultado específico e imediato produzido pelo ato administrativo, decorrente explícita ou implicitamente de lei e revestido sob a forma de serviço público.

Importa mencionar que a expressão serviço público se materializa em atividades tais como a segurança pública, a educação pública, a saúde pública, a proteção ao meio ambiente etc., e estas se constituem na finalidade em sentido estrito do ato administrativo, ou seja, no fim imediato que se busca alcançar na prática de tais atos.

Portanto, a prestação do serviço público nada mais é que o fim imediato a ser alcançado pela Administração Pública, ao passo que o fim mediato é o alcance do bem comum e do interesse público.

4.5.11. Consequência da inobservância da finalidade nos sentidos estrito e amplo

Analisada tais premissas, cumpre acrescentar que, se a finalidade do ato em sentido estrito for infringida, ou se for desatendido o seu interesse público, genericamente falando, o ato será ilegal por desvio de poder.

Com efeito, o desrespeito e a inobservância do interesse público constituem abuso de poder sob a forma de desvio de finalidade.

4.5.12. Finalidade como elemento vinculado

A finalidade mediata do ato administrativo é elemento vinculado, e por mais que os meios utilizados para a sua consecução sejam diversos e variáveis, outro não será o fim, senão o bem comum, sempre diverso do interesse pessoal do agente, em respeito ao Princípio da Finalidade.

Portanto, não se vislumbra a validade de ato administrativo sem finalidade pública, sem interesse coletivo ou com desvio deste, pois a incidência de um destes elementos sobre o ato o tornará fadado à ilegalidade. É necessário que o agente público esteja em sintonia com o dispositivo legal, já que a finalidade do ato administrativo é elemento vinculado o qual a lei indicará, explícita ou implicitamente.

---

da sua titularidade de serviços públicos, que eram precariamente atendidas, sobretudo pela ineficiência de verbas em alguns setores do Poder Público".

Ainda que longe de ser reverenciado por sua elevada qualidade e presteza, é certo que este princípio constitucional cria novas perspectivas aos administrados, pois a partir do momento em que a eficiência no serviço púbico ganha *status* constitucional, abrem-se precedentes para que os administrados possam reivindicá-los com maior veemência e com consistência jurídica, diga-se de passagem, com base no Ordenamento Maior do País.

Contudo, cabe ao administrador criar mecanismos eficazes e pontuais que viabilizem a boa prestação do serviço público, seja sob a modalidade da prestação direta, seja indireta, sob pena de incorrerem os administradores como réus em ações de responsabilidade civil, por violação de conduta a que se obrigaram constitucionalmente a cumprir.

Com efeito, a vontade finalística de um agente deve ser o interesse coletivo prescrito na norma legal que lhe autorizou a prática do ato, desvinculada de sua vontade pessoal, sob pena de caracterizar-se desvio de finalidade pelo fim diverso daquele que foi previsto em lei.

4.5.13. Desvio de finalidade do agente

Conforme já anunciado, a prática de ato administrativo para alcançar fim diverso daquele previsto em lei, ou seja, alheio ao interesse público, configura-se em desvio de finalidade, o que torna o ato passível de anulação. Elencam-se a seguir alguns exemplos em que se constata o desvio de finalidade do agente público.

O primeiro caso se refere a um evento em que um decreto expropriatório é promovido por autoridade que, embora devidamente competente para a prática de tal ato, tinha o fito de perseguir ou prejudicar desafeto político, hipótese em que o interesse público foi sobrepujado em razão de interesses de ordem pessoal, conduta esta terminantemente abominada pela Administração Pública.

Outra hipótese é a de um delegado de polícia que concede autorização de porte de arma de fogo a um cidadão de 55 anos de idade, cuja atividade profissional é transportar, diariamente, grande quantidade de dinheiro dentro de um grande e violento centro urbano.

Portanto, como pai de família que é, além da idoneidade que comprova ter a seu favor, solicita ao Estado esta concessão, como forma de resguardar a sua segurança, e consequentemente, o sustento de sua família, que depende integralmente dele financeiramente para viver.

Ocorre que, além deste cidadão, que é destro, estar acometido de artrite na mão direita, tem ele comprovadamente 15 graus de miopia. Logo, não apresenta condições físicas em perfeito estado para obter a autorização de portar arma de fogo. Todavia, pautando-se em questão de ordem emocional; avaliando a necessidade do aludido cidadão e se comovendo com a sua história, o chefe de polícia emite a competente autorização.

Mas ao emiti-lo, o delegado estará considerando apenas o interesse privado do indivíduo, relegando o interesse público a segundo plano, pois que aquele cidadão, por melhores que sejam seu caráter e a suas intenções, poderá colocar em risco a segurança pública, antes mesmo de se defender, se utilizar arma de fogo, uma vez que possui as aludidas deficiências. Assim sendo, flagrante será a ocorrência de desvio de finalidade nesta situação.

Contudo, pode-se assegurar que o agente que não se pautar, na prática de seus atos administrativos, no Princípio da Finalidade, afastar-se-á do interesse público e seus atos serão eivados de vícios insanáveis em razão do desvio de finalidade.

4.5.14. O desvio de finalidade no direito positivo

O desvio de finalidade se encontra inserido no direito positivo, no art. 2º, parágrafo único, letra "e", da Lei nº 4.717, expresso nos seguintes termos:

> Art. 2º, Lei 4717/65 – São nulos os atos lesivos ao patrimônio das entidades mencionadas no artigo anterior, nos casos de: [...]
>
> **e) desvio de finalidade.**
>
> Parágrafo único. Para a conceituação dos casos de nulidade observar-se-ão as seguintes normas: [...]
>
> **e) o desvio de finalidade se verifica quando o agente pratica o ato visando a fim diverso daquele previsto, explícita ou implicitamente, na regra de competência.** (grifos nossos)

FIQUE LIGADO E NÃO ESQUECER!

Finalidade geral, mediata, em sentido amplo, *lato sensu* – Visa a satisfação do interesse público genericamente.

Finalidade específica, imediata, em sentido estrito, *stricto sensu* – Resultado a ser alcançado pelo ato está previamente extraído na lei (ato administrativo específico).

Vale mencionar que a finalidade está sempre vinculada ao interesse público, independentemente de sua modalidade sob pena de configurar em desvio de finalidade.

5. FORMAÇÃO E EFEITOS

Quando se fala em formação e efeito do ato administrativo, a referência se dá a quatro itens:

A saber:

5.1. Perfeição

Para ser perfeito, dizemos que o ato precisa estar completo, isto é, possuir determinados elementos[54], sem os quais, materialmente, ele nem mesmo existe no mundo jurídico. Portanto, ato perfeito é aquele que possui todos os elementos à sua formação; não os possuindo, ele não existe.

Para a formação do ato ser perfeito, o processo pode se dar de uma maneira longa, mas não intervindo, neste caso, a vontade do Administrador. O certo é que a perfeição do ato somente vai suceder quando se encerrar seu ciclo de formação, ressalvando-se, aqui, que o sentido da perfeição é o de conclusão.[55]

5.2. Eficácia

A eficácia do ato pode ser conceituada como a idoneidade que tem o ato administrativo para produzir seus efeitos na esfera jurídica, não apresentando obstáculo, ou seja, o ato está pronto para atingir o fim a que foi destinado. Eficácia, em síntese, é a aptidão do ato para produzir efeitos.

Assim, toda vez que um ato repercute, nessas circunstâncias, na esfera jurídica, dizemos que ele é eficaz, não estando sujeito a prazos, à condição suspensiva nem a um ato de ratificação que condicione a sua produção de efeito.

Constituir-se-ia a eficácia, então, em um pressuposto da validade do ato administrativo? Não, eis que muitas vezes o ato é válido, existe, mas é ineficaz, já que está sujeito a três institutos, quais sejam: condição, encargo e termo.

Entretanto, existem algumas situações que, para produzir efeitos, o ato precisa ser homologado, obrigatoriamente, a fim de possuir a chancela da eficácia.

A título ilustrativo, seria o caso de um processo de aposentadoria em que o Chefe do Executivo a concede. Neste caso, é necessário que o Tribunal de Contas ratifique, confirme esse ato, segundo prescreve o art. 71, III, da Constituição da República.

Outro exemplo é a dispensa de licitação. Para ter eficácia, essa dispensa tem que ser homologada por autoridade superior, que fará uma revisão, uma fiscalização do controle de validade.

---

54 Vale observar que usamos o termo "determinados" tendo em vista que não há unanimidade entre os estudiosos quanto ao número desses elementos, embora sejam cinco os clássicos estipulados por lei, a saber: competência, finalidade, forma, motivo e objeto.

55 Pode-se dizer que os atos administrativos podem ser perfeitos ou imperfeitos, configurando-se os primeiros quando encerrado seu ciclo de formação e, os últimos, quando ainda em curso o processo constitutivo. O ato administrativo perfeito assume a garantia atribuída ao ato jurídico perfeito, impedindo seja atingido por efeito retroativo da lei.

Enquanto não houver homologação, não estará sacramentada a eficácia, eis que a homologação é condição suspensiva, ou seja, enquanto ela não for implementada, o ato não produz efeitos e, sendo assim, é ineficaz.

Para essa acepção, damos como exemplo o período de *vacatio legis*, como um decreto do Chefe do Executivo, que entrará em vigor em 15 dias. O decreto foi realizado com todos os elementos estipulados por lei (motivo, finalidade, objeto, forma e competência), ou seja, está materialmente completo, tem existência e validade. Porém, enquanto pendente (15 dias), esse ato (decreto) não é eficaz, uma vez que não se encontra, ainda, em estado de produtividade de seus efeitos.

Aprofundando um pouco mais, temos a efetividade, que é um conceito mais sociológico do que jurídico. É a concretização prático-social da eficácia, embora o termo e a condição possam constituir óbices à operatividade do ato, mas nem por isso descaracterizam sua eficácia[56].

Como bem averba Sérgio de Andréa Ferreira,[57] a eficácia comporta três tipos de dimensão: temporal, que leva em consideração o período da produção de efeitos (há atos de eficácia instantânea e atos de eficácia duradoura); espacial, que considera o âmbito de incidência dos efeitos (ex.: um ato de permissão originário do Município só produz efeitos no círculo territorial deste); e subjetiva, atinente aos indivíduos que estarão sob sujeição do ato.

5.3. Exequibilidade

A exequibilidade, que não se confunde com a eficácia, significa a efetiva disponibilidade que tem a Administração para dar operatividade ao ato. Desse modo, um ato administrativo pode ter eficácia, mas não ter ainda exequibilidade.[58]

Contudo, alguns autores afirmam que ambas, eficácia e exequibilidade, possibilitam a produção dos efeitos do ato administrativo, mas valendo destacar as doutrinas de Hely Lopes Meirelles e de Diogo Figueiredo, para os quais eficácia seria algo menos do que a exequibilidade.

A eficácia seria a adequação formal e a exequibilidade a produção dos efeitos. A adequação formal seria possuir todos os elementos (competência, finalidade, forma, motivo e objeto), e estes serem formados de acordo com a lei. Se o ato tiver todos os elementos e a sua formação estiver compatível com a lei, consolidadas estarão a existência e a validade, ou melhor, a eficácia.

A produção de efeitos, contudo, não guarda relação com estes fatos, tanto assim que um ato administrativo pode estar totalmente perfeito e eficaz, porém não exequível. Por exemplo, no processo administrativo pendente a recursos. É eficaz, mas só se torna exequível depois do recurso administrativo.

Caso similar ocorre no Direito Processual Penal em relação à sentença judicial, que sendo prolatada é eficaz, mas só se torna exequível depois de transitada em julgado.[59]

---

56 Sob a ótica ora em estudo, podemos então dizer que os atos administrativos podem ser eficazes ou ineficazes, isto é, aqueles com aptidão para produzirem seus efeitos, e estes quando ainda não dispõem dessa possibilidade.

57 FERREIRA, Sérgio de Andréa. *Direito administrativo didático*. Rio de Janeiro: Forense, 1985, p. 97-99.

58 Sendo assim considerado o aspecto da operatividade dos atos, eles podem ser exequíveis ou inexequíveis. No primeiro caso, os atos já são inteiramente operantes, ou seja, já existe a disponibilidade para colocá-los em execução, ao passo que essa disponibilidade inexiste nos últimos.

59 Aliás, discorrendo muito bem acerca desses dois itens, eficácia e exequibilidade, diz José Robin Andrade: A eficácia jurídica dos atos administrativos traduz-se, naturalmente, no complexo de poderes e deveres jurídicos a que o ato dá lugar. Convém ter sempre presente a distinção entre eficácia jurídica e eficácia material, pois a primeira diz respeito aos fenômenos que se passam no mundo das valorações jurídicas – e é a única que agora nos interessa – ao passo que a segunda diz respeito aos fenômenos que se passam no mundo das realidades materiais e identifica-se com a aplicação, execução ou acatamento efetivo do *ato*. A nossa lei raramente utiliza a expressão eficácia jurídica, referindo-se, de preferência, à executoriedade.
A executoriedade, segundo o seu conceito tradicional, não se identifica com a eficácia jurídica. Esta última traduz-se no conjunto de poderes e deveres que do ato derivam para a administração e para o administrado. A executoriedade é a situação em que se encontra um ato administrativo cuja eficácia haja envolvido a atribuição de poderes à Administração, situação que se caracteriza pela faculdade de a Administração executar coercitivamente poderes em que foi investida. A executoriedade pressupõe, portanto, a eficácia jurídica do ato administrativo, e certa eficácia jurídica: – a que se traduza na atribuição de poderes à. Administração. A executoriedade do ato administrativo pode, pois, considerar-se como um efeito jurídico acessório – a faculdade de a Administração executar coercitivamente certo poder – que acompanha e pressupõe certo efeito jurídico típico – a atribuição de um poder à Administração. Daí que a lei, ao falar em executoriedade, em atos definitivos e executórios, em condições de executoriedade, embora tendo em vista aquela faculdade de execução, pressuponha a eficácia jurídica típica

Deduzimos, pois, que a noção de exequibilidade só se satisfaz após superados todos os obstáculos que a antecedem.

5.4. Validade

Por fim, a validade é a situação jurídica que resulta da conformidade do ato com a lei ou com outro ato de grau mais elevado. Se o ato não se compatibiliza com a norma superior, a situação, ao contrário, é de invalidade.[60]

Ato válido é aquele que tem todos os seus elementos, possuindo estes as qualidades estabelecidas em lei. Então, a autoridade é competente, a forma é legal, o objeto é lícito. É um *plus* em relação à mera perfeição, eis que todos os elementos já são perfeitos, mas valendo ressaltar que, para serem válidos, esses elementos têm que ter as finalidades estabelecidas pela lei.

Concluímos, assim, que é de interesse para o Direito Administrativo verificar a relação entre a validade e a eficácia, tendo em vista que o ato válido não necessariamente levará à eficácia e vice-versa.

Bem a propósito, Celso Antonio Bandeira de Mello[61] assim apresenta, de forma didática, a seguinte sistematização acerca da matéria, acentuando que um ato pode ser:

A - Perfeito, válido e eficaz	Quando concluiu seu ciclo regular de formação, cumpriu todas as etapas necessárias, ajustando-se às exigências legais, estando apto a produzir os efeitos que lhe forem próprios, mas observando-se que o fato de ter sido mencionado nessa ordem, ou seja, perfeito, válido e eficaz, não significa dizer que o posterior pressupõe o anterior. Como exemplo, temos uma interdição, via de regra, não subordinada a termo ou condição, que, por si só, já é eficaz.
B - Perfeito, inválido e eficaz	Quando, apesar de ter cumprido seu ciclo de formação e de não se achar conforme às exigências normativas, encontra-se produzindo os efeitos que lhe seriam inerentes. É exemplo o ato de declaração de utilidade pública, para fins expropriatórios, editado por vingança.
C - Perfeito, válido e ineficaz	Quando, apesar de ter concluído seu ciclo de formação e estar em conformidade com o ordenamento jurídico, o ato não puder produzir seus efeitos próprios, em razão de estar à espera de um termo inicial ou de uma condição suspensiva, ou autorização, aprovação ou homologação, a serem manifestados por uma autoridade controladora. Exemplo para este caso é o ato que permite a contratação depois que o vencedor da licitação tenha promovido a competente garantia.
D - Perfeito, inválido e ineficaz	Quando o ato, esgotado seu ciclo de formação, encontrar-se em desconformidade com o ordenamento jurídico; por conseguinte, seus efeitos ainda não podem fluir, pois dependem de algum acontecimento previsto como necessário para a produção dos efeitos (condição suspensiva ou termo inicial, ou aprovação ou homologação dependentes de outro órgão). Essa hipótese se dá quando, antes de declarada a nulidade, o ato estiver produzindo seus efeitos. Assim, o ato que permite a nomeação de um funcionário para cargo de provimento efetivo, sem prévio concurso, depois do recesso, é exemplo de ato inválido e ineficaz. Cabe aqui salientar que a questão da retroatividade da invalidade é outra coisa, que é bem relativa atualmente.

---

do ato administrativo ANDRADE, José Robin de. *A revogação dos atos administrativos*. 2. ed. Coimbra: Coimbra Editora, 2012, p. 133.

60   Nessa ótica, portanto, os atos podem ser válidos ou inválidos. Aqueles são praticados com adequação às normas que os regem, enquanto estes têm alguma dissonância em relação às mesmas normas

61   BANDEIRA DE MELLO, Celso Antônio, *op. cit.*, p. 356.

Valendo-se disso, parte da doutrina admite os chamados atos inexistentes[62], nulos e anuláveis, quando um dos elementos qualificadores do ato administrativo estiver ausente.

6. MÉRITO ADMINISTRATIVO

Diogo Figueiredo Moreira Neto conceitua mérito como "o uso correto da discricionariedade". Quando o administrador usar a discricionariedade e respeitar o limite legal, teremos o mérito do ato administrativo. A discricionariedade é a técnica e o mérito o seu resultado. O mérito nada mais é, portanto, que a materialização da discricionariedade.

Porém, cabe mencionar que a discricionariedade não é um "cheque em branco", pois, mesmo na atuação discricionária, o administrador integra a lei fazendo uso de um juízo de valor. Sendo este juízo pautado na conveniência e oportunidade, então podemos denominar mérito administrativo como a conveniência e a oportunidade que o agente possui, quando lhe compete determinar o motivo e o objeto do ato. São eles inspiradores da discricionariedade do ato administrativo, ou seja, o mérito é a oportunidade do motivo e a conveniência do objeto.

Se motivo e objeto são os únicos elementos que podem ser discricionários, são eles, da mesma forma, os únicos elementos que podem comportar o mérito do ato administrativo discricionário. Só há mérito em ato discricionário, pois no ato vinculado não há margem de escolha, não há conveniência e oportunidade.

A competência, a forma e a finalidade serão sempre vinculadas. Apenas o motivo e o objeto podem comportar a atuação discricionária: basta um dos dois elementos ser discricionário, que todo o ato também o será. Só será ato vinculado quando todos os elementos forem vinculados.

No gráfico abaixo, tem-se uma visão mais nítida dos requisitos que comportam o mérito administrativo:

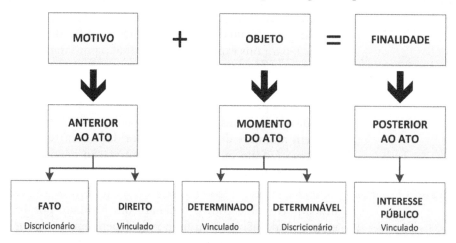

Ressalta-se que não pode o administrador utilizar os demais requisitos do ato, como a competência, a finalidade e a forma, pois estes são vinculados em qualquer hipótese. Para uma maior elucidação dos atos discricionários e vinculados, necessário se faz uma melhor análise dos mesmos.

---

62   Para Eduardo Lobo Botelho Gualazzi, ato administrativo inexiste "é o fato da administração que, aparentando informalmente a vontade estatal, está isento de efeitos jurídicos motivados por teleologia pública, em consequência da não incidência do direito objetivo, em matéria administrativa, por ausência natural ou cultural de qualificação categorial". GUALAZZI, Eduardo Lobo Botelho. *Ato administrativo inexistente*. São Paulo: Revista dos Tribunais, 2013, p. 107.
Jurisprudência: EMENTA: O PODER PÚBLICO QUE APROVA OS ATOS DE UM CONCURSO, A CLASSIFICAÇÃO DOS CANDIDATOS E EXPEDE OS TÍTULOS DE NOMEAÇÃO, SEGUIDOS DE POSSE E DE EXERCÍCIO, NAO PODE DEPOIS TORNÁ-LOS SEM EFEITO. FAZENDO-O, FERE DIREITOS ADQUIRIDOS, ASSEGURÁVEIS POR MANDADO DE SEGURANCA. (STF, RE 20462/CE, Rel. Ministro Ribeiro da Costa, 2ª Turma. Votação unânime. Resultado: Improvido).

6.1. Ato administrativo discricionário e vinculado

Há que se considerar, aqui, a classificação do ato administrativo, no que tange à liberdade de atuação do administrador. Assim, podemos dizer que os atos são vinculados ou discricionários. Vinculados são aqueles em que a lei estabelece as condições de sua realização; neles, não resta ao administrador uma liberdade de escolha, vez que sua atuação fica adstrita às condições estabelecidas pela lei, que dará o contorno de validade do ato. Como exemplo, podemos citar o momento da habilitação em um procedimento licitatório, em que as regras para tal ato encontram-se normatizadas na Lei nº 8.666/93.

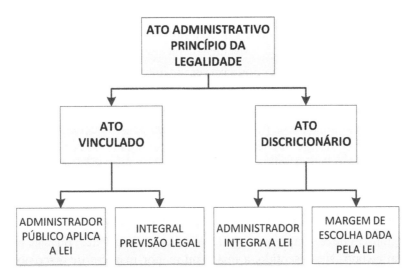

6.1.1. Atos vinculados

Atos vinculados, portanto, são aqueles que, quando da sua prática, o agente público não goza de qualquer margem de liberdade. O ato apresenta-se inteiramente vinculado às determinações legais em toda sua trajetória e elementos constitutivos. Aqui, não há espaço para emissão de juízos de conveniência ou oportunidade.

Como salienta Régis Fernandes de Oliveira,[63] a vinculação se identifica pela impossibilidade de mais de um comportamento possível por parte da Administração. A lei prevê, diante de uma situação concreta, uma única atuação possível do agente. É o caso da licença para edificar. Se o projeto de construção se encontra em conformidade com a legislação municipal, o agente público competente não pode deixar de deferi-la.

Deve emitir a licença na forma prevista em lei. Tal é o caso também da concessão de benefício previdenciário. Uma vez presente o fato que a lei considera suficiente para a concessão do benefício, o agente público responsável não poderá negar o seu deferimento, pois o particular, nesta circunstância, tem este direito adquirido, podendo exigi-lo na esfera judicial, sob a alegação de ilegalidade, em caso de recusa por parte da Administração.

Observa-se que o motivo e o objeto do ato já constituíam elementos que o legislador quis expressar. Logo, o agente irá apenas reproduzir os elementos no próprio ato. Assim, não há que se falar em mérito administrativo quando o ato for vinculado.

Exemplo clássico de ato vinculado é o alvará de licença, conforme dispõe o art. 29, da Lei nº 6.383/76. A partir do momento que o cidadão cumprir os requisitos do referido artigo, terá ele direito à legitimação de posse.

6.1.2. Atos discricionários

Já os atos discricionários apresentam maior liberdade ao administrador, que decidirá pela conveniência, oportunidade, conteúdo, destinatário e modo de sua realização.[64]

---

63   OLIVEIRA, Régis Fernandes. *Ato administrativo*. 3. ed. São Paulo: Revista dos Tribunais, 2008, p. 79.
64   Jurisprudência: EMENTA: ADMINISTRATIVO - ATO DISCRICIONÁRIO - CONTROLE JURISDICIONAL - PORTARIA QUE OBRIGA A VENDA DE COMBUSTÍVEIS A PREÇOS MENORES QUE OS RESPECTIVOS CUSTOS - INCOMPETÊNCIA - DESVIO DE FINALIDADE.

A existência da discricionariedade dá-se em razão da impossibilidade jurídica, que se justifica em razão do artigo 2º da CF, isto é, devido à tripartição dos Poderes, que prega a independência e a harmonia entre os Poderes. Não existiria independência entre os Poderes Executivo e Legislativo se só existissem atos vinculados.

Então, para que o Executivo exerça com plenitude sua independência prevista no art. 2º da Constituição Federal, é necessário que ele tenha uma forma de agir discricionária, que lhe dê liberdade de atuação em relação ao Poder Legislativo.

Ora, o ato discricionário nasce da própria lei, que atribui a faculdade de atuação ao administrador. A lei entrega o juízo de valor ao administrador.

Nos atos discricionários, ao contrário dos vinculados, o agente público competente detém uma maior margem de liberdade, podendo considerar a conveniência ou a oportunidade da prática do ato.

De fato, em muitas situações a lei não pode prever, de antemão, qual a melhor medida a ser tomada diante da enorme diversidade de contextos em que se desenvolvem na atividade administrativa.

Diferentemente dos atos vinculados, cujos aspectos são inteiramente disciplinados em lei, no que concerne ao comportamento a ser adotado na presença de determinadas situações fáticas ou jurídicas, nos atos discricionários a lei confere ao agente público uma maior flexibilidade de decisão, em face à variedade de circunstâncias concretas que podem se apresentar.

Deve-se observar, contudo, que na Administração Pública não existe ato inteiramente discricionário. Todo ato discricionário é vinculado em pelo menos alguns dos seus aspectos. Assim, o ato discricionário é vinculado quanto à competência, ou seja, deve ser praticado por agente público competente, sob pena de nulidade.

Todo ato discricionário deve sempre perseguir uma finalidade pública, ou seja, apresentar-se inteiramente vinculado a tal escopo. Neste sentido, a maior ou menor margem de discricionariedade conferida por lei à autoridade pública tem um objetivo bastante definido, qual seja, permitir ao agente público adotar a medida que melhor satisfaça, na situação administrativa concreta em que se encontra, o interesse público em tela.

Exemplo: a nomeação de candidato aprovado em concurso público. A Administração pode deliberar, discricionariamente, sobre a oportunidade e conveniência da nomeação.

Importa destacar que ao se analisar elementos discricionários do ato, depara-se somente com dois requisitos: o motivo e o objeto, posto que a competência, a finalidade e a forma serão sempre regradas pela norma legal. Pode, todavia, ocorrer de o motivo e o objeto também se apresentarem na lei que autorizou o ato, não se admitindo ao administrador a possibilidade de escolha quanto à adequação daquele ato.

Assim é que se tem os atos parcialmente vinculados (onde o motivo e o objeto ficam à mercê de quem o executa) ou necessariamente vinculados (naquele ato em que todos os elementos se fazem presentes já na lei que o autorizou).

Não se pode admitir, no entanto, que a discricionariedade fique ao sabor de quem detém o poder e representa os interesses da Administração, visto que, se utilizada de forma exacerbada, por certo incorrerá em arbítrio, caracterizando o abuso de autoridade, nada obstante o notável desvio da finalidade.

Deve-se, por isso, limitar a atuação do administrador, de forma que seja dado ao ato um contorno legal que, muito embora de livre decisão de quem o execute, não poderá ensejar violação aos princípios da lei a que se submete. O simples fato de o administrador dispor de uma margem de subjetividade para aplicar a sua livre escolha no mérito administrativo já lhe confere poderes para atuar nos limites do interesse público, decidindo tão-somente pelo que a Administração Pública preceitua como atendimento ao bem-estar geral.

I - Em nosso atual estágio, os atos administrativos devem ser motivados e vinculam-se aos fins para os quais foram praticados (V. Lei 4.717/65, Art. 2º). Não existem, nesta circunstância, atos discricionários, absolutamente imunes ao controle jurisdicional. Diz-se que o administrador exercita competência discricionária, quando a lei lhe outorga a faculdade de escolher entre diversas opções aquela que lhe pareça mais condizente com o interesse público. No exercício desta faculdade, o Administrador é imune ao controle judicial. Podem, entretanto, os tribunais apurar se os limites foram observados.

II - A Portaria 324/98, em estabelecendo preços insuficientes à correta remuneração dos comerciantes varejistas de combustíveis sediados na Amazônia, inviabilizou a atividade econômica de tais negociantes, atingindo fim diverso daquele previsto na Lei 8.175/95. (STJ, ROMS, nº 6.166/RJ, rel. Humberto Gomes de Barros, votação unânime, deferido).

Ora, o poder discricionário existe porque a lei é estática, agindo com que o administrador perceba o interesse público vigente à época de aplicação da norma para completar a vontade do legislador.

Assim foi, inclusive, o entendimento do Supremo Tribunal Federal (Recurso Extraordinário nº 173.820/DF) ao decidir que, em relação aos limites do poder discricionário, "os atos do poder público, além de sujeitos aos princípios da legalidade e moralidade, também devem atender a princípio de justiça".

Vale enfatizar que ato administrativo discricionário é aquele em que três de seus elementos estão determinados na norma legal (competência, finalidade e forma), havendo um juízo de valor de conveniência e oportunidade sobre os elementos (objeto e motivo), esse juízo de valor de conveniência e oportunidade sobre os elementos objeto e motivo chama-se mérito administrativo.

Mérito administrativo só existe no Ato Administrativo discricionário, pois mérito administrativo indica um juízo de valor, e este juízo de valor só é possível no ato administrativo discricionário e nunca no ato administrativo vinculado, assim ato administrativo vinculado não existe mérito administrativo.

Assim, se a hipótese for de um ato administrativo vinculado, seus cinco elementos são enumerados em norma legal não havendo juízo de valor durante a sua prática.

Se a hipótese for de ato administrativo discricionário, três elementos dele estão enumerados em norma legal (competência, forma e finalidade), havendo juízo de valor sobre o motivo e o objeto, tendo em vista a conveniência e oportunidade.

Cumpre situar a chamada discricionariedade administrativa dentro das exigências constitucionais impostas pelo art. 37, *caput*, da Constituição, em especial no que diz respeito à observância dos Princípios da Legalidade, Moralidade e Eficiência.

No atual estágio de desenvolvimento do Direito Administrativo, o tema da discricionariedade adquire uma atualidade e feição novas. Foi-se o tempo em que discricionariedade constituía palavra "mágica", invocada por agentes públicos de todos os níveis para adotar, a seu talante, a medida administrativa que bem quisessem, ou, quiçá, não adotá-la.

Nesta ótica, discricionariedade aparecia como sinônimo de liberdade total conferida ao agente público para a adoção da medida que melhor lhe aprouvesse, sem que o Judiciário ou outros órgãos de controle externo pudesse aferir a legitimidade do seu conteúdo ou mérito.

A discricionariedade apresentava-se, assim, como uma barreira inexpugnável, apta a obstar qualquer tipo de controle da decisão tomada. Tal cultura, ainda muito difundida entre administradores públicos, não guarda qualquer sintonia com os parâmetros hoje vigentes, positivados pela Constituição de 1988 e amplamente difundidos na doutrina e jurisprudência pátrias.

Como bem declara Celso Antônio Bandeira de Mello[65], a discricionariedade existe, por definição, única e tão-somente para proporcionar, em cada caso concreto, a escolha da providência ótima, isto é, daquela que melhor realize o interesse público em questão. Tal é o desiderato da lei, e não poderia ser outro, ao conferir ao agente público uma possibilidade de escolha entre alternativas possíveis.

Da mesma forma é o posicionamento do Diogenes Gasparini[66], ao discorrer sobre vinculação e discricionariedade: Esses atos decorrem do exercício da atribuição discricionária, ou, como prefere boa parte da doutrina especializada, do desempenho do poder discricionário, onde a Administração Pública age com certa dose de liberdade na solução de um caso concreto.

Apesar disso, alerte-se que não há ato inteiramente discricionário, dado que todo ato administrativo está vinculado, amarrado à lei, pelo menos no que respeita ao fim (este sempre há de ser público) e à competência (o sujeito competente para praticá-lo é o indicado em lei).

Dentro dessa concepção, podemos discorrer sobre a implicação do controle dos atos praticados.

Indubitavelmente, o posicionamento doutrinário considera o mérito do ato administrativo como o centro da discricionariedade para a aplicação da conveniência, oportunidade e justiça social.

---

65   BANDEIRA DE MELLO. *Curso de...*, *op. cit.*, p. 399.
66   GASPARINI, *op. cit.* p. 95.

No que tange aos atos vinculados, este posicionamento não existe, posto que todos os atributos estão definidos em lei, e como tal, passível de apreciação pelo órgão julgador, se configurada a violação à norma legal (o que é possível ocorrer). Destarte, permite-se ao Poder Judiciário o reconhecimento da nulidade do ato, se amparado única e exclusivamente na lei violada.

Quanto à possibilidade de apreciação do ato discricionário pelo Poder Judiciário, não se pode concluir o mesmo. Tal afirmação se dá pelo fato de o legislador permitir uma manifestação e valoração da Administração quanto ao motivo e ao objeto do ato, cabendo ao agente, dentre as opções que se lhe apresentam e no âmbito do interesse público, optar pela que, ao seu juízo, melhor venha se adequar ao caso concreto.

Deste modo, não pode o Poder Judiciário inferir na decisão do Administrador, de modo que, se assim o permitisse, não haveria fundamento à margem de escolha conferida ao agente, bem como, frise-se, prejudicado ficaria o Princípio da Independência e Harmonia entre os Poderes do Estado, insculpido no art. 2º da Constituição da República.

O que se autoriza, e o que se extrai da doutrina, é a possibilidade de apreciação, pelo Poder Judiciário, da legalidade dos atos praticados, sejam vinculados ou não, mas em hipótese alguma adentrando em sua conveniência e oportunidade.[67] [68]

A propósito, dentro do exercício do poder discricionário, muito se tem falado a respeito da teoria dos motivos determinantes, que vincula a decisão da Administração ao ato praticado. Neste caso, no entanto, se o ato praticado não reproduzir a verdadeira situação (o motivo), pode o Judiciário anulá-lo. Veja-se, aqui, que não está o julgador adentrando na esfera administrativa, mas, tão-somente, decidindo pela adequação da legalidade da decisão, que não foi aplicada corretamente, pois o motivo (elemento do ato) não era verídico. A teoria dos motivos determinantes tem expressa ligação com a motivação do ato administrativo, eis que, uma vez justificado, presume-se verdadeiro.[69]

Isto faz surgir um novo estudo no Direito Administrativo, que, em princípio, pode ser confundido com o poder discricionário, mas que se aprofunda naquele conceito, com traços distintos e delineados, formando o que chamamos de conceito jurídico indeterminado, ou seja, é aquele campo do poder discricionário em que o administrador, por uma extensão imprecisa da decisão que deverá tomar, opina com base nos princípios da razoabilidade e proporcionalidade.

Ocorre, comumente, nos casos em que a lei determina o "interesse público" ou "culpa grave". Note-se que, aqui, há uma denotação de valoração muito grande, da qual o agente público se encarrega de apreciar.

Analisando o poder discricionário, Almiro do Couto e Silva traduz com precisão a incidência do conceito jurídico determinado na aplicação da norma.[70]

6.2. Controle do mérito

Mérito administrativo é juízo de valor, pautado na conveniência e oportunidade do ato. E quando se fala em conveniência e oportunidade, entramos num campo bem amplo, dada a sua inconstância, pois conveniente e oportuno hoje, poderá não sê-lo amanhã.

---

67 Leia-se as decisões abaixo transcritas a respeito da limitação do Poder Judiciário:
É princípio de direito administrativo que o controle judicial dos atos da Administração limita-se à ordem da legalidade; o Judiciário não tem poder de ingerência no mérito administrativo dos atos do Executivo. (TJ-SP – Ac. unân. da 2ª Câm. Cív. – Ap. 212.259-1-6-Andradina – Rel. Des. Walter Moraes).

68 A conveniência e oportunidade do ato administrativo constitui critério ditado pelo poder discricionário da administração, o qual, desde que utilizado dentro dos permissivos legais, é intangível pelo Poder Judiciário. (TJ-SP – Ac. unân. da 2ª Câm. Cív. – Ap. 224.352-1/3-Jacareí – Rel. Des. Correia Lima).

69 Hely Lopes Meirelles, ao discorrer sobre o tema, assim lecionou: [...] nos atos vinculados, a motivação é obrigatória; nos discricionários, quando facultativa, se for feita, atua como elemento vinculante da Administração aos motivos declarados, como determinantes do ato. Se tais motivos são falsos ou inexistentes, nulo é o ato praticado. (*op. cit.*, p. 183).

70 A respeito dos conceitos jurídicos indeterminados [...], eles teriam um núcleo de significação preciso e um halo periférico e nebuloso. [...] Na zona cinza, que é o limite entre o "conceito" e o "não-conceito", isto é, entre o campo coberto pela norma jurídica e a área que por ela não é atingida, é que surgem todas as dificuldades. (grifos do autor). (COUTO E SILVA, Almiro do. *Poder Discricionário no Direito Brasileiro* – Rio de Janeiro: RDA, p. 58).

Desse modo, o mérito é encontrado em apenas dois elementos do ato administrativo: motivo e objeto, pois só estes dois elementos podem ser discricionários. Já a vinculação é destinada sempre à competência, finalidade e forma e, eventualmente, ao motivo e ao objeto.

Sendo assim, quanto à conveniência e à oportunidade, vê-se que cabe ao administrador exercer esse controle, de índole eminentemente administrativa.

Contudo, vício de competência e forma acarretam ofensa ao princípio da legalidade, bem como à finalidade. Como sabemos, então, que um ato é imoral? Quando ocorre um vício de finalidade, ou melhor, quando se pratica o ato para fins pessoais ou para favorecer terceiros.

Tema que envolve constantes questionamentos é o que se refere ao limite do controle do Poder Judiciário sobre o ato discricionário.

6.2.1. O controle do Poder Judiciário por ato administrativo discricionário

Desde a introdução da República, o art. 5º, XXXV do texto constitucional reza que todos os atos deste País podem ser revistos pelo Poder Judiciário, em função do princípio da jurisdição única.

Portanto, por corolário, o ato discricionário também poderá ser revisto e anulado pelo Judiciário. Ressalta-se que o poder de dizer o que é certo ou errado, lícito ou ilícito, afirmar se o uso da discricionariedade foi correto ou não, pertence ao Poder Judiciário.

Desse modo, na dispensa de licitação (art. 24 da Lei nº 8.666/93), o Poder Judiciário vai analisar se o fundamento da dispensa está contido nos incisos I ao XXIV. É atribuição desse Poder certificar se o mérito foi o uso correto da discricionariedade. Portanto, o faz sob a ótica da legalidade, mas não invade a conveniência e oportunidade.

Se o Poder Judiciário, ao analisar a dispensa da licitação, verificar que esta se deu com base não prevista em lei, ocorrerá o uso incorreto da discricionariedade, ou ainda uma ilegalidade ou uma arbitrariedade. O Poder Judiciário anulará o ato administrativo discricionário da dispensa, quando esta extrapolar o limite da legalidade.

6.2.2. O mérito administrativo pode se submeter ao controle pelo Poder Judiciário?

Não, eis que não é permitido ao juiz invadir a esfera administrativa, dada a conveniência e a oportunidade. Mérito é uma decisão política, questão *interna corporis* da Administração, cabendo ao administrador público tomar essa providência, não podendo o juiz substituí-lo.

Analise-se a hipótese de um determinado Prefeito pretender construir um hospital. O juiz não poderá adentrar no mérito administrativo, controlar o juízo da oportunidade e conveniência na questão, se será construído hospital ou metrô. Há insindicabilidade (inquestionável) do mérito, não se podendo questioná-lo em razão da independência e harmonia dos Poderes (art. 2º da Constituição).

Com tal natureza, percebe-se que o agente poderá mudar sua concepção quanto à conveniência e oportunidade da conduta. Desse modo, repita-se: é a ele que cabe exercer esse controle, de índole eminentemente administrativa.

Assim, se a conveniência e a oportunidade, durante a vigência do ato, forem alteradas, cabe ao agente competente desfazer o mesmo e cancelar a autorização, utilizando-se, assim, do controle a ele pertinente.[71]

---

71 Sabiamente, José dos Santos Carvalho Filho afirma que: O Judiciário, entretanto, não pode imiscuir-se nessa apreciação, sendo-lhe vedado exercer controle judicial sobre o mérito administrativo. Como bem aponta SEABRA FAGUNDES, com apoio em RANELLETTI, se pudesse o juiz fazê-lo, "faria obra de administrador, violando, dessarte, o princípio de separação e independência dos poderes". E está de todo acertado esse fundamento: se ao juiz cabe a função jurisdicional, na qual afere aspectos de legalidade, não se lhe pode permitir que proceda a um tipo de avaliação, peculiar à função administrativa e que, na verdade, decorre da própria lei. (*op. cit.*, p. 101).

Conforme demonstrado, a conveniência e a oportunidade do ato administrativo constituem critérios ditados pelo poder discricionário, o qual, conclui-se, desde que utilizado dentro dos permissivos legais, é intangível pelo Poder Judiciário.

O Poder Judiciário pode apreciar unicamente sob o aspecto de sua legalidade, isto é, se foi praticado conforme ou contrariamente à lei, e a constatação da existência ou não de vícios de nulidade do ato, não o mérito da decisão.

Essa solução se funda no princípio da separação dos poderes, de sorte que a verificação das razões de conveniência ou de oportunidade dos atos administrativos escapa ao controle jurisdicional do Estado.

A respeito, o STJ[72] já se pronunciou acerca da questão. O STF[73], por sua vez, já possui sua posição bem delineada.

É o nosso entendimento, então, que o Poder Judiciário poderá analisar o ato discricionário, pois é sua atribuição analisá-lo com o único propósito de averiguar se o mérito foi acertadamente usado na discricionariedade. Todavia, não pode o mérito do ato administrativo ser controlado pelo Poder Judiciário.

Pretendeu a doutrina, porém, aumentar o controle do mérito do ato administrativo, haja vista ter criado teorias a respeito. Com isso, constata-se a existência de quatro teorias de controle do ato discricionário pelo Poder Judiciário criadas pela doutrina. São elas: Teoria do Desvio de Finalidade; Teoria dos Motivos Determinantes; Teoria do Conceito Jurídico ou Legal indeterminado e Teoria da Razoabilidade.

Desse modo, conforme fartamente exposto, todo ato administrativo deve, necessariamente, cumprir uma finalidade pública, em sintonia com os diversos interesses públicos legalmente previstos, de forma explícita ou implícita.

Nesse contexto, será ilegal, e anulável, consequentemente, o ato administrativo com vício de finalidade, ou seja, emitido com desvio de finalidade. Modernamente, o desvio de finalidade ou poder é alvo de intensa elaboração e reelaboração, adotando, conforme o ordenamento jurídico em questão, os mais diversos nomes: *détournement de pouvoir*, no Direito francês, *sviamento di potere*, no Direito italiano, e *abuse of discretion*, no Direito americano.

---

72 Jurisprudência. EMENTA: ADMINISTRATIVO. RECURSO EM MANDADO DE SEGURANÇA. TARIFAS DE TAXIS. LEGALIDADE DO ATO. NÃO OCORRENDO DEFEITO POR ILEGALIDADE DO ATO, TAIS A INCOMPETÊNCIA DA AUTORIDADE, A INEXISTENCIA DE NORMA AUTORIZADORA E A PRETERIÇÃO DE FORMALIDADE ESSENCIAL, E INCABIVEL O MANDADO DE SEGURANÇA CONTRA ATO QUE ESTIPULA TARIFA PARA OS SERVIÇOS DE TAXI. E DEFESO AO PODER JUDICIARIO APRECIAR O MERITO DO ATO ADMINISTRATIVO CABENDO-LHE UNICAMENTE EXAMINA-LO SOB O ASPECTO DE SUA LEGALIDADE, ISTO E, SE FOI PRATICADO CONFORME OU CONTRARIAMENTE A LEI. ESTA SOLUÇÃO SE FUNDA NO PRINCÍPIO DA SEPARAÇÃO DOS PODERES, DE SORTE QUE A VERIFICAÇÃO DAS RAZÕES DE CONVENIÊNCIA OU DE OPORTUNIDADE DOS ATOS ADMINISTRATIVOS ESCAPA AO CONTROLE JURISDICIONAL DO ESTADO. RECURSO IMPROVIDO. (STJ, ROMS 1.288/SP, Rel. Ministro César Asfor Rocha (1098), 1ª T. Decisão: por unanimidade, negar provimento ao recurso).

73 Jurisprudência: EMENTA: "*HABEAS CORPUS*" – ESTRANGEIRO. DECRETO DE EXPULSÃO. VÍCIO DE NULIDADE: INEXISTÊNCIA. 1. A expulsão de estrangeiro, como ato de soberania, discricionário e político-administrativo de defesa do Estado, é de competência privativa do Presidente da República, a quem incumbe julgar a conveniência ou oportunidade da decretação da medida ou, se assim entender, de sua revogação (art. 66 da Lei nº 6.815, de 19 de agosto de 1980). 2. Ao Judiciário compete tão somente a apreciação formal e a constatação da existência ou não de vícios de nulidade do ato expulsório, não o mérito da decisão presidencial. 3. Não padece de ilegalidade o decreto expulsório precedido de instauração do competente inquérito administrativo, conferindo ao expulsando a oportunidade de exercer o direito de defesa. 4. "Habeas corpus" indeferido. (STF, HC 73940/SP. Rel. Min. Mauricio Correa.

7. EXTINÇÃO DO ATO ADMINISTRATIVO

Quando tratamos do ato administrativo, devemos compreender que ele terá um ciclo de existência consoante algumas variantes, sendo certo que em determinado momento ele será extinto, desfeito, seja por uma manifestação de vontade (manifestações volitivas), ou mesmo de forma independente à vontade administrativa (manifestações não volitivas).

7.1. Modalidades de extinção ou desfazimento do ato administrativo

Trata-se de um assunto muito cobrado em concurso público.

São as formas que os atos administrativos deixam de existir no mundo jurídico.

Tomando por base o critério geral da volição (vontade) da manifestação da Administração Pública, podemos agrupar as formas de extinção do ato administrativo em dois grandes grupos:

A partir dessa estruturação, seguem algumas importantes considerações:

Na extinção natural, o tempo é primordial na extinção do ato. Por exemplo, a prefeitura expede uma permissão de uso ao administrado, por seis meses, para vender quadros de pintura numa praça pública. Ao inspirar o prazo, o ato será extinto, desaparece, desfeito. Então, produziu naturalmente os efeitos, de modo a que se produza a sua extinção natural, extinção essa não volitiva. Outro exemplo seria licença para o servidor público, por três meses. O ato automaticamente deixa de existir, após três meses.

Mais uma ilustração, citemos a declaração da estabilidade a um servidor efetivo, após o completamento com aproveitamento do seu estágio probatório de três anos. Cumpridas as condições e o termo final, o ato de concessão da estabilidade se consuma e tão logo produza esse efeito deixa de existir.

Outra modalidade de desfazimento é a extinção subjetiva e, como o próprio nome sugere, relaciona-se com o sujeito e se dará em razão do seu desaparecimento. Exemplo para isso são os casos de um permissionário de uso, que está sendo beneficiado por esse ato administrativo, mas que vem a falecer posteriormente. Também é exemplo dessa modalidade, o caso de um imóvel que é tombado por importância histórica, mas que é destruído por uma enchente superveniente.

Na extinção objetiva, reside na extinção do próprio objeto do ato que deixa de existir. Seria o caso de um estabelecimento interditado.

No que se refere à caducidade, também consiste em modalidade de extinção não volitiva, que se dá quando o ato administrativo é extinto por conta de alteração superveniente de uma norma jurídica na legislação. Portanto, o ato era válido de acordo com a lei anterior. Digamos que um particular tenha um consentimento estatal para comercializar soja transgênica. Posteriormente, surge uma legislação que proíbe tal comercialização.

Observa-se que o ato de retirada precisa estar calcado em alguma lei (precisa ter um fundamento de validade). A caducidade ocorre, portanto, por fatores estranhos à vontade do particular, ou até mesmo da administração Pública.

Passando às modalidades volitivas, comecemos pela renúncia, que se opera quando o próprio beneficiário do ato abre mão de uma vantagem de que desfrutava em razão do ato administrativo praticado, demonstrando, assim, não mais desejar a se valer da continuidade dos efeitos daquele ato. É exemplo de renúncia quando alguém tem uma permissão de uso de um bem público, mas não quer mais explorá-la.

Já a contraposição se configura, como modalidade volitiva de extinção do ato, quando é emitido um ato com fundamento com competência diversa da que gerou o ato anterior, porém com efeitos contrapostos aos daqueles. Em outras palavras, ocorre quando existem dois atos com fundamentos diferentes, onde o segundo eliminar os efeitos do primeiro. Exemplo: um ato de exoneração, que tem efeitos contrapostos aos da nomeação do mesmo servidor.

Outra forma de extinção volitiva do ato administrativo é a cassação, que se aplica quando o beneficiário de determinado ato descumpre condições que permitem a manutenção deste e de seus efeitos. Na realidade, é uma sanção.

Duas são características da cassação: a primeira reside no fato de que se trata de ato vinculado, já que o agente só pode cassar o ato anterior nas hipóteses previamente fixadas na lei ou em outra norma similar. A segunda diz respeito à sua natureza jurídica: trata-se de ato sancionatório, que pune aquele que deixou de cumprir as condições para a subsistência do ato.

Exemplo: cassação de licença para exercer certa profissão; ocorrido um dos fatos que a lei considera gerador da cassação, esta poderá extinguir o ato administrativo anteriormente existente (licença). Hotel que se transforma em casa de prostituição. Também seria a hipótese caso em que o cidadão, devidamente habilitado, dirige imprudentemente, cometendo inúmeras faltas gravíssimas no trânsito, dando margem a perda da carteira de motorista.

A contraposição ou derrubada decorre de um ato posterior em contraposição, extinguindo o ato anterior. Por exemplo, o servidor público devidamente nomeado, investido e devidamente exercendo sua função pública, responde processo administrativo disciplinar, ocasionando um ato de exoneração, que retira os efeitos da nomeação.

As duas últimas modalidades volitivas de extinção do ato administrativo são, exatamente, as mais importantes ao estudo do tema, pois são as mais presentes no dia-a-dia administrativo e as que mais possuem relevância doutrinária e jurisprudencial. Trata-se da anulação (também conhecida no Direito Administrativo como invalidação) e a revogação, que serão tratadas em tópicos específicos, abaixo.

7.1.1. Anulação ou Invalidação

Anulação é o desfazimento de um ato administrativo por ilegalidade pela Administração ou pelo Poder Judiciário. O ato, por exagero, podemos afirmar que, desde a sua origem, já nasce podre, eivado de vício insanável. Hipoteticamente, licitação para vender armas apreendidas, contrabandeadas. É, assim, o mecanismo de controle da legalidade do ato administrativo, à qual incumbe verificar se estão presentes os requisitos do ato. Opera, portanto, efeitos *ex tunc*, ou seja, retroage à data do ato originariamente investido, tornando válido do início ao fim.

A anulação, enquanto forma extintiva de um ato administrativo, é um ato administrativo vinculado pelo qual é desfeito outro administrativo que apresente alguma ilegalidade.

Em regra, a anulação gera efeitos retroativos (*ex tunc*), desde o começo em que foi emitido, é como o ato não existisse a partir da sua origem, exceto aos terceiros de boa-fé que poderão ter seus direitos resguardados, seria a hipótese de um servidor nomeado ilegalmente, mas que expediu uma certidão de débito. Nesse caso, em favor de terceiro de boa-fé, o efeito dessa certidão, a princípio, será resguardada ou quando inviável ou impossível essa plena retroação, justamente por causar algum dano importante ao interesse público. Imagine, ao se descobrir ilegalidades na investidura de um servidor, ocorrida há vinte anos passados, fosse a Administração Pública anular tudo o que esse suposto servidor fez ou do que participou, ainda que venha a ser agora exonerado ou demitido?

A anulação pode ser decretada pela própria Administração Pública (com base no seu poder de autotutela) ou pelo Poder Judiciário, mas somente quando provocado (controle judicial da legalidade administrativa).

Sobre a anulação dos atos pela própria Administração, merece destaque o Verbete nº 473, da Súmula do Supremo Tribunal Federal, que assim o permite, mas desde que observados os direitos adquiridos. Entende a jurisprudência mais atualizada que a Administração tem a faculdade e não o dever de anular os atos ilegais, decisão esta a ser tomada à luz do interesse geral.[74]

---

74 Em razão do tema, citamos outros os julgados, a saber:
   Na avaliação da nulidade do ato administrativo, é necessário temperar a rigidez do princípio da legalidade, para que se coloque em harmonia com os cânones da estabilidade das relações jurídicas, da boa-fé e outros valores necessários à perpetuação do Estado de Direito. A regra enunciada no Verbete 473 da Súmula do STF deve ser entendida com algum temperamento. A Administração pode declarar a nulidade de seus atos, mas não deve transformar esta faculdade no império do arbítrio (STJ - Ac. unân. da 1ª T. publ. p. 27.865 – Rec. Esp. 45.552-7-SP – Rel. Min. Humberto Gomes de Barros)
   A anulação dos atos administrativos se assenta em motivos de legitimidade, isto é, por se apresentarem estes com defeitos de forma ou de mérito. Faz-se, pois, por meio da chamada revisão de ofício, fundada no poder discricionário que tem a Administração Pública para rever espontaneamente seus próprios atos e invalidá-los. Entretanto, é essencial que a autoridade administrativa que pretenda desconstituí-los – por ilegitimidade – demonstre, no devido processo legal, os vícios de ilegalidade, que os tornam originalmente inválidos. A par da necessidade de instauração de processo administrativo, específico

Considerando a pacificação sobre o tema, frente à Súmula editada, vale analisarmos mais detidamente o entendimento sumulado, elegendo em destaque alguns dos elementos que o compõe, erigindo seus efeitos.

Cabe inicialmente conceituar Administração para sabermos que é o destinatário na Súmula. A Administração pode ser entendida como o aparelhamento do Estado preordenado à realização de seus serviços, visando à satisfação das necessidades coletivas.

A Administração Pública designa tanto pessoas e órgãos governamentais, como a atividade administrativa em si mesma. Assim sendo, pode-se falar em Administração Pública aludindo-se aos instrumentos de governo, como à gestão mesma dos interesses da coletividade.

Há uma particularidade interessantíssima, que consiste em se saber se pode a Administração Pública impugnar judicialmente seus próprios atos.

Outro elemento que merece destaque é o que se refere à anulação. Conforme já demonstrado, à anulação vinculam-se as questões de inobservância aos requisitos de legalidade para a perfeição do ato, cabendo tanto à Administração quanto ao Judiciário declará-la.

> O que vale aqui ser comentado são os efeitos de tal declaração. Os efeitos da anulação dos atos administrativos retroagem, consistem em fulminar retroativamente o ato viciado, desfazendo todos os vínculos originados do ato, operando efeitos *ex tunc*, como se nunca tivesse existido, exceto em relação a terceiros de boa-fé.

Esta compreensão tem sido atenuada pela jurisprudência no sentido de manter efeitos originados de atos ilegítimos em relação a terceiros de boa-fé. A presença de terceiros de boa-fé no raio de incidência do ato anulado, considerando-se a necessidade da segurança jurídica, a presunção de legitimidade, que envolve as atividades da Administração, tem guardado o entendimento de que em relação a estas pessoas, os efeitos do ato sejam respeitados e mantidos.

A anulação se dará por vícios que tornem o ato ilegal. Daqui se impõe sabermos no que consistem os vícios que definem tão significativa consequência aos atos administrativos. Para compreendermos o que são os vícios é válido iniciar pela verificação da perfeição e consequente validade do ato administrativo.

Resumidamente, podemos dizer que um ato será perfeito quando possuir todos os elementos de procedimento e forma definidos em lei. Os vícios, então, se originam do não atendimento do ciclo pré-definido para a formação do ato administrativo. Quer nos parecer que a ilegalidade anunciada na Súmula não se resume a inobservância da lei, mas abrange a necessidade de atendimento a todos os princípios informadores da Administração Pública e a todos os elementos constitutivos dos atos administrativos.

Dos atos nulos não se originam direitos. Ressalvadas as atenuações anunciadas no parágrafo anterior, é uma consequência lógica. A todos os atos se impõe a legalidade como condição para sua validade e eficácia.

7.1.2. Revogação

Revogação é a extinção de um ato administrativo ou de seus efeitos por outro ato administrativo (discricionário), efetuada volitivamente por razões de conveniência e oportunidade.

Na revogação, o ato não é ilegal, mas, a qualquer momento, por uma questão de mérito, o poder público retira o ato de circulação. O ato não foi retirado por ser ilegal, mas há apenas uma nova avaliação acerca da conveniência ou oportunidade para a manutenção do ato. Cabe à autoridade administrativa avaliar se o ato administrativo praticado merece ou não permanecer no ordenamento jurídico.

à finalidade pretendida, não se pode olvidar que é princípio escrito na Carta Constitucional de 1988, que aos litigantes, em processo judicial ou administrativo, e aos acusados, em geral, são assegurados o contraditório e a ampla defesa, com os meios e recursos a ela inerentes – art. 5º, inc. LV. A não-observância desses princípios importa ofensa a direito líquido e certo, remediável pelo mandado de segurança. (TJ-PR – Ac. unân. 8.856 da 3ª Câm. Cív. – Ap. e Reex. Neces. 20.749-8-Londrina. Rel. Des. Silva Wolff).

A revogação se opera com a supressão de ato válido e eficaz. Pressupõe, então, um ato legal e perfeito, mas inconveniente ou inoportuno ao interesse público, cuja análise é cometida somente à Administração, amparada na discricionariedade do Administrador.

Revogação, portanto, diz respeito ao controle de mérito, ou seja, o ato é válido, lícito, porém será avaliada a sua continuidade, a sua manutenção, que, se inexistente, ter-se-á o ato por revogado, produzindo efeitos *ex nunc* (nunca retroage), vale dizer, a partir do instante em que é revogado perde a validade, produzindo efeitos somente daquele instante em diante, ou seja, ou seja, ele é irretroativo.

Revogação é um ato administrativo discricionário, pois se estará reavaliando a conveniência e oportunidade do ato administrativo. Revogação, portanto, é a reavaliação de mérito. Logo, a Administração não pode revogar um ato vinculado, por ser a revogação a reavaliação do mérito e o ato vinculado não tem mérito.[75]

A revogação destaca-se por se tratar de eliminação de ato administrativo legítimo, praticando em conformidade com o ordenamento jurídico, mas que, por outro lado, não se encontra de acordo com o interesse público que cumpre à Administração defender.

A revogação, então, constitui um dos instrumentos mais importantes de que dispõe a Administração Pública para manter ou restabelecer o interesse público, mesmo quando não se esteja tratando da ilicitude dos atos administrativos.

Assim, a Administração Pública não deve fazer uso de sua faculdade de extinguir um ato administrativo, senão quando o interesse público o exige. A inconveniência do ato, neste caso, deve necessariamente atingir a própria Administração. Um ato administrativo inoportuno e inadequado somente ao particular e que em nada aflige o ente público não há que ser revogado.

Como qualquer ato administrativo, a revogação tem que se fundar em regras que habilitem a autoridade a agir. Os motivos que levam à determinação da revogação do ato estão ancorados na inconveniência e/ou na inoportunidade do ato ou da situação gerada por ele (inadequação).

---

75 Jurisprudência. Ementa: RECURSO ORDINÁRIO EM MANDADO DE SEGURANÇA. ADMINISTRATIVO. SERVIDOR PÚBLICO MUNICIPAL. CESSÃO. REVOGAÇÃO. ATO DISCRICIONÁRIO. MOTIVAÇÃO. DESNECESSIDADE. A cessão de servidor público, sendo ato precário, confere à Administração, a qualquer momento, por motivos de conveniência e oportunidade, a sua revogação, sem necessidade de motivação, cujo controle escapa ao Poder Judiciário, adstrito unicamente a questões de ilegalidade. – Precedente. – Recurso ordinário desprovido. Indexação POSSIBILIDADE, ADMINISTRAÇÃO PUBLICA, REVOGAÇÃO, CESSÃO, SERVIDOR PUBLICO MUNICIPAL, EMPRESA PUBLICA, DESNECESSIDADE, MOTIVAÇÃO, ATO ADMINISTRATIVO, CARACTERIZAÇÃO, ATO DISCRICIONARIO, ATO PRECARIO. (STJ. ROMS 12.312, Proc.: 200000759031/RJ. 6ª T., Doc.: STJ000465231. *DJ*, p. 390. Rel. Vicente Leal. Decisão: acordam os Ministros, por unanimidade, negar provimento ao recurso, nos termos do voto do Sr. Ministro-Relator. Os Srs. Ministros Fernando Gonçalves, Hamilton Carvalhido, Paulo Gallotti e Fontes de Alencar votaram com o Sr. Ministro-Relator).
Ementa PERMISSÃO DE ACESSO A ÁREAS PORTUÁRIAS. ATO ADMINISTRATIVO DISCRICIONÁRIO E PRECÁRIO. POSSIBILIDADE DE REVOGAÇÃO. AUSÊNCIA DE ILEGALIDADE. SEGURANÇA DENEGADA. É possível a revogação da permissão de acesso a áreas portuárias sem a elaboração de processo administrativo, por se tratar de ato administrativo discricionário e precário. Apelo improvido. (STJ – 4ª Reg. AMS 71.765, Proc.: 200070080010443/PR. 4ª T., Doc.: TRF400084381, data: 26/06/2016, *DJU*, p. 646. Rel. Juiz Joel Ilan Paciornik. Decisão: A Turma, por unanimidade, negou provimento ao recurso, nos termos do voto do relator).
Ementa: MANDADO DE SEGURANÇA. EXPLORAÇÃO DE TELEFONIA CELULAR A BORDO DE EMBARCAÇÕES. PERMISSÃO CONDICIONADA. ATO DISCRICIONÁRIO. 1. A licença para ingresso em embarcações, deferida pela Administração, para fins de exploração de serviço de telefonia celular em zona aduaneira, é ato administrativo unilateral, discricionário e precário, e, como tal, pode ser revogado, a qualquer tempo, pelo Poder Concedente. 2. Na hipótese de licença condicionada ou a termo, a revogação do ato pela Administração antes de expirado o prazo, não gera ao administrado o direito à manutenção dos seus efeitos, mas o de ser ressarcido pelos eventuais prejuízos que daí decorram, o que dependerá do ajuizamento de ação própria, porque o mandado de segurança não substitui a ação de cobrança. 3. Apelação a que se nega provimento. Indexação LEGITIMIDADE, REVOGAÇÃO, LICENÇA, AUTORIZAÇÃO, ENTRADA, EMBARCAÇÃO, OBJETIVO, VENDA, TELEFONIA CELULAR. CARACTERIZAÇÃO, ATO PRECÁRIO, POSSIBILIDADE, SUSPENSÃO, ANTERIORIDADE, TÉRMINO, PRAZO, HIPÓTESE, INTERESSE, ADMINISTRAÇÃO. POSSIBILIDADE, COBRANÇA JUDICIAL, EVENTUALIDADE, PREJUÍZO. INADEQUAÇÃO, MANDADO DE SEGURANÇA MS. (STJ – 4ª Reg., AMS 67.508, Proc.: 200170080007742/RS. 3ª T. Doc.: TRF400082894. *DJU*, p. 596. Rel. Juíza Tais Schilling. Decisão: A Turma, por unanimidade, negou provimento ao recurso).

A revogação é o resultado de um reexame que conduz à conclusão da sua inadequação ao interesse público, uma correção de rumo, uma revisão de sua atuação.

Quando tratamos da revogação verificaremos que estamos diante da supressão de um ato ou seus efeitos, mas com absoluto respeito aos efeitos já operacionalizados. Assim, os efeitos gerados por um ato revogador possuem eficácia *ex nunc*, isto é, não há a desconstituição dos efeitos passados.

Com a revogação, a obrigação da Administração é de manter os efeitos passados do ato revogado; em regra, não há margem para indenização de prejuízos presentes ou futuros eventualmente ocasionados pela revogação.

A situação se inverte se o ato revogado já tiver gerado direitos ao destinatário. Neste caso, não há impedimento de revogação e nem é reconhecido ao particular a possibilidade de se opor à ação Administrativa, mas sim lhe é garantido o reconhecimento e indenização relativa aos prejuízos suportados, por considerar-se que eventual direito já se incorporou no seu patrimônio.

Se, por um lado, não pode o particular manter situações prejudiciais ao interesse público, de outro, não é lícito ao Poder Público suprimir direitos e vantagens individuais adquiridos legitimamente pelo particular.

Não se pode sonegar, no entanto, o princípio constitucional que atribui ao Poder Judiciário a possibilidade de apreciação incondicionada de eventuais conflitos que ameacem ou lesem direitos. Isto quer dizer que, ao Judiciário, é deferida a "última palavra", em relação aos dissídios.

Toda a Administração está sujeita ao controle jurisdicional. Tal controle encontra-se instrumentalizado através dos vários "remédios" disponibilizados pela Constituição Federal, v.g., mandado de segurança, ação popular etc. Porém, cumpre ressaltar que a competência do Judiciário para revisão de atos administrativos restringe-se ao controle da legalidade do ato impugnado.

Aqui vale dizer que os tempos atuais impõem ao Estado não só uma legalidade no sentido do estrito cumprimento da forma prescrita, mas presente os princípios constitucionais, informadores da Administração Pública, os atos praticados devem se revestir de outros elementos, respeitando os propósitos democráticos de um Estado que se orienta pelo direito legítimo.

Assim, ao se falar da restrição do Judiciário ao controle da legalidade, já deve-se incluir o de legitimidade, entendendo-se não só como a conformação do ato com a lei, como também com a moral administrativa e com o interesse coletivo, indissociáveis de toda a atividade pública.

Por todo o exposto se impõe a afirmação da convicção pela necessidade e correção dos instrumentos de controle dos atos administrativos. Verificamos que tanto a doutrina, como a jurisprudência pacificaram entendimento neste sentido, sendo que no campo jurisprudencial encontramos orientação sumulada (Súmula 473, do STF).

Podemos afirmar que a geração de efeitos pelos atos administrativos, com plena validade e eficácia, precede de atendimento a requisitos previamente estipulados, sem os quais se causará abalo ao ato editado.

Reconhecendo-se a quem praticou o ato a possibilidade de revisão ampla, revogando ou anulando, e ao Judiciário a possibilidade de revisão "restrita", reconhecendo-lhe a possibilidade de anulação.

Contudo, compreende-se que ao Judiciário competirá sempre a atenção ampla, tendo como objetivo a defesa do interesse público, perquirindo a lisura e correção de atos que possam estar "fantasiados" dos requisitos de validade e eficácia, mas que escondem pretensões que não se coadunam com os propósitos da moralidade e finalidade da Administração Pública.

Com efeito, o ato só pode ser declarado nulo se lhe faltar em requisitos substanciais ou se ferir princípios de direito, porque é com base neles que se pratica o ato. Sendo, entretanto, o ato administrativo perfeitamente acabado e plenamente eficaz não cabe a aplicação de sua nulidade.

Um ato que reúne todos os elementos necessários à sua exequibilidade e que produziu seus regulares efeitos, torna-se um ato perfeito, legal, insusceptível, portanto, de ter decretada a sua anulação.[76]

---

76 Oportuno invocar o autorizado juízo de Henrique Carvalho Simas: O ato administrativo pode ser encarado tanto sob o aspecto da legalidade ou legitimidade, como sob o aspecto do mérito ou merecimento. Assim, ele se extingue, se desfaz, é eliminado, tendo em vista esses dois aspectos. Daí também existirem duas formas diferentes de desfazimento dos atos administrativo, quanto à legalidade a quanto ao mérito: a anulação e a revogação.

Já vimos que a revogação tem por escopo a supressão dos efeitos de um ato administrativo anteriormente praticado, e praticado legalmente, em conformidade com a normatização legal aplicável. A medida administrativa que antes era tida como oportuna e conveniente, agora, mediante juízo diverso, pode ser considerada, sob uma nova ótica, inconveniente ou inoportuna, daí a revogação como remédio, respeitando-se, contudo, os efeitos já deflagrados (efeitos *ex nunc*).

Traduz, assim, disposição administrativa para o futuro. Não terá uma retroatividade dos efeitos, ou seja, a partir da revogação é que deixará de produzir efeitos aquele ato revogado. Os efeitos que já haviam sido produzidos são mantidos.

Ora, como é uma avaliação que se faz em torno da conveniência e oportunidade, o Judiciário não vai poder revogar ato administrativo, a não ser que o ato administrativo tenha sido oriundo do próprio Poder Judiciário.

Por exemplo, o Tribunal de Justiça resolve fazer uma licitação, podendo o Poder Judiciário revogá-la por se tratar de âmbito interno do próprio Poder Judiciário. Por caracterizar incursão no próprio mérito da decisão administrativa anteriormente tomada, a revogação somente pode ser feita por autoridade administrativa competente.

Precisa-se tomar muito cuidado porque hodiernamente a revogação foi atenuada com a utilização do Princípio da Razoabilidade. Portanto, houve uma mitigação. Atualmente, avalia-se a legalidade de forma mais ampla, quando decide que o ato praticado não é razoável. O magistrado, no caso, não está revogando o ato, não está adentrando no mérito em relação à conveniência e oportunidade, mas anulando.

A revogação atinge normalmente os atos administrativos de execução continuada, os procedimentos administrativos em vias de processamento, ou os atos cuja utilidade plena ainda não se esgotou. É o caso, v.g., de uma desapropriação por utilidade pública desencadeada sobre determinado imóvel. No curso da desapropriação a mesma pode vir a ser revogada.

Lúcia Valle Figueiredo[77] observa que a revogação, sempre inserta no exercício de uma competência discricionária, circunscrita a interesse público da mesma natureza, concreto, atual, e de maior relevância dentro da nova avaliação realizada pelo Administrador Público.

Por esta razão, a doutrina e a jurisprudência pátrias têm sido enfáticas quanto à necessidade de uma adequada motivação do ato revogatório. Deve restar claro para os administrados, principalmente quando a revogação importar em restrição de direitos, a razão da revogação.

Que interesse público a justifica? Por que o que ontem era considerado importante, hoje não é mais? O interesse público apto a desencadear o provimento revogatório deve ser, para tanto, suficiente em grau, medida e natureza.[78]

Por outro lado, Carlos Ary Sundfeld[79], dita que sendo o ato administrativo válido, perfeito e eficaz, torna-se ele irretratável, desde que mantidas as condições que o produziram ou se os motivos alegados para retirar uma autorização já eram conhecidos quando concedida esta. Se o ato for válido, terá alcançado a finalidade pública. A revogação que dispõe contrariamente a este ato não pode atender a mesma finalidade. Tal revogação, portanto, atentaria contra o interesse público.[80]

A anulação consiste no desfazimento, na extinção, na eliminação do ato administrativo, atendendo-se a considerações relacionadas como a sua legalidade. Se o ato administrativo, que gravita em torno da lei quanto aos seus elementos constitutivos, dela discrepa, este ato será nulo, destituído de validade jurídica e, consequentemente, ineficaz. (*Manual elementar de direito administrativo*. 3. ed. Rio de Janeiro: Liber Juris, 1996, p. 137-138).

77 FIGUEIREDO, Lúcia Valle. *Curso de direito administrativo*. 9. ed. São Paulo: Malheiros, 2012, p. 160.

78 ALESSI, Renato, La Revoca degli Atti Amministrativi. Milano: Dott. A. Giufré, p. 3.

79 SUNDFELD, *op. cit.*, p. 132 e ss.

80 Disciplinando igualmente a espécie, Manuel Maria Diez, preconiza: A mudança no estado material das coisas justifica a revogação do *ato* apenas quando se produz mutação na valoração concreta do interesse público que se fazia no momento do *ato*. A divergência superveniente será juridicamente relevante em função exclusiva do interesse público. A simples alteração do estado de fato, imperante no momento de editar-se o ato, não tem, influência de espécie alguma se não se modifica a avaliação do interesse público (*El Acto Administrativo*, 2014, p. 242-243).

Renato Alessi[81] entende que a revogação não constitui forma de extinção do ato administrativo, já que não visa à eliminação do ato em si, mas tão-somente dos efeitos por ele produzidos. Para Daniele Coutinho Talamini[82] o que se revoga é o ato, e não seus efeitos.

O *modus procedendi* da Administração face ao administrado mudou consideravelmente depois da superação do Estado Autocrático por um Estado de Direito. A experiência histórica ensinou que uma larga margem de poder autônomo, limitado unicamente pelos critérios da justiça do detentor, favorecia antes o esmagamento e impotência do subordinado face à vontade egoísta do mandante, do que o atendimento desinteressado do pleito justo do cidadão.

Para o homem comum, é preferível um órgão administrativo de que se conheça mais ou menos antecipadamente a atuação, com base em um critério objetivo, que não desça à equidade de cada caso concreto, do que um poderio ilimitado e pleno de surpresa e insegurança, que ora se sensibiliza com o direito de uns, ora despreza o direito de outros, isto muito mais do que aquilo.

As ideias liberais partiram do fundamento de que é melhor um Estado menos imponente, supostamente de todos e de ninguém, do que um Estado de um só ou de um grupo e de ninguém mais.

Surgiu aí a teoria de um aparelho de poder controlado pelos próprios destinatários de seus comandos, consubstanciados na lei como presumível emanação do querer coletivo, gerada na realidade por uma assembleia dos mais diversos e fragmentários estratos sociais, nem sempre representativos dos anseios do grupo.

Com efeito, um Estado manietado pela ficção invertebrada da lei perde a liberdade de fazer justiça em um caso especial. Mas os administrados ganham a segurança de que nenhuma injustiça será praticada a não ser que prevista em lei. Um Executivo servo da mediocridade do legislador acarreta, na média, bem menores malefícios do que a magnanimidade de um rei todo poderoso, sujeita à volubilidade da natureza humana e não à voz de anjos do céu, muito longínqua para ser escutada na Terra.

Na espécie em comento, os princípios de atuação do administrador num Estado de Direito que o obriga a fazer o que está na lei e nada além dela, impedem que ele revogue ato válido em atenção a interesse justo de particular, mesmo que a revogação não atinja o interesse público. Isso porque a Administração, no Estado de Direito, por prudência histórica, deve se ater à inércia, quando nenhum interesse público está em jogo.

Motivo sólido de tanta precaução é evitar abrir qualquer margem de liberdade para que o detentor da competência fique estimulado a proteger tantos interesses particulares, deixando de lado os interesses públicos. Ou pior: que passe a confundir os seus interesses particulares, as suas metas individuais de justiça, ou de seus apaniguados, com os da sociedade inteira, favorecendo aqueles em detrimento destes.

Conclui-se que é melhor preservar o rigor igualitário da lei em todas as situações, inobstante a injustiça perpetrada isoladamente, do que afrouxar os mecanismos legais devotados a afastar a injustiça constante que adviria de um poder amplamente discricionário, incitador do arbítrio do agente usuário.

Acresce que, sendo incabível anular-se ato plenamente válido e eficaz, a revogação, única figura que sobra para desfazer atos administrativos, não seria capaz de satisfazer aos reclamos do particular, posto que sua eficácia seria *ex nunc*, não retroagindo à época da averbação para, como em passe de mágica, fazer de conta que os anos excedentes do prazo mínimo de aposentadoria não foram empregados na formação e concessão do ato de afastamento do servidor.

Assim preleciona Seabra Fagundes[83]: "A revogação opera da data em diante (*ex nunc*). Os efeitos que a precederam, esses permanecem de pé. O ato revogado, havendo revestido todos os requisitos legais, nada justificaria negar-lhe efeitos operados ao tempo de sua vigência".

Procedendo a um parâmetro entre o texto acima reproduzido e a matéria em baila, temos que o ato de averbação, além de ser um ato meramente preparatório de um provimento já emanado (concessão da aposentadoria ao servidor), teve seus efeitos extintos pela aposentação definitivamente deferida.

---

81   ALESSI *apud* TALAMINI, Daniele Coutinho. *Revogação do ato administrativo*. São Paulo: Malheiros, 2013, p. 52.
82   TALAMINI, *ibidem*, p. 144.
83   FAGUNDES, Seabra *apud* MEIRELLES, *op. cit.*, p. 195.

A partir deste momento, o instrumento, ao atingir sua finalidade, esgotou toda e qualquer potencialidade de atuação, integrando, sem volta, o ato principal da aposentadoria e perdendo o caráter subsidiário que tinha de simples averbação.

Conclui-se, pois, que a Administração, no exercício da supremacia inerente às entidades de direito público, goza de prerrogativa de emanar atos que criam, modificam, declaram ou extinguem direitos em face do Poder Público e da coletividade.

Tais atos nascem com presunção de legalidade, legitimidade e veracidade, podendo a Administração anulá-los por vício de legalidade e revogá-los por vício de conveniência, podendo o interessado provocar tal desfazimento, a ele cabendo o ônus da prova.

Cabe ressaltar, também, que o administrado tem o direito de conhecer as razões pelas quais a Administração extinguiu um ato administrativo válido. Assim, de nada adianta o agente afirmar simplesmente que revoga o ato por motivos de inconveniência e inoportunidade sem demonstrar por que razão os efeitos do ato são assim considerados.

Ora, as decisões devem ser motivadas. A própria legislação brasileira reconhece o dever de motivar certos atos administrativos. De acordo com o art. 50, VIII, da Lei 9.784/99, o ato que importe anulação, revogação, suspensão ou convalidação de ato administrativo deve ser motivado com indicação dos fatos e dos fundamentos jurídicos.

É através da motivação que se pode averiguar se o ato de revogação foi o ato adequado àquela situação de fato diante da qual se encontrava o administrador.

Quanto à questão da irrevogabilidade, podemos dizer que os atos administrativos estão implicitamente ou explicitamente previstos em lei. Assim, pode-se afirmar que são irrevogáveis os atos que a lei o determine.[84]

No que concerne aos efeitos dos atos revogados, pode-se dizer que a sua principal característica é a produção de efeitos não-retroativos, *ex nunc*. Cabe ressaltar que esta é uma das principais diferenças entre a revogação frente à invalidação, que produz efeitos retroativos.

Não é sem motivo que o ato de revogação tem por característica a preservação dos efeitos produzidos pelo ato, visando somente à eliminação dos efeitos futuros. É que o ato revogado é considerado um ato válido, que se dá pela conveniência e oportunidade administrativa. Logo, o efeito *ex nunc* é decorrência lógica da função e da natureza jurídica do ato administrativo.

A partir destas considerações sobre o efeito do ato administrativo, podemos dizer que o ato revogado possui caráter constitutivo. Percebe-se um consenso na doutrina nacional e na estrangeira no que toca a esta característica.

O caráter constitutivo de um ato jurídico significa sua aptidão para criar, modificar, ou extinguir relações ou situações jurídicas. Distingue-se do ato que tem caráter declaratório e que visa ao reconhecimento de uma situação ou relação jurídica.

Discute-se a respeito da possibilidade de um ato de revogação ter por objeto outro ato de revogação. Alguns autores, já partindo da premissa de que é possível revogar um ato revogador, discutem apenas acerca da repristinação, isto é, da restauração à situação anterior.

Diogenes Gasparini defende a irrevogabilidade do ato de revogação, por se tratar de ato consumado que deixou de existir.

Por fim, quanto ao conteúdo e à forma, a doutrina diz que o conteúdo do ato de revogação é a extinção da relação jurídica criada pelo ato revogado. A forma do revogador normalmente é a mesma exigida pelo ato primário. Sujeito da revogação é o agente que detém a competência para apreciar a conveniência dos efeitos produzidos pelo ato: pode ser o próprio agente que o praticou ou seu superior hierárquico.

A finalidade é a supressão de efeitos contrários ao interesse público, e o motivo é inconveniência e a inoportunidade destes efeitos.

---

84   São irrevogáveis, por exemplo, por expressa previsão legal, os atos que geram direito adquiridos (art. 53, da Lei nº 9.784/99).

Quanto à competência revogatória cabe à autoridade indicada em lei. Se esta nada dispuser, presume-se que tal competência reverte-se à própria autoridade que editou o ato, ou àquela que lhe é superior, e que tem, portanto, competência revisora, fundamentada no Princípio da Hierarquia.

Deve-se destacar que a prerrogativa da revogação é inerente à própria dinâmica das atividades administrativas. Trata-se de uma competência reclamada pela exigência premente de contínua busca de realização do interesse público, que deve motivar toda a Administração Pública.

Por essa razão, assim como se fala de um dever de anulação dos atos administrativos ilegais, pode-se também falar, em nome das exigências dos múltiplos interesses públicos cambiantes, de um dever de revogar. Neste sentido, não há qualquer contradição entre a competência discricionária de revogar e o dever de fazê-lo sempre que o interesse público o reclamar.

Para arrematar, é importante frisar que, apesar de todo ato administrativo, em princípio, possa ser revogado, essa faculdade da Administração tem seus limites e restrições, pois, se o ato revogado atingir direito adquirido de alguém, o titular desse direito deverá ser indenizado.

Exemplo para isso é a licença, já concedida, para construir, que se trata de ato irrevogável, mas o STF entende que pode haver a revogação com a devida indenização[85], que Hely Lopes denomina de desapropriação do direito de construir e Diogo Figueiredo chama de cassação expropriatória, a seguir examinada.

7.1.2.1. Atos administrativos que não podem ser revogados

Merece tratamento em item apartado os casos de atos administrativos insuscetíveis de revogação, cujos casos são:

- **Atos que já exauriram os seus efeitos.**

Como exemplo, houve o deferimento de férias, mas estas já foram gozadas. Como se procede para revogá-las?

- **Atos vinculados.**

Apenas o ato que vem a ser discricionário é que poderá ser revogado, porque se a revogação é justamente uma avaliação da conveniência e oportunidade, que se modificou, e se no ato vinculado não há essa valoração porque está atrelado aos requisitos legais, não se pode revogar um ato vinculado, sob pena de descumprimento da lei.

Logo, se a própria Constituição afirma que quem tem 70 anos é aposentado compulsoriamente, a Administração não pode aposentar e, posteriormente, revogar o ato.

- **Atos que geraram direitos adquiridos.**

Se o ato administrativo já permitiu que um determinado direito fosse incorporado ao patrimônio de uma determinada pessoa, não há mais que se falar em revogação do ato. Por exemplo, a nomeação de um servidor é um ato discricionário.

Mas, uma vez praticado, gera direito adquirido a tomar posse e entrar em exercício, não podendo ser mais revogado. Há como anulá-lo? Há, em função da primeira parte da Súmula 473, do STF, ou seja, a Administração pode anular seus próprios atos, quando eivados de vícios que os tornam ilegais, porque deles não se originam direitos.

- **Atos anteriores em um procedimento administrativo (coisa julgada administrativa).**

Seriam os atos anteriores em relação aos posteriores porque já houve preclusão em relação a ele. Por exemplo, em uma licitação, se já houve a adjudicação, há impossibilidade de revogá-la, se um outro ato já foi praticado dentro daquele procedimento.

---

85 Em sentido contrário: "Licença para Construir – Revogação – Obra Não Iniciada. Antes de iniciada a obra, a licença para construir pode ser revogada por conveniência da Administração Pública, sem que valha o argumento de direito adquirido. Precedentes do Supremo Tribunal". (RE nº 105.634 – 2ª Turma do STF – Rel. Min. Francisco Rezek – 1904, in *RDA* 162/215).

- **Meros atos administrativos.**

A doutrina costuma também falar a respeito dos meros atos administrativos como que não podendo ser revogados. Os exemplos que surgem são: certidões, atestados etc. Se a Administração atestou um determinado fato, não há margem para a revogação por ser mero reconhecimento de um fato.

- **Casos de interposição de recurso.**

Se já houver interposição de recurso, entende-se que o ato recorrido é insuscetível de revogação, pois há alguma autoridade competente superior para decidir sobre a matéria.

No entanto, há quem entenda que a interposição de recurso não poderia retirar daquela autoridade que decidiu o poder de fazer uma nova avaliação dos fatos que lhe foram apresentados. Para os que assim entendem, esse recurso ficaria prejudicado.

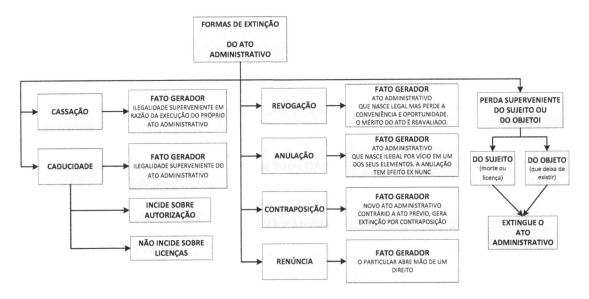

7.1.2.2. Revogação de atos vinculados

Como já exposto, em regra, o ato discricionário é o que poderá ser revogado, porque se a revogação importa numa reavaliação dos critérios de conveniência e oportunidade, valorações essas que não estão presentes no ato vinculado.

Daí, por regra, não há que se falar em revogação de ato vinculado, pois este se encontra atrelado aos requisitos legais, sob pena de descumprimento da lei.

No entanto, merece destaque o caso de revogação de licenças. Em que pese parecer se tratar de uma exceção, a regra acima apontada aqui se mantém.

As licenças, de fato, são atos vinculados, mas os casos de revogação de licença, na verdade, não são de revogação, e sim de uma desapropriação indireta.

A desapropriação, a rigor, tem que seguir um procedimento, neste caso específico, apenas se expediu a revogação. Tanto assim o é que é chamado de revogação expropriatória.

Se a Administração quiser tirar o direito de alguém ela legitimamente tem de desapropriar o direito legítimo da pessoa. Ocorre que, no Direito Administrativo, há certa "patologia", já que este instituto jurídico virou uma ilegalidade da Administração, que é o esbulho administrativo.

Então, se a Administração, ao invés de fazer um decreto expropriatório, entrar no terreno e começar a construir, ter-se-á, na verdade, uma invasão possessória. Ou ainda, ao invés de desapropriar o direito de construir, se ela revogar, essa revogação equivaleria a entrar no terreno do particular sem desapropriação.

Seria uma revogação que equivaleria a uma desapropriação indireta. Materialmente, não seria revogação, teria apenas o nome de revogação.

Observe-se que a revogação é discricionária e só pode acontecer quando não tem direito adquirido, pois ela não altera o direito de ninguém. Assim sendo, nunca é indenizável. Se ela for indenizável, na verdade, não será revogação.

No caso da revogação expropriatória, dar-se-á ensejo à indenização pela desapropriação indireta sofrida.

7.2. Anulação, revogação e indenização

Ato nulo não gera direitos, não produz efeitos, ou seja, há possibilidade de retroação e desconstituição de todos os seus efeitos pretéritos.

Por isso, questiona-se se cabe ou não indenização em razão da anulação de um ato administrativo. Pode-se responder com fundamento no art. 59, da Lei 8.666/93 (Lei Geral de Licitações e Contratos) que, apesar de ser regra referente a contratos da Administração, pode ser aplicada, nesse particular, para os casos de anulação de ato administrativo.[86]

Como se depreende, a regra é que a anulação só gera indenização para os prejudicados que não deram causa à ilegalidade. Protege apenas os prejudicados de boa-fé. Se o administrado é de boa-fé, e sempre há comprovação de prejuízos, jamais poderia ser prejudicado pelas torpezas dos outros, tendo direito adquirido ao usufruir daqueles efeitos.[87]

---

86   O art. 59 da Lei nº 8.666/93, parágrafo único, assim reza: A nulidade não exonera a administração do dever de indenizar o contratado pelo que este houver executado até a data em que ele for declarado e por outros prejuízos regularmente comprovados, contanto que não lhe seja imputável, promovendo-se a responsabilidade de quem lhe deu causa.

87   Válida a observação de Lucas Rocha Furtado op. cit., p. 296: "A regra contida no art. 59, parágrafo único da Lei nº 8.666/93, ("A nulidade não exonera a Administração do dever de indenizar o contratado pelo que este houver executado até a data em que ela for declarada e por outros prejuízos regularmente comprovados, contanto que não lhe seja imputável, promovendo-se a responsabilidade de quem lhe deu causa".) Deve ser interpretada com alguma cautela. Não se deve entender que a Administração não tem o dever de pagar pelo que foi efetivamente executado, ainda que o vício que resultou na anulação da avença seja imputável ao contratado. Deve-se entender apenas que o contrato não deve mais ser o parâmetro para o pagamento e que, quaisquer vantagens que beneficiariam o contratado, como a sua margem de lucro (ou BDI – benefícios

O STF já decidiu que, quando forem afetados interesses individuais, a anulação não prescinde da observância do contraditório, ou seja, da instauração de processo administrativo que enseja a audição daqueles que terão modificada situação já alcançada.[88]

Não cabe indenização em face de revogação, mas somente se for condicionado um prazo determinado. Por exemplo: autorização para se fechar uma rua por uma semana. Com a inserção de prazo, o ato deixa de ser precário, passando a gerar estabilidade.

E se a Administração Pública resolver revogar antes? Neste caso, cabe indenização, mas desde que se comprove prejuízo (já se investiu na compra de produtos para serem vendidos no evento, hipoteticamente). Observe-se que a indenização não se justifica automaticamente pela incidência de prazo, visto que se deve atentar, da mesma forma, para os pressupostos: boa-fé e comprovação dos prejuízos.

7.3. Teoria Monista e Teoria Dualista

Quando se fala em extinção, surge a divergência doutrinária a respeito da utilização ou não da Teoria da Nulidade do Direito Civil. Porém, prevalece a ideia de que no Direito Administrativo tem-se um tratamento diferenciado ao do Direito Civil, não se utilizando as regras deste em matéria de extinção do ato jurídico, em virtude das peculiaridades existentes no Direito Administrativo.

Uma dessas peculiaridades é a de que no Direito Administrativo não há nulidades relativas[89], não há anulabilidade. Desse modo, podemos dizer que o Direito Administrativo trabalha apenas com o ato nulo, que não produz efeitos, porém não utiliza a expressão "ato nulo", refere-se apenas a uma expressão genérica "anulação", com efeitos *ex tunc*.

Celso Antônio Bandeira de Mello e Maria Sylvia Zanella Di Pietro admitem a Teoria da Nulidade reconhecendo a figura das anulabilidades no Direito Administrativo. Todavia, o reconhecimento da anulabilidade não ficaria à mercê de um eventual particular prejudicado, e sim da autotutela administrativa, com a própria Administração Pública se manifestando em relação ao caso de nulidade relativa.

A manifestação que a Administração fará em relação a essa nulidade relativa será através da sanatória do ato administrativo, que retira o vício e salva o ato administrativo irregular.

Observa-se que, atualmente, ainda prevalece na doutrina a posição de não se aceitar a anulabilidade, porém, essa mesma doutrina, admite a sanatória do ato, o que denota um contrassenso[90]

No Direito Civil existe ato nulo e anulável. Ato anulável é aquele que não pode ser declarado de ofício, pois depende da manifestação da parte interessada. Há discussão, não pacífica, se isso existe ou não no Direito Administrativo.

Há autores que adotam a Teoria Monista em relação às nulidades: ou o ato é válido, ou o ato é nulo. Há, por outro lado, ilustres administrativistas que defendem a Teoria Dualista, semelhante à Teoria das Nulidades do Direito Civil, pelos quais o ato pode ser válido, nulo ou anulável.

Na verdade, existem certos atos administrativos cujos vícios podem ser sanados, corrigidos, aproveitados, retificados, semelhantes aos atos anuláveis, tudo em homenagem ao Princípio da Supremacia do Interesse Público. Então, vigorariam os conceitos de nulidade absoluta e de nulidade relativa.

Uma observação de suma importância a ser feita é que no Direito Administrativo a nulidade pode ser declarada de ofício e o instituto da convalidação dos atos administrativos é regulada pela Lei 9.784/99, em

---

e despesas indiretas), contidas no contrato não devem ser pagas. Nesta hipótese, deve a Administração verificar o valor do custo efetivamente realizado e pagar à contratada, não a título de execução do contrato, que já foi anulado, mas como indenização por despesas realizadas.

88 RE nº 158.543-9-RS, 2ª Turma, relator Ministro Marco Aurélio.
89 Hely Lopes Meirelles, Diogo Figueiredo Moreira Neto e Diogenes Gasparini sustentam essa tese.
90 A sanatória é aceita por quase toda doutrina apenas Hely Lopes Meirelles não a aceita; porém é posição isolada.

seu art. 55, pouco importando se o ato é nulo ou anulável, pois a referida lei não estabelece qualquer distinção nesse sentido.[91] [92]

Ilegalidade verificada na fonte nascedouro, não dá margem à convalidação nem pelo decurso do tempo. Por exemplo, cassação de pensão concedida há mais de quinze anos. O beneficiário não poderá invocar o disposto no art. 54 da Lei nº 9.784/99.[93]

Portanto, a prevalência do Princípio da Segurança Jurídica só se dá quando a vantagem é obtida pelo destinatário por meios lícitos por ele utilizados.

Deve haver a anulação, em razão do Princípio da Legalidade, amparado pela Constituição, por ser um ato vinculado.[94] Porém, existe um princípio no Direito Administrativo tão significativo quanto o Princípio da Legalidade, que é o chamado Princípio da Supremacia do Interesse Público, dando margem à sanatória ou convalidação do ato administrativo, de forma que, ao invés de anular o ato, a Administração Pública vai saneá-lo. Expurga-se o vício, salvando-se o ato. É a maneira de se consertar o ato, pois a Administração não pode conviver com o ilícito.

7.4. Sanatória ou Convalidação

No tocante a terminologia, a doutrina não é uniforme. Alguns doutrinadores utilizam a denominação de sanatória. Outros advogam a terminologia de convalidação, que é a mais adotada em âmbito nacional.

---

91   Art. 55 Em decisão na qual se evidencie não acarretarem lesão ao interesse público nem prejuízo a terceiros, os atos que apresentarem defeitos sanáveis poderão ser convalidados pela própria Administração.

92   Correta a observação de Weida Zancaner a "Administração deve invalidar quando o ato não comportar convalidação". E mais: "(...) quando possível a convalidação dos atos viciados, a Administração negar-se a fazê-lo. (ZANCANER. Da convalidação e da invalidação dos atos administrativos, p. 57).

93   Art. 54. O direito da Administração de anular os atos administrativos de que decorram efeitos favoráveis para os destinatários decai em cinco anos, contados da data em que foram praticados, salvo comprovada **má-fé** (grifamos).

94   Jurisprudência: EMENTA: EMBARGOS DECLARATÓRIOS. PRINCÍPIO DA LEGALIDADE. ANULAÇÃO DE JULGAMENTO DE BANCA EXAMINADORA. EFEITOS EX TUNC. EXAME DE MÉRITO DO ATO ADMINISTRATIVO. INOCORRÊNCIA. IRRESIGNAÇÃO DO EMBARGANTE. INEXISTÊNCIA DE OBSCURIDADE, CONTRADIÇÃO OU OMISSÃO NO ACÓRDÃO. 1. Ao acolher os pedidos feitos pelo Autor, ora Embargado, notadamente no que concerne ao de ver seu trabalho reexaminado por outra banca examinadora, esta Turma apenas aplicou ao caso em julgamento o princípio da legalidade, segundo o qual, como é por demais sabido, pode o Poder Judiciário anular atos administrativos quando praticados em desconformidade com a lei. 2. Como a anulação produz efeitos "ex tunc", retroagindo seus efeitos à data de expedição do ato anulado, é óbvio que, no caso, a anulação não poderia se limitar ao desfazimento do julgamento feito por aquela banca, sem paralelamente ordenar a constituição de outra banca a fim de proceder ao reexame do trabalho do Autor. 3. A determinação contida no acórdão de constituição de nova banca examinadora não importa em exame de mérito do ato administrativo e muito menos em substituição do Poder Executivo pelo Poder Judiciário. Ao abrir o concurso, da forma como o fez, expondo a necessidade de sua realização, o ato emanado do Executivo deixou de ser discricionário, transmudando-se em vinculado, podendo, por isso, ser refeito por ordem judicial, à vista das ilegalidades nele estampadas. 4. Inexistindo no acórdão embargado obscuridade, contradição ou omissão (art. 535 do CPC), restando clara a irresignação do Embargante com os termos daquele, hão de ser rejeitados os embargos de declaração, incabíveis na espécie. 5. Embargos Declaratórios rejeitados. para publicação do acórdão. (Origem: TRF – PRIMEIRA REGIÃO, Classe: EDAC – EMBARGOS DE DECLARAÇÃO NA APELAÇÃO CIVEL – 01000269101, Processo: 2014701000269101 UF: DF Órgão Julgador: PRIMEIRA TURMA, Documento: TRF100113480 Fonte DJ – PÁGINA: 27 Relator(a) JUIZ ANTONIO SAVIO DE OLIVEIRA CHAVES Decisão REJEITAR os embargos de declaração, à unanimidade.
EMENTA: ADMINISTRATIVO. RECLASSIFICAÇÃO EM FUNÇÃO COMISSIONADA. LEI 7.596/87. DEC-94644/87. ILEGALIDADE. ATO VINCULADO. ANULAÇÃO PELO JUDICIÁRIO. 1. Se a reclassificação das funções de confiança, conforme os ditames da Lei 7.596/87, foi elaborada por Comissão Especial, e segundo os critérios e formalismos fixados pelo Decreto 94.644/87, constitui ato vinculado, que não pode ser substituído segundo a vontade do Administrador. 2. A revogação do ato administrativo, embora seja faculdade da Administração, importou in casu em violação do direito legalmente assegurado à percepção da função comissionada, com o nível estabelecido anteriormente. 3. Configurada a ilegalidade, impõe-se sua anulação pelo Judiciário, recompondo-se os prejuízos financeiros causados. Indexação ILEGALIDADE, ATO ADMINISTRATIVO, RECLASSIFICAÇÃO, FUNÇÃO DE CONFIANÇA. DESCABIMENTO, ALTERAÇÃO, CRITÉRIO, ENQUADRAMENTO, FIXAÇÃO, LEI. MHM/MBC. (Origem: TRIBUNAL – QUARTA REGIÃO, Classe: AMS - APELAÇÃO EM MANDADO DE SEGURANÇA, Processo: 9604054155 UF: PR Órgão Julgador: QUARTA TURMA, Documento: TRF400072596 Fonte DJ – PÁGINA: 407 Relator(a) JUIZ LUIZ CARLOS DE CASTRO LUGON Decisão UNÂNIME).

Inegavelmente, o instituto da Convalidação vem ganhando força extraordinária no Direito Administrativo.

Convalidação é corrigir, suprindo um ato que possui uma ilegalidade sanável.

A sanatória, na real verdade, ocorre porque há um entendimento de que, em alguns atos ilícitos, a anulação pode trazer piores consequências à coletividade e ao Poder Público do que a sua manutenção.

Merece destaque, a respeito do tema, a preponderação do interesse público é que vai equacionar a situação diante de um determinado caso concreto.

Vamos supor que estamos diante de um ato ilegal, mas o conteúdo desse ato interessa o interesse coletivo e do Estado. Confrontando, pela adequação, temos, de um lado o princípio da legalidade pedindo a anulação do ato; do outro lado, há o princípio da supremacia do interesse público postulando para manter os efeitos do ato. O que fazer? Faz-se a ponderação de interesses. Ou seja, faz-se a sanatória, onde se retira o vício e mantém o conteúdo.

Uma questão doutrinária a ser enfrentada é se identificar se a convalidação é ato discricionário ou vinculado. Há autores afirmando que se trata de ato discricionário. No entanto, ficamos com aqueles que a consideram ato vinculado, pois se trata de um poder-dever que tem a Administração Pública de suprir o vício do ato.

Diante de uma ilegalidade, a Administração pode ou deve anular seus atos? Esta é a grande polêmica.

O raciocínio majoritário, pacífico, entre os grandes administrativistas, sustentam que a sanatória é um ato discricionário. Quem vai fazer essa avaliação e mérito, da conveniência e oportunidade, é o administrador público. Conclui-se, então, que o Poder Judiciário não poderá fazer sanatória do Executivo.

Art. 55, Lei 9.784/99: Em decisão na qual se evidencie não acarretarem lesão ao interesse público nem prejuízos a terceiros, atos que apresentarem defeitos poderão ser convalidados.

Conferindo-se o teor do referido artigo acima, para que um ato possa ser convalidado:

a) o ato não apresentar lesão ao interesse público;

b) o ato não acarretar prejuízos a terceiros;

c) decisão discricionária da Administração acerca da conveniência e oportunidade de convalidar o ato (em vez de anulá-lo).

Explicando melhor: suponha que o ato discricionário tenha sido praticado por servidor que não era competente. Trata-se de um ato nulo, porque a autoridade que proferiu o ato não era competente para tanto. Como há juízo de discricionariedade, o agente competente pode ou não convalidar o ato. Declarar a nulidade do ato ou preservá-lo seria uma opção discricionária nesse caso. Mas não é assim em qualquer ato discricionário, porque, se mudou o interesse público, o que cabe é revogação e não invalidação.

Há, em nossos anais, uma situação particularizante, que despertou grandes interesses: um juiz, portador de um diploma falso, decretou a prisão de um traficante. O ato tem natureza legal ou é ilegal? A partir da Lei 9.784/99, é possível convalidar um ato nulo administrativo, ou seja, viciado, desde que não cause prejuízo ao interesse público.

O que seria melhor para o interesse público, transformar o ato ilegal em legal, convalidando-o, deixando o traficante preso ou soltá-lo?

Sobre este aspecto, o art. 55 da Lei nº 9.784/99 aduz o seguinte:

"Todo ato nulo viciado pode ser convalidado, desde que não acarrete prejuízo ao interesse público, nem prejuízos para terceiros".

Celso Antônio Bandeira de Mello[95] define convalidação como "o suprimento da invalidade com efeitos retroativos".[96]

Não concordamos com tal autor, pois achamos que a sanatória retira o vício do ato e o salva em respeito à legalidade. Ao lado da sanatória, temos a conversão e a confirmatória.

Exemplificando a sanatória, poderíamos trazer a questão do loteamento irregular. A Administração autoriza a feitura do loteamento, mas, ao passar por auditoria do controle externo, verifica-se que aquele loteamento foi expedido irregularmente. Há, portanto, vício na forma. Só que o loteamento já se encontrava totalmente habitado.

A Prefeitura permitiu ponto de táxi e linha de ônibus nas proximidades, além de expedir inúmeros alvarás para padarias, farmácias etc. Criou-se um bairro totalmente urbanizado. Nascerá um conflito entre os dois princípios: o da Legalidade e o da Supremacia do Interesse Público.

Nesse caso, os efeitos da anulação serão piores do que a manutenção do ato ilegal. Anulando-se o loteamento, é lógico que trará piores consequências do que a manutenção dos efeitos do ato ilegal.

Uma vez que a Administração Pública não pode conviver eternamente com a ilegalidade, para manter os efeitos temos que transformá-lo de ilegal para legal. Como o vício é de forma, já que esta não foi respeitada, então, tem-se que regularizar o loteamento, respeitando a forma. Daí vem a sanatória da "reforma", procurando retirar os vícios na regularização do loteamento.

Nesse exemplo, o vício foi na forma. Quando isto ocorrer, teremos a reforma. A reforma é a sanatória sobre o vício de forma. Se o vício for de competência, a sanatória será feita através da ratificação.

Vale lembrar que a doutrina admite apenas essas duas formas de sanatória ou convalidação do ato administrativo, porque estes vícios não mexem no conteúdo. Se houver, contudo, modificação nos elementos finalidade, motivo ou objeto, não se terá sanatória, pois não estará se mexendo no conteúdo, e sim constituindo um novo ato, ou seja, não se estará salvando o ato e sim trocando um ato por outro, e isso não é sanatória.[97] Repetindo, não se estará salvando o ato e sim realizando um novo ato.

---

95   BANDEIRA DE MELLO, *op. cit.*, p. 430.
96   Já Carlos Ary Sundfeld afirma: A convalidação é um novo ato administrativo, que difere dos demais por produzir efeitos *ex tunc*, é dizer, retroativos. Não é mera repetição do ato inválido com a correção do vício; vai além disso. Por tal motivo, a possibilidade de praticá-lo depende, teoricamente, de dois fatores: a) da possibilidade de se repetir, sem vícios, o ato ilegal, porque assim poderia ter sido praticado à época; e b) da possibilidade de este novo ato retroagir. (*Discricionariedade e revogação do ato administrativo. Revista de Direito Público*, nº 79. p. 132 e ss).
97   Jurisprudência: Ementa EXECUÇÃO FISCAL. CDA EMITIDA POR AUTORIDADE INCOMPETENTE. POSSIBILIDADE DE CONVALIDAÇÃO DO ATO. APLICAÇÃO DO ART. 2º, § 8º, DA LEI 6.830/80. 1. A doutrina tem admitido a convalidação quando ausente o pressuposto subjetivo de validade do ato administrativo, desde que não se trate de competência outorgada exclusivamente. 2. Mesmo em se considerando o ato como impassível de convalidação, dever-se-ia ter sido oportunizada à parte a substituição da CDA, em respeito ao disposto no art. 2º, § 8º, da Lei nº 6.830/80. 3. Apelação provida. Remessa prejudicada. (TRF – 1ª Reg. Ap. Cív. 38000180863. Proc. 38000180863/MG. 6ª T. Doc. TRF100135092. DJ, p. 71, Rel. Desembargadora Federal Maria do Carmo Cardoso. Decisão: A Turma, por unanimidade, deu provimento à apelação e julgou prejudicada a remessa).
Ementa: ADMINISTRATIVO. ANULAÇÃO. CONCURSO PÚBLICO PROFESSOR. CONVALIDAÇÃO VÍCIOS FORMAIS. PROVA. O Judiciário, ao realizar o controle do ato administrativo, deve hierarquizar o vício quanto ao grau de sua validade. O controle pelo Judiciário, instância definitiva para a solução do litígio, tem que se assentar na premissa de que nem todos os vícios dos atos administrativos invariavelmente conduzam à sua nulidade, mesmo em se tratando de atos vinculados. Quando o ato administrativo, apesar de não ter sido praticado com absoluta conformidade à lei, conforma-se ao princípio da boa-fé; se dele não decorrem danos ou prejuízos a terceiros ou não foi fruto de fraudes ou outros vícios quanto sua à licitude, deve ser convalidado. A indisfarçável desconfiança quanto à lisura da correção das provas, por si só, não é elemento suficiente para concluir que a Banca Examinadora não agiu com a necessária imparcialidade na correção das provas. Os atos praticados no concurso não podem ser analisados isoladamente, ressaltando-se o aspecto formal, isto é, se houve obediência ou não à forma, mas no conjunto. O rigor no controle dos atos administrativos é prudente, mas deve-se dar atenção à situação concreta, a fim de se verificar se ocorreu ou não vício que afronte as garantias do administrado e os demais princípios que

Diogo de Figueiredo Moreira Neto, isoladamente, entende que há uma terceira espécie de sanatória: quando o vício for no objeto, a qual ele a chama de conversão. Não concordamos com este ilustre autor, pois entendemos que estaremos trocando um ato por outro, e isto não é sanatória.

Conforme a doutrina de Diogo de Figueiredo, a título de exemplo, um bem público seria entregue a uso a um particular através de concessão de uso. Verificando-se que o Poder Público não fez licitação, mas se constatando que o particular tem conservado de forma satisfatória o bem público, poderia haver a conversão.

Nesse caso, seria alterado de concessão para permissão de uso (que é ato unilateral), salvando o efeito do ato, excluindo, assim, o seu vício. Portanto, por esse raciocínio, isso seria uma possibilidade de se corrigir o vício de objeto, mas isto é outro gênero, ao lado da sanatória, que é chamada de conversão.

O ilustre administrativista Diogo de Figueiredo trata como espécie do gênero sanatória, do que discordamos. Entendemos que a conversão é de outro gênero, pois na conversão é trocado um ato por outro para sanar os efeitos.

Na sanatória o efeito opera *ex tunc*, retroage à data da ilegalidade e salva o ato da publicação em diante.

A Administração deve invalidar quando o ato não comportar convalidação. A convalidação não é sempre permitida, mas somente nos casos em que tenha havido vício de consentimento, de forma não-essencial e vício de competência nos casos em que a competência não seja exclusiva.

Um dos exemplos mais importantes de convalidação é a ratificação, que ocorre quando é sanado o vício de competência.

Exemplo: a desapropriação só pode ser feita por decreto (ato do governador, por exemplo). O secretário inadvertidamente assina um ato desapropriatório. O governador, sabendo disso, pode anular o decreto expropriatório ou pode ratificar. Se ratificar, estará dando validade ao ato expropriatório desde o início, desde a data em que foi praticado, até então de forma ilegal pelo seu secretário de Estado.

Existe ainda a confirmatória, que é a inércia da Administração e de todos os cidadãos diante de um ato ilegal. Os efeitos do ato administrativo ilegal serão confirmados por força da prescrição. Com a prescrição há a confirmação do ato. A prescrição, em relação à Administração, é, em regra, quinquenal (5 anos).

Outro ponto que toca a invalidação do ato administrativo é o decurso temporal, pois uma vez consolidado o ato pelo decurso do tempo, fica obstada a decretação de sua invalidade, vez que o interesse público, pelo Princípio da Estabilidade das Relações Jurídicas, tem maior relevância que a necessidade de restabelecimento da legalidade do ato administrativo.[98] Porém, não é este entendimento absoluto.

---

norteiam a atuação da administração. Se o ato administrativo foi praticado sem estrita observância à forma pré-estabelecida, atingindo, contudo, a sua finalidade, sem a ocorrência de prejuízos, deve ser convalidado. Apelações providas. Indexação DESCABIMENTO, ANULAÇÃO, CONCURSO PÚBLICO, INDEPENDÊNCIA, INOBSERVÂNCIA, FORMALIDADE, EDITAL. INEXISTÊNCIA, PROVA, PREJUÍZO, CANDIDATO, PROVA, FRAUDE, MÁ-FÉ, BANCA EXAMINADORA. POSSIBILIDADE, CONVALIDAÇÃO, IRREGULARIDADE. (TRF – 4ª Reg. Ap. Cív. 197.262. Proc. 9704423845/RS. 4ª T. Doc. TRF400080810. *DJU*, 17/01/2013, Rel. Juiz Hermes S. da Conceição Jr. Decisão: A Turma, por unanimidade, deu provimento aos apelos, nos termos do voto do relator).
Ementa: ADMINISTRATIVO. DESTITUIÇÃO DE LEILOEIRO. NULIDADE DE ATO POR AUSÊNCIA DE FUNDAMENTAÇÃO DECLARADA JUDICIALMENTE. CONVALIDAÇÃO PELA AUTORIDADE ADMINISTRATIVA. IMPOSSIBILIDADE. OBRIGATORIEDADE DE NOVO JULGAMENTO. Anulado judicialmente, por ausência de motivação, ato administrativo proveniente de decisão de colegiado que destituiu leiloeiro, impõe-se o seu refazimento, mediante novo julgamento, pois a admissibilidade de convalidação é restrita aos casos em que a própria Administração reconhece a nulidade do ato, não alcançando as nulidades declaradas pelo Judiciário. Indexação IMPOSSIBILIDADE, JUNTA COMERCIAL, CONVALIDAÇÃO, ATO ADMINISTRATIVO, AFASTAMENTO, LEILOEIRO OFICIAL, POSTERIORIDADE, ANULAÇÃO, VIA JUDICIAL, DECORRÊNCIA, INEXISTÊNCIA, FUNDAMENTAÇÃO. NECESSIDADE, REPETIÇÃO, JULGAMENTO. (TRF – 4ª Reg. REO 9.927. Proc. 9704461739/PR. 3ª T. Doc. TRF400077531. *DJU*, p. 301, Rel. Juiz Paulo Afonso Brum Vaz. Decisão: A Turma, por unanimidade, negou provimento à remessa oficial).

98 Conforme entendimento de Patrícia Cardoso Rodrigues de Souza. *Curso prático de direito administrativo*. Belo Horizonte: Del Rey, 2004, p. 553.

Há discussão recente sobre o limite temporal para invalidação do ato administrativo na Lei 9.784/99, que estabelece normas básicas sobre o processo administrativo no âmbito da Administração Federal direta e indireta, sendo aplicável aos órgãos dos poderes Legislativo e Judiciário, quando no desempenho da função administrativa.

Foi constante fonte de divergências doutrinárias a prescrição/decadência do direito da Administração de invalidar atos próprios quando destes resultassem posição contrária à ordem jurídica, pois, via de regra, adstrita como está a Administração às limitações legais (subordinação em relação de conformidade ou compatibilidade) ver-se-ia esta compelida a rever constantemente seus atos, a fim de que a compatibilidade com o ordenamento seja atingida.

Dessa forma, por preservação extrema ao Princípio da Legalidade, alguns autores sustentam a imprescritibilidade da possibilidade de invalidação dos atos da Administração por seus órgãos e agentes.

Tal corrente não é partilhada por outros, como o ilustre professor Hely Lopes Meirelles, que sustenta que o conflito entre segurança e estabilidade jurídica só existe quando se toma a segurança como valor absoluto e a estabilidade dos atos praticados como interesse de ordem pública, tão relevante quanto os demais.

As cortes superiores continuam a entender caber à Administração o poder/dever de declarar a nulidade de seus atos a qualquer tempo, conforme a Súmula 473, do Supremo Tribunal Federal.[99]

A fim de disciplinar o processo administrativo na esfera federal e esgotar a polêmica que vigorava quanto aos prazos de prescrição, a Lei nº 9.784/99 assim estabeleceu em seu art. 54:

> Art. 54. O direito da Administração de anular os atos administrativos de que decorram efeitos favoráveis para os destinatários decai em cinco anos, contados da data em que foram praticados, salvo comprovada má-fé.
>
> § 1º No caso de efeitos patrimoniais contínuos, o prazo de decadência contar-se-á da percepção do primeiro pagamento.
>
> § 2º Considera-se exercício do direito de anular qualquer medida de autoridade administrativa que importe impugnação à validade do ato.
>
> (grifo nosso)

Porém, o dito artigo permaneceu vago quanto à anulação dos atos praticados de má-fé, aproximando-se da orientação da Súmula 473 do STF. A discussão, embora não esgotada, pareceu interessante e pertinente ao presente trabalho.

Semelhante ao que ocorre no Direito Privado, a prescrição administrativa é a perda do recurso administrativo, pelo esgotamento do prazo previsto em lei para a sua utilização, o que não obsta a utilização da via judicial, pois seus efeitos situam-se apenas no campo da Administração. Assim sendo, a perda do recurso administrativo não acarreta na perda do direito.

Sintetizando, temos, assim, três formas para convalidar o ato administrativo:

a) Com vício de competência – quando o ato foi praticado por pessoa incompetente, ele pode ser convalidado, a não ser que se trate de competência exclusiva. Naquele caso, então, o vício de competência é convalidado pela ratificação.

b) Por exemplo, o ato praticado por um servidor insano é um ato nulo, exceto, porém, se o ato praticado pelo servidor incapaz for ato vinculado. Isto porque sabemos que, no ato vinculado, o servidor se apresenta como mero executor da lei, um mero *longa manus* do legislador. Então, a manifestação de vontade é coincidente com o que está na lei, e havendo coincidência de manifestação do administrador louco, por exemplo, e da lei, naturalmente que esse ato vinculado será considerado válido;

---

99 Súmula 473 do STF: "A Administração pode anular seus próprios atos, quando eivados de vícios que os tornam ilegais, porque deles não se originam direitos, ou revogá-los, por motivo de conveniência ou oportunidade, respeitados os direitos adquiridos, e ressalvada, em todos os casos, a apreciação judicial".

c) Com vício de forma – supondo-se que, por esquecimento, não houve homologação em uma licitação, podemos utilizar a reforma para que aquele ato ilegal possa se tornar legal;

d) Com vício de objeto – há conversão/reforma. A reforma refere-se a vício de objeto, ou seja, o ato possui ao mesmo tempo uma parte válida e outra inválida. Se a primeira puder sobreviver sem a segunda, procede-se a reforma. Exemplo: a Administração Pública concedeu férias e licença a um servidor no mesmo ato. Acontece que, a férias, ele tinha direito, mas não à licença, porque tal servidor se encontrava ainda em período probatório, hipoteticamente. Neste caso, faz-se a reforma do ato, invalidando a licença e mantendo as férias. Outro exemplo: a Administração promoveu um servidor por antiguidade e outro, por merecimento, no mesmo ato administrativo. Percebeu-se, posteriormente, que o mais antigo não era aquele, e sim um terceiro. Então, substitui-se aquele por este outro. Isso é reforma do ato. Mais um exemplo: converte-se a demissão em advertência.

Vício de competência → Ratificação

A título de ilustração, o Delegado da Receita Federal pratica um ato que é de competência do Superintendente da Receita Federal, o Superintendente pode convalidá-lo, desde que não tenha acarretado lesão ao interesse público.

Diversamente, se o Ministro da Saúde pratica um ato cujo conteúdo diga respeito ao Ministério da Fazenda, o ato é nulo, vale dizer, não admite convalidação.

7.4.1. Vícios que não admitem convalidação

Em relação ao vício de competência e de forma, os atos podem e devem ser sanados. Há um dever, e não apenas uma faculdade, de saná-los. A autoridade competente está obrigada a ratificar o ato, tudo em função do poder hierárquico e suas consequências, que envolve o dever de obediência, fiscalização, delegação, avocação, revisão. Num juízo de revisão, a autoridade superior pode e deve ratificar o ato que foi praticado pela autoridade inferior.

Há fundamentos no direito positivo brasileiro visando à possibilidade de a Administração sanar atos administrativos, como assim está previsto no já citado art. 55 da Lei nº 9.784/99.

No entanto, quanto ao objeto, há controvérsia. O objeto eventualmente ilegal pode ser transformado em um objeto lícito, através do instituto da convalidação?

Sem dúvida que há possibilidade da convalidação de um vício existente em relação ao objeto do ato administrativo. Isso acontece somente quando um ato administrativo contiver, dentro dele, pluralidade de objetos, como, por exemplo, um ato que concede férias e licença-prêmio para o servidor (há mais de um objeto: um, o deferimento das férias; o outro, a licença), quando, na realidade, o servidor faria jus somente às férias. Aplica-se, no caso, a reforma, pois o objetivo é, apenas, suprimir do ato viciado a parte que o tornava nulo. Suprimida a parte viciada, o ato passa a ser válido.

Ousamos discordar do consagrado Diogo de Figueiredo, que, isoladamente, entende que existe sanatória de vício de objeto. Para o citado mestre, a sanatória do vício de objeto seria a conversão, que é a transformação de um ato administrativo por outro.

Na conversão, o próprio nome já diz tudo, você troca um ato por outro e, na sanatória, você não troca um ato por outro. Exemplificação, dispensa de licitação e inexigibilidade de licitação. Descobre-se que o ato não era para ser dispensa e sim inexigibilidade. O que fazer? O ato é ilegal. Faz-se a conversão: onde se lê dispensa, entenda-se inexigibilidade.

Para sustenta essa conclusão, segue a seguinte ilustração: Dá-se concessão de uso de bem público a um particular, sem licitação. Há um vício, porque falou em contrato, falou em licitação. Tem que se anular tal instituto, por ser ilegal. Não há espaço para conversão, mesmo o particular administrando magistralmente suas tarefas. Então, na real verdade, o mencionado autor confunde sanatória com conversão.

Mesmo em relação à competência, existem situações que impedem a convalidação, o aproveitamento com efeitos *ex tunc* do ato viciado. É o caso da autoridade que decidiu, mas não tinha competência sobre aquela matéria ou a matéria a ser decidida é da competência de um outro órgão da Administração.

Por exemplo, Ministro da Justiça decide, através de um ato administrativo, matéria que é da competência do Ministério do Trabalho. Então, não há como aproveitar um ato praticado por quem não tinha competência material para praticá-lo.

Há outro tipo de vício, em relação à competência, que jamais poderá ser convalidado: é quando a matéria decidida for insuscetível de delegação. Se houver possibilidade de delegação, não há problema, ainda que a competência seja fixada pela Constituição Federal.

A título elucidativo, nota-se que a própria Constituição, quando trata da competência do Presidente da República no art. 84, elenca uma série de matérias insuscetíveis de delegação.

Quanto ao elemento finalidade no vício, não há espaço para convalidação, até porque, se a finalidade é o atingimento do interesse público, e ela foi violada, não há como se falar em aproveitar algo que viola o interesse público. Nesse caso, o máximo que se pode fazer é se praticar um novo ato administrativo, não atribuindo efeitos *ex tunc* àquele anterior.

Assim, nem a finalidade nem o motivo acarretam convalidação, são insanáveis.

Motivo é uma situação (de fato ou de direito) objetiva que inspira o administrador a atuar no caso concreto. Por exemplo, o sujeito avança o sinal de trânsito e é multado. Ora, como convalidar vício quanto a uma situação de fato, tentando mudar a realidade? Essa situação não pode ser alterada pelo administrador público para salvar tal ato administrativo, pois a situação existiu ou não? Não há que se falar em meio-termo. Logo, vícios quanto ao motivo não podem ser convalidados, pois motivo é uma situação que não muda.

Outro exemplo: uma pessoa, de boa-fé, pediu sua aposentadoria achando que tinha preenchido os requisitos do tempo de serviço. Aposentou-se. Posteriormente, verifica-se que ela não preenchia os requisitos do tempo de contribuição. O que fazer? Há um vício de motivo. Jamais poderei convalidar tal ato, por ser insanável.

Quanto à finalidade, por exemplo, na desapropriação com a finalidade de perseguir ferrenho inimigo político há vício de finalidade, violando princípio da impessoalidade. Mas, posteriormente, surgindo interesse público na desapropriação daquele mesmo bem, não se pode convalidar esse ato. Deve-se anular o ato e, em seguida, praticar, de novo, em sua raiz. E a razão é simples: como podemos afirmar que, em virtude do interesse público superveniente, *já não existia vício de finalidade* à época da formação do ato?

Quanto ao elemento *finalidade* no vício, não há espaço para convalidação de ato, mas para anulação.

A Di Pietro cria uma outra forma de salvar os efeitos convenientes de um ato administrativo ilegal, que é a tal **confirmatória**, que vai trabalhar a prescrição. Prescreveu, confirmou, não pode mudar mais, estão sanados os efeitos convenientes de um ato ilegal. Por exemplo, o servidor que pratica falta grave punível com pena de demissão, mas já passaram cinco anos e não foi instaurado o Processo Administrativo. Na nossa opinião, a confirmatória não é espécie de sanatória, porque na sanatória eu vou ao ato e mexo nele, eu salvo o ato, e, na confirmatória, ao contrário, eu não faço nada, eu fico inerte, e, aí, prescreve.

E, por fim, cabe enfocar que não há reforma em cima de atos discricionários, pois o tempo não se consolida. Seria o caso de uma pessoa exercendo uma autorização no calçadão de Copacabana por mais de dez anos.

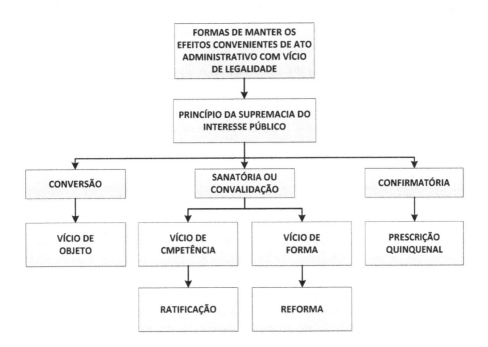

7.4.2. Prazo para a Administração Pública anular o ato, sob pena de convalidação

Sob pena de convalidação, a Administração Pública tem o prazo decadencial de cinco anos para anular qualquer ato nulo, mesmo que este cause um benefício ao administrado, exercendo, assim, sua prerrogativa de autotutela, prevista no art. 54 da Lei nº 9.784/99.

Em se tratando de benefícios previdenciários, por exemplo, aposentadoria, não há que se falar em devolução porque o próprio STF tem decidido, por reiteradas vezes, caso de boa-fé, a não ser que prove dolo ou culpa da parte favorecida. No caso, o prazo para anular esse ato será imprescritível por determinação do art. 54, da lei supracitada (1ª corrente).

O prazo prescricional seria de dez anos (2ª corrente). Mas a lei diz que a Administração Pública pode anular a qualquer momento. O art. 54, parte final da Lei nº 9.784/99 combinado com o art. 37, são os dois únicos casos de imprescritibilidade em Direito Administrativo. Falam do prazo que a Administração tem de exercer seu direito de regresso contra o servidor, em caso de responsabilidade por dano.

Para os direitos reais, o prazo é diferente, incidindo dez anos entre presentes e quinze anos entre ausentes. A enorme maioria dos atos diz respeito a ações pessoais. Logo, aplica-se o prazo da regra geral, que é de cinco anos. É muito difícil um ato envolvendo direito real.

Não há prescrição em relação à revogação, pois a Administração Pública pode reavaliar o mérito a qualquer momento.

É necessário que se faça distinção entre a prescrição administrativa e a decadência, pois através desta perde-se o próprio direito por não ter sido este utilizado durante o prazo previsto e pode ser decretada pelo Juiz de ofício, enquanto a prescrição pode ser somente alegada pelo interessado.

Neste aspecto, interessante é destacar o que diz o professor Diógenes Gasparini a respeito da diferença entre estes institutos:

Cabe afirmar que o prazo prescricional pode ser interrompido ou suspenso. O prazo decadencial, ao contrário, não se interrompe nem se suspende. O prazo decadencial, ao contrário, não se interrompe nem se suspende. A interrupção da prescrição é a perda do prazo prescricional já decorrido, que recomeça a fluir, por inteiro, a partir do ato ou fato reconhecido pela lei como interruptivo. A suspensão da prescrição é a paralisação por um lapso temporal do transcorrer do prazo da prescrição. Assim, computam-se os dois lapsos:

um antes e o outro depois do ato ou fato suspensivo, de tal modo que a soma desses tempos perfaça o prazo prescricional para só depois ter-se por consumada a prescrição.[100]

Importante consignar que, em se tratando de invalidação do ato administrativo, a anulação pode se dar por decisão da própria Administração ou do Poder Judiciário, se vulnerados os aspectos da legalidade e da legitimidade.

Na revogação isso já não acontece, posto se tratar de decisão da própria Administração que não mais reconhece a conveniência do ato e, portanto, resolve revogá-lo, aplicando sua decisão somente quanto ao mérito.

Cabe destacar o posicionamento dos Tribunais a respeito do alcance da decisão do Poder Judiciário:

Ao Poder Judiciário não se pode restringir a apreciação de todo e qualquer ato de autoridade, mesmo que tenha ele cunho disciplinar, já que a ninguém se pode impedir o acesso à Justiça para que nela se aprecie a existência do direito pleiteado, a ameaça temida de sua lesão ou a necessidade da reparação por sua concreta violação. E os motivos determinantes do mérito administrativo do ato hostilizado no devido processo legal devem ser sempre passíveis de verificação pelo Poder Judiciário, eis que deve ele conter, obrigatoriamente, não só os princípios da legalidade e da publicidade, mas também os da impessoalidade e da moralidade. Tanto é ilegal ato administrativo emanado de autoridade incompetente ou desvestido de forma prevista em lei como aquele que se baseia em fatos que, por força de normas legais, não propiciam a tomada da decisão nele contida. Por outro lado, a legalidade do ato administrativo exige como condição de validade não apenas a competência para a sua prática e a regularidade formal extrínseca, mas também os seus requisitos substanciais, a motivação, os seus pressupostos de direito e de fato, mormente quando, como na espécie, estes elementos estão definidos em lei como vinculadores da punição administrativa imposta. (TJ-PR – Ac. unân. 9.538 da 1ª Câm. Cív. – Ap. e Reex. Neces. 22.145-8-Capital – Rel. Des. Oto Luiz Sponholz).

Ressalte-se o conteúdo do referido acórdão:[101]

Mesmo para aqueles que ainda sustentam – e a meu ver equivocadamente – ser vedado ao Poder Judiciário analisar o mérito do ato administrativo, é necessário relembrar a diferença entre o mérito do ato e o exame das razões determinantes de seu conteúdo. A lição de Hely Lopes Meirelles é digna de registro: "Não há confundir, entretanto, o mérito administrativo do ato, infenso à revisão judicial, com o exame de seus motivos determinantes, sempre passíveis de verificação em Juízo. Exemplificando: o Judiciário não poderá dizer da conveniência, oportunidade ou justiça da aplicação de uma penalidade administrativa (como no caso em exame), mas poderá e deverá sempre examinar o seu cabimento e a regularidade formal de sua imposição. E compreende-se que assim seja, pois se no processo punitivo não se encontram as provas motivadoras da punição, ou se estas provas não conduzem à infração apontada, nula é a penalidade imposta".

---

100   Ensina ainda o citado professor que "a prescrição e a decadência também não se confundem com a *preclusão*, instituto que delas se aproxima. A preclusão é a perda, em termos de processo, da oportunidade de agir, em razão do decurso de prazo para essa ação. Com a preclusão não se tem mais como voltar a esse momento do processo".

Assim, preclusão não se confunde com a prescrição, nem com a decadência. Na prescrição há a perda do direito de ação, operando-se antes da possibilidade da interposição da ação. Na preclusão há a perda da oportunidade de volver-se àquele momento do processo, operando-se depois do início e no transcorrer do processo. Também não se confunde com a decadência, pois nesta se perde o direito substantivo, enquanto na preclusão perde-se o direito subjetivo.

"Em relação à prescrição e à vista dessas noções, calcadas em Celso Antônio Bandeira de Mello, pode-se afirmar que ela tanto favorece a Administração Pública como o administrado, donde a *prescrição em favor da Administração Pública e a prescrição em favor do administrado*. Os direitos dos administrados diante da Administração Pública devem ser exercidos dentro dos respectivos prazos administrativos e judiciais".

Ou seja, o não-exercício do direito dentro de tais tempos desencadeia a prescrição em duas espécies: prescrição administrativa e prescrição judicial.

"As pretensões da Administração Pública contra o administrado também estão sujeitas a prazos, de sorte que se não propostas em tais tempos, extingue-se, como assevera Celso Antônio Bandeira de Mello, o poder administrativo de incidir ou reincidir sobre uma dada situação jurídica específica. Nesses casos a Administração não exerce o poder-dever que lhe cabe, omite-se. Perde, assim, o próprio direito, não a medida prevista para sua defesa quando entenda-o ameaçado ou violado, como ocorre com os administrados. Não se trata, pois, de prescrição, mas de decadência. Nesse particular, o âmbito federal e nos termos da Lei do Processo Administrativo é importante a regra consignada no seu art. 54. Por esse dispositivo, o direito da Administração Pública de anular os atos administrativos de que decorram efeitos favoráveis para os destinatários *decai* em cinco anos. Na esfera de aplicação dessa lei tal dispositivo é a regra geral". (p. 801-803).

101   Editora Esplanada ADCOAS, Boletim Jurisprudência ADCOAS-BJA.

Diante de uma ilegalidade, a Administração pode ou deve anular seus atos? Eis a grande questão. A sanatória é um ato discricionário. A jurisprudência mais atualizada tem prestigiado o entendimento de quem vai fazer essa avaliação de conveniência/oportunidade é o administrador público.

O Poder Judiciário, no exercício de sua função jurisdicional, não tem competência para convalidar os atos portadores de vícios do executivo, consoante reiteradas decisões dos nossos Tribunais Superiores, por ser prerrogativa única e exclusiva da própria Administração.

O Poder Judiciário, apenas, poderá, diante de um caso concreto, afirmar se foi lícito ou ilícito, a convalidação/sanatória realizada pelo executivo.

A ponderação do interesse público é que vai equacionar a situação diante de um determinado caso concreto. Às vezes, estamos diante de um ato ilegal, mas o conteúdo desse ato interessa o interesse coletivo. E aí, nós temos de um lado o princípio da legalidade pedindo a anulação do ato, e do outro lado, temos o princípio da supremacia do interesse público pedindo para manter os efeitos do ato. O que fazer? Faz-se a ponderação de interesses. Ou seja, faz-se a sanatória, onde se retira o vício e mantém o conteúdo, e com isso atende à legalidade e à supremacia do interesse público.

Posição do STF – Pode ser convalidado todo ato que não acarrete lesão (prejuízo) ao interesse público. Atos que foram praticados mediante crime não podem ser convalidados. A título de ilustração, não há espaço para a convalidação o ato de peculato.

Optamos, porém, data vênia, por um entendimento diverso. A posição majoritária entende a convalidação ou a sanatória como ato vinculado, ou seja, PODER-DEVER.

O STJ utiliza como fundamento da Convalidação: preservação da segurança jurídica e da economia processual.

A doutrina não é uniforme

Celso Antonio Bandeira de Mello, Maria Sylvia Zanella Di Pietro e outros autores de renome, na clareza de suas ideias, defendem o **caráter vinculado da convalidação, contrariando o que está assentado no art. 55 da Lei 9.784/99, que diz que é uma faculdade**. Por exemplo, um ato produzido por agente incompetente, sem que tivesse havido delegação. Aí, caberá ao agente competente decidir pela convalidação ou anulação do ato produzido pelo agente incompetente.

8. PRESCRIÇÃO

Sabemos que o fator tempo tem grande influência nas relações jurídicas afloradas no seio da sociedade, pois não se admite a eterna incerteza nas relações intersubjetivas a que o direito confere juridicidade.

A prescrição visa justamente a conferir estabilidade a tais situações, pois imprime solidez e firmeza ao liame jurídico constituído entre os integrantes desta relação.

Nessa esteira, a segurança jurídica é, pois, princípio diretor e basilar na salvaguarda da pacificidade e da estabilidade das relações jurídicas. Não é à toa que a segurança jurídica é base fundamental do Estado de Direito, elevada que está ao altiplano axiológico.

No plano geral, está consagrado o entendimento de que a prescritibilidade é regra, e a imprescritibilidade a exceção. Baseia-se no Princípio Social da Necessidade de Estabilização das Relações.

Decorrido certo tempo, mais convém à sociedade como um todo, em nome da paz, vale dizer, do interesse da coletividade, e não de interesses individuais, que seja mantido o *status quo*. Isso propaga efeitos no campo do Direito onde é denominada estabilidade das relações jurídicas e segurança jurídica. Trata-se de fenômeno sentido no cotidiano, amiúde nas esferas criminal e obrigacional.

A Constituição Federal diz que são imprescritíveis apenas os crimes de racismo e de ação de grupos de armados contra a ordem constitucional e o Estado democrático (art. 5º, XLII e XLIV). Consagra, por exclusão, a prescritibilidade. A contrário senso, diz que tudo o mais prescreve, caindo na disciplina das diversas leis, como no caso do Direito Administrativo, ramo do Direito Público, basicamente o histórico Decreto 22.910/32 e a atual Lei 9.784/99.

A prescrição no Direito Administrativo bifurca-se: (a) a favor da Administração e, portanto, contra o administrado; e (b) a favor do administrado e, por conseguinte, contra a Administração.

Prescrição a favor da Administração vige sem controvérsia alguma, a quinquenária consagrada pelo Decreto 20.910/32, especialmente o art. 1º, abrangendo União, Estados, Distrito Federal, Municípios, ou Fazenda Pública lato sensu, estendida às autarquias pelo DL 4.597/42.

A prescrição a favor do administrado, quanto a esta, sem norma expressa, partiu-se para a legislação casuística, formando-se o entendimento de que, naqueles casos sem norma específica, dentre eles a possibilidade de revisar os próprios atos quando viciados, não haveria tempo máximo.

Alguns exemplos: os arts. 73 e 74 do Código Tributário Nacional fixam prazo de cinco anos para a Fazenda, respectivamente, constituir o crédito tributário (prazo decadencial) e para cobrá-lo (prazo prescricional); o art. 21 da Lei 4.717/65 fixa igual prazo para a prescrição de atos passíveis de ação popular. Os Estatutos de Funcionários Públicos normalmente fixam igual prazo para a punição administrativa por faltas disciplinares (a título de exemplo, o art. 142 da Lei 8.112/90, Regime Jurídico dos Servidores Públicos federais).

Não havendo norma expressa quanto ao prazo (decadencial) para a Administração revisar os próprios atos, surgiu o entendimento de que, para tal fim, não há limite de tempo. Aliás, as Súmulas 346 e 473, ambas do STF, que consagram o poder-dever de revisar os próprios atos, nada referem a respeito da prescrição passando mesmo a ideia de que ela inexiste.

Essa controvérsia ficou pacificada, isto na esfera federal, com o advento da Lei 9.784/99, por meio de seu art. 54.

Note-se, ainda, que o legislador distinguiu decadência de prescrição. Fala que o direito para anular os próprios atos decai em 5 anos. E para não deixar dúvidas, o § 1º é explícito: decai também, sempre excluídos os casos de má-fé, naqueles casos em que o ato viciado produz efeitos patrimoniais contínuos.

Interessa-nos aqui enfocar a questão da prescrição administrativa para as Administrações Estadual, Distrital e Municipal. Existe ou não, em razão da falta de norma expressa?

A resposta é de que existe, e por três motivos:

Um, porque afirmar que a lacuna quanto a um regramento específico autoriza a Administração a revisar os próprios atos sem limite de tempo é ir de encontro ao princípio geral da prescritibilidade.

Outro, porque surgiu o entendimento do princípio da igualdade. Se a legislação estabelece como princípio geral o prazo de cinco anos para a administrado reclamar da Administração, por equidade vale o mesmo para esta face àquele, suprindo-se, por esse meio, a referida lacuna.

E o outro motivo porque surgiu uma interpretação ampla ao art. 2º do Decreto 20.910/32, pelo qual prescrevem em cinco anos todo o direito (quer dizer, o direito do princípio ao fim, independentemente de quem seja o titular).

Vendo o dispositivo por esse prisma, consagra a prescrição a favor do administrado e, por conseguinte, contra a Administração, inclusive a decadência para esta revisar os próprios atos.

E isto se coaduna também com o princípio básico do Direito Administrativo de que o anulamento dos atos está condicionado a uma consideração pela qual se estabelece uma comparação entre o interesse público e a proteção da confiança e da boa-fé do administrado.

Há o princípio da *quieta non movere* defendido pela doutrina que se aplica também à Administração Pública, que nada mais é do que o princípio da segurança jurídica ou da estabilidade das relações jurídicas.

Enfim, em face ao art. 2° do Decreto Ditatorial 20.910/32 (tem força de lei), aplicável também aos Estados, Distrito Federal e Municípios, uma vez decorridos cinco anos, cessa o direito-dever de autotutela tanto para os atos anuláveis quanto para os nulos.

Desse modo, ainda que a Lei 9.784/99 não tenha aplicação direta fora da Administração Federal, como já vimos, não se pode negar que colabora para consolidar a prescrição e decadência em todos os âmbitos da Administração Pública. Aduz-se que o art. 54 e § 1° da Lei 9.784/99 tem o mérito de exercer uma função regulamentadora ou explicitadora do art. 2° do Decreto 20.910/32.

De outra parte, a doutrina de há muito vem afirmando que a prescrição administrativa lato sensu existe também a favor do administrado.

Podemos conceituar a prescrição administrativa sob duas óticas: a da Administração Pública, em relação ao administrado, e deste, em relação à Administração.

Na primeira, é a perda do prazo para que a Administração reveja os próprios atos ou para que aplique penalidades administrativas, de outro, é a perda do prazo de que goza o particular para recorrer de decisão administrativa.[102]

A prescrição seria, em singelas palavras, a extinção do direito de ação em razão da inércia do seu titular pelo decurso de determinado lapso temporal. O que se extingue é a ação e não propriamente o direito, ficando este incólume, impoluto.

Entretanto, este não terá nenhuma eficácia no plano prático, porquanto não poderá ser efetivamente desfrutado. É, portanto, a perda da ação atribuída a um direito e de toda sua capacidade defensiva, em consequência do seu não-uso durante um determinado espaço de tempo.

À Administração Pública aplica-se o Princípio da Autotutela Administrativa. Esta se revela na possibilidade de revisão de seus atos, seja por vícios de ilegalidade, seja por motivos de conveniência e oportunidade.

No tocante à invalidação dos atos administrativos, tal poder-dever não é absoluto, porquanto encontra limites que o tolhem, resguardando, assim, com total justificação, diversos princípios jurídicos de fundamental observância.

Desse modo, a questão temporal também se coloca, fazendo-se necessário perquirir se a Administração pode, a qualquer tempo, invalidar seus atos, uma vez que em se tratando de atos de direito privado, a lei civil estabelece prazos prescricionais.

Questão de profunda complexidade e indispensável para o estudo da prescritibilidade no âmbito administrativo é a que questiona se a teoria das nulidades do Direito Privado se transporta para o Direito Público.

A referida complexidade traz consigo enorme discussão doutrinária, já que tem relevância no estudo da decadência administrativa, porquanto não há um consenso no que se refere ao prazo que a Administração possui para invalidar seus atos, quando eivando de vícios.

Partindo da classificação das nulidades (atos nulos, anuláveis etc.) os doutrinadores se dividem em três teorias: a da imprescritibilidade, da prescrição vintenária e da prescrição quinquenária.

Como se viu, o direito não admite a insegurança, a instabilidade, pois seu próprio objetivo é a consecução da paz e da segurança jurídica no seio da sociedade. Nesse fato é que reside o fundamento do instituto da prescrição e da decadência. O tempo se faz, pois, necessário a tal mister.

Como o instituto da decadência administrativa designa de um lado, a perda do prazo para recorrer de decisão administrativa, e de outro, significa a perda do prazo para que a Administração reveja os próprios atos. Finalmente, indica a perda do prazo para aplicação de penalidades administrativas, conveniente que o estudemos, pois, por estes dois ângulos.

No primeiro caso, ou seja, o prazo para o particular recorrer de decisão administrativa, não há discrepância doutrinária, encontrando-se em leis esparsas e normas, estabelecendo tais prazos.

---

102 Cumpre salientar, preliminarmente, que o instituto da prescrição administrativa não se confunde com o da prescrição civil e o da prescrição penal, pois estes se referem ao âmbito judicial.

O desentendimento doutrinário é no tocante ao prazo prescricional (decadencial) de que tem a Administração Pública para rever seus atos viciados. A doutrina se divide em três teorias. Passaremos a expô-las demonstrando o fundamento de cada uma.

A primeira delas é a da imprescritibilidade. Alguns autores a defendem com base no fato de que, não sendo possível vislumbrar-se a hipótese de ato nulo e anulável, posto que a Administração é regida pelo princípio da legalidade administrativa e da indisponibilidade do interesse público, todo ato praticado sob a eiva de ilegalidade seria nulo de pleno direito, sendo, portanto, imprescritível a pretensão da Administração em anulá-los.[103]

Ora, o apego demasiado ao Princípio da Legalidade tornaria os Princípios da Segurança Jurídica e da Supremacia do Interesse Público inócuos. O administrador deverá, pois, perscrutar o caso concreto, levando em consideração os princípios da legalidade, do interesse público e da segurança jurídica, a fim de concluir qual destes princípios será determinante na invalidação do ato administrativo viciado.

Tal tarefa, no caso concreto, revela-se de difícil consecução. Todavia, o eventual conflito de princípios não implica dizer que um deles restará anulado pelo outro, mas sim que um será privilegiado em detrimento do outro, mantendo-se, ambos, íntegros em sua validade.

Há também juristas que, transplantando totalmente a teoria das nulidades do direito privado, adotam a prescrição decenária da pretensão anulatória da Administração. Afirmam estes que os atos nulos prescrevem *longi temporis*, ou seja, em dez; e os anuláveis *brevi temporis*, isto é, em cinco anos.[104]

A nosso ver, também não merece abono a teoria que afirma ser de dez anos o prazo que a Administração Pública tem para rever seus atos viciados. Entendemos ser mais acertada a teoria que adota o prazo de cinco anos.[105]

Em que pese a complexidade das teorias erigidas com o escopo de complementar o referido prazo da prescrição administrativa, opta-se pelo prazo de cinco anos para que a Administração anule seus atos ilegais, sem distinção da intensidade do vício.

Refuta-se as teses da imprescritibilidade e da prescrição decenária pelos motivos já expostos, pois tais pensamentos vão de encontro aos princípios da segurança jurídica, legalidade e interesse público.

Ora, o prazo quinquenário é mais do que suficiente para que a Administração possa invalidar seus atos nascidos com a mácula da ilegalidade. O prazo é de cinco anos não porque tem como fundamento o fato de que, verificada a prescrição judicial da ação popular, não teria mais a Administração a possibilidade de revisão de seus atos, e sim, porquanto se adota, por analogia ao prazo decadencial previsto na Lei nº 9.784/99, *in verbis*:

> "Art. 54. O direito da Administração de anular os atos administrativos de que decorram efeitos favoráveis para os destinatários decai em cinco anos, contados da data em que foram praticados, salvo comprovada má-fé".

Por derradeiro, como já foi dito anteriormente, a natureza do prazo de que a Administração goza para invalidar seus atos viciados é decadencial, pois não pressupõe uma ação processual.

Constatada a prescrição judicial, embora a ação tenha sido aniquilada pelo lapso temporal, o direito está incólume, intacto, extinto, pois, o direito de ação do cidadão que age *pro populo*.

A é a decadência que vigora. Importante observar que, configurada a má-fé, o prazo decadencial Administração teria ainda, pelo menos em tese, o direito de invalidar seus atos viciados, posto que no âmbito administrativo somente começará a correr da data da ciência da fraude ou do ardil.

---

103 São a favores de tal tese: Régis Fernandes de Oliveira, Diogo de Figueiredo Moreira Neto e Odete Medauar.
104 São a favores desta tese: Oswaldo Aranha Bandeira de Mello e Celso Antônio Bandeira de Mello.
105 Di Pietro e Almiro Couto e Silva sustentam tal tese.

8.1. Ação De Ressarcimento ao Erário Baseada em Decisão de Tribunal de Contas é Prescritível?

Sim, é prescritível a ação de ressarcimento ao erário baseada em decisão de Tribunal de Contas. A propósito, já teve a oportunidade de se manifestar o Supremo Tribunal Federal, no julgamento do Recurso Extraordinário (RE) 636.886, com repercussão geral.

Convém ilustrar, caso concreto, Vanda Maria Menezes Barbosa, ex-presidente da Associação Cultural Zumbi, em Alagoas, deixou de prestar contas de recursos recebidos do Ministério da Cultura para aplicação no projeto Educar Quilombo. Por isso, o Tribunal de Contas da União (TCU) ordenou a restituição aos cofres públicos dos valores recebidos.

Com a não quitação do débito, a União propôs a execução de título executivo extrajudicial. O juízo de 1º grau reconheceu a ocorrência de prescrição e extinguiu o processo. O Tribunal Regional Federal da 5ª Região (TRF-5) manteve a decisão.

Segundo o relator do recurso, ministro Alexandre de Moraes, o STF concluiu, no julgamento do RE 852.475, com repercussão geral (tema 897), que somente são imprescritíveis as ações de ressarcimento ao erário com base na prática de ato de improbidade administrativa doloso tipificado na Lei de Improbidade Administrativa (Lei 8.429/1992).

Ele apontou que, em relação aos demais atos ilícitos, inclusive àqueles não dolosos atentatórios à probidade da administração e aos anteriores à edição da norma, aplica-se o decidido pelo Supremo no RE 669.069 (é prescritível a ação de reparação de danos à Fazenda Pública decorrente de ilícito civil – tema de repercussão geral nº 666).

No caso sob análise, o relator disse que não ocorreu a imprescritibilidade, pois as decisões dos tribunais de contas que resultem imputação de débito ou multa têm eficácia de título executivo. Assim, é prescritível a pretensão de ressarcimento ao erário baseada nessas decisões, uma vez que a Corte de Contas, em momento algum, analisa a existência ou não de ato doloso de improbidade administrativa. Além disso, não há decisão judicial caracterizando a existência de ato ilícito doloso, inexistindo contraditório e ampla defesa plenos, pois não é possível ao acusado defender-se no sentido da ausência de elemento subjetivo (dolo ou culpa).

Vale ressaltar, no caso, deve ser aplicado o disposto no artigo 174 do Código Tributário Nacional (CTN), que fixa em cinco anos o prazo para a cobrança do crédito fiscal e para a declaração da prescrição intercorrente.

No RE, a União alegava que a decisão do TCU configurava ofensa ao artigo 37, parágrafo 5º, da Constituição Federal, porque não se aplica a decretação de prescrição de ofício às execuções de título extrajudicial propostas com base em acórdão do Tribunal de Contas que mostram, em última análise, a existência do dever de ressarcimento ao erário.

Merece destaque que o Plenário desproveu o recurso, mantendo a extinção do processo pelo reconhecimento da prescrição. Foi fixada a seguinte tese de repercussão geral: "É prescritível a pretensão de ressarcimento ao erário fundada em decisão de Tribunal de Contas".

9. CLASSIFICAÇÃO

Considere-se que há uma série de critérios para a classificação de atos administrativos, não se valendo a doutrina de uma equidade neste sentido. Dentre os mais importantes, destacam-se alguns deles, os quais passamos a analisar.

9.1. Quanto ao destinatário

No primeiro critério, quanto ao destinatário, o ato administrativo pode ser geral ou individual.

É geral quando regula uma quantidade indeterminada de pessoas que se encontram em situações jurídicas idênticas.

E individual quando se preordenam a regular situações jurídicas concretas, vale dizer, têm destinatários individualizados, definidos, mesmo coletivamente.

Exemplos: Atos que abonam as faltas dos professores, ocorridos em razão de greve no magistério, bem como um edital de concursos públicos. Os atos gerais traduzem uma ideia de generalidade, abstratividade. Não têm destinatários nominados, atingindo, destarte, todas as pessoas que se encontram na mesma situação.

Esses atos não podem ser atacados pela pessoa prejudicada, por via judicial, somente através de arguição de inconstitucionalidade, em conformidade com o art. 103 da Constituição Federal.

Mas, quando traduzidos em providência concreta, admitem análise pelo Poder Judiciário. No entanto, por meio de recursos administrativos, são impugnáveis. Via de regra, materializam-se através de decretos, regulamentos, instruções normativas, circulares ordinatórias de serviços, deliberações.

Já nos atos individuais ou especiais há destinatários certos identificáveis, nominados, determinados. Seria, por exemplo, quando o Prefeito nomeia determinada pessoa para ser o Chefe de seu Gabinete.

Outros exemplos: decretos de desapropriação, de nomeação, de exoneração, licenças, permissões, autorizações e outros que conferem um direito ou impõem um encargo a determinado administrador ou servidor.

O ato individual pode ser múltiplo, ao atingir um grupo de pessoas, uma vez que não perde a individualidade. A título de ilustração, cite-se um ato para nomear cinco procuradores ou um ato de habilitação em procedimento licitatório.

Os atos individuais podem ser questionados judicialmente e por recursos administrativos.

Concluímos, de fato, que existem atos administrativos que têm caráter normativo, ao passo que outros se voltam especificamente para certos indivíduos. Um decreto regulamentar é um ato normativo, ao passo que um decreto de nomeação é um ato individual.

Os gerais ou normativos não possuem destinatário certo. São constituídos por normas gerais e abstratas, preveem uma hipótese de incidência. Exemplo: os regulamentos. As portarias, resoluções e decretos poderão ser atos gerais, dependendo de seus conteúdos. O decreto é todo ato praticado pelo chefe do Poder Executivo e, os mais importantes, são gerais e abstratos, são regulamentos. O decreto de nomeação, por exemplo, é um ato individual.

O que importa para ser ato normativo ou geral é a hipótese de incidência. A Administração pode, num mesmo ato, estabelecer a situação jurídica concreta de vários indivíduos. Por exemplo, uma nomeação coletiva. Ainda assim, o ato será individual.

Os atos normativos, por serem abstratos, em princípio, não ferem direitos de ninguém, nem dão direitos a ninguém. Os atos que podem ferir ou conceder direitos são os atos administrativos que são praticados em decorrência do ato geral, ou seja, os atos administrativos especiais que são praticados em decorrência dos atos administrativos gerais.

Por exemplo: o regulamento da administração que dita que o servidor que efetivar atos de comércio dentro da repartição pública será sumariamente demitido. Essa norma é inconstitucional, fere o princípio da proporcionalidade e da ampla defesa, mas não poderá ser atacado aleatoriamente, sem antes atingir alguém. Somente poderá fazê-lo aquele que sofrer a aplicação dessa norma, no caso concreto.

O regulamento será apreciado *incidenter tantum*, o que equivale a afirmar que a contestação versará sobre o ato concreto da demissão. Então, os atos gerais, ao contrário dos individuais, não são atacáveis judicialmente. A única exceção é no caso de controle abstrato de constitucionalidade, quando esta for possível. Ou seja, somente na hipótese de o regulamento ser federal e violar diretamente a Constituição.

E no caso de Mandado de Segurança Preventivo que não tenha, ainda, ato individual praticado? Na verdade, pelo menos com fundamentação teórica, fala-se que o que está sendo impugnado não é o regulamento em si, mas sim o ato que pode vir a ser praticado. Se estivesse sendo impugnado o regulamento, isto não seria cabível, mas como foi impugnado o ato concreto que pode vir a ser praticado, tem-se admitido este remédio.

Os atos gerais são livremente revogáveis. Os atos individuais também podem ser revogados, mas sobre estes incidem uma série de limites quanto à sua revogação. Isso porque se esses atos conferem direitos, esses passarão a ser adquiridos.

Então, a revogação vai implicar na violação destes direitos adquiridos. O ato geral não concederá nem retirará direito algum, por si próprio. Então, poderá ser retirado do mundo jurídico a qualquer momento. Já o ato individual só poderá ser revogado se não gerar direito adquirido.

Os atos gerais, por não atingirem diretamente direitos, não têm, via de regra, prévio procedimento administrativo, ao passo que os atos individuais, ao atingirem algum direito deverão tê-lo, a fim de assegurar o contraditório e a ampla defesa.

Então, o regulamento editado para impor uma obrigação a uma determinada construção, não vai elencar o procedimento a ser adotado pelos empreiteiros para uma eventual contestação sobre este ato, eis que referido ato, em tese, não visa atingir direito de ninguém.

Por outro lado, quando for aplicada uma multa ao empreiteiro, pelo não cumprimento de um regulamento, como a demolição da obra, esta ordem terá direito ao contraditório e à ampla defesa.

Exceção a esta regra está sendo aplicada às Agências Reguladoras, posto que todas as leis que lhe são pertinentes preveem Audiência Pública antes da emissão do regulamento. Com isso, cria-se um procedimento administrativo prévio para os atos gerais.

9.2. Quanto às prerrogativas

O segundo critério, das prerrogativas, abarca duas classificações. O ato pode ser de império ou de gestão. Atos de império ou de autoridade são os que se caracterizam pelo poder de coerção decorrente do poder de império (*ius imperi*), não ocorrendo a intervenção da vontade dos administrados para sua prática.

Já os de gestão, pode-se dizer que equivale àqueles em que o Estado pratica, quando atuando no mesmo plano jurídico dos particulares, mas na gestão da coisa pública (*ius gestionis*). Nessa hipótese, pratica atos de gestão, intervindo na vontade de particulares.

Quando o Estado efetiva a compra de um imóvel, estará ele submetido às normas do Código Civil, não logrando de qualquer privilégio inerente ao Poder Público. Da mesma forma, não há coerção nem imperatividade por parte do Estado, mas tão somente uma negociação por assentimento das partes. Tem-se, no caso, ato de gestão, de negociação.

É um ato da vida privada. Outro exemplo é quando a Administração Pública loca um imóvel. Essa locação será ato de gestão, regida pela lei de locação.

Quando o Poder Público determina uma ordem para dissolução de uma passeata ou expede um decreto expropriatório, tem-se a incidência de um ato de império, de autoridade, de poder, em função da imposição coercitiva e unilateral. Ninguém pode opor-se ao ato em que o agente público pratica no exercício de sua função administrativa. São regidos pela norma do Direito Administrativo.

9.3. Quanto à liberdade de ação do agente público

O terceiro critério trata-se da liberdade de ação que, conforme já foi observado, pode ser um ato vinculado ou discricionário.

Atos vinculados são aqueles que, por existir prévia e objetiva tipificação legal do único comportamento possível da Administração, o Administrador, ao expedi-los, não interfere com apreciação subjetiva alguma. A lei, portanto, não deixa opções; ela estabelece que, diante de determinados requisitos, a Administração deve agir de tal ou qual forma.

O particular tem um direito subjetivo de exigir da autoridade a edição de determinado ato, sob pena de não o fazendo, sujeitar-se à correção judicial. Todos os elementos do ato administrativo são vinculados: forma, motivo, objeto, competência e finalidade.

Tratando-se de atos vinculados ou regrados, impõe-se à Administração o dever de motivá-los, no sentido de evidenciar a conformação de sua prática com as exigências e requisitos legais que constituem pressupostos necessários de sua existência e validade. Exemplos: licença para exercer profissão regulamentada em lei, licença para construir etc.

Atos discricionários são aqueles que a Administração pratica com certa margem de liberdade de avaliação ou decisão, segundo critérios de conveniência e oportunidade formulados por ela. Há margem de liberdade conferida pela lei ao administrador, a fim de que este cumpra o dever de integrar com sua vontade ou juízo, a norma jurídica diante do caso concreto, segundo critérios subjetivos próprios, e a fim de dar satisfação aos objetivos consagrados no sistema legal.

A discricionariedade implica liberdade de atuação nos limites traçados pela lei. Se a Administração ultrapassar esses limites, a sua decisão passa a ser arbitrária, ou seja, contrária à lei.

Por isso, o ato vinculado é analisado sob o aspecto da legalidade, e o ato discricionário sob o aspecto da legalidade e do mérito: o primeiro diz respeito à conformidade do ato com a lei, ao passo que o segundo diz respeito à oportunidade e conveniência diante do interesse público a atingir. Mérito é, portanto, o sentido político da ação do Estado.

Trata-se de uma integração administrativa da legitimidade. Se são essas definições de conveniência e oportunidade que vão compor o mérito do ato administrativo, a discricionariedade exsurge como meio para que essa função possa ser exercida pela Administração.

Ao Judiciário é vedado controlar o mérito do ato, o seu aspecto político, que abrange os aspectos da conveniência e oportunidade. O que não é aceitável é usar o mérito como escudo à atuação judicial em casos em que se envolvem questões de legalidade e legitimidade.

É necessário colocar a discricionariedade em seus devidos limites para impedir as arbitrariedades que a Administração Pública possa vir a praticar, sob o pretexto de agir discricionariamente em matéria de mérito.[106]

9.4. Quanto à intervenção da vontade administrativa (quanto à manifestação de vontades)

O próximo critério, dita sobre a intervenção da vontade administrativa, podendo, neste caso, os atos serem simples, compostos ou complexos. O ato será simples quando emanar da vontade de um só órgão ou agente administrativo. Ou seja, um só agente ou um órgão pratica um ato.

A lei determina que, para a criação do ato se faz necessário, apenas, a manifestação de vontade de um só órgão. Seria, por exemplo, uma licença para edificar ou para portar uma arma de fogo; portaria do Ministro da Saúde, no sentido de instaurar um procedimento administrativo disciplinar, lavratura de um auto de infração etc.

Podem ser, ainda, singulares e colegiais. Os simples singulares são os emanados dos órgãos cujo titular é um único agente.

Deve-se ressaltar, no entanto, que todo decreto assinado pelo Presidente da República vem acompanhado com a assinatura de um Ministro de Estado. Como neste ato ocorre a assinatura de um Ministro, há quem questione se este seria simples ou composto.

Ocorre que, nestas circunstâncias, a assinatura do Ministro não se reveste de uma obrigatoriedade necessária à produção dos efeitos do decreto, mas apenas para fazer valer o princípio da reforma administrativa, elencado no Decreto-lei nº 200/67, art. 6º, II, que é o Princípio da Coordenação.

Desta sorte, tem-se que a assinatura do Ministro, neste caso, serve para que este tome conhecimento, de imediato, do conteúdo do decreto, por ser matéria de sua pasta. Não se constitui esta assinatura, em definitivo, em requisito para a validade do decreto.

---

106 Nesse contexto, destaca-se o ensinamento da Profa. Maria Sylvia Di Pietro: Normalmente, a discricionariedade existe:
   a) quando a lei expressamente a confere à Administração, como ocorre no caso da norma que permite a remoção de ofício do funcionário, a critério da Administração, para atender a conveniência do serviço;
   b) quando a lei é omissa, porque não lhe é possível prever todas as situações supervenientes ao momento de sua promulgação, hipótese em que a autoridade deverá decidir de acordo com princípios extraídos do ordenamento jurídico;
   c) quando a lei prevê determinada competência, mas não estabelece a conduta a ser adotada. Exemplos dessa hipótese encontram-se em matéria de poder de polícia, em que é impossível à lei traçar todas as condutas possíveis diante de lesão ou ameaça de lesão à vida, à segurança pública e à saúde. (Op. Cit, p. 183)

Os atos simples colegiais são os que provêm de órgãos, como o próprio nome indica, colegiados, como é o caso dos conselhos e de comissões e, por isso, são frutos de deliberações, ou seja, do concurso de vontades unificadas de um só órgão.

Há vezes em que a importância dos atos na esfera do Direito Administrativo é tão relevante, que justifica a obrigação, através de lei, da manifestação de, no mínimo, dois órgãos. Trata-se de ato composto ou complexo.

Todo ato administrativo que fique com sua eficácia dependente de uma condição, que vai ser atendida por outro órgão, cuja vontade se funde para formar uma só vontade autônoma, é denominado de ato composto.

Exemplo disso é um concurso público para o cargo de promotor de justiça, onde a comissão de concurso público aprova os candidatos, objetivando o ingresso no cargo, mas será o Conselho Superior do respectivo Ministério Público quem homologará o ato de aprovação. Nesse caso, o segundo órgão exerce um controle de legalidade sobre o ato praticado anteriormente.

Nas palavras brilhantes de Pinheiro Madeira, "observa-se que o ato composto tem uma condição suspensiva de exequibilidade, que é um "algo mais", isto é, se houver homologação."[107]

Logo, todo e qualquer ato que depender de homologação, aprovação, referendo, aquiescência, visto, parecer etc., caracteriza-se como ato composto.

Em síntese, o ato composto é uma vontade que, para ser exequível, tem como condição a ratificação ou a verificação, prévia ou posterior, por uma vontade, de outro órgão.

Já o ato complexo será formado pela vontade de dois ou mais órgãos ou agentes, realizando um só ato administrativo. A grade diferença do ato complexo para o ato composto é que neste último são dois atos e naquele, apenas um ato.

No ato complexo, não há partes e não há interesses diversos, há uma operação encadeada de atos, uma operação conjunta. Não há uma vontade principal e uma acessória.

Um exemplo clássico de ato complexo, que já recebeu, inclusive, a manifestação do Supremo Tribunal Federal, é a investidura do servidor público.

A investidura, enquanto ato complexo, decorre da nomeação feita pelo chefe do respectivo Poder Executivo, da posse determinada pelo chefe do correspondente departamento de recursos humanos e do exercício, definida pelo chefe da unidade administrativa onde ficou estabelecida a lotação desse novo servidos público. Portanto, o candidato que só foi nomeado, ainda não está investido.

Alguns entendem que nomeações, aposentadorias e pensões seriam atos complexos por deverem ser submetidos à apreciação do respectivo tribunal de contas, o qual tem a palavra final acerca da legalidade do ato sujeito o registro.

Entretanto, esse que era o entendimento do STF, já se encontra superado, prevalecendo que tais atos administrativos são atos compostos.

Quando, porém, a vontade emanar de mais de um órgão ou agente administrativo, há divergência na doutrina. Entendemos que nesta hipótese pode haver uma subdivisao deste ato em atos complexos e atos compostos.

Exemplificando: caso de dispensa de licitação em virtude de a mesma, ser deserta (1º ato). Ocorre que a lei de licitação dispõe que, para a dispensa produzir seus efeitos, é necessário que seja ratificada (2º ato), pela autoridade superior (art. 26 da Lei nº 8.666/93).

Nesse caso, há dois agentes para a realização de dois atos: um principal e outro acessório. Logo, todo e qualquer ato que depender de homologação, aprovação, referendo, aquiescência, visto, parecer, laudo técnico etc., em geral, funcionam como ato composto.

Em caso de o ato ser composto, haverá um controle pelo órgão superior, a fim de constatar se aquela primeira manifestação de vontade estava de acordo com os parâmetros da lei.

Todo ato em que a lei obriga a homologação será composto, ou seja, a última manifestação será sempre do órgão superior, controlando o inferior. Um órgão pratica e o outro ratifica.

---

107 MADEIRA, José Maria Pinheiro. *Administração Pública – Tomo I*. Rio de Janeiro: Elsevier, 11ª ed., p. 546-547.

No ato composto, tem-se um ato principal e um ato acessório de verificação. É indispensável que os dois atos juntos deem a exequibilidade para a consumação do ato principal.

O ato de verificação pode ser pressuposto ou complementar, no sentido de que ele pode ser exigido, com antecedência, à prática do ato principal, ou posteriormente a este.

Será pressuposto nos casos em que se exige a prévia aprovação da autoridade para a prática do outro ato principal. Será complementar, no caso de ratificação, que se dá posteriormente à prática do ato principal.

Por exemplo, a lei de licitação reza que a dispensa é declarada pela autoridade competente e ratificada pela autoridade superior. Trata-se, aí, de um autêntico ato composto.

Em síntese, o ato composto (conjunto) é uma vontade que, para ser exequível, tem como condição a ratificação ou verificação, prévia ou posterior, pela vontade manifesta por outro órgão. Enquanto isso, o ato composto é um ato originariamente simples.

Ainda como exemplo para ato composto, tem-se a emissão de um passaporte. A lei impõe que, após o deferimento pelo delegado federal, a autoridade imediatamente superior terá de dar o visto para conferir a exequibilidade ao passaporte.

Há possibilidade de o ato acessório vir antes do principal. Tem-se um exemplo de ato composto dado pela própria Constituição Federal, que é a nomeação do Procurador Geral da República (art. 128, § 1º). O primeiro ato é a aprovação do Senado Federal (ato acessório), e o segundo ato é a nomeação pelo Presidente da República.

Igual tratamento é a nomeação do Ministro do Supremo Tribunal Federal: Aprovação pelo Senado Federal (ato acessório) e nomeação pelo Presidente da República (ato principal).

Portanto, nos atos compostos há sempre dois órgãos realizando dois atos diversos. Sempre que o ato administrativo fique com sua eficácia dependente de uma condição, que vai ser atendida por outro órgão, este ato será composto.

Os atos compostos não se compõem de vontades autônomas, embora múltiplas. Há, na verdade, uma só vontade autônoma.

No ato composto, temos vários atos que são praticados e há uma composição.

Voltando-se à questão dos atos complexos, vale registrar que são exemplos destes os convênios, consórcios administrativos e a cessão de uso.

Digamos um convênio celebrado entre um Estado-membro e a União Federal para intensificar a repressão à criminalidade dentro das divisas dessa unidade federativa.

Aliás, o convênio pode ser celebrado entre uma pessoa da Administração Pública e por pessoa que não integra a Administração, como o caso de convênio firmado entre o Instituto Nacional do Seguro Social (INSS), que é uma autarquia federal e uma pessoa jurídica de direito privado não integrante da Administração Pública, para a prestação de serviços previdenciários.

No caso de o convênio ser oneroso, aplicam-se os princípios licitatórios. Nesse caso, a Administração deverá licitar para a sua realização. Se o convênio for entre pessoas administrativas, não haverá licitação. Poderá, também, ser realizado entre pessoas diferentes da Administração (Estado com União ou com Município).

Os consórcios têm a mesma natureza dos atos complexos. A diferença está em que os consórcios se dão entre pessoas do mesmo nível da Administração Pública, ou seja, entre dois Estados ou dois Municípios. Com isso, é óbvio que a União não poderá participar de consórcios, mas apenas de convênios. Exemplo deste último é um ato entre o Ministério Público do Estado do Rio de Janeiro e a Universidade do Estado do Rio de Janeiro (UERJ).

No ato complexo não há hierarquia. Isso é fundamental. Como identificar se em um órgão há hierarquia e em outro não? Normalmente, há hierarquia quando a lei obriga que a manifestação de dois órgãos seja dentro de um mesmo Poder.

Mas, quando a manifestação for feita por órgãos diferentes, de diferentes Poderes, como um do Legislativo e outro do Judiciário, não haverá hierarquia, eis que esta não existe entre Poderes diferentes.

Os atos complexos são o que resultam do concurso de vontade de vários órgãos de uma mesma entidade, que se unem em uma só vontade.[108] No ato complexo, não há partes e não há interesses diversos, mas uma operação encadeada de atos, uma operação conjunta. Não há uma vontade principal e uma acessória.

Importante também frisar que o ato complexo não é um procedimento, mas pode estar inserido dentro de um procedimento. Procedimento é a sucessão de atos, distintos entre si. O ato complexo é a fusão de dois ou mais atos.

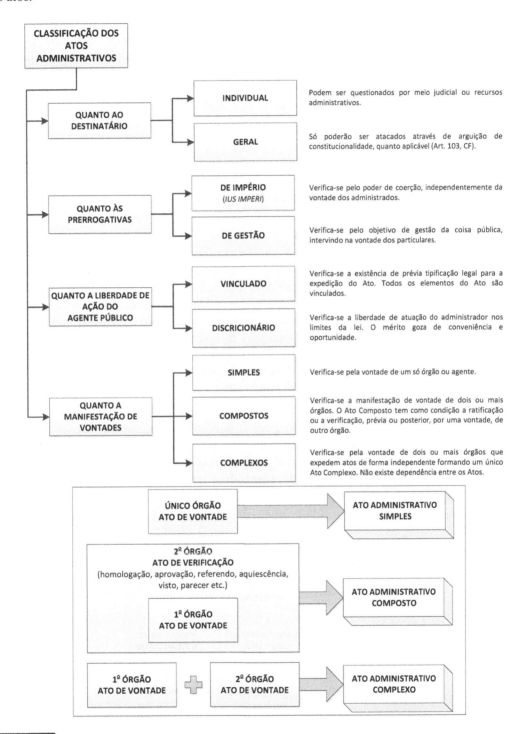

108 O Supremo Tribunal Federal, por reiteradas vezes, considerou os atos de concessões de aposentadorias, reformas e pensões e demais atos submetidos ao Tribunal de Contas, como autênticos atos complexos, de acordo com o RE nº 195.861/ES: "EMENTA: Aposentadoria – ato administrativo do Conselho da Magistratura – natureza – coisa julgada administrativa – inexistência. O ato de aposentadoria exsurge complexo, somente se aperfeiçoando com o registro perante a Corte de Contas. Insubsistência da decisão judicial na qual assentada, como óbice ao exame da legalidade, a coisa julgada administrativa.

9.5. Diferença entre ato administrativo complexo e procedimento administrativo.

Cumpre destacar que o ato administrativo complexo, por mais que se assemelhe a um procedimento administrativo, com este não se confunde, considerando, por oportuno, as seguintes diferenças:

- **1ª diferença** (e a mais importante): refere-se à estrutura. No ato administrativo complexo, temos apenas um ato; enquanto, no procedimento administrativo, há uma sequência de atos. Exemplo deste é o procedimento de licitação: edital, habilitação, julgamento, homologação e adjudicação. Cada uma dessas etapas do procedimento de licitação é um ato diverso. No ato complexo, os atos não são independentes, não são isolados; terão uma relevância se considerados conjuntamente e isoladamente não há qualquer relevância. Já um ato praticado em um procedimento administrativo, poderá ser considerado de forma independente em relação a outros atos daquele mesmo procedimento administrativo. O ato de adjudicação, por exemplo, na licitação, vai possuir efeitos concretos, isolados, inclusive admitindo até a impetração de mandado de segurança.

- **2ª diferença:** refere-se ao momento em que o ato pode ser questionado. O ato administrativo complexo só pode ser questionado depois de pronto (presunção de legalidade e legitimidade); enquanto o procedimento administrativo pode ser questionado a cada ato. Administrativamente, um ato do procedimento só pode ser impugnado antes da realização do ato seguinte. Judicialmente, a preclusão não opera nestes termos.

- **3ª diferença:** refere-se à autoridade coatora, para fins de Mandado de Segurança. No ato complexo, a autoridade coatora é a última que interveio na formação do ato, notificando-se as demais. No entanto, entendemos ser isso inadmissível, pois geralmente várias autoridades assinam o ato simultaneamente. A autoridade coatora poderia ser aquela indicada no ato constitutivo do convênio ou do consórcio como a responsável pela gestão daquilo. Já, no procedimento administrativo, a autoridade coatora será aquela que presidiu o ato que se questiona, dentro daquele procedimento. Como são vários atos formando o procedimento, e cada um desses atos é presidido por uma autoridade diferente, a autoridade coatora irá variar conforme o ato.

Observe-se, contudo, que na licitação, as fases de edital, habilitação e julgamento são feitas pela comissão de licitação. A autoridade coatora seria o presidente da comissão. Mas, se tiver ocorrido recurso administrativo decidido pela autoridade superior, cuja decisão foi compatível com à emitida pelo presidente da comissão, essa autoridade chamou para si a responsabilidade, passando a ser ela a coatora, para fins de Mandado de Segurança. Na homologação e na adjudicação, a autoridade coatora já será, desde já, a autoridade superior.

A propósito, no ato composto, a autoridade coatora será aquela que realizou o ato principal, e não o ato acessório.

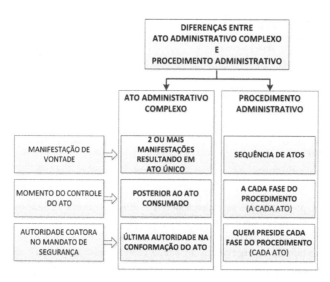

10. ESPÉCIES

Em razão de diferentes perspectivas de contemplação, a doutrina diverge quando divide as espécies de atos administrativos. Contudo, por entender mais simples e funcional, preferimos utilizar a seguinte classificação para cinco espécies de atos administrativos: normativos, ordinários, negociais, enunciativos e punitivos.

10.1. Atos normativos

Os atos normativos possuem seus objetivos mencionados na Constituição Federal. Por exemplo, o art. 49, V, reza que compete exclusivamente ao Congresso Nacional sustar os "atos normativos" do Poder Executivo que exorbitem o poder regulamentar ou os limites de delegação legislativa.

Vê-se, então, que há atos do Poder Executivo com conteúdo normativo, o que significa dizer que a lei delega ao Poder Executivo (no sentido de Administração Pública) a emissão de atos normativos.

Atos normativos são comandos de ordem geral e abstrata que funcionam como leis em sentido material, com a finalidade de suprir a lacuna da norma jurídica formal ou explicitar a sua execução.

Exemplos de atos normativos são os decretos; os regulamentos que não sejam postos em vigor por decreto, como o regulamento (edital) de concurso público e também o edital de licitação; os regimentos, como o Regimento Interno do STF, que é ato normativo emitido pelo Poder Judiciário; as resoluções (emitidas pelo Judiciário), que também têm caráter de atos normativos, quando a norma da resolução se dirige aos jurisdicionados genericamente.

São eles atos administrativos que coercitivamente são impostos à coletividade, aos administrados. Eles estabelecem uma relação jurídica que obriga um determinado comportamento, uma forma de comportamento abstrato aplicado genericamente sob coerção, sob pena de sanção, no caso de desobediência destes atos.

Significa que eles têm caráter material de norma, sem, contudo, se constituir em lei. Ou seja, não é formalmente lei, porque não resulta do processo legislativo previsto no art. 59 da Constituição Federal. Não é emitido pelo Poder Legislativo, como poder político.

As leis previstas no art. 59 da Constituição da República têm o mesmo caráter (salvo raras exceções, das chamadas leis de efeito concreto) de abstração, generalidade e coerção. Em tese, estabelece-se uma norma de comportamento que se dirige a todos de forma geral, e, em caso de desobediência, haverá a sanção e a coerção.

As mesmas características intrínsecas vão ocorrer com o ato administrativo normativo que tem caráter de abstração, generalidade e de coerção. Estabelece-se uma relação jurídica no âmbito externo da Administração.

Uma relação entre a Administração e os administrados, de caráter geral. É uma norma de comportamento que não se dirige especificamente a esta ou àquela pessoa, dirige-se à coletividade ou, pelo menos, a um grupo indeterminado de pessoas.

Contudo, uma parte da doutrina entende que os atos administrativos normativos são leis no sentido material, porque o conteúdo do ato administrativo normativo opera como se fosse lei.

A diferença entre um decreto e uma lei está em que o decreto (em que pese seja abstrato e geral) é ato administrativo normativo e a lei é ato de soberania do Poder Legislativo. O decreto se subordina, portanto, à lei. Ele é uma manifestação daquela delegação legislativa que está no art. 49, V, da CF.

Os atos normativos em geral se submetem ao controle de legalidade, além do controle de constitucionalidade, porque hierarquicamente, são inferiores às leis no sentido formal.

Exatamente por isso, a Constituição Federal, em seu art. 49, V, confere poder ao Congresso Nacional de sustar atos normativos do Executivo, eis que neste caso, o Poder Legislativo nada mais é que a manifestação do poder político, que pratica atos de soberania sobre a Administração Pública exercida pelo Poder Executivo.

Exemplo: o decreto que coloca em vigor o Regulamento do Estatuto dos Funcionários Públicos Civis. Esse decreto põe em vigor norma de caráter geral, abstrato e coercitivamente imposto a toda aquela coletividade de servidores. Esse decreto tem os mesmos caracteres de abstração, generalidade e coerção que tem a lei, mas o decreto regulamentar decorre da lei, regulamentando-a no sentido formal.

Então, porque a Administração expede decreto regulamentar? Porque a própria lei determina que o Poder Executivo regulamentará a execução daquela lei, dando-lhe plena eficácia.

Diante do Princípio da Legalidade, contido no art. 37 da CF, a maioria da doutrina do Direito Administrativo vem afirmando que não é mais possível à Administração Pública emitir regulamentos autônomos, só sendo-lhes possível emitir regulamentos de execução.

Esta afirmativa significa que, somente diante de previsão expressa da lei no sentido formal é que se tornaria possível à Administração regulamentá-los. Até 1988 admitia-se o regulamento autônomo. O que vem a ser o decreto autônomo? Seria aquele ato administrativo normativo emitido na lacuna da lei.

Como qualquer ato administrativo, o ato normativo submete-se ao controle de legalidade, o qual este que pode ser exercido difusamente. Os atos normativos (e também os demais atos administrativos) têm que se submeter à vontade abstrata da lei.

O segundo limite ao poder normativo é o Princípio da Reserva Legal. Nem todas as matérias de interesse público podem ser objeto de atos normativos. A Constituição Federal reserva a disciplina de determinadas matérias, exclusivamente ao Poder Legislativo, através de lei em sentido formal. Exemplo: aumento de vencimento de servidores públicos.

O terceiro limite é o limite temporal, no sentido de que, alterada ou revogada a lei em sentido formal que permitiu a edição do ato normativo, este perderá a vigência. É o mesmo fenômeno que ocorre com a não recepção de parte da legislação infraconstitucional, quando entra em vigor nova Constituição.

10.2. Atos ordinatórios

Atos ordinatórios são aqueles atos internos da Administração que visam o seu funcionamento e a conduta dos seus agentes, a exemplo das instruções, avisos, ordens de serviço, resoluções, circulares, portarias, ofícios etc.

Segunda espécie nesta classificação, os atos ordinatórios decorrem, basicamente, do poder hierárquico e se organizam hierarquizadamente. Significa dizer que a lei vai cuidar de distribuir, em graus diferentes, poderes diferentes a autoridades diferentes, de maneira que determinadas autoridades detenham mais poder, no exercício da Administração Pública, do que outras.

Em razão disso, determinadas autoridades podem dar ordens a outras, e podem rever atos e decisões administrativas de outras. A existência dos recursos administrativos decorre basicamente do poder hierárquico, e os atos ordinatórios decorrem deste mesmo poder.

São ainda aqueles atos que se manifestam de autoridades superiores para autoridades inferiores, no sentido de que a autoridade superior detém poder hierárquico sobre a autoridade inferior.

Em síntese, seriam todos aqueles atos praticados com a finalidade de conduzir o funcionamento interno da Administração. Por exemplo, o ato do chefe de uma repartição pública dispondo sobre os dias que o servidor poderá gozar férias (algo de interesse predominantemente interno).

Neste sentido, como vemos, o ato ordinatório manifesta hierarquia, manifesta determinação de autoridades superiores para as inferiores no exercício da Administração Pública. Por isso, os atos ordinatórios só geram efeitos jurídicos no âmbito interno da Administração Pública, ou seja, entre órgãos e agentes públicos.

Comparando-os com os atos normativos, estes são externos (no sentido de que geram efeitos externos), ao passo que os atos ordinatórios são internos, podendo ser tanto gerais, dentro do âmbito da Administração Indireta, quanto individuais.

Tanto é ato ordinatório a ordem verbal do Governador de Estado a um Secretário de Estado, quanto a resolução do Procurador Geral de Justiça que determina aos Promotores que bimestralmente apresentem relatório estatístico de suas atividades. O primeiro é um ato individual, o segundo é geral. Note-se que aqui, a "resolução" é um ato ordinatório (já vimos que resolução pode ser também um ato normativo). O que importa não é o nome de que se reveste o ato, mas sim o seu conteúdo. É o conteúdo do ato que determinará sua espécie.

A independência funcional do Ministério Público não exclui a subordinação administrativa com o que não diga respeito ao exercício funcional. Apresentar relatórios bimestrais das atividades não significa controle do conteúdo dos atos praticados. Os atos administrativos ordinatórios têm apenas eficácia interna, podendo ser de caráter geral ou individual.

Exemplo: resolução, portaria (a portaria pode ser também ato normativo, quando, por exemplo, o Juiz regula a presença de menores em bailes de carnaval – é um ato normativo porque tem caráter geral e externo, atingindo a todos os jurisdicionados indistintamente). Também, a portaria, como ato do Promotor de Justiça que instaura Inquérito Civil, nos termos da lei da Ação Civil Pública (Lei nº 7.347).

Frise-se que o que importa não é o nome, mas o conteúdo. Os avisos são atos típicos de Ministro, são atos ordinatórios destinados a seus subordinados. Outros exemplos: ato administrativo, concedendo remoção, férias, aposentadoria, licença sem vencimentos etc.

Anomalamente, utiliza-se decreto como ato individual e não como ato normativo. Exemplo: decreto que aposenta determinado servidor. Em regra, o decreto normativo é emitido pelo Chefe do Executivo. Evidentemente que tanto os atos normativos quanto os ordinatórios de caráter geral só ganham vigência (exequibilidade) com a sua publicação.

A publicação destes atos é condição de exequibilidade, face ao princípio da publicidade, diferente do órgão ordinatório individual, que ganha eficácia com a ciência de seu destinatário.

O decreto segue a sorte da lei. Se esta for inconstitucional, aquele também o será. Lei inconstitucional não pode gerar atos normativos legais.

10.3. Atos negociais

Já os atos administrativos negociais são meramente de caráter transacional, não contratual, que eventualmente coincidem com interesses de particulares para a prática de determinada situação jurídica.

Exemplos disto são as autorizações, permissões, licenças, aprovações, admissões, homologações, vistos, dispensas, atos de aprovação, renúncias etc.

Terceira espécie dos atos administrativos, os atos administrativos negociais se constituem nas manifestações de um terceiro poder da Administração Pública, que é o Poder de Polícia. Todavia, a conceituação desses atos não se traduz numa tarefa tão fácil.

A bem da verdade, toda e qualquer atividade da Administração Pública que vise restringir direito ou garantia individual, diante da possibilidade de infração ao interesse público, é atividade de polícia. E todo ato negocial manifesta poder de polícia, eis que vincula o exercício do interesse particular ao interesse público.

O ato é unilateral, mas há o caráter de negócio jurídico, no sentido de que o interesse particular se subordina e adere ao interesse público. Exemplos de atos negociais são as autorizações, as permissões e as licenças, homologação, visto.

A emissão destes atos negociais compreende dois interesses envolvidos, daí o nome negocial. Como não poderia deixar de ser, dada a origem do ato administrativo, tem-se o interesse público, mas também o interesse particular envolvido na emissão destes atos.

O interesse particular de caráter individual que justifica a prática do ato negocia, é indiretamente atendido ao se subordinar ao interesse público, gerando o caráter de negócio jurídico, sem se tratar de contrato.

O ato negocial, via de regra, é provocado por iniciativa do titular do direito ou interesse particular que se subordina ao interesse público e, somente após a manifestação unilateral da Administração Pública, poderá se efetivar.

Como exemplo, para realizar uma reforma em uma casa, alterando o seu projeto inicial, o proprietário deverá solicitar uma licença à Prefeitura. Em matéria de construção, não obstante a sua execução se dar em terreno particular, há interesse público a ser zelado, como o direito de vizinhança, direito ao meio ambiente saudável etc.

Neste contexto, a Administração Pública Municipal vai apreciar, unilateralmente, se o exercício daquele direito particular poderá ou não atingir o interesse público, manifestando, destarte, o seu peculiar Poder de Polícia.

Outro exemplo é aquele que o sujeito obtém uma licença para construir e, tempos depois, há um desabamento. Teria este sujeito o direito de reconstruir, de maneira idêntica àquela anterior, na vigência de uma nova legislação que, daquela forma, não mais assim permita?

Não, porque o direito à licença para construir se exerce conforme a lei vigente. Vamos supor que há dez anos, conforme a lei existente à época, foi feita uma benfeitoria. Se esta desabou no temporal e se nova legislação vigorar, não é mantido o direito adquirido à vigência da legislação anterior.

O sujeito só vai poder construir seguindo a nova legislação, e aí ele vai exercer o direito de construção, neste segundo momento. O efeito do desabamento não exclui a incidência da lei; o que lhe resta é lastimar o fato.

Quanto às permissões, devemos excluir as que se referem a serviços públicos. Insta ressaltar que permissão de serviço público, com o advento da Lei nº 8.987/95, passou a se constituir em contrato administrativo. Portanto, quando o objeto da permissão for serviço público, esta será contrato e não mais ato negocial, por força da referida lei.

Exemplo de permissão como ato negocial é a permissão de uso de bem público, pois, neste caso específico, é o interesse particular de fluir de um bem público que está sendo atendido.

Como exemplo, temos o caso de um parque de diversões. Digamos que haja um terreno do Município que não estava sendo utilizado. Um particular solicita à Administração Municipal uma permissão de seu uso a fim de explorar atividade de lazer, e esta deferiu o referido pleito. Com isso, a permissão de uso com o respectivo ônus de pagamento e de conservação, foi concedida, unilateralmente, pelo ente Administrativo que, por sua vez, devia policiar e receber uma taxa pelo uso do bem dominical.

Contudo, esgotado o prazo da permissão, a Administração Pública que retomar teria que indenizar? Não, porque a permissão é ato precário e discricionário. Então, esgotado o prazo de vigência da permissão anterior, a Administração não está vinculada a renovar. O que pode fazer é um novo juízo de conveniência e oportunidade e aí não vai ter o que indenizar.

Diferentemente é o caso da cessão de uso, que não se constitui em ato negocial. Na cessão de uso, o ato é complexo e se dá entre duas pessoas da Administração Pública, sem a incidência de ônus a quaisquer delas. Exemplo de permissão como ato negocial são aquelas concedidas a mercados populares de alimentos hortifrutigranjeiros, em diversos lugares do Brasil.

Há também o caso de atividades profissionais como objeto de permissão como ato negocial. Exemplo é o serviço de táxis. Trata-se de uma permissão de serviço particular, fiscalizado através do poder de polícia estatal. Táxi não é serviço público, é transporte individual.

Porém, como o exercício deste serviço individual envolve a segurança pública e pode vir a afetar o interesse público, esta atividade profissional está condicionada à permissão da Administração Pública. Esta deverá certificar-se de que o veículo utilizado para o serviço está bem conservado, se o motorista está em plenas condições físicas e mentais de efetivar o transporte de passageiros, se o bem é idôneo etc.

Portanto, só poderá ser "taxista" aquele que tem a sua atividade profissional permitida pela Administração Pública. A permissão pode ser onerosa ou gratuita.

No que tange às permissões de transporte coletivo (empresas de ônibus), que são serviços públicos, com o advento da Lei nº 8.987/95, passaram a ser contrato administrativo e não mais atos negociais.

As autorizações, da mesma forma, podem se destinar à atividade profissional. Exemplo são as autorizações para comércio ambulante. O vendedor ambulante, informalmente denominado de "camelô", é um autorizatário. Ao mesmo tempo que pratica uma atividade de comércio ambulante, vale-se da utilização transitória de um bem público de uso comum, eis que a calçada da via pública é um bem municipal.

Em matéria de atos negociais, há o que se chama cassação, uma forma extintiva que é aplicada quando o beneficiário do ato descumpre determinadas condições as quais permitem o desfazimento do ato e de seus efeitos. É, por assim dizer, um ato punitivo, por infração legal ou contratual praticado pelo beneficiário do ato negocial, que desfaz aquele ato. Cabe observar que a cassação, na verdade, não cassa a forma, mas sim o objeto do ato.

Assim, o sujeito licenciado para se estabelecer em bar e restaurante, mas que, embora exercendo a atividade, paralelamente permite que o local seja utilizado para tráfico de entorpecentes, está ultrapassando o objeto da licença com uma atividade ilícita. A Administração Pública vai instaurar processo administrativo punitivo, garantir a legítima defesa e o contraditório e, unilateralmente, praticar o ato de cassação.

A cassação do ato administrativo é a terceira forma de desfazimento, pois a anulação e a revogação valem para todos os atos. A cassação vale para os atos negociais, e é um ato punitivo. Não há cassação em relação a outros atos, mas em relação a atos negociais isto é possível.

O ato negocial pode ser por si mesmo condicionado. Exemplo para isto é quando há uma licença para construir no prazo de "x" anos, sendo que o primeiro andar deve ser construído em tanto tempo, ou seja, tem-se que atender a tais requisitos.

A própria legislação pode permitir que o ato negocial, no seu conteúdo, seja condicionado, seja a termo ou não. Ele pode até ser tão precário que a autorização não tenha sequer prazo de vigência. Tudo vai depender de cada lei municipal, estadual ou federal, relativas aos objetos, e o poder de polícia que exerça.

Não há uma lei nacional que regule este fato. Portanto, vai depender da respectiva lei (do Município, do Estado ou da União) o condicionamento interno desses atos, mas observando-se que sendo essas condições desrespeitadas, levam à cassação do próprio ato.

10.3.1. Diferença básica entre permissão, autorização e licença

A autorização tem caráter de extrema precariedade, significando dizer que ela pode, a qualquer tempo, ser revogada sem gerar para o autorizatário qualquer direito adquirido ou qualquer direito à indenização.

Exemplo: autorização para porte de arma de fogo. Um sujeito tem uma atividade particular que salvaguarda a segurança individual de outrem. Portanto, este sujeito não poderá portar arma de fogo sem a devida autorização, já que esta prática se constitui em um risco à segurança pública, podendo vir a atingir o interesse público da coletividade, e este deve ser resguardado pelo Estado.

As permissões, da mesma maneira, têm esse caráter de precariedade, mas estas podem gerar direito à indenização, quando são levadas a termo. Exemplo: o órgão público competente concede permissão, pelo prazo de dois anos, para a exploração do serviço de táxi.

Pode a Administração, antes do término desse período, revogar essa permissão? A resposta é afirmativa, restando garantido o direito à indenização pelo permissionário, incluindo os lucros cessantes pelo período revogado, desde que esta revogação não tenha ocorrido por culpa deste.

Exemplo: licença concedida para a construção de prédios. Uma vez construída a benfeitoria licenciada, ela acede ao solo no qual foi construída, por força de dispositivo constante no Código Civil brasileiro.

A partir de então, a Administração não poderá mais revogar esta licença, pois se o fizesse, estaria atingindo o direito de propriedade. Ademais, a concessão do habite-se pela Administração pressupõe que esta foi inteiramente realizada de acordo com as condições estabelecidas pela Administração no ato em que a benfeitoria acedeu ao solo.

Quando a concessão da licença gerar um direito adquirido, tem-se que não será passível de ser revogada pela Administração Pública. Em outras hipóteses, a licença poderá ser revogada, mas gerará um direito de indenização ao licenciado.

A revogação ocorrerá à luz de um juízo de conveniência e oportunidade. Poderá ainda a licença, em algumas hipóteses, ser anulada, quando, por exemplo, um sujeito que adquiriu a licença para uma construção, valendo-se de um título de propriedade falsificado.

Registre-se que a autorização e a permissão são atos administrativos precários, discricionários. A licença, por seu turno, pressupõe um direito adquirido preexistente na Constituição ou em lei.

O art. 170, IV, da Constituição Federal preceitua o princípio econômico da livre iniciativa. Com isso, se alguém pretende obter uma licença e preenche todos os requisitos legais para essa consecução, a Administração Pública não poderá negá-la, porquanto já existe um direito adquiro anterior que a respalda.

Ademais, a concessão de licença pelo Poder Público, que se traduz no uso de seu peculiar poder de polícia, se justifica plenamente, haja vista as normas de segurança pública, ambientais e de saúde pública as quais o licenciado deverá se submeter e respeitar.

No tocante às autorizações, registre-se que não há direito adquirido preexistente para a sua concessão. Portanto, a autorização poderá ou não ser outorgada pela Administração. Os institutos da permissão e da autorização são concedidos quando se pretende usufruir de um bem de uso comum do povo, ou de um prédio público. Como exemplos, temos os quiosques nas praias, bancas de jornal, porte de arma, dentre outros.

Ainda em relação a estes institutos, acrescemos que a autorização se dá independente de uso de bem ou prática de serviço público. É sempre ato administrativo precário, podendo ser revogado a qualquer momento, sem indenização. Quanto à sua natureza jurídica, esta irá variar de acordo com a natureza da atividade que será prestada.

Quando a solicitação da permissão se destinar a um serviço de utilidade pública, de modo que traga interesses tanto ao permissionário quanto à própria coletividade, estamos diante de uma permissão. Mas se a postulação do administrado for em relação a uma atividade de exclusivo interesse econômico, a Administração Pública expedirá uma autorização.

Então, a distinção básica entre a permissão e a autorização está, como se observa, na natureza da atividade consentida pelo Estado.

Permissão e autorização são atos precários porque, assim como a Administração teve o condão de avaliar as suas condutas quando os expediu discricionariamente, da mesma forma ela poderá exercer esta liberdade quando desejar retirá-los do mundo jurídico.

O que distingue a licença da autorização e da permissão condicionada ou qualificada? Permissão de uso condicionada ou qualificada tem um caráter contratual, possuindo prazo em conformidade com o art. 40, Lei 8.987/95. Licença é ato vinculado.

Uma vez preenchidos os requisitos, o consentimento estatal terá que ocorrer. Já em relação à autorização, ou mesmo em relação à permissão há o caráter discricionário para a prática do ato, pois caberá a Administração fazer um juízo acerca da conveniência e oportunidade do consentimento estatal.

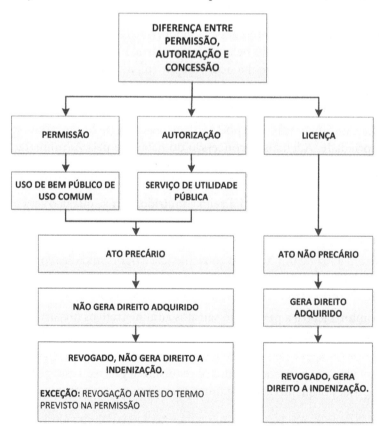

10.4. Atos enunciativos

Atos administrativos enunciativos fazem parte da quarta espécie de atos administrativos. Para uma minoria doutrinária, tais atos não são espécie de atos administrativos, mas para a maioria doutrinária os são. Os atos enunciativos são atos declaratórios de determinadas situações fáticas ou jurídicas sem qualquer vinculação da Administração ao seu enunciado. Exemplos são as certidões, atestados e pareceres.

Os atos enunciativos são aqueles em que a administração se limita a enunciar, a declarar direito ou situação jurídica relevante. Ela enuncia, declara determinada situação jurídica pretérita ou determinado direito já existente, e o faz porque somente ela tem a competência legal para tal, na forma da lei.

O parecer é um exemplo típico de ato enunciativo, porque, além de exteriorizar um entendimento da Administração Pública, reconhece-se também uma situação já ocorrida. Temos, as certidões, os atestados, as declarações, pareceres...

Qual a diferença de certidão para o atestado? A certidão vai ser a mera cópia, o mero registro de um documento já existente na Administração: "Certifico que nas folhas tais, do livro tal, consta a seguinte informação:"

O atestado será um reconhecimento de uma situação de fato que tenha ocorrido: "Atesto que no dia tal, fulano de tal, compareceu no Juízo do 4º Juizado para depor sobre o processo...".

Como exemplo, a Administração detém os registros públicos. A lei irá conferir a determinados funcionários fé pública para atestar a autenticidade destes registros. Não obstante, a mesma lei vai exigir fé pública a determinadas situações jurídicas, como condição de validade das mesmas. Exemplo por excelência de atos enunciativos são as certidões e os atestados. Parte da doutrina diz que determinados pareceres com características normativas também são atos enunciativos.

O direito de certidão é um direito individual, previsto no texto constitucional, em seu art. 5º, inciso XXXIV, "b". Esta só poderá ser emitida pela Administração Pública. Aliás, ressalta-se que todo registro público é monopolizado pela Administração Pública, ainda que o Oficial de Cartório tenha as características peculiarmente estipuladas pela Constituição, qual seja, de não ser servidor público. Contudo, a serventia é pública.

Assim como a titularidade de um imóvel só poderá ser comprovada com a transcrição do título aquisitivo no Registro Imobiliário, a comprovação da transcrição só poderá sê-lo através de certidão.

A certidão enuncia um direito já existente. Exemplo: certidão de nascimento e certidão de óbito. Todas as serventias cartorárias são órgãos de Administração Pública, fiscalizados pelo Poder Judiciário, e suas atividades são eminentemente administrativas. As serventias não são órgãos jurisdicionais, mas, conforme já enunciado, são órgãos da Administração Pública, inseridos no Poder Judiciário.

O mesmo ocorre com os atestados. A lei criou competência a determinados agentes públicos para que se valessem da prerrogativa de atestar a verdade a algo.

Como exemplo, um certo número de funcionários reclama a percepção de determinada vantagem pecuniária que vem sendo concedida a outros funcionários. Tendo em vista a continuação deste fato, a Administração reconhece referido direito à categoria de servidores em desvantagem, certificando-o através de parecer normativo, como: "Na forma do parecer normativo número tal, todo servidor em tal situação, passará a ter direito a tal vantagem".

Vislumbra-se um caráter normativo no sentido interno. Há, também, um caráter enunciativo, eis que se está declarando que todos aqueles servidores que estejam na situação jurídica mencionada no parecer normativo passarão a ter um certo direito.

Com isso, a maioria da doutrina afirma que o parecer normativo também é ato enunciativo, por se referir a uma situação jurídica pretérita em que a Administração se limita a reconhecer determinado direito.

Já os pareceres são atos enunciativos, não restando qualquer controvérsia sobre isto. Eles vão sempre se referir a uma situação jurídica pretérita e ao reconhecimento, pela Administração, quanto àquela situação jurídica.

A atividade do Ministério Público é eminentemente administrativa. Os atos que o Ministério Público pratica no Processo Civil ou Penal são atos administrativos, inobstante as suas atividades extrajudiciais. Da mesma forma, os pareceres dos Procuradores Gerais de Justiça também são atos enunciativos.

A Administração Pública não goza de discricionariedade na emissão dos atos enunciativos, no sentido de optar sobre a conveniência de suas emissões. Por exemplo, o direito de certidão, constitucionalmente garantido, não deixa margem de discricionariedade à Administração quanto à emissão deste ato enunciativo.

Aliás, é o típico caso em que se pode compelir a Administração a emitir ato administrativo, posto que esta é obrigada a emiti-la, não lhe restando nenhum direito de ocultar informações constantes de seus registros. A esse propósito, a Ação Popular e o Mandado de Segurança manifestam esta questão.

Quando a prova do ato que acata direito líquido e certo se encontrar em poder da Administração, esta é obrigada a fornecer certidão. Se houver a recusa nesta emissão, deve-se recorrer ao Poder Judiciário impetrando Mandado de Segurança. O mesmo ocorre com o atestado.

A Lei da Ação Popular (Lei 4.717/65), por seu turno, confere ao cidadão o direito de requerer à Administração certidão acerca de atos lesivos ao patrimônio público. Qualquer um tem o direito a conhecer o conteúdo de atos que possam ser lesivos ao patrimônio público, através de certidão.

Quando a Administração sonega a cópia do determinado ato, a lei de Ação Popular traz a garantia de que o Juiz determine ao réu a apresentação deste documento, podendo sê-lo através de certidão.

Para a prova de ato lesivo, se a autoridade coatora se recusar a fornecer certidão, pode-se recorrer ao Mandado de Segurança. Com isso, o juiz requisitará que seja concedida a competente certidão.

10.5. Atos punitivos

Por fim, temos os atos punitivos, quinta espécie de atos administrativos. São eles os que têm no objeto uma sanção imposta pela Administração aos infratores de dispositivos legais em sentido amplo, podendo ser seus próprios servidores ou particulares. Exemplos: multas, interdições, destruição de coisas, inutilização de gêneros alimentícios, demissões, suspensões, afastamentos, advertências etc.

Os atos punitivos decorrem de outro poder da Administração, que é o poder disciplinar, que tanto pode ser interno como externo.

Os atos administrativos punitivos são aqueles que se destinam a sancionar, a punir as infrações cometidas contra o interesse público pelos administrados ou pelos servidores públicos, na forma da Lei ou de outros atos administrativos. Quando um sujeito viola norma contida legalmente em ato normativo, este sujeito pode receber uma sanção.

Exemplos: Um agente público infringiu determinada norma do regulamento do Estatuto dos Funcionários Públicos; por isso, receberá um ato punitivo interno.

Se um sujeito estaciona seu carro na rua em local proibido, o policial expedirá um auto de infração, que é um ato punitivo externo denominado de multa, permitido pelo Código Nacional de Trânsito. Como atos punitivos externos, além da multa, tem-se a interdição de atividades, a apreensão e inutilização de gêneros alimentícios. Internamente esses atos punitivos são previstos nos estatutos (demissão, suspensão, repreensão, advertência).

Os atos punitivos decorrem basicamente do poder disciplinar, que é um poder inerente ao poder hierárquico. Aliás, de nada valeria esse poder, se desobedecida a ordem, a Administração Pública não pudesse, pelo menos, exercer coerção em sancionar a desobediência (a desobediência a um ato ordinatório, decorrente do poder hierárquico, tem como consequência um ato punitivo, decorrente do poder disciplinar). O ato punitivo tem uma relação intrínseca com o ato ordinatório, porque é uma manifestação de coerção em caso de desobediência deste ato.

Mas os atos normativos também podem prever a existência de atos punitivos. Como exemplo, temos um sujeito que, fora do prazo fixado por decreto, apresenta a declaração de rendimentos para o Imposto de Renda de Pessoa Física. Face esse atraso, será multado e perder o direito ao parcelamento. Ato negocial: não recolher, dentro do prazo, a taxa decorrente de permissão de uso de bem público, está rescindido por culpa do permissionário.

O importante em relação ao ato punitivo, a partir de 1988, é o texto do art. 5º, LV, da Constituição Federal, que estendeu ao processo administrativo a garantia da ampla defesa e do contraditório, com os meios e recursos inerentes.

Pela primeira vez na história constitucional brasileira se disse: "aos litigantes e aos acusados em geral". Ou seja, o direito do contraditório e da ampla defesa passou a ser não apenas aos acusados, mas aos litigantes.

Com isso, lide administrativa passa a existir quando há conflito de interesses. Assim, o vizinho pode se opor à licença concedida ao proprietário, para a realização de obras.

Ampla defesa e contraditório, em processo administrativo punitivo, passam a ser, então, aplicados como o são em juízo. Nenhum ato punitivo pode anteceder, depois de 1988, a todo esse ritual, por mais leve que seja a falta.

Ainda existem estatutos funcionais que abrigam o Princípio da Verdade Sabida, pelo qual, no processo administrativo punitivo, a falta funcional praticada, ao chegar ao conhecimento do superior hierárquico, possibilitava que o agente público fosse punido por essa infração administrativa direta e instantaneamente pela autoridade competente para puni-lo, sem que fosse dado ao acusado o contraditório e a ampla defesa.

Exemplo: Pedro, na qualidade de agente público, ofende ao seu chefe, e este mesmo chefe seria competente para punir Pedro por essa ofensa irrogada, a partir tão somente do poder hierárquico e do poder disciplinar combinados. Desta sorte, poderia ele declarar imediatamente que Pedro estaria, por exemplo, punido com suspensão por trinta dias, sem que Pedro tivesse a possibilidade de se defender por meio de um processo administrativo disciplinar.

Após a Constituição de 1988, o Princípio da Verdade Sabida não mais passou a ser aplicado, devendo-se interpretar pelo cabimento das garantias constitucionais previstas no art. 5º, inciso LV, da Lei Maior.

Assim, em casos como esse, o referido chefe tem de instaurar processo administrativo punitivo e seguir todo esse ritual. Mais ainda, diante do contraditório e da ampla defesa, não se pode mais permitir que a autoridade que presida o processo administrativo punitivo seja a mesma que aplicará a punição. Assim como o magistrado é diferente das pessoas das partes, o acusador tem que ser outra autoridade diferente daquela que vai julgar o caso.

Outro exemplo: um sujeito recebe um auto de infração de um agente de trânsito. Erroneamente, as pessoas pensam que esse ato já se constitui numa multa, o que não é verdade, pois esse ato é uma notificação de um auto de infração de um processo administrativo que foi instaurado. Pode-se constatar isso ao se observar o verso dessa notificação, que constará que o notificado terá um prazo legal para impugná-la.

No que tange aos servidores públicos, há determinadas normas estatutárias que admitem o afastamento temporário do exercício das funções, pelo servidor acusado. Contudo, isso não é punição em si. Esse afastamento temporário se reveste de um duplo sentido, assim como no Processo Penal.

Primeiramente, a possibilidade da preservação de determinadas provas que poderiam ser atingidas pelo servidor em atividade. Segundo, a possibilidade de dar ao servidor mais tempo para sua própria defesa. Isso não significa punição, porque o servidor continua recebendo remuneração (seus vencimentos integrais).

Interessante questionamento se faz quanto a se analisar se seria permitido, no processo administrativo, a autodefesa. A regra geral é o direito de defesa ser exercido tecnicamente. A autodefesa não é admitida no Processo Civil e no Processo Penal no sentido de defesa técnica.

Há caráter de autodefesa no interrogatório do réu em ação penal, mas ele não pode deixar de estar representado por profissional legalmente habilitado (advogado). Mas, a rigor, se a Constituição Federal não distinguir, a lei que vier dela também não poderá fazê-lo. A rigor, a defesa terá que ser sempre técnica. Mesmo num ato de infração? De certo, senão não estaria garantida a ampla defesa.

Importante é observar que não se conhece ato administrativo que não se classifique em alguma das cinco espécies mencionadas, embora uma segunda classificação dos atos administrativos esteja atrelada com o número de vontades de órgãos ou agentes públicos, cuja manifestação se exige para existência do ato.

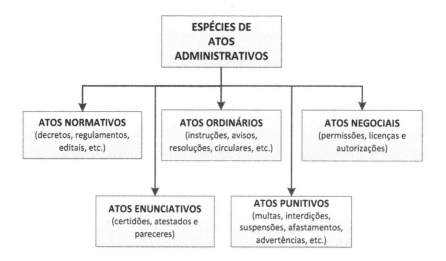

11. ATOS ADMINISTRATIVOS EM ESPÉCIE

Como vimos, segundo o fim imediato a que se destinam e o objeto que encerram, os atos administrativos podem se exteriorizar sob diversas formas, podendo assim se apresentar:

11.1. Decreto

O decreto é uma forma escrita de ato administrativo, através do qual o Poder Executivo manifesta sua vontade, o que torna resultante de competência administrativa específica.

Porto Carreiro[109] distingue decreto legislativo de decreto executivo. Para ele, os primeiros emanam, como as leis, do Poder Legislativo, e os seus projetos passam pelos mesmos trâmites a que são submetidos os projetos de lei, podendo, além disso, depender ou não de sanção, ou seja, possui todas as semelhanças da lei.

Já os decretos executivos são fórmulas gerais dos atos governamentais e administrativos do Presidente da República, não compreendidos os atos de correspondência (mensagens), nem as cartas credenciais, revocatórias, de chancelaria ou outras de interesse diplomático, nem ainda as cartas-patentes e outras semelhantes.

José dos Santos Carvalho Filho[110] faz outra distinção, afirmando que, dependendo do conteúdo, podemos classificá-lo em decretos gerais ou individuais. Os primeiros seriam aqueles de caráter normativo e que traçam regras gerais, ao passo que os segundos são os que têm destinatários específicos, individualizados.

Há autores que classificam os decretos em autônomos ou independentes, regulamentares ou de execução. Porém, cumpre-nos simplificar os tipos de decretos, e por isso adotaremos apenas as duas classificações acima, decreto legislativo e executivo ou decretos gerais ou individuais.

11.2. Resoluções e Deliberações

Resoluções são atos normativos gerais ou individuais, emanados de autoridades de elevado escalão administrativo. Constituem matérias das resoluções todas as que se inserem na competência específica dos agentes ou pessoas jurídicas responsáveis por sua expedição.

Já as deliberações são atos oriundos, em regra, de órgãos colegiados, que representam a vontade majoritária de seus componentes.

---

109   CARREIRO, Porto. *Direito administrativo brasileiro*. Rio de Janeiro: Forense, p. 273.
110   CARVALHO FILHO, *op. cit*, p. 109.

11.3. Instruções, Circulares, Portarias, Ordens de Serviço, Provimento e Avisos

São atos em que a Administração organiza sua atividade e seus órgãos. Não cabe aqui distingui-los, por ser irrelevante. Necessário é, apenas, entendermos que, na prática administrativa atual, estes atos são instrumentos de organização da Administração, verificando, se em cada caso, foi competente o agente que os praticou; se estão presentes seus requisitos de validade, e qual o propósito do Administrador, observando sempre o princípio da legalidade.

11.4. Alvarás

Alvará é o instrumento em que a Administração expressa aquiescência no sentido de ser desenvolvida certa atividade pelo particular, ou seja, é o consentimento do Estado.[111]

Por este ato, a Administração Pública defere a pretensão do administrado e fixa as condições de fruição.

Há duas modalidades de alvarás:

a) **De licença** – aqui, a Administração verifica se o administrado preenche os pressupostos legais, faculta-o a desempenhar atividades ou realizar atos materiais dependentes de controle da Administração Pública. Exemplo: Alvará para o exercício de uma profissão, para a construção de edifício etc. Normalmente vinculado, tem caráter definitivo, não precário.

A licença resulta de um direito subjetivo. Logo, se a parte preenche os requisitos da lei, a Administração não poderá negar a sua concessão. Uma vez expedida, goza da presunção de definitividade. Sua invalidação somente pode ocorrer por vício de legalidade (na expedição do alvará ou na execução das atividades).

---

111   Jurisprudência: Ementa ADMINISTRATIVO. MANDADO DE SEGURANÇA. RECOLHIMENTO DE TAXAS EM PROCESSO ADMINISTRATIVO PARA LIBERAÇÃO DE ALVARÁ DE CONSTRUÇÃO DE POSTO DE GASOLINA. SUSPENSÃO DO ATO AUTORIZATIVO DA CONSTRUÇÃO, FACE A DECLARAÇÃO DA AUTORIDADE MILITAR COMPETENTE, CONSIDERANDO A ÁREA DE RISCO PARA EDIFICAÇÃO NO LOCAL. INEXISTÊNCIA DE DIREITO SUBJETIVO LÍQUIDO E CERTO, ILEGALIDADE OU ABUSO DE PODER NA PRÁTICA DO ATO DO PREFEITO MUNICIPAL. DENEGAÇÃO DA SEGURANÇA. RECURSO ORDINÁRIO. ATO VINCULADO E COMPLEXO. LICENÇA AINDA NÃO CONSUMADA. AUSÊNCIA DE LIQUIDEZ E CERTEZA DO DIREITO VINDICADO. DECISÃO DO TRIBUNAL LOCAL INCENSURÁVEL. IMPROVIMENTO DO RECURSO. I - Configura-se o ato complexo, quando a sua prática exige a intervenção de dois ou mais órgãos para a sua perfeição, enquanto o ato vinculado, também conhecido como ato regrado, é aquele que para sua prática, exige-se o cumprimento de alguma norma jurídica indispensável, observados os requisitos nela previstos, não havendo margem de apreciação subjetiva da autoridade administrativa. II - No caso in examine o ato atacado pela via do *mandamus*, embora sob certo aspecto, tenha natureza vinculativa, por outro, reveste-se de característica complexa, por isso que, para o seu aperfeiçoamento depende da participação de outros órgãos. III - Incensurável a decisão que entendeu não poder o Prefeito Municipal de Nova Iguaçu/RJ ser obrigado a liberar licença de construção de posto de gasolina em local considerado de risco pela Autoridade Militar competente, inexistindo, na hipótese, direito líquido e certo a ser amparado pela via do *writ of mandamus*. IV - Recurso improvido. (STJ - ROMS 13.498, Proc. nº 200100885890/RJ, 1ª T., Documento: STJ000452282, *DJ* p. 157 Rel. GARCIA VIEIRA).
Ementa ADMINISTRATIVO – ALVARÁ DE AUTORIZAÇÃO PARA PESQUISA MINERÁRIA - ALTERAÇÃO UNILATERAL PELA ADMINISTRAÇÃO – INOBSERVÂNCIA DO DEVIDO PROCESSO LEGAL - ANULAÇÃO DO ALVARÁ DE RETIFICAÇÃO – RESTABELECIMENTO DO ALVARÁ ORIGINAL – SENTENÇA *"ULTRA PETITA"* – APELAÇÕES E REMESSA OFICIAL PARCIALMENTE PROVIDAS. 1. O direito de pesquisar é direito que do Alvará de Autorização de Pesquisa deflui e se insere no patrimônio do Pesquisador autorizado, que só pode ser dele destituído, ante o descumprimento de obrigações que a autorização lhe impõe, ou mesmo ante a supremacia do interesse público frente à qual inexistem direitos imodificáveis. 2. A modificação do ato administrativo não pode prescindir do processo legal, que é garantia impostergável que a nossa carta política contempla (art. 5º, LIV, da CF) e que ao administrador não é dado afastar, sob invocação do poder discricionário que o reveste, quando se sabe que todo poder tem na constituição o limite de sua atuação. 3. Inexistindo submissão do ato modificador ao devido processo legal, impõe-se a anulação do ato administrativo irregular pelo Poder Judiciário, a quem incumbe velar pelo respeito à legalidade. 4. É defeso ao juiz, na sentença, conceder o pedido em maior extensão do que o formulado na peça inicial, como na hipótese em que, pretendido o restabelecimento de alvará para pesquisa, concede-se alvará para exploração mineral. 5. Apelações e remessa oficial parcialmente providas, tão-somente para decotar da sentença o excesso alusivo à concessão do direito de exploração mineral, mantendo a anulação do Alvará de Retificação nº 2.281, com restauração do Alvará de Autorização de Pesquisa original (nº 3.196), e consequente afastamento do litisconsorte passivo apelante da referida área. (TRF – 1ª REGIÃO, Apel. Cív. 01001027802, Processo nº 200001001027802/DF. 1ª T., Doc. TRF100133559, *DJ*, p. 48, Rel. Des. Fed. Luiz Gonzaga Barbosa Moreira).

b) De autorização – ato da Administração Pública discricionário e precário, autorizando o interessado à realização de certa atividade, serviço ou utilização de certos bens particulares (porte de arma) ou público (trânsito em determinado local).

Por ser discricionário, não obstante ter preenchido o administrado os requisitos estipulados pela Administração Pública, não tem ele direito adquirido. Logo, pode a Administração, a seu critério, conceder ou negar.

11.5. Ofícios

São os atos em que a Administração se comunica entre si e com terceiros. Como são veículos de comunicação são atos de grande importância para a Administração.

11.6. Pareceres

São, na verdade, as opiniões de alguns agentes administrativos sobre matéria submetida à sua apreciação, mas cabendo lembrar que **o parecer, por ser um juízo de valor, não vincula a autoridade que tem o poder decisório**, podendo esta adotar ou não a opinião do parecerista.

O parecer poderá ser facultativo ou obrigatório. O primeiro caso se dará quando a Administração não for obrigada a formalizá-lo, e para o segundo a Administração é obrigada a juntar o parecer para que este integre o processo de formação do ato, onde a sua ausência trará um vício de legalidade.

Porém, se o ato decisório se limitar a aprovar o parecer, fica este integrado naquele como razão de decidir. Se, ao revés, o ato decisório for contrário ao parecer, deverá a autoridade expressar formalmente as razões que levaram a decidir de modo contrário ao opinamento do parecer, sob pena de ser considerado abuso de poder, justamente por não render ensejo à verificação de sua legalidade.

Outrossim, a existência de pareceres normativos, que são os pareceres em que após exaustiva demanda e estudos sobre determinado assunto, a autoridade decisória resolve estendê-lo a todas as demais hipóteses idênticas que vierem a ocorrer, passando, assim, a representar uma orientação geral para os órgãos administrativos.

Nesses termos, vale verificar a jurisprudência.[112]

11.7. Certidões, Atestados e Declarações

Seu conteúdo expressa a existência de certo fato jurídico. Nos atestados e declarações, os agentes administrativos dão fé, por sua própria condição, da existência desse fato. As certidões fazem os mesmos, porém com uma diferença. Elas representam a reprodução do que já está formalizado nos registros públicos.

---

112 Jurisprudência: EMENTA: MANDADO DE SEGURANÇA. ADMINISTRATIVO. ENSINO SUPERIOR. CRIAÇÃO DE CURSO NA ÁREA DE SAUDE. LITISPENDÊNCIA (ART. 267, V, C/C ART. 301, V, PAR. L, CPC). LEI 4.024/1961. LEI 5.540/1968. LEI 9.131/1995. DEC. 1.303/1994. 1. DEMONSTRADA A LITISPENDÊNCIA EXTINGUE-SE O PROCESSO DA AÇÃO REPETIDA. 2. OS PARECERES ADMINISTRATIVOS, PEÇAS ENUNCIATIVAS DE OPINIÕES TÉCNICAS, ANTES DE APROVADOS PELA AUTORIDADE ADMINISTRATIVA INVESTIDA DO PODER DECISÓRIO OU PELO COLEGIADO COMPETENTE, NÃO VINCULAM A ADMINISTRAÇÃO. O PARECER NÃO SUBSISTE COMO ATO ADMINISTRATIVO ANTES DE APROVADO, POR SI, NÃO CONFIGURANDO DIREITO ADQUIRIDO. 3. NÃO SE CONFIGURA O ATO OMISSIVO QUANDO A AUTORIDADE PROCEDE SUBMISSA A LEI, OUTROSSIM FICANDO DESFIGURADO O ABUSO DE PODER. 4. SEGURANÇA DENEGADA. Indexação CABIMENTO, EXTINÇÃO DO PROCESSO, REPETIÇÃO, AÇÃO JUDICIAL, IDENTIDADE, CAUSA DE PEDIR, PEDIDO, PARTE PROCESSUAL, OCORRÊNCIA, LITISPENDÊNCIA. INEXISTENCIA, ATO ADMINISTRATIVO OMISSIVO, ILEGALIDADE, ABUSO DE PODER, AUTORIDADE ADMINISTRATIVA, DEMORA, APRECIAÇÃO, RECURSO ADMINISTRATIVO, OCORRÊNCIA, ALTERAÇÃO, LEGISLAÇÃO, MATÉRIA, IRRELEVANCIA, PARECER FAVORAVEL, NECESSIDADE, HOMOLOGAÇÃO, AUTORIDADE COMPETENTE, CONSELHO FEDERAL DE EDUCAÇÃO, HIPÓTESE, CRIAÇÃO, CURSO SUPERIOR. (STJ. MS 4.447, Doc. STJ000141543. *DJ*, p. 50.738. LEXSTJ vol. 00094, p. 40. RSTJ vol. 00094, p. 17. Rel. Milton Luiz Pereira).

11.8. Despacho

Para José Cretella Júnior[113] despacho:

> [...] "é a decisão proferida pala autoridade administrativa em casos submetidos à sua apreciação, podendo ser favorável ou desfavorável à pretensão solicitada pelo administrado, funcionário ou não".

Esta expressão se originou do Direito Processual (art. 203, § 3º do CPC/2015), porém, como não havia expressão para atos que abrangessem não só as intervenções rotineiras dos agentes, mas também algumas manifestações de caráter decisório, resolveu-se chamá-las de despacho.

11.9. Licença

Ditam os autores que a licença[114] possui natureza de ato vinculado, porque o agente não possui qualquer liberdade quanto à avaliação de sua conduta.

Nessa mesma linha de raciocínio está a doutrina de Maria Sylvia Zanella Di Pietro,[115] para quem licença é "ato administrativo unilateral e vinculado pelo qual a Administração faculta àquele que preencha os requisitos legais o exercício de uma atividade".[116]

É através da licença que o Poder Público exerce seu poder de polícia fiscalizatória.

Outro fator que merece exame reside na iniciativa. No caso da licença, o Poder Público não pode agir *ex officio*; dependerá ele sempre de solicitação, ou seja, de pedido do interessado.

Por fim, deve-se ressaltar que o direito preexiste à licença, mas o desempenho da atividade somente se legitima se o Poder Público exprimir o seu consentimento pela licença.

No que tange à licença para construir, doutrina e jurisprudência já têm considerado como mera faculdade de agir e, por conseguinte, suscetível de revogação enquanto não iniciada a obra licenciada, ressalvando-se ao prejudicado o direito à indenização pelos prejuízos causados.[117]

---

113 CRETELLA JÚNIOR, *op. cit.*, p. 272.
114 Vale trazer à baila a clássica lição do saudoso mestre Hely Lopes Meirelles: Licença é o ato administrativo vinculado e definitivo pelo qual o Poder Público, verificando que o interessado atendeu a todas as exigências legais, faculta-lhe o desempenho de atividades ou a realização de fatos materiais antes vedados ao particular, como, p. ex., o exercício de uma profissão, a construção de um edifício em terreno próprio. A licença resulta de um direito subjetivo do interessado, razão pela qual a Administração não pode negá-la quando o requerente satisfaz todos os requisitos legais para sua obtenção, e, uma vez expedida, traz a presunção de definitividade. (*op. cit.*, p. 183).
115 DI PIETRO, *op. cit.*, p. 173.
116 Ainda sob este prisma, trazemos à colação o magistério de Celso Bandeira de Mello: Licença é ato *vinculado*, unilateral, pelo qual a Administração faculta a alguém o exercício de uma atividade, uma vez demonstrado pelo interessado o preenchimento dos requisitos legais exigidos. [...] Uma vez cumprida as exigências legais, a Administração não pode negá-la. Daí seu caráter vinculado, distinguindo se, assim, da autorização (*op. cit.*, p. 401).
117 Jurisprudência: EMENTA: LICENÇA PARA CONSTRUIR. REVOGAÇÃO. OBRA NÃO INICIADA. LEGISLAÇÃO ESTADUAL POSTERIOR. I. COMPETÊNCIA DO ESTADO FEDERADO PARA LEGISLAR SOBRE ÁREAS E LOCAIS DE INTERESSE TURÍSTICO, VISANDO A PROTEÇÃO DO PATRIMÔNIO PAISAGÍSTICA (C.F., ART. 180). INOCORRÊNCIA DE OFENSA AO ART. 15 DA CONSTITUIÇÃO FEDERAL; II. ANTES DE INICIADA A OBRA, A LICENÇA PARA CONSTRUIR PODE SER REVOGADA POR CONVENIÊNCIA DA ADMINISTRAÇÃO PÚBLICA, SEM QUE VALHA O ARGUMENTO DO DIREITO ADQUIRIDO. PRECEDENTES DO SUPREMO TRIBUNAL. RECURSO EXTRAORDINÁRIO NÃO CONHECIDO. (STF, RE 105.634/PR. Rel. Min. Francisco Rezek. *DJ*, p. 20107. Ement. vol. 01399-02, p. 00399. 2ª Turma. Votação: unânime. Resultado: não conhecido).
EMENTA: LOTEAMENTO URBANO. APROVAÇÃO POR ATO ADMINISTRATIVO, COM DEFINIÇÃO DO PARCELAMENTO. REGISTRO IMOBILIÁRIO. Ato que não tem o efeito de autorizar a edificação, faculdade jurídica que somente se manifesta validamente diante de licença expedida com observância das regras vigentes à data de sua expedição. Caso em que o ato impugnado ocorreu justamente no curso do processamento do pedido de licença de construção, revelando que não dispunha a recorrida, ainda, da faculdade de construir, inerente ao direito de propriedade, descabendo falar-se em superveniência de novas regras a cuja incidência pudesse pretender ela estar imune. Da circunstância de plantas do loteamento haverem sido arquivadas no cartório imobiliário com anotações alusivas a índices de ocupação não decorre direito real a tais índices, à ausência não apenas de ato de aprovação de projeto e edificação, mas, também, de lei que confira ao registro tal efeito. Legitimidade da exigência administrativa de adaptação da proposta de construção às regras do Decreto nº 3.046/81,

11.10. Permissão

Segundo José dos Santos Carvalho Filho[118] permissão é:

> [...] "o ato administrativo discricionário e precário pelo qual a Administração consente que o particular execute serviço de utilidade pública ou utilize privativamente bem público".

Por ser discricionário e precário[119], o ato pode ser revogado a qualquer momento, sem indenização ao prejudicado.[120]

É claro, porém, que hoje, com nossa atual Constituição (art. 175), e por ser o processo de permissão antecedido de licitação, não poderá o permitente, a seu exclusivo juízo, dar fim ao ato, salvo se houver interesse público devidamente justificado.

Além dessa permissão do serviço público temos também a permissão de uso de bem público, lembrando que com a Lei no 8.987.95, a permissão de serviço público ganhou natureza jurídica contratual, considerando-a contrato de adesão, com base no art. 175, parágrafo único, inciso I, da CF.

A nova postura legal, portanto, descartou a permissão de serviço público como ato administrativo. Resta, assim, apenas a permissão de uso de bens públicos, cuja disciplina não é alcançada nem pelo art. 175 da CF nem pela Lei nº 8.987/95.

É o ato administrativo em que a Administração consente que o particular exerça atividade ou utilize bem público no seu próprio interesse. É um ato discricionário e precário.

11.11. Autorização

Faz-se necessária a autorização quando a atividade solicitada pelo particular não pode ser exercida legitimamente sem o consentimento do Estado.

11.12. Admissão

Admissão é o ato administrativo que confere ao indivíduo o direito de receber o serviço público desenvolvido em determinado estabelecimento oficial.

Trata-se de um ato vinculado. Preenchendo os requisitos que a lei fixar, o indivíduo terá o direito ao serviço prestado em tais estabelecimentos.

---

disciplinador do uso do solo, na área do loteamento. Recurso conhecido e provido. (STF, RE 212.780/RJ. Rel. Min. Ilmar Galvão. DJ, p. 00030. Ement. vol. 01956-06, p. 01145. 1ª T. Votação: unânime. Resultado: Conhecido e provido).

118   CARVALHO FILHO, *op. cit.*, p. 114.

119   Jurisprudência: EMENTA: ADMINISTRATIVO. AÇÃO RESCISÓRIA. REINTEGRAÇÃO DE POSSE. MULTA POR OCUPAÇÃO IRREGULAR. LEI Nº 8.025/90. INCIDÊNCIA. ART. 920 DO CC. INOCORRÊNCIA DE VIOLAÇÃO. 1. A permissão de uso de imóvel funcional, por ser ato administrativo unilateral, precário e discricionário, rege-se pelas normas de direito público, e não de direito privado. Inocorrência de violação ao art. 920 do Código Civil. 2. Se os Autores estiverem ocupando, irregularmente, o imóvel funcional, sob a égide da Lei nº 8.025/90, é devida a aplicação da multa prevista no art. 15, I, letra "e", da referida lei. 3. Ação rescisória com propósito de rediscutir matéria já apreciada. Inadmissibilidade da pretensão, por impossibilidade jurídica do pedido. Incidência, na hipótese, da vedação contida na Súmula 343 do STF e 134 do extinto TFR. 4. Rescisória inadmitida. 5. Condenação dos Autores à perda do depósito de que trata o art. 488, II, do CPC e ao pagamento dos honorários advocatícios, arbitrados em R$ 800,00 (oitocentos reais), *pro rata*.
(Origem: TRF. 1ª Região. AR 01000454250. Proc. 199701000454250/DF. 3ª Seção. Doc. TRF100136428, *DJ*, p. 28. Rel. Desembargador Federal Fagundes de Deus.
EMENTA: PERMISSÃO DE ACESSO A ÁREAS PORTUÁRIAS. ATO ADMINISTRATIVO DISCRICIONÁRIO E PRECÁRIO. POSSIBILIDADE DE REVOGAÇÃO. AUSÊNCIA DE ILEGALIDADE. SEGURANÇA DENEGADA. É possível a revogação da permissão de acesso a áreas portuárias sem a elaboração de processo administrativo, por se tratar de ato administrativo discricionário e precário. Apelo improvido (Tribunal. 4ª Região. MAS 71765. Proc. 200070080010443/PR. 4ª Turma. Doc. TRF400084381, *DJU*, p. 646. Rel. Juiz Joel Ilan Paciornik).

120   A precariedade fica evidente no art. 2º, IV, da Lei 8.987, de 13.2.1995.

11.13. Aprovação, Homologação e Visto

Nenhum desses três atos existe isoladamente. A aprovação é a manifestação discricionária do Administrador a respeito de outro ato, podendo a aprovação ser prévia ou posterior. Já a homologação constitui um ato vinculado, ou o agente procede a homologação, se tiver, é claro, a legalidade, ou não o faz. Esta, por sua vez, só pode ser produzida a posteriori. Por último, o visto é o ato que se limita à verificação da legitimidade formal de outro ato.

11.14. Atos Sancionatórios

São como o próprio nome diz, são atos das punições aplicadas àqueles que transgridem normas administrativas. As sanções poderão ser internas, ou seja, no âmbito da própria Administração, em decorrência do regime funcional do servidor público, ou externas, que decorre da relação Administração-administrado, incidindo quando o administrado infringir alguma norma administrativa. Cabe lembrar, aqui, que este ato deverá sempre estar previsto em lei.

11.15. Atos Funcionais

José dos Santos Carvalho Filho entende que os atos funcionais são típicos atos administrativos, embora a maioria dos doutrinadores não entende assim. Estes atos possuem apenas a característica de serem originados da relação funcional entre a Administração e seu servidor.[121]

Súmula 473 STF: "A administração pode anular seus próprios atos, quando eivados de vícios que os tornam ilegais, porque deles não se originam direitos; ou revogá-los, por motivo de conveniência ou oportunidade, respeitados os direitos adquiridos, e ressalvada, em todos os casos, a apreciação judicial".

Súmula 654 STF: "A garantia da irretroatividade da Lei, prevista no art. 5º, XXXVI, da Constituição da República, não é invocável pela entidade estatal que a tenha editado.

Súmula 683/STJ O limite de idade para a inscrição em concurso público só se legitima em face do art. 7º, XXX, da Constituição, quando possa ser justificado pela natureza das atribuições do cargo a ser preenchido".

Súmula 684/STJ: "É inconstitucional o veto não motivado à participação de candidato a concurso público".

Súmula 266/STJ: "O diploma de habilitação legal para o exercício do cargo deve ser exigido na posse, e não na inscrição para o concurso público".

Súmula 280/STJ: "O art. 35 do Decreto-lei nº 7.661/45, que estabelece a prisão administrativa, foi revogado pelos incs. LXI e LXVII do art. 5º da Constituição Federal de 1988".

---

121 Resume que: Mesmo tendo tal singularidade, qual seja, de provirem de relação jurídica específica, aplicam-se a eles todos os princípios concernentes à Administração e exige-se que neles se observem os requisitos de validade reclamados de todos os demais atos administrativos. São dotados também dos mesmos atributos. Não há, desse modo, razão para não incluí-los nas espécies de atos administrativos, embora constituindo categoria própria. (*op. cit.*, p. 117).

CAPÍTULO
V

LICITAÇÕES E CONTRATOS ADMINISTRATIVOS DE ACORDO COM A NOVA LEI DE LICITAÇÕES – LEI 14.133/21

1. INTRODUÇÃO

Como introito deste trabalho, torna-se interessante rever, inicialmente, o que nos informa o artigo 1º da Constituição de 1988, ao estatuir que a República Federativa do Brasil, formada pela união indissolúvel dos Estados e Municípios e do Distrito Federal, constitui-se em um Estado Democrático de Direito.

Na verdade, o Estado Democrático de Direito é uma evolução do Estado de Direito, uma etapa mais avançada de tal ideia, que surgiu em um período de concepção tipicamente liberal (intervenção mínima do Estado) e que, em princípio, tinha como uma de suas características básicas a submissão ao império da lei, no qual são assegurados os direitos individuais, além da divisão de poderes.

A noção de Estado de Direito, entretanto, passou a assumir outras dimensões que não tinham pertinência com a questão material, como, por exemplo, a dos direitos individuais, falando-se apenas em um Estado de Direito sob o ponto de vista formal, tornando sua noção equívoca, ambígua. Mas, por que isto? Porque o que se entende por Estado de Direito depende, também, e em grande parte, do que se entende por direito. Se o consideramos sob o ponto de vista adotado pelo positivismo, que pressupõe que são jurídicas e válidas somente aquelas normas editadas de acordo com um procedimento previamente estabelecido, então a noção de Estado de Direito acaba sendo meramente formal, uma vertente do positivismo que pressupõe uma separação absoluta entre o Direito e a ética, entre o Direito e a moral, o que afasta, portanto, uma questão substancial – a dimensão ética que o envolve.

Assim, sob essa perspectiva, assegurava-se a igualdade apenas do ponto de vista formal, assim como a liberdade, pressupondo-se que a igualdade derivava, simplesmente, do caráter genérico da lei, valendo para todos, independentemente de seu conteúdo. Dessa forma, porém, o Estado de Direito não é nem democrático nem liberal, tendo sido assim, aliás, que o Estado Nazista se desenvolveu, sem haver ruptura na ordem jurídica, sem haver o rompimento desse ponto de vista exclusivamente formal.

Com isso, a noção de Estado de Direito, fundamentado na concepção liberal, acabou por se desgastar, dando margem à formulação da noção de Estado Social de Direito, que viria corrigir, justamente, os defeitos do liberalismo, que se vê incapaz e produtor daquilo que, pelo menos em tese, em seu discurso, visava combater, ou seja, romper com essa igualdade formal, estabelecendo a igualdade material entre as pessoas, a justiça social, por meio dos direitos sociais.

Dessa maneira, o Estado Democrático de Direito é a fusão das ideias de Estado Democrático e de Estado de Direito, embora nem sempre a este vinculado, fundamentando-se no princípio da legalidade, produzida sobre a palha do princípio da soberania popular, quer dizer, os cidadãos participam da formação da vontade política, do estabelecimento dos parâmetros de legalidade, que se destinam a assegurar o exercício dos direitos a todos, sem distinção de qualquer natureza, exigindo do cidadão a participação na coisa pública e que não se esgota na instituição de representantes, estendendo-se ao seu integral desenvolvimento. O Estado Democrático de Direito transfere, portanto, os valores da democracia a todo o ordenamento jurídico e a todos os elementos constitutivos do Estado, o que é também consubstanciado no artigo 3º da Carta Maior, que preceitua como objetivos fundamentais da República Federativa do Brasil construir uma sociedade livre, justa e solidária, garantir o desenvolvimento nacional, erradicar a pobreza e a marginalização, reduzindo as desigualdades sociais e regionais, promovendo o bem de todos, sem preconceitos e discriminação de qualquer espécie.

Sendo estes os valores abarcados pela Constituição da República de 1988, evidente é que esta buscou pautar-se em uma sociedade livre e justa, fundamentando-se na soberania, cidadania, dignidade da pessoa humana, nos valores sociais do trabalho e da livre iniciativa e no pluralismo político, princípios estes preconizados em seu artigo 1º, que estabelece, ainda mais, em seu parágrafo único: "Todo poder emana do povo, que o exerce por meio de representantes eleitos, ou diretamente, nos termos desta Constituição". Assim, o poder que emana do povo – Poder Público – deve ser exercido em seu nome e em seu proveito, isto é, no interesse público.

Outro aspecto que merece ser lembrado neste início de estudo é quanto ao fato, há muito já não mais discutido[1], de o Estado ser uma pessoa jurídica, podendo ele atuar, enquanto ente personalizado, tanto no campo do Direito Público como no do Direito Privado, embora sempre mantendo sua única personalidade Pessoa Jurídica de Direito Público. Consequentemente, deve-se admitir, do ponto de vista dogmático, a sua inserção nas relações jurídicas na qualidade de sujeito de direitos e de obrigações. Vale dizer, portanto, que, no relacionamento com as demais pessoas, físicas ou jurídicas, o Estado pode figurar como titular de direitos ou de obrigações, dada a sua condição de pessoa.[2]

Por outro lado, há de se reconhecer que, no desempenho de suas atividades, o Estado conta com a participação de outras pessoas, já que não poderia alcançar seus objetivos, na integralidade, valendo-se apenas de sua atuação, sendo esta premissa demonstrada, inclusive, pela própria história. Apenas a título de recordação, é de se lembrar de que a Corte de Portugal, antes de iniciar sua expansão mercantilista pelo mundo, valeu-se do capital privado e, em contrapartida, ofereceu inúmeras vantagens àqueles que se associaram a ela[3].

Mas não só no passado se confirma essa ideia. Imagine se seria possível que o Estado, hodiernamente, pudesse desenvolver todas as suas atividades sem a colaboração do particular. Naturalmente que não, até porque o Estado, principalmente num contexto capitalista, está sempre a depender da atuação da iniciativa privada.

Para se ter uma ideia disso, não se esperaria que o Município de São Paulo, para realizar o programa do "leve leite", por exemplo, tivesse de manter uma enorme fazenda, com milhares de cabeças de gado bovino, e grande quantidade de servidores públicos para cuidar dos animais e fazer a ordenha do leite. Naturalmente que isto não é o que se espera do Estado, de modo que, para realizar este programa social, ele deve contratar com empresas particulares a compra do leite já em condições de ser distribuído à população carente. Nesta situação, repare que há uma dependência do Estado com relação ao particular, contando o primeiro com a atuação do segundo para poder desenvolver suas políticas. E assim ocorre em qualquer situação.

É bem verdade que, quanto mais intrometido nas atividades econômicas o Estado estiver, menor será a sua necessidade de direta ou indiretamente, contratar com o particular. Por outro lado, quanto mais fiel à necessidade de se manter no âmbito da iniciativa privada esse tipo de atividade, mais necessária será a contratação com as empresas particulares.[4]

---

1   As discussões doutrinárias que envolvem a personalidade jurídica do Estado giram em torno da seguinte questão: seria o Estado uma pessoa jurídica diferente da Nação ou seria a personificação desta? Para um aprofundamento da controvérsia, vide Carré de MALBERG. (*Teoria General del Estado*. 2. ed. Facultad de Derecho/UNAN, Fondo de Cultura Económica, México, 2020).

2   De acordo com a lição do professor George JELLINEK (*Teoria General del Estado*, Fondo de Cultura Económica, México, 2018, p. 195): "El Estado desde su aspecto jurídico, según las anteriores observaciones críticas, no puede considerarse sino como sujeto de derecho".

3   Contam os professores Janaína AMADO e Luiz Carlos FIGUEIREDO (*O Brasil no império português*. São Paulo: Jorge Zahar Editor, 2001, p. 15) que, "após 1640, a Coroa lusa, que detinha o monopólio das terras e das atividades econômicas, delegou a particulares vários empreendimentos ultramarinos. Dessa época em diante o império foi fruto, sobretudo, da colaboração do Estado com as organizações privadas, embora a concepção e a garantia da política ultramarina, assim como os negócios mais lucrativos, ficassem com a Coroa".

4   Essa mesma observação é feita pelo professor Marçal JUSTEN FILHO (*Comentários à lei de licitações e contratos administrativos*. 7. ed. São Paulo: Dialética, 2000, p. 12), senão vejamos: "[...] não se pode olvidar que as ideologias contemporâneas pregam a redução do aparato estatal. Comprovou-se o elevado grau de ineficiência dos serviços operados diretamente pelo Estado. Por decorrência, caminha-se em direção à ampliação da colaboração entre Estado e particulares, em quase todos os setores. [...]. A formalização jurídica desse processo envolve instrumentos convencionais, com grande destaque para os contratos administrativos".

A esse respeito, na história administrativa do Estado brasileiro, observa-se que houve épocas em que o número de empresas públicas e sociedades de economia mista cresceu consideravelmente[5], período em que diminuíram as contratações do Estado com os particulares. No entanto, atualmente, este cenário está substancialmente modificado em razão da postura neoliberal assumida pelo Brasil, principalmente após a Reforma Administrativa implementada através da Emenda Constitucional nº 19, de 4 de junho de 1998.

Porém, nesse contexto de cooperação entre o setor púbico e o setor privado, urge questionar se o Estado, ao contratar com o particular, coloca-se em pé de igualdade com este ou se, por outro lado, conserva, ainda nessa situação, a sua autoridade e, *ipso facto*, utiliza-se de prerrogativas fundadas na supremacia do interesse público.

Como veremos, situações há em que o Estado conserva sua autoridade mesmo nas relações contratuais, celebrando os contratos administrativos em sentido estrito. Em outras, o Estado se despe de sua roupagem desniveladora, celebrando contratos não enquadráveis naquele conceito, como se fosse também um particular.

Há que se ressaltar, entretanto, que, sendo o Estado uma pessoa jurídica destinada à satisfação de interesses gerais e políticos, suas contratações tendem não só a envolver grandes quantidades, mas também vultosos recursos, o que pode vir a interessar a inúmeras pessoas. Pois bem. Dentre as várias pessoas que se apresentarem interessadas em participar dessa relação contratual, indaga-se: qual delas deverá ser eleita para celebrar o ajuste com o Estado? Terá o Estado liberdade para fazer essa escolha ou, de outra forma, deverá ser adotado um procedimento capaz de selecionar, com base em critérios objetivos, a melhor proposta?

Intuitivamente, a resposta se mostra imune a dúvidas, principalmente se o princípio republicano opera de maneira real, por força do qual quem administra a *res publica*, o bem da coletividade, tem o dever de bem administrar: é claro que o Estado não tem ampla liberdade para selecionar o seu contratante, devendo adotar um procedimento preliminar para fazer essa seleção, tanto que a Carta Política de 1988 estabelece, em seu artigo 37, XXI, que, à exceção das hipóteses especificadas pela legislação, as obras, serviços, compras e alienações deverão ser precedidas de licitação (obviamente pressupondo que tais contratações sejam necessárias, e não supérfluas ou inúteis), assegurando igualdade de condições a todos os concorrentes, obedecendo aos explícitos princípios que norteiam a Administração Pública, quais sejam: da legalidade, da impessoalidade, da moralidade, da publicidade e da eficiência.

Para tanto, o dispositivo constitucional acima referido é regulamentado hoje pela Lei 14.133/21, conhecida como a Nova Lei de Licitações e Contratos Administrativos, a qual veio a ocupar o lugar da antiga Lei Federal nº 8.666, de 21 de junho de 1993, responsável por instituir normas gerais em matéria de licitações e contratos da Administração Pública, sendo estes, portanto, os dois pontos que serão objeto de estudo nesse nosso trabalho, as licitações e os contratos administrativos.

Para facilitar a compreensão dos temas, faremos a divisão do texto em duas partes, tratando a primeira da licitação, como procedimento tendente a selecionar a proposta mais vantajosa para a Administração Pública, e a segunda, dos contratos administrativos, sempre com apoio nas regras constitucionais aplicáveis e, especialmente, na Lei 14.133/21 (não deixando de fazer referências pontuais à pretérita Lei nº 8.666/93, ambas conhecidas como Lei das Licitações e Contratos Administrativos), observando como os dispositivos da lei anterior inseriram-se na nova lei, para compreender aspectos que permaneceram ou não entre ambas as legislações; obedecendo-se, dessa maneira, a um critério lógico e cronológico, já que o procedimento licitatório, como veremos, precede obrigatoriamente a contratação com o Poder Público, salvo os casos expressamente admitidos em lei.

---

5   Referindo-se às empresas estatais, que representam uns dos mais importantes instrumentos de intervenção do Estado na economia, o professor Marcos Juruena Villela SOUTO (*Desestatização – Privatização, Concessões e Terceirizações*. 3. ed. Rio de Janeiro: Lumen Juris, p. 3; 4) fez as seguintes observações: "O processo de criação dessas empresas, no Brasil, disparou durante a Segunda Guerra Mundial, quando razões de 'segurança nacional' levaram à criação da Fábrica Nacional de Motores (cuja finalidade era a fabricação e manutenção de motores de avião), a Companhia Siderúrgica Nacional, a Companhia Vale do Rio Doce e a Companhia Hidrelétrica do São Francisco.
A década de 50 deu ensejo à criação da indústria de base, que mereceu o apoio financeiro do Governo com a criação do Banco Nacional de Desenvolvimento Econômico e Social. No mesmo período, surgiu a Petrobrás.
Mas foi nas décadas de 60 e 70 que o Estado Brasileiro se empolgou em dinamizar sua atividade empresarial, objetivando estar presente em áreas complementares às empresas de base originariamente criadas. Surgiram os grandes grupos da ELETROBRÁS, SIDERBRÁS, NUCLEBRÁS, PORTOBRÁS, TELEBRÁS. Consta que, neste período, segundo a SEST, mais de trezentas empresas estatais teriam sido criadas".

PRIMEIRA PARTE: DA LICITAÇÃO

1. GENERALIDADES

Sabemos que a Administração Pública, por suas entidades estatais, autárquicas e paraestatais, realiza obras e serviços, faz compras, alienações e locação de bens e, como qualquer pessoa que pretende fazer algum negócio, notadamente procura a melhor proposta para concretizar tais tarefas.

Porém, ao contrário do particular e das entidades privadas, que são dotadas de grande liberdade no que tange à aquisição, alienação e locação de bens ou à contratação e execução de obras ou serviços, bastando cumprir as regras impostas pelo Direito Civil, Comercial e Tributário, a Administração Pública é obrigada a se utilizar de um procedimento preliminar, hodiernamente chamado de licitação, que nada mais é do que uma das formalidades que antecedem à elaboração de um contrato administrativo para tais objetivos, em conformidade da lei.

A diferença de conduta exigida entre um ente da Administração Pública e um ente privado é bem clara se observarmos o princípio da legalidade, que estabelece o império da lei, e que está consubstanciado no inciso II do artigo 5º, da Constituição Federal de 1988, que diz: "ninguém será obrigado a fazer ou deixar de fazer alguma coisa senão em virtude de lei". Isto quer dizer que somente poderá ser feito o que a lei autoriza, submissão esta que não só atinge as regras do Direito Positivo que foram emanados do processo legislativo, mas que também alcança as próprias regras e normas editadas pela Administração, desde que estas se dirijam ao fim de proteger e assegurar o interesse público.[6]

Porém, se tal preceito constitucional permite ao indivíduo qualquer ação desde que não contrária à Lei, em se tratando de Administração Pública, o sentido é oposto, ou seja, lhe é vedada qualquer ação sem o devido calço legal, sob pena de anulação.

Assim sendo, para realizar uma obra, um serviço, uma compra ou uma alienação, sempre visando o interesse público, repisa-se, a Administração Pública é obrigada a realizar licitação, um instrumento básico pelo qual ela seleciona a proposta mais vantajosa, evitando o desperdício nos gastos públicos, atendendo, dessa forma, ao princípio da economicidade. Importante é destacar que o único motivo que justifica a instauração desse procedimento é aquele que configura uma necessidade pública, e somente esta é o suporte fático juridicamente sustentável de toda a licitação.

Em suma síntese, conforme diz Celso Antônio Bandeira de Mello, licitação é:

> [...] um certame que as entidades governamentais devem promover e no qual abrem disputa entre os interessados em com elas travar determinadas relações de conteúdo patrimonial, para escolher a proposta mais vantajosa às conveniências públicas. Estriba-se na ideia de competição, a ser travada isonomicamente entre os que preencham os atributos e aptidões necessários ao bom cumprimento das obrigações que se propõem assumir.[7]

De fato, desde as primeiras fases da história legislativa brasileira[8], o procedimento licitatório foi ligado à ideia de **concorrência**, tanto que o primeiro ato normativo a tratar do instituto, o Decreto nº 4.536, de 28 de janeiro de 1922, que organizou o Código de Contabilidade Pública da União, usava tal expressão nos artigos

---

6   Sobre a distinção entre a conduta da Administração Pública e do particular, o professor Diogenes GASPARINI (*Direito administrativo*. 9. ed. rev. e atual. São Paulo: Saraiva, 2004, p. 8) ensina que: "De fato, este pode fazer tudo que a lei permite e tudo que a lei não proíbe; aquela só pode fazer o que a lei *autoriza* e, ainda assim, *quando* e *como* autoriza. Vale dizer, se a lei nada dispuser, não pode a Administração Pública agir, salvo em situações excepcionais (grave perturbação da ordem e guerra quando irrompem inopinadamente). A esse princípio também se submete o agente público. Com efeito, o agente da Administração Pública está preso à lei, e qualquer desvio de sua competência pode invalidar o ato e tornar o seu autor responsável, conforme o caso, *disciplinar*, *civil* e *criminalmente*. Esse princípio orientou o constituinte federal na elaboração do inciso II do art. 5º da Constituição da República que estatui: 'ninguém será obrigado a fazer ou deixar de fazer alguma coisa senão em virtude de lei'. Essa regra, todos sabem, se de um lado prestigia e resguarda o particular contra investidas arbitrárias da Administração Pública, de outro exige lei para os comportamentos estatais, pois quaisquer desses comportamentos, por mínimos que sejam, alcançam o particular".

7   BANDEIRA DE MELLO, Celso Antônio. *Curso de direito administrativo*. 23. ed. refum., ampl. e atual. até a Emenda Constitucional 39, de 19.12.2002. São Paulo: Malheiros, 2183, p. 479.

8   Sobre a evolução histórica da legislação, vide MOTTA, Carlos Pinto Coelho. *Licitação e contrato administrativo*. Belo Horizonte: Lê, 2020.

49 a 52, sendo seguido pelo Decreto nº 15.783, de 8 de novembro de 1922 (artigos 244 a 245; 738 a 802), que regulamentou aquele Código, ambos tratando concorrência como sinônimo de licitação[9], e não como uma de suas modalidades, como veremos mais adiante.

Ao longo do tempo, porém, a taxionomia do prévio procedimento público seletivo para a realização de obras e serviços, compras e alienações sofreu fundamentais inovações no Direito brasileiro, inclusive quando o legislador adotou, pela primeira vez, a expressão **licitação** no texto da Lei nº 4.401, de 10 de setembro de 1964, que fixou suas normas para serviços, obras e aquisição de materiais no serviço público da União, estabelecendo que a licitação fosse feita por concorrência pública e concorrência administrativa.

Com a edição do Decreto-Lei nº 200, de 25 de fevereiro de 1967, que classificou a Administração federal em direta e indireta, em razão da Reforma Administrativa, a licitação foi regulamentada no País, sendo estendida, em suas normas gerais (artigos 125 a 144), a título de padronização, a todas as unidades federativas. Concorrência, tomada de preços e convite passavam a ser considerados *modalidades de licitação*. Na hipótese de alienação, a modalidade admitida seria o leilão (art. 143) e, para a elaboração de projetos, o concurso (art. 144).

Ainda dispondo sobre a aplicação das normas do Decreto-Lei nº 200/67, a Lei nº 5.456, de 20 de junho de 1968, permitiria aos Estados, Municípios, Distrito Federal e Territórios uma legislação supletiva para as licitações e contratos administrativos, desde que não contrariassem as normas gerais editadas naquele tal Decreto-Lei, notadamente no procedimento da licitação, na formalização e execução dos contratos, nos prazos e nos recursos admissíveis.

Posteriormente, em 1986, o Decreto-Lei nº 2.300, de 21 de novembro, viria a instituir o Estatuto Jurídico da Licitação e Contratos Administrativos, estabelecendo que as modalidades de licitação fossem a concorrência, a tomada de preços, o convite, o concurso e o leilão (art. 20), sendo oportuno lembrar que foi a Lei nº 10.520, de 17 de julho de 2002 (antecedida de inúmeras medidas provisórias reeditadas), que acrescentou o pregão como nova modalidade de licitação para a aquisição de bens e serviços no âmbito da União.

No que tange à cronologia, há de se realçar que o legislador constituinte de 1988, diante da omissão do texto anterior, dispensou ao tema dois importantes dispositivos: o art. 22, XXVII, e o art. 37, XXI. O primeiro, dando à União competência privativa para legislar sobre normas gerais de licitação e contratação, em todas as suas modalidades (assunto a ser abordado mais adiante); e o segundo, enunciando, além do princípio da obrigatoriedade da licitação para todas as administrações públicas, fora os casos expressos em lei, o princípio da isonomia.

Somente em 1993, no entanto, foi que o art. 37, XXI, da CF/88, seria regulamentado pela Lei nº 8.666 (posteriormente alterada pelas Leis nºˢ 8.883, de 8 de junho de 1994, e 9.648, de 27 de maio de 1998), Estatuto este que se tornou fonte primária disciplinadora das licitações para a contratação de obras, serviços (inclusive de publicidade), compras, alienações e locações, cujos dispositivos, por prerrogativa da competência constitucional da União (art. 22, XXVII), vigem até hoje, unificando as normas licitatórias, que são aplicadas a toda a Federação, ou seja, no âmbito dos Poderes da União, dos Estados, do Distrito Federal e dos Municípios.

Posteriormente à criação da Lei das Licitações (Lei 8.666/93), alguns decretos e Leis atualizaram este Estatuto ou de forma autônoma complementaram a regulamentação deste procedimento administrativo, dos quais se destacam:

- A Lei nº 10.520/02 (antecedida de várias medidas provisórias reeditadas) acrescentou o pregão como nova modalidade de licitação para a aquisição de bens e serviços no âmbito da União.

- O Decreto nº 7.174/10 que regulamenta a contratação de bens e serviços de informática e automação pela administração pública.

- A Lei nº 12.598/12 estabelece normas especiais para as compras, as contratações e o desenvolvimento de produtos e de sistemas de defesa.

- A Lei nº 13.303/16, atendendo ao comando constitucional presente no artigo 173, § 1º, III, CF, dispõe sobre o estatuto jurídico da empresa pública, da sociedade de economia mista e de suas subsidiárias, da União, dos Estados, do Distrito Federal e dos Municípios que explorem atividade econômica de produção ou comercialização de bens ou de prestação de serviços, estabeleceu as normas de licitação a serem observadas por essas entidades. Entende-se, no entanto, ser possível a aplicação subsidiária da Lei nº 8.666/93, desde que compatível com as disposições deste recente estatuto.

---

9   Conforme lição do professor José CRETELLA JÚNIOR (*Das licitações públicas*. Rio de Janeiro: Forense, 1995, p. 57), durante muito tempo, *concorrência* foi expressão sinônima de licitação até mesmo pelo fato daquele vocábulo, em sua acepção etimológica, ter o significado de "corrida simultânea para o mesmo lugar".

RESUMO HISTÓRICO DA LEGISLAÇÃO BRASILEIRA

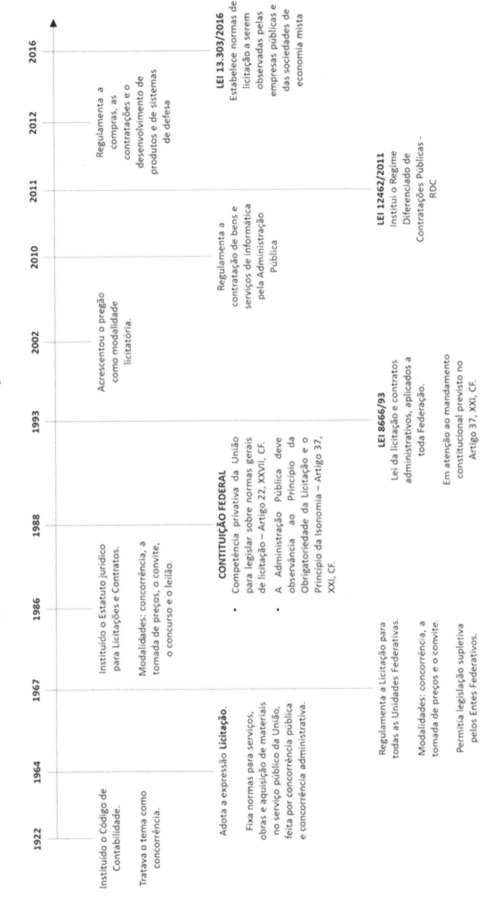

1922
Instituído o Código de Contabilidade.
Tratava o tema como concorrência.

1964
Adota a expressão Licitação.
Fixa normas para serviços, obras e aquisição de materiais no serviço público da União, feita por concorrência pública e concorrência administrativa.

1967
Instituído o Estatuto jurídico para Licitações e Contratos.
Modalidades: concorrência, a tomada de preços, o convite, o concurso e o leilão.

Regulamenta a Licitação para todas as Unidades Federativas.
Modalidades: concorrência, a tomada de preços e o convite.
Permitia legislação supletiva pelos Entes Federativos.

1988
CONSTITUIÇÃO FEDERAL
- Competência privativa da União para legislar sobre normas gerais de licitação – Artigo 22, XXVII, CF.
- A Administração Pública deve observância ao Princípio da Obrigatoriedade da Licitação e o Princípio da Isonomia – Artigo 37, XXI, CF.

1993
LEI 8666/93
Lei da licitação e contratos administrativos, aplicados a toda Federação.
Em atenção ao mandamento constitucional previsto no Artigo 37, XXI, CF.

2002
Acrescentou o pregão como modalidade licitatória.

2010
Regulamenta a contratação de bens e serviços de informática pela Administração Pública

2011
LEI 12462/2011
Institui o Regime Diferenciado de Contratações Públicas - RDC

Regulamenta a compras, as contratações e o desenvolvimento de produtos e de sistemas de defesa

2016
LEI 13.303/2016
Estabelece normas de licitação a serem observadas pelas empresas públicas e das sociedades de economia mista

Importante não esquecer que a recentíssima mudança no antigo Estatuto se deu em abril de 2021, com a Nova de Lei de Licitações e Contratos Administrativos (Lei 14.133/21), da qual sempre faremos menção neste estudo, apresentando a relação entre seus dispositivos com os da Lei 8.666/93.

Inclusive, apesar de o art. 194 da Lei 14.133/21 dispor que a nova lei entrou em vigor na data de sua publicação, ou seja, em 1º de abril de 2021, a antiga Lei de licitações e contratos (Lei 8.666/93), a Lei do pregão (Lei 10.520/02) e a Lei do Regime Diferenciado de Contratações Públicas (Lei nº 12.462/11, arts. 1º ao 47-A) só serão revogados em sua integralidade após 02 (dois) anos da publicação da nova lei, a saber, em 1º de abril de 2023.

Portanto, até o presente momento, nesse ano de 2022, existe uma vigência concomitante entre a nova lei com as referidas legislações anteriores, podendo o agente público optar pela adoção da nova lei ou das pregressas, vedando-se a combinação entre elas, conforme disposto no art. 191 da Lei 14.133/21.

Vistas essas generalidades, passamos aos aspectos doutrinários da matéria, já de antemão ressaltando que, pela dinâmica que envolve o assunto, há de se ter extremo cuidado em lidar com o tema, em razão das constantes revogações e alterações a ele impostas, sobretudo porque o instituto jurídico da licitação foi elevado ao plano constitucional.

A Lei 14.133/21 (nova Lei de Licitações e Contratos Administrativos) é a concretização de um antigo projeto de lei do Senado Federal (PL nº 163/95). Com mais de 30 anos de tramitação, a nova lei foi finalmente sancionada em 1º de abril de 2021, e, contém no seu bojo inúmeros avanços e diversas novidades, substituindo, ao mesmo tempo, a pretérita Lei das Licitações (Lei 8.666/93), o Regime Diferenciado de Contratações (RDC – Lei 12.462/11) e a Lei do Pregão (Lei 10.520/02), nos termos do art. 193, II.

Destaca-se, ainda, que somente após dois anos da data de sua publicação, ou seja, em 01/04/23, a lei entrará em vigor, mas, insta ser registrado que o art. 178 da nova lei já entrou em vigor automaticamente, trazendo novos crimes em licitações e contratos administrativos e prevendo penas mais gravosas no Código Penal, tendo em conta que os arts. 89 a 108 da Lei 8.666/93 (crimes contra o dever de licitar e seu respectivo processo penal) foram revogados na data de publicação da nova lei (art. 193, I).

Impende-se ressaltar, que considerando que a *vacatio legis* da nova lei será de dois anos, consoante dispõe seu artigo 191, procede a opção do poder público, desde que a expresse no instrumento editalício, vinculados a licitação e o contrato decorrente dela e estando terminantemente proibida a combinação dos regimes de ambas as leis (Lei 8.666/93 e Lei 14.133/21).

Deve ser registrado que a nova Lei de Licitações não revoga a Lei das Estatais (Lei nº 13.303/16) no tocante à licitação nem se aplica às empresas estatais e sociedades de economia mista, por terem lei própria.

Sua inaplicabilidade também se estende às concessões federais de serviço público e permissões (Lei nº 8.987/95); aos contratos de publicidade com agências de propaganda (Lei 12.232/10); aos consórcios públicos (Lei 11.107/05); aos contratos de operação de crédito e gestão da dívida pública (art. 3º, da Lei 14.133/21) e às disposições sobre o tratamento diferenciado às microempresas e empresas de pequeno porte (art. 44 da LC 123/06).

Todavia, com relação à Lei da Parceria Público-Privada (Lei nº 11.079/04), a Lei 14.133/21 terá sua aplicação, apenas, subsidiariamente.

Noutro giro, em alguns artigos, a lei traz doutrinariamente várias decisões e deliberações do TCU (Tribunal de Contas da União), em termos de detalhamento doutrinário, prestando, assim, enorme homenagem à mencionada Corte.

A Lei 8.666/93 estava ultrapassada. A nova lei, bem modernizada, traz inúmeros avanços e novidades louváveis. Abordaremos alguns assuntos mais relevantes do tema para a prova de concursos públicos, em termos de licitação.

2. CONCEITOS, FINALIDADES E OBJETOS DA LICITAÇÃO

O instituto da licitação não foi objeto de definição didática pela legislação, respeitando o legislador a ideia de que tal tarefa compete à doutrina. Esta, por sua vez, não é muito diversificada no mister de resumir, em uma única sentença, a ideia geral do conceito de licitação, até porque, quando fala deste instituto, inevitavelmente remete-se à interpretação dos ditames da lei que a regula.

Dessa forma, para ilustrar as noções sobre licitação, vale citar as definições e conceitos esposados por alguns administrativistas consagrados, a começar pelo saudoso professor Hely Lopes Meirelles que, em obra específica sobre o tema, definiu licitação como sendo "o procedimento administrativo mediante o qual a Administração Pública seleciona a proposta mais vantajosa para o contrato de seu interesse".[10]

Estendendo-se mais, diz Celso Antônio Bandeira de Mello:

> "Licitação é o procedimento administrativo pelo qual uma pessoa governamental, pretendendo alienar, adquirir ou locar bens, realizar obras ou serviços, segundo condições por ela estipuladas previamente, convoca interessados na apresentação de propostas, a fim de selecionar a que se revele mais conveniente em função de parâmetros antecipadamente estabelecidos e divulgados."[11]

Marcos Juruena Villela Souto, por sua vez, conceitua licitação como sendo:

> [...] o procedimento administrativo através do qual a Administração seleciona, por meio de habilitação de proponentes e julgamento objetivo de propostas, candidatos que com ela estão aptos a celebrar contratos ou a tornarem-se permissionários de serviços públicos ou do uso de bens públicos.[12]

De maneira não muito diferente, levando em conta a natureza jurídica do instituto e o objetivo a que se propõe, o professor José dos Santos Carvalho Filho o define como:

> [...] o procedimento administrativo vinculado por meio do qual os entes da Administração Pública e aqueles por ela controlados selecionam a melhor proposta entre as oferecidas pelos vários interessados, com dois objetivos – a celebração de contrato, ou a obtenção do melhor trabalho técnico, artístico ou científico.[13]

E, ainda, o de Adilson de Abreu Dallari, que considera o procedimento licitatório "administrativo, unilateral, discricionário, destinado à seleção de um contratante com a Administração Pública para a aquisição ou alienação de bens e prestação de serviços e a execução de obras".[14]

Sobre esta definição, em particular, a professora Lúcia Valle Figueiredo diverge do ilustre autor supracitado, quando este classifica o procedimento licitatório de "discricionário", uma vez que a doutrina majoritária considera o procedimento vinculado, oferecendo seu próprio conceito, qual seja: "Licitação é o procedimento formal nominado cuja finalidade é selecionar o melhor contratante para a Administração, contratante, este, que lhe deverá prestar serviços, construir-lhe obras, fornecer-lhe ou adquirir-lhe bens".[15]

A bem da verdade, a transcrição dessas definições não tem a intenção de polemizar, mas sim o objetivo de proporcionar a possibilidade de se comparar as diversas visões que cada doutrinador tem do instituto em análise e, a partir daí, extrairmos conclusões mais maduras acerca das características que permeiam o procedimento, as quais passamos a expor.

A primeira característica a ser destacada, por exemplo, é o fato de que, de maneira geral, quase todos os doutrinadores iniciam a definição dizendo que a licitação é um **procedimento administrativo**, já que se

---

10 MEIRELLES, Hely Lopes. *Licitação e contrato administrativo*. 11. ed. São Paulo: Malheiros Editores, 1996, p. 23. Guardando estreita similitude com o conceito deste mestre, diz Enrique Sayagués Laso, citado por José Roberto Dromi (*La licitación pública*. 3. ed. Buenos Aires: Astrea, 1975, p. 121), ao fazer uma análise jurídica da licitação: *"Tecnicamente, la licitación publica es um procedimiento administrativo de preparación de la voluntad contractual, por el que un ente público en ejercicio de la función administrativa invita a los interesados para que, sujetándose a las bases fijadas en el pliego de condiciones, formulen propuestas de entre las cuales seleccionará y aceptará la* más conveniente".

11 BANDEIRA DE MELLO, Celso Antônio. *Licitação*. São Paulo: Revista dos Tribunais, 1920, p. 1.

12 SOUTO, Marcos Juruena Villela. *Licitações e contratos administrativos*. 3. ed. ADCOAS, 2018, p. 53.

13 CARVALHO FILHO, José dos Santos. *Manual de direito administrativo*. 31. ed. rev. ampl. e atual. São Paulo: Atlas, 2017, p. 181

14 DALLARI, Adilson de Abreu. *Aspectos jurídicos da licitação*. São Paulo: Juriscredi, 1973, p. 139.

15 FIGUEIREDO, Lúcia Valle. *Curso de direito administrativo*. São Paulo: Malheiros Editores, 2020, p. 440.

compõe de uma série ordenada de atos jurídicos (atos administrativos concatenados), os quais são praticados com o propósito de se alcançar um determinado resultado. E é isto, justamente, o que caracteriza o procedimento, de modo que os atos administrativos que o compõem, uma vez praticados, não são mais objeto de análise – salvo se houver necessidade de ser anulado, em razão de vício de ilegalidade. Isto porque cada fase do processo licitatório, como veremos, culmina com uma decisão, submetendo-se, dessa forma, ao crivo de controle, tanto administrativo quanto de órgãos externos. Em última análise, o procedimento representa uma série de atos ligados entre si, com antecedentes e consequentes, limitando a discrição da autoridade que pretende contratar o negócio jurídico. Aplica-se, assim, o princípio da preclusão, ou seja, aquilo que foi objeto de decisão em fase anterior não mais é questionado; não há retorno do procedimento a estágio anterior, abrindo-se, sucessivamente, oportunidade para a prática dos atos seguintes, assim até se chegar à decisão final.

Ainda no que se refere a essa primeira característica, devemos observar que alguns autores tratam de adjetivar esse procedimento administrativo mencionando que ele é vinculado e formal. Essa vinculação, entretanto, deve ser entendida em seus devidos termos, posto que, embora a Administração Pública não possa criar regras não previstas no edital, estabelecer convenções ou fixar normas inéditas, reduzindo a liberdade de escolha do administrador no procedimento licitatório, fazendo com que, por regra, o resultado final não decorra de critérios subjetivos, a autoridade administrativa goza de algum grau de discricionariedade no momento de definir, por exemplo, o objeto da contratação, que pode ser uma aquisição, uma alienação ou alocação de bens, a realização de obras ou serviços públicos, os quais serão produzidos por particular por intermédio de contratação formal, outorga de concessões ou permissões.

Para melhor exemplificar, imaginemos que a Administração Pública de um município recém-criado esteja instalando a sua Secretaria de Fazenda num determinado prédio e, por isso, tenha que comprar todo o mobiliário necessário ao desempenho de suas respectivas funções. Então, a pergunta que se faz aqui é a seguinte: que móveis serão adquiridos pelo município? Será que a lei especifica qual a cor, o grau de luxo e demais características dos móveis a serem adquiridos? É claro que não.

O que não se pode negar, todavia, é o fato de que o administrador terá alguma parcela de discricionariedade em alguns momentos desse procedimento administrativo, quando, por exemplo, a Administração necessita de mesas para desenhistas, para a realização de projetos, desenhos especiais, exigindo determinados detalhes para esse mobiliário, como tampo com superfície perfeitamente aplainada e lisa, distância determinada entre o tampo e o chão, reforço em algum ponto da mesa etc., características estas que se tornam relevantes à finalidade, à destinação que essas mesas vão cumprir, mas que terão que ser definidas no edital, daí talvez a razão de o professor Adilson Abreu Dallari, em sua concepção, adjetivar a licitação como um procedimento administrativo "discricionário".

Por essas e outras razões, uma parcela de estudiosos se inclina pelo caráter discricionário da licitação, até porque a Administração, ao findar a competição das propostas e seleção da melhor oferta, não se obriga a contratar. De outra parte, sendo um procedimento administrativo obrigatório, tem a sua trajetória ditada por regras rígidas, que excluem totalmente a discricionariedade.[16]

A lei, naturalmente, impõe restrições a essa discricionariedade, estabelecendo regras que não poderão ser olvidadas pela Comissão de Licitação, tanto assim que o artigo 41[17] da Lei nº 8.666/93 era claro ao estabelecer que "a Administração não pode descumprir as normas e condições do edital, ao qual se acha estritamente vinculada", cabendo ao administrador, portanto, observá-las rigorosamente. No entanto, tal dispositivo não chega a anular completamente a liberdade da Administração para definir alguns pontos em que existem alternativas.

Na atual Lei 14.133/21 não há artigo com texto semelhante ao citado *caput* do artigo 41 da Lei 8.666/93. Apenas se manteve no artigo 164, *caput* e parágrafo único da Lei 14.133/21 uma franca correspondência com

---

16   A respeito, explica Hely Lopes MEIRELLES (*Direito administrativo brasileiro*. 28. ed. atual. São Paulo: Revista dos Tribunais, 2003, p. 26) que, embora seja a licitação um procedimento vinculado e formal, ela é apenas "um procedimento administrativo preparatório do futuro ajuste, de modo que não confere ao vencedor nenhum direito ao *contrato*, apenas uma *expectativa de direito*. Realmente, concluída a licitação, não fica a Administração obrigada a celebrar o contrato, mas, se o fizer, há de ser com o proponente vencedor". No contexto positivo brasileiro, no entanto, a questão está resolvida: licitação é regra, e não exceção.

17   Sem artigo correspondente na Lei 14.133/21.

o § 1º do artigo 41 da Lei 8.666/93, diferenciando-se deste no que tange ao número de dias úteis para impugnar edital de licitação, conforme abaixo se pode constatar:

Lei 8.666/93

Art. 41. A Administração não pode descumprir as normas e condições do edital, ao qual se acha estritamente vinculada.

§ 1º. Qualquer cidadão é parte legítima para impugnar edital de licitação por irregularidade na aplicação desta Lei, devendo protocolar o pedido até 5 (cinco) dias úteis antes da data fixada para a abertura dos envelopes de habilitação, devendo a Administração julgar e responder à impugnação em até 3 (três) dias úteis, sem prejuízo da faculdade prevista no § 1º do art. 113.

Lei 14.133/21

Art. 164. Qualquer pessoa é parte legítima para impugnar edital de licitação por irregularidade na aplicação desta Lei ou para solicitar esclarecimento sobre os seus termos, devendo protocolar o pedido até 3 (três) dias úteis antes da data de abertura do certame.

Parágrafo único. A resposta à impugnação ou ao pedido de esclarecimento será divulgada em sítio eletrônico oficial no prazo de até 3 (três) dias úteis, limitado ao último dia útil anterior à data da abertura do certame.

No que se refere ao formalismo[18], também característica do procedimento licitatório, a doutrina destaca que não significa que a licitação deva ser exageradamente apegada a formas, muitas vezes inúteis, fixadas na lei ou no edital. A finalidade de tais regras relativas a formas é garantir uma previsibilidade do procedimento a ser adotado, livrando os licitantes de surpresas que venham a ser apresentadas para favorecer ou prejudicar este ou aquele concorrente, frustrando, assim, os objetivos últimos da licitação.[19]

Em última análise, na fase de habilitação, aplica-se o princípio da razoabilidade, também chamado de princípio da proibição de excessos, que veda as restrições desnecessárias ou abusivas por parte da Administração, com lesão aos direitos fundamentais. Seu verdadeiro sentido é de que a proporcionalidade deverá pautar a extensão e intensidade dos atos praticados levando em conta o fim a ser atingido. Não visa, portanto, o emprego da letra fria da lei, e sim sua proporcionalidade com os fatos concretos, devendo o aplicador da norma usá-la de modo sensato, com vistas à situação específica de cada caso.[20]

Por outro lado, isso não significa dizer que a forma seja dispensável, fazendo-se da razoabilidade um instrumento de substituição da vontade da lei, assim alertando o professor Jessé Torres Pereira Júnior:

---

18 Conforme ensinamentos de Hely Lopes MEIRELLES (*Licitação...*, *op. cit.* p. 26), não confundir *formalismo*, "que se caracteriza por exigências inúteis e desnecessárias", com o procedimento formal, princípio cardeal das licitações, que impõe a vinculação da licitação "às prescrições legais que a regem em todos os seus atos e fases. Não só a lei, mas o regulamento, as instruções complementares e o edital pautam o procedimento da licitação, vinculando a Administração e os licitantes a todas as suas exigências, desde a convocação dos interessados até a homologação do julgamento". Neste sentido, cita o professor Diogenes GASPARINI (*op. cit.*, p. 428) que o Tribunal de Contas da União assim deixou gravado, no processo 6.029/95-7: "Na fase de habilitação a Comissão de Licitação não deve confundir o procedimento formal inerente ao processo licitatório com o formalismo, que se caracteriza por exigências inúteis e desnecessárias, e cujo atendimento, por sua irrelevância, não venha a causar prejuízo à Administração" (in *Boletim de Licitações e Contratos* nº 7, 1996, p. 346).

19 Nesse sentido, o Supremo Tribunal Federal já decidiu: "Em direito público, só se declara nulidade de ato ou de processo quando da inobservância de formalidade legal resulta prejuízo".

20 Segundo entendimento da professora Maria Sylvia Zanella DI PIETRO (*Temas polêmicos sobre licitações e contratos*. 4. ed. São Paulo: Malheiros Editores, 2000, p. 39), "eventualmente, poderá ser invocado o princípio da razoabilidade para relevar pequenas irregularidades, que em nada impedem a Comissão de Licitação de avaliar o preenchimento dos requisitos para a habilitação ou classificação".

O cumprimento exato do procedimento previsto na lei, no regulamento e no edital é dever da Administração (também por força do princípio da igualdade), ao qual corresponde o direito público subjetivo dos licitantes de exigirem que ela assim se conduza.[21]

Tal conclusão, aliás, era extraída do texto expresso no art. 4º da Lei nº 8.666/93[22], senão, vejamos:

Art. 4º. Todos quantos participem de licitação promovida pelos órgãos ou entidades a que se refere o art. 1º têm direito público subjetivo à fiel observância do pertinente procedimento estabelecido nesta Lei, podendo qualquer cidadão acompanhar o seu desenvolvimento, desde que não interfira de modo a perturbar ou impedir a realização dos trabalhos.

Parágrafo único. O procedimento licitatório previsto nesta lei caracteriza ato administrativo formal, seja ele praticado em qualquer esfera da Administração Pública.

A propósito, importante é observar que a licitação é um procedimento, e não um ato, conforme estabeleceu o legislador, assim asseverando o professor Carlos Pinto Coelho Motta que:

[...] o art. 4º deve ser examinado juntamente com os arts. 38, 41 e 43. Aqui também se consagra a ideia da licitação como um procedimento: nesse sentido, não deverá vagar ao sabor das decisões aleatórias dos membros da Comissão de Julgamento, dos dirigentes ou do ordenador de despesa. Existe um processo formal, com início, meio e fim, regulado por lei que deve ser rigorosamente seguido em nome da probidade administrativa.[23]

O Superior Tribunal de Justiça já teve a oportunidade de analisar questões relativas a esse tema e, declaradamente, adotou o entendimento de que se aplica, no âmbito das licitações, o **princípio da instrumentalidade das formas**. Num dos casos, entendeu aquela Corte que o simples defeito na qualificação da empresa, contida em certidão apresentada na fase de habilitação, não é suficiente para a sua exclusão do certame, se isto não prejudicar, em nada, a identificação da licitante.

Num outro caso, ficou estabelecido que o valor da proposta grafado apenas em algarismos, sem a repetição por extenso, é mera irregularidade que não a prejudica, não podendo, por isso, ser a empresa concorrente desclassificada.[24]

A *ratio legis* que obriga, aos participantes, a oferecerem propostas claras é tão-somente a propiciar o entendimento à Administração e aos administrados. Se o valor da proposta, na hipótese, for perfeitamente compreendido, em sua inteireza, pela Comissão Especial (que se presume de alto nível intelectual e técnico), a ponto de, ao primeiro exame, classificar o consórcio, a ausência de consignação da quantia por extenso constitui mera imperfeição, balda que não influenciou na decisão do órgão julgador (Comissão Especial) que teve a ideia e percepção precisa e indiscutível do *quantum* oferecido.

Assim posto, as exigências da lei ou do ato convocatório devem ser interpretadas como instrumentais, advertindo o professor Adilson Abreu Dallari que:

---

21 PEREIRA JÚNIOR, Jessé Torres. *Comentários à lei de licitações e contratações da Administração Pública.* 5. ed. Rio de Janeiro: Renovar, 2002, p. 75.

22 Sem artigo correspondente na Lei 14.133/21.

23 MOTTA, Carlos Pinto Coelho. *Eficácia nas licitações e contratos.* 6. ed. Belo Horizonte: Del Rey, 2017, p. 86.

24 Veja-se, ainda, no acórdão do STJ (1ª Seção, Rel. Min. Francisco Falcão, MS 5.866/DF): "ADMINISTRATIVO. LICITAÇÃO. PROPOSTA TÉCNICA. DESCLASSIFICAÇÃO DE CONCORRENTE POR NÃO TER O SEU DIRIGENTE POSTO SUA ASSINATURA NO ESPAÇO DESTINADO A TANTO, MAS EM OUTRO, SEM PREJUÍZO DA PROPOSTA. LEGALIDADE.
    – A desclassificação de licitante, unicamente pela aposição de assinatura em local diverso do determinado no edital licitatório, caracteriza-se como excesso de rigor formal, viabilizando a concessão do *mandamus*.
    – A desclassificação do impetrante, por aposição de assinatura em local diverso do determinado na norma editalícia levaria a um prejuízo do caráter competitivo do certame.
    – Concessão do mandado de segurança".

Existem claras manifestações doutrinárias e já há jurisprudência no sentido de que, na fase de habilitação, não deve haver rigidez excessiva; deve-se procurar a finalidade da fase de habilitação, deve-se verificar se o proponente tem concretamente idoneidade. Se houver um defeito mínimo, irrelevante para essa comprovação, isso não pode ser colocado como excludente do licitante. Deve haver uma certa elasticidade em função do objetivo, da razão de ser da fase de habilitação; convém ao interesse público que haja o maior número possível de participantes.[25]

A solução, pois, está no equilíbrio e na inteligência com que se interpretam as cláusulas editalícias ou legais relativas à forma que deve ser seguida no certame. Cumpri-la é importante, muito embora nem sempre seja essencial. O que não se pode perder de vista, no entanto, é que o procedimento administrativo da licitação é sempre um procedimento formal, sobretudo porque precede contratações que implicarão dispêndio de recursos públicos.

Prosperando na análise das definições antes transcritas, é de se ver constante, também, a menção dos contratos da Administração na conceituação da licitação. E isto por uma razão muito simples: a licitação é o *meio* adequado para o alcance de um determinado *fim*, que é a celebração de um *contrato* com aquele que apresentar a melhor proposta e, por isso, sair vencedor no certame. Nos dizeres do professor Hely Lopes Meirelles, "licitação e contrato administrativo são, pois, temas conexos, porque este depende daquela. Toda licitação conduz a um contrato".[26]

Consequência dessa constatação é que todo o procedimento licitatório, bem como as regras que o disciplinam, devem ser entendidos como instrumentos necessários a se conseguir uma boa contratação. Daí falar-se que a licitação é o procedimento administrativo utilizado pela Administração Pública para que esta possa selecionar a melhor proposta, a que mais vantagens traz ao Estado, sendo esta, na verdade, a finalidade, a causa final do procedimento licitatório, do ponto de vista do Estado. É para isso que existe o instituto da licitação.

No entanto, há também um objetivo relativo ao particular que pretende participar da licitação, que não é outro se não o de propiciar igualdade de condições, igualdade de oportunidades aos que desejarem transacionar com o Poder Público, com base na competição[27], dentro de padrões preestabelecidos pela Administração, como assim previu o art. 3º, primeira parte, da Lei nº 8.666/93[28]: "A licitação destina-se a garantir a observância do princípio constitucional da isonomia e a selecionar a proposta mais vantajosa para a administração e a promoção do desenvolvimento nacional sustentável [...]".

Do artigo acima mencionado, percebe-se ainda um terceiro objetivo atribuído a licitação, o desenvolvimento nacional sustentável. Este requisito, foi incluído pela Lei nº 12.349/10, tendo o Decreto nº 7.746/12 regulamentado o artigo 3º da Lei nº 8.666/93, estabelecendo os critérios, as práticas e as diretrizes para a promoção do referido requisito. Este novo requisito mudou a perspectiva da licitação, que anteriormente se arrimava apenas em aspectos financeiros e técnicos para a escolha do vencedor do certame, e a partir deste suplemento, passou a buscar também nos participantes fatores sociais e ambientais de forma a assegurar o que pressupõe o novo objetivo.

Esse viés foi mantido na nova Lei 14.133/21, em seus arts. 5º e 11, *in verbis*:

Art. 5º Na aplicação desta Lei, serão observados os princípios da legalidade, da impessoalidade, da moralidade, da publicidade, da eficiência, do interesse público, da probidade administrativa, da igualdade, do planejamento, da transparência, da eficácia, da segregação de funções, da motivação, da vinculação ao edital, do julgamento objetivo, da segurança jurídica, da razoabilidade, da competitividade, da proporcionalidade, da celeridade, da economicidade e do desenvolvimento nacional sustentável, assim como as disposições do Decreto-Lei nº 4.657, de 4 de setembro de 1942 (Lei de Introdução às Normas do Direito Brasileiro).

---

25 DALLARI, Adilson Abreu. *Aspectos jurídicos da licitação*. 6. ed. São Paulo: Saraiva, 2014, p. 116.

26 MEIRELLES, *op. cit.*, p. 22.

27 A respeito, cita o professor Edmir Netto de ARAÚJO (*Curso de direito administrativo*. São Paulo: Saraiva, 2005, p. 486-487), seguindo os estudos de Antonio Augusto Queiroz Telles, que, desde a Idade Média, na Europa ocidental, usava-se "o sistema de 'vela e pregão', no qual os construtores faziam suas propostas enquanto ardia uma vela, adjudicando-se ao melhor preço quando esta se apagava".

28 Atuais artigos 5º e 11 da Lei nº 14.133/21.

Art. 11. O processo licitatório tem por objetivos:

I - assegurar a seleção da proposta apta a gerar o resultado de contratação mais vantajoso para a Administração Pública, inclusive no que se refere ao ciclo de vida do objeto;

II - assegurar tratamento isonômico entre os licitantes, bem como a justa competição;

III - evitar contratações com sobrepreço ou com preços manifestamente inexequíveis e superfaturamento na execução dos contratos;

IV - incentivar a inovação e o desenvolvimento nacional sustentável.

Parágrafo único. A alta administração do órgão ou entidade é responsável pela governança das contratações e deve implementar processos e estruturas, inclusive de gestão de riscos e controles internos, para avaliar, direcionar e monitorar os processos licitatórios e os respectivos contratos, com o intuito de alcançar os objetivos estabelecidos no *caput* deste artigo, promover um ambiente íntegro e confiável, assegurar o alinhamento das contratações ao planejamento estratégico e às leis orçamentárias e promover eficiência, efetividade e eficácia em suas contratações.

Para o Ministério do Meio Ambiente[29], as compras e licitações sustentáveis possuem um papel estratégico para os órgãos públicos e, quando adequadamente realizadas, promovem a sustentabilidade nas atividades públicas. Para tanto, é fundamental que os compradores públicos saibam delimitar corretamente as necessidades da sua instituição e conheçam a legislação aplicável e características dos bens e serviços que poderão ser adquiridos.

O governo brasileiro despende, anualmente, mais de 600 bilhões de reais com a aquisição de bens e contratações de serviços (cerca de 15% do PIB). Nesse sentido, direcionar o poder de compra do setor público para a aquisição de produtos e serviços com critérios de sustentabilidade implica na geração de benefícios socioambientais e na redução de impactos ambientais, ao mesmo tempo em que induz e promove o mercado de bens e serviços sustentáveis.

A decisão de se realizar uma compra sustentável não implica, necessariamente, em maiores gastos de recursos financeiros. Isso porque nem sempre a proposta vantajosa é a de menor preço e porque se deve considerar, no processo de aquisição de bens e contratações de serviços, dentre outros aspectos, os seguintes:

a) **Custos ao longo de todo o ciclo de vida:** É essencial ter em conta os custos de um produto ou serviço ao longo de toda a sua vida útil – preço de compra, custos de utilização e manutenção, custos de eliminação;

b) **Eficiência:** as compras e licitações sustentáveis permitem satisfazer as necessidades da administração pública mediante a utilização mais eficiente dos recursos e com menor impacto socioambiental;

c) **Compras compartilhadas:** por meio da criação de centrais de compras é possível utilizar-se produtos inovadores e ambientalmente adequados sem aumentar os gastos públicos;

d) **Redução de impactos ambientais e problemas de saúde:** grande parte dos problemas ambientais e de saúde a nível local é influenciada pela qualidade dos produtos consumidos e dos serviços que são prestados;

e) **Desenvolvimento e Inovação:** o consumo de produtos mais sustentáveis pelo poder público pode estimular os mercados e fornecedores a desenvolverem abordagens inovadoras e a aumentarem a competitividade da indústria nacional e local.

Ainda neste aspecto extraeconômico da licitação, onde os preços são relativizados, em 2010 foi publicada a Instrução Normativa SLTI/MP nº 01, que dispõe sobre critérios de sustentabilidade ambiental na aquisição de bens, contratação de serviços ou obras pela Administração Pública Federal. Estes critérios estabelecem

---

29   http://www.mma.gov.br/responsabilidade-socioambiental/a3p/eixos-tematicos/licita%C3%A7%C3%A3o-sustent%C3%A1vel

as "licitações verdes"[30] que correspondem a uma forma de inserção de critérios ambientais e sociais nas compras e contratações realizadas pela Administração Pública, priorizando a compra de produtos que atendem critérios de sustentabilidade, como facilidade para reciclagem, vida útil mais longa, geração de menos resíduos em sua utilização, e menor consumo de matéria-prima e energia. Para isso, é considerado todo o ciclo de fabricação do produto, da extração da matéria-prima até o descarte.

Assim concebido, podemos dizer que tripla é a finalidade da realização da licitação, igualmente relevantes: selecionar a proposta mais vantajosa para a Administração, propiciar a igualdade de oportunidades a todos os interessados na participação de negócios com o Poder Público e promover o desenvolvimento nacional sustentável.

A igualdade de condições, aliás, encontra apoio principalmente nos Estados em que o princípio republicano vigora com mais força, embora não signifique que nos Estados monárquicos o princípio da isonomia não impere. Isto porque, até nas monarquias modernas, o princípio republicano tem tido seu lugar garantido.

Nos Estados em que o princípio republicano impera não se admitem os privilégios injustificados, próprios das monarquias absolutistas que existiram antes do sucesso das revoluções burguesas do século XVIII[31]. Em decorrência, no âmbito das contratações feitas pelo Estado, não se admite que sejam selecionados, dentre a massa de interessados, aqueles que melhor relacionamento mantém com os administradores. Daí a necessidade de se estabelecer um procedimento capaz de garantir a igualdade entre os interessados em contratar com o Estado. O que apresentar as maiores vantagens – objetivamente avaliáveis – será o vencedor do certame.

Desse modo, no Direito Administrativo, a natureza jurídica da licitação é a de ser um procedimento administrativo com fim seletivo, vinculado, utilizado no sentido da alienação ou da aquisição de bens, da realização de serviços ou obras, concessões, permissões e locações da Administração Pública, quando contratadas com terceiros, dentro do melhor critério possível de eficiência e completa moralidade.

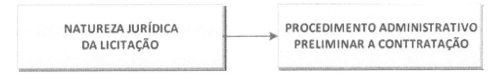

Retirando do administrador o arbítrio na seleção de fornecedores, a licitação enseja, ao mesmo tempo, a participação de todos os interessados, garantindo-lhes igualdade de condições na apresentação do negócio,

---

30   As "licitações verdes", são também chamadas de "compras públicas sustentáveis", "eco aquisições", "compras ambientalmente amigáveis", "consumo responsável" e "licitação positiva".

31   De acordo com as lições do professor Adriano PILLATI (O princípio republicano na Constituição de 1988. In *Os princípios da Constituição de 1988*. Rio de Janeiro: Lumen Juris, 2021, p. 129), a República se caracteriza, dentre outros pontos, pela "afirmação radical de uma concepção igualitária de bem público, cujo titular e destinatário é o povo, compreendido como multidão de cidadãos livres, porque iguais em direitos (e não de súditos segregados com base em discriminações odiosas de linhagem, das quais decorrem privilégios transmissíveis por hereditariedade, e outras superstições do mesmo naipe)".

impondo a escolha daquele que melhor proposta apresentar, assim considerada num todo, em que congrega não apenas o melhor preço e condições gerais de venda, mas, igualmente, idoneidade técnica, financeira e moralidade dos licitantes, qualidades estas fiadoras da certeza de uma boa execução do contrato.

Adiantadas essas ideias conceituais, que permitem a apreensão de uma noção nuclear de licitação, convêm passarmos ao exame a quem compete legislar sobre a matéria, antes de verificarmos os princípios que regem o instituto e, posteriormente, tecermos análises quanto às minúcias do tema.

3. COMPETÊNCIA LEGISLATIVA. AS NORMAS GERAIS

A Constituição Federal estabelece:

> Art. 22. Compete privativamente à União legislar sobre: XXVII — **normas gerais** de licitação e contratação, em todas as modalidades, para as administrações públicas diretas, autárquicas e fundacionais da União, Estados, Distrito Federal e Municípios, obedecido o disposto no art. 37, XXI, e para as empresas públicas e sociedades de economia mista, nos termos do art. 173, § 1º, III;

Percebe-se que a competência da União é para normas gerais, e isto não significa esgotar o assunto. Então, os outros entes da federação poderão criar normas específicas sobre o tema.

No art. 22, XXVII/CF devemos fazer uma remissão ao art. 24, § 2º/CF, que fala sobre competência concorrente dos estados. O que compete privativamente à União é a criação de normas gerais, logo, normas específicas são de competência concorrente. Todos os entes da federação podem legislar sobre licitação, em relação às normas específicas — para ajustar a licitação às suas próprias realidades, em especial à orçamentária.

Em relação aos municípios, nos remetemos ao art. 30, I e II/CF: legislar sobre interesse local e suplementar à legislação federal e estadual, onde couber. É também o município criando suas normas específicas.

Assim, todos os entes da federação podem legislar sobre licitações e contratos. No entanto, só a União poderá fazê-lo em relação às normas gerais, que serão obrigatórias a todos os demais entes.

Tal entendimento é pacífico na doutrina. O legislador federal, entretanto, ao elaborar a Lei 8.666/93 (já alterada, em especial, pela Lei 8.883/94), fez uma confusão. Ele se refere, pelo artigo primeiro, a normas gerais. Ora, a lei tem 120 artigos, e pelo artigo primeiro, todos deveriam ser normas gerais. Só que tratam de matérias específicas, o que gerou grande controvérsia. A doutrina entende, em razão dos artigos constitucionais acima estudados, que a lei não é nacional e sim federal. Seria uma lei feita apenas para as licitações da União. O legislador federal, então, teria extrapolado sua competência, ao tentar transformar uma lei federal em nacional.[32]

Resumindo, a doutrina considera que o artigo primeiro da Lei 8.666/93 é inconstitucional porque extrapola a competência dada pela CF. Ao invés de se limitar a estabelecer as normas gerais, quis impor todo o procedimento licitatório a todos os entes da federação.

Logo, a doutrina entende que esta lei é válida somente para a União. Sobre o tema, temos apenas uma decisão do STF, que em 1993 concedeu uma liminar, mas até hoje não teve seu mérito apreciado.

O art. 17 da mesma Lei 8.666/93[33], também causou controvérsia. Ele se refere à alienação de bens da Administração Pública. A alínea b do inciso I fala que a doação de bem imóvel só poderá ser feita de um órgão ou ente da Administração Pública, para outro.

---

32   A título de esclarecimento, o Código Civil é uma lei nacional, porque teve origem no Congresso Nacional, e vale para todo o território brasileiro. Já uma lei federal, como por exemplo, a Lei 8.112/90 (que cria o regime jurídico dos servidores públicos federais), só vale para os servidores federais.

33   Atual artigo 76, I, b, da Lei 14.133/21: "Art. 76. A alienação de bens da Administração Pública, subordinada à existência de interesse público devidamente justificado, será precedida de avaliação e obedecerá às seguintes normas: I - tratando-se de bens imóveis, inclusive os pertencentes às autarquias e às fundações, exigirá autorização legislativa e dependerá de licitação na

É sabido que estados e municípios não têm competência para desapropriar para fins de reforma agrária, apenas a União. A maneira que estes entes têm de fazer uma justa distribuição de terras para assentamento de famílias pobres, sem teto, ou mesmo para pessoas jurídicas de direito privado com fins assistenciais, sem intuito lucrativo, é através da doação de bens públicos. Mesmo com a entrada em vigor da Lei 8.666/93, esta prática continuou. Mas os Tribunais de Contas começaram a sustar estas doações. Os chefes do executivo, por sua vez, argumentaram que estados e municípios têm autonomia política e administrativa (art. 18/CF) e que a União não pode interferir nesses assuntos. Tal disposição seria, igualmente, inconstitucional.

Os Tribunais de Contas contra-argumentaram que a inconstitucionalidade deve ser levada ao STF, e, até que este decida, deve ser aplicado o art. 17. Alceu Collares, quando governador do Rio Grande do Sul, ingressou com uma ADIN, e o STF decidiu que a doação de bens imóveis públicos a particulares, deve ser regulada por lei específica de cada ente da federação. O dispositivo, portanto, só tem validade para a União, já que é uma norma específica e não geral. Conclui-se, pelo mesmo raciocínio, que o artigo primeiro da mesma lei é inconstitucional (RDA — ADIN 937), bem como que tal lei é federal, e não nacional.

Observemos a decisão:

"LICITAÇÃO – CONTRATAÇÃO ADMINISTRATIVA – LEI Nº 8.666, DE 21.06.1993 – I. Interpretação conforme dada ao art. 17, I, "b" (doação de bem imóvel) e art. 17, II, "b" (permuta de bem móvel), para esclarecer que a vedação tem aplicação no âmbito da União Federal, apenas. Idêntico entendimento em relação ao art. 17, I, "c" e § 1º do art. 17. Vencido o Relator, nesta parte. (STF – ADIn 927 (MC) – RS – TP – Rel. Min. Carlos Velloso – DJU 11.11.1994)".[34]

O Tribunal de Contas de São Paulo começou a chamar a Lei 8.666/93 de lei "unional". Isto porque, tanto a lei nacional, quanto a lei federal, na verdade, são federais. O Congresso Nacional, que é um órgão federal, é que fez o Código Civil. Mas foi ele também que fez a Lei 8.112/90, que vale só para a União. Então, tudo o que sai do Congresso é federal, porque o Congresso, em si, é federal. Mas ora é uma lei federal, que tem conteúdo nacional, ora é uma lei federal, que só se aplica à União. Falar em lei nacional ou federal, portanto, não é de boa técnica, já que todas são federais. Deveríamos nos referir, então, a leis federais nacionais e leis federais "unionais", estas somente válidas para a União.

É lógico que alguns dispositivos legais são específicos, e estes são inconstitucionais, como foi o caso do art. 17 da Lei nº 8.666/93, que dispõe sobre alienações, pois a União não tem competência para legislar, por exemplo, sobre as alienações dos demais entes federativos, daí o inciso I do referido artigo ter causado polêmica, uma vez que a alínea *b* disciplina que as doações só serão permitidas se em benefício de outro órgão ou entidade da Administração Pública, de qualquer esfera de governo. Diz o dispositivo, *in verbis*:

Art. 17. A alienação de bens da Administração Pública, subordinada à existência de interesse público devidamente justificado, será precedida de avaliação e obedecerá às seguintes normas:

I – quando imóveis, dependerá de autorização legislativa para órgãos da administração direta e entidades autárquicas e fundacionais, e, para todos, inclusive as entidades paraestatais, dependerá de avaliação prévia e de licitação na modalidade de concorrência, dispensada está nos seguintes casos:

b) doação, permitida exclusivamente para outro órgão ou entidade da Administração Pública, de qualquer esfera de governo;

---

modalidade leilão, dispensada a realização de licitação nos casos de: b) doação, permitida exclusivamente para outro órgão ou entidade da Administração Pública, de qualquer esfera de governo, ressalvado o disposto nas alíneas "f", "g" e "h" deste inciso;".

34 Conforme assinala o professor José dos Santos CARVALHO FILHO (*op. cit.*, p. 143), "a Corte, embora por maioria de votos, decidiu que o art. 17, I, "b" e "c", II e § 1º da Lei nº 8.666/93, que regula a alienação de bens da Administração, fixando algumas restrições, só poderia ser interpretado, para ser considerado constitucional, no sentido de se tratar de bens da União, mas não dos Estados, Distrito Federal e Municípios. Sendo assim, teriam estas entidades competência para tal disciplina, eis que própria de normas específicas".

Ocorre que é prática comum Estados e Municípios doarem bens imóveis públicos a particulares, até porque não podem desapropriar esses bens para fins de reforma agrária, que é exclusivo da União. Dessa forma, estas entidades políticas promovem assentamento de famílias em bens públicos através de doações, e isto não é inconstitucional, porque a exclusividade da União é em promover a desapropriação para fins de reforma agrária. Então, se o bem é público, não está ocorrendo desapropriação.

Com o avento da Lei nº 8.666/93, Estados e Municípios continuaram a doar bens imóveis para fins de assentamento, passando então os Tribunais de Contas a anular tais atos com base no art. 17, I, alínea *b*, da Lei de Licitações.

Há de se ressaltar que é do entendimento doutrinário unânime que, em se tratando de normas gerais, **Estados e Municípios não podem legislar sobre:**

1) **Modalidades de licitação.** Não poderia o Município criar para ele modalidade de licitação, porque modalidade é norma geral;

2) **Recursos administrativos e seus prazos;**

3) **Prazos de publicidade** constantes no art. 21 da Lei. São aqueles que devem mediar as publicações, contendo os avisos resumidos dos editais e a realização do evento, de abertura de propostas etc.;

4) **Patamares de valor**, importantes para a definição da modalidade em um caso concreto.

Dessa forma o poder regulamentar dos Estados, Distrito Federal e Municípios em normas de licitação deve limitar-se à competência suplementar (ou complementar). Naquilo que a norma federal (norma geral) já preceituou, exauriu e esgotou, não terá lugar à competência suplementar.

Ainda que se verificasse divergência na doutrina quanto à aplicação ou não da Lei 8.666/93 às Empresas Estatais, sempre foi pacífico que até a edição de Lei que estabelecesse estatuto de licitação específico para estas entidades como determina o artigo 173, § 1º, III da Constituição, a Lei das Licitações deveria ser aplicada.

Finalmente, em 30 de junho de 2016, a Lei 13.303 estabeleceu o estatuto jurídico da empresa pública, da sociedade de economia mista e de suas subsidiárias, no âmbito da União, dos Estados, do Distrito Federal e dos Municípios, tratando em capítulo específico do procedimento licitatório a ser aplicado.

A Lei 13.303/16, batizada de Lei das Estatais, passou a disciplinar em seus artigos 28 a 84, as licitações e contratos administrativos no âmbito das empresas públicas e sociedades de economia mista, independentemente da natureza da atividade desempenhada (prestadora de serviço ou exploradora de atividade econômica), substituindo a Lei das Licitações salvo quando referenciada pelo novo diploma legal.

Ponto relevante é que apesar da Lei 13.303/16 estar vigente desde sua publicação, o artigo 91 estabeleceu que as estatais constituídas anteriormente a referida publicação, deverão se adaptar as novas regras no prazo de 24 meses.

Durante o estudo pormenorizado da Lei das Licitações, nos itens a seguir, será apresentado paralelo com a Lei das Estatais, de modo que se tenha uma visão completa de como a licitação é aplicada a toda a Administração Pública.

A Petrobrás, por exemplo, estabeleceu um regime licitatório próprio na Lei nº 9.478, de 06 de agosto de 1997, que regulamenta a Agência Nacional de Petróleo, este considerado inconstitucional, pois a Petrobrás é uma empresa estatal que explora atividade econômica e, como tal, submetida ao art. 173 da CF/88. Portanto, não poderia a ANP editar uma lei dizendo qual é o seu estatuto jurídico, daí ser esse estatuto inconstitucional. Portanto, qualquer lei que viesse a trazer um estatuto jurídico próprio para estas empresas é inconstitucional.

Do exposto, a partir de julho de 2017 a Petrobrás passou a seguir as normas dos procedimentos licitatórios estabelecidos na Lei 13.303/16. Com destaque para o artigo 96, II da Lei 13.303/16 que revoga os artigos 67 e 68 da Lei 9.468/97 (Lei da ANP), que permitia a Petrobrás aplicar um processo simplificado de licitação.

Outro ponto importante e de extrema relevância no arcabouço da legislação nacional quanto a licitações foi a criação do **Regime Diferenciado de Contratações Públicas**, conhecido pela sigla RDC, instituído em nosso ordenamento jurídico através da Lei nº 12.462/11, que consiste em um novo regime de licitações e contratos para a Administração Pública criado inicialmente, para eventos esportivos de grande importância que ocorreram no país a partir de 2013, a Copa das Confederações da FIFA, a Copa do Mundo FIFA em 2014 e os Jogos Olímpicos e Paraolímpicos em 2016.

O RDC, inicialmente, era aplicável exclusivamente às obras, serviços e compras relacionadas aos eventos supracitados e teve como motivador a demanda de uma maior eficiência e agilidade da Administração Pública nas licitações e contratos administrativos, de forma a estruturar o país face às necessidades de eventos de tamanho vulto.

A doutrina e diversos segmentos da iniciativa privada vêm questionando o RDC em razão de que a Lei 12.462/11 vem sendo ampliada de forma a aplicar o regime em questão para outros propósitos.

O artigo 1º da Lei 12.462/11 indica onde de forma exclusiva o RDC é aplicável, verifica-se que somente os 03 primeiros incisos são originários aos objetivos da lei, tendo o legislador, até o momento criado sete adicionais modos de aplicação deste regime, que como o próprio nome indica é diferenciado do previsto na Lei 8.666/93 – Lei das Licitações.

> Art. 1º É instituído o Regime Diferenciado de Contratações Públicas (RDC), aplicável exclusivamente às licitações e contratos necessários à realização:
>
> I - dos Jogos Olímpicos e Paraolímpicos de 2016, constantes da Carteira de Projetos Olímpicos a ser definida pela Autoridade Pública Olímpica (APO); e
>
> II - da Copa das Confederações da Federação Internacional de Futebol Associação – Fifa 2013 e da Copa do Mundo Fifa 2014, definidos pelo Grupo Executivo – Gecopa 2014 do Comitê Gestor instituído para definir, aprovar e supervisionar as ações previstas no Plano Estratégico das Ações do Governo Brasileiro para a realização da Copa do Mundo Fifa 2014 – CGCOPA 2014, restringindo-se, no caso de obras públicas, às constantes da matriz de responsabilidades celebrada entre a União, Estados, Distrito Federal e Municípios;
>
> III - de obras de infraestrutura e de contratação de serviços para os aeroportos das capitais dos Estados da Federação distantes até 350 km (trezentos e cinquenta quilômetros) das cidades sedes dos mundiais referidos nos incisos I e II;
>
> IV - das ações integrantes do Programa de Aceleração do Crescimento (PAC); (Incluído pela Lei nº 12.688, de 2012)
>
> V - das obras e serviços de engenharia no âmbito do Sistema Único de Saúde – SUS; (Incluído pela Lei nº 12.745, de 2012)
>
> VI - das obras e serviços de engenharia para construção, ampliação e reforma e administração de estabelecimentos penais e de unidades de atendimento socioeducativo; (Incluído pela Lei nº 13.190, de 2015)
>
> VII - das ações no âmbito da segurança pública; (Incluído pela Lei nº 13.190, de 2015)
>
> VIII - das obras e serviços de engenharia, relacionadas a melhorias na mobilidade urbana ou ampliação de infraestrutura logística; e (Incluído pela Lei nº 13.190, de 2015)
>
> IX - dos contratos a que se refere o art. 47-A; (Incluído pela Lei nº 13.190, de 2015)
>
> X - das ações em órgãos e entidades dedicados à ciência, à tecnologia e à inovação. (Incluído pela Lei nº 13.243, de 2016) (grifos nossos)

Entre as medidas trazidas pela nova legislação, que diferem daquela trazida pela Lei nº 8.666/93 estão: preferência pela forma eletrônica, disputa aberta, inversão de fases de licitação, contratação integrada, onde não há necessidade de projeto básico prévio, prazos diferenciados, diferimento da publicidade do orçamento estimado pela Administração Pública, entre outras. Na continuidade dos itens deste capítulo, onde o foco será a Lei 8.666/93, será apresentado paralelo com a Lei 12.462/11, de modo que se tenha uma visão completa de como a licitação é aplicada a toda a Administração Pública.

4. QUEM ESTÁ OBRIGADO A LICITAR?

De acordo com o art. 37, XXI/CF, toda a estrutura administrativa brasileira é forçada a licitar. Obras, serviços, compras e alienações. <u>Deve-se interpretar o texto constitucional em combinação com o artigo 1º, I e II da Lei 14.133/21</u>[35], que cita toda a estrutura administrativa brasileira, conforme se pode ler em seguida:

> Art. 1º Esta Lei estabelece normas gerais de licitação e contratação para as Administrações Públicas diretas, autárquicas e fundacionais da União, dos Estados, do Distrito Federal e dos Municípios, e abrange:
>
> I - os órgãos dos Poderes Legislativo e Judiciário da União, dos Estados e do Distrito Federal e os órgãos do Poder Legislativo dos Municípios, quando no desempenho de função administrativa;
>
> II - os fundos especiais e as demais entidades controladas direta ou indiretamente pela Administração Pública.

A novidade é a inclusão dos fundos especiais — que não são pessoas jurídicas, mas são administrados por pessoas jurídicas que têm obrigação de licitar. É o caso, por exemplo:

- **Fundo de Garantia por Tempo de Serviço (FGTS)** — administrado pela CEF, empresa pública obrigada a licitar;
- **Fundo de Emergência:** administrado pelo Ministério da Fazenda, órgão público da administração direta, obrigado a licitar;
- **Fundo de Amparo ao Trabalhador (FAT)** — é o seguro-desemprego, administrado pelo Ministério do Trabalho, órgão da administração direta, obrigada a licitar.

Pode parecer redundância, mas o legislador houve por bem especificar esses fundos especiais.

✓ **Demais entes controlados direta ou indiretamente pelo Poder Público**

De quem estamos falando? Das organizações sociais, dos serviços sociais autônomos, das organizações da Sociedade Civil de Interesse Público – OSCIP's, SENAI, SENAC, SEBRAE (art. 1º, inciso II, da Lei 14.133/21).

IMPORTANTE REGISTRAR

<u>ONG faz licitação?</u> A ONG é pessoa jurídica de direito privado que fica do lado de fora do aparelho estatal. O Decreto 5.504/05 diz que toda pessoa jurídica de direito privado que recebe recurso do poder público faz licitação. Só que o Decreto 6.170/07 suavizou a OSCIP, ONG, sem fins lucrativos, faz licitação de maneira bem simples, ou seja, tem que respeitar os princípios da impessoalidade, da moralidade, da proposta mais vantajosa para o interesse público.

Hipoteticamente, uma ONG que recebe recursos para reformar a sua sede, faz cotação de preços e pronto. Então, não é necessário fazer licitação no rigor do art. 184 da Lei 14.133/21) combinado com o art. 11 do Decreto 6.170/07 que assim preceituam:

> Lei 14.133/21
>
> Art. 184. Aplicam-se as disposições desta Lei, no que couber e na ausência de norma específica, aos convênios, acordos, ajustes e outros instrumentos congêneres celebrados por órgãos e entidades da Administração Pública, na forma estabelecida em regulamento do Poder Executivo federal.

> Decreto 6.170/07

---

35   A antiga redação constava no art. 1º, *caput* e parágrafo único da Lei 8.666/93.

Art. 11. Para efeito do disposto no art. 116 da Lei nº 8.666, de 21 de junho de 1993, a aquisição de produtos e a contratação de serviços com recursos da União transferidos a entidades privadas sem fins lucrativos deverão observar os princípios da impessoalidade, moralidade e economicidade, sendo necessária, no mínimo, a realização de cotação prévia de preços no mercado antes da celebração do contrato.

As Estatais realizam licitações?

As estatais podem exercer atividades econômicas ou somente explorar serviços públicos. Exercem atividades econômicas, por exemplo, o Banco do Brasil e a Petrobrás. Já os Correios e Telégrafos prestam serviços públicos.

As empresas estatais, por sua vez, só estarão obrigadas a licitar quando exercerem atividade meio, que não é aquela atividade para a qual foram criadas. A atividade fim que é a venda do produto final, não precisa de licitação, porque tem que competir com entidades privadas, segundo os arts. 76, II, *e*[36], e 75, IX, ambos da Lei 14.133/21.

Por exemplo, o Banco do Brasil não poderia escolher o melhor correntista fazendo licitação, isso não é razoável. Agora, se o Banco do Brasil vai fazer uma nova sede, obrigatoriamente faz licitação, porque se trata de atividade-meio. Outro exemplo: se a BR Distribuidora, que é uma subsidiária da Petrobrás, vender gasolina, estará no exercício de sua atividade-fim, ficando em pé de igualdade com o privado e, desse modo, não fará licitação sob pena de total insucesso.

4.1. Princípios da Licitação

Prevalecente, hoje, uma concepção pós-positivista do Direito[37], torna-se inegável a relevância do estudo dos respectivos princípios para a compreensão dos institutos jurídicos. Ignorada esta importância, não se alcançaria uma completa compreensão da matéria a ser estudada, até mesmo porque os princípios são proposições fundamentais que se encontram na essência de toda legislação, dispostos implícita ou explicitamente, obrigando diretrizes axiológicas às normas[38], consubstanciando o norte de todo o sistema legislativo.

Conforme definição de Celso Antônio Bandeira de Mello, princípio é:

> [...] mandamento nuclear de um sistema, verdadeiro alicerce dele, disposição fundamental que se irradia sobre diferentes normas compondo-lhes o espírito e servindo de critério para sua exata compreensão e inteligência, exatamente por definir a lógica e a racionalidade do sistema normativo, no que lhe confere a tônica e lhe dá sentido harmônico. É o conhecimento dos princípios que preside a intelecção das diferentes partes componentes do todo unitário que há por nome sistema jurídico positivo.[39]

---

36 Lei 14.133/21 - Art. 76. A alienação de bens da Administração Pública, subordinada à existência de interesse público devidamente justificado, será precedida de avaliação e obedecerá às seguintes normas: [...] II - tratando-se de bens móveis, dependerá de licitação na modalidade leilão, dispensada a realização de licitação nos casos de: [...] e) venda de bens produzidos ou comercializados por entidades da Administração Pública, em virtude de suas finalidades;".

37 O pós-positivismo representa a superação dos dogmas do positivismo jurídico, que relegava os princípios a um plano meramente secundário, sem qualquer poder de coerção. Segundo Paulo BONAVIDES (*Curso de direito constitucional*. 11. ed. São Paulo: Malheiros Editores, 2021, p. 237): "É na idade do pós-positivismo que tanto a doutrina do Direito Natural como a do velho positivismo ortodoxo vêm abaixo, sofrendo golpes profundos e crítica lacerante, provenientes de uma reação intelectual implacável, capitaneada, sobretudo por Dworkin, jurista de Harvard. Sua obra tem valiosamente contribuído para traçar e caracterizar o ângulo novo de normatividade definida reconhecida aos princípios".

38 O Acórdão proferido na Representação por Inconstitucionalidade nº 10/2001, que tramitou perante o Tribunal de Justiça do Estado do Rio de Janeiro, bem retrata o tema no trecho a seguir transcrito: "A Constituição assegurará a todos as mesmas oportunidades de acesso ao trabalho como meio de realização digna de vida; as leis devem ser interpretadas e aplicadas segundo os fins sociais a que se destinam já que a Ordem jurídica constitui um sistema de realização do bem comum. A atividade de taxista deriva de simples autorização administrativa e por isso para sua concessão não se exige procedimento licitatório. Fere o direito adquirido preceito legal que, diante de permissões adquiridas onerosamente ou em substituição a cônjuges pré-mortos, simplesmente a extinguem revogando-se de plano, assim ferindo a proteção constitucional à família do trabalhador".

39 BANDEIRA DE MELLO. *Curso de...*, *op. cit.*, p. 817-818.

A função dos princípios, na ciência do Direito, é a de dar coerência ao conjunto de regras que compõem o ordenamento jurídico, viabilizando nele enxergar um sistema, cujo conceito guarda em seu núcleo a ideia de unidade ordenada, daí a necessidade dos princípios serem analisados conjuntamente para que a interpretação, segundo um princípio, não anule todos os demais. Os princípios, desta maneira, preenchem lacunas, dando sentido ao ordenamento. Sem eles haveria uma aglutinação de mandamentos isolados e frequentemente contraditórios.

E, nesse sentido, a moderna doutrina tem se preocupado cada vez mais, ao destacar a importância dos princípios como veículo dimensionador da compreensão e da aplicação do Direito, razão pela qual se torna de relevância fundamental seu estudo, a fim de se conhecer a natureza jurídica e as características dos princípios, de modo a poder identificá-los dentre as demais normas jurídicas e, também, para que se possa interpretá-los adequadamente.

Dessa forma, urge fixar que, em tempos de pós-positivismo, os princípios despontam como as principais normas jurídicas integrantes de um determinado sistema. Essa definição nos permite concluir que os princípios são espécies de normas jurídicas, convivendo ao lado das regras, que também se enquadram neste conceito. Então, é possível afirmar que os princípios e as regras são espécies do gênero normas jurídicas.

Há de se ressaltar, no entanto, que a violação de um princípio é mais danosa do que a violação de uma norma, pois a afronta a um princípio não transgride apenas um mandamento específico, mas todo o sistema jurídico. Constitui, desta forma, a mais grave forma de inconstitucionalidade, pois é insurgência aos valores fundamentais.

Nos dizeres do professor Luís Roberto Barroso:

> As normas jurídicas, em geral, e as normas constitucionais, em particular, podem ser enquadradas em duas categorias diversas: as normas-princípio e as normas-disposição. As normas-disposição, também referidas como regras, têm eficácia restrita às situações específicas às quais se dirigem. Já as normas-princípio, ou simplesmente princípios, têm, normalmente, maior teor de abstração e uma finalidade mais destacada dentro do sistema.[40]

Em se tratando dos princípios da licitação, que tem por finalidade a obtenção da situação de melhor custo-benefício à Administração, visto que ela não seria válida se violasse direitos e garantias individuais, dizem os arts. 5º e 11 da Lei nº 14.133/21):

Lei 14.133/21

Art. 5º. Na aplicação desta Lei, serão observados os princípios da legalidade, da impessoalidade, da moralidade, da publicidade, da eficiência, do interesse público, da probidade administrativa, da igualdade, do planejamento, da transparência, da eficácia, da segregação de funções, da motivação, da vinculação ao edital, do julgamento objetivo, da segurança jurídica, da razoabilidade, da competitividade, da proporcionalidade, da celeridade, da economicidade e do desenvolvimento nacional sustentável, assim como as disposições do Decreto-Lei nº 4.657, de 4 de setembro de 1942 (Lei de Introdução às Normas do Direito Brasileiro).

Art. 11. O processo licitatório tem por objetivos:

I - assegurar a seleção da proposta apta a gerar o resultado de contratação mais vantajoso para a Administração Pública, inclusive no que se refere ao ciclo de vida do objeto;

II - assegurar tratamento isonômico entre os licitantes, bem como a justa competição;

III - evitar contratações com sobrepreço ou com preços manifestamente inexequíveis e superfaturamento na execução dos contratos;

IV - incentivar a inovação e o desenvolvimento nacional sustentável.

---

40 BARROSO, Luís Roberto. *Interpretação e aplicação da Constituição*. 2. ed. São Paulo: Saraiva, 2018, p. 141.

Como podemos verificar, além de explicitar a finalidade precípua da licitação, tal dispositivo, em sua segunda parte, também enuncia os princípios básicos que devem nortear a realização do procedimento. Alguns deles são princípios constitucionais gerais, que informam toda a Constituição e o ordenamento jurídico, em geral, como os princípios da isonomia, o da legalidade; outros, são princípios setoriais, próprios da Administração Pública, da atividade administrativa, a exemplo dos princípios da impessoalidade, da moralidade, da publicidade, da probidade (explícita e implicitamente enunciados no *caput* do art. 37 da Constituição); outros, ainda, são específicos da licitação (art. 37, XXI, e art. 175 da Constituição), como os princípios da vinculação ao instrumento convocatório e do julgamento objetivo. Note-se, contudo, que o legislador, inteligentemente, não esgotou este rol de princípios, acrescentando os "que lhes são correlatos", ou seja, também integram a lista princípios outros que estão implícitos na própria disciplina desse instituto.

Aliás, oportuno é lembrar que os princípios inerentes à Administração Pública, mesmo depois da nova redação dada ao *caput* do art. 37 do Texto Constitucional pela EC nº 19/98, já começam, a bem dizer, no art. 1º da CF/88, onde se acham preconizados os princípios fundamentais do Estado, a saber: o princípio republicano, por força do qual a licitação é obrigatória, pois se trata da *res publica*, de uma coisa de todos; o princípio federativo, que assegura a autonomia a todas as entidades federativas, o que faz com que a Lei federal, no caso a das licitações, não possa desconhecer e esgotar as possibilidades do legislador estadual e municipal disporem sobre o tema, de acordo com as suas peculiaridades locais; e o princípio da livre iniciativa, segundo o qual as pessoas privadas têm o direito ao livre acesso ao mercado, escolhendo que tipo de vínculo terá com seus prestadores de serviços e fornecedores, e com seus consumidores.

De qualquer forma, todos desempenham papel fundamental para o instituto da licitação, sobretudo porque ela própria, por si mesma, é um princípio constitucional, decorrente de outros, como o da indisponibilidade, o da supremacia do interesse público. Licitação é a regra (teoria do ordenamento jurídico-positivo) em que se consolida, a partir dos princípios que presidem todo o processo, a contratação com terceiros, salvo os casos específicos na legislação, sob o comando geral da Constituição Federal (art. 37, XXI).

Assim, no âmbito do Direito Administrativo, mais do que estudar os princípios constitucionais gerais, mister se faz debruçar sobre os princípios setoriais e específicos da matéria em análise. Dessa forma, neste presente ensaio, cumpre-nos fazer uma incursão em cada um desses princípios, o que nos dará a possibilidade de verificar a importância e a necessidade de sua aplicação, além de proporcionar uma percepção mais aprofundada quanto aos atos praticados pela Administração Pública, principalmente no que diz respeito à ordem jurídica contemporânea, onde, como bem assinala o professor Celso Antônio Bandeira de Mello, "têm sido ultrapassados os referenciais de legalidade, que fundaram o Estado de Direito, para absorver os da legitimidade, base do Estado Democrático, e os da licitude, que abrem as portas para a realização do Estado de Justiça".[41]

Embora não necessariamente na ordem em que se apresentam nos arts. 5º e 11 da Lei nº 14.133/21, passamos a analisar os princípios do instituto da licitação, procurando não descuidar daqueles implícitos à disciplina, mencionados pela doutrina.

4.2. Princípios da Economicidade e da Isonomia

Do art. 37, XXI, da Constituição, podemos extrair os primeiros e mais gerais princípios da licitação, que são o da economicidade e o da isonomia, os quais são reprisados no âmbito infraconstitucional, especialmente nos arts. 5º e 11 da Nova Lei de Licitações e Contratos Administrativos (antigo art. 3º da Lei 8.666/93).

O primeiro, entendido como aquele que impõe à Administração o dever de buscar as soluções mais eficientes e, ao mesmo tempo, menos custosas[42], está contido, de maneira implícita, não só na própria imposição

---

41 BANDEIRA DE MELLO, Celso Antônio. *Elementos de direito administrativo*. 3. ed. São Paulo: Malheiros Editores, 1992, p. 432-437.

42 Conforme feliz lição do professor Edgar Antônio Chiuratto GUIMARÃES (O Princípio Constitucional do Contraditório e da Ampla Defesa nas Licitações. In *Boletim de Direito Administrativo* – BDA, jun. 2018, p. 383/396), "o princípio da economicidade determina que todo e qualquer interesse coletivo seja atingido com um mínimo de dispêndio. Há que se estabelecer uma perfeita e harmoniosa relação entre o custo e o benefício alcançado".

da licitação pelo referido dispositivo constitucional[43], assim como no infraconstitucional, quando fala em "selecionar a proposta mais vantajosa para a Administração". Já o segundo encontra-se explicitado em ambos os dispositivos, os quais asseguram a observância da igualdade de condições a todos que queiram participar do certame.[44]

O princípio da economicidade, como dissemos, é um princípio implícito na própria ideia de licitação, já que esta é imposta à Administração Pública justamente para que a contratação por esta procedida não seja apenas boa, mas a melhor possível. E isto não é outra coisa senão implementar o princípio da economicidade, que, enquanto norma jurídica, impõe a obtenção das maiores vantagens com os menores sacrifícios.[45]

Muito mais fácil seria entregar ao administrador a competência para proceder a uma boa contratação com um dos particulares interessados. Bastaria, de um lado, priorizar a qualidade do serviço ou produto a ser fornecido ou, de outro, o preço a ser cobrado pelo contratado. O bom ou o barato, de acordo com as especificações definidas, seria sinônimo de uma boa contratação. Mas isso não é, e não seria, em qualquer situação, suficiente.

Lidando com recursos públicos, todavia, o administrador não pode ser despojado e dispor do dever de buscar sempre a melhor alternativa para a Administração Pública. Não basta que a opção feita seja boa; ela deve ser, invariavelmente, a melhor.

No caso da licitação, o princípio da economicidade se traduz na seleção da melhor proposta para a Administração. Neste passo, não se pode ignorar que, dependendo do caso, a aferição do que seja a melhor proposta se alternará de acordo com aquilo que se deve priorizar nas diversas situações que se apresentem. Daí a legislação definir os diversos tipos de licitação que podem ser adotados, a saber: (a) menor preço; (b) melhor técnica; (c) técnica e preço; (d) maior lance ou oferta. Esse assunto, contudo, será estudado oportunamente.

A partir daí, note-se que o princípio da economicidade reflete o aspecto da indisponibilidade do interesse público. Mede-se a economicidade no momento da prática do ato, com base nas circunstâncias presentes e nos padrões normais de conduta.

A solução economicamente mais vantajosa encontra, porém, limites claros. Por exemplo, se a maior economia implicar em risco ao cidadão, ou ainda, na violação da dignidade humana, deverá a Administração Pública optar pela decisão mais onerosa.

Além disso, mesmo que para a Administração seja mais vantajoso realizar contratação direta, a economicidade esbarra com a formalidade necessária à contratação, que é o procedimento licitatório. Desta maneira, a economicidade é avaliada de acordo como os limites impostos pelos outros princípios aplicados à atividade do Poder Público. Os recursos públicos deverão ser geridos de acordo com regras éticas e com rigoroso respeito à probidade.

Como ensina o professor Marçal Justen Filho:

> Economicidade significa, ainda mais, o dever de eficiência. Não bastam honestidade e boas intenções para validação de atos administrativos. A economicidade impõe adoção da solução mais conveniente e eficiente sob o ponto de vista da gestão dos recursos públicos. Toda atividade administrativa

---

43 O professor Diogo de Figueiredo MOREIRA NETO (*Curso de direito administrativo*. 12. ed. Rio de Janeiro: Forense, 2011, p. 104) esclarece que o princípio da economicidade, apesar de referido pela Constituição somente no âmbito da fiscalização contábil, financeira e orçamentária exercida pelo Tribunal de Contas (art. 70), "deve ser recebido como um princípio geral do Direito Administrativo".

44 Anote-se, de acordo com os ensinamentos de Hely Lopes MEIRELLES (*Direito...*, *op. cit.*, p. 265): "A igualdade entre os licitantes é princípio impeditivo da discriminação entre os participantes do certame, quer através de cláusulas que, no edital ou convite, favoreçam uns em detrimento de outros, quer mediante julgamento faccioso, que desiguale os iguais ou iguale os desiguais".

45 O professor Marçal JUSTEN FILHO (*op. cit.*, p. 58) se refere a "vantajosidade" para designar o que aqui chamamos de princípio da economicidade e, a propósito, afirma: "A maior vantagem se apresenta quando a Administração assumir o dever de realizar a prestação menos onerosa e o particular se obrigar a realizar a melhor e mais completa prestação. Configura-se, portanto, uma relação custo-benefício. A maior vantagem corresponde à situação de menor custo e maior benefício para a Administração".

envolve uma relação sujeitável a enfoque de custo-benefício. O desenvolvimento da atividade implica produção de custos em diversos níveis.[46]

Considera-se, então, sob o prisma deste princípio, a atividade administrativa (licitatória) como atividade econômica, buscando-se os melhores resultados através da utilização dos menores custos.[47]

Com relação ao princípio da isonomia, por alguns autores também denominado princípio da igualdade, seu significado é de todos conhecidos e, desde Aristóteles, assume a feição de impor ao Estado um tratamento igualitário àqueles que se encontrem em situação equivalente e, por outro lado, impõe um tratamento diferenciado àqueles que se encontrem em situações díspares, na exata medida de suas desigualdades.

No que tange à Administração Pública, independentemente da terminologia, a isonomia é um princípio inafastável nas licitações, externalizado através da não-discriminação, visto que não há legitimidade em um certame que discrimine licitantes ou preveja cláusulas editalícias direcionadas a esse ou aquele participante, da mesma forma que o julgamento faccioso, que fere o princípio da igualdade.

A igualdade, porém, não é equivalente à abolição de todo e qualquer tratamento discriminatório, atualmente distinguindo-se a igualdade formal (igualdade perante e lei) e a igualdade substancial (tratamento diferenciado que visa promover a igualdade). Desta maneira, é inválida a discriminação criada pela lei ou por ato administrativo que não reflita diferença efetiva no mundo real, visto que o tratamento jurídico diferenciado só é justificado pela existência da diferença.

É de se ver, então, que não basta a garantia formal da igualdade de condições mediante a publicação de edital com regras gerais destinadas aos interessados em potencial. A título ilustrativo, imaginemos que um determinado Município tenha aberto procedimento licitatório para a contratação de serviço de transporte de móveis de escritório, exigindo, em determinada cláusula, que os veículos utilizados pela empresa sejam da marca Mercedes Benz e da cor azul, isto com vistas a prestigiar um determinado concorrente, cuja frota se enquadra perfeitamente nas exigências editalícias.

Nesse caso hipotético, evidente ficaria a violação ao princípio da isonomia, já que outras empresas que não tivessem preenchido tal requisito também teriam, possivelmente, condições de cumprir satisfatoriamente a prestação imposta ao transportador. A marca e a cor do veículo a ser utilizado no transporte não poderiam influir em nada na boa prestação do serviço.

---

46 Marçal JUSTEN FILHO (*op. cit.*, p. 73) faz ainda um paralelo entre o princípio da economicidade e a discricionariedade, afirmando: "O princípio da economicidade adquire grande relevo na disciplina do exercício das competências discricionárias atribuídas ao Estado. O legislador não se encontra em condições de definir de antemão, a solução mais adequada em face da economicidade. Há escolhas que somente poderão ser adotadas no caso concreto, tendo em vista as circunstâncias específicas, variáveis em face das peculiaridades. Por isso, a lei remete a escolha ao administrador, atribuindo-lhe margem de liberdade que permita a satisfação do princípio da economicidade. Sob este ângulo, a discricionariedade resulta (também) do princípio da economicidade. Ainda que outros fundamentos condicionem a instituição de discricionariedade, é impossível considerar a liberdade do agente administrativo de modo dissociado da economicidade. Concede-se liberdade ao agente administrativo precisamente para assegurar que opte pela melhor solução possível, em face do caso concreto. Por outro lado, a economicidade delimita a margem de liberdade atribuída ao agente administrativo. Ele não está autorizado a adotar qualquer escolha, dentre aquelas teoricamente possíveis. Deverá verificar, em face do caso concreto, aquela que se afigure como a mais vantajosa, sob o ponto de vista das vantagens econômicas".

47 Aspecto que divide opiniões é quanto à sua natureza jurídica: tem a licitação sede no Direito Administrativo ou Financeiro? Há opiniões abalizadas que esposam as duas correntes, com fundamento na preponderância do caráter financeiro das normas licitatórias, como assim expressava a própria Exposição de Motivos que acompanhou o projeto do revogado Estatuto Jurídico da Licitação (Lei nº 2.300/86). Neste sentido, expõe o insigne mestre Oswaldo Aranha BANDEIRA DE MELLO (*Da licitação*. São Paulo: José Bushatsky, 2018, p. 32): "Embora distintas, sob certo aspecto, se entrelaçam, porquanto a ação administrativa informa a atuação financeira. Realmente, tais acordos dizem respeito à gestão econômico-financeira da entidade pública, quando delas participa, sendo a licitação o procedimento administrativo, que a embasa juridicamente, como o processo próprio para escolha de terceiro, particular, interessado na efetivação do acordo, objeto da licitação". Contudo, à luz da Ciência do Direito, ousamos afirmar que a licitação é subordinada ao Direito Administrativo no seu antecedente – processo seletivo – e ao Direito Financeiro no seu consequente – contrato oneroso para o Erário Público.

Portanto, em se tratando de licitações, a igualdade deve ser verdadeiramente garantida a todos os licitantes de maneira igual, abrindo igual oportunidade de participação a todos que preencham os requisitos pre-estabelecidos pela Administração Pública, com o afastamento de cláusulas que, disfarçadamente, imponham condições irrelevantes para a contratação, com o fito de afastar possíveis candidatos a ela, beneficiando, em contrapartida, outros que as satisfaçam.[48]

Desse modo, são características de afronta ao princípio da igualdade quando: o ato convocatório estabelece discriminação desvinculada do objeto da licitação; prevê exigência desnecessária e que não envolve vantagem para a Administração; impõe requisitos desproporcionados como necessidades da futura contratação; adota discriminação ofensiva de valores constitucionais e legais. Em casos dessa feição, haveria violação ao princípio da isonomia, além, é claro, de outros vícios (como o desvio de finalidade, por exemplo).

Assim, o princípio da isonomia garante ao proponente a perspectiva de, apresentando a melhor proposta, ser escolhido para contratar com a Administração Pública. As Cortes Superiores também consagram esse princípio em diversos julgados, que podem ilustrar sua aplicação para a licitação, dentre os quais alguns são aqui transcritos:

> A habilitação técnica reconhecida pela via de critérios objetivos não pode ser derruída por afirmações de índole subjetiva, contrapondo-se às avaliações vinculadas às disposições editalícias. A legislação de regência louva os critérios objetivos e da vinculação ao instrumento convocatório. O processo licitatório inadmitindo a discriminação, desacolhe ato afrontoso ao princípio da isonomia numa clara proibição do abuso de poder por fuga à vinculação ao Edital. Ato, decorrente de expressas razões recursais, desconhecendo-as para fincar-se em outras de caráter subjetivo, fere o princípio da legalidade (MS 5289).

> É entendimento correntio na doutrina, como na jurisprudência, que o edital, no procedimento licitatório, constitui lei entre as partes e instrumento de validade dos atos praticados no curso da licitação. Ao descumprir normas editalícias, a Administração frustra a própria razão de ser da licitação e viola os princípios que direcionam a atividade administrativa, tais como o da legalidade, da moralidade e da isonomia. A administração, segundo os ditames da lei, pode, no curso do procedimento, alterar as condições inseridas no instrumento convocatório, desde que, se houver reflexos nas propostas já formuladas, renove a publicação (do edital) com igual prazo daquele inicialmente estabelecido, desservindo, para tal fim, meros avisos internos informadores da modificação.

> A participação da Ordem dos Advogados do Brasil, do Ministério Público, de notário e registrador indicado pela ANOREG não inclui a fase de elaboração do edital do concurso para ingresso na atividade notarial e de registro, porque constitui ato preparatório (Art. 15 da Lei nº 8.932/94). A exigência editalícia de que os candidatos sejam bacharéis em Direito ou possuam dez anos de exercício em serviço notarial ou de registro não fere o princípio da isonomia porque, além de necessária para o exercício das funções que demandam conhecimento jurídico, teórico e prático, possui respaldo legal (ROMS 13381).

---

48 O professor MEIRELLES (*Licitação...*, *op. cit.*, p. 29-30) enumerou algumas cláusulas manifestamente discriminatórias, a saber: "as que exigem anterior execução de obra ou de serviço idêntico no órgão ou na entidade licitadora; as que exigem registro prévio no órgão ou na entidade licitadora para a participação em suas concorrências (não confundir com tomadas de preços); as que exigem sede ou filial da empresa (não confundir com preposto) no Estado, no Município ou na localidade em que se realizará a licitação, ou a obra ou serviço; as que exigem requisitos estranhos ou impertinentes ao objeto da licitação; as que exigem capital, patrimônio ou caução da empresa em desproporção com o valor do objeto da licitação; as que exigem prova de execução de obra ou serviço idêntico anterior maior que o da licitação; as que descrevem o objeto da licitação com as características de um só produtor ou fornecedor; as que deixam o julgamento ou o desempate ao juízo subjetivo da Comissão Julgadora ou de autoridade superior; enfim, as que visam a excluir determinados interessados ou a conduzir a uma escolha prefixada".

A exigência consubstanciada em uma única concorrência destinada à compra de uma variedade heterogênea de bens destinados a equipar entidade hospitalar não veda a competitividade entre as empresas concorrentes desde que o edital permita a formação de consórcio que, *ultima ratio*, resulta no parcelamento das contratações de modo a ampliar o acesso de pequenas empresas no certame, na inteligência harmônica das disposições contidas nos artigos 23, §§ 1º e 15, com a redação do art. 33, todos da Lei nº 8.666/93. A lei não veda o financiamento por organismo financeiro internacional para aquisição de bens e equipamentos, ao contrário, estatui, no art. 42, § 5º da Lei nº 8.666/93, regras para viabilizá-lo logo. A exigência editalícia de caráter genérico no sentido de proponentes apresentarem proposta idônea de organismo financeiro internacional para financiamento dos bens e equipamentos objeto da concorrência não constitui ilegalidade nem fere o princípio da isonomia entre as empresas concorrentes (ROMS 6597/MS).[49]

Medida Cautelar. Requerente, sob o argumento de quebra da competitividade, violação do princípio da isonomia e da legislação que autoriza a exploração do objeto licitado, busca impedir a efetivação de licitação para a contratação de serviços de comunicação de dados, destinados a interligar os endereços de interesse da Previdência Social em cada Unidade da Federação ao ponto de concentração da rede de acesso no respectivo Estado. O ponto central hostilizado diz respeito à mitigação do acesso, para a requerente, das linhas dedicadas EILD, monopólio das operadoras regionais, que estaria inviabilizando comercialmente a proposta da requerente, caracterizando-se, em tese, a violação ao princípio da igualdade entre os concorrentes, conforme art. 37, XXI da Constituição Federal – medida cautelar procedente (MC 3881/STF).

Num Estado em que o princípio republicano é valorizado, acentua-se a importância do princípio da isonomia em razão da noção de bem público que se impõe aos que estão no exercício do poder político. Não se admite, neste contexto, que privilégios odiosos sejam concedidos quando da contratação de particulares. Assim, a igualdade de condições deve ser garantida a todos aqueles que manifestem interesse em se relacionar contratualmente com a Administração Pública, daí a enunciação normativa contida no art. 9º e seguintes, da Lei nº 14.133/21, que tem a seguinte redação:

Lei 14.133/21

Art. 9º É vedado ao agente público designado para atuar na área de licitações e contratos, ressalvados os casos previstos em lei:

I - admitir, prever, incluir ou tolerar, nos atos que praticar, situações que:

a) comprometam, restrinjam ou frustrem o caráter competitivo do processo licitatório, inclusive nos casos de participação de sociedades cooperativas;

b) estabeleçam preferências ou distinções em razão da naturalidade, da sede ou do domicílio dos licitantes;

c) sejam impertinentes ou irrelevantes para o objeto específico do contrato;

---

49 A vedação contida na regra prevista no § 3º do art. 7º da Lei nº 8.666/93 está na seção pertinente a obras e serviços e não se aplica às licitações para compras, disciplinadas na seção V. Tratando a hipótese do acórdão em questão de licitação pertinente, a compra de materiais e equipamentos destinados à entidade hospitalar, a previsão de financiamento é perfeitamente legal desde que haja recurso orçamentário para tanto. A padronização e a especificação a que se refere o art. 15, I, da Lei nº 8.666/93 são relativas às características específicas de cada objeto a ser adquirido. Logo, não contém o sentido dado pela impetrante, na peça vestibular, de vedar a possibilidade de uma única concorrência para aquisição de uma variedade heterogênea de bens destinados a uma entidade hospitalar. Se o edital se denota que não há especificação de marca dos bens a serem comprados pelo Estado, deixando livre as empresas concorrentes à apresentação de propostas de materiais e equipamentos independente de suas marcas, mas dentro do padrão e especificações exigidos, não se pode falar em qualquer direcionamento que possa viciar o ato ou levar a licitação à suspeição.

II - estabelecer tratamento diferenciado de natureza comercial, legal, trabalhista, previdenciária ou qualquer outra entre empresas brasileiras e estrangeiras, inclusive no que se refere a moeda, modalidade e local de pagamento, mesmo quando envolvido financiamento de agência internacional;

III - opor resistência injustificada ao andamento dos processos e, indevidamente, retardar ou deixar de praticar ato de ofício, ou praticá-lo contra disposição expressa em lei.

§ 1º Não poderá participar, direta ou indiretamente, da licitação ou da execução do contrato agente público de órgão ou entidade licitante ou contratante, devendo ser observadas as situações que possam configurar conflito de interesses no exercício ou após o exercício do cargo ou emprego, nos termos da legislação que disciplina a matéria.

§ 2º As vedações de que trata este artigo estendem-se a terceiro que auxilie a condução da contratação na qualidade de integrante de equipe de apoio, profissional especializado ou funcionário ou representante de empresa que preste assessoria técnica.

Devemos aproveitar o ensejo – já que os dispositivos transcritos falam em "preferências" e "tratamento diferenciado" – e tratar de uma questão que tem ocupado a doutrina e a jurisprudência, a chamada isonomia material, que tem como premissa igualar juridicamente os licitantes que apresentam desigualdades fáticas.

Com este conceito, não se avalia como uma violação ao princípio da isonomia os critérios estabelecidos no Estatuto das Licitações nem em microssistemas que buscam proteger segmentos que se apresentam desiguais e carecem da aplicação da proporcionalidade para que sejam combativos nos procedimentos licitatórios da Administração Pública.

Esta proteção aos concorrentes desiguais se percebe em alguns casos de forma clara como, por exemplo:

a) Microempresas (ME) e Empresas de Pequeno Porte (EPP)

A Lei Complementar 123/06, em seu artigo 44 estabelece que no caso de desempate, estas organizações devem ter preferência de contratação, e mais, o parágrafo primeiro do artigo em análise, estabelece que devem ser consideradas empatadas as propostas com diferenças de até 10% do valor em benefício das microempresas e empresas de pequeno porte.

Por óbvio, esta proteção, visa amparar um segmento de empreendedores nacionais que não teriam em igualdade de condições competir com grandes empresas nacionais ou multinacionais, além do fato de estas empresas terem participação significativa na geração de emprego e renda na sociedade.

b) Cooperativas

Seguindo o mandamento constitucional de normatizar na forma de lei as Cooperativas (art. 5º, XVIII, CF) e nesta, estabelecer normas tributárias adequadas a estas organizações (art. 146, III, c, CF) bem como apoiar e estimular o cooperativismo (art. 174, § 2º, CF), o legislador criou a Lei das Cooperativas nº 5.764/71 aplicando novamente o conceito de isonomia material, proporcionando às Cooperativas, por exemplo, o benefício de concessão de financiamento por meio de linhas de crédito com juros módicos e prazos adequados com garantias ajustadas as peculiaridades do negócio (art. 109, Lei 5.764/71), que por si só as deixam em condição mais vantajosa quanto a seus concorrentes.

Mais uma vez, o Estado está buscando incentivar e desenvolver o empreendedorismo de forma a gerar emprego e renda além de estimular o desenvolvimento artístico, cultural e tecnológico em alguns segmentos do mercado das cooperativas.

c) Bens e Serviços Nacionais

O art. 60, § 1º da Lei 14.133/21 discrimina as empresas que não produzem seus bens ou serviços em território nacional, criando assim, uma proteção ao mercado nacional que terá em caso de empate os critérios de preferência abaixo, como diferencial, aos bens e serviços produzidos ou prestados por empresas:

- Empresas estabelecidas no território do Estado ou do Distrito Federal do órgão ou entidade da Administração Pública estadual ou distrital licitante ou, no caso de licitação realizada por órgão ou entidade de Município, no território do Estado em que este se localize;

- Empresas brasileiras;
- Empresas que invistam em pesquisa e no desenvolvimento de tecnologia no País;
- Empresas que comprovem a prática de mitigação, nos termos da Lei nº 12.187, de 29 de dezembro de 2009.

Na sequência do dispositivo analisado, os demais parágrafos do artigo 3º da Lei 8.666/93 apresentavam situações capazes de diferenciar ainda mais as licitantes que contribuíssem com o desenvolvimento do Brasil como a geração de emprego e renda, o incremento da arrecadação de tributos e ainda o desenvolvimento e inovação da tecnologia no país. Esses diferenciais hoje estão elencados no art. 26 e seguintes da Lei 14.133/21, conforme se abaixo se lê:

Art. 26. No processo de licitação, poderá ser estabelecida margem de preferência para:

I - bens manufaturados e serviços nacionais que atendam a normas técnicas brasileiras;

II - bens reciclados, recicláveis ou biodegradáveis, conforme regulamento.

§ 1º A margem de preferência de que trata o *caput* deste artigo:

I - será definida em decisão fundamentada do Poder Executivo federal, no caso do inciso I do *caput* deste artigo;

II - poderá ser de até 10% (dez por cento) sobre o preço dos bens e serviços que não se enquadrem no disposto nos incisos I ou II do *caput* deste artigo;

III - poderá ser estendida a bens manufaturados e serviços originários de Estados Partes do Mercado Comum do Sul (Mercosul), desde que haja reciprocidade com o País prevista em acordo internacional aprovado pelo Congresso Nacional e ratificado pelo Presidente da República.

§ 2º Para os bens manufaturados nacionais e serviços nacionais resultantes de desenvolvimento e inovação tecnológica no País, definidos conforme regulamento do Poder Executivo federal, a margem de preferência a que se refere o *caput* deste artigo poderá ser de até 20% (vinte por cento).

§ 3º (VETADO).

§ 4º (VETADO).

§ 5º A margem de preferência não se aplica aos bens manufaturados nacionais e aos serviços nacionais se a capacidade de produção desses bens ou de prestação desses serviços no País for inferior:

I - à quantidade a ser adquirida ou contratada; ou

II - aos quantitativos fixados em razão do parcelamento do objeto, quando for o caso.

§ 6º Os editais de licitação para a contratação de bens, serviços e obras poderão, mediante prévia justificativa da autoridade competente, exigir que o contratado promova, em favor de órgão ou entidade integrante da Administração Pública ou daqueles por ela indicados a partir de processo isonômico, medidas de compensação comercial, industrial ou tecnológica ou acesso a condições vantajosas de financiamento, cumulativamente ou não, na forma estabelecida pelo Poder Executivo federal.

§ 7º Nas contratações destinadas à implantação, à manutenção e ao aperfeiçoamento dos sistemas de tecnologia de informação e comunicação considerados estratégicos em ato do Poder Executivo federal, a licitação poderá ser restrita a bens e serviços com tecnologia desenvolvida no País produzidos de acordo com o processo produtivo básico de que trata a Lei nº 10.176, de 11 de janeiro de 2001.

Art. 27. Será divulgada, em sítio eletrônico oficial, a cada exercício financeiro, a relação de empresas favorecidas em decorrência do disposto no art. 26 desta Lei, com indicação do volume de recursos destinados a cada uma delas.

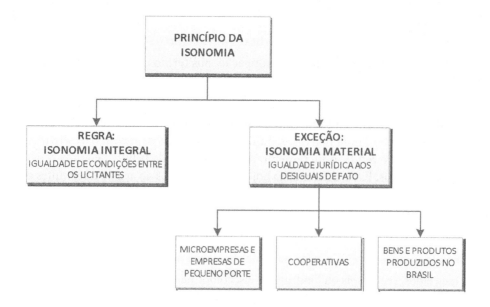

Contudo, é de se pôr em pauta uma questão de ordem pragmática, envolvendo o assunto, que é a seguinte: empatados os concorrentes e não havendo mais qualquer critério de desempate, que estabelecia como critério de desempate o *sorteio*.

Caberia, então, a seguinte reflexão: não seria mais justo dar preferência ao licitante nacional em detrimento do estrangeiro do que deixar a solução do problema ao alvedrio da sorte? E mais: não seria de se considerar como melhor a proposta que viesse a trazer mais vantagens para o mercado nacional, com o incremento dos índices de emprego e todas as demais vantagens reflexas? <u>Deve ser por este motivo que a Lei 14.133/21 não faz menção alguma ao sorteio como critério último de desempate</u>, mas antes, modificou essa lógica para privilegiar licitantes com determinados atributos distintivos. Nesse sentido, regula a nova lei em seu art. 60, o seguinte:

Art. 60. Em caso de empate entre duas ou mais propostas, serão utilizados os seguintes critérios de desempate, nesta ordem:

I - disputa final, hipótese em que os licitantes empatados poderão apresentar nova proposta em ato contínuo à classificação;

II - avaliação do desempenho contratual prévio dos licitantes, para a qual deverão preferencialmente ser utilizados registros cadastrais para efeito de atesto de cumprimento de obrigações previstos nesta Lei;

III - desenvolvimento pelo licitante de ações de equidade entre homens e mulheres no ambiente de trabalho, conforme regulamento;

IV - desenvolvimento pelo licitante de programa de integridade, conforme orientações dos órgãos de controle.

§ 1º Em igualdade de condições, se não houver desempate, será assegurada preferência, sucessivamente, aos bens e serviços produzidos ou prestados por:

I - empresas estabelecidas no território do Estado ou do Distrito Federal do órgão ou entidade da Administração Pública estadual ou distrital licitante ou, no caso de licitação realizada por órgão ou entidade de Município, no território do Estado em que este se localize;

II - empresas brasileiras;

III - empresas que invistam em pesquisa e no desenvolvimento de tecnologia no País;

IV - empresas que comprovem a prática de mitigação, nos termos da Lei nº 12.187, de 29 de dezembro de 2009.

Ainda sobre o princípio da isonomia, que hoje são reconhecidos pelos arts. 52 da Lei nº 14.133/21 e 337-F do Código Penal, este último incluído pela nova lei de licitações, ao assegurarem a paridade entre o licitante estrangeiro e o brasileiro, *in verbis*:

Art. 52, Lei 14.133/21. Nas licitações de âmbito internacional, o edital deverá ajustar-se às diretrizes da política monetária e do comércio exterior e atender às exigências dos órgãos competentes.

§ 1º Quando for permitido ao licitante estrangeiro cotar preço em moeda estrangeira, o licitante brasileiro igualmente poderá fazê-lo.

§ 2º O pagamento feito ao licitante brasileiro eventualmente contratado em virtude de licitação nas condições de que trata o § 1º deste artigo será efetuado em moeda corrente nacional.

§ 3º As garantias de pagamento ao licitante brasileiro serão equivalentes àquelas oferecidas ao licitante estrangeiro.

§ 4º Os gravames incidentes sobre os preços constarão do edital e serão definidos a partir de estimativas ou médias dos tributos.

§ 5º As propostas de todos os licitantes estarão sujeitas às mesmas regras e condições, na forma estabelecida no edital.

§ 6º Observados os termos desta Lei, o edital não poderá prever condições de habilitação, classificação e julgamento que constituam barreiras de acesso ao licitante estrangeiro, **admitida a previsão de margem de preferência para bens produzidos no País e serviços nacionais que atendam às normas técnicas brasileiras, na forma definida no art. 26 desta Lei.** (grifo nosso)

Frustração do caráter competitivo de licitação

Art. 337-F, Código Penal. Frustrar ou fraudar, com o intuito de obter para si ou para outrem vantagem decorrente da adjudicação do objeto da licitação, o caráter competitivo do processo licitatório: Pena - reclusão, de 4 (quatro) anos a 8 (oito) anos, e multa.

Art. 42, Lei 8.666/93 – Nas concorrências de âmbito internacional, o edital deverá ajustar-se às diretrizes da política monetária e do comércio exterior e atender às exigências dos órgãos competentes.

§ 1º Quando for permitido ao licitante estrangeiro cotar preço em moeda estrangeira, igualmente o poderá fazer o licitante brasileiro.

§ 2º O pagamento feito ao licitante brasileiro eventualmente contratado em virtude da licitação de que trata o parágrafo anterior será efetuado em moeda brasileira, à taxa de câmbio vigente no dia útil imediatamente anterior à data do efetivo pagamento. (Redação dada pela Lei nº 8.883, de 1994)

§ 3º As garantias de pagamento ao licitante brasileiro serão equivalentes àquelas oferecidas ao licitante estrangeiro.

Art. 90, Lei 8.666/93 – Frustrar ou fraudar, mediante ajuste, combinação ou qualquer outro expediente, o caráter competitivo do procedimento licitatório, com o intuito de obter, para si ou para outrem, vantagem decorrente da adjudicação do objeto da licitação: Pena – detenção, de 2 (dois) a 4 (quatro) anos, e multa.

4.3. Princípio da Legalidade

À Administração Pública, como se sabe, não é permitida a mesma margem de liberdade do indivíduo. Enquanto a este nada é proibido senão em virtude de lei, àquela nada é permitido senão em virtude dela. Desta forma, o princípio da legalidade incide sobre o Poder Público de maneira muito mais rígida do que ao cidadão.

Aplicado para a Administração, este princípio é uma garantia do indivíduo, que não será surpreendido por um agir do administrador diferente do que determina a lei e terá segurança jurídica nas relações firmadas com o Poder Público. E isto porque o administrador trata com o interesse público, que é indisponível.

O princípio da legalidade aplicado à licitação é fundamento do próprio Estado Democrático de Direito e, em especial, do princípio constitucional da legalidade, consagrado no art. 37, *caput*, da Constituição Federal, que estabelece: "A Administração Pública direta e indireta de qualquer dos Poderes da União, dos Estados, do Distrito Federal e dos Municípios obedecerá aos princípios da legalidade, [...]".

Não obstante a isso, em razão da relevância do princípio da legalidade, o legislador resolveu não só mencioná-lo explicitamente no art. 5º da Lei 14.133/21, também o deixando expresso no art. 4º, cuja importante norma estabelecida em seu parágrafo único concretizava o processo legal ao dizer (apesar do descuido do legislador, indicando a limitação ser ato, quando se trata de um procedimento) que "o procedimento licitatório previsto nesta lei caracteriza ato administrativo formal, seja ele praticado em qualquer esfera da Administração Pública".

Um dos pontos mais importantes do princípio da legalidade é a autotutela do Poder Público, ou seja, a possibilidade de anulação de ato administrativo pela própria Administração Pública.

No final de mandato de Prefeito Municipal de Varre Sai, o dirigente outorgou permissão para exploração de serviço de transporte coletivo – licitação na modalidade de convite – a que concorreu uma empresa (Flecha Dourada MS Transportes Ltda.), com pequeno capital social, constituída bem pouco antes do procedimento licitatório.

Tal ato, no entanto, foi revogado pelo novo Prefeito eleito, com base em nulidade do ato. O ato revogado foi posteriormente anulado judicialmente ao argumento de impropriedade conceitual entre as figuras de "revogação" e "anulação".

Em recurso de Apelação, a Décima Terceira Câmara Cível do Tribunal de Justiça do Estado do Rio de Janeiro decidiu pelo afastamento do quadro decisório de quaisquer distinções terminológicas, porquanto a tipologia dos atos administrativos é determinada pelo seu conteúdo, não pela designação vocabular utilizada pelo administrador.

Afirmou-se que diversas ilegalidades se revestem do ato de outorga considerando ser intuitivo que a licitação para a escolha do prestador do serviço de transporte não pode ser realizada mediante convite e, diante de tais gritantes ilegalidades, caberia primeiramente à Administração providenciar a desconstituição *ex officio* do ato ilegal, conduta administrativa já há muito consagrada no Direito Administrativo pátrio.

Para fazê-lo não carecia o administrador de instaurar processo administrativo para assegurar direito de defesa ao beneficiário do ato, pela simples razão de nada se estar a ele imputando, certo que o devido processo legal somente se faz impositivo aos litigantes e acusados em geral, de acordo com a dicção do art. 5º, LV, da Constituição Federal.

O ato administrativo de desconstituição resultou da denominada *autotutela administrativa*, princípio que, antes de ser uma faculdade, constitui um dever, pois que não se pode admitir, diante de situações irregulares, que permaneça a Administração inerte e desinteressada. Na verdade, só restaurando a situação de regularidade é que a Administração observa o princípio da legalidade, do qual a autotutela é um dos mais importantes corolários.

Em privilégio deste princípio, tão fundamental à licitação quanto o princípio da isonomia, a Lei nº 14.133/21, complementada pelas legislações estaduais e municipais correspondentes, permite uma margem pequena de discricionariedade ao administrador. Tal ponto pode ser claramente ilustrado através do Acórdão proferido nos autos do Mandado de Segurança 5.289, que tramitou perante o Superior Tribunal de Justiça, figurando como relator o Ministro Luiz Pereira:

> ADMINISTRATIVO. MANDADO DE SEGURANÇA. LICITAÇÃO. VINCULAÇÃO AO EDITAL. AFASTAMENTO DE CRITÉRIO SUBJETIVO NA APRECIAÇÃO DE RECURSO ADMINISTRATIVO. ILEGALIDADE DO "ATO INABILITADOR DE CONCORRENTE. CONSTITUIÇÃO FEDERAL. ARTS. 5º, II, 37 E INCS. XXI E LV, 84, III. LEI 6.404/76. LEI 8.666/93. LEI 8.883/94. LEI 8.987/95. SÚMULA 473/STF.
>
> 1. HABILITAÇÃO TÉCNICA RECONHECIDA PELA VIA DE CRITÉRIOS OBJETIVOS NÃO PODE SER DERRUÍDA POR AFIRMAÇÕES DE ÍNDOLE SUBJETIVA, CONTRAPONDO-SE ÀS AVALIAÇÕES VINCULADAS ÀS DISPOSIÇÕES EDITALÍCIAS. A LEGISLAÇÃO DE REGÊNCIA LOUVA OS CRITÉRIOS OBJETIVOS E DA VINCULAÇÃO AO INSTRUMENTO CONVOCATÓRIO (§ 1º, ART. 44, LEI 8.666/93; ART. 14, LEI 8.987/95).
>
> 2. O PROCESSO LICITATÓRIO INADMITINDO A DISCRIMINAÇÃO, DESACOLHE ATO AFRONTOSO AO PRINCÍPIO DA ISONOMIA, NUMA CLARA PROIBIÇÃO DO ABUSO DE PODER POR FUGA À VINCULAÇÃO AO EDITAL. ATO, DECORRENTE DE EXPRESSAS RAZÕES RECURSAIS, DESCONHECENDO-AS PARA FINCAR-SE EM OUTRAS DE CARÁTER SUBJETIVO, FERE O PRINCÍPIO DA LEGALIDADE. NO CASO NÃO SE COMPÕE A DISCRICIONARIEDADE SOB OS ALBORES DO INTERESSE PÚBLICO, CONVENIÊNCIA E OPORTUNIDADE.
>
> 3. SEGURANÇA CONCEDIDA PARCIALMENTE.

Ensina o professor Roberto Ribeiro Bazilli que:

> [...] na verdade, na licitação, por força do princípio da legalidade, como regra são desenvolvidas atividades vinculadas, que não comportam liberdade de atuação. Significa dizer que a Administração Pública, no procedimento licitatório, só pode exarar atos administrativos fundamentados na lei ou no regulamento do certame e que não sejam contrários às normas do ordenamento jurídico com um todo.[50]

À Administração é permitida a escolha do momento da realização da licitação, bem como do seu objeto e da instituição das condições para sua execução e formas de pagamento. Assim, a discricionariedade se esgota no momento preparatório e, uma vez exercida tal faculdade, não pode ser novamente invocada. A Administração, assim como os interessados na licitação, também está vinculada ao conteúdo do ato convocatório.[51]

4.4. Princípio da Impessoalidade

O princípio da impessoalidade decorre do princípio da isonomia, da vinculação à lei e ao ato convocatório e da moralidade. Ele demonstra a vedação a distinções baseadas nas características pessoais dos interessados. A decisão impessoal é a que independe da identidade do julgador.

---

50   BAZILLI, Roberto Ribeiro; MIRANDA, Sandra Julien. *Licitação à luz do direito positivo*. São Paulo: Malheiros Editores, 2019, p. 46.

51   Vale analisar o trecho do acórdão proferido nos autos do Recurso Especial nº 501.720, oriundo do Rio Grande do Sul, em que figurou como relator o Ministro Franciulli Netto: "Registre-se, a título de ilustração, que prevalece na doutrina o entendimento segundo o qual 'é imperioso que o ato convocatório determine a exata extensão da interpretação adotada para regularidade fiscal e indique os tributos acerca dos quais será exigida a documentação probatória da regularidade' (Marçal Justen Filho, in "Comentários à Lei de Licitações de Contratos Administrativos", 9ª ed., Dialética, São Paulo, 2012, p. 310). Na hipótese dos autos, a Administração, ao alterar critérios não observou a determinação legal da estrita vinculação ao instrumento convocatório (art. 41 da Lei de Licitações), como também o princípio da isonomia, porque classificou os licitantes, como base nos critérios modificados, que não comprovaram, de forma efetiva, sua regularidade fiscal para participar do certame".

Podemos observar o princípio da impessoalidade ao nos remeter ao atual art. 33 da Lei 14.133/21 que assegura que:

> – O julgamento das propostas será objetivo, devendo a Comissão de licitação ou o responsável pelo convite realizá-lo em conformidade com os tipos de licitação, os critérios previamente estabelecidos no ato convocatório e de acordo com os fatores exclusivamente nele referidos, de maneira a possibilitar sua aferição pelos licitantes e pelos órgãos de controle.

Isto significa que a Administração deve pautar-se por critérios objetivos, vedando-se, em regra, a análise por critérios subjetivos, de modo que determinada característica pessoal do licitante possa vir a influenciar no julgamento das propostas.

Mas, o que são esses critérios objetivos?

Os critérios objetivos estão definidos. São os elementos que vão nortear a Administração no julgamento da licitação. Eles estão no edital – preço, prazo, entrega, garantia –, são aqueles critérios objetivos que não levam em consideração a natureza das pessoas, a natureza subjetiva.

A compreensão do princípio da impessoalidade pode ser obtida através da análise do acórdão proferido nos autos do Recurso Especial nº 403.981, oriundo do Estado de Roraima:

> 1. CONTRATAÇÃO DO EX-PROCURADOR GERAL, VENCEDOR DO CERTAME. TRANSMUDAÇÃO DO CARGO DE PROCURADOR GERAL EM ADVOGADO DE CONFIANÇA NO AFÃ DE PERMITIR AO PROFISSIONAL O EXERCÍCIO SIMULTÂNEO DA FUNÇÃO PÚBLICA E DO MUNUS PRIVADO DA ADVOCACIA.
> 2. O PRINCÍPIO DA IMPESSOALIDADE OBSTA QUE CRITÉRIOS SUBJETIVOS OU ANTI-ISONÔMICO INFLUAM NA ESCOLHA DOS EXERCENTES DOS CARGOS PÚBLICOS; MÁXIME PORQUE DISPÕEM OS ÓRGÃOS DA ADMINISTRAÇÃO, VIA DE REGRA, DOS DENOMINADOS CARGOS DE CONFIANÇA, DE PREENCHIMENTO INSINDICÁVEL.
> 3. A IMPESSOALIDADE OPERA-SE *PRO POPULO*, IMPEDINDO DISCRIMINAÇÕES, E CONTRA O ADMINISTRADOR, AO VEDAR-LHE A CONTRATAÇÃO DIRIGIDA *INTUITO PERSONAE*.
> 4. DISTINÇÃO SALARIAL ENTRE O RECEBIDO PELO ASSESSOR JURÍDICO DA MUNICIPALIDADE E O NOVEL ADVOGADO CONTRATADO. CONDENAÇÃO NA RESTITUIÇÃO DA DIFERENÇA, CONSIDERANDO O EFETIVO TRABALHO PRESTADO PELO REQUERENTE. JUSTIÇA DA DECISÃO QUE AFERIU COM EXATIDÃO A ILEGALIDADE E A LESIVIDADE DO ATO. (grifos nossos).

Uma mesma questão, portanto, pode envolver a afronta de vários princípios, como foi o caso da exigência de certificado ISO como condição de participação. Sendo estes certificados documentos de procedência estrangeira emitidos por empresa privada mediante remuneração específica, fere os princípios da legalidade, moralidade e impessoalidade, o ato administrativo que os exige de firma brasileira como condição para participação de licitação pública no Brasil. Por tal, foi considerada nula a cláusula do edital que continha tal exigência sob pena de desclassificação.

4.5. Princípios da Moralidade e da Probidade Administrativa

Embora não houvesse na Lei nº 8.666/93 nenhuma norma que pudéssemos associar à moralidade e à probidade administrativa, toda lei, em tese, é reflexo destes princípios, e a Lei de Licitações não poderia ser diferente, se não refletisse tais princípios. Contudo, a Lei 14.133/21, realizou em seu art. 5º menção expressa à moralidade e a probidade administrativa como princípios basilares da licitação e do contrato administrativo.

Moralidade e probidade são princípios que se mesclam porque moralidade se relaciona com a ideia comum de honestidade e probidade significa honradez, integridade, e este termo, quando utilizado no âmbito do Direito, remete o estudioso para o campo da moral, que guarda certos pontos de interseção com aquela ciência. E, no âmbito do Direito Administrativo, mais especificamente, tratar de probidade é inserir-se no contexto do princípio da moralidade administrativa. Desta maneira, à Administração não é obrigatório agir conforme a Lei, mas com as regras da boa administração, os bons costumes, os princípios de justiça e de equidade. A probidade é a honestidade no modo de proceder.

Assim, ainda que a lei autorize o administrador ou o particular a uma conduta ofensiva à ética e à moral, ele não poderá realizá-la em razão do princípio da moralidade. E a este princípio soma-se a legalidade. Na licitação, a conduta moralmente reprovável acarreta a nulidade do ato ou do procedimento.

Aliás, o professor José dos Santos Carvalho Filho, em sua festejada obra, sinaliza que dois são os fundamentos que legitimam a licitação: a "moralidade administrativa" e a "igualdade de oportunidades", dizendo o seguinte sobre tais princípios:

> Quando foi concebido o procedimento de licitação, assentou-se o legislador em determinados fundamentos inspiradores. E um deles foi, sem dúvida, a moralidade administrativa. Erigida atualmente à categoria de princípio constitucional pelo art. 37, *caput*, da CF, a moralidade administrativa deve guiar toda a conduta dos administradores. A estes incumbe agir com lealdade e boa-fé no trato com particulares, procedendo com sinceridade e descartando qualquer conduta astuciosa ou eivada de malícia. A licitação veio a prevenir eventuais condutas de improbidade por parte do administrador, algumas vezes curvados a acenos ilegítimos por parte de particulares, outros levados por sua própria deslealdade para com a Administração e a coletividade que representa. Daí a vedação que lhe impõe, de optar por determinado particular. Seu dever é o de realizar o procedimento para que o contrato seja firmado com aquele que apresentar a melhor proposta. Nesse ponto, a moralidade administrativa se toca com o próprio princípio da impessoalidade, também insculpido no art. 37, *caput*, da Constituição, porque, quando o administrador não favorece este ou aquele interessado, está, *ipso facto*, dispensando tratamento impessoal a todos.
>
> O outro fundamento da licitação foi a necessidade de proporcionar igualdade de oportunidades a todos quantos se interessam em contratar com a Administração, fornecendo seus serviços e bens (o que é mais comum), ou àqueles que desejam apresentar projetos de natureza técnica, científica ou artística. Ao se permitir a livre escolha de determinados fornecedores pelo administrador, estariam alijados todos os demais, o que seria de se lamentar tendo em vista que, em numerosas ocasiões, poderiam eles apresentar à Administração melhores condições de contratação. Cumpre, assim, permitir a competitividade entre os interessados, essencial ao próprio instituto da licitação. Como é evidente, esse fundamento se agrega à noção que envolve os princípios da igualdade e da impessoalidade, de obrigatória observância por todos aqueles que integrem os quadros da Administração.[52]

A moralidade administrativa é uma norma que impõe às pessoas, que de alguma forma se relacionam com a Administração Pública, seja por vínculo funcional ou não, um comportamento plenamente afinado com o interesse público, não só do ponto de vista formal como, também, do ponto de vista material. Nas palavras do professor Diogo de Figueiredo Moreira Neto, "para o administrador praticar uma imoralidade administrativa, basta que use de seus poderes funcionais com vistas a resultados divorciados do estrito interesse público a que deveria atender".[53]

A moralidade e a probidade culminam na impossibilidade de obtenção de vantagens pessoais ao administrador. A punição, em razão do desrespeito ao princípio da improbidade, é prevista, ainda, no § 4º do art. 37 da Constituição Federal, conforme a seguir demonstrado:

---

52 CARVALHO FILHO, *op. cit.*, p. 189.
53 MOREIRA NETO, *op. cit.*, p. 94.

Art. 37, CF [...]

[...]

§ 4º Os atos de improbidade administrativa importarão a suspensão dos direitos políticos, a perda da função pública, a indisponibilidade dos bens e o ressarcimento ao erário, na forma e gradação previstas em lei, sem prejuízo da ação penal cabível.

Os administradores realizam atos inválidos quando interferem no curso da licitação para beneficiar ou prejudicar concorrente. Os participantes da licitação também têm a conduta vinculada a esses princípios. Havendo conluio ou composição dever-se-á invalidar o certame.

A propósito, confira-se o disposto no item III do Código de Ética Profissional do Servidor Público Civil do Poder Executivo Federal, baixado pelo Decreto nº 1.171, de 22 de junho de 1994, *textus*:

III – A moralidade da Administração Pública não se limita à distinção entre o bem e o mal, devendo ser acrescida da ideia de que o fim é sempre o bem comum. O equilíbrio entre a legalidade e a finalidade, na conduta do servidor público, é que poderá consolidar a moralidade do ato administrativo.

A probidade administrativa, por sua vez, é um capítulo especial do princípio da moralidade administrativa, indicando, igualmente, um dever ético para com a Administração Pública, de modo a que todos os atos praticados sejam harmoniosos com o interesse público, somente se identificando com o interesse de terceiros por questões de coincidência. Um ato da Administração nunca poderá ser praticado com vistas ao beneficiamento de um interesse particular, seja do servidor ou de pessoa a ele relacionada, embora haja a possibilidade de se ter pessoas auferindo vantagens *reflexas* quando da atuação concreta do Poder Público.

A jurisprudência nos dá exemplos da aplicação destes princípios, valendo conferir:

Foi interposta Ação Direta de Inconstitucionalidade com pedido de Medida Cautelar contra a Lei nº 147, de 18 de abril de 1990, do Estado do Tocantins, que estabelecia normas para venda de lotes e moradias no perímetro urbano, independentemente de licitação, a servidores da Administração Pública Estadual e de outras entidades. Alegada ofensa ao art. 37, XXI, da Constituição Federal. Deferiu-se a suspensão cautelar de sua eficácia por serem normas que se afiguraram violadoras dos princípios da licitação, assegurador da moralidade dos atos administrativos e do tratamento isonômico que é devido aos que contratam com o Poder Público (ADI 651 MC/TO);

A concessão ou permissão do serviço de transporte coletivo imprescinde de prévia licitação, princípio constitucional cardeal para toda a Administração Pública, pois, além de propiciar igualdade de condições e oportunidades para todos os que querem contratar obras e serviços com a Administração, atua ainda como fator de eficiência e moralidade dos negócios públicos (Ap. Civ. 26199/2019/TJRJ);

Representação por inconstitucionalidade (Lei Municipal nº 1.859 – Maricá). Previsão legal de transferência de concessão de prestação de serviços de transportes públicos. A prévia anuência do Poder Público concedente visando o atendimento ao princípio da adequada prestação do serviço público, por si só, não afasta a regra impositiva da exigibilidade de licitação, que atende a pressupostos mais amplos da atividade administrativa, notadamente os que informam os princípios da transparência de moralidade, os quais se destinam, não só às partes envolvidas, ou seja, ao Poder concedente e ao concessionário, mas a toda a coletividade e aos que tenham a condição de prestar os mesmos serviços de forma mais adequada, visando o interesse público. O interesse público não subsume apenas à vontade do ente estatal, mas decorre do atendimento a princípios gerais superiores, previstos nas normas constitucionais (Representação de Inconstitucionalidade nº 11/2001/TJRJ).

No âmbito das licitações e contratações administrativas, o princípio da probidade impõe, num primeiro momento, que a motivação da contratação seja a satisfação das necessidades da Administração Pública e, num segundo, que os termos do instrumento convocatório sejam elaborados com a preocupação de garantir a isonomia entre os licitantes.

A eventual desatenção a qualquer desses comandos resultará na nulidade do procedimento licitatório, com a consequente responsabilização dos servidores envolvidos no desvio de finalidade, devendo-se observar que a violação do princípio da probidade administrativa não está adstrita aos casos mencionados pelos arts. 9º, 10, 10-A e 11, da Lei nº 8.429, de 2 de junho de 1992.

Dando concretude aos princípios da moralidade e da probidade administrativas, o art. 14 da Lei 14.133/21 proíbe a que pessoas físicas ou jurídicas que tenham participado da elaboração do projeto básico, atuem direta ou indiretamente na licitação ou na execução da obra, serviço ou fornecimento, descrevendo, por isso, e precisamente, o rol de atores que estão legalmente vedados de participar do processo licitatório em homenagem, sobretudo, à moralidade:

Art. 14. Não poderão disputar licitação ou participar da execução de contrato, direta ou indiretamente:

I - autor do anteprojeto, do projeto básico ou do projeto executivo, pessoa física ou jurídica, quando a licitação versar sobre obra, serviços ou fornecimento de bens a ele relacionados;

II - empresa, isoladamente ou em consórcio, responsável pela elaboração do projeto básico ou do projeto executivo, ou empresa da qual o autor do projeto seja dirigente, gerente, controlador, acionista ou detentor de mais de 5% (cinco por cento) do capital com direito a voto, responsável técnico ou subcontratado, quando a licitação versar sobre obra, serviços ou fornecimento de bens a ela necessários;

III - pessoa física ou jurídica que se encontre, ao tempo da licitação, impossibilitada de participar da licitação em decorrência de sanção que lhe foi imposta;

IV - aquele que mantenha vínculo de natureza técnica, comercial, econômica, financeira, trabalhista ou civil com dirigente do órgão ou entidade contratante ou com agente público que desempenhe função na licitação ou atue na fiscalização ou na gestão do contrato, ou que deles seja cônjuge, companheiro ou parente em linha reta, colateral ou por afinidade, até o terceiro grau, devendo essa proibição constar expressamente do edital de licitação;

V - empresas controladoras, controladas ou coligadas, nos termos da Lei nº 6.404, de 15 de dezembro de 1976, concorrendo entre si;

VI - pessoa física ou jurídica que, nos 5 (cinco) anos anteriores à divulgação do edital, tenha sido condenada judicialmente, com trânsito em julgado, por exploração de trabalho infantil, por submissão de trabalhadores a condições análogas às de escravo ou por contratação de adolescentes nos casos vedados pela legislação trabalhista.

Acerca desse tema, há firme jurisprudência na Corte Superior no sentido de que empresa que possua agente público em seus quadros esteja proibida de contratar com o órgão público de origem desse mesmo agente, ainda que ele esteja licenciado. (STJ, REsp 1607715/AL, Rel. Min. HERMAN BENJAMIN, Segunda Turma.

4.6. Princípio da Publicidade

O princípio da publicidade é muito importante na licitação porque todos os seus atos devem ser amplamente divulgados, tanto assim que o art. 25, § 3º da Lei 14.133/21, diz o seguinte:

Art. 25. O edital deverá conter o objeto da licitação e as regras relativas à convocação, ao julgamento, à habilitação, aos recursos e às penalidades da licitação, à fiscalização e à gestão do contrato, à entrega do objeto e às condições de pagamento. [...]

§ 3º Todos os elementos do edital, incluídos minuta de contrato, termos de referência, anteprojeto, projetos e outros anexos, deverão ser divulgados em sítio eletrônico oficial na mesma data de divulgação do edital, sem necessidade de registro ou de identificação para acesso.

Porém, este princípio não se refere exclusivamente à divulgação do procedimento para conhecimento de todos os interessados, mas também aos administrados em geral, para que estes possam fiscalizar os atos da Administração Pública, conforme estabelece o art. 164 da Lei nº 14.133/21):

Art. 164, Lei 14.133/21. Qualquer pessoa é parte legítima para impugnar edital de licitação por irregularidade na aplicação desta Lei ou para solicitar esclarecimento sobre os seus termos, devendo protocolar o pedido até 3 (três) dias úteis antes da data de abertura do certame.

Assim, a publicidade é maior conforme o número de competidores. É muito ampla na modalidade da concorrência em que a Administração procura atrair grande número de licitantes e é mais reduzida na modalidade do convite em que o valor do contrato restringe o número de competidores.

Encontramos também o princípio da publicidade explicitado no art. 13 da Lei 14.133/21, em epígrafe, quando diz que:

Art. 13, Lei 14.133/21. Os atos praticados no processo licitatório são públicos, ressalvadas as hipóteses de informações cujo sigilo seja imprescindível à segurança da sociedade e do Estado, na forma da lei.

Parágrafo único. A publicidade será diferida:

I - quanto ao conteúdo das propostas, até a respectiva abertura;

II - quanto ao orçamento da Administração, nos termos do art. 24 desta Lei.

Este direito à informação, inclusive, está consagrado entre as garantias fundamentais individuais e coletivas no art. 5º, XXXIII, da Constituição, que prevê:

Art. 5º, CF [...]

[...]

XXXIII – todos têm direito a receber dos órgãos públicos informações de seu interesse particular, ou de interesse coletivo ou geral, que serão prestadas no prazo da lei, sob pena de responsabilidade, ressalvadas aquelas cujo sigilo seja imprescindível à segurança da sociedade e do Estado;

Vê-se, então, que o dispositivo infraconstitucional demonstra que o sigilo não pode ser imposto de forma arbitrária, sendo apenas justificável quando outros interesses públicos possam ser efetivamente atingidos.

Além desses artigos, há também na Lei 14.133/21, normas sobre publicidade no art. 80, § 9º, que cuida da pré-qualificação, prevendo que "os licitantes e os bens pré-qualificados serão obrigatoriamente divulgados e mantidos à disposição do público."; e o art. 91, por sua vez, versando que "os contratos e seus aditamentos terão forma escrita e serão juntados ao processo que tiver dado origem à contratação, divulgados e mantidos à disposição do público em sítio eletrônico oficial.", podendo-se conferir, portanto, a presença do princípio da publicidade nesses dispositivos da Lei.

A ausência de publicidade é cabível quando "a contratação puder acarretar comprometimento da segurança nacional, nos casos estabelecidos pelo Ministro de Estado da Defesa, mediante demanda dos comandos das Forças Armadas ou dos demais ministérios", conforme consta do art. 75, VI da Lei 14.133/21, que prevê um dos casos de dispensa de licitação. Assim, somente no caso de a publicidade colocar em risco outros interesses atribuídos ao Estado, como as contratações que envolvem questões sigilosas, é que a divulgação será dispensada. Por óbvio, entende-se que tal ação somente ocorrerá nos estritos limites da necessidade.

Do contrário, chamamos a atenção para o art. 55, § 1º, da Lei 14.133/21, que assegura que:

Lei 14.133/21, Art. 55. § 1º - Eventuais modificações no edital implicarão nova divulgação na mesma forma de sua divulgação inicial, além do cumprimento dos mesmos prazos dos atos e procedimentos originais, exceto quando a alteração não comprometer a formulação das propostas.

Isto significa que o edital pode ser modificado, embora determine a publicação e a reabertura de prazo, salvo quando isto não influenciar na formulação das propostas.

Outro dispositivo ligado ao princípio da publicidade é o art. 21 da Lei 14.133/21, que prevê a realização de audiência pública, presencial ou a distância, na forma eletrônica, com antecedência mínima de 8 (oito) dias úteis, convocada pela Administração Pública sobre licitação que pretenda realizar, com disponibilização prévia de informações pertinentes, inclusive de estudo técnico preliminar e elementos do edital de licitação, e com possibilidade de manifestação de todos os interessados. Em tempo, o parágrafo único do mesmo artigo ressalta que "a Administração também poderá submeter a licitação à prévia consulta pública, mediante a disponibilização de seus elementos a todos os interessados, que poderão formular sugestões no prazo fixado.".

Ainda quanto ao princípio da publicidade, anote-se que o art. 164 da Lei 14.133/21é muito importante, pois diz que:

> Art. 164. Qualquer pessoa é parte legítima para impugnar edital de licitação por irregularidade na aplicação desta Lei ou para solicitar esclarecimento sobre os seus termos, devendo protocolar o pedido até 3 (três) dias úteis antes da data de abertura do certame.
>
> Parágrafo único. A resposta à impugnação ou ao pedido de esclarecimento será divulgada em sítio eletrônico oficial no prazo de até 3 (três) dias úteis, limitado ao último dia útil anterior à data da abertura do certame.

Portanto, o art. 164, em seu *caput* e parágrafo único, cuida da impugnação do edital, ora pelo licitante, ora pelo cidadão, prevendo um único prazo. E isto está ligado ao princípio da publicidade, sem dúvida alguma. Sendo lei interna da licitação, o edital não pode ser arbitrariamente modificado pela Administração Pública, pois a vincula e aos próprios concorrentes, que de semelhante maneira não podem apresentar propostas com termos e condições diferentes daqueles presentes no instrumento convocatório editalício. Apesar da Lei 14.133/21 não prever expressamente uma regra semelhante a do art. 41 da Lei 8.666/93[54], certo é que o caráter vinculante do edital não foi cancelado. Não é de todo proibida a alteração de condições previstas no edital, mas desde que se justifiquem em homenagem ao interesse público e, se a alteração afetar a formulação das propostas, o procedimento adequado será a republicação do edital, restabelecendo-se o prazo anteriormente fixado. Percebe-se que o texto do art. 164 em comparação com o art. 41 da lei anterior retrocedeu em seu significado, pois até mesmo oculta informação importante sobre a quem deva ser dirigida a impugnação.

O que há para se destacar, no entanto, é o seguinte: todos os editais que temos conhecimento têm uma cláusula dizendo que a aquisição do edital impede de se entrar com a impugnação porque significa uma concordância tácita de seus termos. Entretanto, achamos isto um absurdo, já que a Lei prevê a impugnação, mesmo porque, naquele momento em que se adquire o edital, não se tem ainda condições para analisá-lo (às vezes, o edital tem 03 volumes). Desse modo, significaria inibir o acesso ao direito de petição, inerente que é à cidadania do indivíduo, cuja norma tem sede constitucional (art. 5º, XXXIV) que assegura o direito de petição aos órgãos do Poder Público em defesa de direitos pessoais, e é claro que isto não poderia ser inibido pela Administração Pública. Portanto, com o devido respeito, achamos que esta norma do edital não é relevante; eles colocam isso só para impressionar.

Sobre o tema da aplicação do princípio da publicidade à licitação algumas decisões judiciais são pertinentes para compreender a sua utilidade, senão, vejamos:

---

54   Lei 8.666/93, art. 41: "A administração não pode descumprir as normas e condições do edital, ao qual se acha estritamente vinculada".

Se por força de decisão do E. Tribunal de Contas do Estado do Rio de Janeiro são modificadas as condições originárias do edital de concorrência pública para prestação de serviço público de transporte urbano, entende-se que deve a administração municipal reiniciar o procedimento licitatório, a fim de preservar a publicidade inerente aos atos administrativos além de reabrir oportunidade de novos interessados participarem do certame, porque novas as condições oferecidas pela Administração (Duplo Grau Obrigatório de Jurisdição 129/2003/TJRJ);

Em Agravo de Instrumento deduzido pela Petrobrás desafiando decisão antecipatória de tutela deferida para permitir a participação de não convidado em licitação realizada para construção das plataformas de petróleo P–51 e P–52, pela modalidade de convite – modalidade de licitação que tem restrita publicidade. Compreendeu a Décima Terceira Câmara Cível do Tribunal de Justiça do Rio de Janeiro ser de densidade constitucional duvidosa o decreto 2.752/98 que, inovando em relação à lei nº 8.666/93, não estabelece qualquer limite econômico para a realização do convite, bem como não faculta à participação de outros interessados do ramo objeto da licitação em curso. Em razão da plausibilidade do pleito esposado bem reconhecida, conforme considerado, em sede de cognição sumária, desde que escorado nos princípios da universalidade, competitividade e indisponibilidade da coisa pública compreendeu-se que a decisão não foi teratológica, contrária à lei ou a prova do auto manutenível. O recurso da Petrobrás foi improvido, pois a Corte entendeu incensurável a decisão interlocutória objeto do recurso (AI 20729/2002/TJRJ)

Com efeito, o mais importante a se realçar é aquilo que o princípio da publicidade representa para as licitações e contratos administrativos, como bem sustenta o professor Adilson Abreu Dallari, ao dizer que "com maior publicidade, com a maior transparência, com o acesso verdadeiramente público aos documentos da licitação, diminuem as possibilidades de conluios e fraudes".[55]

4.7. Princípio do Julgamento Objetivo

O princípio do julgamento objetivo encontra fundamento em dois princípios gerais do Direito Administrativo, que são o da impessoalidade e o da moralidade, expressamente previstos no *caput* do art. 37, da Constituição, encontrando-se positivado no *caput* do art. 5º da Lei nº 14.133/21, sendo ele um princípio específico desta Lei.

Em outras oportunidades, a Lei Geral das Licitações deixou expressamente consignado o princípio do julgamento objetivo, visto que obedece a critérios preestabelecidos, valendo a transcrição do art. 33 da Lei 14.133/21:

Art. 33, Lei 14.133/21. O julgamento das propostas será realizado de acordo com os seguintes critérios:

I - menor preço;

II - maior desconto;

III - melhor técnica ou conteúdo artístico;

IV - técnica e preço;

V - maior lance, no caso de leilão;

VI - maior retorno econômico.

Assim, o princípio do julgamento objetivo é aplicado em duas fases da licitação: na habilitação, quando se verifica a idoneidade dos licitantes, e, principalmente, no julgamento das propostas. Este princípio impede que seja usado o subjetivismo ou personalismo por parte de algum membro da Comissão. Muito pelo contrário, os critérios deverão estar rigorosamente vinculados a procedimentos expressos na Lei e no edital.

---

55 DALLARI, *op. cit.*, p. 105.

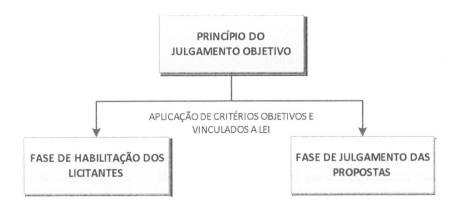

A Comissão de licitação, por causa do princípio da vinculação ao instrumento convocatório, que a seguir será analisado, precisa estabelecer os critérios que nortearão o julgamento objetivo. Isto porque, na hora do julgamento, ou mesmo na verificação da idoneidade, estará a Administração atrelada àquilo que está disposto no instrumento, para que haja um julgamento objetivo. Qualquer outro critério que aí não seja buscado poderá ser considerado subjetivismo da parte da Comissão, podendo ser anulado o julgamento, até mesmo por Mandado de Segurança, de acordo com o art. 147 e 71, *caput*, incisos e §§ 1º ao 4º da Lei 14.133/21:

Art. 147, Lei 14.133/21. Constatada irregularidade no procedimento licitatório ou na execução contratual, caso não seja possível o saneamento, a decisão sobre a suspensão da execução ou sobre a declaração de nulidade do contrato somente será adotada na hipótese em que se revelar medida de interesse público, com avaliação, entre outros, dos seguintes aspectos:

I - impactos econômicos e financeiros decorrentes do atraso na fruição dos benefícios do objeto do contrato;

II - riscos sociais, ambientais e à segurança da população local decorrentes do atraso na fruição dos benefícios do objeto do contrato;

III - motivação social e ambiental do contrato;

IV - custo da deterioração ou da perda das parcelas executadas;

V - despesa necessária à preservação das instalações e dos serviços já executados;

VI - despesa inerente à desmobilização e ao posterior retorno às atividades;

VII - medidas efetivamente adotadas pelo titular do órgão ou entidade para o saneamento dos indícios de irregularidades apontados;

VIII - custo total e estágio de execução física e financeira dos contratos, dos convênios, das obras ou das parcelas envolvidas;

IX - fechamento de postos de trabalho diretos e indiretos em razão da paralisação;

X - custo para realização de nova licitação ou celebração de novo contrato;

XI - custo de oportunidade do capital durante o período de paralisação.

Parágrafo único. Caso a paralisação ou anulação não se revele medida de interesse público, o poder público deverá optar pela continuidade do contrato e pela solução da irregularidade por meio de indenização por perdas e danos, sem prejuízo da apuração de responsabilidade e da aplicação de penalidades cabíveis.

Art. 71, Lei 14.133/21. Encerradas as fases de julgamento e habilitação, e exauridos os recursos administrativos, o processo licitatório será encaminhado à autoridade superior, que poderá:

I - determinar o retorno dos autos para saneamento de irregularidades;

II - revogar a licitação por motivo de conveniência e oportunidade;

III - proceder à anulação da licitação, de ofício ou mediante provocação de terceiros, sempre que presente ilegalidade insanável;

IV - adjudicar o objeto e homologar a licitação.

§ 1º Ao pronunciar a nulidade, a autoridade indicará expressamente os atos com vícios insanáveis, tornando sem efeito todos os subsequentes que deles dependam, e dará ensejo à apuração de responsabilidade de quem lhes tenha dado causa.

§ 2º O motivo determinante para a revogação do processo licitatório deverá ser resultante de fato superveniente devidamente comprovado.

§ 3º Nos casos de anulação e revogação, deverá ser assegurada a prévia manifestação dos interessados.

§ 4º O disposto neste artigo será aplicado, no que couber, à contratação direta e aos procedimentos auxiliares da licitação.

A finalidade deste princípio, então, pode ser dividida em duas fases: na primeira, confronta-se a documentação apresentada com o rol de exigências do edital, habilitando apenas aquelas que o atendam; na segunda são examinadas as propostas sem parcialidade, mas com critério absolutamente equânime, primeiro em confronto com as exigências do edital, depois, em confronto umas com as outras, classificando-as, se atendera, objetivamente àquilo pedido no edital.

Destaca-se a jurisprudência abaixo, onde o procedimento licitatório foi revogado por descumprir os critérios objetivos estabelecidos no Edital.

RMS 30049 de 13/10/2021

RECURSO EM MANDADO DE SEGURANÇA Nº 30.049 – GO (2009/0144671-2) RELATOR: MINISTRO HERMAN BENJAMIN RECORRENTE: HEITOR NOLETO MARTINS E OUTROS ADVOGADOS: JOSÉ MARTINS DA SILVA JUNIOR E OUTRO(S) RECORRIDO: ESTADO DE GOIÁS PROCURADOR: CLÁUDIO GRANDE JÚNIOR E OUTRO(S) EMENTA PROCESSUAL CIVIL E ADMINISTRATIVO. RECURSO ORDINÁRIO EM MANDADO DE SEGURANÇA. EXCLUSÃO DA UNIÃO PELA JUSTIÇA FEDERAL. SÚMULA 150/STJ. MATÉRIA PRECLUSA. LICITAÇÃO. ANULAÇÃO DO PROCEDIMENTO LICITATÓRIO. ARTIGO 49 DA LEI 8.666/93.

1. A Justiça Federal constatou inexistir interesse jurídico da União a justificar o processamento do feito naquele juízo, estando a matéria preclusa. Aplicação da Súmula 150/STJ.

2. Nos termos do artigo 49 da Lei 8.666/93, o procedimento licitatório pode ser revogado por razões de interesse público decorrente de fato superveniente devidamente comprovado, bem como anulado por ilegalidade. Precedentes do STJ.

3. Na hipótese, a contagem de pontos para fins de classificação contrariou o disposto no edital, resultando em qualificação subjetiva, em confronto com o princípio do julgamento objetivo, nos termos do artigo 45 da Lei 8.666/93.

4. Evidenciada a ocorrência de irregularidades insanáveis no procedimento licitatório, correta sua anulação pela Administração Pública, mesmo após homologada a licitação.

5. Recurso Ordinário não provido. (**grifos nossos**)

O princípio em tela impede, portanto, que os responsáveis pela condução do procedimento licitatório tenham o poder de julgar as propostas com base em critérios que não sejam passíveis de apreciação por outras pessoas, especialmente os próprios licitantes e os órgãos responsáveis pelo controle interno (auditorias internas) e externo (Tribunal de Contas de União, por exemplo) da atuação da Administração Pública.

Imagine se seria possível estabelecer num edital de licitação, aberta para fins de aquisição de frota de veículos de transporte de autoridades políticas, que sairiam vencedores aqueles cujos automóveis fossem considerados os mais bonitos e charmosos. Quem seria capaz de definir essas qualidades, que são apreciáveis de acordo com a concepção subjetiva de cada um sobre tais conceitos?

Importante, aqui, é verificar que o dever de se garantir um julgamento objetivo das propostas já se manifesta no momento da elaboração do instrumento convocatório, já que é nele que devem estar definidos os critérios que nortearão a eleição da proposta mais vantajosa.

Conforme diz Hely Lopes Meirelles:

> Nulo é, portanto, o edital omisso ou falho quanto aos critérios e fatores de julgamento, como nula é a cláusula que, ignorando-os, deixa ao arbítrio da Comissão Julgadora a escolha da proposta que mais convier à Administração.[56]

Observação semelhante é feita pelo professor Marçal Justen Filho, para quem:

> O ato convocatório não pode se restringir a indicar, de modo teórico e abstrato, os critérios que nortearão o julgamento. Não basta, por exemplo, o edital estabelecer que as propostas serão julgadas segundo o fator de "qualidade". É imperioso que se defina em que consistirá a "qualidade" no caso concreto. Deverá indicar se se trata de durabilidade do bem, pluralidade de usos, facilidade de manutenção, aceitabilidade do sabor etc.[57]

A título de ilustração, o professor Marcos Juruena Villela Souto nos esclarece que:

> É comum – porém ilegal em licitações nacionais – a presença de expressões como "adequado", "suficiente", "completo", "primeira linha", "imediatamente" etc., sem um parâmetro objetivo para aferição e atribuição de pontos (especialmente quando há licitações de técnica ou exame de metodologia de execução, para fins de habilitação).[58]

Desrespeitado esse requisito do estabelecimento de critérios objetivos para o julgamento das propostas, nulo será o ato convocatório e, por consequência, todo o procedimento licitatório que eventualmente se desenrolar sem o acerto do vício.

4.8. Princípio da Vinculação ao Instrumento Convocatório

Clássica é a lição do professor Hely Lopes Meirelles, no sentido de que "o edital é a lei interna da licitação e, como tal, vincula aos seus termos tanto os licitantes quanto a Administração que o expediu".[59]/[60]

O princípio da vinculação ao instrumento convocatório (ou vinculação ao edital) está previsto expressamente no art. 5º, com reflexos nos art. 33, ambos da Lei 14.133/21.

É no edital (espécie do gênero *instrumento convocatório*) que estão estabelecidas as regras básicas a serem observadas naquela determinada licitação. Descumpridas tais regras, nulo se torna o certame, podendo

---

56   MEIRELLES. Licitações..., *op. cit.*, p. 32.
57   JUSTEN FILHO, *op. cit.*, p. 448-449.
58   SOUTO, *op. cit.*, p. 67.
59   MEIRELLES. *Licitações...*, *op. cit.*, p. 31.
60   A expressão já é consagrada, inclusive no Judiciário, senão, vejamos a seguinte decisão do Superior Tribunal de Justiça (RESP 401646): "ADMINISTRATIVO E PROCESSUAL CIVIL. LICITAÇÃO PÚBLICA PARA EXPLORAÇÃO DO SERVIÇO DE TRANSPORTE PÚBLICO ALTERNATIVO DO DISTRITO FEDERAL. RECUSA DA PERMISSÃO, COM FUNDAMENTO NO ITEM "7.4 – d" DO EDITAL. CABIMENTO. OFENSA AO ART. 3º, § 1º, INCISO I, DA LEI Nº 8.666, DE 21.06.93. INOCORRÊNCIA. 1. O Edital, no procedimento licitatório, constitui lei entre as partes. 2. Se o licitante praticou ato ilícito, definido no edital, sob cominação de desclassificação, não pode reclamar por haver recebido tal pena. Não há, em tal situação, ofensa ao Art. 3º, § 1º, I da Lei 8.666/93. 3. Recurso improvido.

os prejudicados ou qualquer cidadão se valerem do Judiciário para sanar o vício, com a anulação das partes do procedimento que se acharem manchadas pela irregularidade.[61]

Repare, entretanto, que o edital é um ato administrativo e, como tal, está submetido às normas legais reguladoras das licitações e dos contratos administrativos, haja vista o que dispõe o art. 37, *caput*, da Constituição da República (princípio da legalidade).

Daí resulta que o princípio em tela deve ser entendido em seus devidos termos. Não se pode crer que o edital seja o único instrumento de disciplina das licitações. O instrumento convocatório deve estar ajustado às regras legais e constitucionais que regem as licitações e, quando não estiver, não vinculará da forma antes anunciada.

A doutrina, entretanto, entende que a Administração não pode descumprir o edital nem mesmo na hipótese de considerá-lo ilegal, especialmente em razão do que dispunha o art. 41 da Lei nº 8.666/93, que diz: "A Administração não pode descumprir as normas e condições do edital, ao qual se acha estritamente vinculada".

Por outro lado, diante da constatação de ilegalidade do edital, não poderá o administrador se manter inerte. A solução, contudo, não será o descumprimento das regras editalícias, mas sim a anulação delas, seguindo-se com a republicação de seus termos, já com as alterações que se fizerem necessárias ao ajuste com a legislação vigente.[62]

Diga-se, por fim, que há decisões no sentido de que a alteração da legislação, no curso do procedimento licitatório, não resultará em necessária modificação do edital, mesmo quando produzir contraste entre eles. A verdade é que o edital se rege pela lei vigente ao tempo de sua publicação, como ficou assentado na decisão da 3ª Turma do Tribunal Federal de Recursos, que julgou a Apelação em Mandado de Segurança nº 87.260, senão, vejamos:

LICITAÇÃO – EDITAL – LEI POSTERIOR.

Publicado o edital, não pode o mesmo ser modificado, sob pena de ser cancelada a concorrência e se estabelecer novas normas através de outro edital. Por outro lado, normas posteriores à publicação do edital não podem alterar as regras no mesmo estabelecidas, se estas observaram a legislação vigente na época.[63]

Em suma, há, de certo, uma necessária vinculação ao instrumento convocatório pela Administração Pública, que, entretanto, diante de ilegalidades no mesmo, deverá anular o procedimento até onde ele se achar prejudicado pelo vício, reiniciando todo o procedimento, inclusive com a publicação do edital revisto.[64]

Portanto, seja qual for o instrumento convocatório, vincula-se a Administração, sempre, de modo apertado e estrito, necessariamente, aos termos deste instrumento. Mesmo se errou, em algum termo, mas não quis corrigi-lo, ou anulá-lo, terá que a ele se ater e se aferrar com rigor, até porque a licitação é procedimento vinculado, e não discricionário, não podendo a Administração Pública ficar criando regras não-previstas no edital, estabelecendo convenções ou fixando normas inéditas.

---

61   De acordo com as lições do professor Marçal Justen Filho (op. cit., p. 417), "Sob um certo ângulo o edital é o fundamento de validade dos atos praticados nu curso da licitação, na acepção de que a desconformidade entre o edital e os atos administrativos praticados no curso da licitação se resolve pela invalidade destes últimos".

62   É o que reza o art. 21, § 4º, da Lei nº 8.666, de 21 de junho de 1993, *ipsis litteris*: "Qualquer modificação no edital exige divulgação pela mesma forma que se deu o texto original, reabrindo-se o prazo inicialmente estabelecido, exceto quando, inquestionavelmente, a alteração não afetar a formulação das propostas".

63   RDA 166/111 – 1986.

64   A propósito, o STJ assim se pronunciou (RESP 253008/SP): "ADMINISTRATIVO. RECURSO ESPECIAL. CONCORRÊNCIA PÚBLICA. EDITAL. REQUISITOS. DESCUMPRIMENTO. INABILITAÇÃO. 1. Os requisitos estabelecidos no edital de **licitação**, 'lei interna da concorrência', devem ser cumpridos fielmente, sob pena de inabilitação do concorrente.2. Recurso especial improvido".

Este princípio está intimamente ligado ao princípio do julgamento objetivo, e podemos exemplificá-lo da seguinte maneira: se, por acaso, o edital exige, para a habilitação para construção de uma penitenciária, que as empresas demonstrem ter experiência anterior em construção de estabelecimentos penais (já que essa é uma construção pouco comum, com exigências técnicas particulares e especiais), a Comissão somente deverá habilitar quem demonstre já ter construído tais estabelecimentos, não podendo habilitar quem construiu apenas, por exemplo, hospitais ou estradas.

A garantia, a todos os interessados, de que somente quem construiu penitenciárias será habilitado, constitui exatamente a materialização, a operacionalização dos dois princípios específicos de licitação: primeiro, o do julgamento objetivo – quem não as construiu, seja quem for, por que foi, será inabilitado; segundo, o da vinculação ao instrumento convocatório – a Comissão não pode habilitar quem não cumpriu o requisito do edital, no caso, o de ter construído estabelecimentos penais. Como se pode verificar, mesclam-se, portanto, esses dois princípios.

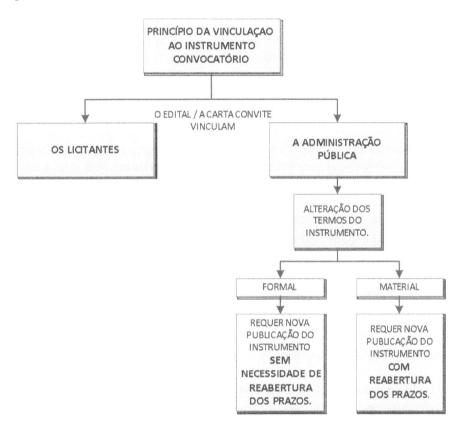

4.9. Princípios Correlatos

Além dos princípios antes analisados, o art. 3º da Lei nº 8.666/93 fazia menção a outros que lhes sejam correlatos, sem, contudo, dizer quais são. A importância maior dessa disposição está em não se restringir o rol de princípios não vislumbrados pelo legislador no momento de concepção da norma, mas que, mesmo assim, deverão ser observados pelas pessoas envolvidas no procedimento licitatório, sejam do lado da Administração, sejam do lado dos pretendentes à contratação.

Por tal, não há uniformidade entre os doutrinadores quanto ao número de princípios correlatos, uns relacionando mais, outros menos, o que não significa, em absoluto, que menos importância deem a esse ou aquele princípio. Todavia, a Lei 14.133/21, em seu art. 5º, especificou a multiplicidade de princípios que antes eram classificados como correlatos.

Por isso, relacionamos alguns, de nosso alvitre, começando pelo princípio da indisponibilidade do interesse público, que está intimamente ligado ao princípio da supremacia do interesse público sobre o interesse privado, base de todo o pensamento jurídico administrativo, que decorre do entendimento de que o direito não é apenas um instrumento de garantia dos direitos do indivíduo, sendo, ainda, um meio para consecução da justiça social, do bem-comum e do bem-estar coletivo, daí afirmar-se que o administrador não pode dispor dos interesses públicos cuja guarda lhe é atribuída. Os poderes da Administração têm o caráter de poderes-deveres, melhor dizendo, ela não pode deixar de exercê-los, sob pena de responder por omissão.[65]

Outro princípio correlato aos demais é princípio da ampla competitividade, que implicitamente se encontra no art. 9º, I da Lei 14.133/21, já visto anteriormente, pois tal veda aos agentes públicos restringir ou frustrar o caráter competitivo da licitação.

O princípio da competitividade é reflexo do princípio da igualdade, uma vez que a competição entre os licitantes estará prejudicada *ab initio* pela simples falta de consideração isonômica entre os licitantes, retirando alguns do páreo e restringindo a possibilidade de a Administração Pública celebrar um contrato mais vantajoso.

Destaca-se a violação do princípio da ampla competitividade em casos como a exigência da compra de editais, a vedação a participação de empresas em litígio judicial com a administração e a restrição às empresas sediadas no território do Ente que publica o certame.

Ponto discutido e divergente que relaciona o princípio da ampla competitividade e o princípio da proporcionalidade é o caso de permissão ou não de empresas em recuperação judicial, tema que será discutido em maior profundidade no capítulo de contratos.

Vejamos um caso hipotético que afronta o princípio da ampla competitividade. Determinada autarquia pública deseja adquirir carros para sua frota, sendo que estes têm que ter a capacidade para carregar uma espécie de escada sobre seu teto. Para efetuar a concorrência, essa autarquia lançou um edital em que, nas características do objeto, descrevia uma espécie de calha sobre o teto, que <u>somente os carros de determinada marca possuíam</u>. Tal calha não era essencial para a finalidade que eles almejavam, haja vista a empresa prejudicada haver provado isto, inclusive demonstrando o menor preço de seu produto. Claro está que, neste caso, devido a um dispositivo irregular presente no instrumento convocatório, houve uma afronta ao princípio da ampla competitividade, da isonomia, da indistinção e da proporcionalidade, restringindo o número de concorrentes.

Além desses, podemos também citar o princípio da proporcionalidade, levando-se em conta que a finalidade da licitação é selecionar a proposta mais vantajosa, devendo proporcionar, simultânea e conjuntamente, igualdade de condições a todos os concorrentes.[66]

A proporcionalidade indica uma ponderação de valores, isto é, a compatibilização de modo a permitir que todos sejam realizados e satisfeitos. A proporcionalidade exclui interpretações que tornem inúteis as finalidades buscadas pelas normas.

Segundo o professor Marçal Justen Filho:

> Pode distinguir-se a relevância do princípio da proporcionalidade nas hipóteses de atividade discricionária e vinculada. Na primeira, o administrador recebe do Direito o dever de escolher a solução mais adequada para satisfazer o interesse público. Na última, o interesse público é satisfeito através da solução determinada em lei.[67]

---

65 Segundo o mestre Celso Antônio Bandeira de Mello (*Elementos...*, *op. cit.* p. 23), "[...] a indisponibilidade dos interesses públicos significa que sendo interesses qualificados como próprios da coletividade – internos ao setor público – não se encontram à disposição de quem quer que seja, por inapropriáveis. O próprio órgão administrativo que os representa não tem disponibilidade sobre eles, no sentido de que lhe incumbe apenas curá-los – o que é também um dever – na estrita conformidade do que predispuser a *intentio legis*".

66 Dando respaldo a essa orientação, o STJ já decidiu que "As regras do procedimento licitatório devem ser interpretadas de modo que, sem causar qualquer prejuízo à administração e aos interessados no certame, possibilitem a participação do maior número de concorrentes, a fim de que seja possibilitado se encontrar, entre várias propostas, a mais vantajosa" (MS 5.606/DF, rel. Min. José Delgado).

67 Ainda segundo o mestre Marçal JUSTEN FILHO (*op. cit.*, p. 69), "como decorrência, a atividade discricionária exige que o administrador respeite o princípio da proporcionalidade ao formular as escolhas acerca da solução mais adequada. Isso se faz através da observância aos princípios jurídicos fundamentais, os quais deverão ser harmonizados em face da situação concreta examinada. Não significa afirmar que a proporcionalidade não se aplique nos casos de atividade vinculada. A solução do caso concreto sempre envolve interpretação da norma abstrata e individualização de seus efeitos para a situação real. Essa operação terá de ser norteada pelo princípio da proporcionalidade. É que nenhuma lei exaure integralmente a liberdade

Assim, a decisão de realizar contratação administrativa de certo objeto, envolvendo um dispêndio determinado de verbas públicas, faz-se segundo o princípio da proporcionalidade.

O professor Marçal Justen Filho assinala que o princípio da razoabilidade equivale ao princípio da proporcionalidade, assim também o fazendo a professora Maria Sylvia Zanella Di Pietro, que afirma, sobre o princípio da razoabilidade:

Ele pode ser visto em relação à lei e, nesse sentido, é intimamente ligado aos princípios da isonomia e do devido processo legal, substantivo; e pode ser visto em relação aos atos da Administração e, nesse sentido, confunde-se com o princípio da proporcionalidade entre meios e fins, ainda que esse não seja todo o seu conteúdo possível. Em um e outro caso, ele serve de limite à discricionariedade, seja do legislador, seja do administrador público.[68]

Desta maneira, a autora reforça que tem que haver uma relação entre a imposição legal e o objetivo imposto pelo ordenamento jurídico, sob pena de inconstitucionalidade. A medida administrativa, segundo ela, é irrazoável quando haja desproporção entre meios e fins que se pretende alcançar, como, por exemplo, a exigência de uma prova de língua estrangeira para o cargo de contínuo em uma repartição pública.

Também correlacionado aos princípios explícitos na Lei nº 14.133/21, o princípio da razoabilidade encontra-se explicitado no mesmo inciso art. 5º desta Lei, figurando, do mesmo modo, isto é, implicitamente, no art. 37, XXI, da Constituição Federal, quando, ao obrigar a licitação para compras, alienações, obras e serviços, permite somente exigências de qualificação técnica e econômica indispensáveis à garantia do cumprimento das obrigações.

Diversos são os julgados que fazem menção à utilização do implícito princípio da razoabilidade para o procedimento licitatório, conforme a seguir demonstrado:

A decisão do Tribunal de contas que, em harmonia com os princípios constitucionais de autonomia municipal para organizar os seus serviços, da moralidade, da legalidade e da razoabilidade, determina que a Administração Pública invalide licitação realizada para a concessão do serviço de transporte coletivo e apenas assina prazo para a celebração de contratos excepcionais com as empresas prestadoras de serviço, sem determinar exclusividade, não enseja o direito líquido e certo daquela que já o presta (Ap. Civ. 547/2019/TJRJ);

Concessão de liminar com a finalidade de que um dos concorrentes, o qual tivera sua participação recusada no certame, possa dele participar. Prevalência dos princípios da razoabilidade e da competitividade em razão do interesse público a recomendar a manutenção da medida deferida *initio litis* até apreciação final do *writ* impetrado (AI 15.219/2020/TJRJ).

A irrazoabilidade, no entanto, não pode ser entendida como abuso de poder, pois neste caso o vício tem relação com a finalidade do ato e não com os meios utilizados para atingi-lo. O princípio da razoabilidade tem aplicação apenas onde haja discricionariedade do Administrador Público.

O princípio da razoabilidade deve ser aplicado no ato de convocação, de modo que qualquer exigência que demonstre distinção em relação a algum licitante apenas terá validade se for pertinente ao específico objeto do contrato. Caso contrário, haverá ofensa ao princípio da razoabilidade e da isonomia entre os licitantes.

Por isso, registramos também o princípio da indistinção, verdadeiro braço do princípio da igualdade, que se pode ver tanto no art. 5º quanto no art. 9º, II, da Lei 14.133/21, que veda aos agentes públicos "estabelecer tratamento diferenciado de natureza comercial, legal, trabalhista, previdenciária ou qualquer outra entre empresas brasileiras e estrangeiras, inclusive no que se refere à moeda, modalidade e local de pagamento, mesmo quando envolvido financiamento de agência internacional".

Nesse compasso, fazemos uma remissão ao art. 19, III, da Constituição, que dispõe que é vedado à União, aos Estados, ao Distrito Federal e aos Municípios "criar distinções entre brasileiros ou preferências entre si".

---

do intérprete – aplicador, o que deriva da própria textura aberta da linguagem. Cada expressão legislativa demandará interpretação, impondo ao aplicador não apenas o encargo da revelação do significado semântico dos vocábulos, mas em especial o dever de considerar o ordenamento jurídico na sua integralidade, os fins buscados pelo Direito e pela sociedade e assim por diante. Negar incidência ao princípio da proporcionalidade nos casos de competência vinculada corresponderia a supor atividade meramente mecânica do agente administrativo, o que não ocorre".

68   DI PIETRO, *op. cit.*, p. 30.

Portanto, é vedado colocar no edital que será dada preferência a algum produto, por exemplo, produzido em Maranguape, porque isto violaria o princípio da indistinção, o que conduz, por via paralela, ao princípio da inalterabilidade do edital, inscrito no art. 41 do antigo Estatuto das Licitações (Lei 8.666/93), princípio este constante do rol apresentado pelo professor José dos Santos Carvalho Filho.[69]

Em consequência disso, poderíamos então perguntar: o contrato administrativo pode inovar o instrumento convocatório? Ter outras cláusulas que tal instrumento não tenha?

Não, porque a minuta do contrato administrativo deve integrar o próprio edital de licitação. Quando se analisava o art. 62, § 1º, da Lei, se verificava que a minuta do futuro contrato integrará sempre o edital ou ato convocatório da licitação. Então, as pessoas que adquirem o edital e participam da licitação estão na crença de que aquele contrato é o que será realizado. Ora, se se modifica o contrato, isto significa que a licitação está sendo modificada, por tabela, mesmo porque alguma pessoa que dela poderia participar teria seu acesso negado, não fosse aquela alteração promovida. Isto dificulta o ingresso na licitação e, por isso, é que o contrato integra o edital, como se dele fosse parte integrante. Portanto, o edital não pode ser modificado, a não ser que haja publicidade também àquilo que foi modificado. E isto pode acontecer. Tanto é possível, que a Lei 14.133/21 trouxe uma previsão explícita a esse respeito em seu art. 55, § 1º, versando que "eventuais modificações no edital implicarão nova divulgação na mesma forma de sua divulgação inicial, além do cumprimento dos mesmos prazos dos atos e procedimentos originais, exceto quando a alteração não comprometer a formulação das propostas".

Como se pode perceber, o rol de princípios trazidos pela Nova Lei de Licitações e Contratos Administrativos é mais extenso comparado à principiologia esboçada pela Lei 8.666/93. Pode-se dizer que essa ampliação no tocante aos princípios das licitações e contratos não era tão necessária, considerando que seu rol sempre fosse exemplificativo e o fato de que muitos princípios do próprio Direito Constitucional e Administrativo sejam diretamente aplicáveis a esse tipo de atuação administrativa.

Curiosamente, um importante princípio denominado formalismo moderado, conforme demonstra o art. 12, III da Lei 14.133/21 faz parte do âmago das licitações e contratos, apesar de não aparecer no rol de princípios do art. 5º da mesma Lei. Este, também conhecido como princípio do procedimento formal, revela que o procedimento licitatório deve seguir um rito e/ou forma predeterminados e organizados numa sequência de atos, que são normatizados por legislação específica.

Contudo, o formalismo não é absoluto, mas sim moderado, pois, segundo o que estabelece o art. 12, III da Lei 14.133/21, "o desatendimento de exigências meramente formais que não comprometam a aferição da qualificação do licitante ou a compreensão do conteúdo de sua proposta não importará seu afastamento da licitação ou a invalidação do processo". O inciso IV, por seu turno, evidencia que "a prova de autenticidade de cópia de documento público ou particular poderá ser feita perante agente da Administração, mediante apresentação de original ou de declaração de autenticidade por advogado, sob sua responsabilidade pessoal". E, em derradeiro, o inciso V do mesmo artigo ressalta que "o reconhecimento de firma somente será exigido quando houver dúvida de autenticidade, salvo imposição legal". Em todos esses aspectos é possível perceber uma espécie de relativização de formalidades desnecessárias ao bojo das contratações públicas, isto é, uma verdadeira flexibilização formal com vistas a tornar o procedimento mais simples, ágil e acessível aos envolvidos.

Importante não deixar de comentar que existem subprincípios que, a bem da verdade, estão dentro de princípios maiores, porém todos eles aparecem citados em equivalência de grau e importância no art. 5º da Lei 14.133/21, como por exemplo, o princípio da economicidade e celeridade, que, na verdade, decorrem do princípio constitucional da eficiência (art. 37 da CRFB, alterado pela EC 19/98) e, também o princípio da transparência, que reside no interior do princípio da publicidade.

Outro novo princípio mencionado pela Nova Lei é o princípio do planejamento, que se poderia entender tanto em seu viés de dever da Administração Pública quanto por causa do princípio da eficiência. Este princípio pode ser facilmente correlacionado ao estudo técnico preliminar, mencionado do art. 6º, XX da Lei 14.133/21, assim como pelo plano de contratações anual, esboçado no art. 12, § 1º da mesma Lei, *in verbis*:

---

69   CARVALHO FILHO, *op. cit.*, p. 194.

Lei 14.133/21. Art. 6º. XX - estudo técnico preliminar: documento constitutivo da primeira etapa do planejamento de uma contratação que caracteriza o interesse público envolvido e a sua melhor solução e dá base ao anteprojeto, ao termo de referência ou ao projeto básico a serem elaborados caso se conclua pela viabilidade da contratação;

Lei 14.133/21. Art. 12. § 1º. O plano de contratações anual de que trata o inciso VII do *caput* deste artigo deverá ser divulgado e mantido à disposição do público em sítio eletrônico oficial e será observado pelo ente federativo na realização de licitações e na execução dos contratos.

O princípio da transparência, como já vimos, é uma extensão do princípio já abordado da publicidade. A Nova Lei de Licitações e Contratos, em seu art. 174, inaugurou o Portal Nacional de Contratações Públicas (PNCP) cujo propósito é divulgar os atos exigidos pela Lei de Licitações e garantir o acesso à informação, em obediência à Lei 12.527/11 (Lei de Acesso à Informação). No entender de Rafael Carvalho Rezende de Oliveira, "a instituição do PNCP garante transparência e racionalidade nas informações divulgadas pelo Poder Público, servindo como importante instrumento de acesso aos dados das licitações e das contratações públicas, o que facilita o controle social e institucional".[70]

Por último e não menos importante, passamos a analisar o princípio da segregação das funções que possui estreito envolvimento com os princípios da eficiência e moralidade, haja vista a sua busca por garantir maior distribuição e especialização no exercício das funções pelos agentes públicos responsáveis por atuar junto a licitações e contratações públicas e promover a redução de conflitos de interesses entre eles, segundo a inteligência do art. 7º, §§ 1º e 2º, da Lei 14.133/21, aqui aventados:

Lei 14.133/21, Art. 7º - Caberá à autoridade máxima do órgão ou da entidade, ou a quem as normas de organização administrativa indicarem, promover gestão por competências e designar agentes públicos para o desempenho das funções essenciais à execução desta Lei que preencham os seguintes requisitos:

I - sejam, preferencialmente, servidor efetivo ou empregado público dos quadros permanentes da Administração Pública;

II - tenham atribuições relacionadas a licitações e contratos ou possuam formação compatível ou qualificação atestada por certificação profissional emitida por escola de governo criada e mantida pelo poder público; e

III - não sejam cônjuge ou companheiro de licitantes ou contratados habituais da Administração nem tenham com eles vínculo de parentesco, colateral ou por afinidade, até o terceiro grau, ou de natureza técnica, comercial, econômica, financeira, trabalhista e civil.

§ 1º A autoridade referida no *caput* deste artigo deverá observar o princípio da segregação de funções, vedada a designação do mesmo agente público para atuação simultânea em funções mais suscetíveis a riscos, de modo a reduzir a possibilidade de ocultação de erros e de ocorrência de fraudes na respectiva contratação.

§ 2º O disposto no *caput* e no § 1º deste artigo, inclusive os requisitos estabelecidos, também se aplica aos órgãos de assessoramento jurídico e de controle interno da Administração.

Esse princípio influencia sobremaneira nas imputações de responsabilidade, quando aplicado à fiscalização empreendida por órgãos de controle nos atos que envolvam contratações públicas, conforme o que se pode compreender do art. 184 do Código de Processo Civil: "o membro da Advocacia Pública será civil e regressivamente responsável quando agir com dolo ou fraude no exercício de suas funções".

---

70   OLIVEIRA, Rafael Carvalho Rezende. Nova Lei de Licitações e Contratos Administrativos – Comparada e Comentada: Lei 14.133, de 1º de abril de 2021. 2 ed. Rio de Janeiro: Forense, 2021. p. 25.

5. ANÁLISE DAS DEFINIÇÕES CONTIDAS NA LEI Nº 14.133/21

Na seção II do Capítulo I, o legislador da Lei nº 8.666/93 tratou das definições utilizadas ao longo do texto, com o intuito de padronizar o entendimento de certos vocábulos de importância espacial, evitando, assim, equívocos muitas vezes decorrentes de manipulações interpretativas vinculadas a interesses não associados ao bem comum.

A crítica que se pode estabelecer a esse tipo de comportamento do legislador é relacionada ao entendimento de que a compreensão das expressões utilizadas nos textos legislativos é tarefa que cabe ao intérprete da norma, e não aos seus criadores. Caberia, assim, aos glosadores e aos órgãos jurisdicionais, principalmente, a tarefa de interpretar as expressões utilizadas pela lei, sem se esquecer que também a Administração Pública exerce esse mister para poder aplicá-la de maneira adequada.

E, se essa ideia for levada às últimas consequências, poder-se-á chegar à conclusão de que as definições legais são violadoras do princípio da separação de poderes, por limitar a atividade interpretativa dos órgãos da Administração Pública e, em especial, do Poder Judiciário.

Tal entendimento, contudo, não conseguiria prevalecer hoje em dia, até porque as definições, na maioria das vezes, ajudam mais do que atrapalham, sendo, às vezes, imprescindíveis para que se consiga aplicar uma ou outra regra legal. De qualquer forma, fica a ressalva, até porque a qualidade das definições legais nem sempre são das melhores, como se verificará nesta oportunidade.

Comecemos, então, pela análise das definições contidas no art. 6º da Lei nº 14.133/21, ressalvando, desde já, que, em alguns casos, pela desnecessidade, não nos deteremos em alguns da mesma forma que em outros, em que tal necessidade se revelar.

No inciso XII, do art. 6º, da Lei 14.133/21, a Lei define obra como sendo "toda atividade estabelecida, por força de lei, como privativa das profissões de arquiteto e engenheiro que implica intervenção no meio ambiente por meio de um conjunto harmônico de ações que, agregadas, formam um todo que inova o espaço físico da natureza ou acarreta alteração substancial das características originais de bem imóvel". Acerca disso, é importante destacar que o texto da Lei 8.666/93 sofria a crítica da imprecisão, já que várias coisas podem ser construídas, ampliadas, recuperadas, fabricadas ou reformadas sem que se possa dizer que se trata de uma obra, ao menos essa a que o legislador quis se referir, pois ele assim conceituava obra: "toda construção, reforma, fabricação, recuperação ou ampliação, realizada por execução direta ou indireta". Nesse sentido, é clarividente a percepção de que o legislador melhorou a conceituação de obra na Nova Lei, delimitando melhor o seu objeto.

Na verdade, a definição utilizada pelo legislador era meramente exemplificativa, e deixava de mencionar algo que seria essencial: a referência à <u>engenharia civil</u>. O que o legislador quis descrever, pelos exemplos utilizados, foram as atividades mencionadas que guardem relações com aquela especialidade da engenharia. De modo que se poderia afirmar que a construção de uma ponte, a restauração de um prédio tombado ou outras atividades relacionadas com a execução de tarefas (entenda-se que o que se pretende com a utilização do termo execução é afastar a mera elaboração de projetos) inseridas na alçada dos engenheiros civis serão consideradas obras para efeito da Lei de Licitações. Por outro lado, não constitui obra, no sentido legal, a reparação de um quadro de um pintor famoso ou de uma escultura do brasileiro Aleijadinho, por exemplo.

O legislador, ao conceituar "serviços", utilizou-se, após frustrada definição, de exemplos que poderiam ser resumidos como toda atividade que envolva a produção de uma utilidade economicamente avaliável, desde que não enquadrada no conceito de obra. Desta forma, teria sido mais simples e correto, salvo melhor juízo. No entanto, no bojo da Lei 14.133/21, art. 6º, XI, o legislador trouxe outra definição de serviço, a saber: atividade ou conjunto de atividades destinadas a obter determinada utilidade, intelectual ou material, de interesse da Administração". Perceptível foi o tratamento mais resumido do conceito, retirando dele o rol de atividades relacionadas a ideia de serviço, mas o acréscimo de adjetivação ao termo "utilidade", podendo ser esta de natureza intelectual ou material, propriedades que não eram mencionadas pela antiga Lei. Ainda assim, a nosso ver, o conceito ainda não atingiu seu grau adequado de objetividade.

Passemos, então, à definição de *execução direta* e *execução indireta*. Quando se fala em **execução direta**, está-se a referir à atuação da Administração Pública pelos seus próprios meios, sem a necessidade de estabelecer vínculos contratuais com outras pessoas. Já a **execução indireta** indica a atuação da Administração por intermédio de terceiros contratados. Na Lei 14.133/21, há uma única menção a execução direta no art. 139, § 1º; mas somente a execução indireta está conceituada no art. 46, *in verbis:*

Art. 46, Lei 14.133/21. Na execução indireta de obras e serviços de engenharia, são admitidos os seguintes regimes:

I - empreitada por preço unitário;

II - empreitada por preço global;

III - empreitada integral;

IV - contratação por tarefa;

V - contratação integrada;

VI - contratação semi-integrada;

VII - fornecimento e prestação de serviço associado.

Art. 139, Lei 14.133/21. Art. 139. A extinção determinada por ato unilateral da Administração poderá acarretar, sem prejuízo das sanções previstas nesta Lei, as seguintes consequências:

I - assunção imediata do objeto do contrato, no estado e local em que se encontrar, por ato próprio da Administração;

II - ocupação e utilização do local, das instalações, dos equipamentos, do material e do pessoal empregados na execução do contrato e necessários à sua continuidade;

III - execução da garantia contratual para:

a) ressarcimento da Administração Pública por prejuízos decorrentes da não execução;

b) pagamento de verbas trabalhistas, fundiárias e previdenciárias, quando cabível;

c) pagamento das multas devidas à Administração Pública;

d) exigência da assunção da execução e da conclusão do objeto do contrato pela seguradora, quando cabível;

IV - retenção dos créditos decorrentes do contrato até o limite dos prejuízos causados à Administração Pública e das multas aplicadas.

§ 1º A aplicação das medidas previstas nos incisos I e II do *caput* **deste artigo ficará a critério da Administração, que poderá dar continuidade à obra ou ao serviço por execução direta ou indireta.** (grifo nosso)

Aqui merece explicarmos que, se a execução de uma tarefa, que caberia à União, por exemplo, for feita por uma autarquia federal, não será considerada execução indireta, porque a pessoa executora da tarefa está inserida no conceito de Administração Pública Federal. Seria indireta, isto sim, se fosse contratada a execução de tal tarefa com uma empresa particular.

A título de justificar tais definições, podemos imaginar a elaboração de um projeto básico de uma determinada obra por engenheiros do Departamento de Obras de um determinado município, que é um serviço executado pela utilização de meios próprios da Administração e, portanto, de execução direta da referida tarefa. Por outro lado, se a execução da obra for contratada com uma determinada construtora, neste caso, estamos tratando de uma execução indireta da tarefa.

A execução indireta pode ser realizada pelos seguintes regimes:

▶ **Empreitada por preço global.** Quando se contrata a execução de uma obra ou serviço, com base em preços certos e quantidades determinadas. Imaginemos a contratação de uma empresa de entregas rápidas por um período de 12 meses. Neste período, todas as entregas que fossem feitas estariam englobadas no preço ajustado.

▶ **Empreitada por preço unitário.** Quando a execução de uma obra ou serviço for feita com base em preços certos, mas unitários, de modo que as quantidades sejam ajustadas na medida da necessidade. O preço é ajustado previamente, mas as quantidades não, de modo que se pode ter uma variação de valores a serem desembolsados pela Administração.

Utilizando o exemplo anterior, da empresa de entregas rápidas, imaginemos que estivessem estipulados preços diferenciados para a entrega das encomendas de acordo com o peso e a distância. Neste caso, a Administração contrataria individualmente a execução de cada uma dessas entregas, mas sob o pálio de um "contrato-mãe", em que estivessem fixadas as regras gerais do acordo de vontades.

▶ **Empreitada integral.** Na empreitada integral, a contratação é de um "empreendimento em sua integralidade", compreendendo tudo o que for necessário para que se apresente o resultado à Administração, pronto para a sua utilização. Imagine o planejamento, a construção, a instrumentalização (com pedágios, radares, sinalização etc.) de uma grande via rodoviária dentro de um determinado Município. Se tudo isso é entregue a uma mesma empresa, exigindo-se da Administração Pública somente o pagamento do preço ajustado com aquela contratada, ficando tudo o mais a cargo da primeira, estaremos diante de uma empreitada integral. A Administração paga o preço e espera o recebimento do resultado.

É de se destacar, aqui, que o professor Marçal Justen Filho entende que o termo "empreendimento", utilizado pelo legislador para definir a empreitada integral, indica a entrega de um bem ou serviço que servirá para a produção de outras utilidades. O objeto contratado não seria um "bem de consumo", tal qual definido pela Economia.

▶ **Tarefa.** Trata-se da contratação de pequenas tarefas por preço certo, com ou sem o fornecimento de material. Não é difícil de imaginar as situações, que poderiam ser, por exemplo: a contratação de um eletricista para instalar um aparelho de ar-condicionado na repartição; a contratação de um despachante para conseguir uma certidão da Junta Comercial de um Estado distante (onde a viagem de um servidor apresentaria um custo muito mais elevado e injustificado), dentre outras.

Continuando as definições, passemos à distinção entre o **projeto básico** e o **projeto executivo das obras e serviços**, cujos conceitos se acham nos incisos XXV, alíneas "*a*" a "*f*", e XXVI da Lei 14.133/21. Comecemos por dizer, como ensina o professor Marçal Justen Filho, que "o projeto básico não se destina a disciplinar a execução da obra ou do serviço, mas a demonstrar a viabilidade e a conveniência de sua execução". Tal peça deve tratar de questões relacionadas com o serviço ou a obra em si, mas também de questões de natureza econômica, jurídica, administrativa, como prazos, conveniência e oportunidade etc. A disciplina da execução da obra ou serviço são pertinentes ao projeto executivo. Este sim deverá detalhar a maneira pela qual se executará a tarefa, sendo necessariamente elaborado de acordo com as normas técnicas estabelecidas pela ABNT (Associação Brasileira de Normas Técnicas).

As demais definições, por sua simplicidade e suficiência com que foram tratadas pelo legislador, não carecem de maiores comentários.

Passemos, então, à análise das regras pertinentes às obras e serviços e, em seguida, trataremos das compras e das alienações.

6. DISCIPLINA ESPECÍFICA DAS OBRAS E SERVIÇOS

As obras e serviços, apesar de terem definições diferentes, mereceram disciplina conjunta pelo fato de as primeiras serem espécies dos segundos. Vale dizer, obra nada mais é do que uma espécie de serviço, tal qual mencionamos no item 4 desta parte do trabalho. Daí decorre a possibilidade de serem descritas conjuntamente as regras pertinentes a obras e serviços.

Dito isto, parece-nos conveniente dizer, desde já, que as obras e os serviços podem ser executados direta ou indiretamente, ou seja, pela própria Administração Pública, utilizando-se de seus próprios recursos, ou por terceiros contratados. E é só nesta segunda hipótese que nos interessa o estudo, já que, quando a execução é direta, não há que se falar em licitação.

Adiantada, então, a regra do art. 46 da Lei nº 14.133/21, iniciemos a análise da disciplina da licitação das obras e serviços pelos seus requisitos primeiros, que são o projeto básico, o projeto executivo e, por fim, a própria execução.

Em primeiro lugar, a Administração verificará a necessidade de se adquirir determinado serviço ou realizar determinada obra, visando sempre à satisfação do interesse público. Por exemplo, verificando o grande fluxo de automóveis na cidade, decide a Prefeitura construir uma rodovia elevada, que desafogaria o tráfego consideravelmente.

Os órgãos responsáveis, então, farão a estimativa de custo, levando-se em consideração as desapropriações a serem feitas, as despesas com a licitação, com a elaboração do projeto executivo, o material a ser utilizado, se não for fornecido pela contratada para a execução da obra etc. A Administração providenciará as formalidades necessárias à realização da licitação, como a nomeação de uma comissão de licitação, a autorização da autoridade competente, a declaração do ordenador de despesas de que os custos do empreendimento são compatíveis com a dotação orçamentária disponível etc. Tudo isso constará do projeto básico (art. 6º, XXV da Lei 14.133/21), conforme restou esclarecido no item anterior.

Vencida essa etapa, será elaborado o projeto executivo (art. 6º, XXVI da Lei 14.133/21), onde ficarão detalhados os passos de ordem técnica a serem seguidos para a execução da obra. Este sim será uma espécie de manual de execução da obra, que orientará a construtora a ser contratada a desempenhar sua função.

Registre-se, aqui, que a elaboração dos projetos básico e executivo será feita com a observância de alguns requisitos, especialmente a segurança, a funcionalidade e adequação ao interesse público, economia na execução, conservação e operação, cumprimento das normas técnicas, de saúde e de segurança do trabalho e o impacto ambiental.

Depois de concluídos os projetos básico e executivo, parte-se para a execução da obra, sendo certo, é claro, que esta última etapa dependerá da conclusão do procedimento licitatório, com a adjudicação do contrato ao vencedor da competição.

Neste ponto, deve-se esclarecer que, conforme disposição legal (art. 46, § 6º, da Lei nº 14.133/21), a execução de cada etapa depende da conclusão e da aprovação, pela autoridade competente, das etapas anteriores. No entanto, o mesmo dispositivo legal estatui uma regra excepcional, que prevê a possibilidade de a execução da obra se iniciar antes de concluído o projeto executivo. Ou seja, é possível, desde que haja autorização expressa nesse sentido, que a execução da obra acompanhe cada etapa de elaboração do projeto executivo, de modo a viabilizar uma flexibilidade maior na elaboração desta última peça técnica, que pode merecer reparos durante a execução da obra.

A realização da licitação, entretanto, não poderá ser iniciada (entenda-se: não poderá ser publicado o instrumento convocatório) se já não houver a aprovação do projeto básico, orçamento detalhado em planilhas de custos unitários, previsão de recursos orçamentários que assegure o cumprimento das obrigações a serem assumidas quando da assinatura do contrato e desde que o resultado a ser obtido esteja contemplado pelo Plano Plurianual.

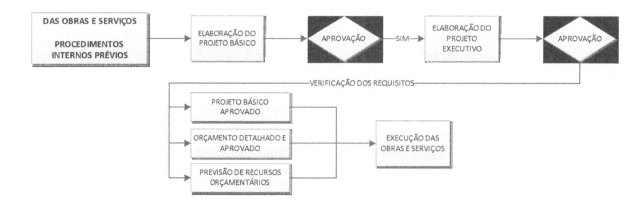

No que se refere à questão orçamentária, o art. 16 da Lei de Responsabilidade Fiscal – a Lei Complementar nº 101/2001 – impõe que o ordenador de despesas declare a adequação da realização das despesas decorrentes da ação governamental com a de dotações contidas na Lei Orçamentária Anual. É até uma exigência que decorre do princípio da moralidade administrativa, já que, se não houver adequação orçamentária, não serão pagos os contratados, não será concluído o contrato e, no fim das contas, o dinheiro público investido não terá alcançado as finalidades propostas, bem como a Administração ainda sairá devedora de uma indenização pelo descumprimento do contrato.

Aqui, cumpre registrar a regra que proibia a inclusão, no objeto da licitação, a obtenção de recursos financeiros para a execução da obra ou serviço, salvo se se tratar de empreendimento a ser explorado em regime de concessão (art. 7º, § 3º, da Lei nº 8.666/93), regra essa que inexiste na Lei 14.133/21.

Diga-se, ainda, que no objeto da licitação só poderão ser incluídos os materiais ou serviços outros a serem utilizados pelo contratado na execução da obra ou serviço, se já houver a previsão de quantidades ou se estas já tiverem sido consideradas no projeto executivo. Do contrário, tais custos não integrarão o objeto da licitação e deverão ser considerados na elaboração da proposta a ser apresentada pelo licitante.

Ainda no que tange à questão econômica, é de se ver que não será possível a inclusão de critérios para a atualização dos valores contidos na proposta do licitante, uma vez que as correções monetárias serão disciplinadas pelo próprio ato convocatório, sendo essa uma cláusula obrigatória. E, ainda que se trate de contratação direta, sem licitação, em razão de dispensa ou inexigibilidade, deverá haver uma cláusula no contrato disciplinando essa questão da correção monetária. Isto porque, conforme entendimento prevalecente nos Tribunais, a correção monetária não é algo que aumenta os preços apresentados na proposta, mas sim que proporciona a manutenção de seu valor, impedindo que a inflação produza um enriquecimento sem causa para a Administração Pública.

Indagava-se, então: e se, ainda com a obrigatoriedade imposta pelo art. 7º, § 7º, da Lei nº 8.666/93, não houvesse previsão de critérios para a correção dos valores contidos na proposta? Isto era bem possível de se imaginar, em razão da relativa estabilização econômica experimentada, especialmente durante o primeiro mandato do Presidente Fernando Henrique Cardoso. De certo que se a inflação não corroesse substancialmente o poder aquisitivo da moeda, não seria essa ausência de disciplina sobre a correção monetária motivo para grandes litígios. Entretanto, se a moeda se desvalorizava no intervalo compreendido entre a apresentação das propostas e a celebração do contrato ou entre esta e a data do pagamento pela Administração, como ficaria a questão da correção monetária? Seria esta devida?

No nosso entender, é claro que seria devida a correção monetária, uma vez que a falha da Administração não pode motivar um enriquecimento sem causa dela mesma e, consequentemente, um prejuízo para o particular contratado. A obrigatoriedade da previsão desses critérios de correção monetária existe apenas para prevenir litígios decorrentes da adoção deste ou daquele índice e não para constituir o direito do particular a essa correção.

Continuando a análise da disciplina das obras e serviços, a Lei impede, em uma hipótese, a realização de licitação. É a única hipótese de vedação da licitação. Esclareça-se que não se trata de vedação à contratação, mas sim à realização da licitação. Mas, enfim, que hipótese é essa?

A licitação não poderá ser realizada quando não houver similaridade dos bens ou serviços que constituírem o objeto do contrato. Essa vedação decorre do fato de ser, nestes casos, impossível a competição. E se não há possibilidade de competição, não há razão para se realizar uma licitação, que custa muito dinheiro e tempo para a Administração Pública.

A única[71] ressalva existente na Lei sobre esse ponto se refere, vagamente, a uma hipótese tecnicamente justificável. Diz o legislador que, mesmo não havendo similaridade do serviço ou da obra a ser contratada, será possível realizar a licitação quando for "tecnicamente justificável". O difícil é saber em que hipótese seria tecnicamente justificável!

A única resposta possível para essa questão é a seguinte: quando, de alguma forma, for possível o estabelecimento de alguma competição, de modo a viabilizar vantagens para a Administração.

A título de exemplo, imaginemos que um artista famoso esteja sendo contratado para tocar ao vivo na festa de fim de ano em Copacabana, no Rio de Janeiro. Imaginemos, ainda, que esse artista tenha mais de um empresário e que estes ganhem comissões pelos contratos firmados, comissões estas que são pagas pelos contratantes do *show*, já que embutidas no preço do serviço. Pois bem. Se o agente público incumbido da contratação desse artista verificar essa situação peculiar e constatar a possibilidade de conseguir melhores preços se estabelecer uma competição entre esses empresários, tecnicamente justificada estará a realização da licitação.

6.1. Programação total, parcelamento e fracionamento

Justifica-se a abertura desse subtítulo em razão da necessidade de tratar desses temas acima indicados conjuntamente. Isto porque os assuntos são conexos, embora não tenham sido disciplinados todos no mesmo capítulo pelo legislador.

A primeira regra refere-se à necessidade de a programação das obras e serviços serem feitas sempre em sua totalidade, embora a sua execução possa ser parcelada, de acordo com a conveniência e oportunidade avaliadas pela Administração. Mesmo assim, a Administração, para parcelar a execução da obra, deverá fundamentar sua decisão no sentido de demonstrar que há insuficiência de recursos para a execução total da tarefa ou, por outro lado, que motivos de ordem técnica apontam para essa necessidade. Se não houver nenhum desses motivos, o parcelamento da execução da obra não será possível.

Os §§ 1º ao 4º do art. 8º da Lei nº 8.666/93, que apresentavam requisitos para a execução das obras e serviços em parcelas, foram revogados e a Lei 8.883 de 1994 anotou parágrafo único a este artigo, indicando defeso o retardamento imotivado da referida execução com as já mencionadas exceções que devem ser justificadas. A atual lei de licitações (Lei 14.133/21) mantém entendimento semelhante em seu artigo 115, § 1º, que dessa forma regula: "É proibido à Administração retardar imotivadamente a execução de obra ou serviço, ou de suas parcelas, inclusive na hipótese de posse do respectivo chefe do Poder Executivo ou de novo titular no órgão ou entidade contratante".

Desse modo, pode-se dizer que o parcelamento da obra ou serviço é algo indesejável, só se admitindo nas hipóteses excepcionais antes mencionadas, quais sejam, impossibilidade técnica ou financeira. De outro lado, o fracionamento é desejável e, sempre que possível, será realizado pela Administração. Como ensina o professor Marçal Justen Filho, o fracionamento é obrigatório, desde que possível.[72]

---

71   Na verdade, o texto do art. 7º, § 5º, da Lei no 8.666/93, também se refere à hipótese em que o fornecimento dos materiais e serviços for feito sob o *"regime de administração contratada"*. Mas esse regime, previsto no projeto de lei aprovado pelo Congresso Nacional, foi vetado pelo Presidente da República, na época do Presidente Itamar Franco.

72   JUSTEN FILHO, *op. cit.*, p. 116.

6.2. Padronização

Outra questão importante a ser tratada é a padronização, que também opera efeitos no âmbito das obras e serviços a serem contratados com a Administração Pública, desde que destinados a fins idênticos aos colimados em outras obras e serviços. Significa que os projetos serão padronizados por tipos, categorias ou classes, sempre que possível. E como funciona isto?

Imagine que o Governador de um determinado Estado esteja planejando uma reforma nas delegacias de polícia. Elabora, então, um projeto-padrão, que servirá para todas as delegacias daquele Estado, de modo a que todas tenham as mesmas características. A mesma coisa pode ser feita com hospitais, escolas e demais repartições públicas.

Essa padronização é imposta pela Lei 14.133/21 (vide arts. 6º, LI; 19, II, § 2º; 40, V, a; 41, I, a; 43, I, II, III, § 1º; 47, I; 174, § 2º, II), admitindo-se a não adoção do projeto-padrão somente quando as condições peculiares do local não permitirem. Essa imposição atende, inclusive, ao princípio da economicidade, já que poupa uma série de outras tarefas que deveriam ser executadas se cada obra ou serviço tivesse de ser planejada individualmente.

Porém, sempre que a Administração constatar que a padronização é importante, demonstrando que o procedimento é de interesse para a contratação, ela deverá proceder à padronização. Em termos finais, a padronização se coloca como elemento necessário sempre que demonstrar economia para a Administração. Portanto, não é apenas a questão estética que justifica a imposição da padronização.

6.3. Serviços técnicos profissionais especializados

Dentre os serviços, o legislador destacou, para disciplinar, isoladamente, aqueles caracterizados por serem de natureza técnica especializada, que só podem ser desenvolvidos por profissionais especialmente credenciados. E o art. 6º, XVIII, alíneas "a" a "g", da Lei 14.133/21 (antigo art. 13 da Lei nº 8.666/93) estabeleceu um rol exemplificativo desses serviços, a saber:

- estudos técnicos, planejamentos, projetos básicos ou projetos executivos;
- pareceres, perícias e avaliações em geral;
- assessorias e consultorias técnicas e auditorias financeiras e tributárias;
- fiscalização, supervisão e gerenciamento de obras e serviços;
- patrocínio ou defesa de causas judiciais ou administrativas;
- treinamento e aperfeiçoamento de pessoal;
- restauração de obras de arte e bens de valor histórico;
- controles de qualidade e tecnológico, análises, testes e ensaios de campo e laboratoriais, instrumentação e monitoramento de parâmetros específicos e obras e do meio ambiente.

O art. 6º, XIX, conceitua notória especialização como a "qualidade de profissional ou de empresa cujo conceito, no campo de sua especialidade, decorrente de desempenho anterior, estudos, experiência, publicações, organização, aparelhamento, equipe técnica ou outros requisitos relacionados com suas atividades, permite inferir que o seu trabalho é essencial e reconhecidamente adequado à plena satisfação do objeto do contrato".

Embora tenha havido discussão sobre se seria ou não exemplificativo o rol de serviços técnicos profissionais especializados sob a égide do antigo Decreto-Lei nº 2.300/86, atualmente não cabe a dúvida, porquanto o próprio legislador tenha demonstrado no art. 74, III, da Lei 14.133/21, que não estão ali previstos todos os casos desses serviços.

O art. 74, III da Lei 14.133/21, menciona os serviços técnicos especializados de natureza predominantemente intelectual como aqueles que autorizam a contratação direta, sem licitação, por inexigibilidade. E, no mesmo dispositivo legal, menciona duas exceções que são serviços de publicidade e divulgação. Mas essas duas exceções, denominadas de serviços técnicos profissionais especializados, não estão previstas no art. 13, o que prova que o rol não é exaustivo, mas sim exemplificativo.

Assim, importante é saber quando um serviço não elencado expressamente na Lei poderá ser caracterizado como serviço técnico profissional especializado. Para isso, devemos conceituar esses três adjetivos:

▶ **Serviço técnico**, conforme conceito do professor Marçal Justen Filho, é:

Os serviços ditos "técnicos" se caracterizam por envolverem a aplicação de rigorosa metodologia ou formal procedimento para atingir determinado fim. A técnica pressupõe a operacionalização do conhecimento científico, permitindo aplicações práticas para uma teoria.[73]

▶ **Serviço técnico profissional** – A referência a serviço profissional restringe a atuação do exegeta àquelas atividades laborativas regulamentadas por lei. Ou seja, somente serão considerados serviços profissionais aqueles regulamentados por lei, nos termos do art. 5º, XIII, da Constituição da República, como os serviços de advocacia, de medicina, de odontologia, de contabilidade, de engenharia etc.[74].

▶ **Serviço técnico profissional especializado** – A especialização completa o conceito ora analisado. Significa que não basta tratar-se de um serviço técnico e profissional. Para se enquadrar no conceito legal, deve-se ter um serviço que transborda as raias do comum. Deve ter um *quê* de especialidade, algo que o diferencie do que é ordinário naquela matéria.

Englobando todas essas características, é fácil concluir que o serviço será considerado técnico profissional especializado, podendo ser prestado por pessoa física ou jurídica. Mas, se for prestado por pessoa jurídica, o rol de integrantes do corpo técnico apresentado à Administração deverá participar pessoal e diretamente de sua execução, de modo a garantir a qualidade do serviço contratado.

Em qualquer hipótese, deverá o autor ceder os direitos patrimoniais à Administração, sob pena de ficar impedida a participação no concurso ou mesmo a celebração do contrato, no caso de inexigibilidade de licitação.

Pegando o gancho, os serviços técnicos profissionais especializados podem ser contratados com inexigibilidade de licitação, desde que a especialidade do profissional seja notória entre as pessoas daquela profissão (art. 74, III da Lei 14.133/21). Se não for o caso de inexigibilidade, a contratação do serviço será precedida de licitação sob a modalidade de concurso, que será adiante estudada.

6.4. Pessoas impedidas de participar da licitação

A Lei nº 14.133/21 estabelece em seu art. 14, incisos I ao VI, um rol de pessoas que não poderão participar das licitações de obras ou serviços a serem contratados com a Administração Pública, abrangendo, ainda, a aquisição de bens necessários à execução dos mesmos. Esse rol de impedimentos era apontado pela Lei 8.666/93, em seu art. 9º, incisos I ao III, §§ 1º ou 4º e, conforme se poderá verificar, comparativamente, a nova lei ampliou essa matéria. Vejamos.

Art. 14, Lei 14.133/21. Não poderão disputar licitação ou participar da execução de contrato, direta ou indiretamente:

---

73 JUSTEN FILHO, *op. cit.*, p. 130.
74 Neste sentido, diz Hely Lopes MEIRELLES (*Licitações...*, *op. cit.*, p. 50): "Serviços técnicos profissionais são todos aqueles que exigem habilitação legal para sua execução".

I - autor do anteprojeto, do projeto básico ou do projeto executivo, pessoa física ou jurídica, quando a licitação versar sobre obra, serviços ou fornecimento de bens a ele relacionados;

II - empresa, isoladamente ou em consórcio, responsável pela elaboração do projeto básico ou do projeto executivo, ou empresa da qual o autor do projeto seja dirigente, gerente, controlador, acionista ou detentor de mais de 5% (cinco por cento) do capital com direito a voto, responsável técnico ou subcontratado, quando a licitação versar sobre obra, serviços ou fornecimento de bens a ela necessários;

III - pessoa física ou jurídica que se encontre, ao tempo da licitação, impossibilitada de participar da licitação em decorrência de sanção que lhe foi imposta;

IV - aquele que mantenha vínculo de natureza técnica, comercial, econômica, financeira, trabalhista ou civil com dirigente do órgão ou entidade contratante ou com agente público que desempenhe função na licitação ou atue na fiscalização ou na gestão do contrato, ou que deles seja cônjuge, companheiro ou parente em linha reta, colateral ou por afinidade, até o terceiro grau, devendo essa proibição constar expressamente do edital de licitação;

V - empresas controladoras, controladas ou coligadas, nos termos da Lei nº 6.404, de 15 de dezembro de 1976, concorrendo entre si;

VI - pessoa física ou jurídica que, nos 5 (cinco) anos anteriores à divulgação do edital, tenha sido condenada judicialmente, com trânsito em julgado, por exploração de trabalho infantil, por submissão de trabalhadores a condições análogas às de escravo ou por contratação de adolescentes nos casos vedados pela legislação trabalhista.

§ 1º O impedimento de que trata o inciso III do *caput* deste artigo será também aplicado ao licitante que atue em substituição a outra pessoa, física ou jurídica, com o intuito de burlar a efetividade da sanção a ela aplicada, inclusive a sua controladora, controlada ou coligada, desde que devidamente comprovado o ilícito ou a utilização fraudulenta da personalidade jurídica do licitante.

§ 2º A critério da Administração e exclusivamente a seu serviço, o autor dos projetos e a empresa a que se referem os incisos I e II do *caput* deste artigo poderão participar no apoio das atividades de planejamento da contratação, de execução da licitação ou de gestão do contrato, desde que sob supervisão exclusiva de agentes públicos do órgão ou entidade.

§ 3º Equiparam-se aos autores do projeto as empresas integrantes do mesmo grupo econômico.

§ 4º O disposto neste artigo não impede a licitação ou a contratação de obra ou serviço que inclua como encargo do contratado a elaboração do projeto básico e do projeto executivo, nas contratações integradas, e do projeto executivo, nos demais regimes de execução.

§ 5º Em licitações e contratações realizadas no âmbito de projetos e programas parcialmente financiados por agência oficial de cooperação estrangeira ou por organismo financeiro internacional com recursos do financiamento ou da contrapartida nacional, não poderá participar pessoa física ou jurídica que integre o rol de pessoas sancionadas por essas entidades ou que seja declarada inidônea nos termos desta Lei.

Desse modo, entre outros aspectos, conclui-se que não poderá participar da licitação o autor do projeto básico ou do projeto executivo, seja pessoa física ou jurídica, salvo se sua atuação estiver na condição de consultor técnico, exercendo a função de fiscalização, supervisão ou gerenciamento.

Também não poderá participar da licitação a pessoa que seja gerente, dirigente ou sócia, com ao menos 5% do capital votante, da empresa encarregada da elaboração do projeto básico ou do projeto executivo, estendendo-se a vedação aos responsáveis técnicos ou subcontratados.

Esclareça-se que tais vedações só se aplicam quando a licitação não incluir em seu objeto, além da execução da obra ou serviço, a elaboração do projeto executivo, o que é possível e bastante comum.

Além dessas pessoas, não poderá participar da licitação qualquer servidor ou dirigente do órgão contratante ou responsável pela licitação, incluindo-se nesse rol os membros da comissão de licitação.

A pessoa jurídica não está proibida de participar da licitação em consórcio pela Lei 14.133/21, a não que essa vedação venha devidamente motivada no processo licitatório. Porém, os arts. 15 e 16 do referido diploma legal, prescreve determinadas condições para que uma pessoa jurídica possa participar de licitação em consórcio, a saber:

Art. 15. Salvo vedação devidamente justificada no processo licitatório, pessoa jurídica poderá participar de licitação em consórcio, observadas as seguintes normas:

I - comprovação de compromisso público ou particular de constituição de consórcio, subscrito pelos consorciados;

II - indicação da empresa líder do consórcio, que será responsável por sua representação perante a Administração;

III - admissão, para efeito de habilitação técnica, do somatório dos quantitativos de cada consorciado e, para efeito de habilitação econômico-financeira, do somatório dos valores de cada consorciado;

IV - impedimento de a empresa consorciada participar, na mesma licitação, de mais de um consórcio ou de forma isolada;

V - responsabilidade solidária dos integrantes pelos atos praticados em consórcio, tanto na fase de licitação quanto na de execução do contrato.

§ 1º O edital deverá estabelecer para o consórcio acréscimo de 10% (dez por cento) a 30% (trinta por cento) sobre o valor exigido de licitante individual para a habilitação econômico-financeira, salvo justificação.

§ 2º O acréscimo previsto no § 1º deste artigo não se aplica aos consórcios compostos, em sua totalidade, de microempresas e pequenas empresas, assim definidas em lei.

§ 3º O licitante vencedor é obrigado a promover, antes da celebração do contrato, a constituição e o registro do consórcio, nos termos do compromisso referido no inciso I do *caput* deste artigo.

§ 4º Desde que haja justificativa técnica aprovada pela autoridade competente, o edital de licitação poderá estabelecer limite máximo para o número de empresas consorciadas.

§ 5º A substituição de consorciado deverá ser expressamente autorizada pelo órgão ou entidade contratante e condicionada à comprovação de que a nova empresa do consórcio possui, no mínimo, os mesmos quantitativos para efeito de habilitação técnica e os mesmos valores para efeito de qualificação econômico-financeira apresentados pela empresa substituída para fins de habilitação do consórcio no processo licitatório que originou o contrato.

Art. 16. Os profissionais organizados sob a forma de cooperativa poderão participar de licitação quando:

I - a constituição e o funcionamento da cooperativa observarem as regras estabelecidas na legislação aplicável, em especial a Lei nº 5.764, de 16 de dezembro de 1971, a Lei nº 12.690, de 19 de julho de 2012, e a Lei Complementar nº 130, de 17 de abril de 2009;

II - a cooperativa apresentar demonstrativo de atuação em regime cooperado, com repartição de receitas e despesas entre os cooperados;

III - qualquer cooperado, com igual qualificação, for capaz de executar o objeto contratado, vedado à Administração indicar nominalmente pessoas;

IV - o objeto da licitação referir-se, em se tratando de cooperativas enquadradas na Lei nº 12.690, de 19 de julho de 2012, a serviços especializados constantes do objeto social da cooperativa, a serem executados de forma complementar à sua atuação.

7. DISCIPLINA ESPECÍFICA DAS COMPRAS

A disciplina das compras pela Administração Pública é feita, em seus arts. 40, V, e 150 da Lei 14.133/21. E, em alguns pontos, guarda semelhança com a disciplina das obras e serviços.

O primeiro requisito elencado pelo legislador referente às compras diz sobre a necessidade de o objeto a ser adquirido pela Administração ser adequadamente caracterizado no instrumento convocatório, bem assim no instrumento do contrato que vier a ser elaborado, não só em termos quantitativos, mas também em termos qualitativos, de acordo com o tipo de licitação que venha a ser adotado. Contudo, não deve o edital conter a indicação de marcas, de modo a direcionar a licitação, beneficiando pessoas certas em prejuízo do princípio da isonomia.

A respeito de marcas, uma reflexão mais profunda merece ser feita. Então, vejamos. A Lei nº 8.666/93 prescrevia como regra básica a vedação da escolha de marca, regulando o § 5º, do art. 7º[75], que para obras e serviços "é vedada a realização de licitação cujo objeto inclua bens e serviços *sem similaridade ou de marcas, características e especificações exclusivas* [...]; no inciso I, do § 7º, do art. 15, que nas compras seja observada a "especificação completa do bem a ser adquirido *sem indicação de marca*"; e no inciso I, do art. 25, que regula a inexigibilidade de licitação "para a aquisição de materiais e equipamentos, ou gêneros que só possam ser fornecidos por produtor, empresa ou representante comercial exclusivo, *vedada a preferência de marca* [...]".

Conforme se pode perceber, a Lei 14.133/21 alterou o entendimento, vez que em seu art. 40, § 1º passou a constar que a especificação do produto deva se dar preferencialmente segundo o catálogo eletrônico de padronização e observar os requisitos de qualidade, rendimento, compatibilidade, durabilidade e segurança, não se fazendo qualquer menção à antiga vedação de indicar marca(s) preferida(s). Contudo, o art. 74, I, do mesmo diploma, indica que a licitação é inexigível em casos de "aquisição de materiais, de equipamentos ou de gêneros ou contratação de serviços que só possam ser fornecidos por produtor, empresa ou representante comercial exclusivos", enquanto que seu § 1º preceitua que "a Administração deverá demonstrar a inviabilidade de competição mediante atestado de exclusividade, contrato de exclusividade, declaração do fabricante ou outro documento idôneo capaz de comprovar que o objeto é fornecido ou prestado por produtor, empresa ou representante comercial exclusivos, vedada a preferência por marca específica". Nesse ponto é correto dizer que, de fato, a proibição de indicar preferência por marca específica se mantém na nova legislação em vigor.

Tais vedações, todavia, são apenas de natureza relativa, haja vista que a correta intelecção dos dispositivos mencionados nos leva a concluir que o que se coíbe é a escolha arbitrária de marcas, como se pode ler, por exemplo, na parte final do § 5º, do art. 7º – "[...] salvo nos casos que for tecnicamente justificável [...]" – e no inciso I, do § 1º, do art. 3º, que veda a inclusão nos editais de cláusulas restritivas que sejam impertinentes ou irrelevantes para o específico objeto do contrato. Portanto, o que não se admite é a opção por produto ou serviço sem que existem razões, justificadamente demonstradas, para tanto (como naquele exemplo hipotético dos veículos da marca Mercedes Benz e da cor azul).

Aliás, a escolha legítima, na prática, se assentará não propriamente na marca em si mesmo considerada, mas essencialmente nas características particulares do produto que os diferencia dos demais e que espelha tecnicamente a melhor satisfação do interesse público.

Então, se a vedação da escolha de marca não é absoluta, como compartilhá-la com o princípio da padronização das compras feitas pela Administração?

Embora o legislador vede a indicação de marca nas compras, impõe que a Administração dê preferência ao princípio da padronização (artigo 15, I e § 7º, I). Ora, padronizado o material utilizado pelo órgão público, a partir do procedimento específico, as aquisições supervenientes só serão viáveis se houver a indicação da marca padronizada, sem que, nessa hipótese, qualquer ilegalidade seja cometida.

---

75   Sem correspondência na Lei 14.133/21.

A proibição de que a Administração dirija o procedimento licitatório de forma a escolher determinada marca é um corolário do princípio da igualdade, assegurado pela Constituição Federal.

É importante que se perceba, no entanto, <u>que a vedação atinge a escolha imotivada de marca</u>, posto que, neste caso, o administrador está violando o direito de todos que se encontrem em iguais condições de atender a uma necessidade da Administração, e que, dessa forma, têm frustrado seu direito de participar do procedimento em função de uma exigência descabida do Poder Público.

Se a Administração necessita de um bem determinado, com características tais que somente uma marca específica é capaz de atender, não existe, em princípio, uma pluralidade de contrastes potenciais, vez que apenas aquela marca atende às necessidades do órgão público. Ressalte-se, no entanto, que deve haver uma justificativa sólida para essa preferência. <u>Justificativas genéricas, como *produto que melhor atende ao interesse público, por ser de melhor qualidade, por preservar a qualidade de ensino*, não legitimam a opção por marca certa</u>, não são, portanto, suficientes, por si só, para autorizar que a Administração inclua em seu instrumento convocatório a preferência por tal ou qual marca. É necessário que a justificativa demonstre, cabal e tecnicamente, que só aquela marca atende satisfatoriamente às necessidades específicas da Administração, perfeitamente individualizadas e demonstradas.

<u>A título de exemplo, imaginemos, hipoteticamente, que, para desenvolver uma dada pesquisa, foi adquirida uma determinada matéria-prima, um reagente químico específico. Se, para a continuidade dessa pesquisa, for necessária nova aquisição, poder-se-ia fazer a indicação da marca desejada na hipótese de outra marca qualquer, similar à inicialmente adquirida, implicar possibilidade de desvio de resultado já obtido inicialmente. Nesta hipótese, se o fato estiver justificado nos autos, legal será a opção de marca pela Administração, posto que apenas um determinado produto reúna condições de atender, a contento, àquela necessidade específica.</u>

Em suma, é preciso que o contratante comprove, justificadamente, que não está dirigindo a licitação, favorecendo qualquer particular em detrimento de outro.

Outro ponto explorado, que trata das compras, é o que exige a existência de recursos orçamentários suficientes para fazer frente aos pagamentos que decorrem das compras dos bens licitados. Mais uma vez, fez o legislador questão de impedir que a Administração Pública frustre as expectativas dos contratados em receber o pagamento dos preços ajustados, bem assim de inibir a acumulação de dívidas decorrente da insuficiência orçamentária, especialmente na atualidade, em que a palavra de ordem é "equilíbrio das contas". De semelhante modo, na Lei nº 14.133/21, o legislador manteve essa diretriz nos artigos 40, V, c e 150, observe:

Art. 40, Lei 14.133/21 - O planejamento de compras deverá considerar a expectativa de consumo anual e observar o seguinte:

V - atendimento aos princípios:

c) da responsabilidade fiscal, mediante a comparação da despesa estimada com a prevista no orçamento.

Art. 150, Lei 14.133/21 - Nenhuma contratação será feita sem a caracterização adequada de seu objeto e sem a indicação dos créditos orçamentários para pagamento das parcelas contratuais vincendas no exercício em que for realizada a contratação, sob pena de nulidade do ato e de responsabilização de quem lhe tiver dado causa.

A Administração Pública quer se afastar do fantasma do déficit orçamentário, impondo uma administração eficaz e responsável no limite dos recursos disponíveis, gastando somente aquilo que existe em caixa.

Vencidos esses requisitos primeiros, impõe-se a análise de algumas características que envolvem a contratação de compras pela Administração Pública. E a primeira delas refere-se, assim como ocorre com os serviços e as obras, ao princípio da padronização.

Sempre que possível, a Administração comprará equipamentos, mobiliário, automóveis e tudo o mais que for necessário ao desempenho de suas atividades de forma padronizada. Vale dizer, tais compras obedecerão a um padrão de cor, forma, tecnologia, de modo a estabelecer uma identidade estética aos bens públicos e, também, com o objetivo de facilitar a manutenção, a reparação ou a reposição de materiais danificados, tudo conforme determina os artigos 40, V, *a*, § 1º, III; 47, I, da Lei 14.133/21).

Além da padronização, a Lei impõe que as compras sejam efetuadas através de um "sistema de registro de preços", regulamentado pelo Decreto nº 7.892/13 em âmbito federal, não se aplicando aos demais Entes Federativos que deverão editar suas próprias normas. Neste sistema, a Administração seleciona uma empresa, por meio de licitação na modalidade de concorrência do tipo menor preço ou na modalidade de pregão (art. 7º, *caput*), para que registre o preço unitário das mercadorias que possam vir a interessar a entidade pública, em momento futuro e incerto, incerteza esta que se dá tanto quanto à data em que será solicitada a entrega dos bens como também quanto à quantidade que a Administração vai pretender adquirir.

Destaca-se que o Sistema de Registro de Preços não é uma modalidade de licitação, mas um sistema para o devido registro das atas de preços de licitantes vencedores de forma a propiciar maior agilidade e facilidade na aquisição de bens pela Administração Pública, atendendo ao princípio da eficiência e da economicidade. No caso em comento, o poder público não irá licitar com a finalidade imediata de contratação, mas se tão somente registrar os preços para uma eventual contratação futura, entendendo-se que, se por vezes determinado bem ou serviço possa ser requisitado com muita frequência pela Administração, logo isso provocará um maior interesse em elaborar no órgão um registro com eventual fornecedor daquele bem ou serviço.

Importante destacar que tal licitação não obrigará a Administração a contratar com o vencedor, tendo em conta o desconhecimento acerca da dotação orçamentária, restando que o fornecedor não possua qualquer garantia de que quando a Administração for contratar, será com ele. Por isso, é correto dizer que o registro de preços não é vinculativo de nenhuma forma. Isto que é o preceitua o art. 83 da Lei 14.133/21, observe:

> **Art. 83, Lei 14.133/21.** A existência de preços registrados implicará compromisso de fornecimento nas condições estabelecidas, mas não obrigará a Administração a contratar, facultada a realização de licitação específica para a aquisição pretendida, desde que devidamente motivada.

A grande ideia nesse procedimento licitatório auxiliar é justamente evitar um sem número de licitações sucessivas e desnecessárias para aquisição de bens ou serviços semelhantes, pois, uma vez registrados em ata, estes ficarão à disposição do poder público, que terá a faculdade de adquiri-los, no decorrer de um ano prorrogável uma única vez por igual período, de acordo com suas necessidades e disponibilidade orçamentária, resultando positivamente para as contratações públicas numa maior eficiência.

Desta forma, uma vez que a Administração Pública não realiza a compra pelo sistema, nesta licitação para registro não há que prever dotação orçamentária, o que é exigência na efetiva assinatura do contrato que seleciona determinada ata de preço do SRP ou por licitação direta.

O particular contratado será obrigado a fornecer os bens requisitados pela Administração Pública, desde que observados os limites definidos no instrumento convocatório da licitação. No entanto, a Administração não será obrigada a contratar a compra dos bens registrados com o particular vencedor da licitação. Na verdade, haverá, no momento da aquisição, uma comparação dos preços registrados com os praticados no mercado. Se houver diferença que aponte para a conveniência de se adquirir com outras pessoas, a Administração poderá providenciar nova licitação. Entretanto, em igualdade de condições, aquele que foi selecionado por ocasião da licitação para fins do registro de preços terá preferência.

O registro de preços não tem validade indeterminada. Seu prazo máximo é de um ano, sendo certo que, neste período, poderá haver atualização dos valores registrados, de modo a não propiciar um prejuízo injustificado para o particular contratado e, de outro lado, um enriquecimento sem causa para a Administração.

O Sistema de Registro de Preços também apresenta com relevância e controvérsia na doutrina a possibilidade de as atas de registro de preços serem passíveis de utilização por órgãos ou entidades que não tenham participado do processo licitatório – artigo 22, Decreto 7.892/13.

A controvérsia quanto a utilização das atas, se mostra quanto a possibilidade de estes órgãos e entidades serem de outra esfera federativa, por exemplo, um Estado se utilizar de uma ata de registro de preço federal ou municipal.

Parte da doutrina e a AGU entende que as atas de registro de preços são exclusivas para uso da administração pública direta e indireta federal visto que o artigo 22 em estudo é literal neste sentido. Outra parte da doutrina tem entendimento diverso, sendo, portanto, permitida a utilização das atas por parte da administração pública direta e indireta de qualquer Ente Federativo, com fundamento no princípio da economicidade e da isonomia.

O entendimento deste Autor é pela possibilidade de utilização das atas de registro de preços por qualquer órgão ou entidade de qualquer Ente Federativo desde que cumprido os procedimentos elencados nos parágrafos do artigo 22, Decreto 7.892/13, visto que os princípios que fundamentam este entendimento são basilares nos processos licitatórios e esta previsão cumpre de forma cristalina seus objetivos.

Ressalva-se que os parágrafos 8º e 9º do artigo em estudo apontam para a utilização das atas de forma hierárquica, onde a administração pública de esfera superior não pode utilizar as atas de esferas inferiores e estas podem se utilizar destes registros quando licitados por esferas superiores, ou seja, a administração federal não pode se utilizar de atas estaduais, distrital ou municipais e os Municípios podem se utilizar dos registros adotados pelos Estados, pelo Distrito Federal e pela União.

Além do registro de preço, o artigo 40, I da Lei 14.133/21 (antigo art. 15, III, Lei 8.666/93) impõe que a Administração Pública se submeta às condições de aquisição e pagamento semelhantes à do setor privado[76]. E, neste ponto, a discussão que surge é a seguinte: poderia a Administração pagar adiantado o preço do produto, ou seja, antes de o particular efetuar a entrega?

Seria imaginável que o particular contratado concedesse descontos pelo pagamento antecipado, o que traria vantagens à Administração Pública e, em princípio, justamente por isto, restaria permitido. No entanto, é de se ver que o art. 62 da Lei nº 4.320/64 diz que o pagamento só ocorrerá após a chamada *liquidação*, que é etapa de realização da despesa em que a Administração verifica se o particular satisfez sua obrigação correspondente. Só a partir daí pode a Administração efetuar o pagamento. Com isso, estaria inviabilizado a pagamento antecipado, mesmo que assim ajustado para a obtenção de vantagens econômicas.

Registre-se, entretanto, que o professor Marçal Justen Filho tem sustentado tese contrária. Para o consagrado administrativista, o art. 62 da Lei nº 4.320/64 teria sido derrogado pelo art. 14, III, do Decreto-Lei nº 2.300/86, que também impusera à Administração a submissão às condições de pagamento aplicáveis ao setor privado, de modo a viabilizar o pagamento antes da chamada liquidação. Registre-se que o Decreto 2.300/86 foi revogado pela Lei 8.666/93.

No mesmo sentido é o posicionamento do saudoso Hely Lopes Meirelles, que diz ser possível o pagamento antecipado quando há previsão contratual neste sentido. Na opinião desse autor, o que o art. 62 da Lei nº 4.320/64 impõe é que o pagamento seja efetuado após a verificação do direito de receber por parte do contratado. E se o contrato prevê que o pagamento se dará antes do cumprimento da prestação por parte do vendedor, não há dúvidas de que a constituição desse direito não está atrelada à entrega antecipada do objeto comprado.

Outra regra importante acerca da compra é a que impõe o fracionamento das aquisições de modo a propiciar o aproveitamento de peculiares condições mercadológicas, gerando economia para a Administração. Como explicamos anteriormente, o fracionamento do objeto amplia a possibilidade de interessados participarem da licitação, aumentando também a competição e, de acordo com a lei da oferta e da demanda, termina por abaixar os preços contidos nas propostas.

É de se ver que toda aquisição deverá ser comunicada ao público, por meio da imprensa oficial, seja ela precedida ou não de licitação, de modo a garantir um controle mais democrático dos gastos públicos. Isso só

---

76 Interessante a conclusão a que se chegou na Procuradoria Federal em exercício na Comissão Nacional de Energia Nuclear – CNEN no Parecer PJU no 02/2003. A propósito de a Administração se sujeitar a condições semelhantes de pagamento do setor privado, questionou-se se poderia ser protestado um título da Autarquia em questão e, ainda, se esta poderia ter o seu nome inscrito no SERASA em razão do atraso no pagamento do valor avençado. A conclusão foi no sentido da impossibilidade, pois isso acaba por gerar embaraços ao serviço prestado pela Administração, sendo certo que o princípio da supremacia do interesse público e o princípio da continuidade do serviço público não permitem essa solução.

não ocorrerá quando se tratar de bens adquiridos com dispensa de licitação em razão de segurança nacional. E por razões óbvias: tratar-se-ia de segredo de Estado, neste caso, então, não se pode esperar publicidade nesta hipótese.

7.1. Instrumentos Auxiliares na Licitação pela Nova Lei

Outra previsão inovadora trazida pela Lei 14.133/21 é a de que a Administração poderá manejar procedimentos auxiliares de licitações e contratações, como aqueles previstos no § 1º do art. 28 e no artigo 78 da referida lei, neste último envolvendo: o credenciamento; a pré-qualificação; o procedimento de manifestação de interesse; o sistema de registro de preços e o registro cadastral, todos eles obedecendo a critérios claros e objetivos definidos em regulamento (art. 78, § 1º). Importante mencionar que ainda na vigência da Lei 8.666/93, encontravam-se a pré-qualificação, o sistema de registro de preços e o registro cadastral. O credenciamento, por sua vez, era adotado sob o argumento do art. 25 daquela lei com vistas a substituição da contratação direta por inexigibilidade de licitação. Outro ponto relevante a se destacar é que o art. 6º da Lei 14.133/21 não aborda o conceito de manifestação de interesse e de registro, como o faz com os demais instrumentos auxiliares.

Tais procedimentos auxiliares têm como sua missão: a) antecipar um procedimento licitatório específico (no caso, a manifestação de interesse e a pré-qualificação); b) ou reunir dados, subsídios e informações destinadas ao julgamento de licitações diversas e para contratações associadas (registro cadastral); c) ou ainda, substituir inteiramente o processo licitatório, evitando-o por ocupar-lhe o lugar (neste caso está o credenciamento).

Para melhor entendimento deste conteúdo, podemos dizer que os procedimentos auxiliares se dividam em dois grupos. No primeiro, estão os procedimentos que ocasionam a contratação de um licitante, compreendendo o Sistema de Registro de Preços e o Credenciamento; e, no segundo grupo, situam-se os procedimentos de caráter preparatório, por antecederem à licitação, pertencendo a ele o Registro Cadastral, o Procedimento de Manifestação de Interesse e a pré-qualificação. Na sequência, conheçamos cada um deles.

7.1.1. Sistema de Registro de Preços

O Sistema de Registro de Preços tem sua conceituação estabelecida no art. 6º, inciso XLV da Lei 14.133/21, nestes termos: "conjunto de procedimentos para realização, mediante contratação direta ou licitação nas modalidades pregão ou concorrência, de registro formal de preços relativos à prestação de serviços, a obras e a aquisição e locação de bens para contratações futuras".

O artigo 82 da Lei 14.133/21 que, ao tratar do Sistema de Registro de Preços, firmou o seguinte acerca do edital de licitação para registro de preços:

> **Art. 82, Lei 14.133/21.** O edital de licitação para registro de preços observará as regras gerais desta Lei e deverá dispor sobre:
>
> I - as especificidades da licitação e de seu objeto, inclusive a quantidade máxima de cada item que poderá ser adquirida;

II - a quantidade mínima a ser cotada de unidades de bens ou, no caso de serviços, de unidades de medida;

III - a possibilidade de prever preços diferentes:

a) quando o objeto for realizado ou entregue em locais diferentes;

b) em razão da forma e do local de acondicionamento;

c) quando admitida cotação variável em razão do tamanho do lote;

d) por outros motivos justificados no processo;

IV - a possibilidade de o licitante oferecer ou não proposta em quantitativo inferior ao máximo previsto no edital, obrigando-se nos limites dela;

V - o critério de julgamento da licitação, que será o de menor preço ou o de maior desconto sobre tabela de preços praticada no mercado;

VI - as condições para alteração de preços registrados;

VII - o registro de mais de um fornecedor ou prestador de serviço, desde que aceitem cotar o objeto em preço igual ao do licitante vencedor, assegurada a preferência de contratação de acordo com a ordem de classificação;

VIII - a vedação à participação do órgão ou entidade em mais de uma ata de registro de preços com o mesmo objeto no prazo de validade daquela de que já tiver participado, salvo na ocorrência de ata que tenha registrado quantitativo inferior ao máximo previsto no edital;

IX - as hipóteses de cancelamento da ata de registro de preços e suas consequências.

No procedimento de registro de preços, aprofundemos, os licitantes que anunciarem as melhores propostas para cada item firmarão uma Ata de Registro de Preços com a Administração Pública para o fornecimento sob demanda futura, respeitados os valores e quantitativos registrados, com validade máxima de um ano, podendo ser prorrogado por igual período, desde que se comprove o preço vantajoso à época da contratação (art. 84 da Lei 14.133/21).

No entender de José Calasans Junior, assim como de Marçal Justen Filho, o procedimento de registro de preços consistiria não somente num instrumento auxiliar das licitações, mas evidenciaria uma espécie de licitação diferenciada, devendo integrar o rol de modalidade licitatórias do art. 28 da Lei 14.133/21, observe como se conduz tal posicionamento:[77]

> "Essa forma de designação [instrumento auxiliar das licitações] não deve ser vista como mero equívoco do legislador, ao contrário, autoriza a afirmativa de que o procedimento de registro de preços caracteriza, sim, licitação. Não tivesse essa natureza, a Ata de Registro de Preços que os proponentes assinam não se prestaria para autorizar as contratações futuras – o que estaria em desacordo com a exigência do prévio "processo de licitação" a que alude o inciso XXI do art. 37 da Constituição Federal, e somente se legitimaria, em cada operação de compra ou de contratação de serviço, mediante a justificativa da dispensa ou da inexigibilidade do respectivo procedimento. A afirmativa de que o procedimento de registro de preços não caracteriza licitação torna inócua a disposição do inciso XLVI do art. 6º da Lei 14.133/21, que define a Ata de Registro de Preços como "documento vinculativo e obrigacional, com característica de compromisso para futura contratação", que impões ao signatário proponentes dos preços registrados "compromisso de fornecimento das condições estabelecidas" (art. 83).

Fazemos um alerta acerca do respeito aos valores e quantidades registradas, pois os licitantes apresentarão na ata o valor unitário dos produtos, enquanto a Administração informará no mesmo documento a quantidade máxima daqueles produtos por poderá vir a adquirir.

---

77   CALASANS JUNIOR, José. Manual da Licitação.: com base na Lei nº 14.133, de 1º de abril de 2021. 3 ed. São Paulo: Barueri, Editora Atlas, 2021. p. 146.

Desse modo, a Administração, ao realizar hipoteticamente uma licitação para registrar preços de automóvel, declarando que deseja adquirir 50 (cinquenta), ao término do procedimento poderá adquirir menos de cinquenta, nenhum automóvel, todos os cinquenta, mas nunca além dos cinquenta, porque este foi o montante máximo que ela própria estabeleceu. Durante o ano de vigência da ata de registro de preços (um ano prorrogável uma única vez apenas por mais um ano), ficará à disposição da Administração Pública, a proposta selecionada, que poderá adquirir o bem quantas vezes precisar, sem que ultrapasse a quantidade licitada, podendo realizar quantas contratações julgar oportunas e convenientes, sem que deva empreender novos procedimentos licitatórios.

Contudo, após o período de um ano (ou, se prorrogável, dois anos) de vigência da ata, a Administração deverá empreender novo procedimento licitatório, visto que ao expirar, a ata perdeu sua validade, ainda que o poder público não tenha adquirido todo montante de bens que poderia.

Um ponto interessante dessa questão é que no Registro de Preços, as entregas serão parceladas, reduzindo para a Administração custos com estocagem, visto que a quantidade de bens e serviços a serem usados pela Administração estava previamente estimada e seu fornecimento exija, por assim dizer, o parcelamento. Novamente, é fundamental reiterar que a Administração não estará obrigada a contratar com o vencedor, porque para isso será preciso existir uma anterior dotação orçamentária para a celebração do contrato, conforme Orientação Normativa AGU 20/09. A vinculação, nesse caso, não existe, sendo aberto à Administração dar preferência ao vencedor registrado em igualdade de condições com outros licitantes.

Na ata de registro de preços ficarão registrados os preços e as quantidades dos produtos do licitante mais bem avaliado no transcurso da fase competitiva, formando-se um cadastro reserva assegurar a compra em circunstância que houver indisponibilidade de atendimento por parte do primeiro colocado na ata. Esse cadastro será composto pelos licitantes que consentirem na cotação de bens ou serviços com preços idênticos aos do licitante vencedor.

A nova lei tornou aplicável a utilização do registro de preços ao mesmo tempo para a contratação de bens e serviços, incluindo os de engenharia, assim como na contratação de obras públicas, garantindo uma periodicidade na revisão dos preços registrados, como forma de mantê-los previsíveis ao vencedor da licitação (art. 82, § 5º da Lei 14.133/21).

Portanto, são duas as condicionantes para possibilitar a execução de obras por meio de registro de preço: existência de projeto padronizado sem complexidade técnica e operacional e necessidade permanente ou frequente de obra ou serviço pelo órgão (art. 85, I e II). A nova lei também autoriza a adesão à ata de registro de preços, fenômeno conhecido como "efeito carona das licitações" (art. 86, § 6º).

A adesão à ata de registro de preços, na verdade, representa uma técnica mediante a qual um órgão ou entidade que não realizou licitação possa tomar emprestada a ata de registro de preços de outro órgão ou entidade. Desse modo, se uma contratação se baseou num sistema de registro de preços em vigor envolvendo entidade estatal que originalmente dele não participou e com quantitativos contratados não computados para o exaurimento do limite máximo, está-se diante daquilo que conhecemos por adesão à ata de registro de preços. A título exemplificativo, consideremos que o Ministério da Economia empreende um processo licitatório para registro de preços com vistas a adquirir 200 computadores em 2022, mas tão logo selecionada a proposta vencedora e a ata haver sido registrada no órgão licitante, uma notificação seja enviada ao respectivo Ministério pela Defensoria Pública do Estado do Rio de Janeiro que pretende contratar com o mesmo fornecedor 30 computadores. No presente quadro esboçado, a defensoria Pública enviará um ofício ao Ministério da Economia para requerer adesão à ata de registro de preços e, se o Ministério aceitar, a Defensoria estará apta a celebrar contrato com a mesma empresa, desde que ela também concorde, sem a necessidade de se fazer uma licitação para este fim. Por este motivo fica claro o porquê que a adesão à ata de registro de preços também é chamada de "carona".

Não obstante, devemos enfocar que o procedimento relativo à adesão da ata deve apresentar devida justificativa no tocante à vantajosidade da contratação por "adesão carona" e que, além da concordância da entidade estatal e do fornecedor, não será permitido que a adesão carona prejudique obrigações atuais e vindouras assumidas com o órgão gerenciador e os órgãos participantes. As contratações, inclusive, não deveram sobrepor, por órgão ou entidade, a 50% (cinquenta por cento) dos quantitativos registrados na ata para o órgão gerenciador e órgãos participantes (art. 86, § 4º da Lei 14.133/21).

No mais, o somatório dos quantitativos de todos os aderentes, ou seja, o total da adesão, não poderá ir além de 200% do montante registrado em ata (art. 86, § 5º, da Lei 14.133/21), não se aplicando esse regramento limitador nas hipóteses que tratem de aquisição emergencial de medicamentos e material de consumo médico-hospitalar (art. 86, § 7º). Outrossim, aos órgãos e entidades da Administração Pública federal estão proibidos de aderir à ata de registro de preços conduzidos por órgão ou entidade estadual, distrital ou municipal.

Contudo, é importante enfatizar o caráter preferencial da adesão, e não obrigatório, uma vez que ainda que exista ata válida, é plausível o órgão público decidir por licitar o mesmo objeto, mas que com essa iniciativa a Administrativo alcance melhores condições para a compra o bem.

A prática da carona, segundo José Calasans Junior, "não obedece a controles adequados, o que deixa aberta a possibilidade de favorecimentos que comprometem os princípios da impessoalidade, do tratamento isonômico e da igualdade de oportunidades".[78]

O artigo 86 da Lei 14.133/21, a fim de otimizar a licitação realizada, passou a estabelecer que "o órgão ou entidade gerenciadora deverá, na fase preparatória do processo licitatório, para fins de registro de preços, realizar procedimento público de intenção de registro de preços para, nos termos de regulamento, possibilitar, pelo prazo mínimo de 8 (oito) dias úteis, a participação de outros órgãos ou entidades na respectiva ata e determinar a estimativa total de quantidades da contratação".

Nesse sentido, o cenário em que o preço selecionado se apresentar maior do que o praticado no mercado constituir-se-á fraudulento e então qualquer cidadão terá legitimidade para impugnar a ata de registro de preços, por via administrativa ou judicial, lembrando que o art. 6º, XLVI conceitua a ata de ata de registro de preços como o "documento vinculativo e obrigacional, com característica de compromisso para futura contratação, no qual são registrados o objeto, os preços, os fornecedores, os órgãos participantes e as condições a serem praticadas, conforme as disposições contidas no edital da licitação, no aviso ou instrumento de contratação direta e nas propostas apresentadas".

Por conseguinte, o novo diploma legal das licitações franqueia a realização do registro de preços nos casos de dispensa e inexigibilidade de licitação (art. 82, § 6º) e a adesão à Ata de Registro de Preços por entes que não participaram do certame (art. 86, § 2º e seguintes).

7.1.2. Credenciamento

O credenciamento, esboçado no art. 79 da Lei 14.133/21. Nele, a bem da verdade, somente os participantes interessados receberão o credenciamento permanente pelo poder público a fim de serem demandados conforme o interesse do mesmo. Por conseguinte, se a contratação simultânea e imediata de todos os credenciados não se revelar possível, a Administração Pública deverá adotar critérios objetivos para que a demanda se distribua proporcionalmente entre todos os credenciados. Desta feita, percebe-se claramente que o credenciamento diverge dos procedimentos licitatórios tradicionais por autorizar a prestação de um mesmo serviço por mais de um interessado. Pensando por esse lado, não é errado cogitar-se que o credenciamento teria total aptidão de se transformar numa modalidade licitatória, como as descritas no rol do art. 28 da Lei 14.133/21, mas não foi esse o caminho adotado pelo legislador, preferindo conferir-lhe a forma de contratação direta.

Conforme o texto legal, percebemos que o credenciamento é aplicado em três situações específicas, senão vejamos:

Art. 79, Lei 14.133/21. O credenciamento poderá ser usado nas seguintes hipóteses de contratação:

I - paralela e não excludente: caso em que é viável e vantajosa para a Administração a realização de contratações simultâneas em condições padronizadas;

---

78   CALASANS JUNIOR, José. Manual da Licitação: com base na Lei nº 14.133, de 1º de abril de 2021. 3 ed. São Paulo: Barueri, Editora Atlas, 2021. p. 148.

II - com seleção a critério de terceiros: caso em que a seleção do contratado está a cargo do beneficiário direto da prestação;

III - em mercados fluidos: caso em que a flutuação constante do valor da prestação e das condições de contratação inviabiliza a seleção de agente por meio de processo de licitação.

Parágrafo único. Os procedimentos de credenciamento serão definidos em regulamento, observadas as seguintes regras:

I - a Administração deverá divulgar e manter à disposição do público, em sítio eletrônico oficial, edital de chamamento de interessados, de modo a permitir o cadastramento permanente de novos interessados;

II - na hipótese do inciso I do *caput* deste artigo, quando o objeto não permitir a contratação imediata e simultânea de todos os credenciados, deverão ser adotados critérios objetivos de distribuição da demanda;

III - o edital de chamamento de interessados deverá prever as condições padronizadas de contratação e, nas hipóteses dos incisos I e II do *caput* deste artigo, deverá definir o valor da contratação;

IV - na hipótese do inciso III do *caput* deste artigo, a Administração deverá registrar as cotações de mercado vigentes no momento da contratação;

V - não será permitido o cometimento a terceiros do objeto contratado sem autorização expressa da Administração;

VI - será admitida a denúncia por qualquer das partes nos prazos fixados no edital.

Como se pode depreender da leitura acima, no credenciamento não há interesse púbico na contratação de um único licitante, optando a Administração pela criação de uma listagem de particulares prestadores de bens ou serviços de que necessite. O credenciamento de hospitais ou de clínicas para o Sistema Único de Saúde (SUS) para realização de exame médico para habilitação de motoristas é um notável exemplo disso. Nesse cenário, é mais vantajoso para o poder o público ter à disposição os serviços de todos os agentes, sejam eles hospitais especializados em oncologia ou nefrologia, por exemplo, que não competirão entre si, pois o poder público não precisa necessariamente escolher um único prestador para o serviço que está demandando.

Interessante observar que mesmo anteriormente à edição da Lei 14.133/21, o Superior Tribunal de Justiça já admitia essa modalidade de contratação, embora ela não estivesse positivada na antiga lei de licitações e contratos administrativos. Devido à inviabilidade de competição existente no credenciamento, esse instrumento auxiliar, conforme entendimento da Corte Superior, assemelha-se a uma modalidade de licitação inexigível, sendo ilegal dimensionar uma ordem de classificação dos licitantes credenciados porque o credenciamento admite a possibilidade de contratação de todos os interessados em oferecer o mesmo tipo de serviço à Administração Pública. Assim, havendo alguma espécie de competição, corroborada por uma ordem de classificação dos contratados segundo critérios preestabelecidos, o poder público deve se valer de uma das modalidades de licitação previstas em lei, mas não do credenciamento. Vide ementa infra:

PROCESSUAL CIVIL E ADMINISTRATIVO. NEGATIVA DE PRESTAÇÃO JURISDICIONAL. INEXISTÊNCIA. INCOMPETÊNCIA TERRITORIAL. FUNDAMENTO INATACADO. SÚMULA 283 DO STF. INCIDÊNCIA. CLÁUSULA DE ELEIÇÃO DE FORO. INOBSERVÂNCIA. NULIDADE. AUSÊNCIA. LITISCONSÓRCIO PASSIVO NECESSÁRIO. FORMAÇÃO. SÚMULAS 5 E 7 DO STJ. APLICAÇÃO. INTERESSE DE AGIR E DECADÊNCIA. PRINCÍPIO DA INAFASTABILIDADE DA JURISDIÇÃO. FUNDAMENTO CONSTITUCIONAL. EXAME NA VIA ESPECIAL. INVIABILIDADE. **CREDENCIAMENTO. HIPÓTESE DE INEXIGIBILIDADE DE LICITAÇÃO. CRITÉRIOS DE PONTUAÇÃO PREVISTOS EM EDITAL. ILEGALIDADE.** LEGISLAÇÃO LOCAL. SÚMULA 280 DO STF.

[...]

10. Ainda que superado o óbice da Súmula 280 do STF, o Credenciamento constitui hipótese de inexigibilidade de licitação não prevista no rol exemplificativo do art. 25 da Lei nº 8.666/93, amplamente reconhecida

pela doutrina especializada e pela jurisprudência do Tribunal de Contas da União, que pressupõe inviável a competição entre os credenciados.

11. Para a Corte de Contas, a ausência de expressa previsão legal do credenciamento dentre os casos de inexigibilidade de licitação previstos na Lei 8.666/93 não impede que a Administração lance mão de tal procedimento e efetue a contratação direta entre diversos fornecedores previamente cadastrados que satisfaçam os requisitos estabelecidos pela Administração (Acórdão 768/13), respeitando-se requisitos como: i) contratação de todos os que tiverem interesse e que satisfaçam as condições fixadas pela Administração, não havendo relação de exclusão; ii) garantia de igualdade de condições entre todos os interessados hábeis a contratar com a Administração, pelo preço por ela definido; iii) demonstração inequívoca de que as necessidades da Administração somente poderão ser atendidas dessa forma (Acórdão 2504/17).

12. Especificamente sobre a hipótese vertida nos presentes autos, o Tribunal de Contas reputa ser "ilegal o estabelecimento de critérios de classificação para a escolha de escritórios de advocacia por entidade da Administração em credenciamento" (Acórdão 408/12 e Acórdão 141/13).[79]

13. Sendo o credenciamento modalidade de licitação inexigível em que há inviabilidade de competição e admite a possibilidade de contratação de todos os interessados em oferecer o mesmo tipo de serviço à Administração Pública, os critérios de pontuação exigidos no edital para desclassificar a contratação de credenciado já habilitado mostra-se contrário ao entendimento doutrinário e jurisprudencial acima esposado e prestigiado no aresto recorrido. (STJ, REsp 1747636 / PR, Primeira Turma, Rel. Min. GURGEL DE FARIA).

7.1.3. Registro Cadastral

Ao tratar sobre o Registro Cadastral, a Lei 14.133/21 a disciplina em seus artigos 87 e 88, como o mecanismo cujo objetivo é a reunião de dados pertencentes a todos os licitantes, os quais, conforme sua área de atuação serão classificados por categorias, em grupos subdivididos, de acordo com sua respectiva qualificação técnica e econômico-financeira.

Assim, aos licitantes cadastrados são fornecidos certificados que nos habilitam a participar das licitações, sobretudo, daquelas que restringidas aos licitantes cadastrados. O § 1º do art. 87 frisa que o Registro cadastral unificado de licitantes estará presente no Portal Nacional de Contratações Públicas (PNCP), sendo, portanto, público, amplamente divulgado e aberto permanentemente aos interessados. Além disso, outras disposições importantes são mencionadas pelos §§ 2º e 3º do art. 87 e § 5º do art. 88, que assim regulam:

---

79 A este respeito, orienta-nos muito sabiamente José Calasans Junior: "Ao sistematizar o credenciamento como forma de contratação direta, a Lei 14.133/21 parece que encampou o conceito doutrinário desse "instrumento auxiliar", mas o fez deixando aberta a possibilidade de se adotar a sistemática para contratação de apenas alguns dos credenciados. É o que resulta do texto do inciso II do parágrafo único do art. 79, que admite a adoção de *"critérios objetivos de distribuição da demanda" quando o objeto não permitir a contratação imediata e simultânea de todos os credenciados"*. Ora, se o credenciamento representa modalidade de contratação direta de todos os que preencham os requisitos de qualificação, se essa contratação não se mostrar possível, o credenciamento não deverá ser adotado, porque estará desatendida a condição, ou pressuposto, que o legitima. Ademais, a adoção de *"critérios de distribuição da demanda"*, tal como prevê o referido inciso, pode representar quebra do princípio do tratamento isonômico, na medida em que os iguais em qualificação poderão ser diferenciados na escolha para a *"distribuição da demanda"*. Só se pode adotar a sistemática de credenciamento quando não há possibilidade de diferenciar os interessados, pela competição entre eles. Esse aspecto, aliás, sempre foi bem ressaltado pelo Tribunal de Contas da União, como mostra, entre as várias decisões daquela Corte, o Acórdão 408/2012, relatado pelo Ministro Valmir Campelo, do qual se extrai o seguinte trecho: "7. Na modalidade de credenciamento, portanto, a avaliação técnica limita-se a verificar se a empresa interessada possui capacidade para executar o serviço. Uma vez preenchidos os critérios mínimos estabelecidos no edital, a empresa será credenciada, podendo ser contratada em igualdade de condições com todas as demais que também forem credenciadas. 8. A etapa de avaliação das empresas é, portanto, apenas eliminatória, e não classificatória, já que nessa modalidade não pode haver distinção entre as empresas credenciadas. Inexiste, portanto, a possibilidade de escolha de empresas que mais se destaquem dentre os parâmetros fixados pela entidade, visto que as empresas estariam competindo para constarem como as mais bem pontuadas. O credenciamento não se presta para este fim, uma vez que ele só se justifica em situações em que não se vislumbra possibilidade de competição entre os interessados". (CALASANS JUNIOR, José. Manual da Licitação.: com base na Lei nº 14.133, de 1º de abril de 2021. 3 ed. São Paulo: Barueri, Editora Atlas, 2021. p. 142).

Art. 87, Lei 14.133/21. Para os fins desta Lei, os órgãos e entidades da Administração Pública deverão utilizar o sistema de registro cadastral unificado disponível no Portal Nacional de Contratações Públicas (PNCP), para efeito de cadastro unificado de licitantes, na forma disposta em regulamento.

§ 1º O sistema de registro cadastral unificado será público e deverá ser amplamente divulgado e estar permanentemente aberto aos interessados, e será obrigatória a realização de chamamento público pela internet, no mínimo anualmente, para atualização dos registros existentes e para ingresso de novos interessados.

§ 2º É proibida a exigência, pelo órgão ou entidade licitante, de registro cadastral complementar para acesso a edital e anexos.

§ 3º A Administração poderá realizar licitação restrita a fornecedores cadastrados, atendidos os critérios, as condições e os limites estabelecidos em regulamento, bem como a ampla publicidade dos procedimentos para o cadastramento.

§ 4º Na hipótese a que se refere o § 3º deste artigo, será admitido fornecedor que realize seu cadastro dentro do prazo previsto no edital para apresentação de propostas.

O PNCP, conforme o art. 174, é o sítio eletrônico oficial das licitações e contratações públicas, destinado tanto à divulgação centralizada e obrigatória dos atos exigidos pela Lei 14.133/21 quanto à realização facultativa das contratações pelos órgãos e entidades dos Poderes Executivo, Legislativo e Judiciário de todos os entes federativos (art. 124, I e II, da Lei 14.133/21. Além do Registro Cadastral Unificado constar no PNCP e precisar atender a toda Administração Pública (União, Estados, Distrito Federal e Municípios), venho trazer as seguintes novidades, de acordo com o art. 88, da Lei 14.133/21, vejamos:

Art. 88, Lei 14.133/21. Ao requerer, a qualquer tempo, inscrição no cadastro ou a sua atualização, o interessado fornecerá os elementos necessários exigidos para habilitação previstos nesta Lei.

§ 1º O inscrito, considerada sua área de atuação, será classificado por categorias, subdivididas em grupos, segundo a qualificação técnica e econômico-financeira avaliada, de acordo com regras objetivas divulgadas em sítio eletrônico oficial.

§ 2º Ao inscrito será fornecido certificado, renovável sempre que atualizar o registro.

§ 3º A atuação do contratado no cumprimento de obrigações assumidas será avaliada pelo contratante, que emitirá documento comprobatório da avaliação realizada, com menção ao seu desempenho na execução contratual, baseado em indicadores objetivamente definidos e aferidos, e a eventuais penalidades aplicadas, o que constará do registro cadastral em que a inscrição for realizada.

§ 4º A anotação do cumprimento de obrigações pelo contratado, de que trata o § 3º deste artigo, será condicionada à implantação e à regulamentação do cadastro de atesto de cumprimento de obrigações, apto à realização do registro de forma objetiva, em atendimento aos princípios da impessoalidade, da igualdade, da isonomia, da publicidade e da transparência, de modo a possibilitar a implementação de medidas de incentivo aos licitantes que possuírem ótimo desempenho anotado em seu registro cadastral.

§ 5º A qualquer tempo poderá ser alterado, suspenso ou cancelado o registro de inscrito que deixar de satisfazer exigências determinadas por esta Lei ou por regulamento.

§ 6º O interessado que requerer o cadastro na forma do *caput* deste artigo poderá participar de processo licitatório até a decisão da Administração, e a celebração do contrato ficará condicionada à emissão do certificado referido no § 2º deste artigo. (grifo nosso)

Aqui verificamos que a lei possibilitou uma delimitação, qual seja, a de que apenas os inscritos do cadastro possam participar das licitações (§ 3º, art. 87), segundo ordem classificatória e a qualificação técnica e econômico-financeira apresentada (art. 88, § 1º), além da permitir que se use as anotações relativas ao desempenho dos contratados (art. 88, § 3º) para contribuir no julgamento da proposta técnica em certames cujo critério seja técnica e preço (art. 36, § 3º) e de desempate em qualquer licitação (art. 60, II).

São valiosos os comentários feitos por José Calasans Junior[80] a esse respeito:

> "[...] A realização de licitação restrita a fornecedores cadastrados deveria ser regra, não apenas "possibilidade", pelas vantagens que proporciona na celeridade e na eficiência da licitação e da contração direta. Aliás, nesse ponto a Lei 14.133/21 revela-se contraditória> permite a realização de licitação restrita aos cadastrados, mas elimina a tomada de preços, que era a modalidade de licitação específica para interessados cadastrados.

> Quanto à utilização das anotações cadastrais de desempenho contratual, deveria ser ampliada para permitir a inabilitação de interessados, na fase de julgamento da licitação. Sim, porque se essas anotações apontam falhas de desempenho em contratações anteriores, isso demonstra que o licitante não possui a qualificação técnica requerida, ou não oferece garantia de que, em novo contrato, honrará os compromissos assumidos. Em tal situação, a Administração corre risco de insucesso na realização do objeto a ser contratado.

> Anota-se, por fim, como positiva, a disposição do § 6º do art. 88 da Lei 14.133/21, que assegura ao interessado que requer inscrição no cadastro "participar de processo licitatório até a decisão da Administração", embora condicionado a celebração do contrato à emissão do certificado do registro".

7.1.4. Procedimento de Manifestação de Interesse – PMI

O **Procedimento de Manifestação de Interesse – PMI**, positivado no art. 81 da Lei 14.133/21, antecede a realização da licitação que será ou não efetivada segundo a discricionariedade da Administração Pública. Sendo assim, o projeto aprovado de particular só receberá sua devida remuneração caso a licitação aconteça e o pagamento será feito pelo licitante vencedor da futura licitação (art. 81, § 1º, Lei 14.133/21). Interessante notar que antes do novo estatuto licitatório, o PMI era mais direcionado aos projetos de desestatização, concessões de serviços públicos e parcerias público-privadas.

Para melhor entendimento desse procedimento, colacionamos o referido artigo, pedindo especial atenção ao § 4º do mesmo, estabelecendo que um PMI pode se restringir à startups (microempreendedores individuais, microempresas e empresas de pequeno porte) de natureza emergente e com grande potencial, dedicadas à pesquisa, desenvolvimento e implementação de novos produtos ou serviços que se baseiem em soluções tecnológicas inovadoras com chances de gerar grande impacto, *in verbis*:

> **Art. 81, Lei 14.133/21.** A Administração poderá solicitar à iniciativa privada, mediante procedimento aberto de manifestação de interesse a ser iniciado com a publicação de edital de chamamento público, a propositura e a realização de estudos, investigações, levantamentos e projetos de soluções inovadoras que contribuam com questões de relevância pública, na forma de regulamento.

---

80 CALASANS JUNIOR, José. Manual da Licitação: com base na Lei nº 14.133, de 1º de abril de 2021. 3 ed. São Paulo: Barueri, Editora Atlas, 2021. p. 148-149.

§ 1º Os estudos, as investigações, os levantamentos e os projetos vinculados à contratação e de utilidade para a licitação, realizados pela Administração ou com a sua autorização, estarão à disposição dos interessados, e o vencedor da licitação deverá ressarcir os dispêndios correspondentes, conforme especificado no edital.

§ 2º A realização, pela iniciativa privada, de estudos, investigações, levantamentos e projetos em decorrência do procedimento de manifestação de interesse previsto no *caput* deste artigo:

I - não atribuirá ao realizador direito de preferência no processo licitatório;

II - não obrigará o poder público a realizar licitação;

III - não implicará, por si só, direito a ressarcimento de valores envolvidos em sua elaboração;

IV - será remunerada somente pelo vencedor da licitação, vedada, em qualquer hipótese, a cobrança de valores do poder público.

§ 3º Para aceitação dos produtos e serviços de que trata o *caput* deste artigo, a Administração deverá elaborar parecer fundamentado com a demonstração de que o produto ou serviço entregue é adequado e suficiente à compreensão do objeto, de que as premissas adotadas são compatíveis com as reais necessidades do órgão e de que a metodologia proposta é a que propicia maior economia e vantagem entre as demais possíveis.

§ 4º O procedimento previsto no *caput* deste artigo poderá ser restrito a *startups*, assim considerados os microempreendedores individuais, as microempresas e as empresas de pequeno porte, de natureza emergente e com grande potencial, que se dediquem à pesquisa, ao desenvolvimento e à implementação de novos produtos ou serviços baseados em soluções tecnológicas inovadoras que possam causar alto impacto, exigida, na seleção definitiva da inovação, validação prévia fundamentada em métricas objetivas, de modo a demonstrar o atendimento das necessidades da Administração. (grifo nosso)

Como se pode constatar, as características do PMI são as seguintes: constitui um meio de agentes públicos angariarem sugestões inovadores para a solução de demandas de interesse público que a Administração Pública necessite atender; sempre virá antes da abertura de uma licitação específica, em que o proponente da sugestão não estará vedado a participar, mas nem por isso receberá preferência ou vantagem (§ 2º, I) e, ao receber a sugestão, o Poder Público não se verá obrigado a realizar a licitação para efetivá-la, tampouco suportará o reembolso de custos incorridos pelo agente privado, os quais serão ressarcidos pelo vencedor da licitação que poderá vir a ser realizada (§ 1º).

Assim, no entender de José Calasans Junior:[81]

> "Com essas características, a manifestação de interesse constitui, efetivamente, interessante instrumento auxiliar do processo de contratação pública, em especial, do procedimento licitatório, mediante a participação da inciativa privada na formulação de propostas de solução para questões de interesse coletivo. Não obstante, é importante ressaltar que a manifestação de interesse não estabelece qualquer vinculação de natureza contratual entre o órgão público que a promove e os agentes privados que dela participem, não gerando, portanto, para estes, qualquer direito, tampouco obrigação para a Administração Pública. Nesse sentido, são claras as disposições dos incisos I e II do § 2º do art. 81.
>
> O procedimento de manifestação de interesse guarda semelhanças com o "diálogo competitivo", especialmente nos atos da primeira etapa dessa nova modalidade de licitação. Aliás, a própria Lei 14.133/2021 declara que o chamamento feito no edital do diálogo competitivo tem por objetivo imediato a "manifestação de interesse" dos agentes privados em participar da licitação (art. 32, inciso I do § 1º). O traço diferenciar desses dois procedimentos consiste no fato de que o diálogo competi-

---

81 CALASANS JUNIOR, José. Manual da Licitação: com base na Lei nº 14.133, de 1º de abril de 2021. 3 ed. São Paulo: Barueri, Editora Atlas, 2021. p. 144.

tivo objetiva, a um só tempo, obter a indicação de alternativas(s) de solução inovadora e identificar os agentes privados qualificados para implementá-la. É um misto de manifestação de interesse, de pré-qualificação e de licitação".

7.1.5. Pré-qualificação

Por último, diz **Pré-qualificação**, apresentada no art. 80 da Lei 14.133/21, o procedimento no qual a Administração realiza uma seleção prévia dos licitantes que detenham as condições de habilitação para figurar regularmente em futuras licitações, inclusive aquelas restritas aos licitantes pré-qualificados. Os bens que atenderem às exigências técnicas/qualitativas do poder público também poderão ser pré-qualificados quando reunidos em catálogo de bens e serviços da Administração Pública. Ou seja, é correto dizer que existam duas pré-qualificações diferentes, sendo uma ligada aos licitantes e, outra, relacionada aos bens.

Para melhor compreensão, leia atentamente o referido conteúdo da legislação em apreço:

Art. 80, Lei 14.133/21. A pré-qualificação é o procedimento técnico-administrativo para selecionar previamente:

I - licitantes que reúnam condições de habilitação para participar de futura licitação ou de licitação vinculada a programas de obras ou de serviços objetivamente definidos;

II - bens que atendam às exigências técnicas ou de qualidade estabelecidas pela Administração.

§ 1º Na pré-qualificação observar-se-á o seguinte:

I - quando aberta a licitantes, poderão ser dispensados os documentos que já constarem do registro cadastral;

II - quando aberta a bens, poderá ser exigida a comprovação de qualidade.

§ 2º O procedimento de pré-qualificação ficará permanentemente aberto para a inscrição de interessados.

§ 3º Quanto ao procedimento de pré-qualificação, constarão do edital:

I - as informações mínimas necessárias para definição do objeto;

II - a modalidade, a forma da futura licitação e os critérios de julgamento.

§ 4º A apresentação de documentos far-se-á perante órgão ou comissão indicada pela Administração, que deverá examiná-los no prazo máximo de 10 (dez) dias úteis e determinar correção ou reapresentação de documentos, quando for o caso, com vistas à ampliação da competição.

§ 5º Os bens e os serviços pré-qualificados deverão integrar o catálogo de bens e serviços da Administração.

§ 6º A pré-qualificação poderá ser realizada em grupos ou segmentos, segundo as especialidades dos fornecedores.

§ 7º A pré-qualificação poderá ser parcial ou total, com alguns ou todos os requisitos técnicos ou de habilitação necessários à contratação, assegurada, em qualquer hipótese, a igualdade de condições entre os concorrentes.

§ 8º Quanto ao prazo, a pré-qualificação terá validade:

I - de 1 (um) ano, no máximo, e poderá ser atualizada a qualquer tempo;

II - não superior ao prazo de validade dos documentos apresentados pelos interessados.

§ 9º Os licitantes e os bens pré-qualificados serão obrigatoriamente divulgados e mantidos à disposição do público.

§ 10. A licitação que se seguir ao procedimento da pré-qualificação poderá ser restrita a licitantes ou bens pré-qualificados.

8. DISCIPLINA ESPECÍFICA DAS ALIENAÇÕES

Os bens públicos, em razão da destinação que lhes é reservada, são considerados inalienáveis por uma considerável parcela da doutrina. Entretanto, para ser mais rigoroso com as palavras, modernamente tem-se falado em *alienabilidade condicionada* dos bens públicos, já que a legislação não veda a transferência do domínio público, apesar de impor alguns requisitos especiais. Com efeito, ensina o professor José dos Santos Carvalho Filho[82] que os bens públicos somente são inalienáveis quando classificados como de uso especial ou de uso comum do povo, enquanto permanecerem nessa condição.

Importa, neste ponto, falar da afetação e da desafetação, que, respectivamente, vincula ou desvincula o bem público de certa destinação específica. Desafetado, o bem se torna dominical, podendo ser alienado, desde que cumpridas as exigências legais sobre a matéria. Daí ser viável tratar-se da alienação de bens públicos no art. 76 da Lei nº 14.133/21.

Os primeiros condicionamentos impostos pelo legislador para que se proceda à alienação de bens públicos refere-se à existência de interesse público, que deverá ser devidamente justificado pelo Administrador. Essa justificativa é de natureza essencialmente política, de modo que não é dado ao Judiciário avaliar-lhe a conveniência e oportunidade. Somente o Legislativo, em determinados casos em que a Lei geral o autoriza, poderá proceder a essa avaliação.

O outro requisito genérico, imposto pela Lei a qualquer alienação de bem público, refere-se à necessidade de avaliação do mesmo, isto para que não seja desfalcado o patrimônio público com a mutação indevida de bem móvel ou imóvel por montante em dinheiro que não seja equivalente. A partir daí, então, o legislador estatuiu regras específicas para a alienação de bens móveis e de bens imóveis.

Quanto aos bens imóveis, exigiu o legislador a autorização legislativa quando fossem objeto de alienação os bens da Administração Direta, das autarquias e das fundações públicas de direito público, além de licitação na modalidade de concorrência. Quanto aos bens de empresas públicas e sociedades de economia mista, não seria necessária a autorização legislativa, como também não o será quando o bem imóvel (de qualquer entidade da Administração Pública, direta ou indireta) tiver sido adquirido em processo judicial ou em dação em pagamento, hipótese em que a licitação poderá ser por leilão ou por concorrência.[83]

No que se refere especificamente à licitação, o legislador a dispensou nos casos de (a) dação em pagamento; (b) doação a outro órgão ou entidade da Administração Pública federal, estadual, distrital ou municipal[84]; (c) permuta por imóvel que seja destinado ao atendimento das finalidades precípuas da Administração, quando a necessidade de instalação e localização condicionem a escolha; (d) investidura[85]; (e) venda a outro órgão ou entidade da Administração Pública; (f) venda, concessão de direito real de uso, locação ou permissão de uso de bens imóveis construídos ou destinados por órgão ou entidade da Administração Pública a

---

82 CARVALHO FILHO, *op. cit.*, p. 886.

83 Também poderá ser pela modalidade de leilão a licitação para alienação de bens imóveis da Administração Pública, quando o seu valor de avaliação não for superior a R$ 650.000,00.

84   De acordo com o disposto no art. 17, § 1º, da Lei nº 8.666/93, cessado o motivo que ensejou a doação com dispensa de licitação, reverterá o bem ao patrimônio da entidade doadora, sendo certo que, enquanto isso não ocorrer, não poderá a donatária dispor do bem doado.

85 Entende-se por investidura, nos termos do § 3º da Lei nº 8.666/93: (a) a alienação aos proprietários lindeiros de área remanescente ou resultante de obra pública, área esta que se torna inaproveitável isoladamente, por preço nunca inferior ao da avaliação e desde que esse não ultrapasse a R$ 40.000,00; (b) alienação aos legítimos possuidores diretos ou, na falta destes, ao Poder Público, de imóveis para fins residenciais construídos em núcleos urbanos anexos a usinas hidrelétricas, desde que considerados dispensáveis na fase de operação dessas unidades e não integrem a categoria de bens reversíveis ao final da concessão.

programas habitacionais; (g) concessão de direito real de uso quando o beneficiário for órgão ou entidade da Administração Pública.

Por outro lado, no que tange aos bens móveis, <u>exige-se apenas, além do interesse público devidamente justificado e da prévia avaliação, de licitação na modalidade de leilão</u>. Entretanto, a licitação estará dispensada nas hipóteses de: (a) doação, que se admite se for para atender a interesse social; (b) permuta entre órgãos da Administração Pública; (c) venda de ações em bolsa de valores, observada a legislação específica; (d) venda de bens produzidos ou comercializados por órgãos ou entidades da Administração em razão de sua finalidade institucional; (e) venda de títulos; (f) venda de materiais e equipamentos inutilizados para outros órgãos ou entidades da Administração Pública.

Ocorre que, atualmente, o que deve ocupar o estudioso do tema é o seguinte: estaria o art. 17 da Lei nº 8.666/93 ainda em vigor ou, por outro lado, com a edição da Lei nº 9.636/98, teria o mesmo sido revogado, já que os arts. 23 e seguintes deste diploma legal tratam da mesma matéria de forma diferenciada?

O principal ponto de discussão é referente à necessidade de autorização legislativa para a alienação de bens imóveis, exigida no art. 76, I da Lei 14.133/21 e dispensada no art. 18, § 6º, I ao III da Lei nº 9.636/98.

A problemática não é de dificultosa solução, uma vez que se constata a restrição da aplicabilidade das normas contidas na Lei nº 9.636/98 ao âmbito da União. É somente essa a pessoa jurídica de direito público atingida pela referida Lei, não alcançando, então, os Estados, o Distrito Federal e os Municípios.

Deste modo, com relação à União, a autorização legislativa não é mais exigível para a alienação de bens imóveis, carecendo, tão-somente, de autorização do Presidente da República, depois de ouvida a Secretaria de Patrimônio da União no que se refere ao desinteresse de se manter o bem na esfera patrimonial do Poder Público. Para Estados, Distrito Federal e Municípios, fica mantida a regra do art. 76 da Lei 14.133/21, que não foi ab-rogado, mas simplesmente derrogado.

Não obstante seja restrito o âmbito de aplicação da Lei nº 9.636/98, a Procuradoria Geral do Município do Rio de Janeiro, em parecer exarado pelo Dr. Marcelo Marques, sustentou a aplicabilidade da mencionada Lei ao âmbito municipal, de modo que, em sua visão, não mais seria exigível a autorização legislativa para a alienação de bens imóveis municipais, distritais ou estaduais. Esse entendimento, entretanto, é muito polêmico e não se recomenda a adoção, devendo-se entender que o art. 76 da Lei nº 8.666/93 ainda está a condicionar a alienação de bens públicos municipais, estaduais e distritais à prévia autorização legislativa.

9. MODALIDADES DE LICITAÇÃO NA NOVA LEI

A licitação, enquanto procedimento administrativo, pode se desenvolver sob diversas formas, umas mais minuciosas e complexas, outras mais simples ou singelas. E é precisamente a essas diversas formas procedimentais que se dá o nome de **modalidades de licitação**.

A Nova Lei de Licitações e Contratos Administrativos (Lei nº 14.133/21), em seu art. 28, incisos I ao V, trouxe mudanças no cenário das modalidades de licitação, extinguindo a tomada de preços e o convite, conhecidas por se referirem às contratações de valores baixos e médios, e sua exclusão do rol de modalidades licitatórias se justifica porque o valor deixou de ser um critério de definição da modalidade licitatória. Outra mudança expressiva foi o acréscimo do diálogo competitivo e do pregão, cuja lei específica será revogada em abril de 2023, como novas modalidades de licitação. O diálogo competitivo, por seu cunho mais moderno, permite a discussão de técnicas de prestação de tecnologia entre particulares interessados na contratação com a Administração. Importante não se esquecer de dizer que o Regime Diferenciado de Contratações (RDC), que era uma modalidade autônoma de licitação e específica para determinados tipos de contratos, era prevista pela Lei 12.462/11 que lhe conferia procedimento próprio. Com a Lei 14.133/21, o RDC também será extinto.

O fato de terem sido criadas novas modalidades de licitação, tais como o pregão e o diálogo competitivo, em princípio pode causar certa estranheza quando da leitura do art. 28, § 2º da Lei 14.133/21 (antigo art. 22, § 8º da Lei 8.666/93), que apresenta uma vedação à criação de novas modalidades de licitação ou a combinação das modalidades já existentes. Todavia, a maioria da doutrina diz que esta norma é dirigida ao legislador estadual e municipal, que ficam impedidos de criar uma nova modalidade de licitação.

Outro importante artigo sobre as modalidades de licitação era o art. 23 da Lei 8.666/93, que estabelecia patamares de valor para as diferentes modalidades. E aí tínhamos que ter muito cuidado, pois esse artigo escondia uma casca de banana, podendo-se nela escorregar. Isto porque ele dizia que as modalidades da concorrência, da tomada de preços e do convite seriam determinadas em função de certos limites, "tendo em vista o valor estimado da contratação", dando-nos a falsa impressão de que o valor da contratação só fosse influente para aquelas citadas modalidades, como se para o leilão, por exemplo, o valor da contratação não fosse importante, o que não era bem assim.

Importante ressaltar que o recente Decreto nº 9.412 de 18 de junho de 2018 alterou os valores estimados da contratação que seguiam sem mudança desde 1998. A tabela abaixo apresenta esta alteração:

Valores estimados da contratação – **Artigo 23, Lei 8.666/93**	Estabelecido pela Lei nº 9.648/98	Estabelecido pelo Decreto nº 9.412/18
I - para obras e serviços de engenharia:		
convite -	até R$ 150.000,00	até R$ 330.000,00
tomada de preços -	até R$ 1.500.000,00	até R$ 3.300.000,00
concorrência -	acima de R$ 1.500.000,00	acima de R$ 3.300.000,00
II - para compras e serviços não referidos no inciso anterior:		
convite -	até R$ 80.000,00	até R$ 176.000,00
tomada de preços -	até R$ 650.000,00	até R$ 1.430.000,00
concorrência -	acima de R$ 650.000,00	acima de R$ 1.430.000,00

Hoje, com o advento da Lei 14.133/21, pode-se perceber que, uma vez extintas a tomada de preços e o convite.

Pois bem. Feitas essas primeiras considerações, melhor é passarmos a estudar, separadamente, cada uma das cinco modalidades de licitação atualmente vigentes.

9.1. Concorrência

De todas as existentes, a mais complexa modalidade licitatória é a concorrência, prevista no art. 28, II, da Nova Lei de Licitações (Lei nº 14.133/21).

A propósito, vejamos como a definiu o art. 6º, XXXVIII, deste dispositivo legal: "concorrência: modalidade de licitação para contratação de bens e serviços especiais e de obras e serviços comuns e especiais de engenharia, cujo critério de julgamento poderá ser: a) menor preço; b) melhor técnica ou conteúdo artístico; c) técnica e preço; d) maior retorno econômico; e) maior desconto".

A nova legislação conceitua bens e serviços especiais como "aqueles que, por sua alta heterogeneidade ou complexidade, não podem ser descritos na forma do inciso XIII do *caput* deste artigo, exigida justificativa prévia do contratante" (art. 6º, XIV); serviços de engenharia como "toda atividade ou conjunto de atividades destinadas a obter determinada utilidade, intelectual ou material, de interesse para a Administração e que, não enquadradas no conceito de obra a que se refere o inciso XII do *caput* deste artigo, são estabelecidas, por força de lei, como privativas das profissões de arquiteto e engenheiro ou de técnicos especializados, que compreendem: a) serviço comum de engenharia: todo serviço de engenharia que tem por objeto ações, objetivamente padronizáveis em termos de desempenho e qualidade, de manutenção, de adequação e de adaptação de bens móveis e imóveis, com preservação das características originais dos bens; b) serviço especial de engenharia: aquele que, por sua alta heterogeneidade ou complexidade, não pode se enquadrar na definição constante da alínea 'a'" (art. 6º, XXI); e obra por "toda atividade estabelecida, por força de lei, como privativa das profissões de arquiteto e engenheiro que implica intervenção no meio ambiente por meio de um conjunto harmônico de ações que, agregadas, formam um todo que inova o espaço físico da natureza ou acarreta alteração substancial das características originais de bem imóvel" (art. 6º, XII).

Essa definição, como facilmente se vê, nada diz de característico sobre a concorrência[86]. De modo que, ao que nos parece, necessário se faz investigar o que, na verdade, caracteriza essa modalidade licitatória.

A principal característica da concorrência é a sua maior complexidade procedimental, mais formalista do que as das outras modalidades de licitação. E isto tinha uma razão de ser: é que nos idos da Lei 8.666/93, **a concorrência era a modalidade indicada para os contratos de maior monta, de grande vulto**, e, com efeito, adequada para os seguintes casos, cujas estimativas de valores eram corrigidas periodicamente:

▶ Obras e serviços de engenharia com valor estimado da contratação acima de R$ 3.300.000,00 (três milhões e trezentos mil reais), de acordo com o art. 23, I, "c", da Lei nº 8.666/93[87] atualizado pelo Decreto 9.412 de junho de 2018;

▶ Compras e outros serviços com valor estimado da contratação superior a R$ 1.430.000,00 (um milhão, quatrocentos e trinta mil reais), conforme o art. 23, II, "c", da Lei nº 8.666/93[88] atualizado pelo Decreto 9.412 de junho de 2018;

▶ Venda de bens imóveis, salvo nos casos em que (a) tenham sido adquiridos em procedimentos judiciais; (b) tenham sido adquiridos em procedimento de dação em pagamento, sendo hipóteses em que poderá ser adotado o leilão como modalidade de licitação. Nestas situações, previstas no art. 76, § 1º da Lei 14.133/21, a autorização legislativa é dispensada, exigindo-se apenas avaliação prévia e licitação na modalidade leilão;

---

86   É bem verdade que, conceitualmente, a concorrência se distinguia das demais modalidades licitatórias, em especial, da tomada de preços e do convite, em razão de sua abertura a qualquer interessado a contratar com a Administração Pública. Com efeito, a tomada de contas somente admitia a participação no certame de pessoas previamente cadastradas. Entretanto, a Lei no 8.666/93 abriu a possibilidade de, no caso da tomada de preços, qualquer interessado, ainda que não cadastrado, se habilitar ao certame, desde que cumpra todos os requisitos para tanto e desde que se apresente com três dias de antecedência em relação à data do recebimento das propostas. Isso desfigurou, de certa forma, a universalidade como característica da concorrência, muito embora atenda aos princípios da igualdade e da economicidade.

87   Sem correspondente na Lei 14.133/21.

88   Idem.

- ▶ Concessão de direito real de uso (art. 76, I, "f", "g" e "h", da Lei 14.133/21);

- ▶ Licitações internacionais (art. 52, §§ 1º ao 6º).

Hodiernamente, ocorre que em determinados contratos, a concorrência se faz obrigatória em decorrência da natureza do objeto contratual, tendo em vista a importância conferida a essas avenças, autorizando a lei o uso das modalidades da concorrência ou do diálogo competitivo quando se tratarem se contratos de concessão de serviço público e de parcerias público-privadas. Em relação às concessões públicas, regulamentadas pela Lei 8.987/95, obrigatória será a modalidade da concorrência. Nesse caso, determinada empresa será contratada pelo ente público para prestar um serviço público específico e receber sua remuneração pelo usuário do serviço. Dentro desse universo, a Lei 8.987/95, em seu art. 2º, II, exige expressamente a aplicação da modalidade concorrência ou diálogo competitivo, não levando em conta o valor do contrato a ser celebrado que poderá ser precedido, inclusive, de obra. Já no caso das parcerias público-privadas, positivadas na Lei 11.079/04, cuja previsão traz as concessões patrocinadas e concessões administrativas. Para ambas, a respectiva legislação exige a modalidade de licitação concorrência ou diálogo competitivo em seu art. 10.

Como se pôde ver, a concorrência é uma modalidade de licitação destinada à contratação de bens e serviços especiais e de obras e serviços comuns e especiais de engenharia, sendo por isso entendida como uma modalidade genérica na qual se permite a participação de quaisquer interessados. Os critérios de julgamento admitidos nesta modalidade podem ser tanto a escolha do vencedor, o menor preço, a melhor técnica ou conteúdo artístico, o maior retorno econômico ou maior desconto. Em razão disso, vê-se que esta é a modalidade mais ampla, por conseguir abranger quase todos os tipos de licitação.

Importante pontuar que a legislação anterior (Lei 8.666/93) fazia a exigência de que para obras e compras de valores mais elevados se adotasse o procedimento da concorrência, mas o novo diploma legal (Lei 14.133/21) não diferencia as modalidades de licitação pelo critério da onerosidade, ou seja, do valor. Outra questão interessante a ser observada é que os bens e serviços especiais devam ser licitados sempre na modalidade concorrência, mas que a contratação de obras e serviços comuns de engenharia, além dela, também podem ser licitados mediante o pregão. Essa decisão partirá da prerrogativa de discricionariedade do agente público responsável, respaldada em critérios técnicos, visto que a escolha da modalidade licitatória mais adequada para os casos de bens e serviços comuns de engenharia não recebeu da lei critérios objetivos que fizerem distinção entre hipóteses nas quais deveria se optar pela concorrência ou pelo pregão nem estabeleceu uma relação de predominância entre as modalidades.

O rito a ser seguido pela concorrência consta no artigo 17 da Lei 14.133/21, conforme o que preceitua o art. 29:

> **Art. 29, Lei 14.133/21.** A concorrência e o pregão seguem o rito procedimental comum a que se refere o art. 17 desta Lei, adotando-se o pregão sempre que o objeto possuir padrões de desempenho e qualidade que possam ser objetivamente definidos pelo edital, por meio de especificações usuais de mercado.

Sobre esse aspecto, podemos dizer que a maior novidade trazida pela nova lei foi a consolidação da inversão de fases, uma vez que na Lei 8.666/93, a fase de habilitação antecedia a fase de julgamento das propostas, fato que a partir da nova lei foi modificado, porque agora primeiramente ocorre o julgamento das propostas para depois se realizar a análise de documentação do licitante vencedor. A fase de habilitação prévia contribuía negativamente atrasando o processo licitatório, pela necessidade de a comissão analisar toda a documentação dos licitantes para depois analisar suas propostas. Agora com a inversão dessas fases, julgam-se as propostas escolhendo dentre elas a mais vantajosa para o Poder Público e só então se passa a analisar a habilitação do licitante vencedor, o que simplifica e reduz em muito o volume de trabalho, tornando o procedimento mais eficiente e objetivo.

Fundamental trazer à baila mais uma mudança expressiva que a nova lei instaurou na fase recursal, tendo em conta que a Lei 8.666/93 previa o cabimento de um recurso após a fase de habilitação e de outro posterior à fase de julgamento das propostas. Porém, a inteligência do art. 165, § 1º, II assim regula:

Art. 165, Lei 14.133/21 - Dos atos da Administração decorrentes da aplicação desta Lei cabem:

I - recurso, no prazo de 3 (três) dias úteis, contado da data de intimação ou de lavratura da ata, em face de:

a) ato que defira ou indefira pedido de pré-qualificação de interessado ou de inscrição em registro cadastral, sua alteração ou cancelamento;

b) julgamento das propostas;

c) ato de habilitação ou inabilitação de licitante;

d) anulação ou revogação da licitação;

e) extinção do contrato, quando determinada por ato unilateral e escrito da Administração;

II - pedido de reconsideração, no prazo de 3 (três) dias úteis, contado da data de intimação, relativamente a ato do qual não caiba recurso hierárquico.

§ 1º Quanto ao recurso apresentado em virtude do disposto nas alíneas "b" e "c" do inciso I do *caput* **deste artigo, serão observadas as seguintes disposições:**
II - a apreciação dar-se-á em fase única. [grifo nosso]

Por este viés, entende-se que agora somente se dará única fase recursal (art. 165, § 1º, II da Lei 14.133/21), quer se esteja seguindo a ordem das fases prevista no *caput* e incisos do art. 17, quer no cenário de troca das fases permitido pelo § 1º do art. 17 da Lei 14.133/21.

Além do mais, no § 2º, do art. 17, a nova lei abre a oportunidade de que a concorrência aconteça tanto de maneira presencial quanto eletrônica, cuja preferência é pelo último formato, como se pode constatar: "As licitações serão realizadas preferencialmente sob a forma eletrônica, admitida a utilização da forma presencial, desde que motivada, devendo a sessão pública ser registrada em ata e gravada em áudio e vídeo". A gravação a que se refere o presente dispositivo será juntada aos autos do processo licitatório depois de seu encerramento. O inciso II do art. 176 da Lei 14.133/21 definiu um prazo de seis anos para que os municípios com mais de vinte mil habitantes passem a cumprir a obrigatoriedade de realização de licitações sob a forma eletrônica mencionada no art. 17, § 2º da mesma lei.

Os quatro principais requisitos que a concorrência obedece, segundo o que ensina Hely Lopes Meirelles são: a universalidade, a ampla publicidade, a habilitação preliminar e o julgamento por comissão. O requisito da universalidade compreende a possibilidade de participação de qualquer interessado na concorrência, em qualquer órgão público e independentemente de registro cadastral naquele que a está realizando. O critério da ampla publicidade está intrinsecamente ligado ao da universalidade na medida em que a Administração Pública poderá fazer uso de todos os meios de informação disponíveis e por tantas vezes que julgar necessário. Nesse sentido, quando da abertura da concorrência, é imprescindível que a Administração confira a maior publicidade possível e desejável ao certame. Antigamente, havia o critério da habilitação preliminar, que consistia na fase inicial do processo licitatório, realizada seguidamente à abertura do procedimento. Contudo, com a inversão das fases trazida pela Lei 14.133/21, a concorrência aproximou-se em muito do procedimento do pregão nesse aspecto, não existindo mais esse requisito na concorrência. O procedimento de habilitação que agora vem logo após o julgamento das propostas (art. 17, IV e V), tem como objetivo a aferição da regularidade fiscal e trabalhista dos licitantes e também de sua capacidade jurídica, técnica e econômico-financeira. Por fim, o julgamento por comissão está definido no art. 8º, *caput* e § 2º da Lei 14.133 que, juntamente ao art. 6º, L assim conceituam e regulam a comissão de contratação:

Art. 8º, Lei 14.133/21. A licitação será conduzida por agente de contratação, pessoa designada pela autoridade competente, entre servidores efetivos ou empregados públicos dos quadros permanentes da Administração Pública, para tomar decisões, acompanhar o trâmite da licitação, dar impulso ao procedimento licitatório e executar quaisquer outras atividades necessárias ao bom andamento do certame até a homologação.

§ 1º O agente de contratação será auxiliado por equipe de apoio e responderá individualmente pelos atos que praticar, salvo quando induzido a erro pela atuação da equipe.

§ 2º Em licitação que envolva bens ou serviços especiais, desde que observados os requisitos estabelecidos no art. 7º desta Lei, o agente de contratação poderá ser substituído por comissão de contratação formada por, no mínimo, 3 (três) membros, que responderão solidariamente por todos os atos praticados pela comissão, ressalvado o membro que expressar posição individual divergente fundamentada e registrada em ata lavrada na reunião em que houver sido tomada a decisão.

Art. 6º, L, Lei 14.133/21. Comissão de contratação: conjunto de agentes públicos indicados pela Administração, em caráter permanente ou especial, com a função de receber, examinar e julgar documentos relativos às licitações e aos procedimentos auxiliares.

O caráter permanente da comissão existe quando ela estiver fixa no organograma funcional da instituição realizadora da licitação e, será especial mediante o fato de serem formadas por prazo determinado, devido à licitação de um objeto peculiar, isto seja, dotado de características diferenciadas que justifiquem a existência de uma comissão especial.

No tocante às hipóteses de **concorrência independente do preço**, podendo-se exemplificá-las da seguinte maneira: **no caso de compra e venda de bens imóveis,** por exemplo, seria o caso de se querer comprar ou vender uma casinha no Município do Distrito da Posse, em Petrópolis, quando a modalidade utilizada seria a concorrência, a não ser nos casos de bens imóveis que tenham sido adquiridos através de procedimento judicial ou dação em pagamento, hipótese em que é admitido o leilão (art. 19 da Lei 8.666/93 e art. 76, § 1º da Lei 14.133/21).

No caso da concessão de direito real de uso também é a concorrência, assim como para **a licitação internacional,** que, em regra, é a concorrência internacional mesmo, a não ser que a entidade disponha de um cadastro internacional de fornecedores, quando pode ser feita uma tomada de preços internacional e se o valor se enquadrar naqueles tais patamares antes observados, ou um convite internacional, se o valor estiver contemplado dentro dos patamares do convite, se não houver fornecedores do bem ou serviço no País. Percebemos, então, que todas são hipóteses de concorrência, independente de patamares de valores. Vale aqui fazer menção ao art. 42 da Lei, que trata da concorrência internacional e de normas burocráticas relativas a esta, que mais adiante serão comentadas.

Sabendo-se, então, quando se pode ou se deve utilizar a concorrência como modalidade de licitação, resta-nos o estudo de seu procedimento. Antes, porém, deve-se abrir um parêntese para um esclarecimento de interesse geral: toda licitação compreende uma fase procedimental interna, assim considerada até o momento da publicação do instrumento convocatório, e outra externa, que vai daí em diante, fases estas que, mais à frente, reservamos um espaço para analisá-las com mais apuro.

Na fase interna, o procedimento se inicia com a constatação da necessidade de se realizar o contrato que vai ser licitado. Tomemos, como exemplo, a contratação da compra de uma frota de carros pela Secretaria de Fazenda de um determinado município.

IMPORTANTE REGISTRAR

Imaginemos que o município em questão tenha vinte e cinco fiscais de renda atuando fora da repartição e que os mesmos utilizam carros de uma empresa prestadora de serviço de transporte para se locomoverem, serviço este que vem onerando mais a Administração do que oneraria, ao longo do tempo, a compra de uma frota de veículos com a respectiva manutenção.

Constatada, então, a conveniência e a oportunidade da contratação da compra, será aberto o procedimento licitatório, com a justificativa da proposta, devendo a mesma ser submetida ao prefeito (ou outra autoridade que dele tenha recebido delegação específica), que autorizará ou não o início dos trabalhos.

Autorizada a abertura do procedimento licitatório para a contratação, a Administração deverá proceder a uma pesquisa mercadológica a fim de estimar o valor a ser gasto com a compra. Com base nessa estimativa de preço, faz-se a opção pela modalidade licitatória mais adequada.

Imaginando que o valor seja superior a um milhão, quatrocentos e trinta mil reais, o administrador deverá optar pela concorrência e, por conseguinte, conduzir o processo licitatório de acordo com as formalidades a ela inerentes.

Aprovada a minuta de edital, espécie de instrumento convocatório indispensável para o caso de concorrência, deverá a Administração providenciar a publicação dos avisos, contendo um resumo da peça em questão, na imprensa oficial e, ainda, em jornal de grande circulação e com tiragem diária, de modo a dar publicidade à pretensão administrativa de contratar a compra dos carros, viabilizando, assim, a apresentação de propostas pelos interessados.

Em se tratando de concorrência, a publicação deverá ser feita com antecedência mínima de quarenta e cinco ou de trinta dias em relação à data limite para o recebimento das propostas. O prazo mais alargado é exigível quando o contrato a ser celebrado contemplar o regime de empreitada integral ou quando a licitação for do tipo "melhor técnica" ou "técnica e preço". O prazo mais curto é admitido quando a concorrência não se enquadrar nas hipóteses anteriores.

Feitas as publicações, estarão aptos os interessados a manifestarem, perante a Administração, o seu interesse em contratar nos termos fixados no edital. Para tanto, deverão juntar a documentação necessária a se habilitar ao certame. Vale dizer, em primeiro lugar, que deverão os interessados mostrar, na forma fixada no edital, que têm condições de cumprir o contrato que pretendem celebrar com a Administração Pública.

Estamos falando da fase da habilitação, em que o pretenso competidor mostrará, por meio documental, a sua condição jurídica, técnica, econômica, fiscal e trabalhista para desempenhar as obrigações previstas na minuta de contrato de que tomará conhecimento no mesmo momento em que tiver acesso à cópia do edital (de inteiro teor).

Nessa fase de habilitação, a mais rigorosa das modalidades de licitação é justamente a concorrência, que, em razão do grande porte da contratação, exige, sem as dispensas eventualmente admitidas na legislação para outras modalidades mais simples, farta documentação relativa à habilitação jurídica, técnica, econômica, fiscal e trabalhista.

Portanto, a principal característica da concorrência é a presença de uma fase de habilitação preliminar, que é a fase na qual serão analisados os documentos referentes à habilitação jurídica, habilitação técnica, financeira e, a partir da análise dessa documentação, é que se passa para a fase posterior, que é a fase de julgamento das propostas, da qual só poderá participar quem já tiver passado pela fase de habilitação preliminar. E esta é uma pergunta extremamente cabível em um concurso, principalmente na prova oral. Portanto, não confundir habilitação preliminar com o estudo da pré-qualificação previsto nos arts. 6º, XLIV; 78, II; 80, I e II da Lei 14.133/21.

A habilitação preliminar é uma fase da concorrência onde será analisada a aptidão dos licitantes, já a pré-qualificação é o procedimento preparatório de uma futura concorrência cuja complexidade técnica demande análise mais detida da qualificação dos futuros pretendentes quanto a esta parte técnica. Só serão admitidos na futura concorrência àqueles que previamente tenham passado pelo crivo da pré-qualificação.

Notem, então, que a pré-qualificação não é a fase de uma concorrência; esta é um procedimento autônomo. Por exemplo: quer-se comprar uma plataforma de petróleo, o que, sem dúvida, demanda uma análise extremamente cautelosa dos predicados técnicos dos pretendentes. Então, é aberto um procedimento de pré-qualificação onde não haverá vencedores ou contratação com os pré-qualificados. O que irá ocorrer é uma peneirada nos pretendentes, visando separar os pré-qualificados para que futuramente participem de uma concorrência, onde haverá todas as fases normais da licitação. É, portanto, um procedimento que antecede a concorrência.

Daí para frente, não há grandes distinções que caracterizem a modalidade de concorrência. O que há, na verdade, são algumas regras excepcionais que se aplicam a outras modalidades licitatórias, mas não a que estamos neste item estudando. Por isso, serão abordadas em outras oportunidades.

9.2. Concurso

Previsto nos artigos 6º, inciso XXXIX; 28, inciso III; c/c artigo 30 da Lei 14.133/21, o concurso é uma das modalidades licitatórias que se escolhe não em razão da expressão econômica do objeto, mas sim em razão de sua natureza. Assim, quando a Administração for **licitar a escolha de um trabalho artístico, técnico ou científico**, utilizará a modalidade ora em apreço. Conforme o já citado art. 6º, XXXIX, o concurso é uma modalidade de licitação para escolha de trabalho técnico, científico ou artístico, cujo critério de julgamento será o de melhor técnica ou conteúdo artístico, com vistas à concessão de prêmio ou remuneração ao vencedor. Como se pode perceber, o concurso revela a disposição que tem a Administração Pública em incentivar o desenvolvimento cultural mediante a seleção de trabalhos técnicos, científicos ou artísticos dotados de capacidades personalíssimas, instituindo prêmios ou remuneração aos vencedores.

Como exemplo podemos citar o projeto de reformulação da orla marítima realizado por ocasião da Rio/16. O prefeito contratar Oscar Niemeyer, arquiteto renomado, para fazê-lo. Mas não, preferiu abrir a modalidade de licitação por concurso, onde qualquer arquiteto pode apresentar seu trabalho arquitetônico livremente, submetido a uma comissão para analisar o melhor deles. Ao escolher o melhor projeto, acaba o concurso. A realização desse projeto fará parte de outra licitação, pois aí já será obra. O logotipo de um mega evento de uma determinada cidade também poderia ser escolhido da modalidade de concurso. A execução de camisetas, papel timbrado, pastas etc., fica a cargo de outra licitação. O concurso serviu apenas para a escolha do melhor trabalho artístico. Possui regulamento próprio, que acompanhará o edital de licitação. Não é muito utilizado. Outro exemplo são os concursos de monografias que versem sobre uma área do conhecimento de interesse de órgão público ou a instituição de concursos regionais em todo o território nacional que visem a descobrir e incentivar novos autores, encorajando a difusão do livro (segundo o que fundamenta o art. 13, VI da Política Nacional do Livro – Lei 10.753/03, com redação alterada pela Lei 13.905/19).

Por tal razão, institui-se um prêmio ou remuneração ao vencedor, o que corresponde a uma autorização à Administração para usar o objeto da licitação no momento que melhor lhe aprouver. Há uma espécie de integração entre as licitações por "melhor técnica" ou "técnica e preço": ambas as modalidades servem à escolha de trabalho técnico ou científico, que têm natureza intelectual (até porque o produto dessa atividade não será economicamente avaliável).

Desse modo, o que caracteriza o concurso, principalmente, é que o objeto licitado não é inicialmente contratado, pois o concurso não visa a uma futura contratação. O que se quer é, apenas, premiar, sendo muito comum isto acontecer, por exemplo, quando a prefeitura lança concursos para que os arquitetos apresentem projetos para o programa favela bairro, não significando com isso que tal projeto seja logo executado; ele poderá, sim, sê-lo mais tarde. E aí está uma prova de que o concurso não visa contratar ninguém.

A comissão que realiza a modalidade de concurso era a única que poderia ser formada <u>sem a presença de servidores públicos</u>. Era uma exceção. A regra da Lei 8.666/93 era a de que a comissão tivesse, no mínimo, 03 membros, sendo 02 deles servidores (art. 51). Mas, para o concurso, poderiam ser os 03 de área estranha à Administração (art. 51, § 5º). <u>Na nova legislação (Lei 14.133/21) não há mais recomendações nesse sentido.</u>

A disciplina do concurso estará descrita em um edital em que constará a qualificação exigida dos participantes, as diretrizes e formas de apresentação do trabalho, as condições de realização e o prêmio ou remuneração a ser concedida ao vencedor. Mais especificamente em relação aos concursos destinados à elaboração de projeto, o vencedor deverá ceder, conforme o art. 93 da Lei, todos os direitos patrimoniais relativos ao projeto à Administração Pública e autorizar sua execução conforme juízo de conveniência e oportunidade das autoridades competentes (art. 30, I, II, III, parágrafo único, da Lei 14.133/21). O mencionado art. 93 do atual Estatuto licitatório assim regula:

Art. 93, Lei 14.133/21. Nas contratações de projetos ou de serviços técnicos especializados, inclusive daqueles que contemplem o desenvolvimento de programas e aplicações de internet para computadores, máquinas, equipamentos e dispositivos de tratamento e de comunicação da informação (*software*) – e a respectiva documentação técnica associada –, o autor deverá ceder todos os direitos patrimoniais a eles relativos para a Administração Pública, hipótese em que poderão ser livremente utilizados e alterados por ela em outras ocasiões, sem necessidade de nova autorização de seu autor.

IMPORTANTE REGISTRAR

Com efeito, dizem os incisos I, II e III do art. 30 da Lei nº 14.133/21 que o regulamento do concurso deverá indicar a qualificação exigida dos participantes; as diretrizes e formas de apresentação do trabalho e as condições de realização do certame, bem como os prêmios ou a remuneração a serem concedidos pela Administração ao vencedor.

O julgamento da melhor proposta no concurso, neste caso, poderá ser feito de duas maneiras: o julgamento por melhor técnica ou por conteúdo artístico. A esse respeito, versa o art. 37, I, II e III, da Lei 14.133/21 o julgamento através da melhor técnica ou por técnica e preço deverá ser realizado da seguinte maneira:

Art. 37, Lei 14.133/21. O julgamento por melhor técnica ou por técnica e preço deverá ser realizado por:
I - verificação da capacitação e da experiência do licitante, comprovadas por meio da apresentação de atestados de obras, produtos ou serviços previamente realizados;
II - atribuição de notas a quesitos de natureza qualitativa por banca designada para esse fim, de acordo com orientações e limites definidos em edital, considerados a demonstração de conhecimento do objeto, a metodologia e o programa de trabalho, a qualificação das equipes técnicas e a relação dos produtos que serão entregues;
III - atribuição de notas por desempenho do licitante em contratações anteriores aferida nos documentos comprobatórios de que trata o § 3º do art. 88 desta Lei e em registro cadastral unificado disponível no Portal Nacional de Contratações Públicas (PNCP).
§ 1º A banca referida no inciso II do *caput* deste artigo terá no mínimo 3 (três) membros e poderá ser composta de:
I - servidores efetivos ou empregados públicos pertencentes aos quadros permanentes da Administração Pública;
II - profissionais contratados por conhecimento técnico, experiência ou renome na avaliação dos quesitos especificados em edital, desde que seus trabalhos sejam supervisionados por profissionais designados conforme o disposto no art. 7º desta Lei.

Como se pode constar, são três dos componentes da comissão de julgamento que pode ser formada por servidores efetivos ou empregados públicos ou profissionais contratados de renome, experiência ou profundo conhecimento técnico, desde que supervisionados por profissionais designados pelo art. 7º da Lei 14.133/21. Então, por mais que se reconheça a necessidade de se dizer quais serão os critérios de julgamento dos trabalhos, neste caso, será garantida uma margem de discricionariedade maior do que a comum aos julgadores, tendo em vista o objeto a ser avaliado. Não se trata apenas de aferir preços, valores objetivamente indicados, mas sim a qualidade técnica, científica ou artística do trabalho apresentado pelo licitante.

Conforme o art. 35, *caput*, da Lei 14.133/21, o julgamento por melhor técnica ou conteúdo artístico terá, exclusivamente, em consideração as propostas técnicas ou artísticas apresentadas pelos licitantes, e o edital deverá definir o prêmio ou a remuneração que será atribuída aos vencedores. Prosseguindo, seu parágrafo único define que referido critério de julgamento poderá ser utilizado para a contratação de projetos e trabalhos de natureza técnica, científica ou artística. Por conseguinte, o art. 55, inciso IV do mesmo diploma assevera que o prazo mínimo para apresentação de propostas e lances, contado a partir da data de divulgação do edital de licitação, será de 35 (trinta e cinco) dias úteis para licitação em que se adote o critério de julgamento de técnica e preço ou de melhor técnica ou conteúdo artístico.

A premiação final funciona como incentivo aos possíveis interessados em participar do concurso, mas cabendo destacar que não há qualquer pagamento em dinheiro pelo trabalho, embora a expressão "remuneração aos vencedores" possa levar a este entendimento. O interessado deverá apresentar o trabalho técnico ou artístico já pronto. Não há seleção entre propostas para futura execução. O ato convocatório pode, ainda, estabelecer formas de anonimato para participação.

Por último, vale reiterar a menção ao art. 30, parágrafo único da Lei 14.133/21, que reforça a ideia de que os direitos patrimoniais do autor devem ser cedidos à Administração, e, portanto, devem permitir a execução do trabalho segundo o melhor juízo de conveniência e oportunidade dela.

Importante não confundir concurso como modalidade de licitação, com o concurso público. O primeiro diz respeito ao trabalho técnico, científico ou artístico e não à pessoa que o realiza (o artista). Já o concurso público visa à admissão de pessoas para preencher os quadros da Administração.

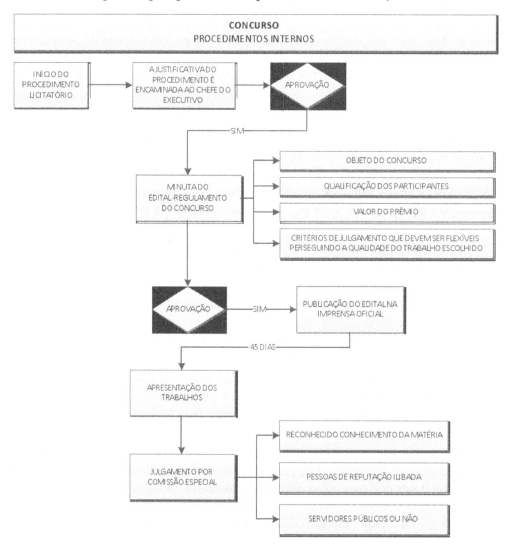

9.3. Leilão

Devidamente previsto no art. 6º, XL da Lei 14.133/21, o leilão é conceituado como modalidade de licitação para alienação de bens imóveis ou de bens móveis inservíveis ou legalmente apreendidos a quem oferecer o maior lance.

Apesar de ser mais utilizado do que o concurso, a lei também não lhe deu grande atenção. Tem por objeto a venda de bens móveis inservíveis, produtos legalmente apreendidos ou penhorados, ou para alienação de bens imóveis. Na verdade, o termo "penhorado" foi indevidamente utilizado.

O leilão aqui referido não se confunde com o da desestatização (as ações da Vale do Rio Doce, por exemplo, não são bens inservíveis), o qual está situado no art. 76, II, "c" da Lei 14.133/21, regulado com base em lei específica — Lei 8.031/90 — que criou o Programa Nacional de Desestatização.

Um esclarecimento necessário

Na verdade, o termo "penhorado" foi indevidamente utilizado. O certo é "empenhado", pois bens penhorados são aqueles leiloados pelo Poder Judiciário. A Administração Pública é Poder Executivo, e os bens empenhados são aqueles dados em garantia em contratos com ela celebrados. Portanto, o correto é dizer que o legislador pretendeu dedicar esta modalidade de licitação à alienação de bens empenhados pelo particular ao ente público. Para exemplificar, imagine hipoteticamente que a Caixa Econômica Federal, através de contrato de mútuo, tenha efetuado empréstimo de dinheiro a um particular, que, para garantir o débito, lhe entregou joias. Uma vez vencido o contrato sem que o pagamento da dívida, um leilão para alienação das joias (bem móvel objeto do penhor) poderá ser realizado pelo ente da Administração Pública. Ainda que não exista uma acepção legal expressa, pode-se dizer que os bens empenhados, uma vez incorporados ao patrimônio público, possam ser alienados e que a modalidade licitatória adequada para a alienação desses bens seja, certamente, o leilão.

Quanto aos bens imóveis, estes poderão ser alienados por meio de leilão apenas quando: (a) seu valor não superar a um milhão, quatrocentos e trinta mil reais; ou (b) houverem sido adquiridos em razão de processos judiciais ou dação em pagamento. Vale dizer, no entanto, que nada impede que tais bens sejam também alienados por concorrência.

É uma das raras modalidades de licitação que não tem comissão, podendo ser conduzida por um único servidor ou, até mesmo, por um leiloeiro oficial, segundo o que regula o art. 31 da Lei 14.133/21:

Art. 31, Lei 14.133/21. O leilão poderá ser cometido a leiloeiro oficial ou a servidor designado pela autoridade competente da Administração, e regulamento deverá dispor sobre seus procedimentos operacionais.

§ 1º Se optar pela realização de leilão por intermédio de leiloeiro oficial, a Administração deverá selecioná-lo mediante credenciamento ou licitação na modalidade pregão e adotar o critério de julgamento de maior desconto para as comissões a serem cobradas, utilizados como parâmetro máximo os percentuais definidos na lei que regula a referida profissão e observados os valores dos bens a serem leiloados.

§ 2º O leilão será precedido da divulgação do edital em sítio eletrônico oficial, que conterá:

I - a descrição do bem, com suas características, e, no caso de imóvel, sua situação e suas divisas, com remissão à matrícula e aos registros;

II - o valor pelo qual o bem foi avaliado, o preço mínimo pelo qual poderá ser alienado, as condições de pagamento e, se for o caso, a comissão do leiloeiro designado;

III - a indicação do lugar onde estiverem os móveis, os veículos e os semoventes;

IV - o sítio da internet e o período em que ocorrerá o leilão, salvo se excepcionalmente for realizado sob a forma presencial por comprovada inviabilidade técnica ou desvantagem para a Administração, hipótese em que serão indicados o local, o dia e a hora de sua realização;

V - a especificação de eventuais ônus, gravames ou pendências existentes sobre os bens a serem leiloados.

§ 3º Além da divulgação no sítio eletrônico oficial, o edital do leilão será afixado em local de ampla circulação de pessoas na sede da Administração e poderá, ainda, ser divulgado por outros meios necessários para ampliar a publicidade e a competitividade da licitação.

§ 4º O leilão não exigirá registro cadastral prévio, não terá fase de habilitação e deverá ser homologado assim que concluída a fase de lances, superada a fase recursal e efetivado o pagamento pelo licitante vencedor, na forma definida no edital.

A função de leiloeiro, como visto, pode ser exercida tanto por um leiloeiro oficial quanto por servidor designado pela Administração Pública para cumprir este ofício. O art. 31, § 1º, disposto acima, regula que a opção por leiloeiro oficial fará com que a Administração tenha de selecioná-lo por meio do credenciamento ou de licitação na modalidade pregão, adotando como critério de julgamento obrigatoriamente o maior desconto para as comissões a serem cobradas, pautando-se nos percentuais definidos na lei que regula a profissão e nos bens a serem leiloados para estabelecer o parâmetro máximo dessas comissões.

Como forma de garantir extensa publicidade, o edital do leilão deve ser divulgado em sítio eletrônico oficial, além de ser afixado em local de grande circulação de pessoas na sede da Administração, podendo ainda ser divulgado através de demais meios necessários a elevar a competitividade e publicidade da licitação (art. 31, § 3º, Lei 14.133/21). Não esquecendo de que o leilão sempre deverá seguir o tipo de licitação do maior lance (art. 33, V), entendendo-se que como lance vencedor aquele que for igual ou superior ao valor da avaliação. O prazo mínimo para a apresentação de lances e propostas, contados a partir da data de divulgação do edital será de quinze dias úteis para licitação que adota como critério de julgamento o maior lance (art. 55, III, Lei 14.133/21).

Há uma semelhança entre essa modalidade licitatória e a concorrência, que é a seguinte: o critério para se chegar à melhor proposta é o preço ofertado. No entanto, há algo que distingue essencialmente o leilão daquela outra modalidade: aqui, o que faz da proposta a melhor dentre as apresentadas é o maior valor em relação às demais.

Não menos importante, cabe ressaltar outras peculiaridades desta modalidade de licitação:

a) que não tem comissão, podendo ser conduzida por um único servidor ou, até mesmo, por um leiloeiro oficial — a modalidade convite também pode ser conduzida por um único servidor;

b) o leilão é a única modalidade que aceita a substituição de uma proposta por outra. De regra, a proposta é colocada em um envelope e lacrada, não podendo ser alterada. Mas no leilão, se um concorrente oferece determinado preço, que vem a ser posteriormente elevado por outro participante, o primeiro pode modificar e melhorar o preço ofertado, quantas vezes lhe for conveniente.

Por estarmos tratando de alienação de bens pela Administração Pública, será considerada a melhor proposta aquela que apresentar o maior valor, pois será o que a Administração vai receber pelo que está alienando. É diferente do que ocorre na concorrência, (ou que ocorria na tomada de preços ou no convite, modalidade extintas), em que se está adquirindo um bem ou um serviço, pagando pelo mesmo e, nesta situação, o que se pretende é a proposta com o menor valor possível.

Portanto, o diferencial do leilão consiste na plausibilidade de existirem múltiplas propostas efetuadas por um único interessado. Em razão disso é que o referido procedimento é o mais adequado para a alienação de bens pelo poder público àquele que ofertar o maior preço, igual ou superior ao valor da avaliação, conforme o art. 6º, XL da Lei 14.133/21, considerando-se a desnecessidade de uma fase de habilitação prévia que servisse à investigação do interessado. Assim, o objeto deve ser adjudicado tão logo termine a fase de lances e a interposição recursal.

Assim sendo, o leilão pode se concretizar com vistas à alienação de bem imóvel, que dependerá ao mesmo tempo de uma declaração de interesse público na venda, da avaliação prévia do bem, de autorização legislativa específica e de licitação na modalidade leilão, de maneira que tal procedimento estará submisso à dispensa e contratação direta nas hipóteses previstas em lei. Um aspecto importante a se considerar é que a alienação de bens imóveis que foram adquiridos por dação em pagamento ou decisão judicial tem a autorização legislativa dispensada. Mas no caso de alienação de bens móveis inservíveis ou apreendidos, existe a necessidade da justificativa de interesse público, a avaliação prévia do bem e o procedimento de licitação do leilão, nos casos em que não figurar uma hipótese legal de contratação direta por dispensa.

Nesse meandro, é importante situar o que vem a ser bem inservível e bem apreendido. Bens inservíveis são aqueles que não detêm mais serventia pública, sendo por isso, desafetados, sem qualquer destinação pública e que, por esta razão, necessitam sair do patrimônio público. De outra banda, chama-se de bem apreendido aquele que foi confiscado pelo poder público por haver sido utilizado por particulares com finalidades ilícitas, como ocorre, por exemplo, quando existe apreensão de bens pela alfândega que poderiam adentrar o país pelo crime de descaminho.

O registro cadastral prévio não é uma exigência legal para a modalidade leilão e nele não há fase de habilitação, devendo receber a homologação tão logo concluída a fase de lances, superada a fase recursal e havendo sido efetivado o pagamento pelo licitante vencedor, conforme definição editalícia (art. 31, § 4º).

O procedimento do leilão se inicia com a identificação da conveniência em se alienar o bem objeto da licitação, procedendo-se, em seguida, às formalidades necessárias, de acordo com o disposto nos arts. 31, §§ 1º ao 4º e 76, I, "e", da Lei nº 14.133/21. A título de exemplo, se o Estado do Rio de Janeiro quiser alienar um terreno inservível, mas que outrora abrigou uma escola de nível médio, deverá perseguir uma autorização legislativa junto à respectiva Assembleia Legislativa, procedendo à avaliação do mesmo e publicando o edital de convocação dos interessados.

Nesse caso, será desnecessária a desafetação do bem, visto que, como já dissemos, a mesma já ocorreu no passado, caso contrário não seria *inservível*. Pode ter sido uma desafetação jurídica ou mesmo fática.

Procedida à avaliação do bem a ser leiloado, com o fim de se fixar um valor mínimo para os lances e, com isto, inibir a alienação do mesmo por preço vil, elaborar-se-á um edital de convocação dos interessados a participar do certame. Esse edital deverá ser publicado com quinze dias de antecedência, na forma do art. 55, III, da Lei 14.133/21 (antigo art. 21, § 2º, III, da Lei nº 8.666/93). Ressalte-se, ainda, que deverá haver uma divulgação ampla, especialmente no município onde se realizar o leilão.

Como já dissemos, será vencedor o licitante que oferecer o maior preço pelo bem a ser vendido pela Administração. Declarado encerrado o certame em razão da arrematação, o licitante vencedor deverá pagar à vista um percentual a ser estipulado no edital, que nunca será inferior a 5% (cinco por cento) sobre o valor do lance. Depois de assinada a ata, o bem será entregue ao arrematante e este se obrigará a pagar o restante do preço no prazo estipulado no edital. E, se o saldo não for liquidado no prazo estipulado, perderá o vencedor o sinal que dera no momento de encerramento do leilão.

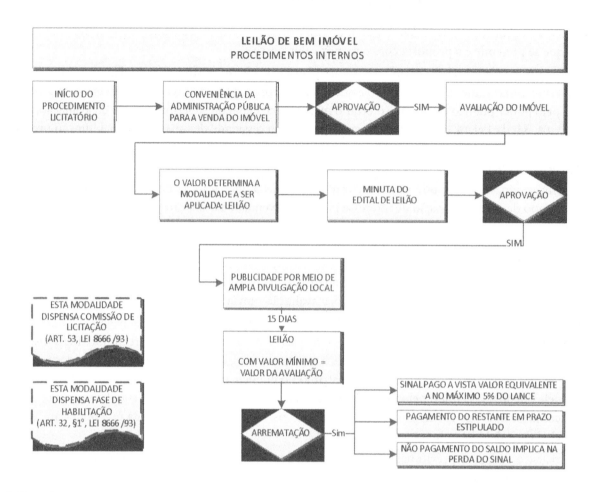

9.4. Pregão

9.4.1. Considerações Constitucionais

Antes de analisarmos as características dessa modalidade licitatória, convém comentar alguns aspectos pertinentes à sua criação.

Atualmente presente no art. 28, § 2º da Lei 14.133/21, que veda a criação de outras modalidades licitatórias ou mesmo a combinação das já contempladas no diploma legal, foi instituído o pregão como modalidade de licitação pela Medida Provisória nº 2.026, de 4 de maio de 2000 (diversas vezes reeditada, sendo a última a de nº 2.182-18, de 23 de agosto de 2001), gerando, de pronto, discussões doutrinárias acerca de sua constitucionalidade, não só por ter o legislador utilizado medida provisória para instituir uma nova modalidade licitatória, mas também por ser voltada somente ao âmbito da União, excluindo dos entes da Federação, portanto, a prática dessa modalidade.[89]

O primeiro aspecto a merecer registro, e que não se pode perder de vista, é o fato de que compete privativamente à União legislar sobre normas gerais de licitação (art. 22, XXVII, da CF/88); portanto, nada impediria que o legislador federal criasse uma nova modalidade licitatória, tanto assim que o fez. Aliás, a bem da verdade, conforme tem destacado a doutrina, tal modalidade em apreço já teria sido contemplada pela Lei nº

---

89 A respeito, diz o professor Marçal JUSTEN FILHO (*Pregão*: comentários à legislação do pregão comum e eletrônico. São Paulo: Dialética, 2001, p. 16): "A opção de circunscrever a aplicação do pregão a contratações promovidas no âmbito federal é extremamente questionável. É inevitável a União valer-se da competência privativa para editar normas gerais acerca de licitação, cuja aplicação seja restrita à própria órbita federal. Ademais, isso importa uma espécie de discriminação entre os diversos entes federais. Essa alternativa é incompatível com o princípio da federação, do qual deriva o postulado do tratamento uniforme Inter federativo. A determinação consta do art. 19, inciso III, da CF/88. Por isso deve reputar-se inconstitucional a ressalva contida no art. 1º, admitindo-se a adoção da sistemática do pregão também por outros entes federativos. Ou seja, a interpretação conforme à constituição exige reputar-se como inexistente a ressalva contida no art. 1º da MP, reconhecendo-se ter ocorrido instituição de nova modalidade de licitação utilizável por todas as entidades federativas".

9.472, de 16 de julho de 1997, ao tratar da chamada "consulta" em seu art. 54, § 1º, aplicável restritamente ao âmbito da Agência Nacional de Telecomunicações, a ANATEL.[90]

Seguindo essa linha de raciocínio, também importante de ser registrado é o aspecto referente às *normas gerais*, cujo assunto pode ser revisto, com mais minudência, no item 3 deste trabalho. Assim, se considerarmos que norma geral somente é aplicável à União, a regra contida no § 2º do art. 28, da Lei nº 14.133/21, com efeito, não estará dirigida ao legislador ordinário federal, e sim ao Poder Executivo, que não poderá inovar mediante decreto regulamentar, e aos demais entes da Federação, bem assim a Administração Pública, de um modo geral, que não poderão inovar a pretexto de editarem normas específicas sobre a matéria (art. 24, § 3º, da CF/88).

Dessa forma, em conformidade do que vem apregoando a maioria da doutrina, o entendimento é no sentido de que as entidades "menores" podem valer-se do pregão que, no entanto, é obrigatório apenas para a União. E acompanhando essa corrente encontra-se o professor Jessé Torres Pereira Júnior, que pontualmente assinala:

> "Os Estados, o Distrito Federal e os Municípios não podem conceber e praticar modalidades de licitação não previstas na legislação, porque disto estão proibidos por norma legal federal geral, com evidenciado amparo constitucional. Mas uma vez criada a modalidade por norma federal, os demais entes da Federação não resultam impedidos de acolhê-la. A norma federal criadora do pregão delimita o 'âmbito da União' como o campo de aplicação obrigatória da nova modalidade, contudo não a veda para os demais entes da Federação."[91]

9.4.2. Bens e Serviços Comuns

Com a conversão da medida provisória em questão na Lei nº 10.520/02, o pregão foi incorporado definitivamente como modalidade licitatória aplicável a todos os âmbitos e esferas da Administração Pública, não mais se restringindo à Administração Pública Federal.

Atualmente, o pregão se tornou uma modalidade de licitação inscrita no arcabouço da Lei 14.133/21, restando a que a vigência da Lei 10.520/02 deva findar-se após dois anos da data da publicação da nova legislação, conforme o art. 193, II da Lei 14.133/21.

Um esclarecimento necessário

O pregão é a modalidade licitatória adequada para a aquisição de bens ou serviços comuns, independentemente do valor estimado do contrato. O problema é saber o que são bens ou serviços comuns.

O art. 1°, § 1°, da medida provisória, dava parâmetros para se identificar o que são ou não bens ou serviços comuns. E o fez dizendo que serão considerados comuns os bens ou serviços "cujos padrões de desempenho e qualidade possam ser objetivamente definidos pelo edital, por meio de especificações usuais no mercado".

Tais parâmetros dão ao intérprete a ideia de um bem ou serviço que possa ser facilmente descrito, sem a necessidade de especificações complexas, a partir do que se pode identificar o objeto inequivocamente e com facilidade. Afasta-se logo aquilo que não se poderia descartar como um bem ou serviço complexo na identificação.

Exemplos talvez possam ajudar: imagine a aquisição do serviço de transporte de passageiros a ser contratado por uma autarquia federal. Também é possível enquadrar nesse rol os serviços de limpeza e manutenção

---

90 Referindo-se ao art. 54, parágrafo único, da Lei nº 9.472/97, o professor Celso Antônio BANDEIRA DE MELLO (*Curso de...*, *op. cit.*, p. 483; 506) considera as licitações relativas a telecomunicações inconstitucionais, um "vício", conforme seu entendimento, uma vez que foram colocadas sob um regime próprio. Mais adiante, aclarando tal entendimento, ele acrescenta que a *consulta*, "por ter ficado restrita à órbita federal, não pode ser admitida, pois sua intrusão, limitada à esfera das agências reguladoras, evidencia que a lei que a instituiu não é 'norma geral de licitação', mas simples lei federal. Não sendo 'norma geral de licitação' – mas simples lei federal – evidentemente não poderia contrariar o disposto no art. 22 e § 8º da Lei 8.666, que é a norma geral expedida com fulcro no art. 22, XXVII, da Constituição Federal. Além do mais, até hoje não se sabe o que é a 'consulta', pois lei alguma lhe desenhou a figura".

91 PEREIRA JÚNIOR *apud* MANTOVANI, Cláudia Fernandes. Licitação. In MOTTA, *op. cit.*, p. 427, em nota de rodapé.

de equipamentos. No âmbito das compras, imagine a aquisição de um microcomputador ou mesmo de móveis para escritório, aparelhos de ar-condicionado etc.

Até mesmo serviços técnicos ou a aquisição de um determinado bem a ser utilizado numa operação técnica complicada poderiam ser enquadrados no conceito de bem ou serviço comum. Bastaria que a sua especificação, entre os entendidos na especialidade, fosse simples e facilmente identificável no mercado. Naturalmente que, numa situação dessas, seria a área técnica do ente licitante que deveria dizer se o serviço ou o bem preenche aos requisitos a serem considerados para ser considerado comum. Aos olhos do leigo isso pode ser apreciado de forma equivocada.

O legislador, prevendo a complicação que poderia gerar essa abertura conceitual, delegou ao regulamento a tarefa de enumerar os bens e serviços que seriam considerados comuns para fins de utilização daquela modalidade licitatória (Medida Provisória n° 2.182/01, art. 1°, § 2°). E essa tarefa foi cumprida quando o Presidente da República editou o Decreto n° 3.555/00.

O trabalho, contudo, foi muito mal desempenhado, pois a lista de serviços comuns era muito vaga. Mencionava espécies de serviços e bens que poderiam ou não ser enquadrados no conceito de bens e serviços comuns, dependendo do caso. A título de exemplo, veja-se que foi listado o "serviço de assistência". E aí se pergunta: que assistência? Assistência a quem e para fazer o quê? Hipóteses há que seriam facilmente enquadráveis no conceito em análise. Outras não!

Também foram citados os equipamentos em geral, excetuando-se os bens de informática, muito embora tenham sido incluídos os microcomputadores de mesa, monitores de vídeo ou impressora. Assim, estaria fora, por exemplo, a aquisição de cartuchos de tinta para impressora, certo? Também não se poderia adquirir pelo pregão um estabilizador. Mas seria possível, pela dicção regulamentar, a aquisição de qualquer outro equipamento, fosse ou não de simples identificação, de modo a atender aos parâmetros fixados pelo legislador.

Ao nosso ver, a enumeração dos bens e serviços comuns pelo Decreto n° 3.555/00 não vincula a Administração, pois nada diz sobre a complexidade na identificação de cada um dos objetos contemplados. Mais seguro se balizar pela definição, com todas as críticas que a ela possam ser feitas, utilizada pelo legislador. Aliás, ao nosso sentir, foi muito inteligente a supressão do § 2° do art. 1° da MP em questão, quando da sua conversão em lei, o que resultou numa revogação a reboque do anexo do regulamento em que se encontrava a lista de bens e serviços comuns.

Parecia inegável que o conceito de que tratamos fosse um conceito jurídico indeterminado e que, por isso, caberia apenas à Administração Pública a tarefa de avaliar se esse ou aquele objeto se enquadraria em seus parâmetros, salvo quando se tratar de uma inequívoca situação que apontar para conclusão diversa (casos teratológicos). De diferente modo, a Lei 14.133/21, em seu art. 6°, XIII, num esforço de conceituar o que vem a ser bens e serviços comuns, definiu que eles sejam "aqueles cujos padrões de desempenho e qualidade podem ser objetivamente definidos pelo edital, por meio de especificações usuais de mercado".

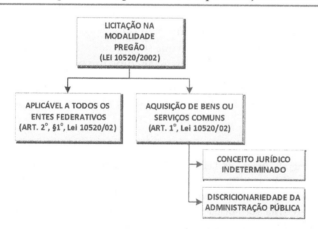

No que tange ao procedimento a ser adotado no pregão, é de se ver que o legislador quis combinar eficiência e simplicidade, tendo logrado êxito na tarefa. Pode-se dizer que o pregão aperfeiçoou o regime de licitações ao conduzi-lo a um grau mais elevado de competitividade e havendo maximizado as oportunidades de atuação nas licitações, ao mesmo tempo em que desburocratizou as etapas da habilitação e procedimentos em geral, devido a sua celeridade e eficiência ao permitir contratações de preços mais baixos pelo poder público. Portanto, nessa modalidade licitatória conquistou-se de igual modo tanto maior redução dos gastos quanto maior agilidade nas contratações.

Em primeiro lugar, foi invertida a ordem de alguns acontecimentos. A fase de habilitação, que geralmente é anterior ao julgamento das propostas, aqui passa a ser posterior, de modo que só será avaliada a habilitação do vencedor. Poupa-se bastante tempo com essa medida, já que se deixa de analisar a documentação de todos os licitantes para analisar a de um só.

O outro ponto interessante refere-se aos lances. Declarada aberta a sessão, o pregoeiro - aqui não existe uma comissão de licitação – arrecadará os envelopes das propostas e da habilitação, abrindo somente os primeiros e classificando-os de acordo com os valores das propostas. Serão selecionadas a proposta contendo o menor preço e as que se seguirem até que se chegue a uma que não ultrapasse a melhor proposta em 10% (dez por cento). Mas serão selecionadas no mínimo três propostas, mesmo que para isso tenha-se que abandonar o critério dos 10% (dez por cento).

Feita a seleção, poderão os classificados dar lances verbais, que serão sucessivos, distintos e decrescentes, até que se atinja o menor valor possível. Encerrada essa fase, o pregoeiro avaliará a aceitabilidade da melhor proposta e, se for o caso, abrirá o envelope de habilitação, como dissemos anteriormente.

Registre-se aqui que o pregoeiro terá a possibilidade de negociar com o vencedor a adequação de seu preço aos critérios de aceitabilidade da proposta fixados pela Administração previamente (no edital).

Quanto à habilitação, esta será feita de acordo com o sistema de cadastramento de cada uma das unidades federativas, podendo, contudo, o licitante, no caso de haver alguma irregularidade apontada no cadastro, apresentar na própria sessão a documentação comprobatória da regularização de sua situação.

Verificada a regularidade habilitatória, será declarado vencedor o licitante e a ele será adjudicado o objeto do certame. Do contrário, se não houver essa regularidade na habilitação, partir-se-á para o licitante classificado em segundo lugar, a fim de verificar a sua documentação de habilitação. Estando tudo em condições a ele será adjudicado o contrato.

Registre-se, aqui, que também será possível aquela negociação entre o pregoeiro e o segundo colocado, se a sua habilitação estiver em condições, mas mesmo assim o seu preço estiver fugindo aos critérios de aceitabilidade previamente fixados pela Administração.

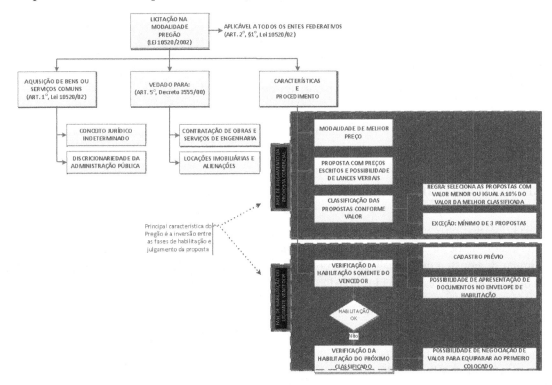

O pregoeiro, importante dizer, será um servidor designado para esta função e, segundo o art. 8º, § 5º da Lei 14.133/21, no âmbito do pregão, o agente de contratação receberá o nome de pregoeiro, que poderá receber auxílio de uma equipe de apoio (art. 8º, § 1º) na realização do certame, mas somente o pregoeiro será aquele que responderá pela licitação, responsabilizando-se pelos atos praticados por sua equipe de apoio, exceto se tiver sido induzido a erro pela mesma. Ressalte-se que o tipo de licitação, na modalidade pregão, deverá ser sempre o menor preço ou maior desconto.

Essas as principais características do procedimento do pregão. Entretanto, não se poderia deixar de mencionar um questionamento que deu ensejo a muitas controvérsias no âmbito da Administração Pública Federal. O questionamento é o seguinte: poderia ser licitado pela modalidade pregão bens e serviços de informática?

A pergunta se impõe pelo fato de o art. 45, § 4º da Lei nº 8.666/93[92] exigir que o tipo da licitação seja, nesses casos, o de técnica e preço, ao passo que a Lei nº 10.520/02, que trata do pregão, exigir que o tipo de licitação seja sempre o menor preço.

A Procuradoria Federal em exercício na Comissão Nacional de Energia Nuclear — CNEN exarou parecer no sentido de ser possível a licitação de bens e serviços de informática pela modalidade de pregão, desde que o objeto seja enquadrável no conceito de "bens ou serviços comuns". Isto porque não faz sentido incluir a análise de melhor técnica, ainda que conjugada com o menor preço, quando a descrição do objeto, que só pode ser bem ou serviço comum, não abrir margem para diversidades daquela natureza. Ademais, isso obedece à lógica do art. 46 da Lei nº 8.666/93[93], que diz ser utilizável o tipo técnica e preço quando o serviço for de caráter predominantemente intelectual, permitindo variações técnicas entre os licitantes.

É verdade que o Decreto nº 3.555/00, em seu anexo, mencionou a impossibilidade de se adquirir bens e serviços de informática pela modalidade pregão. Entretanto, excluiu dessa proibição os computadores de mesa, monitores de vídeo com impressoras. Ademais, com a supressão do § 2º do art. 1º na Lei nº 10.520/02, que resultou da conversão, com alterações, da Medida Provisória nº 2.182/02, perdeu seu fundamento de validade o referido anexo, não sendo possível extrair-se dali nenhuma conclusão acerca do pregão no atual estágio.

Portanto, na Lei 8.666/93 e Lei 10.520/02 era plenamente possível a aquisição de bens e serviços de informática pela modalidade pregão, desde que se enquadrassem no conceito de bens ou serviços comuns. Isso é que balizava a atuação da Administração no sentido de eleger ou não o pregão como modalidade cabível e adequada neste ou naquele caso.

A esse respeito, a Lei 14.133/21, em seu art. 36, § 1º, III da Lei nº 14.133/21 revelou que a aquisição de bens e serviços ligados à informática submete-se ao julgamento por técnica e preço, enquanto o pregão tem como espécies de julgamento o menor preço e o maior desconto, vide a seguir:

Lei 14.133/21, Art. 6, XLI - Pregão: modalidade de licitação obrigatória para aquisição de bens e serviços comuns, cujo **critério de julgamento poderá ser o de menor preço ou o de maior desconto;**

Art. 36, Lei 14.133/21. O julgamento por técnica e preço considerará a maior pontuação obtida a partir da ponderação, segundo fatores objetivos previstos no edital, das notas atribuídas aos aspectos de técnica e de preço da proposta.

§ 1º O critério de julgamento de que trata o *caput* deste artigo será escolhido quando estudo técnico preliminar demonstrar que a avaliação e a ponderação da qualidade técnica das propostas que superarem os requisitos mínimos estabelecidos no edital forem relevantes aos fins pretendidos pela Administração nas licitações para contratação de:

---

92   Atual artigo 36, § 1º, III da Lei 14.133/21.
93   Atual artigo 36, § 1º, I da Lei 14.133/21.

I - serviços técnicos especializados de natureza predominantemente intelectual, caso em que o critério de julgamento de técnica e preço deverá ser preferencialmente empregado;

II - serviços majoritariamente dependentes de tecnologia sofisticada e de domínio restrito, conforme atestado por autoridades técnicas de reconhecida qualificação;

III - bens e serviços especiais de tecnologia da informação e de comunicação;

IV - obras e serviços especiais de engenharia;

V - objetos que admitam soluções específicas e alternativas e variações de execução, com repercussões significativas e concretamente mensuráveis sobre sua qualidade, produtividade, rendimento e durabilidade, quando essas soluções e variações puderem ser adotadas à livre escolha dos licitantes, conforme critérios objetivamente definidos no edital de licitação. [grifo nosso]

Registre-se, por fim, que já foi regulamentado pelo Decreto n° 3.697/00 o chamado pregão eletrônico, referido na Lei n° 10.520/02.

Nesta espécie de pregão, os trabalhos são realizados pela *internet*, com os participantes *online* oferecendo os seus lances. Essa modalidade também já caiu nas graças da Administração Pública, tendo sido bastante utilizada, especialmente no âmbito federal.

9.4.3. Da Subsidiariedade do Regime da Lei n° 8.666/93 ao Pregão

A própria Lei n° 10.520/02 dispõe, em seu art. 9°, que se aplicam subsidiariamente, para a modalidade de pregão, as normas da Lei n° 8.666/93. Isto significa que o pregão estará sujeito a todas as normas da Lei n° 8.666/93 que se mostrem necessárias para a sua exequibilidade e aplicação, nos momentos em que a Lei do Pregão tratou insuficientemente ou mesmo nada falou. Consequentemente, onde a Lei do Pregão foi expressa, suas normas excluirão as normas da Lei que lhe sejam eventualmente contrárias, devendo prevalecer o princípio da especialização.

Cabe ressaltar que, mesmo nos casos onde a Lei do Pregão for omissa, ao utilizar a legislação subsidiária, deve-se manter prudência no sentido de não afrontar os princípios que regem o pregão. Essa é a proposta deste trabalho. Quando, no momento em que a Lei do Pregão for omissa, será aplicado subsidiariamente a Lei n° 8.666/93 sem desconsiderar os avanços alcançados com a instituição da nova modalidade.

9.4.4. As Principais Características do Pregão

A edição da Lei 14.133/21, a bem da verdade, não designou disparidades entre os procedimentos da concorrência e do pregão, porque agora ambos acontecem de maneira e intensificar as disputas pelas contratações com o Estado, permitem lances verbais com o propósito de atingir a contratação de menor custo, considerando as disposições concernentes aos critérios mínimos de qualidade. Tal modalidade licitatória destina-se à compra de bens e serviços comuns que tenham, no instrumento convocatório, seus padrões mínimos de qualidade previamente definidos. Por sua vez, o conceito de bens e serviços comuns está disposto no art. 6°, XIII da Lei 14.133/21 como "aqueles cujos padrões de desempenho e qualidade podem ser objetivamente definidos pelo edital, por meio de especificações usuais de mercado". Reforçando esta compreensão, o art. 29 do mesmo diploma, vai dizer que a adoção do preço em detrimento da concorrência terá de acontecer sempre que "que o objeto possuir padrões de desempenho e qualidade que possam ser objetivamente definidos pelo edital, por meio de especificações usuais de mercado", ou seja, sempre que o objeto da compra tratar-se de bens e serviços comuns. Acrescentando que a nova lei não estipula mais qualquer limitação de valor para a realização do pregão.

Na Lei 14.133/21, o pregão é conceituado como "modalidade de licitação obrigatória para aquisição de bens e serviços comuns, cujo critério de julgamento poderá ser o de menor preço ou o de maior desconto" (art. 6°, XLI).

No art. 2° do Decreto 3.555 estão dispostas as principais características do pregão, com exceção da inversão das fases. O art. 2° dispõe que é "a modalidade de licitação em que a disputa pelo fornecimento de bens ou serviços comuns é feito por sessão pública, por meio de propostas escritas e lances verbais".

O pregão envolve inovações procedimentais, inclusive, com visto anteriormente, com a consagração de uma proposta doutrinária muito discutida e esperada. A característica mais relevante consiste na inversão das fases de habilitação e julgamento das propostas. No pregão, somente se abre o envelope de documentação do licitante cuja proposta foi classificada (provisoriamente, como se verá) como vencedora. Essa é a peculiaridade mais evidente do pregão, mas não é a única. Pode referir-se ao objeto (bem ou serviço comum), à sumariedade dos requisitos de habilitação e a outros dados, tipicamente relacionados ao procedimento.

Assim, por exemplo, será obrigatória a presença pessoal dos licitantes (ou de seus representantes) para acompanhar o certame. O procedimento recursal também é específico. E outras questões poderiam ser apontadas, tal como se extrairá da exposição seguinte.

Mas a característica essencial do pregão relaciona-se com uma sistemática peculiar de obtenção da proposta mais vantajosa numa licitação de tipo *menor preço*. Nas hipóteses de concorrência, tomada de preços e convite, a seleção da melhor proposta de menor preço por parte da Administração possui cunho declaratório, no sentido de que o particular elabora sua proposta definitiva antes do início do certame. A tarefa da comissão de licitação consiste apenas em avaliar as propostas, sem qualquer inovação subsequente. Já no pregão, a sistemática é diversa, eis que a etapa de lances se destina à obtenção do menor valor possível.

Embora seja parecido, o pregão não é igual ao leilão. Pode-se dizer que o leilão é para venda, o pregão para compra. O leilão pode ser conduzido por um leiloeiro oficial ou por um senador público, enquanto o pregão só pode ser conduzido por um servidor. O leilão é para venda, a princípio de qualquer bem, o pregão é modalidade para compra ou contratação de *bens e serviços comuns*.

9.4.5 Limitação a Compras de Bens e Serviços Comuns

A norma é bastante clara ao dispor sobre a restrição: o uso de pregão é facultado só para bens e serviços comuns; para os demais, não-comuns, o uso do pregão está implicitamente vedado.

Quando se fala em comprar uma mesa, todos sabem do que se trata. Quando a compra é de tijolos, telhas ou tubos para conexão, todos sabem do que se trata, ainda que não seja um engenheiro. Essa é a ideia que a lei quis passar quando fala em bens comuns. São aqueles bens que se conhece e identifica pelo simples nome, pois é assim sabido no mercado.

Um esclarecimento necessário

Um exemplo permite compreender melhor a distinção. Um programa de computador pode ser um bem comum, quando se tratar do chamado *software* de prateleira. Suponha-se que a Administração resolva adquirir um aplicativo para processamento de texto, reconhecendo a ausência de necessidade de qualquer especificação determinada. Existem diversos produtos no mercado, que podem ser fornecidos à Administração sem qualquer inovação ou modificação. A hipótese configura um bem comum.

Imagine-se, no entanto, que a Administração necessite o desenvolvimento de um programa destinado a fins especiais, tal como um gerenciador de banco de dados para aposentados. Deverá produzir-se a contratação de serviços especializados, cujo resultado poderá não ser único – mas que envolverá uma prestação sob medida para a Administração. Esse não será um serviço licitável por meio de pregão.

A mesma coisa em relação a serviços. Serviço de limpeza, de vigilância, de manutenção são serviços que, quando mencionados, todos identificam, não necessitando de descrição com muitos detalhes, pois, uma vez precisando de maior detalhamento, deixaria de ser comum.

Se ainda houver dúvida se alguma coisa é ou não bem comum, pode-se recorrer ao Anexo II do Decreto 3.555, onde há uma listagem exemplificativa, uma vez que se pode ter outros bens e serviços que não estão ali, mas que podem ser considerados comuns.

Conforme o art. 29 da Lei 14.133/21, a concorrência e o pregão seguem o rito procedimental comum a que se refere o art. 17 do mesmo diploma, adotando-se o pregão sempre que o objeto possuir padrões de desempenho e qualidade que possam ser objetivamente definidos pelo edital, por meio de especificações usuais de mercado. O rito procedimental a que se refere o art. 17 da Lei 14.133/21 estabelece as fases do processo de licitação, sendo elas: fase preparatória; de divulgação do edital de licitação; de apresentação de propostas e lances; de julgamento; de habilitação, recursal e de homologação. Apesar da semelhança com o rito que era adotado pela Lei 10.520/02, existem novidades nos parágrafos do artigo 17 acerca do pregão, observe:

Art. 17, Lei 14.133/21. [...]

§ 1º A fase referida no inciso V do *caput* deste artigo poderá, mediante ato motivado com explicitação dos benefícios decorrentes, anteceder as fases referidas nos incisos III e IV do *caput* deste artigo, desde que expressamente previsto no edital de licitação.

§ 2º As licitações serão realizadas preferencialmente sob a forma eletrônica, admitida a utilização da forma presencial, desde que motivada, devendo a sessão pública ser registrada em ata e gravada em áudio e vídeo.

§ 3º Desde que previsto no edital, na fase a que se refere o inciso IV do *caput* deste artigo, o órgão ou entidade licitante poderá, em relação ao licitante provisoriamente vencedor, realizar análise e avaliação da conformidade da proposta, mediante homologação de amostras, exame de conformidade e prova de conceito, entre outros testes de interesse da Administração, de modo a comprovar sua aderência às especificações definidas no termo de referência ou no projeto básico.

§ 4º Nos procedimentos realizados por meio eletrônico, a Administração poderá determinar, como condição de validade e eficácia, que os licitantes pratiquem seus atos em formato eletrônico.

§ 5º Na hipótese excepcional de licitação sob a forma presencial a que refere o § 2º deste artigo, a sessão pública de apresentação de propostas deverá ser gravada em áudio e vídeo, e a gravação será juntada aos autos do processo licitatório depois de seu encerramento.

§ 6º A Administração poderá exigir certificação por organização independente acreditada pelo Instituto Nacional de Metrologia, Qualidade e Tecnologia (Inmetro) como condição para aceitação de:
I - estudos, anteprojetos, projetos básicos e projetos executivos;
II - conclusão de fases ou de objetos de contratos;
III - material e corpo técnico apresentados por empresa para fins de habilitação.

Da leitura supra, percebe-se claramente no texto do § 2º, uma notória consolidação da compreensão doutrinária e jurisprudencial acerca da maior eficiência do formato eletrônico, sem torná-lo obrigatório, senão preferencial, de maneira que a adoção da modalidade presencial deva ser expressamente motivada, além de ser realizado seu registro em ata acompanhado de gravação audiovisual.

De outra feita, o § 6º do mesmo artigo, traz nova previsão para que a Administração Pública possa exigir certificação advinda de organização independente chancelada pela INMETRO como instrumento que condiciona da aceitação de estudos, anteprojetos, projetos básicos e executivos, ou a conclusão de fases ou objetos de contratos ou ainda a adequação do material e do corpo técnico apresentados por empresa para fins de habilitação. Apesar dessa inovação, não foi claramente definido o que viria a ser a mencionada certificação, principalmente em relação à conclusão de fases do pregão e em que medida incidiria a certificação de organização credenciada pelo INMETRO para recepcionar estudos, anteprojetos e projetos de engenharia.

O parágrafo único do mesmo artigo 29 estabelece, por seu turno, que não se aplicará o pregão nas contratações de serviços técnicos especializados de natureza predominantemente intelectual e de obras e serviços de engenharia, excetuando-se os serviços comuns de engenharia (alínea "a" do inciso XXI do *caput* do art. 6º da Nova Lei de Licitações) que são definidos como "todo serviço de engenharia que tem por objeto ações, objetivamente padronizáveis em termos de desempenho e qualidade, de manutenção, de adequação e de adaptação de bens móveis e imóveis, com preservação das características originais dos bens". Reiteramos que, nesse sentido, somente os serviços comuns de engenharia, por serem padronizáveis, é que poderão ser contratados via pregão.

O art. 6º, inciso XVIII, da Nova Lei de Licitações e Contratos Administrativos conceitua serviços técnicos especializados da seguinte forma:

Art. 6º, XVIII, Lei 14.133/21. Serviços técnicos especializados de natureza predominantemente intelectual: aqueles realizados em trabalhos relativos a:

a) estudos técnicos, planejamentos, projetos básicos e projetos executivos;

b) pareceres, perícias e avaliações em geral;

c) assessorias e consultorias técnicas e auditorias financeiras e tributárias;

d) fiscalização, supervisão e gerenciamento de obras e serviços;

e) patrocínio ou defesa de causas judiciais e administrativas;

f) treinamento e aperfeiçoamento de pessoal;

g) restauração de obras de arte e de bens de valor histórico;

h) controles de qualidade e tecnológico, análises, testes e ensaios de campo e laboratoriais, instrumentação e monitoramento de parâmetros específicos de obras e do meio ambiente e demais serviços de engenharia que se enquadrem na definição deste inciso.

Importante lembrar que anteriormente o pregão já não podia ser utilizado para obras e serviços de engenharia, para locações, vendas e alienações, sendo a razão disto a vedação do art. 5º do Decreto 3.555/00, versando da seguinte forma:

Art. 5º, Decreto nº 3.555/00 - A licitação na modalidade de pregão não se aplica às contratações de obras e serviços de engenharia, bem como às locações imobiliárias e alienações em geral, que serão regidas pela legislação geral da Administração.

No caso de obras e serviços de engenharia, a vedação se dá porque toda edificação imobiliária envolve avaliação de circunstâncias específicas, variáveis segundo as peculiaridades de local e necessidade, tornando-se muito problemático cogitar de objeto padronizado.

Não se aplica às locações imobiliárias e alienações em geral porque é quando a Administração Pública quer transferir o domínio de algum bem, querendo assim receber o maior lance. Daí a incompatibilidade destas contratações com o sistema do pregão.

Uma grande dificuldade teórica conceitual surgiu quando sobrevinham casos limítrofes, onde pairava a dúvida se aquele serviço seria qualquer ou atrairia uma regência especial do Serviço de Engenharia. O serviço de manutenção preventiva e corretiva é um destes casos limítrofes. Esse serviço poderia ser caracterizado como um serviço de qualquer natureza, passível de licitação mediante pregão, ou a presença de características específicas exigentes da presença de profissionais de engenharia levaria este serviço a ser considerado como serviço de engenharia e, por conseguinte, insuscetível de licitação mediante pregão? A matéria suscitou dúvidas por toda parte.

Recentemente, chegou ao Tribunal de Contas da União uma representação formulada pelo CREA do Distrito Federal acerca de um pregão que estava sendo promovido pela Empresa Brasileira de Correios e Telégrafos – ECT. O objeto era a contratação de um serviço de manutenção corretiva e preventiva com o fornecimento de material de consumo, peças e mão de obra correspondente, em relação a 17 aparelhos de Raios-X de inspeção de volumes e 17 espectrômetros de massa para detecção de drogas e bombas. A ECT entendeu que era um serviço de qualquer natureza. O CREA entendia que era serviço de engenharia, só podendo ser conduzido por profissionais de engenharia, logo impossibilitando o uso de pregão. A matéria foi apreciada pelo TCU, e sua orientação foi a seguinte:

> "A medida provisória n° 2026, art. 1° e 81° conceitua bens e serviços comuns da seguinte forma: Consideram-se bens e serviços comuns, para fins e efeitos deste artigo, aqueles cujos padrões de desempenho e qualidade possam ser objetivamente definidos pelo edital, por meio de especificações usuais no mercado. Sendo o serviço de manutenção preventiva e corretiva de equipamentos aqueles estabelecidos pelos fabricantes destes produtos, sem dúvida que todos que venham a adquirir esses equipamentos realizarão esta manutenção de acordo com as especificações do fabricante que são iguais para o mesmo tipo e modelo do produto. Desta forma, os padrões de desempenho do serviço de manutenção de equipamentos podem ser objetivamente definidos pelo edital, pois as especificações desses serviços são as detalhadas nos manuais de manutenção fornecidos pelo produtor a todos os adquirentes, sendo então usuais neste seguimento de mercado".

Com este raciocínio, o TCU dizia que comuns são estes serviços, porém, isto não afasta a dúvida. Falta dizer se é *comum* de qualquer natureza ou *comum* de engenharia.

> "junte-se a isso o fato de que os *Serviços de Manutenção de Bens Imóveis* e os *Serviços de Manutenção de Bens Móveis* estão presentes no ANEXO II do Decreto n° 3.555/00, anexo este que enumera quais são, para efeito da MP 2026/00 os bens e serviços comuns passíveis de serem licitados por meio de Pregão. Temos, então, numa mesma norma jurídica, o Decreto n° 3.555/00, dois dispositivos conflitantes. O Anexo I, art. 5° que impede o uso do Pregão para aquisição de obras e serviços de engenharia, e o Anexo II, que autoriza a serem licitados na modalidade pregão os serviços de manutenção de bens móveis e imóveis. Ensina a boa técnica de interpretação que, em normas de mesmo valor hierárquico, o específico deve prevalecer sobre o geral. Consequentemente, a proibição do art. 5° sucumbe diante da clara manifestação do ANEXO II. Isto é, os serviços de manutenção de bens móveis e imóveis, mesmo sendo serviços de engenharia, podem ser licitados na modalidade pregão. Os serviços licitados pela ECT por meio do pregão n° 27/01 — CPL/AC são serviços de manutenção de equipamentos, equipamentos estes necessariamente classificados como bens móveis ou imóveis, de acordo com suas peculiaridades. Por isso, não há impedimento para serem adquiridos por meio de pregão, pois estão expressamente arrolados no ANEXO II do Decreto n° 3.555. Isto posto, não há por que considerar-se ilegal a adoção desta modalidade no pregão n° 27/04 – CPL/AC, não devendo prosperar a pretensão do CREA do DF."

A Administração Pública está diante de um primeiro passo dado pelo TCU que, ao decidir questões relacionadas com a Administração Federal, o faz de modo a sugerir uma primeira linha de entendimento da legislação em matéria de licitações e contratações.

Para que se chegue a conclusão de que o serviço é de engenharia e insuscetível de pregão, é necessário que não haja dúvida, ou seja, tem que ser induvidoso que se trata de serviço de engenharia. Se houver uma dúvida razoável, parece válido extrair desta decisão do TCU que a solução será a possibilidade de adoção do pregão.

Um esclarecimento necessário

Os serviços de duração continuada também foram alvo de dúvidas. Serviços contínuos são aqueles que não podem ser suspensos ou interrompidos. A interrupção ou suspensão poderia causar dano ou prejuízo, sendo imprescindível a continuação de sua execução. O inciso II do art. 57 da Lei n° 8.666/93 impunha, porém, certas restrições que não podem ser esquecidas. Essa prorrogação somente poderia ser feita se os preços dos serviços e as condições fossem vantajosos. Portanto, poderia a administração utilizar-se do pregão, em se tratando de serviços de duração continuada?

Acreditava-se que, tendo em vista a filosofia que norteou o legislador (presteza, desburocratização, melhor preço e condições) e a redação do inciso II do art. 57 da citada e pretérita Lei Geral n° 8.666/93, estivesse autorizava a prorrogação do contrato de prestação de serviços a serem executados de forma continuada por iguais e sucessivos períodos, desde que os preços e as condições fossem as melhores e mais proveitosas, via-bilizando assim a sua utilização.

Atualmente, a esse respeito, os artigos 106 e 107 da Lei 14.133/21, assim tratam do tema:

Art. 106, Lei 14.133/21 - A Administração poderá celebrar contratos com prazo de até 5 (cinco) anos nas hipóteses de serviços e fornecimentos contínuos, observadas as seguintes diretrizes:

I - a autoridade competente do órgão ou entidade contratante deverá atestar a maior vantagem econômica vislumbrada em razão da contratação plurianual;

II - a Administração deverá atestar, no início da contratação e de cada exercício, a existência de créditos orçamentários vinculados à contratação e a vantagem em sua manutenção;

III - a Administração terá a opção de extinguir o contrato, sem ônus, quando não dispuser de créditos orçamentários para sua continuidade ou quando entender que o contrato não mais lhe oferece vantagem.

§ 1º A extinção mencionada no inciso III do *caput* deste artigo ocorrerá apenas na próxima data de aniversário do contrato e não poderá ocorrer em prazo inferior a 2 (dois) meses, contado da referida data.

§ 2º Aplica-se o disposto neste artigo ao aluguel de equipamentos e à utilização de programas de informática.

Art. 107, Lei 14.133/21 - Os contratos de serviços e fornecimentos contínuos poderão ser prorrogados sucessivamente, respeitada a vigência máxima decenal, desde que haja previsão em edital e que a autoridade competente ateste que as condições e os preços permanecem vantajosos para a Administração, permitida a negociação com o contratado ou a extinção contratual sem ônus para qualquer das partes.

9.4.6. Da Fase Interna do Pregão

O pregão também é composto de uma etapa interna e uma etapa externa, como em qualquer outra modalidade de licitação.

São passos próprios à etapa preparatória do pregão: *a)* a justificativa da autoridade competente quanto a real necessidade da desejada contratação; b) requisição do objeto, significando a descrição da obra, bem ou serviço que se deseja adquirir; c) estimativa do valor, que permitirá a adequação da despesa à previsão orçamentária, assim como a disponibilidade do recurso; *d)* a elaboração do edital de pregão, contendo os itens necessários dispostos no art. 40 da Lei nº 8.666/93 (art. 25 da Lei 14.133/21); *e)* análise/opinamento do órgão jurídico; *f)* a designação do pregoeiro, servidor que conduzirá o certame; g) encaminhamento do edital para publicação;

A subsidiariedade da Lei 8.666/93 faz-se bastante presente nesta fase. Como dito anteriormente, itens necessários, conforme o caso do art. 40 da referida lei estarão presentes na elaboração do edital de pregão. As exigências de habilitação, os critérios de aceitação das propostas, as sanções por inadimplemento, as cláusulas contratuais fixando as condições ou os prazos para fornecimento são alguns dos dispositivos essenciais e imprescindíveis na sequência lógica dos fatos próprios da modalidade pregão.

Por expressa determinação do art. 15 do Decreto 3.555/00, continua não sendo obrigatória a compra do edital como condição de participação no certame; não poderão ser cobradas dos licitantes quaisquer taxas ou emolumentos, disposição esta que já encontrava previsão no art. 32, § 5º, da Lei nº 8.666/93[94]. Assim, caso não estivesse expressa no Decreto, seria também aplicada subsidiariamente.

---

94   Sem dispositivo correspondente na Lei 14.133/21.

O inciso III do art. 31 da Lei de Licitações[95] prevê a exigência de garantia da proposta, o que dificultava o acesso ao certame e não se traz nenhuma vantagem à Administração. A apresentação de tal garantia acaba por ser uma questão apenas formal, acabando por vezes a inabilitar ou desclassificar propostas vantajosas. Como prova de esta exigência não traz benefício para o interesse público, a Lei n° 10.520, em seu inciso I do art. 15 vedou sua exigência no pregão. Aí já se percebe um princípio norteador do pregão imperando sobre a Lei n° 8.666/93, o da competitividade, pois visa não ocasionar uma restrição ao conjunto de competidores.

9.4.7. O Pregoeiro e a Equipe de Apoio

É de verificar-se que a equipe de apoio não possui, no pregão, qualquer poder de decisão, sendo sua atuação meramente auxiliar ao pregoeiro, que delibera de forma singular, não estando adstrita à opinião de seus auxiliares.

Na verdade, a equipe de apoio deveria ser composta por especialistas no objeto da licitação. Se o objeto for um bem de informática, devem ser especialistas em informática. Se for um material de expediente, especialistas nesta área. Se for a contratação de um serviço de vigilância, igualmente. A equipe de apoio vai estar ao lado do pregoeiro, auxiliando-o especialmente na análise das condições constantes de cada proposta, de forma a verificar a perfeita compatibilidade com as disposições do ato convocatório.

Desta forma, não há por que acompanharmos os preceitos do § 4° do art. 51 da Lei n° 8.666/93[96], que estabelece que a investidura dos membros da comissão permanente de licitação não excederá 1 (um) ano. Não faz sentido estabelecer um mandato para a equipe de apoio. Esta é escolhida para cada licitação específica, atuando nela e se desfazendo ao final. Se, em seguida, houver nova licitação para objeto semelhante, nada impede que a mesma equipe seja formada. E assim sucessivamente. Se a investidura não excedesse 01 (um) ano, seria necessária uma equipe de centenas de pessoas, que fossem capazes de, no conjunto, ter especialidade em todas as áreas que estão sujeitas a licitações da Administração Pública, situação absolutamente inviável. Como foi dito anteriormente, a equipe de apoio tem poder decisório, daí, não há razão, também, para a vedação da recondução de sua totalidade.

Quanto ao número de membros que devem compor a equipe de apoio, nada foi dito nas normas sobre pregão, igualmente a Lei de Licitações, que não se pronunciou quanto à quantidade de pessoas que integram a Comissão de licitação. Assim, definiu-se a prática de três, sempre que possível, utilizando-se aí o costume (adquirido pela prática contumaz) da Lei Federal n° 8.666/93.

Assinale, ainda, que o pregoeiro deve, juntamente com a equipe de apoio, registrar todos os incidentes à medida que vão acontecendo; portanto, é importante ter uma equipe de apoio para elaboração da ata.

As comissões de licitação são órgãos colegiados responsáveis pela condução dos certames realizados sob as modalidades de licitação previstas na Lei n° 8.666/93 e pela deliberação conjunta de todos os atos praticados durante o procedimento licitatório. Assim, por expressa disposição no art. 51, § 3°, da Lei de Licitações[97], regra geral, todos os membros respondem solidariamente por todos os atos praticados pela Comissão. Já no pregão, a situação é diversa. O pregoeiro é a única autoridade com poderes para conduzir o certame e deliberar sobre os atos a serem praticados; o que nos leva a concluir que todos os atos praticados durante o pregão são, em princípio, de responsabilidade exclusiva do pregoeiro.

O pregoeiro poderá ser um servidor do órgão ou da entidade que promove a licitação. Dúvidas surgiram quanto ao fato de o pregoeiro ser ocupante apenas de cargo em comissão. O professor Jessé Torres Pereira Júnior entende que aquele que ocupa cargo em comissão ocupa cargo permanente, apesar de seu exercício ser transitório. Enquanto estiver no exercício do cargo será considerado servidor público, submetendo-se ao regime jurídico único.

A atividade de pregoeiro exige algumas habilidades próprias e específicas. As medidas provisórias que regularam o pregão, antes da conversão em lei, chegaram a dispor que somente poderia ser designado pregoeiro servidor que tivesse recebido curso de capacitação específica. Essa determinação consta ainda do Decreto que regulamentou aquelas medidas provisórias, mas não foi colocada na Lei n° 10.520/02. Independentemente de

---

95   Atual art. 58, § 1°, da Lei 14.133/21.
96   Sem dispositivo equivalente na Lei 14.133/21.
97   Idem.

exigência legal, o agente a ser designado deve receber qualificação adequada, mediante a submissão a curso de treinamento, que pode inclusive ser desenvolvido pela própria unidade administrativa. Para justificar juridicamente essa diretriz, utiliza-se a regra da Lei n° 8.666/93 subsidiariamente, pois os membros da comissão devem ser servidores *qualificados,* conforme *caput* do artigo 51 da referida Lei.

9.4.8. Exigências de Habilitação

As exigências de habilitação devem seguir o disposto na Lei n° 8.666/93, levando-se em conta a necessária simplificação derivada da ausência de especificação do objeto licitado. Dúvidas poderão surgir quanto a exigibilidade de um ou outro documento, como é o caso da exigência de comprovação, como requisito de habilitação, de que o licitante atende à legislação de proteção ao trabalho de menores, à vista do disposto no art. 7°, XXXIII, CF.

9.4.9. Parecer da Assessoria Jurídica

Indispensável configura-se o parecer da assessoria jurídica, inclusive acerca da minuta do contrato. Essa solução foi explicitamente referida no art. 38, VI, do regulamento federal[98], o que reforça o entendimento de que as regras acerca da fase interna contidas na Lei n° 8.666/93, devem reputar-se plenamente aplicáveis ao pregão.

9.4.10. Fase Externa do Pregão

A fase externa do pregão tem início com a convocação dos interessados por meio de publicidade adequada. O *caput* do art. 4° da Lei n° 10.520 dispõe *que a fase externa do pregão será iniciada com a convocação dos interessados e observará as seguintes regras.* A interpretação do referido artigo deve ser feita seguindo-se as regras e princípios da Lei n° 8.666/93, significando dizer que as normas gerais ali contidas acerca de procedimento licitatório deverão ser aplicadas subsidiariamente.

A publicidade acerca da instauração do certame e das condições de disputa possui as mesmas finalidades daquelas previstas na Lei de Licitações.

A divulgação do edital vai se subdividir em 2 categorias: A **divulgação obrigatória** do inteiro teor do instrumento convocatório do portal nacional de contratações públicas (PNCP) – art. 54 da Lei 14.133/21.

A nova lei de licitações prevê a instituição de um portal específico que vai centralizar todas as informações de licitações públicas, esse portal será nacional, então o instrumento para você dar divulgação ao inteiro teor do instrumento convocatório do edital será o portal nacional de contratações públicas. O projeto que foi enviado para a sanção do presidente da República, exigia também, a divulgação obrigatória do extrato em diário oficial e em jornal de grande circulação, mas esse tópico foi vetado.

Portanto, o que prevalece é apenas a divulgação obrigatória do inteiro teor no portal nacional de contratações públicas (PNCP).

Além dessa divulgação obrigatória, temos a chamada **divulgação facultativa**, que é aquela que serve para ampliar a divulgação do edital. Como o próprio nome está dizendo é uma divulgação facultativa, ou seja, a administração pública **pode** divulgar também o inteiro teor de todo o documento do edital e dos seus anexos em um sítio eletrônico do Ente da Federação que está promovendo a licitação pública. Isso aqui nada mais é do que a divulgação do portal da transparência do órgão/entidade que está promovendo a licitação.

Em relação ao período de 08 (oito) dias úteis entre a publicação e o recebimento das propostas também deverá usar a aplicação subsidiária do § 3° do art. 21 da Lei n° 8.666/93[99], para se determinar a partir de quando o prazo deverá ser contado. Como a Lei 10.520/02 e o Decreto n° 3.555/00 nada disseram, considerar-se-á a data da primeira publicação na imprensa escrita. Não se deve levar em conta o prazo de divulgação na internet, pois se torna problemático determinar com precisão a data em que certa notícia foi inserida em um *site.*

---

98   Sem dispositivo equivalente na Lei 14.133/21.
99   Idem.

Há uma discussão sobre se o pregoeiro estaria ou não autorizado pela lei a permitir que participasse da licitação o licitante não credenciado. Há quem entenda que só pode participar do pregão licitante que estiver presente a sessão, o representante legal, ou ainda a pessoa que receba deste uma procuração que o autorize a fazer lances, desistir ou recorrer em nome da empresa.

A ausência de representação das licitantes no pregão não combina com a sua natureza. O fato de existirem lances verbais dos participantes, que obrigatoriamente deverão estar presentes, sob pena de ficarem excluídos dos lances, torna, indiscutivelmente, inútil o procedimento, tanto para os licitantes ausentes quando para a Administração, já que seus preços poderão ser vencidos por lances mais bem apresentados pelos seus concorrentes. No entanto, no caso de não ocorrerem lances verbais, poderá à proposta escrita ofertada pelo licitante ausente ser a mais vantajosa, consagrando-o vencedor do certame se esta for a de menor preço, o que sustenta a viabilidade de apreciar as propostas dos licitantes que não estejam presentes na sessão pública.

O Tribunal de Contas da União examinou a questão do licitante que não quer fazer lance, entendendo que não há irregularidade em abdicar deste direito. Ora, se o licitante presente tem o direito de não dar lances verbais, mantendo assim sua proposta escrita, por que não aceitar as propostas escritas dos que não estão presentes? E por que não aceitar as propostas encaminhadas via postal? Por isso, deve-se admitir a participação de empresas que encaminham as propostas pelo correio, ressaltando que o referido licitante estará abdicando do direito de fazer lance como do direito de recorrer, pois estará fisicamente ausente.

9.4.11. Momento da Abertura da Sessão

O que poderá ocorrer se na hora da abertura da sessão nenhum licitante comparecer? Este é um caso de licitação deserta, onde se deverá aplicar o art. 75, III, *a* da Lei 14.133/21 dispõe que a licitação é dispensável, ou seja, será permitida a contratação direta sem licitação quando: *a)* a Administração Pública tiver realizado um procedimento licitatório; *b) o* procedimento tenha alcançado a fase externa com a realização da sessão de licitação; *c)* à sessão não tenham comparecido licitantes; *d)* haja prejuízo à Administração, na repetição do certame, conforme motivação a ser inserida nos autos.[100], satisfaça todas as condições exigidas no edital.

Uma vez que a Administração cumpriu com o dever de garantir a isonomia, poderá iniciar o procedimento da contratação direta sem licitação.

E quando apenas l (um) licitante comparece? Deve o pregoeiro aceitar a participação deste único licitante? Destaca-se que na Lei n° 10.520/02 não existe nenhum dispositivo que impeça a continuidade do certame com 01 (um) ou 02 (dois) interessados. Portanto, desde que o ato convocatório do pregão não apresente cláusulas restritivas da competição ou que direcionem o procedimento a determinado interessado e, além disso, desde que a Administração tenha cumprido todas as exigências legais, em relação às fases interna e externa, em conformidade com o disposto nos arts. 3° e 4° da Lei n° 10.520, nada impede o prosseguimento do certame.

Já houve quem pretendesse, na ocorrência do caso em tela, a revogação do pregão, sob o argumento de que não foi satisfeito o princípio da competitividade, ou que é da essência do pregão a fase de lances, sendo que com apenas um participante essa seria frustrada. Esse pensamento, como foi demonstrado, mostra-se equivocado, pois não há na Lei qualquer determinação neste sentido, violando-se o princípio da legalidade. Também se constitui num verdadeiro desprestígio ao licitante que elaborou proposta, preparou documentos para a habilitação e veio contribuir com a Administração Pública.

Concluindo-se, desde que o preço apresentado pelo licitante não seja superfaturado ou inexequível, e restem atendidas todas as exigências legais insertas na Lei n° 10.520/02, nada impede a continuidade do certame e, se for o caso, a adjudicação do objeto ao único participante do pregão.

9.4.12. Da entrega dos envelopes de documentação

Após o credenciamento, os licitantes, presentes, deverão entregar ao pregoeiro a declaração de conformidade e os envelopes contendo proposta e documentação. Essa declaração exigida pela Lei do pregão consiste na

---

100   Atual art. 72, VI da Lei 14.133/21.

manifestação de vontade do interessado declarando que os envelopes que está apresentando contêm os documentos exigidos pelo edital e propostas conforme as exigências impostas no edital.

O exame formal dos envelopes e a abertura daqueles contendo as propostas seguem as mesmas formalidades da Lei n° 8.666/93. Como no procedimento do pregão analisam-se primeiro os envelopes com a proposta de preço, para, somente após conhecido o vencedor proceder-se ao exame dos documentos de habilitação, surgiu a dúvida de qual seria o momento em que o pregoeiro deveria receber os envelopes de habilitação, se no momento da abertura da sessão, ou no momento oportuno. Mais uma vez as normas que regulamentam o pregão são omissas com relação a esse aspecto procedimental. O mais adequado seria que, no ato de instauração da sessão pública, todos os licitantes entregassem os dois envelopes, assim como ocorre nas licitações regidas pela Lei n° 8.666/93.

Os envelopes contendo a documentação das licitantes ficarão sob custódia do pregoeiro até que chegue o momento oportuno para a verificação da habilitação da licitante dona da melhor proposta em termos de preço. Mas por quê? Em princípio, o pregão foi concebido para iniciar-se e terminar no mesmo dia, porém esta não é uma regra geral. Alguns incidentes procedimentais poderão fazer com que o pregoeiro suspenda a sessão para retomá-la em outra data e, em sendo assim, é de suma importância que os envelopes contendo os documentos permaneçam lacrados até sua efetiva abertura.

Note-se que o inc. XII, do art. 4°, da Lei n° 10.520/02, estipula que, encerrada a etapa competitiva e ordenadas as ofertas, o pregoeiro procederá à abertura do invólucro contendo os documentos de habilitação do licitante que apresentou a melhor proposta, para atendimento das condições fixadas no edital. Ora, se a norma prevê que o pregoeiro procederá à abertura dos envelopes contendo os documentos, supõe-se que estes já estejam em seu poder, pois, caso contrário, a norma deveria ter dito que o pregoeiro passaria a receber os envelopes de habilitação para em seguida abri-los.

Como dito anteriormente, como as normas são omissas sobre este aspecto, cabe a aplicação subsidiária do art. 43 da Lei de Licitações. Assim, no ato de instauração da sessão pública, devem, todos os licitantes, entregar os 2 (dois) envelopes (proposta e habilitação) ao pregoeiro.

Passa-se, então, antes da verificação dos preços, ao exame de conformidade da proposta com os requisitos do edital, que nas licitações regidas pela Lei n° 8.666/93 se faz no momento da abertura da proposta, não sendo diferente na nova modalidade.

É necessário que se aprecie se a proposta contém tudo o que o edital pediu, sendo verificadas todas as características do objeto, conforme o inciso IV, art. 43 do citado diploma legal[101].

O Conselheiro do Tribunal de Contas do Distrito Federal, Jorge Ulisses Jacoby Fernandes, demonstra situações especiais que poderão ocorrer no ato do exame de conformidade:

> 1. só há um licitante. (...) Não há nenhum impedimento à continuidade do certame quando só comparece um licitante. Deve se passar ao exame de conformidade da proposta, verificar a habilitação e a compatibilidade dos preços e, finalmente, proceder à negociação do valor da proposta;

> 2. somente um licitante supera a fase do exame de conformidade, e todos os demais apresentam substancial diferença entre o que apresenta a proposta e o que exige o edital. Pelos mesmos argumentos referidos na alínea anterior, deve o pregoeiro dar continuidade ao certame. A diferença dessa situação para a indicada na alínea anterior é que haverá a fase de recurso, mesmo que o licitante atenda a todas as condições do certame, pois houve interesse dos que não ultrapassam a fase. Pode ocorrer que os que tiveram a proposta rejeitada se conformem com a decisão do pregoeiro e, na fase própria, não manifestem interesse em recorrer, permitindo a adjudicação do objeto e homologação imediata da licitação;

---

101 Sem dispositivo correspondente na Lei 14.133/21.

3. todos os licitantes têm a proposta rejeitada no exame de conformidade. A Lei nº 10.520/02 não prevê solução para o caso, podendo ser aplicadas duas e distintas hipóteses. Pela primeira, adotando-se o princípio da legalidade estrita — o administrador só pode fazer o que a lei autoriza —, o certame será encerrado, lavrando-se ata a respeito. Em fase posterior, o ordenador de despesas poderá decidir pela aplicação do art. 24, inc. V, da Lei nº 8.666/93. Esse dispositivo permite a contratação direta sem licitação quando, entre outros requisitos, não acudirem interessados à licitação, chamada licitação fracassada; interessado é quem comparece ao certame e oferece proposta válida. A outra hipótese é entender possível, no caso, a aplicação subsidiária ao procedimento do pregão, da Lei Geral de Licitações, e determinar aos licitantes que reapresentem suas propostas sem as falhas apontadas pelo pregoeiro, na forma prevista pelo § 3º do art. 48 da Lei nº 8.666/93. Nesse caso, embora a lei preveja o prazo de oito dias úteis, é possível prever no edital prazo menor, e, no silêncio desse, o pregoeiro negociar a redução de prazo se todos os licitantes estiverem presentes. Após o exame de conformidade da proposta, deve-se verificar a habilitação e a compatibilidade de preços e finalmente proceder à negociação do valor da proposta.

Após a definição dos licitantes que apresentaram propostas em conformidade com os requisitos do edital, é chegado o momento de definir quem pode participar da fase de lances.

9.4.13 Seleção dos que participarão dos lances verbais

Primeiramente, o pregoeiro fará leitura dos envelopes com o preço ofertado de cada participante, de forma que assegure visualização e acompanhamento por todos os presentes, procedendo a uma triagem, identificando, de imediato, a proposta de menor preço.

Nesta etapa é realizada a classificação das propostas cujos licitantes poderão participar da etapa de apresentação de lances verbais. A participação só é permitida para aqueles ofertantes cujas propostas por escrito apresentem valor situado dentro de um intervalo entre o menor preço oferecido e os demais. O objetivo é estimular os participantes a apresentarem propostas compatíveis com a realidade do mercado, punindo a tentativa de inflacionar preços.

Assim, o pregoeiro anunciará a proposta por escrito de menor preço e em seguida aquelas cujos preços se situem dentro do intervalo de 10% acima da primeira. Somente estes ofertantes poderão fazer lances verbais adicionalmente às propostas escritas que tenham apresentado.

Quanto ao critério utilizado para a definição das propostas que passarão para a fase de lances verbais existem pontos polêmicos.

A redação dos incisos VIII e IX, do art. 4º, da Lei nº 10.520/02, determina que:

Art. 4º, VIII, Lei nº 10.520/02 no curso da sessão, o autor da oferta de valor mais baixo e os das ofertas com preços até 10% (dez por cento) superior àquela poderão fazer novos lances verbais c sucessivos, ate a proclamação do vencedor;

Art. 4º, IX, Lei nº 10.520/02 – não havendo pelo menos 3 (três) ofertas nas condições definidas no inciso anterior, poderão os autores das melhores propostas, até o máximo de 3 (três), oferecer novos lances verbais e sucessivos, quaisquer que sejam os preços oferecidos.

E a dos incisos VI e VII do art. 11 do Decreto dispõe:

Art. 11, VI, Decreto 3.555/00 – o pregoeiro procederá à abertura dos envelopes contendo as propostas de preços e classificará o autor da proposta de menor preço e aqueles que tenham apresentado propostas em valores sucessivos e superiores em até dez por cento, relativamente à de menor preço;

Art. 11, VII, Decreto 3.555/00 – quando não forem verificadas, no mínimo, três propostas escritas de preço nas condições definidas no inciso anterior, o pregoeiro classificará as melhores propostas subsequentes, até o máximo de três, para que seus autores participem dos lances verbais, quaisquer que sejam os preços oferecidos nas propostas escritas.

Na prática, este dispositivo vem gerando dúvidas de interpretação, especificamente no que tange à expressão até o máximo de três.

Com o intuito de facilitar a compreensão, suponha-se serem as propostas de R$ 1.000,00, R$ 1.100,00, R$ 1.150,00, R$ 1.200,00, R$ 1.250,00 e R$ 1500,00.

Pela regra do inc. VI do art. 11, o pregoeiro deve selecionar a menor proposta e todas que forem superiores a esta em até 10%, ou seja, de acordo com o citado exemplo, o pregoeiro selecionará somente a proposta de R$ 1.000,00 e a de R$ 1.100,00. Note-se que as demais estão acima do limite de 10%. Assim, configura-se a situação prevista no inc. VII, do citado art. 11, isto é, não se tem no mínimo três propostas nas condições definidas pelo inc. VI, na realidade, têm-se apenas duas (R$ 1.000,00 e R$ 1.100,00).

É neste momento que surge a dúvida de interpretação acima citada: deve o pregoeiro classificar somente mais uma proposta (a de R$ 1.150,00) para inteirar o número mínimo de três? Ou deverá classificar mais três propostas (R$ 1.150,00, R$ 1.200,00 e R$ 1.250,00), que são as subsequentes àquelas que já estão classificadas?

Note-se que, na primeira hipótese, o pregoeiro terá classificado três propostas (R$ 1.000,00, R$ 1.100,00 e R$ 1.150,00), aptas a prosseguir para a fase de lances verbais.

Na segunda hipótese, serão classificadas cinco propostas para a etapa dos lances verbais (R$ 1.000,00, R$ 1.100,00, R$ 1.150,00, R$ 1.200,00 e R$ 1.250,00) e, com isto, terá o pregoeiro selecionado um leque maior de competidores para a real disputa, prestigiando-se assim o princípio básico de todo certame licitatório, que é a ampliação da competitividade.

Um importante artigo do Decreto n° 3.555/00 vem fundamentar este entendimento. O parágrafo único do art. 4° do citado regulamento afirma que **"as normas disciplinadoras da licitação serão sempre interpretadas em favor da ampliação da disputa entre os interessados, desde que não comprometam o interesse da Administração, a finalidade e a segurança da contratação".**

Seguindo-se a linha de raciocínio da maioria, no caso em que não se tenha obtido 3 propostas na condição de 10%, mas há vários licitantes com propostas empatadas, por exemplo, l (uma proposta) de R$ 1.000,00, l (uma proposta) de R$ 1.500,00 e 9 (nove propostas) de R$ 1.400,00, seria correto convocar todos os que estão com o mesmo preço. O sorteio utilizado como regra na Lei de Licitações e Contratos não seria útil neste caso, tornando-se um critério discriminador. Deve-se impor limites à subsidiariedade. Como se viu ao longo do presente estudo, o princípio da competitividade, característica marcante do pregão, deve sempre se sobrepor à norma.

9.4.14. Da Instauração da Fase de Lances Verbais

Após a primeira classificação provisória, passa-se à fase de lances, que consiste no núcleo propriamente dito do pregão. Uma vez instaurada a referida fase, cada licitante é livre para formular verbalmente sucessivas ofertas, sempre com valor mais reduzido, até que se obtenha o menor valor possível.

Com o intuito de evitar desgastes e desperdício de tempo é conveniente, apesar de não haver amparo legal, que o edital estabeleça limites mínimos para os lances. Caso o edital não discipline acerca desta dimensão, a redução em lance superveniente poderia ser irrisória, com uma variação de centavos.

9.4.15. Do Lance com Preço Inexequível

Em toda a licitação a Administração corre o risco de o licitante formular propostas de valor irrisório, com a esperança de superar as dificuldades através de modificações supervenientes. No caso específico do pregão, a competição inerente à fase de lance pode levar o licitante a formular ofertas impensadas, produto do impulso em vencer a disputa, provocando sérios riscos à execução.

Um esclarecimento necessário

Caso alguém, nos lances verbais, lance 60% abaixo do valor estimado, aceita-se ou não este preço? E se o vencedor depois não executar?

Um pregoeiro deve se acautelar não apenas como servidor, mas também como profissional, uma vez que este, assim como qualquer agente da Administração que tome decisões, tem que dar um motivo para tais. E quais seriam os motivos para que o pregoeiro aceite um valor 60% abaixo do valor de mercado, correndo o risco de não ser executado ou de vir a administração a sofrer um prejuízo?

Jessé Torres só vê uma maneira de o pregoeiro responder a esse dever funcional de enunciar motivos para a sua decisão: lançar em ata algumas providências que ele terá que tomar. A primeira será a de indagar a este proponente, na frente dos demais, na sessão pública do pregão, para que conste em ata, a sua explicação para conseguir cotar o preço tão abaixo do valor estimado de mercado, e tão inferior ao preço que os demais cotaram. Se a explicação for do tipo possuía estoque antigo, adquirido quando o dólar estava em baixa, lança-se em ata, e aí está o motivo que pareceu ao pregoeiro aceitável e de interesse da Administração, uma vez que compraria por um preço menor, não havendo má-fé que desabonasse esta conduta.

Mas se a explicação do proponente não for tão clara? Para o administrativista caberia a concessão de um prazo de 48 horas para que o proponente apresentasse planilha demonstrativa. Assim, poder-se-á provar a exequibilidade da execução.

Assim, Jessé Torres está acompanhando os que entendem que o pregoeiro tem que tomar decisões fundadas em motivos, razões de fato e de direito concretos, demonstrados (diferentemente daqueles que entendem que o pregoeiro não pode inquirir preço cotado no pregão). É lógico que o prazo exige presteza por parte do pregoeiro (24h, 48h). Caso seja uma documentação que continue a deixar o pregoeiro em dúvida? Não poderá decidir de qualquer maneira, pois é servidor público, concursado, com a fé de ofício de seu cargo, no exercício de função relevante para a administração e que importa despesa. Se a explicação verbal lançada em ata nada lhe disse de seguro, se o documento exigido não lhe dá segurança para decidir, Jessé Torres aconselha a aplicação subsidiária do § 3º do art. 43 da Lei nº 8.666/93[102], prevendo que o pregoeiro ainda poderia converter este julgamento em diligência fazendo uso de regra geral das licitações, que admite a conversão do julgamento em diligência, a qualquer tempo do procedimento licitatório. Com isso, poderá colher o parecer de órgãos da própria Administração que sejam especializados naquela matéria. O pregoeiro decidirá à vista destes pareceres. Talvez perca uns 05 (cinco) dias, mas, para o jurista, vale diante da segurança de uma decisão que envolve recursos públicos. Será mais segura e mais prudente, não sendo garantido que foi esta certeza que pôs a salvo a Administração de qualquer aborrecimento, mas permitindo ao pregoeiro rebater qualquer tipo de insinuação em relação a sua conduta funcional, pois terá em ata e nos autos do processo os motivos concretos que o levaram a decidir deste ou daquele modo.

No art. 48 da Lei nº 8.666/93[103] verifica-se que o motivo da desclassificação da proposta em razão de preço inexequível está qualificado pelo advérbio <u>manifestamente inexequível</u>. A Lei está exigindo de quem conduz e julga a proposta que tenha uma razoável certeza. Este manifestamente inexequível quer dizer fundado em prova, em demonstração, em evidências efetivas de que com aquele preço não se cumprirá o objeto alvo da licitação. Caso se fique apenas em dúvida, poder-se-á estar desperdiçando a oportunidade de a Administração contratar em condições muito vantajosas só por um preconceito ou premissa que não se conseguiu demonstrar manifestamente. Nem mesmo a impugnação dos outros licitantes basta para caracterizar este manifestamente.

O autor acredita que se deveria ignorar o problema da inexequibilidade na etapa das propostas e remeter o exame da matéria a momento posterior ao encerramento dos lances verbais, uma vez que a natureza do pregão impõe que todas as questões sejam solucionadas rapidamente.

Assim, concluiu que a avaliação da inexequibilidade no pregão deverá se dar da seguinte forma (destacaram-se as mais importantes):

---

102   Atuais artigos 64, I e II e 59, § 2º da Lei 14.133/21.
103   Sem dispositivo correspondente na Lei 14.133/21.

"Para sumariar o entendimento adotado acerca de inexequibilidade no âmbito do pregão, apresentam-se as seguintes propostas doutrinárias, adoradas para a hipótese de se reputar cabível desclassificar propostas sob fundamento de inexequibilidade:

a) o fenômeno da inexequibilidade não é peculiar e exclusivo das licitações processadas segundo a Lei nº 8.666 e pode ocorrer também no âmbito de propostas e lances apresentados em licitação na modalidade de pregão;

b) em face da natureza específica do pregão, é impossível promover avaliação precisa da inexequibilidade antes do término da fase de lances;

c) se o lance vencedor do pregão se apresentar como significativamente mais reduzido do que o valor do orçamento, incumbirá ao pregoeiro exigir do ofertante, antes de encerrar a etapa competitiva, comprovação de que sua oferta é exequível;

d) no pregão, a comprovação da exequibilidade da oferta deverá fazer-se documentalmente, através de planilhas de custos e demonstrativos que evidenciem que o valor ofertado é suficiente para cobrir as despesas referidas no art. 48, inc. II, da Lei nº 8.666;

e) se o licitante não dispuser de informações concretas e confiáveis, deverá reputar-se sua proposta como inexequível, eis que é irrelevante para a Lei e para a Administração que o sujeito atue com dolo ou com culpa: quem não dispuser de informações acerca dos custos necessários a executar uma prestação não poderá assegurar que sua proposta será exequível;

f) o ato convocatório deverá prever de o licitante (ou seu representante) portar informações acerca dos custos em que incorrerá para executar a prestação, aptas e satisfatórias para justificar a propostas ou o lance que formular."

Concluindo-se, o pregoeiro, observando que os preços ofertados estão se aproximando da inexequibilidade, poderá apenas alertar os presentes, não tendo poderes para parar lances. Como se pode notar, o momento ideal para a avaliação da exequibilidade não é a dos lances verbais, não cabendo a aplicação de prazos para a realização de diligências, isto é, não sendo possível a aplicação subsidiária do § 3º do art. 43 da Lei nº 8.666/93[104], devido às características desta nova modalidade de licitação.

9.4.16. Da Abertura do Envelope de Habilitação

Uma vez definida que a melhor proposta é aceitável, o pregoeiro registrará a decisão em ata e procederá à abertura do envelope contendo os documentos de habilitação do licitante dono da referida proposta.

Para Jorge Ulisses Jacoby Fernandes, no ato de julgamento da habilitação, caso todas as empresas sejam inabilitadas, poderá a Administração optar pela aplicação subsidiária do § 3º do art. 48 da Lei nº 8.666/93[105], dando prazo para que todos reapresentem as devidas habilitações, ou então, declarar o encerramento do pregão para fins de reconhecimento da licitação fracassada (inciso VII do art. 24 da Lei nº 8.666/93[106]).

Mas o jurista Marçal Justen Filho não vislumbra esta possibilidade, declarando:

Pode-se imaginar hipótese em que se verifique a inabilitação de todos os licitantes, ainda que tal se configure como bastante improvável. Nesse caso, a Administração deverá encerrar o certame e iniciar outro. Não seria possível aplicar o disposto no art. 48, § 3º, da Lei nº 8.666, tendo em vista a disparidade de situações dos diferentes licitantes. A reabertura da oportunidade de apresentação

---

104   Atuais artigos 64, I e II e 59, § 2º, da Lei 14.133/21.
105   Sem dispositivo equivalente na Lei 14.133/21.
106   Atual art. 75, III, b, da Lei 14.133/21.

de documentos se destina a permitir a continuidade da competição. No caso, isso não aconteceria. Apenas se promove o exame dos documentos apresentados pelo mais bem classificado na etapa de lances e assim por diante. Conceder nova oportunidade para apresentação de documentos equivaleria a outorgar ao melhor classificado esse benefício.

Tenha-se presente que, caso a fase de julgamento da habilitação obtenha sucesso, será declarado vencedor o licitante habilitado, iniciando-se a fase recursal.

9.4.17. Da Fase Recursal

A fase recursal no pregão é bastante diferente da licitação convencional. Na licitação convencional existem pelo menos duas fases recursais, onerando a atividade administrativa e reduzindo a celeridade. No pregão, há apenas uma fase de recurso, que se dá ao final do certame, logo após a declaração do licitante vencedor.[107]

Nota-se que as principais características do pregão estão relacionadas com as etapas licitatórias que causavam mais morosidade aos processos de licitação tradicionalmente conhecidos. Entende-se que a Lei n° 10.520 atingiu os pontos nevrálgicos e obsoletos da Lei n° 8.666/93.

Um esclarecimento necessário

Conforme o inc. XVIII do art. 4°, declarado o vencedor do certame, qualquer licitante poderá manifestar imediata e motivadamente a intenção de recorrer sobre qualquer ato praticado durante as etapas do pregão, devendo registrar verbalmente na sessão quais são os atos de que discorda, bem como o motivo pelo qual discorda. Estas manifestações deverão ser consignadas em ata e ao recorrente deverá ser concedido o prazo de três dias corridos.[108] (não dias úteis como prevê o decreto) para que, se desejar, apresente por escrito as razões de recurso, ficando os demais licitantes desde logo intimados a apresentar as contrarrazões (impugnações aos recursos) em igual número de dias, que começam a fluir do término do prazo do recorrente, sendo-lhes assegurada vista imediata aos autos. Cabe ressaltar que durante a sessão o pregoeiro detém amplos poderes para fazer um juízo de admissibilidade do recurso, avaliando se de fato as alegações verbais levantadas por algum licitante são substanciais ou se são meramente protelatórias.

A decisão sobre recurso será instruída por parecer do pregoeiro e homologada pela autoridade competente responsável pela licitação. O acolhimento do recurso implica tão somente na invalidação daqueles atos que não sejam passíveis de aproveitamento.

Outra característica da nova modalidade reside na especialidade do recurso, pois a impugnação também se faz ao final do procedimento, devendo o interessado anotar todas as irregularidades que achar relevantes e aguardar o momento terminal.

9.4.18. Da Adjudicação e Homologação

Em princípio, a adjudicação não apresentaria maiores peculiaridades. O conteúdo, a natureza jurídica e os efeitos da adjudicação, no âmbito do pregão, não se mostram diferentes do que se passa no âmbito de qualquer licitação regida pela nova lei.

A adjudicação do licitante vencedor será realizada pelo pregoeiro, ao final da sessão do pregão, sempre que não houver manifestação dos participantes no sentido de apresentar recurso. Por esse motivo, a adjudicação tem cunho meramente declaratório. É ato administrativo onde se declara a conclusão do processo competitivo, com a vitória de um licitante, pura e simplesmente, gerando consequências no estrito âmbito do

---

107 A respeito, temos a decisão do STJ, Resp. n° 817422/RJ, Rel. Min. Castro Meira, 2ª Turma: "ADMINISTRATIVO. LICITAÇÃO. PREGÃO. RECURSO ADMINISTRATOVO. TEMPESTIVIDADE. 1. O recurso administrativo no procedimento licitatório na modalidade pregão deve ser interposto na própria sessão. O prazo de três dias é assegurado apenas para oferecimento das razões. Dessarte, se manejado *a posteriori*, ainda que dentro do prazo de contrarrazões, revela-se intempestivo. Inteligência do artigo 4°, XVIII, da Lei n° 10.520/02. 2. Recurso especial provido".

108 Atual art. 183 da Lei 14.133/21.

certame. Como o pregoeiro tem a função de apenas conduzir o pregão, não se configurando na autoridade investida de poderes para representar o ente ou a entidade administrativa que licita, a adjudicação nunca poderá ter efeito constitutivo, que gera vinculação jurídica da Administração Pública perante o vencedor da licitação.

Se houver redução no valor da proposta escrita inicialmente apresentada, o licitante vencedor será solicitado a apresentar nova proposta escrita referente ao valor fechado, inclusive com a adequação da respectiva planilha de custo. Este compromisso, inclusive com determinação de prazo e local para encaminhamento do envelope, deverá estar registrado na ata do pregão.

Ocorrendo a interposição de recurso, a adjudicação ou o acatamento do recurso será realizada pela autoridade competente, depois de transcorridos os prazos devidos e decididos os recursos.

A homologação no pregão também não se difere do instituto disciplinado pela nova lei. Esta é de responsabilidade da autoridade competente e só pode ser realizada depois de decididos os recursos e confirmada a regularidade de todos os procedimentos adotados. Aplica-se subsidiariamente, neste caso, o disposto no art. 71 § 2º da Lei 14.133/21, inclusive no tocante ao requisito de eventos supervenientes para fundamentarem a revogação.

Após a homologação, o adjudicatário será convocado a assinar o contrato no prazo definido no edital. O comparecimento é obrigação do licitante vencedor e a falta pode implicar em severa penalidade. No caso de o adjudicatário recusar-se a realizar a contratação ou a retirar o instrumento equivalente, à Administração deverá efetuar o exame das ofertas subsequentes.

Mas, nesse momento caberia a aplicação subsidiária do art. 90, § 2º, da Lei 14.133/21, que estabelece que o segundo classificado seria convocado para contratação nos exatos termos da proposta classificada como vencedora? O pregão adotou solução diversa. Por absoluta falta de previsão legal, não se poderia dar a mesma solução. A Lei nº 10.520 estabelece, em seu art. 4º, inc. XXIII, que, se o licitante vencedor, convocado dentro do prazo de validade da sua proposta, não celebrar o contrato, aplicar-se-á o previsto no seu inc. XVI, que, por sua vez, prevê a possibilidade de o pregoeiro examinar as ofertas subsequentes à oferta classificada em primeiro lugar, observada a ordem de classificação, para fins de declaração do licitante vencedor. Observa-se também que o Decreto nº 3.555/00, no art. 11, inc. XXIII, de seu Anexo I, preceitua que, se o licitante vencedor se recusar a assinar o contrato, injustificadamente, será aplicada a regra estabelecida no seu inc. XXII, que se refere à convocação dos demais licitantes, observada a ordem de classificação.

Note-se que nem a citada Lei nem o Decreto previram a obrigatoriedade de o segundo classificado submeter-se às mesmas condições ofertadas pelo primeiro, inclusive quanto ao preço (caso este se recuse a assinar o contrato), o que permite concluir que não se pode aplicar de modo absoluto a regra do art. 64, § 2º, da Lei de Licitações (art. 90, § 2º, da Lei 14.133/21).[109] Nessas circunstâncias, simplesmente há possibilidade de a Administração promotora do pregão negociar com o segundo colocado, a fim de tornar sua proposta ainda mais vantajosa para o Poder Público, com base no art. 4º, inc. XVII, da Lei nº 10.520/02 e art. 11, inc. XVI, do decreto citado.

Como foi visto em inúmeras situações anteriormente expostas, as peculiaridades do pregão impedem a aplicação de algumas regras da Lei nº 8.666/93. O mesmo ocorre acerca da devolução de envelopes e documentos ao licitante. O fato de um envelope de habilitação não ter sido aberto não significa que isso não possa ocorrer supervenientemente. Portanto, prudente age a Administração que mantém em seu poder todos os

---

109 "A lei mantém a regra da legislação anterior, para a hipótese de o vencedor, convocado, não comparecer ou recusar-se a assinar o contrato: poderá a Administração convocar remanescentes, na ordem da classificação, "para a celebração do contrato nas condições propostas pelo licitante vencedor" (art. 90, § 2º). Mas inova, positivamente, ao permitir a celebração do contrato fora das condições do vencedor recalcitrante, quando nenhum dos licitantes remanescentes aceitar as condições por aquele oferecidas ou quando frustrada a negociação (§ 4º, inciso II, do art. 90). Em tais hipóteses a Administração poderá aceitar o preço do licitante remanescente convocado (inciso II do § 4º do art. 90), mas ainda assim respeitando o limite estimado para a contratação.

Sem dúvida, a inovação representa avanço em relação ao regramento anterior. Mas seria mais eficaz se a lei determinasse, expressamente, que, na hipótese figurada de recusa em firmar o contrato adjudicado, o licitante vencedor ficaria sujeito a ressarcir à Administração a diferença entre o valor da proposta que ensejou a adjudicação e o preço que veio a ser adotado no contrato formalizado, e não apenas a multa prevista no inciso II do art. 156, no limite fixado no § 3º desse artigo." (CALASANS JUNIOR, José. Manual da Licitação: com base na Lei nº 14.133, de 1º de abril de 2021. 3 ed. São Paulo: Barueri, Editora Atlas, 2021. p. 156).

documentos e envelopes ainda não abertos, eliminando-os apenas depois de decorrido o prazo de validade das propostas ou depois de assinado o contrato.

Finalizando, a contratação se encerra com a respectiva assinatura do termo contratual.

Ressalta-se que as prerrogativas da Administração Pública, previstas no art. 58 da Lei de Licitações são também exercitáveis nos contratos decorrentes de pregão, inclusive quanto à sua modificação por ato unilateral da Administração, qualquer que seja a modalidade de licitação e até nos casos de contratação direta.

Divergências à parte, fato é que, com a conversão da Medida Provisória nº 2.182-18/01 na Lei nº 10.520/02, conhecida como Lei do Pregão, essa modalidade foi incorporada definitivamente como mais uma alternativa para a licitação, aplicável a todos os âmbitos e esferas da Administração Pública, não mais se restringindo à Administração Pública Federal.

9.5. Diálogo competitivo

O diálogo competitivo é a maior novidade em matéria de modalidades licitatórias que a Lei 14.133/21 inaugurou no Brasil. Conforme o art. 6º, XLII, essa modalidade de licitação presta-se para "contratação de obras, serviços e compras em que a Administração Pública realiza diálogos com licitantes previamente selecionados mediante critérios objetivos, com o intuito de desenvolver uma ou mais alternativas capazes de atender às suas necessidades, devendo os licitantes apresentar proposta final após o encerramento dos diálogos". O artigo 32 da Lei 14.133/21 aprofunda a proposta do diálogo competitivo e revela sua grande importância por seu caráter de adaptabilidade, elencando as hipóteses de seu cabimento:

> Art. 32, Lei 14.133/21. A modalidade diálogo competitivo é restrita a contratações em que a Administração:
>
> I - vise a contratar objeto que envolva as seguintes condições:
>
> a) inovação tecnológica ou técnica;
>
> b) impossibilidade de o órgão ou entidade ter sua necessidade satisfeita sem a adaptação de soluções disponíveis no mercado; e
>
> c) impossibilidade de as especificações técnicas serem definidas com precisão suficiente pela Administração;
>
> II - verifique a necessidade de definir e identificar os meios e as alternativas que possam satisfazer suas necessidades, com destaque para os seguintes aspectos:
>
> a) a solução técnica mais adequada;
>
> b) os requisitos técnicos aptos a concretizar a solução já definida;
>
> c) a estrutura jurídica ou financeira do contrato;

O diálogo competitivo, o próprio nome já induz, é uma conversa prévia e voltada para a contratação de serviços, obras e compras de alta complexidade que estão relacionadas a soluções tecnológicas e/ou inovadoras (considerando que o mercado, de um modo geral, tem maior aderência com a modernidade) e que não podem ser supridas, de maneira eficaz, pela Administração Pública.

Os licitantes são previamente selecionados, com critérios objetivos porque a Administração não possui muitos conhecimentos tecnológicos. Após o encerramento do diálogo, os licitantes oferecerão as suas propostas.

O licitante apresenta sua proposta de solução, escolhida pela Administração Pública previamente, em audiência, às portas fechadas, sem a participação dos demais concorrentes, para evitar que eles conheçam a metodologia a ser utilizada pelos demais, antes do julgamento das propostas, o que constitui novidade bem marcante. Daí a necessidade de os membros da comissão de licitação, assinar o termo de confidencialidade, os termos da audiência, sob pena de responder por crime licitatório.

É relevante grifar que a Administração Pública pode se louvar de assessores visando conversar com o mercado na procura da melhor solução, vez que o mercado é detentor na orientação das recentes novidades e técnicas inovadoras, e que o Estado nem sempre as possui, sem vinculação de preços, porque, na essência, o licitante compete por solução e não por preços. Posteriormente, o licitante apresenta suas propostas econômicas.

A título de ilustração, o Brasil pretende adquirir aeronaves da mais alta tecnologia com o Japão, o que poderia ser feito pelo diálogo competitivo.

A entrada do diálogo competitivo como nova modalidade licitatória brasileira, na realidade foi inspirada nos procedimentos de licitação da União Europeia. O expressivo resultado positivo da utilização do diálogo competitivo no continente europeu fez com que o modelo fosse disseminado para outros países. A previsão dessa modalidade situava-se na Diretiva 2014/24/UE, do Parlamento Europeu e do Conselho, de 26 de fevereiro de 2014, mais minuciosa e detalhista comparada com o tratamento que lhe dá a Lei 14.133/21. É curiosa a informação de que a prática do diálogo competitivo já ocorria na Administração, mas recebeu sua legitimação na Lei 14.133/21, pois era comum o poder público realizar um contato antecipado com agentes privados com a missão de investigar as melhores soluções técnicas para determinado problema por ele enfrentado.

Como se pôde perceber, a Administração Pública serve-se do diálogo competitivo quando, apesar de verificar a necessidade da contratação de um determinado objeto com alto grau de complexidade, não souber a maneira mais adequada de supri-la, recorrendo, por isso, ao auxílio de particulares, com o propósito de promover um diálogo entre o ente estatal e seus fornecedores para que, juntos, descubram a melhor forma de solucionarem a demanda do Poder Público, visto que algumas vezes produtos e serviços disponíveis no mercado precisam ser adaptados para atenderem o alvo da Administração Pública. Frise-se que estes diálogos só valerão na fase inicial de definição do objeto, mas não no procedimento de contratação propriamente dito, pois nesse momento, sem novos diálogos, todos haverão de participar do procedimento sob critérios objetivos para executar o serviço.

No Direito Administrativo moderno já é uma realidade a interseção entre o Ente Público e a iniciativa privada para a construção de soluções de problemas, permitindo que inovações tecnológicas alcancem as contratações públicas contribuindo para uma maior eficácia, eficiência e efetividade dos contratos firmados. Mais detalhes acerca do procedimento referente ao diálogo competitivo constam no § 1º do art. 32 da Lei 14.133/21, conforme se pode constatar a seguir:

Art. 32, § 1º, Lei 14.133/21. Na modalidade diálogo competitivo, serão observadas as seguintes disposições:

I - a Administração apresentará, por ocasião da divulgação do edital em sítio eletrônico oficial, suas necessidades e as exigências já definidas e estabelecerá prazo mínimo de 25 (vinte e cinco) dias úteis para manifestação de interesse na participação da licitação;

II - os critérios empregados para pré-seleção dos licitantes deverão ser previstos em edital, e serão admitidos todos os interessados que preencherem os requisitos objetivos estabelecidos;

III - a divulgação de informações de modo discriminatório que possa implicar vantagem para algum licitante será vedada;

IV - a Administração não poderá revelar a outros licitantes as soluções propostas ou as informações sigilosas comunicadas por um licitante sem o seu consentimento;

V - a fase de diálogo poderá ser mantida até que a Administração, em decisão fundamentada, identifique a solução ou as soluções que atendam às suas necessidades;

VI - as reuniões com os licitantes pré-selecionados serão registradas em ata e gravadas mediante utilização de recursos tecnológicos de áudio e vídeo;

VII - o edital poderá prever a realização de fases sucessivas, caso em que cada fase poderá restringir as soluções ou as propostas a serem discutidas;

VIII - a Administração deverá, ao declarar que o diálogo foi concluído, juntar aos autos do processo licitatório os registros e as gravações da fase de diálogo, iniciar a fase competitiva com a divulgação de edital contendo a especificação da solução que atenda às suas necessidades e os critérios objetivos a serem utilizados para seleção da proposta mais vantajosa e abrir prazo, não inferior a 60 (sessenta) dias úteis, para todos os licitantes pré-selecionados na forma do inciso II deste parágrafo apresentarem suas propostas, que deverão conter os elementos necessários para a realização do projeto;

IX - a Administração poderá solicitar esclarecimentos ou ajustes às propostas apresentadas, desde que não impliquem discriminação nem distorçam a concorrência entre as propostas;

X - a Administração definirá a proposta vencedora de acordo com critérios divulgados no início da fase competitiva, assegurada a contratação mais vantajosa como resultado;

XI - o diálogo competitivo será conduzido por comissão de contratação composta de pelo menos 3 (três) servidores efetivos ou empregados públicos pertencentes aos quadros permanentes da Administração, admitida a contratação de profissionais para assessoramento técnico da comissão;

§ 2º Os profissionais contratados para os fins do inciso XI do § 1º deste artigo assinarão termo de confidencialidade e abster-se-ão de atividades que possam configurar conflito de interesses. (grifo nosso)

A relevância da modalidade em comento é tamanha que, a título de exemplo, podemos considerar hipoteticamente uma situação em que a Administração Pública deva solucionar um impasse acerca do abastecimento de água em um pequeno município interiorano que não recebe abastecimento de água por nenhuma concessionária. No presente caso, seria plausível a utilização do diálogo competitivo como modalidade licitatória, ao passo que juntamente com o particular, o Ente Público poderia vislumbrar qual solução seria a mais adequada, fosse ela o desvia do curso de água de algum rio para a região ou a construção de um poço artesiano ou cisterna.

Na fase de pré-seleção dos operadores econômicos percebemos um funcionamento semelhante ao da fase de habilitação, em que a Administração pública um edital determinando prazo mínimo de 25 (vinte e cinco) dias úteis para a manifestação de interesse na participação da licitação (art. 32, § 1º, I).

Já na fase do diálogo propriamente dito, a Administração deverá reunir as propostas de solução, sem poder revelar a outros licitantes, informações sigilosas e soluções propostas por um licitante sem seu expresso consentimento; realizar reuniões individuais e gravadas com cada licitante que, após terá sua gravação disponibilizada e, por fim, quando tiver obtido todas as informações necessárias, a Administração precisará o objeto que entender indispensável ao atingimento da finalidade pública.

Por conseguinte, ao chegar na fase competitiva, a Administração disponibilizará um edital que especificará a solução por ela escolhida para atender às suas necessidades e os critérios objetivos a serem usados para a seleção da proposta mais vantajosa, além de abrir um prazo de 60 (sessenta dias) úteis a fim de que todos os licitantes pré-selecionados apresentem suas propostas acompanhadas dos elementos necessários para a concretização do projeto.

Assim, no diálogo competitivo, o ganhador da licitação será o licitante que oferecer a proposta mais vantajosa para a Administração Pública ou a melhor técnica.

Deve ser registrado que o *diálogo competitivo*, nova modalidade de licitação, com maestria, copilado da União Europeia, surge como a grande estrela e certamente será cobrado nos futuros concursos.

O diálogo competitivo, repetindo, mais uma vez, o próprio nome já induz, é uma conversa prévia e voltada para a contratação de serviços, obras e compras de alta complexidade que estão relacionadas a soluções tecnológicas e/ou inovadoras (considerando que o mercado, de um modo geral, tem maior aderência com a modernidade) e que não podem ser supridas, de maneira eficaz, pela Administração Pública.

Os licitantes são previamente selecionados, com critérios objetivos porque a Administração não possui muitos conhecimentos tecnológicos. Após o encerramento do diálogo, os licitantes oferecerão as suas propostas.

O licitante apresenta sua proposta de solução, escolhida pela Administração Pública previamente, em audiência, às portas fechadas, sem a participação dos demais concorrentes, para evitar que os mesmos conheçam a metodologia a ser utilizada pelos demais, antes do julgamento das propostas, o que constitui novidade bem marcante. Daí a necessidade de os membros da comissão de licitação, assinar o termo de confidencialidade, os termos da audiência, sob pena de responder por crime licitatório.

É relevante grifar que a Administração Pública pode se louvar de assessores visando conversar com o mercado na procura da melhor solução, vez que o mercado é detentor na orientação das recentes novidades e técnicas inovadoras, e que o Estado nem sempre as possui, sem vinculação de preços, porque, na essência, o licitante compete por solução e não por preços. Posteriormente, o licitante apresenta suas propostas econômicas.

A título de ilustração, o Brasil pretende adquirir aeronaves da mais alta tecnologia com o Japão, o que poderia ser feito pelo diálogo competitivo.

Para corroborar tal entendimento, o diálogo competitivo aparece conceituado no art. 6º **da** Lei 14.133/21:

XLII - diálogo competitivo: modalidade de licitação para contratação de obras, serviços e compras em que a Administração Pública realiza diálogos com licitantes previamente selecionados mediante critérios objetivos, com o intuito de desenvolver uma ou mais alternativas capazes de atender às suas necessidades, devendo os licitantes apresentar proposta final após o encerramento dos diálogos.

Registre-se, por oportuno, pela leitura do artigo acima, que a modalidade do diálogo competitivo, é utilizada literalmente nas contratações em que a Administração:

I - vise a contratar objeto que envolva as seguintes condições:

a) inovação tecnológica ou técnica;

b) impossibilidade de o órgão ou entidade ter sua necessidade satisfeita sem a adaptação de soluções disponíveis no mercado; e

c) impossibilidade de as especificações técnicas serem definidas com precisão suficiente pela Administração.

10. CRITÉRIOS DE JULGAMENTO DAS PROPOSTAS NA LICITAÇÃO NA NOVA LEI

As expressões tipo e modalidade de licitação, pela semelhança gramatical que guardam entre si, causam confusão entre os que ainda não se iniciaram no estudo das licitações. Desse modo, faz-se necessário distinguir uma coisa da outra, antes de qualquer colocação acerca dos diferentes tipos licitatórios que iremos estudar neste item do trabalho.

Como vimos, as modalidades de licitação distinguem-se umas das outras em razão do procedimento que cada uma delas adota. Na concorrência, o item a ser observado pela Administração é o mais tormentoso e possui determinadas características que a destaca das demais modalidades conhecidas. No pregão, além de ser cabível somente em situações específicas, inverte a ordem dos acontecimentos tradicionais, colocando a fase de habilitação depois da fase de julgamento das propostas. E assim por diante. Trata-se de diferentes procedimentos na condução dos trabalhos referentes à seleção da proposta mais vantajosa.

Quando falamos em tipos de licitação, contudo, nada temos a considerar sobre esses procedimentos. Aqui, trataremos de critérios para a avaliação das propostas.

É de todos conhecidos que um dos objetivos da licitação é justamente a seleção da proposta mais vantajosa para a Administração que pretende celebrar determinado contrato. Mas, afinal, o que seria a proposta mais vantajosa? Será que daria para dizer, em uma frase, o que seria a proposta mais vantajosa para qualquer situação? Será que existiria uma fórmula genérica aplicável a todos os casos, sem distinção, para se chegar a essa conclusão? Obviamente que não.

Então, de acordo com o tipo de contrato que a Administração Pública pretende celebrar será determinada a proposta mais vantajosa. Sendo assim, é de se considerar que serão diversos os critérios de julgamento das propostas conforme sejam diferentes os objetos a serem licitados. E é justamente por isso que distinguimos os diferentes *tipos de licitação*, os quais são enunciados no art. 33, I ao V, da Lei 14.133/21. Vejamos:

> Art. 33. O julgamento das propostas será realizado de acordo com os seguintes critérios:
>
> I - menor preço;
>
> II - maior desconto;
>
> III - melhor técnica ou conteúdo artístico;
>
> IV - técnica e preço;
>
> V - maior lance, no caso de leilão;
>
> VI - maior retorno econômico.

Apesar de todo o comentário anterior, é importante enfatizar que a nomenclatura "tipos de licitação" era própria da Lei 8.666/93, sendo que a Lei 14.133/21 não a adotou, preferindo a opção por uma terminologia mais assertiva, que vem a ser "critérios de julgamento" (art. 33). Renério Castro Júnior atenta que:

> "Importante destacar a existência de vedação expressa à utilização de outros tipos de licitação além dos indicados (art. 45, § 5º [da Lei 8.666/93]).
>
> Contudo, nada impede que novas leis criem outros critérios de julgamento. Nesse sentido, a Lei 12.462/17 (Lei do Regime Diferenciado de Contratações – RDC) inovou ao prever os seguintes critérios de julgamento: maior desconto, melhor conteúdo artístico e maior retorno econômico (art. 18). Da mesma forma, na Lei 13.303/16 (Lei das Estatais) foi estabelecido, adicionalmente, o tipo de licitação 'melhor destinação de bens alienados' (art. 54).
>
> Registre-se que a única modalidade que foge ao princípio do julgamento objetivo é o concurso, razão pela qual não se aplicam a ele nenhum dos tipos de licitação [...]".

São grandes as semelhanças entre os critérios de julgamento das propostas entre a antiga e a nova lei. Entretanto, não se pode deixar de perceber que temos algumas diferenças e ligeiras novidades trazidas pela Lei 14.133/21. Os critérios do menor preço, técnica e preço, maior lance e melhor técnica (agora acompanhada do termo "ou conteúdo artístico"), foram mantidos pelo novo diploma, o qual trouxe na qualidade de novos critérios, o maior desconto e o maior retorno econômico. A bem da verdade, esses ditos "novos" critérios, apenas passaram a constar expressamente na Lei de Licitações, mas já eram práticas consagradas em leis correlatas e em decisões que o TCU apoiava.

É fundamental tem em mente que, na avaliação das propostas, a regra básica é que a Comissão, ou o Agente de Contratação ou o Pregoeiro, a depender do caso concreto, avalie todas as nuances que possam influenciar no valor final da contratação, de maneira que possa escolher aquela proposta que resulte no menor dispêndio para a Administração Pública. Nesse sentido, ainda nas licitações cujo critério seja a melhor técnica, o aspecto do menor dispêndio não poderá ser relegado no ato da negociação a se realizar nos termos do art. 61 da Lei 14.133/21.

- **Menor Preço.** Como o próprio nome já diz, quando a licitação for pelo tipo "menor preço", será considerada a mais vantajosa para a Administração Pública a proposta que contiver o menor preço.

Este tipo licitatório é adequado para as hipóteses em que a Administração está adquirindo bens ou serviços que não demandem maiores discussões acerca de aspectos técnicos. A Lei 14.133/21 adicionou uma interessante exigência não prevista na lei anterior, a qual prescreve que os critérios de menor preço ou de maior desconto também devam levar em consideração o menor dispêndio (art. 34), observe:

Art. 34. O julgamento por menor preço ou maior desconto e, quando couber, por técnica e preço considerará o menor dispêndio para a Administração, atendidos os parâmetros mínimos de qualidade definidos no edital de licitação.

§ 1º Os custos indiretos, relacionados com as despesas de manutenção, utilização, reposição, depreciação e impacto ambiental do objeto licitado, entre outros fatores vinculados ao seu ciclo de vida, poderão ser considerados para a definição do menor dispêndio, sempre que objetivamente mensuráveis, conforme disposto em regulamento.

No quesito do menor dispêndio estão elencados os "custos indiretos, relacionados com as despesas de manutenção, utilização, reposição, depreciação e impacto ambiental do objeto licitado, entre outros fatores vinculados ao seu ciclo de vida, sempre que objetivamente mensuráveis, conforme disposto em regulamento" (art. 34, § 1º).

Renério de Castro Junior[110] empreende importante reflexão acerca desse critério de julgamento, veja:

"Em resumo, o menor preço não é critério absoluto, devendo ser relacionado com parâmetros objetivos de menor dispêndio.

Assim, por exemplo, um carro pode ser adquirido em detrimento de outro mais barato, desde que o mais caro tenha custos de manutenção e consumo de combustível menores, de modo que o dispêndio total com o bem seja menor do que aquele de veículo mais barato.

Além disso, o tipo menor preço guarda especial compatibilidade para a contratação de compras (aquisição remunerada de bens para fornecimento de uma só vez ou parceladamente), já que, nesses casos, o produto pretendido pelo Poder Público não apresentará, em regra, nenhuma característica especial. Não por acaso o critério do menor preço foi escolhido pelo legislador para a utilização obrigatória nas licitações por pregão [...], já que são destinadas à aquisição de bens e serviços comuns.

Um aspecto final a ser verificado nas licitações do tipo "menor preço", segundo Simone Zanotello, é se o julgamento dar-se-á pelo menor preço "unitário" ou pelo menor preço "global", pois isso também influenciará na formulação das propostas por parte dos licitantes, que necessitarão conhecer previamente as "regras do jogo".

A regra é o julgamento pelo menor preço unitário. Somente deve ser adotado o julgamento global por questões de economia de escala (produtos cm valores muito pequenos, que necessitam ser comprados em lotes para atrair fornecedores), ou quando há necessidade técnica da compra em conjunto, por questões de compatibilidade de produtos e serviços, por exemplo.

Por isso, a decisão para aquisição pelo menor preço global deverá ser motivada e justificada".

---

110 CASTRO JÚNIOR, Renério. Manual de Direito Administrativo. p. 446.

Há de se destacar, porém, que a Lei não trata o menor preço como se o preço esgotasse o tipo. O que se busca é a seleção da proposta mais vantajosa. E o que é a proposta mais vantajosa? É aquela que se apresenta de acordo com as especificações do ato convocatório, seja ele edital ou convite. Então, a proposta mais vantajosa não é necessariamente, exclusivamente, aquela que oferta o menor preço como um complemento, e sim aquela que atende as especificações, posto que, não sendo atendidas, mesmo que fosse a proposta portadora do menor preço, terá de ser desclassificada.[111]

José Calasans Junior[112] adverte-nos acerca do art. 34, *caput* e § 1º, destacado acima, que se pode inferir dessa disposição legal:

> Que o menor preço, para efeito de adjudicação do contrato objetivado na licitação, não é o menor valor nominal indicado na proposta, e sim aquele que possibilitar o menor custo final da obra, serviço ou compra (menor dispêndio para a Administração;

> Para que esse menor dispêndio seja aferido, deverá a Comissão (ou o agente público responsável pelo julgamento) considerar todos os custos envolvidos na execução do contrato, tal como explicitado no § 1º do art. 34, acima transcrito;

> O menor preço (menor dispêndio), isoladamente, não confere ao seu ofertante a primazia na classificação das propostas.

E continua:[113]

> "A nova lei põe fim ao entendimento de alguns intérpretes do inciso I do § 1º do art. 45 da Lei 8.666/93, segundo o qual nas licitações do tipo menor preço não seria admitido levar em conta, para efeito de classificação das propostas, quaisquer outros aspectos, além do valor nominal. De fato, por conta de uma interpretação vesga da regra daquele dispositivo, as Comissões de licitação entendiam que o simples fato de uma proposta indicar o menor valor era suficiente para ser classificado como a melhor, o que constituía equívoco. O menor preço que determina a vantagem de uma proposta não é o seu valor nominal, mas sim aquele que representa o menor dispêndio para a Administração, vale dizer, o valor final ou real da obra, serviço ou fornecimento a ser contratado. E somente com uma avaliação criteriosa pode-se determinar o melhor preço, ou seja, aquele que efetivamente, significará o menor dispêndio final para a Administração. Nesse sentido, continua válida e oportuna a observação de Celso Antônio Bandeira de Mello:

---

111 Note-se a jurisprudência: "Contrato Administrativo – Licitação – Critério do Menor Preço – Julgamento das Propostas – Descumprimento de Cláusula do Edital – Desclassificação de Concorrente. 1. Na licitação, o julgamento das propostas deve pautar-se exclusivamente nos critérios objetivos definidos no edital, a menos que, devidamente impugnado, venha a ser refeito pela Administração. A Administração não pode descumprir as normas e exigências do edital – arts. 41 e 44, Lei nº 8.666/93. 2. Se uma licitante impugna o edital e a sua crítica não é aceita, não lhe é dado, sem sequenciar a irresignação, com o manejo dos recursos devidos, na prática, o seu próprio edital. 3. O menor preço, como critério qualificador de uma licitação, não opera isoladamente. Além da oferta mais vantajosa (menor preço), o pretenso vencedor deve apresentar proposta de acordo com as especificações do edital, como lei da licitação (art. 45, § 1º, I – idem). 4. Se o licitante, ao apresentar oferta, descumpre cláusula expressa do edital, impõe-se-lhe a desclassificação, não agindo a Administração, ao retirá-lo do certame, em desconformidade com a lei (art. 48, I – idem). 5. Provimento da apelação e da remessa". (TRF – 1ª Reg. – MS nº 96.01.45810-7 – 3ª Turma – Rel. Juiz Olindo Menezes – DJ 15/8/1997).
112 CALASANS JUNIOR, José. Manual da Licitação: com base na Lei nº 14.133, de 1º de abril de 2021. 3 ed. São Paulo: Barueri, Editora Atlas, 2021. p. 94.
113 CALASANS JUNIOR, José. Manual da Licitação: com base na Lei nº 14.133, de 1º de abril de 2021. 3 ed. São Paulo: Barueri, Editora Atlas, 2021. p. 94 e 95.

"O critério de melhor preço é o que privilegia o mais barato deles. Em abstrato, o critério de melhor preço não significa que seja o de menor valor nominal, isto é, aquele que se apresente, na proposta, com expressão numérica mais baixa. Com efeito, se houver diferença de qualidade ou de durabilidade entre os bens ofertados e estes elementos sejam importantes em função da necessidade administrativa a ser preenchida, pode ocorrer que o mais barato, nominalmente, seja mais caro. Às vezes, uma coisa é numericamente de expressão maior, porém, objetivamente, resultará menor dispendiosa. Em tais casos, o melhor preço poderá estar contido em números mais elevados. Estes podem estar traduzindo uma oferta de valor real mais baixo que o de outra oferta substanciada em números nominalmente menores".

O Supremo Tribunal Federal reconheceu a validade da adjudicação feita a quem ofertar proposta de valor nominal mais elevado, desde que devidamente justificada, quando denegou mandado de segurança impetrado por licitante que tencionava a invalidação de adjudicação realizada a outro licitante que ofereceu proposta com valor nominal mais elevado, considerada conveniente pela Comissão de licitação, em razão do prazo de execução menor, afinal o art; 45, § 1º, I, da Lei 8.666/93 (ao definir o critério de julgamento do menor preço) deveria receber interpretação condizente com o princípio constitucional da isonomia (art. 37, CF), a fim de que o objetivo principal da licitação fosse alcançado, qual seja, a seleção da proposta mais vantajosa para a Administração. Confira a decisão:

EMENTA: Mandado de segurança. Licitação. Alegação de adjudicação da obra a empresa cuja proposta é, objetivamente, à luz do Edital e da Lei, mais cara e onerosa à Administração. - Improcedência dessa alegação. Mandado de segurança indeferido. (MS 22043, Rel. Min. MOREIRA ALVES, Tribunal Pleno, julgado em 05/06/1997, DJ 05-12-1997 PP-53907 EMENT VOL-01894-01 PP-00105)

O art. 34 da Lei 14.133/21 assenta que as especificações a serem atendidas pelo licitante em relação ao objeto de sua proposta, não devem ser apenas as de natureza técnica, visto que os "parâmetros mínimos de qualidade" também devem contar como critério. Desse modo, no ato convocatório, isto é, no instrumento editalício deve constar todos os requisitos a serem contemplados pelas propostas dos licitantes e quais fatores e/ou elementos serão avaliados, e conforme Calasans Junior,[114] devendo analisar-se sobretudo: "a qualificação e a experiência da equipe técnica indicada e a adequação dos equipamentos e ferramental que serão disponibilizados para a feitura dos trabalhos; o cronograma de execução, com os prazos de início e término de cada etapa da obra ou serviço (no caso de compra – o cronograma de entregas), para verificar se são compatíveis com o prazo de conclusão previsto no edital; os preços, parciais e total, indicados pelo proponente, de modo a apurar se são compatíveis com os praticados no mercado e com o valor estimado para a contratação; o cronograma de desembolsos e sua adequação aos prazos parciais do cronograma físico (ou de entregas, no caso de compras); nos casos de compras, o prazo e a extensão da garantia e a estrutura de pessoal e equipamentos para a prestação da assistência técnica".

Por isso, consoante o objeto a ser licitado e o critério selecionado para o julgamento das propostas, nas **licitações de menor preço**, de obras e serviços, devem ser analisados, além do preço e de fatores específicos no edital: o programa de trabalho; a qualificação da equipe técnica e a adequação dos equipamentos disponíveis; a experiência e desempenho do licitante em contratações anteriores; o cronograma de execução e o prazo de conclusão dos trabalhos e o cronograma de desembolsos. Já em relação às licitações de menor preço, de compras, devem ser analisados: o ciclo de vida e desempenho dos bens; as especificações técnicas dos bens; o prazo e as condições da garantia; a estrutura de assistência técnica durante a garantia; o cronograma e o prazo de conclusão da entrega; o cronograma de desembolsos.

Sempre que entender necessário, a Comissão (Agente de Contratação ou Pregoeiro) deverá solicitar esclarecimentos complementares aos licitantes, além da demonstração inequívoca da exequibilidade da

---

114 CALASANS JUNIOR, José. Manual da Licitação: com base na Lei nº 14.133, de 1º de abril de 2021. 3 ed. São Paulo: Barueri, Editora Atlas, 2021. p. 96.

proposta (art. 59, § 2º, da Lei 14.133/21). Indo mais além, é propício destacar que diante de eventuais erros ligados aos valores das propostas, é postura comum e até mesmo de prudência, que o edital advirta tal possibilidade de correção, seja da soma equivocada das parcelas ou em operações de multiplicação de preços unitários. Assim, tão logo verifique-se discrepância entre valores unitários e totais, a regra é que prevaleça valendo o valor unitário, assim como se for encontrado erro ou contradição entre os valores escritos em numeral cardinal e os valores escritos em texto (por extenso), será válido o valor escrito por extenso. Nesses casos específicos de erros meramente formais, não há que se falar em alteração das condições ofertadas pelo licitante, tampouco numa desconformidade da proposta, sendo assim, a correção desses eventuais vícios sanáveis não gerará uma hipótese de desclassificação. Por fim, serão classificadas em ordem crescente dos valores globais as propostas, sendo indicada a melhor delas pela Comissão de licitação, conforme o atendimento das condições e especificações do edital, devendo a mesma representar o valor final que expresse o menor dispêndio ao Poder Público.

- **Maior desconto.** Sua referência é o preço global fixado no edital de licitação, cujo desconto deve se estender aos eventuais termos aditivos, com base no art. 34, § 2º da Lei 14.133/21. Já se encontrava previsto na Lei 12.462/11 (RDC) e na lei 13.303/16 (Lei das Estatais). Esse critério de julgamento, sem grandes inovações em relação ao que já se conhecia, sagra como vencedor aquele licitante que oferecer o maior desconto percentual a um valor fixado previamente pela Administração Pública. José Calasans Junior[115] pontua importantes questões acerca desse critério de julgamento além de trazer exemplos sumariamente pertinentes à nossa explanação, observe:

> "A redação desse dispositivo dá azo à suposição de a nova lei haver restabelecido o tipo de licitação de "preço base", abolido pela Lei 8.666/93, o que não é verdade. O que se diz no texto transcrito é que, nos casos em que já existe preço conhecido para determinado tipo de serviço, o edital deverá indicar esse preço e, então, a competição dos licitantes dar-se-á relativamente à vantagem que cada um se dispõe a conceder à Administração, expressa sob a forma de desconto. Será vencedor da licitação aquele que oferecer o maior desconto sobre o valor indicado no edital.

> Esse critério é aplicável, especialmente, nos casos em que a Administração deseja contratar a intermediação de alguém, ou de uma empresa, para realizar certa atividade que tem preço de mercado praticado pelos fornecedores do serviço ou do produto. É o que ocorre, por exemplo, quando se deseja adquirir passagens aéreas ou terrestres, por intermédio de agência de viagem, ou ainda quando se pretende realizar a aquisição ou a locação de imóvel. Nestas hipóteses, o desconto a ser concedido pelo intermediador contratado incidirá sobre o valor da comissão paga pela empresa transportadora (caso da venda de passagens) ou sobre a comissão de corretagem (caso da venda ou locação de imóvel)".

- **Melhor Técnica ou Conteúdo Artístico.** Conforme o art. 35, *caput* e parágrafo único, da Lei 14.133/21:

Art. 35. O julgamento por melhor técnica ou conteúdo artístico considerará exclusivamente as propostas técnicas ou artísticas apresentadas pelos licitantes, e o edital deverá definir o prêmio ou a remuneração que será atribuída aos vencedores.

Parágrafo único. O critério de julgamento de que trata o *caput* deste artigo poderá ser utilizado para a contratação de projetos e trabalhos de natureza técnica, científica ou artística.

115 CALASANS JUNIOR, José. Manual da Licitação: com base na Lei nº 14.133, de 1º de abril de 2021. 3 ed. São Paulo: Barueri, Editora Atlas, 2021. p. 101.

Diferentemente da Lei 8.666/93, a nova lei de licitações (Lei 14.133/21) não apresentou em detalhes o modo como se dará o procedimento do critério de julgamento da melhor técnica, somente estabelecendo que os agentes públicos encarregados da licitação avaliem um rol de características das propostas a fim de se comprovar a real capacidade do licitante, de acordo com o texto do art. 37, que assim diz:

Art. 37. O julgamento por melhor técnica ou por técnica e preço deverá ser realizado por:

I - verificação da capacitação e da experiência do licitante, comprovadas por meio da apresentação de atestados de obras, produtos ou serviços previamente realizados;

II - atribuição de notas a quesitos de natureza qualitativa por banca designada para esse fim, de acordo com orientações e limites definidos em edital, considerados a demonstração de conhecimento do objeto, a metodologia e o programa de trabalho, a qualificação das equipes técnicas e a relação dos produtos que serão entregues;

III - atribuição de notas por desempenho do licitante em contratações anteriores aferida nos documentos comprobatórios de que trata o § 3º do art. 88 desta Lei e em registro cadastral unificado disponível no Portal Nacional de Contratações Públicas (PNCP).

A participação direta e pessoal dos profissionais indicados no certame licitatório na execução contratual é requisito para aferição da pontuação referente à qualificação técnico-profissional (art. 38). Segundo o § 1º do art. 37, a banca julgadora terá no mínimo 3 (três) membros e poderá ser composta de servidores efetivos ou empregados públicos pertencentes aos quadros permanentes da Administração Pública ou de profissionais contratados por conhecimento técnico, experiência ou renome na avaliação dos quesitos especificados em edital, desde que seus trabalhos sejam supervisionados por profissionais designados conforme o disposto no art. 7º desta Lei.

Já no que tange ao § 2º do art. 37, o julgamento será por melhor técnica ou técnica e preço, na proporção de 70% (setenta por cento) de valoração da proposta técnica, ressalvados os casos de inexigibilidade de licitação, na licitação para contratação dos serviços técnicos especializados de natureza predominantemente intelectual previstos nas alíneas "a", "d" e "h" do inciso XVIII do *caput* do art. 6º da Lei 14.133/21, cujo valor estimado da contratação seja superior a R$ 300.000,00 (trezentos mil reais). As alíneas mencionadas acima designam os seguintes tipos de serviços técnicos especializados de natureza intelectual:

• Estudos técnicos, planejamentos, projetos básicos e projetos executivos (alínea "a");

• Fiscalização, supervisão e gerenciamento de obras e serviços (alínea "d");

• Controles de qualidade e tecnológico, análises, testes e ensaios de campo e laboratoriais, instrumentação e monitoramento de parâmetros específicos de obras e do meio ambiente e demais serviços de engenharia que se enquadrem na definição deste inciso (alínea "h");

Quando o critério de julgamento for a "melhor técnica", a Administração fixará, de antemão, já no edital, o preço máximo que se dispõe a pagar pelo serviço. Mesmo assim, além da proposta técnica, deverá o licitante apresentar a sua proposta de preço. E, então, procede-se da seguinte forma:

a) no primeiro momento, serão abertas as propostas técnicas e, depois de julgadas, classificadas da melhor à pior;

b) em seguida, serão abertos os envelopes contendo as propostas de preço, mas apenas dos licitantes que atingirem o grau mínimo de suficiência na etapa anterior;

c) a terceira etapa consiste em negociar com o vencedor das propostas técnicas o ajustamento de seu preço às condições oferecidas pelo que, embora perdedor nesse aspecto, apresentar melhor preço, desde que tenha sido qualificado minimamente para disputar essa etapa. Sendo possível o ajuste, será esse o licitante vencedor;

d) não sendo frutífera a negociação, a comissão de licitação se dirigirá ao segundo colocado no aspecto técnico com o mesmo objetivo, e assim sucessivamente, até que se viabilize a contratação.

Percebe-se, claramente, inclusive nas licitações pelo tipo "melhor técnica", que o aspecto econômico foi mais prestigiado do que o técnico, embora da fase das negociações só participem os minimamente qualificados do ponto de vista da técnica.

Daqui se retira que, quando a licitação for pelo tipo "melhor técnica", não se deve investir demais na técnica e sim buscar uma qualidade mediana, de modo a se conseguir uma avaliação positiva na primeira etapa do julgamento. Depois, na etapa do preço, este deve ser muito bom aos olhos da Administração, pois é isso o que definirá o fechamento do contrato: uma proposta boa do ponto de vista econômico e, pelo menos, razoável do ponto de vista técnico.

- **Técnica e Preço.** Quando a licitação for do tipo "técnica e preço", haverá uma avaliação técnica e outra econômica das propostas, ganhando cada uma sua pontuação. Depois, procede-se a uma média ponderada das duas propostas de acordo com os pesos previamente estipulados no instrumento convocatório.

Diferentemente do que acontece com a "melhor técnica", aqui o licitante deverá se pautar na expectativa da Administração de valorizar mais a técnica ou o preço. Em outras palavras, será o edital que determinará o melhor caminho a ser seguido pelo licitante. Se estiver prestigiando mais a técnica do que o preço, a proposta deverá ser no mesmo sentido; e vice-versa. Conforme os arts. 36 e 37, da Lei 14.133/21, o julgamento por meio da "técnica e preço" é dado da seguinte maneira:

Art. 36. O julgamento por técnica e preço considerará a maior pontuação obtida a partir da ponderação, segundo fatores objetivos previstos no edital, das notas atribuídas aos aspectos de técnica e de preço da proposta.

§ 1º O critério de julgamento de que trata o *caput* deste artigo será escolhido quando estudo técnico preliminar demonstrar que a avaliação e a ponderação da qualidade técnica das propostas que superarem os requisitos mínimos estabelecidos no edital forem relevantes aos fins pretendidos pela Administração nas licitações para contratação de:

I - serviços técnicos especializados de natureza predominantemente intelectual, caso em que o critério de julgamento de técnica e preço deverá ser preferencialmente empregado;

II - serviços majoritariamente dependentes de tecnologia sofisticada e de domínio restrito, conforme atestado por autoridades técnicas de reconhecida qualificação;

III - bens e serviços especiais de tecnologia da informação e de comunicação;

IV - obras e serviços especiais de engenharia;

V - objetos que admitam soluções específicas e alternativas e variações de execução, com repercussões significativas e concretamente mensuráveis sobre sua qualidade, produtividade, rendimento e durabilidade, quando essas soluções e variações puderem ser adotadas à livre escolha dos licitantes, conforme critérios objetivamente definidos no edital de licitação.

§ 2º No julgamento por técnica e preço, deverão ser avaliadas e ponderadas as propostas técnicas e, em seguida, as propostas de preço apresentadas pelos licitantes, na proporção máxima de 70% (setenta por cento) de valoração para a proposta técnica.

§ 3º O desempenho pretérito na execução de contratos com a Administração Pública deverá ser considerado na pontuação técnica, observado o disposto nos §§ 3º e 4º do art. 88 desta Lei e em regulamento.

Art. 37. O julgamento por melhor técnica ou por técnica e preço deverá ser realizado por:

I - verificação da capacitação e da experiência do licitante, comprovadas por meio da apresentação de atestados de obras, produtos ou serviços previamente realizados;

II - atribuição de notas a quesitos de natureza qualitativa por banca designada para esse fim, de acordo com orientações e limites definidos em edital, considerados a demonstração de conhecimento do objeto, a metodologia e o programa de trabalho, a qualificação das equipes técnicas e a relação dos produtos que serão entregues;

III - atribuição de notas por desempenho do licitante em contratações anteriores aferida nos documentos comprobatórios de que trata o § 3º do art. 88 desta Lei e em registro cadastral unificado disponível no Portal Nacional de Contratações Públicas (PNCP).

Como se vê, na avaliação da proposta técnica, que deve ocorrer primeiro, será possível aplicar um peso na nota de até 70% da pontuação final, que também deve considerar o bom desempenho do licitante em contratações anteriores com a Administração Pública. Assim, o licitante vencedor será aquele que obteve a melhor média ponderada entre todos os interessados, e não aquele que apresentou a melhor proposta técnica. Esse percentual de 70% de valoração para a proposta técnica, constante no § 2º do art. 36 é um aspecto inovador da nova lei de licitação, uma vez que a antiga legislação não estabelecia tal proporção. Mas essa diretriz mostra-se, a nosso ver, um tanto que problemática frente à latente desproporção ao privilegiar excessivamente a avaliação técnica, conferindo-a um peso de 70% na pontuação, contra 30% destinados à avaliação do preço, havendo que se ter cautela na realização desta avaliação para se chegar à proposta de fato mais vantajosa à Administração.

O edital, por sua vez, fixará de antemão os critérios de atribuição de notas a cada proposta de preços, exemplificando: poderá conceder nota 10 ao licitante que oferecer preço de até 400 mil; nota 9 àquele que ofereceu até 350 mil, e por aí vai). Será vencedor da licitação aquele que obtiver a melhor média das notas de técnica e de preço (calculadas a partir de uma fórmula que o edital deve apresentar previamente).

Importante crítica a esse critério de julgamento é tecida por Calasans Junior[116], que assim nos ensina:

"A lei [nº 8.666/93] limitava-se a indicar os fatores a serem avaliados, os quais estavam expressamente listados no inciso I do § 1º do art. 46 ("a capacitação e a experiência do proponente, a qualidade técnica da proposta, compreendendo metodologia, organização, tecnologias e recursos materiais a serem utilizados nos trabalhos, e a qualificação das equipes técnicas a serem mobilizadas para a sua execução").

[...]

Mesmo sem prever a avaliação desses fatores mediante atribuição de notas ou pontos, os editais das licitações de melhor técnica e de técnica e preço passaram a adotar essa sistemática de julgamento, por critérios que em nada mostravam apropriados à aferição da qualidade técnica das propostas.

[...]

A nova Lei de Licitações, além de explicitar essa sistemática de julgamento das licitações de melhor técnica (e de técnica e preço), incide na mesma imprecisão da lei anterior: indica os fatores de ava-

116 CALASANS JUNIOR, José. Manual da Licitação: com base na Lei nº 14.133, de 1º de abril de 2021. 3 ed. São Paulo: Barueri, Editora Atlas, 2021. p. 98 e 99.

liação da proposta técnica, mas não a forma como deverão ser analisados, o que deixa aberta a porta para a subjetividade do julgamento nesses tipos de licitação.

Ao disciplinar o critério de julgamento de melhor técnica, depois de dizer que nesse tipo de licitação o julgamento considerará "exclusivamente as propostas técnicas ou artísticas apresentadas (art. 35, *caput*), a lei estabelece que deverão ser verificadas a "capacitação", a "experiência", o "conhecimento do objeto, a metodologia e o programa de trabalho", a "qualificação das equipes técnicas" e o desempenho do licitante em contratações anteriores" (incisos I, II e III, do art. 37), elementos que, à toda vista, não dizem respeito à qualidade técnica da proposta, porque representam a qualificação do proponente. Em verdade, dos aspectos referidos, apenas a metodologia e o programa de trabalho constituem, efetivamente, fatores de qualidade técnica da proposta. O dispositivo legal menciona a "relação dos produtos que serão entregues" (inciso II, parte final), mas não esclarece se deverá ser feita análise da qualidade desses produtos, nem faz referência ao prazo de sua apresentação – esse que seria fator objetivo da avaliação da proposta técnica. Embora não haja referência expressa no art. 37, o prazo de execução (ou de entrega, no caso de compras) constitui fator a ser levado em consideração na análise do "programa de trabalho".

Imprecisões como as apontadas, associadas ao sistema de atribuição de notas, contribuem para resultados ilegítimos, produzidos por julgamentos acentuadamente subjetivos, quando não tendenciosos, nos quais, por antecipação, é possível identificar o vencedor da licitação. **Esse risco continua sob a nova lei, talvez até maximizado, porque agora a atribuição de notas estará a cargo de uma "banca" integrada por "profissionais contratados por conhecimento técnico, experiência ou renome na avaliação dos quesitos especificados em edital" (inciso II do § 1º do art. 37).** É estranho esse detalhe da disposição legal: os profissionais externos que integrarão a "banca de julgamento" serão contratados pela "experiência ou renome" demonstrados na avaliação de quesitos do mesmo tipo dos especificados no edital, ou seja: "especialistas em fazer avaliação de propostas técnicas!". [grifo nosso]

Nesse sentido, o mesmo autor apresenta diretrizes necessárias para a existência de uma avaliação objetiva, imparcial e técnica pela banca de julgamento, nos seguintes termos:[117]

"Para atender ao princípio do julgamento objeto e minimizar as consequências nocivas que caracterizam essa sistemática de julgamento (mais acentuadamente no critério de melhor técnica), é recomendável que o edital indique o modo como deverá a "banca de julgamento" analisar cada um dos fatores, por exemplo:

a) Que a metodologia e o programa de trabalho serão analisados com vistas a verificar se guardam conformidade e coerência com as normas técnicas aplicáveis ao tipo de obra ou serviço a ser contratado e que será atribuída a melhor nota, ou maior pontuação, à proposta que se mostrar mais adequada às normas técnicas específicas;

b) Que a qualificação das equipes técnicas será aferida em função dos títulos e da experiência de cada integrante na efetiva participação em trabalhos similares aos que são licitados, e que as notas, ou pontos, serão atribuídos de forma proporcional à quantidade dos títulos e da efetiva participação, devidamente atestada, de cada integrante das equipes em trabalhos similares aos que estão sendo licitados, de modo que receberá a maior nota ou pontuação a proposta do proponente cuja equipe ostentar mais títulos de qualificação e mais atestados de experiência;

---

117 Idem, p. 99 e 100.

c) Que o desempenho do licitante será avaliado com a base nos atestados fornecidos pelas entidades para as quais já tenha o licitante executado obras ou serviços similares aos que são objeto da licitação. Embora o texto do § 3º do art. 36 se refira, apenas, a contratos com a Administração Pública, não há razão que impeça serem considerados, também, contratos celebrados com entidades privadas, desde que devidamente certificados pelos órgãos fiscalizadores da atividade profissional (CREAA, CRA e outros assemelhados); a nota ou a pontuação deverá ser proporcional à quantidade de obras ou serviços comprovados pelos atestados apresentados;

d) Que o cronograma de execução será analisado a partir da compatibilidade dos prazos parciais e do prazo indicado para a conclusão dos trabalhos: para o menos prazo final, a maior nota ou pontuação; para as demais propostas, notas ou pontos inversamente proporcionais".

Daí depreende-se a estrita necessidade de que a Comissão sempre deva apontar as notas com suas devidas justificativas, assim como a pontuação empregada a cada um dos fatores e as razões pelas quais se desclassificaram determinados licitantes, pois isso atende a exigência legal da motivação, da imparcialidade e da objetividade do julgamento das propostas. O fato do licitante vencedor ser aquele que obtiver maior nota ou pontuação final no critério de julgamento da melhor técnica ou conteúdo artístico, segundo regra disposta no art. 35, não equivale a dizer que a adjudicação se fará no caso do preço da proposta se encontrar incompatível com o valor estimado para a contratação, após a negociação apontada no art. 61 da Lei 14.133/21, senão vejamos:

Art. 61, Lei 14.133/21. Definido o resultado do julgamento, a Administração poderá negociar condições mais vantajosas com o primeiro colocado.

§ 1º A negociação poderá ser feita com os demais licitantes, segundo a ordem de classificação inicialmente estabelecida, quando o primeiro colocado, mesmo após a negociação, for desclassificado em razão de sua proposta permanecer acima do preço máximo definido pela Administração.

§ 2º A negociação será conduzida por agente de contratação ou comissão de contratação, na forma de regulamento, e, depois de concluída, terá seu resultado divulgado a todos os licitantes e anexado aos autos do processo licitatório.

Por fim, nas licitações de melhor técnica e de técnica e preço, de obras, para além do preço e de fatores especificados no edital, devem ser analisados: o cronograma de execução e o prazo de conclusão dos trabalhos; o cronograma de desembolsos; a demonstração de conhecimento o objeto; a metodologia de conhecimento do objeto; a metodologia e programa de trabalho; a qualificação da equipe técnica e a adequação dos equipamentos disponíveis; a experiência e o desempenho do licitante em contratações anteriores. Já no tocante às licitações de melhor técnica e de técnica e preço, de compras, devem ser analisados: o ciclo de vida e desempenho dos bens; o prazo e condições de garantia; as especificações técnicas dos bens; a estrutura de assistência técnica durante a garantia; o cronograma e o prazo de conclusão de entrega e o cronograma de desembolsos.

- **Maior Lance ou Oferta.** Sem dificuldades de compreensão, que até é intuitiva, nesse tipo de licitação, a melhor proposta será aquela que apresentará o maior preço. Isto porque é a modalidade adequada para a alienação de bens da Administração Pública ou a concessão por esta do direito real de uso de seus bens.

Essa modalidade será muito utilizada quando se tratar de leilões, destinados à alienação de bens do Poder Público, como a lógica demonstra. Entretanto, quando os bens da Administração forem alienados mediante licitação na modalidade de concorrência, também será esse o tipo de licitação adequado para a hipótese. A Lei 12.462/11 (sobre o Regime Diferenciado de Contratações) também prevê o critério da "maior oferta de preço" (art. 18, IV), lembrando que essa lei será revogada após dois anos de vigência da Lei 14.133/21, ou seja, em abril de 2023.

Assim, não há a possibilidade de se estabelecer um paralelo muito preciso entre as modalidades e os tipos de licitação, embora seja possível extrair das normas algumas assertivas, a saber:

a) os tipos de "melhor técnica" e de "técnica e preço" só serão utilizadas quando o objeto da licitação for de natureza predominantemente intelectual (36, § 1º, I da Lei 14.133/21);

b) na licitação de bens e serviços de informática será obrigatoriamente utilizado o tipo "técnica e preço" (art. 45, § 2º, da Lei no 8.666/93)[118], salvo quando a modalidade adotada for o pregão;

c) quando a modalidade adequada for o pregão, somente será utilizado o tipo "menor preço" (Lei no 10.520/02).

A propósito, já que estamos tratando de critérios de seleção da melhor proposta, é de se ver que, em caso de empate, se se considerar revogado o § 2º, do art. 3º da Lei nº 8.666/93 (art. 60, § 1º da Lei 14.133/21) ou se não for o caso de aplicá-lo, um sorteio decidirá o certame. Por outro lado, para o caso de se considerar válido e ainda vigente o dispositivo legal antes mencionado e se for o caso de aplicá-lo, primeiro se observará a preferência lá estabelecida.

- **Maior retorno econômico.** Apesar de não ter feito parte da Lei 8.666/93, o critério do maior retorno econômico estava presente nas Leis do RDC (Lei 12.462/11) e na Lei das Estatais (Lei 13.303/16), agora fazendo parte como novidade que trouxe a Lei 14.133/21. Nesse critério de julgamento de propostas, ligado, pois, aos contratos de eficiência (também chamados de contratos de desempenho), o foco é que o contratante se comprometa a gerar alguma economia de despesa à Administração Pública, restando que ao desempenho eficiente do contrato esteja subordinada a sua remuneração, sobre o percentual da economia gerada. Esta é a ideia que o art. 6º, LIII, da Lei 14.133/21 acerca do conceito de contrato de eficiência:

Art. 6º, LIII, Lei 14.133/21. Contrato de eficiência: contrato cujo objeto é a prestação de serviços, que pode incluir a realização de obras e o fornecimento de bens, com o objetivo de proporcionar economia ao contratante, na forma de redução de despesas correntes, remunerado o contratado com base em percentual da economia gerada.

O contrato de desempenho tem como seu objeto a prestação de serviços, os quais podem incluir a realização de obras e o fornecimento de bens. Assim define o art. 39 da Lei 14.133/21 a seu respeito:

Art. 39. O julgamento por maior retorno econômico, utilizado exclusivamente para a celebração de contrato de eficiência, considerará a maior economia para a Administração, e a remuneração deverá ser fixada em percentual que incidirá de forma proporcional à economia efetivamente obtida na execução do contrato.

§ 1º Nas licitações que adotarem o critério de julgamento de que trata o *caput* deste artigo, os licitantes apresentarão:
I - proposta de trabalho, que deverá contemplar:
a) as obras, os serviços ou os bens, com os respectivos prazos de realização ou fornecimento;

---

118   Sem dispositivo correspondente na Lei 14.133/21.

b) a economia que se estima gerar, expressa em unidade de medida associada à obra, ao bem ou ao serviço e em unidade monetária;

II - proposta de preço, que corresponderá a percentual sobre a economia que se estima gerar durante determinado período, expressa em unidade monetária.

§ 2º O edital de licitação deverá prever parâmetros objetivos de mensuração da economia gerada com a execução do contrato, que servirá de base de cálculo para a remuneração devida ao contratado.

§ 3º Para efeito de julgamento da proposta, o retorno econômico será o resultado da economia que se estima gerar com a execução da proposta de trabalho, deduzida a proposta de preço.

§ 4º Nos casos em que não for gerada a economia prevista no contrato de eficiência:

I - a diferença entre a economia contratada e a efetivamente obtida será descontada da remuneração do contratado;

II - se a diferença entre a economia contratada e a efetivamente obtida for superior ao limite máximo estabelecido no contrato, o contratado sujeitar-se-á, ainda, a outras sanções cabíveis.

Para melhor compreensão, devemos dizer que é com base na estimativa de economia que o particular fará a proposta de preço ao contratante. Assim, se uma empresa de fornecimento de uniformes projetar uma economia de R$ 300.000,00 aos cofres públicos, fixará sua proposta de preço com base num percentual sobre esta projeção. Nesse sentido. Os agentes públicos encarregados do julgamento das propostas deverão analisar o maior retorno econômico, correlacionando-o à proposta de preço e a estimativa de economia que o licitante espera gerar. No entender de José Calasans Junior:

> "Nesse tipo de contratação, a remuneração do agente privado será paga em percentual sobre a redução que proporcionar nas "despesas correntes" do órgão público, assim consideradas as despesas de custeio da máquina pública (pessoal, juros da dívida, aquisição de bens de consumo, serviços de terceiros, manutenção de equipamentos, consumo de água, energia elétrica, de telefone etc.)."

Além disso, no edital deve constar objetivamente as medidas de cálculo da economia na execução do contrato, pois isso embasará a remuneração do particular contratado (§§ 2º e 3º do art. 39 da Lei 14.133/21)

Mas atenção! Na chance do contratado não conseguir produzir a economia prevista no contrato de eficiência, o § 4º, do art. 39 da nova legislação licitatória nos adverte:

§ 4º Nos casos em que não for gerada a economia prevista no contrato de eficiência:

I - a diferença entre a economia contratada e a efetivamente obtida será descontada da remuneração do contratado;

II - se a diferença entre a economia contratada e a efetivamente obtida for superior ao limite máximo estabelecido no contrato, o contratado sujeitar-se-á, ainda, a outras sanções cabíveis.

11. DISPENSA DE LICITAÇÃO

A exigência constitucional da licitação é decorrência direta da adoção do princípio republicano, que trabalha com a ideia de que os bens públicos, amplamente considerados, não são de propriedade de quem os administra, mas sim de todo o povo. *Ipso facto*, o usufruto dos mesmos deve caber a todos na medida do possível. E se isto não for possível, deve-se dar igualdade de oportunidades a quem demonstrar interesse em usufruí-los de maneira exclusiva.

A licitação deverá ser pautada, então, não só pelo princípio da isonomia, mas também pelo princípio da economicidade, pois todo o trabalho que se desenvolve com uma licitação também tem como finalidade precípua a seleção da proposta mais vantajosa para a Administração Pública.

Assim, a Lei federal das Licitações e Contratos Administrativos prevê, como regra, a obrigatoriedade da licitação para todas as entidades da Administração Pública direta (União, Estados-Membros, Distrito Federal e Municípios), indireta (fundos especiais, autarquias, fundações públicas, empresas públicas, sociedades de economia mista) e demais entidades controladas direta ou indiretamente pela União, Estados, Distrito Federal e Municípios.

Excepcionalmente, porém, há casos que a Administração pode dispensar ou inexigir, a licitação, se assim lhe convier, os quais devemos tê-los em mente em razão de ser muito comum colocarem em concurso questões relativas às hipóteses de dispensabilidade e inexigibilidade de licitação, daí a importância de saber-se distinguir ambos os institutos. Passemos, então, a analisá-los.

Nos casos de dispensa de licitação, o Poder Público se vê perante um cenário em que seria totalmente possível a realização de uma licitação mediante competição. Contudo, a própria lei dirá que a execução do certame será desnecessária naquele cenário. Portanto, as hipóteses de dispensa são definidas pela própria Lei, não podendo atos administrativos específicos ou decretos ocuparem o seu lugar e, por isso, dizemos que as hipóteses de dispensa de licitação sejam exaustivas ou taxativas, proibindo quaisquer analogias.

A **dispensa de licitação ou licitação dispensável** encontra suas regras expressas no art. 75 da Lei 14.133/21, onde se verificam situações em que, embora haja viabilidade em realizar o certame, este se torna <u>inconveniente por razões de interesse público</u>, uma vez que o procedimento licitatório demanda uma série de gastos que, por sua vez, devem trazer benefícios que os compensem. Às vezes, os custos que advêm de um certame são maiores do que o resultado pretendido, resultando um desequilíbrio indesejado na relação custo-benefício, trazendo prejuízos para a Administração.[119]

Mencionaremos inicialmente aqui os primeiros três incisos do art. 75 da Lei 14.133/21 para, posteriormente tratarmos acerca dos demais:

> Art. 75. É dispensável a licitação:
>
> I - Para contratação que envolva valores inferiores a R$ 100.000,00 (cem mil reais), no caso de obras e serviços de engenharia ou de serviços de manutenção de veículos automotores;
>
> II - Para contratação que envolva valores inferiores a R$ 50.000,00 (cinquenta mil reais), no caso de outros serviços e compras;
>
> III - Para contratação que mantenha todas as condições definidas em edital de licitação realizada há menos de 1 (um) ano, quando se verificar que naquela licitação:
>
> a) não surgiram licitantes interessados ou não foram apresentadas propostas válidas;
>
> b) as propostas apresentadas consignaram preços manifestamente superiores aos praticados no mercado ou incompatíveis com os fixados pelos órgãos oficiais competentes;

Em tais casos, é óbvio que a realização da licitação apenas sacrificaria o interesse público, razão pela qual, o legislador permite ao administrador, nos casos expressamente previstos em Lei, facultam a dispensa da licitação.

---

119 Esse é o entendimento de Sérgio FERRAZ e Lúcia Valle FIGUEIREDO (*Dispensa e inexigibilidade*. 3. ed. São Paulo: Malheiros, 1994, p. 34), quando afirmam que há "[...] *dispensabilidade* quando ocorrem, em caso concreto, circunstâncias especiais, previstas em lei, que *facultam* a não-realização da licitação, que era em princípio imprescindível. É dizer, inocorrentes que fossem tais circunstâncias especiais, inafastável seria a obrigação de licitar. Mas, mesmo na existência delas, *poderá* a Administração proceder à licitação, desde que dessa forma mais aptamente se dê resposta ao interesse público".

Assim, verifica-se o quão importante é a exigência constitucional da licitação (art. 37, XXI, da CF/88), que acaba por figurar como elemento de concretização e densificação do princípio republicano e do princípio da isonomia.

Ocorre que o legislador constitucional, sabedor de que, em determinadas situações, não é possível e, em outras, não é aconselhável o estabelecimento da competição como condição para a celebração de contratos pela Administração Pública, fixou as possibilidades de a Lei enumerar os casos em que a licitação será dispensável ou inexigível.

Antes, porém, convém relembramos aquilo que já se sabe, mas que não custa nada reportar, ou seja, que as normas gerais que a Lei das Licitações estabelece não podem disciplinar todos os comportamentos possíveis que o administrador deverá adotar quando se deparar com casos concretos. Quando se observar tal situação, concede a Lei certa margem de liberdade ao administrador, que lhe permite interpretar a vontade do legislador em determinados casos, em que sua simples leitura não seja suficiente para tanto. É a discricionariedade administrativa.

A discricionariedade, pois, consiste na vontade do administrador de executar, da melhor maneira possível, as atribuições que lhe foram confiadas, de forma a atender o interesse geral, sem perder de vista os limites legais à sua atuação.

Com efeito, a Administração não é livre para agir; ela só age *secundum legis*, com o conteúdo e sob a forma prevista em lei, uma legalidade que se desdobra em dois momentos distintos: o da submissão do agir à lei e o do controle dessa submissão.

A limitação a esse poder é justamente a lei e o administrador está vinculado a ela. Dessa forma, para que seja verificada se a liberdade concedida ao administrador foi exercida dentro dos limites legais, pode-se submeter seus atos à apreciação do Poder Judiciário.

No primeiro momento, precede a natureza derivada da atuação da Administração Pública ao complementar, quer com preceitos normativos secundários, quer com comandos concretos, a normatividade legal. No segundo, o que importa é o controle dessa submissão, seja por parte dela própria, seja por parte de órgão competente para exercê-lo nos demais Poderes do Estado, manifestado *ex officio* ou provocado por quem a lei reconheça legitimidade para fazê-lo.[120]

No caso da licitação, elucidativas são as ponderações do professor Marçal Justen Filho a respeito do princípio da legalidade, ao dizer:

Reservou-se à Administração a liberdade de escolha do momento de realização da licitação, do seu objeto, da especificação de condições de consecução, das condições de pagamento etc. A liberdade de escolha da Administração se efetiva em um momento preparatório e inicial da licitação.

Uma vez exercida essa liberdade, exaure-se a discricionariedade e não mais pode ser invocada – ou, mais corretamente, se a Administração pretender renovar o exercício dessa faculdade, estará sujeita a refazer toda a licitação.[121]

Daí todas as preferências em relação ao objeto, desde que não consistam em direcionamento, devem estar discriminadas no instrumento convocatório, no edital, que é a lei interna da licitação. Depois disso, somente estão os agentes administrativos autorizados a desempenhar seu papel em conformidade com aquele instrumento.

Existem, porém, exceções ao dever geral de licitar, que são os casos de dispensa, dispensabilidade e inexigibilidade de licitação. No caso da inexigibilidade, isto é, na hipótese de ser observada a inviabilidade de competição, como se verificará adiante, deve-se proceder à contratação direta.

Em se tratando de dispensabilidade de licitação, que é tema central desta parte do trabalho, há de se observar uma grande incidência de discricionariedade, já que a decisão de efetuar ou não uma contratação direta está imbuída de uma forte carga de subjetividade. Melhor dizendo, quando o administrador se defronta com uma situação que se enquadra em uma determinada hipótese de dispensabilidade, ele deve aferir se o interesse

---

120 MOREIRA NETO. Princípios da licitação. In *Boletim de Licitações e Contratos*, set./95. São Paulo: NDJ, 1995, p. 432.
121 JUSTEN FILHO. *Comentários...*, *op. cit.*, p. 63.

público será melhor atendido através da licitação ou da não-licitação. Em contrapartida, há o risco de, caso seja tomada uma decisão ilegal, sujeitar-se o agente público às penalidades do art. 337-E do Código Penal, que define o crime de contratação direta ilegal, tipificado enquanto o ato de admitir, possibilitar ou dar causa à contratação direta fora das hipóteses previstas em lei, com pena de reclusão de quatro a oito anos e multa.

Com fulcro na Lei 14.133/21, pode-se classificar as hipóteses de dispensabilidade de licitação em quatro categorias:

- Em razão do **pequeno valor** (art. 75, I e II);
- Em razão de **situações excepcionais** (art. 75, III, VI, VII, VIII, X);
- Em razão do **objeto** (art. 75, IV e V);
- Em razão da **pessoa** (art. 75, IX, XI, XIII, XIV, XV e XVI).

Por outro lado, há casos que o administrador não pode ignorar os ditames da Lei de Licitações e, ao seu arbítrio, submetê-los ao certame licitatório. São as hipóteses consubstanciadas no art. 76, incisos I e II, por exemplo, casos em que a licitação é dispensada – afastamento este que não se deve confundir com licitação dispensável ou dispensa de licitação – e para o qual abrimos parêntese para analisá-los.

Cuida o referido art. 76 dos casos de alienação de bens da Administração Pública, ou seja, da transferência (venda) de domínio (propriedade) de bens públicos a terceiros quando devidamente justificada, cuja licitação só poderá ocorrer depois de procedida às avaliações destes bens.

Conforme bem sabemos, uma das caraterísticas que marcam os bens públicos é a inalienabilidade, porém esse aspecto não se revela absoluto visto que apenas os bens públicos não afetados possam ser objeto de alienação. Determinadas providências de ordem legal devem ser tomadas para alienação de bens públicos, providências estas que envolvem a existência de interesse público devidamente justificado, a avaliação prévia do bem, a autorização legislativa quando tratar de bens imóveis e a licitação na modalidade leilão. Nesse quesito, a Lei 14.133/21 inovou em relação a diploma anterior, visto que a modalidade de licitação anteriormente requerida para a alienação de bens públicos era a concorrência.

Desta feita, a condição exigida para alienação de bens públicos, sejam eles móveis ou imóveis, independentemente de valores, que foi trazida pela nova Lei 14.133/21 é a modalidade leilão. Isto porque o conceito de leilão pela nova lei significa uma modalidade de licitação para alienação de bens imóveis ou bens móveis inservíveis ou legalmente apreendidos a quem oferecer o maior lance. Nesse sentido, cumpri-nos destacar que é justamente sobre a exigência legal de licitação para alienação de bens públicos, imóveis ou móveis, que a licitação dispensada se aplica.

Dispõe o *caput* do art. 76 da Lei 14.133/21 que a alienação de bens móveis e imóveis da Administração Pública esteja submetida à prévia realização de licitação. Todavia, em seus incisos I e II determinou a licitação dispensada em determinados casos. O inciso I do art. 76 sobre os bens imóveis, cuja modalidade de licitação para a alienação dos mesmos – frise-se, era a concorrência – <u>agora é o leilão</u>, mas sendo "dispensada esta" (daí o nome *licitação dispensada*) nos seguintes casos expressos em suas alíneas:

a) **dação em pagamento**, que ocorre quando a Administração Pública deve alguma coisa ao credor e este aceita receber um bem em troca.

Neste caso, pergunta-se: Existiria possibilidade de competição? Seria viável a licitação? Ou não haveria possibilidade ante o prévio ajuste das partes de receber aquele bem?

Grande parte da doutrina afirma que a dação em pagamento, apesar de estar elencada nos casos de licitação dispensada, é caso de inexigibilidade, pois é certo que não existe competição, daí enquadrá-la nos casos de licitação inexigível.

b) doação, que é permitida exclusivamente para outro órgão ou entidade da Administração Pública, de qualquer esfera de governo, cujo STF reconheceu ser este um caso somente obrigatório para União, uma vez que é uma norma específica de licitação. Como vimos no item 2 desse trabalho, quando falamos sobre as normas gerais, é o ente federativo que vai decidir como vai avaliar seus bens. Então, segundo entendimento doutrinário, isto não é caso de licitação dispensada, e sim de inexigibilidade de licitação.

A doação é definida no Direito pátrio como sendo o contrato em que uma pessoa, por liberalidade, transfere o seu patrimônio, bens ou vantagens para o de outra, que os aceita. É o que prescreve o art. 538 do novo Código Civil. Infere-se deste conceito que a doação é uma espécie do gênero alienação, isto é, há transferência de domínio, seja de bens ou vantagens patrimoniais. Não há, atualmente, na mais abalizada doutrina, discussão acerca do caráter contratual da doação, considerando-se que é necessária a convergência de duas vontades para que o negócio jurídico se aperfeiçoe.

Faz-se relevantíssima a reflexão que o doutrinador Dirley da Cunha Júnior[122] apresenta dentro dessa temática:

> "Cumpre-nos lembrar que a anterior Lei 8.666/93 também previa a licitação dispensada nessa hipótese "doação permitida exclusivamente para outro órgão ou entidade da Administração Pública, de qualquer esfera de governo (...)", Contudo, na ADI nº 927-3/SP, o STF, por maioria de votos, deferiu medida cautelar, para suspender, quanto aos Estados, ao Distrito Federal e aos Municípios, a eficácia da expressão "permitida exclusivamente para outro órgão ou entidade da Administração Pública", contida nessa letra *b*, por entender a Corte que essa expressão, por sua especificidade, não se insere no conceito de normas gerais, não se aplicando, por conseguinte, às demais entidades federadas, sendo limitada à União. A nova Lei nº 14.133/21, novamente, ao que parece, incidindo na inconstitucionalidade, repetiu a restrição suspensa pelo Supremo ("permitida exclusivamente para outro órgão ou entidade da Administração Pública, de qualquer esfera de governo").
>
> A hipótese revela uma inadmissível reação legislativa à decisão do STF, que em nada contribui para o Direito. Ao contrário, gera mais insegurança jurídica".

c) permuta, por outro imóvel que atenda às finalidades precípuas da Administração, desde que a diferença apurada não ultrapasse a metade do valor do imóvel que será ofertado pela União, segundo avaliação prévia, e ocorra a torna de valores, sempre que for o caso.

A permuta, como sabemos, é como se fosse uma compra e venda. Só que existe um fator condicionante para isto, qual seja, que o bem a ser recebido pela Administração seja aquele indispensável por fatores de localização. Portanto, não é qualquer bem que pode ser permutado. A Administração, para fazer permuta, deve receber algum bem que atenda aos seus interesses e finalidades (o que é analisado discricionariamente), cabendo ainda realçar que os bens já devem ser de propriedade do devedor, não sendo cabível, no contrato, definição genérica dos bens ou cláusula em que o devedor se obrigue a ainda adquiri-los; do contrário, estar-se-ia burlando a licitação, que procederia à aquisição pela Administração de tais bens, além de criar nova fórmula de vinculação de receita a órgão.[123]

No caso de permuta, observemos que, na verdade, são dois bens cujas características intrínsecas os tornarão únicos para o devedor e para o credor. Então, indaga-se: há alguma possibilidade de competição? Licitação para permuta de bens? É indiscutível que isto não existe, daí considerarmos a permuta também um caso de inexigibilidade de licitação, o que não significa dizer, contudo, que todas as hipóteses do art. 17, I, sejam de inexigibilidade, como veremos a seguir.

---

122 CUNHA JÚNIOR, Dirley da. Curso de Direito Administrativo.
123 SOUTO, *op. cit.*, p. 142-145.

Porém, há de se admitir que, nessas três primeiras hipóteses, o destinatário é certo, não havendo razão para instaurar-se o processo seletivo, pelo que a própria Lei encarregou-se de dispensá-lo, sem que haja, aí, qualquer violação aos princípios da moralidade ou da isonomia. Na licitação dispensada não se exige ratificação da justificação pela autoridade superior.

d) investidura, cuja definição expressa no § 5º do art. 76, nos remete ao entendimento de que, nas hipóteses deixadas pelo legislador nos incisos I e II, realmente, a licitação é dispensada, mesmo porque existe a possibilidade de competição; senão, vejamos:

Art. 76, § 5º, Lei 14.133/21 - Entende-se por investidura, para os fins desta Lei, a:

I - alienação, ao proprietário de imóvel lindeiro, de área remanescente ou resultante de obra pública que se tornar inaproveitável isoladamente, por preço que não seja inferior ao da avaliação nem superior a 50% (cinquenta por cento) do valor máximo permitido para dispensa de licitação de bens e serviços previsto nesta Lei;

II - alienação, ao legítimo possuidor direto ou, na falta dele, ao poder público, de imóvel para fins residenciais construído em núcleo urbano anexo a usina hidrelétrica, desde que considerado dispensável na fase de operação da usina e que não integre a categoria de bens reversíveis ao final da concessão.

No inciso I, a licitação fica condicionada a cinco pontos:
• primeiro, que a área a ser alienada seja remanescente ou resultante de obra pública;
• segundo, que se torne inaproveitável isoladamente;
• terceiro, que seja alienada ao proprietário vizinho;
• quarto, que o preço nunca seja inferior ao da avaliação.

Melhor explicando: suponhamos que se tenha que fazer uma obra pública, como o TRT de São Paulo, por exemplo. Para tanto, a União desapropria, e tem-se a propriedade de João. Entre estas duas áreas existe outra que ficou inaproveitável para Administração, que não tem interesse em ficar com ela. Permite a lei que se aliene, com licitação dispensada, esta parte que se tornou inaproveitável, desde que o preço esteja compreendido dentro do estabelecido na Lei. Neste caso, parece-nos que de fato se enquadra como licitação dispensada, porque se poderia alienar esta área para Maria, hipoteticamente. Mas a lei permite que João a adquira com dispensando a licitação. Neste caso, seria possível a competição? Acreditamos que sim, mas a licitação é dispensada pela lei, sendo este um dos exemplos de investidura.

Para a hipótese prevista no inciso II, imaginemos que foi concedida, para Furnas, uma usina hidrelétrica. Perto da barragem moram os funcionários desta usina. Então, diz a Lei que, neste caso, especificamente, a licitação é dispensada. Poderia ser realizada uma licitação para a venda dos imóveis? Poderia, mas a legislação dispensou.

e) **venda a outro órgão ou entidade da administração pública**, de qualquer esfera de governo, hipótese está incluída pela Lei nº 8.883/94.

Como exemplo, suponhamos que a União tenha um prédio e quer vendê-lo para o Município. Isto ela pode fazer com dispensa de licitação, mesmo porque a dispensa da Lei não é obrigatória e a Administração pode, se quiser, realizar a licitação. Ela poderá, se tiver interesse de comparar os preços, vender o imóvel mediante licitação.

f) **alienação gratuita ou onerosa, aforamento, concessão de direito real de uso, locação ou permissão de uso de bens imóveis** <u>residenciais</u> construídos e destinados ou efetivamente utilizados no âmbito de programas habitacionais de interesse social, por órgãos ou entidades da administração pública especificamente criados para esse fim (incluído pela Lei nº 8.883/94).

Dentre entidades que têm por objetivo desenvolver programas habitacionais, além de empresas de construção e de habitação, podem ser incluídas as instituições financeiras ou agências públicas de fomento, que têm uma vinculação direta com os objetivos do Poder Público. Portanto, cabe frisar que estas não são meras financiadoras, mas sim agentes financeiros da política social de habilitação do Estado.[124]

Assim, pode a Administração construir casas populares e dar em permissão de uso ou vendê-las, com dispensa de licitação, para os populares que já as ocupam. Mas, neste caso, caberia fazer isto com licitação? Sim, poderia, mas a Lei prevê a dispensa para a alienação em programas habitacionais por questões sociais relevantes.

g) **alienação gratuita ou onerosa, aforamento, concessão de direito real de uso, locação e permissão de uso de bens imóveis comerciais** de âmbito local, com área de até 250 m² (duzentos e cinquenta metros quadrados) e destinados a programas de regularização fundiária de interesse social desenvolvidos por órgão ou entidade da Administração Pública.

Com a inclusão desta alínea "g" no artigo 76, I, pode a Administração conceder o direito real de uso, locar ou permitir o uso de imóveis de uso comercial, nos termos do regulamento, outorgada pela Administração depois de analisada a conveniência e oportunidade, gerando obrigação de pagamento anual da taxa de ocupação. Esta ocupação deve ter sido consolidada até 27 de abril de 2006 para que o procedimento ocorra com a dispensa de licitação conforme indica o artigo 6º, II, Lei 9.636/98, alterado pela Lei no 11.481/07.

h) **alienação e concessão de direito real de uso, gratuita ou onerosa, de terras públicas rurais da União e do Instituto Nacional de Colonização e Reforma Agrária (Incra)** onde incidam ocupações até o limite de que trata o § 1º do art. 6º da Lei nº 11.952, de 25 de junho de 2009, para fins de regularização fundiária, atendidos os requisitos legais.

Com esta recente alínea, a Administração Pública pode alienar e conceder o direito real de uso, dispensada a licitação, de terras públicas rurais de até 2.500 hectares, desde que atendidos os requisitos da legislação regularizando assim, a ocupação que dá a terra, adequada função social.

i) procedimentos de legitimação de posse de que trata o art. 29 da Lei nº 6.383, de 7 de dezembro de 1976, mediante iniciativa e deliberação dos órgãos da Administração Pública em cuja competência legal inclua-se tal atribuição (incluído pela Lei nº 11.196, de 2005).

Tal dispositivo incluído no art. 76 da Lei 14.133/21, trata da dispensabilidade de licitação no caso de alienação de terras públicas, cujo ocupante possua, legitimamente, <u>Licença de Ocupação</u> de área contínua de até 100 (cem) hectares, quando este não for proprietário de imóvel rural, comprovar sua moradia pelo prazo de, no mínimo, um ano e que, por seu trabalho e o de sua família, tenha tornado aquelas terras produtivas (função social da posse sobre terras devolutas).

j) legitimação fundiária e **legitimação de posse** de que trata a Lei nº 13.465, de 11 de julho de 2017.

Satisfeitos esses requisitos e findo o prazo de quatro anos dessa Licença, o portador desta terra terá a preferência para aquisição do lote, pelo valor histórico da terra nua, e o que exceder aquele limite, pelo valor atual da terra nua, cabendo salientar que a Licença de Ocupação será intransferível intervivos e inegociável, não podendo ser objeto de penhora e arresto.

Desse modo, com o advento da Lei nº 11.196, de 2005, assim ficou estabelecido no art. 76, § 3º da Lei 14.133/21, que prevê a licitação dispensada quando a Administração conceder título de propriedade ou de direito real de uso de imóveis, enquanto o § 4º define sob quais condições:

---

124 SOUTO, *op. cit.*, p. 142-145.

Art. 76, § 3º, Lei 14.133/21. [...]§ 3º A Administração poderá conceder título de propriedade ou de direito real de uso de imóvel, admitida a dispensa de licitação, quando o uso se destinar a:

I - outro órgão ou entidade da Administração Pública, qualquer que seja a localização do imóvel;

II - pessoa natural que, nos termos de lei, regulamento ou ato normativo do órgão competente, haja implementado os requisitos mínimos de cultura, de ocupação mansa e pacífica e de exploração direta sobre área rural, observado o limite de que trata o § 1º do art. 6º da Lei nº 11.952, de 25 de junho de 2009.

Art. 76, § 4º - A aplicação do disposto no inciso II do § 3º deste artigo será dispensada de autorização legislativa e submeter-se-á aos seguintes condicionamentos:

I - aplicação exclusiva às áreas em que a detenção por particular seja comprovadamente anterior a 1º de dezembro de 2004;

II - submissão aos demais requisitos e impedimentos do regime legal e administrativo de destinação e de regularização fundiária de terras públicas;

III - vedação de concessão para exploração não contemplada na lei agrária, nas leis de destinação de terras públicas ou nas normas legais ou administrativas de zoneamento ecológico-econômico;

IV - previsão de extinção automática da concessão, dispensada notificação, em caso de declaração de utilidade pública, de necessidade pública ou de interesse social;

V - aplicação exclusiva a imóvel situado em zona rural e não sujeito a vedação, impedimento ou inconveniente à exploração mediante atividade agropecuária;

VI - limitação a áreas de que trata o § 1º do art. 6º da Lei nº 11.952, de 25 de junho de 2009, vedada a dispensa de licitação para áreas superiores;

VII - acúmulo com o quantitativo de área decorrente do caso previsto na alínea "i" do inciso I do *caput* deste artigo até o limite previsto no inciso VI deste parágrafo.

Cabe aqui uma crítica: houve, mais uma vez, o infeliz emprego da expressão *alienação para contratação de um órgão com o outro*, como se o órgão, no Direito Administrativo, tivesse alguma personalidade jurídica. A hipótese é de mera cessão de uso, salvo melhor juízo, e não de um contrato, porque a condição essencial para que haja um contrato (na Teoria Geral das Obrigações e Teoria Geral dos Contratos, expressamente incorporada ao texto da lei) é que haja capacidade de contratar, e só tem capacidade para isto quem tem personalidade jurídica; órgão não tem personalidade jurídica.

Quanto ao art. 76, II da Lei 14.133/21, este trata dos bens móveis, seguindo, basicamente, os mesmos moldes acima analisados, sem grandes novidades, mas cabendo observar que será através de leilão que a Administração Pública se desfaz de bens móveis de pequeno valor, ainda que não sejam esses bens inservíveis ou decorrentes de apreensão, nos seguintes termos:[125]

Lei 14.133/21, Art. 76, II - Tratando-se de bens móveis, dependerá de licitação na modalidade leilão, dispensada a realização de licitação nos casos de:

a) doação, permitida exclusivamente para fins e uso de interesse social, após avaliação de oportunidade e conveniência socioeconômica em relação à escolha de outra forma de alienação;

b) permuta, permitida exclusivamente entre órgãos ou entidades da Administração Pública;

c) venda de ações, que poderão ser negociadas em bolsa, observada a legislação específica;

d) venda de títulos, observada a legislação pertinente;

e) venda de bens produzidos ou comercializados por entidades da Administração Pública, em virtude de suas finalidades;

---

125 SOUTO, *op. cit.*, p. 142-145.

f) venda de materiais e equipamentos sem utilização previsível por quem deles dispõe para outros órgãos ou entidades da Administração Pública.

Estabeleceu o § 1º do inciso II do art. 76 da Lei 14.133 que na alienação de bens imóveis da Administração Pública cuja aquisição tenha sido derivada de procedimentos judiciais ou de dação em pagamento será dispensada a autorização legislativa, exigindo-se somente a avaliação prévia e licitação na modalidade leilão. De semelhante maneira, o § 2º do mesmo inciso, deu continuidade, firmando que "os imóveis doados com base na alínea "b" do inciso I do *caput* deste artigo, cessadas as razões que justificaram sua doação, serão revertidos ao patrimônio da pessoa jurídica doadora, vedada sua alienação pelo beneficiário".

Difícil, muitas vezes, é caracterizar o que é bem inservível e o que é bem decorrente das finalidades da entidade, podendo-se dar como exemplo as entidades de pesquisa e as financeiras. A EMBRAPA, por exemplo, destina-se a desenvolver tecnologia agrícola – a tecnologia é o bem produzido em razão de sua finalidade. No entanto, para chegar a esse bem, ela produz vinhos, sementes etc., que podem ser inseridos na mesma categoria. O mesmo ocorre quando o BNDES, por motivos de interesse social, adquire ações de empresas para preservá-las, saneá-las e depois vendê-las. É fundamental, pois, a correlação de temas na justificação.

Destarte, as peculiaridades do caso concreto devem ser analisadas pelo administrador no compasso do princípio da legalidade, que lhe vigia a liberdade, e sem o qual ele não poderia atuar. Somente pode haver exercício de poder discricionário dentro dos limites legais.

Consoante o que resolve o § 6º do art. 76 e art. 77 da Lei 14.133/21, assim estão reguladas a doação com encargo em matéria licitatória e o direito de preferência do licitante sobre a venda de bens imóveis:

Art. 76, § 6º, Lei 14.133/21 - A doação com encargo será licitada e de seu instrumento constarão, obrigatoriamente, os encargos, o prazo de seu cumprimento e a cláusula de reversão, sob pena de nulidade do ato, dispensada a licitação em caso de interesse público devidamente justificado.

Art. 76, § 7º - Na hipótese do § 6º deste artigo, caso o donatário necessite oferecer o imóvel em garantia de financiamento, a cláusula de reversão e as demais obrigações serão garantidas por hipoteca em segundo grau em favor do doador.

Art. 77, Lei 14.133/21 - Para a venda de bens imóveis, será concedido direito de preferência ao licitante que, submetendo-se a todas as regras do edital, comprove a ocupação do imóvel objeto da licitação.

Assim expostas essas considerações, passemos ao estudo das hipóteses de **dispensa de licitação**, observando, em primeiro lugar, que, ao mencionar a dispensabilidade do procedimento licitatório como condição para a regular celebração de contratos pela Administração Pública, considerou o legislador ordinário ser possível a realização do certame.

Com efeito, quando o legislador enumera as hipóteses em que a licitação é *dispensável* no art. 75 da Lei 14.133/21, ele não ignorou que seria possível a utilização do procedimento de seleção da melhor proposta. Apenas entendeu que, dada as condições especiais então consideradas, talvez fosse mais vantajosa a dispensa naqueles casos.

Dessa forma, se o administrador quiser realizar o certame, de modo a selecionar a melhor proposta, ele poderá fazê-lo, mesmo que esteja diante de qualquer das situações previstas nos incisos do art. 75 da Lei.

Analisemos, então, os casos de dispensa de licitação elencados pelo legislador, embora não necessariamente na ordem em que figuram na Lei, sendo de se considerar que, por se tratar de hipóteses excepcionais, o elenco legal, que é taxativo, deve ser restritivamente interpretado, valendo repetir que, apesar de especificarmos os valores máximos ou mínimos referidos na Lei, estes são periodicamente revistos pelo Poder Executivo.

11.1. Pelo valor do contrato

Há três dispositivos legais que tratam da dispensa de licitação em razão do valor do contrato, a saber:

> Art. 75. É dispensável a licitação:
>
> I - para contratação que envolva valores inferiores a R$ 100.000,00 (cem mil reais), no caso de obras e serviços de engenharia ou de serviços de manutenção de veículos automotores;
>
> II - para contratação que envolva valores inferiores a R$ 50.000,00 (cinquenta mil reais), no caso de outros serviços e compras;

A hipótese aventada é reconhecida doutrinariamente como dispensa de licitação por baixo, pequeno ou diminuto valor. Cumpre-nos dizer que a "manutenção de veículos automotores" é uma previsão inovadora na Lei 14.133/21, porque na lei antiga esse quesito encontrava-se classificado como "outros serviços".

Tais incisos abordam a dispensa de licitação relacionada ao valor do contrato, regulando a desnecessidade de cumprir uma licitação, ainda que plenamente viável a competição, para aquelas contratações que não sobejarem as quantias estipuladas na Lei.

Ressaltemos que a Lei 14.133/21 estabeleceu valores fixos para a dispensa de licitação em razão do valor do contrato, uma vez que a nova lei extinguiu a utilização de requisitos de valor para escolha da modalidade de licitação. Ou seja, é dispensável a licitação para contratações de obras e serviços de engenharia e manutenção de veículos automotores de até R$ 100.000,00 (cem mil reais) e para demais serviços e compras que não extrapolem o valor de R$ 50.000,00 (cinquenta mil reais). Curiosamente, as empresas estatais e sua lei regente (13.303/16), em seu art. 29, estabelece esses mesmos valores à regra geral dos demais entes para a despensa de licitação.

Frise-se que existe uma exceção a essa regra para Agências Executivas e Consórcios Públicos, os quais pelo teor do art. 75, § 2º, tem esses valores anteriormente mencionados contados em dobro, portanto, R$ 200.000,00 (duzentos mil reais) para obras e serviços de engenharia e manutenção de veículos automotores e R$ 100.000,00 (cem mil reais) dedicados a aquisição de outros bens e serviços. A apuração de tais valores ocorre por exercício financeiro e pela natureza do objeto. Para melhor exemplificar, no exercício financeiro de 2022, um órgão da Administração Pública poderá dispensar a licitação para compra de itens escolares cujo somatório seja de até R$ 50.000,00 (cinquenta mil reais).

A referência contida neste dispositivo legal aponta para a dispensabilidade da licitação nas obras e serviços de engenharia de valor não superior a trinta e três mil reais. E a razão é simples: nesses casos, os custos da licitação superariam as vantagens econômicas que ela traria[126]. Daí se exigir que, mesmo nesses casos, demonstre o administrador que os preços contratados são compatíveis com os do mercado.

Não se pode ignorar a ressalva feita no dispositivo legal, referente às parcelas de uma mesma obra. Sabemos que as obras e serviços de engenharia podem ser parcelados ou fracionados, realizando-se um certame distinto para cada parcela ou fração. E sabemos, também, que o valor a ser considerado para a eleição da modalidade licitatória é o global e não de cada uma das partes.

Pois bem. O raciocínio aqui não é muito diferente, pois o legislador limitou a dispensabilidade em questão para os casos em que o valor global – e não da cada uma das parcelas ou frações – da obra ou serviço de engenharia for igual ou inferior a trinta e três mil reais.

---

126 Nesse sentido, o professor Américo SERVÍDIO (*Dispensa de licitação pública*. São Paulo: Revista dos Tribunais, 1979, p. 93) ensina que: "A fixação de um limite de valor, abaixo do qual a lei faculta a dispensa de licitação, é medida salutar, porque o bem visado pela Administração, por ser de valor irrisório ou insignificante pode, muitas vezes, não compensar o ônus imposto ao procedimento licitatório, além de maior celeridade da operação exigida nesses casos. Assim sendo fundada em razão de conveniência da Administração, para cada caso ocorrente na prática, poderá a autoridade efetuar ou não a dispensa de licitação, a seu livre critério, desde que o valor do objeto a ser licitado seja inferior ao limite estabelecido em lei".

Registre-se, contudo, que, se as parcelas de uma obra exigirem a atuação de empresas de naturezas diversas, poderá ser considerado o valor da parcela dissonante para fins de fixar a modalidade e a possibilidade de dispensar a Administração do procedimento licitatório.

Questão interessante, que é levantada pelo professor Jorge Ulisses Jacoby Fernandes, é a referente à alteração do projeto e, consequentemente, da obra depois de realizada a licitação. A legislação admite essa alteração, desde que respeitados os limites fixados no art. 125 da Lei 14.133/21[127]. Neste caso, se o valor superar os trinta e três mil reais, em razão da alteração do projeto, como fica a questão da dispensa?

Na opinião desse doutrinador, "as alterações posteriores ou supervenientes ao ajuste não operam retroativamente para interferir na definição da modalidade ou dispensa determinada pela Administração"[128]. Deste modo, o valor considerado no momento da dispensa, mesmo que alterado posteriormente, com base no art. 124 da Lei 14.133/21), é que prevalecerá para esse fim.

Não se pode ignorar também que essa possibilidade legal pode vir a ser utilizada como subterfúgio para a burla ao princípio da licitação, mediante a previsão de um projeto que ficaria guardado na gaveta até a efetivação da contratação com dispensa de licitação, quando o projeto inicial seria substituído por outro – o engavetado – que não estivesse contido nessa limitação de valor mencionada no art. art. 75, I da Lei 14.133/21. Diz, então, o professor Jacoby Fernandes que o direito protege a Administração Pública nesse caso, estabelecendo que essa conduta constitui crime, sendo ainda tipificada como ato de improbidade administrativa.

A contratação de compras e serviços não enquadráveis no conceito de "serviços de engenharia" poderá ser dispensada da licitação quando o valor estimado não superar dezessete mil e seiscentos reais, valendo os comentários anteriormente feitos para esse caso.

Interessante, neste caso, é a contratação de serviços de caráter continuado, que motivam pagamentos periódicos pela Administração, podendo, ainda, ser prorrogados por termos aditivos. Nestes casos, o valor considerado não é o de cada parcela, mas sim o de todas elas somadas, incluindo-se a possibilidade de prorrogações pelo prazo máximo de 60 (sessenta) meses (arts. 106 e 107 da Lei 14.133/21).

O legislador destacou as empresas paraestatais e, ainda, as autarquias e fundações qualificadas como agências executivas, reservando a elas disciplina especial na questão da dispensa em razão do valor do contrato. O que temos aqui é uma majoração de percentual, que permite a dispensa nas obras e serviços de engenharia de valor até sessenta e seis mil reais e, nas compras e serviços, outros de valor até trinta e cinco mil e duzentos reais.

Justifica-se a regra diferenciada em favor das empresas públicas e sociedades de economia mista, já que atuam, geralmente, em concorrência com as empresas privadas no mercado e, em razão disto, precisam de uma agilidade maior na condução de seus negócios. No entanto, nada justifica a exceção estabelecida em favor das autarquias qualificadas como agências executivas. Estas são autarquias em regime especial, mas não atuam em concorrência, de modo que o mais adequado seria, ao nosso sentir, a inaplicabilidade dessa regra diferenciada.

A alteração no dispositivo em análise feita pela Lei nº 12.715, de 2012 incluiu os consórcios públicos no rol de beneficiados com esta possibilidade de dispensa de licitação.

11.2. Pela urgência na contratação

Há seis hipóteses em que a dispensa da licitação é possível em razão da urgência que se tem em obter o bem, a obra ou o serviço, de engenharia ou outros, como "nos casos de guerra, estado de defesa, estado de sítio, intervenção federal ou de grave perturbação da ordem", conforme previsto no art. 75, VII da Lei 14.133/21. Aponte-se que a dispensa de licitação por situações graves teve um alargamento em suas hipóteses, visto que na Lei 8.666/93 só havia menção para casos de guerra ou grave perturbação da ordem. Portanto, constata-se que a nova Lei, mantendo as duas hipóteses anteriores, apresenta um total de cinco, com a adição de três novas, a saber: Estado de defesa, Estado de sítio e Intervenção federal.

Essas hipóteses consideradas pelo legislador são de anormalidade institucional. A guerra será caracterizada pela declaração deste estado pelo Presidente da República, na forma do art. 84, XIX, da CF/88, desde

---

127 Art. 125, da Lei 14/133/21: "Nas alterações unilaterais a que se refere o inciso I do *caput* do art. 124 desta Lei, o contratado será obrigado a aceitar, nas mesmas condições contratuais, acréscimos ou supressões de até 25% (vinte e cinco por cento) do valor inicial atualizado do contrato que se fizerem nas obras, nos serviços ou nas compras, e, no caso de reforma de edifício ou de equipamento, o limite para os acréscimos será de 50% (cinquenta por cento).".

128 FERNANDES, Jorge Ulisses Jacoby. *Contratação direta sem licitação*. Brasília: Brasília Jurídica, 1995.

que autorizada ou referendada pelo Congresso Nacional (art. 49, II, da CF/88). Basta imaginar-se a invasão desautorizada do território brasileiro por forças estrangeiras a fim de obter a água doce e potável encontrada em nosso País, um bem de extrema necessidade e escassez no mundo. Uma afronta dessas à soberania nacional deveria ser prontamente combatida e, no caso de se tornar necessária a contratação de serviços, obras ou compras de produtos bélicos ou outros que se mostrem necessários à defesa da pátria, não poderia a Administração ficar à mercê do regular processamento de uma licitação.

Mais complicada, no entanto, é a análise da segunda hipótese prevista na Lei, que é a do grave comprometimento da ordem, que não está objetivamente definida em qualquer dispositivo legal. Trata-se de situação extraordinária, a exemplo de uma comoção interna generalizada ou circunscrita à determinada região, provocada por atos humanos, tais como revolução, motim, greve que atinja atividades ou serviços essenciais à comunidade, que deverá ser avaliada pelo legislador, sendo certo que o reexame da mesma ficaria, em princípio, vedada ao Judiciário, por se tratar de uma atividade de natureza essencialmente política, faltando legitimidade a este último para proceder de tal maneira.

Seria possível enquadrar, nessa hipótese, a eventual manifestação do crime organizado no Estado do Rio de Janeiro, no sentido de tomar o poder, de forma anárquica, com o desprestígio das autoridades oficiais. Aliás, trata-se de hipótese não difícil de imaginar nos dias de hoje.

Neste caso, indiscutivelmente, estaríamos diante de uma grave perturbação da ordem. E, se o combate à referida manifestação de desgoverno indicasse a necessidade de se proceder a contratações urgentes, estas poderiam ser feitas diretamente, com base no art. 75, VII da Lei 14.133/21.

Por outro lado, indaga-se: não se poderia enquadrar nesse conceito jurídico indeterminado a hipótese de uma guerra entre "camelôs" e guardas municipais no Centro da Cidade. Tratar-se-ia de uma perturbação da ordem? Sim! Mas não de uma grave perturbação da ordem, de modo a autorizar a realização de contratações urgentes e, por isso, sem licitação. Neste caso, o Judiciário poderia pronunciar o descompasso da avaliação da Administração com a hipótese legal.

> Art. 75. [...]
> VIII – nos casos de emergência ou de calamidade pública, quando caracterizada urgência de atendimento de situação que possa ocasionar prejuízo ou comprometer a continuidade dos serviços públicos ou a segurança de pessoas, obras, serviços, equipamentos e outros bens, públicos ou particulares, e somente para aquisição dos bens necessários ao atendimento da situação emergencial ou calamitosa e para as parcelas de obras e serviços que possam ser concluídas no prazo máximo de 1 (um) ano, contado da data de ocorrência da emergência ou da calamidade, vedadas a prorrogação dos respectivos contratos e a recontratação de empresa já contratada com base no disposto neste inciso;

Para que a contratação emergencial seja lícita, a conclusão das obras e serviços contratados deve acontecer no praz máximo de 01 (um) ano, que são contados da ocorrência da emergência ou calamidade, terminantemente vedada a prorrogação desses contratos, bem como a recontratação da mesma empresa em procedimento licitatório futuro. Mesmo que a urgência tenha sido causada por culpa do agente público (a chamada emergência fabricada), este será diretamente responsabilizado, devendo a Administração Pública não deixar de realizar a contratação direta por conta disso, sendo estipulado pelo § 6º, do art. 75, *in verbis*:

> Art. 75. [...]
> § 6º - Para os fins do inciso VIII do *caput* deste artigo, considera-se emergencial a contratação por dispensa com objetivo de manter a continuidade do serviço público, e deverão ser observados os valores praticados pelo mercado na forma do art. 23 desta Lei e adotadas as providências necessárias para a conclusão do processo licitatório, sem prejuízo de apuração de responsabilidade dos agentes públicos que deram causa à situação emergencial.

Calamidade pública é a situação de perigo e de anormalidade social decorrente de fatos da natureza, tais como as chuvas torrenciais que provocam inundações devastadoras, deixando centenas de desabrigados, vendavais destruidores, epidemias letais, secas assoladoras e outros eventos físicos flagelantes, que afetam profundamente a segurança ou a saúde pública, os bens particulares, o transporte coletivo, a habitação ou o trabalho em geral.

O imprescindível para a caracterização dessas hipóteses, contudo, é a imprevisibilidade da necessidade que, no primeiro momento, já se mostra premente. Os casos urgentes que são motivados por desídia do administrador são tidos pela doutrina como casos de ilegalidade, devendo resultar em responsabilidade funcional do servidor.

Exemplo para isto seria um contrato administrativo de segurança de museu, por hipótese, que termina dia 30 de agosto. Assim, faltando três meses para o término do contrato, a Administração deve providenciar nova licitação para operar a segurança do museu. Mas, se ao final do contrato a Administração não houver realizado nova licitação, não há como se configurar a situação de imprevisibilidade que justifique a situação emergencial para realizar a dispensa de licitação.

Nesses casos, no entanto, o Tribunal de Contas da União firmou entendimento de que há uma situação emergencial, uma vez que o museu não pode ficar sem segurança. Como essa emergência resultou numa falta de planejamento pela Administração, haverá a contratação direta da empresa de segurança, mas também um processo administrativo para apurar a responsabilidade do servidor que deu causa à situação, posto que a omissão do servidor causou prejuízo à Administração de não fomentar a competição.

Também menciona Fernando Antônio Corrêa de Araújo, que a compra de oxigênio para um hospital, no caso de o estoque já estar finalizando, caracteriza urgência e autoriza a contratação direta, com dispensa de licitação. No entanto, dada a previsibilidade da situação, deverá ser responsabilizado o administrador pela desídia e providenciar a contratação dessa compra em tempo oportuno, de modo a causar a contratação direta, com prejuízo para o princípio da isonomia e da economicidade.

Além disso, tem destacado o Tribunal de Contas da União que é necessária a existência de algum risco de dano iminente para que se proceda à contratação direta neste caso, o que está, em verdade, implícito na ideia de urgência[129]. Valer dizer, só haverá urgência se a não contratação de um determinado serviço, obra ou compra puder motivar a ocorrência de um mal que se pretenda afastar.

Assim, o que motiva a dispensabilidade é a urgência em se restabelecer as condições mínimas para se suportar o período de transitória anormalidade. Mas, neste caso, cabe ressaltar que a anormalidade é diferente da mencionada no inciso anterior, que trata da ordem ameaçada por instabilidade das instituições públicas e democráticas, bem assim de risco à soberania nacional.

Interessante é notar que o legislador fez questão de evidenciar o que o princípio da moralidade, por si só, já aponta como sendo a melhor interpretação: somente as contratações necessárias ao atendimento da situação de anormalidade é que poderão ser dispensadas da licitação e não qualquer contratação que se venha a solicitar no período em questão.

Desse modo, em razão de um dilúvio ocorrido em uma cidade, não pode a Administração pretender dispensar a licitação para a contratação de uma obra tendente a construir uma ponte que atravessa um determinado rio. Porém, ela poderá contratar diretamente uma empresa para a compra de cobertores, colchões, alimentos etc., para saciar a necessidade dos desabrigados que tenham sido acolhidos numa escola pública, por exemplo. Só que esse contrato deve limitar-se a apenas isto, não podendo ir além. O objeto contratual só pode ser para resolver o problema de emergência, ou de calamidade, apenas.

Não obstante seja óbvia essa conclusão, é conveniente a previsão legal dessa ressalva, já que alguns administradores inescrupulosos tentam se valer dessas circunstâncias para ganhar dinheiro à custa do erário e de forma indevida. Acham que são muito inteligentes e que os encarregados da fiscalização dos atos da Administração são cegos ou indiferentes a essas burlas descaradas à legislação.

Tal prática passou a ser percebida quando começaram a surgir editais de licitação mal elaborados, completamente irregulares, com erros grosseiros, gerando impugnações de editais, mandados de segurança,

---

129 TC nº 009.248/94.

recursos com efeito suspensivo na habilitação, levando, inevitavelmente, ao cancelamento da licitação por diversos motivos. Assim, com aquele "jeitinho brasileiro" já conhecido, livrava-se do processo administrativo o servidor que produziu a emergência por omissão.

A propósito, um remédio contra essa prática foi criado pelas Procuradorias do Município do Rio de Janeiro e do Estado do Rio de Janeiro. Com editais padrões, publicados em Diário Oficial, os órgãos do Estado e do Município são obrigados a adotá-los, evitando essas irregularidades, que acabariam fomentando a contratação emergencial.

O que mencionamos anteriormente conhece-se pela doutrina como "emergência fabricada", ou seja, aquela que é consequência de uma ação dolosa ou culposa do administrador, seja por ausência de planejamento, por desídia administrativa ou mau uso dos recursos públicos. Repise-se que, aqui, é o próprio agente público que cria, que fabrica a situação de emergência. Trazendo exemplo contundente e o entendimento do Tribunal de Constas da União, Renério de Castro Júnior, citando Matheus Carvalho, ensina que:

> "Por exemplo, imagine que o contrato de prestação de serviços de limpeza de um hospital expirou simplesmente porque o responsável esqueceu que era preciso fazer a renovação. Ora, a urgência no atendimento e o risco para a saúde das pessoas são claro neste caso. Ocorre que a situação emergencial só ocorreu em razão da desídia administrativa.

> A ampla maioria da doutrina e o atual entendimento do TCU admitem que a licitação seja dispensada em caso de emergência fabricada. Assim, a principal consequência prática dessa circunstância é que os responsáveis pela "fabricação" devem ser punidos, após regular apuração em processo administrativo, assegurando-lhes o contraditório e a ampla defesa.

> Nesse sentido, o TCU entende que a atuação não distingue a emergência real, resultante do imprevisível, daquela resultante da incúria ou inércia administrativa, sendo sabível, em ambas as hipóteses, a contratação direta, desde que devidamente caracterizada a urgência de atendimento à situação que possa ocasionar prejuízo ou comprometer a segurança das pessoas, equipamentos e outros bens, públicos ou particulares (Acórdão 1.876/07 – Plenário TCU)".

Na lei anterior, art.º 24, IV, Lei 8.666/93 – O prazo máximo do contrato será de 180 dias. No entanto, de acordo com o art. 75, VIII, pela Lei 14.133/21, o prazo máximo será de um ano.

Calamidade pública é a situação de perigo e de anormalidade social decorrente de fatos da natureza, tais como as chuvas torrenciais que provocam inundações devastadoras, deixando centenas de desabrigados, vendavais destruidores, epidemias letais, secas assoladoras e outros eventos físicos flagelantes, que afetam profundamente a segurança ou a saúde pública, os bens particulares, o transporte coletivo, a habitação ou o trabalho em geral.

O imprescindível para a caracterização dessas hipóteses, contudo, é a imprevisibilidade da necessidade que, no primeiro momento, já se mostra premente. Os casos urgentes que são motivados por desídia do administrador são tidos pela doutrina como casos de ilegalidade, devendo resultar em responsabilidade funcional e criminal de acordo com a recente lei.

Hipoteticamente, a compra de oxigênio para um hospital, no caso de o estoque já estar finalizando, caracteriza urgência e autoriza a contratação direta, com dispensa de licitação. A nova Lei admite, nessa hipótese, contratação direta, em homenagem ao princípio da continuidade ou manutenção do serviço público.

Nesse caso, no entanto, o Tribunal de Contas da União firmou entendimento de que há uma situação emergencial, uma vez que o hospital não pode ficar sem oxigênio. Como essa emergência resultou numa falta de planejamento pela Administração, haverá a contratação direta da empresa de segurança, para homenagear a continuidade ou manutenção do serviço público, evitando, assim, causar transtorno à comunidade. Além disso, tem destacado o Tribunal de Contas da União–TCU que é necessária a existência de algum risco de dano iminente para que se proceda à contratação direta neste caso, o que está, em verdade, implícito na ideia de urgência.

Merece destaque a justificativa pela escolha do executante bem como a justificativa do preço, fundamento que não pode ser esquecido e de suma importância.

Observe com atenção, que, a lei sancionada, veda "terminantemente" a prorrogação do contrato, entabulado perante a empresa que já realizou a contratação, assim, defeso é a recontratação.

Registre-se, por oportuno, que há uma novidade na nova lei, ou seja, a data limite do contrato não é mais de 180 dias, como acontecia na Lei 8.666/93, passando a ser de um ano. No entanto, há vedação expressa na nova lei, quanto à Administração Pública ajustar com a empresa já contratada a prorrogação do contrato, porém, nada impedindo nova contratação com outro terceiro.

Há de ser observar, no entanto, que dispensa por licitação deserta, isto é, aquela em que não aparece nenhum interessado e, de regra, faz-se necessária nova licitação (alínea "a", do inciso III, do art. 75, da Lei 14.133/21), não é sinônimo de licitação fracassada ou frustrada, caracterizada por ser aquela em que, ao contrário, todos os licitantes comparecem, mas não sobrevivem ao procedimento em virtude de serem todos inabilitados ou, depois da fase de habilitação, suas propostas terem sido desclassificadas porque os preços eram superfaturados ou porque estavam subfaturados, ou seja, colocaram o preço lá embaixo para ganhar (mas o órgão licitante sabe que eles não vão sustentar aqueles preços). Nesse quadro, a licitação é fracassada devido à desclassificação de todas as propostas, por incompatibilidade com o orçamento realizado pelo ente estatal, autorizando então que se faça uma contratação direta por meio de dispensa, conforme a alínea "b", do inciso III, do art. 75 da Lei 14.133/21, senão vejamos:

> Art. 75. [...]
> III - para contratação que mantenha todas as condições definidas em edital de licitação realizada há menos de 1 (um) ano, quando se verificar que naquela licitação:
> a) não surgiram licitantes interessados ou não foram apresentadas propostas válidas;
> b) as propostas apresentadas consignaram preços manifestamente superiores aos praticados no mercado ou incompatíveis com os fixados pelos órgãos oficiais competentes;

Nesse bojo houve uma ligeira embora considerável inovação da Lei 14.133/21, em relação à sua anterior (Lei 8.666/93), cujo regramento previa que a possibilidade de uma dispensa só ocorreria caso a Administração fosse capaz de justificar que uma nova licitação prejudicaria o interesse público, critério este ignorado pela nova Lei. Por este motivo, devemos acompanhar a jurisprudência da Corte Superior e decisões do Tribunal de Contas da União para averiguar se essa mudança será bem recebida ou se a contratação direta voltará a ser moralizada, reiterando-se a necessidade de algum demonstrativo de prejuízo ao interesse público com a renovação do procedimento licitatório.

No que concerne aos requisitos da licitação deserta, são eles:

- Ausência de interessados na licitação anterior;
- Manutenção das condições preestabelecidas: cujo propósito é se evitar a violação dos princípios da moralidade e impessoalidade, visto que uma alteração substancial dos condicionantes anteriormente firmados em licitação pregressa poderia atrair o interesse de licitantes, exigindo assim que uma nova licitação se perfizesse.

Repare que duas hipóteses podem justificar a urgência na contratação: em primeiro lugar, a impossibilidade de espera pela conclusão de um novo procedimento licitatório, já que a demora imporia à Administração um prejuízo superior ao que seria possivelmente suportado pela realização do certame; em segundo lugar, pode ser que não haja verba orçamentária suficiente para fazer frente às despesas com uma nova licitação. Mas essa última hipótese não caracteriza a dispensa em razão da urgência, mas sim em nome da própria economicidade. Não obstante, foi aqui tratada por estar prevista no mesmo inciso I, que pode ser analisado neste tópico.

Esclareça-se, contudo, que a licitação somente poderá ser legitimamente dispensada se a contratação direta for realizada nas mesmas condições previstas no edital da convocação para a licitação. Isto para que não sejam elaborados editais sem qualquer possibilidade de chamar a atenção de contratados em potencial, de modo a, mudando as condições para melhor, realizar-se uma contratação direta em desprestígio do princípio da licitação.

> Art. 24. [...]
>
> VII – quando as propostas apresentadas consignarem preços manifestamente superiores aos praticados no mercado nacional, ou forem incompatíveis com os fixados pelos órgãos oficiais competentes, casos em que, observado o parágrafo único do art. 48 desta lei e, persistindo a situação, será admitida a adjudicação direta dos bens ou serviços, por valor não superior ao constante do registro de preços, ou dos serviços;

Essa hipótese também justifica a contratação com dispensa de licitação, desde que a Administração não possa prescindir do objeto licitado. Daí se incluir o inciso VII do art. 24 no rol de situações motivadas pela urgência na contratação.[130]

Repare que o legislador impôs, em primeiro lugar, como medida adequada e prévia à contratação direta, a reabertura do prazo de 8 (oito) dias para que os licitantes reapresentem propostas compatíveis com os preços praticados no mercado nacional. Somente se não adiantar essa medida, em razão de manutenção do descompasso anteriormente notado, é que poderá a Administração adjudicar o contrato sem a licitação.

No entanto, colocou o legislador um limite à Administração: a contratação direta deverá ser realizada pelo preço limite constante do cadastro de fornecedores, sob pena de restar violada a regra legal. E, no caso de não haver quem concorde com tais preços, não poderá a Administração contratar.[131]

Fazemos aqui uma observação. Esse inciso do art. 24 da Lei em análise está intimamente ligado à licitação fracassada, pois dispensada é a licitação, permitindo a contratação direta com base no preço de mercado, sem superfaturamento Notemos que, no caso de subfaturamento na proposta, hipótese em que a licitação é fracassada porque todo mundo jogou o preço lá embaixo, como diz o art. 48, § 1º – "preços manifestamente inexequíveis" –, não tem jeito, realiza-se nova licitação.

Então, como ocorre a adjudicação nestes casos? Quando a licitação encerra, decretando-a fracassada, contratando a Administração com dispensa de licitação, cabendo salientar que para esta dispensa, tem que se observar as formalidades do art. 72 da Lei 14.133/21.

A propósito, em matéria de licitação, esse inciso é o maior mecanismo legal para se atacar o superfaturamento, embora a Administração Pública, infelizmente, dele não faça uso, uma vez que, se todos os preços estão superfaturados, a Administração devolve as propostas aos licitantes para que novas sejam apresentadas (aí, até quem não apresentou proposta poderá fazê-la); se o superfaturamento persistir, a contratação, então, será feita diretamente com o primeiro que aparecer, com preços de mercado. Como se vê, a Administração Pública tem essa arma na mão, que é o inciso VII do art. 24 (art. 75, III, "b", da Lei 14.133/21), caso os licitantes não apresentem propostas viáveis.

Forçoso é admitir, no entanto, que o Poder Público não utiliza esse mecanismo porque poucos são os fornecedores que querem contratar com a Administração Pública, visto que ela não paga pontualmente, demorando três, quatro, cinco ou mais meses, gerando enormes prejuízos para a empresa, razão pela qual embute na proposta está expectativa de atraso, fato que já se tornou rotineiro em matéria de Administração.

---

130 Neste sentido é a lição do professor Jorge Ulisses Jacoby FERNANDES, *op. cit.*, p. 337.
131 *Ibidem*, p. 341.

E isto é fácil constatar: as empresas têm preços diferenciados para vender para o particular e outro para vender à Administração. O Rio de Janeiro, por exemplo, dentre os entes da Federação, é o Estado que apresenta o maior atraso no pagamento, em matéria de licitação. Os empresários, por sua vez, embora tenham mecanismos para compelir a Administração a pagá-los, não rompem com o governo com o receio de serem prejudicados, eventualmente, numa futura licitação. Só que isto não existe: o particular não pode sofrer nenhuma sanção, pois seria altamente irregular e ilegal, tendo o Poder Judiciário competência para avaliar tal comportamento da Administração Pública, no caso de o particular sofrer alguma sanção, que pode, inclusive, cobrar judicialmente os atrasados.

Outro ponto a se chamar a atenção é o seguinte: a prestação de serviço público é diferente do contrato de fornecimento de mercadorias, de construção, de obras. Então, cuidado! A Administração Pública não está obrigada a dar nova oportunidade para que novas propostas sejam apresentadas naquele caso. Isto é faculdade da Administração, podendo ela desclassificar, isto sim, todos os candidatos que exorbitaram do preço previsto no edital para aquele fim, cabendo a contratação direta sem precisar fazer uma nova licitação. Sem dúvida, este é o mecanismo mais eficaz para matar a formação de cartéis ou o superfaturamento.

Portanto, quanto ao preço superfaturado, permite a lei contratação direta, desde que os preços não sejam superiores àqueles fixados no sistema de registro de preços, já que é dada publicidade ampla ao registro de preços.

Registre-se, por fim, que são duas as possíveis *motivações* para essa contratação direta: a incompatibilidade dos preços apresentados com os praticados no mercado ou com os constantes dos referidos registros. Se for compatível com um e não o for com outro, não poderá a Administração prosseguir com o procedimento e adjudicar o contrato a quem tenha oferecido a proposta menos desvantajosa. Deverá conceder o prazo de 08 (oito) dias para o ajuste e, em se mantendo a situação, efetivar a contratação direta, observada a condição antes mencionada.

No inciso VI, alínea "e", do art. 75 da Lei em comento, o legislador também condicionou a dispensa de licitação à impossibilidade de espera da conclusão de procedimento licitatório regular, ao dispor que, para a compra de "hortifrutigranjeiros, pães e outros gêneros perecíveis, no período necessário para a realização dos processos licitatórios correspondentes, hipótese em que a contratação será realizada diretamente com base no preço do dia". Nestes casos, como se trata da compra de produtos perecíveis, pressupôs-se que ocorreriam várias aquisições sucessivas pelo preço do dia, com a dispensa de licitação, até que o procedimento devido seja concluído.

Art. 75. [...]

IV – para contratação que tenha por objeto:

g) materiais de uso das Forças Armadas, com exceção de materiais de uso pessoal e administrativo, quando houver necessidade de manter a padronização requerida pela estrutura de apoio logístico dos meios navais, aéreos e terrestres, mediante autorização por ato do comandante da força militar;

h) bens e serviços para atendimento dos contingentes militares das forças singulares brasileiras empregadas em operações de paz no exterior, hipótese em que a contratação deverá ser justificada quanto ao preço e à escolha do fornecedor ou executante e ratificada pelo comandante da força militar;

i) abastecimento ou suprimento de efetivos militares em estada eventual de curta duração em portos, aeroportos ou localidades diferentes de suas sedes, por motivo de movimentação operacional ou de adestramento.

Esta é a última hipótese prevista na legislação de dispensa de licitação em razão da urgência em se adquirir bens ou serviços pela Administração Pública. Neste caso, a aquisição também se torna urgente, sem a possibilidade de se esperar a conclusão de um procedimento licitatório, pelo fato de que a estada da tropa, do navio (ou outra embarcação) ou da aeronave no local em que se encontra será curta e eventual.

Quando a lei fala em eventualidade, diz com a imprevisibilidade de que necessitaria estar naquele local com esta ou aquela necessidade de satisfação inadiável. Do contrário, seria de se agir com diligência e previamente prover meios de evitar a necessidade premente que justifica a dispensa.

Exemplo que podemos dar para isto é o caso de vazamento de combustível de um navio, que faria apenas uma rápida escala num determinado país. Tal fato justificaria a dispensa de licitação para a aquisição daquele bem, quando houvesse prazo determinado para que o navio chegar ao local de destino e a espera pela conclusão do procedimento licitatório inviabilizasse o cumprimento desse prazo. Outra hipótese possível de se imaginar é o perecimento precoce dos alimentos destinados à tripulação de um navio que passaria meses viajando. Neste caso, justificada está a aquisição sem licitação de gêneros alimentícios para saciar a fome dos tripulantes, que não podem ficar debilitados.

Ressalve-se que a aquisição direta dos bens ou serviços é apenas para aqueles que se prestam a satisfazer às necessidades prementes, não abrangendo outras aquisições que não guardem relação direta com essas necessidades.

Por fim, é de se ver que o legislador estipulou um limite de valor para a aquisição direta neste caso que, salvo ter sido atualizado, era de cento e setenta e seis mil reais.

11.3. Por outros motivos convenientes

Reunidas estão neste tópico as demais hipóteses legais de licitação dispensável não enquadradas nos critérios anteriores, que são de naturezas variadas, como segurança nacional, regulação da economia etc.

Assim, está previsto no art. 75, X, da Lei 14.133/21, que a licitação é dispensada "quando a União tiver de intervir no domínio econômico para regular preços ou normalizar o abastecimento".

Aqui, deve-se ter em mente que a menção exclusivamente à União decorre do fato de que a Constituição reservou à esfera federal a intervenção na economia, facultando fosse feita, de acordo com jurisprudência do Supremo Tribunal Federal, por meio de regulação de preços e também para normalizar o abastecimento.

A licitação nestes casos não faria qualquer sentido, visto que a Administração, nestes casos, não está objetivando a aquisição ou a alienação de bens para satisfazer a uma necessidade institucional. Essa atuação não está preocupada com a economicidade de que tratamos no início desta parte do estudo, mas sim com um aumento na oferta de produtos escassos, por exemplo, para diminuir, com base na lei da oferta e da demanda, os preços praticados abusivamente no mercado.[132]

Repise-se que nesse cenário, devido ao fato de a vantagem econômica não ser a finalidade da contratação, por isso é que não há como se analisar a melhor proposta. No entanto, o Supremo Tribunal Federal, pautando-se na Teoria da Responsabilidade Objetiva do Estado, firmou entendimento de que será gerado direito à indenização à empresa que sofrer danos em virtude de intervenção Estado na economia que realizou congelamento de preços por meio de plano econômico, observe a decisão:

> Ementa: AGRAVO REGIMENTAL NO RECURSO EXTRAORDINÁRIO. ADMINISTRATIVO. INTERVENÇÃO DO ESTADO NO DOMÍNIO ECONÔMICO. RESPONSABILIDADE OBJETIVA DO ESTADO. FIXAÇÃO PELO PODER EXECUTIVO DOS PREÇOS DOS PRODUTOS DERIVADOS DA CANA-DE-AÇÚCAR ABAIXO DO PREÇO DE CUSTO. DANO MATERIAL. INDENIZAÇÃO CABÍVEL.
>
> [...]
>
> 3. O Supremo Tribunal Federal firmou a orientação no sentido de que "a desobediência aos próprios termos da política econômica estadual desenvolvida, gerando danos patrimoniais aos agentes econômicos envolvidos, são fatores que acarretam insegurança e instabilidade, desfavoráveis à coletividade e, em última análise, ao próprio consumidor." (RE 422.941, Rel. Min. Carlos Velloso, 2ª Turma, DJ de 24/03/2006).
>
> 4. In casu, o acórdão recorrido assentou: ADMINISTRATIVO. LEI 4.870/65. SETOR SUCROALCOOLEIRO. FIXAÇÃO DE PREÇOS PELO INSTITUTO DO AÇÚCAR E DO ÁLCOOL – IAA. LEVANTAMENTO DE CUSTOS, CONSIDERANDO-SE A PRODUTIVIDADE MÍNIMA. PARECER DA FUNDAÇÃO GETÚLIO VARGAS – FGV. DIFERENÇA ENTRE PREÇOS E CUSTOS. 1. Ressalvado o entendimento deste Relator sobre a matéria. A jurisprudência do STJ se firmou no sentido de ser devida a indenização,

---

132 Neste sentido é a lição do professor Marçal JUSTEN FILHO. *Comentários...*, *op. cit.*, p. 244.

pelo Estado, decorrente de intervenção nos preços praticados pelas empresas do setor sucroalcooleiro. 2. Recurso Especial provido.

5. Agravo Regimental a que se nega provimento. (STF, RE 648.622 AgR, Primeira Turma, Rel. Min. LUIZ FUX).

(***)

Art. 75. [...]

IX - para a aquisição, por pessoa jurídica de direito público interno, de bens produzidos ou serviços prestados por órgão ou entidade que integrem a Administração Pública e que tenham sido criados para esse fim específico, desde que o preço contratado seja compatível com o praticado no mercado;

Tal hipótese de dispensa apenas será usada para contratações de entes da Administração Indireta que forem criados especialmente com o fim de contratar com o poder público. Importante destacar que sob a Lei 8.666/93 havia a exigência de que o órgão ou entidade contratado fosse criado em data anterior à vigência da Lei 8.666/93, mas agora na nova Lei esse quesito não mais subsiste, bastando que o órgão ou entidade seja criado com este fim específico. Em tempo, o STF em 2021 entendeu que os Correios podem ser contratados para a prestação de serviço de logística com amparo nesse inciso, entenda através da ementa infra:

Agravo regimental em mandado de segurança. 2. Tribunal de Contas da União. 3. Empresa Brasileira de Correios e Telégrafos. Peculiaridades dos serviços prestados seja em regime de privilégio seja em concorrência com particulares. Regime especial. Precedentes do STF. 4. Contratação direta pela Administração Pública para prestação de serviços de logística. Dispensa de licitação. Preenchimento dos requisitos previstos no art. 24, VIII, da Lei 8.666/93. Possibilidade. 5. Ausência de argumentos capazes de infirmar a decisão agravada. 6. Agravo regimental desprovido. (STF, MS 34.939 AgR, Segunda Turma, Rel. Min. GILMAR MENDES).

A Empresa Brasileira de Correios e Telégrafos, sem sombra de dúvida, completam em si todos os critérios legais necessários e autorizadores de sua contratação direta, levando em consideração terem sido criados antes da Lei 8.666/93 para a prestação de serviços postais, nos quais comportam os serviços de logística integrada. Desse modo, com mais razão, essa contratação permanece sendo regular na Lei 14.144/21.

No que respeita ao inciso acima transcrito, registre-se, em primeiro lugar, que somente a Administração direta, as autarquias e fundações públicas de direito público estão abrangidas por esse dispositivo legal, visto que as outras espécies integrantes da Administração Pública, empresas públicas e sociedades de economia mista (inclusive as fundações públicas legítimas), têm personalidade jurídica de direito privado.

Em segundo lugar, devemos notar que os bens ou serviços a serem adquiridos podem ser fornecidos ou prestados por qualquer espécie de pessoa jurídica, seja de direito público ou privado, desde que integre a Administração Pública e tenha sido criada antes da promulgação da Lei nº 8.666, em 21 de junho de 1993, para esse fim específico.

Não se pode esquecer, entretanto, que esse dispositivo só será aplicado para casos em que o produto ou serviço puder ser prestado por entes da Administração Pública em concorrência com outros da mesma natureza ou empresas privadas. Não se aplicará o caso de dispensa de licitação em análise quando o serviço, por exemplo, for monopólio da União, visto que, neste caso, há a impossibilidade de competição e, em sendo assim, o caso será de inexigibilidade de licitação, e não de dispensa (art. 74 da Lei 14.133/21).

As publicações oficiais, por exemplo, são constantemente contratadas com a Imprensa Nacional com base neste dispositivo legal. Mas, dado o fato de que só podem ser prestados esses serviços por aquela pessoa administrativa, não há possibilidade de competição; portanto, o mais correto seria a contratação direta em razão da inexigibilidade.

Para exemplificar, suponhamos que o Estado do Rio de Janeiro queira contratar um serviço para o qual tem uma estatal que presta tal serviço, como, por exemplo, a produção de formulários padronizados para a

Polícia Militar na aplicação de multas. Então, tendo o Estado do Rio criado uma empresa pública para fins de impressão no Diário Oficial, quando ele necessitar de serviços gráficos poderá haver contratar diretamente com aquela estatal, sem submeter à licitação junto com as demais empresas do ramo? Sim, porque esta estatal foi criada com esta finalidade, ou seja, para impressões oficiais. E esta resposta se encontra não só no inciso VIII do art. 24, que permite que as pessoas de direito público possam contratar diretamente com uma empresa estatal cujo fim seja específico, mas também no inciso XVI do mesmo artigo, como observaremos mais adiante.

Note-se, assim, que a estatal, neste caso, está como *contratada* e não como *contratante*, pois, como tal, ela estaria obrigada a licitar na atividade-meio; mas, na atividade-fim, não é obrigatória a licitação.

Importante é destacar, também, que a empresa estatal tem que ser criada pelo próprio ente da Federação. Assim, o Município do Rio de Janeiro, por exemplo, não poderá contratar diretamente com a empresa estatal criada pelo Estado do Rio de Janeiro. A licitação, portanto, será obrigatória para o Município, podendo dela participar empresas públicas federais, estaduais e demais particulares.

Nesse passo, há de se salientar que além de termos empresas estatais que prestam serviços públicos, temos também as que exercem atividades econômicas. Estas, diferentemente daquelas, terão o mesmo tratamento dado às empresas privadas, conforme preconiza o art. 173, § 1º, da Constituição da República. Desse modo, a licitação será obrigatória no caso de a estatal desempenhar atividade econômica.

Fato é que a licitação será dispensada nos casos onde houver prestação de serviço público. Do contrário, haverá ilegalidade e, para melhor ilustrar, damos como exemplo o caso do Estado de São Paulo que, para colocar sua frota de veículos no seguro, contratou diretamente com a BANESPA-Seguradora (subsidiária do BANESPA). Neste caso, o administrador deveria ter aberto licitação para que todas as empresas privadas do gênero participassem do certame, inclusive a própria BANESPA-Seguradora, posto que o serviço de seguros é uma atividade econômica como outra qualquer. Afrontou, assim, os ditames constitucionais.

Registre-se, por fim, que os preços praticados deverão ser compatíveis com os do mercado, sob pena de inviabilizar-se a contratação. Aliás, isso só reforça o que dissemos antes, pois que, ao nos referirmos a mercado, consideramos necessariamente a possibilidade de competição, o que afasta as hipóteses acima referidas dessa disciplina ora analisada.

Continuando a análise das hipóteses de dispensabilidade, também a previu o legislador "para contratação que possa acarretar comprometimento da segurança nacional, nos casos estabelecidos pelo Ministro de Estado da Defesa, mediante demanda dos comandos das Forças Armadas ou dos demais ministérios" (art. 75, VI, da Lei 14.133/21). Isto porque a aquisição de material bélico, por exemplo, ou outros bens ou serviços que se revelem importantes para o Ministério da Defesa, que cuida da segurança nacional por meio da Marinha, do Exército e da Aeronáutica, não deve ser conhecida do público. Trata-se de exceção ao princípio da publicidade, bastante justificável, por sinal.

Nesse contexto, como se poderia falar em licitação, se é vedada a publicidade dos atos da Administração que, a juízo da autoridade maior, o Presidente da República, ouvido o Conselho de Defesa Nacional, interessam à segurança do País?

A dispensa de licitação, na verdade, será definida de acordo com os critérios fixados em decreto presidencial, dotado de generalidade e abstração. Falamos de um decreto regulamentar, de modo que não haverá a análise da Presidência da República em casos concretos, para cada aquisição que puder interessar à segurança nacional.[133]

A segurança nacional, bem sabemos, não pode sofrer ameaça em nome do processo licitatório, visto não ser a licitação um fim em si mesmo, mas somente um meio para atender o interesse público. Em razão disso, a Política Nacional de Segurança da Informação (Decreto nº 2.295/97), modificado pelo Decreto nº 10.631/21, passou a regular acerca da dispensa de licitação em casos passíveis de comprometimento da segurança nacional, *in verbis*:

---

133 PEREIRA JÚNIOR, *op. cit.*, p. 276.

Art. 1º - Ficam dispensadas de licitação as compras e contratações de obras ou serviços quando a revelação de sua localização, necessidade, característica de seu objeto, especificação ou quantidade coloque em risco objetivos da segurança nacional, e forem relativas a:

I - aquisição de recursos bélicos navais, terrestres e aeroespaciais;

II - contratação de serviços técnicos especializados na área de projetos, pesquisas e desenvolvimento científico e tecnológico;

III - aquisição de equipamentos e contratação de serviços técnicos especializados para as áreas de:

a) inteligência;

b) segurança da informação;

c) segurança cibernética;

d) segurança das comunicações; e

e) defesa cibernética; e

IV - lançamento de veículos espaciais e respectiva contratação de bens e serviços da União para a sua operacionalização.

Parágrafo único. As dispensas de licitação serão necessariamente justificadas, notadamente quanto ao preço e à escolha do fornecedor ou executante, cabendo sua ratificação ao titular da pasta ou órgão que tenha prerrogativa de Ministro de Estado.

Art. 2º Outros casos que possam comprometer a segurança nacional, não previstos no art. 1º deste Decreto, serão submetidos à apreciação do Conselho de Defesa Nacional, para o fim de dispensa de licitação.

A propósito, essa hipótese de licitação dispensável ficou famosa com o Projeto SIVAM (Sistema de Vigilância da Amazônia), um programa criado no final da década de 90 cujo objetivo seria, na prática, monitorar as áreas do Estado do Amazonas, além de vigiar suas fronteiras com países vizinhos, utilizando-se do que há de mais avançado no campo da tecnologia da informação, com satélites, aviões e todo um aparato informacional. Para tanto, equipamentos seriam instalados mediante a compra de um pacote fechado de tecnologia, incluindo, por exemplo, tecnologias de sensoriamento remoto e de monitoramento ambiental, já disponíveis e desenvolvidas no Brasil.

Assim, do ponto de vista do Direito Administrativo, esse projeto representaria a aquisição de um conjunto de bens – radares e equipamentos correlatos – e prestação de serviços técnico-profissionais, de instalação e funcionamento na Amazônia Legal, a fim de rastrear voos comerciais e militares, sobretudo em razão da zona fronteiriça com a Colômbia – quentíssima, por sinal –, por onde traficantes de armas, o tráfico de entorpecentes, garimpeiros ilegais, têm fácil acesso ao País. Daí o então Presidente da República, José Sarney, emitiu decreto dizendo que a licitação para aquelas aquisições é dispensável, quando previamente aprovado pelo Conselho de Segurança Nacional.

Fácil é, portanto, chegar-se à conclusão do motivo de tal proceder, pois, afinal, se houver a publicação do edital para a compra de radares a serem instalados em tal lugar, de tal tamanho, com potência tal que possam detectar objetos no solo e no ar, evidentemente estar-se-ia avisando publicamente não só aos fabricantes e fornecedores, mas também aos traficantes, que tentariam escapar desse controle. Então, neste caso, a publicidade é um mau negócio; por isso, a licitação foi dispensada.

Há de se ressaltar, entretanto, que em todos os casos de dispensa ou inexigibilidade de licitação, instaura-se um processo de controle da legalidade e da economicidade da decisão adotada. E isto não é feito por pura vontade da autoridade competente, mas pelo que expressa o art. 72 da Lei 14.133/21, que vale para ambos os institutos.

Refere-se o *caput* do art. 72 da Lei de Licitações, com nova redação dada pela Lei nº 11.107, de 2005, às hipóteses previstas no inciso III e seguintes do art. 24, aos casos de dispensa de licitação expressos nos §§ 2º, 2º-A e 4º do art. 17, bem como às situações de inexigibilidade referidas no art. 25 e no caso de retardamento previsto no final do parágrafo único do art. 8º desta Lei[134], quando houver insuficiência financeira ou comprovado motivo de ordem técnica, devendo todos os casos ser devidamente justificados em despacho circunstanciado da autoridade competente.

Isso significa, portanto, que tem que ser instaurado processo legislativo de controle quando a disputa é possível, provando a situação que levou à licitação dispensável à autoridade competente. Esta, por sua vez, colherá propostas, não em licitação pública, mas as colherá para demonstrar a aquisição de bem e do serviço a preço de mercado. No caso do Projeto SIVAM, foi o que a União fez. Houve delegação de competência do Presidente da República a determinado Ministro que, reservadamente, oficiou os pedidos para o mundo inteiro, a empresas europeias e americanas, que fizeram suas propostas.

Apenas a título conclusivo, há de se registrar que tal procedimento gerou um problema: por serem as aquisições para tal projeto consideradas caso raro no Brasil, o contrato foi firmado com uma empresa americana, notadamente reconhecida como mais desenvolvida tecnologicamente para o fornecimento daqueles equipamentos, e cuja proposta se encaixava dentro daquilo que as autoridades competentes pretendiam. Porém, um grupo de empresas europeias contestou a decisão, indo ao Congresso Nacional questionar a quebra do princípio da isonomia, alegando ter sido beneficiada indevidamente, pelas características, aquela empresa americana, privilegiando-a. E muito rapidamente, por decreto legislativo, o Congresso Nacional sustou a execução do contrato administrativo, já firmado pela União, para aquisição desses equipamentos com a empresa americana.

Art. 74, Lei 14.133/21. É inexigível a licitação quando inviável a competição, em especial nos casos de:

V - aquisição ou locação de imóvel cujas características de instalações e de localização tornem necessária sua escolha.

§ 5º Nas contratações com fundamento no inciso V do *caput* deste artigo, devem ser observados os seguintes requisitos:

I - avaliação prévia do bem, do seu estado de conservação, dos custos de adaptações, quando imprescindíveis às necessidades de utilização, e do prazo de amortização dos investimentos;

II - certificação da inexistência de imóveis públicos vagos e disponíveis que atendam ao objeto;

III - justificativas que demonstrem a singularidade do imóvel a ser comprado ou locado pela Administração e que evidenciem vantagem para ela.

Neste caso, não é qualquer compra ou locação de imóvel que justificaria a inexigibilidade da licitação. Na verdade, somente quando se revelar conveniente à qualidade do serviço é que se poderá dispensar a locação ou compra de imóvel do procedimento licitatório. O importante é que a localização do imóvel, na dicção do texto legal, condicione a sua escolha para abrigar esse ou aquele serviço público.

Na feliz síntese do professor Jessé Torres Pereira Júnior, "o que a lei declara neste inciso, restritivamente, é a dispensabilidade da licitação quando o serviço demandar necessidades especiais de instalação e localização".[135]

Desse modo, a aquisição de um prédio para funcionar a procuradoria de determinada entidade federativa, por exemplo, ao nosso sentir, poderia ser contratada nestes moldes, já que é muito bom que ela esteja localizada próximo ao foro onde os profissionais desempenharam suas funções. Poder-se-ia, então, questionar no sentido de que existiriam muitos imóveis localizados próximo ao foro central da Cidade. Então, o que justificaria a escolha de um dentre tantos? E aí se responde com outra pergunta: e as características do imóvel

---

134 Com as alterações feitas pela Lei nº 11.107, de 2005, o retardamento previsto nesse dispositivo deverá ser comunicado, dentro de três dias, para ser ratificado e publicado na imprensa oficial, no prazo de cinco dias, assim prevê o parágrafo único do art. 8º da Lei nº 8.666/93:

Parágrafo único. É proibido o retardamento imotivado da execução de obra ou serviço, ou de suas parcelas, se existente previsão orçamentária para sua execução total, salvo insuficiência financeira ou comprovado motivo de ordem técnica, justificados em despacho circunstanciado da autoridade a que se refere o art. 26 desta Lei. (Incluído pela Lei nº 8.883, de 1994).

135 PEREIRA JÚNIOR, *op. cit.*, p. 277.

não são importantes? Será que todos os imóveis que possuem características semelhantes e adequadas para o caso estão disponíveis?

São esses questionamentos que o administrador deverá enfrentar para proceder à correta e adequada contratação, com ou sem licitação. E só no caso concreto deverá encontrar a resposta. Em tese, não dá para formular mais do que já foi dito pelo legislador.

Imaginemos, por outro lado, a aquisição de um terreno para a construção de um aeroporto. Seria adequada a aquisição do bem em qualquer localidade? Um terreno envolvido por prédios enormes seria adequado para este serviço? E num local extremamente afastado do centro da cidade, se seria um aeroporto comercial para voos internos, interligando cidades importantes do País? E o tamanho, o relevo, ...?

Para o caso de inexistir imóvel com características satisfatórias, a Administração deverá recorrer ao procedimento expropriatório, de acordo com as regras fixadas no Decreto-Lei nº 3.365/41.

Note-se, assim, que alguns da nova lei contemplam hipóteses de inexigibilidade oculta, sendo esta, sobre a compra e alienação de imóvel, o maior flagrante disto, embora esteja no rol de dispensa. E isto é complicado, sobretudo em prova de múltipla escolha. Se esta hipótese se apresentar como única viável de inexigibilidade, deve-se marcá-la, pois, em tese, é hipótese de inexigibilidade. Portanto, deve-se ter muito cuidado para marcar a alternativa correta.

Art. 90, Lei 14.133/21. [...]

§ 2º - Será facultado à Administração, quando o convocado não assinar o termo de contrato ou não aceitar ou não retirar o instrumento equivalente no prazo e nas condições estabelecidas, convocar os licitantes remanescentes, na ordem de classificação, para a celebração do contrato nas condições propostas pelo licitante vencedor.

[...]

§ 4º - Na hipótese de nenhum dos licitantes aceitar a contratação nos termos do § 2º deste artigo, a Administração, observados o valor estimado e sua eventual atualização nos termos do edital, poderá:

I - convocar os licitantes remanescentes para negociação, na ordem de classificação, com vistas à obtenção de preço melhor, mesmo que acima do preço do adjudicatário;

II - adjudicar e celebrar o contrato nas condições ofertadas pelos licitantes remanescentes, atendida a ordem classificatória, quando frustrada a negociação de melhor condição.

[...]

§ 7º - Será facultada à Administração a convocação dos demais licitantes classificados para a contratação de remanescente de obra, de serviço ou de fornecimento em consequência de rescisão contratual, observados os mesmos critérios estabelecidos nos §§ 2º e 4º deste artigo.

A situação aventada pelo legislador diz respeito à rescisão de um contrato cuja execução já tenha se iniciado. Para que não se tenha prejuízo para a continuidade do serviço público, autoriza-se a contratação direta para que o competidor que tenha ficado na ordem de classificação imediatamente atrás do vencedor tenha a oportunidade de assumir a obra, o serviço ou o fornecimento.

Repare que, no caso da compra, pressupõe-se o fornecimento, por um determinado período, dos bens contratados. Não se aplica essa regra àquelas aquisições estanques, que se encerram logo na oportunidade da primeira e única entrega do objeto à Administração. Isto pelo fato de não se pode falar em continuidade do cumprimento do contrato nessa outra hipótese.

A condição imposta pela lei para que se proceda de tal maneira, na hipótese de rescisão do contrato com o primeiro colocado no certame, é que o segundo, o terceiro ou aquele que vier a substituí-lo, sempre observada a ordem de classificação, aceite as mesmas condições ofertadas pelo que se desvinculou da obrigação. O preço deverá ser o mesmo, mas admitindo-se a correção do mesmo para o caso de ter havido corrosão do valor aquisitivo da moeda pela inflação.

Destaque-se que não importa o motivo da rescisão contratual. Poderá ser ela consensual, litigiosa, por culpa da Administração ou do contratado[136]. Isto se afirmar pelo fato de a Lei não distinguir e, ainda, por não fazer diferença, já que o que não se pretende é a solução de continuidade no atendimento das necessidades da Administração Pública. A *ratio legis* pode ser atendida de qualquer forma.

Art. 75, Lei 14.133/21. [...]

XIII - para contratação de profissionais para compor a comissão de avaliação de critérios de técnica, quando se tratar de profissional técnico de notória especialização;

Abordaremos este ponto a partir do rico enfoque trazido por José Calasans Junior:

"[...] Este dispositivo deve ser analisado em confronto com duas normas da Lei 14.133/21: a do § 4º do art. 8º, que permite a contratação de "empresa ou de profissional especializado para assessorar os agentes públicos responsáveis pela condução da licitação"; e a do inciso II do § 1º do art. 37, que autoriza a contratação de profissionais com "conhecimento técnico, experiência ou renome na avaliação dos quesitos especificados em edital", para compor banca encarregada do julgamento por melhor técnica e preço.

Nada de anormal nessa contratação tendo em vista a possibilidade de não dispor o órgão ou entidade pública, em seus quadros, de pessoal qualificado para a realização de tarefas especiais de certa complexidade. Entretanto, não se pode deixar de observar que, nessas disposições, a nova lei consagra verdadeira "reserva de mercado" para determinados "especialistas". O que está previsto como possibilidade certamente se tornará regra, porque sempre se alegará falta de pessoal qualificado para a tarefa de julgamento das propostas, nas licitações consideradas complexas.

Mas há outro detalhe que precisa ser ressaltado: para a contratação desses "especialistas" o inciso II do § 1º do art. 37 exige, apenas, "conhecimento técnico, experiência ou renome", o que não caracteriza, necessariamente, a "notória especialização" conceituada no inciso XIX do art. 6º da Lei 14.133/21".[137]

Art. 75, Lei 14.133/21. [...]

XV - para contratação de instituição brasileira que tenha por finalidade estatutária apoiar, captar e executar atividades de ensino, pesquisa, extensão, desenvolvimento institucional, científico e tecnológico e estímulo à inovação, inclusive para gerir administrativa e financeiramente essas atividades, ou para contratação de instituição dedicada à recuperação social da pessoa presa, desde que o contratado tenha inquestionável reputação ética e profissional e não tenha fins lucrativos;

Iniciemos a análise deste dispositivo pelo final. Somente poderá ser contratada com dispensa de licitação uma fundação ou uma associação, nunca uma sociedade, que, seja civil ou comercial, sempre vai em busca da obtenção de lucros.

No que se refere aos objetivos da pessoa jurídica, há duas hipóteses consideradas pelo legislador: a primeira refere-se à pesquisa, ensino ou desenvolvimento institucional, caso em que se exige, seja a instituição de nacionalidade brasileira. No segundo caso, foram contempladas as pessoas jurídicas dedicadas à recuperação de presos, admitindo-se sejam contratadas pessoas jurídicas de qualquer nacionalidade.

Quanto à questão da recuperação e reinclusão social do preso, não há muita margem para dúvidas. No entanto, é muito vaga a menção a uma instituição dedicada à pesquisa ao ensino ou desenvolvimento institucional. Afinal, que tipo de pesquisa? Haveria uma especificação ou algum outro critério de restrição? Por outro lado, que tipo de ensino seria o referido no dispositivo legal em apreço? Qualquer um? Pior: desenvolvimento institucional?!?

---

136 FERNANDES, *op. cit.*, p. 214.
137 CALASANS JUNIOR, José. Manual da Licitação: com base na Lei nº 14.133, de 1º de abril de 2021. 3 ed. São Paulo: Barueri, Editora Atlas, 2021. p. 137.

Para facilitar um pouco, imaginemos a contratação do Instituto Brasileiro de Direito Constitucional – IBDC para a formação política dos diretores de uma autarquia federal que, em sua maioria, detêm formação técnica simplesmente. Trata-se de uma pessoa jurídica que não persegue o lucro e que se dedica à pesquisa, ao desenvolvimento institucional na área do direito constitucional, da ciência política e do direito internacional público. É de notória e inquestionável reputação ético-profissional. Enfim, preenche todos os requisitos. Neste caso, não haveria a necessidade de se proceder a uma licitação, podendo a Administração contratar os mencionados serviços com dispensa do certame.

> **Art. 75, Lei 14.133/21.** [...]
>
> IV - para contratação que tenha por objeto:
>
> [...]
>
> b) bens, serviços, alienações ou obras, nos termos de acordo internacional específico aprovado pelo Congresso Nacional, quando as condições ofertadas forem manifestamente vantajosas para a Administração;

Interessante é observar o que dispõe este inciso e alínea, visto que parece ter desconhecido um entendimento tradicional do Supremo Tribunal Federal acerca dos tratados internacionais, que os equipara às leis ordinárias federais[138], podendo, neste ou naquele caso, o administrador contratar diretamente sem a realização do certame licitatório, independentemente de previsão em lei. Com base nessa compreensão é que o professor Marçal Justen Filho destaca a desnecessidade do dispositivo legal em comento.[139]

De qualquer forma, essa possibilidade só se justificará se for manifestamente vantajosa para a Administração essa contratação direta, o que nem precisaria estar escrito, já que se pressupõe em razão do princípio da economicidade.

> **Art. 75, Lei 14.133/21.** [...]
>
> IV - para contratação que tenha por objeto:
>
> [...]
>
> c) produtos para pesquisa e desenvolvimento, limitada a contratação, no caso de obras e serviços de engenharia, ao valor de R$ 300.000,00 (trezentos mil reais);

Pode-se ver claramente que esse tipo de dispensa visa a proteção do desenvolvimento nacional, incentivando a realização de pesquisas internas e a criação de novas tecnologias nacionais, com a ressalva de que a contratação não vá além de R$ 300.000,00 (trezentos mil reais). Quando aplicada a obras e serviços de engenharia, devemos dizer, deverão ser obedecidos os procedimentos especiais presentes em legislação especial.

> **Art. 75, Lei 14.133/21.** [...]
>
> IV – para contratação que tenha por objeto:
>
> k) aquisição ou restauração de obras de arte e objetos históricos, de autenticidade certificada, desde que inerente às finalidades do órgão ou com elas compatível.

Ao prever o art. 75, IV, "k", da Lei 14.133/21, a hipótese de dispensa de licitação "para a aquisição ou restauração de obras de arte e objetos históricos, desde que compatíveis ou inerentes às finalidades do órgão ou entidade", esta tem sido enquadrada por alguns autores como verdadeiro caso de inexigibilidade, uma vez que, na dicção do art. 6º, XVIII, "g", da Lei 14.133/21, trata-se de serviço técnico-profissional especializado,

---

138 STF, RE 80.004, julgado em 1978.
139 JUSTEN FILHO. *Comentários...*, *op. cit.*, p. 256.

sendo de se recordar que o art. 74, III do mesmo diploma legal, diz não ser inexigível a licitação para a contratação dos mesmos[140]. E neste sentido é a lição do professor Marçal Justen Filho.[141]

Isto se justifica, pois há a possibilidade de haver outros restauradores e, neste caso, viabilizada estaria a realização da licitação. Neste sentido é a observação do professor Jessé Torres Pereira Júnior, que asseverou: "Havendo mais de um profissional com idênticas qualificações para o serviço, a competição, ao menos no referente ao preço, atrai o dever de licitar".[142]

Nesse caso, o Estado pode, para promover o patrimônio histórico, artístico e cultural do País, simplesmente decretar o tombamento da obra, na forma do Decreto-Lei nº 25/37. E, nesta hipótese, fica o seu proprietário, mesmo que seja particular, obrigado a manter as condições originais do bem. Se lhe for insuportável a despesa, a Administração pode desapropriar o bem e providenciar a conservação.

Neste contexto é que se nota a possibilidade de, por exemplo, o Instituto do Patrimônio Histórico e Artístico Nacional – IPHAN promover contratações para restaurar obras de arte e objetos históricos, com o fim de efetivar o comando contido no art. 216 da Constituição.

Outrossim, note-se que o legislador exigiu que, para dispensar a licitação, deve o administrador demonstrar que existe uma conexão entre a aquisição ou restauração do bem e as finalidades da entidade ou órgão adquirente, sem o que não haverá essa possibilidade.

> Art. 24. [...]
>
> [...]
>
> XVI – para a impressão de diários oficiais, de formulários padronizados de uso da administração, e de edições técnicas oficiais, bem como para a prestação de serviços de informática a pessoa jurídica de direito público interno, por órgãos ou entidades que integrem a Administração Pública, criados para esse fim específico; (Incluído pela Lei nº 8.883, de 1994)

A primeira observação a ser feita sobre este dispositivo acima é a referente à impressão de diários oficiais, o que não significa a publicação de editais, extratos de contratos ou outros expedientes da Administração Pública. Refere-se este dispositivo legal à impressão de diários oficiais em si, por empresas, quando a Administração não dispuser desse serviço.[143]

Assim, quando uma autarquia federal quiser publicar editais ou quaisquer outros expedientes na imprensa oficial, contratará a Imprensa Nacional com inexigibilidade de licitação, posto que não pode fazê-lo em outro periódico. Um município, entretanto, que não dispuser desse serviço em sua estrutura administrativa poderá contratar com a mesma Imprensa Nacional com dispensa de licitação, nos moldes aqui expostos, a edição de seu Diário Oficial. Como se vê, a situação é bem diferente.

Inclui-se na hipótese de dispensa da licitação a impressão de formulários padronizados bem como a de edição técnicas oficiais. Mas essas não apresentam grandes possibilidades de dúvida. Só para ilustrar, imaginemos a impressão de um formulário de inscrição no cadastro tributário da Secretaria de Estado de Fazenda, desses que são vendidos em papelaria.

---

140 A respeito, note-se a seguinte ementa: "Licitação – Dispensa. Contratação de firma de serviço especializado. Viabilidade. Notória especialização que não se confunde com conhecimento exclusivo do serviço técnico contratado. Ação popular. Lesividade ao erário e desnecessidade da contratação em questão. Ausência ed demonstração. Impossibilidade, ademais, de discussão pelo Judiciário de matéria reservada à conveniência, oportunidade e interesse da Administração Pública. Ação improcedente. Recurso provido para este fim" (TJ-BA – ApCív n 77.699-1 – 5ª CCív – Rel. Des. Márcio Bonilha. In *BLC* – jan./92).

141 O professor Marçal JUSTEN FILHO (*op. cit.*, p. 257) observa que: "A hipótese se enquadra, teoricamente, como impossibilidade de competição e seria mais apropriado enquadrar a hipótese como de inexigibilidade de licitação".

142 PEREIRA JÚNIOR, *op. cit.*, p. 283.

143 Em sentido contrário, diz o professor Jorge Ulisses Jacoby FERNANDES (*op. cit.*, p. 457) que inclui no dispositivo "[...] tanto a impressão dos diários oficiais, quanto a publicação das edições técnicas oficiais [...]".

A Lei facultou, ainda, a contratação direta de serviços de informática. Neste caso, se um determinado Estado criou uma empresa pública para tais serviços, pode-se ir diretamente a ela, sem licitação, haja vista ter sido criada para esse fim.

Em qualquer situação, porém, não se pode ignorar que o contratante só pode ser pessoa jurídica de direito público. Por outro lado, o contratado deverá ser integrante da Administração Pública federal, estadual, municipal ou distrital. E a razão dessa distinção é explicada pelo professor Jorge Ulisses Jacoby Fernandes, com base na necessidade de se guardar sigilo de certas informações (no caso dos serviços de informática) ou a correta oportunidade para a divulgação dos atos da Administração (no caso da impressão dos diários oficiais), de modo a não privilegiar esse ou aquele particular.[144]

Imaginemos se uma empresa privada tivesse a oportunidade de conhecer a íntegra de um ato normativo a ser publicado no Diário Oficial antes de outras pessoas da mesma natureza. Essa questão desnivelaria odiosamente a contratada, que obteria informações privilegiadas em detrimento do princípio da isonomia. A apreensão dos recursos financeiros depositados nos bancos, por exemplo, como ocorreu durante o governo Collor no Brasil, não atingiria essa empresa, que tomaria providências para se livrar desse prejuízo.

Art. 75, Lei 14.133/21. [...]

IV - para contratação que tenha por objeto:

a) bens, componentes ou peças de origem nacional ou estrangeira necessários à manutenção de equipamentos, a serem adquiridos do fornecedor original desses equipamentos durante o período de garantia técnica, quando essa condição de exclusividade for indispensável para a vigência da garantia;

É muito comum que as empresas fabricantes de determinados equipamentos condicionem a garantia técnica oferecida aos clientes à utilização de suas peças no caso de necessária reposição, isto por razões de compatibilidade. A empresa só confia no seu material de substituição, não podendo garantir que o equipamento adquirido vá funcionar em idênticas condições se for mantido fora dos padrões projetados por seus técnicos.

A Administração também pode adquirir bens nessas condições. Um carro, por exemplo, que só terá preservada a sua garantia se, durante o período ajustado, forem utilizadas as peças do fabricante.

Nestes casos, tendo em vista que a aquisição desses acessórios será eventual, não podendo ser incluída no contrato de compra e venda, deverá haver a formulação de um novo ajuste para a sua aquisição. E, mesmo que o valor da aquisição esteja enquadrado no limite referido no inciso II do art. 24, mais adequada será a dispensa com base no dispositivo ora comentado.

Para que se legitime a dispensa, contudo, será exigível que a exclusividade seja condição para a manutenção da garantia e que o produto acessório seja de fabricação da mesma empresa que produziu o bem principal.

Art. 75, Lei 14.133/21. [...]

IV - para contratação que tenha por objeto:

g) materiais de uso das Forças Armadas, com exceção de materiais de uso pessoal e administrativo, quando houver necessidade de manter a padronização requerida pela estrutura de apoio logístico dos meios navais, aéreos e terrestres, mediante autorização por ato do comandante da força militar;

Apesar de ser muito parecida a presente situação com a estudada no inciso IV, alínea "g" deste mesmo art. 75, percebe-se, com alguma clareza, que o motivo aqui não é a manutenção da segurança nacional, mas sim a *manutenção da padronização*, por todas as vantagens que ela traz.

A particularidade da situação em relação a outras padronizações está em que se exige, aqui, que a necessidade da padronização seja reconhecida por uma comissão de agentes instituída por decreto.

---

144 FERNANDES, *op. cit.*, p. 452.

A exclusão dos materiais de uso pessoal e administrativos fica estabelecida por não serem os mesmos vinculados à atividade-fim das Forças Armadas, como ressalta o professor Jessé Torres Pereira Júnior.[145]

Por fim, diga-se que o professor Marçal Justen Filho entende que tal hipótese não necessitaria estar incluída neste inciso do art. 75 da Lei 14.133/21, visto que a hipótese, em sua opinião, seria de inexigibilidade, chegando a essa conclusão em razão do disposto no art. 74, I, § 1º, combinado com os arts. 40, V, § 1º, III e 47, I da Lei 14.133/21, todos do mesmo diploma legal.[146]

Nesse passo, abre-se mais um parêntese para nós reportamos ao art. 7º, § 5º, da Lei nº 8.666/93[147], o qual dispõe sobre *licitação vedada*, assim prevendo:

> Art. 7º. As licitações para a execução de obras e para a prestação de serviços obedecerão ao disposto neste artigo e, em particular, à seguinte sequência:
>
> [...]
>
> § 5º É vedada a realização de licitação cujo objeto inclua bens e serviços sem similaridade ou de marcas, características e especificações exclusivas, salvo nos casos em que for tecnicamente justificável, ou ainda quando o fornecimento de tais materiais e serviços for feito sob o regime de administração contratada, previsto e discriminado no ato convocatório.

Neste dispositivo, há de se fazer uma remissão ao já anteriormente observado art. 15, I, da Lei (arts. 40, V, § 1º, III e 47, I da Lei 14.133/21), que fala sobre o princípio da padronização para as compras, sempre que possível. Ou seja, o art. 7º, § 5º, veda a realização de licitação quando o "objeto inclua bens e serviços sem similaridade ou de marcas, características e especificações exclusivas", embora diga, também, na segunda parte, que a padronização é viável. E isto nós veremos mais tarde que é importante para fins de inexigibilidade.

Por ora, o que há de se destacar é que, quando se fala em *licitação vedada*, isto não significa que a licitação para contratação esteja sendo afastada, mesmo porque, em algumas hipóteses, a padronização de marcas é salutar. O que é vedada é a realização de uma licitação em determinada circunstância, o que pode levar o intérprete a concluir que, naquelas hipóteses, pode-se contratar sem licitação. Porém, deixa-se claro que não é bem isto: o que é vedada é a inclusão de determinadas cláusulas de privilégio na própria licitação, falando-se em licitação vedada, daí tal expressão não ser bem aceita pela doutrina, por ser meio equívoca. Cabe observar, todavia, que as hipóteses de licitação vedada, às vezes, fazem parte de questões de concurso, como assim já ocorreu na prova para Juiz Federal.

> Art. 24. [...]
>
> XXIX – na aquisição de bens e contratação de serviços para atender aos contingentes militares das Forças Singulares brasileiras empregadas em operações de paz no exterior, necessariamente justificadas quanto ao preço e à escolha do fornecedor ou executante e ratificadas pelo Comandante da Força. (Incluído pela Lei nº 11.783, de 2008).

Praticamente idêntico o propósito dos incisos XIX e XXIX do art. 24 da Lei das Licitações (art. 75, IV, "g" e "h" da Lei 14.133/21), quanto a suprir a tempo e a hora os contingentes de forças de segurança com bens e serviços de forma a garantir, como já estudado a manutenção da padronização.

A peculiaridade que se verifica no inciso XXIX é a aplicação da dispensa de licitação para este provimento de suprimentos, sejam estes bens ou serviços, as Forças Singulares brasileiras empregadas em operações de paz no exterior.

---

145 PEREIRA JÚNIOR, *op. cit.*, p. 287.
146 JUSTEN FILHO. *Comentários...*, *op. cit.*, p. 260.
147 Sem dispositivo equivalente na Lei 14.133/21.

Art. 75. [...]

XIV – na para contratação de associação de pessoas com deficiência, sem fins lucrativos e de comprovada idoneidade, por órgão ou entidade da Administração Pública, para a prestação de serviços, desde que o preço contratado seja compatível com o praticado no mercado e os serviços contratados sejam prestados exclusivamente por pessoas com deficiência.

Em primeiro lugar, deve-se destacar que o que o legislador pretendeu com essa norma foi prestigiar a atividade de assistência às pessoas portadoras de deficiência física, em reconhecimento à deficiência do Estado no dever de prestar tal atendimento adequado às suas necessidades, que são diferenciadas.

O professor Marçal Justen Filho nota que, apesar de a norma se referir apenas à deficiência física, poder-se-ia admitir a dispensa de licitação também quando a associação fosse criada para atender e auxiliar as pessoas portadoras de outras deficiências, como a mental, incluindo-se, portanto, nesse rol, por exemplo, a APAE[148]. E se defende o magnífico administrativista de possíveis críticas à sua interpretação, esclarecendo que ela não é extensiva (como não se admite para regras excepcionais). Sua interpretação apenas estaria revelando o verdadeiro conteúdo da norma, que se escondeu por trás da má técnica legislativa[149], até porque esta seria uma espécie da "função social do contrato administrativo".[150]

O que a Lei exige é que a contratada seja uma associação sem fins lucrativos. Entretanto, o que parece ser indiscutivelmente a vontade da lei é que a pessoa jurídica contratada seja filantrópica e não que adote esta ou aquela forma. De modo que, neste diapasão, poderia valer-se a Administração desta hipótese de dispensa para contratar com uma fundação, já que esta não busca, conceitualmente, o lucro.[151]/[152]

Os outros requisitos legais são, de um lado, a comprovada idoneidade da associação ou fundação e, de outro, a compatibilidade do preço ajustado com o praticado no mercado. Por isso, pessoas jurídicas envolvidas em escândalos não poderão ser contratadas dessa forma. Nem se poderá pagar preço absurdo, por ser alto demais, a pretexto de se prestigiar as referidas associações ou fundações.

Por fim, diga-se que a filantropia não se descaracteriza quando a associação ou fundação aufere vantagens econômicas nas suas relações negociais. Se o preço cobrado exceder o custo da prestação do serviço ou da obra, não se tem o aferimento de lucro, mas de sobra. E para que isso não se desfigure, impede-se a sua distribuição entre associados ou dirigentes (ou mesmo fundadores), nem mesmo a remuneração destes, desde que não fique configurada a distribuição disfarçada de lucros, o que descaracterizaria a filantropia.

Art. 24. [...]

XXI – para a aquisição de bens destinados exclusivamente à pesquisa científica e tecnológica com recursos concedidos pela CAPES, FINEP, CNPq ou outras instituições de fomento à pesquisa credenciadas pelo CNPq para esse fim específico; (Incluído pela Lei nº 9.648, de 1998)[153]

---

148 JUSTEN FILHO. *Comentários...*, *op. cit.*, p. 261.
149 Idem.
150 Idem, ibidem, p. 237.
151 A diferença básica entre uma fundação e uma associação é que esta tem um quadro societário, ao passo que aquela não é mais que um grupo patrimonial ao qual o Direito resolveu conferir personalidade jurídica.
152 Neste mesmo sentido é a lição do professor Marçal JUSTEN FILHO, *op. cit.*, p. 262.
153 Cabe notar que, impropriamente, o legislador mencionou apenas as siglas das entidades de onde virão os recursos, sendo elas: Coordenação de Aperfeiçoamento de Pessoal e Nível Superior – CAPES, que é uma fundação vinculada ao Ministério da Educação; Financiadora de Estudos e Pesquisas – FINEP, empresa pública vinculada ao Ministério da Ciência e Tecnologia; e Conselho Nacional de Desenvolvimento Científico e Tecnológico – CNPq, fundação também vinculada ao Ministério da Ciência e Tecnologia. Atual art. 75, IV, "c" da Lei 14.133/21.

O presente dispositivo legal, autorizador da dispensa de licitação, é visto pela doutrina como um mecanismo de incentivo da pesquisa científica e tecnológica e, portanto, realizador da vontade constitucional inscrita no art. 218 e seguintes da Carta de 1988.[154]

Note-se que somente a compra de bens está abarcada nesta hipótese legal, excluindo-se, assim, os serviços e obras.

Marçal Justen Filho, nesse ponto, destaca que a regra legal se funda no fato de que não se pode pretender uma vantagem na aquisição dos bens destinados à pesquisa, até porque os mesmos são de qualidade incerta já que destinados à pesquisa. Daí se retira que, por não haver muito parâmetro para se aferir a melhor proposta, impossível estabelecer-se uma competição. E, se é assim, este não é verdadeiro caso de dispensa, mas sim de inexigibilidade.[155]

A exigência de que o projeto de pesquisa seja financiado por uma daquelas entidades da Administração Pública ou outras credenciadas pelo CNPq se justifica na medida em que se reconhece o grau de exigência que se tem na avaliação das pretensões a elas submetidas. Isso dá uma credibilidade especial ao trabalho que será desenvolvido e calça a Administração contratante contra frustrações de expectativa.

Ainda em se tratando de ciência e tecnologia, a Lei nº 10.973, de 2 de dezembro de 2004, incluiu no rol de dispensa de licitação os contratos que tenham por objeto a "transferência de tecnologia ou licenciamento de direito de uso ou de exploração de criação protegida, nas contratações realizadas por instituição científica, tecnológica e de inovação (ICT) pública ou por agência de fomento, desde que demonstrada vantagem para a Administração" (art. 75, IV, alínea "d"), com vistas à capacitação e ao alcance de autonomia tecnológica e ao desenvolvimento industrial do País, nos termos dos arts. 218 e 219 da Constituição Federal.

No mesmo compasso, mais recentemente, a Lei 14.133/21, por sua vez, deu a seguinte redação:

Art. 75, Lei 14.133/21. [...]

IV - para contratação que tenha por objeto:

j) coleta, processamento e comercialização de resíduos sólidos urbanos recicláveis ou reutilizáveis, em áreas com sistema de coleta seletiva de lixo, realizados por associações ou cooperativas formadas exclusivamente de pessoas físicas de baixa renda reconhecidas pelo poder público como catadores de materiais recicláveis, com o uso de equipamentos compatíveis com as normas técnicas, ambientais e de saúde pública.

A Lei 11.445, de 2007, que estabeleceu as diretrizes nacionais para o saneamento básico, tem como um de seus princípios fundamentais, o manejo dos resíduos sólidos realizados de formas adequadas à saúde pública e à proteção do meio ambiente, estabeleceu ser dispensada a licitação para serviços de coleta, processamento e comercialização de resíduos sólidos urbanos recicláveis ou reutilizáveis.

Destaca-se que a pessoa contratada deve ser associações ou cooperativas formadas exclusivamente por pessoas físicas de baixa renda reconhecidas pelo poder público como catadores de materiais recicláveis.

Irrefutável o cunho social e ambiental que é carregado nesta norma, onde a dispensa da licitação facilita o cumprimento, por exemplo, da obrigatoriedade que todo órgão da Administração Pública tem em implantar a coleta seletiva, e como parte do processo, contratar uma associação ou cooperativa de catadores para coletar, processar e reintroduzir estes resíduos na indústria, protegendo o meio ambiente.

Art. 75, Lei 14.133/21. [...]

IV - para contratação que tenha por objeto:

f) bens ou serviços produzidos ou prestados no País que envolvam, cumulativamente, alta complexidade tecnológica e defesa nacional;

---

154 O professor Jessé Torres PEREIRA JÚNIOR (*op. cit.*, p. 289), a esse propósito, escreveu: "Autorizar a contratação direta, porque dispensável a licitação, de bens destinados a tais propósitos é cumprir o mandamento constitucional".
155 JUSTEN FILHO. *Comentários...*, op. cit., p. 262-263.

A saber, a Lei nº 11.484, de 2007, dispõe sobre incentivos à indústria de equipamentos de TV Digital e semicondutores no país e institui o Programa de Apoio ao Desenvolvimento Tecnológico da Indústria de Semicondutores – PADIS, e verifica-se na redação do inciso XXVIII que a dispensa reque o fornecimento de bens ou serviços de alta tecnologia combinado com a aplicação na defesa nacional.

Requer ainda parecer de comissão instituída no órgão que aplicará a dispensa da licitação.

> Art. 24. [...]
>
> XXIII – na contratação realizada por empresa pública ou sociedade de economia mista com suas subsidiárias e controladas, para a aquisição ou alienação de bens, prestação ou obtenção de serviços, desde que o preço contratado seja compatível com o praticado no mercado; (Incluído pela Lei nº 9.648, de 1998)[156]

Esse dispositivo mereceu a crítica do professor Jorge Ulisses Jacoby Fernandes, que, inclusive, pôs em dúvida a constitucionalidade da norma, por prestigiar o crescimento da estrutura estatal, com a criação de subsidiárias de empresas públicas e sociedades de economia mista, em detrimento dos princípios elencados no art. 170 da CF/88.[157]

Devemos registrar, com devida *vênia*, que não há qualquer problema de inconstitucionalidade neste caso, até porque é a própria Constituição que, em diversas oportunidades, faz referência expressa às subsidiárias de empresas públicas e sociedades de economia mista.[158]

Em segundo lugar, do ponto de vista da conveniência e da lógica, não merece crítica o dispositivo, uma vez que a criação de subsidiárias atende às necessidades de ordem operacional e, muitas vezes, financeiras, não fazendo sentido que essa descentralização de atividades funcione como obstáculo à concentração das atividades desempenhadas por essas empresas entrelaçadas nesse mesmo círculo societário.

As compras e os serviços, mas não as obras, poderão ser contratadas diretamente, com dispensa de licitação, entre as empresas públicas e as sociedades de economia mista com as suas respectivas subsidiárias[159]. A condição para que isto ocorra é que os preços praticados sejam compatíveis com o mercado.

Quanto à dispensa de licitação "para a celebração de contratos de prestação de serviços com as organizações sociais, qualificadas no âmbito das respectivas esferas de governo, para atividades contempladas no contrato de gestão", cabe registrar que as organizações sociais são pessoas jurídicas de direito privado não integrantes da Administração Pública, embora atuem em parceria com esta. São elas criadas para atender a determinadas atividades de interesse público, como o são as Organizações Não-Governamentais (ONGs) e outras entidades sem finalidades lucrativas, devendo assumir, portanto, a forma de associação ou fundação.

Essa figura jurídica foi criada pela Lei nº 9.637/98, que mencionou depender a qualificação de uma pessoa jurídica de direito privado como organização social do preenchimento de determinados requisitos (art. 2º, I) e da avaliação da autoridade competente quanto à conveniência e oportunidade de se conferir tal qualificação a esta ou aquela pessoa jurídica (art. 2º, II).

A consequência dessa qualificação é a seguinte: a organização social e o Poder Público firmarão um *contrato de gestão* a fim de que seja prestado o serviço de utilidade pública à sociedade, com o possível aporte de recursos públicos para financiamento da atividade (art. 12 da Lei nº 9.637/98). Assim, somente as atividades contempladas nesse contrato de gestão, ainda que outras constem do estatuto da organização social, poderão ser contratadas com dispensa de licitação.

---

156 Sem dispositivo correspondente na Lei 14.133/21.

157 FERNANDES, *op. cit.*, p. 512-513.

158 A propósito, veja o art. 173 da CF/88.

159 O professor Jorge Ulisses Jacoby FERNANDES (*op. cit.*, p. 515) faz essa ressalva, de que a relação só se enquadra nessa hipótese legal se as subsidiárias forem das suas contratantes. Não pode, v. g., uma subsidiária de uma empresa pública contratar com base nesse dispositivo legal com outra empresa pública que não a sua criadora.

Destaque a hipótese de dispensa de licitação prevista no art. 75 da Lei nº 14.133/21, que foi acrescido do inciso XI, pela Lei nº 11.107, de 06 de abril de 2005, que trata de <u>normas gerais de contratação de consórcios públicos para a realização de objetivos de interesse público</u>. Diz o dispositivo que é dispensável a licitação:

Art. 75. [...]

XI - para celebração de contrato de programa com ente federativo ou com entidade de sua Administração Pública indireta que envolva prestação de serviços públicos de forma associada nos termos autorizados em contrato de consórcio público ou em convênio de cooperação.

A norma vem de encontro àquilo que o professor Marçal Justen Filho considera como uma "conjugação de esforços políticos (convênios)", daí entender que:

Não é exigível a licitação quando a avença apresentar natureza de convênio, em que se conjugam esforços de diversas entidades administrativas para a satisfação de necessidades de interesse comum. Se diversos entes federativos resolvem atuar de modo conjunto para obter resultados comuns, não há obrigatoriedade de licitação, já que existe a pactuação de vínculos jurídicos com a iniciativa privada.[160]

Nesse ensejo ensina-nos Matheus Carvalho:[161]

"A Lei 11.107/05 estabelece a criação de Consórcios Públicos, formados pela gestão associada de entes federativos, com a intenção de executar atividades públicas de interesse comum a todos esses entes. Conforme a legislação, deverão ser constituídas e reguladas por contrato de programa, como condição de sua validade, as obrigações que um ente da Federação constituir para com o outro ente da Federação ou para cm consórcio público n âmbito de gestão associada, em que haja a prestação de serviços públicos ou a transferência total ou parcial de encargos, serviços, pessoa ou de bens necessários à continuidade dos serviços transferidos."

Desse modo, deve-se entender que essas contratações de caráter público não ficam dependentes da licitação, pois não se confundem com os contratos firmados entre os consórcios públicos e particulares, os quais estão submetidos ao processo licitatório.

Abaixo, outros casos de dispensabilidade de licitação:

Art. 75. [...]

XIII - para contratação de profissionais para compor a comissão de avaliação de critérios de técnica, quando se tratar de profissional técnico de notória especialização.

Art. 75. [...]

IV – contratação que tenha por objeto:

l) serviços especializados ou aquisição ou locação de equipamentos destinados ao rastreamento e à obtenção de provas previstas nos incisos II e V do *caput* do art. 3º da Lei nº 12.850, de 2 de agosto de 2013, quando houver necessidade justificada de manutenção de sigilo sobre a investigação;

Art. 75. [...]

---

160 Conforme entendimento do professor Marçal JUSTEN FILHO (*Curso de direito administrativo*. São Paulo: Saraiva, 2005, p. 315), "não é exigível a licitação quando a avença apresentar natureza de convênio, em que se conjugam esforços de diversas entidades administrativas para a satisfação de necessidades de interesse comum. Se diversos entes federativos resolvem atuar de modo conjunto para obter resultados comuns, não há obrigatoriedade de licitação, [...]".

161 CARVALHO, Mateus. Licitação nos termos da Lei 14.133/21.

IV – contratação que tenha por objeto:

m) aquisição de medicamentos destinados exclusivamente ao tratamento de doenças raras definidas pelo Ministério da Saúde;

Art. 75. [...]

V - para contratação com vistas ao cumprimento do disposto nos arts. 3º, 3º-A, 4º, 5º e 20 da Lei nº 10.973, de 2 de dezembro de 2004, observados os princípios gerais de contratação constantes da referida Lei.

11.4. Dispensa de licitação a entidades sem fins lucrativos

Este tópico do estudo perfaz uma análise da dispensa de licitação aplicada às entidades sem fins lucrativos.

11.4.1. Análise do inciso XV do art. 75 da Lei nº 14.133/21

Dentre os casos de dispensa de licitação destas instituições elencados nos incisos do art. 75, trazemos à análise o inciso XV, que assim preconiza:

> **Art. 75, Lei 14.133/21.** [...]
>
> XV - para contratação de instituição brasileira que tenha por finalidade estatutária apoiar, captar e executar atividades de ensino, pesquisa, extensão, desenvolvimento institucional, científico e tecnológico e estímulo à inovação, inclusive para gerir administrativa e financeiramente essas atividades, ou para contratação de instituição dedicada à recuperação social da pessoa presa, desde que o contratado tenha inquestionável reputação ética e profissional e não tenha fins lucrativos;

Uma das características que mais chama a atenção neste dispositivo legal é a referência de que a instituição contratada não tenha fins lucrativos, mas sim social, além da inquestionável exigência de sua reputação ético-profissional, caso contrário não estaria ela apta a contratar com a Administração Pública nem a cumprir os princípios que norteiam seus contratos.

Não obstante, toda a cautela do legislador em exigir a lisura para todas as modalidades de dispensa de licitação, através das exigências que dita a lei licitatória, ainda é comum a prática de administradores ímprobos que se valem de "brechas" na Lei para fraudar licitações, e não nos referimos apenas à dispensa que consta no inciso XIII, mas também a outros dispositivos que flexibilizam a obrigatoriedade da licitação, facilitando a ação destes maus administradores que causam grandes prejuízos ao erário público.

No que se refere especialmente ao dispositivo ora em estudo, esta fraude comumente acontece com a contratação de uma entidade sem fins lucrativos, mas com a violação do vínculo de pertinência entre os seus objetivos legais e o objeto do contrato.

Em se tratando da contratação de um serviço, por exemplo, no caso de fraude, a natureza deste destoa totalmente dos objetivos institucionais, se caracterizando num mero favorecimento pessoal daquele que se valeu da contratação direta em detrimento de se cumprir o correto processo licitatório que caberia à espécie do serviço.

A realidade é que a ocorrência de fraude a licitações públicas, que se torna cada dia mais corriqueiro, é apenas mais uma constatação deste momento extremamente crítico e vexatório em que vivemos, no que se refere à ética do administrador público.[162]

---

162 Conforme recente notícia publicada no globo *on line* em 02/07/08, o Tribunal de Contas do Estado (TCE) do Rio entregou, nesta mesma data, ao Tribunal Regional Eleitoral (TRE) uma lista com 553 nomes de gestores públicos com ficha suja. Diz a nota: "Com 63 páginas, a lista do TCE foi enviada ao procurador geral eleitoral, Rogério Nascimento, e aos responsáveis, no Ministério Público Estadual, pela coordenação dos promotores que atuam nas zonas eleitorais. Além de prefeitos e presidentes de câmaras municipais, constam nomes de tesoureiros, ordenadores de despesas públicas, diretores de escolas e hospitais, fiscais de obras, secretários estaduais e municipais e até sócios de empreitadas".

Com isso, com o intuito de lesar os cofres públicos e de se beneficiar financeiramente, administradores se unem a grupos criminosos e se valem de dispositivos da lei que permitem a dispensa da licitação para casos específicos, e os usa para fins diversos, onde a licitação seria exigível.

Além dos prejuízos causados ao erário, tem-se ainda o fato de que os demais concorrentes à licitação, cujos propósitos são condizentes com a lei, são injustamente prejudicados pela violação dos princípios da competitividade e da igualdade de oportunidade.

11.4.2. Análise das OSCIPS, criadas pela Lei nº 9.790/99

As OSCIPS, criadas pela Lei ordinária nº 9.790/99, se constituem em outra espécie de entidade sem fins lucrativos que se beneficiam da dispensa de licitação, tal qual as já citadas anteriormente, em razão da sua natureza jurídica de pessoa que se dedica a fins sociais, sem fins lucrativos.

Não obstante, não estarem estas entidades abarcadas pelo Estatuto Licitatório, em especial entre os incisos do art. 75 da Lei 14.133/21, que elenca as excepcionalidades de dispensa de licitação, não há que se questionar quanto a esta dispensa, dadas as suas características de pessoa voltada a fins sociais e sem fins lucrativos.

Conforme exigência do art. 4º da Lei sob análise, e atendido o disposto do seu art. 3º,[163] as pessoas jurídicas que queiram se qualificar na categoria de Organizações da Sociedade Civil de Interesse Público (OSCIP) devem ser regidas por estatutos, cujas normas disponham expressamente sobre as condições elencadas nos incisos deste mesmo artigo 4º, dentre eles a "observância dos princípios da legalidade, impessoalidade, moralidade, publicidade, economicidade e da eficiência", descritos em seu inciso I.

Importante registrar que de acordo com as finalidades dos objetivos sociais a que se refere o art. 3º, (subscritos em nota de rodapé), e os quais são exigidos, pelo menos um, para que as pessoas jurídicas de direito privado e sem fins lucrativos adquiram a qualificação de Sociedade Civil de Interesse Público (OSCIP), o texto do inciso XI demonstra expressamente que este rol não é taxativo, senão vejamos:

> Art. 3º [...]
>
> [...]
>
> XI – promoção da ética, da paz, da cidadania, dos direitos humanos, da democracia e de outros valores universais; (grifamos o texto original).

Conforme já vinha sendo veiculado pela imprensa, antes mesmo da entrega desta lista pelo TCE do Rio ao TRE, grande parte das condenações destes gestores públicos tem origem em fraudes à licitação pública, corroborando esta constatação de que vivemos um momento crítico no que se refere à falta de ética de muitos dos administradores públicos, que vem violando flagrantemente os princípios mais elementares da Administração Pública, como os da impessoalidade e da moralidade. (http://oglobo.globo.com/pais/mat/2008/07/02/tce_rio_tem_553_maus_gestores_ja_condenados_dos_quais_81_ prefeitos_ex-prefeitos-547077509.asp)

163 Reza o artigo 3º da Lei nº 9.790/99 que: "A qualificação instituída por esta Lei, observado em qualquer caso, o princípio da universalização dos serviços, no respectivo âmbito de atuação das Organizações, somente será conferida às pessoas jurídicas de direito privado, sem fins lucrativos, cujos objetivos sociais tenham pelo menos uma das seguintes finalidades:
I – promoção da assistência social;
II – promoção da cultura, defesa e conservação do patrimônio histórico e artístico;
III – promoção gratuita da educação, observando-se a forma complementar de participação das organizações de que trata esta Lei;
IV – promoção gratuita da saúde, observando-se a forma complementar de participação das organizações de que trata esta Lei;
V – promoção da segurança alimentar e nutricional;
VI – defesa, preservação e conservação do meio ambiente e promoção do desenvolvimento sustentável;
VII – promoção do voluntariado;
VIII – promoção do desenvolvimento econômico e social e combate à pobreza;
IX – experimentação, não lucrativa, de novos modelos sócio-produtivos e de sistemas alternativos de produção, comércio, emprego e crédito;
X – promoção de direitos estabelecidos, construção de novos direitos e assessoria jurídica gratuita de interesse suplementar;
XI – promoção da ética, da paz, da cidadania, dos direitos humanos, da democracia e de outros valores universais;
XII – estudos e pesquisas, desenvolvimento de tecnologias alternativas, produção e divulgação de informações e conhecimentos técnicos e científicos que digam respeito às atividades mencionadas neste artigo;
Parágrafo único: [...]".

Conclusivo que as pessoas jurídicas habilitadas que desejarem se qualificar como OSCIP, e que demonstrem as finalidades de seus objetivos sociais que expressem <u>outros valores universais</u>, que não os elencados no inciso XI, estarão aptas a esta classificação.

Isto demonstra que o legislador ordinário não se ateve somente aos valores que hoje julgamos importantes e que predominam universalmente, mas deixou em aberto esta qualificação para novos valores universais, se coadunando com o dinamismo que deve reger as normas jurídicas, pelo fato de que tanto a sociedade quanto os seus valores sociais são submetidos a frequentes inovações, e que a legislação não deve engessar valores e taxar o rol dos que "hoje" são julgados universalmente louváveis.

Uma novidade introduzida na Lei das OSCIPS, com a inclusão do parágrafo único do art. 4º, incluído pela Lei nº 10.539, de 2002, é a que estabelece a permissão da participação de servidores públicos em seu Conselho de Organização, conforme se lê:

> Art. 4º
>
> Parágrafo único. É permitida a participação de servidores públicos na composição de conselho de Organização da Sociedade Civil de Interesse Público, vedada a percepção de remuneração ou subsídio, a qualquer título.**(Incluído pela Lei nº 10.539, de 2002)**.

Por fim, é de relevância informar que o instrumento através do qual será firmado o vínculo de cooperação entre o Poder Público e as entidades qualificadas como OSCIP é o denominado <u>Termo de Parceria</u>, conforme preceitua o art. 9º e seguintes da Lei:

> Art. 9º Fica instituído o Termo de Parceria, assim considerado o instrumento passível de ser firmado entre o Poder Público e as entidades qualificadas como Organizações da Sociedade Civil de Interesse Público destinado à formação de vínculo de cooperação entre as partes, para o fomento e a execução das atividades de interesse público previstas no art. 3º desta Lei.
>
> Art. 10. O Termo de Parceria firmado de comum acordo entre o Poder Público e as Organizações da Sociedade Civil de Interesse Público discriminará direitos, responsabilidades e obrigações das partes signatárias.

Há que se lembrar da condição que impõe o Estatuto Licitatório para que as organizações sociais façam jus à dispensa de licitação, e que é extensivo, por analogia, às OSCIP's, que é a dispensa que se aplica aos contratos de prestação de serviço que tenham como partes integrantes a própria organização social e o ente público o qual aquela se vincula, não contemplando, pois, eventuais contratos firmados com entes do Governo de esfera diversa.

11.5. Hipóteses descaracterizadas pela Lei 14.133/21

Se compararmos a antiga e nova Lei de Licitações e Contratos Administrativos (Lei 8.666/93 e Lei 14/133/21), notaremos que determinadas situações enquadradas como de licitação dispensável deixaram de o ser. Vejamos as principais hipóteses:

- **Compra ou locação de imóvel** consoante suas características e localização: passou a ser uma hipótese de inexigibilidade (art. 74, V);
- **Contratação de remanescente de obra, de serviço ou de fornecimento** em consequência de rescisão contratual: ainda que na nova Lei ainda persista a possibilidade dessa contratação (art. 90, § 7º), não se classifica mais como dispensa de licitação, porque agora o legislador da Lei 14.133/21 foi mais técnico, indicando que ao haver uma rescisão contratual com o licitante vencedor, a Administração pode convocar os demais pela ordem de classificação, o que configura, na verdade, um reaproveitamento da licitação havida e não mais um caso de dispensa de licitação.

- **Celebração de contratos de prestação de serviços com as organizações sociais:** havia uma inadequação terminológica na lei anterior, em razão do fato de que a Administração, na verdade, não firma um contrato administrativo com as organizações sociais, mas sim um regime de parceria, de mútua cooperação, com regras constantes no contrato de gestão (Lei 11.079/04). A esse respeito, na ADI 1.921, decidiu o STF que a celebração de parceria com as organizações sociais deva se conduzir de maneira pública, objetiva e impessoal, com obediência aos ditames constitucionais que regem à Administração Pública (*caput* do art. 37). Sendo assim, não se vislumbra na prática um real efeito na retirada dessa hipótese da lei, afinal, as parcerias com as organizações sociais continuam sendo firmadas sem licitação.

12. INEXIGIBILIDADE DE LICITAÇÃO

Como vimos nos primeiros parágrafos do item anterior, o procedimento de licitação é uma exigência constitucional que, entretanto, poderá não ser observado quando, de acordo com previsões legais, não for conveniente para a Administração ou, por outro lado, quando não for possível estabelecer-se uma competição.

Os casos de conveniência caracterizadores da dispensa de licitação já foram analisados anteriormente, restando, então, a análise das hipóteses de inexigibilidade, que serão comentadas a seguir.

Registre-se, de início, que a **inexigibilidade de licitação se caracteriza quando, na prática, é impossível estabelecer-se uma competição entre possíveis interessados**, por razões que serão adiante pormenorizadas. É diferente, pois, das hipóteses de dispensa, em que a competição é possível; porém, a juízo da Administração, inconveniente.

Como consequência dessa primeira distinção, diz a doutrina que as hipóteses de dispensa de licitação são enumeradas taxativamente pelo legislador, ao passo que o que pode a Lei fazer com relação às hipóteses de inexigibilidade é indicar critérios para o seu reconhecimento, sendo seu rol *numerus apertus*, ou seja, de caráter meramente exemplificativo, ditado normativamente, tendo em vista o art. 74 da Lei 14.133/21, que dispõe: *"É inexigível a licitação quando houver inviabilidade de competição, em especial nos casos de: [...]".*

Desse modo, quando o legislador fala "em especial", isto significa que seria impossível prever todos os casos de inexigibilidade de licitação e, sendo assim, traçou em três incisos os paradigmas para servirem de base à determinação dos casos de inexigibilidade de licitação.

Temos, pois, que prestar atenção para os casos que a Lei elencou, em vista de que a inexigibilidade de licitação pode se dar em razão de: todos os bens pertencerem a uma só pessoa ou, com relação a produtos, de só existir um fornecedor exclusivo; a contratação for de serviço de notória especialização (não mais considerada a natureza singular); e a contratação exigir profissional do setor artístico de consagrada notoriedade.

Assim, por não haver critérios objetivos e aceitáveis para se aferir tais casos e escolher a melhor proposta dentre aquelas que, porventura, fossem apresentadas, não é possível a realização de um certame licitatório por ser impossível fazer-se um julgamento objetivo ou, simplesmente, comparar propostas em razão daquelas previsões especiais.

Com base no que se afirmou, façamos uma análise de cada uma das hipóteses exemplificativas contempladas pelo legislador no art. 74 da Lei 14.133/21, para, depois, verificarmos outros casos, já ocorridos, que não se enquadram nessas hipóteses e, portanto, são consideradas inexigíveis em razão do disposto, simplesmente, no *caput* do mencionado diploma legal.

O primeiro caso de inexigibilidade de licitação é previsto no inciso I e § 1º do art. 74, da Lei 14.133/21, que diz:

Lei 14.133/21, Art. 74. [...]

I - aquisição de materiais, de equipamentos ou de gêneros ou contratação de serviços que só possam ser fornecidos por produtor, empresa ou representante comercial exclusivos;

§ 1º Para fins do disposto no inciso I do *caput* deste artigo, a Administração deverá demonstrar a inviabilidade de competição mediante atestado de exclusividade, contrato de exclusividade, declaração do fabricante ou outro documento idôneo capaz de comprovar que o objeto é fornecido ou prestado por produtor, empresa ou representante comercial exclusivos, vedada a preferência por marca específica.

Para esses casos, deve ser comprovado pelo poder público que a competição é inviável, mediante um atestado de exclusividade, contrato de exclusividade, declaração do fabricante ou outro documento idôneo capaz de atestar que o objeto é fornecido ou prestado por produtor, empresa ou representante comercial exclusivos, vedando-se a preferência por marca específica.

É intuitivo que, havendo uma só pessoa que possa fornecer o produto ou serviço que a Administração pretende adquirir, estará caracterizada a impossibilidade de competição e, portanto, será inexigível a licitação. Ressalte-se que, mesmo que só haja um produtor, só estará caracterizada a inexigibilidade da licitação se também for único o fornecedor. Havendo mais de um vendedor do produto de fabricação única, será exigível a licitação.[164]

Interessante é a questão, já anteriormente comentada, da vedação de exigência de marca contida no dispositivo legal em apreço. A norma proibitiva se impõe diante da inconveniência de se utilizar exigências inúteis para se frustrar, com aparência de legitimidade, o princípio da licitação. Entretanto, tem-se um contraponto, que é aquele referente à recomendação de padronização de compras.

Assim, só se mostra violadora da norma em questão a exigência de marca quando não for para concretizar o princípio da padronização, posto que este é desejado e imposto pelo legislador em certos casos, como já tivemos a oportunidade de estudar. Nesta hipótese, justificada estará a restrição pela exigência de uma marca específica, a menos que haja mais de um fornecedor do produto.[165]

Para que se comprove a exclusividade do fornecedor, deverá a Administração, na dicção da Lei, juntar aos autos do procedimento licitatório declaração de Juntas Comerciais, Registro Civil de Pessoas Jurídicas, sindicatos e associações neste sentido. Mas é possível que essa exclusividade, no caso da padronização especialmente, decorra de contrato entre o fabricante e o fornecedor, não existindo qualquer registro público desse ajuste. Neste caso, como afirma o professor Marcos Juruena Villela Souto[166], poderá a Administração juntar o instrumento do contrato que dispõe neste sentido.

É conveniente observarmos, porém, que a doutrina admite a preferência de marca em três hipóteses. A primeira é justamente a necessidade de padronização. Nós vimos que os arts. 40, V, "a", § 1º, III e 47, I da Lei 14.133/21, falam que as compras deverão observar a necessidade de padronização. Então, podemos ter uma licitação inexigível se aquele fornecedor for o único que venda aquela marca, pela necessidade de padronização. Isto é muito comum se dar quando é comprado, através de licitação um número significativo de veículos de uma determinada marca para a Polícia Militar, por exemplo, e, por conta disto, um milhão de peças para reposição. Porém, com a deterioração dos automóveis, outros novos tiveram que ser comprados e, aí, neste caso, a padronização da frota é viável para que se tenha uma frota igual.

Esta, então, é segunda hipótese admitida pela doutrina: a preferência de marca, que pode conduzir a uma inexigibilidade de licitação. Seria a continuidade do uso da marca anterior, quando tal for necessário. Suponhamos que tenha sido construído, através de licitação, um tremendo prédio para a instalação de uma repartição pública qualquer e, neste prédio, foram utilizados tubos e conexões Tigre. Com o tempo, estes se desgastaram e novos tiveram que ser comprados. Ora, se a marca for alterada, provavelmente ocorrerão incompatibilidades. Portando, para que não se tenha que comprar todos os tubos novamente, e para que se respeite o imperativo da economicidade, é necessário que seja dada preferência na licitação àquela marca.

Outro exemplo que se pode dar é o da compra de tinta para a pintura da fachada de um prédio público, cuja cor é um amarelo específico, fabricada por uma determinada marca. Com o tempo, essa tinta vai se

---

164 SOUTO, *op. cit.*, p. 164.
165 JUSTEN FILHO. *Comentários...*, *op. cit.*, p. 282.
166 SOUTO, *op. cit.*, p. 165.

desgastar e para que seja feito o retoque de forma idêntica ao da pintura original a mesma marca de tinta deverá ser comprada. Mais um exemplo é quando se compra duas mil impressoras da marca tal e obviamente deverão ser comprados cartuchos que lhes sejam compatíveis, gerando uma hipótese de inexigibilidade de licitação.

A terceira hipótese de preferência de marca, e, esta sim, é a que se abre para o maior número de fraudes, é a nova marca mais conveniente. Isto é muito comum ocorrer com *softwares*, quando surgem equipamentos mais adequados e tecnologicamente avançados. Se houver um só representante da marca de *software* que se deseja adquirir no País, isto pode gerar uma inexigibilidade de licitação.

Aqui fazemos uma observação referente a "fornecedor exclusivo". A exclusividade é aferida tendo em vista a praça da licitação. O conceito de praça, por isto, varia conforme a modalidade de licitação. A doutrina costuma afirmar, então, que esse conceito de exclusividade é relativo, ele varia de acordo com a modalidade de licitação.[167]

Suponhamos que o Município de Bom José da Boa Curva deseje comprar papel higiênico para as suas repartições, e neste Município só existe um fornecedor desse material. Seria caso de inexigibilidade? Neste caso sim, porque só existe um fornecedor desse material naquela localidade; ele é exclusivo. Agora, pode acontecer, por exemplo, que se queira fazer uma licitação para contratar a compra desse material para as Procuradorias do Estado do Rio de Janeiro e suas seccionais. Neste caso, o conceito de exclusividade deverá ser aferido tendo em vista todo o território do Rio de Janeiro para a futura contratação. Já na modalidade de tomada de preços, a exclusividade é aferida tendo em vista o registro cadastral dos licitantes. Se no cadastro apenas houver um fornecedor do produto ou serviço é caso de inexigibilidade de licitação. Na modalidade da concorrência, o conceito de exclusividade compreende todo o Território Nacional, cabendo ressaltar que apenas será caso de inexigibilidade na modalidade de concorrência se houver apenas um fornecedor em todo o Território Nacional.

A inexigibilidade de licitação também pode ocorrer segundo a previsão do art. 74, III da Lei 14.133/21), ou seja, quando a contratação se dirige àqueles serviços técnicos de natureza singular, enumerados no art. 6º, XVIII da Lei 14.133/21, "com profissionais ou empresas de notória especialização, vedada a inexigibilidade para serviços de publicidade e divulgação", cujo conceito de serviço técnico especializado já analisamos anteriormente.

Dito lá também ficou que os serviços técnicos especializados podem ser contratados diretamente, com inexigibilidade de licitação, bastando que o contratado tenha notória especialização. O fato de seu serviço ser singular (ou seja, incomum ou não rotineiro) deixou de ser um critério na Lei 14.133/21, que anteriormente era presente na Lei 8.666/93.

A notoriedade da especialização ficará caracterizada quando o contratado já tiver experiência na área, publicações a respeito do tema, enfim, atuações que demonstrem inequivocamente sua capacidade para desempenhar com sucesso a tarefa, e da melhor maneira possível. Por outro lado, a singularidade se caracterizará pelo destaque que o contratado tiver dentre os seus companheiros de profissão, mas cabendo observar que *singular não é o profissional, e sim o serviço*, que requer um profissional de notória especialização.[168]

---

167 Segundo o mestre Hely Lopes MEIRELLES (*Direito...*, *op. cit.*, p. 274), "há que distinguir, todavia, a exclusividade *industrial* da exclusividade *comercial*. Aquela é a do produtor privativo no País; esta é a dos vendedores e representantes na praça. Quando se trata de *produtor* não há dúvida possível: se só ele produz um determinado material, equipamento ou gênero, só dele a Administração pode adquirir tais coisas. Quando se trata de *vendedor* ou *representante comercial* já ocorre a possibilidade de existirem vários no País e, neste caso, considera-se a *exclusividade na praça de comércio* que abranja a localidade da licitação. O conceito de exclusividade comercial está, pois, relacionado com a área privativa do vendedor ou do representante do produtor".

168 A respeito do art. 25, II, da Lei nº 8.666/93, convém transcrever parte do voto proferido pelo Ministro Carlos Átila Álvares da Silva, que diz: "Note-se que o adjetivo 'singular' não significa necessariamente 'único'. O dicionário registra inúmeras acepções, tais como: invulgar, especial, raro, extraordinário, diferente, distinto, notável. A meu ver, quando a lei fala de serviço singular, não se refere a 'único', e sim a 'invulgar, especial, notável'. Escudo essa dedução lembrando que na lei não existem disposições inúteis. Se 'singular' significasse 'único', seria o mesmo que 'exclusivo', e, portanto, o dispositivo seria inútil, pois estaria redundando o inciso I imediatamente anterior.

Portanto, no meu entender, para fins de caracterizar a inviabilidade de competição e consequentemente a inexigibilidade de licitação, a notória especialização se manifesta mediante o pronunciamento do administrador sobre a adequação e suficiência da capacidade da empresa para atender ao seu caso concreto. Logo, num determinado setor de atividade, pode haver mais de uma empresa com ampla experiência na prestação de um serviço singular, e pode, não obstante, ocorrer que, em circunstâncias dadas, somente uma dentre elas tenha 'notória especialização': será aquela que o gestor considerar a mais adequada para

Simples é entender o que são serviços de *natureza singular* se imaginarmos, por exemplo, a feitura do Aterro do Flamengo, cujo parque exigiu do órgão responsável pela obra não um serviço de rotina de jardineiros, que têm por hábito apenas manter praças e jardins, embora tal órgão os possuísse em seu quadro, mas sim de profissionais especializados para fazer um parque com aquela amplitude, daí ter sido Burle Max contratado para este serviço singular.

Antes, se o serviço não fosse de natureza singular, não se podia contratar diretamente com o profissional, com base na inexigibilidade. Então, se um município quer fazer um jardim numa área que restou de uma construção, é lógico que esse serviço não é singular, sendo exigível a licitação. Todavia, esta regra da singularidade não está mais vigorando com a Lei 14.133/21.

Outro exemplo nos é ofertado pelo professor Marcos Juruena Villela Souto, ao tratar da situação com a contratação, pelo Estado do Rio de Janeiro, dos serviços do arquiteto Oscar Niemeyer para projetar os CIEPs, dado que, além de notória especialização comprovada pela larga experiência que tem na construção de grandes monumentos da arquitetura nacional, a qualidade de seu trabalho é diferenciada, estando dentre as melhores e mais consagradas do Brasil.[169]

Neste caso, não há a possibilidade de se promover uma licitação pelo fato de que, sendo de se exigir a contratação de um profissional com todas as qualificações de Oscar Niemeyer, deve-se reconhecer que o mesmo não se sujeitará a participar de certames licitatórios e arriscar perder a competição, manchando seu nome no mercado. Já que esses profissionais de alto gabarito não se submetem a concursos e, por outro lado, não se pode prescindir de seu nível de atuação, fica inviabilizada a licitação, podendo ser efetuada a contratação direta na forma do art. 74, III da Lei 14.133/21.

É de se ver, ainda, que o julgamento desse tipo de competição não teria como ser objetivo, até pelo fato de que não se estaria julgando uma proposta mais vantajosa, de modo a se empregar a objetividade exigida pela Lei, mas a qualidade pessoal do competidor, o que necessariamente se faria de acordo com critérios subjetivos, não admitidos pelo legislador.

Por tudo isso, demonstra-se, inequivocamente, que não é viável promover-se uma competição nesses casos, razão pela qual o legislador as cita como hipóteses de inexigibilidade.

Ademais, o legislador fez questão de excluir da possibilidade de afastamento da licitação, com base no art. 74, III da Lei 14.133/21, os serviços de publicidade e divulgação, isto em razão dos abusos que eram cometidos no passado. Mas, ainda assim, como bem ressaltou o professor Marçal Justen Filho, é criticável a solução legal, em razão da impossibilidade de se selecionar o melhor competidor, visto que não há como se recorrer a critérios objetivos. Pior do que promover a contratação direta em nome do princípio da impessoalidade, é licitar sem a possibilidade de estabelecer critérios objetivos de julgamento, já que, neste contexto, se gasta dinheiro com o certame e a sua finalidade não é atingida.

Questão que tem dado azo a várias discussões é a relativa à contratação de serviços de advocacia, com base no art. 74, III da Lei 14.133/21. Seria esta hipótese viável de ocorrer?

Grande parte da doutrina tem se colocado contra isso, especialmente quando o ente contratante tem um corpo de procuradores selecionados em um rigoroso concurso público, que atesta a qualidade dos mesmos. Mas, mesmo na hipótese de não haver uma procuradoria na entidade contratante, fica difícil vislumbrar, na maioria dos casos, a impossibilidade de se promover uma competição entre os profissionais do Direito.

Quem poderia negar que o ajuizamento de uma execução fiscal, por exemplo, é serviço de notória simplicidade e, portanto, não se pode enquadrar na hipótese do dispositivo legal em apreço? Mais ainda seria a contratação, por um Município do Estado do Rio de Janeiro, de um escritório de advocacia para fazer o simples acompanhamento processual dos casos que tramitam em Brasília. Qualquer profissional de mediana qualidade poderia desempenhar esta função, sendo de se admitir, nestes casos, a realização de uma licitação.

---

prestar os serviços previstos no caso concreto do contrato específico que pretender celebrar. Ressalvadas sempre as hipóteses de interpretações flagrantemente abusivas, defendo assim a tese de que se deve preservar margens flexíveis para que o gestor exerça esse poder discricionário que a lei lhe outorga". (Processo nº TC-010.578-95-1. *BLC*, nº 03/96, p. 122-134).

169 SOUTO, *op. cit.*, p. 167.

Diferente seria, contudo, a contratação de um parecer sobre um caso complicado e inusitado, cuja solução está no desenvolvimento de uma doutrina dominada de forma indelével por um determinado jurista. Neste caso, de excepcional complexidade, exigir-se-á a contratação de um profissional especializado, de notório reconhecimento e cujos serviços são destacados por sua enorme qualidade técnica e grande aceitação nos Tribunais do País. Não há dispensa neste caso; o que há é a inexigibilidade da licitação.

Vale aqui, a respeito do tema, mencionar importante precedente da alínea "e" do inciso III do art.º 74 da <u>Lei 14.133/21</u>, que permite o patrocínio ou defesa de causas judiciais ou administrativas, a inexigibilidade da licitação, para contratação de advogado e contador pela Administração Pública, por considerar tal serviço de natureza técnica e singular, desde que comprovada a notória especialização. Portanto, deixa de exigir a natureza singular do serviço (art. 74, parágrafo 3°). Por isso, a lei considerou a inexigibilidade da licitação, para contratação de advogado e contador pela Administração Pública, por considerar tal serviço de natureza técnica e singular das aludidas profissões, se for comprovada a notória especialização. Portanto, essa lei considera que o trabalho dos advogados e dos contadores precisa ser de confiança do gestor público que vai contratá-los, reconhecendo, portanto, a singularidade dessas atividades, caso os entes federativos não disponham, em seu quadro, de procuradores concursados.

<u>Vale comentar, no entanto, que, para caracterizar o serviço do advogado como singular, não pode se tratar de tema vulgar que qualquer advogado conheça, mas requerendo grandes complexidades. Não há mais o caráter da singularidade na licitação inexigível.</u>

<u>Por exemplo, a contratação de advogado para o patrocínio de determinada causa, que verse sobre os interesses vitais do Estado perante Corte Internacional. É imprescindível, que haja um conhecimento especializado, demonstrando a singularidade do serviço a ser prestado em prol do Estado.</u>

Por fim, é importante frisar que não há como burlar, no tocante à escolha do contrato e no que concerne ao preço a ser pago na contratação.

Vale aqui, a respeito do tema, mencionar importante precedente da alínea "e" do inciso III do art. 74 da Lei 14.133/21, <u>que permite o patrocínio ou defesa de causas judiciais ou administrativas, a inexigibilidade da licitação, para contratação de advogado e contador pela Administração Pública, por considerar tal serviço de natureza técnica e singular, desde que comprovada a notória especialização.</u>[170]

<u>Portanto, deixa de exigir a natureza singular do serviço (art. 74, parágrafo 3°). Por isso, a lei considerou a inexigibilidade da licitação, para contratação de advogado e contador pela Administração Pública, por considerar tal serviço de natureza técnica e singular das aludidas profissões, se for comprovada a notória especialização. Portanto, essa lei considera que o trabalho dos advogados e dos contadores precisa ser de confiança do gestor público que vai contratá-los, reconhecendo, portanto, a singularidade dessas atividades, caso os entes federativos não disponham, em seu quadro, de procuradores concursados.</u>

Vale comentar, no entanto, que, para caracterizar o serviço do advogado como singular, não pode se tratar de tema vulgar que qualquer advogado conheça, mas requerendo grandes complexidades. Não há mais o caráter da singularidade na licitação inexigível.

É importante destacar que o § 4° do art. 74 alerta para a vedação de subcontratação de empresas ou atuação de profissionais distintos daqueles que justificaram a inexigibilidade, em relação à contratação direta de serviços técnicos especializados de natureza predominantemente intelectual cm profissionais ou empresas de notória especialização. Reitere-se, a subcontratação será proibida no caso de pessoa jurídica (empresa) contratada que substituir os profissionais integrantes do quadro de sua equipe técnica, ainda que por outros de igual especialização. A contratação, seja de pessoa jurídica seja física, será personalíssima e, nesse ponto, digamos que a Lei 14.133/21 inovou satisfatoriamente.

---

170 "É plenamente possível a contratação de advogado particular para a prestação de serviços relativos a patrocínio de causas judiciais ou administrativas sem que para tanto seja realizado procedimento licitatório prévio. Todavia, a dispensa de licitação depende da comprovação de notória especialização do prestador do serviço e de singularidade dos serviços a serem prestados, de forma a evidenciar que o seu trabalho é o mais adequado para a satisfação do objeto contratado, sendo inviável a competição entre outros profissionais" (Agravo de Instrumento do Recurso Especial nº 1.520.982/SP, Min. Rel. SÉRGIO KUKINA. DJe 08-05-2021).

Outras hipóteses novas de inexigibilidade de licitação foram acrescidas pela Lei 14.133/21, no art. 74, incisos IV e V, nesta ordem: a licitação é inexigível para objetos que devam ou possam ser contratados por meio de credenciamento, e para aquisição ou locação de imóvel cujas características de instalações e de localização tornem necessária sua escolha. Com relação às contratações que se fundarem na aquisição ou locação de bem imóvel, deverão ser observados os requisitos de: 1) avaliação prévia do bem, do seu estado de conservação, dos custos de adaptações, quando imprescindíveis às necessidades de utilização, e do prazo de amortização dos investimentos; 2) certificação da inexistência de imóveis públicos vagos e disponíveis que atendam ao objeto; 3) justificativas que demonstrem a singularidade do imóvel a ser comprado ou locado pela Administração e que evidenciem vantagem para ela (art. 74, § 5º, da Lei 14.133/21).

Já em relação à aquisição de objetos que devam ou possam ser contratados através de credenciamento, a licitação será inexigível quando ficar constatada a inviabilidade de competição entre os interessados, ainda que as circunstâncias não se encontrem expressamente descritas no texto legal. A sua ideia, portanto, não é taxativa e, sim, exemplificativa. Por isso, recorremo-nos a doutrina, quando apresenta os pressupostos de existência da licitação, ensinando que na ausência de qualquer deles, o procedimento licitatório se torna inexigível. Matheus Carvalho aponta-nos os três pressupostos, quais sejam:

> a) Pressuposto lógico: pluralidade de bens e de fornecedores do bem ou do serviço. Não é possível a realização de licitação para contratação de bens que possuam um único fornecedor ou para aquisição de um bem singular, que não possua qualquer outro similar no mercado. Considere-se, por exemplo, que a Administração Pública, para inauguração de um museu de história brasileira, necessita adquirir um objeto pessoal de uma figura histórica, com a intenção de compor o acervo da entidade. Nesses casos, o bem a ser adquirido não entra similaridade no mercado e a contratação somente pode ser efetivada com o proprietário.

> b) Pressuposto jurídico: trata-se da demonstração de interesse público na realização do certame. A licitação não é um fim em si mesmo, é um meio para atingir o interesse público. Se a licitação for de encontro ao interesse público, não será exigível licitar. Nesse sentido, pode-se citar como exemplo entendimento do TCU que vê que, de fato, as empresas estatais precisam licitar, mas deve-se admitir exceção. Quando a empresa estatal, exploradora de atividade econômica, lícita para contratações referentes à sua atividade-fim, está sendo impedida de concorrer com igualdade no mercado. Isso porque a rapidez d mercado não se coaduna com a burocracia da licitação e a realização do procedimento licitatório e, então, iria de encontro ao interesse público. O TCU entende que não é preciso realizar procedimento licitatório, por motivo de inexigibilidade, uma vez que não há interesse público na licitação.

> c) Pressuposto fático: trata-se da desnecessidade de contratação específica. Ou seja, o Poder Público deve satisfazer as suas necessidades com qualquer produto ou serviço presente no mercado, não dependendo de um bem ou serviço específico. Nos casos em que há necessidade de contratação específica, a licitação será inexigível. Pode-se citar o seguinte exemplo. O Estado precisa contratar o melhor advogado tributarista do Brasil para defendê-lo em uma demanda que envolve milhões de reais. Não seria possível fazer uma contratação direta para qualquer causa.

Mas uma antiga e controversa hipótese permaneceu na lei atual, que vem a ser o caso de inexigibilidade que trata da "contratação de profissional de qualquer setor artístico, diretamente ou através de empresário exclusivo, desde que consagrado pela crítica especializada ou pela opinião pública", prevista no art. 74, II, da Lei 14.133/21.

Isto porque nada mais difícil do que se avaliar um expoente do setor artístico. O que é a boa música, em especial num País de tanta diversidade e mistura cultural como o nosso? E o teatro? Melhores são as peças clássicas ou, por outro lado, as mais populares? E dentre as clássicas ou populares, qual deve ser contratada?

Definitivamente, não há critérios que possam ser objetivamente fixados para se dizer qual o melhor artista, de modo a se viabilizar a realização uma licitação, razão pela qual a Lei reconheceu, para a contratação desse gênero de serviços, a inexigibilidade do certame. Entretanto, há condições legais para que se efetive a contratação direta.

Em primeiro lugar, deve haver um único empresário do artista. Se o artista tem, por exemplo, três empresários, que ganham comissão pelos seus serviços, seria viável o estabelecimento de uma competição entre os mesmos, a fim de se obter a melhor proposta com relação ao preço. Mas se, diferentemente, o artista só tem um empresário, inviabiliza-se a competição. Neste caso, a contratação se faz com inexigibilidade de licitação.

Outro ponto exigido pelo legislador é o referente à consagração do artista junto à crítica especializada ou ao público. Vale uma coisa ou outra. Não raro o artista estar muito bem cotado perante o seu público alvo e, dada a péssima qualidade de seu trabalho, a crítica especializada o detona nas publicações do gênero. Isto não é difícil de imaginar, mormente em tempos de baixíssima qualidade e sensibilidade artística.

O importante é que, numa hipótese ou noutra, será viabilizada a contratação direta. Esta ficará vedada quando, apesar da inequívoca qualidade artística de um determinado sujeito, ninguém o reconhecer, por ainda não ter chegado à mídia ou, de outra forma, ao conhecimento do público ou da crítica.

Aliás, a título ilustrativo, esse inciso II do art. 74 ficou famoso depois do incidente entre Paulinho da Viola e o Prefeito, depois da festa de *réveillon*, promovida pela Prefeitura, nas areias de Copacabana. Isto veio à tona porque o artista contratado declarou à imprensa que seu cachê teria sido muito aquém do que ele deveria receber. Só que o chefe do Executivo, com respaldo na Lei, contrata diretamente quem ele achar conveniente, desde que seja o artista consagrado pela crítica especializada. O valor recebido pelo cantor e compositor, neste caso, é outra história, mesmo porque ele aceitou a contratação naqueles termos. Contraponto a legalidade foi o fato de o Prefeito contratar, para a mesma festa, uma empresa de *shows*, sem licitação, quando havia a possibilidade de competição. E isto sim é que é ilegal.

Em outro caso, por maioria, a 1ª turma do STF rejeitou denúncia contra agentes públicos de Joinville/SC e escritório de advocacia por contratação direta da banca, sem licitação, para retomada pelo município dos serviços de água e saneamento básico.

No caso, a empresa responsável pelo setor tinha contrato há mais de 30 anos com o município. A má execução do serviço levou o prefeito a consultar a procuradoria acerca da rescisão do contrato e da necessidade de consultoria especializada para tanto.

Dois pareceres de procuradores de Joinville foram positivos pela contratação, entendendo que a singularidade dos serviços estava satisfeita para a dispensa da licitação. O escritório contratado cobrou R$ 300 mil pelos serviços.

Ao votar, o ministro Barroso, relator, destacou inicialmente a "grande relevância até pela recorrência da matéria" e citou os parâmetros sob os quais deve ocorrer a contratação direta sem licitações.

Barroso concluiu pela rejeição da denúncia ao considerar que a singularidade do caso, que enseja a contratação de escritório especializado, estava demonstrada.

"A especialização do escritório está demonstrada, com expertise em outros locais e fora de dúvida. A retomada de concessão que vigorava há mais de 30 anos e com resistência à rescisão demonstra a singularidade".

O relator assinalou que a contratação do serviço de advocacia pressupõe um "teor mínimo de confiança na expertise e pessoal do advogado. E o preço cobrado pelo escritório foi modesto, quase *pro bono*".

Durante o relatório, Barroso afirmou que o MP não negou a notória especialização do escritório, apenas que o trabalho jurídico na retomada do saneamento é de natureza ordinária e não justificaria a contratação nos termos da lei de licitação. Assim, por falta de justa causa, rejeitou a denúncia.

Autor do voto divergente, o ministro Marco Aurélio, presidente da turma, consignou que "no âmbito da própria prefeitura tinha-se um corpo jurídico remunerado pelos munícipes e que esse corpo há de se presumir estaria à altura de conduzir a defesa do município na retomada dos serviços de fornecimento de água e saneamento básico".

O relator foi seguido pelos ministros Rosa da Rosa, Luiz Fux e Dias Toffoli, este último assinalando inclusive que estava diante de "verdadeiro abuso de denunciar" do *parquet*.

Após verificadas as hipóteses de dispensa e de inexigibilidade de licitação previstas na Lei nº 14.133/21, chamamos a atenção, mais uma vez, que é muito comum deparar-se em concurso, de provas de múltipla escolha, com a seguinte questão: de todas as hipóteses, que aquelas que não constituem inexigibilidade de licitação, questão para a qual há muitas alternativas de respostas.

No entanto, para assinalar a resposta correta, melhor que decorar todos os incisos que a Lei nº 14.133/21 dispõe, basta entender a diferença entre os dois institutos – dispensa e inexigibilidade.

Assim, a doutrina costuma afirmar que toda a licitação tem um pressuposto lógico, sendo de se imaginar, então, que não se faria licitação para adquirir o único bem do mercado, como a espada de D. Pedro I, por exemplo, embora existirem outras espadas à venda no mercado. Porém, pela natureza histórica intrínseca àquela espada, ela é única, ela é um objeto singular, como diz a doutrina. Então, para que fazer a licitação? Não tem como.

Outro caso é quando determinados bens pertençam a uma só pessoa ou a um único fornecedor. Nestes casos, também não há como se fazer a licitação porque só uma pessoa possui ou fabrica e vende aquele bem. O que pode ocorrer é que essa pessoa fabrique e tenha vendedores comerciais que tenham um preço melhor e, aí sim, pode-se fazer a competição. Ou seja, onde for possível a competição é possível a licitação.

O § 2º do art. 74 assim nos revela:

"§ 2º Para fins do disposto no inciso II do *caput* deste artigo, considera-se empresário exclusivo a pessoa física ou jurídica que possua contrato, declaração, carta ou outro documento que ateste a exclusividade permanente e contínua de representação, no País ou em Estado específico, do profissional do setor artístico, afastada a possibilidade de contratação direta por inexigibilidade por meio de empresário com representação restrita a evento ou local específico".

A lei trouxe uma grande mudança nesse quesito de inexigibilidade de licitação em comparação com a anterior, ao formalizar que à representação do profissional esteja condicionada uma exclusividade permanente e contínua. Nesse caso, não devemos negar que, os princípios da isonomia e da igualdade de oportunidades estejam aqui ameaçados sob o fulcro de que, apesar da lei valorizar a atividade do representante do artista, por outro lado, dificuldade a contratação daquele que não detém uma representação permanente por não haver conquista um reconhecimento amplo do público e da mídia.

Por sua vez, o § 3º do mesmo artigo 74 apresenta o seguinte regramento:

"§ 3º Para fins do disposto no inciso III do *caput* deste artigo, considera-se de notória especialização o profissional ou a empresa cujo conceito no campo de sua especialidade, decorrente de desempenho anterior, estudos, experiência, publicações, organização, aparelhamento, equipe técnica ou outros requisitos relacionados com suas atividades, permita inferir que o seu trabalho é essencial e reconhecidamente adequado à plena satisfação do objeto do contrato".

Como já vimos anteriormente, a Lei 14.133/21, diferentemente da Lei 8.666/93, dispensou a exigência da *singularidade do serviço*, desconsiderando por isso mesmo o entendimento já pacificado pelas Cortes do Poder Judiciário e Tribunal de Contas da União acerca da possibilidade de contratação direta de advogados por inexigibilidade de licitação somente quando demonstrada a singularidades de seus serviços. No entanto, a nova Lei de Licitações adotou um posicionamento de política legislativa condizente com o adotado anteriormente pela Lei 13.303/16 ao também abolir o requisito de singularidade dos serviços técnicos especializados contratados pelas empresas estatais.

São brilhantes as considerações de José Calasans Junior[171] neste momento de nosso estudo:

---

171 CALASANS JUNIOR, José. Manual da Licitação: com base na Lei nº 14.133, de 1º de abril de 2021. 3 ed. São Paulo: Barueri, Editora Atlas, 2021. p. 130-131.

"Uma vez que o requisito da singularidade foi afastado, não há razão que justifique a inexigibilidade da licitação para a contratação desses serviços, não só porque a existência de mais de um profissional, ou empresa, atuante no segmento da atividade permite a competição (que é o pressuposto constitucional da licitação), como também porque a avaliação do outro requisito (notória especialização) não configura exclusividade e não atende plenamente ao princípio do julgamento objetivo.

A análise de algumas situações hipotéticas ajudará o leitor a entender o argumento exposto. Imagine-se que a Prefeitura de uma capital pretenda contratar um advogado para defendê-la (hipótese da alínea "e", do inciso III, do art. 73) em uma ação judicial de indenização por acidente ocorrido em uma ia pública avariada e não sinalizada, de que resultaram danos em um veículo de terceiro. Considere-se que nessa capital existem vários profissionais especializados em matérias de Direito Civil e Direito Processual Civil, alguns deles reconhecidamente exitosos em casos similares, de responsabilidade civil. Em tal situação, indaga-se: poderá a autoridade municipal escolher um desses profissionais (o advogado "A", por exemplo), desprezando os demais, igualmente conceituados como experts em questões desse tipo? A resposta negativa mostra-se óbvia. Em tal hipótese, parece inquestionável que a contratação direta do advogado "A" desatenderia a três princípios fundamentais da licitação: o da impessoalidade, o da isonomia e o da competitividade.

Considere-se, agora, outra hipótese: uma prefeitura do interior do Estado, que não dispõe de quadro de procuradores, precisa contratar um advogado para defendê-la em uma ação de indenização similar à figurada acima. No entanto, na cidade existe, apenas, um advogado que atua na área de Direito Civil, em processos de responsabilidade civil. Pode o prefeito municipal contratá-lo por inexigibilidade de licitação? Claro que sim, porque na hipótese, a inexistência de outros profissionais do ramo torna impossível a competição (art. 74, *caput*).

Na primeira situação figurada, a prefeitura da capital somente poderá formalizar a contratação direta do advogado "a" se demonstrar que, pela "notória especialização" desse profissional, e pelo seu "desempenho anterior" em casos de mesma natureza, revela-se o mais qualificado para obter o resultado favorável desejado, ainda que tal resultado não dependa, exclusivamente, da "capacidade" e da atuação do advogado. Então, a contratação dar-se-ia por dispensa de licitação, nunca por inexigibilidade desse procedimento administrativo".

Nessas hipóteses que aqui observamos, onde todos os bens pertençam a uma pessoa ou este bem seja o único no mercado, a hipótese é de integridade da competição. Não tem por que se fazer licitação nestes casos. Como só vamos dispensar aquilo que é possível, aquilo que é impossível não se dispensa, ou seja, a licitação simplesmente não se realiza. As hipóteses mencionadas são de inexigibilidade de licitação. A dispensa ocorre nas hipóteses em que o legislador, por motivos relevantes, optou por uma faculdade do administrador. Ele realiza ou não a licitação.

Resumindo: toda licitação tem um pressuposto lógico, sendo este uma pluralidade de ofertantes e de bens, caso contrário haverá objeto singular ou fornecedor exclusivo, não havendo possibilidade de competição. Como só se dispensa o que pode acontecer, tais hipóteses correspondem a de inexigibilidade de licitação.

Tecnicamente, seria esta a diferença entre a inexigibilidade e a dispensa. Na inexigibilidade não existe possibilidade de competição, ou por todos os bens pertencerem a um indivíduo ou por haver um único bem no mercado, caso em que a licitação seria inviável.

De importância também é guardar que a dispensa e a inexigibilidade só liberam da licitação porque a contratação passa a ser direta. No entanto, não liberam da verificação de documentação pela Administração, ou seja, se a empresa está quite com as suas obrigações, se tem balanço econômico suficiente para realizar a atividade, se está em dia com o INSS, com o FGTS, e isto não pode deixar de ser cobrado. A dispensa e a inexigibilidade só liberam da competição. Então, mesmo que a Administração contrate diretamente uma empresa, esta terá que comprovar os requisitos da habilitação, sob pena de não poder contratar com o Poder Público.

12.1. Esclarecimentos necessários

Dispensa e inexigibilidade têm duas diferenças básicas. A primeira, quanto à utilização, e a segunda, quanto ao rol dos dispositivos legais.

Quanto à utilização porque enquanto a dispensa tem uso facultativo, a inexigibilidade é obrigatória. A dispensa é uma faculdade do administrador. O fato de que a lei elenca situações de dispensa, não significa que, em momento algum, esteja forçando o administrador fazê-lo. O próprio *caput* do art. 75 nos leva a esse raciocínio porque não diz textualmente que seja obrigatória. O administrador goza de discricionariedade. Se, mesmo dispensado, achar que deve licitar, nada o impedirá.

Na inexigibilidade, é diferente. Existe uma obrigatoriedade expressa, quando dispõe sobre "inviabilidade de competição". Qual a alma da licitação, por que se faz a licitação? Para estimular uma competição, e diante desta competição, conseguir um preço mais favorável à Administração. Então licitação significa competição. Se a licitação é inexigível quando houver inviabilidade de competição, então a licitação é inviável. O exemplo clássico está no inciso I do art. 74: produtor exclusivo. Se for exclusivo, é porque só existe um. Então para que licitar? Contrata-se diretamente.

Outras situações existem que também justificam a inexigibilidade, mesmo em se tratando de várias pessoas. É o caso da inauguração de uma obra, no qual se deseja contratar um grande artista para fazer o show. Não há critério objetivo nessa escolha, pode ser Gil, Caetano, Chico Buarque, não há competição. Conclui-se que a inexigibilidade não está necessariamente ligada à presença de apenas uma pessoa que faça o serviço, mas sim à inviabilidade da competição.

A segunda diferença entre dispensa e inexigibilidade está no elenco de situações. Há entendimento pacífico de que o rol do art. 75 é taxativo, sendo até mesmo rotulado como norma geral, já que, indiretamente, protege o princípio da licitação obrigatória. Visa evitar que a licitação venha a ser agredida com frequência por portarias, resoluções etc.

Já o rol do art. 74 é exemplificativo, como se percebe pela utilização da expressão "em especial" que consta no seu *caput*. Menciona as três situações mais comuns, mas não fecha o leque. Assim, em qualquer situação em que se comprove ser inviável a competição, mesmo que não prevista em nenhuma delas, é caso de inexigibilidade, podendo-se contratar diretamente.

Vale frisar que, tanto a dispensa quanto a inexigibilidade necessitam de autorização da autoridade superior (art. 72, VIII, Lei 14.133/21), como também de processos administrativos que as justifiquem. O artigo refere-se a "processo", mas, na verdade, é um ato administrativo composto. Uma comissão analisará esse processo e, após sua aprovação, remeterá para ser ratificado pela autoridade superior. Ambos renunciam à competitividade, mas não significa que a habilitação seja liberada. Toda documentação há de se exigida, em especial, CND (perante o INSS) e CRS (perante o FGTS).

A Professora Di Pietro escreveu um livro composto de pareceres da USP sobre temas polêmicos em licitações. Um deles diz respeito à consequência que terá um ato administrativo que autoriza a não realização do certame licitatório, caracterizado como dispensa, quando, de fato, trata-se de inexigibilidade. Ou seja, o servidor conduziu o processo de afastamento como se fosse dispensar (ou vice-versa), foi publicado como tal, e o interessado contratado diretamente. Mas, ao final, conclui-se que era caso de inexigibilidade. Como resolver? Para ela o ato deve ser anulado, pois não é sanável. Tudo será desfeito, e o processo começará novamente do início.

Não é esse, entretanto, nosso entendimento. O objetivo fim de ambos é a contratação direta, e esta acontecerá. Como o equívoco foi na denominação, basta que se faça a conversão de um em outro, publicando-se no Diário Oficial: "onde se lê dispensa, entenda-se inexigibilidade". Desta forma atende-se ao princípio da economia dos atos administrativos, e o conteúdo não será em nada alterado. Não se trata de sanatória, já que não há vício de competência (a autoridade superior ratificou), nem de forma (houve o procedimento administrativo). A medida cabível é a conversão, pois se trata de conteúdo, de objeto. O servidor público errou.

Portanto, como brilhantemente resume Matheus Carvalho[172] em quadro comparativo:

Inexigibilidade: art. 74	Dispensa: art. 75
Sempre que a competição for impossível, a licitação será inexigível. As hipóteses na lei não são taxativas, mas meramente exemplificativas. Mesmo que a circunstância não esteja disposta expressamente no texto legal, a licitação será inexigível quando for inviável a realização de competição entre interessados.	Nas situações de dispensa é plenamente possível competir, mas a lei diz que é dispensada a licitação. Somente a lei pode trazer as hipóteses de dispensa, não podendo haver definição de novas hipóteses por atos administrativos específicos ou decretos. As hipóteses da Lei são taxativas/exaustivas.

13. LICITAÇÃO VEDADA

Apesar de o artigo mencionar "salvo nos casos em que for tecnicamente justificável", não há impedimento. Se for provado que escolha de determinada marca (havendo outras similares) é justificável porque torna o projeto viável, não se ferirá a lei. É o caso, por exemplo, de um projeto de padronização, onde uma marca é escolhida para ser utilizada em todas as obras. Não é uma escolha arbitrária, foi feito um estudo que justificou esta decisão. É possível a escolha da marca, o que é vedado é a escolha arbitrária, sem motivação, sem fundamento técnico que o justifique.

A dispensável e a inexigível são as mais conhecidas. Não confundir licitação dispensada com dispensável (dispensa de licitação), cada uma prevista em dispositivo legal próprio.[173]

14. FORMALIDADES PARA A CONTRATAÇÃO DIRETA

Embora a regra geral seja a de que os contratos administrativos devam ser precedidos de licitação, em algumas hipóteses, como vimos anteriormente, a nova Lei cuida de alinhavar sua desnecessidade. Assim, nem todo contrato administrativo é precedido de licitação e, quando isto ocorre, fala-se em *contratação direta*, que decorrem das situações já verificadas.

Dessa forma, mesmo que esteja a Administração Pública autorizada por lei a contratar diretamente sem a realização de licitação, quer por dispensa quer por inexigibilidade, é de se ver que sua atuação administrativa deverá estar sempre pautada, e vinculada, portanto, no sentido de realizar o interesse público. Por isso, sempre que estiver configurada a situação de dispensabilidade ou inexigibilidade, da Administração são exigidos alguns requisitos antes de formalizar o contrato sem licitação.

Em primeiro lugar, deverá a Administração abrir um processo administrativo a fim de evidenciar as razões que deram ensejo a essa opção, a razão da escolha deste ou daquele contratado, a compatibilidade

---

172 CARVALHO. Matheus. Manual de Direito Administrativo.

173 Como não existe mais o chamado regime de "administração contratada", o parágrafo 5º do art. 7º, que se refere a licitação vedada, está revogado na sua parte final, sendo válido apenas até o termo "justificável". Fazer remissão ao art. 6º, VIII, c, que foi vetado exatamente porque tratava de administração contratada.

do preço ajustado com as condições do mercado e, no caso de dispensa fundada no art. 75, IV, "c", da Lei 14.133/21, a aprovação do projeto de pesquisa pela entidade competente.

Desse modo, ainda que se trate de contratação direta, esse é o entendimento do professor Marçal Justen Filho:

> [...] os casos de dispensa e inexigibilidade de licitação envolvem, na verdade, um procedimento especial e simplificado para seleção do contrato mais vantajoso para a Administração Pública. Há uma série ordenada de atos, colimando selecionar a melhor proposta e o contratante mais adequado. "Ausência de licitação" não significa desnecessidade de observar formalidades prévias (tais como verificação da necessidade e conveniência da contratação, disponibilidade de recursos etc.). Devem ser observados os princípios fundamentais da atividade administrativa, buscando selecionar a melhor contração possível, segundo o princípio da licitação.[174]

E, mais adiante, arremata o supracitado professor, dizendo:

A Administração deverá definir o objeto a ser contratado e as condições contratuais a serem observadas. A maior diferença residirá em que os atos internos conduzirão à contratação direta, em vez de propiciar prévia licitação. Na etapa externa, a Administração deverá formalizar a contratação.[175]

A Assessoria Jurídica da Administração deve emitir parecer aprovando ou não as minutas dos contratos e razões da contratação direta. Este parecer jurídico tem como fundamento conferir higidez jurídica a procedimento que é exceção à regra de licitar.

Depois disso, o processo será remetido à autoridade superior (ou a outra que tenha recebido delegação para tanto) no prazo de 3 (três) dias. Essa autoridade avaliará a documentação e, concordando com as razões expostas, ratificará e fará publicar na imprensa oficial, no prazo de 5 (cinco) dias, um aviso da medida tomada.

Essas providências se destinam a inibir, pela publicidade, a atuação inescrupulosa de certos agentes públicos que, em detrimento da Administração, formulam contratos administrativos com particulares para auferirem vantagem pessoal. Não obstante, caracterizada a indevida atuação da Administração, responderá o agente responsável pelos danos suportados pelo Estado, além das demais sanções aplicáveis, tanto na esfera administrativa quanto na esfera penal (art. 73 da Lei 14.133/21).

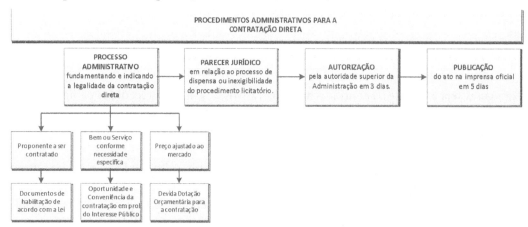

15. DESENVOLVIMENTO DO PROCEDIMENTO LICITATÓRIO

Como já mencionamos outrora, enquanto procedimento administrativo, a licitação consiste de uma série de atividades e a prática de um conjunto ordenado de atos tendentes a alcançar um único resultado: escolher a

---

174 JUSTEN FILHO. *Comentários...*, *op. cit.*, p. 295-296.
175 *Ibidem*, p. 297.

melhor proposta para um contrato de interesse da Administração, dando a oportunidade a todos os interessados que preencham os requisitos estabelecidos na lei e no instrumento convocatório.

Sendo assim, o procedimento licitatório se inicia sempre com a constatação de que há necessidade de a Administração contratar para a aquisição de bens, serviços ou obras ou, ainda, vender seus bens. Enfim, inicia-se pela identificação da necessidade de se celebrar um contrato. É neste momento que se define o objeto do contrato que se pretende celebrar.

Para tanto, as atividades são praticadas pela Administração, como dissemos, de maneira ordenada, cujo procedimento possui uma sequência de atos a serem observados e que a doutrina costuma agrupá-los, tradicionalmente, em duas grandes fases – interna e externa –, que passamos a conferir, em seguida.

15.1. Fase interna

O primeiro passo é a formulação da necessidade de contratar num documento escrito pelo setor interessado, a fim de que seja encaminhado à autoridade competente para autorizar a instauração do procedimento licitatório. Neste processo, o objeto já deverá estar adequadamente definido, tanto com relação a prazos, a quantidades, a qualidade do bem, serviço ou obra e tudo o mais que deva constar do edital que futuramente será publicado.

A requisição do bem, serviço ou obra deverá ser acompanhada de uma estimativa de preços, que será composta com base em pesquisa mercadológica. Além de ser importante para se verificar as condições orçamentárias para fazer frente às despesas decorrentes, importa para definir-se, por exemplo, a modalidade de licitação a ser adotada pela Administração se for o caso de definição, levando-se em conta o valor do contrato.

Marcos Juruena Villela Souto ressalta a conveniência de se ter a atividade de aquisição de bens, serviços e obras concentrada em um determinado setor, para que se mantenha um controle das necessidades da instituição e, consequentemente, possa-se administrar com mais eficiência essas demandas.[176]

Passada essa fase, deve-se verificar se é caso de dispensa ou inexigibilidade de licitação, caso em que se adota o procedimento estabelecido pelo art. 72 da Lei 14.133/21, tal qual mencionado no item 11 desse trabalho. Não sendo o caso, parte-se para a aprovação prévia da licitação.

Como ensina o professor Marcos Juruena Villela Souto:

> A aprovação da licitação implica, automaticamente, no reconhecimento da: necessidade do objeto, em termos qualitativos, quantitativos e na oportunidade para a sua aquisição; adequada descrição do objeto do contrato a ser submetido à licitação; existência de previsão orçamentária e de recursos disponíveis para a aquisição.[177]

Hoje em dia, contudo, o art. 16, II, da Lei Complementar nº 101/00, a *Lei de Responsabilidade Fiscal*, exige que haja uma expressa declaração do ordenador de despesas no sentido de que a realização das despesas tenha adequação orçamentária. Assim, essa questão não mais está implícita na aprovação da licitação.

O passo seguinte é a elaboração da minuta do edital, sendo que o primeiro, como brilhantemente denominou o saudoso mestre administrativista Hely Lopes Meirelles de lei interna da licitação, até a sua vinculação ao procedimento licitatório, deverá conter todos os elementos mencionados no art. 25, § 9º, I e II, da Lei 14.133/21, incluído na Lei das Licitações pela Lei 13.500 de 2017 indicando que a Administração Pública poderá, nos editais de licitação para a contratação de serviço, exigir da contratada que um percentual mínimo de sua mão de obra seja oriundo ou egresso do sistema prisional, com a finalidade de ressocialização do reeducando, na forma estabelecida em regulamento.

É o edital um ato normativo em que a Administração divulga as regras que deverão ser aplicadas em determinado procedimento de licitação. Quanto a carta-convite, embora a Lei nada tenha especificado, é de bom tom que, apesar de mais simples, este contenha as informações que regerão o certame, seja sobre o procedimento em si, seja sobre o contrato que se pretende celebrar ao final.

---

176 SOUTO, *op. cit.*, p. 77.
177 *Ibidem*, p. 80.

Depois de elaborado o instrumento convocatório, este deverá ser submetido à apreciação da respectiva assessoria jurídica do órgão público competente, que dará parecer sobre a sua adequação com o Direito, quando, então, neste ponto, algumas informações devem ser registradas.

Cabe aqui frisar que a assessoria jurídica de que trata o dispositivo acima referido não é a Procuradoria do Estado ou do Município, e sim da Administração Pública. Isto se justifica, posto que alguns assessores jurídicos, geralmente nomeados para ocupar cargo em comissão, não têm o conhecimento técnico para tal tarefa (só no âmbito federal é que estes são servidores de carreira). Assim, atualmente, o assessor jurídico do órgão público tem que analisar e aprovar o edital, passando a ser responsável pela execução do mesmo, ficando solidário com aqueles que assinam o edital. No caso de o assessor jurídico não tiver o conhecimento necessário para dar um parecer, aí sim, ele manda para a Procuradoria do Estado, solicitando-o.

Sendo assim, o profissional da advocacia pública atua com independência nos procedimentos licitatórios, opinando sobre tudo o que lhe for submetido da forma que lhe pareça mais correta, podendo sugerir a alteração deste ou daquele item do edital, apontando-lhe o defeito ou a inconveniência. Enfim, tudo o que lhe pareça recomendável. Não obstante, é de se reconhecer que, no âmbito de algumas Administrações, há pressões fortes para que saia da Procuradoria um pronunciamento neste ou naquele sentido. Essas pressões não devem ser levadas em consideração, devendo o profissional atuar com destemor, preservando, assim, a sua respeitabilidade.

Por outro lado, há casos em que a Administração, por seguir a orientação do órgão jurídico, acaba sofrendo represálias do órgão de controle externo e este, por sua vez, pretende impor ao profissional sanções por ter dado interpretação diversa da adotada no âmbito dos Tribunais de Contas.

Essa situação trazia uma insegurança muito grande aos profissionais da advocacia pública, que sempre estavam temendo punições em razão dessas desarmonias hermenêuticas. Entretanto, vale transcrever o recente posicionamento do Supremo Tribunal Federal, que deu uma grande tranquilidade aos advogados públicos nos seguintes termos:

> Trata-se de mandado de segurança, com pedido de liminar, impetrado por RUI BERFORD DIAS E OUTROS, contra ato do TRIBUNAL DE CONTAS DA UNIÃO, que determinou a inclusão dos impetrantes como responsáveis solidários pelas ocorrências apuradas na Inspeção TC 001.318/2001-4, cujo objeto é o exame de contrato de consultoria firmado, de forma direta, pela Petróleo Brasileiro S.A. – Petrobrás. Inicialmente, dizem os impetrantes que o Tribunal de Contas da União, por meio de sua Primeira Secretaria de Controle Externo, realizou inspeção na Petrobrás para investigar possíveis irregularidades na contratação direta da empresa de consultoria internacional Arthur D. Little – ADL. Nesse contexto, ressaltam que a inspeção realizada pelo TCU teve como sucedâneo a impugnação da decisão dos administradores que realizaram o referido contrato e a responsabilização solidária dos impetrantes pela emissão de parecer jurídico favorável à dispensa e inexigibilidade de licitação no âmbito da contratação da empresa consultora. Sustentam, mais, em síntese, o seguinte: a) ausência de competência do Tribunal de Contas da União para julgar os atos dos impetrantes, dado que estes "não exercem qualquer função de diretoria ou execução administrativa, não ordenam despesas e não utilizam, gerenciam, arrecadam, guardam ou administram bens, dinheiros ou valores públicos. Não têm, assim, sequer o potencial de causar perdas, extravios ou outros prejuízos ao Erário no desempenho de suas atividades profissionais" (fl. 07); b) impossibilidade de responsabilização dos impetrantes por atos praticados no regular exercício de sua profissão, mormente porque, nos termos do Estatuto da Advocacia, a relação de emprego não retira do advogado a isenção técnica, nem reduz a sua independência profissional. Ademais, aduzem que, no caso, restringiram-se a verificar a presença dos pressupostos de contratação direta, tendo por base as informações prestadas pelos órgãos competentes e especializados. Pedem, ao final, seja "concedida a ordem para determinar ao Tribunal de Contas da União que exclua definitivamente os impetrantes do rol de responsáveis do processo administrativo em exame" (fl. 12). Em 12.9.2001, deferi a liminar (fls. 149/149v). Solicitadas informações (fl. 149), o Presidente do Tribunal de Contas da União as prestou (fls. 156/282), sustentando, em síntese, a inocorrência do direito líquido e certo dos impetrantes,

mormente porque "a emissão de pareceres jurídicos situa-se na esfera da responsabilidade administrativa do ocupante, no caso, de emprego público e possui implicação na apreciação da regularidade dos atos de gestão de que resulte despesa, quanto à sua legalidade, legitimidade e economicidade". Nesse contexto, diz que "os atos praticados pelos administradores foram respaldados nos pareceres jurídicos por eles emitidos, pareceres estes que justificam a própria razão de sua existência e constituem a fundamentação jurídica e integram a motivação das decisões adotadas pelos ordenadores de despesa" (fl. 162). O ilustre Subprocurador-Geral da República, Dr. Flávio Giron, em parecer aprovado pelo eminente Procurador-Geral da República, Prof. Geraldo Brindeiro, opina pela concessão da segurança (fls. 286/292). Autos conclusos em 05.9.2002. É o relatório. Voto: O Tribunal de Contas da União, realizando inspeção na PETROBRÁS, discordou das manifestações jurídicas dos impetrantes, que são advogados daquela empresa, pelo que pretende responsabilizá-los pessoalmente, ao lado dos administradores, pela contratação direta, de determinada empresa de consultoria internacional. Assim, os fatos, como descritos na inicial: "(...) 6. O Tribunal de Contas da União, por sua Primeira Secretaria de Controle Externo (Secex), realizou inspeção (Inspeção TC nº 001.318/2001-4) na Petróleo Brasileiro S/A – Petrobrás. Como expressamente consignado no relatório produzido, seu objeto era a verificação de 'possíveis irregularidades na contratação da empresa de consultoria internacional Arthur D. Little (ADL), conforme matéria veiculada no Jornal do Brasil, de 29/01/00'. Na referida inspeção foram os impetrantes apontados como corresponsáveis pela contratação questionada (doc. nº 02 – Relatório da Inspeção, especialmente pp. 1, 4, 8 e 9), havendo sido o relatório referido aprovado pelo Ministro Relator no último dia 06 de julho de 2001 (doc. nº 02, última página). 7. Os impetrantes integram ou integraram os quadros da Petrobrás exclusivamente na qualidade de advogados, ocupando cargos diferenciados dentro do Serviço Jurídico da empresa (SEJUR). Sua participação em todos os fatos e circunstâncias investigados pelo TCU resume-se a pareceres jurídicos elaborados mediante consulta de diversos setores administrativos da empresa e baseados nas informações técnicas por eles fornecidas, opinando pela inexigibilidade de licitação para a celebração dos contratos ora examinados pelo TCU (...)" (fls. 4/5). Sustentam os impetrantes que o TCU não tem competência para apurar suas responsabilidades no exercício regular da atividade profissional com base no art. 70, parágrafo único, e art. 71, II, da Constituição Federal, e art. 5º, da Lei 8.443 (Lei Orgânica do TCU), dispositivos que estabelecem a competência da Corte de Contas. O TCU, alegam, é um Tribunal administrativo, órgão auxiliar do Poder Legislativo no controle externo das contas públicas da União e das entidades da administração indireta. A ele compete a fiscalização das contas dos administradores públicos que ordenam despesas e utilizam, gerenciam, arrecadam, guardam ou administram bens, dinheiros ou valores públicos; e dos que possam causar perdas, extravios ou outros prejuízos ao Erário. Os impetrantes não são administradores públicos, acrescentam, não ordenam despesas públicas e as suas atribuições, no fato impugnado pelo TCU, limitaram-se à elaboração de parecer técnico-jurídico, pelo que é incabível o controle externo do TCU sobre essa atividade técnico-jurídica dos impetrantes. Seguem-se as razões do órgão impetrado, o TCU, assim resumidas no parecer da Procuradoria-Geral da República: "(...) O Tribunal de Contas da União, por seu turno, declara que 'não está questionando a interpretação dada a dispositivo da Lei nº 8.666/93 pelos advogados emitentes de pareceres jurídicos na Petrobrás, mas sim a conduta dos pareceristas em não averiguar com o devido rigor nas situações concretas, inclusive com base na doutrina e jurisprudência pertinentes, a observância de requisitos básicos para atendimento às exigências impostas pela Lei de Licitações e Contratos para a configuração, por exemplo, da inexigibilidade de licitação' (fls. 175). A Corte de Contas Federal reconhece que o autor de parecer jurídico não desempenha função de diretoria ou execução administrativa, todavia, isto não significa a exclusão do parecerista da lista de agentes sob sua fiscalização nem que o ato de emitir parecer se situe fora do julgamento de contas dos gestores públicos. O Tribunal de Contas da União, no que concerne à emissão de pareceres jurídicos, sustenta em suas razões, a responsabilidade dos autores do parecer quando este se presta à fundamentação do ato do administrador que ordenou a despesa e em seus julgados, tem decidido no mesmo sentido, quanto à responsabilização de gestores por atos que estejam respaldados em pareceres jurídicos. (...)" (fl. 289). A questão a ser dirimida, portanto, é esta: poderia o TCU responsabilizar, solidariamente com o administrador, o advogado que, chamado a opinar, emitiu parecer técnico-jurídico sobre a questão a ser decidida, no caso, pela contratação direta pela estatal, de determinada empresa de consultoria internacional. Examinemos a questão. O parecer emitido por procurador ou advogado de órgão da administração pública não é ato administrativo. Nada mais é do que a opinião emitida pelo operador do direito, opinião técnico-jurídica, que orientará o administrador na tomada da decisão, na prática do ato administrativo, que se constitui na execução *ex officio* da lei. Hely Lopes Meirelles cuidou do tema e lecionou: "Pareceres - Pareceres administrativo são manifestações de órgãos técnicos sobre assuntos submetidos à sua consideração. O parecer tem caráter meramente opinativo, não vinculando a Administração ou os particulares à sua motivação ou conclusões, salvo se aprovado por ato subsequente. Já então, o que subsiste como ato administrativo, não é o parecer, mas sim o ato de sua aprovação, que poderá revestir a modalidade normativa, ordinária, negocial ou punitiva." (Hely Lopes Meirelles, "Direito Administrativo Brasileiro", 26. ed., Malheiros Ed., pág. 185). Celso Antônio Bandeira de Mello, não obstante, classificar os pareceres como atos administrativos de administração consultiva, deixa expresso, entretanto, que visam eles "a informar, elucidar, sugerir providências administrativas a serem estabelecidas nos atos de administração ativa" (Celso Antônio Bandeira de Mello, "Curso de Direito Administrativo", Malheiros Ed., 13. ed., 2001, pág. 377). É dizer, o parecer não se constitui no ato decisório, na decisão administrativa, dado que ele nada mais faz senão "informar, elucidar, sugerir providências administrativas a serem estabelecidas nos atos de administração ativa". Posta assim a questão, é forçoso concluir que o autor do parecer, que emitiu opinião não vinculante, opinião a qual não está o administrador vinculado, não pode ser responsabilizado solidariamente com o administrador, ressalvado, entretanto, o parecer emitido com evidente má-fé, oferecido, por exemplo, perante administrador inapto. Este é o primeiro fundamento que me leva a deferir a segurança. Fundamento de maior relevância, entretanto, conducente à concessão do *writ*, é este: o advogado, segundo a Constituição Federal, "é indispensável à administração da justiça, sendo inviolável por seus atos e manifestações no exercício da profissão, nos limites da lei." Na linha dessa disposição constitucional, dispõe o Estatuto do Advogado, Lei 8.906, de 1994, art. 2º, § 3º: "Art. 2º. O advogado é indispensável à administração da justiça. § 3º. "No exercício da profissão, o advogado é inviolável por seus atos e manifestações, nos limites desta lei". O art. 7º proclama os direitos dos advogados, incisos I a XX, prerrogativas e direitos assegurados ao advogado-empregado. Certo é, bem esclarece a inicial, "que a garantia constitucional de intangibilidade profissional do advogado não se reveste de caráter absoluto. Os advogados como, de regra, quaisquer profissionais serão civilmente responsáveis pelos danos causados a seus clientes ou a terceiros, desde que decorrentes de ato (ou omissão) praticado com dolo ou culpa, nos termos gerais do art. 159 do Código Civil e, em especial, consoante o disposto no art. 32 da Lei 8.906/94, cuja dicção é a seguinte: "Art. 32. O advogado é responsável pelos atos que, no exercício profissional, praticar com dolo ou culpa". Todavia, acrescenta a inicial, com propriedade, que, "de toda forma, não é qualquer ato que enseja a responsabilização do advogado. É preciso tratar-se de erro grave, inescusável, indicando que o profissional agiu com negligência, imprudência ou imperícia. Divergência doutrinária ou discordância de interpretação, por evidente, não se enquadram nessa hipótese". Ora, o direito não é uma ciência exata. São comuns as interpretações divergentes de certo texto de lei, o que acontece, invariavelmente, nos Tribunais. Por isso, para que se torne lícita a responsabilização do advogado que emitiu parecer sobre determinada questão de direito é necessária demonstrar que laborou o profissional com culpa, em sentido largo, ou que cometeu erro grave, inescusável. Está nas informações: "(...) 27.2.19. Assim, considerando as análises realizadas pela equipe de inspeção da SECEX-1, é possível constatar que não se está questionando a interpretação dada a dispositivo da Lei nº 8.666/93 pelos advogados emitentes dos pareceres jurídicos na Petrobrás, mas sim a conduta dos pareceristas em não averiguar com o devido rigor nas situações concretas, inclusive com base na doutrina e na jurisprudência pertinentes, a observância dos requisitos básicos para atendimento às exigências impostas pela Lei de Licitações e Contratos para a configuração, por exemplo, da inexigibilidade de licitação. Nesse sentido, conforme asseverado pela equipe técnica da SECEX-1 no subitem 9.2.3.1, alínea b, do Relatório de Inspeção, 'sendo inviável a competição, para embasar a contratação no art. 25, inc. II, da Lei nº 8.666/93 e no item 2.3 do Decreto nº 2.745/98, é preciso averiguar o preenchimento dos atributos a seguir: b.1) referentes ao objeto do contrato: – que se trate de serviço técnico; – que o serviço esteja elencado no art. 13, da Lei 8.666/93; – que o serviço apresente determinada singularidade; – que o serviço não seja de publicidade ou divulgação. b. 2) concernentes ao contratado: – que a especialização seja notória; – que a notória especialização esteja intimamente relacionada com a singularidade pretendida pela Administração (...)" (fl. 175). Forçoso é concluir que o cerne da questão está, na verdade, na discordância de interpretação. O órgão apontado coator deixa expresso que os pareceristas não averiguaram "com o devido rigor nas situações concretas, inclusive com base na doutrina e na jurisprudência pertinentes, a observância dos requisitos básicos para atendimento às exigências impostas pela Lei de Licitações e Contratos...". E no que diz respeito a não terem os pareceristas averiguado com rigor, a situação concreta, deu-lhe boa resposta a inicial da lavra do Professor Luís Roberto Barroso: "(...) 24. O primeiro argumento, com a vênia devida, beira o absurdo. Se a empresa estatal, por seu órgão competente, presta ao Serviço Jurídico uma determinada informação técnica dotada de verossimilhança, por exemplo, a de que só uma determinada consultoria atende às circunstâncias presentes da empresa, sendo inviável a competição, não têm os advogados o dever, os meios ou sequer a legitimidade de deflagrarem investigação para aferir o acerto, a conveniência e a oportunidade de tal decisão (...)". (fl. 10). De resto, caberia à Ordem dos Advogados do Brasil apenar as infrações cometidas por advogado, decorrentes de culpa grave, que hajam causado prejuízo a seu constituinte (Lei 8.906/94, art. 34, IX). O mesmo deve ser dito quanto à prática de erro que evidencie inépcia profissional (Lei 8.906/94, art. 34, XXIV). Do exposto, defiro o mandado de segurança.[178]

Como se vê, a independência profissional do advogado público foi garantida pela decisão da Suprema Corte, ressalvando-se o fato de que, em caso de comprovado conluio do profissional com outros setores do ente público e ou com o licitante interessado, não estará o mesmo acobertado, podendo se submeter a sanções de ordem civil, administrativa e penal.

Pois bem. Analisado pelo órgão jurídico o edital e feitas as correções que eventualmente se mostrem necessárias, estará apto o mesmo a ser divulgado da forma que determinar a legislação.

Portanto, a fase preparatória da licitação consiste na fase interna, sendo esta uma etapa inaugural, em que a Administração Pública promove uma iniciativa planejada, necessária à deflagração e instrução de todo o processo licitatório. A fase interna é caracterizada pela via do planejamento, no qual constam o plano de contratações anual, elaborado de acordo com as leis orçamentárias, em que se consideram aspectos técnicos, mercadológicos e de gestão passíveis de influenciar na contratação. Nesse sentido, nessa fase o Poder Público operará o planejamento de toda a licitação, tomando todas as providências para sua realização e contratação futura, sendo algumas dessas providências aquelas contidas no art. 18 da Lei 14.133/21:

Art. 18. A fase preparatória do processo licitatório é caracterizada pelo planejamento e deve compatibilizar-se com o plano de contratações anual de que trata o inciso VII do caput do art. 12 desta Lei, sempre que elaborado, e com as leis orçamentárias, bem como abordar todas as considerações técnicas, mercadológicas e de gestão que podem interferir na contratação, compreendidos:

I - a descrição da necessidade da contratação fundamentada em estudo técnico preliminar que caracterize o interesse público envolvido;

II - a definição do objeto para o atendimento da necessidade, por meio de termo de referência, anteprojeto, projeto básico ou projeto executivo, conforme o caso;

III - a definição das condições de execução e pagamento, das garantias exigidas e ofertadas e das condições de recebimento;

IV - o orçamento estimado, com as composições dos preços utilizados para sua formação;

V - a elaboração do edital de licitação;

---

178 STF, Rel. Min. Carlos Velloso, Mandado de Segurança 24.073/DF.

VI - a elaboração de minuta de contrato, quando necessária, que constará obrigatoriamente como anexo do edital de licitação;

VII - o regime de fornecimento de bens, de prestação de serviços ou de execução de obras e serviços de engenharia, observados os potenciais de economia de escala;

VIII - a modalidade de licitação, o critério de julgamento, o modo de disputa e a adequação e eficiência da forma de combinação desses parâmetros, para os fins de seleção da proposta apta a gerar o resultado de contratação mais vantajoso para a Administração Pública, considerado todo o ciclo de vida do objeto;

IX - a motivação circunstanciada das condições do edital, tais como justificativa de exigências de qualificação técnica, mediante indicação das parcelas de maior relevância técnica ou valor significativo do objeto, e de qualificação econômico-financeira, justificativa dos critérios de pontuação e julgamento das propostas técnicas, nas licitações com julgamento por melhor técnica ou técnica e preço, e justificativa das regras pertinentes à participação de empresas em consórcio;

X - a análise dos riscos que possam comprometer o sucesso da licitação e a boa execução contratual;

XI - a motivação sobre o momento da divulgação do orçamento da licitação, observado o art. 24 desta Lei.

O § 1º do artigo 18, ensina acerca do estudo técnico preliminar, da seguinte maneira:

§ 1º O estudo técnico preliminar a que se refere o inciso I do *caput* deste artigo deverá evidenciar o problema a ser resolvido e a sua melhor solução, de modo a permitir a avaliação da viabilidade técnica e econômica da contratação, e conterá os seguintes elementos:

I - descrição da necessidade da contratação, considerado o problema a ser resolvido sob a perspectiva do interesse público;

II - demonstração da previsão da contratação no plano de contratações anual, sempre que elaborado, de modo a indicar o seu alinhamento com o planejamento da Administração;

III - requisitos da contratação;

IV - estimativas das quantidades para a contratação, acompanhadas das memórias de cálculo e dos documentos que lhes dão suporte, que considerem interdependências com outras contratações, de modo a possibilitar economia de escala;

V - levantamento de mercado, que consiste na análise das alternativas possíveis, e justificativa técnica e econômica da escolha do tipo de solução a contratar;

VI - estimativa do valor da contratação, acompanhada dos preços unitários referenciais, das memórias de cálculo e dos documentos que lhe dão suporte, que poderão constar de anexo classificado, se a Administração optar por preservar o seu sigilo até a conclusão da licitação;

VII - descrição da solução como um todo, inclusive das exigências relacionadas à manutenção e à assistência técnica, quando for o caso;

VIII - justificativas para o parcelamento ou não da contratação;

IX - demonstrativo dos resultados pretendidos em termos de economicidade e de melhor aproveitamento dos recursos humanos, materiais e financeiros disponíveis;

X - providências a serem adotadas pela Administração previamente à celebração do contrato, inclusive quanto à capacitação de servidores ou de empregados para fiscalização e gestão contratual;

XI - contratações correlatas e/ou interdependentes;

XII - descrição de possíveis impactos ambientais e respectivas medidas mitigadoras, incluídos requisitos de baixo consumo de energia e de outros recursos, bem como logística reversa para desfazimento e reciclagem de bens e refugos, quando aplicável;

XIII - posicionamento conclusivo sobre a adequação da contratação para o atendimento da necessidade a que se destina.

§ 2º O estudo técnico preliminar deverá conter ao menos os elementos previstos nos incisos I, IV, VI, VIII e XIII do § 1º deste artigo e, quando não contemplar os demais elementos previstos no referido parágrafo, apresentar as devidas justificativas.

§ 3º Em se tratando de estudo técnico preliminar para contratação de obras e serviços comuns de engenharia, se demonstrada a inexistência de prejuízo para a aferição dos padrões de desempenho e qualidade almejados, a especificação do objeto poderá ser realizada apenas em termo de referência ou em projeto básico, dispensada a elaboração de projetos.

Para garantir maior envolvimento dos interessados nos atos preparatórios na licitação, a Lei 14.133/21, em seu art. 21, previu a oportunidade de se promoverem instrumentos de participação social como as audiências ou consultas públicas, nos seguintes termos:

Art. 21. A Administração poderá convocar, com antecedência mínima de 8 (oito) dias úteis, audiência pública, presencial ou a distância, na forma eletrônica, sobre licitação que pretenda realizar, com disponibilização prévia de informações pertinentes, inclusive de estudo técnico preliminar e elementos do edital de licitação, e com possibilidade de manifestação de todos os interessados.

Parágrafo único. A Administração também poderá submeter a licitação a prévia consulta pública, mediante a disponibilização de seus elementos a todos os interessados, que poderão formular sugestões no prazo fixado.

Para melhor entendimento do que venha a ser cada dos institutos em questão, é importante esclarecer que a audiência pública consiste numa espécie de evento, promovido de modo presencial ou eletronicamente (à distância), com antecedência da divulgação mínima de 08 dias úteis, objetivando a manifestação de todos os interessados.

Já a consulta pública é caracterizada pela disponibilização de informações, geralmente na internet, com o intuito de que a sociedade apresente suas sugestões através de formulários ou documentos.

Após esses breves comentários sobre a fase preparatória da licitação propriamente dita, passemos a conferir a etapa seguinte, a fase externa, que é composta, especialmente na concorrência, de cinco atos tendentes a escolher a melhor proposta à Administração, conforme o art. 17 da Lei 14.133/21, quais sejam, edital, apresentação de propostas e lances (quando for o caso), julgamento, habilitação, recursal e homologação. Note-se que nos referimos à concorrência, uma vez que esta é a modalidade mais democrática que temos, que permite o maior número possível de interessados, e com a qual o legislador mais se preocupou, embora aqueles atos possam, no que couber, ser aplicados às outras modalidades de licitação.

15.2. Fase externa

15.2.1. Edital

Teoricamente, o edital é um ato que cabe à autoridade superior, ao chefe do órgão. Na prática, entretanto, através do instituto da delegação de competência, quem o executa e coloca no mercado é o presidente da comissão de licitação. É comum, igualmente, que as fases da licitação sejam presididas por pessoas diferentes. A comissão de licitação, legalmente falando, realizaria apenas as fases de habilitação e julgamento, não fazendo parte nem do instrumento convocatório, nem da homologação, e nem da adjudicação, que caberiam à autoridade superior.

Mas, no dia a dia, a autoridade superior também delega a função de realizar o edital para a comissão, sendo assinado pelo seu presidente, com aprovação prévia da assessoria jurídica do órgão público envolvido. Esta assessoria não se refere à procuradoria do Município ou do Estado. Pertence ao próprio órgão ligado à licitação, e torna-se solidária com aquele que assina o edital. Tal exigência, por sua vez, fez com que o procedimento interno da licitação, que o ocorre antes da colocação do edital no mercado, se arraste por mais tempo, pois envolve a participação de vários assessores jurídicos de conhecimentos técnicos duvidosos, nomeados para esse cargo de confiança.

Outrossim, a fase externa do procedimento licitatório tem seu início com a divulgação do edital, partindo-se então para abertura dos envelopes das propostas e feita a escolha da vencedora e somente então, seguindo-se ao julgamento das propostas é que o poder público irá partir para a análise da habilitação do licitante vencedor. Todavia, essa regra geral poderá sofrer alteração mediante justificativa do ente estatal, restando que as fases possam se inverter, desde que expressamente indicado no edital, e desse modo, primeiramente os licitantes serão habilitados para depois proceder-se à classificação das propostas. Ressalte-se que isso é uma exceção permitida pela Lei 14.133/21 e não a regra geral.

A forma eletrônica é outro ponto importante, vez que o art. 17, § 2º a indica como forma a ser preferencialmente adotada nas licitações, senão vejamos: "As licitações serão realizadas preferencialmente sob a forma eletrônica, admitida a utilização da forma presencial, desde que motivada, devendo a sessão pública ser registrada em ata e gravada em áudio e vídeo", podendo o ente público exigir que os atos praticados pelos licitantes também o sejam em formato eletrônico nos casos em que a licitação se der através deste meio.

Lembrando que o art. 25 da Lei 14.133/21 traz uma sequência de diretrizes que devem ser atendidas pelos editais de licitação, sendo elas:

Art. 25. O edital deverá conter o objeto da licitação e as regras relativas à convocação, ao julgamento, à habilitação, aos recursos e às penalidades da licitação, à fiscalização e à gestão do contrato, à entrega do objeto e às condições de pagamento.

§ 1º Sempre que o objeto permitir, a Administração adotará minutas padronizadas de edital e de contrato com cláusulas uniformes.

§ 2º Desde que, conforme demonstrado em estudo técnico preliminar, não sejam causados prejuízos à competitividade do processo licitatório e à eficiência do respectivo contrato, o edital poderá prever a utilização de mão de obra, materiais, tecnologias e matérias-primas existentes no local da execução, conservação e operação do bem, serviço ou obra.

§ 3º Todos os elementos do edital, incluídos minuta de contrato, termos de referência, anteprojeto, projetos e outros anexos, deverão ser divulgados em sítio eletrônico oficial na mesma data de divulgação do edital, sem necessidade de registro ou de identificação para acesso.

§ 4º Nas contratações de obras, serviços e fornecimentos de grande vulto, o edital deverá prever a obrigatoriedade de implantação de programa de integridade pelo licitante vencedor, no prazo de 6 (seis) meses, contado da celebração do contrato, conforme regulamento que disporá sobre as medidas a serem adotadas, a forma de comprovação e as penalidades pelo seu descumprimento.

§ 5º O edital poderá prever a responsabilidade do contratado pela:
I - obtenção do licenciamento ambiental;
II - realização da desapropriação autorizada pelo poder público.

§ 6º Os licenciamentos ambientais de obras e serviços de engenharia licitados e contratados nos termos desta Lei terão prioridade de tramitação nos órgãos e entidades integrantes do Sistema Nacional do Meio

Ambiente (Sisnama) e deverão ser orientados pelos princípios da celeridade, da cooperação, da economicidade e da eficiência.

§ 7º Independentemente do prazo de duração do contrato, será obrigatória a previsão no edital de índice de reajustamento de preço, com data-base vinculada à data do orçamento estimado e com a possibilidade de ser estabelecido mais de um índice específico ou setorial, em conformidade com a realidade de mercado dos respectivos insumos.

§ 8º Nas licitações de serviços contínuos, observado o interregno mínimo de 1 (um) ano, o critério de reajustamento será por:

I - reajustamento em sentido estrito, quando não houver regime de dedicação exclusiva de mão de obra ou predominância de mão de obra, mediante previsão de índices específicos ou setoriais;

II - repactuação, quando houver regime de dedicação exclusiva de mão de obra ou predominância de mão de obra, mediante demonstração analítica da variação dos custos.

§ 9º O edital poderá, na forma disposta em regulamento, exigir que percentual mínimo da mão de obra responsável pela execução do objeto da contratação seja constituído por:

I - mulheres vítimas de violência doméstica;

II - oriundos ou egressos do sistema prisional.

Cabe ressaltar, entretanto, que a lei não menciona quem assina o edital. Na prática, é a autoridade mais alta do órgão que está promovendo a licitação, juntamente com o assessor jurídico.

O Assessor Jurídico é quem expressa o caráter preventivo da análise e aprovação do edital e é importante observar que a doutrina e as decisões dos nossos tribunais não admitem o assessor se valer da expressão "visto", "Ciente". Deverá usar: "Aprovo" ou "Desaprovo".

Desta forma, resta imprescindível, para melhor compreensão, que haverá responsabilidade solidária da autoridade que assinou o edital com o Assessor Jurídico, exatamente por possuir natureza vinculante e não opinativo, de caráter obrigatório.

O STF tem firmado o entendimento de que é possível a responsabilização do parecerista do qual tenha resultado danos ao erário, crime previsto no art. 90 da Lei de Licitações. Portanto, na licitação, apenas, não há que se falar em imunidade absoluta do advogado no exercício da profissão. Segundo aquele Tribunal, cabe a responsabilização do advogado público pelo caráter vinculante de seu parecer (STF, MS 24.631-6 DF).

É o entendimento pacífico que o parecer do Assessor Jurídico na Licitação não se limita a simples opinião.

A título de ilustração citaremos parte do Informativo 355, HC nº 78.553-SP, Rel. Min. Maria Thereza de Assis Moura:

> Ademais, a figura de advogado como parecerista nos autos de procedimento de licitação, por si só, não retira aí sua atuação a possibilidade de prática de ilícito penal, porquanto, mesmo que as formalidades legais tenham sido atendidas no seu ato, havendo favorecimento nos meios empregados, possível o comprometimento ilegal do agir.

Usualmente, o primeiro ato da fase externa do procedimento licitatório é a *publicação do edital*, de modo a tornar-se de conhecimento público a pretensão administrativa dirigida à celebração de um determinado contrato. É quando, teoricamente falando, dá-se a abertura da concorrência, da tomada de preços, do concurso, do leilão e do pregão para a participação dos interessados, cujas normas para as respectivas publicações encontram-se consubstanciadas nos arts. 25, § 3º e 54 da Lei 14.133/21.

O edital é importantíssimo, por ser o grande regulamento da licitação, de detalhamento, mencionando tipo de licitação, o valor a ser pago, os documentos para concorrer, o objeto a ser licitado. Em síntese, no edital, é que o licitante consegue saber de todos os detalhes da licitação, prazos e documentos necessários.

De importância é registrar que, em determinados casos, a exemplo dos megacontratos previstos para a modalidade de concorrência de obras e serviços de engenharia de grande porte, cujo valor estimado para a licitação ou conjunto de licitações a serem realizadas simultânea ou sucessivamente[179] for extremamente alto (cem vezes o limite estimado, a primeira providência administrativa a ser tomada na fase externa, obrigatoriamente, antes da publicação do edital, será a realização de uma audiência pública (Lei 14.133/21, art. 21).

Essa audiência pública será designada pela autoridade competente com antecedência mínima de quinze dias úteis da data prevista à publicação do edital, devendo ser objeto de divulgação, da mesma forma que se divulga a licitação em si, com antecedência mínima de dez dias úteis de sua realização.

Porém, não se configurando a hipótese acima considerada, o início da fase externa da licitação se dá, efetivamente, com a publicação obrigatória do aviso resumido do edital pela imprensa oficial, bem assim em jornal de grande circulação no Estado e, se houver, no Município ou região onde será realizada a atividade objeto do contrato.

Quando a modalidade da licitação for o concurso, a comissão ostentará o título "especial" e será integrada por pessoas notadamente conhecedoras da matéria *sub examen*, sejam servidores ou não, desde que tenham conduta ilibada. O propósito é evidente, em razão da natureza do objeto que se está apreciando.

É à comissão de licitação, ao leiloeiro, ao pregoeiro cabe a condução dos trabalhos, inclusive o julgamento das propostas. Daí se retira que é bastante grande a responsabilidade de seus membros, razão pela qual a Lei mencionou que os mesmos são solidariamente responsáveis pelos atos praticados pelo órgão, salvo se a divergência for consignada nos autos, caso em que aquele integrante dissidente estará excluído da responsabilidade.

É o princípio da vinculação ao instrumento convocatório, que é uma sequência tanto para a administração quanto para os administrados.

Sendo assim, depois de publicado, o edital pode ser alterado? Sim, pode. Chama-se *re-ratificação* do edital, quando se corrigem algumas falhas, ratificando-se o restante, cujo prazo para que isto ocorra é até a entrega dos envelopes com as propostas. Cabe ressaltar, entretanto, que o que a re-ratificação não pode é mudar o conteúdo substancial do edital, alterando-o significativamente, pois, dessa forma, ter-se-ia que revogá-lo.

Um exemplo interessante refere-se à construção das plataformas de petróleo P–51 e P–52. Os metalúrgicos de Angra e Niterói estavam pressionando a presidência da Petrobrás para modificar o edital de licitação em questão.

O sindicato solicitou a alteração do conteúdo do edital a fim de permitir que empresas nacionais pudessem competir e fabricar as plataformas no Brasil (os investimentos eram de R$ 1,5 bilhão). Um dos principais pontos reivindicados pelos metalúrgicos referia-se às especificações contidas no edital para o tipo de aço a ser empregado nas plataformas.

Tal instrumento exigia a medição de 425k-Pa (Quilo Pascal), referente à resistência do aço. Contudo, as empresas brasileiras produzem aço a, no máximo 370k-Pa, o que, segundo alegado pelos metalúrgicos brasileiros, é suficiente para a temperatura das águas brasileiras (o aço mais resistente é necessário apenas

---

179 Conforme entendimento de Hely Lopes MEIRELLES (*Direito...*, *op. cit.*, p. 278), "ao referir-se a licitações *sucessivas* e *simultâneas*, pretende a lei impedir seja frustrado o objetivo da audiência pública, com o fracionamento de determinada licitação pela diminuição de seu valor, mas é indispensável que elas tenham objeto similar e proximidade no tempo, conforme esclarece o parágrafo único do art. 39". Sob outra perspectiva, mas no mesmo compasso, diz o professor José dos Santos CARVALHO FILHO (*op. cit.*, p. 214): "A finalidade da norma é de caráter democrático porque visa a permitir que a comunidade interessada, pelos indivíduos integrantes ou por entidades representativas, possa debater com a Administração todos os aspectos da contratação futura, inclusive os de conveniência, de oportunidade, de gastos, de transtornos comunitários, de necessidade etc. Para tanto é assegurado a todos os interessados o direito e o acesso a todas as informações pertinentes. Sendo cumprida a lei, prevenir-se-á a sociedade contra imposições administrativas autoritárias".

em águas cuja temperatura é muito inferior a 20ºC, como no Mar do Norte). Deste modo, sendo correta a alegação dos metalúrgicos, seria desnecessária a exigência da medição de 425k-Pa.

Outro exemplo, seria o caso do licitante, ao ler o edital, entende que a exigência de determinado documento é desnecessária, pois foi dirigida apenas a uma empresa, pois só ela que poderá cumpri-la. Entra na licitação sem o referido documento e faz impugnação depois, alegando que isto fere o princípio da impessoalidade, que diminui a competitividade etc. Inicia-se a fase da habilitação sem que isto esteja resolvido. Quando os envelopes forem abertos, a proposta deste licitante — que não forneceu aquele documento — será habilitada? Sim[180]

Isso poderá criar um problema seríssimo, pois o licitante será habilitado sem cumprir com uma exigência do edital. Se vier a ganhar a licitação, terá que aguardar a decisão da impugnação. E se perder? Será desclassificado. Neste caso, o *2º* licitante não será mais obrigado a aceitar. Vê-se, então, que se não se resolver uma impugnação antes da habilitação, isto poderá comprometer todo o procedimento licitatório. Não é, portanto, aconselhável adotar tal prática.

Vale alertar que a publicação não se refere à totalidade do edital — que geralmente são muito grandes — mas apenas a um resumo (atual art. 25 da Lei 14.133/21). A pasta completa poderá ser comprada na repartição e conterá todas as informações necessárias.

Dessa forma, o edital não é um instrumento imutável, embora alguns autores assim o considerem, tendo-se como respaldo o art. 55, § 1º da Lei 14.133/21, que estabelece: "Qualquer modificação no edital exige divulgação pela mesma forma que se deu o texto original, reabrindo-se o prazo inicialmente estabelecido, exceto quando, inquestionavelmente, a alteração não afetar a formulação das propostas".

E quanto à impugnação? Pode um licitante impugnar o edital? Dada a submissão hierárquica aos ditames das regras e princípios (ainda que implícitos) legais e constitucionais, bem como regulamentares, é possível que editais sejam impugnados administrativa ou judicialmente. Neste último caso, em sendo a demanda veiculada mediante mandado de segurança, integrará o polo passivo da ação o presidente da comissão de licitação que a representa, isto por se tratar de ato composto.

Administrativamente, o pedido de adequação do edital formulado por qualquer cidadão que não seja licitante[181] deverá ser entregue até cinco dias úteis antes da data marcada para a abertura dos envelopes de habilitação (Lei 14.133/21, art. 164, *caput* e parágrafo único). De fato, qualquer cidadão pode levantar questionamentos contra o edital, visto que a própria lei assegura-lhe o direito de denunciar aos órgãos de controle externo irregularidades ou falhas presentes no edital que possam comprometer a sua validade, de acordo com o art. 470, § 4º, que assim regula: "Qualquer licitante, contratado ou pessoa física ou jurídica poderá representar aos órgãos de controle interno ou ao tribunal de contas competente contra irregularidades na aplicação desta Lei".

Por outro lado, o pedido deverá ser julgado no prazo de três dias úteis, de modo a que seja possível o início da fase seguinte sem pendências administrativas. E essa é a preocupação da Lei, ou seja, resolver a impugnação antes da habilitação. Se o cidadão pretender impugnar o edital pela via judicial, deverá utilizar-se da ação popular (Lei nº 4.717/65, art. 4º, III, alínea "b"), já que de outra forma seria tido como parte ilegítima. Poderá, ainda, dirigir denúncia ao Tribunal de Contas. No precitado diploma legal está previsto que o edital de concorrência pode ser atacado por vício de nulidade quando nele se encontrarem "cláusulas ou condições, que comprometam o seu caráter competitivo". Desse modo, não se perde o direito de questionar o edital ou de se exigir que a Administração providencie as correções necessárias para sanar quaisquer vícios quando o licitante ou o cidadão comum não impugnarem o edital.

---

180 Obs.: Não existe trânsito em julgado de decisão administrativa, peio conceito adotado no país de jurisdição una. Pelo menos no aspecto material, poderá ir a juízo a qualquer momento. Sob o ângulo formal, poder-se-ia até "engolir", argumentando-se que a fase administrativa se exauriu, pois que ocorreu coisa julgada.

181 Como sabemos, e aqui nos reportamos ao fato didaticamente, apenas, tal faculdade ao cidadão é garantida em decorrência do direito de petição, petrificado no art. 5º, XXXIV, "a", da Constituição da República, que assegura, como direito fundamental, a representação aos Poderes Públicos contra qualquer ilegalidade na função administrativa.

Ainda acerca desse assunto, é importante destacar as considerações de José Calasans Junior:[182]

"Outro aspecto importante, nesse tópico, diz respeito à aceitação do edital, seja pela ausência de impugnação tempestiva, seja pela expressa declaração de concordância com as condições nele estabelecidas. Na primeira situação, ficou esclarecido que a circunstância de não ter formulado, no prazo estabelecido no art. 163, a impugnação formal, não retira do licitante o direito de fazê-lo a qualquer tempo, seja perante a própria Administração, seja pela via judicial. Já na segunda hipótese, parece razoável que, se o próprio licitante declara plena aceitação das condições do edital, não poderá, depois, levantar questionamento. Essa situação é comum nas licitações em que o edital prevê a obrigatoriedade de a carta-proposta conter declaração explícita de aceitação das condições da licitação. Nesses casos, se o interessado entende haver vício no edital deve formular a impugnação, antecipadamente ou em conjunto com a proposta. Porque, se firmar a declaração de concordância, perde legitimidade para o questionamento posterior".

Se a impugnação for formulada por licitante, a Lei não oferece prazo para seu julgamento pela Administração. Fala somente que o licitante deverá impetrá-la com antecedência mínima de dois dias úteis em relação à data marcada para a abertura dos envelopes de habilitação.

E essa hipótese pode ocorrer. Senão, vejamos: suponhamos que o licitante ache que o edital está exigindo um documento desnecessário para a habilitação, uma vez que tal documento não tem pertinência ao objeto contratual, nem trará comprometimento na execução do contrato se não for apresentado.

Entende esse licitante que a Administração está exigindo aquele documento só porque uma empresa o tem (edital viciado, direcionado[183]), ferindo o princípio da impessoalidade, diminuindo o princípio da competitividade, daí apresenta recurso para impugnar o edital. Então, pergunta-se: se até a data da entrega dos envelopes o recurso não for analisado e resolvido, poderá a Administração iniciar a fase de habilitação com essa pendência? Será que o impugnante poderá participar da licitação, mesmo assim, como habilitado? Sim, pois o trânsito em julgado de decisão administrativa não existe no País, que adota o princípio da jurisdição una ou única. E este é o efeito prático imediato mais interessante, pois o impugnante não poderá ser excluído do certame, se seu pedido for protocolado tempestivamente e desde que a razão que possivelmente o tiraria da competição seja objeto de impugnação.

Há de se admitir, contudo, que isso poderá criar um sério problema, haja vista que o impugnante será habilitado sem ter aquela tal documentação, além de que há um recurso de impugnação pendente. Imaginemos que ele, mesmo assim, vença a licitação. Então, ele vai ter que esperar a decisão. Mas, e se ele perder o recurso? Neste caso, ele vai ser desclassificado e, aí, o segundo licitante já não é mais obrigado a aceitar. Por isso, a boa doutrina assinala que a comissão não deve dar continuidade ao procedimento licitatório, sem ter a decisão final da impugnação, evitando ter que anular tudo, razão pela qual não é aconselhável passar para a fase seguinte do procedimento, que é a habilitação.

No caso de a impugnação ser feita diretamente no Judiciário, por meio de mandado de segurança, o prazo será de cento e vinte dias contados da publicação do edital, de acordo com o disposto no artigo 23, Lei nº 12.016/09 – Lei do Mandado de Segurança.

---

182 CALASANS JUNIOR, José. Manual da Licitação: com base na Lei nº 14.133, de 1º de abril de 2021. 3 ed. São Paulo: Barueri, Editora Atlas, 2021. p. 84-85.

183 Ensina o mestre Marçal JUSTEN FILHO (*op. cit.*, p. 416) que: "O Edital deverá subordinar-se aos preceitos constitucionais e legais. Não poderá conter proibições ou exigências que eliminem o exercício do direito de licitar, importem distinções indevidas ou acarretem preferências arbitrárias. Toda exigência formal ou material prevista no edital tem função instrumental. Nenhuma exigência se justifica por si própria. O requisito previsto no edital se identifica como instrumento de assegurar (ou reduzir o risco de não se obter) o interesse público. Assim, o interesse público concreto a que se orienta a licitação se identifica como o 'fim' a ser atingido. Todas as exigências se caracterizam como 'meios' para conseguir aquele fim. Logo, a inexistência de vínculo lógico entre as exigências e o fim acarreta a invalidade daquela. Somente se admite a previsão de exigência se ela for qualificável, em um juízo lógico, como à consecução do 'fim'. É semelhante a situação quanto às demais opções contidas no edital. As definições acerca das etapas da licitação, dos critérios de julgamento, dos prazos de execução, das cláusulas contratuais etc., deverão ser proporcionadas ao fim concreto a que se orienta uma dada licitação".

Por outro lado, é possível, ainda, que sejam dirigidas impugnações à atuação da comissão de licitação por estarem sendo descumpridas as regras editalícias, às quais se encontra vinculada.

Pois bem. Feita a publicação do edital, dá-se início à contagem dos prazos previstos no art. 55 da Lei 14.133/21, para a entrega à comissão de licitação da documentação exigida à fase seguinte, a da habilitação, que varia de acordo com a modalidade e o tipo de licitação.

Tal documentação consiste em dois envelopes: um (envelope 1 ou "a"), com as propostas (oferta de preço) e, outro (envelope 2 ou "b"), contendo os documentos exigidos no edital, ou seja, os de habilitação. Reparem que são dois envelopes diferentes, os quais darão ensejo a julgamentos distintos[184], mas que devem ser entregues, lacrados, no mesmo momento. Encerrados os prazos, inicia-se efetivamente a *fase de habilitação*, quando existente.

É inteiramente admissível a confecção de Edital com o objeto da licitação dividido em itens específicos, em conformidade, nas obras, serviços e compras ou para ampliação da competição (art. 47, II da Lei 14.133/21), visando logicamente as especialidades do mercado.

15.2.1.1. Aprofundamento

Assunto que merece destaque, requer muito cuidado e comporta árdua discussão reside no seguinte questionamento: Admite-se, na cláusula do edital, o adiantamento de pagamento antes da feitura da obra ao contratado?

A matéria é complexa, porém, a respeito da divergência, concordamos que sim.

Corroborando com o nosso entendimento, o tema pode ser claramente ilustrado do trecho proferido pelo Ministro Olavo Drummond, em que figurou como relator, do Tribunal de Contas da União e assim já se manifestou:

> "A jurisprudência predominante neste Tribunal é no sentido de que é proibido o pagamento antecipado de despesas, de qualquer natureza. No entanto, (...) a Corte tem admitido, em casos especiais e não como regra, o pagamento antecipado de certas despesas, principalmente por empresas públicas e sociedades de economia mista, desde que existam garantias contratuais suficientes ao ressarcimento do erário, em caso de possível inadimplência do contratado, desde que o Edital de licitação traga inserida previsão nesse sentido, em caráter excepcional" (Processo TC nº 1-821/20).

Destaca-se, ainda, que o posicionamento do culto Ministro se baseou no art. 38 do Decreto Federal nº 93.872/86 (dispõe sobre a Unificação dos Recursos de Caixa do Tesouro Nacional).

A regra geral é pela vedação do pagamento antecipado, mas admite-se plausibilidade, **desde que não cause prejuízo ao interesse público**.

Seria absurdo admitir a liberação antecipada do pagamento da parte do contrato, sem previsão no instrumento editalício.

O edital é ato por cujo meio a Administração faz público seu propósito de licitar um objeto determinado em que o conjunto de condições estabelecidas unilateralmente pelo licitante, cujo teor abarca a especificação minuciosa do objeto da licitação, bem como a pauta que regerá o futuro contrato a ser celebrado, os direitos e obrigações dos licitantes.

Um megacontrato, por exemplo, que, obrigatoriamente, se utiliza de uma matéria prima, importada, a alto valor em dólares, seria uma hipótese de excepcionalidade, não podendo ser entendida como abuso de

---

184 TJRJ, 18ª Câmara Cível, Rel. Des. Cássia Medeiros, Agravo de Instrumento nº 2000.002.10036: AGRAVO DE INSTRUMENTO MANDADO DE SEGURANCA LICITACAO RELATIVA AO FORNECIMENTO DE GENEROS ALIMENTICIOS A SECRETARIA MUNICIPAL DE OBRAS DESCLASSIFICACAO DA IMPETRANTE COM FUNDAMENTO EM FALTA DE COMPROVACAO DE CAPACITACAO TECNICA ESPECÍFICA – LIMINAR DECISAO QUE, EM MANDADO DE SEGURANCA, DEFERIU PEDIDO DE LIMINAR DETERMINANDO A AUTORIDADE COATORA QUE CONSIDERE A PROPOSTA DA IMPETRANTE. AINDA QUE NA FASE DE HABILITACAO TENHA SIDO DEMONSTRADA A CAPACITACAO GENERICA DA CONCORRENTE, NAO FICA AFASTADA A POSSIBILIDADE DE SUA DESCLASSIFICACAO POR FALTA DE PROVA DE CAPACITACAO TECNICA ESPECÍFICA, SOMENTE AFERIVEL NA FASE DE JULGAMENTO DAS PROPOSTAS. AUSENCIA DOS REQUISITOS NECESSARIOS A CONCESSAO DA LIMINAR, ATÉ PORQUE A LICITACAO JA FOI HOMOLOGADA. PROVIMENTO DO RECURSO.

poder, principalmente se o objeto a ser adquirido, pelo vencedor do certame, extrapola e muito, os valores da prestação da garantia adicional, tais como: caução em dinheiro ou títulos da dívida pública, seguro garantia, fiança bancária.

Em relação ao edital nas concorrências internacionais, o art. 52 da Lei 14.133/21 assegura o seguinte:

Art. 52. Nas licitações de âmbito internacional, o edital deverá ajustar-se às diretrizes da política monetária e do comércio exterior e atender às exigências dos órgãos competentes.

§ 1º Quando for permitido ao licitante estrangeiro cotar preço em moeda estrangeira, o licitante brasileiro igualmente poderá fazê-lo.

§ 2º O pagamento feito ao licitante brasileiro eventualmente contratado em virtude de licitação nas condições de que trata o § 1º deste artigo será efetuado em moeda corrente nacional.

§ 3º As garantias de pagamento ao licitante brasileiro serão equivalentes àquelas oferecidas ao licitante estrangeiro.

§ 4º Os gravames incidentes sobre os preços constarão do edital e serão definidos a partir de estimativas ou médias dos tributos.

§ 5º As propostas de todos os licitantes estarão sujeitas às mesmas regras e condições, na forma estabelecida no edital.

§ 6º Observados os termos desta Lei, o edital não poderá prever condições de habilitação, classificação e julgamento que constituam barreiras de acesso ao licitante estrangeiro, admitida a previsão de margem de preferência para bens produzidos no País e serviços nacionais que atendam às normas técnicas brasileiras, na forma definida no art. 26 desta Lei.

Sumariamente importante lembrar que no tocante à forma de divulgação da licitação, a Lei 14.133/21 não mais prevê como obrigatória a publicação das licitações no Diário Oficial e em jornais, mas agora estabelece que a regra consista na divulgação dos processos licitatórios em sítio eletrônico oficial, o qual a Lei nomeia de Portal Nacional de Contratações Públicas (PNCP). Esse portal concentrará toda a informação relacionada a divulgação de editais e avisos de licitações, assim como de contratações diretas e dos contratos e termos aditivos, conforme preceitua nesse sentido o *caput* do art. 54.

Ainda acerca do tema da divulgação do edital é interessante pontuar o veto presidencial do § 1º do art. 54 ficou sem efeito, vez que o Congresso Nacional decretou a promulgação da referida parte vetada, que afirmava o seguinte: "Sem prejuízo do disposto no *caput*, é obrigatória a publicação de extrato do edital no Diário Oficial da União, do Estado, do Distrito Federal ou do Município, ou, no caso de consórcio público, do ente de maior nível entre eles, bem como em jornal diário de grande circulação". A recomendação do veto se deu através do Ministro da Economia e da Controladoria-Geral da União cujo argumento interpretou que o parágrafo em comento "contraria o interesse público por ser medida desnecessária e antieconômica, tendo em vista que a divulgação em sítio eletrônico oficial atende ao princípio constitucional da publicidade".

Passando a análise das razões que fundamentaram o veto, não se poderia deixar de tecer uma crítica, levando-se em consideração o fato de que a modalidade licitatória do leilão não se furtou a prescrever outras formas de divulgação do processo licitatório para além do sítio eletrônico oficial, como é possível constatar no art. 31, § 3º da Lei 14.133/21, nestes termos:

Art. 31, § 3º, Lei 14.133/21. Além da divulgação no sítio eletrônico oficial, o edital do leilão será afixado em local de ampla circulação de pessoas na sede da Administração e poderá, ainda, ser divulgado por outros meios necessários para ampliar a publicidade e a competitividade da licitação.

Nesse sentido, pensando analogicamente verificar-se-ia, na verdade, uma flagrante correspondência entre os arts. 31, § 3º e 54, § 1º da Lei 14.133/21, em razão de ambos sustentarem a ideal de ampliação da publicidade e da competitividade da licitação quando se busca outros meios para sua divulgação. Desse modo, ficou um tanto quanto incoerente a permanência deste ideário exclusivamente na modalidade leilão, em detrimento das demais modalidades.

Já em matéria dos prazos atinentes à divulgação do edital, a Lei 14.133/21 trouxe uma inovação expressiva comparada à lei pretérita. Isto se explica porque agora os prazos de divulgação dos editais são fixados em função do objeto, da forma de execução do contrato e do critério a ser adotado para o julgamento das propostas e não mais visando unicamente a modalidade licitatória. O art. 55 apresenta como são esses prazos, frisando em que casos de modificação do edital que comprometa a formulação das propostas, eles devem ser recontados desde o seu início e acompanhados de nossa divulgação do edital (§ 1º, do art. 55), enquanto que nas licitações realizadas pelo Ministério da Saúde, no bojo do Sistema Único de Saúde, os prazos podem ser reduzidos até a metade (§ 2º, do art. 55). Para melhor compreensão do tema, apreciemos o texto legal:

Art. 55, Lei 14.133/21. Os prazos mínimos para apresentação de propostas e lances, contados a partir da data de divulgação do edital de licitação, são de:

I - para aquisição de bens:

a) 8 (oito) dias úteis, quando adotados os critérios de julgamento de menor preço ou de maior desconto;

b) 15 (quinze) dias úteis, nas hipóteses não abrangidas pela alínea "a" deste inciso;

II - no caso de serviços e obras:

a) 10 (dez) dias úteis, quando adotados os critérios de julgamento de menor preço ou de maior desconto, no caso de serviços comuns e de obras e serviços comuns de engenharia;

b) 25 (vinte e cinco) dias úteis, quando adotados os critérios de julgamento de menor preço ou de maior desconto, no caso de serviços especiais e de obras e serviços especiais de engenharia;

c) 60 (sessenta) dias úteis, quando o regime de execução for de contratação integrada;

d) 35 (trinta e cinco) dias úteis, quando o regime de execução for o de contratação semi-integrada ou nas hipóteses não abrangidas pelas alíneas "a", "b" e "c" deste inciso;

III - para licitação em que se adote o critério de julgamento de maior lance, 15 (quinze) dias úteis;

IV - para licitação em que se adote o critério de julgamento de técnica e preço ou de melhor técnica ou conteúdo artístico, 35 (trinta e cinco) dias úteis.

§ 1º Eventuais modificações no edital implicarão nova divulgação na mesma forma de sua divulgação inicial, além do cumprimento dos mesmos prazos dos atos e procedimentos originais, exceto quando a alteração não comprometer a formulação das propostas.

§ 2º Os prazos previstos neste artigo poderão, mediante decisão fundamentada, ser reduzidos até a metade nas licitações realizadas pelo Ministério da Saúde, no âmbito do Sistema Único de Saúde (SUS).

Acerca dos modos de disputa, esclarece Dirley da Cunha Junior[185] o seguinte:

> "Embora tal expressão não fosse utilizada na Lei 8.666/93, os modos de disputa não são uma completa novidade no ordenamento jurídico. Tais institutos já estavam presentes na Lei do RDC e na Lei das Estatais.

---

185 CUNHA JÚNIOR, Dirley da. Curso de Direito Administrativo. p. 556.

Segundo os incisos I e II do artigo 56 da Lei 14.133/21, no modo de disputa aberto "os licitantes apresentarão suas propostas por meio de lances públicos e sucessivos, crescentes ou decrescentes", ao passo que no modo de disputa fechado "as propostas permanecerão em sigilo até a data e hora designadas para sua divulgação".

Assim, de modo bastante simplificado, modo de disputa aberto é aquele em que todos vêm as propostas de todos e podem fazer ofertas melhores (é como normalmente ocorrem os leiloes públicos ou privados).

Já o modo de disputa fechado é aquele em que um participante não sabe a proposta dos demais, as propostas permanecem em sigilo até o momento da divulgação.

O mesmo artigo ainda estabelece que a utilização isolada do modo de disputa fechado será vedada quando adotados os critérios de julgamento de menor preço ou de maior desconto.

Por ouro lado, a utilização do modo de disputa aberto será vedada quando adotado o critério de julgamento de técnica e preço.

[...]

Por fim, o edital de licitação poderá estabelecer intervalo mínimo de diferença de valores entre os lances, que incidirá tanto em relação aos lances intermediários quanto em relação à proposta que cobrir a melhor oferta (art. 57).

Assim, por exemplo, na licitação para compra de veículos, o edital poderá estabelecer uma diferença mínima de uma proposta para outra de R$ 10,00 (dez reais) ou de R$ 100,00 (cem reais) ou até outro valor, conforme cada caso e mantendo a razoabilidade".

15.2.2. Julgamento

A Lei 14.133/21 trouxe como regra geral a inversão das fases do procedimento licitatório. Isto quer dizer que na Lei 8.666/93 a fase de habilitação antecedia a fase do julgamento das propostas. Mas agora isso foi alterado, pois se entende que a habilitação esteja dentro do julgamento das propostas como procedimento que lhe é posterior. Por isso, reitere-se que agora a análise e a classificação das propostas devem ser anteriores à verificação da habilitação dos licitantes (presente no art. 17, IV e V). A única crítica que se pode apontar nesse quesito é o fato do legislador ter optado por dividir essas fases em capítulos diferentes dentro do Título II, considerando como "primeira fase" a Do Julgamento (Capítulo V) e a segunda, Da Habilitação (Capítulo VI).

Infelizmente, essa divisão acaba por fazer com que o leitor intua que a habilitação não seja uma fase intrínseca ao julgamento. A habilitação, em verdade, é uma etapa que acontece dentro do julgamento da licitação. Por este viés, conclui-se que a primeira fase do julgamento das propostas é aquela em que uma Comissão (ou o Agente de Contratação ou o Pregoeiro, de acordo com cada caso), analisará, avaliará e classificará as propostas; ao passo que na segunda fase do julgamento das propostas, será apurado se os licitantes mais bem classificados, começando pelo primeiro colocado, estão qualificados consoante os seus documentos da habilitação, indicados no edital.

O art. 59 da Lei 14.133/21 afirma o seguinte:

Art. 59. Serão desclassificadas as propostas que:

I - contiverem vícios insanáveis;

II - não obedecerem às especificações técnicas pormenorizadas no edital;

III - apresentarem preços inexequíveis ou permanecerem acima do orçamento estimado para a contratação;

IV - não tiverem sua exequibilidade demonstrada, quando exigido pela Administração;

V - apresentarem desconformidade com quaisquer outras exigências do edital, desde que insanável.

§ 1º A verificação da conformidade das propostas poderá ser feita exclusivamente em relação à proposta mais bem classificada.

§ 2º A Administração poderá realizar diligências para aferir a exequibilidade das propostas ou exigir dos licitantes que ela seja demonstrada, conforme disposto no inciso IV do *caput* deste artigo.

§ 3º No caso de obras e serviços de engenharia e arquitetura, para efeito de avaliação da exequibilidade e de sobrepreço, serão considerados o preço global, os quantitativos e os preços unitários tidos como relevantes, observado o critério de aceitabilidade de preços unitário e global a ser fixado no edital, conforme as especificidades do mercado correspondente.

§ 4º No caso de obras e serviços de engenharia, serão consideradas inexequíveis as propostas cujos valores forem inferiores a 75% (setenta e cinco por cento) do valor orçado pela Administração.

§ 5º Nas contratações de obras e serviços de engenharia, será exigida garantia adicional do licitante vencedor cuja proposta for inferior a 85% (oitenta e cinco por cento) do valor orçado pela Administração, equivalente à diferença entre este último e o valor da proposta, sem prejuízo das demais garantias exigíveis de acordo com esta Lei.

Seguindo, o primeiro ato presidido pela comissão de licitação é o da abertura dos envelopes 1 ou "a", quais sejam, os que contêm as propostas dos licitantes qualificados, fase importante do procedimento licitatório, quando se dará o julgamento das propostas, a partir do recebimento e da abertura dos envelopes das propostas, sempre devendo acontecer em sessão pública e em data e horário apontados pelo edital. Essa fase é presidida pela comissão de licitação e se divide em dois momentos: o julgamento formal e o julgamento material.

No julgamento formal, primeiramente, a comissão irá analisar as propostas de acordo com as exigências do edital, antes de comparar uma proposta com a outra. Se a proposta não atender aos requisitos editalícios, ela será imediatamente desclassificada.

Hoje em dia, essa análise formal é muito simplificada porque, geralmente, o edital já apresenta uma planilha, oferecida pela Administração, bastando ser preenchida. Por isso, é muito difícil que o licitante, nos dias de hoje, não atenda às exigências editalícias; porém, não é impossível que isso aconteça.

No caso de licitações do tipo "menor preço", por exemplo, o edital já descreve o material para resguardar a qualidade. Quem oferecer aquilo que está descrito no edital, sob o menor preço, geralmente ganha a licitação; assim, a Administração resguarda a qualidade e ainda contrata pelo menor preço.

Dessa forma, se o licitante oferece um bem com uma qualidade inferior à descrita do edital, mas com o menor preço, ele será desclassificado, porque o julgamento formal vai perceber que o que está sendo oferecido não foi o solicitado.

Nessa primeira fase do julgamento, poderíamos dar o seguinte exemplo: o edital revela a intenção de a Administração obter o fornecimento de cartuchos de impressora com tinta colorida e preta e a proposta, por sua vez, somente considera os cartuchos com tinta preta. Ora, neste caso, a proposta não atendeu à exigência do edital, oferecendo bem diverso do demandado pela Administração Pública. Por isso, deverá a proposta ser desclassificada.

Percebe-se, então, que no julgamento formal não há competição; o que faz a comissão de licitação é analisar todas as propostas com relação ao que foi pedido no edital. Desse modo, as propostas serão desclassificadas, em razão de incompatibilidades entre o objeto demandado e a oferta feita pelo licitante ou em razão de descompassos econômicos.

A desclassificação em razão de aspectos econômicos pode ser em função de o valor ser superior ao máximo estabelecido ou, por outro lado, por se mostrar, de tão baixo, inexequível. No primeiro caso, pretende-se que a Administração não gaste mais do que o necessário à obtenção do bem, da obra ou do serviço a ser contratado. No segundo, que o contrato seja efetivado e com condições de ser cumprido. Se o valor apresentado pelo licitante é muito inferior ao necessário para o cumprimento da obrigação que lhe seria imposta no caso de sair vencedor do certame, a Administração não deve realizar o contrato sob pena de não se mostrar viável o seu adimplemento.

Para demonstrar a exequibilidade da proposta, o licitante deverá anexar documentação que comprove que os custos dos insumos são coerentes com os de mercado e que os coeficientes de produtividade são compatíveis com a execução do objeto contratado. Tais condições deverão estar expressamente especificadas no instrumento convocatório.

Em se tratando de obras e serviços de engenharia, as propostas serão tidas por inexequíveis quando os valores constantes delas forem inferiores a 70% (setenta por cento) do menor dos seguintes valores: (a) média aritmética das propostas superiores a 50% do valor orçado pela Administração; ou (b) valor orçado pela Administração.

Repare, contudo, que, ainda que seja classificado de acordo com as regras acima citadas, se a proposta de um determinado licitante apresentar valor inferior a 80% (oitenta por cento) do menor valor a que nos referimos antes, a eventual assinatura do contrato ficará condicionada à prestação de uma garantia adicional dentre as modalidades previstas no atual art. 96, § 1º, da Lei 14.133/21, sendo esta garantia no valor equivalente à diferença os valores aludidos.

Se todos os licitantes tiverem suas propostas desclassificadas ou forem inabilitados, será concedido o prazo de oito dias úteis para a apresentação de novas propostas ou documentos de habilitação, sendo possível que, em se tratando de convite, o prazo seja, a critério da Administração, reduzido para três dias úteis.

Persistindo a ausência de licitante habilitado ou de proposta classificada, poderá a Administração proceder à contratação direta com dispensa de licitação, desde que mantidas as condições do edital no contrato.

Muito bem. Não sendo o caso, parte-se para a segunda fase do julgamento, chamada de julgamento material, que é onde encontramos o princípio do julgamento objetivo,[186] pois será quando a comissão irá comparar as propostas e verificar qual delas é a mais vantajosa à Administração Pública.

Fala o dispositivo legal acima referido em critérios, fatores e tipos de licitação. O grande problema, em princípio, é que o Estatuto só define os tipos de licitação, tendo escapado do legislador a definição dos critérios e fatores de julgamento.

Fatores de julgamento, porém, são os elementos que a Administração poderá se valer na escolha da melhor proposta. Então, se o objeto da licitação é a compra de uma frota de veículos, por exemplo, quais seriam os fatores de julgamento? Poderíamos dizer que preço é um fator de julgamento, com certeza, prazo de garantia, seria outro, peças de reposição dadas como brindes, prazo para o pagamento para a Administração etc.

Ao lado dos fatores, relevante para o julgamento das propostas, temos os critérios, que poderíamos dizer que é uma conjugação de fatores, computados pela comissão de licitação para atribuir pesos ou valores e que, certamente, serão encontrados no edital para nortear os licitantes na formulação de suas propostas.

Os fatores de julgamento terão larga aplicação nos tipos "melhor técnica" e "técnica e preço", podendo-se dar como exemplo os fatores relativos à qualidade, ao rendimento, ao preço, à tecnologia, à qualificação das equipes etc. E como bem sinaliza o professor José dos Santos Carvalho Filho, "é razoável que seja assim,

---

186   Atual art. 33 da Lei 14.133/21.

porque não raras vezes não é o preço como fator isolado que deve prevalecer, mas sim o preço em conjunto com outros fatores".[187]

Há, no entanto, uma justificativa para o fato de a lei não se referir a fatores e critérios: é porque, como já dissemos há pouco, geralmente, o tipo eleito para a licitação é o de "menor preço", ou seja, será vencedor o licitante que apresentar a proposta de acordo com as especificações do edital ou convite, ofertando o menor preço.

Mas, como chegamos à conclusão de que a regra, hoje, é o menor preço? Para responder a essa questão, basta acompanhar o seguinte raciocínio: temos quatro tipos de licitação, sendo que o quarto tipo, a de "maior lance ou oferta", é para casos específicos, isolados, de alienação de bens ou concessão do direito real de uso. Então, na verdade, para aquela trilogia básica da licitação – obra, compra e serviço – nós temos três tipos: "menor preço", "melhor técnica" e "técnica e preço", correto? Como a redação do artigo da nova lei[188] nos diz que os tipos de licitação "melhor técnica" ou "técnica e preço" serão utilizados exclusivamente para serviços de natureza predominantemente intelectual, consequência lógica é concluir-se que, para todo o restante, só temos um tipo de licitação para usar: o de "menor preço".

O que merece ser ressaltado, contudo, é que e os tipos de licitação "melhor técnica" ou "técnica e preço" serão utilizados exclusivamente para serviços, não se pode esquecer que também há obras, por exemplo, que precisam de profissionais de natureza especializada, predominantemente intelectual, casos estes que haverá necessidade de uma autorização expressa da maior autoridade competente da Administração licitante. É quando estipular fatores e critérios passa a ser importante.

Pois bem. Com o julgamento material, comparando as propostas, a comissão de licitação chega a uma classificação, encerrando o julgamento com a apresentação de uma ordem cronológica de propostas, da melhor para a pior, uma ordem de "vantajosidade" para a Administração, como diz o professor Marçal Justen Filho. Nessa altura, note-se, não há desclassificados, e sim propostas que não atenderam as exigências editalícias.[189]

No caso de empate, como vimos, serão adotados os critérios previstos no art. 60, § 1º, da Lei 14.133/21.

É normal nas licitações mais complexas, cuja análise das propostas demanda muito tempo, a comissão de licitação divulgar o resultado do certame somente após alguns dias da abertura dos envelopes de propostas (deve haver expressa menção editalícia), até que todos os quesitos do edital tenham sido avaliados em todas elas. Durante este período, as empresas apenas aguardam o julgamento, contra o qual podem impetrar os recursos legais em caso de discordância.

Em seguida à divulgação do resultado, que dirá qual o vencedor do certame e a classificação dos demais licitantes, abrir-se-á o prazo de cinco dias úteis para a apresentação de recursos, que poderão ser contraditados pelos demais licitantes em igual prazo. O recurso será dirigido à autoridade superior, por intermédio do agente ou órgão que praticou o ato impugnado. Esta poderá, antes de remeter o recurso à apreciação do agente competente, retratar-se no prazo de cinco dias úteis. No caso disto não acontecer, o julgamento pela autoridade superior deverá ocorrer no prazo de cinco dias úteis.

15.2.3. Habilitação

Inicia-se, aqui, a fase que também é de competência da comissão de licitação.

A fase da habilitação está regulada na nova lei, a qual utiliza o termo "exclusivamente", e, portanto, é rol taxativo. Não se pode exigir mais do que estes quatro grupos. Para os demais artigos, o rol não é mais taxativo.

A *habilitação*, também denominada *qualificação*, tem a função de apurar se os proponentes atendem às condições pessoais essenciais à participação no certame. Tal etapa é justificável, em razão da necessidade de certas características (qualidades) dos sujeitos licitantes, tais como idoneidade, boa técnica, capacidade econômica de cumprir as obrigações etc.

Há quatro documentações básicas: habilitação jurídica, qualificação técnica, qualificação econômico-financeira e regularidade fiscal, social e trabalhista (art. 62, I, II, III e IV, da Lei 14.133/21), as quais são

---

187 CARVALHO FILHO, *op. cit.*, p. 220.
188 Atual art. 36, § 1º, I da Lei 14.133/21.
189 Desclassificação não quer dizer desqualificação. Aquela é a rejeição da proposta do licitante já habilitado, por defeito formal ou inexequibilidade da oferta, ao passo que esta é a rejeição do proponente que não apresenta os requisitos do edital (inabilitação).

esclarecidas nos artigos subsequentes. Além desses, pode ser exigido outro documento não previsto, mas necessário àquela licitação específica.

A legislação anterior referia-se à quitação, ao invés de regularidade fiscal, que são coisas bem diferentes. Na quitação tem que estar tudo pago; na regularidade, não. Por exemplo, a empresa deve 30 anos de INSS e quer participar da licitação. Não possui CND, mas vai ao INSS e solicita um parcelamento do débito. Pagando a primeira parcela, já há regularidade fiscal, em função do acordo realizado.

Na Lei nº 8.666/93, havia previsibilidade das seguintes fases da licitação: I- interna: modalidade de licitação e a escolha do instrumento convocatório; II- externa: edital, habilitação (art.º 27 e segs.), julgamento, homologação e adjudicação (art.º 38 e segs.). Esse, até então, era conhecido como o "rito ordinário da licitação".

Contudo, pela Lei 14.133/21, houve uma inversão das fases, sendo agora sete no total: preparatória, divulgação do edital, apresentação das propostas (lances, na hipótese do pregão), julgamento, habilitação, recurso e homologação.

Sim, mudança significativa!

Agora, o julgamento vem antes da habilitação, alterando, assim, a Lei 8.666/93, com grande avanço e novidade, algo sensacional e inovador. Inclusive, vale ressaltar que essa alteração foi uma adaptação da Lei do Pregão, e, em razão dela, o que antes era uma exceção converteu-se agora em regra geral.

Infere-se da leitura da atual lei, que só há que se examinar a habilitação do licitante "mais bem classificado", o que garante a celeridade do procedimento licitatório. Em boa hora, indaga-se: Para que examinar as documentações de licitantes que não foram vencedoras do certame? Perda de tempo, anacrônico!

E, ainda, tem mais: há possibilidade, antes do julgamento, à proposição de lances. É importante destacar que, em querendo, a Administração Pública pode optar pela fase tradicional obedecendo à ordem cronológica anterior, mas exige previsão e justificativa nesse sentido no edital.

Conforme já vimos, em razão da inversão das fases, agora a sistemática procedimental da fase da habilitação pela Lei 14.133/21 acontece logo após a análise e classificação das propostas e, não somente isso, mas a nova lei, em seus artigos, 62, 63 e 65, § 2º, por exemplo, reúne critérios para aferição da habilitação, senão vejamos:

Art. 62. A habilitação é a fase da licitação em que se verifica o conjunto de informações e documentos necessários e suficientes para demonstrar a capacidade do licitante de realizar o objeto da licitação, dividindo-se em:

I - jurídica;

II - técnica;

III - fiscal, social e trabalhista;

IV - econômico-financeira.

Art. 63. Na fase de habilitação das licitações serão observadas as seguintes disposições:

I - poderá ser exigida dos licitantes a declaração de que atendem aos requisitos de habilitação, e o declarante responderá pela veracidade das informações prestadas, na forma da lei;

II - será exigida a apresentação dos documentos de habilitação apenas pelo licitante vencedor, exceto quando a fase de habilitação anteceder a de julgamento;

III - serão exigidos os documentos relativos à regularidade fiscal, em qualquer caso, somente em momento posterior ao julgamento das propostas, e apenas do licitante mais bem classificado;

IV - será exigida do licitante declaração de que cumpre as exigências de reserva de cargos para pessoa com deficiência e para reabilitado da Previdência Social, previstas em lei e em outras normas específicas.

§ 1º Constará do edital de licitação cláusula que exija dos licitantes, sob pena de desclassificação, declaração de que suas propostas econômicas compreendem a integralidade dos custos para atendimento dos direitos trabalhistas assegurados na Constituição Federal, nas leis trabalhistas, nas normas infralegais, nas convenções coletivas de trabalho e nos termos de ajustamento de conduta vigentes na data de entrega das propostas.

§ 2º Quando a avaliação prévia do local de execução for imprescindível para o conhecimento pleno das condições e peculiaridades do objeto a ser contratado, o edital de licitação poderá prever, sob pena de inabilitação, a necessidade de o licitante atestar que conhece o local e as condições de realização da obra ou serviço, assegurado a ele o direito de realização de vistoria prévia.

§ 3º Para os fins previstos no § 2º deste artigo, o edital de licitação sempre deverá prever a possibilidade de substituição da vistoria por declaração formal assinada pelo responsável técnico do licitante acerca do conhecimento pleno das condições e peculiaridades da contratação.

§ 4º Para os fins previstos no § 2º deste artigo, se os licitantes optarem por realizar vistoria prévia, a Administração deverá disponibilizar data e horário diferentes para os eventuais interessados.

[...]

Art. 65, § 2º A habilitação poderá ser realizada por processo eletrônico de comunicação a distância, nos termos dispostos em regulamento.

Importante consideração de José Calasans Junior[190] é imprescindível se fazer nesse momento:

> "Conquanto se reconheça que as alterações previstas nas disposições legais acima transcritas contribuem para a facilitação e a celeridade do procedimento licitatório, não parece aceitável que tais alterações possam implicar supressão de garantias do resultado do procedimento licitatório e riscos ou prejuízos para a Administração Pública.

> Em primeiro lugar, deve-se ter presente que, ao estabelecer, como regra, que a análise da habilitação dos licitantes seja feita após a análise e a classificação das propostas, a Lei não está dispensando a apuração da qualificação de todos os competidores, a qua somente pode ser feita com base na documentação comprobatória da qualificação deles, sob os quatro aspectos: capacidade jurídica, qualificação técnico-profissional e operacional, capacidade econômico-financeira e regularidade fiscal. O fato de diferir para um momento posterior ao conhecimento e à classificação das propostas a análise da comprovação da habilitação, não significa renúncia da obrigação de apurar, no momento próprio, a veracidade da declaração dos licitantes, pela qual – é importante ressaltar – responderão eles "na forma da lei" (art. 63, inciso I, parte final).

> Portanto, a declaração prevista no inciso I do art. 63 – que deve constar do envelope das propostas – não substitui a apresentação dos documentos exigidos para comprovação da habilitação dos licitantes".

Em tempo, também é positivo destacar que, motivadamente, permite-se que a habilitação anteceda a apresentação de propostas e julgamento, desde que isso tenha sido previsto no edital (art. 17, § 1º, Lei 14.133/21) e que a licitação eletrônica passou a ser a regra geral para todas as modalidades, admitindo-se

---

190 CALASANS JUNIOR, José. Manual da Licitação: com base na Lei nº 14.133, de 1º de abril de 2021. 3 ed. São Paulo: Barueri, Editora Atlas, 2021. p. 104.

também a forma presencial desde que justificada, cuja lavratura de ata e gravação em áudio e vídeo da sessão pública impõe-se como medidas obrigatórias (art. 179, § 2º, Lei 14.133/21).

A nova lei diz que os envelopes devem ser abertos em ato público. O licitante entregará os dois envelopes, mas apenas o da habilitação será aberto naquela fase (o da proposta somente será aberto na fase de julgamento). Os participantes devem, então, rubricar todos os documentos, para que não seja anexado outro posteriormente, já que isso não é permitido (art. 43, § 3º).[191] Um licitante, por exemplo, não poderá argumentar que um documento exigido está no segundo envelope porque a lei diz que este só será aberto no julgamento das propostas, após a habilitação.

Essa etapa, sendo assim, tem como escopo descartar as propostas inúteis em razão da pouca ou nenhuma qualificação de alguns que querem contratar com a Administração. Uma vez concluída esta fase, há igualdade subjetiva entre os licitantes.

Antes de passarmos à análise mais pormenorizada dessa fase do procedimento licitatório, aproveita-se o ensejo para ressaltar que, na licitação cuja modalidade aplicada é a tomada de preços, a cronologia para a apresentação da documentação se inverte, isto é, ela se dá antes do edital, com antecedência de trinta dias na licitação do tipo "melhor técnica ou "técnica e preço", e de quinze dias nos demais tipos para essa modalidade, o mesmo ocorrendo no pregão. Ou seja, a habilitação é prévia, sendo comprovada apenas pela juntada de documentos dos inscritos no Registro Cadastral. Tal medida visa agilizar o procedimento, tornando a licitação mais rápida, quando possível. Por isso, na tomada de preços e no pregão, a habilitação é antecipada, trazendo-a para antes do edital, através do Registro Cadastral.

A comissão poderá analisar as habilitações a portas fechadas, pois é exigido ato público apenas na abertura dos envelopes (atuais arts. 64, I e II e 59, § 2º, da Lei 14.133/21)[192].

O aspecto mais interessante da habilitação[193]: <u>uma vez habilitado, o licitante realizará uma promessa de contrato, ou seja, caso seja o vencedor, não poderá mais desistir — salvo exceções a cargo da Administração.</u>

Até quando a Administração pode impor ao habilitado a obrigação de aceitar o contrato? Até 60 dias da data da entrega da proposta (anterior à habilitação), e não do resultado da habilitação[194]. Em regra, os editais reduzem este prazo para 30 dias.

E se o licitante for chamado dentro do prazo e não assinar o contrato? Sofrerá sanções administrativas: advertência, multa, suspensão temporária de participação em licitação (impedindo-o de contratar com a Administração por 02 anos) e, a mais grave, declaração de inidoneidade para contratar com o poder público.

A esse respeito, vale transcrever o pontual entendimento do professor José dos Santos Carvalho Filho, que assim diz:

> O cadastramento de fornecedores é documento de extrema importância para a Administração, de modo que os órgãos por ele responsáveis devem precaver-se contra eventuais fraudes cometidas por empresas, inclusive uma que se tem repetido algumas vezes: a empresa fica inadimplente com as obrigações fiscais, previdenciárias ou sociais e, não podendo participar de novas licitações, dá lugar a uma outra, formada pelos mesmos sócios; como é recém-criada, a nova empresa não terá problemas na exibição das certidões negativas de débitos tributários. Trata-se de fraude contra a Administração, que deve ser por esta coibida, rejeitando-se a inscrição no registro cadastral, porque, admitindo-se o cadastramento dessa nova empresa, estarão sendo violados vários princípios licitatórios, entre eles o da igualdade, já que esse fornecedor, devedor tributário com outra razão social, estará em posição de vantagem quando estiver ao lado dos demais participantes, estes devidamente quites com suas obrigações legais.[195]

---

191   Atual art. 64, I e II e 59, § 2º, da Lei 14.133/21.
192   Idem.
193   Idem.
194   Atual art. 90, § 3º, da Lei 14.133/21.
195   CARVALHO FILHO, *op. cit.*, p. 210.

O caso de fraude a Administração acima mencionado, enseja tratarmos rapidamente da aplicação do instituto da Desconsideração da Personalidade Jurídica aplicada no Direito Administrativo. Inicialmente (anos 90) a aplicação deste instituto tinha fundamentação por influência do Código de Defesa do Consumidor, aplicando a Teoria Menor, que enseja menor cautela, menor cuidado, dispensando provas de abuso ou fraude para desconsiderar a personalidade jurídica.

A doutrina majoritária, sempre deu cabimento a esta aplicação, o que foi aceito e aplicado pelos Tribunais, onde inclusive, segundo entendimento maioritário, poderia ser aplicado de ofício pelo juiz em razão da proteção do Interesse Público.

Com a publicação da Lei 12.846/13 – Lei de Responsabilidade pela prática de atos contra a Administração Pública. Esta lei no seu artigo 14, institui de forma textual a possibilidade de a Administração Pública desconsiderar a personalidade de empresas que incorrer nos atos de ilegalidade mencionados abaixo.

Art. 14, Lei 12.846/13 (Lei de Responsabilidade pela prática de atos contra a Administração Pública) – A personalidade jurídica poderá ser desconsiderada sempre que utilizada com abuso do direito para facilitar, encobrir ou dissimular a prática dos atos ilícitos previstos nesta Lei ou para provocar confusão patrimonial, sendo estendidos todos os efeitos das sanções aplicadas à pessoa jurídica aos seus administradores e sócios com poderes de administração, observados o contraditório e a ampla defesa.

Importante ressaltar que o artigo reforça a importância do cumprimento da norma constitucional quanto a aplicação do contraditório e ampla defesa no processo administrativo que tratar a desconsideração.

A título ilustrativo, destaca-se que no RMS 15166-BA julgado no STJ verifica-se a Desconsideração da Personalidade Jurídica aplicado pela Comissão de Licitação quando usou a Teoria Expansiva para desconsiderar licitante suspeito que se apresentava com uma empresa nova que aparentava ser fraudulenta (é necessário provar). Aplicada a Desconsideração da Personalidade Jurídica, comprovou-se que a referida licitante tinha o mesmo objeto social, com os mesmos sócios e o mesmo endereço de empresa considerada inidônea em processo licitatório anterior.

A fundamentação, percebe-se que tem como base o Princípio da Moralidade, da Indisponibilidade dos Bens Públicos e do Interesse Público.

Destaque que a Desconsideração da Personalidade Jurídica aplicada neste caso não foi feita por um juiz, mas em processo administrativo, que deve respeitar o devido processo legal, garantindo ao licitante e sócios o contraditório e a ampla defesa.

RECURSO ORDINÁRIO EM MS Nº 15.166 - BA (2019/0094265-7)
RELATOR: MINISTRO CASTRO MEIRA
EMENTA

ADMINISTRATIVO. RECURSO ORDINÁRIO EM MANDADO DE SEGURANÇA. LICITAÇÃO. SANÇÃO DE INIDONEIDADE PARA LICITAR. **EXTENSÃO DE EFEITOS À SOCIEDADE COM O MESMO OBJETO SOCIAL, MESMOS SÓCIOS E MESMO ENDEREÇO. FRAUDE À LEI E ABUSO DE FORMA. DESCONSIDERAÇÃO DA PERSONALIDADE JURÍDICA NA ESFERA ADMINISTRATIVA. POSSIBILIDADE. PRINCÍPIO DA MORALIDADE ADMINISTRATIVA E DA INDISPONIBILIDADE DOS INTERESSES PÚBLICOS.** – A constituição de nova sociedade, com o mesmo objeto social, com os mesmos sócios e com o mesmo endereço, em substituição a outra declarada inidônea para licitar com a Administração Pública Estadual, com o objetivo de burlar a aplicação da sanção administrativa, constitui abuso de forma e fraude à Lei de Licitações Lei nº 8.666/93, de modo a possibilitar a aplicação da teoria da desconsideração da personalidade jurídica para se estenderem os efeitos da sanção administrativa à nova sociedade constituída. – **A Administração Pública pode, em observância ao princípio da moralidade administrativa e da indisponibilidade dos interesses públicos tutelados, desconsiderar a personalidade jurídica de sociedade constituída com abuso de forma e**

fraude à lei, desde que facultado ao administrado o contraditório e a ampla defesa em processo administrativo regular. – Recurso a que se nega provimento. (STJ - RMS: 15166 BA 2019 /0094265-7, Relator: Ministro CASTRO MEIRA) (grifei)

Deste julgado, destaca-se que a recorrente, alvo da desconsideração, sustentou que o Acórdão objurgado contraria o princípio da legalidade, vez que a lei não faculta à Administração Pública a possibilidade de desconsiderar a personalidade jurídica para estender sanções administrativas a outra sociedade empresária com idêntico quadro societário, faculdade somente conferida às autoridades judiciárias no que tange às relações de consumo, a teor do disposto no art. 28 do Código de Defesa do Consumidor.

Ao enfrentar a questão acima em seu voto que merece leitura, o Relator, que foi acompanhado por todos os outros Ministros da Turma, indicou que:

> "... a atuação administrativa deve pautar-se pela observância dos princípios constitucionais, explícitos ou implícitos, deles não podendo afastar-se sob pena de nulidade do ato administrativo praticado. E esses princípios, quando em conflito, devem ser interpretados de maneira a extrair-se a maior eficácia, sem se permitir a interpretação que sacrifique por completo qualquer deles.

> Se, por um lado, existe o dogma da legalidade, como garantia do administrado no controle da atuação administrativa, por outro, existem Princípios como o da Moralidade Administrativa, o da Supremacia do Interesse Público e o da Indisponibilidade dos Interesses Tutelados pelo Poder Público, que também precisam ser preservados pela Administração.

> [...]

> A ausência de norma específica não pode impor à Administração um atuar em desconformidade com o Princípio da Moralidade Administrativa, muito menos exigir-lhe o sacrifício dos interesses públicos que estão sob sua guarda. Em obediência ao Princípio da Legalidade, não pode o aplicador do direito negar eficácia aos muitos princípios que devem modelar a atuação do Poder Público.

> Assim, permitir-se que uma empresa constituída com desvio de finalidade, com abuso de forma e em nítida fraude à lei, venha a participar de processos licitatórios, abrindo-se a possibilidade de que a mesma tome parte em um contrato firmado com o Poder Público, afronta aos mais comezinhos princípios de direito administrativo, em especial, ao da Moralidade Administrativa e ao da Indisponibilidade dos Interesses Tutelados pelo Poder Público.

> A concepção moderna do Princípio da Legalidade não está a exigir, tão-somente, a literalidade formal, mas a intelecção do ordenamento jurídico enquanto sistema. Assim, como forma de conciliar o aparente conflito entre o dogma da legalidade e o Princípio da Moralidade Administrativa é de se conferir uma maior flexibilidade à teoria da desconsideração da personalidade jurídica, de modo a permitir o seu manejo pela Administração Pública, mesmo à margem de previsão normativa específica.

> Convém registrar, por oportuno, que a aplicação desta teoria deve estar precedida de processo administrativo, em que se assegure ao interessado o contraditório e a mais ampla defesa, exatamente como realizado no caso dos autos. [...]

Ainda cabe ressaltar, que posteriormente ao julgamento do MS acima citado, a Lei 13.303 de 2016 – Lei das Estatais, no artigo 38, incisos IV, V, VI, VII e VIII apresenta expresso impedimento de licitar das empresas que tenham sócios ou administradores que participem ou tenham participado de sociedade que se encontre suspensa, impedida ou declarada inidônea.

> Art. 38, Lei 13.303/16 (Lei das Estatais) – Estará impedida de participar de licitações e de ser contratada pela empresa pública ou sociedade de economia mista a empresa:
>
> IV - constituída por sócio de empresa que estiver suspensa, impedida ou declarada inidônea;
>
> V - cujo administrador seja sócio de empresa suspensa, impedida ou declarada inidônea;
>
> VI - constituída por sócio que tenha sido sócio ou administrador de empresa suspensa, impedida ou declarada inidônea, no período dos fatos que deram ensejo à sanção;
>
> VII - cujo administrador tenha sido sócio ou administrador de empresa suspensa, impedida ou declarada inidônea, no período dos fatos que deram ensejo à sanção;
>
> VIII - que tiver, nos seus quadros de diretoria, pessoa que participou, em razão de vínculo de mesma natureza, de empresa declarada inidônea.

Quanto à modalidade convite, já observamos que a Administração Pública pode convidar quem ela quiser, cadastrado ou não, embora não-convidados também possam participar da licitação. Para estes últimos, porém, é obrigatório que eles sejam cadastrados. E isto o TCU já deixou claro, especialmente para a verificação da documentação previdenciária, como o CND perante o INSS e a Previdência Social, por força do art. 195, § 3º, da Constituição, assim como a Certidão de Regularidade Social – CRS perante o FGTS, por força do art. 2º da Lei nº 9.012/95, que fala em "concorrência pública", que é sinônimo de "licitação", assim abrangendo também o convite. Esses documentos devem ser apresentados junto com os demais e com a proposta, com antecedência de cinco dias úteis entre a expedição da carta-convite e o recebimento das propostas ou a realização do evento.

Essas primeiras observações se tornam importantes haja vista que, tomando-se como base a licitação por concorrência, em local, dia e hora preestabelecidos no edital, a comissão de licitação examinará os envelopes-propostas recebidos, momento em que solicitará aos licitantes que os rubriquem, uns dos outros, em vista de que estes ficarão sob a guarda e a responsabilidade da comissão para serem oportunamente abertos.[196]

Essa solenidade é feita em ato público, na presença dos proponentes e, se houver interesse, de qualquer cidadão comum, desde que não interfira de modo a perturbar ou impedir a realização dos trabalhos.

Em seguida, procede-se à abertura dos envelopes-documentação, que também são examinados e rubricados pelos membros da comissão e pelos licitantes presentes, atos que serão todos lavrados em ata circunstanciada.

Em face da divulgação da habilitação em sessão pública, caberá recurso em cinco dias úteis contra decisão da fase de habilitação (seja da decisão que habilita, seja da decisão que não habilita, visto que o licitante habilitado tem interesse jurídico em excluir os demais). Neste caso, só será possível dar continuidade ao certame se julgados tais recursos.

---

196 Desse modo, conforme declara o professor Marçal JUSTEN FILHO (*Comentários...*, *op. cit.*, p. 430), "os envelopes contendo as propostas, especialmente quando devam ser abertos em momento futuro, têm de ser expostos à vista de todos. A finalidade da regra é assegurar que seja mantido incólume e que venha a ser aberto o mesmo envelope que o licitante entregara. Essa garantia poderia ser frustrada". Este mestre ainda acrescenta que: "Eventualmente, a dissociação das datas poderá resultar de evento posterior. Pode ocorrer que, após divulgado o edital (prevendo abertura imediatamente posterior à entrega dos envelopes), verifique-se a inconveniência ou a inviabilidade dessa solução. Pode-se apurar a inviabilidade da abertura imediata inclusive na própria ocasião prevista para a abertura. Poderão ocorrer eventos de força maior etc., afetando essa questão. A Administração pode alterar a data de abertura dos envelopes prevista no edital, sem necessidade de republicá-lo ou de invalidar os atos já praticados. A alteração não prejudicará. Desde que cumpridas as formalidades adequadas, o interesse público ou privado. É essencial a divulgação da data em que ocorrerá a abertura, com antecedência necessária para o comparecimento de todos os interessados. É obrigatória a ampla publicidade para a data de abertura dos envelopes, permitindo a qualquer interessado acompanhar o evento".

A devolução de envelopes-propostas está adstrita ao término da fase recursal, o que assegura a imutabilidade da decisão administrativa.

Assim sendo, nessa fase, a comissão não está preocupada com a proposta, e sim com quem a Administração vai celebrar o futuro contrato de serviço, de compra ou obra, frisando-se que apenas os envelopes com as respectivas habilitações serão abertos em ato público. A Administração se preocupa com a figura do licitante, buscando apurar a idoneidade daquele que quer contratar com o Poder Público, daí a exigência do art. 62 da Lei 14.133/21, que elenca, taxativamente, os documentos para tal aptidão.

Com base nesse dispositivo, para que o licitante seja habilitado ou qualificado, devem ser apresentados os seguintes documentos:

a) **Habilitação jurídica** – em que se exige a apresentação da documentação relacionada no edital. Reza o art. 66 da Lei 14.133/21 que a "habilitação jurídica visa a demonstrar a capacidade de o licitante exercer direitos e assumir obrigações, e a documentação a ser apresentada por ele limita-se à comprovação de existência jurídica da pessoa e, quando cabível, de autorização para o exercício da atividade a ser contratada". O ilustre doutrinador José Calasans Junior[197] tece importantes reflexões acerca deste tópico que valem apenam ser mencionadas no presente trabalho:

> "Diferentemente da Lei 8.666/93, a nova Lei de Licitações não relaciona os documentos aptos a comprovação da existência jurídica do licitante, mas estabelece que "As condições de habilitação serão definidas no edital" (art. 65), o que significa que deve o ato convocatório indicar quais os documentos que o interessado deve apresentar, para comprovar sua capacidade jurídica.

> No sistema jurídico nacional as pessoas físicas, ou naturais adquirem capacidade de contratar com a maioridade, aos 18 (dezoito) anos (Código Civil de 2002 – Lei nº 10.406, de 10 de janeiro de 2002, art. 5º). Já as pessoas jurídicas (sociedades comerciais ou civis) adquirem capacidade desde a inscrição de seus atos constitutivos no registro público competente: para as sociedades comerciais – o Registro de Comércio; para as sociedades civis – O Registro Civil de Pessoas Jurídicas. Umas e outras devem comprovar essa capacidade. As pessoas físicas ou naturais, com a apresentação da cédula de identidade (RG – Registro Geral), expedida pelo órgão estadual competente (Secretaria de Segurança Pública) ou pelo respectivo órgão fiscalizados da atividade profissional, com validade e força de identidade civil; as sociedades – comerciais e civis – com o respectivo ato de constituição, devidamente registrado ou inscrito, conforme o caso. Os estrangeiros também deverão comprovar a capacidade jurídica, com a apresentação dos documentos similares, devidamente autenticados pela autoridade consular competente."

b) **Regularidade fiscal e trabalhista** – é apresentada nos atuais arts. 62, III; 63, III, e 68, IV da Lei 14.133/21. São habilitações que atestam a regularidade fiscal do licitante, no sentido de dar à Administração Pública uma garantia de que o mesmo esteja em dia com seus encargos tributários e sociais e, assim, não deixará de cumprir com as obrigações que vier a assumir no contrato. Mais especificamente, o art. 68 versa sobre esse quesito da seguinte forma:

Art. 68. As habilitações fiscal, social e trabalhista serão aferidas mediante a verificação dos seguintes requisitos:

I - a inscrição no Cadastro de Pessoas Físicas (CPF) ou no Cadastro Nacional da Pessoa Jurídica (CNPJ);

II - a inscrição no cadastro de contribuintes estadual e/ou municipal, se houver, relativo ao domicílio ou sede do licitante, pertinente ao seu ramo de atividade e compatível com o objeto contratual;

197 CALASANS JUNIOR, José. Manual da Licitação.: com base na Lei nº 14.133, de 1º de abril de 2021. 3 ed. São Paulo: Barueri, Editora Atlas, 2021. p. 109.

III - a regularidade perante a Fazenda federal, estadual e/ou municipal do domicílio ou sede do licitante, ou outra equivalente, na forma da lei;

IV - a regularidade relativa à Seguridade Social e ao FGTS, que demonstre cumprimento dos encargos sociais instituídos por lei;

V - a regularidade perante a Justiça do Trabalho;

VI - o cumprimento do disposto no inciso XXXIII do art. 7º da Constituição Federal.

§ 1º Os documentos referidos nos incisos do *caput* deste artigo poderão ser substituídos ou supridos, no todo ou em parte, por outros meios hábeis a comprovar a regularidade do licitante, inclusive por meio eletrônico.

§ 2º A comprovação de atendimento do disposto nos incisos III, IV e V do *caput* deste artigo deverá ser feita na forma da legislação específica.

O inciso IV acima mencionado exige a apresentação da documentação relacionada no atual art. 68 da Lei 14.133/21.

O que merece registro é quanto ao que se referem[198] a exigência que o licitante esteja *quite* com a tributação instituída pela União, pelos Estados, pelo Distrito Federal e pelos Municípios e, ainda, com a Seguridade Social e com o Fundo de Garantia por Tempo de Serviço. O inciso V (Incluído pela Lei nº 12.440, de 2011), exige ainda prova de inexistência de débitos inadimplidos perante a Justiça do Trabalho (Certidão Negativa de Débitos Trabalhistas – CNDT).

Na opinião do professor Celso Antônio Bandeira de Mello, a inabilitação do licitante só poderá ser tida como legítima em razão de inadimplência tributária quando for de proporções suficientes a demonstrar um abalo financeiro que ponha em risco o cumprimento do contrato.[199]

Desse modo, o ponto que merece destaque refere-se à possibilidade de a certidão negativa de quitação tributária – único documento capaz de demonstrar a regularidade exigida pelo art. 68, III da Lei 14.133/21 – ser substituída provisoriamente por declaração do próprio licitante no sentido de que não existe irregularidade dessa natureza. Isto poderá ser feito, a teor do disposto no art. 207 do Código Tributário Nacional, quando o prazo para a emissão do referido documento, que é de no máximo dez dias, for descumprido pela Administração Tributária de qualquer dos entes da Federação. Posteriormente, quando a documentação ficar pronta, será juntada aos autos do procedimento licitatório.

Em outras palavras, isso significa que se tiver um apontamento negativo em uma certidão de débitos fiscais, está-se impedindo o sujeito de participar da licitação. E é isso que as pessoas alegam, em juízo, quando vão ao Judiciário pedir uma certidão positiva com efeitos negativos para fins de participação de licitação.

A bem da verdade, não há nenhuma licitação que não tenha a exigência de certidões para com o fisco. Seria constitucional exigir-se esse tipo de coisa?

---

198   Atual art. 68, III, IV e V da Lei 14.133/21.

199   BANDEIRA DE MELLO, C. A. (Curso de..., op. cit., p. 538). Não obstante, é de se ver que o STJ tem trabalhado com a ideia de que, independentemente de previsão edilícia, a só existência da lei já condiciona a habilitação à apresentação das certidões de todas as entidades fazendárias, União, Estado e Município ou, quando for o caso, o Distrito Federal. Veja: RECURSO ESPECIAL. MANDADO DE SEGURANÇA. LICITAÇÃO. SERVIÇO DE CONSULTORIA. ARTIGOS 29 E 30, DA LEI 8.666/93. CERTIFICAÇÃO DOS ATESTADOS DE QUALIFICAÇÃO TÉCNICA. PROVA DE REGULARIDADE FISCAL JUNTO À FAZENDA ESTADUAL. A Lei de Licitações determina que deverá ser comprovada a aptidão para o desempenho das atividades objeto da licitação (artigo 30, inciso II), por meio de "atestados fornecidos por pessoas jurídicas de direito público ou privado, devidamente certificados pelas entidades profissionais competentes [...]" (artigo 30, § 1º). "Dispositivos do ordenamento jurídico, ainda que não previstos no edital – o edital não tem como reproduzir todas as normas positivas vigentes – devem ser observados pela Administração e pelo particular, os quais se aplicam à licitação indubitavelmente". (Luís Carlos Alcoforado. "Licitação e Contrato Administrativo", 2ª edição, Brasília Jurídica, p. 45). A Lei 8.666/93 exige prova de regularidade fiscal perante as todas as fazendas, Federal, estadual e Municipal, independentemente da atividade do licitante. Recurso especial provido. Decisão por unanimidade".

Nesse caso, o que se pode dizer de mais razoável é que o art. 62, III da Lei 14.133/21 fala em regularidade fiscal. Porém, não é só pelo fato da existência de débitos fiscais que se está impedido de participar de licitação, mas pela própria situação econômica frágil da empresa. Assim, o que cabe salientar é que a inabilitação só poderá acontecer se os débitos forem de tal monta que possam pôr em risco a execução do objeto do contratado.

Mas, se for o sujeito inabilitado na licitação apenas por irregularidade com o fisco, caberá mandado de segurança contra ato da comissão de licitação. Seria inviabilizar o exercício da própria atividade produtiva pela existência de débitos fiscais, o que não é correto.

A esse respeito, aliás, há três súmulas do STF, uma delas a Súmula 70, que impede o uso de meio positivo para a cobrança de dívida. Seria o mesmo que dizer que não pode participar de licitação aquele que estiver em débito com o fisco.

Exemplos para demonstrar essa situação não faltam: quando se diz que não se pode fazer vistoria do carro porque se está em débito com o IPVA, ou tem multa, todo mundo não fala que isso é inconstitucional? Ou, então, que o comerciante não pode vender cigarro, se não for demonstrado o pagamento de IPI da remessa anterior, senão não lhe são fornecidos os selos do IPI. Com tal medida, estar-se-ia forçando o sujeito a pagar os tributos através de uma medida coercitiva indireta. E toda a jurisprudência é contra isso.

Parece-nos que essas exigências de irregularidade fiscal e débitos trabalhistas, são para o sujeito, antes de entrar na licitação, pagar os débitos dele ou, pelo menos, fazer um depósito elisivo, ou ainda, conseguir uma tutela antecipada, fazendo com que as pessoas se dirijam ao Judiciário para pedirem uma certidão positiva com efeitos negativos.

Acreditamos, porém, que isto não seria preciso. O sujeito deveria entrar na licitação, apresentando as certidões "sujas" assim mesmo; se ele for inabilitado e se ele se julgar prejudicado com aquilo, aí, sim, entra com um mandado de segurança contra a comissão de licitação, e não contra o fisco, já que ele é mesmo devedor. Note-se, então, que essa é uma questão que pode ser proposta em concurso porque há uma evidente discrepância entre o que está preconizado na Constituição Federal e na Lei nº 8.666/93, tendo-se que adaptar uma coisa à outra.

Em consideração ao inciso III do art. 63 que estabelece a exigência de documentos relacionados à regularidade fiscal, em qualquer caso, somente em momento posterior ao julgamento das propostas, e apenas do licitante mais classificado, José Clasans Junior[200] orienta-nos com relevantes considerações:

> "De qualquer sorte, o diferimento da comprovação, previsto no mencionado inciso, mesmo não conflitando com o preceito do § 3º do art. 195 da Constituição Federal, que veda a celebração do contrato com pessoa jurídica em situação irregular com as obrigações para com a Seguridade Social, está em contraposição ao que prevê a legislação do Fundo de Garantia do Tempo de Serviço _ FGTS, que expressamente exige a comprovação da regularidade da empresa, ou empregador, como requisito da habilitação em licitação pública. Tratando-se de exigência de lei especial, entende-se que não pode ser afastada pela lei geral de licitações, consoante a orientação da LINDB (Lei de Introdução às Normas do Direito Brasileiro – Decreto-Lei nº 4.657, de 04/09/1942.

Então, o Certificado de Regularidade com o FGTS, que constitui um dos elementos da regularidade fiscal, é exigível de todos os participantes da licitação, e deve ser apresentado no momento da abertura da licitação".

c) **Qualificação técnica** – é apresentada na atual art. 62, II, da Lei 14.133/21.

O cumprimento deste requisito se verifica quando da apresentação da documentação relacionada no art. 67 da Lei 14.133/21, senão vejamos:

Art. 67. A documentação relativa à qualificação técnico-profissional e técnico-operacional será restrita a:

---

200 CALASANS, JUNIOR, José. Manual da Licitação: com base na Lei nº 14.133, de 1º de abril de 2021. 3 ed. São Paulo: Barueri, Editora Atlas, 2021. p. 106.

I - apresentação de profissional, devidamente registrado no conselho profissional competente, quando for o caso, detentor de atestado de responsabilidade técnica por execução de obra ou serviço de características semelhantes, para fins de contratação;

II - certidões ou atestados, regularmente emitidos pelo conselho profissional competente, quando for o caso, que demonstrem capacidade operacional na execução de serviços similares de complexidade tecnológica e operacional equivalente ou superior, bem como documentos comprobatórios emitidos na forma do § 3º do art. 88 desta Lei;

III - indicação do pessoal técnico, das instalações e do aparelhamento adequados e disponíveis para a realização do objeto da licitação, bem como da qualificação de cada membro da equipe técnica que se responsabilizará pelos trabalhos;

IV - prova do atendimento de requisitos previstos em lei especial, quando for o caso;

V - registro ou inscrição na entidade profissional competente, quando for o caso;

VI - declaração de que o licitante tomou conhecimento de todas as informações e das condições locais para o cumprimento das obrigações objeto da licitação.

Neste item, devemos comentar dois pontos, que merecem registro.

O primeiro é quanto ao edital, que somente poderá fazer exigências razoáveis. Não é jurídica a exigência técnica cujo descumprimento em nada influa diretamente sobre a adequada execução do contrato. A título ilustrativo, seria irrazoável e, portanto, ilegal, exigir do licitante a comprovação de que poderia fornecer uma determinada quantidade de energia elétrica quando o integral cumprimento do contrato, já se levando em consideração as alterações e prorrogações possíveis, for incontestavelmente possível com um número inferior de fornecimento.

O outro ponto a ser comentado diz com a impossibilidade de se exigir que uma empresa tenha experiência na execução desta ou daquela tarefa, sendo inconstitucional, portanto, por violação ao art. 37, XXI, da CF/88, cuja norma fala "[...] somente permitirá as exigências de qualificação técnica e econômica indispensável à garantia do cumprimento das obrigações". A única possibilidade de se salvar o dispositivo legal mencionado é pela interpretação conforme a Constituição, entendendo-se que o legislador, ao mencionar "será", quis dizer "poderá ser". Nesta hipótese, estaria adequada a previsão legal.

Essa observação está fundada na necessidade que se tem de garantir a isonomia entre os participantes. Se não se tem por inconstitucional a norma em questão ou, por outra, se não se trabalha com aquele tipo de técnica de interpretação acima mencionada, a execução de determinados tipos de atividades será concentrada nas mãos de poucos, em detrimento dos princípios basilares da licitação.

São três os aspectos que envolvem a qualificação técnica:

- **Capacidade genérica** – que quer dizer uma habilitação legal para o exercício da atividade profissional ligada aos trabalhos ou a fornecimento que haverão de se executar. Sendo assim, para habilitar-se numa licitação que envolva a execução de obra de engenharia (construção de complexo arquitetônico para abrigo de menores para adoção), o licitante deve demonstrar sua habilitação legal de engenheiro da especialidade devidamente registrado no Conselho Regional de Engenharia, Arquitetura e Agronomia. Assim também, por exemplo, se fará em relação ao licitante que se candidatar a certame licitatório destinado à elaboração de um estudo econômico, devendo comprovar seu devido registro no Conselho Regional de Economia.

- **Capacidade específica** – segundo a qual o licitante comprova ter aptidão para o desempenho das atividades relativas à obra, serviço ou fornecimento objetos da licitação. Nesse quesito, precisa o interessado comprovar dispor de equipe legalmente habilitada e tecnicamente qualificada, de equipamentos, maquinário e ferramentas apropriadas para a execução dos trabalhos atinentes à licitação e ter experiência na realização de trabalhos de idêntica natureza ou assimilados.

- **Capacidade operativa** – por meio do que o licitante demonstra possuir equipamentos, ferramental e pessoal necessários e adequados para a boa operacionalização do contrato. Acerca dessa matéria, são fundamentais as considerações trazidas novamente da rica fonte de José Calasans Junior:[201]

> "[...] A Lei 8.666 vedava (§ 6º do art. 30) a exigência de prova de propriedade e de localização prévia desses bens, embora submetesse o licitante a penalidades, se declarasse disponibilidade que depois não comprovasse, no momento certo de sua utilização. Isso expunha a Administração ao risco de, confiando na declaração do licitante, celebrar um contrato que poderia vir a não ser executado.

> Quando licita uma obra ou um serviço, o verdadeiro objetivo do órgão público é ter essa obra ou esse serviço realizado. Penalizar o adjudicatário que disse possuir os equipamentos necessários para essa atividade, mas em verdade não os tem disponíveis no momento certo, não é o que interessa. Por outro lado, não se compatibiliza com o princípio isonômico admitir que concorram, numa licitação para construir uma grande obra (uma hidrelétrica, por exemplo), ao lado de uma empresa possuidora de extenso parque de maquinário, ferramental e equipamentos sofisticados, uma outra que não prova possuí-los do mesmo porte ou similares. Não é sem sentido que a Constituição autoriza exigências de qualificação técnica "indispensáveis à garantia do cumprimento das obrigações" (art. 37, inciso XXI).

> A nova lei corrige, em parte, a imprecisão da lei anterior, ao exigir do licitante a "indicação (...) das instalações e do aparelhamento adequados a disponíveis para a realização do objeto da licitação", o que significa que tais elementos devem constar na disponibilidade do licitante no momento em que formula a proposta, e ser comprovada na assinatura do eventual contrato.

> De outra parte, são positivas as disposições dos §§ 8º e 9º do art. 67, o primeiro, ao estabelecer a possibilidade da exigência da relação de compromissos assumidos pelo licitante que importem em diminuição de sua capacidade técnico-operacional; o segundo, ao permitir que essa capacidade seja comprovada com a utilização de atestados relativos ao(s) eventual(ais) subcontratado(s)."

Ao falar-se da habilitação técnica dos consórcios, devemos ter em mente o art. 15 da Lei 14.133/21:

Art. 15. Salvo vedação devidamente justificada no processo licitatório, pessoa jurídica poderá participar de licitação em consórcio, observadas as seguintes normas:

I - comprovação de compromisso público ou particular de constituição de consórcio, subscrito pelos consorciados;

II - indicação da empresa líder do consórcio, que será responsável por sua representação perante a Administração;

III - admissão, para efeito de habilitação técnica, do somatório dos quantitativos de cada consorciado e, para efeito de habilitação econômico-financeira, do somatório dos valores de cada consorciado;

IV - impedimento de a empresa consorciada participar, na mesma licitação, de mais de um consórcio ou de forma isolada;

V - responsabilidade solidária dos integrantes pelos atos praticados em consórcio, tanto na fase de licitação quanto na de execução do contrato.

---

201 CALASANS JUNIOR, José. Manual da Licitação.: com base na Lei nº 14.133, de 1º de abril de 2021. 3 ed. São Paulo: Barueri, Editora Atlas, 2021. p. 112.

§ 1º O edital deverá estabelecer para o consórcio acréscimo de 10% (dez por cento) a 30% (trinta por cento) sobre o valor exigido de licitante individual para a habilitação econômico-financeira, salvo justificação.

§ 2º O acréscimo previsto no § 1º deste artigo não se aplica aos consórcios compostos, em sua totalidade, de microempresas e pequenas empresas, assim definidas em lei.

§ 3º O licitante vencedor é obrigado a promover, antes da celebração do contrato, a constituição e o registro do consórcio, nos termos do compromisso referido no inciso I do *caput* deste artigo.

§ 4º Desde que haja justificativa técnica aprovada pela autoridade competente, o edital de licitação poderá estabelecer limite máximo para o número de empresas consorciadas.

§ 5º A substituição de consorciado deverá ser expressamente autorizada pelo órgão ou entidade contratante e condicionada à comprovação de que a nova empresa do consórcio possui, no mínimo, os mesmos quantitativos para efeito de habilitação técnica e os mesmos valores para efeito de qualificação econômico-financeira apresentados pela empresa substituída para fins de habilitação do consórcio no processo licitatório que originou o contrato.

Mais precisamente o § 4º do referido artigo, define que o edital poderá estabelecer um número máximo de empresas consorciadas por meio de justificativa técnica aprovada pela autoridade competente. A qualificação técnico-profissional dos consorciados está mais especificamente mencionada no inciso III do art. 15, levando-se em consideração acerca desse critério o "somatório dos quantitativos de cada consorciado".

Já a habilitação técnica de subcontratados encontra previsão no art. 122, nestes termos:

Art. 122. Na execução do contrato e sem prejuízo das responsabilidades contratuais e legais, o contratado poderá subcontratar partes da obra, do serviço ou do fornecimento até o limite autorizado, em cada caso, pela Administração.

§ 1º O contratado apresentará à Administração documentação que comprove a capacidade técnica do subcontratado, que será avaliada e juntada aos autos do processo correspondente.

§ 2º Regulamento ou edital de licitação poderão vedar, restringir ou estabelecer condições para a subcontratação.

§ 3º Será vedada a subcontratação de pessoa física ou jurídica, se aquela ou os dirigentes desta mantiverem vínculo de natureza técnica, comercial, econômica, financeira, trabalhista ou civil com dirigente do órgão ou entidade contratante ou com agente público que desempenhe função na licitação ou atue na fiscalização ou na gestão do contrato, ou se deles forem cônjuge, companheiro ou parente em linha reta, colateral, ou por afinidade, até o terceiro grau, devendo essa proibição constar expressamente do edital de licitação.

A Lei 14.133/21 inovou de modo positivo ao definir a exigência de documentação comprobatória da capacidade técnica do subcontratado. O momento em que essa exigência deve ocorrer merece duas ponderações. Inicialmente, a decisão administrativa pela subcontratação precisa de parâmetros adequados a cada caso, visto que não é irrestrita a discricionariedade do Poder Público, pois não poderá ele vedar a subcontratação para obras, serviços ou compras complexas que demandem executores altamente especializados. Por outro lado, deve-se se considerar o momento anterior à abertura do procedimento o mais adequado para se definir sobre o cabimento da subcontratação, em homenagem aos princípios da igualdade de oportunidades e da competitividade. Por isso, é conveniente que já no edital se deva esclarecer sobre a obrigatoriedade dos interessados indicarem quais as etapas do contrato que planejam confiar a terceiros e apresentar a qualificação dos mesmos. A aferição da qualificação dos possíveis subcontratados deve ser feita de modo prévio, em etapa própria dentro da licitação. José Calasans Junior[202] adverte sobre o perigo de que o procedimento não se dê dessa forma:

> "[...] Se não for assim, tem-se a burla ao princípio constitucional da licitação, abrindo brechas a fraudes, que se caracterizariam com a participação de "empresas laranjas", que não serão as efetivas executoras o objeto contratado. E isso tem ocorrido, especialmente nas licitações de grandes obras, em que a execução do contrato termina sendo atribuída a empresas que não tomaram parte na licitação, ou – o que é pior – a empresas vencidas na competição, ou delas alijadas na etapa da qualificação.

> A inexistência de um regramento explícito da lei não impede que a Administração adote providências acautelatórias, para prevenir-se de riscos que a transferência da responsabilidade da execução do contrato pode acarretar. E isso poderá ser feito, estabelecendo-se, já no ato convocatório da licitação, os limites em que a subcontratação será admitida, bem como os requisitos a serem atendidos por aqueles a quem vier a ser atribuída a execução direta de etapas da obra, serviço ou fornecimento contratado."

d) Qualificação econômico-financeira – é apresentada no art. 69 da Lei 14.133/21:

Art. 69. A habilitação econômico-financeira visa a demonstrar a aptidão econômica do licitante para cumprir as obrigações decorrentes do futuro contrato, devendo ser comprovada de forma objetiva, por coeficientes e índices econômicos previstos no edital, devidamente justificados no processo licitatório, e será restrita à apresentação da seguinte documentação:

I - balanço patrimonial, demonstração de resultado de exercício e demais demonstrações contábeis dos 2 (dois) últimos exercícios sociais;

II - certidão negativa de feitos sobre falência expedida pelo distribuidor da sede do licitante.

§ 1º A critério da Administração, poderá ser exigida declaração, assinada por profissional habilitado da área contábil, que ateste o atendimento pelo licitante dos índices econômicos previstos no edital.

§ 2º Para o atendimento do disposto no *caput* deste artigo, é vedada a exigência de valores mínimos de faturamento anterior e de índices de rentabilidade ou lucratividade.

§ 3º É admitida a exigência da relação dos compromissos assumidos pelo licitante que importem em diminuição de sua capacidade econômico-financeira, excluídas parcelas já executadas de contratos firmados.

§ 4º A Administração, nas compras para entrega futura e na execução de obras e serviços, poderá estabelecer no edital a exigência de capital mínimo ou de patrimônio líquido mínimo equivalente a até 10% (dez por cento) do valor estimado da contratação.

§ 5º É vedada a exigência de índices e valores não usualmente adotados para a avaliação de situação econômico-financeira suficiente para o cumprimento das obrigações decorrentes da licitação.

---

202 CALASANS, JUNIOR, José. Manual da Licitação: com base na Lei nº 14.133, de 1º de abril de 2021. 3 ed. São Paulo: Barueri, Editora Atlas, 2021. p. 114.

§ 6º Os documentos referidos no inciso I do *caput* deste artigo limitar-se-ão ao último exercício no caso de a pessoa jurídica ter sido constituída há menos de 2 (dois) anos.

O cumprimento deste requisito se verifica quando da apresentação da documentação relacionada no art. 69 da Lei 14.133/21, do qual dois aspectos merecem registro.

Um deles se refere ao art. 69, § 4º da Lei 14.133/21, que trata da possibilidade de o edital exigir um capital mínimo para que a empresa participe da licitação, ignorando, contudo, que, para a Teoria da Contabilidade, essa informação em nada acrescenta acerca da capacidade financeira que a empresa tem de suportar o cumprimento do contrato.

Vemos com bons olhos a exigência trazida pela nova Lei de Licitações de que o licitante apresente uma relação de já compromissos assumidos que seriam capazes de comprometer sua capacidade econômico-financeira, ou seja, de cumprir fielmente os encargos financeiros e, especialmente, aqueles de natureza tributária, que deva se responsabilizar na vigência de um provável futuro contrato. Além disso, há que se ter cautela acerca da dispensabilidade de documentação contábil para se colocar no lugar uma mera declaração de profissional da área que confirme a capacidade econômico-financeira do licitante, porque essa medida abala a segurança negocial da Administração Pública.

Na conta "capital social", que integra o patrimônio líquido da empresa, estão registrados os investimentos feitos pelos sócios na hora de criarem a sociedade e, ainda, eventuais investimentos futuros (aumento de capital). Acontece que esses investimentos podem vir a gerar, no futuro, dependendo da sorte e da competência da administração da empresa, lucros ou prejuízos, que não ficarão necessariamente registrados no capital social. Isso dependeria de uma deliberação de quem tiver essa competência de acordo com os atos constitutivos da sociedade. Inicialmente, esses lucros ou prejuízos implicarão alterações nas contas "caixa" ou "bancos" e nas contas de "receita" ou de "despesas", somente passando para o patrimônio líquido, geralmente, ao final do ano, quando da apuração do "resultado do exercício".

Dessa forma, tendo em vista que o que se pretende com essa habilitação econômico-financeira é justamente aferir-se qual a capacidade econômica da empresa para fazer frente às obrigações contratuais que futuramente possam vir a ser assumidas perante a Administração Pública, tem-se por inadequada a exigência ora em comento, devendo os encarregados da elaboração do edital evitarem essa conduta que, ao nosso sentir, confronta com o princípio constitucional da razoabilidade.

Outra questão interessante de se destacar a essa altura diz com a vedação de contratação com empresas em processo falimentar ou que estejam em recuperação judicial, conforme se extrai do art. 69, II da Lei 14.133/21. Esta é uma regra que não se aplica quando o contrato é de pronta entrega, já que, nesta hipótese, não se cogita de dúvida acerca da capacidade econômico-financeira da empresa para cumprir o contrato. Afinal, o contrato é executado no momento de sua celebração[203].

Uma vez considerado habilitado o proponente com o preenchimento desse requisito (qualificação econômico-financeira), descabe à Administração, em fase posterior, reexaminar a presença de pressupostos correspondentes à etapa em relação à qual se operou a preclusão.

Se assim não fosse, avanços e recuos mediante a exigência de atos impertinentes a serem praticados pelos licitantes em momento inadequado, postergariam indefinidamente o procedimento e acarretariam manifesta insegurança aos que dele participam.

e) **Cumprimento do disposto no inciso XXXIII do art. 7º da Constituição** – incluído pela Lei nº 9.854/99, este requisito, até hoje, não foi muito bem implementado, vez que o participante, para ser

---

203 Como esclarece o professor Marçal JUSTEN FILHO (*Comentários...*, *op. cit.*, 356), a só existência do pedido de falência não impede a participação da empresa no procedimento licitatório. Seria necessária a decisão declaratória de falência para que se operasse a restrição.

habilitado, deve comprovar que não emprega menores em situação vedada nos termos do dispositivo constitucional, que proíbe o trabalho noturno, perigoso ou insalubre aos menores de dezoito anos e de qualquer trabalho aos menores de dezesseis, salvo na condição de aprendiz, a partir de quatorze anos.

Tal requisito mereceu a crítica de alguns doutrinadores, até porque de que maneira o licitante iria provar que não emprega menor? Declarando de próprio punho? Ou tendo os agentes da Administração que fiscalizar cada uma das empresas? Ante a dificuldade de o participante apresentar tal comprovação, a Secretaria de Inspeção do Trabalho expediu a Instrução Normativa nº 27, de 27 de fevereiro de 2002, que, dentre outras providências, aprovou modelos de certidões nesse sentido.

Note-se, assim, que a habilitação é uma fase do procedimento licitatório muito importante, porque a Administração Pública vai "peneirar" os licitantes, só deixando aqueles que têm reais condições de cumprir o objeto da licitação. Por isso, uma vez habilitado, o licitante não poderá mais desistir de sua proposta, salvo se apresentar fato justo e aceito pela comissão.

Portanto, caso seja vencedor, o licitante estará obrigado a contratar com o Poder Público, consequência esta, prevista no art. 43, § 6º, da Lei nº 8.666/93[204], salvo exceções a critério da Administração, mesmo porque, conforme diz o § 3º do art. 64 (atual art. 90, § 3º da Lei 14.133/21), depois de sessenta dias da data da entrega das propostas (anterior à habilitação), os licitantes estão dispensados dos compromissos assumidos, se neste intervalo não houver convocação para a contratação. Isto significa que, se a assinatura do contrato administrativo não for feita em sessenta dias[205], o licitante vencedor não estará mais obrigado em relação aos valores apresentados no envelope-proposta.

Mas, e se o licitante for chamado dentro do prazo e não assinar o contrato? Neste caso, fica caracterizado o descumprimento total da obrigação assumida, havendo sanções administrativas para isto (art. 81 e seguintes, da Lei nº 8.666/93)[206], sujeitando-se o licitante vencedor às penalidades legalmente estabelecidas (art. 87 da Lei).[207]

Cabe advertência, multa, suspensão temporária de participação em licitações, impedindo-o de contratar com a Administração por prazo não superior a dois anos e, a mais grave, que é a declaração de idoneidade para contratar com o Poder Público, que é por prazo indeterminado.

A fase de habilitação pode se encerrar em três momentos (art. 43, III, da Lei em apreço):[208]

- Transcorrido o prazo sem interposição de recurso – do ato que habilitar ou inabilitar o licitante, o prazo para interpor recurso é de cinco dias úteis contados da data da lavratura da ata da reunião ou da intimação dos interessados (art. 109, I). Passado este tempo, se ninguém recorrer, encerra-se a fase de habilitação;

- Havendo desistência expressa – quando todos os licitantes concordam com o resultado da licitação, assinando o termo de renúncia, não precisando esperar os cinco dias úteis para ir à fase do julgamento; ou

- Após o julgamento dos recursos – se algum dos licitantes recorrer, diz a boa doutrina que se deve esperar o julgamento do recurso.

- A desistência expressa é o chamado "termo de renúncia", ou seja, estando todos os licitantes presentes (não há obrigação de fazê-lo), o presidente da comissão resolve fazer a habilitação no ato público. Todos concordam com o resultado e assinam o termo de renúncia, não havendo necessidade de aguardar os cinco dias para ir à fase do julgamento.

---

204   Sem dispositivo correspondente na Lei 14.133/21.
205   Em regra, os editais reduzem esse prazo para trinta dias.
206   Atual art. 90, § 5º da Lei 14.133/21.
207   Atual art. 156 da Lei 14.133/21.
208   Sem dispositivo correspondente na Lei 14.133/21.

- Caso alguém recorra,[209] tem-se que esperar o julgamento do recurso para encerrar a fase da habilitação. Assim, somente os licitantes habilitados irão à fase do julgamento. Os não habilitados recebem de volta seus envelopes contendo as propostas lacrados e vão embora.

- A comissão de licitação tem juízo de retratação, ou seja, o recurso será encaminhado para a própria comissão que poderá retratar-se. Caso a retratação não ocorra, aí então o recurso será levado à autoridade superior.[210]

O recurso de habilitação, bem como o de julgamento, terá efeito suspensivo,[211] salvo casos excepcionais, e será dirigido à autoridade superior, intermediado o encaminhamento pela que praticou o ato impugnado, momento em que poderá, no prazo de cinco dias úteis, rever sua decisão. Não se pode esquecer, contudo, que igual prazo terá os interessados para oferecer razões contrárias à impugnação oposta.

Após o julgamento dos recursos ou na hipótese de estes não terem sido opostos, serão devolvidos, intactos, ainda lacrados, portanto, os envelopes das propostas aos licitantes desqualificados, partindo-se, então, para o julgamento das propostas dos habilitados para a fase seguinte. Esse julgamento será realizado pela comissão de licitação ou órgão com idênticas funções, nos casos antes aludidos, de acordo com os critérios fixados no edital.

No momento em que o edital institui requisitos de habilitação a partir de elementos subjetivos que a Administração entende como relevante, é traçado um perfil ideal do futuro contratado, que é exatamente o que distingue a habilitação do julgamento, por envolver avaliação dos aspectos subjetivos (é dizer, da pessoa dos ofertantes), enquanto este cuida exclusivamente de dados objetivos (isto é, das propostas apresentadas).[212]

Por fim, é importante dizer que a interpretação literal do inciso II do art. 63, pode gerar um entendimento equivocado acerca do momento da apresentação da documentação e do momento da aferição da habilitação, tendo em vista a chance que existe da documentação apresentada pelo licitante vencedor não atender totalmente os requisitos legais de habilitação. Nesse sentido, a lei claramente não expressa a possibilidade de convocação dos demais licitantes para apresentar seus documentos de habilitação, especificando de modo taxativo que isso só será exigido do licitante vencedor. A cautela nessa interpretação deve ser tal que não prejudique o tratamento igualitário de todos os licitantes, pois deve se aferir que todos estejam em condições de competir igualitariamente, ao se iniciar a disputa, e isto significaria reconhecer que a habilitação deve ocorrer no momento da abertura da licitação. A esse respeito, importante discussão é levantada por José Calasans Junior:[213]

> "Ao diferir para momento posterior a análise da habilitação, a Lei não está dispensando a comprovação, por todos quantos pretendam participar da licitação, de que, no momento da abertura do certamente, estão qualificados para realizar o objeto licitado. Fosse assim, seria inócua a disposição do art. 64, no qual a lei prescreve que "Após a entrega dos documentos para habilitação, não será permitida a substituição ou a apresentação de documentos, salvo em sede de diligência para (...)", o que não faria sentido se a documentação não tivesse de ser apresentada, por todos os licitantes, desde a abertura da licitação. Nessa linha de raciocínio, o entendimento correto seria o de que os documentos de habilitação deveriam ser apresentados por todos os licitantes, em envelope distinto do das propostas, não sessão pública de inauguração do certame licitatório, e que a abertura desses

---

209 Atual art. 165, I, c, da Lei 14.133/21.

210 Obs.: A grande vantagem de a autoridade superior delegar ao presidente da comissão a realização do edital, é ter para quem recorrer caso haja recurso, que, no caso, seria apreciado pela autoridade superior. É difícil, na prática, encontrar-se edital assinado por Ministro ou Secretário. É sempre o presidente da comissão quem o faz, cabendo, então, recurso para o Ministro ou Secretário. Mesmo que a autoridade superior tenha assinado o edital, ainda assim existe o recurso hierárquico impróprio, que é aquele fora do órgão. Ex.: o Ministro assinou o edital, logo o recurso será encaminhado ao Presidente da República, que é outro órgão. O recurso hierárquico próprio é aquele a ser apreciado dentro do mesmo órgão, como por exemplo, quando sai do presidente de uma autarquia e vai para o Ministério ao qual ela está ligada.

211 Atual art. 168 da Lei 14.133/21.

212 SUNDFELD, *op. cit.*, p. 109.

213 CALASANS, JUNIOR, José. Manual da Licitação: com base na Lei nº 14.133, de 1º de abril de 2021. 3 ed. São Paulo: Barueri, Editora Atlas, 2021. p. 105.

envelopes e a análise da documentação neles contida, a começar pelo do licitante vencedor, ocorrerá depois de concluída a classificação das propostas.

Entretanto, para compatibilizar a norma do inciso II do art. 63 com o princípio do tratamento isonômico, poderá o edital estabelecer: (i) que todos os participantes da licitação se comprometam, na declaração prevista no inciso I do art. 63, a apresentar os documentos de habilitação, em envelope fechado, na sessão em que for proclamado o resultado da análise das propostas; (ii) que a abertura desses envelopes será feita na referida sessão pública, a começar pelo do licitante declarado vencedor, como determina o inciso II do art. 63".

O art. 64 da Lei 14.133/21 aborda acerca da possibilidade de se realizarem complementações de documentos e saneamento de erros ou falhas, nos seguintes termos:

Art. 64. Após a entrega dos documentos para habilitação, não será permitida a substituição ou a apresentação de novos documentos, salvo em sede de diligência, para:
I - complementação de informações acerca dos documentos já apresentados pelos licitantes e desde que necessária para apurar fatos existentes à época da abertura do certame;
II - atualização de documentos cuja validade tenha expirado após a data de recebimento das propostas.

§ 1º Na análise dos documentos de habilitação, a comissão de licitação poderá sanar erros ou falhas que não alterem a substância dos documentos e sua validade jurídica, mediante despacho fundamentado registrado e acessível a todos, atribuindo-lhes eficácia para fins de habilitação e classificação.

§ 2º Quando a fase de habilitação anteceder a de julgamento e já tiver sido encerrada, não caberá exclusão de licitante por motivo relacionado à habilitação, salvo em razão de fatos supervenientes ou só conhecidos após o julgamento.

A respeito desse tema, mais uma vez as brilhantes considerações de José Calasans Junior[214] enriquecem nosso conhecimento, vamos conferir:

"A disposição do § 1º desse artigo permite à comissão de licitação "sanar erros ou falhas" da documentação de habilitação. É certo que imprecisões formais, existentes na documentação, podem – e devem – ser relevadas, quando não comprometerem a veracidade da declaração que ali contém. O princípio da instrumentalidade da forma não deve suplantar o princípio da verdade real. Entretanto, relevar imprecisões formais não significa sanar erros ou falhas existentes em documentos, os quais continuam existindo, embora podendo ser desconsiderados, para efeito da habilitação do licitante interessado. O "despacho fundamentado" a que alude o § 1º do art. 64 deve ser exigido da comissão para justificar a irrelevância do erro ou da falha encontrados no documento, jamais para fazê-los desaparecer (sanar)."

f) **Negociação com o proponente classificado em primeiro lugar** – a Lei 14.133/21 trouxe está notável novidade em seu art. 61:

Art. 61. Definido o resultado do julgamento, a Administração poderá negociar condições mais vantajosas com o primeiro colocado.

---

214 CALASANS, JUNIOR, José. Manual da Licitação.: com base na Lei nº 14.133, de 1º de abril de 2021. 3 ed. São Paulo: Barueri, Editora Atlas, 2021. p. 108.

§ 1º A negociação poderá ser feita com os demais licitantes, segundo a ordem de classificação inicialmente estabelecida, quando o primeiro colocado, mesmo após a negociação, for desclassificado em razão de sua proposta permanecer acima do preço máximo definido pela Administração.

§ 2º A negociação será conduzida por agente de contratação ou comissão de contratação, na forma de regulamento, e, depois de concluída, terá seu resultado divulgado a todos os licitantes e anexado aos autos do processo licitatório.

Como podemos notar, o agente responsável pelo julgamento ou a comissão de licitação é que conduzirão essa negociação, cujo parâmetro será o valor estimado e tornado público pelo Poder Público para a execução da obra, compra ou serviço. A redução do valor da proposta que atinja um valor inferior ao do orçamento público deve ser a meta da comissão ou do agente que estiver conduzindo a negociação.

15.2.4. Apresentação do resultado, homologação e adjudicação do julgamento

Conforme a sabedoria de José Calasans Junior:[215]

> "À semelhança do procedimento adotado na etapa de habilitação, o resultado do julgamento das propostas deverá ser expresso em decisão da Comissão (do Agente de Contratação ou do Pregoeiro, conforme o caso). Quando proferida em sessão pública (caso de licitações mais simples), essa decisão deverá ser expressa na ata respectiva, na qual serão expostos os fundamentos e as justificativas, de modo a propiciar pleno conhecimento dos licitantes e o acompanhamento dos órgãos de controle, interno e externo.

> Nas licitações mais complexas, o resultado deve ser exposto em documento específico (relatório de julgamento, assinado, obrigatoriamente, pelos membros da Comissão, no qual deverão constar a fundamentação da decisão e os pareceres técnicos que, eventualmente, lhe sirvam de base. Esse relatório de julgamento deverá ser comunicado os licitantes, preferencialmente em sessão pública especialmente convocada. Como se disse anteriormente, a comunicação em sessão pública apresenta a vantagem de possibilitar a obtenção de desistência de recurso, se prestados os esclarecimentos e explicações satisfatórias aos interessados.

> Transcorrido o prazo para a interposição de recursos, ou decididos os que tenham sido formulados, ou ainda, obtida a desistência formal dos interessados, a Comissão (o agente de contratação ou o pregoeiro, conforme o caso) encaminhará o relatório de julgamento à autoridade competente, ou, se for o caso, anular ou revogar o procedimento, sempre mediante decisão fundamentada, assegurados aos interessados, em qualquer hipótese, o contraditório e a ampla defesa. Recorde-se que a revogação somente poderá ser determinada para atender a razões de interesse público, decorrentes de fatos supervenientes".

Esta sequência de atos do procedimento licitatório é proposta com base nos atuais arts. 17, VII e 71, IV da Lei 14.133/21. Na antiga legislação, a adjudicação vinha antes da homologação, e a comissão realizava a habilitação, o julgamento e a adjudicação.

Vencida a fase do julgamento das propostas, e já se tendo, então, uma ordem definitiva de classificação, o processo será remetido à autoridade superior para que, em não havendo qualquer vício, homologue-o.

---

215 CALASANS, JUNIOR, José. Manual da Licitação: com base na Lei nº 14.133, de 1º de abril de 2021. 3 ed. São Paulo: Barueri, Editora Atlas, 2021. p. 117.

Conforme adverte o professor Jessé Torres Pereira Junior, entretanto, "não basta à Comissão apontar a proposta mais vantajosa, deverá estabelecer a ordem de classificação de todas as propostas".[216]

Mas não se pense que o procedimento licitatório se encerrou neste momento, posto que a seleção da proposta mais vantajosa para a Administração se deu em momento pretérito. Daí afirmar a doutrina que o procedimento licitatório se encerra, regularmente, quando da adjudicação.

Neste ponto, merece ser registrada uma controvérsia que tem afligido boa parte da doutrina administrativista, pois há quem afirme que a homologação, ato pelo qual a autoridade superior certifica a regularidade do procedimento licitatório[217], só ocorre depois da adjudicação, a qual declara a compatibilidade entre a proposta vencedora e as necessidades da Administração.[218]

Explica-se o porquê. Na antiga legislação, a comissão de licitação realizava a habilitação, o julgamento e a adjudicação, fase esta que ocorria antes da homologação. Porém, com o advento da Lei nº 8.666/93, o inciso VI do art. 43[219] inverteu essas duas fases; só que o legislador, infelizmente, diz outra coisa no art. 38, VII,[220] neste falando que a adjudicação vem antes da homologação. Então, curiosamente, temos dois artigos da Lei tratando do mesmo assunto de formas diferentes, e isto, em princípio, gera problemas.

Analisando-se ambas as fases, verificamos que a homologação envolve duas questões: a da legalidade, quando se verifica a conformidade da proposta com a lei e o edital (sabe-se que alguns vícios poderão implicar em nulidade); e em razão de interesse público, quando a licitação poderá ser revogada, desde que a decisão de autoridade superior seja fundamentada.

A homologação é decorrente do estudo geral da autoridade responsável pelo certame e corresponde ao julgamento da conveniência da melhor proposta, reafirmando a vantajosidade da escolha firmada pela comissão de licitação.

Deve ser registrado que uma licitação, mesmo após a homologação, pode tranquilamente, ser revogada; mas, sob o fundamento de razões de interesse público, decorrente de fato superveniente, devidamente comprovado, assegurado o contraditório e a ampla defesa para o vencedor do certame.

A adjudicação, por sua vez, está intimamente relacionada à homologação e é atividade adstrita à autoridade a quem compete vincular o ente administrativo. Trata-se a adjudicação de um ato administrativo formal, declaratório, que finda o procedimento licitatório, proclamando a entrega do objeto da licitação ao vencedor. No entanto, isto implica em mera expectativa de direito para o licitante vencedor contratar com a Administração, que não é o mesmo que direito à contratação, mas que vincula o objeto da licitação em favor do primeiro contratado, caso a licitação não seja revogada ou anulada. A adjudicação é uma fase discricionária.

De forma diferente vislumbra a professora Vera Lúcia Machado D´Ávila[221], para quem a adjudicação é mero ato de atribuir o objeto de licitação ao primeiro classificado, enquanto a homologação é ato que dá eficácia a essa atribuição, momento em que a autoridade superior ratifica todo o procedimento, após o exame de sua legalidade.

Fundamentou a administrativista supracitada sua posição através do inciso VII do art. 38, do Estatuto, que dispõe que o procedimento da licitação será iniciado com a abertura de processo administrativo, devidamente autuado, protocolado e numerado, contendo a autorização respectiva, a indicação sucinta de seu objeto e do recurso próprio para a despesa e ao qual serão juntados oportunamente os atos de adjudicação do objeto da licitação e da sua homologação.

---

216 PEREIRA JÚNIOR, op. cit., p. 453. Atual art. 90, § 2º da Lei 14.133/21.

217 Segundo Marçal JUSTEN FILHO, (Comentários..., op. cit., p. 441): "A homologação possui eficácia declaratória enquanto confirma a validade de todos os atos praticados no curso da licitação. Possui eficácia constitutiva enquanto proclama a conveniência da licitação [...]".

218 Diz o professor Adilson Abreu DALLARI (op. cit., p. 106) que: "Enquanto na classificação se procede a um cotejo entre as propostas, na adjudicação é feita uma comparação entre os atributos da proposta mais vantajosa e as necessidades que a Administração visava atender com a abertura do procedimento licitatório, para se saber, finalmente, se a proposta classificada como mais vantajosa pode ser aceita ou não".

219 Atual art. 71, IV, da Lei 14.133/21.

220 Sem artigo correspondente na Lei 14.133/21.

221 D´ÁVILA, Vera Lúcia Machado. Temas polêmicos sobre licitações e contratos. 5. ed. São Paulo: Malheiros Editores, p. 263.

As opiniões doutrinárias acerca da adjudicação e da homologação são bastante destoantes, o que foi, inclusive, reconhecido pela autora em comento, ao afirmou que:

A doutrina diverge acerca dessa matéria, entendendo uns que a Lei nº 8.666/93 inovou neste tópico sob comento, pois alterou princípio já sedimentado no âmbito do estudo do procedimento licitatório, para o qual a maioria dos juristas afirmava ser o ato adjudicatório apenas o instrumento válido para 'dizer o Direito', ou seja, o de indicar que ao primeiro colocado na classificação das propostas apresentadas à Administração seria possibilitado celebrar o contrato, no momento julgado conveniente e oportuno pelo Poder Público, enquanto a homologação corresponderia ao perfazimento da fase final da licitação tornando válido e eficaz todo o procedimento, desde que não apurado nesta fase derradeira qualquer ilegalidade que pudesse viciá-lo, tornando-o nulo ou anulável.[222]

Desse modo, formaram-se duas correntes a respeito da sequência correta dos atos da adjudicação e da homologação: de um lado, os que entendem que a homologação é o ato final do procedimento, assim entendendo Lucia Valle Figueiredo[223] e Carlos Ary Sunfeld[224]; de outro, os que entendem inversamente, pois a adjudicação se dá somente após a constatação da regularidade do procedimento e da conveniência da celebração do ajuste, sendo este o pensamento da maior parte dos doutrinadores, a exemplo dos professores Marçal Justen Filho[225], Celso Antônio Bandeira de Mello[226], Hely Lopes Meirelles[227], bem como é o entendimento da professora Maria Sylvia Zanella Di Pietro.[228]

A adjudicação foi definida pela Lei 14.133/21 como o ato final do procedimento licitatório, segundo o inciso IV do art. 71, observe, a esse respeito, como trata a lei acerca do encerramento da licitação:

"Art. 71. Encerradas as fases de julgamento e habilitação, e exauridos os recursos administrativos, o processo licitatório será encaminhado à autoridade superior, que poderá:

I - determinar o retorno dos autos para saneamento de irregularidades;

II - revogar a licitação por motivo de conveniência e oportunidade;

III - proceder à anulação da licitação, de ofício ou mediante provocação de terceiros, sempre que presente ilegalidade insanável;

IV - adjudicar o objeto e homologar a licitação. [grifo nosso]

Isto foi capaz de colocar fim à divergência doutrinária no tocante à competência para esse ato, que agora é expressamente atribuída à "autoridade superior". E por mais contraditório que possa parecer, foi delegada a autoridade superior a missão de homologar seu próprio ato. Importantes considerações acerca do tema da adjudicação e homologação da licitação são brilhantemente pormenorizadas por José Calasans Junior,[229] as quais não poderíamos nos furtar de aqui trazê-las:

"A adjudicação consiste na atribuição do objeto licitado ao vencedor do certame. Em outras palavras, significa a proclamação do direito do vencedor de celebrar o contrato objetivado. Como ato constitutivo de direitos e obrigações, a adjudicação produz efeitos jurídicos desde o momento em que é efetivada. Em virtude dela, o adjudicatário adquire o direito de ser contratado, nos termos e

---

222 Idem.

223 FIGUEIREDO, Lucia Valle. *Direito dos licitantes*. 4. ed. São Paulo: Malheiros Editores, 1993, p. 75.

224 Para o professor Carlos Ary SUNDFELD (*op. cit.*, p. 168), prevalece a regra do art. 38, VII, por entender que é mais específica do que a do art. 43, VI.

225 JUSTEN FILHO, *op. cit*, p. 252.

226 BANDEIRA DE MELLO, C. A. *Curso de...*, *op. cit.*, p. 555 e segs.

227 MEIRELLES. *Curso de...*, *op. cit.*, p. 299.

228 DI PIETRO, Maria Sylvia Zanella. *Direito administrativo*. São Paulo: Atlas, 1997, p. 291.

229 CALASANS, JUNIOR, José. Manual da Licitação: com base na Lei nº 14.133, de 1º de abril de 2021. 3 ed. São Paulo: Barueri, Editora Atlas, 2021. p. 118-121.

nas condições em que venceu a licitação. Em contrapartida, a Administração fica impedida de formalizar o negócio com outro que não seja o adjudicatário. Como fecho e consequência natural do julgamento, a adjudicação caracterizava-se como ato que se continha na competência da Comissão de Licitação. E isso por razão de lógica e pela própria natureza do ato.

Ao estabelecer que o processamento e o julgamento das licitações deveriam ser feitos por comissões, especiais ou permanentes (ou por servidor especialmente designado, no caso de convite), a lei teve a intenção induvidosa de retirar da autoridade administrativa o poder de escolher, diretamente, aquele com quem deseja celebrar os contratos de obras, serviços ou fornecimentos do interesse do órgão que preside. Essa escolha terminaria sendo ditada por motivação subjetiva, o que é incompatível com o princípio da impessoalidade (Constituição Federal, art. 37), que deve presidir a ação administrativa. Sob esse prisma, portanto, não há como dissociar do julgamento colegiado o poder de atribuir o objeto licitado àquele que ofertou a proposta considerada como a mais vantajosa.

[...]

A homologação do procedimento confirma o julgamento da Comissão, conferindo-lhe eficácia. Por mais perfeito e adequado que seja o juízo da Comissão, somente após homologado pela autoridade competente, está apto a produzir efeitos jurídicos. Feita a adjudicação, pela Comissão julgadora, caberia à autoridade administrativa convalidá-la, com a homologação, e convidar o vencedor para assinar o respectivo contrato, a menos que, como ficou antes esclarecido, o interesse público, fundado em fato superveniente, justifique o cancelamento o negócio".

Cumpre-nos destacar que a inversão dos atos da adjudicação e da homologação não é capaz de gerar a anulação do procedimento, visto que dificilmente haverá prejuízo à Administração Pública por conta desta inversão. Deve-se também acrescentar que a autoridade que homologa é a mesma que realiza adjudicação ao vencedor.

Assim observada a controvérsia e a própria lógica do procedimento, como concordam os mais importantes administrativistas especializados em licitações e contratos administrativos, extirpam a dúvida, estabelecendo que a homologação é sempre anterior à adjudicação[230], mesmo porque, como a adjudicação é o ato final que vai prender o órgão público ao vencedor da licitação, ele tem que ser feito pela autoridade superior, e não pela comissão, como antigamente ocorria, invertendo-se a hierarquia. Ora, quem pode comprometer um órgão perante terceiros é somente a autoridade hierárquica máxima do órgão público, em regra, aquela que determinou a abertura da licitação ou daquela indicada no edital, no regulamento ou na lei.

Aqui, então, cumpre-nos registrar outra controvérsia, agora sobre se a adjudicação confere ao licitante vencedor direito subjetivo ao contrato ou não. Ou seja, como se coloca esse direito diante do poder de revogação do procedimento licitatório, reconhecido pelo art. 71, § 2º da Lei 14.133/21. Em outros termos, adjudicado o objeto do contrato ao vencedor, poderá a Administração deixar de celebrar o ajuste com o mesmo?

Para o exame dessa questão, abrimos espaço para falar de dois institutos, anulação e revogação da licitação, cuja matéria se encontra disciplinada no art. 71, § 2º da Lei nº 14.133/21.

Uma vez feita a adjudicação, a Administração pode desistir da contratação, porque pode haver a revogação e a anulação da licitação. Não há, portanto, a contratação obrigatória, em razão do art. 71, § 2º da Lei nº 14.133/21. Além da desistência da Administração, pode haver também desistência do adjudicatário, que será considerado inadimplente total, passível das sanções administrativas e a Administração poderá recorrer ao 2º classificado no julgamento (faculdade tanto da administração em contratá-lo, como do classificado em querer ser contratado).

---

230 O professor Marçal JUSTEN FILHO (*Comentários...*, *op. cit.*, p. 442) menciona que: "Pelo art. 43, inc. VI, não há, antes da homologação, uma 'adjudicação' nem haveria a possibilidade de a Administração adjudicar sem ter, anteriormente, homologado".

16. REVOGAÇÃO E ANULAÇÃO DA LICITAÇÃO

Os institutos da anulação e revogação da licitação têm suas normas estabelecidas no art. 71, da Lei nº 14.133/21, cuja dicção é a seguinte:

> **Art. 71, Lei 14.133/21.** Encerradas as fases de julgamento e habilitação, e exauridos os recursos administrativos, o processo licitatório será encaminhado à autoridade superior, que poderá:
>
> I - determinar o retorno dos autos para saneamento de irregularidades;
>
> II - **revogar a licitação por motivo de conveniência e oportunidade;**
>
> III - **proceder à anulação da licitação, de ofício ou mediante provocação de terceiros, sempre que presente ilegalidade insanável;**
>
> IV - adjudicar o objeto e homologar a licitação.
>
> § 1º Ao pronunciar a nulidade, a autoridade indicará expressamente os atos com vícios insanáveis, tornando sem efeito todos os subsequentes que deles dependam, e dará ensejo à apuração de responsabilidade de quem lhes tenha dado causa.
>
> § 2º O motivo determinante para a revogação do processo licitatório deverá ser resultante de fato superveniente devidamente comprovado.
>
> § 3º Nos casos de anulação e revogação, deverá ser assegurada a prévia manifestação dos interessados.
>
> § 4º O disposto neste artigo será aplicado, no que couber, à contratação direta e aos procedimentos auxiliares da licitação. (grifo nosso)

Da apreciação do texto legal supra, é possível chegar às seguintes conclusões:

- A revogação é um ato vinculado, apesar de se tratar de uma faculdade da autoridade administrativa, por depender da comprovação do fato que caracterizará a inconveniência da concretização do ato pretendido com a licitação para a Administração Pública;
- A revogação só se justificará por fato posterior à abertura do procedimento licitatório, também chamado de fato superveniente;
- O cancelamento da licitação pela via revogatória deve compor-se de fato superveniente que seja, ao mesmo tempo, pertinente e suficiente, de maneira que a autoridade competente deva demonstrar o comprometimento do interesse público caso o acordo seja cumprido consoante o que dantes fora firmado;
- A anulação da licitação deverá ser decretada quando de constatar o descumprimento de norma legal ou irregularidade que afete a validade do procedimento, seja de ofício por iniciativa da autoridade competente ou através de provocação de terceiros (de qualquer cidadão), ainda que não envolvido diretamente na licitação;
- Para que a decisão de anulação (ou o parecer) tenha validade e eficácia, deverá ser fundamentado.

Hipóteses de extinção do contrato administrativo podem se originar da própria legislação ou da execução contratual, sendo estas as circunstâncias que colocam um termo final nas avenças celebradas entre o particular contratado e o poder público. Por extinção natural entende-se o fim da execução do contrato seja pela conclusão de seu objeto, seja por encerramento do prazo sem que ocorra prorrogação ou ao fim desta, ou seja, quando acontece de maneira regular o advento do termo do contrato ou concretiza-se a sua finalidade. Dessa forma, um contrato de execução de obra será extinto com a entrega definitiva da obra e, de semelhante modo, um contrato de prestação de serviços encerrará com o término do prazo concordado no instrumento contratual e no edital, sem que se perfaça uma prorrogação com o objetivo de reiniciar a avença.

Diferentemente, a anulação se impõe nos casos em que sobrevier alguma irregularidade na celebração do contrato. Devido ao fato de a anulação decorrer de uma extinção contratual resultante de vício de ilegalidade no contrato ou no procedimento licitatório terá seus efeitos retroagindo à data de início da vigência do acordo, e impedirá os efeitos jurídicos que ele deveria gerar originariamente, além de desconstituir os efeitos já existentes. A anulação do contrato, também chamada de nulidade, se resolverá em indenização por perdas e danos quando não for mais possível retornar à situação anterior, englobando conjuntamente a apuração da responsabilidade e aplicação de penalidades cabíveis ao caso. Mas, a depender da situação, a Lei 14.133 também permite a chamada modulação de efeitos do ato que determinar a anulação do contrato administrativo, como bem prevê o art. 148, § 2º, senão vejamos:

Art. 148, Lei 14.133/21. A declaração de nulidade do contrato administrativo requererá análise prévia do interesse público envolvido, na forma do art. 147 desta Lei, e operará retroativamente, impedindo os efeitos jurídicos que o contrato deveria produzir ordinariamente e desconstituindo os já produzidos.

§ 1º Caso não seja possível o retorno à situação fática anterior, a nulidade será resolvida pela indenização por perdas e danos, sem prejuízo da apuração de responsabilidade e aplicação das penalidades cabíveis.

§ 2º Ao declarar a nulidade do contrato, a autoridade, com vistas à continuidade da atividade administrativa, poderá decidir que ela só tenha eficácia em momento futuro, suficiente para efetuar nova contratação, por prazo de até 6 (seis) meses, prorrogável uma única vez. (grifo nosso)

Desse modo, o vício da licitação certamente induzirá o vício do contrato administrativo que dela resultar embora ainda que o contrato seja nulo, ao particular se deverá remuneração pelos serviços prestados com boa-fé, pois, do contrário, haveria enriquecimento ilícito ou enriquecimento sem causa por parte da Administração Pública, conforme o que destaca o art. 149 da Lei 14.133/21: "A nulidade não exonerará a Administração do dever de indenizar o contratado pelo que houver executado até a data em que for declarada ou tornada eficaz, bem como por outros prejuízos regularmente comprovados, desde que não lhe seja imputável, e será promovida a responsabilização de quem lhe tenha dado causa".

Não se caracteriza uma punição ao ente público a aplicação do dever de indenizar o contratado, vez que apenas se deverá a este o pagamento de valores se, ficar comprovado que, antes da declaração da nulidade do contrato, o particular contratado prestou serviços ao poder público e, com isso, constituiu despesas com tal exercício. No entanto, se a anulação se estabelecer após terem sido feitas despesas para que se realizasse o objeto contratual, a Administração ficará obrigada, além de pagar pelos serviços já prestados, ceder-lhe uma indenização pelas despesas que o contratado suportou, sendo para tanto indispensável a presença da boa-fé por parte do particular.

O art. 147, parágrafo único, da Lei 14.133/21 aponta para o fato de que "Caso a paralisação ou anulação não se revele medida de interesse público, o poder público deverá optar pela continuidade do contrato e pela solução da irregularidade por meio de indenização por perdas e danos, sem prejuízo da apuração de responsabilidade e da aplicação de penalidades cabíveis". Assim, a Administração Pública analisará se se a suspensão do contrato ou sua anulação poderá causar impactos negativos ao interesse da coletividade, sejam eles de ordem econômico-financeira, sociais, ambientais e à segurança da população local. Esta constatação advém do princípio do consequencialíssimo (art. 20 da Lei de Introdução às Normas do Direito brasileiro), o qual alertar que as decisões administrativas não devam se guiar única e exclusivamente nos valores jurídicos abstratos, mas que devem considerar criticamente as consequências jurídicas e práticas.

Constitui-se, portanto, medida, ao mesmo tempo, inovadora e arriscada, a de permitir a continuidade de um contrato portador de vício insanável para minimizar os prejuízos que seriam causados por sua paralisação. A questão mais sensível nesse contexto é o risco de se abrir uma concessão para que a discricionariedade administrativa ultrapasse o campo da legalidade.

Ao se falar do tema da extinção contratual, deve-se lembrar de outra modalidade, a da extinção unilateral, também denominada por revogação. Neste cenário, por vontade da administração pública, consistente de cláusula exorbitante no contrato, a Administração Pública poderá se fazer de sua discricionariedade para rescindir unilateralmente o contrato, seja por motivo de interesse público devidamente justificado, ou mesmo devido ao inadimplemento total ou parcial do contrato, ou seja, pelo não cumprimento ou cumprimento irregular pelo particular, conforme o art. 138 da Lei 14.133/21. As razões para extinção unilateral dos contratos administrativos pela Administração Pública encontram-se esposadas no art. 137 da Lei 14.133/21, entenda:

Art. 137, Lei 14.133/21. Constituirão motivos para extinção do contrato, a qual deverá ser formalmente motivada nos autos do processo, assegurados o contraditório e a ampla defesa, as seguintes situações:

I - não cumprimento ou cumprimento irregular de normas editalícias ou de cláusulas contratuais, de especificações, de projetos ou de prazos;

II - desatendimento das determinações regulares emitidas pela autoridade designada para acompanhar e fiscalizar sua execução ou por autoridade superior;

III - alteração social ou modificação da finalidade ou da estrutura da empresa que restrinja sua capacidade de concluir o contrato;

IV - decretação de falência ou de insolvência civil, dissolução da sociedade ou falecimento do contratado;

V - caso fortuito ou força maior, regularmente comprovados, impeditivos da execução do contrato;

VI - atraso na obtenção da licença ambiental, ou impossibilidade de obtê-la, ou alteração substancial do anteprojeto que dela resultar, ainda que obtida no prazo previsto;

VII - atraso na liberação das áreas sujeitas a desapropriação, a desocupação ou a servidão administrativa, ou impossibilidade de liberação dessas áreas;

VIII - razões de interesse público, justificadas pela autoridade máxima do órgão ou da entidade contratante;

IX - não cumprimento das obrigações relativas à reserva de cargos prevista em lei, bem como em outras normas específicas, para pessoa com deficiência, para reabilitado da Previdência Social ou para aprendiz.

Art. 138, Lei 14.133/21. A extinção do contrato poderá ser:

I - determinada por ato unilateral e escrito da Administração, exceto no caso de descumprimento decorrente de sua própria conduta;

II - consensual, por acordo entre as partes, por conciliação, por mediação ou por comitê de resolução de disputas, desde que haja interesse da Administração;

III - determinada por decisão arbitral, em decorrência de cláusula compromissória ou compromisso arbitral, ou por decisão judicial.

§ 1º A extinção determinada por ato unilateral da Administração e a extinção consensual deverão ser precedidas de autorização escrita e fundamentada da autoridade competente e reduzidas a termo no respectivo processo.

Quando a rescisão for motivada por razões de interesse público, a administração deverá indenizar o particular quando da ocorrência de dano, assim como indenizar os investimentos não amortizados do contratado, decorrentes da extinção antecipada do contrato. Mas, além do ressarcimento de prejuízos comprovados, a devolução da garantia prestada pelo contratado deverá ser a ele devolvida, além do ente público dever o pagamento pela execução do contrato até a data da rescisão e ao pagamento do custo da desmobilização (art. 137, § 2º. I, II e III).

De diferente modo, ao contratado também são previstas hipóteses para rescindir o contrato, dispostas no § 2º do art. 137, quais sejam:

Art. 137, § 2º, Lei 14.133/21. O contratado terá direito à extinção do contrato nas seguintes hipóteses:

I - supressão, por parte da Administração, de obras, serviços ou compras que acarrete modificação do valor inicial do contrato além do limite permitido no art. 125 desta Lei;

II - suspensão de execução do contrato, por ordem escrita da Administração, por prazo superior a 03 (três) meses;

III - repetidas suspensões que totalizem 90 (noventa) dias úteis, independentemente do pagamento obrigatório de indenização pelas sucessivas e contratualmente imprevistas desmobilizações e mobilizações e outras previstas;

IV - atraso superior a 2 (dois) meses, contado da emissão da nota fiscal, dos pagamentos ou de parcelas de pagamentos devidos pela Administração por despesas de obras, serviços ou fornecimentos;

V - não liberação pela Administração, nos prazos contratuais, de área, local ou objeto, para execução de obra, serviço ou fornecimento, e de fontes de materiais naturais especificadas no projeto, inclusive devido a atraso ou descumprimento das obrigações atribuídas pelo contrato à Administração relacionadas a desapropriação, a desocupação de áreas públicas ou a licenciamento ambiental.

Prosseguindo, existe também a extinção arbitral ou judicial, em razão do fato de que o contratado não possa se valer da rescisão unilateral. Ocorre nos casos em que o ente público comete inadimplência, ensejando em provocação do particular, seja na instância arbitral (quando existir esse tipo de compromisso no contrato firmado), seja na instância judicial. O contrato terá direito ao ressarcimento dos prejuízos sofridos que conseguir comprovar, quando a extinção contratual se der por culpa exclusiva da Administração e, segundo o art. 138, § 2º da Lei 14.133/21, terá direito a:

Lei 14.133/21, Art. 138, § 2º - Quando a extinção decorrer de culpa exclusiva da Administração, o contratado será ressarcido pelos prejuízos regularmente comprovados que houver sofrido e terá direito a:

I - devolução da garantia;

II - pagamentos devidos pela execução do contrato até a data de extinção;

III - pagamento do custo da desmobilização.

Como já dito, a rescisão unilateral é uma cláusula exorbitante que só se aplica à Administração Pública. Ao particular contratado caberá o direito à suspensão do contrato em determinados casos que o art. 137, § 3º assim nos aponta:

Lei 14.133/21, Art. 137, § 3º - As hipóteses de extinção a que se referem os incisos II, III e IV do § 2º deste artigo observarão as seguintes disposições:

I - não serão admitidas em caso de calamidade pública, de grave perturbação da ordem interna ou de guerra, bem como quando decorrerem de ato ou fato que o contratado tenha praticado, do qual tenha participado ou para o qual tenha contribuído;

II - assegurarão ao contratado o direito de optar pela suspensão do cumprimento das obrigações assumidas até a normalização da situação, admitido o restabelecimento do equilíbrio econômico-financeiro do contrato, na forma da alínea "d" do inciso II do *caput* do art. 124 desta Lei.

Como se pode constatar do inciso II, do § 3º, do art. 137, a exceção do contrato não cumprido pode se aplicar aos contratos administrativos, mas o direito de paralisar a execução do contrato só chega ao particular quando o ente público for inadimplente por mais de 02 (dois) meses, ou tenha suspendido a execução contratual por mais de 03 (três) meses consecutivos, ou tenha realizado essa suspensão até o limite de 90 dias úteis, por várias vezes, de maneira alternada. Vê-se que, pela Lei, o particular contratado deve suportar a inadimplência do poder público por determinado prazo legalmente previsto, que não justifica a paralisação do contrato, só podendo o contratado suspender a execução contratual sem depender de uma decisão judicial quando o contratante extrapolar sua inadimplência para além dos prazos legais.

Além dos tipos de extinção contratual anteriormente mencionados, também temos a extinção bilateral ou distrato e a extinção de pleno direito. Na primeira, existe uma rescisão amigável efetivada por ambas as partes que, em nome do interesse público acompanhado do consentimento do partilhar, resolvem por extinção o vínculo contratual. É uma hipótese de depende de prévia autorização escrita e fundamentada da autoridade competente e pode ocorrer através de comitê de resolução de disputas ou da própria mediação. Já no segundo caso existe uma situação excepcional impeditiva da manutenção do contrato que é alheia à vontade das partes tornando impossível a revisão de preços, por exemplo. Para melhor ilustrar, consideremos hipoteticamente que a prestação de serviço de limpeza foi contratada para um hospital federal que, posteriormente foi atingido por um grave terremoto que o destruiu. Se o local onde seria executado o serviço foi destruído, logo, o contrato está automaticamente extinto, sendo essa extinção caracterizada como a de pleno direito.

De pronto, percebe-se que, desde que haja motivo superveniente que desaconselhe ou impeça, à luz do interesse público, a celebração do contrato, poderá a Administração revogar a licitação, anulando-a por vício de legalidade, de ofício ou por provocação de terceiros[231]. Mas registre-se que essa revogação deverá ser motivada, ou seja, a autoridade superior deverá, nessa hipótese, declinar os motivos que a levaram a tomar tal atitude, de modo a viabilizar um exame contra a arbitrariedade e a eventual ofensa aos princípios da licitação.

Assim sendo, a anulação significa a confirmação pela Administração Pública de vício no ato administrativo, extinguindo-se os atos e seus efeitos. Tendo a Administração tomado conhecimento de um vício no ato administrativo, deve de imediato proclamá-lo.

A anulação pode ser promovida tanto pelo Poder Judiciário quanto pela própria Administração, desfazendo-se o ato em razão da sua ilegalidade (seja pela desconformidade com normas, regulamentos ou com o próprio ato convocatório).

Já a revogação é instituto distinto. Refere-se ao desfazimento do ato porque considerado inconveniente ou inadequado, somente sendo concretizado sob ato válido e perfeito. Assim, o ato não é cancelado em virtude de defeito ou vício, mas por juízo de conveniência e oportunidade. Trata-se de competência discricionária da Administração Pública.

É José Calasans Junior[232] que nos orienta acerca dos institutos da anulação e revogação da seguinte maneira:

> "Em qualquer das duas alternativas (revogação ou anulação), exige a lei procedimento específico, no qual sejam assegurados o contraditório e a ampla defesa (§ 3º do art. 71 fala em "prévia manifestação dos interessados", o que deve ser interpretado como exercício do contraditório e da ampla defesa).

---

231 Na fase de aprovação, perfazem-se, pela Administração, dois juízos: o primeiro diz respeito à legalidade da licitação e o segundo à conveniência da contratação. Quanto ao primeiro juízo, reconhece a Súmula 473 do STF que: "A Administração pode anular seus próprios atos quando eivados de vícios que os tornem ilegais, porque deles não se originam direitos; ou revogá-los, por motivo de conveniência e oportunidade, respeitados os direitos adquiridos e ressalvados, em tais casos, a apreciação judicial". Entende também o Superior Tribunal de Justiça que "pode a Administração revogar a licitação por interesse público e deve anular inclusive os atos homologatórios, por ilegalidade. Induvidoso o prejuízo do Estado, evidenciada a existência de ilegalidade ou dos vícios graves que levaram a essa constatação, a anulação se impunha, mesmo depois de homologada a concorrência a favor de um dos licitantes, pois o vencedor é titular de simples expectativa de direito à contratação. Exige-se, porém, que o ato de invalidação esteja plenamente justificado e que não resulte no benefício de outro concorrente, em detrimento do vencedor".

232 CALASANS JUNIOR, José. Manual da Licitação: com base na Lei nº 14.133, de 1º de abril de 2021. 3 ed. São Paulo: Barueri, Editora Atlas, 2021. p. 123.

Sem esse procedimento, estará sendo violada a garantia posta no inciso IV do art. 5º da Constituição (aos litigantes, em processo judicial ou administrativo, e aos acusados em geral são assegurados o contraditório e ampla defesa, com os meios e recursos a ela inerentes"). No julgamento do Mandado de Segurança nº 9.738-RJ, relatado por Min. Garcia Vieira, o Superior Tribunal de Justiça assentou que "a anulação ou revogação de processo licitatório deve ser precedida de oportunidade de defesa, exigindo-se pela justificação, sob pena de ferimento às garantias constitucionais da ampla defesa e do contraditório" (DJ de 7 de junho de 1999).

Em que pese tal afirmativa, parece exagerado falar em necessidade de "oportunidade de defesa", em casos de anulação ou revogação da licitação: primeiro, porque, na hipótese de anulação, a autoridade administrativa está obrigada a pronunciá-la, inclusive de ofício; e, no caso de revogação, a medida visa a preservar o interesse público, não o de qualquer licitante. De outra parte, o que o preceito constitucional assegura é a garantia do contraditório, isto é, a possibilidade de o interessado manifestar-se sobre os argumentos que lhe são opostos, e a ampla defesa, que estará garantida pela possibilidade de impugnação da decisão administrativa de anulação ou de revogação da licitação, mediante o recurso que a lei prevê no inciso I, letra "d", do art. 165".

Muito importante salientar que o art. 149 da Lei 14.133/21 adverte que: "A nulidade não exonerará a Administração do dever de indenizar o contratado pelo que houver executado até a data em que for declarada ou tornada eficaz, bem como por outros prejuízos regularmente comprovados, desde que não lhe sejam imputáveis, e será promovida a responsabilização de quem lhe tenha dado causa". Por todo exposto, não temos dúvidas de que a obrigação de indenizar existirá sempre que, antes da formalização do ajuste, for declarada a anulação ou a revogação da licitação, devendo o licitante comprovar o prejuízo sofrido.

Em boa hora, segue caso concreto: O Estado XPTO realizou procedimento licitatório, na modalidade de concorrência, visando à aquisição de 500 (quinhentas) motocicletas para equipar a estrutura da Polícia Militar. Logo após a abertura das propostas de preço, o Secretário de Segurança Pública do referido Estado, responsável pela licitação, resolve revogá-la, por ter tomado conhecimento de que uma grande empresa do ramo não teria tido tempo de reunir a documentação hábil para participar da concorrência e que, em futura licitação, assumiria o compromisso de participar e propor preços inferiores aos já apresentados no certame em andamento.

Considerando a narrativa fática acima, responda aos itens a seguir, empregando os argumentos jurídicos apropriados e a fundamentação legal pertinente ao caso.

À luz dos princípios que regem a atividade administrativa, é juridicamente correta a decisão do Secretário de Segurança de revogar a licitação?

Quais são os requisitos para revogação de uma licitação?

Em se materializando a revogação, caberia indenização aos licitantes que participaram do procedimento revogado?

Padrão de Resposta

Em relação ao item "a", a decisão de revogação é juridicamente incorreta por violação aos princípios da impessoalidade e moralidade administrativa, previsto no *caput* do artigo 37 da CRFB.

Quanto ao item "b", a revogação do procedimento licitatório encontra-se disciplinada no artigo 71 da Lei nº 14.133/21 e que se trata de revogação condicionada. Os requisitos são: razões de interesse público decorrentes de fato superveniente devidamente comprovado, pertinente e suficiente para justificar a conduta. Por fim, quanto ao item c, por se tratar de revogação ilícita de procedimento licitatório, os licitantes devem ser indenizados pelos prejuízos efetivamente comprovados, na forma do artigo 37, § 6º, da CRFB.

Na mesma linha, trazemos à colação a decisão abaixo:

ADMINISTRATIVO – LICITAÇÃO – REVOGAÇÃO APÓS ADJUDICAÇÃO.

1. No procedimento licitatório, a homologação é o ato declaratório pelo qual a Administração diz que o melhor concorrente foi o indicado em primeiro lugar, constituindo-se a adjudicação na certeza de que será contratado aquele indicado na homologação.

2. Após a adjudicação, o compromisso da Administração pode ser rompido pela ocorrência de fatos supervenientes, anulando o certame se descobertas ilicitudes ou revogando-o por razões de conveniência e oportunidade.

3. Na anulação não há direito algum para o ganhador da licitação; na revogação, diferentemente, pode ser a Administração condenada a ressarcir o primeiro colocado pelas despesas realizadas.

4. Mandado de segurança denegado (MS 12.047/DF, Rel. Ministra ELIANA CALMON, PRIMEIRA SEÇÃO).

A garantia, todavia, não é esgotada na motivação. Além disso, é obrigada a Administração a abrir aos interessados a possibilidade de exercer o direito ao contraditório e à ampla defesa. A Lei nº 8.666/93, ao tratar do tema, não especifica se a defesa a ser exercida será contra a revogação ou a anulação, abrindo espaço para ambas no arts. 69, §§ 3º e 4º e 147, I ao XI da Lei 14.133/21, quando se ao refere ao "desfazimento do processo licitatório".

Assim sendo, deve o gestor público dar ciência expressa do fato aos interessados no procedimento para que contraponham os argumentos apresentados pela Administração Pública, oferecendo provas que contradigam a vontade administrativa, como assim institui o inciso LV do art. 5º, da Constituição Federal: "aos litigantes, em processo judicial ou administrativo, e aos acusados em geral são assegurados o contraditório e a ampla defesa, com os meios e recursos a ela inerentes".

Deve-se, desta maneira, oportunizar aos licitantes a possibilidade de questionar as razões apresentadas pelo administrador e até mesmo produzir provas e apresentar documentos que tenham por escopo desconstituir as razões demonstradas por este para justificar a invalidação do certame.

Além de tudo, sobre a ocorrência de "fato superveniente", só é aceitável a revogação por fato ou conjunto de fatos com pertinência suficiente para tornar inoportuna ou inconveniente a contratação, caso contrário prevalecerá a decisão de contratar, e tal fato surgiu após a publicação do Edital.

A desconstituição de licitação pressupõe a instauração de contraditório, em que se assegure ampla defesa aos interessados. A declaração unilateral de licitação, sem assegurar ampla defesa aos interessados ofende os arts. 69, §§ 3º e 4º e 147, I ao XI da Lei 14.133/21.

Confirmando-se a intenção administrativa em contratar o objeto licitado, aí sim, deverá o vencedor do certame ser convocado a fim de que assine o instrumento do contrato. Neste momento, duas hipóteses podem ocorrer.

Em primeiro lugar, o licitante pode comparecer e assinar o contrato, de modo a iniciar a nova fase da relação entre ele e a Administração (objeto de estudo na segunda parte deste trabalho). De outra forma, pode o licitante se furtar em assinar o contrato, hipótese em que lhe serão aplicadas as penalidades administrativas cabíveis, de acordo com o disposto no art. 90, § 5º, da Lei nº 14.133/21.

Em ocorrendo a segunda situação, a Administração poderá se dirigir aos demais licitantes com propostas classificadas, sempre respeitando a ordem de classificação, e propor a celebração do contrato nas mesmas condições constantes da proposta do licitante vencedor (art. 90, § 2º, da Lei nº 14.133/21). Se houver aceitação, celebrar-se-á o contrato com o licitante não vencedor que quiser aceitar os termos da proposta vencedora. Mas, se não houver aceitação, não poderá qualquer deles se submeter a sanções administrativas, uma vez que estariam se negando a aceitar as condições oferecidas por outra pessoa, ou seja, o licitante vencedor. E, como se deve reconhecer, apenas a própria proposta vincula o proponente, não havendo de se cogitar da aplicação de sanções neste caso.

A propósito, esse art. 90, § 2º, da Lei nº 14.133/21 era muito frequente em concurso em sua antiga redação, sendo mais ou menos assim questionado: pode o segundo colocado na licitação exigir da Administração que lhe chame, ao invés de fazer nova licitação? Não, não pode exigir, bastando verificar que o dispositivo em comento diz que é facultado à Administração convocar os licitantes remanescentes, resolvendo fazer nova licitação. Portanto, o segundo colocado não tem o direito nenhum em exigir esse chamamento.

A questão maior sobre anulação e revogação, entretanto, refere-se à indenização. Estará obrigada a Administração, ao anular ou revogar um procedimento licitatório, a indenizar o licitante?

A revogação da licitação pode implicar na obrigação de indenização, pela Administração Pública, dos prejuízos sofridos pelos licitantes. Mas, só quando a situação que implicou na revogação puder ser imputável à Administração.

E quanto a isto a lei é clara, não só ao dizer que a anulação será decretada pela Administração quando existir no procedimento vício de legalidade, induzindo essa nulidade à do contrato, ou seja, mesmo que o contrato já tenha sido celebrado, este fica comprometido pela invalidação (§ 2º do art. 49),[233] mas também quando diz que, por motivo de ilegalidade, a anulação do procedimento não gera obrigação de indenizar (§ 1º).[234]

Então, quando se fala em anulação, a obrigação de indenizar é tão-somente a que está consubstanciada no atual art. 71, § 2º da Lei 14.133/21,[235] não havendo qualquer indenização por desfazimento do contrato por motivos de ilegalidade.

A bem da verdade, a nova Lei de Licitações[236] consagra o princípio da autotutela da Administração, tratando seu § 1º sobre a anulação e, no § 2º, sobre a nulidade.[237] Tais institutos distinguem-se quanto à ocorrência (arts. 166 e 171 do novo Código Civil) e quanto aos seus efeitos, estes definidos pelos arts. 169 e 172, também deste Diploma legal.

Desse modo, no exercício de sua atividade, a Administração, em razão do princípio da autotutela, tem a possibilidade de rever seus próprios atos. Através deste princípio, pode-se anular os atos ilegais ou revogar os inconvenientes ou inoportunos. Tal prática pode, inclusive, ser realizada *ex officio*, sempre que a autoridade perceber a ilegalidade de qualquer ato praticado no decorrer do procedimento licitatório (não se excluindo a atuação através de provocação de terceiros).

Assim sendo, a anulação significa a confirmação pela Administração Pública de vício no ato administrativo, extinguindo-se os atos e seus efeitos. Tendo a Administração tomado conhecimento de um vício no ato administrativo, deve de imediato proclamá-lo.

A anulação pode ser promovida tanto pelo Poder Judiciário quanto pela própria Administração, desfazendo-se o ato em razão da sua ilegalidade (seja pela desconformidade com normas, regulamentos ou com o próprio ato convocatório).

Já a revogação é instituto distinto. Refere-se ao desfazimento do ato porque considerado inconveniente ou inadequado, somente sendo concretizado sob ato válido e perfeito. Assim, o ato não é cancelado em virtude de defeito ou vício, mas por juízo de conveniência e oportunidade. Trata-se de competência discricionária da Administração Pública.

Pelo exposto, o vício de nulidade é muito mais grave do que o vício de anulabilidade, distinção esta corriqueira no Direito Privado. No Direito Administrativo, contudo, a anulação é um termo genérico, indicando tanto a nulidade quanto a anulabilidade.

No que no tange ao final do procedimento licitatório, posteriormente à classificação, exerce-se novo juízo de conveniência, sendo que a Administração pode optar pela revogação, desde que haja novas circunstâncias que o justifiquem (inexistentes ou desconhecidas anteriormente). Esta exigência delimita a liberdade do administrador.

---

233   Atuais arts. 69, §§ 3º e 4º e 147, I ao XI da Lei 14.133/21.
234   Idem.
235   Atual art. 149 da Lei 14.133/21.
236
237   Atuais arts. 69, §§ 3º e 4º e 147, I ao XI da Lei 14.133/21.

A fiscalização quanto à revogação pode se dar no âmbito administrativo (conforme as regras de controle interno) ou no âmbito legislativo (através da análise do Tribunal de Contas). O controle será realizado inclusive pela motivação da decisão e sob os seus fundamentos.

Realizada a devida distinção entre anulação e revogação, temos que declarada a nulidade do ato, cujos efeitos gerados retroagem à data em que foi praticado, desconstituindo-se todas as consequências geradas a partir de sua edição (efeitos *ex tunc*).

A anulação decorrerá da averiguação de ilegalidade, sendo imposta à Administração quando ela se deparar com vício que obste os efeitos do ato praticado. É dever da Administração anular os atos ilegais e só poderá deixar de fazê-lo em circunstâncias excepcionais, quando o prejuízo decorrente da anulação for maior que o resultante da manutenção da decisão, o que deverá ser analisado conforme o interesse público.

Alguns autores, contudo, seguem linha distinta, não admitindo, sequer, a existência de atos administrativos anuláveis ante a necessidade de que venha a imperar a legalidade administrativa. De todo modo, apurando-se a ilegalidade, deve-se decretar a nulidade do ato.

É imprescindível a fundamentação aceitável e pertinente tanto para a anulação quanto para a revogação, a fim de coibir a prática de atos abusivos do administrador que, por não desejar prosseguir ato administrativo, alega vícios de legalidade do ato a fim de desconstituí-lo.

Justamente para evitar tais discrepâncias, atenta a nova lei do Estatuto licitatório[238] para a necessidade de fundamentação da Administração do ato de anulação em "parecer escrito e devidamente fundamentado". Deve-se, desta forma, demonstrar claramente os motivos que impulsionaram o administrador a fazê-lo.

A garantia, todavia, não é esgotada na motivação. Além disso, é obrigada a Administração a abrir aos interessados a possibilidade de exercer o direito ao contraditório e à ampla defesa.

Assim sendo, deve o gestor público dar ciência expressa do fato aos interessados no procedimento para que contraponham os argumentos apresentados pela Administração Pública, oferecendo provas que contradigam a vontade administrativa, como assim institui o inciso LV do art. 5º, da Constituição Federal: "aos litigantes, em processo judicial ou administrativo, e aos acusados em geral são assegurados o contraditório e a ampla defesa, com os meios e recursos a ela inerentes".

Deve-se, desta maneira, oportunizar aos licitantes a possibilidade de questionar as razões apresentadas pelo administrador e até mesmo produzir provas e apresentar documentos que tenham por escopo desconstituir as razões demonstradas por este para justificar a invalidação do certame.

Além de tudo, sobre a ocorrência de "fato superveniente", só é aceitável a revogação por fato ou conjunto de fatos com pertinência suficiente para tornar inoportuna ou inconveniente a contratação, caso contrário prevalecerá a decisão de contratar.

A expectativa nascida pelo procedimento instaurado por iniciativa da Administração não pode ser desfeita por simples despacho, ainda que fundamentado, a exclusivo critério do agente público.

O fato novo gera a possibilidade de outro exame da matéria, o que abre espaço para uma análise discricionária. É importante atentar que não é propriamente a licitação a ser revogada ou todo o procedimento, mas a decisão de contratar, ínsito ao ato de abertura do certame.

Não pode haver, portanto, discricionariedade na anulação, visto que esta só é justificável quando a motivação da decisão anulatória demonstra a ilegalidade do ato anulado. A anulação, cancelamento ou desfazimento da licitação sem garantia de defesa ou apoiada em motivos insuficientes, acarretarão declaração de nulidade do ato correspondente e na responsabilização do agente.

Interessante e farta é a jurisprudência do Superior Tribunal de Justiça sobre a anulação e a revogação:

> Os atos administrativos, a despeito de gozarem de presunção de legitimidade e autoexecutoriedade, podem ser anulados ou revogados pela própria Administração, de ofício, quando eivados de ilegalidade, ou por motivo de conveniência, na preservação do interesse público. É incontroverso na dou-

---

238   Atual art. 71, § 2º da Lei 14.133/21.

trina e na jurisprudência que a adjudicação do objeto da licitação ao licitante vencedor confere mera expectativa de direito de contratar, submetendo-se ao juízo de conveniência e oportunidade da Administração Pública à celebração do negócio jurídico. A revogação de procedimento licitatório em razão da inexistência de suficientes recursos orçamentários, bem como em razão da inconveniência da aquisição de equipamentos sofisticados, não gera direito à contratação. Mandado de Segurança denegado (MS 4.513/DF)

A autoridade administrativa pode revogar a licitação em andamento, em fase de abertura das propostas, por razões de interesse público decorrente de fato superveniente devidamente comprovado. É salutar que o sistema de comunicações possa ser executado de modo que facilite a concorrência entre empresas do setor e possibilite meios de expansão do desenvolvimento da região onde vai ser utilizado. A revogação de licitação em andamento com base em interesse público devidamente justificado não exige o cumprimento do § 3º do art. 49, da Lei nº 8.666/93. Ato administrativo com a característica supramencionada é de natureza discricionária quanto ao momento da abertura de procedimento licitatório. Só há aplicabilidade do § 3º, do art. 49, da Lei nº 8.666/93, quando o procedimento licitatório, por ter sido concluído, gerou direitos subjetivos ao licitante vencedor (adjudicação e contrato) ou em casos de revogação ou de anulação onde o licitante seja apontado, de modo direto ou indireto, como tendo dado causa ao proceder o desfazimento do certame. Mandado de Segurança denegado (MS 7.917/DF).

A licitação é procedimento administrativo que tem por escopo seleção da proposta que melhor atenda aos interesses da Administração. Desclassificado o vencedor do procedimento licitatório, não está a Administração obrigada a firmar contrato de adjudicação com o segundo colocado (ROMS 103/SC).

Percebida a legalidade do processado, dever-se-á, como dito, analisar a conveniência e oportunidade para a realização do contrato. Se o juízo for favorável haverá a adjudicação do licitante; caso contrário, a licitação será revogada.

Apesar da própria decisão de realizar a licitação ser baseada em critérios de oportunidade e conveniência pelo administrador, alguma situação pode acarretar transformação de tal entendimento. Novo aspecto poderá implicar em nova apreciação discricionária pela Administração.

O que se revoga de fato é a decisão de contratar contida no ato de abertura do certame. O que se questiona, no entanto, é se a revogação só será legítima se ocorrido fato superveniente.[239]

Se quem inicialmente ditou o ato era, à época, porta-voz do interesse público e, no momento da edição do ato, não havia outro interesse caracterizado como interesse público, senão o dito, não é razoável que o agente mantivesse a disponibilidade sobre ela. Se assim o fosse, admitir-se-ia que se fosse possível considerar certos dias um ato como conveniente e em outros o mesmo ato como inconveniente.

Por isso, conclui-se que é impossível à Administração revogar um ato se não ocorreram fatos supervenientes que o justificassem. Se um ato é proferido no exercício da competência discricionária, este só poderá ser revogado mediante uma modificação relevante no universo fático, sendo insuficiente o quesito temporal.[240]

---

239 Para o professor Carlos Ary SUNDFELD (op. cit., p. 174), o problema tem a ver com a Teoria Geral da revogabilidade dos atos administrativos, afirmando que: "O ato administrativo, mesmo originalmente praticado com base em competência discricionária, torna-se irretratável, desde que mantidas todas as condições que o produziram. A competência de que o agente dispõe em concreto (vale dizer: para decidir da aplicabilidade ou não da norma em uma específica situação) se exaure com seu exercício. Daí por diante, ele não mais possui a disponibilidade daquela específica competência: ou exerceu-a bem – e o ato será válido e irretratável enquanto mantida a situação que o gerou – o exerceu-a mal- e o ato será inválido, devendo ser anulado".

240 Sobre a questão do período temporal entre a decisão pela realização do certame e a decisão final de contratar, o professor Carlos Ary SUNDFELD (op. cit., p. 174) cita a interessante visão do professor Celso Antônio Bandeira de Mello que, a respeito do assunto, diz o seguinte: "Tempo, só por só, é elemento neutro, condição do pensamento humano e, por sua neutralidade

Do posto até aqui, poder-se-ia fazer o seguinte resumo: o entendimento majoritário, hoje positivado na nova lei, é no sentido de que a Administração Pública pode não celebrar o contrato, desde que comprove ter havido um motivo superveniente que figure como obstáculo à contratação. Então, a revogação é o desfazimento por motivo de interesse público, sendo um ato discricionário, pautado em um fato superveniente, que tem motivação obrigatória, daí ficar assegurado, quando já se tem um vencedor da licitação, a ampla defesa e contraditório. Isto porque, em verdade, o que a adjudicação faz é certificar o direito de o contrato ser realizado com o vencedor da licitação, se esse vínculo obrigacional vier a ser estabelecido com a assinatura do contrato.

Confirmando-se a intenção administrativa em contratar o objeto licitado, aí sim, deverá o vencedor do certame ser convocado a fim de que assine o instrumento do contrato. Neste momento, duas hipóteses podem ocorrer.

Em primeiro lugar, o licitante pode comparecer e assinar o contrato, de modo a iniciar a nova fase da relação entre ele e a Administração (objeto de estudo na segunda parte deste trabalho). De outra forma, pode o licitante se furtar em assinar o contrato, hipótese em que lhe serão aplicadas as penalidades administrativas cabíveis, de acordo com o disposto no atual art. 90, § 5º da Lei 14.133/21.

Em ocorrendo a segunda situação, a Administração poderá se dirigir aos demais licitantes com propostas classificadas, sempre respeitando a ordem de classificação, e propor a celebração do contrato nas mesmas condições constantes da proposta do licitante vencedor (art. 90, § 2º, da Lei 14.133/21). Se houver aceitação, celebrar-se-á o contrato com o licitante não vencedor que quiser aceitar os termos da proposta vencedora. Mas, se não houver aceitação, não poderá qualquer deles se submeter a sanções administrativas, uma vez que estariam se negando a aceitar as condições oferecidas por outra pessoa, ou seja, o licitante vencedor. E, como se deve reconhecer, apenas a própria proposta vincula o proponente, não havendo de se cogitar da aplicação de sanções neste caso.

A propósito, é muito frequente em concurso, sendo mais ou menos assim questionado: pode o segundo colocado na licitação exigir da Administração que lhe chame, ao invés de fazer nova licitação? Não, não pode exigir, bastando verificar que o dispositivo em comento diz que é facultado à Administração convocar os licitantes remanescentes, resolvendo fazer nova licitação. Portanto, o segundo colocado não tem o direito nenhum em exigir esse chamamento.

A questão maior sobre anulação e revogação, entretanto, refere-se à indenização. Estará obrigada a Administração, ao anular ou revogar um procedimento licitatório, a indenizar o licitante?

A revogação da licitação pode implicar na obrigação de indenização, pela Administração Pública, dos prejuízos sofridos pelos licitantes. Mas, só quando a situação que implicou na revogação puder ser imputável à Administração.[241]

E quanto a isto a lei é clara, não só ao dizer que a anulação será decretada pela Administração[242] quando existir no procedimento vício de legalidade, induzindo essa nulidade à do contrato, ou seja, mesmo que o contrato já tenha sido celebrado, este fica comprometido pela invalidação[243], mas também quando diz que, por motivo de ilegalidade, a anulação do procedimento não gera obrigação de indenizar.

Então, quando se fala em anulação, a obrigação de indenizar é tão-somente a que está consubstanciada no art. 148 da Lei 14.133/21, não havendo qualquer indenização por desfazimento do contrato por motivos de ilegalidade. Vale então conferir o que o dispositivo legal:

---

absoluta, a dizer, porque em nada diferencia os seres ou situações, jamais pode ser tomado com o fator em se assenta algum tratamento jurídico desconforme".

241 O professor Marçal JUSTEN FILHO (*Comentários...*, *op. cit.*, p. 488) compreende como inconstitucional a restrição contida no art. 49, § 1º, da Lei nº 8.666/93, afirmando que só existe responsabilidade civil do Estado na hipótese do art. 59, parágrafo único.

242 Vide Súmulas nºˢ 346 e 473 do STF.

243 Diz o professor Diogenes GASPARINI (*op. cit.*, p. 541-542) que a invalidação produz efeitos *ex nunc*, isto é, desde então, "retroagem para alcançar a ilegalidade no seu nascedouro e destruir todos os atos e fases subsequentes, inclusive o contrato, se celebrado consoante o § 2 do art. 49 do Estatuto federal Licitatório. A invalidação visa restaurar a legalidade da licitação".

Art. 148. A declaração de nulidade do contrato administrativo opera retroativamente impedindo os efeitos jurídicos que ele, ordinariamente, deveria produzir, além de desconstituir os já produzidos.

Parágrafo único. A nulidade não exonera a Administração do dever de indenizar o contratado pelo que este houver executado até a data em que ela for declarada e por outros prejuízos regularmente comprovados, contanto que não lhe seja imputável, promovendo-se a responsabilidade de quem lhe deu causa.

Isto nos parece claro, mesmo porque se o sujeito está executando um contrato já há muito tempo, anulando-se a licitação, não seria justo que ele tivesse que devolver tudo que ele recebeu, em virtude do contrato, para a Administração Pública, o que caracterizaria um enriquecimento ilícito. Então, se ele estiver de boa-fé e não tiver também contribuído para a nulidade, ele guarda o que recebeu, anula-se o contrato e ponto final. Essa é a regra geral da licitação, melhor, a regra do art. 149 da Lei 14.133/21.

No que tange à revogação, a maioria da doutrina entende que esta, também não gera dever de indenizar, pois a revogação se faz por motivos de interesse público devidamente justificado, supremacia do interesse público sobre o particular. A Administração Pública não tem que indenizar ninguém pela revogação da licitação, podendo-se conferir no acórdão do Mandado de Segurança nº 4.513/DF, de 2000, da Corte Especial do STJ[244], que diz o seguinte:

> Processual civil. Mandado de Segurança. Licitação. Revogação. Licitante vencedor. Direito à contratação. Inexistência.
>
> Os atos administrativos, a despeito de gozarem de presunção de legitimidade e autoexecutoriedade, podem ser anulados ou revogados pela própria administração de ofício quando eivados de ilegalidade ou por motivos de conveniência na preservação do interesse público. É incontroverso, na doutrina e jurisprudência, que a adjudicação do objeto da licitação ao licitante vencedor confere mera expectativa de direito de contratar. Na revogação de um procedimento licitatório em razão da inexistência de suficientes recursos orçamentários, bem como em razão da inconveniência da aquisição de equipamentos sofisticados, não gera direito à contratação. Mandado de Segurança denegado.

Pois bem. Celebrado o contrato pelo vencedor ou com o licitante que manifestar interesse, nos termos do art. 90, § 2º da Lei 14.133/21, inicia-se uma nova relação, agora de caráter contratual, que será objeto de análise na segunda parte deste trabalho.

17. LICITAÇÃO NAS ESTATAIS – LEI 13.303/16

Em junho de 2016, entrou em vigor a Lei 13.303/16, que dispõe sobre o estatuto jurídico da empresa pública, da sociedade de economia mista e de suas subsidiárias, no âmbito da União, dos Estados, do Distrito Federal e dos Municípios.

A "Lei da Responsabilidade das Estatais" ou simplesmente de "Lei das Estatais", veio disciplinar a exploração direta de atividade econômica pelo Estado por intermédio de suas empresas públicas e sociedades de economia mista, conforme previsto no art. 173 da Constituição Federal.

Ponto interessante da Lei é que ela incorpora alguns institutos que já estavam sendo aplicados em outras legislações de licitação, a exemplo de regras licitatórias previstas no Regime Diferenciado de Contratações – RDC. São vários pontos positivos e inovadores que tem por finalidade dar às estatais a necessária flexibilidade e competitividade.

---

244 Referimo-nos a este acórdão em razão de já ter sido pergunta de prova, se era caso de anulação a hipótese de desfazimento por falta de dinheiro. O que seria isso, então? Revogação, é claro.

A Lei 13.303, não faz distinção em relação a estatais exploradoras de atividade econômica (ex: Petrobras e Banco do Brasil) e prestadoras de serviços públicos (ex.: Infraero e Correios): todas, indistintamente, devem observar os ditames da lei.

Também estão sujeitas à Lei das Estatais as empresas públicas e as sociedades de economia mista que participem de consórcio, bem como a sociedade, que seja controlada por empresa pública ou sociedade de economia mista.

A Lei das Estatais passou a disciplinar a realização de licitações e contratos no âmbito das empresas públicas e sociedades de economia mista, independentemente da natureza da atividade desempenhada (prestadora de serviço ou exploradora de atividade econômica)

Desta forma, a Lei 8.666/93 foi afastada para estas entidades, salvo nos casos expressamente descritos na Lei 13.303/16 (normas penais e parte dos critérios de desempate).

Portanto, agora, as estatais não vão mais utilizar as modalidades de licitação previstas na Lei das Licitações (convite, concorrência, tomada de preços, concurso e leilão), e sim os procedimentos previstos na Lei 13.303/16, sendo que, para a aquisição de bens e serviços comuns, elas devem adotar preferencialmente o pregão.

Outros aspectos importantes sobre licitações e contratos previstos na Lei das Estatais, são:

- Hipóteses específicas de licitação dispensada (art. 28, § 3º), dispensável (art. 29) e inexigível (art. 30);

Verifica-se que o legislador, buscando dar a Estatal maior competitividade, incluiu como situações de dispensa de licitação a comercialização de produtos objeto de seu negócio, bem como a formação e extinção de parcerias comerciais.

Por exemplo, o Banco do Brasil, ao comercializar seus produtos, como conta corrente, poupança, seguros etc., estará dispensado de realizar procedimento licitatório. Da mesma forma, se o mesmo Banco em análise tiver interesse em estabelecer uma parceria com outro banco público ou privado para efetuar determinada ação de mercado, dispensa-se a licitação.

Percebe-se nos exemplos acima que sem esta flexibilidade, as Estatais perderiam a possibilidade de agir no mercado em que atuam de forma a se colocar de forma competitiva frente aos concorrentes.

Quanto à licitação dispensável, da mesma forma que estabelecido na Lei das Licitações, a autoridade pública terá discricionariedade para optar por fazer ou não a licitação.

O art. 29 da Lei das Estatais apresenta um extenso rol taxativo das possibilidades de licitação dispensável. Sendo os incisos classificados, da mesma forma que no item 11 já estudado, em:

◊ Incisos I e II situação em razão do valor do contrato;
◊ Inciso III licitação deserta;
◊ Inciso IV preços incompatíveis com o mercado e com a expectativa da Administração;
◊ Incisos V e VI situações em que a Estatal precisa adquirir imóvel para suas instalações ou no caso de contratação de remanescente de obra, serviço ou fornecimento em razão de rescisão contratual;
◊ Incisos VII a XI casos de contratação de empresas públicas, concessionárias de serviços públicos ou entidades sem fins lucrativos;
◊ Incisos XII a XIV relacionados à contratação de entidades relacionadas a coleta seletiva de lixo, de bens de alta complexidade e relacionados a defesa nacional;
◊ Inciso XV prevê situação de emergência;
◊ Incisos XVI casos em que a Estatal estabelece negócios com a Administração Pública, como permuta e doação de bens, compra e venda de produtos financeiros (ações, títulos de crédito etc.).

Por fim, o artigo 30 da Lei 13.303/16 prevê situações de inexigibilidade de licitação onde esta, se mostra inviável por falta de possibilidade de competição. Estas situações se assemelham as previstas na Lei 8.666/93, quais sejam:

◊ Fornecedor exclusivo;

◊ Serviços técnicos especializados (também vedado para serviços de publicidade e divulgação);

• Orçamento com estimativa de preços em regra deve ser sigiloso, somente podendo ser divulgado mediante justificativa ou quando o julgamento for por maior desconto (art. 34);

Este artigo que estabelece sigilo como regra a estimativa de preços, marca um diferencial importante com a Lei das Licitações, que tem como regra a transparência.

• Prazos para divulgação do edital conforme o critério de julgamento empregado (art. 39);

Art. 39 [...]

I - para aquisição de bens:

a) 5 (cinco) dias úteis, quando adotado como critério de julgamento o menor preço ou o maior desconto;

b) 10 (dez) dias úteis, nas demais hipóteses;

II - para contratação de obras e serviços:

a) 15 (quinze) dias úteis, quando adotado como critério de julgamento o menor preço ou o maior desconto;

b) 30 (trinta) dias úteis, nas demais hipóteses;

III - no mínimo 45 (quarenta e cinco) dias úteis para licitação em que se adote como critério de julgamento a melhor técnica ou a melhor combinação de técnica e preço, bem como para licitação em que haja contratação semi-integrada ou integrada.

• Inversão das fases de julgamento e habilitação (art. 51);

O artigo 51 da Lei 13.303/16 apresenta a sequência de fases do deste procedimento licitatório para Estatais, onde se destaca a inversão entre as fases de julgamento e habilitação.

Art. 51. As licitações de que trata esta Lei observarão a seguinte sequência de fases:

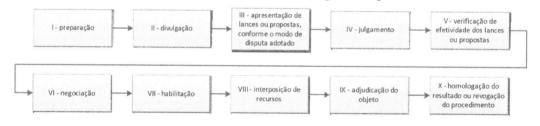

• Modos de disputa aberto, com possibilidade de apresentação de lances, ou fechado, sem lances (art. 52);

• Diversidade de critérios de julgamento: menor preço, maior desconto, melhor combinação de técnica e preço, melhor técnica, melhor conteúdo artístico, maior oferta de preço, maior retorno econômico e melhor destinação de bens alienados (art. 54);

• Negociação com o primeiro colocado para obtenção de condições mais vantajosas, podendo ser extensível aos demais licitantes quando o preço do primeiro colocado, mesmo após a negociação, permanecer acima do orçamento estimado (art. 57);

- Fase recursal única, como regra (art. 59); Duração dos contratos, como regra, de cinco anos, admitidas determinadas exceções (art. 71);

- Alteração dos contratos apenas por acordo entre as partes, ou seja, não pode haver alteração unilateral pela estatal (art. 72);

- O contratado pode (não é obrigado) aceitar alterações dos quantitativos, como regra, até 25% para acréscimos ou supressões (art. 81);

Interessante notar que a Lei 13.303/16 incorporou muitos procedimentos do Regime Diferenciado de Contratações (RDC).

18. LICITAÇÃO INTERNACIONAL

O tema "licitações internacionais" não poderia ser bem encaixado em outro tópico, de forma sistematizada, sem alguma violência. Ficaria, em qualquer situação, fora de contexto, razão pela qual – tendo em vista, inclusive, que isto não nos afigura motivo suficiente para deixar de abordar o tema – resolvemos, como o fez o professor Marcos Juruena Villela Souto, fazer ao final do tratamento de tudo o que se relaciona com as licitações.

Feita essa explicação preliminar, passemos à análise do tema.

18.1. Análise do tema

As licitações internacionais, tratadas no art. 52 da Lei 14.133/21, caracterizam-se pela possibilidade de participação de empresas estrangeiras independentemente de terem autorização para funcionarem no País. Distingue-se, então, da licitação nacional com a possibilidade de participação de empresa estrangeira, já que neste caso é imprescindível que a empresa tenha essa autorização, que deverá ser obtida na forma do disposto no art. 18, § 1º, da Lei de Introdução ao Código Civil.

A participação de empresa estrangeira em licitações nacionais, como explica o professor Marcos Juruena Villela Souto, ocorrerá quando o Brasil assinar acordo de empréstimo com organismos internacionais em razão disto. De modo que se pode concluir que a regra, no âmbito das licitações nacionais, é a não participação de empresas estrangeiras, uma vez que o Brasil não assinou o acordo específico sobre compras governamentais decorrente da rodada de Tóquio do GATT.[245]

A licitação será internacional, então, quando o edital previr a possibilidade de participação de empresa estrangeira sem a necessidade de autorização para funcionamento no Brasil. Neste ponto, devemos distinguir as empresas estrangeiras das empresas nacionais, em especial das nacionais com capital estrangeiro.

Será considerada empresa brasileira a que tem sede no País e que tenha sido constituída segundo as leis brasileiras. Essas empresas poderão ser de capital nacional, quando o capital for integralizado em sua maior parte por pessoa domiciliada no Brasil (não importando a nacionalidade dos mesmos), ou de capital estrangeiro, quando os sócios que integralizarem a maior parte do capital tiverem domicílio no exterior.[246]

Esclareça-se, ainda, que a prática de atos eventuais no território brasileiro não implica "funcionamento" no País, o que somente ocorre quando o cumprimento do contrato implicar a atuação contínua, por

---

245 SOUTO, *op. cit.*, p. 225.
246 Essa definição constava do art. 171 da Constituição de 1988. Entretanto, tal dispositivo legal foi revogado pela Emenda Constitucional nº 06/95, razão pela qual a fonte normativa da distinção ora explicada subsiste apenas no Decreto-lei nº 2.627/40.

determinado período, no solo brasileiro. Daí se retira que as licitações internacionais somente são aceitáveis quando os contratos que não pressuponham essa continuidade.

Feitas essas considerações iniciais, vejamos como tratou do tema em apreço o art. 52 da Lei 14.133/21.

Em primeiro lugar, como já vimos anteriormente, as licitações internacionais seguirão a modalidade de concorrência, salvo quando o órgão ou entidade da Administração dispuser de cadastro internacional de fornecedores, caso em que a modalidade eleita poderá ser a tomada de preços.

Em segundo lugar, o instrumento convocatório deverá estar ajustado às diretrizes da política monetária internacional e do comércio exterior, além de atender às exigências dos órgãos competentes. Isto significa que:

a) os pagamentos poderão ser feitos em moeda nacional ou estrangeira, sendo que, em qualquer caso, deverá ser garantido o mesmo tratamento entre licitantes nacionais ou estrangeiros. Se o pagamento for feito em moeda estrangeira, conforme previsão editalícia, será conveniente a reserva de moeda estrangeira para que se faça frente ao pagamento desse contrato, de modo a não se sofrer com eventuais alterações do câmbio. Se o pagamento for feito em moeda nacional, a conversão do valor da proposta feita em dólar será feita na data do pagamento;

b) as normas de comércio exterior editadas pelo Brasil deverão ser observadas, de modo que não se admitiria, por exemplo, que o edital contivesse como objeto a compra de bens importados cuja importação não é admitida pela legislação brasileira.

O que se nota, com maior evidência, nesse dispositivo legal é a intenção de promover uma equiparação material entre as propostas brasileiras e estrangeiras, especialmente no que se refere à tributação das operações. É que o legislador mencionou que os encargos que onerarem as propostas brasileiras deverão integrar as propostas estrangeiras, de modo a que estas não saiam prestigiadas em relação às propostas nacionais. Isto, contudo, não autoriza simplesmente a adição de encargos tributários previstos em nossa legislação não previstos nas leis alienígenas. O que se pode fazer é não aplicar eventual favor fiscal existente na legislação pátria em proveito de empresas estrangeiras.[247]

Além desse aspecto econômico, tem-se a exigência de que as garantias de pagamento exigidas sejam de igual peso entre os licitantes, sejam eles brasileiros ou estrangeiros. E mais: as cotações deverão levar em conta a entrega do objeto no mesmo local de destino para ambas as espécies de licitantes.

O mais complicado da disciplina das licitações internacionais está previsto no art. 31, § 3º, I da Lei 14.133/21. Trata-se, na hipótese, da licitação realizada com recursos provenientes de organismos internacionais ou de agências oficiais de cooperação estrangeira. Nestes casos, poderão ser adotadas as condições previstas em tratados internacionais incorporados à ordem jurídica pátria na forma determinada pela Constituição, além de normas e procedimentos daquelas instituições, o que afastaria a aplicação da Lei nº 8.666/93, inclusive quanto aos critérios de seleção da proposta mais vantajosa. Porém, em hipótese alguma, admitir-se-á que tais normas, procedimentos e critérios sejam desconformes com os princípios da licitação, frisando que a adoção dessas normas, procedimentos e critérios somente serão admitidas quando for condição para liberação do financiamento ou da doação.

---

247 JUSTEN FILHO. *Comentários...*, *op cit.*, p. 424-425.

SEGUNDA PARTE: DOS CONTRATOS ADMINISTRATIVOS

19. NOÇÃO DE CONTRATO

A ideia de contrato não é recente. De fato, desde época anterior à utilização da moeda, em que os negócios eram realizados por meio de trocas, já se fazia presente a formação de contratos, muito embora aqueles que o celebravam não atinassem para esse fato.

Sem dúvida, desde a remota época em que a sociedade se organizava em tribos, quando ainda não havia uma legislação civil estruturada, até o momento do surgimento das grandes civilizações, as relações civis entre os indivíduos ensejavam a realização de verdadeiros contratos, de origem estritamente fática, e que posteriormente vieram a ser regulados por legislação própria.

Os romanos, todavia, entendiam que o contrato só seria possível se fosse instrumentalizado, dando ênfase, assim, ao seu aspecto formal. Se não houvesse obediência a uma forma previamente estabelecida, se não fosse seguido um específico ritual, não haveria contrato.

Por outro lado, se o contrato observasse o ritual prévio, gerava obrigações para as partes, que poderiam exigir o seu cumprimento pela via judicial, em caso de inadimplemento.

O Direito romano distinguia *pacto* de *contrato*. O pacto não era dotado de exigibilidade, ao passo que o *contractum* permitia que seu objeto fosse perseguido em juízo. Tal distinção perdeu razão de ser, principalmente depois de Savigny, que em uma de suas obras (*Obbligazioni*) comenta expressamente que não há distinção entre os dois institutos. Na verdade, trata-se de um único instituto, que possui dois nomes diferentes para identificá-lo. Ou seja, pela ótica de Savigny, pacto e contrato são sinônimos.

Havia diferença, contudo, entre o contrato do Direito romano e o da atualidade, sobretudo no que se refere à sanção imposta pelo descumprimento. O inadimplemento contratual, em Roma, poderia acarretar penas corporais. Respondia o devedor inadimplente com a sua própria integridade física e com a sua liberdade, em caso de descumprimento contratual.

Atualmente, o devedor, na hipótese de inadimplência, responde apenas com seu patrimônio. No Direito pátrio, admite-se a prisão civil por dívida somente nas hipóteses do devedor de alimentos e do depositário infiel. Ainda assim, há infindáveis discussões nos Tribunais Superiores e na doutrina quanto à possibilidade de prisão civil do depositário infiel, haja vista as disposições em contrário constantes do Pacto de San José da Costa Rica, ratificado pelo Brasil.

Característica do contrato é o fato de ser bilateral em sua formação, embora em seus efeitos possa ser unilateral, bilateral, ou até multilateral. Trata-se de ato negocial, que cria direitos e gera obrigações. É um acordo de vontades, que pressupõe o consentimento das partes, através do qual há a finalidade de adquirir, modificar, resguardar transferir ou extinguir direitos.

Uma vez celebrado, o contrato obriga as partes (*lex inter partes*), que não podem se arrepender ou revogá-lo, a não ser que haja mútuo consentimento. É o princípio da obrigatoriedade, que possui como corolário a máxima romana *pacta sunt servanda*, segundo a qual os contratos devem ser cumpridos.

Característica básica do contrato advém do fato de que tem origem na declaração de vontade dos contratantes. Nasce da vontade livre dos contratantes. É a liberdade de contratar, fundamentada no princípio da autonomia da vontade. Ninguém pode ser obrigado a contratar com ninguém. Vindo alguém a ser forçado a contratar, caracteriza-se, aí, a *vis absoluta* (coação física), na qual o indivíduo é fisicamente constrangido à celebração, ou a *vis compulsiva* (coação moral). Em ambos os casos, há vício na formação do contrato, podendo caracterizar, no primeiro caso, a inexistência do contrato, por não haver vontade a respaldá-lo, ou, na hipótese de coação moral, a sua nulidade, pois embora haja vontade, a mesma se encontra viciada.

A liberdade de contratar tem como consequência a liberdade de escolha dos termos do contrato. Os contratantes podem livremente escolher quais as cláusulas que estarão presentes no contrato, de acordo com suas próprias conveniências.

No entanto, a liberdade de contratar não é tão ampla assim. E nem poderia ser. Se as partes pudessem escolher, com total liberdade, os termos do contrato, funestas consequências poderiam advir. Uma das partes poderia ser sobrecarregada de obrigações, ao passo que a outra teria apenas pequeno ônus a suportar. O contratante socialmente mais fraco estaria à mercê do economicamente forte, tendo que tolerar encargos desproporcionais e, muitas vezes, superiores às suas próprias forças.

Por isso, contrapondo-se ao princípio da autonomia da vontade, há a intervenção do Estado na relação contratual, a fim de não se permitir a subjugação do desvalido economicamente, conduzindo-o à condição de miserabilidade.

De acordo com o dirigismo contratual, ou seja, a intervenção estatal no contrato, as cláusulas contratuais não podem ferir o princípio da ordem pública nem os bons costumes. Ao elaborar o contrato, devem os celebrantes observar as normas de ordem pública aplicáveis ao caso, sob pena de nulidade. São normas de ordem pública aquelas relativas ao Direito Público, referentes aos contratos administrativos, tendo em vista a supremacia dos interesses públicos sobre o interesse privado, bem como as relacionadas à organização da família, ao direito do trabalhador, ao direito sucessório, do consumidor etc.

Bons costumes são aqueles que não atentam contra a moral, conceito que se adapta a cada época e lugar, já que o que pode ser considerado honesto e moral em um determinado local ou época, pode ser desonesto e imoral em outra situação. Portanto, não basta que o contrato seja lícito, esteja de acordo com a lei, mas é necessário que seja moral, seja conforme a moralidade social vigente em determinada época e determinado local.

Já diziam os antigos que *non omnes quod licet honestum est*, nem tudo o que é lícito é honesto. Nem tudo o que é direito é moral. Dessa forma, além da legalidade do ato, há que se analisar a sua moralidade, senão fere-se a moral social vigente. E no campo do Direito Público, há que se analisar se o ato não fere ao princípio constitucional da moralidade administrativa, mediante o qual o administrador, ao praticar um ato administrativo, deve se ater não apenas à sua legalidade, conveniência e oportunidade, mas também aos padrões de honestidade, probidade, lealdade, decoro e boa-fé.

19.1. Conceito de Contrato Administrativo

Como dito acima, contrato é todo acordo de vontades, firmado livremente pelas partes, para criar obrigações e direitos recíprocos. Tem como característica a finalidade negocial, inserindo-se neste contexto o contrato administrativo, que é, inequivocamente, espécie do gênero contrato.

Assim, contrato administrativo é o contrato que a Administração Pública, agindo nessa qualidade, firma com o particular ou outra entidade administrativa para a consecução de objetivos de interesse público, nas condições estabelecidas pela própria Administração. No contrato administrativo há a necessidade da presença da Administração Pública, direta ou indireta, atuando com determinadas prerrogativas, com o intuito de atender a uma finalidade pública.

O objetivo do contrato é o atendimento do interesse público, na forma da lei, de modo que não é suficiente que se analise o objeto a fim de identificar um contrato administrativo; é necessário também visualizar a aplicação que será dada ao objeto a ser contratado. Se, olhando o objetivo, verifica-se, pela sua destinação, que atende ao interesse público, na forma da lei, teremos um contrato administrativo.

Esse trecho do conceito é muito importante porque toda a doutrina vai discutir o contrato administrativo pelo objeto. Assim, reconhecer se o objeto atende ou não ao interesse público, na forma da lei, é crucial. Tomando-se a destinação do objeto, vai-se poder dizer se o contrato é administrativo ou não. Se a destinação é atender ao interesse público, o contrato será administrativo, podendo, então, ter as características e as cláusulas que não poderia ter se fosse um contrato em que a Administração Pública fosse parte, mas sem o objetivo de atender ao interesse público, na forma da lei.

Os contratos administrativos podem ser contratos de colaboração, que é todo aquele em que o particular se obriga a prestar ou realizar algo para a Administração, como ocorre nos ajustes de obras, serviços ou fornecimentos, ou contratos de atribuição, que é aquele em que a Administração confere determinadas vantagens ou certos direitos ao particular, tal como o uso especial do bem público.

Na relação jurídica do contrato administrativo há peculiaridades, próprias de sua natureza, que se revestem de algumas características, sendo uma delas a de ser sempre consensual (consubstancia um acordo de vontades, não um ato unilateral e impositivo da Administração, como o ato administrativo) e, em regra, formal, porque é expresso, em regra, por escrito, sob pena de nulidade.[248] A única exceção está no próprio parágrafo único do art. 60, valendo conferir:

> Art. 60. Os contratos e seus aditamentos serão <u>lavrados</u> nas repartições interessadas, as quais manterão arquivo cronológico dos seus autógrafos e registro sistemático do seu extrato, salvo os relativos a direitos reais sobre imóveis, que se formalizam por instrumento lavrado em cartório de notas, de tudo juntando-se cópia no processo que lhe deu origem.
>
> Parágrafo único. <u>É nulo e de nenhum efeito o contrato verbal</u> com a Administração, <u>salvo o de pequenas compras de pronto pagamento</u>, assim entendidas aquelas de valor não superior a 5% (cinco por cento) do limite estabelecido no art. 23, inciso II, alínea "a" desta Lei, feitas em regime de adiantamento. (grifos nossos).

Nesse mesmo compasso, importante é observar que o art. 95 da Lei 14.133/21 não exclui essa solenidade, quando dispõe que:

> Art. 62. O instrumento de contrato é obrigatório nos casos de concorrência e tomada de preços, bem como nas dispensas e inexigibilidades cujos preços estejam compreendidos nos limites destas duas modalidades de licitação, e <u>facultativo nos demais em que a Administração puder substituí-lo por outros instrumentos hábeis</u>, tais como carta-contrato, nota de empenho de despesa, autorização de compra ou ordem de execução de serviço. (grifo nosso).

Ou seja, a faculdade do art. 62 não deve ser entendida como exceção à regra de que o contrato administrativo deve ser escrito, uma vez que o dispositivo não admite o contrato verbal, mas apenas permite que o instrumento contratual seja substituído por outros instrumentos hábeis e escritos. A enumeração dos instrumentos hábeis a substituir o contrato, constante do art. 62, é apenas exemplificativa. No entanto, a norma não faculta a substituição do contrato por outros meios não escritos, tais como a palavra, o gesto, ou mesmo o silêncio.

A Administração Pública, direta ou indireta, é sempre contratante. A regra geral é que o contrato administrativo seja celebrado entre a Administração e o particular, mas nada impede que a parte contratada também possa ser uma pessoa da Administração Pública.

Exemplo para isso é quando, no caso de dispensa de licitação, uma pessoa da Administração Pública é contratada para produzir a mercadoria, para prestar o serviço, ou para realizar obras públicas. Dispensa-se a licitação quando essa outra pessoa da Administração Pública trabalha com os preços médios de mercado. Ela prestará o serviço como se fosse um particular, porque o interesse público é manifestado pelo contratante.

Além dessas particularidades da relação jurídica contratual, outras há, como:

- **bilateralidade.** Os contratos administrativos são bilaterais no sentido de que as duas partes contratantes têm obrigações recíprocas, ambas tendo que assumi-las.

---

248 Atual art. 95, § 2º, da Lei 14.133/21.

- **onerosidade.** Os contratos administrativos são obrigatoriamente onerosos, tendo que ser expressos em moeda.

Uma grande parte dos contratos, porém, não pode ser catalogada como contratos administrativos, como é o caso do comodato que, em relação ao objetivo econômico do comodatário, é gratuito. E comodato de bem público é possível e muitas leis o admitem. O Rio de Janeiro, por exemplo, foi recebendo imóveis em pagamento de impostos e muitas vezes a Administração dá estes imóveis em comodato a instituições beneficentes. Contudo, esse contrato não é administrativo, porque não há onerosidade em relação ao objetivo principal do contrato; será, sim, um contrato de direito privado, um contrato de doação, do qual a Administração Pública é parte, como doadora.

- **comutatividade.** Esta característica da relação contratual está embutida na onerosidade, pois as prestações, além de terem valor econômico, obrigatoriamente se equivalem. O objeto vale o mesmo que o preço, não só no momento da contratação, mas durante toda a execução do contrato, nascendo daí uma expressão repetida em vários trechos da Lei nº 8.666/93, qual seja: "equilíbrio econômico-financeiro do contrato".

No contrato administrativo o preço é imutável e, nesta situação, faz lei entre as partes. O preço ajustado pelas partes decorre da proposta vencedora na licitação. A partir daí, o preço tem que ser constantemente atualizado, diante de mutações que poderão ser impostas pela Administração no objeto. A Administração está obrigada, até mesmo unilateralmente, a manter o equilíbrio econômico-financeiro do contrato. Se não o mantiver, o Poder Judiciário poderá fazê-lo.

Todas as causas da teoria da imprevisão têm por fundamento a cláusula *rebus sic stantibus*, em que, no curso do contrato, ocorrem efeitos excepcionais e imprevisíveis, subvertendo equação econômica e financeira do pacto, assim não podendo o contrato ser cumprido de acordo com as condições em que foi celebrado, podendo ocorrer: ou a rescisão, ou, em caso de possibilidade de cumprimento, terá a parte que se sentir prejudicada, direito a revisão do preço. Correspondem tais efeitos a fatos imprevisíveis, fora da normalidade, da cogitação dos contratantes, que obstaculizam ou comprometem o cumprimento do contrato para uma das partes, aplicando-se aos contratos administrativos em função da comutatividade obrigatória, impondo, dessa forma, imediata revisão do ajuste para recompor os interesses pactuados.

O mesmo se diga em relação ao fato do príncipe, que é uma determinação estatal geral, um ato do governo que atinge o contrato, onerando-o substancialmente sua execução[249]. Teoria que retrata a ocorrência de um fato atribuído ao Estado (há quem defenda que o ato estatal deve ser do mesmo ente que celebrou o contrato). Aqui há culpa do Estado. Assim, se fato imputado ao Estado, mesmo que não seja ilícito, ocasionar a impossibilidade de conclusão do mesmo, ensejará a indenização, ou se, a maior onerosidade, caberá a revisão do preço.

A professora Maria Sylvia Zanella Di Pietro sustenta que é mister identificar qual o ente que fez o ato genérico e qual o que fez o contrato. Em sendo os mesmos, é fato do príncipe; em sendo diferentes, é teoria da imprevisão.[250]

Um exemplo é a mudança da banda cambial realizada pelo Banco Central. Um contrato de fornecimento contínuo de remédios adquiridos no estrangeiro terá que ser revisto, em caso de mudança cambial, para

---

249 Na obra do mestre Hely Lopes MEIRELLES (*Direito...*, *op. cit.*, p. 233) lê-se: "Essa oneração, constituindo uma álea administrativa extraordinária e *extracontratual*, desde que *intolerável e impeditiva da execução do ajuste*, obriga o Poder Público contratante a compensar integralmente os prejuízos suportados pela outra parte, a fim de possibilitar o prosseguimento da execução, e, se esta for impossível, rende ensejo à rescisão do contrato, com as indenizações cabíveis".

250 DI PIETRO. *Direito...*, *op. cit.*, p. 231. Acompanhando esse mesmo entendimento, o professor Diogenes GASPARINI (*op. cit.*, p. 596) diz o seguinte: "Nos países federados, como é o nosso, o fato do príncipe somente se configura se o ato ou fato provir da própria Administração Pública contratante. Se o ato tiver outra origem, os inconvenientes que causar serão resolvidos pela teoria da imprevisão".

que se mantenha a equação econômico-financeira. Quando isto acontece, a Administração tem que rever o preço do contrato. Sobre isto há uma norma geral no art. 104, § 1º da Lei 14.133/21.

O equilíbrio econômico-financeiro pode ser alterado nos dois sentidos. A Administração pode alterar o objeto para menos, no curso do fornecimento. Por exemplo, durante o contrato de fornecimento de remédios, a Administração cria um laboratório capaz de produzir o tal remédio. Ela poderá reduzir o objeto do contrato em até 25%. Em decorrência disto, a equação econômico-financeira será reduzida em 25%. Todas as causas se aplicam em favor de qualquer das partes. A respeito do equilíbrio econômico-financeiro, falaremos mais sobre ele adiante.

- **instabilidade.** O contrato administrativo é instável em relação ao seu objeto, permitindo que a Administração Pública possa alterar unilateralmente o objeto durante a sua execução, ou até extinguir o próprio contrato, por razões supervenientes de interesse público, uma vez que é o interesse público que está sendo atendido com a execução do contrato. A Administração não se vincula à vontade que manifestou. Se a realidade mudar e houver necessidade de adequação do objeto ao interesse público, é o objeto que vai se adequar ao interesse público, e não o contrário, mesmo porque o objeto é um instrumento para atender ao interesse público.

- **natureza *intuitu personae*.** O contrato administrativo é *intuitu personae* porque a pessoa do contratado é pessoalmente obrigada à execução do objeto do contrato. Isto porque o contratado passa, em regra[251], pelo procedimento licitatório, no qual concorre em igualdade de condições com outros licitantes. Ao consagrar-se vencedor da licitação, por ter apresentado a melhor proposta para a Administração, e, consequentemente, a proposta que melhor atende ao interesse público, o contratado atendeu aos requisitos constantes da proposta que fez, demonstrando, assim, que está apto a atender às obrigações pactuadas e a responder diretamente pelo cumprimento do objeto do contrato celebrado.

A Lei admite, todavia, a subcontratação, mas, ainda que haja, não se estabelece nenhuma relação entre o Poder Público e o subcontratado. A subcontratação é relação jurídica de Direito Privado, que se estabelece estritamente entre o contratado e o subcontratado. O contratado permanece inteiramente responsável, perante o Poder Público, pelo cumprimento das obrigações, de tal forma que, se o subcontratado inadimplir, quem está inadimplindo é o contratado, ressalvado o direito de regresso contra o subcontratado. O subcontratado não tem ação contra o Poder Público. O empregado do subempreiteiro, por exemplo, não pode buscar do dono da obra o adimplemento de obrigação trabalhista do empreiteiro. Admite-se, desta forma, a subcontratação em caráter excepcional, de conformidade com os arts. da nova lei.[252] *in verbis*:

Art. 72. O contratado, na execução do contrato, sem prejuízo das responsabilidades contratuais e legais, poderá subcontratar partes da obra, serviço ou fornecimento, até o limite admitido, em cada caso, pela Administração.

Art. 78. Constituem motivo para a rescisão do contrato:
VI – a subcontratação total ou parcial do seu objeto, a associação do contratado com outrem, a cessão ou transferência, total ou parcial, bem como a fusão, cisão ou incorporação, não admitidas no edital ou no contrato;

Portanto, no que concerne à interpretação do conceito de contrato administrativo, é preciso ter sempre em vista que as normas que os regem são de Direito Público, suplementadas pela Teoria Geral dos Contratos,

---

251 Dizemos "em regra" porque existem as hipóteses de contratação direta, como ocorre nos casos de dispensa e de inexigibilidade de licitação.

252 Atuais arts. 122 e 137 da Lei 14.133/21, respectivamente.

e pelas normas do Direito Privado, e não o contrário, como lamentavelmente ainda se pratica entre nós. Isto porque a Administração Pública também pode ser parte de contrato regido pelo Direito Privado. Entretanto, não se pode interpretar as cláusulas contra a coletividade, pois a finalidade do contrato é atingir o interesse coletivo. As cláusulas dos contratos de Direito Público equivalem a atos administrativos, gozando de presunção de legitimidade.

Uma das inovações importantes e curiosas que a Lei 14.133/21 trouxe encontra-se no artigo 20 que veda aquisição de bens de luxo pela Administração Pública, nos seguintes termos:

Art. 20. Os itens de consumo adquiridos para suprir as demandas das estruturas da Administração Pública deverão ser de qualidade comum, não superior à necessária para cumprir as finalidades às quais se destinam, vedada a aquisição de artigos de luxo.

§ 1º Os Poderes Executivo, Legislativo e Judiciário definirão em regulamento os limites para o enquadramento dos bens de consumo nas categorias comum e luxo.

§ 2º A partir de 180 (cento e oitenta) dias contados da promulgação desta Lei, novas compras de bens de consumo só poderão ser efetivadas com a edição, pela autoridade competente, do regulamento a que se refere o § 1º deste artigo.

Por óbvio, compreendemos que o artigo supramencionado não deva ser interpretado como uma restrição à contratação de bens de excelente qualidade, que exerçam ótima performance e desempenho. A vedação, na realidade, consiste em que a contratação de artigos de luxo designe itens desnecessários ou desproporcionais, por seu caráter supérfluo. Os parágrafos do art. 20 ressaltam a importância da elaboração de regulamento pelos três poderes da União que especifique os limites para a categorização de bens de consumo em classes de bem de luxo ou bem comum e que, 180 (cento e oitenta) dias após a promulgação da Lei 14.133/21, as novas aquisições só poderiam ocorrer desde o regulamento fosse editado por autoridade competente.

19.2. Contratos Administrativos e Contratos da Administração

O que realmente tipifica o contrato administrativo e o distingue do contrato privado é a participação da Administração na relação jurídica com supremacia de poder para fixar as condições iniciais do ajuste. É a participação da Administração, derrogando normas de Direito Privado e agindo *publicae utilitaris causa*, sob a égide do Direito Público, que tipifica o contrato administrativo.

Conforme anteriormente comentado, antes de ser administrativo, o contrato é como qualquer outro, daí a razão de quase tudo da lei civil caber para o contrato administrativo. Sua essência, todavia, é o que o difere dos demais, porque seu objetivo é atender ao interesse público. O objeto do contrato é destinado a atender a um objetivo de interesse público. Por causa disso, uma das partes, a Administração Pública, na execução do contrato, terá a sua vontade sempre em um nível mais alto de relevância, se comparada com a vontade do particular contratado. Pelo princípio da supremacia do interesse público, o interesse público sempre prevalece sobre o interesse privado.

Na fase de execução do contrato administrativo o interesse público continua presente. O objetivo do contrato nunca vai submeter à Administração a uma vinculação à vontade que ela manifestou. Por isso, obedecendo aos ditames legais, a Administração vai poder sempre modificar, durante a execução, a sua manifestação de vontade, para melhor adequá-la à execução do interesse público em andamento.

O professor Celso Antônio Bandeira de Mello[253], no entanto, nega a denominação "contrato administrativo", porque fere três princípios básicos da Teoria Geral dos Contratos: o princípio da igualdade, o princípio da autonomia da vontade e o princípio do *pacta sunt servanda* (respeito ao teor do contrato). Por esta razão ele acredita que o instituto não deveria ser chamado de "contrato" administrativo.

Porém, o contrato administrativo prima pela desigualdade das partes com razão, pois a Administração está defendendo interesses públicos, ao passo que o contratado defende interesses seus, particulares,

---

253 BANDEIRA DE MELLO. *Curso de...*, *op. cit.*, p. 567-569.

motivo pelo qual o contrato administrativo poder ter cláusulas exorbitantes, as quais dão prerrogativas à Administração de defender o interesse maior, que é o interesse público. Daí a razão da maioria da doutrina aceitar e utilizar a expressão "contrato administrativo".[254]

O atual art. 104 da Lei 14.133/21 traz uma lista exemplificativa de cláusulas exorbitantes, que são cláusulas que exorbitam da Teoria Geral dos Contratos, do Direito Civil, e sempre em favor da Administração, sendo que as prerrogativas mais importantes estão dispostas nos incisos I e II, respectivamente: a possibilidade de modificação e rescisão unilaterais do contrato. Assim, a desigualdade é necessária, pela defesa dos interesses públicos.

Quanto à limitação à autonomia de vontade, o professor Celso Antônio Bandeira de Mello também concebe que todo contrato administrativo é contrato de adesão, pois a minuta do futuro contrato já deve estar no edital (arts. 62, § 1º; e 40, § 2º, III).[255]

No seu entender, se o licitante entra na licitação, é porque ele já está concordando com o teor do contrato que vai ser assinado depois e sua manifestação de vontade se expressa na entrega das propostas. Ao fazê-lo, ele estará preso àquela proposta apresentada, não podendo desistir depois, sob pena das sanções previstas nos arts. 81 e 87.[256]

De qualquer forma, a manifestação de vontade do contratado existirá. Ele não poderá alterar o teor do contrato, mas manifesta sua vontade de contratar nos termos que já tiverem sido fixados. Ele pode contratar ou não, conforme sua vontade.

Em relação ao *pacta sunt servanda*, diz também o professor Celso Antônio Bandeira de Mello que este é um princípio sem força nos contratos administrativos, pois várias cláusulas podem ser alteradas unilateralmente pela Administração, conforme admite o art. 58 do Estatuto das Licitações e Contratos. Mas ocorre que apenas certas cláusulas do contrato administrativo poderão ser afetadas pelas cláusulas exorbitantes. É por isso que, nos contratos administrativos, há o *pacta sunt servanda*, mas diminuído, não abrangendo certos artigos.

Assim, a doutrina majoritária adota uma divisão para os contratos celebrados pela Administração, prevendo duas espécies: os contratos regidos pelo Direito Público, que são os contratos administrativos (disciplinados exclusivamente por normas públicas, como a Lei nº 8.666/93), e contratos regulados pelo Direito Privado, que são os contratos de direito privado (regidos, em geral, quanto ao conteúdo e aos efeitos, por normas privadas, mas que também se sujeitam a certas normas públicas, a exemplo da obrigação de fazer licitação), cabendo salientar que a própria Lei de Licitações e Contratos admite essa diferenciação.

O atual art. 89 da Lei 14.133/21, que já diz serem eles regidos pelas regras de Direito Público, e que a Teoria Geral dos Contratos e demais regras de Direito Privado aplicam-se apenas supletivamente a eles, e não de forma geral, valendo conferir:

Além dos contratos regidos por normas públicas, há também uma segunda espécie de contrato celebrado pela Administração, que são os contratos de direito privado, lendo-se o seguinte no art. 62, § 3º, I,[257] *verbis*:

> Art. 62. [...]
> § 3º Aplica-se o disposto nos arts. 55 e 58 a 61 desta Lei e demais normas gerais, no que couber:
> I – aos contratos de seguro, de financiamento, de locação em que o Poder Público seja locatário, e aos demais cujo conteúdo seja regido, predominantemente, por norma de direito privado; (grifos nossos).

Nestes exemplos, entende-se que as normas predominantes serão de Direito Privado. O "predomínio" destas regras existe porque certas regras de Direito Público, como a exigência de licitação, sempre prevalecem.

---

254 O professor Celso Antônio Bandeira de Mello tem razão ao listar essas disparidades com a Teoria Geral, mas está isolado quando nega a expressão "contrato" à concepção de contratos administrativos, posto que, majoritariamente, doutrinadores e a própria lei assim o chamam.

255 Somente o art. 40, § 2º, III encontra equivalente na Lei 14.133/21, no seu art. 18, VI. O § 1º do art. 62 da Lei 8.666/93 não encontra dispositivo correspondente na nova legislação.

256 Atuais arts. 90, § 5º e 156 da Lei 14.133/21.

257   Sem dispositivo correspondente na Lei 14.133/21.

Ocorre que o § 3º do art. 62, que elenca contratos de direito privado, dispõe que os arts. 58 a 61 são aplicáveis também aos contratos de direito privado. O art. 58 mencionado é exatamente o que elenca cláusulas exorbitantes, e o que mais causa problemas, pois a principal característica dos contratos de direito privado é exatamente não comportar cláusulas exorbitantes.

Todavia, as regras daqueles artigos só se aplicam aos contratos administrativos "no que couber". Dessa forma, há quem entenda que entre as cláusulas previstas no art. 58 da Lei nº 8.666/93 só o inciso III, que trata da fiscalização da execução do contrato pelo Poder Público, é cabível, pois não afetaria a igualdade entre as partes contratantes, não chegando nem a ser exorbitante, na verdade (atual art. 104, III da Lei 14.133/21).

Excluindo-se este caso, todos os demais incisos representariam cláusulas leoninas no contrato de direito privado, quando não poderia haver, sendo nulas de pleno direito, portanto, por força do Código do Consumidor (art. 51 da Lei nº 8.078, de 11 de setembro de 1990).

A professora Maria Sylvia Zanella Di Pietro diz que, como o contrato do direito privado se rege pela autonomia da vontade das partes, estas são livres para estabelecerem o que quiserem no contrato, inclusive sobre a existência de cláusulas exorbitantes também.

Mas o Código do Consumidor, ao contrário, ao falar em disparidade de poder econômico entre os contratantes, protegendo o mais frágil (art. 47), impede cláusulas leoninas em contratos de direito privado. É por isso que já há autores, como Toshio Mukai e Marcos Juruena Villela Souto, propondo uma nova divisão, com base nessa possibilidade de haver cláusulas exorbitantes, dividindo os contratos administrativos em *contrato administrativo propriamente dito* (só com normas de Direito Público) e *contrato administrativo de figuração privada* (expressão utilizada pelo professor Mukai) ou *semipúblico*, esta utilizada pelo professor Marcos Juruena, em que o predomínio é de normas de Direito Privado, mas com a possibilidade de haver cláusulas exorbitantes (normas de Direito Público).

Cumpre-nos observar, portanto, que os contratos da Administração são todos os ajustes nos quais figure de um lado a Administração Pública (em sentido amplíssimo), gênero que abrange, como vimos, os contratos privados da Administração, regidos pelo Direito Privado, apenas quanto ao seu conteúdo e seus efeitos, visto a remissão que a atual lei faz a citada alusão [258] e os contratos administrativos, objeto do presente estudo, regidos quanto ao conteúdo e efeitos pelo Direito Público, embora incidam, subsidiariamente, as normas de Direito Privado, de acordo com o atual art. 89 da Lei 14.133/21.

Do que expomos, deve-se inferir que os contratos são reputados ou não de administrativos (*lato sensu*) em razão da própria natureza dos contratantes. Assim, se pudermos falar que a Administração está presente como Poder Público, pouco importando seu objeto, temos um contrato administrativo, com a única diferença de que não haverá supremacia entre as partes, visto que ambas são pessoas jurídicas de Direito Público. Isto porque sabemos que ela pode estar em pé de igualdade com o particular e, neste caso, fala-se em contratos de direito privado da Administração Pública.

Assim posto, é de se concluir que estudar contratos administrativos é estudar *cláusulas exorbitantes*, que fornecem prerrogativas ao Poder Público, sendo as mais significativas as de modificação unilateral e de rescisão unilateral dos contratos administrativos, que veremos mais adiante.[259]

19.3. Características do Contrato Administrativo

Como vimos, uma das principais características do contrato administrativo é a presença da Administração como Poder Público, tendo imperatividade em relação ao contratado.

Na relação contratual com o particular, a Administração Pública dispõe de prerrogativas especiais, peculiaridades próprias, justificadas pela finalidade por ela buscada: o interesse público incidente no regime jurídico administrativo, que é um conjunto de regras e princípios a que se deve subsumir a atividade administrativa no atingimento de seus fins.

Desse modo, ao contrário de muitos contratos celebrados entre particulares, as partes não estão em posição igualitária, podendo a Administração modificar, rescindir unilateralmente os contratos, fiscalizar sua

---

258   Respectivamente, arts. 95, 104, 148, 91, § 2º e 89, § 1º da Lei 14.133/21.
259   Respectivamente, arts. 104, I e II da Lei 14.133/21.

execução, impor sanções, reter créditos etc. Estas prerrogativas são doutrinariamente denominadas *cláusulas contratuais exorbitantes.*

O art. 92 da nova Lei de Licitações apresenta um rol de dezenove cláusulas necessárias em todo e qualquer contrato administrativo, quais sejam:

Art. 92. São necessárias em todo contrato cláusulas que estabeleçam:

I - o objeto e seus elementos característicos;

II - a vinculação ao edital de licitação e à proposta do licitante vencedor ou ao ato que tiver autorizado a contratação direta e à respectiva proposta;

III - a legislação aplicável à execução do contrato, inclusive quanto aos casos omissos;

IV - o regime de execução ou a forma de fornecimento;

V - o preço e as condições de pagamento, os critérios, a data-base e a periodicidade do reajustamento de preços e os critérios de atualização monetária entre a data do adimplemento das obrigações e a do efetivo pagamento;

VI - os critérios e a periodicidade da medição, quando for o caso, e o prazo para liquidação e para pagamento;

VII - os prazos de início das etapas de execução, conclusão, entrega, observação e recebimento definitivo, quando for o caso;

VIII - o crédito pelo qual correrá a despesa, com a indicação da classificação funcional programática e da categoria econômica;

IX - a matriz de risco, quando for o caso;

X - o prazo para resposta ao pedido de repactuação de preços, quando for o caso;

XI - o prazo para resposta ao pedido de restabelecimento do equilíbrio econômico-financeiro, quando for o caso;

XII - as garantias oferecidas para assegurar sua plena execução, quando exigidas, inclusive as que forem oferecidas pelo contratado no caso de antecipação de valores a título de pagamento;

XIII - o prazo de garantia mínima do objeto, observados os prazos mínimos estabelecidos nesta Lei e nas normas técnicas aplicáveis, e as condições de manutenção e assistência técnica, quando for o caso;

XIV - os direitos e as responsabilidades das partes, as penalidades cabíveis e os valores das multas e suas bases de cálculo;

XV - as condições de importação e a data e a taxa de câmbio para conversão, quando for o caso;

XVI - a obrigação do contratado de manter, durante toda a execução do contrato, em compatibilidade com as obrigações por ele assumidas, todas as condições exigidas para a habilitação na licitação, ou para a qualificação, na contratação direta;

XVII - a obrigação de o contratado cumprir as exigências de reserva de cargos prevista em lei, bem como em outras normas específicas, para pessoa com deficiência, para reabilitado da Previdência Social e para aprendiz;

XVIII - o modelo de gestão do contrato, observados os requisitos definidos em regulamento;

XIX - os casos de extinção.

Tais cláusulas se justificam somente no regime jurídico administrativo, por duas questões: a supremacia do interesse público e a indisponibilidade do interesse público. A Administração pode tanto se submeter ao regime jurídico de direito privado quanto ao regime jurídico de direito público, o que é instituído através de lei.

Como exemplos, temos o art. 173, § 1º, II, da Constituição da República, que determina que a empresa pública, a sociedade de economia mista e suas subsidiárias que explorem atividade econômica de produção ou comercialização de bens ou de prestação de serviços sujeitam-se ao regime jurídico próprio das empresas privadas, inclusive quanto aos direitos e obrigações civis, comerciais, trabalhistas e tributários. Razão desta previsão constitucional foi editada a Lei das Estatais (Lei nº 13.303/16) em junho de 2016 estabelecendo condições mais flexíveis a estas empresas, de forma a torná-las mais competitivas em sua atuação no mercado.

Por outro lado, o art. 175, I, institui que a lei disporá sobre o regime das empresas concessionárias e permissionárias de serviços públicos, o caráter especial de seu contrato e de sua prorrogação, bem como as condições de caducidade, fiscalização e rescisão da concessão ou permissão.

Conforme o art. 31 da Lei nº 8.987/95, são encargos da concessionária: prestar serviço adequado, na forma prevista nesta Lei, nas normas técnicas e aplicáveis e no contrato; manter em dia o inventário e o registro dos bens vinculados à concessão, prestar contas da gestão do serviço ao poder concedente e aos usuários nos termos definidos no contrato; cumprir e fazer cumprir as normas do serviço e as cláusulas contratuais da concessão; permitir aos encarregados da fiscalização livre acesso, em qualquer época, às obras, aos equipamentos e às instalações integrantes do serviço, bem como aos seus registros contábeis, dentre outros.

Porém, a Administração Pública não pode renunciar às prerrogativas próprias da sua atividade em razão da indisponibilidade do interesse público.

O princípio da supremacia do interesse público, igualmente denominado princípio da finalidade pública, indica a superioridade do interesse público sobre o interesse particular. Dentre outros, admite-se em razão destas normas, a posição privilegiada dos que representam o interesse público, como a presunção de legitimidade dos atos administrativos, a presunção de veracidade dos documentos apresentados, maiores prazos judiciais, pagamentos através de precatórios judiciais, justiça especializada etc.

A Administração não atua, entretanto, no mesmo nível do particular. As prerrogativas próprias da supremacia do interesse público sobre o privado apenas podem ser aplicadas se com o intuito de buscar o melhor interesse da coletividade, ou seja, o interesse público primário. O contrário denotará "desvio de finalidade" do administrador, tornando o ato ilegal.

As prerrogativas da Administração Pública são normalmente designadas "cláusulas exorbitantes" e estão presentes nos contratos administrativos, seja de forma explícita, seja de forma implícita. Contudo, tais prerrogativas confrontam-se diretamente com as restrições às quais deve a Administração se submeter: publicidade, motivação do ato, interesse público etc.

As cláusulas exorbitantes são elencadas no art. 58 do Estatuto, embora ao longo da Lei possamos outras encontrar, como a faculdade de exigir prestação de garantia nas contratações, a assunção imediata do objeto do contrato, a retenção de créditos e a exceção do não cumprimento do contrato.

Passemos, então, a verificar, especificamente, o que são as cláusulas exorbitantes e comentar algumas delas.

19.3.1. Cláusulas Exorbitantes ou Prerrogativas da Administração

Supramencionado foi que uma das principais características do contrato administrativo advém do fato de que a Administração nele participa com supremacia de poder, dada a maior relevância do interesse público sobre o interesse privado. Consequentemente, essas cláusulas ultrapassam as características e regras dos contratos em geral, ao conferirem à Administração Pública uma posição vantajosa e, porque não dizer, privilegiada, dado que o princípio da supremacia do interesse público sobre o particular legitima que o poder público ocupe essa posição de superioridade jurídica nas relações contratuais. Levam a nomenclatura "exorbitantes" por sua aplicabilidade exclusiva aos contratos públicos, visto que nos privados ensejariam em nulidade contratual. Tais cláusulas exorbitantes encontram-se implícitas em todos os contratos administrativos, não carecendo de previsão expressa no contrato por serem uma disposição autorizada por lei.

O art. 104 da Lei 14.133/21 é aquele em que encontramos essas cláusulas exorbitantes, as quais a lei se dirige como "prerrogativas da Administração". Nos incisos do artigo que mencionamos encontram-se essas cinco prerrogativas, a saber: 1) a Administração Pública pode modificar os contratos unilateralmente para melhor adequação às finalidades de interesse público, respeitando os direitos do contratado; 2) extingui-los, unilateralmente, nos casos especificados na Lei 14.133/21; 3) fiscalizar sua execução; 4) aplicar sanções motivadas pela inexecução total ou parcial do ajuste; 5) e ocupar provisoriamente bens móveis e imóveis e utilizar pessoal e serviços vinculados ao objeto do contrato nas hipóteses de: risco à prestação de serviços essenciais ou necessidade de acautelar apuração administrativa de faltas contratuais pelo contratado, inclusive após extinção do contrato.

Também restou consignado que semelhante supremacia manifesta-se na presença de cláusulas especiais, favoráveis à Administração, a fim de que a finalidade pública visada com a contratação possa ser alcançada.

A principal marca do contrato administrativo é a possibilidade que a Administração tem de instabilizar o vínculo, quer alterando unilateralmente suas cláusulas (arts. 104, I e 124, I, da Lei 14.133/21), quer os rescindindo unilateralmente (art. 104, II, da mesma Lei). Tais cláusulas, além de outras prerrogativas, compõem o que a doutrina chama de *cláusulas exorbitantes do direito comum*. Conforme o magistério de Matheus Carvalho:

> "[...] a lei estipula ser possível a alteração unilateral quando houver modificação do projeto ou das especificações, para melhor adequação técnica aos seus objetivos e quando necessária a modificação do valor contratual em decorrência de acréscimo ou diminuição quantitativa de seu objeto. Sendo assim, conforme previamente explicitado, a administração NÃO pode alterar o OBJETO do contrato, porque seria burla à licitação. Explique-se: não é possível realização do procedimento licitatório para aquisição de computadores e, posteriormente, por mudança de necessidade pública, ser feita somente a compra de placas de rede, em observância ao princípio da vinculação ao instrumento convocatório que norteia a realização das licitações e celebração dos contratos públicos. Ou ainda, imagine-se a realização de um procedimento licitatório para aquisição de cadeiras, com a posterior alteração para compra de mesas. Todas as empresas fornecedoras de mesa, unicamente, teriam sido ludibriadas e retiradas do certame de forma indevida. Em razão disso, a lei deixa claro que a alteração unilateral não pode transfigurar o objeto da contratação."[260]

As cláusulas exorbitantes do direito comum são cláusulas que seriam ilícitas ou incomuns em contratos privados, por encerrarem prerrogativas muito amplas de uma parte em relação à outra, cuja justificativa é a supremacia do interesse público sobre o privado.

O particular que não deseja se subjugar às cláusulas exorbitantes deverá abster-se de firmar contratos administrativos com o poder público, pois, ainda que tais cláusulas não estejam expressas no edital.

Conforme assevera Maria Sylvia Zanella Di Pietro, tais cláusulas "[...] seriam ilícitas nos contratos celebrados entre particulares, por encerrarem prerrogativas ou privilégios de uma das partes (Administração) em relação à outra [...]"[261].

De acordo com Hely Lopes Meirelles:

> "Cláusulas exorbitantes são, pois, as que excedem do Direito Comum para consignar uma vantagem ou uma restrição à Administração ou ao contratado. As cláusulas exorbitantes não seriam lícitas num contrato privado, porque desigualariam as partes na execução do avençado; mas são absolutamente válidas no contrato administrativo, uma vez que decorrem da lei ou dos princípios que regem a atividade administrativa e visam a estabelecer prerrogativas em favor de uma das partes, para o perfeito atendimento do interesse público, que se sobrepõe sempre aos interesses particulares. É, portanto, a presença dessas cláusulas exorbitantes no contrato administrativo que lhe imprime o que os franceses denominam *la marque du Droit Public* pois, como observa Laubadère: "*C'est en effet la présence de Telles clauses dans un contrat qui est le critère par excellence son caractère administratif*".[262]

> "É de fato a presença de tais cláusulas em um contrato que é o critério por excelência seu caráter administrativo" (tradução livre do trecho em francês da citação acima).

Tais cláusulas poderão até existir nos contratos de direito privado da Administração, desde que a lei assim o preveja e a cláusula esteja expressa no contrato. Cabe, portanto, no momento, procedermos à análise de tais cláusulas, uma por vez. Vamos enumerá-las, inicialmente:

---

260 CARVALHO, Matheus. Contratos Administrativos nos termos da Lei 14.133/21. p. 789.

261 DI PIETRO, Maria Sylvia Zanella, *Direito Administrativo*. 28.ed., São Paulo: Atlas, 2015,

262 MEIRELLES, Hely Lopes; BURLE FILHO, José Emmanuel; BURLE, Carla Rosado, *Direito Administrativo Brasileiro*. 42. ed., São Paulo: Malheiros Editores Ltda, 2016, p 241.

a) **alteração e rescisão unilaterais** – podem ser feitas ainda que não previstas expressamente em lei ou consignadas em cláusula contratual. Nenhum particular, ao contratar com a Administração, adquire direito à imutabilidade do contrato ou à sua execução integral ou, ainda, às suas vantagens *in specie*, porque isto equivaleria a subordinar o interesse público ao interesse privado do contratado.

O poder de modificação unilateral e o de rescisão constituem preceitos de ordem pública, não podendo a Administração renunciar previamente à faculdade de exercê-los.

No que tange a possibilidade de a Administração Pública alterar de forma unilateral um contrato, o artigo 65, I da lei de licitações estabelece duas possibilidades: a) quando houver modificação do projeto ou das especificações, para melhor adequação técnica aos seus objetivos; b) quando necessária a modificação do valor contratual em decorrência de acréscimo ou diminuição quantitativa de seu objeto, nos limites permitidos por esta Lei. Sendo entendimento doutrinário de que a primeira possibilidade prevista (a) indica de forma clara a busca de uma alteração por questão qualitativa do projeto e a segunda (b), toca o ponto relativo à questão quantitativa.

b) **equilíbrio econômico-financeiro** – é a relação estabelecida inicialmente pelas partes entre os encargos do contratado e a retribuição da Administração para a justa remuneração do objeto do ajuste. Essa relação encargo-remuneração deve ser mantida durante toda a execução do contrato, a fim de que o contratado não venha a sofrer indevida redução nos lucros normais do empreendimento.[263]

Desta forma, fica protegido o lucro esperado pelo empreendimento por parte do contratado. Esta variação nas condições de execução do contrato, poderão ocorrer para mais ou para menos, impactando no mesmo sentido a condição financeira do contrato.

Na busca do equilíbrio econômico-financeiro, deve ser prevista no contrato cláusula de reajustamento de preços e tarifas de modo a proteger a valorização, positiva ou negativa, da moeda por índice oficial de variação inflacionária.

c) **reajustamento de preços e tarifas** – é medida convencionada entre as partes contratantes para evitar que, em razão das elevações do mercado, da desvalorização da moeda ou do aumento geral de salários no período de execução do contrato administrativo, venha a romper o equilíbrio financeiro do ajuste. A Administração procede à majoração do preço, unitário ou global, originariamente previsto para a remuneração de um contrato de obra, serviço ou fornecimento ou da tarifa inicialmente fixada para pagamento de serviços públicos ou de utilidade pública prestados por particulares. A cláusula de reajustamento previamente definida em contrato administrativo visa garantir o pagamento de variações previsíveis e esperadas nos preços de insumos e custos, em geral, que sejam objeto do contrato. Sua necessidade se dá em face do aumento ordinário e regular do custo dos

---

263 Sobre o equilíbrio econômico-financeiro, sabe-se que a alteração dos encargos deve guardar proporção direta com a remuneração atribuída ao particular. Interessante é a Jurisprudência sobre o tema:
A novel cultura acerca do contrato administrativo encarta, como nuclear no regime do vínculo, a proteção do equilíbrio econômico-financeiro do negócio jurídico de direito público, assertiva que se infere do disposto na legislação infralegal específica (arts. 57, § 1º; 58, §§ 1º e 2º; 65, II, "d"; 88, §§ 5º e 6º, da Lei nº 8.666/93). Deveras, a Constituição Federal ao insculpir os princípios intransponíveis do art. 37 que iluminam a atividade da administração à luz da cláusula mater da moralidade, torna clara a necessidade de manter-se esse equilíbrio, ao realçar as 'condições efetivas da proposta'. O episódio ocorrido em janeiro de 1999, consubstanciado na súbita desvalorização da moeda nacional (real) frente ao dólar norte-americano, configurou causa excepcional de mutabilidade dos contratos administrativos, com vistas à manutenção do equilíbrio econômico-financeiro das partes. Rompimento abrupto da equação econômico-financeira do contrato. Impossibilidade de início da execução com a prevenção de danos maiores (*ad impossiblia memo tenetur*). Prevendo a lei a possibilidade de suspensão do cumprimento do contrato pela verificação da *exceptio non adimplet contractus* imputável à Administração, *a fortiori*, implica admitir sustar-se o 'início da execução', quando desde logo verificável a incidência da 'imprevisão' ocorrente no interregno em que a Administração postergou os trabalhos. Sanção injustamente aplicável ao contratado, removida pelo provimento do recurso. Recurso Ordinário provido (ROMS 15154/PE/STJ).

insumos necessário ao cumprimento da avença e, com isso, pagar ao particular contratado os gastos extras que ele suportará decorrentes do aumento normal dos custos que embasaram a composição do preço definido no acordo.

Para melhor exemplificar, suponhamos que no momento da celebração de um contrato, uma empresa prestadora de serviços de limpeza tenha um custo de X reais com a aquisição de determinado material necessário à execução de seus serviços. Porém, com o passar do tempo, esse mesmo material sofre alteração no valor, passando a custar X+ Y reais. Nesse caso hipotético, haverá um reajuste de preço, pela Administração Pública, referente ao valor de Y de maneira a assegurar que o particular não tenha seu lucro reduzido diante desse aumento. O reajuste de preços, denominado pela lei como "reajustamento em sentido estrito", encontra-se positivado no art. 6º, LVIII da Lei 14.133/21, cujo conceito representa uma "forma de manutenção do equilíbrio econômico-financeiro de contrato consistente na aplicação do índice de correção monetária previsto no contrato, que deve retratar a variação efetiva do custo de produção, admitida a adoção de índices específicos ou setoriais".

Modernamente, têm-se adotado as tarifas indexadas nos contratos de longa duração, para se obter o reajustamento automático.

d) **exceção de contrato não cumprido** – *exceptio non adimpleti contractus* – não se aplica aos contratos administrativos quando a falta é da Administração. Esta, todavia, pode sempre arguir a exceção em seu favor, diante da inadimplência do particular contratado.

O princípio da continuidade do serviço público veda a paralisação da execução do contrato mesmo diante da omissão ou atraso da Administração no cumprimento das prestações a seu cargo. Nos contratos administrativos, a execução é substituída pela subsequente indenização dos prejuízos suportados pelo particular ou, ainda, pela rescisão por culpa da Administração. O que não se admite é a paralisação sumária da execução, sob pena de inadimplência do particular, contratado, ensejadora da rescisão unilateral.

O rigor da inoponibilidade da *exceptio non adimpleti contractus* contra a Administração vinha sendo atenuado pela doutrina nos casos em que a inadimplência do Poder Público cria para o contratado um encargo extraordinário e insuportável, conforme o art. 137, IV da Lei 14.133/21. A jurisprudência é clara ao estabelecer que a exceção do contrato não cumprido deva ser garantida ao particular contratado pelo poder público:

RECURSO ESPECIAL. ADMINISTRATIVO. PROCESSUAL CIVIL. EXECUÇÃO. CONTRATO ADMINISTRATIVO. TÍTULO EXECUTIVO EXTRAJUDICIAL. RECURSO PARCIALMENTE PROVIDO.

9. As questões relativas ao efetivo cumprimento pelas empresas das obrigações estipuladas no contrato e à satisfação pela empresa pública de suas contraprestações podem ser analisadas na via dos embargos à execução, porquanto a cognição, nesse caso, é ampla.

10. O Superior Tribunal de Justiça consagra entendimento no sentido de que a regra de não-aplicação da *exceptio non adimpleti contractus*, em sede de contrato administrativo, não é absoluta, tendo em vista que, após o advento da Lei 8.666/93, passou-se a permitir sua incidência, em certas circunstâncias, mormente na hipótese de atraso no pagamento, pela Administração Pública, por mais de noventa dias (art. 78, XV). A propósito: AgRg no REsp

326.871/PR, 2ª Turma, Rel. Min. Humberto Martins, DJ de 20.2.2008; RMS 15.154/PE, 1ª Turma, Rel. Min. Luiz Fux, DJ de 2.12.2002. Além disso, não merece prosperar o fundamento do acórdão recorrido de que as empresas necessitariam pleitear judicialmente a suspensão do contrato, por inadimplemento da Administração Pública. Isso, porque, conforme bem delineado pela Ministra Eliana Calmon no julgamento do REsp 910.802/RJ (2ª Turma, DJe de 6.8.2008), "condicionar a suspensão da execução do contrato ao provimento judicial, é fazer da lei letra morta". Entretanto, não há como aplicar a "exceção do contrato não-cumprido" na hipótese em exame, porquanto o Tribunal de Justiça do Distrito Federal e Territórios informou que não há obrigações não-cumpridas pela empresa pública. Isso, porque: (a) houve "concordância da Administração em efetuar o pagamento dos serviços que ainda faltam faturar e executar, da correção monetária dos pagamentos em atraso e dos valores retidos"; (b) "a emissão do Certificado de Recebimento Definitivo somente ocorrerá após o recebimento efetivo do sistema, tal como determina o subitem 20.3 do edital (fl. 433 dos autos da execução)"; (c) não há direito à indenização pelos períodos de suspensão do contrato, na medida em que "os embargantes aderiram a todos os termos aditivos dos contratos sem demonstrar qualquer irresignação" (fls. 849/851).

11. Recurso especial parcialmente provido, apenas para afastar a multa aplicada em sede de embargos declaratórios. (STJ, REsp 879.046 / DF, Rel. Min. DENISE ARRUDA, Primeira Turma).

Por este motivo e em nome do princípio da continuidade do serviço público, ao particular contratado não se permite suspender a execução contratual sem que estejam configuradas as hipóteses legais previstas na Lei 14.133/21, ainda que o ente público esteja inadimplente. A nova lei se licitações e contratos reduziram, positivamente, o tempo de tolerância que o particular estava submetido antes de poder alegar exceção de contrato não cumprido. Antes o lapso temporal era de 90 (noventa) dias e, agora, é de 60 (sessenta) dias, reduzindo, portanto, o tempo de inadimplemento que o particular deveria suportar para acionar a exceção do contrato não cumprido. Essa mudança foi positiva não só em relação aos prazos, mas em razão de reduzir potenciais prejuízos ao contratado antes de suspender suas obrigações contratuais, além de colocá-lo numa posição mais confortável e segura perante a Administração Pública.

   e) **controle do contrato** – prerrogativa de controlar os seus contratos e de adequá-los às exigências do momento, supervisionando, acompanhando e fiscalizando a sua execução ou nela intervindo.

A intervenção é cabível sempre que, por incúria da empresa ou pela ocorrência de eventos estranhos ao contratante, sobrevém retardamento ou paralisação da execução ou perigo de desvirtuamento ou perecimento do objeto do ajuste, com prejuízos atuais ou iminentes para a programação administrativa, para os usuários, ou para o empreendimento contratado.

   f) **aplicação de penalidades contratuais** – resulta do princípio da autoexecutoriedade dos atos administrativos. Ao contratar, a Administração reserva-se implicitamente a faculdade de aplicar as penalidades contratuais e as legais, ainda que não previstas expressamente no contrato, independentemente de prévia intervenção do Poder Judiciário, salvo para as cobranças resistidas pelo particular contratante.

Essas penalidades compreendem desde as advertências e multas até a rescisão unilateral do contrato, a suspensão provisória e a declaração de inidoneidade para licitar e contratar com a Administração. Tal cláusula exorbitante está disposta no art. 104, IV da Lei 14.133/21, sendo que o art. 155 do mesmo diploma elenca um rol exemplificativo de condutas geradoras dessas penalidades, afinal o conteúdo dessas condutas é aberto.

A publicação resumida do contrato e de seus aditamentos é obrigatória, sendo condição indispensável à sua eficácia. O contrato administrativo regularmente publicado, dispensa testemunhas e registro em cartório, pois, como todo ato administrativo, traz em si a presunção de legitimidade e vale contra terceiros desde a sua publicação.

O art. 104 ainda dispõe, no inciso IV, que a Administração pode aplicar sanções. As cláusulas penais nos contratos administrativos são aplicadas unilateralmente, diretamente, extrajudicialmente, pela Administração Pública, independentemente da vontade da outra parte.

Vai haver instauração de processo administrativo, para declarar que o contratado é inidôneo para futuras licitações e impor a multa. O contratado inconformado, se quiser, poderá ir a juízo para desfazer a decisão administrativa.

O art. 104, V, que trata da possibilidade de a Administração ocupar provisoriamente bens móveis, imóveis, pessoal e serviços vinculados ao objeto do contrato, para apurar faltas contratuais na prestação de serviços essenciais, é uma norma histórica, pois hoje há a Lei nº 8.987/95 tratando da questão. Nos casos de serviços essenciais, é permitido que a Administração Pública ocupe em caráter provisório, bens móveis, imóveis, pessoal e serviços vinculados ao objeto do contrato, a fim de acautelar a apuração administrativa de faltas contratuais pelo contratado, e por motivo de extinção contratual (art. 104, V, a e b). Á título exemplificativo, citamos a hipótese a greve deflagrada por funcionários de uma empresa de transporte público, resultando que o ente público precise ocupar temporariamente os trens e metrôs da referida empresa para prevenir um caos no cotidiano na coletividade. Não é demais dizer que à ocupação temporária deva preceder o processo administrativo em que se assegurem o contraditório e a ampla defesa ao particular contratado e o direito de indenização por eventuais danos causados, se assim o for.

Essas cláusulas exorbitantes são irrenunciáveis. A Administração não pode, nem voluntariamente, restringir a incidência das cláusulas ou estabelecer condições restritivas para si mesma. Ela tem, sim, o poder, mas tem também o dever de se submeter a elas. A Administração não pode estabelecer uma cláusula onde ela se obrigue a pagar 20% do valor do contrato se vier a restringi-lo, por não haver previsão legal. Se ela se esquecer de inserir cláusulas no contrato, é pacífico que a Administração se valerá da norma do art. 58. As cláusulas se reputam escritas, ainda que não escritas, porque são de ordem pública. Estamos com o princípio da supremacia e da indisponibilidade do interesse público.

Assim, se a Administração pretendesse vender um bem público, com pagamento *pro soluto*, e inserisse uma cláusula reservando-se o direito de rescindir o contrato dentro de um ano se viesse a necessitar do imóvel, essa cláusula seria ilegal, porque o contrato é de Direito Comum. Portanto, a Administração não pode se reservar o direito de desfazer o contrato, já que ele é de Direito Comum, e o juiz diria que a cláusula é ilegal.

Em contrapartida, havendo uma licitação, celebrado o contrato e, tempos depois, é descoberto algum vício na licitação, a Lei nº 8.666/93 determina que a nulidade da licitação induz a nulidade do contrato, conforme consta no art. 49, § 2º.[264] Mas apenas se o contrato for administrativo. E isto é pacífico na doutrina e na jurisprudência, muito embora a Lei nada fale a esse respeito. Para que a Administração desfaça essa venda sem que o comprador esteja de acordo, só através da via judicial, porque esse contrato é de Direito Comum.

Se o objetivo do contrato é atender ao interesse público, o contrato é administrativo, como, por exemplo, um contrato de locação, distinguindo a doutrina os seguintes casos: quando a Administração é o locador, o bem público é locado, o contrato é administrativo; quando a Administração é o locatário e o bem é de particular, o contrato é de Direito Comum. O art. 1º, parágrafo único, da Lei nº 8.245/91, diz que as locações do Poder Público continuam regidas pelo Código Civil.

19.3.2. Alteração Unilateral das Cláusulas de Execução (art. 124, da Lei 14.133/21)

A alteração unilateral é inerente à Administração, podendo ser feita ainda que não prevista expressamente em lei ou consignada em cláusula contratual. É a variação do interesse público que autoriza a alteração do contrato e até mesmo a sua extinção, nos casos extremos, em que a sua execução se torna inútil ou prejudicial à comunidade, ainda que sem culpa do contratado. O direito deste é restrito à composição dos prejuízos que a alteração ou a rescisão unilateral do ajuste lhe acarretar.

Assim, no contrato administrativo, uma das partes (o Poder Público) pode alterar unilateralmente o conteúdo do acordo. Contudo, conforme entendimento do mestre Celso Antônio Bandeira de Mello:

> Isto não significa, entretanto, total e ilimitada liberdade para a Administração modificar o projeto ou suas especificações, pena de burla ao instituto da licitação. Estas modificações só se justificam perante circunstâncias específicas verificáveis em casos concretos, quando eventos supervenientes, fatores invulgares, anômalos, desconcertantes de sua previsão inicial, vêm a tornar inalcançável o bom cumprimento do escopo que o animara, sua razão de ser, seu "sentido", a menos que, para o satisfatório atendimento do interesse público, se lhe promovam alterações.[265]

---

264 Atuais arts. 69, §§ 3º e 4º e 147, I ao IX da Lei 14.133/21.
265 BANDEIRA DE MELLO. *Curso de...*, *op. cit.*, p. 576.

Para melhor compreensão da possibilidade de alteração unilateral de cláusulas contratuais pela Administração, transcrevemos, a seguir, os arts. 104 e 124 da Lei de Licitação e Contratos:

Art. 104, Lei 14.133/21. O regime jurídico dos contratos instituído por esta Lei confere à Administração, em relação a eles, as prerrogativas de:

I - modificá-los, unilateralmente, para melhor adequação às finalidades de interesse público, respeitados os direitos do contratado;

II - extingui-los, unilateralmente, nos casos especificados nesta Lei;

III - fiscalizar sua execução;

IV - aplicar sanções motivadas pela inexecução total ou parcial do ajuste;

V - ocupar provisoriamente bens móveis e imóveis e utilizar pessoal e serviços vinculados ao objeto do contrato nas hipóteses de:

a) risco à prestação de serviços essenciais;

b) necessidade de acautelar apuração administrativa de faltas contratuais pelo contratado, inclusive após extinção do contrato.

§ 1º As cláusulas econômico-financeiras e monetárias dos contratos não poderão ser alteradas sem prévia concordância do contratado.

§ 2º Na hipótese prevista no inciso I do *caput* deste artigo, as cláusulas econômico-financeiras do contrato deverão ser revistas para que se mantenha o equilíbrio contratual.

Art. 124, Lei 14.133/21. Os contratos regidos por esta Lei poderão ser alterados, com as devidas justificativas, nos seguintes casos:

I - unilateralmente pela Administração:

a) quando houver modificação do projeto ou das especificações, para melhor adequação técnica a seus objetivos;

b) quando for necessária a modificação do valor contratual em decorrência de acréscimo ou diminuição quantitativa de seu objeto, nos limites permitidos por esta Lei;

II - por acordo entre as partes:

a) quando conveniente a substituição da garantia de execução;

b) quando necessária a modificação do regime de execução da obra ou do serviço, bem como do modo de fornecimento, em face de verificação técnica da inaplicabilidade dos termos contratuais originários;

c) quando necessária a modificação da forma de pagamento por imposição de circunstâncias supervenientes, mantido o valor inicial atualizado e vedada a antecipação do pagamento em relação ao cronograma financeiro fixado sem a correspondente contraprestação de fornecimento de bens ou execução de obra ou serviço;

d) para restabelecer o equilíbrio econômico-financeiro inicial do contrato em caso de força maior, caso fortuito ou fato do príncipe ou em decorrência de fatos imprevisíveis ou previsíveis de consequências incalculáveis, que inviabilizem a execução do contrato tal como pactuado, respeitada, em qualquer caso, a repartição objetiva de risco estabelecida no contrato.

§ 1º Se forem decorrentes de falhas de projeto, as alterações de contratos de obras e serviços de engenharia ensejarão apuração de responsabilidade do responsável técnico e adoção das providências necessárias para o ressarcimento dos danos causados à Administração.

§ 2º Será aplicado o disposto na alínea "d" do inciso II do *caput* deste artigo às contratações de obras e serviços de engenharia, quando a execução for obstada pelo atraso na conclusão de procedimentos de desapropriação, desocupação, servidão administrativa ou licenciamento ambiental, por circunstâncias alheias ao contratado.

Será qualitativa e justificada a alteração de projetos sempre que o original não atender mais aos fins desejados pela Administração, por qualquer motivo público que seja devidamente justificado. É considerada modificação quantitativa aquela que influir no valor da contratação. Nesse caso, alterações unilaterais empreendidas pela Administração em até 25% do valor original, para acréscimos ou supressões, não dependem da concordância do particular contratado, devendo, portanto, ser por ele aceitas. A exceção caberá os contratos que versarem sobre reforma de equipamentos ou edifícios, podendo chegar a 50% do valor original do contrato a alteração unilateral para acréscimos contratuais, mantendo-se o limite de 25% para as supressões contratuais, cuja previsão encontra-se no art. 125 da Lei 14.133/21, *in verbis*:

> **Art. 125, Lei 14.133/21.** Nas alterações unilaterais a que se refere o inciso I do *caput* do art. 124 desta Lei, o contratado será obrigado a aceitar, nas mesmas condições contratuais, acréscimos ou supressões de até 25% (vinte e cinco por cento) do valor inicial atualizado do contrato que se fizerem nas obras, nos serviços ou nas compras, e, no caso de reforma de edifício ou de equipamento, o limite para os acréscimos será de 50% (cinquenta por cento).

Se alterar-se a cláusula de serviço, pode-se ou deve-se ajustar a cláusula econômica?

Deve-se. Como diz a doutrina, deve-se alterar a cláusula econômica para ajustar o equilíbrio econômico e financeiro inicial do contrato. É obrigação é "reequilibrar" e um dos fundamentos está no art. 124, II, alínea *d*.

No caso da diminuição dos encargos, conforme está dito no art. 125 da Lei 14.133/21, existe um limite. Já que a Administração pode mexer no contrato unilateralmente e como prevalece, também, a desconfiança do administrador, vejamos um exemplo: é colocada no mercado uma péssima licitação, uma obra barata, e uma empreiteira — cujo dono é sobrinho do administrador — é a vencedora. A lei não permite que a Administração altere unilateralmente o contrato, resolvendo fazer uma obra linda e caríssima, a fim de enriquecer o dono da empreiteira. Então, existem os limites.

Exemplo: Uma empreiteira é vencedora de uma licitação para a construção de um hospital de cinco andares. No decorrer da obra, vem o resultado do censo informando que a população daquela comunidade aumentou, o que exige que seja erguido mais um andar. Mas o preço dado pelo empreiteiro foi para cinco andares, como fazer? Reequilibrando o contrato. Se para cinco andares o preço foi 5x, para seis será 6x. Atualmente as obras públicas são feitas através de preços unitários. Os prédios, por exemplo, têm preço calculado pelo número de pavimentos. Se houver modificação no curso da obra, o preço será reajustado nas mesmas condições contratuais. Não se trata de negociação, e sim de um reajuste. O mesmo acontece quanto ao prazo da obra, que terá que ser dilatado.

Caso a obra não tenha preço unitário, deverá ser feito o reequilíbrio através de acordo entre as partes.

E muito comum ocorrer confusão, ainda em relação à modificação unilateral do contrato, entre *factura principis* (fato do príncipe) e cláusula exorbitante de modificação unilateral de contrato. O poder público resolve fazer um ato administrativo, propor um ato normativo geral, que vai atingir a todos os cidadãos. Este ato genérico, acaba quebrando o equilíbrio econômico e financeiro do contrato. Não atua diretamente sobre o contrato. A diferença entre a cláusula exorbitante é que esta atinge o contrato diretamente, ao alterar-se a cláusula de serviço. No fato príncipe, não se mexe no contrato. O ato é feito genericamente, mas vem a atingir o contrato.

Segundo o Prof. *José* Carvalho Santos, o fato do príncipe quebra o equilíbrio econômico e financeiro do contrato por tabela, indiretamente. O conceito de fato do príncipe não está expresso na lei, mas seu conteúdo está embutido pelo ato genérico significa quaisquer tributos criados etc.

Exemplo: A Administração abre licitação de menor preço para prestação de serviços, cuja execução exige a compra de uma frota de veículos. O licitante, ao pesquisar no mercado, percebe que o veículo importado está mais barato que o nacional, pois o imposto de importação está baixo. Ao apresentar sua proposta, inclui os veículos importados mais baratos. Ocorre que após a assinatura do contrato, o governo altera sua política financeira e aumenta a alíquota dos produtos importados. É um ato genérico do poder público, que atinge a todos os importadores. O equilíbrio do contrato foi alterado sem que se mexesse em qualquer cláusula. Deverá haver o reequilíbrio econômico e financeiro.

Di Pietro faz uma colocação importante quando diz que a teoria da imprevisão não se confunde com o fato príncipe. Na primeira, a situação foge à vontade de ambas as partes, tanto do contratante quanto do contratado. Já no segundo, o ato é de uma das partes, mesmo que não relacionado diretamente ao contrato.

No exemplo acima, a União é responsável pelo imposto de importação, ela que aumentou a alíquota. Neste caso, temos a teoria da imprevisão? Não, pois não fugiu à vontade da União, ela resolveu fazê-lo por entender ser a melhor política no momento. Não fugiu à vontade de uma das partes.

Ainda no mesmo exemplo, se ao invés da União, o contratante fosse o estado do Rio de Janeiro. O estado não é responsável por este imposto, não será ele que decidirá sobre o aumento da alíquota.

Então também fugiu à sua vontade, seria o caso da teoria da imprevisão. Não é mais fato príncipe pois fugiu à vontade de ambos os contratantes.

Muitos, entretanto, não concordam com Di Pietro por não encontrarem diferença, considerando, os dois casos, de fato príncipe. Mas a lei, de certa forma, coloca-os como coisas distintas.

Igualmente importante é verificar que fato do príncipe não é sinônimo de fato da Administração. O fato da Administração, não mexe, necessariamente, com o equilíbrio econômico e financeiro do contrato. Ele é até mais grave, pois mexe com a própria existência do contrato.

O fato da Administração pode ter atuação em duas áreas: atraso (1ª área) ou inadimplência (2ª área), que levam à prorrogação ou rescisão do contrato.

O fato da Administração por atraso está previsto na lei: uma omissão ou um atraso que leva à prorrogação.

Exemplo: Numa licitação, a obra pública será realizada num local a ser desapropriado. Ocorre que a publicação do decreto de utilidade pública sofre um retardamento, e a desapropriação não acontece. A licitação já acabou, o particular está esperando para executar a obra. A Administração, então, prorroga o prazo para início da obra.

Caso a Administração desista da desapropriação, não será mais o caso de atraso, mas sim de inadimplência, o que levará à rescisão contratual.

As modificações unilaterais do contrato administrativo, podem ser qualitativas ou quantitativas (respeitados os limites previstos na lei), para melhor adequação ao interesse público, em razão de fatos supervenientes, respeitando-se os direitos do contratado.

No tocante as alterações possíveis nos contratos administrativos, sobre as possibilidades de modificação unilateral pela Administração, temos: modificação prevista utilizada para as cláusulas de serviço (ou regulamentares ou de interesse público). São as que podem ser alteradas unilateralmente.

Cabe alertar, contudo, que **tais alterações não podem desnaturar a essência do contrato**, sob pena de burlar-se o princípio licitatório. As cláusulas contratuais podem ser alteradas para que o contrato se adéque às novas injunções administrativas. O que não se pode fazer, por exemplo, é transformar a reforma de um prédio na construção deste, porque isto seria burlar o princípio da licitação. As alterações têm um limite, portanto, e o limite é o bom senso. Notem que aqui não se fala em limitações quantitativas; o limite é meramente qualitativo, não havendo limitações em termos de valores. Pode-se alterar o objeto do contrato para a adequação às normas e finalidades de interesse público, mas não se fala em alterar valores.

A toda obviedade, parece-nos que são duas situações totalmente distintas. A primeira, a adequação ao interesse público, não se falando em limitações. A segunda já diz quando necessária à modificação do valor em decorrência de acréscimo ou diminuição quantitativa dos limites permitidos pela Lei. Então, para a alteração quantitativa temos limites, por exemplo: em um contrato destinado ao fornecimento de quentinhas para um presídio, podemos alterar as quantidades, mas esta alteração deve respeitar os limites previstos em lei. Agora, podemos adequar o contrato a novas circunstâncias e, para isto, não há limites.

Assim, se perguntarem em uma prova se esta limitação se aplica àquela primeira hipótese de adequação ao interesse público, a resposta é negativa, pois aqui a alteração é quantitativa. Lógico é que o interesse público deve estar presente também, mas aqui não há alteração de qualidade. Ou seja, em resumo, uma alínea trata da qualidade e outra da quantidade, sendo que na qualidade não há limites.[266]

Um dos poucos direitos do contratado é o equilíbrio financeiro do contrato, previsto na nova lei,[267] já que o texto diz que o reequilíbrio econômico-financeiro do contrato é obrigatório, sempre que houver alteração no objeto do contrato, pela mudança na cláusula de serviço. Dessa forma, só no caso da alínea "a" (cláusula de serviço) pode haver alteração unilateral,[268] dispõe o mesmo. Nos demais casos, deve haver concordância do contratado. Aqui se demonstra que a não sujeição dos contratos administrativos ao *pacta sunt servanda* é apenas parcial.

A nova lei[269] fixa um limite para as alterações de cláusulas de serviço, indicando o cálculo que deve ser feito. O máximo de alteração é de 25%, com uma exceção (reforma de edifício ou equipamento), em que há possibilidade de alteração de até 50%. Resumindo, temos o seguinte: As alterações são permitidas 25% para mais e 25% para menos. Para mais, é admitido 50% no caso específico de reforma de prédio ou equipamentos. Mas, se houver acordo, pode-se também diminuir a patamares inferiores a 25%.

Há de se chamar a atenção também que a nova lei,[270] prevê o respeito ao equilíbrio do contrato.

Este demonstra que também há uma hipótese em que, havendo a necessidade do interesse público, o contrato pode ser alterado em valores superiores aos percentuais previstos em lei, desde que o objeto do contrato não seja desnaturado. Por exemplo, a alteração do contrato de fornecimento de quentinhas para presídios para incluir o fornecimento delas para restaurantes populares não é permitida.

O poder de alteração unilateral compreende tão somente as cláusulas regulamentares ou cláusulas de serviço, não abrangendo as cláusulas financeiras.

O contrato geralmente prevê certos preços unitários (km de estrada, m³ de concreto). A alteração deve-se fazer com base nos mesmos valores unitários previstos no contrato original. É assim que se deve entender na atual Lei:[271] o contratado está obrigado a aceitar a alteração do contrato nas mesmas condições previstas no contrato original, e dentro daquele limite de 25%, ou 50%, por exceção. Quando não houver qualquer preço unitário previsto no contrato, a obra é global, devendo haver negociação entre as partes.

Do que foi dito sobre a alteração unilateral conclui-se que a Administração pode obrigar o contratado a aumentar o objeto do contrato, em até 25%; se o contratado não construir o acréscimo, o contrato será rescindido por infração contratual ilegal, consequências cabíveis, pois o interesse público tem que prevalecer. O preço será adequado à equação econômico-financeira e o prazo será também acrescido.

APLICAÇÃO: ARTICULAÇÃO TEORIA E PRÁTICA

A administração pública decidiu alterar unilateralmente o contrato firmado com uma empreiteira para a construção de um hospital público, com vistas a incluir, na obra, a construção de uma unidade de terapia

---

266 "[...] Consoante entendimento uniforme da doutrina, chancelado pela jurisprudência dos tribunais, é inerente a todo contrato administrativo a possibilidade de sua alteração unilateral pela Administração, tendo em vista o interesse público que a ela incumbe proteger. Mas essa alteração impositiva somente pode atingir as chamadas *cláusulas regulamentares*, que são aquelas que dispõem sobre o objeto do contrato e a forma de sua execução. As condições financeiras do ajuste (cláusulas econômicas) são imutáveis, porque visam a garantir ao particular a justa retribuição de sua atividade. No entanto, essa imutabilidade é apenas jurídica, posto que, na prática, é perfeitamente possível que ocorra afetação dessa condição econômica, seja por atos da própria entidade pública contratante, seja por conta dos atos administrativos de outra origem ou natureza, seja por fatos estranhos ao controle das partes. No entanto, sempre que isso ocorrer, o contratado terá direito à recomposição financeira correspondente, de modo a que a *equação econômica*, prevista no momento do ajuste, seja restabelecida. (CALASANS JUNIOR, José. Manual da Licitação: com base na Lei nº 14.133, de 1º de abril de 2021. 3 ed. São Paulo: Barueri, Editora Atlas, 2021. p. 153).

267 Atual art. 130 da Lei 14.133/21.

268 Atual art. 104, § 1º da Lei 14.133/21.

269 Atual art. 125 da Lei 14.133/21.

270 Atual art. 130 da Lei 14.133/21.

271 Atual art. 125 da Lei 14.133/21.

infantil. As alterações propostas representavam um acréscimo de 15% do valor inicial atualizado do contrato, tendo a administração assumido o compromisso de restabelecer por aditamento, o equilíbrio econômico-financeiro inicial pactuado. Entretanto, a empreiteira contratada recusou-se a aceitar as alterações propostas, demonstrando desinteresse em permanecer desenvolvendo a obra.

Em face dessa situação hipotética, pode-se dizer que a Administração tem o direito de exigir que a empreiteira se submeta às alterações impostas? Diante da recusa da empresa, que tipo de providência pode a Administração adotar?

a) Considerando o caráter administrativo do contrato, fator que atrai a disciplina contida na nova Lei, bem como a inclusão da "terapia infantil" no bem jurídico "saúde pública", a cujo atendimento de dirige o contrato em questão, age corretamente a Administração Pública no caso em questão, desde que realmente sejam previstos ajustes para a manutenção da equação econômica e financeira do contrato.

b) Diante da recusa do contratado, a Administração poderá, após apuração em processo administrativo em que se observem os cânones da ampla defesa e do contraditório, aplicar as sanções descritas na nova lei,[272] obedecendo à razão de proporcionalidade entre os prejuízos verificados para a Administração, devidamente quantificados. Não é demais consignar que a recusa do contratado carreia sua responsabilidade civil diante da Administração, pelos danos que a esta ensejar. A Administração, na hipótese, é tomadora de serviço, estabelecendo-se uma relação de consumo, fator de reforço da responsabilidade civil do contratado faltoso.

19.3.3. Alteração contratual por vontade das partes

Existem quatro hipóteses em que é permitida a alteração bilateral dos contratos administrativos por acordo que exprima a vontade de ambas às partes, sendo elas:

*   A circunstância na qual o particular julgue conveniente a **substituição da garantia** de execução do contrato e essa mudança não comprometa negativamente o ente público.

*   Quando após uma análise técnica se verificar que os termos contratuais originários se demonstraram inaplicáveis e, com isso, houver uma necessidade de se **modificar o regime de execução** da obra ou serviço, assim como o modo de seu fornecimento.

*   A **modificação da forma de pagamento** devido a circunstâncias supervenientes, desde que o valor inicial atualizado seja mantido, não podendo se antecipar o pagamento sem a contraprestação da execução da obra ou serviço ou do fornecimento de bens. A esse respeito é fundamental dizer que a alteração do cronograma financeiro pode ser negociada pelas partes, mas como regra geral, não se admite o pagamento antecipado pela Administração Pública a um serviço que ainda não tenha sido prestado pela empresa contratada. Desse modo, a Lei só irá autorizar o pagamento antecipado como uma exceção, que deve ser previamente motivada em processo licitatório e com previsão expressa no edital de licitação ou instrumento formal de contratação direta. O pagamento antecipado, nessas situações, pode representar desde uma notável economia de recursos até mesmo vir a ser uma condicionante indispensável para a aquisição do bem ou serviço em questão.

*   Por fim, um contrato administrativo pode ser alterado para que se reestabeleça seu equilíbrio econômico-financeiro inicial, após fatos supervenientes imprevisíveis ou ainda que previsíveis, que geraram consequências retardadoras ou impeditivas à continuidade da execução do contrato, como ocorrem nos casos da teoria da imprevisão, em que sobrevém caso fortuito, força maior ou fato do príncipe, impondo-se uma álea econômica extraordinária e extracontratual. Assim, faz-se

---

272   Atual art. 156 da Lei 14.133/21.

imprescindível recorrer a uma revisão contratual para se prevenir ou atenuar possíveis prejuízos ao particular contratado.

19.3.4. Rescisão Unilateral

A rescisão unilateral é forma excepcional de extinção, conforme previsão da atual lei,[273] que deve ser combinado com o Estatuto em apreço, em razão do descumprimento do pactuado pelo contratado ou em decorrência de caso fortuito ou força maior, respeitados os princípios do contraditório e ampla defesa. Por vezes, conforme será estudado de forma mais aprofundada, quando o contratado não atuou de forma culposa, deverá a Administração Pública indenizá-lo.

Rescisão do contrato é o desfazimento do contrato durante sua execução por inadimplência de uma das partes, pela superveniência de eventos que impeçam ou tornem inconveniente o prosseguimento do ajuste ou pela ocorrência de fatos que acarretem seu rompimento de pleno direito. É a extinção do contrato por manifestação de vontade superveniente à sua formação.

De acordo com o art. Mencionado, no rodapé, da Lei de Licitações e Contratos,[274] a rescisão poderá ser:

- **Rescisão unilateral ou administrativa**, determinando nos atuais arts. 138, I e 137, I ao VIII da Lei 14.133/21, ocorrerá "por ato unilateral e escrito da Administração, nos casos enumerados nos incisos I a XII e XVII do artigo anterior".[275]

A rescisão *administrativa* é a efetivada por ato próprio e unilateral da Administração, por inadimplência do contratado ou por interesse do serviço público; é exigido procedimento regular, com oportunidade de defesa e justa causa, pois a rescisão não é discricionária, mas vinculada aos motivos ensejadores desse excepcional distrato. Opera efeitos a partir da data de sua publicação ou ciência oficial ao interessado (*ex nunc*).[276]

Atenção![277] Não são casos de rescisão unilateral, porque a cláusula exorbitante só muita a favor do poder público, nunca contra, e nestes incisos há culpa da Administração. Só resta fazer um acordo e realizar o distrato, ou melhor, uma resilição. É o que se encontra no atual art. 138, I e II da Lei 14.133/21.

Caso a Administração se torne inadimplente, o contratado poderá rescindir unilateralmente o contrato? Não. Rescisão unilateral é cláusula exorbitante e cláusula exorbitante só exorbitará a favor da Administração, e não contra.

Abre-se aqui parêntese para verificarmos o que dizem os dispositivos mencionados no art. 138, I da Lei 14.133/21.

Os incisos I a XI do art. 78 tratam das hipóteses de rescisão por comportamento culposo do contratado. Os incisos I a VIII trazem os casos de *inadimplência* e os incisos IX ao XI, por sua vez, falam do *desaparecimento* do contratado, casos que irão acarretar determinadas consequências gravosas, aplicando-se, então, art. 139 da Lei 14.133/21. Em todos esses casos, a rescisão se dá por culpa do contratado, e não há que se falar em indenização.

As medidas previstas no art. 139, apesar de contundentes e autoexecutórias, não possuem caráter de sanção, valendo conferir:

---

273   Atual art. 104, II da Lei 14.133/21.

274   Atual art. 138 da Lei 14.133/21.

275   Atuais arts. 138, I e 137, I ao VIII da Lei 14.133/21.

276   "A par dessa faculdade de alteração unilateral, ditada pelo interesse público, também é característica do contrato administrativo a possibilidade de sua rescisão pela Administração. Mesmo quando o instrumento contratual fosse omisso a respeito (a indicação dos casos de rescisão deve constar de cláusula específica), nem por isso estaria a Administração impedida de declarar, por ato próprio, o desfazimento do ajuste, sempre que essa providência convenha ao interesse público. Por isso que Hely Lopes Meirelles sustenta que *"nenhum particular ao contratar com a Administração adquire direito à imutabilidade do contrato ou à sua execução integral ou, ainda, às suas vantagens* in specie, *porque isto equivaleria a subordinar o interesse público ao interesse individual do contratado"*. (CALASANS JUNIOR, José. Manual da Licitação: com base na Lei nº 14.133, de 1º de abril de 2021. 3 ed. São Paulo: Barueri, Editora Atlas, 2021. p. 154).

277   Atuais arts. 137, § 2º, I; 137 (antigo XIII), § 2º, II e III (antigo XIV); 137, § 2º, IV (antigo XV) e 137, § 2º, V (antigo XVI) da Lei 14.133/21.

Art. 139, Lei 14.133/21. A extinção determinada por ato unilateral da Administração poderá acarretar, sem prejuízo das sanções previstas nesta Lei, as seguintes consequências:

I - assunção imediata do objeto do contrato, no estado e local em que se encontrar, por ato próprio da Administração;

II - ocupação e utilização do local, das instalações, dos equipamentos, do material e do pessoal empregados na execução do contrato e necessários à sua continuidade;

III - execução da garantia contratual para:

a) ressarcimento da Administração Pública por prejuízos decorrentes da não execução;

b) pagamento de verbas trabalhistas, fundiárias e previdenciárias, quando cabível;

c) pagamento das multas devidas à Administração Pública;

d) exigência da assunção da execução e da conclusão do objeto do contrato pela seguradora, quando cabível;

IV - retenção dos créditos decorrentes do contrato até o limite dos prejuízos causados à Administração Pública e das multas aplicadas.

§ 1º A aplicação das medidas previstas nos incisos I e II do *caput* deste artigo ficará a critério da Administração, que poderá dar continuidade à obra ou ao serviço por execução direta ou indireta.

§ 2º Na hipótese do inciso II do *caput* deste artigo, o ato deverá ser precedido de autorização expressa do ministro de Estado, do secretário estadual ou do secretário municipal competente, conforme o caso.

A Lei 14.133/21, por sua vez, parece ter excluído da Administração Pública a obrigação de pagar lucros cessantes ao particular contratado quando rescindir unilateralmente o contrato, por motivo de interesse público, porque os lucros cessantes classificam-se como mera expectativa de direito e, por este motivo, não guardam em si um caráter indenizatório. Contudo, existe uma forte divergência doutrinária nesse sentido, marcadamente enfrentada pelo administrativista Marçal Justen Filho ao defender que "assegura-se ao particular o direito à indenização por lucros cessantes. Afinal, os lucros cessantes configuram aquilo que particular tinha direito de obter em virtude do contrato. Esse direito não pode ser unilateralmente suprimido pela Administração, sob invocação de conveniência e oportunidade".[278] E, nesse mesmo esteio, o Superior Tribunal de Justiça[279] também já ofereceu posicionamento.

De outro bordo, quando a inadimplência partir do contratado, este ficará obrigado a indenizar a Administração Pública pelos danos gerados do inadimplemento, assumindo imediatamente o Poder Público o objeto do contrato, no local e estado em que se encontrar ocupando e usando o local, instalações, equipamentos, materiais e pessoal empregado na execução do contrato, caros à sua continuidade; além de executar a garantia contratual afim de ressarcir a Administração, os valores de multas e indenizações a ela devidos,

---

278 JUSTEN FILHO, Marçal. Curso de Direito Administrativo. São Paulo: Editora Fórum, 14ª ed. 2009.

279 ADMINISTRATIVO. CONTRATO ADMINISTRATIVO. RESCISÃO UNILATERAL. INDENIZAÇÃO POR LUCROS CESSANTES. CABIMENTO. 1. Trata-se de ação ordinária de cobrança de danos fundamentada em Decreto municipal nº 3.553/92 e Ofício nº 106/92, os quais revogaram, por interesse público, todos os contratos de concessão e permissão de serviço de transporte coletivo do Município de Rio Branco, dentre eles o contrato realizado com o recorrente com o intuito de redistribuir as linhas de transporte. 2. A sentença de primeiro grau julgou improcedente a ação intentada e, em grau de apelação, o Tribunal local a manteve ao fundamento de que a redistribuição das linhas baseou-se no interesse público, acrescentando que a pretendida indenização representaria pesado ônus a uma situação ocorrida dentro de estrita legalidade. 3. No entanto, o pedido de indenização por rescisão de contrato administrativo unilateral é cabível na espécie. 4. Esta Corte Superior já se pronunciou no sentido de que a rescisão do contrato administrativo por ato unilateral da Administração Pública, sob justificativa de interesse público, impõe ao contratante a obrigação de indenizar o contratado pelos prejuízos daí decorrentes, como tais considerados não apenas os danos emergentes, mas também os lucros cessantes. Precedentes. 5. É que, sob a perspectiva do Direito Administrativo Consensual, os particulares que travam contratos com a Administração Pública devem ser vistos como parceiros, devendo o princípio da boa-fé objetiva (e seus corolários relativos à tutela da legítima expectativa) reger as relações entre os contratantes público e privado. 6. Recurso especial provido. (STJ, REsp 1240057/AC, Rel. Min. MAURO CAMPBELL MARQUES. Segunda Turma).

retendo créditos relativos ao contrato até o limite dos prejuízos a ela causados. Tais medidas independem da aplicação de penalidades cabíveis ao descumprimento contratual.

Como a rescisão se deu por culpa do contratado, também deve ser aplicado o art. 156 da Lei 14.133/21, que contempla as sanções para este caso.

> **Art. 156, Lei 14.133/21.** Serão aplicadas ao responsável pelas infrações administrativas previstas nesta Lei as seguintes sanções:
>
> I - advertência;
>
> II - multa;
>
> III - impedimento de licitar e contratar;
>
> IV - declaração de inidoneidade para licitar ou contratar.
>
> § 1º Na aplicação das sanções serão considerados:
>
> I - a natureza e a gravidade da infração cometida;
>
> II - as peculiaridades do caso concreto;
>
> III - as circunstâncias agravantes ou atenuantes;
>
> IV - os danos que dela provierem para a Administração Pública;
>
> V - a implantação ou o aperfeiçoamento de programa de integridade, conforme normas e orientações dos órgãos de controle.
>
> § 2º A sanção prevista no inciso I do *caput* deste artigo será aplicada exclusivamente pela infração administrativa prevista no inciso I do *caput* do art. 155 desta Lei, quando não se justificar a imposição de penalidade mais grave.

Para o caso de recuperação judicial da contratante, aplica-se o art. 80, § 2º,[280] mediante o qual a Administração poderá assumir o controle de determinadas atividades de serviços essenciais.

Quando há lentidão do cumprimento do contrato, levando a Administração a comprovar a impossibilidade da conclusão da obra, do serviço ou do fornecimento, nos prazos estipulados, esta tem o direito de se valer da prerrogativa do inciso I do mesmo artigo, qual seja, a de assumir imediatamente o objeto do contrato, no estado e local em que se encontrar, por ato próprio da Administração.

Na hipótese do inciso IV do art. 80,[281] relativa à retenção de créditos decorrentes do contrato, até o limite dos prejuízos causados à Administração, trazemos à colação o seguinte aresto:

CONTRATO ADMINISTRATIVO – LICITAÇÃO PÚBLICA – FORNECIMENTO DE MATERIAL – ATRASO NO PAGAMENTO – AÇÃO DE COBRANÇA – CORREÇÃO MONETÁRIA – DEFEITO NO EQUIPAMENTO – RECURSO IMPROVIDO

AÇÃO DE COBRANÇA DE CRÉDITO MONETARIAMENTE CORRIGIDO, CORRESPONDENTE AO SALDO DO PREÇO AJUSTADO EM CONTRATO ADMINISTRATIVO PRECEDIDO DE LICITAÇÃO PÚBLICA, PARA O FORNECIMENTO DE EQUIPAMENTOS DESTINADOS AO SEU USO EM HOSPITAL MUNICIPAL, E BEM ASSIM PARA RECEBIMENTO DA CORREÇÃO MONETÁRIA RESIDUAL INCIDENTE SOBRE A PARCELA JÁ PAGA. JUSTA RECUSA DA ADMINISTRAÇÃO EM EFETUAR TAIS PAGAMENTOS, EM RAZÃO DE NÃO ATENDEREM OS PRODUTOS FORNECIDOS

---

280 Sem dispositivo equivalente na Lei 14.133/21.
281 Atual art. 139, IV da Lei 14.133/21.

AS ESPECIFICAÇÕES NECESSÁRIAS À PRODUÇÃO DA UTILIDADE PARA A QUAL FORAM ADQUIRIDOS. PRETENSÃO DESACOLHIDA. CONFIRMAÇÃO DO JULGADO. (PCA).[282]

Por outro lado, os casos elencados nos incisos XII e XVII não tratam de qualquer hipótese de culpa, e sim, respectivamente, das razões de interesse público e das hipóteses de caso fortuito e força maior, todas devidamente motivadas para a rescisão do contrato. Portanto, não cabe nestes dois casos a aplicação das sanções do art. 87, embora a aplicação do art. 80 se faça necessária, no que couber. Aqui, na verdade, caberá a aplicação do art. 79, § 2º,[283] pois não há culpa do contratante, sendo o interesse público o fundamento para a rescisão unilateral.

Entretanto, nestes casos, quando não há culpa do contratado, terá a Administração que ressarci-lo dos prejuízos sofridos e mais encargos (só danos emergentes, o que se gastou até então; lucros cessantes não entram), assim prevendo o § 2º do art. 79, que trata do que deve entrar nos cálculos da indenização. Vale conferir:

> Art. 79. [...]
> § 2º Quando a rescisão ocorrer com base nos incisos XII a XVII do artigo anterior, sem que haja culpa do contratado, será este ressarcido dos prejuízos regularmente comprovados que houver sofrido, tendo ainda direito a:
> I – devolução da garantia;
> II – pagamentos devidos pela execução do contrato até a data da rescisão;
> III – pagamento do custo da desmobilização.

Isso é a mesma coisa que se chama de *encampação na concessão*. A diferença é que a encampação precisa ser por lei e é específica da concessão, ao passo que a rescisão do inciso XII do art. 78[284] pode ser feita por ato administrativo da autoridade máxima do ente público contratante, e é genérica, para todos os demais contratos administrativos, fora os de prestação de serviço público.

A última situação que permite a rescisão do contrato administrativo é a de força maior e caso fortuito (art. 78, XVII).[285] A lei prevê indenização, mas isso nunca vai se dar na prática, pois a Administração vai alegar várias excludentes de responsabilidade.

A rescisão unilateral não é possível nos casos dos incisos XIII a XVI, pois eles são casos de rescisão por culpa da Administração. Nos casos de a Administração ser inadimplente, o contratado não pode rescindir unilateralmente o contrato. Ele só poderá ir a juízo requerer a rescisão do contrato. É por isso que muitos entendem que não há, nos contratos administrativos, a exceção do contrato não cumprido. Isto com base no princípio da continuidade e manutenção dos serviços públicos. Ocorre que, de acordo com alguns autores, isto só se aplicaria aos contratos de prestação de serviço público (concessão ou permissão). Nos demais contratos administrativos, a exceção seria perfeitamente admissível.

O fundamento para a impossibilidade de utilização da exceção de contrato não cumprido nos contratos de concessão encontra-se no art. 39 da Lei nº 8.987/95, segundo o qual a concessão é contrato de prestação de serviço público, sujeito ao princípio da continuidade. O serviço não pode ser interrompido até o trânsito em julgado de decisão judicial (parágrafo único do art. 39). Isto, para esses contratos de prestação de serviço. Para os demais, já há autores que aceitam o cabimento da *exceptio*. Uma semente tímida disso está no atual art. 137, § 2º, IV da Lei 14.133/21 que prevê a possibilidade de suspensão do contrato pelo contratado, em contratos que não sejam de prestação de serviço, salvo em casos de calamidade pública.

---

282 TJ/RJ, 18ª Câmara Cível, Apelação nº 9.528/98, unânime, Relator Desembargador Nascimento Povoas Vaz, Data do Julgamento 27/10/1998.
283 Atual art. 138, § 2º da Lei 14.133/21.
284 Atual art. 137, VIII da Lei 14.133/21.
285 Atual art. 137, V da Lei 14.133/21.

Quanto à possibilidade legal de indenização pelo Estado em caso de anulação indevida do contrato administrativo, assim já se manifestou a 2ª e a 5ª Câmaras Cíveis do Egrégio Tribunal de Justiça do Estado do Rio de Janeiro:

CONTRATO ADMINISTRATIVO – FRAUDE – FALTA DE PROVA – JULGAMENTO ANTECIPADO DA LIDE – ART. 330 CPC.

AÇÃO POPULAR. JULGAMENTO ANTECIPADO. ADMISSIBILIDADE.

(...) MORALIDADE ADMINISTRATIVA. DISTINÇÃO DO PRINCÍPIO DA LEGALIDADE. APRECIAÇÃO JUDICIAL.

EM FACE DO ATUAL DIREITO CONSTITUCIONAL POSITIVO BRASILEIRO, NÃO MAIS SE PODE IDENTIFICAR O PRINCÍPIO DA LEGALIDADE COM O DA MORALIDADE ADMINISTRATIVA. ENQUANTO O VÍCIO DA ILEGALIDADE DECORRE DA DESCONFORMIDADE DO ATO ADMINISTRATIVO COM A LEI, O VÍCIO DA IMORALIDADE TEM A VER COM A NOÇÃO DE IMPROBIDADE ADMINISTRATIVA, DESONESTIDADE E A IMORALIDADE JURÍDICA. NÃO OBSTANTE, AMPLIADO O ÂMBITO DA AÇÃO POPULAR PELA CONSTITUIÇÃO DE 88, PARA ABRANGER TAMBÉM A IMORALIDADE ADMINISTRATIVA, INDISPENSÁVEL PARA A SUA CONFIGURAÇÃO, TODAVIA, PROVA INEQUÍVOCA DE PROCEDIMENTO INCOMPATIVEL COM A DIGNIDADE, A HONRADEZ E O DECORO DO CARGO, OU AINDA QUE O ATO, EMBORA LEGAL, ATENTE CONTRA O SENSO COMUM DE HONESTIDADE E DE JUSTIÇA. NÃO PODE O ADMINISTRADOR, EM FACE DE SIMPLES DENÚNCIA ANÔNIMA OU DE MEROS INDÍCIOS DE IMORALIDADE, ANULAR, AÇODADA E LEVIANAMENTE, CONTRATO ADMINISTRATIVO PRECEDIDO DE REGULAR PROCEDIMENTO LICITATÓRIO. SENDO O ESTADO RESPONSÁVEL PELOS ATOS DOS SEUS AGENTES, TERÁ QUE RESPONDER CIVILMENTE PELA INDEVIDA ANULAÇÃO SE NÃO CONSEGUIR PROVAR OS MOTIVOS ALEGADOS PELO ADMINISTRADOR. RECURSO DESPROVIDO.[286]

CONTRATO ADMINISTRATIVO – ALTERAÇÃO UNILATERAL – AÇÃO DE COBRANCA

CONTRATO ADMINISTRATIVO. ALTERABILIDADE DE CLÁUSULAS. RESTRIÇÕES.

A ADMINISTRAÇÃO SÓ PODE ALTERAR, UNILATERALMENTE, AS CLÁUSULAS REGULAMENTARES OU DE SERVIÇOS ESTABELECIDOS EM PROL DA COLETIVIDADE. AS CLÁUSULAS ECONÔMICAS OU FINANCEIRAS, ESTIPULADAS EM FAVOR DO PARTICULAR CONTRATADO E QUE DIZEM RESPEITO À COMUTATIVIDADE DO CONTRATO SÓ PODEM SER MODIFICADAS DE COMUM ACORDO (DP).[287]

E sobre os lucros cessantes em decorrência de rescisão de contrato administrativo:

RESPONSABILIDADE CIVIL – CONTRATO ADMINISTRATIVO – RESCISÃO POR INADIMPLEMENTO – DANOS EMERGENTES – LUCROS CESSANTES – ARBITRAMENTO — DANO MORAL – INOCORRÊNCIA

RESPONSABILIDADE CONTRATUAL. RESCISÃO POR INADIMPLEMENTO.

1 DANO EMERGENTE. PERDA EFETIVA E IMEDIATA. MOMENTO DA SUA COMPROVAÇÃO.

NÃO SE PRESUME O DANO EMERGENTE, E COMO A SENTENÇA NÃO PODE SER CONDICIONAL, DEVE FICAR PROVADO NA FASE DE CONHECIMENTO, SOB PENA DE IMPROCEDÊNCIA. PARA LIQUIDAÇÃO DE SENTENÇA SÓ PODE SER REMETIDO À APURAÇÃO DO RESPECTIVO 'QUANTUM'.

---

286 TJ/RJ, 2ª Câmara Cível, Apelação nº 7555/94, unânime, Relator Desembargador Sérgio Cavalieri Filho.
287 TJ/RJ, 5ª Câmara Cível, Apelação nº 2278/94, unânime, Relator Desembargador Narcizo Pinto.

2. LUCRO CESSANTE. PRINCÍPIO DA RAZOABILIDADE. APURAÇÃO POR ARBITRAMENTO. O NOSSO CÓDIGO CIVIL CONSAGROU O PRINCÍPIO DA RAZOABILIDADE AO CARACTERIZAR O LUCRO CESSANTE, DIZENDO SER AQUILO QUE RAZOAVELMENTE SE DEIXOU DE LUCRAR. RAZOÁVEL É AQUILO QUE O BOM SENSO DIZ QUE O CREDOR LUCRARIA, APURADO SEGUNDO UM JUÍZO DE PROBABILIDADE, DE ACORDO COM O NORMAL DESENROLAR DOS FATOS. ASSIM, SENDO RAZOÁVEL CONCLUIR QUE NINGUEM CELEBRA CONTRATO SEM PREVER UMA MARGEM DE LUCRO NA SUA EXECUÇÃO, FRUSTRADO O CUMPRIMENTO DA AVENÇA POR CULPA DO OUTRO CONTRATANTE, É DEVIDA A INDENIZAÇÃO PELO QUE SE DEIXOU DE GANHAR, LUCRO LÍQUIDO QUE O FORNECEDOR OBTERIA SE TIVESSE CUMPRIDO O CONTRATO, CONFORME FOR APURADO EM LIQUIDAÇÃO POR ARBITRAMENTO.

3. DANO MORAL. ABORRECIMENTO CAUSADO POR PERDA PATRIMONIAL. NÃO CONFIGURAÇÃO. CONSISTINDO O DANO MORAL EM LESÃO DE BEM PESSOAL, TAL COMO A HONRA, A INTIMIDADE E A LIBERDADE, PROVOCANDO ABALO DOS SENTIMENTOS DE UMA PESSOA – DOR, VEXAME, TRISTEZA, SOFRIMENTO E DESPRESTÍGIO –, SEGUE-SE COMO CONSEQUENCIA ESTAR FORA DA SUA ABRANGENCIA O ABORRECIMENTO CAUSADO POR MERO INADIMPLEMENTO CONTRATUAL.

PROVIMENTO PARCIAL DO RECURSO. (DSF)

OBS.: EMBARGOS DE DECLARACAO ACOLHIDOS PARA DECLARAR QUE A VERBA HONORARIA INCIDIRA SOBRE O VALOR TOTAL DA CONDENACAO, MANTIDO O MESMO PERCENTUAL ESTABELECIDO NA SENTENCA.[288]

Razões de Interesse Público: Não importa, aqui, o comportamento do contratado. Mesmo que ele esteja realizando tudo conforme estabelecido, a Administração poderá rescindir o contrato alegando razões de interesse público. Como não há culpa do contratado, ele terá direito à indenização. Quais as parcelas que entram no cálculo desta indenização? Art. 79, § 2º:[289] apenas danos emergentes, isto é, aquilo que foi gasto até aquele momento. O que se deixou de ganhar não é contemplado.

Rescisão amigável: estabelece o inciso II que esta rescisão feita "por acordo entre as partes, reduzida a termo no processo da licitação, desde que haja conveniência para a Administração", dizendo ainda que "A rescisão administrativa ou amigável deverá ser precedida de autorização escrita e fundamentada da autoridade competente".

A rescisão é *amigável* quando se realiza por mútuo acordo das partes, para a extinção do contrato e acerto dos direitos dos distratantes. Esta modalidade de rescisão opera efeitos a partir da data em que foi firmada (*ex nunc*), não havendo retroatividade.

Força Maior ou Caso Fortuito: O inciso XVII do art. 78[290] é um absurdo, pois não é apenas unilateral, qualquer um pode alegar, inclusive o contratado. E o pior é que há direito de indenização. Por exemplo, se cai um raio na obra, que destrói tudo, a Administração terá que indenizar o empreiteiro. Este inciso fere frontalmente o art. 37, § 6º da CF/88, que diz que a Administração só é responsável pelos danos que seus agentes causarem a terceiros. Toda a jurisprudência considera caso fortuito e força maior como excludentes de responsabilidade.

A nova lei traz dois dispositivos, apenas, que dão margem à aplicação da exceção do contrato não cumprido, que está contido no art. 138, § 1º da Lei 14.133/21.[291] Na verdade, permitem a aplicação da *exceptio* de

---

288 TJ/RJ, 2ª Câmara Cível, Apelação nº 5.376/97, unânime, Relator Desembargador Sérgio Cavalieri Filho.
289 Atual art. 138, § 2º da Lei 14.133/21.
290 Atual art. 137, V da Lei 14.133/21.
291 Atual art. 137, § 2º, II, III e IV da Lei 14.133/21.

fornia tímida, porque permitem a suspensão e não a rescisão do contrato. Ou seja, se a Administração deixar de pagar por mais de 90 dias ou mais de 120 dias, o contrato poderá ser suspenso, mas não rescindido.

Rescisão judicial: é a rescisão prevista no inciso III do artigo em comento,[292] que poderá ser pedida pelo contratado, já que, em prol do princípio da continuidade, não poderá promover a rescisão unilateral. Essa rescisão *judicial* é decretada pelo Judiciário em ação proposta pela parte que tiver direito à extinção do contrato; a ação para rescindir o contrato é de rito ordinário e admite pedidos cumulados de indenização, retenção, compensação e demais efeitos decorrentes das relações contratuais, processando-se sempre no juízo privativo da Administração interessada, que é improrrogável.

De pleno direito é a rescisão que se verifica independentemente de manifestação de vontade de qualquer das partes, diante da só ocorrência de fato extintivo do contrato previsto na lei, no regulamento ou no próprio texto do ajuste.

19.3.5. Amplo Poder de Fiscalização

O art. 117 na nova lei[293] indica a qual autoridade compete o exercício do poder de fiscalização, ao dispor que:

Art. 67. A execução do contrato deverá ser acompanhada e fiscalizada por um representante da Administração especialmente designado, permitida a contratação de terceiros para assisti-lo e subsidiá-lo de informações pertinentes a essa atribuição.

§ 1º O representante da Administração anotará em registro próprio todas as ocorrências relacionadas com a execução do contrato, determinando o que for necessário à regularização das faltas ou defeitos observados.

§ 2º As decisões e providências que ultrapassarem a competência do representante deverão ser solicitadas a seus superiores em tempo hábil para a adoção das medidas convenientes.

19.3.6. Aplicação de Penalidades

O atual art. 156 da Lei 14.133/21 contém as sanções, que serão decorrentes não da inexecução, como afirma o preceito legal, mas sim **da existência de culpa do contratante**.

Em relação ao foro dos contratos, o § 1º do art. 92 da Lei 14.133/21 assim estabelece:

Art. 92. [...]

§ 1º. Os contratos celebrados pela Administração Pública com pessoas físicas ou jurídicas, inclusive as domiciliadas no exterior, deverão conter cláusula que declare competente o foro da sede da Administração para dirimir qualquer questão contratual, ressalvadas as seguintes hipóteses:

I - licitação internacional para a aquisição de bens e serviços cujo pagamento seja feito com o produto de financiamento concedido por organismo financeiro internacional de que o Brasil faça parte ou por agência estrangeira de cooperação;

II - contratação com empresa estrangeira para a compra de equipamentos fabricados e entregues no exterior precedida de autorização do Chefe do Poder Executivo;

III - aquisição de bens e serviços realizada por unidades administrativas com sede no exterior.

---

292   Sem dispositivo correspondente na Lei 14.133/21.
293   Atual art. 117 da Lei 14.133/21.

19.3.7. Ocupação Temporária

Nos casos de serviços essenciais, a Administração pode ocupar provisoriamente bens móveis, imóveis, pessoal e serviços vinculados ao objeto do contrato, na hipótese da necessidade de acautelar apuração administrativa de faltas contratuais pelo contratado, bem como na hipótese de rescisão do contrato administrativo. Esta é mais uma possibilidade de ocupação outorgada pela Lei.

Aliás, a nova lei[294] trata de uma das hipóteses de ocupação, art. 104, V, *a* e *b* da Lei 14.133/21, contudo, é mais abrangente, pois trata da ocupação em caso de mau cumprimento do contrato administrativo e no caso de sua rescisão, enquanto o art. 80, II, apenas em caso de rescisão.

Desse modo, está autorizada a ocupação do objeto do contrato, pela Administração, quando:

a) há a necessidade de acautelar apuração administrativa de faltas contratuais pelo contratado, no caso de serviços essenciais;

b) há a mesma necessidade, na hipótese de rescisão do contrato administrativo;

c) quando há lentidão do cumprimento do contrato, levando a Administração a comprovar a impossibilidade da conclusão da obra, do serviço ou do fornecimento, nos prazos estipulados.

Quanto a outras cláusulas exorbitantes, como a exigência de garantia contratual, a *exceptio non adimplenti contractus*, por exemplo, delas falaremos mais adiante.

19.4. Formalização e Execução do Contrato Administrativo

19.4.1. Formalização do contrato

Regem-se os contratos pelas suas cláusulas e pelos preceitos de Direito Público; aplicando-se-lhes, supletivamente, os princípios da teoria geral dos contratos e as disposições de Direito Privado.

O *Instrumento* é, em regra, termo em livro próprio da repartição contratante, ou escritura pública, nos casos exigidos em lei. O contrato verbal constitui exceção, pelo motivo de que os negócios administrativos dependem de comprovação documental e de registro nos órgãos de controle interno. O *Conteúdo* é a vontade das partes expressa no momento de sua formalização.

18.4.2. Cláusulas dos Contratos Administrativos

As cláusulas dos contratos administrativos são divididas pela doutrina em duas espécies:

1. cláusulas necessárias, também chamadas de *serviço* – direta ou indiretamente dizem respeito ao objeto. Fixam o objeto do ajuste e estabelecem as condições fundamentais para sua execução; não podem faltar no contrato, sob pena de nulidade, tal seja a impossibilidade de se definir seu objeto e de se conhecer, com certeza jurídica os direitos e obrigações de cada parte;

2. cláusulas patrimoniais ou privadas, que se referem ao preço.

A utilidade da classificação é que a instabilidade do contrato administrativo só está presente nas cláusulas necessárias ou de serviço. A Administração pode alterá-las unilateralmente para melhor adequá-las ao interesse público. Na nova lei a alteração sempre se refere ao objeto, para atender ao interesse público. Nelas o interesse público é primário.

---

294 Atual art. 139, II da Lei 14.133/21.

A cláusula que diz respeito ao preço não pode ser alterada, porque aqui o interesse público é secundário. É a mera relação econômico-financeira entre poder público e aquele particular contratado. Como em matéria de preço haverá sempre comutatividade, o preço é intocável.

Se o preço é intocável e o objeto é tocável, quando se altera o objeto, altera-se também o preço, com o fim de mantê-lo equivalente ao objeto. É que o preço é inalterável em função do objeto; são equivalentes porque o contrato é comutativo. Se a Administração não fizer a alteração, o Judiciário o fará. O mesmo ocorre com relação à correção monetária.

19.4.3. *Exceptuo non adimpleti contractus*

A exceção de contrato não cumprido está prevista no art. 476 do novo Código Civil, que nos diz: "Nos contratos bilaterais, nenhum dos contratantes, antes de cumprida a sua obrigação, pode exigir o implemento da do outro". Isto quer dizer, por exemplo, que se um contrata alguém para pintar uma parede e o sujeito não executa este serviço, pode-se pleitear, em juízo, a condenação à obrigação de fazer. Porém, o juiz opõe à exceção do contrato não cumprido no sentido de defesa, defesa do contrato que não foi cumprido, ou seja, por não ter sido paga a remuneração, a outra parte não cumpriu o contrato. E aí está a exceção no sentido de defesa.

Durante muito tempo se afirmou no Direito que nos contratos administrativos a exceção dos contratos não cumpridos não seria oponível. Então, falava-se o seguinte: a Administração pode deixar de cumprir deixando, por exemplo, de pagar a remuneração por um longo prazo, sem que o contratado pudesse suspender a execução do contrato. É claro que hoje isto não se aceita mais, quer dizer, não se aceita mais suportar, simplesmente, os prejuízos. Ainda há alguns contratos em que se fala que essa exceção não é oponível, como é o caso da Lei de Concessões e Permissões de Serviços Públicos (Lei nº 8.987/95), ao falar que, nos casos dos contratos de concessões de serviços públicos, não há a possibilidade da oposição desta exceção. Então, se a Administração deixar de efetuar a remuneração, o contratado não pode interromper a execução do contrato. Isto é muito raro, pois geralmente, nestes casos, quem remunera o contratado são os usuários, através de tarifas.

Hoje, tirando essas exceções, não se fala mais na inoponibilidade da *exceptio non adimpeldi contractus*, e sim em restrições ao seu uso, tendo-se em vista não só o princípio da supremacia do interesse público, mas principalmente o princípio da continuidade dos serviços públicos ou princípio da permanência. Existe previsão, na nova lei,[295] de que o atraso superior a noventa dias dos pagamentos devidos pela Administração Pública enseja a suspensão do cumprimento das obrigações pelo contratado.

Entendem alguns autores, como o professor José dos Santos Carvalho Filho[296], que o contratado não está obrigado a esperar o decurso do prazo nonagesimal para que possa suspender a execução. Permite-se o ingresso com demanda judicial por força do art. 5º, inciso XXXV, da CF/88. Então, se a Constituição diz que nenhuma lesão ou ameaça de lesão poderá ser subtraída da apreciação do Judiciário, o contratado não é obrigado a esperar noventa dias, tendo o seu direito lesado, para que só, então, venha a ajuizar a demanda. Para o supracitado mestre, então, no próprio curso do prazo poderá o contratado ajuizar a demanda, desde que este demonstre que aquela paralisação vai lhe causar um prejuízo irreparável ou dano de grave ou difícil reparação. Isto pode acontecer em contratos vultosos, pois são contratos em que a supremacia do interesse público não pode ferir direitos individuais.

Hoje em dia, o princípio da supremacia do interesse público já está sendo mitigado, tendo em vista os direitos e garantias individuais previstos na Constituição. Ora, ninguém é obrigado a esperar noventa dias para ver tutelado seus direitos pelo Judiciário. Neste mesmo sentido, até o prazo de cento e vinte dias do Mandado de Segurança já está sendo questionado, principalmente por ministros do STJ, que acham que este dispositivo é inconstitucional porque a Constituição não fala em prazo. Essa opinião ainda é minoritária, podendo ser defendida nas provas para o Ministério Público ou Magistratura.

Já para a professora Maria Silvia Zanella Di Pietro, as restrições ao uso da *exceptio non adimpleti contractus* só vigem em relação aos contratos que envolvam serviços públicos; para os demais, faltariam os fundamentos de supremacia do interesse público e continuidade dos serviços públicos. Vamos supor que uma

---

295 Atual art. 137, § 2º, IV da Lei 14.133/21.
296 CARVALHO FILHO, *op. cit.*, p. 158.

empresa estatal tenha contratado uma firma para o fornecimento de refeições para os seus empregados. Ainda que ela seja uma prestadora de serviços públicos, este contrato não tem nada a ver com o serviço público, não podendo assim se invocar os fundamentos para as restrições. Então, para estes contratos que não envolvam a prestação de serviços públicos, invoca-se o Código Civil, art. 476. Esta é uma opinião interessante, pois existe na nova lei alusão ao assunto[297] que impõe que se espere noventa dias para que o contratado pleiteie a suspensão ou a rescisão do contrato, valendo conferir:

Quanto aos serviços essenciais, interessante é a jurisprudência do Superior Tribunal de Justiça, 1ª Turma, a seguir colacionada, referente ao Agravo Regimental na Medida Cautelar nº 3.982/AC, tendo como relator o Ministro Luiz Fux:

> AGRAVO REGIMENTAL CONTRA LIMINAR QUE DETERMINOU A EMPRESA CONCESSIONÁRIA A CONTINUAÇÃO DA PRESTAÇÃO DE SERVIÇOS DE FORNECIMENTO DE ENERGIA ELÉTRICA. CONSUMIDOR, *IN CASU*, O MUNICÍPIO QUE REPASSA A ENERGIA RECEBIDA AOS USUÁRIOS DE SERVIÇOS ESSENCIAIS.
>
> Consoante jurisprudência iterativa do E. STJ, a energia é um bem essencial à população, constituindo-se serviço público indispensável, subordinado ao princípio da continuidade de sua prestação, pelo que se torna impossível a sua interrupção.
>
> O corte de energia, como forma de compelir o usuário ao pagamento de tarifa ou multa, extrapola os limites da legalidade, uma vez que o direito de o cidadão se utilizar dos serviços públicos essenciais para a sua vida em sociedade deve ser interpretado com vistas a beneficiar a quem deles se utiliza.
>
> O corte de energia autorizado pelo CDC e legislação pertinente é previsto *uti singuli*, vale dizer: da concessionária versus o consumidor isolado e inadimplente; previsão inextensível à administração pública por força do princípio da continuidade, derivado do cânone maior da supremacia do interesse público.
>
> A mesma razão inspira a interpretação das normas administrativas em prol da administração, mercê de impedir, no contrato administrativo a alegação da *exceptio inadimpleti contractus* para paralisar serviços essenciais, aliás inalcançáveis até mesmo pelo consagrado direito constitucional de greve.
>
> A sustação do fornecimento previsto nas regras invocadas pressupõe inadimplemento absoluto, fato que não se verifica quando as partes reconhecem relações de débito e crédito, recíprocas e controversas, submetidas à apreciação jurisdicional em ação ordinária travada entre agravante e agravado.
>
> O corte de energia em face do município e de suas repartições atinge serviços públicos essenciais, gerando expressiva situação de periclitação para o direito dos munícipes. Liminar obstativa da interrupção de serviços essenciais que por si só denota da sua justeza.
>
> Decisão interlocutória gravosa cuja retenção do recurso pode gerar situações drásticas de *periculum in mora* para a coletividade local.
>
> Agravo desprovido. (Unânime).

19.4.4. Execução do Contrato Administrativo

Executar o contrato é cumprir suas cláusulas segundo a comum intenção das partes no momento de sua celebração.

O principal direito da Administração é o de exercer suas prerrogativas diretamente, sem a intervenção do Judiciário, ao qual cabe ao contratado recorrer sempre que não concordar com as pretensões da Administração.

O principal direito do contratado é de receber o preço nos contratos de colaboração na forma e no prazo convencionados, ou a prestação devida nos contratos de atribuição. As obrigações da Administração reduzem-se ao pagamento do preço ajustado, ao passo que as do contratado se expressam no cumprimento da prestação prometida nos contratos de colaboração. Nos contratos de atribuição, fica a cargo da Administração a prestação do objeto contratual e ao particular o pagamento da remuneração convencionada.

---

297   Atual art. 137, § 2º, IV da Lei 14.133/21.

19.4.4.1. Normas técnicas e material apropriado

A observância das normas técnicas constitui dever ético-profissional do contratado, presumido nos ajustes administrativos, que visam sempre ao melhor atendimento. As normas técnicas oficiais são as da ABNT – Associação Brasileira de Normas Técnicas.

19.4.4.2. Variações de quantidade

São acréscimos ou supressões legais, admissíveis nos ajustes, nos limites regulamentares, sem modificação dos preços unitários e sem necessidade de nova licitação, bastando o respectivo aditamento, ou a ordem escrita de supressão.

19.4.4.3. Execução pessoal

Todo contrato é firmado *intuitu personae*. Assim sendo, compete-lhe executar pessoalmente o objeto do contrato, sem transferência de responsabilidade ou subcontratações não autorizadas.

19.4.4.4. Encargos da execução

Independentemente de cláusula contratual, o contratado é responsável pelos encargos, trabalhistas, previdenciários, fiscais e comerciais decorrentes da execução do contrato.

19.4.4.5. Manutenção de preposto

É obrigação impostergável do contratado a manutenção de preposto credenciado da Administração na execução do contrato.

19.4.4.6. Acompanhamento da execução do contrato e recebimento de seu objeto

O acompanhamento da execução é direito e dever da Administração e nele se compreendem:

- **Fiscalização:** sua finalidade é assegurar a perfeita execução do contrato, ou seja, a exata correspondência dos trabalhos com o projeto ou com as exigências estabelecidas pela Administração, nos seus aspectos técnicos e nos prazos de sua realização; abrange a verificação do material e do trabalho;

- **Orientação:** exterioriza-se pelo fornecimento de normas e diretrizes sobre seus objetivos, para que o particular possa colaborar eficientemente com o Poder Público no empreendimento em que estão empenhados; limita-se à imposição das normas administrativas que condicionam a execução do objeto;

- **Interdição:** é o ato escrito pelo qual é determinada a paralisação da obra, do serviço ou do fornecimento que venha sendo feito em desconformidade com o avençado;

- **Intervenção:** é providência extrema que se justifica quando o contratado se revela incapaz de dar fiel cumprimento ao avençado, ou há iminência ou efetiva paralisação dos trabalhos, com prejuízos potenciais ou reais para o serviço público;

- **Aplicação de penalidades:** garantida a prévia defesa, é medida autoexecutória, utilizada quando é verificada a inadimplência do contratado na realização do objeto, no atendimento dos prazos ou no cumprimento de qualquer outra obrigação a seu cargo;

O recebimento do objeto do contrato constitui etapa final da execução de todo ajuste para a liberação do contratado, podendo ser provisório ou definitivo. O provisório é o que se efetua em caráter experimental dentro de um período determinado, para a verificação da perfeição do objeto do contrato. O definitivo é o feito em caráter permanente, incorporando o objeto do contrato ao seu patrimônio e considerando o ajuste regularmente executado pelo contratado.

19.4.5. Garantias para a execução do contrato

A escolha da garantia fica a critério do contratado, dentre as modalidades enumeradas na lei.

Caução é toda garantia em dinheiro ou em títulos da dívida pública; é uma reserva de numerário ou de valores que a Administração pode usar sempre que o contratado faltar a seus compromissos.

Seguro-garantia é a garantia oferecida por uma companhia seguradora para assegurar a plena execução do contrato.

Fiança bancária é a garantia fidejussória fornecida por um banco que se responsabiliza perante a Administração pelo cumprimento das obrigações do contratado.

Seguro de pessoas e bens, garante à Administração o reembolso do que despender com indenizações de danos a vizinhos e terceiros; é exigido nos contratos cuja execução seja perigosa.

Compromisso de entrega de material, produto ou equipamento de fabricação ou produção de terceiros estranhos ao contrato é medida cautelar tomada pela Administração nos ajustes que exigem grandes e contínuos fornecimentos, no sentido de que o contratado apresente documento firmado pelo fabricante, produtor ou fornecedor autorizado obrigando-se a fornecer e manter o fornecimento durante a execução do ajuste.

19.5. Prazo, Prorrogação, Renovação e Reajuste Contratual

19.5.1. Prazo nos contratos

O art. 105 da Lei 14.133/21 trata do tema, cuja alteração feita posteriormente por medida provisória permite que se faça um contrato administrativo por um ano e, depois, ir prorrogando ano a ano, até o limite de cinco anos.

Modificado também foi seu permanece ainda em vigor,[298] e, com isso, acaba sendo possível a prorrogação do contrato continuado por até seis anos. Essa regra é ruim, pois permite negociatas entre o contratado e a autoridade responsável pela prorrogação do contrato.

Em 2010 foi incluído o inciso V no artigo em estudo (atual art. 108 da Lei 14.133/21) que indica a possibilidade de prazo de até 10 anos para contratos objetos de situações em que a licitação é dispensável pela Administração – Incisos IX (Segurança Nacional), XIX (Forças Armadas), XXVIII (Defesa Nacional) e XXXI (Inovação e Pesquisa Científica e Tecnológica).

Quanto aos prazos, diz o artigo:

> Art. 57. A duração dos contratos regidos por esta Lei ficará adstrita à vigência dos respectivos créditos orçamentários, exceto quanto aos relativos:
>
> I – aos projetos cujos produtos estejam contemplados nas metas estabelecidas no Plano Plurianual, os quais poderão ser prorrogados se houver interesse da Administração e desde que isso tenha sido previsto no ato convocatório;
>
> II - à prestação de serviços a serem executados de forma contínua, que poderão ter a sua duração prorrogada por iguais e sucessivos períodos com vistas à obtenção de preços e condições mais vantajosas para a administração, limitada a sessenta meses; (Redação dada pela Lei nº 9.648, de 1998)
>
> III – (VETADO);
>
> IV – ao aluguel de equipamentos e à utilização de programas de informática, podendo a duração estender--se pelo prazo de até 48 (quarenta e oito) meses após o início da vigência do contrato;

---

298 O art. 57, II da Lei 8.666/93 corresponde aos arts. 106 e 107 da Lei 14.133/21, mas o § 4º do art. 57 não encontra dispositivo equivalente na nova legislação.

V - às hipóteses previstas nos incisos IX, XIX, XXVIII e XXXI do art. 24, cujos contratos poderão ter vigência por até 120 (cento e vinte) meses, caso haja interesse da administração. (Incluído pela Lei nº 12.349, de 2010)

Dessa forma, o artigo em comento acaba por apresentar algumas confusões referentes ao contrato e à sua execução, posto que o prazo de vigência dos contratos deve estar previsto no ato convocatório e a execução das prestações advém da própria execução do contrato.

Sugere, por tal, o professor Marçal Justen Filho, que melhor colocação haveria se os §§ 1º e 2º do artigo em estudo[299] situassem-se na parte da Lei referente à execução dos contratos. O § 3º,[300] por sua vez, que veda o contrato com prazo de vigência indeterminado, melhor ficaria alocado no art. 55,[301] integrando entre as cláusulas necessárias de todo contrato o prazo de vigência do contrato.

Distingue-se também o período de validade do certame com o período de duração dos contratos[302]. Há de se atentar que o art. 57 dispõe, embora não expressamente o mencione, a respeito dos contratos.

Nos contratos de execução continuada, a obrigação dos contraentes se renova com o passar do tempo. Serve como ilustração de tal espécie de contrato o contrato de locação. A regra é que os contratos administrativos, em geral, não excedam a vigência dos créditos orçamentários em que se incluíram, visto que é inconcebível a realização do certame sem fundos que possam sustentar o contrato.

É importante atentar que algumas obras e encargos não podem ser esgotados em um único exercício financeiro. Em razão disto, a Lei de Licitações comportou exceções à duração dos contratos.

A contratação de obras ou serviços por prazo indeterminado é vedada[303] nos contratos vigentes sob as normas de Direito Administrativo, e sua vigência é restrita ao exercício financeiro, ou seja, um ano. Entretanto, os contratos firmados nos últimos quatro meses do ano podem ter sua vigência estendida ao exercício financeiro seguinte (Lei nº 4.320/64).

A regra geral sobre prazos está, portanto, previsto na nova lei, que determina que a duração dos contratos ficará restrita a duração dos respectivos créditos orçamentários. Vale fazer menção à Lei nº 4.320/74, art. 34, que dispõe que o exercício financeiro coincidirá com o ano civil.

Pois bem. A nova lei diz que a duração dos contratos ficará restrita a duração dos respectivos créditos orçamentários, verificamos que o prazo máximo que um contrato administrativo pode ter é de um ano, um exercício. Ou seja, se começar em 1º de janeiro irá até 31 de dezembro. Se este começar em junho, só poderá ir até 31 de dezembro, que é até quando vige o crédito orçamentário. Além disso, chamamos também a atenção para o art. 35 da Lei nº 4.320/74, que diz em seu inciso II que pertencem ao exercício financeiro as despesas nele legalmente empenhadas. Seguindo, o art. 36 e seguintes desta mesma Lei determinam que se consideram <u>restos a pagar</u> as despesas empenhadas, mas não pagas até o dia 31 de dezembro, distinguindo-se as processadas das não processadas. Os empenhos que correm as contas de crédito com vigência plurianual, que não tenham sido pagos, só serão computados como restos a pagar no último ano de vigência do crédito. Esta é uma exceção que fala dos créditos plurianuais de investimentos. Entretanto, aí, existem créditos a pagar, quais sejam, aquelas despesas empenhadas e não pagas até o dia 31 de dezembro. O art. 37 diz que as despesas de exercícios encerrados para as quais o orçamento respectivo consignava crédito próprio, com saldo suficiente para atendê-las e que não tenha sido processado na época própria, bem como os restos a pagar com prescrição interrompida e os compromissos reconhecidos após o encerramento do exercício correspondente,

---

299 Respectivamente, o § 1º do art. 57 da Lei 8.666/3 corresponde ao artigo 57, § 1º, VI da Lei 14.133/21, mas o § 2º do art. 57 da Lei 8.666/93 não encontra correspondência na nova legislação.

300 Atual art. 109 da Lei 14.133/21.

301 Atual art. 92 da Lei 14.133/21.

302 Sobre tal ponto, ensina o professor Marçal JUSTEN FILHO (*Curso de direito administrativo*. São Paulo: Saraiva, 2005, p. 356) que "não se confunde o prazo de vigência com o prazo para adimplemento das prestações. O contrato vigorará durante um período de tempo durante o qual as partes deverão executar diversas prestações, as quais se sujeitarão a prazos específicos".

303 Atual art. 109 da Lei 14.133/21.

poderão ser pagos a conta de dotação específica do consignado no orçamento, discriminadas por elementos, obedecida, sempre possível, ordem cronológica.

Em resumo, basicamente é o seguinte: o prazo máximo de duração de um contrato é de realmente um ano, pois é até quando vige o seu crédito orçamentário. Mas, pode ser, que por um motivo ou outro, o contrato tenha que ter a sua duração estendida para o exercício seguinte, observada a Lei nº 4.320/74, que fala dos restos a pagar, dotações que constem já do exercício pretérito que ainda não foram utilizadas. Então, podemos dizer que a regra geral de vigência de um contrato é de um ano, enquanto os restos a pagar seriam a exceção a esta regra geral.

19.5.2. Prorrogação contratual

Prorrogação é o prolongamento da vigência de um contrato além do prazo inicial, com o mesmo contratado e nas condições anteriores. É feita mediante termo aditivo, sem nova licitação. Assim estipulam os art. 105 ao 114 da Lei 14.133/21:

> Art. 105. A duração dos contratos regidos por esta Lei será a prevista em edital, e deverão ser observadas, no momento da contratação e a cada exercício financeiro, a disponibilidade de créditos orçamentários, bem como a previsão no plano plurianual, quando ultrapassar 1 (um) exercício financeiro.

> Art. 106. A Administração poderá celebrar contratos com prazo de até 5 (cinco) anos nas hipóteses de serviços e fornecimentos contínuos, observadas as seguintes diretrizes:
>
> I - a autoridade competente do órgão ou entidade contratante deverá atestar a maior vantagem econômica vislumbrada em razão da contratação plurianual;
>
> II - a Administração deverá atestar, no início da contratação e de cada exercício, a existência de créditos orçamentários vinculados à contratação e a vantagem em sua manutenção;
>
> III - a Administração terá a opção de extinguir o contrato, sem ônus, quando não dispuser de créditos orçamentários para sua continuidade ou quando entender que o contrato não mais lhe oferece vantagem.
>
> § 1º A extinção mencionada no inciso III do *caput* deste artigo ocorrerá apenas na próxima data de aniversário do contrato e não poderá ocorrer em prazo inferior a 2 (dois) meses, contado da referida data.
>
> § 2º Aplica-se o disposto neste artigo ao aluguel de equipamentos e à utilização de programas de informática.

> Art. 107. Os contratos de serviços e fornecimentos contínuos poderão ser prorrogados sucessivamente, respeitada a vigência máxima decenal, desde que haja previsão em edital e que a autoridade competente ateste que as condições e os preços permanecem vantajosos para a Administração, permitida a negociação com o contratado ou a extinção contratual sem ônus para qualquer das partes.

> Art. 108. A Administração poderá celebrar contratos com prazo de até 10 (dez) anos nas hipóteses previstas nas alíneas "f" e "g" do inciso IV e nos incisos V, VI, XII e XVI do *caput* do art. 75 desta Lei.

> Art. 109. A Administração poderá estabelecer a vigência por prazo indeterminado nos contratos em que seja usuária de serviço público oferecido em regime de monopólio, desde que comprovada, a cada exercício financeiro, a existência de créditos orçamentários vinculados à contratação.

> Art. 110. Na contratação que gere receita e no contrato de eficiência que gere economia para a Administração, os prazos serão de:
>
> I - até 10 (dez) anos, nos contratos sem investimento;

II - até 35 (trinta e cinco) anos, nos contratos com investimento, assim considerados aqueles que impliquem a elaboração de benfeitorias permanentes, realizadas exclusivamente a expensas do contratado, que serão revertidas ao patrimônio da Administração Pública ao término do contrato.

Art. 111. Na contratação que previr a conclusão de escopo predefinido, o prazo de vigência será automaticamente prorrogado quando seu objeto não for concluído no período firmado no contrato.

Parágrafo único. Quando a não conclusão decorrer de culpa do contratado:

I - o contratado será constituído em mora, aplicáveis a ele as respectivas sanções administrativas;

II - a Administração poderá optar pela extinção do contrato e, nesse caso, adotará as medidas admitidas em lei para a continuidade da execução contratual.

Art. 112. Os prazos contratuais previstos nesta Lei não excluem nem revogam os prazos contratuais previstos em lei especial.

Art. 113. O contrato firmado sob o regime de fornecimento e prestação de serviço associado terá sua vigência máxima definida pela soma do prazo relativo ao fornecimento inicial ou à entrega da obra com o prazo relativo ao serviço de operação e manutenção, este limitado a 5 (cinco) anos contados da data de recebimento do objeto inicial, autorizada a prorrogação na forma do art. 107 desta Lei.

Art. 114. O contrato que previr a operação continuada de sistemas estruturantes de tecnologia da informação poderá ter vigência máxima de 15 (quinze) anos.

A prorrogação dos prazos do contrato administrativo está prevista em variados momentos da Lei 14.133/21, dos quais destacamos:

- Entre os arts. 105 a 114, d a Lei 14.133/21 (que versam acerca da duração dos contratos administrativos);
- Arts. 131 parágrafo único; art. 6º, XVII (acerca dos serviços não contínuos ou contratados por escopo);
- Art. 6º, XXIII, *a* (sobre o termo de referência e sua possibilidade de prorrogação);
- Art. 6º, LVII (sobre o superfaturamento que pode avir de prorrogação injustificada do prazo contratual);
- Art. 75, VIII (acerca da licitação dispensável quando o objeto da contratação se dê nos casos de emergência ou de calamidade pública para a aquisição de bens necessários ao atendimento da situação emergencial ou calamitosa e para parcelas de obras e serviços que possam ser concluídos no prazo de 1 ano, contado da ocorrência da emergência ou da calamidade, sendo vedada tanto a prorrogação dos respectivos contratos quanto a recontratação de empresa já contratada);
- Art. 84 (acerca do prazo de um ano em que deve viger a ata de registro de preços, podendo ser prorrogado por igual período);
- Art. 90, § 1º (que versa sobre o prazo de convocação do licitante vencedor pela Administração Pública que poderá ser prorrogado por uma única vez, por igual período, conforme solicitação da parte interessada durante o transcurso do prazo, justificando devidamente e cujo motivo seja aceito pelo poder público);
- Art. 98, parágrafo único (sobre a utilização de percentuais preestabelecidos na garantia de contratos de obras, serviços e financiamentos contínuos, assim como em suas prorrogações subsequentes);
- Art. 107 (acerca da possibilidade de se prorrogar sucessivamente os contratos de serviços e fornecimentos contínuos, respeitando-se a vigência máxima decenal, desde que o edital preveja a

prorrogação e seja atestada por autoridade competente que existe vantajosidade nas condições e preços para a Administração Pública);

- Art. 111 (traz importante previsão sobre a prorrogação de contratos que apresentem de modo predefinido a conclusão de escopo. Neles, o prazo de vigência será automaticamente prorrogado quando seu objeto não for concluído no período firmado no contrato);

- Art. 113 (com previsão expressa sobre os contratos firmados sob o regime de fornecimento e prestação de serviço associado que terão sua vigência máxima definida pela soma do prazo relativo ao fornecimento inicial ou à entrega da obra com o prazo relativo ao serviço de operação e manutenção, este limitado a 05 (cinco) anos contados da data de recebimento do objeto inicial, estando autorizada a prorrogação na forma do art. 107 da mesma Lei);

- Art. 115, § 5º (que no tocante à execução dos contratos, prevê que no caso de impedimento, ordem de paralisação ou suspensão do contrato, o cronograma de execução será prorrogado automaticamente pelo tempo correspondente, anotadas tais circunstâncias mediante simples apostila);

Contudo, a previsão do art. 91, § 4º é aquela que mais se destaca entre todos os outros casos mencionados acerca do instituto da prorrogação contratual, ao orientar medidas de precaução a serem tomadas pela Administração Pública ao considerar a necessidade da prorrogação contratual, senão vejamos:

Art. 91, Lei 14.133/21. Os contratos e seus aditamentos terão forma escrita e serão juntados ao processo que tiver dado origem à contratação, divulgados e mantidos à disposição do público em sítio eletrônico oficial.

§ 4º Antes de formalizar ou prorrogar o prazo de vigência do contrato, a Administração deverá verificar a regularidade fiscal do contratado, consultar o Cadastro Nacional de Empresas Inidôneas e Suspensas (Ceis) e o Cadastro Nacional de Empresas Punidas (Cnep), emitir as certidões negativas de inidoneidade, de impedimento e de débitos trabalhistas e juntá-las ao respectivo processo.

Deve existir uma autorização no edital do certamente licitatório e no termo de referência sobre a possibilidade de prorrogação, nos quais também se definirão as condições para a possível prorrogação. Neste caminho, entende-se que toda e qualquer prorrogação de prazo contratual precise apresentar a devida justificativa por escrito e ser previamente outorgada por autoridade competente para celebrar o contrato.

Entre outros aspectos, é indispensável que haja previsão orçamentária que viabilize a prorrogação contratual, entre outras condições de sumariamente relevantes como, por exemplo, que a empresa se mantenha sempre apta em sua habilitação para contratar com o poder público, neste ponto apresentando regularidade fiscal e trabalhista, além de habilitação jurídica e qualificação técnica e econômico financeira satisfatórias e, não menos importante, atender o disposto no art. 7º, XXXIII, da Constituição, a respeito da não exploração de trabalho infantil, *in verbis*:

Art. 7º, Constituição Federal. São direitos dos trabalhadores urbanos e rurais, além de outros que visem à melhoria de sua condição social:

XXXIII - proibição de trabalho noturno, perigoso ou insalubre a menores de dezoito e de qualquer trabalho a menores de dezesseis anos, salvo na condição de aprendiz, a partir de quatorze anos; (Redação dada pela Emenda Constitucional nº 20, de 1998).

No direito brasileiro, a lei orçamentária anual define os créditos orçamentários dentro do período de um ano, conhecido também como exercício financeiro, em que se preveem todas as despesas e receitas da entidade nesse período denominado "exercício". Portanto, a fim de atender à previsão orçamentária, a regra geral é que os contratos administrativos regidos pela Lei 14.133/21 tenham duração máxima de um ano. Contudo, consideremos um contrato entre a Administração Pública e a concessionária de energia elétrica de determinado estado da federação, onde a estrutura do ente esteja funcionando. Nesse cenário hipotético, a bem da verdade, a manutenção das atividades da Administração depende que o fornecimento de energia elétrica não se interrompa em momento algum, restando que não seja razoável a exigência de justificativa de prorrogação contratual a cada ano, ficando esse contrato apto a ocupar uma das hipóteses de exceção, podendo ser firmado por prazo indeterminado.

Assim, ao mesmo tempo que a lei orçamentária elenca as despesas que podem ser assumidas pelo poder público naquele exercício, para limitar os ajustes firmados pelo Estado durante a vigência dos créditos orçamentários, ela também admitirá exceções à essa regra, abrindo margem para contratações além do prazo de um exercício. Como exceções à vigência máxima de um ano estão: 1) os projetos contemplados na Lei do Plano Plurianual (PPA); 2) a prestação de serviços a serem executados de forma contínua; 3) o aluguel de equipamentos e utilização de programas de informática; 4) as contratações previstas nas alíneas *f* e *g*, do inciso IV e nos incisos V, VI, XII e XVI, do *caput* do art. 75, da Lei 14.133/21; 5) contratos de operação continuada de sistemas estruturante de tecnologia da informação; 6) exceções não previstas diretamente na lei. Vamos a seguir ver, resumidamente, cada um desses tópicos.

Poder ter vigência superior a um exercício os produtos resultantes de projetos previstos nas metas estabelecidas no Plano Plurianual, podendo até mesmo serem prorrogados havendo interesse da Administração, desde que a possibilidade de prorrogação conste no ato convocatório. Segundo o que ensina Matheus Carvalho:

> "A Lei do PPA estabelece, de forma regionalizada, todas as diretrizes, objetivos e metas da Administração Pública que extrapolem um exercício, tendo a lei vigência de quatro anos, não coincidentes com a legislatura. De fato, a lei define as despesas de capital e outras dela decorrentes, contemplando as despesas de caráter continuado, assim consideradas todas aquelas que ultrapassam o exercício financeiro.
>
> Nesses casos, o limite temporal do contrato é ampliado, podendo a avença ter duração de até quatro anos, para cumprimento das metas e execução de seu objeto. Ressalte-se que a lei prevê, além da celebração do contrato, por prazo superior a um ano, a possibilidade de prorrogação do acordo, desde que isso esteja previamente estipulado no edital do procedimento licitatório e no próprio instrumento do acordo.
>
> A doutrina enxerga essa possibilidade de prorrogação com muitas ressalvas, definindo tratar-se de situação excepcional, devidamente justificada pela Administração Pública que deverá comprovar a impossibilidade de execução do objeto do contrato dentro do prazo inicialmente acordado entre as partes".[304]

No tocante à prestação de serviços a serem executados de forma contínua, há previsão legal para que a Administração celebre contratos de até 05 (cinco) anos, desde que obedeça aos seguintes requisitos:

- Maior vantagem econômica proveniente da contratação plurianual deve ser atestada por autoridade competente do órgão ou entidade contratante;
- A existência de créditos orçamentários vinculados à contratação e a vantagem em sua continuidade deve ser atestada pela Administração, no início da contratação e a cada exercício;
- Quando não mais obtiver créditos orçamentários para sua manutenção ou se entender pelo fim da vantajosidade do contrato, a Administração poderá extingui-lo sem ônus, produzindo a extinção efeitos somente na próxima data de aniversário do contrato, não podendo acontecer a menos de dois meses dessa data, a fim de que a empresa possa se programar.

---

304 CARVALHO, Matheus. Contratos Administrativos nos termos da Lei 14.133/21. p. 791.

Apesar do prazo original de 05 (cinco) anos, presente no art. 106 da Lei 14.133/21, esse diploma autoriza prorrogações posteriores, com a ressalva de que não extrapole o prazo de 10 (dez) anos, conforme orienta o art. 107, senão vejamos:

> Art. 107. Os contratos de serviços e fornecimentos contínuos poderão ser prorrogados sucessivamente, respeitada a vigência máxima decenal, desde que haja previsão em edital e que a autoridade competente ateste que as condições e os preços permanecem vantajosos para a Administração, permitida a negociação com o contratado ou a extinção contratual sem ônus para qualquer das partes.

Conforme entendimento doutrinário predominante, os serviços continuados não se referem direta e necessariamente aos serviços essenciais à comunidade, pois podem compreender quaisquer atividades que se prestadas continuamente contribuem para o funcionamento regular da estrutura administrativa. Não obstante, serviços de limpeza e de vigilância, apesar de não se classificarem como "essenciais", para o funcionamento regular das repartições públicas são considerados indispensáveis. Por este motivo, os contratos relativos a esses serviços podem ser prorrogados com o objetivo de facilitar a execução da atividade fim do órgão público, sem que aquelas atividades sejam paralisadas.

As mesmas regras aplicáveis aos contratos de serviços contínuos são cabíveis aos contratos de aluguel de equipamentos e utilização de programas de informática, que podem ser firmados por até 05 (cinco) anos, desde que as exigências apontadas anteriormente sejam cumpridas.

Caso a Administração Pública indique interesse, os contratos previstos nas alíneas *f* e *g*, do inciso IV e nos incisos V, VI, XII e XVI, do *caput* do art. 75 da Lei 14.133/21, poderão viger por 10 (dez) anos. São situações em que há dispensa de licitação e, portanto, a permissão para a contratação direta. A possibilidade de vigência contratual por 10 (anos) deve, cumulativamente, amparar-se no fato de que o objeto de contrato envolva alta complexidade tecnológica e segurança nacional. A duração ampliada do prazo também pode se justificar pela necessidade de padronização do material de uso das Forças Armadas, necessária para a estrutura de apoio logístico dos meios navais, aéreos e terrestres, conforme parecer de comissão constituída por decreto, ficando excetuados da padronização os materiais de uso pessoal e administrativo. Além disso, os acordos de cooperação firmados quer com Institutos de Ciência e Tecnologia quer com entidades privadas sem fins lucrativos dedicadas a atividades de pesquisa e desenvolvimento com vistas ao desenvolvimento de produtos, processos e serviços inovadores, transferência e difusão de tecnologia também estão abrangidos nas possibilidades de contratação por prazo decenal.

Outros dois tipos de contratação pública em que se pode aplicar o prazo decenal, estão citados no artigo 75 da Lei 14.133/21, que trata dos casos de dispensa de licitação, em seus incisos XII e XVI, ou seja, podem ser firmados por 10 anos os contratos "em que houver transferência de tecnologia de produtos estratégicos para o Sistema Único de Saúde (SUS), conforme elencados em ato da direção nacional do SUS, inclusive por ocasião da aquisição desses produtos durante as etapas de absorção tecnológica, e em valores compatíveis com aqueles definidos no instrumento firmado para a transferência de tecnologia" e aqueles destinados à "aquisição, por pessoa jurídica de direito público interno, de insumos estratégicos para a saúde produzidos por fundação que, regimental ou estatutariamente, tenha por finalidade apoiar órgão da Administração Pública direta, sua autarquia ou fundação em projetos de ensino, pesquisa, extensão, desenvolvimento institucional, científico e tecnológico e de estímulo à inovação, inclusive na gestão administrativa e financeira necessária à execução desses projetos, ou em parcerias que envolvam transferência de tecnologia de produtos estratégicos para o SUS, e que tenha sido criada para esse fim específico em data anterior à entrada em vigor desta Lei, desde que o preço contratado seja compatível com o praticado no mercado".

Além dos casos já mencionados há, inclusive, os contratos de operação continuada de sistemas estruturantes de tecnologia da informação, que podem ter sua vigência máxima em 15 anos, nos termos legais. Por fim, precisamos aludir às exceções não previstas diretamente na lei, nas quais se encaixam os contratos administrativos que não geram despesas ao poder público e por esta razão, não precisam constar nas disposições da lei orçamentária e, consequentemente, não devem respeito ao limite de vigência que o art. 105 da Lei 14.133/21define. Importante atermo-nos ao que alerta o grande administrativista Matheus Carvalho:

"Ressalte-se que NÃO se trata de celebração de contratos por prazo indeterminado, mas tão somente da possibilidade de ajustes que extrapolam a vigência de um exercício, podendo ter duração bem mais alongada. Pode-se citar como exemplo, o contrato de concessão de serviços públicos, regulamentado pela Lei 8.987/95, no qual a empresa concessionária é remunerada pela cobrança de tarifas ao usuário do serviço, não causando gastos aos cofres públicos. Neste caso, o ajuste pode ser firmado com prazos de duração acima de um ano.

No que tange à possibilidade de prorrogação, a legislação determina que o contrato administrativo pode ser prorrogado, desde que seja feito dentro do prazo de vigência do contrato e decorra, cumulativamente, de previsão no edital e no contrato e autorização ao poder público, mantidas as demais disposições contratuais.

Não há possiblidade de prorrogação tácita de contratos administrativos, com exceção dos contratos de escopo predefinido. Nesses casos, a prorrogação é possível para que o poder público consiga concluir o objetivo originário desse acordo.

Os prazos de início de etapas de execução, de conclusão e de entrega admitem prorrogação. Notem que não é prorrogação do prazo contratual violando aquela regra do crédito orçamentário. Ele vige durante o prazo previsto de vigência do crédito orçamentário. O que se pode prorrogar são os prazos de conclusão, entrega e execução, mantidas as demais cláusulas do contrato e assegurado o equilíbrio econômico e financeiro, desde que ocorra um dos motivos previstos nos incisos deste artigo e que estejam devidamente autuados em processo.

Foi questão da prova do último concurso para o BNDES a seguinte pergunta: Pode o contratado pedir a prorrogação do prazo para a entrega de mercadoria para a Administração Pública, e, caso possa, poderá a Administração concedê-la? Além disso, também era perguntado se os demais licitantes poderiam se insurgir contra essa prorrogação que não estava prevista no edital.

Parece-nos que a resposta é negativa, pois geralmente, é a Administração que dá ensejo a prorrogação. O contratado não pode, ao seu bel prazer, pedir a prorrogação do prazo contratual. E mesmo que a prorrogação fosse admitida, os demais licitantes não podem se insurgir pela via de recurso administrativo, uma vez que a licitação já acabou e estes não estariam legitimados a recorrer administrativamente. A única via para se questionar a prorrogação seria através de representação ao Tribunal de Contas ou por ação popular.

Por fim, importante mencionar o art. 337-H do Código Penal, inserido pela Lei 14.133/21, o qual prevê novo crime licitatório o de modificação ou pagamento irregular em contrato administrativo, cuja tipificação aborda inclusive a prorrogação irregular do contrato, conforme se segue: "Admitir, possibilitar ou dar causa a qualquer modificação ou vantagem, inclusive prorrogação contratual, em favor do contratado, durante a execução dos contratos celebrados com a Administração Pública, sem autorização em lei, no edital da licitação ou nos respectivos instrumentos contratuais, ou, ainda, pagar fatura com preterição da ordem cronológica de sua exigibilidade: Pena – reclusão, de 04 (quatro) anos a 08 (oito) anos, e multa". Nesse sentido, sempre válido lembrar de que, como regra geral, não existe contrato administrativo por prazo indeterminado, mas que nesse aspecto a exceção sejam aqueles contratos em que o Estado seja o usuário de prestação de serviços em caráter de monopólio.

19.5.3. Renovação contratual

Renovação é a inovação integral ou parcial do ajuste, mantido, porém, seu objeto inicial. A finalidade da renovação é a manutenção da continuidade do serviço público.

A renovação ocorre toda vez que, mantido o objeto inicialmente pactuado no contrato, dá-se início a uma nova relação contratual.

Exemplo para isto é aquele caso do fornecimento das quentinhas para presídio. Ao término do contrato, dá-se início a uma relação contratual inteiramente nova, mas em que o objeto é o mesmo, ou seja, fornecimento de quentinhas para o presídio.

A questão importante que se levanta é a seguinte: quando for renovar o contrato, é preciso fazer nova licitação ou pode-se contratar com aquela pessoa que já vinha executando o contrato anteriormente? É um novo contrato? Sim é. A Constituição diz que todo contrato deve ser precedido de licitação. Portanto, a regra é a seguinte: licitação é obrigatória por força do art. 37, XXI, da CF, não se admitindo mais a adjudicação direta. Se fosse possível a contratação do contratado anterior sem a prática de licitação, a Administração ficaria contratando com este *ad perpetum*.

A Lei previu aqui uma hipótese em que se contrata o remanescente, obra, serviço ou fornecimento, com o segundo colocado, se este se dispuser a fazer sob as mesmas condições do primeiro colocado. E, caso este não aceite, chama-se os demais classificados pela ordem de classificação. No caso de não sobrar nenhum participante, a Administração terá que fazer uma nova licitação. Então, se perguntarem se existe alguma hipótese de renovação contratual em que não precisa fazer licitação, a resposta será afirmativa no caso da rescisão do contrato anterior. É claro que, se a rescisão do contrato não se deu por culpa do contratado, este deve ser chamado e, se concordar com a nova situação imposta pela Administração, deverá ser contratado para executar o remanescente do contrato sem que seja chamado o segundo colocado. O contratado não está mais obrigado a executar o contrato, pois foi a Administração que deu causa a rescisão do contrato; mas o contratado tem que ser o primeiro a ser chamado, no caso da contratação do remanescente, uma vez que não deu causa a rescisão.

19.5.4. Reajuste dos contratos

Reajuste é forma preventiva de manutenção do equilíbrio econômico-financeiro do contrato. É assunto ligado, portanto, à mutabilidade dos contratos. Diz respeito a fatos futuros, porém certos, como a inflação, por exemplo.

O atual art. 25, § 7º e 92, V da Lei 14.133/21 dispõe que é obrigatória a cláusula que estabeleça "o preço e as condições de pagamento, os critérios, data-base e periodicidade do reajustamento dos preços, os critérios de atualização monetária entre a data do adimplemento do adimplemento das obrigações e a do efetivo pagamento".

Embora essas cláusulas sejam necessárias do contrato administrativo, estando entre elas a de reajustamento do contrato, sua ausência não implica em nulidade, entendendo-se o preço como firme e irreajustável. Caso não tenha esta cláusula no contrato, é porque não se quer o reajustamento, e isso é perfeitamente válido.

Conforme dispõe a nova lei o reajuste não implica em alteração do contrato:

> A variação do valor contratual para fazer face ao reajuste de preços previsto no próprio contrato, as atualizações, compensações ou penalizações decorrentes das condições de pagamento nele previstas, bem como o empenho de dotações orçamentárias suplementares até o limite do seu valor corrigido, não caracterizam alteração do mesmo, podendo ser registrados por simples apostila, dispensando a celebração de aditamento.

Pergunta-se, então: contrato de obra pública no qual as diversas parcelas de pagamento foram adimplidas tardiamente, em época de inflação elevada, quando concluída a obra e dada a quitação do preço, pode o contratado, em momento posterior, demandar em juízo as diferenças?

Os Tribunais vêm entendendo que a quitação não abrange a correção monetária. Contudo, em recente decisão, não unânime, o STJ entendeu que a quitação do principal integra o negócio jurídico, aí se compreendendo a correção monetária. As diferenças só podem ser pleiteadas em ação que se anule a quitação.

18.6. Inexecução e Revisão Contratual

Inexecução é o descumprimento das cláusulas contratuais, no todo ou em parte. Pode ocorrer por ação ou omissão. **Culposa** é a que resulta de ação ou omissão da parte, decorrente da negligência, imprudência ou imperícia no atendimento das cláusulas. Sem culpa é a que decorre de atos ou fatos estranhos à conduta da parte, retardando ou impedindo totalmente a execução do contrato.

A inexecução pode acarretar as seguintes consequências:

- **Responsabilidade civil:** que impõe a obrigação de reparar o dano patrimonial; pode provir de lei, do ato ilícito e da inexecução do contrato;
- **Responsabilidade administrativa:** é a que resulta da infringência de norma da Administração estabelecida em lei ou no próprio contrato, impondo um ônus ao contratado para com qualquer órgão público;
- **Suspensão provisória:** é sanção administrativa com que se punem os contratados que culposamente prejudicarem a licitação ou a execução do contrato, embora por fatos ou atos de menor gravidade;
- **Declaração de inidoneidade:** é pena aplicável por faltas graves do contratado inadimplente, para impedir que continue contratando com a Administração. É sanção administrativa. Só pode ser aplicada pela autoridade indicada na norma legal que a consigna, na forma e nos casos expressamente estabelecidos. O que a caracteriza é o dolo ou a reiteração de falhas.

Já a revisão do contrato pode ocorrer por interesse da própria Administração. Surge quando o interesse público exige a alteração do projeto ou dos processos técnicos de sua execução, com o aumento dos encargos ajustados – ou pela superveniência de fatos novos – quando sobrevêm atos do governo ou fatos materiais imprevistos e imprevisíveis pelas partes, que dificultam ou agravam de modo excepcional, o prosseguimento e a conclusão do objeto do contrato.

Portanto, a revisão busca a manutenção do equilíbrio econômico e financeiro em razão de fatos futuros e incertos, ligados aos riscos que envolvem a execução do contrato, mas que também podem causar a sua inexecução, instituto conhecido como repactuação (art. 6º, LIX, da Lei 14.133/21):

> **Art. 6º, LIX, Lei 14.133/21 -** Repactuação: forma de manutenção do equilíbrio econômico-financeiro de contrato utilizada para serviços contínuos com regime de dedicação exclusiva de mão de obra ou predominância de mão de obra, por meio da análise da variação dos custos contratuais, devendo estar prevista no edital com data vinculada à apresentação das propostas, para os custos decorrentes do mercado, e com data vinculada ao acordo, à convenção coletiva ou ao dissídio coletivo ao qual o orçamento esteja vinculado, para os custos decorrentes da mão de obra;

Na repactuação ocorre a existência de uma variável no contrato que dificulta o seu reajuste por meio de índices previamente estabelecidos que seria propriamente o custo de mão de obra. Nesse sentido, exemplificando, em sendo publicada uma nova Convenção Coletiva de Trabalho com a categoria, os pisos salariais deveriam passar por reajuste, ao passo que os valores pagos nessa proporção pelo poder público necessitariam ser revistos como medida para se manter a margem de lucro do contratado. Daí que a repactuação se destine aos "serviços contínuos com regime de dedicação exclusiva de mão de obra ou predominância de mão de obra" e consista na manutenção do equilíbrio econômico-financeiro do contrato, "por meio da análise da variação dos custos contratuais, devendo estar prevista no edital com data vinculada à apresentação das propostas, para os custos decorrentes do mercado, e com data vinculada ao acordo, à convenção coletiva ou ao dissídio coletivo ao qual o orçamento esteja vinculado, para os custos decorrentes da mão de obra" (art. 6º, LIX da Lei 14.133/21).

O art. 135 da Lei 14.133/21 apresenta com maior riqueza de detalhes esse instituto de alteração dos contratos administrativos, observe:

> Art. 135. Os preços dos contratos para serviços contínuos com regime de dedicação exclusiva de mão de obra ou com predominância de mão de obra serão repactuados para manutenção do equilíbrio

econômico-financeiro, mediante demonstração analítica da variação dos custos contratuais, com data vinculada:

I - à da apresentação da proposta, para custos decorrentes do mercado;

II - ao acordo, à convenção coletiva ou ao dissídio coletivo ao qual a proposta esteja vinculada, para os custos de mão de obra.

§ 1º A Administração não se vinculará às disposições contidas em acordos, convenções ou dissídios coletivos de trabalho que tratem de matéria não trabalhista, de pagamento de participação dos trabalhadores nos lucros ou resultados do contratado, ou que estabeleçam direitos não previstos em lei, como valores ou índices obrigatórios de encargos sociais ou previdenciários, bem como de preços para os insumos relacionados ao exercício da atividade.

§ 2º É vedado a órgão ou entidade contratante vincular-se às disposições previstas nos acordos, convenções ou dissídios coletivos de trabalho que tratem de obrigações e direitos que somente se aplicam aos contratos com a Administração Pública.

§ 3º A repactuação deverá observar o interregno mínimo de 1 (um) ano, contado da data da apresentação da proposta ou da data da última repactuação.

§ 4º A repactuação poderá ser dividida em tantas parcelas quantas forem necessárias, observado o princípio da anualidade do reajuste de preços da contratação, podendo ser realizada em momentos distintos para discutir a variação de custos que tenham sua anualidade resultante em datas diferenciadas, como os decorrentes de mão de obra e os decorrentes dos insumos necessários à execução dos serviços.

§ 5º Quando a contratação envolver mais de uma categoria profissional, a repactuação a que se refere o inciso II do *caput* deste artigo poderá ser dividida em tantos quantos forem os acordos, convenções ou dissídios coletivos de trabalho das categorias envolvidas na contratação.

§ 6º A repactuação será precedida de solicitação do contratado, acompanhada de demonstração analítica da variação dos custos, por meio de apresentação da planilha de custos e formação de preços, ou do novo acordo, convenção ou sentença normativa que fundamenta a repactuação.

Desse modo, é obrigatória a **recomposição de preços** quando as alterações do projeto ou do cronograma de sua execução, impostas pela Administração, aumentam os custos ou agravam os encargos do particular contratado. É admitida por aditamento ao contrato, desde que seja reconhecida a justa causa ensejadora da revisão inicial. Situação como essa pode acontecer quando a previsão contratual dos reajustes não for suficiente para suprir a modificação nos custos da avença celebrada. Desse modo, alterações no contrato podem provocar a necessidade de revisão contratual tanto em relação ao valor anteriormente contratado quanto com respeito ao projeto estabelecido previamente, seja a modificação engendrada unilateralmente pela Administração ou bilateralmente por ela e particular contratado, em que se transformou o regime de execução de um serviço ou obra.

A Administração Pública, em toda e qualquer alteração contratual, encontrará um impasse, qual seja, o equilíbrio econômico-financeiro do contrato, fator que por ela não pode ser descumprido. Em virtude disso é que a empresa contratada, aconteça o que acontecer, tem a garantia de que sua margem de lucro definida contratualmente estará protegida pelo ente estatal, não podendo ser por ele alterada unilateralmente. Assim, o particular tem por certo que não sofrerá prejuízo algum nem a redução do lucro inicialmente calculado no momento da celebração da avença. Um notável exemplo dessa constatação é dado por Matheus Carvalho:

Sendo assim, suponha que, em determinado contrato para construção de estradas, no qual o particular tem a responsabilidade de construir mil quilômetros, caso a Administração Pública resolva suprimir o contrato em 20% para que somente sejam construídos oitocentos quilômetros, o valor a ser pago será reduzido proporcionalmente para que o particular receba o mesmo montante que estava previamente acordado, considerando o valor por quilômetros.

No entanto, se esse particular comprovar que já havia feito despesas com compras de material para o total de mil quilômetros, será indenizado pela Administração, no valor da nota fiscal dos produtos adquiridos a mais, para que não sofra prejuízos. O art. 129 da Lei 14.133/21 dispõe que: "Nas alterações contratuais para supressão de obras, bens ou serviços, se o contratado já houver adquirido os materiais e os colocado no local dos trabalhos, estes deverão ser pagos pela Administração pelos custos de aquisição regularmente comprovados e monetariamente reajustados, podendo caber indenização por outros danos eventualmente decorrentes da supressão, desde que regularmente comprovados".

Da mesma forma, se ao invés de reduzir o valor do objeto contratual, a Administração precisar acrescer esse contrato com 20%, passando a se exigir da empresa contratada a construção de mil e duzentos quilômetros de estrada, o valor a ser pago pela Administração Pública será acrescido proporcionalmente para fazer frente ao acréscimo do objeto contratual.

Enfim, as alterações contratuais não podem atingir a margem de lucro inicialmente pactuada que é garantia intransponível do particular contratado.

Lembrando sempre que quaisquer alterações unilaterais executadas pelo poder público devem se originar de um motivo de interesse público superveniente devidamente justificado, vez que o contratante precisa comprovar a ocorrência de um fato posterior à contratação que provocou a estrita necessidade de se alterar as cláusulas do acordo de modo a se evitar danos maiores ao interesse da sociedade, uma vez que essa seja a finalidade máxima dos contratos administrativos.

Um ponto de muita relevância é a contratação integrada e semi-integrada, as quais é vedada a alteração dos valores contratuais, excetuando-se as hipóteses a seguir, previstas nos incisos do art. 133, Lei 14.133/21: 1) para restabelecimento do equilíbrio econômico-financeiro decorrente de caso fortuito ou força maior; 2) por necessidade de alteração do projeto ou das especificações para melhor adequação técnica aos objetivos da contratação, a pedido da Administração, desde que não decorrente de erros ou omissões por parte do contratado, observados os limites estabelecidos no art. 125 desta Lei; 3) por necessidade de alteração do projeto nas contratações semi-integradas, nos termos do § 5º do art. 46 desta Lei; 4) e por ocorrência de evento superveniente alocado na matriz de riscos como de responsabilidade da Administração. Sempre importando reforçar que o art. 126 da Lei 14.133/21 adverte que as alterações unilaterais não possam transfigurar o objeto do contrato.

Assim, discrepâncias no valor contratado que ocorreram de circunstâncias excepcionais irão desencadear em necessidade de recomposição de preços, por ter gerado um desequilíbrio no acordo firmado inicialmente. Situações inesperadas responsáveis por desequilibrar a relação contratual e causar a estrita necessidade de revisão do contrato são chamadas doutrinariamente de hipóteses de teoria da imprevisão, que veremos mais adiante.

Tais riscos são chamados de áleas, que merecem espaço, nesse ponto do trabalho, para serem analisadas, partindo-se do seguinte esquema que as classifica:

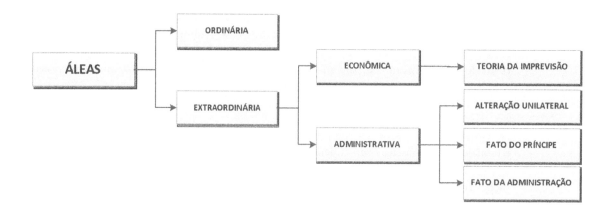

A **álea ordinária** é o risco que envolve qualquer atividade empresarial. Sendo previsível, deve ser suportada pelo contratado, podendo-se dar como exemplos as leis de mercado, a sazonalidade de produtos. Naquele contrato para o fornecimento de quentinhas em presídios, é um bom exemplo, pois, se o contratado pleiteia a alteração do contrato em virtude do aumento do preço da laranja, devido a uma geada na região do plantio, o problema é dele, do contratado, e a alteração não deve ser feita, pois ele deveria ter previsto esta ocorrência, além do que, normalmente, os contratados já incluem nos preços de suas propostas um excedente para fazer frente a estes imprevistos.

Notem, porém, que essa questão da álea ordinária é muito delicada. Certa vez, em uma prova de assistente jurídico da União, foi levantada uma questão relacionada a um contrato celebrado por uma empresa que fornece equipamentos de informática para a União. Para tal fornecimento, a contratada celebrou contrato com outra empresa no exterior, para a importação de alguns insumos. Porém, no meio do prazo do contrato, aconteceu a liberação da taxa de câmbio, o que prejudicou a contratada e, por este motivo, a empresa queria saber se era possível a obtenção da revisão do contrato. Neste caso, duas são as respostas possíveis. Tendo a empresa como sua principal atividade a importação, deveria estar ciente dos riscos de alteração na política cambial. Caso contrário, não tendo a empresa o hábito de importar equipamentos, a revisão do contrato será possível, pois, nesta hipótese, iremos verificar a ocorrência do fato do príncipe, o qual passamos a analisar.

19.6.1. Fato do Príncipe

Seguindo o esquema acima, nota-se que há uma segunda espécie de álea extraordinária ao lado da alteração unilateral do contrato, já estudada anteriormente. Trata-se do fato do príncipe, instituto que é muitas vezes visto como cláusula exorbitante, mas cujo pressuposto é a álea administrativa. Vejamos o porquê.

Fato do príncipe são atos de governo não diretamente ligados ao contrato, mas que sobre ele exercem influência reflexa. Ou seja, o governo pratica ato imprevisível, ou ainda ato previsível, mas de consequência incalculável, desequilibrando sua equação econômico-financeira, como já mencionamos no item 2. dessa segunda parte do trabalho, lá encontrando-se o conceito do mestre Hely Lopes Meirelles a respeito, valendo ser revisto.

O fato do príncipe tem um traço de igualdade com a cláusula exorbitante, pois ele também quebra o equilíbrio econômico e financeiro do contrato. Ocorre que ele é um ato genérico e abstrato do Poder Público. Dessa forma, ele quebra indiretamente o equilíbrio econômico do contrato. Ele não altera nenhuma cláusula de serviço do contrato, mas acaba alterando seu equilíbrio econômico. Segundo alguns doutrinadores, o próprio conceito de fato do príncipe se encontra no art. 124, II, alínea *d* e art. 134 da Lei 14.133/21.

Por exemplo, licitação para compra de frota de veículos. O licitante entrega a proposta, querendo vender veículos importados, já que a alíquota do imposto de importação estava baixa. Depois de entregar a proposta, a alíquota é alterada, inviabilizando a execução da mesma. A diferença para o Direito Privado é que esse equilíbrio econômico e financeiro se considera a partir da entrega da proposta (e não da assinatura do contrato). É a partir daí que o licitante passa a ter direito ao equilíbrio econômico. O fato do príncipe não mexe no contrato diretamente, mas o afeta indiretamente.

Outro exemplo diz respeito à criação de um tributo, embora este possa não estar ligado diretamente ao contrato, mas vai refletir nos preços ajustados, tornando mais gravosa a execução do contrato.

Há de se atentar, porém, que se deve encarar isso com certa reserva, pois não é todo tributo criado que vai ensejar a revisão do contrato, como o CPMF, por exemplo, que é um tributo que agrava toda a comunidade. Nesta hipótese, não seria razoável que a Administração Pública tivesse que rever os preços do contrato.

Portanto, quando se fala em criação de tributos, fala-se em tributos específicos, que incidam sobre aquela operação, encargos legais criados que reflitam especificamente sobre o contrato. Não sobre o contrato em si, mas que tenham alguma relação de pertinência com o objeto contratado. Não é qualquer tributo criado, portanto, que vai ensejar a revisão do ajuste. E isso tem que ser visto com uma reserva também.

Em tempo, destacamos ainda outro exemplo trazido pelo exímio administrativista Matheus Carvalho:[305]

> "Pode-se citar como exemplo, um caso no qual a Administração Pública Federal contrata uma empresa para realizar o transporte de servidores e, em atuação subsequente, triplica a alíquota de determinado tributo que incide sobre o combustível, onerando a prestação do serviço pactuado. Ou ainda uma situação de determinado município que contrata empresa para realizar transporte público. Depois de formalizado o contrato, o município editou uma lei exigindo que fosse concedido passe livre para todas as pessoas de até 18 anos. Essa lei municipal é uma lei geral que atinge a todos, mas que interfere no contrato de transporte, desequilibrando-o. Será necessária a recomposição dos preços (ou revisão dos preços) das tarifas ajustadas".

Outra questão muito debatida pela doutrina é a seguinte: suponhamos que um município do interior do Brasil resolva contratar o fornecimento de um equipamento qualquer para uma usina termoelétrica e o Governo Federal resolve aumentar a alíquota do Imposto sobre Importação sobre determinados insumos necessários à construção de tal usina. Será que aquele município tem que arcar com o ônus que decorre de um ato de governo, que é da União?

Pequena parte da doutrina, dela fazendo parte os professores Diógenes Gasparini e José dos Santos Carvalho Filho, encara essa questão entendendo que príncipe, aqui, é em sentido amplo, que qualquer ato de Governo, emanado de qualquer esfera governamental, daria ensejo à aplicação dessa teoria, de forma que, se um particular que tenha contratado com um Estado-membro fosse atingido por um ato oriundo da União, a teoria do fato do príncipe poderia ser aplicada.

Porém, a doutrina majoritária, da qual faz parte a professora Maria Sylvia Zanella Di Pietro, sustenta que só há **fato do príncipe** se o ato emanar da mesma entidade contratante que celebrou o ajuste. No caso de o ato genérico que altera o equilíbrio ter sido feito por outro ente, não haveria fato do príncipe, mas sim uma aplicação da **teoria da imprevisão**, devendo as partes repartir o prejuízo, configurando álea econômica. Isto porque, na imprevisão, a situação imprevisível é alheia à vontade de ambas as partes. No fato do príncipe, a situação que afeta o contrato não foge à vontade da Administração.

Então, voltando-se ao caso acima imaginado, o tal município não teria nada a ver com a alteração propiciada pelo Governo Federal. Aliás, isso está de acordo com o nosso sistema federativo, onde as entidades são autônomas, uma não tem que responder pelo ato da outra. Também não seria justo que o município

---

305 CARVALHO, Matheus. Contratos Administrativos nos termos da Lei 14.133/21. p. 787.

respondesse pelo aumento da alíquota do Imposto de Importação que fosse propiciada pelo Governo Federal. Dessa forma, parece mais justa a corrente majoritária, que entende que, nesse caso, haveria uma espécie de repartição dos encargos, aplicando-se a teoria da imprevisão, que está ligada a álea econômica e que, em seguida, passamos a verificar.

19.6.2. Teoria da imprevisão

Diferente do fato do príncipe, a **teoria da imprevisão** é outro instituto, cujo pressuposto é a álea econômica, pois consiste no reconhecimento de que situações estranhas ao contrato e alheias à vontade das partes, imprevistas e imprevisíveis, e de ocorrência inevitável, possam intervir no equilíbrio econômico-financeiro gerando o dever de revisão, a fim de ajustar o contrato às circunstâncias supervenientes, ou seja, a recomposição dos preços. Seria o que chamamos de consequência direta da cláusula *"rebus sic stantibus"*, em que frente às circunstâncias de evidente desequilíbrio contratual, para restaurá-lo a Administração deve revisar prazos e preços anteriormente compactuados.

Caso fortuito e força maior são casos englobados pela teoria da imprevisão, podendo decorrer de causa humana não provocada por alguma das partes do acordo ou por fenômenos naturais.

É a hipótese do contrato de compra de veículos importados pelo Poder Público, e afetado pela alteração nas alíquotas do Imposto sobre Importação (federal). Se o ente público contratante era a própria União, haverá fato do príncipe (não foge à vontade da Administração). Se o ente contratante era outro (o Estado do Rio, por exemplo), o que há é a imprevisão, pois a alteração da alíquota foge à vontade também do ente público.

A parte final do art. 124, II, "d", da Lei 14.133/21, trata da teoria da imprevisão. É praticamente doutrina no texto legal. É aquela que admite a alteração de cláusulas contratuais toda vez que houver superveniência de fatos imprevisíveis ou de fatos previsíveis, porém de consequências incalculáveis para as partes e que gerem desequilíbrio econômico-financeiro na relação contratual, perda de comutatividade, perda de equivalência entre objeto e preço. A lei autoriza a Administração contratante a fazer acordo com o contratado para rever a distorção ocorrida.

O princípio da legalidade autoriza acordo. Estando presente a condição fixada na lei, a Administração tem que fazer o acordo. Se não fizer, o Judiciário pode rever o preço contratual em favor do contratado. A teoria da imprevisão pode se dar em favor da Administração Pública. Por exemplo, celebrado um contrato, o Poder Legislativo revoga lei que dispõe sobre um tributo que incide sobre a remuneração do serviço, revogando a incidência do tributo. O preço pressupõe a incidência do tributo. Se for revogado, o impacto existe e é imprevisível, enriquecendo o contratado, porque ele estaria pagando o mesmo valor, mas não pagando imposto. Por isso, a teoria da imprevisão pode ser aplicada em favor do Poder Público.

Nos dois casos (imprevisão ou fato do príncipe), deve haver a revisão do contrato, não havendo limite de prazo para isto. Deve ser feita a revisão, para restabelecer o equilíbrio econômico do contrato, assim que se verifique o fato que desequilibrou o contrato. Isto não se confunde com reajuste, que é manutenção do valor real do contrato, e que, a partir do Plano Real, só pode ser feito com intervalos mínimos de um ano.

Existe uma ampla discussão acerca da aplicação da teoria do fato do príncipe quando a conduta extracontratual provém de um ente federativo diferente do que havia celebrado o contrato, ou seja, imaginemos que determinado contrato é celebrado pelo Estado do Rio Grande do Norte e foi onerado pela elevação de um tributo federal. Seria essa uma situação de incidência do fato do príncipe? Devido à independência dos entes da federação, conclui-se que esta situação se configura como um caso fortuito.

Somente configuraria o fato do príncipe neste caso em comento se a conduta onerosa partisse da mesma esfera de governo daquela que celebrou o contrato administrativo atingido, sendo este, por exemplo, o entendimento de Maria Sylvia Zanella di Pietro. Assim, deve-se resguardar o direito de revisão contratual ao particular para se evitar prejuízos na relação contratual ocasionados por desequilíbrio imprevisto. Em determinados cenários se torna impossível à manutenção de contratos, segundo a teoria da imprevisão, ensejando na extinção de pleno de direito, como no caso de incêndio que destrói restaurante popular, tornando impossível a manutenção do contrato de prestação de serviços alimentícios, visto que a situação imprevista provocação a rescisão do contrato.

19.6.3. Fato da Administração

Última espécie de álea administrativa, que também é espécie de álea extraordinária é o Fato da Administração, que são comportamentos ou omissões culposas da Administração, causando o agravamento da execução do contrato.

Assim conceituado, o fato da Administração não afeta o equilíbrio econômico do contrato, mas o agrava ainda mais, pois afeta a própria subsistência do contrato, uma vez que é sustada sua execução até ser removido o fato da Administração, ou seja, até pagar, está suspensa a execução do contrato.

Então, o fato da Administração aparece em dois casos: inadimplência da Administração, que leva à rescisão do contrato, e atraso da Administração, que leva à prorrogação do contrato. Não se fala em equilíbrio do contrato, mas na sua existência ou não. A inadimplência da Administração vem tratada no art. 137, § 2º, V da Lei 14.133/21.

Desse modo, a Administração responde por esse agravamento, o que gera o dever de a Administração rever o contrato em virtude de seu comportamento culposo. Como exemplo, podemos imaginar que a Administração abra uma licitação para fazer uma obra pública e, ao mesmo tempo, expede um decreto expropriatório da área onde será feita aquela obra. Se a Administração não consegue fazer a desapropriação, porque, por exemplo, o juiz manda que seja complementado o valor do depósito da indenização prévia, e a Administração não aceita o aumento do valor, desistindo da desapropriação e da própria obra, isso impede a realização da obra, inviabilizando a licitação. Se a Administração não desiste, mas recorre da exigência de maior indenização, isto representa um atraso da Administração e, naturalmente, ela deve recompor o equilíbrio que por ela mesma foi rompido.

Do atraso da Administração trata o art. 57, § 1º, VI, da Lei nº 14.133/21, que também fala de equilíbrio econômico e financeiro do contrato. O atraso vai levar a uma prorrogação do contrato.

O único laço de igualdade entre cláusula exorbitante de alteração unilateral, fato do príncipe e fato da Administração é que todos eles são supervenientes à entrega das propostas. Não é o fato de eles causarem desequilíbrio econômico do contrato, pois o fato da Administração nem sempre causa isso.

Fazemos menção a outro exemplo interessante trazido por Matheus Carvalho[306] para contribuir na elucidação desse tema:

> "[...] Cite-se como exemplo situação na qual a Administração contrata uma empresa para realização de uma obra e, por descaso, não expede as ordens de serviços respectivos ou efetiva as desapropriações necessárias à aquisição dos terrenos onde as obras seriam executadas. Note-se que a atuação do ente público ocorre enquanto parte do contrato, ou seja, é ato praticado no bojo do contrato administrativo celebrado que altera a situação inicial. O inadimplemento do poder público implica em descumprimento contratual que onera demasiadamente o acordo, tornando impossível a manutenção da proposta vencedora".

Seguindo aquele mesmo esquema acima proposto, podemos observar que a álea econômica também pode advir dos casos fortuitos e de força maior, que ensejam a aplicação da teoria da imprevisão. Vejamos.

19.6.4. Caso fortuito e força maior

O que caracteriza determinado evento como força maior ou caso fortuito é a **imprevisibilidade, a inevitabilidade** de sua ocorrência e o impedimento absoluto, vedando a regular execução do contrato.

O caso fortuito e a força maior, portanto, também configuram álea econômica, devendo haver revisão.

Caso fortuito é acontecimento estranho à vontade humana, que interfere na economia contratual. É acontecimento da natureza, imprevisível, como enchente, tempestade etc., e que exerça influência sobre o contrato.

---

306   CARVALHO, Matheus. Contratos Administrativos nos termos da Lei 14.133/21. p. 787.

Ao lado do caso fortuito, temos a **força maior**, que representa um acontecimento decorrente da vontade humana, agravando a execução do contrato, como uma greve de serviços públicos, por exemplo, que impede que os empregados da empresa contratada cheguem ao campo de obra, local da prestação de serviços.

Notem, porém, que é lógico que essa greve não é dos empregados da empresa. Chama-se a atenção para isto, porque já houve questão de prova perguntando se a greve do pessoal da empresa prestadora de serviços seria considerada força maior para fins da teoria da imprevisão. Agora, se a empresa não quis pagar seus funcionários, ou se paga mal seus funcionários, isso é álea ordinária, que deve ser suportada por ele; a Administração Pública não tem nada a ver com isso. Aqui são greves no serviço público que impedem o acesso dos empregados ao campo de trabalho, causando assim um atraso nas obras ou no fornecimento. Isto, sim, seria força maior.

19.6.5. Interferências imprevistas

Diferindo um pouco de todas as espécies de álea que estivemos vendo até agora, porque todas elas, como risco, decorrem, são supervenientes, à formação do contrato, a **interferência imprevista** talvez seja a única espécie de álea que precede à formação do contrato, ou seja, interferências imprevistas são acontecimentos anteriores ao contrato, mas que por serem desconhecidos das partes também ensejam a aplicação da teoria da imprevisão.

Clássico exemplo da doutrina para essa espécie da álea econômica é o seguinte: numa obra, descobre-se que o terreno é rochoso, incompatível com a geologia local ou, então, na construção de um prédio público, durante as fundações, começa a jorrar petróleo. Notem, porém, que aquele determinado terreno já existia ali há alguns milhões de anos antes de se pensar em contrato, ou seja, tal acontecimento, percebe-se, escapa ao conhecimento das partes, que dele só tomam ciência da situação, imprevista e inevitável, quando a obra já foi iniciada. Por óbvio que engenheiros já teriam feito o devido estudo do solo, exatamente para não serem surpreendidos, porém, esse é o exemplo costumeiro, dado pela doutrina, para justificar a existência dessas interferências, que dificultam e oneram extraordinariamente o prosseguimento e a conclusão dos trabalhos.

Por fim, cumpre frisar que tudo o que dissemos, no que tange essas áleas, é resolvido pelo art. 124, II, "d", da Lei 14.133/21.

19.6.6. Responsabilidade Civil na Nova Lei de Licitações (Lei 14.133/21)

Ao iniciarmos esse subitem, é importante observar que o Projeto de Lei 4.253/20 que antecedeu a Lei 14.133/21 definia em seu artigo 53, § 6º uma responsabilidade regressiva do membro da advocacia pública nos casos de dolo ou fraude na elaboração do parecer jurídico. Contudo, recebeu veto presidencial em razão de existirem no ordenamento jurídico brasileiro outros dispositivos legais que abordam acerca da responsabilidade do advogado público. Portanto, a responsabilização do advogado público encontra-se submetida, principalmente, nos termos no art. 184 do Código de Processo Civil. O advogado público, conforme a teoria da dupla garantia adotada pelo STF, apenas deve responder regressivamente e não pessoal ou diretamente diante da vítima. A teoria mencionada consiste no Tema 940 de Repercussão Geral do STF que assim firma:

> A teor do disposto no art. 37, § 6º, da Constituição Federal, a ação por danos causados por agente público deve ser ajuizada contra o Estado ou a pessoa jurídica de direito privado prestadora de serviço público, sendo parte ilegítima para a ação o autor do ato, assegurado o direito de regresso contra o responsável nos casos de dolo ou culpa.

Verificam-se as duas garantias no sentido de que a vítima tenha o direito de ser ressarcida pelo Estado a respeito dos danos por ele provocados e que a responsabilização do agente público seja dada somente perante o Estado, sem que a vítima possa acioná-lo diretamente na justiça.

Prosseguindo nessa reflexão, o art. 117, § 4º, I e II da Lei 14.133/21 assegura que a empresa ou o profissional contratado devam assumir a responsabilidade civil objetiva quando forem contratados pela Administração Pública para contribuírem na atividade fiscalizatória dos contratos administrativos. Sendo terceiros contratados pelo poder público, devem responder pela veracidade e pela precisão das informações prestadas, assentando compromisso de confidencialidade, sendo-lhes vedado o exercício de atribuição própria e exclusiva de fiscal de contrato e não excluirá a responsabilidade fiscal do contrato dentro dos limites dos dados recebidos do terceiro contratado. Os arts. 120 e 121 da nova legislação licitatória reforçam que:

Art. 120, Lei 14.133/21. O contratado será responsável pelos danos causados diretamente à Administração ou a terceiros em razão da execução do contrato, e não excluirá nem reduzirá essa responsabilidade a fiscalização ou o acompanhamento pelo contratante.

Art. 121, Lei 14.133/21. Somente o contratado será responsável pelos encargos trabalhistas, previdenciários, fiscais e comerciais resultantes da execução do contrato.

O art. 155 reúne um rol de condutas passíveis de responsabilização e consequente aplicação de sanções administrativas ao licitante ou contratado que as praticar, observe:

Art. 155. O licitante ou o contratado será responsabilizado administrativamente pelas seguintes infrações:

I - dar causa à inexecução parcial do contrato;

II - dar causa à inexecução parcial do contrato que cause grave dano à Administração, ao funcionamento dos serviços públicos ou ao interesse coletivo;

III - dar causa à inexecução total do contrato;

IV - deixar de entregar a documentação exigida para o certame;

V - não manter a proposta, salvo em decorrência de fato superveniente devidamente justificado;

VI - não celebrar o contrato ou não entregar a documentação exigida para a contratação, quando convocado dentro do prazo de validade de sua proposta;

VII - ensejar o retardamento da execução ou da entrega do objeto da licitação sem motivo justificado;

VIII - apresentar declaração ou documentação falsa exigida para o certame ou prestar declaração falsa durante a licitação ou a execução do contrato;

IX - fraudar a licitação ou praticar ato fraudulento na execução do contrato;

X - comportar-se de modo inidôneo ou cometer fraude de qualquer natureza;

XI - praticar atos ilícitos com vistas a frustrar os objetivos da licitação;

XII - praticar ato lesivo previsto no art. 5º da Lei nº 12.846, de 1º de agosto de 2013.

Prosseguindo, o artigo subsequente de nº 156 elenca as quatro modalidades de punição, a saber: advertência, multa, impedimento de licitar e contratar e declaração de inidoneidade para licitar e contratar. Vamos, brevemente, ver no que consiste cada uma delas. De sorte que o § 1º do mesmo artigo apresenta os critérios para a dosimetria das penalidades, ou seja, tudo o que deve ser levado em conta para a escolha da penalidade e seu grau de intensidade, sendo eles: a natureza e a gravidade da infração cometida; as peculiaridades do caso concreto; as circunstâncias agravantes ou atenuantes; e os danos que dela provierem para a Administração Pública.

A advertência busca o sancionamento de infrações de natureza leve, praticadas pelo particular contratado, no mais das vezes envolvendo a inexecução parcial do contrato e deve sempre ser por escrito.

A multa é uma penalidade financeira que deve ter o seu valor estipulado previamente no contrato firmado. Assim como as demais penalidades, somente pode ser aplicada dentro de um processo administrativo regular, podendo ser descontada da garantia do respectivo contrato e, sendo superior ao montante dessa garantia, além de perdê-la totalmente, o contratado arcará com a diferença que haverá de ser descontada dos pagamentos eventualmente devidos pela Administração ou cobrada judicialmente, se for o caso. Multa e ressarcimento por prejuízo (indenização) são medidas diferentes e independentes, pois a multa poderá ser aplicada tanto de forma isolada quanto cumulada com outra penalidade. Antes da multa, o poder público deve abrir um prazo de 15 (quinze) dias para que o acusado apresente defesa (art. 157 da Lei 14.133/21). Já o § 3º do art. 156 assenta que a pena de multa será "calculada na forma do edital ou do contrato, não poderá ser inferior a 0,5% (cinco décimos por cento) nem superior a 30% (trinta por cento) do valor do contrato licitado ou celebrado com contratação direta e será aplicada ao responsável por qualquer das infrações administrativas previstas no art. 155".

O impedimento de licitar e contratar, como o próprio nome já diz, bloqueia o acesso à empresa punida de participar de certames licitatórios e de celebrar contratos com as entidades da Administração Direta ou Indireta do entre federativo que aplicou a penalidade, e tem duração máxima de 03 (três) anos.

Em derradeiro, por declaração de inidoneidade para licitar ou contratar entende-se a vedação recebida por uma empresa de licitar ou contratar com a Administração Direita ou Indireta de todos os entes federativos, podendo viger por 03 (três) a 06 (seis) anos, conforme decidir a autoridade administrativa. Conforme o § 6º do art. 156, a declaração de inidoneidade para licitar ou contratar, por se tratar de uma penalidade aplicada por autoridade de nível hierárquico elevado, deve ser precedida de análise jurídica e obedecer as seguintes regras: a) quando aplicada por órgão do Poder Executivo, será de competência exclusiva de ministro de Estado, de secretário estadual ou de secretário municipal e, quando aplicada por autarquia ou fundação, será de competência exclusiva da autoridade máxima da entidade; b) quando aplicada por órgãos dos Poderes Legislativo e Judiciário, pelo Ministério Público e pela Defensoria Pública no desempenho da função administrativa, será de competência exclusiva de autoridade de nível hierárquico equivalente às autoridades referidas no item anterior.

Importante dizer que para se aplicar as penalidades de impedimento de licitar e contratar e de declaração de inidoneidade, deve-se instaurar um processo de responsabilização, conduzido por 02 (dois) ou mais servidores estáveis, responsáveis pela avaliação dos fatos e circunstâncias conhecidos, que intimará o licitante ou o contratado para apresentar defesa escrita e especificar as provas que pretenda produzir, no prazo de 15 (quinze) dias úteis contados da data da intimação, a fim de se garantir os princípios constitucionais do contraditório e da ampla defesa.

O art. 163 da Lei 14.133/21 prevê a possibilidade do licitante ou contratado reabilitarem-se perante a autoridade que lhes aplicou penalidade(s), desde que cumpram cumulativamente os seguintes requisitos: reparação integral do dano causado à Administração Pública; pagamento da multa; transcurso do prazo mínimo de 01 (um) ano da aplicação da penalidade, no caso de impedimento de licitar e contratar, ou de 03 (três) anos da aplicação da penalidade, no caso de declaração de inidoneidade; cumprimento das condições de reabilitação definidas no ato punitivo; análise jurídica prévia, com posicionamento conclusivo quanto ao cumprimento dos requisitos definidos neste artigo; e a implantação ou aperfeiçoamento de programa de integridade pelo responsável, caso a penalidade suportada pelo licitante ou contratado tenha sido "apresentar declaração ou documentação falsa exigida para o certame ou prestar declaração falsa durante a licitação ou a execução do contrato" (art. 155, VIII) ou "praticar ato lesivo previsto no art. 5º da Lei nº 12.846/13 (Lei Anticorrupção)" (art.. 155, XII).

19.7. Anulação do Contrato Administrativo

A anulação do contrato opera efeitos *ex tunc*, ou seja, retroativamente. Ocorre a anulação, por exemplo, quando o procedimento licitatório não atendeu a determinados dispositivos legais, essenciais à contratação pelo Poder Público. Os efeitos da anulação são tratados no art. 148 da Lei 14.133/21.

A anulação do contrato, por vício acarretado no procedimento licitatório adotado pela Administração ou mesmo pela ausência de licitação, não obstante, a obrigatoriedade legal, gera o dever da Administração indenizar o particular contratado. Nesse sentido colacionamos acórdão da 7ª Câmara Cível do Tribunal de Justiça do Estado do Rio de Janeiro:

> CONTRATO ADMINISTRATIVO – PRESTAÇÃO DE SERVIÇOS – LICITAÇÃO – OBRIGATORIEDADE – NULIDADE DO CONTRATO – OBRIGAÇÃO DE INDENIZAR – ART. 59 PAR. ÚNICO LEI Nº 8.666, DE 1993 — ANULAÇÃO DA SENTENÇA
>
> CONTRATO ADMINISTRATIVO DE PRESTAÇÃO DE SERVIÇO DE PUBLICAÇÃO DE ATOS OFICIAIS. FALTA DE LICITAÇÃO. NULIDADE DO CONTRATO. AÇÃO DE COBRANÇA DE SERVIÇOS PRESTADOS. EXTINÇÃO DO PROCESSO SEM JULGAMENTO DO MÉRITO, SOB O FUNDAMENTO DE COLUSÃO DAS PARTES.
>
> HAVENDO O MUNICÍPIO CONTESTADO O PEDIDO, INCLUSIVE ARGÜINDO A NULIDADE DO CONTRATO ADMINISTRATIVO QUE APÓIA A AÇÃO DE COBRANÇA, NÃO HÁ COLUSÃO DAS PARTES.
>
> CONSIDERANDO QUE, EM PRINCÍPIO, 'A NULIDADE DO CONTRATO ADMINISTRATIVO NÃO EXONERA A ADMINISTRAÇÃO DO DEVER DE INDENIZAR O CONTRATADO PELO QUE ESTE HOUVER EXECUTADO ATÉ A DATA EM QUE ELA FOI DECLARADA' (PARÁGRAFO ÚNICO DO ART. 59 DA LEI Nº 8.666/93), ANULA-SE A SENTENÇA QUE EXTINGUIU O PROCESSO SEM JULGAMENTO DO MÉRITO, A FIM DE QUE ESTE SEJA DECIDIDO COMO DE DIREITO (MCG).[307]

19.8. Recursos Administrativos

A interposição de recursos é uma garantia constitucional (art. 5º, LV, CF) que compreende também o universo das licitações e contratos administrativos, uma vez que seu procedimento é passível de falhas e, seus atos, podem não só conferir, mas afetar e até mesmo negar direitos. Portanto, não desconhecendo essa potencialidade, os arts. 165 ao 168, da Lei 14.133/21 tratam do cabimento de recursos frente a fases do certame licitatório ou de pedido de reconsideração. Vejamos este ponto no texto legal, com maiores detalhes:

Art. 165. Dos atos da Administração decorrentes da aplicação desta Lei cabem:

I - recurso, no prazo de 3 (três) dias úteis, contado da data de intimação ou de lavratura da ata, em face de:

a) ato que defira ou indefira pedido de pré-qualificação de interessado ou de inscrição em registro cadastral, sua alteração ou cancelamento;

b) julgamento das propostas;

c) ato de habilitação ou inabilitação de licitante;

---

307   Tribunal de Justiça do Estado do Rio de Janeiro, 7ª Câmara Cível, Apelação nº 2045/97, unânime, Relator Desembargador Asclepíades Rodrigues.

d) anulação ou revogação da licitação;

e) extinção do contrato, quando determinada por ato unilateral e escrito da Administração;

II - pedido de reconsideração, no prazo de 3 (três) dias úteis, contado da data de intimação, relativamente a ato do qual não caiba recurso hierárquico.

§ 1º Quanto ao recurso apresentado em virtude do disposto nas alíneas "b" e "c" do inciso I do *caput* deste artigo, serão observadas as seguintes disposições:

I - a intenção de recorrer deverá ser manifestada imediatamente, sob pena de preclusão, e o prazo para apresentação das razões recursais previsto no inciso I do *caput* deste artigo será iniciado na data de intimação ou de lavratura da ata de habilitação ou inabilitação ou, na hipótese de adoção da inversão de fases prevista no § 1º do art. 17 desta Lei, da ata de julgamento;

II - a apreciação dar-se-á em fase única.

§ 2º O recurso de que trata o inciso I do *caput* deste artigo será dirigido à autoridade que tiver editado o ato ou proferido a decisão recorrida, que, se não reconsiderar o ato ou a decisão no prazo de 3 (três) dias úteis, encaminhará o recurso com a sua motivação à autoridade superior, a qual deverá proferir sua decisão no prazo máximo de 10 (dez) dias úteis, contado do recebimento dos autos.

§ 3º O acolhimento do recurso implicará invalidação apenas de ato insuscetível de aproveitamento.

§ 4º O prazo para apresentação de contrarrazões será o mesmo do recurso e terá início na data de intimação pessoal ou de divulgação da interposição do recurso.

§ 5º Será assegurado ao licitante vista dos elementos indispensáveis à defesa de seus interesses.

Art. 166. Da aplicação das sanções previstas nos incisos I, II e III do *caput* do art. 156 desta Lei caberá recurso no prazo de 15 (quinze) dias úteis, contado da data da intimação.

Parágrafo único. O recurso de que trata o *caput* deste artigo será dirigido à autoridade que tiver proferido a decisão recorrida, que, se não a reconsiderar no prazo de 5 (cinco) dias úteis, encaminhará o recurso com sua motivação à autoridade superior, a qual deverá proferir sua decisão no prazo máximo de 20 (vinte) dias úteis, contado do recebimento dos autos.

Art. 167. Da aplicação da sanção prevista no inciso IV do *caput* do art. 156 desta Lei caberá apenas pedido de reconsideração, que deverá ser apresentado no prazo de 15 (quinze) dias úteis, contado da data da intimação, e decidido no prazo máximo de 20 (vinte) dias úteis, contado do seu recebimento.

Art. 168. O recurso e o pedido de reconsideração terão efeito suspensivo do ato ou da decisão recorrida até que sobrevenha decisão final da autoridade competente.

Parágrafo único. Na elaboração de suas decisões, a autoridade competente será auxiliada pelo órgão de assessoramento jurídico, que deverá dirimir dúvidas e subsidiá-la com as informações necessárias.

Da leitura desse dispositivo legal podemos averiguar que o momento da interposição de recursos, ou seja, que a fase recursal, de caráter único, deslocou-se para o final do procedimento licitatório, como sistemática nova a ser adotada em procedimentos licitatórios complexos, que envolvam interesses de maior expressividade econômico-financeira, nos quais sem sobra de dúvida haverá licitantes lutando com mais dedicação sem desperdiçar qualquer oportunidade de defesa. A esse respeito, muito bem nos esclarece José Calasans Junior:[308]

> "Aparentemente, a instituição da "fase recursal" única propicia maior fluidez ao procedimento, que deixa de sofrer interrupção provocadas por recursos intercorrentes, muitas vezes de propósito emulativo e procrastinatório. Entretanto, a vantagem dessa alteração procedimental é de eficácia aparente, pois em verdade, apenas de desloca, de um momento intercorrente para o momento final do procedimento licitatório, a interposição dos recursos, os quais continuam implicando a paralisação do processo, pelo efeito suspensivo de que se revestem. Se antes era a conclusão da licitação que podia ser retratada, agora é a formalização do contrato (objetivo final da licitação) que pode ser procrastinada".

Essa fase única recursal assemelha-se ao modo como a Lei do Pregão disciplina da fase recursal, mas é importante esclarecer que ambos os estatutos guardam expressivas diferenças, por isso, não se podendo dizer que sejam exatamente iguais, senão vejamos:

- A Lei do Pregão, em seu art. 4º, XVIII estabelecia que os recursos fossem interpostos somente após a declaração do licitante vencedor, abrindo margem ao equivocado entendimento de que seu cabimento estivesse estritamente relacionado a impugnar a decisão que elegeu o vencedor. Contudo, o art. 165 da Lei 14.133/21 brinda-nos com a possibilidade dos recursos direcionarem-se contra os "atos da Administração", ou seja, muito mais além do que se restringir aos atos praticados no procedimento licitatório;

- A nova lei de licitações passou a exigir apenas o registro da intenção de recorrer pelo licitante interessado, com a formalização do recurso em três dias úteis, trazendo maior efetividade ao direito constitucional de recurso, e, por isso mesmo, contrariando a práxis da Lei do Pregão, na qual havia a "decadência do direito de recurso" (art. 4º, XX) se o licitante interessado faltasse com a manifestação imediata e motivada da intenção de recorrer, fazendo com que pregoeiros, por interpretação errônea da lei, indeferissem a manifestação de recorrer se os motivos do recurso não fossem indicados desde logo.

Em relação à Lei nº 8.666/93, a nova Lei de Licitações modificou a expressão "representação" por "pedido de reconsideração" (art. 165, II), como modo de impugnar decisões advindas do procedimento licitatório, dotando-o, conforme o art. 168, de efeito suspensivo. Ambos os institutos têm pode finalidade precípua a revisão dos atos impugnados e a consequente modificação destes, fator que caracteriza sua natureza de recurso, ainda que sob a égide da lei de licitações anterior fosse comum se dizer que a representação não nutrisse características técnicas de recurso, limitando-se unicamente a uma modalidade do "exercício de petição" garantido a todo cidadão como forma de "defesa de direitos ou contra ilegalidade ou abuso de poder" (CF, art. 5º, XXXIV, "a").

Portanto, certo é que os atos da Administração praticados no âmbito do procedimento licitatório poderão sofrer impugnação seja pela via do recurso ou do pedido de reconsideração. Uma vez lavrada a ata de habilitação do licitante, ocorrerá a abertura do prazo para que se interponha recurso administrativo. Matheus Carvalho salienta inclusive que, "se o recurso disser respeito à fase anterior (de julgamento das propostas), a intenção de recorrer já foi apresentada aos autos, sob pena de preclusão, e o interessado deverá apresentar as razões recursais".[309]

E continua:

---

308 CALASANS JUNIOR, José. Manual da Licitação: com base na Lei nº 14.133, de 1º de abril de 2021. 3 ed. São Paulo: Barueri, Editora Atlas, 2021. p. 170.
309 CARVALHO, Matheus. Manual de Direito Administrativo. p. 604.

"O recurso deve ser interposto no prazo de 03 (três) dias úteis, contado da data de intimação ou de lavratura da ata, em face do julgamento das propostas, do ato da habilitação ou inabilitação de licitante, ou ainda do ato que determine a anulação ou revogação da licitação.

A Lei estabelece o cabimento de pedido de reconsideração, também no prazo de 03 (três) dias úteis, contado da data de intimação, relativamente a ato do qual não caiba recurso hierárquico.

Em todos os casos, será permitido o exercício do contraditório e, em razão disso, qualquer interessado poderá apresentar contrarrazões no mesmo prazo de recurso, após a intimação pessoal ou divulgação da interposição do recurso. O acolhimento de recurso implicará invalidação apenas de ato insuscetível de aproveitamento.

Ressalte-se, ainda, que, no prazo para recurso, não se admite que sejam trazidos documentos obrigatórios". [310]

Quem pode contestar o edital? A lei diz que <u>qualquer cidadão</u> é parte legítima para impugnar o edital. A lei pede que somente poderá contestar quem estiver no gozo do direito político (votar e ser votado). Pode um licitante impugnar o edital? E essa hipótese pode ocorrer. Senão, vejamos: suponhamos que o licitante ache que o edital está exigindo um documento desnecessário para a habilitação, ou o edital está direcionando a licitação. Geralmente, é muito difícil se impugnar um edital em sua totalidade.

Quem mais pode impugnar o edital? O licitante em potencial, que é a empresa que vai participar da licitação, pode impugnar o edital. Essa é a segunda hipótese, com previsão na atual lei, antes da abertura dos envelopes. Cabe, inclusive, representação junto ao Tribunal de Contas no tocante as irregularidades contidas no edital. Há uma abordagem muito interessante que se precisa tomar cuidado: o licitante tem que impugnar o inteiro teor do edital de licitação? Sim, deve questionar todas as regras de licitação nesse momento, porque a lei diz que decairá do direito de impugnar os termos do edital de licitação perante a Administração. Então, se o licitante não fizer, nesse momento, impugnando tudo que estiver no edital, não poderá mais impugná-lo administrativamente, correspondendo ao refrão: "quem cala consente".

19.9. Continuidade dos Contratos Administrativos x Contratado em Recuperação Judicial

É controversa a norma quanto à manutenção dos Contratos Administrativos quando deferida a recuperação judicial do contratado particular.

Visto que a lei estabelece a rescisão contratual somente em caso de falência, o silêncio quanto ao contratado em recuperação judicial enseja uma análise principiológica e jurisprudencial sobre o tema.

A omissão da Lei de Licitações e Contratos (Lei 8.666/93) e da Lei de Recuperação Judicial e Extrajudicial e Falência (Lei 11.101/05) advêm da inexistência do instituto da recuperação judicial no ordenamento jurídico brasileiro a época da discussão da Lei 8.666/93.

Este instituto, tendo como cenário a superação do declínio econômico-financeiro é fundado no *Princípio da Função Social da Empresa*, surge no início do ano 2005, almejando o saneamento da crise empresarial e a garantia de interesses coletivos, como, por exemplo, a manutenção dos postos de trabalho.

Neste cenário, a aplicação automática do artigo 137, IV da Lei 14.133/21 ignora princípios axiologicamente maiores, entre os quais podemos destacar, neste momento, o princípio da dignidade da pessoa humana, consagrado como basilar no Estado Democrático de Direito, bem como base de onde se emanam os demais princípios.

---

310   Idem.

Art. 78, Lei 8.666/93. Constituem motivo para rescisão do contrato:

[...]

IX - a decretação de falência ou a instauração de insolvência civil;

Ainda que mais recente e atenta aos princípios acima citados, a Lei 11.101/05 que cria e regulamenta o instituto da Recuperação Judicial, com o objetivo maior da preservação da Empresa, estabelece em seu artigo 52, II a necessidade de Certidões Negativas para a Empresa em recuperação contratar com o Poder Público, o que vai ao encontro destes paradigmas estabelecidos pela Constituição e pela própria lei.

Art. 52. Estando em termos a documentação exigida no art. 51 desta Lei, o juiz deferirá o processamento da recuperação judicial e, no mesmo ato:

II – determinará a dispensa da apresentação de certidões negativas para que o devedor exerça suas atividades, exceto para contratação com o Poder Público ou para recebimento de benefícios ou incentivos fiscais ou creditícios, observando o disposto no art. 69 desta Lei; (grifos nossos)

Destaca-se no artigo anterior a atecnia da Lei quando estabelece ações para que a Empresa em dificuldades siga no exercício de suas atividades, porém impedindo que o próprio Estado contrate esta empresa e ajude nesta recuperação.

Este artigo, acima transcrito, que dificulta a empresa em recuperação judicial contratar ou se manter contratada com o Poder Público e, por conseguinte se recuperar dos problemas percebidos é consubstanciado pela redação similar do artigo 31, II da Lei 8.666/93[311] e também exige certidões negativas de falência ou recuperação judicial para a habilitação do licitante em certames.

Defende Figueiredo, analisando os artigos 30 e 31 da Lei 8.666/93,[312] entende que a exigência de certidão negativa de recuperação judicial é discricionária:

"Nos arts. 30 e 31, concernentes à qualificação técnica e econômico-financeira, o legislador apenas relacionou os tipos de documentos que podem ser exigidos, deixando ao administrador público a competência discricionária para estabelecer, em cada licitação, quais serão requeridos e quais as características de cada documento a ser apresentado pelos licitantes, conforme a particularidade do objeto a ser licitado e as características do futuro contrato. Pelo princípio da legalidade, o Administrador Público deve escolher, dentre os documentos relacionados nesses dois artigos, quais são indispensáveis para a garantia do cumprimento das obrigações contratadas, conforme dispõe o inciso XXI do art. 37 da Constituição Federal. A competência discricionária é um dever-poder: o administrador público não pode se furtar a identificar, em cada licitação, conforme as características do objeto licitado e do futuro contrato, quais seriam as exigências indispensáveis para assegurar a boa execução contratual."

Endossando esse entendimento, encontra-se o Ministro José Delgado, do Superior Tribunal de Justiça:

"Ora, a redação do *caput* do 31 da Lei nº 8.666/93 é expressa em prescrever que a documentação relativa à qualificação econômico-financeira "limitar-se-á" àquela enumerada nos seus incisos, evidenciando tratar-se de rol taxativo. A doutrina especializada, em uniformidade, adota tal entendimento: [...] **"O elenco dos arts. 28 a 31 deve ser reputado como máximo e não como mínimo. Ou seja, não há imposição legislativa a que a administração, em cada licitação, exija comprovação integral quanto a cada um dos itens contemplados nos referidos dispositivos.** O edital não poderá exigir mais do que ali previsto, mas poderá demandar menos. Essa interpretação foi adotada pelo próprio STJ, ainda que examinando a questão específica da qualificação econômica. Determinou-se

---

311   Atual. art. 69, II da Lei 14.133/21
312   Atuais arts. 67 e 69 da Lei 14.133/21.

que 'não existe obrigação legal a exigir que os concorrentes esgotem todos os incisos do art. 31, da Lei 8.666/93'" (REsp nº 402.711/SP, rel. Min. José Delgado). (grifamos)

RECURSO ESPECIAL. ADMINISTRATIVO. LICITAÇÃO. EDITAL. ALEGATIVA DE VIOLA-ÇÃO AOS ARTIGOS 27, III E 31, I, DA LEI 8.666/93. NÃO COMETIMENTO. REQUISITO DE COMPROVAÇÃO DE QUALIFICAÇÃO ECONÔMICO-FINANCEIRA CUMPRIDA DE ACOR-DO COM A EXIGÊNCIA DO EDITAL. RECURSO DESPROVIDO. 1. A comprovação de qualifi-cação econômico-financeira das empresas licitantes pode ser aferida mediante a apresentação de outros documentos. A Lei de Licitações não obriga a Administração a exigir, especificamente, para o cumprimento do referido requisito, que seja apresentado o balanço patrimonial e demonstrações contábeis, relativo ao último exercício social previsto na lei de licitações (art. 31, inciso I), para fins de habilitação. 2. *In casu*, a capacidade econômico-financeira foi comprovada por meio da apresen-tação da Certidão de Registro Cadastral e certidões de falência e concordata pela empresa vencedora do Certame em conformidade com o exigido pelo Edital. 3. Sem amparo jurídico a pretensão da recorrente de ser obrigatória a apresentação do balanço patrimonial e demonstrações contábeis do último exercício social, por expressa previsão legal. Na verdade, não existe obrigação legal a exigir que os concorrentes esgotem todos os incisos do artigo 31, da Lei 8.666/93. 4. A impetrante, outros-sim, não impugnou as exigências do edital e acatou, sem qualquer protesto, a habilitação de todas as concorrentes. 5. Impossível, pelo efeito da preclusão, insurgir-se após o julgamento das propostas, contra as regras da licitação. 6. Recurso improvido. (Primeira Turma. Recurso Especial nº 402.711/SP. Relator: Ministro José Delgado.)

Nesse diapasão, decidiu a Segunda Turma do Superior Tribunal de Justiça (STJ):

MEDIDA CAUTELAR Nº 23.499 – RS (2014/0287289-2) RELATOR: MINISTRO ANTONIO CARLOS FERREIRA REQUERENTE: MINISTÉRIO PÚBLICO DO ESTADO DO RIO GRANDE DO SUL REQUERIDO: IBROWSE CONSULTORIA E INFORMÁTICA LTDA DESPACHO Trata-se de medida cautelar, com pedido de liminar, ajuizada pelo MINISTÉRIO PÚBLICO DO ESTADO DO RIO GRANDE DO SUL, com o propósito de atribuir efeito suspensivo ao recurso especial interposto contra acórdão proferido pelo TJRS. O Acórdão recorrido tem a seguinte ementa (e-STJ fls. 121): "Agravo de instrumento. Recuperação judicial. Possibilidade de a empresa em recuperação judicial continuar participando de lici-tações públicas. Ausência de vedação legal expressa. Recurso provido. O recurso especial interposto contra esse acórdão (e-STJ fls. 125/142) aponta ofensa aos artigos 273, 468 e 472 do CPC, 31, II, da Lei nº 8.666/93 e 47 da Lei nº 11.101/05, ao argumento de que empresa requerida não pode participar de procedimentos licitatórios por se encontrar em processo de recuperação judicial, não preenchendo integralmente os re-quisitos elencados na Lei de Licitações Públicas. Asseverou que não era possível a antecipação de tutela," cabendo á empresa recorrida ingressar em juízo com ação própria contra o ente público correspondente, caso pretenda participar de licitação ou se sinta ameaçada de rompimento de contratos com ele havidos "(e-STJ fl. 40). Sustenta que o *fumus boni iuris* encontra-se evidenciado na plausibilidade das alegações, enquanto o" periculum in mora "estaria caracterizado pelo risco da empresa requerida participar de lici-tações públicas, mesmo se achando em recuperação judicial. É o relatório. A distribuição da competência entre órgãos julgadores que compõem o Superior Tribunal de Justiça é definida pela natureza da relação jurídica litigiosa, consubstanciada no pedido e na causa de pedir, sem ressalvas quanto à natureza jurídica das partes que figuram na lide. No caso concreto, a matéria tratada nos presentes autos refere-se a direito público. Assim, o julgamento deste recurso compete a uma das Turmas que compõem a Primeira Seção desta Corte, nos termos do art. 9º, § 1º, XI, do Regimento Interno do Superior Tribunal de Justiça. [...] (STJ - MC: 23499 RS 2014/0287289-2, Relator: Ministro ANTONIO CARLOS FERREIRA)

Abordando o tema, PENTEADO aponta:

"Coerentemente com a nova solução dada pela Lei 11.101 para a solução da crise econômica das atividades empresariais, parece evidente que a Lei de Licitações está a reclamar adaptação, de molde a que as sociedades que tenham seus Planos de Recuperação concedidos judicialmente também possam participar de licitações realizadas pelo Poder Público, que, em muitos casos, constitui fator importante para que superem as dificuldades por que passam, não havendo motivos para delas afastar unidade empresarial cuja viabilidade e possibilidade de atuar eficientemente no mercado passou pelo crivo daqueles que melhores têm competência para fazê-lo, ou seja, seus credores privados, sob a supervisão do Judiciário, ainda que alguns requisitos adicionais sejam requeridos para compor seus planos, tendo em vista o interesse público".

Na contramão do que foi exposto até aqui, a Lei 11.101/05, em seu artigo 117, possibilita a manutenção dos contratos pelo administrador judicial no caso de a Empresa estiver em processo falimentar, processo este muito mais grave, e de mais difícil reversão que a recuperação judicial. É com base neste artigo e ainda nos princípios constitucionais que regem a recuperação judicial que a doutrina e a jurisprudência vêm admitindo a contratação e a manutenção dos contratos de empresas que estão neste processo de recuperação.

Art. 117. Os contratos bilaterais não se resolvem pela falência e podem ser cumpridos pelo administrador judicial se o cumprimento reduzir ou evitar o aumento do passivo da massa falida ou for necessário à manutenção e preservação de seus ativos, mediante autorização do Comitê.

Do exposto, a exigência, insuprível, de apresentação de Certidão Negativa de Recuperação Judicial, que vem sendo incluída nos editais de licitação, é incoerente, contraditória e ilegal, posto que exclui, decisivamente, da empresa em Recuperação Judicial:

i) a possibilidade de formalizar a contratação com o poder público,

ii) impacta diretamente no procedimento de reestruturação da empresa,

iii) fragiliza a manutenção da viabilidade econômica da empresa em tal condição jurídica e, por fim,

iv) impede que o resultado útil do seu processo de recuperação judicial seja alcançado.

Em outras palavras, com base nos princípios fundamentais da livre iniciativa e da valorização do trabalho humano (artigo 1º, inciso IV, da Constituição Federal de 1988), os princípios da função social da empresa e da preservação da unidade produtiva modificaram o direito falimentar e fundamentaram a criação de mecanismos de reorganização da empresa.

Na visão de GONÇALVES NETO:

"... pode-se observar que ao princípio da busca do pleno emprego, por exemplo, corresponde o da preservação ou da manutenção da empresa (de que é corolário o da recuperação da empresa), segundo o qual, diante das opções legais que conduzam a dúvida entre aplicar regra que implique a paralisação da atividade empresarial e outra que possa também prestar-se à solução da mesma questão ou situação jurídica sem tal consequência, deve ser aplicada essa última, ainda que implique sacrifício de outros direitos também dignos de tutela jurídica".

Emana do artigo 117 da Lei de Recuperação Judicial e Extrajudicial e de Falência, a opção do administrador judicial de cumprir ou não o contrato, cabendo indenização referente aos danos emergentes sofridos pelos credores em caso de desistência. Além disso, as cláusulas resolutivas no contrato são nulas diante da afirmativa de viabilidade, salvo nos contratos *intuitu personae* em que as características personalíssimas visadas pelos contratantes forem perdidas.

Na recuperação judicial, via de regra, inexiste ofensa ao Princípio do Personalismo do Contrato Administrativo, requisito da licitação presente no artigo 137 da Lei 14.133/21, pois pois não há, em sua aplicação, a alteração do sujeito da atividade ou da prestação original.

Cabe ainda mencionar o artigo 80, § 2º, da Lei nº 8.666/93,[313] que prevê a manutenção do contrato, pela Administração Pública, com a contratada que se encontra em regime de recuperação judicial, assumindo o controle de certas atividades de serviços essenciais. Portanto, ainda que houvesse a equivocada equiparação entre os institutos da recuperação judicial e da concordata, a lei prezaria pela manutenção contratual com a realização das adequações necessárias.

Como apontado, existem cláusulas de direito público que permitem ao Estado um maior controle sobre a relação contratual e seu adimplemento. A teoria do contrato não cumprido, por exemplo, permite a extinção do vínculo, a indenização por perdas e danos e declaração de inidoneidade da empresa que paralisar sumariamente sua prestação contratual. Assim, de início, diante dessa permissividade, caberá ao administrador, seguindo os procedimentos legais, primar pela continuação do contrato.

Por último, cumpre trazer à colação o posicionamento externado pela Advocacia-Geral da União (AGU), a qual se manifestou favoravelmente à participação de empresas em recuperação judicial nos certames, com a condição de que estas já possuam plano de recuperação judicial aprovado, além da comprovação dos demais requisitos de qualificação econômico-financeira. Veja-se:

Desse modo, ante tudo o que foi exposto acima, concluímos que:

a) sobre a participação da empresa em recuperação judicial em licitações, deve ser feita a devida distinção entre a situação da empresa que está ainda postulando a recuperação judicial (art. 52, da Lei 11.101, de 2005), daquela que já está com o plano de recuperação aprovado e homologado judicialmente, com a recuperação já deferida (art. 58, da Lei 11.101, de 2005);

b) o mero despacho de processamento do pedido de recuperação judicial, com base no art. 52 da Lei 11.101, de 2005, não demonstra que a empresa em recuperação possua viabilidade econômico-financeira;

c) apenas com o acolhimento judicial do plano de recuperação, na fase do art. 58 da Lei 11.101, de 2005, é que existe a recuperação judicial em sentido material, com a demonstração da viabilidade econômico-financeira da empresa;

d) a certidão negativa de recuperação judicial é exigível por força do art. 31 da Lei 8.666, de 1993, porém a certidão positiva não implica a imediata inabilitação, cabendo ao pregoeiro ou à comissão de licitação realizar diligências para avaliar a real situação de capacidade econômico-financeira;

e) caso a certidão seja positiva de recuperação, caberá ao órgão processante da licitação diligenciar no sentido de aferir se a empresa em recuperação já teve seu plano de recuperação acolhido judicialmente, na forma do art. 58 da Lei 11.101, de 2005;

f) se a empresa postulante à recuperação não obteve o acolhimento judicial do seu plano, não há demonstração da sua viabilidade econômica, não devendo ser habilitada no certame licitatório;

g) a empresa em recuperação judicial com plano de recuperação acolhido, como qualquer licitante, deve demonstrar os demais requisitos para a habilitação econômico-financeira.[314]

Por fim, o STJ, em julgado de junho de 2018 consagrou este entendimento quando no acordão referente ao REsp 309.867, o Ministro Gurgel de Faria, relator, pontuou: "A interpretação sistemática dos dispositivos das Leis 8.666/93 e 11.101/05 leva à conclusão de que é possível uma ponderação equilibrada dos princípios nelas contidos, pois a preservação da empresa, de sua função social e do estímulo à atividade econômica atendem também, em última análise, ao interesse da coletividade, uma vez que se busca a manutenção da fonte produtora, dos postos de trabalho e dos interesses dos credores."

---

313   Sem dispositivo correspondente na Lei 14.133/21.
314   AGU. Parecer 04/2015/CPLC/DEPCONSU/PGF/AGU. Disponível em: <http://www.agu.gov.br/page/download/index/id/29165624>.

ADMINISTRATIVO. LICITAÇÃO. EMPRESA EM RECUPERAÇÃO JUDICIAL. PARTICIPAÇÃO. POSSIBILIDADE. CERTIDÃO DE FALÊNCIA OU CONCORDATA. INTERPRETAÇÃO EXTENSIVA. DESCABIMENTO. APTIDÃO ECONÔMICO-FINANCEIRA. COMPROVAÇÃO. OUTROS MEIOS. NECESSIDADE.

1. Conforme estabelecido pelo Plenário do STJ, "aos recursos interpostos com fundamento no CPC/1973 (relativos a decisões publicadas até 17 de março de 2016) devem ser exigidos os requisitos de admissibilidade na forma nele prevista, com as interpretações dadas até então pela jurisprudência do Superior Tribunal de Justiça» (Enunciado Administrativo nº 2).

2. Conquanto a Lei nº 11.101/05 tenha substituído a figura da concordata pelos institutos da recuperação judicial e extrajudicial, o art. 31 da Lei nº 8.666/93 não teve o texto alterado para se amoldar à nova sistemática, tampouco foi derrogado.

3. À luz do princípio da legalidade, "é vedado à Administração levar a termo interpretação extensiva ou restritiva de direitos, quando a lei assim não o dispuser de forma expressa" (AgRg no RMS 44099/ES, Rel. Min. BENEDITO GONÇALVES, PRIMEIRA TURMA, julgado em 03/03/2016, DJe 10/03/2016).

4. Inexistindo autorização legislativa, incabível a automática inabilitação de empresas submetidas à Lei nº 11.101/05 unicamente pela não apresentação de certidão negativa de recuperação judicial, principalmente considerando o disposto no art. 52, I, daquele normativo, que prevê a possibilidade de contratação com o poder público, o que, em regra geral, pressupõe a participação prévia em licitação.

5. O escopo primordial da Lei nº 11.101/05, nos termos do art. 47, é viabilizar a superação da situação de crise econômico-financeira do devedor, a fim de permitir a manutenção da fonte produtora, do emprego dos trabalhadores e dos interesses dos credores, promovendo, assim, a preservação da empresa, sua função social e o estímulo à atividade econômica.

6. A interpretação sistemática dos dispositivos das Leis nº 8.666/93 e nº 11.101/05 leva à conclusão de que é possível uma ponderação equilibrada dos princípios nelas contidos, pois a preservação da empresa, de sua função social e do estímulo à atividade econômica atendem também, em última análise, ao interesse da coletividade, uma vez que se busca a manutenção da fonte produtora, dos postos de trabalho e dos interesses dos credores.

7. A exigência de apresentação de certidão negativa de recuperação judicial deve ser relativizada a fim de possibilitar à empresa em recuperação judicial participar do certame, desde que demonstre, na fase de habilitação, a sua viabilidade econômica.

8. Agravo conhecido para dar provimento ao recurso especial.

(AREsp 309.867/ES, Rel. Ministro GURGEL DE FARIA, PRIMEIRA TURMA)

Diante disso, conclui-se que a jurisprudência pátria tem entendido como arbitrária a vedação sumária à participação de empresas em recuperação judicial nos certames, o que é bastante acertado, tendo em vista a própria finalidade do instituto da recuperação judicial, que é possibilitar a reabilitação das empresas que atravessam dificuldades financeiras, em atendimento ao Princípio Constitucional implícito da Preservação da Empresa.

19.10. Responsabilidade pela Execução do Contrato

Diz-se que o contrato uma vez firmado, deve ser fielmente cumprido por ambas as partes, sendo isso um dever que lhe cabe inerentemente. Assim, as obrigações assumidas devem ser respeitadas por ambos, segundo o que estabelecer a legislação vigente e as cláusulas do acordo, havendo se responsabilizar cada uma das partes na medida de seu descumprimento. Em razão disso, existe a necessidade de que o contratado mantenha um preposto no local da obra ou serviço, que seja aceito pela Administração, com o fim de representá-lo na execução do contrato, perante o poder público e perante terceiros, segundo preleciona o art. 118 da Lei 14.133/21. Importante faz-se a menção ao artigo 116, que acerca da inclusão de pessoas com deficiência e jovens aprendizes, isto é, com respeito à abertura de oportunidades profissionais, assim dispõe:

Art. 116, Lei 14.133/21. Ao longo de toda a execução do contrato, o contratado deverá cumprir a reserva de cargos prevista em lei para pessoa com deficiência, para reabilitado da Previdência Social ou para aprendiz, bem como as reservas de cargos previstas em outras normas específicas.

Parágrafo único. Sempre que solicitado pela Administração, o contratado deverá comprovar o cumprimento da reserva de cargos a que se refere o *caput* deste artigo, com a indicação dos empregados que preencherem as referidas vagas.

A Lei garante que sempre que o particular cometer atos prejudiciais à Administração Pública bem como a terceiros, seja na execução de obras seja durante a prestação de um serviço, isto resultará na sua responsabilização e que a fiscalização ou o acompanhamento pelo órgão interessado não terão o condão de excluírem-na. Por conseguinte, os encargos trabalhistas, previdenciários, fiscais e comerciais que resultem da execução do contrato ficam ao encargo do particular contratado. Contudo, a Lei acentua que a Administração Pública deverá responder solidariamente pelos encargos previdenciários e, subsidiariamente nos encargos de natureza trabalhista, que forem frutos na execução de contratos de serviços contínuos com regime de dedicação exclusiva de mão de obra, havendo comprovação de que a fiscalização no cumprimento das obrigações pelo contratado foi falha. Portanto, os empregados de empresa contratada lesados seus direitos previdenciários poderão exigir a devida prestação do ente público, que para não arcar com esse ônus, deverá demonstrar em juízo que a empresa prestadora dos serviços operou regularmente o recolhimento das contribuições previdenciárias. Não conseguindo comprovar esta realidade, o poder público não poderá deixar que recolher as contribuições devidas e não realizadas corretamente pela empresa prestadora.

Mas em relação aos débitos trabalhistas, a Lei 14.133/21 aborda que o Estado terá uma responsabilização subsidiária apenas nos casos em que se provar irregularidades da fiscalização do cumprimento dessa obrigação pela empresa contratada, conforme o que diz o inciso V da Súmula 331 do TST: "Os entes integrantes da Administração Pública direta e indireta respondem subsidiariamente, nas mesmas condições do item IV, caso evidenciada a sua conduta culposa no cumprimento das obrigações da Lei nº 8.666, de 21.06.1993, especialmente na fiscalização do cumprimento das obrigações contratuais e legais da prestadora de serviço como empregadora. A aludida responsabilidade não decorre de mero inadimplemento das obrigações trabalhistas assumidas pela empresa regularmente contratada".

A responsabilidade pela execução do contrato divide-se em responsabilidade contratual e extracontratual. Dentre os danos que a execução do contrato pode acarretar, existem aqueles que são causados a terceiros. A responsabilidade, nesta hipótese, será extracontratual. Mas há casos em que a simples presença da obra já causa danos a terceiros (o empreiteiro não tem qualquer culpa, está fazendo tudo regularmente). Nesses casos, entende-se que a responsabilidade é extracontratual <u>da Administração</u> (e não do empreiteiro).

É a responsabilidade do contratado perante terceiros. A simples existência da obra, sua presença, seu porte, sua localização, por si só, já trazem prejuízos a terceiros. Por exemplo, na feitura da Linha Vermelha, a construção do elevado sobre a Rua Bela, em S. Cristóvão, trouxe enorme prejuízo aos comerciantes nela estabelecidos, pois a via ficou fechada. Não houve nenhuma irregularidade, a obra estava correta, observaram-se todas as regras técnicas da engenharia civil, o empreiteiro não fez nada de errado. Mas a simples existência da obra gerou danos ao dono da padaria, aos seus usuários etc. Obviamente a responsabilidade é de quem encomendou a obra. no caso, a Administração.

Quem é o responsável pela má execução da obra?

O STF tem vários acórdãos no sentido de que são responsáveis, solidariamente, a Administração e o contratado. Esta responsabilidade solidária não fere o art. 37, § 6º da CF/88, pois o contratado é um preposto da Administração. O empreiteiro é um agente, e o referido artigo adota a Teoria Objetiva ou do risco. Fica claro que a Administração responde pelos danos que seus agentes causarem a terceiros, cabendo ação regressiva da Administração em face do empreiteiro.

Em regra, o prejudicado ingressa contra o poder público, que, bem ou mal, mesmo demorando mais, terá que responder e pagar a ele os prejuízos. O débito judicial vai ter que entrar no orçamento. Mas nada impede que a ação seja movida em face do empreiteiro, se este tiver vida econômica sadia e puder pagar.

Entretanto, se a ação for em face da Administração e esta for condenada, nem sempre caberá ação regressiva contra o contratado.

Hely Lopes Meirelles coloca muito bem esta matéria no seu livro sobre Licitações e Contratos. Segundo ele, existem dois tipos de contratos de empreitada de obra pública: <u>uma de material, outro de labore</u>.

Na empreitada de material não cabe ação regressiva, pois o empreiteiro entra com o material e não com a mão de obra. Ele não terá responsabilidade com a má execução.

Na empreitada de labore, é o contrário. O contratado só entra com a mão de obra, e o material é fornecido pela Administração. Neste caso, caberá ação regressiva contra ele, mesmo que seja provado que a origem do dano ou da má execução esteja no material. Isto porque é inerente sua responsabilidade de verificar o material utilizado, recusando-o no caso de má qualidade ou inadequação. Se não o fez, caberá ação regressiva contra ele.

Tratando-se, no entanto, de vício oculto, isto é, a má qualidade do material não é notória, só pode ser constatada por perícia, o empreiteiro não responderá em ação regressiva. O poder público será responsabilizado sozinho, pois ele deu causa ao dano.

Quanto aos atos preparatórios para execução da obra, se deles resultar dano a terceiro, a responsabilidade será exclusiva do empreiteiro. Ex.: acidente com o caminhão que está transportando a matéria prima por culpa sua, ou acidente na construção do canteiro de obras etc. A responsabilidade será exclusiva do contratado.

Hely também levanta a possibilidade da responsabilidade subsidiária da Administração por culpa *in elegendo*, pois escolheu mal seu representante. Isto quando, depois de executar o empreiteiro, ainda faltar o pagamento de parte da indenização.

A quarta situação refere-se à responsabilidade por encargos trabalhistas e previdenciários (art. 121 da Lei 14.133/21). Os débitos previdenciários (não incluem os trabalhistas) são de responsabilidade solidária da Administração, desde que esta pague corretamente ao contratado. Atualmente, antes de efetuar o pagamento ao empreiteiro, a Administração exige a apresentação da CND (Certidão Negativa de Débito), pois se não o fizer e efetuar o pagamento, responderá solidariamente pelo recolhimento que não foi feito durante a execução do contrato. Esta solidariedade não se estende aos débitos trabalhistas, que são de responsabilidade exclusiva do contratado, genericamente falando.

Agora, acerca do recebimento do objeto de contrato, o art. 140 resolve sua temática com riqueza de detalhes, conforme adiante se explicita:

Art. 140. O objeto do contrato será recebido:

I - em se tratando de obras e serviços:

a) provisoriamente, pelo responsável por seu acompanhamento e fiscalização, mediante termo detalhado, quando verificado o cumprimento das exigências de caráter técnico;

b) definitivamente, por servidor ou comissão designada pela autoridade competente, mediante termo detalhado que comprove o atendimento das exigências contratuais;

II - em se tratando de compras:

a) provisoriamente, de forma sumária, pelo responsável por seu acompanhamento e fiscalização, com verificação posterior da conformidade do material com as exigências contratuais;

b) definitivamente, por servidor ou comissão designada pela autoridade competente, mediante termo detalhado que comprove o atendimento das exigências contratuais.

§ 1º O objeto do contrato poderá ser rejeitado, no todo ou em parte, quando estiver em desacordo com o contrato.

§ 2º O recebimento provisório ou definitivo não excluirá a responsabilidade civil pela solidez e pela segurança da obra ou serviço nem a responsabilidade ético-profissional pela perfeita execução do contrato, nos limites estabelecidos pela lei ou pelo contrato.

§ 3º Os prazos e os métodos para a realização dos recebimentos provisório e definitivo serão definidos em regulamento ou no contrato.

§ 4º Salvo disposição em contrário constante do edital ou de ato normativo, os ensaios, os testes e as demais provas para aferição da boa execução do objeto do contrato exigidos por normas técnicas oficiais correrão por conta do contratado.

§ 5º Em se tratando de projeto de obra, o recebimento definitivo pela Administração não eximirá o projetista ou o consultor da responsabilidade objetiva por todos os danos causados por falha de projeto.

§ 6º Em se tratando de obra, o recebimento definitivo pela Administração não eximirá o contratado, pelo prazo mínimo de 5 (cinco) anos, admitida a previsão de prazo de garantia superior no edital e no contrato, da responsabilidade objetiva pela solidez e pela segurança dos materiais e dos serviços executados e pela funcionalidade da construção, da reforma, da recuperação ou da ampliação do bem imóvel, e, em caso de vício, defeito ou incorreção identificados, o contratado ficará responsável pela reparação, pela correção, pela reconstrução ou pela substituição necessárias.

A Lei Anticorrupção, também conhecida como Lei da Empresa Limpa (Lei 12.846/13) trata dos atos lesivos praticados por quaisquer pessoas jurídicas contra a fazenda pública, estabelecendo infrações de natureza administrativa e civil. No tocante às sanções administrativas da lei anticorrupção, a Lei 14.133/21 inovou ao permitir a aplicação em conjunto de penalidades presente em ambos os diplomas legais. Nesse ínterim, infrações, previstas não só na Lei 14.133/21, mas também na Lei 12.846/13 ou ainda em outras leis de que tratem de licitações e contratos, podem ser apuradas no mesmo processo administrativo, sem prejuízo da apuração de sanções civis mediante processo judicial. Ou seja, as infrações à Lei anticorrupção e à Lei de Licitações e Contratos Administrativos podem ser tipificadas, apuradas e julgadas nos mesmos autos, observando-se o rito procedimental e a autoridade competente que estão descritos na Lei 12.846/13. Por isso é que, ao término do processo administrativo se poderá aplicar uma pena de multa pertencente à Lei 14.133/21 e, ao mesmo tempo, a pena de publicação extraordinária da condenação (da Lei 12.846/13).

A Lei 14.133/21 prevê ainda a desconsideração da personalidade jurídica em seu art. 160, senão vejamos:

Art. 160, Lei 14.133/21. A personalidade jurídica poderá ser desconsiderada sempre que utilizada com abuso do direito para facilitar, encobrir ou dissimular a prática dos atos ilícitos previstos nesta Lei ou para provocar confusão patrimonial, e, nesse caso, todos os efeitos das sanções aplicadas à pessoa jurídica serão estendidos aos seus administradores e sócios com poderes de administração, a pessoa jurídica sucessora ou a empresa do mesmo ramo com relação de coligação ou controle, de fato ou de direito, com o sancionado, observados, em todos os casos, o contraditório, a ampla defesa e a obrigatoriedade de análise jurídica prévia.

Destaque-se que o princípio da proporcionalidade regerá a aplicação das punições, não se autorizando penalidade mais gravosa ou mais extensa do que a necessária à correção da ilegalidade praticada. Outra legislação de suma importância é a Lei 8.429/92, conhecida por Lei de Improbidade Administrativa, em que se prevê sanções administrativas aos agentes públicos que cometerem atos com o fito de prejudicar a licitação ou frustrar o seu caráter competitivo, segundo, por exemplo, o que preceitua seu art. 10, VIII:

Art. 10, Lei 8.429/92. Constitui ato de improbidade administrativa que causa lesão ao erário qualquer ação ou omissão dolosa, que enseje, efetiva e comprovadamente, perda patrimonial, desvio, apropriação, malbaratamento ou dilapidação dos bens ou haveres das entidades referidas no art. 1º desta Lei, e notadamente: (Redação dada pela Lei nº 14.230, de 2021)

VIII - frustrar a licitude de processo licitatório ou de processo seletivo para celebração de parcerias com entidades sem fins lucrativos, ou dispensá-los indevidamente, acarretando perda patrimonial efetiva; (Redação dada pela Lei nº 14.230, de 2021)

Além do mais, a Lei 14.133/21 não ignora sanções penais aplicáveis aos agentes públicos ímprobos, sem prejuízo de sanções civis e administrativas que podem reverberar sobre o mesmo fato.

19.11. Enunciado 331 do TST, o Artigo 71 da Lei nº 8.666/93 e o Artigo 121, § 3º da Lei 14.133/21

Questão relevante, na atualidade, é a que trata do confronto entre o Enunciado 331 do TST, o art. 71 da Lei nº 8.666/93 e o atual art. 121 da Lei 14.133/21. Tal questão refere-se à possibilidade de se responsabilizar a Administração pelo não cumprimento das obrigações trabalhistas por parte do prestador de serviços.

É natural que, em órgãos públicos, ocorra a chamada terceirização de serviços. Determinados serviços comuns, tais como, segurança, limpeza, motorista etc. costumam ser realizados por empresas prestadoras de serviços, que a eles se obrigam, após regular processo licitatório. Entretanto, com relativa frequência, ocorre que empresas contratadas não cumprem com determinadas obrigações trabalhistas referentes aos seus empregados, impondo horas extras sem a devida remuneração, atrasando o pagamento de salários e gratificações natalinas etc. São empregados da empresa privada prestadora de serviços que atuam dentro da repartição pública, e que muitas vezes não têm os seus direitos trabalhistas plenamente atendidos pela empregadora. A questão imposta é a seguinte: tem a Administração Pública responsabilidade pelas obrigações trabalhistas decorrentes do contrato administrativo firmado, quando descumpridas pela prestadora dos serviços? O enunciado 331 do TST diz que sim. A Lei nº 8.666/93 diz que não. Quem está com a razão?

Para melhor analisarmos a questão é importante trazermos à colação o texto referente ao Enunciado 331 do TST:

Enunciado 331. Contrato de prestação de serviços. Legalidade – Revisão do Enunciado nº 256 – O inciso IV foi alterado pela Res. 96/10 DJ 18.09.2010

I – A contratação de trabalhadores por empresa interposta é ilegal, formando-se o vínculo diretamente com o tomador dos serviços, salvo no caso de trabalho temporário (Lei nº 6.019, de 3.1.74).

II – A contratação irregular de trabalhador, através de empresa interposta, não gera vínculo de emprego com os órgãos da administração pública direta, indireta ou fundacional (art. 37, II, da Constituição da República).

III – Não forma vínculo de emprego com o tomador a contratação de serviços de vigilância (Lei nº 7102, de 20.6.83), de conservação e limpeza, bem como a de serviços especializados ligados à atividade-meio do tomador, desde que inexistente a pessoalidade e a subordinação direta.

IV – O inadimplemento das obrigações trabalhistas, por parte do empregador, implica na responsabilidade subsidiária do tomador dos serviços, quanto àquelas obrigações, inclusive quanto aos órgãos da administração direta, das autarquias, das fundações públicas, das empresas públicas e das sociedades de economia mista, desde que haja participado da relação processual e constem também do título executivo judicial (art. 71 da Lei nº 8.666/93) (grifos nossos).

Note-se que o inciso IV do Enunciado 331 do TST traz o entendimento segundo o qual a Administração, na qualidade de tomadora dos serviços, possui responsabilidade subsidiária pelas obrigações inadimplidas pela prestadora, que é, de fato e de direito, a empregadora.

Já o artigo 71 da Lei nº 8.666/93 e seu § 1º[315] dispunha exatamente o contrário:

Art. 71. O contratado é responsável pelos encargos trabalhistas, previdenciários, fiscais e comerciais resultantes da execução do contrato.

§ 1º A inadimplência do contratado com referência aos encargos trabalhistas, fiscais e comerciais, não transfere à Administração Pública a responsabilidade por seu pagamento, nem poderá onerar o objeto do contrato ou restringir a regularização e o uso das obras e edificações, inclusive perante o Registro de Imóveis. (grifos nossos).

A simples leitura do art. 71, acima transcrito, é suficiente para se concluir que o Enunciado 331 do Tribunal Superior do Trabalho é flagrantemente ilegal. Não se trata de norma que dê margem a diferentes interpretações, cabendo ao intérprete profunda exegese. É lei dispondo clara e precisamente que a Administração não se responsabiliza pelos encargos trabalhistas decorrentes da inadimplência da contratada.

Nem se pode conceber que súmula da jurisprudência tenha o condão de revogar a Lei. Seria ferir o princípio da separação dos poderes, que possui assento constitucional, erigido à condição de cláusula pétrea pelo § 4º do art. 60 da Lei Maior.

A argumentação utilizada pela jurisprudência é a de que a Administração Pública, tendo em vista o que dispõe o § 6º do art. 37, da Constituição da República, tem responsabilidade objetiva pelos danos decorrentes de ato administrativo que tenha praticado, sendo que, na hipótese, o ato praticado pela Administração teria sido a contratação de empresa inidônea. Haveria aí, entende o TST, culpa *in eligendo* e culpa *in vigilando*. Apenas a título de exemplo, colacionamos o seguinte acórdão do Egrégio Tribunal Superior do Trabalho:

EMENTA: RECURSO DE REVISTA. RESPONSABILIDADE SUBSIDIÁRIA. O ACÓRDÃO REGIONAL ESTÁ FUNDAMENTADO NO ENTENDIMENTO CONTIDO NO ENUNCIADO Nº 331, INCISO IV: "O INADIMPLEMENTO DAS OBRIGAÇÕES TRABALHISTAS, POR PARTE DO EMPREGADOR, IMPLICA NA RESPONSABILIDADE SUBSIDIÁRIA DO TOMADOR DE SERVIÇOS, QUANTO ÀQUELAS OBRIGAÇÕES, INCLUSIVE QUANTO AOS ÓRGÃOS DA ADMINISTRAÇÃO DIRETA, DAS AUTARQUIAS, DAS FUNDAÇÕES PÚBLICAS, DAS EMPRESAS PÚBLICAS E DAS SOCIEDADES DE ECONOMIA MISTA, DESDE QUE HAJAM PARTICIPADO DA RELAÇÃO PROCESSUAL E CONSTEM TAMBÉM DO TÍTULO EXECUTIVO JUDICIAL. (ARTIGO 71 da Lei nº 8.666/93)". REVISTA E NÃO CONHECIDA. MULTA DO ARTIGO 477, § 8º, DA CLT. RESPONSABILIDADE DO TOMADOR DE SERVIÇOS. A CONDENAÇÃO SUBSIDIÁRIA DO TOMADOR DE SERVIÇOS ABRANGE TODAS AS VERBAS DEVIDAS PELO DEVEDOR PRINCIPAL, INCLUSIVE A MULTA PELO ATRASO DO PAGAMENTO DAS PARCELAS CONSTANTES DO INSTRUMENTO DE RESCISÃO OU RECIBO DE QUITAÇÃO. ESSA CONDENAÇÃO, NO CASO DA RECLAMADA, TAL COMO OCORRE COM AS DEMAIS VERBAS, É DEVIDA EM OBSERVÂNCIA AO PRINCÍPIO CONSTITUCIONAL DA RESPONSABILIDADE OBJETIVA E DAS CULPAS "*IN VIGILANDO*" E "*IN ELIGENDO*". REVISTA DESPROVIDA. DESCONTOS FISCAIS E PREVIDENCIÁRIOS. COMPETÊNCIA DA JUSTIÇA DO TRABALHO. A JUSTIÇA DO TRABALHO É COMPETENTE PARA APRECIAR QUESTÃO ACERCA DE DESCONTOS PREVIDENCIÁRIOS E FISCAIS (ORIENTAÇÃO JURISPRUDENCIAL 141). REVISTA PARCIALMENTE PROVIDA. ÉPOCA PRÓPRIA DA ATUALIZAÇÃO MONETÁRIA DOS

---

315   Atual art. 121, § 1º da Lei 14.133/21.

DÉBITOS TRABALHISTAS. A LEGISLAÇÃO RELATIVA À CORREÇÃO MONETÁRIA FIXOU OS ÍNDICES RESPECTIVOS COM BASE NUM DADO CERTO, OBJETIVO, CLARO, QUE É A 'ÉPOCA DE PAGAMENTO'. A 'ÉPOCA DE PAGAMENTO' É CONSTITUÍDA PELA ÉPOCA EM QUE O EMPREGADOR HABITUALMENTE EFETUA O PAGAMENTO DOS SALÁRIOS A CADA MÊS. ESSE DADO ADQUIRIU ESPECIAL IMPORTÂNCIA QUANDO DA APLICAÇÃO DA LEGISLAÇÃO REFERENTE À CONVERSÃO DE CRUZEIROS REAIS EM "URV". A ÉPOCA CONTRATUAL PARA PAGAMENTO DOS SALÁRIOS NÃO PODE, PORÉM, RECAIR EM DATA POSTERIOR À DATA-LIMITE FIXADA EM LEI. (CLT, ART. 459, PARÁGRAFO ÚNICO), VALE DIZER, ALÉM DO 5º (QUINTO) DIA ÚTIL DO MÊS SUBSEQÜENTE AO VENCIDO' (ORIENTAÇÃO JURISPRUDENCIAL 124). REVISTA PARCIALMENTE PROVIDA.[316]

Tal argumentação, todavia, carece totalmente de sentido. Deseja-se atribuir à norma constitucional um alcance que, de forma patente, não possui. A responsabilidade objetiva que o texto constitucional visa alcançar diz respeito a danos que os agentes públicos, nessa qualidade, causem a terceiros. Ora, tendo a Administração realizado regularmente o procedimento licitatório, tendo a empresa contratada saído vencedora da licitação, tendo sido cumpridas todas as formalidades legais e tendo o objeto da licitação sido adjudicado à prestadora de serviços, não há que se falar em culpa de qualquer agente público, e muito menos de culpa *in eligendo*.

Ao seguir o processo licitatório disciplinado pela Lei nº 8.666/93, claro está que o Administrador não está escolhendo o contratado. Não existe margem de discricionariedade do administrador para contratar com essa ou aquela empresa. Existe um procedimento legal, que, uma vez seguido, acarretará a obrigatoriedade da Administração em contratar com a empresa vencedora do certame. Por isso, é descabida a tese da responsabilidade objetiva do Estado por ato praticado por seu agente, com fulcro na culpa *in eligendo*, uma vez que a empresa não foi eleita ao alvedrio do administrador, mas tornou-se a mais adequada para contratar com a Administração, de conformidade com os critérios taxativamente elencados na lei.

Também deságua na mesma situação a tese da culpa *in vigilando*. Tal argumento parte do pressuposto de que a Administração tem o dever de fiscalizar a execução dos contratos celebrados. Por maior que seja o dever de fiscalização, não tem o Poder Público como se infiltrar nas relações trabalhistas e saber se as horas extras dos trabalhadores da empresa contratada, o adicional noturno, ou a gratificação natalina foram pagos em dia. É atividade que foge às possibilidades da Administração a diuturna verificação de informações referentes à relação empregatícia que lhe não diz respeito diretamente.

Uma demanda judicial fundamentada na responsabilidade subsidiária da Administração com base na culpa *in vigilando* agride, inclusive, princípios constitucionais, tais como o contraditório e a ampla defesa, pois, como poderá a Administração se defender, se não possui acesso às informações necessárias para a defesa? O trabalhador alegará que não recebeu o adicional de férias. O que a Administração responderá, se não sabe, efetivamente, se o adicional de férias foi pago ou não? E se o adicional de férias não era devido, como a Administração saberá? Terá que confiar na defesa da empresa contratada. E se a prestadora de serviços não oferecer defesa e tornar-se revel? A Administração terá apenas que se lamentar por não poder se defender e pagar quantia que não deve e não sabe se é devida por terceiro?

É natural que se queira proteger o trabalhador, parte mais fraca na relação empregatícia. É, de fato, um procedimento socialmente mais adequado e correto buscar amparar as classes menos privilegiadas, já tão sofridas. Daí o princípio amplamente utilizado no Direito do Trabalho segundo o qual, na dúvida, deve-se pender para a tese mais favorável ao trabalhador, *in dubio pro operario*. Todavia, o que não se concebe é proteger-se o trabalhador em detrimento da lei, ou apesar da lei. Deve-se proteger o operário dos desmandos do empregador em submetê-lo a uma carga horária de trabalho desumana, em não o remunerar de forma condigna, em não cumprir com o que assegura a lei, convenções e acordos coletivos.

Uma coisa, contudo, é constranger judicialmente o empregador a cumprir com o exigido pela lei ou com o pactuado, outra é obrigar, por incoerente e ilegal aplicação de súmula jurisprudencial, a quem não faz parte

---

316 Tribunal Superior do Trabalho, 3ª Turma, Recurso de Revista nº 522269/98, unânime, Relator Juiz Convocado Paulo Roberto Sifuentes Costa.

da relação de emprego a arcar com o ônus, utilizando-se de recursos do erário, de cumprir com obrigação pertencente ao particular. Se por um lado existe o desvalor da conduta da empresa privada que não cumpre com os seus deveres, engendrando situação de dificuldades para o empregado, por outro haverá a utilização de recursos públicos para suprir a falta do particular inadimplente, muito embora a lei exima expressamente a Administração de arcar com tal ônus.

É sanção demasiado pesada para a Administração ter que pagar a quem não deve, simplesmente pelo fato de, seguindo todo o rito exigido pela Lei nº 8.666/93, ter contratado com empresa que deixou, sabe-se lá por que motivo, de pagar aos seus empregados.

O art. 121 da Lei 14.133/21, prevê o tema, por sua vez, da seguinte maneira:

Art. 121, Lei 14.133/21. Somente o contratado será responsável pelos encargos trabalhistas, previdenciários, fiscais e comerciais resultantes da execução do contrato.

§ 1º A inadimplência do contratado em relação aos encargos trabalhistas, fiscais e comerciais não transferirá à Administração a responsabilidade pelo seu pagamento e não poderá onerar o objeto do contrato nem restringir a regularização e o uso das obras e das edificações, inclusive perante o registro de imóveis, ressalvada a hipótese prevista no § 2º deste artigo.

§ 2º Exclusivamente nas contratações de serviços contínuos com regime de dedicação exclusiva de mão de obra, a Administração responderá solidariamente pelos encargos previdenciários e subsidiariamente pelos encargos trabalhistas se comprovada falha na fiscalização do cumprimento das obrigações do contratado.

§ 3º Nas contratações de serviços contínuos com regime de dedicação exclusiva de mão de obra, para assegurar o cumprimento de obrigações trabalhistas pelo contratado, a Administração, mediante disposição em edital ou em contrato, poderá, entre outras medidas:

I - exigir caução, fiança bancária ou contratação de seguro-garantia com cobertura para verbas rescisórias inadimplidas;

II - condicionar o pagamento à comprovação de quitação das obrigações trabalhistas vencidas relativas ao contrato;

III - efetuar o depósito de valores em conta vinculada;

IV - em caso de inadimplemento, efetuar diretamente o pagamento das verbas trabalhistas, que serão deduzidas do pagamento devido ao contratado;

V - estabelecer que os valores destinados a férias, a décimo terceiro salário, a ausências legais e a verbas rescisórias dos empregados do contratado que participarem da execução dos serviços contratados serão pagos pelo contratante ao contratado somente na ocorrência do fato gerador.

§ 4º Os valores depositados na conta vinculada a que se refere o inciso III do § 3º deste artigo são absolutamente impenhoráveis.

§ 5º O recolhimento das contribuições previdenciárias observará o disposto no art. 31 da Lei nº 8.212, de 24 de julho de 1991.

Por conseguinte, o Tema 725 da Tese de Repercussão Geral do STF, de relatoria do Min. Luiz Fux (J. 30/08/2018, DJe 13/09/2019), afirmando a inconstitucionalidade dos incisos I, III, IV e VI da Súmula 331 do TST, conferiu à problemática a seguinte tese:

É lícita a terceirização ou qualquer outra forma de divisão do trabalho entre pessoas jurídicas distintas, independentemente do objeto social das empresas envolvidas, mantida a responsabilidade subsidiária da empresa contratante.

Pelo que se vê da leitura acima, a Administração Pública não é responsabilizada do pagamento de encargos trabalhistas, fiscais e comerciais oriundos de contratado inadimplente, assim como ela também não poderá onerar o contrato nem restringir a regularização ou a utilização das obras e das edificações, sobretudo diante do registro de imóveis (art. 121, § 2º, da Lei 14.133/21). Todavia, incidirá uma responsabilidade solidária do ente público nos contratos de serviços contínuos em regime de dedicação exclusiva de mão de obra com relação aos encargos previdenciários e, responsabilidade subsidiária em relação aos trabalhistas, se for provada ausência de fiscalização do cumprimento das obrigações do contratado. Isto, sem sobra de dúvida, demonstra o quanto a nova legislação optou por dar continuidade ao regramento de responsabilidade contratual presente na Lei 8.666/93, em que a primazia da responsabilização ficava a cargo do contratado e, para a Administração Pública, se aplicava uma responsabilização de caráter subsidiário.

O art. 120 da Lei 14.133/21 e o art. 70 da Lei 8.666/93 guardam estreita similaridade ao estabelecerem a responsabilidade do contratado pelos danos causados diretamente à Administração ou a terceiro ocasionados quando da execução contratual, não mitigada e excluída dessa responsabilidade a fiscalização ou o acompanhamento pelo contratante, com a diferença de que o novo diploma legal não faz menção à "culpa ou dolo", os quais anteriormente eram frisados pela Lei 8.666/93. Mas no tocante à responsabilidade exclusiva do contratado sobre encargos fiscais, comerciais, trabalhistas e previdenciários que advirem da execução do contrato, o art. 121, *caput* e § 1º da Lei 14.133/21 manteve o mesmo regime do art. 71, *caput* e § 1º do antigo diploma licitatório, senão vejamos:

Art. 121, Lei 14.133/21. Somente o contratado será responsável pelos encargos trabalhistas, previdenciários, fiscais e comerciais resultantes da execução do contrato.

§ 1º - A inadimplência do contratado em relação aos encargos trabalhistas, fiscais e comerciais não transferirá à Administração a responsabilidade pelo seu pagamento e não poderá onerar o objeto do contrato nem restringir a regularização e o uso das obras e das edificações, inclusive perante o registro de imóveis, ressalvada a hipótese prevista no § 2º deste artigo.

Art. 71, Lei 8.666/93. O contratado é responsável pelos encargos trabalhistas, previdenciários, fiscais e comerciais resultantes da execução do contrato.

§ 1º - A inadimplência do contratado, com referência aos encargos trabalhistas, fiscais e comerciais não transfere à Administração Pública a responsabilidade por seu pagamento, nem poderá onerar o objeto do contrato ou restringir a regularização e o uso das obras e edificações, inclusive perante o Registro de Imóveis. (Redação dada pela Lei nº 9.032, de 1995)

Frise-se que já existia uma imposição pelo art. 71, § 2º, da Lei 8.666/93 acerca da responsabilização solidária da Administração por encargos previdenciários em contratos contínuos com dedicação exclusiva de mão de obra, mas a responsabilização subsidiária por encargos trabalhistas derivados de falhas da fiscalização do cumprimento de obrigações do contratado, foi uma incorporação legislativa de Tese 725 firmada no STF (já citada neste item), em contraponto à Tese 246, que anteriormente lhe era contrária, e que assim orientava:

O inadimplemento dos encargos trabalhistas dos empregados do contratado não transfere automaticamente ao Poder Público contratante a responsabilidade pelo seu pagamento, seja em caráter solidário ou subsidiário, nos termos do art. 71, § 1º, da Lei nº 8.666/93. (Tema 246 da Tese de Repercussão Geral do STF, Tribunal Pleno, RE 760.931/DF, Rel. p/ acórdão Min. LUIZ FUX, DJe-206 12.09.2017, Informativos de Jurisprudência do STF nº 859 e 862).

Sempre haverá a possibilidade de responsabilizar o Estado por débitos trabalhistas, quando ficar comprovado que o mesmo não fiscalizou devidamente o contrato. Assim o Estado suportará o dever de indenizar quando deixar de fiscalizar o contrato administrativo celebrado e está omissão provocar danos a quaisquer pessoas (considerando até mesmo os empregados). Nesse sentido, o STF, no RE 760.931/DF, se posicionou pela aplicação da nova redação da Súmula 331 do TST, atestando sua validade, mas alertando que o ônus de provar que existiu má fiscalização do gestor pública será do empregado.

Assim, consoante o Informativo 859 do STF, a responsabilidade pelo pagamento dos encargos trabalhistas é exclusiva do contratado, não podendo ser transferida à Administração, exceto quando se comprovar sua omissão culposa no exercício do seu dever de fiscalização ou de escolha adequada da empresa a contratar, a chamada culpa "*in vigilando*" ou culpa "*in elegendo*". Essa imputação de culpa "*in vigilando*" ou "*in elegendo*" à Administração Pública, por suposta deficiência na fiscalização da fiel observância das normas trabalhistas pela empresa contratada, somente pode acontecer nos casos em que se tenha a efetiva comprovação da ausência de fiscalização.

Seria necessária, ainda, a existência de prova taxativa do nexo de causalidade entre a conduta da Administração e o dano sofrido. O ônus da prova, no caso, não seria da Administração, e sim do terceiro interessado. Assim, não seria possível que a Administração viesse a responder por verbas trabalhistas de terceiros a partir de mera presunção. Somente se admite a responsabilização da Administração quando houver prova inequívoca de falha na fiscalização do contrato. (RE 760.931/DF, rel. orig. Min. Rosa Weber, red. p/ o ac. Min. Luiz Fux, julgamento em 30.3.2017).

A Lei 14.133/21 revelou preocupação com a ocorrência de danos aos empregados e da resultante responsabilização do Estado e, apresentou algumas medidas como forma de evita-los em seu art. 121, § 3º:

Art. 121, § 3º, Lei 14.133/21. Nas contratações de serviços contínuos com regime de dedicação exclusiva de mão de obra, para assegurar o cumprimento de obrigações trabalhistas pelo contratado, a Administração, mediante disposição em edital ou em contrato, poderá, entre outras medidas, das quais destacamos a exigência de seguro-garantia, caução ou fiança bancária para cobrir verbas rescisórias inadimplidas:

I - **exigir caução, fiança bancária ou contratação de seguro-garantia com cobertura para verbas rescisórias inadimplidas;**

II - **condicionar o pagamento à comprovação de quitação das obrigações trabalhistas vencidas relativas ao contrato;**

III - efetuar o depósito de valores em conta vinculada;

IV - em caso de inadimplemento, efetuar diretamente o pagamento das verbas trabalhistas, que serão deduzidas do pagamento devido ao contratado;

V - estabelecer que os valores destinados a férias, a décimo terceiro salário, a ausências legais e a verbas rescisórias dos empregados do contratado que participarem da execução dos serviços contratados serão pagos pelo contratante ao contratado somente na ocorrência do fato gerador. (grifo nosso)

Esse foi o resultado do esforço do TST para conferir nova redação à sua Súmula 331, definindo assim uma responsabilização do Estado resultante da não fiscalização do contrato firmado que não seria mera consequência direta de um dever de complementar obrigações laborais da empresa, mas sim de uma conduta culposa no cumprimento de obrigações legais por parte do ente estatal, confira:

Súmula nº 331 do TST

CONTRATO DE PRESTAÇÃO DE SERVIÇOS. LEGALIDADE (nova redação do item IV e inseridos os itens V e VI à redação) - Res. 174/2011, DEJT divulgado em 27, 30 e 31.05.2011.

I - A contratação de trabalhadores por empresa interposta é ilegal, formando-se o vínculo diretamente com o tomador dos serviços, salvo no caso de trabalho temporário (Lei nº 6.019, de 03.01.1974).

II - A contratação irregular de trabalhador, mediante empresa interposta, não gera vínculo de emprego com os órgãos da Administração Pública direta, indireta ou fundacional (art. 37, II, da CF/1988).

III - Não forma vínculo de emprego com o tomador a contratação de serviços de vigilância (Lei nº 7.102, de 20.06.1983) e de conservação e limpeza, bem como a de serviços especializados ligados à atividade-meio do tomador, desde que inexistente a pessoalidade e a subordinação direta.

IV - O inadimplemento das obrigações trabalhistas, por parte do empregador, implica a responsabilidade subsidiária do tomador dos serviços quanto àquelas obrigações, desde que haja participado da relação processual e conste também do título executivo judicial.

V - Os entes integrantes da Administração Pública direta e indireta respondem subsidiariamente, nas mesmas condições do item IV, caso evidenciada a sua conduta culposa no cumprimento das obrigações da Lei nº 8.666, de 21.06.1993, especialmente na fiscalização do cumprimento das obrigações contratuais e legais da prestadora de serviço como empregadora. A aludida responsabilidade não decorre de mero inadimplemento das obrigações trabalhistas assumidas pela empresa regularmente contratada.

VI – A responsabilidade subsidiária do tomador de serviços abrange todas as verbas decorrentes da condenação referentes ao período da prestação laboral. (grifo nosso)

CAPÍTULO
VI

ADMINISTRAÇÃO PÚBLICA

ADMINISTRAÇÃO PÚBLICA DIRETA E INDIRETA

1. ORIGEM DO PODER DO ESTADO

Embora seja próprio do homem ter vontades e agir de modo a realizá-las (atuação), a doutrina jurídica já chegou à conclusão de que o Estado também as tem. O Estado age para atingir determinados fins.

Como deixou consignado o prof. Darcy Azambuja, "o fim do Estado é o objetivo que ele visa atingir quando exerce o poder. Esse objetivo, podemos antecipar, é invariável, é o bem público".[1]

Para realizar esse objetivo, o Estado deve agir. E esse agir estatal pode ser de diferentes naturezas. Daí se dizer que o Estado tem variadas competências (o que é diferente de dizer que ele tem variados fins).

Para desempenhar o seu papel de forma satisfatória, o Estado utiliza-se do poder político que lhe foi conferido para impor condutas, positivas ou negativas, dizendo o que se pode e o que não se pode fazer. Essa atividade estatal, que consiste na elaboração de regras jurídicas, dotadas de generalidade e abstração, é chamada função legislativa.

Administrar, no âmbito do Poder Público, é transpor do plano abstrato para o concreto as políticas constitucionais e legais, de modo a tornar realidade o bem comum que se vislumbrou no momento de elaboração da Constituição e das leis, sem se abandonar a acepção literal do termo, que significa gerir os recursos estatais, tais como dinheiro público, pessoal, bens etc.

Essas são, portanto, as funções estatais. A partir de agora, veremos como se distribuem entre os órgãos do Estado.

---

1   DARCY AZAMBUJA, Introdução à Ciência Política, 17ª edição, Editora Globo, 2006, p. 114.

2. ESTRUTURA ESTATAL – NORMAS CONSTITUCIONAIS

Além de limitar o poder político, com vistas à garantia dos direitos fundamentais, e de traçar deveres e metas de caráter social para o Estado, a Constituição deve desenhar em seu texto a estrutura básica do Estado, mencionando quais são os seus principais órgãos e quais as suas respectivas funções.

É por essa razão que a Constituição da República trata, no seu Título III, "DA ORGANIZAÇÃO DO ESTADO" e, no seu Título IV, "DA ORGANIZAÇÃO DOS PODERES", dizendo quais são eles e quais as suas respectivas competências.

Tendo em vista a adoção da teoria da separação de poderes (Art. 2º, CRFB/88), já mencionada acima, aquelas funções (administrativa, jurisdicional e legislativa) são distribuídas entre os órgãos do Estado, distribuição esta que se faz com vistas a conter o abuso do poder político.

O critério utilizado é o da especialização, entregando-se a função legislativa a um Poder Legislativo, a função jurisdicional a um Poder Judiciário e a função administrativa a um Poder Executivo, não se admitindo a invasão das esferas de competência dos outros órgãos, sob pena de se negar validade aos atos praticados sem a observância dessa regra.

Assim, se o Poder Executivo, a pretexto de estar elaborando um regulamento administrativo cria uma obrigação não prevista em lei (Art. 5º, II, CRFB/88), estará invadindo a esfera de atribuições do Poder Legislativo e o seu ato não produzirá efeitos válidos. Também não será válida a sentença judicial que decidir uma causa *contra legem* e sem fundamentá-la na invalidade do comando legislativo.

É de se ver, entretanto, que essa especialização comporta exceções, podendo, nos casos especificados na Constituição, ser atribuídas competências administrativa e jurisdicional ao Poder Legislativo, competências administrativa e legislativa ao Poder Judiciário e competências legislativa e jurisdicional ao Poder Executivo.

FUNÇÕES ATÍPICAS DO ESTADO		
PODER LEGISLATIVO	**PODER EXECUTIVO**	**PODER JUDICIÁRIO**
Funções administrativas e jurisdicionais	Funções legislativas e jurisdicionais	Funções administrativas e legislativas

Para confirmar essa assertiva e assentar que se trata da função atípica desses Poderes, podemos verificar por exemplo:

(a) que o Poder Legislativo tem competência para administrar seu próprio pessoal (arts. 51, IV e 52, XIII, CRFB/88) e para processar e julgar o Presidente e o Vice-Presidente da República pelos crimes de responsabilidade (Art. 52, I, CRFB/88);

(b) que o Poder Judiciário tem competência para administrar o seu próprio pessoal (Art. 96, I, f, CRFB/88) e para elaborar os seus regimentos internos (Art. 96, I, a, CRFB/88);

(c) que o Poder Executivo pode editar medidas provisórias (Art. 62, CRFB/88) e julgar processos administrativos (contencioso administrativo[2]).

Por fim, é de se ver que o Estado brasileiro adotou a forma federativa, o que implica admitir diversas esferas de poder dentro de um mesmo Estado. Utilizando-se de uma expressão corrente na literatura

---

2   O prof. ALEXANDRE DE MORAES (*Direito Constitucional*, 14ª edição, Atlas, 2107, p. 390), dentre outros, menciona como exemplo de função atípica do Poder Executivo o julgamento de processos administrativos. Entretanto, a rigor, essa atividade não se amolda ao conceito de função jurisdicional por várias razões, principalmente pelo fato de que a Administração Pública que julga esses processos administrativos não é totalmente imparcial, pois estão em jogo interesses seus, que, no mais das vezes, são conflitantes com os interesses dos administrados. A substitutividade, característica da função jurisdicional, portanto, está ausente.

especializada, pode-se dizer que a Federação é um Estado de Estados, mas com uma observação importante: somente a República Federativa do Brasil é soberana, sendo os entes que a integram (União, Estados, Distrito Federal e Municípios) apenas autônomos.[3]

Consequência disso é a contemplação de um esquema complexo de distribuição de competências, considerando não apenas os diferentes Poderes (no sentido orgânico) de cada ente da Federação, mas também as diferentes esferas governamentais, quais sejam: a federal, a municipal e a estadual.[4]

Feitos esses esclarecimentos iniciais, passemos à análise da ideia de Administração Pública, fazendo a distinção entre este e outros conceitos que, às vezes, são utilizados como sinônimos.

3. A ADMINISTRAÇÃO PÚBLICA

Como vimos, falar em função administrativa é o mesmo que falar na implementação (concreta) das políticas contempladas abstratamente na Constituição, nas leis e definidas nas eleições, pelo voto, além da gestão dos recursos humanos, financeiros e econômicos do Estado, tudo com vistas a realizar os ideais (abstratos) eleitos pelos titulares do poder político e por seus representantes.

Por outro lado, vimos que a função administrativa, apesar de ser típica do Poder Executivo, também pode ser vista no âmbito dos Poderes Legislativo e Judiciário, de modo que não se pode imaginar que a referência à Administração Pública seja equivalente à referência ao Poder Executivo.

Portanto, no sentido subjetivo, o correto seria dizer que a Administração Pública é **"o conjunto de agentes, órgãos e pessoas jurídicas que tenham a incumbência de executar as atividades administrativas"**, como magistralmente professou José dos Santos Carvalho Filho.[5]

Só seria interessante acrescentar que esses órgãos, agentes e pessoas devem ser estatais, sendo certo que a delimitação dessa observação se fará mais adiante. Isso é importante pois, como veremos, há pessoas que não integram a administração pública, mas que exercem a função administrativa em razão de delegação negocial (contratos administrativos), como, v.g., as empresas concessionárias de serviços públicos (Art. 175, CRFB/88).

4. DIFERENÇAS ENTRE GOVERNO E ADMINISTRAÇÃO PÚBLICA

4.1. Estado é diferente de Governo

Natureza jurídica do Estado → Pessoa Jurídica de Direito Público Interno, que tem como finalidade atender aos interesses da coletividade, ou seja, o bem comum. Para desempenhar essa finalidade específica, o Estado precisa, inegavelmente, de um aparato, de algo que lhe dê a possibilidade de concretizar, de materializar essa finalidade, que é chamada de Administração Pública

Assim, Administração Pública vai ser justamente o instrumento empregado pelo Estado para poder atingir as suas finalidades. É, portanto, o instrumento de concretização da vontade estatal.

A vontade estatal é uma vontade política. E a ideia de Governo está ligada a essa vontade política do Estado. Em síntese, o Governo vai fazer uso da Administração Pública, ou seja, vai fazer uso dessa vontade política e empregá-la na Administração Pública, objetivando a finalidade do bem comum.

---

3   Essa autonomia se revela em três âmbitos, a saber: (a) político; (b) financeiro; (c) administrativo. A autonomia política confere aos membros da Federação poder de auto-organização, além de competências legislativas constitucionalmente delimitadas. A autonomia financeira confere aos membros da Federação competência para instituir e arrecadar recursos financeiros, mediante a tributação. E, por fim, a autonomia administrativa confere aos entes da Federação poder para administrar os recursos disponíveis, dentro dos limites legais e constitucionais.

4   Vale lembrar que o Distrito Federal reúne competências próprias dos Estados e Municípios, nos termos do Art. 32, § 1º, da Constituição da República, até porque não pode ser dividido em municípios.

5   JOSÉ DOS SANTOS CARVALHO FILHO, *Manual de Direito Administrativo*, 31. ed. rev., atual. e ampl. – São Paulo: Atlas, 2017, p. 6.

O Estado, como pessoa jurídica territorial soberana, não se confunde com a Administração Pública e o Governo. Este, no dizer de Hely Lopes Meirelles, consiste na condução política dos negócios públicos, enquanto aquela se caracteriza pelo desempenho quase que perene e sistemático, legal e técnico, dos serviços próprios do Estado ou por ele assumidos em benefício da coletividade.

Assim, os fins da Administração Pública, sendo esta entendida como o meio pelo qual se caracterizam os atos de governo, resumem-se na defesa do interesse público. Não havendo interesse público em qualquer ato ou contrato administrativo, está configurado o desvio de finalidade.

Notemos, então, que os termos Governo e Administração caminham juntos, lado a lado, sendo muitas vezes confundidos, embora expressem conceitos diversos.

No sentido operacional, Governo é a condução política, é a expressão política de comando, de iniciativa e de manutenção da ordem jurídica vigente.

Governo significa conjunto de agentes, órgãos, entidades que <u>integram a estrutura constitucional do Estado</u>. Está investido em poder político, inerente ao Estado. Daí, Governo é algo que passa, caracterizado pela temporariedade, mudando através de eleições, tendo poder de decisão e de liberdade de conduzir o bem social.

Uma consideração importante: Governo é matéria própria de direito constitucional.

Já a Administração Pública é o conjunto de agentes, órgãos, entidades que <u>integram a estrutura administrativa do Estado</u>. Logo, não temos uma estrutura investida em poder político; o que temos, na verdade, é uma estrutura que está investida em poderes administrativos. Por isso, a Administração Pública está relacionada ao Direito Administrativo.

A Administração Pública é a atividade de gestão dos interesses e das necessidades em benefício da coletividade.

A Administração não pratica atos de governo, pratica, tão-somente, atos de execução, segundo a competência do órgão e seus agentes.

Comparativamente, podemos dizer que:

– Governo é atividade política e discricionária dos negócios públicos, enquanto Administração Pública é atividade neutra, normalmente vinculada à lei ou à norma técnica;

– Governo possui conduta independente, ao passo que Administração é conduta hierarquizada;

– Governo possui responsabilidade constitucional e política, mas sem responsabilidade profissional pela execução. A Administração, por sua vez, é um instrumento usado para atingir uma meta política.

Uma observação que se faz necessária diz respeito ao uso da expressão Administração Pública, com letras maiúsculas e minúsculas, indistintamente, traçando a seguinte linha diferencial para fins didáticos:

• Administração Pública – em letras maiúsculas, designa o conjunto de órgãos e entidades que exercem a função administrativa do Estado. É o Estado-administração;

• administração pública – em letras minúsculas, tem ligação com a função administrativa do Estado. É a função que o Estado exerce, distinta das funções legislativas e jurisdicionais.

A função administrativa não é monopólio do Executivo. O máximo que podemos afirmar é que cabe ao Executivo a função típica administrativa do Estado.

Dizer que o objeto da função administrativa consiste em aplicar a lei, visando a consecução de interesses e necessidades coletivas, é muito pouco e impreciso.

É importante entender administrar como:

a) atividade-fim do Estado;

b) atividade-meio do Estado.

É atividade-fim de todo Estado, por exemplo, ordenar e coordenar o exercício das liberdades e direitos individuais, objetivando limitar esse exercício para que os interesses da coletividade sejam preservados. Limitar a atividade do particular é, portanto, uma função das mais relevantes da Administração, que limita liberdades individuais com o objetivo de viabilizar o convívio em sociedade. Ilustra-se essa atividade-fim quando a Administração estabelece normas de observância obrigatória no trânsito, no exercício da atividade econômica, e assim por diante. Todas essas atividades administrativas estão dentro de um campo específico da função administrativa, que é o campo do poder de polícia administrativa, presente em quase todas as atividades humanas.

Prestação de Serviço Público é outra atividade-fim do Estado, podendo-se inserir nesta classificação, por exemplo, a construção de obras públicas que atendem às necessidades da coletividade, entregando aos indivíduos determinadas prestações tidas como não indispensáveis, mas importantes para vida em sociedade.

É importante entender administrar como:

Fomento público, sendo um autêntico incentivo à atividade da iniciativa privada. O Estado, ao invés dele próprio agir, estimula o particular a desempenhar determinadas atividades. O BNDES, que é uma empresa pública federal, integrante da Administração Pública Indireta, é o braço do Estado para concessão de financiamentos, com vistas, por exemplo, às exportações, fomentando o desenvolvimento econômico do país. Além da prestação direta de serviços públicos à coletividade, é função do Estado contemporâneo conceder empréstimos, facilitar transações, enfim, fomentar o desenvolvimento da atividade econômica, para proporcionar o bem-estar geral, com aumento da quantidade de empregos.

A Intervenção do Estado no Domínio Econômico pode ocorrer de duas maneiras:

- direta – operacionalizando diretamente através de empresas públicas e sociedades de economia mista, quando a atividade for de relevante interesse público. A Petrobrás seria um exemplo típico;
- indireta – intervindo em um determinado setor econômico para evitar a formação de monopólios e cartéis. Há outras formas de intervenção, como a meramente regulatória, a sancionatória.

É o caso do Banco Central – BACEN, que exerce uma função não propriamente de intervenção direta na atividade econômica, mas que é vital para qualquer país do mundo na função administrativa de controle monetário.

5. ADMINISTRAÇÃO DIRETA E INDIRETA – DESCONCENTRAÇÃO E DESCENTRALIZAÇÃO

O diagrama abaixo resume o que trata este tópico; por isso, façamos primeiro sua análise.

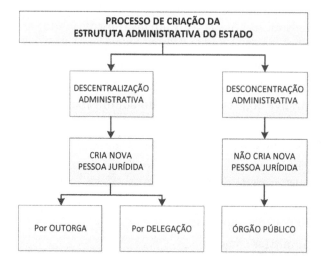

A estrutura da administração pública brasileira é criada por dois grandes processos, o processo de descentralização e o processo de desconcentração administrativa.

A forma de saber o que é descentralização e o que é desconcentração se faz sobre o produto, indagando o que foi criado. Se o que se criou foi uma nova pessoa jurídica, teremos descentralização; mas se for órgão público, desprovido de personalidade jurídica, tem-se a desconcentração.

A desconcentração não cria uma nova pessoa jurídica e sim subdivide uma já existente. Exemplo: Quando a União se subdivide em Presidência da República, Ministérios, Secretarias é uma desconcentração, porque a pessoa jurídica é uma só, a União que subdivide em órgãos, a Lei 9.649/98 dispõe sobre a organização da Presidência da República e dos Ministérios.

A Administração Direta é criada por um processo de descentralização, mesmo com nome de "direta".

Essa descentralização não é matéria de direito administrativo e sim de direito constitucional, é chamada descentralização territorial, é a formação da Federação. Artigo 18, Constituição Federal.

Quando a Administração Direta resolve criar entidades da Administração Indireta, ela vai criar novas pessoas jurídicas, que, conforme o artigo 4º, inciso II do Decreto-lei 200/67, serão:

a) Autarquias;

b) Empresas Públicas;

c) Sociedades de Economia Mista.

d) Fundações Públicas.

Na estrutura da Administração Pública prevalece o processo de descentralização. A desconcentração encontramos apenas, quando essas pessoas jurídicas se organizarem internamente.

A descentralização por ser mais predominante é a mais explorada pelos doutrinadores e pelos Concursos Públicos.

Hely Lopes Meireles classifica os dois tipos de descentralização: a descentralização outorgada e descentralização delegada. Porém essa classificação não se adequa a atual Constituição.

Observação: (Defensoria segue muito a posição do Hely Lopes, tanto que em concurso público recente a questão foi a diferença entre outorga e delegação).

A diferença entre outorga e delegação de serviço público caminham por dois questionamentos, a diferença quanto ao conteúdo e quanto a forma.

- Quanto ao Conteúdo: Enquanto que a outorga passa a titularidade da atividade, a delegação será algo menos, passando apenas a execução da atividade.

- Quanto à Forma: A outorga, por ser mais formal, será via lei, enquanto a delegação será através de contrato administrativo.

Essas são as duas diferenças apresentadas por Hely Lopes Meireles. Porém, a Lei Federal 8.987/95, que dispõe sobre delegação de serviço público, deixa claro nos Artigos 3º e 5º que o legislador não faz mais diferença entre outorga e delegação. O Artigo 3º fala em delegação, mas o Artigo 5.º fala em outorga, porque para o legislador não há mais diferença.

A Constituição outorga competência à iniciativa privada na realização da atividade econômica; desse modo, o Estado não pode outorgar a uma estatal titularidade de uma coisa de que ele não é titular. Então não presta o conceito de outorga e delegação para se referir a criação das estatais, o que veremos mais adiante.

Qual é o processo de descentralização que cria estatal, outorga ou delegação? Nenhum dos dois.

Pois o Estado não é titular da atividade econômica, Artigo 170 da Constituição Federal de 1988.

- Artigo 170, *caput* – livre iniciativa

- Inciso IV – livre concorrência

- Parágrafo único – livre exercício da atividade econômica, independentemente de autorização de órgãos públicos

- Artigo 173, *caput* – limitação da atividade econômica pelo Estado – imperativos da segurança nacional ou a relevante interesse coletivo

Com a combinação desses artigos, fica claro que a atividade econômica é dada a iniciativa privada e não ao Estado. O Estado não é titular da atividade econômica, então não pode outorgar, nem delegar a Estatal que exerce atividade econômica. Então esse conceito do Hely Lopes cai por terra com a nova Constituição.

O diagrama abaixo, ilustra o que acima foi apresentado e o que vem a seguir:

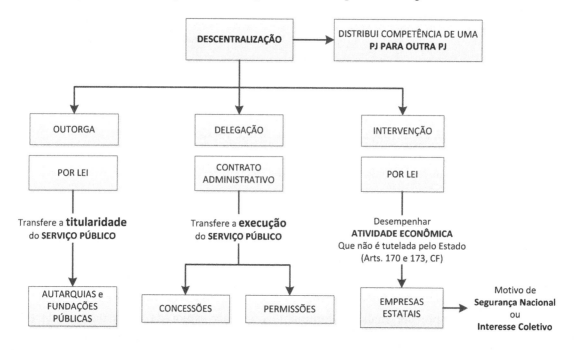

Tendo em vista a Constituição de 1988, podemos manter a outorga em relação ao serviço público, criação das entidades da administração indireta (criação através de lei).

A outorga pode ser utilizada para criar a administração indireta, desde que a matéria em questão venha a ser serviço púbico e criada através de lei. Nesse aspecto conceito de Hely Lopes mantém-se vigente. A delegação só presta quando o Estado for titular da atividade, ele é titular do serviço público, logo ele pode outorgar ou delegar. Para a administração direta, através de lei o Estado resolve outorgar, agora para concessão e permissão, através de contrato administrativo, o Estado delega, pois é titular do serviço público.

Se o Estado não é titular da atividade econômica, não se pode falar nem outorga, nem em delegação e sim em intervenção do Estado na ordem econômica, conforme Artigo 173, Constituição Federal.

Então a criação de uma estatal é via lei, mas se for para desempenhar atividade econômica não será outorga (o Estado não possui a titularidade) só se fará via INTERVENÇÃO, nos casos de segurança nacional e relevante interesse coletivo – Artigo 173, *caput*.

Em função de todo o exposto, faremos um comentário agora resumindo esse tópico para que sua leitura seja de fixação.

A função administrativa envolve um volume enorme de atividades e de naturezas diversas, atividades estas que não podem ser realizadas por um único órgão ou entidade.

Imagine se seria possível que todas as atribuições que, de acordo com o Art. 21 da Constituição da República, estão no âmbito de competência da União fossem desenvolvidas pelo Presidente da República. Nem com a divisão das tarefas entre os Ministros de Estado se viabilizaria o desenvolvimento das atividades administrativas.

Por essa razão, órgãos e mais órgãos são criados e organizados de maneira hierarquizada no âmbito de cada Poder e, também, no âmbito de cada Ente da Federação. E as funções administrativas são entregues a cada um desses órgãos de acordo com o nível e o tipo de capacitação de seus agentes, exatamente como acontece nas grandes empresas.[6]

---

6   IDALBERTO CHIAVENATO (*Teoria Geral da Administração*. 9. ed. Makron Books, 2004, v. 1, p. 531), ao tratar da departamentalização, faz a distinção entre a especialização vertical e a horizontal, asseverando que a primeira espécie "ocorre

Assim é que o Ministério da Fazenda é integrado por uma série de secretarias, dentre as quais podemos destacar a Secretaria da Receita Federal, que é integrada, por sua vez, por uma série de Delegacias. Estas, por seu turno, são integradas por Departamentos, e estes por agências, até chegar às portarias dos edifícios onde toda essa estrutura funciona.

A essa difusão das funções administrativas entre os órgãos da pessoa federativa (União, Estados, Distrito Federal ou Municípios) dá-se o nome de desconcentração. Esse fenômeno, é bom que se diga, ocorre internamente, sem que se transfira a uma outra pessoa as referidas incumbências.

Assim, a desconcentração não cria uma nova pessoa jurídica e sim subdivide uma já existente. Exemplo: quando a União se subdivide em Presidência da República, Ministérios, Secretarias é uma desconcentração, porque a pessoa jurídica é uma só, a União, que se subdivide em órgãos.

Na verdade, a desconcentração é uma diluição de competências, de atribuições no âmbito da própria Administração Direta ou Indireta (dentro do mesmo organismo, sem criar e sem transferir atribuições para outra pessoa jurídica).

Basicamente, os motivos que levam a desconcentração, pelo poder estatal, são:

a) **em razão da matéria**. Por exemplo, cria-se um Ministério da Previdência Social para tratar de uma matéria, que é diferente da matéria tratada pelo Ministério da Saúde;

b) **em razão da complexidade da decisão**. Decisões menos complexas serão tomadas pelas autoridades inferiores e vice-versa;

c) **em razão do local**. A título de ilustração, a Superintendência da Polícia Federal em São Paulo tem atribuições geográficas diferentes da Superintendência da Polícia Federal do Rio de Janeiro.

Há uma consideração preliminar importantíssima, que deve ficar clara, qual seja: na desconcentração, temos subordinação entre as autoridades administrativas; consequentemente, há uma hierarquia permanente sobre todos os atos.

Portanto, falar em desconcentração é falar em Administração Direta, posto que é a pessoa constitucionalmente designada que, sem intermédio de qualquer outro ente, desenvolverá as tarefas administrativas de sua competência. Em âmbito federal temos uma lei que estrutura essa organização administrativa, Lei 9.649/1998.

Por outro lado, é possível que cada Ente Federativo crie outras pessoas jurídicas, transferindo a estas determinadas competências administrativas, tudo com o objetivo de, mediante o fenômeno da descentralização, melhorar o funcionamento dos serviços públicos. Há, portanto, uma transferência de uma pessoa jurídica para outra da titularidade e da execução de determinadas atividades públicas para uma pessoa de direito público ou de direito privado, sempre através de uma lei, como previsto na Constituição vigente. Cabe destacar, portanto, que a descentralização pode ocorrer por colaboração, transferindo-se, mediante contrato, apenas para a execução de uma atividade pública, de um serviço público, não obstante a titularidade permaneça com o Estado, como ocorre nas permissões e concessões de serviços públicos.

Aqui, diferentemente do que acontece na desconcentração, tem-se a execução das tarefas administrativas por pessoas jurídicas diferentes daquelas que as criaram. Vale dizer, tem-se a execução dos serviços públicos pela chamada Administração Indireta.

A Administração Direta, pois, engloba uma série de órgãos (sem personalidade jurídica) dentro da mesma pessoa jurídica, que pode ser a União, um Estado, o Distrito Federal ou um Município.

Chama-se Administração Pública Direta a prestação ou execução dos serviços públicos – centralizada –, que é quando a Administração é, ao mesmo tempo, a titular e a executora do serviço público.

---

quando em uma organização se verifica a necessidade de aumentar a qualidade da supervisão ou chefia acrescentando mais níveis hierárquicos à estrutura"; ao passo que a segunda "ocorre quando se verifica, em uma organização, a necessidade de aumentar a perícia, a eficiência e a qualidade do trabalho propriamente dito", o que se faz "à custa de um maior número de órgãos especializados, no mesmo nível hierárquico, cada qual em sua tarefa".

De outra forma, a Administração Indireta abarca outras pessoas jurídicas que, apesar de diferentes dos entes federativos que as podem criar, a estes estão vinculadas. Essas pessoas jurídicas podem ser: Autarquias, Fundações Públicas, Empresas Públicas ou Sociedades de Economia Mista.

No âmbito federal, o Art. 4º do Decreto-lei 200/67 ofereceu um razoável conceito de Administração Pública, nos seguintes termos:

"Art. 4.º - A Administração Federal compreende:

I - A Administração Direta, que se constitui dos serviços integrados na estrutura administrativa da Presidência da República e dos Ministérios.

II - A Administração Indireta, que compreende as seguintes categorias de entidades, **dotadas de personalidade jurídica própria:**

a) Autarquias;

b) Empresas Públicas;

c) Sociedades de Economia Mista;

d) Fundações Públicas.

Parágrafo único. As entidades compreendidas na Administração Indireta **vinculam-se ao Ministério** em cuja área de competência estiver enquadrada sua principal atividade". (grifo nosso).

6. CRIAÇÃO, EXTINÇÃO E CAPACIDADE PROCESSUAL DOS ÓRGÃOS PÚBLICOS

Antes de mais nada, vejamos o diagrama abaixo.

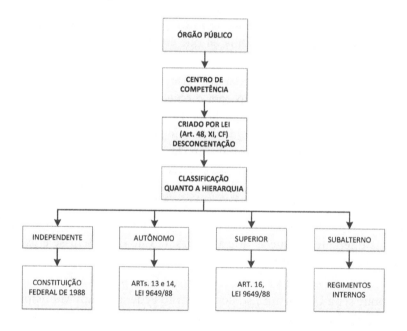

Segundo a predominante teoria do órgão, os órgãos – pessoas despersonalizadas – são compostos por agentes – pessoas físicas – cujas condutas retratam a vontade do Estado – pessoa jurídica de direito público.

Desta forma fica claro que o Estado, por si só, não é dotado de vontade, dada a sua natureza de pessoa jurídica, e que esta vontade que dele provém não se materializa de outra forma senão através de seus agentes, que por sua vez, integram os órgãos públicos. Conclusivo, pois, que são os órgãos públicos que intermedeiam as condutas que são praticadas em nome do Estado pelos seus agentes, nada obstando, em se tratando da teoria dos órgãos, que estes agentes sejam ou não agentes públicos.

Órgão é centro de competência, criado para a realização de serviço público. A lei ou o regulamento, por delegação, estabelecem a competência de cada órgão. A soma de atribuições de todos os Ministérios corresponde às atribuições do Poder Executivo, órgãos da União, encarregados de prestar serviços públicos e realizar a satisfação do interesse coletivo.

Após esta sintética análise, e levando-se então em consideração o que são os órgãos – não obstante serem pessoas despersonalizadas – compartimento interno do Estado, partiremos para uma análise institucional da criação e da extinção dos órgãos públicos, tendo como base o que dispõe a Constituição Federal, bem como de sua capacidade processual.

É pacífico perante toda vertente doutrinária que tanto a criação quanto a extinção dos órgãos públicos não derivam livremente da mera vontade da Administração Pública, não lhe sendo lícito criar ou extinguir órgãos ao seu bel prazer, pois se encontra estatuído na própria Constituição Federal que estes atos dependem de lei, ou seja, são matérias inseridas no campo da reserva legal.

A este propósito, remetemos esta assertiva a uma análise constitucional, ao seu Título IV (Da Organização dos Poderes), Capítulo I (Do Poder Legislativo), Seção II, que trata das atribuições do Congresso Nacional, e mais especificamente ao Art. 48, que enuncia sobre a criação e extinção dos órgãos da administração pública.

Art. 48. Cabe ao Congresso Nacional, com a sanção do Presidente da República, não exigida esta para o especificado nos arts. 49, 51 e 52, dispor sobre todas as matérias de competência da União, especificamente sobre:

[...]

XI – criação e extinção de Ministérios e órgãos da administração pública (Redação dada pela Emenda Constitucional nº 32, de 2001). (grifos nossos).

Veja-se agora a redação original do inciso XI do Art. 48, a qual predominava antes da edição da Emenda Constitucional nº 32/01, e já revogada por esta.

XI – criação, **estruturação e atribuições** dos Ministérios e órgãos da administração pública. (**grifos nossos**).

Conforme demonstrado, há que se observar com rigor a substancial alteração trazida nestas matérias pela Emenda Constitucional nº 32/01. Para tanto, oportuno que se faça uma breve comparação do que predominava antes e do que passou a prevalecer após a citada Emenda, em relação à criação, extinção, estruturação e atribuições dos órgãos públicos, com a análise dos artigos pertinentes a cada uma destas competências.

Dentre as atribuições do Congresso Nacional, reza o artigo 48, em seu inciso XI, acima descrito, cuja nova redação foi dada pela EC nº 32/01, que compete a este, com sanção do Presidente da República, a "criação e extinção de Ministérios e órgãos da administração pública", contrastando com a redação deste mesmo inciso anterior à Emenda, cujo texto constitucional originário previa "a criação, estruturação e atribuições dos Ministérios e órgãos da administração pública".

Conforme se verifica, antes da edição da Emenda 32/01 era exigida lei tanto para criação quanto para estruturação e atribuições dos Ministérios e órgãos da administração pública. Com a nova redação dada ao artigo, a exigência legal passou a se atrelar à criação, acrescentando-se ainda a extinção, ao passo que a estruturação e as atribuições foram suprimidas em substituição às expressões "organização e funcionamento", e estas remetidas para o Capítulo II (Do Poder Executivo), Seção II (Das atribuições do Presidente da República) do mesmo Título IV, cujo Art. 84, inciso VI, alínea "a" ganhou a seguinte redação:

Art. 84. competente privativamente ao Presidente da República;

[...]

VI. **dispor, mediante decreto, sobre** (Redação dada pela Emenda Constitucional nº 32, de 2001).

a) **a organização e funcionamento da administração federal**, quando não implicar aumento de despesa nem criação ou extinção de órgãos públicos. (Incluída pela Emenda Constitucional nº 32, de 2001). (grifos nossos).

Com efeito, tem-se por certo que a organização e o funcionamento da administração pública, com a ressalva de que estes só se darão quando não implicar em aumento de despesa nem criação ou extinção de órgãos públicos, inseridos no dispositivo constitucional que trata das atribuições do Presidente da República (Art. 84, inciso VI, alínea "a"), equivalem verdadeiramente à estruturação e atribuições mencionados na antiga redação do Art. 48, inciso XI, e que integravam o rol das atribuições do Congresso Nacional. Suprimiu-se também a expressão "na forma da lei" do texto original do inciso VI do artigo 84, visto que passou a ser regido por decreto presidencial, com a redação da EC nº 32/01.

Em outras palavras, pode-se dizer que tais atos saíram do campo da reserva legal do Congresso Nacional e foram inseridas no rol de competência privativa do Poder Executivo, o qual passará a exercê-las por meio de decreto. Com efeito, não há mais que se falar em estruturação e atribuições de Ministérios e órgãos da administração pública através de lei.

Não obstante, devemos remeter o estudo desta questão de volta ao Capítulo I (Do Poder Legislativo), Seção VIII (Do Processo Legislativo), Subseção III (Das Leis), para uma análise mais específica da alínea "e" do inciso II, do § 1º, Art. 61, *in verbis*:

> Art. 61. A iniciativa das leis complementares e ordinárias cabe a qualquer membro ou Comissão da Câmara dos Deputados, do Senado Federal ou do Congresso Nacional, ao Presidente da República, ao Supremo Tribunal Federal, aos Tribunais Superiores, ao Procurador-Geral da República e aos cidadãos, na forma e nos casos previstos nesta Constituição.
>
> § 1º - São de iniciativa privativa do Presidente da República as leis que:
>
> [...]
>
> II – disponham sobre:
>
> e) **criação e extinção de Ministérios e órgãos da administração pública**, observado o disposto no Art. 84, VI (Redação dada pela Emenda Constitucional nº 32, de 2001). (grifos nossos).

Trazemos à pauta a redação original da alínea "e", do inciso II, § 1º do Art. 61, predominante antes da EC nº 32/01:

> e) criação, estruturação e atribuições dos Ministérios e órgãos da administração pública. (**grifos nossos**)

Conforme demonstrado, antes da edição da EC nº 32/01, a precitada alínea "e" previa a "criação, estruturação e atribuições dos Ministérios e órgãos da administração pública". Com efeito, restou evidenciado que o Art. 61, cujo § 1º dispõe acerca da reserva legal de iniciativa do Presidente da República, teve a sua alínea "e" alterada por meio da EC nº 32/01, conferindo competência ao Presidente da República para dispor sobre "a criação e extinção de Ministérios e órgãos da administração pública", e acrescentando "observado o disposto no Art. 84, VI".

Já quanto à "estruturação e atribuições", conforme já analisado anteriormente, estes foram substituídos pelos termos "organização e funcionamento" – com a ressalva de que estes ocorrerão quando não implicar aumento de despesa, nem criação ou extinção de órgãos públicos – e inseridos no campo da competência privativa do Presidente da República, por meio de decreto. Dispensou-se, com isso, a lei para estes atos.

No que se refere à capacidade processual dos órgãos públicos, tendo em vista serem eles pessoas despersonalizadas que se constituem como parte integrante de uma determinada pessoa jurídica, como regra geral a capacidade processual é a esta atribuída, e não aos órgãos em si por ela criados.

Isto se dá pelo fato de que os órgãos não podem ser considerados pessoas idôneas para tomar parte numa relação processual, tendo em vista a falta de personalidade jurídica que os inviabilizam, de acordo com o diploma processual vigente, de figurar como parte juridicamente capaz. Registre-se que este entendimento já foi consolidado pelo Supremo Tribunal Federal e por outros Tribunais Superiores de diversos Estados-Membros.

Sendo assim, via de regra, podemos asseverar que são as pessoas jurídicas as quais os órgãos se encontram subordinados, as que verdadeiramente possuem capacidade processual para figurar, tanto no polo ativo quanto no passivo, em qualquer relação processual, desde que a conduta que a originou tenha sido desencadeada por um agente integrante do órgão público. Isto também corrobora a ideia de que são as condutas dos agentes que integram o órgão público que exteriorizam a vontade do Estado.

Não obstante vigorar com maior incidência a regra de que os órgãos públicos não possuem capacidade processual para integrar uma relação jurídica, devemos registrar que, hodiernamente, alguns Tribunais já têm admitido hipóteses extraordinárias em que se confere esta capacidade a órgãos públicos, a julgar pelo tipo de litígio que os envolve com terceiros.

Portanto, deve-se registrar que tal excepcionalidade quanto ao reconhecimento da capacidade processual de alguns órgãos públicos está atrelada a uma estreita graduação, ou seja, apenas aos órgãos mais elevados do Poder Público, com reconhecimento constitucional e nas hipóteses de defesa de suas prerrogativas e competências, além do reconhecimento de que tais litígios incidem sobre órgãos da mesma natureza.

Vale observar que, na Administração direta, existe uma vinculação, uma inter-relação entre os órgãos, caracterizando-se pela hierarquia. A hierarquia implica os poderes de comando e delegação de atribuições.

Frequentemente, utiliza-se a expressão Administração Centralizada como sinônima de Administração Direta ou Central.

As pessoas da Administração Indireta são ligadas também com o Estado. As Autarquias, por exemplo, são ligadas ao Ministério onde está concentrada a sua principal atividade (o INSS é uma Autarquia ligada ao Ministério da Previdência Social). Há uma ligação entre essas pessoas e a própria Administração Direta, mas essa relação não é hierárquica. Todas têm órgãos de direção, assembleias, diretorias etc., que representam e dirigem essas pessoas. Existe, assim, uma vinculação, que é diferente de hierarquia. O nome dessa vinculação é tutela administrativa ou supervisão ministerial. Na tutela/supervisão só há controle finalístico, de resultado, porém não existe o poder de comando real. Por exemplo, funcionários do IBGE entraram em greve e o Ministro da área exigiu que o presidente do IBGE demitisse os cabeças do movimento; no entanto o presidente não demitiu ninguém. Se existisse uma relação hierárquica, haveria a obrigatoriedade de se cumprir a ordem. Poderia, no caso, ocorrer o surgimento de controle até político.

A descentralização por outorga cria uma nova pessoa jurídica.

A desconcentração é a subdivisão interna de uma pessoa jurídica; não cria nova pessoa jurídica. Se a desconcentração não vai criar uma nova pessoa jurídica, o que ela cria, então, são os famosos Órgãos Públicos. A pessoa jurídica da União tem como órgãos públicos a Presidência da República, os Ministérios, as Secretarias etc. Há órgãos que possuem independência, isto é, têm liberdade de atuação, mas não são pessoas jurídicas, estando ligados a uma pessoa jurídica, no caso em tela, União Federal. Então, a desconcentração é uma subdivisão interna para agilizar a atuação de uma pessoa jurídica e, ao subdividir uma pessoa jurídica, evidentemente irá surgir a figura da hierarquia.

Exemplificando melhor: o Ministério Público, a Defensoria Pública, as Procuradorias (Municipal, Estadual, da República, da Fazenda), entre outros, todos são Órgãos Públicos e, consequentemente, estão em uma pessoa jurídica; eles, porém, por si só, não são pessoas jurídicas. Diante disso, há uma pergunta interessante: se os Órgãos mencionados não possuem personalidades jurídicas, como justificar a Procuradoria do Estado atuar em juízo? Como se justifica o Ministério Público postular uma ação civil pública, se não possui personalidade jurídica própria? Como pode a Defensoria Pública defender os menos favorecidos economicamente, se não é pessoa jurídica?

A justificativa é a seguinte: para atuar em juízo não é preciso ser pessoa jurídica. É preciso ter, apenas, capacidade processual para atuar em juízo. E quem confere a competência postulatória ao Órgão Público é a legislação e, em especial, a Constituição Federal, em cujo Art. 129 verificamos a competência do Ministério Público de atuar em juízo. Igualmente acontece com a Procuradoria do Estado, onde a Constituição Estadual atribui essa competência, adquirindo a capacidade processual-judiciária para atuar em juízo. Portanto, mesmo não sendo pessoa jurídica, mesmo não possuindo personalidade jurídica própria, atuam, porque a legislação atribui a eles a personalidade judiciária. Órgão, portanto, não é pessoa jurídica. Daí ser errado mencionar, a título de ilustração, que o Estado de São Paulo está representado pelo seu governador. Este governador não tem procuração nenhuma, logo não está agindo em nome da pessoa jurídica; ele é a própria pessoa jurídica atuando. Por isso, a atual doutrina joga fora a teoria da representatividade, substituindo-a pela teoria da imputação. A Procuradoria do Estado não é representante do Estado. A Procuradoria do Estado é o Estado em Juízo, isto porque a Constituição Estadual atribuiu-lhe esta competência. Na verdade, quem representa o Estado é a Empresa Pública, Sociedade de Economia Mista, a Fundação e a Autarquia, porque são todas pessoas jurídicas.

Podemos concluir, então, que os órgãos da Administração Pública Direta apresentam, como traços marcantes:

- Ausência de personalidade jurídica. Logo, não podem adquirir direitos e contrair obrigações, possuindo esta capacidade a pessoa política a que o órgão estiver subordinado;

- Ausência de patrimônio próprio. Se os órgãos não têm personalidade jurídica, por uma questão de lógica, não possuem condições de gerir patrimônio, pois todos os seus bens são dos entes da federação vinculativos. Consequentemente, no prédio onde funciona o órgão Ministério da Justiça pertence à União.

- Como regra geral, ausência de capacidade processual. Não há possibilidade de o órgão figurar como autor ou réu numa determinada ação, em função de sua despersonificação. Cumpre frisar que tal incapacidade processual há exceções, como visto acima.

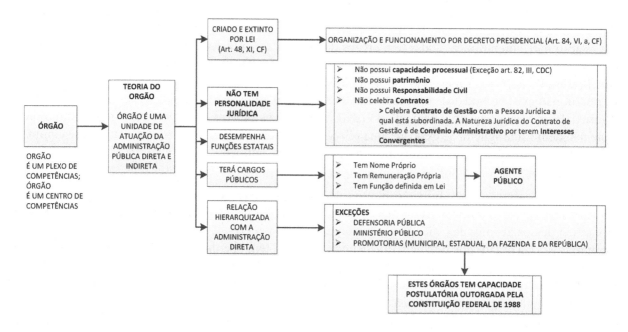

7. ENTES DA ADMINISTRAÇÃO INDIRETA (PERSONALIDADE PRÓPRIA – DL 200/67 E LEI 13.303/16)

As entidades da Administração Indireta são criadas para prestarem serviços públicos ou de interesses públicos delegáveis ou ainda para explorar atividade econômica em razão de Segurança Nacional ou Interesse Coletivo.

Passaremos, agora, ao estudo das entidades que integram a Administração Pública indireta, analisando, entretanto, antes de tudo, os motivos que levam o Estado a descentralizar seus serviços e quais os princípios que regem essa descentralização.

A descentralização obedece a exigências do bom andamento dos serviços públicos. A concentração das tarefas no âmbito de uma única célula de competências provocaria disfunções decorrentes do acúmulo de trabalho e da diversidade da natureza dos serviços prestados. É para que essas disfunções não ocorram que o Estado descentraliza as suas atividades.

No que se refere aos princípios que regem essa delegação de competências administrativas aos entes da Administração Indireta, o prof. Carvalho Filho[7] enumera três deles, a saber: (a) o da reserva legal; (b) o da especialidade; e (c) o do controle.

O princípio da reserva legal indica a necessidade de haver uma participação, ao menos, do Poder Legislativo, para que se crie uma entidade da Administração Indireta. Em alguns casos, é o próprio Legislativo que as cria; em outros, ele autoriza que o Executivo as crie. Depende, como veremos, da espécie de ente administrativo que está sendo criado.

Por outro lado, o princípio da especialidade indica a necessidade de o ato legislativo, criador ou autorizativo da criação, discriminar as atividades que serão desenvolvidas pelos entes da Administração Indireta, de modo a restringir a liberdade do Poder Executivo na condução do processo de descentralização.

Derradeiramente, o princípio do controle indica a impossibilidade de a atuação das entidades da Administração Indireta se dar de forma totalmente livre. Neste sentido, tais entes administrativos desempenham suas atividades de acordo com algumas orientações da Administração Direta, podendo-se notar controle de diferentes naturezas, a saber: (I) político; (II) institucional; (III) administrativo; (IV) financeiro.

Pelo controle político ou tutela, a entidade central determina as metas que deverão ser perseguidas pelas entidades controladas, de modo a que não se note uma incoerência entre a atuação destas e daquela, com previsão no Art. 26 do DL 200/67.

Esse controle se viabiliza pela atribuição da competência para nomear e exonerar, livremente em qualquer dos dois casos, os dirigentes daquelas entidades.

Essa questão havia sido pacificada pelo STF, dando origem ao verbete de sua súmula nº 25: "Dirigentes de autarquia, mesmo quando nomeados a termo fixo para exercício do mandato, portanto, podem ser exonerados a qualquer momento pelo Presidente da República".

Com a criação das agências reguladoras federais em diversos Estados, esta questão voltou à baila para se saber se as leis criadoras de agências reguladoras, sob a forma de autarquias, poderiam os dirigentes serem exonerados, a qualquer tempo, pelo Presidente da República. A questão foi ao Supremo, que decidiu da seguinte maneira:

"É constitucional a lei que submete a nomeação dos dirigentes de agências reguladoras a prévia aprovação legislativa, em homenagem ao Art. 52, III, "f" da Constituição da República ("é atribuição do senado federal aprovar previamente, por voto secreto, após arguição pública, a escolha de [...] titulares de outros cargos que a lei determinar").

O controle institucional, por sua vez, confere à Administração Direta o poder de exigir que o ente da Administração Indireta não extrapole os limites de atribuições fixados no ato legislativo de criação ou de autorização de sua criação. Vale dizer, proíbe-se que exerça atividades não previstas no estatuto criador ou que este contenha autorização para o exercício de atividade não prevista no referido ato legislativo.

No que tange ao controle administrativo, faculta-se ao ente central a fiscalização da atividade administrativa da entidade da Administração Indireta. Desta forma se verifica esse controle ser por meio de recurso hierárquico impróprio, na forma da lei.

Por fim, o controle financeiro se dá sobre a contabilidade e sobre o financeiro do ente descentralizado, tipicamente o respectivo Tribunal de Contas.

Passemos, enfim, à análise de cada uma das entidades da Administração Indireta.

---

7   JOSÉ DOS SANTOS CARVALHO FILHO, *Manual de Direito Administrativo*, 31. ed. rev., atual., ampl. – São Paulo: Atlas, 2017, p. 275.

8. AUTARQUIA

O diagrama abaixo ilustra e resume o que será apresentado sobre as Autarquias neste capítulo:

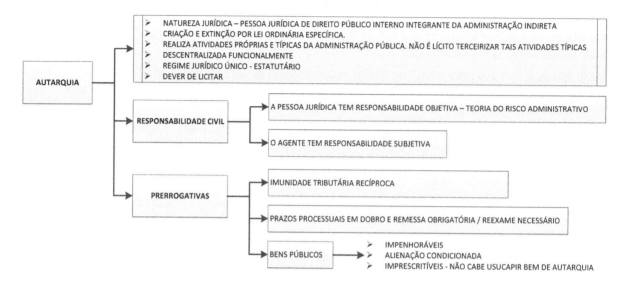

8.1. Conceito

Na realidade, as autarquias são quase que um prolongamento personalizado da Administração Pública Direta, funcionando como apêndice do Estado, um prolongamento do Estado.

Antes de qualquer coisa, é de se ver que o termo "autarquia" significa independência e, no âmbito do Direito Administrativo, vai designar o grau de independência administrativa de que goza essa espécie de pessoa jurídica integrante da Administração Pública Indireta.

8.2. Características

Autarquia, sendo um sujeito auxiliar direto do Poder Público, funciona como uma parcela, um apêndice do Estado. Deve executar somente serviços próprios/típicos do Estado, em condições idênticas às do Estado, gozando, por consequência, os mesmos privilégios e vantagens da Administração Pública. Realiza qualquer serviço público essencial, mas é indicada especificamente para aquele que requeira mais especialização, que apenas por questões de eficiência e maior economicidade é autarquizada, por isso exatamente é dotada de autonomia administrativa, financeira e pessoal especializado, liberto da burocracia comum das repartições centralizadas. É independente, mas não é autônoma. Administra-se a si mesma. Age por interesse próprio.

A essência do Estado não é visar lucros, raciocínio extensivo, também, às autarquias. Logo, serviços bancários ou de fabricação de produtos industriais jamais podem ser prestados por autarquias.

A autarquia é uma mão extensa do Estado, uma *longa manus*, portanto, nunca terá a forma de empresa, pois não tem fins lucrativos.

Há distinção entre atividade típica e atípica do Estado? O que se chama de atividade típica só pode ser explicada como as atividades que o Estado deve realizar diretamente, dada a transcendência. Então, serviço de segurança pública é uma atividade típica, razão pela qual o Estado não pode delegar a terceiros. Na atividade atípica, admite-se que alguém a execute. Apresentar o rol de atividades típicas ou atípicas é quase impossível, porque é o momento social que vai determinar a eleição desses valores. Hoje, nos Estados Unidos, há prisões-empresas. O Estado, lá, está delegando a particulares a execução de serviço de pena, o que é tipicamente, para nós, serviço típico do Estado. Quem sabe se, daqui a 20 anos, no Brasil, o Estado estará delegando a particulares este serviço? A situação pode ser outra e os segmentos da sociedade verem, com normalidade, tal delegação.

Quais seriam essas atividades típicas ou próprias do Poder Público? O que é serviço típico do Estado, inegavelmente, depende dos momentos político e social, das circunstâncias. O fato social é que vai determinar o grau de intervenção do Estado nas atividades, conforme dissemos acima. O serviço público pode evoluir ou não. Daí o que hoje se considera serviço típico, amanhã pode não ser mais. O Decreto-lei 200/67, em seu Art. 5º, aduz que as autarquias realizam atividades típicas ou próprias do Estado. Há, porém, certas atividades às quais o Estado, hoje, não pode delegar a sua execução, devendo, unicamente, executá-las diretamente, em função de que, nessas determinadas atividades, o Estado deve apresentar-se investido do seu poder de império. Por exemplo: a segurança pública – não se concebe, no Brasil, que esse serviço seja realizado por particular.

A doutrina reconhece que a Administração Pública possui, atualmente, cinco grandes atividades típicas. Vejamos alguns exemplos de autarquias para cada uma dessas atividades típicas do Poder Público:

1) A Autarquia que atua no Poder de Polícia.

Exemplo: IBAMA – Instituto Brasileiro do Meio Ambiente e dos Recursos Naturais Renováveis, Autarquia Federal que controla o meio ambiente, atuando no sentido de preservação ambiental, impondo multas, embargando obras. Evidentemente, é uma autarquia com Poder de Polícia.

2) Autarquia de serviço público.

Exemplo: CNEN – Conselho Nacional de Energia Nuclear, vinculada ao Ministério da Ciência e Tecnologia. A princípio, o Brasil se compromete a não usar energia nuclear para fins bélicos, e sim, somente, para fins pacíficos.

Outro exemplo seria o DENIT (Departamento Nacional Infraestrutura de Transportes).

3) Intervenção na ordem econômica.

Exemplo: CADE – Conselho Administrativo da Ordem Econômica, que foi criado para controlar o abuso do poder econômico.

4) Intervenção na ordem social.

Exemplo: INSS – Instituto Nacional de Seguro Social. Atua na ordem social para fins de organização e benefícios da Previdência e da Seguridade Social.

5) Fomento público.

Exemplo: DNOCS – Departamento Nacional de Obras Contra as Secas, no qual Estado interfere, apoiando e dando suporte à iniciativa privada, estimulando ou desestimulando determinados comportamentos.

O fomento público ocorre, por exemplo, quando o poder público dá incentivos fiscais, visando à promoção de instalação de indústrias numa determinada região.

Vale acrescentar que não é lícito a autarquia terceirizar os serviços públicos que constituem a finalidade para a qual foi criada, por contrariar à lei e aos princípios que regem a Administração Pública, importando em violação ao princípio da especialização.

8.3. Criação, Extinção, Organização e Transformação

Como se pode extrair das definições anteriormente transcritas, as autarquias são criadas por lei ordinária, cujo projeto é de iniciativa reservada ao Chefe do Poder Executivo respectivo.

Entretanto, de onde se retira essa obrigatoriedade? Naturalmente da Constituição, que, em seu Art. 37, XIX, reza:

> "Art.37 - ...
> XIX - somente por lei específica poderá ser criada autarquia e autorizada a instituição de empresa pública, de sociedade de economia mista e de fundação, cabendo à lei complementar, neste último caso, definir as áreas de sua atuação".

O dispositivo constitucional acima transcrito diz que o instrumento de criação será uma lei específica, sem, entretanto, precisar o significado da expressão. O que seria, então, uma lei específica?

Há a possibilidade de se entender que lei específica é aquela que versa somente determinado tema. *In casu*, a lei criadora da autarquia não poderia tratar de outro assunto senão sobre a estrutura organizacional dela, suas finalidades, sua vinculação a este ou aquele órgão da Administração Direta, seus diretores, forma de nomeação e de exoneração etc.

A outra possibilidade é a de se considerar como lei específica aquela que deve ser editada em cada âmbito da Federação. Assim, a criação de uma autarquia federal deveria ser mediante a edição de uma lei federal; a criação de uma autarquia estadual pela edição de uma lei estadual; a criação de uma autarquia municipal pela edição de uma lei municipal.

No nosso caso, parece-nos que as duas possibilidades devem atuar simultaneamente. Vale dizer, quando a Constituição se refere a lei específica, no inciso XIX do Art. 37, está a exigir que a lei criadora da autarquia não trate de outro assunto que, desta ou daquela forma, não se relacione com o tema central e, além disso, está exigindo que a criação de uma autarquia se faça por ato legislativo do ente federativo a que estiver vinculada.

Essa segunda exigência, aliás, é óbvia e decorre da adoção da forma federativa de Estado (Arts. 1º e 18, CRFB/88). Afinal, falar em federalismo é atribuir autonomia política, financeira e administrativa aos entes que, juntos, compõem o Estado federal.

As autarquias são criadas por lei, não por uma norma qualquer, mas, sim, lei específica, de acordo com a previsão constitucional (Art. 37, XIX). Sua criação ocorre justamente no momento em que a lei entrar em vigor, independentemente de qualquer registro público ou de seus estatutos por ser pessoas jurídicas de direito público, diferentemente, por exemplo, da empresa pública e da sociedade de economia mista, que só passam a existir, quando possuírem seus atos constitutivos registrados na junta comercial.

Por derradeiro, é inevitável concluir-se que há tanto a possibilidade de revogação total das atribuições de uma autarquia (ab-rogação) quanto a revogação parcial de tais atribuições (derrogação), mas tudo deverá estar fundamentada em lei específica.

Autarquia, ao entrar no âmbito da existência jurídica com a lei, essa mesma lei, também, vai fixar o patrimônio da autarquia, enumerando os seus recursos e os seus bens. Normalmente, os recursos são taxas, verbas orçamentárias, doações, subvenções, acrescido de bens do ente criador a serem transferidos.

A autarquia tem orçamento próprio, autônomo e desvinculado da entidade estatal matriz, mas pode receber auxílio da Administração que a instituiu. Este auxílio deverá constar das dotações globais da despesa e da receita do orçamento geral do Executivo. O orçamento da autarquia sempre passa pelo controle do Executivo, para ser aprovado por decreto, e enviado à consideração final do Legislativo, se assim o determinar expressamente a lei que a instituiu.

Portanto, quando a Constituição se refere, no Art. 37, XIX, a lei específica, está dizendo acerca da necessidade de a lei criadora da Autarquia ser editada pelo ente ao qual estará vinculado o ente administrativo e, também, de a lei não tratar de outro assunto, como já se aduziu acima, sem que isso signifique vedação de uma lei criar mais de uma pessoa jurídica dessa natureza.

Consequência dessa exigência de lei para a criação da autarquia é a exigência do mesmo veículo normativo para a extinção daquele ente administrativo. Ou seja, em atenção ao princípio da simetria ou do paralelismo das formas jurídicas, as autarquias se extinguem por lei. E esta lei que extingue a autarquia também será de iniciativa reservada ao chefe do Poder Executivo. Isso está previsto no Art. 37, XIX, da Constituição da República e no Art. 61, § 1º, II, alínea "e", também da Magna Carta. Trata-se, na verdade, de irradiação do princípio da simetria das formas jurídicas, pelo qual a forma de nascimento dos institutos jurídicos deve ser a mesma para a sua extinção. Ademais, não poderia ato administrativo dar por finda a existência de pessoa jurídica instituída por lei, já que se trata de ato de inferior hierarquia.[8]

Remanesce a dúvida sobre se é possível a fusão de órgãos da administração direta. A fusão, por não importar em extinção ou criação de entidade, assim como a transformação de órgãos, desde que não aumentem a despesa, parece-nos providência possível nos termos da Constituição. Um exemplo é a existência, num dado Estado, de uma Secretaria de Segurança Pública e de outra Secretaria de Administração Penitenciária, que fossem fundidas numa só, passando a se chamar Secretaria de Segurança Pública e de Administração Penitenciária.

---

8   JOSÉ DOS SANTOS CARVALHO FILHO, ob. cit., p. 340

Nesse caso, razões administrativas de conveniência e oportunidade podem ter determinado a fusão, que, repito, desde que não importe em aumento de despesa, não nos parece proibida pela Constituição Federal.

Será que a transferência de patrimônio do ente criador e a autarquia se efetiva com a lei? Majoritariamente, o domínio dos bens imóveis decorre da lei, produzindo efeito *erga omnes*, isto é, ninguém pode desconhecê-la, sem necessidade de registro, porque, nesta hipótese, a autarquia, em virtude de lei, será proprietária, exercendo seus direitos sobre os imóveis sem que haja necessidade de matriculá-lo no Registro Imobiliário, ocorrendo, junto a tal Registro, à margem da matrícula, somente breve anotação da ocorrência, mencionando, inclusive, o número da lei, a denominação da autarquia e a data de sua vigência. Entretanto, na parte pertinente a imóveis, se a constituição deste patrimônio for por escritura pública, inquestionavelmente o registro no RI da situação do imóvel se faz necessário, sendo tal posicionamento da doutrina dominante. Não se admite transferência de bens imóveis por via decreto ou por qualquer outro ato administrativo unilateral. No caso de bens móveis, a mudança se materializa com o termo administrativo de transferência.

Seus bens e rendas são patrimônio público com destinação especial e podem ser utilizados, onerados e alienados na forma regulamentar, independentemente de autorização legislativa especial.

A organização e a estruturação das autarquias, tranquilamente, podem se operacionalizar e ser regulamentadas por decreto do Chefe do Executivo.

É prudente mencionar que a iniciativa da criação da lei específica é de competência, única e exclusiva, do Chefe do Executivo, sendo indelegável, como reza o Art. 61, § 1º, II, e, do Texto Constitucional.

A transformação de uma autarquia também deverá ocorrer por lei específica e se operando por decreto, por ser entendida como criação. O BNH, que já foi autarquia, para se transformar em empresa pública, não houve impedimento, mediante lei. Nessa hipótese, permanece o mesmo conteúdo, alterando somente o regime jurídico.

Outro exemplo significativo, o CADE, que era um mero órgão público, não possuía, consequentemente, personalidade jurídica, foi transformado em autarquia. Ele ganhou mais liberdade de ação e agora, como pessoa jurídica, contrai direitos e obrigações em seu nome, tendo mais força de atuação, em especial, porque a Lei nº 8.884/94, definiu, com mais clareza, os crimes contra a ordem econômica. E qual o fundamento da criação dessa autarquia, pois, como órgão tinha as mesmas características? Logicamente, para maior liberdade administrativa e financeira, liberdade de ação e, até mesmo, para fugir do vínculo e rigor hierárquico.

No tocante à criação de subsidiária de autarquia, obrigatoriamente, dependerá de lei autorizadora, com iniciativa exclusiva do Executivo, em conformidade com o Art. 37, XX, da Constituição Federal.

Criada para funcionar por tempo indeterminado, num determinado dia, uma autarquia criada com o *animus* de perenidade chega ao seu fim por não mais ser conveniente à sociedade, ou porque o serviço que presta deixou de ser importante ou por ter sido transferido para outra entidade. Então, será extinta através de lei especial (e não por decreto do Chefe do Executivo da entidade-mãe). O patrimônio apurado na liquidação será reintegrado à origem, isto é, devolvido ao Estado, acrescido do que lhe fora agregado durante a existência da entidade em extinção. No caso de os serviços serem transferidos a outra entidade pública, o patrimônio da autarquia poderá destinar-se a novas prestadoras dos mesmos serviços.

Uma vez criada por lei, a autarquia será organizada por ato administrativo, com a forma de decreto regulamentar, este ato normativo secundário pode ser usado para organização e estruturação das autarquias.

8.4. Personalidade Jurídica

Como vimos, sejam os conceitos doutrinários, sejam os conceitos normativos, todos se referem à Autarquia como pessoa jurídica e, portanto, como sendo titular de personalidade jurídica própria, independente daquela que se atribui aos entes federativos que podem-na criar.

Diferentemente do que ocorre com as sociedades, o nascimento da personalidade jurídica das autarquias se dá com a só publicação da lei que a cria, sem a necessidade de se arquivar um "ato constitutivo" em qualquer espécie de registro público, segundo o que já se adiantou acima. Atente-se, entretanto, para o fato de que o Superior Tribunal de Justiça decidiu, recentemente, de maneira surpreendente – a nosso ver, completamente equivocada – que as pessoas jurídicas só adquirem personalidade com o registro no Cadastro Nacional das Pessoas Jurídicas – CNPJ, do Ministério da Fazenda, que, na verdade, é apenas um cadastro daquele órgão da administração direta federal para fins tributários.

Há, ainda, que se falar na natureza pública da personalidade jurídica das autarquias. Essa característica, que se funda no fato de tais entes da administração indireta desempenharem atividades próprias do Estado, confere-lhes autoridade e supremacia próprias das entidades federativas e, *ipso facto*, a possibilidade de gozarem de certas prerrogativas que as pessoas jurídicas de direito privado não percebem.

8.5. Forma

A Lei não fala da forma que é estabelecida para a autarquia. Trata-se de uma pessoa jurídica autônoma e independente, em relação ao Estado. É intra-estado, ou seja, está dentro do Estado, possuindo uma capacidade de gestão administrativa e financeira autônoma.

Para–Estatais
Adm. Indireta

A lei instituidora da autarquia, é que vai estabelecer o grau maior ou menor de autonomia política. Por exemplo, de acordo com a posição do STF, é constitucional que a lei estabeleça mandatos sem possibilidades de exoneração "*ad nutum*" pelo chefe do Poder Executivo. Por outro lado, pode a lei criadora dar um grau maior ou menor da autonomia administrativa e financeira, criando ou não recursos hierárquicos impróprios das decisões finais das autarquias para Ministérios ou para os chefes do Poder Executivo.

8.6. Objeto

A autarquia é a entidade da Administração Indireta mais próxima da Administração Pública Direta justamente por causa de seu objeto.

O Objeto da autarquia é um objeto tipicamente estatal, mas com um detalhe, esta atividade exercida pela autarquia apesar de ser uma atividade típica do Estado, porém é desinteressante para Administração Pública Direta.

Por exemplo, todas as universidades federais são autarquias. O ensino é atividade típica do Estado, mas não há interesse dessa atividade, ensino, ser prestada pelo MEC (Ministério da Educação e Cultura), que é órgão da Administração Pública Direta.

Também é comum a referência às atividades próprias do Estado ou da Administração Pública nas definições de autarquias. O que se diz é que as autarquias são criadas para desempenhar atividades próprias do Estado. Entretanto, o que é e o que não é uma atividade própria do Estado? Essa é a pergunta que se põe.

A resposta a essa indagação depende do modelo de Estado que se adote, se um Estado liberal, um Estado do bem-estar social ou um Estado socialista. Isto porque, nessas diferentes espécies de formatação estatal, diversas são as considerações acerca do que seja uma atividade própria do Estado.

A Constituição de 1988 adota uma postura intermediária entre o Estado liberal-burguês e o Estado socialista. Esse Estado do bem-estar social é diferente do Estado liberal por intervir na economia para conter os abusos do poder econômico. É diferente, também, do Estado socialista, por manter nas mãos da iniciativa privada a produção econômica, só admitindo a atuação estatal como agente econômico, diretamente, em casos excepcionais (Art. 173, *caput*). As funções típicas do Estado no âmbito econômico são a normatização, fiscalização, incentivo e planejamento (Art. 174).

A partir dessas considerações, podemos notar que são atividades estatais todas aquelas que o Estado desenvolve sem finalidade lucrativa ou, em outras palavras, aquelas despidas de interesses econômicos imediatos. Se o Estado, por uma circunstância especial, tiver de desenvolver essas atividades econômicas não poderá fazê-lo por intermédio de autarquias, pois não constituem atividades próprias do Estado.

Aliás, é por esse motivo que as autarquias gozam da imunidade tributária de que trata o Art. 150, VI, a, da Constituição da República, como se extrai do § 2º do mesmo dispositivo constitucional. E, se houver desvio de finalidade, vindo a autarquia a desempenhar atividades econômicas, com o objetivo de lucro, não poderá se valer da imunidade, submetendo-se à tributação (por meio de impostos) como qualquer outra pessoa. Isto porque o que justifica o tratamento diferenciado é a natureza pública das atividades desempenhadas regularmente pelas autarquias e a ausência de lucro (faltante, pois, o requisito da capacidade contributiva).

À vista do que até aqui foi dito, é de se ver que se o Estado quiser desempenhar atividades econômicas, não o poderá fazer por meio das autarquias, que só podem desenvolver atividades própria da Administração Pública, assim entendidos os serviços públicos sem caráter econômico.

8.7. Espécies

A doutrina administrativista não é unânime na classificação das espécies de autarquias, adotando os diferentes autores critérios diversos para proceder a essa análise.

Quanto ao objeto, as autarquias podem ser assistenciais (ou de fomento público), previdenciárias (ou de ordenamento social), educacionais, profissionais, de controle e, por fim, administrativas e autarquias cooperativas.

As autarquias assistenciais ou de fomento público são aquelas que são criadas para incrementar o desenvolvimento social do País, do Estado, do Distrito Federal ou do Município, conforme o caso. São exemplos de autarquias assistenciais a SUDENE, a SUDAM, o INCRA etc.

As autarquias previdenciárias são aquelas que atuam no âmbito da previdência social, auxiliando o filiado (obrigatório ou facultativo) nos casos de doença, invalidez, morte, velhice, maternidade, desemprego involuntário etc. Essas autarquias podem ser de regime geral (INSS).

As autarquias educacionais são aquelas criadas para possibilitar o estudo gratuito fornecido pelo Estado àqueles que demonstrarem maior capacidade para o desenvolvimento nessa área. Geralmente, organizam-se como autarquias as universidades públicas, permanecendo como meros órgãos públicos (despersonalizados e integrantes da Administração Direta) os colégios públicos.

Assim, são exemplos de autarquias educacionais a UFRJ, a UFF etc.

No tocante às Universidades Públicas, entidades da Administração Indireta, constituídas sob a forma de autarquias ou fundações públicas, cabe-nos esclarecer, logo de saída, que são dotadas de autonomia (Art. 207, CF). O exercício desta autonomia não é ilimitado, por não possuir soberania. Não estão subordinadas ao MEC, mas seus atos sofrem fiscalização do Tribunal de Contas da União e devem ser submetidas às diversas normas gerais previstas na Constituição, como as que regem o orçamento (Art. 165, § 5º, I, CF), despesa com pessoal (Art. 169, CF), bem como às que tratam do controle interno exercido pelo Ministério da Educação e da fiscalização. Assim é que o Art. 19 do Decreto-lei 200/67 estabelece que todo e qualquer órgão da Administração Federal, direta ou indireta, está sujeito à supervisão do Ministério de Estado competente. A supervisão ministerial, inegavelmente, compreende, entre outros objetivos, o de assegurar a observância da legislação federal (Art. 25, I, do Decreto-lei 200/67).

Na doutrina brasileira, não há ilegalidade no ato do Ministro da Educação que, em observância aos preceitos legais e sem invadir a autonomia financeira, administrativa e didática, que será exercida na forma dos seus estatutos, respaldada pelo Art. 207 da Constituição da República, reexamine a decisão de determinada universidade.

As autarquias de controle são aquelas que fiscalizam o cumprimento das normas públicas impostas àqueles que desempenham serviços públicos delegados, figurando como exemplo as agências reguladoras ANATEL, ANEEL, ANP, ANA etc.

Seria possível incluir aqui, também, o CADE, embora ele não fiscalize a execução de serviços públicos, mas sim a livre iniciativa no que tange à dominação dos mercados, ao abuso do poder econômico etc., ou colocá-lo numa categoria à parte, como o faz o prof. Diogo de Figueiredo Moreira Neto, que diz se tratar de uma autarquia de ordenamento econômico.

Quanto às peculiaridades do regime jurídico aos quais podem ser submetidas, as autarquias podem ser ordinárias ou especiais. Existem, na verdade, um regime comum, ao qual se submete a maioria das autarquias e um regime especial ao qual se submetem as autarquias ditas especiais.

Geralmente as autarquias especiais são dotadas de um maior grau de autonomia que as autarquias ordinárias, recebendo, às vezes, competências para formular regramentos inovadores na ordem jurídica ou até para decidirem questões jurídicas com caráter de definitividade.

Finalmente, quanto ao modo de atuação, as autarquias podem ser executivas e reguladoras. As primeiras desempenham atividades meramente administrativas, como de ordinário, deve ser. Por outro lado, as segundas, além das atividades administrativas, também editam normas inéditas no ordenamento jurídico com vistas à regulação de determinados serviços públicos concedidos pelo Estado aos particulares.

As autarquias profissionais são aquelas que regulam e fiscalizam as atividades profissionais regulamentadas, nos termos do Art. 5º, XIII, da Constituição.

Sabe-se que as profissões são livres a quem quiser, considerando-se apto a desempenhá-las. Entretanto, pode a lei regulamentar determinadas profissões, restringindo essa liberdade profissional mediante a imposição de requisitos para que se exerça aquele ofício regularmente, assim como acontece com a advocacia, com a medicina, com a contabilidade etc.

Regulamentada determinada profissão, a fiscalização do cumprimento das regras impostas pelo Estado será feita por essas autarquias profissionais, podendo figurar como exemplos a Ordem dos Advogados do Brasil, o Conselho Federal de Medicina, o Conselho Federal de Contabilidade etc.

Dizer que as autarquias corporativas são as corporações fiscalizadoras do exercício profissional, tais como CREA, CRM, CRO etc., nos parece controvertida, por serem entidades do tipo de cooperação.

Esta categorização está totalmente revogada, com a edição da Lei 9.649/98.

O § 1º do Art. 58, da mencionada lei, sepultou definitivamente a categoria de autarquias corporativas, passando a não mais existir no nosso sistema jurídico. Todos os conselhos eram considerados como personalidade jurídica de direito público, e, portanto, considerados autarquias corporativas, ao passarem, contudo, à condição de pessoa jurídica de direito privado, romperam o vínculo de qualquer natureza com a Administração Pública.

É de vital importância esclarecer, de forma adequada, para se evitar dúvida e polêmica, que o Art. 58 da Lei 9.649/98, por força do disposto no § 9º, não se aplica à Ordem dos Advogados do Brasil.

O § 9º da citada Lei 9.649/98, expressamente, quando determina a não aplicação do Art. 58 à entidade de que trata a Lei 8.906/94, a mantém como sendo autarquia com personalidade de direito público, categoria denominada corporativa.

Portanto, há incompetência da Justiça Estadual para o conhecimento de ações, sendo competente a Justiça Federal, pois detém o Conselho personalidade jurídica de direito público, tratando-se de entidade autárquica federal.

Os serviços de fiscalização de profissões regulamentadas, em face da suspensão liminar da execução e aplicabilidade do Art. 58 e §§, da Lei Federal 9.649/98, que dotava tais órgãos de personalidade jurídica de direito privado, no julgamento da ADIn nº 1.717 pelo STF, são consideradas autarquias dotadas de personalidade jurídica de direito público.

Não parece possível, a um primeiro exame, em face do ordenamento constitucional, mediante a interpretação conjugada dos artigos 5º, XIII, 22, XVI, 21, XXIV, 70, parágrafo único, 149 e 175 da Constituição, a delegação a uma entidade privada, de atividade típica de Estado, que abrange até poder de polícia, de tributar e de punir, no que tange ao exercício de atividades profissionais (STF, Tribunal Pleno, Rel. Min. Sydney Sanches – ADIn – 1.717 – MC/DF).

Em face de tal decisão, portanto, permanece a natureza jurídica de direito público.

Ainda que se desconsiderasse a suspensão liminar do Art. 58 da Lei Federal nº 9.649/98, determinado pelo STF, tal dispositivo legal, em seu § 8º, dispõe que "compete à Justiça Federal a apreciação das controvérsias que envolvam os conselhos de fiscalização de profissões regulamentadas, quando no exercício dos serviços a eles delegados, conforme disposto no *caput*".

Nesse sentido, vale transcrever ementa proferida pelo STJ, no Agravo de Instrumento de nº 599074499, *in verbis*:

> "Processo civil. Competência. Conselhos profissionais. Natureza jurídica. Autarquias. Justiça Federal. Compete à Justiça Federal o julgamento de ação contra conselhos profissionais envolvendo o exercício de atividade profissional. Precedentes do STJ".

Sendo os Conselhos Federais criados por autorização legislativa, com atribuições delegadas do poder público, encontram-se perfeitamente delineados na definição própria das autarquias, sendo, portanto, mais consentâneo que tenham natureza jurídica de direito público e não privado.

Importante também se faz mencionar o fato de os conselhos de fiscalização em estudo não terem legitimidade para propor ações de controle concentrando, uma vez que não se enquadram no conceito de "entidade de classe de âmbito nacional".

O ministro Dias Toffoli, do STF, negou seguimento à ADPF ajuizada pelo Conselho Federal de Corretores de Imóveis contra dispositivos do Decreto-lei 9.760/46, que definem e conceituam como bens da União as ilhas costeiras e seus "contornos". O relator observou que, segundo a jurisprudência do Supremo, conselhos de fiscalização de classe não têm legitimidade ativa para ajuizar ação de controle concentrado de constitucionalidade, grupo em que estão incluídas, além da ADPF, a ADIn, a ADC e a ADO.

O relator citou o ministro Celso de Mello que, ao votar na ADIn 641, anotou que os conselhos e as ordens profissionais são entidades com mera capacidade administrativa e submetidas à tutela administrativa do Ministro de Estado a cujo poder estão juridicamente sujeitos e que, desta forma, não poderiam exercer prerrogativa negada a seu próprio supervisor. A exceção é a OAB, cujas prerrogativas derivam de previsão constitucional explícita.

> "De fato, jurisprudência deste Supremo Tribunal Federal fixou-se no sentido de que os conselhos de fiscalização de classe não detêm legitimidade para o ajuizamento das ações de controle concentrando, por serem entidades autárquicas, detentoras, portanto, de personalidade jurídica de direito público, não se enquadrando no conceito de 'entidade de classe de âmbito nacional' constante artigo 103 (inciso IX) da Constituição Federal".

A entidade alegava que os dispositivos questionados não teriam sido recepcionados pela EC 46/05, que exclui das propriedades da União as ilhas que contenham sede de municípios, exceto aquelas áreas afetadas ao serviço público e a unidade ambiental federal, e as que se incluam entre os bens dos estados (inciso II do artigo 26 da CF). A EC 46 alterou a redação do inciso IV do artigo 20 da Constituição.

lucrativos; que a execução deve observar os arts. 730 do CPC e 100 da CF, sendo realizada mediante a expedição de precatório. Sob minha ótica o pedido recursal merece guarida.

O Conselho Regional de Odontologia de São Paulo teve sua criação autorizada pela Lei 4.324/64, que em seu art. 2º assim dispôs: "O Conselho Federal e os Conselhos Regionais de Odontologia ora instituídos constituem em seu conjunto uma autarquia, sendo cada um deles dotado de personalidade jurídica de direito público, com autonomia administrativa e financeira, e têm por finalidade a supervisão da ética profissional em toda a República, cabendo-lhes zelar e trabalhar pelo perfeito desempenho ético da odontologia e pelo prestígio e bom conceito da profissão e dos que a exercem legalmente". Destarte, embora o

Agravado detenha personalidade jurídica de direito público, não se trata propriamente de uma autarquia federal, tanto que o artigo acima transcrito define que o conjunto do Conselho Federal e dos Conselhos Regionais de Odontologia é que constitui uma autarquia. Na verdade, trata-se de uma autarquia especial e atípica, de características peculiares. Ao inverso da pretensão do executado, não se pode atribuir às entidades fiscalizadoras do exercício profissional a condição de órgão da Administração Pública Indireta, principalmente por atuarem como entidade privada junto a seus membros e na relação com terceiros, gozando de autonomia patrimonial e financeira. Assim, por serem detentores de patrimônio próprio, não há que se falar em impenhorabilidade dos bens, já que não se tratam de bens públicos. Tanto é assim que o inc. II, do parágrafo único, do art. 5º, da Lei 10.707/03 exclui os conselhos regionais da dotação orçamentária, nos mesmos moldes que o art. 7º, § 1º, da LDO de 2008. ...".

Por derradeiro, os Conselhos Regionais, obrigatoriamente, sujeitam-se à prestação de contas ao Tribunal de Contas da União por força do disposto no inciso II do Art. 71 da atual Constituição.

Vale também observar que a Lei 9.099/95, em seu Art. 8º, exclui a possibilidade de compor a relação processual, em sede de Juizados Especiais Cíveis, as pessoas jurídicas de direito público.

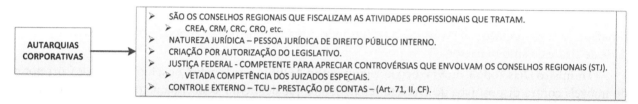

Em conclusão, mormente ante os aspectos de moralidade, o controle das atividades financeiras e administrativas desses Conselhos seguirá, inegavelmente, o comando do parágrafo único do Art. 70 da Constituição Federal, assim, prestarão contas ao Tribunal de Contas, uma vez que, por lei, estão autorizados a cobrar anuidade. Estranha é a decisão do TCU, no processo 006.255/1999-0, ao afirmar o entendimento de que o Conselho Federal e os Conselhos seccionais da Ordem dos Advogados do Brasil não estão obrigados a prestar contas a este Tribunal.

8.8. Patrimônio

As autarquias têm patrimônio próprio, distinto do da pessoa federativa que a criou, assim como acontece com qualquer pessoa jurídica, seja de direito público ou de direito privado. Aliás, essa afirmação decorre da própria atribuição de personalidade jurídica às autarquias.

A confirmar esse entendimento, além das expressas referências a esses fatos nas definições legais de autarquias, está o Art. 109, da Lei 4.320/64, que tem a seguinte redação:

"Art. 109 - Os orçamentos e balanços das entidades compreendidas no Art.107[9] serão publicados como complemento dos orçamentos e balanços da União, dos Estados, dos Municípios e do Distrito Federal a que estejam vinculados".

Os bens que integram o patrimônio das autarquias são considerados bens públicos, o que é suficiente para atribuir-lhes as características de impenhorabilidade, não onerabilidade, inalienabilidade e a imprescritibilidade.

Assim, uma penhora judicial não pode recair sobre os bens autárquicos, que também não podem ser dados em garantia do cumprimento de obrigações, não podem ser livremente vendidos, e, por fim, não podem ser adquiridos por usucapião.

---

9 "Art. 107 - As entidades autárquicas ou paraestatais, inclusive de previdência social ou investidas de delegação para arrecadação de contribuições parafiscais da União, dos Estados, dos Municípios e do Distrito Federal, terão seus orçamentos aprovados por decreto do Poder Executivo, salvo se disposição legal expressa determinar que o sejam pelo Poder Legislativo".

8.9. Prerrogativa Fiscal

As autarquias têm imunidade tributária recíproca, ou seja, o Estado não pode cobrar tributo dele próprio ou de entes federativos diferentes. A União não pode cobrar tributos federais dos estados e municípios, assim como não pode cobrar tributos das suas autarquias nem das autarquias estaduais ou municipais e vice-versa.

A imunidade está prevista em norma constitucional, já referida acima, diferentemente do que ocorre na isenção que é prevista em lei infraconstitucional.

Além disso, sobre os bens das autarquias não podem incidir quaisquer impostos, dada a extensão da imunidade recíproca pelo Art. 150, § 2º, da Constituição da República, desde que não sejam empregados em atividades de natureza econômica, hipótese em que a imunidade não protege os bens autárquicos da tributação por meio de impostos.

Nos termos do Art. 150, § 2º, da Constituição Federal, temos que:

> "Art. 150. Sem prejuízo de outras garantias asseguradas ao contribuinte, é vedado à União, aos Estados, ao Distrito Federal e aos Municípios: (...)
>
> VI - instituir imposto sobre:
>
> a) patrimônio, renda ou serviços, uns dos outros.
>
> § 2- A vedação do inciso VI, a, é extensiva as autarquias e às fundações instituídas e mantidas pelo Poder Público, no que se refere ao patrimônio, à renda e aos serviços, vinculados a suas finalidades essenciais ou delas decorrentes".

Pelo preceito constitucional, o instituto da imunidade decorre de limitações ao poder de tributar do Estado, impondo a si mesmo o não criar impostos entre as entidades políticas. Somente não vão incidir os impostos sobre o patrimônio, a renda e os serviços relacionados com as finalidades essenciais da autarquia. Portanto, não incidirão sobre o patrimônio das autarquias todos os impostos, tais como: o Imposto sobre a Propriedade Predial e Territorial Urbana (IPTU), o Imposto sobre Transmissão Causa Mortis ou Doação de Bens e Direitos (ITCD), o Imposto sobre Transmissão Inter Vivos de Bens Imóveis (ITBI), e o Imposto sobre a Propriedade de Veículos Automotores (IPVA), todos de competência dos Estados, dos Municípios e do Distrito Federal, sem mencionar os de competência da União (previstos, respectivamente, nos Arts. 153, 155 e 156 da Constituição). Também não incidirão sobre a renda recebida pelas entidades o Imposto sobre a Renda e Proventos de qualquer natureza (IR), de competência da União e previsto no Art. 153, inciso III, da nossa Constituição.

A isenção contamina os serviços prestados pelas entidades, o Imposto sobre Circulação de Mercadoria e Serviços (ICMS), e o Imposto Sobre Serviços de Qualquer Natureza (ISS), impostos de competência dos Estados, Municípios e do Distrito Federal, previstos nos Art. 155, II, e 156, III, da Constituição Federal.

Nunca é demais repetir que **tais privilégios só são extensivos às entidades autárquicas quando destinam-se ao uso exclusivo de suas finalidades essenciais**. Logo, os imóveis que integrem o patrimônio das autarquias são imunes à incidência do IPTU mesmo que locados a terceiros, desde que a renda locatícia seja aplicada na manutenção de seus objetivos institucionais, como prevê o Art. 14 do Código Tributário Nacional (CTN). Como se vê, a imunidade para as autarquias tem natureza condicionada.

O Município não pode tributar uma autarquia, mesmo que o imóvel esteja locado, desde que a entidade, provando que, com a locação, apenas aufere receita para seus cofres, de onde saem os investimentos em prol do interesse público.

Válida a argumentação, a esse respeito, em página de inegável clareza, o Ministro Ilmar Galvão assim alinhavou, no Recurso Extraordinário 253.394-7:

> "Não há dúvida de que, por força da letra a, do inciso VI, do Art. 150, da Constituição Federal, o Município não pode instituir imposto sobre o patrimônio da União.

Porém, a imunidade constitucional no dispositivo referido é ratione personae.

Significa dizer que há imunidade enquanto a União tiver a posse direta do imóvel".

Se, a qualquer título, aquela posse for transferida a pessoa diversa daquelas discriminadas no dispositivo constitucional retro referido, desaparece a imunidade.

O Imposto Predial e Territorial Urbano não tem como exclusivo fato gerador o domínio do bem, mas, também, a posse, conforme dispõe o Art. 32 do Código Tributário Nacional.

Urge ressaltar, contudo, que a imunidade não alcança as taxas e contribuições de melhoria, em decorrência da regra da interpretação sistemática e restritiva da norma constitucional tributária, o que vale dizer, a imunidade recíproca não compreende as taxas (por exemplo: taxa de limpeza pública, taxa de iluminação pública etc.), limitando-se aos impostos.

> "Art. 150. Sem prejuízo de outras garantias asseguradas ao contribuinte, é vedado à União, aos Estados, ao Distrito Federal e aos Municípios: (...)
>
> VI - instituir **imposto** sobre:" (grifos nossos)

Ainda que parte da doutrina defenda a aplicação da imunidade recíproca além dos impostos, o STF tem sustentado que a limitação que se mostra clara no texto constitucional acima destacado.[10]

A imunidade recíproca, como já foi afirmada, é *intuito personae* e, por isso, se a União, por exemplo, delibera ceder sua propriedade a terceiro, pessoa jurídica de direito privado, como instrumentalização da concessão, para a atividade que lhe compete, a imunidade não é transferida. Portanto, quando se trata de posse desdobrada, o caso da locação e do comodato, o possuidor direto deve recolher os impostos devidos.

Quanto aos Conselhos Regionais, no exercício da atividade de fiscalização das profissões por elas controladas – poder de polícia, estão alcançadas pela imunidade recíproca. Com efeito, não haveria sentido em ser possível descentralizar a competência executiva atribuída na Constituição e excluir a atividade ou o serviço descentralizado da proteção da imunidade.

O Supremo Tribunal Federal assentou o tema, entre outras decisões, quando decidiu a respeito da natureza jurídica dos Conselhos de Fiscalização Profissional (ADIn nº 1.717-DF) e em julgados específicos sobre a imunidade recíproca aplicável a essas entidades. Então vejamos:

> "EMENTA Agravo regimental no recurso extraordinário. Imunidade recíproca reconhecida em favor de conselhos regionais. Possibilidade. **Ausência de distinção quanto à natureza das autarquias para fins de imunidade.**

---

10   RE 450314 AgR / MG – MINAS GERAIS
AG. REG. NO RECURSO EXTRAORDINÁRIO Relator(a): Min. DIAS TOFFOLI
Órgão Julgador: Primeira Turma
EMENTA Constitucional. Tributário. Previdenciário. Contribuições sociais. Empresários, autônomos e avulsos. Lei Complementar nº 84/96. Constitucionalidade. Imunidade tributária recíproca para impostos. Não incidência na hipótese. Ausência de prequestionamento. Súmulas nºs 282 e 356 desta Corte.
1. A jurisprudência do Supremo Tribunal Federal se firmou no sentido da constitucionalidade da contribuição social incidente sobre a remuneração ou retribuição paga ou creditada aos segurados empresários, trabalhadores autônomos, avulsos e demais pessoas físicas, objeto do art. 1º, inciso I, da Lei Complementar nº 84/96, contribuição essa a cargo das empresas e pessoas jurídicas, incluindo nesse rol as cooperativas.
2. **A imunidade tributária, inclusive a recíproca, restringe-se aos impostos, não abrangendo as contribuições.**
3. A alegação referente à não incidência da referida contribuição, na hipótese dos autos, para os municípios, pelo fundamento de se tratar de ente público, não restou prequestionada, incidindo, na espécie, a Súmula nº 282 desta Corte.
4. Agravo regimental não provido. (**grifo nosso**).

1. No julgamento da ADI nº 1.717/DF, Tribunal Pleno, Relator o Ministro Sydney Sanches, DJ de 28.03.03, a Corte fixou o entendimento de que os conselhos de fiscalização de profissões regulamentadas têm natureza jurídica de direito público autárquico.

2. O acórdão recorrido, partindo adequadamente das premissas fáticas delineadas no acórdão regional, perfilhou o mesmo entendimento seguido pela jurisprudência desta Corte.

3. Agravo regimental não provido". (RE 643.414 AgR, Relator(a): Min. DIAS TOFFOLI, Primeira Turma, julgado em 18.12.2012, ACÓRDÃO ELETRÔNICO DJe-033 DIVULG 19.02.2013 PUBLIC 20.02.2013). (**grifos nossos**).

8.10. Prerrogativas Processuais

As prerrogativas processuais são importantíssimas, pois estas prerrogativas são privativas da Fazenda Pública, não sendo prerrogativas exclusivas das autarquias. Uma vez que o objetivo é proteger o erário, patrimônio de toda a sociedade, o entendimento é que estas prerrogativas não devem ser tratadas como privilégios.

Não obstante a este entendimento, a Defensoria Pública entende que estas prerrogativas são inconstitucionais uma vez que protegem o Estado de forma a desequilibrar as relações com os contribuintes, que indiscutivelmente são hipossuficientes frente a máquina governamental. Outro argumento utilizado é o fato de que o bem tutelado pelas prerrogativas não é o Interesse Público Primário, ou seja, o interesse coletivo, finalidade que justifica o Estado Democrático de Direito, mas sim o Interesse Público Secundário, que são as Pessoas Jurídicas de Direito Público.

Fazenda Pública, em termos técnicos, significa Pessoa Jurídica de Direito Público em juízo, é o próprio Poder Público em juízo. Só abraça como Fazenda Pública a Administração Pública Direta, as Autarquias e as Fundações Públicas de Direto Público, em regra.

A rigor, a Fazenda Pública tem oito grandes prerrogativas:

I. Execução contra a Fazenda Pública como credora

Quando a Fazenda Pública é credora, passa a ter a primeira prerrogativa processual, chamada execução fiscal, prevista na Lei nº 6.830/80, possuindo procedimento específico para executar os créditos aos quais ela for titular;

II. Execução contra a Fazenda Pública como devedora

Quando a Fazenda é devedora, há um procedimento específico, pois não há que se falar em penhora de bens da Fazenda Pública. Ou seja, as suas dívidas são pagas através dos precatórios, previstos no artigo 100 da Constituição Federal e nos artigos 534 e 535 do Código de Processo Civil;

O artigo 534, § 2º, CPC exime a Fazenda Pública da multa de 10% prevista no artigo 523 também do CPC no caso de o pagamento devido ser intempestivo.

O CPC também prevê no artigo 910, a aplicação do procedimento específico no caso de a execução contra a Fazenda Pública ser fundada em título extrajudicial.

III. Honorários Advocatícios

Analisamos as duas situações previstas no CPC quando tratam de honorários advocatícios envolvendo a Fazenda Pública:

a) Impossibilidade de condenação de honorários advocatícios contra a Fazenda Pública.

O artigo 85, § 7º, CPC indica de forma clara que não serão devidos honorários no cumprimento de sentença contra a Fazenda Pública que enseje expedição de precatório, desde que não tenha sido impugnada. Sobre o tema, o processualista Humberto Theodoro Jr. esclarece que:

> "o cumprimento da sentença sob a forma de precatório não permite que o pagamento espontâneo da condenação se dê de imediato após a sentença. Assim, a Fazenda Pública é forçada a passar por todos os estágios do procedimento de cumprimento da sentença, mesmo quando não tenha matéria para se defender por meio de embargos".

b) Titularidade dos honorários advocatícios dos advogados públicos.

O § 19 do mesmo artigo acima estudado, indica que os advogados públicos perceberão honorários de sucumbência, nos termos da lei.

IV. Revelia

Conforme redação dos artigos 345, II c/c 344, ambos do CPC, a revelia não produz o efeito da presunção de verdade no caso de revelia quando versar sobre direitos indisponíveis, que são efetivamente os direitos defendidos pela Fazenda Pública.

Outro não é o entendimento do Tribunal de Justiça do Rio Grande do Sul:

> "Tratando-se de direitos indisponíveis, que envolvem interesse público, são inaplicáveis os efeitos da revelia por ausência de contestação do Poder Público, não podendo o juiz promover o julgamento antecipado da lide, ainda que a questão seja unicamente de direito".

V. Prazo Processual

Quando a Fazenda Pública está em juízo, possui prazo em dobro para todas as suas manifestações processuais, conforme consta no Art. 183 do Código de Processo Civil;

Exceção a esta prerrogativa se aplica quando estabelecido de forma diferente por lei – exemplos de exceções:

- Mandado de Segurança – prazo de 10 dias para prestar informações (Art. 7º, I, Lei 12016/09);
- Impugnação a Execução – prazo de 30 dias (Art. 535, CPC)
- Juizados Especiais – prazo nos Juizados Especiais Federais (art. 9º da Lei 10.259/01) e das Fazendas Públicas (art. 7º da Lei 12.153/09) para audiências (30 dias)

VI. Reexame Necessário | Remessa Necessária | Duplo Grau de Jurisdição Obrigatória

A Fazenda Pública tem duplo grau de jurisdição obrigatório ou reexame necessário, em conformidade com o Art. 496 do Código de Processo Civil;

VII. Despesas Processuais

As despesas processuais são pagas ao final do processo, de acordo com o artigo 91 do Código de Processo Civil. E isso não é isenção. A Fazenda paga as custas judiciais, só que ao final do processo;

VIII. Prioridade em relação a credores

A Fazenda Pública não está sujeita ao concurso de credores. A Fazenda não participa da Falência (concurso de credores mercantil) nem da insolvência Civil (concurso de credores não mercantis). Isso não está previsto no atual Código Civil, pois não há nenhuma regra expressa sobre esta prerrogativa. Mas, majoritariamente, há que prevalecer o princípio da supremacia do interesse público. Tanto isso é verdade que, na Lei de Falência, a Fazenda tem privilégio. Com exceção dos créditos trabalhistas, os créditos da Fazenda serão pagos antes dos outros.

8.10.1. Justiça Competente para as Causas Judiciais

Gozando de todos os privilégios atribuídos à Fazenda Pública, isto em razão da personalidade jurídica de direito público que lhe é atribuída pela legislação, as autarquias também têm privilégio de foro, tal qual os entes federativos que as criam.

Em se tratando de uma autarquia federal, a competência para processar e julgar a causa em que a mesma seja parte será da Justiça Federal, nos termos do Art. 109, I, da Constituição da República.

Repare que a competência para o julgamento das causas em que se apresenta como parte uma autarquia estadual ou municipal não é ditada pela Constituição da República, justamente pelo fato de esta ter atribuído aos Estados poderes para organizar o Judiciário regional (Art. 125, CRFB/88), *mister* este que o Estado do Rio de Janeiro desempenhou nos Arts. 151 e seguintes de sua Constituição, complementando tal disciplina com a edição do Código de Organização e Divisão Judiciárias – CODJERJ.

8.10.2. Regime Jurídico Funcional

A atual Constituição mitigou o regime jurídico diferenciado para servidores que exercem funções diferenciadas, tanto na Administração Pública Direta quanto na Administração Pública Indireta.

A lei que cria uma autarquia pode atribuir a todos os seus servidores o regime estatutário ou celetista? Quais as funções que podem ser desempenhadas por celetistas e quais as funções que podem ser desempenhadas por estatutários?

De acordo com o entendimento majoritário, tudo vai depender da natureza da função. Função típica de estado (poder de império do estado) só pode ser desempenhada por estatutário e atividade meio (atividade instrumental) poderia ser desempenhada por celetista. Essa foi até agora a posição adotada pelo Supremo Tribunal Federal na ADIn 2.310, relativa às Agências Reguladora.

A total impossibilidade de haver empregos públicos nas agências reguladoras, com base no entendimento do Supremo de que o exercício de função de fiscalização, inerente às atividades exclusivas e precípuas do Estado, pressupõe prerrogativas não agasalhadas pelo contrato de trabalho.

Inegavelmente, as agências reguladoras atuam com poder de polícia, fiscalizando, cada qual em sua área.

Realmente, o cargo público, como ressaltado pelo consagrado mestre Celso Antônio Bandeira de Mello, propicia desempenho técnico isento, imparcial e obediente tão-só a diretrizes político-administrativas inspiradas no interesse público. O cargo público é cercado de garantias institucionais, destinadas a dar proteção e independência ao servidor.

As autarquias, assim como qualquer outra pessoa jurídica, desempenham suas atividades mediante a atuação de pessoas naturais contratadas. São os servidores, que antes da entrada em vigor da Emenda Constitucional 19/98, eram submetidos obrigatoriamente ao regime jurídico estatutário, por força do Art. 39 da Constituição, que tinha a seguinte redação:

"Art. 39 - A União, os Estados, o Distrito Federal e os Municípios instituirão, no âmbito de sua competência, regime jurídico único e pleno de carreira para os servidores da administração pública direta, das autarquias e das fundações públicas".

8.11. Responsabilidade Civil

Não responde pelas obrigações da autarquia a Administração Pública a que ela pertence, e sequer pelos danos causados pela autarquia a terceiros, decorrentes da sua atuação ou de comportamento lesivo de seus servidores. A autarquia é pessoa de direito público, e como tal deve responder pelas responsabilidades assumidas e pelos danos que causar a alguém. Assim, não há de falar em responsabilidade solidária da Administração Pública por atos ou negócios da autarquia por ela criada. Responde, porém, nos casos de extinção, mas somente até o montante do patrimônio recebido, pois esse era o único garantidor de suas obrigações, salvo em relação ao dano decorrente da prestação do serviço público a seu cargo. Nesta hipótese, a responsabilidade é total.

Pode haver, isto sim, responsabilidade subsidiária nos casos de danos causados a terceiros em razão dos serviços que explora: ou seja, esgotadas as forças da autarquia, cabe à Administração Pública suportar o remanescente do prejuízo decorrente de sua atuação.

É de se notar que a entidade autárquica, ao arcar diretamente com os danos causados a outrem, jamais poderá deixar de instaurar processo administrativo, bem como ação regressiva, sob pena de responsabilidade por omissão de seu representante. Portanto, satisfeita a indenização, haverá, forçosamente, a ação de regresso, em face do servidor autárquico, responsável direto pelo dano, no caso de ter agido com dolo ou culpa.

8.12. Controle

As autarquias estão submetidas ao controle pela Administração Direta. Vale dizer que a vinculação e controle da Administração Pública central não é subordinação. O ato de controlar não significa que a Administração Direta seja superior hierarquicamente em relação à Administração Indireta controlada.

Onde há hierarquia, a avocação é possível, salvo previsão legal em sentido contrário. Acontece que, no âmbito da Administração Pública Indireta, a regra é ao contrário, ou seja, se não há hierarquia, a regra é a vedação da avocação.

Na real verdade, temos um controle por vinculação. Ou melhor explicando, a entidade da administração indireta, no caso de autarquia, para estar vinculada à Administração Direta, precisa dar explicações em relação a alguns atos. Mas, os limites desse controle precisam ser definidos em lei. Não é algo permanente em relação a todos os atos, sob pena de se esvaziar a autonomia da autarquia.

O controle é habitualmente conhecido como tutela, isto é, o poder de influir sobre as autarquias com o propósito de conformá-las ao cumprimento dos objetivos públicos em vista dos quais foram criadas, harmonizando-as com a atuação administrativa global do Estado — designado como "supervisão ministerial". Todas as entidades da Administração Indireta encontram-se sujeitas à supervisão da Presidência da República ou do Ministro a cuja pasta estejam vinculadas. Este último a desempenha auxiliado pelos órgãos superiores do Ministério.

Para cumprir tais propósitos, é de alçada ministerial designar os dirigentes da entidade; receber sistematicamente relatórios, boletins, balancetes, balanços e informações que lhe permitam acompanhar as atividades da entidade e a execução de seu orçamento-programa, bem como da programação financeira aprovada pelo Governo; fixar as despesas de pessoal e de administração; fixar critérios para gastos de publicidade e divulgação; realizar auditoria e avaliação periódica de rendimento e produtividade e, finalmente, nela efetivar intervenção, caso o interesse público o requeira (Art. 26 do Decreto-lei 200/67).

Como as autarquias são pessoas jurídicas distintas do Estado, o Ministro supervisor não é autoridade de alçada para conhecer de recurso contra seus atos, pois inexiste relação hierárquica entre este e aquelas, mas apenas os vínculos de controle legalmente previstos. Assim, só poderia caber o chamado recurso hierárquico impróprio, isto é, quando previsto na lei própria da autarquia. Sem embargo, é certo que, nos termos do Art. 5°, XXXIV, da Constituição, a todos é assegurado, independentemente do pagamento de taxas, "o direito de petição aos Poderes Públicos em defesa de direitos ou contra ilegalidade ou abuso de poder". Assim, em se configurando o caso, a autoridade supervisora poderá encontrar-se obrigada a exercer os cabíveis poderes de supervisão sempre que o ato atacado incorra em alguma das hipóteses que os suscitam.

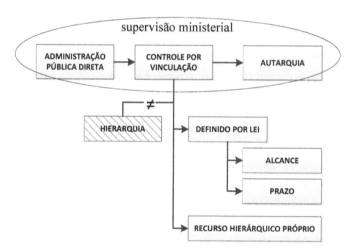

8.12.1. Tipos de Controle

Pode-se afirmar, teoricamente, que o controle, quanto ao seu escopo, se divide em controle de legitimidade e de mérito. Será de legitimidade quando a lei haja habilitado o controlador a examinar a conformidade do comportamento autárquico com os ditames legais e será de mérito quando, por força de lei, ao controlador assista apreciá-lo também sob o ângulo da conveniência e oportunidade, caso em que, evidentemente, seus poderes terão intensidade maior.

Contudo, esses controles não vedam nem inibem, por parte da autarquia, a propositura de medidas judiciais contra os atos abusivos da Administração Pública a que pertence. A autarquia é pessoa jurídica de direito público e, como pessoa, é sujeito de direitos e obrigações. Pode, além disso, não se conformar com os atos da tutela, por entendê-los ilegais, e tomar, em juízo, as medidas cabíveis com o fito de anulá-los.

Desse controle ou tutela não se infira que dos atos ou decisões finais da autarquia cabe recurso à Administração Pública a que ela pertence. A tutela é imposta no interesse da Administração Pública, não no interesse dos que se relacionam com a autarquia. Os insatisfeitos têm os recursos previstos em lei e que se perfazem no próprio interior da autarquia; fora disso, devem recorrer, os que se sentirem lesados em seus direitos, ao Poder Judiciário.

Ao Estado cabe velar para que o ente criado não se desvie de sua finalidade, exercendo um poder de controle, ou de tutela, de acordo com os termos legais, para mantê-lo em seus objetivos legalmente traçados. Não se fala, na hipótese, em poder hierárquico, mas sim em poder de controle.

Ao ente autárquico é lícito defender seus interesses mesmo que seja contra o seu próprio criador. Como pessoa jurídica que é, possui direitos e deveres, podendo, e devendo opor os primeiros a qualquer um que lhe dificulte o exercício; impõe-se, por outro lado, que cumpra a finalidade na execução dos serviços legalmente previstos, embora, em razão de sua natureza pública, goze de certos privilégios e regalias (Decreto-lei 4.597/42, Art. 2°).

Por ter vida própria, espécie de governo autônomo, conforme indica o próprio nome, apenas tem controle limitado por parte da entidade criadora, ou seja, não há vínculo hierárquico entre ambas, mas tão-somente relativo à finalidade para a qual foi instituída. Mas, nos casos em que a lei autoriza, temos três tipos de controle: político, administrativo e financeiro.

Controle Financeiro	Feito pelo órgão autônomo, cujos serviços descentralizados estão a ele ligados.
Controle Político	Quando o Executivo nomeia o dirigente.
Controle Fiscal	Fiscalização que fica a cargo dos Tribunais de Contas respectivos.

Por sua vez, a autarquia deverá estar habilitada a fornecer todos os elementos necessários para a efetivação dessa supervisão, tais como: prestação de contas da sua gestão; prestação de informações ao Congresso Nacional, por intermédio do Ministro de Estado; evidenciar os resultados de seus trabalhos, sejam positivos ou negativos, indicando suas causas e justificando as medidas postas em prática ou cuja adoção se impuser, no interesse do serviço público, tudo em conformidade com o Art. 28, Decreto-lei 200/67.

Acertadamente, a doutrina assenta que o controle das autarquias existe nos casos, forma e modos que a lei estabelece.[11] Com efeito, se o Legislativo entendeu de fraturar a unidade da Administração, criando tais sujeitos como pessoas diferentes do Estado, ou seja, como entidades da Administração Indireta, o Executivo não poderia, por si mesmo, recompor tal unidade. A ingerência que cabe à Administração Central exercer sobre elas e a própria integração de suas atividades no planejamento geral administrativo hão de realizar-se segundo os meios que a lei haja, previsto ao estabelecer o controle da entidade autárquica. Tal controle configura a chamada tutela ordinária. Cumpre observar, entretanto, que a doutrina admite, em circunstâncias excepcionais, perante casos de descalabro administrativo, de graves distorções no comportamento da autarquia, que a Administração Central, para coibir desmandos sérios, possa exercer, mesmo à falta de disposição legal que a instrumente, o que denominam de tutela extraordinária.

Afora este controle efetuado pelo Executivo, as autarquias sujeitam-se ao que é exercido pelo Tribunal de Contas da União, órgão auxiliar do Congresso Nacional, competente para julgar as contas dos administradores autárquicos (como de outros administradores e responsáveis por bens ou valores públicos); apreciar, para fins de registro, as admissões de pessoal e concessões de aposentadoria; realizar, por iniciativa de uma das Casas do Congresso ou de Comissão delas, auditorias e inspeções; aplicar aos responsáveis, em casos

---

11   No direito francês é comum o uso da expressão "pas de tutelle au delà des tes" (cf. Jean Rivero, Droit Administratif, Dalloz, p. 278).

de ilegalidade de despesa ou irregularidade de contas, as sanções previstas em lei; assinar prazo, em caso de ilegalidade verificada, para que sejam tomadas as providências corretivas; sustar, se não atendido, o ato impugnado, comunicando à Câmara e ao Senado ou, se de contrato se tratar, tudo conforme previsto no Art. 71 e parágrafos 1º e 2º da Constituição Federal.

8.13. Dirigentes

São investidos nos respectivos cargos, na forma estabelecida por lei ou por disposições estatutárias.

Assim, o Senado poderá provar o preenchimento de determinados cargos, aplicados à pessoa de direito público. O STF já decidiu que isso não vale em relação às pessoas de direito privada, que, inclusive, explorem atividades econômicas porque a Constituição fala "cargo", o que se aproxima das pessoas de direito público.

Normalmente, são de livre nomeação e livre exoneração, escolhidos pelo chefe do Poder Executivo competente.

O tema suporta o verbete 25 do Supremo Tribunal Federal, a qual já fizemos alusão, estabelecendo, inclusive, que "A nomeação a termo não impede a livre demissão, pelo Presidente da República, de ocupante de cargo dirigente de autarquia".

Se, no interesse da Administração Pública, a qualquer tempo, o Chefe do Poder Executivo tem o poder--dever de exonerar o dirigente autárquico ao perceber que este estaria praticando atos de gestão comprometedores com a política imposta pela Administração Pública Direta.

Destaque-se, por oportuno, que o Supremo Tribunal Federal vem decidindo que é inconstitucional a aprovação prévia dos nomes dos dirigentes autárquicos pela Assembleia Legislativa do Estado, por afrontar a independência dos poderes.

9. AGÊNCIAS AUTÁRQUICAS REGULADORAS

9.1. Essencialidade

As agências são instrumentos do Estado na busca da eficiência da administração pública descentralizada é na verdade, verdadeiros garantidores da qualidade e continuidade dos serviços públicos prestados. Permitem que o Estado deixe de ser o executor dos serviços públicos, para apenas regular setores da economia que ficam aos seus cuidados.

Sua função é regular segmentos do mercado, atividades econômicas e serviços públicos, protegendo o consumidor, garantindo a livre escolha, o abastecimento (garantia da oferta dos serviços) e preços acessíveis.

As agências possuem uma serie de poder, que pode ser melhor entendido se desmembrado em:

- Poder de fiscalizar empresas sob sua jurisdição, que permite impor sanções à eventual conduta violadora de normas e obrigações específicas;
- Poder de regular, que possibilita emitir normas a incidir sobre fatos e atos próprios do curso da atividade verificada no âmbito de sua jurisdição;
- Poder de formular, que habilita o órgão a sediar, mediando publicamente os interesses diretos, discussões de políticas próprias para o setor sob sua jurisdição a serem convertidas em normas ou votadas pelo Congresso ou, por delegação, estabelecidas pelo Executivo.

9.1.1. Conceito

A atividade regulatória no direito positivo brasileiro apresenta grande fluidez conceitual, tendo em vista a diversidade de diplomas que tratam das Agências Reguladoras setoriais, conferindo-lhes feições não uniformes, de modo que a sua conceituação poderá variar em razão das particularidades de cada atividade regulada e agente regulador.

A função estatal de regulação pode ser conceituada como sendo aquela atividade desenvolvida por agentes independentes, no sentido de estabelecer marcos ou pontos ótimos de equilíbrio em determinados segmentos do mercado, harmonizando e buscando a eficiência máxima na realização dos diversos interesses dos agentes econômicos do mercado, quer sob o ponto de vista equitativo, quer sob a ótica distributiva.

Por outro lado, e visando ao alcance do ponto de equilíbrio acima mencionado, se reveste a função regulatória de feição multifacetária, apresentando diferentes formas de atuação, quais sejam: técnico-normativa, consultiva, preventiva, repressiva, fiscalizatória, sancionatória e compositiva dos conflitos de interesses entre os diversos agentes do cenário econômico.

A regulação visa, em última análise, harmonizar os interesses jus-econômicos componentes do mercado e fazer com que as relações inseridas neste contexto alcancem a maior eficiência possível.

Embora não seja fenômeno novo no direito brasileiro, é tendência natural daqueles que resistem à evolução da vida e, neste passo, dos institutos jurídicos, buscar o enquadramento de figuras repensadas, como no caso da regulação, em categorias jurídicas tradicionais, como forma de aniquilar qualquer tentativa de aprimoramento da regulação.

Assim, oportuno se apresenta proceder a distinção conceitual da regulação para outras figuras também já conhecidas entre nós.

9.1.2. Regulação, Regulamentação, Desregulamentação, Deslegalização e Autorregulação.

A atividade regulatória não se confunde com a atividade regulamentar, pois enquanto a primeira é conferida no Brasil, por lei, às Agências Reguladoras, a atividade regulamentar é, por força de imperativo constitucional, privativa do Chefe do Poder Executivo, cuja finalidade, consoante entende a maioria da doutrina e jurisprudência do Egrégio Supremo Tribunal Federal, é a explicitação do comando definido em lei, visando, única e exclusivamente, a sua execução.

Portanto, não há falar-se, em regulamento autônomo, pois a regulamentação do comando estabelecido em lei não permite ao Chefe do Poder Executivo, como é intuitivo, inovar no mundo jurídico, não podendo, portanto, criar direitos e obrigações pela via regulamentar.

Outra distinção seria que a regulação seria técnica (só se admite como correta e legal se estiver fundamentada em razões de ordem técnica), ao passo que a regulamentação teria caráter político.

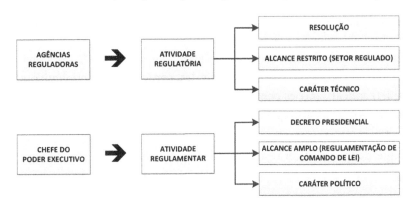

A regulação também não se confunde com a desregulamentação, que traduz a diminuição de regulamentação estatal. Tais funções estatais (regulação e desregulamentação) parecem se encontrar em verdadeira relação de causa e efeito, embora possam coexistir.

E assim entendemos, tendo em vista que, sendo a regulação mais setorial e dinâmica, tratando de questões que prescindem de reserva legal, satisfaz (e eventualmente substitui) o papel regulamentar a ser desempenhado pelo Chefe do Poder Executivo, desinteressando-o na regulamentação, especificamente no que diz respeito às questões técnicas.[12]

Tal relação, como é intuitivo, não aniquila uma prerrogativa constitucionalmente assegurada.

---

12   E só neste campo, pois quando a questão se situar no âmbito político, é plenamente legítima e reiterada a utilização pelo Chefe do Poder Executivo da função regulamentar.

Portanto, desregulamentam-se aquelas matérias e setores que podem ser tratadas de forma mais dinâmica e eficiente pela regulação.

Não se confunde a regulação, por outro lado, com a deslegalização, onde aquela funciona como efeito e esta como causa.

E assim consideramos haja vista que a deslegalização se caracteriza como a diminuição da produção legislativa estatal, significando dizer que a tendência mais moderna, conforme será visto adiante, é no sentido de determinadas matérias, tendo em vista a sua especialíssima natureza, deixarem de exigir reserva de lei. Deslegalizar, portanto, é diminuir a produção legislativa e restringi-la aos casos em que seja fundamental a reserva de lei, notadamente naquelas hipóteses em que a própria Constituição da República reclame lei.

De outro lado, é consenso que a produção exagerada de leis constitui um incremento nos custos das transações, daí a noção de regulação por normas mais flexíveis e de modificação menos onerosa para os agentes regulados.

Por fim, a regulação não se confunde com a autorregulação, pois esta enfatiza a noção de que a regulação estatal é dispensável, pois o próprio mercado é capaz de se autonormatizar, buscando fundamento, portanto, na noção de "mão invisível do mercado" idealizada por Adam Smith.

Não se trata, pois, de vulnerar ou atenuar o princípio da legalidade, até porque o mesmo se constitui centro nuclear do princípio fundamental estruturante do Estado Democrático de Direito da República Federativa do Brasil e norte máximo a ser perseguido pela Administração Pública.

Trata-se tão-somente de redimensioná-lo, em vista dos relevantes interesses socioeconômicos da coletividade, como dito, em constantes mutações.

9.2. Privilégios da Autarquia de Regime Especial

Diante desta realidade onde a autonomia e independência são premissas imprescindíveis ao desenvolvimento da atividade reguladora, alguns privilégios devem ser firmados para que a autarquia instituída possa atuar de forma eficaz no exercício da fiscalização pelo Estado.

Desta forma, faz-se necessário ao exercício satisfatório da agência: I) possuir ampla autonomia técnica, administrativa e financeira, de maneira a ficar, tanto quanto possível, imune às injunções político-partidárias, aos entraves burocráticos e a falta de verbas orçamentárias; II) expedir normas operacionais e de serviço, de forma a poder acompanhar o ritmo extraordinário do desenvolvimento tecnológico e do atendimento das demandas populares; III) aplicar sanções com rapidez, respondendo aos reclamos da população e exigências do serviço; IV) por fim, associar a participação dos usuários ao controle da fiscalização do serviço.

Para o exercício destas funções, escolheu o governo a forma de autarquia sob regime especial, outorgando-lhe poderes para que, de forma austera e independente, atuasse no exercício da regulação estatal.

O eminente autor Diogo De Figueiredo Moreira Neto [13], elenca o que chama de quatro importantes aspectos de atuação das agências reguladoras:

1º) independência política dos gestores, investidos de mandatos e com estabilidade nos cargos durante um termo fixo;

2º) independência técnica decisional, predominando as motivações apolíticas para seus atos, preferencialmente sem recursos hierárquicos impróprios;

3º) independência normativa, necessária para o exercício de competência reguladora dos setores de atividade de interesse público a seu cargo; e

4º) independência gerencial, orçamentária e financeira ampliada, inclusive com a atribuição legal de fonte de recursos próprios, como, por exemplo, as impropriamente denominadas taxas de fiscalização das entidades privadas executoras de serviços públicos sob contrato.

---

13   MOREIRA NETO, DIOGO DE FIGUEIREDO. Mutações do Direito Administrativo. Rio de Janeiro; Renovar, 2014, p. 148.

Esta é a nova visão da atuação do Estado na economia, que ao mesmo tempo em que diminui sua participação direta na prestação de serviços, impõe o fortalecimento de sua função reguladora e fiscalizadora.

Cumpre ainda assinalar que o caráter especial conferido a essas autarquias, apesar de aceito de forma amplamente majoritária pela doutrina, encontra severas críticas.

Assim, também se posiciona Carlos Roberto Siqueira Castro, afirmando que o regime jurídico dessas novas autarquias seria essencialmente o mesmo das nossas já tradicionais e conhecidas autarquias, ressalvando, entretanto, a existência de finalidades institucionais diversas, já que as agências reguladoras não exploram diretamente os serviços, mas se prestam a fiscalizar e a regulamentar.

Em que se pesem, entretanto, essas importantes considerações, afiguram-se como inegáveis, para a maior parte a doutrina, o elevado grau de autonomia e independência conferidos às agências reguladoras, comparativamente às velhas e já conhecidas autarquias brasileiras.

Não há dúvidas de que é em função de seu elevado grau de independência e a autonomia que as agências reguladoras possuem os mecanismos necessários para perquirir seus fins e objetivos. Em outras palavras, as prerrogativas legais a elas conferidas funcionam como um forte instrumento para a consecução de seus fins, sem configurarem, ao revés, salvo conduto para o trasbordamento dos limites da legalidade.

Nesse sentido, é de se registrar que a ideia fundamental que norteou o surgimento das agências reguladoras foi a de se criar um ente administrativo técnico, altamente especializado, e, sobretudo, imune às injunções e oscilações típicas de um processo político, as quais, como se sabe, influenciam, demasiadamente, as decisões de órgãos situados em cada escala hierárquica da Administração.

Por esse motivo, concebeu-se um tipo de entidade que, embora mantendo vínculo com a Administração Central, possui, em relação a esta; algum grau de independência.

Logo, é evidente que não existirá uma agência independente quando os atos por ela praticados estiverem subordinados à ratificação ou revisão de outra autoridade administrativa.

Cabe ressaltar, portanto, que Marçal Justen Filho,[14] afirma que as agências podem vir a ter um status jurídico próprio, transformando-se em nova categoria integrante da Administração indireta. Isso se passará se a especialização do seu regime jurídico conduzir a um grau de diferenciação tão significativo que torne útil agrupar as agências como um gênero, uma espécie ou uma subespécie peculiar.

Desse modo verifica-se que com exceção das normas que instituíram a Anatel, a Anvisa, e a ANS, restringem-se a definir as agências reguladoras como autarquia especial, sem explicar em que consiste a especialidade, mas arrolam em seus textos alguns aspectos que poderiam implicar a natureza peculiar destas autarquias.

Para o § 1º do Art. 1º do Anexo I do Decreto 2.338/97, a natureza especial da Anatel decorria das seguintes características: 1) independência administrativa; 2) autonomia financeira; 3) ausência de subordinação hierárquica; 4) mandato fixo e estabilidade dos dirigentes.

No que tange à Anvisa, o legislador determina que sua especialidade advém da independência administrativa, estabilidade dos dirigentes e autonomia financeira.

Já o § 1º do Art. 1º da Lei 9.961, prevê que a natureza de autarquia especial da ANS "é caracterizada por autonomia administrativa, financeira, patrimonial e de gestão de recursos humanos, autonomia nas suas decisões técnicas e mandato fixo de seus dirigentes".

---

14   *O direito das agências reguladoras independentes*. São Paulo: dialética, 2014, p. 392.

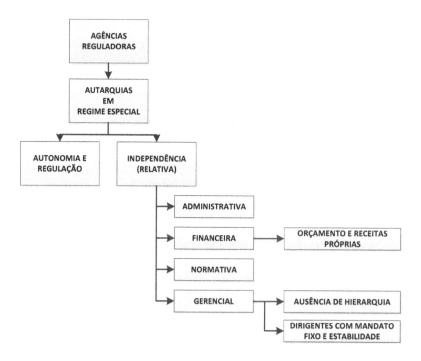

9.3. Limites ao Poder Normativo

O objetivo da delegação de poder normativo às agências reguladoras tem como causa única e exclusiva, dar a possibilidade de se editar de forma rápida normas de cunho exclusivamente técnico. A discricionariedade técnica é o fundamento de validade das normas reguladoras baixadas pelas agências.

Ultrapassar os limites técnicos ao acrescentar as normas reguladoras critérios políticos-administrativos onde não deviam existir, caracterizará invasão de poder próprio à esfera das decisões do Poder Legislativo. Deve-se atentar, portanto, que **a discricionariedade técnica existe apenas quando a decisão que nela se fundar poder ser motivada também tecnicamente**. Esta é, quiçá, a limitação mais importante, pois afasta, ao mesmo tempo, o arbítrio, o erro, a impostura e a irrazoabilidade.

Desta forma temos limitações materiais – normas de cunho técnico – e formais, dado pela normatização de lavra sempre infralegal.

9.3.1. A Investidura dos Membros Diretores

No que tange a forma de investidura, as Agências Reguladoras possuem normalmente em sua direção um Conselho Diretor, compondo um órgão Colegiado, cujos dirigentes são **indicados pelo Poder Executivo e aprovados pelo Poder Legislativo**, com mandato fixo que lhes assegura uma autonomia decisional, não sendo demissíveis ou exoneráveis ad nutum pelo Chefe do Poder Executivo.

A ideia de diretoria colegiada é interessante, porque confere maior independência à agência reguladora, diferentemente das autarquias comuns, em que se tem um presidente, superintendente, ou outras denominações compatíveis no cargo mais alto da agência.

Isso não ocorre na agência reguladora, em que já se pressupõe um órgão colegiado, o que significa uma divisão de poder. São diretorias técnicas, sendo que algumas decisões só o colegiado completo pode tomar, o que também é uma forma de controle. Assim a grande característica dessas Agências reguladoras é o colegiado.

O Art. 5º da lei 9.986/00 prevê que o diretor da agência reguladora deve ser nomeado pelo Presidente da República, com a aprovação do nome pelo Senado Federal (sabatina do Senado). Diogo de Figueiredo enxerga essa nomeação como um controle político, exercido pelo poder executivo e legislativo. Além disso, a lei exige que o dirigente seja pessoa de reputação ilibada e alto conhecimento no setor regulado. Esta segunda característica é importante, e a doutrina tem fechado algumas questões em relação a isso, já fazendo algumas críticas, as quais se percebem, por exemplo, no discurso de Aragão. Se a lei exige alto conhecimento no setor regulado, não é à toa, mas sim porque temos discricionariedade técnica como limite, de modo que quem compõe essa diretoria colegiada deve ser um expert no setor regulado.

Em princípio, poder-se-ia objetar que tal forma de investidura em cargos públicos não se amolda aos modelos constitucionalmente estabelecidos de ingresso no serviço público, que prevê como regra geral a investidura do agente público após prévio concurso público ou o exercício de cargos de provimento em comissão, livremente exoneráveis seus ocupantes.

Com a devida *venia* dos entendimentos em sentido contrário, a lei pode criar e estabelecer a forma de investidura de determinados membros.

Assim, não se pode alegar violação ao princípio da separação e independência das funções estatais, que vem sofrendo profundas transformações hodiernamente.

Com efeito, o sistema tripartite de funções estatais não se apresenta exauriente, até porque o critério universalmente aceito é o da predominância das funções e não da exclusividade, não se esgotando as funções estatais historicamente concebidas nos três núcleos de poder indicados genericamente pela CR/88.

A Carta Constitucional, portanto, pode reconhecer e legitimar a autonomia de certos órgãos que ela mesma fez questão de estruturar ou, por outro lado, traçar seus balizamentos fundamentais

Ainda em sede constitucional, foi a própria Lei Maior quem trouxe os lineamentos básicos dos órgãos reguladores, reconhecendo, repita-se, sua importância e natureza institucional [15].

Ademais, o fundamento da forma de investidura ser inconstitucional não encontra ressonância em face do que dispõe o Art. 52, III, "f" da CR/88, conforme inclusive, já se manifestou o Egrégio Supremo Tribunal Federal no processo acima citado.

Contudo, e não obstante a previsão constitucional de órgãos reguladores, ainda estão por vir fundas dificuldades na busca do ponto de equilíbrio e limites de atuação das agências reguladoras, notadamente em face do repensamento do Estado e das funções estatais em seu esquema clássico e mínimo tripartite acima mencionado.

Mesmo assim, entender pela inconstitucionalidade das leis que dispõem sobre tal forma de investidura dos diretores das Agências que, até então, frise-se, não tinham sido questionadas, é aniquilar qualquer tentativa de se conferir autonomia de decisão às Agências Reguladoras, consubstanciando, portanto, uma insegurança jurídica generalizada, afastando investidores e incrementando os custos das transações.

9.4. Controle das Agências Reguladoras

A noção de controle está intimamente ligada ao princípio da legalidade e a própria noção de Estado Democrático de Direito, onde os órgãos e entidades estatais, no exercício de suas mais diversificadas e complexas funções, devem pautar suas condutas conforme os limites previstos pela Constituição e pelas Leis (legalidade) e, em qualquer hipótese, de modo a atender o interesse público (legitimidade).

Liga-se, sob outra perspectiva, ao princípio da separação e independência das funções estatais, pois é premissa universal aquela no sentido de que somente o poder controla o poder (Montesquieu). Logo, a partir da análise do caso concreto, verificar-se-á se a atuação do órgão ou entidade submetido ao controle se deu em conformidade com as suas limitações constitucionais ou legais. Não é diferente o controle sobre a atividade regulatória, que também deve ser desenvolvida a partir dos limites constitucionais e legais que lhe foram impostos.

É de se remarcar que as agências reguladoras são essencialmente autárquicas, e, como tal, sofrem controles por parte do Poder Executivo, do Poder Legislativo e do Poder Judiciário.

Assim, o controle desenvolvido pelo Poder Executivo, diferentemente do que ocorre com as autarquias tradicionais, é redimensionado, pois não há possibilidade de intervenção substitutiva pelo Chefe do Poder Executivo aos dirigentes das agências reguladoras, em razão de mandato fixo destes, que lhes garantem autonomia de decisão.

---

15   CR/88, arts. 21, XI e 177, § 2º, III.

De outro lado, o Poder Executivo não exerce controle instrumental, mas tão-somente finalístico, no sentido de verificar a eficiência na atuação da agência, a ser comprovada através de índices objetivamente definidos, pois, embora não haja uma relação hierárquica entre a agência reguladora e o Poder Executivo, especialmente o Ministério ligado à área ou setor objeto da regulação, a agência tem como pressuposto de existência uma diretriz política traçada pela Administração Direta, o que não se pode olvidar.

Portanto, traçada a meta política pela Administração Direta na lei criadora da entidade reguladora, cabe à agência reguladora implementá-la tecnicamente, de modo que o seu descumprimento é controlado pelo Chefe do Poder Executivo.

Destaca-se, assim, a característica do controle finalístico, pois as autarquias comuns até então existentes sofriam um variado e desarrazoado controle, o que negava sua noção de autonomia.

Com a implementação das agências reguladoras, busca-se resgatar a noção de controle finalístico (tutela administrativa ou controle ministerial), a ser desenvolvido pelo Chefe do Poder Executivo, sendo a possibilidade de tal controle plausível, pois as características acima citadas enfatizam e tem como consequências da autonomia o sistema de controle finalístico puro.

Ademais, não se pode desconsiderar que a agência reguladora é uma entidade da Administração Indireta, submetendo-se, portanto, aos mesmos princípios e preceitos constitucionais aplicáveis à Administração Pública. Prosseguindo nas considerações, o Poder Legislativo também controla as atividades das agências reguladoras, notadamente exercendo o controle da legalidade e legitimidade das despesas públicas, posteriormente à sua realização, bem como a possibilidade de instauração de Comissão Parlamentar de Inquérito visando apurar fato certo e determinado sobre as agências reguladoras. A atividade finalística da agência, não sofre controle legislativo como regra geral.

Remarque-se, por oportuno, que a atividade regulatória, como qualquer atuação estatal, é condicionada a imperiosa observância dos princípios que informam a atuação do Estado, neste particular, no domínio econômico ou na prestação dos serviços públicos e, por se revestir da forma autárquica, portanto, componente da Administração Indireta, aplicam-se os princípios previstos no Art. 37 da CR/88, além, obviamente, de outros, positivados ou não.

Cabe por oportuno trazer à baila a questão do recurso hierárquico impróprio a ser admitido e sua controvérsia no domínio doutrinário. Tal recurso é o que de fato vem revelando uma preocupação forte nas agências. Provocação de controle, no âmbito do executivo, mas fora da agência, para o Ministro de Estado. Não é controle interno, tratando-se de controle realizado pelo Ministro de Estado em relação à decisão de última instância da agência, provocado pelo recurso hierárquico impróprio. O nome decorre do fato que não há hierarquia entre o Ministro de Estado e o agente regulador.

Não se tem nas leis de criação das agências previsão de recurso que pudesse levar a matéria a apreciação do Ministro de Estado. Muito pelo contrário, o que se tem nas leis de criação das agências é o recurso à diretoria colegiada como última instância de decisão dentro do executivo. Fora isso, haveria controle pelo judiciário.

A questão, no entanto, vem suscitando, muito debate e divisão na doutrina. É possível relacionar três teses sobre o assunto, que inclusive já foi questão na prova da PGE, na qual se intentava que o candidato as expusesse.

> 1ª Tese - A possibilidade do recurso hierárquico impróprio, se previsto em lei (sendo certo que não existe essa previsão nas leis de criação das agências) dependeria aqui de expressa previsão legal. Corrente antiga que aponta para a doutrina de Hely Lopes Meirelles
>
> 2ª Tese - Aponta para a doutrina de Odete Medauar e Marcos Juruena. Para essa corrente, não precisaria de expressa previsão legal. O recurso hierárquico impróprio estaria inerente ao poder de tutela administrativa. Essa segunda corrente deu base para o parecer vinculante 51 da AGU, que tem se manifestado pela possibilidade do recurso hierárquico impróprio, mas como expressão da tutela administrativa, ou seja, restrito às hipóteses de flagrante ilegalidade, desvio de poder e abuso de direito.

3ª Tese - Para Alexandre Aragão não seria possível, pois feriria a independência da agência. Esta que se pressupõe independente não pode ter decisão revista por Ministro, que não tem conhecimento técnico sobre a matéria. Para o autor o controle caberia apenas ao judiciário.

10. AGÊNCIA EXECUTIVA

A respeito do tema das Agências Executivas há de se fazer registro de que não se tratam de novas modalidades de entes estatais.

São as autarquias e fundações, já constituídas, que poderão ser credenciadas e qualificadas pelo Poder Público como Agências Executivas, desde que preencham os requisitos da Lei Federal 9.649/98, notadamente, nos seus artigos 51 e 52. É de salientar-se que a condição de "Agência Executiva", em nada, absolutamente nada, altera a natureza jurídica da autarquia/fundação, por não se criar uma nova pessoa jurídica. A esse respeito, merece registro que tais "Agências", apenas, adquirirão um tratamento especial, o reconhecimento de um regime jurídico especial, em relação às outras não qualificadas. É certo, portanto, que terão um tratamento diferenciado, concernente a autonomia de gestão.

A propósito, vale ressaltar que a Emenda Constitucional nº 19 trouxe ao nosso ordenamento jurídico a figura das agências executivas, quando inseriu o § 8º no Art. 37 da Constituição da República, assim dizendo:

> "Art. 37. (...)
>
> § 8º. A **autonomia gerencial, orçamentária e financeira** dos órgãos e entidades da Administração Direta e Indireta poderá ser ampliada mediante contrato, a ser firmado entre seus administradores e o Poder Público, que tenha por objeto a fixação de metas de desempenho para o órgão ou entidade, cabendo a lei dispor sobre:
>
> I. o prazo de duração do contrato;
>
> II. os controles e critérios de avaliação de desempenho, direitos, obrigações e responsabilidade dos dirigentes;
>
> III. a remuneração do pessoal". (grifos nossos)

Como se observa, ao lado da política de privatização das atividades do Estado, a Administração Pública, através das autarquias e fundações, poderá celebrar "contrato de gestão".

Entretanto, a denominação agência executiva só veio à baila com o advento da Lei 9.649/98, que atribuiu, em seu Art. 51 o poder ao Executivo de qualificar como Agência Executiva a autarquia ou fundação que cumprir determinados requisitos, nos seguintes termos:

> "Art. 51. O Poder Executivo poderá qualificar como Agência Executiva a autarquia ou fundação que tenha cumprido os seguintes requisitos:
>
> I — ter um plano estratégico de reestruturação e de desenvolvimento institucional em andamento;
>
> II — ter celebrado contrato de gestão com o respectivo ministério supervisor.
>
> § 1º. A qualificação como Agência Executiva será feita em ato do Presidente da República.
>
> § 2º. O poder executivo adotará medidas de organização administrativa específicas para as Agências Executivas, visando assegurar a sua autonomia de gestão, bem como a disponibilidade de recursos orçamentários e financeiros para o cumprimento dos objetivos e metas definidos nos Contratos de Gestão".

Destaca-se que esta gestão sobre as Autarquias como Agências Executivas não sirva de instrumento para a redução das despesas, tornando mais precário, ainda, a prestação de serviços públicos.

Para melhor se entender a definição proposta pela lei precisamos conceituar dois pontos: I – o que se deve entender por plano estratégico de reestruturação e desenvolvimento institucional, e II – contrato de gestão.

O **plano estratégico** tem por objetivo a busca da eficiência das entidades autárquicas e fundacionais que devem elaborar um programa de desenvolvimento e reestruturação de sua atuação com base nos critérios de excelência do Prêmio Nacional de Qualidade. O *caput* do Art. 52 da Lei n° 9.649/98 determina como se desenvolverá o plano estratégico de reestruturação, *in verbis*:

> "Art. 52. Os planos estratégicos de reestruturação e de desenvolvimento institucional definirão diretrizes, políticas e medidas voltadas para a racionalização de estruturas e do quadro de servidores, a revisão dos processos de trabalho, o desenvolvimento dos recursos humanos e o fortalecimento da identidade institucional da Agência Executiva".

Aprovado o plano, a entidade celebrará um contrato de gestão com o Ministério encarregado de exercer o controle administrativo sobre ela. Esse contrato, que tem sua fundamentação constitucional também no Art. 37, § 8°, da Constituição da República e sua definição legal nos arts. 5° e seguintes da Lei 9.649/98, é conceituado por Diógenes Gasparini nos seguintes termos:

> "Contrato de gestão é o ajuste celebrado pelo Poder Público com órgãos e entidades da Administração direta, indireta e entidades privadas qualificadas como organizações sociais, para lhes ampliar a autonomia gerencial, orçamentária e financeira ou para lhes prestar variados auxílios e lhes fixar metas de desempenho na consecução de seus objetivos. Alexandre de Moraes define contrato de gestão como o 'avençado entre o Poder Público e determinada empresa estatal, fixando-se um plano de metas para essa, ao mesmo tempo em que aquele se compromete a assegurar maior autonomia e liberdade gerencial, orçamentária e financeira ao contratado na consecução de seus objetivos'. O contrato de gestão, firmado por certo tempo, sujeita-se a controle de resultado no que respeita à realização das metas nele estabelecidas".[16]

Cabe consignar o alerta trazido por Hely Lopes Meirelles, que afirma:

> "Na verdade, não se trata de um contrato propriamente dito, porque não há interesses contraditórios. Trata-se mais de um acordo operacional - acordo de direito público - pelo qual o órgão superior da Administração Direta estabelece, em conjunto com os dirigentes da entidade contratada, o programa de trabalho, com a fixação de objetivos a alcançar, prazos de execução, critério de avaliação de desempenho, limites para despesas, assim como o cronograma da liberação dos recursos financeiros previstos".[17]

Reafirmamos, pois, nossa inteira concordância com o festejado Hely, porque a própria denominação "contrato gestão" é, acima de tudo, imprópria, infeliz. Será o contrato de gestão realmente um contrato? Há possibilidade de existir contrato entre o Poder Público e seus administradores, uma vez que os órgãos públicos são apenas centro de competência, sem personalidade jurídica? Não há que se falar de um contrato pela ausência do *numerus apertus* e da não existência de interesses antagônicos, que pudessem caracterizar um contrato. Há somente de se falar, consequentemente, de termos de compromissos, acordo de programa ou cooperação entre as partes. Na real verdade, os compromissos assumidos e firmados assemelham-se a convênios.

Partindo-se do Art. 4°, do Decreto 2.487/98, o seu inciso IV prevê, em sua essência, que o contrato gestão conterá "medidas legais e administrativas a serem adotadas pelos signatários e partes intervenientes com a finalidade de assegurar maior autonomia de gestão orçamentária, financeira, operacional e administrativa e a disponibilidade de recursos orçamentários e financeiros imprescindíveis ao cumprimento dos objetivos e metas". Neste aspecto, verifica-se que este dispositivo possibilita ao contrato de gestão ampliar a autonomia de autarquias e fundações, expedindo, inclusive, normas (quase legislativas), vetadas, terminantemente, pelo nosso ordenamento jurídico. Com isso, gozando de autonomias bastante elásticas e ampliadas, acabariam os entraves burocráticos.

---

16   DIÓGENES GASPARINI, *Direito Administrativo,13ª* ed. São Paulo, Saraiva, 2009, p. 582.
17   Ob. Cit. Item I p. 250

Os Contratos de Gestão das Agências Executivas serão celebrados com periodicidade mínima de um ano e estabelecerão os objetivos, metas e respectivos indicadores de desempenho da entidade, bem como os recursos necessários e instrumentos para avaliação de seu cumprimento. Com base na Lei 9.649/98, enquanto perdurar o Contrato de Gestão, prorrogado ou renovado, a entidade manterá o status como Agência Executiva.

Verifica-se com uma nitidez ofuscante, no Decreto 2.487/98, que as entidades a serem qualificadas como Agência Executiva, no plano estratégico de estruturação e desenvolvimento institucional, deverá apresentar os seguintes quesitos bem delineados: I) o delineamento da missão, da visão de futuro, das diretrizes de atuação da entidade e a identificação dos macroprocessos por meio dos quais realiza sua missão, em consonância com as diretrizes governamentais para a sua área de atuação; II) a revisão de suas competências e forma de atuação, visando a correção de superposições em relação a outras entidades e, sempre que cabível, a descentralização de atividades que possam ser melhor executadas por outras esferas de Governo; III) a política, os objetivos e as metas de terceirização de atividades mediante contratação de serviços e estabelecimento de convênios, observadas as diretrizes governamentais; IV) a simplificação de estruturas, compreendendo a redução de níveis hierárquicos, a descentralização e a delegação, como forma de reduzir custos e propiciar maior proximidade entre dirigentes e a agilização do processo decisório para os cidadãos; V) o reexame dos processos de trabalho, rotinas e procedimentos, com a finalidade de melhorar a qualidade dos serviços prestados e ampliar a eficiência de sua atuação; VI) a adequação do quadro de servidores às necessidades da instituição, com vistas ao cumprimento de sua missão, compreendendo a definição dos perfis profissionais e respectivos quantitativos de cargos; VII) a implantação ou aperfeiçoamento dos sistemas de informações para apoio operacional e ao processo decisório da entidade; VIII) a implantação de programa permanente de capacitação e de sistema de avaliação de desempenho dos seus servidores; IX) a identificação de indicadores de desempenho institucionais, destinados à manutenção de resultados e de produtos.

Entendidos assim os requisitos necessários para que uma autarquia ou fundação torne-se uma agência executiva, passemos a conceituá-la.

Diógenes Gasparini conceitua Agência Executiva como sendo "a autarquia ou fundação governamental, assim qualificada por ato do Executivo, responsável pela execução de certo serviço público, livre de alguns controles e dotada de maiores privilégios que as assim não qualificadas, desde que celebre com a Administração Pública a que se vincula um contrato de gestão".[18]

Marcos Juruena Villela Souto explica que "a ampliação da autonomia gerencial, prevista no Art. 37, § 8°, da Constituição Federal, conforme redação dada pela Emenda Constitucional n° 19, dá-se através de um contrato de gestão, com os seguintes elementos (que são condições para que a entidade ou órgão seja transformado em agência executiva): Objetivos estratégicos; metas; indicadores de desempenho; condições de execução; gestão de recursos humanos; gestão de orçamento; gestão de compra e contratos.

A Agência Executiva é, assim, um título jurídico atribuído a um órgão ou entidade, que depende de adesão voluntária, com metas negociadas, compatíveis com os recursos, e não impostas, obedecendo-se às seguintes etapas: protocolo de intenções; portaria interministerial, definindo responsabilidades; plano de ações, definindo prazos e recursos; elaboração e revisão do planejamento estratégico; e plano operacional de reestruturação dos processos de trabalho".[19]

A qualificação e a desqualificação de Agência Executiva se darão por decreto do Presidente da República, conforme dispõe o § 1° do Art. 51 da Lei n° 9.649/98, que atribuirá a uma autarquia ou fundação já existente tal título. Deve-se ressaltar que não há impedimento em se criar uma autarquia ou fundação já no formato da Agência Executiva.

Após publicação do decreto presidencial, as Agências Executivas celebram Contrato de Gestão com a Administração Pública Direta, através da supervisão do Ministério a que estão ligadas e, no âmbito estadual e municipal, das Secretarias vinculadas.

A celebração, a revisão, a renovação e as avaliações relativas ao desempenho do Contrato de Gestão serão publicadas no Diário Oficial da União, pelo Ministério Supervisor, em até 15 dias, contados da data de sua assinatura.

---

18   Ob. Cit, item 2, p. 339
19   MARCOS JURUENA VILLELA SOUTO, "Agências Reguladora", Rio de Janeiro, Revista de Direito Administrativo n° 216, p. 127

Registre-se, finalmente, que a lei estabelece que, ao assinar o Contrato de Gestão, a Agência Executiva, semestralmente, expedirá relatórios de desempenho ao Ministério a que estiver vinculado, sob pena de ensejar o descredenciamento.

O Chefe do Executivo tem total liberdade para nomear e exonerar os dirigentes das Agências Executivas, caso a entidade não esteja cumprindo os seus programas e metas.

Ponto importante a ser abordado é o da distinção entre Agências executivas e Agências Reguladoras.

Recursos financeiros - As Agências Reguladoras possuem recursos próprios advindos da taxa de regulação paga pelo concessionário ou permissionário dos serviços diretamente às Agências, o que lhe dá autonomia financeira. Diferentemente ocorre com as Agências Executivas, que depende de repasse de verbas do Executivo.

Poder normativo - Enquanto as Agências Reguladoras exercem função reguladora do mercado, implementando políticas através da edição de normas reguladoras, as Agências Executivas, embora possam colaborar na confecção de políticas têm o papel precípuo de execução das políticas.

Gestores - As agências reguladoras possuem agentes políticos em sua direção que ingressam através de um processo peculiar de admissão, como ficou assente acima. As Agências executivas possuem agentes administrativos, admitidos através de concurso público, livre nomeação ou serviço temporário.

Assim, podemos concluir que as Agências Executivas não são novos órgãos da Administração Indireta e sim um modelo de gestão que visa ampliar a eficiência das autarquias e fundações que a esse processo aderirem.

Neste passo, para se adquirir o título de Agência Executiva, que traz consigo uma série de privilégios,[20] devem ser preenchidos alguns requisitos básicos: I) ser uma autarquia ou fundação;[21] II) ter em andamento um plano de reestruturação e desenvolvimento; e III) acordar um contrato de gestão com a Administração Pública.

Com isso, a Administração Direta, através de benefícios e privilégios, consegue implementar um plano de reestruturação administrativa, visando dar eficiência aos órgãos da Administração Indireta e avançar mais um passo em direção à modernidade administrativa, que deverá ser profissional, precisa, rápida e eficiente deixando para trás a morosidade e ineficiência que vigoravam até pouco tempo.

O Tribunal de Contas do Estado de São Paulo, através de seu conselheiro, Edgard Camargo Rodrigues, mostra-se angustiante e aflito, demonstrando claramente que, com a importação da figura da Agência (influência dos modelos norte-americano, inglês, francês e italiano), a Lei 9.649/98 acena com a possibilidade das Agências Executivas elaborarem sua própria Lei de Licitações. Se cada organismo que se criar tiver sua própria lei de licitações, em breve não se terá lei nenhuma. A complexidade e a responsabilidade do gerenciamento da Administração Pública exige institutos unificados, conceitos jurídicos precisos que garantam o direito tanto do Estado quanto daqueles que com ele mantenham relação obrigacional em qualquer nível e a qualquer tempo. O Direito Administrativo Brasileiro é ciência sábia, consolidada e de extrema riqueza, capaz de proporcionar os rumos corretos tanto para o administrador quanto para o legislador. Ciência que não é avessa à modernidade e à criatividade, mas que, evidentemente, não acolhe as aventuras da tecnocracia experimental e desavisada.

Gozando de prerrogativas, privilégios e "autonomia operacional" tão gigantescas, questiona-se:

"Por que razões estas entidades estariam melhor aparelhadas que o Estado para proporcionar serviços de qualidade e a custos honestos especialmente quando para estes não haverá os limites da lei".[22]

Aduz mais o brilhante Conselheiro, homem de caráter reto, de honestidade inquebrantável, que os concursos públicos são instrumentos que asseguram não só a moralidade no recrutamento de pessoal com

---

20 Estes privilégios nada mais são que os já reconhecidos privilégios das autarquias, além de outros que possam surgir por leis especiais. Contudo, a doutrina é unânime em afirmar que o privilégio mais significativo adquirido pelas Agências Executivas é o previsto no Art. 24, parágrafo único, da Lei nº 8.666/93 (com a redação dada pela Lei nº 9.6478/98) que permite a dispensa de licitação para compras, obras e serviços contratados no valor de 20% do valor estipulado pelos inc. I e II do mesmo artigo, em contraposição aos 10% das autarquias e fundações comuns.

21 Embora a Lei nº 9.6478/98 tenha determinado de forma taxativa que somente as autarquias e fundações possam ser transformadas em Agência Executiva, deve-se atentar que o fundamento constitucional que respalda este instituto (Art. 37, § 8º, da Constituição) não fez esta delimitação, atribuindo esta possibilidade a todas as entidades da administração pública direta e indireta, o que não impossibilita de que uma nova lei amplie o rol de entidades que possa ser beneficiada por tal regime.

22 *"Reforma Administrativa e o Controle de Contas"*, Revista do TCESP nº 89, p.27.

a qualidade profissional dos agentes públicos, possibilitando ao Estado arregimentar o que há de melhor no mercado de trabalho. Também não há registro, na experiência dos Tribunais de Contas, de qualquer prejuízo que a Lei de Licitações tenha acarretado à Administração Pública, conquanto de extremado rigor e minudência. "A Lei 8.666/93 foi produzida pelo Congresso Nacional exatamente com o intuito de preservar a ética nas contratações públicas. Por isso, não deixa de ser preocupante as várias exceções à sua aplicação que a reforma administrativa vem abrindo, por legislação especial, como no caso das agências executivas e nas organizações sociais".

11. FUNDAÇÕES PÚBLICAS

11.1. Considerações

O tema das fundações públicas é um daqueles temas de direito administrativo em que o direito público e o direito privado se tangenciam a todo o momento. Como boa parte dos institutos de direito administrativo, também as fundações públicas surgiram de uma adaptação de um instituto que veio do direito civil. Boa parte de nossa disciplina surgiu de exorbitâncias, como dizem os franceses, e adaptações do direito civil às necessidades da administração pública por criação do ente administrativo jurisprudencial, que era o Conselho de Estado francês.

11.2. Conceito

Assim como ocorre com as autarquias, a legislação administrativista oferece uma definição dessa espécie de pessoa jurídica. Entretanto, essa definição não é a aceita pela doutrina e nem mesmo pela jurisprudência.

A propósito, o Art. 5º, IV, do Decreto-lei 200/67, tem a seguinte redação:

"Art. 5º - ...

IV - Fundação Pública: a entidade dotada de personalidade jurídica de direito privado, sem fins lucrativos, criada em virtude de autorização legislativa, para o desenvolvimento de atividades que não exijam execução por órgãos ou entidades de direito público, com autonomia administrativa, patrimônio próprio gerido pelos respectivos órgãos de direção e funcionamento custeados por recursos da União e de outras fontes".

É importante dizer que, originariamente, o Decreto-lei 200/67 não tratava das fundações. Esse inciso IV do Art. 5º foi inserido pela Lei 7.596/87.

Outro ponto que merece ser destacado é o referente ao objeto das fundações públicas, que, segundo as definições acima referidas, é daqueles que não exigem personalidade jurídica de direito público para ser executado. Ou seja, não se poderia relacionar as fundações públicas com as atividades administrativas que somente podem ser desempenhadas, por sua particularidade, por um ente com as características estatais (personalidade jurídica de direito público).

Dar-se-ia, a partir dessas constatações, dizer, então, que não haveria distinções de fundo entre as fundações públicas e as fundações privadas, de que tratam os arts. 62 a 69 do Código Civil, residindo a única distinção – de natureza formal, no fato de que as primeiras são instituídas pelo Poder Público, mediante autorização legislativa, e as segundas pelos particulares, que, no Município do Rio de Janeiro, desde que passem a ser mantidas ou administradas pelo Poder Público, podem vir a integrar, inclusive, a chamada "administração fundacional".

A propósito, é de se ver que o Código Civil coloca, também, as fundações entre as pessoas jurídicas de direito privado, senão vejamos:

"Art. 44 - São pessoas jurídicas de direito privado:

III - as fundações;"

Entretanto, é de se ver que, principalmente durante o período de vigência do regime militar, algumas fundações foram criadas pelo Poder Público com características bastante diferentes das "reais" fundações. Tais entes desempenhavam atividades próprias do Estado e gozavam de certos privilégios que somente se admitia aos entes com personalidade jurídica de direito público. Dizia-se que a intenção de se criar uma fundação pública com essas características era viabilizar o ingresso de pessoas no serviço sem a necessidade de prestar concurso público.

Dessa forma, foram se acumulando, ao lado das legítimas fundações públicas, outras com características próprias das autarquias, de modo que a doutrina passou a identificar nelas uma terceira categoria de fundação, quais sejam, as fundações públicas de direito público.

Existiam, então, as fundações privadas (instituídas por particulares e reguladas pelo direito civil, como vimos), as fundações públicas de direito privado (instituídas pelo Poder Público, mas com personalidade jurídica de direito privado) e as fundações públicas de direito público (instituídas pelo Poder Público e com personalidade jurídica de direito público).

Alguns autores, assim como ocorreu com o Supremo Tribunal Federal, para não causarem confusão em razão de uma inadequada terminologia, passaram a chamar essas fundações públicas de direito público de "fundações autárquicas" ou "autarquias fundacionais", por sua semelhança com as autarquias.

Tais entes administrativos foram submetidos ao mesmo regime jurídico a que se submetiam as autarquias, tanto no que se refere às prerrogativas quanto no que se refere às limitações. Em outras palavras, os seus atos eram considerados atos do Poder Público, com todas as consequências que daí poderiam advir e, ainda, também estavam submetidas aos princípios da Administração Pública.[23]

De qualquer forma, apesar das diferenças que marcam essas espécies de fundações, todas elas, por uma questão conceitual, são "patrimônios personalizados", já que "não dispõem de quadro social".[24] Vale dizer, são pessoas jurídicas que se constituem a partir do destacamento de uma universalidade patrimonial para o desempenho de um determinado fim, de caráter coletivo, agindo, como qualquer outra pessoa jurídica, por meio de órgãos, que poderão ser ou não ocupados pelo instituidor.[25]

11.3. Classificação

Vamos analisar como as fundações podem ser classificadas, verificando o que existe na Constituição Federal e nas leis esparsas sobre a matéria, para concluir com o que o atual Código Civil dispõe sobre as fundações.

Em primeiro lugar é importante destacar que não há necessidade de percorrermos todas as oportunidades em que a Constituição faz referência a fundações públicas. Mas é importante remarcar o seguinte: o constituinte foi extremamente atécnico quando se referiu às fundações públicas, porque ele fez alusão às fundações instituídas pelo poder público e às fundações instituídas e mantidas pelo poder público, tornando difícil a compreensão dessas nomenclaturas.

No entanto, não se pode extrair da sistemática constitucional nenhum trato distintivo, significativo, entre estas diversas espécies. Só se pode concluir que o constituinte, na verdade, não usou de uniformidade ao se referir às fundações públicas. Portanto, quando vocês virem todas essas expressões, na verdade, o constituinte está se referindo ao gênero fundações públicas e não às fundações públicas de uma ou outra espécie.

Vejamos o gráfico abaixo para melhor ilustrarmos as fundações públicas:

---

23 O Supremo Tribunal Federal (RE nº 101.126-RJ), com base nesse entendimento, submeteu as denominadas fundações autárquicas ou autarquias fundacionais às limitações à acumulação de cargos fixadas no § 2º do Art. 99 da Constituição de 1967, que tinha a seguinte redação: "Art. 99 - É vedada a acumulação remunerada de cargos e funções públicas, exceto: I - a de juiz com um cargo de professor; II - a de dois cargos de professor; III - a de um cargo de professor com outro técnico ou científico; ou IV - a de dois cargos privativos de médico. (...). § 2º - A proibição de acumular estende-se a cargos, funções ou empregos em autarquias, empresas públicas e sociedades de economia mista".

24 JOSÉ EDWALDO TAVARES BORBA, *Direito Societário*, 6ª edição, Renovar, 2015, p. 3.

25 Nas palavras do ilustre prof. CAIO MÁRIO DA SILVA PEREIRA (*Instituições de Direito Civil*, vol. 1, 19ª edição, Forense, 2000, p. 223), "Análoga às sociedades e associações nos resultados da personalização, delas difere a fundação, essencialmente, na sua constituição, que não se origina, como aquelas, de uma aglomeração orgânica de pessoas naturais. O que se encontra, aqui, é a atribuição de personalidade jurídica a um patrimônio, que a vontade humana destina a uma finalidade social".

11.4. Criação e Extinção

Diferentemente do que acontece com as autarquias, embora antes da edição da Emenda Constitucional nº 19/98, ambas estivessem sujeitas à mesma forma de criação, as fundações não são criadas diretamente pela lei, funcionando esta, apenas como instrumento de autorização para a sua criação, que se dá por ato do Poder Executivo. É o que se extrai do disposto no Art. 37, XIX, da Constituição da República, ipsis litteris:

> "Art. 37 - ...
>
> XIX - somente por lei específica poderá ser criada autarquia e **autorizada** a instituição de empresa pública, de sociedade de economia mista e de fundação, cabendo à lei complementar, neste último caso, definir as áreas de sua atuação". (**grifamos**)

Urge, então, descobrir qual o instrumento a ser utilizado pelo Chefe do Poder Executivo para criar a fundação pública. Seria adequada a sua criação por meio de decreto ou, como se extrai do Art. 24 do Código Civil, por meio do registro de escritura pública no Registro Civil de Pessoas Jurídicas, nos termos do Art. 114, I, da Lei nº 6.015, de 31 de dezembro de 1973?

O professor José dos Santos Carvalho Filho entende que a criação de fundações públicas será sempre feita através do registro da escritura pública no Registro Civil de Pessoas Jurídicas, aduzindo que essa conclusão se extrai da leitura do Art. 5º, § 3º do Decreto-lei 200/67,[26] que tem a seguinte redação:

> "Art. 5º - ...
>
> § 3º - As entidades de que trata o inciso IV deste artigo adquirem personalidade jurídica com a inscrição da escritura pública de sua constituição no Registro Civil de Pessoas Jurídicas, não se lhes aplicando as demais disposições do Código Civil concernentes às fundações".

Naturalmente que essa conclusão é indiscutível quando estivermos tratando das fundações públicas de direito privado, que são as referidas no Art. 5º, IV, do Decreto-lei 200/67. No entanto, no que se refere às fundações públicas de direito público, não se pode afirmar o mesmo com tanta facilidade.

Recorremos, novamente, aos ensinamentos do professor Carvalho Filho e descobrimos que o mesmo se manifesta no sentido que as fundações públicas de direito público, denominadas de fundações autárquicas ou autarquias fundacionais, como são equiparadas às autarquias, de acordo com a jurisprudência do Supremo Tribunal Federal, também serão criadas diretamente pela lei, não tendo esta, neste caso, caráter meramente autorizativo.[27] Entretanto, ao que nos parece, permissa *maxima venia*, existe uma contradição nas lições do eminente professor, visto que ele classifica as fundações públicas de direito público como espécies de fundações

---

26   JOSÉ DOS SANTOS CARVALHO FILHO, *Manual de Direito Administrativo*, 31. ed. rev., atual., ampl. – São Paulo: Atlas, 2017, p. 315.

27   JOSÉ DOS SANTOS CARVALHO FILHO, *Manual de Direito Administrativo*, 31. ed. rev., atual., ampl. – São Paulo: Atlas, 2017, p. 316.

e não de autarquias, diferente do que faz o professor Diogo de Figueiredo Moreira Neto.[28] Ora, a regra da criação direta pela lei somente serve para as autarquias e somente se aplicaria às chamadas fundações autárquicas se estas fossem espécies de autarquias. Como pode, então, o ilustre mestre considerá-las espécies de fundações e deixar de aplicar a regra destinada a essas pessoas jurídicas para aplicar a regra referente às autarquias?

O Decreto-lei 200/67, em seu artigo 5º, II fala em "autorização legislativa e a Constituição Federal fala em algo a mais, em seu artigo 37, XIX – "somente por lei específica poderá ser criada a autarquia e autorizada a instituição de empresa pública, de sociedade de economia mista e de fundação, cabendo à lei complementar, neste último caso, definir as áreas de sua atuação. (Redação dada pela Emenda Constitucional nº 19/98)

No que se refere à extinção, mutatis mutandis, aplicar-se-ia o mesmo raciocínio, exigindo-se, também, lei autorizativa e ato do Poder Executivo para se extinguir as fundações públicas, não se podendo cogitar da aplicação das disposições do Código Civil neste caso, em razão do expresso afastamento dessa disciplina pelo já conhecido § 3º do Art. 5º do Decreto-lei 200/67.

Se o poder público institui Fundação de Direito Público, tudo que se aplica às autarquias se aplica, também às fundações de Direito Público, inclusive os fundamentos constitucionais são os mesmos. Semelhantes às autarquias, as Fundações de Direito Público são criadas e extintas por lei, cuja iniciativa é reservada ao chefe do Poder Executivo e será organizada mediante decreto.

Se a instituição for de Fundação de Direito Privado, será materializada através de uma autorização legal. Nessa hipótese a lei não cria a Fundação de Direito Privado, apenas autoriza a sua criação. É importante mencionar que a aludida autorização em lei não estará vinculando o chefe do Poder Executivo a criá-la e vai depender de um juízo de conveniência e oportunidade dessa autoridade, tudo em conformidade com o Art. 37, XIX, da Constituição Federal.

11.5. Personalidade Jurídica

No que tange à personalidade jurídica, devemos atentar para a distinção entre as autênticas fundações públicas, que têm personalidade jurídica de direito privado, e as fundações autárquicas ou autarquias fundacionais, que, de acordo com a orientação do Supremo Tribunal Federal, têm personalidade jurídica de direito público.

Assim, uma fundação pública de direito privado não dispõe das prerrogativas próprias do Estado, ao passo que as fundações públicas de direito público, assim como as autarquias, gozam dessas prerrogativas.

11.5.1. O Posicionamento do STF

Essa matéria, na verdade, foi tratada pelo STF, sendo a jurisprudência incensurável no *leading case*, que é um recurso extraordinário do Rio de Janeiro, caso pioneiro nessa matéria. Antes disso, o STF caminhava no sentido privatista e dizia que as fundações públicas eram sempre pessoas jurídicas de direito privado. Entretanto, com esse julgamento, que é, inclusive, anterior a Constituição Federal de 1988, mas que foi reafirmado a *posteriori*, o Ministro Moreira Alves, em decisão unânime, assentou o seguinte: "nem toda fundação instituída pelo poder público é fundação de direito privado. Há fundações instituídas pelo poder público que assumem a gestão do serviço estatal e se submetem ao regime jurídico administrativo previsto nos estados membros por leis estaduais são fundações de direito público e, portanto, pessoas jurídicas de direito público. Tais fundações são espécies do gênero autarquia.

Esse entendimento foi recentemente reiterado no julgamento do recurso extraordinário nº 215.741, cujo relator foi o ministro Maurício Correa. Nesse acórdão, o STF julgou o caso da Fundação Nacional de Saúde e disse o seguinte: Fundação Nacional de Saúde é pessoa jurídica de direito público e, portanto, espécie do gênero autarquia, submetendo-se à jurisdição da Justiça Federal, já que, sendo autarquia, está abrangida no Art. 109, I, que dá à Justiça Federal competência para julgar as causas em que a União, autarquias e empresas públicas federais sejam interessadas na condição de autores, assistentes, oponentes etc. Firmou-se, então, a corrente dualista, o entendimento que já era exposto por boa parte da doutrina, destacando-se a figura do professor Celso Antônio Bandeira de Mello.

---

28 DIOGO DE FIGUEIREDO MOREIRA NETO (*Curso ...*, p. 247/8) diz que existem, do ponto de vista do regime a que se submetem, autarquias ordinárias, especiais, territoriais, *fundacionais* e corporativas, conceituando as fundacionais como as "entidades instituídas por lei, com personalidade jurídica de direito público, que recebem a denominação de 'fundações' pelo fato de assemelharem-se, de algum modo, às fundações de direito privado".

Corrente Privatista	Havia a corrente privatista da qual era grande expoente, até a Constituição Federal de 88, o professor Hely Lopes Meireles, corrente da qual faz parte o professor Marcos Juruena Villela Souto. Para esta corrente, as fundações integravam a administração pública indireta, mas eram pessoas jurídicas de direito privado. O regime jurídico a que elas se submetiam era basicamente o regime do Código Civil, com as derrogações que a lei que autorizava a sua instituição fizesse.
Corrente Publicista Integral	Uma corrente bastante minoritária atuava no polo oposto. Era a corrente publicista integral, que dizia que, com a Constituição Federal de 88, a publicização dos regimes das fundações públicas tornou-se inequívoco, porque a intenção do constituinte foi de publicizá-los e, portanto, as fundações seriam sempre pessoas jurídicas de direito público. Essa corrente não é mais corrente minoritária, uma vez que este entendimento hoje é insustentável, sobretudo diante do artigo 37, inciso XIX. Falar-se na intenção do constituinte, é sempre complicado, pois é difícil saber qual foi o acordo político que gerou aquele feito. Às vezes, a intenção, ao invés de aprovar, é de deixar no ar a matéria. Logo, é sempre uma tensão falar-se em intenção inequívoca do legislador. No entanto, a Emenda Constitucional nº 19, que alterou o texto do Art. 37, inciso XIX, não deixa margem à dúvida no que diz respeito a uma opção do constituinte de que todas as fundações públicas fossem pessoas jurídicas de direito público. Quando o constituinte diz lei vai criar autarquia e lei específica autoriza a criação de empresa pública, sociedade de economia mista e fundação pública, a expressão "autoriza a criação" é usada porque pelo menos parte das fundações públicas vai ser criada seguindo a forma de direito privado. Então, o entendimento do STF, surgido antes da Constituição Federal de 88 e reiterado recentemente, é o entendimento que parece ser o mais correto, qual seja, o da corrente dualista.
Corrente Dualista	A corrente dualista afirma que cabe a cada ente federativo, no exercício da sua discricionariedade legislativa de se auto-organizar, optar pelo regime jurídico que determinada fundação pública deve observar. A lei que institui a fundação pública pode instituí-la diretamente dando a ela, apesar da base fundacional, uma dotação patrimonial preordenada a um fim de interesse público. Normalmente, nesses casos, atividades típicas de Estado e do poder público são transferidas por delegação legal às fundações. Desta forma, a lei que institui uma entidade de base fundacional, por lhe conferir o exercício de uma atividade administrativa típica de Estado, dá a ela a personalidade jurídica de direito público e a submete integralmente ao regime jurídico de direito público. Por esta razão, para o STF e para a doutrina, na verdade, essas fundações, que são criadas por lei tal como as autarquias e por lei recebem a submissão direta ao regime jurídico de direito público, são espécies do gênero autarquia e são também chamadas de fundações autárquicas ou autarquias fundacionais, em oposição a uma outra espécie de autarquia, que seria a autarquia corporativa. Portanto, esse é o entendimento de que, de acordo com a discricionariedade legislativa de cada ente federativo, as fundações públicas podem ser criadas como autarquias de base fundacional, plenamente submetidas ao regime jurídico de direito administrativo. A questão do seu regime jurídico não é um grande problema, sendo constitucional a criação por lei de fundações de interesse público. A partir do momento em que elas nascem como tais, vão se submeter ao mesmo regime jurídico das autarquias. Tudo o que vale para as autarquias passa a valer para as fundações públicas de direito público.

Logo, à fundação de direito público, fundação autárquica/autarquia fundacional, aplica-se o mesmo regime jurídico da autarquia. Embora não se discuta o seu regime jurídico, sempre é o regime jurídico das autarquias. Portanto, essa é uma discussão meramente acadêmica, sem nenhum grande interesse prático.

De acordo com a corrente dualista, no exercício da discricionariedade legislativa em auto-organizar cada ente federativo, o legislador pode autorizar a criação de fundações públicas na forma do direito privado e essa criação vai se dar em observância às normas do Código Civil que tratam da constituição de fundações. O poder público vai ser autorizado pela lei, já que a constituição exige autorização legislativa, a constituir uma fundação, mas essa fundação vai observar na sua constituição o direito privado, como já tivemos o privilégio de analisar.

Há quem advogue o entendimento de que o STF liberou a natureza jurídica da fundação, quando criadas pelo Estado, podendo optar por pessoa jurídica de direito público ou de direito privado. No entanto, deve-se tomar o seguinte cuidado, haja vista o raciocínio ser outro, qual seja, quando a fundação exercer o poder de polícia, de império e de força, o posicionamento do STF, de forma esmagadora, caminha no sentido de que tal fundação, obrigatoriamente, tem que adotar a natureza jurídica de direito público, segundo o posicionamento atual do Ministro Moreira Alves e do Ministro Marco Aurélio, em decisão unânime, por se tratar de espécie do gênero autarquia (recurso extraordinário nº 215.741). Portanto, não há que se falar em discricionariedade legislativa do Estado de se auto-organizar, optando pelo regime jurídico que determinada fundação pública deve observar.

Mas não é só isto, não há qualquer possibilidade de haver empregos públicos nesse tipo de fundação, com base no entendimento de que o exercício de função de fiscalização é poder de polícia inerente às atividades exclusivas e precípuas do Estado, pressupondo prerrogativas não agasalhadas pelo contrato de trabalho, tal como previsto na Consolidação da Leis do Trabalho. Portanto, inegavelmente, as fundações, atuando no exercício de suas atividades com poder de polícia, fiscalizando, cada qual em sua área, atividades reveladoras de serviço público, a serem desenvolvidas, somente poderão estar constituídas com a natureza jurídica de direito público, não havendo que se falar em discricionariedade do Estado na escolha da natureza jurídica.

A problemática não se resolve pelo abandono, mediante alteração constitucional dada pela Emenda nº 19/98, do sistema de regime jurídico único.

Com relação ao regime jurídico de pessoal, cumpre indagar a harmonia, ou não, da espécie de contratação, ante a importância da atividade e, portanto, o caráter indispensável de certas garantias que, em prol de uma atuação equidistante, devem se fazer presentes, considerados os prestadores de serviços. O tema não é novo e vem há muito merecendo a atenção de constitucionalistas e administrativistas.

Conforme ressaltado pela melhor doutrina – Celso Antônio Bandeira de Mello –, "o regime normal dos servidores públicos teria mesmo de ser o estatutário, pois este (ao contrário do regime trabalhista) é o concebido para atender a peculiaridades de um vínculo no qual não estão em causa tão-só interesses empregatícios, mas onde avultam interesses públicos que são os próprios instrumentos de atuação do Estado".[29]

Realmente, o cargo público, como ressaltado pelo consagrado mestre, propicia "desempenho técnico isento, imparcial e obediente tão-só a diretrizes político-administrativas inspiradas no interesse público...", sobressaindo a estabilidade para os concursados.

Então, mister se faz examinar a espécie. Os servidores das fundações, de caráter fiscalizadora, hão de estar, necessariamente, submetidos ao regime de cargo público, haja vista que as decisões desses órgãos devem estar imunes a aspectos políticos. E isso é exigível não só dos respectivos dirigentes, mas também dos servidores. Prescindir, no caso, da ocupação de cargos públicos, com os direitos e garantias a eles inerentes, é adotar flexibilidade incompatível com a natureza dos serviços a serem prestados, como ressaltamos acima.

Está-se diante de atividade na qual o poder de fiscalização e o poder de polícia fazem-se com envergadura ímpar, exigindo, por isso mesmo, que aquele que a desempenhe sinta-se seguro, atue sem receios outros, e isso pressupõe a ocupação de cargo público, a estabilidade prevista no Art. 41 da Constituição Federal. Aliás, o Art. 247 da Lei Maior sinaliza a conclusão sobre a necessária adoção do regime de cargo público relativamente aos servidores das agências reguladoras. Refere-se o preceito àqueles que desenvolvam atividades exclusivas do Estado, sendo, portanto, a de fiscalização uma dessas.

---

29   BANDEIRA DE MELLO, Celso Antônio. *Curso de direito administrativo*, 28. ed., p. 296.

É importante observar que a fundação de direito público nasce da lei como autarquia, enquanto a fundação pública de direito privado nasce com a constituição na forma do direito civil, ou seja, o ato instituidor do poder público define uma parcela do seu patrimônio que vai ser destinada a um fim de interesse coletivo e o nascimento ocorre com o registro dos atos constitutivos, do estatuto da entidade, no registro civil das pessoas jurídicas.

É esse o sentido do que diz o Art. 5º, § 3º, do Decreto-lei 200/67: as entidades de que trata o inciso IV deste artigo, que são as fundações públicas, adquirem personalidade jurídica com a inscrição da escritura pública de sua constituição no registro civil de pessoas jurídicas, não se lhe aplicando as demais disposições do código civil concernentes às fundações. Norma expressa, nasce na forma do direito privado, registra seus atos constitutivos, ou seja, seu estatuto, no registro civil das pessoas jurídicas. Fora a isso não se aplica o regime do código civil a essas entidades.

Em resumo a esse tópico, dizemos que o professor Sérgio de Andréia (Comentários à Constituição – editora Freitas Bastos) diz que o constituinte quando versou sobre a matéria fundação pública agiu com promiscuidade. Pois o assunto já era confuso e a Constituição não falou absolutamente nada. Hoje há três posturas doutrinárias sobre a natureza da fundação pública:

1ª Corrente: Só admite a natureza jurídica de direito público – chefia essa corrente Hely Lopes Meireles. Hely sempre defendeu o contrário, mas após a Constituição Federal de 1988 passou a defender a natureza de direito público devido a nova ordem constitucional. Hoje só encontramos fundação pública de direito público, na prática não há mais fundação pública de direito privado.

O principal artigo que Hely Lopes se baseou na Constituição Federal de 1988, foi alterado pela reforma administrativa dada pela Emenda Constitucional de 19/98. Hely se baseou no Artigo 39 que instituía o Regime Jurídico único, que acabou com a reforma administrativa. O Artigo 39 instituía RJU para a administração direta, autarquias e fundações, a única justificativa para fundação pública aparecer nesse rol é a personalidade jurídica de direito público, dando um tratamento uniforme. Com a reforma o Artigo 39 da Constituição Federal de 1988 foi completamente alterado. Mas a posição de Hely Lopes continua vigente.

É a posição da 6.ª Turma do STJ.

2ª Corrente: Só se admite a natureza jurídica de direito privado – chefia essa corrente Sérgio de Andréia. O argumento dessa corrente tem base na legislação. A lei só se refere a fundação pública como pessoa jurídica de direito privado. Decreto-lei 200/67.

3ª Corrente: Majoritária: A natureza é ora de Direito Público, ora de Direito Privado: Corrente chefiada por Diogo Figueiredo e Di Pietro. É a mais aceita pela doutrina (Gasparini, Celso Antônio). Adotam a posição do STF. O ente da federação ao criar a fundação pública que escolheria a natureza jurídica da fundação pública.

O que vem acontecendo com essas fundações públicas atualmente?

Hely Lopes acertou a natureza das fundações não por força do Artigo 39 em especial, mas pelo Artigo 37, II da Constituição Federal de 1988, que instituiu a obrigatoriedade de concurso público para o emprego público. Essa é a real razão para que hoje não se encontre mais fundação pública de direito privado. Pois o regime mais fácil de controlar é o estatutário, pois aumento é avia lei, direitos e obrigações derivam da lei, não há dissídio coletivo etc.

O argumento para concurso é uma decisão do STJ pós/1988, Recurso Especial nº 31.549/2 – SC, de 23.03.1993 – 6ª Turma do STJ. A Lei 7.596/87 na parte que diz que a fundação pública de direito privado não foi recepcionada pela Constituição Federal de 1988. Fundação Pública agora só de direito público. Mesma posição de Hely Lopes Meirelles.

11.6. Objeto

Como qualquer outra, as fundações públicas devem ter por objeto alguma atividade de interesse social, não podendo servir à satisfação dos interesses individuais de seu instituidor. Para isso existem as sociedades.

Pois bem, o objeto da fundação, seja ela pública ou privada, deve se referir a uma atividade que se relacione com um fim social beneficente ou assistencial e sempre sem fins lucrativos, voltada à pesquisa científica, saúde, ensino, cultura, de natureza filantrópica, ou seja, de interesse coletivo e, se derem lucros em suas atividades, serão necessariamente aplicadas nos seus fins socias (Art. 5º, IV, Decreto-lei 200/67). São exemplos de fundações: Fundação Nacional do Índio (FUNAI); Fundação Instituto Brasileiro de Geografia e Estatística (IBGE).

No que se refere às fundações públicas, três observações ainda devem ser feitas.

Em primeiro lugar, é de se ver que o Art. 37, XIX, da Constituição diz que cabe à lei complementar definir as áreas de atuação das fundações públicas, providência esta que deveria ter sido tomada no prazo de dois anos contados da publicação da Emenda Constitucional nº 19, de 04 de junho de 1998, o que se infere do disposto no Art. 26 do referido diploma normativo, *textus*:

> "Art. 26 - No prazo de dois anos da promulgação desta emenda, as entidades da administração indireta terão seus estatutos revistos quanto à respectiva natureza jurídica, tendo em conta a finalidade e as competências efetivamente executadas".

Ao que tudo indica, tal "revisão de estatutos" teria por fim acabar com as chamadas fundações autárquicas ou autarquias fundacionais, transformando-as, se fosse o caso, em verdadeiras autarquias e reservando às fundações públicas (de direito privado) as atividades que lhe são próprias.

Ocorre que o comando normativo acima referido não foi cumprido, ainda sendo possível o encontro de uma série de incoerências.

A segunda observação a ser feita se relaciona com a vedação contida no Art. 5º, IV, do Decreto-lei 200/67, referente à impossibilidade de as fundações serem criadas para o desempenho de atividades próprias dos entes de direito público (interpretação a contrário senso). Naturalmente que essa vedação alcança as fundações públicas autênticas, mas não tem sido respeitada há muito no que tange às fundações públicas de direito público, que desempenham atividades próprias das autarquias.[30]

11.7. Regime Jurídico

Que regime jurídico se aplica a essas entidades, portanto? São pessoas jurídicas de direito privado, foram criadas como pessoas jurídicas de direito privado, mas diz o Art. 5º, § 3º, que a elas não se aplicam as demais normas do código civil aplicáveis às fundações. Por exemplo, fiscalização pelo MP, necessidade de prestação de contas, de submissão à curadoria de fundações, que é um órgão de atuação do MP, e assim por diante. A pergunta continua: que regime jurídico é esse? É o mesmo regime jurídico das fundações de direito público? Não, pois se assim o fosse elas teriam sido criadas como fundações autárquicas ou autarquias fundacionais. É um regime jurídico que combina a natureza de pessoa jurídica de direito privado com as derrogações impostas pelas leis de cada ente federativo na instituição dessas entidades. Digo, cada lei que autorizar a instituição dessas entidades pode derrogar não apenas o regime jurídico privado que emana diretamente do fato de serem pessoas jurídicas de direito privado, mas também outros atos normativos. Os Bens

Fundação pública de direito público tem todos os seus bens impenhoráveis, tal como as autarquias. Goza de todos os privilégios processuais vistos anteriormente para as autarquias. O regime jurídico aplicável é exatamente o mesmo. Por isso é que se fala autarquia de base fundacional, porque seria constituída por uma base patrimonial e não a partir de uma formação corporativa. A grande distinção entre uma autarquia típica corporativa e uma autarquia fundacional é que esta última é uma fundação regida pelo direito público, que é o regime jurídico aplicável integralmente às autarquias.

A questão está em saber qual o regime jurídico aplicável às fundações de direito privado e aqui é que entra a discussão. O regime jurídico é híbrido, mas híbrido como? No que ele é público e no que ele é privado? Existe um entendimento doutrinário que me parece mais correto, em que se sustenta que apesar de o Art. 5º, § 3º, dizer que as fundações públicas, instituídas como pessoas jurídicas de direito privado, são criadas na forma do direito privado e a elas não se aplicam as demais normas do Código Civil, relativas às fundações

---

30   Diga-se, aliás, que, como se depreende da ementa do acórdão que julgou o Resp nº 92.406/RS, os tribunais do País ainda fazem confusão na classificação das atividades eminentemente públicas e as que são próprias das fundações públicas ou privadas. Confira-se: "As fundações instituídas pelo poder público mediante lei com o objetivo de promover estudos e pesquisas em processos científicos e tecnológicos, visando o benefício da coletividade, exercem atividade eminentemente pública e revestem-se da natureza de pessoas jurídicas de direito público, sendo, pois, de se lhe aplicar a regra do Art. 188 do CPC".

privadas, o exemplo típico é o da prestação de contas, da fiscalização permanente à que elas se submetem, feita pelo Ministério Público. Não há sentido nisso, porque elas não se descolam do poder público que as instituiu e esse poder exerce a fiscalização. Logo, não é necessária a fiscalização do Ministério Público, em face do que já expomos anteriormente.

Como não se aplicam as normas do Código Civil relativas às fundações, elas perdem a sua natureza de pessoas privadas, pessoas jurídicas de direito privado? Vem, então, a seguinte interpretação: o Art. 5º, § 3º se refere às normas do Código Civil específicas de fundações privadas, mas isso não significa que elas deixem de ser essencialmente pessoas jurídicas de direito privado. Portanto, elas, essencialmente pessoas jurídicas de direito privado, se submetem ao direito privado, salvo naquilo que, como exceção à regra geral do direito privado, por decorrência direta da constituição ou de lei do ente federativo a que a fundação pertença, for derrogado. Quando o direito privado é derrogado pela constituição diretamente ou pela lei de cada ente federativo, tais entidades têm o seu regime jurídico privado alterado, derrogado, publicizado, chegando-se, portanto, ao regime jurídico híbrido.

No que ele é normalmente híbrido? Por exemplo, em relação ao seu regime de bens. O regime de bens das autarquias é um regime totalmente público, seus bens são totalmente impenhoráveis, a alienabilidade somente se dá nas hipóteses de autorização legislativa. Os bens das fundações públicas de direito privado são, em princípio, privados, mas podem ser semi-publicizados. Em que hipóteses? Por exemplo, quando esses bens estiverem empregados diretamente na prestação de serviços públicos, encontram-se afetados a esses serviços e, portanto, são impenhoráveis. Mas isso não quer dizer que a totalidade dos bens seja impenhorável, nem que só por isso a fundação instituída como fundação de direito privado vá estar submetida ao regime de precatório. Não, os bens são penhoráveis para satisfazer os interesses dos credores, salvo aqueles afetados ao serviço público, o que ficou bastante assente em nossos ensinamentos acima expostos.

11.7.1. Patrimônio

As fundações públicas, sejam as de direito privado ou de direito público, são dotadas de patrimônio próprio, até porque não se concebe uma pessoa, física ou jurídica, desprovida de patrimônio. Muito menos as fundações que, como vimos, nada mais são do que uma universalidade patrimonial dotada de personalidade jurídica.

Importa saber, aqui, se os bens das fundações públicas são considerados bens públicos ou privados. E a resposta já pode ser encontrada no Art. 98 do atual Código Civil, baixado pela Lei nº 10.406, de 10 de janeiro de 2002, o qual já foi elencado por nós, no entanto, para fins didáticos cumpre transcrevê-lo. Vejamos:

"Art. 98 - São públicos os bens do domínio nacional pertencentes às pessoas jurídicas de direito público interno; todos os outros são particulares, seja qual for a pessoa a que pertencerem".

Com base nesse critério, qual seja, o da personalidade jurídica, podemos dizer, então, que as fundações públicas de direito privado têm seus patrimônio integrados por bens de natureza privada; ao passo que as fundações públicas de direito público têm seus patrimônios integrados por bens públicos.

No mesmo sentido é a lição do prof. Carvalho Filho, que assevera: "Da mesma forma que as autarquias, os bens do patrimônio das fundações públicas de direito público são caracterizados como bens públicos (...). As fundações públicas de direito privado, contrariamente, têm seu patrimônio constituído de bens privados, incumbindo sua gestão aos órgãos dirigentes da entidade na forma definida pelo respectivo estatuto".

Repare que o fato de os bens que se destinam à criação das fundações públicas de direito privado, apesar de, antes da instituição, serem de natureza pública, com a transferência da propriedade vertem à natureza privada, assim que chegam ao novo patrimônio.

A distinção, como já dissemos, importa para a definição do regime jurídico a ser dispensado aos bens, sendo certo que os públicos, ou seja, os das fundações públicas de direito público, gozam das prerrogativas da inalienabilidade, impenhorabilidade, imprescritibilidade e inonerabilidade; ao contrário do que ocorre com os bens das fundações públicas de direito privado.

É oportuna a transcrição de decisão do Superior Tribunal de Justiça:

> "Fundação pessoa jurídica de Direito Público. Efeitos. Fundação instituídas pelo Poder Público, através de lei, com fim de prestar assistência social à coletividade, exerce atividade eminentemente pública, pelo que não é regida pelo inciso I do Art. 16 do Código Civil, tratando-se, na verdade, de

pessoa jurídica de direito público, fazendo jus às vantagens insertas no Art. 188 do CPC" (Rec. Esp. Nº 148.521-PE, 2ª Turma, Rel. Min. Adhemar Maciel).

11.8. Regime de Pessoal

Os servidores das autênticas fundações públicas, ou seja, aquelas dotadas de personalidade jurídica de direito privado, serão regidos pelo regime celetista, muito embora a Constituição não seja expressa neste sentido.

O contrário parecia ser indicado pelo disposto no Art. 39 da Constituição, antes da alteração promovida pela Emenda Constitucional nº 19, de 04 de junho de 1998, que tinha a seguinte redação:

> "Art. 39 - A União, os Estados, o Distrito Federal e os Municípios instituirão, no âmbito de sua compe-tência, **regime jurídico único** e planos de carreira para os servidores da administração pública direta, das autarquias e das **fundações públicas**". (grifamos)

Ao que nos parece, o constituinte estava a se referir às fundações públicas de direito público, que já era em 1988 uma realidade incontestável, embora surgida em desacordo com a legislação federal vigente, o já referido Decreto-lei 200/67. E tal se extrai da análise de que pessoas são submetidas ao regime de direito público, porém somente aquelas que têm personalidade jurídica de direito público.

Assim, somente as fundações públicas de direito público, que estão submetidas ao regime de direito público, podem ter cargos públicos no âmbito de sua estrutura organizacional, sendo regidos, por uma ques-tão de coerência, por estatutos, por isso seus servidores são também denominados estatutários, nome este dado em relação ao regime estabelecido entre a entidade e seu servidor, e não pela Consolidação das Leis do Trabalho, a CLT.

Frise-se, todavia, que a quebra da obrigatoriedade do regime jurídico único no âmbito da Administração Pública direta, autárquica e fundacional abriu espaço para a criação de empregos públicos no âmbito dessas entidades administrativas. Os servidores respectivos, portanto, estariam sujeitos não ao regime estatutário, mas ao celetista.

Como acontece, pois, com as autarquias, é possível que as fundações públicas de direito público tenham servidores regidos pela CLT, embora a regra seja o regime de direito público; ao passo que as fundações pú-blicas de direito privado terão seus servidores regidos sempre pela Consolidação das Leis Trabalhistas.

Finalmente, para se ingressar em uma fundação, mesmo sendo pessoa jurídica de direito privado, o acesso a cargos públicos e empregos públicos depende de aprovação prévia em concurso público, face ao que dispõe o Art. 37, *caput* e inciso II, da CRFB/88, pois como vimos, tais entidades estão obrigadas a respeitar os princípios norteadores da atividade estatal, assim como as normas de direito público, como é o caso do princípio do concurso público.

O regime de pessoal, em princípio, é o regime próprio das entidades privadas, é o regime da CLT. Sendo pessoa jurídica de direito privado, não há nada na Constituição que derrogue isso, não havendo nada na lei que também derrogue. Então, para ser servidor de fundação de direito privado, não precisa de concurso público? De início, não. Mas, na Constituição, há uma derrogação do regime privado feita expressamente, quando nos diz que a ocupação de cargos públicos e empregos públicos depende de aprovação prévia em con-curso público. Então, o regime de pessoal privado, que aqui é o da CLT, foi derrogado por uma norma consti-tucional, isso no que se refere ao ingresso, acesso e remuneração. Há que se buscar, portanto, na Constituição e nas leis específicas de regência daquela fundação aquilo que derrogou o seu regime inicialmente privado.

11.8.1. O Processo de Contratação

É um desses casos que está no Art. 37, XXI, da Constituição Federal, sendo mais uma forma de derrogação expressa, por conta disso. Da mesma forma que o concurso público, os dois grandes processos seletivos a que a administração pública se submete são: um para contratar pessoal e outro para contratar particulares para compras, fornecimento de bens etc.

Quando se está falando de regime jurídico híbrido, a regra é a do direito privado, salvo derrogação legal ou constitucional. Pode ser derrogação por ato normativo, por exemplo? Pode-se, por exemplo, fugir de uma regra do Código Civil de uma fundação pública de direito privado por um ato normativo de um ente, como, por exemplo, não se aplicar a fiscalização do MP?

Se o regulamento apenas disciplinar uma derrogação genérica já existente na lei, sim, mas se o regulamento pretender ser um regulamento autônomo, não, haja vista não se poder inovar na ordem jurídica. Acho que vale a regra do Código Civil. Por quê? Voltemos para aquela explicação sobre regulamento autônomo. O Art. 84, VI, da Constituição, a nosso ver, quando dá ao chefe do executivo poderes para dispor privativamente sobre organização e funcionamento da administração pública, dá a ele poderes para dispor em relação à administração direta. Aquilo que altera o regime jurídico de pessoas jurídicas criadas para integrar a administração indireta, a partir do momento em que há exigência de lei inaugural para autorizar a instituição ou criar essas entidades, já foge ao âmbito do poder regulamentar do chefe do executivo. Então, se o ato regulamentar for de execução, se apenas for um regulamento típico de execução para disciplinar uma derrogação legal já existente, sim, mas, caso contrário, prevalece a regra legal do direito privado.

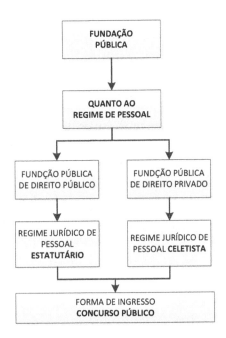

11.9. Competência para as Causas Judiciais

Da mesma forma que se resolveram nos itens anteriores, resolver-se-á este, que trata da competência para o processamento e julgamento das causas judiciais em que figurarem como parte as fundações públicas.

Se estivermos tratando de fundações públicas de direito privado, não serão entidades autárquicas, logo, não se aplica o Art. 109, I, da Constituição, pois não desempenham atividades que somente podem ser exercidas pelo Poder Público. A competência será aquela reservada constitucionalmente para qualquer outra pessoa, não gozando as mesmas de qualquer privilégio de foro, tendo como juízo competente a justiça comum estadual.

Por outro lado, as fundações públicas de direito público serão julgadas por órgãos específicos do Poder Judiciário. Se a fundação autárquica for federal, a competência será da Justiça Federal, nos termos do que está insculpido no Art. 109, I, da Constituição da República[31]; se for estadual ou municipal, a competência será de uma das varas de Fazenda Pública, nos termos do Art. 97, I, a e IV, este último combinado com o Art. 86,

---

31   Veja o que constou da ementa do acórdão do Supremo Tribunal Federal no julgamento do RE nº 215.741: "Compete à Justiça Federal processar e julgar ação em que figura como parte fundação pública, tendo em vista sua situação jurídica conceitual assemelhar-se, em sua origem, às autarquias. Ainda que o artigo 109, I da Constituição Federal, não se refira expressamente às fundações, o entendimento desta Corte é o de que a finalidade, a origem dos recursos e o regime administrativo de tutela absoluta a que, por lei, estão sujeitas, fazem delas espécie do gênero autarquia". (grifo nosso).

todos do Código de Organização e Divisão Judiciárias do Estado do Rio de Janeiro, o CODJERJ (tais dispositivos tiveram suas redações dadas pela Lei 3.432/2000).

Esclareça-se, por oportuno, que esse não é o único privilégio processual de que goza uma fundação pública de direito público, já tendo, aliás, ficado assentado em decisão do Superior Tribunal de Justiça que tais entes não estão sujeitos ao preparo para a interposição dos recursos, assim como acontece com as autarquias e as pessoas federativas, todas dotadas de personalidade jurídica de direito público.[32]

11.10. Prerrogativas

11.10.1. Prerrogativas Fiscais

A Constituição em seu Art. 150, § 2º, atribuiu imunidade às fundações, não as distinguindo se seriam de direito público ou de direito privado. Logo, a imunidade se aplica a ambas, condicionadas, é lógico, às suas finalidades essenciais.

11.10.2. Prerrogativas Processuais

Conforme já enfocamos alhures, Fazenda Pública é formada pela Administração Direta, Autarquias e Fundações Públicas de Direito Púbico. Deduz-se que a fundação pública de direito público possui as mesmas prerrogativas das autarquias, por terem natureza autárquica, e, portanto, regidas por normas de direito público, gozando, assim, de todos os privilégios processuais daquelas, tais como: prazo em dobro para atos processuais, duplo grau obrigatório de jurisdição, regime de precatório para pagamento de suas dívidas judiciais, representação processual legal e não por mandato.

Por isso que tais fundações, litigam em Vara de Fazenda Pública. Todavia, as fundações estaduais e municipais, de acordo com a Súmula nº 97, do Superior Tribunal de Justiça, orienta que suas ações serão julgadas e processadas no fórum fixado no Código de Organização Judiciária do respectivo estado membro.

No entanto, as fundações públicas de direito privado não têm prerrogativa nenhuma e suas ações correm nas varas comuns.

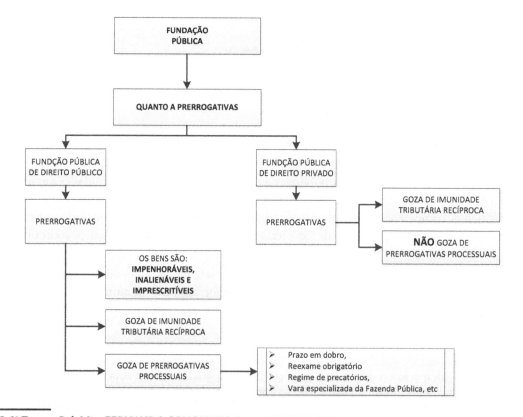

---

32   STJ, 6ª Turma, Rel. Min. FERNANDO GONÇALVES, Resp nº 206.646/DF.

11.11. Atos e Contratos

Os atos praticados pelas fundações públicas são considerados atos administrativos se estas forem dotadas de personalidade jurídica de direito público, até porque serão referentes a atividades próprias do Estado. Por outro lado, se estivermos diante de típicas fundações públicas, ou seja, aquelas dotadas de personalidade jurídica de direito privado, tais atos não serão considerados atos administrativos, não gozando, assim, dos atributos que lhe são próprios (presunção de legalidade, autoexecutoriedade e imperatividade).

No que tange aos contratos, as conclusões seguem a mesma linha de raciocínio, sendo de se considerar contratos administrativos aqueles firmados pelas fundações autárquicas e contratos comuns, regidos pelas regras do direito privado, os firmados pelas fundações públicas de direito privado.

A diferença, como já vimos, está em que os contratos comuns são orientados pelo princípio da isonomia, que coloca ambos os contratantes em pé de igualdade, não se podendo conceber privilégios legítimos a qualquer das partes. Por outro lado, em se tratando de contratos administrativos, o princípio norteador da relação contratual será o da supremacia do interesse público, o que é suficiente para desigualá-la em favor das pessoas administrativas mediante a contemplação de cláusulas de privilégios, também chamadas por balizada doutrina de cláusulas exorbitantes, que, de acordo com o Art. 58 da Lei 8.666/93, são as seguintes:

(a) possibilidade de alteração unilateral do contrato pela Administração Pública;

(b) possibilidade de rescisão unilateral do contrato pela Administração Pública;

(c) possibilidade de fiscalização da execução do contrato;

(d) possibilidade de aplicação de sanções.

Por fim, é de se ver que mesmo as fundações públicas de direito privado estão sujeitas à prévia licitação, muito embora o Art. 1º, parágrafo único, da Lei 8.666/93, não estabeleça qualquer distinção entre estas e as fundações públicas de direito público.

Essa conclusão é autorizada tendo em vista o fato de que ambas as espécies de fundações públicas trabalham com dinheiro público, devendo, portanto, se submeter aos princípios da moralidade e da eficiência.

Não obstante, esse entendimento é controvertido na doutrina, entendendo o prof. Carvalho Filho que as fundações públicas, independentemente da espécie, se de direito público ou privado, estão sujeitas à licitação e também a todas as demais normas da Lei nº 8.666/93, por imposição do Art. 37, XXI, da Constituição Federal.

Já o professor Marçal Justen Filho assevera que as fundações públicas de direito privado estarão obrigadas a licitar se forem mantidas e controladas pelo Poder Público, independentemente da natureza das atividades desempenhadas.[33]

---

33   MARÇAL JUSTEN FILHO, *Comentários à Lei de Licitações e Contratos Administrativos*, 14ª edição, Dialética, 2006, p. 31.

11.12. A Responsabilidade Civil

Diz a Constituição no Art. 37, § 6º, o seguinte: pessoa jurídica de direito público e pessoa jurídica de direito privado, prestadora de serviço público respondem pelos danos causados. Entende a doutrina e a jurisprudência do STF que tal responsabilidade é objetiva, ou seja, como já ressaltamos atrás, não necessita da aferição do elemento culpa, basta a conduta e o nexo de causalidade para que assim se configure tal responsabilidade. Se a fundação é de direito privado, portanto, não é pessoa jurídica de direito público, sua responsabilidade será objetiva apenas naquilo que ela exercer como serviço público, apenas naquelas atividades que ela atuar como prestadora de serviço público. Aí, sim, a Constituição criou uma derrogação à regra geral de direito privado. Nas atividades tipicamente privadas, não prestadas como serviço público, a responsabilidade segue o direito privado, não sendo objetivada pela norma constitucional que trata da responsabilidade objetiva. É assim em relação a todos os demais pontos do regime jurídico das fundações de direito privado.

Vale repisar que o mesmo comentário que desenvolvemos em relação às empresas públicas e às sociedades de economia mista aplica-se aqui. Ou seja, quando as fundações públicas forem de direito privado a responsabilidade será objetiva somente quando prestadoras de serviço público e causarem dano oriundo de uma ação, pois pela omissão ocorrerá a responsabilidade subjetiva. Também será objetiva quando estiverem dentro de uma relação consumerista, haja vista que a lei (Código de Defesa do Consumidor) assim dispôs.

11.13. Fiscalização

11.13.1. Do Ministério Público

As normas específicas de fundações estabelecidas no Código Civil tratam da disciplina das fundações privadas, que estão sujeitas a uma fiscalização do Poder Público. Por isso, o Código Civil, visando a proteção da dotação patrimonial que o instituidor da fundação destinou a um fim específico, criou a figura da fiscalização do Ministério Público, assim como já estudamos em ponto passado a este trabalho, mas cabendo aqui falarmos mais à miúde sobre tal aspecto.

Por outro lado, já sabemos que as normas do Código Civil específicas de fundações privadas não se aplicam às fundações públicas, pois estas já estão submetidas a um grau elevado de controle finalístico, tendo em vista que são instituídas e mantidas pelo Poder Público.

Esclarecedor, a esse respeito, é o que o parágrafo único, do Art. 41 do Código Civil, está dizendo, visto que se aplicam as normas do referido Código, como entidades privadas, salvo naquilo que a lei dispuser em sentido contrário e salvo naquilo que não for compatível com a natureza das atividades dessas fundações. Então, a fiscalização do Ministério Público é algo predestinado à norma específica para fundação privada e não cabe essa extensão às fundações públicas. Ademais, haveria retrocesso de prever a fiscalização do Ministério Público, um autêntico *bis in iden*, já que as fundações públicas de direito privado já estão sujeitas à fiscalização do Poder Público que as instituiu, via de regra, através de seus Ministérios que realizam um controle finalístico ou ministerial, assim como vimos no tópico referente à descentralização da Administração Pública.

A Lei Complementar 28/82, que organiza o Ministério Público do Estado do Rio de Janeiro, no Art. 332, § 2º, menciona textualmente ser inaplicáveis as atribuições da Curadoria de Fundações às fundações instituídas e mantidas pelo Poder Público e sujeitas à supervisão administrativa.

11.14. Dirigentes

São investidos, na forma estabelecida por lei. Entretanto, no silêncio da lei, ou através de disposições estatutárias, o que geralmente ocorre, a direção das fundações públicas é composta, em regra, por cargos em comissão e funções de confiança, podendo seu dirigente ser destituído, a qualquer tempo, de acordo com as decisões do Supremo Tribunal Federal.

12. EMPRESAS PÚBLICAS E SOCIEDADES DE ECONOMIA MISTA

12.1. Colocação do Tema

Empresas públicas e sociedades de economia mista são, fundamentalmente e acima de tudo, instrumentos de ação do Estado. O traço essencial caracterizador destas pessoas é o de se constituírem em auxiliares do Poder Público; logo, são entidades voltadas, por definição, à busca de interesses transcendentes aos meramente privados. É preciso, pois, aturado precato para não incorrer no equívoco de assumir fetichisticamente sua personalidade de direito privado (como costumava ocorrer no Brasil) e imaginar que, por força dela, seu regime pode ensejar-lhes uma desenvoltura equivalente à dos sujeitos cujo modelo tipológico inspirou-lhes a criação. Deveras, a personalidade de direito privado que as reveste não passa de um expediente técnico cujo préstimo adscreve-se, inevitavelmente, a certos limites, já que não poderia ter o condão de embargar a positividade de certos princípios e normas de direito público cujo arredamento comprometeria objetivos celulares do Estado de Direito.

O traço nuclear das empresas estatais, assim também denominadas, isto é, das empresas públicas e sociedades de economia mista, reside no fato de serem coadjuvantes de misteres estatais. Nada pode dissolver este signo insculpido em suas naturezas. Dita realidade jurídica representa o mais certeiro norte para a intelecção destas pessoas. Consequentemente, aí está o critério vetor para interpretação dos princípios jurídicos que lhes são obrigatoriamente aplicáveis, pena de converter-se o acidental – suas personalidades de direito privado – em essencial, e o essencial – seu caráter de sujeitos auxiliares do Estado – em acidental.

Como os objetivos estatais são profundamente distintos dos escopos privados, próprios dos particulares, já que almejam o bem-estar coletivo e não o proveito individual, singular (que é perseguido pelos particulares), compreende-se que existe um abismo profundo entre as entidades que o Estado criou para secundá-lo e as demais pessoas de direito privado, das quais se tomou por empréstimo a forma jurídica. Assim, o regime que a estas últimas naturalmente corresponde, ao ser transposto para empresas públicas e sociedades de economia mista, tem que sofrer – também naturalmente – significativas adaptações, em atenção a suas peculiaridades.

Se assim não o fosse, e se as estatais desfrutassem da mesma liberdade que assiste ao comum das sociedades empresárias privadas, haveria comprometimento de seus objetivos e funções essenciais, instaurando-se, ademais, sério risco a lisura no manejo de recursos hauridos total ou parcialmente nos cofres públicos. Além disto, sempre que o Poder Público atuasse por via destes sujeitos, estariam postas em xeque as garantias dos administrados, descendentes da própria índole do Estado de Direito ou das disposições constitucionais que o explicitam. Com efeito, o regime de direito privado, *sic et simpliciter*, evidentemente, não impõe o conjunto de restrições instauradas precisamente em atenção aos interesses aludidos.

Em despeito destas obviedades, durante largo tempo, pretendeu-se que, ressalvadas taxativas disposições legais que lhes impusessem contenções explícitas, estariam em tudo o mais parificadas à generalidade das pessoas de direito privado. Calcadas nesta tese errônea, sociedades de economia mista e empresas públicas declaravam-se, com o beneplácito da doutrina e da jurisprudência (salvo vozes combativas, mas isoladas), livres do dever de licitar, razão por que os contratos para obras públicas mais vultosos eram travados ao sabor dos dirigentes de tais empresas ou mediante arremedos de licitação, em total arrepio à lei; recursos destas entidades passaram a ser utilizados como válvula para acobertar dispêndios que a Administração Central não tinha como legalmente efetuar, ou mesmo para custear ostensiva propaganda governamental, mediante contratos publicitários de grande expressão econômica; a admissão de pessoal, e com salários superiores aos vigentes no setor público, efetuava-se com ampla liberdade, sem concursos, transformando-as em "cabides de emprego" para apaniguados; avançados sistemas de aposentadoria e previdência eram, por decisão *interna corporis*, instituídos em prol de seus agentes, em condições muito mais vantajosas do que as do sistema nacional de previdência ou do próprio regime previdenciário do setor público; despesas exageradas, úteis apenas à comodidade pessoal de seus agentes, eram liberalmente efetuadas, como, exempli grafia, suntuosas hospedagens no exterior, quando de viagens internacionais dos seus dirigentes; sempre sob arguição de serem pessoas de direito privado – até que a legislação explicitamente lhes impusesse sujeição de suas despesas à fiscalização do Tribunal de Contas da União –, sustentava-se que estavam livres deste controle; sobre o mesmo fundamento e da correlata liberdade que lhes concerniria, multiplicaram-se sociedades de economia mista e empresas públicas, umas criando outras, surgindo, destarte, as de chamada segunda e terceira geração, aptas, pois, a prodigalizar os mesmos desmandos. Além disto, estas, precisamente pelo fato de não terem sido criadas por lei – pasme-se –, eram, por muitos, excluídas da categoria de sociedade de economia mista ou empresa pública e, consequentemente, das disposições normativas relativas ao controle que se lhes aplica, sob o argumento de que, segundo o Decreto-lei 200/67, ditas pessoas da Administração Indireta são unicamente as "criadas por lei". Não tendo havido lei criadora não se lhes poderia sequer as sujeitar às regras decorrentes daquele diploma!

Ganha relevo, em matéria de interpretação das leis, que, ao se tratar de atividade econômica exercida pelo Estado com fundamento no Art. 173, que determina a sujeição ao direito privado, este é o que deverá ser aplicado, no silêncio da norma publicística; ou por outras palavras, presume-se a aplicação do regime de direito privado, só derrogado por norma expressa, de interpretação escrita.

Mas, se o Estado fizer a gestão privada do serviço público, ainda que de natureza comercial ou industrial, aplicam-se, no silêncio da lei, os princípios de direito público, inerentes ao regime jurídico administrativo. Nem poderia ser diferente, já que alguns desses princípios são inseparáveis da noção de serviço público, tais como o da predominância do interesse público sobre o particular, o da continuidade do serviço público e, como consequência, o das limitações ao direito de greve, o da obrigatoriedade de sua execução pelo Estado, ainda que por meio de concessionárias e permissionários, daí resultando o direito do usuário do serviço.

Portanto, cabe ao intérprete, quando aplicar as leis, procurar a exegese que as tornem compatíveis com os parâmetros que decorrem dos Arts. 173 e 175 da Constituição. Ao analisar, mais adiante, as normas sobre empresas estatais, serão demonstradas algumas distinções que podem e devem ser feitas entre os dois tipos de empresas, conforme o tipo de atividade que lhes incumbe.

É claro o texto constitucional:

> "Ressalvados os casos previstos nesta Constituição (que são, dizemos nós, os monopólios, ou as concessões e permissões de serviço público), a exploração direta de atividade econômica pelo Estado só é permitida quando necessária aos imperativos da segurança nacional ou a relevante interesse coletivo, conforme definidos em lei".

12.2. O surgimento das Estatais

O advento das Estatais está associado ao surgimento do Estado Empresário, o qual se contrapõe ao antigo e superado modelo de um Estado garantidor, ou do Bem-Estar Social, cujos órgãos públicos abarcavam para si toda gama de atividades, causando uma espécie de congestionamento administrativo, adornados com a burocracia e a lentidão de suas ações.

Com efeito, as Estatais surgiriam com uma dinâmica exatamente oposta à predominante no Estado do Bem-Estar, qual seja, com as características da celeridade e da eficiência, as quais se tornariam verdadeiros atalhos para o Estado atingir seus objetivos de forma rápida e eficaz, tal qual ocorre com uma empresa privada.

De fato, é este o ideário que norteia as Estatais: equiparar o Estado às empresas privadas, criando o doutrinariamente denominado Estado Empresário, o qual tratará de mesclar a execução de atividades econômicas com outras de interesse público por meio das Empresas Públicas e das Sociedades de Economia Mista.

Ocorre que a partir daí diversas questões passaram a ser suscitadas, sobretudo pelo fato de que tais entidades foram criadas com a natureza de direito privado, fato este que, por si só, não justifica que tenham o mesmo tratamento das empresas privadas, tampouco que as suas prerrogativas se equiparem às da administração direta.

É relevante que se diga que a existência das Estatais só se justifica para que alcancem os objetivos colimados pelo Estado. Não são, portanto, autônomas nas suas iniciativas como são as empresas da iniciativa privada. Sequencialmente, seguiremos numa análise mais sucinta de suas características, diferenças e algumas controvérsias que as envolvem.

Cumpre ressaltar antecipadamente que o Art. 1º, Lei 13.303/16 indica que o estatuto jurídico em questão se aplica as estatais de todos os Entes Federativos sem distinção. Se aplicando também as estatais que atuam tanto na atividade econômica, bem como aqueles que prestam serviços públicos à sociedade.

> Art. 1º Esta Lei dispõe sobre o estatuto jurídico da empresa pública, da sociedade de economia mista e de suas subsidiárias, abrangendo toda e qualquer empresa pública e sociedade de economia mista da União, dos Estados, do Distrito Federal e dos Municípios que explore atividade econômica de produção ou comercialização de bens ou de prestação de serviços, ainda que a atividade econômica esteja sujeita ao regime de monopólio da União ou seja de prestação de serviços públicos.

12.3. Empresas Públicas e Sociedades de Economia Mista: suas Semelhanças e Diferenças

Antes de iniciar a análise das empresas públicas e sociedades de economia mista, é de se ver que aqui se fez a opção da análise conjunta dessas duas espécies de pessoas administrativas em razão da imensa similaridade existente entre a disciplina de uma e de outra que são sempre estudadas conjuntamente na doutrina.

Os seus conceitos originalmente se encontravam preconizados no DL 200/67, em seu artigo 5º, incisos II e III, que se tornaram ultrapassados com a Lei 13.303/16 que estudaremos a seguir:

12.3.1. Conceito de Empresa Pública e de Sociedade de Economia Mista

O Art. 3º, abaixo *in verbis*, estabelece de forma clara e cristalina que a Empresa Pública é:

► Entidade dotada de personalidade jurídica de direito privado,

► Com criação autorizada por lei e

► Com patrimônio próprio,

► Cujo capital social é integralmente detido pela união, pelos estados, pelo distrito federal ou pelos municípios.

> Art. 3º Empresa pública é a entidade dotada de personalidade jurídica de direito privado, com criação autorizada por lei e com patrimônio próprio, cujo capital social é integralmente detido pela União, pelos Estados, pelo Distrito Federal ou pelos Municípios.
>
> Parágrafo único. Desde que a maioria do capital votante permaneça em propriedade da União, do Estado, do Distrito Federal ou do Município, será admitida, no capital da empresa pública, a participação de outras pessoas jurídicas de direito público interno, bem como de entidades da administração indireta da União, dos Estados, do Distrito Federal e dos Municípios.

A Sociedade de Economia Mista tem seu conceito apresentado no Art. 4º da Lei que indica ser uma entidade:

- Dotada de personalidade jurídica de direito privado,
- Com criação autorizada por lei,
- Sob a forma de sociedade anônima, cujas ações com direito a voto pertençam em sua maioria à união, aos estados, ao Distrito Federal, aos Municípios ou a entidade da administração indireta.

Art. 4º Sociedade de economia mista é a entidade dotada de personalidade jurídica de direito privado, com criação autorizada por lei, sob a forma de sociedade anônima, cujas ações com direito a voto pertençam em sua maioria à União, aos Estados, ao Distrito Federal, aos Municípios ou a entidade da administração indireta.

§ 1º A pessoa jurídica que controla a sociedade de economia mista tem os deveres e as responsabilidades do acionista controlador, estabelecidos na Lei nº 6.404, de 15 de dezembro de 1976, e deverá exercer o poder de controle no interesse da companhia, respeitado o interesse público que justificou sua criação.

§ 2º Além das normas previstas nesta Lei, a sociedade de economia mista com registro na Comissão de Valores Mobiliários sujeita-se às disposições da Lei nº 6.385, de 7 de dezembro de 1976.

Com estes conceitos, fica vencida uma grande discussão pretérita que buscava diferenciar a Empresa Pública da Sociedade de Economia Mista, visto que são duas as conhecidas distinções: (1) quanto ao capital, que na empresa pública é totalmente público, ao passo que na sociedade de economia mista é parcialmente privado; e (2) quanto à forma societária, pois a sociedade de economia mista só admite a constituição na forma de sociedade anônima, sendo submetida, portanto, à Lei das SAs, enquanto a empresa pública admite outras formas de constituição.

Nos tópicos a seguir, se aprofundará o estudo de cada uma das características das Empresas Públicas e das Sociedade de Economia Mista.

12.4. Criação e Extinção

A criação, tanto das empresas públicas quanto das sociedades de economia mista, está disciplinada expressamente pelo Direito Positivo.

Primeiro pela redação do Art. 37, XIX da Constituição:

"Art. 37 – (...)

XIX - somente por lei específica poderá ser criada autarquia e **autorizada a instituição de empresa pública, sociedade de economia mista** e de fundação, cabendo à lei complementar, neste último caso, definir as áreas de sua atuação". (**destaque nosso**).

Sendo o tema exaurido na nova Lei 13.303/16 quando no Art. 2º, § 1º é indicado que a criação das estatais dependerá de prévia autorização legal que indique, de forma clara, relevante interesse coletivo ou imperativo de segurança nacional, nos termos do *caput* do art. 173 da Constituição Federal.

Repare que, em relação às sociedades de economia mista e às empresas públicas, a lei deixou de ter a função de criá-las, conservando, entretanto, a sua importância, pois ainda cabe a essa espécie normativa a autorização para a criação dessas empresas estatais.[34]

---

34 Parece-nos, portanto, equivocada a decisão do Superior Tribunal de Justiça, no julgamento do Mandado de Segurança nº 7.128-DF, que asseverou o seguinte: "... a formação de sociedade de economia mista pode se dar pela desapropriação de ações de sociedade privada ...", pois, assim, estar-se-ia desprezando a função autorizativa do Poder Legislativo imposta pelo Art. 37, XIX, da Constituição da República. O Legislativo não pode ficar alijado desse processo de inclusão das sociedades no âmbito da administração indireta, sob pena de não passar de empresa de que o Estado participa. Não se inclui nessa crítica, entretanto, a decisão do Supremo Tribunal Federal, no julgamento da ADIn nº 1.840-2/DF, cujo acórdão ficou assim ementado: "Constitucional. Sociedade de Economia Mista: Criação. TELEBRÁS: Reestruturação Societária: Cisão. Lei nº 9.472,

Além disso, é de se ver que não é qualquer lei que pode autorizar a criação das empresas públicas e sociedades de economia mista. A Constituição exige, no dispositivo em apreço, que essa autorização seja dada por lei específica conceito já visto no tópico que se estudou a criação das autarquias, entidade que também requer lei específica.

A exigência de lei autorizativa para a criação das empresas estatais, é mandamento constitucional regulamentado pelo novel estatuto das estatais, conjunto normativo com aplicação ampla, incidindo em todos os níveis governamentais da Federação. Por este motivo, mesmo que não se verifique a previsão simétrica em determinada Constituição Estadual ou Lei Orgânica Municipal, o devido processo legislativo deve ser observado, sob pena de inconstitucionalidade por vício de processo.

No que toca as subsidiárias das empresas públicas e sociedades de economia mista por exigência do Art. 37, inciso XX, da Constituição Federal depende de autorização da Casa Legislativa para sua criação. Então, se a Petrobrás, por exemplo, pretender criar uma nova subsidiária, precisará de uma lei específica? No entendimento de Sérgio de Andréa Ferreira (Comentários à Constituição, Ed. Freitas Bastos, 3º vol., p. 47) a resposta é afirmativa.

Majoritariamente, inclusive em Bancas de concursos jurídicos, a resposta é negativa, por entender-se que a expressão "em cada caso", do Art. 37, inc. XX, é para cada subsidiária. "Em cada caso" significa dizer, que cada empresa pública ou sociedade de economia mista, para criar subsidiárias ou participar de sociedades, tem que ter uma autorização legislativa, não precisando ser específica. Logicamente, se a Casa legislativa autorizou a criação da sociedade de economia mista, no caso, a Petrobrás, estabelecendo genericamente que ela poderia participar de outras sociedades ou criar subsidiárias, poderá fazê-la sem necessidade de lei específica.

O STF (ADIn nº 1.649) corrobora com o entendimento de poder ser uma autorização geral para criação de várias subsidiárias. Não sendo preciso uma lei em cada caso.

No que se refere à extinção das empresas estatais, a doutrina é unânime no sentido de exigir o mesmo veículo utilizado para a sua criação, em razão do princípio do paralelismo das formas. Em outras palavras, se a Constituição exige lei para a autorização de sua criação, também se exigirá autorização legislativa para a extinção das empresas públicas ou sociedades de economia mista.

Mas se isso não é controverso, outro questionamento surgiu e foi objeto de amplo debate no âmbito do Poder Judiciário. A questão que surgiu foi referente à exigência de lei específica ou não para a extinção das estatais, tendo chegado ao Supremo Tribunal Federal a ADIn nº 562-DF em que se atribuía a pecha de inconstitucionalidade ao dispositivo da Lei nº 8.031, de 12 de abril de 1990, que autorizava a inclusão das estatais no Programa Nacional de Desestatização por meio de decreto presidencial.

Dizia-se, na espécie, que uma única lei não poderia autorizar a extinção de um número indeterminado de empresas estatais, se a Constituição exige lei específica para a criação das mesmas e o princípio do paralelismo das formas o exige para a extinção. E era o que acontecia – e acontece – com o Programa Nacional de Desestatização.

O Prof. Marcos Juruena Villela Souto entende que não há qualquer inconstitucionalidade, argumentando no seguinte sentido: "... no entendimento dominante, se houve uma lei autorizando a criação da empresa, para que ela deixe de existir sob o controle do Estado é preciso que outra lei autorize a extinção ou alienação das ações representativas do controle. Daí, contudo, não cabe a ilação de que deve haver uma lei com autorização específica para cada privatização (não mencionada na Constituição), com demonstração de que a privatização atende a interesse coletivo ou imperativo de segurança nacional. Esta motivação se justifica para a criação da empresa, por excepcionar o princípio da livre iniciativa e por dar personalidade jurídica e atribuir recursos orçamentários a um novo ente da Administração".[35]

---

de 16.07.97, Art. 189, inciso I. Decreto nº 2.546, de 14.04.98, Art. 3º - Anexo. CF, Art. 37, XIX. I. A Lei nº 9.472, de 16.07.97, autorizando o Poder Executivo para a restruturação da TELEBRÁS (Art. 187), a adotar a cisão, satisfaz ao que está exigido no Art. 37, XIX, da CF. II. Indeferimento do pedido de suspensão cautelar da expressão "cisão", no inciso I do Art. 189 da Lei nº 9.472, de 1997, bem assim das expressões "que fica autorizada a constituir doze empresas que a sucederão como controladoras", contidas no Art. 3º - Anexo, do Decreto nº 2.546, de 14.04.98".

35   VILLELA SOUTO MARCOS JURUENA, *Op. cit.*, p. 27/28.

Foi, aliás, neste sentido a decisão do Supremo Tribunal Federal na ADIn nº 562-DF, que declarou a constitucionalidade do dispositivo legal impugnado, que utilizou os mesmos argumentos acima aduzidos.[36]

Assim, a criação de empresas públicas ou sociedades de economia mista está a depender de autorização específica do Poder Legislativo, o mesmo não ocorrendo com relação à sua extinção, podendo, neste caso, uma única lei autorizar a extinção de um número indeterminado de empresas estatais por meio de decreto.

A doutrina tem entendido, no entanto, que a extinção das empresas públicas e das sociedades de economia mista reclama lei autorizadora, embora a Constituição Federal silencie a respeito. O ato de extinção deve se materializar no mesmo procedimento do ato de criação, ou seja, requer a aplicação do princípio do paralelismo das formas. O fato se justifica pela teoria da simetria, isto é, se a própria Constituição exige que a autorização criadora se faça através de lei, é evidente que somente ato desta natureza será legítimo para extingui-las. Advertimos que a Lei 13.303/16 também se mostra silente quanto ao tema.

Diga-se, por fim, que a lei autorizativa, seja no caso de criação ou no de extinção das empresas estatais, será de iniciativa do Chefe do Poder Executivo, sendo de competência do ente federativo ao qual se vincular a empresa, em atenção ao princípio federativo.

Para arrematar, torna-se inviável à estatal a acumulação de atividade econômica em sentido restrito e de serviço público, simultaneamente.

12.5. Subsidiárias

Empresas subsidiárias são aquelas cujo controle e gestão das atividades são atribuídos à empresa pública ou à sociedade de economia mista diretamente criadas pelo Estado. Em outras palavras, o Estado cria e controla diretamente determinada sociedade de economia mista (que podemos chamar de primária) e esta, por sua vez, passa a gerir uma nova sociedade mista, tendo também o domínio do capital votante. É esta segunda empresa que constitui a sociedade subsidiária. Alguns preferem denominar a empresa primária de sociedade ou empresa de primeiro grau, e a subsidiária, de sociedade ou empresa de segundo grau. Se houver nova cadeia de criação, poderia até mesmo surgir uma empresa de terceiro grau e, assim, sucessivamente.

Dois pontos devem ser observados nessas empresas subsidiárias. Em primeiro lugar, não fica a sua criação ao livre alvedrio da Administração. Nos termos do Art. 37, XX, da Constituição Federal e do artigo 2º, § 2º, Lei 13.303/16, sua criação também depende de autorização legislativa. A exigência reclama, portanto, a participação efetiva da respectiva Casa Legislativa.

Além disso, não se pode perder de vista que as subsidiárias são controladas, embora de forma indireta, pela pessoa federativa que instituiu a entidade primária. A subsidiária tem apenas o objetivo de se dedicar a um dos segmentos específicos da entidade primária, mas como esta é quem controla a subsidiária, ao mesmo tempo em que é diretamente controlada pelo Estado, é este, afinal, que exerce o controle, direto ou indireto, sobre todas.

12.6. Personalidade Jurídica

As empresas públicas e as sociedades de economia mista possuem fortes semelhanças no que tange às suas características, dispostas tanto no texto da Lei Maior quanto em leis infraconstitucionais, a começar pela personalidade jurídica de direito privado, cuja disposição legal encontra amparo na Lei 13.303/16, em seus artigos 3º e 4º.

Como já dissemos anteriormente, a atribuição de personalidade jurídica de direito público a uma pessoa administrativa é capaz de lhe outorgar as prerrogativas próprias do Estado, tudo em razão da supremacia do interesse público que ele procura realizar. Por outro lado, a personalidade jurídica de direito privado coloca as pessoas jurídicas num patamar inferior, ao lado dos particulares, isto em razão de exercerem atividades próprias destes, de modo que não podem gozar das prerrogativas estatais.

No entanto, o que no fundo inspira essa característica das empresas públicas e sociedades de economia mista é o princípio da isonomia, já que o Estado, ao criá-las, o faz para atuar como agente econômico, não

---

36   No mesmo sentido, mas com relação à Lei nº 2.470, de 28 de novembro de 1995, do Estado do Rio de Janeiro, foi a decisão da ADIn-MC nº 1.564/RJ, relatada pelo Min. Marco Aurélio.

podendo, por isso, manter os privilégios inerentes ao seu *jus imperi* que ordinariamente exerce, posto que, desta forma, estaria prejudicando severamente os princípios da livre iniciativa e da livre concorrência. O Estado deve, neste âmbito, despir-se do manto que lhe confere autoridade em face do particular e descer do pedestal desnivelador, igualando-se, em última análise, ao particular.

Consequência disso tudo é que as empresas públicas e sociedades de economia mista não desfrutam de privilégios em face do particular, submetendo-se, antes, ao mesmo regime jurídico a estes reservados. É o que consta do Art. 173, § 2º, da Constituição da República, senão vejamos:

"Art. 173 - ...
§ 2.º - As empresas públicas e sociedades de economia mista não poderão gozar de privilégios fiscais não extensivos às do setor privado".

Daqui será extraída uma série de consequências, que não adiantaremos agora para explorarmos mais detidamente nos itens que se seguem.[37] Por hora, basta reter que as empresas públicas e sociedades de economia mista estão submetidas ao regime jurídico próprio das empresas privadas, salvo as exceções constitucionalmente fixadas.

Desde antes da Lei 13.303/16, já se via pacifico na doutrina e na jurisprudência acerca da personalidade jurídica das estatais, qual seja, a de pessoa jurídica de direito privado, o que se reforça pelo fato de que estas pessoas compõem a administração indireta, e que isso nada mais é do que o Estado revestido de uma roupagem da iniciativa privada.

Por isso, quando o Estado precisa exercer certas atividades com maior celeridade, é como se ele se transformasse em um outro personagem, e tomasse emprestado as características típicas das empresas privadas para com elas atuar.

Pode-se aqui registrar que o que causou comentários na doutrina é o fato de a autarquia estar inserida, juntamente com a empresa pública e a sociedade de economia mista, no rol da administração indireta, já que a sua personalidade jurídica é de direito público, diferentemente das demais. Isto a faz parecer como "um peixe fora d`água".

12.6.1. Empresa Pública – Reveste-se sob Qualquer Forma de Direito

A definição da empresa pública contida no artigo 3º, da Lei 13.303/16 a diferencia da sociedade de economia mista ao dispor que ela pode se revestir de qualquer forma admitida em direito, ao passo que esta última apenas o pode sob a forma de S.A.

Com efeito, elas podem vir sob as formas de sociedade anônima, sociedade por cotas de responsabilidade limitada, sociedade por comanditas por ações, comandita simples, ou até mesmo sociedade unipessoal, embora esta última não se encontre em voga no direito brasileiro.

Há que se atentar, contudo, para o fato de que as empresas públicas federais estão livres para adotar qualquer forma de direito, inclusive criar novas formas, valendo-se do dispositivo constitucional de que compete à União legislar sobre Direito Comercial (Art. 22, I).

Já as empresas públicas estaduais e municipais se restringem àquelas já existentes, ou seja, dentre as que existem elas podem optar por qualquer uma, mas não podem criar formas inéditas, embora a lei diga "qualquer forma de direito", pois carecem de competência para tal.

---

37   Interessante notar, entretanto, desde já, que é com base nesses argumentos que se sustenta a não recepção do Art. 242 da Lei nº 6.404, de 15 de dezembro de 1976, que não permite a decretação de falência das sociedades de economia mista, principalmente em face do disposto no Art. 173, § 1º, da Constituição da República. Não obstante, foi somente com o advento de Lei posterior que se pôs fim a essa discussão, já que tal diploma normativo revogou expressamente o mencionado dispositivo legal. Inclusive, o Superior Tribunal de Justiça firmou no acórdão que julgou o Resp nº 337.236-SP que as sociedades de economia mista não se sujeitam ao prazo qüinqüenal de prescrição, mas sim ao prazo de vinte anos.

12.6.2. Sociedade de Economia Mista –Revestimento sob a Forma de S/A

Já as sociedades de economia mista, cuja definição está no Art. 4º, do recente estatuto das estatais, terá a forma de sociedade anônima, que é a forma de sociedade por ações, não deixando brechas para qualquer outra forma legal de revestimento. Ressalta-se que esta mesma definição está inserida no artigo 235 da lei das S/A.

O Capítulo II da Lei 13.303/16 – DO REGIME SOCIETÁRIO DA EMPRESA PÚBLICA E DA SOCIEDADE DE ECONOMIA MISTA – trata de peculiaridades do regime societário das empresas públicas e sociedades de economia mista, indicando incialmente que esta última organização deve se sujeitar aos preceitos estabelecidos na Lei nº 6.404/76 (Lei das SA).

Ponto relevante do Capítulo II na nova Lei é que ambas as estatais deverão seguir requisitos de transparência, de gestão de riscos e controle interno que serão detalhados a seguir.

Por fim, ressalta-se que o estatuto (Art. 11) prevê que as empresas públicas não poderão i) lançar debêntures ou outros títulos ou valores mobiliários, conversíveis em ações; ii) emitir partes beneficiárias. Deste dispositivo, a *contrariu sensu*, se depreende que as Sociedades de Economia Mista não precisam observar tal vedação.

12.6.3. Uma Empresa Pública Pode ter a Forma de S.A.?

Uma empresa pública pode perfeitamente se revestir sob a forma de uma S.A., onde os acionistas seriam União, Estados e Municípios, embora esta junção sob a forma de sociedade anônima seja pouco provável de ocorrer após a edição da Lei 11.107/05, que é a Lei do Consórcio Público, criada especificamente para dar respaldo legal a este tipo de junção entre os entes públicos.

A este propósito, diferenciamos o convênio do consórcio público pelo fato de que no primeiro pode ter qualquer pessoa como partícipe: pessoa física, pessoa jurídica, ente da federação, inclusive a União. Já no consórcio só podem integrar os entes da federação com a mesma atribuição, incluindo a União, mas esse tópico trataremos em momento ulterior.

12.7. Finalidade das Estatais

A finalidade destas estatais, em linhas gerais, é a exploração de atividade econômica. Não raro, contudo, elas não só atuam em atividade econômica como prestam algum serviço público, o que faz com que os doutrinadores busquem um respaldo na lei para tais condutas.

12.7.1. O que diz a Legislação

Antes da EC 19/98 e da Lei 13.303/16 esta conduta ambígua adotada pelas estatais, que em geral adotam a prática tanto de atividades econômicas como de serviços públicos extrapolava a disposição constitucional, pois nem o Art. 173 da Constituição Federal, nem o Decreto-lei 200/67 faziam qualquer menção à possibilidade da prestação de serviço público por estas empresas.

Com a Emenda Constitucional 19/98, o parágrafo 1º do artigo 173 ganhou nova redação indicando categoricamente que as estatais exploram atividade econômica de produção ou comercialização de bens ou de prestação de serviços. E em 2016 a nova Lei em seu primeiro artigo corrobora tais finalidades textualmente.

12.7.2. O Imperativo de Segurança Nacional e Relevante Interesse Coletivo

Abriremos um breve parêntese para traçar uma análise sobre as expressões imperativo de segurança nacional e relevante interesse coletivo. A criação destes elementos pelo legislador constituinte está diretamente associada à atividade econômica estatal, e a leitura do *caput* do Art. 173 não deixa dúvidas de que esta modalidade de atividade só se justificará quando presentes tais precedentes.

Não obstante, insurge-se de plano o questionamento sobre qual dispositivo dentro do ordenamento jurídico brasileiro irá definir o que são estas expressões. De acordo com própria Constituição Federal, será a lei, senão vejamos:

Art. 173 Ressalvados os casos previstos nesta Constituição, a exploração direta de atividade econômica pelo Estado só será permitida quando necessária aos imperativos da segurança nacional ou a relevante interesse coletivo, **conforme definidos em lei**. (grifo nosso).

Conforme sabemos, quando a Constituição Federal não faz ressalva expressamente sobre a lei a qual se refere, é o caso de lei ordinária. Então, em tese a lei a qual o artigo 173 faz alusão é uma lei ordinária, sendo esta a Lei 13.303/16 que indica no seu artigo 27, § 1º que o interesse coletivo das estatais deve ser orientado para o alcance do bem-estar econômico e para a alocação socialmente eficiente dos recursos geridos pela empresa pública e pela sociedade de economia mista.

Destaca-se também que o *caput* do referido artigo indica que a Lei que cria a estatal deverá indicar sua função social de realização do interesse coletivo ou de atendimento a imperativo da segurança nacional.

Importante ressaltar novamente que a Lei 13.303/16 abrange toda e qualquer empresa pública e sociedade de economia mista da União, dos Estados, do Distrito Federal e dos Municípios que explore atividade econômica de produção ou comercialização de bens ou de prestação de serviços.

Sabemos ser possível a realização de determinadas atividades econômicas, sob o regime privado, por um ente da Federação diverso da União, caso em que a lei de criação da estatal, deve residir no âmbito do ente que efetive a atividade.

Importante registrar, ainda, que é função essencial do Estado a organização e prestação de serviços públicos, e paralelamente, é irretorquivelmente, competência da iniciativa privada a exploração da atividade econômica com objetivo de lucro. Assim, fica definido, sem sombra de dúvida, o tipo de regime político-econômico a que nos submetemos.

O mandamento de ordem constitucional estampado no Art. 173 da Carta Política, quer evitar, inquestionavelmente, concorrência desleal com a iniciativa privada.

12.7.3. É Possível a sua Declaração de Inconstitucionalidade pelo STF?

Em hipóteses excepcionais, certamente o STF poderá declarar a inconstitucionalidade de lei que tenha extrapolado na definição de alguma atividade econômica como relevante interesse coletivo para fins de intervenção direta do Estado na economia. Mas em regra caberá ao legislador criar este parâmetro de abrangência destes termos, e só excepcionalmente, ocorrer o controle de constitucionalidade.

Portanto, registramos que ainda não há, nos precedentes do STF, hipóteses em que diretamente tenha sido reconhecida inconstitucionalidade de lei que tenha definido atividades econômicas como sendo de relevante interesse coletivo e imperativo de segurança nacional.

Facilmente esta assertiva pode ser comprovada no mundo prático, pois que o fornecimento de energia, o transporte urbano, o serviço de telecomunicação, são todos exemplos de serviços públicos que estão facilmente acessíveis ao cidadão.

Não precisamos comprar uma linha de telefonia e esperar que esta passe por uma industrialização até que ela se torne disponível para uso, o mesmo ocorrendo com a energia elétrica e o transporte urbano.

A atividade econômica, por seu turno, não está disponível para uso de forma imediata, a exemplo do petróleo. Beneficiamo-nos deste bem apenas quando ele é transformado em bem de consumo, mas não num primeiro momento, como o caso dos exemplos anteriores.

Além destes, outra forma segura para identificar se o serviço da estatal é público ou atividade econômica, pode se dar na consulta do Estatuto que a criou, tendo em vista que neste diploma legal se encontra elencado o seu objeto.

12.7.4. Diferença das Estatais que Prestam Serviço Público das que Exploram Atividade Econômica quanto à Responsabilidade

Em tese, para as estatais que prestam serviço público a responsabilidade é objetiva, e para as que exploram atividade econômica a responsabilidade é subjetiva. O fundamento da responsabilidade objetiva se encontra alicerçado na própria Constituição Federal, em seu Art. 37, § 6º, que assim dispõe:

> "as pessoas jurídicas de direito público e as de direito privado prestadoras de serviços públicos responderão pelos danos que seus agentes, nessa qualidade, causarem a terceiros, assegurado o direito de regresso contra o responsável nos casos de dolo ou culta".

12.7.5. Interpretação do Art. 37, § 6º da CF

Com fulcro no Art. 37 § 6º da CF/88 as estatais prestadoras de serviço público, são abraçadas pela regra da responsabilidade objetiva, ao passo que as estatais que exploram atividade econômica não se encaixam neste dispositivo constitucional, e caem na regra geral da responsabilidade subjetiva, não obstante ambas terem a mesma natureza de pessoa jurídica de direito privado.

Importa aqui ressaltar que esta regra não é absoluta, e que se pode encontrar estatais prestadoras de atividade econômica que caem na regra da responsabilidade objetiva, e isso com fundamento em legislação infraconstitucional.

A exemplo do exposto, a Petrobrás estaria abarcada pela regra constitucional, qual seja, empresa pública que explora atividade econômica, mas dotada de responsabilidade subjetiva.

Este diferencial se dá por conta de uma legislação infraconstitucional, que é a Lei 6.938/91, que é a lei da Política Nacional do Meio Ambiente e que dispõe sobre matéria de dano ambiental.

Portanto, conforme dispõe esta lei, em se tratando da responsabilidade subjetiva, em casos de danos caudados ao meio ambiente, esta se reverterá para a responsabilidade objetiva. Este fundamento legal está inserido em seu Art. 14, § 1º, que assim regula:

> "sem obstar a aplicação das penalidades previstas neste artigo, é o poluidor, **independentemente da existência de culpa**, obrigado a indenizar ou a reparar os danos causados ao meio ambiente e a terceiros afetados com por suas atividades". (grifou-se)

Este fundamento parece bastante razoável, sobretudo em tempos em que o meio ambiente nunca foi tão reverenciado, merecendo legislações que responsabilizem objetivamente, ou seja, sem que se tenha que comprovar o elemento culpa, aquele que poluir e causar danos ao meio ambiente.

A mesma lei traz em seu Art. 3º, inciso IV o conceito de poluidor:

> "pessoa física ou jurídica de direito púbico ou privado, responsável direta ou indiretamente por atividade causadora de degradação ambiental".

Desta feita, pode-se constatar que este dispositivo legal tratou de alargar sobremaneira o conceito de poluidor, não deixando de fora pessoa física nem pessoa jurídica de direito privado, e quanto a esta, não fazendo menção se prestadora de serviço público ou de atividade econômica.

Para aqueles que se debruçaram sobre o argumento da inconstitucionalidade para ir contra o fato de lei infraconstitucional poder alargar a teoria da responsabilidade objetiva previsto em dispositivo constitucional, o Código Civil pode servir como uma espécie de garantidor desta teoria, pois em seu Art. 927, parágrafo único reza que:

> "Haverá obrigação de reparar o dano independentemente de culpa nos casos específicos em lei"

Com esta redação, o Código Civil de 2002 que selou a teoria objetiva, deixa claro que, nos casos específicos em lei poderá haver a obrigação de reparar o dano, sem que tenha havido a culpa, como é o caso da lei ambiental acima citada.

12.7.6. Nova Interpretação do Art. 37, § 6º da CF dada pelo STF

Devemos registrar que em julgamento de um Recurso Extraordinário ocorrido no ano de 2004, o STF, pela maioria de seus votos, acrescentou uma nova interpretação para o Art. 37, § 6º da CF, no que alude à extensão da responsabilidade objetiva na relação entre concessionário de serviço público e terceiro que não ostenta a relação de usuário.

O caso objeto da lide é sobre um acidente de trânsito ocorrido entre um ônibus (concessionário de transporte coletivo urbano, pessoa jurídica de direito privado) e um carro particular, onde este pleiteia indenização daquele, com fulcro na responsabilidade objetiva contida no aludido dispositivo constitucional.

A sentença proferida originariamente condenou a concessionária a indenizar o proprietário do veículo abalroado, acolhendo a teoria da responsabilidade objetiva, mas esta inconformada com o mérito apelou da decisão, alegando que o terceiro não poderia fazer jus à incidência da responsabilidade objetiva, já que esta se aplicaria somente ao usuário, detentor de direito subjetivo de receber o serviço público ideal.

A apelação foi favorável ao pleito da vítima, prevalecendo o dever de indenizar da concessionária com base no Art. 37, § 6º da CF, até que a esta se seguiram recuso especial e extraordinário, a princípio negados, seguidos de agravos de instrumento e regimental, este último provido e ensejado a emissão dos autos ao crivo do Supremo Tribunal Federal.

A contenda se encontra mencionada no Informativo 370 do STF, a seguir exposto:

> Boletim 370
>
> Responsabilidade Civil do Estado: Prestadores de Serviço Público e Terceiros Não-Usuários. Vejamos abaixo:
>
> A Turma concluiu julgamento de recurso extraordinário interposto por empresa privada concessionária de serviço público de transporte coletivo contra acórdão do Tribunal de Alçada do Estado de São Paulo que entendera configurada a responsabilidade objetiva da recorrente em acidente automobilístico envolvendo veículo de terceiro - v. Informativo 358. Deu-se provimento ao recurso por se entender violado o Art. 37, § 6º, da CF, uma vez que a responsabilidade objetiva das prestadoras de serviço público não se estende a terceiros não-usuários, já que somente o usuário é detentor do direito subjetivo de receber um serviço público ideal, não cabendo ao mesmo, por essa razão, o ônus de provar a culpa do prestador do serviço na causação do dano. Vencidos os Ministros Joaquim Barbosa e Celso de Mello que negavam provimento por entenderem que a responsabilidade objetiva incide ainda que o fato lesivo tenha atingido terceiro não-usuário. Leia o inteiro teor do voto do relator na seção de Transcrições deste Informativo. RE 262.651/SP, rel. Min. Carlos Velloso. (RE-262.651)

O cerne da questão levada ao crivo da Corte Maior está no argumento da Concessionária de que a responsabilidade objetiva alegada na inicial e acolhida na Sentença e na Apelação, que se funda no Art. 37 § 6º da CF, limitaria o ônus de indenizar a vítima apenas em ocasiões de prestação de serviço em que esta realize mediante o passageiro transportado, excluindo-se quaisquer terceiros nesta relação.

Nesta linha de raciocínio, tratando-se de concessionária de serviço público, não se aplicaria a responsabilidade objetiva do aludido dispositivo constitucional à vítima que não estivesse sendo transportada, ou seja, que não estivesse utilizando o serviço público de transporte exercido pela concessionária.

Num primeiro momento, parece razoável o argumento de que outra não seria a finalidade de se estender a responsabilidade objetiva das entidades privadas prestadoras de serviço público, senão em benefício de quem recebe o serviço. E podemos registrar que na doutrina raros são os autores que fazem alusão a esta distinção.

Os Ministros que negaram provimento ao recurso mantendo a decisão da apelação, alegaram preliminarmente que a intenção do legislador brasileiro é a de criar um sistema onde seja mais propício atender os interesses da vítima, e assim tem sido desde 1946, podendo ser pessoa física ou jurídica que venha sofrer danos decorrentes de atos praticados pelo Estado ou por seus prepostos, agentes ou colaboradores.

E mais ainda, que a teoria da responsabilidade objetiva repousa em dois fundamentos jurídicos relevantes, sendo o primeiro a teoria do risco administrativo. Esta teoria decorre do fato de que o Estado, para atuar em suas diversas vertentes da vida social, acaba por submeter tanto seus agentes quanto o particular a inúmeros riscos, inerentes a própria atividade do Estado e em razão de sua multiplicidade.

E o segundo estaria no princípio da igualdade de todos os cidadãos perante o encargo público. A partir deste princípio, tem-se que a obrigação que recai sobre o Estado de indenizar o particular quando este sofre um dano por ação daquele, se justificaria no fato de que não seria justo que apenas uma pessoa suportasse sozinha os ônus decorrentes de atividades que são exercidas em benefício de toda a sociedade.

Já os que deram provimento ao recurso, sustentaram em seus votos que a responsabilidade objetiva constitucional – no que tange às pessoas privadas prestadoras de serviço público – se aplica objetivamente (sem necessidade da comprovação de dolo ou culpa) aos usuários.

Enfatizam que a razão de responder a concessionária objetivamente está no seguinte argumento: "o usuário merece receber um bom serviço", ou um "serviço ideal", e a responsabilidade objetiva seria a via utilizada para dar a devida proteção ao usuário prejudicado. Desta feita, restringe-se a aplicabilidade da responsabilidade ao usuário que sofre algum dano decorrente da ação daquelas pessoas.

Já à prestadora de serviço caberia comprovar que o usuário procedeu com culpa, na tentativa de elidir ou mitigar a sua responsabilidade. Entendem ainda os ilustres Ministros que estender esta responsabilidade objetiva aos não-usuários do serviço público prestado pela concessionária ou permissionária seria ir além da matéria amparada pela Constituição Federal sobre a extensão da responsabilidade objetiva.

Não obstante as alegações devidamente fundamentadas, venceu por maioria o voto que deu provimento ao recurso e reformulou a decisão originária, desconfigurando a responsabilidade objetiva da concessionária de serviço público em relação a terceiro não usuário.

12.8. A Controvérsia sobre a Natureza das Normas Gerais – Lei 13.303/16

A Constituição Federal, em seu Art. 173, § 1º, dispõe expressamente que "a lei estabelecerá o estatuto jurídico da empresa pública e da sociedade de economia mista e suas subsidiárias que explorem atividade econômica de produção ou comercialização de bens ou de prestação de serviços".

Diante deste preceito constitucional, com o atraso de quase 30 anos, o legislativo brasileiro editou e promulgou a Lei 13.303/16, o estatuto jurídico da empresa pública, da sociedade de economia mista e de suas subsidiárias, que como indica na sua ementa e no Art. 1º: no âmbito da União, dos Estados, do Distrito Federal e dos Municípios.

Antes da edição da Lei, se verificava corrente cujo entendimento era de que a Lei deveria se colocar como regra geral, cuja competência é privativa da União no que toca a legislar sobre Direito Administrativo e que os demais entes deveriam legislar sobre norma específica, sendo então a matéria de competência de todos os entes, não cabendo à União a competência privativa de legislar sobre o tema.

Com a Lei, verifica-se então que prevaleceu a corrente que entendia pela aplicação do Art. 22, inciso I da Constituição Federal, o qual confere competência privativa para a União legislar sobre Direito Civil e Comercial, que em consonância com o § 1º do Art. 173 do mesmo diploma legal, legislou sobre o estatuto jurídico das empresas públicas e das sociedades de economia mista, a Lei 13.303/16.

Desta feita, a lei federal regula o estatuto das empresas públicas e das sociedades de economia mista, que deve ser seguido pelos Estados, pelo DF e pelos Municípios.

Corrobora o entendimento pela constitucionalidade da Lei quanto a sua amplitude o fato de que o disposto no inciso XXVII do Art. 22, indica que legislar sobre licitação é competência privativa da União, tema que é tratado no Art. 28 e seguintes do estatuto e será estudado em item adiante.

12.8.1. A Interpretação do Termo "Prestação de Serviço" do § 1º do Art. 173 da Constituição

Assunto de grande importância neste trabalho é quanto ao termo "prestação de serviço" a que se refere o Art. 173, § 1º da Constituição Federal. Este dispositivo constitucional é fruto de legislação do constituinte derivado, trazido pela EC nº 19/98, que introduziu a reforma administrativa na Constituição Federal.

Não obstante esta Emenda datar de 1998, até hoje perduram controvérsias acerca do termo "prestação de serviço" insculpido no § 1º do Art. 173, no sentido de questionar se esta incluiria serviços públicos ou apenas prestação de serviço de natureza privada, tal como as demais entidades econômicas de produção e comercialização de bens.

Este assunto é de vital importância para a questão das empresas públicas e das sociedades de economia mista. Não para as que exploram atividade econômica privada, mas para as que atuam com a delegação de serviço público. Um julgamento polêmico que se passou na Corte Suprema a este respeito dizia respeito à questão desta esfera. Veja-se a seguir.

12.8.2. O Caso Polêmico da EBCT

Uma ação versando sobre empresa pública que causou polêmica no mundo jurídico foi a que ventilava a possibilidade ou não de penhora sobre todos os bens, rendas e serviços de uma empresa pública federal, tratando-se esta da EBCT – Empresa Brasileira de Correios e Telégrafos em relação a seus débitos, buscando afirmar que estes eram impenhoráveis e que a entidade se submetia ao regime do precatório judicial, que tem respaldo constitucional no Art. 100 desta Carta.

O caso em tese dizia respeito à possibilidade jurídica ou não de o Decreto-lei 509/69 retirar a empresa pública do regime próprio das empresas privadas quanto à sua forma de execução, segundo mandamento constitucional contido no Art. 173, § 1º, inciso II.

De acordo com o preceito constitucional vigente, o regime próprio das empresas privadas no que alude à execução é o da penhora de bens, alienação judicial de bens e pagamento, ou seja, todo o procedimento aplicável às empresas privadas, inclusive quanto às obrigações civis, comerciais, trabalhistas e tributárias.

Entretanto, a Empresa Pública Federal se valia das normas contidas no Decreto-lei 509/69, inclusive quanto à impenhorabilidade de seus bens a ao precatório judicial, o que gerou uma grande controvérsia e demanda judicial, até chegar ao Supremo Tribunal Federal, por meio de Recurso Extraordinário.

O QUE DISSE O STF:

Num voto vencido e minoritário, o Ministro Marco Aurélio fez a interpretação do § 1º do Art. 173 da Constituição Federal se posicionando que o termo "atividade econômica de produção ou comercialização de bens ou de prestação de serviços" estaria englobando toda gama de atividades econômicas que são exploradas sob o regime privado pelas empresas públicas e sociedades de economia mista, e também os serviços públicos desempenhados pelo Estado por meio dessas atividades anômalas.

Já o voto vencedor, de outra monta, entendeu que o § 1º do Art. 173 da Constituição Federal se refere à atividades econômicas tipicamente privadas. Diante dessa interpretação, asseverou que, quando as empresas públicas e as sociedades de economia mista se dedicarem à exploração de atividade econômica sob o regime próprio das empresas privadas, terão como norte o artigo constitucional em destaque e após os dispositivos infraconstitucionais.

Segue-se a ementa do Recurso Extraordinário levado à Corte Suprema:

Re 220.906 / Df – Distrito Federal

Recurso Extraordinário

Relator(A): Min. Maurício Corrêa

Órgão Julgador: Tribunal Pleno

Ementa: Recurso Extraordinário. Constitucional Empresa Brasileira de Correios e Telégrafos. Impenhorabilidade de Seus Bens, Rendas e Serviços. Recepção do Artigo 12 do Decreto-lei 509/69. Execução. Observância do Regime de Precatório. Aplicação do Artigo 100 da Constituição Federal.

1. À Empresa Brasileira de Correios e Telégrafo, pessoa jurídica equiparada à Fazenda Pública, é aplicável o privilégio da impenhorabilidade de seus bens, rendas e serviços. Recepção do Art. 12 do Decreto-lei nº 509/69 e não incidência da restrição ocorrida no Art. 173, parágrafo 1º da Constituição Federal, que submete a empresa pública, a sociedade de economia mista e outras entidades que explorem atividade econômica ao regime próprio das empresas privadas, inclusive quanto às obrigações trabalhistas e tributárias. 2. Empresa pública que não exerce atividade econômica e presta serviço público da competência da União Federal e por ela mantido. Execução. Observância do regime de precatório, sob pena de vulneração do disposto no Art. 100 da Constituição Federal. Recurso Extraordinário conhecido e provido.

Nestes termos, ficou assente na decisão da Suprema Corte que quando empresas públicas não explorarem atividade econômica típica das empresas privadas, mas ao revés prestarem serviço público sob o regime jurídico administrativo, não mais terão de observar a disciplina jurídica daquelas.

Já numa outra ação de Recurso Especial, em que um dos atores envolvidos era a mesma empresa pública Empresa Brasileira de Correios e Telégrafos – EBCT, o Superior Tribunal de Justiça, pelo voto de um dos Ministros daquele Tribunal ratifica esta decisão.

Na narrativa de seu voto, aduz que a questão da impenhorabilidade dos bens da recorrente, que é a EBCT, tem a execução de seus bens submetida ao regime do Art. 730 do Código de Processo Civil, e que mantém o entendimento do Supremo Tribunal Federal no sentido de que a ECT goza de privilégio da impenhorabilidade. (RE Nº 620.279 – MG (2204/0006815-6)

Em conclusão, o Supremo Tribunal Federal tem o entendimento de que a Empresa Brasileira de Correios e Telégrafos é uma empresa pública federal criada para prestar o serviço postal no País, de titularidade da União, nos termos do Art. 21, X, da Constituição da República. Tal atividade, apesar de ser de titularidade de um ente estatal, tem conotação econômica, tanto assim que constitui o objeto de uma sociedade (espécie de pessoa jurídica que, por uma questão conceitual, persegue sempre o lucro). Assim sendo, embora haja o aspecto econômico e a personalidade jurídica de direito privado, é de se reconhecer que o objeto da ECT porta algum interesse público, senão não teria sido incluído dentre as competências materiais da União.

Tendo em vista que as empresas públicas estão submetidas, na dicção do Art. 173, § 1º, II, da Constituição, ao regime jurídico próprio das empresas privadas, não seria cabível outro entendimento que não o da possibilidade de um bem dessa empresa pública ser penhorado para garantir uma eventual execução judicial, nos termos do Art. 737, I, do Código de Processo Civil/73. Diga-se, todavia, que a impenhorabilidade reclamada era prevista expressamente pelo Art. 12 do Decreto-lei 509/59.

O Supremo Tribunal Federal, num primeiro momento, acatou todas essas ideias e fixou o entendimento de que não teria sido recepcionada pela Constituição tal impenhorabilidade, constando do informativo nº 123 daquela Corte a seguinte informação:

"O Art. 12 do DL 509/69, na parte em que conferia o privilégio da impenhorabilidade dos bens, rendas e serviços da Empresa Brasileira de Correios e Telégrafos – ECT, não foi recepcionado pela CF/88 em face do Art. 173, § 1º, que sujeita as empresas públicas, sociedades de economia mista e outras entidades que explorem atividade econômica, ao regime jurídico próprio das empresas privadas (redação anterior à EC 19/98). Com esse entendimento, a Turma manteve acórdão do TST que negara à ECT o pretendido pagamento de seus débitos trabalhistas pelo regime de precatórios (CF, Art. 100). RE 222.041-RS, RE 228.296-MG, RE 228.381-MG, rel. Min. Ilmar Galvão, 15.9.98".

No entanto, o Plenário daquela Corte mudou aquela posição inicial, fixando no acórdão que a impenhorabilidade dos bens da Empresa Brasileira de Correios e Telégrafos – ECT encontrava apoio não da regra do Art. 173, § 1º, II da Constituição, mas no princípio da continuidade do serviço público.

Portanto, embora sejam privados os bens das empresas públicas e sociedades de economia mista, não gozando, via de regra, das características próprias dos bens públicos, a verdade é que – ainda assim – são impenhoráveis quando empregados na execução de serviços públicos (em sentido amplo), isto em razão do princípio da continuidade do serviço público.

Preceitua o artigo 12 do Decreto-lei 509/69, *verbis*:

"A ECT gozará de isenção de direitos de importação de materiais, equipamentos destinados aos seus serviços, dos privilégios concedido Fazenda Pública, quer em relação a imunidade tributária, direta ou indireta, impenhorabilidade de seus bens, rendas e serviços, quer no concernente a foro, prazos e custas processuais".

Pela transcrição do texto, trata-se de pessoa jurídica equiparada a Fazenda Pública que explora serviço exclusivo da União no exercício do monopólio postal, que a essa confiou o Art. 21, X, da Constituição. Logo, é um serviço público que só pode ser feito pela União. A solução prática está na responsabilidade subsidiária da União. E, curiosamente, a Constituição não mencionou os serviços postais como passíveis de concessão e permissão. Parece-nos estar justificado constitucionalmente a impenhorabilidade de seus bens. Por isso, tem-se entendido que a ECT tem o direito à execução de seus débitos trabalhistas pelo regime de precatórios, por se tratar de entidade que presta serviço público, (informativo nº 210).

Nesse sentido, o acórdão unânime no RE nº 100.433, quando se decidiu:

"Recorrente: Prefeitura Municipal do Rio de Janeiro.

Recorrida: Empresa Brasileira de Correios e Telégrafos — ECT.

Execução fiscal. Impenhorabilidade de bens de empresa pública ECT que explora serviço monopolizado (§ 3º do Art. 170 da Constituição Federal, reservado exclusivamente a União (Art. 8º, inciso XII, da Constituição Federal).

Recurso extraordinário não conhecido".

Embora essa decisão tenha sido proferida sob a égide da Constituição de 1967, com a redação da Emenda Constitucional nº 1/69, a Constituição atual em nada alterou substancialmente a esse propósito.

Há quem entenda que, nos termos do Art. 173, § 1º, da Constituição Federal, as empresas públicas sujeitam-se ao regime próprio das empresas privadas e que a concessão de privilégios de Fazenda Pública à ECT não pode ser aceita, constituindo-se foco de tratamento desigual a uma empresa que possui natureza privada.

É oportuno observar a legitimidade da participação do Estado na economia sob três fundamentos essenciais: segurança nacional, serviço público econômico e interesse público.

Assim, a exploração de atividade econômica pela Empresa Brasileira de Correios e Telégrafos não importa sujeição ao regime jurídico das empresas privadas, pois sua participação neste cenário está ressalvada pela primeira parte do Art. 173 da Constituição Federal ("Ressalvados os casos previstos nesta Constituição..."). Por se tratar de serviço público mantido pela União Federal, pois seu orçamento, elaborado de acordo com a Lei de Diretrizes Orçamentárias – Lei nº 9.473/97 –, é previamente aprovado pelo Ministério do Planejamento e Orçamento, sendo sua receita constituída de subsídio do Tesouro Nacional. Logo, são impenhoráveis seus bens por pertencerem à entidade estatal mantenedora. Vale, então, concluir que, o Decreto-lei 509/09 foi recepcionado pela Constituição, estendendo à Empresa Brasileira de Correios e Telégrafos os privilégios conferidos à Fazenda Pública, dentre eles o da impenhorabilidade de seus bens, rendas e serviços, devendo à execução fazer-se mediante precatório, sob pena de vulneração ao disposto no artigo 100 da Constituição.

12.9. Pessoal

Também no âmbito da relação funcionário-empresa, revela-se como corolário da personalidade jurídica de direito privado a sujeição das estatais ao regime privado na regência das relações trabalhistas, aplicando-se, assim, os preceitos da Consolidação das Leis do Trabalho – CLT e não os chamados estatutos, que incidem quando a relação é de direito público. Tal regra deflui do disposto no Art. 173, § 1º, II da Constituição da República, *textus*:

"Art. 173 (...)

§ 1º A lei estabelecerá o estatuto jurídico da empresa pública, da sociedade de economia mista e de suas subsidiárias que explorem atividade econômica de produção ou comercialização de bens ou de prestação de serviços, dispondo sobre:

(...)

II - a sujeição ao **regime jurídico próprio das empresas privadas**, inclusive quanto aos direitos e obrigações civis, comerciais, **trabalhistas** e tributários; (...)" (grifamos).

Daí decorre que, tendo em vista que o vínculo que se estabelece entre as empresas públicas e sociedades de economia mista é de natureza privada, a Consolidação das Leis do Trabalho – CLT será o principal poço de disciplina, afastando-se, via de regra, as normas reitoras das relações de direito público que se estabelecem entre os servidores públicos (estatutários) e a Administração Pública.

Não obstante, a Constituição exige que mesmo os empregados das empresas estatais se submetam a algumas regras próprias do regime de direito público, isto para garantir que, no inteiro âmbito da Administração Pública, se realizem os princípios da impessoalidade, de moralidade e da eficiência. Essas regras são a do concurso público (Art. 37, II, CRFB/88) para a admissão e da necessária instauração de processo administrativo para a demissão do empregado.[38]

É de se ver, ainda, que os diretores das estatais não são colocados em seus cargos mediante aprovação em concurso público. Na verdade, por se tratar de cargo de natureza política, já que é por meio dele que a Administração Direta exercerá o seu controle e mandará as orientações políticas que deverão ser seguidas pela empresa pública e sociedade de economia mista, tais cargos são de livre nomeação e exoneração do chefe do Poder Executivo. Trata-se, pois, de cargo em comissão e não de emprego público.

Por fim, é de se ver que o Art. 327 do Código Penal, para fins criminais, não distingue os funcionários das empresas estatais (celetistas) dos servidores estatutários, não decorrendo, daí qualquer ofensa ao Art. 173 da Constituição da República, conforme entendimento do Supremo Tribunal Federal.[39]

Desta forma, por exemplo, o empregado do Banco do Brasil sob regime da CLT pode responder por peculato. O aludido artigo do Código Penal: "Considera-se funcionário público, para os efeitos penais, quem, embora transitoriamente ou sem remuneração, exerce cargo, emprego ou função pública".

Nesse contexto, o magistério de Mirabete, *verbis*:

"A fim de evitar divergência e controvérsia referentes ao conceito de funcionário público, além de resguardar mais efetivamente a Administração Pública, a lei define a expressão no Art. 327. Menciona, em primeiro lugar, o cargo público, ou seja, lugar instituído na organização do funcionalismo, com denominação própria, atribuições específicas e estipêndio correspondente. Em seguida, refere-se ao empregado público, corresponde à admissão de servidores para serviços temporários, contratados em regime especial ou pelo disposto na CLT. Por fim, alude que a todo aquele que exerce a função pública, considera esta a atribuição ou conjunto de atribuições que a Administração confere a cada categoria profissional, ou comete individualmente a determinados servidores para a execução de serviços individuais". (in Código Penal interpretado, Editora Atlas, São Paulo, pp. 1.747/1.748).

---

38   A 4ª Turma do TRT da 1ª Região, no julgamento do Recurso Ordinário nº 6.452/99, entendeu que "não há como admitir-se a rescisão de contrato de trabalho sem motivação quando o empregador é ente da administração pública, ainda que indireta".
39   STF. 1ª Turma, Rel. Min. MOREIRA ALVES, HC 79.823-3/RJ.

Tem-se por induvidoso, que é inegável a equiparação de empregado da administração indireta a funcionário público para efeitos penais, ainda que regido pelo regime celetista e que exerça o cargo ou função pública de forma transitória e sem remuneração, podendo ser responsabilizados pelo crime de peculato.

No que se refere ao regime previdenciário, os empregados das empresas públicas e sociedades de economia mista estão submetidos ao regime geral de previdência social, sendo o que se extrai, expressamente, do Art. 40, § 13, da Constituição da República, *ipsis litteris*:

"Art. 40 (...)

§ 13 Ao servidor ocupante, exclusivamente, de cargo em comissão declarado em lei de livre nomeação e exoneração bem como de outro cargo temporário ou de emprego público, aplica-se o regime geral de previdência social".

Como tivemos a oportunidade de verificar anteriormente, o regime especial de previdência é reservado aos servidores públicos ocupantes de cargos efetivos, de modo que, mesmo os diretores das empresas públicas e sociedades de economia mista são submetidos ao regime geral de que trata o Art. 201 da Constituição da República.

Outra observação oportuna é que a estatal, por possuir autonomia financeira e administrativa própria, não se admite ingerência direta na sua direção, não tendo o Chefe do Executivo competência legal para o provimento de empregos.

12.9.1. Forma de Admissão de Pessoal das Estatais

A forma de admissão de pessoal das estatais se dá pelo regime celetista ou emprego público, sendo o termo mais indicado para se usar em uma prova o regime trabalhista, não obstante o ingresso desse pessoal se dar por via de concurso público, por força do Art. 37, inciso II, da Constituição Federal, a fim de se primar pelos princípios norteadores da Administração a que nos referimos acima.

Já o Art. 173, § 1º, inciso II da Lei Maior nos fala que as empresas públicas e sociedades de economia mista estarão sujeitas ao regime jurídico próprio das empresas privadas, inclusive quanto ao regime trabalhista. Por isso, o pessoal destas entidades terá carteira de trabalho, e não termo de posse, e ao invés de estabilidade, terão FGTS.

O regime de previdência do pessoal das estatais não é o que se aplica aos servidores públicos contidos no Art. 40 da Constituição Federal, mas sim o regime geral de previdência social, conforme dispõe o § 13 deste mesmo artigo, a que já fizemos alusão acima.

Embora seja muito comum as estatais criarem fundo de pensão para o seu pessoal visando agregar uma melhoria em suas aposentadorias, isso se dá pela livre iniciativa de cada uma, sem que tenha nenhum respaldo no dispositivo constitucional que cuida de seu regime de previdência.

12.9.2. Forma de Demissão de Pessoal das Estatais

A jurisprudência tem entendido que a demissão do empregado público de uma estatal que ingressa no emprego por meio de concurso público deve ser a demissão com motivação, o que é diferente, por exemplo, da demissão motivada pela falta grave.

Esta demissão com motivação trata-se da motivação do ato administrativo, pois que o empregado que está sendo demitido se submeteu a um concurso público, às regras da administração pública, e por isso a atos tipicamente administrativos.

O mesmo procedimento deve ser adotado quando da sua demissão, qual seja, a prática de atos originariamente administrativos, e por corolário, os atos administrativos são passíveis de motivação.

Os Tribunais Regionais do Trabalho estão começando a acolher esta tese, mas ainda existem decisões na Justiça do Trabalho que acatam a demissão imotivada aplicando-se, na íntegra, as regras da CLT, ainda que o empregado tenha se submetido ao concurso público.

Embora o tema não esteja totalmente pacífico na doutrina e na jurisprudência, é certo que não se aplica a estabilidade ao empregado público das estatais. E quanto à questão da motivação do ato administrativo de demissão surge mais uma controvérsia doutrinária.

Pergunta-se se ao demitir empregado de estatal que prestou serviço público, a motivação do ato é de fato um ato administrativo, pois estatal é pessoa de direito privado e ato administrativo, em regra, emana do Poder Público. Esta resposta não será absoluta, pois dependerá de outros eventos a serem confirmados.

Para responder este questionamento, trago um exemplo que poderá ser usado como resposta. Para se saber se o diretor de uma estatal é considerado autoridade pública para fins de mandado de segurança, deve-se saber primeiramente que tipo de ato ele está praticando.

Quando ele estiver realizando um concurso público ou uma licitação, estes são atos típicos da administração pública, e, portanto, será no mínimo um ato administrativo material, embora possa não ser formal em razão da natureza da empresa que realiza o concurso público, que em geral não tem a personalidade de direito público, mas sim privado.

Mas nada obstante, mesmo que o ato praticado pelo diretor da estatal se revista apenas da materialidade de ato administrativo, nesta hipótese poderá ser impetrado mandado de segurança contra ele.

A mesma linha de raciocínio se aplica ao caso da demissão. Muito embora estatal – pessoa jurídica de direito privado – em regra não pratique ato administrativo, na verdade este fato dependerá do que ela está fazendo. Quando demite empregado público, tem-se um ato típico da administração por tratar-se de um ato administrativo de decisão.

Ao contrário, se o diretor da estatal estiver praticando típico ato de gestão de uma empresa privada, sem as nuances que recaem sobre os atos típicos do Poder Público, não cabe mandado de segurança contra este ato.

Este diretor não estará atuando no papel de autoridade pública, portanto, não será pessoa passível de se impetrar um mandado de segurança.

O que se deve ter em mente nesta questão é quanto ao conteúdo do ato praticado pelo diretor da estatal, em nada obstando a sua finalidade. Se o ato praticado se revestir de conteúdo de ato administrativo, caberá mandado de segurança contra aquele que o praticou.

CONTRADITÓRIO E AMPLA DEFESA

Um dos fortes argumentos para se justificar a imprescindibilidade da motivação do ato administrativo de demissão de empregado de uma estatal tem amparo constitucional. Trata-se do princípio do contraditório e da ampla defesa, insculpido no Art. 5º, inciso LV da Constituição Federal.

> Art. 5º (...)
>
> (...)
>
> LV – aos litigantes, em processo judicial e administrativo, e aos acusados em geral são assegurados o contraditório e a ampla defesa, com os meios e recursos a ela inerentes.

Com efeito, se a demissão de um empregado público não vier precedida da devida motivação do ato, a toda evidência que se estará cerceando a defesa do empregado demitido, inviabilizando que ele se defenda do motivo alegado para a sua demissão.

Por oportuno, se este motivo não lhe for comunicado, equipara-se a dizer que não lhe foi concedido o direito de contradizer e defender-se do alegado.

Portanto, os fundamentos para o ato de motivação de demissão de empregado público estão basicamente nestes dois argumentos. Primeiro, se o empregado foi contratado por via de concurso público, ato tipicamente administrativo, este mesmo trâmite inerente ao Poder Público deverá se estender a sua eventual demissão.

Segundo, a demissão deste mesmo empregado público deverá estar devidamente motivada, pois esta demissão será um ato originariamente administrativo, gerando ao demitido o direito do contraditório e da ampla defesa, sob pena de se tornar este ato passível de apreciação e anulação pelo Poder Judiciário.

12.9.3. O Art. 41, *Caput* da CF/88 se Aplica ao Emprego Público?

Sobre os servidores das empresas públicas e das sociedades de economia mista ocupantes de emprego público, cujas normas são regidas pelo regime da CLT, há na doutrina quem defenda a tese de que estes servidores não poderiam se enquadrar no dispositivo constitucional contido no Art. 41, que é o que confere a estabilidade aos ocupantes de cargos públicos após 3 (três) anos de efetivo exercício. No entanto, este tópico será melhor elucidado em momento futuro deste trabalho (item 41.7).

Art. 41. São estáveis após três anos de efetivo exercício os servidores nomeados para cargo de provimento efetivo em virtude de concurso público.

POSIÇÃO DO STF

Tentando pôr termo a este questionamento, o STF teceu decisão oposta ao asseverar que o disposto constitucional contido no Art. 41 se aplica a cargo em sentido amplo, aplicável a todo e qualquer servidor público aprovado em concurso público.

Em sua tese, sustenta o STF que não faria sentido exigir de um empregado público celetista a prévia aprovação em concurso público, tal qual é exigido para o que detém o cargo público, se ao final o primeiro pudesse ser dispensado com as mesmas formalidades que se aplica a um trabalhador celetista da iniciativa privada, qual seja, sofrer uma demissão sem justa causa. Este fato tornaria inócua a existência do concurso público.

Portanto, para o STF o divisor de águas neste caso em tela seria a submissão por concurso público e a sua consequente aprovação, e não exatamente o regime ao qual o servidor se submeterá, se celetista ou estatutário.

Ou seja, para que o servidor se submeta ao dispositivo constitucional do Art. 41 – que se refere à estabilidade após 3 (três) anos de efetivo exercício, basta que tenha havido a submissão e aprovação em concurso público.

POSIÇÃO DOUTRINÁRIA

Ocorre que esta posição do STF é apenas minoritária, prevalecendo a posição doutrinária no sentido de que, mesmo que o teor do Art. 41 não se aplique ao empregado público, e que este não adquire a estabilidade constitucional ali contida e extensiva apenas aos ocupantes de cargo público, os servidores celetistas não recebem o mesmo tratamento que os celetistas da iniciativa privada.

A estes servidores celetistas só se justificará a demissão se houver uma prévia motivação vinculada a um interesse público, longe do que ocorre com o trabalhador da iniciativa privada, em que prevalece apenas os interesses do empregador, sendo, portanto, um direito potestativo do empregador.

CONCLUSÃO

Então, em linhas gerais, para que ocorra a demissão do servidor celetista é necessário que ocorra a justa causa prevista na CLT, mas que esta seja revestida de uma razão de interesse público a ser justificada pelo empregador, seja uma empresa pública ou uma sociedade de economia mista. É preciso, ainda, que haja motivação, pelos motivos já expostos.

Mister ressaltar que o Regimento Interno de cada empresa pública ou sociedade de economia mista poderá trazer regras específicas a cada uma. A exemplo do exposto, temos a Caixa Econômica Federal, que definiu em seu Regimento Interno que o processo administrativo deverá preceder a demissão de seu empregado, e assim será.

E QUANTO AOS SERVIDORES ADMITIDOS ANTES DA CF/88, SE APLICARIA TAMBÉM A NORMA DO ART. 41, CAPUT?

Em se tratando dos servidores admitidos antes da Constituição Federal de 1988, o legislador constituinte tratou desta questão no Art. 19 do ADCT, que tem a seguinte redação:

> "Os servidores públicos civis da União, dos Estados, do Distrito Federal e dos Municípios, da administração direta, autárquica e das fundações públicas, em exercício na data da promulgação da Constituição, há pelo menos cinco anos continuados, e que não tenham sido admitidos na forma regulada no Art. 37, da Constituição, são considerados estáveis no serviço público".

Em tese, este artigo não se aplicaria às empresas públicas e às sociedades de economia mista. Não obstante, ainda subsistiu a discussão acerca de que servidores desta norma estariam abarcados? Apenas os servidores celetistas da Administração Direta ou também os ocupantes de empregos públicos?

Desta discussão surgiram duas orientações, sendo que uma delas acolhe a possibilidade de os celetistas da Administração Pública direta, autárquica e fundacional fazerem jus a esta estabilidade da regra do Art. 19 dos ADCT.

Outra seria uma orientação jurisprudencial da lavra do STF, a qual reconheceu que, à luz do Art. 41 da CF, os servidores celetistas não poderiam gozar da estabilidade constitucional, e podiam ser demitidos imotivadamente, comparando-os a empregados da iniciativa privada.

12.9.4. Teto Máximo Remuneratório das Estatais

Reportando-nos ao teto máximo de remuneração do pessoal da administração pública contido no Art. 37, inciso XI da Constituição federal, para saber se este se aplica ao pessoal da estatal há que se observar o texto de outro dispositivo deste mesmo artigo, que é o seu § 9º.

Este diz expressamente que "o disposto no inciso XI (teto máximo remuneratório) aplica-se às empresas públicas e às sociedades de economia mista e suas subsidiárias que receberem recursos da União, dos Estados, do DF e dos Municípios para pagamento de despesas de pessoal ou de custeio geral".

Em outras palavras, este inciso não deixa dúvidas de que aquelas estatais que subsistirem com o seu próprio recurso orçamentário, sem dependerem do dinheiro público, não estarão submissas ao teto constitucional. É o caso da Petrobrás, apenas para ilustrar.

O QUE JUSTIFICA QUE CERTAS ESTATAIS PAGUEM SALÁRIOS QUE ULTRAPASSEM O TETO REMUNERATÓRIO CONSTITUCIONAL?

De acordo com dispositivo constitucional, a estatal que não se valha exclusivamente do orçamento oriundo dos cofres públicos, ou seja, a estatal lucrativa, poderá extrapolar o teto máximo garantido pela Constituição Federal.

Trata-se do § 9º do Art. 37, que ao referir ao inciso XI – que é o que dispõe sobre o teto máximo – diz que este se aplica às empresas públicas e às sociedades de economia mista e suas subsidiárias que recebam recursos da União, Estados, DF e Municípios para o pagamento de despesas de pessoal ou de custeio em geral.

Estas estatais deficitárias, por assim dizer, são denominadas pela Lei de Responsabilidade Fiscal – LRF, de estatal dependente, e são estas as que deverão se submeter ao teto máximo a que alude o Texto Maior.

Desta feita, resta claro que aquelas estatais que não utilizarem verba do orçamento público para o pagamento de despesas de pessoal e custeio em geral, como o pagamento de contas de luz, telefone etc., ficam livres de se submeter ao teto máximo constitucionalmente assegurado, tampouco à lei de responsabilidade.

Portanto, ao contrário do que muitos pensam, não se configura inconstitucional os altos salários que recebem os presidentes de algumas estatais, como o caso da Petrobrás, pois que esta estatal se vale de receita lucrativa, ficando isenta de cumprir o que dispõe o Art. 37, inciso XI da Constituição Federal.

Para sedimentar o entendimento acima exposto, cumpre aqui destacar importante questão de concurso acerca desse assunto. Veja:

Questão: É possível a existência de entidade da administração indireta a cujos servidores ou empregados não se apliquem os limites constitucionais de remuneração estabelecidos para a Administração Pública? Fundamente a resposta.

Resposta Sugerida: O sistema remuneratório dos agentes públicos está previsto na Constituição da República, no artigo 37, incisos X a XV, e na maior parte do artigo 39.

A Emenda Constitucional nº 19/98 deu nova redação ao inciso XI do artigo 37 estabelecendo que:

> "A remuneração e o subsídio dos ocupantes de cargos, funções e empregos públicos da administração direta, autárquica e fundacional, dos membros de qualquer dos Poderes da União, dos Estados, do Distrito Federal e dos Municípios, dos detentores de mandato eletivo e dos demais agentes políticos e os proventos, pensões ou outra espécie remuneratória, percebidos cumulativamente ou não, incluídas as vantagens pessoais ou de qualquer natureza, não poderão exceder o subsídio mensal, em espécie, dos Ministros do Supremo Tribunal Federal".

A novidade da Emenda Constitucional 19/98, passou a determinar expressamente, no § 9º acrescentando no Art. 37, a aplicação do inciso XI às empresas públicas e às sociedades de economia mista, e suas subsidiárias que receberem recursos da União, dos Estados, do Distrito Federal ou dos Municípios (ou seja, recursos do Poder Público) para pagamento de despesas de pessoal ou de custeio em geral. Logo, só estão obrigadas ao teto máximo de remuneração as Estatais mantidas pelo Poder Público. Logo, estatal lucrativa não está presa ao teto máximo, devido no § 9º. Por exemplo, a Petrobrás não está sujeita ao teto máximo, pois ela se mantém, se autofinancia com seus próprios recursos.

12.10. Empresa Pública: Quanto à Formação de Seu Capital

Quanto à formação do capital, as empresas públicas só poderão tê-lo de natureza pública. Devemos observar que a Lei 13.303/16 atualmente é o dispositivo legal que deve ser utilizado para a conceituação da empresa pública e da sociedade de economia, no que toca a formação de seus capitais, o que se justifica pela amplitude de aplicação do *novel* estatuto das estatais.

O Art. 3º, Lei 13.303/16 é claro quando indica que a empresa pública terá patrimônio próprio suja formação será integralmente detido pela União, pelos Estados, pelo Distrito Federal ou pelos Municípios. O parágrafo único do mesmo artigo excepciona esta regra quando permite a participação de outras pessoas jurídicas de direito público interno, bem como de entidades da administração indireta condicionando que a maioria do capital votante permaneça em propriedade dos entes federativos.

12.10.1. Como se Forma o Capital de uma Empresa Pública?

Não há nenhum inconveniente na legislação para que um Estado federado, como por exemplo, o Rio de Janeiro, crie uma empresa pública estatal com a finalidade de fomentar o turismo na região oceânica, e para isso se junte a outros Municípios locais, como Cabo Frio e Búzios. Portanto, para que esta seja uma estatal, mister que este detenha a maioria das ações, no caso de ser uma S.A.

Enfatizamos, porém, que nada obsta que a empresa pública criada pelo Estado detenha dinheiro proveniente de um ou mais Municípios, mas o que importa, definitivamente, é que o total do dinheiro aplicado seja dinheiro público.

O raciocínio anterior se aplica a qualquer ente federativo, logo, a União também poderá criar uma estatal cujo patrimônio provenha tanto dela como de Estados e Municípios, pois que, são todos capitais públicos.

Poderá também compor o capital de uma empresa pública o dinheiro proveniente de outras pessoas jurídicas de direito público interno, bem como entidades da Administração Indireta da União, Estados, Distrito Federal e Municípios, desde que o capital desta empresa seja de natureza totalmente pública.

Portanto, em primeiro lugar, é de se ver que as empresas públicas, especificamente, podem ter um único sócio ou, por outro lado, mais de um, todos sempre pessoas jurídicas de direito público, sendo certo que na primeira hipótese será uma empresa pública unipessoal e, na segunda, pluripessoal, como devem ser as sociedades, via de regra.

No que se refere a ambas as espécies de empresas estatais, abrangendo-se, pois, tanto as sociedades de economia mista como as empresas públicas, é de se ver que as mesmas podem ter como objeto atividade simplesmente econômica ou, de outra forma, atividade econômica de titularidade do Poder Público, caracterizada, em razão disso, como serviço de utilidade pública. Em ambas as situações, conserva-se a personalidade jurídica de direito privado, sendo certo, entretanto, que desta distinção decorrerão algumas importantes consequências.

Tais consequências serão analisadas oportunamente, sendo de se adiantar, simplesmente, que algumas características dos entes com personalidade jurídica de direito público, dentre os quais não estão inseridas as empresas estatais, ainda aquelas prestadoras de serviços de utilidade pública, ser-lhes-ão aplicáveis.

12.11. Sociedade de Economia Mista: Quanto à Formação de seu Capital

Já a sociedade de economia mista se comporá de capital público e privado, e sendo sob a forma de sociedade anônima, ela não terá capital exclusivamente público. Daí a afirmar que a composição do capital de uma S.A. estará mesclada entre a natureza pública e a natureza privada. Algumas S.A.s que são muito conhecidas entre nós é a Petrobrás e o Banco do Brasil.

O Art. 4o da lei 13303/16 indica que a sociedade de economia mista será criada sob a forma de sociedade anônima, cujas ações com direito a voto pertençam em sua maioria à União, aos Estados, ao Distrito Federal, aos Municípios ou a entidade da administração indireta.

12.12. Prerrogativas das Estatais

12.12.1. Prerrogativas Fiscais

Estando as estatais inseridas no contexto do Art. 173 da Constituição Federal, que são pessoas de direito privado, a princípio não há que se falar em prerrogativas que se apliquem a estas pessoas.

> Art. 173 (...)
> § 2º - As empresas privadas e as sociedades de economia mista não poderão gozar de privilégios fiscais não extensivos ao setor privado.

Contudo, devemos ter em mente que a intenção do legislador constituinte é a de não conceder prerrogativas para uma estatal originariamente, mas por outro lado, se for criada uma prerrogativa fiscal, por exemplo, aplicável às empresas privadas que concorram com uma estatal, esta não será excluída desse benefício radicalmente.

Exemplo que desenha esta cena pode se dá com o caso de se criar um benefício fiscal para ser aplicado no setor da siderurgia. Se eventualmente tiver alguma estatal juntamente com as companhias da iniciativa privada neste setor, serão igualmente beneficiadas com a dita prerrogativa.

A estatal se aproveitará da prerrogativa fiscal tal qual a empresa privada, mas repita-se, prerrogativa esta que foi criada para a iniciativa privada e se aplicou subsidiariamente à estatal que concorria juntamente com ela, sob pena de se violar os princípios da livre concorrência e da isonomia em sentido amplo. Com base nessa explanação, não é correto afirmarmos que a estatal jamais terá prerrogativa fiscal.

A respeito da imunidade tributária, a Constituição, em seus parágrafos, no Art. 173, veda terminantemente privilégios concedidos as estatais, quando exploradoras de atividades econômicas, em função de serem pessoas jurídicas de direito privado.

No entanto, é oportuna a observação de que prestando serviços públicos, pode-se aplicar o tratamento do regime de direito público, concedendo-lhes prerrogativas processuais, fiscais, como o caso das imunidades tributárias. Registre-se, para tanto, a indispensável previsão da lei criadora da estatal.

Observe-se, por derradeiro, que salta aos olhos mesmo do mais descuidado dos eleitores, vindo a deslindar questão afeiçoada àqueles que bem sabem interpretar o Direito, que é perfeitamente racional a concessão da imunidade tributária, com previsão no Art. 150, § 2º da Constituição, às estatais prestadoras de serviços públicos.

> Art. 150. Sem prejuízo de outras garantias asseguradas ao contribuinte, é vedado à União, aos Estados, ao Distrito Federal e aos Municípios:
>
> (...)
>
> VI - instituir impostos sobre:
>
> a) patrimônio, renda ou serviços, uns dos outros;
>
> (...)
>
> § 2º - A vedação do inciso VI, "a", é extensiva às autarquias e às fundações instituídas e mantidas pelo Poder Público, no que se refere ao patrimônio, à renda e aos serviços, vinculados a suas finalidades essenciais ou às delas decorrentes.

Tendo em vista a relevância do tema, traremos mais abaixo o caso polêmico da ECT – Empresa Brasileira de Correios e Telégrafos e o atual entendimento do Pretório Excelso.

12.12.2. STF reafirma que empresas estatais sem lucro são beneficiárias de imunidade tributária recíproca

Por unanimidade, o Supremo Tribunal Federal (STF) reafirmou a jurisprudência de que as empresas públicas e como sociedades de economia mista, delegatárias de serviços públicos essenciais, são beneficiárias de imunidade tributária recíproca, independentemente de cobrança de tarifa como contraprestação do serviço. A decisão foi proferida no Recurso Extraordinário (RE) 1.320.054, com repercussão geral (Tema 1.140).

Segundo o entendimento da Corte, o benefício, previsto na Constituição Federal (artigo 150, inciso VI, parágrafo "a"), é concedido quando não houver distribuição de lucros a acionistas privados e nos casos de ausência de risco ao equilíbrio concorrencial.

A tese de repercussão geral fixada foi a seguinte: "As empresas públicas e as sociedades de economia mista delegatárias de serviços públicos essenciais, que não distribuem lucros a acionistas privados, são beneficiárias da imunidade tributária recíproca prevista no artigo 150, VI, 'a', da Constituição Federal, independentemente de cobrança de tarifa como contraprestação do serviço".

EXTENSÃO DE BENEFÍCIO

Questão: Sendo concedido, por exemplo, um determinado benefício a uma estatal, a empresa particular poderia pedir a extensão desse benefício alegando concorrência desleal?

Resposta Sugerida: Não, o que se pode postular é a nulidade deste benefício, concedido a estatal, com base no já mencionado Art. 173, § 2º da CRFB/88. E, se assim, o Poder Judiciário pudesse agir, estaria usurpando uma função do Congresso Nacional, qual seja, a de legislar.

Inicialmente cumpre trazer que pela ausência de referência expressa no texto constitucional, a imunidade recíproca, em princípio, não abrangeria empresas públicas ou sociedades de economia mista.

O Supremo Tribunal Federal, porém, tem conferido interpretação ampla, no ponto, admitindo o alcance da imunidade recíproca às empresas públicas ou sociedades de economia mista que exerçam serviço público exclusivo ou sob o monopólio do Estado, sem intuito de lucro, porque, nesse caso, não restaria violado o dispositivo que protege a livre concorrência e presente estaria o valor constitucionalmente protegido pela imunidade em questão, em que pese a crítica que faremos no final deste ponto.

Na linha da extensão da imunidade recíproca às entidades que desenvolvem atividade sob monopólio estatal, sejam elas empresas públicas ou sociedades de economia mista, há precedentes em relação a Infraero. Veja-se o julgado abaixo:

"EMENTA: AGRAVO REGIMENTAL EM RECURSO EXTRAORDINÁRIO. TRIBUTÁRIO. ISS. IMUNIDADE TRIBUTÁRIA RECÍPROCA. INFRAERO. EMPRESA PÚBLICA PRESTADORA DE SERVIÇO PÚBLICO. EXTENSÃO. 1. Ao julgar o ARE 638.315, da relatoria do ministro Cezar Peluso, o Plenário Virtual do Supremo Tribunal Federal reconheceu a repercussão geral da questão constitucional analisada e resolveu reafirmar a jurisprudência desta nossa Casa de Justiça no sentido de que **as empresas públicas prestadoras de serviço público estão abrangidas pela imunidade tributária recíproca prevista na alínea a do inciso VI do Art. 150 da Magna Carta de 1988**. Ressalva do ponto de vista pessoal do relator. 2. Agravo regimental desprovido". (RE 542.454 AgR, Relator(a): Min. AYRES BRITTO, Segunda Turma, ACÓRDÃO ELETRÔNICO DJe-035 17.02.2012). (grifos nossos)

Por sua vez, em relação às sociedades de economia mista, os precedentes também seguem na linha de estender a imunidade recíproca quando presente a prestação de serviço público sem intuito de lucro. Vejamos outro excerto da Suprema Corte:

"EMENTA: CONSTITUCIONAL. TRIBUTÁRIO. RECURSO EXTRAORDINÁRIO. REPERCUSSÃO GERAL. IMUNIDADE TRIBUTÁRIA RECÍPROCA. SOCIEDADE DE ECONOMIA MISTA. SERVIÇOS DE SAÚDE. 1. A saúde é direito fundamental de todos e dever do Estado (arts. 6º e 196 da Constituição Federal). Dever que é cumprido por meio de ações e serviços que, em face de sua prestação pelo Estado mesmo, se definem como de natureza pública (Art. 197 da Lei das leis). 2. A prestação de ações e serviços de saúde por sociedades de economia mista corresponde à própria atuação do Estado, desde que a empresa estatal não tenha por finalidade a obtenção de lucro. 3. **As sociedades de economia mista prestadoras de ações e serviços de saúde, cujo capital social seja majoritariamente estatal, gozam da imunidade tributária prevista na alínea a do inciso VI do Art. 150 da Constituição Federal**. 3. Recurso extraordinário a que se dá provimento, com repercussão geral". (RE 580.264, Relator(a): Min. JOAQUIM BARBOSA, Relator(a) p/ Acórdão: Min. AYRES BRITTO, Tribunal Pleno, REPERCUSSÃO GERAL – MÉRITO DJe-192 DIVULG 05.10.2011 PUBLIC 06.10.2011 EMENT VOL-02602-01 PP-00078).

Por outro lado, não obstante o § 3º do artigo 150 da Constituição Federal vede a aplicação da imunidade recíproca ao patrimônio, à renda e aos serviços relacionados com a exploração de atividades em que haja contraprestação ou pagamento de preços e tarifas pelo usuário, o Supremo Tribunal Federal também aqui tem adotado interpretação branda, quando configurada a prestação de serviço público essencial e afastado o intuito de lucro. Veja:

"Ementa: AGRAVO REGIMENTAL NO RECURSO EXTRAORDINÁRIO. IMUNIDADE RECÍPROCA. AUTARQUIA MUNICIPAL QUE PRESTA SERVIÇOS REMUNERADOS POR

TARIFA. INAFASTABILIDADE DO BENEPLÁCITO CONSTITUCIONAL EM VIRTUDE DA CONTRAPRESTAÇÃO AUFERIDA. MATÉRIA DE DIREITO DEVIDAMENTE PREQUESTIONADA NO TRIBUNAL DE ORIGEM. AGRAVO REGIMENTAL NÃO PROVIDO. 1. O debate sobre o alcance da norma imunizante e a possível incidência de uma regra de exceção, a qual também está constitucionalmente prevista, não denota qualquer prejudicialidade de ordem legal. 2. O agravante não apresentou argumentos voltados a demonstrar um eventual desacerto do juízo monocrático, limitando-se a reiterar a tese sustentada pelo Tribunal de origem. 3. De acordo com a jurisprudência consolidada pelo Supremo Tribunal Federal, a cobrança de tarifas, isoladamente considerada, não descaracteriza a regra imunizante. Precedentes. 4. Agravo regimental não provido". (RE 598.912 AgR, Relator(a): Min. DIAS TOFFOLI, Primeira Turma, julgado em 05.02.2013, ACÓRDÃO ELETRÔNICO DJe-054 DIVULG 20.03.2013 PUBLIC 21.03.2013).

"Ementa: AGRAVO REGIMENTAL NO RECURSO EXTRAORDINÁRIO. TRIBUTÁRIO. IMUNIDADE RECÍPROCA. ABRANGÊNCIA. AUTARQUIA. PRESTAÇÃO DE SERVIÇO PÚBLICO ESSENCIAL E EXCLUSIVO DO ESTADO. FORNECIMENTO DE ÁGUA. ATIVIDADE REMUNERADA POR TARIFA. POSSIBILIDADE. AGRAVO IMPROVIDO. I – A imunidade do Art. 150, VI, a, da CF alcança as autarquias e empresas públicas que prestem inequívoco serviço público. A cobrança de tarifas, isoladamente considerada, não descaracteriza a regra imunizante. Precedentes. II – Agravo regimental improvido". (RE 482.814 AgR, Relator(a): Min. RICARDO LEWANDOWSKI, Segunda Turma, julgado em 29.11.2019, ACÓRDÃO ELETRÔNICO DJe-236).

12.12.3. Prerrogativas Processuais

No que concerne às prerrogativas processuais das estatais, registramos que estas se aplicam diferentemente quanto às empresas públicas e as sociedades de economia mista da União, a começar pelo foro. Empresa pública federal tem foro na justiça federal, de acordo com preceito constitucional estatuído no Art. 109, inciso I:

Art. 109 – Aos juízes federais compete processar e julgar:

I – As causas em que a União, entidade autárquica ou empresa pública federal forem interessadas na condição de autoras, ré, assistentes ou oponentes, exceto as de falência, as de acidente de trabalho e as sujeitas à Justiça Eleitoral e à Justiça do Trabalho. (grifo nosso).

Conforme demonstrado, a competência dos juízes federais não se aplica às sociedades de economia mista federal, e estas serão demandadas na justiça estadual, no foro de suas sedes, de acordo com a inteligência da súmula 517 do STF.

Súmula 517 – As sociedades de economia só tem foro na justiça federal quando a União intervém como assistente ou oponente.

Assim, se um veículo da CET-RIO, sociedade de economia mista do Município do Rio de Janeiro, abalroar o veículo de alguém, este deverá ajuizar a respectiva ação de indenização perante a Justiça Estadual Comum do Estado do Rio de Janeiro, não sendo de se cogitar de qualquer regra específica que prescreva exceção neste particular.

No que se refere às causas de natureza trabalhista, serão de competência da Justiça do Trabalho, nos termos do Art. 114 da Constituição da República, excluindo-se desta regra somente os servidores estatutários da Administração Direta e das autarquias, que, se forem de âmbito federal, serão julgadas na Justiça Federal; e, se forem de âmbito estadual ou municipal, serão julgadas pela Justiça Estadual.

Outra Súmula da Corte Suprema que fala em Justiça Comum, e esta pode ser tanto a Estadual quanto a Federal.

Súmula 556 – É competente a justiça comum para julgar as causas em que é parte a sociedade de economia mista.

Já no âmbito do Estado do Rio de Janeiro, o CODJERJ é o normativo legal que dispõe que as Varas de Fazenda Públicas são competentes para processar e julgar ações de quaisquer integrantes da administração indireta do Estado e do Município.

Com efeito, estatais que integram o Estado do Rio de Janeiro, sejam elas empresas públicas ou sociedades de economia mista, serão demandadas nas Varas de Fazenda Pública. Esta prerrogativa é extensiva às estatais dos Municípios.

Devemos ainda lembrar que, no que alude às prerrogativas das estatais prestadoras de serviço público, pelo fato de estas integrarem o poder público, receberão o tratamento aplicável a este. Já as estatais prestadoras de atividade econômica terão o mesmo tratamento das empresas da iniciativa privada.

As sociedades de economia mista não fazem jus o prazo em dobro, para as suas manifestações processuais, o que se aplica somente as A União, os Estados, o Distrito Federal, os Municípios e suas respectivas autarquias e fundações de direito público conforme redação do Art. 183 do Código de Processo Civil.

Assim, em ausente impugnação de tal entidade acerca dos fatos narrados por determinado autor, impõe-se reconhecer a revelia, com a incidência de todos os seus efeitos.

É de se observar, também, que a doutrina não se refere muito acerca dos efeitos da revelia em se tratando de sociedade de economia mista, assim como a jurisprudência é bastante escassa nesse sentido.

Com efeito, não se está a tratar de direito indisponível em que pese a presença de dinheiro público pelo que não incide o disposto no Art. 345, II, do Código de Processo Civil.

PRESCRIÇÃO QUINQUENAL DE DÍVIDAS, DIREITOS E AÇÕES

É interessantíssimo observar a não sujeição da prescrição quinquenal às empresas públicas e as sociedades de economia mista (Dec. nº 20.910/32), de acordo com inúmeras decisões do Superior Tribunal de Justiça.

Válida a argumentação em face dos termos do Art. 205, do atual Código Civil de que a prescrição deixou de ser vintenária, vigorando a decenária, como regra geral, que é a máxima no atual ordenamento.

12.12.4. Responsabilidade Fiscal das Estatais

Esta mesma regra se estende à Lei de Responsabilidade Fiscal (Lei Complementar nº 101/00) que dispõe em seu Art. 1º, § 3º, inciso I, alínea "b", que esta lei se aplica às empresas estatais dependentes; e em seu Art. 2º, inciso III assim a define:

> "empresa estatal dependente: empresa controlada que receba do ente controlador recursos financeiros para pagamento de despesas com pessoal ou de custeio em geral ou de capital, excluídos, no último caso, aqueles provenientes de aumento de participação acionária".

Diante disso, aquelas estatais que não dependam dos recursos financeiros de seu ente controlador para o pagamento de despesas com pessoal e custeio em geral, mas ao contrário caminham com as próprias pernas, por assim dizer, não estão submetidas aos ditames da Lei de Responsabilidade Fiscal.

12.12.5. Quem tem Competência para Apreciar as Contas dos Bens das Estatais?

As estatais, desenvolvendo atividades de suma importância para o interesse público, desafogando, de forma descentralizada os serviços públicos, porque o ente da federação deixa de ser executor dessas atividades e passa, apenas, a ser fiscalizador indireto de suas empresas públicas e sociedades de economia mista.

No tocante à competência fiscalizatória dos tribunais de contas sobre as empresas públicas e as sociedades de economia mista, a doutrina não é uniforme.

Cumpre ressaltar que há teses e discussões acadêmicas no sentido de que os tribunais de Contas não devem fiscalizar as empresas estatais por serem entidades privadas, não se mantendo com dinheiro público.

É imperioso concluir que, anteriormente, o Supremo Tribunal Federal no MS nº 23.627, estatuiu que os bens das estatais não são bens públicos, e, portanto, o Tribunal de Contas da União não tem capacidade legal para apreciar suas contas, ao que já fizemos alusão anteriormente.

Ousamos discordar de tal posicionamento, pois o controle externo sobre a gestão dos administradores públicos é um princípio de fundamental importância no Direito Administrativo, calcada na moralidade administrativa.

O controle externo objetiva dá transparência aos atos da Administração, tendo aplicação imediata e não se exclui em função de seu regime jurídico.

A empresa pública e a sociedade de economia mista por mais que possuam personalidade jurídica de direito privado, desempenham atividade de interesse público com autonomia funcional hierárquica, tornando-as mais ágeis. Sendo assim, estão sujeitas ao controle do Tribunal de Contas por administrar dinheiro público, mesmo que indiretamente.

A respeito do tema, pouco importa a natureza jurídica de seus bens e objeto social.

Nesse passo, vale a advertência de que, por ocasião da criação de uma estatal, obrigatoriamente, vai surgir o dinheiro público. Na empresa pública, surge somente dinheiro público. No caso da criação da sociedade de economia mista, majoritariamente, temos a presença de dinheiro público. Havendo surgimento danos ao patrimônio de empresas estatais, por reflexo, haverá prejuízos ao erário público, em função de como se origina a estatal no momento de sua criação.

Urge frisar que a fiscalização do Tribunal de Contas não poderá abranger as atividades de natureza eminentemente econômica da estatal, ou seja, os atos realizados com vistas ao atingimento de seus objetivos eminentemente comerciais.

Hipoteticamente, é legítima a intervenção dos Tribunais de Contas visando aferir a regularidade de contratos administrativos formalizados, no âmbito das instituições financeiras públicas exploradoras de atividade econômica. Portanto, age com legitimidade o Tribunal de Contas, quando investiga, por exemplo, à correta formalização do aditivo contratual entre sociedade de economia mista e empresa de segurança. Há, consequentemente, competência do Tribunal de Contas para requisitar os documentos considerados indispensáveis à instrução do processo, apurar eventuais irregularidades e atos de interesse público, como, a título de ilustração, os de licitação.

A Democracia Pública Social deve observar os princípios da Legalidade, Impessoalidade, Moralidade, Publicidade, Eficiência, dentre outros já reconhecidos, como forma de obstruir a malversação da Máquina Administrativa.

Ademais, as estatais não estão acima da Constituição. Até o Poder Judiciário e o Legislativo não escapam da fiscalização do Tribunal de Contas da União. Todos os poderes e órgãos da República estão submetidos a um outro controle.

A verificação de regularidade da despesa realizada por qualquer estatal é matéria que se insere na competência da Corte de Contas. Nenhum ente da Administração Pública, direta ou indireta, pode estar ao largo da fiscalização do Tribunal de Contas, de acordo com o Art. 70, parágrafo único, c/c o Art. 75, da *lex legum*.

Igualmente compartilha dessa opinião o Supremo Tribunal Federal, no julgamento do Mandado de Segurança 25.092/DF, admitindo o controle, ratificado nos informativos de jurisprudência nº 408 e 411 da Suprema Corte:

"Ementa: Constitucional. Administrativo. Tribunal de Contas. Sociedade de Economia Mista: Fiscalização pelo Tribunal de Contas. Advogado empregado da empresa que deixa de apresentar apelação em questão rumorosa. I. – Ao Tribunal de Contas da União compete julgar as contas dos administradores e demais responsáveis por dinheiros, bens e valores públicos da administração direta e indireta, incluídas as fundações e sociedades instituídas e mantidas pelo poder público federal, e as contas daqueles que derem causa a perda, extravio ou outra irregularidade de que resulte prejuízo ao erário (CF, Art. 71, II; Lei 8.443, de 1992, Art. 1º, I). II. – As empresas públicas e as sociedades de economia mista, integrantes da administração indireta, estão sujeitas à fiscalização do Tribunal de Contas, não obstante os seus servidores estarem sujeitos ao regime celetista.

12.13. Mandado de Segurança

Os atos praticados por agentes, de sociedade de economia mista (concessionária prestadora do fornecimento de energia elétrica, por exemplo), são considerados atos administrativos quando seu conteúdo tiver conexão com a função pública delegada, quando praticado com abuso de poder e de forma ilegal. Sendo assim, se tais atos ameaçam ou violam direito líquido e certo, cabe a impetração de mandado de segurança. É o que decorre do Art. 5º, LXXIII, da CF, que se refere a pessoas de direito privado no exercício de funções públicas, bem como do disposto no artigo 1º e seu § 1º da Lei nº 12.016/09.

No entendimento do Colendo Superior Tribunal de Justiça, é cabível o mandado de segurança contra atos praticados por dirigentes de sociedade de economia mista e empresas públicas quando praticam atos típicos do Direito Público, aos princípios que vinculam toda a Administração, como a moralidade, legalidade, impessoalidade etc. Logo, tais atos não podem ser classificados como meros atos de gestão, o que descaracterizaria a simbiose de sua personalidade jurídica, sobretudo quando se trata de licitação e concurso público. O concurso é o meio técnico posto à Administração Pública para obter-se moralidade, eficiência e aperfeiçoamento do serviço público e, ao mesmo tempo, propiciar igual oportunidade a todos os interessados aos requisitos da lei, consoante determina o Art. 37, II, da Constituição da República. Na realização de concurso público, a estatal não pratica mero ato de gestão interna, mas atende a preceito constitucional, porquanto exerce função delegada.

Um dirigente de uma sociedade de economia mista, por exemplo, quando julga uma licitação pública, pratica ato de direito público e não ato de gestão, sendo perfeitamente cabível a impetração de mandado de segurança, por ser neste caso autoridade.

Portanto, em sendo as estatais um instrumento administrativo de descentralização de serviços públicos, seus dirigentes podem e devem figurar como autoridade coatora em mandado de segurança, enquanto estiverem no exercício de um poder delegado pelo Poder Público

Tem-se, atualmente, procurado emprestar ao vocábulo autoridade o conceito mais amplo possível para justificar a impetração de Mandado de Segurança, tendo a lei adicionado-lhe a expressão "seja de que categoria for e sejam quais forem as funções que exerça", *in fine*, do Art. 1º, *caput*, da referida lei.

12.13.1. Os Bens das Sociedades de Economia Mista que Prestam Serviço Público Podem Ser Penhorados?

Sendo incontroversamente sociedade de economia mista pessoa jurídica de direito privado, de plano podemos afirmar que a execução de seus débitos se dá pelo regime comum das sociedades em geral, e que esta não integra a Fazenda Pública referenciada no Art. 910 do Código de Processo Civil, e que em regra não se lhe aplica o princípio da impenhorabilidade dos bens públicos.[40]

Já frisamos anteriormente, ainda, que o fato de estas entidades prestarem serviço público, por si só, não as retira da qualidade de pessoa de direito privado, devendo-se observar mais atentamente a natureza de seus bens quanto a estarem ou não afetados ao serviço público no que alude à possibilidade de penhora destes.

Em tese, sabemos que o patrimônio da sociedade de economia mista é alienável, e, por corolário, penhorável. Porém, cumpre-nos informar que, excepcionando a regra, a sociedade de economia mista que se

---

40 Processo Civil. Execução de Título Extra-Judicial. Penhora Em Bens de Sociedade de Economia Mista que Presta Serviço Público. A sociedade de economia mista tem personalidade jurídica de direito privado e está sujeita, quanto à cobrança de seus débitos, ao regime comum das sociedades em geral, nada importando o fato de que preste serviço público; só não lhe podem ser penhorados bens que estejam diretamente comprometidos com a prestação do serviço público. Recurso especial conhecido e provido "STJ Resp. nº 176.078-SP. Rel. Min ARI PARGENDLER, 2ª Turma).

dedica à prestação do serviço público se enquadra em hipótese cuja disponibilidade de seu patrimônio deve ser interpretada de forma restritiva.

Assim, são impenhoráveis os bens que se encontrarem destinados especificamente à execução do serviço público prestado, pois que estes fazem jus a uma proteção especial por força dos princípios da continuidade do serviço público e da supremacia do interesse público sobre o privado.

Transcorremos Ementa da lavra do 5º Tribunal do Trabalho de Cuiabá/MT:

> EMENTA: Sociedade de Economia Mista Estadual. Prestadora de Serviço Público. Penhora de Bens que Inviabiliza o Abastecimento de Água. Bens Públicos de Uso Especial. Princípios da Continuidade do Serviço Público e da Supremacia do Interesse Público. Impenhorabilidade.

Com efeito, não estando a sociedade de economia mista acobertada pela regra do precitado dispositivo legal do Código Processual vigente, o qual assegura o pagamento de seus débitos por meio de precatório, não há que se falar na impenhorabilidade de seus bens, observando-se tão somente os que estiverem diretamente comprometidos com a prestação do serviço público.

Para materializar esta questão, trazemos o exemplo da incidência de penhora sobre bilheteria de concessionária de serviço público que se dedica à prática de transporte público coletivo.

Esta penhora só se torna possível, neste caso específico, pela evidência de que a receita penhorada não inviabiliza o funcionamento da devedora nem traz prejuízos à sociedade a interrupção da prestação do serviço.

Devemos pontuar, neste exemplo, que a existência de vedação legal e o alcance aos bens destinados especificamente ao serviço prestado podem reverter esta possibilidade de penhora, como é o caso ocorrido com a ECT – Empresa Brasileira de Correios e Telégrafos, que é especificamente amparada pelo Decreto-lei 509/69, a que já tivemos o prazer de estudar preteritamente.

Outro exemplo é o da possibilidade de penhora de bens de sociedade de economia mista que tem por objeto a exploração de serviços públicos relacionados à limpeza urbana.

Ainda que a entidade estatal alegue que a prática da atividade a qual executa se configura essencial à coletividade, rogando que a execução se dê pelos moldes do Art. 910 do CPC, este fato não alcança o universo das prerrogativas do precatório e da impenhorabilidade de bens, aplicável à execução da Fazenda Pública.

Portanto, os bens de sociedade de economia mista prestadora de serviço público, desde que constrição não importe, por si só, na interrupção do serviço prestado, são passíveis de penhora, não se aplicando à execução de seus bens a forma disposta no Art. 730 do Código de Processo Civil.

12.13.2. Configura-se Legítima a Penhora Incidente sobre Faturamento Mensal de Devedora Concessionária de Serviço Público?

Questiona-se neste tópico a legitimidade de execução de débito de empresa pública ou sociedade de economia mista prestadoras de serviço público recaírem sobre os seus faturamentos mensais.

A princípio, podemos asseverar não haver negativa legal para que se configure tal penhora, mas que se deve observar preliminarmente o percentual a ser desviado para a satisfação do pleito.

Não cabe nesta hipótese de penhora sobre renda de concessionária de serviço público a alegação de se contrariar o princípio da continuidade do serviço público, desde que a penhora recaia sobre percentual razoável.

Para tanto, deve o aplicador da lei agir com as devidas cautelas, em face do notório interesse público de tais empresas cuja atividade é de grande relevância para coletividade e observância no que concerne ao porte da empresa, ao tipo de serviço prestado e ao quantum que recai sobre o débito, para que não ocorra nem o excesso, quando da estipulação do percentual penhorado, nem a taxação de valor insignificante mediante a dívida e a receita auferida pela entidade.[41]

---

41   Assim já decidiu o Tribunal de Justiça do Rio Grande do Sul:
"Processual civil. Substituição de penhora de dinheiro por automóvel de propriedade da concessionária de serviço público. É possível a substituição da penhora sobre numerário da concessionária de serviço público de energia elétrica por veículo

Se assim não o fosse, todo e qualquer percentual estipulado judicialmente poderia ser objeto de contestação da devedora, sob o argumento de estar inviabilizando a efetiva prestação do serviço à sociedade.

Quanto à tese da excepcionalidade da penhora de renda que poderá insurgir em defesa da devedora, esta só será legítima se ao contestá-la, oferecer bem diverso para substituí-la na penhora, como ocorreu no texto do excerto por nós destacado acima, na nota de rodapé de nº 139.

O mesmo poderá se dar sobre a alegação de ocorrer lesão gravíssima e injusta, as quais só restarão provadas se forem comprovadas materialmente, como o caso do comprometimento da renda em demais penhoras.

Ademais, os Tribunais já acolheram decisão que considera razoável que constrição em processo de execução recaia sobre a penhora de renda, desde que o percentual taxado não inviabilize ou onere desproporcionadamente a atividade negocial da devedora.

Também asseveramos que não se aplica à espécie de demanda a violação do princípio da menor onerosidade. Esta última assertiva restou provada por meio do Enunciado nº 07 do Encontro dos Desembargadores de Câmaras Cíveis, que se transcreve a seguir:

> "Enunciado nº 07: A penhora de receita auferida por estabelecimento comercial, industrial ou agrícola, desde que fixada em percentual que não comprometa a respectiva atividade empresarial, não ofende o princípio da execução menos gravosa(...)"

Por fim, eventual alegação de que a penhora da renda e consequente constrição de numerário existente em conta corrente de titularidade de entidade estatal poderá afetar o equilíbrio financeiro da devedora, só se configurará acatado se apresentada prova cabal deste alegado, não bastando meras alegações infundadas para que a Justiça a acolha.

Diante de tudo que foi exposto, não nos intimidamos em assegurar que é legítima a penhora incidente sobre o faturamento mensal da devedora, hipótese esta que deve observar a gradação inscrita no Art. 854 do Diploma Processual vigente, e observado, sobretudo, a sua recente alteração dada pela Lei nº 11.382/06.

12.13.3. Persiste a Legitimidade da Penhora sobre Faturamento de Concessionária de Serviço Público se esta ofertou bem Diverso e Suficiente para a Constrição Judicial?

Hipótese diversa da anterior se dá quando a penhora incidente em processo de execução contra concessionária de serviço público recai sobre o faturamento da entidade, ainda que esta tenha oferecido bem diverso e suficiente para a constrição judicial.

Considera-se aqui o fato de a devedora fazer prova de que a constrição do faturamento acarreta incontestáveis prejuízos, seja pela interrupção da prestação do serviço à comunidade, seja no âmbito financeiro da empresa, a qual poderá acarretar prejuízos aos próprios trabalhadores.

Somando-se a isso, se restar provado que a devedora ofereceu outros bens à penhora, esta conduta se afigura em afronto ao princípio da execução menos gravosa ao devedor.

A jurisprudência mais atualizada tem se inclinado no sentido de restringir a penhora sobre o faturamento da empresa, aplicando-a tão somente quando observados rigorosamente determinados procedimentos, sob pena de se frustrar a pretensão constritiva.

Dentre estes procedimentos destacam-se a observância da existência de outros bens a serem penhorados, ou se frustrada a tentativa de haver o valor devido na execução; o esgotamento de todos os esforços na localização de bens, direitos ou valores livres e desembaraçados, suficientes para garantir a execução, ou se os oferecidos sejam de difícil alienação.

---

ano 2003, pertencente a sua frota, no curso da execução provisória, onde eventual levantamento demanda caução, não se percebendo possibilidade nesse sentido, em razão da situação dos agravados". (Agravo de instrumento nº 700044439, 9ª Câmara Cível do Rio de Janeiro).

Além destes, considera-se ainda a fixação de percentual que não inviabilize a atividade econômica da empresa, entre outros. Segue-se decisão do Superior Tribunal de Justiça em julgamento de Recurso Especial sobre esta explanação. Vejamos:

Execução – Penhora em Dinheiro – Gradação Legal na Oferta – Súmula 7/STJ

I – A ordem legal estabelecida para a nomeação de bens à penhora não é rígida, devendo a sua aplicação atender as circunstâncias do caso concreto, à potencialidade de satisfazer o crédito e à forma menos onerosa para o devedor. Portanto, pode a penhora recair em dinheiro, sempre que a situação assim reclamar.

II – Não há como concluir pela injustiça da recusa do bem pelo exequente, nem pela onerosidade da execução da forma como foi conduzida, sem adentrar em aspectos fáticos e probatórios, insuscetíveis de revisão da via estreita do especial, por expressa disposição da Súmula 7/STJ.

III – Recurso Especial não provido.

(REsp. 182.093/RO, Rel Ministro WALDEMNAR ZVEITER, TERCEIRA TURMA, julgado em 13.02.2001, DJ 09.04.2001 p. 352.

Tendo em vista o estudo da penhora dos bens das estatais, inolvidável se faz mencionar a seguinte questão de concurso abaixo destacada. Veja:

Questão: João de Souza, credor da ECT – Empresa Brasileira de Correios e Telégrafos, propõe a competente ação de execução, com o requerimento tradicional de penhora de bens para garantia do juízo. O Juízo abre vistas – ad cautelam – à ECT para que se manifeste em relação ao pedido, tendo aquela empresa sustentado seja de ser indeferido o pedido, ao argumento de que os bens das empresas públicas são acobertados pela garantia da impenhorabilidade. Assumindo a posição do magistrado, analise o pedido – e a razão de oposição apresentada pela ECT – decidindo quanto ao requerimento da penhora, sempre fundamentadamente.

Resposta Sugerida: As empresas públicas e sociedade de economia mista não são destinatárias, em princípio, da garantia da impenhorabilidade dos bens.

No caso específico da ECT, como vimos, todavia, tendo em conta a sua condição de executora de serviço público em caráter monopolista, o STF firmou entendimento no sentido da impenhorabilidade de seus bens.

12.13.4. Bens de Propriedade de Sociedade de Economia Mista Podem Usucapir?

A questão versando sobre a possibilidade ou não de bens de empresa pública ou sociedade de economia mista serem objetos de usucapião pode ser apreciada na Lei Maior, na jurisprudência e na doutrina, restando relativamente pacífica a sua conclusão.

Segundo reza a Constituição Federal em seu Art. 173, § 1º, inciso II, ao explorar atividade econômica de comercialização, empresa pública e sociedade de economia mista estão sujeitas ao regime jurídico próprio das empresas privadas, inclusive quanto aos direitos e obrigações civis, ou seja, inclusive à usucapião de seus bens.

Já o artigo 183, § 3º estabelece que "os imóveis públicos não serão adquiridos por usucapião". Quanto à definição de imóveis públicos, esta se encontra elencada no Art. 98 do Código Civil brasileiro, que assim dispõe:

Art. 98. São públicos os bens do domínio nacional pertencentes às pessoas jurídicas de direito público interno; todos os outros são particulares, seja qual for a pessoa a que pertencerem.

Por derradeiro, podemos afirmar que o legislador não achou por bem incluir os bens pertencentes às pessoas jurídicas de direito privado na qualidade de bem público, restringindo esta natureza apenas aos bens que estejam sob o domínio e patrimônio das pessoas jurídicas de direito público.

É da lavra do Superior Tribunal de Justiça as decisões que trazemos para ratificar nossa explanação:

EMENTA: Usucapião. Sociedade de economia mista. CEB. O bem pertencente à sociedade de economia mista pode ser objeto de usucapião. RESP: 120.702 – Relator: Ruy Rosado de Aguiar

EMENTA: Usucapião – Bem pertencente à sociedade de economia mista. Possibilidade. *"Animus Domini"*. Matéria de fato. Bens pertencentes à sociedade de economia mista podem ser adquiridos por usucapião. RESP. 37.906 – Relator: Ministro Barros Monteiro.

Cumprindo a doutrina o papel de interpretar a lei e ajustá-la a um plano mais próximo da realidade, o seu entendimento sobre o tema tem se direcionado no seguinte foco. Se o bem estiver afetado a uma destinação pública, que corresponde a afirmar que ele esteja sendo utilizado na prestação de um serviço público, terá nesse caso excepcional a natureza de bem público.

O tema é polêmico. Pode-se encontrar três orientações. Vejamos cada uma delas:

A primeira, entendendo se tratar de bem público com destinação especial e, por isto, não passível de aquisição por usucapião.

O argumento de que tais bens não podem ser adquiridos por usucapião é porque o domínio patrimonial do Estado sobre seus bens é direito de propriedade sujeito a regime administrativo especial, sendo impossível a prescrição aquisitiva sobre os mesmos, conforme estabelecido expressamente em nossa Carta Magna, Art. 183, § 3º, e Art. 191, parágrafo único.

Ademais, clandestina ou não, a posse exercida pelo particular sobre bens imóveis públicos é sempre precária, sendo imperativo o reconhecimento de que resta afastado a usucapião, por impossibilidade jurídica do pedido.

A segunda, observando ser imprescindível fazer a distinção entre o objetivo da Empresa – prestação de serviço ou intervenção no domínio econômico – onde possível a aquisição dos bens não vinculados à prestação. No entanto, possuindo natureza pública e prendendo-se à ideia de continuidade do serviço, tornam-se impassíveis de aquisição por usucapião.

A terceira corrente, mencionando ser indiferente o objetivo da Estatal, pois este não transmuda a sua natureza como pessoa jurídica de direito privado, muito menos a de seus bens, que guardam a mesma natureza. Por conseguinte, considera perfeitamente possível a aquisição por usucapião.

A sociedade de economia mista tem natureza anômala (híbrida), já que embora tenha o Estado como acionista, ela não é uma empresa pública, tanto que o Superior Tribunal de Justiça reconhece. Veja o excerto destacado abaixo:

> Súmula nº 42, STJ: "Compete à Justiça Comum Estadual processar e julgar as causas cíveis em que é parte sociedade de economia mista e os crimes praticados em seu detrimento".

O Tribunal de Justiça do Estado do Rio de Janeiro, examinando hipótese idêntica, decidiu que imóvel pertencente a Sociedade de economia mista não está abrangido pela vedação do Art. 183, § 3º, da Constituição Federal, sendo passível de aquisição por usucapião"(5ª Câmara Cível, na Apelação nº 3.723, Rel. o Desembargador Miguel Pachá). Consequentemente os bens da sociedade de economia mista podem ser usucapidos.

Com efeito, a sociedade de economia mista, possuindo personalidade jurídica de Direito Privado, sujeita-se ao regime desta pessoa, consoante o artigo 173, § 1º, da Constituição Federal.

13. PESSOAS DE COOPERAÇÃO GOVERNAMENTAL – OUTRAS ENTIDADES COM SITUAÇÃO PECULIAR

13.1. Serviços Sociais Autônomos

13.1.1. Paraestatalidade

O vocábulo paraestatal tem formação híbrida. De um lado, há a palavra grega "para", partícula que significa ao lado de, lado a lado. De outro, temos o adjetivo estatal, derivado do latim status, significando Estado.

Paraestatais seriam as entidades que não se confundem com o Estado, atuando ao lado ou em colaboração com ele.

A expressão entidade paraestatal não é encontrada na Constituição, mas a jurisprudência e doutrina a adotaram, vendo-se os reflexos na própria legislação infraconstitucional, como o faz o Código Penal, no Art. 327, parágrafo único. O entendimento acerca do conteúdo da expressão não é, entretanto, unânime. [42] Senão, vejamos.

Para o mestre Hely Lopes Meirelles, entes paraestatais são pessoas de direito privado, com criação autorizada por lei específica, que recebem amparo oficial do Poder Público para realizar atividades de interesse público. O ilustre autor considera paraestatais a empresa pública, a sociedade de economia mista, a fundação pública e os serviços sociais autônomos.

Cretella Jr. afirma que paraestatais são as autarquias. Já Celso Antônio Bandeira de Mello defende que a expressão abrange as entidades sem fins lucrativos que colaboram com o Estado, excluindo a empresa pública e a sociedade cie economia mista.

Há ainda os que doutrinam a abrangência da expressão às entidades dotadas de personalidade jurídica de direito privado integrantes da Administração indireta.[43]

A doutrina atual não foge a divergência. Di Pietro adota e atualiza a terminologia de Celso Antônio Bandeira de Mello, que defende serem paraestatais as entidades que colaboram com o Estado. Dá um novo conteúdo, afirmando que, atualmente, são paraestatais os serviços sociais autônomos, entes de apoio (fundações, associações e cooperativas), as organizações sociais e as organizações da sociedade civil de interesse público.[44]

Melhor seria a posição de Carvalho Filho. O termo paraestatal não apresenta unanimidade quanto a seu significado e a ausência de precisão terminológica na ciência leva à equivocidade [45]. Não é seguro, portanto, o emprego do termo paraestatal, preferível é, portanto, outro termo, como entes de colaboração.

Essa expressão é empregada por Diogo de Figueiredo Moreira Neto, e explica-se pelo espírito que motivou a edição da EC nº 19/98; aumentar a eficiência da Administração Pública no plano interno, pela integração de órgãos públicos já existentes (cooperação) e, no plano externo, pela integração desses órgãos com entidades organizadas da sociedade civil (colaboração). O autor chama esse sistema de "coordenação gerencial da Administração Pública".[46]

A colaboração estatal será executada de duas formas: gestão em parceria com entidades privadas, através de convênios ou de contratos de gestão, e gestão admitida de entidades privadas em determinadas atividades de interesse público.

Diogo refere-se ao princípio da consensualidade, significando a "(...) substituição, sempre que possível, da imperatividade pelo consenso nas relações Estado-Sociedade e pela criação de atrativos aos entes da sociedade civil para atuarem de diversas formas em parceria com o Estado".[47]

13.1.2. Serviço Social Autônomo

Estas entidades existem desde 1946. Surgiram como expressão do Estado dirigente e intervencionista, uma criação do Estado de bem-estar social brasileiro vigente naquela década, no final da segunda Guerra. Atualmente, assistimos ao fim desse modelo de Estado e devemos atualizar o instituto sob estudo, tendo em vista a própria mudança do conceito de Estado. Vivemos sob a égide de um modelo estatal que valoriza a iniciativa privada e a participação de entes não estatais nos processos de decisão.

---

42   Na Itália, onde primeiramente se cunhou o termo, também não há concordância acerca do significado da expressão.

43   Este painel sobre os posicionamentos doutrinários está bem exposto por JOSÉ DOS SANTOS CARVALHO FILHO, *Manual de Direito Administrativo*, Rio de Janeiro: Lumen Júris, 257ª ed., 2012, p.320-321.

44   Op. Cit., p. 400

45   Idem, p. 321

46   Coordenação gerencial da administração pública in RDA nº 214, p. 35/53.

47   Reforma administrativa: Uma Avaliação in Revista de Direito da Procuradoria Geral do Estado do Rio de Janeiro, nº 52, p.128.

"(...) a paraestatalidade, que havia sido desenvolvida no Estado do Bem Estar Social para ampliar o alcance do Poder Estatal sobre atividades econômicas e sociais próprias da sociedade, não pode ser mais entendida e interpretada na atualidade (...) à luz do direito positivo então vigente e, o que é mais grave, sob os pressupostos juspolíticos então dominantes, mas em harmonia com a ordem jurídica atual e sob a égide dos valores hoje prevalecentes".[48]

Os serviços sociais autônomos, de que são exemplos o SESC, o SENAI e o SEBRAE, são pessoas jurídicas de direito privado, que devem ser criadas por lei para desenvolver atividades de interesse público ou social.

Apesar da exigência de criação por lei, as entidades mantêm as características de direito privado, pois não estão na estrutura da Administração Pública direta ou indireta. A Lei nº 8.029/90 é clara em seu Art. 8º, quando autoriza o Poder Executivo a desvincular da Administração Pública Federal o Centro Brasileiro de Apoio à Pequena e Média Empresa – CEBRAE, transformando-o em serviço social autônomo.[49]

No Sistema "S", como são conhecidas estas entidades, há emprego privado – regido pela Consolidação das Leis do Trabalho (CLT) – e não há obrigatoriedade de concurso público para preenchimento de seus quadros. Nesse ponto, diverge a Professora Di Pietro. Ela defende que essas entidades sujeitam-se à exigência de processo seletivo para ingresso de pessoal.[50]

O tratamento básico se dá nos moldes do Código Civil Brasileiro, em que tais entidades são, inclusive, levadas ao Registro Civil de Pessoas Jurídicas para que sejam regularmente constituídas.

Estes entes recebem ajuda pública no tocante à sua manutenção. Os recursos saem de tributos específicos, como as contribuições sociais (Constituição, Art. 149) que são considerados públicos, apesar de não saírem do orçamento.

A Constituição Brasileira, em seu Art. 149, dispõe que:

"Compete exclusivamente à União instituir contribuições sociais, de intervenção no domínio econômico e de interesse das categorias sociais ou econômicas, como instrumento de atuação nas respectivas áreas (...)".

Pela letra da Constituição, os Estados, o Distrito Federal e os Municípios não estão impedidos de criar serviços sociais autônomos. O que não lhes é permitido é a instituição de contribuições sociais para prover sua manutenção. Teria que ser encontrada outra forma de mantê-los. Daí o desinteresse de outros entes que não a União em criar entidades desta espécie.

Estas entidades prestam serviço de utilidade pública. Nesta relação com o Poder Público, que participa na escolha dos dirigentes, vinculam-se ao ministério correspondente à sua área de atuação.

Por receberem recursos públicos, sobre tais entidades recai o controle do TCU. O fundamento constitucional está no Art. 70, parágrafo único, e Art. 71, II, da Constituição Brasileira, abaixo expostos:

"Art. 70, parágrafo único. Prestará contas qualquer pessoa física ou jurídica, pública ou privada, que utilize, arrecade, guarde, gerencie ou administre dinheiros, bens e valores públicos (...).

Art. 71. O controle externo, a cargo do Congresso Nacional, será exercido com o auxílio do Tribunal de Contas da União, ao qual compete: (...)

II - julgar as contas dos administradores e demais responsáveis por dinheiros, bens e valores públicos da administração direta ou indireta, incluídas as fundações e sociedades instituídas e mantidas pelo Poder Público federal (...)"

---

48 MOREIRA NETO, DIOGO DE FIGUEIREDO. *Natureza Jurídica dos Serviços Sociais Autônomos*, in RDA 207 p. 80.
49 O Decreto nº 99.570/90, regulamentou o dispositivo supra transcrito, alterando a denominação da entidade para Serviço Brasileiro de Apoio às Micro e Pequenas Empresas – SEBRAE.
50 Op. Cit., p.401. Di Pietro prega que os entes do Sistema "S" são paraestatais, juntamente com as demais entidades do terceiro setor, para que, com isso, haja imposição parcial de regras de direito público.

Serviço social autônomo é instituído por lei federal e mantido por contribuição social criada pela União, encaixando-se, assim, na expressão dada pelo nosso constituinte "sociedade instituída e mantida pelo Poder Público Federal".

O TCU, rotineiramente, controla os orçamentos e gastos dessas entidades, sendo pacífico o entendimento na doutrina. A Lei nº 8.443/92, no Art. 5º, V, dispõe que estão sob a jurisdição do TCU os responsáveis por entidades dotadas de personalidade jurídica de direito privado que recebam contribuições parafiscais.

O controle orçamentário dos serviços sociais autônomos instituído pela Constituição é *a posteriori*. Com efeito, a Carta não incluiu estas entidades entre aquelas obrigadas a submeter seu orçamento a controle prévio, como o fez com os entes disciplinados nos incisos do Art. 165, § 5º.

Questão relevante encontramos ao perquirir se o serviço social autônomo está obrigado a realizar licitação. Na doutrina, raros são os textos que se dedicam à matéria.

Diogo de Figueiredo sustenta a não-obrigatoriedade de licitação. Analisando todos os dispositivos constitucionais que regulam licitação, dispondo sobre quem está obrigado a licitar (Art. 22, XXVII, Art. 37, XXI e Art. 173, III, § 1º), verifica que não há menção ao terceiro setor, que não está na Administração direta nem indireta.

O TCU posiciona-se em sentido oposto. Sua jurisprudência firma que tais entidades devem submeter-se aos ditames da Lei nº8.666/93, limitando seus disciplinamentos próprios a aspectos meramente operacionais.[51]

Di Pietro defende que os serviços sociais autônomos devem observar os princípios da licitação. Carvalho Filho também diz que há obrigatoriedade. Ele foi além da Constituição, resolvendo indagar na legislação. A Lei nº 8.666/93, ao regulamentar a licitação prevista pela Constituição Brasileira, oferece um rol maior. A ementa afirma que a lei regulamenta o Art. 37, XXI, que não menciona o serviço social autônomo.

Lei nº 8.666/93:

"Art. 1º. parágrafo único: Subordinam-se ao regime desta lei, (...) demais entidades controladas direta ou indiretamente pela União.

Art. 119. As (...) entidades controladas direta ou indiretamente pela União (...) editarão regulamentos próprios devidamente publicados, ficando sujeitas às disposições desta lei".

Essas organizações são controladas indiretamente pela União, pois ela nomeia diretores, participa do Conselho, e institui contribuições sociais.

O cerne da questão está em responder se a lei pode aumentar o rol constitucional, impondo licitação obrigatória para outras entidades que não as mencionadas expressamente na Lei Maior, ou deve se ater ao rol constitucional?

Diogo afirma que o Art. 119 da Lei nº 8.666/93 é inconstitucional, pois o legislador ordinário ampliou a expressão "empresas sob o seu controle", contida no Art. 37, XXVII da Constituição, para "entidades controladas direta ou indiretamente pela União". Afirma, ainda, que a ementa da Lei nº 8.666/93 diz que a lei "regula" a Constituição, não podendo ir além do que ela dispõe.

Efetivamente, não se pode afirmar inconstitucional uma ampliação do rol constitucional, principalmente se tal alargamento vier abraçar entidades que gerenciam dinheiro público.

Outro ponto a ser analisado são os serviços sociais autônomos que são criados por lei Federal e mantidos por contribuições sociais criadas e instituídas pela União. Em razão dessa íntima relação com a União, elas serão demandadas na Justiça Federal ou na Estadual? Qual o foro competente?

O enunciado nº 516 da Súmula do STF responde a essa questão, ao dizer que o serviço Social da Indústria – SESI – está sujeito à jurisdição da Justiça Estadual. Esta Súmula refere-se apenas a uma das entidades, mas se aplica a todos os serviços sociais autônomos por analogia.

---

51   Entendimento firmado nas deliberações: Acórdão nº 181, Plenário Ata nº 42; Decisão nº 408, Plenário, Ata nº 37; Decisão nº 47, 1ª Câmara, Ata nº 8; Decisão nº 522, Plenário, Ata nº 57. Todas estas deliberações foram citadas no relatório do Acórdão nº 46, 1ª Câmara (*in BDA*).

Os serviços sociais autônomos foram criados em um tempo no qual se entendia que o "interesse público" somente poderia legitimamente ser alcançado pela ação de um Estado dirigente e intervencionista. Não seria admissível que entes da sociedade pudessem dialogar com o Estado de forma paritária; assim, as relações entre Poder Público e Sociedade eram de subordinação. Foi nesse âmbito que surgiram os serviços sociais autônomos, que se posicionavam em uma situação de subordinação ao Estado, vinculando-se as suas decisões.

Hoje, os conceitos de "interesse público" e de Estado estão em plena mudança. Não se vê mais o Estado como detentor do monopólio do interesse público, procurando-se dar ao cidadão a possibilidade de participar das decisões públicas, através de entes intermediários. A participação dá ao cidadão a possibilidade de gerir, de forma organizada, os processos que refletirão em sua qualidade de vida. Isso aumenta a ideia de responsabilidade de cada indivíduo pela gestão do interesse público.

É nesse contexto que a posição dos serviços sociais autônomos dentro da gestão dos negócios públicos deve ser mudada. Ao se abandonar o vocábulo "paraestatalidade", abandona-se, também, uma postura na qual os entes representativos da sociedade que tratem de interesses públicos só possam existir enquanto satélites do Estado, e não como seus parceiros. A atualização da visão sobre o tema passa pela atualização da própria postura acerca do Estado.

SERVIÇOS SOCIAIS AUTÔNOMOS

São aqueles **instituídos por lei**, com **personalidade de Direito Privado**, para ministrar assistência ou ensino, sem fins lucrativos, mantidos por dotações orçamentárias e por contribuições parafiscais, portanto devem ser controladas pelo TCU.

COOPERAM COM O PODER PÚBLICO, com administração e patrimônio próprio, na forma de instituições particulares (como as fundações, sociedades civis e associações).

Essas entidades compõem o chamado SISTEMA "S": SESI, SESC, SENAC, SEST, SENAI, SENAR e SEBRAE, **NÃO INTEGRAM A ADMINISTRAÇÃO DIRETA NEM A INDIRETA**

Estas entidades tem o Regime **CELETISTA** de pessoal, dispensando o Concurso Público como forma de admissão. As Causas Judiciais destas entidades deverão ser processadas e julgadas na **Justiça Estadual**.

---

14. ORGANIZAÇÕES SOCIAIS E ORGANIZAÇÕES DA SOCIEDADE CIVIL DE INTERESSE PÚBLICO

14.1. Entes de Colaboração Estatal

Recentemente, empregou-se uma Reforma na Administração Pública no Brasil, como já vimos com a citada emenda constitucional nº 19/98. Um de seus objetivos foi o de desenvolver canais de participação da sociedade na Administração Pública e a busca de uma maior eficiência da máquina administrativa.

O desenvolvimento desses canais de participação tem como caminho a realização de parcerias entre o Estado e sociedade, com vistas a diminuir os aspectos autoritários do Estado. A colaboração não ocorrerá se não houver uma paridade, um equilíbrio entre os parceiros, o que significa que o relacionamento entre sociedade e Estado não pode mais ser de subordinação.

Durante longo período, vigorou a concepção exacerbadora do papel do Estado, diante da pluralidade de interesses da sociedade. Justamente foi essa pluralidade de interesses que, com o espantoso avanço das comunicações nos últimos anos, fez com que o indivíduo passasse a requerer sua reaparição nos esquemas de poder.

Nessa almejada transição, o foco do interesse deixaria de ser o Estado, e passaria ser o cidadão. Nesse movimento, o próprio conceito de público passa por transformações. Deixa o interesse público de ser monopólio do Estado e entra em seara ainda não definida. Este público não estatal passa a abrigar novas modalidades de ação e novas entidades, denominadas entes intermédios.

Diogo de Figueiredo traça o seguinte esquema:

Coordenação:

a) Cooperação (no âmbito interno)

a. 1) autonomia gerencial

a. 1.1) contrato de gestão (acordo de programa)

a.2) gestão associada (entre entes federados)

a.2.1) consórcios públicos

a.2.2) convênios de cooperação

b) Colaboração (no âmbito externo)

b. 1) gestão em parceria

b. 1.1) convênios

b. 1.2) contratos de gestão (acordos de programa)

b.2) gestão admitida

b.2.1) reconhecimento

Quanto à cooperação estatal, três alterações trazidas pela EC nº 19/98 merecem destaque. Primeiramente, o *caput* Art. 37 foi alterado, com a inclusão da eficiência dentre os princípios constitucionais da Administração pública. Este princípio deriva da ideia de que a Administração deve desenvolver processos para produzir resultados. Paulo Modesto, com muita propriedade, afirma:

> "O princípio da eficiência, embora não seja novo em nosso sistema jurídico, merece ser revigorado. Sobre uma adequada consideração desse princípio podem ser renovados diversos institutos do direito público. Ele permite oferecer nova legitimação à aplicação abrangente e geral do direito público na disciplina da administração pública e permitir um controle mais efetivo da competência discricionária de agentes públicos. Desconsiderar a sua importância no contexto dos demais princípios do Estado Social, apenas pode satisfazer os que advogam a chamada "fuga para o direito privado", que Ramón Parada, com bom humor, diz que mais parece uma "debandada para o direito privado(...)".[52]

Outro ponto a se destacar é o § 8º do Art. 37, que admite ampliação da autonomia gerencial, orçamentária e financeira de órgãos e entidades da administração direta e indireta através de contratos de desempenho, firmados entre seus respectivos administradores e o Estado, em que serão fixadas metas de eficiência a serem alcançadas.

O Art. 241, também produto da EC nº 19/98, prevê que a União, Estados, Distrito Federal e Municípios disciplinarão, por meio de lei, consórcios públicos e convênios de cooperação entre os entes federados, autorizando gestão associada de serviços públicos.

A colaboração estatal será executada de duas formas: gestão em parceria com entidades privadas, através de convênios ou de contratos de gestão, e gestão admitida de entidades privadas em determinadas atividades de interesse público.

A gestão admitida opera-se por atos administrativos de reconhecimento de entidades privadas que voluntariamente colaborem com o Estado no atendimento a interesses coletivos, em escala geralmente reduzida. A gestão em parceria é o objeto do presente estudo.

14.2. Organizações Não Governamentais (ONGs)

A doutrina tem utilizado expressões como pessoa de interesse coletivo e entes de colaboração para designar as associações ora sob enfoque.

---

52   Publicado na *Revista Interesse Público,* ano 2, nº 7, jul./set. 2006, São Paulo: Notadez, p. 65/75.

A regulamentação das ONGs é basicamente de direito privado, pois o fato de colaborarem com o Estado não as transforma em estatais. São associações civis, tais como as associações de moradores ou de preservação ambiental. Sua criação ocorre com a inscrição no cartório de pessoas jurídicas e seu quadro funcional é preenchido sem concurso público.

Diploma infraconstitucional de relevância a cuidar de associações da sociedade para defesa de interesses coletivos foi o Código de Defesa do Consumidor, Lei 8.078/90, que inclui dentre os princípios da Política Nacional das Relações de Consumo a ação governamental de proteção efetiva do consumidor "por incentivos à criação e desenvolvimento de associações representativas" (Art. 4º, II, b). Indo além, o Código dá a essas entidades a legitimidade para propor ações coletivas para a defesa de direitos e deveres dos consumidores (Art. 82, IV).

14.3. Organizações da Sociedade Civil de Interesse público – Lei 9.790/90

As OSCIPs são associações civis credenciadas pelo Poder Público com o título de interesse público. Ao receberem tal título, estarão habilitadas a relacionar-se com o Estado visando à execução de atividades de interesse público por meio de um vínculo de colaboração, denominado Termo de Parceria.

A Lei 9790/99 que regula essas organizações, resultou de projeto enviado pelo Poder Executivo à Câmara de Deputados, no segundo semestre de 1998, tendo sido precedido de negociações e discussões entre representantes do governo e de associações civis do Terceiro Setor. Durante a tramitação na Casa Legislativa, realizou-se uma audiência pública com parlamentares e associações civis que colaboraram para a redação final do projeto, aprovado na íntegra pelo Senado.

O Art.1º diz que podem qualificar-se como Organizações da Sociedade Civil de Direito Público (OSCIP) pessoas jurídicas de direito privado, sem fins lucrativos, desde que os respectivos objetivos sociais e normas estatutárias atendam aos requisitos legais.

O primeiro parágrafo do dispositivo define que, para os fins da lei, pessoa sem fins lucrativos é a que não distribui, entre os seus sócios ou associados, conselheiros, diretores, empregados ou doadores, eventuais excedentes operacionais, brutos ou líquidos, dividendos, bonificações, participações ou parcelas do seu patrimônio, auferidos mediante o exercício de suas atividades, e que os aplica integralmente na consecução do respectivo objeto social.

14.3.1. O Credenciamento

O poder de credenciar a associação é do Ministério da Justiça, apreciando a presença dos requisitos legais.

O Art. 2º apresenta os requisitos negativos, isto é, quais espécies de associações não podem ser credenciadas. A lei apresenta um rol taxativo. Dentre elas, estão as sociedades comerciais, sindicatos, instituições hospitalares privadas não gratuitas e suas mantenedoras.

O Art. 3º define quais atividades deverá desenvolver a associação, como promoção da assistência social, da cultura, defesa e conservação do patrimônio histórico e artístico.

O Art. 4º, por sua vez, dirige-se aos estatutos sociais da organização. É preciso que estes observem os princípios da legalidade, impessoalidade, moralidade, publicidade, economicidade e eficiência, bem como outros aspectos.

Cumpridos os requisitos da Lei, a pessoa jurídica de direito privado sem fins lucrativos, interessada em obter a qualificação instituída, deverá formular requerimento escrito ao Ministério da Justiça, assim dispõe o Art. 5º.

A regra do Art. 1º, § 2º não deixa claro se o ato de credenciamento será vinculado. O dispositivo afirma que a outorga da qualificação é ato vinculado ao cumprimento dos requisitos instituídos pela Lei. Ora, uma vez cumpridos os requisitos, está obrigado o Poder Público, através do Ministério da Justiça, a credenciar a organização. Mesmo porque o Art. 6º, § 3º determina que o pedido de qualificação somente pode ser indeferido se os requisitos legais não forem cumpridos, daí ser tal ato vinculado.

O ato que negar o credenciamento deverá ser fundamentado. O fato de ter o pedido de credenciamento indeferido não obsta nova apresentação de pedido (Decreto 1.300, Art. 3º, § 3º).

14.3.2. O Termo de Parceria

Uma vez credenciada, a associação poderá procurar qualquer entidade pública da mesma área de sua atuação e, com ela, celebrar um termo de parceria. Este termo, regulado nos Arts. 9º ao 15, definirá suas possíveis vantagens.

Imediatamente após o credenciamento, a lei não confere qualquer vantagem ou benefício. A definição estará no termo de parceria, que pode definir repasse de verba pública, cessão de servidor, isenções fiscais, cessão de bens públicos etc.

Termo de Parceria é o instrumento que poderá ser firmado entre o Poder Público e as entidades qualificadas como Organização da Sociedade Civil de Interesse Público. Destina-se à formação do vínculo de colaboração[53] entre as partes, para o fomento e a execução das atividades de interesse público previstas no Art. 3º da Lei (Art. 9º).

Aplica-se, aqui, o já mencionado princípio da consensualidade, mencionado por Diogo de Figueiredo, visando a atuação do Poder Público em parceria com a sociedade civil para atender o interesse coletivo.

O Termo de Parceria, firmado de comum acordo entre o Poder Público e as organizações da Sociedade Civil de Interesse Público, discriminará direitos, responsabilidades e obrigações das partes signatárias (Art. 10).

O § 2º determina quais são as cláusulas essenciais do termo de parceria. O termo deve prever, por exemplo, as receitas e as despesas a serem realizadas no seu cumprimento, estipulando item por item as categorias contábeis usadas pelas organizações e o detalhamento das remunerações e benefícios de pessoal a serem pagos com os recursos oriundos ou vinculados ao Termo, a seus diretores, empregados e consultores.

O Termo deverá definir a origem e a espécie de vantagem vinculada à previsão. Cada termo de parceria vale para um projeto específico, o que não significa que cada entidade só possa firmar um termo por vez. O Art. 16 do Decreto 1300 admite a vigência simultânea de mais de um termo, ainda que com o mesmo órgão público, de acordo com a capacidade operacional da OSCIP.

14.3.3. Controle

Finalmente, deve-se afirmar que o TCU exerce controle sobre a OSCIP, pois esta recebe dinheiro público. A lei não nega isso, em duas passagens: o Art. 4º, VII, e o Art. 12.

Se a instituição pública que assinou com a organização uma parceria percebe uma irregularidade, deve notificar o Tribunal de Contas e o Ministério Público, sob pena de solidariedade. Assim, há dois controles: o do TCU e o do órgão ou entidade parceira.

Cumpre ressaltar que o Decreto 1.300 define uma forma de controle sobre o credenciamento da entidade. Qualquer cidadão, vedado o anonimato e respeitadas as prerrogativas do Ministério Público, desde que amparado por evidências de erro ou fraude, é parte legítima para requerer, judicial ou administrativamente, a perda da qualificação como Organização da Sociedade Civil de Interesse Público.

A perda da qualificação ocorrerá mediante decisão proferida em processo administrativo, instaurado no Ministério da Justiça, de ofício ou a pedido do interessado, ou judicial, de iniciativa popular ou do Ministério Público, nos quais serão assegurados a ampla defesa e o contraditório (Decreto 1.300, Art. 4º).

14.3.4. O Prazo de Dois Anos do Art. 18

O Art. 18 da Lei na 9.790/99 estabelece um prazo de dois anos de convivência entre títulos e certificados de leis diversas. A Lei 9.790/99 concede a certo tipo de organizações a possibilidade de obter o título de OSCIP. Contudo, não é único título que interessa a essas organizações. Existem outros títulos e certificados no sistema

---

53   A lei utiliza o termo *cooperação*. Coerentemente com a postura analítica empregada nesse texto, utilizamos o termo *colaboração* para identificar a coordenação administrativa no plano externo.

legal brasileiro que foram formulados para as entidades identificadas como ONGs e suas assemelhadas, como o título de Utilidade Pública Federal, por exemplo.

Esses títulos ou certificados geralmente têm duas funções: a) demonstrar o reconhecimento do poder público quanto a certo tipo de entidade; b) conceder benefícios especiais a quem os possuir.

Pelo Art. 18, as pessoas jurídicas de direito privado sem fins lucrativos, qualificadas com base em outros diplomas legais, poderão qualificar-se como Organizações da Sociedade Civil de Interesse Público, desde que atendidos os requisitos para tanto exigidos, sendo-lhes assegurada a manutenção simultânea dessas qualificações, até dois anos contados da data de vigência desta Lei. Depois de dois anos de vigor da referida lei, não será mais assegurado manter a qualificação de OSCIP simultaneamente às outras qualificações existentes.

Quando a lei fala de qualificações, está falando de títulos, certificados. No mesmo artigo em que se refere a qualificações, a lei identifica o título de OSCIP como uma qualificação, dando o exato parâmetro de sua abrangência. Pensar de outra maneira seria admitir interpretações extensivas à norma que prevê restrições de direito, ao mesmo tempo em que se correria o risco de tornar a lei uma roleta russa sem fim, na qual poderíamos imaginar que a entidade veria sua qualificação de finalidade não lucrativa para efeitos de imposto de renda ser colocada em jogo.

O título de OSCIP não concede os benefícios do título de utilidade pública ou a certeza (e segurança) dos benefícios do certificado de fins filantrópicos. Estar enquadrado na Lei nº 9.790/99 concede outros benefícios, embora o principal deles, o termo de parceria, ainda não tenha sido colocado em prática.

Esse é o momento para verificarmos uma questão de concurso sobre esse tema:

Questão: Recentemente, três entidades privadas sem fins lucrativos do Município ABCD, que atuam na defesa, preservação e conservação do meio-ambiente, foram qualificadas pelo Ministério da Justiça como Organização da Sociedade Civil de Interesse Público. Buscando obter ajuda financeira do Poder Público para financiar parte de seus projetos, as três entidades apresentaram requerimento à autoridade competente, expressando seu desejo de firmar um termo de parceria.

Considerando a narrativa fática acima, responda aos itens a seguir, empregando os argumentos jurídicos apropriados e apresentando a fundamentação legal pertinente ao caso.

A) O poder público deverá realizar procedimento licitatório (Lei nº 8.666/93) para definir com qual entidade privada irá formalizar termo de parceria?

B) Após a celebração do termo de parceria, caso a entidade privada necessite contratar pessoal para a execução de seus projetos, faz-se necessária a realização de concurso público?

Resposta sugerida:

Organização da Sociedade Civil de Interesse Público (OSCIP) é a qualificação jurídica conferida pelo Poder Público, por ato administrativo, às pessoas privadas sem fins lucrativos e que desempenham determinadas atividades de caráter social, atividades estas que, por serem de relevante interesse social, são fomentadas pelo Estado. A partir de tal qualificação, tais entidades ficam aptas a formalizar "termos de parceria" com o Poder Público, que permitirá o repasse de recursos orçamentários para auxiliá-las na consecução de suas atividades sociais.

As OSCIPs integram o que a doutrina chama de "Terceiro Setor", isto é, uma nova forma de organização da Administração Pública por meio da formalização de parcerias com a iniciativa privada para o exercício de atividades de relevância social. Sendo assim, como as ideias de "mútua colaboração" e a ausência de "contraposição de interesses" são inerentes a tais ajustes, o "termo de parceria" tem sido considerado pela doutrina e pela jurisprudência como espécies de convênios e não como contratos, tendo em vista a comunhão de interesses do Poder Público e das entidades privadas na consecução de tais atividades.

Contudo, apesar de desnecessária a licitação formal nos termos da Lei 8.666/93, não se pode olvidar que deverá a administração observar os princípios do Art. 37 da CRFB/88 na escolha da entidade além de, atualmente, vir prevalecendo o entendimento da doutrina, da jurisprudência e dos Tribunais de Contas no sentido de que, ainda que não se deva realizar licitação nos moldes da Lei 8.666/93, deverá ser realizado procedimento licitatório simplificado a fim de garantir a observância dos princípios da Administração Pública, como forma de restringir a subjetividade na escolha da OSCIP a formalizar o "termo de parceria".

Com relação à segunda pergunta, temos resposta negativa, visto que por não integrarem a Administração Pública, as OSCIP's não se submetem às regras de concurso público, nos termos do Art. 37, II, da CRFB. É importante ressaltar que, por se tratar de prova discursiva, será exigido do examinando o desenvolvimento do tema apresentado. Desse modo, além de resposta conclusiva acerca do arguido, a mera menção a artigo não é pontuada, nem a mera resposta negativa desacompanhada do fundamento correto.

14.4. Organizações Sociais - Lei 9.637/99

São associações civis, criadas nos moldes do Código Civil e credenciadas pelo Poder Público como organizações sociais. São, também, entidades com personalidade jurídica de direito privado. Após o credenciamento, o Poder Público poderá fomentar a organização no desempenho de suas funções.

14.4.1. Quem Pode se Transformar em Organização Social

A Lei determina que espécies de entidades sejam transformadas em OS, quais sejam: entidades e órgãos públicos, bem como associações civis.

As pessoas de direito público poderão ser transformadas em OS através de lei. A própria Lei 9637/99 transformou duas entidades públicas em OS: Fundação Roquete Pinto e Laboratório Luz Sincotron (fundação pública). O Estado de São Paulo – possui lei própria sobre organizações sociais (anterior à Lei 9.637/99). O Teatro Municipal, por exemplo, foi transformado em OS.

A Lei menciona, tanto na ementa quanto no Art. 20, a criação de um Programa Nacional de Publicização, a ser criado, mediante decreto do Poder Executivo, "com o objetivo de estabelecer diretrizes e critérios para a qualificação de organizações sociais, de assegurar a absorção de atividades desenvolvidas por entidades ou órgãos públicos da União, que atuem nas atividades referidas no Art. 1º, por organizações sociais, qualificadas na forma desta Lei".

Fica claro, embora não expresso na Lei, que o principal objetivo das OS não é, como no caso das OSCIP, as associações civis, mas a absorção de atividades desenvolvidas por órgãos e entidades públicas, com consequente extinção destes. Os bens dos órgãos ou entidades seriam cedidos à OS e o serviço, outrora público passa a ser regido por regras privadas. Dependendo da efetividade que a lei alcançar, o Estado estará deixando de prestar certos serviços públicos, passando a incentivar associações privadas, através de parceria.

Desta forma, embora fale em publicização, a Lei está, efetivamente, galgando mais um passo na diminuição da estrutura administrativa, por um processo de privatização. O regime em que era prestada a atividade, de público, passa a ser privado, a entidade pública é extinta e substituída por uma privada. Di Pietro destaca que isso afronta a moralidade administrativa, pois "(...) sob a roupagem de entidade privada, o real objetivo é mascarar uma situação que, sob todos os aspectos, estaria sujeita ao direito público (...). Trata-se de entidades constituídas *ad hoc*, ou seja, com o objetivo único de se habilitarem como organizações sociais e continuarem a fazer o que faziam antes, porém com nova roupagem. São entidades fantasmas, porque não possuem patrimônio próprio, sede própria, vida própria".[54]

14.4.2. A Qualificação das Organizações Sociais

A OS procura diretamente o ministério ou titular do órgão supervisor da sua área de atuação. Não há credenciamento prévio obrigatório pelo Ministério da Justiça, como ocorre com as OSCIPs. Uma associação civil cujas atividades sejam voltadas, por exemplo, à preservação ambiental, vai diretamente ao Ministério do Meio Ambiente, que o credencia como organização social.

As espécies de organizações que poderão ser qualificadas com OS estão definidas no Art. 1º. Suas atividades devem ser dirigidas ao ensino, à pesquisa científica, ao desenvolvimento tecnológico, à proteção e

---

54   *In* direito administrativo, São Paulo: Atlas, 2017, p.406.

preservação do meio ambiente, à cultura e à saúde, atendidos aos requisitos previstos nesta lei. Trata-se de um rol bem menos amplo de atividades do que o oferecido pela Lei 9.790.

O Art. 2º, por sua vez, traz os requisitos específicos para que as entidades privadas habilitem-se à qualificação como organização social. Dentre eles, merece destaque o do inciso II:

> II - haver aprovação, quanto à conveniência e oportunidade de sua qualificação como organização social, do Ministro ou titular de órgão supervisor ou regulador da área de atividade correspondente ao seu objeto social e do Ministro de Estado da Administração Federal e Reforma do Estado.

A qualificação é ato administrativo discricionário. O legislador, nesse ponto, autorizou um elevado e perigoso grau de discricionariedade nas mãos do Administrador público. A lei não prevê, sequer, a consulta a um órgão colegiado ou a representantes da sociedade. A crítica a que se faz é que, uma decisão de tanta importância, que envolve o dinheiro público, não pode ser tomada de tal maneira.

Além do Ministério respectivo, a lei determina que a organização deva procurar o Ministério da Administração Federal e Reforma do Estado, que hoje não mais existe. Desta forma, está dispensado o credenciamento por outro ministério.

Marçal Justen Filho pergunta: sendo o credenciamento discricionário, caso várias associações civis com o mesmo objeto procurem o mesmo ministério ou órgão simultaneamente, qual será credenciada?

> "Suponha-se, por exemplo, que a Administração intencione outorgar aos particulares a gestão de um educandário. Não é possível que seja escolhida arbitrariamente uma certa organização social, mantida, por exemplo, pelo chefe político local. Os princípios da isonomia e da indisponibilidade do interesse público continuam a disciplinar a atividade estatal. Logo, deverá facultar-se a possibilidade de disputa pelo contrato de gestão, selecionando-se a melhor proposta segundo critérios objetivos preestabelecidos(...)".

> "Há necessidade de prévia licitação para configurar o contrato de gestão e escolher a entidade privada que será contratada".[55]

Ele defende que a licitação seria obrigatória, em função da impessoalidade prevista do no *caput* do Art. 37 da Constituição. A lei não oferece critérios objetivos para a escolha discricionária.

14.4.3. Contrato de Gestão

As OSCIPs celebram termo de parceria, enquanto as OS celebram contrato de gestão, que será o elo de colaboração com a Administração. A disciplina legal está Arts. 5º a 7º da mencionada lei.

A Lei define o contrato de gestão como o instrumento firmado entre o Poder Público e a entidade qualificada como organização social, com vistas à formação de parceria entre as partes para fomento e execução de atividades relativas às áreas relacionadas no Art. 1º (Art. 5º).

Ressalte-se que, apesar de denominado contrato, não estamos diante de um contrato, pois as vontades das partes objetivam um mesmo fim: a realização de atividade de interesse público.

Este contrato de gestão não se rege pelas normas da Lei 8.666/93, que trata dos contratos administrativos. Não se trata, tecnicamente, de contrato onde as duas partes têm vontades voltadas para polos distintos. Aqui, há consensualidade, em que o Poder Público e a associação têm o mesmo fim.

Trata-se, em verdade, de um ato administrativo complexo, em que há supervisão do Poder Público. Bem andou Diogo de Figueiredo, ao denominar esse contrato de gestão como "acordo de programa".[56]

---

55 JUSTEN FILHO, MARÇAL. *Comentários à Lei de licitações e contratos administrativos*. São Paulo: Dialética 10ª ed., 2016, p. 305.
56 *In* Coordenação gerencial na administração pública, *RDA*, nⁱ 214, p. 49.

Para atingir as metas do contrato de gestão, o Poder Público realiza atividade de fomento, dando certas vantagens às OS, que estão elencadas expressamente na lei. Esta é outra diferença entre as OS e as OSCIP, cujas vantagens estarão no Termo de Parceria, e não na Lei.

Exemplo de vantagem é a destinação de recursos orçamentados e bens públicos necessários ao cumprimento do contrato de gestão (Art. 12). Esses bens serão destinados às organizações sociais com dispensa de licitação, mediante permissão de uso, de acordo com cláusula expressa no contrato de gestão (§ 3º).

Outra vantagem é a faculdade conferida ao Poder Executivo de cessão especial de servidor para as organizações sociais, com ônus para a origem (Art. 14).

14.4.4. Flexibilidade Operacional

O dinheiro sai diretamente do orçamento para a organização. A pergunta que se faz é a seguinte: vão gastar sem licitação? Trata-se de dinheiro público na mão de uma entidade civil. É mais radical do que o Serviço Social Autônomo, em que o dinheiro sai de contribuições sociais.

Nem a lei nem a Constituição pedem licitação, em momento algum, para tais entidades. Di Pietro afirma que, para que a OS se adapte aos princípios constitucionais que regem a gestão da máquina pública, seria preciso exigir-se submissão aos princípios da licitação. As OS também não estão obrigadas a realizar concurso público.

A Fundação Roquete Pinto foi transformada, de fundação pública, em organização social (Anexo I da Lei). Continua recebendo recursos do orçamento, como antes. Porém, não mais realiza licitação nem faz concurso público para preenchimento de seus cargos.

A nosso ver, isso fere os princípios da moralidade e da impessoalidade. Abre-se uma possibilidade a administradores de fugir das regras de direito público, gastando dinheiro público como anteriormente, agora sem licitação e sem concurso público. O quadro se agrava quando lembramos que o Poder Público define discricionariamente qual a associação será credenciada como organização social.

Esse sistema favorece a malversação de verbas públicas. Um ministro pode, por exemplo, vincular a aprovação do credenciamento e consequente liberação de verbas públicas, obrigando a organização a somente gastar com determinadas empresas.

Não bastasse isso, a Lei de Licitações, 8.666/93, teve um inciso (XXIV) acrescentado ao Art. 24, que regula a dispensa de licitação, pela Lei 9.548/98. Permite-se a contratação direta das organizações sociais por parte de qualquer entidade da estrutura administrativa, sem licitação.

Lei 8.666/93, Art. 24, XXIV:

"Art. 24. É dispensável a licitação: (...)

XXIV - para a celebração de contratos de prestação de serviços com as organizações sociais, qualificadas no âmbito das respectivas esferas de governo, para entidades contempladas no contrato de gestão".

A expressão "qualificadas no âmbito das respectivas esferas de governo" dá a entender que cada ente federativo somente poderá contratar com dispensa de licitação organizações sociais por ele qualificadas. O Estado só contrataria OS qualificada pelo Estado, a União com OS por ela qualificada etc.

Estas entidades podem celebrar contratos com outros órgãos públicos, dispensando-se, também, o procedimento licitatório. Esta disposição gera a possibilidade de administradores desviarem recursos públicos, através de conluios com essas organizações sociais. Além disso, o STF, na ADIn nº 1.923/DF — Rel. Min. Ilmar Galvão negou medida cautelar para suspender a eficácia desta norma, por entender não existir incompatibilidade com a Constituição.

14.4.5. Controle da Organização Social

A princípio, o controle está disciplinado no contrato de gestão. A prestação de Contas será ao próprio órgão que a credenciou (Art. 8º).

Há Controle do TCU? No caso das OSCIP, vimos que há dois dispositivos determinando-o. A Lei das OS não traz disposições semelhantes. Ela traz, apenas, um controle indireto, no Art. 9º.

> "Art. 8º. A execução do contrato de gestão celebrado por organização social será fiscalizada pelo órgão ou entidade supervisora da área de atuação correspondente à atividade fomentada. (...)
>
> Art. 9º. Os responsáveis pela fiscalização da execução do contrato de gestão, ao tomarem conhecimento de qualquer irregularidade ou ilegalidade na utilização de recursos ou bens de origem pública por organização social, dela darão ciência ao Tribunal de Contas da União, sob pena de responsabilidade solidária".

Esta é a única menção feita pela Lei ao controle do TCU. Ao órgão credenciador, se notar alguma irregularidade, incumbe acionar o Tribunal de Contas. Pela lei, a OS presta contas apenas a quem a credenciou, pois não se prevê prestação direta de contas ao TCU.

Em virtude disso, temos duas possibilidades de interpretação: ou a Lei 9.637 é inconstitucional, pois exime de controle do TCU entidade que gerência dinheiros, bens ou valores públicos, ou houve, na verdade, uma omissão da lei, não se podendo afastar o Art. 70, parágrafo único, da Constituição. Por força da Carta Política, a OS estaria obrigada a prestar contas ao TCU.

O segundo entendimento é mais razoável, pois resguarda o princípio da presunção de constitucionalidade das normas, e aplica a interpretação conforme a Constituição. A omissão legal não tem o condão de inviabilizar o controle do Tribunal de Contas.

Desta maneira, seriam duas as formas de controle:

a) à entidade credenciadora;

b) ao Tribunal de Contas;

14.4.6. Desqualificação das Organizações Sociais – Art. 16

A lei traz seção própria sobre o tema. O Art. 16 determina que o Poder Executivo poderá proceder à desqualificação da entidade como organização social, quando constatado o descumprimento das disposições contidas no contrato de gestão.

Entendemos que a utilização do verbo poderá pelo dispositivo legal traduz, de fato, um poder dever do administrador. Uma vez constatada a irregularidade apontada, não pode ele se furtar a desqualificar a organização.

A desqualificação deve ser precedida de processo administrativo, assegurado o direito de ampla defesa. Os dirigentes da organização social respondem, individual e solidariamente, pelos danos ou prejuízos decorrentes de sua ação ou omissão (§ 1º).

Havendo desqualificação, os bens e os valores entregues à utilização da organização social serão revertidos, sem prejuízo de outras sanções cabíveis (§ 2º).

A Lei 9.637/99 apresenta algumas omissões que se fazem notar. Ela não prevê expressamente o controle direto do TCU, como vimos acima, nem apresenta um mecanismo objetivo de qualificação da entidade como OS. Nesses dois assuntos, a Lei 9.790 se diferencia, pois determina o controle direto pelo Tribunal de Contas e faz com que o credenciamento da OSCIP seja ato vinculado à observância dos requisitos legais.

Tampouco há, na lei das OS, mecanismo de controle da realização do contrato de gestão. Nesse ponto, também, a Lei das OSCIPs é melhor. Esta afirma, no Art. 10, § 1º, que a celebração do Termo de Parceria será precedida de consulta a órgãos específicos, os assim chamados "Conselhos de Políticas Públicas" das áreas correspondentes de atuação existentes, nos respectivos níveis de governo.

Somente em caso de não existir Conselho de Política Pública da área de atuação correspondente, o órgão estatal parceiro ficará dispensado de realizar a consulta, não podendo haver substituição por outro Conselho (Art. 10, § 2º do Decreto Lei 1.300).

Em função de todo o exposto, percebe-se que o intuito das OS é de absorver certas atividades desempenhadas por órgãos e entidades da Administração, como serviços públicos, com a consequente extinção destes órgãos ou entidades. Já no caso das OSCIPs, o objetivo da lei são associações preexistentes, já que se exige, para a qualificação, estatuto registrado em cartório, ata de eleição da diretoria, balanço patrimonial e demonstração do resultado do exercício, além de outros requisitos.

E por derradeiro, insta tornar hialino que o sistema proposto para as OSCIP é mais eficiente para fomentar as parcerias na Administração, pois o Estado não está extinguindo uma entidade pública para que seja administrada por particulares, mas, realmente, incentivando a criação de entes intermédios por parte da sociedade.

	Organizações Sociais OS	Organizações da Sociedade Civil de Interesse Público OSCIP
Requisito de origem	Pessoa Jurídica de direito privado sem fins lucrativos, constituídas a 3 anos.	Pessoa Jurídica de direito privado sem fins lucrativos, constituídas a 3 anos.
Finalidade	Execução de serviços e atividades públicas de fim social ou cultural transferido de órgão ou entidade pública com a consequente extinção desta entidade pública.	Colaboração com o Poder Público para prestar serviços de Interesse Público.
Vínculo de cooperação	Contrato de Gestão	Termo de Parceria
Credenciamento	Junto a autoridade máxima de órgão da área de atuação	Junto ao Ministério da Justiça.
Controle	Entidade credenciadora e TCU	Entidade vinculada e TCU
Licitação	Não é obrigada a observar o Processo Licitatório	Deve observar o Processo Licitatório
Admissão de Pessoal	Não deve observar a obrigatoriedade de Concurso Público	Não deve observar a obrigatoriedade de Concurso Público

CAPÍTULO
——VII——

SERVIÇOS PÚBLICOS

1. INTRODUÇÃO

Veremos a noção básica do serviço público, bem como as suas novas formas. Teremos a oportunidade de averiguar que o serviços públicos podem ser prestado diretamente, pelos órgãos despersonalizados, integrantes da Administração Pública, ou indiretamente, por entidades com personalidade jurídica própria. Na prestação indireta, abrem-se duas possibilidades, quais sejam: pode o Estado constituir pessoas jurídicas públicas (autarquias e fundações públicas) ou privadas (sociedades de economia mista e empresas públicas) e, mediante lei (CF, art. 37, XIX), outorgar a tais entes a prestação do serviço público. Ou pode, por outro lado, delegar à iniciativa privada, mediante contrato ou outro ato negocial, a prestação do serviço. Serve-se o Estado, nesse último caso, de figuras jurídicas como a concessão e a permissão.

2. NOÇÃO BÁSICA DE SERVIÇO PÚBLICO

É de conhecimento da doutrina a dificuldade de se conceituar e explicar o verdadeiro sentido do que seja *serviço público*. Isto porque seu conceito sofre parcela de influência no tempo e no espaço de cada povo, de cada sistema político, econômico e social adotado pelo Estado. Só para termos uma idéia, os serviços religiosos já foram considerados, outrora, curiosamente, como serviços públicos. Não há possibilidade, doutrinariamente, de se elencar quais as atividades que constituem serviço público.

Ademais, a noção de serviço público tem que ser repensada, na atualidade, em conjunto com o fenômeno da globalização. Hoje, nós temos um sem número de atividades, que foram retiradas de um regime de liberdade de iniciativa absoluta para o Estado. Com a "quebra" do Estado, então, começa-se a falar num Estado Regulador, ou seja, o Estado assume uma feição de orientador das atividades de interesse geral, e não necessariamente de executor dessas mesmas atividades.

A partir do momento em que se reconhece, no ordenamento jurídico, o princípio da livre iniciativa, é dever do Estado abster-se do exercício de atividades econômicas. Sendo assim, é direito da sociedade não financiar atividade econômica do Estado nem sofrer, por parte dele, a competição com as atividades econômicas. Essa regra da abstenção é excepcionada pelo princípio da subsidiariedade, que autoriza, em caráter excepcional, que as atividades econômicas sejam desempenhadas pelo Poder Público, sob forma empresarial, desde que haja um imperativo de segurança nacional ou um relevante interesse público, requisitos estes estabelecidos em nossa Magna Carta, conforme consta no art. 173, *caput*:

> Art. 173. Ressalvados os casos previstos nesta Constituição, a exploração direta de atividades econômicas pelo Estado só será permitida quando necessária aos **imperativos da segurança nacional ou a relevante interesse coletivo**, conforme definidos em lei. (grifo nosso).

A noção de subsidiariedade é da mais alta relevância quando nós estamos falando de Economias Globalizadas, porque retoma-se a idéia de divisão de competências entre a Sociedade e o Estado.

A globalização é um fenômeno natural da evolução histórica. Já vivenciamos a globalização cultural da Grécia e até uma globalização religiosa, que foi o caso do Cristianismo. Enquanto processo, é a globalização que aumenta a facilidade de intercâmbios e, consequentemente, aumentam os negócios entre pessoas. Aumentando o volume de negócios, surge a necessidade de se diminuir as barreiras comerciais existentes, ampliando suas fronteiras, dando margem ao surgimento dos blocos econômicos. A partir da idéia de blocos econômicos, criados para viabilizar uma liberdade econômica, é que se começa a repensar os conceitos de serviços públicos. Em um regime de livre iniciativa, então, o Estado, através da Polícia Administrativa, estabeleceria uma limitação da liberdade individual em prol do interesse coletivo.

Daí porque a maioria dos autores nacionais não debruça com a devida metodologia sobre o tema, deixando-o sob uma visão básica, sem maiores aprofundamentos, minudências e, muito menos, pesquisas.

O serviço público pode ser considerado, também, como tudo que tem interesse público, abrangendo, no caso, atividades do Estado e até algumas atividades particulares, que sejam regulamentadas pelo Estado, em razão do interesse público. De início, então, já temos dois conceitos de serviço público, destacando-se que, do primeiro, que são as atividades do Estado, retiram-se as atividades de soberania estatal, por serem requisitos da própria existência do Estado.

As atividades de soberania estatal que não possuem realmente uma unidade de gozo transferida para o particular são excluídas do conceito de serviço público, como, por exemplo, as Forças Armadas. Para alguns autores, não seriam serviços públicos essas prestações de soberania estatal; serviço público seria, apenas, o que realmente beneficia, em alguma coisa, a coletividade, genericamente ou individualmente.

Para uma corrente, o serviço público abrangeria as atividades econômicas do Estado. Mas, então perguntamos: fornecer água é atividade econômica? Recolher lixo é atividade econômica? Fornecer combustível é atividade econômica? A doutrina se divide. O professor Diogo de Figueiredo Moreira Neto entende que tudo é atividade econômica e que o serviço público é apenas uma hipótese de monopólio de atividade econômica do Estado. Outros advogam, porém, realmente existir uma distinção forte entre atividade econômica e serviço público.

Optamos pelo raciocínio do consagrado Eros Roberto Grau, no livro *A Ordem Econômica na Constituição de 1988*, para quem a atividade econômica *latu sensu* divide-se entre a atividade econômica *strictu sensu* e os serviços públicos. Tal divisão tem que ser feita, porque a própria Constituição divide a disciplina das atividades econômicas do Estado da disciplina dos serviços públicos.

Com efeito, ao tratar da atividade econômica, monopólio estatal, a Constituição faz essa alusão, prevendo nos arts. 173, 174, 176 e 177 as atividades econômicas do Estado. No entanto, quando trata de serviço público, especificamente no art. 175, a Carta Política assim dispõe: "Incumbe ao Poder Público, na forma da lei, diretamente ou sob regime de concessão ou permissão, sempre através de licitação, a prestação de serviços públicos". Daí Eros Roberto Grau aduzir que, na Constituição, há dispositivos tratando da atividade econômica *strictu sensu* e dispositivos tratando de serviços públicos, embora ambos sejam atividades econômicas *latu sensu*.

Questionamos, então: qual é a diferença entre eles dois? Aí, paira uma confusão enorme. Há quem afirme que serviço público é o que a Constituição chama de serviço público. Há, por outro lado, quem diga que serviço público é o que é essencial. Mas, o que é *ser essencial*? E há também aqueles que afirmam que o serviço público é aquele que se destina ao bem estar individual ou coletivo da sociedade. Acontece que, nas atividades econômicas, reside interesse da coletividade, que é, porém, um interesse mediato. Na verdade, as atividades econômicas fazem parte de um interesse estratégico do Estado, um interesse fiscal do Estado.

Quando o Estado, por exemplo, monopoliza o petróleo, não está querendo prestar um bem à coletividade em geral. Há, inegavelmente, um interesse estratégico nacional para que o Estado explore com exclusividade essa atividade. Logo, no caso, não se trata de serviço público, e sim uma autêntica atividade econômica.

Na Europa, notamos a presença de atividades econômicas monopolizadas que são curiosíssimas, a exemplo dos cassinos, que são todos públicos. No Brasil, as loterias também são monopólios públicos. Mas loteria, no Brasil, é serviço público? Lógico que não. O Estado, ao ter essa atividade, tem interesse fiscal. No caso do petróleo, o interesse é estratégico.

Há um parâmetro interessante para distinguir serviço público de atividade econômica. É só indagar se o objeto está imediatamente à disposição da coletividade. Se tiver, será serviço público; caso contrário, será atividade econômica.

A título de ilustração, vejamos a seguinte hipótese. Ao chegar em casa, acendo as luzes. Logo, está a minha disposição o serviço de energia elétrica. Outro exemplo: tiro o telefone do gancho, imediatamente vai funcionar o serviço de telecomunicação.

O mesmo se dá com o serviço de transporte coletivo, pois está imediatamente à disposição da sociedade.

Vejamos, agora, hipótese inversa. O petróleo está imediatamente à disposição do povo? Não. Então, será atividade econômica. O minério de ferro está imediatamente à disposição do povo? Lógico que não. Então, estas serão atividades econômicas.

Essa distinção é muito importante, porque vai condicionar as indagações frequentes da prova da magistratura a respeito da penhora dos bens das estatais e qual a teoria da responsabilidade a ser aplicada a elas.

Uma questão polêmica, e que está bastante em voga, reclamando uma solução urgente dos juristas, é a do *transporte alternativo de passageiros*, mesmo porque fala-se muito atualmente que a competitividade nos serviços públicos e nas atividades em geral deve ser estimulada e, no caso, as Vans vêm suprindo esse papel, qual seja, o de reduzir o poderio econômico das *empresas de ônibus* e, ao mesmo tempo, empreendendo uma atividade de transporte de passageiros. Porém, em que hipótese se enquadra o transporte alternativo de passageiros: de serviço público ou de atividade econômica?

Ressaltamos que não há nenhuma lei dizendo que o transporte alternativo de passageiros é serviço público. O que sabemos, e tendo como fonte os recentes noticiários da imprensa, é que o Poder Executivo regulamentará o transporte alternativo de passageiros. Mas isso seria suficiente para retirar uma atividade do regime de liberdade de iniciativa e atribuí-la à iniciativa estatal? Não. A Administração Pública não pode, simplesmente, vedar tal atividade porque existe o direito decorrente da liberdade de iniciativa. É necessário, antes de tudo, *que a atividade seja tratada como serviço público e que haja uma delegação estatal para a prestação daquele serviço por um particular, ou seja, só prestará aquela atividade o Estado ou quem dele receber um título jurídico para a sua prestação.*

Como até hoje ainda não temos nada regulamentado oficialmente, as Vans desempenham uma atividade de regime de livre iniciativa, e se não há lei estabelecendo requisitos para o exercício dessa liberdade, a atividade está em regime de liberdade e faz quem quer. Não existe lei definindo essa atividade como serviço público. Não existe lei definindo quais são os requisitos para ser transportador de Van. Portanto, transporte alternativo de passageiros está longe de ser considerado serviço público.

Todavia, é importante observar que, se o Estado impõe um horário, um preço, um trajeto, uma condição de transporte, aí há distinção entre atividade de regime de liberdade e atividade de iniciativa estatal, basta supormos a seguinte situação fática: o motorista da Van bate e, em razão da colisão, o passageiro fica aleijado. Que direito o usuário tem contra o Estado? É aí que reside a diferença, a distinção entre serviço público e atividade econômica.

José dos Santos Carvalho Filho[1] para simplificar admite que a expressão serviço público possui dois sentidos fundamentais. um subjetivo, que leva em conta os órgãos do Estado, responsáveis pela execução das atividades voltadas à coletividade; outro, objetivo, que trata serviço público como a atividade em si, prestada pelo Estado e seus agentes. E é no sentido objetivo que o tema é desenvolvido.

Partindo deste ponto, a doutrina conceitua serviço público de diversos modos. O que se observa na doutrina são conceitos amplos e restritos, porém em ambas as hipóteses, combinam-se, em geral, três elementos para a definição: o material (atividade de interesse coletivo), o subjetivo (presença do Estado) e o formal (procedimento de direito público). Amplos são os conceitos mais genéricos, e restritos são os conceitos que confinam o serviço público entre as atividades exercidas pela Administração Pública, com exclusão das

---

1 CARVALHO FILHO, JOSÉ DOS SANTOS. *Manual de direitos administrativo*. 17. ed. Rio de Janeiro: Lumen Juris, 2007, p. 255.

funções legislativa e jurisdicional; e, além disso, o consideram como uma atividade administrativa, perfeitamente distinta do poder de polícia do Estado.

Entendemos ser serviços públicos toda atividade que a Administração efetua de forma direta ou indireta sob normas e controles estatais, visando a satisfazer necessidades essenciais ou secundárias da coletividade ou simples conveniência do Estado, objetivando sempre um interesse geral, sob regime jurídico total ou parcialmente de direito público, ou seja, é o modo de atuar da autoridade pública a fim de facultar, por modo regular e contínuo, a quantos deles careçam, os meios idôneos para satisfação de uma necessidade coletiva individualmente sentida.

Podemos dizer, portanto, que o conceito de serviço público possui quatro elementos. O objetivo, que seria a necessidade de interesse coletivo. O subjetivo, a prestação pelo Estado ou por seu delegatário. O formal, ou seja, que é prestado sob regime de direito público e, por fim, o elemento teleológico, que é a busca da eficiência.

Pode-se conceituar serviço público em três aspectos: amplo, restrito e exclusivo. No sentido amplo, seria toda atividade realizada pelo Estado. O sentido restrito diz que o serviço público seria toda atuação da Administração Pública, do Poder Executivo. No sentido exclusivo, serviço público seria uma das cinco atividades da Administração Pública, do Poder Executivo, abarcando: serviço público, poder de polícia, intervenção na ordem econômica, intervenção na ordem social e fomento público.

3. CONCEITOS INTERNACIONAIS

De acordo com a União Européia,[2] a noção de serviço público tem um duplo sentido, designando tanto o organismo de produção do serviço como a missão de interesse geral a este confiado. É com o objetivo de favorecer ou de permitir a realização de missões de interesse geral que a autoridade pública pode impor obrigações específicas de serviço público a um organismo de produção do serviço, por exemplo, em matéria de transportes terrestres, aéreos ou ferroviários ou em matéria de energia. Estas obrigações podem ser impostas à escala nacional ou regional. Note-se que, com frequência, confunde-se erroneamente serviço público e setor público (incluindo a função pública), ou seja, a missão e o estatuto, o destinatário e o proprietário.

Distingue também que os serviços de interesse econômico geral designam as atividades de serviço comercializáveis que preenchem missões de interesse geral, estando, por conseguinte, sujeitas a obrigações específicas de serviço público (artigo 86º - antigo artigo 90º - do Tratado que institui a Comunidade Europeia). É o caso, em especial, dos serviços em rede de transportes, de energia e de comunicações.

O Tratado de Amsterdã inseriu um novo artigo (16º) que institui a Comunidade Européia. Este artigo reconhece o lugar que os serviços de interesse econômico geral ocupam no conjunto dos valores comuns da União Européia, bem como o papel que desempenham na promoção da sua coesão social e territorial. Estes serviços devem funcionar com base em princípios e em condições que lhes permitam cumprir as suas missões.

Por serviços de interesse geral entendem-se as atividades de serviço, comercial ou não, consideradas de interesse geral pelas autoridades públicas, estando, por conseguinte, sujeitas a obrigações específicas de serviço público. Esta noção engloba as atividades de serviço não econômico (sistema de escolaridade obrigatória, proteção social etc.), as funções intrínsecas à própria soberania (segurança, justiça etc.) e os serviços de interesse econômico geral (energia, comunicações etc.). Recorda-se que as condições do artigo 86º (antigo artigo 90º) do Tratado não são aplicáveis às duas primeiras categorias (atividades de serviço não econômico e funções intrínsecas à própria soberania).

Por fim, o conceito de serviço universal foi desenvolvido pelas instituições da Comunidade e define um conjunto de exigências de interesse geral a que devem obedecer, em toda a Comunidade, as atividades de telecomunicações ou de correio, por exemplo. As consequentes obrigações destinam-se a assegurar o acesso generalizado de todas as pessoas a determinadas prestações essenciais, de qualidade e a um preço abordável.

---

2   http://europa.eu.int/scadplus/leg/pt/cig/g4000s.htm#s2

4. CONCLUSÃO QUANTO AO CONCEITO

De acordo com Maria Sylvia Zanella Di Pietro[3] após analisar os conceitos da doutrina expõe uma serie de conclusões que cabe aqui transcrever:

> "1. A noção de serviço público não permaneceu estática no tempo; houve uma ampliação na sua abrangência, para incluir atividade de natureza comercial, industrial e social;
>
> 2. É o estado, por meio da lei, que escolhe quais as atividades que, em determinado momento, são consideradas serviços públicos; no direito brasileiro, a própria Constituição faz essa indicação nos artigos 21, incisos X, XI, XII, XV e XXIII, e 25, § 2º, alterados, respectivamente, pelas Emendas Constitucionais 8 e 5, de 1995; isto exclui a possibilidade de distinguir, mediante critérios objetivos, o serviço público da atividade privada; esta permanecerá como tal enquanto o Estado não a assumir como própria;
>
> 3. Daí outra conclusão: o serviço público varia não só no tempo, como também no espaço, pois depende da legislação de cada país a maior ou menor abrangência das atividades definidas como serviços públicos;
>
> 4. Não se pode dizer, dentre os conceitos mais amplos ou mais restritos, que um seja mais correto que o outro; pode-se graduar, de forma decrescente, os vários conceitos: os que incluem todas as atividades do Estado (legislação, jurisdição e execução); os que só consideram as atividades administrativas, excluindo jurisdição e legislação, sem distinguir o serviço público do poder de polícia, fomento e intervenção; os que preferem restringir mais para distinguir o serviço público das outras três atividades da Administração Pública".

5. CARACTERÍSTICAS

A primeira característica do serviço público é a subjetiva, qual seja, os serviços públicos são prestados pelo Estado, que é um dos objetivos do Estado, mesmo delegando tais serviços estes não deixam de ser públicos, vez que o Estado sempre reserva o poder jurídico de regulamentar, alterar e controlar o serviço. Daí, o porquê a CF/88 dispor, em seu art. 175, que incumbe ao Poder Público a prestação dos serviços públicos.

Sendo gestor dos interesse da coletividade, o Estado deve sempre prestar o melhor serviço para o usuário, por isso o interesse coletivo, que é a segunda característica (elemento material), devendo ser dividido em essenciais e não essenciais. Nos primeiros o Estado deve prestá-los com a maior dimensão possível, afinal estará atendendo diretamente as demandas principais da coletividade. Os segundos, apesar de não essenciais, trazem por algum motivo especial, interesse do Estado em fazê-lo[4].

Como o serviço é instituído pelo Estado e almeja o interesse coletivo, nada mais natural que ele se submeta a regime de direito público (elemento formal). No entanto, como o serviço público pode ser delegado, muitas vezes veremos incidência do direito privado, porém nunca de forma integral. José dos Santos Carvalho Filho[5] diz que nos casos de delegação do serviço o regime será híbrido, predominando, porém, o regime de direito público quando em rota de colisão com o de direito privado.

Tal conceito e característica sofreram com a reforma do estado uma flexibilização com o tempo, razão pela qual alguns autores chegam a falar em "crise da noção de serviço público"[6].

---

3   Direito Administrativo. 16. ed. São Paulo: Atlas, 2006, p. 97-98.

4   APELAÇÃO. MEDIDA CAUTELAR INOMINADA. PERMISSÃO. TRANSPORTE COLETIVO. ADMINISTRAÇÃO PÚBLICA. ATO DISCRICIONÁRIO. PODER JUDICIÁRIO. A permissão para exploração dos serviços é ato unilateral, precário e discricionário, pela qual o Poder Público faculta ao particular a execução de serviços de interesse coletivo. Não havendo ilegalidade ou abuso de poder da autoridade. No que diz respeito ao ato que deu fim a permissão, não cabe a Justiça a interferência no âmbito do poder discricionário da administração. Recurso desprovido. (Tipo da Ação: APELAÇÃO CIVEL; Número do Processo: 2006.001.01700; Órgão Julgador: DECIMA OITAVA CAMARA CIVEL; Votação: DES. JORGE LUIZ HABIB)

5   CARVALHO FILHO, JOSÉ DOS SANTOS. Manual de direitos administrativo. 25. ed. São Paulo: Alas, 2012, p. 258.

6   Tratam do tema: MELLO, CELSO ANTÔNIO BANDEIRA DE. Natureza e regime jurídico das autarquias. 2002, p. 137. MOREIRA NETO, DIOGO FIGUEIREDO. Mutações do direito administrativo. 2005, p. 124. PIETRO, MARIA SYLVIA ZANELLA DE. Direito administrativo. 2006, p. 196.

O âmbito subjetivo foi o mais alterado, pois apesar do serviço público ser prestado pelo Estado, este não mais precisa ser prestado com exclusividade por um órgão público. De fato, a execução de muitos serviços passou a ser transferida a pessoas jurídicas especificamente criadas pelo Estado para esse fim, e também a particulares, através de contratos de concessão ou permissão. A Constituição de 1988 assimilou essa nova concepção, bastando averiguar que o Estado delega a particulares, afirmando a possibilidade de concessão ou permissão da execução do serviço tanto na regra geral inscrita em seu art. 175, como em todas as ocasiões em que cuidou dos serviços públicos, sejam federais (art. 21, XI e XII), estaduais (art. 25, §2º) ou municipais (art. 30, V).

Em consequência da participação de particulares na prestação de serviços públicos, o elemento formal também sofreu modificações. Afinal, não é mais possível conceber um regime puramente de direito público.

O traço mais grave da "crise" da noção de serviço público, todavia, diz respeito ao seu elemento material – interesse coletivo. Tradicionalmente, o serviço público era compreendido como aquele que atendia a uma necessidade coletiva e só poderia ser suprida pela ação estatal. Confundia-se o serviço público com a própria noção de Estado, não se cogitando que ela pudesse ser prestada por outrem que não o Estado. Essas noções porém mudaram ao longo do século passado, daí, doutrinariamente, tornou-se necessário estender o elemento material do serviço público para que ele pudesse compreender também a prática de atividades comerciais e industriais pelo Estado Moderno, justificando, consequentemente, a classificação dos serviços públicos em inerentes e por opção político-constitucional, uma das classificação que devemos fazer a seguir.

Nesse diapasão, Celso Antonio Bandeira De Mello[7] cuidou de registrar a insuficiência do elemento material para configurar a noção jurídica de serviço público, na passagem que se transcreve:

> "Percebe-se, sem muita dificuldade, então, que o primeiro elemento do serviço público é absoluta-mente insuficiente para configurá-lo, de vez que se trata de simples suporte fático, substrato material, sobre que se constrói a noção jurídica propriamente dita. Por isso, tal substrato pode existir inúmeras vezes sem que, entretanto, se possa falar em serviço público. Isto é, quando houver prestação de utilidade ou comodidade, oferecida pelo Estado e fruível diretamente pelos administrados, haverá serviço governamental, mas não necessariamente serviços público. Este só existirá se o regime de sua prestação for o regime administrativo, ou seja, se a prestação em causa configurar atividade administrativa pública, em uma palavra, atividade prestada sob o regime de Direito Público".

Repetindo, mais uma vez, a noção de serviço público envolve, em nossa opinião, a conjunção de quatro elementos: três tradicionais e mais um. O primeiro deles é o elemento objetivo, ou seja, a atividade deve ser de interesse geral e isto é fato (insumo social), que passa por reflexão de conveniência e oportunidade. O segundo é o elemento subjetivo, qual seja, é a prestação do serviço pelo Estado ou por quem o faça. O terceiro elemento, que é o elemento formal, é a prestação sob regime jurídico de direito público. E, por fim, temos um quarto elemento, o elemento teleológico, que, embora não seja tradicionalmente tratado na doutrina clássica do serviço público, é mencionado por Eduardo Garcia de Enterria. Isto porque, nos dias de hoje, a sociedade está preocupada com a qualidade das prestações que lhe são oferecidas, pouco importando se quem presta é o Estado ou o particular. O que interessa é a eficiência.

6. CLASSIFICAÇÃO

Cada autor faz a que quer. A classificação tradicional, do saudoso Hely Lopes, não tem mais fundamento em face da Constituição de 1988. O aludido administrativista divide claramente o serviço público entre serviço público propriamente dito (aquele essencial para a existência da sociedade, ou seja, sem ele, a sociedade sucumbiria e, por isso, indelegável, como, por exemplo, Poder de Polícia) e o serviço de utilidade pública (não é essencial, só visa facilitar a vida em sociedade, por isso delegável. Há inúmeros exemplos: fornecimento de luz e gás, telefone, transporte coletivo). Ocorre que a Constituição, no seu art. 30, V, fala expressamente que

---

7   Curso de direito administrativo, 2005, p. 246-247.

o serviço de transporte coletivo é serviço público essencial. No entanto, é um serviço delegável, quebrando a idéia de Hely Lopes, o que deixa bastante claro que pode haver serviço essencial e delegável.

José Dos Santos Carvalho Filho[8] adota quatro classificações, que são as seguintes:

6.1. Quando à Delegabilidade: Serviços Delegáveis e Indelegáveis

Serviços delegáveis são aqueles que, por sua natureza ou pelo fato de assim dispor o ordenamento jurídico, comportam ser executados pelo Estado ou por particulares colaboradores. Já os indelegáveis, são aqueles que só podem ser prestados pelo Estado diretamente, ou seja, por seus próprios órgãos ou agentes[9].

6.2. Serviço Administrativo e de Utilidade Pública

Serviços administrativos são aqueles prestados pelo Estado para melhor compor sua organização, diferente dos serviços de utilidade pública que se destinam diretamente aos indivíduos, ou seja, são proporcionados para sua fluição direta, tais como o da imprensa oficial.[10]

Hely Lopes Meirelles[11] conceitua serviços de utilidade pública como aquele que a Administração, reconhecendo sua conveniência (não essencialidade, nem necessidade) para os membros da coletividade,

---

8   CARVALHO FILHO, JOSÉ DOS SANTOS. *Manual de direitos administrativo*. 25. ed. São Paulo: Atlas, 2012, p. 259.
9   ementa: processual civil. Citação. Instituição bancária. Forma autárquica regime jurídico. Citação na pessoa do gerente de agência local. Forma autárquica. E reservada a prestação de serviço público típico delegável. O serviço público, delegável e indelegável, e nominado pela constituição federal. Não é algo abstrato à mercê do gosto do legislador menor, de modo a erigir a tal categoria algo da atividade privada. Por decorrência, o estado nao pode, a pretexto de atuar na economia privada, qualificar a ação como serviço público, para valer-se da forma privilegiada da autarquia, confindindo-o com interesse público. Regime jurídico. Sendo a caixa econômica estadual uma instituição bancária, logo, atuando na economia privada, está sujeita ao regime jurídico próprio das empresas que nela atuam. Embora autarquia por constituição, portanto, pessoa jurídicia de direito público interno, o tratamento legal adequado, considerando que nela não há capital privado, corresponde ao regime jurídico da empresa pública. Exegese do art-173, § 1º, da cf. Citação na pessoa de gerente de agência local. Afastado, pelo conteúdo da atividade desempenhada, possível privilégio escudado na forma autárquica, e válida a citação realizada na pessoa de gerente de agência local, onde foi celebrado o ato originário da demanda. Exegese dos arts. 215, § 2º, e 223, paragráfo único, ambos do cpc. Agravo improvido. (agravo de instrumento nº 197027659, sexta câmara cível, tribunal de alçada do rs, relator: des. Irineu mariani).
10   ementa: mandado de segurança. Função pública delegada. Ato de gestão. I - com prestar serviço público ou de utilidade pública, o estado o faz ou por seus próprios órgãos, em seu nome e por sua exclusiva responsabilidade, modo centralizado, ou por outorga ou delegação, mediante transferência de sua titularidade ou execução a autarquias, fundações, empresas estatais e mesmo empresas privadas, modo descentralizado ou desconcentrado. Entre as formas de prestação descentralizada do serviço público ou de utilidade pública estão as que outorgadas as empresas estatais, gênero das quais e espécie a sociedade de economia mista. Na medida em que exercem função delegada, podem os dirigentes de entidades da administração indireta ser consideradas autoridades e assim tidas como coatoras, a ensejar mandado de segurança contra seus atos. Ii - mas nem todos os atos por eles cometidos se submetem ao controle extraordinário; necessário que o sejam "no exercício de atribuições do poder público" (cf, art. 5, lxix) e no que "entender" com a função delegada (lei 1.533/51, artigo 1, parágrafo 1). A pratica de ato de gestão estranho a delegação e dela distanciado, não é considerado como desempenho da função publica, não ensejando mandado de segurançaa. Apelo nao-provido. (apelação cível nº 599428505, primeira câmara especial cível, tribunal de justiça do rs, relator: des. Genaro josé baroni borges).
Ementa: embargos infringentes. energia elétrica. Serviço essencial. Ausência de pagamento. Corte no fornecimento. Impossibilidade. Incidência das regras do código de defesa do consumidor. O corte no fornecimento de energia elétrica e forma insidiosa de coação, odioso instrumento de pressão que não se coaduna com os princípios norteadores das relações de consumo, notadamente o que obriga a qualquer órgão público o fornecimento contínuo dos serviços essenciais. Ademais disto,a empresa concessionária dispõe de instrumento legais para pleitear o débito de energia elétrica, sem que necessário proceder o corte do fornecimento. Os serviços públicos constituem, de regra, monopólio, quer exercidos pelo estado, quer por concessionárias ou permissionárias, de sorte que se interrompidos, não pode de outro se socorrer o consumidor, ficando deles irremediavelmente privado. E a energia elétrica, a par de corresponder a um serviço de utilidade pública, e bem essencial, indispensável a vida e a saúde das pessoas, notadamente, como no caso, quando possibilita o regular funcionamento das repartições municipais. Por fim, o corte ou a só ameaça de corte, obrigando o município efetuar o pagamento do débito modo imediato, implica derrogar regras legais e constitucionais atinentes aos precatórios, a que deve submeter-se a concessionária, tanto quanto os demais credores da fazenda pública. Embargos desacolhidos, por maioria.(24 fls.) (embargos infringentes nº 70000271338, primeiro grupo de câmaras cíveis, tribunal de justiça do RS, RELATOR: DES. MARCO AURÉLIO HEINZ).
11   MEIRELLES, HELY LOPES. *Direito administrativo brasileiro*. 27. ed. São Paulo: Malheiros, 2016, p. 295-296.

presta-os diretamente ou aquiesce em que sejam prestados por terceiros (concessionários, permissionários ou autorizatários), nas condições regulamentadas e sob seu controle, mas por conta e risco dos prestadores, mediante remuneração dos usuários. São exemplo dessa modalidade os serviços de transporte coletivo, energia elétrica, gás, telefone e outros mais.

6.3. Quanto aos Destinatários: Serviços Coletivos e Singulares

Serviços coletivos (*uti universi*) são aqueles prestados a grupamentos indeterminados de indivíduos, de acordo com as opções e prioridades da Administração, e em conformidade com os recursos de que disponha, não gerando direito subjetivo a ninguém de exigi-lo para si, individualmente. São exemplos de serviços coletivos: os de polícia, iluminação pública, calçamento. Portanto, é o serviço prestado para coletividade como um todo, sem que se possa mensurar, determinar quem aproveitou dele. Outro exemplo, contribuição de iluminação pública. Não tem como dizer quem está aproveitando da iluminação pública e o quanto.

Normalmente, por serem indivisíveis, devem ser mantidos por imposto, e não por taxa ou tarifa, que é remuneração mensurável e proporcional ao uso individual do serviço.

Já os serviços singulares (*uti singuli*) preordenam-se a destinatários individualizados, sendo mensurável a utilização por cada um dos indivíduos.

Se o destinatário cumprir com suas obrigações e exigências regulamentares, terá direito de exigi-los. Como dá para determinar quem aproveitou e o quanto aproveitou dos serviços públicos, pode-se cobrar diretamente dessa pessoa. Então, os serviços públicos individuais, via de regra, podem ser financiados por taxa ou preço público, e não por imposto. Dissemos via de regra, porque há serviços individuais que são prestados graciosamente, por serem muito especiais.

Perguntamos, então: quando vai ser taxa e quando vai ser preço público? Taxa é uma espécie de tributo, ou seja, é imposta independentemente da vontade da parte. Preço público ou taxa é uma remuneração contratual.

O Município do Rio de Janeiro vem cobrando, junto com IPTU, uma contribuição de iluminação pública. Acontece que a iluminação pública não é um serviço individual, não se tem como saber quanto cada um utilizou daquela iluminação pública, até porque há pessoas que usam mais, outras, menos. Então, não tem como se determinar quem e quanto se utiliza da iluminação pública. Por causa disso, antes era chamada de taxa de iluminação pública, o que foi declarada inconstitucional pelo Supremo Tribunal Federal.

Outra discussão que há gira em torno da taxa de segurança pública. A segurança pública é serviço geral ou individual? É geral, pois não se tem como saber quanto cada um aproveitou da estrutura da segurança pública do Estado. A esse propósito, aliás, já há projetos de lei, em vários Estados, criando taxa de segurança pública.

Há, no Rio de Janeiro, um anteprojeto visando a criação de uma taxa de segurança pública a ser cobrada de realizadores de grandes eventos, como de um espetáculo de rock, por exemplo, por demandar uma atuação da polícia. Para o público, isso seria um serviço geral. No entanto, para o realizador do evento, o qual demandará um efetivo policial, seria serviço específico. Logo, nesse caso de realização de eventos, em relação ao organizador, o serviço é específico, uma vez que é possível identificar-se o idealizador do evento e aferir-se quanto será demandado do serviço de segurança pública, em relação ao número de participantes do evento.

A propósito, o Tribunal de Justiça de Minas Gerais, em certa ocasião, julgou uma representação de inconstitucionalidade, em caso semelhante ao mencionado, mas julgou ser constitucional tal projeto.

Sendo determinado serviço individual e específico, quando ele será remunerado por taxa ou por preço público? Há várias correntes de entendimento, tendo em vista as diferentes conceituações de serviço público. Partindo-se do que diz a Constituição, taxa tem como fato gerador o serviço público, específico e individual. Mas, por uma interpretação sistemática, verifica-se que taxa é tributo. Há serviço público, porém, que não é obrigatório, ou seja, a pessoa tem o serviço se quiser; consequentemente, não seria taxa. Ocorre que outros raciocinam que o serviço essencial seria remunerado por taxa. O problema, nesse caso, seria saber, então, o que é essencial. Há, ainda, os que advogam que, em se tratando de regime jurídico de direito público, utilizar-se-ia taxa e, por fim, os dizem que, sob o regime jurídico de direito privado, seria o serviço remunerado por preço público.

O Supremo entende, por sua vez, que serviço público individual, remunerado por taxa, é aquele obrigatório, e sendo obrigatório, o pagamento também o será.

O lixo é um serviço público obrigatório? Não obstante ter o STF julgado inconstitucional a cobrança do lixo do Município do Rio de Janeiro, a cobrança foi feita por decreto, o qual disciplinou o serviço de recolhimento de lixo domiciliar, dizendo que o mesmo iria ser recolhido pela COMLURB e mencionando textualmente, no final, que, quem não disponibilizar o lixo para ser recolhido, quem enterrar, incinerar, transportar, ficará sujeito a uma multa.

Ocorre que, inteligentemente, o Supremo raciocinou da seguinte maneira: se o decreto está impondo multa para quem não usar o serviço, é sinal de que o serviço é obrigatório. Assim sendo, o preço cobrado é, também, obrigatório. Portanto, trata-se de taxa, e não de preço público. Ademais, se é taxa, teria que ser instituído por lei, jamais por decreto. Logo, é inconstitucional.

Já o caso da CEDAE, pertinente ao serviço de esgoto, este realmente sempre foi um problema, pois os valores pagos à Companhia se referem ao serviço de abastecimento de água, que é um serviço público divisível, específico. Mas, e o esgoto, como ele é aferido? Mede-se pelo valor da água que entra, pressupondo-se que a água que entra sai. Porém, a água não é obrigatória, porque se pode comprar água mineral, cavar um poço, adquirir carro-pipa. Então, o esgoto é uma situação parecida com a do lixo, porque envolve, sem dúvida, uma questão de saúde pública.

Ocorre que, embora a água não seja obrigatória, o serviço é hiperessencial, daí surgindo uma nova discussão: quando se pode cortar um serviço? O serviço telefônico, que é específico e divisível, não é obrigatório. Porém, se o usuário não pagar o serviço, este será cortado. Mas, e se o usuário não pagar taxa de coleta de lixo domiciliar, este poderá ser cortado? Não, pois há um interesse público muito maior em se recolher o lixo.

Na real verdade, não é a taxa ou o preço público que será determinador do corte, mas, sim, a obrigatoriedade. Se é pago por taxa, o serviço é obrigatório; se é pago por tarifa ou preço público, o serviço não é obrigatório.

Sendo assim, a água deveria ser paga por preço público, pois que não é obrigatória. A rigor, então, teoricamente, a água poderia ser cortada. Acontece que a Justiça, com raras exceções, manda religar a água por ser um serviço público essencial.

Apuração de Tarifa de Água, Luz, Gás e Esgoto com Base em Estimativa de Consumo

No Tocante a essa questão, que desperta interesse no estudo, o valor estimado não corresponde ao serviço efetivamente prestado, por, ocasionar o enriquecimento ilícito da fornecedora/concessionária.

Nessa linha, irrepreensivelmente lógica, a *cobrança pelo fornecimento de água, na falta de hidrômetro ou defeito no seu funcionamento, deve ser feita pela tarifa mínima, sendo vedada a cobrança por estimativa.*

A jurisprudência mais atualizada do Superior Tribunal de Justiça tem prestigiado esse entendimento:

ADMINISTRATIVO. FORNECIMENTO DE ÁGUA E ESGOTO. ALEGAÇÃO GENÉRICA DE OMISSÃO NO ACÓRDÃO. TARIFA. COBRANÇA POR ESTIMATIVA DE CONSUMO. ILEGALIDADE. NO CASO DE INEXISTÊNCIA DE HIDRÔMETRO. COBRANÇA PELA TARIFA MÍNIMA. 1. A alegação genérica de violação do art. 535 do Código de Processo Civil, sem explicitar os pontos em que teria sido omisso o acórdão recorrido, atrai a aplicação do disposto na Súmula 284/STF. 2. Considerando que a tarifa de água deve ser calculada com base no consumo efetivamente medido no hidrômetro, a tarifa por estimativa de consumo é ilegal, por ensejar enriquecimento ilícito da Concessionária. 3. É da Concessionária a obrigação de instalar o hidrômetro, a cobrança, no caso de inexistência do referido aparelho, deve ser cobrada pela tarifa mínima. 4. Recurso Especial não provido. (STJ, REsp 1.782.672/RJ, Relator(a) Ministro HERMAN BENJAMIN, Órgão Julgador T2 – SEGUNDA TURMA, Data do Julgamento 26/02/2019).

6.4. Serviços Sociais e Econômicos

Serviços sociais são os que o Estado executa para atender aos reclamos sociais básicos, e representam ou uma atividade proporcionada de comodidade relevante, ou serviços assistenciais e protetivos. De outro lado, os serviços econômicos são aqueles que, por sua possibilidade de lucro, representam atividades de caráter mais industrial ou comercial. Apesar de as atividades econômicas estarem dentro do sistema da liberdade de iniciativa e, portanto, cabendo aos particulares exercê-las (art. 170 CF/88), o Estado as executa em algumas ocasiões específicas, como já tivemos a oportunidade de ver acima e em capítulo próprio deste livro. A própria Constituição o permite quando para atender a relevante interesse coletivo ou a imperativo de segurança nacional (art. 173). Em outras ocasiões, reserva-se ao Estado o Monopólio de certos segmentos econômicos (art. 177 CF/88), bem como a competência para a prestação desse tipo de serviço, como é o caso do serviço postal (art. 21, CF/88).

7. SERVIÇOS INERENTES E POR OPÇÃO POLÍTICO-CONSTITUCIONAL

Apesar de não acharmos que tais serviços são considerados classificações cabe aqui fazer tal consideração. Pertencer a uma dessas duas classes acarreta importante consequência do ponto de vista jurídico.

Os serviços públicos inerentes são aqueles genéticas ou ontologicamente ligados às funções estatais típicas, que decorrem de seu poder de império, pois envolvem alguma dose de autoridade pública, sendo mesmo difícil imaginar que pudessem ser prestados por particulares.

Hely Lopes Meirelles esclarece que:

> "O que prevalece é a vontade soberana do Estado, qualificando o serviço como público ou de utilidade pública, para sua prestação direta ou indireta, pois serviços há que, por natureza, são privativos do Poder Público e só por seus órgãos devem ser executados".

É despicienda, portanto, qualquer norma que declare, por exemplo, que a prestação jurisdicional com emprego de coação ou a defesa nacional são serviços públicos, na medida em que o exercício dessas funções não pode ser dissociado da própria razão de ser do Estado. A estas atividades a doutrina costuma também chamar de serviços públicos propriamente ditos ou serviços próprio do Estado, que HELY LOPES MEIRELLES[12] bem conceitua:

> "Serviços Públicos propriamente ditos, são os que a Administração presta diretamente à comunidade, por reconhecer sua essencialidade e necessidade para a sobrevivência do grupo social e do próprio Estado. Por isso mesmo, tais serviços são considerados privativos do Poder Público, no sentido de que só a Administração deve presta-los, sem delegação a terceiros, mesmo porque geralmente exigem atos de império e medidas compulsórias em relação aos administrados. Exemplos desses serviços são os de defesa nacional, os de polícia, os de preservação da saúde pública
>
> (...)

---

12   Direito administrativo brasileiro, 2006, p. 295.

Serviços próprio de Estado são aqueles que se relacionam intimamente com as atribuições do poder Público (segurança, polícia, higiene, saúde pública etc.) e para a execução dos quais a administração usa de sua supremacia sobre os administrados. Por esta razão, só devem ser prestados por órgãos ou entidades públicas, sem delegação a particulares. Tais serviços, por sua essencialidade, geralmente são gratuitos ou de baixa remuneração, para que fiquem ao alcance de todos os membros da coletividade".

Por outro lado, há serviços que embora tenham conteúdo tipicamente econômico e não de serviço público, assim são considerados por uma norma jurídica, ou seja, pela vontade do Estado. Isto ocorre porque este, tendo em vista a relevância da atividade ou outras ponderações relacionadas com o interesse público, acha-se no direito de avocar sua prestação e gestão.

Observa-se assim que o serviço público inerente dispensa previsão legal, afinal decorre da própria existência do Estado, tratando-se de esfera de atuação tipicamente pública. Já o serviço que decorre de uma opção política, depende de previsão normativa que exatamente opera a retirada de uma determinada atividade do domínio da livre iniciativa transferindo-a para o controle estatal.

Não poderá mais o particular atuar na área em que o Estado fizer tal opção, como o poderia em decorrência do princípio da livre iniciativa, mas apenas o exercerá se o Estado delegar a ele tal função, mediante a concessão ou a permissão, na forma do art. 175 da CF, o que as trataremos em capítulo específico dada a importância do assunto. Percebe-se, aqui, que o serviço público por opção político-normativa, traduz uma enorme restrição ao princípio constitucional da livre iniciativa.

Luis Roberto Barroso[13], conclui aqui que:

> *"Se a criação de serviços públicos não inerentes, por mera opção política, diminui o campo de incidência da livre iniciativa – o que de fato ocorre –, ela só será possível com fundamento em autorização ou previsão constante da Lei Maior. Caso contrário, estar-se-ia admitindo que uma norma infraconstitucional, de inferior hierarquia, violasse uma norma constitucional – a que consagra a livre iniciativa e todas as demais que a complementam ou lhe servem de pressuposto. Ademais, tal criação há de ser sempre balizada pelo critério da razoabilidade, a fim de evitar abusos que busquem esvaziar indiretamente a livre iniciativa".*

A própria Constituição cuidou dos serviços públicos por opção político-normativa. Além de enumerar as atividades que decidiu serem serviços públicos, dispôs acerca da possibilidade genérica de delegação de sua execução a particulares, mediante concessão ou permissão (art. 175 CF), e os repartiu entre os entes federativos (art. 21, XI e XII, 25, § 2º, e 30, V). O constituinte teve o cuidado de em tais artigos utilizar a expressão "explorar o serviço diretamente ou mediante concessão ou permissão" ou outra similar. Ou seja, deixou claro que tais atividades só poderiam ser desempenhadas pelos particulares mediante delegação do poder Público, por terem sido subtraídas da livre iniciativa. O que não ocorre quando, por exemplo, a Constituição afirma que compete a União "assegurar a defesa nacional" ou "emitir moeda" (art. 21, III e VII), que são inequivocamente serviços públicos inerentes.

Neste passo, parte da doutrina entende mesmo que a lei não pode criar novas modalidades de serviços públicos por opção normativa, além dos que já constam da Constituição Federal. Do contrário estaria ferindo, por demais, o princípio da livre iniciativa, pois não poderia a lei ordinária ampliar as hipóteses de intervenção do Estado na ordem econômica através da prestação de serviços públicos, apenas mediante emenda constitucional. Fernando Herrem Aguillar[14] dita que:

> *"o regime de privilégio típico dos serviços públicos (...) opera verdadeiro monopólio de uma dada atividade econômica. Daí que o mesmo regime imposto ao Estado para o fim de monopolizar uma determinada atividade econômica é também aplicável para as hipóteses de criação de novo serviço público. (...) Assim, se não quisermos desconsiderar o art. 173, teremos que admitir, logicamente, que somente é*

---

13   BARROSO, LUIS ROBERTO. *Regime constitucional do serviço postal e legitimidade da atuação da iniciativa privada.* Revista de direito Administrativo. Rio de Janeiro, n. 222, [s. a.], p. 192.

14   AGUILLAR, FERNANDO HERREM. *Controle social de serviços públicos.* São Paulo: Max Limonad, 2005, p. 133.

possível instituir Serviços Públicos não previstos constitucionalmente mediante emenda constitucional. (...) os serviços públicos no regime constitucional vigente não podem ser instituídos por lei, inovadoramente em relação à lista de serviços públicos constitucionais".

A esse argumento pode-se agregar outro, quando se fala em competência para a União. Diz a técnica de repartição de competência adotada pelo constituinte originário desde 1891[15], que reservam-se à União Federal e aos Municípios competências expressas[16], deixando a cargo dos Estados-membros as chamadas competências residuais ou remanescentes (art. 25, § 2º CF). Cabe aqui mencionar que a Constituição também prevê competências concorrentes.

Neste contexto, não poderia a União criar, através de lei, novos serviços públicos não inerentes, - ou seja, transformar por alguma norma jurídica, atividade econômica em serviço público, por opção política, - além dos constitucionalmente previstos, sob pena de violação da competência remanescente dos Estados membros (art. 25, § 1º da CF). Celso Ribeiro Bastos afirma:

"A nossa Constituição reserva para si esta tarefa de definir quais são os serviços públicos. Reparte-se entre a União, os Estados e os Municípios, segundo um rol de competência que ela mesma estipula. Para a União, temos o art. 21, XII, que deixa certo pertencer a ela para ser explorado diretamente ou mediante autorização, concessão ou permissão tudo o que vem arrolando nas seis letras daquele inciso. Quanto aos Estados há pelo menos uma referência a um serviço público de sua alçada, previsto no art. 25, § 2º, que se refere aos serviços locais de gás canalizado. Aos municípios compete organizar e prestar os serviços públicos de interesse local, incluído o transporte coletivo".

Independentemente de se aceitar ou não a tese de total impossibilidade de criação legislativa de novos serviços públicos por opção normativa, o fato é que o serviço público por opção política constitui, sem qualquer dúvida, restrição ao princípio da livre iniciativa.

A Constituição adotou dupla cautela, primeiramente por ter enumerado as hipóteses de serviços públicos por opção normativa, referindo de forma expressa que o acesso dos particulares a elas só poderia se dar através de concessão ou permissão e por outro lado adotou dispositivos com redação específica, deixando claro tratarem-se de atividades econômicas que, por variadas razões, foram retiradas da esfera dos particulares.

Por fim, cabe aqui ressaltar que há serviços que foram franqueados diretamente aos particulares pela própria Constituição. A atuação do Estado não impede que os particulares explorem a mesma atividade concomitantemente, afastando, por expressa previsão da própria Carta, a incidência do art.175. A exploração desses serviços pela iniciativa privada, diferentemente da regra geral, dependerá apenas, se for o caso, de licença prévia da autoridade competente. Enquadram-se nessa categoria, especificamente, os serviços de educação (art. 209), saúde (art. 199) e previdência (art. 201 e ss)[17].

Pergunta-se, aqui, então, se seria possível, enquadrar o serviço postal nesta categoria, afinal se assegurada a prestação mínima pelo Estado poderia a iniciativa privada multiplicar a oferta, propiciando benefícios aos usuários relativamente à qualidade e ao preço? Por essa linha de entendimento qualquer empresa estaria habilitada a atuar no setor, observada a legislação própria, desde que existente.

8. DIFERENÇA DE SERVIÇO PÚBLICO E SERVIÇO DE UTILIDADE PÚBLICA

Segundo Hely Lopes Meirelles[18] serviços público visa a satisfazer necessidades gerais e essenciais da sociedade, para que ela possa substituir e desenvolver-se como tal; na Segunda hipótese (serviço de utilidade

---

15   Tal repartição de competência foi inspirada no direito norte americano e adotada no Brasil de 1891.

16   No caso do Município, as competências são, mais precisamente, referenciadas à noção de interesse local.

17   A lei de diretrizes e bases (Lei nº 9.394, de 20/12/1996), estabelece as normas a que as instituições de ensino privadas estão submetidas. A Lei nº 6.435, de 20/07/1977, dispõe sobre a necessidade de "prévia autorização" do Governo Federal para o funcionamente de entidades de previdência privada, embora o termo técnico devesse ser licença, e não autorização. A lei nº 8.080, de 19/09/90, da mesma forma, cuida das normas aplicáveis aos serviços privados de assistência à saúde.

18   MEIRELLES, HELY LOPES. *Direito administrativo brasileiro*. 26. ed. São Paulo: Malheiros, 2005, p. 295-296.

pública), o serviço objetiva facilitar a vida do indivíduo na coletividade, pondo a sua disposição utilidades que lhe proporcionarão mais conforto e bem estar. Daí se denominarem, os primeiros, serviços pró comunidade e, os segundos, serviços pró cidadão, fundados na consideração de que aqueles se dirigem ao bem comum e estes, embora reflexamente interessem a toda a comunidade, atendem precipuamente às conveniências de seus membros individualmente considerados.

Já Sérgio de Andréa Ferreira[19] afirma que serviço público é, no sentido objetivo, a atividade, sob um regime especial de Direito Público, de Direito Administrativo, que visa à satisfação de necessidade coletiva. E distingue serviço público de serviço de utilidade pública, falando que neste último a atividade particular é prestada desinteressadamente, à coletividade, para a qual se apresenta com relevância.

Corporações e fundações podem ser declarados de utilidade pública (art. 16 do Código Civil; Lei nº 91, de 28-8-35, regulamentada pelo Decreto nº 50.517, de 2-5-61, com as alterações do Decreto nº 60.931, de 4-7-67, que define os deveres a que ficam sujeitas as instituições, associações ou serviços considerados de utilidade pública). Para isso devem preencher certos requisitos, estando submetidas, para poderem manter o título (que não lhes confere, diretamente, qualquer favor. Salvo o uso de distintivos próprios e a mensão do título concedido, embora sirva de co-requisito para a concessão de vantagens tributárias), a determinadas imposições e proibições, cuja transgressão acarreta a cassação da declaração. Esta é feita, normalmente, por Decreto executivo, mas leis têm também outorgado o título em questão.

9. TITULARIDADE[20]

Em relação à competência, permite-se, sob a óptica federativa, considerar os serviços públicos como federais, estaduais, distritais e municipais. Mas a vigente Constituição adotou o sistema de apontar expressamente alguns serviços como sendo comuns a todas as pessoas federativas, continuando, porém a haver algumas atividades situadas na competência privativa de algumas esferas. Assim, divide a doutrina tais serviços em privativos e comuns. Os primeiros são aqueles atribuídos a apenas uma das esferas da federação, como o caso do serviço postal, em relação a União. E os segundos são os que podem ser prestados por pessoas de mais de uma esfera federativa.[21]

Os serviços públicos só podem ser prestados se houver uma disciplina normativa que os regulamente, ou seja, uma regra que trate como tais serviços serão prestados.

Além do poder de regulamentação, a competência constitucional para a instituição do serviço confere ainda o poder de controlar sua execução. O controle pode ser interno, quando a aferição se volta para os

---

19   FERREIRA, SÉRGIO DE ANDRÉA. *Direito administrativo didático*. Rio de Janeiro: [s. ed.], 1979, p. 229 e 230.
20   EMENTA: mandado de segurança. Função pábica delegada. Ato de gestão. I - com prestar serviço público ou de utilidade pública, o estado o faz ou por seus próprios órgãos, em seu nome e por sua exclusiva responsabilidade, modo centralizado, ou por outorga ou delegação, mediante transferência de sua titularidade ou execução a autarquias, fundações, empresas estatais e mesmo empresas privadas, modo descentralizado ou desconcentrado. Entre as formas de prestação descentralizada do serviço público ou de utilidade pública estão as que outorgadas as empresas estatais, gênero das quais e espécie a sociedade de economia mista. Na medida em que exercem função delegada, podem os dirigentes de entidades da administração indireta ser consideradas autoridades e assim tidas como coatoras, a ensejar mandado de segurança contra seus atos. II - mas nem todos os atos por eles cometidos se submetem ao controle extraordinário; necessário que o sejam "no exercício de atribuições do poder público" (cf, art. 5, lxix) e no que "entender" com a função delegada (lei 1.533/51, artigo 1, parágrafo 1). A prática de ato de gestão estranho à delegação e dela distanciado, não é considerado como desempenho da função pública, não ensejando mandado de segurança. Apelo não-provido. (apelação cível nº 599428505, primeira câmara especial cível, tribunal de justiça do rs, relator: des. Genaro José Baroni Borges,)
Ementa: tabelionato – delegação de serviço público e não autarquia – na delegação do serviço público, ocorre o transpasse da execução do serviço a particulares, enquanto que na autarquia, ocorre a criação de entidade pública para quem o estado transfere a titularidade do serviço. A execução dos serviços notariais, após o advento da nova constituição, realizam-se por delegação a pessoa física do tabelião, não se constituindo o tabelionato em pessoa jurádica de direito privado ou ente autárquico. Apelação improvida. (apelação cível nº 197000946, Terceira Câmara Cível, Tribunal de Alçada do RS, Rel: Des. GASPAR MARQUES BATISTA).
21   Aqui observa-se na prática uma serie de controvérsias em relação aos limites territoriais dos interesses, como o caso da região metropolitana, que vem ocasionando uma serie de disputas judiciais entre municípios e estados.

órgãos da Administração incumbidos de exercer a atividade, ou externo, quando a Administração procede à fiscalização de particulares colaboradores (concessionários e permissionários), ou também quando verifica os aspectos administrativos, financeiro e institucional de pessoas da administração descentralizada.

10. PRINCÍPIOS

Apesar de cada atividade possuir princípios próprios, existem aspectos genéricos que constituem os princípios regedores dos serviços públicos.

Alguns autores conceituam serviços públicos não pelo fato deles serem atividades exclusiva do Estado. O Estado pode delegar, mas tem a titularidade. Os princípios caracterizam a atividade como serviço público, bastando, portanto, a sujeição aos princípios para a atividade ser considerada serviço público.

Táxi é serviço público? Não, porque, mesmo estando sujeito a uma autorização estatal (autorização não é delegação), a uma tarifa, bem como à cor ou se o mesmo vai ter propaganda, tudo quem decide é o Poder Público. Então, há uma enorme ingerência estatal com relação aos táxis, mas não é serviço público, visto que não está sujeito aos princípios dos serviços públicos.

10.1. Princípio da Generalidade

Possui tal princípio duplo aspecto, por um lado, busca fazer com que o serviço público seja prestado com a maior amplitude possível, devendo beneficiar o maior número de pessoas possíveis. Devem assim, os serviços públicos ser prestados a todos que deles necessitem, indistintamente. Segundo afirma Diogo de Figueiredo Morreira Neto,[22] sua manutenção não se constitui num favor, mas num dever legal, daí poderem ser exigidos tanto de quem tenha a competência para instituí-los quanto de quem os execute. Diz o autor que tal foi acolhido expressamente na Lei nº 8.078/90 (CDC), afirmando o direito do usuário (art. 6º, X). Assim a violação deste princípio caracteriza favorecimento, privilégios, discriminações que deverão ser prontamente corrigidos, sem prejuízo das perdas e danos a que derem causa.

Por outro lado, são eles prestados sem discriminação entre os beneficiários, quando tenham estes as mesmas condições técnicas e jurídicas para a fluição.

Um exemplo significativo seria os serviços dos Correios, Serviço Postal. Uma carta remetida no Rio Grande do Sul com destino ao Estado do Pará, por exemplo, paga-se o mesmo valor de uma correspondência do Estado do Rio para o Estado do Espírito Santo, ou seja, a generalidade deve abranger a totalidade da população e a totalidade do território, a custos módicos.

10.2. Princípio da Continuidade

Não devem os serviços públicos sofre interrupções, sua prestação há de ser contínua para evitar um colapso nas múltiplas atividades particulares. José Dos Santos Carvalho Filho[23] afirma que a continuidade deve estimular o Estado ao aperfeiçoamento e à extensão do serviço, recorrendo, quando necessário, às modernas tecnologias, adequadas à adaptação da atividade às novas exigências sociais[24].

---

22   Curso de direito administrativo. 17. ed. Rio de Janeiro: Forense, 2005, p. 417.

23   CARVALHO FILHO, JOSÉ DOS SANTOS. *Manual de direitos administrativo*. 25. ed. São Paulo: Atlas, 2012, p. 264.

24   Jurisprudências: EMENTA: agravo. Corte de energia elétrica. Aplicação do código de defesa do consumidor. A energia elétrica e bem essencial a todos, constituindo serviço público indispensável, que a privatização não desnatura, subordinado ao princípio da continuidade de sua prestação (artigo 22 do CDC), por isso que impossível sua interrupção, até por sua característica nitidamente monopolista. Agravo desprovido. (agravo de instrumento nº 70003239464, vigésima primeira câmara cível, tribunal de justiça do rs, relator: des. Genaro josé baroni borges,)

Ementa: agravo de instrumento. Ação cautelar inominada. Portaria n.º 012/01 do dpm. Aplicabilidade. Segurança pública. Delegados de polícia. Em decorrência das normas constitucionais que regulam a espécie, do interesse público que envolve a matéria e pelo princípio da continuidade e não-interrupção dos serviços públicos, a atividade policial deve ser prestada com eficiência, devendo o serviço policial ser contínuo, de modo que o povo não pode ser prejudicado e nem pagar por eventuais falhas estruturais dos órgãos da segurança pública. Agravo improvido. (agravo de instrumento nº 70003798915, primeira câmara especial cível, tribunal de justiça do rs, relator: des. Adão sérgio do nascimento cassiano)

Desse modo, para que o interesse coletivo esteja perfeitamente atendido, o serviço deve ser permanente, mantido a qualquer transe, embora não necessariamente ininterrupto; nenhum problema, nenhum interesse individual ou consideração conjuntural justificam sua paralisação, pois a comunidade dele depende.

Na verdade, este princípio é derivado do dever que a Administração tem na continuidade no desempenho de sua ação. Decorre da obrigatoriedade do desempenho da atividade administrativa.

Discute-se se a continuidade é traço do serviço público diverso da regularidade. Regularidade é a qualidade do que é regular, conforme a regra, ajustado, ou, no caso, que o serviço público se execute, segundo as disposições gerais e especiais que o regulam. Ora, se o serviço público funcionasse irregularmente, não se amoldando a regime técnico-jurídico preestabelecido, as necessidades públicas não se cumpririam. Serviço regular, pois, não é o mesmo que serviço contínuo.

Sabe-se que a Administração visa atingir uma série de objetivos. Para isso é curadora de determinados interesses que a lei define como público. Logo, seu prosseguimento é obrigatório. Por isso, que, se o concessionário de serviço público deixar de prestar o serviço, a Administração tem que ocupar o seu lugar provisória ou definitivamente.

Este princípio traz outras consequências como a proibição de greve nos serviços públicos. Antes se entendia como algo absoluto, hoje, porém, com a atual Constituição Federal (art. 37, VII) está considerada abrandada. Além da necessidade de criação de institutos como a suplência, a delegação e a substituição.

Quanto à restrição ao direito de greve, a lei enumera os serviços essenciais que não podem parar, como, por exemplo, saúde, transporte coletivo. Ainda que não funcionem na sua totalidade, porém, uma parte do serviço deve funcionar. Em greve de transporte coletivo ocorrida aqui, no Rio de Janeiro, não foi obedecida a essencialidade do serviço e a matéria foi remetida ao Tribunal Regional do Trabalho para analisar a infração. E, afinal, o Sindicato responsável pela paralisação foi condenado a uma multa pesadíssima.

Ementa: agravo. Corte de energia elétrica. Aplicação do código de defesa do consumidor. A energia elétrica e bem essencial a todos, constituindo serviço público indispensável, que a privatização não desnatura, subordinado ao princípio da continuidade de sua prestação (artigo 22 do cdc), por isso que impossível sua interrupção, até por sua característica nitidamente monopolista. Agravo desprovido. (agravo de instrumento nº 70003239464, vigésima primeira câmara cível, tribunal de justiça do rs, relator: des. Genaro josé baroni borges).

Ementa: apelacao cível. Serviço público de telefonia. Interrupção dos serviços. CDC. Princípio da continuidade. Novação. CDC – aplicável, ao caso, o CDC. Os serviços prestados pela apelante sujeitos ao princípio da continuidade. Novação – não implica novação a mera prorrogação no vencimento de obrigação, por liberalidade do fornecedor de serviços. Interrupção dos serviços – comprovada a quitação, pelo consumidor, da obrigação por ele assumida, afastada esta a hipótese de suspensão dos serviços pela demandada, prestadora de serviço público de telefonia. Negaram provimento. (apelação cível nº 70003044120, Décima Oitava Câmara Cível, Tribunal de Justiça do RS, Relator: Des. ROSA TEREZINHA SILVA RODRIGUES).

EMENTA: apelacao cível. Ação anulatória de decisão administrativa determinadora do desligamento de energia elétrica. Ceee. Ação cautelar. Inadimplência relativa a uma unidade de consumo e corte de energia elétrica em outro utilizado como residência do consumidor. Impossibilidade. Ilegalidade. 1. Preliminar. Inépcia da inicial por ausência do valor das causas. Valores de alçada que foram estabelecidos à guisa de emenda da inicial e acolhidos jurisdicionalmente. Ausência de legalidade e razoabilidade decisional para extingüir o processado sem julgamento de mérito. Preliminar rejeitada. 2. Mérito. Mostra-se ilegal, injusto e irrazoável o procedimento da fornecedora de energia elétrica(ceee), através do seu preposto, em cortar o fornecimento de energia em propriedade do impetrante que está rigorosamente em dia com o pagamento desse fornecimento, procedimento esse que fere direito líquido e certo do impetrante e consumidor, só se justificando dito corte em propriedade que está em débito para com a fornecedora de energia. A energia é, atualmente, um bem essencial a população, constituindo-se serviço público indispensável subordinado ao princípio da continuidade de sua prestação, pelo que se torna impossível a sua interrupção.os artigos 22 e 42, do código de defesa do consumidor, aplicam-se as empresas concessionárias de serviço público. O corte de energia como forma de compelir o usuário ao pagamento de tarifa ou multa,extrapola os limites da legalidade. Não há de se prestigiar atuação da justiça privada no brasil,especialmente, quando exercida por credor economica e financeira mais forte, em largas proporções, do que o devedor. Afrona, se assim fosse admitido, aos princípios constitucionais da inocência presumida e da ampla defesa. O direito do cidadão de se utilizar dos serviços públicos essenciais para a sua vida em sociedade deve ser interpretado com vistas a beneficiar a quem deles se utiliza. Preliminar afastada. Recurso improvido. (fls.15) (apelação cível nº 70001607464, primeira Câmara Cível, Tribunal de Justiça do RS, Relator: Des. CARLOS ROBERTO LOFEGO CANIBAL).

Do mesmo modo que o serviço público deve ser prestado de forma continua, regular e eficiente, cabe ressaltar que pode-se exigir do usuário a mesma continuidade no tocante à respectiva remuneração.[25]

Com relação aos contratos administrativos, Toshio Mukai[26] bem lembra que a questão mais relevante que surgiu, em relação à aplicação do princípio da continuidade dos serviços públicos, que foi a da inicial tese da ininvocabilidade da *exceptio non adimpleti contractus* contra a Administração, tendo em vista o mencionado princípio.

Sabe-se, com efeito, que inicialmente a doutrina administrativa entendeu que era vedado aplicar a teoria da *exceptio* contra a Administração Pública, no caso, em virtude do princípio da continuidade do serviço público. Contudo, posteriormente, e modernamente a doutrina tem entendido que, em relação àqueles contratos relativos às atividades-meio da Administração, é possível se invocar a *exceptio,* pois, aí, não está em jogo o serviço público.

Mas, ainda hoje, alguns autores afirmam a ininvocabilidade da *exceptio* contra a Administração. Mesmo esses são unânimes em afirmar a possibilidade da sua invocação contra o Poder Público, quando o particular contratado esteja na contingência de ter que financiar a obra, o serviço ou o fornecimento por longo tempo.

Foi, por esse motivo, que o legislador, na Lei nº 8.666/93, contemplou, na parte final do inciso XV do art. 78, a *exceptio non adimpleti contractus,* afastando definitivamente, nos contratos administrativos-meio, qualquer invocação do princípio da continuidade dos serviços públicos.

Eis um exemplo para elucidarmos melhor a questão. Um funcionário do DETRAN, que havia pedido sua exoneração, continuava assinando os documentos do exercício de sua função. A Administração recebeu a notícia-crime de que o funcionário estava assinando indevidamente documentos. Na realidade, porém, não houve qualquer atitude criminosa por parte do funcionário, em função da exoneração, pois, enquanto o cargo não for preenchido, o serviço continua a fluir normalmente, ou seja, o funcionário continua a exercer a função para não haver a quebra da continuidade no serviço.

10.3. Princípio da Eficiência

O serviço público deve ser prestado, com a maior eficiência possível. Deve a execução ser mais proveitosa, com menos dispêndio. A própria Constituição vem trazendo em seu artigo 175, parágrafo único, IV tal princípio, bem como no art. 37, *caput* que, após a Emenda Constitucional nº 19/98, incluiu o princípio da eficiência entre os postulados principiológicos que devem guiar os objetivos administrativos.[27]

Devem os serviços públicos, então, ser prestados com o melhor atendimento possível das finalidades expostas em lei, devendo ser prestado sempre com a melhor qualidade possível.

---

25   Serviços público telefonia. Inadimplência do usuário. Possibilidade de supressão unilateral pela prestadora. Ordem liminar. Não é incisiva a tese segundo a qual o usuário, mesmo inadimplente, deve merecer a continuidade do serviço de telefonia. Assim, não se recomenda, salvo prova escorreita a sugerir o contrário, que a questão seja solucionada através de medida liminar *erga omnes,* sem situar eventuais inadimplentes para quem, pela sua própria natureza, seja vital o serviço de telefonia. (TJ.MJ. Ag. Nº 197.457-5/04. Agravante: Telemar, Agravados: Ministério Público do Estado de Minas Gerais, Procurador de Justiça da 1º Vara da Comarca de Leopoldina. Relator: Des. Lúcio Urbano).

26   O princípio da continuidade do serviço público. Boletim de licitações e contratos. São Paulo: NDJ, 2004, v.2, p. 71.

27   EMENTA: apelação cível. Revogação de processo licitatório em razão de pleito eleitoral estadual. Ato administrativo desvinculado do interesse público. Ilegalidade. Não é dado vislumbrar interesse público a ensejar revogação de processo licitatório, alegação de que, em virtude de resultado eleitoral, novos dirigentes assumiram os órgãos da administração. Decididamente, tal razão não atende ao princípio da finalidade que deve permear a atividade administrativa. Ao contrário, dele delira, sobrepondo-se ao interesse individual, o interesse público e permanente; e ele, não a vontade do administrador, que domina e há de dominar todas as formas de administração. Por isso desimporta, salvo em estados totalitários, quem seja o administrador, que domina e há de dominar todas as formas de administração. Por isso, desimporta salvo em estados totalitários, quem seja o administrador, ou a que facção política pertença. Não deixa de preocupar, em pleno século 21, ver que a administração pública brasileira ainda rege-se por padrões tão apequenados. Sem ter a perspectiva olímpica do que seja serviço público, apega-se a questões menores que comprometem a sua continuidade e sua eficiência. A míngua de uma burocracia profissional, independente e permanente, a administração pública brasileira vai aos soluços, ao sabor do dirigente de ocasião. Por maioria, deram provimento. (10 fls). (apelação cível nº 70002424646, Vigésima Primeira Câmara Cível, Tribunal de Justiça do RS, Rel.: DES. GENARO JOSÉ BARONI BORGES).

Diogo de Figueiredo Moreira Neto[28] dita que esta qualidade deve, para ser atingida, ser precedida de parâmetros legais, para que desse modo sua satisfação possa ser aferida. Isso porque o conceito jurídico de eficiência jamais poderá ser subjetivo, de outro modo chegar-se-ia ao arbítrio na atividade de controle.

10.4. Princípio da Modicidade

Significa que os serviços públicos devem ser remunerados a preços módicos, devendo o Poder Público avaliar o poder aquisitivo do usuário para que, por dificuldades financeiras, não seja ele alijado do universo de beneficiários do serviço.

De certa forma, a modicidade é um corolário da generalidade, pois por sua observância proporciona o amplo acesso de todos que deles tenham necessidade. Porém, também, não poderiam, caso por exemplo, de delegação do serviço público, os empresários, e até o próprio Estado arcar com enormes prejuízos. Daí, podemos dizer que deve também o usuário suportar os ônus dele advindos, salvo nas hipóteses de graves distorções econômicas, o custo dos serviços públicos não deve recair sobre toda a sociedade.

Sérgio de Andréa Ferreira[29] afirma que tal princípio:

> "traduz a noção de que o lucro, meta da atividade econômica capitalista, não é objetivo da função administrativa, devendo o eventual resultado econômico positivo decorrer da boa gestão dos serviços, sendo certo que alguns deles, por seu turno, têm de ser, por fatores diversos, essencialmente deficitários, ou, até mesmo gratuitos".

Para disciplinar a política tarifária dos serviços públicos (art. 175, III CF), estabelece-se para os contratos de concessão e para as permissões de serviços públicos, regras uniformes e de observância obrigatória que garantam um lucro módico, previamente fixado em termos percentuais, após a cobertura do custo do serviço, a depreciação dos equipamentos e o melhoramento dos serviços, compreendido, é claro, o custo da sua manutenção adequada (art. 175, IV CF).

Diogo de Figueiredo Moreira Neto,[30] assevera que:

> "Caso o serviço público seja prestado diretamente pelo Estado, a modicidade deverá se dar na forma de taxa, que constitue a modalidade tributária específica para remunerá-los. Embora a modalidade de serviço público de prestação direta não leve à produção de lucros, a serem distribuídos como dividendos, ela deverá apresentar sempre que possível, alguma lucratividade, não só para evitar que o custo dos serviços recaia sobre quem não os utiliza, possibilitando a autossuficiência da organização que os presta, como para dar condições de garantir-se sua expansão e aperfeiçoamento autossustentados e sem prejuízo da prestação de outros serviços públicos, tanto ou mais essenciais".

Atualmente, tem-se falado em razoabilidade da tarifa, que se confunde, um pouco, com o conceito de modicidade. Modicidade, contudo, é no sentido de barato, no sentido de que seja acessível à maioria da população. Então, uma tarifa pode realmente ser cara, mas ser razoável em razão dos investimentos efetuados, basta supormos um lugar sem telefonia nenhuma. Numa situação dessa, a modicidade iria prejudicar ou atrasar bastante a expansão da rede.

11. REMUNERAÇÃO

Manuel Maria Diez[31] afirma que a remuneração está diretamente ligada a prestação dos serviços, que significa:

---

28   Curso de direito administrativo. 15. ed. Rio de Janeiro: Forense, 2010, p. 418.
29   In: CARVALHO FILHO, JOSÉ DOS SANTOS. *Manual de direito administrativo*. 17. ed. Rio de Janeiro: Lumen Juris, 2010, p. 267.
30   Curso de direito administrativo. 14. ed. Rio de Janeiro: Forense, 2004, p. 420.
31   DIEZ, MANUEL MARIA. *Manual de derecho administrativo*. Buenos Aires, 2005, Tomo II, p. 17.

"Uma atividade pessoal que um sujeito deve efetuar em benefício de outro sujeito a quem se proporciona uma utilidade concreta e em virtude de uma relação jurídica de natureza obrigatória entre as duas partes".

Ocorre que, na prestação do serviço público, muitas vezes, o Poder Público não recebe o correspectivo pecuniário, o que leva-nos a crer que o serviço pode ser gratuito ou remunerado. Os primeiros têm cunho social e devem levar em conta fatores singulares de indivíduos ou de comunidades. São remunerados os serviços que os indivíduos possuem obrigações pecuniárias como contraprestação do serviço. A remuneração pode se dar por duas formas. A taxa que é uma espécie de tributo previsto para esse fim (art. 145, II CF/88). Quando o serviço for obrigatório, ou seja, imposto aos administrados, será ele remunerado por taxa.

José dos Santos Carvalho Filho[32] afirma que:

"A remuneração é devida ainda que o usuário não utilize o serviço; basta, como registra a Constituição, que o serviço seja posto à sua disposição. Como é imposto em caráter obrigatório, domina o entendimento da doutrina e da jurisprudência, como alguma controvérsia, no sentido de que esse tipo de serviço não pode ser objeto de suspensão por parte do prestador, até mesmo porque tem ele a possibilidade de valer-se das ações judiciais adequadas, inclusive e principalmente a execução fiscal contra o usuário inadimplente".

A outra forma de remuneração se dá pela tarifa. Os serviços facultativos são remunerados pela tarifa, que é caracterizada como preço público. O pagamento, neste caso, dá-se pela efetiva utilização do serviço, e dele poderá o particular não mais se utilizar se o quiser, não havendo que se falar em obrigação de remunerá-lo. Tais serviços podem ser suspensos pelo prestador se o usuário não cumprir seu dever de remunerar a prestação, contudo, quitado seu débito o usuário tem seu direito de volta, ou seja, a nova fruição do serviço[33].

12. USUÁRIOS

Os usuários possuem direitos e deveres. O direito fundamental é o recebimento do serviço, desde que aparelhado devidamente para tanto. Tal direito substantivo é protegido pela via judicial. Além do direito ao serviço, a doutrina reconhece ainda o direito à indenização no caso de ser mal prestado ou interrompida a sua prestação, provocando prejuízo ao particular. Tal proteção foi levada a preceito Constitucional. O art. 37, § 3º, I, da CF/88, prevê criação de lei para disciplinar as reclamações relativas à prestação de serviços públicos. A lei é, sem duvida, necessária e, nesse caso, trata-se da Lei de nº 8.987/95, art. 7º.

Alguns serviços não exigem propriamente qualquer dever da parte dos administrados. O Poder Público os executa sem ônus de qualquer natureza para os destinatários. Outros, porém, não dispensam o preenchimento, pelo particular, de determinados requisitos para o recebimento do serviço, ou para não ser interrompida a sua prestação. José dos Santos Carvalho Filho[34] dispõem que os deveres do administrado são de três ordens: a administrativa, concernente aos dados a serem apresentados pelo interessado junto à Administração; técnica, relativa às condições técnicas necessárias para a Administração prestar o serviço; e pecuniárias, no que diz respeito à remuneração do serviço.

32   CARVALHO FILHO, JOSÉ DOS SANTOS. *Manual de direitos administrativo*. 25. ed. São Paulo:Atlas, 2012, p. 264.
33   EMENTA: administrativo. Contrato de concessão de serviço público de transporte coletivo. Tarifa. Plus tarifário. Amortização de bens. Parcela inerente a tarifa. A tarifa no contrato de concessão de serviço público, a par da remuneração do concessionário, compreende os custos e a amortização dos bens indispensáveis a execução do serviço e que serão objeto da reversão ao final do contrato. Assim, o chamado plus tarifário previsto na lei municipal, destinado a renovação da frota do transporte coletivo, nada mais é que simples parcela inerente a tarifa, não tendo, portanto,carácter tributário. Recurso provido. Voto vencido. (reexame necessário nº 598219723, Segunda Câmara Cível, Tribunal de Justiça do RS, Relator: Des. MARIA ISABEL DE AZEVEDO SOUZA).
34   CARVALHO FILHO, JOSÉ DOS SANTOS. *Manual de direitos administrativo*. 25. ed. São Paulo: Atlas, 2012, p. 270.

13. EXECUÇÃO DO SERVIÇO

A titularidade dos serviços públicos pertence ao Estado, porém muitas vezes este busca, além de seu interesse, o interesse da coletividade, dividindo, portanto, a execução de tais serviços com particulares. Assim, torna-se possível a parceria, podendo os serviços serem prestados na forma direta ou indireta.

A execução direta é aquela em que o próprio Estado presta o serviço. Acumula, portanto, a situação de titular e executor do serviço. Por exemplo, no Rio de Janeiro, os serviços de saúde são prestados de forma centralizada, quer dizer, a Secretaria de Saúde quem presta o serviço.

Há execução indireta quando os serviços são prestados por entidades diversas das pessoas federativas. Apesar de transferir a outra pessoa a prestação do serviço, o Estado continua com o dever de controlar e regulamentar tais serviços. A transferência da execução de atividade estatal a determinada pessoa, integrante ou não da Administração se denomina descentralização, que pode ser territorial, que encerra a transferência de funções de uma pessoa federativa a outra, ou também do poder central à coletividade local, ou institucional que representa a transferência do serviço do poder central a uma pessoa jurídica própria, de caráter administrativo, nunca de cunho político. Tal delegação pode ser legal, ou seja, feita formalizada através de lei (art. 37, XIX, da CF/88) ou negocial, porque sua instituição se efetiva através de negócios jurídicos (contratos administrativos) regrados basicamente pelo direito público – concessão e permissão do serviço público.

Hoje, para que o Estado se adapte a modernização ocorrida nos últimos anos, já que suas antigas fórmulas vêm indicando que, com o perfil que vinha adotando envelheceu, criou novas formas de prestação dos serviços públicos, quais sejam, a privatização, a gestão associada e o regime de parceria, entre outros que analisaremos a seguir.

13.1. Descentralização

Descentralização é o fato administrativo que traduz a transferência da execução de atividade estatal a determinada pessoa, integrante ou não da Administração.[35]

José dos Santos Carvalho Filho[36] afirma que em assim conceituando a descentralização, temos o serviço centralizado e o descentralizado sendo que este segundo se divide em territorial e institucional. O autor define o primeiro como sendo a descentralização que encerra a transferência de funções de uma pessoa federativa a outra, ou também do poder central a coletividades locais. Já a segunda representa a transferência do serviço do poder central a uma pessoa jurídica própria, de caráter administrativo, nunca de cunho político, o que já tivemos a oportunidade de se ver acima.

Há duas formas básicas através das quais o Estado processa a descentralização, uma por meio de lei e outra através de negócio jurídico de direito público.

13.1.1. Delegação Legal

Delegação legal, como o próprio nome diz é aquela cujo processo de descentralização foi formalizado através de lei. A lei, como regra, ao mesmo tempo em que admite a descentralização, autoriza a criação de pessoa administrativa para executar o serviço. O mandamento hoje é de nível constitucional.[37]

---

35 Desconcentração não é descentralização. A desconcentração, que é processo eminentemente interno, significa apenas a substituição de um órgão por dois ou mais com o objetivo de melhorar e acelerar a prestação do serviço. Note-se, porém, que na desconcentração o serviço era centralizado e continuou centralizado, pois que a substituição se processou apenas internamente. Assim como os processos de descentralização e de desconcentração têm fisionomia ampliativa, pode o Estado atuar em sentido inverso, ou seja, de forma restritiva. Nessas hipóteses, surgirão a centralização e a concentração. Aquela ocorre quando o Estado retoma a execução do serviço, depois de ter transferido sua execução a outra pessoa, passando, em consequência, a prestá-lo diretamente; nesta última, dois ou mais órgãos internos são agrupados em apenas um, que passa a ter a natureza de órgão concentrador.

36 CARVALHO FILHO, JOSÉ DOS SANTOS. *Manual de direitos administrativo*. 25. ed. São Paulo: Atlas, 2012, p. 271.

37   Art. 37, XIX da CF - "somente por lei específica poderá ser criada autarquia e autorizada a instituição de empresa pública, de sociedade de economia mista e de fundação, cabendo à lei complementar, neste último caso, definir as áreas de sua atuação" (redação da EC 19/98).

E o inciso XX do mesmo art. 37 também exige a lei para criação de subsidiárias dessas pessoas administrativas, bem como para participarem elas de empresa privada. Tais pessoas são integrantes da Administração pública indireta ou descentralizada.

13.1.2. Delegação Negocial

Como veremos adiante, existe a forma de execução indireta de prestar o serviço público, qual seja, a transferência dos mesmos a particulares. Essa forma de transferência a doutrina denomina de delegação negocial, que se efetiva através de negócios jurídicos regrados basicamente pelo direito público - a concessão de serviço público e a permissão de serviço público. A concessão caracteriza-se como contrato administrativo, e a permissão, apesar de tradicionalmente qualificada como ato administrativo, passou a ser formalizada por contrato de adesão, como consta do art. 40 da Lei nº 8.987, de 13/2/1995, que regula ambos os institutos. Sob o aspecto material, ambas se preordenavam ao mesmo fim, mas a antiga diferença, sob o aspecto formal, desapareceu com o advento da referida lei.

14. NOVAS FORMAS DE PRESTAÇÃO DOS SERVIÇOS PÚBLICOS

Equivoca-se quem identifica, hoje, entre nós, um processo de desregulação ou de redução da atividade regulatória, estatal. Vivemos, na verdade, um processo de fortalecimento da regulação estatal, marcado pela ampliação dos campos sujeitos à forte regulação, porém num contexto de mudança dos paradigmas regulatórios. Entender estes processos demanda, antes de mais nada, alinharmos uma concepção do que seja regulação estatal.

O sentido amplo de regulação define *a atividade estatal mediante a qual o Estado, por meio de intervenção direta ou indireta, condiciona, restringe, normatiza ou incentiva a atividade econômica de modo a preservar a sua existência, assegurar o seu equilíbrio interno ou atingir determinados objetivos públicos como a proteção de hiposuficiências ou a consagração de políticas públicas.* Neste sentido, entende-se que o gênero regulação econômica (regulação estatal contraposta à autoregulação interna ao domínio econômico) compreende vários instrumentos e atividades com lastro no texto constitucional como a de fiscalizar, planejar, coordenar, orientar, coibir condutas nocivas, regulamentar e fomentar atividades econômicas.

Inobstante o arcabouço de instrumentos regulatórios ter, desde há muito, esta amplitude, durante muito tempo a regulação estatal se manifestava ou pela atividade normativa (regulamentação de uma série de atividades econômicas) ou pela intervenção direta no domínio econômico (com a assunção pelo Estado, diretamente ou por ente seu, da exploração de atividade econômica, em regime público ou não, sem ou – preferencialmente – com a assunção monopolística). Ou seja, ou o Estado assumia a produção de bens e serviços diretamente, interditando a exploração destas atividades aos particulares, ou se limitava a regrar, normatizar, a atividade destes particulares nos demais setores da ordem econômica.

De uns dez anos para cá, força dos processos de reorganização do papel do Estado (premido pela crise de suas fontes de financiamento e pela incapacidade de interromper os processos de abertura econômica em grande medida impulsionados pela tecnologia), verifica-se uma forte redução na intervenção direta estatal no domínio econômico.

Processos de outorga da exploração de serviços e utilidades públicas à iniciativa privada, venda de empresas estatais, supressão de monopólios ou exclusividade na exploração de atividades econômicas, extinção do regime público de exploração de algumas atividades são processos de redução ou mesmo erradicação do envolvimento direto do Estado na ordem econômica. Este processo, sobremodo amplo e difundido em vários países, importa obviamente na redução da intervenção estatal direta no domínio econômico. Não significa, porém, automática erradicação da regulação estatal.

Com efeito, paralelamente, aumenta a intervenção estatal sobre o domínio econômico não só nos setores em que o Estado se retira da exploração direta de atividade econômica, como também sobre outros setores em que a atuação regulatória estatal era tíbia. Como assevera Vital Moreira, "*a privatização e a liberalização dos sectores económicos reservados ao Estado foram em muitos casos acompanhadas de uma forte regulação pública das correspondentes actividades. O fenômeno é observável sobretudo no caso de sectores de prestação de serviços públicos (public utilities), mas não só.*[38]

O que se tem observado, então, é que o Estado tem se preocupado em adaptar-se à modernidade, ao gerenciamento eficiente de atividades e ao fenômeno da globalização econômica, que arrasta atrás de si uma série interminável de consequências de ordem política, social, econômica e administrativa.

A verdade é que, se o Estado continuasse como estava iria quebrar. Ele vinha envelhecendo e para enfrentar as vicissitudes decorrentes da adequação aos novos modelos exigidos para a melhor execução de suas atividades, algumas providências têm sido adotadas e outros rumos foram tomados, todos alvitrando qualificar o Estado como organismo realmente qualificado para atendimento das necessidades da coletividade. Daí o surgimento por exemplo da desestatização e da privatização.

14.1. Desestatização e Privatização

O primeiro grande passo para mudar o desenho do Estado como prestador de serviços foi o Programa Nacional de Desestatização, instituído pela Lei nº 8.031, de 12/4/1990. Posteriormente, essa lei foi revogada pela Lei nº 9.491, de 9/9/1997, que, embora alterando procedimentos previstos na lei anterior, manteve as linhas básicas do Programa.

Primeiramente, cabe distinguir desestatização de privatização. O termo "desestatizar" significa retirar o Estado de certo setor de atividades, ao passo que "privatizar" indica tornar algo privado, converter algo em privado. Anteriormente, a Lei nº 8.031/90 usava o termo "privatização", mas a nova idéia proveniente do vocábulo acabou gerando interpretação desconforme ao preceito legal, entendendo algumas pessoas que significaria privatizar atividades, o que não seria verdadeiro, visto que muitas das atividades do programa continuariam e continuam a caracterizar-se como serviços públicos; a privatização, assim, não seria da atividade ou serviço, mas sim do executor da atividade ou serviço.

A Lei nº 9.491/97, porém, passou a denominar de desestatização o que a lei anterior chamava de privatização, de modo que o termo, além de se tornar compatível com o próprio nome do Programa, indicou claramente que o objetivo pretendido era apenas o de afastar o Estado da posição de executor de certas atividades e serviços. Ampliando um pouco mais o conceito da lei anterior, dispôs a nova lei o seguinte:

"Art. 2º ...

§ 1º Considera-se desestatização:

a) a alienação, pela União, de direitos que Ihe assegurem, diretamente ou através de outras controladas, preponderância nas deliberações sociais e o poder de eleger a maioria dos administradores da sociedade;

b) a transferência, para a iniciativa privada, da execução de serviços públicos explorados pela União, diretamente ou através de entidades controladas, bem como daqueles de sua responsabilidade" (grifamos).

Preleciona o inigualável Administrativista José dos Santos Carvalho Filho[39] o seguinte:

> "É o sentido atual da desestatização: o Estado, depois de abraçar, por vários anos, a execução de muitas atividades empresariais e serviços públicos, com os quais sempre teve gastos infindáveis e pouca eficiência quanto aos resultados, resolveu imprimir nova estratégia governamental: seu afastamento e a transferência das atividades e serviços para sociedades e grupos empresariais".

No que se refere especificamente aos serviços públicos, deve ressalvar-se que o Estado não deixou de ser o titular, como já afirmamos, transferindo somente a execução em si dos serviços.

Cabe lembrar que, tendo em vista este novo "estado-regulador", o Poder Público tem criado agências autárquicas (também denominadas de agências reguladoras ou agências governamentais), sob a forma de autarquias, cuja função básica reside especificamente em exercer o controle sobre tais empresas, visando

---

38   MOREIRA, VITAL, *"Auto-Regulação Profissional e Administração Pública"*, Coimbra, Almedina, 1997, p. 44-45.
39   CARVALHO FILHO, JOSÉ DOS SANTOS. *Manual de direitos administrativo*. 25. ed. São Paulo: Atlas, 2012, p. 276.

mantê-las ajustadas aos postulados fundamentais do Programa e aos ditames do interesse público e prevenindo qualquer tipo de comportamento empresarial que reflita abuso de poder econômico.

15. GESTÃO ASSOCIADA

Segundo José dos Santos Carvalho Filho[40] como o regime adotado em nossa Constituição é o federativo, que se caracteriza pelos círculos especiais de competência outorgados às entidades federativas, faz-se necessário estabelecer mecanismos de vinculação entre elas, de modo a que os serviços públicos, sejam eles privativos, sejam concorrentes, possam ser executados com maior celeridade e eficiência em prol da coletividade, em coerência com o princípio reitor de colaboração recíproca, que deve nortear o moderno federalismo de cooperação.

A Constituição, para deixar claro esse intento, previu, ao instituir a reforma administrativa do Estado (EC nº 19/98), a gestão associada na prestação de serviços públicos, a ser implementada, através de lei, por convênios de cooperação e consórcios públicos celebrados entre a União, os Estados, o Distrito Federal e os Municípios. Trata-se, assim de instrumentos de cooperação de atividades visando a alcançar objetivos de interesses comuns dos pactuantes.

Se determinado serviço é federal, deve a União geri-lo ou controlá-lo por si ou por Estados-membros e Municípios, se com estes melhor se tornar a operacionalização da atividade. O mesmo se passa com os serviços estaduais: se necessário for, devem eles geri-los associadamente com os Municípios. O que se pretende, em última análise, é que os cidadãos recebam os serviços públicos com melhor qualidade e com maior eficiência.

16. REGIMES DE PARCERIA

Além da associação de pessoas exclusivamente da Administração Pública, o Estado pretende modernizar-se através da possibilidade de executar os serviços públicos pelos regimes de parceria, caracterizados, segundo José dos Santos Carvalho Filho[41] pela aliança entre o Poder Público e entidades privadas, sempre com o objetivo de fazer chegar aos mais diversos segmentos da população os serviços de que esta necessita e que, por várias razões, não lhe são prestados.

José dos Santos Carvalho Filho[42] classifica os regimes de parceria em três grupos:

1) *o regime de convênios administrativos;*

2) *o regime dos contratos de gestão;*

3) *o regime da gestão por colaboração.*

16.1. Regime de Convênios Administrativos

O que caracteriza essa forma de parceria é a circunstância de ser o regime formalizado através de convênios administrativos. Nesses acordos, as partes associam-se com o objetivo de alcançar resultados de interesses comuns.

É quase igual a gestão associada porém com a diferença de que aqueles são pactuados entre entidades administrativas, ao passo que estes admitem a participação de pessoas da iniciativa privada[43].

---

40   CARVALHO FILHO, JOSÉ DOS SANTOS. *Manual de direitos administrativo.* 25. ed. São Paulo: Atlas, 2012, p. 277.

41   CARVALHO FILHO, JOSÉ DOS SANTOS. *Manual de direitos administrativo.* 25. ed.São Paulo: Atlas, 2012, p. 278.

42   CARVALHO FILHO, JOSÉ DOS SANTOS. *Manual de direitos administrativo.* 25. ed. São Paulo: Atlas, 2012, p. 278.

43   Emenda: mandado de segurança. Convênios administrativos firmados por entidades públicas, destinados a instalação e funcionamento de escola de ensino técnico-industrial. Doação de terreno pela prefeitura municipal, passando a escola a integrar o patrimônio do estado. Inexistência de obrigação a cargo do estado de aceitar a participação da prefeitura municipal na manutenção da escola em causa. Ausência de prequestionamento dos parágrafos 2º e 3º do art. 153, da constituição da república. Inadequada alegação de afronta ao parágrafo 3º, do art. 13, da lei magna. Interpretação de direito local, ou seja, a lei estadual nº 3.734/57. Aplicação da súmula 280. Deficiente invocação de negativa de vigência ao art. 1.180 do código civil (Súmula 284). Recurso extraordinário não conhecido. (Recurso Extraordinário – RE – 99.063 / SP; Rel. (a): Min. DJACI FALCAO SEGUNDA TURMA).

16.2. Regime dos Contratos de Gestão – (as Organizações Sociais)

Como necessidade de ampliar a descentralização na prestação de serviços públicos, o Governo criou o Programa Nacional de Publicização – PNP, através da Lei n° 9.637, de 15/5/1998, pela qual algumas atividades de caráter social, hoje exercidas por pessoas e órgãos administrativos de direito público, poderão ser posteriormente absorvidas por pessoas de direito privado, segundo consta expressamente do art. 20. A absorção implicará, naturalmente, a extinção daqueles órgãos e pessoas e a descentralização dos serviços para a execução sob regime de parceria.

José dos Santos Carvalho Filho[44] firma que o termo "publicização" atribuído ao Programa é inadequado e infeliz. Primeiramente, porque parece antagonizar-se com o termo "privatização", o que, como já vimos, não é verdadeiro. Depois, porque, de fato, nenhuma atividade estará sendo "publicizada", o que ocorreria somente se fosse ela deslocada da iniciativa privada para a área governamental. No caso, é o inverso que sucede, posto que pessoas governamentais é que vão dar lugar a entidades de direito privado.

Para o autor o que há na realidade, é o cumprimento de mais uma etapa do processo de desestatização, pelo qual o Estado se afasta do desempenho direto da atividade, ou, se se preferir, da prestação direta de alguns serviços públicos, mesmo não econômicos, delegando-a às pessoas de direito privado não integrantes da Administração Pública.

Visto tal crítica, cabe salientar que as pessoas a quem incumbirá a execução do serviço em regime de parceira com o Poder Público constituem as organizações sociais, não são novas categorias de pessoas jurídicas, mas apenas uma qualificação especial, um título jurídico concedido por lei a determinadas entidades que atendam às exigências nela especificadas. As pessoas qualificadas como organizações sociais devem observar três fundamentos principais:

1) devem ter personalidade jurídica;

2) não podem ter fins lucrativos; e

3) devem destinar-se ao ensino, à cultura, à saúde, à pesquisa científica, ao desenvolvimento tecnológico e à preservação do meio ambiente (art. 1°).

Uma vez qualificadas como organizações sociais, o que resultará de critério discricionário do Ministério competente para supervisionar ou regular a área de atividade correspondente ao objeto social (art. 2°, II), as entidades são declaradas como de interesse social e utilidade pública para todos os efeitos legais e podem receber recursos orçamentários e usar bens públicos necessários à consecução de seus objetivos, neste último caso através de permissão de uso (arts. 11 e 12). Admissível será, ainda, a cessão especial de servidor público, com ônus para o governo, vale dizer, o governo poderá ceder servidor seu para atuar nas organizações sociais com a incumbência do pagamento de seus vencimentos (art. 14).

Para habilitar-se como organização social, a lei exige em seu art. 2° o cumprimento de vários requisitos, como a definição do objeto social da entidade, sua finalidade não-lucrativa, a proibição de distribuição de bens ou parcelas do patrimônio líquido e a publicação anual no Diário Oficial da União de relatório financeiro, entre outros. Por outro lado, devem possuir Conselho de Administração em cuja composição haja representantes do Poder Público e de entidades da sociedade civil e membros eleitos dentre associados de associação civil e outros eleitos que tenham notória capacidade profissional e reconhecida idoneidade moral, tudo em conformidade com os percentuais fixados na lei reguladora.

Poderá a organização social sofrer desqualificação de seu título quando forem descumpridas as disposições fixadas no contrato de gestão, contrato este que aperfeiçoa a relação. Nesse caso, será necessária a instauração de processo administrativo em que se assegure o contraditório e a ampla defesa. Definida a desqualificação, porém, os dirigentes são solidariamente responsáveis pelos danos causados ao Poder Público, impondo-se ainda a reversão dos bens usados sob permissão e a devolução dos recursos alocados à entidade, sem prejuízo de outras sanções cabíveis. Lembra José dos Santos Carvalho Filho[45] que a despeito de a lei haver empregado a expressão "poderá proceder à desqualificação", dando a falsa impressão de que se trata de conduta

---

44   CARVALHO FILHO, JOSÉ DOS SANTOS. *Manual de direitos administrativo*. 25. ed. São Paulo: Atlas, 2012, p. 279.

45   CARVALHO FILHO, JOSÉ DOS SANTOS. *Manual de direitos administrativo*. 25. ed. São Paulo: Atlas, 2012, p. 280.

facultativa, o certo é que, descumpridas as normas e cláusulas a que está submetida, a Administração exercerá atividade vinculada, devendo (e não podendo) desqualificar a entidade responsável pelo descumprimento.

Devidamente qualificadas, as organizações sociais celebram com o Poder Público o que a lei denominou de contrato de gestão, com o objetivo de formar a parceria necessária ao fomento e à execução das atividades já mencionadas. A verdade é que não existe propriamente um contrato, mas sim um convênio, pois embora sejam pactos bilaterais, não há a contraposição de interesses que caracteriza os contratos em geral; há, isto sim, uma cooperação entre os pactuantes, visando objetivos de interesses comuns. Sendo paralelos e comuns os interesses perseguidos, esse tipo de negócio jurídico melhor há de enquadrar-se como convênio.

Nos "contratos" de gestão, devem ser observados os princípios da moralidade, da legalidade, da impessoalidade, da publicidade e da economicidade, afinal tais princípios incidem sobre todas as atividades da Administração.

Diante da possibilidade de as organizações sociais receberem recursos financeiros do Poder Público, a lei exige que a este caiba exercer a fiscalização das atividades e proceder ao exame da prestação de contas das entidades (art. 8º). Qualquer irregularidade ou ilegalidade deve ser de imediato comunicada ao Tribunal de Contas, sob pena de responsabilização do agente fiscalizador. Independente disso, havendo malversação de bens ou recursos públicos, as autoridades incumbidas da fiscalização devem representar ao Ministério Público, à Advocacia-Geral da União ou à Procuradoria da entidade, no sentido de que seja requerida judicialmente a decretação da indisponibilidade dos bens da entidade e os sequestros dos bens dos dirigentes, de agentes públicos e de terceiros envolvidos com o fato delituoso e possivelmente beneficiados com enriquecimento ilícito.

O que podemos observar é que tal parceria pode trazer grande auxílio ao governo, porque as organizações sociais, de um lado, têm vínculo jurídico que as deixa sob controle do Poder Público e, de outro, possuem a flexibilidade jurídica das pessoas privadas, distante dos freios burocráticos que se arrastam nos corredores dos órgãos públicos. Porém, para que dê certo há a necessidade de fiscalização das entidades e do cumprimento de seus objetivos. Sem fiscalização, é fácil vislumbrar situações de descalabro administrativo, de desfiguração dos objetivos e, o que é pior, de crimes financeiros contra a Administração.

Por último, vale destacar que a lei é de observância obrigatória apenas para a União Federal e, portanto, incide sobre os serviços públicos federais. Mas, assim como o Governo Federal concebeu essa nova forma de prestação de serviços, nada impede que Estados, Distrito Federal e Municípios editem seus próprios diplomas com vistas à maior descentralização de suas atividades, o que podem fazer adotando o modelo proposto na Lei nº 9.637/98 ou modelo diverso, desde que, é óbvio, idênticos sejam seus objetivos.

16.3. Gestão por Colaboração (Organizações da Sociedade Civil de Interesse Público)

O terceiro regime de parceria consiste na gestão por colaboração, que envolve a colaboração de entidades da iniciativa privada, usualmente representativas dos diversos segmentos da sociedade civil, que desenvolvem ações de utilidade pública. Reconhecendo que sua atividade se preordena ao interesse coletivo, o Governo delega a tais entidades algumas tarefas que lhe são próprias, como forma de descentralização e maior otimização dos serviços prestados.

O regime da gestão por colaboração foi instituído pela Lei nº 9.790, de 23/3/1999 (regulamentada pelo Decreto nº 3.100, de 30/6/1999), que concebeu as organizações da sociedade civil de interesse público, outra modalidade de qualificação jurídica a ser atribuída a algumas pessoas de direito privado em virtude de ações que podem desenvolver em regime de parceria com o Poder Público. Ressalte-se, assim como o fizemos em relação às organizações sociais, que não se trata de nova categoria de pessoa jurídica, mas sim de específica qualificação jurídica de algumas pessoas jurídicas já existentes, observadas as condições estabelecidas na lei reguladora.

Para que qualquer entidade se qualifique como OSCIP, deverá ser pessoa jurídica de direito privado, sem fins lucrativos, assim considerada aquela que não distribui, entre os seus sócios ou associados, conselheiros, diretores, empregados ou doadores, eventuais excedentes operacionais, brutos ou líquidos, dividendos, bonificações, participações ou parcelas do seu patrimônio, auferidos mediante o exercício de suas atividades, e que os aplica integralmente na consecução do respectivo objeto social.

Com o requerimento, a entidade deverá apresentar a documentação exigida de acordo com o que dispõe o art. 5º do citado diploma legal:

"Art. 5º - Cumpridos os requisitos dos arts. 3º e 4º desta Lei, a pessoa jurídica de direito privado sem fins lucrativos, interessada em obter a qualificação instituída por esta Lei, deverá formular requerimento escrito ao Ministério da Justiça, instruído com cópias autenticadas dos seguintes documentos:

I - estatuto registrado em cartório;

II - ata de eleição de sua atual diretoria;

III - balanço patrimonial e demonstração do resultado do exercício;

IV - declaração de isenção do imposto de renda;

V - inscrição no Cadastro Geral de Contribuintes."

A ausência de qualquer desses documentos impede o requerimento de ser analisado pelo Ministério da Justiça.

A qualificação como OSCIP é prevista no art. 2º, dispondo o seguinte:

"Art. 2º Não são passíveis de qualificação como Organizações da Sociedade Civil de Interesse Público, ainda que se dediquem de qualquer forma às atividades descritas no art. 3º desta Lei:

I - as sociedades comerciais;

II - os sindicatos, as associações de classe ou de representação de categoria profissional;

III - as instituições religiosas ou voltadas para a disseminação de credos, cultos, práticas e visões devocionais e confessionais;

IV - as organizações partidárias e assemelhadas, inclusive suas fundações;

V - as entidades de benefício mútuo destinadas a proporcionar bens ou serviços a um círculo restrito de associados ou sócios;

VI - as entidades e empresas que comercializam planos de saúde e assemelhados;

VII - as instituições hospitalares privadas não gratuitas e suas mantenedoras;

VIII - as escolas privadas dedicadas ao ensino formal não gratuito e suas mantenedoras;

IX - as organizações sociais;

X - as cooperativas;

XI - as fundações públicas;

XII - as fundações, sociedades civis ou associações de direito privado criadas por órgão público ou por fundações públicas;

XIII - as organizações creditícias que tenham quaisquer tipo de vinculação com o sistema financeiro nacional a que se refere o art. 192 da Constituição Federal".

Como se vê, é passível de dúvida para o avaliador qualificar tanto as associações de classe como as entidades de benefício mútuo destinadas a proporcionar bens ou serviços a um círculo restrito de associados ou sócios.

Dispõe o art. 3º da Lei nº 9.790/99:

"Art. 3º A qualificação instituída por esta Lei, observado em qualquer caso, o princípio da universalização dos serviços, no respectivo âmbito de atuação das Organizações, somente será conferida às pessoas jurídicas de direito privado, sem fins lucrativos, cujos objetivos sociais tenham pelo menos uma das seguintes finalidades:

I - promoção da assistência social;

II - promoção da cultura, defesa e conservação do patrimônio histórico e artístico;

(...);

X - promoção de direitos estabelecidos, construção de novos direitos e assessoria jurídica gratuita de interesse suplementar;

Parágrafo único. Para os fins deste artigo, a dedicação às atividades nele previstas configura-se mediante a execução direta de projetos, programas, planos de ações correlatas, por meio da doação de recursos físicos, humanos e financeiros, ou ainda pela prestação de serviços intermediários de apoio a outras organizações sem fins lucrativos e a órgãos do setor público que atuem em áreas afins".

Estabelece o art. 4º da Lei:

"Art. 4º Atendido o disposto no art. 3º, exige-se ainda, para qualificarem-se como Organizações da Sociedade Civil de Interesse Público, que as pessoas jurídicas interessadas sejam regidas por estatutos cujas normas expressamente disponham sobre:

I - a observância dos princípios da legalidade, impessoalidade, moralidade, publicidade, economicidade e da eficiência;

II - a adoção de práticas de gestão administrativa, necessárias e suficientes a coibir a obtenção, de forma individual ou coletiva, de benefícios ou vantagens pessoais, em decorrência da participação no respectivo processo decisório;

III - a constituição de conselho fiscal ou órgão equivalente, dotado de competência para opinar sobre os relatórios de desempenho financeiro e contábil, e sobre as operações patrimoniais realizadas, emitindo pareceres para os organismos superiores da entidade;

IV - a previsão de que, em caso de dissolução da entidade, o respectivo patrimônio líquido será transferido a outra pessoa jurídica qualificada nos termos desta Lei, preferencialmente que tenha o mesmo objeto social da extinta;

V - a previsão de que, na hipótese de a pessoa jurídica perder a qualificação instituída por esta Lei, o respectivo acervo patrimonial disponível, adquirido com recursos públicos durante o período em que perdurou aquela qualificação, será transferido a outra pessoa jurídica qualificada nos termos desta Lei, preferencialmente que tenha o mesmo objeto social;

VI - a possibilidade de se instituir remuneração para os dirigentes da entidade que atuem efetivamente na gestão executiva e para aqueles que a ela prestam serviços específicos, respeitados, em ambos os casos, os valores praticados pelo mercado, na região correspondente a sua área de atuação;

VII - as normas de prestação de contas a serem observadas pela entidade, que determinarão, no mínimo:

a) a observância dos princípios fundamentais de contabilidade e das Normas Brasileiras de Contabilidade;

b) que se dê publicidade por qualquer meio eficaz, no encerramento do exercício fiscal, ao relatório de atividades e das demonstrações financeiras da entidade, incluindo-se as certidões negativas de débitos junto ao INSS e ao FGTS, colocando-os à disposição para exame de qualquer cidadão;

c) a realização de auditoria, inclusive por auditores externos independentes se for o caso, da aplicação dos eventuais recursos objeto do termo de parceria conforme previsto em regulamento;

d) a prestação de contas de todos os recursos e bens de origem pública recebidos pelas Organizações da Sociedade Civil de Interesse Público será feita conforme determina o parágrafo único do art. 70 da Constituição Federal".

Uma vez preenchidos os requisitos da Lei nº 9.790/99 e reconhecida a entidade como uma OSCIP, a entidade poderá firmar "Termo de Parceria" com o Poder Público, destinado à formação de vínculo de cooperação entre as partes, para o fomento e a execução das atividades de interesse público por estas desempenhadas, tendo como cláusulas essenciais:

"I - a do objeto, que conterá a especificação do programa de trabalho proposto pela Organização da Sociedade Civil de Interesse Público;

II - a de estipulação das metas e dos resultados a serem atingidos e os respectivos prazos de execução ou cronograma;

III - a de previsão expressa dos critérios objetivos de avaliação de desempenho a serem utilizados, mediante indicadores de resultado;

IV - a de previsão de receitas e despesas a serem realizadas em seu cumprimento, estipulando item por item as categorias contábeis usadas pela organização e o detalhamento das remunerações e benefícios de pessoal a serem pagos, com recursos oriundos ou vinculados ao Termo de Parceria, a seus diretores, empregados e consultores;

V - a que estabelece as obrigações da Sociedade Civil de Interesse Público, entre as quais a de apresentar ao Poder Público, ao término de cada exercício, relatório sobre a execução do objeto do Termo de Parceria, contendo comparativo específico das metas propostas com os resultados alcançados, acompanhado de prestação de contas dos gastos e receitas efetivamente realizados, independente das previsões mencionadas no inciso IV;

VI - a de publicação, na imprensa oficial do Município, do Estado ou da União, conforme o alcance das atividades celebradas entre o órgão parceiro e a Organização da Sociedade Civil de Interesse Público, de extrato do Termo de Parceria e de demonstrativo da sua execução física e financeira, conforme modelo simplificado estabelecido no regulamento desta Lei, contendo os dados principais da documentação obrigatória do inciso V, sob pena de não liberação dos recursos previstos no Termo de Parceria".

Firmado o termo, a entidade deve publicar, no prazo máximo de trinta dias, regulamento próprio contendo os procedimentos que adotará para a contratação de obras e serviços, bem como para compras com emprego de recursos provenientes do poder público.

A entidade, se for de seu interesse, pode requerer a exclusão de sua qualificação como organização da sociedade civil de interesse público. Se, entretanto, deixar de preencher, posteriormente, as condições exigidas na lei, sofrerá a perda da qualificação, impondo-se, para tanto, a decisão proferida em processo administrativo, instaurado a pedido do Ministério Público ou de qualquer cidadão, em que se lhe assegure contraditório e ampla defesa. Ocorrendo malversação de bens ou recursos públicos, os agentes de fiscalização da parceria poderão requerer ao Ministério Público e à Advocacia-Geral da União no sentido de ser providenciada a indisponibilidade dos bens da entidade e o sequestro de bens dos dirigentes e de terceiros beneficiados pela ilegalidade, que se tenham enriquecido ilicitamente à custa do erário público.

José os Santos Carvalho Filho[46] firma que tais preceitos demonstram que o regime de parceria previsto na Lei nº 9.790/99 implica sérias responsabilidades às entidades qualificadas como organizações da sociedade civil de interesse público, e isso pela circunstância de que, mesmo tendo personalidade jurídica de direito privado e pertencendo ao segmento da sociedade civil, passam a executar serviços públicos em regime formalizado por instrumento próprio, o termo de parceria, devendo, por conseguinte, respeitar as obrigações pactuadas e, o que é mais importante, direcionar-se primordialmente ao interesse público, visto que no exercício dessas atividades a organização desempenha função delegada do Poder Público.

Por fim, podemos dizer que os regimes de parcerias são semelhantes, ensejadores das organizações sociais e das organizações da sociedade civil de interesse público. O núcleo central de ambos é a parceria Estado/Entidade privada na busca de objetivos de interesses comuns e benéficos à coletividade. Logicamente, existem pontos específicos que distinguem os regimes. Um deles é a participação de agentes do Poder Público na estrutura da entidade: enquanto é ela exigida nos Conselhos de Administração das organizações sociais, não há esse tipo de ingerência nas organizações da sociedade civil de interesse público. Outro aspecto é a formalização da parceria: com aquelas entidades é celebrado contrato de gestão, ao passo que com estas é firmado termo de parceria. Enfim, nota-se que as linhas da disciplina jurídica das organizações sociais colocam-nas um pouco mais atreladas ao Poder Público do que as organizações da sociedade civil de interesse público. Ambas, porém, retratam novas formas de prestação de serviços públicos.

---

46 CARVALHO FILHO, JOSÉ DOS SANTOS. *Manual de direitos administrativo*. 25. ed. São Paulo: Atlas, 2012, p. 284.

CAPÍTULO
VIII

CONCESSÃO E PERMISSÃO DE SERVIÇOS PÚBLICOS

1. A JUSTIFICATIVA DA ORIGEM DA CONCESSÃO E PERMISSÃO DE SERVIÇO PÚBLICO A PARTICULARES PELO PODER PÚBLICO

A origem dos institutos da concessão e permissão do serviço público está associada à crise do capitalismo liberal e à consequente crise financeira do Estado, momento histórico em que a suposta inesgotabilidade dos recursos públicos passou a ser questionada, diante da ineficiência que se estampou, direta ou indiretamente, perante os deveres do Estado enquanto prestador de serviços públicos.

Estes fatos, à época, levaram o Poder Público a buscar novas formas de recursos para manter a prestação de seus serviços, e a delegação contratual de serviços a particulares foi a primeira medida adotada como forma de sanear a citada crise.

Devemos inclusive registrar que o surgimento da concessão e da permissão se deu antes mesmo de se inaugurar o modelo de flexibilização da estrutura interna da Administração Pública, que gerou a criação das, hoje, denominadas, estatais, iniciando-se com a criação das sociedades de economia mista e se seguindo com a das empresas públicas.

Daí a doutrina se referir à concessão e à permissão do serviço público como formas antigas, porém renovadas e atuais, e modernamente utilizadas para solucionar crises financeiras no âmbito da competência do Poder Público, que ensejam a transferência de serviço público a particulares.

2. O ATUAL FUNDAMENTO CONSTITUCIONAL DA CONCESSÃO E PERMISSÃO

A Constituição Federal de 1988 faz alusão em diversos de seus dispositivos, ainda que genericamente, à aplicação dos institutos da concessão e permissão de serviço público, sendo mais específica em seu artigo 175, parágrafo único e respectivos incisos que trazemos para leitura com alguns grifos:

Art. 175. **Incumbe ao Poder Público**, na forma da lei, **diretamente ou sob regime de concessão ou permissão**, sempre através de licitação, **a prestação de serviços públicos**.

Parágrafo único. A lei disporá sobre:

I – o regime das empresas concessionárias e permissionárias de serviços públicos, o caráter especial de seu contrato e de sua prorrogação, bem como as condições de caducidade, fiscalização e rescisão da concessão e permissão.

II – os direitos dos usuários

III – política tarifária

IV– a obrigação de manter serviço adequado.

Por conseguinte, tanto o Estado, diretamente, quanto as empresas da esfera privada, ou mesmo o particular, pessoa física, por meio de delegação contratual, passam a ser potencialmente prestadores de serviço público.

Vale dizer que esta relação contratual da qual resulta a concessão ou a permissão vai gerar direitos e obrigações aos atores envolvidos nesta relação, quais sejam: Poder Público, o Concessionário ou o Permissionário e o beneficiário do serviço, que mediata ou imediatamente, é a população. Trata-se de uma relação trilateral que será mais bem analisada oportunamente.

Sobreleva ainda notar que, não obstante, a existência desta competência legal para a prestação de serviço público, atribuída aos concessionários ou permissionários, sejam eles pessoas físicas ou jurídicas, estas pessoas não passam a fazer parte da organização administrativa do Estado, tampouco se tornam seus órgãos.

É o que se denomina doutrinariamente de exercício privado de função ou de serviço público transferido da pessoa pública para a pessoa privada, e que faz surgir, consequentemente, a criação do direito ao exercício da função correspondente ao Poder Público concedente.

3. CONVENIÊNCIA DA CONCESSÃO E PERMISSÃO COMO FORMA DE PRESTAÇÃO ALTERNATIVA DE SERVIÇO PÚBLICO

A utilização da concessão e da permissão, cuja previsão legal no direito brasileiro foi vista acima, é forma alternativa de prestação de serviço público, conforme dito anteriormente, que não surgiu de forma aleatória, mas sim em razão de fatos reais que demandaram a busca de novas modalidades desta prestação.

Esta previsão legal não obsta, contudo, que a justificativa da conveniência do Poder Público para se valer dos institutos da concessão e permissão, delegando atividades que originariamente são de sua competência a particulares, deva ser publicada e preceda até mesmo o edital de licitação.

O preceito legal que dispõe sobre a publicação do ato justificando a conveniência do Poder Público na outorga da concessão e permissão, assim como seu objeto, área e prazo estão descritos, atualmente, na Lei federal nº 8.987/95, que em seu art. 5º preceitua o seguinte:

Art. 5º. O poder concedente publicará, previamente ao edital de licitação, ato justificando a conveniência da outorga de concessão ou permissão, caracterizando seu objeto, área e prazo.

Este artigo, por seu turno, guarda conformidade com o dispositivo constitucional precitado que é o art. 175, que dispõe expressamente que o serviço público pode ser prestado direta ou indiretamente, referindo-se este à forma indireta de prestação.

Trataremos nesta sequência, isoladamente, as hipóteses que justificam a outorga pelo Estado da concessão e permissão como forma alternativa de prestação de serviço público.

4. CARÊNCIA DE RECURSOS PRÓPRIOS DO ESTADO PARA PRESTAR O SERVIÇO PÚBLICO DE FORMA ADEQUADA E A OBRIGATORIEDADE CONSTITUCIONAL DE SER EFICIENTE NESTA PRESTAÇÃO

Um dos fatos que ultimamente tem justificado a utilização da concessão ou da permissão diz respeito à necessidade de o Estado se valer de investimentos da iniciativa privada para modernizar a prestação de seus serviços, posto que, dado o desgaste de seus recursos próprios, muitas vezes isto acarreta carência ou ineficiência desta prestação em determinadas modalidades de serviço público.

Importa também salientar que por meio da emenda constitucional nº 19/98, o legislador constituinte derivado introduziu no texto do art. 37 da Constituição Federal, no rol dos princípios da Administração Pública, o princípio da eficiência.

Este princípio, por si só, já passou a obrigar o Poder Público, em tese, a se equiparar à iniciativa privada no que toca à eficiência como característica para a prestação de suas atividades, não obstante, o desgaste de recursos públicos que já demandava esta ajuda financeira.

No entanto, a partir do momento em que o Estado se obriga, por meio de mandamento constitucional, a ser eficiente na prestação de suas atividades públicas, eis que insurge um grande impasse: como ser eficiente, comparando-se a toda organização e estrutura moderna e sempre renovadora da iniciativa privada, quando não se dispõe de recursos suficientes para manter este mesmo padrão?

Conforme já registrado inicialmente, a incapacidade atribuída à Administração Pública para manter a prestação de seus serviços diretamente não é recente na história, tendo já se insurgido à época do Liberalismo e reiterado sua existência em décadas recentes, ainda que não se tenha mantido uma constante nos motivos que deflagraram esta incapacidade.

No que tange à época atual, sobretudo com a mencionada inclusão do princípio da eficiência no *caput* do art. 37 da Constituição Federal, viu-se o Estado diante da necessidade da pronta e eficiente prestação de seus serviços, de novos investimentos que os modernizem periodicamente, material e humanamente, e os equiparem aos moldes das empresas particulares.

5. BENS E RECURSOS DA INICIATIVA PRIVADA: A SOLUÇÃO ENCONTRADA PELO ESTADO PARA A PRESTAÇÃO EFICIENTE DO SERVIÇO PÚBLICO

Com efeito, ele passa a buscar na iniciativa privada a solução para esta demanda, tal qual o fez à época da crise do Liberalismo, valendo-se comumente dos institutos da concessão e permissão, ou seja, passa a delegar ao particular a prestação de um serviço público por meio de um contrato.

Registramos, porém, a inegável existência, atualmente, de outros institutos de que a Administração Pública pode se valer na prestação indireta ou associada do serviço público, por meio da Gestão Associada e dos Regimes de Parceria, que compreendem os Convênios Administrativos, os Contratos de Gestão e a Gestão por Colaboração.

Sendo assim, este apelo lançado à iniciativa privada para a execução de serviços de natureza pública, associado aos interesses público e privado, desencadeia na prestação alternativa de serviço público, mediante remuneração a ser paga pelo usuário do serviço através de tarifa, o que se verá mais detidamente adiante.

6. PÚBLICA É A NATUREZA DA ATIVIDADE-FIM

Outro fator relevante é o de que as concessionárias e permissionárias de serviço público não têm a sua natureza privada alterada mediante a prestação do serviço público, sendo certo que pública é a natureza da atividade-fim desempenhada, e não da empresa prestadora do serviço por via de delegação contratual.

Da mesma forma, pública também é a trilogia que dará alicerce à relação contratual entre "a empresa privada, o usuário do serviço e o poder concedente", a qual será regida pelas normas próprias do regime jurídico administrativo, atendendo-se às suas exigências e restrições.

7. INCENTIVO À COMPETITIVIDADE

O estatuto federal de concessão e permissão faz ressalva a respeito do incentivo à competitividade, pois que em seu art. 16 destitui da outorga de concessão e permissão o caráter de exclusividade, a seguir descrito:

> Art. 16, Lei 8.987/95: A outorga de concessão ou permissão não terá caráter de exclusividade, salvo no caso de inviabilidade técnica ou econômica, justificada no ato a que se refere o art. 5º desta Lei.

Este dispositivo legal expressa a valoração dada pelo legislador ordinário à competitividade na prestação de serviço público, bem como à livre concorrência, em analogia ao princípio constitucional, inserido no inciso IV do art. 170 da Constituição Federal, que trata dos princípios gerais da atividade econômica.

8. O PAPEL DO ESTADO SE ALTERA DE PRESTADOR PARA REGULADOR E FISCALIZADOR

Por fim, outro fato que se destaca na questão da justificativa da utilização da concessão e permissão no direito brasileiro nos tempos atuais, por meio da outorga estatal e da consequente transferência da execução de serviços públicos para a iniciativa privada, é o de que ocorre uma redefinição do papel do Estado.

Este, do papel de protagonista prestador direto de serviço público, passa a ser direcionado ao papel de coadjuvante e se transforma em mero regulador e fiscalizador, não obstante, conservar a titularidade do serviço concedido.

Já os recursos que passam a ser aplicados na prestação do serviço público, ainda que de natureza privada, devem passar necessariamente sob o crivo do Poder Público, que mantém o controle da prestação destes serviços.

9. COM FULCRO NO CAPUT DO ART. 175 DA CF/88 QUALQUER SERVIÇO PÚBLICO PODE SER OBJETO DE CONCESSÃO OU PERMISSÃO?

Art. 175, CF/88: Incumbe ao Poder Público, na forma da lei, diretamente ou sob regime de concessão ou permissão, sempre através de licitação, a prestação de serviço público.

Conforme se pode constatar com a mera leitura do *caput* do art. 175, o legislador constituinte originário não tratou de especificar quais as modalidades de serviço público poderão ser objeto de concessão e permissão.

Com isso, deixou esta atribuição a cargo da lei que regular a matéria, bem como à interpretação doutrinária, o que levou a crer, num primeiro momento, que o dispositivo se refere a "qualquer serviço".

Ocorre que não prevalece na doutrina o acolhimento de que o aludido dispositivo constitucional que trata da concessão e permissão se aplica à ideia de "qualquer serviço público", sobretudo porque a lei que regular a matéria há que estar sujeita, incondicionalmente, a um limite constitucional.

Nesta oportunidade, lembramos que o direito brasileiro faz distinção das seguintes modalidades de serviços públicos: "serviços públicos inerentes ou propriamente ditos" e "serviços públicos por opção político-normativa", além de reconhecer a existência dos ditos "serviços públicos comerciais ou industriais", os quais encontram sede em dispositivo constitucional.

Quanto aos serviços públicos por opção político-normativa, ressaltamos que o termo político-normativo guarda um sentido amplo, não restringindo a origem da normatividade, que poderá emanar tanto da Constituição Federal como de lei infraconstitucional.

Faremos, a seguir, uma breve síntese das citadas modalidades de serviços públicos, a fim de que se conclua quais entre estes podem ser objeto de concessão ou permissão dentro do direito brasileiro.

9.1. Serviços Públicos Inerentes ou Propriamente Ditos

Os "serviços públicos inerentes ou propriamente ditos" se enquadram naqueles serviços que demandam uma prestação positiva do Estado, posto serem eles inerentes à própria função estatal.

Em suma, são serviços que podem ser prestados apenas pela Administração Pública Direta, pois demandam poder de império para a sua prestação, por envolver a segurança da sociedade como um todo. Exemplo deste serviço é a própria segurança pública.

Com efeito, estes serviços públicos inerentes ou propriamente ditos não são passíveis de serem transferidos a terceiros por via de concessão ou permissão, haja vista se tratarem de atividades de império que demandam imposição de comportamento, característica esta não extensível ao setor privado.

Com isso, já descartamos a possibilidade suscitada neste tópico a respeito de qualquer serviço público dessa natureza poder ser objeto de concessão ou permissão, e asseveramos que a redação do *caput* do art. 175 não tem uma abrangência irrestrita quando se refere a serviços públicos.

9.2. Serviços Públicos por Opção Político-Normativa

No que se refere aos "serviços públicos por opção político-normativa", outra é a conclusão. A prestação desta modalidade de serviços públicos encontra respaldo na Constituição Federal.

Da mesma forma, nela também se encontram elencadas as competências quanto aos órgãos que devem desempenhá-los; com isso, tornam-se insuscetíveis de delegação por via contratual aqueles cuja competência não encontrar respaldo constitucional.

Em outras palavras, apenas os órgãos com assento constitucional terão competência para desempenhar estes serviços públicos denominados de serviços por opção político-normativa.

Exemplos utilizados pela doutrina estão nos artigos 131 e 132 da Constituição Federal, que tratam da Advocacia Geral da União e da Procuradoria dos Estados, respectivamente. Estes órgãos, por terem suas competências com assento constitucional, não podem delegar a particulares seus serviços.

Cabe, contudo, uma observação a esta modalidade de serviço público. O só fato de estes serviços encontrarem respaldo na Lei Maior do país faz surgir uma possibilidade de que suas competências possam ser eventualmente alteradas por via de Emenda Constitucional.

Sendo assim, qualquer serviço público que encontra previsão no corpo da Constituição Federal, e cujo dispositivo sofra uma alteração por meio de Emenda, poderá excepcionar a indelegabilidade de serviços públicos com assento constitucional.

Mas ainda assim, diante desta explanação, descartados estão da possibilidade de delegação por via de concessão ou permissão, salvo em caso de posterior modificação por Emenda Constitucional, também estão os serviços públicos por opção político-normativa.

9.3. Serviços Públicos Industriais ou Comerciais

Os serviços públicos industriais ou comerciais são aqueles que originariamente se constituíam em atividades econômicas, mas que em razão da relevância que desenvolveram para a sociedade foram assumidos pelo Estado como serviço público, por opção político-normativa, através da Constituição ou de lei.

A opção político-normativa pode se configurar de duas formas: por vezes, é o próprio texto constitucional que traz a previsão sobre a atividade; noutras, a Constituição prevê a criação de lei para regular a matéria.

É o caso em que atividades originariamente econômicas passam pelo processo de publicização, o que equivale a dizer que elas são trazidas para o campo das atividades administrativas do Estado, e passam a ser regidas e exploradas pelo próprio regime do direito público.

Reportando-nos ao questionamento deste tópico, asseveramos que dentre as modalidades descritas de serviços públicos, estas são as que podem ser objeto de concessão ou permissão, com fulcro no *caput* do art. 175 da Constituição da República.

Exemplos expressamente previstos na Constituição Federal de serviços públicos industriais ou comerciais podem ser consultados nos incisos XI e XII do art. 21, que elenca a competência da União para explorar serviços industriais.

Dentre eles temos os serviços de geração, transmissão e distribuição de energia elétrica e o de exploração de serviços de telecomunicações, além dos demais descritos naquele dispositivo.

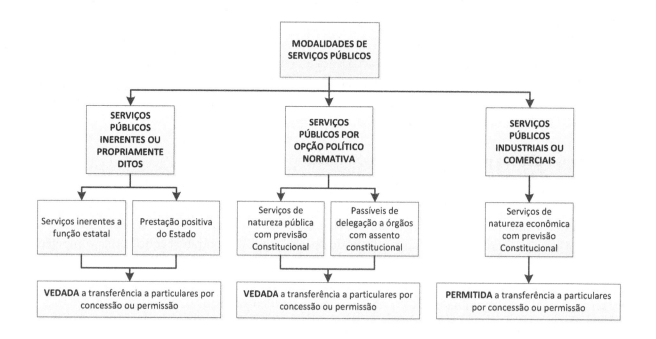

10. COM RELAÇÃO À COMPETÊNCIA LEGISLATIVA REFERENTE AO CAPUT E AO PARÁGRAFO ÚNICO DO ART. 175 DA CF/88, EXISTE DISTINÇÃO ENTRE AS LEIS ALI CITADAS?

No que toca à competência legislativa em matéria de concessão e permissão de serviço público, relevante que se faça uma análise quanto à natureza das leis a que se refere o artigo 175 da Constituição Federal, quais sejam, as que se encontram no *caput* do artigo e no seu parágrafo único.

Portanto, em última análise, o esclarecimento que se busca neste tópico é quanto à natureza jurídica das leis a que se refere o aludido artigo constitucional, e a competência para editar estas leis, pois que se insurge uma divergência doutrinária sobre tal natureza e competência.

A doutrina majoritária tem-se inclinado no sentido de entender que o texto do artigo 175 se refere a duas modalidades de competência, e, em consequência, de que não é a mesma lei a referente no *caput* e no parágrafo único do dispositivo constitucional.

Outra corrente minoritária, contudo, não coaduna deste mesmo entendimento, dando interpretação diversa a este tema ao afirmar tratar-se de uma única lei e uma única competência, mencionadas no artigo 175.

Entendimento da 1ª Corrente (majoritária)

Segundo o entendimento desta corrente majoritária, ao mencionar o art. 175 em seu *caput* a expressão "na forma da lei", e a seguir, em seu parágrafo único ditar que é "a lei" que disporá sobre os critérios para a prestação de serviços públicos sob o regime de concessão ou permissão", faz alusão a duas formas de competência.

A primeira se refere à competência específica, para editar normas gerais, e a segunda faz menção à legislação local para editar normas que especifiquem serviços e condições locais e regionais.

Neste sentido, a competência para editar normas gerais estaria a cargo da União, pois que lei federal edita normas gerais, e haveria uma combinação dos artigos 175, *caput*, com o 22, inciso XXVII, que é o dispositivo constitucional que dispõe sobre a competência privativa da União para editar normas gerais de licitação e contratos administrativos.

Este dispositivo, por seu turno, resultou na edição da Lei federal nº 8.666/93, outrora denominada Lei Geral de Licitação, cuja aplicação é de âmbito nacional, mas que atualmente é intitulada Lei federal nº 14.133/21.

A edição de normas específicas para que cada ente público possa adaptar a legislação às suas peculiaridades, por sua vez, encontraria respaldo nos artigos 24, parágrafo 1º ao 4º; e art. 30, inciso II, que tratam das competências concorrentes ou residuais.

Entendimento da 2ª Corrente (minoritária)

Uma segunda corrente cujo entendimento é acolhido de forma minoritária se foca na ideia de que, sobretudo em homenagem ao princípio federativo que impera no direito brasileiro, elevado, inclusive, à condição de cláusula pétrea, a lei a que se refere o *caput* do art. 175 tem o sentido genérico, não se referindo a uma lei federal.

Segundo este entendimento, atribuir a natureza federal àquela lei que se refere o citado artigo 175 da Constituição Federal equivaleria a dar-lhe uma interpretação extensiva, ou seja, estender a sua aplicação aos demais entes da Federação, o que contrariaria, em tese, o princípio federativo constitucional da federação.

Ademais, tal corrente arremata que o texto do artigo se refere apenas ao elemento "lei", e não "lei federal", motivo pelo qual esta matéria de que trata o art. 175 – concessão e permissão de serviço público, deveria ser de competência concorrente em seu sentido amplo, não sendo correto atribuir à União a competência privativa para editar normas gerais.

Não obstante, voltamos a frisar tratar-se de um entendimento minoritário que não se sobressai em relação ao primeiro, sendo conveniente apontá-lo apenas para a explanação da matéria e a sua correta conclusão.

10.1. Qual a Relação entre o Art. 175 e o 22, inciso XXVII para estas Correntes Doutrinárias?

Há que se observar que a redação do *caput* do art. 175 faz menção ao instituto da licitação como procedimento obrigatório a preceder a concessão e a permissão, a seguir transcrito em parte e com grifos sobre o original:

> "(...) na forma da lei, diretamente ou sob regime de concessão ou permissão, **sempre através de licitação**".

O dispositivo constitucional que trata da licitação, por seu turno, que é o art. 22, inciso XXVII, reza que é competência privativa da União legislar sobre normas gerais de licitação e contratação (...).

Diante disso, a relação entre o contrato de concessão ou permissão com o instituto da licitação pública poderia, por si só, bastar para justificar que a competência a que se refere o art. 175 encontra respaldo no inciso XXVII do art. 22, selando a tese da competência da União para a referida matéria.

Registramos, ainda, a existência de uma interpretação extensiva no sentido de que a licitação e contratação do art. 22, inciso XXVII é gênero, da qual a licitação aplicável aos regimes de concessão e permissão referida no art. 175 é espécie.

Não obstante, a segunda corrente, a qual defende a tese de que a lei referida no art. 175 não se trata de uma lei federal, mantém o entendimento de que, o só fato de haver essa relação de gênero e espécie entre os citados dispositivos não faz supor que a licitação que precede o contrato de concessão ou permissão esteja inserida automaticamente na esfera da competência da União.

Conforme já registramos, a interpretação desta corrente tem como sua pedra angular a defesa do princípio da federação brasileira, e afirma que a essência deste princípio não tem sido observada pela Administração Pública, alegando a busca de resgatá-lo.

O motivo desta inobservância seria, entre outros, as próprias oligarquias locais que não são capazes de se desvencilhar do poder em prol de uma federação que atenda a um propósito maior, que é a harmonia dos poderes e a efetivação do interesse público e do bem comum.

Em que pese a fundamentação legal da questão suscitada, remetemos o caso à Lei nº 8.987/95, que é a lei geral federal de Concessões, pois que esta encerra, em seu artigo 1º e parágrafo único o que se busca questionar nos itens antecedentes quanto à competência para dispor sobre normas gerais e concorrentes para reger os institutos da concessão e permissão.

Art. 1º - As concessões de serviços públicos e de obras públicas e as permissões de serviços públicos reger-se-ão pelos termos do art. 175 da Constituição Federal, por esta Lei, pelas normas pertinentes e pelas cláusulas dos indispensáveis contratos.

Parágrafo único – A União, os Estados, o Distrito Federal e os Municípios promoverão a revisão e as adaptações necessárias de sua legislação às prescrições desta Lei, buscando atender as peculiaridades das diversas modalidades dos seus serviços.

Nesta linha, os supracitados dispositivos legais dispõem textualmente que concessão e permissão de serviço público serão regidas pela Constituição Federal, especificamente por seu art. 175, pela lei que os integram (a lei federal nº 8.987/95), por normas pertinentes e pelas cláusulas contratuais que cingirão o serviço público concedido ou permitido.

Restou claro, portanto, que o legislador federal avocou para si a competência para as normas gerais, mas não de forma absoluta, ou seja, não necessariamente as normas da citada lei terão a natureza de normas gerais.

Isto significa que nem todas as normas do Estatuto Nacional de Concessões e Permissões vinculam os demais entes, não os obstando de dispor concorrentemente sobre a matéria.

Sendo assim, poderá ocorrer a edição de lei para regular a matéria pelos Estados, Municípios e Distrito Federal, pois que estes entes não estarão indissoluvelmente vinculados ao estatuto federal, sendo o caso de se observar os aspectos peculiares de cada região.

Nestas hipóteses, a Lei 8.987/95 deixa de exercer o papel de Estatuto Nacional e se aplica como lei federal, concorrentemente às demais legislações pertinentes editadas por Estados e Municípios. E isso pelo fato de que a lei de concessão, apesar de ser uma lei nacional, não exclui a competência da União, dos Estados, do Distrito Federal ou dos Municípios de produzirem suas próprias leis, desde que não conflitem com a lei maior.

A exemplo disso, citamos o caso das normas sobre prorrogação de contrato referente ao Estatuto Federal de Concessões, que são aplicáveis apenas às concessões e permissões federais. Com efeito, pode-se dizer que são normas federais apenas *strictu sensu*, pois que não são de observância obrigatória pelos Estados e Municípios.

11. NATUREZA JURÍDICA DO CONTRATO DE CONCESSÃO

Quanto à natureza jurídica do contrato de concessão, diverge a doutrina a respeito da própria veracidade desta se constituir ou não um contrato, havendo quem o aponte com a natureza regulamentar, embora prevaleça o entendimento majoritário de uma natureza jurídica mista.

A tese da natureza mista parece mais acertada pelo fato de acolher tanto a característica de contrato quanto a natureza regulamentar. A primeira característica pode estar expressa em suas cláusulas econômicas, e a segunda no que alude às cláusulas referentes ao serviço a ser prestado.

Um exemplo do que seria a manifestação da natureza regulamentar do contrato de concessão pode se expressar por meio de um contrato estabelecido entre uma empresa de ônibus, que se revestirá do caráter de concessionária de serviço público, e Poder Público Municipal.

Ao firmar o contrato de concessão, o Poder Público estabelecerá, por meio de um regulamento, que cada ônibus, dentro de sua respectiva rota, deverá parar em um número determinado de pontos. Com feito, esta determinação por parte do Poder Concedente seria um regulamento inserido dentro do contrato de concessão.

Da mesma forma, outros critérios se cingirão com relação às cláusulas econômicas, como a fixação das tarifas, fatos que justificam que o contrato de concessão tenha simultaneamente a natureza de norma geral e abstrata.

Acrescente-se ainda que pelo fato de haver esta dualidade de natureza contratual, com cláusula regulamentar e de serviço, os contratos de concessão também vão gerar direitos aos usuários dos serviços delegados, em caso de violação de um direito subjetivo.

12. DELEGAÇÃO LEGAL E DELEGAÇÃO NEGOCIAL

Cumpre que façamos uma breve distinção ao que se denomina de delegação legal e delegação negocial, haja vista se tratar de distintas modalidades da delegação estatal, ou de espécies do gênero descentralização administrativa.

Dizemos que a delegação é legal quando a descentralização ocorre entre pessoas integrantes da própria Administração, e negocial quando a prestação do serviço público é transferida a pessoas da esfera privada.

Esta modalidade de delegação negocial gera um negócio jurídico cujos atores envolvidos são o Poder Público e o particular, e que se materializa por meio da concessão e permissão, institutos objetos de análise no presente estudo.

13. PODER PÚBLICO OU EMPRESA PRIVADA: QUAL A MAIS ACERTADA PARA PRESTAR SERVIÇO PÚBLICO?

Se questionarmos qual a entidade mais acertada para a prestação do serviço púbico, se o poder público ou a empresa privada, podemos afirmar que, em tese, tudo girará em torno do interesse público.

Este será a bússola a indicar qual rumo tomará a prestação do serviço público. Quando for mais conveniente para o interesse coletivo, por motivos financeiros, técnicos ou operacionais, que a sua prestação se dê pela iniciativa privada, assim o será.

De outra monta, se o poder concedente entender, pelo bem público, retomar o serviço concedido, o que se denomina de encampação, poderá fazê-lo mediante indenização de lucros cessantes e danos emergentes ao concessionário, devendo tal disposição estar prevista no contrato.

E, ainda, se o poder público não considerar conveniente para o alcance do interesse público e do bem comum transferir a execução de seus serviços a terceiros, e desde que disponha dos recursos e meios necessários a sua adequada execução, não se valerá dos institutos da concessão ou da permissão, prestando tais serviços diretamente.

14. QUAL É O RESPALDO LEGAL PARA A EXISTÊNCIA DA CONCESSÃO DE OBRA PÚBLICA TOUT COURT?

A doutrina aponta para a existência de três formas de concessão, sendo elas: 1) a concessão de serviço público, ou concessão *tout court*; 2) a concessão de serviço público precedida da execução de obra pública; e 3) a concessão de obra pública *tout court*.

Ocorre, contudo, que as duas primeiras encontram expresso e indiscutível respaldo na Lei 8.987/95, em seus incisos II e III do art. 2º; respectivamente, ao passo que na última modalidade este mesmo artigo silencia a respeito da sua existência, fazendo-nos questionar a este respeito.

É imperioso que se observe que esta modalidade de concessão de obra pública *tout court* tem uma formatação diferenciada daquela concessão referida no art. 2º, inciso III (concessão de serviço público precedida da execução de obra pública), embora nas duas se insira o quesito da obra pública.

Na concessão que ora se discute, portanto, a obra é o objeto de concessão, ainda que possa eventualmente haver uma posterior exploração de serviço público visando amortizar o investimento aplicado, mas não sendo o caso da concessão do serviço público, que se acompanha com a precedência de uma obra pública.

Para fundamentarmos a existência desta modalidade de concessão, remetemos o caso ao art. 1º da Lei, que fala explicitamente em concessão de serviços públicos e de obras públicas e de permissões de serviços públicos, a seguir transcrito:

> Art. 1º As concessões de serviços públicos e **de obras públicas** e as permissões de serviços públicos reger-se-ão pelos termos do art. 175 da Constituição Federal, por esta Lei, pelas normas legais pertinentes e pelas cláusulas dos indispensáveis contratos. (**grifo nosso**).

Entendemos se tratar de uma opção discricionária do Poder Público, de acordo com cada caso específico. Dentre suas opções de concessão, ele poderá conceder ou não um serviço público precedido de obra pública, nas seguintes formas:

Primeiramente, pode o Poder Público contratar uma empresa construtora, comumente chamada de empreiteira, por meio de um contrato de empreitada para a realização de uma obra pública. Após a finalização da obra, realizar por meio de licitação a concessão do serviço público que se efetivará naquelas instalações.

Note-se que no primeiro caso, do contrato com a empreiteira, o serviço foi prestado para o próprio Poder Público, ao passo que no segundo, houve o contrato de concessão de serviço público, o qual será prestado diretamente para a população.

Com efeito, é uma hipótese em que são realizados dois tipos de contratos diferentes, um para a realização da obra pública, por meio de um contrato administrativo; e outro para o serviço público, por meio de um contrato de concessão de serviço público, embora na prática não seja muito comum de ocorrer.

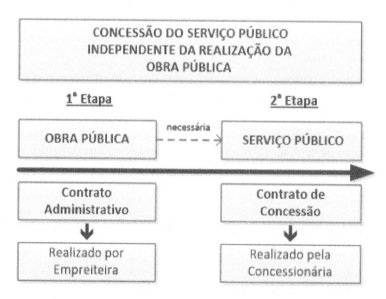

Outra opção de que poderá se valer o Poder Público, no caso da modalidade de concessão de obra pública *tout court*, é a de conceder a execução de uma obra pública que se destine ao interesse da coletividade.

Neste caso será por meio de um contrato de concessão, em que o beneficiário do serviço, que é a própria obra, será a população, não se tratando de um contrato de empreitada, caso em que o serviço é prestado para o Poder Público e a via utilizada é o simples contrato administrativo entre o Poder Público e o particular.

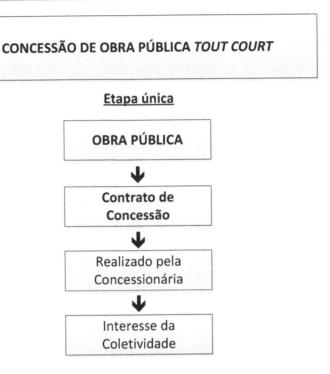

Por fim, o Poder Público poderá realizar a concessão da própria obra pública, cujo investimento ficará por conta do particular, enquanto que a remuneração deste se dará por meio de exploração da obra, que poderá ser tanto um serviço público como uma exploração comercial, tudo de acordo com o previsto no edital de licitação e posterior contrato celebrado pelo particular, parecendo-nos ser esta última opção mais aceita na doutrina.

14.1. Exemplos de Concessão de Obra Pública Tout Court

A título de ilustração e intencionando ratificar a existência da modalidade de concessão de obra pública *tout court*, que se diferencia da concessão de serviço público precedida da execução de obra pública, referida no art. 2º, inciso III, da Lei 8.987/95, pela desnecessidade de posterior exploração do serviço público, trazemos alguns exemplos de como estas podem se proceder.

A construção, por iniciativa de determinado Município, de estacionamento público em áreas urbanas e de interesse da coletividade, geralmente realizada em subsolos, não pressupõe, a princípio, que se dê direta e exclusivamente por recursos públicos.

Com isso, parece-nos possível, e até mesmo razoável, que o Poder Público possa se valer desta modalidade de concessão de obra pública tout court, por meio de um contrato de concessão, para a construção do estacionamento.

Neste contrato de concessão será estabelecido um prazo em benefício da construtora, para que esta possa explorar o estacionamento público por um prazo determinado como forma de amortizar o investimento aplicado na obra.

Findo tal prazo e amortizado o valor investido pela construtora, a obra é revertida para o Poder Público tal qual ocorre com qualquer concessão de serviço público em que os equipamentos utilizados são revertidos ao Poder Concedente.

Conforme se verifica, trata-se de uma concessão de obra pública em que não se menciona no contrato a especificação de haver uma posterior concessão de serviço público, mas tão somente um prazo para a exploração deste serviço pela construtora, como forma de amortizar seu investimento.

Sendo assim, entendemos que esta concessão, com suas caraterísticas, é uma das que mais se encaixam na modalidade de concessão de obra pública *tout court*, que segundo a doutrina, encontra respaldo no art. 1º da Lei 8.987/95.

Podemos também trazer à baila outro exemplo acerca da concessão de uma obra para a construção de uma rodovia, com posterior exploração de serviço de conservação, e como forma de amortização, a exploração da cobrança de pedágio, tudo descrito na mesma licitação pública.

Pode ocorrer também a construção de uma obra de maiores proporções, como um viaduto, um túnel ou uma ponte, inserindo-se também a previsão de exploração, mas não com um serviço de conservação ou com uma cobrança de pedágio, mas com a exploração da obra pública valendo-se de fins diversos, como a divulgação de publicidade.

Não há que se negar que não se trata de uma concessão de obra pública que precede a exploração posterior de um serviço público, mas sim de mais um exemplo de modalidade de concessão de obra *tout court*, "por si só", "sem nada mais".

15. ESTRUTURA DO CONTRATO DE CONCESSÃO OU PERMISSÃO E A SUA RELAÇÃO TRILATERAL

Quando nos referimos a qualquer contrato de concessão ou permissão, não há como se dissociar da ideia de duas características antagônicas que formam a sua base. Uma se refere ao serviço público, objeto da delegação, que mantém a sua natureza pública e a sua submissão ao regime jurídico administrativo, inclusive após a sua delegação ao particular.

A outra ideia basilar que compõe o contrato de concessão e permissão se antepõe à anterior, que é a exploração do serviço público por empresa de natureza privada, que tem como finalidade precípua o seu proveito econômico, tal qual ocorre com a exploração de atividades privadas.

Portanto, como estas ideias, apesar de antagônicas, estruturam e fundamentam todo contrato de concessão e permissão, e para que não se conflitem, devem estar devidamente regulamentadas por lei, pelo edital de licitação e, sobretudo, pelo próprio contrato de concessão ou permissão.

15.1. Execução de Serviço Público por Empresa Particular: Submissão às Regras de Direito Privado e não de Direito Público

Outro aspecto a se considerar a respeito da estrutura do contrato de concessão é o de que, ainda que esta ocorra por meio de contrato administrativo, suas regras sejam subordinadas ao Direito Público, e o Poder Público exerça o poder regulatório e fiscalizatório, inclusive com a fixação da tarifa; a execução do serviço em si, se dará por uma empresa privada e esta atuará de acordo com as regras privadas e não públicas.

Uma coisa é a obediência aos procedimentos licitatórios na escolha da empresa concessionária por parte do Poder Público e às regras de direito público que regerão esta relação, assim como a obediência da concessão às normas do contrato administrativo.

Outra, contudo, são as regras de direito privado que subsistirão durante a prestação do serviço público pela empresa privada imbuída do papel de concessionária do serviço público, e as quais regerão as relações desta com terceiros. Estas informações podem ser constatadas nos parágrafos 1º e 2º do art. 25, cujo *caput* relata sobre a incumbência da concessionária na execução do serviço concedido:

> Art. 25, Lei 8.987/95 - Incumbe à concessionária a execução do serviço concedido, cabendo-lhe responder por todos os prejuízos causados ao poder concedente, aos usuários ou a terceiros, sem que a fiscalização exercida pelo órgão competente exclua ou atenue essa responsabilidade.
>
> § 1º Sem prejuízo da responsabilidade a que se refere este artigo, a concessionária poderá contratar com terceiros o desenvolvimento de atividades inerentes, acessórias ou complementares ao serviço concedido, bem como a implementação de projetos associados.
>
> § 2º Os contratos celebrados entre a concessionária e os terceiros a que se refere o parágrafo anterior reger-se-ão pelo direito privado, não se estabelecendo qualquer relação jurídica entre os terceiros e o poder concedente.

Com efeito, não incidirão sobre a relação destas empresas concessionárias com terceiros os procedimentos típicos das empresas públicas, tais como a submissão de seu pessoal ao concurso público, o controle do Tribunal de Contas, a licitação pública e as demais burocracias que muitas vezes impedem que as empresas públicas se equiparem ao ritmo e eficiência da iniciativa privada.

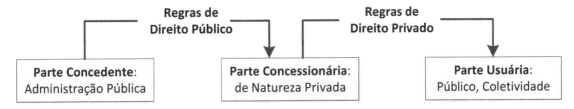

15.2. A Natureza do Serviço Concedido se Mantém Pública

A delegação do serviço público ao particular, por meio do contrato de concessão ou permissão, não acarreta o fato de o poder concedente transferir a titularidade deste, pois o que ele delega é apenas a execução do serviço, e não a sua posse.

Da mesma forma, os direitos e prerrogativas inerentes à titularidade do serviço não são transferidos ao concessionário ou permissionário, além do fato de que este estará sujeito à regulamentação e fiscalização do poder concedente.

Sendo assim, fica claro que o serviço objeto da concessão mantém o seu caráter público, e que não ocorre, em nenhum momento, uma destituição dos direitos do poder concedente quanto à exploração destes serviços, seja de forma direta ou indireta.

A propósito, prova maior de que o serviço concedido continua sendo público é a de que será lícito ao poder concedente retomar o serviço concedido, obedecidas às disposições legais a este respeito.

15.3. Componentes da Relação Trilateral: Poder Público ou Poder Concedente; Concessionário ou Permissionário e Usuário do Serviço Público

É de se observar também que a estrutura do contrato de concessão ou permissão faz surgir uma relação trilateral, a qual se mantém associada enquanto perdurar o contrato e que gerará direitos e obrigações aos seus integrantes.

As pessoas que compõem a relação trilateral são: Poder Público ou Poder Concedente, que é o titular do serviço público e da competência administrativa para conceder a sua exploração; a Concessionária ou Permissionária do serviço público, que é a pessoa física ou jurídica que recebe, por meio de delegação contratual, o direito à execução do serviço; e, por fim, o usuário, a quem o serviço será prestado pelo concessionário ou permissionário, e que em tese é a população.

16. DIREITOS E DEVERES DO PODER CONCEDENTE E DA CONCESSIONÁRIA QUE JÁ CONSTAREM NA LEI DEVEM OBRIGATORIAMENTE SER REPETIDOS NO CONTRATO?

Devemos fazer uma ressalva no que alude à inclusão no corpo do contrato de concessão do rol dos direitos e deveres tanto do Poder Concedente quanto da Concessionária.

A este respeito, embora o art. 23, que trata das cláusulas essenciais do contrato, preceitue em seu inciso V, como sendo uma delas, "os direitos, garantias e obrigações do Poder Concedente", há que se atentar para o que diz a doutrina.

Segundo o entendimento predominante, não se faz necessário repetir no contrato os direitos e deveres que já estiverem estabelecidos pela Lei, sobretudo no que se refere ao art. 29, que relaciona nos seus doze incisos quais são os encargos do Poder Concedente; e no art. 31, que relata quais são os encargos da Concessionária.

Outro é o procedimento quanto aos direitos e deveres concretos que se relacionem à concessão. Importa que estes sejam descritos no contrato, a fim de que se certifique que o concessionário que contratar com o Poder Público tenha o conhecimento e esteja preparado para as futuras inovações, evitando-se conflitos entre as partes.

17. PODER CONCEDENTE

Ainda com fundamento na Lei 8.987/95, o art. 2º, em seu inciso I, é o dispositivo legal que traz a descrição de quem são as pessoas que integram o papel de poder concedente, cuja descrição se segue:

> Art. 2º. Para os fins do disposto nesta Lei, considera-se:
>
> I - poder concedente: a União, o Estado, o Distrito Federal ou o Município, em cuja competência se encontre o serviço público, precedido ou não da execução de obra pública, objeto de concessão ou permissão.

O art. 23 da referida lei, que estatui em seus incisos quais são as cláusulas essenciais do contrato de concessão, insere no inciso V as relativas aos direitos, garantias e obrigações do poder concedente e da concessionária.

Oportuno também ressaltar que o art. 29, que dá início ao Capítulo que trata dos encargos do Poder Concedente, traz em seus incisos o rol do que incumbe a este Poder executar, além de haver expressa menção a respeito de demais atos relativos à sua iniciativa em outros artigos da referida lei.

18. ENCARGOS DO PODER CONCEDENTE

Iniciando-se a análise dos encargos do Poder Concedente, vale ressaltar que os incisos I e II do art. 29 são essencialmente relevantes na descrição destes encargos, por elencar os poderes inerentes ao Poder Público mais elementares da relação contratual que compõe a concessão, que são os de regulamentar e fiscalizar o serviço concedido (inciso I), bem como o de aplicar as penalidades (inciso II). Vejamos na íntegra os seus textos:

> Art. 29. Incumbe ao poder concedente:
>
> I - **regulamentar** o serviço concedido e **fiscalizar** permanentemente a sua prestação;
>
> II - **aplicar as penalidades** regulamentares e contratuais. (**grifou-se**).

Sendo assim, é a partir do encargo de regulamentar o serviço concedido que se insurgem, consequentemente, os poderes de fiscalizar e de aplicar as penalidades outorgadas por lei. De fato, estas duas últimas seriam mais acertadamente entendidas como um dever que se impõe em consequência da regulamentação.

Especialmente quanto à fiscalização, devemos fazer a ressalva de que esta não deverá ser executada sempre e obrigatoriamente pela própria Administração Concedente, podendo ser também por uma comissão especializada constituída para este fim específico e de natureza alheia ao Poder Público.

Além do fato de a transferência da execução do serviço público, nos contratos de concessão, não alterar a sua titularidade pelo Poder Concedente, em regra este também conserva a competência para adotar medidas que se tornam necessárias para o cumprimento do contrato, como a sua regulamentação e a fiscalização, especificadas no inciso I do art. 29.

18.1. Regulamentação

No que tange à regulamentação a qual se refere o art. 29, I, esta regerá não apenas as formalidades que devem regular o contrato, como disporá sobre os meios de sua alteração, se eventualmente se tornar necessária em prol do interesse público.

Conforme o próprio nome já faz supor, como o destinatário final de todo serviço público é o próprio público, que é a população, isto justifica a rigorosa manutenção de uma fiscalização do Poder Concedente sobre o concessionário, a fim de que se verifique constantemente se estão sendo atendidas as exigências da lei, do regulamento e do contrato firmado entre eles.

18.2. Fiscalização

A fiscalização exercida pelo Poder Concedente, referida no mesmo inciso I do art. 29, transcorrerá através de ações constantes, pois que cabe a este fiscalizar, de modo contínuo e ininterrupto, se a concessionária está prestando adequadamente o serviço concedido, já que continua sendo o seu responsável perante o usuário e competente para a adoção de medidas que requeiram o poder de império.

A forma de como se dará a fiscalização, assim como a indicação dos órgãos competentes para exercê-la são caracterizadas pela Lei Geral de Concessão, ora em estudo, como sendo cláusulas essenciais do contrato de concessão, pois que estão inseridas no art. 23, em seu inciso VII.

Com a alusão do tema da fiscalização nestes citados e frisados dispositivos legais, fica evidente que o encargo da fiscalização e inspeção pelo Poder Concedente diante do serviço concedido trata-se de uma cláusula essencial a constar no contrato.

O inciso VII do art. 23 também deixa expresso que a citação da fiscalização no contrato deve abranger a execução quanto à adequação da prestação do serviço e quanto aos equipamentos e instalações necessárias, além de prever a indicação do órgão a quem caberá exercê-la.

Não deverão subsistir dúvidas de que esta fiscalização do já citado art. 29, inciso I, que se constitui em um dos encargos do Poder Concedente, em nada altera a responsabilidade do concessionário. Caberá a este a obrigação de prestar um serviço adequado, independentemente do fato de que poderá se submeter, a qualquer tempo, à fiscalização do Poder Concedente.

Em outras palavras, esta prestação adequada não deve ser voltada a uma mera satisfação e obrigação que este deve ao Poder Público, mas sim ao real fim a que se destina, que é a satisfação do usuário.

A fiscalização do Poder Concedente apenas deve reforçar a tese de que sejam impedidas eventuais inadequações ou falhas por parte da Concessionária. Para tanto, ressalta-se também o dever de que o concessionário facilite e viabilize a prática da fiscalização, por meio de um livre acesso aos locais e aos registros pertinentes.

Independentemente da facilidade a que compete à Concessionária promover no ato da fiscalização do Poder Público, é certo que este dispõe de amplos poderes, sendo-lhe facultado o acesso a todos os dados empresariais do concessionário nos setores de administração, finanças, contabilidade, recursos técnicos e econômicos, de forma a poder verificar a rentabilidade do serviço e a obediência às cláusulas regulamentares e contratuais.

Vale trazer à baila a leitura do disposto no art. 30, que formaliza legalmente estes poderes de que se reveste o Poder Concedente no que tange à fiscalização que este exercerá sobre o serviço concedido:

> Art. 30. No exercício da fiscalização, o poder concedente terá acesso aos dados relativos à administração, contabilidade, recursos técnicos, econômicos e financeiros da concessionária.

É de se observar, contudo, que a Administração Pública deve agir dentro dos parâmetros da lei, não extrapolando os limites impostos para a sua fiscalização, os quais se cingirão às informações de caráter empresarial indispensáveis para a manutenção da prestação adequada do serviço.

Além do mais, não obstante, todas as narrativas acerca do encargo do Poder Concedente para manter a fiscalização sobre a prestação do serviço adequado, é imprescindível que todas as cláusulas contratuais obedeçam aos termos da lei.

18.3. A Participação dos Usuários na Fiscalização

É de grande importância ressaltarmos que a fiscalização a que deve se submeter o serviço público concedido, a fim de que seja mantida a prestação do serviço adequado, foi abordada pela lei da forma mais abrangente possível.

Isso pode ser constatado na questão de que a lei enfatizou e viabilizou a possibilidade da mobilização dos próprios usuários do serviço público como auxiliadores nesta fiscalização, justificando-se plenamente tal ato já que são estes mesmos os destinatários finais e os mais indicados para constatar se a prestação adequada está sendo devidamente cumprida.

Sob o amparo legal desta previsão, a Lei 8.987/95 prevê até mesmo uma comissão fiscalizadora integrada, sobretudo, por usuários do serviço público concedido, o que tem por fim estimular a criação de associações de usuários que se destinem especificamente à defesa de seus interesses relativos ao serviço prestado. Vejamos dois dispositivos da lei a este respeito:

> Art. 29. Incumbe ao poder concedente:
>
> (...)
>
> XII - estimular a formação de associações de usuários para defesa de interesses relativos ao serviço.
>
> Art. 30 (...)
>
> Parágrafo único. A fiscalização do serviço será feita por intermédio de órgão técnico do poder concedente ou por entidade com ele conveniada, e, periodicamente, conforme previsto em norma regulamentar, por comissão composta de representantes do poder concedente, da concessionária e dos usuários.

18.4. A Criação de Órgãos Técnicos para Atuar na Fiscalização

O citado art. 30, além de fazer menção à fiscalização de comissão composta por representantes do poder concedente, da concessionária e dos usuários, como citado acima, faz expressa alusão quanto à atuação do Poder Concedente na fiscalização por meio de órgão técnico deste, ou entidade com ele conveniada.

Esta assertiva traduz uma nova fase que se levantou na Administração Pública, que além de conceder a exploração do serviço público, se viu na conveniência de criar agências controladoras destes serviços concedidos, ou, em tese, controladora das concessionárias e permissionárias.

Outro não foi o ocorrido, senão o Estado se alterar de executor do serviço a controlador, muitas vezes através das agências criadas para este fim específico e aparelhadas convenientemente para tal atribuição, que são as denominadas agências reguladoras.

No âmbito federal, em especial, pode-se noticiar a criação das agências de controle dos setores elétricos, de comunicação e petrolífero, que são as denominadas ANEEL – Agência Nacional de Energia Elétrica; ANATEL – Agência Nacional de Telecomunicações, e a ANP – Agência Nacional de Petróleo, apenas para exemplificar.

Neste momento, torna-se oportuno distinguir, a fim de se evitar interpretações contorcidas, a diferença que recai sobre o poder de fiscalização destas agências e os serviços técnicos que estas poderão contratar por serem indispensáveis às suas atuações enquanto agências fiscalizadoras.

O que não é lícito, dentro de suas atribuições, é que estas agências venham a delegar as funções públicas que lhes foram conferidas por lei.

18.5. Intervenção na Prestação do Serviço

Outro encargo relevante que é atribuído pela Lei 8.987/95 ao Poder Concedente é o inerente à intervenção na prestação do serviço, citado no art. 29, inciso III e analisado no Capítulo IX da Lei.

Nestes termos, será lícito ao Poder Concedente, a qualquer tempo, desde que dentro das previsões legais e valendo-se da prerrogativa de seu poder de império, intervir na atividade pública exercida pelo particular.

Ressaltamos que tal intervenção poderá deflagrar nas seguintes medidas: encampação, intervenção propriamente dita e o consequente uso compulsório dos recursos humanos, aplicação de sanções e direito à reversão.

18.6. Encampação como Consequência de Intervenção do Poder Concedente no Serviço Concedido

A encampação é uma das consequências da intervenção do Poder Concedente no serviço concedido, e uma das medidas que resulta na rescisão da concessão, regulada no inciso II do art. 35 da Lei 8.987/95, e que representa a extinção do seu respectivo contrato administrativo, por rescisão unilateral decorrente de meras razões de conveniência e oportunidade do Poder Público concedente.

Com efeito, é tão somente o interesse público que norteia esta medida, mediante reavaliação e reconsideração das circunstâncias que foram estabelecidas no contrato, não havendo que se falar em falta ou inadimplemento contratual por parte do particular, delegatário do serviço público.

18.7. Intervenção como Consequência do Encargo do Poder Concedente de Intervir no Serviço Concedido

O instituto da intervenção encontra respaldo no art. 32 da Lei 8.987/95, e se constitui em uma forma de o Poder Público intervir na gestão do serviço concedido que está sendo prestado pela concessionária, com intuito de regularizá-lo, em razão de esta prestação estar em desacordo com as normas regulamentares e contratuais.

Contudo, trata-se de uma medida mais atenuante e menos drástica que a encampação, e não se dá por simples razões de interesse público, mas sim quando o Poder Concedente constata, através de sua habitual fiscalização, deficiência na gestão decorrentes de dificuldades técnicas, financeiras ou administrativas.

Art. 32. O poder concedente poderá **intervir na concessão**, com o fim de assegurar a adequação na prestação do serviço, bem como o fiel cumprimento das normas contratuais, regulamentares e legais pertinentes. (**destacou-se**).

Parágrafo único. A intervenção far-se-á por decreto do poder concedente, que conterá a designação do interventor, o prazo da intervenção e os objetivos e limites da medida.

Tornando-se a medida da intervenção ineficaz, poderá em consequência adotar uma atuação mais drástica e decretar a encampação do serviço concedido. Após isso, optar-se-á por dar continuidade na prestação deste serviço ou providenciar nova licitação para novamente delegar a sua execução a outra empresa particular.

Não obstante, a intervenção na prestação do serviço integrar um dos encargos do Poder Concedente elencados no art. 29, este tema será mais bem analisado oportunamente, ao se tratar das Garantias e Obrigações da Concessionária (item 24).

18.8. Uso Compulsório dos Recursos Humanos como Consequência de Intervenção do Poder Concedente no Serviço Concedido

Como consequência da intervenção na gestão do serviço público, o Poder Público terá também a prerrogativa de adotar medidas como o uso compulsório dos recursos humanos da empresa concessionária.

18.9. Aplicação de Sanções como Consequência de Intervenção do Poder Concedente no Serviço Concedido

A aplicação de sanções é mais uma das prerrogativas que é atribuída ao Poder Concedente, na qualidade de titular do serviço público objeto de concessão, e do poder de fiscalizar sua adequada prestação.

Assim como nas demais medidas já citadas, a aplicação de sanção pelo Poder Público às empresas concessionárias responsáveis pela execução do serviço público se reveste do seu peculiar poder de império.

Quanto à legalidade de sua aplicação, esta não será tão somente por conta da discricionariedade que advém de seu poder de fiscalização, mas pressupõe a precedência de uma falta cometida pela concessionária.

Por fim, a última forma de o Poder Concedente intervir na prestação do serviço é se valer do direito de reversão, o qual terá uma análise isolada nesta sequência.

19. DIREITO DE REVERSÃO

Partindo-se da premissa de que concessão e permissão de serviço público se justificam, sobretudo, quando a execução do serviço ou da obra pública pressupõe grandes investimentos, ou nas modalidades de serviço em que o Poder Público julga conveniente prestar indiretamente, pode-se asseverar o incontestável fato de que estes dois institutos ensejarão investimentos por parte do particular, concessionário ou permissionário, seja para a realização inicial do serviço, seja para a sua modernização e continuidade na prestação.

Tais investimentos incluem a compra de equipamentos, materiais de construção em geral e toda sorte de materiais que se fizerem necessários para que a execução do serviço ou a realização de obras ou benfeitorias resultem numa prestação adequada.

Com base nestas formalidades que se aplicam à concessão e à permissão, e especificamente no que concerne ao investimento a ser realizado pelo particular, o legislador criou o instituto da reversão, o qual detém duas finalidades distintas: uma que se aplica ao Poder Concedente e outra ao Concessionário ou Permissionário, senão vejamos o que preceitua o art. 36 da Lei 8.987/95:

> Art. 36. A reversão no advento do termo contratual far-se-á com a indenização das parcelas dos investimentos vinculados a bens reversíveis, ainda não amortizados ou depreciados, que tenham sido realizados com o objetivo de garantir a continuidade e atualidade do serviço concedido.

Conforme se constata, o instituto da reversão obriga o Poder Concedente a indenizar, extinto o contrato de concessão ou permissão, o concessionário ou o permissionário pelos investimentos destes quanto aos bens reversíveis que não tenham sido amortizados durante a prestação do serviço, ou que tenham sido depreciados neste mesmo período.

Ressaltamos que esta finalidade é a que se aplica ao Poder Concedente, que é a sua obrigação de indenização do Concessionário. A outra finalidade que nos referimos é a que se aplica a este último, e que se formata na obrigação deste em devolver a prestação do serviço ao Poder Concedente, juntamente com os bens originariamente pertencentes ao patrimônio do concessionário e que eram utilizados na prestação do serviço.

Com o escopo de se evitar eventuais controvérsias quanto à vinculação ou não dos bens à categoria de reversíveis, a Lei 8.987/95 traz em seu corpo a exigência da identificação dos bens reversíveis que não tenham sido amortizados, bem como a sua caracterização, no edital, além da identificação como cláusula essencial do contrato, o que o faz nos artigos 18 e 23.

Em contrapartida, os bens em questão são "revertidos" para o patrimônio do Poder Concedente, ou seja, todos os bens adquiridos pelo Concessionário ou Permissionário para a prestação do serviço concedido ou permitido passam a integrar o patrimônio do Poder Público Concedente, com a extinção da Concessão ou Permissão.

Nesta linha, em última análise, poder-se-ia asseverar que de fato a reversão ocorre de uma maneira inversa, pois que com o fim da Concessão ou Permissão os bens não são remetidos ao patrimônio da sua adquirente original, que são as Concessionárias ou Permissionárias.

Com efeito, esta inversão quanto ao destino dos bens se torna incompatível com o significado do verbo "reverter". Ao contrário, os bens originariamente de propriedade das Concessionárias e Permissionárias, adquiridos às suas próprias expensas para a prestação do serviço público, se transfere para o patrimônio do Poder Concedente com a extinção dos contratos de concessão ou permissão.

Daí a conclusão de que o termo "reversão" não nos parece perfeitamente adequado para o fim a que se destina nos institutos da concessão e permissão do serviço público ao particular, haja vista ser este que adquire os bens a serem utilizados na prestação do serviço, e ao final da concessão ou permissão estes são remetidos ao Poder Concedente, em relevância ao princípio da continuidade do serviço público.

Não se vislumbra, com isso, a hipótese de uma reversão no verdadeiro sentido da palavra quanto a tais bens, já que reversão pressupõe uma volta e, nesta hipótese, os ditos "bens revertidos" nunca pertenceram à esfera de domínio do Poder Concedente.

O que ocorre, de fato, é uma transferência dos bens do patrimônio do Concessionário para o patrimônio do Poder Público, pois que originariamente pertenciam ao particular, podendo-se ainda ratificar a existência de uma reversão no que alude à devolução da prestação do serviço público ao Poder Concedente.

A leitura dos parágrafos 2º e 3º do art. 35, que é o artigo que trata da extinção da concessão, revela a veracidade de que o que se reverte é o serviço público concedido, e os bens reversíveis seguem como acessórios deste e essenciais à sua continuidade.

Art. 35 (...)

§ 2º Extinta a concessão, haverá a imediata assunção do serviço pelo poder concedente, procedendo-se aos levantamentos, avaliações e liquidações necessários.

§ 3º A assunção do serviço autoriza a ocupação das instalações e a utilização, pelo poder concedente, de todos os bens reversíveis.

Entretanto, em se tratando do termo mais adequado, poder-se-ia dizer que a reversão, nos termos da lei, é um clássico exemplo do instituto da desapropriação e não exatamente de uma reversão. Todavia, tanto a legislação pertinente quanto a doutrina predominante a denominam de reversão, não se atendo à desadequação do seu sentido neste caso em particular.

Não obstante, ainda que o sentido da palavra pareça distorcido, toda vez que ocorrer a extinção da concessão ou permissão, há que ser feito um balanço quanto aos bens anteriormente adquiridos e os remanescentes, bem como a respectiva prestação de contas, a fim de se apurar se há algum valor a ser indenizado ao particular em relação aos bens discriminados no edital como remanescentes, ao passo que estes passam para a posse do Poder Concedente.

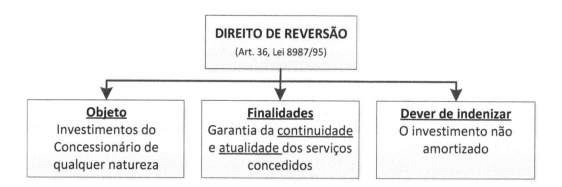

19.1. A Reversão e o Dever de Indenização

Primeiramente verificamos que o direito de reversão compreende a obrigação do Poder Concedente em compensar o particular, por meio de indenização, que se destituiu do papel de concessionário por motivo de extinção da concessão, no que se refere aos bens por este investidos em troca de sua incorporação ao patrimônio público.

Devemos destacar, ainda na análise deste artigo 36, que a lei associa a indenização aos bens reversíveis que ainda não tenham sido amortizados ou depreciados. Sendo assim, a não amortização ou depreciação dos bens reversíveis são requisitos essenciais para que se configure a obrigação da indenização pelo Poder Concedente.

Já a incidência destes elementos nos bens reversíveis poderá tanto tornar a indenização insuscetível de ser concedida como ter o seu valor reduzido proporcionalmente ao quanto houver sido depreciado ou não amortizado. Faremos a seguir uma breve análise sobre estes elementos.

19.2. Bens Reversíveis não Amortizados ou Depreciados

Com referência aos bens reversíveis ainda não amortizados ou depreciados, a princípio há que se afirmar que a lista ou o quadro de composição dos bens reversíveis, existente no início da vigência do contrato de concessão ou permissão, não se manterá, necessariamente, inalterado até ocorrer a sua extinção, sendo plenamente passível de alterações.

O mais importante nesta questão, contudo, é a obrigação do Poder Concedente no que se refere à amortização ou depreciação que deverá ser computada no cálculo da indenização dos bens reversíveis.

Em relação à primeira, há que se proceder a um cálculo de amortização, que, em geral, já estarão incluídas as tarifas pagas pelos usuários do serviço na vigência do contrato, e/ou as receitas alternativas ou complementares advindas por força da concessão e que venham a se incorporar aos bens reversíveis.

Da mesma maneira, não poderá se incluir no valor da indenização os bens depreciados, sendo o caso de que o Poder Público, ou ficará desobrigado a pagar o valor destes bens, ou pagará um valor inferior ao que seria devido, em razão de sua depreciação parcial.

19.3. A Aquisição pelo Poder Concedente dos Bens Reversíveis

Por outro lado, o § 1º do art. 35 reza que, com a extinção da concessão, os bens reversíveis retornam ao poder concedente, tudo conforme previsto no edital e estabelecido no contrato. Seguem os citados dispositivos legais para uma melhor interpretação, com os grifos que julgamos conveniente destacar:

> Art. 35. Extingue-se a concessão por:
>
> (...)
>
> § 1º Extinta a concessão, **retornam ao poder concedente todos os bens reversíveis, direitos e privilégios transferidos ao concessionário** conforme previsto no edital e estabelecido no contrato.

Resumidamente, trata-se, pois, de dois direitos distintos que são atribuídos por lei ao Poder Concedente e ao Concessionário. Um deles advém da iniciativa do Poder Concedente e se aplica ao particular, como forma de compensá-lo, por meio de indenização, pelos investimentos vinculados aos bens reversíveis.

Imprescindível, portanto, para que se efetive a indenização, que tais bens ainda não tenham sido amortizados, total ou parcialmente, durante a prestação do serviço, ou que tenham sido depreciados em virtude desta prestação.

O outro direito se aplica ao próprio Poder Público, que com a extinção da concessão e cumprida a devida indenização ao particular, além de reaver todos os direitos e privilégios previstos no edital e concedidos ao concessionário, adquire também o direito de se apossar de todos os bens reversíveis.

A previsão legal acerca da indicação e das características dos bens reversíveis tem sede na própria Lei 8.987/95, que em seu artigo 18, que é o artigo que elenca em seus 16 incisos tudo o que deverá constar no edital de licitação, os menciona especificamente nos incisos X e XI.

> Art. 18. O edital de licitação será elaborado pelo poder concedente, observados, no que couber, os critérios e as normas gerais da legislação própria sobre licitações e contratos e conterá, especialmente:
>
> (...)
>
> X - a indicação dos bens reversíveis;
>
> XI - as características dos bens reversíveis e as condições em que estes serão postos à disposição, nos casos em que houver sido extinta a concessão anterior.

Já o art. 23 desta mesma Lei, que cita quais são as cláusulas essenciais do contrato, faz expressa menção aos bens reversíveis em seu inciso X, elevando-os também ao patamar de cláusula essencial a constar no contrato de concessão.

> Art. 23. São cláusulas essenciais do contrato de concessão as relativas:
>
> (...)
>
> X - aos bens reversíveis.

Conforme se constata, a prática do direto de reversão também representa uma forma de expressar a titularidade do serviço público pelo Poder Concedente, assim como a conservação do caráter público do serviço concedido ou permitido. Sendo assim, não há que se falar na aquisição dos bens utilizados na prestação do serviço pelo concessionário ou permissionário, tampouco que a natureza destes se transmuda de pública para privada ao término da Concessão ou Permissão se cumpridas as devidas indenizações.

Importa também que observemos que a finalidade desta medida de retomada pelo Poder Público dos bens reversíveis se justifica para que se mantenha ininterruptamente a prestação do serviço público antes concedido, diretamente ou mediante nova concessão, fato este que associa esta prerrogativa ao ideário do princípio da continuidade do serviço público.

19.4. Pode-se Somar Créditos ou Abater Débitos à Indenização do Art. 36 da Lei 8.987/95?

Ainda no que toca à indenização referida no art. 36 do Estatuto de Concessão e Permissão, surgem outros questionamentos oportunos, sobre a possibilidade de nesta se incluir eventuais créditos ou abater outros débitos.

Por exemplo, se o concessionário estiver em débito com algum agente financeiro ou fornecedor? Ou, ao contrário, se tiver a legítima expectativa de crédito em relação a lucros cessantes? Acrescenta-se ou abate-se à indenização básica do art. 36 estes valores?

E no caso de ocorrer a extinção da concessão no decorrer de seu prazo fixo por iniciativa do Poder Concedente, como ocorre na encampação, isto acarretaria garantia da indenização típica somada aos valores referentes aos lucros cessantes?

Para responder a estes questionamentos devemos nos reportar brevemente aos institutos da Encampação e da Caducidade, que são formas de extinção do contrato de concessão, conforme dispõem os incisos II e III do art. 35, respectivamente, e serão mais bem analisadas nesta sequência, no estudo da extinção da concessão.

Consoante o que dispõe o art. 37, à encampação deverá preceder o pagamento de indenização na forma do artigo anterior, qual seja, o art. 36, os quais já trouxemos a este texto, com grifos do texto original.

Ressaltamos que para uma melhor interpretação da questão aqui suscitada, convém que se faça a leitura dos dispositivos legais que se seguem pela ordem inversa, ou seja, efetue-se a leitura do art. 37 anteriormente à do art. 36.

> Art. 37. Considera-se encampação a retomada do serviço pelo poder concedente durante o prazo da concessão, por motivo de interesse público, mediante lei autorizativa específica e após prévio pagamento da indenização, na forma do artigo anterior.
>
> Art. 36. A reversão no advento do termo contratual far-se-á com a indenização das parcelas dos investimentos vinculados a bens reversíveis, ainda não amortizados ou depreciados, que tenham sido realizados com o objetivo de garantir a continuidade e atualidade do serviço concedido.

Com efeito, reportando-nos apenas à letra da lei, vemos que a indenização será paga previamente à encampação, e que esta decorre da retomada do serviço pelo poder concedente por motivo de interesse público e durante o prazo da concessão.

Esta indenização referida no art. 37 trata da indenização básica que se insere no art. 36, onde se deduz apenas as multas de praxe contratuais e as despesas decorrentes da própria caducidade.

Porém, não obstante o que diz a letra da lei, a doutrina é majoritária ao afirmar que, em qualquer forma de rescisão unilateral pelo Poder Público e por razões de interesse público, a indenização será integral, compreendendo não somente a parcela a que se refere o art. 36, mas somando-se a ela os danos emergentes e os lucros cessantes.

20. EXTINÇÃO DA CONCESSÃO

Em consonância com o art. 29, inciso IV, do Estatuto da Concessão, incumbe ao Poder Concedente "extinguir a concessão, nos casos previstos nesta Lei e na forma prevista no contrato".

Já o art. 35 deste mesmo diploma legal dispõe, entre os incisos I e VI, sobre as modalidades de extinção da concessão, que são: advento do termo contratual, encampação, caducidade, rescisão, anulação, falência ou extinção da concessionária.

Ressaltamos também que a Constituição Federal, em seu artigo 175 – que é o dispositivo constitucional que expressa a possibilidade da prestação do serviço público sob o regime de concessão ou permissão – faz alusão a duas modalidades da sua extinção, que são a caducidade e a rescisão. Diz o texto constitucional que a "lei disporá sobre" tais modalidades, sendo certo que tal lei é o Estatuto da Concessão e Permissão, o qual analisamos neste trabalho.

Não obstante, nesta sequência abordaremos alguns aspectos de cada uma das modalidades trazidas pela Lei em seu artigo 35, pois que este não se ateve apenas às duas citadas no preceito constitucional.

20.1. Advento do Termo Contratual

O advento do termo contratual, que equivale a dizer "término do contrato", é a modalidade mais simples e corriqueira da extinção da concessão, pois que o seu contrato é por prazo determinado, não guardando nenhuma relação com o seu objeto. Com efeito, quando este prazo expira, tem-se o consequente fim do contrato.

Nesses termos, extinto o prazo do contrato, extinguir-se-ão automaticamente a concessão e seus efeitos sobre o Poder Concedente e a Concessionária, sem que a isto deva preceder qualquer ato de aviso ou notificação, previsão editalícia ou contratual, salvo a praxe de um termo circunstanciado de recebimento do serviço e dos bens públicos.

Ressaltamos a hipótese em que não ocorrerá a automática extinção da concessão findo o prazo do contrato, tão e somente se a este evento final precedeu a previsão editalícia de prorrogação do prazo, bem como o manifesto interesse das partes neste sentido. Configurando-se este quadro, há que se proceder ao aditamento prorrogatório do contrato, antes que se dê o seu vencimento.

O advento da extinção do contrato pressupõe a imediata retomada da prestação do serviço pelo Poder Concedente, bem como o fim de todo e qualquer privilégio inerentes ao Poder Público e usufruído pelo particular enquanto na prestação do serviço público.

Outra particularidade é a que alude à "reversão" dos bens originariamente do patrimônio da Concessionária, e utilizados na prestação do serviço, para o patrimônio do Poder Concedente, o que já analisamos acima.

Conforme narrado em tópico específico, na prática não ocorre uma reversão de bens, pois que estes nunca foram de propriedade do Poder Público, e reversão, no verdadeiro sentido da palavra, é aquilo que volta, retorna; assemelhando-se, na realidade, mais a uma desapropriação. Não obstante, o termo reversão já se consagrou na legislação e não encontra expressivas resistências na doutrina.

Há que se observar, contudo, se todos os investimentos realizados pelo particular para a adequada prestação do serviço foram devidamente amortizados e não foram depreciados durante o período da prestação. A inocorrência destes eventos acarreta imediata obrigação da indenização por parte do Poder Concedente.

Deve ser ressaltado que este caso de indenização quanto aos investimentos não amortizados ou depreciados é uma exceção, sendo que a regra é a de que a extinção do contrato de concessão pelo advento do termo contratual por si só não gera direitos e deveres indenizatórios.

Outra questão a considerar neste contexto indenizatório é sobre eventuais melhorias técnicas não previstas no contrato inicialmente, e por força do princípio da atualidade, realizadas pelo concessionário, em conformidade com o art. 6º, § 2º, c/c art. 36 da Lei 8.987/95.

Buscando ilustrar o que se expôs, trazemos um fato que ocorreu no município do Rio de Janeiro, em que o Poder Público ordenou, por ato do Prefeito, que determinada empresa de ônibus adaptasse seus veículos, em 5% de sua frota, com rampas para deficientes físicos.

Conforme se constata, esta iniciativa foi imposta unilateralmente pelo Poder Concedente no curso do contrato de concessão, e isto com fundamento no art. 65, I, alíneas, da antiga Lei 8.666/93, que encontra atual correspondência no art. 124, I, alíneas, da Nova Lei de Licitações e Contratos Administrativos (Lei 14.133/21), *in verbis*:

Art. 65, Lei 8.666/93. Os contratos regidos por esta Lei poderão ser alterados, com as devidas justificativas, nos seguintes casos:

I - unilateralmente pela Administração:

a) quando houver modificação do projeto ou das especificações, para melhor adequação técnica aos seus objetivos;

b) quando necessária a modificação do valor contratual em decorrência de acréscimo ou diminuição quantitativa de seu objeto, nos limites permitidos por esta Lei;

Art. 124, Lei 14.133/21. Os contratos regidos por esta Lei poderão ser alterados, com as devidas justificativas, nos seguintes casos:

I - unilateralmente pela Administração:

a) quando houver modificação do projeto ou das especificações, para melhor adequação técnica a seus objetivos;

b) quando for necessária a modificação do valor contratual em decorrência de acréscimo ou diminuição quantitativa de seu objeto, nos limites permitidos por esta Lei;

Todavia, tal despesa obviamente não estava incluída no valor da tarifa apresentado pelo concessionário quando selado o contrato de concessão.

Na impossibilidade de se incrementar um reajuste de tarifa, quando se tratar de tarifa única, há que se proceder a uma indenização ao final do contrato de concessão. Ressalta-se que o que sobreveio foi um fator que potencialmente afetaria o equilíbrio econômico-financeiro do concessionário, e que não poderá ser suportado por este.

Com efeito, no advento do termo contratual caberá ao Poder Público indenizá-lo do investimento que se lhe obrigou, por força do art. 36 da Lei 8.987/95.

20.2. Encampação

A Encampação é a forma de extinção da concessão que se encontra prevista no inciso II do art. 35, e cuja definição se esboça no art. 37, ambos da Lei de Concessão e Permissão.

> Art. 37. Considera-se encampação a retomada do serviço pelo poder concedente durante o prazo da concessão, por motivo de interesse público, mediante lei autorizativa específica e após prévio pagamento da indenização, na forma do artigo anterior.

O instituto da Encampação ou Resgate, assim também denominada, conforme se depreende da leitura do texto supracitado, constitui-se em um ato administrativo unilateral discricionário, pois se configura pela iniciativa do Poder Concedente em retomar o serviço concedido. Porém, ressaltamos que não é o caso de se cogitar qualquer culpa do contratado, tampouco a sua inadimplência.

O que se insurge de especial neste contexto é quanto ao fato de que a retomada do serviço se dá dentro do mesmo prazo da concessão, ainda que não incorra qualquer ação do particular que contribua para essa retomada precoce, que se dá antes da expiração do prazo do contrato.

A evocação do serviço pelo Poder Concedente durante o prazo de concessão encontra sede na prerrogativa especial de que se vale o Poder Público em rescindir unilateralmente os contratos administrativos, sobressaindo-se o relevante interesse público.

Em outras palavras, podemos asseverar que a possibilidade de encampação dentro do instituto da concessão e permissão resulta do princípio da supremacia do interesse público sobre o particular.

Nestes termos, fica claro que a discricionariedade para tal ato não será um mero resultado do livre arbítrio do Poder Público, mas sim do indiscutível e preponderante interesse público que rege as relações existentes em todo contrato administrativo, e que se sobrepõe a qualquer interesse particular.

Interesse Público, portanto, é que norteará a medida de encampação, e não o simples interesse isolado da Administração. Não obstante, há que ficar comprovada a veracidade de tal alegação, sob pena de gerar ao particular o direito de alegar a nulidade da encampação.

Deve-se atentar, contudo, para à exigência, na parte final do art. 37, de lei autorizativa específica e prévio pagamento da indenização ao concessionário, na forma do artigo 36, como fatores condicionantes para a efetivação da encampação. Façamos uma breve análise sobre estas condicionantes.

20.2.1. Lei Autorizativa Específica

Originariamente, a encampação era realizada através de Decreto do Chefe do Executivo, e assim o foi por muito tempo, até que se começou a questionar sobre a eventualidade do mau uso político para a consecução deste ato, resultando na iniciativa do Legislativo de atrair para si esta competência, conforme restou estabelecido pelo texto da Lei 8.987/95, em seu art. 37.

A partir de então, a Encampação passou a ser feita mediante lei autorizativa específica, tornando-se clara a atuação do Poder Legislativo para a edição desta lei e para a configuração do ato administrativo.

Mediante isso, confirmamos que a Encampação não mais segue o rito normal do ato administrativo para se formalizar. Sendo do entendimento do Chefe do Executivo a necessidade de realizar uma determinada Encampação, deverá este enviar uma mensagem ao Legislativo rogando a sua avaliação e a edição da competente lei autorizativa específica.

Registramos que o pedido do Executivo para a edição de lei autorizativa específica deve demonstrar o indubitável interesse público que está justificando a prática de cláusula exorbitante.

Vale a ressalva de que esta Lei terá a natureza de lei de efeito concreto, posto não se tratar de uma lei em tese, ou de uma lei abstrata que se aplique a todos indistintamente. Tal lei recairá tão somente sobre o concessionário e será passível de Mandado de Segurança.

Parte da doutrina tem se inclinado de forma contrária a esta exigência de lei autorizativa específica, por considerar que a Encampação nada mais é que medida de gestão administrativa comum, típica, e, portanto, insuscetível de se submeter a uma prévia atuação do Poder Legislativo.

Esta medida encerra a feição de um controle do Legislativo sobre o Executivo, dentro de sua gestão administrativa, por meio de legislação infraconstitucional, contrariando previsão constitucional expressa que prega a separação dos poderes.

Há quem entenda, na doutrina, ser uma conduta normal por parte do legislador, visto que não raro a lei condiciona outros fatores, nada obstante condicione também esta medida de exigência de lei autorizativa específica para a Encampação.

Não registramos até então a existência de qualquer questionamento a respeito da constitucionalidade deste item do artigo 37 da Lei 8.987/95, o qual requer a existência de lei autorizativa específica para formalizar a Encampação.

Não obstante, o nosso entendimento é no sentido de que a citada condicionante da Encampação é inconstitucional, pois que fere a independência do Poder Executivo no que toca à gestão de seus atos, neste caso específico, a gestão do contrato administrativo.

O dispositivo da lei em estudo transfere a competência do Executivo, inerente à administração dos contratos administrativos, para o Poder Legislativo, trazendo uma inequívoca violação ao princípio constitucional da separação dos poderes, estatuído no art. 2º da nossa Lei Maior, o qual aduz que "São Poderes da União, independentes e harmônicos entre si, o Legislativo, o Executivo e o Judiciário".

20.2.2. Fundamento da Alegação de Inconstitucionalidade

Este mesmo entendimento já foi fartamente utilizado pelo Supremo Tribunal Federal e, inclusive, objeto de questão de concurso, no julgamento de controvérsias que foram levadas à sua análise, muito embora versando sobre pleitos com diferentes enfoques.

Em um desses julgamentos, buscava-se arguir a inconstitucionalidade da Lei 7.304/02, a qual foi editada pela Assembleia Legislativa do Estado do Espírito Santo, concedendo privilégios sobre o pagamento de pedágio no âmbito daquela unidade federativa.

Pretendia tal lei excluir da relação de veículos sujeitos ao pagamento do pedágio as motocicletas, e conceder aos estudantes um desconto de 50% sobre esta mesma obrigação pecuniária, não levando em conta o contrato de concessão celebrado entre o Poder Concedente e o Concessionário de serviço público, responsável pelas vias expressas concedidas e arrecadadoras do pedágio.

Cabe ao Poder Concedente, na pessoa do Estado do Espírito Santo, por intermédio do Departamento de Estradas e Rodagens, autarquia vinculada à Secretaria de Estado dos Transportes e Obras Públicas, e à Concessionária de Serviço Público, Rodovia do Sol S/A, pessoa jurídica de direito privado, a prática de eventuais modificações contratuais, sendo inadmissível dentro dos parâmetros legais e constitucionais a ingerência de uma terceira pessoa alheia a esta relação contratual.

Urge, ainda, que na relação entre as partes e na prática de eventuais modificações contratuais, se resguarde o equilíbrio econômico-financeiro do contrato e o atingimento do interesse público. Entre estas modificações pode-se incluir até mesmo a extinção do contrato, seja por Encampação, Caducidade, Rescisão ou Anulação do Contrato, entre outras medidas.

A decisão da Suprema Corte, sobre a arguição de inconstitucionalidade da citada Lei estadual, e por meio do voto do Relator Ministro Eros Grau, foi no sentido de entender que "o texto normativo atacado, ao conceder isenções e descontos nos pedágios estaduais, altera substancialmente o contrato celebrado entre o poder concedente (...) e concessionário de serviço público".

Na mesma linha de raciocínio, entende ser inadmissível a ingerência do Poder Legislativo na esfera própria das atividades da Administração Pública[1].

Valendo-nos desta lógica e da eminente decisão da lavra do Ministro Eros Grau do Supremo Tribunal Federal, no julgamento da ADI nº 2.733/ES, é que apontamos para uma inconstitucionalidade da parte final do art. 37, a qual traz como requisito para a formatação da Encampação "lei autorizativa específica".

Na esteira das considerações do citado Ministro, o requisito da edição de uma lei autorizativa específica para reger matéria concernente à Concessão de Serviço Público, equivale à ingerência do Poder Legislativo na esfera própria das atividades da Administração Pública, o que é inadmissível em afronta ao princípio da Separação dos Poderes.

20.2.3. Prévio Pagamento da Indenização

O prévio pagamento da indenização pelo poder concedente à concessionária também está previsto na parte final do art. 37, ao contrário do que ocorre na Caducidade, em que o pagamento da indenização é *a posteriori*.

Registramos que esta indenização é relativa aos bens da concessionária que foram empregados na prestação do serviço concedido, e juntamente com a exigência de lei autorizativa, constitui condição para a validade da Encampação.

O que releva notar é que a prestação do serviço público, objeto da encampação, não pode parar com a sua declaração e com o trâmite para a retomada do serviço, em homenagem ao princípio da continuidade e manutenção do serviço público.

Sendo assim, para que a continuidade do serviço não seja afetada, juntamente com a retomada do serviço devem agregar os bens a ele vinculados, daí o motivo pelo qual a encampação exige indenização prévia.

Contudo, vemos que a Lei estabelece, em seu art. 37, que a forma do pagamento da indenização na encampação será a mesma prevista no artigo anterior, o art. 36, o qual dispõe sobre a reversão no advento do termo contratual, "com indenização das parcelas dos investimentos vinculados a bens reversíveis, ainda não amortizados ou depreciados".

Parece-nos também razoável poder incluir nesta indenização valores relativos a investimentos não previsíveis no contrato de concessão, e cuja obrigatoriedade foi imposta unilateralmente pelo poder concedente no curso do contrato, com amparo no art. 124 da Lei 14.133/21 (antigo art. 65 da Lei 8.666/93), tal qual anunciado na indenização do advento do termo contratual.

---

1   Ao final do seu voto, o Ministro Relator EROS GRAU assim conclui: "A afronta ao princípio da harmonia entre os poderes é evidente, na medida em que o Poder Legislativo pretende substituir o Executivo na gestão dos contratos por este celebrados, introduzindo alterações unilaterais em contratos administrativos. Permiti-me sublinhar a circunstância de aqui aludir não a uma improvável e inconsistente "separação" – que a doutrina atualizada sepultou há várias décadas – mas à harmonia entre os poderes, na linha do que afirmei em meu voto na ADI n. 3.367".
(...)
"Julgo improcedente o pedido formulado nesta ação direta e declaro inconstitucional a Lei 7.304/02 do Estado do Espírito Santo". (ADIN n. 2.733/ES. Min. Rel. Eros Grau).

20.2.4. Esta Indenização Inclui Danos Emergentes e Lucros Cessantes?

Enfaticamente, podemos asseverar que a indenização devida na encampação não inclui lucros cessantes, mas tão somente os danos emergentes, e que em regra apenas os bens reversíveis que ainda não foram amortizados, ou os que foram depreciados, entrarão no cômputo desta indenização.

Ademais, o mandamento legal constante na parte final do art. 37 traz a previsão da indenização prévia como forma de compensar a retirada dos lucros cessantes.

Subsiste, todavia, uma inexpressiva corrente doutrinária que continua a sustentar a admissibilidade de se incluir danos emergentes e lucros cessantes na indenização da encampação.

Esta corrente se sustenta no entendimento de que, em qualquer rescisão unilateral pelo poder concedente, por razões de interesse público, deve ocorrer a indenização integral, incluindo danos emergentes e lucros cessantes. Registramos que este entendimento é superado e não prospera na melhor doutrina vigente.

Por fim, importa observar que o pagamento da indenização devida na encampação não deverá se submeter ao processo do pagamento por precatório judicial, tendo em vista tratar-se de uma mera decisão administrativa, fora, portanto, da esfera dos precatórios, que sucede a uma decisão judicial.

20.3. Caducidade

A Caducidade, prevista como forma de extinção da concessão no inciso III do artigo 35, encontra no art. 38 toda a sua explanação e as hipóteses em que poderá ser declarada pelo poder concedente, dentro dos incisos do seu § 1º.

No estudo deste instituto, o que se deve ressaltar, de plano, é que a caducidade é a forma de extinção da concessão que decorre por inadimplemento do concessionário. Falamos, portanto, de uma rescisão em que a concessionária deu causa à sua decretação, e que ocorrerá, portanto, por ato unilateral do poder concedente.

Não obstante, a declaração de caducidade se dará somente após a devida apuração das faltas da concessionária em regular processo administrativo, sendo-lhe assegurado o contraditório e a ampla defesa, sob pena de violação a tal garantia constitucional.

Haja vista a gravidade da consequência que recairá sobre a concessionária, se restarem comprovadas as falhas no seu serviço, a notificação a ela dirigida deve especificar, minuciosamente, as violações contratuais que se lhe impõem, para que esta, querendo, as corrija e as enquadre nos termos processuais, evitando, destarte, a decretação da sua caducidade.

Com efeito, uma vez comprovada a falha na prestação do serviço por meio de procedimento administrativo, caberá ao Poder Concedente declarar, querendo, a caducidade da concessão ou a aplicação das sanções contratuais.

A via para tal declaração, contudo, prescinde a autoridade ou a comissão que presidiu o procedimento administrativo, pois reza o § 4º do art. 38 que a caducidade será declarada por decreto do poder concedente, ato administrativo este privativo de Chefe do Poder Executivo.

Nestes termos, caberá à autoridade administrativa que apurou a irregularidade na prestação do serviço concedido, tão somente propor a sua caducidade ao chefe do Poder Executivo do ente estatal concedente.

Este último, por seu turno, terá discricionariedade para acolher ou não a proposta de caducidade da concessão de serviço público, não lhe recaindo, por conseguinte, a obrigatoriedade para tal.

20.3.1. A Indenização Devida na Caducidade

Quando falamos em caducidade, devemos ter em mente que o seu fato gerador, por assim dizer, nada mais é do que a inadimplência da concessionária, e a retomada do serviço concedido pelo poder concedente é a manifestação de interesse público, que se personifica na defesa do usuário do serviço, que é a coletividade.

O poder concedente, como titular do serviço público que é, deverá estar constantemente em vigília para assegurar a sua adequada e ininterrupta prestação, e quando esta se encontrar ameaçada ou prejudicada, restar-lhe-á a retomada do serviço.

Ocorre que o poder concedente não retoma para si apenas o serviço, como também os bens que se encontrarem vinculados a este no momento da sua declaração. Trata-se de bens que foram regularmente adquiridos pela concessionária para a prestação do serviço, e, por isso, torna-se razoável que ela seja indenizada pelas suas perdas.

Isto porque, uma vez declarada a caducidade, e posto tratar-se de penalidade imposta pelo poder concedente à concessionária, há que se proceder também a um levantamento para a constatação de existência de investimentos não amortizados ou depreciados. Acaso existentes, haverá o direito à indenização pela concessionária por estes investimentos, tudo isso com fundamento no fato de o poder concedente não poder ter enriquecimento ilícito.

Todavia, será lícito ao Poder Público Concedente abater desta indenização os prejuízos causados em razão da inadimplência na prestação do serviço, bem como as multas contratuais eventualmente estabelecidas no contrato de concessão.

Diante disso, resta claro que o Poder Concedente estará compensando no valor da indenização os prejuízos que se lhe recairiam por culpa da concessionária.

Então, ainda que exista o direito à indenização, decorre da lei que do montante indenizatório deverá ser descontado o valor das multas contratuais e dos eventuais danos causados pela concessionária.

Contudo, não há que se falar em lucros cessantes dentro desta indenização, pois sendo a retomada do serviço decorrente da falta da concessionária, esta não poderá fazer jus ao que deixou de ganhar com o fim da concessão do serviço.

Atente-se ainda para o fato de que a decretação da caducidade não esteja vinculada ao prévio pagamento da indenização devida, e o seu cálculo se dará no decorrer do procedimento, na forma do art. 36 do Estatuto de Concessão e Permissão.

Igualmente importante é a ressalva de que, ocorrendo a caducidade, o Poder Concedente fica desobrigado do que foi assumido em momentos anteriores à sua retomada, ou seja, daquelas obrigações assumidas pela concessionária enquanto prestava o serviço público.

Sendo assim, a declaração de caducidade não gera ao Poder Concedente o dever da assunção de quaisquer obrigações ou compromissos assumidos anteriormente pela Concessionária, notadamente no que alude a vínculos empregatícios estabelecidos entre esta e seus empregados, conforme se depreende da leitura do art. 38, § 6º da Lei de Concessão e Permissão.

20.3.2. Hipóteses em que a Caducidade da Concessão Poderá ser declarada

Conforme se constata com a sua leitura, o *caput* do art. 38 dispõe de forma generalizada que a inexecução total ou parcial do contrato de concessão acarretará a sua declaração da caducidade ou na aplicação das sanções contratuais, a critério do poder concedente.

Nada obstante, o § 1º deste mesmo artigo elenca em seus incisos, de forma específica, ocasiões em que esta caducidade poderá ser declarada. Transcrevemos, abaixo, as ditas previsões:

a) O serviço estiver sendo prestado de forma inadequada ou deficiente, tendo por base as normas, critérios, indicadores e parâmetros definidores da qualidade do serviço.

b) A concessionária descumprir cláusulas contratuais ou disposições legais ou regulamentares concernentes à concessão.

c) A concessionária paralisar o serviço ou concorrer para tanto, ressalvadas as hipóteses decorrentes de caso fortuito ou força maior.

d) A concessionária perder as condições econômicas, técnicas ou operacionais para manter a adequada prestação do serviço concedido.

e) A concessionária não cumprir as penalidades impostas por infrações, nos devidos prazos.

f) A concessionária não atender à intimação do poder concedente no sentido de regularizar a prestação do serviço.

g) A concessionária for condenada em sentença transitada em julgado por sonegação de tributos, inclusive contribuições sociais.

Cumpre informar que a hipótese de paralisação do serviço pela concessionária constante na letra "c", caracterizando a sua descontinuidade e dando ensejo à declaração de caducidade pelo poder concedente, encontra algumas exceções que não devem ser ignoradas. Então, vejamos a seguir.

20.3.2.1. Quando a Paralisação do Serviço não se caracteriza como sua Descontinuidade

Com efeito, nem toda paralisação do serviço é causa para tornar a sua concessão passível de declaração de caducidade pelo poder concedente, e isto está expresso na lei de Concessão, em seu art. 6º, § 3º, incisos I e II, a ser abordado no item 33 deste trabalho.

Sendo assim, reza a lei que "não se caracteriza como descontinuidade do serviço a sua interrupção em situação de emergência ou após prévio aviso, também quando motivada por razões de ordem técnica ou de segurança das instalações, ou por inadimplemento do usuário, considerando o interesse da coletividade".

20.3.3. Diferenças Básicas entre Encampação e Caducidade

Uma das diferenças entre a encampação e a caducidade está na distinta forma de indenização destas. De acordo com a legislação em estudo, a estas duas modalidades de extinção da concessão se aplica a indenização a que se refere o art. 36 da Lei 8.987/95.

Trata-se da indenização vinculada aos bens reversíveis ainda não amortizados ou depreciados, realizados com o objetivo de garantir a continuidade e atualidade do serviço concedido. Todavia, na caducidade a indenização toma um rumo diferente, levando-se em conta que houve a contribuição da concessionária para a extinção da concessão.

Neste caso, há que se considerar que a extinção gerou prejuízos à coletividade, e este prejuízo será descontado no montante a ser indenizado, como uma forma de compensação, conforme preconizado no § 5º do art. 38.

Além disso, para ratificar o que foi dito no parágrafo acima, fica acertado, de acordo com o texto do § 4º deste mesmo artigo, que uma vez comprovada a inadimplência da concessionária, por meio do competente processo administrativo, é declarada a caducidade independente de indenização prévia.

Esta se difere da indenização devida na encampação, haja vista que a legislação aduz que a encampação se dará mediante lei autorizativa específica e prévio pagamento da indenização.

Mas o que se verifica, na prática, é que a diferença da indenização nas modalidades da encampação e caducidade não será tão expressiva, a ponto de justificar os diferentes motivos que deram ensejo a sua consecução. Vejamos o exemplo a seguir:

Citamos primeiramente o caso de uma concessionária que, vencedora de uma licitação pública por apresentar melhores propostas para a cobrança de tarifa e para a prestação do serviço, o desempenha de maneira adequada e eficiente, esquivando-se, inclusive, de concorrer a outras licitações para não atrapalhar o seu desempenho nesta prestação.

Não obstante, toda a prestação adequada do serviço público, e sem que tenha contribuído para tal, sofre uma encampação, por motivo de interesse público, e subitamente deixa de auferir os lucros que eram previsíveis dentro do período do contrato.

Falamos, no caso, de não mais existir o direito a lucros cessantes na indenização devida com fim da concessão. Ou seja, a concessionária não será indenizada pela perda do direito de prestar o serviço no tempo estipulado no contrato (lucros cessantes), ainda que não tenha contribuído para tal resilição, fazendo jus apenas ao que foi gasto (danos emergentes), o que já ficou assente na explanação que fizemos acima, inclusive, por ser este o posicionamento majoritário da melhor doutrina.

Este mesmo tratamento será aplicado à concessionária que deu causa à caducidade, incorrendo na prestação do serviço um dos motivos elencados nos incisos do § 1º do art. 38, como por exemplo, o serviço ter sido prestado de forma inadequada ou deficiente.

Ressaltamos que a única diferença entre ambas, conforme já dito anteriormente, é que neste caso a indenização não será prévia, ao contrário da indenização na encampação, e ser-lhe-ão descontados na indenização dos danos emergente os valores das multas contratuais e dos danos causados pela concessionária.

Outras diferenças básicas entre a caducidade e encampação são quanto ao motivo e quanto à forma. No que tange ao motivo, podemos asseverar que na encampação há motivos de ordem pública, o interesse público há de ser manifesto, ao passo que na caducidade há inadimplemento do contratado.

Quanto à forma, a encampação é declarada por via de lei autorizativa específica (art. 37, Lei 8.987/95), havendo a flagrante interferência do Poder Legislativo em ato administrativo do Poder Executivo.

A caducidade, por sua vez, é declarada por Decreto do Poder Concedente, precedido de ampla defesa e contraditório em processo administrativo (art. 38, § 4º, Lei 8.987/95).

Com o fim de melhor sintetizar o estudo das diferenças já elencadas, trazemos, abaixo, quadro resumido das principais diferenças. Veja:

ENCAMPAÇÃO (Artigo 37, Lei 8.987/95)	CADUCIDADE (Artigo 32 e 38, Lei 8.987/95)
1 – Razões de interesse público.	1 – Inadimplência do concessionário.
2 – Lei Autorizativa.	2 – Decreto (precedido de ampla defesa e contraditório, § 4º, Artigo 38, Lei 8.987/95 – processo administrativo).
3 – Prévia Indenização (somente para danos emergentes)	3 – Sem prévia indenização

20.4. Rescisão

A rescisão é outra forma de extinção da concessão, conforme dispõe o inciso IV do art. 35, e com descrição no art. 39, ambos da Lei 8.987/95. Contudo, genericamente falando, rescisão é forma de designar diferentes modos de extinção de contrato, de forma antecipatória e final.

A Lei de Concessão emprega o termo rescisão tão somente quando se refere àquela cuja iniciativa é da concessionária, adversamente ao sentido genérico aplicado pela Lei 8.666/93, em seu art. 77, que dispõe sobre o desfazimento do contrato antes do termo final, por vontade recíproca das partes, senão vejamos:

Art. 77. A inexecução total ou parcial do contrato enseja a sua rescisão, com as consequências contratuais e as previstas em lei ou regulamento.

Disseminando o seu sentido, podemos dizer que a palavra rescisão, cujo vocábulo vem da raiz de *rescindere*, denota um rompimento, uma interrupção, um corte, uma separação. No âmbito da concessão, esse rompimento se relaciona diretamente à obrigação pactuada entre as partes e formalizada por meio do contrato.

Com efeito, tudo o que foi pactuado entre as partes e selado no contrato sofre um rompimento com o advento da rescisão. Em outras palavras, a rescisão desintegra os termos do contrato, bem como as obrigações nele acordadas.

Já quanto ao seu fundamento, podemos dizer que a rescisão é a independência da Administração Pública, pois na prática deste ato se vale a Administração da prerrogativa de utilizar as cláusulas exorbitantes a seu favor, podendo rescindir unilateralmente o contrato. É fato que esta mesma prerrogativa não é extensiva à concessionária, não sendo lícito a esta a unilateralidade para rescindir, nos termos do art. 138, I da Lei 14.133/21:

> Art. 138. A extinção do contrato poderá ser:
>
> I - determinada por ato unilateral e escrito da Administração, exceto no caso de descumprimento decorrente de sua própria conduta;

Em que pese a Nova Lei de Licitações e Contratos Administrativos (Lei 14.133/21) não usar o termo "rescisão", o dispositivo em comento adota a terminologia "hipóteses de extinção dos contratos", que estão elencadas no art. 137, *in verbis*:

> Art. 137. Constituirão motivos para extinção do contrato, a qual deverá ser formalmente motivada nos autos do processo, assegurados o contraditório e a ampla defesa, as seguintes situações:
>
> I - não cumprimento ou cumprimento irregular de normas editalícias ou de cláusulas contratuais, de especificações, de projetos ou de prazos;
>
> II - desatendimento das determinações regulares emitidas pela autoridade designada para acompanhar e fiscalizar sua execução ou por autoridade superior;
>
> III - alteração social ou modificação da finalidade ou da estrutura da empresa que restrinja sua capacidade de concluir o contrato;
>
> IV - decretação de falência ou de insolvência civil, dissolução da sociedade ou falecimento do contratado;
>
> V - caso fortuito ou força maior, regularmente comprovados, impeditivos da execução do contrato;
>
> VI - atraso na obtenção da licença ambiental, ou impossibilidade de obtê-la, ou alteração substancial do anteprojeto que dela resultar, ainda que obtida no prazo previsto;
>
> VII - atraso na liberação das áreas sujeitas a desapropriação, a desocupação ou a servidão administrativa, ou impossibilidade de liberação dessas áreas;
>
> VIII - razões de interesse público, justificadas pela autoridade máxima do órgão ou da entidade contratante;
>
> IX - não cumprimento das obrigações relativas à reserva de cargos prevista em lei, bem como em outras normas específicas, para pessoa com deficiência, para reabilitado da Previdência Social ou para aprendiz.

O supracitado artigo 137 da Lei 14.133/21 apresenta no seu rol de casos, hipóteses semelhantes àquelas retratadas no art. 78 da Lei 8.666/93, afixando novas possibilidades de extinção prematura do contrato, mais especificamente os presentes nos incisos VI, VII e IX do art. 137.

A opção do legislador por adotar uma nomenclatura mais ampliada – extinção no lugar de rescisão – demonstraria sua intenção em contemplar circunstâncias nas quais a relação contratual finalize-se com ou sem culpa das partes, tendo em conta que a maior parte da doutrina compreende a rescisão contratual como fruto do inadimplemento de uma das partes. Mas há outras maneiras de classificá-la no estudo das concessões e permissões, como se verá a partir de agora.

20.4.1. As Três Modalidades de Rescisão

Dentro do estudo da concessão, podemos afirmar que a rescisão pode se apresentar de três formas distintas, sendo elas: 1) por acordo entre as partes; 2) por ato unilateral da Administração; ou, 3) por decisão judicial.

20.4.1.1. Rescisão Mediante Acordo Entre as Partes

A primeira delas, rescisão mediante acordo entre as partes, ou rescisão amigável, ocorre pela conveniência recíproca. Esta rescisão equivale ao distrato bilateral, que é a anulação do contrato, e extingue os direitos e obrigações que foram nele estabelecidos. Há que ser declarada por autoridade administrativa competente, sendo neste caso aquela que determinou a concessão, e mediante ato devidamente justificado.

20.4.1.2. Rescisão por Ato Unilateral da Administração: Encampação e Caducidade

A segunda forma de rescisão é aquela que se dá por ato unilateral da Administração, e é imposta pelo poder concedente. Dentro da lei, podemos apontar duas modalidades de rescisão com esse perfil, o que já vimos acima, a saber:

A encampação, que se origina por motivo de interesse público, e a caducidade, cuja causa é a inadimplência da concessionária. Com efeito, encampação e caducidade são formas de rescisão por ato unilateral da Administração.

20.4.1.3. Rescisão por Decisão Judicial

Por fim, tem-se a rescisão por decisão judicial, cujo processo se inicia por provocação da concessionária por motivo de descumprimento de contrato por parte do poder concedente.

Esta rescisão é a que se refere o art. 39, sendo a única modalidade que foi especificamente declarada como tal dentro da lei. Conforme relatado anteriormente, outras formas de rescisão receberam nomes distintos, tais como a caducidade e a encampação, e são tecnicamente rescisão no sentido genérico.

Para se efetivar esta modalidade de rescisão, caberá à concessionária propor a competente ação judicial, provando o descumprimento das normas contratuais pelo poder concedente e pleiteando a extinção da concessão.

A decisão do processo judicial não poderá ser substituída por medida liminar, eis que a lei deixa claro que deverá se submeter ao trânsito em julgado. E enquanto perdurar o processo judicial e não houver a decisão judicial transitado em julgado, não poderá a concessionária interromper ou paralisar os serviços prestados, em homenagem ao princípio da continuidade que se aplica à concessão de serviço público.

Entende-se que uma conduta contrária da concessionária neste sentido, ou seja, uma eventual paralisação na prestação do serviço antes da decisão transitada em julgado, poderá ensejar uma inversão dos papéis das partes. O poder concedente passa a deter o direito de pronunciar a extinção da concessão por caducidade, que é a inexecução total ou parcial do contrato.

Com isso, fica claro que para que ocorra a paralisação da prestação do serviço pela concessionária, mesmo que por culpa do poder concedente, deve haver o inteiro trâmite do processo judicial que busca esta extinção.

O mesmo não ocorre quando a extinção se dá por culpa da concessionária, transcorrendo por simples processo administrativo, assegurado o direito do contraditório e da ampla defesa.

Todavia, esta obrigação que recai sobre a concessionária, de aguardar todo o trâmite do processo judicial e o trânsito em julgado da decisão, para apenas depois interromper a prestação do serviço, não nos parece uma realidade na prática.

Ao contrário, encosta na utopia a obrigatoriedade de a concessionária manter a adequada prestação do serviço, mesmo tendo o poder concedente descumprido as normas contratuais da concessão, e só poder interrompê-lo após o trânsito em julgado da decisão judicial.

Atender a este dispositivo legal, que foge à realidade e beira as margens de um confisco seria o equivalente à concessionária assumir anos de prejuízo, até que se configurasse a solução da lide no último grau de instância recursal, o que não seria justo exigir, até porque podemos chamar isso de locupletamento do poder concedente.

Certamente, esta obrigação imposta à concessionária vai gerar uma queda na qualidade do serviço, e muito provavelmente a busca de medida judicial antecipatória que o desobrigue de manter a prestação do serviço, muito embora a lei acene para esta impossibilidade.

Pode ocorrer, contudo, nestas hipóteses, a busca por uma rescisão amigável, quando o ente público reconhece o prejuízo que causaria à concessionária com a demanda judicial, e se dispõe a amenizá-la. Outra saída seria também a elaboração de nova licitação para a concessão, definindo as novas condições impostas pelo poder concedente.

A imediata publicação de edital para a renovação da licitação poderá servir como motivo para que a concessionária se mantenha, ainda que transitoriamente, na exploração do serviço público.

Há que se observar que se tratando de serviço essencial, ocorrendo o abandono na sua prestação, caberá a sua outorga, em caráter de urgência, validada até a ultimação da licitação.

Conforme se constata, o poder público não poderá se esquivar de atender os usuários, tampouco permitir que sejam prejudicados com a prestação inadequada do serviço essencial ou a sua paralisação.

20.4.2. Qual a Diferença da Resilição para a Rescisão e Resolução?

Juridicamente, podemos dizer que a rescisão tem o seguinte sentido: "desfazimento do vínculo contratual em razão do não cumprimento de uma de suas cláusulas". Isto equivale a dizer que a rescisão se deu por motivo de quebra do contrato, ou que a rescisão decorre de uma violação contratual. Registramos, todavia, que nem sempre a doutrina expressa textualmente esta definição com tanta precisão.

A resilição, apesar de possuir uma grafia muito semelhante, é diferente da rescisão, por ser decorrente de uma mera manifestação de vontade. Aqui não se vislumbra a violação contratual ou quebra de cláusula.

A resilição pode ainda se dar pela forma unilateral ou bilateral, dependendo se a manifestação de vontade emanou de uma ou de ambas as partes do contrato.

Neste sentido, ressaltamos que a denúncia é ato unilateral de desfazimento de contrato, ao passo que o distrato é o acordo de vontade em que as duas partes do contrato desfazem o vínculo por acordo de vontades.

Temos por fim a resolução, que equivale ao desfazimento do vínculo contratual sem que tenha havido a manifestação de nenhuma das partes, mas sim a ocorrência de um ato ou evento estranho ao contrato que ensejou o seu desfazimento.

Exemplificamos este ato de resolução com o exemplo mais extremo que se possa dar, mas que bem ilustra a sua feição, que é a morte de uma das partes, a qual impede o cumprimento do contrato. A morte do concessionário, por exemplo, desencadeia no desfazimento do vínculo contratual.

20.4.3. Cabe a Alegação da Exceção do Contrato Não Cumprido pela Concessionária (Exceptio Non Adimplenti Contractus)?

Conforme já anunciado, o dispositivo da lei contido no art. 39, *caput* e parágrafo único, estabelece que no caso de descumprimento das normas contratuais pelo poder concedente, o contrato de concessão poderá ser rescindido mediante ação judicial da concessionária, não podendo esta, contudo, interromper ou paralisar os serviços até a decisão judicial transitada em julgado.

Deste texto se conclui que o legislador ordinário afastou a possibilidade de se obter a solução da lide por meio de decisão liminar, pois expressamente exige o trânsito em julgado da decisão. Da mesma forma, não deixa margem à concessionária para que interrompa a prestação do serviço antes de emitida a decisão final.

Não cabe, inclusive, alegar a culpa do poder concedente para interromper a prestação do serviço, pois passará a figurar como inadimplente e ficará suscetível de sofrer caducidade.

Pergunta-se, portanto, sobre a real possibilidade de a concessionária alegar a exceção do contrato não cumprido em face do poder concedente, quando este descumprir as normas contratuais.

Ocorre, pois, que a negativa para se apresentar a exceção do contrato não cumprido se aplica tão somente aos casos de prestação de serviço sujeitos ao princípio da continuidade do serviço público.

Quando se tratar de serviços que não estão sujeitos à aplicação deste princípio, como o serviço de obras, de entrega de material, de seguros, de segurança etc., estarão passíveis da alegação pelo particular da exceção do contrato não cumprido (*exceptio*).

Devemos registrar que a Lei 8.666/93 elenca, nos incisos de seu art. 78, motivos para a rescisão do contrato unilateralmente pelo particular, entre eles a suspensão na execução por prazo superior a 120 dias, e o atraso superior a 90 dias dos pagamentos devidos pela Administração Pública. Na nova Lei de Licitação e Contratos Administrativos, a correspondência encontra-se no art. 137, § 2º, incisos I ao V, conforme se lê abaixo:

> Art. 137, Lei 14.133/21.
>
> § 2º O contratado terá direito à extinção do contrato nas seguintes hipóteses:
>
> I - supressão, por parte da Administração, de obras, serviços ou compras que acarrete modificação do valor inicial do contrato além do limite permitido no art. 125 desta Lei;
>
> II - **suspensão de execução do contrato**, por ordem escrita da Administração, **por prazo superior a 03 (três) meses**;
>
> III - repetidas suspensões que totalizem 90 (noventa) dias úteis, independentemente do pagamento obrigatório de indenização pelas sucessivas e contratualmente imprevistas desmobilizações e mobilizações e outras previstas;
>
> IV - **atraso superior a 2 (dois) meses**, contado da emissão da nota fiscal, dos pagamentos ou de parcelas de pagamentos devidos pela Administração por despesas de obras, serviços ou fornecimentos;
>
> V - não liberação pela Administração, nos prazos contratuais, de área, local ou objeto, para execução de obra, serviço ou fornecimento, e de fontes de materiais naturais especificadas no projeto, inclusive devido a atraso ou descumprimento das obrigações atribuídas pelo contrato à Administração relacionadas a desapropriação, a desocupação de áreas públicas ou a licenciamento ambiental.

Note-se que a legislação pretérita permitia a rescisão contratual após 120 (cento e vinte) dias em virtude de suspensão de sua execução por ordem da Administração, enquanto que o novo diploma diminuiu esse prazo, de maneira que a dissolução do contrato pode se dar em 03 (três) meses após uma única suspensão ou de reiteradas suspensões que completem 90 (noventa) dias úteis (art. 137, § 2º, II e III).

Semelhantemente, a Lei 8.666/93 previa a extinção contratual motivada por atraso do pagamento pela Administração Pública que fosse superior a 90 dias (três meses), sendo que a nova lei autoriza a extinção dos contratos pelo mesmo motivo, em prazo também inferior, qual seja, 60 (sessenta) dias ou 02 (dois) meses (art. 137, § 2º, IV).

20.4.4. Incorre o Direito de Indenização na Rescisão?

No que alude à indenização, diferentemente do que dispõe a lei quanto ao advento do termo contratual, encampação e caducidade, em que tal previsão é expressa, o legislador ordinário foi omisso em estabelecer a existência de indenização para a rescisão do contrato de concessão por culpa do poder concedente.

Sendo assim, esta omissão deixou uma empreitada para as interpretações doutrinárias acerca da Lei de Concessão e Permissão. Neste sentido, opinamos que parece evidente ser devida a indenização na rescisão contratual do art. 39 da Lei.

Mais ainda, entendemos que, se o legislador dispôs sobre a indenização nos casos do advento do termo contratual, encampação e caducidade, com muito mais razão a disporia nos casos da rescisão, por se tratar esta oriunda de culpa do poder concedente.

A indenização devida ao concessionário tem por objetivo diminuir o prejuízo deste pela extinção do contrato na prestação do serviço público, e sendo a interrupção por culpa do poder concedente, não seria certo retirar do particular o direito a reaver o valor dos bens empregados nesta prestação.

O que se deve observar, contudo, é o dispositivo da lei que preceitua que a rescisão deverá ser intentada por ação judicial específica para este fim, sendo certo que é esta que determinará o valor da indenização a ser pago, assim como a forma e as condições de pagamento.

Registramos a existência de entendimento doutrinário que opina, ainda, que somados à indenização dos bens reversíveis venha o pagamento dos lucros cessantes, com fulcro no art. 1.059 do Código Civil brasileiro, contrariando a doutrina majoritária que não acolhe a ideia de lucros cessantes na indenização da concessão, como já tivemos a oportunidade de ver neste presente livro.

20.4.5. Subsiste Alguma Responsabilidade ao Poder Concedente com a Decretação da Rescisão por Culpa Deste?

Quando estudamos as modalidades de extinção da concessão elencadas no art. 35, podemos constatar que apenas o art. 38, que preceitua a caducidade, faz expressa menção quanto a não existência de responsabilidade por parte do poder concedente com relação a terceiros e empregados após a decretação da caducidade.

São estas as palavras a respeito da responsabilidade do poder concedente ditadas no § 6º do art. 38:

> Art. 38, § 6º Declarada a caducidade, não resultará para o poder concedente qualquer espécie de responsabilidade em relação aos encargos, ônus, obrigações ou compromissos com terceiros ou com empregados da concessionária.

Mais uma vez o legislador foi omisso nesta questão quanto às demais modalidades da extinção do contrato, ao nada dispor sobre a responsabilidade ou não do poder concedente.

Todavia, outros dispositivos dentro da lei já deixaram expressamente ressaltada a delimitação da responsabilidade do poder concedente, o que deve ser aplicado aos artigos cujos textos são omissos a este respeito, senão vejamos:

Reza o *caput* do art. 25 da lei:

> Art. 25. Incumbe à concessionária a execução do serviço concedido, cabendo-lhe responder por todos os prejuízos causados ao poder concedente, aos usuários ou a terceiros, sem que a fiscalização exercida pelo órgão competente exclua ou atenue essa responsabilidade.

Vejamos também o texto do parágrafo único do art. 31:

> Art. 31, Parágrafo único. As contratações, inclusive de mão de obra, feitas pela concessionária serão regidas pelas disposições de direito privado e pela legislação trabalhista, não se estabelecendo qualquer relação entre os terceiros contratados pela concessionária e o poder concedente.

Ademais, a redação do art. 71 do Estatuto Geral de Licitação, em seu *caput* e § 1º, já trazia disposição a este respeito, encontrando atual correspondência no art. 121, §§ 1º e 2º da Lei 14.133/21, a seguir esboçados:

> **Art. 71, Lei 8.666/93.** O contratado é responsável pelos encargos trabalhistas, previdenciários, fiscais e comerciais resultantes da execução do contrato.
>
> § 1º - A inadimplência do contratado, com referência aos encargos trabalhistas, fiscais e comerciais não transfere à Administração Pública a responsabilidade por seu pagamento, nem poderá onerar o objeto do contrato ou restringir a regularização e o uso das obras e edificações, inclusive perante o Registro de Imóveis (Redação dada pela Lei nº 9.032, de 1995).

Art. 121, § 1º, Lei 14.133/21. Art. 121. Somente o contratado será responsável pelos encargos trabalhistas, previdenciários, fiscais e comerciais resultantes da execução do contrato.

§ 1º - A inadimplência do contratado em relação aos encargos trabalhistas, fiscais e comerciais não transferirá à Administração a responsabilidade pelo seu pagamento e não poderá onerar o objeto do contrato nem restringir a regularização e o uso das obras e das edificações, inclusive perante o registro de imóveis, ressalvada a hipótese prevista no § 2º deste artigo.

§ 2º - Exclusivamente nas contratações de serviços contínuos com regime de dedicação exclusiva de mão de obra, a Administração responderá solidariamente pelos encargos previdenciários e subsidiariamente pelos encargos trabalhistas se comprovada falha na fiscalização do cumprimento das obrigações do contratado.

A Lei 8.666/93 selava quaisquer controvérsias que eventualmente surgissem quanto à responsabilização do poder concedente com terceiros e empregados, valendo o que dizia de forma expressa os citados dispositivos legais. Naquele sentido, de fato, não subsistia responsabilidade alguma por parte do poder concedente, ainda que a decretação da rescisão fosse dada por sua culpa.

Contudo, o texto da nova lei de licitações trouxe, a esse respeito, uma excepcionalidade, na qual a Administração Pública estará passível a responder solidariamente por encargos previdenciários e subsidiariamente pelos encargos trabalhistas caso haja comprovação de deficiência em sua ação fiscalizatória acerca do cumprimento das obrigações por parte do contratado, cabendo esta responsabilidade particularmente aos contratos de serviços contínuos com regime de dedicação exclusiva de mão de obra.

20.4.6. O que Faz a Rescisão ser o Reverso da Caducidade?

Não é difícil concluir que, nos termos da Lei 8.987/95, a rescisão equivale ao reverso da caducidade. Nesta, a inexecução total ou parcial do contrato pela concessionária gera ao poder concedente o direito da caducidade (art. 38), que é uma forma de rescisão contratual.

Na primeira, quem descumpre as normas contratuais é o poder concedente, gerando o direito à concessionária de rescindir o contrato celebrado, desde que o faça por meio de ação judicial intentada especificamente para este fim (art. 39).

Sobreleva notar que a concessionária não poderá interromper ou paralisar a prestação do serviço até o trânsito em julgado da decisão judicial, em observância ao princípio da continuidade do serviço público que norteia os contratos administrativos, regra esta contida no parágrafo único do art. 39.

Esta especificidade distingue a rescisão da caducidade posto que esta última não necessite de ação judicial para extingui-la formalmente, haja vista tratar-se de procedimento de iniciativa da Administração, cujos atos administrativos se regem por força de sua autoexecutoriedade.

20.5. Anulação

Partimos para a análise da modalidade de extinção da concessão referida no inciso V do art. 35, que é a anulação. A assertiva legal que inclui a anulação como forma de extinção da concessão não é plenamente aceita entre os doutrinadores, sendo rechaçada por alguns poucos que apontam para a chamada nulidade de pleno direito.

Nesses termos, afirma tal corrente que o contrato nulo não gera efeitos, e que deve ser entendido dentro da concepção de que ele jamais existiu, e, consequentemente, jamais gerou direitos e obrigações, esvaziando-se quaisquer pretensões neste sentido.

A doutrina majoritária, contudo, se inclina na interpretação de que a anulação é constitutiva, não havendo que se falar em nulidade de pleno direito. Nesse sentido, antes de ser anulada a norma jurídica é válida, sendo, com isso, passível de extinção.

Nesta linha, a anulação se insurge como forma de extinção do contrato de concessão de serviço público, sendo este o entendimento que acolhemos como certo neste presente estudo. Além do mais, a autotutela administrativa já foi pacificada, inclusive, pelos Tribunais.

20.5.1. A Autotutela Administrativa

Não se olvida a respeito do poder-dever da Administração Pública em anular ou revogar os seus próprios atos, quando estes se encontrarem sob a eiva da nulidade. Trata-se do exercício da autotutela administrativa.

Convém ressaltar, contudo, que não obstante este poder-dever da Administração em anular seus atos ilegais e revogá-los por motivo e conveniência e oportunidade, há que se manter, em paralelo, o dever de respeito aos direitos adquiridos e ao devido processo legal.[2]

Este poder-dever de desfazer seus atos ilegais, expresso pela autotutela administrativa, já se encontra há muito reconhecido pela mais alta Corte do País, por meio da Súmula 473, a qual transcrevemos a seguir:

"A Administração pode anular seus próprios atos, quando eivados de vícios que o tornam ilegais, porque deles não se originam direitos, ou revogá-los, por motivo de conveniência ou oportunidade, respeitados os direitos adquiridos, e ressalvada, em todos os casos, a apreciação judicial". (Súmula 473 do STF).

Na esteira desta mesma consideração, a Constituição do Estado do Rio de Janeiro explicita este princípio da autotutela administrativa em seu art. 80, a seguir especificado:

Art. 80 - A administração pública tem o dever de anular os próprios atos, quando eivados de vícios que os tornem ilegais, bem como a faculdade de revogá-los, por motivo de conveniência ou oportunidade, respeitados, neste caso, os direitos adquiridos, além de observado, em qualquer circunstância, o devido processo legal.

Todavia, chama a atenção sabiamente o legislador estadual para o fato de que este poder de autotutela não pode ser revestido da couraça da natureza absoluta, devendo antes ser observados os princípios da boa-fé e da segurança jurídica.

Na verdade, o estudo do Direito sempre nos impõe a cautela em se perpetuar princípios e deveres em prejuízo de outros tantos já adquiridos pela boa-fé e protegidos pela segurança jurídica. Fartas decisões se amontoam em nossos Tribunais neste sentido.

O art. 81 alerta para o risco que incorre o administrador que, ciente do vício invalidador do ato administrativo, se omitir em saná-lo, sendo-lhe imputadas as penalidades da lei pela omissão, sem prejuízos das sanções previstas na Constituição Federal acerca dos atos de improbidade administrativa (art. 37, § 4º).

Urge, também, fazermos uma digressão e chamarmos a atenção para a existência de um prazo decadencial que se aplica à anulação dos atos administrativos, quando estes possuírem o efeito benéfico para os administrados.

Contudo, este dispositivo legal pode, num dado momento, ser aplicável à anulação da concessão e permissão, quando este esbarrar em efeitos benéficos que estiverem alcançando os administrados. É o que reza o art. 54 da Lei 9.784/99:

"Art. 54. O direito da Administração de anular os atos administrativos de que decorram efeitos favoráveis para os destinatários decai em 05 (cinco) anos, contados da data em que foram praticados, salvo comprovada má-fé".

---

2   A jurisprudência do Superior Tribunal de Justiça é pacífica neste sentido: "Constitucional. Administrativo. Servidor Público. Revisão da Aposentadoria. Poder Dever da Administração. Prévio Processo Adminstrativo. Necessidade. Garantia do Devido Processo Legal. A Administração Pública tem o poder-dever de anular, ou revogar, os próprios atos, quando maculados por irregularidades ou ilegalidades flagrantes, consoante o entendimento consagrado na Súmula 473 do Supremo Tribunal Federal – Em respeito às garantias constitucionais da ampla defesa e do contraditório, a jurisprudência dessa Corte vem proclamando o entendimento de que a desconstituição de qualquer ato administrativo que repercuta na esfera individual dos servidores ou administrados deve ser precedida de processo administrativo que garanta a ampla defesa e o contraditório – Recurso Ordinário provido. Segurança concedida".(STJ ROMS nº 12726/PR. Relator Min. VICENTE LEAL.DJ 24.03.2006, p. 281).

O Superior Tribunal de Justiça também já pacificou este entendimento que se aplica ao prazo decadencial de 05 (cinco) anos para que a Administração Pública possa anular seus próprios atos.

20.5.2. Anulação do Contrato Administrativo: Via Administrativa e Via Judicial

Constatamos, portanto, duas formas de se declarar a anulação do contrato de concessão, pela via administrativa, que se dará unilateralmente pela Administração Pública, ou pela via jurisdicional, a qual será mediante sentença judicial, produzindo efeitos *ex tunc* desde a origem do reconhecimento do vício.

No que toca à indenização devida na anulação, regra geral, podemos dizer que a sua declaração não pressupõe a obrigatoriedade da Administração Pública em indenizar o contratado. Não obstante, esta regra não é absoluta.

Registramos que nada obsta que ocorram situações especiais em que a indenização será devida, sendo o que se deduz da leitura do parágrafo único do art. 59, parágrafo único, da Lei 8.666/93, cuja atual correspondência na Lei 14.133/21 está no art. 149, ambos a seguir dispostos:

> **Art. 59, parágrafo único:** A nulidade não exonera a Administração do dever de indenizar o contratado pelo que este houver executado até a data em que ela for declarada e por outros prejuízos regularmente comprovados, contanto não lhe seja imputável, promovendo-se a responsabilidade de quem lhe deu causa.
>
> **Art. 149, Lei 14.133.** A nulidade não exonerará a Administração do dever de indenizar o contratado pelo que houver executado até a data em que for declarada ou tornada eficaz, bem como por outros prejuízos regularmente comprovados, desde que não lhe seja imputável, e será promovida a responsabilização de quem lhe tenha dado causa.

Com efeito, preceitua a legislação vigente que se o concessionário não deu causa à nulidade do contrato, além de ter realizado obras e serviços imbuídos da boa-fé, deverá ser indenizado pelos prejuízos sofridos com a anulação do contrato.

Elencamos a seguir as hipóteses em que poderá ocorrer a anulação relacionadas à concessão de serviço público:

1. Nulidade do edital de licitação. A esta nulidade se aplica os dispositivos contidos nos §§ 1º e 2º do art. 49 da Lei 8.666/93, atual arts. 69, §§ 3º e 4º e 147, incisos I ao IV.

2. Declaração de inconstitucionalidade da norma jurídica que fundamentou a nulidade.

3. Ausência ou ilegalidade do ato que justifique a conveniência da outorga de concessão ou permissão. Esta previsão se encontra expressa no art. 5º da Lei 8.987/95.

4. Desrespeito aos princípios das licitações e contratações públicas previstos no art. 3º da Lei 8.666/93, com atual correspondência do art. 5º da Lei 14.133/21, sendo eles: legalidade, impessoalidade, moralidade, publicidade, eficiência, interesse público, probidade administrativa, igualdade, planejamento, transparência, eficácia, segregação de funções, motivação, vinculação ao edital, julgamento, objetivo, segurança jurídica, razoabilidade, competitividade, proporcionalidade, celeridade, economicidade e desenvolvimento nacional sustentável, assim como as disposições da Lei de Introdução às Normas do Direito Brasileiro (Decreto-Lei nº 4.657/42).

5. Verificação de erros na análise da habilitação do contrato de concessão ou permissão, ou posterior averiguação de inadequação na proposta escolhida.

No tocante à indenização cabível em caso de anulação do contrato de concessão, entende a melhor doutrina que esta incidirá sobre o quantum que o concessionário já tiver gasto. Trata-se, pois, de indenização dos danos emergentes.

20.5.3. Força Maior

Embora não se encontre explícita na lei a expressão *força maior*, convém que se faça uma breve análise sobre o que o seu significado encerra nesta questão da extinção da concessão e permissão de serviço público.

Em razão de um acontecimento de força maior pode também ocorrer o desfazimento do contrato de concessão. Trata-se de uma forma de desfazimento contratual decorrente de um acontecimento que não poderia ser evitado dentro das previsões normais, a exemplo de guerras, epidemias, desastres naturais ou mesmo morte do concessionário.

Em se tratando de morte do concessionário, que se relaciona diretamente ao fato de ser esta pessoa física, este acontecimento gera, de imediato, o desfazimento do contrato, pois que a natureza deste é *intuitu personae*, não se transmitindo a herdeiros.

Registramos, a este propósito, que o falecimento ou incapacidade do titular será abordado na análise do inciso VI do art. 35, nesta sequência, juntamente com a falência ou extinção da empresa, a seguir.

20.6. Falência ou Extinção da Empresa

Alcançamos, por fim, a análise do último elemento elencado no art. 35 da Lei 8.987/95, a respeito da extinção da concessão. Trata-se da falência ou extinção da empresa, expressa em seu inciso VI.[3]

Uma vez decretada a falência, sobressai a certeza da perda, pelo concessionário, das condições financeiras adequadas e indispensáveis à manutenção da prestação do serviço. O mesmo ocorre quando se dá a dissolução da pessoa jurídica do concessionário, que é o equivalente à dissolução da empresa que presta o serviço público concedido.

Em assim sendo, parece incontroverso que a extinção da empresa concessionária (pessoa jurídica) acarreta a própria extinção da concessão do serviço concedido, havendo a imediata assunção do serviço pelo poder concedente.

No tocante aos bens e recursos da concessionária, não poderia esta ver suprimidos aqueles bens correspondentes à massa falida, tão somente em razão da sua falência. Sendo assim, concorre ela aos bens não afetados ao serviço público, até porque estes são estranhos ao poder concedente.

20.6.1. Falecimento ou Incapacidade do Titular

O mesmo dispositivo legal, art. 35 da Lei 8.987/95, faz menção ao falecimento ou incapacidade do titular, no caso de empresa individual, como forma de extinção da concessão de serviço público.

O elemento falecimento ou incapacidade do titular se assemelha em tudo à falência ou extinção da empresa, sendo que o primeiro termo se aplica aos casos de permissão de serviço público, que acolhe a possibilidade de pessoa física e pessoa jurídica como permissionária de serviço público.

---

3   São do renomado Diógenes Gasparini a explanação acerca da falência como forma de extinção da concessão: "A extinção é automática, necessitando para caracterizá-la qualquer manifestação estatal, embora possa ser necessário algum comportamento da Administração Pública concedente visando a continuidade do serviço público e a defesa do seu interesse patrimonial. Os efeitos jurídicos da extinção contam-se da decretação da falência, isto é, são *ex nunc*. A falência é causa extintiva da concessão de serviço público, que ocorre na vigência desse contrato, portanto antes de seu termo, devendo a Administração Pública concedente indenizar os investimentos vinculados a bens reversíveis, ainda não amortizados ou depreciados. Os demais bens serão arrecadados pela massa falida, salvo os pertencentes à então Administração Pública concedente".

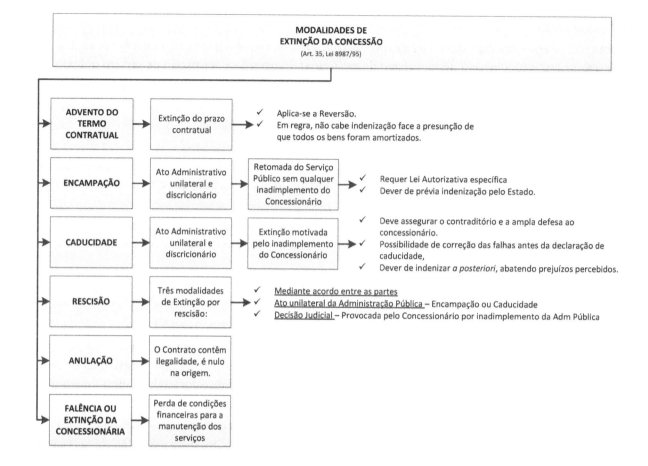

21. A ANÁLISE DA RESPONSABILIDADE CIVIL DO ESTADO EM RELAÇÃO ÀS CONCESSIONÁRIAS DE SERVIÇO PÚBLICO

Quanto a responsabilidade aplicável à concessão e permissão, em tese, estas são atribuídas diretamente ao concessionário ou permissionário de serviço público, em consonância com o § 6º do art. 37 da Constituição Federal, que estabelece a responsabilidade objetiva aos prestadores de serviço público, sejam elas pessoas jurídicas de direito público ou de direito privado.

> Art. 37 (...)
>
> § 6º - As pessoas jurídicas de direito público e as de direito privado prestadoras de serviços públicos responderão pelos danos que seus agentes, nesta qualidade, causarem a terceiros, assegurado o direito de regresso contra o responsável nos casos de dolo ou culpa.

Dentro desta composição de pessoas de direito privado prestadoras de serviço público a que se refere o § 6º do art. 37 da Constituição Federal, estão abrangidas as empresas estatais, cuja natureza é de direito privado, e as empresas privadas, permissionárias ou concessionárias de serviço público.

Além dessas, inclui-se aqui também toda pessoa que, por delegação contratual preste serviço público e cause um dano a terceiro, independentemente de dolo ou culpa. A Lei 8.987/95 também se refere à responsabilidade das concessionárias em seu art. 25.

> Art. 25. Incumbe à concessionária a execução do serviço concedido, cabendo-lhe **responder por todos os prejuízos causados ao poder concedente, aos usuários ou a terceiros**, sem que a fiscalização exercida pelo órgão competente exclua ou atenue essa responsabilidade. (**grifo sobre o original**).

É por meio da responsabilidade civil que se formata a obrigação de reparar o dano patrimonial causado pela concessionária ao poder concedente, aos usuários do serviço ou a terceiros, conforme reza o dispositivo da lei.

O que importa, para que se configure esta responsabilidade, é a demonstração do nexo causal entre a atividade (conduta) e o dano, inobstante a existência de dolo ou culpa por parte da concessionária ou de seus agentes que praticaram a conduta danosa.

Quando o dano é causado a terceiros, diz que a responsabilidade é extracontratual, e, destarte, objetiva na modalidade de risco administrativo.

Quanto à origem desta responsabilidade, pode ela decorrer de lei, a que se denomina de responsabilidade legal; de ato ilícito, que é a responsabilidade por ato ilícito, ou ainda da execução do contrato, sendo esta a responsabilidade contratual ou administrativa.

Para que esta se configure, mister que se infrinja normas regulamentares ou contratuais, o que sujeita o infringente a eventuais reparações pelos danos causados e a sanções administrativas, sob a forma de advertência, multa, intervenção e declaração de caducidade.

É imperioso que a previsão de tais sanções esteja expressa na lei ou no contrato, e que a sua aplicação pela Administração seja precedida de um procedimento interno em que se assegure o contraditório e a ampla defesa.

Ainda quanto à responsabilidade por ato ilícito, ressaltamos que esta também poderá gerar, eventualmente, responsabilização criminal da concessionária, a ser apurada em ação própria na esfera penal.

Há que se ressaltar que ocorrendo de o concessionário se tornar insolvente em relação ao dano que lhe é devido, e impossibilitado de repô-lo, esta obrigação é automaticamente transferida ao Estado, pois que atuava em nome deste, recaindo-lhe, com isso, a responsabilidade subsidiária.

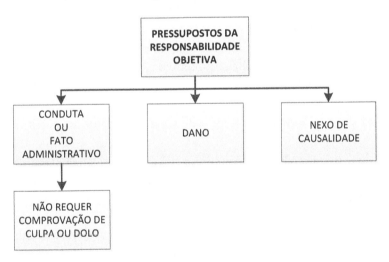

21.1. A Responsabilidade Subsidiária do Poder Concedente

Quando falamos em concessão e permissão de serviço público, conforme já demonstrado, devemos considerar a relação existente entre os seus sujeitos, com os seus respectivos direitos, obrigações e responsabilidades.

A questão da responsabilidade civil que recai sobre o poder concedente é de extrema importância na análise da concessão e permissão de serviço público, pois é ele quem concede a outorga para a prestação, no seu lugar, do serviço o qual detém a titularidade. Para tanto, deve se cercar das devidas cautelas.

21.1.1. A Responsabilidade Subsidiária Quanto aos Prejuízos Causados pela Concessionária

Uma vez outorgada a prestação do serviço ao particular, e advindo eventuais prejuízos resultantes desta execução, o poder concedente assumirá a responsabilidade subsidiária integral.

A justificativa para tal responsabilização estatal se deve ao fato de que o dano foi efetivamente causado por pessoa que agia em nome do Estado, e a sua ocorrência em prejuízo de terceiros só foi possível pelo fato de o concessionário ter recebido tal outorga pelo próprio poder concedente.

Em suma, a responsabilidade subsidiária se insurge quando os gravames suportados por terceiros forem provenientes da atuação da concessionária, mas cujo exercício envolve poderes especificamente de origem do Estado e a ela outorgados.

E isto se dá pelo fato de que o Estado, com a reversão, assume para si todos os bens que seriam garantes aos credores, daí não poder se esquivar desta obrigação na questão da responsabilidade civil.

Deve-se considerar, então, que a responsabilidade do poder concedente está diretamente vinculada aos investimentos concernentes aos bens reversíveis, ainda não amortizados ou depreciados e os quais tenham sido revertidos com o objetivo da garantir a continuidade na prestação do serviço.

Em outras palavras, isto significa que a responsabilidade inerente ao poder concedente é limitada ao valor da indenização que é devida à concessionária com relação aos bens reversíveis, ainda não amortizados ou depreciados.

Já quando os prejuízos se relacionarem a créditos estranhos à hipótese mencionada, outro será o desfecho no caso de a prestação do serviço resultar em prejuízos a terceiros. O Estado responderá, neste caso, até o montante do valor dos bens reversíveis.

21.1.2. A Responsabilidade Subsidiária no Caso de Insolvência da Concessionária

Reportando-nos aos casos em que incorrer a insolvência da concessionária, tendo o seguinte resultado: O Estado suportará o ônus resultante desta insolvência, e responderá, também, subsidiariamente.

Em linhas gerais, isto significa que se foi o próprio Estado quem outorgou a prestação do serviço à concessionária, e esta, agindo em seu nome causou danos ao administrado, o Estado deverá responder subsidiariamente por tais danos em caso de insolvência da concessionária.

Ainda com relação à insolvência da concessionária, quando a sua atuação desencadear prejuízos a terceiros, mas esta for decorrente de atos próprios, alheios à natureza do serviço concedido, ainda que concorram para a sua prestação, não guardarão nenhuma relação com a responsabilidade subsidiária do poder concedente.

Nestas circunstâncias, a concessionária de serviço público estará imbuída da sua natureza de pessoa jurídica de direito privado, pois não obstante a prática de serviço de natureza pública, possui objetivos de ordem econômica.

Com efeito, quando agir nesta qualidade de empresa privada estará sujeita, assim como qualquer empresa desta natureza, aos encargos inerentes à atividade empresarial, e a responsabilidade por tais atos não recairá sobre outras pessoas de natureza diversa.

A justificativa para tal responsabilização estatal se deve ao fato de que o dano foi efetivamente causado por pessoa que agia em nome do Estado, e a sua ocorrência em prejuízo de terceiros só foi possível pelo fato de o concessionário ter recebido tal outorga pelo próprio poder concedente.

Em suma, a responsabilidade subsidiária se insurge quando os gravames suportados por terceiros forem provenientes da atuação da concessionária, mas cujo exercício envolve poderes especificamente de origem do Estado e a ela outorgados.

Entre as características que peculiarizam o contrato de concessão de serviço público encontra-se a de que a execução da prestação corre por conta e risco da concessionária; assim sempre se entendeu em sede doutrinária e pretoriana, e assim se extrai do que veio definir a Lei nº 8.987/95, art. 2º, II *verbis*: "concessão de serviço público a delegação de sua prestação, feita pelo poder concedente..., à pessoa jurídica ou consórcio de empresas que demonstre capacidade para seu desempenho, por sua conta e risco e por prazo determinado".

O art. 25 da mesma lei aduz que incumbe à concessionária "responder por todos os prejuízos causados ao poder concedente, aos usuários ou a terceiros, sem que a fiscalização exercida pelo órgão competente exclua ou atenue essa responsabilidade".

Sendo as concessionárias delegatárias da execução do serviço (portanto, principais responsáveis pela regularidade da execução), posto que o titular único da prestação, por expresso cometimento constitucional (CF/88, art. 175), continua sendo o Poder Público delegante, deve este responder às vítimas de danos decorrentes da execução apenas se a executora não reunir condições de fazê-lo, mantida a natureza objetiva da responsabilidade civil para ambos, concessionária e ente público.

Afastar o dever reparatório do Estado significaria desproteger o consumidor, o que não se concilia com o disposto, sobretudo no art. 22, parágrafo único, da Lei nº 8.078/90.

21.2. A Análise de Casos Polêmicos que Envolvem a Responsabilidade Civil do Estado

Ainda dentro do estudo da responsabilidade civil da concessionária, partiremos agora para a análise isolada de alguns casos polêmicos que não raro são levados aos Tribunais do país na busca de se selar longas controvérsias.

21.2.1. Pode a Administração Pública ser Responsabilizada Objetivamente por Acidente de Trabalho Sofrido por Empregado da Concessionária?

No que alude à análise da caracterização ou não da responsabilidade estatal, há que se averiguar primeiramente o nexo causal entre o sujeito e o dano que se lhe imputou. No caso, esta questão se refere a acidente de trabalho sofrido por empregado da concessionária, que pleiteia em juízo a responsabilidade desta e do seu poder concedente.

Através da análise de Apelação levada ao Tribunal de Justiça do Estado do Rio de Janeiro, acordaram os Desembargadores daquela casa, por unanimidade, que não se trata de responsabilidade da Administração ou da concessionária por danos causados por seus agentes a terceiros, pois que o dano do caso em tela foi causado ao empregado desta última.

Em análise ao art. 37, § 6º da Constituição Federal, que dispõe que: "as pessoas jurídicas de direito público e de direito privado prestadoras de serviço público responderão pelos danos que seus agentes, nesta qualidade, causarem a terceiros (...)". Concluiu-se que a hipótese dos autos não se coaduna com o instituto da responsabilidade civil do Estado, prevista no art. 37, § 6º da Constituição Federal, pois o dano foi causado a agente público e não a terceiro.

A decisão foi ilustrada com texto do Desembargador Sérgio Cavalieri Filho, que em sua obra Programa de Responsabilidade Civil, Ed. Malheiros, 5ª Edição, p. 169, traça o perfil do que vem a ser o vocábulo "terceiro".[4]

Com isso, concluíram que o empregado da concessionária de serviço público, que sofreu o dano, não pode ser considerado terceiro, posto que possui ele um vínculo jurídico com a empresa prestadora de serviço público.

Ratificaram ainda a decisão com o argumento de que o dispositivo constitucional que elenca a responsabilidade civil do Estado não ampara aqueles que não ostentam a condição de usuário do serviço concedido, hipótese esta que se enquadra o empregado da concessionária do caso em análise[5].

Foi conclusivo, contudo, que a Administração Pública não pode ser responsabilizada objetivamente por acidente de trabalho sofrido por empregado de concessionária, não sendo o caso o que se aplica à norma do art. 37, § 6º da CF. Se valerem, também, do entendimento emitido no voto do Ministro Carlos Velloso em julgado semelhante.[6]

Inviável a responsabilização estatal em virtude de a Administração Pública não ser a empregadora, mas tão somente o órgão concedente da prestação do serviço, sendo esta a concessionária, e, portanto, a responsável pela indenização a que faz jus o seu empregado. Nestes termos, a responsabilidade é de natureza subjetiva prevista no art. 7º, inc. XXVIII da CF/88.

21.2.2. Há o Dever por Parte da Concessionária de Serviço Público de Indenizar um Motorista Atingido por Pedra Lançada à Margem de Via Expressa Terceirizada?

O caso se refere a um motorista atingido por pedra lançada à margem da Linha Amarela e sobre a eventual obrigação de indenizar por parte Linha Amarela S/A – LAMSA, concessionária de serviço público responsável pela sua manutenção, com a natureza jurídica de pessoa jurídica de direito privado.

Este fato, por si só, torna a questão passível de enquadramento à norma do art. 37, § 6º da Constituição Federal, responsável pela consagração da responsabilidade objetiva. Resta, contudo, seguir na análise dos demais elementos.

Não se busca questionar quanto à ocorrência de danos ao motorista, já que isto resta evidente nesta questão. Já no que alude à responsabilização pretendida, necessário se torna configurar os demais elementos que se agregam para caracterizar a responsabilidade objetiva da concessionária de serviço público, a exemplo de o dano sofrido pelo particular ter decorrido de conduta da concessionária, prestadora de serviço público.

Caso positivo, deve-se esclarecer em que circunstâncias se deu o ocorrido, se a conduta da concessionária foi ativa ou passiva, ou ainda, se o fato decorreu de situação imprevisível (força maior).

Ratificada a constatação de que a hipótese se trata de uma espécie de fortuito externo, que se caracteriza pela imprevisibilidade e inevitabilidade, mas que não guarda relação com a organização do serviço prestado.

A este fato se soma a real impossibilidade de a concessionária prever e impedir o lançamento de objetos, como o caso de pedras lançadas por ato de terceiros, que eventualmente ocorrem à margem de sua via. Conclusivo que tais atos fogem aos riscos inerentes à sua atividade.

---

4   "Terceiro indica alguém estranho à Administração Pública, alguém com o qual o Estado não tem vínculo jurídico preexistente. Logo, o § 6º do art. 37 da Constituição só se aplica à responsabilidade extracontratual do Estado. Não incide nos casos de responsabilidade contratual, porque aquele que contrata com o Estado não é terceiro, já mantém vínculo jurídico com a Administração, pelo que, ocorrendo o inadimplemento geral, a responsabilidade deverá ser apurada com base nas regras que regem o contrato administrativo".

5   "EMENTA: Constitucional. Administrativo. Civil. Responsabilidade Civil do Estado: Responsabilidade Objetiva. Pessoas Jurídicas de Direito Privado. Prestadoras de Serviço Público. Concessionário ou Permissionário do Serviço de Transporte Coletivo. C.F., art. 37, parágrafo 6. I. *A responsabilidade civil das pessoas jurídicas de direito privado prestadoras de serviço público é objetiva relativamente aos usuários do serviço, não se estendendo a pessoas outras que não ostentem a condição de usuário*. Exegese do art. 37, parag. 6º, da CF. II. R.E. conhecido e provido". (RE 302.622/MG – Relator Min. CARLOS VELLOSO).

6   "A ratio do dispositivo constitucional que estamos interpretando parece-me mesmo esta: porque o ' usuário é detentor do direito subjetivo de receber um serviço público ideal', não se deve exigir que, tendo sofrido um dano em razão do serviço, tivesse de provar a culpa do prestador desse serviço. *Fora daí, vale dizer, estender a não usuários do serviço público prestado pela concessionária ou permissionária a responsabilidade objetiva – CF, art. 37, parág. 6º – seria ir além da* ratio legis".

Não fica caracterizado o dever da concessionária de salvaguardar os usuários da via expressa de toda sorte de infortúnio que decorre de atos de terceiros. Ademais, não possui a concessionária o dever com relação à segurança social, pois que a sua natureza não a concede o uso do poder de polícia.

Dentre as suas obrigações se inclui a de manter a rodovia em condições adequadas para o uso, com a devida segurança do tráfego e conservação da pista. Ratificados estes resultados, estará a concessionária quite com a sua obrigação enquanto concessionária de serviço público.

Com efeito, apoiando-se em precedentes neste mesmo sentido, a justiça tem opinado pela não obrigação, por parte da concessionária, em indenizar motorista atingido por pedra lançada à margem de via expressa terceirizada, a exemplo da Linha Amarela.[7]

Outro exemplo para o caso particular de responsabilidade da concessionária é o que caiu em questão do concurso para defensor público. Vejamos abaixo:

Marcos Vinicius Braga, proprietário de um veículo automotor, ao trafegar pela Linha Amarela, teve seu veículo danificado por uma barra de metal que se encontrava na pista. Parou junto à cabine da Ponte SA e fez a reclamação sobre o ocorrido e pedindo providências quanto às despesas de reparo do veículo, já que quebrou seu farol e arranhou a carroceria. Posteriormente, encaminhou três orçamentos sobre os custos de reparo e, 10 dias após o ocorrido, recebe correspondência da Ponte AS, informando que a mesma não arcaria com os custos, pois não entendia ser culpada do fato. Diante da questão apresentada, você como advogado de Roberto da Silveira, fundamentaria seu pedido de que forma? Resposta devidamente fundamentada.

A presente questão deve abordar a evolução da responsabilidade civil do Estado perante a sociedade por atos praticados por seus agentes. No caso a responsabilidade contemplada pela nossa carta política é a objetiva conforme se vê da norma do artigo 37, § 6º da CRFB. Tal responsabilidade se dá quando ato praticado pelo agente provoca lesão a terceiros e, independente de culpa e dolo, deverá o Estado responder pelos prejuízos causados. Contudo, caberá ao Estado ação regressiva em face do agente, que dependerá de responsabilidade subjetiva. Por óbvio que não caberá nenhuma modalidade de intervenção de terceiros no sentido de possibilitar ao Estado a comprovação do suposto culpado, evitando assim que o terceiro seja penalizado com a demora no procedimento de comprovação.

21.2.3. Com Base na Teoria da Responsabilidade Objetiva, Obriga-se a Concessionária de Serviço Público a Indenizar Família de Vítima Fatal por Assalto à Mão Armada Dentro de Coletivo?

Uma ocorrência que, infelizmente, tem sido cada vez mais corriqueira é o assalto em interior de coletivo, comumente ocasionando vítimas em razão de tiros de arma de fogo disparados pelos meliantes responsáveis por estas práticas.

A presente análise tem por personagens, de um lado, assaltantes que ingressaram em coletivo e assassinaram um passageiro por disparos de arma de fogo; e de outro, o passageiro, vítima da ação dos bandidos. Uma terceira pessoa é a empresa de ônibus, concessionária de serviço público.

---

7   2013.001.08081. Apelação Cível. Jds. Des. Ricardo Couto – Terceira Câmara Cível – Aremesso de Pedra. Fato de Terceiro Caracterizador de Fortuito Externo. O arremesso de pedra, por transeunte, em composição férrea, que venha a causar lesões físicas a passageiro, não pode ser considerado, em regra, evento ligado a atividade empresarial. Assim, caracteriza-se caso fortuito externo, retirando a responsabilidade do transportador. Apenas, excepcionalmente, se demonstrada uma conduta deste último, que tenha viabilizado ou potencializado a lesão, é que poderá ser responsabilizado. Recurso conhecido e provido. 2018.001.37365 – Apelação Cível. Des. JOSÉ CARLOS VARANDA – Julgamento: 04/01/2006 – Décima Câmara Cível – Responsabilidade Civil. Transporte de passageiros. Usuária que quando transportada em ônibus veio a ser atingida e ferida por pedra lançada do lado de fora para o interior do veículo. Ausência de responsabilidade da transportadora. Fato de terceiro equiparado ao fortuito. Previsibilidade do evento, mas total impossibilidade de se evitá-lo. Verdadeira relação de consumo na prestação de serviços de transportes coletivos de passageiros, impondo-se, portanto a exclusão da responsabilidade prevista no CDC. Sentença mantida. Recurso improvido. 2017.001.32285 – Apelação Cível – Des. Nascimento Povoas Vaz – Julgamento: 21/02/2006. Décima Oitava Câmara Cível. Rsponsabilidade Divil. Arremesso de Pedra em Direção a Coletivo. Ferimento de Passageiro em Razão Disso. Fortuito Externo. Reconhecimento. Ato de Terceiro sem Participação de Preposto ou Agente do Transportador, Estilhaçando a Janela e Lesionando o Passageiro. Situação que Exclui o Nexo Causal e, Conseqüentemente, o Dever de Indenizar. Confirmação Do Julgado.

Acrescente-se a este histórico o fato de o coletivo ter parado em local escuro, e, sobretudo, que não se constituía em ponto de parada, e onde houve o ingresso dos assaltantes no veículo, questionando-se se este evento teria sido o fato propulsor para o grave resultado causado à vítima.

O que ocorre é que, não obstante, a frequência cada vez maior destas condutas criminosas no interior dos coletivos de transportes públicos, esta questão tem sido repetidamente selada pela Segunda Seção do Superior Tribunal de Justiça.

Apregoam seus Ministros que o assalto a mão armada dentro de ônibus se trata de fato totalmente estranho ao serviço do transporte, caso de força maior e, por conseguinte, constitui-se causa excludente de responsabilidade da empresa concessionária de serviço público. É da lavra do Desembargador João Carlos Pestana de Aguiar Silva o voto que encerra este entendimento.[8]

IMPORTANTE QUESTÃO DO CONCURSO DA OAB SOBRE O TEMA EM ANÁLISE. VEJA:

Questão: Em um ônibus de transporte público de passageiros operado por permissionária ocorreu assalto à mão armada ao qual um dos passageiros reagiu a tiros. Outro passageiro foi atingido pelos disparos e veio a falecer. Quais são os eventuais direitos que os seus sucessores possuem face à permissionária e ao Estado-membro?

Resposta sugerida: A questão trata da responsabilidade civil no caso de morte decorrente de um assalto à mão armada dentro de um ônibus de transporte público de passageiros, operado por permissionária.

Pois bem, o posicionamento majoritário na jurisprudência do Superior Tribunal de Justiça e do Tribunal de Justiça do Estado do Rio de Janeiro é no sentido de que assalto a mão armada, ocorrido dentro de veículo coletivo, constitui caso fortuito, excludente de responsabilidade da empresa transportadora.

Senão vejamos:

CIVIL. INDENIZAÇÃO. TRANSPORTE COLETIVO (ÔNIBUS). ASSALTO À MÃO ARMADA SEGUIDO DE MORTE DE PASSAGEIRO. FORÇA MAIOR. EXCLUSÃO DA RESPONSABILIDADE DA TRANSPORTADORA. 1. A morte decorrente de assalto à mão armada, dentro de ônibus, por se apresentar como fato totalmente estranho ao serviço de transporte (força maior), constitui-se em causa excludente da responsabilidade da empresa concessionária do serviço público. 2. Entendimento pacificado pela Segunda Seção. 3. Recurso especial conhecido e provido. (STJ, REsp 783.743/RJ, Min. Fernando Gonçalves).

PROCESSO CIVIL – RECURSO ESPECIAL – INDENIZAÇÃO POR DANOS MORAIS E ESTÉTICOS – ASSALTO À MÃO ARMADA NO INTERIOR DE ÔNIBUS COLETIVO – FORÇA MAIOR. CASO

---

8   "...malgrado seja lamentável a orfandade paterna de dois menores impúberes, além de ter uma testemunha assegurado que o coletivo parou em local escuro e que não era ponto de parada, quando nele ingressaram os assaltantes, não nos convence se pode daí extrair a participação influente ou decisiva do transportador no evento, eis que não se insere nos riscos próprios do transporte.
Bem disse o douto Min. EDUARDO RIBEIRO, em voto no Resp. nº 13.351/RJ da 3ª Turma do Eg. Superior Tribunal de Justiça, a saber: "Salienta-se que o lançamento de pedras, contra os comboios, ocorre com frequência, criando-se o risco para os passageiros. Daí não se concluir deva responsabilizar-se a empresa. Os assaltos a ônibus também se tornaram relativamente comuns. Nem por isso me parece seja exigível dos transportadores a manutenção de guarda permanente nos veículos de molde a evitá-los. A prevenção de atos dessa natureza cabe à autoridade pública, inexistindo fundamento jurídico para transferi-los a terceiros"(fls. 57).
Na hipótese *sub judice*, a nosso crer é por demais frágil a alegação de ter, a parada fora do ponto, sido decisiva para a consecução do assalto, com o resultado letal ocorrido, por culpa do motorista do coletivo, quando é comum, se é que houve, pegarem os coletivos passageiros fora do ponto". (fls. 256/257).
A propósito, o seguinte procedente:
'Responsabilidade Civil. Transporte Coletivo. Assalto à Mão Armada. Força Maior. Constitui causa excludente da responsabilidade da empresa transportadora o fato inteiramente estranho ao transporte em si, como é o assalto ocorrido no interior do coletivo. Precedentes. Recurso Especial conhecido e provido". (Resp. 435.865/RJ, Rel. Ministro BARROS MONTEIRO). Idem o Resp 118.123/SP, Rel. o Min. SÁLVIO DE FIGUEIREDO TEIXEIRA.

FORTUITO – EXCLUSÃO DE RESPONSABILIDADE DA EMPRESA TRANSPORTADORA – CONFIGURAÇÃO. l- Este Tribunal já proclamou o entendimento de que, fato inteiramente estranho ao transporte (assalto à mão armada no interior de ônibus coletivo), constitui caso fortuito, excludente de responsabilidade da empresa transportadora. 2- Entendimento pacificado pela eg. Segunda Seção desta Corte. Precedentes: REsp. 435.865/RJ; REsp. 402.227/RJ; REsp. 331.801/RJ; REsp. 468.900/RJ; REsp. 268.110/RJ. 3- Recurso conhecido e provido. (STJ, REsp 714.728/MT, Min. Jorge Scartezzini).

A permissionária não é responsável porque o seu dever se limita a transportar os passageiros com a segurança inerente à sua atividade, não a protegê-los contra a violência urbana existente difusamente na sociedade. Quanto ao Estado-membro, ente incumbido constitucionalmente da segurança pública, só seria responsável (por omissão – responsabilidade subjetiva – por falta do serviço) se verificado o descumprimento de um dever específico de atuação (p. ex., se o assalto se deu em frente a uma cabine da polícia e o policial nada fez). Mas como no caso não há a referência a um dado como esse, ele também não seria responsável.

Abaixo colacionamos mais jurisprudências relacionadas ao tema e de imprescindível análise, com grifos nossos. Veja:

ASSALTO EM ÔNIBUS. FATO OCORRIDO NO INTERIOR DO COLETIVO. MORTE DE PASSAGEIRO. TIROS DISPARADOS POR ASSALTANTE. CASO FORTUITO EXTERNO. 1. A responsabilidade do transportador deve ser analisada sob três aspectos distintos: a) em relação aos seus empregados; b) em relação a terceiros; c) em relação aos seus passageiros. 2. No caso dos autos, a vítima era passageira do ônibus, hipótese de responsabilidade contratual, fundada nó contrato de transporte, que tem na cláusula de incolumidade a sua mais forte característica. 3. Doutrina e jurisprudência evoluíram no sentido de determinar que a responsabilidade contratual do transportador é objetiva fundada na teoria do risco. 4. Com o advento do Código de Defesa do Consumidor, o fundamento da responsabilidade do transportador deixou de ser o contrato de transporte, passando a ser a relação de consumo, seja esta relação contratual ou não. **5. O fato exclusivo de terceiro, quando doloso, constitui fortuito externo, logo, estranho ao contrato de transporte. 6. No caso em questão, o assalto deveu-se a causas alheias ao transporte em si, excluindo-se a responsabilidade do transportador.** Desprovimento do recurso. (TJRJ, 2016.001.22834 – APELAÇÃO CÍVEL, DES. LETICIA SARDAS).

APELAÇÃO CÍVEL. RESPONSABILIDADE CIVIL. ROUBO PRATICADO POR TERCEIROS NO INTERIOR DE COLETIVO. EXCLUSÃO DA RESPONSABILIDADE DA TRANSPORTADORA. Assalto praticado dentro do ônibus é fato imprevisível, que pode ser definido como caso fortuito, excluindo o apelado do dever de indenizar, porque se encontra desligado da vontade do sujeito passivo, sem culpa do transportador, eis que **não há causalidade entre roubo e contrato de transporte.** Desprovimento do recurso. (TJRJ, 2018.001.43426 – APELAÇÃO CÍVEL, DES. VERA MARIA SOARES VAN HOMBEECK).

Todavia, uma corrente minoritária na jurisprudência tem sustentado, com base em diferentes argumentos, a responsabilidade civil por parte da permissionária de transporte público de passageiros, no caso de danos ocorridos em função de um assalto no interior de um ônibus por ela operado. Base jurisprudencial:

RESPONSABILIDADE CIVIL DO TRANSPORTADOR. ASSALTO NO INTERIOR DE ÔNIBUS. LESÃO IRREVERSÍVEL EM PASSAGEIRO. RECURSO ESPECIAL CONHECIDO PELA DIVERGÊNCIA, MAS DESPROVIDO PELAS PECULIARIDADES DA ESPÉCIE. Tendo se tornado fato comum e corriqueiro, sobretudo em determinadas cidades e zonas tidas como perigosas, o assalto no interior do ônibus já não pode mais ser genericamente qualificado como fato extraordinário e imprevisível na execução do contrato de transporte, ensejando maior precaução por parte das empresas responsáveis por esse tipo de serviço, a fim de dar maior garantia e incolumidade aos passageiros. Recurso especial conhecido pela divergência, mas desprovido. (STJ, Resp. 232.649/SP, Min. César Asfor Rocha, DJ 15.08.2002).

AÇÃO INDENIZATÓRIA. AUTORA VÍTIMA DE ASSALTO QUANDO VIAJAVA NO COLETIVO DA EMPRESA RÉ. RELAÇÃO DE CONSUMO. APLICAÇÃO DAS NORMAS DO CÓDIGO DO CONSUMIDOR QUE SÃO DE ORDEM PÚBLICA E DE INTERESSE SOCIAL. RESPONSABILIDADE OBJETIVA DA RÉ, FUNDADA NO RISCO DO EMPREENDIMENTO. DEVER DE INCOLUMIDADE INERENTE AO CONTRATO DE TRANSPORTE. FATO DE TERCEIRO FACILITADO PELAS PARADAS DURANTE A VIAGEM. FORTUITO INTERNO QUE NÃO EXCLUI A RESPONSABILIDADE DA RÉ. IMPOSSIBILIDADE DO RECONHECIMENTO DA EXCLUDENTE DE RESPONSABILIDADE. FATO, DANO E NEXO CAUSAL; COMPROVADOS. DANO MORAL CONFIGURADO. SENTENÇA QUE JULGA PARCIALMENTE PROCEDENTE O PEDIDO. DESPROVIMENTO DO RECURSO. (TJRJ, 2018.001.54447 – APELAÇÃO CÍVEL, Des. CARLOS SANTOS DE OLIVEIRA).

Por derradeiro desse ponto, cumpre trazer à tona mais uma questão que foi objeto de prova para o cargo de procurador do Tribunal de Contas do Rio de Janeiro, qual seja:

SANDRA SILVA propôs ação ordinária indenizatória a fim de obter danos materiais e morais em face da Concessionária Transportes Leva Bem S/A, que presta serviço público de transporte coletivo, por seu marido ter sido vítima de latrocínio dentro de um dos veículos da ré. Alega que, no Rio de Janeiro, não é imprevisível tal infortúnio, o que afasta qualquer menção a caso fortuito, que excluiria o nexo de causalidade. Afirma que assaltos a ônibus tornaram-se uma rotina, devendo a Concessionária tomar medidas para diminuir a incidência dessas ocorrências. A hipótese subsume-se ao disposto no verbete nº 187 da Súmula do STF. Como outros fundamentos para seu pedido, aponta a aplicabilidade das normas das Leis nº 8.666/93 (art. 70), nº 8.987/95 (art. 25), nº 775/53 e no Decreto nº 13.965/58. As duas últimas normas vigoravam ao tempo em que o Rio de Janeiro sediava o Distrito Federal. Eram normas que disciplinavam o serviço de transporte coletivo, por meio de ônibus, no Distrito Federal, e determinavam o dever jurídico de o transportador instituir seguro a favor de terceiros. Observados os princípios regentes da responsabilidade civil da Administração, bem como o sistema de repartição de competência previsto na Constituição da República, aprecie o pedido da autora.

Trata-se de uma abordagem enfocando caso de ilícito penal, ocasionado por assalto feito no interior de ônibus de propriedade da transportadora de passageiros, resultando em morte de passageiro.

Há quem alegue que o evento se deu por negligência da transportadora que, mesmo sabendo da frequência dos assaltos nos seus ônibus, não providenciou a segurança necessária aos seus passageiros, no decorrer da viagem, descabendo admitir-se força maior ou caso fortuito, na hipótese, por ser previsível o fato.

A jurisprudência, diga-se de passagem, minoritária, tem entendido que em caso do tipo mencionado no caso concreto, a transportadora deve ser civilmente responsabilizada pelos danos sofridos por seus passageiros.

Com efeito, a hipótese considerada retrata situação da ocorrência do chamado fortuito externo, consignado na obra do professor Sergio Cavalieri Filho, significando dizer que o evento danoso se originou de um ato exclusivo de terceiros, consubstanciando-se, pois, em acontecimento estranho ao contrato de transporte, não podendo, assim, a transportadora do passageiro do ônibus vitimado pelo assaltante, que empregou arma de fogo no seu agir, ser responsabilizada civilmente.

O fato doloso de terceiro, que não guarda nenhuma ligação com os riscos do transportador, inevitável, apresenta-se como estranho à organização dos negócios praticados pela empresa transportadora, que por ele não deve responder civilmente, por ser evento exclusivo da vontade da atuação do terceiro, estranho à sua atividade, o qual agiu com dolo e deixou evidente situação de fortuito externo, que exclui o nexo causal, equiparável a força maior.

Caso como o acontecido, não foi provocado pelo transportador do passageiro em ônibus, não guarda conexidade com o transporte propriamente dito, não se inserindo entre os próprios riscos do deslocamento através do transporte coletivo de passageiros. Nele não se nota presente um dos pressupostos da responsabilidade civil, diante da inexistência do nexo entre o dano e a conduta do preposto da empresa transportadora, não guardando, o evento, relação com atividade do transportador e, assim, está excluído da obrigação de resultado assumida no contrato de transporte.

A se aceitar a tese de que a violência urbana faz parte do dia-a-dia da cidade e que as empresas de transporte estão obrigadas a manter estreita vigilância no embarque de passageiros e até mesmo segurança privada no interior de seus veículos de forma a evitar que estes não possam ser atacados por bandidos que infestam a cidade, a nosso sentir, beira ao ridículo e muito se aproxima do caos anárquico instalado pela ausência de uma efetiva aplicação de política séria de segurança pública devida a todos os cidadãos e somente exposta como efetiva em ocasiões especiais, congressos de autoridades ou destinada à proteção da orla turística, sempre manejada com o intuito de não revelar o verdadeiro *far west* instalado na Cidade e no Estado por culpa exclusiva da administração especializada. E, ademais, pela própria dicção de nossa Constituição, segurança pública é indelegável às pessoas jurídicas de direito privado, sendo atividade típica só do Estado. Portanto, mesmo que as empresas de ônibus pretendessem instalar tal segurança, estariam impedidas por disposição Magna.

Não fora tal juízo, notório é consignar que nossos Tribunais Superiores, em especial o Egrégio Superior Tribunal de Justiça, por diversas vezes, enfrentando similares hipóteses de fatos ocorridos por ocasião de transporte de passageiros já fez deixar bem claro da presença da Excludente da Força Maior de forma a afastar a responsabilidade do transportador nos casos de acidente ou morte provocados por ação de assaltantes.

Não comprovado de que o fato decorreu de responsabilidade da empresa transportadora ou do comportamento de preposto seu, mas do fato da ausência de repressão expressa e séria ao crime tal como o praticado no caso concreto e outros tantos delitos ocorridos por falta de vontade política, não se pode responsabilizar transportador pelo ato acometido, imputando-lhe o dever de indenizar quando a responsabilidade recai ao próprio Estado, por ser responsável pela segurança pública.

Em função do exposto acima, para o caso em tela, inicialmente, seguem-se dois fundamentos: (a) o fato de terceiro, quando não guarda nexo com o transporte, exonera o transportador de responsabilidade, a teor de prevalecente orientação pretoriana; (b) a legislação federal e municipal não se aplica à hipótese.

Quanto ao primeiro fundamento, para extrair-se a pertinência, vale transcrever o voto que, na Terceira Turma do Superior Tribunal de Justiça, o Ministro Nilson Naves proferiu no Recurso Especial no 74.534, rebatendo a tese que esposa a apelante, e que, para este caso presente, se amolda como luva:

Nestes autos, a sentença deu improcedência da ação. Valeu-se [...] de precedente [...] em resumo: "O assalto à mão armada por bando no interior do veículo se equipara ao caso fortuito, assim considerado o fato imprevisível, embora se pudessem ter meios de evitá-lo". Mas o acórdão reformou tal sentença mencionando [...] "não há, hoje em dia, que falar em imprevisibilidade, tanto que os assaltos a ônibus se tornaram rotina. Por outro lado, não há como negar que medidas simples poderiam pelo menos diminuir a incidência dos assaltos".

Sucede, todavia, que a orientação atual deste Tribunal, tanto da 3a quanto da 4a Turma, não coincide com a do acórdão recorrido. Ei-la, segundo essas ementas: "Responsabilidade civil das estradas de ferro. Passageiro ferido em assalto. Caso em que o fato de terceiro não guarda conexidade com o transporte. Exoneração de responsabilidade do transportador, de acordo com precedentes do STJ, REsp 13.351 e 35.436. Recurso especial não conhecido" (REsp 38.277, rel. Min. Nilson Naves, DJ de 13.12.93); "Responsabilidade civil. Estrada de ferro. Passageiro vítima de assalto. Situação que se equipara ao caso fortuito, pois o dano se deve à causa alheia ao transporte em si. Recurso especial não conhecido" (REsp. 30.992, rel. Min. Barros Monteiro).

Na pesquisa feita da jurisprudência do Supremo Tribunal Federal, especificamente sobre a matéria – ou seja, danos sofridos por passageiros em decorrência de assalto –, encontram-se três julgados. Em um deles – RE 80.412, RTJ 86/837 – reconheceu-se a responsabilidade da transportadora, em julgamento proferido na Turma, com um voto vencido. No caso, entretanto, havia peculiaridade de relevo, que constituiu fundamento de pelo menos um dos votos. O passageiro foi atirado para fora do veículo, que fazia supor que esse se deslocava com as portas abertas ou permitia a saída do comboio apesar de caída a vítima. Reconhecida aí circunstância alheia ao assalto.

No julgamento do RE 88.407, invocado no especial, examinou-se hipótese em que o passageiro de ônibus foi morto em assalto. Em julgamento do Plenário, com um voto vencido, afirmou-se não ser o transportador civilmente responsável (RTJ 96/1201).

Por fim, ao apreciar o RE 109.223, decidiu o órgão pretoriano sobre a hipótese em que também se verificou a morte de passageiro em assalto. Entendeu-se que o ato de terceiro equiparava-se ao fortuito. Não havia divergência com a Súmula nº 187 por inexistir nexo de causalidade entre o acidente e o transporte.

Consideramos, com base no que ficou dito, não haver responsabilidade do transportador em tais circunstâncias. Não se argumente com o fato de a empresa manter corpo de guardas. Ninguém poderá razoavelmente supor que se pretenda oferecer segurança contra tais eventos, sabendo-se que centenas de milhares de pessoas utilizam-se diariamente dos trens.

Foi dado provimento ao recurso para restabelecer a sentença.

Outros julgados das Cortes Superiores caminham na mesma direção, qual seja, a de que o transportador só responde pelos danos resultantes de fatos conexos com o serviço que presta, por isto que o assalto se inclui no rol das hipóteses do "fortuito externo" à cláusula de incolumidade que caracteriza o contrato de transporte, o que se compõe com o verbete nº 187, da Súmula do STF.

Com relação ao segundo fundamento, que versa sobre a legislação federal e municipal, esta não se compadece com o direito positivo vigente, não se aplicando à hipótese por diversas razões, as quais se passam a expor.

Uma delas é que a legislação local que suscitou a autora – Lei nº 775/53 e Decreto nº 13.965/58 – vigia ao tempo em que o Rio de Janeiro sediava o Distrito federal. Eram normas legais e regulamentares que disciplinavam o serviço de transporte coletivo, por meio de ônibus, no Distrito Federal. Poder-se-ia cogitar de sua aplicação nos serviços públicos do Distrito federal (transferido para Brasília, como se sabe, na década de 1960), mas não no Município do Rio de Janeiro (criado na década de 1970, depois da fusão dos antigos Estados do Rio de Janeiro e da Guanabara). E por duas razões incontornáveis: (a) no regime da Constituição da República de 1988, a estrutura orgânica e a competência legislativa do Distrito Federal são assemelhadas às do Estado, não às dos Municípios, tanto que, ao definir as competências concorrentes, o art. 24 da CF/88 engloba União, Estados e Distrito Federal, excluindo os Municípios, a par do fato da função legislativa ser exercida, no Distrito federal, por Assembleia de Deputados, ao passo que nos Municípios há as Câmaras de Vereadores, distinção devida, no campo dos serviços públicos, à circunstância de que o Distrito Federal existe para hospedar a Capital da República, enquanto que os Municípios têm interesses locais a atender, desvinculados do governo central, eventualmente até deste discrepante; (b) a Lei Orgânica do Município do Rio de Janeiro, atendendo à ordem do art. 30, V, da CF/88, que inclui a matéria na competência dos Municípios, dedicou seção aos transportes urbanos, com uma subseção específica para o transporte coletivo (arts. 392-403), em cujas regras não se encontram nada parecido com aquelas da vetusta Lei nº 775/53 e seu decreto regulamentador, deduzindo-se que estas não têm mais vigência no Município, por inteiro, derrogadas que foram, aqui, por sua Lei Orgânica.

Outra, porque, ainda que superável fosse a objeção à eficácia ultrativa de normas do antigo Distrito Federal para o Município do Rio de Janeiro – o que não soa viável – há dois motivos inafastáveis: (a) ao estabelecerem como dever jurídico do transportador instituir seguro por danos corporais e materiais por pessoa atingida, transportada ou não, as normas da década de 1950 aludiam a "seguro a favor de terceiros", como o que não podiam estar a referir-se a passageiro, que, no contrato de transporte, é parte e não terceiro, nem, a toda evidência, ao terceiro assaltante, seguindo-se que o fato desse terceiro, porque alheio ao contrato e cuja ocorrência frustra o cumprimento do contrato, não é destinatário de proteção alguma; (b) o terceiro beneficiário do seguro só pode ser aquele que, estranho ao contrato (ou não seria terceiro), vem a sofrer danos consequentes da prestação de serviço, o que também exclui os danos decorrentes de fato alheio à prestação, ou seja, o chamado fortuito externo.

Somando-se a estas, há outra razão, qual seja a Portaria do Serviço Municipal de Transportes Urbanos do Rio de Janeiro, de nº 4, de 23 de janeiro de 2001, ao remeter às concessionárias, exigência de seguro de responsabilidade civil a favor de terceiros, por danos pessoais, por pessoa atingida, transportada ou não, há de ser interpretada como ponderado na razão exposta no parágrafo anterior, tampouco abrangendo, destarte, a cobertura de danos sofridos por passageiros em decorrência de fortuito externo ao contrato.

A quarta razão se fundamenta no fato de que, a dar-se a tal seguro, em sede jurisdicional, o elastério pretendido, estar-se-ia a ultrapassar competência própria do Executivo em matéria tipicamente administrativa, qual seja, a de traçar a política tarifária (art. 175, parágrafo único, III, da CF/88, e art. 396, I, da Lei Orgânica do Município do Rio de Janeiro) e induvidoso que o encargo oneraria o custo do transporte, e que, provavelmente, seria repassado ao usuário, sem previsão legal.

Quinta razão é o fato de o art. 70 da Lei federal nº 8.666/93 (Lei Geral das Licitações e Contratações da Administração Pública), também referida no caso em questão, não incidir na hipótese, por três motivos: (a) os contratos de concessão e permissão de serviço público contam com legislação específica, derrogada, em matéria de sua especialidade, das normas gerais da Lei nº 8.666/93; (b) a destinatária do indigitado art. 70 é a empresa contratada para o fornecimento de bens, a execução de obras ou a prestação de serviços diretamente à Administração, enquanto que os serviços públicos são prestados, por delegação do Poder Público, diretamente à população, por conta e risco da delegatária, seguindo-se a impropriedade de estender-se a regra do art. 70 a contratos de concessão ou permissão de serviços públicos; (c) a responsabilidade de que cuida o art. 70 é a dessas empresas e somente em relação a terceiros estranhos a esses contratos, o que, é curial, não abrangeria o passageiro, que é parte do contrato de transporte.

Abra-se um parêntese para indicar importante referência acerca desse assunto, pois que o art. 120 da Lei 14.133/21 é a atual correspondência para o art. 70 da antiga lei geral de licitações, cujo texto preservou o sentido do anterior, a saber:

Art. 120, Lei 14.133/21. O contratado será responsável pelos danos causados diretamente à Administração ou a terceiros em razão da execução do contrato, e não excluirá nem reduzirá essa responsabilidade a fiscalização ou o acompanhamento pelo contratante.

Art. 70, Lei 8.666/93. O contratado é responsável pelos danos causados diretamente à Administração ou a terceiros, decorrentes de sua culpa ou dolo na execução do contrato, não excluindo ou reduzindo essa responsabilidade a fiscalização ou o acompanhamento pelo órgão interessado.

Por último, porque o art. 25 da Lei federal nº 8.987/95, que dispõe sobre o regime das concessões e permissões da prestação de serviços públicos, igualmente referida pela apelante, fixa a responsabilidade das concessionárias e permissionárias por prejuízos causados ao poder concedente, aos usuários e a terceiros em razão da execução do contrato, não por fato de terceiro estranho ao contrato e sobre cuja ação a delegatária não detém meios efetivos de controle ou prevenção, como no caso de assalto. Basta verificar, no seu art. 30, quais são as esferas da concessionária sujeitas à fiscalização do concedente, para certificar-se que a lei não cogitou da ação de terceiros que tornam inevitável o dano, sem qualquer participação da concessionária ou do concedente.

Por todos esses motivos, negou-se provimento ao recurso em destaque.

Referência Jurisprudencial que suporta a conclusão:

"Responsabilidade Civil – Indenização – Transporte urbano – Assalto a coletivo – Morte de passageiro vítima fatal de assalto – Responsabilidade do Estado na ausência de aplicação de adequada política de segurança pública visando coibir a proliferação e o sucesso das ações de meliantes sempre restritas aos interesses da União e ao polo turístico da cidade – Recurso intentado em face ao julgado que fez por improceder o pedido formulado contra a transportadora – Risco não coberto pela tarifa – Fato equiparado a força maior – Segurança fora do alcance da empresa concessionária do serviço – Regras de direito pretoriano capazes de prestigiar o recurso – Embargos desprovidos".[9]

21.2.4. Pode a União ser Responsabilizada Civilmente em Decorrência de Morte em Rodovia Federal Ocasionada por Acidente com Animal na Pista?

O caso em tela é referente ao falecimento na Via Dutra, rodovia federal, ocasionado por acidente automobilístico provocado por animal que abruptamente atravessou a pista. O fundamento do pleito ser dirigido à

---

9   Apelação Cível nº 0-4.908/09 Nona Câmara Cível do Tribunal de Justiça do Estado do Rio de Janeiro, Rel. Des. Marcus Tullius.

União se pauta na questão de que o poder de polícia do Estado, neste caso específico, deve ser exercido pela Polícia Rodoviária Federal.

De fato, é inconteste que cabe a ela o serviço de recolhimento de animais na pista, com o transporte e pessoal adequados, pois que é sua a obrigação de manter as estradas as quais têm a administração e responsabilidade em plenas condições de uso. E isto se aplica ainda que as estradas sejam privatizadas, conforme é o caso da Via Dutra.

O pleito demandou também a citação do DNER, pois que este representou a União Federal no contrato de concessão firmado com a Rodovia Presidente Dutra S.A., concessionária do serviço público.

Em resposta, o Tribunal Regional Federal da 2ª Região admite haver uma acirrada polêmica, tanto a nível de jurisprudência quanto doutrinário, nas questões que envolvem acidente com animal em rodovias.

De um lado, uma corrente defende que esta responsabilidade deve ser atribuída aos proprietários lindeiros das rodovias, em face da negligência ou da falta de conduta adequada destes quanto aos animais que ali circulam livremente, e não raro têm sido responsáveis por acidentes automobilísticos.

Outros, contudo, atribuem a responsabilidade por tais acidentes à Administração Pública, entendendo que cabe a ela a vigilância, o policiamento e a segurança das rodovias, gerando a polêmica que vem se estendendo neste sentido.

Não obstante, esta controvérsia não é de todo sem fundamento, pois que foi a própria legislação ordinária que ensejou esta dualidade de entendimento, ao atribuir a mais de uma pessoa a responsabilidade pelas cercas marginais das vias públicas.

Reza o § 5º do art. 588 do Código Civil Brasileiro de 1916:

> Art. 588. O proprietário tem direito a cercar, murar, valsar, ou tapar de qualquer modo o seu prédio, urbano ou rural, conformando-se com estas disposições:
>
> § 5º Serão feitas e conservadas as cercas marginais das vias públicas pela administração, a quem estas incumbirem, ou pelas pessoas, ou empresas, que as explorarem.

O entendimento do Tribunal Regional Federal da 2ª Região é o de que, segundo a legislação vigente, deverá o Poder Público estabelecer os limites da rodovia com o fito de caracterizar a área *non aedificandi* existente às margens da via pública, e tão somente para isso.

Traz ainda o Tribunal Federal, para ratificar sua posição, os ensinamentos de dois juristas, Rui Stoco e Orlando Carlos Gandolfo, abaixo transcritos, onde se manifestaram, em contenda similar, pela não responsabilização da administração pública.

> "se à administração pública (federal, estadual ou municipal) é absolutamente impossível cercar todo o país, que tem extensão continental, não se lhe pode imputar qualquer omissão" (*in* Responsabilidade Civil e sua Interpretação Jurisprudencial, Editora Revista dos Tribunais, pág. 597).

> "O Departamento de Estradas de Rodagem não é obrigado a vedar as rodovias a fim de impedir o trânsito por ela de animais, cuja contenção cabe aos proprietários" (*in* Acidentes de trânsito e responsabilidade civil – Conceito de Jurisprudência – Acórdão, Ed. RT, 1985, pág. 19).

Em face disso, conclui por fim aquele Tribunal que se faz necessário ainda analisar quem está criando o risco para a efetivação do acidente.

Como na hipótese em tela, de acidente automobilístico em decorrência de animal na pista, não se pode atribuir ao Estado esta iniciativa, não se justifica que a ele seja imputado o dever de indenizar.

Ademais, não é ao Estado que se impõe o dever de vigiar animais que porventura cruzem as rodovias, pois não o é o titular de suas propriedades e guardas. Os animais são de propriedade de terceiros, e a estes ou a seus detentores caberá a responsabilidade pelos danos provocados em rodovias quando se encontrarem soltos.

Finalizando, entendem ainda que só caberia a responsabilidade da Administração Pública por omissão caso fosse sua a obrigação de guarda e falhasse neste sentido, caracterizando-se o descaso, a imperícia ou a desatenção nesta prestação obrigacional.

Esta omissão ensejaria, ainda, a demonstração da culpa por parte do autor da ação de responsabilidade civil com pedido de dano material e moral, onde ficasse provada a omissão do Estado no dever de agir. Isto porque a omissão estatal enseja a responsabilidade subjetiva, devendo haver a comprovação da culpa para se configurar.

21.2.5. Concessionária de Serviço Público Pode Interromper Fornecimento de Energia Elétrica em Unidade de Ensino estadual, por Inadimplência desta?

Esta contenda envolve a concessionária de serviço público, Light Serviços de Eletricidade S/A, e a unidade de ensino do Colégio Pedro II, autarquia federal, onde a primeira pretende o corte do fornecimento de energia da segunda por razão da sua inadimplência nas contas de prestação de serviço.

Ocorre que, por decisão unânime, a Segunda Turma do Superior Tribunal de Justiça entendeu que a concessionária de serviço público deve manter a prestação do serviço, que é o fornecimento de energia elétrica, apesar da inadimplência da autarquia.

Inconformada, recorreu então a Concessionária ao Tribunal Regional Federal da 2ª Região, buscando reformular a decisão do STJ, sem, contudo, lograr êxito.

Manteve o TRF a decisão do STJ, apontando com veemência para a impossibilidade de suspensão do fornecimento de energia à instituição de ensino público, por se tratar de bem essencial à população, e constituinte de serviço público indispensável.

O voto do relator aponta que não seria razoável a interrupção do fornecimento de energia elétrica em uma unidade educacional que atende a aproximadamente 15 mil alunos, na medida em que a educação se constitui elemento indispensável ao exercício da cidadania.

Não obstante, não nega que deva haver o devido repúdio à inadimplência da tarifa por parte dos entes públicos, pois o só fato de prestarem serviço essencial, insuscetível, em tese, de ser interrompido, não pode ensejar a recidiva da inadimplência.

Foi ressaltado que o entendimento desta Turma sempre se inclinou no sentido de que, nas hipóteses onde o consumidor for pessoa jurídica de direito público, pode ocorrer o corte de energia, desde que não se dê de forma indiscriminada e se fazendo a devida ressalva para preservar da interrupção as unidades públicas essenciais, tais como hospital, escola e as relacionadas à segurança pública.

Ainda como justificativa do voto, destacou o relator que a interrupção do serviço de energia elétrica de ente público inadimplente é considerada ilegítima somente quando atinja necessidades inadiáveis da comunidade.

Valeu-se, por analogia, à Lei de Greve, e citou como necessidades inadiáveis da comunidade "aquelas que, não atendidas, coloquem em perigo iminente a sobrevivência, a saúde ou a segurança da população, incluídos aí os hospitais, prontos-socorros, centros de saúde, escolas e creche".

21.2.6. É Possível Concessionária de Serviço Público Responder por Danos a Terceiros de Antiga Concessionária?

O presente questionamento se refere à hipótese de concessionária de serviço público, que adquiriu a prestação do serviço por meio de licitação, com investidura originária.

O autor da ação pleiteia, a título de indenização, a condenação da concessionária Opportrans Concessão Metroviária S/A, atual empresa responsável pelos serviços do metrô, pelo fato de ter sido vítima de atropelamento de um veículo de propriedade da Companhia Metropolitana, empresa a quem cabia, à época do acidente, este mesmo serviço.

Restando provada nos autos a culpa do motorista da empresa, por ter agido imbuído da imprudência que resultou no atropelamento, o processo transcorreu considerando-se ter havido o nexo causal entre o dano ocorrido à vítima e o sujeito que o praticou, empregado da concessionária de serviço público.

Contudo, após o trânsito em julgado, tendo sido determinado o pagamento da indenização, a parte ré não apenas deixou de efetivá-lo como não ofereceu bens à penhora. Esta omissão ensejou o pedido pelo autor da penhora da bilheteria da estação do metrô, com a constrição do numerário que bastasse para a satisfação da dívida, o que foi acolhido pela Justiça.

Com a decretação da penhora, a Opportrans Concessão Metroviária S/A opôs Embargos de Terceiro, valendo-se do argumento de que o pagamento da indenização não é devido a ela, mas sim à Companhia Metropolitana, concessionária que à época do acidente atuava em seu lugar.

O Tribunal de Justiça do Rio de Janeiro não acolheu referido Embargo, mantendo a sentença a quo, com alegação de que a nova concessionária, tendo adquirido a concessão do serviço, não pode opor-se a terceiros que busquem cumprimento de obrigações assumidas pela empresa.

Recorrendo, então, ao Superior Tribunal de Justiça, a ré pronuncia, em sua defesa, não ser responsável solidária nem subsidiária das obrigações assumidas pela verdadeira devedora, Companhia Metropolitana, e que, não obstante, ser a nova concessionária, a antiga ainda existe e tem patrimônio próprio.

O brilhante e oportuno argumento do Recurso Especial foi acolhido pela maioria de votos da Segunda Turma do STJ, que entendeu que o caso em tela não se trata de sucessão empresarial, eis que a antiga concessionária, Metro, foi fracionada, mas não se extinguiu. Ao contrário, subsiste com a nominação RioTrilhos.

De fato, o que se vislumbra é que não há que se falar em responsabilidade solidária ou subsidiária de uma concessionária antiga para a outra que ficou no seu lugar. O que poderia ocorrer é o Estado responder subsidiariamente, no caso de insolvência da concessionária anterior.

Ademais, comprovando-se o nexo causal entre o dano e a conduta daquele que agia em nome do Estado, a obrigação de responder subsidiariamente seria deste, por ser o verdadeiro titular do serviço público concedido.

Não houve, de fato, uma subconcessão do serviço, mas uma alteração do polo ativo da sua prestação, pois ficou claro que a investidura da concessionária foi originariamente, por meio de licitação.

21.2.7. A Responsabilidade Civil das Concessionárias Alcança os Não-Usuários do Serviço Concedido?

Cumpre que mencionemos a respeito do alcance da responsabilidade civil das concessionárias e permissionárias, pois que, na prática, questões relativas a este tema têm sido suscitadas, sobretudo se esta responsabilidade objetiva dos Concessionários e Permissionários alcança tão somente ao usuário do serviço púbico concedido ou se é passível de se estender aos não usuários do serviço.

Um fato que ocorreu e foi objeto de demanda judicial, chegando à Corte Suprema foi o relativo a um acidente automobilístico que envolveu um ônibus, leia-se concessionária de serviço público, e um veículo particular, causando danos ao seu condutor, que em tese é uma terceira pessoa, que não o passageiro transportado pela concessionária.

E a alegação da concessionária era a de que nesse caso não haveria que se aplicar a responsabilidade objetiva, pois que esta prevalece apenas sobre os passageiros que esta conduz, que é o usuário do serviço público concedido, mediante o pagamento da tarifa.

Transcreveremos parte da análise e decisão do Recurso Extraordinário nº 262.651-1 – SP, que foi detalhadamente discutido pelos Ministros da mais alta Corte do país, com o voto vencedor do Ministro Carlos Velloso e a da Ministra Ellen Gracie, que acompanhou o voto deste Ministro.

EMENTA: Constitucional Administrativo. Civil. Responsabilidade Civil do Estado: Responsabilidade Objetiva. Pessoas Jurídicas de Direito Privado Prestadoras de Serviço Público. Concessionário Ou Permissionário Do Serviço de Transporte Coletivo. CF, Art. 37, § 6º.

I. – A responsabilidade civil das pessoas jurídicas de direito privado prestadoras de serviço público é objetiva relativamente aos usuários do serviço, não se estendendo a pessoas outras que não ostentem a condição de usuário. Exegese do art. 37, § 6º, da CF.

II. – R.E. conhecido e provido.

O Sr. Ministro Carlos Velloso (Relator): Dispõe o § 6º do art. 37 da Constituição Federal que "As pessoas jurídicas de direito público e as de direito privado prestadoras de serviços públicos responderão pelos danos que seus agentes, nessa qualidade, causarem a terceiros, assegurado o direito de regresso contra o responsável nos casos de dolo ou culpa". "Isto significa", leciona Celso Antônio Bandeira de Mello, "conforme opinião absolutamente predominante no Direito brasileiro, que a responsabilidade em questão é objetiva, ou seja, para que seja instaurada, prescinde-se de dolo ou culpa da pessoa jurídica, bastando a relação causal entre a atividade e o dano". (Celso Antônio Bandeira de Mello, "Curso de Direito Administrativo", Malheiros Ed., 17ª ed., 2004, pág. 699). Esclareça-se que Celso Antônio, no ponto, cuida da "Responsabilidade do concessionário e subsidiária do Estado pelos danos a terceiros causados em razão do serviço". (Ob. e loc. cits.). Não se discute, no caso, a responsabilidade objetiva da concessionária de serviço público — serviço de transporte coletivo. O que se discute é se a responsabilidade objetiva dos concessionários se estende aos não usuários do serviço. Essa a questão, aliás, que levou a Turma a dar provimento ao agravo, AI 209.782-AgR/SP, para que subisse o RE.

Na ocasião em que o citado agravo foi julgado, proferi o seguinte voto: "Sr. Presidente, o caso sob apreciação é este: um ônibus bateu num automóvel. O ônibus é de uma concessionária de serviço público de transporte e o automóvel de um particular. O acórdão recorrido deu pela responsabilidade objetiva da concessionária. O Ministro Jobim entende que, no caso, não haveria, em princípio, responsabilidade objetiva, dado que, tratando-se de concessionária de serviço público, a responsabilidade objetiva somente ocorreria se o ofendido estivesse sendo transportado, vale dizer, estivesse se utilizando do serviço exercido pela concessionária. No caso, o automóvel abalroado é de terceiro, alheio à relação prestadora de serviço e àquele que se utiliza do serviço público de transporte. É interessante a distinção feita pelo Ministro Jobim. Realmente, qual seria a finalidade de se estender a responsabilidade objetiva às entidades de direito privado prestadoras de serviço público? Não seria em benefício de quem recebe o serviço? Parece-me, de outro lado, pertinente a indagação: a terceiro, que não está se utilizando do serviço público, alheio ao serviço de transporte, se estenderia, também, a responsabilidade objetiva da concessionária de serviço público? Essa é uma questão relevante, que merece ser discutida e resolvida pelo Supremo Tribunal Federal.

Peço licença ao Sr. Ministro Marco Aurélio para, aderindo ao voto do Sr. Ministro Nelson Jobim, dar provimento ao agravo e determinar o processamento do recurso extraordinário". ("DJ" de 18.6.99) Passo ao exame da questão.

V O T O (CONFIRMAÇÃO)

O Sr. Ministro Carlos Velloso (Relator) – (...). Estou de acordo com o Sr. Ministro Joaquim Barbosa, quando Sua Excelência disserta sobre a teoria geral da responsabilidade objetiva e, com acerto, afirma que o nosso sistema é um dos mais avançados do mundo, caminhando, essa é a tendência, no sentido da responsabilidade objetiva, responsabilidade sem culpa. No caso da responsabilidade objetiva do poder público, com base na teoria do risco, as despesas decorrentes do dano devem ser compartilhadas por toda a coletividade. Estamos nos referindo ao poder público em sentido estrito.

Tratando-se, entretanto, de delegação do Estado para a prestação de serviço público que pode ser remunerado por preços ou tarifas de serviço público, portanto, não inerente à soberania estatal e, comumente, não essencial e, portanto, não obrigatório ao serviço público prestado por permissionário ou concessionário, a matéria deve ser visualizada de forma especial. Neste caso, as despesas decorrentes da reparação do dano devem ser repartidas entre os que utilizam o serviço. Noutras palavras, a responsabilidade objetiva dá-se relativamente ao usuário do serviço e não quanto a quem não está recebendo o serviço. Os usuários são detentores do privilégio da responsabilidade objetiva, porque têm direito subjetivo de receber um bom serviço, lembra o professor Romeu Bacelar.

Os automóveis e os ônibus trafegam nas vias públicas. Não há sentido de se estender a responsabilidade objetiva a todos esses veículos que tenham se envolvido num acidente com os ônibus da concessionária. Disposições antigas de lei já dispunham que, relativamente ao usuário do serviço, a responsabilidade do transportador seria objetiva. Isso está registrado no meu voto.

Veja-se, por exemplo, o antigo regulamento das estradas de ferro.

Lembro o voto do eminente Ministro Jobim, nesta Turma, a respeito do tema AI 209.782-AgR/SP:

"(...) a Constituição quer assegurar que os terceiros contratantes do transporte sejam indenizados, independente da disputa que possa haver entre o prestador de serviço e o eventual causador do sinistro. (...) a responsabilidade objetiva do § 6º, que foi constitucionalizada, porque dispositivo anterior no sistema de Direito Civil estabeleceu que, nos contratos de transporte, o transportado não tem o ônus de participar da disputa de quem for o culpado" (...).

(...)

Sr. Presidente, com essas breves considerações, peço licença para manter, em todos os seus termos, o meu voto. À revisão de apartes dos Srs. Ministros Joaquim Barbosa, Carlos Velloso (Relator), Celso de Mello (Presidente) e Ellen Gracie.

VOTO

A Senhora Ministra Ellen Gracie – Sr. Presidente, entendo que, neste caso – é a própria doutrina da responsabilidade objetiva do Estado e seus pressupostos levam-me a essa conclusão, a delegação feita às empresas transportadoras é limitada a uma atividade ou a um determinado serviço público que é, então, executado de forma indireta. Por isso, os riscos correspondentes a essa atividade devem merecer exatamente a mesma limitação, até porque as empresas que assumem tais parcelas da atividade estatal fazem o cálculo econômico dos riscos em que irão incorrer e estes estariam exageradamente ampliados se atribuíssemos leitura mais alargada ao § 6º do artigo 37 da CF, como propõe o eminente Relator, cujo voto não posso deixar de louvar pelo brilhantismo. Portanto, com a vênia do eminente Ministro Joaquim Barbosa, acompanho o voto do Ministro-Relator.

Extrato de Ata (1) (Frisamos os textos originais)

Diante da lição que se tem com parte da descrição dos acórdãos acima transcritos, podemos asseverar que a questão da responsabilidade objetiva dos concessionários e permissionários de serviço público ficou restrita, por decisão jurisprudencial, a se aplicar ao usuário do serviço público somente, não devendo extrapolar esta objetividade a terceiros não envolvidos na relação contratual.

Entretanto, o Pretório Excelso tem mudado de posicionamento, o que poderemos ver em recente questão do concurso da OAB para ilustrar o assunto. Veja:

Em 30/8/2013, Jairo trafegava de bicicleta por uma rua de Goiânia – GO, no sentido da via, na pista da direita, quando foi atropelado por um ônibus de uma concessionária do serviço público de transporte urbano de passageiros, em razão de uma manobra brusca feita pelo motorista do coletivo. Jairo morreu na hora. A mãe do ciclista procurou escritório de advocacia, pretendendo responsabilizar o Estado pelo acidente que resultou na morte de seu filho.

Em face dessa situação hipotética, discorra sobre a pretensão da mãe de Jairo, estabelecendo, com a devida fundamentação, as diferenças e (ou) semelhanças entre a responsabilidade civil do Estado nos casos de dano causado a usuários e a não usuários do serviço público.

A responsabilidade das concessionárias de serviço público é objetiva, segundo o art. 37, § 6º, da CF. Assim, as concessionárias de serviço público, nas áreas de transporte coletivo, como é o caso, e também nas áreas de abastecimento de água e esgotamento sanitário, energia elétrica, telefonia, dentre outras, respondem pelos danos que seus agentes causarem a terceiros, independentemente de culpa.

No entanto, o STF vinha entendendo que a responsabilidade dos concessionários prevista no art. 37, § 6º, da CF só era objetiva em relação aos usuários do serviço, e não em relação a terceiros não usuários do serviço. Nesse sentido, o terceiro deveria buscar a responsabilização da concessionária com fundamento em outras regras jurídicas.

No caso em tela, isso significaria que o ciclista atropelado pelo ônibus não poderia se valer do disposto no art. 37, § 6º, da CF.

Todavia, o STF, recentemente, modificou seu entendimento a respeito do assunto. O Pretório Excelso passou a entender que a expressão "terceiros", contida no dispositivo constitucional citado, inclui os terceiros não usuários do serviço público. Primeiro porque não há restrição redacional nesse sentido, não se podendo fazer interpretação restritiva do dispositivo constitucional. Segundo porque a Constituição, interpretada à luz do princípio da isonomia, não permite que se faça qualquer distinção entre os chamados "terceiros", usuários e não usuários do serviço público, vez que todos podem sofrer danos em razão da ação administrativa estatal. Assim, todos são terceiros porque os serviços públicos devem ser prestados forma adequada e em caráter, geral, estendendo-se, indistintamente, a todos os cidadãos, beneficiários diretos ou indiretos da ação estatal.

Dessa forma, e considerando que ficaram demonstrados conduta comissiva de agente da concessionária, dano e nexo de causalidade, a mãe de Jairo, com fundamento na responsabilidade objetiva prevista no art. 37, § 6º, da CF poderá ingressar com ação indenizatória por danos materiais e morais decorrentes do falecimento de seu filho, em face da empresa concessionária de serviço público.

O Supremo Tribunal Federal[10] sedimentou o entendimento de que, tanto em relação aos usuários como em relação a terceiros atingidos, as pessoas jurídicas prestadoras de serviços públicos respondem objetivamente.

Predomina na doutrina[11] o entendimento de que a responsabilidade do Estado, enquanto ente concedente de serviço público, é SUBSIDIÁRIA.

Não cabe, portanto, o direcionamento exclusivo e direto da demanda indenizatória em face do Estado, tendo em vista que a responsabilidade deste tem caráter residual, supletivo. A responsabilidade primária, na hipótese, recai sobre a pessoa jurídica, concessionária do serviço público de transporte de passageiros.

22. FURTO DE BAGAGEM DE MÃO NO INTERIOR DE ÔNIBUS COLETIVO DA CONCESSIONÁRIA

Cumpre ressaltar, logo de saída, que a guarda da bagagem de mão é distinta daquela que é guardada no bagageiro apropriado no interior do veículo.

Os nossos tribunais, por reiteradas vezes, têm decidido de que cabe ao usuário do serviço zelar pela segurança dos pertences de caráter pessoal que traz consigo no interior do ônibus da concessionária.

No que tange à matéria, cabe um pequeno apêndice, bastante irracional e antijurídico obrigar, determinando ao concessionário a obrigação de responder pela perda de bem cuja posse detém. A posse dos bens estava sob a posse direta do usuário do serviço público, rompendo o nexo de causalidade.

É importante frisar que a incidência da excludente de nexo causal está devidamente prevista no art. 14, parágrafo 3º, inciso II, do Código de Defesa do Consumidor. Portanto, não há que se falar defeito na prestação do serviço.

A propósito, há de se observar que, com maestria, a norma federal determina que são direitos do usuário "ser indenizado por extravio ou dano de bagagem transportada no bagageiro". Para tanto, basta simples leitura do art. 29, inciso XIII, conceituando como o compartimento do veículo destinado exclusivamente ao transporte de bagagens, malas postais e encomendas, com acesso independente do compartimento de passageiros (art. 3º, inciso II).

---

10   RE 591.874-MS, rel. Min. Ricardo Lewandowski, j. Em 26/08/2019.
11   MAZZA, Alexandre. Manual de Direito Administrativo. São Paulo: Saraiva, 2018, p. 294.

Ressalte-se que o Código de Defesa do Consumidor prevê a responsabilidade objetiva do prestador do serviço, ressalvada a hipótese de culpa exclusiva do consumidor ou de terceiros (vide art. 14, parágrafo 3º, inciso II).

Nessa linha de extensão, os furtos ocorridos no transporte de passageiros são considerados, não inerentes à atividade da concessionária, isentando-a do dever de indenizar.

Reproduzimos, abaixo, o posicionamento do TJDFT, que diz: "o furto de bagagem de mão no interior do veículo de veículo de transporte coletivo de passageiros não pode ser imputado ao transportador, pois a responsabilidade pela guarda e vigilância é do passageiro do transporte rodoviário, o que afasta o dever de indenizar do transportador". (Acórdão 534.022 da 3ª Turma Recursal dos Juizados Especiais do Distrito Federal)

Há inúmeros julgados nesse mesmo sentido:

APELAÇÃO. AÇÃO INDENIZATÓRIA. DANO MATERIAL E MORAL. TRANSPORTE PÚBLICO INTERESTADUAL DE PASSAGEIROS. FURTO DE PERTENCES PESSOAIS NO INTERIOR DE VEÍCULO DE TRANSPORTE COLETIVO. CONSUMIDORAS QUE OBJETIVAM ATRIBUIR RESPONSABILIDADE À CONCESSIONÁRIA PRESTADORA DO SERVIÇO PELO PREJUÍZO EXPERIMENTADO. INVIABILIDADE. CONDUTA DE TERCEIRO TIDA COMO FORTUITO EXTERNO. AUSÊNCIA DE NEXO CAUSAL COM A ATIVIDADE EXERCIDA PELA AUTOVIAÇÃO RECORRIDA. IMPREVISIBILIDADE. BAGAGEM DE MÃO QUE, ADEMAIS, ESTAVA SOB A CUSTÓDIA DAS PRÓPRIAS VÍTIMAS. DESÍDIA DESTAS, QUE DEIXARAM SEUS PERTENCES NO BANCO DE TRÁS DOS RESPECTIVOS ASSENTOS, SEM QUALQUER FISCALIZAÇÃO OU CONTROLE. OBRIGAÇÃO DE REPARAR NÃO CARACTERIZADA. EXEGESE DO § 6º DO ART. 8º DA RESOLUÇÃO Nº 1.432/06, DA ANTT. "[...] É de incumbência do próprio passageiro a conservação dos pertences que guardam consigo, tratando-se de caso de excludente de responsabilidade no contrato de transporte, posto que a transportadora não pode se responsabilizar por fatos estranhos ao mesmo, como é caso de furto praticado por outros passageiros [...]". (Apelação Cível nº 2016.083111-0, de Maravilha. Rel. Des. Eduardo Mattos Gallo Júnior)

23. A RESPONSABILIDADE DO PODER CONCEDENTE NO CASO DE INSOLVÊNCIA DA CONCESSIONÁRIA

Reportando-nos aos casos em que incorrer a insolvência da concessionária, o resultado será a incidência do ônus daí decorrente sobre o Estado.

Estamos falando da modalidade de responsabilidade subsidiária, mas não solidária, existente quando os gravames suportados por terceiros forem provenientes da atuação da concessionária, mas cujo exercício envolve poderes especificamente de origem do Estado e a ela outorgados.

A justificativa para tal responsabilização estatal se deve ao fato de que o dano foi efetivamente causado por pessoa que agia em nome do Estado, e a sua ocorrência em prejuízo de terceiros só foi possível pelo fato de o concessionário ter recebido tal outorga pelo próprio poder concedente.

Em linhas gerais, isto significa que se foi o próprio Estado quem outorgou a prestação do serviço à concessionária, e esta, agindo em seu nome, causou danos ao administrado, o Estado deverá responder subsidiariamente por tais danos em caso de insolvência da concessionária.

Ainda com relação à insolvência da concessionária, quando a sua atuação desencadear prejuízos a terceiros, mas esta for decorrente de atos próprios, alheios à natureza do serviço concedido, ainda que concorram para a sua prestação, não guardarão nenhuma relação com a responsabilidade subsidiária do poder concedente.

Nestas circunstâncias, a concessionária de serviço público estará imbuída da sua natureza de pessoa jurídica de direito privado, pois não obstante a prática de serviço de natureza pública, possui objetivos de ordem econômica.

Com efeito, quando agir nesta qualidade de empresa privada estará sujeita, assim como qualquer empresa desta natureza, aos encargos inerentes à atividade empresarial, e a responsabilidade por tais atos não recairão sob outras pessoas de natureza diversa.

Por fim, analisaremos nesse momento importante questão do concurso da magistratura estadual (Rio de Janeiro). Veja:

Após a verificação de várias análises, constatou-se que as águas do rio dos Cabritos (correntes dentro de Município de Itapetinga) tiveram sua qualidade prejudicada pelo recebimento constante de esgotos domésticos ao longo de seu percurso.

Para obstar a continuidade da poluição, bem como ressarcir o dano já causado, propõe o Ministério Público estadual ação civil pública contra a Prefeitura do Município de Itapetinga e contra a Companhia de Saneamento Estadual, concessionária contratada por aquela municipalidade para a realização do serviço de coleta de esgoto, em litisconsórcio passivo facultativo (CPC, art. 46, I), por entender ser hipótese de solidariedade.

Observando-se o disposto na Carta Republicana, arts. 23, VI e 225, bem como os arts. 3º, III e IV e 14, § 1º, da Lei 6.938/81, decida sobre a legitimidade passiva, enfocando a natureza da responsabilidade entre a concedente e a concessionária, na hipótese de dano ao meio ambiente.

O concessionário gera o serviço por conta e risco. Daí que incumbe a ele responder perante terceiros pelos danos causados e ligados à prestação do serviço, governando-se pelos mesmos critérios e princípios da responsabilidade do Estado, aplicando-se o art. 37, § 6º, da CF.

Contudo, excepciona tal regra, admitindo a responsabilidade subsidiária da concedente em caso de insolvência do concessionário responsável.

Ocorre que o caso em tela apresenta uma peculiaridade, pois, trata-se de responsabilidade por dano ambiental, respondendo, solidariamente, o Estado (poder concedente) e o concessionário de serviço público. Veja-se que o dano refere-se à poluição nas águas do rio dos Cabritos.

A peculiaridade do presente caso se contrasta ante o disposto no art. 225, da Constituição, quando dispõe que todos têm direito ao meio ambiente ecologicamente equilibrado, bem de uso comum do povo e essencial à sadia qualidade de vida, impondo-se ao Poder Público e à coletividade o dever de defendê-lo e preservá-lo para as presentes e futuras gerações.

Assim, o fato de ter havido a concessão do serviço público não faz desaparecer a titularidade da concedente que, por força do art. 23, inciso IV, da Lei Maior, firma a competência comum da União, do Distrito Federal e dos Municípios para proteção do meio ambiente e o combate à poluição em qualquer de suas formas.

Note-se que o Município não perdeu o direito de explorar tal serviço, pois tinha e continua a ter sua titularidade, apenas atribuiu a execução de um serviço público à empresa que aceitou prestá-lo em nome próprio, podendo, inclusive, retomá-lo a qualquer tempo, desde que o interesse coletivo assim determine.

Em verdade, o que ocorre na espécie é a caracterização da solidariedade na responsabilidade extracontratual por dano ambiental sufragada pela doutrina e expressamente adotada pelo Código Civil, onde consta textualmente que os bens do responsável pela ofensa ou violação do direito de outrem ficam sujeitos à reparação do dano causado, e, se tiver mais de um autor a ofensa, todos responderão solidariamente pela reparação.

Destes paradigmas decorre a legitimidade passiva do Município de Itapetinga para figurar no polo passivo desta ação civil pública.

Os nossos Tribunais têm decidido da seguinte maneira:

> "Ação Civil Pública. Responsável direto e indireto pelo dano causado ao meio ambiente. Solidariedade. A Ação Civil Pública pode ser proposta contra o responsável direto, contra o responsável indireto ou contra ambos, pelos danos causados ao meio ambiente. Trata-se de caso de responsabilidade solidária, ensejadora do litisconsórcio facultativo (CPC, art. 46, I) e não, litisconsórcio necessário

(CPC, art. 46). (REsp. facultativo nº 37.354-9- SP, 2ª turma, Rel. Ministro Antonio Ribeiro de Pádua).

Portanto, houve omissão no dever que é só seu de fiscalizar e impedir que tais danos aconteçam. Ao Município restará, no entanto, voltar-se regressivamente contra o direto causador do dano.

24. GARANTIAS E OBRIGAÇÕES DA CONCESSIONÁRIA

As Concessionárias têm como direito fundamental a exploração do serviço público o qual estará previsto no contrato de concessão estabelecido entre estas e o Poder Concedente. Quanto aos deveres, devem observância aos encargos previstos nos oito incisos do art. 31 da Lei 8.987/95 apresentados no diagrama abaixo.

24.1. Serviço Adequado e Qualidade do Serviço

Uma das incumbências que é imposta à concessionária e que se destaca neste item é a referida no art. 31, em seu inciso I, que é a prestação do serviço adequado, característica esta que se repete em outros dispositivos da citada Lei.

O que se percebe é que a lei buscou alcançar uma abrangência mais ampla possível no uso desta expressão, no que alude ao encargo do concessionário na prestação do serviço concedido.

Não obstante, nada impede que se inclua no contrato outras exigências mais específicas à característica do serviço, obrigando, de igual forma, a observância pelo concessionário, além da subordinação ao cumprimento das normas técnicas aplicáveis à espécie.

Com isso, sobressai a evidência de que o legislador se ateve cuidadosamente ao fato de que o serviço público executado pelas concessionárias ou permissionárias tem como pressuposto maior uma prestação adequada.

Entendemos que dentro desta pretensão aferida pelo legislador, o encargo da prestação adequada de serviço pode até mesmo ser elevada a uma condição *sine qua non* para que ocorra a concessão do serviço público pelo Poder Concedente ao particular.

Ressaltamos que as condições necessárias à prestação adequada do serviço concedido, bem como a consequente exploração do espaço subjacente são itens que devem sempre constar explicitamente no edital.

O art. 6º e seu § 1º, a seguir descritos, traçam, respectivamente, os contextos específicos quanto à condição do Poder Concedente de exigir a prestação do serviço adequado e o que este significa para fins de aplicação desta Lei Geral de Concessão.

> Art. 6º Toda concessão ou permissão pressupõe a prestação de serviço adequado ao pleno atendimento dos usuários, conforme estabelecido nesta Lei, nas normas pertinentes e no respectivo contrato.
>
> § 1º Serviço adequado é o que satisfaz as condições de regularidade, continuidade, eficiência, segurança, atualidade, generalidade, cortesia na sua prestação e modicidade das tarifas.

Outro fator relevante neste tema é quanto a um incontestável liame existente entre as expressões serviço adequado e qualidade do serviço, que são associadas em alguns preceitos da lei.

Dentro deste mesmo contexto, ressaltamos que a qualidade do serviço deve estar resguardada no teor do contrato, devendo atender essencialmente, além de outros requisitos, as condições estabelecidas pelo art. 6º, § 1º, acima descritas.

Sob esse prisma, importa que se diga que o art. 23, inciso III, da lei em estudo, ao fazer alusão à qualidade do serviço inserida no rol das cláusulas essenciais do contrato de concessão, tem o escopo de resguardar o conceito de serviço adequado em sentido lato.

> Art. 23. São cláusulas essenciais do contrato de concessão as relativas
>
> (...)
>
> III - aos critérios, indicadores, fórmulas e parâmetros definidores da qualidade do serviço;

24.2 Intervenção

Por fim, selando a importância atribuída pelo legislador para uma prestação adequada do serviço pelo concessionário, apontamos para o texto da lei que reza que a sua falta poderá ensejar até mesmo uma intervenção, por decreto do Poder Concedente:

> Art. 32. **O poder concedente poderá intervir na concessão**, com o fim de **assegurar a adequação na prestação do serviço**, bem como **o fiel cumprimento das normas contratuais**, regulamentares e legais pertinentes.
>
> Parágrafo único. A intervenção far-se-á por decreto do poder concedente, que conterá a designação do interventor, o prazo da intervenção e os **objetivos e limites da medida**. (grifo nosso).

Conforme se constata com a leitura do artigo supra, a intervenção se traduz em uma medida de iniciativa do Poder Concedente destinada a regularizar o serviço concedido, já que cabe a este o encargo de regulamentar e fiscalizar permanentemente a sua prestação, conforme reza o art. 29, inciso I da referida lei.

Com a decretação da intervenção, ocorrerá a designação de um interventor para assumir a administração da prestação do serviço, enquanto a intervenção perdurar. Este ato procederá de uma autoridade competente do Poder Concedente.

Há que se observar, contudo, que a intervenção implica na instauração de processo administrativo, dentro do prazo de 30 dias, conforme o disposto no art. 33, obedecendo-se o prazo improrrogável de 180 dias para a sua conclusão, ditado no § 2º do art. 33, sob pena de ser decretada a invalidade do ato interventivo.

A abertura do processo administrativo para apurar eventual falta ou ilegalidade da concessionária na prestação do serviço público se justifica, obviamente, como forma de se lhe assegurar o pleno direito de defesa pelo fato que é imputado.

Constatando-se, ao final do processo, que a intervenção na concessionária não guardou consonância com os pressupostos legais, ou que não são verdadeiras as faltas que lhe são imputadas, esvazia-se o direito de intervenção que recai sobre esta e é declarada a sua nulidade.

Em consequência, cessam os efeitos da intervenção após a devida correção de irregularidades, e ocorre a imediata devolução do serviço à concessionária responsável pela prestação do serviço público, além do habitual direito à indenização que se fizer devida, em face da interrupção injusta do serviço e eventuais danos sofridos em razão desta interrupção, conforme se conclui do texto do § 1º do art. 33.

Sendo assim, neste caso não há que se falar nem na extinção da concessão, nem na retomada do serviço público pelo Poder Concedente, mas sim em devolução do serviço à concessionária. Este ato gera a obrigação da prestação de contas do interventor referente ao período da medida interventiva, além da responsabilização dos atos e eventuais danos causados durante sua gestão, tudo em consonância com o art. 34 da lei sob análise.

Há que se atentar para o fato de que a responsabilização pessoal do interventor, prevista neste mesmo artigo, não guarda nenhuma relação com a responsabilidade do Poder Concedente, que se mantém válida e inalterada, em atendimento ao preceito constitucional do § 6º do art. 37, cuja disposição acerca da responsabilidade objetiva abarca as concessionárias e as permissionárias de serviço público, como já tivemos o privilégio de verificar acima.

É ressaltado, porém, neste mesmo dispositivo constitucional, o direito de regresso do Poder Público contra o responsável em casos de dolo ou culpa. Da mesma forma, será lícito ao Concessionário mover ação de ressarcimento em face do interventor, do Poder Público ou de ambos, em caso de nulidade da intervenção.

Caberá à Concessionária fazer um juízo de valor e concluir qual das rés poderá render um ressarcimento mais rápido. Se optar por mover uma ação contra o Poder Público, ou solidária deste com o interventor, o autor haverá que se submeter às prerrogativas processuais do primeiro.

Ressalta-se, contudo, que em virtude de uma condenação solidária, poderá o autor optar pelo recebimento através de precatório judicial, o que, em geral, demanda um tempo infinitamente maior, ou pela penhora dos bens do interventor, pessoa física, acaso haja a certeza de que este dispõe em seu patrimônio do valor devido, sendo, em geral, este o caminho mais rápido que leva ao seu ressarcimento.

Com efeito, podemos asseverar que a intervenção é nada menos que a reação do Poder Público resultante da inação da concessionária quanto ao encargo que lhe compete de prestar o serviço público adequado, conforme as normas contratuais e legais pertinentes.

Faz-se mister sublinhar também nesta oportunidade a importância que se aplica ao edital de licitação, o qual deverá sempre constar a descrição das condições necessárias a uma adequada prestação do serviço.

Ciente disso, as empresas que se interessarem em concorrer, mediante licitação, a uma contratação com o Poder Público, estarão devidamente sabedoras da modalidade e do nível de qualidade do serviço exigido e qual se propõem a prestar.

Neste sentido, não restam dúvidas de que a Lei 8.987/95 que regula a concessão e permissão deixa claro que o serviço público prestado aos usuários deverá, obrigatoriamente, se encaixar nos padrões estabelecidos de um serviço adequado, pressuposto este que se torna indispensável tanto à contratação quanto à continuidade da prestação do serviço durante o prazo determinado em contrato, no caso de concessão.

Em suma, conforme dita a lei, o serviço adequado será aquele que satisfaz as condições de regularidade, continuidade, eficiência, segurança, atualidade, generalidade, cortesia na sua prestação e modicidade das tarifas.

Em virtude da constante fiscalização que cabe ao Poder Concedente exercer, a verificação da falha de uma destas características, de algumas delas ou de todas, comprometendo a prestação do serviço adequado, ensejará a atuação do Poder Concedente na intervenção do serviço.

De acordo com o que se constatar por via de processo administrativo, poderá ocorrer até mesmo a decretação da extinção antecipada da concessão, com a alegação de inadimplência da concessionária, o que veremos a seguir.

24.3. Extinção Antecipada da Concessão

Em situações mais extremas, poderá ainda o Poder Concedente adotar uma medida mais drástica, que é a decretação da extinção antecipada da concessão, caracterizando-se a inadimplência do concessionário na sua obrigação estabelecida no contrato. Esta medida se denomina de caducidade, e se encontra expressa no art. 38, § 1º, inciso I da Lei 8.987/95, abaixo destacado e já elucidado neste trabalho em momento pretérito.

> Art. 38. A inexecução total ou parcial do contrato acarretará, a critério do poder concedente, a declaração de caducidade da concessão ou a aplicação das sanções contratuais, respeitadas as disposições deste artigo, do art. 27, e as normas convencionadas entre as partes.
>
> § 1º A caducidade da concessão poderá ser declarada pelo poder concedente quando:
>
> I - o serviço estiver sendo prestado de forma inadequada ou deficiente, tendo por base as normas, critérios, indicadores e parâmetros definidores da qualidade do serviço;

25. PRINCIPAIS DISTINÇÕES TEMPORAIS ENTRE OS INSTITUTOS DA CONCESSÃO E PERMISSÃO DE SERVIÇO PÚBLICO

O estudo dos institutos da concessão e permissão de serviço público e a sua análise pela doutrina nunca deixaram dúvidas acerca da existência de uma relação trilateral que se estabelece entre os seus integrantes, fazendo parte desta relação o Poder Público, Concedente do serviço; a empresa ou pessoa de natureza privada, Concessionário ou Permissionário; e, por fim, o usuário do serviço público.

25.1. Contrato de Concessão é Contrato Tipicamente Administrativo

Convém que se acrescente, antes que se estabeleçam maiores distinções entre concessão e permissão, que a concessão de serviço público sempre teve o diferencial de ser regida por via de contrato administrativo, valendo-se de todas as suas características típicas, em especial as cláusulas exorbitantes.

Neste sentido, os poderes e as prerrogativas próprias da Administração Pública, que figura na pessoa do Poder Concedente, prevalece sobre o concessionário, de forma que esta modalidade de contrato se torna passível de rescisão unilateral pela Administração, em razão da sua prerrogativa, entre outras a serem citadas, da modificação unilateral do contrato.

A justificativa deste diferencial pode ser atribuída ao fato de a execução do serviço público pelo particular ser direcionada diretamente à população, e haver a segurança da fixação de um prazo determinado para tal prestação.

Quando se trata da hipótese em que o Poder Público contrata um particular para a prestação de um serviço que não é diretamente destinado à população, mas para o próprio Poder Público, outro é o desfecho, cujas regras têm natureza diversa.

Esta outra cena pode ser desenhada com o exemplo da contratação de pessoal destinado à limpeza das dependências da Administração Pública, o que não é o caso de uma concessão de serviço público, já que o destinatário do serviço é o próprio Poder Público.

O contrato desta prestação de serviço terá a natureza de um mero contrato administrativo estabelecido entre o Poder Público e o particular, prestador do serviço.

Já se a contratação de pessoal de limpeza fosse destinada à população, como é o caso da limpeza de ruas em geral, outra não seria a forma de contratar senão pela concessão de serviço público.

Fica claro, contudo, que por meio da destinação final do beneficiário se pode definir se é o caso de a Administração firmar um mero contrato administrativo, com todas as suas clássicas prerrogativas, ou um contrato de concessão de serviço público, que também é regido pelas regras do contrato administrativo.

Levando-se em conta a complexidade do tema em foco, faz-se mister que se estude de forma mais detalhada o contrato de concessão.

25.2. O Contrato de Concessão

Simbolicamente falando, podemos definir o contrato de concessão como o meio através do qual a outorga da concessão estará formalizada. Entretanto, o seu conteúdo deverá contar, especificamente, a abordagem de todos os elementos que o constituem.

O mestre Hely Lopes Meirelles[12], ao discorrer sobre o contrato de concessão, afirma que toda concessão é submetida a duas categorias de normas: a primeira categoria se refere às normas de natureza regulamentar, que disciplinam o modo e a forma de prestação do serviço concedido.

A segunda categoria é a de ordem contratual, as quais são responsáveis por fixar as condições de remuneração do concessionário. As primeiras, de natureza regulamentar, podem ser alteradas a qualquer tempo e unilateralmente pelo Poder Público, ocorrendo quando a comunidade se manifestar neste sentido.

Já as de natureza contratual são cláusulas fixas, só podendo ser modificadas por acordo selado entre as partes, ressalvando-se aqui a hipótese da via judicial, que sempre poderá ser utilizada quando se pretender modificações de cláusulas, independente do acordo entre as partes.

Feita a distinção entre as duas categorias de normas supramencionadas, partimos para a análise do contrato. Este, por sua vez, deverá ser sempre escrito, e segundo definição do professor Hely Lopes Meirelles, "é o documento que encerra a delegação do poder concedente, define o objeto da concessão, delimita a área, forma e tempo da exploração, estabelece direitos e deveres das partes e dos usuários do serviço".

Constitui-se condição de eficácia do contrato de concessão a sua regular publicação, de forma resumida, no Diário Oficial da União. Não obstante, a sua formatação está sujeita à existência de diversos elementos no seu corpo, tais como: a especificação do serviço concedido e o âmbito da sua incidência; o seu prazo e as condições de sua prorrogação.

As regras que regem o contrato e as condições de execução do serviço, assim como os critérios, parâmetros e indicadores de qualidade, a expansão e a modernização do serviço também se incluem neste rol de elementos constitutivos.

Valor, forma de pagamento relacionada ao ônus devido pela outorga, e, se for o caso, para a sua prorrogação também deverão estar expressas no contrato. Imprescindível, também, a descrição das tarifas e seus respectivos critérios de reajuste e revisão, bem como os direitos, garantias e obrigações dos usuários, da Agência e da concessionária.

Outros elementos essenciais que devem estar previstos no contrato são as possíveis receitas e eventuais fontes de financiamento alternativas, complementares e acessórias. Os bens reversíveis, acaso existentes, as questões de compartilhamento das redes fiscais, as regras definidoras de transferência e extinção do contrato, a descrição das sanções e suas respectivas infrações, sobretudo as de natureza grave.

Por fim, a indicação do foro e a forma alternativa para solucionar, extrajudicialmente, questões que envolvam divergências contratuais, e a não menos importante distinção da cláusula com a previsão da sub--rogação, especificando todos os direitos da concessionária quando da extinção da concessão.

---

12   MEIRELLES, HELY LOPES. Direito administrativo brasileiro. 28ª Edição. São Paulo: Malheiros, 2016, p. 344.

25.3. Subconcessão no Contrato de Concessão

De acordo com o Estatuto de Concessão e Permissão, admite-se a subconcessão parcial dos serviços concedidos, desde que tal previsão se encontre expressa no contrato, e que seja subordinada à prévia aprovação, bem como às normas, prazos, critérios e condições estabelecidas pela Administração.

Há que se frisar que a subconcessão se refere à transferência parcial do serviço, pois são apenas algumas atividades relacionadas à prestação do serviço que podem ser transferidas. Em tese, jamais todo o serviço poderá ser transferido.

Abrimos uma ressalva para trazer à baila a existência do entendimento minoritário, comandando pelo administrativista Diógenes Gasparini, que admite a transferência total do serviço.

Em seu argumento, aponta tal professor que a lei não faz nenhuma menção detalhada sobre tal parcialidade, o que de fato não o faz. No entanto, ocorre que uma subconcessão total geraria, de plano, uma afronta ao princípio da licitação na concessão de serviço público.

Para que se efetive a subconcessão, mister que se atenda a alguns requisitos. O primeiro deles é que a subconcessão deva estar prevista no contrato de concessão. O segundo é que deve haver expressa autorização do poder concedente. Havendo apenas um dos requisitos, a concessão estará eivada de vício de validade.

O respaldo legal da subconcessão se encontra preceituado no art. 26 da Lei 8.987/95, onde fica clara a conduta da concessionária transferindo parte do serviço público para terceiros:

> Art. 26. É admitida a subconcessão, nos termos previstos no contrato de concessão, desde que expressamente autorizada pelo poder concedente.

É de se ressaltar que a subconcessão, quando regularmente estabelecida, atrai para si todas as disposições previstas na concessão que a originou.

Tem-se ainda um terceiro requisito para a efetivação da subconcessão, o qual se encontra previsto no § 1º do art. 26, e reza que "a outorga de subconcessão será sempre precedida de concorrência".

Entende-se que esta atribuição ficará a cargo do poder público, já que é ele mesmo quem emitirá a autorização estatal, bem como a previsão expressa no contrato de concessão.

Mediante este dispositivo da lei, conclui-se que a subconcessão só pode ser formalizada por meio de licitação pública, na modalidade de concorrência. Todavia, a lei é omissa sobre quem realizará a nova licitação.

Importante registrar que a Lei 14.133/21 trouxe significativa alteração na Lei 8.987/95, ao modificar os incisos II e III, do art. 2º, incluindo o diálogo competitivo, nova modalidade de licitação, para figurar conjuntamente à concorrência como uma das modalidades de licitação obrigatória para a efetivação da concessão de serviço público simples ou daquela precedida da execução de obra pública.

Todavia, em relação à outorga de subconcessão (art. 26, § 1º, da Lei 8.987/95), não se verifica qualquer modificação nesse sentido, permanecendo unicamente a modalidade da concorrência como obrigatória para este caso.

O § 2º do art. 26 estabelece que "o subconcessionário se sub-rogará em todos os direitos e obrigações da subconcedente dentro dos limites da concessão".

Resumidamente, podemos caracterizar a subconcessão com os seguintes requisitos: previsão no contrato de concessão; autorização do poder concedente; licitação na modalidade concorrência e a parcialidade na prestação dos serviços.

25.4. Subcontratação no Contrato de Concessão

A subcontratação tem a natureza jurídica de um contrato privado, não se exigindo licitação para a sua formalização. Sua regulamentação legal se encontra insculpida no art. 25, § 2º da Lei 8.987/95.

Na prática, registramos ser muito comum a ocorrência de subcontratação por iniciativa da concessionária, sobretudo para a realização de atividades inerentes, acessórias ou complementares do serviço concedido.

Equivale a dizer que a concessionária realiza uma terceirização, sendo totalmente responsabilizada pela operacionalização do serviço subcontratado e pelos riscos que dele resultar. Da mesma forma, é a concessionária que responderá pelos danos causados pelo contratado, cabendo a ação de regresso daquela sobre este.

Exemplo típico de subcontratação seria a contratação pela concessionária de uma outra empresa particular para a pintura de sua frota de ônibus, quando a primeira for uma empresa de coletivo. Contudo, incontestável se faz entender que a atividade subcontratada terá de ser atividade meio, e não a atividade fim da concessionária de serviço público.

25.5. Transferência no Contrato de Concessão

A transferência no contrato de concessão, prevista no art. 27 da Lei 8.987/95, tem uma conotação bem diversa da subconcessão e da subcontratação, pois nela ocorre a total retirada do concessionário, dando lugar a outra empresa que passará a prestar o serviço concedido.

Enquanto que a subconcessão é parcial, a transferência é total. Ainda que a lei não tenha trazido a previsão da licitação para esta modalidade, resta evidente que é imprescindível, em homenagem ao princípio da igualdade entre os concorrentes.

Sendo a transferência do serviço concedido total, a falta de licitação quando desta transmutação burlaria a sua aquisição por nova empresa. Registre-se ainda que depende de prévia manifestação do poder público concedente para se efetivar.

25.6. Remuneração nos Contratos de Concessão e Permissão

Segundo a doutrina predominante, a abordagem da remuneração aplicável ao contrato de concessão e permissão não deve se furtar à análise de três itens essenciais a esta questão, quais sejam: a política tarifária, outras fontes de receitas alternativas (paralelas ou complementares); e o equilíbrio econômico-financeiro do contrato.

É com base neste entendimento doutrinário que se buscará uma análise, nesta sequência, destes três elementos integrantes da remuneração no contrato de concessão e permissão, iniciando-se com a política tarifária e todas as suas peculiaridades.

26. POLÍTICA TARIFÁRIA

Quando se fala em serviço público concedido, tem-se de um lado o poder concedente, e de outro, o concessionário ou permissionário, pessoa jurídica de natureza privada que passará a prestar o serviço público.

Não obstante, desta prestação nasce o direito da concessionária de se ressarcir pelo empenho e serviço prestado, e isto se dará com o valor cobrado ao usuário do serviço, que se constituirá em uma remuneração advinda da cobrança da tarifa pública.

Com efeito, é através da tarifa que o concessionário alcançará a sua remuneração correspondente à prestação do serviço, inobstante a possibilidade de coexistir outras fontes de recursos para integralizar a remuneração.

A respeito da tarifa pública como forma de remuneração do concessionário, trazemos a breve, porém concisa, explanação do saudoso Hely Lopes Meirelles, que dispõe que serviço concedido deve ser remunerado por tarifa (preço público), e não por taxa (tributo).[13]

Os valores das tarifas serão fixados pelo preço da proposta vencedora da licitação, e preservados pelas regras de revisão, que encontrarem previsão no edital e no contrato, tendo-se em vista a observância ao seu equilíbrio econômico-financeiro.

No que concerne à previsão legal da política tarifária, asseveramos que esta é abarcada dentro da Lei de Concessão e Permissão em seu Capítulo IV, do art. 9º ao 13. De acordo com o art. 9º, a fixação das tarifas terá como referência o preço da proposta vencedora da licitação.

---

13   MEIRELLES, HELY LOPES. Direito Administrativo brasileiro. 27. ed. São Paulo: Malheiros, 2018, p. 350.

Deve-se ainda registrar a possibilidade de ocorrer, em favor da concessionária, que o edital de licitação traga a previsão de outras fontes provenientes de receitas alternativas e complementares, com vistas à equação econômico-financeira do ajuste.

Nesta hipótese de haver receitas alternativas e complementares que se somem ao valor das tarifas, caberá ao Poder Público concedente proceder à revisão da tarifa, e a sua consequente redução.

Trazemos ainda à baila a existência, na atual sistemática normativa, de brechas dentro da lei que podem levar a certos privilégios tarifários, em benefício de determinados segmentos específicos.

Esta brecha se dá em razão do veto atribuído ao art. 12 da Lei de Concessão e Permissão, sendo certo, contudo, que eventuais favorecimentos isolados atribuídos por brechas da lei podem ser contidos por meio de ações judiciais, como o caso da ação popular, pela iniciativa dos usuários ou qualquer cidadão.

Exemplo que desenha esta possibilidade de favorecimento passível de questionamento judicial por cidadãos comuns são as tarifas de energia elétrica diferenciadas para residências, para os estabelecimentos prestadores de serviços ou estabelecimentos comerciais e industriais.

26.1. Tarifas Módicas

A primeira observação pertinente em relação à política tarifária na concessão e permissão de serviço público é que a prestação do serviço adequado pressupõe, imprescindivelmente, a sua remuneração com tarifas módicas.

Isto se dá pelo fato de que o serviço objeto de concessão ou permissão conserva a sua normatização pelo poder público, e este não acolhe, como regra, livres preços na sua prestação.

Ademais, determina a Lei 8.987/95, em seu art. 6º, § 1º que as tarifas devem ser módicas, o que equivale a dizer que devem ser acessíveis a todos os usuários, evitando-se que estes sejam excessivamente onerados.

Esta definição se coaduna com o próprio sentido de serviço público, pois que este tem por fim a satisfação de uma necessidade ou conveniência básica dos membros da coletividade.

Com efeito, o só fato de não se configurar a modicidade das tarifas na prestação do serviço pelas concessionárias ou permissionárias implicará diretamente na não prestação adequada do serviço por estas empresas.

Ressalta-se, portanto, que a fixação da tarifa há que estar atrelada a um conceito mais ou menos indeterminado de modicidade, a ser apurado em cada serviço específico, e dentro da realidade do usuário de cada serviço.

Antônio Carlos Cintra do Amaral tece uma definição acerca da tarifa, a qual a explicita, tal qual uma equação, e com todas as minúcias: "A tarifa deve, portanto, refletir a composição: custos mais lucros mais amortização de investimentos menos receitas alternativas, complementares ou acessórias ou de projetos associados".[14]

26.2. Tarifa Diferenciada

A Lei de Concessão e Permissão traz dispositivo expresso acerca da tarifa diferenciada, ao dispor em seu art. 13 que "as tarifas poderão ser diferenciadas em função das características técnicas e dos custos específicos provenientes do atendimento aos distintos segmentos de usuários".

Tem por fim tal dispositivo da lei regular a cobrança da tarifa em níveis mais elevados ou mais baixos, tendo em vista determinados grupos de usuários e suas características especiais de serviço prestado e dos respectivos custos específicos.

UM ESCLARECIMENTO NECESSÁRIO

Exemplos típicos desta vertente de tarifa diferenciada são, no caso de tarifas mais elevadas dos ônibus executivos, que compõem o transporte urbano municipal e são assim denominados em função da diferenciação no melhor nível de atendimento. Em consequência, destinam-se àqueles que se dispõem a pagar uma tarifa igualmente diferencial, ou seja, mais cara.

---

14   Licitação para concessão de serviço público. São Paulo: Malheiros, p. 50.

Já uma tarifa diferenciada mais baixa pode ser o caso de tarifa de energia elétrica destinada a consumidores industriais, que tem o potencial de ter o custo de fornecimento diminuído em razão da diferenciação das tarifas técnicas da transmissão e do consumo.

Outro exemplo de tarifa diferenciada que pode ser em nível mais baixo ou mais elevado é a que se aplica a serviços que se dispõem em horários ou dias diferentes, sendo estes de pouco uso ou de pico. É o caso dos serviços de linhas telefônicas ou mesmo de determinadas rodovias, que costumam aumentar seus movimentos nos finais de semana e feriados.

É fato que o aumento do número de usuários num mesmo período de tempo pressupõe uma maior atenção por parte do prestador do serviço, ocasionando, sobretudo, um aumento no custo de sua operação.

Esta hipótese é que se aplica ao texto do artigo 13 da Lei de Concessão e Permissão, que dispõe sobre a tarifa diferenciada, e se enquadra no contexto de que a tarifa pode ser elevada ou rebaixada, tendo em vista as características do serviço prestado e os custos específicos dele decorrentes.

Não se pode negar que a Constituição Federal, em seu art. 150, V, viabilizou a limitação ao tráfego pelas vias conservadas direta ou indiretamente pelo Poder Público, legitimando a cobrança do pedágio como forma de contraprestação pelos serviços prestados em decorrência da conservação da via pública.

A par da intensa controvérsia doutrinária a respeito da natureza jurídica do pedágio, e partindo-se da premissa de que o mesmo se reveste da natureza jurídica de preço público, não se pode deixar de ter em mente que, ao explorar determinada atividade econômica, o concessionário do serviço público é remunerado pelo pagamento das tarifas pelo usuário, em cujo valor se exprime o resultado dos investimentos realizados na idealização e conservação do serviço prestado, incluindo-se nesse valor também, além do custo da outorga e todos os custos referentes à manutenção do equilíbrio econômico do contrato administrativo.

É da essência do contrato administrativo de concessão que o concessionário seja remunerado diretamente pelo usuário do serviço, através do pagamento da tarifa, que deve refletir o direito ao equilíbrio econômico e financeiro do contrato. Por outro lado, o valor das tarifas não pode ser excessivo, iníquo, nem, tampouco, pode ter o condão de inviabilizar os direitos e garantias fundamentais dos verdadeiros destinatários das atividades administrativas, que são os cidadãos.

A relação jurídica travada entre a concessionária e os administrados, como é cediço, é regida pelas premissas do Código de Defesa do Consumidor, e, sendo assim, não se pode afastar a incidência do disposto no art. 51, IV, do referido diploma legal, quando do exame do caso em tela. Por tal razão, a questão poderá ser posta validamente diante do Poder Judiciário, uma vez que efetivamente o autor está a ter seu trânsito onerado pela utilização de diminuta parcela da via objeto da concessão, até mesmo porque, considerando-se o fato de ser a tarifa contraprestação pelos serviços prestados, seria clara e evidente a onerosidade da cobrança integral do preço do pedágio para aqueles que usualmente se vissem obrigados a atravessar percurso de poucos quilômetros de extensão para chegar ao centro do Município em que habitam.

Ao implantar o posto de pedágio naquela área de intensa densidade populacional, o concessionário já poderia prever – ou, ao menos, deveria ter previsto – as repercussões financeiras que esse fato poderia acarretar para si e para os usuários que naquela região habitam e tradicionalmente se utilizam da via antes explorada diretamente pelo Poder Público. Significa dizer que, em que pese não haver no contrato administrativo qualquer previsão de cobrança proporcional de tarifa em relação a esses usuários, limitando-se o instrumento de concessão a autorizar que o concessionário, a seu exclusivo critério, conceda isenções e reduções de tarifas, a questão deveria ter sido disciplinada com maior atenção pela autoridade administrativa.

Isso porque, se, de um lado, não é dado ao Judiciário interferir nas escolhas da Administração, ou tampouco, subverter o princípio da estabilidade econômico-financeira do contrato, de outro, é possível ao Judiciário mitigar o dogma da separação de poderes e o da autonomia das relações privadas, sempre que constatar manifesta desproporcionalidade ou razoabilidade.

É dever do Judiciário assegurar a efetividade máxima dos preceitos e garantias constitucionais, daí porque não se revela despropositada a intervenção judicial no presente caso. A cobrança de tarifa integral em relação aos moradores daquela localidade se revela manifestamente desproporcional e onerosa, violando, assim, as diretrizes básicas das relações jurídicas de consumo. Tivesse o concessionário do serviço proporcionado a cobrança de tarifas diferenciadas em relação a esses usuários, restaria afastada a tarefa do Judiciário de afastar a iniquidade e desproporcionalidade.

Contudo, o que não é possível é que o consumidor fique ao alvedrio do explorador da atividade econômica, que já deveria ter contabilizado em seus custos o fato de ter implantado posto de pedágio dividindo área urbana. O que não se pode aceitar, em qualquer hipótese, é que o usuário que se utiliza de curtíssimo trecho da rodovia seja obrigado a pagar o valor total da tarifa, o que corresponderia, certamente, a flagrante injustiça.

Por derradeiro, não é possível limitar o enfrentamento da questão à constatação de existir via alternativa no local. Não bastaria que a via alternativa efetivamente existisse, senão que seria imprescindível que a mesma fosse bem conservada e pudesse proporcionar, no mínimo, segurança a seus usuários. A mera existência de via alternativa, por si só, não afasta o reconhecimento de que, de fato, somente uma alternativa resta aos usuários moradores daquela região, senão a de se deslocarem por meio da via principal, explorada economicamente pela concessionária.

No caso em tela, a chamada "Estrada das Caveiras Perdidas" se encontra em estado de precárias condições de segurança. Sendo assim, revela-se irrelevante o fato de haver uma via alternativa, considerando-se que a mesma não oferece aos cidadãos o mínimo de segurança necessária ao seu deslocamento por aquele local.

Corroborando a argumentação acima aduzida, colacionamos o seguinte julgado emanado do Tribunal de Justiça do Estado do Rio de Janeiro:

TRIBUNAL DE JUSTIÇA DO ESTADO DO RIO DE JANEIRO
DÉCIMA SÉTIMA CÂMARA CÍVEL DA COMARCA DA CAPITAL
Apelação Cível: 2018.001.05607
Apelante: Rodrigo Teixeira de Andrade
Apelado: Concessionária Rio Teresópolis S.A. CRT
Vara de Origem: 3ª Vara Cível da Comarca de Teresópolis
Relatora: Des. Luisa Cristina Bottrel Souza
DIREITO ADMINISTRATIVO. PEDIDO DE ISENÇÃO DO PAGAMENTO DE TARIFA COBRADA POR CONCESSIONÁRIA EXPLORADORA DE RODOVIA FEDERAL FORMULADO POR MORADOR DE MUNICÍPIO CORTADO PELA PRAÇA DO PEDÁGIO. RELAÇÃO JURÍDICA DE CONSUMO, QUE JUSTIFICA A INTERVENÇÃO DO JUDICIÁRIO, ANTE A ONEROSIDADE EXCESSIVA. AINDA QUE O CRITÉRIO PARA A FIXAÇÃO DO PREÇO DA TARIFA NÃO TENHA SIDO A DISTÂNCIA A SER PERCORRIDA PELO USUÁRIO, NÃO SE PODE DEIXAR DE RECONHECER QUE A COBRANÇA DO VALOR INTEGRAL DO PEDÁGIO PARA AQUELES QUE SE VEEM OBRIGADOS A PERCORRER DIARIAMENTE DISTÂNCIA ÍNFIMA IMPORTA EM MANIFESTA ONEROSIDADE E DESPROPORCIONALIDADE QUE DEVE SER AFASTADA PELO JUDICIÁRIO, MITIGANDO-SE, COM ISSO, OS DOGMAS DA SEPARAÇÃO DE PODERES E DA AUTONOMIA DE VONTADES. DEVE-SE TER EM MENTE QUE O VALOR DA TARIFA DEVE CORRESPONDER À EFETIVA CONTRAPRESTAÇÃO PELOS SERVIÇOS PRESTADOS, RAZÃO PELA QUAL NÃO SE SUSTENTA A COBRANÇA DA FORMA COMO REALIZADA PELA CONCESSIONÁRIA, QUE DEVE ARCAR COM AS CONSEQUÊNCIAS ADVINDAS DA INSTALAÇÃO DE POSTO DE COBRANÇA EM ÁREA COM GRANDE DENSIDADE POPULACIONAL. ALÉM DISSO, O ARGUMENTO DE QUE EXISTE VIA ALTERNATIVA NO LOCAL SOMENTE SERIA VÁLIDO SE A MESMA OFERECESSE PERFEITAS CONDIÇÕES DE USO E SEGURANÇA AO USUÁRIO, O QUE NÃO SE VERIFICA NO CASO DOS AUTOS. PRECEDENTES JURISPRUDENCIAIS. RECURSO CONHECIDO E PROVIDO.

26.3. Novos Benefícios Tarifários

No que concerne à concessão de novos benefícios tarifários aos usuários do serviço concedido, o legislador ordinário não se furtou em estipular condicionantes a estas modalidades, pois que o contrário poderia ferir o equilíbrio econômico-financeiro da concessionária ou permissionária.

Muitas vezes ocorre de o poder executivo conceder benefício, por meio de decreto, a segmentos de usuários distintos, sem, contudo, contar com a previsão de lei que estipule a origem dos recursos. Nestes casos, a empresa concessionária ou permissionária recorre ao judiciário para anular tais benefícios, logrando êxito.

Exemplo são os benefícios tarifários concedidos sob a forma de transporte gratuito de ônibus para idosos ou estudantes da rede pública. Se tais benefícios não contarem com a previsão legal da origem dos recursos ou da revisão da estrutura tarifária, serão passíveis de serem questionadas suas legalidades.

A base legal que dispõe sobre a necessidade de lei anterior com a previsão dos recursos para a concessão de novos benefícios tarifários é a Lei 9.074/95, em seu art. 35, *caput* e parágrafo único, *in verbis*:

> Art. 35. A estipulação de novos benefícios tarifários pelo poder concedente fica condicionada à previsão, em lei, da origem dos recursos ou da simultânea revisão da estrutura tarifária do concessionário ou permissionário, de forma a preservar o equilíbrio econômico-financeiro do contrato.
>
> Parágrafo único. A concessão de qualquer benefício tarifário somente poderá ser atribuída a uma classe ou coletividade de usuários dos serviços, vedado, sob qualquer pretexto, o benefício singular.

Fica claro que, não obstante, a expressa previsão sobre a legalidade da concessão de benefícios tarifários, a lei não os concede livremente, sem que antes estabeleça determinadas condicionantes.

A primeira delas é a previsão da origem dos recursos, em lei, ou da simultânea revisão da estrutura tarifária, de modo a permitir uma majoração das tarifas como forma de compensar os benefícios concedidos e impedir um desequilíbrio econômico-financeiro no contrato de concessão.

Prevê ainda a lei que a atribuição do benefício se dê a uma classe ou coletividade de usuários, sendo expressamente vedado o benefício singular.

26.4. A Legalidade da Fixação da Tarifa Diferenciada Mínima

Outra problemática comumente levada a juízo é o questionamento da cobrança da tarifa mínima como lícita, mesmo quando existir hidrômetro instalado no local que registre consumo inferior àquele valor mínimo.

Nestes casos, o Superior Tribunal de Justiça já sedimentou entendimento sobre contenda a qual apreciou, acolhendo a cobrança da tarifa mínima como lícita, mesmo na existência de hidrômetro que tenha registrado consumo inferior ao cobrado.[15]

Não obstante, tal entendimento exarado na jurisprudência do Superior Tribunal de Justiça encontrava respaldo legal nos artigos 4º da Lei 6.528/78 e 11, *caput* e § 2º do Dec. nº 82.587/78, a seguir transcritos nesta mesma ordem:

---

15 "Administrativo. Serviço Público. Tarifa de Água. Cobrança pelo Consumo Mínimo Presumido. Legalidade. Precedentes.
1. Conforme pacífica jurisprudência da Primeira Turma do Superior Tribunal de Justiça: - É lícita a cobrança da taxa de água pela tarifa mínima, mesmo que haja hidrômetro que registre consumo inferior àquele. Inteligência das disposições legais que regulam a fixação da tarifa (artigo 4º, da Lei 6.528/78 e artigos 11 *caput*, 11 parágrafo 2º e 32 do Decreto nº 82.587/78)". (Resp nº 416.383/RJ, Rel. Min. LUIZ FUX). – "*Esta Corte vem reconhecendo que é lícita a cobrança de tarifa de água, em valor correspondente a um consumo mínimo presumido mensal e não de acordo com o registrado no hidrômetro*". (AgReg no Resp nº 140230/MG, Rel. Min. Francisco Falcão) – '*A cobrança de tarifa de água com base em valor mínimo encontra apoio legal*". (Resp nº 150137/MG, Rel. Min. GARCIA VIEIRA) – "*O v. aresto recorrido deu interpretação correta aos artigos 4º da Lei 6.528/78 e 11, 29 e 32 do Decreto nº 82.567/78, ao julgar correta a cobrança de água, em valor correspondente a um consumo mínimo presumido de 20 metros cúbicos mensais e não de acordo com o registrado no hidrômetro*". (Resp nº 39.652/MG, Rel. Min. Garcia Vieira) – No mesmo sentido: REsp`s nºs 209.067/RJ e 214.758/RJ, ambos do em. Min. HUMBERTO GOMES DE BARROS.
2. Recurso provido. " (Resp 533607/RJ, Rel. Ministro JOSÉ DELGADO, Primeira Turma, julgado em 16.09.2019).

"A fixação tarifária levará em conta a viabilidade do equilíbrio econômico-financeiro das companhias estaduais de saneamento básico e a preservação dos aspectos sociais dos respectivos serviços, de forma a assegurar o adequado atendimento dos usuários de menor consumo, com base em tarifa mínima".

"As tarifas deverão ser diferenciadas segundo as categorias de usuários e faixas de consumo, assegurando-se o subsídio dos usuários de maior para os de menor poder aquisitivo, assim como dos grandes para os pequenos consumidores".

"A conta mínima de água resultará do produto da tarifa mínima pelo consumo mínimo, que será de pelo menos 10m cúbicos mensais, por economia da categoria residencial".

Todavia, ocorre que o tal Decreto nº 82.587/78 foi expressamente revogado pelo Decreto de 05-09-91 (sem número), publicado no D.O. de 06-09-91.

Além disso, com o advento da nova Lei nº 8.987/95, que passou a dispor sobre o regime de concessão e permissão da prestação de serviço público, todas as disposições legais anteriores a ela perderam a eficácia na parte em que dispunham sobre tarifa.

Esta assertiva é retirada do texto do art. 9º, § 1º, da citada lei, cujos textos transcrevemos a seguir:

"Art. 9º - A tarifa do serviço público concedido será fixada pelo preço da proposta vencedora da licitação e preservada pelas regras de revisão previstas nesta Lei, no edital e no contrato".

"Parágrafo 1º - **A tarifa não será subordinada à legislação específica anterior** e somente nos casos expressamente previstos em lei, sua cobrança poderá ser condicionada à existência de serviço público alternativo e gratuito para o usuário" (**grifamos**).

Mesmo se considerando o advento do texto do § 1º do art. 9º da Lei 8.987/95, o qual desvincula a tarifa de quaisquer legislações anteriores a esta, e ainda se levando em conta a revogação do Decreto nº 82.587/78 pelo de 05-09-91 (sem número), subsiste a possibilidade de fixação de tarifa mínima.

Isto se dá em razão de o art. 13 da nova Lei de Concessão e Permissão ter conservado a possibilidade de fixação de tarifa mínima, ao prever que as tarifas poderão ser diferenciadas: "As tarifas poderão ser diferenciadas em função das características técnicas e dos custos específicos provenientes do atendimento aos distintos segmentos de usuários".

Mais o fez o Decreto Estadual nº 22.872/97, ao corroborar os termos da Lei nº 8.987/95 em seu art. 97, *in verbis*:

"O poder concedente definirá o valor da tarifa unitária de forma a atender as despesas de operação, manutenção e financeira decorrentes dos investimentos que se fizerem necessários à ampliação e melhoria dos sistemas de abastecimento de água e de esgotamento sanitário, e, em conformidade com os contratos de concessão e permissão alterará estes valores, quando se fizer necessário, de forma a atender o equilíbrio econômico-financeiro dos contratos.".

Continua em seu art. 98 esta assertiva: "A tarifa mínima é o produto do consumo mínimo mensal, por economia, pela tarifa unitária, ressalvadas condições específicas definidas nos contratos de concessão ou permissão, em especial decorrentes de efeitos de sazonalidade ou deficiências de recursos hídricos disponíveis". (grifamos)

Mediante tais razões, ainda que o consumo apurado por hidrômetro fique abaixo do limite mínimo, permanece lícita a cobrança da tarifa mínima, plenamente amparada por lei.

Neste sentido é a manifestação do Tribunal de Justiça do Estado do Rio de Janeiro, tendo consignado este entendimento no verbete sumular nº 84, *verbis*:

"É legal a cobrança do valor correspondente ao consumo registrado no medidor, com relação à prestação dos serviços de fornecimento de água e luz, salvo se inferior ao valor de tarifa mínima, cobrada pelo custo de disponibilização do serviço, vedada qualquer outra forma de exação".

26.5. Outras Fontes de Receitas Alternativas (paralelas ou complementares)

Ainda com respaldo na Lei de Concessão e Permissão, o poder concedente poderá prever em favor da concessionária e no atendimento às peculiaridades de cada serviço, outras fontes provenientes de receitas alternativas.

Intencionou o legislador, ao permitir que o concessionário venha a obter outras rendas independentes do preço cobrado pela tarifa do serviço prestado, tão somente beneficiar o usuário, por meio da obtenção de tarifas mais baixas.

Basta ao concessionário ir à busca de outros eventos que lhe proporcione recursos complementares aos que ele normalmente aufere com a obra ou o serviço concedido. Com efeito, quanto mais recursos este somar à sua receita, mais chances terão de diminuir o valor das tarifas.

Quanto à possibilidade de previsão destas fontes, sejam elas de receitas alternativas, paralelas ou complementares, acessórias ou de projetos associados, com ou sem exclusividade, acrescentamos que estas poderão vir previstas no edital de licitação, desde que com vistas a favorecer a modicidade das tarifas, e observado o disposto no art. 17 da Lei de Concessão e Permissão.

É de se observar ainda que os termos acima em destaque foram embutidos na lei como sendo palavras sinônimas, embora não o sejam de fato. Isto se justifica porque o resultado que se busca com o acréscimo de cada uma destas fontes de receitas alternativas será um só: a modicidade das tarifas.

A pretensão do legislador foi no sentido de que o dispositivo da lei permita beneficiar o usuário do serviço com tarifa mais baixa, eis que cria previsão legal para que o concessionário angarie rendas diversas daquela que se inclui no preço cobrado pelo serviço.

Neste sentido, poderá o prestador do serviço associar ao serviço público prestado ou à obra que realiza por meio de contrato de concessão outros eventos que lhe proporcione recursos complementares ao obtido com o empreendimento principal.

No que alude à origem dos projetos associados, esta não está restrita a nenhuma vertente em especial, podendo ser da mais variada espécie em relação ao tipo de serviço prestado.

Nos casos de rodovias ou ferrovias concedidas, por exemplo, a receita alternativa poderá advir da utilização de áreas contíguas ou vizinhas, com a construção para exploração de parques temáticos, shopping centers, hotéis, restaurantes, postos de serviços automotivos, a título de ilustração.

Já em relação ao transporte urbano sobre pneus ou sobre trilhos muito comumente se utiliza como forma de fonte alternativa de receita a exploração de publicidade, tanto nas paradas de ônibus ou estações de trem, como nos próprios veículos.

Esta forma de receita alternativa é amplamente utilizada nas frotas de ônibus que circulam no município do Rio de Janeiro, sendo muito comum se verificar painéis publicitários de marcas de produtos, de peças de teatros etc.

Deve-se, contudo, criar uma ressalva neste item, no que alude aos termos constantes do art. 18, VI da Lei 8.987/85, senão vejamos:

Art. 18. O edital de licitação será elaborado pelo poder concedente, observados, no que couber, os critérios e as normas gerais da legislação própria sobre licitações e contratos e conterá, especialmente:

(...)

VI. - as possíveis fontes de receitas alternativas, complementares ou acessórias, bem como as provenientes de projetos associados.

Estas fontes de receitas alternativas referidas no art. 18, caso decorram de autorização posterior do edital, devem ter seus efeitos na própria tarifa. Com base nesta segunda opção, o renomado Bandeira de Mello levanta um questionamento sobre quais fontes poderiam ser consideradas alternativas, e quais seriam as que se encaixam no perfil das receitas paralelas.

Para tanto, busca explicar esta questão trazendo à baila as diferentes hipóteses, entre as quais a de que se poderia prever o direito de exploração das áreas do subsolo ou contíguas à obra pública com a construção de shopping centers ou de estacionamentos, entre outros, parecendo-lhe plenamente justificável tal iniciativa.

26.6. A tarifa no Contrato de Concessão e Permissão

Quando falamos em tarifa de serviço público devemos ter em mente que esta compreende duas fases que se desmembram em dois momentos distintos de sua aferição. Primeiramente, mencionamos aquela fase que se refere à fixação da tarifa pelo concessionário, a qual se denomina de tarifa *in potentia*.

A segunda fase se constitui na concretização da tarifa em si, que é a tarifa *in actu*, e que se formaliza com o ato de seu pagamento pelo usuário, em contrapartida ao serviço prestado pela concessionária.

Pode ainda ser definida a tarifa como o quantum equivalente ao que o usuário paga à empresa concessionária em benefício do serviço público. Antes, porém, ocorre a determinação administrativa desse valor pelo Poder Público.

Interessante também observarmos a definição de tarifa sob o foco de seu caráter fracionário, pois quando o preço de determinada quantidade de serviço é fracionado em unidades, cada uma dessas se transforma no que se denomina de tarifa.

26.7. O Motivo da sua Revisão

Importa lembrar de que os contratos de concessão e permissão, em geral, são firmados para o período de longo prazo, e que não raro o valor das tarifas é inflacionado com o passar do tempo, e dependente do ritmo da inflação, haverá uma maior ou menor desvalorização desta.

Insurge-se, com isso, um desajuste entre o valor originário das tarifas e as condições econômicas posteriormente estabelecidas, tornando tarefa difícil ao concessionário continuar com a prestação do serviço de forma adequada, mediante a mesma remuneração.

Em decorrência, torna-se insustentável ao concessionário tal situação, tornando-se a revisão das tarifas condição *sine qua non* para a continuidade da prestação do serviço de forma adequada, e atendendo-se o interesse das três esferas nesta relação contratual: Estado, concessionário e usuário.

Não apenas ao momento cabe estabelecer o valor da tarifa, mas também quando da necessidade de sua remuneração, o Poder Público deverá ter em mente que a tarifa há de permitir uma justa remuneração do capital, os devidos melhoramento e expansão do serviço, de modo a assegurar o equilíbrio econômico finan ceiro do contrato.

Daí a justificativa de sua revisão periódica, pois esta será a base para a sua adequação constante tanto ao custo operacional quanto ao custo dos equipamentos necessários à manutenção e expansão do serviço, além de se incluir neste cômputo as verbas que se destinam à justa remuneração do concessionário, na forma contratada.

Lembremos, ainda, que o preço do serviço e os critérios e procedimentos para o reajuste e revisão das tarifas se constituem em cláusulas essenciais do contrato, conforme preceitua o art. 23, inciso IV, do Estatuto Geral de Concessão e Permissão.

Quanto à constituição do ato de revisão, ressaltamos se tratar de ato privativo do poder concedente, levando-se em conta, todavia, a sua negociação com o concessionário, cabendo a este demonstrar as rendas referentes às faturas da empresa e às despesas do serviço, juntamente com a remuneração do capital aplicado e potencialmente necessário para as ampliações que se fizerem necessárias.

Não é difícil, pois, concluir que a política tarifária se constitui em um verdadeiro arcabouço para a prestação do serviço público pelo particular, concessionário ou permissionário, daí o legislador ter dedicado um capítulo inteiro dentro da lei a este respeito, dos arts. 9º ao 13.

26.8. Diferenças entre Reajuste e Revisão das Tarifas

REAJUSTE	REVISÃO
Tem lapso temporal definido	Não tem prazo definido
Visa manter o equilíbrio econômico-financeiro na execução contratual	Visa recuperar o contrato devido a uma quebra geral deste
Deve haver cláusula contratual para o reajuste	É imprescindível, independe de cláusula contratual

Na elaboração da lei de concessão e permissão, permitiu o legislador no art. 23, inciso IV, que fosse identificado expressamente no contrato tanto o preço quanto os critérios e procedimentos para o reajuste e a revisão de tarifas. Vejamos agora o citado artigo:

Art. 23. São cláusulas essenciais do contrato de concessão as relativas

[...]

IV - ao preço do serviço e aos critérios e procedimentos para o reajuste e a revisão das tarifas

Existem, também, outros motivos de revisão da tarifa que eram imprevisíveis à época do contrato, mas que posteriormente são impostos pelo poder concedente, fugindo à regra do artigo 23, inciso IV.

O antigo Estatuto Geral de Licitação Pública (Lei nº 8.666/93), em seu art. 55, III, também faz menção a esta obrigatoriedade de constar no contrato administrativo como cláusula essencial àquela relativa ao preço do serviço e ao reajuste da tarifa, cuja atual correspondência encontra-se nos arts. 25, § 7º e 92, V, da Nova Lei de Licitações e Contratos Administrativos (Lei 14.133/21), senão vejamos:

Art. 55, da Lei 8.666/93. São cláusulas necessárias em todo contrato as que estabeleçam

[...]

III - o preço e as condições de pagamento, os critérios, data-base e periodicidade do reajustamento de preços, os critérios de atualização monetária entre a data do adimplemento das obrigações e a do efetivo pagamento;

Art. 92, da Lei 14.133/21. São necessárias em todo contrato cláusulas que estabeleçam:

V - o preço e as condições de pagamento, os critérios, a data-base e a periodicidade do reajustamento de preços e os critérios de atualização monetária entre a data do adimplemento das obrigações e a do efetivo pagamento;

Art. 25, da Lei 14.133/21. O edital deverá conter o objeto da licitação e as regras relativas à convocação, ao julgamento, à habilitação, aos recursos e às penalidades da licitação, à fiscalização e à gestão do contrato, à entrega do objeto e às condições de pagamento.

§ 7º - Independentemente do prazo de duração do contrato, será obrigatória a previsão no edital de índice de reajustamento de preço, com data-base vinculada à data do orçamento estimado e com a possibilidade de ser estabelecido mais de um índice específico ou setorial, em conformidade com a realidade de mercado dos respectivos insumos.

Na opinião de alguns autores, reajuste e revisão são elementos diferentes, considerando-se que no primeiro ocorre uma adequação em função de circunstâncias econômicas do mercado, como é o caso da inflação. Já a revisão, por seu turno, está relacionada à própria tarifa, ou à alteração da estrutura de sua composição e cálculo.

Não se deve, com isso, confundir reajuste com revisão. No reajuste ocorre a reposição das perdas inflacionárias decorrentes das oscilações do mercado. Logo, reajuste não pode ser caracterizado como aumento, mas sim como atualização de valor, tendo em vista a busca pela manutenção do equilíbrio econômico-financeiro do contrato.

A revisão não está atrelada a critérios inflacionários, mas em compensação se associa a prazos a serem impostos. A revisão, ao contrário, não se atém a critérios de lapso temporal para ser estabelecida, mas tem o foco na inflação que diminuirá o seu valor de mercado e a ensejará, no caso de quebra do equilíbrio econômico-financeiro.

Vejamos o que reza o art. 9º, § 2º da Lei 8.987/95.

> Art. 9º A tarifa do serviço público concedido será fixada pelo preço da proposta vencedora da licitação e preservada pelas regras de revisão previstas nesta Lei, no edital e no contrato.
>
> [...].
>
> § 2º Os contratos poderão prever mecanismos de revisão das tarifas, a fim de manter-se o equilíbrio econômico-financeiro.

Com efeito, temos que o equilíbrio econômico-financeiro será o indicador a justificar não somente o reajuste, como também a revisão.

Conclui-se que se trata de revisão, porque o reajuste já é pré-fixado pelas partes para neutralizar um fato certo, a inflação. A revisão deriva da ocorrência de um fato superveniente, apenas suposto (mas não conhecido) pelos contratantes quando firmam o ajuste[16].

A atividade do concedente é vinculada. Haveria discricionariedade, se o concedente pudesse decidir sobre as tarifas sob juízo exclusivamente administrativo. Não é o caso, todavia, o concedente tem o dever jurídico de rever a tarifa em virtude de fato gerador específico, dever esse que tem estreita correlação com o dever do concessionário de manter o serviço adequado. Assim, reconhecida a elevação dos preços de mercado pela fixação de índices governamentais oficiais, está completo o substrato fático que conduz ao dever de revisão das tarifas.

A regra é não haver redução de tarifa, ou de só haver quando há consenso entre concedente e concessionário. Entretanto, é admissível a redução da tarifa por ato unilateral, por exceção, quando a concedente suprime alguns encargos do concessionário, reduzindo-lhe os encargos decorrentes da concessão.

27. EQUILÍBRIO ECONÔMICO-FINANCEIRO DO CONTRATO NA CONCESSÃO E PERMISSÃO

Dentro do contexto pertinente ao tema do equilíbrio econômico-financeiro do contrato de concessão e permissão, Celso Antônio Bandeira de Mello verdadeiramente filosofa a este respeito, com as seguintes palavras:

> "Há uma necessária relação entre os encargos fixados no ato concessivo e o lucro então ensejado ao concessionário. Uns e outro, segundo os termos compostos na época, como pesos distribuídos entre dois pratos da balança, fixam uma igualdade de equilíbrio. É este equilíbrio que o Estado não só não pode romper unilateralmente, mas deve, ainda, procurar preservar".

Não há que se negar que a grande maioria dos conflitos existentes entre poder concedente e concessionária gira em torno do equilíbrio econômico-financeiro nos contratos de concessão e permissão.

---

16   CARVALHO FILHO, José dos Santos. Direito Administrativo. 10 ed. Rio de Janeiro: Lúmen Júris, 2003. p. 167.

Nestas contendas, pode-se dizer que há sempre a busca pelo direito ou não à majoração das tarifas, como condição para o restabelecimento ou manutenção do equilíbrio econômico-financeiro do contrato de concessão.

Não obstante, reza o inciso II do art. 2º da Lei Geral de Concessão e Permissão que concessionárias e permissionárias exploram o serviço por sua conta e risco, o que significa dizer que o risco da atividade econômica destas pessoas não pode ser transferido para o Poder Público, sendo tal risco a elas mesmas inerentes pelas suas próprias condições na relação contratual.

Nesse diapasão, cabe uma análise sobre estas duas premissas a respeito do tema: de um lado, tem-se que o risco da atividade econômica é do próprio concessionário e permissionário; de outro, têm estes o direito à manutenção do equilíbrio econômico-financeiro original.

Pergunta-se, pois, quais são as circunstâncias em que a diminuição do lucro do proveito econômico do concessionário ou permissionário é absolvida por eles, e quais são as que estes teriam o direito à recomposição do equilíbrio econômico-financeiro, tendo em vista os mecanismos de que o Estado pode se valer para tal.

Dentre estes mecanismos, podemos elencar o aumento do valor da tarifa, o aumento do prazo da concessão ou permissão, a diminuição dos percentuais dos juros, subvenções, empréstimos etc.

As regras gerais atinentes a estas hipóteses estão, em tese, no art. 9º da Lei de Concessão e Permissão, que é o dispositivo da lei que trata da política tarifária. Portanto, o § 2º, mais especificamente, é o que fala do mecanismo de revisão das tarifas:

> Art. 9º [...]
>
> § 2º Os contratos poderão prever **mecanismos de revisão das tarifas**, a fim e manter-se o equilíbrio econômico-financeiro. (**grifamos o original**).

A apreciação do aludido dispositivo legal nos leva a crer que há uma mitigação em relação ao que dispõe os incisos II, III e IV do art. 2º, quando fala expressamente no termo "por sua conta e risco" ao se referir às concessionárias e permissionárias.

O legislador flexibilizou a norma legal ao permitir que, em contrapartida à imposição de que concessionárias e permissionárias atuarão por sua conta e risco, há também a previsão de que os contratos poderão prever mecanismos de revisão de tarifa, para que seja mantido o equilíbrio econômico-financeiro.

Registramos que o legislador foi ainda mais específico, quando nos §§ 3º e 4º do art. 9º detalhou situações mais específicas em que concessionários e permissionários terão direito à revisão de suas tarifas a fim de se manter o equilíbrio econômico-financeiro.

> Art. 9º [...]
>
> § 3º Ressalvados os impostos sobre a renda, **a criação, alteração ou extinção de quaisquer tributos ou encargos legais**, após a apresentação da proposta, **quando comprovado seu impacto, implicará a revisão da tarifa, para mais ou para menos, conforme o caso**. (grifamos o original)
>
> § 4º **Em havendo alteração unilateral do contrato que afete o seu inicial equilíbrio econômico-financeiro, o poder concedente deverá restabelecê-lo**, concomitantemente à alteração. (**grifamos o original**)

Tal efeito se vê mais presente em alguns acontecimentos posteriores à celebração do contrato, ocasionando soluções várias, sempre no intuito de deixar íntegro o equilíbrio inicial.

DIOGENES GASPARINI salienta que:

> "Em países caracterizados pela instabilidade constante da economia com as consequentes e previsíveis elevações dos preços dos bens, serviços e salários, tornou-se regra a instituição, nos contratos administrativos de execução ao longo do tempo, de cláusulas prevendo e regulando a majoração do valor inicialmente fixado nesses ajustes".

De acordo com ODETE MEDAUAR:

> "O direito ao equilíbrio econômico-financeiro assegura ao particular contratado a manutenção daquela proporção durante a vigência do contrato".

Dentro deste contexto, segundo o artigo 9º, § 2º da Lei 8.987/95:

> § 2º Os contratos poderão prever mecanismos de revisão das tarifas, a fim de manter-se o equilíbrio econômico-financeiro.

Além da regra acima, a Lei 8.666/93 reconhece o direito ao equilíbrio econômico-financeiro nos seguintes dispositivos, entre outros:

> Art. 55. São cláusulas necessárias em todo contrato as que estabeleçam:
>
> III - o preço e as condições de pagamento, os critérios, data-base e periodicidade do reajustamento de preços, os critérios de atualização monetária entre a data do adimplemento das obrigações e a do efetivo pagamento;
>
> Art. 65. Os contratos regidos por esta Lei poderão ser alterados, com as devidas justificativas, nos seguintes casos:
>
> § 8º A variação do valor contratual para fazer face ao reajuste de preços previsto no próprio contrato, as atualizações, compensações ou penalizações financeiras decorrentes das condições de pagamento nele previstas, bem como o empenho de dotações orçamentárias suplementares até o limite do seu valor corrigido, não caracterizam alteração do mesmo, podendo ser registrados por simples apostila, dispensando a celebração de aditamento.

Como são variadas as espécies de fatos que podem acarretar a quebra da equação econômico-financeira do contrato, diversas também são as formas permissivas do reequilíbrio.

A revisão é justamente uma destas modalidades, segundo JOSÉ DOS SANTOS CARVALHO FILHO:

> "... se caracteriza por ser uma fórmula preventiva normalmente usada pelas partes já ao momento do contrato, com vistas a preservar os contratados dos efeitos de regime inflacionário. Como esta reduz, pelo transcurso do tempo, o poder aquisitivo da moeda, as partes estabelecem no instrumento contratual um índice de atualização idôneo a tal objetivo".

Assim, de acordo com o já transcrito artigo 55, inciso III, da Lei 8.666/93, todo contrato deve possuir cláusula com a periodicidade do reajuste, diminuindo, assim, sem dúvida, a álea contratual que permitiria o desequilíbrio contratual.

E, como já visto anteriormente (no item 26.8), a Lei 14.133/21 também prevê essa cláusula de reajuste contratual com o fulcro de garantir o equilíbrio econômico-financeiro, naquilo que preceitua os seus arts. 25, § 7º e 92, V.

Pelas razões aduzidas, fazemos nossas as palavras do ilustre mestre CELSO ANTÔNIO BANDEIRA DE MELLO, o qual entende que a manutenção do equilíbrio financeiro, como situação contratual, possui, inclusive, agasalho constitucional, com esteio no art. 5º, XXXVI, *in verbis*:

> "A equação econômico-financeira contratual é um direito adquirido do contratado, de tal sorte que normas a ele sucessivas não poderiam afetá-lo".

Em virtude dessas considerações, entendemos plenamente amparada a pretensão da empresa permissionária.

27.1. Fato do Príncipe

O § 3º se refere a uma hipótese caracterizada como fato do príncipe, que é a adoção de uma medida de natureza do poder público, seja ela da esfera administrativa ou legislativa, não diretamente relacionada ao contrato, mas que enseja uma diminuição do proveito econômico estipulado no contrato.

Com efeito, ao gerar o fato do príncipe uma diminuição no ganho originariamente estabelecido entre as partes contratantes da delegação negocial, este fato faz surgir um inevitável desequilíbrio econômico-financeiro que implicará do direito à revisão da tarifa.

Exemplificando, se houver instituição ou alteração do imposto de importação sobre determinado insumo que se aplique diretamente à prestação do serviço público, objeto de concessão ou permissão, e comprovando-se o consequente impacto econômico causado, nasce o direito à recomposição do equilíbrio.

Nestes casos, o Estado se valerá de um dos mecanismos já mencionados, sendo o mais comum a autorização do aumento das tarifas, porém não o único, pois que por vezes esta já estará no limite para a sua modicidade.

Além da possibilidade da instituição ou alteração de imposto e a criação de novos encargos, há outros fatos do príncipe que, apesar de não estarem expressamente previstos no § 3º do art. 9º da lei sob análise, poderão suscitar uma recomposição do equilíbrio econômico-financeiro no contrato.

Os mecanismos para esta recomposição, contudo, poderão ser os mesmos já citados anteriormente, entre outros, como o aumento de tarifa ou outras medidas semelhantes.

27.2. O Direito a Recompor o Equilíbrio Econômico-Financeiro Previsto no § 4º

Reportando ao § 4º, nos deparamos com a hipótese de alteração unilateral do contrato pelo poder concedente, o que deflagra no direito do concessionário ou permissionário a pronta recomposição do equilíbrio econômico-financeiro do contrato e a consequente revisão das tarifas.

Feita uma breve análise dos §§ 3º e 4º do art. 9º, sobre as situações específicas em que concessionários e permissionários terão direito à revisão tarifária em seus contratos, em benefício da manutenção do equilíbrio econômico-financeiro, partimos para outra análise dentro deste tema.

Trata-se do texto da lei que diz ser mantido o equilíbrio econômico-financeiro do contrato sempre que forem atendidas as suas condições, sendo este o art. 10, o qual aduz que: "Sempre que forem atendidas as condições do contrato, considera-se mantido o seu equilíbrio econômico-financeiro".

27.3. Quais são as "Condições do Contrato"?

A doutrina tem questionado quais seriam estas "condições do contrato". Estaria se referindo às condições internas do contrato, ou seja, com as suas próprias cláusulas?

Ou seriam estas de âmbito externo, como as condições da economia num determinado lapso temporal, relacionado diretamente com as oscilações de preços de bens ou insumos essenciais ao serviço concedido?

Questiona-se ainda se o advento de um custo adicional seria absolvido pelo empresário, concessionário ou permissionário do serviço público, ou pelo poder concedente, e no caso de aumento da tarifa, repassado para o usuário.

Para se responder a tais perguntas, mister se faz saber que "por conta e risco do empresário" (ou concessionário) se entende por tudo aquilo que ele terá de suportar na álea ordinária do negócio celebrado entre ele e o particular, desde a participação na licitação à assinatura do contrato da concessão do serviço público.

Importa que se diga que "álea ordinária" se relaciona ao conjunto de oscilações inerentes ao mercado em que figura o serviço público concedido; ou ainda, tudo que não for "álea extraordinária", que em cujo contrato de concessão e permissão se torne justificável a aplicação da Teoria da Imprevisão (ou cláusula *Rebus Sic Stantibus*).

27.4. A Aplicação da Cláusula Rebus Sic Stantibus nos Contratos Administrativos

Numa brevíssima análise da evolução do direito contratual, somos remetidos à assertiva de que, originariamente, o princípio da *pacta sunt servanda* norteava esta estrutura, e consagrava a ideia quanto ao contrato, que uma vez respeitados os seus requisitos legais, este se tornava obrigatório entre as partes.

Nesse diapasão, dizia-se até mesmo que o contrato se tornava uma espécie de lei privada entre as partes contratantes, adquirindo força vinculante semelhante ao processo legislativo.

Ocorre que, com o passar do tempo e com a evolução das relações contratuais, os contratos passaram a adquirir cada vez mais um caráter volátil, tornando-se mister que se flexibilizassem em face dos novos anseios e preocupações das partes contratantes.

Neste sentido, o princípio da pacta sunt servanda foi gradativamente perdendo seu prestígio e força, cedendo espaço a um novo conceito de relação contratual, o qual passava a possibilitar a revisão das cláusulas contratuais.

Sendo assim, ao invés de se prenderem ao preceito de que o contrato vincularia as partes contratantes até o advento do distrato, ou pela impossibilidade da sua prestação em razão de casos fortuitos ou força maior, passou-se a admitir uma revisão antes mesmo dessas hipóteses.

Esta nova roupagem a que passaram a se revestir as relações contratuais ensejou uma abertura para a aplicação da cláusula *rebus sic stantibus*, e esta passou a se aplicar, extensivamente, aos contratos de concessão.

Segundo os seus parâmetros, permanecendo inalteradas as condições existentes no momento da celebração do contrato, continuam valendo as mesmas cláusulas contratuais. Por outro lado, configurando-se alterações de tais condições, enseja-se a revisão das bases do contrato, com vistas à recomposição do equilíbrio econômico-financeiro.

27.5. O Desequilíbrio Econômico-Financeiro Causado pelos Transportes alternativos às Concessionárias e Permissionárias de Transporte Público

Registramos que atualmente muito se tem falado sobre a legalidade dos transportes alternativos, que são as Vans. Este fato tem gerado grandes discussões entre as empresas de ônibus, tanto as permissionárias de linhas municipais, quanto as intermunicipais permitidas pelos Estados.

Em seus pleitos, buscam tais empresas majorar as tarifas, já que a plena atividade dos transportes alternativos por meio de Vans geraria um impacto financeiro considerável nas concessionárias e permissionárias, não incluído a princípio dentro do risco inerente à atividade econômica.

Em outras palavras, seriam estas atividades uma grande causadora do desequilíbrio econômico-financeiro das concessionárias ou permissionárias que desenvolvem a atividade do transporte coletivo por meio de delegação legal.

Oportuno que se diga que o advento de um fato que possa violar enfaticamente o equilíbrio econômico-financeiro de um contrato de concessão ou permissão pode ensejar a sua arguição de legalidade no âmbito do poder judiciário.

A este propósito, trazemos como exemplo típico do que se busca argumentar a arguição de inconstitucionalidade da Lei 7.304/02, do Estado do Espírito Santo, a qual concedeu descontos e isenções a duas classes da população daquele Estado sem a devida previsão de compensação. Faremos, a seguir, uma análise desta contenda judicial.

28. OBRIGATORIEDADE DE LICITAÇÃO

A obrigatoriedade de licitação nos contratos de concessão e permissão guarda consonância com dispositivo constitucional contido no art. 175:

Art. 175. Incumbe ao Poder Público, na forma da Lei, diretamente ou sob regime de concessão ou permissão, sempre através de licitação, a prestação de serviços públicos.

Esta obrigatoriedade é plenamente justificável, na medida que envolve interesse de particular e a consequente obtenção de vantagens econômicas associada a gastos públicos, sobressaindo a imprescindibilidade de observância ao princípio da isonomia.

A doutrina tem-se debruçado, não obstante, à análise do termo "sempre através de licitação", no sentido de identificar se haveria ou não a aplicação às concessões ou permissões da inexigibilidade ou dispensa.

Neste sentido, asseveramos que a Lei 8.987/95 foi omissa na questão da dispensa de licitação. Contudo, é certo que ao tema da concessão e permissão se aplicam tanto o seu estatuto geral, acima descrito, quanto a Lei 14.133/21 (antiga Lei 8.666/93) de forma subsidiária.

Pergunta-se, pois, se devemos acolher a hipótese de dispensa e inexigibilidade de licitação prevista na Lei 14.133/21 (antiga Lei 8.666/93), apesar de a previsão constitucional não fazer essa menção, tampouco o estatuto geral de concessão e permissão, ou seguir a risca o que diz o dispositivo constitucional?

Entende a melhor doutrina, incluindo-se na nossa opinião, que não obstante o termo "sempre através de licitação", não se pode descartar a possibilidade da inviabilidade de competição, como ocorre comumente nos contratos administrativos propriamente ditos, e que torna a licitação inexigível.

Com efeito, nos inclinamos no sentido de que será aplicado, analogicamente ao que dispõe a lei e a própria Constituição, o que dispõe a regra do art. 25, *caput*, da Lei 8.666/93, que diz ser "inexigível licitação quando houver inviabilidade de competição". Seu correspondente na Lei 14.133/21 é o art. 74, conforme abaixo se lê:

Art. 74, da Lei 14.133/21. É inexigível a licitação quando inviável a competição, em especial nos casos de:

I - aquisição de materiais, de equipamentos ou de gêneros ou contratação de serviços que só possam ser fornecidos por produtor, empresa ou representante comercial exclusivos;

II - contratação de profissional do setor artístico, diretamente ou por meio de empresário exclusivo, desde que consagrado pela crítica especializada ou pela opinião pública;

III - contratação dos seguintes serviços técnicos especializados de natureza predominantemente intelectual com profissionais ou empresas de notória especialização, vedada a inexigibilidade para serviços de publicidade e divulgação:

a) estudos técnicos, planejamentos, projetos básicos ou projetos executivos;

b) pareceres, perícias e avaliações em geral;

c) assessorias ou consultorias técnicas e auditorias financeiras ou tributárias;

d) fiscalização, supervisão ou gerenciamento de obras ou serviços;

e) patrocínio ou defesa de causas judiciais ou administrativas;

f) treinamento e aperfeiçoamento de pessoal;

g) restauração de obras de arte e de bens de valor histórico;

h) controles de qualidade e tecnológico, análises, testes e ensaios de campo e laboratoriais, instrumentação e monitoramento de parâmetros específicos de obras e do meio ambiente e demais serviços de engenharia que se enquadrem no disposto neste inciso;

IV - objetos que devam ou possam ser contratados por meio de credenciamento;

V - aquisição ou locação de imóvel cujas características de instalações e de localização tornem necessária sua escolha.

Quanto às hipóteses de dispensa, ao contrário do que ocorre com a hipótese de inexigibilidade, o rol, além de ser bem mais extenso, é taxativo. Entendemos que a Lei 8.666/93 criou, em seu art. 24, casos em que a licitação pode ser dispensável, cujo equivalente é o art. 75 da Lei 14.133/21.

Art. 75, Lei 14.133/21. É dispensável a licitação:

I - para contratação que envolva valores inferiores a R$ 100.000,00 (cem mil reais), no caso de obras e serviços de engenharia ou de serviços de manutenção de veículos automotores;

II - para contratação que envolva valores inferiores a R$ 50.000,00 (cinquenta mil reais), no caso de outros serviços e compras;

III - para contratação que mantenha todas as condições definidas em edital de licitação realizada há menos de 1 (um) ano, quando se verificar que naquela licitação:

a) não surgiram licitantes interessados ou não foram apresentadas propostas válidas;

b) as propostas apresentadas consignaram preços manifestamente superiores aos praticados no mercado ou incompatíveis com os fixados pelos órgãos oficiais competentes;

IV - para contratação que tenha por objeto:

a) bens, componentes ou peças de origem nacional ou estrangeira necessários à manutenção de equipamentos, a serem adquiridos do fornecedor original desses equipamentos durante o período de garantia técnica, quando essa condição de exclusividade for indispensável para a vigência da garantia;

b) bens, serviços, alienações ou obras, nos termos de acordo internacional específico aprovado pelo Congresso Nacional, quando as condições ofertadas forem manifestamente vantajosas para a Administração;

c) produtos para pesquisa e desenvolvimento, limitada a contratação, no caso de obras e serviços de engenharia, ao valor de R$ 300.000,00 (trezentos mil reais);

d) transferência de tecnologia ou licenciamento de direito de uso ou de exploração de criação protegida, nas contratações realizadas por instituição científica, tecnológica e de inovação (ICT) pública ou por agência de fomento, desde que demonstrada vantagem para a Administração;

e) hortifrutigranjeiros, pães e outros gêneros perecíveis, no período necessário para a realização dos processos licitatórios correspondentes, hipótese em que a contratação será realizada diretamente com base no preço do dia;

f) bens ou serviços produzidos ou prestados no País que envolvam, cumulativamente, alta complexidade tecnológica e defesa nacional;

g) materiais de uso das Forças Armadas, com exceção de materiais de uso pessoal e administrativo, quando houver necessidade de manter a padronização requerida pela estrutura de apoio logístico dos meios navais, aéreos e terrestres, mediante autorização por ato do comandante da força militar;

h) bens e serviços para atendimento dos contingentes militares das forças singulares brasileiras empregadas em operações de paz no exterior, hipótese em que a contratação deverá ser justificada quanto ao preço e à escolha do fornecedor ou executante e ratificada pelo comandante da força militar;

i) abastecimento ou suprimento de efetivos militares em estada eventual de curta duração em portos, aeroportos ou localidades diferentes de suas sedes, por motivo de movimentação operacional ou de adestramento;

j) coleta, processamento e comercialização de resíduos sólidos urbanos recicláveis ou reutilizáveis, em áreas com sistema de coleta seletiva de lixo, realizados por associações ou cooperativas formadas exclusivamente de pessoas físicas de baixa renda reconhecidas pelo poder público como catadores de materiais recicláveis, com o uso de equipamentos compatíveis com as normas técnicas, ambientais e de saúde pública;

k) aquisição ou restauração de obras de arte e objetos históricos, de autenticidade certificada, desde que inerente às finalidades do órgão ou com elas compatível;

l) serviços especializados ou aquisição ou locação de equipamentos destinados ao rastreamento e à obtenção de provas previstas nos incisos II e V do *caput* do art. 3º da Lei nº 12.850, de 2 de agosto de 2013, quando houver necessidade justificada de manutenção de sigilo sobre a investigação;

m) aquisição de medicamentos destinados exclusivamente ao tratamento de doenças raras definidas pelo Ministério da Saúde;

V - para contratação com vistas ao cumprimento do disposto nos arts. 3º, 3º-A, 4º, 5º e 20 da Lei nº 10.973, de 2 de dezembro de 2004, observados os princípios gerais de contratação constantes da referida Lei;

VI - para contratação que possa acarretar comprometimento da segurança nacional, nos casos estabelecidos pelo Ministro de Estado da Defesa, mediante demanda dos comandos das Forças Armadas ou dos demais ministérios;

VII - nos casos de guerra, estado de defesa, estado de sítio, intervenção federal ou de grave perturbação da ordem;

VIII - nos casos de emergência ou de calamidade pública, quando caracterizada urgência de atendimento de situação que possa ocasionar prejuízo ou comprometer a continuidade dos serviços públicos ou a segurança de pessoas, obras, serviços, equipamentos e outros bens, públicos ou particulares, e somente para aquisição dos bens necessários ao atendimento da situação emergencial ou calamitosa e para as parcelas de obras e serviços que possam ser concluídas no prazo máximo de 1 (um) ano, contado da data de ocorrência da emergência ou da calamidade, vedadas a prorrogação dos respectivos contratos e a recontratação de empresa já contratada com base no disposto neste inciso;

IX - para a aquisição, por pessoa jurídica de direito público interno, de bens produzidos ou serviços prestados por órgão ou entidade que integrem a Administração Pública e que tenham sido criados para esse fim específico, desde que o preço contratado seja compatível com o praticado no mercado;

X - quando a União tiver que intervir no domínio econômico para regular preços ou normalizar o abastecimento;

XI - para celebração de contrato de programa com ente federativo ou com entidade de sua Administração Pública indireta que envolva prestação de serviços públicos de forma associada nos termos autorizados em contrato de consórcio público ou em convênio de cooperação;

XII - para contratação em que houver transferência de tecnologia de produtos estratégicos para o Sistema Único de Saúde (SUS), conforme elencados em ato da direção nacional do SUS, inclusive por ocasião da aquisição desses produtos durante as etapas de absorção tecnológica, e em valores compatíveis com aqueles definidos no instrumento firmado para a transferência de tecnologia;

XIII - para contratação de profissionais para compor a comissão de avaliação de critérios de técnica, quando se tratar de profissional técnico de notória especialização;

XIV - para contratação de associação de pessoas com deficiência, sem fins lucrativos e de comprovada idoneidade, por órgão ou entidade da Administração Pública, para a prestação de serviços, desde que o preço contratado seja compatível com o praticado no mercado e os serviços contratados sejam prestados exclusivamente por pessoas com deficiência;

XV - para contratação de instituição brasileira que tenha por finalidade estatutária apoiar, captar e executar atividades de ensino, pesquisa, extensão, desenvolvimento institucional, científico e tecnológico e estímulo à inovação, inclusive para gerir administrativa e financeiramente essas atividades, ou para contratação de instituição dedicada à recuperação social da pessoa presa, desde que o contratado tenha inquestionável reputação ética e profissional e não tenha fins lucrativos;

XVI - para aquisição, por pessoa jurídica de direito público interno, de insumos estratégicos para a saúde produzidos por fundação que, regimental ou estatutariamente, tenha por finalidade apoiar órgão da Administração Pública direta, sua autarquia ou fundação em projetos de ensino, pesquisa, extensão, desenvolvimento institucional, científico e tecnológico e de estímulo à inovação, inclusive na gestão administrativa e financeira necessária à execução desses projetos, ou em parcerias que envolvam transferência de tecnologia de produtos estratégicos para o SUS, nos termos do inciso XII do *caput* deste artigo, e que tenha sido criada para esse fim específico em data anterior à entrada em vigor desta Lei, desde que o preço contratado seja compatível com o praticado no mercado.

Dentro desta premissa, compactuamos com a ideia de que deverá ser analisado caso a caso, verificando-se especificamente em cada serviço se pode ser dispensada ou não a licitação, tendo em vista a sua necessidade e urgência.

Iniciar um procedimento administrativo para provar o alegado, ou seja, que a prorrogação traria vantagens para o Município. Cabendo ao contratado manter a atividade, sob pena de caducidade (art. 38 da Lei 8.987/95).

Requerer a rescisão unilateral do contrato de concessão, independente do termo contratual ou posterior indenização, sob o binômio da oportunidade e da conveniência. Justificativa: O artigo 35 da Lei 8.987/95 determina que o fim do termo contratual extinguirá definitivamente o contrato de concessão, por isso a prorrogação deste o eivou de ilegalidade. O que foi ratificado pela falta de procedimento licitatório (art. 14 da Lei 8.987/95). Sendo, portanto, possível à declaração de nulidade do contrato e a responsabilização daquele que o formalizou.

29. DISTINÇÃO DA CONCESSÃO E PERMISSÃO ANTES E DEPOIS DA CF/88

No que concerne a uma distinção mais específica entre os institutos da concessão e permissão de serviço público, faz-se mister que esta análise seja dividida em duas épocas distintas, a saber: antes e depois da promulgação da Carta de 1988, pois que esta introduziu em seu texto dispositivos específicos e trouxe substanciais mudanças para seus regulamentos.

29.1. Concessão antes da Carta de 1988

Reportando-nos aos elementos do instituto da concessão que predominavam antes da promulgação da Constituição de 1988, nos inclinamos agora para as distinções com respaldo em embasamento doutrinário.

29.1.1. Conceito

Estas distinções doutrinárias se fazem oportunas, pois o comando constitucional anterior não fazia menção específica sobre o instituto da concessão, e pela doutrina, sempre foi dito, conceitualmente, que a concessão se constitui em forma de delegação pelo Poder Público da execução de serviços públicos a particulares, por meio de contrato administrativo.

29.1.2. Cláusulas Exorbitantes

Já à época, um fator que distinguia os contratos administrativos dos contratos particulares eram as suas características e fundamentalmente as suas cláusulas exorbitantes, que como o próprio nome faz supor, exorbitavam dos contratos particulares, em razão das prerrogativas próprias da Administração Pública.

Uma dessas prerrogativas inseridas no contrato administrativo de que já se valia a Administração Pública era a possibilidade jurídica desta modificar unilateralmente o contrato, quando conveniente ao Poder Público.

Sendo assim, paralelamente à característica de o Poder Público manter a titularidade do serviço delegado, também era lícito, tal qual ocorre hoje, retomar a prestação do serviço, acaso comprovasse que este não estava sendo prestado adequadamente.

29.1.3. Encampação

Esta retomada da prestação de serviços, já denominada de encampação, gerava, em contrapartida, o direito ao concessionário de receber indenização referente ao investimento aplicado, levando-se em conta o que não foi amortizado no tempo que perdurou o contrato, ou considerando-se o que este razoavelmente deixou de ganhar com a resilição unilateral.

Um dos fatos que justifica a encampação é a de que, desta relação surgida entre o Poder Público e o delegatário não implicava a transmutação da natureza do serviço, pois o Poder Público mantinha a sua titularidade e a sua natureza pública era inalterada, transfigurando-se a obrigação da sua prestação na de regular e fiscalizar a atuação das concessionárias e permissionárias.

29.1.4. Elevado Grau de Estabilidade

Quanto ao direito à indenização que passava a ser devida ao delegatário pela resilição unilateral pelo Poder Público, esta característica já atribuía ao instituto da concessão de serviço público um elevado grau de estabilidade, indispensável para o particular que deseja contratar com o Poder Público.

A toda evidência, convém ao Poder Público demonstrar essa estabilidade ao particular, como forma de incentivo pela mobilização do capital e pela certeza da amortização dos investimentos a serem realizados por aquele.

Sendo assim, quando for explícita a conveniência do Poder Público de delegar serviços que requerem investimentos ousados e todo um aparato que gire em torno da mobilização do capital a ser investido em determinadas áreas, o uso do instrumento da concessão sempre foi uma opção adotada por este.

Portanto, torna-se indispensável oferecer àqueles que são potencialmente capazes de assumir tais eventos e obter um resultado positivo, com a adequada prestação de um serviço público, o maior grau de estabilidade possível.

Já quanto aos particulares, para que se sintam atraídos e motivados para o investimento, estes sempre procuraram a certeza na garantia contratual de que terão a amortização de seus investimentos e a devida indenização, em caso de resilição unilateral por interesse público.

Apenas para ilustrar este tópico, informamos que atualmente, com a edição da Lei nº 11.079/04, que criou as PPP's – Parcerias Público-Privadas, foram criados novos mecanismos de garantia para o particular que se associar ao Poder Público por meio deste instituto.

O que se constata hoje é que a criação das PPP's consagrou a tão esperada segurança jurídica, que beneficiará e dará confiança aos potenciais investidores de grandes obras públicas, e assegurando, ao Poder Público, parcerias qualificadas e estruturadas financeiramente.

Aliás, é de se acrescentar que esta espécie de parceria esteve muito em voga no estado do Rio de Janeiro, como instrumento utilizado pelos Poderes Públicos municipal e estadual, na iniciação de projetos e obras e na tentativa da adequação ao PAC proposto pelo governo federal.

29.1.5. Cobrança de Tarifa e Fixação de Prazo Determinado

Asseveramos ainda que, não obstante, os serviços conservarem a natureza pública, era lícito aos delegatários efetivar a cobrança de tarifa a seus usuários como forma de remuneração pela efetivação de tais serviços, características estas que também perduraram com o advento da Constituição da República de 1988.

Além disso, a doutrina também já apontava para o entendimento de haver a obrigatoriedade da fixação de prazo determinado, dentro do qual o serviço seria prestado.

Registre-se que a observância desse prazo era determinante para nortear o valor da fixação de tarifas, que por sua vez era necessário para o cálculo do equilíbrio econômico-financeiro do negócio a ser realizado.

Com isso, não recaíam dúvidas de que além da titularidade do serviço delegado, o Poder Público também se imbuía, inclusive, da obrigação de regular, fiscalizar ou até mesmo reassumir o serviço, caso a concessionária ou permissionária não o estivesse prestando adequadamente.

Além da concessão, já existia também outra modalidade de delegação de serviço público que encontrava respaldo jurídico antes da Constituição de 1988, que era a permissão, cujas características se diferenciavam da concessão, a começar pela sua natureza de ato administrativo unilateral.

Convém, a exemplo do que foi traçado com o instituto da concessão, que façamos uma análise da permissão antes e depois do advento da Carta de 1988.

29.2. Permissão antes da Carta de 1988

O entendimento a respeito da permissão antes da Constituição de 1988 era basicamente regido pela doutrina, e desta se firmava a posição de que o instituto da permissão se realizava por meio de ato unilateral do Poder Público, ao contrário do que ocorria com a concessão, e o que a tornava mais instável que esta.

29.2.1. Unilateralidade e Instabilidade Contratual

A característica da unilateralidade de decisão atribuída ao Poder Público na adoção da permissão estampava um maior grau de precariedade ao contrato, acompanhada da não fixação do prazo contratual e da possibilidade de encampação do serviço sem a obrigação da indenização correspondente, características estas que não se aplicavam à concessão.

Com efeito, as particularidades da unilateralidade e da não fixação de prazo emolduravam a permissão com uma estrutura frágil e um elevando grau de instabilidade, o que resultava na própria fragilidade do negócio a ser firmado com o Poder Público e o particular, sobretudo no que dizia respeito a não obrigação do pagamento de indenização ao investidor, em caso de encampação.

No que alude à opção pelo Poder Público na adoção deste modelo de delegação, ressaltamos em especial esta discricionariedade que lhe permitia revogar ou ainda encampar o serviço delegado, se mais conveniente o fosse para a Administração Pública. Além disso, era lícito a este alterar o polo passivo da permissão e delegá-la a outro interessado em condições mais favoráveis ou vantajosas ao delegatário.

Estas características negativas da permissão eram tão gritantes que alguns autores, como o saudoso Hely Lopes Meirelles, chegaram a se posicionar no sentido de amenizá-las, e defender ser possível se constituir permissão, ato unilateral, com a fixação de prazo.

Esta posição, não obstante, ter sido abarcada pelo renomado jurista dos estudos do Direito Administrativo não prosperou, e a base desta contestação era a de que, pelo simples fato de se admitir a fixação de prazo, equivaleria a se descaracterizar a permissão, ou o próprio caráter precário que lhe é peculiar.

29.2.2. Menor Investimento e Maior Garantia de Amortização de Custos do Particular

Em geral, a opção do Poder Público em adotar o instituto da permissão se justificava quando a delegação do serviço não requeria maiores investimentos, o que equivale a dizer que o custo da mobilização a ser usado pelo particular não justificava uma maior garantia, ao contrário do que ocorria com o contrato de concessão.

Associava-se a isso a certeza do particular, que com um investimento de menor vulto, tinha um grau mais acelerado de amortização e garantia de recuperação do investimento em um menor espaço de tempo.

Em tese, estas condições tanto justificavam a escolha do Poder Público de efetivar a delegação por um ato mais precário, quanto atraíam mais facilmente os particulares para a realização do negócio objeto de delegação, ou porque o negócio não era de grande investimento, ou porque seria facilmente amortizado, valendo o risco assumido.

Mediante isso, confirma-se o que a doutrina afirmava sobre a opção do Poder Público em adotar a permissão ou a concessão como forma de delegação de serviço público, pois cada uma atendia ao interesse público em determinada hipótese e condição.

Os fatores que influenciavam o Poder Público na adoção da concessão ou da permissão como forma de delegação de serviços públicos, antes da vigência da Constituição Federal de 1988, tinham como base, em tese, o potencial do investimento em questão.

Com isso, em ocasiões potencialmente mais viáveis que permitiam ao Poder Púbico transferir a execução do serviço público por um ato mais precário, a modalidade utilizada como forma de delegação contratual era a permissão destes serviços.

Entretanto, recordemos que todos estes meios procedimentais, bem como a forma de exercê-los, prevaleceram inalterados até a chegada da Constituição Federal de 1988 com fundamento basicamente doutrinário.

Convém que se ressalte que a promulgação da referida Carta, que introduziu a matéria da concessão e permissão em seu art. 175, resultou na edição da Lei 8.987/95, que passou a regulamentar o tema.

29.3. Concessão e Permissão depois da Carta de 1988

A partir da Constituição Federal de 1988, as teorias contratualistas e unilaterais tornaram-se uma discussão anacrônica, pois que o legislador constituinte optou por adotar a natureza contratual da concessão e o regime especial de direito público, o que se vê em seu art. 175 *caput* e parágrafo único.

Inobstante a expressa citação da permissão no art. 175, fazemos a ressalva que as características anteriormente elencadas no tópico "Permissão antes da Carta de 1988" se mantiveram inalteradas. Ainda assim, surgiram novas controvérsias acerca da natureza deste instituto, que passarão a ser discutidas doutrinariamente a seguir.

30. PERMISSÃO: CONTRATO ADMINISTRATIVO OU ATO UNILATERAL?

Uma alteração ocorrida entre a distinção dos institutos da concessão e permissão que muito chamou a atenção da doutrina, após a matéria ser inserida no supracitado dispositivo constitucional, é quanto à forma contratual que passou a consagrá-la como ato administrativo unilateral.

A partir de então, passou-se a questionar na doutrina, qual seria a sua real natureza. Uma opção seria a vinculação ao cumprimento, na íntegra, desta disposição constitucional, passando a permissão a se constituir em contrato administrativo, tal qual a concessão.

Outra, contudo, seria continuar a formatar a permissão de serviço público com a tradicional distinção, com a base doutrinária que prevalecia antes do advento da Carta de 1988, tratando-a como mero ato administrativo unilateral.

A melhor doutrina optou por interpretar que o legislador constituinte quis de fato atribuir à permissão a natureza de contrato, equiparando-a à concessão e selando a ideia de que ambas passaram a ser formas de delegação contratual de serviços públicos, por vontade do legislador constituinte, apesar de suas diferentes características.

31. CONCESSÃO E PERMISSÃO NA LEI Nº 8.987/95

Seguindo-se a análise das distinções entre os institutos da concessão e permissão de serviço público, trazemos à baila as suas características dentro da Lei nº 8.987/95, que é a lei ordinária que rege a matéria, em concomitância com os referentes artigos da Constituição Federal.

É focando-se no *caput* do citado artigo 175 que podemos constatar que este faz alusão à exigência constitucional de que a Concessão e a Permissão sejam realizadas "na forma da lei". Em razão disso, a fim de se cumprir referido mandamento constitucional, foi editada a citada lei, que passou a regulamentar a matéria.

31.1. Características

De acordo com a Lei 8.987/95, a concessão e a permissão são formas de delegação de serviço público mediante contrato administrativo, de acordo com a previsão dos artigos 1º e 40, respectivamente. Convém mencionar que todo contrato administrativo, inclusive o contrato de concessão, deve ser feito por escrito, sob pena de nulidade.

A identificação do Poder Concedente e do Concessionário, assim como o resultado da licitação através do qual se escolheu a concessionária devem estar descritos no preâmbulo do contrato, devendo ainda a sua publicação ser efetivada até o quinto dia útil do mês subsequente ao da assinatura do respectivo contrato.

Fazemos uma ressalva que embora o inciso II do art. 2º da Lei de Concessão faça expressa menção que a concessão só poderá ser realizada mediante contrato celebrado com pessoa jurídica ou consórcio de empresa, em outro momento, a própria lei faz supor o contrário.

A leitura do art. 35, que dispõe sobre a extinção da concessão e será analisada em outro momento mais detalhadamente, leva a outro entendimento que pessoa física também poderá ser parte no contrato de concessão, senão vejamos:

Art. 35. Extingue-se a concessão por:

(...)

VI - falência ou extinção da empresa concessionária e **falecimento ou incapacidade do titular, no caso de empresa individual.** (**destaque nosso**).

De acordo com o texto grifado, o citado artigo preceitua entre as cláusulas de extinção da concessão o falecimento ou a incapacidade do titular, quando se tratar de empresa individual. Com efeito, a princípio parece não haver outra forma de se interpretar o termo "empresa individual" senão como uma "pessoa física".

Nesses termos, pessoa física não estaria impedida de integrar um contrato de concessão como parte, ou, em outras palavras, constituir-se em uma concessionária de serviço público.

Entretanto, é importante que se frise que, segundo o disposto no inciso II do art. 2º da referida lei, a delegação da prestação de serviço público, na forma de concessão, só é permitida à pessoa jurídica ou consórcio de empresas, não sendo permitida à pessoa física, sendo esta a opinião que predomina na doutrina vigente.

O fato de a citada lei de concessão ser uma lei nacional, não exclui a competência da União, dos Estados, do Distrito Federal e dos Municípios de produzirem suas próprias leis, desde que estas não contrariem aquela.

Cumpre ainda informar que o contrato de concessão de serviço público e a licitação pública que a este antecede, além de encontrarem amparo constitucional, são regidas pelas Leis 8.987/95, 14.133/21 (antiga 8.666/93) e 9.074/95.

31.2. Condição e Outorga

No que tange à outorga de concessão de serviço público, não se registra que a Constituição Federal, por meio de seu art. 175, faça constar a exigência de autorização legislativa específica para essa outorga, tampouco o faz a Lei nº 8.987/95.

Ocorre que a Lei 9.074/95, de outra monta, reza em seu art. 2º que se aplicará esta vedação à União, aos Estados, ao Distrito Federal e aos Municípios em execução de obras e serviços públicos, excepcionando apenas os casos de saneamento básico e limpeza urbana, nos termos que se seguem:

Art. 2º É vedado à União, aos Estados, ao Distrito Federal e aos Municípios executarem obras e serviços públicos por meio de concessão e permissão de serviço público, sem lei que lhes autorize e fixe os termos, dispensada a lei autorizativa nos casos de saneamento básico e limpeza urbana e nos já referidos na Constituição Federal, nas Constituições Estaduais e nas Leis Orgânicas do Distrito Federal e Municípios, observado, em qualquer caso, os termos da Lei nº 8.987, de 1995.

Procedimento diverso também é adotado na legislação de muitos Municípios da federação, cujas Leis Orgânicas textualizam a exigência de autorização legislativa como requisito para outorgar a concessão de serviço público.

Uma das principais características pós-Constituição/1988 da Concessão e Permissão é a de que a delegação destas está atrelada à existência de um contrato público. Esta assertiva está expressa em dois dispositivos da Lei 8.987/95, quais sejam, seus artigos 1º e 40.

O seu artigo 1º reza que as concessões e permissões serão regidas pelo art. 175 da Constituição Federal, pela citada lei e pelas cláusulas do contrato, restando concluído ser este elemento indispensável e trazendo o pressuposto da sua precedência à delegação do serviço.

O artigo 40, por sua vez, se refere especificamente à permissão de serviço público, e assevera que esta será formalizada mediante contrato de adesão.

A identificação no preâmbulo do contrato de quem será o concedente e quem será o concessionário, assim como da licitação a qual resulta na escolha deste último também são características do contrato de concessão e permissão.

Além destas, a exigência de que todo contrato administrativo e toda concessão sejam feitos por escrito, sob pena de nulidade, se constitui em mais uma característica destes institutos.

No que tange às cláusulas essenciais do contrato de concessão, a abordagem completa de todas elas se encontra inserida no art. 23, dos incisos I ao XV da Lei 8.987/95, como já vimos anteriormente.

Já o artigo seguinte, 24, foi vetado, não prosperando a intenção do legislador em exigir que constasse no contrato de concessão a garantia da receita bruta mínima ou o correspondente a uma quantidade mínima de tráfego, este em caso de obras viárias.

De fato, se não ocorresse o veto sobre este dispositivo legal, entendemos que o artigo se tornaria incompatível com a própria definição dos institutos da concessão e permissão, os quais possuem a característica da assunção do risco.

Com efeito, a característica contratual que se refere à assunção do risco a qual deverá arcar a concessionária de serviço público justifica plenamente a vedação ao art. 24 da Lei Concessão e Permissão.

Contudo, além das citadas características, é mister que o contrato de concessão contenha, entre outras cláusulas essenciais, aquelas concernentes aos bens reversíveis e à forma de pagamento da indenização, quando esta for cabível.

Deve conter expressamente, também, a exigência da publicação dos demonstrativos financeiros periódicos da empresa concessionária, isto em homenagem ao princípio da publicidade que norteia os atos dos agentes públicos, extensivo que é aos atos das concessionárias de serviço público.

No que concerne às características da concessão e permissão na Jurisprudência, oportuno trazer à baila uma decisão do Superior Tribunal de Justiça, a qual se constitui em uma lição acerca das características gerais do contrato, incluindo-se às já elencadas a presença das "cláusulas exorbitantes" e da "possibilidade da alteração unilateral do contrato por parte da Administração Pública".

> "O contrato da Administração com terceiros, para a realização de serviço público, constitui ajuste de Direito Administrativo, bilateral e oneroso, inalterável unilateralmente, especialmente em relação a cláusulas que ocasionem manifesto prejuízo ao concessionário. A concessão de serviço público, nos termos da legislação pertinente, só é alterável com dano ao concessionário, se observado o devido processo legal, em que se assegure a ampla defesa ao contratante prejudicado. É ineficaz a alteração de cláusulas financeiras do contrato de concessão, com prejuízo para a concessionária, sem que aquela alteração tenha sido efetivada mediante procedimento licitatório. A mera autorização precária para que terceiro realize serviço já concedido, através de contrato a outrem, despida de efeitos jurídicos, por afrontar direito adquirido, sob a proteção de regra da constituição. Recurso provido". (STJ, unân. 1ª T., RMS 1903-1-TO, Min. Demócrito Reinaldo)

No que tange à natureza do consórcio, se este poderá ser despersonalizado ou necessariamente ter a forma de empresa como pressuposto para se tornar um delegatário de serviço público, caberá à lei de cada ente federativo definir, e ao edital, de concessão ou permissão, especificar.

Especialmente quanto à concessão, de acordo com a lei, a licitação será sempre na modalidade mais complexa, que é a concorrência. A exploração do serviço ocorrerá em nome próprio da delegatária, por sua conta e risco, e em contrapartida à prestação do serviço será lícita a cobrança aos seus usuários mediante o pagamento da tarifa.

Também apenas em relação à concessão, é mister que o prazo do contrato seja determinado, tendo o legislador ordinário se coadunado com a sistemática aplicada pela Lei 8.666/93, que é a Lei de Licitação, a qual traz previsão expressa a este respeito em seu artigo 57, § 3º, que encontra fiel correspondência na nova Lei de Licitações e Contratos Administrativos (Lei 14.133/21) no art. 109, nestes termos:

> **Art. 57, Lei 8.666/93.** A duração dos contratos regidos por esta Lei ficará adstrita à vigência dos respectivos créditos orçamentários, exceto quanto aos relativos:
>
> (...)
>
> § 3º - É vedado o contrato com prazo de vigência indeterminado.
>
> **Art. 109, Lei 14.133/21.** A Administração poderá estabelecer a vigência por prazo indeterminado nos contratos em que seja usuária de **serviço público oferecido em regime de monopólio**, desde que comprovada, a cada exercício financeiro, a existência de créditos orçamentários vinculados à contratação. **(grifo nosso)**

Como claramente se percebe, enquanto a antiga lei trazia uma vedação contundente aos contratos com prazo indeterminado; a nova lei abriu a oportunidade a que a Administração Pública, nos contratos em que for usuária de serviço público sob regime de monopólio, possa vir a estipular sua vigência por prazo indeterminado.

A discussão acerca da possibilidade de o serviço público ser oferecido em regime de monopólio ou não, é longa e antiquíssima, havendo quem defenda a posição majoritária de que o serviço público, em sua acepção clássica, tem como propriedade constitutiva a exclusividade e o regime de privilégios perante o Estado, ficando a questão do monopólio delegada para as atividades econômicas, também exercidas pelo Estado, mas na qualidade de empresário.

Por este viés, as concessionárias e permissionárias de serviço público não se enquadrariam como prestadoras de serviços públicos em regime de monopólio.

No entanto, essa discussão não será aqui aprofundada, pela necessidade de se redigir um novo artigo para tanto, bastando dizer, simplificadamente, que a Lei 8.987/95 determina que a concessão de serviço público seja por prazo determinado, como se pode aferir da leitura dos artigos 2º, incisos II e III e 5º, nestes termos e com grifos nossos:

> Art. 2º. Para os fins do disposto nesta Lei, considera-se:
>
> II - concessão de serviço público: a delegação de sua prestação, feita pelo poder concedente, mediante licitação, na modalidade concorrência ou diálogo competitivo, a pessoa jurídica ou consórcio de empresas que demonstre capacidade para seu desempenho, por sua conta e risco e **por prazo determinado**; (Redação dada pela Lei nº 14.133, de 2021)
>
> III - concessão de serviço público precedida da execução de obra pública: a construção, total ou parcial, conservação, reforma, ampliação ou melhoramento de quaisquer obras de interesse público, delegados pelo poder concedente, mediante licitação, na modalidade concorrência ou diálogo competitivo, a pessoa jurídica ou consórcio de empresas que demonstre capacidade para a sua realização, por sua conta e risco, de forma que o investimento da concessionária seja remunerado e amortizado mediante a exploração do serviço ou da obra **por prazo determinado**; (Redação dada pela Lei nº 14.133, de 2021)
>
> Art. 5º. **O poder concedente publicará**, previamente ao edital de licitação, **ato justificando a conveniência da outorga de concessão ou permissão, caracterizando seu** objeto, área **e prazo.**

31.3. Análise do Art. 2º, Incisos II ao IV, e do Art. 40 da Lei 8.987/95

As distinções, dentro da lei, da permissão e concessão de serviço público se encontram contidas em seu artigo 2º, incisos II a IV, complementando a definição da permissão em seu art. 40.

31.4. Características Referentes à Concessão: Art. 2º, Incisos II e III

O inciso II do artigo 2º dispõe sobre o modelo de concessão *tout court*, que é o modelo de concessão mais comum, em que ocorre a execução de serviços públicos a particulares, por via de delegação contratual, por conta e risco do delegatário. Segue-se na íntegra o que comunga a lei neste dispositivo. Ressaltamos, porém, os grifos feitos sobre o texto original:

> **Lei 8.987/95, Art. 2º, II** - concessão de serviço público: **a delegação de sua prestação**, feita pelo poder concedente, **mediante licitação**, na modalidade **concorrência ou diálogo competitivo**, a pessoa jurídica ou consórcio de empresas que demonstre capacidade para seu desempenho, **por sua conta e risco e por prazo determinado**; (Redação dada pela Lei nº 14.133, de 2021)

Já o inciso III, que segue compondo as definições a respeito da concessão, diferencia esta da anterior, sobretudo por tratar do modelo de concessão de serviço público precedida de obra pública. Sua principal característica é a obrigação que se imputa ao particular sobre o ônus do investimento na obra, para apenas posteriormente se ressarcir, pela exploração do serviço público.

> **Lei 8.987/95, Art. 2º, III** - concessão de serviço público **precedida da execução de obra pública**: a construção, total ou parcial, conservação, reforma, ampliação ou melhoramento de quaisquer obras de interesse público, delegados pelo poder concedente, mediante licitação, na modalidade concorrência ou diálogo competitivo, a pessoa jurídica ou consórcio de empresas que demonstre capacidade para a sua realização, por sua conta e risco, de forma que **o investimento da concessionária seja remunerado e amortizado mediante a exploração do serviço ou da obra por prazo determinado**; (Redação dada pela Lei nº 14.133, de 2021)

Dissociando-se do que diz na íntegra o texto da lei, sobressai outro entendimento que a concessão deve se diferenciar, de fato, por três formas distintas, sendo elas: concessão de serviço público, ou concessão *tout court*; concessão de serviço público precedida de obra; e concessão de obra *tout court*, que entende a doutrina ser admissível, apesar de não haver menção expressa em lei desta modalidade, como já tivemos a oportunidade pretérita de estudar.

31.5. Características Referentes à Permissão: Art. 2º, Inciso IV e art. 40

Partindo-se para uma análise mais particularizada acerca da permissão de serviço público, devemos enfatizar que esta se distingue da concessão em especial por ser definida como um contrato administrativo de adesão, cuja definição se encontra no art. 40 da Lei 8.987/95; além da menção de outras características inseridas no inciso IV da mesma lei.

Esta característica do contrato de adesão inserida pelo legislador ordinário faz supor se tratar de um outro tipo de contrato de delegação de serviço público a particular. Remetemos à leitura do que rezam os dispositivos legais, na ordem acima citada, com os grifos no que achamos oportuno ressaltar.

> Art. 40. A permissão de serviço público será formalizada mediante contrato de adesão, que observará os termos desta Lei, das demais normas pertinentes e do edital de licitação, inclusive quanto à precariedade e à revogabilidade unilateral do contrato pelo poder concedente.
>
> Parágrafo único. Aplica-se às permissões o disposto nesta Lei.
>
> (...)
>
> IV do art. 2º - permissão de serviço público: a delegação, a título precário, mediante licitação, da prestação de serviços públicos, feita pelo poder concedente à pessoa física ou jurídica que demonstre capacidade para seu desempenho, por sua conta e risco.

Doutrinariamente, não houve uma recepção positiva da característica "contrato de adesão" contida no art. 40, a ponto de alguns doutrinadores a tratarem como inócua. A razão é que, em regra, todo contrato administrativo é um contrato de adesão, perdendo a razão de se atribuir esta qualidade de forma específica à permissão.

Releva ressaltar a omissão do legislador quanto à expressão "por prazo determinado" ao tratar da permissão no corpo do inciso IV do art. 2º, contrariamente ao que determinou o inciso II deste mesmo artigo, que se refere à concessão.

A omissão deste termo fez surgir na doutrina, de plano, o entendimento de se tratar de outra característica específica da permissão, pois que é a lei que estabelece a não obrigatoriedade da fixação de prazo, em contrapartida com a concessão, onde esta fixação é expressamente obrigatória.

Sendo assim, o fato de recair sobre a permissão a não obrigatoriedade desta fixação de prazo para o cumprimento de seu contrato, já faz surgir para este instituto a ideia de um maior grau de precariedade em relação à concessão, fato este que pode se tornar decisivo para o particular interessado em contratar com a Administração Pública.

Importa trazermos ao conhecimento a existência de uma corrente doutrinária que associa a omissão cometida pelo legislador ordinário, no inciso IV do art. 2º, quanto ao uso da expressão "por prazo determinado", ao termo inserido no parágrafo único do art. 40 que reza: "Aplica-se às permissões o disposto nesta Lei".

Nestes termos, a omissão da expressão que ora se discute seria uma mera questão de ordem textual e não técnica, e isso não implicaria em uma característica específica de a permissão não ter prazo determinado, já que no parágrafo único de seu art. 40 está preconizado que o disposto desta lei aplica-se à permissão.

32. CARACTERÍSTICAS QUE DISTINGUEM A PERMISSÃO DA CONCESSÃO

Para um melhor entendimento quantos aos itens diferenciais da permissão de serviço público, trazemos novamente à leitura o art. 40 e seu parágrafo único da Lei 8.987/95, que é o dispositivo que contém suas principais características:

> Art. 40. A permissão de serviço público será formalizada mediante contrato de adesão, que observará os termos desta Lei, das demais normas pertinentes e do edital de licitação, inclusive quanto à precariedade e à revogabilidade unilateral do contrato pelo poder concedente.
>
> Parágrafo único. Aplica-se às permissões o disposto nesta Lei.

32.1. Prazo Determinado

A melhor posição doutrinária a respeito da divergência de incidir ou não o prazo determinado no instituto da permissão, opina pela sua negativa, e o faz com base na análise dos dispositivos pertinentes ao tema contidos na Lei 8.987/95, que se omitem quanto à sua fixação.

Em seu fundamento, a outra corrente que opta por aplicar de forma genérica o texto do parágrafo único do art. 40, que compõe o capítulo específico sobre permissões e que reza que "o disposto da lei se aplica à permissão", se vale de uma interpretação sistemática da Lei 8.987/95.

Com isso, tenta dar uma interpretação extensiva ao parágrafo único do art. 40, que nada fala sobre prazo, valendo-se do que está disposto nos incisos II e III do art. 2º, a seguir descritos e grifados, que tratam da concessão de serviço público e da concessão de serviço público precedida da execução de obra pública, respectivamente, e descrevem expressamente o termo "por prazo determinado".

> Art. 2º Para os fins do disposto nesta Lei, considera-se:
>
> (...)

II - concessão de serviço público: a delegação de sua prestação, feita pelo poder concedente, mediante licitação, na modalidade de concorrência, à pessoa jurídica ou consórcio de empresas que demonstre capacidade para seu desempenho, por sua conta e risco e **por prazo determinado**;

III - concessão de serviço público precedida da execução de obra pública: a construção, total ou parcial, conservação, reforma, ampliação ou melhoramento de quaisquer obras de interesse público, delegada pelo poder concedente, mediante licitação, na modalidade de concorrência, à pessoa jurídica ou consórcio de empresas que demonstre capacidade para a sua realização, por sua conta e risco, de forma que o investimento da concessionária seja remunerado e amortizado mediante a exploração do serviço ou da obra **por prazo determinado; (grifo nosso).**

De outra monta, se o legislador se omitiu quanto a esta característica do prazo determinado no inciso IV, e não o fez nos incisos III e II que o precedem, pressupõe-se uma nítida intenção em deixar clara essa omissão quanto à permissão, e não uma mera falha textual.

Ademais, este entendimento também se justifica como sendo o prazo um dos critérios distintivos, dentre outros que decorrem da lei, entre a concessão e a permissão de serviço público.

Além disso, o não reconhecimento de tais distinções tornaria inócua a criação de dois institutos distintos que se prestam para o mesmo fim, que é a execução de serviço público por via de delegação contratual.

32.2. A Inexigibilidade da Modalidade de Concorrência na Licitação da Permissão

No que se refere à obrigatoriedade da licitação aplicável à permissão, a lei, por meio de seu art. 2º, inciso IV, explicita que esta existe, mas não faz nenhuma menção a respeito de ser também obrigatório o uso da modalidade de concorrência, tal qual se aplica à concessão.

Diante disso, parece cristalina a intenção do legislador ordinário de que no caso da permissão a licitação é obrigatória, mas pode, contudo, se dar por outras modalidades que não a concorrência.

32.3. Possibilidade de Delegação de Serviço Público à Pessoa Física

Mais uma característica que distingue a permissão da concessão é quanto à possibilidade da delegação da execução de serviço público à pessoa física ou jurídica, expressamente previsto no mesmo inciso IV do art. 2º. Na concessão, conforme já sabemos, não é lícito ocorrer a delegação à pessoa física.

32.4. Revogabilidade Unilateral do Contrato

Não obstante, tratar-se a permissão de um contrato administrativo, tal qual o é a concessão, aquela se reveste da qualidade de poder ser revogada unilateralmente, característica esta expressamente descrita no art. 40 da Lei 8.987/95.

Isto também se justifica pelo fato de não recair sobre ela a obrigatoriedade de um prazo determinado para o seu cumprimento, ficando tal revogabilidade a critério do Administrador Público responsável pela delegação do serviço público.

Questiona-se na doutrina a utilização do termo revogabilidade unilateral da permissão pelo poder concedente, citado no art. 40 da Lei Geral de Concessão, por uma incoerência com o que ocorre na prática, já que esta característica é também aplicável aos atos administrativos unilaterais.

Com efeito, esta característica da revogabilidade unilateral não se coaduna com a natureza da permissão, que é contrato de adesão, segundo a lei.

A doutrina aponta para o fato de que, quando o objeto em questão é um contrato, e não um ato, o termo correto que se aplica neste caso é o de rescisão unilateral, ou resilição unilateral, não se configurando correta a expressão revogação de contrato de permissão.

Finalizando a distinção entre concessão e permissão, podemos asseverar que a permissão, apesar de se constituir em um contrato, carrega sobre si uma precariedade maior em relação ao contrato de concessão, o que decorre do fato de não se estipular um prazo para a sua exploração pelo particular.

Sendo assim, aplicar-se-á um critério discricionário, de acordo com a oportunidade e a conveniência do Poder Público, o prazo de delegação de serviço público à particular firmado por meio de contrato de permissão.

Com efeito, isto conduz à realidade de que o particular não terá a garantia de um período previamente estabelecido e necessário à amortização de seu investimento, e que a decisão unilateral do Poder Público poderá gerar prejuízos ao permissionário do serviço público.

Além dos traços distintivos mencionados acima, os doutrinadores, atualmente, apresentam mais três diferenças, tais como:

1º - Quanto ao vulto econômico:

- **Concessão**: Sempre que a delegação de serviços públicos envolver grande vulto econômico, a hipótese será de concessão. Por exemplo, o serviço de Táxi Aéreo deve ser outorgado através de concessão (devido ao seu grande vulto econômico e para conferir maior estabilidade aos delegatários).
- **Permissão**: É própria para aplicação de pequeno vulto econômico, por ser precária, não tem tanta estabilidade como a concessão. Exemplificando: Táxi Rodoviário.

2º - Quanto ao delegatário do Serviço:

- **Concessão**: Esta modalidade de delegação só pode ser feita a pessoas jurídicas ou consórcio de empresas.
- **Permissão**: O delegatário, na Permissão, só pode ser pessoa jurídica ou pessoa física. Nesta, como se vê, o delegatário pode ser pessoa física.

3º - Quanto à Encampação:

- **Concessão**: A encampação gera indenização prévia, ou seja, a indenização é paga antes que a encampação seja consumada, de acordo com a previsão do art. 37 da Lei 8.987/95.
- **Permissão**: A indenização só vai ocorrer após o termino da encampação. O fundamento está no art. 79, § 2º da Lei 8.666/93, cuja redação encontra correspondência na atual Lei de Licitações e Contratos (Lei 14.133/21), em seu art. 138, § 2º, observe:

- **Art. 79, § 2º, Lei 8.666/93** - Quando a rescisão ocorrer com base nos incisos XII a XVII do artigo anterior, sem que haja culpa do contratado, será este ressarcido dos prejuízos regularmente comprovados que houver sofrido, tendo ainda direito a:

    I - devolução de garantia;

    II - pagamentos devidos pela execução do contrato até a data da rescisão;

    III - pagamento do custo da desmobilização.

    Art. 138, § 2º, Lei 14.133/21 - Quando a extinção decorrer de culpa exclusiva da Administração, o contratado será ressarcido pelos prejuízos regularmente comprovados que houver sofrido e terá direito a:

    I - devolução da garantia;

    II - pagamentos devidos pela execução do contrato até a data de extinção;

    III - pagamento do custo da desmobilização.

32.5. A relação da concessão e permissão com os princípios constitucionais

Quando nos reportamos ao tema da concessão e permissão de serviço público, não podemos ignorar o fato de que, embora estes institutos sejam caracterizados pela delegação do Poder Público para a execução do serviço às pessoas da iniciativa privada, o serviço prestado mantém a natureza e a titularidade públicas.

Com isso, cria-se a obrigatoriedade de que todo e qualquer serviço delegado por via de contrato de concessão e permissão mantenha consonância com os princípios constitucionais que regem a Administração Pública. Relacionamos, a seguir, os que se encontram inseridos no art. 37 da Constituição Federal, a seguir descritos:

> Art. 37 – A administração pública direta e indireta de qualquer dos Poderes da União, dos Estados, do Distrito Federal e dos Municípios obedecerá **aos princípios da legalidade, impessoalidade, moralidade, publicidade e eficiência** e, também, ao seguinte (...) (grifou-se).

Nesse sentido, a doutrina é uníssona em afirmar que os princípios que fundamentam os serviços prestados por via de concessão e permissão são verdadeiros desdobramentos necessários dos princípios constitucionais que se aplicam à Administração Pública.

Entretanto, além destes princípios elencados no art. 37 da Carta Maior, ressaltamos que os demais princípios que regem a Administração Pública são igualmente aplicáveis, sendo que alguns até mesmo se destacam no que alude ao tema da concessão e permissão de serviço público, como os da continuidade, mutabilidade do regime jurídico e igualdade dos usuários, dos quais faremos uma análise mais sucinta nesta sequência.

32.5.1. Princípio da Continuidade

32.5.1.1. O Princípio da Continuidade na Administração Pública Direta e Indireta

Salientamos, preliminarmente, que a importância de que se reveste este princípio da continuidade dentro do contexto organizacional da Administração Pública se estende à própria justificativa de que esta delegue a prestação de serviços públicos a terceiros.

Nos referimos às circunstâncias em que a Administração Pública Direta, por não dispor de meios necessários para a prestação de determinado serviço público, ou se encontrar, por qualquer outro motivo, na iminência de não poder prestá-los direta e adequadamente, delegue a prestação à iniciativa privada, evitando que ocorra a sua descontinuidade.

Portanto, é a partir deste contexto da obrigatoriedade da não interrupção da prestação do serviço público, que por vezes aflora a necessidade de delegação dos serviços de natureza pública à iniciativa privada, hipóteses em que o Estado passa a exercer o papel de regulador e fiscalizador, como já se ressaltou alhures.

Resta claro que esta delegação contratual por iniciativa do Poder Público resultará sumariamente na obrigação à obediência deste princípio da continuidade do serviço público pelo concessionário ou permissionário que passar a prestar tal serviço.

32.5.1.2. A Obrigatoriedade da Concessão e a Permissão Agregarem os Princípios da Administração Pública

Ao falarmos de concessão e permissão de serviço público, é relevante que se diga que quando o serviço concedido ou permitido passa a ser prestado por uma pessoa da iniciativa privada, isso não significa, em nenhum momento, que o serviço se transmuda em uma atividade econômica privada ou passa a ser regida pelas normas inerentes a esta.

Em assim sendo, a primeira observação pertinente que nos cabe fazer é a de que quando ocorrer a concessão ou permissão do serviço, isso não descaracteriza a sua natureza pública e não ocorre uma desagregação deste com os princípios do regime jurídico administrativo

A sua prestação se dará de forma regular, conforme estabelecido no próprio contrato de concessão ou permissão e nas normas regulamentares estipuladas pelo Poder Concedente e previamente conhecidas e aceitadas pela Concessionária ou Permissionária.

Neste caso, cabe até mesmo fazer uma associação do princípio da continuidade com o princípio da indisponibilidade do interesse público, onde o primeiro seria uma espécie de extensão deste ou seu corolário, pois que não cabe ao concessionário ou ao permissionário a decisão quanto à conveniência de interromper ou paralisar a prestação do serviço, tampouco de decidir quando é conveniente e oportuno prestá-lo.

Ao contrário, recai sobre o concessionário e o permissionário a obrigatoriedade de observância ao princípio da continuidade, o que se entende por uma prestação de serviço que atenda às características da periodicidade e da regularidade, e não o contrário, ressalvadas eventuais hipóteses de paralisação ou interrupção, com respaldo na regulamentação contratual e normativa fixada pelo Poder Concedente.

32.5.1.3. O Princípio da Continuidade na Lei nº 8.987/95

Vale lembrar que de acordo com a lei que rege a matéria da concessão e permissão, que é a Lei 8.987/95, a continuidade do serviço é uma das características do serviço adequado, conforme os seus preceitos legais inseridos no art. 6º, § 1º, *in verbis*:

> Art. 6º - **Toda concessão ou permissão pressupõe a prestação de serviço adequado** ao pleno atendimento dos usuários, conforme estabelecido nesta Lei, nas normas pertinentes e no respectivo contrato.
>
> § 1º **Serviço adequado** é o que satisfaz as condições de regularidade, **continuidade**, eficiência, segurança, atualidade, generalidade, cortesia na sua prestação e modicidade das tarifas. (**grifamos o original**)

Em face disso, em tese podemos fazer uma interpretação de que a prestação adequada do serviço, que é um pressuposto legal para que se formalize os institutos da concessão ou permissão, está atrelada, entre outras características, à sua continuidade.

Isso também equivale a dizer que a falta desta continuidade e a consequente inadequação na prestação do serviço, em linhas gerais, compromete a manutenção do contrato pactuado entre as partes, conforme as normas legais e contratuais que o regulam.

Por fim, concluímos que a inexecução total ou parcial do contrato, quando decorrer da descontinuidade na prestação do serviço, faz gerar o direito do Poder Concedente de declarar a sua caducidade ou a aplicação de sanções contratuais. É o que se deduz do texto do art. 38 da citada lei, já estudado, no entanto, valendo sua transcrição abaixo.

> Art. 38. A inexecução total ou parcial do contrato acarretará, a critério do poder concedente, a declaração de caducidade da concessão ou a aplicação das sanções contratuais, respeitadas as disposições deste artigo, do art. 27, e as normas convencionadas entre as partes.

De acordo com as narrativas até aqui auferidas, em conformidade com a Lei 8.987/95 a respeito do princípio da continuidade na concessão e permissão de serviço público, o concessionário ou o permissionário não se furtará do dever de prestar o serviço periódica e regularmente à população, sob pena de descaracterizar o pleno atendimento dos usuários.

Merece uma análise sucinta, portanto, os elementos da periodicidade e da regularidade no que tange às suas aplicabilidades aos casos práticos, tendo-se como base a regulamentação específica de cada serviço público.

32.5.1.4. A Análise dos Elementos da Regularidade e da Periodicidade Relacionados ao Princípio da Continuidade na Concessão e Permissão

Assunto que merece destaque no tocante à consagração do princípio da continuidade nos institutos da concessão e permissão é quanto aos elementos da regularidade e periodicidade, inerentes que são à prestação do serviço público, seja da forma direta ou indireta.

Contudo, convém que se releve que a aplicação da regularidade e da periodicidade não poderá transcorrer de maneira uniforme em toda e qualquer prestação de serviço público, havendo de se observar uma maior ou menor flexibilidade destes elementos, caso a caso e em suas respectivas regulamentações.

Nesse diapasão, podemos declarar com firmeza que determinados serviços públicos não podem ser paralisados, em razão da essencialidade de que se revestem para a manutenção da ordem, segurança ou saúde pública, a título de exemplo.

Outros, contudo, não ostentam um grau de essencialidade tão rigoroso, pressupondo a possibilidade de uma prestação que se coadune com a demanda de seus usuários, sem que se ponha em risco os mesmos elementos da ordem, segurança ou saúde pública, seguindo-se as hipóteses citadas.

Há que se observar ainda que a Lei 8.987/95 tratou de distinguir a influência da questão da continuidade aferida entre concessionários e usuários e entre concessionário e poder concedente.

32.5.1.5. A Relação da Continuidade entre Concessionário e Usuário

Quando a continuidade tiver relação com concessionário e usuário de serviço público, a Lei 8.987/95 dará amparo à questão com base no dispositivo contido no art. 6º, § 3º, sobressaindo o que se prescreve no inciso II.

> Art. 6º (...)
>
> § 3º **Não se caracteriza como descontinuidade do serviço a sua interrupção em situação de emergência ou após prévio aviso**, quando:
>
> I - motivada por razões de ordem técnica ou de segurança das instalações; e,
>
> II - por **inadimplemento do usuário**, considerado o interesse da coletividade. (grifo nosso).

Contudo, ocorre que a aparente garantia de que a lei proporciona a segurança ao concessionário, para que este, valendo-se do inadimplemento do usuário a que se refere o inciso II, tenha como certa a descaracterização da descontinuidade na prestação do serviço, não tem sido totalmente válida na prática.

Alguns entendimentos com sede jurisprudencial têm remetido a análise desta questão a um diferente foco, transcendendo o ideário traçado pelo legislador federal inserido na citada lei e flexibilizando o seu rigor.

No lugar de aplicar o dispositivo de forma genérica e no rigor da lei, estão cedendo lugar a uma ponderação que leve em conta o respeito e a dignidade do usuário do serviço público, que em linhas gerais é o cidadão, cujo direito à vida e à segurança, entre outros direitos essenciais, se encontram garantidos na Lei Maior do País.

É dentro deste raciocínio que os aplicadores da lei têm se debruçado para não fixar o dispositivo legal contido no inciso II, § 3º, do art. 6º, como uma regra generalizada, a ponto de tornar todo e qualquer inadimplemento do usuário em um instrumento válido para a descontinuidade do serviço pela concessionária ou permissionária.

Embora o fornecimento de energia elétrica seja um serviço público essencial, o inadimplemento do usuário justifica a interrupção da prestação do serviço se não estiver em jogo interesse coletivo.

A exploração de atividade recreativa, ainda quando se trata de clube de futebol, não assume o caráter de interesse coletivo a permitir, diante da falta de pagamento da tarifa em virtude dos serviços prestados, que a concessionária, após a notificação de débito, interrompa o fornecimento de energia elétrica.

Também no STJ há decisão acerca desse tema:

> PROCESSUAL CIVIL E ADMINISTRATIVO. AGRAVO REGIMENTAL. ENERGIA ELÉTRICA. INADIMPLÊNCIA. CORTE NO FORNECIMENTO. POSSIBILIDADE. INTERPRETAÇÃO SISTEMÁTICA DOS ARTS. 22 DO CÓDIGO DE DEFESA DO CONSUMIDOR E 6º, § 3º, II, DA LEI Nº 8.987/95.
>
> 1. O artigo 22, da Lei 8.078/90 (Código de Defesa do Consumidor), dispõe que "os órgãos públicos, por si ou suas empresas, concessionárias, permissionárias ou sob qualquer outra forma de empreendimento, são obrigados a fornecer serviços adequados, eficientes, seguros e, quanto aos essenciais, contínuos".
>
> 2. O princípio da continuidade do serviço público assegurado pelo art. 22 do Código de Defesa do Consumidor deve ser temperado ante a exegese do art. 6º, § 3º, II da Lei nº 8.987/95, que prevê a possibilidade de interrupção do fornecimento de energia elétrica quando, após aviso, permanecer inadimplente o usuário, considerado o interesse da coletividade. Precedentes.

3. Agravo regimental improvido.

32.5.1.6. A Relação da Continuidade entre Concessionário e Poder Concedente

Antes que adentremos na controvérsia que gira em torno desta questão acima suscitada, cumpre aduzir que quando a continuidade do serviço derivar de relação jurídica entre concessionário e poder concedente, outro será o desfecho.

Nestas hipóteses, o legislador federal tratou de fundamentar de forma expressa, no art. 39 da Lei de Concessão, a conduta a ser tomada pelo concessionário em caso de falha no cumprimento do contrato por culpa exclusiva do Poder Concedente, conforme transcrevemos e frisamos a seguir:

> Art. 39. **O contrato de concessão poderá ser rescindido por iniciativa da concessionária, no caso de descumprimento das normas contratuais pelo poder concedente**, mediante **ação judicial** especialmente intentada para esse fim.
>
> Parágrafo único. Na hipótese prevista no *caput* deste artigo, **os serviços prestados pela concessionária não poderão ser interrompidos ou paralisados**, até a decisão judicial transitada em julgado. (**destacou-se**).

O parágrafo único do art. 39 faz oportuna ressalta de que os serviços prestados pelo concessionário não podem ser interrompidos até a ação judicial transitada em julgado, impedindo com isso uma abrupta descontinuidade na sua prestação, o que se tornaria um transtorno para o seu usuário, seja este a população, seja o próprio Poder Público.

Isto nos leva a crer que o legislador tratou de ressaltar que a rescisão contratual por iniciativa do concessionário, ainda que demandada por motivo de descumprimento de normas contratuais por parte do Poder Concedente, não poderá se dar sem que a questão seja levada a Juízo e sejam esgotados todos os meios de defesa.

Sobrepõe-se ao direito de rescisão do concessionário o dever de que esta seja formalizada por meio de ação judicial intentada especificamente para este fim. Este fato ainda faz supor a superveniência do legalmente inquestionável direito de defesa a que fará jus o réu da ação, neste caso o Poder Concedente, em homenagem ao mandamento constitucional vigente, abaixo destacado:

> Art. 5º - Inciso LV – aos litigantes, em processo judicial e administrativo, e aos acusados em geral, são assegurados o contraditório e a ampla defesa, com os meios e recursos a ele inerentes.

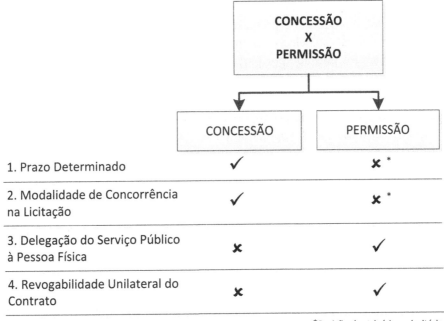

CONCESSÃO X PERMISSÃO	CONCESSÃO	PERMISSÃO
1. Prazo Determinado	✓	✗ *
2. Modalidade de Concorrência na Licitação	✓	✗ *
3. Delegação do Serviço Público à Pessoa Física	✗	✓
4. Revogabilidade Unilateral do Contrato	✗	✓

*Posição doutrinária majoritária
por ausência de previsão legal.

33. USUÁRIO E PODER CONCEDENTE: ATORES RESPONSÁVEIS PELA RESCISÃO CONTRATUAL PELO CONCESSIONÁRIO

Após esta análise da relação da continuidade do serviço entre concessionário e usuário e concessionário e poder concedente, com o fundamento legal da questão fincado na Lei 8.987/95, evidenciou-se que nas duas hipóteses encenadas pelos diferentes polos e a ordem acima descrita, é sempre o segundo elemento da relação contratual que deixa de cumprir uma obrigação regularmente imposta, dando causa ao primeiro, que é o concessionário, à descontinuidade do serviço, senão vejamos:

Na relação travada entre concessionário e usuário, quanto ao que consta no inciso II, é o usuário que deixa de cumprir a obrigação da contraprestação, que é o pagamento da tarifa, dando o direito à concessionária de interromper a prestação do serviço.

No segundo caso, integrado por concessionário e poder concedente, é este último que dá causa à rescisão pelo concessionário, através do descumprimento de normas contratuais. Neste caso, porém, a rescisão se dará pela via judicial, só gerando ao concessionário o direito da descontinuidade do serviço após decisão judicial transitada em julgado.

33.1. Análise da Controvérsia acerca do "Inadimplemento do Usuário" Prevista no Inciso II, § 3º do Artigo 6º da referida Lei nº 8.987/95

Art. 6º (...)

§ 3º Não se caracteriza como descontinuidade do serviço a sua interrupção (...)

(...)

II - por inadimplemento do usuário, considerado o interesse da coletividade.

Quando o legislador federal brasileiro regulamentou o art. 175 da Constituição Federal com a edição da Lei 8.987/95, que passou a ser designada doutrinariamente de Estatuto Geral de Concessão e Permissão, deixou expressa a sua preocupação quanto à continuidade do serviço público a cargo das concessionárias e permissionárias, em franca observância a um dos princípios que regem a Administração Pública Direta e Indireta.

Não obstante, por meio de um simples dispositivo inserido na lei, engessou uma forma de mitigação a este princípio da continuidade, segundo o que tem sido interpretado por parte da doutrina e jurisprudência que têm se dedicado na discussão do tema.

É com base neste raciocínio que a interpretação do inciso II, § 3º do art. 6º tem sido, em geral, favorável ao fato de que o legislador federal estabeleceu ali uma norma geral de mitigação do princípio da continuidade, quando o serviço público for prestado por particulares diretamente ao usuário, e havendo o inadimplemento deste.

Segundo este raciocínio, quando o usuário do serviço público se tornar inadimplente, será aclamado este preceito legal pelo concessionário ou permissionário e este se desobrigará de manter a continuidade da prestação do serviço, não obstando, a princípio, o interesse da coletividade.

33.2. Controvérsia no STJ

O que ocorre, de fato, é que dentro da própria jurisprudência do STJ – Superior Tribunal de Justiça, que é o órgão que interpreta o direito federal em última instância, não tem sido pacífica a interpretação deste dispositivo da lei, formando-se duas ocorrentes oponentes que sustentam divergências muito acentuadas quanto ao tema, que são em especial a 1ª e a 2ª Turmas do Tribunal.

33.2.1. Entendimento da 1ª Turma do STJ

No tocante ao entendimento acerca do art. 6º, § 3º, II, emitido por esta Turma do STJ, que é uma posição considerada bem consolidada e acolhida por acórdãos de diversos ministros daquela casa, a prestação de serviços públicos essenciais, como o caso de energia elétrica e abastecimento de água, ensejam uma interpretação do citado inciso II em consonância com o Código de Defesa do Consumidor.

Esta associação se dá, sobretudo, pelo termo final de seu texto que diz: "atendidos os interesses da coletividade", e a interpretação remete tal análise aos artigos 22 e 42 do CDC, que trazemos a seguir:

> Art. 22 – Os órgãos públicos, por si ou suas empresas, concessionárias, permissionárias ou sob qualquer outra forma de empreendimento, são obrigados a fornecer serviços adequados, eficientes, seguros e, quanto aos essenciais, contínuos.
>
> Art. 42 – Na cobrança de débitos, o consumidor inadimplente não será exposto a ridículo, nem será submetido a qualquer tipo de constrangimento ou ameaça.
>
> Parágrafo único – O consumidor cobrado em quantia indevida tem direito à repetição do débito, por valor igual ao dobro do que pagou em excesso, acrescido de correção monetária e juros legais, salvo hipótese de engano justificável.

Com base nestes dispositivos do Código do Consumidor, a 1ª Turma fundamenta sua posição e interpreta ser inviável a interrupção de serviços públicos quando estes são considerados essenciais, equiparando o usuário a um consumidor e atribuindo-lhe o direito que lhe é inerente sob este aspecto.

Em suma, impõe ao citado dispositivo da lei a característica de uma mitigação ao princípio da continuidade do serviço público pelas concessionárias e permissionárias, em caso de inadimplência do usuário, e quando esta inadimplência se atrela a serviços essenciais.

33.2.1.1. Primeiro Entendimento do Ministro Luiz Fux

Há uma passagem que é oportuna ser trazida nesta análise, para enfatizar o quanto a questão tem sido objeto de controvérsia e tem ensejado a falta de uniformidade de jurisprudência na análise deste tema dentro do próprio STJ.

Trata-se de dois fundamentos diferentes que foram emitidos por um respeitado ministro da 1ª Turma, Luiz Fux, que num primeiro momento, tratou a análise da inadimplência levando em conta o destinatário da prestação do serviço público pela concessionária.

Neste sentido, quando o credor se tratava do Poder Público, ou seja, quando era o próprio Estado ou o Município, por exemplo, ou um de seus órgãos, não seria correta a aplicação do art. 6º, § 3º, inciso II.

Fundava-se o acórdão no argumento de que a interrupção de um serviço essencial a um daqueles Poderes, quando na prática de suas atribuições legais e pertinentes, poderia colocar em risco a coletividade, que indiretamente também seria prejudicada pela prestação de seus serviços.

Apenas para ilustrar a cena, seria o caso de inadimplência referente ao pagamento de contas de luz cobradas pela Light, concessionária de serviço público, a uma delegacia de polícia, órgão público.

A interrupção na prestação deste serviço à delegacia, que seria o corte do fornecimento de luz, comprometeria a execução de seus serviços e colocaria em risco a continuidade do serviço de segurança pública relativa à polícia judiciária.

Dentro desta linha, há um acórdão da lavra do Ministro Luiz Fux em que ele afirma que tal artigo e seu inciso II se aplicam em situações em que o serviço é prestado *uti singuli* e não *uti universis*.

O que ele quis dizer com esta hipótese é que quando o consumidor-credor estivesse revestido na pessoa do Poder Público, e o serviço considerado essencial estivesse sendo prestado a este, se aplicaria o disposto no aludido preceito legal, não podendo se interromper a sua prestação.

Na verdade, este acórdão manteve a posição adotada pela 1ª Turma de revestir a aplicação do dispositivo legal em estudo da característica de uma mitigação ao princípio da continuidade do serviço público, mudando apenas o foco do raciocínio para dar respaldo a esta posição, conforme veremos adiante.

33.2.1.2. Segundo Entendimento do Ministro Luiz Fux, que Prevalece na 1ª Turma do STJ

Posteriormente, este mesmo Ministro retificou sua fundamentação, e em outros acórdãos passou a afirmar que o foco da questão se encontrava tão somente na essencialidade do serviço, considerado o interesse da coletividade, independentemente de quem fosse a pessoa inadimplente que teria seu serviço interrompido.

Com isso, transmudou sua posição e passou a se focar na prestação do serviço essencial, e nem quando estivesse sendo prestado diretamente aos usuários particulares poderia ser interrompido.

A partir de então, selou o entendimento predominante na 1ª Turma, de que o concessionário não poderá interromper a prestação de serviço ao usuário-credor quando o serviço for considerado essencial, fazendo alusão ao Código de Defesa do Consumidor e ao respeito à pessoa humana.

Desassociou também a ideia de que a ilegalidade da interrupção do serviço estaria vinculada ao seu destinatário, extinguindo a posição anteriormente tecida, de que a aplicação do inciso II, § 3º, art. 6º era concebida apenas ao Poder Público, e através da qual desconsiderava quaisquer hipóteses relevantes que levassem o usuário particular a inadimplir.

Sua nova fundamentação aplicada ao tema pode ser ratificada em acórdão por meio do qual discorre com elegância e firmeza sobre a atual posição que predomina na 1ª Turma a respeito da aplicabilidade do dispositivo legal em foco.

Transcrevemos a seguir a íntegra da decisão, cujo texto é enriquecido de fundamentação, além de ser o primeiro acórdão a respeito da controvérsia que gira em torno deste tema que faz alusão à dignidade da pessoa humana, a qual frisamos no texto, no que se refere a um usuário particular inadimplente de um serviço público executado por via de concessão ou permissão:

> Administrativo. Corte do Fornecimento de Energia Elétrica. Reconhecimento, Pelo Município, da Inadimplência do Pagamento da Tarifa Relativa à Iluminação Pública. "Unidades Públicas Essenciais". Ilegalidade. Segurança Pública. Interesse Da Coletividade. Garantia. Princípios Da Essencialidade E Continuidade Do Serviço Público. Observância.

A Corte Especial, no julgamento do AgRg na SS 1.497/RJ, perfilhou o entendimento de que:

> "Agravo Regimental – Suspensão – Deferimento – Fornecimento de Energia – Corte por Inadimplência – Município – Possibilidade.
>
> 1. A interrupção do fornecimento de energia elétrica por inadimplemento não configura descontinuidade da prestação do serviço público. Precedentes.
>
> 2. O interesse da coletividade não pode ser protegido estimulando-se a mora, até porque esta poderá comprometer, por via reflexa, de forma mais cruel, toda a coletividade, em sobrevindo má prestação dos serviços de fornecimento de energia, por falta de investimentos, como resultado do não recebimento, pela concessionária, da contraprestação pecuniária.
>
> 3. Legítima a pretensão da Concessionária de suspender a decisão que, apesar do inadimplemento, determinou o restabelecimento do serviço e a abstenção de atos tendentes à interrupção do fornecimento de energia, porque a questão relativa à eventual compensação de dívidas recíprocas não foi objeto da ação mandamental em que originada a decisão objeto do pedido de suspensão.
>
> 4. A Lei de Concessões, entretanto, estabelece que é possível o corte desde que considerado o interesse da coletividade (artigo 6º, § 3º, inciso II, da Lei 8.987/95), que significa não empreender o corte de utilidades básicas de um hospital ou de uma universidade, quando a empresa tem os meios jurídicos legais da ação de cobrança.
>
> 5. *In casu*, o acórdão recorrido assentou que a suspensão no fornecimento implicaria em ofensa ao interesse da coletividade, uma vez que "... a iluminação pública é serviço essencial ao bem-estar e segurança da população, que não pode ser punida com o corte, pois é ela que, ao fim e ao cabo, sofrerá o ônus. É

o cidadão, que paga seus tributos regularmente, que será penalizado. Não se pode olvidar, ainda, que se trata de uma concessão do serviço que deveria, sim, ser prestado pelo Estado. Por razões que ora não importam, o Estado concede a um particular a prestação deste serviço. E o fornecedor, no caso, dispõe dos mecanismos legais para se ressarcir, que é a ação de cobrança, não podendo lançar mão de meios nitidamente coercitivos para tanto.(...)". Segundo o Tribunal de origem, "há na espécie, nitidamente, afronta ao interesse público, com infringência, inclusive, de direitos fundamentais garantidos constitucionalmente. Efetivamente, o corte da energia elétrica ocasionaria todo tipo de transtorno, destacando-se entre eles a insegurança pública, tendo em vista que uma cidade às escuras propiciaria um campo fértil aos acidentes de automóveis, roubos e furtos, gerando um verdadeiro caos urbano. Destarte, correta a afirmação de que a energia elétrica é um bem essencial à vida na sociedade urbana moderna, não podendo ser o seu fornecimento suspenso unilateralmente, sem o embasamento, no mínimo, de uma decisão transitada em julgado".

5. O corte de energia nas repartições públicas municipais (Prefeitura municipal, escolas, Secretaria de Saúde e de Obras) e nos logradouros públicos atinge serviços públicos essenciais, gerando expressiva situação de periclitação para o direito dos munícipes.

6. As normas administrativas devem ser interpretadas em prol da administração, mercê de impedir, no contrato administrativo a alegação da *exceptio non adimplenti contractus* para paralisar serviços essenciais, aliás, inalcançáveis até mesmo pelo consagrado direito constitucional de greve.

7. Deveras, este relator, a despeito da jurisprudência majoritária desta Corte, tem ressalvado o entendimento de que o corte do fornecimento de serviços essenciais – água e energia elétrica – como forma de compelir o usuário ao pagamento de tarifa ou multa, extrapola os limites da legalidade e afronta a cláusula pétrea de respeito à dignidade humana, porquanto o cidadão se utiliza dos serviços públicos, posto que essenciais para a sua vida. O interesse da coletividade abrangeria não apenas o interesse público em sentido amplo (necessidades coletivas), como também o de uma pessoa que não possui módica quantia para pagar sua conta: em primeiro lugar, há que se distinguir entre o inadimplemento de uma pessoa jurídica portentosa e o de uma pessoa física que está vivendo no limite da sobrevivência biológica.

8. *In casu*, não se trata de corte de energia *uti singuli*, vale dizer: da concessionária versus o consumidor isolado, mas, sim, do corte de energia em face do Município e de suas repartições, o que pode atingir serviços públicos essenciais. A supressão da iluminação pública de Município afronta a expectativa da população no recebimento de serviço público essencial, constituindo ainda grave risco de lesão à ordem pública, atingindo toda a coletividade municipal.

9. Ademais, sucede que, na hipótese em comento, o inadimplemento municipal nem sequer é absoluto, uma vez que se encontra noticiado nos autos a quitação das faturas referentes às repartições públicas, sendo tão-somente confesso o atraso atinente à iluminação pública.

10. Precedente da Segunda Turma, da relatoria do Ministro Castro Meira, pugna pela impossibilidade de suspensão do fornecimento de energia elétrica de "unidades públicas essenciais", *verbis*:

"Processual Civil e Administrativo. Artigo 535 do Código de Processo Civil. Violação. Inocorrência. Suspensão do Fornecimento de Energia Elétrica. Impossibilidade. Inadimplemento. Unidades Públicas Essenciais. Interpretação Sistemática dos Arts. 22 do Código de Defesa do Consumidor e 6°, § 3°, II, da Lei n° 8.987/95. Divergência Jurisprudencial Indemonstrada.

(...)

2. O artigo 22 da Lei 8.078/90 (Código de Defesa do Consumidor), dispõe que: "os órgãos públicos, por si ou suas empresas, concessionárias, permissionárias ou sob qualquer outra forma de empreendimento, são obrigados a fornecer serviços adequados, eficientes, seguros e, quanto aos essenciais, contínuos".

3. O princípio da continuidade do serviço público assegurado pelo art. 22 do Código de Defesa do Consumidor deve ser amenizado, ante a exegese do art. 6°, § 3°, II da Lei n° 8.987/95 que prevê a possibilidade de interrupção do fornecimento de energia elétrica quando, após aviso, permanecer inadimplente o usuário, considerado o interesse da coletividade.

4. Quando o consumidor é pessoa jurídica de direito público, prevalece nesta Turma a tese de que o corte de energia é possível, desde que não aconteça de forma indiscriminada, preservando-se as unidades públicas essenciais.

5. A interrupção de fornecimento de energia elétrica de Município inadimplente somente é considerada ilegítima quando atinge as unidades públicas provedoras das necessidades inadiáveis da comunidade, entendidas essas - por analogia à Lei de Greve – como "aquelas que, não atendidas, coloquem em perigo iminente a sobrevivência, a saúde ou a segurança da população", o que se perfaz na hipótese.

(...)

7. Recurso especial improvido". (REsp 791.713/RN, Relator Ministro Castro Meira, Segunda Turma, DJ de 01.02.2006)

11. Recurso especial desprovido. (Resp 721.119/RS – Min. LUIZ FUX, 1ª Turma STJ, DJ 15.05.2019, p. 167).

33.2.1.3. Entendimento da 2ª Turma do STJ

A 2ª Turma do STJ se opõe ao entendimento da 1ª, sobressaindo a decisão da interpretação feita pela Ministra Eliana Calmon, em cujo acórdão expõe com exatidão que "quando o serviço é prestado pela concessionária ou permissionária de serviço público, ele tem natureza de direito privado, pois o pagamento é feito sob a modalidade de tarifa e não de taxa".

Dentro do seu raciocínio, o pagamento equivale a uma contraprestação pela prestação do serviço da concessionária, e sendo assim, poderá ser interrompido em caso de inadimplemento.

Fundamenta ainda a Ministra a sua posição a respeito da legalidade da interrupção do serviço no Código de Defesa do Consumidor, que aufere um foco diferente do que se vale a 1ª Turma, mas que torna o seu argumento substancioso, o que o torna respeitável no mundo jurídico.

Diz a ilustre Ministra que: "política social referente ao fornecimento de serviços essenciais faz-se por intermédio de política tarifária, contemplando equitativa e isoladamente os menos favorecidos".

Traduzindo a base de sua sustentação, entende a Ministra que a Lei 8.987/95 traz uma previsão expressa sobre a legalidade de que concessionários e permissionários possam interromper a prestação do serviço do usuário inadimplente, não se caracterizando, neste caso, a sua descontinuidade.

Então, seria um contrassenso atribuir a este mesmo dispositivo da lei um subterfúgio para proteger o inadimplente hipossuficiente, devendo estas hipóteses ser abordadas em matérias e regulamentações específicas.

Na sua opinião, esta brecha na lei equivaleria a descaracterizar o sentido dado pelo legislador quanto à hipótese de inadimplemento do usuário, em que a descontinuidade do serviço pelas concessionárias e permissionárias não é considerada uma inadequação na sua prestação.

Aduz ainda que a proteção que se pretende quanto ao usuário hipossuficiente, sobretudo a garantia da continuidade dos serviços considerados essenciais, mesmo em caso de inadimplemento, deve sobrevir por outras vias, e não por uma brecha no regulamento específico.

Nestas hipóteses, o próprio Poder Público deveria prover uma forma de assegurar aos hipossuficientes o direito de ter um tratamento diferenciado, mas pela vertente da política tarifária, como subsidiar tarifas, conceder descontos ou até gratuidades aos comprovadamente mais necessitados.

Valer-se da mitigação ao princípio da continuidade do serviço público, consagrado na norma geral do Estatuto das Concessões e Permissões, permite desviar a possibilidade da invocação do contrato não cumprido pelo concessionário e permissionário em relação ao usuário inadimplente.

Segue-se o acórdão ao qual nos referimos e que traça esta fundamentação que se opõe à da 1ª Turma. Vejamos:

Administrativo – Serviço de Fornecimento de Água – Pagamento à Empresa Concessionária Sob a Modalidade de Tarifa – Corte Por Falta de Pagamento: Legalidade.

1. A relação jurídica, na hipótese de serviço público prestado por concessionária, tem natureza de Direito Privado, pois o pagamento é feito sob a modalidade de tarifa, que não se classifica como taxa.

2. Nas condições indicadas, o pagamento é contraprestação, e o serviço pode ser interrompido em caso de inadimplemento.

3. Interpretação autêntica que se faz do CDC, que admite a exceção do contrato não cumprido.

4. A política social referente ao fornecimento dos serviços essenciais faz-se por intermédio da política tarifária, contemplando equitativa e isonomicamente os menos favorecidos.

5. Recurso especial improvido. (REsp 337.965/MG –MIN. Eliane Calmon, 2ª Turma STJ, DJ 20.10.2016)

33.2.1.4. Nosso Entendimento

De acordo com a nossa interpretação, os dois acórdãos transcritos, da 1ª e 2ª Turma, não contemplam, na íntegra, um convencimento sobre a controvérsia em foco.

A 1ª Turma, com destaque para o voto do Ministro Luiz Fux, o qual é perfilhado por diversos ministros daquela mesma Corte, acolheu a mitigação do princípio da continuidade do serviço público, a qual minimizará a aplicação do disposto no inciso II, § 3º, art. 6º da Lei Geral de Concessão e Permissão associado ao artigo 22 do Código de Defesa do Consumidor.

Em sua defesa, destaca que a inadimplência do usuário deve ser diretamente associada à essencialidade do serviço e ao interesse da coletividade, levando-se em conta, sobretudo, o grau de essencialidade que envolve a prestação do serviço e o tipo de interesse do usuário que será lesado pela sua descontinuidade.

Aponta para a tese de que concessionários e permissionários não poderão se valer, na íntegra, do que prevê a Lei 8.987/95 quanto ao direito de interrupção do serviço, em caso de inadimplemento do usuário, sem que se leve em conta o grau de essencialidade de que este se reveste.

Além disso, faz menção de que o usuário é antes de tudo um cidadão, o qual encontra constitucionalmente direitos assegurados de maior relevância, referindo-se, inclusive, ao princípio da dignidade da pessoa humana.

A 2ª Turma, por seu turno, direcionou seu entendimento com fundamento de que não se pode excepcionar o princípio da continuidade do serviço público dentro da Lei 8.987/95, ressaltando inclusive que concessionários e permissionários poderão se valer da Exceção do Contrato não Cumprido, em caso de inadimplemento do usuário do serviço concedido ou permitido.

Destacou que os casos isolados referentes aos usuários menos favorecidos financeiramente devem ser contemplados por meio de uma política tarifária, e com o uso de instrumentos criados, dentro deste segmento, para este fim específico de conceder descontos ou gratuidades.

Deixa claro, contudo, que a hipossuficiência do usuário inadimplente não pode ser avocada como meio de mitigar o princípio da continuidade do serviço público.

O que entendemos, não obstante, a interpretação das citadas Cortes, é que faltou em cada uma dessas avaliações enfatizar que a hermenêutica do dispositivo legal do art. 6º, § 3º, inciso II da Lei 8.987/95, quanto à questão de ser ou não possível excepcionar o princípio da continuidade do serviço público ao usuário inadimplente, dá um maior enfoque de índole constitucional.

Pela nossa tese, a caracterização de um serviço como essencial, no estudo desta questão, deve ter o grau de sua essencialidade indispensavelmente balanceado com a preservação da vida, com a subsistência do cidadão e com a dignidade da pessoa humana, transfigurando-se a plena incidência do dispositivo do art. 6º do normativo inconstitucional.

No mínimo, poderia atribuir à citada norma legal a natureza de um direito infraconstitucional, e cuja mitigação estaria diretamente relacionada a situações específicas.

Sendo assim, de acordo com cada caso, comprovando-se o grau de essencialidade do serviço, a mitigação estaria comprometida com a observância, em especial, da dignidade da pessoa humana e do direito à vida, sendo estes os direitos mais supremos assegurados em sede constitucional.

Em face destas garantias constitucionais, sobrepõe-se o compromisso do Poder Público em relação a seus administrados, e tais garantias se sobressaem perante o direito de concessionário ou permissionário interromper a prestação de um serviço essencial.

Há que se levar em conta o interesse da coletividade tanto em seu sentido lato, quanto o de cada pessoa, isoladamente, em relação à sua dignidade humana, sob pena de a interrupção de um serviço essencial pelas concessionárias ou permissionárias poder adentrar na esfera da inconstitucionalidade.

34. A PREVISÃO DA INVOCAÇÃO DO CONTRATO NÃO CUMPRIDO PELO CONTRATADO EM CASO DE DESCUMPRIMENTO DO PODER CONCEDENTE

Apesar de já termos adiantado parte desse conteúdo anteriormente, cumpre tornar o assunto amiúde nesse momento.

Na relação de inadimplência em que forem partes concessionário e poder concedente, estipulado pela Lei 8.987/95 em seu art. 40, devemos registrar que este dispositivo também é considerado controvertido.

O legislador federal foi incisivamente rigoroso ao prever uma expressa vedação à invocação de exceção de contrato não cumprido por parte do concessionário ou permissionário, até que ocorra o trânsito em julgado da decisão, conforme se depreende do texto do parágrafo único do art. 39, *in verbis*:

> Art. 39. (...) Parágrafo único. Na hipótese prevista no *caput* deste artigo, os serviços prestados pela concessionária **não poderão ser interrompidos ou paralisados, até a decisão judicial transitada em julgado**. (**frisamos o texto original**).

Neste aspecto, o Estatuto Geral de Concessão e Permissão, Lei 8.987/95, ao introduzir a expressão ao final do parágrafo único do art. 39 "até a decisão judicial transitada em julgado", retroagiu em relação à Lei Geral de Licitação (Lei 8.666/93) a qual já havia abrandado o tratamento da questão em relação à lei que esta revogou.

34.1. A Previsão do Contrato Não Cumprido Antes e Depois da Lei 8.666/93

Pela antiga Lei de Licitação brasileira, que era o DL 2.300/86, prevalecia a regra da impossibilidade de invocação da *exceptio inadimplenti contractus*. O advento da Lei 8.666/93 amenizou este tratamento dado ao contrato administrativo, introduzindo uma nova regra para nortear a questão.

Pela nova regra da Lei 8.666/93, passou a ser admitido no contrato administrativo que o contratado poderia paralisar a sua prestação, passados 90 (noventa) dias do inadimplemento pelo poder público.

Como é comum no Direito brasileiro, esta nova regra também gerou controvérsias na sua interpretação, e parte da doutrina, com a qual compactuamos, passou a entender que a paralisação do serviço poderia se dar automaticamente logo após a extinção deste prazo de 90 dias.

Outra corrente, com interpretação oposta, afirmava que o decurso do prazo de 90 dias era condizente apenas com o direito do contratado de ajuizar ação para tentar obter liminarmente o direito de paralisação da prestação do serviço, não nos esquecendo que estamos tratando de contrato administrativo típico, regido pela Lei 8.666/93; hoje, Lei 14.133/21.

Por isso, para essa 2ª Corrente, o prazo de 90 dias criado pela Lei 8.666/93 seria equivalente ao prazo de carência para o contratado, que somente depois de expirado, poderia entrar em juízo pleiteando a tutela jurisdicional para a paralisação do serviço.

Entendemos, contudo, que este entendimento não é correto, e que a intenção do legislador federal foi a de mitigar o *Princípio da Ininvocabilidade de Exceção do Contrato não cumprido* pelo contratado, já que durante a vigência do DL 2.300/86 não era possível, parecendo-nos claro o propósito do legislador de alterar aquela postura legal.

34.2. O que Entende a Doutrina a Respeito da Retrocessão do Legislador Federal da Lei 8.987/95 em Relação à Lei 8.666/93?

De acordo com o item acima abordado, não há que se negar que o legislador federal ao editar a Lei Geral de Concessão e Permissão, Lei 8.987/95, agiu imbuído de certo retrocesso em relação à iniciativa adotada pelo legislador da Lei de Licitação, 8.666/93, quando aquele alterou o revogado DL 2.300/86 e criou o benefício, ainda que relativizado, para o contratado invocar a exceção do contrato não cumprido pelo poder concedente.

Ao editar a Lei 8.987/95, o legislador federal voltou a vedar esta garantia ao contratado, no caso o concessionário ou o permissionário, exigindo que este se submeta aos trâmites judiciais normais, por via de ação intentada para este fim específico, e mantenha a prestação do serviço até que ocorra o trânsito em julgado da sentença de rescindir o contrato de concessão ou permissão.

A toda evidência, o legislador atribuiu ao concessionário ou permissionário não apenas o fardo de ter de se submeter a um processo judicial, o que por si só pode demandar um tempo relativamente grande e inconveniente para aquele.

Além disso, exigiu que se mantenha a prestação do serviço até o trânsito em julgado da decisão, o que certamente vai gerar uma onerosidade àquele, mesmo que esteja à mercê de ter prosperado o seu pleito judicial.

Alega grande parte da doutrina que quanto à exigência da propositura de ação judicial para apenas posteriormente rescindir o contrato de concessão ou permissão, esta decorre da verticalidade existente entre poder público e concessionário ou permissionário.

Já no que alude à exigência do trânsito em julgado da decisão judicial, para que concessionário ou permissionário obtenha o direito de rescindir o contrato não cumprido pelo poder concedente e paralise a sua prestação, a doutrina tem entendido se tratar de um dispositivo inconstitucional.

Com base neste entendimento, é gerado o direito ao concessionário de pleitear uma medida judicial liminarmente, posto tratar-se de uma medida de emergência, que lhe assegure a paralisação do serviço, ou pelo menos a sua redução.

A medida liminar a seu favor poderá livrá-lo de uma onerosidade excessiva e injusta, já que a demanda judicial poderá tramitar por anos até que ocorra o trânsito em julgado da decisão final, desconfigurando, inclusive o equilíbrio econômico-financeiro a que faz jus concessionário e permissionário.

35. PRINCÍPIO DA IGUALDADE DOS USUÁRIOS

A aplicação dos princípios que regem a Administração Pública aos institutos da Concessão e Permissão é fato notório dentro do estudo do tema, e significa que concessionários e permissionários não podem atribuir um tratamento diferenciado aos usuários.

Com isso, em regra, todo e qualquer usuário de serviço público concedido ou permitido deve ter o mesmo tratamento, salvo hipóteses em que seja explícito um fator relevante que justifique este tratamento diferenciado, seja ele mais benéfico ou menos favorecido em relação aos demais usuários.

Ocorre que a Lei 8.987/95 traz uma previsão em seu art. 13, tecendo uma regra que faz surgir um tratamento diferenciado quanto às tarifas dos usuários, cujo atendimento faz pressupor características técnicas e custos específicos. Vejamos o artigo com os frisos pertinentes:

> Art. 13. As tarifas poderão ser **diferenciadas em função das características técnicas e dos custos específicos** provenientes do atendimento aos **distintos segmentos de usuários**. (grifo nosso).

Criou então o legislador federal a opção de que concessionário ou permissionário poderá traçar uma diferenciação quanto ao valor da tarifa, de acordo com a área do serviço prestado e com as características e os custos específicos de cada uma.

Sendo assim, tanto poderá majorar quando diminuir o valor da tarifa, proporcionalmente ao que demandar a prestação do serviço, incluídas as diferenciações previstas pela lei, tudo sob a fiscalização e o controle do Poder Concedente.

Inobstante esta previsão legal de cunho técnico e ser avaliada por meio de política tarifária, acusamos outra forma de possibilidade em que o Poder Público poderá conceder um tratamento diferenciado a usuários de serviços públicos concedidos ou permitidos, no caso de determinadas categorias de pessoas.

Abrangeremos aqui a gratuidade que se aplica a três categorias, que são: 1- maiores de 65 anos, que terão gratuidade nos serviços públicos de transporte coletivo; 2- deficientes físicos; e 3- estudantes da rede pública.

Não raro, algumas dessas gratuidades são questionadas em Juízo, onde, em geral, as concessionárias alegam que a justificativa para o tratamento diferenciado está transcendo o princípio da razoabilidade, por não estar sendo atendido, em contrapartida, a recomposição do equilíbrio econômico-financeiro, a qual se obriga o Poder Público nestas hipóteses.

36. EQUILÍBRIO ECONÔMICO-FINANCEIRO NOS CONTRATOS DE CONCESSÃO E PERMISSÃO

A análise a respeito do equilíbrio econômico-financeiro a que fazem jus concessionários e permissionários deve ser precedida de uma observância no próprio contrato objeto de concessão ou permissão.

Nos casos de concessão de serviço público precedida de obra pública e de permissão, cujas previsões se encontram inseridas no artigo 2º, incisos III e IV da Lei 8.987/95, respectivamente, tem-se a hipótese em que concessionário e permissionário exploram o serviço por sua conta e risco.

Nestes casos, a lei deixou claro nos supracitados dispositivos legais que o risco é do próprio concessionário e permissionário, não havendo que se falar em repasse de risco da atividade econômica para o Poder Concedente.

Por outro lado, o mesmo Estatuto Geral de Concessão e Permissão assegura ao concessionário ou ao permissionário o direito ao equilíbrio econômico-financeiro, fazendo surgir um questionamento a este respeito. Vejamos abaixo:

Em que casos a diminuição do lucro em proveito econômico do empresário é absorvida pelo risco assumido na prática da atividade econômica? E em quais situações o empresário fará jus a uma recomposição deste equilíbrio econômico-financeiro, pela superveniência de motivos que transcenderam a assunção do risco?

Apenas para frisar, o Estado tem à sua disposição diversos critérios que poderão ser concedidos ao concessionário ou permissionário para a recomposição do equilíbrio econômico-financeiro.

Apenas para citar alguns, trazemos a majoração do valor das tarifas, o aumento do prazo de concessão ou permissão estabelecido no contrato, os financiamentos com juros baixos, a subconcessão, os empréstimos etc.

A Lei 8.987/95 buscou abranger estas hipóteses dentro do Capítulo dedicado à disciplina da Política Tarifária, e em especial em seu art. 9º tratou da questão mais especificamente em seu § 2º, como a seguir descrevemos e frisamos:

> Art. 9º
>
> (...)
>
> § 2º Os contratos poderão prever mecanismos de **revisão das tarifas, a fim de manter-se o equilíbrio econômico-financeiro.**

Este dispositivo da lei já trouxe uma mitigação para as modalidades de prestação de serviço inseridas nos incisos II, III e IV do art. 2º, pois se por um lado a lei edita que concessionário e permissionário agirão por sua conta e risco na prestação do contrato, por outro, esta mesma lei ameniza este encargo ao prever o direito da revisão das tarifas no art. 9º, § 2º, a fim de que seja mantido o equilíbrio econômico-financeiro.

O legislador federal ratifica ainda esta postura a favor do concessionário e permissionário ao trazer nos §§ 3º e 4º desse mesmo art. 9º previsões legais em que estes terão o direito à recomposição do equilíbrio econômico-financeiro, detalhando, inclusive, situações mais específicas.

> Art. 9º (...)
>
> (...)
>
> § 3º Ressalvados os impostos sobre a renda, a criação, alteração ou extinção de quaisquer tributos ou encargos legais, após a apresentação da proposta, quando comprovado seu impacto, implicará a revisão da tarifa, para mais ou para menos, conforme o caso.
>
> § 4º Em havendo alteração unilateral do contrato que afete o seu inicial equilíbrio econômico-financeiro, o poder concedente deverá restabelecê-lo, concomitantemente à alteração.

Estes dispositivos da lei deixam registrada a obrigatoriedade com a qual são contemplados concessionário e permissionário, por meio de respaldo legal, de serem recompensados por situações que ocorram posteriormente ao estabelecido no contrato, e que alterem os seus equilíbrios econômico-financeiros.

37. CONCLUSÃO

A acurada análise dos institutos da concessão e permissão de serviços públicos, aqui dedicadamente, empreendida, visou apresentar um panorama atualizado acerca do tema, congregando aspectos teóricos que envolveram legislações (constitucional, federal, estadual e municipal, seja de caráter geral ou especial); robusto arcabouço doutrinário; a visão mais recente dos Tribunais sobre a matéria, e diversas referências à Lei 14.133/21 (nova Lei de Licitações e Contratos Administrativos), que apesar de hoje vigorar em parte, encontrará o seu vigor pleno em 1º de abril de 2023.

Por isso e, derradeiramente, nada mais importante do que olhar para o tema das concessionárias e permissionárias de serviços públicos sob a ótica da nova Lei de Licitações, tendo em vista a relevância de suas inovações trazidas ao cenário jurídico-administrativista brasileiro.

CAPÍTULO
IX

CONCESSÃO ESPECIAL DE SERVIÇOS PÚBLICOS PARCERIAS PÚBLICO-PRIVADAS, LEI 11.079/04 (PPPs)

1. CONSIDERAÇÕES INICIAIS

A Lei nº 11.079, de 30 de dezembro de 2004, regulou as Parcerias Público-Privadas (PPPs) e teve sua origem no Projeto de Lei nº 2.546/03, que foi remetido à Câmara dos Deputados em novembro de 2003 como sendo uma "alternativa indispensável para o crescimento econômico, em face das enormes carências sociais e econômicas do País, a serem supridas mediante a colaboração positiva do setor público e privado".

A adoção desta política de parceria significa um marco de flexibilização e da clara busca de uma administração que intermedeie a política de privatização e a gestão conservadora e corporativista. Esta última traz as marcas de um Estado ineficiente e ineficaz, que atraiu para si um grande leque de competências as quais não foi capaz de arcar e cujas consequências são as falências públicas dos diversos serviços prestados à comunidade.

Reconhecendo os limites da prestação direta de serviços públicos pelo Estado e na busca de atender às expectativas das sociedades em massa, suas necessidades crescentes e cada vez mais exigentes, deu-se início ao processo de reforma administrativa, adotando o modelo de privatização, aprimorando o de concessão de serviço público e deixando ao Estado um papel meramente gerencial e regulador.

A lei das parcerias público-privadas foi a via escolhida para solucionar esta questão ainda pendente. Por meio desta lei, o Governo tem o escopo de atrair o capital da iniciativa privada para o setor público e tornar o país apto para assumir uma administração mais ágil e eficiente. Pode-se ressaltar que esta iniciativa também concretiza uma forma de expressão, inclusive, da responsabilidade social a atribuída ao capital privado.

Na nossa visão, essa lei reside num grande aperfeiçoamento da Lei da Concessão Comum (Lei 8.987/95) porque visa estimular o investimento do setor privado no setor público, mas detém diferenças interessantíssimas da concessão tradicional.

Podemos citar, a título de exemplo, a Via Dutra que foi realizada pela concessão comum (Lei 8.987/95). Na concessão comum, construiu-se o Metrô e, assim, que o Metrô começou a funcionar, houve o pagamento do usuário ao concessionário, via tarifa.

Dentro do contexto da estrutura política do país, verifica-se que as Parcerias Público-Privadas (PPPs) se situam no Segundo Setor do Estado Gerencial Brasileiro, qual seja, o qual se iniciou na era do Governo Fernando Henrique Cardoso através da Lei nº 8.987/95, tendo sido inclusive um marco de seu Governo duramente criticado, à época, pela oposição.

O Segundo Setor é justamente o que abarca as parcerias entre o Poder Público e a iniciativa privada, e que encerra em si o contexto do que se espera do Estado Gerencial, que este assuma a postura de Estado mínimo, passando a desenvolver apenas o papel regulador, fato este que justifica a criação das agências reguladoras hoje existentes, para atuarem como controladoras das concessionárias e permissionárias de serviço público, papel este antes desempenhado pelo Estado.

2. A COMPETÊNCIA DA UNIÃO PARA LEGISLAR NORMAS GERAIS DE LICITAÇÃO

De acordo com o artigo 22, inciso XXVII da Constituição da República "compete privativamente à União legislar sobre normas gerais de licitação e contratação, em todas as modalidades, para as administrações públicas diretas, autárquicas e fundacionais da União, Estados, Distrito Federal e Municípios, obedecido o disposto no artigo 37, XXI, e para as empresas públicas e sociedades de economia mista, nos termos do artigo 173, parágrafo 1º, III".

Foi valendo-se dessa prerrogativa que o Governo federal encaminhou à Câmara dos Deputados o projeto de Lei nº 2.546/03, o qual previa normas para licitação e contratação das PPPs – Parcerias Público-Provadas no âmbito da Administração Pública, tendo este resultado na Lei federal nº 11.079/04.

Portanto, a nova lei passou a dispor sobre normas gerais de licitação e contratação de parceria público-privada no âmbito dos Poderes da União, Estados, Distrito Federal e Municípios, cuja competência legislativa se encontra constitucionalmente elencada.

A aprovação desta lei representou um grande avanço nas relações entre os setores púbico e privado, sobretudo se comparado à legislação anteriormente predominante acerca da matéria de licitação e contrato.

A iniciativa e o empenho do Governo federal para implantar as PPPs – Parcerias Público-Privadas encerram a consciência de que os seus recursos não são inesgotáveis, e que, em última instância, este não possui os recursos suficientes a serem aplicados na prestação de serviços públicos e na criação da infraestrutura de que o país necessita, sobretudo para incrementar as atividades de importação e exportação que têm se destacado ultimamente no país.

Através das PPPs o governo cria um verdadeiro incentivo para que a iniciativa privada invista em obras de infraestrutura e na prestação de serviços públicos, aportando seu capital e aplicando sua experiência gerencial. Com efeito, além de o setor público se beneficiar da qualidade e da eficiência advindas do setor privado, fá-lo-á sem ter que arcar, num primeiro momento, com o ônus deste benefício.

Em suma, com a efetivação destes investimentos, o Governo passará a oferecer serviços públicos de qualidade, sem que para isso seja necessário destinar recursos próprios, e tornar real a efetivação de grandiosos projetos até então economicamente inviáveis, embora necessários ao desenvolvimento.

3. ÁREA DE INCIDÊNCIA DAS PPPs

É SEMPRE IMPORTANTE LEMBRAR

Não obstante, o grande foco desta parceria colimar a área de infraestrutura, imperioso enunciar que ela também poderá se ocorrer nas diversas áreas da prestação de serviços à comunidade, tais como saúde (na construção de hospitais), educação (construção de escolas), malhas de transportes (construção de estradas, portos, ferrovias), saneamento básico, energia e até mesmo em projetos de esportes (construção de estádios poliesportivos).

4. O QUE IMPLICA NO SUCESSO DAS PPPs

Ressalta-se a importância do empenho do Poder Legislativo na busca de trazer às vias legais novas leis que sustentem as mudanças político-administrativas que se sucederão no país. É necessário suprir o administrador com instrumentos legais para que este adote políticas públicas que sejam capazes de atender às demandas crescentes e renovadoras de infraestrutura e da prestação de serviços à sociedade, com uma legislação consistente que preveja a aplicação de recursos financeiros e de gestão especializada na aplicação de bens e serviços públicos.

Da mesma forma, deve-se ressaltar a importância da estabilidade de um marco regulatório, indispensável para atrair a confiança do investidor, sobretudo em projetos de grande porte, com os quais almeja o Governo por meio das parcerias público-privadas.

Na esfera legislativa, pode-se afirmar que foi a Constituição Federal de 1988 que selou a tendência para a captação de recursos na iniciativa privada, juntamente com a adoção de um espírito empresarial e um sistema de competição de mercado, ao estatuir a ordem econômica e financeira em seu Título VII. Neste mesmo diapasão estão as legislações infraconstitucionais, tais como o Dec.-lei 200/67 e as Leis Federais nº 8.987/95 e 9.074/95, entre outras.

Além da visível necessidade de uma eficaz legislação que dê respaldo jurídico aos trâmites dos contratos das PPPs, o sucesso destas Parcerias parece estar diretamente ligado ao convencimento do parceiro e financiador privados, no sentido de que estes têm total garantia quanto às obrigações contratuais do Setor Público.

A certeza de garantia quanto às obrigações contratuais deve advir tanto do Governo, que deverá honrar o cumprimento das cláusulas do contrato, quanto dos meios legais de que se valerá o credor para executar a suposta dívida gerada pela falta de pagamento do Poder Público.

Deve-se registrar que na Inglaterra, país onde se origina as PPPs, não há questionamentos quanto à garantia do sucesso das PPPs no que tange à obrigação contratual do Poder Público, posto que o Governo britânico é, reconhecidamente, um fiel cumpridor de suas obrigações financeiras, não subsistindo motivos para dúvidas de que os parceiros privados serão efetivamente ressarcidos com a contraprestação de que dispõe a Lei das PPPs.

Contudo, este cenário de segurança não é o mesmo que impera no Brasil, sobretudo quando um novo Governo alega que não poder honrar os compromissos assumidos pelo seu antecessor, pois correria o risco de comprometer o orçamento público.

Este fato é noticiado com muita frequência nos Governos das três esferas da Federação, que assumem compromissos cujos desfechos comprovadamente não alcançariam o final de seus mandatos, restando pendentes para o Governo subsequente e quase sempre sendo interrompidos. A uma, porque tal projeto não constava no rol de compromissos assumidos na campanha eleitoral, a duas porque a continuidade do investimento poderia comprometer a verba pública de que dispõem para efetivar as propostas assumidas.

Um dos requisitos fundamentais para o sucesso das PPPs é, sem dúvida, a consagração de um contrato que contenha expressa e exaustivamente os requisitos e condições de autorização para que se efetive a transferência de controle da Sociedade de Propósito Específico para os financiadores do projeto, quando necessário à reestruturação financeira e à continuação dos serviços, nos termos do artigo 9º, § 5º da Lei 11.079/04 não se furtou de elencar as garantias referentes às obrigações pecuniárias da Administração Pública, o que o faz em seu artigo 8º, a seguir descritas:

Art. 8º As obrigações pecuniárias contraídas pela Administração Pública em contrato de parceria público-privada poderão ser garantidas mediante:

I – vinculação de receitas, observado o disposto no inciso IV do art. 167 da Constituição Federal;

II – instituição ou utilização de fundos especiais previstos em lei;

III – contratação de seguro-garantia com as companhias seguradoras que não sejam controladas pelo Poder Público;

IV – garantia prestada por organismos internacionais ou instituições financeiras que não sejam controladas pelo Poder Público;

V – garantias prestadas por fundo garantidor ou empresa estatal criada para essa finalidade;

VI – outros mecanismos admitidos em lei.

Há ainda a figura do seguro-garantia, que será contratado entre as companhias seguradoras que não sejam controladas nem tenham vínculos com o Poder Público. Este seguro-garantia tem por objetivo cobrir os riscos no que concerne ao cumprimento das obrigações por parte do segurado, que é a própria Administração Pública. Esta seguradora será responsável pelo pagamento de indenização equivalente à obrigação que deixou de ser cumprida ao beneficiário.

IMPORTANTE REGISTRAR

Vale ressaltar que nestes seguros os financiadores poderão, a critério da Administração Pública, serem designados diretamente como beneficiários nas apólices, fato este que se constitui numa grande garantia para que estes integrem a relação contratual das parcerias público-privadas.

Portanto, é critério inerente à Administração Pública determinar nas cláusulas contratuais quem será o beneficiário da apólice do seguro-garantia, se o parceiro ou o financiador privado.

No que tange à extensão do custo para o benefício do referido seguro, assevera-se que este estará relacionado diretamente ao risco de inadimplemento do órgão da Administração Pública contratante.

Vislumbra-se, ainda, a possibilidade de garantia decorrente de órgãos internacionais, como é o caso do Banco Interamericano de Desenvolvimento – BID, ou de bancos privados que não sejam controlados pelo Poder Público, além dos próprios financiadores dos projetos das Parcerias Público-Privadas.

Além dos já mencionados, a Lei das PPPs dispõe sobre a possibilidade de se utilizar "outros mecanismos legalmente admitidos" como garantia às obrigações da Administração Pública. Com isso, o legislador flexibilizou a via que será escolhida para efetivar tais garantias do parceiro público.

5. DO CONTRATO DAS PPPs

As parcerias público-privadas se constituem em um contrato entre a Administração Pública e um parceiro privado, o qual terá início com o acordo de vontade entre as partes. Primeiramente, por iniciativa do Poder Público, será feita uma oferta a qual será aceita ou não pelo parceiro privado.

Registre-se que a destinação das parcerias público-privadas não é exclusivamente a prestação de serviço público e a criação de infraestrutura, embora estas sejam as regras de seus objetivos. Não obstante, poderão ter fim diverso, tal como a destinação em projetos ambientais, tão importantes e em voga atualmente.

Neste diapasão, vislumbra-se um vasto campo de atividades a serem exploradas pelas ditas parcerias, haja vista a demanda cada vez maior de projetos ambientais que carecem de implementação no país, a fim de adequarem o meio ambiente nacional às exigências legais nacionais e internacionais, cada vez mais rígidas.

Oportuno também ressaltar que os contratos das PPPs não poderão ter como objeto a transferência de débitos e a consequente economia de gastos públicos. A finalidade de tais contratos deverá se atrelar a uma maior quantidade e melhor qualidade da prestação de serviços públicos. Em suma, busca-se a eficiência e a qualidade dos serviços prestados pela iniciativa privada, já que esta, se encontra constantemente à mercê da concorrência de mercado, e, para tanto, deve buscar cada vez mais a qualidade de suas iniciativas.

As parcerias público-privadas são formas de associação entre a Administração Pública e o particular. Da mesma forma, os são as concessões, permissões e privatizações.

Portanto, deve estar clara a distinção entre PPPs e privatização. Quando se efetiva um contrato de parceria público-privada não há que se falar na transferência de controle das políticas públicas para a iniciativa privada. Em outras palavras, a iniciativa privada não adquire a titularidade da atividade pública objeto do contrato, tampouco terá a Administração Pública a dilapidação de seu patrimônio, quando da efetivação desse contrato de parceria.

Neste sentido, imperioso que o contrato se cerque de cláusulas elucidativas que expressem a extensão e os limites da associação pública e privada, e que disponha expressamente sobre a função reguladora que caberá à Administração Pública.

Da mesma forma, a fim de evitar eventuais abusos na taxação das tarifas públicas que serão cobradas aos usuários do serviço, o contrato deverá estabelecer previamente os índices de variação de preços das referidas tarifas. Por isso, o contrato deverá abarcar, previamente, as regras a serem aplicadas na associação público-privada, sempre sob a orientação de especialistas, delimitando a atuação de ambos e estabelecendo a supremacia do Poder Público, sobretudo na função regulatória.

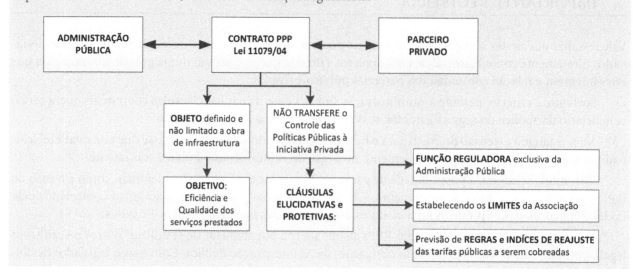

6. COMPETÊNCIA DOS ENTES DA FEDERAÇÃO

O artigo 1º da lei repete o texto do *caput*, elencando os entes da Federação que poderão legislar sobre a matéria, quais sejam, "União, Estados, Distrito Federal e Municípios".

Já o parágrafo único do mesmo artigo 1º estende a aplicação desta lei aos "órgãos da Administração Pública direta dos Poderes Executivo e Legislativo, aos fundos especiais, às autarquias, às fundações públicas, às empresas públicas, às sociedades de economia mista e às demais entidades controladas direta ou indiretamente pela União, Estados, Distrito Federal e Municípios".

Nesta hipótese, acaso um dos entes da Federação venha a legislar sobre as PPPs e eventualmente um de seus dispositivos contrarie outro da Lei nº 11.079/04, esta última prevalecerá sobre a primeira. Portanto, os demais entes da Federação poderão legislar sobre normas específicas, atendendo às peculiaridades de cada estrutura administrativa.

Esta assertiva encontra respaldo no próprio Texto Constitucional, que dispõe em seu artigo 22, inciso XXVII sobre a competência privativa da União para legislar sobre normas gerais de contratação e licitação.

7. CONCEITOS E OBJETIVOS

O conceito de parceria público-privada se encontra inserida no artigo 2º da lei, que assim dispõe: "Parceria público-privada é o contrato administrativo de concessão, na modalidade patrocinada ou administrativa".

O que o Administrador espera com a nova lei é que as parcerias público-privadas passem a coexistir paralelamente com as concessões comuns, já existentes, mas com ênfase nos projetos de infraestrutura.

O conceito de contrato administrativo de concessão é aquele em que a Administração Pública delega a execução de um serviço do Poder Público a um particular, que por sua vez, assumirá a atividade por sua conta e risco, dentro dos limites estabelecidos em lei, sobretudo no que concerne aos prazos.

Já no tocante à Lei nº 11.079/04, o conceito de concessão se divide em patrocinada e administrativa. Na patrocinada, entende-se como a concessão comum, mas com o Estado realizando uma contraprestação. Além da aplicação dos dispositivos da nova lei das PPPs, aplicar-se-á, subsidiariamente, os dispositivos constantes na Lei nº 8.987/95, além das legislações correlatas. Exemplo de concessão patrocinada são as que se aplicam nos casos de rodovias em geral e ferrovias.

O conceito de concessão administrativa se encontra definido no parágrafo 2º do artigo 2º da aludida lei das PPPs. Nesta modalidade de concessão, o serviço será prestado direta ou indiretamente à Administração Pública. A título de exemplificação, pode-se trazer a licitação pela Administração Pública para a construção e operação de hospitais e presídios.

8. PRINCÍPIOS

No artigo 4º, são elencados princípios que deverão ser observados no contrato de PPPs, e em seu inciso I está contido o Princípio da Eficiência. O artigo 3º, § 3º traz a previsão da concessão comum e o artigo 2º, § 4º estipula as hipóteses as quais é vedada a celebração de contrato de parceria público-privada em virtude de seu valor (inciso I), prazo (inciso II) e objeto (inciso III).

Este mesmo artigo enquadra, em seu *caput*, a parceria público-privada como contrato administrativo espécie do gênero concessão. Com isso, as PPPs passaram a integrar o rol das modalidades de delegação da prestação de serviços públicos a particulares, conforme segue, com as suas respectivas particularidades.

9. MODALIDADES

Na concessão especial, regulada pela famosa PPP, há dois tipos de concessão: a concessão especial patrocinada e a concessão especial administrada. De um lado, na concessão patrocinada, a concessionária terá duas fontes de recursos.

Vamos partir para a praticidade supondo que a construção de um aeroporto tenha sido realizada pela PPP. O usuário paga a tarifa, mas há também a contraprestação do serviço do poder público (concedente) para a concessionária. Então, para cada passageiro, a concessionária receberá mais X. Por esta via, na PPP o concessionário será remunerado através das tarifas e também, do dinheiro do orçamento. Logo, a concessionária tem a certeza de que não terá prejuízos (art. 2º, parágrafo 1º da Lei 11.079/04).

Agora, o valor que o Poder Público irá desembolsar não poderá exceder a 70% (setenta por cento) do valor da tarifa. Pergunta-se: pode exceder esse percentual? Sim, mas desde que o legislativo aprove.

O valor mensalmente pago pelo Poder Público vai depender do desempenho do particular. Por exemplo, esse mês, o desempenho do concessionário foi bom. Aí a Administração Pública pagará o valor Y, denominado de prêmio. Mas, se por acaso o desempenho do concessionário no mês subsequente não foi tão bom quanto o do mês anterior, a Administração Pública diminuirá esse prêmio. Inclusive, a PPP patrocinada é muito usada para rodovias, ferrovias, portos (art. 10 § 3º da lei).

Por outro lado, na concessão administrativa toda a remuneração para o concessionário sairá somente dos cofres públicos, portanto, não haverá percepção de parte das tarifas. Para elucidação, o presídio Ribeirão das Neves, em Minas Gerais, foi construído com a PPP na modalidade administrativa. O Estado de Minas não tinha dinheiro para construir o presídio. O que aconteceu? Pagou R$ 2.500,00 para cada preso, mensalmente, com vistas a erguerem a construção.

Sem dúvida, o gasto é alto, pois quando o presídio estiver pronto, cada preso vai sair à razão de R$ 3.200,00. Em contrapartida, o Estado de MG não gastou "um tostão furado" para bancar o custo da obra no presídio. É por este motivo que o Estado paga um valor bem maior.

Na concessão administrada não há delegação de serviços públicos. No caso do presídio, quem paga é somente o governo, não há dinheiro do usuário, porque os presos não pagam nada, apesar de que devessem pagar como acontece em alguns países.

Na PPP, em qualquer modalidade, o objeto não pode ser único. Então, para além da construção do presídio, o segundo objeto da concessionária é servir alimentos, lavar roupas dos presos, prestar atendimento médico, vigilância etc. (art. 2º, § 4º, III, da lei).

Atenção! A construção de estádios de futebol foi um crime por ter utilizado a concessão PPP, porque além de não ser serviço público, não se poderia utilizar a PPP só para a construção de obra. Mas foi isso o que exatamente aconteceu e o objeto foi único! (Ler obrigatoriamente o art. 2º, § 4º, III). Portanto, a PPP não poderia ser isoladamente a obra, mas teria que ser acompanhada de outro serviço.

Mais um caso de concessão administrativa que vamos analisar é na área de educação. Além da construção da escola, a concessionária é quem levará/transportará as crianças para a unidade de ensino, não devendo suas famílias pagar absolutamente nada por isso.

Os parágrafos 1º e 2º do artigo 2º dispõem sobre as modalidades da parceria público-privada, quais sejam: concessão patrocinada e administrativa.

No que tange à concessão patrocinada, estabelece o parágrafo 1º como sendo a concessão de serviços públicos de que trata a Lei nº 8.987/95, quando envolver adicionalmente à tarifa cobrada dos usuários contraprestação pecuniária do parceiro público ao parceiro privado.

Já a concessão administrativa é conceituada como "contrato de prestação de serviços de que a Administração Pública seja a usuária direta ou indireta, ainda que envolva execução de obra ou fornecimento e instalação de bens".

Conforme se depreende das aludidas conceituações, a concessão patrocinada é a mesma concessão contida na Lei nº 8.987/95, substituindo-se o poder concedente e o concessionário pelos parceiros público e privado, e acrescentando-se a contrapartida do Poder Público. Com efeito, aplicar-se-ão à concessão patrocinada todas as regras da Lei nº 8.987/95 que não contrariarem às da Lei nº 11.079/04.

Esta assertiva pode ser ratificada no parágrafo 1º do artigo 3º, que tem a seguinte redação: "As concessões patrocinadas regem-se por esta Lei, aplicando-se-lhes subsidiariamente o disposto na Lei nº 8.987/95, e nas leis que lhe são correlatas".

Portanto, se se tratar de concessão comum, sendo aquela de serviços públicos ou de obras públicas prescritas na Lei 8.987/95 e nas correlatas, e, ainda, não sobrevier contraprestação pecuniária do parceiro público ao parceiro privado, jamais se estará diante de uma parceria público-privada.

Esta é a disposição contida no artigo 2º, em seu parágrafo 3º:

Art. 2º Parceria público-privada é o contrato administrativo de concessão, na modalidade patrocinada ou administrativa.

§ 3º Não constitui parceria público-privada a concessão comum, assim entendida a concessão de serviços públicos ou de obras públicas de que trata a Lei nº 8.987, de 13 de fevereiro de 1995, quando não envolver contraprestação pecuniária do parceiro público ao parceiro privado.

A concessão administrativa, por seu turno, é a que envolve "contrato de prestação de serviços de que a Administração Pública seja a usuária direta ou indireta, ainda que envolva execução de obra ou fornecimento e instalação de bens". Neste caso, a Administração Pública estará inserindo na qualidade de parceria a prestação de um serviço efetivado por um parceiro privado.

Exemplo típico pode ser o de transportes urbanos, no qual a Administração, por meio de um contrato, permite que empresas privadas prestem o serviço de transporte coletivo. Esta permissão legal se encontra inserida no artigo 30, inciso V da CF/88:

Art. 30 – Compete aos Municípios:
[...]
V – organizar e prestar, diretamente ou sob o regime de concessão ou permissão, os serviços públicos de interesse local, incluído o de transporte coletivo, que tem caráter essencial.

O artigo 3° estabelece que à concessão administrativa serão aplicados os dispostos nos artigos arts. 21, 23, 25 e 27 a 39 da Lei n° 8.987, de 13 de fevereiro de 1995, e no art. 31 da Lei n° 9.074, de 7 de julho de 1995.

10. GARANTIAS

Interessante observar que para que o empresário concessionário não receba calote do Estado, isto é, para que seja assegurado o cumprimento do contrato, ele terá algumas garantias. De um modo geral, nos contratos administrativos, quem dá garantia não é a Administração Pública, mas sim o particular. Entretanto, na concessão especial da PPP existe uma inversão na garantia (ler o art. 8°, da lei).

No contrato da PPP, as garantias previstas no contrato poderão ser:

a) Vinculação de receitas

O art. 167, IV, da CF (Ler) proíbe a vinculação de receitas. Esse dispositivo, previsto na PPP é inconstitucional, mas a lei traz essa possibilidade.

b) Fiança bancária, Seguro, Garantias de caução

Estranhamente, a Administração Pública pode até dar como garantia um bem público, mas que não seja dominical, o que não deixa de ser inconstitucional e absurdo. No entanto, quem escolhe essa garantia é o Poder Público, podendo inclusive fazer a substituição da garantia, a qualquer momento.

Se a concessionária vai contrair um empréstimo bancário que seja ligado ao contrato, a Administração Pública dará garantia, caso não ocorra o pagamento pelo concessionário (art. 8°, III).

Chamo a atenção de que a contratação do seguro como garantia não poderá ser operada por empresas seguradoras do banco estatal, ou seja, o seguro não pode ser de seguradora de banco controlado pelo poder público.

A garantia também pode ser prestada por organismos internacionais ou instituições financeiras que não sejam controladas pelo Poder Público.

11. MODALIDADES DE DELEGAÇÃO DA PRESTAÇÃO DE SERVIÇOS PÚBLICOS

1. **CONCESSÃO DE SERVIÇO PÚBLICO:** É aquela que a Lei nº 11.079/04 denominada de concessão comum. Ocorre com a delegação da prestação de serviço público, mediante licitação na modalidade concorrência, por sua conta e risco (não se configura a contraprestação pecuniária do parceiro público ao parceiro privado), e por prazo determinado. Nesta hipótese o concessionário cobrará do usuário a tarifa pública.

2. **CONCESSÃO DE SERVIÇO PÚBLICO PRECEDIDA DA EXECUÇÃO DE OBRA PÚBLICA:** Assim denominada na lei das PPPs, se dá por meio de construção, total ou parcial, conservação, reforma, ampliação ou melhoramento de quaisquer obras de interesse público, mediante licitação na modalidade concorrência, por sua conta e risco (sem dotação orçamentária), com a previsão de que o investimento da concessionária seja remunerado e amortizado mediante a exploração do serviço ou da obra por prazo determinado;

3. **PERMISSÃO DE SERVIÇO PÚBLICO:** Se dará por meio de delegação, a título precário, mediante licitação na modalidade concorrência, por sua conta e risco.

4. **PARCERIA PÚBLICO-PRIVADAS (PPPs) LEI 11.079/04:** É uma espécie do gênero Concessão, que se divide nas modalidades patrocinada e administrativa (*caput* do artigo 2º), sendo que a primeira, patrocinada, se aplica a serviço público ou a obras públicas, conforme dispositivo expresso na Lei nº 8.987/95, admitindo a contraprestação pecuniária ao parceiro privado do parceiro público, adicionalmente à tarifa pública cobrada ao usuário.

A modalidade administrativa de PPP se dá por meio de contrato de prestação de serviços de que a Administração Pública seja a usuária direta ou indireta, e, ainda, que envolva execução de obra ou fornecimento de instalação de bens (parágrafo 2º). Nesta hipótese o legislador fala em prestação de serviço para o Poder Público, e não para o Público. É a hipótese de atividade econômica, da contratação da empresa para prestar serviço para o Poder Público, e não para o público.

Entretanto, insere-se aqui a crítica no sentido de que as concessões administrativas nada mais são do que a prestação de serviços efetivadas à Administração Pública, o que desconfigura aquele tríduo de relação que é inerente às concessões.

Com efeito, tem-se que o legislador reformador tão somente atribuiu uma nova nomenclatura à já existente prestação de serviços disposta na lei geral de licitações, 8.666/93.

Cumpre, também, uma apreciação mais minuciosa quanto à real possibilidade da aplicação do disposto no *caput* do artigo 3º da Lei das PPPs, qual seja, 11.079/04, da qual não deverão se furtar os doutrinadores, pois que as aplicações das suas regras, por vezes, colidirão com a aplicação subsidiária de alguns artigos ali elencados.

Quanto às concessões patrocinadas, oportuno, também, uma análise mais acurada a respeito do disposto do artigo 10, parágrafo 3º da aludida lei:

Art. 10. A contratação de parceria público-privada será precedida de licitação na modalidade de concorrência, estando a abertura do processo licitatório condicionada a:

§ 3º As concessões patrocinadas em que mais de 70% (setenta por cento) da remuneração do parceiro privado for paga pela Administração Pública dependerão de autorização legislativa específica.

O texto deste dispositivo legal parece confrontar o com o princípio da separação dos Poderes, fato este originariamente constatado pela Corte Maior do país, em decisão emitida na ADIN nº 462/BA, da lavra do Ministro Moreira Alves.

12. CARACTERÍSTICAS

Desta feita, pode-se observar de imediato que a modalidade de licitação das PPPs se diferencia das demais pela existência da contraprestação pecuniária que é devida pelo parceiro público ao parceiro privado, independente da cobrança de tarifas públicas.

No que concerne ao termo Concessão Comum, verifica-se que foi a própria lei das PPPs que o criou, dispondo em seu artigo 2º, parágrafo 3º como sendo a concessão de serviços públicos ou de obras públicas de que trata a Lei das Concessões (8.987/95), quando não envolver contraprestação pecuniária do parceiro público ao parceiro privado, o que se entende em: quando não houver dotação orçamentária, mas apenas a tarifa como forma de pagamento ao empreendedor privado.

A interpretação deste parágrafo do artigo 2º induz à conclusão de que, se ocorrer a aludida contraprestação, a concessão comum será convertida em parceria público-privada, ou ainda, que a parceria público-privada é a concessão comum adicionada da contraprestação do Poder Público.

Na concessão comum de que trata a Lei 8.987/95, não há a previsão de prazo máximo, ao contrário do que ocorre na Lei 11.079/04, Lei das PPPs, que estipula em seu artigo 5º, inciso I, os prazos mínimo e máximo de 5 e 35 anos, respectivamente.

13. PRAZOS

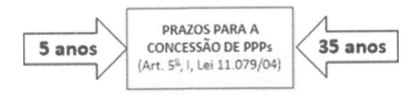

No que tange aos prazos a que se refere a lei em tese, mencionado tanto no artigo 5º, inciso I, que reza que o prazo de vigência do contrato de PPP não poderá ser inferior a 5 anos nem superior a 35, quanto no parágrafo 4º do artigo 2º, de que trata as circunstâncias em que é vedada a celebração do contrato de parceria público-privada cujo inciso II alude ao prazo de 5 anos como sendo o mínimo para que se efetive o contrato, registre-se que a lei criou um parâmetro aplicável apenas às PPPs, e que referido prazo mínimo parece ter o caráter meramente ilustrativo, haja vista a real inviabilidade de um prazo inferior a 5 anos atrair a parceria privada, que se pautará exclusivamente na intenção da auferir lucros, e que pressupõe um período mais razoável para a sua consecução.

Quanto ao valor, na PPP, como se observa facilmente, não poderá ser inferior a dez milhões. O valor de vinte milhões foi alterado para dez milhões para facilitar os municípios pobres celebrarem a PPP.

Cuidado! Dez milhões não é o valor máximo do contrato. Aqui é diferente da concessão comum, regulada pela Lei 8.987/95, em que não há valor estabelecido (ler art. 2º, § 4º).

Quanto ao tempo, o prazo mínimo é de cinco anos e o máximo de 35 anos, diferentemente da concessão comum (art. 2º § 4º, e art. 5º, I).

Pode haver prorrogação eventual? Não, só se houver uma nova licitação em que o concessionário seja o vencedor do certame, mas, aí, é outro contrato administrativo.

Porém, se o contrato for de vinte anos, por exemplo, a Administração Pública poderá prorrogar o contrato, adicionando tempo gradativamente que não exceda a trinta e cinco anos.

Há outra restrição no tocante a PPP: não pode ser utilizada para a delegação das atividades de polícia, regulação, jurisdicional e outras atividades exclusivas do Estado. Esta restrição é extensiva a quaisquer contratos.

Outra observação oportuna é a que se refere ao prazo máximo de 35 anos, que ficou num patamar abaixo das outras legislações ainda em vigor, como a Constituição do Estado do Rio de Janeiro, que estipula o prazo de concessão em 25 anos, prorrogável por mais 25, e a Lei Orgânica do Município do Rio de Janeiro que também estipula que este prazo poderá chegar a 50 anos.

Desta forma, caberá do Poder Público, discricionariamente, a opção quanto à modalidade de licitação que utilizará quando de sua abertura, posto que é possível, por exemplo, um prazo de 30 anos tanto para uma licitação comum quanto para uma licitação de parceria púbico-privada.

Pode-se vislumbrar que a opção do Administrador será pela licitação na modalidade de PPP quando desejar atrair uma parceria para empreendimentos de grande porte, já que o parceiro particular se inclinará para a maior margem de vantagem oferecida nesta modalidade, ignorando a possibilidade de um prazo maior, mas sem as garantias oferecidas pela lei das PPPs, onde, além da certeza da cobrança de tarifa do usuário, terá garantida a contraprestação por parte do Poder Público contratante, por meio de dotação orçamentária.

Ademais, não se tem notícia de haver uma relação direta entre as regras das PPPs com as regras da licitação comum, que discriminam os prazos distintos, não incidindo a primeira sobre a última, mas vigorando ambas com suas peculiaridades. Assim sendo, tanto a licitação comum quanto a licitação das PPPs poderão dispor sobre contratos de valores vultuosos, podendo ter prazos semelhantes. Por exemplo, poderá haver uma licitação comum e uma licitação via PPP com o prazo de 30 anos, posto que este se enquadra no parâmetro desta última. Restará então ao empreender o livre arbítrio de contratar com o Poder Público quando e como melhor lhe convier.

14. VEDAÇÕES APLICÁVEIS ÀS PPPs

Ainda sobre o parágrafo 4º do artigo 2º, registre-se que este possui três incisos os quais elenca a vedação da celebração de contrato de parceria público-privada.

Em seu inciso I, estabelece um valor mínimo para ser estipulado na celebração do contrato das PPPs, qual seja, R$ 10.000.000,00 (dez milhões de reais). Em face deste preceito legal, não se vislumbra a possibilidade de efetivar uma parceria do Poder Público com a iniciativa privada, via Lei 11.079/04, com empreendimentos que não alcancem o patamar deste quantum.

Este patamar nada mais é do que a configuração da intenção do Governo em atrair, via PPPs, grandiosos investimentos, deixando, a princípio, para as Leis 8.987/95 e 8.666/93 apenas os residuais, haja vista o rol de vantagens que se associa de forma inovadora nesta legislação, o qual funcionará como verdadeiro atrativo aos investidores, na certeza de que serão ressarcidos do capital aplicado nestes empreendimentos, através dos lucros almejados.

O inciso III exclui das parcerias público-privadas os contratos que se destinem unicamente ao fornecimento de mão de obra, o fornecimento e instalação de equipamentos, ou ainda a execução de obra pública.

A primeira parte deste inciso, "que tenha como fornecimento unicamente a mão de obra", faz alusão à terceirização, ao passo que "o fornecimento e instalação de equipamentos ou execução de obra pública" estão relacionados à Lei 8.666/93, donde se conclui que a Lei 11.079/04 faz menção, ainda que implicitamente, ao uso da lei de licitações neste item.

O *caput* do artigo 3º estabelece que alguns artigos da Lei 8.987/95 e da Lei 9.074/95 se aplicam às concessões administrativas.

O parágrafo 1º do mesmo artigo 3º reza que as concessões patrocinadas regrem-se pela lei em tese (11.079/04), se lhes aplicando subsidiariamente a Lei 8.987/95, assim como as demais correlatas.

O parágrafo 2º se reporta às concessões comuns, como aquelas de que trata a Lei 8.987/95 e as correlatas, e enfatiza que não se aplica a Lei 11.079/04 a estas concessões denominadas por esta lei como comuns.

No mais, deixa para o parágrafo 3º os contratos administrativos que não se caracterizarem em concessão comum, patrocinada ou administrativa.

Este artigo 3º específica cada tipo de concessão e de contrato administrativo. Em seu *caput*, fala das disposições legais aplicáveis à concessão administrativa, quais sejam, a Lei 11.079/04 (lei das PPPs), e adicionalmente as Leis 8.987/95 e 9.074/95 (Leis das Concessionárias de Serviço Público).

O parágrafo 1º dispõe que as concessões patrocinadas regem-se pela Lei 11.079/04 (lei das PPPs), e subsidiariamente pela Lei 8.987/95 (Lei das Concessões de Serviço Púbico) e pelas correlatas.

O parágrafo 2º reza que as concessões comuns continuam regidas pela Lei 8.987/04 (Lei das Concessões) e pelas leis correlatas, e o parágrafo 3º dispõe sobre os contratos administrativos de forma residual, ou seja, aqueles que não se encaixam nas concessões comuns, patrocinada ou administrativa, e que se lhes aplicam os dispositivos da Lei 8.666/93 (Lei de Licitações e Contratos) e as que lhe são correlatas.

15. DIRETRIZES

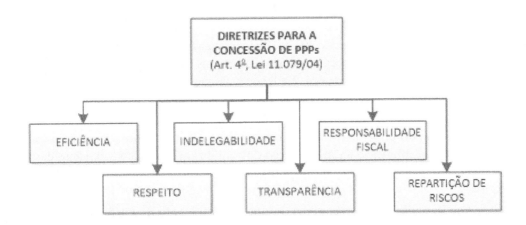

O artigo 4º elenca em seus incisos as diretrizes a serem observadas na contratação de parcerias público-privadas.

Os incisos I, II, IV e V do artigo 4º mencionam diretrizes as quais se aplicam comumente à Administração Pública, (eficiência, respeito, transparência, responsabilidade fiscal).

O inciso III fala de "indelegabilidade das funções de regulação, jurisdicional, do exercício de Poder de Polícia e de outras atividades exclusivas do Estado".

O que se pode observar deste inciso é que o seu conteúdo não é valorativo, já que a indelegabilidade destes itens já se encontra prevista na Lei Maior. Portanto, se esta lei se omitisse neste comentário, ainda assim tais funções de regulação, jurisdicional e o exercício do Poder de Polícia continuariam, em tese, indelegáveis. A única opção que não é mais absoluta na doutrina e na jurisprudência é a questão da delegação do Poder de Polícia, a qual tem sido controvertida entre alguns doutrinadores. Portanto, o entendimento majoritário ainda tende para a sua indelegabilidade.

Já a questão das "outras atividades exclusivas do Estado" merece uma análise mais acurada. A uma primeira análise, sem nenhum respaldo consistente na doutrina pertinente, o termo atividades exclusivas do Estado acaba por dar margem à delegação de atividades que não se configuram como exclusivas do Estado, embora sejam essencialmente exercidas pelo Poder Público.

Portanto, as atividades que não são exclusivas do Estado são aquelas que o Estado exerce por meio de prestação de serviço, têm caráter econômico e por isso podem ser terceirizadas.

16. REPARTIÇÃO DE RISCOS ENTRE AS PARTES

Os incisos VI e VII do mesmo artigo 4º traduzem a peculiaridade desta Lei 11.079/04, que são a repartição objetiva de riscos entre as partes e a sustentabilidade financeira e vantagens socioeconômicas dos projetos de parceria.

A repartição objetiva de riscos entre as partes é um marco inovador que se inclina para o claro propósito de atrair o investidor da iniciativa privada.

A sustentabilidade financeira e as vantagens socioeconômicas são uma extensão da repartição de riscos, já que o parceiro público repartirá os riscos através do respaldo financeiro.

Neste contexto, urge definir quais são os riscos a serem repartidos, e de que forma se dará esta repartição. Quanto aos riscos a que se refere este artigo, estes se dividem em operacionais e extraordinários.

Os riscos operacionais são aqueles que guardam relação com o projeto a ser executado, com a implementação deste, com a entrega da obra, as formas de pagamento etc. Já os riscos extraordinários, como o nome faz entender, são aqueles cuja previsibilidade não é alcançada. Seus efeitos e consequências raramente são previstos e a sua ocorrência modifica substancialmente o valor da obra ou operação, com uma majoração que poderá até mesmo torná-las economicamente inviáveis.

O seu caráter de extraordinariedade decorre de situações cuja previsão não era passível de ser identificada com antecedência, tal como em situações de catástrofes naturais ou alterações econômicas drásticas, como é o caso de uma maxidesvalorização da moeda. Na lei de licitações, de nº 8.666/93, este fato é denominado de fato do príncipe.

No que tange à Lei nº 8.987/95, os riscos operacionais correrão por conta do particular concessionário, posto que a administração do projeto será de sua competência. Os extraordinários, ao contrário, correrão por conta do Poder Público, por meio da manutenção do equilíbrio econômico-financeiro das contratações públicas. Desta forma, o Poder Público se obriga a manter as condições as quais embasaram o contrato até que este se expire.

Este mecanismo de aplicação de riscos encerra uma garantia tanto do particular, que não poderá ser surpreendido no decorrer do contrato com eventuais extraordinariedades, quanto do próprio Poder Público, que poderia ser prejudicado com o advento de prejuízos ocorridos ao particular, já que este, ao ter de arcar com os prejuízos dos riscos que porventura surgissem, sofreria uma instabilidade financeira a qual poderia torná-lo inapto a continuar com a execução dos serviços ou das obras.

Atendo-se à Lei das PPPs, insurge-se uma questão que merece ser minuciosamente estipulada na efetivação do contrato entre o Poder Público e o investidor particular.

É que o seu artigo 5º, inciso III, dispõe sobre a repartição de riscos entre as partes, inclusive nos casos fortuito, força maior, fato do príncipe e área econômica extraordinária, ou seja, tanto os riscos operacionais quanto os extraordinários devem ser repartidos entre o Poder Público e o particular (art. 4°, VI), enquanto, na concessão comum (Lei 8.987/95, art. 25), a responsabilidade é só do concessionário.

Com isso, se as limitações da imposição destes riscos não forem bem delineadas no contrato, o particular poderá atrair para si a responsabilidade de uma grande parcela de risco, se eventualmente ocorrerem fatos imprevisíveis que tragam substancial mudança às condições econômicas do contrato.

Para tanto, mister se faz um prévio mecanismo regulamentar ou contratual que delimite os riscos extraordinários do particular, sob pena de estes, ao analisarem previamente o contrato enfocando a questão da repartição de riscos, virem até mesmo a desistir de firmá-lo, dada a insegurança financeira que norteia esta questão.

17. CONTRATOS

O Capítulo 2 da lei em tese, que abarca os artigos 5° ao 7° se reporta aos Contratos de Parcerias Público-Privadas.

O *caput* do artigo 5° remete ao artigo 23 da Lei 8.987/95, que é o artigo que dispõe sobre as cláusulas essenciais do contrato de concessão, as quais deverão ser observadas além das que passa a narrar em seus incisos e parágrafos.

O inciso I deste artigo fala do prazo para o contrato de parcerias público-privadas, que, conforme já exposto anteriormente, será não inferior a 5 (cinco) nem superior a 35 (trinta e cinco) anos, já incluídas neste prazo as eventuais prorrogações.

O inciso III, do mesmo artigo, fala sobre a repartição de risco entre as partes, já mencionado anteriormente como sendo uma peculiaridade desta lei específica.

Os demais incisos do artigo 5° não trazem nenhuma novidade, se equiparando quase todos com as cláusulas obrigatórias do artigo 23 da Lei 8.987/95, a que remete o *caput* do artigo 5°.

Sequencialmente, o parágrafo 1° fala da cláusula de atualização monetária, que incidirá sem a prévia homologação da Administração Pública.

O parágrafo 2º do artigo 5º, portanto, merece especial atenção por elencar em seus incisos (I, II e III), as cláusulas adicionais que poderão ser previstas nos contratos de parceria público-privada.

O inciso I menciona previamente o termo sociedade de propósito específico, cuja previsão se encontra a seguir no artigo 9º desta lei.

A primeira cláusula adicional a que se refere este inciso I diz respeito à transferência de controle da sociedade de propósito específico aos seus financiadores, entendendo-se como sociedade de propósito específico a pessoa jurídica que deverá ser constituída antes mesmo da celebração do contrato de parceria público-privada, a quem caberá implantar e gerir o objeto da parceria.

Esta transferência se justificará nas hipóteses em que se fizerem necessárias a reestruturação financeira e a continuidade da prestação de serviços. Aduz em seguida que não se lhe aplica para este efeito a previsão contida no artigo 27, parágrafo único, inciso I da Lei 8.987/95, que assim dispõe: "atender às exigências de capacidade técnica, idoneidade financeira e regularidade jurídica e fiscal necessárias à assunção do serviço".

Portanto, este inciso I poderá ser interpretado no sentido de que a Lei 11.079/04 impõe uma condição à empresa vencedora da licitação, qual seja, constituir a tal sociedade de propósito específico, que nada mais é que uma outra empresa privada a ser criada única e exclusivamente para realizar o objeto da parceria público-privada.

Desta assertiva pode-se concluir que este dispositivo pressupõe a existência de duas empresas distintas: aquela que venceu a licitação e a outra que será criada exclusivamente para efetivar o objeto da parceria. O parágrafo 4º do artigo 9º da Lei 11.079/04, por seu turno, veda expressamente à Administração Pública a possibilidade de vir a ser a titular da maioria do capital votante, leia-se estatal, desta sociedade de propósito específico.

Interessante, também, mencionar o fato de que esta segunda empresa, responsável por implantar e gerir o objeto da parceria, é a que administrará, de fato, o investimento proveniente do Poder Público sem ter se submetido diretamente à licitação, procedimento este aplicável apenas à sua criadora, que doravante estará excluída deste tríduo contratual.

Por fim, o inciso I do parágrafo 2º prevê a possibilidade de integrar o contrato, como cláusula adicional, por meio da autorização do parceiro público, a transferência do controle da sociedade de propósito específico a seus financiadores.

Esta cláusula se justifica basicamente para garantir a continuidade da prestação dos serviços através de uma reestruturação financeira, na eventualidade de uma instabilidade desta ordem se instalar na sociedade de propósito específico.

Por meio desta cláusula, é lícito ao Poder Público autorizar a transferência do controle da empresa criada com o fito de gerir o contrato de parceria público-privada ao financiador deste contrato.

Este financiador, por seu turno, será uma quarta pessoa nessa relação contratual público-privada, que se comporá pelos seguintes elencos: (1º) Poder Público – (2º) empresa privada vencedora da licitação – (3º) sociedade de propósito específico – (4º) financiador.

Este dispositivo legal prevê que o financiador do projeto, que poderá vir sob a forma de instituição financeira pública ou privada, podendo ser, por exemplo, tanto o BNDES, a Caixa Econômica Federal, como o Banco Santander, HSBC, Bradesco etc., venha a assumir o controle da empresa responsável pela gestão desta parceria público-privada.

Então, esta instituição financeira, em nome da continuidade da prestação dos serviços públicos, passará a ser a nova parceira do Poder Público, além de já figurar nesta relação contratual como instituidora, ou seja, aquela que investiu financeiramente no empreendimento.

O legislador, se antecipando então a futuras controvérsias sobre esta transferência de controle de gestão, acrescentou neste inciso I que não se aplicará para este efeito a previsão contida no artigo 27, § 1º, I da Lei 8.987/95, *in verbis*:

Art. 27. A transferência de concessão ou do controle societário da concessionária sem prévia anuência do poder concedente implicará a caducidade da concessão.

§ 1º Para fins de obtenção da anuência de que trata o *caput* deste artigo, o pretendente deverá:

I - atender às exigências de capacidade técnica, idoneidade financeira e regularidade jurídica e fiscal necessárias à assunção do serviço; e

Este dispositivo exime o investidor da necessidade de atender às exigências impostas à parceria privada, sobretudo de capacidade técnica, haja vista que dificilmente uma instituição financeira preencherá os requisitos técnicos indispensáveis para a gestão de um empreendimento como, por exemplo, a construção de uma rodovia ou ferrovia, seja ou não de grande porte.

Outra observação oportuna é que este instituidor que assumirá a gestão do empreendimento, objeto da parceria público-privada, poderá ser um banco público, como por exemplo, o BNDES, o que certamente iria contrariar o disposto no artigo 9º, parágrafo 4º, inseridos no Capítulo IV, que trata da sociedade de propósito específico, *in fine*:

Art. 9º Antes da celebração do contrato, deverá ser constituída sociedade de propósito específico, incumbida de implantar e gerir o objeto da parceria.

§ 4º Fica vedado à Administração Pública ser titular da maioria do capital votante das sociedades de que trata este Capítulo.

Para não deixar margem à aplicação desta vedação, o parágrafo seguinte faz a seguinte ressalva:

§ 5º A vedação prevista no § 4º deste artigo não se aplica à eventual aquisição da maioria do capital votante da sociedade de propósito específico por instituição financeira controlada pelo Poder Público em caso de inadimplemento de contratos de financiamento.

Em face do exposto, pode-se concluir que o legislador tece na lei das parcerias público-privadas a possibilidade de transferência de controle da sociedade de propósito específico, responsável pelo projeto da aludida parceria, ao investidor financeiro, que poderá ser, inclusive, um banco público, passando a figurar então dois entes públicos no empreendimento em tese, hipótese em que se esvazia o propósito da lei, ou seja, uma parceria cujos parceiros sejam, alternadamente, públicos e privados.

Entretanto, até mesmo em razão do nome dado à Lei 11.079/04, parceria público-privada, leva-se a crer que este resultado de dois entes públicos figurando nesta parceria não é o seu real propósito, embora a lei admita esta hipótese, em casos excepcionais.

Se ocorrer de o parceiro privado descumprir alguma cláusula constante no contrato, este poderá ser substituído pelo seu financiador que poderá ser um banco público, o qual passará a adquirir a maioria do capital votante, e a parceria privada cederá lugar à parceria pública, construindo uma relação contratual com o parceiro público de um lado, e uma instituição financeira também de natureza pública, de outro.

Convém mencionar que a quarta pessoa (financiador), que poderá assumir a relação contratual, ainda que excepcionalmente, também não terá se submetido ao processo licitatório.

A análise deste inciso I pode remeter ao questionamento sobre qual dos valores deverá prevalecer: a moralidade administrativa, que pressupõe o processo licitatório para contratos que são geridos com o dinheiro público, ou a continuidade da prestação dos serviços, que justifica referida transferência de controle da gestão da sociedade de propósito específico.

A Lei das PPPs abre uma brecha, de fato, para que empresas privadas que não se submeteram aos certames licitatórios venham a gerir o dinheiro público. Questiona-se se o legislador foi omisso nesta questão, cedendo à moralidade administrativa tão aclamada nesta Constituição Cidadã.

O inciso II fala da emissão de empenho em nome dos financiadores. Este empenho a que se refere a lei significa dizer que o Poder Público oferecerá o empenho diretamente ao financiador, que é a terceira pessoa nessa relação (parceiro público – parceiro privado – financiador).

A princípio, o financiador teria uma relação contratual apenas com o parceiro privado, que se comprometeria em pagá-lo. Portanto, de acordo com a lei das PPP´s, o Poder Público dará o empenho diretamente ao financiador da empresa privada, ou seja, acaso esta não efetive o pagamento ao financiador, este último não correrá o risco de não receber, pois já tem a garantia do Poder Público.

Em 2015, por meio da Lei 13.097, foi adicionado o artigo 5º-A que tem em síntese, o objetivo de regulamentar o controle da sociedade de propósito específico tratado no inciso I do § 2º do artigo 5º. Nos incisos I e II deste novo dispositivo, tem-se a conceituação do controle da sociedade em questão e como se dá a administração temporária a ser exercida pelos financiadores e garantidores.

O parágrafo 1º do artigo 5º-A indica ponto relevante na concessão por PPP, onde não acarreta responsabilidade dos financiadores e garantidores em relação à tributação, encargos, ônus, sanções, obrigações ou compromissos com terceiros, inclusive com o poder concedente ou empregados.

E por fim, o parágrafo 2º do mesmo artigo indica que o Poder Concedente definirá prazo da administração temporária.

18. FUNDO GARANTIDOR DAS PPPs

O inciso III preceitua os fundos e empresas estatais garantidoras de parceria público-privada. Por meio deste dispositivo legal, as financiadoras também terão sua margem de segurança jurídica, graças aos fundos e empresas estatais garantidoras, criados para este fim específico.

Por força dos aludidos incisos II e III, os financiadores poderão ser beneficiados pela própria Administração, recebendo indenizações por extinção antecipada do contrato, bem como pagamentos efetuados por estes fundos e empresas estatais garantidoras.

As garantias prestadas pelo parceiro público podem se dar tanto por meio de natureza real quanto pessoal.

No que tange ao Fundo Garantidor das Parcerias Público-Privadas, ressalta-se que estes são criados com o fim específico de "prestar garantia de pagamento de prestações pecuniárias assumidas pelos parceiros públicos federais" em razão das PPPs.

Quanto à natureza jurídica do Fundo Garantidor, constata-se que esta será de natureza privada, e que o Fundo será dotado de patrimônio, direito e obrigações próprios. Em razão destas variantes, o Fundo Garantidor estará sujeito a eventuais contingências e limitações da Administração Pública, pertinentes às garantias prestadas em razão dos contratos das PPPs.

Deverá ser observada a questão das garantias do Fundo Garantidor das PPPs, as quais serão prestadas de forma proporcional à participação de cada cotista.

Estas garantias se dividem nas modalidades de reais e pessoais, e suas aplicações se darão de acordo com aprovação designada pela assembleia dos cotistas. São elas:

1. **FIANÇA**, sem benefício de ordem para o fiador;
2. **PENHOR**, de bens móveis ou de direitos integrantes do patrimônio do FGP, sem transferência da posse da coisa empenhada antes da execução da garantia;
3. **HIPOTECA** de bens imóveis pertencentes ao patrimônio do FGP;
4. **ALIENAÇÃO FIDUCIÁRIA**, permanecendo o FGP ou o agente fiduciário por ele contratado com a posse direta dos bens;
5. **OUTROS CONTRATOS** que produzam efeito de garantia, desde que não transfiram a titularidade ou posse direta dos bens ao parceiro privado antes da execução da garantia;
6. **GARANTIA REAL OU PESSOAL**, vinculada a um patrimônio de afetação constituído em decorrência da separação de bens e direitos pertencentes ao FGP.

Se ocorrer de o parceiro público não honrar com a sua obrigação contratual, inadimplindo-a, poderá ocorrer a constrição judicial e a alienação dos bens e direitos contidos no FGP.

O investidor privado será ainda beneficiado por meio da garantia de que o FGP, uma vez criado, não será dissolvido a menos que já tenham sido efetivamente quitados todos os débitos por ele garantidos, ou quando as garantias dos credores já houverem sido liberadas.

19. CONTRAPRESTAÇÃO

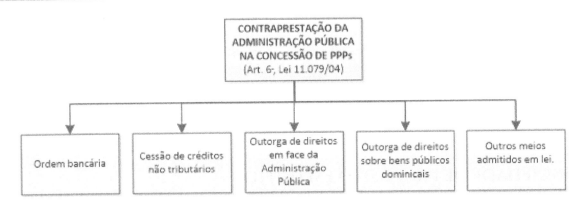

O artigo 6º é de grande importância na lei, por tratar de contraprestação.

O parceiro privado gozará da garantia da contraprestação pecuniária, que é a dotação orçamentária da qual fará jus, além da garantia da cobrança de tarifas públicas.

Esta novidade trazida pela Lei 11.079/04 funciona como um grande incentivo para atrair a iniciativa privada a contratar com a Administração Pública sem nenhuma margem de risco de amargar um prejuízo.

O artigo 6º é o que norteia as regras da contraprestação, pois elenca em seus incisos as formas as quais a Administração Pública poderá utilizar para efetivar esta dotação orçamentária, deixando ainda a possibilidade de criar outras, ao estatuir em seu inciso v: "outros meios admitidos em lei".

O parágrafo 1º do artigo em estudo expõe o que a Administração espera do parceiro privado, a fim de que este faça jus de gozar de todas estas garantias: "o seu desempenho, conforme metas e padrões de qualidade e disponibilidade definidos no contrato".

Isto quer dizer que o parceiro privado receberá se, e somente se, estiver preenchendo os padrões de qualidade anteriormente estipulados.

O artigo 7º ratifica o que foi estipulado no parágrafo 1º do artigo 6º, preceituando que a contraprestação será devida se já houver a disponibilização do serviço, objeto do contrato.

Ou seja, o serviço a que se destina o contrato já deverá estar em pleno funcionamento, a fim de que a contraprestação, leia-se dotação orçamentária, seja restituída ao parceiro privado.

O parágrafo 1º do artigo 6º fala em uma "parcela variável", a qual admite que o parceiro privado recebe pelo menos parte da contraprestação, se já prestar parte do serviço. Ou seja, o direito à contraprestação estará condicionado à efetiva prestação de serviço. E se esta ainda estiver sendo feita parcialmente, a contraprestação também será parcial, proporcional àquela.

Por meio da Lei 12.766 de 2012, foi incluído no artigo 6º, o parágrafo 5º, que indica expressamente que o parceiro privado não será indenizado, quando da extinção do contrato, pelas parcelas de bens ainda não amortizados ou por valores relativos a aportes de recursos públicos.

Os demais parágrafos do artigo em estudo tratam das fontes, formas e regras de aporte de valores por parte da Administração Pública.

O artigo 8º trata das garantias do parceiro privado de fazer jus às obrigações pecuniárias assumidas no contrato, que poderá se dar através dos itens estabelecidos em seus incisos.

Este rol elencado nos incisos do artigo 8º é <u>meramente exemplificativo</u>, pois o inciso admite outros mecanismos a serem criados por lei.

Art. 8º As obrigações pecuniárias contraídas pela Administração Pública em contrato de parceria público-privada poderão ser garantidas mediante:

I – vinculação de receitas, observado o disposto no inciso IV do art. 167 da Constituição Federal;

II – instituição ou utilização de fundos especiais previstos em lei;

III – contratação de seguro-garantia com as companhias seguradoras que não sejam controladas pelo Poder Público;

IV – garantia prestada por organismos internacionais ou instituições financeiras que não sejam controladas pelo Poder Público;

V – garantias prestadas por fundo garantidor ou empresa estatal criada para essa finalidade;

VI – outros mecanismos admitidos em lei.

20. SOCIEDADE DE PROPÓSITO ESPECÍFICO

As Sociedades de Propósito Específico encontram sua previsão legal no artigo 9º da Lei nº 11.079/04. De acordo com esta lei, para que se efetive um contrato de Parceria Público-Privada, mister se faz a constituição de uma sociedade de propósito específico, cujo objetivo maior será o de implantar e gerir o objeto da parceria.

Merece análise a questão de as Sociedades de Propósito Específico se submeterem ao tratamento tributário como meras pessoas jurídicas comuns. Este fato, por si só, acaba por gerar um maior custo para o projeto da parceria.

Com efeito, a falta de um tratamento tributário especial que se aplique às Sociedades de Propósito Específico poderá tornar as parcerias público-privadas vulneráveis a eventuais faltas de garantia.

A Sociedade de Propósito Específico, a qual será criada depois da licitação e antes da celebração do contrato.

Por exemplo, um consórcio de empresas venceu na construção de um aeroporto. Quem assina o contrato é a Empresa de Sociedade Específica, com CNPJ próprio e não o concessionário (ler art. 9º).

É possível alienar essa sociedade específica? Sim, mas com autorização do Poder Público contratante (ler art. 9º, I).

Interessante observar que essa Sociedade de Propósitos pode ser admitida na forma AS, podendo distribuir ações na Bolsa de Valores.

Em derradeiro, a parceria PPP não se utiliza para a permissão de serviços públicos.

21. LICITAÇÃO

O Capítulo V trata da licitação nas Parcerias Público-Privadas. Por força da lei 11.079/04, esta será na modalidade de concorrência, e curiosamente, sem exigência de pré-qualificação, embora não esteja taxativamente proibido, mas não se configura a sua obrigatoriedade.

Os artigos e incisos deste Capítulo traçarão os certames licitatórios aplicáveis à lei das PPPs, portanto, cumpre ressaltar que é o artigo 12 que tratará da licitação, propriamente dita.

Além das previsões contidas neste Capítulo específico, a lei geral de licitação, de nº 14.133/21, também será aplicada, subsidiariamente naquilo que não contrariar a lei específica das PPPs, ora em estudo.

O inciso II do artigo 12 traz a disposição de que o julgamento poderá se tornar subjetivo, se adotado o critério contido no inciso V do artigo 15 da Lei nº 8.987/95. Portanto, se o critério adotado for o disposto no inciso I do artigo 15 da mesma lei, o julgamento será, ao contrário do anterior, objetivo.

Importa acrescentar que, além dos mencionados critérios, o inciso II traz a possibilidade de se adotar mais dois critérios, a seguir descritos:

I.   Menor valor da contraprestação a ser paga pela Administração Pública.

II. Melhor proposta em razão da combinação do critério da alínea "a" com o de melhor técnica, de acordo com os pesos estabelecidos no edital.

O capítulo VI, que elenca os artigos 14 a 22, estabelece as disposições aplicáveis apenas à União. Esta lei foi muito precisa ao trazer estas regras as quais não se aplicarão aos outros entes, ou seja, serão as exceções das normas gerais.

A licitação será na modalidade de Concorrência com os seguintes critérios: Primeiro, o menor valor da tarifa do serviço público a ser prestado. Trata-se de um critério mais benéfico para o usuário. Só que o menor valor da tarifa é acrescido da Melhor Técnica, podendo haver nota da técnica em vários itens, via média ponderada.

Interessantíssimo observar que na concorrência pode-se utilizar o rito de pregão, havendo inversão das fases: abertura do envelope das propostas e, depois, a habilitação, ou seja, do envelope dos documentos.

Admite-se o lançamento de lances verbais (art. 13, III).

22. RESPONSABILIDADE

Na PPP, a responsabilidade é solidária, mas com a diferença de que o prejudicado escolherá em face de quem moverá a ação. Ou seja, em face da concessionária ou do poder concedente? Se a concessionária for abastada economicamente, tudo bem, para fugir do famigerado precatório.

Cabe observar que na PPP se admite a realização da arbitragem.

A vantagem da arbitragem é que o pagamento será feito por dinheiro, não entrando na fila dos precatórios, no caso de qualquer prejuízo que a PPP venha a ter.

23. ORDENADOR DE DESPESA

Antes de passar pelo ordenador de despesa há necessidade que o Chefe do Executivo envie para o Legislativo um Estudo Técnico (e não político) que demonstre a conveniência para viabilizar a PPP.

Cuidado! A realização da PPP não pode afetar os resultados das metas fiscais do governo, ou seja, não pode ocasionar impacto financeiro nas contas do Estado. O governo não pode arrecadar menos e gastar mais. Obrigatoriamente, o governo vai ter de demonstrar lucro com a criação de um porto, por exemplo, de maneira que o porto resulte em grande arrecadação para o Estado e aqueça o mercado de trabalho.

O art. 14 da Lei 11.079/04 exige o relatório semestral de execução da PPP.

CAPÍTULO
X

AGENTES PÚBLICOS

1. CONCEITO DE AGENTES PÚBLICOS

O Estado necessita de recursos humanos e materiais para a realização de atividades, serviços e obras que são de sua responsabilidade. Os recursos humanos, os únicos que nos interessam no presente trabalho, constituem-se em todas as pessoas físicas que, sob variados vínculos e, algumas vezes, sem qualquer liame aparente, prestam serviços à Administração Pública ou realizam atividades que estão sob sua responsabilidade, ainda quando o façam ocasional ou episodicamente. Essas pessoas são os agentes públicos.

Hely Lopes Meirelles define agentes públicos como "todas as pessoas físicas incumbidas definitiva ou transitoriamente, do exercício de alguma função estatal"[1].

Maria Sylvia Zanella Di Pietro conceitua agente público como "toda pessoa física que presta serviços ao Estado e às pessoas jurídicas da Administração Indireta"[2].

José dos Santos Carvalho Filho conceitua a expressão agentes públicos como "o conjunto de pessoas que, a qualquer título, exercem uma função pública como prepostos do Estado"[3].

Observe-se que os conceitos firmados acima pelos renomados juristas demonstram bem a abrangência do sentido da expressão agentes públicos.

A noção alcança todos os agentes da União, dos Estados, do Distrito Federal e dos Municípios, de qualquer dos Poderes dessas pessoas federativas, das suas autarquias, das fundações públicas e privadas, das empresas públicas, das sociedades de economia mista, dos delegados de serviços públicos e demais particulares que atuem em colaboração com o Poder Público.

Esta noção abrange todos os que desempenham uma função pública, função esta que pode ser definitiva ou transitória, política ou jurídica, remunerada ou gratuita, mas que os vincularão à Administração Pública.

A infindável gama de definições existentes para o termo agente público parece ter encontrado um resumo igualmente amplo, que resultou na normatização do conceito, insculpido no artigo 2º da Lei nº 8.429/92 – Lei de Improbidade Administrativa:

> "Reputa-se agente público, para os efeitos desta lei, todo aquele que exerce, ainda que transitoriamente ou sem remuneração, por eleição, nomeação, designação, contratação ou qualquer outra forma de investidura ou vínculo, mandato, cargo, emprego ou função nas entidades mencionadas no artigo anterior".

Tais agentes atuam no mundo jurídico como instrumentos expressivos da vontade do Poder Público, a qual é imputada ao Estado, posto que o mesmo só se faz presente através de pessoas físicas que em seu nome

---

1   MEIRELLES, Hely Lopes. *Direito Administrativo Brasileiro, 34ª ed. São Paulo, Malheiros Editores*, 2014, p. 418.
2   DI PIETRO, Maria Sylvia Zanella. *Op. cit.*, p. 477.
3   CARVALHO FILHO, José dos Santos. *Op. cit.*, p. 488.

atuam. Para tal, o agente público é investido de necessária parcela de poder público para o desempenho de suas atribuições, poder este que há de ser utilizado normalmente pelos agentes, de acordo com o que a lei lhes confere.

Ressalva que merece destaque é o tratamento dispensado a matéria em sede de matéria criminal. Para efeitos de aplicação da lei penal, o conceito dispensado àquele que responderá como funcionário público é ainda mais amplo.

Nos termos da atual redação atribuída ao § 1º do artigo 327 do Código Penal, "equipara-se a funcionário público quem exerce cargo, emprego ou função em entidade paraestatal, e quem trabalha para empresa prestadora de serviço contratada ou conveniada para a execução de atividade típica da Administração Pública."

Hipoteticamente, médicos e administradores de hospitais credenciados pelo Sistema Único de Saúde (SUS) não são funcionários públicos em sentido penal. No entanto, de acordo com a atual redação atribuída ao § 1º do art. 327 do Código Penal elide-se qualquer dúvida a respeito da matéria. Logo, os médicos e administradores de hospitais particulares participantes do SUS exercem atividades típicas da Administração Pública, mediante contrato de direito público ou convênio, nos termos do § 1º do art. 199 da Constituição da República, equiparando-se, pois, a funcionário público para fins penais, podendo, assim, ser processado por crime de concussão ou corrupção.

2. ESPÉCIES DE AGENTES PÚBLICOS

Os agentes públicos, que acima conceituamos, foram segregados em diferentes categorias pelos juristas objetivando a facilitação da compreensão do tema.

Trata-se de classificação de natureza didática, que reconhece a existência de grupamentos que guardam entre si fatores de semelhança.

Os eminentes administrativistas Oswaldo Aranha Bandeira de Mello e seu filho Celso Antônio Bandeira de Mello são, entre os autores brasileiros, os que mais se aprofundaram no estudo dos agentes públicos no artigo "Teoria dos servidores públicos", e na monografia "Apontamentos sobre os Agentes e Órgãos Públicos", respectivamente.

Ambos os autores classificaram os agentes públicos em três categorias:

1. Agentes Políticos;
2. Servidores Estatais, abrangendo os servidores públicos e os servidores governamentais de direito privado;
3. E os Particulares em colaboração com o Poder Público.

Essa classificação não é única dentre os autores pátrios, todavia, adotaremos no presente trabalho a classificação destes dois grandes administrativistas, introduzindo as necessárias alterações para adaptá-la à Constituição de 1988, acrescentando os entendimentos diversos em conformidade com a doutrina pátria.

3. AGENTES POLÍTICOS

Há dissenso entre os doutrinadores pátrios sobre o conceito de agentes políticos.

Para Celso Antônio Bandeira de Mello, os agentes políticos são "os titulares dos cargos estruturais à organização política do País, ou seja, os ocupantes dos cargos que compõem o arcabouço constitucional do Estado, o esquema fundamental do poder. São os que se constituem nos formadores da vontade superior do Estado."[4].

Para o autor, os agentes políticos são os Chefes do Executivo (Presidente, Governadores e Prefeitos e os respectivos Vices), seus auxiliares (Ministros, Secretários Estaduais e Secretários Municipais) e os Membros do Poder Legislativo (Senadores, Deputados Federais, Deputados Estaduais e Vereadores).

---

4   MELLO, Celso Antônio Bandeira de. *Curso de Direito Administrativo*, 2020, p. 199.

Já Hely Lopes Meirelles conceitua agentes políticos como "os componentes do Governo nos seus primeiros escalões, investidos em cargos, funções, mandatos ou comissões, por nomeação, eleição, designação ou delegação para o exercício de atribuições com prerrogativas e responsabilidades próprias, estabelecidas na Constituição e em leis especiais"[5]. O autor dá sentido mais amplo a esta categoria, incluindo os Magistrados, os membros do Ministério Público e os membros dos Tribunais de Contas[6].

A Emenda Constitucional nº 19/98, deu força ao entendimento de Hely Lopes Meirelles, pois parece ter agrupado também entre os agentes políticos, os Magistrados, os membros do Ministério Público e dos Tribunais de Contas, quando estabeleceu no artigo 37, XII, o trecho "dos detentores de mandato eletivo e dos demais agentes políticos". Ou seja, haveria outros agentes políticos (os Magistrados, os membros do Ministério Público e dos Tribunais de Contas) além daqueles que tradicionalmente detém cargos eletivos. Entretanto, entende a doutrina majoritária que essa classificação, emanada do sistema da Reforma Administrativa, só deve ser considerada para fins remuneratórios, e não para definição da natureza do vínculo jurídico que liga o agente ao Poder Público.

Neste ponto, o candidato de concurso público deve ter atenção tanto à composição da banca examinadora quanto ao cargo para o qual concorre. É óbvio que se o cargo pretendido está entre aqueles sobre os quais recai a controvérsia, melhor seria adotar o entendimento que os classifica como agentes políticos.

A primeira corrente tem a primazia entre os autores pátrios (Celso Antônio Bandeira de Mello, Maria Sylvia Zanella Di Pietro, José dos Santos Carvalho Filho, Diógenes Gasparini, Edimur Ferreira Faria), criticando-se o entendimento do grande professor Hely Lopes Meirelles com o argumento de que o que caracteriza o agente político não é só o fato de ser mencionado na Constituição, mas sim o de se associar às ideias de governo e função política, decidindo sobre os rumos a serem seguidos pelo Estado.

Na lição de Marcello Caetano, função política é "uma atividade comandada pelo interesse geral e que se desenvolve para assegurar a unidade e a coesão nacionais, definir os ideais coletivos, escolher os objetos concretos a prosseguir em cada época e os meios mais idôneos para alcançá-los, manter o equilíbrio constitucional das tensões políticas e das forças sociais, garantir a segurança do Estado e defender os interesses nacionais na ordem externa"[7].

As funções políticas compreendem basicamente as atividades de direção e as co-legislativas e ficam a cargo, em sua maioria, dos órgãos do Poder Executivo e, em parte, do Poder Legislativo.

No Brasil, é praticamente inexistente a participação do Poder Judiciário nas decisões políticas, pois a sua função se restringe quase exclusivamente à atividade jurisdicional.

O mesmo se pode dizer em relação ao Ministério Público e ao Tribunal de Contas, o primeiro exercendo uma das funções essenciais à justiça, ao lado dos Delegados de Polícia, da Advocacia Pública, da Defensoria Pública e da Advocacia; e o Tribunal de Contas, exercendo a função de auxiliar do Poder Legislativo no controle externo da atividade financeira e orçamentária do Estado.

São, portanto, **agentes políticos**, no direito brasileiro, apenas os Chefes dos Poderes Executivos Federal, Estadual e Municipal; os Ministros, Secretários Estaduais e Municipais; e os Senadores, Deputados Federais, Deputados Estaduais e Vereadores.

Estes são os detentores dos cargos da mais elevada hierarquia da organização da Administração Pública, estando voltados, principalmente, à formação e exteriorização da vontade superior da Administração Pública e incumbidos de traçar e imprimir a orientação superior a ser observada pelos órgãos e agentes que lhes devam obediência.

O vínculo que os prende à Administração Pública é de natureza política e os que os capacita para o desempenho dessas altas funções é a qualidade de cidadãos. Seus direitos e suas obrigações derivam diretamente da Constituição e das leis e, por esse motivo, podem ser alterados sem que a isso possam opor-se.

---

5   MEIRELLES, Hely Lopes. *Op. cit.*, p. 98.
6   Com o mesmo entendimento, TOSHIO MUKAY (*Direito Administrativo Sistematizado*, p. 152).
7   CAETANO, *Marcelo. Manual de Direito Administrativo*, 2018, p. 18.

Sua forma de investidura é a eleição, com exceção dos cargos de Ministros, Secretários Estaduais e Municipais, que são providos por ato de nomeação, tratando-se de cargos de recrutamento por escolha política dos Chefes dos Executivos, de livre nomeação e exoneração.

Os agentes políticos têm plena liberdade funcional e maior resguardo para o desempenho de suas funções, realizando suas atribuições com prerrogativas e responsabilidades próprias, estabelecidas na Constituição Federal e em leis especiais. Para o fiel desempenho de suas funções ficam a salvo de responsabilização civil por seus eventuais erros de atuação, a menos que tenham agido com culpa grosseira, má-fé ou abuso do poder.

Estas prerrogativas que se concedem aos agentes políticos, nas palavras do grande mestre Hely Lopes Meirelles "não são privilégios pessoais; são garantias necessárias ao pleno exercício de suas altas e complexas funções governamentais e decisórias. Sem essas prerrogativas funcionais os agentes políticos ficariam tolhidos na sua liberdade de opção e de decisão, ante o temor de responsabilização pelos padrões comuns da culpa civil e do erro técnico a que ficam sujeitos os funcionários profissionalizados."[8].

Para fins penais, esses agentes são equiparados a funcionários públicos quanto aos crimes relacionados com o exercício de sua função, nos termos do artigo 327 do Código Penal Brasileiro[9], com as ressalvas das imunidades constitucionais. Respondem também pelos atos que possam caracterizar crime de responsabilidade.

Por último, cabe ressaltar que, nos termos da Emenda Constitucional nº 19/98, que implementou a Reforma Administrativa do Estado, esses agentes serão remunerados exclusivamente por subsídio fixado em parcela única, vedado o acréscimo de qualquer gratificação, adicional, abono, prêmio, verba de representação ou outra espécie remuneratória, de acordo com o artigo 39, § 4º do Texto Constitucional.

4. SERVIDORES PÚBLICOS

4.1. Conceito de Servidores Públicos

Para Maria Sylvia Zanella Di Pietro, "são servidores públicos em sentido amplo, as pessoas físicas que prestam serviços ao Estado e às entidades da Administração Indireta, com vínculo empregatício e mediante remuneração paga pelos cofres públicos"[10].

Para a Autora, os servidores públicos compreendem três categorias de agentes: 1- os **servidores estatutários**, que são os agentes sujeitos ao regime estatutário e ocupantes de cargos públicos; 2- os **empregados públicos**, que são aqueles contratados sob o regime da legislação trabalhista e ocupantes de emprego público; e 3- os **servidores temporários**, que são os contratados por tempo determinado para atender à necessidade temporária de excepcional interesse público, e que exercem função, sem estarem vinculados a cargo ou emprego público.

José dos Santos Carvalho Filho, apoiado no mesmo entendimento de Hely Lopes Meirelles, critica a opinião de Maria Sylvia Zanella Di Pietro que considera como servidores públicos, os empregados das entidades privadas da Administração indireta (empresas públicas, sociedades de economia mista e fundações públicas de direito privado). Segundo o Autor, os empregados destas entidades são sempre regidos pelo regime trabalhista, integrando a categoria profissional a que estiver vinculada a entidade, como, por exemplo, a dos bancários e dos securitários. Acrescenta, ainda, o eminente Autor, que o artigo 173, § 1º, II, da Constituição Federal de 1988 estabelece que as empresas públicas e sociedades de economia mista devem sujeitar-se às regras de direito privado quanto às obrigações trabalhistas, sendo, portanto, seus trabalhadores, empregados normais. Por fim, conclui o Autor, que a própria tradição do direito brasileiro nunca enquadrou tais empregados como servidores públicos, nem em *lato sensu*.

---

8   MEIRELLES, Hely Lopes. *Op. cit.*, p. 88-89.

9   "Art. 327. Considera-se funcionário público, para os efeitos penais, quem, embora transitoriamente ou sem remuneração, exerce cargo, emprego ou função pública. § 1º Equipara-se a funcionário público quem exerce cargo, emprego ou função em entidade paraestatal, e quem trabalha para empresa prestadora de serviço contratada ou conveniada para a execução de atividade típica da Administração Pública." (Decreto-Lei nº 2.848, de 7/12/1940).

10   DI PIETRO, Maria Sylvia Zanella. *Op. cit.*, p. 493.

Utilizando-nos do conceito proferido pelo mestre José dos Santos Carvalho Filho, definiremos servidores públicos como "todos os agentes que, exercendo com caráter de permanência uma função pública em decorrência de relação de trabalho, integram o quadro funcional das pessoas federativas, das autarquias e das fundações públicas de natureza autárquica"[11], quer dizer, os servidores públicos são pessoas físicas que mantêm uma relação de trabalho, de natureza profissional, de caráter não eventual, sob um vínculo de dependência com a Administração Pública direta, autárquica e fundacional pública.

Podemos observar algumas características que delineiam o perfil da categoria dos servidores públicos.

A primeira característica apontada seria a profissionalidade, significando o efetivo exercício de profissão pelos servidores no desempenho de suas funções públicas. O servidor público atua como um profissional na prestação de serviços à Administração Pública.

Uma segunda característica seria a existência de uma relação jurídica de trabalho. Esta acontece sempre com a presença de dois sujeitos, de um lado está a Administração Pública, que pode ser qualificada como sendo o empregador, o qual é, na verdade, a pessoa beneficiada com o exercício das funções; e de outro lado, o servidor público, o empregado, aquele a quem incumbe o exercício das funções e pelo qual é recompensado com uma retribuição pecuniária.

Outra característica seria a não-eventualidade da relação de trabalho. Como regra geral, o servidor público exercerá suas funções com cunho de permanência, entretanto, existirão funções temporárias, mas estas represe

E a última característica é a dependência do relacionamento dos servidores públicos à entidade a que se vinculam, pois estas prescrevem seus comportamentos nos mínimos detalhes, não lhes permitindo qualquer autonomia funcional.

4.2. Classificação dos Servidores Públicos

Os servidores públicos conforme conceituados acima compreendem dois tipos de classificação.

A *primeira classificação* divide os servidores públicos em servidores públicos civis e servidores públicos militares.

Não obstante, a alteração introduzida pela Emenda Constitucional nº 18 de 1998, que substituiu o título "Servidores Públicos Civis" por "Servidores Públicos" no Título III, Capítulo VII, Seção II, e que também substituiu o título "Servidores Públicos Militares" por "Militares dos Estados, do Distrito Federal e dos Territórios" na Seção III do mesmo Título e Capítulo, incluindo os militares federais no capítulo das Forças Armadas (Título V, Capítulo II), o certo é que, em última análise, todos são servidores públicos em sentido amplo, pois que são vinculados por relação de trabalho às entidades federativas, percebendo remuneração como contraprestação pelas atividades que desempenham, indiferentemente dos seus diversos estatutos jurídicos reguladores.

Deste modo, são os servidores públicos civis aqueles que têm suas normas traçadas pela Constituição Federal em seus artigos 39 a 41.

E são servidores públicos militares os membros da Polícia Militar e Corpo de Bombeiros Militares dos Estados, do Distrito Federal e dos Territórios (art. 42, da CF), e os militares das Forças Armadas, constituídas pela Marinha, pelo Exército e pela Aeronáutica, integrantes da União Federal (art. 142, da CF).

O servidor militar tem legislação própria e está abraçado por pessoa jurídica de direito público: da União (Forças Armadas) ou dos Estados (Polícia Militar e Corpo de Bombeiro). Então, os militares estão em pessoas de direito público.

Seu regime é o legal. E, efetivamente, tem-se o estatuto do Corpo de Bombeiro, do Policial Militar e das Forças Armadas.

O militar tem lei própria, não se aplicando a Lei 8.112/90, nem a CLT. A Emenda Constitucional nº 18 diz que militar não é mais servidor. A seção III, na origem constava "dos servidores públicos militares". Atualmente "Dos militares dos Estados, do Distrito Federal e dos Territórios". Hoje, não chamam mais militar de servidor público militar, chamam só de Militar, que é um grupo próprio. É claro que a doutrina não aceitou

---

11   CARVALHO FILHO, José dos Santos. *Op. cit.*, p. 495.

isso, ou seja, militar é servidor público estatutário, mas com lei própria, com um estatuto próprio. O saudoso professor Hely Lopes Meirelles, atualizado por professores da USP, por exemplo, não fala em servidor, com fundamento na Emenda Constitucional nº 18.

A **segunda classificação** é caracterizada quanto à natureza do vínculo jurídico que liga o servidor ao Poder Público e à natureza dessas funções. Distinguem-se os servidores públicos em: servidores titulares de cargos públicos, sujeitos ao regime estatutário; em empregados públicos, regidos pelo regime trabalhista, contratados pelas pessoas jurídicas de direito público (União, Estados, Distrito Federal, Municípios, suas Autarquias e Fundações); e os servidores temporários, contemplados no artigo 39, IX, da Carta vigente.

O estudo neste trabalho se limitará aos servidores públicos civis, dos quais passaremos agora a discorrer.

4.2.1. Servidores Públicos Estatutários

Servidores Públicos Estatutários são os que se vinculam à Administração Pública direta, autárquica e fundacional pública, sujeitos ao regime estatutário (ou institucional) e ocupantes de cargo público.

Aos servidores estatutários são reservadas funções cujo desempenho exige que o servidor seja titular de poderes e prerrogativas de autoridade próprias do Estado e que tenha a independência e a segurança proporcionadas pela garantia da estabilidade funcional e por remuneração adequada.

O regime estatutário é o conjunto de regras que regulam a relação jurídica funcional entre o servidor público estatutário e o Estado. As regras estatutárias básicas estão contidas em lei, havendo outras regras de caráter organizacional que poderão estar previstas em atos administrativos.

Os estatutos podem ser **gerais**, e assim irão abranger a maior parte dos servidores, aplicando-se, muitas vezes, por disposição explícita, aos servidores do Poder Legislativo e do Tribunal de Contas correspondentes. Os estatutos podem ser também, **especiais**, assim os destinados a determinadas categorias de servidores, cujas peculiaridades demandariam preceitos específicos, como, por exemplo, a Magistratura, o Ministério Público e o Magistério.

A lei estatutária, todavia, obedecerá a um mandamento constitucional sobre servidores.

O artigo 39, *caput*, da Constituição de 1988, em sua redação original dispunha:

> "Art. 39. A União, os Estados, o Distrito Federal e os Municípios instituirão, no âmbito de sua competência, regime jurídico único e planos de carreira para os servidores da administração pública direta, das autarquias e das fundações públicas."

O artigo 39, em sua forma originária, determinou a instituição de regime jurídico único no âmbito da Administração direta, autárquica e fundacional. O dispositivo tinha por objetivo principal o de racionalizar a administração de pessoal no serviço público, que se mostrava extremamente dificultada pela diversidade de regimes que então se apresentava. Ora eram contratações regidas pela Lei nº 1.711, de 28/10/52 – Estatuto dos Funcionários Públicos Civis da União –, ora era adotado o regime da Consolidação das Leis do Trabalho para a admissão de trabalhadores, sendo que, neste último, não se conferiam aos ocupantes do emprego determinadas garantias típicas do regime estatutário, dispensando-se até mesmo maior rigor na admissão de pessoal, nem sempre submetida a prévio concurso público.

Objetivou-se com a redação da Carta Política de 1988 a extinção da desnecessária profusão de procedimentos e rotinas existentes, assim como a coexistência de situações distintas em relação a servidores que desempenhavam atribuições de mesmo nível e de idêntica complexidade na mesma esfera e as dificuldades gerenciais e os custos que daí resultavam. Visou-se também o obstamento de procedimentos irregulares e imorais, decorrentes do favorecimento de amigos e apadrinhados.

Oportuno observar que a disposição contida no artigo 39, não se referiu ao regime a ser adotado, mas apenas impôs a necessidade de unificação. Muita polêmica se originou desse mandamento, pois permitiu o entendimento para alguns de que o único regime deveria ser o estatutário, e para outros o de que a pessoa federativa poderia escolher o regime adequado; poder-se-ia, assim, optar por um regime de natureza tipicamente estatutária, ou então pelo regime da Consolidação das Leis do Trabalho, ou até mesmo por um regime misto, desde que fosse único.

A União Federal acabou por adotar o regime estatutário como regime único para seus servidores - o Regime Jurídico dos Servidores Públicos Civis da União, das autarquias e das fundações públicas federais, a Lei nº 8.112, de 11/12/90. Neste diploma foram alinhadas as regras indicadoras dos direitos, deveres e obrigações, tanto dos servidores públicos como da própria União.

Quanto às demais pessoas políticas brasileiras, algumas adotaram o regime estatutário, em contraste a outras que adotaram o regime trabalhista, principalmente os Municípios.

A Emenda Constitucional nº 19, publicada no Diário Oficial de 5 de junho de 1998, que instituiu a Reforma Administrativa, alterou a redação do artigo 39, *caput*:

"A União, os Estados, o Distrito Federal e os Municípios instituirão conselho de política de administração e remuneração de pessoal, integrado por servidores designados pelos respectivos Poderes."

A Reforma Administrativa do Estado na nova redação do artigo 39 determinou que as pessoas federativas têm a obrigação de instituírem conselhos de política de administração e remuneração de pessoal, não mais se fazendo menção à obrigatoriedade dessa unificação de regimes, ou seja, estar-se-ia permitindo, em tese, o retorno à sistemática anteriormente adotada, de regimes variados.

Ao alterar a redação do artigo 39 da Carta Política, o que agora se implanta é a possibilidade de coexistência de regimes diversos, admitindo-se um grupo de servidores e outro de empregados públicos, regidos, respectivamente, por norma estatutária e pela CLT.

No entanto, a própria Constituição excepcionou algumas carreiras institucionalizadas (Magistratura, Ministério Público, Advocacia Pública, Defensoria Pública, Tribunal de Contas, Polícias), impondo o regime estatutário, uma vez que exigiu que os seus integrantes ocupassem cargos organizados em carreira; e também a outros cargos efetivos, cujos ocupantes exerçam funções que o legislador venha a definir como "atividades exclusivas de Estado"[12].

Vale registrar, por ser oportuno, após decorridos oito anos de vigência da EC nº 19/98, que aboliu o regime jurídico único para os servidores da Administração Pública direta, das autarquias e das fundações públicas, admitindo, inclusive, a contratação de pessoal pelo regime celetista, todo esse cenário se alterou profundamente, a partir do momento em que, para surpresa geral, observou-se uma grave falha, durante a tramitação nas Casas do Congresso Nacional, nas propostas de emendas à Constituição apresentadas, à época, mais especificamente a concernente à alteração do *caput* do art. 39 da Carta Magna.

Explicando-se melhor, tudo começou quando, na Ação Direta de Inconstitucionalidade, ora tombada sob o nº 2.135/DF, o Partido dos Trabalhadores – PT, o Partido Democrático Trabalhista – PDT, o Partido Comunista do Brasil – PC do B e o Partido Socialista do Brasil – PSB questionaram, perante o Supremo Tribunal Federal, a eficácia do *caput* do art. 39, da CF, com a nova redação dada pela EC nº 19/98, objetivando suspender sua vigência, sob o argumento de que houve inobservância da exigência preconizada no art. 60, § 2º, do Texto Maior. Em suma, a inconstitucionalidade da EC nº 19/98 seria formal, em razão de sua aprovação não ter alcançado o *quorum* necessário para tal. Isto se justifica, pois, quando há propostas de emendas à Constituição, como cediço, as mesmas deverão ser discutidas e votadas, em dois turnos, em cada uma das Casas do Congresso Nacional, mas observando que, para serem aprovadas, tais emendas deverão obter a maioria qualificada dos votos, vale dizer, três quintos dos votos dos respectivos membros de ambas Casas Legislativas, Câmara dos Deputados e Senado Federal.

Com efeito, ao ser discutida a ADI nº 2.135, pelo STF, o Ministro Néri da Silveira, seu relator, entendeu que, aparentemente, estaria caracterizada a violação daquela norma insculpida no § 2º do art. 60, da CF/88, e isto porque, para a votação em segundo turno, a comissão especial da Câmara de Deputados, incumbida de dar nova redação à proposta de emenda constitucional, simplesmente fez desaparecer a proposta de emenda

---

12   *Vide* artigo 247 da CRFB/1988.

ao *caput* do art. 39 (que foi rejeitada no primeiro turno), colocando em seu lugar a redação da norma referente ao § 2º do mesmo artigo, esta sim aprovada no primeiro turno. Ou seja, no segundo turno de votações, a proposta de emenda ao *caput* do art. 39 não foi discutida e nem votada, daí a alegação de que o dispositivo não obteve a maioria qualificada dos votos exigidos constitucionalmente.

Há de se considerar, contudo, que essa transposição não pode ser entendida como emenda à Constituição, de acordo com o art. 118 do Regimento Interno da Câmara dos Deputados, exigindo-se, dessa forma, uma nova votação, em dois turnos, na Câmara e no Senado, para dar cumprimento à exigência contida no art. 60, § 2º, da CF/88.

Enquanto isso não ocorre, o Plenário do STF deferiu medida liminar no sentido de suspender a eficácia do atual art. 39, *caput*, com a redação dada pela EC nº 19/98 ("Art. 39. A União, os Estados, o Distrito Federal e os Municípios instituirão conselho de política de administração e remuneração de pessoal, integrado por servidores designados pelos respectivos Poderes".), o que significa dizer que, até decisão final de mérito, o art. 39 continua em vigor como a mesma redação embrionária da CF/88 ("Art. 39. A União, os Estados, o Distrito Federal e os Municípios instituirão, no âmbito de sua competência, regime jurídico único e planos de carreira para os servidores da administração pública direta, das autarquias e das fundações públicas".), que consagra o regime jurídico único dos servidores públicos, vedando, assim, a contratação de pessoal sob o regime da CLT no âmbito federal, tornando-se inaplicável, dessa feita, a Lei nº 9.962/00, que disciplinou o regime de emprego público do pessoal da Administração federal direta, autárquica e fundacional, mas cabendo ressaltar que essa decisão tem efeito *ex nunc* não atingindo, portanto, as situações jurídicas consolidadas até o julgamento do mérito pelo STF Vale dizer, mais uma vez, então, produzindo efeitos somente daquele instante em diante.

Os servidores estatutários estarão submetidos ao regime estatutário, instituído em lei, com liberdade de criação por cada uma das entidades federativas, observados tão somente os princípios constitucionais pertinentes a essa categoria de agentes públicos.

É o artigo 18 da Constituição Federal [13] que assegura à União, aos Estados, ao Distrito Federal e aos Municípios, a autonomia para dispor sobre a organização de seus servidores. A cada unidade da Federação cabe regular, no que diz respeito aos servidores, sobre a sua admissão, promoção, direitos e deveres, procedimento disciplinar, penalidades cabíveis, extinção do vínculo, entre outros, observados, obviamente, os princípios e preceitos constitucionais aplicáveis aos servidores públicos.

As disposições constitucionais voltadas aos servidores públicos encontram-se no capítulo próprio (artigos 39 a 41) e no relativo à Administração Pública (artigos 37 e 38). Nestes dispositivos há direitos expressamente outorgados aos servidores públicos, tendo o artigo 39, § 3º conferido aos servidores, titulares de cargos públicos, os seguintes direitos de natureza social, dentre os previstos no artigo 7º para os trabalhadores urbanos e rurais:

1. salário-mínimo, fixado em lei, nacionalmente unificado, capaz de atender a suas necessidades vitais básicas e às de sua família com moradia, alimentação, educação, saúde, lazer, vestuário, higiene, transporte e previdência social, com reajustes periódicos que lhe preservem o poder aquisitivo, sendo vedada sua vinculação para qualquer fim (inciso IV);

2. garantia de salário, nunca inferior ao mínimo, para os que percebem remuneração variável (inciso VII);

3. décimo terceiro salário com base na remuneração integral ou no valor da aposentadoria (inciso VIII);

4. remuneração do trabalho noturno superior à do diurno (inciso IX);

5. salário-família pago em razão do dependente do trabalhador de baixa renda nos termos da lei (inciso XII);

---

13 "Art. 18. A organização político-administrativa da República Federativa do Brasil compreende a União, os Estados, o Distrito Federal e os Municípios, todos autônomos, nos termos desta Constituição."

6. duração do trabalho normal não superior a oito horas diárias e quarenta e quatro semanais, facultada a compensação de horários e a redução da jornada, mediante acordo ou convenção coletiva de trabalho (inciso XIII);

7. repouso semanal remunerado, preferencialmente aos domingos (inciso XV);

8. remuneração do serviço extraordinário superior, no mínimo, em cinquenta por cento à do normal (inciso XVI);

9. gozo de férias anuais remuneradas com, pelo menos, um terço a mais do que o salário normal (inciso XVII);

10. licença à gestante, sem prejuízo do emprego e do salário, com a duração de cento e vinte dias (inciso XVIII);

11. licença-paternidade, nos termos fixados em lei (inciso XIX);

12. proteção do mercado de trabalho da mulher, mediante incentivos específicos, nos termos da lei (inciso XX);

13. redução dos riscos inerentes ao trabalho, por meio de normas de saúde, higiene e segurança (inciso XXII);

14. proibição de diferença de salários, de exercício de funções e de critérios de admissão por motivo de sexo, idade, cor ou estado civil (inciso XXX).

As normas estatutárias são prescritas em lei, segue-se que têm caráter genérico e abstrato, e o Estado, excetuadas as pertinentes disposições constitucionais impeditivas, deterá o poder de alterar legislativamente o regime jurídico de seus servidores, inexistindo a garantia de que continuarão sempre disciplinadas pelas disposições vigentes quando de seu ingresso.

O servidor, desse modo, não tem direito adquirido à imutabilidade do estatuto, até porque, se o tivesse, seria ele um obstáculo à própria mutação legislativa.

Veja-se um exemplo: o adicional por tempo de serviço a que os servidores públicos federais faziam jus, de 5% a cada quinquênio, por força do artigo 67 da Lei nº 8.112/90, foi extinto pela MP nº 1.964/99, reeditada e renumerada para 2.225/01 (sendo respeitadas as situações constituídas até 8 de março de 1999).

Não tinha o servidor direito adquirido à permanência do adicional, a Administração Pública podia extingui-lo, e o fez através da Medida Provisória nº 1.964/99.

Se a extinção se deu quando o servidor tinha, por exemplo, dezesseis anos de serviço, a norma poderá ter sofrido a alteração, mas o servidor terá o direito adquirido ao percentual de quinze por cento, pois teria completado o fato gerador do direito à percepção desse percentual, qual seja, o exercício das funções pelo período de três quinquênios. Caso a extinção tivesse ocorrido quando o servidor contasse com quatro anos de serviço, nenhum direito ele teria, uma vez que não se teria completado nem sequer o fato gerador do primeiro percentual, ou seja, o exercício da função por cinco anos. Neste caso, a situação seria de mera expectativa de direito, enquanto na situação anterior, o fato gerador realmente se consumou, originando a aquisição do direito.

Observe-se, portanto, que os servidores estatutários ingressarão no quadro da entidade numa situação jurídica previamente estabelecida, e embora a lei estatutária seja modificável unilateralmente, esta respeitará os direitos já adquiridos pelo servidor.

4.2.2. Servidores Públicos Trabalhistas

Os servidores públicos trabalhistas ou celetistas, ou os empregados públicos, são aqueles contratados sob o regime trabalhista e ocupantes de emprego público.

Aos servidores trabalhistas são destinadas as funções materiais de apoio às atividades funcionais próprias do Estado, que apenas exigem o conhecimento e a habilitação profissionais pertinentes.

O regime trabalhista é aquele constituído das normas que regulam a relação jurídica entre o servidor trabalhista e o Estado e o regime aplicado encontra-se na Consolidação das Leis do Trabalho (Decreto-Lei nº

5.452, de 01/05/1943). Este regime é o mesmo aplicado às relações jurídicas entre empregadores e empregados no campo privado.

A Constituição Federal, no Capítulo VII, que trata da Administração Pública, nas Seções I e II, estabelece disposições que, por dizerem respeito a quaisquer servidores públicos, introduzem particularidades no regime aplicável aos empregados do Poder Público. A Carta vigente, em vários dispositivos, define as regras aplicadas aos servidores celetistas, assegurando direitos e impondo obrigações. É assegurado, também, a estes servidores, no artigo 7º da Lei Magna, um conjunto de direitos laborais, que serão acolhidos necessariamente pela legislação infraconstitucional.

O regime trabalhista caracteriza-se pela unicidade normativa, visto que o conjunto de suas normas reguladoras se encontra em um único diploma legal – a Consolidação das Leis do Trabalho, a CLT. Todas as pessoas da federação deverão observar este diploma legal, já que compete a União privativamente legislar sobre Direito do Trabalho (artigo 22, I, da Constituição Federal). Embora sujeitos à Consolidação das Leis do Trabalho, os servidores trabalhistas estão submetidos a todas as normas constitucionais referentes à Administração Pública, constantes do Capítulo VII (Da Administração Pública), do Título III (Da Organização do Estado), da Constituição Federal.

Na esfera federal, o regime de emprego público do pessoal da Administração federal direta, autárquica e fundacional está disciplinado na Lei nº 9.962, de 22/02/2000, segundo dispõe que o pessoal celetista terá sua relação de trabalho regida pela Consolidação das Leis de Trabalho, naquilo que a lei não dispuser em contrário, pois que sendo da União a competência privativa para legislar sobre Direito do Trabalho (art. 22, I, da CF), é evidente que ela poderá derrogar, por lei específica para os servidores federais, a legislação trabalhista, desde que não desfigure o regime básico da CLT.

A Lei nº 9.962/00 estatuiu, em seu § 1º, do artigo 1º, que leis específicas disporão sobre a criação de empregos no âmbito da administração federal direta, nas autarquias e fundações, bem como sobre a transformação de cargos em empregos, vedando-se, para tais fins, o uso de medidas provisórias (artigo 4º).

Pode-se antever que o regime celetista regerá os novos empregos que por lei venham a ser futuramente criados, assim como também passará a disciplinar situações atuais que venham a ser alcançadas por transformação de cargos em empregos, mas somente em relação a cargos vagos, pois que o § 2º, do artigo 1º da norma referida veda a aplicação do regime celetista para os cargos de provimento em comissão, para os servidores regidos pela Lei nº 8.112/90, e também na criação de empregos ou na transformação de cargos em empregos que não sejam os abrangidos pelas leis específicas acima citadas.

Traz a lei disposição expressa de que a contratação de pessoal para emprego público deverá ser precedida de concurso público de provas ou de provas e títulos, conforme a natureza e a complexidade do emprego a ser ocupado, repetindo a exigência constitucional contida no artigo 37, inciso II.

Os servidores celetistas serão contratados por prazo indeterminado.

Firmada a relação contratual, impõe a lei a necessidade de que o ato de dispensa por ato unilateral da Administração seja motivado e esteja fundamentado em uma das hipóteses a que se refere o artigo 3º da norma em comento. Prestam-se a embasar a rescisão contratual a prática de falta grave, observadas as condutas enumeradas no artigo 482 da CLT; a verificação de acumulação de cargos, empregos e funções públicas fora das situações permitidas pelo Texto Constitucional; a necessidade de redução de quadro de pessoal, por excesso de despesa, nos termos da lei complementar a que se refere o artigo 169 da Lei Magna; e a insuficiência de desempenho que se aproxima e se identifica da hipótese prevista para os servidores estatutários no artigo 41, § 1º, inciso III, da Constituição Federal. Ocorre, todavia, que a alegada insuficiência do empregado público para o cumprimento das atribuições que lhe foram cometidas somente poderá ser declarada e, em consequência, rescindido o seu contrato de trabalho, se regularmente apurada em procedimento administrativo específico, com garantia de pelo menos um recurso hierárquico dotado de efeito suspensivo e o obedecimento aos princípios do contraditório e da ampla defesa.

ATENÇÃO! Muito embora este seja o nosso posicionamento, cabe transcrever o entendimento do Tribunal Superior do Trabalho (TST). Pois bem, a Administração Pública está dividida em Administração Pública Direta (União, Estados, Distrito Federal e Municípios) e Indireta (Autarquias, Empresas Públicas, Sociedades de Economia Mista e Fundação Pública). Assim, de acordo com o TST o servidor público celetista da Administração direta, autárquica ou fundacional é beneficiário da estabilidade prevista no art. 41 da CF, mas o servidor da empresa pública ou sociedade de economia mista, ainda que admitido mediante aprovação em concurso público, não goza da referida estabilidade (TST – Súmula 390, conversão das Orientações Jurisprudenciais SDI-1 229 e 265 e SDI-2 22). Logo, o servidor celetista concursado de empresa pública e sociedade de economia mista pode ser demitido de maneira IMOTIVADA (TST, SDI-1, Orientação Jurisprudencial 247), o que não assegura o contraditório e a ampla defesa.

Nesta parte final não concordamos com o TST haja vista a possibilidade de perseguições, ou seja, desvio de finalidade, sem que se possa ter meios para exercício do controle de legalidade do ato demissional do empregado público.

Para que seja sustentada a aludida insuficiência de desempenho, o empregado deverá ter o prévio conhecimento dos padrões mínimos a serem atendidos em sua relação de emprego, observadas as características das atividades exercidas.

Observe-se que tendo a lei estabelecido um rol de situações para a rescisão unilateral do contrato do empregado público, vinculou a atuação do agente público em todas as hipóteses previstas, afastando a discricionariedade e impondo-lhe o dever de motivar o seu ato, sob pena de nulidade da rescisão. Esse procedimento só é dispensado para as contratações de pessoal decorrentes da autonomia de gestão prevista no § 8º do artigo 37 da Constituição Federal, que deverão se orientar por diretrizes especificamente inscritas nos contratos de gestão.

Os servidores celetistas, por força do artigo 40, § 13 da Constituição Federal, têm sua aposentadoria enquadrada no regime geral de previdência social, previsto nos artigos 201 e 202 da Constituição, regime este aplicado aos trabalhadores da iniciativa privada em geral, regidos pela legislação do trabalho.

Não se assegura aos servidores o direito de celebrarem acordos ou convenções coletivas de trabalho, pois violaria os artigos 37, 39, 61, § 1º, inc. II, alínea "a", e 114 da Constituição do Brasil, todos de observância obrigatória pelos Estados-membros.

Afiguram-se incompatíveis com a negociação coletiva de trabalho, uma vez que a atribuição de vantagens pecuniárias aos servidores públicos somente pode ser conferida por lei, sendo impossível a Administração Pública transigir judicialmente sobre a matéria reservada à lei.

O disposto no art. 61, § 1º, inc. II, alínea "a", da Constituição do Brasil estabelece reserva legal, com iniciativa privativa do Chefe do Poder Executivo, sobre leis que disponham sobre direitos ou remuneração de servidores públicos. Ademais, a competência atribuída ao Chefe do Poder Executivo para propor aumento de vencimentos submete-se ainda a disponibilidades orçamentárias.

4.2.2.1. Julgamento de ações reclamatórias de servidores públicos federais pós Lei nº 8.112/90

O Supremo Tribunal Federal tomou parte em recente julgamento de recurso de agravo interposto contra decisão que negou provimento ao agravo de instrumento, referente a servidor público federal que questionava a competência da justiça comum para dirimir controvérsias suscitadas após a edição da Lei 8.112/90.

> EMENTA: SERVIDOR PÚBLICO – CONVERSÃO DO REGIME CELETISTA EM REGIME ESTATUTÁRIO – SUPERVENIÊNCIA DA LEI Nº 8.112/90, QUE INSTITUIU O REGIME JURÍDICO ÚNICO – CONSEQUENTE CESSAÇÃO DA COMPETÊNCIA DA JUSTIÇA DO TRABALHO – RECONHECIMENTO DA COMPETÊNCIA DA JUSTIÇA COMUM PARA JULGAR CONTROVÉRSIAS SURGIDAS APÓS A EDIÇÃO DA LEI Nº 8.112/90 – PRECEDENTES – RECURSO DE AGRAVO IMPROVIDO (Ag.Reg. no AI nº 367.056-7/RS, Segunda Turma do STF, Min. Rel. CELSO DE MELLO).

Tendo o aludido recurso transcorrido na Segunda Turma do STF, o Ministro Relator Celso de Mello negou provimento ao recurso de agravo, regularmente interposto, o qual postulava o provimento ao agravo de instrumento, e cujo voto denegatório foi acolhido unanimemente pelos demais Ministros daquela Turma.

Segundo as alegações do Ministro Relator, a decisão agravada se coaduna na íntegra com o entendimento jurisprudencial daquela Suprema Corte, não merecendo por isso qualquer retoque, pois que no julgamento de situações análogas, não se quedou contrariamente ao que ora decidiu em nenhuma das controvérsias a que tenha julgado.

Sendo assim, é neste argumento que se firma o Ministro Relator do STF, pois em posições incontroversamente assentadas naquela Corte sobre conflitos de competência entre juiz federal e Tribunais do Trabalho, reputou-se competente para apreciar ação reclamatória ajuizada por servidores federais a justiça do trabalho, e não a justiça comum, quando o contrato individual de trabalho tiver sido celebrado anteriormente à vigência da Lei 8.112/90.

Este entendimento, portanto, é o que tem prevalecido em sucessivas decisões da Suprema Corte, tanto assim que a matéria em foco já se firmou no sentido de que "compete à Justiça do Trabalho processar e julgar reclamações trabalhistas propostas por servidores federais, tendo por objeto vantagens salariais decorrentes de relação de emprego regida pela Consolidação das Leis do Trabalho, relativa a período anterior à Lei n° 8.112/90 (...)" (cc 7.122/RJ, Rel. Min. Sepúlveda Pertence).

No que alude a questão sob análise, cabe salientar que a posição sobre a qual se firmou o nobre Ministro Relator, ao negar provimento ao recurso de agravo e manter a decisão agravada, reconheceu a justiça comum como competente para apreciar a controvérsia levada a juízo tão somente porque se tratava de fato ocorrido em período posterior ao advento da Lei n° 8.112/90.[14]

Neste sentido, mostrou-se a coerência da decisão do Relator com a jurisprudência dominante no âmbito do Supremo Tribunal Federal, o que pode ser confirmado, também, em diversos julgados emitidos por esta Corte, tanto pela Primeira como pela Segunda Turma.[15]

---

14 "... Tratando-se de causa ajuizada por servidor estatutário federal, na qual se postule o reconhecimento de direitos oriundos de contrato individual de trabalho mantido com entidade de direito público, e celebrado em momento anterior ao da vigência do regime jurídico definido pela Lei n° 8.112/90, subsiste, em plenitude, a competência jurisdicional da Justiça do Trabalho. O elemento causa da ação ('*causa petendi*') constitui fator de indiscutível relevo processual, pois – enquanto complexo abrangente dos fatos (causa remota) e dos fundamentos jurídicos do pedido (causa próxima) – qualifica-se como título definidor da própria competência do órgão judiciário incumbido de apreciar a controvérsia suscitada" (RTJ 175/908-909, Rel. Min. CELSO DE MELLO, Pleno).

15 "Justiça do Trabalho: competência para julgar reclamação de servidor público relativa a vantagens trabalhistas anteriores à instituição do regime jurídico único. Nas eventuais questões após o advento da L. 8.112/90, a competência passa a ser da justiça não especializada. Procedentes." (RTJ 194/724. Rel. Min. SEPÚLVEDA PERTENCE)

RECURSO EXTRAORDINÁRIO AGRAVO REGIMENTAL. REGIME CELETISTA. CONVERSÃO PARA ESTATUTÁRIO. COMPETÊNCIA.

"AGRAVO REGIMENTAL. SERVIDOR PÚBLICO QUE MANTEVE VÍNCULO EMPREGATÍCIO, NOS MOLDES DA CLT, ANTERIORMENTE À PASSAGEM PARA O REGIME JURÍDICO ÚNICO, COM A EDIÇÃO DA LEI N° 8.112/90. RECONHECIMENTO DE DIFERENÇAS SALARIAIS DECORRENTES DESSE VÍNCULO. EFEITOS DA SENTENÇA TRABALHISTA LIMITADOS PELO ADVENTO DO REGIME ESTATUTÁRIO.

A superveniência da Lei n° 8.112/90 estanca a competência da Justiça do Trabalho para dirimir questões afetas ao vínculo de emprego anteriormente mantido com a Administração, ainda que se cuide do reconhecimento de parcela de trato sucessivo, nascida desse contrato, dada a impossibilidade de a Justiça Especial vir a executar o adimplemento de obrigação que se torne devida já sob a égide do regime estatutário.

Logo, os efeitos da sentença trabalhista têm por limite temporal o advento do referido diploma.

Agravo regimental desprovido".

(RTJ 195/1053, Rel. Min. CARLOS BRITTO – grifamos)

1. As duas Turmas desta Corte firmaram entendimento no sentido de que a competência da Justiça do Trabalho para julgar demanda que envolva pretensões decorrentes de vínculo celetista cessou com a implantação do Regime Jurídico Único por meio da Lei 8.112/90.

2. Agravo regimental improvido".

(RE 434.946-AgR/RS, Rel. Min. ELLEN GRACIE – grifei).

"TRABALHISTA. CONFLITO DE COMPETÊNCIA. RECLAMAÇÃO PROPOSTA POR SERVIDORES DO IAPAS CONTRA A AUTARQUIA, TENDO POR OBJETO VANTAGENS FUNCIONAIS DECORRENTES DO CONTRATO DE TRABALHO QUE OS VINCULAVA À REFERIDA AUTARQUIA, ANTES DA IMPLANTAÇÃO DO REGIME ÚNICO.

4.3. Servidores Públicos Temporários

A última espécie é a dos servidores públicos temporários que podem ser definidos como os agentes públicos que se ligam ao Poder Público, por tempo determinado, para o atendimento de necessidades de excepcional interesse público, conforme definidas em lei. Esses agentes exercem função, sem estarem vinculados a cargos ou empregos públicos.[16]

A Constituição de 1988 dispõe sobre os servidores temporários em seu artigo 37, inciso IX:

> "Art. 37. ....
>
> IX- a lei estabelecerá os casos de contratação por tempo determinado para atender a necessidade temporária de excepcional interesse público.

A contratação temporária no serviço público vem sendo admitida constitucionalmente desde a promulgação da Constituição de 1967. A Carta Política de 1967 dispunha em seu artigo 106, com a redação dada pela Emenda Constitucional nº 1/69 que:

> "Art. 106. O regime jurídico dos servidores admitidos em serviços de caráter temporário ou contratados para funções de natureza técnica especializada será estabelecido em lei especial."

A Constituição Federal de 1988 impôs três pressupostos para a admissão de servidores temporários: a temporariedade da contratação, a necessidade temporária e a excepcionalidade do interesse público.

O primeiro pressuposto é a temporariedade da contratação, ou seja, os contratos firmados com esses agentes devem ter sempre prazo determinado, contrariamente ao que ocorre nos regimes institucional e trabalhista.

O segundo pressuposto é a necessidade temporária, entende-se a qualificada por sua transitoriedade. A necessidade dessas funções deverá ser sempre temporária, porque se a necessidade for permanente, o Estado deverá processar o recrutamento dos servidores através dos demais regimes.

O último pressuposto é a excepcionalidade do interesse público. A necessidade temporária deverá ser de interesse público, e, esse interesse público, deverá ser de caráter excepcional. O termo excepcional é utilizado pela Constituição Federal para afirmar que situações administrativas comuns não poderão ensejar a contratação desses servidores.

A Justiça do Trabalho continua competente para o julgamento de reclamações de servidores públicos federais, decorrentes de contrato de trabalho. Inteligência do art. 114 da Constituição Federal. Procedência do conflito".
(CC 7023, Rel. Min. ILMAR GALVÃO, DJ 19.05.1995 – grifamos).

16 Sustentava, ademais, que a contratação de defensores públicos substitutos não se enquadra na necessidade temporária de excepcional interesse público, hipótese em que a contratação é admitida pelo artigo 37, inciso IX, da CF.
O STF já firmou jurisprudência no sentido de que não é possível a contratação temporária de funcionários para funções permanentes. Entre outros, relacionou as ADIs 2987, relatada pelo ministro Sepúlveda Pertence (aposentado), e 890 e 2125, que tiveram como relator o ministro Maurício Corrêa (aposentado).
Especificamente sobre a contratação temporária de defensores públicos, ela citou a ADI 2229, relatada pelo ministro Carlos Velloso (aposentado). Nesse julgamento, o relator observou que as defensorias públicas são órgãos permanentes do serviço público que não comportam a contratação de defensores em caráter temporário. Velloso lembrou, na época, que as Defensorias Públicas são instituições essenciais à jurisdição do Estado, que tem o dever de prestar assistência jurídica a quem provar insuficiência de recursos para ser parte em processo. Essa função, segundo ele, insere-se no rol de instrumentos de que o Estado dispõe para reduzir as desigualdades sociais, sendo, pois, instrumento de efetivação dos direitos humanos.
O relator do processo, ministro Carlos Ayres Britto, concordou com os argumentos do ministro Carlos Velloso. Segundo ele, como órgãos permanentes, as Defensorias Públicas estaduais prestam assistência jurídica administrativa e judicial, sendo instrumento de democratização do acesso às instâncias judiciárias.
Em função desse papel das Defensorias, segundo ele, "não há a possibilidade de contratação temporária", até mesmo para garantir a independência técnica desses órgãos.

Questão interessante a se observar foi objeto de prova, junto à Escola da Magistratura do Estado do Rio de Janeiro:

Assim que tomou posse, a Prefeita do Município X baixou o Decreto nº Y anulando o concurso público realizado pelo seu antecessor. Em consequência, centenas de servidores dos diversos órgãos da Administração direta e da indireta foram exonerados.

Para dar continuidade ao serviço público, a Câmara Municipal aprovou uma lei (Lei nº 3.140/03) autorizando o Poder Executivo contratar, em caráter temporário, pessoal para suprir as necessidades da Administração. A Lei tem a seguinte redação:

> Art. 1º - Fica autorizado o Poder Executivo Municipal a contratar, por prazo determinado, e em caráter temporário, no regime celetista, servidores para atender a urgência e necessidade dos serviços, em razão da anulação do concurso público oriundo do Edital nº 001/1999.
>
> Parágrafo único – O Termo final das contratações de que trata o *caput* deste artigo corresponderá a data do termo de posse dos aprovados em concurso público de provas e títulos, a ser realizado.
>
> Ar. 2º - As contratações de que trata o artigo primeiro deverão ser efetivadas de acordo com o levantamento das necessidades dos diversos órgãos da administração direta e da indireta, autárquica ou fundacional do Município.

Consultado sobre a constitucionalidade dessa lei, o que você responderia?

O concurso público é a regra constitucional para o ingresso de servidores no serviço público. Contrato por prazo determinado só é admissível em situação emergencial para realização de tarefas que não se enquadrem nas funções de natureza permanente. No caso, a autorização de contratação foi para o exercício de funções permanentes, próprias da Administração Pública, como se extrai do texto da própria lei a seguir transcritos:

> Artigo 20 - As contratações de que trata o artigo primeiro deverão ser efetivadas de acordo com o levantamento das necessidades dos diversos órgãos da administração direta e da indireta, autárquica ou fundacional do Município.

Em outras palavras, a lei não podia ser mais genérica e abrangente. Outorgou, realmente, ao Poder Executivo verdadeira delegação, um cheque em branco a ser preenchido em relação a qualquer cargo ou função de toda a administração municipal. Como bem ponderou o douto Procurador de Justiça signatário do parecer de fls. 235/289.

Embora sobre sempre algum espaço para alguma discrição do administrador, na elaboração das emergências a serem socorridas, é imprescindível que os diplomas reguladores dessa forma excepcional de prestação de serviço público enunciem as situações fáticas que oportunizem as linhas-mestras para as contratações excepcionais que estejam descritas na lei, o que não foi obedecido pelo legislador Municipal de Nova Friburgo.

Se não bastasse, e ainda pior, não foi também observado o requisito da temporariedade. Em seu lugar elegeu-se uma condição resolutiva, como se vê do parágrafo único do artigo 1º da lei representada: "O termo final das contratações de que trata o *caput* deste artigo corresponderá à data do termo de posse dos provados em concurso público de provas e títulos, a ser realizado." A toda evidência, até o leigo entende que não se pode conceber como temporário um contrato que tem por termo *ad quem* um ulterior e incerto certame público, cujas medidas administrativas nem sequer se tem notícias, como bem colocou a douta Procuradoria do Estado.

Todas as contratações temporárias no serviço público que descumprirem a esses requisitos constitucionais estarão configurando a inobservância do artigo 37, II da Constituição da República, e conforme o preceituado no § 2º deste mesmo artigo, essas contratações serão passíveis de anulação, respondendo o agente público que lhe der causa pelos danos que causar ao erário, sem prejuízo da ação penal cabível; e o contratado de boa-fé verá rescindido o seu contrato, sem direito a indenizações outras que não sejam aquelas de natureza alimentar.

A lei referida pelo legislador constituinte no artigo 37, inciso IX, é a das pessoas jurídicas de capacidade política, constituídas pelos entes autônomos referenciados no artigo 18 da Carta Política. A lei reguladora será a da pessoa federativa (União, Estados, Municípios ou Distrito Federal) que pretender a inclusão dessa categoria de servidores em seu quadro funcional.

Quanto à natureza do vínculo celebrado entre os servidores temporários e a Administração Pública, cabe notar, primeiramente, que a Constituição não autoriza a instituição de um regime jurídico, mas tão somente, atribui à lei a tarefa de disciplinar os casos de contratação temporária.

Por outro lado, a Constituição Federal estabeleceu que "a lei estabelecerá os casos de 'contratação' desses servidores...", quis com isso, o legislador constituinte, excluir, de plano, o regime estatutário. Também não poderia ser o regime estatutário o aplicado, dado que este só abrange os servidores estatutários, que, na redação do artigo 37, II, da Lei Magna, são os que se ligam à Administração Pública direta, às autarquias e às fundações públicas, admitidos mediante concurso público para ocupar um cargo, e os contratados temporariamente não ingressam no serviço público desse modo e, sobre mais, não ocupam cargo público, mas função.

Também não poderia ser o regime aplicado, o da locação civil de serviços (artigos 1.216 a 1.236 do Código Civil), pois os agentes assim contratados não fazem jus à aposentadoria, que, ao contrário disso, está assegurada aos agentes temporários, conforme se infere do § 13, do artigo 40, da Constituição da República.

Logo, em se tratando de um regime jurídico de pessoal, de trabalhadores, é certo que esse regime deve atender às garantias conferidas pela Constituição a todos os trabalhadores. Somando-se a isso a competência exclusiva da União para legislar sobre direito do trabalho, entende a doutrina majoritária que o regime jurídico do pessoal contratado pela Administração Pública para desempenhar, temporariamente, serviços de excepcional interesse público, somente pode ser o regime da Consolidação das Leis do Trabalho, aliás o único que se aperfeiçoa com o caráter temporário da contratação.

A contratação temporária poderá ser utilizada pela Administração Pública direta e indireta de qualquer dos Poderes da União, dos Estados, do Distrito Federal e dos Municípios.

A União Federal, fundada no artigo 37, IX, da Constituição de 1988, promulgou lei reguladora desse regime. Trata-se da Lei nº 8.745, de 09/12/93, que devido à autonomia dos entes federados para regular a matéria, disciplinou o regime temporário somente para a Administração federal direta, suas autarquias e fundações públicas. Esta lei traz diretivas que podem ser seguidas por leis estaduais e municipais, tais como a indicação de casos de necessidades temporárias, a exigência de processo seletivo simplificado para o recrutamento do pessoal a ser contratado, o tempo determinado e improrrogável da contratação, entre outros temas.

A citada lei, em seu artigo 2º, considera por necessidade temporária de excepcional interesse público:

"I- assistência a situações de calamidade pública;

II- combate a surtos endêmicos;

III- realização de recenseamentos e outras pesquisas de natureza estatística efetuadas pela Fundação Instituto Brasileiro de Geografia e Estatística - IBGE;

IV- admissão de professor substituto e professor visitante;

V- admissão de professor e pesquisador visitante estrangeiro;

VI- atividades:

a) especiais nas organizações das Forças Armadas para atender à área industrial ou a encargos temporários de obras e serviços de engenharia;

b) de identificação e demarcação desenvolvidas pela FUNAI;

c) de análise e registro de marcas e patentes pelo Instituto Nacional da Propriedade Industrial – INPI;

d) finalísticas do Hospital das Forças Armadas;

e) de pesquisa e desenvolvimento de produtos destinados à segurança de sistemas de informações, sob responsabilidade do Centro de Pesquisa e Desenvolvimento para a Segurança das Comunicações – CEPESC;

f) de vigilância e inspeção, relacionadas à defesa agropecuária, no âmbito do Ministério da Agricultura e do Abastecimento, para atendimento de situações emergenciais ligadas ao comércio internacional de produtos de origem animal ou vegetal ou de iminente risco à saúde animal, vegetal ou humana;

g) desenvolvidas no âmbito dos projetos do Sistema de Vigilância da Amazônia – SIVAM e do Sistema de Proteção da Amazônia – SIPAM.

VII- manutenção e normalização da prestação de serviços públicos essenciais à comunidade, quando da ausência coletiva do serviço, paralisação ou suspensão das atividades por servidores públicos, por prazo superior a dez dias, e em quantitativo limitado ao número de servidores que aderiram ao movimento. (inciso acrescentado pela Medida Provisória nº 10, de 13/11/2001)"

O recrutamento do pessoal a ser contratado, nos termos desta lei, será feito mediante processo seletivo simplificado sujeito a ampla divulgação, inclusive pelo Diário Oficial da União, prescindindo de concurso público. Excluem-se desse processo seletivo e, também, do concurso público, os casos em que a contratação for para atender às necessidades decorrentes de calamidade pública (art. 3º, § 1º); e para a contratação de pessoal, nos casos do professor visitante referido no inciso IV e dos incisos V e VI, alíneas *a, c, d, e* e *g*, do artigo 2º, que poderá ser efetivada à vista de notória capacidade técnica ou científica do profissional, mediante análise do *curriculum vitae*.

ATENÇÃO! A Emenda Constitucional 51/06 determina a obrigatoriedade de Processo de Seleção Pública de acordo com a natureza e complexidade das funções e requisitos específicos de atuação para a admissão de agentes comunitários de saúde e agentes de combate às endemias.

Destaca-se, ainda, que a referida Emenda trouxe regras de transição ao determinar que os profissionais, na data de sua promulgação e a qualquer título, que estivessem desempenhando atividades de agente comunitário de saúde ou de agente de combate às endemias, na forma da lei, ficariam dispensados de se submeterem ao processo de seleção público a que se refere o § 4º, do art. 198, da Constituição Federal, desde que tenham sido contratados a partir de anterior processo de Seleção Pública efetuado por órgão ou entes da administração direta ou indireta de Estado, Distrito Federal ou Município ou por instituições com a efetiva supervisão e autorização da administração direta dos entes da federação.

As contratações serão feitas por tempo determinado e serão improrrogáveis, todavia, o artigo 4º desta lei prevê para alguns casos, devidamente justificados, a prorrogação do contrato.

O artigo 5º da lei condiciona as contratações temporárias à exigência de dotação orçamentária específica e mediante prévia autorização do Ministro de Estado do Planejamento, Orçamento e Gestão e do Ministro de Estado sob cuja supervisão se encontrar o órgão ou entidade contratante, conforme estabelecido em regulamento.

O artigo 6º da lei em questão proíbe a contratação de servidores da Administração direta ou indireta da União, dos Estados, do Distrito Federal e dos Municípios, bem como de empregados ou servidores de suas subsidiárias e controladas. A única exceção a esta regra está indicada no parágrafo primeiro desse dispositivo, qual seja, a contratação de professor substituto nas instituições federais de ensino, desde que o contratado não ocupe cargo efetivo, integrante das carreiras de magistério de que trata a Lei nº 7.596/87, e condicionada à formal comprovação da compatibilidade de horários. O parágrafo segundo diz que, sem prejuízo da nulidade do contrato, a infração do disposto neste artigo importará em responsabilidade administrativa da autoridade contratante e do contratado, inclusive, se for o caso, solidariedade quanto à devolução dos valores pagos ao contratado.

O artigo 7º regula a remuneração dos contratados temporários.

O artigo 9º enumera as vedações a que estão sujeitos os contratados, ou seja, receber atribuições, funções ou encargos não previstos no respectivo contrato; ser nomeado ou designado, ainda que a título precário ou em substituição para o exercício de cargo em comissão ou função de confiança; ser novamente contratado, com fundamento nesta lei, antes de decorridos vinte e quatro meses do encerramento de seu contrato anterior, salvo na hipótese prevista no artigo 2º, I, mediante prévia autorização, conforme determina o artigo 5º.

As infrações disciplinares atribuídas ao pessoal contratado nos termos desta lei serão apuradas mediante sindicância, concluída no prazo de trinta dias e assegurados a ampla defesa e o contraditório.

A extinção do contrato temporário se dará, sem direito a indenizações, pelo término do prazo contratual ou por iniciativa do contratado, e neste último caso, o contratado deverá comunicar à Administração Pública com a antecedência mínima de trinta dias. A extinção do contrato, por iniciativa do órgão ou entidade contratante, decorrente de conveniência administrativa, importará no pagamento ao contratado de indenização correspondente à metade do que lhe caberia referente ao restante do contrato.

Os servidores públicos temporários têm sua previdência enquadrada no regime geral de previdência social, previsto nos artigos 201 e 202 da Constituição, regime este aplicável aos trabalhadores em geral da iniciativa privada, regidos pela legislação trabalhista.

E, por derradeiro, é importante mencionar que a prorrogação dos contratos dos trabalhadores temporários é uma improbidade administrativa qualificada, que se pode conceituar como imoralidade administrativa. Com efeito, constitui ato de improbidade administrativa.

4.3.1. Demissão de Servidores Públicos Temporários Gestantes ou Comissionados

Neste tópico, procuraremos examinar as inovações de maior repercussão da gestante exonerada de cargo comissionado, no tocante à estabilidade provisória.

Didaticamente, iniciaremos com uma indagação que nos parece bastante intrigante e interessante:

Servidora, exercendo cargo comissionado no serviço público, poderia ser exonerada durante o período gestacional ou faz jus à estabilidade provisória e, posteriormente, a reintegração à função?

Inválida a argumentação da exoneração da gestante, mesmo havendo previsão no estatuto do servidor público, há uma contrariedade a dispensa da gestante, até cinco meses após o parto e convém sublinhar sem prejuízo dos vencimentos e da função.

Na real verdade, afirmamos que a base fundamental está contida no *caput* do art. 5º do texto constitucional, no tocante ao direito e garantias fundamentais.

Tornar-se-ia inaplicável a exoneração, exatamente, por proteção legal, a vida uterina e do nascituro a fim de evitar causar sequelas irreversíveis a gestante e porque não dizer, por via oblíqua, à criança. Daí, a razão do amparo e da proteção constitucional em homenagem ao princípio da dignidade humana da gestante, visando a garantia de uma vida futura saudável.

Dentro dessa nossa ótica, manifestou-se o Supremo Tribunal Federal e independe do regime jurídico vinculado o agente público, efetivo ou contratado, faz jus, sim, a estabilidade provisória, consequentemente a estabilidade provisória, desde a confirmação da gravidez e até cinco meses após o parto.

A propósito do tema, remetemos o leitor:

EMENTA: CONSTITUCIONAL. ADMINISTRATIVO. LICENÇA MATERNIDADE. MILITAR. ADMISSÃO EM CARÁTER TEMPORÁRIO. ESTABILIDADE PROVISÓRIA. POSSIBILIDADE. ISONOMIA. ART. 7º, XVIII, DA CONSTITUIÇÃO E ART. 10, II, b, DO ADCT. AGRAVO IMPROVIDO. I As servidoras públicas e empregadas gestantes, independentemente do regime jurídico de trabalho, têm direito à licença-maternidade de cento e vinte dias e à estabilidade provisória desde a confirmação da gravidez até cinco meses após o parto, conforme o art. 7º, XVIII, da Constituição e o art. 10, II, b, do ADCT. II Demonstrada a proteção constitucional às trabalhadoras em geral, prestigiando-se o princípio da isonomia, não há falar em diferenciação entre servidora pública civil e militar. III – Agravo regimental improvido. (RE 597.989-AgR, Rel. Min. Ricardo Lewandowski, Primeira Turma).

EMENTA: CONSTITUCIONAL. LICENÇA-MATERNIDADE. CONTRATO TEMPORÁRIO DE TRABALHO. SUCESSIVAS CONTRATAÇÕES. ESTABILIDADE PROVISÓRIA. ART. 7º, XVIII DA CONSTITUIÇÃO. ART. 10, II, b do ADCT. RECURSO DESPROVIDO. A empregada sob regime de contratação temporária tem direito à licença-maternidade, nos termos do art. 7º, XVIII da Constituição e do art. 10, II, b do ADCT, especialmente quando celebra sucessivos contratos temporários com o mesmo empregador. Recurso a que se nega provimento. (RE 287.905, Rel. Min. Ellen Gracie, Redator para acórdão Min. Carlos Velloso, Segunda Turma).

O notável Ministro Celso de Melo estampa, inclusive, estende a portadora do cargo em comissão, a garantia da Constituição federal, nos seguintes termos:

E M E N T A: SERVIDORA PÚBLICA GESTANTE OCUPANTE DE CARGO EM COMISSÃO ESTABILIDADE PROVISÓRIA (ADCT/88, ART. 10, II, b) CONVENÇÃO OIT Nº 103/1952 INCORPORAÇÃO FORMAL AO ORDENAMENTO POSITIVO BRASILEIRO (DECRETO Nº 58.821/66)- PROTEÇÃO À MATERNIDADE E AO NASCITURO DESNECESSIDADE DE PRÉVIA COMUNICAÇÃO DO ESTADO DE GRAVIDEZ AO ÓRGÃO PÚBLICO COMPETENTE RECURSO DE AGRAVO IMPROVIDO. – O acesso da servidora pública e da trabalhadora gestantes à estabilidade provisória, que se qualifica como inderrogável garantia social de índole constitucional, supõe a mera confirmação objetiva do estado fisiológico de gravidez, independentemente, quanto a este, de sua prévia comunicação ao órgão estatal competente ou, quando for o caso, ao empregador. Doutrina. Precedentes. – As gestantes quer se trate de servidoras públicas, quer se cuide de trabalhadoras, qualquer que seja o regime jurídico a elas aplicável, não importando se de caráter administrativo ou de natureza contratual (CLT), mesmo aquelas ocupantes de cargo em comissão ou exercentes de função de confiança ou, ainda, as contratadas por prazo determinado, inclusive na hipótese prevista no inciso IX do art. 37 da Constituição, ou admitidas a título precário têm direito público subjetivo à estabilidade provisória, desde a confirmação do estado fisiológico de gravidez até cinco (5) meses após o parto (ADCT, art. 10, II, b), e, também, à licença-maternidade de 120 dias (CF, art. 7º, XVIII, c/c o art. 39, § 3º), sendo-lhes preservada, em consequência, nesse período, a integridade do vínculo jurídico que as une à Administração Pública ou ao empregador, sem prejuízo da integral percepção do estipêndio funcional ou da remuneração laboral. Doutrina. Precedentes. Convenção OIT nº 103/1952. – Se sobrevier, no entanto, em referido período, dispensa arbitrária ou sem justa causa de que resulte a extinção do vínculo jurídico-administrativo ou da relação contratual da gestante (servidora pública ou trabalhadora), assistir-lhe-á o direito a uma indenização correspondente aos valores que receberia até cinco (5) meses após o parto, caso incorresse tal dispensa. Precedentes. (RE 634.093-AgR, Rel. Min. Celso de Mello, Segunda Turma)

Ajunte-se, por outro ângulo visual, que a Carta Magna, em seu Ato das Disposições Constitucionais Transitórias (ADCT), é oportuna ao afirmar textualmente à garantia provisória de emprego em razão da gravidez, com vínculo de emprego, subordinação. Não comportando ressalvas.

"Art. 10. Até que seja promulgada a lei complementar a que se refere o art. 7º, I, da Constituição:
[...]
II – fica vedada a dispensa arbitrária ou sem justa causa:
[...]
*b) da empregada gestante, desde a confirmação da gravidez até **cinco meses** (grifamos).*

Portanto, as gestantes – quer se trate de servidoras públicas, quer se cuide de trabalhadoras, qualquer que seja o regime jurídico a elas aplicável, não importando se de caráter administrativo ou de natureza contratual (CLT), mesmo aquelas ocupantes de cargo em comissão ou exercentes de função de confiança ou, ainda, as contratadas por prazo determinado, inclusive na hipótese prevista no inciso IX do art. 37 da Constituição, ou admitidas a título precário – têm direito público subjetivo à estabilidade provisória, desde a confirmação do estado fisiológico de gravidez até cinco (5) meses após o parto (ADCT, art. 10, II, b), e, também, à licença-maternidade de 120 dias (CF, art. 7º, XVIII, c/c o art. 39, § 3º), sendo-lhes preservada, em consequência, nesse período, a integridade do vínculo jurídico que as une à Administração Pública ou ao empregador, sem prejuízo da integral percepção do estipêndio funcional ou da remuneração laboral. Doutrina. Precedentes. Convenção OIT nº 103/1952. – Se sobrevier, no entanto, em referido período, dispensa arbitrária ou sem justa causa de que resulte a extinção do vínculo jurídico-administrativo ou da relação contratual da gestante (servidora pública ou trabalhadora), assistir-lhe-á o direito a uma indenização correspondente aos valores que receberia até cinco (5) meses após o parto, caso incorresse tal dispensa.

Como dito, a jurisprudência do Supremo Tribunal Federal firmou entendimento no sentido de que a exoneração de servidora que se encontra em gozo de licença-gestante, mesmo que ocupante de cargo em comissão caracteriza violação do direito constitucional de estabilidade provisória, razão pela qual tem direito à indenização consistente no pagamento do salário que lhe era pago até o prazo final de 120 dias após o nascimento da criança.

Logo, estando vedada a reintegração de servidora gestante devidamente exonerada de cargo em comissão, demissível ad nutum por expressa disposição constitucional, resta à Administração arcar com as consequências do ato administrativo, mediante o pagamento dos danos materiais experimentados pela exoneração dentro do período da estabilidade, ante a precariedade do ato de nomeação em cargo ou função de confiança.

O tema ora tratado neste parecer inclusive, já foi declarado como objeto de repercussão geral no Recurso Extraordinário com Agravo nº 674.103, de relatoria do Min. Luiz Fux, sendo certo que a decisão proferida neste julgamento – até o momento sem data para ocorrer – deverá, necessariamente, ser observada por todos os tribunais do país, evitando-se maiores questionamentos e pacificando a questão, trazendo assim, segurança jurídica ao tema em debate.

Certo é que o Superior Tribunal de Justiça (STJ) segue a orientação do STF sobre o tema relacionado à exoneração de cargo em comissão de grávida, sendo firme quanto à legitimidade da exoneração ad nutum do servidor designado para o exercício de função pública, ante a precariedade do ato.

Para arrematar, as servidoras públicas civis contratadas a título precário, embora não tenham direito à permanência no cargo em comissão, em virtude da regra contida no art. 35, inciso I, da Lei nº 8.112/90, fazem jus ao recebimento de indenização, pela estabilidade provisória, de acordo com o art. 7º, XVIII, da Constituição e do art. 10, II, b, DO ADCT.

É cediço, em sede doutrinária, que, sob qualquer ótica de regime jurídico de contratação que se faça a interpretação jurídica, a jurisprudência dos Tribunais Superiores (STF, STJ e TST) são praticamente pacíficas no sentido de que as contratadas para cargos em comissão, podem ser exoneradas do cargo dentro do período da estabilidade pela gravidez, tendo direito à indenização material pelo tempo em que a estabilidade deveria ser observada (da confirmação da gravidez até 120 dias após o nascimento), sem direito à reintegração, devendo o STF em julgamento com repercussão geral, definir e dar fim a qualquer controvérsia sobre o tema, conforme dito no item 29 deste parecer.

Por fim, importante questão sobre a exoneração de pessoas nos cargos comissionados é o fato de que o Tribunal Superior do Trabalho vem decidindo de forma majoritária que, nos casos de empregados em cargos em comissão que são exonerados, existe a impossibilidade de pagamento de todas as verbas rescisórias do contrato de trabalho, como aviso prévio, multa de 40% e FGTS, tendo em vista a precariedade desta nomeação.

Por derradeiro, podemos afirmar tranquilamente de que pode haver exoneração de gestante nomeada para cargo em comissão, mesmo estando grávida, sem justificativa, por parte do Poder Público, pois a Constituição Federal preleciona que estes cargos são demissíveis ad nutum, ou seja, por conveniência da Administração Pública.

Agora, não há espaço legal para a exoneração da gestante grávida, mesma estranha aos quadros da Administração, mas sendo concursada, deverá retornar para cargo de origem, não podendo ser exonerada dentro do período da estabilidade.

Concluindo, outrora havia controvérsia no que tange a gestante nomeada para cargo em comissão. Há quem entendia que não havia estabilidade, pois não há estágio probatório, então, se a servidora ficar grávida, não perderá a licença-maternidade ocupando cargo em comissão.

Contudo, localizamos precedente da 6ª Turma do STJ (RMS 3.313 SC. Rel. Min. Adhemar Maciel), que, em caso de licença-gestante, aplicou-se à servidora pública o art. 7º, XVIII, da Constituição Federal, por força da isonomia. Porém, o rol do art. 7º não contempla a licença aqui considerada e nem o art. 39, § 2º, da Carta Magna assegura tal direito. De qualquer modo, o julgado não reconheceu o direito à permanência no cargo, mas uma indenização equivalente à remuneração que ela teria em 4 (quatro) meses de gravidez.

5. REGIME JURÍDICO DOS SERVIDORES

5.1. Do Regime

A Constituição Federal de 1988 continha em seu artigo 39 que *"a União, os Estados, o Distrito Federal e os Municípios instituirão, no âmbito de sua competência, regime jurídico único e planos de carreira para os servidores da administração pública direta, das autarquias e das fundações públicas"*. (grifo nosso).

Contudo, antes da promulgação da Constituição Federal vigente, existiam três regimes jurídicos distintos, a saber, o **estatutário**, o **celetista** e o **especial**. O primeiro deles, o **estatutário**, com as seguintes características: não-contratual, unilateral e disciplinador da relação entre a Administração Pública e o servidor ocupante de cargo efetivo. Neste regime, os servidores se subordinam a um regime jurídico próprio, de natureza institucional e imposto pelo Estado.

O *celetista*, de natureza trabalhista e caráter contratual e destinado a disciplinar a relação entre a Administração e o servidor ocupante de emprego público. Já o *especial*, o que se destinava a regular a relação entre o servidor temporário e a Administração.

Com a redação da Constituição Federal de 1988, nasceu a polêmica acerca de qual regime seria adequado aos parâmetros do dispositivo constitucional acima mencionado, o art. 39. Parte da doutrina se inclinou no sentido de que tanto o estatutário como o celetista poderia ser aplicado o regime jurídico do servidor, conquanto fosse o único utilizado dentro de um mesmo ente federado.[17]

Em opinião contrária, outros se quedavam pelo entendimento de que o regime jurídico do servidor, utilizado a partir da promulgação da Constituição de 1988 haveria de ser, obrigatoriamente, o regime estatutário.[18]

Transcreveremos a seguir a ponderada posição do insigne jurista Celso Antônio Bandeira de Mello:

> "...cumpre que este Estado, que este aparelho gigantesco, que esta máquina onipresente seja imparcial, seja neutra, caso contrário soçobrarão os objetivos do Estado de Direito. Ora, bem, para que esta máquina seja imparcial, seja neutra, é preciso que os agentes que a operam disponham de certas condições mínimas para cumprir as funções que lhes cabem dentro de um espírito de isenção, de neutralidade, de lealdade para com terceiros, de isonomia no trato com os administrados. Como seria isso possível se os agentes do aparelho estatal e basicamente do Poder Executivo não dispusessem de um estatuto jurídico, de um regime jurídico, que os garantisse, que lhes desse o mínimo de independência perante os ocasionais detentores do Poder?(...) Só mesmo uma máquina preparada para ser isenta, imparcial, leal, e que trate isonomicamente os indivíduos, pode garantir a realização dos objetivos do Estado de Direito, prevenindo e impedindo o uso desatado do Poder em prol de facções que, mediante favoritismos e perseguições, se eternizariam no comando da Sociedade."

Convêm frisar que a redação do *caput alterou* substancialmente o art. 39 dada pela Emenda Constitucional 19:

> Art. 39. A União, os Estados, o Distrito Federal e os Municípios instituirão conselho de Política da Administração e remuneração de pessoal, integrado por servidores designados pelos respectivos Poderes".

Com a EC nº 19, podemos, tranquilamente, afirmar que há duas categorias de servidores públicos:
_ Servidores públicos de natureza legal (estatutários) – conhecido como regime de cargo público;

---

17   Perfilham este entendimento Diógenes Gasparini, Ivan Barbosa Rigolin e Toshio Mukai.
18   ANASASIA, Antonio Augusto Junior. *Regime jurídico único do servidor público*, p. 59. MOTA, Carlos Pinto Coelho. *O novo servidor público: regime jurídico único*, Belo Horizonte: Lê, 2020, p. 40.

- Servidores públicos de natureza contratual, regulado pela CLT, conhecido como regime do emprego público.

Para compreender a mudança da Emenda nº 19, é de suma importância fazer-se uma brevíssima abordagem da estrutura da administração pública brasileira, dividindo-a em dois grupos: o primeiro, de pessoas jurídicas de direito público e o de pessoas jurídicas de direito privado.

No grupo das pessoas jurídicas de direito público, temos representantes da Administração Direta, que são os próprios entes da Federação (União, Estados, Municípios e Distrito Federal), representados pelos seus órgãos públicos.

Ao lado da Administração Direta, temos, por outro lado, pessoas da Administração Indireta que também podem ser pessoas jurídicas de direito público. Pacificamente, aparecem as autarquias, agências reguladoras e algumas fundações públicas.

Entre as pessoas jurídicas de direito privado vamos encontrar integrantes da administração indireta, abrangidas pelas estatais, basicamente divididas em empresas públicas e sociedades de economia mista, entre outras (subsidiárias, controladas etc.).

Se são pessoas, ora de direito público, ora de direito privado, é normal que a de direito público tenha um tratamento próprio e as de direito privado tenham um tratamento até semelhante com as empresas privadas, com a iniciativa privada em razão de sua natureza jurídica.

Para as pessoas de direito privado a Constituição, no seu art. 173, § 1º, II, define o regime Celetista, de CLT, próprio das empresas privadas, inclusive trabalhista, ou, como alguns examinadores preferem falar, regime do emprego público.

Chamamos a atenção que, atualmente, no art. 39 da Constituição não se fala mais em Regime Jurídico Único. Hoje, ter ou não ter Regime Jurídico Único não é mais matéria constitucional já que a Constituição é omissa. Trata-se de uma decisão infraconstitucional. Cada ente da federação, com sua autonomia político-administrativa, com previsão no art. 18 da Constituição, escolhe se quer continuar ou não, com seu Regime Jurídico Único.

Há muita gente dizendo que há Emenda Constitucional acabou com o Regime Jurídico Único, o que é uma impropriedade. O que efetivamente a Emenda fez é o seguinte: Na Administração Direta, autárquica e fundacional não obriga mais sua utilização, mas não o extinguiu. Desta forma, a Lei nº 8.112/90 foi recepcionada por esta Emenda. No entanto, nada impede a alteração desta legislação através de Lei.

Resumindo, no âmbito federal:

	PESSOA JURÍDICA DE DIREITO PÚBLICO PESSOA JURÍDICA DE DIREITO PRIVADO
ADMINISTRAÇÃO INDIRETA – Autarquia, Fundação Pública	ADMINISTRAÇÃO DIRETA – Órgão Público ADMINISTRAÇÃO INDIRETA – Empresas estatais
REGIME: Estatutário + CLT FUNDAMENTO LEGAL NA UNIÃO . Lei 8112/90 (Estatutário) . Lei 9.962/00 (Celetista)	REGIME: Celetista Fundamento legal: art. 173, § 1º, II, da Constituição

A própria Lei nº 9.962/00, que cria o regime do emprego público para as pessoas de direito público, reconhece que paralelamente, existe a Lei 8.112/90, instituidora do regime estatutário, que continua em vigor.

O Art. 1º, § 2º, II, da Lei 9.962/00, que criou o emprego público, resume com bastante clareza este entendimento:

§ 2º É vedado:

II – alcançar, nas leis a que se referem o § 1º, servidores regidos pela Lei 8.112/90.

Então, em âmbito federal, as pessoas jurídicas de direito público possuem, agora, dois regimes para contratar, a critério do Chefe do Executivo, tudo por via concurso.

Uma pergunta fundamental se faz necessária: Quais as categorias que serão celetistas e quais aquelas que serão estatutárias? Lamentavelmente, esta lei é silente. A redação original elencava as categorias que não estão no rol dos celetistas.

O art. 1º da Lei 9.962/00 aduz:

> "As leis específicas disporão sobre a criação dos empregos que trata esta Lei no âmbito da Administração direta, autárquica e fundacional do Poder Executivo, bem como a transformação dos atuais cargos em empregos".

Assim, cada categoria vai ter uma lei específica. Por exemplo, terá que ser feita uma lei específica para os professores das universidades federais, uma lei para médicos dos hospitais públicos federais, uma lei para o servidor público da União etc.

A Lei nº 9.960/00 afirma textualmente, no seu art. 1º, § 2º, II, que aqueles que são estatutários continuarão estatutário, porque há que se respeitar o direito ao regime de ingresso.

Algumas situações têm sido ressalvadas pelo Judiciário em função de uma lei específica, em âmbito federal, definindo o regime celetista das Agências Reguladoras (Lei 9.986/00), em função do que se observa a seguir:

> "Art. 1º - As Agências Reguladoras terão suas relações de trabalhão regidas pela Consolidação das Leis do Trabalho, aprovada pelo Decreto-Lei nº 5.452, de 1 de maio de 1943, e legislação trabalhista em regime de emprego público".

Cumpre trazer à baila uma análise de cada regime, conforme segue:

Então, pelo texto da lei, as agências reguladoras estão abraçadas pelo regime do emprego público, via concurso público, com regime celetista, por ser uma lei específica, regulando uma categoria que trabalha para as tais agências.

Há uma imensa discussão para a seguinte indagação: para que serve a agência reguladora? Sem dúvida, para fiscalizar. Como um servidor pode ser fiscal, sendo abarcado pela CLT e será que vai haver isenção para exercer tal função? Esse regime, na ótica do judiciário é totalmente incompatível com a função.

5.1.1. Regime Estatutário

Este regime se destina a regular, através de suas regras, a relação jurídica funcional entre o servidor público estatutário e o Estado, e encontra-se inserido no estatuto funcional da pessoa federativa e suas regras básicas são definidas em lei, além das regras de caráter organizacional, encontradas em meros atos administrativos, tais como: decretos, portarias, circulares etc.

O regime estatutário tem a característica da *pluralidade normativa*, posto que cada pessoa da federação que adote o regime estatutário terá seu peculiar estatuto, traçando as relações jurídicas entre esta e seus servidores.

O regime estatutário é desprovido de caráter contratual, caracterizando-se pela mera relação inerente ao direito público, sendo, contudo, de aplicação unilateral e não contratual. Dada a sua natureza de relação jurídica estatutária, não há que se cogitar a existência de negócio contratual em seu corpo.

5.1.2. Regime Trabalhista

Este regime se constitui no conjunto de normas, aplicadas genericamente, destinadas a regular a relação jurídica entre o Estado e os servidores trabalhistas do universo privado.

Este regime diverge do Estatutário pela oposição de suas características, pois que a este regime se aplica o *princípio da unicidade normativa*, por conter todas as suas normas legais num único corpo, a CLT, aplicável a toda e qualquer pessoa federativa que adote o regime trabalhista.

Também divergindo da característica da relação de direito público não contratual do regime anterior, a relação jurídica entre o Estado e o servidor trabalhista, neste caso, é, e só assim poderá ser, de natureza contratual. O Estado se equipara a um empregador, que selará uma relação jurídica contratual com o seu respectivo servidor trabalhista.

Admite-se a transição do regime trabalhista para o estatutário, tão somente a partir da opção do servidor, e nunca o contrário, o ente federativo que incorporará o servidor em seus quadros respeitará o direito adquirido do servidor, resultante da sua relação de trabalho regida pelo regime celetista, agregando-o à nova relação funcional.

Exemplo prático desta transição de regime é o que se deu quando a União adotou o regime estatutário como único, gerando uma insegurança aos antigos servidores integrantes do regime celetista que passaram a integrar o regime estatutário. O Estatuto funcional federal, lei nº 8.112/90, sofreu alterações com a vigência da lei nº 8.162/91, que trouxe o entendimento que *os servidores trabalhistas que passaram a estatutários não tiveram reconhecido o direito de contagem de tempo de serviço no período celetista para fins de percepção de anuênios*.

Em julgamento de Recurso Especial, a Corte Maior desse país pôs termo a esta anomalia legal, que por certo não podia prosperar, reconhecendo o direito de contagem do tempo de serviço no período celetista para fins de percepção de anuênios dos antigos celetistas.[19]

Posteriormente, o Supremo Tribunal Federal firmou a Súmula nº 678, que considerou inconstitucionais os incisos I e III do art. 7º da Lei em foco, qual seja, nº 8.162/91, os quais afastavam, para fins de anuênio e licença-prêmio, a contagem do tempo de serviço exercido sob a égide da CLT em relação aos servidores que passaram a integrar o regime estatutário.

5.1.3. Alguns traços distintivos entre Regime Estatutário e Regime Celetista

1. Vínculo – Quanto ao vínculo, o do estatutário é uma lei própria; enquanto no celetista, no regime do emprego público, o vínculo é contratual, ou seja, o contrato individual do trabalho norteado pela CLT.

2. Materialização – O vínculo do servidor estatutário se materializa através da assinatura do Termo de Posse. O estatutário não tem carteira de trabalho. Já o celetista o seu vínculo contratual é operacionalizado através da assinatura na CTPS.

3. Estabilidade – A mais significativa diferença é a estabilidade. O regime do cargo público gera estabilidade no serviço público e não no cargo. No emprego público, a estabilidade é substituída pelo FGTS.

Urge frisar que a Emenda nº 19 não acabou com a estabilidade do servidor, mas a flexibilizou. Hoje, permite-se que o estável perca o cargo, mesmo que não tenha dado causa, no caso de se conter o excesso de gasto orçamentário. Só que os detentores de emprego público (celetistas), prioritariamente, serão dispensados, conforme estudaremos no momento oportuno.

4. Direito de Greve – Falou em estatutário, não há menor possibilidade em negociação coletiva, dissídio coletivo e direito de greve. Os direitos e deveres dos estatutários são definidos em lei. Só a lei pode criar e extinguir direitos, jamais uma negociação coletiva.

O Celetista, tradicionalmente, tem seu direito de greve regulado pela famosa Lei nº 7.783/89, que não tem nada a ver com o estatutário e na ausência de edição de lei específica, que até hoje não existe, o entendimento do Supremo Tribunal Federal é que o direito de greve não é autoaplicável (art. 37, VII da Constituição). Como não há lei, o Executivo está substituindo o que cabe ao Legislativo, regulamentando através de atos administrativos, baixando decretos normatizando o direito de greve.

5. Competência – Se a Administração Pública fez opção pelo regime celetista, não interessando quem venha a ser o empregador, a competência é da Vara do Trabalho para dirimir problemas oriundos do vínculo. O estatutário, se servidor público federal, reclama seus direitos na Justiça Federal; se o estatutário for estadual, será a Justiça Comum, ressalvando-se onde houver Vara de Fazenda Pública. Caso a Comarca não tenha Vara de Fazenda Pública, será a Vara Cível o local adequado para que o estatutário reclame suas pendências. Portanto, a competência para julgar ação judicial decorrente de relação

---

19   RE nº 223.376-RS, 1ª Turma, Rel. Min. MOREIRA ALVES, julg. Em 29/9/1998, *apud* Informativo STF nº 125.

estatutária de servidor público continua ser da Justiça Comum, mesmo após a edição da Emenda Constitucional nº 45/2004, que alterou o enunciado do art. 114, Inciso I, da Constituição Federal.

A controvérsia situa-se em torno da interpretação do art. 114, da Constituição, que regula a competência da Justiça do Trabalho no que permite o julgamento de demandas envolvendo servidores públicos, em face da edição da EC nº 45.

O art. 114, inciso I, da Constituição, após a EC 45/2004 passou a dispor:

Art. 114 – "Compete a Justiça do Trabalho processar e julgar:

as ações oriundas da relação de trabalho, abrangidos os entes de direito público externo e da administração pública direta e indireta da União, dos Estados, do Distrito Federal e dos Municípios."

Então, sintetizando temos:

REGIME ESTATUTÁRIO	REGIME CELETISTA
1- Vínculo legal	1- Vínculo contratual
2- Termo de Posse	2- CTPS
3- Estabilidade no serviço	3- FGTS
4- Justiça Comum	4- Justiça do Trabalho
5- Não há dissídio	5- Há possibilidade de dissídio e negociação coletiva
6- Direito de greve não é autoaplicável	6- Direito de greve é autoaplicável

Por essa razão, no tocante à estabilidade, o entendimento de todas as turmas do Supremo Tribunal Federal, portanto, por unanimidade, é no sentido de que os empregados admitidos por concurso público em empresa pública ou sociedade de economia mista podem ser dispensado sem motivação, porquanto aplicável integralmente a essas entidades do art. 7º, I, da Constituição Federal.

Colocar no rodapé a ementa abaixo

"EMENTA: CONSTITUCIONAL. EMPREGADO DE SOCIEDADE DE ECONOMIA MISTA. REGIME CELETISTA DISPENSA. READMISSÃO COM FUNDAMENTO NO ART. 37 DA CONSTITUIÇÃO DA REPÚBLICA. IMPOSSIBILIDADE. PRECEDENTES. AGRAVO REGIMENTAL DESPROVIDO."

648.453-2

PROCED.: ESPÍRITO SANTO

RELATOR: MJ: RICARDO LEWANDOWSKI

AGTE.(S): SANDRA GOMES LARANJA

5.1.4. Regime jurídico do servidor após a EC nº 19/98 – Regime de emprego público

A Emenda Constitucional nº 19/98 veio suprir as aspirações da *reforma administrativa do Estado*, sobretudo com a edição da lei federal nº 9.962, de 22/2/2000, na qual foi disciplinado o *regime de emprego público*, em consonância com a obrigatoriedade de adoção de um regime jurídico único dos servidores, prevista no art. 39 da Constituição Federal. A partir da edição da aludida lei, restou excluída a regra que constava do parágrafo 1º deste mesmo art. 39, cujo texto tratava da isonomia de vencimentos para cargos de atribuições iguais ou semelhantes, do mesmo Poder ou entre servidores dos Poderes Executivo, Legislativo e Judiciário.

Outra inovação foi a que possibilitou à Administração Pública a adoção concomitante dos regimes estatutário e celetista, valendo-se do primeiro (estatutário) para a contratação de cargo público, dada a sua especialidade em relação às atividades que lhe incumbe, quais sejam, atividades exclusivas do Estado, inerentes à função precipuamente administrativa.

No que tange às atividades que não requerem a exclusividade do agir estatal, dotadas de irrelevância que não justificam a contratação de cargo público para o seu fim, a Administração Pública poderá contratar sob a forma de regime trabalhista.

Deve-se observar que, pelo fato de ser a lei nº 9.962/00 uma lei federal[20], sua incidência estará limitada à esfera da Administração Pública Federal, seja ela direta, autárquica ou fundacional, não se aplicando, destarte, às empresas pública e às sociedades de economia mista.

Com efeito, referida lei disciplinou, no âmbito federal, o regime de emprego público de seu pessoal, remetendo às leis específicas a competência para a criação destes empregos, assim como a transformação dos atuais cargos nestes.

Oportuna a ratificação de que esta lei não é extensiva, sob nenhuma hipótese, às demais pessoas da federação (Estados, Distrito Federal e Município), embora estas pessoas possam recorrer às regras da CLT, quando desejarem admitir servidores pelo regime de contratação. Poderá, também, editar leis que se destinem à autolimitação das regras emanadas da CLT aos trabalhadores em geral, o que se configurará em mera diretriz funcional.

Prevê, ainda, referida lei, que o regime de emprego público será regido pela CLT, Decreto-Lei nº 5.452/43, bem como por legislação trabalhista correlata que não dispuser em contrário.

Deve-se atentar para a coerência do Administrador, a fim de aplicá-la apenas às fundações de direito público, de natureza autárquica, não se nos parecendo sequer razoável incluir aqui as fundações de direito privado, cujo pessoal é regido pelas regras da CLT, aproximando-se, com isso, do regime trabalhista.

Os servidores regidos pelo regime estatutário, com amparo na Lei nº 8.112/90, inclusive os ocupantes de cargos de provimento em comissão, não serão agraciados pela referida lei federal, daí a necessidade da criação de leis específicas que se destinem a preencher as lacunas que eventualmente surgirem.

Lei específica também deverá trazer as regras para a transformação de atuais cargos em empregos públicos, satisfazendo, com isso, a vontade do legislador em ampliar o quadro dos servidores celetistas em detrimento dos estatutários, que estão, neste processo de transição, fadados à gradual extinção.

5.1.5. O recrutamento do regime de emprego público

O ingresso no regime de emprego público pressupõe prévia aprovação em concurso público de provas ou de provas e títulos, em cumprimento ao preceito constitucional do art. 37, inciso II. O vínculo laboral equivalente é de natureza contratual, efetivando-se com a celebração de contrato de trabalho por tempo indeterminado, o qual só poderá ser rescindido mediante a ocorrência de situações legalmente estabelecidas, a seguir elencadas:

1. prática de falta grave, conforme previsão do art. 482 da CLT;
2. acumulação ilegal de cargos, empregos ou funções públicas;
3. necessidade de redução do quadro, no caso de excesso de despesa, consoante o art. 169 da CF.
4. insuficiência de desempenho apurada em processo administrativo.

Na ocorrência da última hipótese, deve-se considerar a ocorrência dos seguintes fatores exigíveis à licitude do processo: a existência de pelo menos um recurso com efeito suspensivo; a prévia divulgação dos padrões mínimos necessários à continuidade da relação de emprego, guardando-se a relação entre estes e a natureza da respectiva função.

---

20   Lei federal é destinada especificamente aos órgãos e às atividades federais, ou seja, vinculadas à União. Já a lei nacional é aquela cuja incidência se dá em todo o território nacional, embora ambas se originem do mesmo processo legislativo.

Diante do mencionado rol taxativo de situações que ensejam a rescisão contratual do emprego público, constata-se que não se aplica à relação jurídica em tese, a resilição unilateral (ou dispensa imotivada) por parte da Administração Pública Federal, bem como lhe é vedado o uso aleatório e discricionário de suas convicções quanto ao empregado público, não se lhe aplicando o art. 479 da CLT.

Conforme se depreende da relação de situações que possibilitam a rescisão contratual, constata-se nela não se inclui a hipótese de extinção de contratos de servidores fundados na regra de autonomia de gestão estatuído no art. 37, parágrafo 8º da Constituição Federal, donde se conclui que, nestes casos específicos, poderá a União valer-se desta medida extrema, exercendo o direito à resilição unilateral do contrato do serviço, ainda que se valha de razões de natureza discricionária.

Importa lembrar que a Lei federal nº 9.962/00, que privilegiou a criação do cargo público, enquanto ainda projeto de lei[21] em trâmite no Congresso Nacional, ao ser encaminhado para a sanção do Presidente da República, constava de seu texto original que o *regime de emprego público* não incidiria sobre os *servidores titulares de cargos efetivos* que desenvolvessem as denominadas *atividades exclusivas do estado*, sobre as quais prevalecia critérios e garantias especiais com previsão de perda de cargo público por insuficiência de desempenho (art. 41, parágrafo 1º, III da CF), ou por excesso de quadro (art. 169, parágrafo 4º e 7º da CF).

Ocorre que referido dispositivo da lei foi *vetado* pelo Chefe do Poder Executivo, valendo-se da justificativa de que tais atividades ainda se encontram em processo de regulamento em projeto de lei diverso.[22]

A este propósito, detectamos a existência de carreiras que, dada a sua natureza e especialidade, não convêm que sejam revestidas ao *regime estatutário*, sejam ou não consideradas como *atividades exclusivas do Estado*. São exemplos as carreiras de diplomacia, de fiscalização, de polícia, advocacia pública e carreira militar em geral, restando ao *regime de emprego público* as funções que não comportam o caráter de especialidade.

5.1.6. Estabilidade do Celetista

O ato da dispensa do empregado celetista viola o dispositivo do art. 41, §§ 1º e 2º, da Constituição, ante a ausência do inquérito administrativo, com amparo no art. 5º, LV, da Carta Magna, na Súmula 21 do STF, na lei 8.112/90 e consoante os princípios doutrinários e na jurisprudência dominante. Ademais, que a citada Lei nº 8.112/90 é aplicável tanto aos servidores celetistas quando estatutários, diante da Emenda Constitucional 19/98.

Cumpre ressaltar que á luz da Carta Magna de 1988, existe garantia constitucional da estabilidade do servidor público civil, quer seja estatutário, quer seja celetista, porquanto a Lei Maior, utilizando-se daquele termo genérico, não fez qualquer distinção a respeito, não cabendo ao intérprete fazê-la.

O ato de nomeação, como se vê, é um ato administrativo vinculado, portanto, o seu desfazimento, importa nos mesmos elementos de sua constituição.

A contratação de pessoal pelo regime da CLT, impõe o concurso público, para atender os princípios pelos quais se deve pautar a Administração, ou seja, de legalidade, impessoalidade, moralidade, publicidade e eficiência, este último acrescentado pela mencionada Emenda Constitucional 19.

Quis também o legislador constituinte, para o afastamento do servidor público estável, ser indispensável a sentença judicial transitada em julgado ou processo administrativo que lhe assegure ampla defesa (CF, § 1º, art. 41). Com a nova redação atribuída ao referido parágrafo foi acrescentado outro requisito, qual seja, procedimento de avaliação periódica de desempenho, na forma de lei complementar, assegurada ampla defesa.

IVAN BARBOSA RIGOLIN, in O Servidor Público na Constituição de 1988, Ed. Saraiva, p. 185, aduz: " Demissão é pena, aplicada ao servidor faltoso, pela Administração; exoneração não é pena, constituindo na dispensa do servidor, dada pela Administração a pedido ou para ocupante de cargo ou emprego livremente exonerável (em comissão). O confronto das redações do inciso II do art. 37(exoneração) e do § 2º do art. 41(demissão) evidenciam a natureza de cada um desses institutos. A demissão sempre enseja processo prévio, se o cargo ocupado for de provimento efetivo, ou agora, se o emprego for permanente. É pacífica a

---

21   Projeto de Lei nº 57, de 1999, equivalente ao nº 4.811/98 na Câmara dos Deputados.
22   Projeto de Lei Complementar nº 43, de 1999.

jurisprudência superior sobre a necessidade de processo administrativo para demissão do funcionário mesmo que ainda em estágio probatório (mantido pelo art. 41 desta carta); e assim, o mesmo se deve concluir quanto aos empregados permanentes, se admitidos por concurso – pois a eles também a estabilidade se estende, exigindo interpretação analógica, extensiva ou indutiva quanto à proteção enquanto no estágio probatório. Demissão hoje, portanto, enseja sempre processo administrativo prévio".

Ora, nesse entendimento, não se pode sequer vislumbrar violência a dispositivo constitucional. Preceitua o artigo 41 da Carta Federal que são estáveis, após três anos de efetivo exercício, os servidores nomeados em virtude de concurso público, somente sendo possível a perda do cargo após sentença judicial transitada em julgado ou mediante processo administrativo em que lhes seja assegurada a ampla defesa. Vale frisar que não cabe distinguir onde a norma exsurge linear. Aguarda-se das entidades de direito público postura exemplar.

Nesse passo, como dito alhures, a ausência de procedimento administrativo regular é requisito indispensável para a dissolução do contrato de trabalho.

Assim, não tendo havido critérios legalmente estabelecidos para a demissão imposta ao empregado celetista, deve ser declarado nulo o ato administrativo da dispensa e determinada a consequente reintegração ao emprego público, na mesma função que exercia naquela oportunidade. Deverá, ainda, a Administração arcar com o pagamento dos salários e seus reflexos em 13º salários, férias, mais 1/3 e FGTS, desde a data da dispensa até efetivo retorno, com juros e correção monetária.

Conforme já mencionado, não se pode esquecer o entendimento do TST sobre a matéria, ou seja, estabilidade do servidor celetista.

5.1.7. Regime especial

O *regime especial* se destina a disciplinar os *servidores temporários*, cujo recrutamento obedecer às regras do art. 37, IX da CRFB.

Com a leitura do dispositivo constitucional, constata-se que esta categoria específica de servidores está atrelada à edição de lei que a regulamente, por se tratar de normas de eficácia contida, cuja origem deve guardar relação com o ente federativo que integrará esta categoria em seus quadros.

A relação jurídica funcional deste regime se dará através de contrato, por consequência da interpretação da norma constitucional que reza que *"a lei estabelecerá os casos de contratação desses servidores"*. Quando muito, poderá a lei incluir a conveniência de normas que projetem para si os reflexos do regime estatutário, atendo-se, contudo, à qualificação contratual.[23]

O regime especial pressupõe a existência simultânea de três pressupostos, quais sejam, o da *determinabilidade temporal*, o da *temporariedade* e, por fim, o da *excepcionalidade*.

O primeiro pressuposto, da *determinabilidade temporal* da contratação equivale à necessidade de um prazo temporal determinado; o segundo, temporariedade, corresponde ao fato de que a necessidade desse serviço há de ser sempre temporária. Já a excepcionalidade vem traduzir a ideia de interesse público através do termo excepcional, o que se traduz na excepcionalidade do próprio regime especial.

Reportando-se à regra constitucional, pode-se verificar a intenção do legislador constituinte em excluir deste regime situações administrativas comuns.

Situações fáticas, por vezes, são encontradas na atuação Estatal, que dissimuladamente, vale-se do pressuposto da excepcionalidade, cujo chamamento já pressupõe a existência concomitante dos pressupostos da determinabilidade temporal e da temporariedade, ignorando as suas regras inafastáveis.

Exemplo ilustrativo é o dispositivo da Lei nº 6.094/2000, editada pelo Estado do Espírito Santo, autorizando o Poder Executivo da esfera Estatal a contratar *temporariamente* Defensores Públicos em *"caráter especial"*.

---

23   Opinando sobre processo de conflito de competência para fins de contratação, decidiu o STJ que a contratação pelo regime especial *"não revela qualquer vínculo trabalhista disciplinado pela CLT"*, sendo, pois, da Justiça Federal a competência para dirimir questão de pagamento de verbas quando for ré a União Federal. (Agr. Regim. No Confl. Compet. 38.459-CE, 3ª Seção, Rel. Min. JOSÉ ARNALDO DA FONSECA, em 22/10/2020 – "Informativo "Jurisprudência STJ" nº 189, out/03).

Contraditoriamente, o primeiro adjetivo "temporariamente" está vinculado ao pressuposto da temporariedade, enquanto o de "caráter especial" descaracteriza o regime especial.

6. ORGANIZAÇÃO FUNCIONAL

6.1. Cargos, Empregos e Funções Públicas

A Constituição Brasileira, em vários dos seus dispositivos, emprega as expressões "cargo", "emprego" e "função", institutos do Direito Administrativo. Cumpre-nos, aqui, discerni-las.

O conceito de cargo nos é dado pela doutrina e pela lei.

Celso Antônio Bandeira de Mello define cargo como "a denominação dada à mais simples unidade de poderes e deveres estatais a serem expressos por um agente"[24].

A Lei federal nº 3.780/60, no artigo 4º, inciso I, conceituou cargo como o "conjunto de atribuições e responsabilidades cometidas a um funcionário, mantidas as características de criação por lei, denominação própria, número certo e pagamento pelos cofres da União".

E o Estatuto Federal dos Servidores, a Lei nº 8.112/90, definiu cargo, no artigo 3º, como o "conjunto de atribuições e responsabilidades previstas na estrutura organizacional que devem ser cometidas a um servidor".

Este conceito legal foi criticado pelos autores brasileiros, visto que é um conceito incompleto, pois que cargo público não é um conjunto de atribuições, cargo é um lugar instituído dentro da organização funcional da Administração; e suas atribuições não são cometidas a um servidor, e sim, cometidas ao titular do cargo.

Cargo é, pois, o lugar instituído dentro da organização do funcionalismo da Administração direta, autárquica e fundacional pública, criado por lei, com denominação própria, número certo, funções específicas e remuneração fixadas na lei ou diploma a ela equivalente. O titular do cargo se caracteriza como servidor público estatutário.

"Função" é noção de significado eminentemente dinâmico, que abriga em si, a ideia de movimento, vida, atividade: é o círculo de assuntos do Estado que uma pessoa ligada pela obrigação de direito público de servir o Estado, deve gerir.

Função Pública, pois, é a atribuição ou conjunto de atribuições que a Administração confere a cada categoria profissional ou comete individualmente a determinado agente público, para a execução de serviços eventuais ou transitórios.

A todo cargo público corresponde uma função, pois não se pode admitir um lugar na Administração que não tenha a predeterminação das tarefas do servidor. No entanto, nem toda função pública corresponderá à existência de um cargo.

Função pública, no direito brasileiro, significa um conjunto de atribuições a serem exercidas por quem seja um agente público. Todavia, a Constituição Federal, atualmente, quando se refere à função pública, tem em vista dois tipos de situações:

1º) As funções exercidas por servidores contratados temporariamente com base no artigo 37, inciso IX, da CF, para as quais não se exige concurso público.

2º) As funções de natureza permanente, exercidas por servidores ocupantes de cargo efetivo, previstas no artigo 37, inciso V, da CF.

> "Art. 37. ....
> V- as funções de confiança, exercidas exclusivamente por servidores ocupantes de cargo efetivo, e os cargos em comissão, a serem preenchidos por servidores de carreira nos casos, condições e percentuais mínimos previstos em lei, destinam-se apenas às atribuições de direção, chefia e assessoramento;"

---

24 MELLO, Celso Antônio Bandeira de. *Apontamentos*, p. 17.

As funções de confiança são aquelas destinadas apenas às atribuições de chefia, direção, assessoramento ou outro tipo de atividade para a qual o legislador não crie o cargo respectivo.

As funções de confiança são providas exclusivamente por servidores ocupantes de cargos efetivos, pois, por não terem previsão remuneratória própria, não comportam designação de pessoa alheia à Administração Pública.

Poderá gerar perplexidade, mas já tivemos oportunidade de constatar nomeação para exercer cargo em comissão na função de vigia.

É manifesto, portanto, que essa admissão no serviço público se operou em afronta à lei porque nem o mais hábil argumentador conseguirá convencer que a função de vigia deva ser provida pelo critério de confiança. Os cargos comissionados, por óbvio, são reservados a postos de maior relevância, ou seja, como a direção e o assessoramento na admissão pública.

É o que pensa o Supremo Tribunal Federal:

> "Concurso público: plausibilidade da alegação de ofensa da exigência constitucional por lei que define cargos de Oficial de Justiça como de provimento em comissão e permite a substituição do titular mediante livre designação de servidor ou credenciamento de particulares, suspensão cautelar deferida. A exigência constitucional do concurso público não pode ser contornada pela criação arbitrária de cargos em comissão para o exercício de funções que não pressuponham o vínculo de confiança que explica o regime de livre nomeação e exoneração que os caracteriza; precedentes. Também não é de admitir-se que, a título de preenchimento provisório de vaga ou substituição do titular do cargo – que deve ser de provimento efetivo, mediante concurso público –, se proceda, por tempo indeterminado, a livre designação de servidores ou ao credenciamento de estranho ao serviço público." (ADI 1.141 (MC) – GO, v.u., Rel. Min. Sepúlveda Pertence)

À base desta premissa, há de ser arredado, no caso concreto, o entendimento consagrado na jurisprudência de que a percepção de horas extras é incompatível com a natureza da função comissionada que, dentre outras, traz ínsita a ideia de que o servidor está á disposição da Administração a qualquer tempo e lugar.

Os servidores designados levam seus vencimentos do cargo original, acrescidos de gratificação ou *pro labore*, pelo exercício da função.

E, em geral, as funções de confiança, são de livre provimento e exoneração.

É importante frisar, por oportuno, que Sentença que determina pagamento de gratificação só deve ser executada após seu trânsito em julgado. A decisão é da Corte Especial do Superior Tribunal de Justiça (STJ), de acordo com o artigo 2º da Lei 9.494/97. Com base nesse dispositivo, o estado do Rio Grande do Norte opôs embargos de divergência contra acórdão da Quinta Turma do STJ.

O Tribunal de Justiça do Rio Grande do Norte havia concedido mandado de segurança a uma servidora que pediu a inclusão, em seu contracheque, de gratificação especial de técnico de nível superior. O Estado insurgiu-se contra o acórdão proferido e a Quinta Turma do STJ negou provimento ao recurso, por não reconhecer violação ao artigo 2º da Lei 9.494.

O entendimento da Turma foi no sentido de que a decisão do tribunal local deu direito à percepção de gratificação pela servidora, sem o pagamento imediato dos valores, não havendo as vedações previstas na lei. Portanto, a Turma considerou que o acórdão não merecia reparos.

O Estado do Rio Grande do Norte argumentou que a solução adotada pela Quinta Turma diverge da jurisprudência firmada na Primeira Seção do STJ. Sustentou também que a vedação contida na Lei 9.494 aplica-se ao caso, pois o pagamento à servidora somente seria possível após o trânsito em julgado da decisão que concedeu a segurança.

O relator dos embargos de divergência, ministro Arnaldo Esteves Lima, afirmou que, segundo a lei, a decisão proferida contra a fazenda pública que tenha como objetivo a inclusão de vantagem em folha de pagamento de servidores somente pode ser executada após o seu trânsito em julgado. Segundo o ministro, essa regra somente não é aplicável quando o servidor busca o restabelecimento de vantagem anteriormente percebida.

No caso, o pedido formulado pela servidora foi para conseguir uma vantagem pecuniária até então não recebida. Portanto, não se trata de restabelecimento de situação jurídica anterior. Dessa forma, o ministro aplicou a jurisprudência do STJ e reformou o acórdão embargado.

Seguindo o voto do relator, a Corte Especial acolheu os embargos de divergência e deu provimento ao recurso especial do estado do Rio Grande do Norte para suspender o cumprimento do acórdão estadual apenas no trecho em que determinou a inclusão imediata da gratificação, até que se verifique o trânsito em julgado.

Já o emprego público, é um núcleo de encargos de trabalho a ser preenchido por um servidor, em caráter permanente, sob vínculo contratual, sob a regência da Consolidação das Leis do Trabalho.

O servidor público trabalhista tem função (no sentido de tarefa, atividade), mas não ocupa cargo.

6.2. Classificação dos Cargos Públicos

Uma vez que o regime de cargo é o predominante entre as pessoas jurídicas de direito público, cumpre-nos estudá-lo mais atentamente.

Primeiramente, classificaremos os cargos públicos de acordo com sua posição no quadro funcional.

Quadro funcional é o conjunto de carreiras, cargos isolados e funções públicas remuneradas integrantes de um mesmo serviço, órgão ou Poder.

Sob este aspecto os cargos públicos dividem-se em cargos de carreira e cargos isolados.

O cargo de carreira é aquele que pertence a um conjunto de cargos de mesma denominação, distribuídos por classes escalonadas em função da complexidade de atribuições e nível de responsabilidade. Classe é o agrupamento de cargos da mesma profissão, com idênticas atribuições, responsabilidades e remuneração. As classes se constituem nos degraus de acesso na carreira.

Cargo isolado é o que não se escalona em classes, por ser o único na sua categoria.

O cargo isolado tende a desaparecer, sendo substituído pela terceirização. O cargo efetivo isolado não tem carreira, não sendo abraçado pela promoção. Por exemplo, faxineiro, ascensorista de elevador. O Poder Público, atualmente, não abre concurso para cargo isolado, preferindo fazer licitação, contratando empresa para tais serviços.

Não há lei regulando a feitura da terceirização. Há um parâmetro, entendendo que a atividade-fim não pode ser terceirizada, somente atividade-meio.

Os cargos também são classificáveis quanto à sua vocação para retenção dos ocupantes. De acordo com este critério, dividem-se em: cargos vitalícios, cargos efetivos e cargos em comissão.

Os cargos de provimento vitalício são aqueles que oferecem a maior garantia de permanência a seus ocupantes. O titular desse cargo só pode ter extinguido o vínculo que o liga à Administração Pública por processo judicial (art. 95, I, da CF). Desse modo, torna-se inviável o desfazimento dessa relação jurídica por meio exclusivo de processo administrativo (salvo no período inicial de dois anos até a aquisição da prerrogativa). A vitaliciedade é concedida ao agente público em função da liberdade que deve estar por trás de todo o seu comportamento no desempenho do cargo, para que não fique sujeito a eventuais pressões impostas por determinados grupos de pessoas.

Os cargos de provimento vitalício são somente os enunciados na Constituição Federal, não podendo, a vitaliciedade, ser conferida a outros agentes por meio de normas inferiores.

São cargos de provimento vitalício os de Magistrados (art. 95, I, da CF), os de membros do Ministério Público (art. 128, § 5º, I, a, da CF), os de Ministros do Tribunal de Contas (art. 73, § 3º, da CF) e os de oficiais militares (art. 142, VI). Nas demais pessoas políticas a vitaliciedade é outorgada aos agentes que nessas esferas desempenham atribuições semelhantes, como por exemplo, os Conselheiros dos Tribunais de Contas (devido à expressa previsão contida no artigo 75 da CF).

No primeiro grau, a vitaliciedade é obtida pelos juízes após dois anos de efetivo exercício (art. 95, I, da CF). Também aos membros do Ministério Público é de dois anos o prazo de exercício para a obtenção da vitaliciedade. Durante esse tempo, os juízes só poderão perder o cargo por deliberação do Tribunal a que estiverem vinculados (art. 95, I, CF).

No segundo grau, e só para os magistrados não oriundos da carreira, a vitaliciedade é adquirida com a posse, como se conclui do artigo 95, I, da Constituição Vigente. O mesmo acontece com os Ministros do Tribunal de Contas, que também adquirem a vitaliciedade no ato da posse.

No que tange à matéria, cabe, ainda uma pequena observação em que O ministro Ari Pargendler concedeu liminar à juíza do Trabalho Adayde Santos Cecone para que seu processo de nomeação ao TRT da 9ª região seja encaminhado à presidente Dilma.

A magistrada foi indicada de forma unânime pelo pleno do TRT da 9ª região para ocupar vaga destinada ao critério de antiguidade, mas o ministro da Justiça não encaminhou expediente à presidência da República pelo fato de a juíza ter mais de 65 anos.

Segundo o presidente do STJ, há precedente da Corte no sentido de que a imposição da idade máxima de 65 anos para ocupar vaga dos Tribunais de 2º grau somente se aplica ao Quinto, e não aos magistrados de carreira.

Veja a íntegra da decisão.

MANDADO DE SEGURANÇA Nº 18.840 – PR (2019/0147630-6)
IMPETRANTE: ADAYDE SANTOS CECONE
ADVOGADO: ROGÉRIO ROCHA E OUTRO(S)
IMPETRADO: MINISTRO DE ESTADO DA JUSTIÇA
DECISÃO

Trata-se de mandado de segurança impetrado por Adayde Santos Cecone, dando conta de que, apesar de indicada de forma unânime pelo Tribunal Pleno do Tribunal Regional do Trabalho da 9ª Região para ocupar vaga destinada ao critério de antiguidade, o Ministro de Estado da Justiça deixou de encaminhar o expediente à Presidência da República ao fundamento de que a magistrada tem mais de 65 (sessenta e cinco) anos de idade (fl. 01/13).

Segundo a petição inicial, o limite de idade previsto no artigo 115 da Constituição Federal não se aplica aos juízes de carreira.

Pede a concessão de medida liminar para determinar "o imediato envio para a Presidente da República do processo de nomeação da impetrante" (fl. 12).

II - Há precedente do Superior Tribunal de Justiça no sentido de que a imposição da idade máxima de que trata o artigo 115 da Constituição Federal para ocupar vaga dos tribunais de segundo grau somente se aplica ao quinto constitucional, e não aos magistrados de carreira.

Nesse sentido, confira-se o seguinte julgado:

"ADMINISTRATIVO. MANDADO DE SEGURANÇA. MAGISTRADO. PROMOÇÃO POR ANTIGUIDADE. TRIBUNAL REGIONAL DO TRABALHO. ART. 115 DA CONSTITUIÇÃO FEDERAL. IDADE MÁXIMA. EXIGÊNCIA SOMENTE PARA CARGO ISOLADO. GARANTIA DE PROGRESSÃO NA CARREIRA.

1. A Constituição Federal determina que a magistratura seja instituída em carreira, conforme os incisos I, II e III do art. 93, bem como estabelece como cargo inicial o de juiz substituto, garantida a promoção, de entrância para entrância, alternadamente por antiguidade e merecimento, até os tribunais de segundo grau.

2. A carreira de Juiz do Trabalho é composta de três classes: Substituto, Presidente de Junta de Conciliação e Julgamento e de Tribunal Regional do Trabalho. Precedente do Supremo Tribunal Federal.

3. Constitui verdadeira limitação à carreira do magistrado a imposição de idade máxima para integrar lista tríplice para vaga proveniente de aposentadoria por antiguidade de Tribunal Regional do Trabalho.

4. O art. 115 da Constituição Federal aplica-se somente ao quinto constitucional, que é cargo isolado dentro dos Tribunais Regionais do Trabalho.

5. Segurança concedida para assegurar ao impetrante a permanência na lista tríplice para o cargo de Juiz do Tribunal Regional do Trabalho da 21ª Região" (MS nº 13.659, DF, relator Ministro Jorge Mussi, DJe de 31.05.2020).

III O deferimento da medida liminar é, portanto, de rigor. O aguardo da tramitação do processo até a decisão final porá em risco seu resultado útil, acaso concedida a segurança. Com efeito, ou a impetrante terá alcançado a idade da aposentadoria compulsória ou terá pouco tempo para exercer o cargo para o qual foi indicada.

A medida liminar terá, ainda, um efeito secundário proveitoso. Se a Presidente da República não fizer a nomeação, o ato poderá ser atacado diretamente no Supremo Tribunal Federal, quem melhor está preparado para dirimir essa importante questão constitucional.

Defiro, por isso, a medida liminar para que a autoridade coatora encaminhe à Presidente da República o processo de nomeação da impetrante.

Comunique-se, com urgência.

Os cargos de provimento efetivo são aqueles que se revestem de caráter de permanência, constituindo a maioria absoluta dos cargos integrantes dos diversos quadros funcionais.

A aludida permanência é uma característica do cargo, não de quem nele venha a ser provido. O seu titular, somente com o decurso de três anos de exercício, período que corresponde ao estágio probatório, é que nele se efetiva e adquire estabilidade, se avaliado favoravelmente.

Depois de estabilizado, o vínculo que prende o servidor à Administração Pública só pode ser extinto mediante processo administrativo ou judicial em que se lhes faculte ampla defesa; e agora, também, em virtude de avaliação negativa de desempenho, como introduzido pela Reforma Administrativa em 1998.

Os cargos de provimento em comissão estão previstos no artigo 37, incisos II e V da Constituição da República:

"Art. 37. ....

....

II- a investidura em cargo ou emprego público depende de aprovação prévia em concurso público de provas ou de provas e títulos, de acordo com a natureza e a complexidade do cargo ou emprego, na forma prevista em lei, ressalvas as nomeações para cargo em comissão declarado em lei de livre nomeação e exoneração;

....

V- as funções de confiança, exercidas exclusivamente por servidores ocupantes de cargo efetivo, e os cargos em comissão, a serem preenchidos por servidores de carreira nos casos, condições e percentuais mínimos previstos em lei, destinam-se apenas às atribuições de direção, chefia e assessoramento;

..............................."

Os cargos de provimento em comissão são aqueles de ocupação transitória. Os seus titulares são nomeados em função da relação de confiança que existe entre eles e a autoridade nomeante, por isso são também chamados de *cargos de confiança.*

A nomeação do agente para o cargo em comissão independerá de aprovação prévia em concurso público, embora se possam fazer, por lei, outras exigências, tais como idade mínima (como ocorre com os Ministros de Estado, que devem ter mais de vinte e um anos), pleno exercício dos direitos políticos, quitação com as obrigações militares e eleitorais, aptidão física e mental para as atribuições do cargo, nível de escolaridade necessária ao exercício do cargo, entre outros.

Podemos afirmar que todo cargo, todo emprego, tem uma função. Cargos e empregos são criados para materializar uma função. Entretanto, o inverso não pode ocorrer. Há algumas situações em que a função pública existe isoladamente, sem cargo ou emprego. Daí, falar-se corretamente cargo público, emprego público e função pública, pois todo cargo, todo emprego é criado para exercer uma função. Já a função pública tem vida própria, podendo existir sem cargo e sem emprego.

Exemplos de funções públicas:

a) Agente honorífico – não possui cargo, porém função pública transitória;

b) Contratação temporária – não existe cargo de contrato temporário. O contratado temporário exerce função, isoladamente, sem cargo ou emprego, exatamente porque é transitória em função de um lapso temporal.

c) Função de confiança – terminando o lapso temporal desse exercício, retorna-se para o cargo de origem, existindo, por isso, só a função.

6.2.1. Cargo em Comissão

Repetindo, mais uma vez, o ingresso em cargo ou emprego público, em regra, pressupõe a submissão a concurso público, por meio de provas ou de provas e títulos. Excepcionalmente, entretanto, haverá o ingresso em *cargo em comissão*, declarado por lei de livre nomeação ou exoneração, de acordo com previsão constitucional constante na parte final do inciso II do art. 37, cuja redação foi alterada pela Emenda Constitucional nº 19/98.

A respeito do servidor ocupante de função de confiança não faz jus ao pagamento de horas extras por eventual sobre jornada.

Destaca-se que a matéria relativa ao pagamento de horas extraordinárias a servidores públicos ocupantes de cargo comissionado depara-se com o obstáculo especificado no art. 19 § 1º, da Lei 8.112/90, o qual especifica que o servidor titular de cargo em comissão não tem direito a recebimento de horas extras.

A referida lei dispõe, expressamente, que o ocupante de cargo ou função de confiança está sujeito a regime de integral dedicação ao serviço, o que significa a possibilidade de ser convocado a qualquer tempo, sempre que houver interesse da Administração. Contudo, por tal disponibilidade, já é devidamente remunerado, mediante o recebimento de gratificação própria.

6.2.2. Percepção Proibitiva de Proventos de Aposentadoria por Invalidez com Remuneração Decorrente de Investidura em Cargo em Comissão.

Determinado servidor, de proventos de aposentadoria por invalidez permanente está impedido da percepção, com remuneração decorrente de investidura em cargo em comissão de Assistente Parlamentar, a não ser se o servidor a reversão de sua aposentadoria por invalidez, por junta médica oficial, nos termos do art. 25 da Lei nº 8.112/90, *in extenso*:

> *"Art. 25. Reversão é o retorno à atividade de servidor aposentado:* (Redação dada pela Medida Provisória nº 2.225-45, de 4.9.2001)
>
> *I - por invalidez, quando junta médica oficial declarar insubsistentes os motivos da aposentadoria; ou* (Inciso incluído pela Medida Provisória nº 2.225-45, de 4.9.2001)".

Resta claro portanto a impossibilidade de acumulação de proventos de aposentadoria por invalidez com remuneração de empregos, cargos ou funções públicas, estando condicionada a reversão à comprovada reabilitação do beneficiário.

Observe-se que a aposentadoria por invalidez constitui um benefício previdenciário e, estando o beneficiário apto a exercer qualquer emprego, cargo ou função pública perde o direito, tendo em vista a cessação do pressuposto legal.

Não é demais lembrar que, se o beneficiário não puder desempenhar as mesmas atividades que o fazia quando em atividade, o art. 24 da Lei nº 8.112/90 prevê expressamente a possibilidade de investidura em cargo compatível com suas limitações, por meio do instituto da readaptação, *in litteris*:

"Art. 24. Readaptação é a investidura do servidor em cargo de atribuições e responsabilidades compatíveis com a limitação que tenha sofrido em sua capacidade física ou mental verificada em inspeção médica".

A condição de servidor aposentado por invalidez constitui óbice à sua designação para laborar em outro cargo público.

6.2.3. *Harmonização* dos incisos II e V do art. 37 da Constituição Federal

Ressalva-se que a análise acerca do cargo em comissão deverá ser apreciada concomitantemente sob o prisma dos incisos II e V do art. 37 da Constituição Federal. Reportando-se ao inciso II, lê-se que o ingresso em cargo ou emprego público, em regra, segue o disposto na primeira parte deste inciso, ou seja, ocorre por meio de concurso público, ao passo que a parte final deste inciso trata dos casos excepcionais, que é a livre nomeação e exoneração por parte do administrador.

Não obstante, o inciso V deste mesmo artigo reza que os cargos em comissão serão preenchidos por servidores de carreira, fazendo supor que, para auferir um cargo em comissão, o suposto ocupante necessariamente será um servidor público concursado. Ressalta, porém, em seguida: "nos casos, condições e percentuais mínimos previstos em lei, e destinados apenas às atribuições de direção, chefia e assessoramento".

Uma breve leitura deste inciso pode nos levar a uma interpretação equivocada e confusa ao associá-lo ao texto do inciso II, pois enquanto este afirma que, excepcionalmente, aqueles que ingressarem em cargos em comissão poderão ser livremente nomeados e exonerados, ao alvedrio do administrador, aquele revela que os ocupantes de cargo em comissão haverão de ser servidores de carreira.

Trazendo à baila o texto final do inciso II, desponta as características da *livre nomeação e exoneração*, que tem como norte a fidúcia a qual a ensejará. A propósito, deve-se ressaltar que a confiança a qual motivará a escolha do administrador deverá existir antes mesmo da nomeação, pois é com base nesta que ele nomeará o ocupante de tal cargo. Em outras palavras, esta confiança não surge depois da nomeação, não nasce com o tempo ou com a convivência, mas já existe antes destas.

Se, contudo, esta não mais subsistir com o passar do tempo, gozará o administrador do direito de exonerar livremente, sem a necessidade de motivação, da mesma forma que nomeou, sendo esta discricionariedade a maior característica a ser utilizada no preenchimento do cargo em comissão.

Portanto, num primeiro momento insurge-se uma aparente contradição à leitura destes dois dispositivos constitucionais, a suscitar que, se o cargo em comissão sustenta de fato a liberdade do administrador para nomear e exonerar livremente, como pode incidir sobre este mesmo instituto a exigência de servidor de carreira? A resposta se encontra expressa na redação da parte final do inciso V, nos seguintes termos: "nos casos, condições e percentuais mínimos previstos em lei".

ATENÇÃO! Muito embora não tenha sido editada a referida lei, o Poder Executivo Federal expediu o Decreto nº 5.497/05 determinando o percentual mínimo. Assim, passaram a existir 6 níveis de cargos em comissão denominados DAS.

Os DOS níveis 1, 2 e 3 serão ocupados exclusivamente por servidores de carreira no importe de 75%; o nível 4 com 50% e os de Níveis 5 e 6 a nomeação é inteiramente livre, como ocorre com os cargos de Ministros de Estado.

Não se trata de descaracterizar a originalidade do cargo em comissão, no que alude à livre nomeação e exoneração, pois que apenas parte de tais cargos será preenchida por servidores de carreira, ficando a maioria a critério do administrador, que poderá nomear livremente aquele sobre o qual deposita sua confiança.

Tais critérios estarão elencados na lei que dispor sobre a criação dos cargos em comissão. Ela traçará quantos destes se destinam ao preenchimento por servidores de carreira, e quantos estarão vinculados à livre nomeação, abarcando este último a maioria dos cargos criados.

Com efeito, fica claro que a regra, no que tange aos incisos II e V do art. 37, é a de que os cargos em comissão serão de livre nomeação e exoneração, prevalecendo a discricionariedade do Chefe do Poder Executivo, e que a intenção do legislador, ao acrescentar que parte destes cargos seja destinado a servidores de carreira, tem por fim evitar eventual abuso ou excesso de poder por parte do administrador, ou ainda, equilibrar os poderes do Executivo pelo Legislativo, em razão do sistema de freios e contrapesos vigente em nossa Constituição Federal, onde um poder será vigiado e limitado pelo outro.

6.2.4. Exercício de Cargo Em Comissão

O cargo em comissão, por sua peculiar natureza de confiança, enquadra-se no fato temporal da transitoriedade livre, ficando a autoridade competente, sem pélias jurídicas, para lavrar a dispensa, a qualquer tempo, dispensado de motivação. A exoneração *ad nutum*, por si, não gera para seu ocupante idênticos direitos aos detentores de cargo efetivo, salvo quanto à remuneração, licença médica e férias, nos termos que a lei dispuser. A titularidade, portanto, é precária.

O portador de cargo comissionado não tem direito à permanência no serviço público, ainda que em licença-saúde, distinguindo-se, claramente, a relação previdenciária do vínculo mantido com a administração.

Portanto, é admissível a exoneração de cargo em comissão durante o gozo de licença para tratamento de saúde.

Acresce-se a isso, o fato de que esta forma de provimento se aplica a possibilidade de exoneração, a qualquer tempo, conforme reza o art. 37, II, da CF/88.

E não importa que a exoneração ocorra durante licença-saúde, a despeito de o art. 130, da Lei 10.098/94, prever tal benefício para o servidor, expressão genérica que não distingue a natureza do provimento, a teor do art. 2º, § 4º, *do mesmo diploma, sem prejuízo da remuneração a que fizer jus.*

O cabimento da indenização para o exonerado de cargo em comissão encontra obstáculo, no art. 37, II, da CF/88. Com efeito, ao julgar a ADIN 182-RS, Relator Ministro SYDNEY SANCHES, o pleno do STF divisou inconstitucionalidade material nos §§ 3º, 4º e 5º do art. 32 da CE/89, pois, impondo uma indenização a favor do exonerado, a norma estadual condiciona, ou ao menos restringe, a liberdade de exoneração, a que se refere o inc. II do art. 37 da CF.

Enfim, observando o princípio da legalidade, e preservando a constitucionalidade do art. 130 da Lei 10.098/94, não vemos como concluir pela inadmissibilidade da exoneração do ocupante de cargo em comissão, ou do contratado emergencialmente, durante licença-saúde.

6.2.5. Gestante Nomeada para Cargo em Comissão

Há controvérsia no que tange a gestante nomeada para cargo em comissão. Entendemos que não há estabilidade, pois não há estágio probatório, então, se a servidora ficar grávida, não perderá a licença-maternidade ocupando cargo em comissão. Consequentemente, terá que retornar ao cargo de origem para usufruir a licença. Há várias decisões do Superior Tribunal de Justiça entendendo assim.

Contudo, localizamos precedente da 6ª Turma do STJ (RMS 3.313 SC. Rel. Min. Adhemar Maciel), que, em caso de licença-gestante, aplicou-se à servidora pública o art. 7º, XVIII, da Constituição Federal, por força da isonomia. Porém, o rol do art., 7º não contempla a licença aqui considerada e nem o art. 39, § 2º, da Carta Magna assegura tal direito. De qualquer modo, o julgado não reconheceu o direito à permanência no cargo, mas uma indenização equivalente à remuneração que ela teria em 4 (quatro) meses de gravidez.

6.2.6. Cargo em Comissão *Versus* Função de Confiança

CARGO EM COMISSÃO	X	FUNÇÃO DE CONFIANÇA
Escalões do Governo (Ministros, Secretários e Dirigentes da Administração Indireta)		Direção, Chefia e Assessoramento
		Exclusivo de servidor de cargo efetivo (art. 37, V, da Constituição)
Qualquer pessoa (art. 37, V, da Constituição)		Exclusivo de servidor de cargo efetivo (art. 37, V, da Constituição)
Ato Político		Ato Administrativo
Efeito Externo		Efeito Interno

Enquanto o cargo em comissão realiza essencialmente ato político, com efeito externo, a função de confiança realiza ato administrativo, com efeito interno. Por exemplo, um Secretário de Estado baixa portaria reduzindo a circulação de carros, com placa final 1, às segundas-feiras, evitando o caos nos centros urbanos. Esse ato teve repercussões externas, de conteúdo político, que atinge o usuário (cargo em comissão).

Por outro lado, assim como a nomeação para esses cargos são livres, também o é sua exoneração, pois a exoneração do titular do cargo é despida de qualquer formalidade especial, ficando ao exclusivo critério da autoridade nomeante.

Os cargos em comissão fazem parte da estrutura permanente da entidade pública, sendo destinados apenas às atribuições de direção, chefia e assessoramento de determinados órgãos. De sorte que os cargos que não apresentam estas características ou alguma particularidade em seu rol de atribuições, devem ser de provimento efetivo, pois de outro modo haveria desvio de finalidade na criação do cargo em comissão e, portanto, possibilidade de sua anulação.

O poder de escolha dos titulares de cargos de provimento em comissão é limitado, à medida que deverão ser preenchidos por servidores de carreira nos casos, condições e percentuais mínimos previstos em lei, sendo esta lei editada privativamente por cada uma das entidades políticas.

Os servidores ocupantes, exclusivamente, de cargo em comissão, declarado em lei de livre nomeação e exoneração, terão direito à aposentadoria, concedida nos termos do regime geral da previdência social, de acordo com o artigo 40, § 13, da Carta Magna.

Um assunto que se encontra muito em moda reside na nomeação de Diretor de Estabelecimento de Ensino. A Administração Pública possui discricionariedade para optar entre a nomeação ou a eleição para o preenchimento do cargo de diretor de escola pública. O limite a tal discricionariedade se restringe a "opção" pela nomeação direta do diretor da escola pelo chefe do poder executivo "ou" pela realização de eleições.

Insta observar que, a partir do momento em que foram convocadas e realizadas as eleições, a Administração Pública ficou obrigada a nomear o vencedor do pleito. Assim sendo, não há que se falar que a Administração pode deixar de nomear. Não há dúvidas de que a Administração poderia nomear de forma discricionária o diretor. Todavia, quando convocou as eleições e após as mesmas serem realizadas, certamente que não haverá mais aquela possibilidade.

Não se trata de negar a discricionariedade conferida à Administração Pública na tomada de decisões, uma vez que, sabidamente, esta é necessária ao bom funcionamento do Poder Público, que por critério de conveniência e oportunidade, necessita *do le choix du moment*, tendo em vista o princípio da finalidade. Entretanto, tal necessidade não se confunde, de maneira alguma, com ato administrativo que, de um momento ao outro, vincula-se de uma maneira, desprende-se do que determinou e se prende a procedimento diverso. No momento em que a administração opta pela realização de eleição, fica adstrita ao resultado do pleito.

6.2.7. A criação do cargo pela lei

A criação do *cargo em comissão* está condicionada à lei; e este, uma vez criado, não adquire o caráter da transitoriedade, pois só poderá ser extinto também por lei, salvo exceções previstas na própria Constituição, e não livremente, como ocorre com o provimento em *comissão*.

Necessário, pois, a imprescindível compatibilidade entre o cargo a ser criado por lei e a sua finalidade, pois se observa que a eventual criação desmesurada de tais cargos pelo Chefe do Executivo poderá ensejar desvio de finalidade, eis que terá ocorrido desvio de poder, alheio ao interesse público.

A lei nº 1.939 do Estado do Mato Grosso do Sul, à título de ilustração, foi considerada pelo Supremo Tribunal Federal inconstitucional, porque a norma havia criado indevidamente cargos em comissão junto ao Tribunal de Contas do Estado, para atender à demanda de assistente técnico de informática, assistente de segurança, agente de cartório e motorista oficial.

Esses cargos não poderiam ser criados dessa forma. De acordo com a Constituição Federal, (art. 37, inc. V), os cargos em comissão destinam-se apenas às atribuições de chefia, direção e assessoramento, havendo, portanto, a quebra dos princípios da impessoalidade e da moralidade, cuja inobservância provoca o desprestígio do Estado, das funções e atividades públicas.

Portanto, o cargo destinado ao provimento em comissão será sempre criado por lei, e é esta que o caracterizará como tal, ou seja, a lei, ao criar o cargo, já o predestina desta forma, bem como especifica se será para provimento de servidor de carreira ou de livre nomeação e exoneração, hipótese esta que o investe do caráter da temporariedade, pois esta característica é inerente ao provimento, e não ao cargo. Cumpre analisar, neste contexto, o termo comissão.

6.2.8. A criação do cargo pela lei

O termo "comissão" se relaciona à ideia da *ocupação transitória do servidor* e guarda estreita relação com a característica da *confiança*, ou *fidúcia*. O servidor ocupante de *cargo em comissão*, cujo ingresso na Administração se dá por meio da livre escolha e nomeação do Chefe do Poder Executivo, poderá dela se desligar quando não mais preencher o requisito da *confiança*, elemento este determinante para a sua escolha, mas sobre o qual não recai, necessariamente, o caráter da permanência, a supor uma ocupação permanente.

A *confiança*, em razão da sua própria subjetividade, poderá se extinguir pelos mais diversos motivos, extinguindo-se, assim, o elo que sustenta a estada do servidor nomeado para o cargo de provimento em comissão aos quadros da Administração Pública. Com efeito, para que se conceda a comissão, pressupõe-se que o sujeito que a auferirá seja dotado de confiança do Chefe do Poder Executivo.

Desta feita, incontroverso que a *comissão* se reveste de um caráter provisório, ao passo que sobre o cargo recai a certeza da permanência. Já a *confiança* é o referencial de que se revestirá aquele que ocupar o cargo em comissão. Portanto, o provimento de tal cargo existirá enquanto perdurar a confiança a ele inerente.

6.2.9. Eventos em que o elemento 'confiança' pode ser suplantado

Importa ressaltar que, embora seja a *confiança* o requisito a ser observado na escolha dos ocupantes do *cargo de provimento em comissão*, nas condições e percentuais previstos em lei, este elemento não será sempre essencial nestas hipóteses, em razão da ocorrência de alguns eventos que justifiquem a não aplicação desta regra.

Tal fato poderá se dar, por exemplo, quando uma situação fática requerer a pronta ocupação de determinado cargo, e, em contrapartida, não houver nenhum servidor de confiança dotado de capacidade ou disponibilidade para integrá-lo; ou, ainda, serem todos detentores de capacidades que vão aquém do que se exige para o cargo a ser preenchido.

Portanto, se tanto pela falta de especialidade como pela especialidade incomum não dispuser o Chefe do Executivo de servidores de confiança ao seu alcance, este requisito será suplantado, e o cargo será preenchido por servidor ordinário, tendo em vista o alcance do interesse público.

6.2.10. A que cargos se destinam o provimento em comissão?

A criação por lei de cargos de provimento em comissão não poderá se dar de forma aleatória, criados ao alvedrio do Poder Legislativo e destinados a funções diversas daquelas estipuladas pela Constituição Federal, que na dicção do inciso V do art. 37 reza que: "[...] os cargos em comissão, a serem preenchidos por servidores de carreira nos casos, condições e percentuais mínimos previstos em lei, destinam-se apenas às atribuições de direção, chefia e assessoramento", redação esta determinada pela Emenda Constitucional nº 19/98, que introduziu substancial alteração nos artigos relacionados à Administração Pública e ao Servidor.

Nestes termos, pode-se dizer que será taxada de inconstitucional a lei que, em afronto ao dispositivo constitucional supracitado, criar cargos em comissão para funções outras senão aquelas cujo perfil foi taxativamente delimitado pelo Texto Constitucional.

Ademais, há que se atentar para o fato de que a criação de *cargos em comissão* já se constitui em exceção, já que a regra é o servidor se submeter ao critério do concurso público de provas ou de provas e títulos. Por isso mesmo, fugir das hipóteses de exceção constitucionalmente asseguradas ou criar a exceção da exceção, seria adquirir um passaporte para adentrar na esfera do desvio de poder.

6.2.11. Limites para a criação de cargos em comissão: direção, assessoramento e chefia

Com redação dada pela Emenda Constitucional nº 19/98, o texto do inciso V dispõe que os *cargos em comissão* se destinam exclusivamente às atribuições de direção, chefia e assessoramento, conforme acima prescrito.

Não se vislumbra a criação por lei de *cargos em comissão* para atribuições meramente burocráticas, que podem perfeitamente ser exercidas por pessoas sem qualquer qualificação em especial, tampouco desnecessária a típica confiança e o comprometimento que se requer para os cargos em comissão.

A fim de bem delinear os limites para a criação de cargos em comissão, cumpre uma breve análise isolada sobre as características da Direção, Chefia e Assessoramento.

6.2.11.1. Direção

As atribuições destinadas à direção pressupõem que tal ocupação não se dará por um servidor ordinário, mas sim por um dotado de capacidade de decisão e de autoridade perante os demais, além das devidas qualificações que lhe sejam essenciais para tal desempenho. Direção se relaciona a Diretor, a poder de comando, a uma posição de topo dentro de uma hierarquia. Pressupõe-se que uma Direção abarque um departamento inteiro, e não apenas uma seção.

6.2.11.2. Chefia

A Chefia, por seu turno, que também pressupõe um poder de decisão, uma autoridade perante demais servidores e capacidade de decisão, abarca, todavia, um ângulo de atuação menor que o da Direção. Diz-se que determinado servidor é chefe de uma seção, que é mais restrito que um departamento.

O chefe é o superior mais imediato dos servidores, ao passo que diretor é mais mediato que este. Todavia, ambos sustentam o caráter de hierarquia dentro de uma instituição pública, e ambos são cargos de comando.

6.2.11.3. Assessoramento

O Assessoramento, diferentemente da Direção e da Chefia, não se reveste do caráter de hierarquia, não guarda nenhuma relação com o comando de que os outros dois sustentam em suas atribuições. O assessor tão somente *assessora* uma autoridade. Em outras palavras, ele dá um suporte, seja de índole técnica ou empírica, a um superior.

Um superior hierárquico, em razão das suas próprias atribuições, que além de serem de elevadas responsabilidades, costumam abranger diversas vertentes, contará com a figura do assessor, ou assessores, que técnica ou intelectualmente qualificado(s), ou ainda se valendo de uma expressiva experiência, dará respaldo àquele superior.

Com efeito, os outros servidores não lhes deverão hierarquia, mas aqueles terão, sem dúvida, um *plus* em relação aos demais, sobretudo pela escolha vinda de um superior dentro da Administração Pública, e pela confiança para assessorá-lo.

Analisadas as características das três espécies cabíveis à criação de *cargo em comissão*, asseguradas pela Constituição Federal, questiona-se se o provimento destes cargos não poderá, sob nenhuma hipótese, se dar por outros servidores que não se incluam nesta previsão.

Em razão dessa análise, pode-se concluir que os cargos em comissão serão exercidos por duas categorias: os de comando, que abrangem o de Direção e de Chefia; e o de Assessoria, o qual não se reveste do caráter dos primeiros, que é o escalonamento hierárquico.

Por oportuno, registre-se que as características do cargo de assessor se assemelham às de um funcionário comum, pois que não raro qualquer um destes terá qualificações técnicas, que são adquiridas por meio de cursos, ou empíricas, se se considerar um período expressivo tanto dentro do Serviço Público quanto na iniciativa privada.

Com efeito, o preenchimento de cargo em comissão encontra uma maior margem de escolha quando se destinar a cargo de Assessoramento, pois este não encerra um sentido tão restrito, bastando que o assessor seja um *expert* de determinado campo de atuação, ou alguém dotado de ampla experiência em determinada área, que o capacite a assessorar o Chefe do Poder Executivo.

É certo, pois, que uma eventual nomeação pelo Chefe do Poder Executivo fora das exigências determináveis para os cargos de direção e chefia, as quais pressupõem uma qualificação mais intelectual, encontrará respaldo no preenchimento de funções de assessoramento, na figura de um *expert* ou alguém de relevante experiência profissional.

É o que ocorre, por exemplo, com um segurança do Chefe do Poder Executivo. Na prática, pode ocorrer de um segurança vir a ocupar um cargo de provimento em comissão, levando-se em conta o elemento 'confiança', que neste caso específico é significativamente essencial, bem como o requisito da habilidade, ou de uma técnica de segurança especializada, também indispensável para a importância de tal função.

Diante da peculiaridade de certa circunstância, a autoridade superior poderá não considerar suficiente, ou mesmo adequado, tão somente a análise do aspecto técnico ou intelectual daquele que ocupará um cargo destinado à sua segurança. Tenderá a dar especial importância ao aspecto da confiança, visto que a atribuição a ser exercida pressupõe uma lealdade pessoal, bem como à reconhecida e comprovada experiência nesta área.

6.2.11.4. Exoneração desmotivada e pelo livre arbítrio do administrador

A princípio, supõe-se que a exoneração de um ocupante de cargo em comissão tenha se dado em decorrência de motivos destituídos de gravames. Se aquele que o ocupava integrava a parte reservada aos servidores de carreira, não sofrerá prejuízos, por já se constituir em titular de cargo efetivo.

Se, contudo, este ocupante exonerado ingressou no cargo público por meio de nomeação do Chefe do Executivo, segundo seu livre critério de escolha, nada lhe restará senão se retirar, sem quaisquer direitos adquiridos, dos quadros do funcionalismo público. Todavia, esta conduta não terá sido uma punição, e provavelmente a ela não precedeu nenhuma infração funcional.

6.2.11.5. Destituição do cargo em razão da prática de infração disciplinar

Já nas hipóteses de ter o ocupante do cargo infringido um dos deveres funcionais, sofrerá as sanções previstas em lei, sendo a mais grave delas a destituição de cargo. Lembre-se que destituição é sinônimo de punição, ao contrário de exoneração. Por isso, a prática de infração disciplinar acarretará a destituição do cargo em comissão.

Ademais, pondera-se o fato de que, sendo o provimento do cargo em comissão motivado pelo critério da confiança que o administrador se vale na escolha de seu ocupante, a prática de infração disciplinar, por si só, já justifica a extinção do vínculo entre este e a Administração Pública. Em outras palavras, se o seu provimento foi motivado pela confiança, a quebra dessa não mais justifica a sua estada no serviço público.

A destituição se constitui, pois, na perda do cargo precedida de uma infração disciplinar. É mister que esta seja motivada e o titular do cargo submetido ao contraditório e à ampla defesa. Com efeito, o ocupante de cargo público destituído em razão de infração sofrerá consequências em sua vida funcional, como a inabilitação a nova nomeação pelo prazo de 5 (cinco) anos, com previsão no art. 137 da Lei nº 8.112/90, se este incorrer na infringência do art. 117, incisos IX e XI da Lei 8.112/90:

Art. 137 da Lei 8.112/90 - A demissão ou a destituição de cargo em comissão, por infringência do art. 117, incisos IX e XI, incompatibiliza o ex-servidor para nova investidura em cargo público federal, pelo prazo de 5 (cinco) anos.

Veja o que dispõe o artigo 117, incisos IX e XI:

Art. 117. Ao servidor é proibido: (Vide Medida Provisória nº 2.225-45, de 4.9.2001)

[...]

IX - valer-se do cargo para lograr proveito pessoal ou de outrem, em detrimento da dignidade da função pública;

[...]

XI - atuar, como procurador ou intermediário, junto a repartições públicas, salvo quando se tratar de benefícios previdenciários ou assistenciais de parentes até o segundo grau, e de cônjuge ou companheiro;

Portanto, reza o parágrafo único do art. 137 que a infração será mais grave se o ocupante do cargo em comissão incorrer nas modalidades do art. 132, incisos I, IV, VIII, X e XI, ambos da Lei 8.112/90, cuja pena será o não retorno ao serviço público federal, conforme o texto que se segue:

Art. 137 da Lei 8.112/90 [...]

Parágrafo único. Não poderá retornar ao serviço público federal o servidor que for demitido ou destituído do cargo em comissão por infringência do art. 132, incisos I, IV, VIII, X e XI.

Art. 132 da Lei 8.112/90 – A demissão será aplicada nos seguintes casos:

I - crime contra a administração pública;

IV - improbidade administrativa;

VIII - aplicação irregular de dinheiros públicos;

X - lesão aos cofres públicos e dilapidação do patrimônio nacional;

XI – corrupção.

Dessa forma, há que prevalecer a plena consciência do administrador em saber que, ao exonerar aquele que nomeou livremente, não estará acarretando nenhuma consequência ao ex-servidor; ao não ser a sua saída dos quadros do serviço público sem direito à indenização. Mas se optar em destituir, o que equivale a demitir, estará imputando-lhe medida mais gravosa, com as suas respectivas consequências práticas. Daí entender a doutrina majoritária que a destituição se constitui em punição.

6.2.12. Direitos extensíveis ao ocupante de cargos em comissão

Os ocupantes de cargo em comissão gozarão de parte dos direitos dos servidores efetivos, a exemplo do direito à aposentadoria, férias, adicionais e licenças, excepcionando-se, neste último caso, a licença para tratamento de interesses particulares.

Oportuno aduzir que ao ocupante de cargo em comissão é vedada a acumulação com outro cargo, de comissão ou não, em razão do que dispõe o art. 19, parágrafo 1º da Lei 8.112/90, com redação dada pela Lei nº 9.527/97, que prevê o regime de dedicação integral para esta categoria de servidores.

Ainda no que concerne aos direitos cabíveis aos ocupantes de cargo em comissão, reportamo-nos à Lei nº 8.647/93, cujo texto se aplica a regular a vinculação do ocupante de cargo em comissão ao Regime Geral de Previdência Social.

Em sede constitucional, há a previsão de que o servidor ocupante de cargo em comissão se submete ao regime geral de previdência social no parágrafo 13 do art. 40, com redação transcrita nas linhas que seguem:

Art. 40 [...]

Parágrafo 13 – Ao servidor ocupante, exclusivamente, de cargo em comissão declarado em lei de livre nomeação e exoneração bem como de outro cargo temporário ou de emprego público, aplica-se o regime geral de previdência social. (parágrafo acrescentado pela Emenda Constitucional nº 20, de 15 de dezembro de 1998).

Portanto, fica claro que os ocupantes de cargo em comissão não se submeterão, ao contrário dos servidores de provimento efetivo, aos benefícios do Plano de Seguridade Social, salvo a assistência à saúde, que se constitui em exceção a esta regra.

A esta comissão será dada a competência de avaliar as condutas descritas como infrações funcionais. O servidor indiciado poderá ser representado, em sua defesa, por advogado regularmente habilitado, e este poderá arrolar testemunhas, contraditar as arroladas, requerer diligências, perícias, solicitar provas etc., podendo ser negadas tão somente se se tratar de provas infundadas.

Registre-se que seguidamente à citação do réu, este se submeterá ao interrogatório, acompanhado ou não de advogado, conforme desejar, e se dará sequência aos atos probatórios, com a oitiva de testemunhas já devidamente arroladas nos autos, o requerimento de documentos, bem como os demais atos que possam contribuir para a defesa do agente público.

Exemplos típicos destes atos são as solicitações feitas ao Poder Judiciário da quebra de sigilos bancário e telefônico e fiscal, cuja concessão a ser dada pelo juiz, dependerá do caso prático, ou seja, da necessidade de cada qual como parte indispensável para a composição da defesa do indiciado. Por certo, o Judiciário não pode fazer deste procedimento uma conduta de praxe, pois se trata de flagrante violação do direito da intimidade.

Por outro lado, não poderá se furtar de fazê-lo se estas provas de certo contribuirão para a aferição da verdade dos fatos. Trata-se, pois, de ponderar os interesses que se contrapõem e de se optar por aquele que contribuirá para o alcance do interesse público. Por isso, se por meio da violação telefônica, por exemplo, se obter as provas cabais da conduta delituosa do servidor, esta deverá ser concedida, pois a manutenção deste servidor infrator nos quadros da Administração será um afronto ao interesse público.

Finda a fase probatória, ou a fase de instrução, abre-se prazo para a apresentação das alegações finais, ficando apta a Comissão a elaborar o seu relatório, e, se competente, aplicar a sanção cabível. Se incompetente para tal ato, emite parecer opinando pela aplicação ou não da sanção, a ser julgado por autoridade competente.

Responsável pelo julgamento final, a autoridade competente emitirá sua decisão, que será devidamente justificada e mais justa possível, consoante os fatos narrados e as provas colhidas, não lhe sendo lícito o uso de convicção íntima, tal como ocorre no processo judiciário.

Tratar-se-á de uma decisão da administração, portanto, o processo administrativo estará sujeito a instância superior, com a designação de um órgão revisor a quem incumbirá a análise e julgamento dos recursos administrativos, pois que o direito de defesa não se exaure com esta decisão.

Caberá aos órgãos superiores, após a devida análise de todo o alegado, manter a decisão ou reformá-la, no todo ou em parte. Segue-se, ainda, o direito à revisão da decisão, válida com a apresentação de fatos novos e depoimentos inéditos, ou mesmo a demonstração de vício na produção de atos já consignados.

Nestes termos, registre-se que o pedido de revisão é extensivo à família de servidor falecido, seja na defesa de questões pecuniárias, seja na defesa da própria imagem e da honra do *de cujus*, a quem a família assiste o direito de preservar.

6.2.12.1. Incorporação aos vencimentos, como direito pessoal, de cargo em comissão.

A incorporação aos vencimentos correspondente a cargo em comissão foi definitivamente sepultada, em face da Emenda Constitucional nº 19, de 04.06.98, que modificou a redação do inciso XIV do art. 37 da Carta Fundamental, veio impedir "o cômputo de vantagem sobre vantagens", o chamado respingue de benefícios. "Configura proibição abrangente, aplicável nos servidores que estejam em regime de vencimentos..." (Dinorá Grotti. Redistribuição dos servidores: Análise dos incisos X a XV do art. 37 da CF/88, com as modificações introduzidas pela Emenda Constitucional da Reforma Administrativa. Revista dos Tribunais, nº 24, 1988).

Tal vedação, abraça os servidores federais, estaduais, distritais e municipais, posto que o art. 37 da Carta da república, ao que se deduz de seu *caput*, fixa princípios e diretrizes para todos os órgãos e entidades da Administração direta e indireta de qualquer dos Poderes da União, dos Estados, do Distrito Federal e dos Municípios.

Os estatutos dos servidores dos Estados da Federação, têm de ajustar-se, igualmente, aos ditames da nova ordem. Portanto, não será possível a incorporação aos vencimentos de diferenças estipendiais oriundas do exercício de cargos.

Agora, se, ao tempo da edição da EC nº 19/98, o servidor já contava cinco anos de permanência no cargo em comissão, converte-se a invocação do direito adquirido.

6.2.12.2. Incorporação da premiação em procedimento administrativo vinculado

Uma gratificação concedida, não sendo discricionária, mas vinculada a adequação do ato praticado ao tipo legal, e, uma vez demonstrada a sua ocorrência, não pode a Administração revogar tal ato, sob pena do Judiciário descer ao exame dos motivos que o ditaram, de sua conformação formal e ideológica com a lei. Revendo motivos, não pode a Administração, arbitrariamente, desconsiderá-los para se eximir de praticar o ato administrativo correspondente.

Oportuno que se faça breves comentários acerca da revogação e que, inclusive, matéria no concurso para o Ingresso na Escola da Magistratura do Rio de Janeiro:

Júlio César, delegado integrante do quadro da Polícia Civil do Estado do Rio de Janeiro, requereu acréscimo, em pecúnia, aos seus vencimentos, de premiação decorrente de ato de bravura por ele praticado. O pedido foi fundamentado em Lei Estadual que contém a seguinte norma: "A Autoridade Policial competente, após registro minucioso do fato, apurará a bravura por meio de sindicância sumária ultimada no prazo de 10 dias, onde consignará todas as provas colhidas e oferecerá relatório conclusivo, para imediata remessa à Comissão de Promoção". A sindicância foi instaurada e a Autoridade Policial competente entendeu que o ato de bravura estava devidamente caracterizado. Com base nesta assertiva, responda:

a) Pode a Comissão de Promoção divergir das conclusões da sindicância e indeferir o pedido de vantagem pecuniária, uma vez caracterizado o ato de bravura?

b) Se deferida a premiação, culminada com a expedição, pelo Governador, de Decreto, poderá a vantagem ser revogada por Decreto ulterior, cuja motivação se expresse na "necessidade de adequação da despesa com pessoal aos limites previstos no art. 169 da Constituição da República", em "dificuldades financeiras do Estado" e, ainda, na "necessidade de serem instituídas gratificações mais justas e criteriosas"?

Se o ato de bravura tem suporte fático, tendo sido apurado e comprovado em procedimento regular, a premiação não pode ser concedida ao arbítrio do Chefe do Executivo, mas sim em caráter individual e motivadamente. Ora, à luz dos mais elementares princípios do Direito Administrativo, isso caracteriza ato vinculado e não discricionário.

Não é demais relembrar que o ato vinculado, ou regrado, é aquele que é praticado em estrita obediência às prescrições legais, aquele em que a Administração manifesta sua vontade na oportunidade e para os efeitos previstos em lei, no qual o agente público não tem qualquer margem de escolha de atuação, seja de tempo ou de conteúdo. O ato discricionário, por sua vez, é aquele em que a Administração se encontra com possibilidade de escolha de sua oportunidade, de sua conveniência, de modo de sua realização, do alcance dos seus efeitos, do seu conteúdo jurídico, dos destinatários de sua vontade.

Ora, sendo vinculado o ato de concessão de premiação por mérito especial — no caso, ato de bravura de delegado integrante do quadro da Polícia Civil do Estado do Rio de Janeiro –, deferido pelo Governador por decreto, como revogá-lo imotivadamente? Ato vinculado não pode ser revogado por ato discricionário, por decreto ulterior àquele que concedeu a vantagem pecuniária ao policial, falando em "necessidade de adequação da despesa com pessoal aos limites previstos no art. 169 da Constituição da República", em "dificuldades financeiras do Estado" e, ainda, na "necessidade de serem instituídas gratificações mais justas e criteriosas", os quais são motivos políticos, genéricos, econômicos, sem nenhuma especificidade em relação ao impetrante.

A toda evidência, não basta repetir, para motivar o ato vinculado, enunciado formal, onde cabem situações díspares, sem distinguir os fatos próprios de cada situação; não basta citar fórmulas genéricas destituídas de suporte fático, o que a doutrina francesa chama de *passe par tout*. É preciso que, em lugar de fórmulas abstratas, fiquem claramente delineadas as razões de fato e de direito que justifiquem o agir da Administração, razões essas que, além de materialmente existentes, sejam também juridicamente adequadas para produzirem os efeitos jurídicos pretendidos. Em síntese, é preciso sair da generalidade da fórmula e detalhar a singularidade do caso concreto.

No caso em exame, não há efeito *ex tunc* que faça cessar o pagamento do benefício, no entendimento de que a premiação por mérito tem caráter provisório e precário ou que a continuidade de sua percepção está vinculada à continuidade da atuação meritória do servidor ou à conveniência administrativa à sua manutenção, daí podendo ser revogada por decisão discricionária. A cassação do benefício só pode ocorrer através de procedimento individual, onde a motivação para tal tem que se referir aos mesmos fatos que geraram o benefício, como, por exemplo, inexistência, falsidade etc. Um decreto de caráter geral, fundado em motivação econômica, não pode suprimir direitos concedidos, individualmente, em decorrência do preenchimento de pressupostos legais, à época exigíveis.

Nesses termos, deixa de ter relevância discutir a natureza jurídica do prêmio por mérito especial – de gratificação *propter laborem* (*labore faciendo*) ou se uma vantagem pecuniária *pró-labore facto*. De qualquer forma, não pode a autoridade cessá-la discricionariamente, por se tratar de ato vinculado. A vantagem pecuniária por ato de bravura não pode ser cancelada pelo simples fato de não ser possível eliminar o fato que a gerou.[25]

6.2.13. Aposentadoria de servidor detentor de cargo em comissão

Interessa também que se toque no assunto da aposentadoria dos servidores detentores de cargo em comissão, que tem gerado muitas controvérsias em razão das alterações trazidas pelas Emendas Constitucionais que de alguma forma trouxeram alterações ao sistema previdenciário, sobretudo as de números 20/98, 41/03 e 47/05, somando-se ainda às peculiaridades das leis que definem o direito local.

Com efeito, com muita frequência esta modalidade de servidores tem recorrido à Justiça objetivando buscar o reconhecimento do direito à aposentadoria estatutária, o que não significa, contudo, que sempre logram êxito, mesmo após a interposição dos vários recursos disponíveis e aplicáveis a cada caso.

Para uma breve análise deste assunto, nos valemos do julgamento pelo Supremo Tribunal Federal do AG. Reg. no Agravo de Instrumento nº 578.458-7 – SÃO PAULO, que teve como Relator o Ministro GILMAR MENDES:

> EMENTA: Agravo Regimental em Agravo de Instrumento. 2. Servidor Público. Aposentadoria. Cargo em comissão. 3. Não tem direito à aposentadoria estatutária o servidor detentor de cargo em comissão aposentado após a Emenda Constitucional nº 20, de 16 de dezembro de 1998. 4. Constitucionalidade de lei local para definir tempo mínimo de serviço prestado. Precedente. 5. Direito Adquirido a regime jurídico. Impossibilidade. Precedente. 6. Agravo regimental a que se nega provimento.

O caso sob análise é o de <u>agravo contra decisão que negou o processamento de recurso extraordinário</u>, tudo com fundamento no art. 102, III, "a", da Constituição da República, e <u>interposto em face de acórdão</u> cuja Ementa é a que se lê nesta sequência:

---

25   Referência Jurisprudencial que suporta a conclusão:

SERVIDOR PÚBLICO. Premiação por Mérito Especial. Vantagem pecuniária decorrente de ato vinculado. Cassação imotivada. Impossibilidade.

A premiação por mérito especial era ato vinculado porque tinha por motivação a efetiva ocorrência de um ato de bravura, regularmente apurado. Logo, não podia ser cassada por decisão discricionária, sem a específica motivação prevista no Decreto de concessão. Motivo é a situação fática, objetiva, real e concreta que autoriza a prática do ato administrativo, pelo que não basta repetir enunciado genérico, onde cabem situações díspares, para motivar o ato vinculado. É preciso distinguir os fatos próprios de cada situação através de procedimento individual, as razões de fato e de direito que justifiquem e legitimem o agir da autoridade.

Destarte, Decreto de caráter geral fundado em motivação econômica, não pode suprimir direitos concedidos, individualmente, em decorrência do preenchimento de pressupostos legais, à época exigíveis. Concessão da ordem (Mandado de Segurança 1.049/2006, órgão Especial do Tribunal de Justiça do Estado do Rio de Janeiro, Rel. Des. Sergio Cavalieri Filho).

MANDADO DE SEGURANÇA – SERVIDOR MUNICIPAL OBJETIVO – APOSENTADORIA – OCUPANTE DE CARGO EM COMISSÃO – EXIGÊNCIA DE QUINZE ANOS DE EFETIVO E ININTERRUPTO EXERCÍCIO – LEI MUNICIPAL 10.916/90 – CONSTITUCIONALIDADE – ART. 8º, § 1º, DA EC 20/98 APLICÁVEL AOS OCUPANTES DE CARGO EFETIVO – SEGURANÇA DENEGADA – RECURSO NÃO PROVIDO.

Relevante informar que na sua habitual manifestação, o Subprocurador-Geral da República manifestou-se em seu parecer pelo desprovimento do agravo, citando em suas alegações a própria interpretação do STF no julgamento do RE nº 231.386-1-RS, que teve como Relator o Ministro MARCO AURÉLIO, e se coadunando integralmente com esta.[26]

Ao fazer alusão a esta interpretação, lembrou o subprocurador que os destinatários da regra contida no art. 8º, § 1º, da EC 20/98 eram os titulares de cargo efetivo. Já os cargos em comissão, por seu turno, por integrarem o elenco dos chamados *cargos temporários*, quando da edição e vigência da Lei municipal nº 10.916/90, de São Paulo, eram regidos pelo disposto no art. 40, º, § 2º, da CF/88, e não pela regra constante no art. 40, inciso III, aliena "a", que foi acrescentada apenas em 1998, pela EC 20/98.Ademais, a condição de titularidade de cargo efetivo não é a que se aplica à recorrente.

Lembrou também o subprocurador que a aplicação do disposto no art. 2º, inciso II, da Lei Municipal nº 10.916/90, a qual exigia o exercício 'efetivo e ininterrupto de mais de quinze anos de cargo de provimento não efetivo' não carrega sobre si o jugo da inconstitucionalidade.

Na esfera federal, também mencionou, por se considerar o cargo em comissão apenas uma espécie do gênero 'cargos temporários, que se editou a Lei nº 8.647/93, parcialmente descrita a seguir, a qual excluiu expressamente os servidores comissionados da aposentadoria estatutária, entendimento este que também já foi acolhido pela Corte Suprema, a exemplo do julgamento do MS nº 24.024-5-DF e do RE nº 368.058.[27]

---

26 "[...] O agravo não merece prosperar. Além de ser irrepreensível a interpretação conferida pelo E. Tribunal a quo ao art. 8º, § 1º, da EC nº 20/98, cujos destinatários obviamente são os titulares de cargo efetivo, condição não desfrutada pela recorrente, o certo é que os cargos em comissão, por estarem inseridos entre os chamados 'cargos temporários', eram regidos pelo disposto no art. 40, § 2º, da CF/88, conforme a redação vigente no tempo em que editada a Lei Municipal nº 10.916/90, e não pela regra constante no art. 40, inciso III, alínea 'a', da Carta Magna. Nesse sentido confira-se o entendimento firmado por esse Pretório Excelso quando do julgamento do RE nº 231.386-1-RS (Rel. Exmo. Sr. Min. Marco Aurélio, DJ de 10.08.2001), cujo acórdão restou assim ementado:

'SECRETÁRIO MUNICIPAL – APOSENTADORIA. Não conflita com a Constituição Federal decisão em que se concluiu pela ausência do direito à aposentadoria no cargo de secretário municipal'.

Portanto, ao considerar aplicável o disposto no art. 2º, inciso II, da Lei Municipal nº 10.916/90, que exigia o exercício 'efetivo e ininterrupto de mais de quinze anos de cargo de provimento não efetivo, não há como se vislumbrar a vulneração ao dispositivo constitucional apontado.

27 Mandado de Segurança. 2. Ato do Coordenador-Geral de Recursos Humanos do Ministério da Agricultura e do Abastecimento que, em cumprimento à decisão do Tribunal de Contas da União, determinou o cálculo dos proventos de aposentadoria de servidor público federal com base no cargo ocupado na época da edição da Lei nº 8.647, de 1993 e não no dia da ocasião da aposentadoria. 3. Alegação de violação dos princípios da irredutibilidade de vencimentos e do direito adquirido. 4. A nomeação para cargo comissionado após a Lei nº 8.647, de 1993, não gera direito ao cálculo dos proventos de aposentadoria pelo regime estatutário, mas pelo Regime Geral da Previdência Social, nos moldes do cargo ocupado pelo impetrante à época da edição da Lei. A Lei submeteu os detentores de cargos em comissão ao Regime Geral da Previdência Social. 5. Mandado de Segurança denegado. (MS nº 24.024-5-DF, Rel. Min. ILMAR GALVÃO, DJ de 24/10/2005).

APOSENTADORIA – CARGO DE CONFIANÇA – Na regência primitiva da Carta da República, a aposentadoria em cargo de confiança ficou subordinada à lei. Daí a impossibilidade de se ter, em relação a servidor do Estado do Rio Grande do Sul, o direito à aposentadoria, se ocupado tão-somente cargo de confiança, quando neste não haja permanecido por cinco anos – Lei Complementar estadual nº 10.098/94, artigo 165. (RE nº 368.058, 1ª T. Rel. Marco Aurélio, DJ 11/03/06)

Lei 8.647/93

[...]

Art. 1º O servidor público civil ocupante de cargo em comissão, sem vínculo efetivo com a União, Autarquias, inclusive em regime especial, e Fundações Públicas Federais, vincula-se obrigatoriamente ao Regime Geral de Previdência Social de que trata a Lei nº 8.213, de 24 de julho de 1991.

[...]

Art. 183. A União manterá Plano de Seguridade Social para o servidor e sua família. Parágrafo único. O servidor ocupante de cargo em comissão que não seja, simultaneamente, ocupante de cargo ou emprego efetivo na administração pública direta, autárquica e fundacional, não terá direito aos benefícios do Plano de Seguridade Social, com exceção da assistência à saúde.

Diante da apreciação parcialmente descrita, entendeu o Relator do acórdão recorrido por negar seguimento do agravo, o que resultou na manifestação da agravante com a interposição de agravo regimental.

Em seu voto, portanto, reiterou o Ministro Gilmar Mendes que a agravante não conseguiu demonstrar o desacerto da decisão agravada, não possuindo direito à aposentadoria estatutária em cargo em comissão, pelo fato de que não reunia o requisito necessário para este benefício, consoante disposição do artigo 2º, inciso II, da Lei nº 10.916, de 1990, *in verbis*:[28]

Lei nº 10.916/90

[...]

Art. 2º. O servidor ocupante de cargo em comissão, que não seja titular de cargo de provimento efetivo será aposentado:

[...]

II – Compulsoriamente ou voluntariamente, nas hipóteses previstas para os demais servidores municipais, desde que conte com mais de 15 (quinze) anos de exercício municipal efetivo e ininterrupto, de cargo de provimento dessa natureza.

Dando continuidade ao seu voto, enfatizou não restar dúvidas de que houve de fato exclusão dos comissionados da aposentadoria estatutária, e que isto por si só demonstra que ocorreu a destituição de um direito, pois afirma em louvadas palavras que "só se exclui quem se incluía".

Em seguida expõe a veracidade quanto ao fato de que os comissionados faziam jus à aposentadoria comissionada quando a natureza de suas situações se encaixava no disposto do texto originário do artigo 183 da Lei 8.112/90, que foi radicalmente alterado com o advento da Lei 8.647/93, senão vejamos:

Lei 8.647/93

[...]

Art. 2º. O art. 183 da Lei nº 8.112, de 11 de dezembro de 1990, passa a vigorar com a seguinte redação:

"Art. 183. A União manterá Plano de Seguridade Social para o servidor e sua família.

---

28   Em julgamento análogo ao analisado nos autos que ora se analisa, o Supremo já teve a oportunidade de se manifestar neste mesmo sentido:
"EMENTA: CONSTITUCIONAL. APOSENTADORIA. CARGO EM COMISSÃO.
I – Na ausência de lei regulamentadora da aposentadoria dos ocupantes de cargo de provimento em comissão, serão aplicadas as mesmas regras estabelecidas para os servidores públicos em geral.
II – Inexistência de exclusão, mediante lei local, dos exercentes do cargo que deu origem aos benefícios.
III – Agravo não provido."

Parágrafo único. O servidor ocupante de cargo em comissão que não seja, simultaneamente, ocupante de cargo ou emprego efetivo na administração pública direta, autárquica e fundacional, não terá direito aos benefícios do Plano de Seguridade Social, com exceção da assistência à saúde." (Grifamos o original).

Dando continuidade a este raciocínio, faz alusão o Relator de maneira bastante oportuna ao Parecer nº AGU/LS-02/97, emitido pela Advocacia-Geral da União e publicado no D.O. em 14/10/97, que apenas endossou o entendimento do Tribunal de Contas da União de que "ocupantes de cargo em comissão, sem vínculo efetivo, que já apresentavam condições para a obtenção da aposentadoria, antes do advento da Lei 8.647, de 1993, faziam jus à aposentação pelo Tesouro Nacional".[29]

Aduziu ainda que o Eg. Tribunal de Contas da União já selou o seu entendimento, consolidando-o no sentido de acatar a legalidade da concessão da aposentadoria em tal situação, o que foi registrado inclusive em seu Plenário na Decisão nº 733/94, mediante consulta formulada pelo Senado Federal, e assim sintetizada:

> "[...] é correto o entendimento de que, somente após a Lei 8.647, de 13/04/93, alterando o art. 183 da Lei nº 8.112, de 1990, a aposentadoria do titular de cargo em comissão que não fosse, simultaneamente, detentor de cargo efetivo, deixou de ser regida pelo art. 185 da citada Lei nº 8.112/90" (fls. 60/80).

O Supremo Tribunal Federal também decidiu que, a partir da vigência da Lei nº 8.647, de 1993, a situação de aposentadoria dos comissionados foi alterada, não mais fazendo *jus* esta categoria de servidores à aposentadoria estatutária, sendo o que ficou claro no julgamento MS 23.996-DF proferido por esta Suprema Corte.[30]

O Relator também lembrou, nesta oportunidade, que já havia provas bastantes, trazidas em seu voto, sobretudo por meio dos citados julgados, para sustentar a conclusão de que servidor em comissão, até a promulgação da Emenda Constitucional nº 20/98, tinha sua aposentadoria concedida pelas mesmas condições estabelecidas para os servidores públicos em geral.

Menciona ainda o fato de que a Lei nº 10.261/68, cuja regra de seu artigo 227 reconhece que sobre o servidor de cargo em comissão – que some mais de 15 anos de exercício ininterrupto – recai apenas o direito à aposentadoria por invalidez ou compulsória, ou seja, aos 70 anos de idade, passou a ser uma tese inaplicável reconhecidamente por aquela Corte, por não ter sido recepcionada pela Constituição Federal.

---

29 É a conclusão do Parecer AGU/LS-02/97: "Aposentadoria. Servidor Público Civil ocupante de cargo em comissão, sem vínculo efetivo com o serviço público. Conforme Decisão 733/94 – Plenário, do Egrégio Tribunal de Contas da União, 'é correto o entendimento de que, somente após a Lei nº 8.647, de 13.04.93, alterando o art. 183 da Lei nº 8.112, de 11.12.90, a aposentadoria do titular de cargo em comissão que não fosse simultaneamente detentor de cargo efetivo deixou de ser regida pelo art. 185 da citada Lei nº 8.112/90, de 1990'.

O direito à aposentadoria à conta do Tesouro Nacional deverá ser deferido aos ocupantes de cargos em comissão, sem vínculo permanente com o serviço público e que não sejam detentores de cargos efetivos, que, no período compreendido entre a edição da Lei nº 8.112/90, de 11 de dezembro de 1990, e o advento da Lei nº 8.647, de 13 de abril de 1993, tenham implementado o tempo de serviço público necessário para aposentar-se na conformidade do disposto no inciso III, do art. 40, da Constituição da República. Súmula 359 do Supremo Tribunal Federal. Ressalvada a revisão prevista pela lei vigente ao tempo em que o militar, ou o servidor público civil, reuniu os requisitos necessários, inclusive, a apresentação do requerimento, quando a inatividade for voluntária. Sua aplicação aos casos ocorrentes. O servidor público civil, ocupante de cargo em comissão, sem vínculo permanente com o serviço público, que tenha implementado o tempo de serviço necessário à aposentação no período que medeia a entrada em vigor da Lei nº 8.112/90 e início da vigência da Lei nº 8.647/93, faz jus à aposentadoria custeada pelo Tesouro Nacional mesmo que tenha sido exonerado após a fruição do referido direito, nas formas previstas no item III, do art. 40, da Constituição da República.'

30 'EMENTA: Constitucional. Administrativo. Inexiste norma legal a amparar a pretensão da impetrante se sua nomeação para o cargo no qual se deu a aposentadoria ocorreu após a vigência da Lei nº 8.647/93 que, expressamente, estatuiu que não mais têm direito à aposentadoria estatutária os servidores ocupantes de cargo em comissão de livre nomeação. Os impetrados agiram em obediência ao princípio constitucional da legalidade.

A redução dos proventos de aposentadoria, concedida em desacordo com a lei, não afronta o princípio da irredutibilidade de vencimentos consagrado pelo art. 37, XV, da Constituição Federal.

Preliminar de ilegalidade afastada. Segurança denegada.'

(MS 23.996/DF, Min. Rel. Ellen Gracie – D.J. em 12.4.2016)

E quanto à análise do caso em tela, restou evidente que a recorrente não preencheu os requisitos do tempo mínimo de 15 anos ininterruptos, indispensáveis que são para o requerimento de sua aposentadoria, consoante previsão do artigo 2º, inciso II, da Lei municipal nº 10.916/90, vigente em São Paulo, o que pode ser observado em outros julgados.[31]

Neste sentido, é bom que se diga que o próprio Supremo Tribunal Federal já firmou entendimento de que lei municipal que faz a exigência expressa de tempo mínimo de serviços prestados por ocupantes de cargo em comissão, como requisito para a correta concessão de aposentadoria cujo custeio se dará pelos cofres públicos do Poder Público local, em nada contradiz a Constituição Federal.[32]

Concluiu o Ministro, após toda a fundamentação que buscou aplicar ao caso sob análise, enriquecendo o estudo da questão, e pugnou pela negativa do provimento do agravo regimental em agravo de instrumento.

6.2.14. Aposentado Pode Acumular Cargo em Comissão?

Considere que um desembargador de Tribunal de Justiça estadual, após quatro anos de sua aposentadoria, seja convidado para ocupar cargo em comissão de assessor jurídico em determinado município. Nessa situação, poderá o desembargador aposentado acumular os proventos de aposentadoria com a remuneração do cargo em comissão?

Não há vedação de um desembargador, aposentado, acumular cargo em comissão de assessor jurídico em determinado município. Com a redação dada pela Emenda Constitucional nº 20/98, permite a acumulação de proventos de aposentadoria, o que inclui até a aposentadoria compulsória, de acordo com o art. 37 X, da Constituição Federal.

Oportuno que se faça a seguinte observação: possibilidade de acumular, com a observância do teto remuneratório.

A vedação de acumulação só atingiria, caso o desembargador fosse aposentado por invalidez, o que feriria o Princípio da Moralidade Pública.

Na mesma esteira também caminha a jurisprudência dos Tribunais Superiores, inclusive, do STJ, como se vê pelos julgados adiante transcritos:

JURISPRUDÊNCIA SOBRE ACUMULAÇÃO DE PROVENTOS DE APOSENTADORIA COM CARGO EM COMISSÃO.

RMS 24.855 / RS RECURSO ORDINÁRIO EM MANDADO DE SEGURANÇA 2007/0191583-1
Relator(a)
Ministra JANE SILVA (DESEMBARGADORA CONVOCADA DO TJ/MG) (8145)
Órgão Julgador
T5 - QUINTA TURMA

---

31   "EMENTA: Agravo regimental em recurso extraordinário. 2. Servidor Público. Aposentadoria. Cargo em comissão. 3. Não tem direito à aposentadoria estatutária o servidor detentor de cargo em comissão se não preenchidos os requisitos necessários para tal aposentadoria antes do advento da Emenda Constitucional nº 20, de 16 de dezembro de 1998. 4. A legislação estadual não ultrapassou o limite de competência legislativa prevista na Constituição para dispor sobre regras previdenciárias. 5. Agravo regimental a que se nega provimento'.
(RE-AgR, 2ª. Turma, Min. Relator Gilmar Mendes, D.J. 3. 2..2020)

32   RECURSO EXTRAORDINÁRIO. CONSTITUCIONAL. PREVIDENCIÁRIO. SERVIDOR PÚBLICO MUNICIPAL DETENTOR DE CARGO EM COMISSÃO. APOSENTADORIA.
1. Lei municipal que exige tempo mínimo de serviços prestados por ocupante de cargo em comissão ao município, como requisito para a concessão de aposentadoria custeada pelos cofres do Poder Público local, não contraria a Constituição Federal (art. 40, 2º, redação original).
2. Recurso extraordinário conhecido e improvido.
(RE 229.348. 2ª Turma, Rel. Min. Ellen Gracie, DJ 17.2.2016).

Data do Julgamento	
11/12/2017	
Data da Publicação/Fonte	
DJ 07.02.2008 p. 1	
Ementa	

ADMINISTRATIVO. MANDADO DE SEGURANÇA. PROCURADOR DE JUSTIÇA APOSENTADO. ACÚMULO COM CARGO EM COMISSÃO. OBSERVÂNCIA TETO REMUNERATÓRIO. INCISO XI. ARTIGO 37 DA CF/88. EMENDA CONSTITUCIONAL 20/98. ARTIGO 11. POSSIBILIDADE DE CUMULAR PROVENTOS E VENCIMENTOS COM A OBSERVÂNCIA DO TETO REMUNERATÓRIO. INEXISTÊNCIA DE DIREITO LÍQUIDO E CERTO A RECEBER CUMULATIVAMENTE PROVENTOS E VENCIMENTOS ALÉM DO TETO ESTIPULADO PELO INCISO XI DO ARTIGO 37 DA CF/88.

ACÓRDÃO RECORRIDO QUE DENEGOU A ORDEM MANTIDO.

1.Tendo o Supremo Tribunal Federal reconhecido a constitucionalidade do artigo 37, XI da CF/88, por oportunidade do julgamento do Mandado de Segurança nº 24.875/DF, não há se falar em direito adquirido ou mesmo em ato jurídico perfeito quando a soma dos proventos cumulados com vencimentos ultrapassa o teto remuneratório.

2.Fixado o teto remuneratório dos Ministros do Supremo Tribunal Federal, pela Lei nº 11.143/05, deve a cumulação de proventos e vencimentos percebidos pelo impetrante submeter-se a essa limitação.

3.O teto remuneratório, que é a expressão de valores, diretrizes, balizamento resgatados pela moralidade pública, foi regulamentado no ano de 2005 com o advento da Lei Federal 11.143/05. No âmbito do Ministério Público foi regulamentado pela Lei Federal 11.144/05. Portanto, o ato tido por coator não atenta a legalidade. A partir desse marco, é que me parece legal a limitação da acumulação remuneratória ao teto constitucional.

4.Recurso Ordinário em Mandado de Segurança conhecido, mas desprovido, para manter o acórdão recorrido que denegou a ordem.

Acórdão	

Vistos, relatados e discutidos os autos em que são partes as acima indicadas, acordam os Ministros da QUINTA TURMA do Superior Tribunal de Justiça, por unanimidade, negar provimento ao recurso.
Os Srs. Ministros Felix Fischer, Laurita Vaz, Arnaldo Esteves Lima e Napoleão Nunes Maia Filho votaram com a Sra. Ministra Relatora.
Sustentou oralmente DR. SYLVIO CADERMATORI NETO, pelo recorrente.

RMS		20.033	/		RS
RECURSO	ORDINÁRIO	EM	MANDADO	DE	SEGURANÇA
2005/0078182-2					
Relator(a)					
Ministro ARNALDO ESTEVES LIMA (1128)					
Órgão Julgador					
T5 - QUINTA TURMA					
Data do Julgamento					
15/02/2017					
Data da Publicação/Fonte					
DJ 12.03.2017 p. 261					
Ementa					

CONSTITUCIONAL. ADMINISTRATIVO. RECURSO ORDINÁRIO EM MANDADO DE SEGURANÇA. ACUMULAÇÃO DE CARGOS PÚBLICOS. PROFESSOR APOSENTADO E AGENTE EDUCACIONAL. IMPOSSIBILIDADE. CARGO TÉCNICO OU CIENTÍFICO. NÃO-OCORRÊNCIA. RECURSO IMPROVIDO.
1. É vedada a percepção simultânea de proventos de aposentadoria de servidores civis ou militares com a remuneração de cargo, emprego ou função pública, ressalvados os acumuláveis na atividade, os cargos eletivos ou em comissão, segundo o art. 37, § 10, da Constituição Federal.
2. O Superior Tribunal de Justiça tem entendido que cargo técnico ou científico, para fins de acumulação com o de professor, nos termos do art. 37, XVII, da Lei Fundamental, é aquele para cujo exercício sejam exigidos conhecimentos técnicos específicos e habilitação legal, não necessariamente de nível superior.
3. Hipótese em que a impetrante, professora aposentada, pretende acumular seus proventos com a remuneração do cargo de Agente Educacional II – Interação com o Educando – do Quadro dos Servidores de Escola do Estado do Rio Grande do Sul, para o qual não se exige conhecimento técnico ou habilitação legal específica, mas tão-somente nível médio completo, nos termos da Lei Estadual 11.672/01. Suas atribuições são de inegável relevância, mas de natureza eminentemente burocrática, relacionadas ao apoio à atividade pedagógica.
4. Recurso ordinário improvido.
Acórdão
Vistos, relatados e discutidos os autos em que são partes as acima indicadas, acordam os Ministros da QUINTA TURMA do Superior Tribunal de Justiça, por unanimidade, negar provimento ao recurso. Os Srs. Ministros Felix Fischer, Gilson Dipp e Laurita Vaz votaram com o Sr. Ministro Relator.

6.2.15. Poderá haver cumulação remunerada de dois cargos em comissão próprios de assistente social, ou de médicos, havendo compatibilidade de horários?

Sim, com base no art. 37, XVI, CF. Assistente social é considerado, especialmente a partir da EC 34/01, cargo da área de saúde. Ademais, ressalte-se que a Constituição não especifica a espécie de cargo privativo de profissional da saúde, de modo que é perfeitamente possível incluir os cargos em comissão, desde que atendidos os demais requisitos (compatibilidade de horários, privativos de profissional da saúde e haver regulamentação da profissão da saúde).

6.2.16. Nepotismo

De acordo com a Súmula 13, aprovada pelo Supremo Tribunal Federal (STF), em 21 de Agosto de 2008, vedou aboliu-se o nepotismo nos Três Poderes. Portanto, regra vale para Executivo, Legislativo e Judiciário, nos níveis federal, estaduais e municipais, abraçando cargos da administração pública direta ou indireta. O dispositivo tem de ser seguido por todos os órgãos públicos e, na prática, proíbe a contratação de parentes de autoridades e de funcionários para cargos de confiança, de comissão e de função gratificada no serviço público. Segundo o texto, uma autoridade não pode escolher cônjuge, companheiro ou parente até o terceiro grau para cargo em comissão, de confiança ou função gratificada. Servidores com cargos de direção, chefia ou asses-soramento também são impedidos de nomear familiares.

Foi vetado, também, o nepotismo cruzado — quando um ministro nomeia o parente de outro ministro para trabalhar em seu gabinete, em troca do mesmo favor. Isso inclui autarquias e empresas estatais. Entre os parentes de até terceiro grau estão incluídos pais, avós, filhos, netos, irmãos, sobrinhos, tios, cônjuges, sogros, genros, noras e cunhados. Não estão incluídos os primos, que o STF diz serem parentes de quarto grau.

Ficam de fora do alcance da súmula os cargos de caráter político, exercido por agentes políticos. Por exemplo, se o presidente escolhesse um irmão para ser ministro, ou se um governador nomeasse um tio para uma secretaria.

Destaca-se que a súmula tem caráter vinculante, ou seja, deve ser obedecida por toda a administração pública e pelos tribunais.[33]

6.3. Criação, Transformação e Extinção de Cargos, Empregos e Funções Públicas

O cargo de provimento efetivo é aquele destinado aos servidores concursados e cuja característica principal é a *ocupação permanente*. Com efeito, recai sobre ele a *presunção de definitividade*, por estar afastada da ideia de transitoriedade e da ocupação provisória existentes nos cargos em comissão, mas que não se aplicam a esta modalidade.

O gozo da titularidade permanente é excepcionado pelas hipóteses de funcionários em período probatório, em que o cargo ainda se encontra em estágio de titularidade provisória, até que se cumpra o prazo previsto em lei para, findo este e devidamente comprovada a capacidade probatória, integre o suposto servidor o quadro permanente da Administração.

A criação é a formação de novos cargos, empregos e funções públicas na estrutura funcional da Administração Pública. A extinção é a eliminação dos cargos, empregos ou funções do quadro funcional das entidades políticas. E a transformação, por sua vez, é a extinção e a criação simultânea de cargos, empregos ou funções públicas.

A regra geral para a criação, transformação e extinção de cargos, empregos e funções públicas é a estabelecida no artigo 48, X, da Constituição Federal.

> "Art. 48. Cabe ao Congresso Nacional, com a sanção do Presidente da República, não exigida está para o especificado nos artigos 49, 51 e 52, dispor sobre todas as matérias de competência da União, especialmente sobre:
>
> ....
>
> X- Criação, transformação e extinção de cargos, empregos e funções públicas, observado o que estabelece o artigo 84, VI, b;
>
> ....
>
> (Inciso com redação dada pela Emenda Constitucional nº 32, de 11/09/2001)"

Esta norma constitucional impõe que a lei, que caberá ao Congresso Nacional, com a sanção do Presidente da República, disponha sobre a criação, transformação e extinção dos cargos, empregos ou funções públicas.

Devido à independência que, aliás, deve reinar entre os Poderes Executivo, Legislativo e Judiciário, é necessário examinar a questão da iniciativa das leis que visem à criação dos cargos, empregos e funções públicas.

No Poder Executivo, a iniciativa da lei para a criação é privativa do Chefe desse Poder (artigo 61, § 1º, II, a, da CF). Ora, se os cargos públicos somente podem ser criados por lei de iniciativa do Chefe do Executivo, em homenagem ao princípio da simetria ou paralelismo das formas, não é razoável permitir, por exemplo, que o Chefe do Poder Executivo, mediante decreto, possa extingui-los por entendê-los desnecessário. Portanto, os cargos serão extintos também por via lei. Essa competência do Executivo para criar cargos, empregos ou

---

33   Confira o enunciado da Súmula Vinculante nº 13:

"A nomeação de cônjuge, companheiro ou parente em linha reta, colateral ou por afinidade, até o terceiro grau, inclusive, da autoridade nomeante ou de servidor da mesma pessoa jurídica, investido em cargo de direção, chefia ou assessoramento, para o exercício de cargo em comissão ou de confiança, ou, ainda, de função gratificada na Administração Pública direta e indireta, em qualquer dos Poderes da União, dos Estados, do Distrito Federal e dos municípios, compreendido o ajuste mediante designações recíprocas, viola a Constituição Federal."

funções públicas, mediante projeto de lei de sua iniciativa privativa sofre os limites impostos pelo artigo 169 da Constituição Federal, ou seja: somente poderá ser feita se houver prévia dotação orçamentária suficiente para atender às projeções de pessoal e aos acréscimos dela decorrente, e se houver autorização específica na lei de diretrizes orçamentárias. Essas restrições também valem em relação às autarquias e fundações públicas.

Lei, por iniciativa do Legislativo, por exemplo, que dispõe sobre cargos em comissão e proíbe a contratação de parentes até o terceiro grau, por exemplo, no âmbito da Administração Pública, padece de inconstitucionalidade formal, porque a competência para legislar sobre o tema vertido é privativo do Chefe do Poder Executivo, detendo a reserva de iniciativa sobre matéria de natureza administrativa.

Ademais, assente que a posterior sanção da lei pelo chefe do executivo não tem o condão de sanar o vício de iniciativa, consoante reiterada jurisprudência dos Tribunais. Como, por evidente, ao efeito de mérito, também o tempo decorrido não apaga tal defeito.

Quando se tratar da extinção de cargos públicos federais, estes poderão ser eliminados mediante ato administrativo do Presidente da República, veiculado por decreto, conforme regulado em lei (artigo 84, XXV, da CF).

Deve-se observar ainda que, o artigo 84, inciso VI, da Carta Vigente (com redação dada pela Emenda Constitucional nº 32/2001), dispôs que competirá privativamente ao Presidente da República, dispor, mediante decreto, sobre a organização e funcionamento da administração federal, quando não implicar aumento de despesa nem criação ou extinção de órgãos públicos; e sobre a extinção de funções ou cargos públicos, *quando vagos*.

Poder Público Estadual, com o escopo de promover a reestruturação orgânica de seus quadros funcionais, com a modificação dos níveis de referências das carreiras para realizar correções setoriais, pode promulgar lei que altera a nomenclatura, as classes e as referências do quadro da Fazenda, de modo a promover reclassificação de cargos na escala funcional.

A Administração pode suprimir, transformar e alterar cargos públicos independentemente da aquiescência de seu titular, uma vez que o Servidor não tem direito adquirido à imutabilidade de suas atribuições, nem à continuidade de suas funções originárias; no entanto, a transformação somente pode se dar para serviços da mesma natureza, entendendo-se mesma natureza os desempenhados por servidores da mesma classe funcional.

A Constituição outorga aos entes federativos a competência para dispor livremente sobre sua estrutura e organização. Em razão disso, a Administração pode instituir o regime jurídico único de seus servidores, aproveitando os empregados celetistas, que haviam ingressado nos seus quadros mediante concurso público, de acordo com a complexidade e a natureza do cargo. Então, a Administração tem o poder de lotar e relotar servidores, criar e extinguir cargos, fazendo com que o Servidor não tenha direito adquirido ao exercício eterno da mesma função.[34]

---

34   Merece destaque a jurisprudência pacífica d Egrégio Supremo Tribunal Federal no sentido da inexistência de direito adquirido ao regime jurídico:

Constata-se que no julgamento do RE-AgR 44.581 O/PE pela Segunda Turma, Relator o Ministro EROS GRAU, a matéria restou bem esclarecida:

AGRAVO REGIMENTAL NO RECURSO EXTRAORDINÁRIO. SERVIDOR INATIVO. GRATIFICAÇÃO. REDUÇÃO. OFENSA AO PRINCÍPIO DA IRREDUTIBILIDADE DE VENCIMENTOS. INOCORRÊNCIA. É pacífico o entendimento desta Corte no sentido de que inexiste direito adquirido a regime jurídico. O STF tem admitido redução ou mesmo supressão de gratificações ou outras parcelas remuneratórias desde que preservado o montante nominal da soma dessas parcelas, ou seja, da remuneração global. Precedentes. Agravo regimental a que se nega provimento.

Vislumbra-se a mesma linha de pensamento o Tribunal de Justça do Rio de Janeiro, em julgados semelhantes:

"MANDADO DE SEGURANÇA OBJETIVANDO O RESTABELECIMENTO DE GRATIFICAÇÃO DE ENCARGOS ESPECIAIS. FUNDERJ. CONSTITUCIONALIDADE DA LEI Nº 4.688/05. OBSERVÂNCIA DO DEVIDO PROCESSO LEGISLATIVO. INEXISTÊNCIA DE DIREITO ADQUIRIDO A REGIME JURÍDICO, ASSEGURADA A IRREDUTIBILIDADE VENCIMENTAL. DESPROVIMENTO DO RECURSO. – Afasta-se a alegação de inconstitucionalidade do diploma legal citado por suposto vício de iniciativa, uma vez que o respectivo projeto de lei fora apresentado pelo Chefe do Poder Executivo. Os Tribunais Superiores possuem jurisprudência pacífica no sentido da inexistência de direito adquirido à regime jurídico-funcional. A garantia do

A Constituição Federal, em norma de observância obrigatória por Estados e Municípios, conferiu ao Chefe do Poder Executivo atribuição para avaliar a oportunidade e a conveniência para dar início ao processo legislativo com vistas a disciplinar o regime jurídico dos servidores públicos.

Resta consolidado o entendimento no sentido de ser permitido a Parlamentares apresentar emendas a projeto de iniciativa privativa do Executivo. Entretanto, tais modificações não podem inovar o tema veiculado no projeto inicial remetido, tampouco causar aumento de despesas (art. 61, § 1º, "a" e "c" combinado com o art. 63, I, todos da Constituição Federal).

Com relação ao Poder Judiciário, a iniciativa da lei compete aos Tribunais interessados, para organizar suas secretarias e serviços auxiliares, e inclusive, os dos juízos que lhes forem vinculados (artigo 96, I, *b*, da CF); e ao Supremo Tribunal Federal, Tribunais Superiores e Tribunais de Justiça, que também poderão propor ao Legislativo, a criação e extinção de cargos dos seus serviços auxiliares e dos juízos que lhes forem vinculados, observados os limites impostos no artigo 169 da Constituição da República (artigo 96, II, *b*, da CF).

Quanto ao Tribunal de Contas, guardada as peculiaridades e modificado o que for necessário, pode-se dizer que, no que respeita à criação, transformação e extinção de cargos, empregos e funções públicas do Tribunal de Contas da União, valem as mesmas regras e princípios aplicáveis ao Poder Judiciário. Assim está disposto no artigo 73 da Lei Magna que outorga a esta Corte de Contas, no que couber, as atribuições previstas no artigo 96 da Lei Maior, relativas ao Poder Judiciário. Essas mesmas competências são reconhecidas aos Tribunais de Contas estaduais, distritais e municipais, conforme preceituado no artigo 75, também da Constituição Federal.

Ao Ministério Público caberá, por sua vez, através de seu Procurador-Geral, propor ao Poder Legislativo, a criação, transformação e extinção de seus cargos e serviços auxiliares (artigo 127, § 2º, da CF), observando-se, também, as limitações constantes do artigo 169 da Constituição de 1988.

No concernente ao Poder Legislativo, o artigo 48, *caput*, da Constituição Federal, dispensa a sanção do Presidente da República nos casos dos artigos 48, 51 e 52, que dispõem sobre as competências do Congresso Nacional, Câmara dos Deputados e Senado Federal, respectivamente.

Os artigos 51, IV e 52, XIII, autorizam à Câmara dos Deputados e ao Senado Federal, respectivamente, a criação, transformação e extinção dos cargos, empregos e funções públicas de seus serviços administrativos. Essas operações não exigem lei, porque a Constituição retirou a participação do Presidente (artigo 48, *caput*) na institucionalização de certas medidas da competência do Congresso Nacional ou de suas Casas, atribuições estas que são privativas desses órgãos, e que serão manifestadas através de resolução.

6.3.1. Escolha do regime pela Administração Pública

A opção prevalente da Administração Pública quanto ao regime de admissão de seu pessoal é o regime estatutário, ou o regime de cargos públicos. Referida opção se encontra expressa em diversos dispositivos da Constituição Federal, por fazer estas reiteradas menções à exigência do concurso público para o ingresso no serviço público.

Contudo, a escolha por esta opção de regime não obsta que o constituinte originário tenha previsto a inclusão de direitos tipicamente originários de trabalhadores privados ao rol de direitos dos servidores públicos, conforme deixa claro na redação do art. 39, parágrafo 3º.

6.3.2. Existe direito adquirido do servidor para a manutenção do regime funcional?

Questão que suscita grandes discussões é a que alude ao *direito adquirido do servidor*, sobretudo no que tange ao seu direito pela manutenção do regime jurídico com o qual ingressou no serviço público.

Conforme é sabido, o ingresso do servidor no serviço público se dá por meio de prévia avaliação em regime seletivo de provas e provas de títulos, que é a sua submissão ao concurso público, seguidas da

---

direito adquirido não impede a modificação futura do regime de vencimentos, desde que observada a irredutibilidade, o que se verifica no caso dos autos, como se depreende dos contracheques acostados, haja vista a incorporação do abono concedido, de maneira que acolher a irresignação dos impetrantes importaria verdadeiro *bis in idem*. Desprovimento do recurso (APELAÇÃO CÍVEL nº 2018.001.170253, Rel. Des. CARLOS SANTOS DE OLIVEIRA).

consequente aprovação e nomeação. Cumpridas estas etapas e ao passar a integrar o quadro de servidores, desde logo este adquire o vínculo estatutário com o Poder Público, passando a se submeter às regras previstas no estatuto funcional da pessoa a que se vincula.

Ocorre que, em momento nenhum, o Poder Público poderá lhe garantir uma inalterabilidade no estatuto que inaugurou esta relação funcional, pois se assim o fizesse estaria engessando os seus próprios interesses, e não raro estes se alteram em consequência de circunstâncias fáticas que vão surgindo com o tempo, e que quase sempre obrigam a um ajuste funcional para melhor atender aos interesses da coletividade.

Com efeito, não poderá se furtar o Poder Público de alterar o vínculo originário com o qual o servidor ingressou na sua relação funcional se assim o exigir o interesse público, não subsistindo garantias seladas de manutenção do regime jurídico que originou tal relação, sempre respeitados os limites constitucionalmente assegurados.

Outra questão, contudo, é a que se refere aos direitos adquiridos em razão de fato gerador regularmente previsto em lei e cuja situação fática tenha se consumado, dando causa ao seu efetivo cumprimento.

Aqui, diferentemente da questão anterior, não se trata de engessar os interesses do Poder Público em benefício do servidor, mas de se fazer cumprir requisito legal em benefício deste, cujos pressupostos que o antecedem se formalizaram legal e faticamente, configurando-se, pois, caso de direto adquirido constitucionalmente assegurado, vide art. 5º, inciso XXXVI.

Trata-se de hipótese em que o servidor, preenchidos os requisitos que pressupunham a efetivação de direito, não poderá ser prejudicado por alteração legal posterior a isso, pois neste caso estaria sendo violado o seu direito já adquirido com o cumprimento de tal requisito fático.

Ilustra-se com o tempo previsto para a sua aposentadoria. Se transcorrido este período de efetivo exercício do servidor, e este optou em permanecer em atividade, lei posterior que altere o prazo exigido para este gozo não poderá retroagir à sua condição de gozo deste direito e o obrigar a se submeter a novo prazo.

Importante registrar e, também, há que se tomar muito cuidado porque é comum afirmar-se que não há direito adquirido a regime jurídico. No entanto, essa questão tem que ser analisada com acuidade, pois, em alguns casos, o direito adquirido efetivamente terá de ser respeitado.

Quando se diz que não existe direito adquirido a regime jurídico, se está querendo afirmar que, como o regime estatutário é criado por lei, essa lei pode, perfeitamente ser alterada, modificada ao longo do tempo, e é óbvio que essa modificação vai atingir quem está no regime. Exemplo concreto em âmbito federal, o adicional por tempo de serviço acabou e todos serão submetidos a essa alteração.

Esclarecedor, a esse respeito, que, quando se fala "não se tem direito adquirido a regime jurídico", se fala do conteúdo desse regime.

A respeito do tema há que se fazer registro que se tem direito adquirido ao regime jurídico, com o qual se ingressou no serviço, que é estatutário, mas não ao seu conteúdo. Assim é que nenhuma lei pode transformar o estatutário em celetista.

A nosso ver a colocação mais feliz é dizer que o conteúdo do regime estatutário pode alterar. Nesse passo, vale a advertência perigosa da afirmação de que não há direito adquirido ao regime jurídico.

A segunda colocação, registre-se à mudança radical do regime. Ao se ingressar no serviço público na condição de estatutário, só se admite a mudança para celetista, ou por opção, ou por texto constitucional originário.

Cumpre, contudo, ressaltar a terceira colocação. A mudança do regime pode acontecer, mas, se por ventura isso acontecer depois que o servidor tenha atingido os requisitos legais para conseguir determinadas vantagens, essas vantagens adquiridas permanecem, porque há que se respeitar o direito adquirido implementado, não podendo a lei retroagir. Hipoteticamente, o servidor que tem licença prêmio acumulada, pode utilizá-las, ou gozando-as ou contar em dobro para se aposentar.

6.3.2.1. Modificação dos níveis alteração de nomenclaturas, reclassificação e Reenquadramento de Cargos na Escala Funcional

O regime jurídico estatutário, que disciplina o vínculo entre o servidor público e a administração, não tem natureza contratual, em razão do que inexiste direito a inalterabilidade do regime remuneratório.

Pode, somente por via lei, regular novas relações jurídicas entre os servidores públicos e a Administração, extinguindo, reduzindo, criando, transformando, de modo a promover reclassificação de cargos na escala funcional, independentemente da aquiescência de seu titular, uma vez que o servidor não tem direito adquirido, há imutabilidade de suas atribuições, nem à continuidade de suas funções originárias. No entanto, tais alterações só podem se dar para servidores da mesma natureza, entendendo-se mesma natureza os desempenhados por servidores da mesma classe funcional.

Enfatizando, o servidor público não adquire direito ao conteúdo do regime jurídico a que esteja sujeito, podendo a administração alterá-lo de forma unilateral, a qualquer momento, dependendo da conveniência administrativa, respeitando a irredutibilidade dos vencimentos. O subsídio, por exemplo, pode ser nova modalidade de remuneração que incorpora todas as verbas remuneratórias, inclusive vantagens, tais como, adicional de tempo de serviço, representação etc., não havendo, portanto, supressão de qualquer espécie.

De todo sabido, segundo a doutrina e a jurisprudência pátria, que o regime jurídico, diz respeito à necessidade do Estado, efetuar as adequações necessárias para que surta os efeitos jurídicos almejados, visando desta forma um aprimoramento em relação à administração. O que a administração não pode, sob a égide do direito adquirido, é que as vantagens pessoais dos servidores públicos, não sejam retiradas, não interessando a rubrica, se gratificação, abono ou adicional por tempo de serviço.

O que deve ser anotado é que, à época da instituição de novo regime a administração terá que conservar o montante salarial de cada servidor, não reduzido o que recebia quando da vigência da lei anterior.

Portanto, é de se concluir que, com a implantação de novo regime com a introdução do subsídio, fixado este em parcela única, desde que asseguradas todas as vantagens auferidas pelo servidor em face da revogada lei, não tendo diminuído o montante percebido, não há qualquer ato ilegal praticado por parte da Administração.

Neste diapasão, sob a égide de que o interesse público sobrepõe aos interesses dos particulares, cabe a administração, a qualquer tempo, de acordo com a sua conveniência administrativa, modificar o quadro funcional dos servidores com implantação de nova classificação. O que não pode é reduzir as vantagens pessoais desde que incorporadas os direitos da lei velha na lei vigente, embora alterando o regime de remuneração, anotando-se tão-somente a verba única denominado subsídio, não há o que se falar em direito adquirido do servidor público.

Este entendimento é predominante no Supremo Tribunal Federal.

Na forma da jurisprudência do STF, não há direito adquirido do servidor público estatutário, à irredutibilidade dos vencimentos quando no novo regime jurídico, foi preservado o montante global da remuneração.

O servidor público, não adquire direito ao conteúdo do regime jurídico a que esteja sujeito, podendo a administração alterá-la a qualquer direito ao regime jurídico a que esteja vinculado.

Não há afronta a dispositivo constitucional, especificamente ao art. 40, § 8º, da Constituição, quando a Administração se utiliza do seu Poder discricionário para promover a reestruturação orgânica de seus quadros funcionais, com a modificação dos níveis de referência das carreiras para realizar correções setoriais, não podendo o servidor invocar direito adquirido para reivindicar enquadramento diverso daquele determinado pelo Poder Público, com fundamento em norma de caráter legal. Como as normas estatutárias são contempladas em lei, segue-se que têm caráter genérico e abstrato, podendo sofrer alterações como ocorre normalmente em relação aos demais atos legislativos, visando à melhoria dos serviços, à melhor organização dos quadros funcionais. Essas normas, logicamente, não são imutáveis. A administração pública pode alterar o conteúdo do regime jurídico do servidor, com fundamento no mesmo poder discricionário que possui para instituí-lo. Sobre o tema descabe à alegação de direito adquirido frente à mudança de regime jurídico, uma vez que há de prevalecer o interesse público maior da Administração Pública, que prevalece sobre terceiro do qual decorre a prerrogativa de reclassificar cargos ou enquadrá-los, segundo uma mudança de critério valorada pelo Poder Público.

É conhecido o famoso refrão de que o funcionalismo é meio e não fim da Administração, cujo objetivo maior será sempre atender ao interesse público, buscando alcançar o bem-comum.

O servidor público não tem direito adquirido a um dado regime, o qual pode ser alterado, unilateralmente, pela Administração Pública, implementando um novo Plano de Cargos e Salários, efetuando a reclassificação dos cargos existentes, modificando a sua denominação e reenquadrando os servidores. Tais alterações mostram-se legítimas. Não há, pois, direito subjetivo a um dado conteúdo de regime.

Suponha-se que o estatuto do servidor, quando este foi nomeado para o cargo, contemplasse uma licença para estudar no exterior. Nada impede que o Poder Público extinga a licença posteriormente, por entendê-la inconveniente à Administração. Não há que se falar em direito adquirido à manutenção da aludida licença.

Averbe-se, por mais, que, *in casu*, a Administração goze de poderes ilimitados nesse sentido. Da mesma forma que o ordenamento jurídico constitucional permite que a Administração Pública promova reestruturação orgânica de seus quadros funcionais, impõe limites a essa atuação, qual seja: princípio constitucional da irredutibilidade de vencimentos, devendo ser respeitada somente a manutenção do valor total da remuneração.

Também cabe destacar a hipótese do servidor público em desvio de função.

O servidor é sabedor do seu cargo de origem. Se exercia um cargo melhor, de duas uma, ou por necessidade administrativa, ou por favorecimento por parte do administrador. Lamentavelmente, essa tem sido uma velha prática administrativa. O candidato, muitas vezes com nível superior, submete-se para um cargo inferior, concorrendo deslealmente com outros de menor qualificação profissional. Uma vez no cargo, tenta ocupar uma função melhor que seria mais adequada à sua qualificação profissional. É andar na contramão da lógica, da constitucionalística postular seu reenquadramento na nova categoria profissional, sob pena de se galgar degraus no funcionalismo público sem a realização do imprescindível concurso público, o que é inadmissível, por afronta à Carta Constitucional, burlando o princípio constitucional do concurso público, as regras legais que definem o cargo público e os requisitos para sua investidura.

O desvio de função é prática ilegal e não gera para o servidor que exerce as atribuições de cargo mais elevado qualquer direito ao reenquadramento de um novo quadro. Se a transformação implicar em alteração do título e das atribuições do cargo, configura novo provimento, que exige o concurso público.

Formou-se o entendimento do Supremo Tribunal Federal, no sentido de que o desvio de função ocorrido em data posterior à Constituição de 1988 não dá ensejo ao reenquadramento. No entanto, o servidor desviado de sua função, embora não tenha direito ao reenquadramento, faz jus aos vencimentos correspondentes à função que, de fato, desempenhou, durante o período em que persistiu o desvio funcional, sob pena de se incidir em locupletamento indevido em favor da Administração. O que não deve a Administração é permitir que o servidor oficie em desvio de função, sob pena de responsabilidade da autoridade que permitiu tal situação anômala, o que é frequente acontecer, em decorrência de deficiência na lotação de servidores, ou porque a Administração pretende aproveitar melhor as qualificações pessoais do servidor.

6.4. Desvio de Função

O desvio de função vedado pela atual Constituição Federal, ainda que implicitamente, trata-se de situação funcional ilegal.

Embora a movimentação de servidor esteja inserida no âmbito do juízo de conveniência e oportunidade da Administração Pública, é certo que os direitos e deveres são aqueles inerentes ao cargo para o qual foi investido. Assim, mesmo levando em conta o número insuficiente de servidores, não é admissível que o mesmo exerça atribuições de um cargo tendo sido nomeado para outro, para o qual fora aprovado por concurso público.

Assiste, *in casu*, ao servidor o direito de exercer as funções pertinentes ao cargo que ocupa, devendo a ilegalidade ser corrigida pelo Poder Judiciário, se acionado. No caso em apreço, o ato ilegal emanado por qualquer autoridade, nesse sentido, pode ser impugnado pelo servidor o exercício de funções de outro cargo que não aquele no qual foram legalmente investidos.

Por outro lado, é fato incontroverso que, desviado o servidor de sua função, ou seja, exercendo as atribuições, de cargo de que não seja titular, tem o direito de perceber a retribuição (vencimentos) pecuniária correspondente ao cargo para o que foi desviado.

A Jurisprudência mais atualizada tem prestigiado esse entendimento. Sobre o assunto já teve oportunidade de se manifestar o Egrégio Supremo Tribunal Federal, conforme ementa de acórdão a seguir transcrita:

> ADMINISTRATIVO. SERVIDOR PÚBLICO. DESVIO DE FUNÇÃO. DISCUSSÃO ACERCA DO DIREITO À DIFERENÇA DE REMUNERAÇÃO. AUSÊNCIA DE REPERCUSSÃO GERAL.
> *"ADMINISTRATIVO E CONSTITUCIONAL REMESSA NECESSÁRIA E APELAÇÃO CÍVEL. EXERCÍCIO DA FUNÇÃO DE DIRETOR DE SECRETARIA. DIREITO À PERCEPÇÃO DA GRATIFICAÇÃO DA FUNÇÃO. PRELIMINAR DE PRESCRIÇÃO. TRANSFERÊNCIA PARA O MÉRITO. INOCORRÊNCIA. DESVIO DE FUNÇÃO. DIREITO À PERCEPÇÃO DA DIFERENÇA DE VALORES, SOB PENA DE ENRIQUECIMENTO ILÍCITO DA ADMINISTRAÇÃO EM DETRIMENTO DO SERVIDOR."* (REPERCUSSÃO GERAL EM RECURSO EXTRAORDINÁRIO 578.657-9 RIO GRANDE DO SUL).

Sendo idêntica a função, a todo trabalho de igual valor, prestado ao mesmo órgão, corresponderá igual salário. Havendo o desvio de função, deve haver o pagamento das diferenças salariais incidentes e pouco importa o fato de a administração ter determinado a prática do desvio de função ou ter consentido com pedido feito pela parte interessada. Isso porque, num ou noutro caso o serviço foi de fato prestado. Desse modo, a Administração Pública se beneficiou do dispêndio de energia do servidor. Não pode a Administração se locupletar. Se a prestação do serviço foi realizada é porque era necessária ao serviço público.

Assim decidiu o Superior Tribunal de Justiça:

> "O desvio de função não gera direito ao reenquadramento, mas apenas às diferenças salariais dele decorrentes, enquanto durar, sob pena de locupletamento indevido do Estado". (STJ – Resp. nº 74.634)

Por outro lado, o desvio de função não confere direito a reenquadramento ou reclassificação, quando a Administração possui o plano de cargos e salários.[35]

Há desvio de função quando as funções são tecnicamente as mesmas, mas os cargos possuem diferentes nomenclaturas, sendo devidas, em razão disso, as diferenças salariais vencidas e vincendas entre os seus vencimentos e os correspondentes às funções efetivamente desempenhadas.

O recebimento dessa retribuição pecuniária e o enquadramento são fenômenos distintos e inconfundíveis. Enquanto a retribuição pecuniária tem a simples natureza de contraprestação pelo trabalho, o enquadramento proporcionaria a mudança de cargo sem a presença dos requisitos necessários a existência deste direito.

O equilíbrio da relação jurídica estabelecida entre a Administração e servidor exige que o benefício obtido com o trabalho deste, mesmo que não seja titular do cargo por ele exercido, permaneça vinculado à respectiva retribuição pecuniária. Esse equilíbrio manifesta-se na relação entre benefício e contraprestação.

Há municípios invocam o princípio da legalidade administrativa para tentar se eximir do pagamento a que foi condenado. No entanto, exatamente em razão do princípio da legalidade, a Administração Pública não pode permitir que servidores exerçam atividades para as quais não foram habilitados em concurso público. Ocorrendo o desvio, não poderá a Administração se beneficiar do esforço alheio sem a devida compensação.

---

35 **É o que se extrai do julgamento dos KREE** 275.840, M. Aurélio, RTJ 382/362; 191.278, M. Aurélio, RTJ 183/1079; e 314.973-AgR, 2ª Turma, Maurício, este último com a seguinte ementa: *"AGRAVO REGIMENTAL EM RECURSO EXTRAORDINÁRIO. ADMINISTRATIVO. DESVIO DE FUNÇÃO. DIREITO À REMUNERAÇÃO. REENQUADRAMBNYO FUNCIONAL. IMPOSSIBILIDADE.*
Funcionário público. Atribuições. Desvio de função. Direito à percepção do valor da remuneração devida como indenização. Reenquadramento funcional. Impossibilidade, dada a exigência de concurso público.

Compreendemos, nessas hipóteses, que, realmente, o princípio do não locupletamento indevido, por parte da fazenda pública, autoriza que não se negue a retribuição. O que não deve a administração é permitir que o servidor oficie em desvio de função. Se um servidor, que é do quadro administrativo, passa a desempenhar funções no âmbito da repartição policial, por exemplo, própria da atividade em decorrência de deficiência na lotação de policiais desse órgão, ou porque a administração pretendeu aproveitar melhor as qualificações pessoais do servidor. De qualquer sorte, há um serviço diverso prestado no âmbito da administração e entendemos que, nesses casos, essa diferença é devida.

Há quem entenda, erroneamente, que, caracterizado o desvio de função, por mais de cinco anos, de forma consecutiva e ininterrupta, o servidor faça jus o enquadramento no novo cargo. O enquadramento, nestas circunstâncias, significa violação ao princípio constitucional do concurso para o ingresso no serviço público. Portanto, ocorrendo o desvio de função, incontestável o retorno imediato ao cargo de origem.

7. REGIME CONSTITUCIONAL DOS SERVIDORES PÚBLICOS

7.1. Introdução

A Constituição Brasileira estabeleceu diretrizes e fixou várias regras específicas atinentes ao pessoal da Administração Pública, direta e indireta dos três poderes da União, dos Estados, do Distrito federal e dos Municípios.

Estas disposições constitucionais encontram-se, principalmente, nos artigos 37 a 41, e outras, nos dispositivos referentes à limitação de despesas, no artigo 169 e parágrafos.

A Constituição da República, em diversas passagens, refere-se a cargos, empregos e funções públicas. Há, pois, a previsão de agentes públicos ocupantes de cargos, empregos e funções. Algumas regras constitucionais se aplicarão indistintamente a todos eles. Outras há que só dirão respeito aos servidores públicos, e outras, ainda, que só se aplicarão aos servidores titulares de cargos, os mais numerosos e os mais comumente estudados.

Observe-se que a Constituição vigente, ao contrário das anteriores, dedicou um capítulo inteiro ao estudo da Administração Pública e de seus agentes, estabelecendo inclusive os princípios a serem observados por todas as pessoas jurídicas de direito público interno.

Examinaremos, a partir de agora, as normas constitucionais que disciplinam as relações funcionais dos servidores públicos e que formam o regime constitucional a eles aplicado.

7.2. O Ingresso pelo Concurso Público

7.2.1. A relação do concurso público com os princípios da impessoalidade e da moralidade

Cumpre ressaltar que a existência do *cargo efetivo* na Administração Pública, que se formaliza por meio do concurso público, é a forma mais expressiva da manifestação dos *princípios da impessoalidade* e da *moralidade*, pois permite a qualquer do povo, desde que preencha os requisitos indispensáveis descritos em edital, ingressar em seus quadros, bastando para tanto o alcance, com seus próprios méritos, da pontuação necessária à aprovação e do cumprimento dos requisitos que antecedem a nomeação.

Ao realizar o concurso público, a Administração deve dispensar igualdade de tratamento aos interessados, não se vislumbrando nenhuma hipótese em que pessoas isoladas, ou grupo de pessoas, sejam privilegiadas e beneficiadas em prejuízo de outras, em homenagem ao princípio da impessoalidade.

A aplicação desse princípio acarreta, implicitamente, a observância de outro princípio, que é o da isonomia, pois que não haverá impessoalidade da Administração Pública se outro for o fim alcançado se não o interesse público. Neste contexto, se o interesse de particulares estivesse sendo privilegiado, haveria nítida violação do interesse público. Por isso, a realização de concurso pública formaliza a aplicação de tais princípios simultaneamente.

Já no que alude ao princípio da moralidade associado ao concurso público, este se expressará à medida que o administrador interagir com os administrados, aqui incluídos os concursados, enfatizando os preceitos morais na lisura da aplicação de todo o procedimento avaliatório que abrange cada concurso.

Ilustrando esta narrativa, pode-se trazer o exemplo do que ocorreu recentemente no concurso público para a Polícia Civil, quando foi descoberto a tentativa de fraude por parte de alguns candidatos, e houve o imediato cancelamento daquele exame, remarcando-se outro.

A conduta da Administração Pública rendeu homenagem aos princípios da moralidade e da impessoalidade, pois ao preservar a igualdade de concorrência entre os candidatos, preservou implicitamente o interesse público, não permitindo a supremacia de interesses particulares sobre o público.

Por fim, cabe lembrar que a efetiva aplicação do princípio da moralidade dentro da Administração Pública, em todas as suas condutas internas e externas, só se formalizará plenamente quando todos os administrados estiverem imbuídos do espírito público, ou, em outras palavras, destituídos de seus próprios interesses.

Assim, pode-se concluir que o concurso público propicia à Administração os meios necessários para nomear os melhores candidatos dentre os aspirantes, garantindo um quadro de servidores intelectualmente qualificados e, em consequência, uma gestão competente e produtiva.

7.2.2. A relação do concurso público com o princípio da eficiência

A este propósito, importa trazer à tona outro princípio que norteia a Administração Pública, que é o *princípio da eficiência*, introduzido pela Emenda Constitucional 19/98, com a reforma do Estado.

A introdução deste princípio teve como escopo conferir aos usuários dos serviços prestados pela Administração e seus delegados os mesmos direitos destes em relação à iniciativa privada, qual seja, obter a qualidade da execução de suas atividades, por meio de condutas eficazes e eficientes e de resultados positivos.

Para tanto, é certo que a Administração deve se compor de agentes qualificados, qualificações estas compatíveis com o perfil de cada cargo, além da aplicação de métodos modernos, compatíveis com os aplicados na iniciativa privada, tentando mostrar superado o conceito de ineficiência que há anos recaía sobre os serviços do Estado.

Daí a citada relação entre o concurso público e o princípio da eficiência, pois por meio deste procedimento probatório estará a Administração buscando se compor de agentes qualificados, segundo os critérios de avaliação aplicados e na busca de se adequar a um novo perfil de serviço público, onde o Estado e a iniciativa privada se equiparam na qualidade da presteza dos serviços que pretendem os usuários.

7.2.3. A aposentadoria compulsória e o cargo efetivo

O fato de o cargo efetivo propiciar a vitaliciedade, não o exime de que incida sobre ele a aposentadoria compulsória, decisão esta pacificada pelo Supremo Tribunal Federal. A justificativa desta decisão é a de que o cargo vitalício não pressupõe a sua eternidade, ou seja, um eterno provimento por parte de seu ocupante, até porque a aposentadoria mediata é o destino de todo servidor, seja ele efetivo ou não, seja ela voluntária ou compulsória.

Neste sentido, o estatuto do servidor traz os dispositivos acerca da vacância e das modalidades de provimento derivado, que ocorre quando um servidor ocupa um cargo vago em decorrência de aposentadoria, por exemplo, ou de outro fato dentre os elencados no art. 33 do precitado estatuto.

7.2.4. Perda do cargo efetivo

Não obstante, a *presunção de definitividade* que recai sobre os cargos de provimento efetivo, que se caracterizam essencialmente pela característica da ocupação permanente, registre-se que, excepcionalmente, poderá ocorrer a perda de tais cargos, com previsão no Texto Constitucional.

O art. 41, que dispõe sobre a estabilidade dos servidores de cargos de provimento efetivo, a qual se dará após o período de três anos de efetivo exercício, elenca nos incisos do parágrafo 1º, que tem redação dada pela Emenda Constitucional nº 19/98, as hipóteses em que o servidor público estável perderá o seu cargo:

I – em virtude de sentença judicial transitada em julgado;

II – mediante processo administrativo em que lhe seja assegurada ampla defesa;

III – mediante procedimento de avaliação periódica de desempenho, na forma de lei complementar, assegurada ampla defesa.

Conforme redação do inciso II, do parágrafo 1º do art. 41, vemos que a perda do cargo efetivo terá como uma das hipóteses de aplicabilidade o processo administrativo, e neste caso, independente de sentença judicial. A segunda previsão é a que ocorre em decorrência de avaliação periódica de desempenho, prevista no art. 41, parágrafo 1º, inciso III.

Outra forma constitucionalmente assegurada é a constante no art. 169, que dispõe sobre a despesa de pessoal dos entes da Federação, em seu parágrafo 4º, nestes termos:

> *Art. 169 [...]*
>
> *Parágrafo 4º - Se as medidas adotadas com base no parágrafo anterior não forem suficientes para assegurar o cumprimento da determinação da lei complementar referida neste artigo, o servidor estável poderá perder o cargo, desde que ato normativo motivado de cada um dos Poderes especifique a atividade funcional, o órgão ou unidade administrativa objeto da redução de pessoal.*
>
> (Acrescentado pela EC nº 19/98)

Esta medida extrema adotada pelo legislador constituinte derivado, preceituando sobre a possibilidade de *perda de cargo de servidor estável*, encontra uma forma compensatória no parágrafo seguinte, conforme se lê:

> *Parágrafo 5º - O servidor que perder o cargo na forma do parágrafo anterior fará jus a indenização correspondente a um mês de remuneração por ano de serviço.*
>
> (Acrescentado pela EC nº 19/98)

Conforme se constata, se nos parece clara a intenção do legislador, na tentativa de amenizar o inflame sofrido pela perda do cargo efetivo, em virtude de excesso de pessoal, trazendo a previsão de verba indenizatória para este servidor prejudicado.

Contudo, a intenção do legislador se fincou no alcance do interesse público, que prevalece até mesmo sobre o direito individual, pois que este é enfraquecido quando necessário ao alcance daquele, haja vista a aplicação do princípio supremacia do interesse público sobre o interesse privado.

7.2.5. Outras modalidades de cargo

O quadro da Administração Pública é formado pelo conjunto de todos os cargos que a integram, e a regra é o ingresso nos cargos de provimento efetivo, por meio de concurso público; o que não obsta a legalidade de outras formas de existência e aquisição de cargos.

7.2.5.1. Cargos de carreira

Os cargos de carreira são aqueles em que predomina sobre eles a forma de progressão funcional, e esta se dará com o aumento das atribuições que gradativamente são transferidas ao servidor, segundo os critérios de antiguidade e merecimento. Em linhas gerais, pode-se dizer que à progressão funcional corresponde a mudança de classes de forma ascendente, até que seja atingida a classe mais elevada na carreira.

Com isso, um servidor em início de carreira em determinado cargo terá sob sua responsabilidade menos atribuições que aquele que atingiu uma ascensão funcional mais elevada, e este, em consequência, terá também os seus vencimentos majorados em relação ao primeiro.

Questão que gerou grande controvérsia, mas que ora se encontra pacificada pelo entendimento do Supremo Tribunal Federal é a que suscitava que, por meio de provimento derivado, um servidor ingressasse em cargo inicial em carreira diversa da dele.

Portanto, o ingresso em qualquer cargo inicial pressupõe a aprovação em concurso público. Com efeito, a abertura de concurso público para o preenchimento de um determinado cargo não permite que um servidor pertencente a cargo diverso, retroaja ao provimento de um cargo inicial em uma nova carreira, a qual ele nunca integrou. Admite-se, não obstante, ascensão interna, pois nesta hipótese não se suscitou a transferência de uma carreira para outra.

Provimento derivado em cargo inicial é conduta declarada inconstitucional pelo STF. Ademais, quando se reporta à modalidade de provimento derivado, este só será válido se decorrer de uma das hipóteses elencadas nos incisos do art. 33 da Lei 8.112/90.

7.2.5.2. Cargos isolados

Os cargos isolados, por seu turno, são os que não se acham escalonados e as suas atribuições não são passíveis de se ascenderem para fins de progressão funcional, dado o sistema de unicidade de cargos que prevalece nesta modalidade, daí o nome de cargo isolado.

Desta forma, tem como característica típica a natureza estanque, ou seja, o fato de não ascenderem de classes até alcançar a mais elevada na escala hierárquica.

O ingresso em modalidade de cargo isolado pressupõe que o servidor já teria conhecimento de que não há cargo acima do seu a ser almejado. Portanto, sua única opção, caso deseje alcançar um cargo superior ao que ocupa, é prestar novo concurso público a fim de ingressar em uma nova carreira, por meio de provimento originário.

7.2.5.3. Cargos reservados a portadores de deficiência física

A Constituição Federal de 1988, denominada Constituição Cidadã, enfatizou substancialmente os direitos inerentes à pessoa, tendo estatuído *princípios* e *direitos e garantias fundamentais* com especial enfoque na dignidade da pessoa humana, além de fazer alusão a tal princípio em diversos artigos em seu texto, até mesmo nos artigos atinentes à ordem econômica e financeira. Portanto, restou claro que não haverá conduta que ignore os valores da pessoa humana, constitucionalmente assegurados

A este propósito, alguns dos princípios fundamentais da República Federativa do Brasil, elencados no art. 1º da Constituição Federal são a cidadania e a dignidade da pessoa humana. Já no Título do Direitos e Garantias Fundamentais, o *caput* do art. 5º estatui que todos são iguais perante a lei, sem distinção de qualquer natureza, garantindo-se aos brasileiros e aos estrangeiros residentes no país a inviolabilidade do direito à "igualdade", dentre os outros mencionados. Com isso, positiva o Texto Maior do país o direito à igualdade como sendo um direito fundamental.

Visto isso, constata-se, desde logo, o repúdio que o ordenamento legal brasileiro deve manifestar a qualquer forma discriminatória porventura praticada no país, e que se contraponha ao princípio da igualdade. Ainda assim, a realidade dos fatos não nos permite vislumbrar a manifestação destes direitos constitucionalmente positivados, sendo corriqueira a prática de atos discriminatórios, num atentado contra a ordem jurídica maior do País.

Então, diante deste cenário, cabe aos Poderes executarem a prática de políticas públicas que objetivem combater as diversas manifestações de discriminações, procurando compensar tais diferenças através de medidas concretas. São as denominadas ações afirmativas, tão em voga nos dias de hoje, que têm sido criadas para respaldar a prática de ações concretas que se contrapõem ao vácuo existente nas leis e na própria Constituição Federal.

O portador de deficiência física, exemplo manifestamente real de discriminação, raramente consegue ser tratado na sociedade com igualdade de condições, a rigor do que prevê a Constituição Federal, e vem sendo visivelmente prejudicado em razão de sua natureza "anormal".

A sua suposta deficiência, que muitas vezes não o incapacita para a prática de muitos atos, o coloca a anos luz atrás de qualquer outro candidato, se eventualmente decidir concorrer a uma vaga na iniciativa privada.

Daí a necessidade de o legislador criar formas de tutela jurisdicional que minimizem essa desigualdade sofrida pelos deficientes físicos. A Lei nº 8.112/90, em seu art. 5º, parágrafo 2º, assegura que haverá uma reserva de até 20% (vinte por cento) das vagas oferecidas em concurso público às pessoas portadoras de deficiência, em resposta do que determina o art. 37, inciso VIII da Constituição Federal, que prevê uma reserva, a ser criada por lei, a essas pessoas.

O Supremo Tribunal Federal já se manifestou a esse propósito, estipulando que, em caso de omissão, será considerado o percentual de 5% (cinco por cento) dos cargos como mínimo aceitável para reserva de deficientes públicos.

Este percentual é, de fato, o que tem sido comumente estipulado pelos editais de concurso público, muito embora a lei federal 8.112/90 faça expressa menção de que o máximo poderá atingir a 20% (vinte por cento) dos cargos.

Com efeito, na busca de amenizar esta discriminação praticada contra o deficiente físico, todo concurso público destinará percentual de até 20% (vinte por cento) de suas vagas para tais pessoas, mediante a comprovação da deficiência com o compete atestado médico.

Diante de tais ações, nada obsta que os deficientes físicos ingressem nos quadros da Administração Pública para o provimento de cargo legalmente previsto e especialmente a eles destinados.

7.2.5.4. Cargos por mandato

Por fim, cumpre mencionar os cargos que são ocupados com prazo previamente determinado, que são os cargos por mandato.

O provimento de cargos por mandato normalmente se dá por eleição ou indicação, para posto de comando, e a extinção destes ocorre findo o prazo para o qual foram estipulados. Admite-se, ainda, a cassação destes cargos por motivos relevantemente graves, respeitadas as normas fixadas a respeito.

São exemplos de cargos de comando os dos Presidentes dos Tribunais e Reitores de Universidades Públicas.

7.2.5.5. Contagem, conversão e averbação do tempo de serviço em condições insalubres, prestado sob regime jurídico celetista

O artigo 100, da Lei 8.112/90, posiciona-se:

> "É contado para todos os efeitos o tempo de serviço público federal, inclusive o prestado às Forças Armadas".

A jurisprudência é farta no sentido de que o servidor público ex-celetista tem direito subjetivo adquirido à contagem do tempo de serviço pretérito para todos os efeitos jurídicos legais, fazendo jus, a expedição de certidão, atestando-se a averbação não só do período trabalhado sob o regime celetista, como também à contagem especial do tempo de serviço prestado sob condições insalubres, perigosas e penosas consideradas em lei vigente à época, tendo direito adquirido à contagem de tempo de serviço com o devido acréscimo legal, incorporando-se ao seu patrimônio jurídico, ainda que posteriormente tenha havido mudança para o Regime Jurídico Único.

7.2.5.6. A controvérsia acerca da incidência de adicional noturno a servidor público estadual

É da máxima relevância que se traga a este estudo a controvérsia que ora predomina no Tribunal de Justiça do Estado do Rio de Janeiro, entre outros Tribunais, onde divergem os Ministros daquela Corte acerca da possibilidade ou não da incidência do adicional noturno nas verbas laborais de servidor público estadual.

Trata-se, o caso trazido à baila para exame, de ação de rito ordinário, por meio do qual as autoras requerem a declaração de direito para o recebimento do adicional noturno a que alegam fazer jus, referente ao percentual de 20% (vinte por cento) sobre o vencimento-base, tendo em vista a carga horária que se submetem desde o ano de 2001, compreendido entre às 19:00 e 7:00 horas.

Registramos que o pedido das autoras referente à aludida verba tem como alegação o respaldo de dispositivo constitucional, pois no Capítulo que trata dos Direitos Sociais, reza o art. 7º que: "são direitos dos trabalhadores urbanos e rurais, além de outros que visem à melhoria de sua condição social", complementado no inciso IX deste artigo: "remuneração do trabalho noturno superior ao diurno".

Em complemento a isso, o § 3º do artigo 39, também da Constituição Federal, que faz menção à remuneração de servidores da União, Estados, Distrito Federal e Municípios, dispõe que se aplica aos servidores ocupantes de cargo público o dispositivo no **art. 7º, inciso IX**, dentre outros incisos.

Ocorre que em Sentença, o juízo monocrático julgou improcedente o pedido da peça exordial, valendo-se do argumento de que pertencem à esfera da *eficácia limitada* as normas que tratam a respeito de adicional noturno para servidores públicos. E, portanto, para que se efetivasse a concessão do pleito judicial das requerentes, careceria da existência de lei regulamentadora, o que de fato não existe neste âmbito do poder público.

As autoras, diante da negação do pedido, recorreram, como de praxe, da decisão vencida, e por meio do competente recurso de Apelação reiteraram os argumentos exarados na peça exordial e buscaram a reformulação da sentença no Tribunal de Justiça.

Não obstante, a interposição do recurso de Apelação Cível, que transcorreu na Segunda Câmara do citado Tribunal, resolveu o Ministro Relator negar-lhe provimento, cuja Ementa do voto segue nesta sequência, e o qual foi acolhido por unanimidade pelos demais Ministros daquela Câmara.

EMENTA: DIREITO ADMINISTRATIVO E CONSTITUCIONAL. SERVIDOR DE AUTARQUIA ESTADUAL. ADICIONAL NOTURNO. NORMA CONSTITUCIONAL QUE PREVÊ O DIREITO AO RECEBIMENTO DO ALUDIDO BENEFÍCIO QUE OSTENTA O CARÁTER DE NORMA DE EFICÁCIA CONTIDA. NECESSIDADE DE LEI REGULAMENTADORA ATÉ ENTÃO INEXISTENTE NESTE ENTE DA FEDERAÇÃO. PRINCÍPIO DA LEGALIDADE A INDICAR A IMPOSSIBILIDADE DE ADOÇÃO DE OUTROS CRITÉRIOS QUE NÃO AQUELES ESPECIFICAMENTE PREVISTOS PARA A HIPÓTESE. DESPROVIMENTO DO RECURSO.

(APELAÇÃO CÍVEL Nº 2007.001.42516, Segunda Câmara Cível do TJRJ, Min. Rel. HELENO RIBEIRO PEREIRA NUNES).

É do próprio Relator do voto a afirmação de que a matéria referente a pedido de inclusão de adicional noturno em remuneração de servidor público está longe de ser pacificada naquele Tribunal, eis que existem, reconhece ele, decisões que divergem entre si, ora se inclinando na defesa dos autores das ações, ora na defesa da Fazenda Pública, não se podendo firmar uma posição sem maiores análises sobre o caso e sem levantar uma certa polêmica.

No caso específico do voto que ora se analisa, não deixou dúvidas o Relator ao se firmar contrário ao pleito dos apelantes. Segundo ele, não deve prosperar o pedido de reformulação da sentença originariamente proferida, não cabendo aos apelantes a concessão da declaração de direito quanto ao adicional noturno em suas remunerações.

Reconhece o Relator, em seu voto, que de fato o art. 7º da Constituição da República, cujo inciso IX assegura aos trabalhadores o direito à remuneração do trabalho noturno superior ao diurno, se encontra inserido no Capítulo dos Direitos Sociais, e este, por seu turno, integra o elenco das normas definidoras dos Direitos e Garantias Fundamentais.

Quanto a estas normas, não é menos verdade que o artigo 5º assim assevera, em seu § 1º: "As normas definidoras dos direitos e garantias fundamentais têm aplicação imediata", texto este que faz supor, a princípio, que as normas contidas no artigo 7º teriam, pois, imediata aplicação no mundo jurídico.

Ocorre que não se deve ignorar o que diz a teoria sobre a classificação das normas constitucionais sob o ponto de vista de sua eficácia e aplicabilidade, trazendo o relator, em seu voto, o entendimento da melhor doutrina sobre o tema, segundo o qual as normas constitucionais se dividem em três grandes grupos: de eficácia plena, de eficácia contida e de eficácia limitada.[36]

Diante desta explanação é que passa a concluir o seu entendimento, classificando a norma que se estuda nos autos como sendo de eficácia contida, fato este que não justifica que se negue a sua aplicabilidade imediata, mas não de maneira integral.

Conforme exposto, normas de eficácia contida estão sujeitas a restrições ou são pendentes de regulamentação que limite a sua plena eficácia (observância da norma no meio social) e aplicabilidade (incidência da norma no caso concreto).

Certo, então, que a eficácia das normas de efeito contido não se restringe à ulterior normatização, mas ficam condicionadas, por outro lado, aos limites que posteriormente lhe imporão a lei. Conforme se constata, trata-se de uma eficácia vigiada.

Não menos notório é o fato de que a Administração Pública há que pautar as suas condutas no princípio da legalidade, ou seja, naquilo que prescreve a lei, não podendo ser de outra forma, e que esta será, sem exceção, a matriz básica em que deverão se pautar os agentes públicos na prática de seus atos.

Perfazendo ainda o Relator o parecer da Procuradoria da Justiça, enfatiza que "a lei que corresponde ao direito preconizado na Constituição Federal, no âmbito do Estado do Rio de Janeiro, ainda não existe, o que inviabiliza o acolhimento da pretensão deduzida, à míngua de critérios legais para a efetiva aplicação do direito".

Diante desta oportuna colocação a respeito de ausência de legislação legal no âmbito do Estado do Rio de Janeiro que regule a matéria em foco relatada pela douta Procuradoria, prossegue o Ministro Relator na conclusão de que, ao acolher o pedido dos apelantes estaria inserindo o Poder Judiciário equivocadamente na esfera de decisão do Poder Legislativo, e, concluímos nós, valendo-se de uma analogia que iria contra a discricionariedade administrativa.

Um segundo argumento ainda se foca na análise de que a norma a que ora se classifica como de eficácia contida, qual seja, a contida no art. 7º da Constituição Federal, não se constitui em cláusula pétrea, como tentou demonstrar os apelantes, qualificação esta que se aplica apenas aos direitos e garantias individuais contidos no rol do art. 5º.

É importante que se diga que outra seria a linha de raciocínio se o caso levado à apreciação judicial se referisse a servidor federal, já que nesta esfera o tema referente aos critérios de pagamento de adicional noturno se encontra regularmente inseridos em legislação específica, mais precisamente no art. 75 da Lei 8.112/90.

Não obstante, a robusta fundamentação do voto do Ministro Relator, que foi acolhido com unanimidade pelos demais membros da Segunda Câmara Cível daquele Tribunal, não omitiu em seu voto que existem julgados em sentido contrário ao que firmou com tanta propriedade, acolhendo pedidos semelhantes a este.

---

36   Normas constitucionais de eficácia plena - aquelas que, desde a entrada em vigor da Constituição, produzem todos os efeitos essenciais, todos os objetivos visados pelo constituinte, eis que contêm em si todos os elementos para a sua aplicação.
Normas constitucionais de eficácia contida – aquelas que, a despeito de possuírem aplicabilidade imediata, estão sujeitas a restrições. Constituem hipóteses nas quais o constituinte regulou suficientemente os interesses relativos à determinada matéria, mas deixou margem à atuação restrita da competência discricionária do poder público, nos termos em que a lei estabelecer.
Normas constitucionais de eficácia limitada – aquelas que não produzem qualquer efeito, tendo em vista que o legislador constituinte não estabeleceu sobre a matéria normatividade bastante para tanto, deixando tal tarefa ao legislador ordinário.

Em alguns destes argumentos contrários, entendem determinados desembargadores que, se em alguma oportunidade o benefício já foi concedido ao servidor, que não é o que ocorre que o caso em análise, não seria legítima a sua supressão.

Contrapõe-se a este entendimento o Ministro Relator ao afirmar existir legitimidade na supressão do benefício, se concedido, uma vez que não há respaldo legal para a sua concessão, o que descaracterizaria o sentido a que se busca atribuir a esta omissão, segundo entendemos. Ademais, diante desta circunstância, vem à tona a discricionariedade administrativa de poder rever seus próprios atos, de acordo com a oportunidade e a conveniência administrativa.

Objetivando, ainda, justificar o seu voto, elenca arestos cuja origem da controvérsia tem o mesmo tema e cujas decisões finais se coadunaram com o seu entendimento.[37]

7.2.5.7. Liberação do saldo de contas vinculadas do FGTS em razão da mudança do regime jurídico

A teor da Súmula nº 78, do extinto Tribunal Federal de Recursos, predominava o entendimento jurisprudencial, autorizando a movimentação das contas do FGTS àqueles que tivessem seus contratos de trabalho convertidos do regime da CLT para o estatutário, uma vez que, à época, não havia lei que normatizasse a

---

37 2016.001.18789 – APELAÇÃO CÍVEL
DES. MARILENE MELO ALVES – DÉCIMA PRIMEIRA CÂMARA CÍVEL.
Apelação cível – Adicional noturno. Pleito de percepção da verba em percentual dos vencimentos. A Administração está jungida ao princípio da legalidade, no mister em remunerar o servidor público, o que inclui o respeito ao critério de cálculo de vantagens previsto na lei em vigor. Sentença que corretamente rejeita a pretensão.
Desprovimento do recurso.
2016.001.36258 – APELAÇÃO CÍVEL
DES. FERDINALDO DO NASCIMENTO – DÉCIMA QUARTA CÂMARA CÍVEL.
APELAÇÃO CÍVEL. Ação de conhecimento sob o rito ordinário. Direito administrativo. Servidor Público Estadual. Cargo efetivo. Trabalho noturno. Demanda objetivando 'a concessão do respectivo adicional, bem como o pagamento dos atrasados, desde a época da sua supressão pelo Estado. Sentença procedente. Reconhecimento do direito do autor à percepção do adicional de 20% sobre a hora diurna trabalhada. Apelo ofertado pelo demandado. Preliminar de ilegitimidade passiva *ad causam*. Pedido de denunciação à lide do Estado do Rio de Janeiro. Rejeição. Inocorrência do alegado litisconsórcio necessário. A UERJ tem legitimidade para responder à demanda à luz do art. 77, § 2º, IV, da Constituição Estadual. No mérito, cabe razão ao apelante, haja vista a ausência de norma Estadual sobre a matéria. As normas constitucionais, previstas nas Cartas da República e do Estado-membro, que autorizam a diferenciação remuneratória entre o trabalho diurno e o noturno, têm aplicação limitada, estando a depender de regulamentação legislativa. Nesta linha, é defeso ao Judiciário invadir a esfera de sua competência constitucional para, a pretexto de uma integração analógica, estabelecer aumento de vencimento em favor de servidor público, sob o pálio de gratificação noturna, não prevista na lei. Modificação do *decisum*. RECURSO CONHECIDO E PROVIDO. (sublinhei)

2017.005.00369 EMBARGOS INFRINGENTES
DES. NANCI MAHFUZ – Julgamento: 02/05/2008 – DÉCIMA SEGUNDA CÂMARA CÍVEL
Embargos infringentes. Servidor público da UERJ que busca o recebimento de adicional noturno, com fulcro nos arts. 39, § 3º e 7º, IX da CF. Acórdão que, por maioria, reformou a sentença de procedência. As normas constitucionais que estabelecem os direitos trabalhistas dos servidores públicos possuem eficácia limitada, de acordo com o entendimento prevalente nos Tribunais pátrios. Necessidade de lei estadual específica para que os servidores estaduais façam jus ao adicional noturno. Ainda que reconhecida a mora do legislador, não é possível ao Judiciário atuar em substituição, dando eficácia aos dispositivos constitucionais citados, no caso concreto. Respeito ao princípio constitucional da separação dos poderes, prevalente sobre outros princípios alegados pelo embargante. Voto da maioria que merece ser mantido. Recurso não provido.
2017.001.41504 – APELAÇÃO CÍVEL
DES. MARCUS TULLIUS ALVES – NONA CÂMARA CÍVEL
DIREITO PÚBLICO. SERVIDOR. ADICIONAL NOTURNO. ENFERMEIRO. DIREITO À PERCEPÇÃO INVOCADA COM BASE CONSTITUCIONAL. ART. 7º, INCISO IX. NORMA DE EFICÁCIA LIMITADA. RECURSO TIRANDO CONTRA DECISÃO QUE FEZ POR RECONHECER DIREITO DO AUTOR FRENTE À UNIVERSIDADE DO ESTADO DO RIO DE JANEIRO – UERJ APELO ACOLHIDO. HIPÓTESE SUJEITA À REGULAMENTAÇÃO INFRACONSTITUCIONAL E DE INICIATIVA DO PODER EXECUTIVO. INEXISTÊNCIA DE NORMA INFRACONSTITUCIONAL NA UNIDADE FEDERADA RECURSO PROVIDO. DECISÃO REFORMADA.

movimentação das contas em tais circunstâncias. Isso porque a Lei nº 8.036/90 não previa expressamente a hipótese de conversão de regime.

Hoje, no entanto, a situação é diferente. A Lei nº 8.162/91, em seu art. 6º, § 1º, vedou o saque pela conversão de regime aos servidores federais e, posteriormente, a Lei nº 8.678/93, revogando aquele diploma legal, deu nova redação ao art. 20, VIII, da Lei nº 8.036/90, permitindo a movimentação quando o trabalhador permanecer três anos ininterruptos fora do regime do FGTS.

Portanto, a movimentação das contas do FGTS continua sujeita à condição estatuída no referido artigo, qual seja decorrido o triênio estipulado pela norma, e desde que combine o termo *a quo* deste prazo com a data em que ocorreu a mudança do regime.

Nesse sentido, é pacífico o entendimento do Tribunal Regional Federal.

"ADMINISTRATIVO E TRABALHISTA – MUDANÇA DE REGIME – LIBERAÇÃO DOS RECURSOS DO FGTS.

I – Inaplicável a Súmula 178 do TFR, após a edição das leis nº 8.162/91 e 8.678/93.

II – A conta vinculada do FGTS poderá ser movimentada quando o trabalhador permanecer três anos ininterruptos fora do regime do FGTS, de acordo com a redação do art. 20 inc. VIII, da Lei nº 8.036, dada pela Lei nº 8.678/93.

(AMS 96.02.25128-0 2ª Turma, Rel. Des. Fed. Castro Aguiar).

7.2.5.8. A ausência em relação a vantagens na conversão do regime celetista em estatutários

Extintos os contratos individuais de trabalho dos servidores, transformados os seus empregos em cargos, cessa consequentemente o direito à percepção dos vencimentos e vantagens pertinentes aos referidos contratos, passando a perceberem as vantagens que estão previstas na nova lei estatutária.

Como vantagem especial, o adicional por tempo de serviço em que o servidor esteve sob regime celetista, para fins de anuênios, continuará sendo percebida, por previsão legal. Inexistindo lei autorizadora de contagem de tempo de serviço em atividade celetista, para efeitos de cálculo de adicional por tempo de serviço, não há que se falar em direito adquirido ao contrato da aludida vantagem.

No entanto, as vantagens trabalhistas, quando os servidores estavam submetidos a CLT, não serão transportadas para o novo regime estatutário, por serem situações jurídicas diferenciadas fundamentalmente. Ora, se os servidores, regidos pela CLT, pudessem beneficiar-se de todos os direitos e garantias da nova situação, não se pode pretender, nesse segundo regime, conservar, sem lei específica, além de novos direitos, as gratificações e vantagens do primeiro.

Na realidade, a mudança do regime jurídico importou em resilição do pacto laboral então existente nos órgãos e entidades públicas, por iniciativa e conveniência próprias da Administração Pública, substituindo-se, portanto, alguns direitos e assegurando-se, expressamente, outros. Caso contrário, existiria duplicidade de direitos, somando-se as duas situações jurídicas.

No que concerne à "gratificação especial" percebida no regime trabalhista, não será esta mantida, cessada a relação celetista, com o ingresso no regime estatutário.

7.2.5.9. Empresa Pública pode dispensar concursado sem a devida motivação.

Dispensa de empregados de empresas públicas e sociedades de economia mista, mesmo que admitidos por concurso público, não depende de motivação. Com esse entendimento, a ação rescisória proposta por um ex-empregado da Companhia Municipal de Limpeza Urbana (Comlurb) do Rio de Janeiro para desconstituir acórdão da 5ª Turma do Tribunal Regional do Trabalho da 1ª Região (RJ) foi julgada improcedente pela Seção de Dissídios Individuais 1 da corte. A decisão foi unânime.

O autor da ação alegou que trabalhou como concursado da Comlurb de março de 1996 a maio de 2009, quando foi desligado dos quadros da empresa de limpeza sem motivos.

Em seu voto, o desembargador José Antonio Piton esclareceu que se trata de matéria puramente de direito, "pacificada pelo artigo 173, inciso II, parágrafo 1º, da CRFB, que afirma que as empresas públicas e as sociedades de economia mista, prestadoras de serviços, tal como a ré, devem sujeitar-se ao regime jurídico próprio das empresas privadas, inclusive quanto aos direitos e obrigações civis, comerciais, trabalhistas e tributários". Para a dispensa do empregado concursado, salientou o magistrado, basta que no ato da dispensa este seja indenizado, na forma da lei.

O relator destacou que, sendo assim, torna-se irrelevante o fato de a contratação ter-se dado por meio de concurso público e que não restam dúvidas de que a empresa, ao dispensar o empregado, apenas exerceu seu poder potestativo, mediante a quitação das parcelas rescisórias de direito, inexistindo violação a qualquer dispositivo constitucional ou legal. Até porque, segundo o magistrado, "não se poderia entender que o cumprimento das normas da Consolidação das Leis do Trabalho constituiria atentado aos princípios previstos no artigo 37 da Constituição Federal".

Por fim, o relator ressaltou que, ao contrário do alegado pelo empregado, a Comlurb apresentou motivação para o ato de dispensa - ponderando que ele estaria desmotivado no desempenho das funções.

Nas decisões proferidas pela Justiça do Trabalho, são admissíveis os recursos enumerados no artigo 893 da CLT. *Com informações da Assessoria de Imprensa do TRT-1.*

8. CONCURSO PÚBLICO

8.1. Considerações

A Constituição da República estabelece no artigo 37, inciso II, com a redação dada pela Emenda Constitucional nº 19/98, que:

> "a investidura em cargo ou emprego público depende de aprovação prévia em concurso público de provas ou de provas e títulos, de acordo com a natureza e a complexidade do cargo ou emprego, na forma prevista em lei, ressalvadas as nomeações para cargo em comissão declarado em lei de livre nomeação e exoneração;"

A regra constitucional impôs a aprovação prévia em concurso público de provas ou de provas e títulos para o provimento em cargos públicos e para a contratação de servidores pelo regime trabalhista. O concurso público é exigido tanto para as pessoas da Administração Pública Direta quanto para as da Indireta (incluindo as pessoas privadas: empresa pública e sociedade de economia mista).

Com a exigência do concurso público ficam garantidos os princípios da impessoalidade e da igualdade de todos os participantes e o interesse da Administração em admitir os melhores para servidores públicos.

Celso Antônio Bandeira de Mello, baseado no artigo 173, § 1º, da Constituição Federal, ressalva que as pessoas estatais constituídas para exploração de atividade econômica estão, em determinados casos, excluídas do regime de concurso público para admissão de pessoal, dispondo de liberdade para contratar diretamente seus empregados nas hipóteses em que: "1) a adoção de concurso público tolheria a possibilidade de atraírem e captarem profissionais especializados que o mercado absorve com grande presteza e interesse ou, (2) nos casos em que o recurso a tal procedimento bloquearia o desenvolvimento de suas normais atividades no setor". Para o jurista "tal intelecção resulta de um contemporamento dos preceptivos que tornam obrigatório o regime de concurso público com o disposto no artigo 173, § 1º, II, da Constituição Federal". De acordo com ele, "as entidades estatais exploradoras de atividade econômica 'sujeitam-se ao regime jurídico próprio das empresas, inclusive quanto aos direitos e obrigações civis, comerciais, trabalhistas e tributários'. Trata-se, *in casu*, de compatibilizar a exigência de concurso com o espírito deste preceptivo, para que os dois possam conviver sem elisão de nenhum deles, mas apenas com a restrição indispensável à positividade de ambos, de maneira a preservar, no limite do possível, o sentido animador de cada qual"[38].

Uma dúvida que ensejou a norma do artigo 37, II, do Texto Constitucional, foi sobre a razão de o dispositivo mencionar a exigência de concurso público apenas para cargo ou emprego público, deixando de lado as funções. Tal lacuna é explicável, uma vez que, a função pública só existirá para os contratos por tempo

---

38   MELLO, Celso Antônio Bandeira de. Curso de Direito Administrativo, 25ª ed. São Paulo: Malheiros Editores, p. 194-195.

determinado para atender a necessidade temporária de excepcional interesse público (artigo 37, IX, da CF), e para funções de confiança, de livre provimento e exoneração, exercidas exclusivamente por servidores ocupantes de cargo efetivo, destinadas às atribuições de direção, chefia e assessoramento (artigo 37, V, da CF).

O processo de seleção mediante concurso público foi desenvolvido primeiramente na França, ao tempo de Napoleão, e depois de ter sido objeto de disputadas lutas contra seus opositores, foi finalmente aceito após o reconhecimento de seu aspecto democrático.

Concurso, é uma série complexa de procedimentos para apurar as aptidões pessoais apresentadas por um ou vários candidatos que se empenham para obtenção de uma ou mais vagas, em que se submetem voluntariamente aos trabalhos de julgamento de uma comissão examinadora.

O concurso pode ser "de provas", "de títulos" ou "de provas e títulos".

O concurso de provas é o que depende da apresentação do candidato, no momento, de suas qualidades intelectuais, relacionadas com o futuro cargo ou emprego a ser ocupado, caso o candidato seja aprovado e classificado dentro das vagas do concurso. Este concurso se dá através de provas escritas, práticas, orais, ou através de todas elas.

O concurso de títulos é aquele que consiste na apresentação, pelo candidato, de todos os documentos que se relacionem diretamente com a natureza da função a desempenhar e que demonstrem atividades reais do indivíduo, tais como, diplomas, experiência profissional, cursos de especialização, livros, artigos etc. O concurso somente de títulos não é mais possível, pois não foi previsto pela atual Constituição, até porque esta forma de seleção não permite uma disputa em igualdade de condições e também porque pode ser fraudado mais facilmente ou se prestar a nepotismo ou favoritismo velados.

E o concurso de provas e títulos é aquele que reúne os concursos "de prova" e "de títulos" em um único concurso.

Atualmente, por expressa previsão constitucional, o concurso público abrangerá as formas de seleção por provas ou por provas e títulos, que deverão estar "de acordo com a natureza e a complexidade do cargo ou emprego, na forma prevista em lei" (expressão introduzida pela Emenda Constitucional nº 19/98). Tal alteração veio a evidenciar que o concurso público tem que se compatibilizar com a natureza e a complexidade das funções atribuídas ao cargo ou emprego. O mandamento constitucional visa a obrigar o administrador público a observar o princípio da razoabilidade, de modo que não haja exageros na aferição das provas e títulos.

A nova redação do inciso deixa patente que o concurso público, futuramente, sofrerá modificações de modo a ser mais ou menos exigente, de conformidade com a complexidade e a natureza dos cargos e empregos públicos.

Tal acréscimo feito ao inciso II do artigo 37 da Constituição da República evidenciou também uma preocupação com relação às características e aos objetivos do concurso público. O concurso público, antes concebido como um processo de seleção meramente intelectual, deixou de ter tal característica, introduzindo-se em seu conceito e na experiência administrativa a possibilidade e, até mesmo, a necessidade de realização de provas práticas, a fim de que as funções a ele inerentes fossem disputadas e, posteriormente, prestadas por pessoas verdadeiramente habilitadas para o seu desempenho.

O concurso público, pois, vem a ser um procedimento administrativo declarativo de habilitação à investidura, que obedece a um edital ao qual se vinculam todos os atos posteriores.

O concurso público é um processo competitivo, em que os cargos e os empregos são disputados pelos vários candidatos. Os cargos hão de estar sem os respectivos titulares ou em estado de vacância. De sorte que o concurso somente pode ser aberto se existir cargo vago, pois somente a necessidade do preenchimento do cargo justifica esse certame. Se não existir cargo vago e se desejar ampliar o quadro em razão da necessidade de serviço, deve-se criar primeiramente os cargos e só depois instaurar-se o concurso.

O concurso público é precedido de edital, publicado com a antecedência mínima necessária para que todos os possíveis interessados tenham oportunidade de tomar conhecimento do certame. Além disso, o edital deve conter todas as informações essenciais, tais como, o prazo de inscrição, o valor da inscrição, o número de cargos a serem providos, a natureza deles, a escolaridade mínima necessária, o vencimento do cargo na data do edital, as matérias a serem exigidas nas provas, os títulos que serão admitidos e o respectivo valor, quando for o caso, o prazo de validade do concurso, entre outros. A Administração e os candidatos vinculam-se às disposições contidas no edital. Daí o cuidado que se deve ter na elaboração deste instrumento convocatório.

O edital, por sua vez, não poderá criar outras condições de acesso que não as que se definam em lei.

Os candidatos, entretanto, não adquirem direito à realização do concurso pelo mero fato da publicação do edital, nem mesmo se já se encontrarem inscritos para participar da competição. Havendo razões de interesse administrativo, poderá a Administração desistir de realizá-lo, cabendo-lhe, todavia, devolver aos já inscritos eventuais importâncias pagas a título de inscrição.

Observe-se que a Constituição da República prevê no artigo 236, § 3º, que o ingresso na atividade notarial e de registro depende de concurso público de provas e títulos, não se permitindo que qualquer serventia fique vaga, sem abertura de concurso de provimento ou de remoção, por mais de seis meses.

E no artigo 206, inciso V, prevê que o ingresso dos profissionais do ensino na carreira para o magistério público dependerá exclusivamente de concurso de provas e títulos. Atente-se para o fato de que nos dois casos o concurso público para o ingresso dos respectivos profissionais há de ser somente por provas e títulos. Para essas finalidades não será constitucional o concurso somente de provas.

Existem alguns casos especiais em que a Carta Política expressamente dispensou a aprovação prévia em concurso público para o ingresso no serviço público.

Com efeito, o concurso público é dispensado: para o provimento nos cargos em comissão e nas funções de confiança (art. 37, incisos II e V); para a investidura dos integrantes do quinto constitucional dos Tribunais judiciários, compostos de membros do Ministério Público e de advogados (art. 94); para a investidura dos membros dos Tribunais de Contas (art. 73, §§ 1º e 2º); para a nomeação dos ministros do Supremo Tribunal Federal (art. 101, parágrafo único), do Superior Tribunal de Justiça (art. 104, parágrafo único), do Tribunal Superior do Trabalho (art. 111, § 2º), do Tribunal Superior Eleitoral (art. 119, II), do Superior Tribunal Militar (art. 123), e dos juízes do Tribunal Regional Eleitoral (art. 120, III); para a contratação de agentes temporários (art. 37, IX); e para o aproveitamento de ex-combatentes da Segunda Guerra Mundial (art. 53, I, do ADCT).

Ensinamentos doutrinários e precedentes jurisprudenciais têm considerado que nos concursos de provas e títulos, o requisito essencial são as provas, sendo os títulos requisito facultativo e acessório, considerado após a aprovação do candidato, não interferindo na média final obtida, mas, tão-somente, na nota final. Consoante se sustenta, se os títulos pudessem influir na aprovação do candidato, ter-se-ia a negação, ainda que parcial, da exigência das provas, comum para todo ingresso em qualquer função pública. Não seria possível, pois, compensar em concurso público, para fins de aprovação, as notas da prova de avaliação objetiva do candidato, com as notas dos títulos, de índole puramente subjetiva.

Todavia, em sentido diverso, a Segunda Turma do Supremo Tribunal Federal, julgando o Recurso Extraordinário nº 221.966-DF (Rel. Min. Marco Aurélio, DJ de 10/09/08), decidiu que a prova de títulos pode ensejar pontuação que, conjugada com a das provas, leve à reprovação do candidato. Sustentaram o entendimento de que, uma vez que a Constituição prevê no artigo 37, II, a aprovação prévia em concurso público de provas "ou" de provas e títulos, não há que se falar que a prova de títulos ficaria em situação secundária, por isso, a possibilidade de a prova de títulos também levar o candidato à reprovação no concurso público.

Muito criticado tem sido o procedimento de se computar pontos na prova de títulos aos candidatos que já sejam pertencentes ao serviço público. Essa contagem de pontos tem como fundamento a experiência que tais agentes detêm e que deve ser levada em conta pelo Poder Público no momento da classificação dos concursados. Tal procedimento tem sido considerado ofensivo ao princípio da igualdade, porque, na prática, se torna inacessível aos não-servidores.

Litígio desta espécie foi levado recentemente à apreciação da Sexta Turma do Superior Tribunal de Justiça (STJ), cuja decisão manteve canceladas nomeações de dois servidores investidos mediante concurso público, desde 1994, em cargos da Secretaria da Saúde Pública e do Meio Ambiente do Estado do Rio Grande do Sul.

Registramos que o cancelamento original de tais nomeações, antes de serem ratificadas pelo Superior Tribunal de Justiça, se deu por ato do Governador do Estado, tendo como base decisão proferida por ação cível pública que concluiu pela inconstitucionalidade do critério adotado para a contagem de pontos na prova de títulos daquele concurso.

Para a referida contagem, o edital do concurso público computava na prova de título o tempo de serviço público, trazendo um flagrante desvantagem ao não conferir igual possibilidade de pontuação àqueles com tempo de serviço privado, além de violar expressamente o princípio da igualdade a que se deviam submeter todos os candidatos, e não apenas parte deles.

A sentença do processo originário determinou o recálculo dos pontos e a consequente alteração no quadro de classificação final da aprovação do concurso público, culminando tal ato na anulação de determinadas nomeações e posses, inclusive dos recorrentes desta decisão, por terem sido caracterizadas como ilegais.

O mesmo ato resultou ainda, por consequência, na nomeação e posse dos verdadeiros titulares dos cargos, cujos direitos sobrevieram após o recálculo dos pontos de classificação, antes prejudicados em benefício de outros classificados sob a eiva da ilegalidade.

Não obstante, inconformados com a decisão que alterou seus status na aprovação final do concurso público, e na tentativa de manter seus cargos, aqueles servidores afastados por alegação de ilegalidade ingressaram com mandado de segurança no Tribunal de Justiça no Rio Grande do Sul, não tendo os mesmos obtido tal êxito.

> Com a negativa, interpuseram recurso ordinário no Superior Tribunal de Justiça – STJ (RMS nº 10.839), valendo-se da alegação de que já eram servidores estáveis, e que a decisão judicial não pronunciava efeitos negativos individualizados contra eles.

> No STJ, a relatora da matéria fez alusão ao dispositivo constitucional contido no art. 41, acrescentado pela EC nº 19/98, que dispõe que "servidor público estável só perderá o cargo em virtude de sentença judicial transitada em julgado e mediante processo administrativo em que lhe seja assegurada ampla defesa". (art. 41, parágrafo 1º, incisos I e II).

Neste sentido, sendo certo que o ato que cancelou a nomeação de tais servidores fundamentou-se em decisão transitada em julgado nos autos da ação civil pública, entendeu a relatora que estava mantido o caráter definitivo da sentença, não devendo prosperar o pleito de qualquer outro litígio que tenha o mesmo objeto de apreciação judicial, sendo tal voto acolhido por unanimidade pela Sexta Turma do STJ.

Transcrevemos a seguir Ementa do Recurso Ordinário em Mandado de Segurança nº 10.839-RS:

"EMENTA: RECURSO ORDINÁRIO. MANDADO DE SEGURANÇA. PROCESSO CIVIL E ADMINISTRATIVO. AÇÃO CÍVEL PÚBLICA. DETERMINAÇÃO DE QUE FOSSEM RECALCULADAS NOTAS FINAIS DE CONCURSO PÚBLICO. EFICÁCIA ERMA OMNES. PERDA DO CARGO. CONSTITUCIONALIDADE. ART. 41, § 1º, CC/88.

1. a Lei 7.347/85, em seu artigo 16, consagrou hipóteses de exceção ao princípio dos limites subjetivos da coisa julgada (art. 472 do CPC) ao estabelecer a eficácia erma omnes da decisão proferida nos autos de ação cível pública.

2. O ato que torna sem efeito a nomeação de servidores públicos estáveis, com fundamento em decisão transitada em julgado proferida nos autos de ação cível pública, não incorre em inconstitucionalidade. Com feito, nos termos do art. 4, § 1º da Constituição Federal, a perda do cargo de servidor estável deve ser determinada por sentença judicial transitada em julgado pi processo administrativo.

3. Recurso Ordinário improvido".

(RMS 10.830-RS, Relatora Ministra Thereza de Assis Moura. Sexta Turma do STJ).

Outro litígio que chegou ao Superior Tribunal de Justiça – STJ, julgado pela Quinta Turma, foi o referente a item da prova de título computado para a contagem da classificação de candidato a concurso público para ingresso na justiça de primeira instância do Estado de Minas Gerais.

Tratava-se da exigência ilegal de três itens como partes integrantes da prova de títulos de concurso público para ingresso no Quadro de Pessoal da Justiça de Primeira Instância do Estado de Minas Gerais, sendo eles: experiência no exercício de cargo ou função pública; experiência na atuação como estagiário ou conciliador junto ao Poder Judiciário, e, por fim, formação em Curso Superior de Direito, não obstante, tratar-se de concurso para cargo de ensino médio.

O litígio em análise chegou ao Superior Tribunal de Justiça por meio de Recurso em Mandado de Segurança, onde a relatora do processo, Laurita Vaz, asseverou que estes itens contidos no edital do concurso feriam os princípios da isonomia e da razoabilidade, ambos integrantes do rol de princípios que regem a Administração Pública de todos os poderes.

Da mesma forma, entendeu a Ministra que a exigência editalícia que concedia pontuação extra àqueles candidatos bacharéis em direito se mostrava descabida ao fim a que se destinava o concurso, uma vez que o cargo era destinado a concorrentes de nível médio.

Com respaldo no que foi acima exarado, a Quinta Turma do STJ, por meio e voto da Ministra Laurita Vez, devidamente acolhido pelos demais membros daquela Turma, entendeu não ser o caso de anular o concurso, mas sim de obrigar a Justiça de Minas Gerais a recalcular as pontuações dos candidatos, os quais pleiteavam uma vaga nos quadros da sua justiça de primeira instância.

Tornou-se, com isso, inválida a classificação final e excluída a aprovação dos candidatos que naquela oportunidade tiraram inequívoco proveito da ilegalidade que se estampou no edital do concurso e que teve efeito no seu resultado. Segue a ementa do julgado

"EMENTA: ADMINISTRATIVO. RECURSO ORDINÁRIO EM MANDADO DE SEGURANÇA. CONCURSO PÚBLICO. PROVA DE TÍTULOS. VIOLAÇÃO AO PRINCÍPIO DA ISONOMIA E DA RAZOABILIDADE.

1. Correto e válido ser prestigiado pelo serviço público a experiência pregressa no efetivo exercício de cargo ou função pública, bem como na efetiva atuação como estagiário ou conciliador junto ao Poder Judiciário, máxime levando em conta o cargo a ser preenchido – Quadro de Pessoal da Justiça de Primeira Instância do Estado de Minas Gerais.

2. Entretanto, essa valorização das referidas funções como títulos, somente exercidas no Poder Judiciário do Estado de Minas Gerais, fere o princípio constitucional da isonomia.

3. O título deve atrelar-se à escolaridade exigida para a inscrição no certame. Mostra-se, portanto, descabida a valorização do Curso Superior em Direito para o preenchimento de cargo de nível médio de escolaridade.

4. Recurso conhecido e provido".

(RMS 16.996-MG, Relatora Ministra Laurita Vaz. Quinta Turma do STJ).

Veja-se, também, julgado do Supremo Tribunal Federal sobre a graduação dos pontos referentes ao tempo de serviço público:

"EMENTA: CONCURSO PÚBLICO – TÍTULOS. Discrepa da razoabilidade norteadora dos atos da Administração Pública o fato de o edital de concurso emprestar ao tempo de serviço público pontuação superior a títulos referentes à pós-graduação.

(AGREG em RE nº 205.535-RS, Segunda Turma, Rel. Min. Marco Aurélio)"

Concurso interno ou restrito é o processo seletivo realizado exclusivamente dentro do âmbito de pessoas administrativas ou órgãos públicos. Esse tipo de certame não pode ser tido como concurso público, sabido que a participação dos candidatos é de caráter limitado. O concurso interno só é constitucional quando utilizado para a elevação de servidores na carreira (promoção ou acesso), ou conforme exigido por lei.

A questão do concurso interno surgiu a propósito da regra do artigo 19, § 1º, do Ato das Disposições Constitucionais Transitórias. Após conferir a certos servidores o direito à estabilidade no serviço público (artigo 19, do ADCT), a Constituição consignou que o tempo de serviço desses servidores seria contado como título quando fossem submetidos a concurso para fins de efetivação, na forma de lei. Como a norma não empregou o adjetivo público, alguns entenderam que a hipótese ensejaria mero concurso interno. Na verdade, o Constituinte não pretendeu excepcionar a regra geral do concurso público, ao contrário, quis possibilitar que alguns servidores, se aprovados em concurso público para cargos efetivos, pudessem ter seu tempo anterior de serviço computado como título. Os que não desejassem a efetivação nos cargos, não precisariam submeter-se ao concurso, pois que já teriam conquistado a estabilidade. Os servidores, no entanto, que pretendessem ocupar cargos efetivos, deveriam participar normalmente do concurso público e, se aprovados, seu tempo anterior de serviço valeria como título para a classificação final dos candidatos.

Na órbita federal, entretanto, por força do artigo 243, § 1º, da Lei nº 8.112/90, todos os empregados da Administração direta, das autarquias e fundações de direito público que estavam sob regime de emprego foram inconstitucionalmente incluídos em cargos públicos sem concurso algum e, até mesmo, sem que se fizesse acepção entre estabilizados e não-estabilizados, pelo artigo 19 das Disposições Transitórias.

A aprovação em concurso público não gera ao candidato direito líquido e certo à nomeação, mas somente expectativa de direito. A Administração, pelo fato de ter realizado o concurso não tem a obrigação de nomeá-los dentro do prazo de validade do certame, pois a nomeação é ato que fica jungido à sua conveniência e oportunidade.

A exigência de aprovação prévia em concurso público e a fixação dos prazos de validade do certame são requisitos inafastáveis para a regularidade do procedimento de seleção. Havendo violação aos princípios da legalidade, da igualdade ou da impessoalidade no curso da competição, não haverá uma alternativa senão a de considerar nulo o concurso.

Sendo praticado qualquer ato de investidura em cargo, emprego ou função sem observância do requisito concursal ou do prazo de validade do procedimento, estará ele inquinado de vício de legalidade, devendo ser declarada a sua nulidade.

De acordo com o § 2º do artigo 37, a não observância quanto à obrigatoriedade de concurso público para a investidura em cargo ou emprego público e ao prazo de validade do concurso público, implicará a nulidade do ato e a punição da autoridade responsável, nos termos da lei. A lei a que se refere o Texto Constitucional deverá ser aquela editada pela respectiva pessoa política, porém, a sanção poderá ser prevista tanto em lei estatutária do funcionalismo, quanto em lei específica para o assunto. A anulação poderá decorrer de iniciativa do próprio Poder Público ou de decisão judicial. A punição da autoridade que deu causa à nulidade é medida que se faz necessária, através da abertura de inquérito administrativo, possibilitando-se ao acusado, o direito à ampla defesa e ao contraditório.

Cabe, ainda, ressaltar que o ingresso de servidor com inobservância das normas legais pertinentes dá margem a ação popular, nos termos do artigo 4º, I, da Lei nº 4.717, de 29/06/65:

"Art. 4º. São também nulos os seguintes atos ou contratos, praticados ou celebrados por quaisquer das pessoas ou entidades referidas no art. 1º:

I- A admissão ao serviço público remunerado, com desobediência quanto às condições de habilitação, das normas legais, regulamentares ou constantes de instruções legais.

.................................."

Muitas incertezas têm pairado a respeito dos direitos dos candidatos no que tange ao resultado dos concursos públicos.

Um desses aspectos diz respeito à vista de provas. Trata-se de direito garantido pelo princípio da publicidade, inscrito no artigo 37, *caput*, da Carta Magna, que precisa ser asseverado ao candidato, já que somente através da vista é que poderá ele verificar a existência de erros materiais ou de arbitrariedades cometidas pelos examinadores.

Nesse sentido se posicionou o Superior Tribunal de Justiça que reputou ilegal a vedação do pedido de vista:

"EMENTA: PROCESSUAL CIVIL. RECURSO ESPECIAL. APONTADA NEGATIVA DE VIGÊNCIA AO ART. 9º, INCISO VII, DA LEI Nº 4.878/65. CONCURSO PÚBLICO. EXAME PSICOTÉCNICO. CRITÉRIOS ADOTADOS QUE INIBEM O CANDIDATO DE RECORRER DO RESULTADO DO EXAME. INADMISSIBILIDADE.

É injustificável o comportamento da Administração fazendo inserir nas instruções normativas baixadas através do Edital de Concurso a vedação ao pedido de vista ou a interposição de recurso do resultado da Seleção Psicológica.

(RESP nº 28.517-DF, STJ, Sexta Turma, Rel. Min. Pedro Acioli)"

8.2. Direito de Acesso aos Cargos, Empregos e Funções Públicas

8.2.1. Considerações

A regra fundamental do direito de acesso ao serviço público está disposta no artigo 37, I, da Constituição Federal.

A acessibilidade diz respeito às condições e modos pelos quais são propiciadas aos cidadãos, oportunidades de exercer os cargos, empregos ou funções na Administração Pública.

O acesso, no dispositivo em questão, está sendo utilizado como sinônimo de ingresso, provimento originário ou inicial.

O artigo 37, inciso I, em sua redação original, assegurava o direito de acesso aos cargos, empregos e funções públicas aos brasileiros que preenchessem os requisitos estabelecidos em lei.

Na sua redação original, a Constituição assegurava o direito de acesso ao serviço público a todos os brasileiros, não fazendo distinção, portanto, entre os brasileiros natos e os naturalizados. Excetuavam-se aos brasileiros naturalizados determinados cargos previstos nos artigos 12, § 3º e 89, inciso VIII, da Carta Política, só acessíveis aos brasileiros natos.

Quanto à possibilidade de o estrangeiro ingressar no serviço público, se tomada a redação do inciso isoladamente, não haveria nenhuma brecha que possibilitasse o acesso a cargos, empregos ou funções públicas pelo estrangeiro. Todavia, dentro de uma interpretação sistemática, entendia-se que a contratação do estrangeiro era possível na hipótese do artigo 37, IX, para "atender a necessidade temporária de excepcional interesse público". Tanto assim que a Lei nº 8.745/93, que dispõe sobre a contratação de servidores temporários na Administração Pública federal direta, autárquica e fundacional pública, incluiu entre os casos de necessidade temporária de excepcional interesse público, a admissão de professor e pesquisador visitante estrangeiro (artigo 2º, V).

Confirmando a possibilidade, a Emenda Constitucional nº 11, de 30/04/96, que introduziu dois parágrafos ao artigo 207 da Lei Magna, dispôs no § 1º que: "É facultado às universidades admitir professores, técnicos e cientistas estrangeiros, na forma da lei.". Este dispositivo foi disciplinado, na esfera federal, pela Lei nº 9.515, de 20/11/97, que introduziu o § 3º na Lei nº 8.112/90, estabelecendo que "As universidades e instituições de pesquisa científica e tecnológica federais poderão prover seus cargos com professores, técnicos e cientistas estrangeiros, de acordo com as normas e os procedimentos desta Lei". Esta lei somente se aplicava à esfera federal. Os Estados e Municípios deveriam editar suas próprias normas.

Após a Emenda Constitucional nº 19/98, o artigo 37, I, passou a ter a seguinte redação:

> "Art. 37. ....
> I- os cargos, empregos e funções públicas são acessíveis aos brasileiros que preencham os requisitos estabelecidos em lei, assim como aos estrangeiros, na forma da lei;"

Com a nova redação, o direito de acesso aos cargos, empregos e funções públicas foi ampliado. Os cargos, empregos e funções públicas são acessíveis aos brasileiros, natos ou naturalizados, que preencham os requisitos estabelecidos em lei e aos estrangeiros, na forma da lei.

A primeira norma, que reconhece acessibilidade a todos os brasileiros que preencham os requisitos estabelecidos em lei, esclarece que os brasileiros têm o direito constitucional de acesso às funções administrativas - quando e desde que - preencham as exigências legais. Esta norma será de eficácia contida e aplicabilidade imediata, quer dizer, a lei não criará o direito previsto, pelo contrário, o restringirá, ao prever requisitos para o seu exercício. Essa lei será limitada pela própria regra constitucional, de tal forma que os requisitos nela fixados não poderão importar em discriminação de qualquer espécie ou impedir a correta observância do princípio da acessibilidade de todos ao exercício da função pública.

A partir da Emenda Constitucional nº 19/98, restou incontroverso que, os estrangeiros têm a possibilidade de titularizar os cargos, empregos e funções públicas em qualquer esfera governamental, na forma disposta na lei. A norma constitucional é de eficácia limitada, pois o exercício do direito nela estatuído depende de forma a ser estabelecida em lei, sendo vedada qualquer possibilidade de discriminação abusiva, que desrespeite o princípio da igualdade, por flagrante inconstitucionalidade.

Os brasileiros dispõem do direito constitucional para aceder aos cargos, empregos e funções públicas, somente encontrando o conteúdo limitador do exercício desse direito em lei. Já os estrangeiros não dispõem desse mesmo direito constitucional de aceder às funções administrativas, mas sim, da possibilidade de vir a ter esse direito, quando e da forma que for estabelecido na norma infraconstitucional.

De qualquer maneira, tanto aos brasileiros como aos estrangeiros, haverá de se exigir que a definição dos requisitos para o exercício do direito (no caso dos brasileiros) ou a definição do próprio direito de acesso (no caso dos estrangeiros), estejam estabelecidos em lei.

A lei mencionada constitucionalmente será nacional, no que se refere aos estrangeiros (art. 22, incs. XV e XVI, da CF), e aos brasileiros quanto as profissões específicas a serem cumpridas por carreiras públicas (art. 22, XVI, da CF)[39].

Todavia, a edição da lei responsável por definir os requisitos a serem cumpridos pelos interessados, é da entidade política titular do cargo, emprego ou função pública que se deseja preencher, dada a autonomia que lhes se assegura nessa matéria. Para cada um dos cargos, empregos ou funções públicas será legitimado um rol de exigências que terá de ser juridicamente adequado para ser considerado constitucional.

Há de se notar também que, os portugueses com residência permanente no Brasil, se houver reciprocidade em favor dos brasileiros, poderão titularizar cargos, empregos e funções públicas, de acordo com o artigo 12, § 1º da Constituição da República.

Logo, os cargos, empregos e funções públicas são acessíveis aos brasileiros, natos ou naturalizados, aos portugueses equiparados que preencham os requisitos estabelecidos em lei, e, desde a promulgação da Emenda Constitucional nº 19/98, aos estrangeiros, na forma da lei.

É importante observar que há determinados cargos previstos constitucionalmente que são privativos de brasileiros natos, logo, estes cargos não serão acessíveis aos brasileiros naturalizados, aos portugueses equiparados e obviamente, aos estrangeiros. As normas constitucionais que limitam o ingresso desses cargos aos

---

39 "Art. 22. Compete privativamente à União legislar sobre: ... XV- emigração e imigração, entrada, extradição e expulsão de estrangeiros; XVI- organização do sistema nacional de emprego e condições para o exercício de profissões; ..."

brasileiros natos o fazem não como medida discriminatória, mas por questões de segurança nacional. São os cargos: de Presidente e Vice-Presidente da República, de Presidente da Câmara dos Deputados, de Presidente do Senado Federal, de Ministros do Supremo Tribunal Federal, da carreira diplomática, de oficial das Forças Armadas, de Ministro de Estado de Defesa (incluído pela Emenda Constitucional nº 23/99), previstos no artigo 12, § 3º da Constituição da República, e os seis cidadãos participantes do Conselho da República, previsto no artigo 89, VII, também da Constituição.

A lei responsável pela instituição dos requisitos necessários para o acesso a cargos, empregos e funções públicas, conforme foi visto acima, é de cada um dos entes da federação que desejem preencher os mesmos. O processo de institucionalização dessa lei, em relação ao Poder Executivo, é de iniciativa exclusiva do Chefe desse Poder (art. 61, § 1º, II, *a*, da CF). No caso do Poder Legislativo, a instituição acontecerá através de resolução, e não de lei, cabendo a iniciativa do processo de criação a cada uma das Casas Legislativas (arts. 51, IV, e 52, XIII, da CF). E no caso do Poder Judiciário e do Ministério Público, a iniciativa, caberá, respectivamente, aos Tribunais interessados (art. 96, I, *b*, e II, *b*, da CF) e ao Ministério Público (art. 127, § 2º, da CF).

O ingresso no quadro de pessoal da Administração Pública direta e indireta de qualquer dos Poderes da União, dos Estados, do Distrito Federal e dos Municípios, é direito de brasileiros e estrangeiros, consoante o assegurado pela Constituição Federal, no artigo 37, *caput* e inciso I, desde que, conforme já observado, preencham os requisitos estabelecidos, obrigatoriamente, em lei ou resolução.

Segundo a lição do mestre José dos Santos Carvalho Filho pode-se dividir os requisitos em objetivos e subjetivos. Os requisitos objetivos são aqueles que guardam pertinência com as funções do cargo ou emprego, como é o caso das provas de conhecimento, das provas de título, provas de esforço e demais testes de avaliação do mesmo gênero. E os requisitos subjetivos são os que dizem respeito à pessoa do candidato, como os exames físicos e psíquicos, a boa conduta, a prestação de serviço militar, a escolaridade etc.[40]

Nenhum requisito, porém, poderá discriminar os candidatos em razão de suas condições pessoais, devendo ser respeitadas as garantias asseguradas no artigo 5º da Constituição da República, que veda distinções baseadas em sexo, idade, cor, raça, trabalho, credo religioso, convicções filosóficas ou políticas.

Os requisitos deverão, também, ser fixados em estreita consideração com as funções a serem exercidas pelos servidores, sob pena de serem considerados discriminatórios e violadores dos princípios da igualdade e da impessoalidade. Se a lei determinar algum dispositivo que institua requisito ofensivo a tais postulados, estará ele inquinado do vício de inconstitucionalidade.

No serviço público federal, a Lei nº 8.112/90, no seu artigo 5º, enumerou requisitos básicos para a investidura em cargos públicos:

"Art. 5º. São requisitos básicos para a investidura em cargo público:

I- a nacionalidade brasileira;

II- o gozo dos direitos políticos;

III- a quitação com as obrigações militares e eleitorais;

IV- o nível de escolaridade exigido para o exercício do cargo;

V- a idade mínima de dezoito anos;

VI- aptidão física e mental.

§ 1º. As atribuições do cargo podem justificar a exigência de outros requisitos estabelecidos em lei.

..................................."

Não obstante, a edição da lei responsável por definir os requisitos a serem cumpridos pelos candidatos interessados em exercer uma função administrativa na Administração Pública ser da competência da entidade política titular do cargo, emprego ou função pública que se deseja preencher, estes requisitos citados passaram a constituir um conjunto de condições *sine qua non*, para o acesso às funções públicas. Observe-se que, obviamente, outros requisitos serão exigidos pelas leis de cada uma das entidades da federação para os seus diferentes cargos, empregos e funções públicas.

---

40   CARVALHO FILHO, José dos Santos. *Op. cit.*, p. 463.

Quanto ao requisito da nacionalidade, o assunto já foi amplamente explanado acima.

Requisito também exigido para o exercício de função pública é o de estar o cidadão no gozo dos direitos políticos.

Direitos políticos são as prerrogativas, atributos, faculdades, ou poder de intervenção dos cidadãos ativos no governo de seu país, intervenção direta ou indireta, mais ou menos ampla, segundo a intensidade do gozo desses direitos. Os direitos políticos garantem a participação do povo no poder de dominação política por meio das diversas modalidades de direito de sufrágio: direito de voto nas eleições, direito de ser votado, direito de voto nos plebiscitos e referendos, assim como por outros direitos de participação popular, como o direito de iniciativa popular, o direito de propor ação popular e o de participar de partidos políticos. O gozo dos direitos políticos tem início, em algumas de suas modalidades, a partir de dezesseis anos (para o direito de voto).

Os cidadãos poderão ser privados do gozo de seus direitos políticos, cuja perda ou suspensão se dão nos casos de: cancelamento da naturalização por sentença transitada em julgado; na incapacidade civil absoluta; na condenação criminal transitada em julgado, enquanto durarem seus efeitos; na recusa de cumprir obrigação a todos imposta ou prestação alternativa, nos termos do artigo 5º, VIII, da Lei Magna; e nos casos de improbidade administrativa, nos termos do artigo 37, § 4º, da Constituição Federal.

Quanto à quitação com as obrigações eleitorais esta se concretiza com o cumprimento do alistamento eleitoral e o voto, que são obrigatórios para os maiores de dezoito anos.

Outra condição essencial para o exercício da função pública é a quitação com o serviço militar.

O fundamento dessa exigência é que não se pode admitir que o cidadão, usufruindo diversas regalias concedidas pelo Estado, não tenha o dever de, em retribuição, suportar um ônus relativamente pequeno, qual seja, o de dedicar pequeno período de sua vida em adestrar-se no exercício da atividade concernente à defesa da pátria, a fim de que possa defendê-la no caso em que isso se faça necessário. Por outro lado, a exigência desse requisito facilita a possibilidade de convocação rápida de homens com que o Estado pode contar, em casos de emergência.

A obrigatoriedade do serviço militar sempre existiu no Brasil, figurando até mesmo entre os preceitos constitucionais, tal a importância de que se reveste. A Constituição da República de 1988 a ele se refere no artigo 143, aonde vem discorrendo que "O serviço militar é obrigatório nos termos da lei.". E o parágrafo segundo que isenta do serviço militar obrigatório, as mulheres e os eclesiásticos, em tempo de paz, porém, sujeitos a outros encargos que a lei lhes atribuir.

Com relação ao nível de escolaridade imposto para o exercício das funções públicas, este se dará com a prova documental da escolaridade exigida para o cargo, o emprego ou a função, sendo apresentada pelos candidatos à medida que lhes sejam requisitados.

A idade é um dos requisitos exigidos como presunção de capacidade não somente física como também mental para o desempenho regular da função pública.

A idade mínima para o exercício de funções públicas para as quais a Constituição não impõe idade específica é de dezoito anos. Tal afirmação é baseada no artigo 37, § 4º, da Lei Magna, que expressamente consagra a responsabilidade administrativa, civil e, sobretudo, penal dos agentes públicos, ao passo que o artigo 228, também da Constituição de 1988, exclui a responsabilidade penal dos menores de dezoito anos.

O menor de idade pode tomar posse em cargo público, considerando atendido o requisito etário, quando emaciado por seus representantes legais, satisfazendo, assim, o requisito da maioridade necessário à realização dos atos da vida civil, conforme dispõe o art. 5º do Código Civil, não se justificando o indeferimento administrativo da sua nomeação e posse no cargo. Portanto, a emancipação torna o candidato plenamente capaz de praticar todos os atos da vida civil, inclusive o de ser empossado e exercer cargo público.

A Constituição Federal estabelece, em diversos artigos, limites mínimos de idade para o acesso a cargos cujo provimento não se dá por concurso público, mas por sufrágio eleitoral ou escolha política. É o caso dos Vereadores, cuja idade mínima instituída é de 18 anos; os cargos de Deputados federais, estaduais ou distritais, Prefeitos e Vice-Prefeitos e Juízes de Paz, cuja idade mínima é de 21 anos; os Governadores e Vice-Governadores, juízes dos Tribunais Regionais Federais, 30 anos; os cargos de Presidente, Vice-Presidente e

Senador, ministros do Supremo Tribunal Federal, do Superior Tribunal de Justiça, do Tribunal Superior do Trabalho, do Superior Tribunal Militar e do Tribunal de Contas da União, de idade mínima de 35 anos.

Com relação às idades máximas, as legislações geralmente não a estabelecem. O servidor público é aposentado compulsoriamente aos setenta anos de idade (art. 40, § 1º, II, da CF), logo, conclui-se que a idade máxima deverá ser inferior a setenta anos, exceto se se tratar de cargo em comissão.

A Constituição da República também prevê em alguns dispositivos, limites máximos de idade para o acesso a cargos cujo provimento se dá por sufrágio eleitoral ou escolha política. É o caso dos Ministros do Supremo Tribunal Federal, do Superior Tribunal de Justiça, do Tribunal Superior do Trabalho, do Tribunal de Contas da União e dos juízes dos Tribunais Regionais Federais, cuja idade máxima para o acesso é de 65 anos.

8.3. Requisitos de Inscrição e Requisitos de Cargos

8.3.1. Introdução

O *provimento de cargo público é* tema que se atrela à análise de outros tantos institutos dentro do estudo do Servidor Público, alguns dos quais a doutrina e a jurisprudência, em sua maioria, já pacificaram. Outros, contudo, têm-se tornado mais polêmicos com o passar do tempo, como é o caso dos requisitos editalícios para abertura de concurso público.

Isto pode ser explicado, em parte, pela própria característica da natureza humana, que está sempre inclinada na busca pelo novo, e na consequente aquisição de novos hábitos, a exemplo do uso de tatuagem, cada vez mais comum, e do uso da prótese de silicone nos seios, tão em voga nos dias de hoje. Não raro, todavia, estes novos hábitos têm desencadeado controvérsias no meio social e no mundo jurídico.

Para os efeitos deste estudo, relacionando-se a aquisição de novos hábitos na vida social com o tema em foco, que são os requisitos aplicáveis ao provimento de cargo público, trazemos à baila questões que estão sendo levadas cada vez com mais frequência aos Tribunais, e que suscitam novas interpretações e ponderações dos aplicadores da lei.

Trata-se de candidatos a cargos públicos os quais têm a investidura questionada administrativa e judicialmente em razão da existência de conflitos entre pré-requisitos editalícios e elementos de ordem pessoal, tais como o porte de tatuagem ou a prótese de silicone. Além destes citados elementos, outros requisitos como a altura mínima e a investigação social do candidato também são requisitos que têm gerado polêmica no meio jurídico, sendo levados com frequência aos Tribunais.

Outro tema que abordaremos, também neste estudo, é quanto à legalidade de se utilizar a prova emprestada, que é a que ocorre quando a Administração Pública, tão-somente com o intuito de colher indícios que sirvam como prova no Procedimento administrativo disciplinar de servidor, se vale de provas obtidas na esfera criminal. Ou seja, toma-se emprestado a prova de uma esfera para ser usada em outra.

Portanto, faremos uma breve análise sobre os pré-citados elementos relacionados ao cargo público que estão cada vez mais frequentes nas demandas judiciais, valendo-nos da tentativa de trazer o entendimento que tem tangenciado as decisões dos Tribunais.

8.3.2. A investidura do servidor público

Preliminarmente, cumpre ressaltar que a investidura do servidor no cargo público pressupõe requisitos legalmente elencados na Lei 8.112/90, tais como a nomeação (art. 82, I) e a posse (art. *12)*. Entretanto, embora a lei diga que a investidura se dá com a posse, é certo que esta *só* se formaliza plenamente com o ato do exercício, previsto no art. 15 da aludida lei.

Não obstante, a exigência do exercício para configurar a investidura do servidor, asseveramos que a Corte Suprema tem manifesta posição no sentido de que a nomeação do servidor público e o ato de sua posse devem ser precedidos pela aprovação do concurso público, sob pena da posse ser desfeita. Trata-se da Súmula nº 17 do STF: "Se ocorrer nomeação de servidor sem concurso público, pode ela ser desfeita antes da posse".

Adentrando-nos na seara da aprovação de concurso público, enfatizamos que a sua plena realização, em tese, apenas se dá pelo esgotamento dos requisitos inseridos no edital de abertura. Neste sentido, cumpre-nos traçar a distinção entre os elementos de requisitos de inscrição e requisitos do cargo.

8.4. Mera Expectativa de Direito

A Administração, pelo fato de ter realizado o concurso, hoje, tem a obrigação de nomear os candidatos dentro do prazo de validade do certame, pois a nomeação é ato que não fica jungido à sua conveniência e oportunidade.

Com efeito, a nomeação dos candidatos classificados encontra-se submetida ao interesse da Administração Pública que, no exercício de sua competência vinculada e não mais discricionária, há de realizar o preenchimento das vagas oferecidas de acordo com a disponibilidade efetiva de pessoal.

Ressalte-se, ainda, que o direito à nomeação também emerge quando o cargo para o qual o candidato foi habilitado mediante aprovação em concurso for preenchido sem a observância da ordem de classificação ou por terceiro que não participara do certame, como, por exemplo, contratação temporária ou terceirizados em prejuízo dos candidatos previamente aprovados em concurso, hipótese em que se comprova a preterição do concursado.

Sob este propósito, aliás, foi editada o verbete sumular n° 15 pelo Supremo Tribunal Federal:

"Dentro do prazo de validade do concurso, o candidato aprovado tem direito à nomeação, quando o cargo for preenchido sem observância da classificação."

A jurisprudência do Supremo Tribunal Federal observou que o candidato aprovado em concurso público e preterido em face de nomeação de outro candidato, tem também o direito ao recebimento de indenização (RE n° 188.093-RS, 2ª Turma, Min. Rei. Maurício Corrêa).

A nomeação de concursado, realizada em desobediência à ordem classificatória, enseja a todos que estiverem melhor classificados, em relação ao nomeado, o direito à nomeação, direito este que vem sendo reconhecido judicialmente através de mandado de segurança.

É o seguinte aresto do Superior Tribunal de Justiça:

"Processual civil. Recurso ordinário em mandado de segurança. Servidor público nomeado em virtude de habilitação em concurso público. Direito à posse. Súmula n° 16 do STF. Uma vez nomeado o servidor habilitado em concurso público, tem ele direito à posse, pois o juízo de conveniência e oportunidade da administração esgota-se com o ato de nomeação.

Portanto, a doutrina e a jurisprudência são unívocas no sentido de que o candidato aprovado tem direito à nomeação na hipótese de inobservância da ordem dos concursos e da ordem classificatória, dentro de seu prazo de validade.

Por outro lado, havendo contratações temporárias, o que é inadmissível, para suprir vagas reais que deveriam ser ocupadas pelos habilitados, *in causu*, o concursado passa a ter o direito a ser nomeado e empossado no cargo ao qual foi legalmente aprovado, sob pena de vir a sofrer enorme prejuízo e ante a responsabilidade de lesão irreversível ao direito, visto que expirado o prazo de validade do concurso, ficará impedido de ser nomeado. Logo, se convola em direito de fato a partir do momento em que dentro do prazo de validade do concurso a contratação de pessoal, de forma precária, para o preenchimento de vagas existentes em flagrantes preterições àqueles que, aprovados em concurso ainda válido, estariam aptos a ocupar o mesmo cargo ou função.

Hodiernamente, tal entendimento se encontra consagrado também no Superior Tribunal de Justiça (MS 703 1 –DF.)

O Supremo Tribunal Federal possui orientação no sentido de que a contratação em caráter precário, para o exercício das mesmas atribuições do cargo para o qual foi promovido concurso público, implica em preterição de candidato habilitado, quando ainda subsiste a plena vigência do referido concurso, o que viola o direito do concorrente aprovado à respectiva nomeação, precedentes, III – Agravo regimental improvido. (AI 788.628 AgR, Relator Min. RICARDO LEWANDOWSKI, Segunda Turma).

A jurisprudência da Corte é no sentido de que a contratação precária de agentes públicos somente configura preterição na ordem de nomeação de aprovados em concurso público vigente – ainda que fora do número de vagas previsto no edital – quando referida contratação tiver como finalidade o preenchimento de cargos efetivos vagos.

Cabe, por oportuno, que o próprio Supremo Tribunal Federal, ainda não se derrogou o verbete 15, de sua Súmula, segundo o qual ("Dentro do prazo de validade do concurso, o candidato aprovado tem direito à nomeação, quando o cargo for preenchido sem observância da classificação").

A controversa questão atinente à existência, ou não, de direito subjetivo à contratação por candidatos aprovados em concurso público, em cadastro de reserva, quando comprovada a contratação de terceirizados para exercício da mesma tarefa, encontra-se solucionada pelo Superior Tribunal de Justiça, determinando o ingresso do mesmo na carreira à qual concorreu e no caso de descumprimento da ordem judicial, importante alta multa cominatória.

A este respeito, em página de inegável clareza, hoje, a regular aprovação em concurso público em posição classificatória no limite das vagas oferecidas no edital confere ao candidato direito subjetivo à nomeação e posse segundo a atual orientação do E. Superior Tribunal de Justiça, ratificada pelo Supremo Tribunal Federal. Inaplicável a tese da mera expectativa de direito uma vez que restou superada, sobretudo na jurisprudência.

A alegação do ente público municipal de impossibilidade de prover os cargos devido às restrições da Lei de Responsabilidade Fiscal não convence, porquanto não deveria ter lançado o edital do concurso, como máquina, apenas, de arrecadar dinheiro dos candidatos, constituindo-se numa grande falta de responsabilidade.

Ademais, se a própria Administração estabeleceu no edital do concurso público o número de vagas, é porque tinha disponibilidade orçamentária para admitir os novos servidores.

No tocante a essa questão, os nossos tribunais assim têm decidido:

Administrativo. Recurso ordinário em mandado de segurança. Concurso público. Aprovação dentro do número de vagas previsto em edital. Direito subjetivo a nomeação e posse dentro do prazo de validade do certame.

Trata-se, na origem, de mandado de segurança impetrado com o objetivo de obter nomeação e posse em razão de aprovação em concurso público dentro do número de vagas previsto no edital.

A instância ordinária denegou a segurança sob o argumento de que a aprovação em concurso público gera mera expectativa de direito aos regularmente aprovados, notadamente porque, no caso concreto, o próprio edital do certame condicionava a nomeação e o empossamento à disponibilidade orçamentária-financeira.

Portanto, como se observa facilmente, a simples alegação da Administração Pública de que não possui disponibilidade orçamentária-financeira, sem provas contundentes neste sentido, não é suficiente para afastar o direito subjetivo da parte, sobretudo tendo em vista a exigência constitucional de previsão orçamentária antes da divulgação do edital (art. 169, § 1º, I e II, CF).

Esta E. Décima Sétima Câmara Civil também já se manifestou nesse sentido como se observa do julgamento do Reexame Necessário 0012517-61.2009.8.19.0052 sob a relatoria do Desembargador Edson Vasconcelos:

CONCURSO PÚBLICO – PROVAÇÃO DE CANDIDATOS NOS LIMITES DAS VAGAS EXISTENTES – DIREITO SUBJETIVO À NOMEAÇÃO E POSSE – PRECEDENTES – STF, STJ, TJRJ Aprovação de candidatos dentro do número de vagas em certame realizado pela Administração Pública caracteriza direito subjetivo à nomeação, encontrando-se superada a tese da mera expectativa de direito. Recurso manifestamente improcedente, mantida a sentença em reexame necessário.

8.4.1. Quando a conversão da mera expectativa de direito se converte em direito subjetivo

Neste mesmo sentido, no julgamento de recurso ordinário em mandado de segurança de nº 19.924-SP, o STJ ratificou sua posição. Naquela ocasião, a 5ª. Turma deu provimento, por unanimidade, ao recurso interposto pela recorrente que, classificada em 1º lugar em concurso público para o cargo de oficial de justiça, foi preterida pela contratação de terceiros, dentro do prazo de validade do certame.

Fundamentando sua decisão a favor da recorrente, os Ministros daquela Turma não se furtaram de fazer alusão à hipótese já consagrada pelo STF de que, embora haja a aprovação em concurso público, a princípio o candidato adquire mera expectativa de direito à nomeação.

Não obstante, entende também que tal expectativa se converte no direito subjetivo à posse dos candidatos aprovados dentro das vagas previstas no edital do concurso, se dentro de seu respectivo prazo de validade se insurgir a contratação precária de terceiros, para a ocupação destes mesmos cargos.

Ressalta-se que não importa que estes terceiros sejam concursados ou não. Demonstrada a necessidade de preenchimento das vagas a que dispunha o edital, neste caso específico, o de oficial de justiça, e tendo tal ocupação se dado por terceiros, e não pelos candidatos aprovados, merece tal ato ser retocado pelo judiciário.

Com efeito, não há que se falar em mera expectativa de direito quando se sobrevém a esta um real direito subjetivo à posse, ressaltando-se, também, que se esvazia a alegação no sentido de que a Administração não tem obrigação de contratar durante a validade do certame, por conta da prevalência do interesse público, bem como pelo juízo de conveniência e oportunidade de que se revestem os atos administrativos.

É o que se segue na ementa do recurso emitida pela Quinta Turma do STJ:

> "EMENTA: ADMINISTRATIVO. CONCURSO PÚBLICO. OFICIAL DE JUSTIÇA. NOMEAÇÃO. CANDIDATA CLASSIFICADA EM PRIMEIRO LUGAR. CONTRATAÇÃO DE TERCEIROS DENTRO DO PRAZO DE VALIDADE DO CERTAME. RECURSO ORDINÁRIO PROVIDO.
>
> 1. Embora aprovado em concurso público, tem o candidato mera expectativa de direito à nomeação. Porém, tal expectativa se transforma em direito subjetivo para os candidatos aprovados dentro das vagas previstas no edital se, dentro do prazo de validade do certame, há contratação precária de terceiros, concursados ou não, para exercício dos cargos. Precedentes.
>
> 2. Hipótese em que restou demonstrada nos autos a existência e a necessidade de preenchimento das vagas para o cargo de oficial de justiça, assim como a contratação temporária de terceiros, em detrimento da recorrente, aprovada em primeiro lugar no certame.
>
> 3. Recurso ordinário provido".
>
> (RMS 19.924-SP, Ministro Relator: Arnaldo Esteves Lima. Quinta Turma do STJ.).

Oportuno também a leitura da Súmula nº 15 do STF: "Dentro do prazo de validade do concurso, o candidato aprovado tem direito à nomeação, quando o cargo for preenchido sem observância da classificação".

Controvérsia desta mesma espécie foi julgada pela Primeira Câmara Cível do Tribunal de Justiça do Estado do Rio de Janeiro, na Apelação Cível em que foram partes o Município de Macaé e candidato a cargo público de Agente de Combate a Endemias, aprovado em concurso público para ocupar vaga no referido ente estatal.[41]

---

41 DIREITO ADMINISTRATIVO. CONCURSO PÚBLICO. MUNICÍPIO DE MACAÉ. CANDIDATO CLASSIFICADO NO NÚMERO DE VAGAS. CONTRATAÇÃO PRECÁRIA DE NÃO CONCURSADOS. FUNÇÕES EQUIVALENTES À DO CARGO PÚBLICO OBJETO DO CONCURSO. PRINCÍPIOS DA ADMINISTRAÇÃO PÚBLICA VIOLADOS. ART. 37, I, CF. PRETERIÇÃO CONFIGURADA. AUSÊNCIA DE MOTIVAÇÃO SUFICIENTE. DOTAÇÃO ORÇAMENTÁRIA E NECESSIDADE PÚBLICA DEMONSTRADAS. DIREITO LÍQUIDO E CERTO VIOLADO. SEGURANÇA CONCEDIDA.
1. A aprovação em concurso público, por si só, não gera senão mera expectativa de direito à convocação pelo administrador público. Contudo, como consectário lógico ao Princípio da Vinculação ao Edital, "o anúncio de vagas no edital de concurso gera o direito subjetivo dos candidatos classificados à passagem para a fase subsequente e, afim, dos aprovados, à nomeação"

No caso, o apelado, aprovado em concurso público, entrou com Mandado de Segurança contra ato omissivo do Prefeito do Município de Macaé, pois que, ao ser classificado em 31º lugar em concurso cujo edital previa o preenchimento de 80 vagas, foi preterido pela contratação precária de pessoas que não se submeteram ao certame público para exercer as mesmas funções típicas do cargo.

A sentença julgou procedente o pedido do impetrante, concedendo a ordem para a sua nomeação e posse, decisão esta que foi objeto de apelação por parte do Município.Em suas alegações, buscou a nulidade da sentença com o argumento de que havia litisconsórcio passivo necessário em relação a todos os candidatos classificados à frente do impetrante e, da mesma forma, não convocados.

Alegou também inexistir direito líquido e certo que dê respaldo ao mandado de segurança, pelo fato de que a aprovação em concurso público gera apenas mera expectativa de direito, e não o direito subjetivo à nomeação.Por fim, asseverou que a contratação precária de não concursados para exercer o cargo de Agente de Combate a Endemias se deu tão somente em razão de necessidades excepcionais, a saber, a associação do verão com a incidência da dengue.

Entendeu ainda que este fato por si só não teria o condão de impor à Administração Pública a obrigação da contratação e nomeação do pessoal concursado, ato este de natureza discricionária, uma vez que este trabalho não lhe era à época necessário.

Em seu voto, o relator da Primeira Câmara Cível do Tribunal de Justiça do Estado do Rio de Janeiro desqualificou, de plano, a nulidade da sentença pela alegação do litisconsórcio passivo necessário, por entender que não é o direito do autor que vai de encontro ao dos demais concursados, mas, ao contrário, estariam todos os classificados à sua frente em situação idêntica à sua. Com isso, não há que se falar em divergência de direitos, mas de direito concorrente destes candidatos.

Quanto ao mérito da questão, entendeu que esta se trata de saber se a indicação do número de vagas prevista no edital vincula ou não a administração à obrigatoriedade da convocação dos aprovados, até que expire o prazo de validade do concurso, opinando, por conseguinte, que sim.

Embora reconhecendo que, em razão de seu poder discricionário, cabe à Administração decidir pela contratação ou não de seu pessoal para compor seu quadro funcional, e que é pacífico na doutrina e jurisprudência o fato de a aprovação em concurso público gerar apenas mera expectativa de direito, e não o direito subjetivo à nomeação, assevera que há ouras questões que merecem ser levadas em consideração nesta contenda.

(RMS nº 23.657/DF, Min. Marco Aurélio), entendimento capaz de retirar da norma do art. 37, inciso I, da CF, sua máxima efetividade.

2. Afinal, se a Administração Pública abre um certame para preenchimento de um certo número de vagas, é de se presumir que assim seja porque o interesse público o reclama, de modo a se justificarem as despesas, o tempo e o dinheiro públicos gastos na realização do concurso. Entendimento contrário equivaleria a admitir que aqueles que prestam um concurso público – apesar das noites mal dormidas, com gastos pessoais com estudos direcionados, da aquisição de livros e material didático, do tempo reservado ao estudo etc. – estão, a bem da verdade, metendo-se numa aventura.

3. Precedente desta Corte (Apelação Cível nº 16.989/2016, Quinta Câmara Cível, Des. Cristina Tereza Gáulia).

4. A cláusula editalícia que estabelece que "a Prefeitura e Participantes reservam-se ao direito de admitir o número total ou parcial dos candidatos aprovados em relação às vagas quantificadas nos Anexos I, II, III, IV, V, VI e VII deste Edital" deve-se conferir interpretação adequada. Se a regra do edital é lei interna do concurso e vincula a administração, não faz sentido uma segunda regra que faculte à administração a observação ou não da primeira, a seu talante – noutras palavras, uma regra que torna a outra inócua.

5. Assim, tal cláusula só pode ser admitida por jurídica se condicionada a não convocação à devida exposição de motivos, por parte da Administração, onde se demonstre (i) que não subsiste a necessidade de tantos funcionários quantos anunciados no edital ou (ii) que inexiste dotação orçamentária para sua convocação.

6. É exatamente o inverso que se comprova, quando a Administração, ao invés de convocar os classificados no certame, contrata precariamente e sem processo seletivo, outras pessoas para exercerem as mesmas funções típicas daquele cargo – o que equivale à preterição, e ainda demonstra haver dotação orçamentária e necessidade pública de pessoal para desempenho de tais funções. Precedentes.

7. Desprovimento do recurso.

Uma delas é que é reconhecida a iniciativa da Administração Pública em afirmar, por meio do edital do referido concurso público, a existência de determinado número de vagas, lembrando-se ainda ser ele a lei interna do concurso e o mandamento legal que vincula as partes integrantes (administração e candidato).

Dentro desta linha, não existem controvérsias de que a oferta de determinado número de vagas para o preenchimento de cargo público foi de iniciativa unicamente do administrador público, e se estas não existissem, seria o caso de listar no edital a existência de vagas para cadastro de reserva, subtraindo do candidato a esperança de ser logo contratado, caso aprovado dentro do número de vagas previstas.

Outra, é a inevitável menção à existência do Princípio da Vinculação ao Edital, o qual atrai para si os princípios da legalidade, impessoalidade e moralidade da Administração Pública.

Segundo, por que a iniciativa da Administração de contratar precariamente concursados para o mesmo cargo disponível no concurso o qual foi aprovado o impetrante, atenta contra os princípios previstos no *caput* art. 37 da Constituição Federal, além de ter demonstrado cabalmente a necessidade pública de contratação de pessoal e a existência de dotação orçamentária.

Com efeito, decidiu que seja mantida a sentença que julgou procedente o pedido do autor, ratificando a ordem para a sua nomeação e posse, por duas razões: a primeira pelo fato de que o impetrante foi aprovado e classificado dentro do número de vagas previsto no edital.

8.4.2. Acórdão do STJ em vigor: aprovação dentro do número de vagas – direito líquido e certo à nomeação

É da máxima importância que se atualize, neste estudo, a novíssima tendência do STJ – Superior Tribunal de Justiça, cujo Acórdão que foi publicado em 03/03/08, da lavra do Desembargador Paulo Medina, estabelece que "candidato aprovado em concurso público dentro do número de vagas previstas no edital possui direito líquido e certo à nomeação".

Esta nova interpretação do Superior Tribunal de Justiça, há que se ressaltar, tende a mudar o entendimento daquela Corte sobre questões relativas a candidatos aprovados em concurso público dentro do número de vagas estabelecidas pelo edital, que não são chamados no prazo de validade do concurso, caso venha a ser concluída neste sentido.

Releva dizer que a Fazenda Pública do Estado de São Paulo entrou com Embargos de Declaração, e que foi designado novo relator pelo STJ, sendo a Ministra Jane Silva, pelo fato de o Ministro Paulo Medina estar atualmente afastado de suas funções no Tribunal. Não obstante, prosseguiremos neste estudo a analisar o caso sob a ótica do voto do Relator Paulo Medina.

A respeito de numerosos processos que tramitam nos diversos Tribunais do país com este questionamento, conforme já mencionado neste estudo, tem prevalecido, até então, aos candidatos nestas circunstâncias, a mera expectativa de direito a serem nomeados, tendo sido este também o entendimento tanto do Superior Tribunal de Justiça quanto do Supremo Tribunal Federal. Segue-se a Ementa com a nova interpretação:

EMENTA – ADMINISTRATIVO – SERVIDOR PÚBLICO – CONCURSO – APROVAÇÃO DE CANDIDATO DENTRO DO NÚMERO DE VAGAS PREVISTAS EM EDITAL – DIREITO LÍQUIDO E CERTO À NOMEAÇÃO E À POSSE NO CARGO – RECURSO PROVIDO.

1. Em conformidade com jurisprudência pacífica desta Corte, o candidato aprovado em concurso público, dentro do número de vagas previstas em edital, possui direito líquido e certo à nomeação e à posse.

2. A partir da veiculação, pelo instrumento convocatório, da necessidade de a Administração prover determinado número de vagas, a nomeação e posse, que seriam, a princípio, atos discricionários, de acordo

com a necessidade do serviço público, tornam-se vinculados, gerando, em contrapartida, direito subjetivo para o candidato aprovado dentro do número de vagas previstas em edital.

Precedentes.

3. Recurso ordinário provido.

(RMS nº 20.718-SP, Sexta Turma do STJ, Min. Rel. **PAULO MEDINA**).

No caso em tela que culminou no Acórdão do Ministro Paulo Medina, trata-se de candidata que foi aprovada na 65ª posição em concurso público do Tribunal de Justiça de São Paulo, no ano de 2004, para o provimento de cargo de Oficial de Justiça, sendo certo que a sua classificação se deu dentro do número de vagas previstas no edital, que era de 98 vagas.

A partir daí, deu-se iniciou à grande expectativa da candidata – que se justifica pela euforia que sobre-vém após a confirmação de uma aprovação em concurso público, cuja concorrência tem sido cada vez mais acirrada – e à espera de ser nomeada dentro do prazo de validade do concurso, dando como certo este fato exatamente pela sua classificação e pontuação dentro do total das vagas previstas no edital.

Ocorre que, diante do que a candidata viu acontecer na prática, pois faltando apenas um mês para o final do prazo da validade do concurso, o aludido Tribunal havia efetivamente chamado apenas os oito primeiros aprovados, mostrou-se quase impossível que ainda ocorreria a sua chamada, já que esta se encontrava na 65ª posição.

A partir de então, não mais achando que seria prudente correr o risco de expirar o prazo de validade do concurso sem que fosse chamada a tomar posse, providenciou a candidata instrumento formal, exatamente um mês antes deste término, e enviou ao presidente do Tribunal de Justiça do Estado de São Paulo, solicitando a sua nomeasse para o cargo, com o argumento de que obtivera aprovação dentro do número de vagas estabelecidas no edital.

Não obstante, serem as suas alegações verídicas, houve a negativa do Presidente do TJ-SP, contra-argumentado que não apenas dispunha de verbas para outras contratações, como não necessitava naquele momento de contratação além das que já havia efetuado.

Entretanto, diante da negativa do Presidente do TJ-SP, impetrou a candidata, ainda dentro do prazo de validade do concurso e com o escopo de assegurar a sua nomeação, Mandado de Segurança contra a decisão auferida pela aludida autoridade. Não obstante, a sua antecipação, dentro do período de tramitação do pedido, acabou por ocorrer a expiração deste prazo de validade.

Segundo alegou o Tribunal de Justiça do Estado de São Paulo, a aprovação e a classificação em concurso público por qualquer candidato gerariam tão somente mera expectativa de direito, e a iminência do fim do prazo de validade do concurso não daria à candidata o direito à sua nomeação a ponto de obrigar a Administração Pública a prorrogar a sua validade.

Seguindo o seu trâmite, o recurso chegou ao Superior Tribunal de Justiça em novembro de 2005, tendo sido incluído na pauta de julgamento da 6ª Turma cinco meses após a sua chegada.

O Relator do processo, Ministro Paulo Medina, emitiu seu voto no sentido de garantir o direito à candidata. Para ele, a alegação utilizada para indeferir o pedido da candidata, de que não havia disponibilidade financeira para nomeá-la no cargo, se relaciona tão somente com a questão da governabilidade, "o que pressupõe um mínimo de responsabilidade para com os atos que praticam, mormente quando afetam de forma direta a esfera jurídica dos cidadãos", relatou o Ministro.

Ressalta-se que os Ministros Nilson Naves[42] e Paulo Gallotti[43] acompanharam o voto do Relator[44], ao

---

42 Provêm o recurso ordinário os Ministros Medina (Relator) e Gallotti, negaram-lhe provimento os Ministros Quaglia e Carvalhido. Pedi vista na sessão de 2.8.2017. Discute-se se candidato aprovado em concurso tem direito à posse. De acordo com o resumo do voto do Relator, "dentro do número de vagas previstas em edital, possui direito líquido e certo à nomeação e à posse". Porém, segundo o Ministro Quaglia, o candidato tem "apenas expectativa de direito à nomeação". Os registros da Terceira Seção, ligeiramente por mim consultados, deram-me notícia de julgados num e noutro sentido – a saber, de que se trata de direito, ou de que se cuida de expectativa. O meu entendimento coincide com o do Relator, porque a mim sempre se me afigurou que o concurso representa uma promessa do Estado, mas promessa que o obriga, é claro – o Estado se obriga ao recrutamento de acordo com o número de vagas. Peço vênia aos Ministros Quaglia e Carvalhido para acompanhar os Ministros Medina e Gallotti.
(Voto do Ministro NILSON NAVES)

43 Cuida-se de recurso ordinário em mandado de segurança, com fundamento no artigo 105, II, "b", da Constituição Federal, interposto por Maria de Fátima Melo Ribeiro contra acórdão do Tribunal de Justiça assim ementado:
"Mandado de Segurança – Candidata aprovada em concurso público, mas não nomeada – Nomeações que obedecem a ordem de classificação – Mera expectativa de direito da impetrante, limitada a que não fosse desobedecida nas nomeações a ordem de classificação – Prazo de validade do concurso, outrossim, esgotado durante a tramitação do writ – Ordem denegada". (fl. 112)
Versa a controvérsia sobre o direito à nomeação do candidato aprovado dentro do número de vagas previstas em edital de concurso público.
O Relator, Ministro Paulo Medina, dá provimento ao recurso, ao fundamento de que o candidato aprovado em certame público, dentro do número de vagas previstas em edital, possui direito líquido e certo à nomeação.
O julgamento foi interrompido por pedido de vista formulado pelo Ministro Hélio Quaglia Barbosa que, acompanhado pelo Ministro Hamilton Carvalhido, votou pelo improvimento do apelo. Para melhor exame, pedi vista dos autos.
Com razão o relator ao proclamar o direito da recorrente à nomeação.
Com efeito, é certo que o candidato aprovado em concurso público possui mera expectativa de direito à nomeação, ato a ser praticado no juízo de conveniência e oportunidade da Administração Pública, respeitadas a necessidade do serviço, o número de vagas existentes e a ordem classificatória.
Contudo, esta Corte firmou compreensão de que, se aprovado dentro do número de vagas previstas no edital, o candidato deixa de ter mera expectativa de direito para adquirir direito subjetivo à nomeação para o cargo a que concorreu e foi habilitado. Confiram-se:

A – "RECURSO ORDINÁRIO – MANDADO DE SEGURANÇA – CANDIDATO APROVADO EM CONCURSO PÚBLICO DENTRO DO NÚMERO DE VAGAS VEICULADAS NO EDITAL – DIREITO SUBJETIVO À NOMEAÇÃO – RECURSO PROVIDO.
1. Desde que aprovado dentro do número de vagas veiculadas em edital, o candidato em concurso público possui direito subjetivo à investidura no cargo.
Precedentes desta Corte.
2. Recurso provido.
(RMS nº 19.216/RO, Relator o Ministro PAULO MEDINA).

B – ADMINISTRATIVO – CONCURSO PÚBLICO – NOMEAÇÃO – DIREITO SUBJETIVO – CANDIDATO CLASSICADO DENTRO DAS VAGAS PREVISTAS NO EDITAL – ATO VINCULADO.
Não obstante, seja cediço, como regra geral, que a aprovação em concurso público gera mera expectativa de direito, tem-se entendido que, no caso do candidato classificado dentro das vagas previstas no edital, há direito subjetivo à nomeação durante o período de validade do concurso. Isso porque, nessa hipótese, estaria a administração subordinada ao que fora estabelecido no edital do certame, razão pela qual a nomeação fugiria ao campo da discricionariedade, passando a ser ato vinculado. Precedentes do STJ e STF.
Recurso provido."
(RMS nº 15.034/RS, Relator o Ministro FELIX FISHER).

Ante o exposto, acompanho o Relator para dar provimento ao recurso.
É como voto.
(Voto do Ministro PAULO GALLOTTI)

44 Ao contraio do que afirma o ilustre órgão do Ministério Público Federal, a Recorrente não possui apenas expectativa de direito, dependente do exercício da discricionariedade administrativa, à nomeação e à posse no cargo para o qual foi aprovada.

Explico:

Verifica-se do documento de fls. 26, publicado em 28.02.2000, que foram ofertadas 98 (noventa e oito) vagas para o cargo de Oficial de Justiça do Estado de São Paulo.

Pelo mesmo documento, extrai-se que a classificação da Recorrente se deu em 65º lugar, ou seja, dentro do número de vagas previstas em edital.

Em conformidade com jurisprudência pacífica desta Corte, o candidato aprovado em concurso público, dentro do número de vagas previstas em edital, possui direito líquido e certo à nomeação.

O acórdão recorrido fundamentou-se no sentido de que a posse e nomeação de candidato em cargo público parte da premissa da necessidade da Administração.

Trata-se de uma premissa, até o momento em que a Administração não torna expressa essa necessidade, veiculando, em edital, a oferta em certo número de vagas para determinado cargo.

A partir da veiculação, pelo instrumento convocatório, de a necessidade de a Administração prover 98 (noventa e oito) vagas de Oficial de Justiça, o que seria, a princípio, um ato discricionário, torna-se um ato vinculado para o poder público, ensejando, em contrapartida, direito subjetivo à nomeação e à posse, para os candidatos aprovados e classificados dentro do número de vagas previstas no edital.

A propósito:

"RECURSO ORDINÁRIO EM MANDADO DE SEGURANÇA. ADMINSTRATIVO. CONCURSO PÚBLICO. EXPRESSA PREVISÃO LEGAL ASSEGURANDO A NOMEAÇÃO DOS APROVADOS DENTRO DAS VAGAS. DIREITO LÍQUIDO E CERTO.
1. A doutrina e a jurisprudência são unívocas no sentido de que o candidato aprovado só tem direito à nomeação na hipótese de inobservância da ordem dos concursos e da ordem classificatória, dentro do seu prazo de validade havendo, fora desses casos, tão-somente expectativa de direito à nomeação.
2. No entanto, reveste-se de ilegalidade o ato omissivo do Poder Público que não observa comando legal que assegura a nomeação dos candidatos aprovados e classificados até o limite de vagas previstas no edital, no prazo de 120 (cento e vinte) dias contados da homologação do concurso, por se tratar de ato vinculado.
3. Precedentes.
4. Recurso provido. (RMS 10.877/MG, 6ª Turma, Rel. Min. Hamilton Carvalhido).

No que concerne à alegação do Recorrido da ausência de disponibilidade financeira para prover a Recorrente no cargo, esta relaciona-se, como o próprio reconhece, à questão da governabilidade e governabilidade pressupõe um mínimo de responsabilidade para com os atos que pratica, mormente quando afetam de forma direta a esfera jurídica dos cidadãos.

Outrossim, não merece prosperar o fundamento do acórdão recorrido de que, no decorrer do julgamento do *writ*, operou-se o termo final do prazo de validade do certame.

Importante ressaltar que, dentro do prazo de validade do concurso, a Recorrente impetrou a segurança, visando à ordem para proteger seu direito subjetivo à nomeação do cargo.

Cediço, nesse sentido, a necessidade de se julgar a ação de mandado de segurança no menor prazo possível, a par de todas as dificuldades impostas pela demanda do Poder Judiciário.

Por conseguinte, a demora da prestação jurisdicional não pode constituir justificativa de menosprezo de direito subjetivo do cidadão, máxime na vigência da Emenda Constitucional nº 45/2004, que acrescentou no inciso LXXVIII, art. 5º, CR/88, a seguinte garantia fundamental:

"A todos, no âmbito judicial e administrativo, são assegurados a razoável duração do processo e os meios que garantam a celeridade de sua tramitação."

Logo, possui a Recorrente direito líquido e certo a respaldar a concessão da ordem, tendo impetrado o competente mandado de segurança, dentro do prazo de validade do certame, conforme atesta o próprio acórdão objurgado.

Posto isso, DOU PROVIMENTO ao recurso, para assegurar à Recorrente a nomeação e posse no cargo de Oficial de Justiça da Comarca de Santos – SP.

(Voto do Ministro Relator PAULO MEDINA)

contrário dos Ministros Hamilton Carvalhido[45] e Hélio Quaglia Barbosa[46], que votaram no sentido de que

[45] Senhor Presidente, recurso ordinário em mandado de segurança interposto por Maria de Fátima Melo Ribeiro contra acórdão do Órgão Especial do Tribunal de Justiça do Estado de São Paulo que denegou o *writ* impetrado contra ato do Presidente do Tribunal de Justiça do Estado de São Paulo, que deixou de nomear a impetrante no cargo de Oficial de Justiça da 1ª Circunscrição Judiciária do Estado, na Comarca de Santos, para o qual foi aprovada (66º lugar).
A conclusão do julgado restou assim sumariado:

"Mandado de Segurança – Candidata aprovada em concurso público, mas não nomeada – Nomeações que obedeceram à ordem de classificação – Mera expectativa de direito da impetrante, limitada a que não fosse desobedecida nas nomeações a ordem de classificação – Prazo de validade do concurso, outrossim, esgotado durante a tramitação do 'writ'. Ordem denegada." (fl. 112).

O Tribunal estadual, assim, perfilhou o entendimento de que a aprovação e a classificação em concurso público geram mera expectativa de direito à impetrante e a proximidade do fim do prazo de validade do certame não lhe confere direito à nomeação a ponto de obrigar a Administração a prorrogar a validade do concurso.
Em seu recurso, sustenta a recorrente que não possui mera expectativa de direito, mas direito líquido e certo, porquanto fora classificada dentro do número de vagas previsto no edital (98 vagas).
Afirma, ainda, que a previsão de contratação de Oficial de Justiça ad hoc, mesmo que de forma emergencial, sem qualquer vínculo com a Administração Pública ou investidura em cargo, está a demonstrar a "necessidade" de nomeação de pessoal e que os convênios firmados entre o Poder Judiciário Paulista e as prefeituras vem a ferir o seu direito à nomeação.
Assevera, por fim, que "(...) questão relevante, ainda, é o fato de não constar do edital do concurso público que, mesmo sendo aprovado dentro do número de vagas divulgadas, o concursado poderá ser ou não nomeado para o cargo concorrido, dependendo do interesse da Administração. (...) Há no meio jurídico, quem até demonstre entendimento acerca da discricionariedade do poder público quando da nomeação dos candidatos aprovados, e que tal ato possa ser facultativo, atendendo tão somente à necessidade e conveniência da Administração. O que torna inaceitável tal posicionamento, ainda, é a omissão no edital do concurso, de informações de sua importância para aquele que pretende o ingresso no serviço público." (fl. 135 – grifos nos autos).
(...)
O ato de nomeação de candidatos aprovados em concurso público é, assim, discricionário. Por conseguinte, a expectativa dos candidatos à nomeação tornar-se-ia direito subjetivo se, classificados, como fora a impetrante, dentro do número de vagas previstas no edital, houvesse manifestação inequívoca da necessidade de provimento do cargo durante o prazo de validade do concurso. Ou ainda, houvesse a contratação de pessoal, de forma temporária, para o preenchimento das vagas, em flagrante preterição àqueles que, regularmente aprovados, estariam aptos a ocupar o mesmo cargo.
Deslocar-se-ia, desta feita, a questão da área da discricionariedade para aquela da vinculação.
In casu, entretanto, nenhuma das hipóteses se apresenta.
Por outro lado, verifica que a recorrente não trouxe aos autos o edital de abertura do concurso em questão, bem como de atos de nomeação de oficiais de justiça ad hoc, deixando de comprovar de plano seu possível direito líquido e certo. Tais informações também não puderam ser extraídas da documentação acostada aos autos.
É de se salientar que o mandado de segurança é ação com nascedouro constitucional para a proteção do direito líquido e certo violado por ilegalidade ou abuso de poder, exigindo-se prova pré-constituída como condição essencial à verificação da pretensa ilegalidade, sendo a dilação probatória incompatível com a natureza da ação mandamental.
A propósito, em casos análogos, os seguintes arestos desta Corte.
(...)
"ADMINISTRATIVO. CONCURSO PÚBLICO. OFICIAL DE JUSTIÇA. NOMEAÇÃO. EXPECTATIVA DE DIREITO. QUEBRA DA ORDEM CLASSIFICATÓRIA. AUSÊNCIA DE PROVA PRÉ-CONSTITUÍDA. RECURSO ORDINÁRIO IMPROVIDO.
1. Embora aprovado em concurso público, tem o candidato mera expectativa de direito à nomeação. Precedentes.
2. O mandado de segurança exige prova pré-constituída como condição essencial à verificação do direito líquido e certo, sendo a dilação probatória incompatível com a natureza da ação mandamental. Hipótese em que o recorrente não logrou demonstrar ter ocorrido quebra da ordem classificatória, seja pela nomeação de candidatos de pior classificação, seja pela suposta contratação de oficiais de justiça *ad hoc*, pois, dos documentos juntados por ele, consta apenas a existência de convênio firmado entre o Poder Judiciário paulista e a Prefeitura Municipal de Piracicaba, sem nenhuma menção acerca de efetiva contratação de pessoa estranha ao quadro de oficial de justiça.
3. Recurso ordinário improvido". (RMS nº 19.109/SP, Relator Ministro Arnaldo Esteves Lima, in DJ 9/10/2006 – nossos os grifos).
Pelo exposto, acompanhando o eminente Ministro Hélio Quaglia Barbosa, nego provimento ao recurso.
É o voto.
(Voto do Ministro Hamilton Carvalhido)

[46] Cuida-se de recurso ordinário em mandado de segurança, interposto por Maria de Fátima Melo Ribeiro, em face de ato omissivo praticado pelo Exmº Sr. Presidente do Egrégio Tribunal de Justiça do Estado de São Paulo, consistente na ausência de sua nomeação ao cargo de Oficial de Justiça da 1ª. Circunscrição Judiciária, com sede na comarca de Santos, do Estado de São Paulo, apesar de aprovada em regular concurso público para o provimento de 98 vagas.
(...)

candidato aprovado em concurso público possui mera expectativa de direito à nomeação, e esta deverá ocorrer tão somente por conveniência da Administração Pública.

Segundo estes Ministros, a aprovação da candidata poderia ser considerada direito subjetivo, acaso "houvesse manifestação inequívoca da necessidade de provimento do cargo durante o prazo de validade do concurso". Ou, ainda, se "houvesse a contratação de pessoal, de forma temporária, para o preenchimento de vagas, em flagrante preterição àqueles que, regularmente aprovados, estariam aptos a ocupar o mesmo cargo".

Finalizando, então, tormentosa questão tem afligido os tribunais no que diz respeito à natureza do direito de que são titulares os candidatos aprovados dentro do número de vagas oferecidas nos concursos públicos. No entanto, há de se destacar que as últimas decisões caminham no sentido uníssono de se reconhecer o direito subjetivo à nomeação dos aprovados no universo do número de vagas oferecidas.

Propedeuticamente, invoque-se o princípio da moralidade, esculpido no art. 37, caput, da Constituição da República. Nesse caminhar, há de se ressaltar que se tem como ínsito em seu campo normativo a conduta do administrador público em consonância com a boa-fé objetiva em suas relações com particulares. Desta, extraem-se elementos relevantes como a transparência no que se adstringe aos motivos e objeto emanantes da ação pública, de maneira a não frustrar a justa expectativa dos particulares que com a Administração Pública estabelecem relações jurídicas. A referida expectativa, na espécie, traduz-se na obtenção por parte

---

2. Relatados os autos e após meu pedido de vista, para examinar mais detidamente a espécie, peço vênia ao Relator, para dele dissentir.

3. Quanto ao mérito, guarda assinalar, que o concurso público gera, aos aprovados, ordinariamente, apenas expectativa de direito à nomeação, porquanto o provimento do cargo depende da conveniência da Administração.

Preleciona a tal respeito Hely Lopes Meirelles: "Vencido o concurso, o primeiro colocado adquire direito subjetivo à nomeação com preferência sobre qualquer outro, desde que a Administração se disponha a prover o cargo, mas a conveniência e a oportunidade do provimento ficam à inteira discrição do Poder Público. O que não se admite é a nomeação de outro candidato que não o vencedor do concurso, pois, nesse caso, haverá preterição do seu direito, salvo a exceção do art. 37, IV." (MEIRELLES, Hely Lopes. Direito Administrativo Brasileiro. 23. ed. São Paulo: Malheiros, 1998, não há o destaque no original).

(...)

José dos Santos Carvalho Filho ensina que "[...] a aprovação em concurso não cria, para o aprovado, direito à nomeação. Trata-se, como já decidido pelo STF, de mera expectativa de direito." (CARVALHO FILHO, José dos Santos. Manual de Direito Administrativo. Rio de Janeiro: Lumen Júris, 2008).

O Supremo Tribunal Federal, quanto ao tema, Possui jurisprudência pacífica, cumprindo colacionar os seguintes julgados:

"Em face do princípio da legalidade, pode a Administração Pública, enquanto não concluído e homologado o concurso público, alterar as condições do certame constantes do respectivo edital, para adaptá-las à nova legislação aplicável à espécie, visto que, antes do provimento do cargo, o candidato tem mera expectativa de direito à nomeação, ou, se for o caso, à participação na segunda etapa do processo seletivo." (RE 290.346, Rel. Min. Ilmar Galvão, DJ 29/06/01).

(...)

Extraordinariamente, porém, a expectativa de direito convola-se em direito subjetivo à respectiva nomeação caso sobrevenha a situação prevista no entendimento sumulado nº 15 do Supremo Tribunal Federal, *verbis*: Dentro do prazo de validade do concurso, o candidato aprovado tem direito à nomeação, quando o cargo for preenchido sem observância da classificação.", o que não ocorreu no caso em exame.

Não há que se falar, portanto, em direito subjetivo à nomeação.

Exsurge, neste sentido, o seguinte julgado proferido pela Quinta Turma desta Corte:

"PROCESSUAL CIVIL E ADMINISTRATIVO. EMBARGOS DE DECLARAÇÃO. CONCESSÃO DE EFEITO INFRINGENTE. EXCEPCIONALIDADE. TEMPESTIVIDADE DO AGRAVO INTERNO. CONCURSO PÚBLICO. CANDIDATA APROVADA. MERA EXPECTATIVA DE DIREITO À NOMEAÇÃO. AUSÊNCIA DE PRETERIÇÃO. PRECEDENTES. EMBARGOS ACOLHIDOS, COM A CONCESSÃO DE EFEITO MODIFICATIVO.

[...]

III – A candidata aprovada em concurso público detém mera expectativa de direito à nomeação pela Administração Pública, que não tem nenhuma obrigação de nomeá-la dentro do prazo de validade do certame.

IV – Não restando caracterizada qualquer preterição na ordem classificatória e nem na ordem de concursos, não há que se falar em direito líquido e certo à nomeação a ser tutelada na via do "writ". Precedentes do Superior Tribunal de Justiça e do Supremo Tribunal Federal. [...]

(EDcl no AgRg no RMS 17.276/RS, Rel. Min. Gilson Dipp, Quinta Turma).

Diante do exposto e rogando vênia ao eminente Relator para instaurar divergência, hei por votar, negando provimento ao recurso ordinário.

(Voto do Ministro HÉLIO QUAGLIA BARBOSA)

dos participantes dos processos seletivos da desejada nomeação, no caso da conquista da aprovação dentro do número de vagas ofertadas para preenchimento dos cargos.

No que é pertinente ao segmento do concurso público, ressalte-se que, nos últimos anos, grande tem sido a fluência de pessoas interessadas em ocupar funções públicas movidas pela aspiração de estabilidade no setor público. Tal afluxo, por certo, tornou a participação nos certames seletivos tarefa árdua e dispendiosa, demandando uma efetiva dedicação daqueles que desejam ser aprovados dentro do número de vagas, além de gastos relativos à inscrição e preparação.

Registre-se, assim, que não é compatível com a moralidade pública, conflitando com seus consectários, a conduta do administrador público que lança edital de concurso público com finalidade meramente de máquina e indústria de arrecadação, ocultada pela oferta de vagas que, em realidade, não tinha o desiderato de preencher efetivamente.

No âmbito do princípio da publicidade, pressuposto de validade dos atos administrativos, a divulgação de informações por parte do Poder Público deve obedecer à realidade fática em apreço a transparência inerente à ação estatal, presumindo-se a efetiva e premente necessidade do preenchimento das vagas ofertadas.

Noutro giro, insta consignar que a oferta pública de vagas faz nascer um vínculo jurídico entre a Administração e os inscritos no certame, inadmitindo-se óbice à eventual nomeação do candidato aprovado dentro do número de vagas publicamente ofertado.

Sendo assim, a não ser quando da ocorrência de motivo relevante, esteado na supremacia do interesse público, o vínculo jurídico preestabelecido não pode ser rompido sob pena da eiva da ilegalidade do ato expedido nesse sentido ou a ocorrência de mera omissão, com substrato nos princípios supra elencados.

Não deixa de ser absurdo o candidato aprovado e classificado ser alijado do processo seletivo sem se quer pudesse identificar o motivo que prestou a embasar o não chamamento.

É de total irresponsabilidade oferecer vagas em concursos, exigindo dos candidatos madrugadas e anos de estudos e imensurável sacrifícios, na tentativa desesperada de uma classificação, tudo na confiança de dezenas de vagas, publicadas em edital. Como excluir o candidato em tais circunstâncias? Como apená-lo tão duramente depois de ter logrado aprovação em tão difícil certame?

Antes de se lançar o edital, tem-se que se ter um mínimo de responsabilidade e seriedade para com os atos que praticam "mormente quando afetam de forma direta a esfera jurídica dos cidadãos[47]

Destarte, não se pode deixar ao alvitre da Administração Pública a partir de uma visão meramente discricionária, a seu juízo de conveniência e oportunidade, decidir sobre o cumprimento do publicamente avençado com os inscritos à luz das regras editalícias.

Releve-se, assim, que salvo motivação, com base em critério de razoabilidade, justificativa sólida, devidamente comprovada, deve o Poder Público satisfazer a pretensão dos candidatos aprovados, posto que com sua classificação preencheram, a princípio, as exigências impostas pelo edital a que aderiram, transmudando sua mera expectativa de direito em hialino direito subjetivo à nomeação. Restando, por isto, à Administração, em razão do vínculo estabelecido, concretizar a nomeação dos classificados.

O Poder Judiciário, modernamente, não mais se limita a examinar os aspectos extrínsecos da administração, podendo analisar, ainda, as razões de conveniência e oportunidade, uma vez que essas razões devem observar critérios da moralidade pública, da impessoalidade, da proporcionalidade, da finalidade, da eficiência.

O controle da legalidade do ato administrativo pelo Judiciário envolve os seus aspectos formais e materiais. Hoje não há mais dúvida de que a legalidade dos atos administrativos não se restringe ao seu aspecto procedimental, nem aos seus elementos sempre vinculados: competência, finalidade e forma. Deve-se fazer presente também na faixa dos motivos e do objeto, os quais, embora infesos à revisão judiciária no que concerne aos aspectos de conveniência, são suscetíveis de verificação pelo juiz quanto à sua adequação aos princípios norteadores da Administração Pública, porque é precisamente neste ponto que se pode manifestar o abuso do poder caracterizador da ilegalidade substancial.[48]

---

47   RMS 20.718/SP, Ministro Rel. Paulo Medina, 6ª Turma do Superior Tribunal de Justiça.
48   Observe-se que, ultimamente, nesse sentido, dando azo ao acolhimento do exposto, verga-se a majoritária jurisprudência do STJ:

8.5. Prazo

8.5.1. Prazo de validade

O inc. III do art. 37 dispõe que:

"O prazo de validade do concurso público será de até dois anos, prorrogável uma vez, por igual período."

O concurso público poderá ter qualquer prazo de validade desde que não exceda de dois anos. O prazo de validade do concurso será o que dispuser a lei, ou o edital, e em caso de omissão, presume-se que o mesmo seja de dois anos.

O edital que disciplinando as regras do concurso público para o provimento de cargo deixando de indicar o prazo de validade do certame, deduz, assim, o prazo dele seria aquele disciplinado na lei. Por outro lado, se observado o princípio de igualdade para todos os candidatos, é livre a Administração para estabelecer as bases do concurso, podendo, inclusive, através de edital posterior ao inicial, fixar o prazo de validade que melhor atender ao interesse público.

Não há, pois, um prazo mínimo. Contudo, ele terá de ter uma duração ao menos suficiente para se proceder às nomeações e às contratações. Portanto, este prazo não poderá ser tão efêmero que coloque em risco a realização da própria finalidade do certame.

Outro ponto importante é a previsão da prorrogabilidade do prazo de validade do concurso público. A prorrogabilidade é uma faculdade permitida pelo Texto Maior de exercício discricionário, outorgada à Administração Pública responsável pelo concurso, porém, deve estar estabelecida em lei, ou pelo menos, no edital. Caso ambos forem omissos no concernente à prorrogação, entende-se estar ela vedada.

A prorrogação só poderá ser concedida por prazo absolutamente igual ao originalmente previsto, visto que a Constituição Federal autoriza a prorrogação por igual período, ou seja, se o prazo inicial do concurso for fixado por dois anos, por exemplo, o prazo de prorrogação será também de dois anos, e caso o prazo inicial do con¬curso seja fixado em três meses, o prazo de prorrogação será também de três meses.

ADMINISTRATIVO. CONCURSO PÚBLICO. CANDIDATOS APROVADOS DENTRO DO NÚMERO DE VAGAS ORIGINARIAMENTE PREVISTAS. DIREITO SUBJETIVO À NOMEAÇÃO.
1. Esta Corte firmou compreensão de que, se aprovado dentro do número de vagas previstas no edital, o candidato deixa de ter mera expectativa de direito para adquirir direito subjetivo à nomeação para o
cargo a que concorreu e foi habilitado.
2. Recurso provido (RMS 15.420/PR, Rel. Min. PAULO GALLOTTI).

ADMINISTRATIVO. CONCURSO PÚBLICO. NOMEAÇÃO. DIREITO SUBJETIVO. CANDIDATO CLASSIFICADO DENTRO DAS VAGAS PREVISTAS NO EDITAL. ATO VINCULADO.
Não obstante, seja cediço, como regra geral, que a aprovação em concurso público gera mera expectativa de direito, tem-se entendido que, no caso do candidato classificado dentro das vagas previstas no Edital, há direito subjetivo à nomeação durante o período de validade do concurso.
Isso porque, nessa hipótese, estaria a Administração adstrita ao que fora estabelecido no edital do certame, razão pela qual a nomeação fugiria ao campo da discricionariedade, passando a ser ato vinculado. Precedentes do Documento: 4.209.615 – RELATÓRIO E VOTO – Site certificado Página 4 de 6 Superior Tribunal de Justiça
STJ e STF. Recurso provido (RMS 15.034/RS, Rel. Min. FELIX FISCHER).

RECURSO ORDINÁRIO EM MANDADO DE SEGURANÇA. ADMINISTRATIVO. CONCURSO PÚBLICO. EXPRESSA PREVISÃO LEGAL ASSEGURANDO A NOMEAÇÃO DOS APROVADOS DENTRO DAS VAGAS. DIREITO LÍQUIDO E CERTO.
1. A doutrina e a jurisprudência são unívocas no sentido de que o candidato aprovado só tem direito à nomeação na hipótese de inobservância da ordem dos concursos e da ordem classificatória, dentro do
seu prazo de validade havendo, fora desses casos, tão-somente expectativa de direito à nomeação.
2. No entanto, reveste-se de ilegalidade o ato omissivo do Poder Público que não observa comando legal que assegura a nomeação dos candidatos aprovados e classificados até o limite de vagas previstas no edital, no prazo de 120 (cento e vinte dias) contados da homologação do concurso público, por se tratar de ato vinculado.
3. Precedentes.
4. Recurso provido (RMS 10.817/MG, Rel. Min. HAMILTON CARVALHIDO).
5. Esse é exatamente o caso dos autos.

Ressalte-se que a norma constitucional prevê a prorrogação por uma única vez, do prazo original de validade do concurso público.

De qualquer forma, esgotado o prazo de validade do concurso, com ou sem prorrogação, sem que hajam surgidas novas va¬gas, os aprovados no certame não poderão pleitear a investidura.

Ademais, cumpre ressaltar que o disposto no art. 37, III, da Constitruição, não permite que escoado o prazo de dois anos de validade do concurso público, sem que tenha ele sido prorrogado, possa a Administração instituir novo prazo de validade por dois anos, pois prorrogar é estender o prazo ainda existente além de seu termo final.

A prorrogação é uma decisão discricionária da Administração Público, embora sofra limitações.

A Constituição da República ainda dispondo sobre o regime de concurso público no inc. IV do art. 37 assevera que:

"Durante o prazo improrrogável previsto no edital de convocação, aquele aprovado em concurso público de provas ou de provas e títulos será convocado com prioridade sobre novos concursados para assumir cargo ou emprego na carreira".

A questão da precedência na convocação dos concursados diz respeito ao hábito abusivo anterior de algumas administrações, de convocar candidatos para o provimento de cargos, mesmo havendo ainda aprovados no concurso anterior.

A expressão prazo improrrogável constante no inc. IV do art. 37 deve ser interpretada como o prazo dentro do qual tem valida¬de o concurso. Aplica-se, pois, o direito de precedência na convocação tanto no prazo de validade fixado para o concurso, sem prorrogação, como no prazo de prorrogação, se tal ocorrer. Ambos são improrrogáveis e, desse modo, incide o direito de precedência.

A mais Alta Corte, a respeito desse assunto, averbou:

"Administrativo. Concurso público. Direito à nomeação. Fraude ao direito de prioridade. É defeso ao Estado retardar a nomeação de aprovados em concurso público com o propósito de, ultrapassando o prazo de eficácia do certame, fraudar o direito de preferência assegurado pelo art. 37, IV, da Constituição Federal. Não se pode afirmar tal propósito fraudulento, quando a eficácia do concurso foi objeto de duas prorrogações" (RMS nº 1.301-SP, STF, Rel. Min. Humberto Gomes de Barros).

"Concurso público. Edital. Parâmetro. Observação. As cláusulas constantes do edital de concurso obrigam candidatos e Administração Pública. Na feliz dicção de Hely Lopes Meirelles, o edital é lei interna da concor-rência. Concurso público. Vagas. Nomeação. O Princípio da razoabilidade é conducente a presumir-se, como objeto do concurso, o preenchimento das vagas existentes. Exsurge configurador de desvio de poder, ato de Administração Pública que implique nomeação parcial de candidatos, indeferimento da prorrogação do prazo do concurso sem justificativa socialmente aceitável e publicação de novo edital com idêntica finalidade. "Como o inciso IV (do art. 37 da Constituição Federal) tem o objetivo manifesto de resguardar precedências na sequ-ência dos concursos, segue-se que a Administração não poderá, sem burlar o dispositivo e sem incorrer em desvio do poder, deixar escoar deliberadamente o período de validade de concurso anterior para nomear os aprovados em certames subsequentes. Fora isto possível e o inciso IV tornar-se-ia letra morta, constituindo-se na mais rúptil das garantias." (Celso António Bandeira de Mello, "Regime Constitucional dos Servidores da Administração Direta e Indireta", p. 56)" (RE nº 192.568-PI, STF, Rel. Min. Marco Aurélio).

Se o Texto Constitucional assegura, no prazo de validade do concurso, a convocação de candidatos nele aprovados com prioridade sobre novos concursados, ou seja, candidatos aprovados em concurso posterior, é de concluir-se que a inércia, intencional, ou não, do Poder Público, deixando de preencher os cargos e empre-gos existentes, leva à convicção sobre a titularidade do direito subjetivo de ser nomeado.

Em âmbito federal, a Lei n° 8.112/90, art. 12, § 2°, proíbe a abertura de concurso enquanto estiver o outro com validade. Isso só vale para a União. Então, o edital de um concurso público pode estabelecer número fixo de vagas. Mesmo que o concurso ainda esteja no prazo de validade, a administração pública pode abrir um novo para o preenchimento de novas vagas (com exceção das previstas no concurso ainda válido), não sendo obrigada a aproveitar os classificados no concurso anterior, além do número de vagas fixadas.

Com esse entendimento, a 5ª Turma do Superior Tribunal de Justiça negou recurso ajuizado por uma candidata classificada em concurso para o cargo de delegado de Polícia Civil do Rio Grande do Sul. Ela recorreu ao STJ para obter sua inclusão no curso de formação previsto para o novo concurso, posterior ao que ela teve a aprovação, mas não foi classificada.

Na real verdade, o edital previu 50 vagas para a classificação de candidatos para a segunda etapa do certame — o curso de formação. Ainda de acordo com o edital, os classificados além das 50 vagas estariam automaticamente eliminados da concorrência. A candidata ficou colocada na 231ª posição, ou seja, não passou.

O processo teve início quando a candidata pediu Mandado de Segurança no Tribunal de Justiça do Rio Grande do Sul com o objetivo de ter seu nome incluído na listagem dos aprovados para a etapa do certame que previa o curso de formação.

O TJ gaúcho negou o pedido. De acordo com o tribunal, no caso em análise, "a abertura de novo concurso, dentro do prazo de validade do anterior, não infringe o direito fundamental dos candidatos que, aprovados em algumas fases, não ingressaram na última, derradeira e decisiva etapa do certame", como no caso da autora da ação.

Por isso, a candidata recorreu ao STJ. Lá, ela reafirmou que obteve aprovação em todas as fases do concurso, "inclusive submetendo-se aos exames clínicos e psicológicos, físicos e médicos, e à biometria do Estado, feita pelo Órgão Oficial". Para os advogados da candidata, a abertura de novo concurso no prazo de validade do certame anterior, com previsão de mais vagas, contraria o artigo 37, inciso IV, da Constituição Federal, bem como a Súmula 15 do Supremo Tribunal Federal, que dispõem sobre concursos públicos.

A candidata também afirmou que os itens do edital do concurso que preveem a exclusão dos candidatos não-aprovados no número de vagas estabelecido (50) divergem do princípio da razoabilidade. Além disso, segundo a defesa da candidata, 53 concorrentes, e não 50, foram encaminhados ao curso de formação na academia, "sendo que, inclusive, a candidata posicionada em 64° lugar encontra-se trabalhando definitiva e normalmente no cargo".

O ministro Arnaldo Esteves Lima rejeitou o recurso, porque, "se o edital estabeleceu que todos os candidatos classificados além do número de vagas previsto estariam eliminados, não há falar em aprovados nessa situação, razão por que a abertura de novo concurso público no prazo de validade do anterior não gera direito líquido e certo à convocação para a fase subsequente, assim como não contraria o disposto no artigo 37 da Constituição Federal".[49]

8.5.2. Ausência de Razoabilidade de validade

Embora a Constituição estabeleça prazo de até dois anos para os concursos públicos, não está a Administração totalmente livre para fixar prazo de um dia até dois anos.

Hipoteticamente, a fixação do prazo exíguo de 5 dias, por uma grande autarquia que realiza sucessivos concursos públicos, é frustração indireta do direito assegurado no art. 37, inciso VI, da Constituição.

No caso enfocado acima, há violação ao princípio da razoabilidade em função da falta do prazo de validade de concurso para o cargo, mesmo inexistindo limite temporal mínimo para validade de concurso público.

Cumpre também observar que a prorrogação do prazo de validade de concurso público não necessita ser motivada pela Administração Pública, uma vez que pertence ao campo de atuação discricionária dela (Carta Magna, art. 37, III; Lei 8.112/90, art. 12, "caput"), pois a nomeação dos candidatos aprovados

---

49   O relator destacou, ainda, decisão da 6ª Turma do STJ em caso semelhante. "A 6ª Turma, ao julgar caso análogo, atenta às regras editalícias em referência, rejeitou recurso ordinário em Mandado de Segurança de candidatos, ao fundamento de que eles estavam posicionados além do número de vagas previsto, motivo pelo qual estariam eliminados. Desse modo, não teriam direito de participar do curso de formação profissional, que constitui a fase final do concurso." (RMS 24.592)

– finalidade da prorrogação – constitui faculdade da Administração Pública, e não direito subjetivo dos candidatos aprovados.

Nesse sentido, precedentes jurisprudenciais:

> RECURSO EXTRAORDINÁRIO. CONCURSO PÚBLICO. PRAZO DE VALIDADE. CONSTITUIÇÃO, ART 97. PARÁGRAFO 3º, LEI LOCAL QUE ESTABELECE PRAZO DE VALIDADE POR DOIS ANOS, PRORROGÁVEIS POR UM ANO.
>
> Tendo em vista que a Constituição não estabeleceu prazo de validade em 2 anos, mas sim em até 2 anos (art. 37, III), é legítima a fixação do prazo de validade do certame em causa, por exemplo, em 120 dias improrrogáveis a contar da homologação do resultado final das duas etapas (primeira fase e curso de formação)

O Ilustre Relator pensa que a solução da questão não precisa ser motivada pela Administração Pública, uma vez que pertence ao campo da atuação discricionária e que isso constitui faculdade desta Administração e não direito subjetivo dos candidatos aprovados

A doutrina mais recente tem sustentado que principalmente o ato discricionário deve ser motivado. O ato vinculado é que não precisaria de motivação, pois seu fundamento está na lei, bastaria reportar-se o administrador ao dispositivo legal. Todavia, o ato discricionário, este sim, necessitaria de motivação, porque cabe ao administrador demonstrar que tomou a decisão mais conveniente e oportuna para aquele caso concreto. Discricionariedade, entende-se atualmente, é, na verdade, vinculação aos princípios constitucionais, entre eles o princípio da razoabilidade. Não conheço 'detalhes do caso, mas, à primeira vista, parece-me totalmente desproporcional, diante do parâmetro constitucional de dois anos de validade do concurso público, a fixação do prazo de 45 dias.

Voltamos a insistir que a Constituição não prevê prazo de validade mínima para os concursos; só prevê o prazo máximo, que é de dois anos. Mas está implícito, é razoável que esse prazo mínimo deva ser um prazo compatível com a situação.

8.5.3. Crime de responsabilidade pela não observância do prazo de validade

Doutrina e Jurisprudência são unânimes quanto ao entendimento de que, não prorrogado o prazo de validade do concurso, ato discricionário reservado à administração, tem-se que a contar de dois anos da homologação do resultado cessa a eficácia do concurso, não mais podendo o administrador exercer a faculdade de nomear os aprovados remanescentes, sob pena de nulidade.

Decorrendo o prazo de validade do concurso e não havendo prorrogação, este é considerado caduco, cessando, destarte, sua eficácia de título de aprovação em concurso público. Extingue-se, portanto, qualquer vínculo entre a Administração e os concursados aprovados que não foram aproveitados, que passam a ter condição idêntica à de qualquer outro cidadão, não mais podendo haver a investidura no cargo. A nomeação com base em concurso com prazo de validade expirado equipara-se verdadeiramente, portanto, à nomeação sem prévia aprovação em concurso público, sendo igualmente ilegal, contrariando a Constituição Federal.

Deve-se coibir com veemência as contratações que desafiam a consciência jurídica dos que militam com o Direito Público, dando um basta na sensação de impunidade que humilha e constrange os milhares de desempregados que veem pessoas não concursadas ocupando vagas que deveriam estar em disputa leal, em igualdade de condições.

A questão das nomeações ilegais é tão séria que o Decreto-Lei nº 2001/67, em seu inciso XIII, elenca tal conduta como crime de responsabilidade do Prefeito Municipal, além de configura ato de improbidade administrativa nos termos da Lei nº 8.429/92.

Como bem disse o Ministro Néri da Silveira, "só cabe entender subsistente o título à nomeação, enquanto o concurso público tiver seu prazo de validade vigente. Cessa, destarte, a eficácia do título de aprovação em concurso público, no instante em que este caduca, pelo decurso do prazo de sua validade, se não houver a prorrogação prevista na norma constitucional" (RE 192.568-0)". Dessa forma, não prorrogado o prazo de validade do concurso, ato discricionário reservado à Administração (CF, art. 37, inciso III), tem-se que a contar de dois anos da homologação do resultado cessa a eficácia do concurso, não mais podendo o administrador exercer a faculdade de nomear os aprovados remanescentes, sob pena de nulidade.

8.6. Indenização em Virtude da Anulação do Concurso

Fato é que o concurso público pode ser anulado, mesmo após a realização de todas as suas fases.

Nesta hipótese, é de inegável clareza que o concursado faça jus ao recebimento de indenização por danos morais e materiais sofridos em virtude da anulação do concurso, motivada pela prática de ato posteriormente declarado ilegal. Deste modo, poderá ser declarada a nulidade do concurso por ato exclusivo da Administração Pública ou por decisão judicial transitada em julgado, por prática de conduta lesiva da Banca organizadora do concurso.

No entanto, para ensejar tal responsabilização, é de suma importância que não ocorra eliminação do candidato em uma das fases do certame, bem como deve se dar sua aprovação e classificação dentro número vagas previstos no edital. Além disso, como regra, garante-se o direito ao tal recebimento somente após prévia aprovação, seguida dos atos de nomeação, posse e efetivo exercício das funções do cargo no qual foi investido.

Nem sequer se garante esse direito pela simples aprovação em concurso público, já que ao candidato aprovado se atribui mera expectativa de direito de ser nomeado, como é cediço. À Administração Pública garante-se – no exercício de seu poder discricionário – a prerrogativa de não usufruir dos serviços daqueles candidatos considerados aprovados no provimento dos cargos.

Haveria sim, prejuízo de ordem moral decorrente da improbidade administrativa, por ofensa ao princípio constitucional da moralidade pública, caso tivessem os autores sido nomeados, empossados e investidos e o concurso posteriormente fosse anulado.

Em sede de responsabilidade civil objetiva do Estado, a condenação em danos morais, por presunção, é possível, desde que os fatos que a ensejaram forneçam elementos suficientes à essa presunção, com a demonstração objetiva de que os efeitos do ilícito praticado têm repercussão na esfera psíquica do lesado. Precedentes: REsp 1.155.726/SC, Rel. Ministra Eliana Calmon, Segunda Turma, DJe 18/3/2010; AgRg no REsp 914.936/MG, Rel. Ministro Luiz Fux, Primeira Turma, DJe 18/2/2009; REsp 963.353/PR, Rel. Ministro Herman Benjamin, Segunda Turma; REsp 915.593/RS, Rel. Ministro Castro Meira, Segunda Turma, DJ 23/4/2017 p. 251; REsp 608.918/RS, Rel. Ministro José Delgado, Primeira Turma.

Assim, quando se verifica a vitoriosa aprovação em um concorrido certame, dentro do número de vagas oferecidas, a frustração de uma expectativa legítima fundada em direito subjetivo já adquirido, que traz ao lume a possibilidade de o aprovado vir a auferir, com estabilidade e por meio de seu trabalho técnico, ganhos significativos, desde sempre pretendidos e perseguidos, torna razoável o entendimento de que são devidos, por presunção, danos morais em tais situações.

O acórdão recorrido entendeu que, no caso, o dano moral é imanente ao fato de a autora ter sido preterida no Concurso Público, entendimento que não foge da razoabilidade, ainda mais considerando que o STJ tem entendimento sedimentado no sentido de que o candidato aprovado em Concurso Público dentro do número de vagas previsto no edital possui direito subjetivo à nomeação e à posse no cargo almejado.

Há decisões, no que se refere ao valor da indenização por danos materiais, do Tribunal Superior de Justiça possuindo entendimento de que o candidato impedido de tomar posse por ato da administração tem direito "à indenização por danos patrimoniais, consistente no somatório de todos os vencimentos e vantagens que deixou de receber no período que lhe era legítima a nomeação, à luz da Teoria da Responsabilidade Civil do Estado, com supedâneo no art. 37, § 6ª da Constituição Federal" (REsp 1.117.974/RS, Rel. Ministro Luiz Fux). No mesmo sentido: REsp 642.008/RS, Rel. Ministro Castro Meira, Segunda Turma.

Portanto, assegura a indenização por danos materiais consistente no somatório de todos os vencimentos e vantagens que deixou de receber no período que lhe era legítima a nomeação, cujo quantum deverá ser apurado em sede de liquidação de sentença.

Destarte, somente com a investidura no cargo é que se passa a garantir ao servidor o direito à percepção indenizatória.

Esse é o entendimento firmado pela jurisprudência do Superior Tribunal de Justiça, conforme se observa no julgamento do REsp 343.802/DF, Rel. p/acórdão Min. José Delgado; REsp 443.640/RS, e, no AgRg no REsp 745.554/DF, estes últimos de relatoria do Ministro Felix Fischer, constando da ementa da derradeira decisão:

"EMBARGOS DE DECLARAÇÃO NO AGRAVO REGIMENTAL. EMBARGOS ACOLHIDOS SEM EFEITOS INFRINGENTES. CONCURSO PÚBLICO. POSSE TARDIA. DANOS MATERIAIS. INVIABILIDADE. RECURSO ESPECIAL DESPROVIDO.

I - Constatado erro de fato sobre o qual se fundou o acórdão embargado, os declaratórios devem ser acolhidos.

II - Esta Corte entende que o ato administrativo que impede a nomeação de candidato aprovado em concurso público, ainda que considerado ilegal e posteriormente revogado por decisão judicial, não gera direito à indenização por perdas e danos ou ao recebimento de vencimentos retroativo.

III - Embargos acolhidos sem efeitos infringentes para negar provimento ao recurso especial."[50]

Ademais, para ficar caracterizado direito à indenização por dano moral não basta um simples descontentamento no âmbito subjetivo da pessoa. É mister que a dor moral seja resultante de um ato ilícito. A Administração Pública dentro dos limites do seu dever de autotutela, tem a obrigação de anular os seus próprios atos, quando eivados de ilegalidade.[51]

Há divergências entre os julgados dos nossos Tribunais quanto à retroação dos efeitos da decisão anulatória, devendo ser feita com mitigações, já que, normalmente, durante o período em que o candidato ficou afastado do serviço público exerceu suas atividades profissionais, o que lhe garantiu a percepção de renda, o que não compartilhamos desse entendimento de que, inexistindo a efetiva prestação do serviço durante o período em que se discutia judicialmente a legalidade do ato, não ter gerado qualquer dano à personalidade do concursado, não fazendo merecedor do pedido de indenização.[52]

---

50 Nessa linha de raciocínio, segue a jurisprudência do Tribunal de Justiça de Minas Gerais:
"EMENTA: REEXAME NECESSÁRIO. ADMINISTRATIVO E CONSTITUCIONAL. SERVIDOR PÚBLICO NOMEADO TARDIAMENTE. IRRETROATIVIDADE DOS EFEITOS SALARIAIS. NOMEAÇÃO E POSSE. CRITÉRIOS DE CONVENIÊNCIA E OPORTUNIDADE DO ADMINISTRADOR. PRECEDENTES JURISPRUDENCIAIS. REFORMAR A SENTENÇA.
1. A aprovação em concurso público não assegura, por si, a nomeação e posse do candidato. É do administrador, no peculiar, o exame dos critérios da conveniência e oportunidade, para tanto.
2. Consoante orientação jurisprudencial pátria, uma vez implementada a posse, os efeitos financeiros serão a partir do exercício do cargo, sob pena de enriquecimento sem causa, ou de se reverter tal ato em manifesta imoralidade ao remunerar o servidor sem a respectiva contraprestação contratual.
3. Reforma-se a sentença, no reexame necessário, prejudicado o recurso voluntário." (Apelação Cível nº 1.0024.04.533309-3/001, Rel. Des. Célio César Paduani).
51 Merece registro, sobre o tema, interessante parecer da lavra Diógenes Gasparini: "A anulação investe os candidatos no direito de serem indenizados quando não contribuíram de modo direto ou indireto para a ocorrência do vício. Assim, se a ilegalidade é atribuída unicamente à Administração Pública responsável pelo certame, todos os participantes têm direito à indenização. Se o vício foi causado por um ou mais dos participantes, estes não serão indenizados, e a Administração Pública deve deles cobrar o ressarcimento pelos prejuízos suportados, cujo montante será apurado administrativa ou judicialmente. A indenização dos participantes inocentes será igual ao montante dos gastos realizados e comprovados (obtenção de documentos e taxa de inscrição) para integrar o certame anulado. Tal indenização pode ser cobrada pelos prejudicados com a anulação pela via administrativa ou judicial". (*Concurso Público e Constituição*, Ed. Fórum, 2015, p. 43).
52 O candidato de concurso público que não assume a vaga por erro ou ato ilegal da administração pública deve ser indenizado por danos materiais e morais, independentemente do exercício do cargo. O entendimento é da 1ª Turma do Superior Tribunal de Justiça, que negou recurso da União contra decisão do Tribunal Regional Federal da 4ª Região, que beneficiou um grupo de aprovados. O relator foi o ministro Luiz Fux.
De acordo com o processo, em 1989, um grupo de candidatos foi aprovado para os cargos de técnico judiciário e oficial de justiça avaliador do Tribunal Regional do Trabalho da 4ª Região. Eles não tomaram posse, pois o edital do concurso determinava que os aprovados deveriam ter formação em direito, economia, administração e ciências contábeis ou atuariais. Os aprovados tinham formação em nível superior, mas em outras áreas. Posteriormente, essa exigência foi considerada ilegal em sentença transitada em julgado em junho de 2002.
Em fevereiro de 2003, os aprovados tomaram posse. Em 2004, eles pediram indenização material pelos salários não recebidos da aprovação até a posse efetiva e danos morais por não poderem exercer os cargos a que fariam jus por quase uma década.

Caso interessante, inclusive mencionado no Informativo STJ nº 337, Jurisprudência em Revista Ano I – nº 18, girou em torno do pleito dos autores, pelo fato de não terem sido nomeados na data devida, por erro da Administração, posteriormente reconhecido pela via judicial, motivo pelo qual requereram indenização do Estado, com fulcro na teoria da responsabilidade objetiva. O Min. Relator entendeu assistir razão aos recorrentes. Consta dos autos que a tardia nomeação dos autores resultou de ato ilícito da Administração, a saber, ilegalidade na correção das provas do certame, razão pela qual os candidatos, ora recorrentes, deixaram de exercer o cargo para o qual restaram aprovados em concurso público, por terem sido preteridos por outros candidatos, razão pela qual incide o artigo 37, § 6º, da CF/1988, que responsabiliza objetivamente o Estado por danos causados aos seus administrados. Indubitável a manifesta violação dos direitos dos autores no que tange à observância da ordem classificatória do certame, vez que a posterior deliberação da comissão de concurso no sentido de nomear candidatos antes mesmo da análise do pedido judicial de anulação de certas questões, pleito, diga-se de passagem, que logrou êxito perante este Superior Tribunal, afronta os princípios da legalidade e isonomia. É cediço que o candidato preterido tem direito à nomeação na hipótese de inobservância da ordem dos concursos e da classificatória, dentro do prazo de validade, havendo, fora desses casos, tão-somente, expectativa de direito à nomeação. É cabível, *in casu*, a condenação do Estado ao pagamento de indenização aos candidatos que foram preteridos na ordem classificatória do concurso, por erro da Administração. Não há qualquer óbice jurídico para que o valor da indenização corresponda aos vencimentos e demais vantagens inerentes ao cargo, porquanto seria o valor que teriam percebido à época, caso observada a ordem classificatória do certame. Diante disso, a Turma deu provimento ao recurso, para determinar seja restaurado o acórdão, reformado em sede de embargos infringentes pela instância a quo, fixando-se a indenização consoante seu dispositivo.[53]

8.7. Prazo para anulação de concursos

Está consagrado o entendimento de que a prescritibilidade é regra, e a imprescritibilidade exceção. Baseia-se no princípio social da necessidade de estabilização das relações.

A Constituição Federal diz que são imprescritíveis apenas os crimes de racismo e de ação de grupos armados contra a ordem constitucional e o Estado democrático (art. 5, XLII e XLIV). Consagra, portanto, por exclusão, a prescritibilidade. A contrário senso, diz que tudo o mais prescreve, caindo na disciplina das diversas leis, como no caso do Direito Administrativo, ramo do Direito Público, basicamente o Decreto 22.910 e a atual Lei 9.784.

Hipoteticamente, decorridos mais de 13 (treze) anos, a Administração constatou que o servidor tomou posse e entrou em exercício, mas não preencheu, à época, o requisito de escolaridade no Edital do concurso.

Pois bem, não obstante, tal vício, é por demais evidente que o erro mencionado deve ser debitado exclusivamente à Administração Pública que, através da Comissão de Concurso, acolheu candidato, sem preencher requisito ao exercício do cargo oferecido. Não se pode imputar má-fé do servidor.

A União alegou já estar prescrita a possibilidade de pedido de indenização. A alegação foi aceita pela 2ª Vara Federal de Porto Alegre. Os interessados recorreram e o TRF-4 mudou a decisão.

A União apelou ao STJ. Alegou que a decisão do TRF-4 não foi clara e não respondeu a todos os argumentos do recurso (artigo 535 do Código de Processo Civil) e que já estaria prescrito o direito à indenização. Além disso, afirmou que não haveria direito de receber os vencimentos retroativamente, dependo do efetivo exercício do cargo (artigo 40 da Lei 8.112/90).

O ministro Luiz Fux considerou que o prazo de prescrição começa a correr da ciência inequívoca do fato, no caso o trânsito em julgado da sentença. Apontou que, antes disso, não haveria certeza do dano causado pela administração pública. O ministro também considerou que, mesmo se manifestando sucintamente, o TRF-4 respondeu adequadamente às questões levantadas pela União. Ele destacou que a jurisprudência do STJ é pacífica ao afirmar que o juiz não precisa rebater cada argumento da parte. Segundo o relator, não há impedimento para a indenização ser equivalente aos pagamentos que deveriam ter sido recebidos, destacando que a jurisprudência do tribunal entende nesse sentido. O princípio da moralidade administrativa consiste na "atividade dos administradores, além de traduzir a vontade de obter o máximo de eficiência administrativa, terá ainda de corresponder à vontade constante de viver honestamente, de não prejudicar outrem e de dar a cada um o que lhe pertence", sendo "obrigação do poder público indenizar o dano que causou", completou o ministro Fux.
REsp 971.870

53 REsp 825.037-DF, Rel. Min. Luiz Fux, julgado em 23/10/2016.

Trata-se de relação jurídica já consolidada e que se perpetuou no tempo. Há o princípio do *quita non movere* defendida pela doutrina que se aplica também à Administração Pública, que nada mais é do que o princípio da segurança jurídica ou da estabilidade das relações jurídicas, pois é cediço que da estabilidade das relações jurídicas entre o administrado e administração deve prevalecer, neste caso, o princípio da segurança sobre legalidade. Ademais, a exigência constitucional prevista no art. 37, inc. II, da Carta Maior, foi atendida.

Insta observar que o vício apontado já foi vencido pelo decurso do prazo decadencial de 05 (cinco) anos, termos do art. 54 e §§ da lei Federal nº 9.784, de 29 de janeiro de 1999.

O direito da Administração de anular os atos administrativos de que decorram efeitos favoráveis os destinatários decaem em cinco anos, contados da data em que foram praticados, salvo comprovação de má-fé.

Alterar esse estado sob o pretexto de restabelecer a legalidade, causará mal maior do que preservar o *status quo*.

A Administração Pública pode e deve rever, desfazer, revisar ou retificar os seus próprios atos, quando eivados de qualquer vício, consoante dicção emanada da Súmula 346 do Excelso Pretório. Portanto, presente ato ilegal, impõe-se ope legis a retificação, vez que a Administração Pública está vinculada ao princípio da legalidade (art. 37 da CF/88), por isso, tem mais do que o poder de revisar o ato administrativo ilegal.

No caso, o servidor teve seu vencimento concedido, e assim, passaram anos e anos contando com aquela fonte de renda, celebrando negócios jurídicos, adaptando a sua vida pessoal e profissional a uma situação.

Nesse sentido, em tal caso, aplica-se a denominada decadência administrativa, de modo a fulminar a possibilidade da administração anular seus atos.

Assim, a investidura do servidor no cargo público, se perfez amplamente, consolidado uma relação jurídica de fato e de direito, porque ao longo de mais de 13 (treze) anos, repita-se, exerceu plenamente os direitos e deveres inerentes ao seu cargo, obteve matrícula, foi remunerado, tinha função, passou o estágio probatório, foi efetivado e reconhecido como servidor público.

Trata-se de relação jurídica já consolidada e que se perpetuou no tempo, não sendo possível a sua anulação, eis que geraria agravos maiores aos interesses protegidos pela ordem jurídica entre o administrado e administração ou entre esta e seu servidor, é também de interesse público, devendo prevalecer, nestes casos, o princípio da segurança sobre o princípio da legalidade.

O direito da Administração de anular os atos administrativos de que decorrem efeitos favoráveis para os destinatários decai em cinco anos, contados da data em que foram praticados, salvo comprovada má-fé.

No Direito Público, não constitui uma excrescência ou uma aberração admitir-se o convalescimento do nulo. Ao contrário, em muitas hipóteses, o interesse público prevalecente estará precisamente na conservação do ato que nasceu viciado, mas que, após, pela omissão do Poder Público em invalidá-lo, por prolongado período de tempo, consolidou nos destinatários a crença firme na legitimidade do ato. Alterar esse estado de coisas, sob o pretexto de restabelecer a legalidade, causará mal maior do que preservar o *status quo*. Ou seja, em tais circunstâncias, no cotejo dos dois subprincípios do Estado de Direito, o da legalidade e o da segurança jurídica, este último prevalece sobre o outro, como imposição da justiça material. (COUTO E SILVA, ALMIRO DE, Os princípios da legalidade e da segurança jurídica no Estado de Direito Contemporâneo, RDP, 84/46).

A Administração pública pode desfazer, revisar ou retificar os seus próprios atos, por força do poder dever do controle interno da atividade administrativa. Essa faculdade, entretanto, não está aberta ao tempo, encontrando limite na prescrição administrativa, que é de cinco anos, legitimando situação jurídica preexistente, ainda que eiva de vício, contra a decisão administrativa tardia e imprevista.

Quando o erro é exclusivo da Administração, o desfazimento, a retificação ou a revisão do ato administrativo anterior só é possível se não surgir situação consumada e direitos adquiridos para o funcionário que sempre esteve de boa-fé, com prevalência do princípio da segurança jurídica sobre a legalidade. No âmbito deste ambiente há de se homenagear a boa-fé do administrado e a segurança jurídica que deve presidir as relações entre a administração e o administrado.

9. DA ESTABILIDADE

9.1. Das Considerações

O art. 20 da Lei 8.112/90 delimita quais são os atributos necessários para a aptidão ao serviço público: assiduidade, disciplina, capacidade de iniciativa, produtividade e responsabilidade.

A estabilidade é a garantia constitucional de permanência no serviço público, outorgada ao servidor estatutário, nomeado em virtude de concurso público, após o decurso de três anos de efetivo exercício.

O parágrafo 4º do artigo 41 impõe, além dos três anos de efetivo exercício, outra condição aos servidores para a aquisição da estabilidade, a avaliação especial de desempenho, a ser realizada por comissão funcional com esta finalidade.[54]

Aos servidores que, por força do artigo 28 da Emenda Constitucional nº 19/98, mantiveram o prazo de dois anos para a aquisição da estabilidade, por imposição deste mesmo artigo, dependerão, também, da avaliação especial de desempenho, prevista no § 4º do artigo 41, para a aquisição da estabilidade.

O direito à estabilidade só é conferido ao servidor estatutário, ocupante de cargo efetivo. Os cargos de provimento efetivo são aqueles predispostos a receberem ocupantes (servidores), em caráter definitivo. Logo, um servidor que, após aprovação em concurso, é investido em cargo efetivo, tem efetividade, e esta nasce no momento em que o servidor toma posse e completa a relação estatutária. Nos primeiros três anos continua tendo efetividade, embora não tenha ainda estabilidade. Após esse período, o servidor, que já tinha efetividade, adquire também a estabilidade. Neste caso, a efetividade apresenta-se como pressuposto da estabilidade.

A estabilidade não é estendida aos servidores titulares de cargo em comissão, sendo incompatível com a transitoriedade de exercício que caracteriza esse tipo de cargo, pois que neles inexiste o direito à permanência, visto que são dispensáveis *ad nutum* pela autoridade competente.

Excetuando-se os casos de estabilidade extraordinária, a estabilidade somente é alcançada pelo servidor nomeado em virtude de concurso público após três anos de efetivo exercício no cargo. Esse período é chamado de estágio probatório.

Estágio probatório é o período de exercício dentro do qual o servidor é observado e quando é apurada pela Administração Pública a conveniência ou não de sua permanência no serviço público, mediante a verificação dos requisitos estabelecidos em lei para a aquisição da estabilidade (idoneidade moral, aptidão, disciplina, assiduidade, dedicação ao serviço, eficiência etc.).

A redação do § 4º, do artigo 41, acrescentado pela Emenda Constitucional nº 19/98, dispõe que "como condição para a aquisição da estabilidade, é obrigatória a avaliação especial de desempenho por comissão instituída para essa finalidade", logo, o Poder Público, após a redação deste parágrafo, é obrigado a fazer a avaliação de desempenho ao fim do estágio probatório.

---

54   *O estágio probatório dos servidores públicos é de três anos. Depois de algumas idas e vindas legislativas, a Terceira Seção do Superior Tribunal de Justiça (STJ) definiu: "com a Emenda Constitucional (EC) nº 19/1998, o prazo do estágio probatório dos servidores públicos é de três anos". A mudança no texto do artigo 41 da Constituição Federal instituiu o prazo de três anos para o alcance da estabilidade, o que, no entender dos ministros, não pode ser dissociado do período de estágio*
probatório. O novo posicionamento, unânime, baseou-se em voto do ministro Felix Fischer, relator do mandado de segurança que rediscutiu a questão no STJ. O ministro Fischer verificou que a alteração do prazo para a aquisição da estabilidade repercutiu sim no prazo do estágio probatório. Isso porque esse período seria a sede apropriada para avaliar a viabilidade ou não da estabilização do servidor público mediante critérios de aptidão, eficiência e capacidade, verificáveis no efetivo
exercício do cargo. Além disso, a própria EC nº 19/98 confirma tal entendimento, na medida em que, no seu artigo 28, assegurou o prazo de dois anos para aquisição de estabilidade aos servidores que, à época da promulgação, estavam em estágio probatório. De acordo com o ministro, a ressalva seria desnecessária caso não houvesse conexão entre os institutos da estabilidade e do estágio probatório. Não só magistrados como doutrinadores debateram intensamente os efeitos do alargamento do período de aquisição da estabilidade em face do prazo de duração do estágio probatório fixado no artigo 20 da Lei nº 8.112/90. Conforme destacou o ministro Fischer, o correto é que, por incompatibilidade, esse dispositivo legal (bem como o de outros estatutos infraconstitucionais de servidores públicos que fixem prazo
inferior para o intervalo do estágio probatório) não foi recepcionado pela nova redação do texto constitucional. Desse modo, a duração do estágio probatório deve observar o período de 36 meses de efetivo exercício.

O afastamento do servidor do exercício do cargo efetivo, durante o estágio probatório, impede a necessária verificação de sua aptidão para o exercício das atribuições do cargo que titulariza. Por isso, não se conta qualquer tempo de serviço prestado a outra entidade, ou tempo anterior dedicado à mesma pessoa onde o servidor estagia, ainda que no exercício de idêntica função.

Dadas as finalidades do estágio probatório tem-se entendido inviável, ainda que a lei a regulamente, a designação ou nomeação do servidor em estágio probatório para exercer outro cargo, e muito menos viável o seu comissionamento em outra entidade.

A estabilidade é um instituto que guarda relação com o serviço, e não com o cargo. Decorre daí que, se o servidor já adquiriu estabilidade no serviço ocupando determinado cargo, não precisará de novo estágio probatório no caso de permanecer em sua carreira, cujos patamares são alcançados normalmente pelo sistema de promoções. Entretanto, se vier a habilitar-se a cargo de natureza e carreira diversas, terá de submeter-se a novo estágio probatório para a aquisição da estabilidade.

Comprovado durante o estágio probatório que o servidor não satisfaz as exigências legais da Administração, este poderá ser exonerado justificadamente pelos dados colhidos no serviço, na forma estatutária, independentemente de inquérito administrativo, isto é, de processo administrativo disciplinar.

O que se tem sustentado é que a exoneração na fase probatória não é arbitrária, nem imotivada. Deve-se basear em motivos e fatos reais que revelem inaptidão ou desídia do servidor em observação, defeitos esses apuráveis e comprováveis pelos meios administrativos consentâneos (ficha de ponto, anotações na folha de serviço, investigações regulares sobre a conduta no trabalho etc.), sem o formalismo de um processo disciplinar.

Nesse sentido entendeu o Superior Tribunal de Justiça:

> É certo que a jurisprudência hoje assentada nesta Colenda Corte consagra o entendimento de que, durante o estágio probatório, o servidor público não possui a garantia da estabilidade no serviço público, podendo ser exonerado, desde que não demonstre os requisitos próprios para o exercício da função pública, tais como idoneidade moral, aptidão, disciplina, assiduidade, eficiência e outros, por mera investigação sumária.
>
> Todavia, é de se ressaltar que o pensamento expresso no verbete da Súmula 473, do Supremo Tribunal Federal, deve ser concebido com certa ponderação, pois, ainda que a Administração Pública tenha o poder de anular seus próprios atos, de ofício, quando eivados de ilegalidade, deve, no entanto, examinar as circunstâncias e consequências, com observância de requisitos formais e de conteúdo.
>
> Dentro dessa visão, tem-se que a exoneração de servidor público concursado e nomeado para cargo efetivo, mesmo no curso do estágio probatório, deve ser efetuada com observância do devido processo legal e do princípio da ampla defesa, não podendo a Administração, *ad nutum*, anular concurso público realizado, desconsiderando o ato de posse dos candidatos aprovados, sem a instauração do procedimento administrativo próprio. (RESP nº 162.424-ES, Sexta Turma, Rel. Min. Vicente Leal).
>
> EMENTA: RECURSO EM MANDADO DE SEGURANÇA. ADMINISTRATIVO. DELEGADO. ESTÁGIO PROBATÓRIO. EXONERAÇÃO. PROCESSO DISCIPLINAR. COMPETÊNCIA. RECURSO ADMINISTRATIVO. INTIMAÇÃO. AMPLA DEFESA. (...) - Para a demissão dos servidores instáveis bastará a sindicância, despida de maiores formalidades, desde que por ela se demonstre a falta ensejadora da pena demissionária, assegurado, contudo, o direito à ampla defesa. - No caso *sub examine*, restou configurado, no transcorrer do processo disciplinar, que o servidor apenado pôde exercer seu legítimo direito à ampla defesa. Por conseguinte, correta a decisão do Tribunal a quo, que entendeu ser dispensável sua presença na apreciação do recurso administrativo interposto, pois, para sua exoneração (não efetivação no cargo) bastava que a falta imputada fosse apurada em simples sindicância administrativa, sem maiores formalidades. (...) (RMS nº 9.493-RO, Quinta Turma, Rel. Min. José Arnaldo).

O necessário é que a Administração Pública justifique, com base em fatos reais, a exoneração, como afinal, sumulou o Supremo Tribunal Federal, nestes termos:

"Funcionário em estágio probatório não pode ser exonerado nem demitido sem inquérito ou sem as formalidades legais da apuração de sua capacidade". (verbete nº 21 da Súmula do STF).

"É necessário processo administrativo, com ampla defesa, para demissão de funcionário admitido por concurso". (verbete nº 20 da Súmula do STF).

Deve-se observar, também, a exigência do contraditório e a oportunidade de defesa para o servidor público:

EMENTA: ADMINISTRATIVO. CONCURSO PÚBLICO. CANCELAMENTO. – "É ilegal o ato de exoneração de servidores aprovados em concurso público, estando em estágio probatório, sem processo administrativo em que se assegura ampla defesa. – O princípio da ampla defesa que já integrava o nosso ordenamento constitucional anterior, foi consagrado na atual Constituição em seu art. 5º, item LV, nos seguintes termos: 'Aos litigantes, em processo judicial ou administrativo, e aos acusados em geral são assegurados o contraditório e ampla defesa, com os meios e recursos a ela inerentes.' – Hoje não mais se discute o dever de se assegurar, em processo administrativo ou judicial, a ampla defesa e é inadmissível a exoneração de servidores concursados e em pleno estágio probatório, sem obediência ao devido processo legal". (RESP nº 1970, Primeira Turma, Rel. Min. Garcia Vieira).

Cabe esclarecer que exoneração não é penalidade, não é demissão. A exoneração é simples dispensa do servidor, por não convir à Administração sua permanência, uma vez que se revelaram insatisfatórias as condições de seu trabalho na fase probatória, sabidamente instituída pela Constituição para os que almejam a estabilidade no serviço público.

Por fim, deve-se examinar que estágio probatório não se confunde com o denominado estágio experimental, adotado por alguns sistemas funcionais. Ambos têm apenas em comum o fato de que se cuida de período em que o indivíduo está sendo submetido à avaliação pelo exercício da função pública relativa ao cargo já ocupado ou a sê-lo futuramente. Mas, enquanto o estágio probatório se processa após a nomeação e o estagiário já é servidor público, o estágio experimental é mera fase do concurso, valendo como verdadeira prova prática a ser objeto de aprovação ou reprovação. Neste caso, portanto, somente após ser considerado aprovado nas provas comuns e na prova específica do estágio experimental é que o candidato estará apto a ser nomeado e empossado no cargo pretendido.

Cumpre-nos esclarecer sobre dois institutos que causam confusão entre si: a exoneração e a demissão.

A demissão é o desligamento do cargo com caráter sancionador. A demissão, como pena administrativa que é, pode ser aplicada em qualquer fase, ao estável e ao instável, desde que o servidor cometa infração disciplinar ou crime funcional regularmente apurado em processo administrativo ou judicial. Não há demissão ad nutum, esta dependerá sempre de processo comprobatório da infração, possibilitando-se sempre ao servidor o direito ao contraditório e a ampla defesa.

Já a exoneração é o desligamento sem caráter sancionador, classificando-se em dois tipos: a pedido e *ex officio*. Na primeira é o servidor que manifesta seu interesse em sair do serviço público e desocupar o cargo de que é titular. A exoneração *ex officio*, ao revés, implica a iniciativa da Administração em dispensar o servidor.

A exoneração *ex officio* poderá acontecer em um dos seguintes casos: quando se tratar de desinvestir alguém de um cargo em comissão; quando o servidor, ocupante de cargo de provimento efetivo, não satisfizer as condições do estágio probatório; quando o servidor, depois de nomeado e empossado, não entrar em exercício no prazo legal; quando o servidor incorrer, de boa-fé, em acumulação proibida, sendo-lhe permitido optar pelo cargo em que deseja persistir.

O servidor poderá ser também demitido, segundo as hipóteses previstas no parágrafo 1º, do artigo 41, da Carta Magna:

O servidor público estável só perderá o cargo:

I- em virtude de sentença judicial transitada em julgado;

II- mediante processo administrativo em que lhe seja assegurada ampla defesa;

III- mediante procedimento de avaliação periódica de desempenho, na forma de lei complementar, assegurada ampla defesa.

A Emenda Constitucional nº 19/98 acrescentou ao parágrafo 1º, do artigo 41, mais um caso de demissão, a ser disciplinado por lei complementar, que é aquele em que o servidor, após sofrer avaliação funcional, demonstrar insuficiência de desempenho, comprovada em processo administrativo, assegurada ampla defesa.

Criou também outra hipótese de exoneração de servidor estável, quando tiverem sido insuficientes duas providências administrativas com vistas a adequar as despesas de pessoal aos limites fixados na Lei Complementar, que regulamentou o artigo 169 da Constituição Federal.

Para o cumprimento dos limites estabelecidos na lei complementar, a União, os Estados, o Distrito Federal e os Municípios adotarão as seguintes providências, previstas no artigo 169, § 3º: redução em pelo menos 20% das despesas com cargos em comissão e funções de confiança e a exoneração dos servidores não estáveis. Consideram-se servidores não estáveis aqueles admitidos na administração direta, autárquica e fundacional, sem concurso público de provas ou de provas e títulos, após o dia 5 de outubro de 1983 (artigo 33 da EC nº 19/98).

Caso as medidas adotadas não forem suficientes para assegurar o cumprimento da determinação da lei complementar, o servidor estável poderá perder o cargo, desde que ato normativo motivado de cada um dos Poderes especifique a atividade funcional, o órgão ou unidade administrativa objeto da redução de pessoal. Como as disposições constitucionais são interpretadas restritivamente, as providências ora enumeradas não se estendem aos aposentados, cujos proventos são intocáveis.

Os critérios para a perda de cargo público por excesso de despesa estão definidos na Lei nº 9.801, de 14/06/99. O critério geral impessoal escolhido para a identificação dos servidores estáveis deverá observar: menor tempo de serviço público, maior remuneração e menor idade. A exoneração de servidor estável que desenvolva atividade exclusivamente de Estado observará as seguintes condições: I- somente será admitida quando a exoneração de servidores dos demais cargos do órgão ou da unidade administrativa objeto da redução de pessoal tenha alcançado, pelo menos, 30% (trinta por cento) do total desses cargos; II- cada ato reduzirá em no máximo 30% (trinta por cento) o número de servidores que desenvolvam atividades exclusivamente de Estado. Os cargos serão declarados extintos, vedada a criação de cargo, emprego ou função com atribuições iguais ou assemelhadas pelo prazo de 4 anos. O servidor que perder o cargo fará jus a indenização correspondente a um mês de remuneração por ano de serviço, conforme determinação contida no § 5º do artigo 169, do Texto Constitucional.

Constituem decorrência do instituto da estabilidade, os direitos à reintegração, à disponibilidade e ao aproveitamento.

A reintegração é o reingresso do servidor demitido, quando a sua demissão é invalidada por sentença judicial, sendo-lhe assegurado o ressarcimento das vantagens ligadas ao cargo.

A disponibilidade é a garantia de inatividade remunerada, assegurada ao servidor estável, em caso de ser extinto o cargo ou declarada a sua desnecessidade.

E o aproveitamento, é o reingresso, no serviço público, de servidor em disponibilidade, quando haja cargo vago de natureza e vencimento compatíveis com o anteriormente ocupado.

De acordo com o § 2º, do artigo 41, da Lei Magna, invalidada por sentença judicial a demissão do servidor estável, será ele reintegrado, e o eventual ocupante da vaga, se estável, reconduzido ao cargo de origem, sem direito a indenização, aproveitado em outro cargo ou posto em disponibilidade com remuneração proporcional ao tempo de serviço.

E extinto o cargo ou declarada sua desnecessidade, o servidor estável ficará em disponibilidade, com remuneração proporcional ao tempo de serviço, até seu adequado aproveitamento em outro cargo (artigo 41, § 3º, da CF).

Na esfera federal, o Decreto nº 3.151, de 23/08/1999, disciplinou a prática dos atos de extinção e de declaração de desnecessidade de cargos públicos, bem assim a dos atos de colocação em disponibilidade remunerada e de aproveitamento de servidores públicos em decorrência da extinção ou da reorganização de órgãos ou entidades da administração Pública federal direta, autárquica e fundacional.

9.2. Exceção

Episodicamente, as Constituições Brasileiras vêm atribuindo estabilidade a servidores não ocupantes de cargo efetivo. É o que a doutrina intitula estabilidade extraordinária. Assim ocorreu com as Constituições de 1946 e 1967, que concederam a estabilidade extraordinária nos artigos 23 das Disposições Transitórias e 177, § 2º, respectivamente. A Constituição de 1988 também previu hipótese desta natureza no artigo 19 do ADCT, considerando estáveis os servidores públicos civis da União, dos Estados, do Distrito Federal e dos Municípios, da administração direta, autárquica e das fundações públicas que estivessem em exercício na data da promulgação da Constituição, há pelo menos cinco anos continuados, e que não tivessem sido admitidos na forma regulada no artigo 37, I, da Constituição Federal.

Esta estabilização abrangeu servidores estatutários e trabalhistas, os que exerciam funções com caráter de permanência, somente sendo dela excluídos os servidores que desempenhassem cargo, emprego ou função de confiança ou outras funções que a lei considerasse como de livre exoneração.

9.3. Competência

A avaliação do estágio probatório deve ser realizada pelo superior hierárquico imediato ao servidor público. Isso porque tão somente aquele que acompanha o avaliando diariamente, em regra, é capaz de formar, com segurança, um juízo convincente a respeito dos fatores previstos no art. 20 da Lei 8.112/90, quais sejam, aqueles relacionados à assiduidade, à disciplina, à capacidade de iniciativa, à produtividade e à responsabilidade.

Para fins de colheita dos elementos indispensáveis ao exame do desempenho do servidor público em estágio probatório, ninguém mais indicado do que o chefe imediato, que o acompanha no dia a dia, que conhece, de fato, sua conduta funcional. A autoridade máxima do órgão no qual exerce suas atividades, não obstante, as responsabilidades inerentes à função, não mantém com os servidores a ela não subordinados diretamente o vínculo funcional estreito necessário para, ela mesma, avaliá-lo.

9.3.1. Qual o prazo de que dispõe a Administração para efetivar este requisito?

Embora não haja previsão expressa sobre o prazo no qual a Administração deverá efetuar o requisito da avaliação de desempenho para fins de concessão de estabilidade a servidor estatutário, entende-se ser este prazo o equivalente ao requisito temporal de que este dispõe para a aquisição da estabilidade, qual seja, 03 (três) anos.

Dentro deste prazo deverá a comissão se manifestar, ou dando parecer favorável à aptidão do servidor, inclinando-se pela sua inaptidão, por meio de avaliação negativa.

Contudo, se a Administração não vir a efetivar o requisito de avaliação de desempenho neste período, ou, ainda, se o fizer depois de decorrido o prazo de 03 (três) anos, o qual garante ao servidor a aquisição de sua estabilidade, este, de certa forma, não poderá ser prejudicado pela inércia da Administração, uma vez que já cumpriu o prazo legalmente estipulado.

Os Tribunais têm entendido que, por exemplo, transcorridos mais de 04 anos de exercício em cargo público, o servidor não pode ser submetido a processo de verificação de estágio probatório. O servidor não pode ser penalizado e a Administração não pode postergar eternamente o seu estágio probatório, conforme prazo previsto no § 4º do art. 41 da Constituição e art. 21, da Lei 8.112/90. Com isso, considerar-se-á o servidor estável, suprimindo-se a imprescindibilidade deste processo avaliatório e prevalecendo apenas o requisito temporal.

9.3.2. Posição do STJ no Tocante ao Decurso do Lapso Temporal

Recentemente, o Superior Tribunal de Justiça (STJ) anulou o ato que exonerou um servidor público estável com o argumento de que ele foi reprovado no estágio probatório (fase obrigatória por lei pela qual todo servidor público deve passar para alcançar a estabilidade). Na decisão unânime, os ministros da Quinta Turma do STJ determinaram a reintegração do servidor ao quadro do Serviço Público, com direito a receber todos os valores que a Administração deixou de pagar a ele a partir do ato ilegal que determinou a exoneração.

Segundo o ministro Arnaldo Esteves Lima, relator do processo, o ato de exoneração ocorreu quando o servidor já era estável, portanto não mais submetido às avaliações do estágio probatório que, por esse motivo, não poderia embasar o ato administrativo que o desligou dos quadros. O ministro citou o texto da Constituição que define a aquisição da estabilidade no serviço público após o exercício efetivo do cargo por três anos. "Transcorrido esse período, não mais se cogita, em regra, de avaliação de desempenho em estágio probatório, exceto se houver justificativa plausível para a demora da Administração, o que não se verifica na hipótese", entendeu o relator.

Arnaldo Esteves Lima também ressaltou que, no caso de necessidade de desligamento de servidor estável, o ato deve ocorrer com base no parágrafo 1º do artigo 41 da Constituição. A respeito da possibilidade de exoneração em estágio probatório, o ministro destacou o entendimento do STJ no sentido de não ser necessário processo administrativo disciplinar. No entanto – salientou o magistrado – devem ser assegurados ao servidor os princípios da ampla defesa e do contraditório (a Administração deve permitir ao servidor que se defenda contra os atos desfavoráveis a ele). E, no caso do processo em análise, esses direitos não foram atendidos. "Não há notícia nos autos de instauração de um procedimento em que tenha o recorrente figurado formalmente como acusado".

A decisão da Quinta Turma também garantiu ao servidor o recebimento de todos os valores que a Administração deixou de pagar após o desligamento dele, sem a necessidade de entrar com outra ação judicial para buscar esse direito. A Turma aplicou entendimento firmado pelo STJ com relação a servidores que sofreram o mesmo tipo de ilegalidade. Os valores serão pagos desde a data da prática do ato de exoneração. "No caso em que servidor público deixa de auferir seus vencimentos, parcial ou integralmente, por ato ilegal ou abusivo da autoridade impetrada, os efeitos patrimoniais da concessão da ordem em mandado de segurança devem retroagir à data da prática do ato impugnado, violador do direito líquido e certo", enfatizou o ministro relator.[55]

9.4. Aquisição

A estabilidade se constitui em uma garantia constitucionalmente prevista do servidor público estatutário, com o status de direito adquirido, que, aprovado em concurso público e regularmente nomeado, alcançará este direito após três anos de efetivo exercício, após a devida avaliação especial de desempenho estatuída no pará-grafo 4º do art. 41, a ser realizada por comissão instituída para essa finalidade. O aludido prazo, enunciado no caput do mesmo artigo da Carta Federal, foi alterado através da Emenda Constitucional nº 19/98, eis que o texto original trazia o prazo menor, de dois anos, para este fim. Veja-se a seguir a redação do Texto Constitucional após a alteração:

> Art. 41. São estáveis, após 03 (três) anos de efetivo exercício, os servidores nomeados para o cargo de provimento efetivo em virtude de concurso público.
>
> § 4º. Como condição para a aquisição da estabilidade, é obrigatória a avaliação especial de desempenho por comissão instituída para essa finalidade.

Com efeito, para o efetivo gozo desta garantia, imprescindível que sejam cumpridos os pré-requisitos: aprovação em concurso público, nomeação no respectivo cargo, contagem de três anos no serviço público e avaliação especial de desempenho.

Importa trazer à baila que o requisito da avaliação especial de desempenho para a aquisição da estabilidade não é autoaplicável, podendo, antes, que seja instituída comissão para esse fim. Desta feita, caso o servidor preencha os demais requisitos para a estabilidade, e transcorrido o prazo de 03 anos necessários à sua aquisição e a Administração Pública não tenha se manifestado para instituir a dita comissão, não poderá

---

55   *Superior Tribunal de Justiça - O Tribunal da Cidadania, em 18/12/18.*

alegar, posteriormente, carência de requisito por parte do servidor público, pois que este dependia da iniciativa da Administração, não podendo ser penalizado pela sua inércia.

Este entendimento já foi acertado pelo Supremo Tribunal Federal, ao decidir que a ausência de avaliação de desempenho não afasta presunção de estabilidade no cargo.[56]

Ressalte-se que a estabilidade não se aplica aos servidores contratados mediante o regime trabalhista, regidos pela Consolidação das Leis do Trabalho – CLT, para o exercício de emprego público, nem aos titulares de cargo de comissão de livre nomeação e exoneração, mas tão somente ao servidor ocupante de cargo de provimento efetivo, nomeado para o serviço público, decorridos três anos de efetivo exercício e preenchidos os demais requisitos estipulados pela Constituição Federal.[57]

9.5. Finalidade do estágio probatório

A finalidade do estágio probatório é tecer uma análise, por período constitucionalmente fixado, do servidor investido em cargo público efetivo, no que tange à sua assiduidade, disciplina, iniciativa, produtividade e responsabilidade, de forma a considerá-lo apto ou inapto, capaz ou incapaz para a permanência no respectivo cargo.

Da prática, contudo, esta avaliação não é delineada com a devida observância sobre a performance do servidor, não sendo rara as vezes em que se dá a aprovação deste período, sem qualquer intervenção contrária. A finalidade originária do estágio probatório, no tocante à prévia análise profissional e comportamental do servidor, cede lugar à simples submissão deste ao lapso temporal que antecede a estabilidade.

Não obstante, a exclusão do servidor reprovado em estágio probatório pressupõe os trâmites de instauração de processo administrativo formal de exoneração, garantindo-lhe a legítima defesa contra as alegações a ele imposta, sob pena de ser considerada nula. Registre-se tratar-se de exoneração e não de demissão, em face da natureza do instituto.

9.6. Vinculação entre o período do estágio probatório e a estabilidade

Questão que merece análise entre os doutrinadores do mundo jurídico é a que concerne à vinculação ou não do período de três anos, necessários à aquisição da estabilidade, ao período do estágio probatório, muito embora a doutrina seja unânime em afirmar a existência da vinculação. Ainda assim, suscita-se se o novo prazo estipulado pela EC n° 19/98 para a aquisição da estabilidade (3 anos), se aplica, necessariamente, à também dilação do período do estágio probatório.

Ainda que a regra seja a vinculação, insurge-se uma questão onde esta regra não será aplicável, a seguir descrita: hipótese de um servidor que já adquiriu a estabilidade, transcorridos os três anos de efetivo exercício no serviço público, bem como preenchidos todos os requisitos indispensáveis a esta garantia, tais como o cumprimento do estágio probatório, e, em face da prestação e aprovação em novo concurso público, tome posse em cargo público diverso do anterior.

Nesta situação específica, o servidor deverá se submeter a novo estágio probatório, pois que este se destina à análise de sua aptidão profissional para o cargo o qual pretende se efetivar. Se o seu cargo anterior era o de Analista Judiciário, o estágio probatório correspondente visava avaliar a sua aptidão para a prática específica das funções atinentes ao referido cargo.

---

56   *STF, MS n° 24.543 - DF, Rei. Min. Carlos Velloso, vide Informativo STF n° 317.*

57   *O STJ já teceu entendimento consistente, afirmando que "a estabilidade diz respeito ao serviço pú¬blico, e não ao cargo", e que "o servidor estável, ao ser investido em novo cargo, não está dispensa¬do de cumprir o estágio probatório nesse novo cargo". "Um exemplo esclarece tal situação: se um servidor já é estável no cargo de "Auxiliar Administrativo" e, após concurso, é investido no cargo de "Psicólogo", deverá sujeitar-se a novo estágio probatório antes de adquirir a estabilidade. Te¬mos admitido, no entanto, que, se o estatuto funcional for silente, deve assegurar-se ao servidor a possibilidade de retorno a seu antigo cargo no caso de não aprovado no período probatório relati¬vo ao cargo novo. Uma das soluções é a de não consumar a exoneração antes da estabilidade, per-manecendo o servidor com licença ou afastamento, sem remuneração. Assim, entendemos por não nos parecer justo e legítimo descartar o servidor de uma situação de permanência para intro¬duzi-lo numa outra de instabilidade, sobretudo, quando foi habilitado através de novo concurso e sua atividade vai ser produzida em prol do próprio Poder Público (STJ, RO n" 859/MS, Rei. Min. José Jesus Filho).*

Inobstante, com o seu posterior ingresso no cargo de Comissário da Infância e da Adolescência, o qual requer a devida graduação em psicologia, deverá o servidor em tela, impreterivelmente, se submeter a novo estágio probatório, cuja análise se destinará, tão somente, a este.

Em face disso, temos que a vinculação não se constitui numa regra absoluta, devendo antes ser ponderada com o caso concreto.

9.7. Vinculação entre o concurso público com a estabilidade

Reza o art. 41 da Constituição Federal que "são estáveis, após três anos de efetivo exercício os servidores nomeados para cargo de provimento efetivo em virtude de concurso público".

Com efeito, registre-se que a estabilidade se estenderá aos servidores estáveis, investidos em cargos públicos, mediante nomeação, e vinculados ao regime estatutário, não se aplicando, por conseguinte, aos servidores trabalhistas.

Este último é de caráter contratual, não guardando nenhuma relação com nomeação ou cargo público, e nem alcançando o instituto da estabilidade. Ressalte-se que, ainda na hipótese de o servidor trabalhista ter se submetido a concurso público, tendo sido aprovado e contratado e firmando uma relação jurídica trabalhista, sendo o Poder Público empregador, esta situação não ensejará a estabilidade.

Alguns autores advogam no sentido de que o concurso público concede garantias do regime estatutário, dentre elas a estabilidade, ao servidor aprovado. Contudo, entendemos que concurso público se constitui em pré-requisito para o efetivo ingresso no serviço público, e não para a consecução da estabilidade.

Desta feita, conclui-se que o concurso público não guarda relação com o direito à estabilidade, descaracterizando-se um eventual vínculo entre eles.

9.8. Hipótese de estabilidade extensiva a servidor não estatutário: estabilidade funcional

Cumpre assinalar sobre a existência de caso em que se aplica estabilidade a servidor não estatutário que complete o mínimo de 5 (cinco) anos no serviço público, e que não tenha sido admitido na forma do art. 37 da CF/88. Trata-se de *estabilidade funcional*, com previsão no art. 19 do ADCT a seguir descrito:

> Art. 19 do ADCT. Aos servidores públicos civis da União, dos Estados, do Distrito Federal e dos Municípios, da administração direta, autárquica e das fundações públicas, em exercício na data da promulgação da Constituição, há pelo menos cinco anos continuados, e que não tenham sido admitidos na forma regulada no art. 37, da Constituição, são considerados estáveis no serviço público.

Em consonância com a redação do dispositivo constitucional supra, deflagra-se o benefício da estabilidade a servidor não concursado que contasse com mais de 5 (cinco) anos de serviço público. Porém, referido beneficiário não será titular do cargo ao qual esteja ocupando, não concorrendo para a aquisição da efetivação; tampouco será integrante de carreira, restando-lhe tão somente o direito a ter como estável a função que ocupa.

Este direito à estabilidade funcional de servidor não estatutário encontra respaldo no Ato das Disposições Constitucionais Transitórias – ADCT, não se confundindo com a estabilidade a que faz jus o servidor estatutário após 3 (três) anos de efetivo exercício. Ocasionalmente, poderá passar despercebida por estar prevista no ADCT, mas, é bom que se frise, vige em nosso ordenamento constitucional.

Conforme se pôde observar à época, o período pós-promulgação da Constituição Federal de 1988, que inaugurou o Estado Democrático de Direito, fez surgir uma nova concepção de moralização dentro do serviço público, fazendo supor a extinção de um lapso temporal em que a moralização não era o norte a ser seguido na aquisição de um cargo público, como ocorreu com o famigerado "trem da alegria", gerando os famosos "cabides de emprego".

No entanto, ocupou-se o legislador constituinte derivado de excepcionar situações em que a estabilidade no serviço público não dependa de prévia realização de concurso, retroagindo, em termos, à garantia inserida na redação original do Texto Maior, que se refere à *conditio sine qua non* da submissão ao concurso para a aquisição da estabilidade.[58]

Este benefício da estabilidade que alcança servidor não concursado com mais de 05 anos de serviço público não é cumulativo com outras prerrogativas do servidor público, como a titularidade do cargo público e a sua efetivação, daí ser designada de estabilidade funcional.

Portanto, ainda que alcance a estabilidade, não é efetivo no cargo o qual ocupa, e só poderá adquirir a titularidade de cargo por meio de concurso público, transcorridas as fases da aprovação e da nomeação. Já à nova titularidade será computado o tempo de efetivo exercício no qual se submeteu à condição de excepcional estabilidade.

Diante desta assertiva, não há que perdurar controvérsias quanto à diferença entre estabilidade e efetividade, muito embora sejam quase sempre tidas como sinônimas, o que nos leva a tecer uma breve análise sobre o tema.

9.9. Hipótese em que servidor em período probatório é considerado estável

Oportuno registrar a existência de hipótese excepcional em que servidor em período probatório é considerado estável, hipótese vislumbrada para fins de aplicação dos dispositivos do art. 169 da Constituição Federal, o qual prevê os limites de despesa de pessoal a serem observados pelos entes públicos, criado pela Lei de Responsabilidade Fiscal.

> Art. 169. A despesa com pessoal ativo e inativo da União, dos Estados, do Distrito Federal e dos Municípios não poderá exceder os limites estabelecidos em lei complementar.

O aludido artigo dispõe sobre o limite de despesa de pessoal, referindo-se a Lei Complementar nº 101/00 (Lei de Responsabilidade Fiscal), elencando nos incisos de seu § 3º em que hipóteses este limite se aplica, sendo que cada qual se apresenta como primeira opção em relação à outra.

> I - redução em pelo menos 20% (vinte por cento) das despesas com cargo em comissão e funções de confiança.
>
> II – exoneração dos servidores não estáveis.

Eliminadas estas hipóteses, se estas medidas não bastarem para alcançar a redução das despesas a que se pretende, aplicar-se-á o dispositivo do § 4º:

> § 4º. Se as medidas adotadas com base no parágrafo anterior não forem suficientes para assegurar o cumprimento da determinação da lei complementar referida neste artigo, o servidor estável perderá o cargo [...]

Importa-nos fazer alusão ao inciso II, que se traduz na segunda hipótese a ser utilizada pelo Poder Público a fim de adequar a sua despesa de pessoal às exigências da Lei de Responsabilidade Fiscal. Este dispositivo constitucional se refere aos "servidores não estáveis", fazendo supor serem estes, aqueles que se encontrarem em período de estágio probatório, ou seja, antes de transcorridos 3 (três) anos de sua nomeação.

No entanto, a doutrina entende que estes "servidores não estáveis" são os que ingressaram no serviço público sem concurso entre 83 e 88, e não os que cumprem o período probatório, pois que embora, em tese, a estabilidade seja adquirida após transcorrido este ínterim, esta não é para fins de aplicação do artigo 169.

---

58   *José dos Santos Carvalho Filho fala em estabilização constitucional, aduzindo que se excluem desta relação de garantia constitucional "servidores que desempenhassem cargo, emprego ou função de confiança ou outras funções e cargos que a lei considerasse como de livre exoneração".*
CARVALHO FILHO, José dos Santos. Manual de Direito Administrativo. 19. ed. Rio de Janeiro, Lumen Juris, 2009. p. 541.

Portanto, há que se convir que o servidor em estágio probatório é considerado estável quando a questão se reportar à hipótese constante no art. 169, parágrafo 3º, inciso II.

9.9.1. A apuração de inaptidão ou insuficiência

A apuração ou insuficiência no exercício das funções, durante o período probatório, pode ser tomada no âmbito da sindicância, sendo desnecessária a instauração de processo administrativo disciplinar, com todas suas formalidades, desde que tal exoneração se funde em motivos e fatos reais e sejam asseguradas as garantias constitucionais da ampla defesa e do contraditório.

A propósito, configuram-se os seguintes precedentes, do Superior Tribunal de Justiça, *in verbis*:

> Recurso em mandado de segurança. Servidor público estadual. Estágio probatório. Sindicância. Exoneração. Possibilidade. I – Em estágio probatório, o servidor poderá ser exonerado do cargo por infração funcional, desde que o fato motivador tenha sido apurado em sindicância, na qual lhe foi assegurada a ampla defesa. II – Na espécie, restou configurado, no transcorrer da sindicância, que o servidor exerceu seu legítimo direito à ampla defesa, inclusive tendo sido representado por advogado. III – Por demandar dilação probatória, a via do mandado de segurança é inviável para aferir se a conduta infracional, que motivou exoneração do servidor, foi dolosa ou não.

Portanto, como se observa facilmente, o entendimento, jurisprudencial e doutrinário, é no sentido de que o servidor em estágio probatório pode ser exonerado de forma justificada, independentemente de Processo Administrativo Disciplinar integral.

E tal procedimento de apuração pode findar-se antes do término do prazo estabelecido, não se configurando a alegada violação ao artigo 20, § 1º do Regime Jurídico Único.

9.10. Margem de discricionariedade da Administração no tocante ao mérito do ato de exoneração

A administração, não satisfeita com desempenho funcional do servidor, não está obrigada a torná-lo estável no serviço público, podendo, ao contrário, exonerá-lo. Exige-se, porém, que esse ato seja devidamente justificado e tenha por base fatos reais e critérios objetivos, que revelem insuficiência de desempenho impondo-se, ainda, ao servidor o contraditório e a ampla defesa.

Se a Administração não pudesse exonerar o servidor em fase de observação, nenhuma utilidade teria o estágio probatório, criado precisamente para se verificar, na prática, se o candidato à estabilidade confirma aquelas condições teóricas de capacidade que demonstrou no concurso. Somente quando se conjugam os requisitos teóricos de eficiência com as condições concretas de aptidão prática para o exercício público, é que se titulariza o funcionário para o cargo. Daí, o motivo pelo qual a exoneração do servidor fica sujeita à comprovação administrativa de sua capacidade ou inadequação para o serviço público ou de insuficiência de desempenho.

Convém sublinhar que o Poder Judiciário pode e deve examinar a legitimidade e legalidade da exoneração do servidor em estágio probatório, não alcançando os aspectos de conveniência e oportunidade de tal desempenho, desde que observadas as formalidades legais de apuração.

O administrador deve estabelecer previamente e especificar o comportamento que deveria ser adotado pelo agente público no tocante à fixação dos instrumentos de avaliação do servidor investido em cargo público, no período em que se encontra em estágio probatório. Uma vez fixados os instrumentos, cabe a aferição da adequação destes aos ditames legais e, também, da correta aplicação destes, aspectos que dizem respeito ao pressuposto da legalidade, o qual não se restringe às formalidades que cercam o ato praticado. Portanto, nem por isso fica ao alvedrio da Administração exonerar ou não o servidor que não adquiriu estabilidade.

Repetindo, mais uma vez, estabelecidos os instrumentos de avaliação, cabe verificar, primeiro, a adequação às normas de regência hierarquicamente superiores (Constituição e Lei 8.112/90) e, a seguir, a correta aplicação dos mesmos, inclusive quanto à existência de nexo causal entre os dados apurados e a conclusão extraída deles. Já os critérios de avaliação, desde que não sejam irrazoáveis, não se submetem ao crivo do Judiciário.

Quanto à legitimidade do ato de exoneração, de acordo com a regra contida no art. 149 da Lei 8.112/90, exige-se a presença de três servidores estáveis, para culminar na exoneração do servidor, o que dificilmente, na prática, ocorre, caracterizando vício formal no procedimento.

9.11. Condição resolutiva

Se o estágio probatório tem um prazo de 36 meses a ser observado, está claro que, ultrapassado este prazo, sem uma manifestação prévia da Instituição sobre a exoneração do servidor, a estabilidade se perfaz, automaticamente, pois se trata de condição resolutiva. Por isso, o § 1º do art. 20 já delimita que, durante os quatro meses antes de findo o período, será submetida à homologação da autoridade competente a avaliação do servidor, de tudo se dando ciência ao servidor que poderá contrapor a avaliação, através de procedimento administrativo ou judicial. Data vênia, não compartilhamos, em íntegra, com tal posicionamento. Antes da Emenda Constitucional nº 19, o estágio probatório era considerado um simples lapso de tempo. Atualmente, à aludida Emenda alterou essa situação, impondo como condição para aquisição da estabilidade, pelo servidor em exercício de cargo efetivo, a concreta realização de avaliação especial de desempenho durante o estágio probatório por comissão instituída para essa finalidade.

É oportuna a observação de que o servidor em estágio probatório, ainda que exercendo cargo de direção sindical, não tem direito à estabilidade sindical (CF, art. 8º, VIII), tendo em vista a omissão deste dispositivo na remissão constante do art. 39, § 2º, da Constituição, assim como a incompatibilidade do sistema dos servidores públicos com o sistema dos empregados regulados pela legislação trabalhista quanto ao instituto da estabilidade.

Averbe-se, por mais, que se admite aposentadoria do servidor no período do estágio probatório, não havendo violação ao § 2º do art. 20 da Lei 8.112/90, uma vez preenchidos os requisitos para sua obtenção, já que não há lei que assim disponha. Exigir que o servidor conclua o estágio probatório constitui ofensa ao princípio constitucional da legalidade.

9.12. Servidor em estágio probatório aprovado em outro concurso

O art. 20 da Lei nº 8.112/90, com a nova redação dada pela Lei nº 9.527/97, garante ao servidor público federal em estágio probatório o direito de se afastar do respectivo cargo para participar de curso de formação para ingresso em novo cargo na Administração Pública Federal com direito a optar pela percepção do vencimento e das vantagens do cargo que ocupa conforme dispõe o art. 14, § 1º, da Lei 9.624/98.

Hipoteticamente, Policial Rodoviário Federal, aprovado em concurso público, estável, que presta novo concurso e, aprovado, é nomeado Delegado da Polícia Federal. E mais: durante o estágio probatório neste último cargo, poderá requerer sua recondução ao cargo anterior, na forma do disposto no art. 20, § 2º, da Lei 8.112/90. É que, enquanto não confirmado no estágio probatório do novo cargo não estará extinta a situação anterior.

Nenhum órgão pode fazer restrição à participação de servidor público em estágio probatório em outro curso de formação, visto que a lei não estabeleceu restrição.

9.13. Licença para Atividade Política

Mesmo em estágio probatório, havendo pedido do servidor, a Administração Pública é obrigada a conceder a licença, por determinação do art. 86 da Lei 8.112/90.

Destaca-se do art. 86 da Lei no 8.112/90 duas espécies de licença ao servidor público envolvido em atividade política: uma, sem remuneração, cujo período se limita entre a escolha do servidor por convenção partidária e o registro de sua candidatura; outra, é a remunerada, cujo período compreende desde o registro da candidatura até o décimo dia seguinte ao das eleições a que tiver concorrido.

Com efeito, o *caput* do art. 86 prevê que a licença será sem remuneração, a partir do dia seguinte ao de sua escolha em convenção partidária até a véspera do registro de sua candidatura na Justiça Eleitoral para qualquer cargo eletivo, de qualquer nível, seja Vereador, Prefeito, Deputado, Governador etc., o que não poderia ser diferente, uma vez que, sem o registro de candidato, não há garantia de que o servidor irá concorrer àquele cargo eletivo, não merecendo, portanto, permanecer afastado com remuneração.

A outra espécie de licença à qual o servidor público envolvido em atividade política tem direito é a remunerada. No caso de o servidor ocupar cargo de direção, chefia, assessoramento, arrecadação ou fiscalização, e se candidatar a cargo eletivo na localidade onde desempenha suas atribuições, dispõe o § 1o do art. 86 que ele será afastado do cargo a partir do dia seguinte ao do registro de sua candidatura, até o décimo dia seguinte ao das eleições, uma vez que lhe será exigida integral dedicação à campanha política. Neste caso, entendeu o legislador que o servidor faz jus a um afastamento de até três meses, período este considerado de efetivo exercício, sendo-lhe assegurados os vencimentos do cargo efetivo durante este tempo, dispositivo este contido no § 2o do art. 86, da Lei no 8.112/90.

Cabe salientar que o servidor licenciado do cargo para dedicar-se à atividade política contribuirá para a seguridade social como se estivesse em efetivo exercício.

Embora não explicitado no art. 86 da Lei no 8.112/90, ressalte-se que, se o servidor-candidato estiver em estágio probatório, esta modalidade de licença acarretará suspensão do mesmo, reiniciando-se a partir do término do impedimento.

9.14. Greve no Estágio Probatório

Há quem defenda ser aplicável o direito de greve mesmo estando o servidor em estágio probatório, conforme jurisprudência majoritária sobre o assunto e da 1ª Turma do STF.

Por três votos a dois, a Primeira Turma do Supremo Tribunal Federal (STF) manteve o cargo de servidor público que, durante o estágio probatório, aderiu a movimento de greve e faltou ao trabalho por mais de 30 dias. A greve ocorreu no Estado do Rio Grande do Sul, antes de o STF determinar a aplicação da Lei de Greve da iniciativa privada ao serviço público.

A tese vencedora foi a de que a falta por motivo de greve não pode gerar demissão. "A inassiduidade decorrente de greve não legitima o ato demissório", disse o ministro Carlos Ayres Britto. Para ele, a inassiduidade que justifica a demissão "obedece a uma outra inspiração: é o servidor que não gosta de trabalhar".

Na mesma linha, o ministro Marco Aurélio disse entender que, no caso, não há "o elemento subjetivo que é a vontade consciente de não comparecer por não comparecer ao trabalho". A ministra Cármen Lúcia também votou com a maioria. "O estágio probatório para mim, por si só, não é fundamento para essa exoneração", disse ela.

A matéria chegou ao STF por meio de um Recurso Extraordinário (RE 226966) de autoria do governo do Rio Grande do Sul, que exonerou o servidor grevista. Este, por sua vez, voltou ao cargo por força de um mandado de segurança concedido pela Justiça estadual gaúcha.[59]

O relator do caso no STF, ministro Carlos Alberto Menezes Direito, e o ministro Ricardo Lewandowski foram contra a decisão do Judiciário do Rio Grande do Sul. Para Menezes Direito, o servidor fez greve antes de o direito ser regulamentado por meio de decisão do STF e, além disso, estava em estágio probatório. Portanto, cometeu uma irregularidade que justificou sua exoneração.

"Como não havia a regulamentação do direito de greve, que só veio com a nossa decisão, [o servidor] não tinha cobertura legal para faltar e estava em estágio probatório. Se ele estava em estágio probatório e cometeu esse delito civil, eu entendo que ele não tem razão", disse Menezes Direito.

Lewandowski reiterou que "o direito de greve realmente exigia uma regulamentação", prova de que o dispositivo constitucional que trata da matéria (inciso VII do artigo 37) não era autoaplicável.

9.15. Nomeação de servidor em estágio probatório para cargo de confiança

A Constituição Federal não estabelece óbice à nomeação de servidor, integrante de quadro de carreira técnica ou profissional e que esteja no período do estágio probatório, para o exercício de funções de confiança (cargo comissionado ou função gratificada). No entanto, nos termos do preconizado pela Lei Maior, artigo 37, I, norma infraconstitucional poderá estabelecer requisitos para o provimento destas funções de confiança, dentre os quais poderá figurar a exigência do cumprimento do estágio probatório. Na hipótese de não haver

---

59 Recurso Extraordinário (RE 226.966), 1ª Turma do STF, em 18.12.18.

vedação de natureza legal, a nomeação deste servidor - no curso do estágio probatório, para exercer funções de confiança - implicará a suspensão do período probatório, que só voltará a ser computado a partir do retorno do servidor ao exercício do cargo efetivo. Neste caso, se o servidor não for estável no serviço público, a suspensão do estágio probatório implicará, necessariamente, a suspensão da contagem do tempo de serviço para efeito da estabilidade funcional.

Só após o cumprimento integral do estágio probatório, onde a autoridade administrativa terá a oportunidade de aferir a sua aptidão (assiduidade, idoneidade moral, eficiência etc.) para o exercício do cargo efetivo, é que o servidor poderá ser considerado estabilizado no serviço público. Sendo, contudo, o servidor já detentor de estabilidade funcional – em decorrência do exercício de cargo efetivo anterior, no âmbito do mesmo Ente Estatal e sem que tenha havido solução de continuidade entre os dois provimentos efetivos – não haverá alteração na sua estabilidade funcional, de sorte que apenas o período probatório ficará suspenso. Ressalte-se, por fim, que na hipótese de haver manifesta correlação entre as atribuições das funções de confiança e as atribuições do cargo efetivo do servidor, não há que se falar em suspensão do estágio probatório nem da contagem do prazo para efeito de estabilidade funcional.

A Lei 9.527/97 introduziu o § 3º no art. 20 na Lei 8.112/90 autorizando expressamente a designação de servidores em estágio probatório, verbis:

> Art. 20, § 3º. O servidor em estágio probatório poderá exercer quaisquer cargos de provimento em comissão ou funções de direção, chefia ou assessoramento no órgão ou entidade de lotação, e somente poderá ser cedido a outro órgão ou entidade para ocupar cargos de Natureza Especial, cargos de provimento em comissão do Grupo-Direção e Assessoramento Superiores, ou equivalentes.

9.16. Hipóteses de perda da Estabilidade

O servidor estável somente perderá o cargo nas hipóteses constitucionalmente previstas, a seguir descritas:

1) sentença judicial transitada em julgado (art. 41, § 1º, inciso I);

2) processo administrativo ou disciplinar em que lhe seja assegurado ampla defesa (art. 41, § 1º, inciso II);

3) mediante processo de avaliação periódica de desempenho, na forma de lei complementar, assegurada ampla defesa (art. 41, § 1º, inciso III);

4) adequação da despesa com pessoal, estabelecida na lei complementar que regulamenta o art. 169, caput, da Constituição, caso esta adequação não seja obtida com: redução em pelo menos 20% (vinte por cento) das despesas com cargos em comissão e funções de confiança e exoneração dos servidores não estáveis (aqueles admitidos sem concurso público após 5.10.88, art. 169, § 4º, c/c o art. 33 da Emenda Constitucional nº 19/98).

O aludido procedimento de avaliação periódica de desempenho, que poderá ensejar a perda do cargo, não possui sua eficácia plena, posto que depende de lei complementar para especificar tais circunstâncias. Uma vez regulamentado, o servidor somente perderá o cargo por este processo avaliatório, acaso o seu desempenho esteja em desacordo com a conduta presumida para a esfera pública.

No que concerne à exoneração dos servidores estáveis para a adequação da despesa com pessoal, prevista no caput do art. 169 da Constituição da República, esta medida pressupõe outras tais que a antecederão, quais sejam:

1) extinção dos cargos em comissão e função de confiança;

2) exoneração dos servidores não estáveis, que ingressaram no serviço público, sem concurso, após 5.10.88;

3) exoneração dos servidores que se encontrem em estágio probatório; e

4) exoneração dos servidores estáveis na forma preconizada pelo art. 19 do ADCT, ou seja, que ingressaram no serviço público, sem concurso, anteriormente à 5.10.83.

9.16.1. Sentença judicial transitada em julgado

Uma das hipóteses mais incontroversas que ensejam a perda da estabilidade do servidor público é a que decorre de sentença judicial transitada em julgado, seja proveniente de processo de origem criminal, a respeito de crime praticado por servidor contra a Administração Pública ou bem jurídico tutelado, seja de ordem civil proveniente de ação cível proposta por servidor em razão de demissão. Cumpre pôr em relevo que é imprescindível que da decisão proferida não caiba mais nenhum recurso, conforme prevê o art. 467 do Código de Processo Civil brasileiro.

10. PROCESSO ADMINISTRATIVO

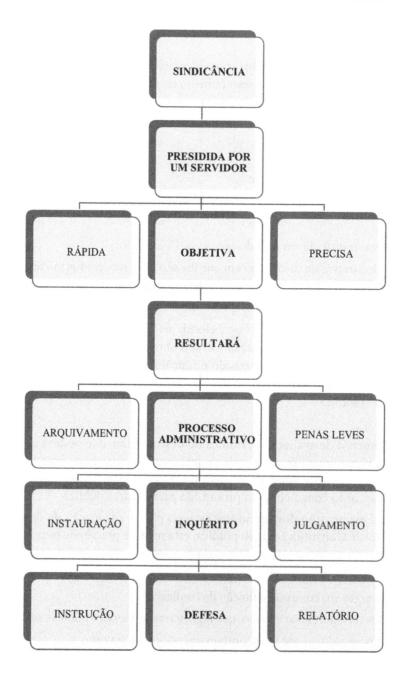

10.1. Instauração

Se, por ocasião da instauração do processo administrativo, detectar-se crime em face da Administração, a autoridade instauradora está obrigada remeter cópia, comprovando o ilícito, para o Ministério Público e, concomitantemente, instaurar processo penal em face do servidor. Essa exigência está no parágrafo único, do art. 154, da Lei 8.112/90:

Na hipótese de o relatório da sindicância concluir que a infração está capitulada como ilícito penal, a autoridade competente encaminhará cópia dos autos ao Ministério Público, independentemente da imediata instauração do processo disciplinar.

Então, a autoridade competente, além de ter que instaurar o processo administrativo disciplinar, ainda é obrigada a remeter cópia da sindicância para o Ministério Público, sob pena de cometer crime de prevaricação, de acordo o art. 319 do Código Penal:

Art. 319. Retardar, ou deixar de praticar, indevidamente, ato de ofício, ou praticá-lo contra disposição expressa de lei, para satisfazer interesse ou sentimento pessoal.

A comissão só faz o inquérito, não instaura, não tem o poder de julgar.

Vale frisar que alguns entes da federação têm as chamadas comissões permanentes de inquérito. Logo, não se precisa formar comissão, mas tão somente remeter a cópia dos autos para as comissões, e, lá, é que ela será distribuída. Em não havendo comissões de inquérito, a autoridade designará três servidores estáveis, no mesmo nível ou superior do servidor envolvido ou de nível de escolaridade igual ou superior ao indiciado.

Art. 149, da Lei 8.112/90:

O processo disciplinar será conduzido por comissão composta de três servidores estáveis designados pela autoridade competente (...).

Pode o servidor recusar uma nomeação para fazer parte de uma comissão de inquérito? A resposta é, como regra geral, não, por estar subordinado numa estrutura administrativa, possuindo deveres a cumprir. O art. 116, IV, da Lei 8.112/90 assim preceitua:

Art. 116. São deveres do servidor:

IV – cumprir as ordens superiores, exceto quando manifestamente ilegais.

É possível formar uma comissão com integrantes de hierarquia inferior ao servidor acusado? Em função da alteração do estatuto federal é até possível de acontecer. Vejamos:

Art. 149. O processo disciplinar será conduzido por comissão composta de três servidores estáveis designados pela autoridade competente, observado o disposto no § 3º, do art. 143, que indicará, dentre eles, o seu presidente, que deverá ser ocupante de cargo efetivo superior ou do mesmo nível, ou de nível de escolaridade igual ou superior ao indiciado.

Então, não há mais o rigor de que todos os integrantes venham a estar, no mínimo, no mesmo nível daquele que está sendo acusado. Somente o presidente da comissão cumprirá tal exigência. Os restantes não precisam ser do mesmo nível, podendo, ser subordinados àquele que está sendo acusado.

Na instauração do processo, nada impede que a autoridade competente venha a optar pelo afastamento do servidor público indiciado. Só que durante este afastamento, o servidor faz jus a remuneração integral. Assim, se manifesta o art. 147, do estatuto federal:

Art. 147. Como medida cautelar e a fim de que o servidor não venha influir na apuração da irregularidade, a autoridade instauradora do processo disciplinar poderá determinar o seu afastamento do exercício do cargo, pelo prazo de até 60 (sessenta) dias, sem prejuízo da remuneração.

Parágrafo único. O afastamento poderá ser prorrogado por igual prazo, findo o qual, cessarão os efeitos ainda que não concluído o processo.

O afastamento pode durar até 120 dias para que o servidor não interfira na investigação. E isso é possível ser feito logo na instauração como no próprio decorrer do processo.

Outra observação de suma importância enfocar é que durante a apuração da falta do servidor, o mesmo não poderá ser colocado em disponibilidade, a título de punição (disponibilidade é para extinção de cargo, ou declaração de desnecessidade, e não mecanismo para punir).

O estatuto federal diz explicitamente, em seu art. 152, que o processo administrativo disciplinar vai durar 120 dias. Será que existe a possibilidade do processo extrapolar os 120 dias? E se o servidor for condenado à demissão após ultrapassados os cento e vinte dias do processo administrativo, pode pedir anulação? Haverá ilicitude em puni-lo depois deste prazo estabelecido? A resposta é: claro que não! Inclusive, ao lado do parágrafo único do art. 147, vale uma remição para o art. 169, do § 1°, do mesmo diploma legal:

§ 1° - O julgamento, fora do prazo legal, não implica nulidade do processo.

Por outro lado, nada impede que se instaure sindicância contra a comissão de inquérito que não cumpriu o lapso determinado na lei para a confecção do relatório.

O afastamento preventivo não pode ultrapassar dos cento e vinte dias, devendo o servidor voltar a ativa, mesmo sem que esteja finalizado o processo.

Para a autoridade administrativa competente dar início a um processo disciplinar, após ter sido levado a efeito o juízo de admissibilidade, o instrumento comumente utilizado para formalizá-lo é a Portaria, na qual devem constar, para sua legitimidade, a motivação, com a descrição clara e circunstanciada dos fatos, a individuação do servidor ora acusado e a infração disciplinar a ele imputada, atribuindo-a a exata qualificação jurídico-disciplinar, isto é, sua tipicidade, mesmo que em tese, valendo aqui lembrar a lição de Hely Lopes MEIRELLES[60]: "Processo com instauração imprecisa quanto à qualificação do fato e sua ocorrência no tempo e no espaço é nulo."

Da jurisprudência correlata, ainda se extrai:

CONSTITUCIONAL. ADMINISTRATIVO. MANDADO DE SEGURANÇA. SERVIDOR PÚBLICO ESTADUAL. DEMISSÃO. ILÍCITO ADMINISTRATIVO. INQUÉRITO DISCIPLINAR. INSTAURAÇÃO. DIREITO DE DEFESA. INEXISTÊNCIA. – A instauração do processo disciplinar é efetuada mediante ato da autoridade administrativa em face de irregularidades funcionais praticadas pelo servidor público, o qual deve conter a descrição e qualificação dos fatos, a acusação imputada e seu enquadramento legal, além da indicação dos integrantes da Comissão de Inquérito. - O inquérito administrativo disciplinar instaurado para apuração da prática de ilícito administrativo mediante Portaria que não contém a descrição dos fatos imputados ao servidor público contém grave vício de nulidade, porque afronta os princípios do contraditório e da ampla defesa. - Recurso ordinário provido (STJ, ROMS nº 10.578/PA, 6ª T., Rel. Min. Vicente Leal).

É essencial, portanto, que a peça inaugural descreva os fatos com bastante clareza e especificidade, de modo a circunscrever o objeto do processo e a possibilitar ao servidor acusado o exercício da ampla defesa, com todos os meios e recursos a ela inerentes, e do contraditório (art. 5°, LV, da CF).

---

60   MEIRELLES, *op. cit.*, p. 661.

Além disso, para sua validade, a portaria inaugural também deverá designar, nominalmente, uma comissão disciplinar, ao mesmo tempo elegendo, dentre seus integrantes, o que irá presidir os trabalhos. O que há de se observar a respeito é que esse colegiado, a quem caberá decidir pelo indiciamento ou não do servidor ora acusado, atendo-se exclusivamente aos fatos descritos na peça inicial, deverá ser composta de três servidores estáveis, preferencialmente da mesma repartição do acusado – exceto nos casos de absoluta e comprovada necessidade – que deverão ser dotados de indiscutível idoneidade moral e comprovada capacitação intelectual, ainda que estes últimos requisitos, por serem dotados apenas de vinculações éticas, não cheguem a constituir causa de nulidade absoluta do processo[61]. Não obstante, nos termos do art. 149 da Lei nº 8.112/90, aquele que presidir a comissão "deverá ser ocupante de cargo efetivo superior ou de mesmo nível, ou ter nível de escolaridade igual ou superior ao do indiciado".

Após o recebimento dessa peça inicial pela autoridade competente, por força do princípio da oficialidade, é de sua responsabilidade proceder à autuação da mesma e o seu impulsionamento, sendo a partir da publicação da portaria que o processo disciplinar, então, passa a ter eficácia, pretendendo assim a comissão disciplinar fazer valer não só os direitos e garantias do servidor acusado, como também os preceitos legais que protegem a Administração Pública de eventuais abusos praticados por servidores de má conduta profissional.

10.2. Inquérito administrativo

Instaurado o processo administrativo, forma-se a comissão de inquérito, composta por três servidores estáveis (art. 149). A praxe administrativa, em regra, pede servidores do mesmo nível hierárquico ou superior do acusado.

Atualmente, o inquérito não tem vida própria. É uma fase importante do processo administrativo disciplinar, conforme art. 151 da Lei 8.112/90.

O inquérito, de acordo com o art. 151, II, se divide em: instrução, defesa e relatório.

Portanto, oficializada a instauração do processo disciplinar, com a designação feita pelo presidente da comissão constituída do servidor que irá secretariar os trabalhos apuratórios, a fase seguinte do processo administrativo é a do inquérito, que se subdivide em três etapas: da instrução, da defesa e do relatório.

10.2.1. Instrução

É na fase instrutória do processo administrativo que a comissão disciplinar procura deliberar as primeiras providências a serem tomadas no sentido de elucidar a verdade dos fatos descritos na peça inicial, atendo-se exclusivamente aos fatos nela constantes, vale repetir, buscando os elementos comprobatórios necessários para a tomada de decisão sobre o indiciamento ou não do servidor.

Sendo tais providências sintetizadas em ata, é então obrigação da autoridade responsável pela condução do processo notificar o servidor (pessoalmente, por carta precatória, rogatória, edital etc.) de que ele está sendo acusado, inicialmente, de uma suposta infração disciplinar, descrevendo detalhadamente os fatos que lhe são imputados e os fundamentos legais que ensejaram a abertura do processo, definindo inclusive a tipicidade da infração.

A publicidade e a transparência dessa notificação citatória é que irão garantir ao servidor o devido processo legal (art. 5º, LIV, da CF), com a observância do princípio da ampla defesa, de modo a que faça utilização de todos os meios e recursos admitidos em Direito (art. 5º, LV, da CF; art. 153 da Lei nº 8.112/90) que possam produzir provas a demonstrar sua inocência, assegurando-lhe também o contraditório, com o arrolamento e a reinquirição de testemunhas, a produção de contraprovas e a formulação de quesitos à perícia técnica, se for o caso, razão pela qual o servidor acusado tem o direito de acompanhar todo o processo pessoalmente ou, se assim desejar, ser representado por procurador legalmente constituído para o processo (art. 156 da Lei nº 8.112/90), desde que este não seja servidor público, em face de impedimentos legais, sobretudo ao estatuído no inciso XI do art. 117, da Lei nº 8.112/90.

---

61   Apud COSTA, José Armando da. Teoria e prática do processo administrativo disciplinar. 5. ed. Brasília: Brasília Jurídica, 2019, p. 176.

Nesse sentido, anote-se:

ADMINISTRATIVO. RECURSO EM MANDADO DE SEGURANÇA. PROCESSO DISCIPLINAR. OMISSÃO DOS FATOS IMPUTADOS AO ACUSADO. NULIDADE. PROVIMENTO. 1. A Portaria inaugural e o mandado de citação, no processo administrativo, devem explicitar os atos ilícitos atribuídos ao acusado. 2. Ninguém pode defender-se eficazmente sem pleno conhecimento das acusações que lhe são imputadas. 3. Apesar de informal, o processo administrativo deve obedecer às regras do devido processo legal. 4. Recurso conhecido e provido (STJ. MS nº 10.756/DF, 3ª S., Rel. Min. Paulo Medina).

MANDADO DE SEGURANÇA. PROCESSO ADMINISTRATIVO DISCIPLINAR. DEMISSÃO. TERMO DE INDICIAMENTO. CERCEAMENTO DE DEFESA. OCORRÊNCIA. 1. O processo administrativo disciplinar não é estranho ao poder jurisdicional do Estado, próprio que é da competência de seus órgãos o controle da sua legalidade e constitucionalidade e, por consequência, o julgamento da regularidade do procedimento, à luz dos princípios do contraditório, da ampla defesa e do devido processo legal, sem, contudo, adentrar no mérito administrativo. 2. "Tipificada a infração disciplinar, será formulada a indiciação do servidor, com a especificação dos fatos a ele imputados e das respectivas provas." (artigo 161 da Lei 8.112/90). 3. Em não tendo sido especificadas as provas que serviram de elemento de convicção da comissão processante para o indiciamento do servidor, é de se reconhecer a violação do princípio da ampla defesa. 4. Corolário do princípio da ampla defesa, é obrigatória a presença de advogado constituído ou defensor dativo no processo administrativo disciplinar. 5. Ordem concedida. (STJ, Rel. Min. Hamilton Carvalhido, MS nº 6.913/DF).

Como medida cautelar, porém, a fim de que o servidor não venha a influir na apuração da falta que lhe é imputada, é lícito a autoridade instauradora do processo pedir o afastamento do servidor de suas atribuições legais, cujo prazo é de até 60 (sessenta) dias, podendo ser prorrogado por igual prazo, sem prejuízo da remuneração do servidor, mas findo o qual cessarão os seus efeitos, ainda que o processo não tenha sido concluído (art. 147, caput, da Lei nº 8.112/90).

Assim, na fase da instrução, são realizadas investigações, diligências, oitivas do servidor acusado e de testemunhas, coleta de provas documentais e outras informações necessárias à comprovação da falta disciplinar, podendo inclusive haver necessidade de serem feitas acareações, reconhecimentos de pessoas ou coisas, além de perícias feitas por técnicos especializados, no caso de depoimentos controversos, tudo de modo a permitir a completa elucidação dos fatos, desvendando a verdade real, e o convencimento dos membros da comissão disciplinar na tomada de sua decisão.

Nessa esteira, mister se faz salientar que, nos termos do art. 5º, LVI, da CF, e do art. 30 da Lei nº 9.784/99, as provas obtidas por meios ilícitos são inadmissíveis no processo, não se prestando a instruir o processo administrativo disciplinar, portanto, a comprovação de irregularidades funcionais, e sua autoria, conseguida por meio de interceptações telefônicas não autorizadas por lei, confissões e depoimentos obtidos sob coação, provas conseguidas com a violação do domicílio ou de correspondência, bem como com infringência à intimidade, dentre outras formas, sendo casos que cerceiam o direito de defesa do acusado, tornam o processo passível de nulidade.

Concluídos os primeiros procedimentos pelos membros da comissão e examinando minuciosamente todo o material obtido, havendo provas suficientes da prática de transgressão disciplinar e elementos que indiquem ser o servidor acusado seu autor, restará à comissão fazer o termo de seu indiciamento, último ato da fase instrutória, no qual a comissão apontará, em síntese escrita, as razões autorizadoras de tal ilação, bem como declinando as disposições da lei ou do regulamento em que deve ser feito o enquadramento, procedimento citatório formal que abre espaço para a segunda etapa do inquérito administrativo: a defesa[62].

---

62 De acordo com a jurisprudência do STF: "Somente depois de concluída a fase instrutória (na qual o servidor figura como "acusado"), é que, se for o caso, será tipificada a infração disciplinar, formulando-se a indicação do servidor, com a especificação dos fatos a ele imputados e das respectivas provas (artigo 161, "caput"), sendo, então, ele, já na condição de "indiciado", citado por mandado expedido pelo presidente da Comissão, para apresentar defesa escrita, no prazo de 10 (dez) dias (que poderá ser prorrogado pelo dobro, para as

Não se pode deixar de dizer que a fase de instrução é erradamente chamada de fase de acusação, o que pode gerá-la.

Um dos motivos que também justificam o fato de não ser a instrução fase de acusação é o fato de que a citação do servidor só virá depois da instrução encerrada, para, posteriormente, o servidor apresentar sua ampla defesa e contraditório. A instrução não tem o propósito de acusar ninguém, mas de apurar, tudo em obediência ao princípio da verdade material.

Importante é a leitura do art. 161, da Lei 8.112/90:

Art. 161. Tipificada a infração disciplinar, será formulada a indiciação do servidor, com a especificação dos fatos a ele imputados e das respectivas provas.

§ 1º. O indiciado será citado por mandado expedido pelo presidente da comissão para apresentar defesa escrita, no prazo de 10 (dez) dias, assegurando-se-lhe vista do processo na repartição.

Daí, podermos afirmar que o objetivo da instrução é: tipificar a infração e indicar o principal responsável, que passará ser chamado de servidor indiciado, sendo citado para apresentar a defesa.

Portanto, a instrução é uma fase de apuração. Engloba a produção de provas, cumprimento de diligências, oitiva de testemunhas, interrogatório do acusado, perícia etc., a fim de certificar a infração e indicar a sua autoria. A fase de instrução não é uma fase acusatória.

A indiciação deve conter a narração do fato delituoso, com todas as circunstâncias, com precisa indicação da conduta imputada ao servidor, de modo a proporcionar-lhe pleno exercício de direito de defesa. É inepta a indiciação que formula acusação genérica ou que não aponta de modo circunstanciado qual o fato punível cuja autoria é imputada ao réu.

10.2.2. Defesa

Quanto à fase de defesa, entra em cena o famoso princípio da ampla defesa e do contraditório. Todo e qualquer mecanismo amparado na Constituição poderá ser usado. E é, por isso, que a verdade sabida está definitivamente sepultada no nosso ordenamento jurídico. O legislador levou muito a sério tal princípio, pois mandou dar defesa mesmo havendo revelia. A lei pede que se nomeie um defensor dativo daquele que não quis se defender ou se encontrar em lugar incerto e não sabido. Diz o art. 164, da Lei nº 8.112/90:

Art. 164. Considerar-se-á revel o indiciado que, regularmente citado, não apresentar defesa no prazo legal.

§ 1º- A revelia será declarada por termo, nos autos do processo e devolverá o prazo para defesa.

§ 2º - Para defender o indiciado revel, a autoridade instauradora do processo designará um servidor, como defensor dativo, que deverá ser ocupante de cargo efetivo superior ou do mesmo nível, ou ter nível de escolaridade igual ou superior ao do indiciado.

O prazo legal de defesa, como é procedimento administrativo, varia de estatuto para estatuto. No estatuto federal o prazo é de 10 dias para apresentação de defesa. Nada impede que esse prazo mude em relação a outros estatutos.

Há que se atentar, porém, para a questão da imprescindibilidade ou não de defesa técnica em todo o curso do processo administrativo, eis que a legislação pertinente pode ensejar uma interpretação ambígua a este respeito, quando expressa na Lei nº 8.112/90, em seu art. 156, *caput*, os seguintes termos:

Art. 156. É assegurado ao servidor o direito de acompanhar o processo pessoalmente ou por intermédio de procurador, arrolar testemunhas, produzir provas e contraprovas e formular quesitos, quando se tratar de prova pericial. (grifamos o original)

Para o desenrolar desta questão teórica, buscamos ilustrá-la com um caso prático, qual seja, a análise do julgamento do Mandado de Segurança nº 10.565-DF, cujo foco da lide era a ausência de defesa de advogado (defesa técnica) e defensor dativo em processo administrativo disciplinar, que culminou na aplicação da pena de demissão, levado ao Superior Tribunal de Justiça no ano de 2006 e que teve como Relator o Ministro Felix Fischer.

---

diligências indispensáveis), assegurando-se-lhe vista do processo na repartição (art. 161, "caput" e parágrafos 1o e 3o). Mandado de segurança deferido" (STF, Rel. Min. Moreira Alves, MS nº 21.721-9/RJ).

MANDADO DE SEGURANÇA. PROCESSO ADMINISTRATIVO DISCIPLINAR. AUSÊNCIA DE DEFESA POR ADVOGADO E DEFENSOR DATIVO. CERCEAMENTO DE DEFESA. OCORRÊNCIA.[63]

I– *"A presença obrigatória de advogado constituído ou defensor dativo é elementar à essência mesma da garantia constitucional do direito à ampla defesa, com os meios e recursos a ela inerentes, quer se trate de processo judicial ou administrativo, porque tem como sujeitos não apenas litigantes, mas também os acusados em geral"* (Precedentes)

II – Independentemente de defesa pessoal, é indispensável a nomeação de defensor dativo, em respeito à ampla defesa.

III – Ordem concedida. (MS 10.565-DF, 3ª. Seção, Min. Rel. Felix Fischer. Data do julgamento: 08/02/2008).

Neste diapasão, deve-se analisar isoladamente cada um dos sentidos e aplicabilidades dos termos: <u>defensor técnico</u>, <u>defensor dativo</u> e <u>defesa pessoal</u>, que prescinde a necessidade das duas anteriores.

Com efeito, a lide a que passamos a apresentar trata-se de Mandado de Segurança, com pedido de liminar, impetrado por servidor público federal contra ato praticado pelo Ministro de Estado da Previdência Social, qual seja, a edição da Portaria nº 141, publicada no DOU em 04/02/2005, que teve como consequência a demissão do impetrante.

Em suas alegações, sustenta o impetrante a nulidade do ato demissionário, haja vista a ausência de ampla defesa. São seus argumentos básicos: 1. "não foi assistido por advogado, nem lhe foi nomeado defensor dativo"; 2. "a penalidade imposta pela autoridade julgadora suplantou a que foi sugerida pela Comissão Processante, mas não foi dada oportunidade para o impetrante se manifestar acerca deste agravamento, o que fere o disposto no art. 64, parágrafo único, da Lei nº 9.784/99".

A autoridade coatora, por seu turno, se defende das alegações impostas na ação citando dispositivos da legislação vigente, sobre os quais teria firmado sua convicção para a edição do ato que culminou na demissão do servidor.

Primeiramente, alega que o art. 156, da Lei nº 8.112/90, não expressa um imperativo para que o servidor seja acompanhado por procurador constituído ("é assegurado ao servidor o direito de acompanhar o processo pessoalmente ou por intermédio de procurador"). Ao contrário, faculta a ele acompanhar o processo pessoalmente, o que teria sido a opção do servidor sob análise, quando se furtou, por sua própria iniciativa, de constituir procurador.

Já no que toca à figura processual do defensor dativo, enfatizou o impetrado que, de acordo com a legislação, a presença deste no processo se faz necessária quando se tratar de hipóteses em que o indiciado, após ser citado por edital, se torna revel, o que não foi o caso. Segundo ele, é o que se pode abstrair da leitura do § 2º, art. 164, da Lei nº 8.112/90.

Art. 164, § 2º - Para defender o indiciado revel, a autoridade instauradora do processo designará um servidor como defensor dativo (...). (Redação dada pela Lei nº 9.527, de 10.12.97).

Quanto à outra alegação imposta pelo impetrante ao impetrado, sobre a impossibilidade de agravamento da pena pela autoridade julgadora, este traz em sua defesa a redação de dispositivo da Lei 8.112/90, que em seu art. 168, parágrafo único, diz expressamente que *"não é impossível o agravamento da pena pela autoridade julgadora"*, senão vejamos o que diz lei:

Art. 168, parágrafo único - Quando o relatório da comissão contrariar as provas dos autos, a autoridade julgadora poderá, motivadamente, agravar a penalidade proposta, abrandá-la ou isentar o servidor de responsabilidade. (grifamos o original)

Por fim, quanto ao fato que lhe foi imputado pelo impetrante, no que tange ao seu cerceamento de defesa e afronta ao parágrafo único do art. 64, da Lei 9.784/99, alegou àquele que o referido dispositivo da lei se aplica a julgamentos em fase de recurso, não sendo a hipótese dos autos, o que pode ser conferido na própria redação do *caput* art. 64:

---

63 *"A falta de defesa técnica por advogado no processo administrativo disciplinar não ofende a Constituição". Com a aprovação da 5ª Súmula Vinculante, em 13/5/2008, o Supremo Tribunal Federal entende ser inaplicável o posicionamento do STJ.*

Art. 64. O órgão competente para decidir o recurso poderá confirmar, modificar, anular ou revogar, total ou parcialmente, a decisão recorrida, se a matéria for de sua competência.

Parágrafo único. Se da aplicação do disposto neste artigo puder decorrer gravame à situação do recorrente, este deverá ser cientificado para que formule as suas alegações antes da decisão. (grifamos o original)

Sendo assim, na concepção da autoridade coatora, a suposição de que a penalidade imposta ao servidor tenha suplantado a sugerida pela Comissão Processante, sem que lhe tenha sido dada a oportunidade de se manifestar acerca deste agravante, não se aplicaria à espécie, já que a redação do caput do art. 64 remete o texto à fase recursal.

Há que se observar que no julgamento da Ação de Mandado de Segurança em tela, a Subprocuradoria-Geral da República opinou pela denegação da ordem, fundamentando seu voto neste sentido[64], ao passo que os Ministros da Terceira Seção do Superior Tribunal de Justiça concederam, por unanimidade, a segurança.

Em seu voto, o Ministro Felix Fischer, Relator do processo, discorre a respeito da possibilidade jurídica de declarar a nulidade do ato demissionário, que foi proferido em processo administrativo disciplinar, analisando as alegações arroladas no pedido de segurança.

Cita, de início, que não há dúvidas de que o impetrante acompanhou pessoalmente o transcurso do processo administrativo disciplinar, citando certos episódios em que se pode constatar a sua assinatura nos autos. Com isso, descartada se torna a possibilidade de caracterizar o impetrante como revel.

Não obstante, a conclusão do Relator, que nega a revelia do impetrante e assegura ter havido a sua defesa pessoal no processo administrativo, menciona, paralelamente, existir manifestação daquela Corte no sentido de declarar indispensável a atuação de advogado, independentemente da defesa pessoal do réu, sob pena de ser declarada a nulidade de todo o processo em curso. Na sequência, cita alguns julgados da 3ª Seção do STJ neste sentido:

EMENTA: MANDADO DE SEGURANÇA. PROCESSO ADMINISTRATIVO DISCIPLINAR. CERCEAMENTO DE DEFESA. OCORRÊNCIA. AUSÊNCIA DE ADVOGADO CONSTITUÍDO E DE DEFENSOR DATIVO. 1. A presença obrigatória de advogado constituído ou defensor dativo é elementar à essência mesma da garantia constitucional do direito à ampla defesa, com os meios e recursos a ela inerentes, quer se trate de processo judicial ou administrativo, porque tem como sujeitos não apenas litigantes, mas também os acusados em geral. 2. Ordem concedida. (MS 7.078-DF, 3ª Seção, Rel. Min. Hamilton Carvalhido).

Após a citação do precitado julgado, passa o Relator Felix Fischer a analisar a argumentação do Ministro Hamilton Carvalhido, a qual o levou à concessão da segurança no respectivo julgamento da Ação MS 7.078-DF.

---

64 RECURSO EM MANDADO DE SEGURANÇA. PROCESSO ADMINISTRATIVO DISCIPLINAR. EXCESSO DE PRAZO. AGRAVAMENTO DA PENA. AUSÊNCIA DE ADVOGADO.

I – *A defesa técnica por advogado é uma faculdade dos acusados no processo administrativo, sendo imposto de ofício apenas nos casos de revelia. O servidor impetrante exerceu pessoalmente sua defesa, que foi apresentada por escrito, e não manifestou interesse em constituir advogado, apesar de cientificado de que poderia fazê-lo. A Lei nº 8.112/90, em seu artigo 156, assegura ao servidor o direito de acompanhar o processo pessoalmente ou por intermédio de procurador.*

2. Não há ilegalidade no ato da autoridade competente que rejeita a capitulação legal dos fatos apurados pela comissão disciplinar. A autoridade administrativa julgadora é competente para apreciar os fatos, ante às provas coligadas e a defesa apresentada, e não se vincula à capitulação proposta pela comissão processante.

3. Não houve inércia da administração na aplicação da penalidade imposta. A pena cominada foi registrada nos assentamentos funcionais e deixou de ser efetivada porque já estava demitido o servidor. Anulada a demissão anterior impõe-se a aplicação da pena posteriormente cominada posto que esta mantém sua eficácia.

4. É entendimento pacificado que a extrapolação do prazo previsto no artigo 152 da Lei 8.112/90 somente acarretará a nulidade do processo administrativo quando restar efetivamente demonstrado que o atraso gerou prejuízo à defesa do servidor acusado.

5. Pela denegação da ordem" (fls. 632/633).

É o relatório.

Conforme pôde observar, no que tange à ocorrência de cerceamento de defesa alegada pelo impetrante, de fato este não recebeu o devido acompanhamento de defensor constituído, imperativo constitucional que não é compatível com a autodefesa, a menos que o acusado que se autodefende seja detentor de habilitação científica em Direito, o que o capacitaria para este ato.

De acordo com a Constituição da República, em seu art. 5º, inciso LV, "aos litigantes, em processo judicial ou administrativo, e aos acusados em geral são assegurados o contraditório e a ampla defesa, com os meios e recursos a ela inerentes".

Já no art. 133, do mesmo Diploma Constitucional, "o advogado é indispensável à administração da justiça, sendo inviolável por seus atos e manifestações no exercício da profissão, nos limites da lei".

Portanto, conforme já fartamente demonstrado, para que se configure o direito à ampla defesa, elemento este essencial à garantia da ordem constitucional, a presença obrigatória do advogado, seja ele constituído ou defensor dativo, se mostra imprescindível tanto no processo judicial quanto no administrativo.

Lembra, oportunamente, o Ministro Hamilton Carvalhido, que este também é o entendimento do Professor Celso Ribeiro Bastos[65], bem como da renomada Ministra Laurita Vaz, da também 3ª. Seção do Superior Tribunal de Justiça. [66]

Com toda esta ampla comprovação, o Relator Ministro Felix Fischer apontou no sentido de acolher a segurança ao impetrante, para que seja anulado o processo administrativo disciplinar que resultou na sua demissão, entendendo que deveria ter lhe sido nomeado defensor dativo, já que este não nomeou advogado para defendê-lo, contrariando mandamento constitucional da garantia do contraditório e da ampla defesa. Insta registrar que tais atos não obstam a instauração de novo procedimento, com observância nas formalidades legais.

---

65 "(...) A defesa dentro do âmbito jurisdicional implica também a assistência de um advogado. Em um primeiro momento, a escolha e a contratação deste profissional cabem ao próprio réu. Caso, contudo, não se venha a dar a constituição de um causídico, ao Estado se traslada este dever. É interessante notar como mesmo nas legislações da Antiguidade já se encontravam os indícios do defensor dativo. É que a figura deste não cumpre um papel apenas relativo ao réu, mas sim à própria tutela processual objetiva, pelo que se é levado a concluir que a nomeação de um defensor oficioso impõe-se mesmo nos casos de oposição do réu.
(...)
A assistência do defensor é um direito do acusado, em todos os atos do processo sendo obrigatória, independentemente da vontade dele. Não basta, portanto, que haja um defensor nem é suficiente que este se limite a participar formalmente do processo. É necessário que da sua atividade se extraia uma defesa substantiva do acusado. Em caso contrário, o juiz há de considerar que esta não se dá pro reo, mas sim na tutela da jurisdição. Por vezes o ingresso do advogado nos autos não se traduz em uma apresentação de elementos consubstanciadores de algo suscetível de ser tido como uma peça que vise a absolvição do réu ou ao menos o abrandamento da sua condenação. Estas exigências de uma defesa real, substantiva, impõem-se a nosso ver mesmo nos casos em que o réu, por ser advogado, resolve assumir a sua própria defesa." (in Comentários à Constituição do Brasil. 2º volume, ed. Saraiva, págs. 270/271)".

66 ADMINISTRATIVO. MANDANDO DE SEGURANÇA PREVENTIVO. PROCESSO ADMINISTRATIVO DISCIPLINAR. CERCEAMENTO DE DEFESA. OCORRÊNCIA. AUSÊNCIA DE ADVOGADO CONSTITUÍDO E DE DEFENSOR DATIVO. PRECEDENTES DESTA CORTE. ORDEM CONCEDIDA.
1. Somente após a fase instrutória se mostra necessária a descrição pormenorizada do fato ilícito, bem como a sua devida tipificação, procedendo-se, conforme o caso, o indiciamento do servidor, na forma do art. 161, caput, da Lei nº 8.112/90.
2. A Autoridade impetrada, competente para aplicar a penalidade administrativa, vincula-se aos fatos apurados no Processo Administrativo Disciplinar e não à capitulação legal proposta pela Comissão de Processante ou aos pareceres ofertados pelos agentes auxiliares, podendo, inclusive, deles discordar, desde que fundamente seu entendimento. "O indiciado em processo disciplinar se defende contra os fatos ilícitos que lhe são imputados, podendo a autoridade administrativa adotar capitulação legal diversa da que lhes deu a Comissão de inquérito, sem que implique cerceamento de defesa" (Cf.: MS 20.335/DF, Rel. Min. RAFAEL MAYER, RTJ 105/66).
3. A hipótese, durante a instrução do Processo Administrativo Disciplinar, o Impetrante não contou com a presença obrigatória de advogado constituído ou defensor dativo, circunstância, que, a luz dos precedentes desta Corte de Justiça, elementar à garantia constitucional do direito à ampla defesa, com os meios e recursos a ela inerentes, quer se trate de processo judicial ou administrativo, porque tem como sujeitos não apenas os litigantes, mas também os acusados em geral. Precedentes desta Corte.
4. Ordem concedida para que o Ministro de Estado da Saúde se abstenha de emitir portaria demissória do ora Impetrante em razão dos fatos apurados no Processo Administrativo Disciplinar nº 25265.007811/2004-21, em decorrência de sua nulidade, sem prejuízo de instauração de novo procedimento, com observância das formalidades legais." (MS 9.201-DF, 3ª Seção, Rel. Min. Laurita Vaz, DJ 18.10.2007)

Garantia constitucional aos acusados em geral (art. 5º, LV), o direito de defesa deve ser exercido da forma mais ampla possível por quem se encontra nessa situação[67] e, na dinâmica processualística disciplinar, esse direito pode ser colocado em prática durante todo o transcorrer dos trabalhos apuratórios, conforme já observado, na medida em que o servidor acusado, ou seu representante legal, pode inquirir e reinquirir testemunhas e denunciantes, acompanhando ativamente a todas as diligências realizadas pela comissão, para isso devendo ser notificado das mesmas com antecedência mínima de três dias úteis, a ele oportunizando a fiscalização dos atos formalizados pela comissão.

Por oportuno, extrai-se da jurisprudência:

CONSTITUCIONAL. ADMINISTRATIVO. MANDADO DE SEGURANÇA. SERVIDOR PÚBLICO. DEMISSÃO. PROCESSO ADMINISTRATIVO DISCIPLINAR. NULIDADE. PRAZO PARA NOTIFICAÇÃO DO ACUSADO. INOBSERVÂNCIA. PRINCÍPIOS DA AMPLA DEFESA E DO CONTRADITÓRIO CONTRARIADOS. SEGURANÇA CONCEDIDA.

1. Na sindicância, não se exige observância dos princípios do contraditório e da ampla defesa quando, configurando mera fase inquisitorial, precede ao processo administrativo disciplinar.

2. A omissão existente no Regime Jurídico dos Servidores Públicos – Lei 8.112/90 – quanto ao prazo a ser observado para a notificação do acusado em processo administrativo disciplinar é sanada pela regra existente na Lei 9.784/99, que regula o processo administrativo no âmbito da Administração Pública Federal.

3. O servidor público acusado deve ser intimado com antecedência mínima de 3 (três) dias úteis a respeito de provas ou diligências ordenadas pela comissão processante, mencionando-se data, hora e local de realização do ato. Inteligência dos arts. 41 e 69 da Lei 9.784/99 e 156 da Lei 8.112/90.

4. Ilegalidade da audiência de oitiva de testemunhas e, por conseguinte, do processo administrativo disciplinar em razão do fato de que o impetrante foi notificado desse ato no dia que antecedeu a sua realização, contrariando a legislação de regência e os princípios da ampla defesa e do contraditório.

5. Segurança concedida. (STJ, MS nº 9511/DF, 3ª S., Rel. Min. Arnaldo Esteves Lima, In: RSTJ 192:47).

Assim, depois de concluída a fase instrutória, sendo formalizado o recebimento do mandado citatório, é concedido ao servidor agora indiciado o prazo legal de 10 (dez) dias para a apresentação de sua defesa por escrito, sendo-lhe assegurado o direito de vista dos autos do processo na repartição a que pertence (art. 161, § 1o, da Lei nº 8.112/90), desde que na presença do secretário ou de um dos membros do colegiado, sendo lícito ao indiciado requerer certidões de todos os atos e documentos contidos no processo disciplinar (art. 3o, II, da Lei nº 9.784/99).

Cabe observar que o prazo para a defesa escrita poderá ser prorrogado pelo dobro do tempo, isto é, de 10 (dez) para 20 (vinte) dias, quando for solicitada pelo indiciado a realização de diligências outras (art. 161, § 3º, da Lei nº 8.112/90), por ele consideradas como indispensáveis à sua defesa. Contudo, essa solicitação poderá ser indeferida, de imediato, caso a autoridade da comissão processante verifique que os motivos alegados pelo servidor constituem, apenas, mera artimanha protelatória da defesa (art. 156, § 1º, da Lei nº 8.112/90), valendo apontar as seguintes ementas:

PROCESSO ADMINISTRATIVO DISCIPLINAR. SERVIDOR FEDERAL INATIVO. CASSAÇÃO DA APOSENTADORIA. INFRAÇÃO DISCIPLINAR PRATICADA QUANDO NA ATIVIDADE. FALTA DE DEFENSOR QUALIFICADO NA FASE INSTRUTÓRIA. CERCEAMENTO DE DEFESA. NULIDADE. INOCORRÊNCIA. 1. A falta de procurador constituído durante a fase de instrução do inquérito não configura nulidade, pois ao servidor acusado foi dada a oportunidade de acompanhar o processo pessoalmente,

---

67   *Nesse sentido, vale citar as pontuais palavras de José Armando da Costa: "Em qualquer quadra ou momento da vida, o ato de defesa não é apenas um direito natural ou constitucional, é bem mais que isso, revelando-se insofismavelmente como o esforço humano que enobrece o indivíduo e o reconhece como digno de integrar o processo que a humanidade lhe conferiu, além de configurar o traço mais proeminente e característico de toda uma civilização". COSTA, Teoria..., op. cit., p. 107.*

ou por intermédio de procurador, não podendo, em razão de sua própria omissão, pretender ver reconhecida pretensa irregularidade a que teria dado causa. Precedentes do Supremo Tribunal Federal. 2. "A falta de defesa técnica por advogado no processo administrativo disciplinar não ofende a Constituição". Súmula Vinculante nº 5/STF. 3. A teor do artigo 156, § 1º, da Lei nº 8.112/90, "o presidente da comissão poderá denegar pedidos considerados impertinentes, meramente protelatórios, ou de nenhum interesse para os esclarecimentos dos fatos." 4. Denegação da segurança. (STJ, MS nº 10.837/DF, Rel. Min. Paulo Gallotti)

MANDADO DE SEGURANÇA. SERVIDOR PÚBLICO. PROCESSO ADMINISTRATIVO DISCIPLINAR. PRODUÇÃO DE PROVA ORAL REQUERIDA EM DEFESA ESCRITA PELO INVESTIGADO. RECUSA PELA COMISSÃO PROCESSANTE. FUNDAMENTAÇÃO INSUFICIENTE. CERCEAMENTO DE DEFESA CONFIGURADO. Conforme entendimento firmado pela Terceira Seção do Superior Tribunal de Justiça, no processo administrativo disciplinar, o presidente da comissão deve fundamentar adequadamente a rejeição de pedido de oitiva de testemunhas formulado pelo servidor (art. 156, § 1º, da Lei 8.112/90), em obediência aos princípios constitucionais do contraditório e da ampla defesa (CF, art. 5º, LV). No caso, a autoridade administrativa indeferiu os depoimentos requeridos na defesa escrita, pois não trariam maiores esclarecimentos para o desfecho da investigação. Deveria, contudo, ter explicitado o motivo por que tais testemunhos seriam desnecessários, e não fazer mera repetição da regra do citado art. 156, § 1º, da Lei nº 8.112/90. A insuficiente fundamentação da recusa ao pleito do impetrante configura cerceamento de defesa, o que importa na declaração de nulidade do processo administrativo disciplinar desde tal ato. Segurança concedida. (STJ, MS nº 10.468/DF, Rel. Min. Maria Thereza de Assis Moura).

Como se observa, nesse último acórdão, o despacho de indeferimento deverá ser bem fundamentado, embasando-se em circunstâncias e argumentos verdadeiros, inteligentes e justos, caso contrário a negativa da solicitação poderá configurar cerceamento do direito de defesa do(s) indiciado(s), comprometendo a validade do processo, que poderá ser anulado, mais adiante, pela própria Administração ou, até, pelo Poder Judiciário.

No caso de o processo envolver mais de um indiciado, o prazo para a defesa escrita será comum para todos, qual seja, de 20 (vinte) dias, e que também poderá ser prorrogado por 40 (quarenta) dias, pelos mesmos motivos antes citados (art. 161, §§ 2o e 3o, da Lei nº 8.112/90).

Na hipótese de o servidor indiciado se negar a apor o ciente na cópia da citação, porém, seu prazo de defesa será contado a partir da data declarada, em termo próprio, pelo membro da comissão que entregou o mandado, com a assinatura de duas testemunhas (art. 161, § 4º, da Lei nº 8.112/90), o que importa dizer que o responsável pela entrega da citação deverá voltar à presença do servidor indiciado acompanhado das tais testemunhas para, assim, lavrar o competente termo de que foi cumprida a citação.

Ao servidor indiciado que estiver em local incerto e não sabido, a citação será feita por edital, com o prazo de 15 (quinze) dias, sendo este publicado no Diário Oficial da União e em jornal de grande circulação na localidade do último domicílio conhecido. Em ocorrendo este caso, o lapso de tempo para a apresentação da defesa somente começará a fluir depois da última publicação feita do edital convocatório (art. 163, caput e parágrafo único, da Lei nº 8.112/90).

Já ao servidor formalmente indiciado que, por iniciativa própria, não apresentar sua defesa por escrito no prazo legal, este será considerado revel, cabendo à autoridade da comissão processante designar-lhe um defensor dativo, *ex officio*, que deverá ser da mesma classe e categoria do indiciado, ou que tenha nível de escolaridade igual ou superior ao dele (art. 164, caput e § 2º, da Lei nº 8.112/90). Nesta hipótese, o prazo de defesa só começa a fluir na data da publicação da nomeação do defensor designado.

Aspecto importante de se ressaltar, portanto, é que não existe a figura jurídica da revelia no processo administrativo disciplinar, embora ela seja declarada, a termo, nos autos do processo. Desse modo, mesmo que o indiciado não seja obrigado a se defender, dispensando a elaboração de sua defesa por escrito, ou ser coagido a fazê-la, isto não significa dizer que ele possa, *ad libitum*, dispor dessa garantia legal e nem que as alegações contra ele sejam verdadeiras, pois o que deve prevalecer, por certo, é a verdade real.[68]

Nesse sentido:

> ADMINISTRATIVO. SERVIDOR. APLICAÇÃO DE PENA DISCIPLINAR. AMPLA DEFESA. OBSERVÂNCIA. 1. É nulo procedimento administrativo-disciplinar de que resulta aplicação de pena sem que se tenha nomeado defensor dativo ao funcionário revel (Lei nº 8.112/90, art. 164, § 4º). 2. Violação da garantia constitucional do devido processo legal e do contraditório (CF, art. 5º, LV). 3 Sentença confirmada. 4. Apelação e remessa desprovidas (TRF-1ª Reg., Rel. Juiz Conv. José Henrique Guaracy Rebelo, AMS nº 0130.1857/BA, 1a T., Suplementar).

Como nenhum acusado poderá ser condenado sem o devido processo legal, sendo-lhe cerceado o direito do contraditório e da ampla defesa, por força dos incisos LIV e LV do art. 5º, da CF, note-se, por conseguinte, que a aplicação de sanções administrativas só tem validade se assegurada a oportunidade de o indiciado se manifestar, defendendo-se de forma verbal e por escrito da irregularidade funcional que lhe é imputada, seja essa defesa feita pessoalmente, seja por intermédio de seu representante legal ou de defensor dativo.

Da jurisprudência correlata:

> CONSTITUCIONAL E ADMINISTRATIVO. RECURSO ORDINÁRIO EM MANDADO DE SEGURANÇA. PROCESSO DISCIPLINAR. DEFESA TÉCNICA CONSTITUÍDA APENAS NA FASE FINAL DO PROCEDIMENTO. INSTRUÇÃO REALIZADA SEM A PRESENÇA DO ACUSADO. INEXISTÊNCIA DE NOMEAÇÃO DE DEFENSOR DATIVO. PRINCÍPIOS DA AMPLA DEFESA E DO DEVIDO PROCESSO LEGAL INOBSERVADOS. DIREITO LÍQUIDO E CERTO EVIDENCIADO.
>
> 1. Apesar de não haver qualquer disposição legal que determine a nomeação de defensor dativo para o acompanhamento das oitivas de testemunhas e demais diligências, no caso de o acusado não comparecer aos respectivos atos, tampouco seu advogado constituído – como existe no âmbito do processo penal –, não se pode vislumbrar a formação de uma relação jurídica válida sem a presença, ainda que meramente potencial, da defesa técnica.
>
> 2. A constituição de advogado ou de defensor dativo é, também no âmbito do processo disciplinar, elementar à essência da garantia constitucional do direito à ampla defesa, com os meios e recursos a ela inerentes.
>
> 3. O princípio da ampla defesa no processo administrativo disciplinar se materializa, nesse particular, não apenas com a oportunização ao acusado de fazer-se representar por advogado legalmente constituído desde a instauração do processo, mas com a efetiva constituição de defensor durante todo o seu desenvolvimento, garantia que não foi devidamente observada pela Autoridade Impetrada, a evidenciar a existência de direito líquido e certo a ser amparado pela via mandamental. Precedentes.
>
> 4. Mandado de segurança concedido para declarar a nulidade do processo administrativo desde o início da fase instrutória e, por consequência, da penalidade aplicada. (STJ, MS nº 10.837/DF (2005/0120158-6), Rel. Min. Paulo Gallotti).

Ultimada a fase defensória formal, com a apresentação da defesa escrita do servidor indiciado, restará aos membros da comissão disciplinar constituída partir para a terceira e última etapa do inquérito administrativo, que é elaborar o relatório, com tudo o que ficou apurado durante as fases iniciais.

---

68   *Conforme bem explicita José Armando da Costa: "Tal colocação omissiva de defesa, caso fosse aceita pela comissão, configuraria um juízo disciplinar truncado, o que não é permitido, em princípio, pelo Direito Punitivo Geral. Com esse desfalque de defesa, o processo disciplinar, com certeza, inclinar-se-á para o desaguadouro da nulidade absoluta". COSTA, Teoria..., op. cit., p. 218.*

10.2.3 Relatório

Relatório é o último ato da comissão e é de suma importância. É a ocasião em que a comissão se reúne, pela última vez, para exteriorizar e externar seu posicionamento. A comissão não julga e não instaura. Quem vai julgar é a autoridade superior, a princípio, a mesma que instaurou, pois, existem infrações em que a autoridade instauradora não tem competência para aplicar a sanção.

A autoridade julgadora será em função da sanção solicitada pela feitura do relatório. Se o relatório, por exemplo, pedir a demissão, deve-se aplicar a tabela do art. 141, que nos diz quem é competente para julgar. Esse artigo elenca as sanções graves e as autoridades hierárquicas máximas. Então, quem aplica sanção grave é o Presidente, Governador e Prefeito.

Vejamos o que fala a Lei, em seus arts. 165 e 166:

Art. 165. Apreciada a defesa, a comissão elaborará relatório minucioso, onde resumirá as peças principais dos autos e mencionará as provas em que se baseou para formar sua convicção.

§ 1º - O relatório será sempre conclusivo quanto a inocência ou à responsabilidade do servidor.

Portanto, trata-se de uma peça conclusiva, opinativa que pedirá ou a condenação ou a absolvição:

Art. 166. O processo disciplinar, com relatório da comissão, será remetido à autoridade que determinou a sua instauração, para julgamento.

Pelo artigo acima, fica claro, então, que a comissão não julga, não decide.

A respeito do tema do relatório, há de se fazer o registro que a decisão do Processo Administrativo Disciplinar pode ser em sentido diverso do Relatório da Comissão que for contrário às provas. Portanto, no processo administrativo disciplinar, quando o relatório da comissão processante for contrário às provas dos autos, admite-se que a autoridade julgadora decida em sentido diverso daquele apontado nas conclusões da referida comissão, desde que o faça motivadamente.

Em procedimento administrativo disciplinar, quando o relatório da comissão processante for contrário às provas dos autos, admite-se que a autoridade julgadora decida em sentido diverso daquele apontado nas conclusões da referida comissão.

Especificamente sobre o problema, objeto de Mandado de Segurança, consta nos autos que o impetrante exercia cargo em comissão de Coordenador-Geral de Apoio Técnico e indicou familiares para contratação. O valimento do cargo público foi constatado pela Controladoria-Geral da União, quando da investigação preliminar, e pela Comissão que conduziu o processo administrativo disciplinar.

Concluídos os trabalhos, a Comissão sugeriu a aplicação da penalidade de advertência, por não ter havido comprovação de dano ao erário. A entidade coatora, contudo, não acatou tal conclusão e decidiu pela destituição do cargo do impetrante.

Ao recorrer ao STJ, o funcionário destituído afirmou que a destituição violou o art. 128, da Lei 8.112/90, pois em nenhum momento fez constar na fundamentação do ato administrativo a natureza e gravidade da infração cometida nem os danos causados ao serviço público.

Para o Ministro Humberto Martins, Relator, não procede a alegação do impetrante, pois a investigação preliminar *"concluiu que o impetrante realmente valeu-se do cargo para indicar irmão, nora, genro e sobrinhos para executar serviços pagos pelo erário".*

A 1ª. Seção então denegou o MS, por entender que cabe a autoridade julgadora decidir sobre a penalidade aplicada quando o relatório da comissão processante for contrário às provas dos autos. Entendimento foi pautado na Lei 8.112/90, determinando que se *"o relatório da comissão contrariar as provas dos autos, a autoridade julgadora poderá, motivadamente, agravar a penalidade proposta, abrandá-la ou isentar o servidor de responsabilidade".*[69]

---

[69]   EMENTA: CONSTITUCIONAL E ADMINISTRATIVO. DESTITUIÇÃO DE CARGO EM COMISSÃO. IMPUTAÇÃO DE VALIMENTO DO CARGO EM DETRIMENTO DA DIGNIDADE DA FUNÇÃO PÚBLICA.
    1. O mandado de segurança investe contra ato administrativo que aplicou a pena de destituição de cargo em comissão por intermédio de procedimento administrativo disciplinar.

Portanto, a peça informativa e opinativa elaborada por quem presidiu a comissão processante, é o relatório que os membros desse colegiado se manifestam acerca da conclusão a que chegaram após os trabalhos apuratórios, decidindo pela absolvição ou punição do servidor, cumprindo o que dispõe o art. 165, § 1o, da Lei nº 8.112/90, deferindo ou não a pretensão postulada na peça inaugural.

Para tanto, caberá à comissão apreciar, com justiça, imparcialidade e seriedade, os fatos apurados, reexaminando provas, cotejando-as com os argumentos da defesa e as provas que porventura foram produzidas pelo indiciado, nelas embasando-se para fazer um relatório minucioso, sintetizando tudo o que foi efetivamente apurado no processo, o qual deverá espelhar, de forma convicta, uma conclusão lógica da comissão, fundamentando os dispositivos transgredidos e as circunstâncias agravantes ou atenuantes, opinando, ao final, sobre a cominação legal cabível ao caso.

Nesse contexto, é importante salientar que, não obstante, a comissão processante deva ater-se à apuração dos fatos descritos na peça inaugural, a qual delimita o objeto do processo, imputando ao servidor determinada infração, por vezes o trio processante se defronta, no decorrer dos trabalhos apuratórios, com irregularidades alheias ao objeto do processo, ilícitos funcionais outros, que exigem a necessária responsabilização disciplinar.

Estes, porém, não podem ser efetivamente apurados, porquanto não guardem relação com o objeto do processo em andamento. Nesse caso, deverá o presidente da comissão levar o fato ao conhecimento da autoridade hierárquica competente, no sentido de que sejam adotadas as medidas cabíveis[70], podendo até sugerir, desde que motivadamente, a instauração de outros processos, correspondentes àqueles outros ilícitos verificados, e apontar providências complementares de interesse da Administração.[71]

Assim, embora não fique jungido a fórmulas preestabelecidas, o relatório da comissão processante deverá reportar-se, necessariamente, a certos aspectos, dentre os quais aqui se destacam[72]: o cumprimento do prazo ou prazos do processo (art. 152 da Lei nº 8.112/90); a ocorrência de procedimentos incidentes, tais como a nomeação de defensor ex officio, solicitação de abertura de inquérito policial etc.; a localização da sede dos trabalhos, especificando os possíveis deslocamentos da comissão; o resumo das acusações que motivaram a instauração do processo disciplinar; a menção das oitivas de testemunhas, fazendo remissão para as folhas dos autos; a relação dos termos de acareações e reconhecimentos de pessoas ou coisas, bem como dos exames periciais, todos com remissões às folhas dos autos do processo; a síntese dos fatos catalogados na instrução indiciatória, logo depois da conclusão da fase instrutória; as razões apresentadas pela defesa e sua apreciação e consideração; e, por fim, a conclusão a que chegaram, inocentando ou culpando o servidor acusado com a devida fundamentação, indicando os dispositivos legais transgredidos e, se for o caso, fixando o valor dos prejuízos causados à Fazenda Pública.

---

2. Ao impetrante foi imputado o valimento do cargo público para lograr proveito pessoal ou de outrem, em detrimento da dignidade da função pública, nos termos do art. 117, IX, da Lei nº 8.112/90, porque, exercendo o cargo em comissão de Coordenador-Geral de Apoio Técnico, indicou para contratação irmão, nora, genro e sobrinhos.

3. O valimento do cargo público foi constatado pela Controladoria-Geral da União, quando da investigação preliminar, e pela Comissão que conduziu o procedimento administrativo disciplinar.

4. O art. 168 da Lei nº 8.112/90 permite que a autoridade julgadora contrarie as conclusões da comissão processante, desde que o faça com a devida motivação, para retificação do julgamento em atenção aos fatos e provas. Precedentes: MS 15.826/DF, Rel. Ministro Humberto Martins, Primeira Seção, julgado em 22/05/2013, DJe 31/05/2013; MS 16.174/DF, Rel. Ministro Castro Meira, Primeira Seção.

5. A existência de dano ao erário é desinfluente para a caracterização do valimento do cargo para obtenção de vantagem pessoal ou de outrem (MS 14.621/DF, Rel. Min. Napoleão Nunes Maia Filho).

6. Os antecedentes funcionais do impetrante não são suficientes para impedir a aplicação da penalidade porque "A Administração Pública, quando se depara com situações em que a conduta do investigado se amolda nas hipóteses de demissão ou cassação de aposentadoria, não dispõe de discricionariedade para aplicar pena menos gravosa por tratar-se de ato vinculado". (MS 15.517/DF, Rel. Min. BENEDITO GONÇALVES, Primeira Seção, DJE 18.2.2011)

7. Segurança denegada. (STJ, MANDADO DE SEGURANÇA Nº 17.811 – DF (2011/0274288-1). MS 0274288-60.2011.3.00.0000-DF. Primeira Seção. Min. Rel. HUMBERTO MARTINS.

70 *Nesse sentido, o regime disciplinar do policial federal acentua: "A comissão poderá ainda apontar fatos que, tendo chegado ao seu conhecimento no curso da instrução, devam ser apurados em outro processo" (parte final do parágrafo único do art. 422 do Decreto nº 59.310/66).*

71 *MEIRELLES, op. cit., p. 667.*

72 *Apud COSTA, Teoria..., op. cit., p. 227.*

Concluído o relatório, este será juntado aos autos do processo, que deverá ser encaminhado à autoridade administrativa competente que o instaurou, para que seja ultimada a terceira e última fase do processo: o julgamento.

10.3. Julgamento

Ao receber os autos do processo disciplinar, a autoridade ou órgão competente que vai julgá-lo deverá proferir sua decisão à luz dos elementos do relatório e dos contidos no próprio processo, decisão esta que geralmente acata o relatório da comissão processante em todos os seus termos, baseando-se em sua conclusão e aceitando, inclusive, a punição nela sugerida.

Não se pode descartar, todavia, a possibilidade de a autoridade julgadora opor-se à pretensão postulada pela comissão processante, desprezando ou contrariando o parecer conclusivo de seu relatório, por interpretação diversa das normas legais aplicáveis ao caso ou por ter chegado a conclusões fáticas diferentes das provas dos autos, o que pode significar que a decisão final poderá abrandar ou agravar a pena do servidor, ou mesmo isentá-lo de sua aplicação (art. 168, parágrafo único, da Lei nº 8.112/90), mas, sendo certo que para isso, qualquer que seja a discordância, imprescindível é que ela seja motivada, lastreada com base na acusação, na defesa e na prova, e não sob fundamentos outros, ilicitamente citando fatos, provas ou informações estranhas aos autos do processo, muito menos ignorando as razões do acusado, o que desviaria o devido procedimento legal, conduzindo o julgamento à nulidade por cerceamento de defesa[73], sendo conveniente, então, transcrever o seguinte acórdão:

> ADMINISTRATIVO – DELEGADO DA POLÍCIA FEDERAL – PROCESSO DISCIPLINAR – DEMISSÃO – RELATÓRIO FINAL DA COMISSÃO PROCESSANTE – CONCLUSÃO CONTRÁRIA À PROVA DOS AUTOS – AUSÊNCIA DE VINCULAÇÃO – POSSIBILIDADE DE ALTERAÇÃO – INTELIGÊNCIA DO ART. 168 DA LEI 8.112/90 – ATO DEMISSIONÁRIO – ACOLHIMENTO DO PARECER DA CONSULTORIA JURÍDICA – AUSÊNCIA DE MOTIVAÇÃO – INOCORRÊNCIA – PARECERES POSTERIORES AO RELATÓRIO FINAL – DESNECESSIDADE DE MANIFESTAÇÃO DO ACUSADO – AUSÊNCIA DE COMPROVAÇÃO DE PREJUÍZO – CERCEAMENTO DE DEFESA NÃO CONFIGURADO – PRINCÍPIOS DA IMPESSOALIDADE E FINALIDADE – VIOLAÇÃO – INEXISTÊNCIA – "WRIT" IMPETRADO COMO FORMA DE INSATISFAÇÃO COM O CONCLUSIVO DESFECHO DO PROCESSO ADMINISTRATIVO DISCIPLINAR – ORDEM DENEGADA.
>
> I - A Lei 8.112/90, em seu artigo 168, permite que a autoridade competente para aplicação da pena discorde do relatório final apresentado pela Comissão Processante, desde que a conclusão lançada não guarde sintonia com as provas angariadas nos autos e a sanção imposta esteja devidamente motivada.
>
> II - Tendo a autoridade administrativa encampado parecer de sua Consultoria Jurídica, devidamente fundamentado, não há qualquer vício no ato demissionário por falta de motivação.
>
> III - Descabido o alegado cerceamento de defesa pela ausência de manifestação do acusado quanto aos pareceres lançados após o relatório final da Comissão Processante, pois a Portaria de demissão não se baseou em tais peças, mas fundamentou-se nas provas colhidas na ação disciplinar. Ademais, segundo a cediça jurisprudência desta Corte o indiciado se defende dos fatos que lhe são imputados. Assim, aplicável o princípio do *pas de nullité sans grief*, tendo em vista que eventual nulidade do processo administrativo exige a respectiva comprovação do prejuízo, o que não ocorreu no presente caso, em que o acusado teve ciência desde o início dos fatos ensejadores da instauração do processo administrativo, sendo-lhe oportunizado o contraditório e ampla defesa.
>
> IV - A aplicação da pena de demissão não visou privilegiar interesses privados, mas teve como base delitos disciplinares autônomos, que não dependem do cometimento de outra falta para a sua configuração, não

---

[73] Segundo Hely Lopes Meirelles: *"Realmente, se o julgamento do processo administrativo fosse discricionário, não haveria a necessidade de procedimento, justificando-se a decisão como ato isolado de conveniência e oportunidade administrativa, alheio à prova e refratário a qualquer defesa do interessado".* MEIRELLES, op. cit., p. 663.

se cogitando da aplicação do princípio da consunção, muito menos em ofensa aos princípios da impessoalidade e finalidade.

V - Evidenciado o respeito aos princípios da legalidade, da motivação, do contraditório e da impessoalidade, não há nulidade do ato atacado, principalmente quando o *"writ"* é impetrado como forma derradeira de insatisfação com o robusto e conclusivo desfecho da ação disciplinar.

VI - Ordem denegada. (STJ, MS nº 9.719/DF (2004/0070420-6), Rel. Min. Gilson Dipp).

O que de importante há de se observar, portanto, é que à autoridade julgadora é concedida a liberdade na produção de provas e na escolha e graduação da sanção aplicável, quando a norma legal consigna penalidades sem indicar os ilícitos a que se destinam, ou lhe é facultado instaurar ou não o processo punitivo. Entretanto, jamais se admitiu a qualquer autoridade punir o impunível, negar direito individual comprovado em processo administrativo regular ou desconstituir sumariamente situação jurídica definitiva e subjetiva do servidor ou do administrado.[74]

Contudo, no que diz respeito à aplicação de penalidade mais grave – reformatio in pejus –, convém repisar que a autoridade competente não está vinculada à opinião da comissão processante, o que nada impede que assim seja decidido, mesmo porque, consoante o entendimento do STJ, "é lícito à autoridade administrativa competente divergir e aplicar penalidade mais grave que a sugerida no relatório da comissão disciplinar. A autoridade não se vincula à capitulação proposta, mas sim aos fatos".[75]

Ressalte-se, no entanto, aproveitando o contexto, um aspecto de suma relevância: a necessária observância da autoridade julgadora na imposição da penalidade disciplinar, porquanto ela deve obediência ao princípio da proporcionalidade (ou da adequação punitiva), devendo antes confrontar a gravidade da falta, o dano causado ao serviço público, o grau de responsabilidade do servidor e seus antecedentes, de forma a demonstrar a equivalência da sanção aplicada, pois sua dosimetria deve funcionar "como uma fórmula de equilibrar a aplicação da pena, para que ela corresponda à justa medida do delito praticado, em respeito à segurança jurídica".[76]

Depreende-se, portanto, que a sanção disciplinar não se presta a perseguir fim diverso do traçado pela lei ou desequilibrar, ou inutilizar, o servidor, acarretando-lhe prejuízos funcionais irreversíveis, muitas vezes até pessoais, e sim para reprimir uma conduta ilícita.

Assim visto, na hipótese de a autoridade competente verificar que o processo encontra-se eivado de vícios insanáveis, o mesmo poderá ser declarado nulo, total ou parcialmente, conforme o caso, ordenando, no mesmo ato, a constituição de outra comissão para a instauração de um novo processo (art. 169 da Lei nº 8.112/90), sendo assim aplicado o princípio da autotutela da Administração Pública, consagrado na Súmula nº 473 do STF, que assenta que a Administração pode invalidar seus próprios atos, quando eivados de vícios que os tornem ilegais, ou revogá-los, por conveniência e oportunidade.

Seja como for, depois de recebido o relatório da comissão processante, a autoridade julgadora competente terá o prazo de 20 (vinte) dias para proferir sua decisão, conforme dispõe o art. 167 da Lei nº 8.112/90, embora tal regra tenha sido mitigada pelos próprios legisladores, que abriram o ensejo para o descumprimento desse prazo ao estabelecerem que "o julgamento fora do prazo legal não implica nulidade do processo" (§ 1º do art. 169). Em sendo assim, é de se ver que não acarreta nenhuma consequência de natureza jurídica relevante à autoridade julgadora que, mesmo agindo com dolo ou culpa, deixar de observar tal prazo, a não ser que seu comportamento desidioso venha a dar causa à prescrição do feito, quando então poderá ser responsabilizada consoante o que dispõe o § 2º do art. 169, do referido diploma legal, mas valendo dizer que só na esfera civil, caso tenha causado prejuízo ao erário (art. 122 da mesma lei).[77]

---

74   MEIRELLES, *op. cit.*, p. 663.

75   STJ, Rel., Min. Paulo Medina, MS nº 8.184/DF

76   MATTOS, *Mauro Roberto Gomes de. Lei nº 8.112/90 interpretada. 6. ed. Rio de Janeiro: América Jurídica, 2016, p. 1.090.*

77   *Isto porque, conforme José Armando da Costa assevera, [...] as responsabilidades penais e disciplinar somente encontram justo título nas respectivas hipóteses de incidência previamente definidas, e pelo que sabemos, tal comportamento, embora desidioso, não chega*

Convém salientar, todavia, que a Emenda Constitucional nº 45, de 31 de dezembro de 2004, acrescentou, ao art. 5o da Carta Magna, o inciso LXXVIII, o qual prescreve que "a todos, no âmbito judicial e administrativo, são assegurados a razoável duração do processo e os meios que garantam a celeridade de sua tramitação".

Com efeito, tal orientação já não era sem tempo, devendo ser um poder-dever para todas as Administrações Públicas, pois que, do contrário, os processos disciplinares, como os de âmbito federal, cujo prazo para o encerramento do feito é de 140 (cento e quarenta) dias, continuarão a se arrastar, a ser eternos, com graves prejuízos para todos: à Fazenda Pública, pelas intermináveis diárias aos servidores envolvidos na apuração administrativa; e, aos acusados, que sofrem adversidades de toda a ordem sem uma decisão final, por conta do transcurso moroso do processo, sobretudo quando estes se encontram em condições de se aposentar voluntariamente, pois isto somente poderá ocorrer após a conclusão do processo e o cumprimento da penalidade, se esta lhe for aplicada, segundo o que dispõe a parte final do caput do art. 172 da Lei nº 8.112/90.

Por essa e outras razões, não raro os prejudicados formularem, em juízo, pleito alusivo à decretação de nulidade do procedimento em face da superação do prazo para sua conclusão, exigindo o cumprimento do art. 152 da Lei nº 8.112/90, que estabelece o prazo máximo de 120 (cento e vinte) dias, a contar da publicação do ato que constituiu a comissão, conjugando-o com o novel dispositivo constitucional acima aludido, tese esta que, vale dizer, não pode ser de todo ignorada, por ser infundada, pois a orientação da doutrina especializada é no sentido de que, não tendo sido os trabalhos concluídos dentro dos prazos estipulados em lei, a autoridade administrativa competente deve destituir a comissão, nomeando outra para, no interregno legal, ultimar essa espinhosa tarefa.[78]

No entendimento de Mauro Roberto Gomes de Mattos[79]:

Não cumprida a presente regra constitucional, entendemos que a Administração Pública causará lesão ao direito líquido e certo do servidor, em ter seu processo disciplinar encerrado no tempo razoável de 120 (cento e vinte) dias e julgado nos 20 (vinte) dias após o recebimento do processo pela autoridade competente. Via de consequência abusará do direito de investigar e de acusar, devendo ser encerrados os trabalhos imediatamente, para que seja constituída outra Comissão Disciplinar, que se não cumprir o prazo legal declinado, dará azo ao arquivamento das investigações.

Acrescente-se que, extinta a punibilidade pela prescrição, a autoridade julgadora deverá registrar o fato nos assentamentos funcionais do servidor (art. 170 da Lei nº 8.112/90). Todavia, a qualquer tempo, o processo administrativo que resultou em aplicação de penalidade ao servidor pode ser revisto, a pedido ou de ofício (arts. 174 a 182 da Lei nº 8.112/90), quando surgirem novos fatos ou circunstâncias relevantes suscetíveis de justificar a inadequação da sanção aplicada.

Por outro lado, no caso de a infração cometida ter sido tipificada como crime, a autoridade julgadora encaminhará a cópia dos autos ao Ministério Público para a propositura da ação penal corresponde (art. 171 da Lei nº 8.112/90).

Assim, recapitulando, terminado o relatório, a comissão processante de inquérito remete o processo para autoridade que o instaurou. Quem instaurou tem competência de julgar, mas não necessariamente. A prova disso esta no art. 167, que fala do julgamento, no § 1º, da Lei. 8.112/90:

Art. 167 § 1º - Se a penalidade a ser aplicada exceder a alçada da autoridade instauradora do processo, este será encaminhado à autoridade competente, que decidirá em igual prazo.

Há uma tabela, contendo as infrações e as autoridades competentes para aplicá-las. Na verdade, essa "tabela" escolhe a autoridade competente de acordo com a gravidade da sanção. No caso de sanção grave, como a demissão, é competente o Chefe do Executivo. Vejam a leitura do art. 141, da Lei 8.112/90.

Art. 141. As penalidades disciplinares serão aplicadas.

---

a enquadrar-se em qualquer tipo de natureza penal ou disciplinar. Mesmo assim, achamos muito difícil que tal responsabilização, ainda que sendo apenas de feitio civil, venha um dia a ser realmente concretizada neste imenso e grandioso País campeão mundial da impunidade [...]. COSTA, Teoria..., op. cit., p. 239.

78 REIS, Palhares Moreira, 1993 apud MATTOS, Lei nº 8.112/90..., op. cit., p. 973.

79 MATTOS, Lei nº 8.112/90..., op. cit., p. 979.

I – Pelo Presidente da República, pelos Presidentes das Casas do Poder Legislativo e dos Tribunais Federais e pelo Procurador-Geral da República, quando se tratar de demissão e cassação de aposentadoria ou disponibilidade do servidor vinculado ao respectivo Poder, órgão ou entidade.

II – pelas autoridades administrativas de hierarquia imediatamente inferior àquelas mencionadas no inciso anterior quando se tratar de suspensão superior a trinta dias.

III - pelo chefe da repartição e outras autoridades na forma dos respectivos regimentos ou regulamentos, nos casos de advertência ou de suspensão de até 30 (trinta) dias;

IV - pela autoridade que houver feito a nomeação, quando se tratar de destituição de cargo em comissão.

No tocante à delegação da competência do Presidente da República para o Ministro de Estado impor a pena de demissão, Fabrício Bolzan de ALMEIDA[80] (2019) lembra que o STF entendeu o tema da seguinte maneira:

EMENTA: AGRAVO REGIMENTAL NO RECURSO ORDINÁRIO EM MANDADO DE SEGURANÇA. DIREITO ADMINISTRATIVO. PROCESSO ADMINISTRATIVO DISCIPLINAR. AGENTE PENITENCIÁRIO FEDERAL. PORTARIA DE INSTAURAÇÃO DO PAD. COMPETÊNCIA DA AUTORIDADE DO ÓRGÃO EM QUE OCORREU A INFRAÇÃO. NOMEAÇÃO DOS INTEGRANTES DA COMISSÃO PROCESSANTE APÓS A OCORRÊNCIA DO ILÍCITO. VIOLAÇÃO AO PRINCÍPIO DO JUIZ NATURAL. INOCORRÊNCIA. AUSÊNCIA DE DEMONSTRAÇÃO DE PREJUÍZO. INEXISTÊNCIA DE NULIDADE. CERCEAMENTO DE DEFESA. REQUERIMENTO DE PRODUÇÃO DE PROVAS. INDEFERIMENTO FUNDAMENTADO. PREVISÃO LEGAL. ILIQUIDEZ DOS FATOS. IMPOSSIBILIDADE DE REVOLVIMENTO DO CONTEXTO FÁTICO-PROBATÓRIO. INVIABILIDADE DO *WRIT*. AGRAVO REGIMENTAL DESPROVIDO.

1. O art. 141, I, da Lei 8.112/90, em consonância com o art. 84, XXV, da Lei Fundamental, predica que o Presidente da República é a autoridade competente para aplicar a penalidade de demissão a servidor vinculado ao Poder Executivo, sendo constitucional, nos termos do art. 84, parágrafo único, da Constituição, e do art. 1º, I, do Decreto 3.035/99, a delegação aos Ministros de Estado e ao Advogado-Geral da União. Precedentes: RE 633.009 AgR, Rel. Min. Ricardo Lewandowski, Segunda Turma, DJe 27-09-2011; RMS 24.194, Rel. Min. Luiz Fux, Primeira Turma, DJe 07-10-2011; MS 25.518, Rel. Min. Sepúlveda Pertence, Tribunal Pleno, DJ 10-08-2006, dentre outros.

2. *In casu*, a delegação de competência para a aplicação da sanção de demissão e cassação de aposentadoria ou disponibilidade de servidor restou incólume, na medida em que a imposição da penalidade máxima decorreu de ato do Ministro de Estado da Justiça.

3. A Portaria Inaugural do Processo Administrativo Disciplinar foi determinada pelo Diretor-Geral do Departamento Penitenciário Federal, que possui competência para instaurar o procedimento próprio para apurar faltas cometidas pelos seus subordinados, nos termos do art. 51, inciso XIV, do Regimento Interno do DEPEN, e art. 143 da Lei 8.112/90.

4. O art. 149 da Lei 8.112/90 não veda a possibilidade da autoridade competente para a instauração de procedimento disciplinar convocar servidores oriundos de outro órgão, diverso da lotação dos acusados, para a composição da Comissão Processante. Deveras, impõe, somente, que o presidente indicado pela autoridade competente ocupe "cargo efetivo superior ou de mesmo nível, ou ter nível de escolaridade igual ou superior ao do indiciado", e que os membros sejam servidores estáveis, sem qualquer vínculo de parentesco ou afinidade com o acusado, o que não restou comprovado, no caso.

5. A inteligência do art. 142, I, da Lei 8.112/90 reclama que o prazo prescricional da ação disciplinar é de 5 (cinco) anos quanto às infrações puníveis com demissão, cassação de aposentadoria ou disponibilidade e destituição de cargo em comissão.

6. A despeito do encerramento do primeiro processo administrativo, o fato é que, do dia em que a autoridade competente tomou ciência das condutas imputadas ao impetrante até a instauração do segundo processo administrativo disciplinar, não transcorreu o quinquênio previsto no artigo 142, I, da Lei 8.112/90.

---

80   ALMEIDA, Fabrício Bolzan de. *Manual de Direito Administrativo*. 3 ed. São Paulo: Saraiva Educação, 2019. p. 238 e 239.

7. A conduta imputada ao impetrante se insere na previsão contida no inciso IX do art. 132 da Lei 8.112/90, na medida em que restou apurado no processo administrativo que o servidor revelou, indevidamente, vídeos sigilosos aos quais teve acesso apenas em razão do exercício do cargo de agente penitenciário federal.

8. A Comissão Processante tem o poder de indeferir a produção de provas impertinentes à apuração dos fatos, com supedâneo no art. 156, § 1º, da Lei 8.112/90.

9. A oitiva de testemunha em lugar diverso daquele em que os acusados residem não acarretou, no caso concreto, prejuízo à defesa, mormente por ter sido notificada cinco dias antes da audiência, de forma a conferir a possibilidade de exercer seu direito de participar da produção da prova, tendo sido, ainda, nomeado defensor ad hoc, ante a ausência de manifestação.

10. O mandado de segurança não se revela via adequada para avaliar em profundidade o acervo fático--probatório dos autos, especialmente no que se refere à oitiva das testemunhas, a acareação entre os acusados, a reinquirição de testemunhas e a expedição de ofício solicitando cópia dos depoimentos produzidos em processo criminal.

11. Agravo regimental a que se NEGA PROVIMENTO. (RMS 32.811 AgR. Rel. Min. LUIZ FUX. Primeira Turma. J. 28-10-2016. Processo Eletrônico DJe-246, DIVULG 18-11-2016 PUBLIC 21-11-2016).

11. ACUMULAÇÃO DE CARGOS, EMPREGOS E FUNÇÕES PÚBLICAS

A vedação de acumulação de cargos, empregos e funções públicas no Brasil teve sua origem no Decreto da Regência, de 8.6.1822, da lavra de José Bonifácio, cuja justificativa tem ainda plena atualidade quando esclarece:

"se proíbe que seja reunido em uma só pessoa mais de um ofício ou emprego, e vença mais de um ordenado, resultando manifesto dano e prejuízo à Administração Pública e às partes interessadas, por não poder de modo ordinário um tal empregado público ou funcionário cumprir as funções e as incumbências de que duplicadamente encarregado, muito principalmente sendo incompatíveis esses ofícios e empregos; e, acontecendo, ao mesmo tempo, que alguns desses empregados e funcionários públicos, ocupando os ditos empregos e ofícios, recebem ordenados por aqueles mesmo que não exercitem, ou por serem incompatíveis, ou por concorrer o seu expediente nas mesmas horas em que se acham ocupados em outras repartições"[81].

A Constituição Federal de 1988 vem dispor sobre a acumulação no artigo 37, incisos XVI e XVII:

---

81   MEIRELLES, Hely Lopes. 34ª ed., p. 386.

XVI- É vedada a acumulação remunerada de cargos públicos, exceto, quando houver compatibilidade de horários, observado em qualquer caso o disposto no inciso XI:

a) a de dois cargos de professor;

b) a de um cargo de professor com outro, técnico ou científico;

c) a de dois cargos ou empregos privativos de profissionais de saúde, com profissões regulamentadas; (alínea com redação dada pela Emenda nº 34/01).

XVII- A proibição de acumular estende-se a empregos e funções e abrange autarquias, fundações, empresas públicas, sociedades de economia mista, suas subsidiárias, e sociedades controladas, direta ou indiretamente, pelo poder público; (inciso com redação dada pela Emenda Constitucional nº 19/98).

Pelo exame dos incisos XVI e XVII, do artigo 37, depreende-se a regra geral de que é proibida a acumulação de cargos, empregos e funções públicas na Administração Pública.

Examinando-se mais atentamente o inciso XVII, vemos que a proibição de acumular cargos, empregos e funções públicas abrange as autarquias, as fundações, as empresas públicas e as sociedades de economia mista. A Emenda Constitucional nº 19, de 4 de junho de 1998, alterando este inciso, ampliou as vedações ali contidas, para alcançar também, as subsidiárias das referidas entidades, e as sociedades controladas, direta ou indiretamente, pelo Poder Público.[82]

A vedação atinge, portanto, acumulação remunerada de cargos, empregos e funções públicas na Administração Direta e Indireta, seja dentro de cada uma seja entre os dois setores da Administração entre si, isto é, também entre as diferentes pessoas políticas.

Exemplificando: um servidor público federal, ocupante do cargo de agente administrativo, se aprovado em concurso público para emprego de técnico de informática, em sociedade de economia mista estadual, não poderá acumular os cargos, em observância do art. 37, XVII, da CF e do art. 118, § 1º, da Lei nº 8.112/90.

Note-se que a vedação se refere à acumulação remunerada, inexistindo, pois, impedimento legal à acumulação de cargos, empregos e funções, se não houver duas remunerações.

Adilson Abreu Dallari entende que a proibição expressa de acumulação remunerada não significa uma liberação total às acumulações não remuneradas. Estas não estariam proibidas, mas poderiam ocorrer excepcional e temporariamente, em casos de interesse público relevante, objetivamente demonstrado.[83]

Já Celso Ribeiro Bastos entende que o Texto Constitucional permite tranquilamente inferir que se dê acumulação não remunerada, mas que estas situações seriam apenas a de um pequeno conjunto de funções que são cumpridas pelo cidadão gratuitamente, como por exemplo, os mesários em pleitos eleitorais, os jurados, entre outros. Não acobertariam as situações em que o beneficiado pela remuneração renunciasse a uma delas.[84]

Em que pese ser uma situação rara e que dificilmente vislumbraremos, a posição de Dallari nos parece mais razoável, visto que a Constituição buscou evitar principalmente o acúmulo de remunerações oriundas da Administração Pública, não havendo por que obstar a acumulação de cargos quando não remunerada e respeitadora dos demais requisitos constitucionais.

Na atual Constituição foi abolida a exigência da correlação de matérias, que existia nas Constituições anteriores. Atualmente, a única condição exigida é a compatibilidade de horários.

Observe-se que para a constitucionalidade dessas acumulações há de se haver a compatibilidade de horários, isto é, os horários nem em parte poderão sobrepor-se, como por exemplo, nos períodos de 8 horas às 17 horas, e de 16 horas às 22 horas, em que há superposição no horário das 16 às 17 horas. Nesse caso, a acumulação é inconstitucional.

Observe-se que há também incompatibilidade de horários sempre que entre o término de um trabalho e o início de outro não houver tempo suficientemente grande para a locomoção de um local de trabalho para o outro. Assim, haverá incompatibilidade de horários se o término do horário de trabalho ocorre às 17 horas

---

82 Entidades e sociedade controladas diretamente e indiretamente pelo poder público são as organizações da sociedade civil de interesse público (OSCIP) e as entidades do "Sistema S", tais como SENAI, SENAC e SEBRAE.

83 DALLARI, Adilson Abreu. Op. cit., p. 71.

84 BASTOS, Celso Ribeiro. Curso de Direito Administrativo, 2005, p. 293.

no Rio de Janeiro, e o início do outro acontece às 17h15min em Niterói, dada a insuficiência de tempo para a locomoção de uma para outra sede da prestação dos serviços.

I.1 O cargo público de agente municipal de trânsito e o exercício da advocacia são incompatíveis para fins de acumulação

Sentença em mandado de segurança da 3ª Vara da Seção Judiciária do Maranhão, reconhecendo o direito de uma agente de trânsito exercer a advocacia, foi modificada pela 8ª Turma do Tribunal Regional Federal da 1ª Região – TRF1 em 13 de julho de 2020.

O desembargador federal e relator, Marcos Augusto de Sousa, analisou recurso da Ordem dos Advogados do Brasil (OAB/Maranhão) e afirmou que os julgados mais recentes do Tribunal até então se posicionavam no sentido de que houvesse impedimento simples (proibição parcial) no exercício concomitante dos cargos de agente municipal de trânsito e advogado e, não, uma incompatibilidade (proibição total).

Contudo, em atendimento à orientação contrária do Superior Tribunal de Justiça, que vem decidindo sobre o exercício do cargo público de agente municipal de trânsito ser causa legalmente válida para que a inscrição nos quadros da advocacia reste indeferida, o Colegiado do TRF1 foi unânime em acompanhar o voto do relator e seguir a jurisprudência do STJ, denegando a segurança, conforme ementa infra:

> ADMINISTRATIVO. MANDADO DE SEGURANÇA. CONSELHO DE FISCALIZAÇÃO PROFISSIONAL. OAB/MA. INSCRIÇÃO. INDEFERIMENTO. SERVIDOR PÚBLICO MUNICIPAL. AGENTE DE TRÂNSITO. HIPÓTESE DE INCOMPATIBILIDADE, NÃO DE SIMPLES IMPEDIMENTO, PARA O EXERCÍCIO DA ADVOCACIA. LEI 8.906/94, ART. 28, V. JURISPRUDÊNCIA MAIS RECENTE DO STJ. APELAÇÃO E REMESSA OFICIAL PROVIDAS. 1. "O Tribunal de origem consignou que a atividade do agente de trânsito é de polícia administrativa, daí a sua incompatibilidade com o exercício da advocacia, nos termos do art. 28, V, da Lei 8.906/94. Como o acórdão recorrido guarda consonância com a jurisprudência desta Corte, não merece reparos. Nesse sentido: REsp 1.377.459/RJ, Rel. Ministro Benedito Gonçalves, Primeira Turma, DJe de 27/11/2014; AgRg no REsp 1.353.727/SC, Rel. Ministro Og Fernandes, Segunda Turma, DJe de 14/10/2015" (REsp 1.746.878/PE, STJ, Rel. Min. Mauro Campbell Marques, decisão monocrática, Dje 06/08/2018). 2. "A atividade exercida por ocupante do cargo de assistente de trânsito, por envolver fiscalização e poder decisório sobre interesses de terceiro, inerentes ao poder de polícia, é incompatível com o exercício da advocacia, nos termos do art. 28, V, da Lei nº 8.906/94" (AgInt no REsp 1.631.637/PE, STJ, Primeira Turma, Rel. Min. Sérgio Kukina, unânime, DJe 07/12/2017). 3. O exercício de cargo público como o da apelada, agente municipal de trânsito, é motivo legalmente válido para o indeferimento da inscrição como advogada. 4. Apelação e remessa oficial providas. (TRF-1 – AMS: 00033206020144013700, Relator: DESEMBARGADOR FEDERAL MARCOS AUGUSTO DE SOUSA, Data de Julgamento: 13/07/2020, OITAVA TURMA, Data de Publicação: 14/08/2020)

11.1. Acumulação Tríplice de Cargos Públicos

Aspecto sumariamente importante a se destacar acerca da vedação de acúmulo de cargos públicos é a proibição ao servidor de acumular mais que dois cargos, empregos ou funções públicas.

Sobre esse tema, o Supremo Tribunal Federal, quando julgou recurso ordinário em mandado de segurança com repercussão geral (RMS 23.917/DF)[85], pacificou entendimento sobre a inconstitucionalidade da

---

85 "EMENTA: RECURSO ORDINÁRIO EM MANDADO DE SEGURANÇA. ACÓRDÃO PROFERIDO PELA TERCEIRA SEÇÃO DO SUPERIOR TRIBUNAL DE JUSTIÇA, QUE DENEGOU MANDADO DE SEGURANÇA IMPETRADO CONTRA ATO DO MINISTRO DE ESTADO DA PREVIDÊNCIA E ASSISTÊNCIA SOCIAL. DEMISSÃO DO CARGO DE MÉDICO DO QUADRO DE PESSOAL DO INSS. ACUMULAÇÃO ILEGAL DE EMPREGO PÚBLICO EM TRÊS CARGOS. PRESUNÇÃO DE MÁ-FÉ, APÓS REGULAR NOTIFICAÇÃO. RECURSO IMPROVIDO. 1. O acórdão recorrido entendeu que o servidor público que exerce três cargos ou empregos públicos de médico – um no INSS, outro na Secretaria Estadual de Saúde e Meio Ambiente e outro junto a hospital controlado pela União, incorre em acumulação ilegal de cargos. (...)" (RMS 23.917/DF, STF – Primeira Turma, rel. Min. Ricardo Lewandowski, julgamento 02-09-2008, DJe 18-09-2018) (grifos do autor)

acumulação tríplice de vencimentos e proventos, inclusive para servidores ingressantes no serviço público anteriormente à Emenda Constitucional nº 20/98 (ARE 848.993/MG, Tema nº 921).[86]

Didaticamente, começaremos com a seguinte indagação:

Magistrado aposentado, compulsoriamente ou por tempo de serviço, resolve fazer concurso para Delegado Federal, sendo aprovado. Com base na hipótese narrada, é permitida tal acumulação?

Sim, a acumulação seria legal, desde que a situação narrada tivesse ocorrido antes da época da promulgação da EC 20/98, com previsão no art. 11, e tenha ingressado novamente no serviço público por concurso público de provas ou de provas e títulos, tendo, como requisito indispensável de que a remuneração não exceda o teto do Ministro do Supremo Tribunal Federal (art. 37, XI, da Constituição Federal).

E, por fim, vale a advertência que, a partir da mencionada Emenda, trata-se de caso acumulação não permitida.

11.2. Exceções à Vedação de Acumulação de Cargos Públicos

São hipóteses de permissividade, de acordo com o artigo 37, XVI da Constituição:

a) a de dois cargos de professor;

b) a de um cargo de professor com outro técnico ou científico,

c) e a de dois cargos ou empregos privativos de profissionais de saúde, com profissões regulamentadas.

O conceito de cargo técnico ou científico, devido à falta de precisão, tem provocado algumas dúvidas na Administração, porque a própria Constituição Federal não conceitua ou define cargo técnico ou científico. O ideal é que as leis instituidoras dos cargos, empregos e funções fixem da forma mais exata possível as suas definições, de modo que se possa verificar, com mais facilidade, se é possível ou não a acumulação.

O Decreto Federal nº 39.956, de 02/08/54, no artigo 3º estabeleceu que, cargo técnico ou científico é aquele para cujo exercício seja indispensável e predominante a aplicação de conhecimentos científicos ou artísticos de nível superior de ensino. Considera-se também técnico ou científico: o cargo para cujo exercício seja exigida habilitação legal específica em curso classificado como técnico ou profissionalizante, de segundo grau ou de nível superior de ensino; e o cargo de direção, seja ele privativo de membro do magistério ou de ocupante de cargo técnico ou científico.

Também o Órgão Central do Sistema de Pessoal Civil da Administração Federal – SIPEC, mediante a Orientação Normativa nº 43/79 firmou o seguinte entendimento:

> "Todo o cargo para cujo provimento se exija grau superior de escolaridade se inclui no conceito de Técnico-Científico a que alude a legislação concernente à acumulação."

Os cargos de natureza técnica são os que demonstram a necessidade de conhecimentos técnicos e práticos específicos para exercê-los.[87]

---

86 No caso dos autos, uma professora impetrou mandado de segurança para garantir a acumulação de proventos de uma aposentadoria no cargo de professora com duas remunerações, também referentes a cargos de professora das redes estadual e municipal, em que o ingresso, por meio de concurso público, se deu antes da publicação da EC nº 20/98. No mérito, o ministro Marco Aurélio observou que a EC nº 20/98, admite a possibilidade de acumulação de um provento de aposentadoria com a remuneração de um cargo na ativa, no qual se tenha ingressado antes da publicação da referida emenda, ainda que, segundo a regra geral, os cargos sejam inacumuláveis. Mas ponderou que a jurisprudência do STF, em diversos precedentes, é no sentido de que essa permissão deve ser interpretada de forma restritiva, vedando, em qualquer hipótese, a acumulação tríplice de remunerações não importando se proventos ou vencimentos.

87 A propósito: RECURSO ORDINÁRIO EM MANDADO DE SEGURANÇA. CONSTITUCIONAL. ACUMULAÇÃO DE CARGOS PÚBLICOS. PROFESSOR E TÉCNICO JUDICIÁRIO. IMPOSSIBILIDADE. 1. A Constituição Federal vedou expressamente a acumulação de cargos públicos, admitindo-a apenas quando houver compatibilidade de horários, nas hipóteses de dois cargos de professor; de um cargo de professor e outro técnico ou científico; e de dois cargos privativos de profissionais de saúde. 2. E, para fins de acumulação, resta assentado no constructo doutrinário-jurisprudencial que cargo técnico é o que requer conhecimento específico na área de atuação do profissional. 3. Não é possível a acumulação dos cargos de professor e

A este respeito, em página de inegável clareza, o celebrado Pontes de Miranda explica com precisão que exerce cargo técnico científico aquele que, pela natureza do cargo, nele põe em prática métodos organizados, que se apoiam em conhecimentos científicos correspondentes.

Portanto, cargo técnico é aquele que requer uma habilitação legal para o seu exercício, ou seja, exige conhecimentos profissionais especializados para o seu desempenho, com a utilização de métodos organizados que dependem de conhecimento científico. Contrapõe-se à noção de função eminentemente burocrática e rotineira, desenvolvida pelos cargos administrativos. Por exemplo, cargo de assistente administrativo não tem natureza técnica, não exigindo nenhuma formação específica para ser provido.

Para que um cargo tenha natureza técnica, é importante registrar que não é necessária a exigência de que seja de nível superior.

Permite-se, por exemplo, acumulação de dois cargos, a nível médio, de técnico de enfermagem e, também, de cargo de auxiliar de enfermagem com o de professor, haja vista o primeiro ter natureza técnica para a finalidade de acumulação, conforme decisão unânime da 7ª Turma do Tribunal Regional Federal da 1ª Região – TRF1 em 27 de novembro de 2018.[88]

O caso tratou-se de apelação do Estado de Minas Gerais contra sentença da 18ª Vara da Seção Judiciária de Minas Gerais, a qual interpretou pela legalidade dos profissionais da área de enfermagem ocuparem dois cargos, empregos ou funções, em que um seja de auxiliar de enfermagem e o outro, de professor.

O desembargador federal e relator do recurso, Hercules Fajoses, ponderou que a Constituição Federal, no art. 37, inciso XVI, alínea b permite a acumulação remunerada de um cargo de professor com outro cargo técnico ou científico, sendo o cargo de auxiliar de enfermagem requerente de saberes técnicos especializados com formação específica para seu exercício, além de exigência de curso técnico-científico. Portanto, um cargo técnico, considerado na exceção prevista pelo já citado texto constitucional.

Conclui-se, assim, que cargo técnico ou científico é aquele para cujo exercício seja exigida habilitação em curso legalmente classificado como técnico, de segundo grau ou universitário, de nível superior de ensino (RMS 23.1317-BA, STJ).

Técnico Judiciário, de nível médio, para o qual não se exige qualquer formação específica e cujas atribuições são de natureza eminentemente burocrática. 4. Precedentes. 5. Recurso improvido. (RMS 14.456/AM, Rei. Min. HAMILTON CARVALHIDO, Sexta Turma)

RECURSO ORDINÁRIO EM MANDADO DE SEGURANÇA. CONSTITUCIONAL. ADMINISTRATIVO. SERVIDOR PÚBLICO. ACUMULAÇÃO DE CARGOS. CARGO TÉCNICO. NÃO DEMONSTRAÇÃO. IMPOSSIBILIDADE. RECURSO IMPROVIDO. 1. O fato de o cargo ocupado exigir apenas nível médio de ensino, por si só, não exclui o caráter técnico da atividade, pois o texto constitucional não exige formação superior para tal caracterização, o que redundaria em intolerada interpretação extensiva, sendo imperiosa a comprovação de atribuições de natureza específica, não verificada na espécie, consoante documento de fls. 13, o qual evidencia que as atividades desempenhadas pela recorrente eram meramente burocráticas. 2. A recorrente não faz jus à acumulação de cargos públicos pretendida, apesar de aprovada em concurso público para ambos e serem compatíveis os horários, em razão da falta do requisito da tecnicidade do cargo ocupado, não merecendo reforma o acórdão vergastado. 3. Precedentes. 4. Recurso ordinário em mandado de segurança improvido. (RMS 12.352/DF, Rel. Min. HÉLIO QUAGLIA BARBOSA, Sexta Turma)

88   ADMINISTRATIVO. AÇÃO CIVIL PÚBLICA. SERVIDOR PÚBLICO. ACUMULAÇÃO DOS CARGOS DE AUXILIAR DE ENFERMAGEM E DE PROFESSOR. ART. 37, XVI, B, DA CONSTITUIÇÃO FEDERAL. 1. O art. 37, XVI, b, da Constituição Federal autoriza a acumulação remunerada de um cargo público de professor com outro cargo técnico ou científico. 2. O entendimento firmado pelo egrégio Superior Tribunal de Justiça é no sentido de que: "[...] Na exceção prevista na alínea b do inciso XVI do art. 37 da CF, o conceito de 'cargo técnico ou científico' não remete, essencialmente, a um cargo de nível superior, mas pela análise da atividade desenvolvida, em atenção ao nível de especificação, capacidade e técnica necessárias para o correto exercício do trabalho" (REsp 1.569.547/RN, Rel. Ministro Humberto Martins, Segunda Turma, julgado em 15/12/2015, DJe 02/02/2016). 3. O cargo de auxiliar de enfermagem exige conhecimentos técnicos específicos com formação especializada para sua execução, nos termos do Decreto nº 94.406/87, que regulamentou a Lei nº 7.498/86. 4. Nesse sentido: "[...] O cargo de auxiliar de enfermagem demanda conhecimentos técnicos específicos, sendo necessária formação especializada para sua execução, inclusive com a exigência de curso técnico-científico. Dessa forma, a situação fática apresentada se enquadra na exceção prevista no inciso XVI do art. 37 da Constituição Federal" (AC 0014648-68.2001.4.01.3400, Desembargador Federal Carlos Olavo, Primeira Turma, e-DJF1 de 21/01/2010). 5. Apelação não provida. (TRF-1 – AC: 00137071920004013800, Relator: DESEMBARGADOR FEDERAL HERCULES FAJOSES, Data de Julgamento: 27/11/2018, SÉTIMA TURMA, Data de Publicação: 19/12/2018).

Há julgado da Quinta Turma do Superior Tribunal de Justiça (STJ) em que se negou o recurso de uma professora estadual, impedida de acumular cargo com o de monitor educacional entendendo que as atribuições do cargo de monitor não preenchiam os requisitos de conhecimentos específicos, mas de natureza eminentemente burocrática, relacionadas ao apoio à atividade pedagógica[89].

Para melhor exemplificar, a jurisprudência do STJ vem estabelecendo os cargos não pertencentes à tipologia "técnico" ou "científico", quais sejam: analista técnico-jurídico, técnico judiciário (nível médio), técnico de finanças e controle da Controladoria-Geral da União, agente de polícia civil, polícia militar, técnico administrativo educacional, auxiliar administrativo, atendente de telecomunicações etc.

Outro interessantíssimo julgado do STJ sobre a matéria foi o REsp 1.569.547/RN que reconheceu a possibilidade de acumulação dos cargos de professor com outro de intérprete e tradutor da Língua Brasileira de Sinais – LIBRAS. No caso em comento, reiterou-se que o cargo técnico ou científico passível de acumulação não depende de formação em nível superior, sendo então estabelecido que o cargo de tradutor "exige conhecimentos técnicos e específicos relativos a um sistema linguístico próprio, totalmente diferente da Língua Portuguesa, mas a esta associada para fins de viabilizar a comunicação com pessoas portadoras de deficiência, conduzindo à inexistência de vedação para cumulação do cargo de professor com o de tradutor e intérprete da LIBRAS, dada a natureza técnica do cargo".[90]

Por fim, é imperioso explicar que, quando a acumulação for permitida, ela poderá acontecer tanto no mesmo regime quanto em distintos regimes. Isto significa a possibilidade de acumulação de dois cargos ou de dois empregos (celetista) ou, ainda, de um cargo e um emprego. A esse respeito existe entendimento pacificado pelo STF no RE 169.807/SP, confira:

CONSTITUCIONAL. SERVIDOR PÚBLICO. ACUMULAÇÃO: CARGOS E EMPREGOS. CONSTITUIÇÃO FEDERAL, ART. 37, XVI E XVII. I. É possível a acumulação de um cargo de professor com um emprego (celetista) de professor. Interpretação harmônica dos incisos XVI e XVII do art. 37 da Constituição Federal. II. Recurso extraordinário não conhecido. (STF, RE 169.807, 2ª Turma, Rel. Min. Carlos Velloso, j. 24.06.2006).

Vamos examinar, agora, a seguinte situação hipotética.

---

89 No âmbito do STJ, a questão foi decidida por ocasião do julgamento do RMS 22.835, em 17.03.2008. CONSTITUCIONAL. ADMINISTRATIVO. RECURSO ORDINÁRIO EM MANDADO DE SEGURANÇA. ACUMULAÇÃO DE CARGOS PÚBLICOS. PROFESSOR E MONITOR EDUCACIONAL. IMPOSSIBILIDADE. RECURSO IMPROVIDO. 1. Havendo compatibilidade de horários, é permitida a acumulação remunerada de um cargo de professor com outro técnico ou científico, nos termos do art. 37, inc. XVI, alínea b, da Constituição Federal. 2. As atribuições do cargo de Monitor Educacional são de natureza eminentemente burocrática, relacionadas ao apoio à atividade pedagógica. Não se confundem com as de professor. De outra parte, não exigem nenhum conhecimento técnico ou habilitação específica, razão pela qual é vedada sua acumulação com o cargo de professor. 3. Recurso ordinário improvido. [grifos nossos]

90 ADMINISTRATIVO. SERVIDOR PÚBLICO. INTERPRETE E TRADUTOR DE LIBRAS. NATUREZA TÉCNICA DO CARGO. CUMULAÇÃO COM CARGO DE PROFESSOR. POSSIBILIDADE. 1. Nos termos do art. 37, XVI, da Constituição Federal, a inacumulabilidade de cargo público emerge como regra, cujas exceções são expressamente estabelecidas no corpo da própria Carta Magna. 2. Na exceção prevista na alínea "b" do inciso XVI do art. 37 da CF, o conceito de "cargo técnico ou científico" não remete, essencialmente, a um cargo de nível superior, mas pela análise da atividade desenvolvida, em atenção ao nível de especificação, capacidade e técnica necessários para o correto exercício do trabalho. RMS 42.392/AC, Rel. Ministro HERMAN BENJAMIN, SEGUNDA TURMA, julgado em 10/02/2015, DJe 19/03/2015; RMS 28.644/AP, Rel. Ministra LAURITA VAZ, QUINTA TURMA, julgado em 06/12/2011, DJe 19/12/2011; RMS 20.033/RS, Rel. Ministro ARNALDO ESTEVES LIMA, QUINTA TURMA, julgado em 15/02/2007, DJ 12/03/2007, p. 261. 3. A legislação brasileira reconhece a Língua Brasileira de Sinais – Libras como um sistema linguístico de comunicação, cuja formação profissional deve ser fomentada pelo poder público para fins de viabilizar a comunicação com a pessoa portadora de deficiência e, consequentemente, promover sua inclusão nas esferas sociais. 4. As disposições do Decreto 5.626/05 somam-se aos preceitos da Lei 12.319/10 para evidenciar que o exercício da profissão de tradutor e intérprete de Libras exige conhecimentos técnicos e específicos relativos a um sistema linguístico próprio, totalmente diferente da Língua Portuguesa, mas a esta associada para fins de viabilizar a comunicação com pessoas portadoras de deficiência, conduzindo à inexistência de vedação para cumulação do cargo de professor com a de tradutor e intérprete de Libras, dada a natureza técnica do cargo. Recurso especial improvido. (STJ, REsp 1.569.547/RN – 2ª Turma. Rel. Min. HUMBERTO MARTINS. j. 15/12/2015. DJe 02/02/2019).

O jovem e esforçado Licínius, graduando em Administração de Empresas, presta difícil concurso público para ingresso no cargo de Técnico de Planejamento e Administração da ANAC (Agência Nacional de Aviação Civil). Em seu concurso, fora exigido nível superior em qualquer área de formação. Vencida tal etapa de sua vida, Licínius prossegue no seu maior desiderato: o de ser professor. Para tanto, desenvolve brilhante dissertação de mestrado relacionada com a administração da infraestrutura aeroportuária, aprofundando-se ainda mais e, posteriormente em tese de doutorado, obtendo assim, com louvor, o respectivo grau. Já maduro, Licínius resolve prestar concurso público para Universidade de Brasília, para o cargo de professor titular. Mais uma vez, o agente obtém a aprovação, ingressando na carreira e passando a exercer os dois cargos cumulativamente. Esta situação não é bem recebida por Sigônius, analista do TCU, que emana parecer qualificando o fato como acumulação ilícita de cargos públicos, vedada pelo art. 37, IX da Constituição Federal. Seu parecer é acolhido pela Corte, que emana acórdão com determinação para que a ANAC deflagre processo administrativo disciplinar em ordem a que, se não comprovada má-fé, o funcionário faça a respectiva opção. Em sua defesa, Licínius alega que a Constituição permite a acumulação de um cargo técnico científico e um cargo de professor (art. 37). Ora, o nome do seu cargo na ANAC é "Técnico de Planejamento e Administração"! Sustenta, ainda, que não há conflito de horários, pois só ministra aulas na parte da noite. E não é só: existe interesse público na interação entre o meio acadêmico e a administração autárquica, o que beneficia tanto o serviço quanto o ensino público e que seria um absurdo (e uma afronta aos princípios da razoabilidade e eficiência) forçar o agente a renunciar a um dos cargos. Sensível aos fatos expostos na defesa, a autoridade que preside a apuração determina a remessa dos autos para ouvir você, procurador federal lotado na ANAC. Como você se pronunciaria?

Em que pese a louvável trajetória de vida do servidor interessado, a questão deve ser analisada sob o aspecto estritamente técnico. O ponto nodal da questão reside na definição do que vem a ser "cargo técnico", nos termos do art. 37 da Constituição Federal. Na hipótese dos autos, o cargo titularizado pelo agente público leva o *nomem iuris* de "TÉCNICO". Entretanto, verifica-se que referido cargo tem por conteúdo funções que não exigem expertise em área específica da ciência. Ao contrário, aludido cargo pode ser exercido por qualquer agente com nível superior completo. Nesse sentido, o exame da matéria pressupõe associação dos requisitos de formação com o conjunto de atribuições. Se o correto exercício destas últimas não demanda conhecimento, aplicação e domínio sobre matéria para cujo trato se exija nível superior específico, não se tratará da função técnica referida pelo texto constitucional.

Nessa circunstância, é inacumulável o cargo de professor no ensino público e um cargo de técnico do Executivo, uma vez que não se exige, embora contida a palavra "técnico", nenhuma especialidade específica, exigindo-se, apenas, formação a nível médio de ensino.

Em contrapartida, é possível a acumulação do cargo de médico-perito de um município com um cargo de professor, ministrando aulas em uma universidade pública na disciplina de Direito Administrativo. Médico legista requer uma especialidade específica e, por não se exigir mais a correlação de disciplina, desde devidamente habilitado, permite-se tal acumulação.

Com o fito de ilustrarmos a definição acima proposta, colacionamos a seguinte transcrição do instrumento intitulado "MANUAL DE ACUMULAÇÃO DE CARGOS" expedido pelo Estado de São Paulo:

Definição de cargo, emprego e função técnica.

Considera-se cargo, emprego e função técnica ou científica aquela que exige, para seu exercício, conhecimentos específicos de nível superior ou profissionalizante correspondente ao segundo grau de ensino.

ATENÇÃO

A simples denominação de técnico ou científico não caracterizará como tal o cargo, emprego ou função pública que não satisfizer a exigência mencionada na definição acima.

Corroborando a definição supra, colacionamos a jurisprudência abaixo:

CONSTITUCIONAL – ADMINISTRATIVO – RECURSO ORDINÁRIO EM MANDADO DE SEGURANÇA – SERVIDOR PÚBLICO DO DISTRITO FEDERAL – ACUMULAÇÃO DE CARGOS – FISCAL DE CONCESSÕES COM PROFESSOR DE FUNDAÇÃO – IMPOSSIBILIDADE – INEXISTÊNCIA DO CARÁTER TÉCNICO/CIENTÍFICO – VEDAÇÃO DO ART. 37, XVI, DA CF. 1- As atribuições do cargo de Fiscal de Concessões e Permissões do Distrito Federal ('autuar veículos e motoristas em situação irregular; realizar vistorias; participar de operações especiais de controle de segurança de trânsito e preparar relatórios de ocorrências'), não exigem discernimentos técnicos, científicos ou artísticos, mas tão-somente conhecimentos burocráticos regulamentados pela própria Administração, sem qualquer outra complexidade. Inteligência do Decreto nº 35.966/54 c/c Resolução nº 13/90. 2- Desta forma, no caso concreto, fica afastada a possibilidade de cumulação do cargo de Professor da Fundação Educacional do Distrito Federal com o de Fiscal de Concessões e Permissões do quadro de pessoal, também do Distrito Federal, já que este último não tem natureza técnica ou científica capaz de excepcionar a cumulação constitucional, nos moldes do que dispõe o art. 37, inciso XVI, "b", da Constituição Federal, apesar da compatibilidade de horários entre os dois cargos. 3- Precedente (RMS nº 7.006/DF). 4- Recurso conhecido, porém, desprovido. (STJ – RMS 7.216/DF – 5ª Turma – Rel. Min. Jorge Scartezzini).

No tocante a possibilidade de acumulação de dois cargos de professor, prevista no artigo 37, XVI, a, é importante observar que o Texto Constitucional refere-se estritamente a cargo de "professor", e não de "magistério". Pode-se dizer que o magistério é um gênero, do qual professor é espécie. O exercício do magistério compreende, além da função de ministrar aulas, também a orientação, supervisão ou direção, administrativa ou técnica, de estabelecimentos de ensino.

Não estão, porém, os professores proibidos de cumular uma função de professor com outra de magistério que não essa, dado que também é permitida a acumulação de cargo de professor com outro, técnico ou científico, pela alínea b, do inciso XVI, do artigo 37. O que não é possível é a acumulação de duas funções de magistério que não sejam de professor.

A hipótese de acumulação de dois cargos ou empregos privativos de profissionais de saúde, com profissões regulamentadas, foi dada pela Emenda Constitucional nº 34/01. Anteriormente a ela só era permitida a acumulação de dois cargos privativos de médico.[91]

---

91 CONSTITUCIONAL E ADMINISTRATIVO – SERVIDOR PÚBLICO – ACUMULAÇÃO DE CARGOS – PROIBIÇÃO. 1. A permissão para acumular cargos públicos não pode exceder os limites previstos na Constituição Federal. Assim, é vedado o exercício simultâneo dos cargos de Médico Veterinário, com o de Perito Criminal, mormente, em se considerando que, na espécie, o cargo de perito criminal não é privativo de médico, abrangendo também outras especialidades. Cargo privativo de médico no campo da perícia criminal é o de médico legista, este sim, acumulável, nos termos do art. 37, XVI, alínea "c", da Lex Mater. 2. Recurso desprovido. (STJ – SUPERIOR TRIBUNAL DE JUSTIÇA – ROMS – RECURSO ORDINÁRIO EM MANDADO DE SEGURANÇA – 8.253. Processo: 199700084094 UF: RJ Órgão Julgador: SEXTA TURMA. ADMINISTRATIVO. CUMULAÇÃO DE DUAS PENSÕES RELATIVAS A CARGOS DE MÉDICO COM UMA PENSÃO MILITAR. POSSIBILIDADE. DESCONTOS. ENRIQUECIMENTO SEM CAUSA DA UNIÃO FEDERAL. 1. Ação mandamental que objetiva a manutenção do pagamento de todas as quotas das pensões deixadas pelo seu ex-esposo, bem como que sejam sustados todos os descontos, não sendo obrigada, assim, a optar dentre as três pensões que recebe, duas relativas às matrículas no Ministério da Saúde, onde o instituidor exerceu o cargo de médico, e uma pensão militar, por ele ter sido oficial do Exército. 2. O não pagamento de todos os benefícios deixados pelo instituidor das pensões acarretaria uma situação de enriquecimento sem causa da União Federal, tendo em vista que todas as pensões são decorrentes de descontos mensais nos contracheques do servidor, que foram efetuados durante toda a sua vida funcional. 3. O artigo 40, parágrafos 3º e 7º, da Constituição Federal, é autoaplicável, e expressamente dispõe sobre o direito do recebimento da pensão de maneira integral. 4. A jurisprudência tem admitido a cumulação da pensão militar com os proventos de cargos possíveis de cumulação, previstos no inciso XVI, do artigo 37, da Constituição Federal, tendo em vista que a própria legislação militar, no artigo 72, do Decreto nº 49.096/60, assim permite. 5. O inciso VIII, do artigo 142, da Constituição Federal, dispôs quais incisos se aplicariam aos militares, dispensando-os da vedação do inciso XVI, do artigo 37, não devendo ser dada interpretação com caráter restritivo de direitos. 6. Ressaltando o caráter alimentar do benefício, deverão ser devolvidos os valores que, porventura, foram descontados indevidamente. 7. Recurso provido. (TRIBUNAL – SEGUNDA REGIÃO. Classe: AMS – APELAÇÃO EM MANDADO DE SEGURANÇA – 39.643. Processo: 200102010134300 UF: RJ Órgão Julgador: PRIMEIRA TURMA, Rel. Desembargador Federal RICARDO REGUEIRA).

Insta registrar que o dispositivo constitucional que faz menção aos profissionais da área de saúde foi alterado pela Emenda nº 34/01, já que antes a Constituição se referia apenas a dois cargos privativos de médicos. Além disso, é de se ressaltar também que, embora não haja previsão expressa na Constituição da República, o cargo de Assistente Social se encaixa nesta categoria de profissionais de saúde a que faz alusão a *exceptio* contida no art. 37, inciso XVI, alínea "c", a seguir transcritos:

Art. 37 [...] – Inciso XVI

É vedada a acumulação remunerada de cargos públicos, exceto, quando houver compatibilidade de horários, observado em qualquer caso o disposto no inciso XI:

[...] c) a de dois cargos ou empregos privativos de profissionais de saúde, com profissões regulamentadas.

*Alínea "c" com redação determinada pela Emenda Constitucional nº 34, de 13 de dezembro de 2001.

Não obstante, na prática, infelizmente temos constatado que alguns entes públicos parecem desconhecer tal acepção, considerando acumulação ilegal o exercício de dois cargos de Serviço Social, mesmo sendo cumprida a exigência da compatibilidade de horário e a observância ao mandamento do inciso XI do mesmo art. 37 da Constituição Federal, do teto remuneratório constitucional.

É o caso de uma demanda judicial entre servidora ocupante de cargo de Serviço Social da Secretaria Municipal de Saúde de Campos dos Goytacazes – UMS, e a Prefeitura Municipal de Campos, onde a primeira impetrou ação de Mandado de Segurança contra ato do Prefeito daquela Municipalidade, argumentando que foi aprovada em concurso público para provimento do cargo de Assistente Social, e não foi investida sob a alegação de que este ato implicaria em acumulação ilegal. Segue a Ementa:

APELAÇÃO CÍVEL. MANDADO DE SEGURANÇA. Ação de Mandado de Segurança – Concurso público para o cargo de assistente social – Convocação e nomeação dentro do prazo de validade do concurso. Acumulação de cargos. – A Constituição Federal, no art. 37, inciso XVI, alínea c, expressamente permite a acumulação remunerada de dois cargos públicos ou empregos privativos de profissionais de saúde, com profissões regulamentadas. – O artigo 17, parágrafo 2º do Ato das Disposições Constitucionais Transitórias assegura o exercício cumulativo de dois cargos ou empregos privativos de profissionais de saúde exercidos na administração pública direta ou indireta. – No Estado do Rio de Janeiro, o parágrafo 2º do artigo 11 do Ato das Disposições Constitucionais Transitórias considera cargos ou empregos de profissionais de saúde, dentre outros, o de assistente social. – A Resolução nº 218, de 06 de março de 1997, do Conselho Nacional de Saúde também reconhece como profissionais de saúde de nível superior a categoria dos assistentes sociais. – Compatibilidade de horários. Concessão da segurança. Julga-se procedente o pedido.

"Constitucional, Administrativo e Processual Civil. (Médico legista e oficial médico da PM). Duplo Grau de Jurisdição e Recurso Voluntário. Policial Militar. Cumulação de Dois Cargos de Médico. Art. 37, XVI, CF/88. Possibilidade. Reintegração. Fazenda Pública. Ônus da Sucumbência. Honorários Advocatícios. 1. A vedação de acumulação remunerada de cargos públicos é regra, a possibilidade, exceção. Os casos de acumulação contidos no inciso XVI do art. 37 da Constituição Federal devem ser interpretados restritivamente, o que inviabiliza qualquer tentativa de inclusão naquele rol outros ali não enumerados, como dos cargos ou empregos privativos de profissionais de saúde, com profissões regulamentadas. 2. A presunção genérica e absoluta é a da igualdade, porque imposta pelo texto da Constituição, sob pena de incompatibilidade com o preceito igualitário. Se a lei previu o direito para todos os que estivessem em tal ou qual situação fática, o direito é extensivo a todos e não a uma categoria exclusivamente. 3. A CF/88 não limita a carga horária a ser desenvolvida pelos servidores públicos, mas somente se refere a impossibilidade de haver incompatibilidade de horário. 4. A exoneração ou demissão, decorrente de ato ilegal, não produz qualquer efeito jurídico, implicando no retorno dos servidores ao status quo ante, obrigada a fonte pagadora ao pagamento dos vencimentos correspondentes e não percebidos devido ao procedimento ilegal da administração, que não se pode convalidar também no campo patrimonial. 5. Vencida a Fazenda Pública, deve ser condenada ao reembolso das custas processuais adiantadas pelo vencedor, bem assim, honorários advocatícios, fixados com supedâneo no art. 20, § 4º, CPC. 6. Apelo e remessa improvidos". (Duplo Grau de Jurisdição e Apelação Cível nº 14.420-7/195 (201700620839), de Goiânia).

A autoridade coatora apontou preliminarmente pela impossibilidade jurídica do pedido, e no mérito, alegou a inexistência de direito líquido e certo, requisito constitucional este que se impõe como precedente para a obtenção de tutela jurisdicional pela via do mandado de segurança.

De acordo com seu fundamento, a falta de direito líquido e certo estaria relacionada à impossibilidade legal de acumulação do cargo de Assistente Social da área de educação com o cargo de Assistente Social da área de saúde.

Já o Relator do julgamento, em seu voto, acolhe de plano o entendimento de que há elementos que dão amparo à existência de direito líquido e certo da impetrante, tendo em vista a comprovação probatória de que foi regularmente aprovada em prova de concurso público, mas impedida de formalizar sua nomeação.

A seu favor, invoca a leitura da Constituição Federal, em seu art. 37, inciso XVI, alínea "c", esta última com redação determinada pela EC nº 34/01, a qual permite expressamente a acumulação de dois cargos públicos de profissionais privativos do setor de Saúde da Administração, não obstante, estarem estes cargos em áreas diversas, como é o caso em tela.

Na sequência, a impetrante passa a elencar os fundamentos legais que respaldam sua demanda, iniciando com o artigo 17, parágrafo 2º, do Ato das Disposições Constitucionais Transitórias da CF/88, que assegura o exercício cumulativo de dois cargos ou empregos privativos de profissionais de saúde, exercidos na administração direta ou indireta.

Cita que em âmbito estadual, a Constituição do Estado do Rio de Janeiro considera, em seu artigo 11, parágrafo 2º do ADCT, o cargo de Assistente Social como cargo ou emprego de profissionais de saúde, entre outros.

Por fim, faz alusão às Resoluções nº 218-97 e 383-99, sendo a primeira do Conselho Nacional de Saúde e a segunda do Conselho Federal de Serviço Social, sendo certo que ambas consideram o assistente social profissional da área de saúde. Cita também que a profissão se encontra devidamente regulamentada pela Lei nº 8.662/93, e que este entendimento encontra amplo amparo jurisprudencial.[92]

92 "2007.004.00727 – MANDADO DE SEGURANÇA. DES. CARLOS EDUARDO PASSOS. Julgamento: 06/06/2007. SEGUNDA CÂMARA CÍVEL. MANDADO DE SEGURANÇA. ASSISTENTE SOCIAL. ACUMULAÇÃO DE CARGOS. Correta exegese da disposição constitucional acerca da possibilidade de acumulação. Enquadramento daquele cargo entre os profissionais de saúde. Procedência, em parte, do pedido. Efeitos somente a partir da posse, sob pena de configurar enriquecimento sem causa".

"2006.001.51594 – APELAÇÃO CIVEL. DES. PAULO SERGIO PRESTES – Julgamento: 24/01/2007. DÉCIMA PRIMEIRA CÂMARA CÍVEL. APELAÇÃO CÍVEL. OBRIGAÇÃO DE FAZER. PROCEDIMENTO ORDINÁRIO. ACUMULAÇÃO DE CARGO PÚBLICO POR ASSISTENTE SOCIAL. ÁREA DE SAÚDE. ARTIGO 37, INC. XVI, ALÍNEA C, DA CONSTITUIÇÃO DA REPÚBLICA C/C ART. 11, PARAG. 2º, DO ATO DAS DISPOSIÇÕES CONSTITUCIONAIS TRANSITÓRIAS DA CONSTITUIÇÃO DO ESTADO DO RIO DE JANEIRO. POSSIBILIDADE. PACÍFICO O ENTENDIMENTO DESTA CORTE NO SENTIDO DE QUE A PROFISSÃO DE ASSISTENTE SOCIAL PRESTA UM SERVIÇO DE SAÚDE, ESTANDO DEVIDAMENTE REGULAMENTADA, PODENDO ACUMULAR DOIS CARGOS PÚBLICOS. SENTENÇA QUE BEM APLICOU O DIREITO AO CASO CONCRETO. DESPROVIMENTO DO RECURSO, MANTENDO-SE A SENTENÇA, TAMBÉM, EM REEXAME NECESSÁRIO".

"2006.004.00360 – MANDADO DE SEGURANÇA. DES. MARILENE MELO ALVES – Julgamento: 17/01/2017. DÉCIMA PRIMEIRA CÂMARA CÍVEL. Direito Administrativo. Mandado de Segurança. Acumulação de cargos ocupados por assistentes sociais. Possibilidade nos termos da redação conferida pela Emenda Constitucional 34/01 à alínea c do inciso XVI do art. 37 da CRF e parag. 2º do art. 11 do Ato das Disposições Transitórias da Constituição desde Estado. Concessão da segurança."

"2006.004.00359 – MANDADO DE SEGURANÇA. DES. LUIS FELIPE SALOMÃO – Julgamento: 05/09/2006 – SEXTA CÂMARA CÍVEL. MANDADO DE SEGURANÇA. ACUMULAÇÃO DE DOIS CARGOS DE ASSISTENTES SOCIAIS. POSSIBILIDADE. APLICAÇÃO DO ARTIGO 37, XVI, "C" DA CF DE 1988, COM A REDAÇÃO CONFERIDA PELA EC 34/01. OS ASSISTENTES SOCIAIS SÃO RECONHECIDOS COMO PROFISSIONAIS DE SAÚDE PELAS RESOLUÇÕES Nº 38, DE 04/02/1993 E Nº 218 DE 06/03/1997 DO CONSELHO NACIONAL DE SAÚDE, NA ESTEIRA DA JURISPRUDÊNCIA FIRMADA NA VIGÊNCIA DA NORMA CONTIDA NO ARTIGO 17, PARÁGRAFO 2º, DA ADCT, QUE POSSUÍA A MESMA REDAÇÃO DO ATUAL ART. 37, XVI, DA CRBF. EXISTINDO COMPATIBILIDADE DE HORÁRIOS, É ADMISSÍVEL A ACUMULAÇÃO, AINDA QUE PARA ATUAÇÃO EM FUNÇÕES DE ÁREAS DIVERSAS DA ADMINISTRAÇÃO MUNICIPAL. NO ENTANTO, É INCABÍVEL A PRODUÇÃO DE EFEITOS PATRIMONIAIS, EM SEDE DE MANDADO DE SEGURANÇA, NO TOCANTE A PERÍODO PRETÉRITO, OS QUAIS DEVEM SER RECLAMADOS PELA VIA JUDICIAL PRÓPRIA. ENUNCIADO 271 DA SÚMULA DO STF. CONCESSÃO PARCIAL DA SEGURANÇA."

"2005.004.01130 – MANDADO DE SEGURANÇA. DES. RONALD VALLADARES – Julgamento: 14/02/2006. DÉCIMA SEXTA CÂMARA CÍVEL. APROVAÇÃO EM CONCURSO PÚBLICO. ASSISTENTE SOCIAL. ACUMULAÇÃO DE CARGOS. POSSIBILIDADE. COMPATIBILIDADE DE HORÁRIOS. Mandado de Segurança. Impetrantes aprovados e classificados no

Analisa o Relator a questão da compatibilidade de horários para a pretendida acumulação, pois que a impetrante desempenha a sua atual função na carga horária de 20 horas semanais, o que torna compatível com o exercício do segundo cargo de assistente social, que também requer a dedicação de 20 horas semanais, selando-se o requisito constitucional a este respeito.

E ao ratificar o Relator a aprovação e classificação em concurso público, cuja posse foi negada tão somente pela alegação da ilegalidade de acumulação, passa a ponderar que não há por que negar o pedido da autora, por restar comprovado o seu direito de acumular os dois cargos de assistente social, com base nos parâmetros legais vigentes. Sendo assim, concede a segurança a impetrante.

A propósito, a Emenda Constitucional nº 34, de 13 de dezembro de 2001 deu nova redação para a alínea c, do inciso XVI do art. 37, da CF, aumentando o benefício da acumulação para as profissões regulamentadas na área da saúde, pondo fim à exclusividade dos médicos.

Nesta trilha, em decisão de 2010, o STF corroborou que os assistentes sociais em exercício nas unidades de saúde públicas são abarcados na possibilidade de acumulação de cargos privativos de profissionais de saúde, como podemos ver ementa referente ao RE 553.670-AgR/MG:

> CONSTITUCIONAL. ADMINISTRATIVO. ACUMULAÇÃO DE CARGOS PRIVATIVOS DE PROFISSIONAIS DA SAÚDE. CF/88, ART. 37, XVI, C. POSSIBILIDADE. 1. A Constituição Federal prevê a possibilidade da acumulação de cargos privativos de profissionais da saúde, em que se incluem os assistentes sociais. Precedentes. 2. Agravo regimental improvido. (STF, RE 553.670-AgR/MG). Rel. Min. Ellen Gracie, j. 14-09-2019).

Outra questão importante a se abordar é referente ao Parecer Normativo GQ-145 da Advocacia Geral da União (AGU), cuja força vinculativa para a administração federal, estabelecia uma incompatibilidade ficta para acumulações que ultrapassassem 60 horas semanais. Desse modo, não bastasse o critério da compatibilidade de horários, o limite máximo do somatório das jornadas de trabalho por semana era de 60 horas.

Essa orientação foi recepcionada pelo Tribunal de Contas da União (TCU, Acórdão 2.133/2005) e pelo STJ (AgRg no REsp 1198868/RJ, DJe 10-02-2011[93] e MS 19.336/DF, DJe 14-10-2014). Vide ementa do Superior Tribunal de Justiça que, à época, referendou o douto Parecer da Advocacia-Geral da União:

Concurso Público para o cargo ou emprego público de Assistente Social realizado pelo Município de Campos dos Goytacazes. Impedimento em obter os contratos de admissão na função pública para a qual se encontram habilitadas, ao argumento de impossibilidade de acumulação legal nas funções de Assistente Social. Rejeição da preliminar de ilegitimidade passiva, por ser o Exmo. Sr. Prefeito do Município a autoridade coatora, conforme justificam os documentos apresentados. Inocorrência de alegada litispendência, por estar em curso outro Mandado de Segurança, de natureza coletiva, proposto pelo Conselho Regional de Serviço Social da 7ª Região, o que não impede a postulação do direito individual, pelo interessado determinado. Questões prévias, afastadas. No mérito, o 'writ' pode ser concedido, com sentido parcial, pois há de ser reconhecido o direito das Impetrantes, habilitadas no Concurso Público e classificadas, à investidura regular no cargo ou emprego público de Assistente Social Municipal, mesmo acumulando outro de igual qualificação, pois são "profissionais de saúde", à justificação da Lei 8.662/93 e das Resoluções 38 e 218 do Conselho Nacional de Saúde, à luz do disposto no art. 37, XVI, "c", da Constituição Federal, se ocorrer hipótese de 'possibilidade horária para a acumulação dos dois cargos ou empregos públicos'. Concessão da ordem de sentido parcial, pois sem eficácia retroativa e por depender, a cumulação lícita, da demonstração da 'compatibilidade de horários'."

93 ADMINISTRATIVO. AGRAVO REGIMENTAL NO RECURSO ESPECIAL. SERVIDOR PÚBLICO ESTADUAL. PRETENSÃO DE ACUMULAÇÃO DE CARGOS. PROFISSIONAL DA SAÚDE. ALEGADA VIOLAÇÃO DO ART. 118 DA LEI Nº 8.112/90. NÃO OCORRÊNCIA. COMPROVAÇÃO DA COMPATIBILIDADE ENTRE OS HORÁRIOS DE TRABALHO. ACÓRDÃO RECORRIDO FUNDAMENTADO EM FATOS E PROVAS. REVISÃO DO JULGADO. IMPOSSIBILIDADE. INCIDÊNCIA DA SÚMULA 7 DO STJ. 1. Esta Corte firmou o entendimento de que é lícita a acumulação de cargos públicos, bastando, tão somente, que o servidor comprove a compatibilidade entre os horários de trabalho, a teor do que preceitua o § 2º, do art. 118 da Lei nº 8.112/90. 2. Não há, ressalte-se, qualquer restrição quanto ao número total de horas diárias ou semanais a serem suportados pelo profissional, até porque a redação do retro citado dispositivo segue a regra do art. 37, inciso XVI, da Constituição da República de 1988. 3. O Tribunal de origem, soberano na análise das provas carreadas nos autos, verificou a compatibilidade de horários entre os cargos ocupados pela agravada. Sendo assim, revisar tal entendimento, a fim de caracterizar a violação do § 2º, do dispositivo legal supra referido, demandaria o revolvimento do acervo fático-probatório dos autos, o que não

ADMINISTRATIVO. SERVIDOR PÚBLICO FEDERAL. MANDADO DE SEGURANÇA. ACUMULAÇÃO DE CARGOS PRIVATIVOS DE PROFISSIONAIS DE SAÚDE. JORNADA SEMANAL SUPERIOR A 60 (SESSENTA HORAS). AUSÊNCIA DE DIREITO LÍQUIDO E CERTO. SEGURANÇA DENEGADA. 1. Trata-se de mandado de segurança atacando ato do Ministro de Estado da Saúde consistente na demissão da impetrante do cargo de enfermeira por acumulação ilícita cargos públicos (com fundamento nos arts. 132, XII, e 133, § 6º, da Lei 8.112/90), em razão de sua jornada semanal de trabalho ultrapassar o limite de 60 horas semanais imposto pelo Parecer GQ-145/98 da AGU e pelo Acórdão 2.242/07 do TCU. 2. Acertado se mostra o Parecer GQ-145/98 da AGU, eis que a disposição do inciso XVI do art. 37 da Constituição Federal – "é vedada a acumulação remunerada de cargos públicos, exceto, quando houver compatibilidade de horários, observado em qualquer caso o disposto no inciso XI" – constitui exceção à regra da não-acumulação; assim, deve ser interpretada de forma restritiva. 3. Ademais, a acumulação remunerada de cargos públicos deve atender ao princípio constitucional da eficiência, na medida em que o profissional da área de saúde precisa estar em boas condições físicas e mentais para bem exercer as suas atribuições, o que certamente depende de adequado descanso no intervalo entre o final de uma jornada de trabalho e o início da outra, o que é impossível em condições de sobrecarga de trabalho. 4. Também merece relevo o entendimento do Tribunal de Contas da União no sentido da coerência do limite de 60 (sessenta) horas semanais – uma vez que cada dia útil comporta onze horas consecutivas de descanso interjornada, dois turnos de seis horas (um para cada cargo), e um intervalo de uma hora entre esses dois turnos (destinado à alimentação e deslocamento) –, fato que certamente não decorre de coincidência, mas da preocupação em se otimizarem os serviços públicos, que dependem de adequado descanso dos servidores públicos. Ora, é limitação que atende ao princípio da eficiência sem esvaziar o conteúdo do inciso XVI do art. 37 da Constituição Federal. 5. No caso dos autos, a jornada semanal de trabalho da impetrante ultrapassa 60 (sessenta) horas semanais, razão pela qual não se afigura o direito líquido e certo afirmado na inicial. 6. Segurança denegada, divergindo da Relatora. (STJ, MS 19.336-DF, Primeira Seção da Corte Superior, Rel. Minª. ELIANA CALMON. Min. Rel. p/ acórdão MAURO CAMPBELL MARQUES. Julgamento: 26-02-2019). [grifos do autor]

Contudo, em 2019, a própria AGU solicitou a revisão do Parecer GQ-145, revogando o limite de 60 horas e dando nova redação, agora estipulando impedimento nos casos em que a soma dos cargos acumulados ultrapasse a 80 horas semanais e impondo ilicitude a qualquer acumulação em que houver sobreposição entre os horários de início e fim da jornada de cada um dos cargos.

Em razão disso, agora médicos, enfermeiros e demais profissionais de saúde que tenham profissões regulamentadas, assim como professores, poderão acumular cargos e empregos públicos até o total de 80 horas semanais.

O recente Acórdão 2.296/19 da 2ª Câmara do TCU demonstra essa modificação substancial do entendimento anterior do Parecer, assim como as decisões do STJ nos REsp 1.767.955/RJ e REsp 1746784/PE. Confira abaixo as respectivas ementas:

EMENTA: ADMINISTRATIVO. RECURSO ESPECIAL. SERVIDOR PÚBLICO. ACUMULAÇÃO DE CARGOS PÚBLICOS REMUNERADOS. ÁREA DA SAÚDE. LIMITAÇÃO DE CARGA HORÁRIA. IMPOSSIBILIDADE. COMPATIBILIDADE DE HORÁRIOS. REQUISITO ÚNICO. AFERIÇÃO PELA ADMINISTRAÇÃO PÚBLICA. PRECEDENTES DO STF. RECURSO ESPECIAL A QUE SE NEGA PROVIMENTO. 1. A Primeira Seção desta Corte Superior tem reconhecido a impossibilidade de acumulação remunerada de cargos ou empregos públicos privativos de profissionais da área de saúde quando a jornada de trabalho for superior a 60 (sessenta) horas semanais. 2. Contudo, ambas as Turmas do Supremo Tribunal Federal, reiteradamente, posicionam-se "[...] no sentido de que a acumulação de cargos públicos de profissionais da área da saúde, prevista no art. 37, XVI, da CF/88, não se sujeita ao limite de 60 horas

se admite em sede de recurso especial, a teor da Súmula 7/STJ. 4. Agravo regimental não provido. (STJ, AgRg no REsp 1.198.868/RJ, 1ª Turma, Rel. Min. Benedito Gonçalves, julgamento 03.02.2021).

semanais previsto em norma infraconstitucional, pois inexiste tal requisito na Constituição Federal" (RE 1.094.802 AgR, Relator Min. Alexandre de Moraes, Primeira Turma, julgado em 11-05-2018, DJe 24-05-2018). 3. Segundo a orientação da Corte Maior, o único requisito estabelecido para a acumulação é a compatibilidade de horários no exercício das funções, cujo cumprimento deverá ser aferido pela administração pública. Precedentes do STF. 4. Adequação ao entendimento da Primeira Seção desta Corte ao posicionamento consolidado no Supremo Tribunal Federal sobre o tema. 5. Recurso especial a que se nega provimento (REsp 1.767.955/RJ, STJ – Primeira Seção, rel. Min. OG FERNANDES, julgamento: 27-03-2019, DJe 03-04-2019). [grifos do autor]

ADMINISTRATIVO. RECURSO ESPECIAL. SERVIDOR PÚBLICO. ACUMULAÇÃO DE CARGOS PÚBLICOS REMUNERADOS. ÁREA DA SAÚDE. LIMITAÇÃO DA CARGA HORÁRIA. IMPOSSIBILIDADE. COMPATIBILIDADE DE HORÁRIOS. REQUISITO ÚNICO. AFERIÇÃO PELA ADMINISTRAÇÃO PÚBLICA. 1. A Primeira Seção desta Corte Superior tem reconhecido a impossibilidade de acumulação remunerada de cargos ou empregos públicos privativos de profissionais da área de saúde quando a jornada de trabalho for superior a 60 horas semanais. 2. Contudo, o Supremo Tribunal Federal, reiteradamente, posiciona-se "[...] no sentido de que a acumulação de cargos públicos de profissionais da área de saúde, prevista no art. 37, XVI, da CF/88, não se sujeita ao limite de 60 horas semanais previsto em norma infraconstitucional, pois inexiste tal requisito na Constituição Federal" (RE 1.094.802 AgR, Relator Min. Alexandre de Moraes, Primeira Turma, julgado em 11/5/2018, DJe 24/5/2018). 3. Segundo a orientação da Corte Maior, o único requisito estabelecido para a acumulação é a compatibilidade de horários no exercício das funções, cujo cumprimento deverá ser aferido pela administração pública. Precedentes. 4. Adequação do entendimento desta Corte ao posicionamento consolidado pelo Supremo Tribunal Federal sobre o tema. 5. Recurso especial provido. (REsp 1746784/PE, STJ – 2ª Turma. Rel. Min. OG FERNANDES, julgado em 23-08-2018). [grifos do autor]

Conforme a ementa acima, desde antes da revisão do Parecer da AGU, os ministros do Supremo, no esforço de restaurar os marcos constitucionais, assentaram a convicção de que a acumulação lícita de cargos acumuláveis não estava limitada a 60 horas semanais (conforme RE 1.023.290, ARE 859.484 AgR, MS 31.256, RE 679.027 AgR, MS 24.540).

Outros casos de permissibilidade são previstos na Constituição Federal. O artigo 95, parágrafo único, veda aos juízes "exercer, ainda que em disponibilidade, outro cargo ou função, salvo uma de magistério". E o artigo 128, § 5º, II, d, que veda também aos membros do Ministério Público "exercer, ainda que em disponibilidade, qualquer outra função pública, salvo uma de magistério". E vamos além: mesmo inexistindo essa previsão expressa, acreditamos haver licitude na acumulação por serem os cargos de natureza científica.

Neste aspecto, deve-se ressaltar que a vedação para juízes e promotores tem fundamento ainda mais relevante, eis que se presta a evitar que assumindo outro cargo, por exemplo, no Poder Executivo, passe a ser subordinado ao Chefe deste poder, o que, em tese, enfraqueceria suas atividades como julgador ou fiscal da Lei. É o que o STF decidiu ao julgar a ADPF 388.

A ação julgada parcialmente procedente foi ajuizada pelo Partido Popular Socialista (PPS) para questionar a nomeação do procurador de Justiça do Estado da Bahia Wellington César Lima e Silva para o cargo de ministro da Justiça. Em seguida, o pedido inicial foi aditado para requerer também a declaração de inconstitucionalidade da Resolução 72/11, do Conselho Nacional do Ministério Público (CNMP), que revogou dispositivos de resolução anterior que "previa a vedação do exercício de qualquer outra função pública por membro do Ministério Público, salvo uma de magistério". No julgamento, os ministros afastaram a eficácia da resolução.

A norma é mais restritiva para o juiz do que para o membro do Ministério Público, pois que poderão ser acumulados legalmente: o cargo de juiz e um cargo ou função de magistério, enquanto o membro do Ministério Público poderá ocupar seu cargo e outra função de magistério.[94]

_____

94 É pertinente a observação de Gustavo Barchet de que apesar de a Constituição valer-se da expressão pública quando prescreve a regra de acumulação para o MP, referindo-se genericamente a magistério quando trata dos magistrados, o STF deixou

A Constituição Federal, no artigo 38, III, também admite a possibilidade do servidor investido em mandato de Vereador continuar no exercício de seu cargo, emprego ou função, desde que haja compatibilidade de horários, hipótese em que perceberá as vantagens correspondentes a sua condição de servidor e vereador.

Outras situações de permissibilidade de acumulação encontram-se no artigo 17 dos Atos das Disposições Constitucionais Transitórias.

O parágrafo 2º desse artigo assegurou aos que, ao tempo da Carta de 1967, cumulavam inconstitucionalmente dois cargos privativos de profissionais de saúde (não dois cargos de médico, pois isto a Constituição de 1988 em sua redação original já havia permitido), o direito de protraírem tal inconstitucionalidade perante a Constituição da República de 1988.

As acumulações são de, no máximo, dois cargos, empregos ou funções públicas. Todavia, existe uma única acumulação tríplice que está consignada no artigo 17, § 1º, das Disposições Transitórias, cujo texto apregoa que é assegurado o exercício cumulativo de dois cargos ou empregos privativos de médico que estejam sendo exercidos por médico militar na administração pública direta ou indireta.

Oportuna é a observação segundo a qual quem for detentor de um cargo público, poderá participar, ao mesmo tempo, de um novo concurso público e logrando êxito, terá o direito de acesso ao estágio experimental, a não ser por impossibilidade física, não se configurando a acumulação ilegal de cargo e função pública, nos termos do art. 37, incisos XVI e XVII, da Carta Magna, isto porque o estágio experimental é uma das fases do certame que procede à plena capacidade para o exercício da função. Logo, ainda não há configuração de acumulação de cargos públicos.

Tal norma assegura ao médico militar (servidor militar) o direito de acumular dois outros cargos ou empregos privativos de médico na Administração Pública Direta ou Indireta (situação considerada inconstitucional perante a Carta da República anterior), desde que seja observada a compatibilidade de horários.

Importante registrar, ainda, que não há permissão de acumulação do cargo de magistério como o de policial militar. Vê-se que esta permissão não foi recepcionada pela Constituição, de sorte que a acumulação, na hipótese enfocada revela-se incontestavelmente ilegal, em afronta ao preceito constitucional e será *ex officio*, submetida a processo administrativo.

A simples notificação para realizar a opção pelo cargo/emprego diante da proibição de acumulação de cargos na Administração Pública não configura punição nem obrigatoriamente importará em processo administrativo, que somente ocorrerá caso o servidor não faça a opção pela remuneração de um dos cargos, estando de boa-fé.

Insta acentuar que o não cumprimento à determinação supra implicará abertura de processo administrativo disciplinar, com arrimo nos artigos 118 e 133 da Lei 8112/90.

O fato de responder a uma sindicância que, ao final, foi arquivada, sem qualquer prejuízo ao servidor público, não dá ensejo a acolhimento de pedido de indenização por danos morais. Não há que se falar em litigância de má-fé se a parte, usando de um direito constitucional que tem, busca na Justiça a defesa de seus interesses, respeitando os princípios estabelecidos no estatuto processual civil.

Fixou-se a possibilidade do servidor, licenciado para tratar de assuntos particulares, acumular outro cargo, emprego ou função pública. Isso se a acumulação se cuidar em entidades diferentes. Com efeito, esse servidor licenciado, ainda que se pudesse assegurar que acumula cargo, emprego ou função pública, não acumula, certamente, remunerações. Todavia, se o servidor licenciado vier a ocupar cargo na entidade da qual se licenciou, a acumulação será vedada, não, evidentemente, porque acumula remunerações, mas porque tal situação afronta o princípio da moralidade administrativa.

---

assente que a regra é idêntica para as duas categorias: membros do MP e magistrados podem exercer uma função pública de magistério e outras de mesma natureza na iniciativa privada, desde que haja compatibilidade de horários. Pode um magistrado, por exemplo, acumular seu cargo vitalício com um cargo público de magistério em uma universidade federal e um emprego de professor em uma faculdade privada, desde que haja compatibilidade de horários (Lei nº 8.112/90 para Concursos, Editora Elsevier, p. 90).

Com relação à nomeação em função comissionada de servidores aposentados compulsoriamente aos 70 anos de idade, com base no art. 40, § 1º, inciso II, da Constituição Federal, vale ressaltar que o art. 37, § 10, da CF, com redação dada pela Emenda Constitucional nº 20/98, permite a acumulação de proventos de aposentadoria, o que inclui a compulsória.

Ademais, a aposentadoria compulsória por implemento de idade não deriva de presunção absoluta de incapacidade, mas da necessidade de se renovarem os quadros.

Compelir o servidor ocupante de cargo em comissão a aposentar-se aos 70 anos vai contra a essência da natureza dessa peculiar forma de provimento, calcada, primacialmente, no liame de confiança que junge o servidor à autoridade que o investe no cargo.

Hipótese proibitiva seria à acumulação de proventos de aposentadoria por invalidez com a remuneração do exercício do cargo em comissão, pois, aí, estaria ferindo a moralidade pública, porque a aposentadoria por invalidez, no tocante ao fato motivador, é o impedimento ao trabalho ligado à saúde do servidor, enquanto que os demais tipos de aposentadoria têm, como motivação, o tempo.

Em qualquer hipótese em que a acumulação é permitida há de ser atendido o disposto no inciso XI do artigo 37 da Constituição Federal, que estabelece:

> "a remuneração e o subsídio dos ocupantes de cargos, funções e empregos públicos da administração direta, autárquica e fundacional, dos membros de qualquer dos Poderes da União, dos Estados, do Distrito Federal e dos Municípios, dos detentores de mandato eletivo e dos demais agentes políticos e os proventos, pensões ou outra espécie remuneratória, percebidos cumulativamente ou não, incluídas as vantagens pessoais ou de qualquer outra natureza, não poderão exceder o subsídio mensal, em espécie, dos Ministros do Supremo Tribunal Federal."

Para as situações novas, essa regra não oferece qualquer preocupação, pois o somatório das acumulações permitidas está rigorosamente limitado por esse teto, sendo sua aplicação imediata. O mesmo não ocorre, todavia, quando o somatório das acumulações permitidas já ultrapassava esse teto. Nesse caso, entendemos haver direito adquirido e a Emenda Constitucional nº 19/98 não pode ofendê-lo, devendo, assim, continuarem a ser pagos.

11.3. Permissibilidade de Acumulação de Dois Cargos Públicos: Um Efetivo e Outro em Comissão

Parece estranho, mas nada impede que o servidor com dois cargos efetivos, possuindo compatibilidade de horário e local, possa assumir conjuntamente um dos cargos efetivos com o cargo em comissão. Isso porque, a essência da lei não estabelece distinção entre cargo efetivo e cargo em comissão para aplicar a regra da vedação de acúmulo.

O que a lei veda é somente o acúmulo de dois cargos em comissão, de acordo com a dicção prevista no art. 120, da Lei 8.112/90. Evidentemente, não poderá acumular dois cargos efetivos e um cargo em comissão, pois não há incidência da vedação prevista no inciso XVI, do art. 37, da CRFB/1988.

O tema sob análise é bastante controvertido, apresentando vários contornos jurisprudenciais e doutrinários. A construção pretoriana criou cenários diametralmente opostos, ora sinalizando a possibilidade, ora vedando a acumulação de cargos públicos.

Nesse diapasão, já decidiu o Tribunal Regional Federal, pela permissibilidade.[95] No tocante a essa questão, a doutrina não é uniforme. E quem pensa ser essa uma questão fácil de resolver, engana-se e muito!

---

95 Precedentes pelo deferimento: I) TRF 2ª Região, AMS nº 200651010234860 – RJ; II) TRF 1ª Região, AC nº 200239000048285; III) TRF 5ª Região, AG nº 2014 0005000407588. Posicionamento majoritário da doutrina. Por todos, consulte-se: GASPARINE, Diógenes. Direito administrativo. 9ª. ed, rev. e atual. – São Paulo: Saraiva, p. 170/173; MEDAUAR, Odete. In: Direito Administrativo Moderno, 8ª Ed. – São Paulo: RT, p. 331; MEIRELLES, Hely Lopes. Direito Administrativo Brasileiro. 34ª Ed. – São Paulo: Malheiros, p. 420.

A respeito do tema, registramos a necessidade de leitura atenta da Súmula do TCU, enunciado nº 246:

"O fato de o servidor licenciar-se, sem vencimentos, do cargo público ou emprego que exerça em órgão ou entidade da administração direta ou indireta não o habilita a tomar posse em outro cargo ou emprego público, sem incidir no exercício cumulativo vedado pelo artigo 37 da Constituição Federal, pois que o instituto da acumulação de cargos se dirige à titularidade de cargos, empregos e funções públicas, e não apenas à percepção de vantagens pecuniárias."

A matéria é complexa, porém, a respeito da divergência, concordamos com o entendimento de Ivan Barbosa Rigolin quando analisou com maestria a Súmula do TCU, enunciado nº 246, nos seguintes termos:

"O texto daqueles incisos é de uma clareza meridiana e solar, de modo a que se dele dependessem os intérpretes e os hermeneutas morreriam de fome. Nenhuma dubiedade contém, pois, que resta evidente que o que visaram foi impedir o duplo ganho, a dupla remuneração, e com isso a dupla despesa pública. Qualquer acumulação que não seja remunerada – independentemente de, por outros motivos, poder existir ou não – evidentemente não está referida no inc. XVI, do art. 37 constitucionais, que menciona "acumulação remunerada", e só isso. (...) utilizando-se da licença para trato de interesse particular, alguns milhares de servidores municipais, estaduais e federais estão afastados de seus cargos efetivos para ocupar cargos em comissão em outras entidades públicas, ou casualmente até na mesma que integram. Seria inconstitucional esse procedimento? Evidentemente não, pois o que a constituição proíbe é tão-somente a acumulação remunerada, e não quando o cargo de onde provém o servidor deixou de remunerá-lo na licença. Se a vedação constitucional não cai como luva à situação concreta, então evidentemente não se lhe aplica, na medida em que o aplicador não amplia proibição legal contra ninguém, por primária regra jurídica – que, aliás, ninguém discute, tão pacífica se revela. Daí nossa estranheza ante a Súmula nº 246, do e. TCU, a qual, muito respeitosamente, precisaria ser declarada insubsistente, ou de qualquer modo cancelada, em prol do melhore do único direito aplicável a essa espécie."

Oportuna é a recomendação feita por Odete Medauar, colocando fim a polêmica, afirmando:

"Se a Constituição veda a acumulação remunerada, inexiste impedimento legal à acumulação de cargos, funções ou empregos, se não houver duas remunerações."

O saudoso e festejado professor Hely Lopes Meirelles, nos brinda com o seguinte argumento:

"A proibição de acumular, sendo uma restrição de direito, não pode ser interpretada ampliativamente. Assim, como veda a acumulação remunerada, inexistem óbices constitucionais à acumulação de cargos, funções ou empregos do serviço público desde que o servidor seja remunerado apenas pelo exercício de uma das atividades acumuladas."

A esse respeito merece vir a confronto, pela adequação e pela total possibilidade de acumulação, o posicionamento torrencial majoritário dos Tribunais Regionais Federais:

CONSTITUCIONAL E ADMINISTRATIVO – SERVIDOR EM GOZO DE LICENÇA SEM VENCIMENTOS – ACUMULAÇÃO DE CARGOS PÚBLICOS – POSSIBILIDADE – NÃO INCIDÊNCIA DA VEDAÇÃO PREVISTA NO INCISO XVI, DO ART. 37, DA CF. 1- A Constituição Federal somente veda a acumulação de cargos e empregos públicos quando houver remuneração de ambos. Estando o impetrante em gozo de licença sem vencimentos legalmente prevista e concedida para cumprimento de estágio probatório na ANS desaparece o óbice constitucional, visto que fica afastada a percepção de remuneração e, portanto, excluído o fato que enseja a proibição. 2- O referido dispositivo constitucional (art. 37, XVI, da CF/88) não impede a multiplicidade de vínculos funcionais com o serviço público, mas a remuneração pelo exercício de mais de um cargo estatal. A proibição de acumular, sendo uma restrição de direito, não pode ser interpretada ampliativamente, como deseja a Administração. Assim, não existindo remuneração de um deles, por força de licença para tratar de interesses particulares, não existe desrespeito à norma constitucional. 3- Precedentes: TRF-1, AC 200239000048285, Juíza Federal Sônia Diniz Viana (Conv.), – Primeira Turma, 20/01/2016; TRF-5, AMS 2017583000064826, Desembargador Federal Vladimir Carvalho – Terceira Turma – 4- Apelação e remessa desprovidas. Sentença mantida.

A essa mesma conclusão chegou o Douto Desembargador Ivan Lira de Carvalho, do Tribunal Regional Federal da 5ª Região, cujo raciocínio é o mesmo:

"Constitucional. Administrativo. Agravo de Instrumento. Agravo Regimental. Concurso público. licença sem vencimentos. posse em outro cargo. – A licença sem vencimentos é fruto do poder discricionário da administração, concedida quando não causar prejuízos ao regular funcionamento do serviço público, tendo em consideração que não há a vacância do cargo. – A constituição federal e a lei nº 8.112/90 (Estatuto dos Servidores Públicos Civis da União) vedam a acumulação remunerada de cargos públicos. – Não existe qualquer vedação legal à possibilidade de o servidor, que se encontre sob licença sem vencimentos, tomar posse em outro cargo público. Não existe acumulação se o servidor não está sendo remunerado pelo cargo de que se encontra licenciado. – Agravo de Instrumento Improvido. – Agravo Regimental prejudicado."

É de salientar, ao final destas observações, aquelas em sentido contrário ao que estamos sustentando. Esclarecedora, nesse viés, foi a colocação do Supremo Tribunal Federal, do Ministro Eros Grau:

"CONCURSO PÚBLICO – LICENÇA SEM VENCIMENTOS DE CARGO OCUPADO PARA POSSIBILITAR POSSE EM OUTRO – ACUMULAÇÃO LÍCITA SEGUNDO A ORDEM CONSTITUCIONAL. 1. O artigo 37, inciso XVI, da Carta Política, somente proíbe a acumulação remunerada de cargo público, mas não a multiplicidade de vínculo funcional, ou seja, a titularidade do cargo, daí a jurisprudência do Supremo Tribunal Federal perfilhar ser possível a opção de remuneração daquele servidor já aposentado que novamente ingressa no serviço público. Por isso, é lícita a pretensão de, licenciado sem vencimentos do cargo que ocupa, o servidor ser empossado em outro. 2. Apelação provida." 2. A recorrente (União) afirma que "a vedação constitucional da acumulação de cargos é direcionada à titularidade de cargos, funções ou empregos públicos e não ao simples fato de o servidor não perceber remuneração ou vantagem do aludido cargo. O fato de os autores estarem em gozo de licença sem vencimentos não descaracteriza a acumulação ilegal de cargos" (fls. 177). 3. Salienta violação do artigo 37, XVI e XVII, da Constituição do Brasil. 4. Assiste razão à recorrente (União). Esta (Suprema) Corte firmou entendimento no sentido de que "É a posse que marca o início dos direitos e deveres funcionais, como, também, gera as restrições, impedimentos e incompatibilidades para o desempenho de outros cargos, funções ou mandatos". (RE nº 120.133, Relator o Ministro Maurício Corrêa). 5. Ademais, ao julgar caso semelhante, este Tribunal entendeu que "a vedação constitucional de acumular cargos, funções e empregos remunerados estende-se aos juízes classistas, sendo que a renúncia à remuneração por uma das fontes, mesmo se possível, não teria o condão de afastar a proibição." (RMS nº 24.347, Relator o Ministro Maurício Corrêa). Dou provimento ao recurso. Ministro Eros Grau- Relator.

Verificamos sua contribuição vital para o fechamento da matéria, uma vez que a decisão acima foi prolatada após o contexto da nossa atual Constituição Federal, portanto, de acordo com o inteiro teor do art. 37, inciso XVI, alíneas a, b e c.

11.4. Acumulação Remunerada de Militar

Em princípio, o assunto em epígrafe parece não despertar maior interesse, tampouco ser objeto de alguma indagação ou dúvida, uma vez que militar é militar e ponto final. Todavia, ao analisarmos mais detidamente a legislação vigente, constataremos que há sim controvérsias sobre o tema, tendo algumas delas se dissipado com a promulgação da EC nº 77, de 11 de fevereiro de 2014 que modificou o art. 142 da CRFB/88.

A vedação à acumulação remunerada de cargos públicos vem desde a época do Império, e também sofria restrições na vigência da Carta anterior (67/69) e de igual modo na Constituição atual. A vedação de acumulação remunerada de cargos públicos, portanto, é a regra. A possibilidade é a exceção. Por isso, os casos de acumulação contidos no inciso XVI do art. 37 da Constituição Federal devem ser interpretados restritivamente, o que inviabiliza qualquer tentativa de incluirmos no rol de cargos passíveis de acumulação outros que não aqueles ali enumerados. Quais sejam: dois cargos de professor; um cargo de professor com outro técnico ou científico; e dois cargos ou empregos privativos de profissionais de saúde, com profissões regulamentadas.

A Lei nº 6.880, de 9 de dezembro de 1980, que dispõe sobre o Estatuto dos Militares, impõe aos integrantes das carreiras militares (federais) o caráter de dedicação exclusiva ao que denomina de atividade militar:

Art. 5º. A carreira militar é caracterizada por atividade continuada e inteiramente devotada às finalidades precípuas das Forças Armadas, denominada atividade militar.

Ocorre que a norma, no § 3º de seu art. 29, abre uma exceção à dedicação exclusiva no caso dos médicos militares:

Art. 29. [...]

§ 3º. No intuito de desenvolver a prática profissional, é permitido aos oficiais titulares dos Quadros ou Serviços de Saúde e de Veterinária o exercício de atividade técnico-profissional, no meio civil, desde que tal prática não prejudique o serviço e não infrinja o disposto neste artigo.

Explica-se a ressalva, uma vez que as ocorrências médicas nas organizações militares, em tempo de paz, costumam ser de baixa complexidade e a continuidade do profissional de saúde por longo tempo em tais condições acabaria por resultar na perda de sua proficiência nas atividades que são de sua competência.

De qualquer forma, abre-se uma exceção, uma prerrogativa para um segmento da categoria militar, o que não constitui de qualquer forma discriminação de direitos, visto que a própria Carta Constitucional previu como exceção à acumulação de cargos, a hipótese de dois cargos de profissionais de saúde.

No entanto, esse entendimento peculiar das Forças Armadas não ficou restrito às instituições que a compõem, uma vez que, ainda no decurso no regime militar, a tese da dedicação exclusiva foi estendida às instituições militares estaduais (as Polícias Militares e os Corpos de Bombeiros Militares), com a edição do Decreto nº 88.777, de 30 de setembro de 1983, (R-200) que aprova o regulamento para as polícias militares e corpos de bombeiros militares, dispondo:

Art. 16. A carreira policial-militar é caracterizada por atividade continuada e inteiramente devotada às finalidades precípuas das Polícias Militares, denominada Atividade Policial-Militar.

É de se ressaltar a semelhança de redação entre essa disposição do R-200 e o art. 5º do Estatuto dos Militares, o que demonstra que uma foi inspirada na outra. O texto constitucional vigente dispõe sobre os princípios e diretrizes aplicáveis à Administração Pública, inclusive aos seus integrantes, sem distinção entre civis e militares:

Art. 37. A administração pública direta e indireta de qualquer dos Poderes da União, dos Estados, do Distrito Federal e dos Municípios obedecerá aos princípios de legalidade, impessoalidade, moralidade, publicidade e eficiência e, também, ao seguinte: [...]

XI – a remuneração e o subsídio dos ocupantes de cargos, funções e empregos públicos da administração direta, autárquica e fundacional, dos membros de qualquer dos Poderes da União, dos Estados, do Distrito Federal e dos Municípios, dos detentores de mandato eletivo e dos demais agentes políticos e dos proventos, pensões ou outra espécie remuneratória, percebidos cumulativamente ou não, incluídas as vantagens pessoais ou de qualquer outra natureza, não poderão exceder o subsídio mensal, em espécie, dos Ministros do Supremo Tribunal Federal; [...]

XVI – é vedada acumulação remunerada de cargos, e empregos públicos, exceto, quando houver compatibilidade de horários, observado em qualquer caso o disposto no inciso XI:

a) a de dois cargos de professor;

b) a de um cargo de professor com outros, técnico ou científico;

c) a de dois cargos ou empregos privativos de profissionais de saúde, com profissões regulamentadas;

Como se vê, no que se refere à acumulação remunerada de cargos e empregos públicos a regra geral é a vedação. No entanto, excepcionam-se os casos expressamente enumerados, desde que haja compatibilidade de horários. Atente-se novamente que as disposições gerais constantes dos artigos 37 e 38 não fazem distinção entre funcionários civis ou militares. Efetivamente, a Lei nº 8.112 (Regime Jurídico Único), de 11 de dezembro de 1990, que "dispõe sobre o Regime Jurídico dos Servidores Públicos Civis da União, das autarquias e das fundações públicas federais" reproduz os dispositivos constitucionais a respeito da acumulação remunerada de cargos.

Art. 118. Ressalvados os casos previstos na Constituição, é vedada a acumulação remunerada de cargos públicos.

§ 1º. A proibição de acumular estende-se a cargos, empregos e funções em autarquias, fundações públicas, empresas públicas, sociedades de economia mista da União, do Distrito Federal, dos Estados, dos territórios e dos municípios.

§ 2º. A acumulação de cargos, ainda que lícita, fica condicionada à comprovação da compatibilidade de horários.

Quando trata especificamente dos militares estaduais, o texto constitucional preceitua:

Art. 42. Os membros das Polícias Militares e Corpos de Bombeiros Militares, instituições organizadas com base na hierarquia e disciplina, são militares dos Estados, do Distrito Federal e dos Territórios.

§ 1º Aplicam-se aos militares dos Estados, do Distrito Federal e dos Territórios, além do que vier a ser fixado em lei, as disposições do art. 14, § 8º; do art. 40, § 9º; e do art. 142, §§ 2º e 3º, cabendo a lei estadual específica dispor sobre as matérias do art. 142, § 3º, inciso X, sendo as patentes dos oficiais conferidas pelos respectivos governadores. (Redação dada pela Emenda Constitucional nº 20, de 15/12/98);

§ 2º Aos pensionistas dos militares dos Estados, do Distrito Federal e dos Territórios aplica-se o que for fixado em lei específica do respectivo ente estatal. (Redação dada pela Emenda Constitucional nº 41, 19.12.2003);

§ 3º Aplica-se aos militares dos Estados, do Distrito Federal e dos Territórios o disposto no art. 37, inciso XVI, com prevalência da atividade militar. (Incluído pela Emenda Constitucional nº 101, de 2019).

A seu turno, o art. 142, que trata dos militares das Forças Armadas, estabelecia antes da última reforma instituída pela EC nº 77:

Art. 142. [...]

§ 2º. Não caberá habeas corpus em relação a punições disciplinares militares.

§ 3º. Os membros das Forças Armadas são denominados militares, aplicando-se-lhes, além das que vierem a ser fixadas em lei, as seguintes disposições:

I – as patentes, com prerrogativas, direitos e deveres a elas inerentes, são conferidas pelo Presidente da República e asseguradas em plenitude aos oficiais da ativa, da reserva ou reformados, sendo-lhes privativos os títulos e postos militares e, juntamente com os demais membros, o uso dos uniformes das Forças Armadas;

II – o militar em atividade que tomar posse em cargo ou emprego público civil permanente será transferido para a reserva, nos termos da lei;

III – o militar da ativa que, de acordo com a lei, tomar posse em cargo, emprego ou função pública civil temporária, não eletiva, ainda que da administração indireta, ficará agregado ao respectivo quadro e somente poderá, enquanto permanecer nessa situação, ser promovido por antiguidade, contando-se-lhe o tempo de serviço apenas para aquela promoção e transferência para a reserva, sendo depois de dois anos de afastamento, contínuos ou não, transferido para a reserva, nos termos da lei;

IV – ao militar são proibidas a sindicalização e a greve;

V – o militar, enquanto em serviço ativo, não pode estar filiado a partidos políticos;

VI – o oficial só perderá o posto e a patente se for julgado indigno do oficialato ou com ele incompatível, por decisão de tribunal militar de caráter permanente, em tempo de paz, ou de tribunal especial, em tempo de guerra;

VII – o oficial condenado na justiça comum ou militar à pena privativa de liberdade superior a dois anos, por sentença transitada em julgado, será submetido ao julgamento previsto no inciso anterior;

VIII – aplica-se aos militares o disposto no art. 7º, incisos VIII, XII, XVII, XVIII, XIX e XXV, e no art. 37, incisos XI, XIII, XIV e XV;

IX – (Revogado).

X – a lei disporá sobre o ingresso nas Forças Armadas, os limites de idade, a estabilidade e outras condições de transferência do militar para a inatividade, os direitos, os deveres, a remuneração, as prerrogativas e outras situações especiais dos militares, consideradas as peculiaridades de suas atividades, inclusive aquelas cumpridas por força de compromissos internacionais e de guerra. (grifos nossos)

Com o advento da Emenda Constitucional nº 77, de 11 de fevereiro de 2014, oriunda da PEC 122/11 de autoria do então Senador Marcelo Crivella, a redação dos incisos II, III e VIII do § 3º do artigo 142 da CF foi alterada para estender aos profissionais de saúde das Forças Armadas a possibilidade de acumulação de cargos nos moldes do artigo 37, inciso XVI, alínea c. Observe como ficou o texto:

Art. 142, § 3º. [...]
II - o militar em atividade que tomar posse em cargo ou emprego público civil permanente, ressalvada a hipótese prevista no art. 37, inciso XVI, alínea "c", será transferido para a reserva, nos termos da lei; (Redação dada pela Emenda Constitucional nº 77, de 2014)

III - o militar da ativa que, de acordo com a lei, tomar posse em cargo, emprego ou função pública civil temporária, não eletiva, ainda que da administração indireta, ressalvada a hipótese prevista no art. 37, inciso XVI, alínea "c", ficará agregado ao respectivo quadro e somente poderá, enquanto permanecer nessa situação, ser promovido por antiguidade, contando-se-lhe o tempo de serviço apenas para aquela promoção e transferência para a reserva, sendo depois de dois anos de afastamento, contínuos ou não, transferido para a reserva, nos termos da lei; (Redação dada pela Emenda Constitucional nº 77, de 2014) [...]

VIII - aplica-se aos militares o disposto no art. 7º, incisos VIII, XII, XVII, XVIII, XIX e XXV, e no art. 37, incisos XI, XIII, XIV e XV, bem como, na forma da lei e com prevalência da atividade militar, no art. 37, inciso XVI, alínea "c"; (Redação dada pela Emenda Constitucional nº 77, de 2014)

A justificativa para as alterações trazidas pela EC nº 77 assentou-se na necessidade de se estender o permissivo constitucional aos médicos militares, para atender ao princípio isonômico e deter a escalada de desligamentos desses militares, que muitas vezes optavam por deixar o cargo que ocupavam na instituição militar a fim de buscar maiores ganhos em outros cargos públicos ou, até mesmo, na iniciativa privada.

Ressalte-se, que mesmo antes da inovação constitucional, grande parte da Doutrina e Jurisprudência já agasalhavam a tese da possibilidade de acumulação de cargo militar privativo de profissional da saúde com cargo civil também privativo de profissional da saúde, como se verifica nesta ementa:

"Constitucional, Administrativo e Processual Civil. Duplo Grau de Jurisdição e Recurso Voluntário. Policial Militar. Cumulação de Dois Cargos de Médico. Art. 37, XVI, CF/88. Possibilidade. Reintegração. Fazenda Pública. Ônus de Sucumbência. Honorários Advocatícios. 1- A vedação de acumulação remunerada de cargos públicos é regra, a possibilidade, exceção. Os casos de acumulação contidos no inciso XVI do art. 37 da Constituição Federal devem ser interpretados restritivamente, o que inviabiliza qualquer tentativa de inclusão naquele rol outros ali não enumerados, como dos cargos ou empregos privativos de profissionais de saúde, com profissões regulamentadas. 2- A presunção genérica e absoluta é a da igualdade, porque imposta pelo texto da Constituição, sob pena de incompatibilidade com o preceito igualitário. Se a lei previu o direito para todos os que estivessem em tal ou qual situação fática, o direito é extensivo a todos e não a uma categoria exclusivamente. 3- A CF/88 não limita a carga horária a ser desenvolvida pelos servidores públicos, mas somente se refere à impossibilidade de haver incompatibilidade de horário. 4- A exoneração ou demissão, decorrente de ato ilegal, não produz qualquer efeito jurídico, implicando no retorno dos servidores ao status quo ante, obrigada a fonte pagadora ao pagamento dos vencimentos correspondentes e não percebidos devido ao procedimento ilegal da administração, que não se pode convalidar também no campo patrimonial. 5- Vencida a Fazenda Pública, deve ser condenada ao reembolso das custas processuais adiantadas pelo vencedor, bem assim honorários advocatícios, fixados com supedâneo no art. 20, § 4º, CPC. 6- Apelo e remessa improvidos." Duplo Grau de Jurisdição e Apelação Cível nº 14.420-7/195 (201700620839).

Essa forma indireta de remeter às disposições do art. 142 se explica pelo interesse das Forças Armadas em permanecer exercendo controle sobre o regime jurídico aplicável às Polícias Militares e Corpos de Bombeiros Militares. Em outras palavras, preservando-se a redação do art. 42 como um reflexo do art. 142, assegura-se que as disposições aplicáveis aos militares estaduais sejam tão somente o que as Forças Armadas permitem que se aplique aos seus respectivos integrantes.

O que foi abordado até aqui não esgota o assunto. Há, na Constituição Federal, uma única possibilidade do militar acumular cargos públicos remunerados.

Havia, no entendo, quem contrariamente entendesse pela incompatibilidade total do militar com qualquer outro cargo em acumulação, sob o argumento de que a norma contida no inciso II do § 3º do art. 142, acrescida pela EC nº 18/98 vedava, expressamente, a cumulatividade de cargos públicos por parte dos militares. O que, em tese, aplicar-se-ia a todos os militares, pois não haveria ali nenhuma exceção.

Já nos manifestávamos antes da promulgação da EC 77/14, no sentido de que a restrição imposta no art. 142, § 3º, II, da Constituição da República não fosse taxativa, não podendo ser interpretada de forma absoluta, havendo a necessidade de interpretá-la em conjunto com as situações permitidas pelo art. 37.

Assim, questão que desperta interesse é a possibilidade ou não da restrição imposta no art. 142, § 3º, II, de a Constituição ser aplicável ao militar ocupante de cargo privativo de profissional da saúde. Este dispositivo deverá ser interpretado conjuntamente com a exceção à impossibilidade de acumulação de cargos, prevista no art. 37, XVI, alínea "c". Isto porque o médico-militar não exerce atividade de "militar" em sentido estrito, atuando sim, inquestionavelmente, como um autêntico profissional de saúde, pelo que não se aplica a este a vedação cuja intenção é garantir a dedicação exclusiva da atividade voltada para a defesa da pátria. Ademais, ante a existência de lei que regulamente a norma proibitiva, deve-se aplicar a regra geral e de aplicação imediata do art. 37, XVI, c.

Nessa linha, irrepreensivelmente lógica, a Constituição permite excepcionalmente aos servidores públicos a acumulação remunerada de dois cargos privativos de profissionais de saúde, tais como enfermeiro, assistente social, médico etc., ainda que um deles seja nos quadros da carreira militar.

Ocorre que esta questão não é tão pacífica na prática diária e no mundo jurídico que nos cerca. Exemplo disso é o caso de um Recurso Extraordinário, interposto com fundamento no art. 102, III, "a", da Constituição Federal, contra acórdão que entendeu não ser cabível o disposto no art. 17, § 2º, do ADCT da Carta Magna de 1988, à situação vivida pelos recorrentes, militares da área de saúde, que buscavam na Justiça o direito de acumular dois cargos públicos.

A seguir, a Ementa do RE julgado no Superior Tribunal de Justiça, que pelo voto do Relator Gilmar Mendes, conheceu e deu provimento ao recurso, reformulando sentença monocrática e acórdão do TJMG contrários a esta decisão.[96]

---

96 "Não vinga alegar-se o exercício de funções na área de saúde (dentista, enfermeiro e veterinário) e não de militar típico, pois o art. 39, § 3º, da Constituição Federal determina que 'o servidor público militar será regido por estatuto próprio, estabelecido em lei'. No caso, a Lei nº 5.301/69, cujo art. 5º, II, estabelece pertencerem à Polícia Militar os Oficiais de Polícia de Saúde, dentre eles arrolando os dentistas, farmacêuticos e veterinários. Tais, funções, então, prestadas à Polícia Militar são tipicamente militares, exigindo-se dedicação exclusiva às atividades da Corporação. A norma transitória do art. 17, § 2º, do ADCT, não alcança os médicos e os militares, como previsto no art. 37, XVI e XVII, e no parágrafo 1º do art. 17 do ADCT da CF/88." (Voto do Relator do Tribunal de Justiça do Estado de Minas Gerais que confirmou a sentença, negando o pedido dos autores).

EMENTA: RECURSO EXTRAORDINÁRIO. 2. ACUMULAÇÃO DE CARGOS. PROFISSIONAIS DE SAÚDE. CARGO NA ÁREA MILITAR E EM OUTRAS ENTIDADES PÚBLICAS. POSSIBILIDADE. INTERPRETAÇÃO DO ART. 17, § 2º, DO ADCT. PRECEDENTE. 3. RECURSO EXTRAORDINÁRIO CONHECIDO E PROVIDO. (RE 182.811-1-BA, Des. Rel. GILMAR MENDES, 2ª. Turma).

Em sede de Recurso Extraordinário, os recorrentes alegam a violação do art. 17, § 2º, do ADCT, da Constituição Federal de 1988, sustentando que "com idêntica razão, não vale a referência ao § 1º, do mesmo art. 17, cuja interpretação não pode ir além de se observar que trata de situação específica de médico – sem interferência no caso – além de implicar em redundância da regra ampla do § 2º, de abrangência expressa e clara a 'dois cargos ou empregos privativos de saúde', se entendendo, assim, irrecusavelmente a servidores tanto civil quanto militares, em exceção transitória às regras gerais de ambos."

Submetidos os autos à apreciação do Subprocurador da República, como de praxe, este se manifestou pelo não conhecimento do recurso, e teceu parecer com análise sobre o mérito, cuja questão principal atribuiu à interpretação do artigo 17, § 2º, do ADCT/88, com os argumentos que se elenca a seguir:

No mérito, a questão principal que se coloca é de interpretação do artigo 17, § 2º, do ADCT/88.

No parágrafo 1º, do citado dispositivo, tem-se, explicitamente, a permissão para que médicos militares acumulem dois cargos na administração pública direta ou indireta. Já no parágrafo 2º, a permissão é dada aos profissionais da área de saúde.

E aí está a questão: essa regra é válida também para os militares, uma vez que o legislador constituinte não explicitou esse ponto, como o fez no parágrafo 1º?

Realizando-se uma interpretação sistemática do texto chega-se à conclusão que, se o legislador pretendesse estender essa regra aos militares atuantes na área de saúde, teria o feito, a exemplo do § 1º, de modo explícito.

A demais, os militares são regidos por um estatuto próprio e, diante do silêncio da Carta Federal, ele é que deve ser observado.

Conforme se pode observar da leitura do parecer do Subprocurador da República Flávio Giron, acima transcrita, preferiu ele restringir a interpretação do aplicativo constitucional contido no art. 17, § 2º, do ADCT da CF/88, a dar uma interpretação mais abrangente ao seu texto. Segundo ele, se fosse realmente a vontade do legislador constituinte originário que o dispositivo contido no art. 17, § 2º, do ADCT fosse extensivo aos "profissionais militares da área da saúde", teria explicitado a sua intenção da mesma forma que o fez no § 1º, do mesmo art. 17. Oportuno, nesta análise, uma leitura destes preceitos constitucionais:

Art. 17 da ADCT, CF/88: [...]

§ 1º. É assegurado o exercício cumulativo de dois cargos ou empregos privativos de médico que estejam sendo exercidos por médico militar na administração pública direta ou indireta.

§ 2º. É assegurado o exercício cumulativo de dois cargos ou empregos privativos de profissionais de saúde que estejam sendo exercidos na administração pública direta ou indireta. (grifamos o original).

Portanto, na interpretação do Subprocurador de República acerca do parecer do RE nº 182.811-1-BA, se o constituinte não repetiu o termo 'militar' no § 2º é porque não teve a intenção de incluir esta categoria no direito à acumulação de dois cargos privativos de profissionais de saúde.

Sendo assim, entre estes profissionais de saúde mencionados no § 2º do ADCT, e posteriormente ratificado pela EC nº 34/01, que deu redação ao artigo 37, XVI, "c", da CF/88, na opinião do Subprocurador, não se incluem os médicos militares.

Não bastasse, asseverou ainda que os militares são regidos por estatuto próprio, o qual deverá sempre prevalecer diante do silêncio constitucional referente ao assunto. Com estes argumentos, negou provimento ao recurso.

Já o Ministro Relator Gilmar Mendes, entretanto, teve entendimento contrário ao do Subprocurador, passando a dar uma interpretação mais abrangente, em seu voto, à aplicabilidade do preceito constitucional contido no art. 17, § 2º, do ADCT, CF/88.

De início, explanou em seu voto tratar-se a contenda sobre a possibilidade de profissionais da área de saúde, particularmente integrantes dos quadros de oficiais de saúde da Polícia Militar do Estado de Minas Gerais, cuja admissão se deu antes da promulgação da Carta de 1988, acumularem seus cargos com outros, também exercidos anteriormente, em outras entidades públicas.

Com efeito, assim como o Subprocurador, o Relator atribuiu o mérito da controvérsia a uma interpretação do § 2º, art. 17 da ADCT, CF/88; mas entendeu, todavia, que a intenção do legislador constituinte foi ampliar o benefício da acumulação de cargos aos profissionais de saúde, sem restrição às áreas civil ou militar.

Esta posição pode ser ratificada com o advento da alínea "c", do inciso XVI, art. 37, a qual foi promovida pela Emenda Constitucional nº 34/01, que substituiu o antigo termo, no que se refere ao direito de acumular dois cargos públicos, "dois cargos privativos e médicos", por "dois cargos ou empregos privativos de profissionais de saúde, com profissões regulamentadas".[97]

Ademais, conferir uma interpretação restritiva ao § 2º, art. 17 da ADCT equivaleria a atribuir esta mesma restrição ao dispositivo da citada alínea "c", do inciso XVI, do art. 37, todos da Constituição da República, haja vista a semelhança de seus textos e sentidos. Na prática, porém, o advento desta alínea "c" não teve por fim estreitar o rol dos profissionais da área de saúde, mas ao contrário, expandi-las irrestritamente, desde que respeitados os limites previstos no inciso XI.

Ao dar provimento ao recurso extraordinário, o Relator Gilmar Mendes adota a tese utilizada pelo Ministro Carlos Velloso, que na análise de situação análoga, no julgamento do RE nº 212.160, valeu-se dos fundamentos do parecer do Subprocurador-Geral Fávila Ribeiro.[98]

Destarte, valendo-se o Ministro Gilmar Mendes da interpretação dada ao art. 17, § 2º, do ADCT, no julgamento do RE nº 212.160, em que foi relator o Ministro Carlos Velloso, citado na nota de rodapé abaixo, restou demonstrada a possibilidade de acumulação dos cargos profissionais de saúde, pouco importando o fato de serem ou não militares.

---

97   Mandado de Segurança - Assistente Social – Acumulação de Cargos – Possibilidade – Cargos de Profissionais de Saúde - Lícita é a acumulação de dois cargos de assistente social, desde que haja compatibilidade de horários. Inteligência do art. 37, XVI, da Constituição da República. De acordo com a Lei nº 8.662/93 e as Resoluções nos 38/93, expedida pelo Conselho Nacional de Saúde, e nº 383/99, do Conselho Federal de Serviço Social, o Assistente Social é considerado profissional de saúde. Segurança concedida. (Tribunal de Justiça do Rio de Janeiro, Quarta Câmara Cível, Mandado de Segurança nº 729/07, Relator – Des. Jair Pontes de Almeida).

98   "O art. 17, *caput*, do Ato das Disposições Constitucionais Transitórias, afasta qualquer invocação a direito adquirido com relação à percepção de vencimentos e vantagens em desacordo com a Constituição Federal.
Ocorre que o § 1º do retrocitado art. 17 assegura 'o exercício cumulativo de dois cargos ou empregos privativos de médico que estejam sendo exercidos por médico militar na administração pública direta ou indireta'.
Por sua vez, o § 2º do art.17 do dispositivo constitucional transitório assegura 'o exercício de dois cargos ou empregos privativos de profissionais de saúde que estejam sendo exercidos na administração pública direta ou indireta.'
Discorrendo sobre o § 2º do art. 17 do ADCT, ensina J. Cretella Jr., in Comentários à Constituição de 1988, Vol. IX, Forense Universitária, 1ª edição, 1993, p. 4.721, que:
'É vedada a acumulação de dois cargos públicos remunerados por profissionais de saúde quer na Administração pública direta ou indireta, já que o art. 37, XVI, não contempla esta hipótese. No entanto, o art. 17, § 2º do ADCT, permite o exercício cumulativo de dois cargos ou empregos privativos de profissionais de saúde que estejam sendo exercidos, em 8 de outubro de 1988, quer na Administração pública direta, quer na Administração pública indireta, o que mostra que as regras jurídicas constitucionais do Ato das Disposições Constitucionais Transitórias são do mesmo nível hierárquico que as do texto, tanto assim que, neste caso, o art. 17, § 2º, amplia o número dos servidores beneficiados com acumulação, funcionando com adminículo ao art. 37, XVI, pelo que poderia ter figurado, como alínea ou inciso do art. 37.' Nesta linha de raciocínio, nada obsta que o art. 42, § 3º, da Constituição Federal, seja interpretado em consonância com os §§ 1º e 2º do art. 17 do ADCT, para admitir que o profissional de saúde, ainda que militar, possa exercer, cumulativamente, dois cargos ou empregos, um deles na administração pública direta ou indireta, sem correr o risco de ser transferido para a reserva, valendo-se da mesma garantia constitucional assegurada aos médicos militares."
Diante dessa ordem de considerações, ressalta a improcedência do Recurso Extraordinário, enquanto avulta o acerto jurídico da decisão recorrida, que se coloca em segura posição interpretativa, evitando a privação de um direito claramente ressalvado no contexto constitucional, posição credenciada à confirmação, assim sendo o parecer que emitimos na espécie.

Comungamos com este entendimento, pelo que concordamos com o encerramento da análise deste julgamento pelo Superior Tribunal de Justiça, no sentido de se dar uma interpretação mais abrangente ao art. 17, § 2º, do ADCT.

Conclui-se, depois de todo o exposto, que a previsão de transferência de militar para a reserva quando da posse em cargo ou emprego civil prevista no art. 142, § 3º, II, será levada a efeito apenas nos casos em que os cargos forem inacumuláveis nos termos do art. 37, XVI da Carta Maior, o que a contrário sensu nos leva a afirmar que, estando a acumulação enquadrada nas exceções previstas neste inciso, será ela lícita, independente do titular ser militar.

Agora um questionamento importante: pode um oficial inativo, por exemplo, Major da Reserva Remunerada de uma Força Armada, acumular seus proventos militares com a remuneração de um cargo em comissão (de exoneração ad nutum)?

Caso o questionamento tenha sido exatamente esse, a resposta, com base em nossa interpretação do texto constitucional é a seguinte.

Com fulcro no art. 37, § 10, da CF, acrescentado pela EC 20/98, veda-se a percepção de proventos de aposentadoria decorrentes da atividade militar (art. 142) com a remuneração de cargo, emprego ou função pública, porém com algumas ressalvas. Uma delas é, exatamente, a remuneração advinda do exercício de cargos em comissão, assim declarados em lei como de livre nomeação e exoneração.

Em sinergia com o mencionado dispositivo constitucional, o art. 40, § 11, da CF corrobora tal possibilidade, ao alertar que ficará sujeito ao limite remuneratório do art. 37, XI, da Carta Magna, a soma decorrente do acúmulo de proventos de inatividade com o percebido pelo desempenho de cargo em comissão.

Acerca disso já se manifestou o TCU, conforme transcrição abaixo:

> Servidor público ou militar. 2. Permite-se a continuidade da acumulação de proventos de aposentadoria, reserva remunerada ou reforma com a remuneração de cargo, emprego ou função pública, respeitando-se o limite salarial do funcionalismo público, àqueles que preencheram as condições do art. 11 da EC 20/98, até 16/12/98. 3. O servidor, amparado pelo art. 11 da EC 20/98, que implemente as condições para aposentar-se no novo cargo, somente poderá fazê-lo se renunciar à percepção dos proventos decorrentes da aposentadoria anterior, salvo na hipótese de acumulação de proventos decorrentes da aposentadoria, aos da reserva remunerada ou reforma anterior, por se tratar de regimes diferentes." (Processo nº 006.538/2003-7. Acórdão nº 1310/16 – Plenário. Min. Relator. WALTON ALENCAR RODRIGUES. Publicação: Ata 33/2016 – Plenário. Sessão 31/08/2016).

Afora isso, há de se buscar a exegese do art. 11, da EC 20/98, que nos diz o seguinte:

Art. 11 - A vedação prevista no art. 37, § 10, da Constituição Federal, não se aplica aos membros de poder e aos inativos, servidores e militares, que, até a publicação desta Emenda, tenham ingressado novamente no serviço público por concurso público de provas ou de provas e títulos, e pelas demais formas previstas na Constituição Federal, sendo-lhes proibida a percepção de mais de uma aposentadoria pelo regime de previdência a que se refere o Art. 40 da Constituição Federal, aplicando-se-lhes, em qualquer hipótese, o limite de que trata o § 11 deste mesmo artigo.

Note que, no final do dispositivo, a proibição de acumular prevista no art. 37, § 10, da CF está relacionada ao regime previdenciário do art. 40, da CF. Como o regime previdenciário militar tem por base o art. 142, da CF, nada obsta que sejam acumuláveis as remunerações públicas advindas do art. 142 (previdência militar) com os benefícios remuneratórios e previdenciários de outros regimes como, por exemplo, o do art. 40 (previdência dos titulares de cargos públicos) e do art. 195, ambos da CF (previdência social – RGPS).

Desse modo, é possível chegarmos às seguintes conclusões:

a) Entre o regime militar previdenciário e os outros (estatutários e da Previdência Social), não se pode proibir a acumulação, quando o militar estiver na reserva/reforma, em razão de se tratar de órgãos securitários encampados por regras distintas;

b) A parte final do art. 11 da EC 20/98 dirige-se apenas aos servidores regidos pelo art. 40, da CF, estando de fora os militares, cuja previsão constitucional está sediada nos art. 42 e 142, da CF; e

c) O próprio § 10 do art. 37 da CF admite a cumulação de proventos, mesmo em caso de militar inativo, quando se tratar de cargo em comissão (art. 40, § 11, CF), considerando, igualmente, que deva ser respeitada a regra do teto remuneratório, insculpida no art. 37, XI, da Constituição Brasileira.

IV.1 Militares dos Estados, Distrito Federal e Territórios podem acumular a função militar com cargos públicos nas áreas de saúde e educação

A Emenda Constitucional nº 101, promulgada em 3 de julho de 2019, estendeu aos militares dos Estados, do Distrito Federal e dos Territórios a possibilidade de acumular cargos públicos, nos mesmos termos como acontece com os servidores em geral, haja vista isso ser impossível anteriormente (como exemplo, vide RMS 32.031/AC).[99]

Mais precisamente, a emenda passou a permitir que policiais e bombeiros militares dos estados e do Distrito Federal, por exemplo, acumulem a função militar com cargos públicos de professor ou profissional da saúde. Foi, sem dúvidas, um grande avanço para essas categorias, tendo em vista que desde 1988, o exercício paralelo dos cargos era restrito apenas aos servidores públicos civis e militares que atuassem na área de saúde das Forças Armadas.

A emenda foi proposta em 2013 pelo, à época, deputado Alberto Fraga (DF), coronel da reserva da Polícia Militar do Distrito Federal, conhecida como PEC 141/15 quando então aprovada pelo Senado. Sua preocupação concentrou-se na dificuldade de policiais e bombeiros militares que, não raro, se viam obrigados a complementar a renda exercendo atividades sem correlação com suas carreiras. Em suas palavras:

"Sei da dificuldade de muitos policiais e bombeiros militares no Brasil, que muitas vezes são obrigados a fazer um "bico" para complementar a renda. Eu prefiro um militar dando aula na rede pública do que fazendo bico num supermercado e, muitas vezes, assassinado. Eu me orgulho muito da formação militar. Todos nós podemos passar para a juventude os valores de disciplina e hierarquia, hoje tão necessários na sociedade brasileira."

A Emenda incluiu o § 3º no art. 42 da Constituição Federal, com a seguinte redação:

Art. 42. [...] § 3º. Aplica-se aos militares dos Estados, do Distrito Federal e dos Territórios o disposto no inciso XVI do art. 37.

Vamos entender o caso!

Em regra, a Constituição Federal veda a acumulação remunerada de cargos, empregos ou funções públicas. Ademais, a proibição de acumular estende-se a empregos e funções e abrange autarquias, fundações, empresas públicas, sociedades de economia mista, suas subsidiárias, e sociedades controladas, direta ou indiretamente, pelo poder público (CF, art. 37, XVII).

Assim, normalmente, um agente público somente poderá desempenhar uma única atividade pública remunerada.

Entretanto, o art. 37, XVI, da Constituição Federal prevê algumas exceções, estabelecendo que será possível acumular, desde que haja compatibilidade de horários, quando a situação se enquadrar em alguma das

---

99   RECURSO ORDINÁRIO. MANDADO DE SEGURANÇA. ACUMULAÇÃO DO CARGO PÚBLICO DE POLICIAL MILITAR COM O DE PROFESSOR. IMPOSSIBILIDADE. 1. A jurisprudência do Superior Tribunal de Justiça assentou o entendimento de que o cargo público de técnico, que permite a acumulação com o de professor nos termo no art. 37, XVI, b, da Constituição Federal, é o que exige formação técnica ou científica específica. Não se enquadra como tal o cargo ocupado pelo impetrante, de Policial Militar. 2. Recurso ordinário desprovido. (STJ, RMS 32.031 / AC, Rel. Min. TEORI ALBINO ZAVASCKI, j. 17/11/2011, DJe 24/11/2011).

hipóteses a seguir: (a) dois cargos de professor; (b) um cargo de professor com outro técnico ou científico; (c) dois cargos ou empregos privativos de profissionais de saúde, com profissões regulamentadas.

Porém, tais regras se aplicavam (antes da EC 101) apenas aos servidores civis. Logo, em linhas gerais, os militares não poderiam acumular.

Existia, entretanto, a possibilidade de o militar das Forças Armadas – Exército, Marinha e Aeronáutica –, da área da saúde, acumular um cargo público civil também na área da saúde, mas conferindo prioridade para a atividade militar, nos termos do art. 142, § 3º, VIII, da Constituição Federal.

Agora, a Emenda Constitucional 101/19 estende aos militares dos estados e do Distrito Federal a possibilidade de acumular cargos.

O constituinte derivado, lamentavelmente, não utilizou a melhor redação, porquanto o simples mencionar do art. 37, XVI, não clarificou adequadamente o assunto.

Por exemplo, se a alínea "a" do art. 37, XVI, prevê a acumulação de "dois cargos de professor" e, concordarmos que o militar não seja originariamente professor; logo, precisamos interpretar o que o constituinte intencionou. Nesse sentido, plausível é a compreensão da possibilidade de cumulação de um cargo de militar com outro de professor. Consequentemente, igual interpretação caberá na área da saúde, onde será possível acumular um cargo de militar com outro de profissão regulamentada na área da saúde.

Por fim, o problema maior ficou na redação do art. 37, XVI, "b". Mas aqui podemos deduzir que a acumulação será de um cargo de militar com outro técnico ou científico.

Em qualquer caso, teremos que observar a compatibilidade de horários. Além disso, quanto ao teto constitucional remuneratório, segundo o STF, o teto deverá ser analisado individualmente em cada cargo (STF, REs 602.043/MT e 612.975/MT).

Imagine, por exemplo, que o texto constitucional esteja na casa de 35 mil reais. Se o militar ganhar 20 mil no cargo de militar e outros 20 mil no outro cargo público passível de acumulação, não haverá ofensa ao teto constitucional, já que a avaliação será individual, em cada cargo!

Em derradeiro, a EC nº 101 dilatou a possibilidade de acumulação exclusivamente para os militares dos Estados e do Distrito Federal (lembre-se que não existem militares nos municípios). Porém, a nova Emenda não ampliou as possibilidades de acumulação para os militares das Forças Armadas, para os quais a única permissão de acumular permanece na área de saúde, com prioridade para a atividade militar (CF, art. 142, § 3º, VIII).

IV.2 STJ aceita acumulação de cargos militar e civil para profissional da saúde

A Sexta Turma do Superior Tribunal de Justiça (STJ), em 3 de agosto de 2010, autorizou que uma enfermeira da polícia militar estado do Rio de Janeiro preenchesse um cargo de enfermeira do município do Rio de Janeiro.

O recurso em mandado de segurança nº 22.765-RJ interposto pela policial foi contra decisão do Tribunal de Justiça do Rio de Janeiro (TJRJ), que se manifestou pela inviabilidade da cumulação dos cargos, com respaldo na combinação dos arts. 42 e 142 da Constituição Federal, cujo teor impede a acumulação de cargos no âmbito civil quando um dos cargos for de natureza militar.

Ao invés de assentir com a interpretação do TJRJ, o Superior Tribunal de Justiça examinou a matéria em concordância com o artigo 37, XVI, c, da Constituição Federal, conhecido por anuir com a acumulação de dois cargos para profissionais da saúde.

Por este caminho, a ministra relatora Maria Thereza de Assis Moura entendeu que a vedação estabelecida pelo artigo 142, parágrafo 3º, inciso II, da Constituição, teria validade somente nos militares que exerçam função típica das Forças Armadas e, não, para aqueles que exerçam atividades na área da saúde. Vide ementa infra:

SERVIDOR PÚBLICO ESTADUAL. ENFERMEIRA DA POLÍCIA MILITAR DO ESTADO DO RIO DE JANEIRO. CUMULAÇÃO COM O CARGO DE ENFERMEIRA NO MUNICÍPIO DO RIO DE JANEIRO. POSSIBILIDADE. INTERPRETAÇÃO SISTEMÁTICA DOS ARTIGOS 37, INCISO XVI, "C", COM O ARTIGO 42, § 1º, E 142, § 3º, II, TODOS DA CONSTITUIÇÃO FEDERAL. 1. Diante da interpretação sistemática dos artigos 37, inciso XVI, alínea "c", com o artigo 142, § 3º, inciso II, da Constituição de 1988, é possível a acumulação de dois cargos privativos na área de saúde, no âmbito das esferas civil e militar, desde que o servidor público não desempenhe as funções tipicamente exigidas para a atividade castrense, e sim atribuições inerentes a profissões de civis. 2. Recurso conhecido e provido. (STJ. RECURSO EM MANDADO DE SEGURANÇA nº 22.765-RJ. Julgado em 03/08/2020. Ministra-relatora Maria Thereza de Assis Moura).

Sem esquecer de que, o manual do concurso público para ingresso na Polícia Militar do estado do Rio de Janeiro, não indica "postos militares" a serem ocupados como cargos, mas sim, atividades civis com exercícios claramente voltados para funções de profissionais da saúde.

Desse modo, conclui-se que é possível a cumulação de dois cargos privativos na área de saúde nas esferas civil e militar, desde que o servidor não desempenhe funções tipicamente exigidas para as atividades das Forças Armadas.

O recurso que acabamos de mencionar se tornou em jurisprudência do STJ, mencionada no julgamento do recurso em mandado de segurança nº 32.930-SE em 20 de setembro de 2011. A esse respeito, aprecie a ementa abaixo:

EMENTA: CONSTITUCIONAL. ADMINISTRATIVO. SERVIDOR PÚBLICO ESTADUAL. MILITAR. ACUMULAÇÃO DE CARGOS. COMPROVADA ATUAÇÃO NA ÁREA DE SAÚDE. ART. 37, XVI, "C", COM O ART. 42, § 1º, E ART. 142, § 3º, II, TODOS DA CONSTITUIÇÃO FEDERAL. INTERPRETAÇÃO SISTEMÁTICA. POSSIBILIDADE JURÍDICA DO PLEITO. PRECEDENTES. SITUAÇÃO FÁTICA ABRANGIDA PELO ART. 28, § 3º, DA LEI ESTADUAL 2.066/96 (ESTATUTO DOS POLICIAIS MILITARES). 1. Cuida-se de recurso ordinário interposto contra acórdão que denegou a segurança em postulação acerca da possibilidade de acumular cargo militar da área de saúde com outra atividade privada congênere. A denegação fundou-se em duas razões. A primeira decorre do entendimento de que o art. 142, § 3º, II, da Constituição Federal, aplicável aos Estados, pelo que dispõe o art. 42, § 1º, da Carta Política, veda o exercício de outra atividade aos servidores militares. A segunda decorre de que o cargo do recorrente não seria do quadro da saúde. 2. O acervo probatório trazido aos autos (fls. 30-31), informa que o recorrente atua na área de saúde. Alega no recurso que a acumulação é permitida pelo art. 37, XVI, "c", da Constituição Federal, bem como pelo art. 28, § 3º, da Lei Estadual nº 2.066/76 (Estatuto Estadual dos Policiais Militares). 3. O Supremo Tribunal Federal fixou o entendimento de que deve haver interpretação sistemática dos dispositivos constitucionais, nestes casos, com a adjudicação do direito de acumulação aos servidores militares que atuem na área de saúde: RE 182.811/MG, Rel. Min. Gilmar Mendes, Segunda Turma, Ement. vol. 2.239-02, p. 351, LEXSTF, vol. 28, nº Neste sentido, no STJ: RMS 22.765/RJ, Rel. Min. Maria Thereza de Assis Moura, Sexta Turma, DJe 23.8.2010. Ademais, cabe frisar que a Lei nº 2.066/76 (Estatuto dos Policiais Militares) permite a pleiteada acumulação. Recurso ordinário provido. (STJ. RECURSO EM MANDADO DE SEGURANÇA Nº 32.930 – SE (2010/0168380-9). Julgado em 20/09/2021. Ministro-relator Humberto Martins).

O ministro destacou que houve alteração interpretativa do art. 37, XVI, c, da Constituição, por força da Emenda Constitucional nº 34/01, sobrevindo em mudança jurisprudencial no Supremo Tribunal Federal e no Superior Tribunal de Justiça. Acerca disso, citou os acórdãos RE 182.811/MG, Rel. Min. Gilmar Mendes, Segunda Turma, julgado em 30.5.2006 e o RMS 22.765/RJ, Rel. Min. Maria Thereza de Assis Moura, Sexta Turma, julgado em 3.8.2010, os quais indicaram, por interpretação sistemática, ser possível acumular cargos militares com empregos ou funções públicas, desde que as atividades sejam sempre exercidas na área de saúde.

No caso em tela, pontou a existência de permissão jurídica aos servidores militares da área de saúde para exercerem outra atividade, ser houver compatibilidade de horários e que, à semelhança do regime jurídico federal, o Estatuto dos Militares do Estado de Sergipe também contém essa permissão (art. 38, § 3º da Lei Estadual nº 2.066/76).

11.5. Acumulação de Cargo Civil por Militar da Ativa

Questão interessante não deixou de ser indagada pelo examinador do Concurso de Ingresso na Carreira do Magistério da Universidade Estácio de Sá:

– "Sentido!! Militar é militar 24h!!!" – É o que, em esfumaçada sala de audiência, vocifera o General-de-Brigada Prudentium (apontando um charuto cubano para a porta da ala de detenção) ao agora trêmulo e asmático Capitão-Médico Alaôr (um dos quatro oficiais na força com raríssima e cara especialidade em neurocirurgia). Isto porque o militar prestou difícil concurso público para o cargo de Médico do Hospital Universitário do Fundão (para trabalhar apenas no período da manhã e em finais de semana sob regime de escala, tudo em horário não colidente com o expediente do hospital militar, cujo atendimento se dá na parte da tarde). Aberto processo administrativo, o oficial é intimado a pedir afastamento do serviço militar (desde que pague as despesas com o curso de formação de oficiais, na forma da Lei 6.880/80). Nesse sentido, se manifesta o Advogado da União lotado no Comando-Geral do Pessoal (CONGEP), sustentando que os oficiais médicos são militares para todos os efeitos considerados no art. 142 da Constituição Federal. Este vínculo, por sua especificidade, confere ao agente uma série de prerrogativas (como a vitaliciedade – art. 142, V, da CF e aposentadoria especial – art. 142, X); mas, em contrapartida, uma dedicação reforçada ao serviço militar (proibição de sindicalização, greve e filiação a partidos políticos – art. 142, IV e V), o que impõe a aplicação do art. 142, inciso II, também da carta política, até porque o art. 142, VIII não menciona o art. 37, XVI, c, todos da CRFB. Alaôr contrata os serviços de um advogado ex-militar, o Dr. Rômulus, que por sua vez sustenta que as Forças Armadas estão compreendidas na Administração Pública e, por tal razão, o art. 142 deve ser interpretado sistematicamente com o art. 37 e seus incisos. Sustenta que o Capitão Alaôr prestou concurso público para ingresso nos quadros de saúde do Exército, em edital que exigiu a formação em medicina (exigiu também a especialidade em neurocirurgia). Mais ainda: o exercício da função na Administração Militar exige que o oficial decline o CRM na emissão de qualquer documento e assinatura de laudos médicos. Por tais razões, impõe-se a aplicação ao caso do art. 37, XVI, c, da Lei Maior, reforçando esta tese com o princípio da razoabilidade, uma vez que a Administração Militar só irá perder com a saída de um dos únicos profissionais neurocirurgiões presentes no Exército no país. Mantida a decisão da Administração Militar, a questão é colocada sob apreciação judicial e você, juiz-substituto recentemente nomeado, recebe o feito para apreciar seu objeto, inclusive quanto à possibilidade de se conceder tutela antecipada para permitir a posse e exercício do Capitão Alaôr junto ao Hospital do Fundão. Como você se pronunciaria?

Embora a situação do agente militar realmente revele um status diferenciado do servidor civil em razão da peculiaridade do cargo, o melhor entendimento é o que permite a interpretação sistemática do art. 37 com o art. 142 da Constituição Federal. A Administração Militar faz parte da Administração Federal e, por tal motivo, embora o constituinte não tenha sido expresso quanto à aplicação do art. 37, XVI, c da lei maior aos militares, tenho que não há nada de injurídico em se permitir a acumulação de cargo militar na hipótese de se tratar de cargo voltado para a área da saúde. Noticia-se e comprova-se que o concurso público para o ingresso no quadro de oficiais do corpo de saúde do Exército demanda formação específica e registro no órgão regulamentador da profissão, o que caracteriza o cargo militar como privativo de médico. Socorre a tese autoral, ainda, a valiosa contribuição do profissional em tela ao serviço de saúde da Força Armada, pois o mesmo ostenta especialidade em neurocirurgia. Presentes os requisitos para a concessão da tutela antecipada (art. 273 do Código de Processo Civil) uma vez que a perda de um dos cargos ensejará dano ao patrimônio do autor (o que toca questão alimentar, pois deixará de receber a respectiva remuneração). Por outro lado, não há risco para o serviço da União Federal e para o erário público, pois a função continuará sendo exercida pelo profissional, em favor da Força Armada. Corroborando a tese acima, colaciono o acórdão abaixo:

DIREITO CONSTITUCIONAL. DIREITO ADMINISTRATIVO. MANDADO DE SEGURANÇA. ACUMULAÇÃO DE CARGO CIVIL POR MILITAR DA ATIVA. DEFERIMENTO DE LIMINAR. AGRAVO REGIMENTAL. Presentes os pressupostos constitucionais específicos, revela-se possível a acumulação de cargo técnico ou científico civil por militar da ativa. A manutenção do vínculo funcional administrativo deve ser preservada até o julgamento do mandado de segurança, sob pena de causar prejuízo irreparável ou de difícil reparação ao servidor público, eis que o vencimento tem natureza alimentar. Ausência de prejuízo para o ente estatal que continuará a receber o serviço prestado pelo servidor apenas em contrapartida do pagamento de seu salário. Situação fática e jurídica que já perdurava por tempo razoável e que deve ser mantida. Reiteradas decisões do Tribunal de Justiça no sentido de se reconhecer a constitucionalidade e a legalidade da acumulação. Conhecimento e desprovimento do recurso.

VISTOS, relatados e discutidos este AGRAVO REGIMENTAL NO MANDADO DE SEGURANÇA 2008.004.01669 em que é agravante ESTADO DO RIO DE JANEIRO e agravado MARCLEYDE SILVA DE AZEVEDO ABREU. ACORDAM os Desembargadores da 6ª Câmara Cível do Tribunal de Justiça do Estado do Rio de Janeiro, por Unanimidade, em CONHECER DO RECURSO e NEGAR-LHE PROVIMENTO, na forma do voto do Desembargador Relator.

Trata-se de agravo regimental interposto pelo Estado do Rio de Janeiro contra o deferimento de liminar no mandado de segurança Agravo de Instrumento no Mandado de Segurança 2008.004.01669 impetrado por MARCLEYDE SILVA DE AZEVEDO ABREU, concedida por este Relator no sentido de manter o vínculo funcional da impetrante com o Estado, considerando a possibilidade constitucional do acúmulo de cargos públicos na hipótese em concreto. Pretende a Agravante ser cassada a liminar, sustentando exatamente a tese contrária, qual seja, da vedação constitucional da acumulação de cargo civil por militar da ativa. É o sucinto relatório.

Tratando-se de liminar em mandado de segurança, é de ser considerado apenas a verossimilhança do direito alegado e a probabilidade de ocorrência de prejuízo irreparável ou de difícil reparação para o impetrante. No caso vertente, a cisão imediata do vínculo funcional ocasionará a cessação imediata do pagamento de vencimentos ao Impetrante, cuja natureza alimentar é inquestionável. Além disso, a manutenção do vínculo funcional impõe a contraprestação de serviços do Impetrante em favor do Impetrado, ora Agravante. Como o serviço já vinha sendo prestado regularmente e os pagamentos também vinham sendo feitos há tempo razoável, é de se aguardar até o julgamento do mérito do mandado de segurança para a definição do direito em si. Acrescente-se que este Tribunal de Justiça vem prolatando reiteradas decisões no sentido de reconhecer a constitucionalidade e a legalidade da acumulação de cargo civil (técnico ou científico) por militar da ativa, desde que presentes os demais requisitos autorizadores. Por estas razões, ausente prejuízo irreparável para o Agravante (Estado), eis que o serviço do servidor público continuará a ser prestado regularmente em contrapartida ao pagamento do vencimento, a liminar é de ser mantida até o julgamento do mérito. Por estas razões, o voto é no sentido de conhecer e negar provimento ao recurso, mantendo hígida a decisão agravada. (TJRJ – Tribunal de Justiça do Estado do Rio de Janeiro. Processo nº 2013.004.01669. Rel. Des. ROGERIO DE OLIVEIRA SOUZA. Julgado em 18/02/2013.)

V.1 É legítima a acumulação de proventos civis e militares quando a aposentadoria ocorreu antes da EC 20/98

Em julgamento de 8 de agosto de 2018, a 1ª Turma do TRF 1ª Região fixou a possibilidade de servidora pública acumular proventos de aposentadoria como agente administrativo do Ministério do Exército, com proventos da Agência Brasileira de Inteligência (ABIN), antigo Serviço Nacional de Informações (SNI), pelo fato da obtenção de ambos os benefícios ter sido antes da Emenda Constitucional (EC) nº. 20/98.

A impetrante era titular de dois proventos por inatividade, outrora deferidos pela União, sendo o primeiro benefício em 05/02/1981 como militar e, o segundo, em 04/04/1994, referente a cargo ocupado na ABIN, com ingresso em 09/01/1981.

Em sede recursal, a União sustentou a negativa de cumulação das aposentadorias em atendimento à recomendação do Tribunal de Contas da União (TCU) no Acórdão nº 658/2003-TCU da 1ª Câmara, que assentou a ilegalidade da percepção de duas aposentadorias oriundas de cargos inacumuláveis na inatividade e determinou a suspensão de pagamento dos proventos nos casos correlatos.

Em sede recursal, a União sustentou a negativa de cumulação das aposentadorias no atendimento à recomendação do Tribunal de Contas da União (TCU) no Acórdão nº 658/03-TCU – 1ª Câmara, o qual entendeu como ilegal a percepção de duas aposentadorias oriundas de cargos inacumuláveis na inatividade e determinou a suspensão de pagamento dos proventos em casos iguais.

Nas palavras do juiz federal Ciro José de Andrade Arapiraca, relator do processo 0024533-38.2003.4.01.3400/DF:

"a Emenda Constitucional nº 20/98, em seu art. 11, dispôs que a vedação de acumulação de cargos prevista no art. 37, § 10 da Constituição Federal não se aplica aos membros de poder e aos inativos, servidores e militares, que, até a publicação dessa Emenda, tenham ingressado novamente no serviço público por concurso público de provas ou de provas e títulos, e pelas demais formas previstas na Constituição Federal".

Desta feita, o magistrado escolheu por seguir a jurisprudência do Supremo Tribunal Federal, que fixou pela legitimidade da acumulação de proventos civis e militares quando a reforma se deu sob o amparo da Constituição Federal de 1967 e a conquista da aposentadoria antecedeu à vigência da EC de 1998.

11.6. Acumulação e Estágio Experimental

Estágio experimental, mais recentemente introduzido na estrutura habitual dos concursos públicos, integra a habilitação, como fase do próprio concurso, logo, anterior à nomeação e à posse.

Esse estágio atende ao propósito de melhor apurar, mediante o desempenho em serviço, a aptidão do candidato para as funções do cargo que está a disputar no certame público. O estágio experimental integra a habilitação, tendo caráter eliminatório. Logo, é anterior à nomeação e à posse.

Nele, o candidato não é servidor, posto sequer ter vencido a fase de habilitação, sendo na verdade, meramente designado e, não, nomeado, sem a posse no cargo. Sua reprovação no estágio significa a inabilitação no concurso, antes da nomeação e da posse.

Tal espécie de estágio pode ser exigido em concurso público, desde que previsto em lei e não somente no edital. Inclusive, a título de ilustração, descabe ao Judiciário aferir a fixação de critérios de aprovação ou reprovação, estabelecidos pela Administração Pública, no estágio experimental, pois essa matéria é de competência exclusiva e unilateral da Administração, conforme sua avaliação meritória do servidor, e sob o princípio da conveniência e oportunidade.

Referência Jurisprudencial que suporta a conclusão:

APELAÇÃO. Ato administrativo. Anulação. Preliminar de cerceamento de defesa: inocorrência. Eliminação de candidatos que cumpriam estágio experimental, como fosse integrante de concurso público para o provimento do cargo de agente de segurança penitenciária. Pleito de reintegração, como se servidores públicos fosse. Impossibilidade. Estágio experimental não se confunde com estágio probatório. No primeiro encontra-se o candidato em concurso, ainda não habilitado, sem nomeação, nem posse. No segundo está o servidor, após habilitação no concurso, já nomeado e empossado. A eliminação, no primeiro, é consequência de avaliação de desempenho como etapa do concurso, não se exigindo formalidade especial. (Apelação Cível nº 2017.001.03126, Segunda Câmara Cível do Tribunal de Justiça do Estado do Rio de Janeiro, Rel. Des. Jessé Torres).

Registramos, por outro lado, que ainda há aqueles que advogam posições contrárias; embora, com o máximo respeito, não concordemos por ser irrepreensivelmente ilógico alegar que o art. 37, inciso XII só se refira a cargos públicos e o inciso XIII reporte-se a empregos e funções. Então, o candidato em estágio experimental estaria, no mínimo, exercendo uma função pública. Mas o servidor só poderá cumprir o estágio experimental se a acumulação for permitida pela Constituição.

Com efeito, é incontroverso que o candidato seja estagiário ao cargo. Assim, não se pode concluir que o mesmo acumule emprego público. O desempenho satisfatório no estágio experimental é que irá titularizar o funcionário para o cargo em concurso público.

Inclusive, a posição majoritária e sólida é aquela que apregoa que quando a permanência do estagiário não convier à Administração, por motivo de desempenho funcional insatisfatório, o mesmo poderá ser desligado dessa etapa do concurso.

Esclareça-se mais que, sem entrar em exercício no cargo efetivo não há que se falar em acumulação. Ademais, a percepção recebida tem somente natureza de bolsa auxílio. A Constituição não prevê qualquer norma expressa para o afastamento, mesmo sendo portador de cargo público, em qualquer nível da federação. Daí porque se o estágio experimental é mera etapa do concurso público, dentro do critério da razoabilidade não seria justo exigir do servidor o seu afastamento do emprego, a não ser por incompatibilidade no cumprimento de jornada entre o cargo efetivo anterior com o estágio experimental.

São jurisprudências interessantes sobre o tema:

DISPENSA POR JUSTA CAUSA – ACÚMULO INDEVIDO DE CARGOS PÚBLICOS – INOCORRÊNCIA. É descabida a dispensa por justa causa do obreiro, porquanto não houve a acumulação ilícita de cargos ou empregos públicos. Na hipótese, o reclamante, enquanto guarda municipal, participava de estágio experimental, que correspondia a apenas uma das fases do concurso público de agente de segurança penitenciário estadual. Logo, inexistia vínculo definitivo com a administração estadual, porque nem sequer havia ato de nomeação e posse no cargo público pretendido. Violação constitucional não configurada. Agravo de instrumento desprovido. (AIPR – 69040-74.2002.5.01.0025, Relator Ministro: Luiz Philippe Vieira de Mello Filho, data de julgamento: 28/10/2015, 1ª Turma).

AGRAVO DE INSTRUMENTO. RECURSO DE REVISTA. ACUMULAÇÃO REMUNERADA DE CARGOS, EMPREGOS E FUNÇÕES PÚBLICAS NÃO CONFIGURADA. ESTÁGIO EXPERIMENTAL QUE SE CONSTITUI EM FASE DE CONCURSO PÚBLICO. Não há ofensa ao artigo 37, XVI e XVII, da Constituição Federal quando o reclamante, empregado público, participa de estágio experimental que se constitui em uma das etapas de concurso público com expectativa de futura nomeação em cargo público. Agravo de instrumento a que se nega provimento. (AIPR – 65040-50.2003.5.01.0072, Relator Ministro: Horácio Raymundo de Senna Pires, 6ª Turma).

Crucial a observação de que os tribunais têm sustentado e, com inteira razão, que a dispensa na fase experimental deva ser motivada e obter fatos reais e inquestionáveis que revelem a insuficiência de desempenho, inaptidão ou desídia do candidato em observação; defeitos esses, apuráveis e comprováveis pelos meios administrativos consentâneos, tais como: ficha de ponto, anotações na folha de serviço, investigações regulares sobre a conduta e o desempenho no trabalho etc.

Se a administração pudesse afastar o candidato em fase de observação, nenhuma utilidade teria o estágio experimental, seria inócuo. Esse instituto foi criado exatamente com o objetivo de se verificar, na prática, se o candidato confirma aquelas condições teóricas de capacidade que demonstrou no concurso.

11.7. Acumulação Ilegal de Cargos Públicos e Ressarcimento

A acumulação inconstitucional de cargos públicos viola a moralidade administrativa. Daí, provada a má-fé do servidor, há que se falar em restituição de todos os valores recebidos a título de vencimentos.

Importante registrar, ainda, que não há decurso do prazo prescricional do direito material, porque a prescrição não se molda ao contido no art. 23, da Lei nº 8.429/92, cujo prazo é de cinco anos.

No tocante a essa questão, em face de acumulação de cargos públicos, aplica-se, sem dúvida, o prazo prescricional à luz do artigo 37, § 5º, da Constituição Federal:

"§ 5º - A lei estabelecerá os prazos de prescrição para ilícitos praticados por qualquer agente, servidor ou não, que causem prejuízos ao erário, ressalvadas as respectivas ações de ressarcimento."

Qualquer hipótese não prevista de acumulação de cargos, empregos e funções públicas é classificada como conduta ilegal. Se for praticada por servidor público federal, sob a regência da Lei nº 8.112/90, a má conduta corresponderá a infração funcional de natureza grave, cuja penalidade será a demissão (segundo o art. 132 da Lei 8.112/90). À autoridade competente se resguarda o direito de descobrir a acumulação de cargos, empregos e funções públicas a qualquer tempo e, através de sua chefia imediata, notificar o servidor para apresentar opção no prazo improrrogável de 10 dias, contados da data da ciência. Havendo omissão, um procedimento administrativo disciplinar sumário será adotado, com vistas a apurar e regularizar imediatamente a situação (segundo art. 133 da mesma lei).

Todavia, a Lei 8.112/90 garante ao servidor a oportunidade de optar por um dos cargos até o último dia do prazo de defesa. Assim, caso realizada a opção, será reconhecida a boa-fé do agente público e, o processo, convertido em um pedido de exoneração do cargo, anulando-se qualquer penalidade. Mas, não se perfazendo a opção e, a acumulação ilegal, constatada, haverá demissão do agente de todos os cargos que outrora ocupava.

No caso em tela, a presunção de má-fé por parte do servidor que, apesar de notificado, não fizer a opção, é reconhecida pela jurisprudência do STF que entende cabível, a depender do contexto, a aplicação da pena demissória (vide o já mencionado RMS 23.917/DF – Primeira Turma, rel. Min. Ricardo Lewandowski, julgamento 02-09-2008, DJe 18-09-2008).

A esse respeito, em julgamento de Arguição de Descumprimento de Preceito Fundamental – ADPF 388 com repercussão geral, a Suprema Corte concordou com a inconstitucionalidade de membros do Ministério Público receberem nomeação para exercícios de cargos, cuja atividade não tenha correlação com suas carreiras. Por isso, aos promotores de justiça e procuradores tão somente se autoriza a função de magistério para fins de acumulação. A seguir, colacionamos a ementa da decisão:

EMENTA: Constitucional. Arguição de descumprimento de preceito fundamental. Membros do Ministério Público. Vedação: art. 128, § 5º, II, "d". 2. ADPF: Parâmetro de controle. Inegável qualidade de preceitos fundamentais da ordem constitucional dos direitos e garantias fundamentais (art. 5º, dentre outros), dos princípios protegidos por cláusula pétrea (art. 60, § 4º, da CF) e dos "princípios sensíveis" (art. 34, VII). A lesão a preceito fundamental configurar-se-á, também, com ofensa a disposições que confiram densidade normativa ou significado específico a um desses princípios. Caso concreto: alegação de violação a uma regra constitucional – vedação a promotores e procuradores da República do exercício de "qualquer outra função pública, salvo uma de magistério" (art. 128, § 5º, II, "d") –, reputada amparada nos preceitos fundamentais da independência dos poderes – art. 2º, art. 60, § 4º, III – e da independência funcional do Ministério Público – art. 127, § 1º. Configuração de potencial lesão a preceito fundamental. Ação admissível. 3. Subsidiariedade – art. 4º, § 1º, da Lei 9.882/99. Meio eficaz de sanar a lesão é aquele apto a solver a controvérsia constitucional relevante de forma ampla, geral e imediata. No juízo de subsidiariedade há de se ter em vista, especialmente, os demais processos objetivos já consolidados no sistema constitucional. Relevância do interesse público como critério para justificar a admissão da arguição de descumprimento. Caso concreto: Institucionalização de prática aparentemente contrária à Constituição. Arguição contra a norma e a prática com base nela institucionalizada, além de atos concretos já praticados. Controle objetivo e subjetivo em uma mesma ação. Cabimento da ADPF. Precedentes. 4. Resolução 5/06, do Conselho Nacional do Ministério Público – CNMP, que disciplina o exercício de "cargos públicos por membros do Ministério Público Nacional". Derrogação de disposições que reiteravam a proibição de exercício de "qualquer outra função pública, salvo uma de magistério" (art. 2º), vedavam o afastamento para exercício de "de outra função pública, senão o exercício da própria função institucional" (art. 3º), e afirmavam a inconstitucionalidade de disposições em contrário em leis orgânicas locais (arts. 4º), pela Resolução 72/11. Ato fundado em suposta "grande controvérsia" doutrinária sobre a questão, a qual colocaria "em dúvida a conveniência da regulamentação da matéria pelo" CNMP. Norma derrogadora que inaugurou processo que culminou na institucionalização da autorização para o exercício de funções no Poder Executivo por membros do MP. Flagrante contrariedade à Constituição Federal. Vedação a promotores de Justiça e procuradores da República do exercício de "qualquer outra função pública, salvo uma de magistério" (art. 128, § 5º, II, "d"). Regra com uma única exceção, expressamente enunciada – "salvo uma de magistério". Os ocupantes de cargos na Administração Pública Federal, estadual, municipal e distrital, aí incluídos os ministros de estado e os secretários, exercem funções públicas. Os titulares de cargos públicos exercem funções públicas. Doutrina: "Todo cargo tem função". Como não há cargo sem função, promotores de Justiça e procuradores da República não podem exercer cargos na Administração Pública, fora da Instituição. 5. Art. 129, IX, da CF – compete ao MP "exercer outras funções que lhe forem conferidas, desde que compatíveis com sua finalidade, sendo-lhe vedada a representação judicial e a consultoria jurídica de entidades públicas". Disposição relativa às funções da instituição Ministério Público, não de seus membros. 6. Licença para exercício de cargo. A vedação ao exercício de outra função pública vige "ainda que em disponibilidade". Ou seja, enquanto não rompido o vínculo com a Instituição, a vedação persiste. 7. Comparação com as vedações aplicáveis a juízes. Ao menos do ponto de vista das funções públicas, a extensão das vedações é idêntica. 8. Cargo versus função pública. O que é central ao regime de vedações dos membros do MP é o impedimento ao exercício de cargos fora do âmbito da Instituição, não de funções. 9. Entendimento do CNMP afrontoso à Constituição Federal e à jurisprudência do STF. O Conselho não agiu em conformidade com sua missão de interpretar a Constituição e, por meio de seus próprios atos normativos, atribuir-lhes densidade. Pelo contrário, se propôs a mudar a Constituição, com base em seus próprios atos. 10. Art. 128, § 5º, II, "d". Vedação que não constitui uma regra isolada no ordenamento jurídico. Concretização da independência funcional do Ministério Público – art. 127, § 1º. A independência do Parquet é uma decorrência da independência dos poderes – art. 2º, art. 60, § 4º, 11. Ação julgada procedente em parte, para estabelecer a interpretação de que membros do Ministério Público não podem ocupar cargos públicos, fora do âmbito da Instituição, salvo cargo de professor e funções de magistério, e declarar a inconstitucionalidade da Resolução 72/11, do CNMP. Outrossim, determinada a exoneração dos ocupantes de cargos em desconformidade com a interpretação fixada, no prazo de até vinte dias após a publicação da ata deste julgamento. (ADPF 388, STF – Tribunal Pleno, rel. Min. Gilmar Mendes, julgamento 09-03-2019).

11.8. Acumulação dos Proventos de Aposentado com Remuneração de Cargo em Comissão

Não há vedação de um servidor aposentado acumular cargo em comissão em determinado ente federativo.

Com a redação dada pela Emenda Constitucional nº 20/98, se permite a acumulação de proventos de aposentadoria, o que inclui até a aposentadoria compulsória, de acordo com o art. 37 X, da Constituição Federal.

Então, admissível seria que um desembargador de Tribunal de Justiça estadual, após sua aposentadoria, acumulasse cargo em comissão de assessor jurídico em determinado município.

A vedação de acumulação só atingiria, caso o desembargador fosse aposentado por invalidez, o que feriria o Princípio da Moralidade Administrativa.

Na mesma esteira também caminha a jurisprudência dos Tribunais Superiores, inclusive, do STJ, como se vê pelos julgados adiante transcritos:

JURISPRUDÊNCIA SOBRE ACUMULAÇÃO DE PROVENTOS DE APOSENTADORIA COM CARGO EM COMISSÃO. RMS 24855 / RS RECURSO ORDINÁRIO EM MANDADO DE SEGURANÇA 2016/0191583-1

Relator (a) Ministra JANE SILVA (DESEMBARGADORA CONVOCADA DO TJ/MG) (8145). Órgão Julgador T5 – QUINTA TURMA

EMENTA: ADMINISTRATIVO. MANDADO DE SEGURANÇA. PROCURADOR DE JUSTIÇA APOSENTADO. ACÚMULO COM CARGO EM COMISSÃO. OBSERVÂNCIA TETO REMUNERATÓRIO. INCISO XI. ARTIGO 37 DA CF/88. EMENDA CONSTITUCIONAL 20/1998. ARTIGO 11. POSSIBILIDADE DE CUMULAR PROVENTOS E VENCIMENTOS COM A OBSERVÂNCIA DO TETO REMUNERATÓRIO. INEXISTÊNCIA DE DIREITO LÍQUIDO E CERTO A RECEBER CUMULATIVAMENTE PROVENTOS E VENCIMENTOS ALÉM DO TETO ESTIPULADO PELO INCISO XI DO ARTIGO 37 DA CF/88. ACÓRDÃO RECORRIDO QUE DENEGOU A ORDEM MANTIDO.

1 - Tendo o Supremo Tribunal Federal reconhecido a constitucionalidade do artigo 37, XI da CF/88, por oportunidade do julgamento do Mandado de Segurança nº 24.875/DF, não há se falar em direito adquirido ou mesmo em ato jurídico perfeito quando a soma dos proventos cumulados com vencimentos ultrapassa o teto remuneratório.

2 - Fixado o teto remuneratório dos Ministros do Supremo Tribunal Federal, pela Lei nº 11.143/05, deve a cumulação de proventos e vencimentos percebida pelo impetrante submeter-se a essa limitação.

3 - O teto remuneratório, que é a expressão de valores, diretrizes, balizamento resgatados pela moralidade pública, foi regulamentado no ano de 2005 com o advento da Lei Federal 11.143/05. No âmbito do Ministério Público foi regulamentado pela Lei Federal 11.144/05. Portanto, o ato tido por coator não atenta a legalidade. A partir desse marco, é que me parece legal a limitação da acumulação remuneratória ao teto constitucional.

4 - Recurso Ordinário em Mandado de Segurança conhecido, mas desprovido, para manter o acórdão recorrido que denegou a ordem. Acordam os Ministros da QUINTA TURMA do Superior Tribunal de Justiça, por unanimidade, negar provimento ao recurso. Os Srs. Ministros Felix Fischer, Laurita Vaz, Arnaldo Esteves Lima e Napoleão Nunes Maia Filho votaram com a Sra. Ministra Relatora.

Nunca é demais relembrar que o servidor aposentado em cargo, sendo eleito para mandato eletivo, pode perceber pelos dois. Seria, hipoteticamente, o caso de um promotor de justiça, aposentado, que foi eleito para deputado federal.

11.9. Percepção Proibitiva de Proventos de Aposentadoria por Invalidez com Remuneração Decorrente de Investidura em Cargo em Comissão

O servidor devidamente aposentado por invalidez, não poderá assumir cargo comissionado (por exemplo, de assistente parlamentar), porquanto sua condição de inválido constitui óbice para a designação de laborar em outro cargo público.

O Acórdão 2431/04 da 2ª Câmara do TCU, que examinou recurso de reconsideração interposto contra o Acórdão 1708/03 também da 2ª Câmara, destacou que "a acumulação de proventos de aposentadoria por invalidez com remuneração da atividade já era proibida desde o início da acumulação, em 10/05/84, conforme se depreende dos artigos 188, 189 e 191 da revogada Lei nº 1.711/52", a saber:

Art. 188. É vedada a acumulação de quaisquer cargos. [...]

Art. 189. A proibição do artigo anterior estende-se à acumulação de cargos da União com os dos Estados, Distrito Federal, Município, Entidades Autárquicas e Sociedades de Economia Mista. [...]

Art. 191. Salvo o caso de aposentadoria por invalidez, é permitido ao funcionário aposentado exercer cargo em comissão e participar de órgão de deliberação coletiva, desde que seja julgado apto em inspeção de saúde que precederá sua posse e respeitado o disposto no artigo anterior.

Também a Lei nº 8.112/90, que revogou o estatuto precedente, consagrou vedação no mesmo sentido em seu art. 118, vejamos:

Art. 118. Ressalvados os casos previstos na Constituição, é vedada a acumulação remunerada de cargos públicos.

§ 1o A proibição de acumular estende-se a cargos, empregos e funções em autarquias, fundações públicas, empresas públicas, sociedades de economia mista da União, do Distrito Federal, dos Estados, dos Territórios e dos Municípios. [...]

§ 3o Considera-se acumulação proibida a percepção de vencimento de cargo ou emprego público efetivo com proventos da inatividade, salvo quando os cargos de que decorram essas remunerações forem acumuláveis na atividade. (Parágrafo incluído pela Lei nº 9.527, de 10.12.97).

Na hipótese de reabilitação do servidor público aposentado por invalidez, o art. 68 da revogada Lei nº 1.711/52 admitia a possibilidade de reversão nos seguintes termos:

Art. 68. Reversão é o regresso no serviço público do funcionário aposentado, quando insubsistentes os motivos da aposentadoria.

Também o atual estatuto manteve semelhante orientação, exigindo como condição para a reversão de servidor aposentado por invalidez o atestado da reabilitação por junta médica oficial, consoante o art. 25 da Lei nº 8.112/90, in extenso:

Art. 25. Reversão é o retorno à atividade de servidor aposentado: (Redação dada pela Medida Provisória nº 2.225-45, de 4.9.2001).

I - por invalidez, quando junta médica oficial declarar insubsistentes os motivos da aposentadoria; ou (Inciso incluído pela Medida Provisória nº 2.225-45, de 4.9.2001).

Conforme se observa facilmente, é inquestionável, portanto, a impossibilidade de acumulação de proventos de aposentadoria por invalidez com remuneração de empregos, cargos ou funções públicas, condicionando-se à reversão por comprovada reabilitação do beneficiário.

Observe-se que a aposentadoria por invalidez constitui um benefício previdenciário e, estando o beneficiário apto a exercer qualquer emprego, cargo ou função pública perderá o direito ao benefício, tendo em vista a cessação do pressuposto legal.

A única saída, lógica e racional seria o servidor solicitar sua reversão/reabilitação e, sendo comprovada por junta médica oficial que os motivos causadores da inatividade desapareceram, a citada acumulação não estaria na contramão da lógica.

Mesmo irregularmente investido em função comissionada enquanto o servidor ostentava a condição de incapacitado para o serviço público, se houve efetiva prestação laboral dos serviços prestados, não há espaço para a devolução do que fora recebido.

Em casos similares, aliás, esse tem sido o entendimento prevalecente no TCU, do que são exemplos, entre outras, as decisões nº 127/15 (2ª Câmara); nº 22/16 (2ª Câmara); nº 167/16 (2ª Câmara) e nº 433/14 (1ª Câmara).

Ademais, não é diferente, a esse respeito, o posicionamento do Tribunal Superior do Trabalho, conforme se extrai da ementa do RR nº 449.878, *in verbis*:

"No Direito do Trabalho, a nulidade do contrato pode não acarretar negação plena dos efeitos jurídicos do ato. É o que acontece com a contratação sem concurso pela Administração Pública. Declara-se a nulidade do ato, sem prejuízo da obrigação de pagar os salários dos dias trabalhados (Orientação Jurisprudencial nº 85 da SBDI-1). Assim, a tutela jurisdicional prestada pela Justiça do Trabalho obsta o enriquecimento sem causa, valorizando a força de trabalho despendida, considerada a impossibilidade de restabelecimento do estado anterior. Assim, empregador que se beneficia dos serviços prestados pelo empregado menor deve arcar com os encargos correspondentes ao contrato de trabalho."

Coagir o servidor, citá-lo e ordená-lo, para que na forma do art. 12, inciso II, da Lei nº 8.443/92, apresente alegações de defesa ou recolha o ressarcimento aos cofres públicos, das quantias que lhe foram pagas a título de proventos de aposentadoria por invalidez, nos períodos recebidos até a data da suspensão dos pagamentos, acrescidas dos encargos legais cabíveis incidentes a partir das respectivas datas de ocorrência, em face do exercício concomitante à percepção do benefício, dos cargos de Assistente Parlamentar, trata-se, na real verdade, de um raciocínio profundamente desastroso, visto que os valores recebidos pelo exercício no cargo em comissão, o foram por trabalho plenamente executado, a despeito de suposta irregularidade, com aquiescência do órgão contratante.

Para se agir dentro da mais estrita correção, dignidade e credibilidade, a Administração Pública, para fins de instauração de procedimento administrativo, deverá antes promover a reavaliação do servidor por junta médica oficial, aferindo os motivos que levaram a sua aposentadoria por invalidez e atual condição, para fins de verificação da possibilidade de que se opere sua readaptação, com suporte no que prescreve o art. 24, da Lei nº 8.112/90.

Caso se verifique a possibilidade de readaptação do servidor terão de ser adotadas as providências necessárias que garantam o imediato retorno do inativo ao serviço público.

Se, porventura, a junta médica do órgão contratante em que o servidor exerceu o cargo comissionado, analise a situação psíquica e física do interessado e observe requisitos distintos daqueles analisados pela junta médica da entidade que o considerou inapto, causando-lhe a aposentadoria por invalidez; mas não encontre problema de saúde que o incapacite para exercer as atribuições do trabalho comissionado, a acumulação de proventos de aposentadoria por invalidez com a remuneração de cargo em comissão será considerada legal.

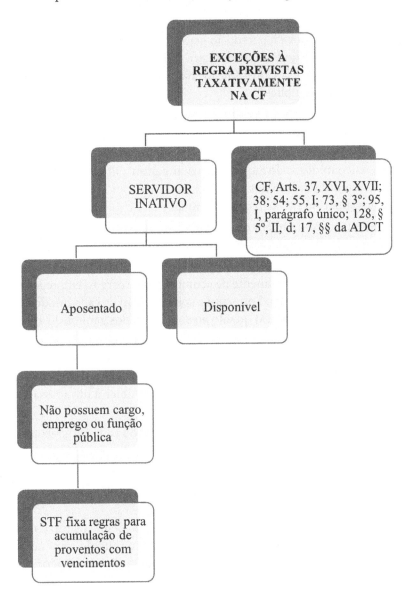

O servidor que acumula cargos públicos poderá receber acima do teto constitucional. Esta assertiva é oriunda de decisão majoritária, datada de 27 de abril de 2017, no julgamento do RE 612.975/MT, em que por 10 votos a 1, o Plenário do Supremo Tribunal Federal entendeu pelo dever de ser aplicar o teto remuneratório constitucional de forma isolada para cada cargo público acumulado, e não sobre a soma, nas hipóteses e formas autorizadas pela Constituição. Assim, mudou-se o entendimento sobre a incidência do teto salarial para servidores que podem acumular cargos efetivos.

Observe a ementa:

EMENTA: TETO CONSTITUCIONAL – ACUMULAÇÃO DE CARGOS – ALCANCE. Nas situações jurídicas em que a Constituição Federal autoriza a acumulação de cargos, o teto remuneratório é considerado em relação à remuneração de cada um deles, e não ao somatório do que recebido (STF – Tribunal Pleno.

RE 612.975/MT. Rel. Min. MARCO AURÉLIO. Acórdão Eletrônico com Repercussão Geral. Julgamento: 27-04-2020).

De acordo com a decisão, o cálculo do teto vale para cada salário isoladamente, e não sobre a soma das remunerações. Na prática, estes servidores poderão ganhar mais que R$ 39,2 mil (valor atualizado do salário dos ministros do STF), correspondente ao montante máximo de pagamento salarial aos funcionários públicos.

O tema debatido nos recursos teve repercussão geral reconhecida. O teto remuneratório, devidamente previsto no art. 37, XI, da Constituição Federal deve ser aplicado de forma isolada para cada cargo público acumulado, nas formas autorizadas pela Constituição, afastada a observância do teto remuneratório quanto ao somatório dos ganhos do agente público.

A Corte julgou dois recursos de servidores públicos do Mato Grosso e, em ambos os casos, o governo do estado recorreu em busca de derrubar a decisão da Justiça local que autorizou o corte isolado do salário com base no teto constitucional.

Edson Fachin foi o único ministro do Supremo a votar contra a liberação do teto, defendendo que a garantia a constitucional da irredutibilidade dos salários não deveria ser invocada como argumento adequado para autorizar pagamentos superiores ao teto constitucional.

O outro recurso (RE 602.043), também de relatoria do Ministro Marco Aurélio, versou sobre o Tema nº 384 acerca da Incidência do teto remuneratório a servidores já ocupantes de dois cargos públicos antes da vigência da Emenda Constitucional 41/2003, sendo fixada a seguinte tese de repercussão geral:

"Nos casos autorizados constitucionalmente de acumulação de cargos, empregos e funções, a incidência do art. 37, inciso XI, da Constituição Federal pressupõe consideração de cada um dos vínculos formalizados, afastada a observância do teto remuneratório quanto ao somatório dos ganhos do agente público."

Esclarecemos, portanto, que a soma das remunerações agora pode extrapolar o teto do valor correspondente ao salário dos ministros do STF (R$ 39.200,00), nos casos de cargos, empregos ou funções públicas que a Constituição autorize o acúmulo, sem se falar em mesma fonte ou fonte diversa. Assim, desde que o teto remuneratório seja respeitado em cada cargo, isso não constituirá óbice à ultrapassagem do valor do teto de remuneração na soma dos vencimentos.

O que não pode ocorrer é a extrapolação do teto considerando cada cargo isoladamente, mas em conjunto poderá haver a ultrapassagem do valor.

A respeito desse novo entendimento, inegavelmente essa decisão deverá, por ora, ter impacto no Judiciário e no Ministério Público, porque muitos juízes e promotores também são professores em universidades públicas.

É oportuno o enfoque de que apenas aparentemente estejamos diante de um conflito de dois comandos constitucionais. Um deles autoriza em determinadas situações a acumulação remunerada de cargos públicos e, o outro, proveniente do art. 37, inciso 11, da CF, fixa o chamado teto remuneratório.

Em lúcido parecer, o ministro Luís Roberto Barroso, com maestria, afirmou:

"Impedir que alguém que acumule legitimamente dois cargos receba adequadamente por eles significa violar direito fundamental que é do trabalho remunerado."

Realmente, seria impor a alguém trabalho não remunerado, observou Barroso. Seria incongruente e inconstitucional, a Carta Mãe, por emenda, dizer que um determinado trabalho legítimo, por ela autorizado, não vá ser remunerado.

Nesse passo, vale transcrever a advertência do ministro Marco Aurélio Mello ao defender o entendimento de que a incidência do teto separadamente sobre cada um dos vínculos "não derruba o teto".

O ministro Marco Aurélio ainda frisou que o teto não pode desestimular aqueles agentes públicos que queiram ocupar cargos importantes.

De nossa parte, sustentamos que o relator da ação, o ministro Marco Aurélio Mello levou em conta no seu voto o princípio da "irredutibilidade de salários", segundo o qual um trabalhador não pode ter seus ganhos reduzidos no mesmo emprego, de acordo com CF, art. 37, XV.

Vale acrescentar, ainda, que, em nosso ordenamento, não se admite a gratuidade nos serviços prestados, ainda que parcial, fazendo com que a interpretação constitucional não possa ser conduzida ao absurdo de impedir a acumulação de cargos que já tenham alcançado patamar máximo de vencimentos.

mesma natureza os desempenhados por servidores da mesma classe funcional. (Inteligência dos parágrafos 1º e 2º do artigo 682 da Lei nº 5.256/66).

2. Remoção para cargo diverso é forma de provimento derivado, vedado no art. 37, inciso II, da Constituição Federal e fere direito líquido e certo de outros servidores, devidamente aprovados em concurso público para o cargo.

3. Recurso provido".

(RMS 11.851-RS, Ministro Relator: Hamilton Carvalhido Sexta Turma do STJ)

12. FORMAS DE PROVIMENTO DERIVADO

O provimento derivado se caracteriza pela relação de causalidade entre o servidor e um vínculo anterior com a Administração.

Prescreve o inciso II do art. 37 da Constituição Federal que *"a investidura em cargo ou emprego público depende de aprovação prévia em concurso público de provas ou de provas e títulos"*. Sendo esse um requisito essencial à validade do ato, sua não-observância acarreta a nulidade absoluta, segundo prevê o § 2º do art. 37 do mesmo diploma.

Discorrendo acerca dessa matéria, MARIA SYLVIA ZANELLA DI PIETRO[100] esclarece que provimento "é o ato pelo qual o servidor público é investido no exercício do cargo, emprego ou função". Faz, ainda, a distinção entre provimento originário e provimento derivado, sendo este último o que depende de um vínculo anterior do servidor com a Administração. Em seguida, é feita análise comparativa entre o art. 37 inciso II da atual Constituição com o art. 97, § 1º, da Carta de 1967, nos seguintes termos:

"1. Enquanto a norma anterior exigia concurso apenas para investidura em cargo público, a atual impõe a mesma exigência para cargo e emprego; só não faz referência à função, porque deixou em aberto a possibilidade de contratação para serviços temporários (art. 37, IX) e para funções de confiança (art. 37, V), ambas as hipóteses sem concurso;

2. enquanto o dispositivo anterior fazia a exigência para a primeira investidura, o atual fala apenas em investidura, o que inclui tanto os provimentos originários como os derivados, somente sendo admissíveis as exceções previstas na própria Constituição, a saber, a reintegração, o aproveitamento, a recondução e o acesso ou promoção, além da reversão *"ex officio"*, que não tem base constitucional, mas ainda prevalece pela razão adiante exposta.

(...)

A transposição (ou ascensão, na esfera federal) era o ato pelo qual o funcionário ou servidor passava de um cargo a outro de conteúdo ocupacional diverso. Visava ao melhor aproveitamento dos recursos humanos, permitindo que o servidor, habilitado para o exercício de cargo mais elevado, fosse nele provido mediante concurso interno;

(...)

Portanto, deixaram de existir, com a nova Constituição, os institutos da readmissão, da transposição e da reversão..." (grifos nossos).

Frise-se, pois: toda investidura exige a realização de certame público, e não apenas a primeira investidura. Isso significa que estão abolidas as formas de provimento derivado que impliquem em alteração de carreira que, a partir da CF/88, somente podem ocorrer mediante a realização de concurso aberto "aos brasileiros que preencham os requisitos estabelecidos em lei". Noutras palavras, estão expurgadas do ordenamento jurídico

---

100 Direito Administrativo. 29. ed. São Paulo: Atlas, 2016, p. 329/330

pátrio as modalidades de provimento derivado de cargos ou empregos públicos que não sejam inerentes ao sistema de provimento na mesma carreira, excluindo-se, assim, as ascensões, transposições, transferência, reclassificações, que – não há como negar – são formas de provimento em carreira diversa daquela em que o servidor ingressou originariamente.

A orientação jurisprudencial do Excelso Supremo Tribunal Federal – último intérprete da norma constitucional – aponta para a exigibilidade do concurso público, na forma aqui delineada. Veja-se o acórdão da ADIN nº 231-7/RJ, Rel. Min. MOREIRA ALVES, assim ementado:

> *"**EMENTA**: Ação direta de inconstitucionalidade. Ascensão ou acesso, transferência e aproveitamento no tocante a cargos ou empregos públicos. O critério do mérito aferível por concurso público de provas ou de provas e títulos é, no atual sistema constitucional, ressalvados os cargos em comissão declarados em lei de livre nomeação e exoneração, indispensável para cargo ou emprego público isolado, em qualquer hipótese; para o em carreira, para o ingresso nela, que só se fará na classe inicial e pelo concurso público de provas ou de provas e títulos, não o sendo, porém, para os cargos subsequentes que nela se escalonam até o final dela, pois, para estes, a investidura se fará pela forma de provimento que é a promoção. Estão, pois, banidas das formas de investidura admitidas pela Constituição a ascensão e a transferência, que são formas de ingresso em carreira diversa daquela para a qual o servidor público ingressou por concurso, e que não são, por isso mesmo, ínsitas ao sistema de provimento em carreira, ao contrário do que sucede com a promoção, sem a qual obviamente não haverá carreira, mas, sim, uma sucessão ascendente de cargos isolados".*

A indispensabilidade do concurso público para a titularização de cargo ou emprego do quadro de pessoal da Administração Pública direta e indireta, também é afirmada, nesses termos, em eloquente e precisa lição de JESSÉ TORRES PEREIRA JUNIOR[101] proferida com a seguinte dicção:

"A Constituição de 1988 fez do concurso público via exclusiva de investidura em cargo ou emprego público. A ponto do Supremo Tribunal Federal haver decidido que a maioria dos modos derivados de investidura (mudança de cargo mediante procedimentos internos, tais como acesso, transposição, progressão) não foi recepcionada pelo novo regime, estando, pois, proibida. A exegese é peremptória: 'não mais restrita a exigência constitucional à primeira investidura em cargo, tornou-se inviável toda forma de provimento derivado do servidor público em cargo diverso do que detém, com a única ressalva da promoção, que pressupõe cargo da mesma carreira; ...".

A nomeação é o único provimento originário que existe, seja em cargo efetivo, cargo em comissão ou cargo vitalício. Será obrigatoriamente precedido de aprovação em concurso público. Nos demais casos, cargo em comissão ou cargo vitalício, não necessariamente.

O ingresso inicial no cargo vitalício, abraçando a magistratura e aos membros do Ministério Público, há obrigatoriedade de concurso público para preenchê-los. E, mesmo assim, na magistratura, o concurso público só é obrigatório para preencher a vaga de juiz de 1º grau (art. 93, I, do Texto Constitucional). No Ministério Público, já não há alternativa, o ingresso é via concurso, em conformidade com o art. 129, § 3º, da Constituição Federal.

Há, porém, alguns cargos vitalícios, cujo ingresso se materializa sem concurso, por exemplo, o quinto constitucional nos Tribunais de Justiça do Estado, onde a nomeação é direta, apud art. 94, da Carta Magna.

Os Ministros do Tribunal de Contas, em âmbito federal, são conhecidos como Conselheiros, também ingressam, no cargo vitalício, sem concurso público. (art. 73, §§ 1º e 2º, da Constituição Federal). Por fim, os Ministros do Supremo Tribunal Federal são vitalícios e suas investiduras acontecem sem concurso, nem precisam ser magistrados, conforme art. 101, da Constituição. Portanto, qualquer brasileiro, desde que preenchendo os requisitos constitucionais, poderá ser nomeado.

O art. 8º, da Lei nº 8.112/90 elenca os provimentos. Contudo, o dispositivo não diz quais são os derivados.

Passaremos a analisar agora cada uma das formas de provimento derivado.

---

101 *Curso de direito administrativo.* p. 68.

12.1. Promoção

É a forma de provimento derivado, que eleva o servidor a uma classe imediatamente superior da mesma carreira, ou seja, ocorre a promoção quando o servidor sai de seu cargo e ingressa em outro situado em classe mais elevada. Das formas de provimento é a mais comum[102].

Uma informação essencial é que a promoção tem suporte constitucional porque não gera mudança de cargo. É a grande diferença da ascensão que, como vimos, muda o cargo e é inconstitucional porque qualquer nova investidura há de se realizar via concurso público.

Na promoção o que ocorre é a subida nas classes ou níveis da carreira, ou seja, o que se tem, na realidade, é um escalonamento na mesma carreira.

Na Lei Federal não há nenhum Capítulo que se dedique à promoção. Os estatutos raramente dissecam como a promoção será feita, porque quem se encarrega disso são os planos de carreira e cada categoria tem uma lei instituindo-a, como é o caso do policial militar, policial federal, magistratura etc.

A promoção está elencada no Estatuto Federal (art. 8º, II), mas seu tratamento nele não se encontra, nem mesmo definido.

Em regra, a promoção não é regulada pelo estatuto, mas sim pela lei que regula o plano de carreira. O ocupante de um cargo progride em sua carreira, passando a uma classe superior. Por exemplo, um servidor sai do nível B para o A, mas continua no mesmo cargo.

Nada impede que, para se concorrer a uma promoção, a Administração estabeleça que se faça concurso público interno, tratando-se de uma liberalidade e conveniência.

A promoção do servidor público se materializa via lei, não a podendo ocorrer mediante ato administrativo (decreto). A priori, com base no estatuto funcional e/ou lei orgânica de regência do servidor, onde normalmente estão arroladas as várias etapas que compõem o respectivo plano de carreira. Consideramos, inicialmente, que a promoção de determinado número de servidores por força de decreto poderia se mostrar inviável se este ato normativo ingressasse na órbita da lei regente. A situação seria agravada se ainda não estiverem presentes os requisitos de avaliação necessários para a concretização da progressão.

É a lei também que fixa o número de cargos vagos, que serão preenchidos por meio de promoções. As promoções têm o efeito de liberar as vagas nas etapas iniciais. Entretanto, o tempo de permanência do servidor na etapa inicial da carreira nos parece ser um assunto para ser necessariamente tratado pela lei ordinária. A definição do interstício de promoção, ou seja, o período mínimo em que o servidor exerce suas funções numa determinada etapa da trajetória funcional, como pré-requisito para ser promovido, é atributo da Administração, e não do legislador. Sob outro ângulo, para garantir e harmonizar o fluxo de carreira em seus quadros, a Administração precisa por vezes alterar e regular o interstício, de forma a não gerar uma situação indesejável, onde a base da pirâmide se torne menor que o topo. A alteração de interstício não invade a órbita jurídica dos direitos adquiridos do servidor, pois é razoavelmente pacífica a noção de que não tem ele direito adquirido a regime funcional. Considerando estas questões, nos parece ser jurídico que o Poder Executivo fixe o interstício de promoção mediante ato administrativo normativo (decreto) e, com isso, efetue as promoções de seus agentes, agindo, portanto, na esfera delimitada pela lei. Concluindo, não seria o caso,

---

102 Jurisprudência: EMENTA: MANDADO DE SEGURANÇA. DIREITO ADMINISTRATIVO. PROGRESSÃO FUNCIONAL DE CARREIRA DE NÍVEL MÉDIO PARA OUTRA DE NÍVEL SUPERIOR. PROVIMENTO DERIVADO BANIDO DO ORDENAMENTO JURÍDICO. NECESSIDADE DE CONCURSO PÚBLICO. 1. Jurisprudência pacificada no STF acerca da impossibilidade de provimento de cargo público efetivo mediante ascensão ou progressão. Formas de provimento derivado banidas pela Carta de 1988 do ordenamento jurídico. 2. A investidura de servidor efetivo em outro cargo depende de concurso público (CF, artigo 37, II) ressalvadas as hipóteses de promoção na mesma carreira e de cargos em comissão. 3. Eventuais atos praticados em desobediência à Carta da República não podem ser invocados com base no princípio isonômico, dado que direito algum nasce de ato inconstitucional. Segurança denegada. (MANDADO DE SEGURANCA – MS-23.670/DF; Relator(a): Min. MAURÍCIO CORRÊA – Tribunal Pleno; Votação: Unânime; Resultado: Indeferido)
EMENTA: ADMINISTRATIVO. SERVIDOR PÚBLICO. DIREITO À PROMOCAO. PRINCÍPIO DA LEGALIDADE. TEMPO COMPUTADO PARA EFEITO DE PROMOÇÃO A NOVA CLASSE SÓ PODE CONSIDERAR O POSTERIOR À VIGÊNCIA DA LEI Nº 1.526/97. INEXISTÊNCIA DE BASE LEGAL PARA A PRETENSAO DA AUTORA. APELO DESPROVIDO. (APELAÇÃO CÍVEL Nº 70003116449, QUARTA CÂMARA CÍVEL, TRIBUNAL DE JUSTIÇA DO RS, RELATOR: DES. JOÃO CARLOS BRANCO CARDOSO).

portanto, de promover servidores por decreto, mas de fixar prazo certo para a ocorrência da promoção, por meio de ato administrativo normativo abstrato.

Este ato teria o efeito de autorizar a promoção (a ser efetivada por meio de outro ato administrativo, agora com efeitos concretos), sem ferir o estatuto de regência do servidor (ao contrário, estaria meramente regulamentando a lei). Com efeito, seriam liberadas as vagas para a execução de novo concurso público mais adiante.

A matéria se torna um pouco mais clara se tivermos em conta o dinamismo, agilidade e variações que cercam o trato de assuntos de pessoal no âmbito da Administração Pública. É o Executivo que enfrenta diuturnamente questões como demissão, exoneração a pedido, morte de servidor, aposentadoria, desligamento por baixo rendimento, todas as situações que podem gerar vacância e refletir no fluxo de carreira.

Reiteramos, entretanto, que o fluxo de carreira (em especial os interstícios de promoção), o tempo de permanência do servidor na etapa inicial da carreira, o período mínimo em que o servidor exerce suas funções numa determinada etapa da trajetória funcional, como pré-requisito para ser promovido, é da Administração, e não do legislador. Portanto, não é um assunto para ser necessariamente tratado pela lei ordinária. Trata-se, unicamente, de atributo do Executivo. Havendo omissão do estatuto funcional civil quanto aos interstícios, nada impede a Administração de dispor a respeito, e com isto não estará ferindo as balizas da lei.

O que se verifica, na prática, são diversas formas de se promover, o que acaba ocasionando muitas vezes um obnubilação, trazendo para o mundo jurídico disciplinamentos de regimes complicadíssimos e ininteligíveis de melhoria do servidor. Os estatutos devem fixar duas condições jurídicas para tal elevação: a existência de vaga e a situação pessoal. De acordo com DIOGO FIGUEIREDO MOREIRA NETO[103] a vaga é o claro aberto, no quadro numérico, por um desprovimento. E, a situação pessoal, será apreciada consoante os critérios adotados estatutariamente, tais como: antiguidade, merecimento, realização de cursos de aperfeiçoamento ou seleção em concurso interno.

Alguns doutrinadores, mais prudentes, diferenciam a promoção de progressão, sendo oportuna a recomendação feita por JOSÉ DOS SANTOS CARVALHO FILHO[104] a respeito do tema. Dita o autor que na promoção o servidor é alçado de cargo integrante de uma classe para o cargo de outra, ao passo que na progressão o servidor permanece no mesmo cargo, mas dentro dele processa um iter funcional, normalmente simbolizado por índices ou padrões, em que a melhoria vai sendo materializada por elevação nos vencimentos.

Costuma-se dividir a promoção em dois grupos: por merecimento e por antiguidade. É comum, também, alternar a promoção por merecimento e por antiguidade.

Refletindo sobre o critério de promoção por antiguidade, não há empecilho legal, porque temos a percepção de que tal critério realmente não interfere necessariamente com a avaliação do estágio probatório[105]. Seria, por exemplo, abrir vagas na classe inicial da carreira de determinadas profissões, a fim de atender o interesse público, em que as mesmas sejam ocupadas por servidores concursados.

---

103 Curso de direito administrativo. 18. ed. Rio de Janeiro: Forense, 2015, p. 299.

104 Manual de direito administrativo. 13. ed. Rio de Janeiro: Lumen Juris, 2012, p. 485.

105 Um caso analisado pela Terceira Seção do Tribunal Superior de Justiça, digno de registro, é um mandado de segurança apresentado por uma procuradora federal. Na carreira desde 2000, ela pretendia ser incluída em listas de promoção e progressão retroativas aos exercícios de 2001 e 2002, antes, pois, de transcorridos os três anos de efetivo exercício no cargo público. Inicialmente, apresentou pedido administrativo, mas não obteve sucesso.

Para a Administração, ela não teria cumprido os três anos de efetivo exercício e, durante o estágio probatório, seria vedada a progressão e promoção nos termos da Portaria nº 468/05 da Procuradoria-Geral Federal, que regulamentou o processo de elaboração e edição das listas
de procuradores habilitados à evolução funcional.

A procuradora ingressou com mandado de segurança contra o ato do advogado-geral da União, cujo processo e julgamento é, originariamente, de competência do STJ (artigo 105, III, b, CF). Argumentou que estágio probatório e estabilidade seriam institutos jurídicos distintos cujos
períodos não se vinculariam, razão pela qual teria direito à promoção.

Nesse ponto, o ministro Fischer destacou que, havendo autorização legal, o servidor público pode avançar no seu quadro de carreira, independentemente de se encontrar em estágio probatório.

Ocorre que essa não é a situação da hipótese analisada, já que a Portaria PGF nº 468/05 restringiu a elaboração e edição de listas de promoção e progressão aos procuradores federais que houvessem findado o estágio probatório entre 1º de julho de 2000 e 30 de junho de 2002. Em conclusão, o mandado de segurança foi negado pela Terceira Seção.

O nosso posicionamento enfocado acima está em conformidade com a jurisprudência assentada pela Terceira Seção do STJ e bem refletida na seguinte ementa:

MANDADO DE SEGURANÇA. ADMINISTRATIVO. PROCURADOR FEDERAL. PROMOÇÃO. ESTÁGIO PROBATÓRIO DE VINTE E QUATRO MESES. EFEITOS RETROATIVOS DESDE A DATA EM QUE DEVERIA SER PROMOVIDO. PRECEDENTES.

1. A Terceira Seção deste Superior Tribunal de Justiça firmou entendimento de que a estabilidade no serviço público e o estágio probatório são institutos distintos, razão pela qual é incabível a exigência de cumprimento do prazo constitucional de três anos para que o servidor figure em lista de promoção na carreira. Precedentes.

2. Segurança concedida, para declarar o direito da impetrante de ser avaliada no prazo de vinte e quatro meses para fins de estágio probatório, com os efeitos funcionais e financeiros decorrentes desde a data em que deveria ser promovida (MS nº 12.418 – DF, Rel. Min. Maria Thereza de Assis Moura).

Diante da relevância do tem, é necessário estabelecer os traços distintivos entre a estabilidade no serviço e o estágio probatório. No estágio probatório, o lapso temporal de vinte e quatro meses tem a finalidade maior da Administração observar se o servidor preenche aptidão para o exercício do cargo. Diferentemente da estabilidade que consiste no direito de permanência do servidor no serviço público, após o término de três anos de efetivo exercício, e, obrigatoriamente, aprovado pela comissão social constituída para tal fim. Portanto, os institutos são diferentes, de acordo com a interpretação dos arts. 41, parág. 6 e art. 20 da Lei 8.112/90. Portanto, não vincular o prazo do estágio probatório com a estabilidade, em conformidade com o pensamento do Egrégio Supremo Tribunal Federal.[106]

Perfilhamos, também, com o entendimento do STJ, no sentido de que não há ilegalidade em ocorrendo a promoção por antiguidade, após o cumprimento do estágio probatório de vinte e quatro meses.

Deve-se considerar, sempre, que as promoções são realizadas não só no interesse do servidor, mas nelas está presente, acima de tudo, o interesse público, estimulando a maior eficiência e disposição do servidor e, consequentemente, melhorando a prestação do serviço. Neste sentido, também, o interesse e a conveniência da Administração ao efetivar promoções para preencher as vagas de uma carreira, inclusive seguindo o princípio da economicidade ao aproveitar candidatos aprovados em concursos no prazo de validade dos mesmos.

Na Revista Eletrônica de Direito do Estado da Bahia se pronuncia, sobre a possibilidade de promoção de servidor em estágio probatório:[107]

---

106 "A presunção, entretanto, é que adquiriu estabilidade no cargo municipal, porque ultrapassado, de muito, o prazo de dois anos do estágio probatório (Lei 8.112/90, art. 20) e o prazo de três anos para a aquisição da estabilidade (CF, art. 41), convindo esclarecer que o direito, que assiste ao servidor, de retornar ao cargo antigo ocorre no prazo do estágio, que é de dois anos (Lei 8.112/90, art. 20)" (MS 24.543/DF, Rel. Min. CARLOS VELLOSO, Tribunal Pleno).

107 "O servidor em estágio probatório é servidor titular de competências, integrante de uma carreira, tem direito à carreira, mesmo que sua estabilidade ou vitaliciedade nela seja dependente de futura confirmação. Mas é titular transitório, sem fixidez, sem definitividade. Diante desse fato, é comum indagar: cabe a sua promoção na carreira? Eu respondo afirmativamente. Em diversas situações surgem vagas na carreira que não podem ser supridas senão com a promoção de servidores em estágio probatório. Foi o que ocorreu quando da implantação dos Ministérios Públicos nos territórios federais transformados em Estados ou criados pela Constituição de 1988 (CF, ADCT, art. 13 e 14), uma vez que o estatuto fundamental exigiu que" as funções do Ministério Público só podem ser exercidas por integrantes da carreira "(CF, art. 129, parágrafo segundo, primeira parte)".
Certo, a lei pode limitar a promoção, tratando de forma explícita do tema, restringindo a candidatura ou a escolha de servidores no curso do processo de estágio probatório até certo limite. Mas, se a lei não o fizer, não há impedimento constitucional algum a promoção de agentes em estágio probatório, pois esses agentes são agentes públicos, titulares de competências públicas, titulares de competências públicas vinculadas ao exercício de uma função permanente do Estado. (...) Durante o período do estágio probatório, a Administração sempre poderá, quando verificar fato incompatível com o exercício profissional ou que indique inaptidão para o exercício da função, recusar efetivação e confirmação ao agente, observada a exigência de fundamentação. A promoção, por si só, não tem o condão de conferir estabilidade ou vitaliciedade ao agente em estágio probatório." (grifo nosso) (http://www.direitodoestado.com/revista/REDE-10-ABRIL-2007- PAULO MODESTO.)

Este ponto de vista é reforçado pelo fato de que o servidor público civil, após a reforma administrativa, pode vir a perder o cargo por baixo rendimento, mesmo após o advento da estabilidade, instituto este que está bastante relativizado.

Se ele pode perder o cargo, após estável, com muito mais razão poderá perdê-lo por ocasião do exame para a outorga da estabilidade, ponto importante de sua carreira.

A promoção não é inconstitucional porque não muda de cargo e ocorrerá no âmbito da mesma carreira.

São inúmeras as decisões de nossos Tribunais, afirmando que o servidor não pode, ao mesmo tempo, possuir adicional do tempo de serviço e promoção por antiguidade.

É importante deixar claro que o art. 37, XIV, do Texto Constitucional, veda os acréscimos pecuniários recebidos por servidor público, sejam acumulados para o fim de concessão de acréscimos ulteriores, sobre o mesmo título ou idêntico fundamento. Promoção gera acréscimo pecuniário, e o adicional por tempo de serviço gera, também, o mesmo acréscimo, tendo o mesmo fundamento.

12.2. Readaptação

Está conceituada no Estatuto Federal, isto é, no art. 24, da Lei 8.112/90.

Nesta forma de provimento o servidor passa a ocupar cargo ou função que lhe seja mais compatível, ou seja, diverso do que ocupa, sob o ponto de vista físico, psíquico ou intelectual, e sempre atendido o interesse público. Tem em vista, assim, a readaptação à necessidade de compatibilizar o exercício da função pública com a limitação sofrida em sua capacidade física ou psíquica[108].

Readaptação é a investidura do servidor, estável ou não, em cargo de atribuições e responsabilidades, compatíveis com a limitação que tenha sofrido em sua capacidade física ou mental, verificada em inspeção médica.

Na real verdade, o instituto da readaptação funcional é equivalente ao aproveitamento, devendo ser efetuado em cargo da mesma linha horizontal e do mesmo padrão de vencimentos.

Este instituto deve se dar com cautela. Indubitavelmente, as conquistas da Medicina e da Psicologia e o estímulo que deve o Poder Público dar à educação tornam hoje razoável sua aplicação. As leis estatutárias não costumam adotá-lo sob todas as suas formas, mas, restritamente, para atender a situações de incapacitação, que seriam insuficientes para motivar a aposentadoria ou sucessivas concessões de licença para tratamento.

Poderá, excepcionalmente, a Administração utilizar a readaptação, por via de leis extravagantes e de vigência limitada, como instrumento de grandes reestruturações de pessoal, visando sempre ao aperfeiçoamento do serviço público, e à recolocação do servidor no lugar que lhe seja mais adequado, técnica, física ou psicologicamente.

---

108 Jurisprudência: EMENTA: ADMINISTRATIVO. SERVIDOR PÚBLICO MUNICIPAL. APOSENTADORIA. READAPTAÇÃO. CONFIRMADA PELA PERÍCIA A INCAPACITAÇÃO FÍSICA, POR DOENÇA GRAVE OCORRIDA APÓS O INGRESSO NO SERVIÇO PÚBLICO, A APOSENTADORIA POR INVALIDEZ, COM PROVENTOS INTEGRAIS, É DIREITO LÍQUIDO E CERTO DO SERVIDOR. IMPOSSIBILIDADE DE READAPTAÇÃO. SEGURANÇA CONCEDIDA. SENTENÇA CONFIRMADA EM REEXAME NECESSÁRIO. (REEXAME NECESSÁRIO Nº 70001665025, TERCEIRA CÂMARA CÍVEL, TRIBUNAL DE JUSTIÇA DO RS, RELATOR: DES. LUIZ ARI AZAMBUJA RAMOS.

Ementa: ADMINISTRATIVO. READAPTAÇÃO. PROFESSORA. SUPRESSÃO DE GRATIFICAÇÃO. ILEGALIDADE. OCORRÊNCIA. 1- A readaptação, ainda que provisória, em cargo de remuneração inferior ao originário, não retira da professora o direito de perceber a Gratificação de Estímulo à Regência de Classe, sob pena de violação ao princípio da irredutibilidade de vencimentos. 2- Recurso ordinário provido. Órgão Julgador – SEXTA TURMA. Decisão: Vistos, relatados e discutidos estes autos, acordam os Ministros da Sexta Turma do Superior Tribunal de Justiça, na conformidade dos votos e das notas taquigráficas a seguir, por unanimidade, dar provimento ao recurso para conceder a segurança. Os Ministros Hamilton Carvalhido, Fontes de Alencar e Vicente Leal votaram com o Ministro-Relator. Ausente, ocasionalmente, o Ministro Paulo Gallotti. (ROMS 9.545/SC; RECURSO ORDINÁRIO EM MANDADO DE SEGURANÇA, Relator Min. FERNANDO GONÇALVES).

Esta modalidade estaria também proscrita na ordem constitucional vigente, por força do comando do art. 37, II, da Constituição, não fora a previsão de idêntica hierarquia, do inciso VIII, do mesmo artigo, autorizando o legislador a estabelecer critérios excepcionadores de admissão.

É uma tentativa, na verdade, desesperada da Administração Pública, a fim de evitar a aposentadoria por invalidez precoce. Geralmente, o servidor será readaptado em cargo inferior, com menores atribuições, devida a sua limitação física ou psíquica.

A lei manda, antes de aposentá-lo por invalidez, seja precedida de licença para tratamento de saúde, por período não excedente a 24 (vinte e quatro) meses (art. 188, §§ 1º e 2º, Lei 8.112/90).

Expirado o período de licença de dois anos e não estando o servidor em condições de reassumir o mesmo cargo, será verificada a possibilidade de ser readaptado numa função, compatível com a limitação psíquica e física, que tenha condições de realizar. Se, após esse prazo, não for possível a readaptação, será aposentado por invalidez.

Normalmente, como há uma diminuição de sua capacidade laboral, as atribuições desse novo cargo deverão ser semelhantes, mas não necessariamente iguais, pois o servidor é reabilitado em cargo inferior ao ocupado originariamente, via de regra.

O servidor readaptado não poderá ter seus vencimentos reduzidos em relação ao cargo inferior, uma vez que goza de irredutibilidade de vencimentos, em atendimento ao contido no art. 37, XV, da Constituição.

Vale dizer que a readaptação é uma situação extraordinária, não se podendo falar em readaptação de ofício, bem como os demais servidores da repartição não podem postular isonomia com o servidor adaptado, por se tratar de uma situação *sui generis*.

Existem algumas críticas quanto à constitucionalidade da readaptação, inclusive de administrativistas do porte de Celso Antonio Bandeira de Mello, entendendo ser inconstitucional essa investidura, por representar burla à regra do concurso público. Na real verdade, esta forma de provimento permite até mesmo a mudança de cargo e, mudança de cargo sem concurso público, foi o que acarretou a motivação da inconstitucionalidade da ascensão e transferência, pelo Supremo Tribunal Federal. No entanto, não há, até o fechamento do presente trabalho, qualquer ADIN proposta no sentido de sua inconstitucionalidade.

Em síntese, é fundamental observar que a readaptação não poderá acarretar aumento ou redução da remuneração do servidor.[109] Assim, se revela ilegal a supressão da gratificação por risco de vida, a título de ilustração, de Agentes Penitenciários, cargo para o qual o servidor prestou concurso e desempenhava as atividades antes de ser readaptado para o cargo de Agente Administrativo[110].

Para ilustrar este item, trazemos à baila o julgamento da Apelação Cível nº 70021243480, julgada pela Quarta Câmara Cível do Tribunal de Justiça do Estado do Rio Grande do Sul.

Por meio de ação ordinária, servidora do Município de Porto Alegre buscava conseguir aposentadoria por invalidez permanente, depois que foi **readaptada** para o cargo de Auxiliar de Serviços Gerais após comprovada delimitação de atribuições por problemas ortopédicos para continuar exercendo o cargo de operária.

---

109 Na mesma linha de argumentação, colaciona-se ementa da decisão proferida no RMS 9.545/SC, que teve como Relator o Ministro Fernando Gonçalves, da 6a Turma do STJ, in verbis:
"ADMINISTRATIVO. READAPTAÇÃO. PROFESSORA. SUPRESSÃO DE GRATIFICAÇÃO. ILEGALIDADE. OCORRÊNCIA. 1. A readaptação, ainda que provisória, em cargo de remuneração inferior ao originário, não retira da professora o direito de perceber a Gratificação de Estímulo à Regência de Classe, sob pena de violação ao princípio da irredutibilidade de vencimentos. 2 - Recurso ordinário provido.
São as razões que me conduzem, seguramente, a conceder a segurança. (...)"

110 No mesmo sentido:
"READAPTAÇÃO. FUNCIONÁRIO PÚBLICO ESTADUAL READAPTADO EM CARGO DE PADRÃO INFERIOR. APLICAÇÃO DO ART. 48, PARÁGRAFO 2º, DA LEI Nº 1.751, DE 22/02/51. ESTATUTO DO FUNCIONÁRIO PÚBLICO ESTADUAL. EMBORA A READAPTAÇÃO IMPORTE EM NOVO PROVIMENTO, A LEI QUIS GARANTIR AO FUNCIONÁRIO O VENCIMENTO QUE PERCEBIA NO CARGO DE ORIGEM, E TAL GARANTIA TEM CARÁTER PERMANENTE, PROJETA-SE PARA O FUTURO, BENEFICIANDO-SE O SERVIDOR COM OS POSTERIORES AUMENTOS DO VENCIMENTO CORRESPONDENTE AO PADRÃO DO CARGO ANTERIORMENTE TITULADO. (Apelação Cível Nº 29360, Primeira Câmara Cível, Tribunal de Justiça do RS, Relator: Athos Gusmão Carneiro)."

Entretanto, o pleito foi negado por sentença com a alegação de que a autora não preenchia os requisitos para se aposentar por invalidez, visto que não restou demonstrado no laudo do Departamento Médico Judiciário a limitação para o exercício das atividades designadas em face da readaptação.

Em apelação, a servidora, vencida na ação ordinária, sustentava a inconstitucionalidade do instituto da readaptação, alegando que o reconhecimento por parte do Município de Porto Alegre de sua incapacidade para exercer o cargo de operária pressupõe o seu direito à aposentadoria, e não à readaptação.

Já no julgamento da Apelação, a Quarta Câmara Cível do Tribunal de Justiça daquele Estado negou por unanimidade o seu provimento, usando seu relator os seguintes argumentos, que bem explicam o que vem a ser o instituto da readaptação.

"Invalidez implica a incapacidade física total para o trabalho, ou seja, para desempenhar as atividades inerentes ao cargo, assim definidas em lei, e, ademais, a impossibilidade de reabilitação para o trabalho, pois, do contrário, o servidor deverá ser readaptado em outro cargo (...)"[111]

Conclui, por fim, que a apelante não se encontra inválida para o serviço público, podendo exercer suas atividades normalmente, e cita a Lei Complementar nº 133/85, cujo art. 57 explica sobre a readaptação. Com isso, nega o provimento à apelação.

Art. 57 – Readaptação é a forma de provimento do funcionário estável em cargo de igual ou inferior classificação, mais compatível com suas condições de saúde física ou mental, podendo ser processada a pedido ou "*ex-ofício*".

Faz-se mister que se ressalte no estudo deste tópico, no que alude às circunstâncias passíveis de readaptação, que servidor público ocupante tão somente de cargo em comissão e sem qualquer vínculo efetivo com a Administração Pública não pode fazer jus a provimento por meio deste instituto, por questões legais e já devidamente enfatizadas pelas jurisprudências dos Tribunais Superiores.

É o caso, para exemplificar, do julgamento de Agravo Regimental no Recurso Especial nº 749.852-DF, transcorrido na Sexta Turma do Superior Tribunal de Justiça e que teve como Relator o Ministro PAULO GALLOTTI, em que servidora ocupante de cargo comissionado buscou ser readaptada aos quadros da Administração Pública Federal, com a alegação de que o direito à readaptação não é exclusivo dos servidores efetivos, mas também extensivo aos comissionados.

Contudo, não logrou êxito o provimento do Agravo Regimental[112] interposto contra decisão, abaixo descrita, que negou seguimento ao Recurso Especial, fulcrado na alínea "a" do permissivo constitucional. O Recurso Especial, por seu turno, buscava reformular Acórdão do Tribunal Federal da 1ª Região, o qual confirmou a sentença em detrimento da Apelação, sendo vencida a servidora postulante do instituto da readaptação.

"ADMINISTRATIVO. SERVIDOR PÚBLICO OCUPANTE DE CARGO COMISSIONADO SEM VÍNCULO EFETIVO COM A ADMINISTRAÇÃO PÚBLICA. ARTIGO 535 DO CÓDIGO DE PROCESSO CIVIL. VIOLAÇÃO. NAO OCORRÊNCIA. ARTIGO 24, § 1º, DA LEI Nº 8.112/90.

1. Não ocorre omissão quando o Tribunal de origem decide fundamentadamente todas as questões postas ao seu crivo.

---

111 Para melhor justificar a correta aplicação da readaptação, o Ministro Relator juntou ao seu julgamento parte do laudo pericial emitido pelo Departamento Médico Judiciário, com a conclusão de que não havia a invalidez, o que basta para levar o servidor a ser readaptado em outro cargo:
"CONCLUSÃO: No presente exame, constatamos que a Autora apresentou Hérnia Discal Lombar e L5-S1, que foi motivo de tratamento cirúrgico, obtendo um ótimo resultado funcional, restabelecendo a capacidade laborativa da Autora em sua plenitude. Não há invalidez para o seu exercício laboral habitual".

112 AGRAVO REGIMENTAL. ADMINISTRATIVO. SERVIDOR PÚBLICO. OCUPANTE DE CARGO COMISSIONADO SEM VÍNCULO EFETIVO COM A ADMINISTRAÇÃO PÚBLICA. READAPTAÇÃO. IMPOSSIBILIDADE.
1. A readaptação, conceituada como sendo "a investidura do servidor em cargo de atribuições e responsabilidades compatíveis com a limitação que tenha sofrido em sua capacidade física ou mental e verificada em inspeção médica", é instituto que se destina apenas aos servidores efetivos, não se estendendo aos ocupantes de função comissionada, sem vínculo com a Administração Pública Federal.
2. Agravo improvido.

2. A readaptação, conceituada como sendo "a investidura do servidor em cargo de atribuições e responsabilidades compatíveis com a limitação que tenha sofrido em sua capacidade física ou mental verificada em inspeção médica" é instituto que se destina apenas aos servidores efetivos, não se estendendo aos ocupantes de função comissionada, sem vínculo com a Administração Pública Federal.

3. Recurso especial a que se nega provimento".

O Ministro PAULO GALLOTTI, em seu voto, buscou demonstrar que o provimento agravado deveria ser mantido, eis que a alegação de negativa de vigência do art. 24, da Lei 8.112/90, não tem consistência. Eis o que reza a citada lei acerca do instituto da readaptação:

Lei 8.112/90

[...]

Art. 24. Readaptação é a investidura do servidor em cargo de atribuições e responsabilidades compatíveis com a limitação que tenha sofrido em sua capacidade física ou mental verificada em inspeção médica.

§ 1º. Se julgado incapaz para o serviço público, o readaptado será aposentado.

§ 2º. A readaptação será efetivada em cargo de atribuições afins, respeitada a habilitação exigida, nível de escolaridade e equivalência de vencimentos e, na hipótese de inexistência de cargo vago, o servidor exercerá suas atribuições como excedente, até a ocorrência de vaga (Redação dada pela Lei nº 9.527, de 10.12.97). (Grifamos o texto original).

Não obstante, não haver clara menção no texto da Lei nº 8.112/90 sobre o fato de que o instituto sob análise se destina apenas aos servidores efetivos, não se estendendo aos ocupantes de cargo em comissão sem vínculo com a Administração Pública, este raciocínio já está pacífico na doutrina e jurisprudência vigentes.

Ademais, o legislador ordinário já deixou registrado, com a edição da Lei nº 8.647/93, a existência de vinculação de servidor público civil ocupante de cargo em comissão sem vínculo efetivo com a Administração Pública Federal, ao Regime Geral de Previdência Social, ao alterar o art. 183 da Lei 8.112/90.

Sendo assim, após a edição da citada lei, servidor ocupante de cargo em comissão que não seja, ao mesmo tempo, ocupante de cargo ou emprego efetivo na Administração Pública, não faz jus à aposentadoria estatutária,[113] sendo estas as alegações de que se valeu o Ministro Relator ao negar provimento ao Agravo Regimental.

Por fim, só para arrematar, a readaptação é um instituto que se destina apenas aos servidores efetivos, não se estendendo aos ocupantes de função comissionada, sem vínculo com a Administração Pública.[114]

---

113 "RECURSO EM MANDADO DE SEGURANÇA. ADMINISTRATIVO. SERVIDOR PÚBLICO ESTADUAL OCUPANTE SOMENTE DE CARGO EM COMISSÃO. APOSENTADORIA PROPORCIONAL. RESOLUÇÃO Nº 5.132/93. TEMPO DE SERVIÇO. LEI Nº 8.112/90. ALTERAÇÃO PELA LEI 8.647/93.
Em situação análoga, esta Corte já proferiu decisão no sentido da ausência de direito líquido e certo (RMS nº 11.176/MG, Rel. Min. Felix Fisher).
No caso, tratando-se de servidor ocupante somente de cargo em comissão, que requereu sua aposentadoria em 1998, e considerando que os proventos de aposentadoria são regidos pela lei vigente ao tempo em que o servidor reuniu os requisitos necessários, não lhe assiste o alegado direito, uma vez que já vigia a Lei nº 8.647/93 que, revogando dispositivo do RJU, expressamente estatui que os ocupantes de cargo em comissão de livre nomeação não terão direito aos benefícios do Plano de Seguridade Social.
Recurso desprovido.
(RMS nº 13.154/MG, Relator o Ministro José Arnaldo da Fonseca.)".
114 AgRg no Recurso Especial nº 749.852 – DF, STJ, Rel. Min. Paulo Gallotti.

12.3. Reversão

É uma forma de reingresso do servidor inativo e se consuma, segundo JOSÉ DOS SANTOS CARVALHO FILHO,[115] com a ocorrência de duas situações funcionais. O restabelecimento, por laudo médico, de servidor aposentado por invalidez ou vício de legalidade no ato que concedeu a aposentadoria[116].

No mesmo sentido, CELSO ANTÔNIO BANDEIRA DE MELLO[117] dispõe que a lei nº 8.112/90, ao tratar da reversão, só faz menção ao reingresso do servidor aposentado por invalidez. Mas se houve erro na aposentação do servidor, a Administração tem o dever de anular o ato e obrigar o servidor a retornar a seu cargo. Não é aplicável nos casos em que são descobertas fraudes e irregularidades que, comprovadamente, são uns dos grandes caminhos para o "rombo" da Previdência Privada e Pública. Se a Administração perceber que o mesmo usou de má-fé ou apresentou laudos fraudulentos para se aposentar por invalidez, não há que se falar na reversão. A lei fala em motivos insubsistentes e não os inexistentes (fraude). Há lesão aos cofres públicos. Deve-se haver punição, porém não através de demissão, após o respectivo processo administrativo disciplinar. Não se pode demitir inativo, aposentado. Inativo não é demitido. Demissão só ocorre para quem está na ativa. A pena será a cassação da aposentadoria. É crime contra a Administração Pública e o servidor terá de devolver tudo que fora percebido ilicitamente.

Foi com base na hipótese de fraude que chegou ao Tribunal de Justiça do Rio Grande do Sul, a partir de uma denúncia anônima ao Ministério da Previdência e Assistência Social, julgamento de Apelação tendo como partes, servidora pública, aposentada por invalidez, e Município de Porto Alegre.

12.4. Sevidor Público. Reversão de Aposentadoria. Dano Moral.

Incensurável mostra-se o ato sentencial ao invalidar o ato de reversão, sendo os argumentos do julgador muito bem postos, mercê de consistente fundamentação, além de fundados em prova pericial elaborada pelo DMJ, laudo psicológico e psiquiátrico, que concluíram pela incapacidade da autora para exercer atividades laborativas remuneradas, pois portadora de Transtorno Borderline de Personalidade.

É dever do Município investigar, mediante procedimento próprio e inspeção médica, especialmente diante de denúncia, se persiste o estado de saúde incapacitante da autora, que deu causa à aposentadoria. A atitude do réu configura exercício regular de direito, que não gera dano moral.

Apelo Improvido. Confirmada, no mais, a sentença em reexame necessário.

(Apelação Cível nº 70003797495. Primeira Câmara Especial Cível. Porto Alegre. Relator Des. Adão Sérgio do Nascimento Cassiano).

---

115 Manual de direito administrativo. 9. ed. Rio de Janeiro: Lumen Juris, 2012, p. 489-490.

116 Jurisprudência: Ementa: RECURSO ESPECIAL. ADMINISTRATIVO. SERVIDOR. APOSENTADORIA POR INVALIDEZ. CESSAÇÃO DA CAUSA. PATRULHEIRO RODOVIÁRIO FEDERAL. REVERSÃO. REDISTRIBUIÇÃO. INOCORRÊNCIA DE EXTINÇÃO DO CARGO. VIOLAÇÃO NÃO CARACTERIZADA. Cessada a causa que originou a aposentadoria por invalidez, tem direito o servidor à reversão – art. 26 da Lei nº 8.112/90. O cargo por ele ocupado, Policial Rodoviário Federal, não foi extinto, tendo sido desvinculado do DNER e subordinado ao Ministério da Justiça, não deixando de fazer jus o servidor ao instituto da reversão. (RESP 195.380/CE; RECURSO ESPECIAL; Relator Min. JOSÉ ARNALDO DA FONSECA (1106); Recurso desprovido; Data da Decisão 06/04/2001 Órgão Julgador T5 – QUINTA TURMA).
EMENTA: SERVIDOR PÚBLICO – DIREITO À CONTAGEM DO TEMPO DE AFASTAMENTO PARA FINS DE APOSENTADORIA – REVERSÃO – ART. 52 DA LEI MUNICIPAL Nº 28/53 – PARECER Nº 11.043 DA PGE. APELO PROVIDO. (04 FLS). (APELAÇÃO CÍVEL Nº 70000881060, QUARTA CÂMARA CÍVEL, TRIBUNAL DE JUSTIÇA DO RS, RELATOR: DES. JOÃO CARLOS BRANCO CARDOSO).
EMENTA: ADMINISTRATIVO. SERVIDOR PÚBLICO MUNICIPAL. APOSENTADORIA. TEMPO FICTO. INCONSTITUCIONALIDADE. REVERSÃO. 1. DETERMINADA A REVERSÃO DOS SERVIDORES, DEVEM ESTES RETORNAR AOS SEUS CARGOS ORIGINÁRIOS. 2. OS VALORES PERCEBIDOS A TÍTULO DE PROVENTOS NÃO PODEM SER DESCONTADOS DOS VENCIMENTOS DOS SERVIDORES, EIS QUE CABIA AO MUNICÍPIO NEGAR APLICAÇÃO À LEI INCONSTITUCIONAL. 3. NEGARAM PROVIMENTO A AMBOS OS RECURSOS. (APELAÇÃO CÍVEL Nº 595197559, TERCEIRA CÂMARA CÍVEL, TRIBUNAL DE JUSTIÇA DO RS, RELATOR: DES. NELSON OSCAR DE SOUZA).

117 Curso de direito administrativo. p. 152.

Recebida a denúncia sobre a suposta irregularidade dos benefícios recebidos pela servidora aposentada, iniciou o aludido Ministério processo administrativo para aferir a veracidade ou não dos fatos que justificavam a inativação e uma consequente reversão. Submetida à perícia médica na Junta Médica da Secretaria Municipal de Saúde, o laudo concluiu que a servidora encontrava-se apta ao trabalho, fato este que resultou no ato de reversão pelo Município de Porto Alegre.

Diante disso, a servidora ingressou com ação judicial requerendo a "revogação" (termo errôneo, pois o certo é invalidação), dos efeitos do ato administrativo de reversão, e a manutenção do seu estado de aposentada, com pedido cautelar, além de pleitear a condenação do Município ao pagamento de indenização equivalente a 200 (duzentos) salários mínimos, em razão dos danos morais os quais teria sofrido no decorrer do processo administrativo e da sua consequente reversão aos quadros públicos, inadequadamente ordenada.

Em sua defesa, alegou o Município a legitimidade de seu ato, que apenas teve início a partir de ofício do Ministério da Previdência designando tal medida, por taxar de irregular os benefícios concedidos à autora da ação pela suposta irregularidade na inativação. E mais, que o ato de reversão se deu em razão do laudo técnico auferido pela Junta Médica da Secretaria Municipal de Saúde, o que de fato ocorreu.

Não obstante, em réplica, outra perícia elaborada pelo DMJ emitiu laudo psicológico e psiquiátrico constatando a incapacidade da autora para exercer atividades laborativas remuneradas, apontando ser a mesma portadora de Transtorno Borderline de Personalidade.

Com efeito, o ato sentencial do Juiz da 3ª. Vara de Fazenda Pública da Capital deu procedência ao pedido cautelar, mas procedeu apenas parcialmente o pedido principal, não concedendo o pleito indenizatório, apesar de confirmar a aposentadoria da servidora e invalidar o ato administrativo de reversão do Município, razão pela qual apelou a autora, alegando equívoco do julgador.

Tentou demonstrar, em sua Apelação, que o desenrolar de todo o processo gerou consequências danosas ao seu estado psicológico, pelas entrevistas, exame pericial, indagações e depoimentos. Enfim, em razão a todo desgaste o qual se submeteu para ter confirmada a sua aposentadoria.

Em seu voto, o Relator do processo se queda totalmente favorável à sentença monocrática, julgando-a com consistente fundamentação e amparada em prova pericial elaborada pelo DMJ, que opinou pela incapacidade laborativa da apelante em decorrência do Transtorno Borderline de Personalidade, e pela manutenção da aposentadoria. No que toca ao pedido indenizatório por dano moral, também concorda que este não é cabível.

Considerou o relator que não se justifica alegar que o Município agiu de forma a constranger a apelante, pois ao investigar uma suposta irregularidade na concessão de seus benefícios, e isto após ofício do Ministério da Previdência e Assistência Social, as condutas do Município configuraram exercício regular de direito, ou, mais ainda, um dever da Administração, não tendo quaisquer indícios de gerar dano moral conforme tentou demonstrar a apelante.

Outro fato relevante no voto do Relator é que o ato de reversão que foi imposto à apelante após o laudo do Município não pode ser considerado passível de gerar dano moral, já que a sua própria condição de portar o Transtorno Borderline de Personalidade faz supor que a sua estabilidade psíquica e emocional não mantém necessariamente uma constante, podendo sua personalidade ser facilmente mascarada na realização de exames periciais em razão mesmo deste transtorno.

Sendo assim, ratifica o iminente Relator que a sentença merece ser mantida em sua totalidade, não cabendo a concessão de indenização por danos morais, e, sendo assim, vota justificadamente pela improcedência do pedido, pedindo ainda retificado o cadastro do processo para fazer constar seu reexame necessário.

Como elemento de auto-fixação, vale reiterar que a Administração Pública goza de prerrogativas entre as quais o controle administrativo, pelo que lhe é dado rever os atos de seus próprios órgãos, o que encontra amparo no poder de autotutela administrativa, ora enunciado nas Súmulas 346 e 473 do Supremo Tribunal Federal, tendo como fundamento os princípios constitucionais da legalidade e do interesse público, podendo, inclusive, convocar o servidor para apresentar os documentos que justificam a concessão da aposentadoria, inexistindo, na aludida convocação, qualquer arbitrariedade.

É o caso, por exemplo, de ter a Administração agido erroneamente na contagem de tempo de serviço, cujo erro precipitou o ato da aposentação que, ao certo, só ocorreria tempos depois. Ou, ainda, de erro quando da aferição de laudo médico o qual consta, equivocadamente, situação que remete o servidor à inatividade. Descobrindo-se, posteriormente, tais erros, dar-se-á a reversão.

Há necessidade, para tal, da observância das regras de um verdadeiro processo administrativo, como instrumento para efetivação do controle dos atos da Administração, não sendo lícito impor sanções, deveres, ou mesmo restringir ou negar direitos a particulares, através de meros atos, olvidando-se dos princípios que estão a informar o devido processo administrativo, entre eles, principalmente, a ampla defesa e o contraditório.

O extinto Tribunal Federal de Recursos sumulou o entendimento, através do verbete 160, e sua jurisprudência predominante encaminha-se no sentido de que a suspensão do benefício de aposentadoria, em decorrência de suspeita de fraude sem a existência de processo administrativo é nula, importando em violação do contraditório e em abuso de poder.

Entendemos que a simples comunicação ao servidor da possibilidade de suspensão do benefício, por si só, não satisfaz os princípios antes mencionados.

Adicione-se a isso que a Constituição Federal, em seu art. 5º, inc. LIV, é taxativa no sentido de limitar o poder do Estado quando se trata de privação de liberdade, ou de seus bens "sem o devido processo legal", garantindo aos litigantes, em processo judicial ou administrativo, o contraditório e ampla defesa, com os meios e recursos a ela inerentes.

Por último, a própria lei que regula o processo administrativo no âmbito da Administração Pública Federal, Lei nº 9.784/99, em seu art. 27, dispõe que "o desatendimento da intimação não importa o reconhecimento da verdade dos fatos nem a renúncia a direito pelo administrado."

Evidente que, se a cura ocorrer após os 70 anos de idade, como o sistema de aposentadoria compulsória ocorre a partir dessa idade, não poderá acontecer a reversão (art. 40, § 1º, II, da Constituição e art. 27, Lei 8.112/90).

É um instituto que, se adotado, requer especiais cuidados para que não seja fonte de abusos.

Bom é lembrar que, em primeiro lugar, não podem reverter os compulsoriamente aposentados. Em segundo lugar, é sempre necessária a motivação definitória do interesse público em cada reversão, de vez que se trata de ato discricionário. Nas aposentadorias por invalidez será necessário, ainda, que não mais subsistam os motivos que a sustentaram. Como ato discricionário, valem as observações feitas a propósito dos efeitos da readmissão, inclusive seus efeitos *ex nunc*.

JOSÉ DOS SANTOS CARVALHO FILHO[118] afirma que, anteriormente, se reconhecia uma forma de reversão em que o servidor, após a sua aposentadoria, solicitava o seu retorno, e ficava a critério único e exclusivo da Administração atender ou não à postulação. Para o autor, como esta forma não mais existe, só seria possível a investidura mediante aprovação prévia em concurso público, o que não se dava naquela forma de reversão. No entanto, a Lei nº 8.112/90 (Estatuto dos Servidores Federais), passou a admitir a reversão "no interesse da Administração", desde que: 1º) haja solicitação da reversão; 2º) a aposentadoria tenha sido voluntária e concedida nos cinco anos anteriores ao pedido; 3º) o servidor fosse estável quando se aposentou; 4º) haja cargo vago. Pelas novas regras, conclui este autor que a reversão dar-se-á no mesmo cargo em que o servidor se aposentou ou naquele que resultou de eventual transformação. Se o cargo estiver provido, o servidor ficará como excedente até a ocorrência de vaga.

Assim, só pode ocorrer a reversão quando houver restabelecimento do servidor aposentado por invalidez ou se houver ato ilegal de aposentadoria.

Se não houver vaga no retorno do inativo para a ativa, dar-se-á um dos raros momentos em que se admite o excedente ou extranumerário. O excedente ou extranumerário é aquele que fica vagando, fora do quadro, mas em exercício. Abrindo uma vaga no quadro, o excedente irá ocupá-la, sem concurso. A reversão é um ato vinculado, ou seja, mesmo que não tenha vaga, o servidor tem de retornar.

É o que consta no § 3º, do art. 25:

---

118 Manual de direito administrativo. 9. ed. Rio de Janeiro: Lumen Juris, 2002, p. 489.

§ 3º no caso do inciso I (da aposentadoria por invalidez) encontrando-se provido o cargo, o servidor exercerá suas atribuições como excedente até ocorrência da vaga.[119]

Então, como se pode verificar, o servidor cuja aposentadoria por invalidez tenha sido cessada em razão da extinção da incapacitação deve ser revertido para o cargo de origem. Caso tal cargo tenha sido extinto, ele pode ser aproveitado em outro cargo de atribuições e complexidade semelhantes, com nível de escolaridade e vencimentos iguais aos do cargo de origem, em respeito ao princípio do concurso público, expresso no inciso II do artigo 37 da Constituição Federal (CF/88).

Em relação a tal aspecto, caso o aproveitamento não seja possível, o servidor deve ser colocado em disponibilidade, com os vencimentos do cargo de origem proporcionais ao tempo de contribuição, até que seja possível o aproveitamento, nos termos do parágrafo 3º do artigo 41 da CF/88. Essa é a orientação do Pleno do Tribunal de Contas de vários estados da federação.

Quanto ao vencimento, nesse caso, o servidor deverá ficar em disponibilidade, com remuneração proporcional ao tempo de serviço, até ser aproveitado, quando possível, em outro cargo com correspondência de atribuições e vencimentos.

Por fim, vale acrescentar que tal situação não tem amparo constitucional, só amparo legal.

Oportuno, também, esclarecer que o instituto da reversão ao serviço público não se aplica a funcionário celetista aposentado por invalidez, e isto pelo fato de que o ato de aposentadoria desta espécie de funcionalismo implica no encerramento do vínculo contratual com a Administração Pública.

Em outras palavras, podemos asseverar que o instituto da reversão ao serviço público é cabível tão somente aos servidores estatutários da administração direta e da indireta.

O Tribunal Regional Federal da 2ª Região já emitiu acórdão neste sentido, ao analisar Apelação Cível interposta em face de sentença que julgou improcedente pedido do autor, funcionário celetista do Departamento Nacional de Estrada de Rodagem – DNER, aposentado por invalidez, que buscava sua inclusão como servidor público federal, no cargo de Patrulheiro Rodoviário Federal, e sua redistribuição para o Quadro de Pessoal do Ministério da Justiça.

Em seu voto, o ministro relator Vicente Leal narrou a sequência de fatos os quais o autor se submeteu, sendo fato relevante que em 1981 se afastou do serviço para tratamento da saúde, recebendo o benefício de auxílio-doença até 1989, quando então foi aposentado por invalidez.

Faz-se mister lembrar que, durante o período em que esteve o servidor no gozo do benefício previdenciário do auxílio-doença, poderia perfeitamente reassumir o emprego, o que não fez, subentendendo-se que não houve a superação da doença que o afastou da atividade.

Com isso, a sua permanência como previdenciário do auxílio-doença acarretou o fato de ter sido esgotado o período durante o qual poderia permanecer naquela situação provisória, e partir daí tem-se que o seu afastamento é definitivo.

Conforme já dito anteriormente, esta irrevogabilidade que se aplica ao ato de aposentadoria de funcionário regido pela CLT decorre do encerramento do vínculo contratual deste com a Administração Pública.

No que tange à alegação do autor de que, por ser funcionário celetista, passou a ser regido pelo regime estatutário com o advento da Lei 8.112/90, entendeu o Relator, não deve prosperar.

---

119 O autor finaliza sua conclusão dizendo que atualmente tais normas são flagrantemente inconstitucionais. Dizendo o seguinte:

"Como já se enfatizou, a aposentadoria extingue a relação estatutária e acarreta a vacância do respectivo cargo, não se podendo admitir a ressurreição da relação jurídica definitivamente sepultada. Por outro lado, esse tipo de reversão rende ensejo a que o servidor, depois de abandonar o serviço público, resolva simplesmente desistir de sua inatividade e voltar ao mesmo cargo, deixando sempre fluido e instável o quadro funcional. Não se pode esquecer, ainda, que reingresso dessa natureza ofende frontalmente o princípio da acessibilidade aos cargos mediante prévia aprovação em concurso público, expressamente acolhido no art. 37, II, da vigente Constituição, e isso porque inaugura nova relação estatutária, diversa daquela que se extinguiu pela aposentadoria. O fundamento, aliás, é o mesmo adotado pelo STF para os casos de transferência e ascensão funcional, institutos que, também aceitos anteriormente, como o era a reversão por interesse administrativo, foram banidos do atual sistema por vulneração ao aludido postulado".

A transposição constante no art. 243 da referida lei só abarcou os servidores regidos à época pela Lei 1.711/52 (Estatuto dos Funcionários Públicos Civis da União), os "servidores ocupantes de empregos públicos após aprovação em concurso público", e os celetistas estáveis na forma do art. 19 do ADCT, cujos empregos públicos foram transformados em cargos públicos por força deste dispositivo constitucional.

Conforme restou provado nos autos, o autor não se encontrava em exercício na data da promulgação da Constituição Federal de 1988, mas afastado do serviço para tratamento da saúde e recebendo o benefício de auxílio doença, não podendo por consequência ser contemplado com a estabilidade propiciada pelo art. 19 da ADCT, a qual transformou emprego em cargo público.

Por isso mesmo, concluiu o Tribunal Regional Federal da 2ª. Região, o autor não adquiriu a estabilidade que o tornasse estatutário, mas permaneceu na condição de celetista aposentado por invalidez e, nesta condição, não pode ser beneficiado com o instituto da reversão, sendo incabível o seu pleito.

Neste mesmo sentido é o acórdão do Superior Tribunal de Justiça abaixo transcrito:

"EMENTA: PROCESSUAL CIVIL – ADMINISTRATIVO – FUNCIONÁRIO PÚBLICO APOSENTADO POR INVALIDEZ PELO REGIME CELETISTA – PEDIDO DE REVERSÃO – COISA JULGADA – APOSENTADORIA PREVIDENCIÁRIA – DIREITO À EQUIPARAÇÃO COM OS VENCIMENTOS DOS SERVIDORES EM ATIVIDADE – INEXISTÊNCIA.

Omissis.

Em consonância com tal conceito, ocorre a coisa julgada na hipótese em que funcionário público, aposentando por invalidez pelo regime celetista, postula reversão ao serviço público, não influindo na causa de pedir e no pedido, *in casu*, a questão de anulação do ato de aposentadoria.

O ato de aposentadoria do funcionário público regido pelas normas celetistas implica no encerramento das relações de trabalho e do vínculo contratual com a Administração Pública.

Aposentando-se o autor sob vínculo celetista e obtendo sua inatividade remunerada perante o sistema previdenciário, não lhe aproveitam as vantagens percebidas pelos servidores estatutários em atividade.

Recurso especial não conhecido".

(REsp 96.090/PE – Rel. Min. VICENTE LEAL – STJ).

12.5. Reintegração

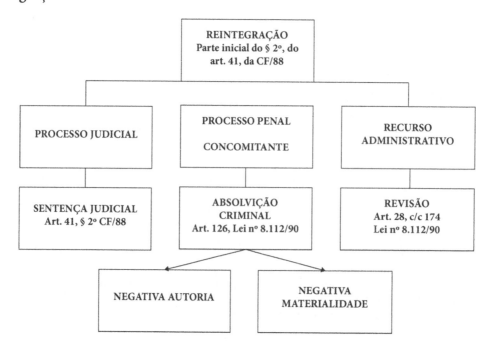

A reintegração constitui-se em garantia estatutária, de assento constitucional (art. 41, § 2°), definida como forma de provimento derivado mediante a qual o ex-servidor, desprovido disciplinarmente, por aplicação de pena de demissão, torna à sua situação funcional anterior em virtude de anulação, administrativa ou judiciária, do ato que o excluiu do serviço público[120]. O servidor retorna a seu cargo após ter sido reconhecida a ilegalidade de sua demissão. Trata-se, portanto, de um consectário lógico do desfazimento de um ato demissionário, ato este, ressalte-se, essencialmente punitivo.

Para DIOGO FIGUEIREDO MOREIRA NETO[121] ao reconhecer-se, em ato declarativo de nulidade, a invalidade do ato de demissão, seguir-se-á, logicamente, a abertura *ex officio* do processo de reintegração, como um ato complementar, o que significa que operará *ex tunc*, retroagindo à data da demissão anulada, assegurando todos os direitos relativamente ao tempo em que o reintegrado esteve ilegalmente afastado.

A reintegração é tratada no Estatuto Federal na mesma linha da doutrina estratificada (art. 28).

Pelo dispositivo do texto Constitucional, art. 41, § 2°, a reintegração é a prova inquestionável de que não existe coisa julgada administrativa. O servidor mesmo que utilizando-se de todos os recursos administrativos, insatisfeito, ainda poderá recorrer ao Poder Judiciário, através da famosa ação ordinária de anulação de ato de demissão, com o famoso efeito *ex tunc*, retroagindo a data da ilegalidade. Objetivo é alterar uma decisão administrativa mediante uma sentença judicial, restando ao servidor o direito de ser devidamente indenizado de todos os prejuízos que suportou durante a demissão injustificada, durante a arbitrariedade, durante a demissão ilegal, já que ela foi revista pelo Poder Judiciário.

Dentro desta mesma linha é que se pode afirmar que, quaisquer concessões de pagamento referente às parcelas que o servidor deixou de auferir durante o período em que esteve demitido, por ato administrativo posteriormente declarado nulo, não são consideradas julgamento *extra petita*.

Este tem sido o entendimento do Superior Tribunal de Justiça, cujo voto do Relator Ministro PAULO GALLOTTI bem demonstra esta tendência, ao negar provimento ao agravo regimental em que o Agravante, Estado de Alagoas, buscava argumentar contra o agravado, servidor público reintegrado, o julgamento extra petita quanto à concessão dos vencimentos e das vantagens que lhe seriam pagos com relação ao período em que esteve afastado, inobstante a declaração judicial de nulidade do ato de demissão. Neste sentido, discorre o Ministro em seu voto:

---

120 Jurisprudência: EMENTA: ADMINISTRATIVO. SERVIDOR PÚBLICO. PEDIDO DE EXONERAÇÃO. VÍCIO NÃO COMPROVADO. REINTE¬GRAÇÃO. IMPOSSIBILIDADE. 1. NÃO FAZ JUS A REINTEGRAÇÃO O SERVIDOR QUE AO SE ARREPENDER DO PEDIDO DE EXONERAÇÃO ALEGA VÍCIO DE CONSENTIMENTO, SEM COMPROVÁ-LO. 2. APELAÇÃO DESPROVIDA. (APELAÇÃO CÍVEL N° 70003966314, QUARTA CÂMARA CÍVEL, TRIBUNAL DE JUSTIÇA DO RS, RELATOR: DES. ARAKEN DE ASSIS.)

EMENTA: ADMINISTRATIVO E CONSTITUCIONAL. SERVIDOR PÚBLICO. LICENCIAMENTO COMPULSÓRIO IMOTIVADO. DIREITO A REINTEGRAÇÃO. COMPROVADA, PELA SUA ABSOLVIÇÃO NA JUSTIÇA CASTRENDA, A INEXISTÊNCIA DO FATO QUE DEU ORIGEM AO LICENCIAMENTO COMPULSÓRIO DO SERVIDOR PÚBLICO ESTADUAL MILITAR, NÃO ESTÁVEL, E DEVIDA A SUA REINTEGRAÇÃO, BEM COMO O PAGAMENTO DAS VERBAS REMUNERATÓRIAS, VENCIDAS E VINCENDAS, MORMENTE, QUANDO O ATO ADMINISTRATIVO QUE DETERMINOU O SEU AFASTAMENTO NÃO ASSEGUROU A NECESSÁRIA DEFESA PRÉVIA, EM INOBSERVÂNCIA AO PRINCÍPIO CONSTITUCIONAL DA AMPLA DEFESA. NEGARAM PROVIMENTO A APELAÇÃO E CONFIRMARAM A SENTENÇA EM REEXAME NECESSÁRIO. UNÂNIME. (4 FLS.) (APELAÇÃO E REEXAME NECESSÁRIO N° 70000019554, PRIMEIRA CÂMARA ESPECIAL CÍVEL, TRIBUNAL DE JUSTIÇA DO RS, RELATOR: DES. ROQUE JOAQUIM VOLKWEISS).

Emenda: Apelação. Anulação de ato de demissão e pleito de reintegração no serviço público, com o pagamento de verbas indenizatórias. Devido processo legal observado em inquérito administrativo que, após sindicância, indiciou o servidor com precisa descrição dos fatos que lhe eram imputados (usurpação de função e lesões corporais), garantindo-lhe o exercício de ampla defesa. Servidor que fere estrangeiro a tiros, em meio a diligência que não estava autorizado a realizar, nem cabia no exercício de seu cargo (carcereiro policial), em companhia de colega tampouco a tanto habilitado (auxiliar de necropsia), fazendo uso de arma de fogo sem registro e com numeração apagada. Denunciado em três ações penais, acusado da prática de outros crimes (homicídio e roubo), depois do inquérito. Resíduo administrativo. Proporcionalidade entre os motivos e a penalidade. Ato integro. Recurso desprovido. Manutenção da sentença de improcedência. (IRP) (Partes: LUIZ SANTANA FERREIRA; ESTADO DO RIO DE JANEIRO; Tipo da Ação: APELAÇÃO CIVEL; Número do Processo: 2016.001.08385; Comarca de Origem: CAPITAL; Órgão Julgador: DECIMA OITAVA CAMARA CIVEL; Votação: Unânime; DES. JESSE TORRES).

121 Curso de direito administrativo. 17. ed. Rio de Janeiro: Forense, 2012, p. 301.

"O acórdão recorrido, ao decidir que "sendo nulo o ato administrativo, os seus efeitos retroagem à data do licenciamento, sendo correta a sentença quando condenou o Estado ao pagamento dos vencimentos a partir da data em que o autor foi expulso", foi proferido em consonância com a jurisprudência do Superior Tribunal de Justiça, não tendo ocorrido julgamento *extra petita*".

As ementas da lavra do STJ deixam claro esta posição.[122]

A Constituição, como se dedica à reintegração apenas no § 2º, do art. 41, não menciona se haverá ou não indenização na reintegração. Mas é uma presunção lógica, já que o Estado, no âmbito da decisão administrativa, acarretou o prejuízo. Então, a indenização recebida pelo servidor público reintegrado cobrirá tudo o que deixou de receber, quer em matéria de remuneração, quer em matéria de vantagens outras, com o tempo de serviço, anuênios e o que mais o estatuto atribuir ao servidor, tudo com juros e correção monetária.

Não poderá ser reintegrado, através de liminar, pois a reintegração se operacionaliza apenas por sentença judicial e liminar não é sentença. Não cabe também Mandado de Segurança ou Ação Cautelar. Então o primeiro caminho da reintegração é oferecido pela própria Constituição.

Confira-se a decisão do Tribunal Regional Federal sobre o tema:

AGRAVO DE INSTRUMENTO. SERVIDOR PÚBLICO. PUGNA POR SUA REINTEGRAÇÃO AO SERVIÇO. – A reintegração do servidor, quando constatada a ilegalidade da demissão, somente se admite através de sentença judicial, consoante se constata do art. 41, § 2º, da CRFB/88. (Agravo de instrumento 141.226, órgão julgador: 7ª Turma, 2ª Região – Rel. Reis Friede).

---

122 AGRAVO REGIMENTAL. ADMINISTRATIVO. PROCESSO CIVIL. SERVIDOR PÚBLICO. MILITAR. ATO DE EXCLUSÃO. NULIDADE. RECONHECIMENTO. PAGAMENTO DE PARCELAS ATRASADAS. JULGAMENTO *EXTRA PETITA*. INOCORRÊNCIA.
1 – "O servidor público reintegrado ao cargo, em razão da declaração judicial de nulidade do ato de demissão, tem direito ao tempo de serviço, aos vencimentos e às vantagens, que lhe seriam pagas durante o período de afastamento" (AgRg no Ag nº 499.312/MS, Relatora a Ministra LAURITA VAZ, DJU 30/8/2008).
2 – O pagamento de parcelas atrasadas desde a data de exclusão do autor não caracteriza julgamento *extra petita*.
3 – Agravo regimental a que se nega provimento.

'PROCESSO CIVIL. OFENSA AO ARTIGO 535 DO CÓDIGO DE PROCESSO CIVIL OMISSÃO MANIFESTA. AUSÊNCIA. CONCLUSÃO LÓGICO-SISTEMÁTICA DO DECISUM. DECISÃO *EXTRA PETITA*. NÃO OCORRÊNCIA. ANULAÇÃO DE DEMISSÃO. PRECEDENTES. AGRAVO INTERNO DESPROVIDO.
I – Para admitir-se o recurso especial com esteio no artigo 535 do Código de Processo Civil a omissão tem de ser manifesta, ou seja, imprescindível para o enfrentamento da quaestio nas Cortes superiores. No caso dos autos, não é o que se verifica.
II – Ademais, compete ao magistrado fundamentar todas as suas decisões, de modo a robustecê-las, bem como afastar qualquer dúvida quanto à motivação tomada, tudo em respeito ao disposto no artigo 93, IX, da Carta Magna de 1988. Cumpre destacar que deve ser considerada a conclusão lógico-sistemática adotada pelo *decisum*, como ocorre *in casu*.
III – Consoante a jurisprudência do Superior Tribunal de Justiça, não há julgamento extra petita se a parte dispositiva guardar sintonia com o pedido e a causa de pedir lançados na exordial. Precedentes.
IV – A anulação da exclusão do soldado, com a respectiva reintegração, tem como consequência lógica a recomposição integral dos direitos do servidor demitido, em respeito ao princípio da *restitutio in integrum*.
V – Agravo interno desprovido'.
(AgRg no Ag nº 725.916/BA, Relator o Ministro GILSON DIPP).

'ADMINISTRTIVO. SERVIDOR PÚBLICO ESTADUAL. DEMISSÃO. OCUPANTE DE CARGO EFETIVO E FUNÇÃO COMISSIONADA. ANULAÇÃO. REINTEGRAÇÃO. EFEITOS FINANCEIROS. RESTABELECIMENTO DO *STATUS QUO* ANTE. RECEBIMENTO DOS VALORES DO CARGO EFETIVO E DA FUNÇÃO COMISSIONADA. POSSIBILIDADE.
1. A declaração de nulidade de um determinado ato deve operar efeitos *ex tunc*, ou seja, deve restabelecer exatamente o status quo ante, de modo a preservar todos os direitos do indivíduo atingido pela ilegalidade.
2. O servidor público reintegrado ao cargo, em razão da declaração judicial de nulidade do ato de demissão, tem direito ao tempo de serviço, aos vencimentos e às vantagens, que lhes seriam pagas durante o período de afastamento, inclusive aqueles referentes à função comissionada que estava ocupando à época.
3. Agravo regimental desprovido'.
(AgRg no Ag nº 499.312/MS. Relatora a Ministra Laurita Vaz).

O caminho da ação judicial para anular a decisão administrativa, não é o único caminho para se conseguir a reintegração. Há outros caminhos. O segundo caminho é o próprio recurso administrativo o que é quase improvável. Aduz o art. 28, da Lei 8112/90:

Art. 28 A reintegração é a reinvestidura do servidor estável no cargo anteriormente ocupado, ou no cargo resultante de sua transformação, quando invalidada a sua demissão por decisão administrativa ou judicial, com ressarcimento de todas as vantagens.

Mesmo que o estatuto não preveja a reintegração administrativa, aplica-se em homenagem ao princípio da autotutela dos atos administrativos.

O terceiro caminho para reintegração, que é um dos preferidos em concurso público é o efeito da sentença penal em outras esferas.

Vejamos, pois, o art. 121, da Lei nº 8.112/90:

Art. 121. O servidor responde civil penal e administrativamente pelo exercício irregular de suas atribuições.

O servidor ao cometer uma infração, poderá ser punido na esfera administrativa (demissão), na esfera cível (ressarcimento aos cofres públicos) e na esfera penal (privação de liberdade). Logo, por uma mesma infração, responderá nas três esferas.

O processo administrativo e o penal podem ser instaurados concomitantemente. Só que o processo administrativo tem prazo para finalizar (art. 152, Lei 8.112/90), sendo, no máximo, cento e vinte dias. Então, o servidor pode ser demitido, enquanto o processo penal continua. É sabido que a sentença penal condenatória condiciona as outras esferas, porém a sentença penal absolutória, em regra, esta sentença não condicionará os outros ramos.

Por exemplo, servidor pratica peculato. Será processado administrativamente e penalmente. Suponhamos que, no processo administrativo, é condenado e demitido. Posteriormente, foi absolvido no processo penal concomitante, por falta de provas. Nesse caso, a esfera penal não produzirá nenhum efeito sobre a esfera administrativa, pois não houve a negação da autoria ou da materialidade do fato. Foi absolvido tão-somente por falta de provas (*in dubio pro reo*). Não haverá reintegração do servidor demitido administrativamente.

Ressalte-se que a absolvição tem de ser com base na negativa autoria ou negativa da existência do fato.

Observe-se, exceção à regra, é a absolvição que não condiciona as outras esferas. A própria Lei nº 8.112/90, no seu art. 126, elenca:

Art. 126. A responsabilidade administrativa do servidor será afastada no caso de absolvição criminal que negue a existência do fato ou de sua autoria.

Regra dominante em Direito Administrativo é a de que a sentença absolutória, proferida no juízo criminal, só produz efeito vinculante na esfera administrativa, se tiver por fundamento estar provada a inexistência do fato ou de existir circunstância que exclua o crime ou isente o réu de pena, respectivamente incisos I e V do art. 386 do Código de Processo Penal. São os efeitos da sentença penal que condiciona a esfera administrativa.

Muito cuidado! Nada adianta de que a decisão judicial afirmar "não constituir o fato infração penal", com fundamento no inciso III do art. 366 do Código de Processo Penal. Em regra, não acarreta vinculação na esfera administrativa, poque o mesmo fato que não configura crime pode constituir infração disciplinar. Então, não serve negar a tipicidade, tem que negar a existência do fato para ser reintegrado.

Diante da relevância do tema, em outras palavras, se a decisão absolutória do juízo criminal se funda na inexistência de fato também constitutivo da infração disciplinar, assim entendida a afirmação de que, por exemplo, a cobrança de emolumentos não foi indevida nem excessiva, e, coerentemente, conclui que não houve infração administrativa, tal decisão haverá de repercutir nesta esfera.

Em síntese, o funcionário só pode ser punido pela Administração, se, além daquele fato pelo qual foi absolvido, houver alguma outra irregularidade que constitua infração administrativa, aquilo que se convencionou chamar de "falta residual".

Questão frequente em concurso público, principalmente preferido nas bancas do Ministério Público: "O servidor condenado, demitido administrativamente e concomitante em processo penal vem a ser absolvido por falta de provas. Comente os efeitos da sentença penal na esfera administrativa". A resposta é: nenhum efeito, porque a lei quer negativa da autoria. Se há falta de prova, não se está negando nem afirmando nada. Se há dúvida, aplica-se o refrão *"in dubio pro reo"*. Não se está negando a autoria, apenas não se tem dados suficientes para mandar o servidor cumprir a pena.

Sabidamente, a instância criminal só obriga a administrativa se a sentença absolutória reconhecer a inexistência do fato ou negar, expressamente, a autoria do crime. Pacífica, neste ponto, a jurisprudência, como podemos conferir, *in verbis*:

> "ADMINISTRATIVO – RESPONSABILIDADE CIVIL – DEMISSÃO DE SERVIDOR – FATO DEFINIDO COMO ILÍCITO PENAL
>
> I – A absolvição criminal por insuficiência ou falta de provas não implica em desconstituir-se automaticamente a sanção administrativa aplicada ao servidor, pelo mesmo fato. A desconstituição automática somente ocorre, quando a Justiça Criminal declara inexistente o fato ou que dele não participou o funcionário.
>
> II – Ação de indenização. Improcedência".
>
> (STJ – 1ª Turma – RESP 13.880-1 – Rel. Min. Humberto Gomes de Bastos – unânime).

Há entendimento interessante em que, embora não se chegue a negar a autoria do fato ao acusado, a fragilidade da imputação acaba por revelar-se de maneira insofismável, impedindo sua condenação pela conduta.

Entendemos, assim, que, de fato, a absolvição criminal por falta de provas não faz coisa julgada na esfera administrativa, mas também não impede que os elementos colhidos até seu desfecho sirvam para elidir a decisão administrativa. Explicando melhor, é possível que os elementos revelados ao longo do processo penal possam evidenciar a ilegalidade da demissão do servidor, ainda que resulte, afinal, em mera absolvição por ausência de provas, pois, ainda que inexistente o aludido efeito automático da decisão criminal, não se pode desconsiderar, peremptoriamente, fatos que poderão vir a influenciar no controle jurisdicional do ato administrativo.

Existe uma matéria mais complicada. É a possibilidade de se questionar o estrito cumprimento do dever legal, a legítima defesa e o estado de necessidade. Levariam a reintegração?

No que tange a legítima defesa e ao estrito cumprimento do dever legal, o Superior Tribunal de Justiça tem apresentado uma certa uniformidade em aceitar essas hipóteses como formas, também, mesmo sem amparo no art. 126, de levar a reintegração, se demitido administrativamente.

Quanto ao estado de necessidade, os Tribunais do nosso país oscilam. Há, também, uma certa resistência, por parte da doutrina, aceitá-lo como forma de absolvição condicionadora às outras esferas. Portanto, até hoje perdura divergência. Presenciamos, inclusive, posicionamento do Tribunal de Justiça do Rio de Janeiro obrigando, nessa hipótese, o servidor, absolvido por estado de necessidade, a pagar indenização no cível e continuar demitido administrativamente.

Defendemos a tese de que o estado de necessidade deveria, sim, também ser levado em consideração e condicionar a esfera administrativa. Mas é uma posição isolada, que continua fora do rol das absolvições criminais que levariam a reintegração do servidor. E isso é justificável porque o estado de necessidade poderia ser alegado em diversas infrações.

Hipoteticamente, o servidor tem contrato de dedicação exclusiva na universidade pública, ao ser descoberto, poderia alegar estado de necessidade. Repetindo, há um entendimento majoritário segundo o qual o estado de necessidade não é um dos caminhos para se condicionar a decisão administrativa

Oportuno que se diga que responsabilidade criminal, civil e administrativa pertencem a órbitas diferentes, não guardando nenhuma relação de interdependência entre si, pois que no sistema jurídico pátrio é consagrada a independência das instâncias, ressalvando-se a exceção no que toca às hipóteses previstas no Código Civil.

No referido diploma legal encontramos a ressalva de que não mais se poderá questionar a existência de crime ou de sua autoria quando estas questões já se encontrarem decididas na esfera criminal por via de sentença absolutória.

Portanto, por tal motivo é que afirmamos não haver qualquer relação entre as órbitas civil, penal e administrativa, e que não se cogita, no caso de servidor que responde concomitantemente a processos nestas esferas, que a Administração aguarde a prestação jurisdicional civil ou criminal para apenas depois decidir pela demissão de seu funcionário.

Da mesma forma, não poderá o servidor que busca a sua reintegração em cargo público adquirir este direito automaticamente apenas pelo fato de ter sido absolvido na esfera criminal. Aliás, nem mesmo a concessão de "sursis" e a consequente extinção da punibilidade na órbita criminal habilitam o funcionário de ser reintegrado no cargo público, haja vista a já narrada interdependência das esferas civil, administrativa e criminal.

Comumente são levados aos tribunais recursos que pleiteiam a anulação da pena da demissão proferida em regular processo administrativo, alegando-se que esta demissão antes da sentença do Juízo Criminal é intempestiva. Ou seja, busca-se a anulação da decisão administrativa nula clara associação desta com a esfera criminal, o que já está provado, é um grande equívoco.

A respeito deste tema, vejamos decisão do Superior Tribunal de Justiça no Resp. nº 409.890/RS, publicada no DJ de 19/12/2002, tendo como Relator o Ministro Hamilton Carvalhido.[123]

E, por fim, cabe acrescentar que a jurisprudência dominantes dos nossos Tribunais superiores é firme no sentido de que a demanda visando à reintegração de servidor público deve ser proposta no prazo de cinco anos contados do ato de sua exclusão. Nesse sentido, confiram-se os seguintes julgados:

Processo

AgRg no REsp 1217235 RJ 2014/0190818-9

Orgão Julgador T1 - PRIMEIRA TURMA

Relator Ministro TEORI ALBINO ZAVASCKI

Ementa

ADMINISTRATIVO. SERVIDOR PÚBLICO. REINTEGRAÇÃO. PRETENSÃO.PRESCRIÇÃO. TERMO INICIAL. DATA DA EXCLUSÃO.

1. A demanda visando à reintegração de servidor público deve ser proposta no prazo de cinco anos contados do ato de sua exclusão. Precedentes.

2. Agravo regimental a que se nega provimento.

---

123 EMENTA. ADMINISTRATIVO E PENAL. OMISSÃO NÃO EVIDENCIADA. PRESCRIÇÃO. INSTÂNCIAS. REPERCUSSÃO DE SUPERVENIENTE SENTENÇA PENAL ABSOLUTÓRIA EM ATO DEMISSIONAL. CONHECIMENTO E PROVIMENTO.
1. A mera alegação em abstrato, no recurso especial, de omissão do acórdão regional consubstancia, exatamente porque desprovida a insurgência, nesse particular, de fundamentação, a evidenciar sua relevância e a determinar a anulação do acórdão alvejado, deficiência bastante, com sede própria nas razões recursais, a impor o não conhecimento do recurso assentado na violação do artigo 535 do Código de Processo Civil. Inteligência do enunciado nº 284 da Súmula do Supremo Tribunal Federal.
2. Eventuais vícios no inquérito administrativo que culminam na demissão do servidor devem ser suscitados, sob pena de prescrição, dentro do período de 5 anos, contados a partir do ato da demissão e, não, a partir do trânsito em julgado de superveniente sentença absolutória na esfera penal. Com efeito, a superveniência de sentença criminal absolutória pode, quando muito, repercutir no ato de demissão, até mesmo para desconstituí-lo, mas, nunca, reabrir, quando já ultrapassado o prazo de 5 anos, a discussão acerca de supostos vícios do inquérito administrativo.
3. "A absolvição criminal só afasta a responsabilidade administrativa e civil quando ficar decidida a inexistência do fato ou a não autoria imputada ao servidor, dada a independência das três jurisdições. A absolvição na ação penal, por falta de provas ou ausência de dolo, não exclui a culpa administrativa e civil do servidor público, que pode, assim, ser punido administrativamente e responsabilizado civilmente." (in Hely Lopes Meirelles, Direito Administrativo Brasileiro, Malheiros Editores, 24ª edição, página 417).
4. Tendo a superveniente sentença criminal absolutória, embora citando o artigo 386, inciso II, do Código de Processo Penal, voltado toda sua fundamentação para a incidência do inciso VI do mesmo artigo, até mesmo atestando a materialidade do delito, não há repercussão na demissão do servidor.
5. Recurso conhecido e improvido.

Por fim, é importante frisar que militar que assume cargo público não pode ser reincorporado.

A Advocacia-Geral da União (AGU) obteve junto ao Superior Tribunal de Justiça (STJ) uma decisão que proíbe a reincorporação ao Exército de militar que tenha sido demitido para exercer cargo público civil.

A atuação ocorreu no caso de uma primeiro-tenente demitida da ativa, em 2014, após ser aprovada em concurso e assumir o cargo de analista judiciário do Tribunal Regional do Trabalho da 24ª Região (TRT/24).

Em 2017, ela desistiu do estágio probatório no novo cargo para retornar ao Exército e protocolou reque-rimento para ser readmitida. Como o requerimento foi negado, impetrou mandato de segurança, alegando ter direito líquido e certo à reinclusão (Ref.: Mandado de Segurança nº 23.550 – STJ).

Os advogados da União demonstraram, no entanto, que o artigo 117 da Lei nº 6.880/80 (Estatuto dos Militares) não prevê a recondução por inabilitação ou desistência de estágio probatório. O instituto, previsto apenas no Estatuto dos Servidores Civis (Lei nº 8.112/90), não se aplica aos militares.

A AGU destacou, ainda, que o Estatuto dos Militares prevê expressamente que a posse em cargo público civil, inacumulável com o serviço militar, é causa de demissão.

Por unanimidade, a Primeira Seção do STJ acolheu o entendimento da AGU e negou o mandado de segurança. O relator do caso, ministro Mauro Campbell Marques, reconheceu que o Estatuto dos Militares não prevê reinclusão após desistência de estágio probatório em cargo civil.

"Cumpre também observar que o art. 98, da referida norma legal, ao dispor sobre transferência para a reserva remunerada, não prevê hipótese que pode agasalhar a pretensão da parte ora Impetrante", completou o ministro em seu voto.

12.6. Recondução

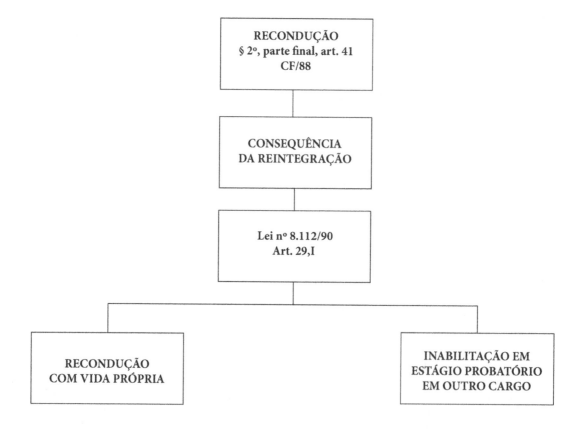

O reconduzido surge em razão da reintegração de servidor, demitido injustamente, em consonância com o art. 41, § 2º, segunda parte, da nossa Constituição.

Este dispositivo, também, encontra-se no art. 20 da Lei n.º 8.112/1990, que dispõe sobre o regime jurídico dos servidores públicos civis da União, das autarquias e das fundações públicas federais, *in verbis*:

"Art. 20 - Ao entrar em exercício, o servidor nomeado para cargo de provimento efetivo ficará sujeito a estágio probatório por período de 24 (vinte e quatro) meses durante o qual a sua aptidão e capacidade serão objeto de avaliação para o desempenho do cargo, observados os seguintes fatores:

l - assiduidade;

(...)

§ 2º-O servidor não aprovado no estágio probatório será exonerado ou, se estável, reconduzido ao cargo anteriormente ocupado, observado o disposto no parágrafo único do art. 29".

E a recondução, para que se perfectibilize, depende do preenchimento dos requisitos estabelecidos nos incisos do art. 29 da Lei nº 8.112/90: inabilitação em estágio probatório em outro cargo e reintegração do anterior ocupante.

Oportuno se faz breve comentário acerca do servidor, já estável, que realizou novo concurso e que, no curso do estágio probatório, não se adaptando às novas funções, desiste do referido estágio, faz jus à recondução ao ex-cargo.

O argumento de que o servidor ao desistir do estágio, não teria direito à recondução, improspera. Aliás, fere a lógica do razoável. A vingar essa tese, seria melhor a reprovação no estágio do que a simples desistência, o que, por certo, não é a intenção da lei.[124]

O segundo aspecto a ser comentado, é que, constitucionalmente falando, não tem a recondução vida própria, autônoma. Surgindo uma reintegração, dará margem à recondução.

O art. 28, ª 2º da Lei nº 8.112/90, consigna:

§ 2º Encontrando-se provido o cargo, o seu eventual ocupante será reconduzido ao cargo de origem, sem direito a indenização ou aproveitado em outro cargo ou, ainda, posto em disponibilidade.

Percebe-se, logo de saída, pelo texto acima, que não há para o reconduzido garantia nenhuma.

Ele será aproveitado em outro cargo ou posto em disponibilidade, caso seu cargo de origem esteja preenchido.

Dúvida surtirá quando o reconduzido não possuir cargo de origem. Curiosamente, o texto constitucional não fala na obrigatoriedade do reconduzido ser estável. No entanto, o Estatuto Federal menciona tal exigência, de acordo com o art. 29, Lei 8.112/90.

A título de exemplificação, servidor foi demitido. Então, abriu-se uma vaga. A Administração Pública chama o habilitado em concurso público para preencher a tal vaga. No decorrer do estágio probatório, ocorre a reintegração. Pergunta-se: como fica esse servidor que está preenchendo a vaga do reintegrado? Não cabe exoneração, pois esta é para quem não se houve bem no estágio probatório. Não há jurisprudência sobre o assunto. A doutrina não encontra resposta para tal situação. Pela redação do art. 41, § 2º, da Constituição, só tem direito a recondução o servidor estável. O servidor em estágio probatório não é estável. Não há como ser reconduzido para o lugar de origem, bem como não pode ser colocado em disponibilidade. A única solução é fazer uso da remoção, na qual a lei não pede estabilidade. A remoção não é um direito do servidor. Trata-se de um ato discricionário do administrador fazer uso ou não (art. 36, Lei 8.112/90). Ademais, remoção não

---

124 *Na mesma esteira também caminha o pensamento do Supremo Tribunal Federal, in verbis:*
"CONSTITUCIONAL – ADMINISTRATIVO. SERVIDOR PÚBLICO ESTÁVEL. ESTÁGIO PROBATÓRIO. Lei 8.112, de 1990, art. 20, § 2º. I. – Policial Rodoviário Federal, aprovado em concurso público, estável, que presta novo concurso e, aprovado, é nomeado Escrivão da Polícia Federal. Durante o estágio probatório neste último cargo, requer sua recondução ao cargo anterior. Possibilidade, na forma do disposto no art. 20, § 2º, da Lei 8.112/90. É que, enquanto não confirmado no estágio do novo cargo, não estará extinta a situação anterior.
II. – Precedentes do STF.: MS 22.933-DF.
III. – Mandado de segurança deferido".
(MS 23S77/DF-DISTRITO FEDERAL, Relator Min. CARLOS VELLOSO, Tribunal Pleno)

é inconstitucional. Se não houver vaga, não poderá ser removido. Não há solução aparente. O servidor não poderá ser demitido, porque não cometeu infração. Não pode ser colocado como excedente, pois não há previsão expressa na lei.

Há uma Súmula do Supremo que, mesmo não sendo específica para o caso, mas é uma situação similar, mostrando que o estágio probatório não tem todas as proteções do servidor estável.

Reza a Súmula 22 do STF:

"O estágio probatório não protege funcionário contra extinção do cargo".

Extinto o cargo, o caminho é a disponibilidade com proventos proporcionais (parte final do § 2º, do art. 41, da Constituição).

É importante frisar que o aproveitamento, normalmente, vem depois da disponibilidade. Essa é a regra normal. Mas a própria Constituição admite até que o servidor venha ser aproveitado de imediato, sem passar pela disponibilidade.

A doutrina tem se manifestado no sentido de entender que o aproveitamento é obrigatório e imediato, desde que haja cargo correlato, já que a sua manutenção na disponibilidade poderá acarretar prejuízos para o seu patrimônio, pois se o servidor houver ingressado há pouco tempo no serviço público, a sua remuneração, que será proporcional ao tempo de serviço, sofrerá substancial quebra de valor.

Não obstante, não se registra disposição expressa abarcando o direito do servidor, nestas circunstâncias, exigir o seu pronto aproveitamento ou recondução. Ao contrário, o Supremo já enfatizou, através de Súmula, a existência desse direito, aduzindo que deverá subsistir a conveniência da Administração perante este direito do servidor.

Súmula 39 do STF

A falta de lei, funcionário em disponibilidade não pode exigir, judicialmente, o seu aproveitamento, que fica subordinado ao critério de conveniência da Administração.

Então, o reconduzido tem um tratamento totalmente diferente do reintegrado. A recondução não garante o direito de retornar para vaga de origem, se tiver preenchida.

Chamamos a atenção que a Lei nº 8.112/90 criou uma recondução com vida própria, sem base na Constituição, ou seja, recondução consequência da reintegração.

Vejamos, agora, a leitura do art. 29 da Lei nº 8.112/90:

Art. 29. Recondução é o retorno do servidor estável ao cargo anteriormente ocupado e decorrerá de: (...)

Este dispositivo só vale para União. Por exemplo, um servidor federal é portador de um cargo "X", estável. A seguir, faz outro concurso público também em âmbito federal, sendo aprovado. Obviamente, terá que enfrentar um novo estágio probatório. Em não obtendo êxito no estágio probatório, será **reconduzido** ao cargo de origem. Mas, antes, tem que comparecer no cargo de origem e postular a chamada "vacância para posse em cargo inacumulável". O correto seria chamar licença sem vencimento, mas a União criou essa terminologia e peculiaridade (art. 33). Trata-se, pois, de uma terminologia imprópria, sem amparo constitucional. Se houve **vacância** para assumir posse em cargo inacumulável há o rompimento do vínculo anterior com a nova investidura, sem concurso público, parece-nos inconstitucional.

Observe-se, por derradeiro, que funcionário público federal, aprovado em concurso público, estável, que presta novo concurso e, aprovado, é nomeado para outro cargo federal. Durante o estágio probatório neste último cargo, há total possibilidade de se requerer sua recondução ao cargo anterior, na forma do disposto no art. 20, § 2º, da Lei 8.112/90. É que, enquanto não confirmado no estágio do novo cargo, não estará extinta a situação anterior.

De acordo com a doutrina predominante acerca do tema: "Apenas a confirmação no estágio probatório do novo cargo extingue a situação anterior, pertinente ao cargo onde o servidor se estabilizou".[125] Isto já foi inclusive confirmado pelo Supremo Tribunal Federal em um caso semelhante, cuja Ementa se segue para apreciação:

EMENTA: CONSTITUCIONAL. ADMINISTRATIVO. SERVIDOR PÚBLICO ESTÁVEL. ESTÁGIO PROBATÓRIO. Lei 8.112, de 1990, art. 20, § 2º.

I – Policial Rodoviário Federal, aprovado em concurso público, estável, que presta novo concurso e, aprovado, é nomeado Escrivão da Polícia Federal. Durante o estágio probatório neste último cargo, requer sua recondução ao cargo anterior. Possibilidade na forma do disposto no art. 20, § 2º, da Lei 8.112/90. É que, enquanto não confirmado no estágio do novo cargo, não estará distinta a situação anterior.

II – Precedentes do STF: MS 22.933-DF, Ministro O. Gallotti, Plenário, 26/6/98, "DJ" de 13/11/18.

III – Mandado de segurança deferido.

O referido julgado se refere à hipótese em que o impetrante de Mandado de Segurança ocupava o cargo de Policial Rodoviário Federal, na situação de servidor estável e devidamente aprovado em concurso público, que pede licença com o argumento de tratar de interesses particulares.

Não obstante, durante este período de licença se submeteu a novo concurso público para ingresso no cargo de Escrivão da Polícia Federal, e obteve êxito no resultado final, tendo sido aprovado e empossado sem, contudo, se desligar definitivamente do outro cargo, ou seja, sem extinguir legalmente a situação anterior.

Durante o período do estágio probatório, concluiu o servidor pela sua inaptidão para continuar a ocupar o cargo de Escrivão da Polícia Federal, e, com isso, se viu no direito de retornar ao cargo de origem por meio da avocação do ato administrativo da recondução, o que lhe foi negado de plano e o levou, inconformado com a negativa, a impetrar Mandado de Segurança em face do ato do Presidente da República.

Este, por intermédio da Advocacia Geral da União, usou os seguintes argumentos para respaldar sua decisão em não conceder o direito de recondução ao servidor: 1. ausência de suporte constitucional para a recondução pleiteada; 2. ausência de suporte legal a fundamentar a vontade do impetrante; 3. impossibilidade da recondução pretendida.

No julgamento do Mandado de Segurança, o Ministro Carlos Velloso, em seu voto, evoca a lição de outro julgamento igual já apreciado por aquela Corte, favorável à recondução de servidor que roga por tal ato ainda durante período de estágio probatório de novo cargo, sem, contudo, ter ainda se desligado do cargo anterior. Enriquece sua decisão trazendo referido julgado favorável:

"Funcionário estável da Imprensa Nacional admitido, por concurso público, ao cargo de Agente de Polícia do Distrito Federal.

Natureza, inerente ao estágio, de complemento de processo seletivo, sendo, igualmente, sua finalidade a de aferir a adaptabilidade do servidor ao desempenho de suas novas funções.

Consequentemente possibilidade, durante o seu curso, de desistência do estágio, com retorno ao cargo de origem (art. 20, § 2º, da Lei nº 8.112/90).

Inocorrência de ofensa ao princípio da autonomia das Unidades da Federação, por ser mantida pela União a Polícia Civil do Distrito Federal (Constituição, art. 21, XIV)

Mandado de Segurança deferido." (MS 22.933-DF, Relator Ministro Octavio Galloti, STF).

Contudo, conforme já dito anteriormente, "apenas a confirmação no estágio probatório do novo cargo extinguiria a situação anterior", e como o servidor em tese requereu a sua recondução ainda durante a fase do estágio probatório, este detalhe embasou a conclusão do Ministro do STF que deferiu favoravelmente à sua segurança, concedendo-lhe o direito de ser reconduzido ao cargo anterior.

---

125 Ivan Barbosa Rogolin. Comentários ao Regime Único dos Servidores Públicos Civis. Saraiva, 9ª Ed. 2016, p. 65.

Já em outro julgamento muito semelhante a este, que também tramitou pela Corte Suprema, o Ministro Carlos Velloso, com muito brilhantismo, identificou a diferença da questão sob análise e opinou pelo não provimento do recurso.

O que o fez a negar o pedido foi exatamente o fato de que o servidor que buscava garantir na Justiça o seu direito de recondução a cargo anteriormente ocupado, diferentemente do caso anterior, já havia esgotado o seu período de estágio probatório no cargo atual, o que o levou a extinguir a situação anterior. Vejamos, contudo, como se deu o pedido e a análise pelo Supremo, a começar pela Ementa:

EMENTA: CONSTITUCIONAL. ADMINISTRATIVO. SERVIDOR PÚBLICO. ESTÁGIO PROBATÓRIO. Lei 8.112/90, art. 20, § 2º, art. 41.

I – O direito de o servidor, aprovado em concurso público, estável, que presta novo concurso e, aprovado, é nomeado para cargo outro, retornar ao cargo anterior ocorre enquanto estiver sendo submetido ao estágio probatório no novo cargo: Lei 8.112/90, art. 20, § 2º. É que, enquanto não confirmado no estágio do novo cargo, não estará extinta a situação anterior.

II – No caso, o servidor somente requereu a sua recondução ao cargo antigo cerca de três anos e cinco meses após a sua posse e exercício neste, quando, inclusive, já estável: CF., art. 41.

III – M.S. indeferido.

Este caso específico trata-se de mandando de segurança impetrado por ocupante de cargo público de Inspetor Fiscal da Secretaria de Finanças e Desenvolvimento Econômico da Prefeitura Municipal de São Paulo-SP, contra ato do PROCURADOR-GERAL DA REPÚBLICA que indeferiu seu pedido de recondução ao cargo de Analista Administrativo da Procuradoria da República, ocupado anteriormente.

Segundo aduziu o impetrante, este se submeteu a concurso público para o cargo o qual ocupa atualmente, na Prefeitura Municipal de São Paulo, e após a aprovação, tomou posse e entrou em exercício, tendo pedido vacância em razão de sua estabilidade no serviço público federal, certo de que sua estabilidade neste cargo estaria condicionada à sua avaliação de desempenho, conforme dispõe expressamente o art. 41, § 4º, da Constituição Federal, mas o que, de fato, não havia ainda se formalizado.

Sustenta ainda ser inexistente o impedimento à recondução pleiteada, valendo-se da premissa de que a estabilidade não se atrela ao cargo, mas ao serviço público, inobstante a sua esfera, federal, estadual ou municipal. E mais, que o seu estágio probatório na referida prefeitura não se extinguiu, nos termos do art. 41, § 4º, da Constituição Federal e 18 do Estatuto do Funcionário Público do Município de São Paulo, pois ao contrário do que afirma o Secretário de Pessoal do Ministério Público Federal: "a extinção do vínculo anterior só se efetiva com a publicação do ato confirmatório", esta de fato ainda não ocorreu, pois não houve ainda tal publicação.

Alega, ainda, a existência de jurisprudências desta mesma Corte reconhecendo direito de servidor de desistir de estágio probatório para regressar a cargo anterior, sendo uma delas a do Ministro Carlos Velloso, D.J. de 14.06.2002, que é exatamente o "case" que foi discorrido anteriormente a este.

Em seu pronunciamento, o Procurador Geral da República se reportando ao enunciado pelo Secretário de Pessoal do Ministério Público Federal, informou sobre a inexistência de vagas disponíveis para o cargo o qual o impetrante pleiteia a recondução, na Procuradoria da República no Estado do Rio de Janeiro, bem como sobre a real ocorrência da extinção do vínculo entre as partes, em decorrência do advento da estabilidade no atual cargo exercido na Prefeitura de São Paulo-SP.

Isto pode ser comprovado pelo fato de que o impetrante tomou posse e entrou em exercício do dia 11 de fevereiro de 1999, tendo já ultrapassado o período de 3 anos de efetivo exercício o qual a Constituição Federal em seu art. 41, estabelece como mínimo para se alcançar a estabilidade.

Ademais, uma vez comprovado o alcance da estabilidade pelo transcurso do prazo constitucional de três anos, se conclui que houve também a aprovação do servidor no estágio probatório, que é de dois anos a partir da posse, ainda que não tenha sido anotado nos seus assentamentos funcionais. Sendo assim, é a partir desta confirmação que o Procurador Geral da República concluiu pela impossibilidade de conceder ao impetrante o direito de recondução a cargo anterior, uma vez que não há mais vínculo com o órgão público em questão. Daí ter opinado pela denegação da segurança.

Já o Ministro Carlos Velloso, em seu voto, faz de plano a ressalva de que o impetrante, quando do seu pedido de recondução aos quadros da Procuradoria-Geral da República, já contava com o percurso de três anos e cinco meses no exercício da Prefeitura Municipal de São Paulo. Traz à leitura, inclusive, o disposto no art. 41, caput e § 4º da Constituição Federal, para um maior esclarecimento da questão em análise sob a ótica constitucional:

"Art. 41. São estáveis após três anos de efetivo exercício os servidores nomeados para o cargo de provimento efetivo em virtude de concurso público.

(...)

§ 4º. Como condição para a aquisição da estabilidade, é obrigatória a avaliação especial de desempenho por comissão instituída para essa finalidade."

Neste sentido, argumenta o Relator que resta claro que o impetrante foi nomeado para cargo da Prefeitura Municipal de São Paulo após sua regular aprovação em concurso público, tomou posse e iniciou o exercício no referido cargo, tendo já transcorrido os prazos de que exige a Norma Constitucional tanto para a sua aprovação em estágio probatório quanto para a aquisição de sua estabilidade no serviço público.

Assim, evidencia-se que a sua estabilidade no cargo o qual ocupa não há que ser questionada posto que ultrapassado, há muito, o prazo de dois anos previsto no art. 20 da Lei 8.112/90, bem como o prazo de três anos exigível à aquisição da estabilidade no art. 41 da Constituição Federal. Ressalta, de forma oportuna, que o direito que assiste ao servidor de se valer do instituto da recondução, para retornar ao cargo que anteriormente ocupava, poderia ter sido exercido dentro do prazo do estágio probatório equivalente a 2 anos, prescrito que está na Lei 8.112/90, em seu 20, já transcorrido, conforme fartamente demonstrado. Para enriquecer as alegações do voto que indeferiu o pedido do impetrante, traz ainda o Relator a lição do ilustre Procurador-Geral, Prof. Cláudio Fonteles:

"(...)

Na esteira do entendimento acima exposto, e em virtude, na presente hipótese, do efetivo transcurso do triênio constitucional para a aquisição da estabilidade, tem-se por evidente que o servidor ora impetrante foi aprovado em seu estágio probatório, ainda que não conste em seus assentamentos funcionais a avaliação formal. Ademais, a conduta omissiva da Administração em proceder à avaliação formal do servidor não pode ser alegada como óbice à aquisição da estabilidade após três anos de efetivo exercício em cargo provido por concurso público, nos moldes do caput do art. 41 da Carta Magna.

Nessa toada o professor HELY LOPES MEIRELLES esclarece que 'fatalmente haverá caso envolvendo o decurso do prazo de três anos sem que essa avaliação especial tenha sido feita nos moldes determinados pelo dispositivo constitucional (art. 41). Como esse dever cabe à Administração Pública, o servidor não poderá ser prejudicado e adquirirá a estabilidade caso preencha as demais condições, apurando-se e responsabilizando-se o servidor que tinha o dever funcional de instituir a comissão especial ou da própria comissão que, embora instituída, não exerceu a atribuição.[126]

Dessa forma, considerando-se que a estabilidade do impetrante no caso Inspetor Fiscal de Secretaria de Finanças e Desenvolvimento Econômico da Prefeitura do Município de São Paulo/SP é evidente, haja vista o pedido de recondução ter sido efetuado após três anos e cinco meses de efetivo exercício na Prefeitura Municipal, não mais que se falar na possibilidade de recondução aos quadros da Procuradoria da República no Estado do Rio de Janeiro, uma vez que findo o estágio probatório, encontra-se extinta a situação anterior".

A Lei 8.112, de 1990, estabelece, no § 2º do art. 20, que o servidor não aprovado no estágio probatório será exonerado, ou, se estável, será reconduzido ao cargo anteriormente ocupado; se o cargo anterior estiver provido, o servidor será aproveitado em outro (art. 29 parág. único). Essa é a regra.

---

126 in Direito Administrativo, 2016, 28ª Ed.

12.7. Aproveitamento

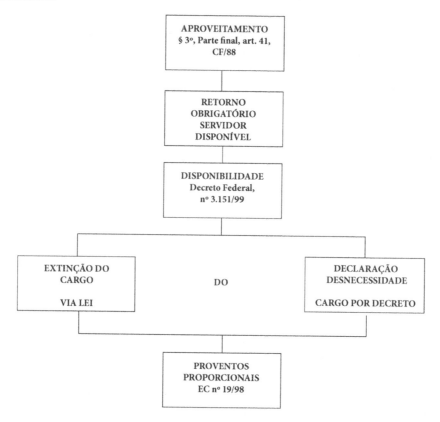

Ligado ao princípio constitucional da disponibilidade, é o provimento derivado pelo qual se opera o retorno do servidor posto em disponibilidade, tendo em vista sua extinção ou declaração desnecessária, em cargo de natureza e nível de remuneração compatíveis com o anteriormente ocupado[127].

---

127 Jurisprudência: Emenda: MANDADO DE SEGURANÇA – Servidor em disponibilidade. Aproveitamento em outros cargos públicos não preenchidos. Legitimidade. Inocorrência. – Constitucionalidade do dispositivo da Carta Estadual – Direito líquido e certo dos servidores em disponibilidade. – Justifica-se a legitimidade do Presidente do PRODERJ, pois as funções a ele acometidas, como órgão do próprio Estado, o legitimam como autoridade coatora. – Não contrariando norma da CF, e com ela se alinhando, o dispositivo da Carta Estadual que disciplina o Servidor em disponibilidade e determina seu aproveitamento obrigatório é perfeitamente aplicável, ainda mais que constatada a existência de cargos disponíveis. – É interesse tanto do servidor quanto da Administração o seu aproveitamento em cargo público, demonstrada a sua existência ensejando o direito líquido e certo dos Impetrantes. IMPROVIMENTO DO RECURSO. (Tipo da Ação: APELAÇÃO CÍVEL; Número do Processo: 2012.001.14599. Órgão Julgador: QUARTA CÂMARA CÍVEL; Votação: DES. SIDNEY HARTUNG.
EMENTA: Ação direta de inconstitucionalidade. Leis 96, de 18/05/90, e 105, de 04/06/90, ambas do Distrito Federal. – Declarada a inconstitucionalidade do inciso I do artigo 2º da Lei 96/90 do Distrito Federal, por ofensa ao inciso II do artigo 37 da Constituição Federal, o artigo 1º dessa Lei não é inconstitucional, pois se restringirá aos servidores trabalhistas, contratados por convênio, que, por não terem adquirido estabilidade em 05.10.88, deverão submeter-se a concurso público. – Os artigos 1º e 5º da Lei 105/90 do Distrito Federal são inconstitucionais por admitirem, sem concurso público, o aproveitamento de servidores federais, estaduais e municipais nos órgãos da administração direta, nas autarquias ou nas fundações do Distrito Federal para os quais foram requisitados. A exigência de concurso público se refere à investidura em cargo ou emprego público de carreira de cada pessoa jurídica de direito público, não autorizando o provimento inicial de cargo ou emprego de entidade política diversa. Ação direta de inconstitucionalidade que se julga procedente em parte, para se declarar a inconstitucionalidade do inciso I do artigo 2º da Lei nº 96, de 18/05/90, e dos artigos 1º, 2º, 3º, 4º e 5º da Lei nº 105, de 04.06.90, ambas do Distrito Federal. (AÇÃO DIRETA DE INCONSTITUCIONALIDADE – ADI-402/DF; Relator(a): Min. MOREIRA ALVES – Tribunal Pleno-6 Votação: Por maioria, vencidos os Ministros Marco Aurélio e Carlos Velloso; Resultado: procedente em parte, declarada a inconstitucionalidade do inc. I do art. 2º da Lei 96/90 e dos arts. 1º, 2º, 3º, 4º e 5º da Lei 105/90, ambas do DF).

Prevê a Constituição, no art. 41, § 3º: "Extinto o cargo ou declarada a sua desnecessidade, o servidor estável ficará em disponibilidade, com remuneração proporcional ao tempo de serviço, até seu adequado aproveitamento em outro cargo". Então, a forma de trazer o servidor da disponibilidade de volta a ativa, dá-se através do aproveitamento.

No entanto, o § 3º do art. 41, da Constituição, nos leva à conclusão de que os proventos são proporcionais, mas deve ser usado, em consideração o tempo de serviço no Município, Estado ou União, na hora de calcular o provento proporcional.

O aproveitamento é considerado um direito do servidor em disponibilidade, com prioridade sobre as demais formas de provimento, quando se tratar do preenchimento de cargo vago, mas, nem por isto, deverá a Administração deixar de verificar os pressupostos objetivos de sua decretação (compatibilidade de cargos e de nível de remuneração) e as condições pessoais do servidor em disponibilidade (idade e saúde).

Fica o servidor, em situação transitória denominada de disponibilidade remunerada, o que faz com que a Administração providencie o adequado aproveitamento do servidor, evitando-se que fique indefinidamente percebendo remuneração sem exercer qualquer função pública (art. 41, § 3º, CF).

O Estatuto Federal dispõe sobre o aproveitamento do servidor em disponibilidade nos seus arts. 30, 31 e 32.

O aproveitamento é um ato vinculado para ambas as partes. E abrindo vaga, a Administração não pode abrir concurso. Terá que fazer o aproveitamento do disponível, mesmo em outro cargo, ferindo à regra do concurso público, mas foi a Constituição que assim determinou. Não há nenhum problema.

O servidor é obrigado a aceitar o cargo para o qual está fazendo-se o aproveitamento (art. 30, Lei 8.112/90), desde que o cargo tenha atribuições e vencimentos compatíveis.

O servidor em disponibilidade pode recusar o aproveitamento?

Não. Trata-se de um preceito constitucional. Tem que ser aproveitado, nem que seja em outro cargo. Será punido com a pena de cassação da disponibilidade.

12.8. Disponibilidade

A discricionariedade conferida à Administração Pública pela Constituição e Legislação ordinária em nada ofende aos princípios fundamentais do Estado Democrático de Direto; ao contrário, as competências discricionárias são conferidas ao administrador público para que ele possa, em determinados casos, agir com rapidez e eficiência para atender prontamente às demandas decorrentes do interesse público.

Assim ocorre nos casos em que se faz necessário extinguir determinados cargos públicos que não se fazem mais necessários à Administração e, consequentemente, os servidores ocupantes dos cargos extintos são colocados em disponibilidades.

Nestes casos, compete à Administração avaliar a conveniência e a oportunidade de manter ou extinguir tais cargos, independente da anuência ou não dos servidores públicos que os ocupam. Ela, sim, que deve avaliar a conveniência da manutenção destes cargos para o interesse público, como deve ser toda sua conduta, e não dos seus ocupantes.

No tocante a quem vai para a disponibilidade, o Decreto 3.151/99, em seu art. 3º, traça os critérios:

Art. 3º Caracterizada a existência de cargos sujeitos à declaração de desnecessidade, em decorrência da extinção ou da reorganização do órgão ou entidade, a Administração deverá adotar, separada ou cumulativamente, os seguintes critérios de análise pertinentes à situação pessoal dos respectivos ocupantes para fins de disponibilidade:

I – menor tempo de serviço;

II- maior remuneração;

III- menor idade;

IV- menor número de dependentes.

Esse artigo acima não deve ser cumprido sucessivamente, podendo ser usado em separado ou cumulativamente. No ato da disponibilidade, a Administração deverá mencionar quais foram os critérios utilizados.

Ainda sobre a disponibilidade, vale a pena o seguinte questionamento: enquanto o servidor estiver em disponibilidade, o tempo de serviço é contado para fins de aposentadoria? O decreto federal nº 3.151/99 responde afirmativamente:

Art. 7º O servidor em disponibilidade contribuirá para o regime próprio de previdência do servidor público federal, e o tempo de contribuição, correspondente ao período em que permanecer em disponibilidade será contado para efeito de aposentadoria e nova disponibilidade.

Como os vencimentos foram diminuídos, o valor da contribuição previdenciária reduzirá em cima de uma base de cálculo.

Outra colocação importantíssima é que o tempo de serviço para fins de disponibilidade é o tempo de serviço público e não interessa o ente da federação. Logo, se o servidor for colocado em disponibilidade, os proventos serão proporcionais ao tempo de serviço no Estado, no Município e na União, o que é garantido pelo § 9º, do art. 40 da Constituição da República.

E na iniciativa privada, o tempo é contado para fins de disponibilidade? Na iniciativa privada e resposta é negativa e esse tempo será contado só para fins de aposentadoria, se não for concomitante com outro regime previdenciário. E se o empregado público for de empresa estatal? O tempo de empresa estatal será considerado em que o servidor foi colocado em disponibilidade na União, por exemplo. Contudo, há decisões isoladas de alguns poucos tribunais, afirmando que o lapso temporal de estatal vai servir apenas para o tempo de contribuição de aposentadoria, não trazendo esse tempo para fins de disponibilidade.

Qual é a base de cálculo para se chegar ao provento proporcional? Só os vencimentos básicos ou algumas gratificações? O já mencionado decreto federal responde:

Art. 6º A remuneração do servidor em disponibilidade será proporcional ao seu tempo de serviço considerando-se, para o respectivo cálculo, 1/35 da respectiva remuneração mensal por ano de serviço, se homem, e 1/30 se mulher.

§ 2º Considerar-se-á como remuneração mensal do servidor o vencimento básico acrescido das vantagens pecuniárias permanentes relativas ao cargo.

As vantagens permanentes relativas ao cargo são: adicional por tempo de serviço, gratificação de chefia que se incorporaram ao vencimento antes do advento da EC nº 19. As demais vantagens geralmente são transitórias.

A Constituição Federal vigente estabelece, ainda, que a criação dos cargos públicos deve ser feitos por lei em sentido estrito. Todavia a lei silencia no que diz respeito à extinção. Não poderia ser outro o entendimento do constituinte, porque a necessidade dos cargos públicos é variável, está ligada à necessidade imediata do serviço público, não havendo de se cogitar do devido processo legal.

O servidor público estável, ocupante de cargo público extinto, é colocado em disponibilidade com remuneração proporcional ao tempo de serviço prestado, remuneração essa que poderá ser alterada para mais, caso o servidor já tenha prestado algum serviço público para a Administração Pública Direta ou Indireta, em qualquer ente da federação, em qualquer dos Poderes.

É de grande importância observar que a regra prevista no artigo 37, inciso XV, é de caráter geral e a irredutibilidade de vencimentos, nela prevista se aplica às hipóteses para as quais não haja o próprio Constituinte instituído exceção, que se refere exclusivamente aos servidores civis. Portanto, é totalmente procedente o argumento de inaplicabilidade, aos Militares dos Estados, da regra contida no § 3º do art. 41, da Constituição da República, excluindo, dessa forma, a incidência de qualquer outra regra referida aos servidores públicos (inc. X do parágrafo 3º do art. 142, da CF, submetendo-se a regime jurídico próprio).

Pela dicção do Texto Constitucional, também o disposto no artigo 41, § 3º não se aplica aos portadores de cargos vitalícios.

A declaração da desnecessidade de cargo público, com a consequente colocação de seu ocupante em disponibilidade constitui, sem dúvida, ato discricionário, juízo de conveniência e oportunidade, formulado pela Administração Pública. Sua expedição deve repousar na realidade fática e, ao mesmo tempo, corresponder à hipótese em que o Texto Constitucional faculta à Administração a sua prática, de acordo com a regra prevista no art. 37, inc. XV.

Essa aludida discricionariedade não pode ser completamente livre. A autoridade administrativa estará sempre vinculada à competência, a forma e a finalidade. Não serve como meio idôneo de punição antecipada, sendo censurável e ilegítima colocar em disponibilidade o funcionário que estiver respondendo a inquérito. Portanto, a discricionariedade do ato não é plena e absoluta, eis que havendo indício de ilegalidade ou de desvio de finalidade, impõe-se o pronunciamento do Poder Judiciário. A discricionariedade do administrador deve ter por objeto o interesse público, não podendo ser confundida com arbitrariedade.

Atenta contra a Constituição Federal a disponibilidade, como instrumento punitivo, em indiciamento puro e simples pela prática de determinado ilícito.

A disponibilidade em tal circunstância traria, inegavelmente, ao servidor, além de prejuízos morais, acentuada redução salarial, isto porque, extinto o cargo ou declarada sua desnecessidade, o servidor estável ficará em disponibilidade com remuneração proporcional ao tempo de serviço, até seu adequado aproveitamento em outro cargo. Portanto, viola o princípio da impessoalidade o ato de colocação em disponibilidade que não seguem critérios objetivos. O Chefe do Executivo não tem o poder supremo de escolher livremente os servidores que bem entender, ferindo o manto de legalidade contrariando o princípio da inocência presumida. Havendo indício de ilegalidade ou de desvio de finalidade o pronunciamento da Justiça há de ser feito no sentido de restabelecer a paz, a tranquilidade e o bom direito.

Celso Antonio Bandeira de Mello, ao manifestar-se sobre o motivo do ato, assim se expressa:

"... é a situação do mundo empírico que deve ser tomada em lei ou expresso no ato real motivo da elaboração do ato, tendo havido uma espécie de simulação, visto que o verdadeiro motivo é outro, estaríamos diante da ofensa à moralidade administrativa".

A arbitrariedade é sempre censurável, porque traduz um comportamento insidioso, porque a autoridade, embora alegando um pretenso interesse público, oculta o seu verdadeiro designo.

A finalidade da Lei é o interesse público e se o administrador age em descompasso com esse fim, desvia-se do seu poder e pratica conduta ilegítima e arbitrária, que deve ser reprimida pelo Poder Judiciário.

Insta observar que a declaração da desnecessidade de cargos e a colocação de servidores em disponibilidade constitui ato discricionário do Chefe do Poder Executivo, decorrendo de juízo de conveniência e oportunidade formulada pela Administração, insuscetível de controle judicial, conforme entendimento pacífico do Supremo Tribunal Federal, desde que a escolha dos servidores postos em disponibilidade atenda a critérios objetivos.

O instituto da disponibilidade independe de defesa prévia, não se constituindo nem em prêmio, nem em sanção e, consequentemente, não havendo cogitar-se da observância do devido processo legal.

Oportuna é a observação de que na disponibilidade não é possível a instauração de processo administrativo da desnecessidade de cargo público, haja vista não se admitir que o servidor exerça direito de defesa para demonstrar que o cargo ocupado pelo servidor é necessário ao êxito da Administração Pública.

Embora a declaração de desnecessidade do cargo público seja ato do Chefe do Poder Executivo, ressalva-se ao servidor atingido o direito de questionar a validade intrínseca do ato, utilizando-se das vias adequadas para discutir se a motivação constante do decreto efetivamente corresponde à realidade fática. Assim, se o servidor interessado puder demonstrar, objetivamente, que a declaração de desnecessidade não é o único instrumento para a realização dos fins expressamente elencados como seus motivos, o Poder Judiciário deverá reconhecer-lhe o vício, porquanto traduz, ante a aplicação da teoria dos motivos determinantes, a efetividade do princípio da legalidade.

A título de ilustração, o Chefe do Executivo não pode colocar em disponibilidade, com vencimentos proporcionais, os servidores que respondem a processo administrativo disciplinar, cujos ilícitos supostamente cometidos, em tese, caracterizam infração penal, por fortes indícios da prática de crimes graves.

A disponibilidade não pode ser utilizada como forma de afastar do serviço aqueles que estão respondendo processo judicial ou administrativo, sob pena de caracterizar finalidade de punição, violando os princípios da ampla defesa, do contraditório e do devido processo legal. Por esta razão, a finalidade do ato está sujeita ao exame crítico do Poder Judiciário, com a consequente anulação quando caracterizado o desvio correspondente. No caso, a verdadeira motivação e a real finalidade do ato nada tem a ver com um autêntico juízo sobre a necessidade ou não dos cargos.

A questão relativa à irredutibilidade de vencimento, prevista no art. 37, XV, é de caráter geral, aplicando--se às hipóteses para as quais não haja o próprio Constituinte instituído exceção. A Carta Magna, no caso de disponibilidade, prevê que a remuneração do servidor seja proporcional ao tempo de serviço.

Uma observação se faz necessária, o que não é comum a doutrina enfocar, qual seja: é procedente no caso de disponibilidade, o argumento de inaplicabilidade, aos Militares dos Estados, da regra contida no § 3º, do artigo 43, da Constituição da República.

Ao dispor a propósito do regime jurídico dos Militares dos Estados, do Distrito Federal e dos Territórios, optou o Constituinte por fazê-lo em seção própria, a de nº III, do Capítulo VII, da Carta da República, isto depois de na antecedente, a Seção II – dispor sobre os servidores Públicos, aos quais se dedicou os artigos 39, 40 e 41.

Quanto aos Militares dos Estados, entretanto, a eles estenderam apenas os direitos previstos nos §§ 7º, 8º e 9º, do artigo 40, excluindo, dessa forma, a incidência de qualquer outra regra referida aos servidores públicos, seja quanto aos bônus, seja quanto aos ônus, sem menção qualquer à regra do § 3º, do artigo 41, da Lex Legum; fez mais, ainda: tornou aplicável a esses incisos, o inciso X, do § 3º, do artigo 142, da Constituição Federal, submetendo-se a regime jurídico próprio e infenso, segundo pensamos, à incidência da regra contida no § 3º, do art. 41, da Carta da República.

A discricionariedade da declaração de desnecessidade de cargo público não é plena, pois o motivo do ato já se encontra a priori definida pela lei, o que torna possível a impugnação fundada em falsidade de motivo determinante.

Resta apreciar que a indicação de motivos falsos ou incoerentes torna o ato nulo, conforme têm entendido nossos Tribunais.

Atente-se que o ato declaratório de desnecessidade de cargo não exige a edição de lei para sua prática.

A Constituição Federal cobra lei quando se tratar, para a hipótese, de criação, transformação e extinção de cargo. Facilmente, podemos observar tal afirmação lendo os artigos 48, X e 84, inc. XV:

Art. 48 – Cabe ao Congresso Nacional, com sanção do Presidente da República, não exigida esta para o especificado nos arts. 49, 51 e 52, dispor sobre todas as matérias de competência da União, especialmente sobre:

....

X – criação, transformação e extinção de cargos, empregos e funções públicas;

Art. 84 – Compete privativamente ao Presidente da República:

....

XXV – prover e extinguir os cargos públicos federais, na forma da lei;

Por fim, há total possibilidade de que o ato de declaração seja expedido não só pelo chefe do executivo, mas também pelo dos outros Poderes.

A súmula nº 22 do Supremo Tribunal Federal prescreve: "O estágio probatório não protege o funcionário contra a extinção do cargo".

A declaração de desnecessidade de cargo público é ato tipicamente de índole administrativa que dispensa a necessidade de lei formal, exigível apenas para a criação e extinção de cargos que integram a estrutura de cada Poder do Estado.

Esclarecedora, a esse respeito, de que o ente da federação não poderá contratar, nomeando outros funcionários para o mesmo cargo que havia extinto. A configurar tal situação, deverá se dar conhecimento ao órgão do Ministério Público para verificação inclusive de irregularidade, no que diz respeito à Lei de Responsabilidade Fiscal.

Não se contesta o poder discricionário da Administração para declarar a desnecessidade de cargos públicos com a consequente colocação de seu ocupante em disponibilidade. Só a ela cabe o juízo de oportunidade e conveniência sobre tal questão em função das suas necessidades.

Convém, então, lembrar que a disponibilidade tem por finalidade reduzir o quadro funcional em razão de desnecessidade dos cargos, genericamente considerados. A Administração conclui que determinada categoria funcional tornou-se desnecessária ou que o seu quadro é excessivo. O serviço público, por exemplo, foi privatizado, não mais sendo necessários os servidores que o executavam; o número de funcionários tornou-se excessivo em razão da racionalização ou informatização do serviço e assim por diante. Pode a Administração, discricionariamente, nesse e noutros caso, extinguir ou declarar desnecessários os cargos, colocando os respectivos servidores em disponibilidade.

Uma coisa, entretanto, é extinguir cargos, outra é excluir funcionários, uma coisa é declarar a desnecessidade de cargos públicos, outra é declarar a desnecessidade de servidores. Com efeito, permite a Constituição (art. 41 § 3º) extinguir cargos ou declarar sua desnecessidade, colocando a Administração os servidores estáveis em disponibilidade remunerada, até que sejam aproveitados em outros cargos. Não pode essa norma, entretanto, ser utilizada para declarar desnecessário este ou aquele servidor estável, para o fim de afastá-lo da função enquanto responde, por exemplo, processo judicial ou administrativo. Isso caracteriza abuso de poder por desvio de finalidade.

Tenha-se ainda em conta que a disponibilidade é uma garantia do servidor estável, não podendo ser desvirtuada em instrumento de punição.

A disponibilidade, que resulta da extinção ou da declaração de desnecessidade do cargo, não é pena, e não pode, por isso mesmo, no presente contexto normativo, ser equipada a um gesto de punição administrativa (CF/88, art. 42, § 3º). Não se reveste, portanto, de caráter disciplinar.

O retorno à atividade de servidor em disponibilidade é obrigatória (art. 30 a 32, da Lei 8.112/90), tanto para Administração quanto para o disponível. Só que para trazer o disponível para a ativa, a lei pede atribuições e vencimento compatível. O vencimento tem que ser compatível, não igual. A redução não seria possível em razão do inc. XV, do art. 37, da Constituição da República (irredutibilidade dos vencimentos).

É obrigatório o retorno do servidor, sob pena de ser excluído, surgindo a cassação da disponibilidade, acarretando sua demissão, portanto, o rompimento do vínculo como um todo.

12.9. Remoção

10.9.1. Conceito e aplicação

A remoção é o ato pelo qual o servidor sofre o deslocamento a pedido ou *ex officio* no âmbito interno dos quadros da Administração, não se constituindo tal ato em forma de provimento.

Ainda que seja previsível que a remoção ocorra a pedido, esta concessão não subsistirá à conveniência do Poder Público. Tampouco há que se falar, em tese, em direito subjetivo a ser exercido pelo servidor, pois que prevalecerá o atingimento da finalidade pública. Portanto, a remoção a pedido será sempre relativizada em face de um interesse maior.

Nada obsta que o servidor interessado possa pleitear a sua remoção, valendo-se de motivos justificáveis e com respaldo em lei, como é o caso, a título de ilustração, de servidor que tem o fito de manter a união conjugal e a cuja remoção se constitua em *conditio sine qua non* para este fim.

Valer-se-á, em seu argumento, de direito garantido tanto em nível de legislação ordinária quanto constitucional, que é a manutenção da entidade familiar, que tem a especial proteção do Estado. (Vide artigos 226 da Constituição Federal).

Com isso, ainda que a princípio o interesse público se sobreponha ao interesse particular, não se deve inviabilizar, de todo, a possibilidade de o interesse particular ver seu interesse satisfeito, quando muito bem argumentado e fundamentado. Ademais, ainda se registra que a jurisprudência tem se inclinado em acatar o direito subjetivo do servidor, a exemplo do STJ, no REsp nº 247.718.

Ao final, o certo é que o interesse público dificilmente será substituído pelo interesse particular, sendo esta a regra geral e não a exceção. Muito excepcionalmente, poderá ocorrer situações isoladas que justifiquem tal possibilidade. Dependerá da análise de cada caso, em tese, prevalecerá o interesse público.

A *remoção de ofício*, por seu turno, ocorrerá por interesse da Administração, sem que seja levado em conta o interesse do servidor, pois ocorrendo divergência de interesses, há que prevalecer sempre o interesse público, em homenagem ao *princípio da supremacia do interesse público sobre o interesse privado*.

A autoridade administrativa tem poderes para determinar a designação e remoção de servidor, face ao poder discricionário conferido ao administrador público, baseada nos critérios de conveniência e oportunidade.

Não se vislumbra qualquer ilegalidade visto que a relotação do servidor tem suporte legal.

Ademais, a relotação é ato discricionário e como tal deve ser analisado sob o aspecto de legalidade, oportunidade e conveniência diante do interesse público a atingir. E o controle judicial terá que respeitar a discricionariedade nos limites em que é assegurada à Administração Pública pela lei, caso contrário, o Judiciário estaria substituindo por seus por seus próprios critérios de escolha, a opção legítima feita pela autoridade competente com base nas regras de oportunidade e conveniência.

Trata-se de decisão baseada nos critérios de conveniência e oportunidade, avessos ao reexame judicial, sob pena do magistrado passar a administrar diretamente o serviço público e realizar tarefas próprias do encarregado específico. Por óbvio, a quantidade de pessoal em cada local da repartição há de ser examinada por aquele que sabe quais as metas a serem atingidas e os meios de que dispõe para conseguir os objetivos traçados.

A remoção é o deslocamento do servidor de uma repartição para outra.

O servidor público não goza da prerrogativa da inamovibilidade funcional, predicado próprio da magistratura, podendo ser transferido "*ex officio*" pela Administração, desde que atendidos os pressupostos da conveniência, oportunidade e interesse públicos.

A Constituição prescreve, casuisticamente, as hipóteses de inamovibilidade, só a admitindo para Magistrados (art. 95), Membros dos Tribunais de Contas (73, § 3º), e Membros do Ministério Público (art. 128, I, alínea b).

Com efeito, ainda que o ato de remoção tenha sido determinado pelo interesse público, há de ser motivado, caso contrário, estará padecido, portanto, de ilegalidade. Demonstrado o vício, presente a arbitrariedade, ainda que os servidores não gozem da garantia de inamovibilidade. O ato é considerado anômalo, incongruente.

Exemplo disso se dará quando, por perseguição de um superior hierárquico a um servidor a ele subalterno, movida por motivos de desavenças particulares, se promova à sua remoção para uma sede distante, sem que tenha ocorrido nenhuma incidência de interesse público que motivasse tal ato.[128]

Este ato teria sido, então, ato punitivo e sem fundamento legal, não ato de remoção em atenção ao interesse público e previsto em lei. Daí a necessidade da motivação do ato, a qual ensejará o contraditório e a ampla defesa.

---

128 Na mesma esteira também caminha a jurisprudência do Superior Tribunal de Justiça – STJ, como se vê pelos julgados adiantes transcritos:

"ADMINISTRATIVO. SERVIDOR PÚBLICO. LEI ESTADUAL Nº 5.360/91, ART. 8º, INCISO I. INAMOVIBILIDADE. INCONSTITUCIONALIDADE INEXISTENTE. ATO DE REMOÇÃO. NÃO INDICAÇÃO DO MOTIVO. NULIDADE.
I - Não há nenhuma inconstitucionalidade presente no art. 8º, inciso I, da Lei Estadual nº 5.360/91, haja vista que a exigência de que o ato de remoção deva simplesmente indicar o motivo não se confunde com a hipótese da garantia de inamovibilidade conferida pela Constituição Federal.
II - O ato de remoção dos servidores do fisco estadual deve, objetivamente, indicar a sua razão de ser, sob pena de nulidade. Recurso provido." (ROMS nº 12.855/PB, Rel. Ministro Felix Fischer).

"RECURSO EM MANDADO DE SEGURANÇA.
ADMINISTRATIVO. SERVIDOR PÚBLICO. REMOÇÃO. MOTIVAÇÃO.
ILEGALIDADE. INEXISTÊNCIA.
1. É válido o ato de remoção ex officio de servidor público, adequadamente motivado e ajustado à lei.
2. Recurso improvido." (ROMS nº 13.550/SC, Rel. Ministro Hamilton Carvalhido,).

A garantia de remoção somente fundamentada em razão do interesse do serviço; a pedido, ou em decorrência de promoção.

A interpretação da regra é que a remoção só pode ser efetuada se motivada em razão de interesse do serviço. Cuida-se de princípio garantidor dos servidores, quando o ato levado a efeito pela Administração atinge a seara individual daqueles.

A Administração terá de demonstrar a necessidade do serviço dos servidores em repartições diversas daqueles em que atuava.

Acerca da exigência de motivação dos atos administrativos, assim preleciona HELY LOPES MEIRELLES, *in* "Direito Administrativo Brasileiro", 28ª ed., p. 96/97:

> "No Direito Público o que há de menos relevante é a vontade do administrador. Seus desejos, suas ambições, sue programas, seus atos, não têm eficácia administrativa, nem validade jurídica, se não estiverem alicerçados o Direito e na Lei. Não é a chancela da autoridade que valida o ato e o torna respeitável e obrigatório. É a legalidade a pedra de toque de todo ato administrativo.
>
> Ora, se ninguém é obrigado a fazer ou deixar de fazer alguma coisa senão em virtude de lei, claro está que todo ato do Poder Público deve trazer consigo a demonstração de sua base legal e de seu motivo.
>
> (...)
>
> Pela motivação o administrador público justifica sua ação administrativa, indicando os fatos (pressupostos de fato) que ensejam o ato e os preceitos jurídicos (pressupostos de direito) que autorizam sua prática.
>
> Claro está que em certos atos administrativos oriundos do poder discricionário a justificação será dispensável, bastando apenas evidenciar a competência para o exercício desse poder e a conformação do ato com o interesse público, que é pressuposto de toda atividade administrativa. Em outros atos administrativo, porém, que afetam o interesse individual do administrado, a motivação é obrigatória, para o exame de sua legalidade, finalidade e moralidade administrativa. (...).
>
> A motivação, portanto, deve apontar a causa e os elementos determinantes da prática do ato administrativo, bem como o dispositivo legal em que se funda. (...)."[129]
>
> O ato ordenador de remoção não pode encontrar-se desacompanhado do seu motivo justificador, referente à causa que rendeu ensejo ao deslocamento. Consequentemente, trata-se de ato eivado de nulidade por ausência de motivação.[130]
>
> II - O ato de remoção dos servidores do fisco estadual deve, objetivamente, indicar a sua razão de ser, sob pena de nulidade. Recurso provido." (ROMS nº 12.855/PB, Rel. Ministro Felix Fischer, DJ de 04/11/2006).

A Administração Pública, não há dúvida, no exercício de seu poder hierárquico, possui a prerrogativa de remover os servidores públicos para melhor ordenar a qualidade do serviço público prestado aos cidadãos. No entanto, os operadores do direito, por vezes, possuem uma visão ultrapassada desse poder administrativo, poder-se-ia dizer até inautêntico, na medida em que não questionado frente os postulados do Estado Democrático de Direito, através de sua configuração jurídico-constitucional.[131]

---

129 Vale a advertência de que, em face da presunção de legitimidade do ato administrativo, cabe a parte interessada e prejudicada pelo ato de remoção demonstrar, mediante prova pré-constituída, que a motivação aduzida pela Administração não confere com a realidade.

130 Acerca do tema, a Jurisprudência deste Superior Tribunal de Justiça já firmou seu entendimento, no sentido dos seguintes precedentes:
"ADMINISTRATIVO. SERVIDOR PÚBLICO. LEI ESTADUAL Nº 5.360/91, ART. 8º, INCISO I. INAMOVIBILIDADE. INCONSTITUCIONALIDADE INEXISTENTE. ATO DE REMOÇÃO. NÃO INDICAÇÃO DO MOTIVO. NULIDADE.
I - Não há nenhuma inconstitucionalidade presente no art. 8º, inciso I, da Lei Estadual nº 5.360/91, haja vista que a exigência de que o ato de remoção deva simplesmente indicar o motivo não se confunde com a hipótese da garantia de inamovibilidade conferida pela Constituição Federal.

131 Superior Tribunal de Justiça
RECURSO ORDINÁRIO EM MS Nº 13.550 – SC (2008/0097102-6)

Com efeito, qualquer atuação do Poder Público, necessariamente, deve passar pelo crivo de uma racionalidade constitucional, ou seja, as competências administrativas devem ser exercidas para cada vez mais consolidar as garantias fundamentais de defesa da Constitucional Federal. Ao mesmo tempo em que a Constituição é instrumento que possibilita ao Estado a realização de seus fins, inclusive o exercício da atividade fiscalizatória, não se pode olvidar que ela deve ser vista como um espaço garantidor das relações democráticas entre o Estado e a Sociedade.

Corolário do que acima foi dito, o texto constitucional deve servir de referencial hermenêutico para a significação de uma validade normativa dos atos administrativos, validade esta, vislumbrada não apenas no seu aspecto formal, mas dentro de uma concepção mais substancial. A Constituição Federal, com efeito, dita não apenas aspectos formais, mas também estabelece limitações de conteúdo ao exercício do poder administrativo.

Dentro de uma visão mais garantista do Direito Administrativo, pode-se afirmar que os diversos poderes conferidos pelo sistema jurídico aos administradores não são 'poderes-em-si', pois qualquer utilização do poder estatal deve sempre ser caracterizada no plano substancial pela sua funcionalização a serviço da garantia dos direitos fundamentais dos cidadãos. O poder de organizar o exercício das atividades dos servidores públicos deve, assim, ser re-funcionalizado dentro deste paradigma.

A prerrogativa do agente público, hierarquicamente superior, de transferir os servidores subordinados, por óbvio, apenas pode ocorrer quando necessário salvaguardar o interesse público. No entanto, como se trata de termo indeterminado, o exercício de tal competência administrativa deve ser motivada para possibilitar o mais transparente controle administrativo e jurisdicional.

Aplicando tal entendimento ao caso em exame, apresentar-se-ia como requisito de validade formal do ato administrativo de transferência dos servidores a devida motivação, cujo objetivo seria possibilitar e controlar a relação de pertinência entre os motivos declarados para a prática do ato e a regra de competência que possibilita a utilização de tal prerrogativa quando houver interesse da Administração. Constitui-se um poder incontrastável para o administrador público, o que não se admite no âmbito de um Estado Democrático de Direito.

Tranquilamente, pode ocorrer a hipótese que suas remoções decorreram de perseguição política, tendo se desincumbido do ônus que lhes cabia.

Não pode o administrador público utilizar-se do poder hierárquico para satisfazer outros interesses que não o interesse da coletividade. Por fim, o último elemento do princípio diz respeito à verificação de racional adequação entre o meio utilizado e o fim escolhido, bem como se a restrição imposta é compensada pelos benefícios advindos da restrição.[132]

Não está aqui examinando o mérito administrativo, mas sim a ilegalidade contida no ato que redundou na expedição da ordem de transferência. O Poder Judiciário, quando provocado, deve intervir no ato administrativo sem causa justificada e em afronta ao comando que impede que se consume o desvio de finalidade a providência tomada, nos casos em que este último aclaramento seja necessário para se aferir a consonância da conduta administrativa com a lei que lhe serviu de arrimo.

RELATÓRIO

O EXMO. SR. MINISTRO HAMILTON CARVALHIDO (Relator):

Recurso ordinário em mandado de segurança interposto contra acórdão do Segundo Grupo de Câmaras Cíveis do Tribunal de Justiça de Santa Catarina, que denegou o mandado de segurança impetrado por Valdir Michelon Filho, Fiscal de Tributos Estaduais, contra ato do Secretário de Estado da Fazenda do Estado de Santa Catarina, concernente na Portaria nº SEF/GABS/POR99-0031, de 4 de fevereiro de 2014, que o removeu *ex officio*, assim ementado:

"*ADMINISTRATIVO. SERVIDOR PÚBLICO. FISCAL DA FAZENDA. REMOÇÃO DE OFÍCIO. INTERESSE DO SERVIÇO PÚBLICO. ATO MOTIVADO. PRESUNÇÃO DE LEGITIMIDADE.*
INEXISTÊNCIA DE PROVA EM SENTIDO CONTRÁRIO.
CRITÉRIOS OBSERVADOS. LEGALIDADE DO ATO.
INEXISTÊNCIA DE DIREITO LÍQUIDO E CERTO. ORDEM DENEGADA".

132 A despeito de não estar expressamente previsto na Constituição, a legislação infraconstitucional coloca a motivação como um dos princípios de observância obrigatória pela Administração Pública, valendo anotar, a propósito, o disposto no caput do artigo 2º da Lei nº 9.784/99, *verbis*:

"*Art. 2º A Administração Pública obedecerá, dentre outros, aos princípios da legalidade, finalidade, motivação, razoabilidade, proporcionalidade, moralidade, ampla defesa, contraditório, segurança jurídica, interesse público e eficiência.*" (*nossos os grifos*).

É cediço que os funcionários, mesmo em período probatório, podem ser removidos no interesse da Administração Pública. Entretanto, este interesse deve ser objetivamente demonstrado.

É de se notar a necessidade demonstrada da Administração Pública, em remover servidor, o ato de remoção deve, necessária e obrigatoriamente, estar acompanhado de sua motivação.

Com efeito, o ato administrativo é válido quando foi expedido em absoluta conformidade com as exigências do sistema normativo. Vale dizer, quando se encontra adequado aos requisitos estabelecidos pela ordem jurídica. Validade, por isto, é a adequação do ato às exigências legais.

Dessa maneira, pode-se concluir que a ato administrativo que determina a remoção do servidor, desguarnecido da motivação que lhe é inerente, é absolutamente inválido, não devendo produzir qualquer efeito do mundo jurídico.

Não há dúvidas acerca da supremacia do interesse público sobre o interesse privado, mesmo que o ato enseje esse princípio, a Administração tem o dever de justificar seus atos, apontando os fundamentos de direito e de fato, assim como a correlação lógica entre os eventos e situações que deu por existentes e a providência tomada, pois não haveria assegurar confiavelmente o contraste judicial eficaz das condutas administrativas com os princípios da legalidade, da finalidade, da razoabilidade e da proporcionalidade, se não fossem contemporaneamente a elas conhecidos e explicados os motivos que permitiriam reconhecer seu afinamento ou desafinamento com aqueles mesmos princípios.

A motivação não pode restringir-se a indicação da norma legal em que se fundamenta o ato (pressuposto de direito) e os fatos (pressuposto de fato). É necessário que nela se contenham os elementos indispensáveis para o controle da legalidade do ato. É pela motivação que se verifica se o ato decorre da vontade pessoal e arbitrária da autoridade administrativa e se observou a regra da proporcionalidade e da adequação entre os meios e os fins.[133]

12.10. A ilegalidade da remoção para cargo diverso – forma de provimento derivado – julgada pelo STJ

A controvérsia que foi levada a julgamento no STJ versava, inicialmente, sobre a vacância para remoção ou aproveitamento no cargo de Distribuidor da Comarca de Passo Fundo, Rio Grande do Sul, cujo edital foi publicado em 1997, e requerida pela impetrante, que, não obstante, ter sido aprovado para este cargo em 1º lugar em 1993, encontrava-se lotada na comarca de Guaporé e exercendo funções do cargo de Oficial-Ajudante.

O requerimento da impetrante foi deferido, mas retificado em 1998, por ato do Conselho da Magistratura do Tribunal de Justiça do Estado do Rio Grande do Sul, que acolheu recurso interposto por servidora daquele Tribunal, Distribuidora-Contadora, que buscava exercer o mesmo cargo de Distribuidor.

Não obstante, a impetrante se valeu da alegação de que o cargo vago, objeto de remoção ou aproveitamento, era o de distribuidor, e não o de distribuidor-contador, sendo estes cargos distintos, porque de classes diferentes, e que a remoção exige a manutenção do mesmo cargo, não devendo prosperar, por conseguinte a decisão que beneficiou a outra servidora em detrimento de sua remoção.

A impetrante alega ter sido preterida, e que a decisão proferida pelo Conselho da Magistratura do Tribunal de Justiça do Estado do Rio Grande do Sul violou os princípios da legalidade e do concurso público.

De acordo com o voto do Ministro Relator Hamilton Carvalhido, a remoção somente é possível para servidores da mesma natureza, entendendo-se mesma natureza os desempenhados por servidores da mesma classe funcional.

---

133 A propósito, mais uma vez, vale citar o Excelso Pretório:
"A doutrina é rica e incontroversa, tanto quanto pacífica a jurisprudência, no sentido de que o controle judicial dos atos administrativos vinculados envolve necessariamente a existência dos motivos determinantes reclamados em lei. Todavia, a motivação, mormente em se tratando de julgamentos de recursos administrativos pelo Presidente da República, pode resultar de exposição de motivos, ato ou parecer existente no processo e oriundo de órgãos auxiliares do Governo. Não há negar que, diante da natureza do ato e do seu caráter limitativo de direitos em face da lei, deverá ele ter motivação correspondente à regra jurídica, sendo esta a única maneira de afiançar o cumprimento das obrigações legais que fixam o limite de competência e das formas que devem guardar para evitar a arbitrariedade. Se a motivação é obrigatória, a sua falta, insuficiência, ou seu caráter contraditório é causa de invalidez" (MS nº 20.277-7/SP, Min. Rafael Mayer, ADCOAS, verbete nº 89.276).

Assevera o Ministro que o contrário seria o equivalente a forma de provimento derivado, terminantemente vedado pela Constituição da República em seu art. 37, inciso II, *in verbis*:

Art. 37 (...)

II – a investidura em cargo ou emprego público depende de aprovação prévia em concurso público de provas ou de provas e títulos, de acordo com a natureza ou complexidade do cargo ou emprego, na forma prevista em lei, ressalvadas as nomeações para cargo em comissão declarado em lei de livre nomeação e exoneração.

Na análise do caso concreto, muito embora a recorrida estivesse habilitada para o exercício da função de distribuidora, pois que a sua função originária, Distribuidor-Contador, abrange aquela função, a remoção para cargo de classe distinta é inconstitucional, conforme acima comprovado, e ilegal, de acordo com o teor do art. 68 da Lei nº 5.256/66:

"Art. 682. A remoção nos serviços da Justiça é facultada, exclusivamente, ao serventuário e funcionário com mais de um ano de exercício no cargo ou função de que for titular.

Parágrafo 1º. A remoção se operará na mesma entrância, dentro das respectivas categorias e para serviços da mesma natureza.

Parágrafo 2º. Por motivos da mesma natureza, entendem-se os desempenhos pelos servidores de uma mesma classe funcional.

Parágrafo 3º. A remoção dos escrivães distritais independerá de entrância.

Parágrafo 4º. Não se admitirá remoção sempre que o ajudante substituto estável requerer, no prazo de dez dias, a abertura de concurso.

Parágrafo 5º. É permitida a permuta entre auxiliares de ofícios da mesma natureza e entrância, com anuência dos respectivos titulares". (grifamos o original).

A transcrição da Ementa ratifica o entendimento da Sexta Turma do STJ sobre a inconstitucionalidade da remoção para cargo diverso – forma de provimento derivado:

"EMENTA: RECURSO ORDINÁRIO EM MANDADO DE SEGURANÇA. CONSTITUCIONAL. ADMINISTRATIVO. REMOÇÃO. CARGO DIVERSO. INCONSTITUCIONALIDADE.

1. A remoção somente pode se dar para serviços da mesma natureza, entendendo-se.

CAPÍTULO
XI

RESPONSABILIDADE CIVIL DO ESTADO

1. INTRODUÇÃO

1.1. Noção de Responsabilidade

A noção da palavra responsabilidade pressupõe um limite à ação humana. Não fossem as normas que permeiam a vida em sociedade, os indivíduos agiriam com total arbitrariedade e causariam frequentes danos uns aos outros. Portanto, é a responsabilidade que cria um liame entre as pessoas e um mundo moral, social e juridicamente organizado, pois prevê a obrigação da reparação de eventuais danos que uns causem aos outros.

Em sua essência, a responsabilidade não guarda uma relação direta com os institutos jurídicos, mas se enevereda pelo sentido subjetivo, proveniente de atos praticados em sociedade, eis que, a toda atividade humana, em qualquer campo que esta protagoniza, corresponde uma responsabilidade, ainda que o resultado desta conduta não produza nenhum dano a terceiros.

Consigne-se que a responsabilidade se constitui num fato eminentemente social, por decorrer de fatores humanos da vida em sociedade, nos seus mais diversos campos. A esse propósito, afirmamos que todos os atos decorrentes da vida em sociedade pressupõem dois aspectos relevantes: o moral e o jurídico. Não se vislumbra condutas humanas num mundo social e juridicamente organizado que infrinjam as regras jurídicas sem serem coercitivamente punidas, tampouco condutas que contrariem as regras morais sem sequer serem repudiadas pela sociedade.

Contudo, não restam dúvidas de que direito e moral estão intimamente entrelaçados, ainda que as sociedades tenham adquiridos novos hábitos, muitos dos quais pressupõem que velhos conceitos do direito e da moral sejam revistos. Atendo-nos ao tema em questão, não menos importante é uma análise no que concerne à relação entre o direito e a moral.

1.2. Relação entre o Direito e a Moral

A responsabilidade, conforme já visto, enseja uma percepção na vida social de cada um por ser um fato social, pois a toda atividade humana exercida corresponde uma responsabilidade. Assim, de acordo com a atividade, quer no aspecto material, quer no aspecto moral, a responsabilidade pode estar presente.

As responsabilidades jurídicas material e moral são resultantes da inobservância de normas coercitivamente traçadas pelo direito. Significa dizer que, quando alguém, através de sua conduta comissiva ou omissiva, violar as normas legais e provocar um dano a outrem, seja este de repercussão material ou moral, deverá repará-lo.

A figura do dano moral, por seu turno, dissociado que é do dano patrimonial, pois independe deste, foi agasalhada na Constituição Federal de 1988 (incisos V e X do art. 5º). Este se configura no dano sofrido na esfera interna, subjetiva, que atinge um sentimento de dor e cuja indenização pretende atribuir à vítima uma compensação pela dor suportada.

Antes mesmo de trafegar na esfera jurídica, podemos dizer que a moral sempre foi vigiada, através de normas de conduta de comportamento individual, nas ditas normas morais. Desde há muito se tenta estabelecer critérios de distinção entre a moral e o direito.

Hans Kelsen adotava a teoria de que o Direito não guarda nenhuma relação com a moral. Para o ilustre jurista, a norma é o único elemento essencial do Direito cuja validade não depende de conteúdos morais.

Já o mestre Miguel Reale, em sua teoria tridimensional do direito, expôs com incontestável precisão sobre a impossibilidade de se examinar com exatidão um determinado fenômeno jurídico, sem que se aprofunde, ainda que relutantemente, sobre os aspectos sociais, morais e éticos que devem informar nossa capacidade de valorar fatos que profissionalmente, à luz do direito posto, devemos interpretar.

Podemos afirmar que o direito e a moral são pressupostos de toda sociedade e, por isso, caminham juntamente com a história destas. Não há se questionar o quão necessário se faz as suas adequações às constantes e sucessivas mudanças da vida em sociedade, notadamente no que concerne às condutas humanas no meio em que vivem, em constante transformação, sobretudo pelas influências cada vez maiores dos meios de comunicação que mudaram a vida de todos, bem como pela imposição da globalização, o que pressupõe que um cidadão de qualquer nação é hoje um cidadão universal, devendo se submeter a tratados que vigoram para todos, indistintamente.

Portanto, não há mais que perquerir sobre a existência de uma íntima relação entre Direito e Moral, eis que são instrumentos de controle social que não se excluem, mas antes, se completam.

1.3. O Estado

Dada a abrangência do tema, uma breve análise a respeito do Estado e de suas funções reveste-se de uma essencialidade intransponível para a completude deste estudo, cujo objetivo é não apenas somar-se em número às obras já existentes, mas somar-se qualitativamente ao enfoque desta doutrina.

A princípio, enfatizamos que o Estado pode ser analisado sob os aspectos político, jurídico e social, e que o seu estudo e a tentativa de sua definição, nestes três aspectos, se dá desde há muito e não tendo, ainda assim,esgotado-se.

Ainda na Grécia antiga deu-se a primeira experiência de Estado, quando as cidades eram unidades autônomas e auto-suficientes. Foi somente no Século XII que surgiu o Estado forte e centralizado, abarcando a ideia de Nação, que englobava a centralização política e constituía o Estado Nacional. Em seguida, fortalecendo exacerbadamente esta ideia, nasceu o Absolutismo, que centralizava o poder sem contestações ou interferências, e o monarca era tido como o responsável pelo bem estar e pela segurança de todos os seus súditos.

Estas teorias foram fortalecidas na história através de grandes pensadores. Jacques Bossuet, um religioso francês, foi um dos escritores que entre os Séculos XVI e XVII procurou justificar o Absolutismo, ao defender que os reis tinham poder divino, ou seja, eram representantes de Deus no mundo. Já o grande escritor Thomas Hobbes (1588-1679), autor da obra "O Levitã", afirmava que a sociedade primitiva era marcada pela luta de todos contra todos. Foi Hobbes que criou o Contrato Social, com a ideia de acabar com essa guerra social entre os homens e o Estado. Afirmava ele que cada homem era um lobo para os outros homens, havia a luta de cada um contra todos, e que cada homem alimentava em si a ambição do poder, a tendência do domínio sobre outros homens, que só cessa com a morte. Nicolau Maquiavel (1496-1527) autor da obra O Príncipe, afirmava que o governante deveria ter o poder máximo. Ele devia ser amado pelo seu povo, não importando os meios que utilizasse para atingir esse objetivo.

O Estado, com o poder de soberania que detém e que utiliza, desde o início da sua existência, caracteriza-se como o detentor do poder de coação, pois dispõe de força e poder legítimos para agir com o monopólio da coerção física. Segundo Max Weber, "o poder se dá quando se impõe a vontade com resistência, e o domínio, quando adquire a obediência, sem resistência". Afirmava ainda que o Estado, dentre todos os grupos políticos, é o monopólio que tem o constrangimento físico (o monopólio das armas e do constrangimento físico). Só ele pode constranger, impor regras e para isso pode usar o constrangimento físico. Afirmava que o Estado-Nação é o único que tem soberania e poder.

Já na moderna doutrina, o entendimento predominante é o de que o Estado é caracterizado essencialmente pela ordenação jurídica e política da sociedade e que representa a primeira forma propriamente política de organização social, onde o poder institucionalizado tende a tornar-se impessoal.

Em doutas palavras, Dalmo de Abreu Dallari define o Estado como sendo[1] "ordem jurídica soberana que tem por fim o bem comum de um povo situado em determinado território", o que nos leva a crer que se fundamenta tal definição na ideia de que o Estado tem por objetivo a restrição disciplinadora do comportamento humano em benefício do interesse geral.

Forçoso concluir que desde as antigas teorias acerca do Estado, como elemento jurídico, este está vinculado à ideia de Nação, sendo certo que o Estado é a Nação politicamente organizada e a Nação a coletividade que, em determinado território, unificada pela raça, idioma, costumes e tradições se unificam em sua originalidade, distinguindo-se uma das outras, pela defesa de sua cultura nacional. Portanto, o Estado não é acessório da Nação, mas a destruição do Estado seria, por igual, a decadência material, o declínio moral da coletividade respectiva.

Não menos conclusivo é que Estado e indivíduo são componentes sequenciais, pois as leis restringem o Estado no interesse do homem, como princípio e fim, causa e razão do fato jurídico. O homem, entretanto, é um ser moral, elemento primário do direito dentro de uma unidade social, pesando-lhe obrigações sociais, sem as quais o tornaria um ser isolado e desprovido da busca de uma cidadania. Cabe salientar que o individualismo da Revolução Francesa e o comunismo marxista foram dois equívocos. O erro do individualismo foi ver um, não todos; o do comunismo – todos, não um.

Com efeito, as evoluções sócio-democratas que se estenderam ao longo dos séculos, têm tentado associá-las sem que uma se sobreponha a outra. E numa tendência contemporânea, há a cristalina interpretação de que embora o indivíduo não possa se sobrepor ao Estado, este tampouco pode agir sem que tenha por fim o bem daquele. A dignidade da pessoa humana há que ser observada como um verdadeiro pressuposto de uma Nação democrática, social e politicamente justa.

1.4. Soberania, Poder e Dignidade Humana

Soberania é força incontestável que permeia o Estado na ordem interna e externa, podendo ser interpretada como a personalidade da Nação. Está estritamente vinculada ao poder e em razão deste sofre variações de diferentes gradações. Conforme já dito, no Absolutismo esta era considerada atributo do Rei-Estado.

Com o advento da Revolução Francesa, impôs-se a esta uma inversão de valores, atribuindo-se ao povo a sua titularidade. A partir de então, tem a soberania se amoldado às evoluções históricas, passando pela concepção mais arrojada da "escola alemã" e pelo entendimento de Léon Duguit, para quem[2] "a soberania se confunde com a "regra de direito" e esta impõe ao Estado a obrigação de assegurar a cada um, e a todos, os meios de melhor contribuir para a realização da solidariedade social".

Não é a soberania, contudo, uma ideia definida, porém atrelada está à circunstância. Em sua concretude, soberano é aquele que detém os meios coercitivos e estes advêm do Governo, que tem o legítimo poder para utilizá-los, já que o Estado está a serviço da organização política e social, ou seja, do Direito, que por sua vez norteiam estas relações, criando regras através das normas jurídicas.

O poder, herói e vilão da soberania, tem sido relativizado após o fim do Absolutismo, sobretudo com as evoluções sócio-jurídicas-culturais. Aquele que detém o poder, numa determinada época, é o titular de grandes acontecimentos que repercutem na vida social de seu povo. O poder tem sido perseguido pelo homem desde a sua criação, de tal sorte que somos ensinados a sempre obedecer alguém. Entre as Nações, no ordenamento jurídico, na vida em sociedade e até em nossas casas, há sempre alguém a quem devemos obediência e respeito, face ao poder que exerce sobre nós. Contudo, as exigências de um poder também se transformam dada as mudanças éticas e morais das sociedades.

O próprio poder, com o passar do tempo, tem sido questionado e muitas vezes minimizado, em prol de um bem maior. A mesma sociedade que se submete a um poder, o repele quando este a sufoca e a paralisa.

---

1   DALLARI, DALMO DE ABREU. Elementos de Teoria Geral do Estado. 18ª ed., São Paulo, Ed. Saraiva, 2014, p. 114.
2   G. DEL VECCHIO, JUSTICE, Droit, État, p. 310.

Daí as revoluções que ilustram a história da humanidade. Estas se dão quando o poder perpassa o seu objetivo de intermediar a ordem e o bem comum e adentra no excesso, revestido da vaidade humana. Oportuno mencionarmos o famoso dito popular: "quer conhecer um homem, dê-lhe o poder", que se traduz na arrogância que este se reveste ao sentir que pode mais que os outros.

Reportando-nos aos ensinamentos de Montesquieu acerca do poder, (...)[3] "é uma experiência eterna que todo homem que tem poder é levado a dele abusar. Vai até onde encontra limites".

É a constante avaliação e crítica sobre aqueles que detém o poder que leva os povos de uma Nação a evoluírem, desgarrando-se das escoltas e das garras do absolutismo. No que tange ao Poder Público, verifica-se o poder inerente ao caráter supremo do Estado, que norteia uma nação organizada e que deve ser exercido com responsabilidade. Da mesma forma, o Poder Público deve ser responsabilizado pelos seus excessos e pela sua inação, já que a sua falha se traduziria, neste sentido, em abuso de poder e omissão de dever.

Com efeito, resta-nos concluir que a soberania e o poder, intimamente ligados, não mais podem subsistir sem que sejam emoldurados pela dignidade da pessoa humana. Não entrando no mérito de que o Estado detém o monopólio do poder e a soberania para exercê-lo, em nome do qual poderá até cercear alguns direitos em razão de um bem maior, o bem comum, o ordenamento jurídico, sobretudo com o reconhecimento dos direitos dos homens e, no Brasil, com o advento da Carta de 1988, agregou a estes a observância à dignidade humana, enumerando vários artigos em seu texto que devem ser considerados e sobrepostos até mesmo a certos interesses públicos.

Na prática, entretanto, o alcance deste preceito está à mercê da efetivação de fatos concretos que se apliquem às injustiças sociais. Temos que somente a partir da igualdade, pressuposto da cidadania, o poder, a soberania e a dignidade humana serão de fato interligados e personalizarão um Estado justo.

2. A RESPONSABILIDADE CIVIL DO ESTADO

2.1. Breve Histórico

Responsabilizar a pessoa por seus atos é um processo antigo na História. Já no século XI a.C., o Código de Manu determinava o corte de dedo dos ladrões, evoluindo para os pés e mãos no caso de reincidência, assim como o corte da língua para quem insultasse um homem de bem e a queima do adúltero em cama ardente e a entrega da adúltera para a cachorrada4. Registre-se ainda que nessa época da História, a pena era coletiva, podendo ser extensiva à família do condenado e que prevaleciam duas espécies de pena: a perda da paz, que era o banimento, e a vingança de sangue, com a pena de morte. Em outra passagem da História, a Pena de Talião, cuja origem vem do latim *talis*, que significa tal, semelhante, igual, trouxe a expressão "olho por olho, dente por dente", que pressupunha que o sujeito teria a pena equivalente a seu delito. A mais antiga das codificações da legislação criminal, o Código de Hamurabi, assim descrevia a pena:

> "se alguém tirar um olho de outro, perderá o seu igualmente; se alguém quebrar um osso de outro, partir-se-lhe-á um também; se o mestre de obras não construiu solidamente a casa e esta, caindo, mata o proprietário, o construtor será morto e, se for morto o filho do proprietário, será morto o filho do construtor". No Direito Romano, a Lex Aquilia foi a lei que vigorou no ano 286 a.C., conforme tem sido apontado pela doutrina, e trazia a ideia de culpa, donde provém a chamada culpa aquiliana. Na concepção dos romanos, o autor do dano sempre agia com culpa, por não distinguirem culpa de delito. Parte da doutrina, entretanto, sustenta que a ideia de culpa era estranha à Lei Aquiliana. Outros entendem que o princípio da responsabilidade objetiva predominou após o advento da Lex Aquilia.

---

3   MONTEQUIEU – L' Esprit dês Lois, livro XI, cap. IV).

2.2. Definição

A palavra responsabilidade deriva do vocábulo latim *respondere*, cujo significado é responder, pressupõe que alguém deve responder por algo, ou seja, alguém será responsabilizado pelo seu ato e deverá responder por ele, daí a concepção tradicional de que a responsabilidade civil funda-se na culpa, pois esta ideia está atrelada a um ato culposo. Diante de uma fundamentação individualista, podemos afirmar que nunca se poderia admitir a responsabilidade por ato não culposo, no que concerne a hipóteses em que o indivíduo não quisesse o ato ou ainda não tivesse agido com imperícia, imprudência ou negligência.

Referida fundamentação delineou as características da teoria subjetiva da responsabilidade civil do Estado, na qual, para a sua aplicabilidade, mister se faz prova de culpa, hoje em dia utilizada apenas nos casos em que o Estado age com omissão, conforme veremos adiante.

No Brasil, esta interpretação civilista, como regra, foi a primeira forma utilizada para responsabilizar o Estado. Contudo, com o passar do tempo, esta teoria foi sendo mitigada em razão de uma maior previsibilidade de responsabilizar o agente público, tendo sido substituída pela responsabilidade objetiva, com respaldo no dispositivo constitucional de 1946 e se firmando nas demais Constituições que se sucederam a esta.

Podemos afirmar que a noção de responsabilidade é hoje abarcada por todas as Nações, não mais subsistindo a intangibilidade do Estado face à sua supremacia e superioridade em relação aos administrados.

Mister se faz esclarecer que, não obstante, os casos em que o Estado pode ser responsabilizado mesmo quando não pratica atos ilícitos (eis que a responsabilidade incide sobre atos comissivos ou omissivos, lícitos ou ilícitos), ou seja, nas hipóteses em que estes, ainda que lícitos, ocasionem um dano a alguém, não deve essa afirmativa, contudo, ser confundida com os casos em que o Estado, imbuído de poder legal, debilita, enfraquece um interesse privado, como ocorre com a desapropriação.

Neste caso, há dois interesses tutelados pelo Estado, o público e o privado. De acordo com a norma jurídica, quando um interesse público não pode ser efetivado sem que haja um sacrifício de um interesse privado, há que prevalecer o primeiro sobre este, haja vista a preponderância de que este se reveste em relação aos demais.

Portanto, não se aplica o caso de responsabilidade quando o Estado, calcado na ordem jurídica, sacrifica um direito de outrem, da mesma forma tutelado, devendo indenizá-lo por esse sacrifício sofrido. Tal fato ocorre porque não houve violação, mas sim sacrifício de direito.

A esse respeito, acrescentamos que a doutrina italiana, valendo-se dessa premissa, preconiza uma diferença entre indenização e ressarcimento, atribuindo a primeira para os casos em que o direito de alguém é enfraquecido face um interesse maior, e o segundo nas hipóteses de violação de direito, onde incidirá a responsabilidade.

Em nosso país, a doutrina predominante não perfilha esta diferenciação, portanto não ignora a diferença entre sacrifício de direito e violação de direito.

2.3. Incidência da Responsabilidade Civil do Estado

2.3.1. Responsabilidade da Administração Pública

Ressaltamos que a responsabilidade civil incide tanto nos institutos do direito público como nos de direito privado. Em um litígio, quando uma das partes é a Administração Pública no exercício de suas funções – na prática de atos de império – e o outro um terceiro, e este sofre um dano, o litígio terá respaldo no direito público, onde se aplica a teoria da responsabilidade objetiva ou teoria do risco administrativo, com fundamentado no atual art. 37 parágrafo 6º da Constituição da República, que assim reza:

> Art. 37 – [...]
> Parágrafo 6º - as pessoas jurídicas de direito público e as de direito privado prestadoras de serviços públicos responderão pelos danos que seus agentes, nessa qualidade, causarem a terceiros, assegurado o direito de regresso contra o responsável nos casos de dolo ou culpa.

Se, todavia, o litígio envolver apenas pessoas jurídicas de direito privado ou pessoas jurídicas de direito público na prática de atos de gestão, o conflito terá como base o dispositivo na legislação ordinária, preconizado no art. 927 do Código Civil brasileiro, que preceitua:

"Aquele que, por ato ilícito (arts. 186 e 187), causar dano a outrem, é obrigado a repará-lo".

Observe-se que referido artigo, em seu parágrafo único, faz uma ressalva sobre a obrigação de reparar o dano, independente de culpa, nos casos especificados em lei:

"Parágrafo Único: Haverá obrigação de reparar o dano, independentemente de culpa, nos casos especificados em lei, ou quando a atividade normalmente desenvolvida pelo autor do dano implicar, por sua natureza, risco para os direitos de outrem".

Registre-se que este dispositivo legal se aplica também a casos de omissões do Estado, que serão oportunamente mencionados.

2.4. Tipos de Responsabilidade

No que se refere ao bem jurídico tutelado, a responsabilidade varia entre administrativa, penal e civil. A responsabilidade administrativa é aplicável apenas ao servidor público, a penal incidirá quando seu objeto for um crime ou uma contravenção e a civil está atrelada à obrigação de Fazer e Não Fazer.

Para identificá-las, verifica-se a natureza da norma jurídica em que essa se encontra, ou seja, a cada tipo de responsabilidade corresponde uma norma específica. Se o dano causado tiver norma de natureza penal, sua responsabilidade será penal, se estiver normatizado no Direito Civil, incidirá a responsabilidade civil e, por fim, se encontrar previsão na norma administrativa, constituir-se-á em responsabilidade administrativa.

Face à autonomia das normas jurídicas, referidas responsabilidades serão independentes entre si. Responsabilizar alguém civilmente não implica responsabilizá-lo também penal ou administrativamente. Da mesma forma, a responsabilidade administrativa não guarda nenhuma relação com a civil nem a penal. São dotadas de autonomia para existirem uma independente da outra, sendo, contudo, admitido que alguém responda cumulativamente, caso viole normas de naturezas diversas.

Sobre esta acepção, transcrevemos o Recurso Especial nº 111.843 votado pela Primeira Turma do Egrégio Superior Tribunal de Justiça do Paraná.

Ementa: - Responsabilidade Civil do Estado. Teoria Objetiva. Ação praticada por policial rodoviário, na presumida defesa de terceiro. Resultante de morte de terceiro estranho ao evento.

I – Se o agente público, no exercício de suas funções, pratica dano a terceiro não provocador do evento, há de ser o Estado responsabilizado pelos prejuízos causados, em face dos princípios regedores da teoria objetiva.

II – O art. 107 da CF de 1969, em vigor na época dos fatos, hoje reproduzido com redação aperfeiçoada pelo art. 37 parágrafo 6º da CF de 1988, adotou a teoria da responsabilidade civil do Estado sob a modalidade do risco administrativo temperado.

III – A absolvição de policial rodoviário, no juízo criminal, em decorrência da morte causada por ocasião de ação praticada em legítima defesa de terceiro, não afasta a responsabilidade civil do Estado, se não provar que o acidente aconteceu por culpa da vítima.

IV – Passageiro atingido por disparo de arma de fogo em decorrência de ação policial contra motorista do veículo.

V – Independência de responsabilidade civil do Estado em confronto com a criminal, salvo quando no juízo penal se reconhece, via decisão transitada em julgado, ausência de autoria e de materialidade do delito.

VI – A absolvição no juízo criminal não impede a propositura da ação civil, quando pessoa que não concorreu para o evento sobre o dano, não tiver culpa.

VII – (...)

VIII – (...)

IX – Recurso Especial improvido.

Acórdão (...)

RELATÓRIO

O EXMO. SR. MINISTRO JOSÉ DELGADO:

O Departamento Nacional de Estradas de Rodagem – DNER, interpõe o presente Recurso Especial (fls. 194/198), com fulcro no art. 105, inciso III, alíneas a e c, da Constituição Federal (1969), contra acórdão (fls. 192) preferido pela 5ª Turma do TRF da 4ª Região, assim ementado:

"Responsabilidade Civil. Morte causada por policial rodoviário no exercício de suas funções policiais. Absolvição no juízo criminal por legítima defesa de terceiro, indenização por danos materiais e morais, critérios para fixação.

I – Mesmo que o agente tenha praticado o ato em legítima defesa, subsiste a responsabilidade civil pelos danos causados a terceiro, que em nada contribui para a ocorrência do evento.

II – A indenização prevista no art. 1.537, II, do Código Civil (1916) e 948, II do atual Código Civil, é devida tomando-se por base os ganhos médios da vítima reduzidos a 1/3, que, presumidamente, seriam gostos com a sua própria mantença. O termo inicial da pensão é o da data do fato. O termo final, em relação à viúva, é a data em que seu marido completaria 65 anos ou o da morte dela, o que ocorrer primeiro. Em relação aos filhos da vítima, o termo final é o da data em que completarem 24 nos de idade, quando, presumivelmente, terão completado sua formação.

III – É cabível a indenização por danos morais à viúva e aos filhos, em caso de morte causada sem qualquer culpa da vítima. É indenização cumulável com a de danos materiais (Súmula nº 37 do STJ) fixada a prudente critério do juiz, a título compensatório, pela trágica perda do marido e pai, que tinha 29 anos de idade. Fixa-se tal indenização em cinquenta salários mínimos para a viúva e para cada um dos filhos (todos menores).

IV – Considerando que a pretensão é endereçada não ao agente causador do dano, mas ao Estado, (responsabilidade objetiva) os honorários advocatícios devem ter como base de cálculo o montante das parcelas vencidas, inclusive pelo dano moral, e mais doze parcelas vincendas.

V – Sentença reformada, em parte.

(...)

VOTO

Ementa: – Responsabilidade civil do Estado. Teoria objetiva. Ação praticada por policial rodoviário, na presumida defesa de terceiro. Resultante de morte de terceiro estranho ao evento.

(...)

III – A absolvição do policial rodoviário, no juízo criminal, em decorrência de morte causada por ocasião de ação praticada em legítima defesa de terceiro, não afasta a responsabilidade civil do Estado, se não provar que o acidente ocorreu por culpa da vítima.

A responsabilidade também pode vir sob a forma contratual ou extracontratual, esta também conhecida como responsabilidade aquiliana ou legal. Portanto, quando a responsabilidade civil tem a lei, constitucional ou ordinária, como fundamento, fala-se em responsabilidade aquiliana, pois não existe nenhum contrato nesta relação jurídica. A responsabilidade aquiliana se aplica tanto a atos que envolvam a Administração Pública como a atos de particulares.

Oportuno consignar que a Administração Pública se manifesta através de atos, contratos, convênio ou consórcio. Quando tal fato se der através de ato administrativo, o administrador só fará o que está na lei. Se, contudo, manifestar-se através de contratos, convênio ou consórcio, observar-se-á o que prescreve o referido contrato administrativo.

Hipoteticamente, e objeto de questionamento em recente concurso, proprietário de veículo furtado em estacionamento de mercado municipal pede indenização por dano material. Defende-se o município com o argumento de que o estacionamento, embora fechado por grades e cuidado por vigias, é inteiramente gratuito, o que o isentaria de responsabilidade. Alega, ainda, não ser aplicável à espécie o art. 37, § 6º da Constituição Federal por se tratar de fato omissivo.

A solução da questão pode ser encontrada por duplo caminho, a saber:

a) responsabilidade contratual, pois a Administração do mercado municipal, ao receber o veículo no estacionamento, assume o dever de guarda, obrigação de resultado que só pode ser afastada por uma das causas de exclusão do nexo causal. Não há que se falar em gratuidade, porque esta é apenas aparente. Ademais, o estabelecimento comercial que oferece estacionamento gratuito aos seus clientes, não está desobrigado de indenizar o mesmo, no caso de furto do veículo, porque tal cortesia tem como objetivo angariar sua clientela, e, consequentemente, aumentar as vendas, resultando em lucros. Não é o caso de aplicar-se a Teoria da Responsabilidade Objetiva da Administração, por se tratar de suposto fato omissivo ou ineficiência da prestação de serviço.

b) O caso pode ser também solucionado à luz do artigo 14 do CDC, já que o mercado está prestando um serviço. Nesta hipótese, haverá responsabilidade objetiva pelo fato do serviço, de acordo com o artigo 22, do CDC.

2.5. Síntese Evolutiva da Responsabilidade Civil do Estado

O instituto da Responsabilidade Civil encontra sede nos Estados Democráticos de Direito, fulcrada, sobretudo no princípio da igualdade, onde todas as pessoas, de direito público e de direito privado, estão atreladas a uma ordem jurídica, e onde não mais impera os interesses da Administração Pública sobre os do particular, mas se permeiam pela igualdade de todos perante a lei.

Por oportuno, parece-nos até mesmo incoerente pensar em um Estado de Direito que não abarque o princípio da igualdade, pois o seu ideário repudia a desigualdade e a injustiça.

No período de prevalência dos Estados Absolutistas, não recaía sobre estes a responsabilidade nem os seus encargos eis que o Estado era instituído de poder soberano, incontestável, e por isso, insuscetível de ser responsabilizado por seus atos.

Portanto, longa tem sido a trajetória desde a completa irresponsabilidade do Estado até os dias atuais, onde predomina a teoria da responsabilidade objetiva no direito positivo das nações civilizadas.

Ressaltamos que há uma resistência dos civilistas clássicos a esta teoria, cujos argumentos encontram respaldo em assertivas tais como: "quando o Estado exige a obediência de seus súditos, não o faz para fins próprios, mas, justamente, para o bem dos mesmos; logo, de semelhante ato não lhe pode advir qualquer responsabilidade"; "não se justifica a ficção de que os funcionários administrativos sejam órgãos imediatos dos Estados e que, em consequência, os atos destes devam ser tidos como atos do Estado; este só é representado pelo chefe do governo"; "as relações jurídicas do mandato não podem ser aplicadas por analogia aos servidores do Estado, como se tem pretendido", entre tantas outras anunciadas no direito positivo.

2.5.1. Teoria da Irresponsabilidade

Recorrendo aos ensinamentos de Yussef Said Cahali, afirma este nobre jurista que o conceito fundamental da teoria da irresponsabilidade absoluta da Administração Pública firma-se em três postulados, a saber:

1. Na soberania do Estado, que, por sua natureza irredutível, proíbe ou nega sua igualdade ao súdito, em qualquer nível de relação, a responsabilidade do soberano perante o súdito é impossível de ser reconhecida, pois haveria uma contradição nos termos da equação.

2. Segue-se que, representando o Estado soberano, o Direito organizado não pode àquele aparecer como violador desse mesmo direito.

3. E por corolário, os atos contrários à lei praticados pelos funcionários jamais podem ser considerados atos do Estado, devendo ser atribuídos pessoalmente àqueles, como praticados não em representação do ente público, mas nomine próprio[4].

Esta concepção de fato teve sede nos Estados absolutos, onde prevaleceu a Teoria da Irresponsabilidade do Estado, que tinha por fundamento a ideia de soberania. O Estado tinha o propósito de isenção no tocante a conflitos que envolvessem relações entre particulares. O Estado soberano não acatava a sua submissão a direitos de seus súditos e por isso gozava de imunidade total.

Na incidência dos Estados absolutos, onde prevaleceu a teoria da irresponsabilidade, vigoravam os princípios de que o Monarca e o Estado não erram: que o Estado atuava para atender ao interesse de todos e não podia ser responsabilizado por isso.

Daí os princípios de que "o rei não pode errar" (*the king can do no wrong*) e de "aquilo que agrada ao príncipe tem força de lei" (*quod principi placuit Haber legis vigorem*).

Guardava o Estado o status de inatingibilidade no tocante a seus atos, prevalecendo-se da assertiva de que a ele cabia a tutela do Direito, já que desta é gerador, e, por ser ele o próprio Direito, jamais atentaria contra si próprio.

Nessa fase histórica, os administrados moviam ações apenas contra o próprio funcionário causador do dano. Em caso de insolvência deste, a vítima de um dano patrimonial não havia mais a quem recorrer, face à falta de amparo legal, esvaziando-se ali o seu direito de ação.

Ressalta-se que no Brasil não se aplicou a total irresponsabilidade.

Celso Antônio Bandeira de Mello[5] (apud José de Aguiar Dias), cita um enunciado do Ministro do STF, Amaro Cavalcanti, que ilustra esta acepção:

> [...] no Brasil jamais foi aceita a tese da irresponsabilidade do Estado pelos atos lesivos dos seus representantes. Se não havia nem há uma disposição da lei geral, reconhecendo e firmando a doutrina da responsabilidade civil do Estado, nem por isso menos certo que essa responsabilidade se acha prevista e consignada em diversos artigos de leis e decretos particulares; e, a julgar pelo teor das suas decisões e dos numerosos julgados dos Tribunais de Justiça e das decisões do próprio Contencioso Administrativo, enquanto existiu, é de razão concluir que a teoria aceita no País tem sido sempre a do reconhecimento da aludida responsabilidade, ao menos em princípio; ainda que deixando juntamente largo espaço para frequentes exceções, em vista dos fins e interesses superiores, que o Estado representa e tem por missão realizar em nome do bem comum. Tal é, com efeito, a verdade de fato, sabida de todos, e sobre a qual não haveria mister insistir.

Com o passar do tempo foi-se enfatizando a tese de que o Estado é pessoa jurídica não apenas suscetível de prerrogativas, como também sujeito de obrigações, até mesmo em função de seu papel de garantidor da ordem jurídica e social. A teoria da irresponsabilidade, portanto, passou a ser contestada, sobretudo com a evolução dos direitos dos indivíduos perante o Estado.

Na evolução da História é clara a visão de que o Estado ora assume um poder mais forte, até monopolizador, ora tem esse poder enfraquecido, cedendo aos protestos das sociedades que não suportam, eternamente, ter seus direitos subjugados e minimizados em prol de um poder dominador.

A partir daí deixou então de prevalecer a ideia de submissão do Estado ao Direito. O Estado não mais podia eximir-se da responsabilização perante terceiros, quando a estes causasse dano, através de atos comissivos ou omissivos.

---

4   YUSSEF SAID CAHALI apud CAIO MÁRIO, Instituições de Direito Civil, I/392 e 393, n. 116.
5   MELLO, CELSO ANTÔNIO BANDEIRA DE. Curso de Direito Administrativo. 23ª ed. São Paulo. Malheiros Editores, 2012, p. 884.

Um dos fatores que relativizou a soberania estatal foi o advento da sua responsabilização, embora essa tenha surgido gradativamente até alcançar a forma objetiva atualmente predominante.

Registre-se, contudo, que a irresponsabilidade estatal foi totalmente superada em todas as Nações apenas quando os Estados Unidos e a Inglaterra abandonaram-na, respectivamente em 1946, pelo Federal Tort Claims Act, e em 1947, pelo *Crown Proceeding Act*.

Com isso, observa-se que a irresponsabilidade do Estado está totalmente superada nas legislações e que ela representa a própria negação do Direito. Sendo o Estado o representante maior da legalidade, tal teoria torna-se contraditória e inexequível.

2.5.2. Teoria Civilista

Superada a teoria da irresponsabilidade, num segundo momento dessa evolução, levou-se a reconhecer inicialmente a responsabilidade do Estado com fundamento nos princípios civilistas, aplicados aos particulares. Tal princípio fundava-se na ideia de culpa, donde se extrai o termo teoria civilista da culpa.

Conforme as palavras de Renan Miguel "A concepção de responsabilidade civil funda-se na culpa. Isto porque, diante de uma fundamentação individualista, nunca se poderia admitir a responsabilidade por ato não culposo, ou seja, decorrente da hipótese em que o indivíduo não quisesse o ato ou mesmo não tivesse agido com imperícia, imprudência ou negligência". Essa teoria denominou-se a teoria subjetiva no estudo da responsabilidade civil.

Ocorre que, para a aplicação desta teoria, num primeiro momento de responsabilização do Estado era imposta a necessidade de se distinguir a atitude estatal entre atos de império e atos de gestão.

Ao praticar atos de império atuava o Estado com sua soberania e se isentava de ser responsabilizado por seus atos, prevalecendo-se-lhe as normas de direito público, protetivas da figura estatal.

Em contrapartida, ao praticar atos de gestão equiparava-se ao particular em relação a seus empregados. Como para este vigorava a regra da responsabilidade, o Estado, na hipótese de praticar atos de gestão, estaria suscetível de ser responsabilizado.

Na vigência dessas teorias, mesmo tendo elas proporcionado a um particular a possibilidade de receber uma indenização do Estado, em decorrência de um prejuízo sofrido por uma conduta deste, na prática, estas não produziam um efeito tão positivo, dada a dificuldade de provar a distinção entre atos de império e atos de gestão.

Dado o inconformismo das vítimas pela dificuldade de distinguir atos de império e atos de gestão, não faltaram críticas a estas teorias, além da justificativa de que era impossível dividir a personalidade do Estado.

É oportuno consignar que a teoria civilista serviu de inspiração ao artigo 15 do Código Civil brasileiro de 1916, que consagrou a teoria subjetiva do Estado no Brasil.

2.5.3. Teoria Publicista ou Teoria da Culpa Administrativa

Outro momento evolutivo da responsabilização estatal se deu com a adoção das teorias publicistas, que trazem em sua versão a despersonalização da culpa, estando a partir de então o agente que age em nome da Administração, fora dos pressupostos para a consagração da responsabilidade.

Nas palavras de Duez, (*La Responsabilité de la Puissance Publique*) essa teoria encerra o fenômeno evolutivo à despersonalização da culpa, transformando-a, pelo anonimato do agente, à consideração de falha da máquina administrativa.

Também conhecida como teoria da culpa administrativa, neste estágio, transferiu-se para a atuação administrativa a ideia de culpa. Reduz-se, desta forma, o encargo atribuído à vítima de provar as distinções acima mencionadas.

Com fundamento nesta teoria, o lesado não mais precisaria identificar o agente estatal, sendo-lhe necessário apenas comprovar o mau funcionamento do serviço público, daí a denominação pela doutrina de culpa publicista ou culpa anônima, e ainda culpa do serviço, que se desmembrava em três versões: o mau funcionamento, o não funcionamento ou a demora do serviço.

Outro encargo não menos injusto era dado ao lesado: comprovar o mau funcionamento ou falha da Administração Pública, o que pressupõe a existência de um padrão de funcionamento preexistente, e que, na prática, se nos parece inviável de ser realizado, haja vista a presunção de que toda e qualquer conduta decorrente dos agentes públicos, que atuam em nome do Estado, devem ter por objetivo atender aos interesses da população, e não ir de encontro a eles.

Na evolução das teorias que se seguiram, observa-se que a responsabilização estatal vem se firmando, gradativamente, uma vez que são enfraquecidos os entraves que atribuem a intangibilidade ao Estado.

Ademais, sendo o Estado o guardião do direito, cabe a ele zelar pelo seu efetivo cumprimento, não se lhe sendo admissível ser excluído do polo ativo dos que devem cumprir a lei, tampouco se eximir de ser penalizado pelo seu descumprimento. Deve, antes, no exercício de sua soberania, fazer cumprir a lei com total imparcialidade e, para tanto, ser o primeiro a segui-la. É o poder limitado pelo poder.

Não há por que atribuir ao Estado tratamento diferenciado no que tange às regras da responsabilidade civil, eis que tal privilégio importaria na mais formal negação do próprio direito e justiça, as quais são mantidas e garantidas pelo próprio Estado.

Na evolução destas teorias, aboliu-se a distinção de atos de império e atos de gestão, substituída mais tarde para o anonimato do agente público, desencadeando a concepção civilista, e por fim, as teorias publicistas, que são as regras do direito público no âmbito da responsabilidade estatal.

Com isso, proclamada está a responsabilidade objetiva do Estado, com base na teoria do risco administrativo, sendo certo que sua sede está totalmente embasada no direito público[6].

Ilustra-se com o exemplo de um veículo do Ministério da Fazenda, conduzido por um servidor no exercício de suas atividades funcionais que atropela e mata um cidadão. A família deste, para fazer jus à indenização, terá de provar o dano (atestado de óbito) e o nexo de causalidade (registro de ocorrência) na petição inicial.

Como a teoria objetiva tem como um de seus fundamentos básicos a inversão do ônus da prova, não é preciso mencionar na exordial se o motorista agiu com dolo ou culpa.

Por isso, pode-se afirmar que a teoria objetiva foi criada para agilizar a indenização do já prejudicado, para tentar compensar aquela situação de desigualdade entre a Administração Pública e o administrado, bastando-se comprovar o dano e o nexo causal.

Na esteira das mesmas considerações, Marcello Caetano, ao negar que este instituto esteja vinculado ao direito privado, justifica que a responsabilidade fundada na culpa administrativa está intimamente ligada à atividade administrativa, e que dela é consequente, afirmando: "Estamos, portanto, perante um aspecto da atividade administrativa que se acha incluído na esfera do contencioso próprio da Administração; e estas circunstâncias impõem que o instituto da responsabilidade fundada em culpa da Administração seja integrado no direito administrativo, abrangendo-o no seu sistema, estudando-o com os seus métodos e enquadrando-o em seus princípios como fatalmente tem de suceder."[7]

Em opinião contrária, Renan Miguel Saad, em sua obra sobre o tema, afirma que "a responsabilidade civil do Poder Público será inserida onde realmente tem de ser estudada, ou seja, no direito civil". Enfatiza, ainda, que tal estudo se dará "dentro das perspectivas de unificação dos atuais conceitos de responsabilidade

---

6   Contrário a essa afirmativa, o ilustre doutrinador YUSSEF SAID CAHALI, em sua obra Responsabilidade Civil do Estado, entitulando-se como fiel ao Direito Civil como direito comum da tradição romanística, afirma que "continua reconhecendo que o instituto da responsabilidade civil do Estado, ainda conserva os vínculos de filiação natural às suas origens civilistas", e enfatiza que "tolera-se, é certo, – e em matéria de concessões o direito civil sempre foi pródigo –, a pretensão dos publicistas em simplesmente adotá-lo", mas que "condena a voracidade dos administrativistas que pretendem transformá-lo em filho ingênito do direito público". Com a devida vênia e como administrativistas que somos, colocamo-nos contrários a tal afirmativa e às correntes doutrinárias que engessam teorias no instituto do Direito Civil, com o intuito de perpetuá-las, se negando ao reconhecimento de doutrinas que se tornam autônomas face ao crescimento de sua importância, e esvaziando a imprescindibilidade de que o direito deve evoluir e superar teorias que se tornaram inadequadas com o passar do tempo e com as mudanças sociais que se sucedem, ensejando a criação de novas legislações que possam dirimir questões que já nasceram órfãs de um positivismo jurídico, e que, por isso, buscam adotar as jurisprudências e o direito comparado para ampará-las.

7   Manual de Direito Administrativo, nº 178, p. 368.

administrativa e civil, tendo em vista a dicotomia entre o direito público e direito privado, posto em novos termos pela crescente intervenção estatal e, sobretudo, pela Constituição Federal de 1988"[8].

Portanto, há de se ressaltar que as teorias civilistas, que fundamentaram a responsabilidade subjetiva, embora incompletas para uma plena responsabilização da Administração Pública, tiveram um importante papel nesta evolução, eis que introduziram no direito a primeira fase desta mudança, rompendo as barreiras da soberania em que se debruçava o Estado e a insuscetibilidade deste de arcar com os prejuízos que porventura causasse a terceiros.

2.5.4. Subsistência da Responsabilidade Subjetiva

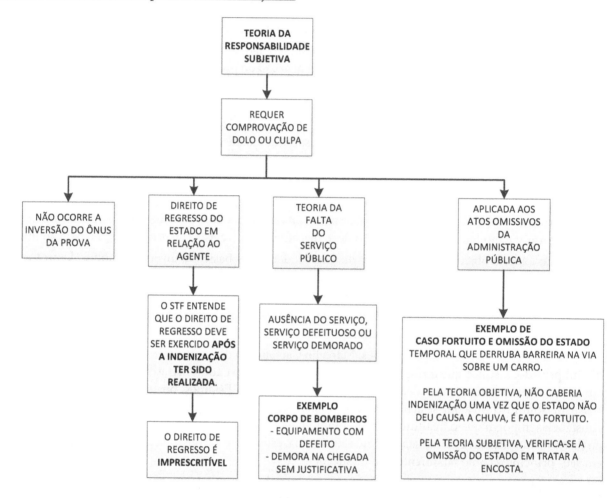

A posição majoritária da doutrina é que a teoria subjetiva foi apenas derrogada, continuando em vigor em relação aos atos omissivos.

Desta forma, a teoria subjetiva não gera a inversão do ônus da prova e só será utilizada em matéria de ato omissivo da Administração Pública.

Conforme já fartamente exposto, a responsabilidade subjetiva se configura na obrigação de indenizar alguém com base na comprovação da culpa, calcada na noção civilista. Contudo, ainda que superada esta noção, não há se perquerir a subsistência da responsabilidade subjetiva no direito brasileiro, embora prevaleça a responsabilidade objetiva como regra.

---

8   SAAD, RENAN MIGUEL. *O Ato Ilícito e a Responsabilidade Civil do Estado*. Ed. Lúmen Júris, RJ.

Ocorre que, quando no caso concreto, a teoria objetiva puder ser contestada com base em um excludente de responsabilidade, deverá o lesado valer-se da teoria subjetiva, provando a omissão do serviço público para pleitear uma indenização do dano sofrido.

Verifica-se, claramente, que a Constituição Federal não impõe a aplicação da Teoria Objetiva, mas tão somente dispõe o Estado de ser responsabilizado, independente da prova de culpa, bastando que haja um nexo causal entre o dano sofrido e a ação de um agente seu. Contudo, se consignado for um caso de omissão, deverá valer-se o lesado da responsabilidade subjetiva para fundamentar seu pedido.

Buscaremos ilustrar esta assertiva com o caso de um motorista de táxi que, ao ser assaltado e morto por um delinquente, deixa o carro à deriva e este sobe a uma calçada e atropela um sujeito que transitava pelo local.

A família da vítima, através de uma assistência jurídica, buscará uma indenização perante a empresa de táxi, por tratar-se de pessoa jurídica de direito privado prestando um serviço público. Contudo, não logrará êxito, pois o Estado alegará excludente de causalidade, já que o fato danoso ocorreu pela ação de um delinquente – que não é seu agente – e, ao matar o motorista, causou a morte da vítima.

Outro seria o resultado se a família da vítima provasse que o local era constantemente frequentado por delinquentes, e que a associação de moradores do bairro já requisitara por várias vezes uma maior policiamento naquela área, não tendo sido atendida, e, valendo-se dessas provas, acionasse o Estado com fundamento na teoria da culpa pela falta do serviço, provando que houve uma conduta omissiva por parte deste.

Se o Estado, em sua defesa, comprovasse que havia designado uma ronda para aquele local, e que, minutos antes do acidente, esta havia circulado naquela área, isento estaria de ser responsabilizado, pois, a bem da verdade, é sabido que o Estado não é nem pode ser segurador universal.

Seu serviço de segurança não pode estar 24 horas por dia em todos os lugares. Ocorre que a prestação do serviço do Estado não é a que o cidadão espera do serviço, mas a que este pode prestar, dentro de suas reais condições. Ademais, o policiamento é um serviço *uti universi*, e por assim o ser, não gera direitos subjetivos a ninguém.

Entendemos que a omissão só se caracterizará se indiscutivelmente provada por aquele que a alegar, valendo-se, neste caso, da teoria subjetiva.

Portanto, esta ação teria respaldo na teoria subjetiva. Conclusivo que referida teoria pode ser buscada, quando conveniente e oportuno para a vítima, embora impere a teoria objetiva no direito brasileiro.

Exemplo de uma grande enchente que ocorreu em um mês de janeiro de certo ano, em que o bairro de Copacabana estava em obras, com o projeto municipal Rio-Cidade. Em determinado trecho do bairro, as águas não chegaram até os bueiros, pois estes estavam tampados por causa das obras. Com isso, as águas correram para as garagens subterrâneas dos prédios, tendo danificado diversos carros.

Se os lesados entrassem com uma ação de indenização com fundamento da teoria objetiva, não haveria como lograr êxito, pois o Estado alegaria a falta de nexo causal entre o fato danoso e seus agentes, pois que o dano decorreu do excesso de chuvas. Valer-se-ia da alegação da excludente de responsabilidade, atribuindo o dano a caso de força maior, haja vista o Estado não ter domínio sobre as águas das chuvas.

Se o prejudicado abandonasse a teoria objetiva e se valesse da teoria subjetiva, provando que o preposto do Estado, o empreiteiro responsável pela obra, não teve a devida precaução de deixar os bueiros desimpedidos, o que acabou por causar o desvio das águas para as garagens, estaria no caminho certo para fazer jus à indenização.

Desta feita, provar-se-ia uma omissão do agente do Estado, o qual deu condição para o dano, cabendo a competente indenização.

Outro exemplo é quando ocorre uma inundação decorrente de um forte temporal, na qual cai uma barreira e destrói um carro parado em via pública.

Nesse caso, a ação de indenização com base na responsabilidade objetiva não logrará êxito, pois que não houve um ato de nenhum agente público que tenha contribuído para o evento danoso. Além disso, como já vimos, o dano ocorreu em decorrência de um caso fortuito, que é um dos excludentes da responsabilidade estatal.

Em outro caso emblemático, uma ação que foi proposta contra a concessionária responsável pela manutenção e conservação da Estrada Rio-Petrópolis, pelos seguintes fatos: Após uma chuva muito forte, parte da estrada ficou submersa, ocasionando um congestionamento por mais de uma hora. Em função disso, delinquentes se aproveitaram da situação e furtaram vários motoristas que se encontravam parados na estrada.

Se a ação tivesse sido proposta com fundamento na teoria objetiva, o que é possível, pois a concessionária presta serviço público, esta alegaria em sua defesa caso fortuito, por ato de terceiro.

Contudo, se o autor da ação fundamentar o seu pedido na responsabilidade subjetiva, provando que as obras de conservação da estrada não foram feitas adequadamente, de forma a possibilitar um escoamento tecnicamente eficaz, provaria que a omissão da Administração Pública deu causa ao dano.

Daí, o sujeito lesado poderá se valer da responsabilidade subjetiva, demonstrando que houve culpa da Administração em não limpar os bueiros nem manter os rios desimpedidos para o fluxo normal das águas pluviais.

Caracterizada está a ausência de serviço ou serviço defeituoso, ou seja, uma omissão da Administração, tendo-se como parâmetro a real possibilidade de o Estado ter prestado aquele serviço, e não o que o particular espera do serviço.

A indenização se baseará na culpa da Administração pela omissão do Estado, a qual terá que ser comprovada pelo particular que sofreu o dano, como pressuposto para que tenha êxito a teoria subjetiva. A causa terá sido um caso fortuito, mas a omissão aparece como condição para a ocorrência do dano.

Celso Antônio Bandeira de Mello nos fala, no caso de teoria omissiva, que o ato omissivo não é causa do dano, mas condição para que ele ocorra. Ratifica que pode haver omissão e não necessariamente um dano a alguém.

O STJ, acertadamente, já teve oportunidade de confirmar acórdão[9] que atribui a responsabilidade subjetiva ao Estado, face à injustificada omissão de serviço, que ocasionou em tetraplegia ao lesado, embora tenha conferido culpa recíproca por imprudência da vítima.

---

9   Responsabilidade Civil do Estado - Ato Omissivo - Responsabilidade Subjetiva - Negligência na Segurança de Balneário Público – Mergulho em Local Perigoso – Consequente Tetraplegia – Imprudência da Vítima – Culpa Recíproca – Indenização Devida Proporcionalmente.

O infortúnio ocorreu quando o recorrente, aos 14 anos, após penetrar, por meio de pagamento de ingresso, em balneário público, mergulhou de cabeça em ribeirão de águas rasas, o que lhe causou lesão medular cervical irreversível. Para a responsabilização subjetiva do Estado por ato omissivo, "é necessário, que o Estado haja incorrido em ilicitude, por não ter corrido para impedir o dano ou por haver sido insuficiente neste mister, em razão de comportamento inferior ao padrão legal exigível" (Celso Antônio Bandeira de Mello, "Curso de Direito Administrativo", Malheiros Editores, São Paulo, 2006, p. 855). Ao mesmo tempo em que se exige da vítima, em tais circunstâncias, prudência e discernimento – já que pelo senso comum não se deve mergulhar em local desconhecido -, imperioso reconhecer, também, que, ao franquear a entrada de visitantes em balneário público, sejam eles menores ou não, deve o Estado proporcionar satisfatórias condições de segurança, mormente nos finais de semana, quando, certamente, a frequência ao local é mais intensa e aumenta a possibilidade de acidentes." Não há resposta a priori quanto ao que seria o padrão normal tipificador da obrigação a que estaria legalmente adstrito. Cabe indicar, no entanto, que a normalidade da eficiência há de ser apurada em função do meio social, do estágio de desenvolvimento tecnológico, cultural, econômico e da conjuntura da época, isto é, das possibilidades reais médias dentro do ambiente em que se produziu o fato danoso" (Celso Antônio Bandeira de Mello, op. cit., loc. cit.). Há, na hipótese dos autos, cuidados que, se observados por parte da Administração Pública Estadual, em atuação diligente, poderiam ter evitado a lesão. A simples presença de salva-vidas em locais de banho e lazer movimentados é exigência indispensável e, no particular, poderia ter coibido a conduta da vítima. Nem se diga quanto à necessidade de isolamento das zonas de maior risco, por exemplo, por meio de grades de madeira, cordas, corrimãos etc. Em passeios dessa natureza, amplamente difundidos nos dias atuais sob a denominação de "turismo ecológico", não somente para as crianças, como para jovens e adultos, é de se esperar, conforme as circunstâncias peculiares do local, a presença de cabos de isolamento e a orientação permanente de guias turísticos e funcionários que conheçam o ambiente visitado. Segundo a lição do notável Aguiar Dias, doutrinador de escol no campo da responsabilidade civil, "a culpa da vítima, quando concorre para a produção do dano, influi na indenização, contribuindo para a repartição proporcional dos prejuízos" (in "Da responsabilidade civil", Forense, Rio de Janeiro, Tomo II, p. 727). Recurso especial provido em parte para reconhecer a culpa recíproca e, como tal, o rateio das verbas condenatórias e das despesas e custas processuais **meio a meio**, arcando cada parte com a verba honorária advocatícia do respectivo patrono. (**grifo nosso**).

2.5.5. Teoria da Falta do Serviço

A teoria da Falta do Serviço, segundo alguns doutrinadores, se constitui na própria Teoria Subjetiva, pois tem seu alicerce sobre o ato omissivo. Este entendimento não é pacífico, mas é o que perfilhamos.

Abarcando a noção publicista, despersonalizou-se o elemento culpa, substituindo-o pela renovada ideia da culpa do serviço, *faute du service* entre os franceses, pioneiros desta teoria, que tem por fundamento a trilogia: o serviço não funciona, funciona mal ou funciona atrasado, podendo até mesmo ser considerada uma ligação entre as responsabilidades subjetiva e objetiva, ou ainda, o limite onde uma termina e a outra inicia. Neste sentido, é o entendimento do saudoso Hely Lopes Meireslles.

Com efeito, podemos afirmar ser esta uma modalidade da responsabilidade civil do Estado, não sendo da seara da responsabilidade objetiva, embora alguns doutrinadores assim supõem, mas se encontrando insculpida na responsabilidade subjetiva, por se fundamentar na culpa do serviço, elemento tipificador desta.

Na teoria subjetiva, conforme já exposto, o ônus da prova cabe a quem alega, sendo necessária comprovação do dolo ou da culpa, enquanto que na teoria objetiva dispensam-se tais elementos. Já a Teoria da Falta do Serviço, intermediária entre uma e outra e também baseada na omissão, não exige a prova de culpa ou dolo de qualquer agente do Estado, sendo necessário comprovar a falta do serviço e dispensando-se que seja observado o agente estatal responsável.

Daí a outra definição que lhe é atribuída que é a Teoria da Culpa Anônima da Administração, o que, entendemos, demonstra claramente ser esta uma evolução da teoria subjetiva.

A Teoria da Falta do Serviço ou Teoria da Culpa Anônima, conforme mencionado anteriormente, é dividida em três vertentes, quais sejam: Ausência do Serviço, Serviço Defeituoso e Serviço Demorado.

Imperioso esclarecer que o parâmetro para se caracterizar a falta de serviço não se pode se calcar naquilo que a população espera, mas sim no que o Estado pode prestar, dentro de suas reais possibilidades. Muitas vezes, movida pelo clamor de um acontecimento de grande proporção, a população responsabiliza o poder público pela demora, pelo atraso, enquanto que a este não era possível um resultado diferente, dadas as circunstâncias que do fato.

Exemplo clássico para ilustrar esta teoria é o do serviço de combate ao incêndio pelo Corpo de Bombeiros. Quando este é chamado para combater um incêndio em um prédio de 40 andares e, ao chegar ao local, não executa o serviço por não ter o equipamento adequado para essa operação, consignado estará a ausência do serviço, através da omissão, pois o Corpo de Bombeiros se obriga a ter o material adequado a combater incêndios em andares elevados eis que fornece o "habite-se", autoriza, fiscaliza, cobra taxa pela edificação, não se opondo a estas construções, o que poderia fazê-lo.

Portanto, uma vez autorizada a construção de prédios com andares elevados, obrigado está o Corpo de Bombeiros a se munir de equipamentos que porventura possa necessitar, em caso de acidentes como este. Verifica-se que não é o que se espera dele, mas sim o que ele se obriga a fazer. Portanto, a sua omissão, pela falta de equipamento para combater o incêndio, caracterizará a falta do serviço, pois o serviço não funcionou.

Da mesma forma, ao tentar combater o incêndio, se a mangueira utilizada não suportar a pressão da água e estourar, ou a escada não alcançar o "quadragésimo andar", inviabilizando o combate ao incêndio, ocorrerá a ausência do serviço pelo serviço defeituoso, pois o serviço será prestado com falhas.

Por fim, há a hipótese de o Corpo de Bombeiros chegar ao local do incêndio com um atraso injustificável, apesar de ter sido prontamente comunicado, ocorrendo a omissão pelo serviço demorado.

Vistos, relatados e discutidos os autos em que são partes as acima indicadas, acordam os Ministros da SEGUNDA TURMA do Superior Tribunal de Justiça, por unanimidade, em conhecer do recurso e lhe dar parcial provimento, nos termos do voto do Sr. Ministro-Relator.
Indenização por Dano Moral Fixada Em R$ 100.000,00 (Cem Mil Reais)
(STJ – 2ª Turma – Unânime – RE 418.713 / SP – Rel. Min. Franciulli Netto).

Se, contudo, o carro do Corpo de Bombeiro, apesar de ter saído do quartel logo após a comunicação do incêndio, se atrasa porque as ruas estão inundadas, engarrafadas, ou porque está atendendo a vários pedidos ao mesmo tempo, por se tratar de caso de calamidade pública, não se pode atribuir a culpa pela falta de serviço, não se caracterizando a omissão, pois neste caso a demora foi plenamente justificável. Por isso a afirmativa de que esta teoria se funda não no que se espera do Poder Público, mas no que ele pode prestar, dentro nas reais condições.

Podemos concluir que a diferença básica entre a Teoria Subjetiva e a Teoria da Falta de Serviço ocorre pelo fato de a primeira se dar contra ato de qualquer agente público que causar um dano a um cidadão, sendo necessário especificar o agente, enquanto que na segunda, basta demonstrar que o serviço não funcionou, que houve a falta de serviço, não sendo necessário comprovar quem, especificamente, causou o dano.[10]

Outras decisões dos nossos Tribunais com fundamento na teoria da falta de serviço ou da culpa anônima:

Responsabilidade Civil do Estado – Culpa Anônima do Serviço – Acidente de Trânsito em Cruzamento – Culpa concorrente. A culpa administrativa, em havendo nexo de causalidade entre a ocorrência e o resultado danoso, deriva da ausência ou deficiência do serviço, omissão de cautela, abstenção de diligência para que o serviço se desenvolva de acordo como fim para o qual se destina. Todavia, a circunstância de o semáforo encontrar-se com defeito, em cruzamento de artérias públicas de acentuado movimento de trânsito, impõe ao condutor redobrada cautela. Se assim não procede, age imprudentemente, nisso mitigando o limite da responsabilidade do Poder Público, porque se tem por centrada a culpa concorrente".

(TJ-RJ – ApCív nº 4.543 – 8ª CCív – Rel. Des. Ellis Figueira – apud COAD 52475)

Responsabilidade Civil do Município – Inundação decorrente de chuvas anormais e obstrução das galerias – Falta de serviço – Culpa anônima da Administração – Dever de indenizar os danos sofridos pelo particular.

Embora não seja a chuva agente do Estado, o que, em princípio, afasta a sua responsabilidade objetiva, responde a Administração pelos prejuízos por ela causados ao particular se resultar provado que a falta do serviço decisivamente para o evento. Há falta de serviço quando este não funciona, funciona mal ou funciona tardiamente. Na espécie, provado pericialmente que as chuvas, não obstante, anormais, não teriam causado a inundação se as galerias tivessem desobstruídas, resulta configurada a chamada culpa anônima da Administração, que, por si só, afasta a alegação de força maior.

---

10 O TRF, em decisão recente, responsabilizou o Estado por omissão pela falta do serviço, conforme acórdão que segue:
Constitucional - Administrativo - Regime Jurídico Único - Servidor Federal - Despesas Médicas – Direito à Vida - Responsabilidade Subjetiva do Estado - Teoria Da "Falta de Serviço" - Reembolso das Despesas - Sentença Confirmada.
1. Concedida a Segurança na sentença monocrática "de modo que o impetrante diligencie a cobertura dos gastos para o transplante de córnea" de sua esposa com o médico cirurgião, anestesista, cardiologista e assistente de cirurgia-chefe, assim como o hospital e as passagens do segurado e beneficiária.
2. Direito à vida é garantia constitucional e não se pode exigir que os segurados arrisquem a integridade de seus dependentes em face do mau funcionamento do sistema de Assistência médica do Estado (SUS ou convênio). (Art. 5º c/c Art. 196 da Constituição Federal de 1988).
3. Aplica-se aqui a teoria da "falta de serviço", que leva à Responsabilidade subjetiva do Estado se comprovada a Omissão. Deve o segurado ser indenizado. Precedentes do TRF 2ª e 3ª Região.
4. Remessa oficial denegada.
5. Sentença confirmada.
Indexação – servidor público, indenização, despesa médica. Servidor público, segurado, plano de seguridade social, impetração, mandado de segurança, objetivo, união federal, indenização, despesa médica, relação, dependente. Sentença, deferimento, pedido. Confirmação, sentença. União federal, necessidade, indenização, caracterização, responsabilidade subjetiva. Servidor público, segurado, existência, direito à vida. Ocorrência, omissão, união federal, relação, insuficiência, prestação de serviço, saúde, acréscimo, aplicação, regime jurídico único, relação, plano de seguridade social, acréscimo, Constituição Federal. (TRF-RJ – Processo nº 2004.01.02462-8 – Órgão Julgador: 1ª Turma – Unânimidade – Rel. Des. Francisco de Assis Betti.

Voto – A Constituição, conforme se depreende do parágrafo 6º do seu artigo 37, não responsabiliza objetivamente a Administração Pública pelos danos decorrentes de fenômenos da Natureza, como enchentes ocasionadas por chuvas torrenciais, inundações, deslizamento de encostas, desabamentos etc., simplesmente porque tais eventos não são causados por agentes do Estado. Trata-se de fatos estranhos à atividade administrativa, com os quais não guarda relação de causalidade, razão pela qual não lhes é aplicável o princípio constitucional que consagra a responsabilidade do Estado. Pode, todavia, a Administração Pública vir a ser responsabilizada pelos danos decorrentes de tais fenômenos se resultar provado que, por sua omissão ou atuação deficientes, concorreu decisivamente para o evento, deixando de realizar obras que razoavelmente lhe seriam exigíveis. Nesse caso, entretanto, a responsabilidade estatal será determinada não pela teoria do risco administrativo, mas pela chamada culpa anônima ou impessoal.

A partir de uma determinada fase da evolução da responsabilidade do Estado, a noção civilista da culpa, por ser insuficiente para abranger determinadas situações, ficou ultrapassada, passando-se então a falar em culpa do serviço ou faltado serviço (*faute du service* entre os franceses), que ocorre quando o serviço não funciona, funciona mal ou funciona tardiamente. Em outras palavras, a ausência do serviço devido ou o seu defeituoso funcionamento, inclusive a demora, pelo configurar a responsabilidade do Estado pelos danos sofridos pelos administrados ainda que a causa desencadeadora do evento tenha sido um fenômeno da Natureza ou fato de terceiro.

De acordo com essa nova concepção, a culpa anônima ou falta do serviço geradora da responsabilidade do Estado, não está necessariamente ligada à ideia de falta de algum agente determinado, sendo indispensável a prova de que o nominalmente especificado tenha incorrido em culpa. Basta que fique constatado um agenciador gera, anônimo, impessoal, na defeituosa condução do serviço, à qual o dano possa ser imputado.

Essa é a lição do saudoso Hely Lopes Meirelles: "Daí porque a jurisprudência, mais acertadamente, tem exigido a prova da culpa da Administração nos casos de depredação por multidões e de enchentes e vendavais que, superando os serviços públicos existentes, causam danos aos particulares. Nestas hipóteses a indenização pela Fazenda Pública só é devida se se comprovar a culpa da Administração". (Direito Administrativo Brasileiro, obra já citada, 26ª ed, p. 552). No mesmo sentido Celso Antônio Bandeira de Mello: "Quando o dano foi possível em decorrência de uma omissão do Estado (o serviço não funcionou, funcionou mal, tardia ou ineficientemente) é de aplicar-se a teoria responsabilidade subjetiva. Razoável que o Estado responda por danos oriundos de uma enchente se as galerias pluviais e os bueiros de escoamento das águas estavam entupidos ou sujos, propiciando o acúmulo de água. Tudo o que até aqui foi dito ajusta-se como luva ao caso dos autos. A perícia apontou como causa principal da inundação no edifício do condomínio autor, não obstante, a anormalidade das chuvas, "a obstrução do canal, coberto pela grande quantidade de detritos provenientes da Favela das Canoas, localizada a montante."

Houve, como se vê, indiscutível falta do serviço, culpa anônima da Administração municipal ao deixar de fazer limpeza e manutenção do canal, de modo a permitir o normal escoamento de águas pluviais. Essa omissão culposa afasta, por si só, a alegada força maior, posto que o evento, não obstante, imprevisível, era evitável pelas diligências normais que o Município deveria ter tomado, e o torna responsável pelas consequências da inundação.

3. RESPONSABILIDADE OBJETIVA

Um dos pilares que sustenta a adoção da responsabilidade objetiva é a teoria da socialização dos prejuízos ou igualdade de ônus e encargos sociais, que impede que certas pessoas, individualmente ou em grupos, sofram um dano decorrente de um ato do Estado, através de seu agente público no exercício de uma função administrativa, sendo certo que é o próprio Estado e a sociedade que terão os benefícios daquele ato em razão do dano sofrido por alguns, o que não se coaduna com a ideia de justiça.

Amaro Cavalcanti, em sua obra sobre responsabilidade civil (apud Aguiar Dias), assim discorre sobre o princípio da igualdade dos ônus e encargos sociais:

> "Assim como a igualdade dos direitos, também a igualdade de encargos é fundamental no direito constitucional dos povos civilizados; portanto, dado que um indivíduo seja lesado nos seus direitos, como condição ou necessidade do bem comum, segue-se que os efeitos da lesão, ou os encargos da sua reparação, devem ser igualmente repartidos por toda a comunidade, isto é, satisfeitos pelo Estado, a fim de que, por este modo, se restabeleça o equilíbrio da justiça comutativa". (Amaro Cavalcanti – *Responsabilidade Civil do Estado*)

A partir desse raciocínio e dentro dos moldes de um Estado de Direito, inovou o legislador constituinte adotando a responsabilidade objetiva do Estado, pois seria um descompasso democrático que alguns tivessem seus direitos mitigados em razão do benefício de outros, e que aqueles beneficiados (Estado e Sociedade) não pagassem pelo dano de alguns.

Caracterizaria, pois, uma afronta ao princípio da igualdade se alguns pagassem pelo benefício de outros, pois inobstante a sociedade ser beneficiada, em contrapartida, algumas pessoas terão o ônus em benefício desta. Portanto, poderão cobrar uma restituição, com fundamento na teoria da socialização dos prejuízos. Nesse caso, tira-se a responsabilidade do servidor e a transfere para o Estado.

Podemos ilustrar como exemplo de uma desapropriação para construção de um viaduto que se dará em frente à casa de uma pessoa que, em função disso, terá deteriorado o valor de seu imóvel, não obstante, a licitude do ato que originou o prejuízo. A partir desta teoria, serão socializados os prejuízos individuais, de maneira que haja uma redistribuição de ônus e encargos sociais.

Por ser o Estado inquestionavelmente pessoa jurídica, política e economicamente mais poderosa que o administrado e face à diversidade de atividades que emanam de sua atuação e ao poder do qual é revestido, justifica-se que responda este com um risco maior, daí o embasamento da teoria do risco administrativo[11], que fundamenta a responsabilidade objetiva do Estado.

Registre-se que a teoria do risco integral não é acolhida em nossa legislação, embora uma corrente doutrinária utiliza-se desse termo para embasar o caso de responsabilidade civil do Estado em decorrência de dano nuclear (art. 21, XXIII, "d", CRFB/88), o que não acolhemos, por entender que a teoria do risco integral não se aplica em nosso país, e ainda mais, em lugar algum do mundo.

Art. 21, XXIII, d, CRFB/88 – a responsabilidade civil por danos nucleares independe da existência de culpa;

---

11 O risco administrativo não guarda nenhuma relação com o risco integral, embora alguns autores utilizem este termo de forma equivocada em suas definições. Cumpre-nos aqui ressaltar que com base no risco integral o Estado estaria obrigado a reparar todo e qualquer dano sofrido pelo administrado, o que se caracteriza, no nosso entender e com base em grande parte da doutrina, numa forma exagerada de responsabilidade, e que tem merecido o repúdio dos doutrinadores, a exemplo de HELY LOPES MEIRELLES. Portanto, não faremos neste estudo nenhuma menção às suas citações, homenageando o pensamento do ilustre doutrinador mencionado.

3.1. Teoria do risco criado (ou suscitado)

A teoria do risco integral não admite excludente de responsabilidade, no entanto, deverá haver o nexo de causalidade. A teoria do risco integral independe de culpa.

Assim, essa teoria só é aplicada em grau de exceção. A infração à ordem econômica, dano nuclear e o dano ambiental admitem teoria do risco integral ou risco suscitado.

A teoria do risco suscitado/criado é uma espécie do gênero da teoria objetiva, ou teoria do risco, no qual não se aceita que o Estado apresente qualquer excludente de responsabilidade, pelo fato de já ter assumido uma situação potencialmente perigosa[12].

Em caso de ocorrência de danos nucleares, por exemplo, o Estado responderá civilmente, com fundamento na teoria objetiva do risco criado (ou suscitado, ou produzido), não sendo necessário ao lesado nenhuma comprovação de culpa da Administração.

Com base nesta teoria, não se pode alegar nenhuma excludente de responsabilidade. Por isso, acaso um estranho tenha dado origem ao acidente nuclear, isto em nada mudará sobre a responsabilidade do Estado, posto que este, quando optou por explorar aquela atividade, assumiu a potencialidade do dano.

Portanto, se ocorrer um acidente com a Usina Nuclear de Angra dos Reis, por exemplo, e após um forte vendaval, a radioatividade é trazida para a cidade do Rio de Janeiro, causando danos a vários moradores, o

---

12 Processo RE 272839RE – Recurso Extraordinário
Relator(a): Gilmar Mendes. Sigla do órgão. STF
Decisão: A Turma, por votação unânime conheceu do recurso extraordinário, mas lhe negou provimento, nos termos do voto do Relator. 2ª Turma.
Descrição: Acordaos citados: RE 84.072 (RTJ-85-923), RE 102.160 (RTJ-136-716, RE 109.615 (RTJ- 163-1107), RE 209.137, RE 372.472.
Ementa: Recurso extraordinário. 2. Morte de detento por colegas de carceragem. Indenização por danos morais e materiais. 3. Detento sob a custódia do Estado. Responsabilidade objetiva. 4. Teoria do Risco Administrativo. Configuração do nexo de causalidade em função do dever constitucional de guarda (art. 5º, XLX). Responsabilidade de reparar o dano que prevalece ainda que demonstrada a ausência de culpa dos agentes públicos. 5. Recurso extraordinário a que se nega provimento.

Estado responderá por esses danos, não obstante, a quilometragem e sim a potencialidade do dano, posto que em caso de dano nuclear não há que se perquerir o nexo causal entre o dano e o ato do Estado. Sempre haverá a responsabilidade nestas hipóteses.

Ao assumir o Estado uma atividade potencialmente perigosa, caracterizado estará o nexo de causalidade. Este existe antes de ocorrer o dano, ou seja, já estaria o Estado assumindo o risco da responsabilidade.

Exemplo do risco suscitado é o caso de fugitivo de presídio que causa dano a terceiros para facilitar a sua fuga. O Estado não poderá alegar a excludente de responsabilidade, ainda que um raio tenha caído sobre as grades do presídio e facilitado a fuga do detento, e este em ato contínuo tenha causado danos a outrem.

Arcará, pois, com a responsabilidade objetiva com base na teoria do risco criado, pois que assumiu aquela atividade potencialmente perigosa, que é a guarda de pessoas perigosas.

Exemplo distinto é quando um detento suborna um agente penitenciário e foge pela porta da frente da penitenciária. Passados seis meses da fuga, já em outro Estado ele comete o crime de latrocínio.

Neste caso, a família da vítima não mais fará jus a uma indenização do Estado, pois já não se caracteriza o caso do risco suscitado, que pressupõe que o fato danoso se dê logo após a fuga, bem como próximo às imediações da penitenciária a qual o detento se achava recolhido, sob a proteção do Estado.

O fato em tela se deu seis meses após a fuga e em outro Estado, fatos que descaracterizam o risco suscitado, pois que este será nas imediações e logo após. Poderá o Estado punir o agente penitenciário que deu causa à fuga, por via de processo administrativo.

Outro exemplo é de um preso que foge do sistema penitenciário e fica escondido por três dias em um bueiro. Quando sai dali, comete um furto nas proximidades. Cabe a responsabilidade objetiva do Estado com base na teoria do risco suscitado ou produzido.

Portanto, se o dano se der tempos após a fuga, ou ainda longe das imediações do presídio, o Estado não mais poderá ser responsabilizado.

Com isso, se o delinquente que causou um dano a terceiro já havia fugido da prisão meses antes do fato, não caberia ação de indenização contra o Estado com base na teoria objetiva do risco suscitado, pois o Estado poderia alegar excludente de responsabilidade, por meio da ocorrência de caso fortuito, já que foi o ladrão que deu causa ao dano, e este não é seu agente.

Ainda, caso de fuga de um leão do zoológico que devora uma criança. Mesmo que a fuga tenha ocorrido por iniciativa de um particular que abriu a jaula, o Estado (neste caso o Município, posto que o zoológico é uma fundação municipal), responderá objetivamente com fundamento na teoria do risco suscitado. Nada obsta que tenha sido um visitante que tenha aberto a jaula.

No entanto, com base na teoria subjetiva, da falta de serviço, com fundamento na omissão do Estado na vigilância, haveria a possibilidade de lograr êxito, dependendo da circunstância do crime e da apresentação de uma omissão do Estado, através da falta de serviço.

Celso Antônio Bandeira de Mello entende que a responsabilidade do Estado por dano ambiental não está abraçada pela teria objetiva, mas sim pela teoria do risco suscitado ou produzido, que também não admitiria excludente de responsabilidade. Registre-se que somente este autor aponta para a existência dessa teoria.

É certo que haverá responsabilidade objetiva do poluidor com fundamento na teoria do risco suscitado (lei nº 6.938/81, art. 14, parágrafo 1º). O simples exercício da atividade potencialmente poluidora, em que o empresário assume o risco daquela atividade, já configura o nexo de causalidade entre a atividade e o dano que esta vier a causar.

Segundo este doutrinador, na teoria do risco suscitado ou produzido não haveria excludente de responsabilidade, e aponta ainda para a existência de nexo de causalidade, se diferenciando, com isso, tanto da teoria objetiva quanto da teoria do risco integral.

Exemplos dados pelo autor que, segundo ele, são abarcados pela teoria do risco suscitado ou produzido são: presos acolhidos em penitenciária e guarda de animais perigosos pelo Zoológico. Vale ressaltar que, sobre essa tese de Celso Antônio B. de Mello, esta teoria só se revela nas imediações da coisa perigosa ou logo após.

Com o advento da teoria do risco administrativo, faz-se necessário para gerar a responsabilidade do Estado em ressarcir o lesado tão-somente a relação de causa e efeito entre ação ou omissão administrativa (nexo causal ou nexo de causalidade) e o dano sofrido pela vítima, dispensando-se o elemento culpa. Se restar provado que o servidor agiu com dolo ou culpa, o Estado deverá prová-la e o responsabilizará, pois a responsabilidade do servidor para com o Estado é subjetiva, de acordo com a parte final do parágrafo 6º do artigo 37 da Constituição Federal. Portanto, se a lei fala em dolo ou culpa configura-se responsabilidade subjetiva.

É frequente o pedido de indenização com base na morte, por enforcamento, do penado, nas dependências de presídio estadual, porque através de seus agentes atuantes do estabelecimento penal, contribuíram com sua omissão para a ocorrência da morte do apenado. O Estado responde sempre que um evento lesivo ocorrer onde tem ele atuação por destinação legal (da sua administração).

A respeito do tema, traz-se à colação lição do doutrinador Yussef Said Cahali, para que "O Estado deve ressarcir o dano resultante do suicídio de preso recolhido ao xadrez de delegacia de polícia cujo estado físico e mental inspirava cuidados com assistência médico-hospitalar". Pois, em tais circunstâncias, "as condições pessoais do detento fariam presumir a necessidade de uma vigilância efetiva sobre o mesmo a fim de prevenir a prática do ato tresloucado. Entretanto, como ressalta o civilista "se o preso agiu contra ele próprio, enforcando-se, sem que o preposto do Estado tivesse concorrido sequer por negligência, para o resultado letal, não há cogitar-se de responsabilidade civil do Poder Público. Assim, em caso de suicídio de presidiário no interior da cela, "a obrigação de indenizar só acontece quando fica caracterizada a culpa dos funcionários do presídio, e não decorrente de atos de terceiros, quando o Poder Público não podia evitar o sinistro". Portanto, "para a definição da responsabilidade civil do Estado, no caso, é necessário que se indique, de maneira clara, a culpa com que se houve seu preposto, seu representante. Entrever essa culpa no ato tresloucado do preso, decididamente, é ir muito longe. O suicida tem meios fáceis e impossíveis de se prevenir à obtenção do resultado. A impedi-lo somente a manutenção permanente de um funcionário a seu lado. Dir-se-ia que deveria ter sido encaminhado a tratamento. Não havia elementos, porém, a curto prazo, que sugerissem o gesto extremo".

Por outro lado, a Suprema Corte já assinalou que nem mesmo o princípio da responsabilidade objetiva não se reveste de caráter absoluto, eis que admite o abrandamento ou, até mesmo a exclusão pelas excepcionais configuradoras de situações liberatórias – como decorrência de culpa atribuível à vítima (RDA 137/233: RTJ 55/50).

Havendo registro, em provas produzidas, que o apenado estava sendo ameaçado de morte dentro do presídio, o que fez com que, abalado psicologicamente, extinguisse sua própria vida, haveria responsabilidade estatal geradora do dever reparatório.

3.2. Pressupostos para a Aplicação da Responsabilidade Objetiva

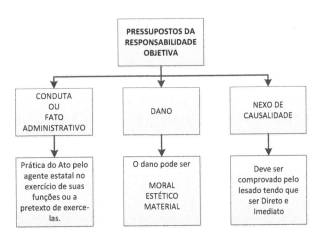

3.2.1. Inversão do Ônus Da Prova

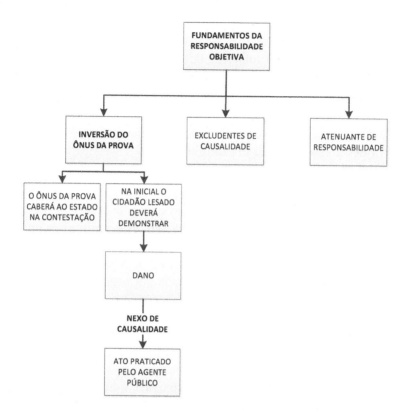

A prova cabe à Administração na contestação. Na inicial o cidadão prejudicado por um ato da Administração Pública não terá o ônus probatório, ele não terá que comprovar se o agente agiu com culpa ou dolo. Não há essa obrigação, pois, há uma inversão do ônus da prova.

Na inicial o cidadão vai ter que comprovar o dano e o nexo de causalidade deste dano com ato do agente público. Como há a inversão do ônus da prova, caberá a Administração, na contestação, questionar as excludentes de responsabilidade ou atenuantes de responsabilidade.

Exemplo: cidadão é atropelado e vem a falecer por um veículo do Ministério da Fazenda em serviço. A família da vítima pede indenização, comprovando o dano através do atestado de óbito e o nexo de causalidade, via registro de ocorrência. A administração para eximir-se do pagamento pode alegar excludentes de responsabilidade, como, por exemplo, no caso em que o cidadão resolve suicidar-se e se joga a frente do carro em movimento.

O objetivo da teoria objetiva é o de facilitar a vida do administrado, já prejudicado por um ato administrativo, tenta reequilibrar todo o tratamento desigual que a administração tem no exercício da função. Assim, a teoria objetiva tira o ônus probatório das costas da parte prejudicada, passando-o para a Administração.

3.2.2. Excludentes e Atenuante de Responsabilidade

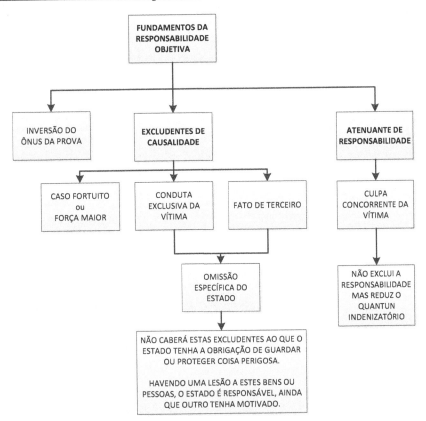

A administração poderá alegar em sua contestação as excludentes de responsabilidade (culpa exclusiva da vítima, caso fortuito ou força maior) ou atenuantes de responsabilidade (culpa concorrente da vítima).

O consagrado Desembargador, Sérgio Cavalieri, não utiliza a expressão caso fortuito e, sim, fortuito interno e fortuito externo.

Nas atenuantes de responsabilidade, o Estado não se exime de sua responsabilidade, mas diminui o valor da indenização.

Observação interessante: Cidadão impetra uma ação de indenização com base na teoria objetiva em face do Estado. Nesta ação poderá haver questionamento de culpa ou dolo?

Lógico, que sim, pois o Estado tem que fazer uso do ônus probatório na contestação. Ao usar o ônus probatório, o Estado poderá alegar as excludentes da responsabilidade ou as atenuantes de responsabilidade.

É uma das excludentes mais famosas é a CULPA exclusiva da vítima. Assim, poderá haver questionamento de culpa ou dolo na ação principal, desde que levantado pela Administração na contestação.

Desta forma, a culpa e o dolo não foram retirados da ação principal eles foram deslocados da petição inicial para a contestação, cabendo ao Poder Público assumir o ônus probatório da culpa e dolo da vítima, que está entrando com ação contra o Poder Público.

3.3. Quais as Entidades Contempladas pela Teoria Objetiva?

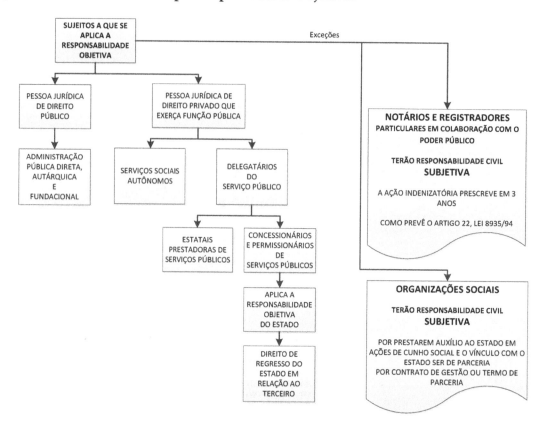

Estão abraçadas pela teoria objetiva as pessoas jurídicas de direito público (Administração Pública direta, autárquica e fundacional) e as pessoas de direito privado prestadoras de serviços públicos (delegatários de serviço público), em conformidade com o art. 37, § 6º da CF/88.

Conforme apresentado no diagrama acima, se verifica duas exceções a regra descrita, sejam estas a pessoa dos notários e registradores e as organizações sociais:

* Os notários e registradores, são pessoas particulares em colaboração com o poder público, nomeados por concurso público e exercem a função por meio de delegação.

Não obstante, de prestarem serviços públicos, o artigo 22 da Lei 8.935/94, que trata da responsabilidade civil dos notários e registradores, foi **alterado em 2016** passando a responsabilidade para subjetiva, exigindo assim a comprovação de dolo ou culpa por parte destes indivíduos, seus substitutos ou escreventes.

Art. 22, Lei 8.935/94 – Os notários e oficiais de registro são civilmente responsáveis por todos os prejuízos que causarem a terceiros, **por culpa ou dolo**, pessoalmente, pelos substitutos que designarem ou escreventes que autorizarem, assegurado o direito de regresso.

Parágrafo único. Prescreve em três anos a pretensão de reparação civil, contado o prazo da data de lavratura do ato registral ou notarial.

Caberá ação de regresso do notário ao substituto ou escrevente autorizados nos casos de estes terem dado causa ao dano. Nestes casos, a prescrição será de 3 anos conforme o parágrafo único do artigo 22, parágrafo único da Lei 8.935/94.

* As Organizações Sociais, dotadas de personalidade jurídica de direito privado, destituídas de finalidade lucrativa, que realizam atividades de interesse público.

Apesar de haver controvérsia quanto a estas instituições prestarem ou não serviços públicos, é unânime o fato de Estado não delegar atividades a estas instituições, o que se verifica é o fomento destas atividades pelo Estado, que firma pactos (contratos de gestão e termos de parceria) para o repasse destas verbas públicas em contrapartida dos serviços executados.

Visto que as Organizações Sociais são pessoas particulares e não haver delegação do Estado, mas sim os pactos acima mencionados, a responsabilidade civil destas será subjetiva.

A responsabilidade objetiva está calcada na teoria do risco administrativo. Em face disso, dispensada está a prova do elemento culpa, seja ela do serviço ou do agente, antes aclamadas pela legislação, sequencialmente, como pressupostos de responsabilidade estatal.

Através dessa teoria, entende-se que o Estado é uma empresa como qualquer outra, e que será responsabilizado por qualquer ato que cause dano à terceiro, independente de culpa, pois está atrelada à ideia de que qualquer atividade do Estado gera um risco. Portanto, havendo dano, há a relação de causalidade.

Como exemplo, pode-se aplicar o caso em que ocorre um dano pela aplicação de vacina obrigatória em toda a população, cujo prazo de validade do componente químico estava vencido. Neste caso, cabe ação de indenização em face do Estado com base na teoria objetiva.

Este poderá, posteriormente, entrar com uma ação regressiva contra o laboratório que forneceu a vacina com validade vencida, gerando dano à população. O Estado poderia se eximir da teoria objetiva se a vítima estivesse gripada, tendo este fato gerado o efeito negativo e a vítima não tivesse comunicado ao agente de saúde que aplicou a vacina, que sabendo disso não a teria aplicado.

Na teoria do risco integral não são admissíveis as causas excludentes ou atenuante de responsabilidade, como já vimos preteritamente, tais como: culpa exclusiva da vítima, caso fortuito, força maior, culpa concorrente, que se aplicam com o princípio da proporcionalidade, sendo mitigada a responsabilidade do Estado na proporção de sua concorrência. Estas excludentes serão analisadas uma a uma adiante.

Não tendo que se falar em culpa, integram a imprescindibilidade da responsabilidade objetiva três pressupostos, sendo eles a ocorrência do fato administrativo, o dano e o nexo causal entre estes.

Cabe enunciarmos uma decisão da 4ª Turma do Tribunal Regional Federal da 1ª Região, que traz os três requisitos para a teoria da responsabilidade objetiva: inversão do ônus da prova, dano e nexo causal, bem como a possibilidade de excludente de responsabilidade, que ocorre quando a Administração Pública, em sua contestação, comprova a culpa da vítima. Vejamos:

Acidente de veículo – Na responsabilidade civil objetiva, o ônus da prova é invertido. Ao autor cabe provar o dano e o nexo causal entre os mesmos e o evento praticado por preposto da pessoa jurídica. Na hipótese, a culpa objetiva só se afasta quando a União, desencumbindo-se de seu ônus probatório, consegue provar pelo ilícito ocorrido por culpa da vítima, ao ser divergente ou ser decorrente de caso fortuito. E existindo prova de ter a vítima concorrido para o acidente, cabe a indenização.

Fato Administrativo

No que concerne ao fato administrativo, ressalta-se que este se refere a qualquer forma de conduta proveniente do agente estatal, quais sejam: comissivas, omissivas, legítima, ilegítima, singular ou coletiva. Necessário, contudo, que este esteja no uso de suas atribuições ou a pretexto de exercê-las. Ainda que esteja fora de suas funções, recairá sobre ele a responsabilidade objetiva, no mínimo pela má escolha de seu agente (*culpa in eligendo*), ou pela má fiscalização de sua conduta (*culpa in viligando*).

Suponhamos a seguinte hipótese: "A" motorista da Assembléia Legislativa, leva o carro oficial para sua residência, autorizado pela Deputada a quem servia. No fim de semana, vai à praia com o veículo, dando carona a dois amigos. Na volta, perde a direção e bate num poste. Os dois amigos sofreram ferimentos graves, razão pela qual postulam indenização por danos materiais e morais em face do Estado.

Não há que prosperar a ação, por ausência de um dos requisitos básicos para aplicação do art. 37, § 6º, da Constituição Federal, qual seja, a de não estar o agente do poder público em serviço e disso tinham conhecimento as vítimas, que, também se beneficiavam do abuso da confiança. Não estava o motorista em atividade oficial. Significa dizer que os autores e o motorista, em conluio, serviam-se de um carro da Assembléia Legislativa para o deslocamento a uma praia.

Culpa in Eligendo

Quando um indivíduo, na prática de seus atos, os faz em nome de outro, e em consequência destes, causa um resultado danoso a alguém, aquele que se fez representar deve responder pelos atos de seu representante, suportando a reparação dos referidos danos, pois caracterizada está – nesta hipótese – a *culpa in eligendo*, dada a escolha inadequada feita de seu representante ou preposto. Daí a acuidade que se suscita quando da escolha de alguém para o representar, pois agindo este com dolo ou culpa, se causar dano a terceiros, responsável será pelo prejuízo aquele que o elegeu para tal função. Esta culpa nasce quando da escolha de seu representante ou preposto.[13]

Demonstrada está, nesta decisão, a teoria da *culpa in eligendo*, pois, conforme já exposto, o Estado responderá por aquele a quem escolheu – elegeu errado, para atuar em seu nome.

Culpa in Vigilando

Outro caso a considerar é quando a boa escolha de seu representante ou preposto não basta para eximir o representado da responsabilidade.

Mesmo quando alguém escolhe um representante com zelo e diligência, valendo-se de estreita observância e coerência para isso, é seu dever vigiar a constante atuação deste. Neste caso, a escolha por si só, não é suscetível de ser responsabilizada. Necessário se faz que a conduta do representante ou preposto, nas funções para as quais foi designado, acarrete danos a alguém. Portanto, enquanto este agir em nome do representado, deve ter por este uma vigilância permanente, a fim de que não se justifique o prejuízo a outrem pela má atuação de alguém, mesmo quando se supõe que a escolha foi imbuída de zelo.

---

13 Vejamos o aresto do Supremo Tribunal Federal, onde se verifica com clareza a teoria da *culpa in eligendo*:
Ementa – Constitucional – Responsabilidade Civil do Estado – Ato de agente público: Governador – CF. art. 37, parágrafo 6º.
I – No caso, o ato causador de danos patrimoniais e morais foi praticado pelo Governador do Estado, no exercício do cargo: deve o Estado responder pelos danos. CF – art. 37, parágrafo 6º.
II – Se o agente público nessa qualidade agiu com dolo ou culpa, tem o Estado ação regressiva contra ele. CF. art. 37, parágrafo 6º.
III – RE inadmitido – Agravo não provido".
Voto do Ministro Relator Carlos Velloso:
"É fato incontestável, conforme declarado, aliás, nas próprias razões do agravo, que'conforme bem historiado nos autos, o então Governador do Estado emitiu declarações ofensivas contra o ora agravado, que diz ter-lhe causado danos patrimoniais e morais". Ação de indenização foi provida, então, pelo ofendido, contra o Estado. É, com isto que não concorda o Estado do Paraná, argumentando que a ação deveria ter sido contra o cidadão que exercia o cargo de Governador".
"Não tem razão". "A pessoa pública é responsável pelos seus prepostos" (grifo nossos).
E cita o Acórdão que se pretende afrontar:
Em suma: sendo certo que o ato – no entendimento do Autor – causador do dano patrimonial e mora a este, foi praticado pelo Sr. Álvaro Fernandes Dias no exercício do cargo de Governador do Estado e graças à fruição dessa qualidade de agente público, a sentença, que proclamou a ilegitimidade do Estado do Paraná para figurar no polo passivo da presente ação, evidentemente não merece subsistir (fls 58/59).
"O ora agravante, nas suas razões de recurso, afirma que: "confirmando a esdrúxula tese até aqui aceita, chegará o dia do Estado ter de indenizar terceiros por declarações de Deputados, Juízes etc., que numa função particularizada, emitem opiniões atentatórias".
O argumento é falho. A uma, porque, no caso, as opiniões não foram emitidas pelo Governador "numa função particularizada". A versão fática do acórdão, imodificável em sede extraordinária, é outra, conforme vimos. A duas, porque, se qualquer preposto do Estado causar dano a outrem, o Estado deve indenizar (CF, art. 37, parágrafo 6º) (grifo nosso). Seria recomendável, portanto, que as Procuradorias dos órgãos públicos promovessem a denunciação da lide ao agente público causador do dano, na forma preconizada no art. 70, III, CPC. No ponto é esclarecedor e merece ser lido o artigo de Edison Pereira Nobre Junior (Responsabilidade Civil do Estado e Denunciação da Lide, Revista da Associação dos Juízes Federais, 49/43).

O caso de morte de detento em penitenciária é um exemplo típico da aplicação da *culpa in vigilando*, conforme jurisprudência abaixo:

Responsabilidade Civil do Estado. Danos Materiais. Quantum Indenizatório. Pensão.

1. Morte de suspeito de ação penal por enforcamento no interior do estabelecimento prisional. Responsabilidade do Poder Público.

Semelhança com o emblemático "Caso Herzog". Recurso limitado ao *quantum* do pensionamento. Proporcionalidade da indenização.

2. A verba devida por morte, ainda que a responsabilidade seja objetiva, calca-se no cânone do art. 1.537 do CC, de 1916 (art. 948 do novo Código Civil). Em consequência, o autor do dano deve pagar os alimentos a quem o falecido os devia. Nessa fixação é imperioso conceder o *quantum* que percebia o *de cujus* pela sua atividade laborativa com cujo produto subvencionava, *necessarium vitae*, sua família.

3. A condenação no valor de 10 salários-mínimos mensais supera os lindes da razoabilidade, haja vista mostrar-se excessivo para os padrões sociais da família do *de cujus*, que percebia como verba remuneratória, na empresa em que era empregado, o equivalente a menos de 2 (dois) salários-mínimos.

4. Revelando-se o quantum fixado a título de indenização irrisório ou exorbitante, incumbe ao Superior Tribunal de Justiça aumentar ou reduzir o seu valor, não implicando em exame de matéria fática.

5. Recurso provido para reduzir o valor da indenização mensal.

(STJ – 1ª Turma – Provimento do Recurso – Unanimidade – RE nº 110212-2/2006 – Min. Rel. LUIS FUX).

Farta é a jurisprudência que acolhe a responsabilidade objetiva do Estado em casos de mortes de detentos em sistemas prisionais. Ainda assim, consignamos tratar-se de tema polêmico, haja vista a escalada de violência que assola a sociedade nos dias atuais. Não é de difícil percepção que o crime organizado detém o poder e de que o líder de uma facção controla o crime, ainda que detido em presídios ou casa de custódias, ou até mesmo presídios de alta segurança. Não há limites para as suas ousadias.

Ademais, é do conhecimento de todos que os detentos estão em constantes agressões uns com os outros, geralmente ocasionando a morte de alguns destes. Não há se questionar a responsabilidade objetiva do Poder Público, uma vez que tem o dever de zelar pela integridade daqueles que se encontram sob sua responsabilidade. A esse respeito, citamos a decisão abaixo:

Indenização – Responsabilidade Civil do Estado – Morte de detento em cadeia pública, causada por agressões – Pretensão do pagamento de pensão à mulher e filhos – Admissibilidade – É objetiva a responsabilidade civil do Estado, porque encarcerado o indivíduo está impossibilitado de defender-se ou fugir de seus agressores, sendo dever do Estado, portanto, colocá-lo a salvo – Indenização devida aos dependentes da vítima – Recurso oficial e da Fazenda Estadual providos parcialmente, apenas para limitar a data em que atingirem a maioridade (21 anos), o termo final do pensionamento dos filhos menores da vítima. (Apelação Cível nº 12.681-5 – São Paulo – 8ª Câmara de Direito Público – Relator: José Santana.).

APROFUNDAMENTO E JURISPRUDÊNCIA

Outro é o entendimento jurisprudencial quando a morte de detento resultar de atos de rebelião, conforme se demonstra:

Responsabilidade Civil – Danos morais – Presidiário morto pela polícia durante rebelião de que participava, mantendo reféns, alguns mortos e feridos – Art. 107 da Constituição de 1969 e art. 37 parágrafo 6º da Constituição de 1988 – Teoria do risco administrativo – Prova adequada produzida pela Fazenda Pública – Ação Improcedente – Recursos providos. No Estado Democrático de Direito, o art. 5º, inciso XLIX, da Constituição de 1988, ao preso, não lhe outorga o direito de rebelar-se, participando de rebelião armada, com reféns como os mantidos e mortos ou ferimentos de funcionários penitenciários. Não tinha o pai dos autores por qualquer dos nomes que ele usasse na sua vida criminosa, o direito disso fazer, enfrentando a Força Pública. (Apelação Cível nº 130.799-1 – São Paulo – 1ª Câmara Civil – Relator: Álvaro Lazzarini).

Neste caso, caracteriza-se a inexistência de nexo causal, eis que o fato se deu por culpa da própria vítima, que assumiu o risco de agir de forma ilícita e violenta, gerando a excludente de responsabilidade do Estado culpa exclusiva da vítima. Portanto, isento estará o Estado, em casos de morte em sistemas prisionais derivado de atos de rebelião.

Um caso de grande repercussão foi do detento assassinado, no interior do Presídio Hélio Gomes, onde concluía pena. O Estado se defende sob o argumento de que houve fato exclusivo de terceiro – a vítima foi morta por outros detentos integrantes do chamado Comando Vermelho e que só poderia ser responsabilizado se ficasse provado a culpa, que, no caso, não ocorreu.

O Tribunal de Justiça do Rio de Janeiro, com acerto, julgou procedente a ação proposta pela esposa e filhos de detento assassinado, durante motim que teria colhido de surpresa a administração.

A ação, a que aludido o art. 37, § 6º, da Constituição da República engloba tanto a conduta comissiva quanto a omissiva. Se a responsabilidade objetiva do Estado não se confunde com a teoria do risco integral, ficará ele isento de indenizar se o fato houver ocorrido por ato de terceiro ou em decorrência de fenômeno da natureza.

A vítima estava no presídio na condição de detento cumprindo pena privativa de liberdade. Assim, é missão do Estado, que o privou durante certo tempo, de garantir-lhe a segurança, de tutelar sua incolumidade e de prepará-lo para sua reintegração na vida social, após encerrado o período da condenação.

No caso, o grupo de delinquentes, que constitui o chamado Comando Vermelho, armou-se dentro do presídio, e por isso, ocorreu a omissão. a Administração Pública, que deveria fiscalizar a entrada de pessoas e de material no presídio quedou-se inerte ou foi ineficiente nesse mister.

Ora, se os integrantes do bando estavam armados a ponto de preparem e executarem um motim, não se pode alegar, com êxito, que essa conduta se afigurava irresistível para a Administração.

Sucede que, quando a conduta de terceiros não exclui o nexo de causalidade entre a Administração e o evento morte, é lógico que a regra constitucional do art. 37, § 6º, incide.

Imperioso destacar que não demonstrando que a vítima tivesse participação no movimento, agiu a Administração com *culpa in vigilando*.

Questão semelhante foi objeto da prova para magistratura do Estado do Rio de Janeiro:

"A" e "B" foram recolhidos a um Presídio do Estado por força de sentença penal condenatória transitada em julgado, passando ambos a ocupar, com exclusividade a mesma cela.

Tempos decorridos, em razão de desentendimento ocorrido entre ambos, por volta das duas horas da madrugada, entraram em luta corporal, sem a utilização de qualquer instrumento, culminado com a morte de "B".

A viúva e o filho menor de "B" ajuizaram ação de responsabilidade civil objetivando a condenação do Estado a ressarci-los dos danos sofridos de natureza material e moral.

Procede, ou não, a pretensão acionária? Fundamente a resposta.

O Estado tem o dever de zelar pela integridade dos internos em seus estabelecimentos prisionais, respondendo pelos danos de que venham a ser vítimas durante o período da custódia. Ainda que nenhum agente estatal haja concorrido para o dano comissivamente, como na hipótese, a responsabilidade patrimonial decorre da chamada falta anônima do serviço. No caso, é exigível que o presídio contasse com vigilância ininterrupta sobre as celas porque os precedentes de comportamento delinquente dos apenados torna previsível a ocorrência de episódios como o descrito e acentuam a omissão do dever de vigilância permanente como causa eficiente do evento, preenchendo-se, assim, os requisitos da responsabilidade civil objetiva do estado: dano e nexo causal (CF/88, art. 37, § 6º). Tal o sentido com que, de modo reiterado e amplamente majoritário, a hipótese tem sido tratada nos Tribunais. Registre-se a existência de entendimento minoritário que exclui, nas circunstâncias relatadas (a morte resultou de luta corporal entre dois internos), a responsabilidade civil do Estado por haver o dano decorrido de ato de terceiro, o que romperia a relação de causa e efeito entre o dano e a ação ou omissão da vigilância administrativa.

O Estado responderá objetivamente, ainda com base na teoria da *Culpa in Vigiliando*, nos casos em que resultar morte ou dano a alunos, e mesmo funcionários, em estabelecimentos educacionais da rede pública, entendendo-se aqui Federal, Estadual ou Municipal, desde que ocorridos em suas dependências.

A incidência de tal responsabilidade se dá porque os estabelecimentos educacionais assumem a obrigação de segurança, além da obrigação de prestar educação. Não raro tem sido os casos de violência dentro das escolas entre alunos, sobretudo com armas de fogo, o que pressupõe uma vigilância ineficiente dentro destes estabelecimentos públicos, como se pôde observar naquele recente caso de escola estadual do bairro de Realengo no Rio de Janeiro. Ilustramos esta assertiva com as decisões abaixo:

> Indenização – Fazenda Pública – Responsabilidade Civil – Danos moral e material – Estabelecimento oficial de ensino – Aluno alvejado por colega, ficando paraplégico – Omissão do Estado em zelar pela segurança dos alunos nas dependências das escolas de sua propriedade – Teoria do Risco Administrativo – Aplicação Verbas devidas – Recursos não providos – Legitimidade da Fazenda Pública para figurar no polo passivo da ação – Preliminar rejeitada (JTJ 230/83).

> Indenização – Responsabilidade civil do Estado – Menor estudante de escola pública estadual que, em consequência de ato de colegas na ausência da professora sofre perda de parte do dedo mínimo na mão esquerda, sofrendo deformidade permanente – Artigo 37, parágrafo 6º da Constituição da República, c/c artigo 159 aplicável ao caso concreto. Responsabilidade Civil do Estado bem demonstrada. Recursos não providos (Apelação Cível nº 275.240-1 – Osasco – 6ª Câmara de Direito Público).

> Apelação Cível - Responsabilidade Civil do Estado – Aluno menor impúbere ferido por colega de escola quando se encontrava no lado de fora da escola, junto ao portão de entrada, em horário anterior ao início das aulas – Pedido de indenização por dano material, moral e estético – Inexistência de nexo de causalidade entre o evento e a atuação do Poder Público ou de falha do serviço – Sentença mantida – Recurso não provido. O aluno fica sob a guarda e vigilância do estabelecimento de ensino, público ou privado, com direito de ser resguardado em sua incolumidade física enquanto estiver nas dependências da escola, respondendo os responsáveis pela empresa privada ou Poder Público, nos casos de escola pública, por qualquer lesão que o aluno venha a sofrer, seja qual for a sua natureza, ainda que causada por terceiro. Fora das dependências da escola, em horário incompatível, inexiste qualquer possibilidade de se manter essa obrigação de resguardo. Apelação Cível nº 41.419 – 5 – Fernandópolis – 3ª Câmara de Direito Público – Relator: Sr. Des. Rui Stoco).

Quando o dano ocorre fora do estabelecimento de ensino, não subsiste qualquer responsabilidade por parte do Poder Público, haja vista a inexistência do nexo de causalidade.

Dano

O segundo pressuposto para a aplicação da responsabilidade objetiva, o dano é imprescindível para que haja a responsabilidade civil, tanto no âmbito público como no privado, podendo vir sob a forma de material ou moral, ou mesmo à imagem.

No tocante à responsabilidade fora da atuação estatal, encontra esse elemento regulamentação na lei nº 10.046/2001 – novo Código Civil – em seu artigo 972, que reza o seguinte:

> Art. 972. Aquele que, por ato ilícito, causar dano a outrem, fica obrigado a repará-lo.
>
> Parágrafo Único. Haverá obrigação de reparar o dano, independentemente de culpa, nos casos especificados em lei, quando a atividade normalmente desenvolvida pelo autor do dano implicar, por sua natureza, risco para os direitos de outrem.

Compete-nos ressaltar que o estudo da Responsabilidade Civil, que cuida da aplicabilidade do elemento dano, encontra suas raízes no direito privado, e foi neste, de fato, que surgiu o primeiro momento de responsabilidade do Estado. Ainda hoje agasalhado pelo Código Civil, de onde advém o termo teoria civilista da culpa, enveredou-se no Direito Público, onde a doutrina tem dispensado fartas anotações sobre o tema, acolhendo a teoria da culpa publicista. Entendemos, por isso, tratar-se atualmente de um ramo do Direito Administrativo, o que é altamente controvertido pela calorosa discussão que a envolve, conforme já verificado anteriormente neste trabalho.

A reparação do dano moral foi uma novidade trazida pela Carta política de 1988, que o prescreve em seus incisos V e X, do art. 5º. Entendemos que o reconhecimento da indenização por dano moral veio selar o instituto da responsabilidade civil, de acordo com os moldes de um Estado de Direito, onde o princípio da igualdade há que ser aplicado, indistintamente, aos sujeitos públicos e privados, sendo certo que o Estado não pode eximir-se de se submeter a esse princípio, valendo-se de sua soberania, mas sim se inclinar às normas jurídicas, como sujeito público que é.

No que tange ao dano moral, devemos acrescentar que este está atrelado ao direito de personalidade do indivíduo, e que a indenização objetiva reparar, ainda que não totalmente, uma dor sofrida no campo da moral, no íntimo do ser. Por isso, o seu valor não é mensurável como o dano material, pois impossível seria medir a dor de alguém, em determinada circunstância de uma perda.[14]

Nexo Causal

O último elemento, o nexo causal (ou relação de causalidade), é o que une o fato administrativo ao dano, é o liame subjetivo que liga estes elementos. Este pressuposto exclui a necessidade da comprovação de dolo ou culpa, bastando ao lesado provar a relação existente entre o dano sofrido e a conduta do agente estatal. Todavia, se restar provado que o dano é decorrente de fato diverso que não o administrativo, isento estará o Estado de ser responsabilizado.

Não pode o Estado arcar com todo dano sofrido a terceiros, daí não ser a teoria do risco integral acatada em nosso direito, ensejando uma análise isolada de alguns fatos que isentam a Administração Pública da responsabilização.[15]

---

14 A jurisprudência é pacífica quanto à sua aplicação, senão vejamos:
Indenização – Fazenda Pública – Responsabilidade civil – Dano moral – Cumulação com dano material – Admissibilidade – Morte de jovem – Ato de agentes públicos – Sofrimento dos familiares em face da gravidade do fato – Fixação de verba determinada – Recurso da autora parcialmente provido para esse fim (Apelação Cível nº 67.001-5 – Santa Cruz das Palmeiras – 4ª Câmara de Direito Público – Rel. Soares Lima – Tribunal de Justiça do Estado de São Paulo).

15 A jurisprudência que se segue confirmou a incidência de responsabilidade civil do Estado por haver nexo causal entre o dano e a omissão do agente público.
Responsabilidade Civil do Estado. Banco Central. Ato Omissivo de Fiscalização de Instituição Financeira no Mercado de Capitais. Coroa Brastel S/A. Prejuízo Causado A Investidores. Culpa Subjetiva. Negligência e Imperícia. Artigo 159 do Código Civil. Artigo 37, § 6º da Cf/88. Comprovação do Nexo de Causalidade. Súmula 7/Stj.

Na decisão que se segue, o Tribunal de Justiça de São Paulo se baseou na falta de nexo causal para emitir acórdão. Veja:

Responsabilidade Civil do Poder Público – Posto de Saúde – Morte – Nexo Causal – Não Configuração. A circunstância de haver a vítima falecido momentos após o eletrocardiograma e depois de haver andado cerca de 2 km entre o pronto-socorro e o evento, pois, tendo em vista seu estado de saúde, poderia ter falecido mesmo antes de chegar ao pronto socorro. O fato de haver passado pelo posto de atendimento médico antes do falecimento não cria o nexo-causal. (TJ-SP – ApCív nº 203.303 – 5ª CCív. Rel. Des. Jorge Tannus)

4. CAUSAS DE EXCLUSÃO DA RESPONSABILIDADE CIVIL DO ESTADO

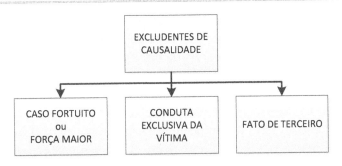

4.1. Força Maior

Força Maior são fatos que se afiguram imprevisíveis, inevitáveis, estranhos à vontade das partes e que acontecem sem que estas possam pressenti-los. São eventos produzidos pela natureza, tais como, raios, trovões, tempestades, terremotos etc. De certo, não existe nexo de causalidade entre o dano decorrido desses fatos e o comportamento da Administração. Portanto, a força maior pode ou não excluir a responsabilidade do Estado.

---

1. Compete ao Banco Central do Brasil: a) exercer permanente vigilância nos mercados financeiros e de capitais sobre empresas que, direta, ou indiretamente, interfiram nesses mercados e em relação às modalidades ou processos operacionais que utilizam; b) proteger os investidores contra emissões ilegais ou fraudulentas de títulos ou valores mobiliários; c) evitar modalidades de fraude e manipulação destinadas a criar condições artificiais da demanda, oferta ou preço de títulos ou valores mobiliários distribuídos no mercado. Revelado o nexo de causalidade entre o dano causado a investidores no mercado de capitais e o ato omissivo de fiscalização do Banco Central, sobressai inequívoca a responsabilidade civil.
2. Há responsabilidade civil do Estado por omissão, sempre que o *facere* esteja consagrado como dever e a Administração Pública o transgrida.
3. O Banco Central do Brasil tem o dever legal de manter a normalidade dos mercados financeiros, sendo sua atuação regida pelo princípio básico de ação preventiva e orientadora. Detém, plenamente, o exercício do poder de polícia com o objetivo de manter o regular funcionamento do mercado de capitais.
4. Exegese do § 6º do artigo 37 da CF/88, aplicável aos atos omissivos.
5. O Banco Central deve ser responsabilizado pelas perdas e danos dos investidores de títulos emitidos sem lastro por entidade financeira fiscalizada, comprovado o nexo de causalidade.
6. O exame do nexo de causalidade afirmado pela sentença de 1º grau esbarra no enunciado da Súmula 7/STJ. Ressalva do entendimento do relator.
7. Recurso especial não conhecido.
Descabimento, Ambito, Recurso Especial, Apuração, Nexo de Causalidade, Prejuizo, Investidor, Omissão, Bacen, Fiscalização, Instituição Financeira, Objetivo, Reconhecimento, Responsabilidade Civil do Estado, Decorrencia, Necessidade, Reexame, Materia de Prova.
(Ressalva de Entendimento) (Min. Luiz Fux) Reconhecimento, Responsabilidade Objetiva do Estado,
Indenização, Prejuizo, Investidor, Hipotese, Bacen, Descumprimento, Dever Legal, Fiscalização, Instituição Financeira, Sujeição, Intervenção, Liquidação Extrajudicial, Atuação, Mercado Financeiro, Decorrencia, Existência, Nexo de Causalidade, Dano, Omissão, Autarquia.
(STJ – 1ª Turma – RE 141.742-2 – Não reconhecimento do recurso – Unanimidade – Min. Rel. Cesar Cardoso)

Como exemplo, citamos os casos de tempestades e enchentes que ocorrem com frequência durante o verão. Se um sujeito tiver um bem lesado em decorrência de uma enchente e responsabilizar o Estado com fundamento na responsabilidade objetiva, certamente não obterá sucesso eis que o fato que originou o dano trata-se de excludente de responsabilidade. Neste caso, o Estado certamente alegará em sua defesa que a natureza não é o seu agente, por isso ele não pode ser responsabilizado.

Analisemos importante caso concreto. Grave tempestade recai sobre a cidade durante a madrugada e um raio de grande intensidade se projeta sobre determinada avenida, nela provocando verdadeira cratera.

Andresa, de manhã, vai para o trabalho e, ao passar na referida avenida, as rodas do lado direito de seu veículo caem no buraco, destroem os eixos e causam prejuízos significativos, conforme o orçamento apresentado pela oficina mecânica.

Indignada, propõe ação contra o Município para ter a reparação dos prejuízos, em virtude da teoria do risco administrativo. Como deve a sentença apreciar o litígio no caso?

Nos termos do art. 37, § 6º, da CF, o Estado é responsável pelos danos que seus agentes, nessa qualidade, causem a terceiros. A Constituição consagrou a teoria da responsabilidade objetiva do Estado, pela qual o dever reparatório independe de perquirição da culpa no que toca à conduta dos agentes públicos.

Entretanto, não se admite o risco integral, ou seja, o Estado não é o segurador universal em relação aos prejuízos sofridos pelas pessoas. Conforme orientação pacífica, o Estado não responde por prejuízos causados em virtude de caso fortuito ou força maior, já que faltaria o nexo causal entre conduta administrativa e o dano.

O Estado só responderia civilmente no caso, se tivesse contribuído para o resultado danoso, em conduta inquinada de culpa ou dolo, o que não consta na questão. Nem sequer há a informação de ter havido negligência por parte da administração municipal.

Desse modo, não incide o art. 37, § 6º, da CF, devendo o pedido da ação ser julgado improcedente.

Se, contudo, o sujeito lesado provar que não houve a devida manutenção de serviço de coleta de lixos, e que este entupiu os bueiros ocasionando cheia nas ruas e causando dano ao seu patrimônio, haverá culpa concorrente inobstante ser a tempestade um fenômeno da natureza, pois o Estado contribui para gerar o dano sofrido. A perícia comprovará a proporção da culpa.

Mas se ao contrário, ficar provado que o Estado cumpriu o seu papel, tendo recolhido regularmente os lixos das ruas, excluída está a sua responsabilidade por tratar-se de teoria do risco administrativo.

É certo que a Procuradoria do Estado vai alegar caso fortuito ou força maior, a fim de excluir a responsabilidade do seu ente.

Então, o Estado poderá ser responsabilizado se ocorrer a omissão de um serviço público aliado ao acontecimento decorrente da força maior.

Entende a doutrina que neste caso a responsabilidade é subjetiva, uma vez que carece de prova de mau funcionamento do serviço público, aplicando-se a chamada teoria da culpa do serviço público ou culpa anônima, como já prendemos alhures. Neste caso, o dano decorreu da omissão do Poder Público.

FURTO EM VIA PÚBLICA PODERÁ GERAR A RESPONSABILIDADE DO ESTADO?

Não será bem sucedida a interposição de ação de responsabilidade civil em face do Estado, por furto em via pública, com fundamento na teoria objetiva, pelo simples argumento de que o ladrão não é um agente do Estado, desconfigurando-se o nexo causal e adentrando na excludente de ato de terceiro.

Por outro lado, o pedido de indenização poderá obter êxito se a vítima utilizar a teoria subjetiva da falta do serviço, provando que houve a omissão de um agente público, a qual deu condição ao furto.

Por exemplo, se se provar que do outro lado da rua havia um policial militar que se omitindo e não agiu para evitar o evento danoso, pode-se alegar a falta do serviço. Ressalta-se que não é o que o sujeito espera do Estado, mas aquilo que o Estado pode prestar. É inconcebível um sujeito querer aplicar a teoria da falta do serviço alegando que não havia um guarda na esquina onde ele foi assaltado, pois o Estado não tem contingente suficiente para colocar um policial a cada esquina das ruas potencialmente perigosas. Neste caso não se trata de omissão.

Mas se havia vários pedidos de ronda policial em um determinado local, informando-se da frequência de furtos e roubos naquela área, se houver provas neste sentido, poderá ser alegada a teoria da falta do serviço.

O caso de assalto em vias públicas é um caso típico de se imputar a teoria da culpa anônima. Se um sujeito é assaltado em frente a sua casa, segundo entendimento do Professor Sérgio Cavalieri, se a omissão for genérica a responsabilidade é subjetiva, dando como exemplo a hipótese de se exigir policiamento 24 horas por dia pelo fato de se pagar os tributos devidos.

FIQUE LIGADO NO CASO CONCRETO

Adolfo Silva ajuizou ação indenizatória em face do Estado do Rio de Janeiro, em que pleiteia danos morais e materiais por seu filho ter sido sequestrado e morto, apesar do pagamento do resgate, o que caracteriza o descumprimento do dever do estado em garantir a segurança dos cidadãos. Em contestação, o réu alegou que o aparelho estatal faz uso dos meios possíveis para deixar livre a sociedade de qualquer intervenção maléfica que prejudicasse o seu correto desenvolvimento e bem estar, por meio do aparato de Segurança e Justiça, posto a serviço dos cidadãos. Alegou, ainda, que não houve recusa do estado na prestação dos seus ofícios. Ao contrário o sequestrador foi preso e julgado o que demonstra ter o Estado agido na exata medida de suas possibilidades. Admitindo-se a comprovação dos fatos, decida, fundamentadamente se há responsabilidade do Estado?

Resposta sugerida: Somente se houvesse a chamada omissão do Estado, na prestação dos seus serviços públicos de Segurança e Justiça, teria razão o recorrente. Não configurada tal hipótese, a decisão tem que ser julgada improcedente. O Estado não é o garantidor universal de todos os males que afligem à sociedade.

4.2. Caso Fortuito

De acordo com o entendimento majoritário da doutrina, caso fortuito é aquele em que os danos se derivam de ato humano. Houve, de alguma forma, a conduta humana que contribuiu para o resultado.

Vejamos decisão na jurisprudência:

> Responsabilidade Civil. Acidente ocorrido no interior do Túnel Rebouças que resultou em ferimentos no autor e na perda total de seu automóvel. Caso fortuito. Quando não ocorre. Tratando-se de fato previsível e não impossível de evitar, ante o dever de manter a conservação dos túneis, exclui-se o fortuito. Responsabilidade da Fundação de Departamento de Estradas de Rodagens do Estado do Rio de Janeiro, e não do próprio Estado. (TJ-RJ – ApCív nº 041 – 3ª CCív – Rel. Des. Humberto Perri – apud Suplemento ADCOAS, p. 20)

Uma abordagem que merece ser enfocada, caso de ilícito penal, ocasionado por assalto feito no interior de ônibus de propriedade da transportadora de passageiros, resultando em morte de passageiro.

Há quem alegue que o evento se deu por negligência da transportadora que, mesmo sabendo da frequência dos assaltos nos seus ônibus, não providenciou a segurança necessária aos seus passageiros, no decorrer da viagem, descabendo admitir-se força maior, na hipótese, por ser previsível o fato.

A jurisprudência, diga-se de passagem, minoritária, tem entendido que em caso do tipo mencionado no parágrafo anterior, a transportadora deve ser civilmente responsabilizada pelos danos sofridos por seus passageiros.

Com efeito, a hipótese considerada retrata situação da ocorrência do chamado "fortuito externo", consignado por nós e nas obras do consagrado Desembargador Sérgio Cavalieri Filho, significando dizer que o evento danoso originou-se de um ato exclusivo de terceiros, consubstanciando-se, pois, em acontecimento estranho ao contrato de transporte, não podendo, assim, a transportadora do passageiro do ônibus vitimado pelo assaltante, que empregou arma de fogo no seu agir, ser responsabilizada civilmente.

O fato doloso de terceiro, que não guarda nenhuma ligação com os riscos do transportador, inevitável, apresenta-se como estranho à organização dos negócios praticados pela empresa transportadora, que por ele não deve responder civilmente, por ser evento exclusivo da vontade e da atuação do terceiro, estranho à sua atividade, o qual agiu com dolo e deixou evidente situação de "fortuito externo", que exclui o nexo causal de decorrência de estar a vítima sendo transportada em ônibus, equiparável a força maior.

Caso como o acontecido, não foi provocado pelo transporte do passageiro em ônibus, não guarda conexidade com o transporte propriamente dito, não se inserindo entre os próprios riscos do deslocamento através do transporte coletivo de passageiros. Nele não se nota presente um dos pressupostos da responsabilidade civil, diante da inexistência do nexo entre o dano e a conduta do preposto da empresa transportadora, não guardando, o evento, relação com atividade do transportador e, assim, está excluído da obrigação de resultado assumida no contrato de transporte.

A se aceitar a tese de que a violência urbana faz parte do dia a dia da cidade e que as empresas de transporte estão obrigadas a manter estreita vigilância no embarque de passageiros e até mesmo segurança privada no interior de seus veículos de forma a evitar que estes não possam ser atacados por bandidos que infestam a cidade, a nosso sentir, beira ao ridículo e muito se aproxima do caos anárquico instalado pela ausência de uma efetiva aplicação de política séria de segurança pública devida a todos os cidadãos e somente exposta como efetiva em ocasiões especiais, congressos de autoridades ou destinada à proteção da orla turística, sempre manejada com o intuito de não revelar o verdadeiro "Farwest" instalado na Cidade e no Estado por culpa exclusiva da administração especializada. E, ademais, pela própria dicção de nossa Constituição, segurança pública é indelegável as pessoas jurídicas de direito privado, sendo atividade típica só do Estado. Portanto, mesmo que as empresas de ônibus pretendessem instalar tal segurança, estariam impedidas por disposição Magna.

Não fora tal juízo, notório é consignar que nossos Tribunais Superiores, em especial o Egrégio Superior Tribunal de Justiça, por diversas vezes, enfrentando similares hipóteses de fatos ocorridos por ocasião de transporte de passageiros já fez deixar bem claro da presença da Excludente da Força Maior de forma a afastar a responsabilidade do transportador nos casos de acidente ou morte provocados por ação de assaltantes.

Não comprovado de que o fato decorreu de responsabilidade da empresa transportadora ou do comportamento de preposto seu, mas do fato da ausência de repressão expressa e séria ao crime tal como o praticado no caso exemplificado e outros tantos delitos ocorridos por falta de vontade política, não se pode responsabilizar o transportador pelo ato acometido, imputando-lhe o dever de indenizar quando a responsabilidade recai ao próprio Estado, por ser responsável pela segurança pública.

A Título de ilustração, vale citar o recente acórdão da 9ª Câmara – TJ/RJ, na Apelação Cível nº 04.908/12, tendo como Relator o Desembargador Marcus Tullius Alves:

> "Responsabilidade Civil – Indenização – Transporte urbano – Assalto a coletivo – Morte de passageiro vítima fatal de assalto – Responsabilidade do Estado na ausência de aplicação de adequada política de segurança pública visando coibir a proliferação e o sucesso das ações de meliantes sempre restritas aos interesses da União e ao polo turístico da cidade – Recurso intentado em face ao julgado que fez por improceder o pedido formulado contra a transportadora – Risco não coberto pela tarifa – Fato equiparado a força maior – Segurança fora do alcance da empresa concessionária do serviço – Regras de direito pretoriano capazes de prestigiar o recurso – Embargos desprovidos."

Assim, não há como prosperar de que no Brasil contemporâneo, o assalto à mão armada nos meios de transporte de passageiros deixou de exibir esse atributo, tal a habitualidade de sua ocorrência, não sendo lícito invocá-lo como causa de exclusão da responsabilidade do transportador.

A questão controversa diz respeito à exclusão, ou não da responsabilidade da empresa concessionária do serviço público de transporte coletivo, considerando que as lesões sofridas pelo passageiro, decorreram de assalto ocorrido no interior do ônibus.

Não há dúvida de que incumbe ao transportador a obrigação de conduzir o passageiro são e salvo ao ponto de destino, sendo, também, exato que, nos termos do verbete nº 187, da Súmula da Jurisprudência do E. Supremo Tribunal Federal, "a responsabilidade contratual do transportador, pelo acidente com passageiro, não é elidida por culpa de terceiro, contra o qual tem ação de regresso".

Entretanto, como bem observa o consagrado Professor Desembargador Sérgio Cavalieri Filho:

> "... a Súmula só fala em culpa de terceiro. E não em dolo. Assim, por exemplo, ainda que o acidente entre um ônibus e um caminhão tenha decorrido de imprudência do motorista deste último, ao invadir a contramão de direção, as vítimas que viajavam no coletivo deverão se voltar contra a empresa transportadora. O fato culposo do motorista do caminhão não elide a responsabilidade da empresa transportadora. Este é o sentido da Súmula. Tal já não ocorre, entretanto, com o fato doloso de terceiro. Este não pode ser considerado fortuito interno porque, além de absolutamente imprevisível e inevitável, não guarda nenhuma ligação com os riscos do transportador, é fato estranho à organização de seu negócio, pelo qual não pode responder. Por isso, a melhor doutrina caracteriza o fato doloso de terceiro, vale dizer, o fato exclusivo de terceiro, como fortuito externo. Ele exclui o próprio nexo causal, equiparável à força maior, e, por via de consequência, exonera de responsabilidade o transportador. O transporte, em casos tais, não é causa do evento; é apenas a sua ocasião."[16]

No mesmo sentido é a lição do eminente Aguiar Dias:

> "Tratando-se, portanto, de transportes, que constituem o caso padrão para exata ponderação do problema, a causa estranha aparece, em face do transportador, como interferência na sua atividade contratual, que é submetida ao dever de levar o passageiro são e salvo ao lugar de destino. Se essa interferência representa impossibilidade em relação a diligência que deve ser desenvolvida pelo transportador ao cumprimento da obrigação de incolumidade implícita no contrato, constitui causa de exoneração.

> Se não apresenta esse caráter, não pode ser invocada como motivo de isenção. Numa palavra, e reproduzindo a teoria do exemplo prático: a abalroação não exonera, mas o homicídio praticado, v. g. por um, passageiro contra outro ou por pessoa que se mantenha fora, não pode deixar de exonerar, pela perfeita imprevisibilidade ou irresistibilidade da interferência que representa na atividade do transportador."[17]

Na jurisprudência, veio a prevalecer o entendimento que equipara o assalto ocorrido no interior de veículo de transporte coletivo ao caso fortuito, com a consequente exclusão da responsabilidade do transportador, podendo ser mencionadas, a título de ilustração, as seguintes emendas:

> "Civil – Responsabilidade Civil – Transporte Rodoviário – Roubo com lesões corporais.
> A jurisprudência predominante no STJ equipara o crime de roubo ocorrido no interior do veículo de transporte coletivo ao fato fortuito, causa excludente da responsabilidade do transportador".
> (Resp. nº 48.967-SP. Rel. Ministro Ruy Rosado de Aguiar, 4ª Turma. Unânime).

---

16   Programa de Responsabilidade Civil, Malheiros Editores, 5ª edição, pág. 201.
17   Da Responsabilidade Civil, Editora Forense, vol. II, 10ª ed., pág. 685.

" Transportador – Sua responsabilidade civil – Assalto a ônibus suburbano. Passageiro que reage e é mortalmente ferido – Culpa presumida afastada. Regra moral nas obrigações. Risco não coberto pela tarifa. Força maior. Causa adequada. Segurança fora do alcance do transportador. Ação dos beneficiários da vítima improcedente contra a empresa transportadora".

(Danos e indenizações Interpretadas pelos Tribunais – Wilson Bussada, vol. VII, pág. 5.766).

"Civil – Responsabilidade Civil. Roubo à mão armada em interior de coletivo, com lesões causadas a passageiro por projéteis disparados. Fato de terceiro que não guarda conexidade com o transporte. Exclusão da responsabilidade da empresa. Recurso desprovido".

(1ª TAC – RJ, Ac. 5ª CC, julgado em 07.06.02, na Ap. 3.111/06, Rel. Roldão de Freitas Gomes).

"Civil – Ato ilícito – Ausência de responsabilidade do transportador por fato de terceiro.

I – O fato de terceiro que não exonera de responsabilidade o transportador é aquele que com o transporte guarda conexidade, inserindo-se nos riscos próprios do deslocamento. O mesmo não se verifica quando intervenha fato inteiramente estranho, devendo-se o dano a causa alheia ao transporte em si. A prevenção de atos lesivos, da natureza de segurança pública, cabe à autoridade pública, inexistindo fundamento jurídico para transferir a responsabilidade a terceiros.

II – Recurso conhecido e improvido".

(Resp. nº 67.921-4 – RJ, Rel. Ministro Waldemar Zveiter, DJ de 18.12.03, pág. 44.562).

APROFUNDAMENTO

Outro julgamento neste mesmo sentido, se verificou em caso recente no metrô paulista, que não terá de indenizar passageira molestada em vagão. A Quarta Turma do Superior Tribunal de Justiça (STJ) negou provimento ao recurso de uma passageira que tentava obter indenização da Companhia Paulista de Trens Metropolitanos (CPTM) por ter sido molestada sexualmente em um vagão do metrô de São Paulo. O colegiado reafirmou o entendimento de que as empresas de transporte coletivo não têm responsabilidade diante de ato libidinoso cometido por terceiro contra passageira no interior do veículo.

O juízo de primeiro grau condenou a CPTM a pagar R$ 10 mil por danos morais. Entretanto, o Tribunal de Justiça de São Paulo deu provimento à apelação da companhia para afastar a responsabilização por atos de terceiros estranhos à prestação do serviço.

A repressão direta contra as ações de malfeitores e bandidos cabe ao Estado e não ao particular que indefeso e desarmado tem direito em haver deste último indenização pelo que perdeu e sofreu em consequência de assalto praticado em rodovia que se supõe vigiada adequadamente pela entidade policial competente.

Não há qualquer dúvida de que os cidadãos sofrem perda material e moral pelas ações da bandidagem e deveriam ser corretamente indenizados, mas não pela empresa-transportadora, mas pelo Estado que deve a todos nós o direito de ir e vir incólumes em quaisquer dos nossos deslocamentos físicos mantendo, para tanto, adequadamente, se não a mínima vigilância que seja, de molde a evitar que a violência prevaleça sobre a paz, os planos de ação política, tão em voga, sobre a ação debochada dos bandidos e só reprimida quando denunciada pela mídia ou na realização de encontros de autoridades públicas nacionais ou estrangeiras.

Em consequência, não há que se admitir a culpa do transportador em casos de frequência de ação criminosa, como poucos a entendem, estaríamos a acobertar a ineficiência do Estado que a exigir o desarmamento da população civil em troca da competente ação policial só a faz em campo literário ou político porquanto é notório o crescimento da criminalidade, sem que contra ela se estabeleça sérias e efetivas ações de eficácia comprovada e de molde a assegurar a tranquilidade devida a todos os cidadãos, inclusive aos agentes da própria autoridade e de suas famílias que pagam com o peço da própria vida e da perda de seus entes queridos pela ineficiência de recursos e falta de aparelhamento necessário ao combate ao crime, competência exclusivamente do Estado.

Concluindo, não há como impor responsabilidade a concessionária porque não evitou o delito. Nestes casos de assaltos não se pode pretender imputar responsabilidade objetiva sem se caracterizar qualquer participação específica. Pois o dever de prestar segurança pública não é da pessoa jurídica de direito privado (concessionária). E, ainda cumpre ponderar que a concessionária nem o Estado não detém o controle de forma absoluta sobre a criminalidade.

Portanto, no que tange à empresa não é caso de responsabilidade objetiva, tampouco relativa ao contrato de transporte. Por certo que sua obrigação contratual é a de transportar o passageiro incólume até seu destino. Mas, tal diz respeito unicamente aos riscos decorrentes de acidente de trânsito, nunca por atos criminosos ou vandalismo (praticados por terceiros e tidos como sendo de força maior).

Diferentemente, quando determinada pessoa se encontrava no interior de uma Estação aguardando o trem para voltar a sua casa, sendo atingida por uma pedra arremessada do interior de outro trem que trafegava com um determinado destino. A vítima sofre traumatismo crânio-encefálico que a torna totalmente incapacitada para o trabalho. Em ação de indenização ajuizada em face da Companhia Brasileira de Trens Urbanos, em termo de indenização, irá prosperar. Como a lesada se encontrava no interior da estação, a execução do contrato de transporte já havia se iniciado. Outra peculiaridade é o fato de ter sido a pedra arremessada por alguém que viajava em um trem que passou pela estação, e não por alguém que se encontrava na rua. O caso não pode ser equiparado ao assalto a trem ou a ônibus, porque o assaltante não é passageiro. Apenas faz-se passar como tal para praticar fato doloso e inevitável. A agressão de um passageiro contra outro guarda conexão com transporte, faz parte dos riscos do transportador, fato que lhe caberia evitar por força do dever de segurança que tem em relação aos passageiros, pelo que deve ser considerado fortuito interno e não externo.

Há, todavia, entendimento minoritário em sentido contrário.

Na jurisprudência, vem prevalecendo o entendimento que equipara o assalto ocorrido no interior de veículo de transporte coletivo ao caso fortuito, com a consequente exclusão da responsabilidade do transportador, podendo ser mencionadas, a título de ilustração, as seguintes emendas:

"Civil – Responsabilidade Civil – Transporte Rodoviário – Roubo com lesões corporais.

A jurisprudência predominante no STJ equipara o crime de roubo ocorrido no interior do veículo de transporte coletivo ao fato fortuito, causa excludente da responsabilidade do transportador".

(Resp. nº 48.967-SP. Rel. Ministro Ruy Rosado de Aguiar, 4ª Turma. Unânime).

"Transportador – Sua responsabilidade civil – Assalto a ônibus suburbano. Passageiro que reage e é mortalmente ferido – Culpa presumida afastada. Regra moral nas obrigações. Risco não coberto pela tarifa. Força maior. Causa adequada. Segurança fora do alcance do transportador. Ação dos beneficiários da vítima improcedente contra a empresa transportadora".

(Danos e indenizações Interpretadas pelos Tribunais – Wilson Bussada, vol. VII, pág. 5.766).

"Civil – Responsabilidade Civil. Roubo à mão armada em interior de coletivo, com lesões causadas a passageiro por projéteis disparados. Fato de terceiro que não guarda conexidade com o transporte. Exclusão da responsabilidade da empresa. Recurso desprovido".

(1ª TAC – RJ, Ac. 5ª CC, julgado em 07.06.12, na Ap. 3.111/06, Rel. Roldão de Freitas Gomes).

"Civil – Ato ilícito – Ausência de responsabilidade do transportador por fato de terceiro.

I – O fato de terceiro que não exonera de responsabilidade o transportador é aquele que com o transporte guarda conexidade, inserindo-se nos riscos próprios do deslocamento. O mesmo não se verifica quando intervenha fato inteiramente estranho, devendo-se o dano a causa alheia ao transporte em si. A prevenção de atos lesivos, da natureza de segurança pública, cabe à autoridade pública, inexistindo fundamento jurídico para transferir a responsabilidade a terceiros.

II – Recurso conhecido e improvido".
(Resp. nº 67.921-4 – RJ, Rel. Ministro Waldemar Zveiter).

A repressão direta contra as ações de malfeitores e bandidos cabe ao Estado e não ao particular que indefeso e desarmado tem direito em haver deste último indenização pelo que perdeu e sofreu em consequência de assalto praticado em rodovia que se supõe vigiada adequadamente pela entidade policial competente.

Não há qualquer dúvida de que os cidadãos sofrem perda material e moral pelas ações da bandidagem e deveriam ser corretamente indenizados, mas não pela empresa-transportadora, mas pelo Estado que deve a todos nós o direito de ir e vir incólumes em quaisquer dos nossos deslocamentos físicos mantendo, para tanto, adequadamente, se não a mínima vigilância que seja, de molde a evitar que a violência prevaleça sobre a paz, os planos de ação política, tão em voga, sobre a ação debochada dos bandidos e só reprimida quando denunciada pela mídia ou na realização de encontros de autoridades públicas nacionais ou estrangeiras.

Em consequência, não há que se admitir a culpa do transportador em casos de frequência de ação criminosa, como poucos a entendem, estaríamos a acobertar a ineficiência do Estado que a exigir o desarmamento da população civil em troca da competente ação policial só a faz em campo literário ou político porquanto é notório o crescimento da criminalidade, sem que contra ela se estabeleça sérias e efetivas ações de eficácia comprovada e de molde a assegurar a tranquilidade devida a todos os cidadãos, inclusive aos agentes da própria autoridade e de suas famílias que pagam com o peço da própria vida e da perda de seus entes queridos pela ineficiência de recursos e falta de aparelhamento necessário ao combate ao crime, competência exclusivamente do Estado.

Concluindo, não há como impor responsabilidade a concessionária porque não evitou o delito. Nestes casos de assaltos não se pode pretender imputar responsabilidade objetiva sem se caracterizar qualquer participação específica. Pois o dever de prestar segurança pública não é da pessoa jurídica de direito privado (concessionária). E, ainda cumpre ponderar que a concessionária nem o Estado não detém o controle de forma absoluta sobre a criminalidade.

Portanto, no que tange à empresa não é caso de responsabilidade objetiva, tampouco relativa ao contrato de transporte. Por certo que sua obrigação contratual é a de transportar o passageiro incólume até seu destino. Mas, tal diz respeito unicamente aos riscos decorrentes de acidente de trânsito, nunca por atos criminosos ou vandalismo (praticados por terceiros e tidos como sendo de força maior).

Diferentemente, quando determinada pessoa se encontrava no interior de uma Estação aguardando o trem para voltar a sua casa, sendo atingida por uma pedra arremessada do interior de outro trem que trafegava com um determinado destino. A vítima sofre traumatismo crânio-encefálico que a torna totalmente incapacitada para o trabalho. Em ação de indenização ajuizada em face da Companhia Brasileira de Trens Urbanos, em termo de indenização, irá prosperar. Como a lesada se encontrava no interior da estação, a execução do contrato de transporte já havia se iniciado. Outra peculiaridade é o fato de ter sido a pedra arremessada por alguém que viajava em um trem que passou pela estação, e não por alguém que se encontrava na rua. O caso não pode ser equiparado ao assalto a trem ou a ônibus, porque o assaltante não é passageiro. Apenas faz-se passar como tal para praticar fato doloso e inevitável. A agressão de um passageiro contra outro guarda conexão com transporte, faz parte dos riscos do transportador, fato que lhe caberia evitar por força do dever de segurança que tem em relação aos passageiros, pelo que deve ser considerado fortuito interno e não externo.

No tocante a essa questão, realizamos pesquisa exaustiva de jurisprudência do STJ, no tocante a responsabilidade civil de assalto à empresa concessionária de ônibus.

A posição mais atualizada tem prestigiado o entendimento de que de que inexiste responsabilidade civil, porquanto, se revela a hipótese de causa excludente de responsabilidade.

A jurisprudência partilha desse entendimento, conforme se constata do julgado a seguir:

Trata-se de recurso inominado interposto pela parte ré contra a sentença de fls. 43/45, que a condenou a pagar R$ 1.500,00 à autora, a título de compensação por danos morais, em decorrência de roubo sofrido por esta no interior de ônibus da transportadora ré. O recurso merece integral provimento. É forçoso reconhecer a causa excludente de responsabilidade civil do art. 14, § 3º, II, do CDC. O roubo no interior de coletivo deve ser interpretado como excludente de responsabilidade porque se trata de fato imprevisível e inevitável, que não guarda nenhuma relação com o contrato de transporte e não faz parte do risco assumido pela recorrente ao celebrar o contrato de concessão com o Poder Público. A propósito do tema, transcrevo acórdão do Superior Tribunal de Justiça: CIVIL. INDENIZAÇÃO. TRANSPORTE COLETIVO (ÔNIBUS). ASSALTO À MÃO ARMADA. FORÇA MAIOR. EXCLUSÃO DA RESPONSABILIDADE. 1 – O assalto à mão armada, dentro de ônibus, por se apresentar como fato totalmente estranho ao serviço de transporte (força maior), constitui-se em causa excludente da responsabilidade da empresa concessionária do serviço público. 2 – Entendimento pacificado pela Segunda Seção. 3 – Recurso especial não conhecido (REsp331801/RJRECURSO ESPECIAL 2001/0055322-4, Relator Ministro Fernando Gonçalves – Quarta Turma, Datado Julgamento 05/10/2004, data da publicação/fonte DJ 22/11/2014, p. 346). Isto posto, dou provimento ao recurso inominado e JULGO IMPROCEDENTE o pedido formulado na inicial. Sem custas e honorários sucumbenciais (art. 55, da Lei 9.099/95).

(TJ-RJ – RI: 00458014820118190001 RJ 0045801-48.2011.8.19.0001, Relator: TIAGO HOLANDA MASCARENHAS, Terceira Turma Recursal.

QUARTA TURMA DO STJ RECONHECE A HIPÓTESE DE EXCLUDENTE DE RESPONSABILIDADE NO CASO DE ASSALTO A ÔNIBUS:

RESPONSABILIDADE CIVIL. ROUBO. ÔNIBUS. Ao prosseguir o julgamento, a Turma reafirmou que consubstancia causa excludente de responsabilidade da empresa de transporte concessionária de serviço público o roubo a mão armada perpetrado no interior do coletivo. Trata-se, pois, de fato estranho ao serviço (força maior). Precedentes citados: REsp 435.865-RJ; REsp 13.351-RJ, e REsp 118.123-SP. REsp 331.801-RJ, Rel. Min. Fernando Gonçalves.

4.3. Culpa da Vítima

Outra causa que exclui a responsabilidade da Administração é a denominada culpa da vítima, e esta se desdobra em exclusiva ou concorrente. Se a conduta da vítima contribuiu para a decorrência do dano que a mesma sofreu, concorrentemente com a conduta da Administração, esta responde parcialmente. Se, contudo, a conduta da vítima teve total influência no dano desencadeado, isento está o Estado de ser responsabilizado.

Exemplo cristalino de culpa exclusiva da vítima, de acordo com decisões dos nossos Tribunais são os casos de pessoa querendo suicidar-se, se atira na linha do trem. Jamais a família da vítima poderá responsabilizar o Estado, pois a vítima foi a única responsável pelo ocorrido.

Outro caso de culpa exclusiva da vítima, de acordo com as decisões dos nossos tribunais são os casos dos "surfistas ferroviários", que são os passageiros que de forma irresponsável e anti-social escalam os vagões ferroviários e viajam acomodados em seu teto. É de se registrar que estes sujeitos violam as regras de transportes, que não se constituem apenas em pagar a passagem como também em se comportar de forma social, por isso, não podem exigir a efetivação das obrigações do transportador. Ademais, de acordo com a legislação, não são indenizáveis os danos provocados por culpa exclusiva da vítima, o que podemos relacionar à inexistência da teoria do risco integral.[18]

No tocante a essa questão, cabe ressaltar havendo culpa concorrente (e não exclusiva) da vítima, não haverá exclusão da responsabilidade do Estado, porém causa de redução da responsabilidade. A este respeito, em acórdão de inegável clareza, passageiro que, na condição de pingente, trafegava pendurado pelo lado de fora do trem caiu e sofreu danos, o Superior Tribunal de Justiça reduziu pela metade o pagamento de indenização, pois concluiu pela culpa concorrente da vítima. Logo, a vítima e a empresa estatal de transporte ferroviário foram considerados responsáveis. A empresa estatal deveria proibir tal conduta (Recurso Especial nº 226.348).

4.4. Atos de Multidões

Atos de multidões são aqueles praticados por agrupamento de pessoas, que, movidas pela fúria, causem danos a terceiros através de suas condutas.

Exemplos de atos de multidões que se tornaram frequentes em governos anteriores, com a constante atuação dos membros do Movimento dos Sem Terra – MST, que, entenderem ser esta a hora oportuna de reivindicar, haja vista o Partido dos Trabalhadores – PT estar a frente do governo, o qual abriga seus membros.

Encontramos decisão do STF, confirmando acórdão do TJ do Paraná que reconheceu o direito de particular à indenização pelo Estado, por danos causados em sua propriedade em virtude da invasão por integrantes do Movimento dos Sem Terra – MST. Atribui-se à decisão o fato de que o Estado deixara de cumprir ordem judicial no sentido de reforçar o policiamento para evitar a invasão, o que decorreu na sua responsabilização civil (RE 283.989-PR, Rel. Min. Elle Gracie, – Informativo STF nº 241).

Não obstante, verificamos que esses movimentos ocorrem em todo o mundo, sendo muito comum na Europa, geralmente em atos de manifestações de populares ou de estudantes contra o Estado, o qual geralmente reage este com a força física, muitas das vezes lesionando alguns manifestantes.

O sentimento de poder ganha grandes proporções quando exercido dentro de um grupo, e os seus integrantes assumem uma postura e uma força que não a teriam se agissem isolados. Da mesma forma, a passividade é oculta pelo clamor da multidão, e a ocorrência de danos onde estas atuam é quase que inevitável, dada a impetuosidade de suas ações.

Em geral, o Estado não tem sido responsabilizado pelos danos causados ao indivíduo em decorrência exclusivamente desses atos, pois se enquadram no que se denomina na doutrina – atos de terceiros, como os recentes casos das manifestações que ocorreram em vários estados do país, principalmente no Rio de Janeiro e São Paulo. Fogem à responsabilidade da Administração, sobretudo pela rapidez e pelo inusitado em que esses atos ocorrem. Contudo, no caso específico da constante ação dos membros do Movimento dos Sem Terra – MST, acreditamos que se pode atribuir os efeitos danosos de seus atos à omissão do Estado, o que será mais bem analisado adiante, dada a rotina com que se tem ocorrido, que descaracteriza o inusitado.

---

18   Responsabilidade civil do Estado – Culpa anônima do serviço – Acidente de trânsito em cruzamento – culpa concorrente. A culpa administrativa, em havendo nexo de causalidade entre a ocorrência e o resultado danoso, deriva da ausência ou deficiência do serviço, omissão de cautela, abstenção de diligência para que o serviço se desenvolva de acordo com o fim para o qual se destina. Todavia, a circunstância de o semáforo encontrar-se com defeito, em cruzamento de artérias públicas de acentuado movimento de trânsito, impõe ao condutor redobrada cautela. Se assim não procede, age imprudentemente, nisso mitigando o limite da responsabilidade do Poder Público, porque se tem por centrada a culpa concorrente (TJ-RJ- ApCiv 4.543 – 8ª Camara Civel – Rel. Des.Ellis Figueira).

4.5. Danos de Obra Pública

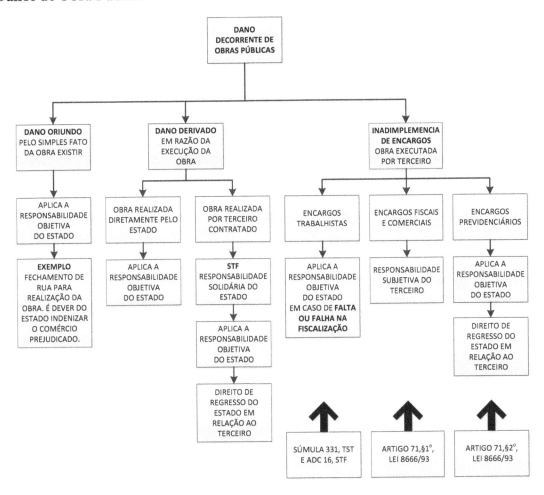

Outro elemento a ser analisado na questão da excludente da responsabilidade civil estatal é a obra pública. Os danos que destas decorrem têm suscitado polêmica na doutrina e nos julgados dos Tribunais. Aparentemente inquestionável a incidência da responsabilidade da Administração perante estes danos, se alinhada ao teor do texto constitucional, pois este estabelece que a pessoa jurídica de direito privado que atuar em nome do Estado, e em decorrência de seu serviço, causar danos a terceiros, responderá objetivamente pelo ressarcimento destes. Na prática, porém, não tem sido pacífica esta interpretação.

O tema se distingue para efeitos de responsabilidade, em: dano oriundo da obra, dano derivado pela má execução da obra (da culpa do Estado ou do empreiteiro) e ainda a quanto aos Encargos Trabalhistas, Previdenciários e Fiscais, conforme definição a seguir.

4.5.1. Dano Oriundo da Obra

Nesta hipótese, segundo seus entendimentos, responderia o Estado objetivamente, porque, embora a obra seja um fato administrativo, deriva sempre de um ato administrativo de quem ordena a sua execução.

Havendo dano em decorrência da obra, o Estado responderá objetivamente pelo simples fato da obra pública existir, uma vez que esta é fruto de ato administrativo que ordena sua execução.

Vejamos o que dispõe alguns julgados:

Indenização – Reparação de danos – Responsabilidade civil – Queda de cobertura metálica de arquibancada de estádio de futebol – Execução da obra por empreiteira – Defeitos na estrutura metálica – Empregos de materiais não especificados no projeto original – Inobservância de regras técnicas – Responsabilidade da empresa construtora e do engenheiro da obra – Culpa concorrente da Administração Pública Municipal – Causa da natureza (vento e temporal) que contribuiu para a produção do evento danoso – Sentença de procedência parcial da demanda – Agravo retido nos autos – Restrições ao laudo pericial – Recursos não providos. (Apelação Cível nº 29.605-5 – Adamantina – 3ª Câmara de Direito Público – Relator Marcio Bonilha).

Indenização – Fazenda Pública – Responsabilidade civil – Construção de viaduto – Dano causado a particular – Responsabilidade objetiva do Estado – Irrelevância de licitude da ação administrativa – Verba devida – Recurso extraordinário conhecido e provido. JTJ 135/391.

Indenização – Responsabilidade civil – Objetiva – Obras executadas ao longo da via pública – Incorreção de assentamento de tubulações que acarretou danos a particulares e à Municipalidade – Verba devida – Recurso não provido. (Relator: Ernani Paiva – Apelação Cível nº 155.565-1 – São Paulo). Decisão: Lei: CF 37 parágrafo 6º – indenização – Responsabilidade civil objetiva – Obras executadas ao longo de via pública, as quais, por incorreção no assentamento das tubulações, causaram danos à municipalidade e aos particulares – Recurso não provido – o que se tem de verificar, segundo o art. 37, parágrafo 6º da CF, é a existência de um dano sofrido em decorrência de um serviço público. Não se cogita de culpa do agente, ou da culpa do próprio serviço. Basta estabelecer a relação de causalidade entre o dano sofrido pelo particular e a ação do agente ou órgão da administração. É a regra geral inferida no art. 37 da CF, que estabelece a responsabilidade civil objetiva do poder público, pelos atos lesivos de seus agentes.

4.5.2. Dano Derivado pela Má Execução da Obra

4.5.2.1. Quando a Obra é executada pelo Estado

Sendo o Estado ou seus órgãos os responsáveis pela execução da obra, o dano causado será de responsabilidade objetiva do Estado.

4.5.2.2. Quando a Obra é executada pelo Empreiteiro

Hely Lopes Meirelles entende que em sendo a execução indireta, ou seja, a execução decorre da celebração de um contrato de obra pública com uma pessoa de direito privado, será esta pessoa de direito privado que deverá responder pelo dano causado por ato negligente, imprudente ou imperito.

Este entendimento tem fundamento, caso em que a responsabilidade do contratado é subjetiva, precisando auferir dolo ou culpa. O contratado é responsável pelos danos causados diretamente à Administração ou a terceiros, decorrentes de sua culpa ou dolo na execução do contrato, não excluindo ou reduzindo essa responsabilidade a fiscalização ou o acompanhamento pelo órgão interessado.

Contudo, outra é a interpretação do insigne mestre Sergio Cavalieri Filho em sua respeitável obra, Programa de Responsabilidade Civil[19].

Com opinião distinta das emitidas por José Cretella Júnior e Hely Lopes Meirelles, a qual qualifica como protecionista da Administração Pública, entende esse doutrinador que sendo a obra do Estado, e dado que esta sempre deriva de um ato administrativo de quem ordena a sua execução, não teria sentido deixar de responsabilizá-lo pelo simples fato de que a mesma está sendo executada por um particular, mesmo que tendo agido culposamente.

Homenageamos esta interpretação, acolhendo-a integralmente e enfatizando que a Administração Pública não pode eximir-se da responsabilidade pelos danos decorrentes de serviços públicos que só a ela competia executar através de seus agentes, mesmo quando estes são componentes de uma empresa privada delegatária de serviço público. Ainda assim, deve recair a responsabilidade sobre a Administração, pois estes agentes agem em nome desta e através de um vínculo jurídico que as unem, o contrato administrativo.

---

19   Filho, Sergio Cavalieri – Programa de Responsabilidade Civil. Editora Atlas, São Paulo, 2014.

UM ESCLARECIMENTO NECESSÁRIO

Se o dano decorrer de uma obra que resulta de um contrato administrativo, onde a Administração Pública contrata uma empreiteira para a realização de uma obra pública, e se ocorrer um dano a um particular ocasionado por um trator da empreiteira, a responsabilidade será contratual e do empreiteiro, com base nas regras do Código Civil. O STF entende que, nesse caso, a Administração responde subsidiariamente, se o empreiteiro não conseguir arcar com a reparação de todos os danos.

ATENÇÃO

Vamos abordar, abaixo, com peculiaridades, a responsabilidade civil na execução do contrato. O tema é polêmico, pois a lei é propriamente omissa.

Vamos examinar agora os seguintes posicionamentos do STF.

1º - A simples presença da obra já causa prejuízo a terceiros. De quem é a responsabilidade? A título de ilustração, na construção da linha vermelha, para construir o elevado na rua Bela, em São Cristóvão/RJ. A Rua Bela ficou inteiramente fechada para construção do elevado. Os comerciantes da citada via pública tiveram prejuízos econômicos, por seis meses. Cabe indenização por parte do Estado, aplicando-se o art. 37 § 6º da CF – Responsabilidade objetiva.

2º - Má execução da obra é a parte mais interessante. Como visto, quem responde, segundo esse artigo, é o empreiteiro, o contratado. O contratado é responsável pelos danos causados diretamente à Administração ou a terceiros, decorrentes de sua culpa ou dolo na execução do contrato, não excluindo ou reduzindo essa responsabilidade a fiscalização ou o acompanhamento pelo órgão interessado.

O STF diverge desse artigo, dizendo: O empreiteiro está agente do Estado, logo a responsabilidade é do Estado. A atual lei de licitações, de certo modo, atropela o art. 37 § 6º da CF. Segundo o STF, o prejudicado pode entrar com uma ação contra o ente da federação que contratou o empreiteiro e, depois, se o ente da federação perder a ação, pleiteia ação regressiva contra o empreiteiro.

Vale fazer uma grande observação. Se for uma grande empreiteira, com ótima situação econômica, uma empreiteira bem saneada economicamente, aí, é preferível mover uma ação contra ela, porque fugimos do famigerado precatório. Portanto, tem-se que analisar cada caso concreto.

Outra particularidade: contrato de labor ou contrato integral?

Há outro detalhe importante a se fazer. Se o contrato for de labor, ou seja, o contratado só entra com a mão de obra e ficando provado que a má execução da obra é resultante do péssimo material fornecido pela Administração Pública, o contratado fica isento de responsabilidade. No entanto, o contratado tem, por obrigação, recusar o péssimo material fornecido pela Administração Pública, sob pena de responsabilidade solidária.

4.5.2.3. Encargos Trabalhistas, Previdenciários e Fiscais

Se a empresa contratada pelo ente da federação deixa de pagar os encargos trabalhistas, previdenciários e fiscais, o Poder contratante será o responsável?

A empresa contratada hipoteticamente deixou de pagar o salário dos trabalhadores. Pode-se mover uma ação contra o Poder Público para que ele pague o salário? Entendimento pacífico que a responsabilidade é somente do contratado. O contratado é responsável pelos encargos trabalhistas, previdenciários, fiscais e comerciais resultantes da execução do contrato.

A nova Lei de Licitações não trabalha com encargos previdenciários, trabalha, apenas, com encargos trabalhistas, fiscais e comerciais e não há como transferir para o ente da federação contratante. Importante observar. A inadimplência do contratado, com referência aos encargos trabalhistas, fiscais e comerciais não transfere à Administração Pública a responsabilidade por seu pagamento, nem poderá onerar o objeto do contrato ou restringir a regularização e o uso das obras e edificações, inclusive perante o Registro de Imóveis.

Só que esse entendimento da lei de licitação entra em choque com o Enunciado 331 do TST, que diz que há responsabilidade subsidiária do ente da federação. A lei de licitações diz uma coisa e o Enunciado diz outra. Qual vai prevalecer?

Posição do STF: Segundo o STF, nenhum enunciado pode prevalecer sobre o texto legal.

Por votação majoritária, o Plenário do Supremo Tribunal Federal (STF) declarou a constitucionalidade do artigo 71, parágrafo 1º, Lei de Licitações.

O dispositivo prevê que a inadimplência de contratado pelo Poder Público em relação a encargos trabalhistas, fiscais e comerciais não transfere à Administração Pública a responsabilidade por seu pagamento, nem pode onerar o objeto do contrato ou restringir a regularização e o uso das obras e edificações, inclusive perante o Registro de imóveis.

5. A RESPONSABILIDADE OBJETIVA NA LEGISLAÇÃO BRASILEIRA

5.1. Código Civil

O atual Código Civil brasileiro, prevê a responsabilidade civil do Estado, estatuindo em seu artigo 43:

> Art. 43. As pessoas jurídicas de direito público interno são civilmente responsáveis por atos dos seus agentes que nessa qualidade causem danos a terceiros, ressalvado direito regressivo contra os causadores do dano, se houver, por parte destes, culpa ou dolo.

Reportamo-nos ao artigo 41:

> Art. 41 - São pessoas jurídicas de direito público interno:
> I – a União;
> II – os Estados, o Distrito Federal e os Territórios;
> III – os Municípios;
> IV – as autarquias;
> V – as demais entidades de caráter público criadas por lei.

Ressaltamos que o legislador ordinário foi coerente ao regular a matéria de acordo com a Lei Maior, de forma a não ensejar mais controvérsias sobre a incidência da responsabilidade civil do Estado, sendo reconhecidamente de caráter objetivo, na relação entre o Estado e o lesado, dispensada a prova de culpa. No entanto, outra é a aplicação da responsabilidade na relação entre o Estado e o seu agente, no que concerne à ação de regresso daquele contra este, persistindo, nesta hipótese, a teoria subjetiva, exigindo a prova de culpa.

O antigo Código Civil de 1916, cuja vigência se deu até recentemente, previa este instituto em seu artigo 15: "As pessoas jurídicas de direito público são civilmente responsáveis por atos dos seus representantes que nessa qualidade causem danos a terceiros, procedendo do mesmo modo contrário ao direito ou faltando a dever prescrito em lei, salvo o direito regressivo contra os causadores do dano".

Verifica-se pelo texto deste artigo, que este encontrava sede na teoria subjetivista predominante à época de sua edição, qual seja, a teoria da culpa, calcada na concepção civilista. Portanto, pacífica não foi a sua interpretação, tendo causado imensas polêmicas no mundo jurídico, já que alguns doutrinadores interpretaram-na como sendo responsabilidade civil sem culpa, admitindo a hoje predominante teoria do risco e a responsabilidade objetiva do Estado.

Entretanto, temos que o teor do citado artigo está calcado na teoria subjetiva, cuja sede advém das doutrinas civilistas, e que seria uma visão irrealista acreditar que o legislador, em 1916, vislumbrava a concepção da responsabilização do Estado sem prova de culpa, ideia esta das teorias publicistas, típicas dos administrativistas e não dos civilistas, que legislaram a matéria.

Portanto, parece-nos que a Constituição da República, ao regular a matéria em seu artigo 37 parágrafo 6º, que será adiante analisado, derrogou parcialmente o artigo 15 do Código Civil de 1916, apenas no que se refere a atos comissivos, já que estes passaram a ser expressamente regulados pelo Texto Constitucional, e que, mesmo com o texto do atual Código Civil, em seu artigo 43, a postura majoritária da doutrina entende que a Teoria Subjetiva foi apenas derrogada (revogada parcialmente), ou seja, continua em vigor para determinados atos. Celso Antônio Bandeira de Melo e Diogo Figueiredo são adeptos desta ideia.

A Teoria Subjetiva seria aquela utilizada na responsabilidade do Estado pela prática de ato omissivo, ou seja, quando o dano for causado por uma omissão do Estado não incide a Teoria Objetiva, mas sim a Teoria Subjetiva, como já tivemos o prazer de bem elucidar neste trabalho.

Celso Antônio Bandeira de Melo, apoiado pela maioria da doutrina, afirma que a omissão não é causa do dano, mas a condição para que possa ocorrer um dano.

5.2. Constituições Federais

O processo de evolução da responsabilidade civil do Estado, assim como na lei ordinária, se tem dado na Carta Magna, progressivamente, até desencadear no *caráter objetivo* que trouxe o texto constitucional de 1946 até o atual, que reforçou esta teoria.

A primeira Constituição do Brasil, de 1824, conhecida como a Constituição do Império, estabelecia em seu artigo 178 que:

"Os empregados públicos são estritamente responsáveis pelos abusos e omissões praticados no exercício de suas funções, e por não fazerem efetivamente responsáveis os seus subalternos".

A Constituição Republicana, de 1891, em nada acrescentou ao novo texto, dispondo em seu artigo 79 idêntica definição e responsabilizando os empregados públicos pelos abusos e omissões que estes causassem a terceiros no uso de suas atribuições.

A Constituição de 1934, por seu turno, previu em seu artigo 171 a responsabilidade solidária da Fazenda Pública, Nacional, Estadual ou Municipal, e dos funcionários, se estes agissem com negligência, omissão ou abuso no exercício de seus cargos, sendo assegurado o direito de regresso pela Fazenda.

A mesma norma se repetiu no artigo 158 da Constituição de 1937, que redigiu em seu texto o enunciado da Constituição anterior, nada inovando sobre o tema, permanecendo o Estado sob a égide das teorias civilistas.

Entretanto, outra foi a concepção da Constituição de 1946, trazendo expressamente a teoria da responsabilidade objetiva em seu artigo 194, em contradita com o dispositivo do Código Civil então vigente, que, contrariamente, exigia a prova de culpa. Selava-se, a partir daí, o fim da passividade legislativa e inaugurava-se a polêmica dos textos legais que traziam referida matéria.

Artigo 194 da Constituição de 1946:

"As pessoas jurídicas de direito público interno são civilmente responsáveis pelos danos que seus funcionários, nessa qualidade, causem a terceiros.

Parágrafo Único: Caber-lhes-á ação regressiva contra os funcionários causadores do dano, quando tiver havido culpa destes".

A Constituição seguinte, de 1967, repete a norma em seu artigo 105, acrescentando, portanto, em seu parágrafo único que a ação regressiva cabe em caso de culpa ou dolo, o que não trouxe nenhuma mudança significativa em relação ao preceito anterior. Mantém-se a norma da responsabilidade objetiva.

O mesmo se repetiu na Emenda Constitucional nº 1 de 1969, em seu artigo 107. Com isso, verifica-se que prevaleceram até o advento da Constituição de 1988 os termos expressos na Carta de 1946, contrapondo-se ao Código Civil então vigente, rendendo vastas interpretações e polêmicas na doutrina e na jurisprudência pátrias, tais como a hipótese de ser a responsabilidade no Código Civil de 1916 de caráter objetivo ou subjetivo, da incompatibilidade deste com a Constituição de 1946, entre outras.

5.3. Constituição Federal de l988

Citando o civilista Washington de Barros Monteiro, "a constituição Federal alargou consideravelmente o conceito de responsabilidade civil, de modo a abranger aspectos concretos que o Direito anterior não conhecia, ou não levava em conta para não conceder a indenização"[20].

Não é outro o entendimento jurisprudencial das recentes decisões que tramitam nos Tribunais brasileiros a respeito do tema. Na esteira das mesmas considerações, afirmamos que a Norma Constitucional vigente consagrou a responsabilidade objetiva do Estado, elevando este instituto à normatização da Lei Maior e inovando em seu texto em relação ao anterior.

Orientou-se o legislador constituinte na doutrina do Direito Público, abarcando a teoria publicista e adotando a responsabilidade civil sob a modalidade do risco Administrativo, tendo abandonado os extremos do risco integral, o que na doutrina moderna, se caracteriza como um monstro jurídico.

Análise do parágrafo 6º do artigo 37 da Constituição Federal de 1988:

> As pessoas jurídicas de direito público e as de direito privado prestadoras de serviços públicos responderão pelos danos que seus agentes, nessa qualidade, causarem a terceiros, assegurado o direito de regresso contra o responsável nos casos de dolo ou culpa.

A redação da Constituição Federal de 1988 inovou ao estabelecer que não apenas a Administração Pública, pessoa jurídica de direito público, como também as pessoas jurídicas de direito privado que estiverem prestando serviço público, responderão objetivamente pelos danos que, nessa qualidade, causarem a terceiros, beneficiando desta forma o lesado com um maior leque de agentes responsáveis.

Incluem-se na qualidade de agentes do Poder Público todo aquele que estiver sujeito aos preceitos da legalidade e da moralidade de seu ato. Da mesma forma, entendemos que agente do Poder Público é o indivíduo que age como órgão do Estado e que faz apenas o que a lei o autoriza.

Com isso, estendeu o constituinte a obrigação de indenizar a todas as entidades estatais e seus desmembramentos administrativos, ou seja, os agentes públicos e seus delegados, independente da prova de culpa.

No entanto, consignamos a existência de duas exceções à regra disposta no art. 37 parágrafo 6º da Constituição Federal, ao elencar que responderão objetivamente as pessoas de direito público e as de direito privado prestadoras de serviço público.

No direito ambiental, a responsabilidade objetiva é do poluidor, com base na teoria do risco criado ou produzido. A Lei nº 6.938/81, que dispõe sobre a política nacional do meio ambiente, estabelece a responsabilidade objetiva do poluidor em seu art. 14, parágrafo 1º. O simples exercício de atividade potencialmente poluidora, onde o empresário assume o risco daquela atividade, já configura o nexo de causalidade entre a atividade e o dano que ela vier a causar.

De acordo com o art. 3º, inciso IV deste mesmo diploma legal, considera-se poluidor toda pessoa física ou jurídica, de direito público ou privado, responsável, direta ou indiretamente, por atividade causadora de degradação ambiental.

---

20   Curso de Direito Civil, Cap. I, p. 115.

O mesmo dispositivo legal também assevera em seu art. 14, parágrafo 1º, c/c art. 3º, inciso IV que a pessoa física e a pessoa jurídica de direito privado, prestadora de atividade econômica, respondem objetivamente quando causarem dano ambiental, sendo pessoa jurídica de direito privado, prestadora de serviço público ou não, também poderá ser demandada com base na responsabilidade objetiva em matéria de dano ambiental.

Outra exceção se refere à infração da ordem econômica, conforme preceitua a lei nº 8.884/94, que se uma pessoa jurídica de direito privado, prestadora de atividade econômica, cometer alguma infração de ordem econômica, poderá ser demandada objetivamente.

Insta registrar que referidos preceitos legais não se configuram inconstitucionais, eis que nada impede que uma lei infraconstitucional estenda a responsabilidade objetiva a outras entidades.

Não obstante, para uma precisa aplicação do preceito constitucional em tese, necessário se faz esclarecer o sentido de alguns termos ali adotados, a fim de não deixar margens a interpretações equivocadas. É o que se dará a seguir.

5.3.1. Serviço Público

O mestre Hely Lopes Meirelles define serviço público como "todo aquele prestado pela Administração ou por seus delegados, sob normas e controle estatais, para satisfazer necessidades essenciais ou secundárias da coletividade ou simples conveniências do Estado" [21]. No entanto, como ensinava Ruy de Souza, há mais de 40 anos, "será o tempo e o meio, o direito positivo e a política vigente, que terão de nos dar os elementos precisos para a indagação do conceito de serviço público".[22]

Celso Antônio Bandeira de Melo define que "serviço púbico é toda atividade de oferecimento de utilidade ou comodidade material fruível diretamente pelos administrados, prestado pelo Estado ou por quem lhe faça às vezes, sob um regime de direito público – portanto consagrador de prerrogativas e de supremacia e restrições especiais – instituído pelo Estado em favor dos interesses que houver definido como próprios no sistema normativo".[23]

Outra simbólica definição nos traz o mestre Celso Ribeiro Bastos, definindo que "o serviço público consiste num conjunto de atividades que a Administração presta visando o atendimento de necessidades que surgem exatamente em decorrência da vida social, própria do homem, embora também atendam interesses individuais. Trata-se, portanto, fundamentalmente da satisfação de algo que emerge da vida em sociedade".[24]

Ante tais definições, forçoso concluir que serviço público é toda atividade exercida pela Administração, através de seus agentes ou por pessoas delegadas, face às necessidades surgidas em uma sociedade e exercidas em função desta, mediante procedimento de direito público, conforme consignação de Cretella Júnior.

Adicione-se que o serviço público terá como premissa o interesse geral (público), que deve preponderar sobre os interesses particulares, sendo plausível que estes ou até mesmo direitos individuais sejam sacrificados, a fim de que se cumpra o interesse da coletividade.

5.3.2. Responsabilidade Civil do Servidor Público

O Servidor Público poderá ser acionado diretamente, por ação movida pela vítima, independente de ação contra o Estado; pelo Estado, através da ação de regresso, expressamente prevista na Constituição da República, no parágrafo 6º do artigo 37, ou ainda pela vítima, como litisconsorte do Poder Público. Portanto, mister a comprovação do ilícito praticado por aquele. Reforçando esta teoria, há decisão do Supremo Tribunal Federal, a qual decide a possibilidade de acionar o funcionário público diretamente, independente de litisconsórcio ou de acionar o Estado.

---

21   MEIRELLES, HELY LOPES. *Direito administrativo brasileiro*. 29. ed. – São Paulo: Malheiros, 2010.
22   SOUZA, Rui – RDA 28/10.
23   BANDEIRA DE MELLO, CELSO ANTÔNIO – *Curso de direito administrativo*. 19. ed. – São Paulo:Malheiros, 2010.
24   BASTOS, CELSO RIBEIRO – *Curso de direito administrativo*. 2. ed. – São Paulo: Saraiva, 2005.

No tocante a essa questão, o próprio STF não é a presente decisão uniforme.

Responsabilidade civil do Estado – Direito de Regressivo – Litisconsórcio. O fato de a Constituição Federal prever direito regressivo contra o funcionário responsável pelo dano não impede que este último seja acionado conjuntamente com a pessoa jurídica de direito público, configurando-se típico litisconsórcio facultativo (STF – RE 90.071-Pleno).

Fulcrado na Constituição Federal tem o lesado o seu direito voltado contra o Estado, resguardada a sua opção de voltar-se diretamente contra o servidor, configurando-se o princípio do amplo ressarcimento, o que, a toda evidência, amplia a sua expectativa de ser ressarcido da injustiça sofrida. Observa-se que a Constituição Federal não proíbe a ação direta contra o Servidor Público, mas sim direciona o direito do lesado de ser ressarcido em direção ao Estado, haja vista prevalecer em nossa legislação a teoria objetiva. Contudo, não exclui o direito de o ente público voltar-se contra o funcionário faltoso. Este entendimento tem merecido a homenagem da maioria doutrinária, destacando-se: Amaro Cavalcanti, Oswaldo Antônio Bandeira de Mello, Adilson Abreu Dallari, Maria Helena Diniz, entre outros.

Verifica-se uma maior dimensão na garantia de ressarcimento da vítima, pois, uma vez com a prova de culpa do servidor, requisito este que nesta hipótese torna-se indispensável, por tratar-se de uma responsabilidade subjetiva, bem como na certeza de que este dispõe de patrimônio suficiente para o seu ressarcimento, tem o lesado a opção de não acionar o Estado e, portanto, se submeter às suas prerrogativas processuais – sobretudo o pagamento por precatório – o que, por força da lei, traz um incontestável desalinhamento de direitos entre as partes litigantes, salvo a vantagem da dispensa da prova de culpa, já que a responsabilidade extracontratual do Estado é objetiva.

É de se concluir que, se colocadas tais opções no sistema de freios de contrapesos, não há uma diferença relevante em relação às duas para o lesado, dada a dificuldade, na maioria das vezes, da prova de culpa do servidor. Além do mais, fosse a responsabilidade subjetiva tão justa e eficiente, não teria caído por terra tal teoria, prevalecendo atualmente como exceção e não como regra.

O que se deve ressaltar diante de tais considerações não é exatamente o fato de ter o lesado duas opções a seu favor e de ter o arbítrio de escolher a que melhor lhe convier, mas a evolução que se deu no direito em si, pois até um tempo atrás, somente o funcionário público era legítimo para ser acionado, não restando mais opções para ao lesado caso não obtivesse a prova de culpa daquele.

O inovador, portanto, está na objetividade da responsabilidade pública, já que a responsabilidade civil do funcionário público já existia. Inovou a legislação ao viabilizar que o Estado responda por seus atos, sendo esta uma teoria veemente a uma plena democracia.

5.3.3. Agentes do Estado

Imperativo que se analise o termo agente, que conforme prescrito no teor do parágrafo 6º do artigo 37, agem em nome do Estado.

A toda evidência o Estado não é punido, pois não causa dano a ninguém, haja vista ser uma pessoa jurídica, respondendo por esta sempre o seu responsável. Contudo, mediante os danos sofridos por terceiros, a responsabilidade recai sobre aquele agente que age em seu nome. Para tanto, deve o Estado escolher bem os seus agentes, com a devida cautela e minucioso critério, já que, uma vez na prática de seus serviços, estarão revestidos com o nome do Estado e agindo em seu nome.

Em que pese a responsabilidade sobre estes agentes, necessário se faz haver um liame entre estes e as funções estatais, eis que o Estado só será responsabilizado se o agente estiver no exercício de suas funções (funções inerentes à Administração Pública), ou a pretexto de exercê-las, o que não se dará quando estes estiverem em qualquer atividade, lícita ou ilícita, em suas vidas privadas.

Entretanto, se estes mesmos agentes, ao atuarem em suas atividades pessoais, causarem danos a outrem, suas responsabilidades serão pessoais e deverão responder por elas de acordo com as normas do Direito Civil.

O termo agente dado pelo legislador constituinte prescinde o significado de servidor, sendo aqui mais abrangente e abarcando todos aqueles que, de alguma forma, estejam juridicamente vinculados ao Estado, mesmo que por um único dia e sem nenhum vínculo de trabalho, o que é observado com o teor do Texto Constitucional, ao fazer expressa referência a duas categorias de pessoas sobre as quais recairá a responsabilidade objetiva: as pessoas jurídicas de direito público e as pessoas jurídicas de direito privado, prestadoras de serviço público.

Não há novidade alguma no que tange às pessoas jurídicas de direito público, pois é sabido que são estas os componentes da Federação – União, Estado, Distrito Federal, Municípios, as autarquias e as fundações públicas de natureza autárquica.

Podemos exemplificar com o caso de um policial federal que, utilizando-se de carro de órgão público, fora do exercício de sua função, ocasiona um dano a outrem. Responderá o Estado objetivamente pelos danos causados ao particular, pois o policial federal é um agente do Estado, e, embora em função diversa, utilizava-se de um bem público, o que estabelece um liame entre o Estado e a conduta lesiva.

Há, da mesma forma, as hipóteses do servidor putativo.

Ocorre quando uma pessoa, que não é agente público, pratica um ato como se o fosse. Como exemplo, um sujeito que se utilizando de uma carteira funcional de um servidor administrativo, pratica atos valendo-se do poder de polícia deste. Configura-se que o ato, neste caso, é inexistente e não um ato administrativo, por faltar o elemento essencial para a sua configuração, qual seja, a competência.

O mesmo se configura quando um sujeito que, acompanhado de um amigo servidor público, vai a uma operação, e pratica atos supostamente públicos. Se o suposto agente público praticou o ato imbuído de todos os requisitos que requer um ato administrativo, e levando-se em conta a boa-fé do terceiro, que recepcionou o ato do servidor putativo, o ato poderá ser convalidado. Se nesta hipótese, seus atos causarem danos a outrem, o Estado responderá objetivamente, com o respaldo da teoria da *culpa in eligendo*, pois permitiu que aquele sujeito trabalhasse em seu nome, ao convalidar o ato.

5.3.4. Responsabilidade Civil da Pessoa Jurídica de Direito Privado que exerça Função Pública

Inovadora foi a intenção do legislador constituinte ao conceder igual responsabilidade às pessoas jurídicas de direito privado prestadoras de serviço público, abarcando aqui qualquer pessoa que exerça atividade que em princípio caberia ao Estado, sendo abrangidas as pessoas privadas da administração indireta – empresa pública, sociedade de economia mista e fundações públicas e as concessionárias e permissionárias, quando no exercício de um serviço público.

Tal justificativa se atribui ao fato de que o Estado deverá saber escolher aquele que exercerá uma atividade em seu nome, e ao escolhê-lo, assumir eventuais danos que porventura sejam causados a terceiros, que em nada tem a ver com essa relação "Estado-prestador do serviço".

O dispositivo do texto constitucional contido no parágrafo 6º do artigo 37, quando menciona que as pessoas jurídicas de direito público e as de direito privado prestadoras de serviços públicos responderão pelos danos que seus agentes, nessa qualidade, causarem a terceiros [...], guarda estreita relação com o teor do artigo 175, do mesmo texto, ao instituir:

Art. 175. "Incumbe ao Poder Público, na forma da lei, diretamente ou sob regime de concessão ou permissão, sempre através de licitação, a prestação de serviços públicos".

Cristalino é o entendimento de que não se incluem neste dispositivo as empresas públicas e as sociedades de economia mista que se dedicam à exploração de atividade econômica, por força do que dispõe do artigo 173 da Constituição Federal, em seu parágrafo 1º, inciso II, que estabelece o que se segue:

Art. 173 [...]
Parágrafo 1º - A lei estabelecerá o estatuto jurídico da empresa pública, da sociedade de economia mista e de suas subsidiárias que explorem atividade econômica de produção ou comercialização de bens ou de prestação de serviços, dispondo sobre:

II – A sujeição ao regime jurídico próprio das empresas privadas, inclusive quando aos direitos e obrigações civis, comerciais, trabalhistas e tributários.

Contudo, conclusivo se torna que as pessoas referidas no artigo 37 parágrafo 6º da Lei Maior, sendo estas as pessoas jurídicas de direito público e as de direito privado, prestadoras de serviço público estão sujeitas à responsabilidade objetiva perante terceiros, por danos que lhes causem, e à responsabilidade subjetiva quanto ao Estado, quando restar provado que estas agiram com dolo ou culpa.

Na responsabilidade civil das sociedades de economia mista ou empresa pública, das concessionárias e permissionárias, o Estado responderá subsidiariamente. O sujeito que sofreu o dano deverá primeiramente ajuizar ação contra o ente que causou o dano.

Embora tratar-se de responsabilidade objetiva do Estado, essa incidirá sobre as concessionárias e permissionárias, pessoas jurídicas de direito privado prestadoras do serviço público. Somente no caso de inadimplemento destas o Estado responderá, ou seja, a sua responsabilidade no caso de prestadoras de serviço público é meramente subsidiária e não solidária.

Ainda oportuno, traz-se importante jurisprudência recente do TST, acatando o entendimento do STF quanto à responsabilidade subsidiária da administração pública quando da existência de terceirização. Então vejamos:

TOME NOTA!

Uma das medidas mais importantes aprovadas diz respeito à alteração da Súmula nº 331 do TST, que orienta o entendimento da Justiça Trabalhista sobre a terceirização de mão de obra. A mudança se deu, segundo João Oreste Dalazen, para que o TST se adéque ao entendimento do Supremo Tribunal Federal (STF) sobre o tema. O novo texto mantém a responsabilidade subsidiária entre o contratante e o ente público, mas não transfere à administração pública a responsabilidade pela quitação de dívidas trabalhistas caso o órgão tenha atuado com rigor para impedir que a empresa contraísse débitos com o trabalhador.

Ao julgar uma ação que tratava da Lei de Licitações, o Supremo se posicionou pela constitucionalidade do artigo 71 da legislação. Esse item prevê que a inadimplência de um contratado pelo Poder Público em relação a encargos trabalhistas, fiscais e comerciais não transfere à Administração Pública a responsabilidade por seu pagamento. Segundo a Suprema Corte, porém o fato de o dispositivo ser constitucional "não impedirá o TST de reconhecer a responsabilidade, com base nos fatos de cada causa". Essa exceção se dá exatamente para os casos em que ficarem provados a omissão do Estado.

"Reafirmamos a responsabilidade subsidiária do ente público nos casos de terceirização nos débitos contraídos pela empresa prestadora de serviços que ele contratar, sempre que essa empresa não honrar seus compromissos para com seus empregados que prestam serviços ao Poder Público e houver conduta culposa do ente público em fiscalizar o cumprimento das obrigações trabalhistas", destacou o presidente do TST. "Agora, passamos a entender que há a responsabilidade (do ente público) se houver omissão culposa no dever de fiscalizar e de escolher adequadamente a empresa terceirizada", acrescentou o ministro Dalazen.

A responsabilidade só será solidária quando se tratar de um agente público, sendo facultativo ao sujeito lesado escolher os agentes do polo passivo, havendo inclusive a possibilidade de litisconsórcio passivo.

Oportuno trazer à baila o exemplo em que a Prefeitura, por intermédio de terceiro, realiza um espetáculo com a queima de fogos, muito comum nas festas de Reveilons em Copacabana, e estes fogos atingem determinada pessoa.

A pessoa atingida pelo morteiro poderá entrar com uma ação de indenização contra o Município, com fundamento na responsabilidade objetiva, desde que a explosão tenha sido no ar. Interessante é que neste caso específico, o técnico responsável pelos fogos não é agente do Estado, portanto, este ente deverá responder objetivamente por ter assumido o risco de uma ação potencialmente perigosa, que é a queima de fogos.

Parece-nos que este caso se encaixa na teoria do risco suscitado.

5.3.4.1. Concessionários ou Permissionários

Incontestável é a evolução dos meios de prestação de serviço público, sobretudo com o advento da Constituição da República de 1988, que abriu as portas a esta modalidade de serviço. A partir de então, várias legislações ordinárias vieram regulamentar tal dispositivo, e verifica-se uma oportuna exploração de atividades que antes eram monopolizadas pelo Estado, o que se deve às sucessivas privatizações, sobretudo no governo do Presidente Fernando Henrique Cardoso.

Numa breve digressão, tentaremos expor o porquê da incursão das concessionárias e permissionárias na prática de atividades públicas.

Não há se negar que este quadro sócio-político tem respaldo constitucional, de acordo com o dispositivo que trata da ordem econômica e financeira que homenageia a livre iniciativa, trazendo como um dos princípios a livre concorrência. Ademais, o Texto Constitucional trouxe a assertiva de que "...a exploração direta de atividade econômica pelo Estado só será permitida quando necessária aos imperativos da segurança nacional ou à relevante interesse coletivo, conforme definidos em lei". Com isso, retira-se o Estado do monopólio de atividades até então de sua exclusiva competência, restringindo-as aos casos de imperativos de segurança nacional ou relevante interesse coletivo.

Por isso, a exploração de atividades antes exercidas apenas pelo Estado, a partir do que dispõe o Texto Constitucional, passou a ser exercida por diversas concessionárias ou permissionárias de serviço público e estas responderão objetivamente por seus atos, pois cobram tarifas e se obrigam à conservação de um bom serviço.

Podemos exemplificar com os casos de animais que transitam nas estradas que, através da concessão do Poder Público, passaram a ser responsáveis pela sua conservação. Estas concessionárias responderão objetivamente pelos danos causados nas pistas, em decorrência da existência de animais que por ali trafegam. Neste caso, o Estado terá a responsabilidade subsidiária, como vimos acima.

Predomina em nossos Tribunais o mesmo entendimento exposto. Conforme se verifica acórdão que se segue:

Concessionária de rodovia. Acidente com veículo em razão de animal morto na pista. Relação de consumo.
1. As concessionárias de serviços rodoviários, nas suas relações com os usuários da estrada, estão subordinadas ao Código de Defesa do Consumidor, pela própria natureza do serviço. No caso, a concessão é, exatamente, para que seja a concessionária responsável pela manutenção da rodovia, assim, por exemplo, manter a pista sem a presença de animais mortos na estrada, zelando, portanto, para que os usuários trafeguem em tranquilidade e segurança. Entre o usuário da rodovia e a concessionária, há mesmo uma relação de consumo, com o que é de ser aplicado o art. 101, do Código de Defesa do Consumidor.

Competência Jurisdicional, Foro, Domicílio, Autor, Ação de Indenização, Hipótese, Acidente de Trânsito, Filha, Autor, Motivo, Existência, Animal, Premorto, Rodovia, Irrelevância, Réu, Pessoa Jurídica, Existência, Ato Ilícito, Concessionária, Rodovia Federal, Decorrência, Falta, Manutenção, Conservação, Estrada, Caracterização, Relação De Consumo, Aplicação, Código de Defesa do Consumidor, Responsabilidade Civil, Concessionária, Serviço Público, Hipótese, Filho, Autor, Atropelamento, Animal, Premorto, Interior, Rodovia, Existência, Ato Ilícito, Concessionária, Rodovia Federal, Decorrência, Falta, Manutenção, Conservação, Estrada, Caracterização, Relação de Consumo.

(STJ-RJ – 3ª Turma – Acórdão 467.883 – Recurso especial não conhecido – Unanimidade – Rel. Min. Carlos Alberto Menezes Direito).

Deve-se observar que esta alegação dependerá do tipo de estrada em que ocorreu o dano em decorrência de animal na pista, sendo este o entendimento jurisprudencial. Se o evento danoso ocorreu em via expressa, onde se constata a existência de condições especiais de conservação e segurança, e por cujo uso é cobrado um pedágio, o responsável pela conservação, ou seja, a empresa concessionária ou a autarquia que cuida da rodovia responderá pelos danos que decorrerem da falha de sua conservação ou vigilância, ou seja, pela omissão em seu dever de conservá-la em plenas condições de uso.

Registre-se que este caso é a exceção, aplicando-se tão somente para as vias expressas em que há condições especiais de segurança e onde inclusive se cobra por isso.

A regra, portanto, é a de que em caso de acidente com animal em estrada pública, mantida por dotação orçamentária, a responsabilidade será do proprietário do animal, que é o que ocorre na maioria dos casos.

Outra será a hipótese se o animal, como exemplo um cavalo, saiu de um mato alto em área com péssima sinalização. Neste caso, o sujeito lesado poderá passar da teoria objetiva para a subjetiva, baseando-se na alegação da culpa do serviço, pela falta de manutenção ou conservação da estrada.

Portanto, há que se provar que a omissão do serviço é que deu causa ao acidente que gerou o dano, como pressuposto para se valer da teoria subjetiva, a qual se funda na culpa, desde que observado também o parâmetro de possibilidade do Estado em prestar aquele serviço.

Outro exemplo é o de assalto em ônibus, já bem enfatizado, mas valendo aqui mais uma menção. A empresa de transporte também se submete á teoria objetiva, por forçad dispositivo constitucional contido no art. 37, parágrafo 6º, que inclui as pessoas jurídicas de direito privado prestadoras de serviço público como sujeitas à aplicação desta teoria.

Porém, se um ladrão entra no ônibus e assalta todos os passageiros, não caberia a responsabilidade objetiva, já que o ladrão não é agente do Estado, e este só responderá pelos atos de seus agentes.

Não obstante, registre-se a existência de uma decisão da Câmara Cível do Tribunal do Estado do Rio de Janeiro, que concedeu uma decisão condenando uma empresa de ônibus a ressarcir o passageiro assaltado no interior do coletivo.

Entendeu o Tribunal que o caso fortuito (fortuito externo) não é simplesmente a força de terceiros, mas deve haver também a imprevisibilidade do ato a fim de que o caso fortuito fique caracterizado.

Houve, pois, o entendimento de que assaltos naquela linha de ônibus eram fatos previsíveis, tendo em vista a frequência em que ocorria e o número de assaltos já registrados.

Portanto, o Tribunal de Justiça não concordou com essa decisão, tendo-a anulado com fundamento de que a concessionária não poderia colocar segurança dentro de suas frotas de ônibus, até porque a polícia de segurança é de competência exclusiva do Estado, não podendo ser delegada à pessoa privada.

Outro caso importante de ser mencionado é a atual posição do STF quanto à responsabilidade objetiva da prestadora de serviço público **em relação a terceiros não-usuários**. Vejamos:

O STF definiu que há responsabilidade civil objetiva (dever de indenizar danos causados independente de culpa) das empresas que prestam serviço público mesmo em relação a terceiros, ou seja, aos não-usuários. A maioria dos ministros negou provimento ao RE 591874 interposto pela empresa Viação São Francisco Ltda.

O recurso, com repercussão geral reconhecida por unanimidade da Corte, se baseou em acidente ocorrido no ano de 1998 na cidade de Campo Grande, no Mato Grosso do Sul, entre ônibus e ciclista, vindo este a falecer.

O RE discutiu se a palavra "terceiros", contida no artigo 37, parágrafo 6º, da CF/88 também alcança pessoas que não se utilizam do serviço público. Isto porque a empresa alegava que o falecido não era usurário do serviço prestado por ela.

O relator, ministro Ricardo Lewandowski, negou seguimento ao recurso, tendo sido acompanhado pela maioria dos votos. Para ele, é obrigação do Estado reparar os danos causados a terceiros em razão de atividades praticadas por agentes. **"Hoje em dia pode-se dizer que a responsabilidade é a regra e a irresponsabilidade é exceção"**, disse.

Segundo o relator, a CF/88 estabeleceu em seu artigo 37, parágrafo 6º, que a responsabilidade civil do estado e da pessoa jurídica de direto privado prestadora de serviço público é objetiva em relação a terceiros. Lewandowski ressaltou que a força maior e a culpa exclusiva da vítima podem ser excludentes de responsabilidade do Estado **"quando o nexo causal entre a atividade administrativa e o dano dela resultante não fica evidenciado"**.

Ao citar Celso Antonio Bandeira de Mello, o ministro Ricardo Lewandowski asseverou que a Constituição Federal não faz qualquer distinção sobre a qualificação do sujeito passivo do dano, ou seja, **"não exige que a pessoa atingida pela lesão ostente a condição de usuário do serviço"**. Assim, salientou que **"onde a lei não distingue, não cabe ao interprete distinguir"**.

Em seguida, o relator afirmou ser irrelevante se a vítima é usuária do serviço ou um terceiro em relação a ele, bastando que o dano seja produzido pelo sujeito na qualidade de prestadora de serviço público.

"Penso que não se pode interpretar restritivamente o alcance do dispositivo. O texto magno, interpretado à luz do princípio da isonomia, não permite que se faça qualquer distinção dos chamados 'terceiros', isto é, entre os usuários e não-usuários do serviço público", disse o ministro. Isto porque todas as pessoas podem sofrer danos em razão da ação administrativa do Estado, seja ela realizada diretamente ou por pessoa jurídica de direito privado.

Ele destacou que a natureza do serviço público, por definição, tem caráter geral e, por isso, estende-se indistintamente a todos os cidadãos beneficiários diretos ou indiretos da ação estatal.

"Não ficou evidenciado nas instâncias ordinárias que o acidente fatal que vitimou o ciclista ocorreu por culpa exclusiva da vítima ou em razão de força maior", avaliou o ministro. De acordo com ele, ficou comprovado nexo de causalidade entre o ato administrativo e o dano causado ao terceiro não-usuário do serviço público, "sendo tal condição suficiente para estabelecer, a meu ver, a responsabilidade objetiva da pessoa jurídica de direito privado".

Com base em acórdão do TJ do Estado, o ministro Marco Aurélio votou pelo provimento do recurso e ficou vencido. Segundo ele, o acidente ocorreu por culpa exclusiva da vítima, uma vez que o ônibus estava a 18km/h, velocidade bem inferior à máxima permitida para o local, que era de 40km/h.

Ressaltou que a vítima, quando empurrava sua bicicleta, não foi atropelada pelo ônibus, mas caiu sob o veículo, uma vez que o impacto ocorre da metade do ônibus para trás. Além disso, a companheira do falecido afirmou, perante o juízo, que seu companheiro poderia estar alcoolizado.

5.3.4.2. Serviços Sociais Autônomos

Estas pessoas de cooperação governamental, cujas atividades são eminentemente de caráter social, estão ligadas ao Estado através de um vínculo jurídico, já que a este cabe editar as leis autorizadoras de suas criações, vinculando-as a seus objetivos institucionais. Tanto assim o é que estão obrigadas à prestação de contas conquanto se utilizam de dinheiro público para a consecução de suas atividades.

Portanto, entendemos, com respaldo na maioria da doutrina vigente, que estão sujeitas à responsabilidade objetiva atribuída ao Estado.

5.3.4.3. Organizações Sociais

Com relação a estas pessoas, diferente é o entendimento majoritário da doutrina, o qual perfilhamos, eis que são entidades de direito privado, não obstante se prestarem ao empenho de serviço público, porém com a função de auxílio a este e com o cunho eminentemente social. O seu vínculo com o Ente Estatal se dá através do regime de parceria, utilizando-se para tanto de contrato de gestão ou termos de parceria, pelo que, concluímos, não devem arcar com a responsabilidade objetiva e sim subjetiva.[25]

A Regulação destes Entes através de Leis Ordinárias e Decretos

A lei 8.987/95, em especial, veio regulamentar o Regime de Concessão e Permissão da prestação de serviços públicos previstos no artigo 174 da Constituição da República. Em seguida, outras normas ordinárias, com respaldo na Lei Maior, vieram regulamentar atividades econômicas, tais como: Lei 9.427/96 – Agência Nacional de Energia Elétrica; Decreto 2.195/97 – Regulamento de Serviço de Transporte de Sinais de Telecomunicações por Satélite; Decreto 2.206/97 – Regulamento do Serviço de TV a cabo, entre outras.

Ainda sobre a análise das pessoas jurídicas de direito privado prestadoras de serviço público, suscita breve comentário isolado acerca das pessoas componentes deste 2º Setor, que foram regulamentadas pela lei 8.987/95, que, registre-se, teve como autor – e entendemos que não por acaso – o então membro do Congresso Nacional, Senador Fernando Henrique Cardoso.

Forçoso concluir que, enquanto Parlamentar que colimava o cargo da Presidência da República, legislou sobre matéria que, uma vez eleito e no uso de suas prerrogativas enquanto Presidente, as incluiu em seu plano de governo. Neste caso, exemplifica-se que quer o Estado realizar as atividades que lhe incumbe, contando

---

25 Neste mesmo sentido, é o entendimento do mestre JOSÉ DOS SANTOS CARVALHO FILHO, em seu Manual de Direito Administrativo, 12ª ed., p. 438. Ed. Lúmen Júris, Rio de Janeiro 2007.

para tanto com o dinheiro das empresas privadas. Estas, por sua vez, visam o lucro e veem esta oportunidade como um grande negócio. Daí a sequência das desestatizações que se seguiram em seu governo.

Entendemos, portanto, que o meio político utilizado a fim de se alcançar a plena e competente prestação de serviços que, a princípio são públicos, em nada prejudica àqueles que anseiam pela sua prestação. O bem comum, com todas as assistências que este envolve, precisa ser atendido. O povo, em sua grande maioria alheio às transações políticas que norteiam a tomada de decisões do setor político, justamente pela falta do conhecer, saber, estudar, preocupa-se, primordialmente com o resultado, com a prestação do serviço público do qual depende para terem atendidas as suas necessidades básicas, tais como saúde e educação, dada a escassez de recursos para buscá-las na iniciativa privada.

Ainda sob uma análise política, entendemos oportuno consignar que com a posse do atual Presidente da República, Luis Inácio Lula da Silva, outros são os planos no que concerne aos meios utilizados para a consecução da atividade pública. Radicalmente contrário à política anterior que se delineava nesse segmento, anunciou o atual Governo que "acabou a era da privatização no Brasil".

Em entrevista concedida a um jornal no sul do país, e com ampla divulgação nos sites da Internet, o Ministro-Chefe da Casa Civil, José Dirceu, anunciou que o governo assumirá um projeto de desenvolvimento nacional, onde a figura de maior destaque é o Estado. E acrescenta que "não se pretende "reestatizar"o país", tecendo algumas críticas ao programa de privatização do Governo anterior, principalmente no setor energético. E acrescenta: "Acabou a privatização. Não se privatiza mais no Brasil. Não vamos "reestatizar", mas o projeto de desenvolvimento nacional vai funcionar".

Dado este novo momento político, vislumbra-se que todo o quadro que figurava nas relações entre Governo e setor privado ganhará outros contornos. O Estado, mais uma vez, assumirá a postura paternalista e assumirá as rédeas do desenvolvimento social e econômico, trazendo para si monopolização do serviço público, e da mesma forma, sendo responsável exclusivamente por este, inclusive no tocante à responsabilidade civil. Uma vez com o monopólio da prestação do serviço, não haverá mais que se falar em responsabilidade subsidiária. Daí a importância da flexibilidade do positivismo jurídico que rege as relações entre o Estado e a sociedade, já que estas relações estão em constante mudança na História, e as normas legais devem se adequar aos novos rumos políticos que se sucedem, muitas vezes, reescrevendo as leis.

6. DIREITO DE REGRESSO

O direito de regresso é previsto no Direito Administrativo, pois o agente estatal que cometeu um dano a terceiro terá que ressarcir o Estado aquilo que ele já pagou ao particular que foi lesado. Esta previsão é expressa no Art. 37, § 6º, CRFB.

Art. 37, § 6º, CF – As pessoas jurídicas de direito público e as de direito privado prestadoras de serviços públicos responderão pelos danos que seus agentes, nessa qualidade, **causarem a terceiros, assegurado o direito de regresso contra o responsável nos casos de dolo ou culpa. (grifos nossos)**

A ação de regresso deve observar o disposto no § 6º acima mencionado, quando a responsabilidade civil de quem estiver no polo passiva é subjetiva, devendo o Estado provar dolo ou culpa para que seja ressarcido pelo que foi indenizado a quem sofreu o dano.

Ponto importante é que o Estado somente poderá exercer o direito de regresso após ressarcir quem sofreu o dano, uma vez que somente neste momento, o Estado saberá o devido valor a ser cobrado em regresso.

Podemos exemplificar com o caso de um Policial Militar que está perseguindo o bandido e bate no carro de alguém. O Policial Militar é um agente do Estado, e não obstante estar no estrito cumprimento do dever, causou um dano no bem de um particular e por isso, responderá o Estado objetivamente por isso.

O sujeito lesado acionará o Estado e este, após ressarci-lo, acionará o seu agente – o policial militar - para que este o reembolse do prejuízo sofrido. Portanto, terá que provar que ele agiu com dolo ou culpa. Se, conforme o exemplo, este estava no estrito cumprimento do dever legal, o Estado não será ressarcido.

O mesmo não se configurará se um Policial Militar, agente do Estado, bater no carro de um particular após sair de uma boate e ter utilizado bebida alcoólica, agindo com negligência. Neste caso, o lesado ingressará com uma ação de responsabilidade com base na teoria objetiva contra o Estado, e este lhe ressarcirá dos prejuízos sofridos em seu veículo. Após, acionará o seu agente com fundamento na responsabilidade subjetiva, e provando que este agiu com dolo ou culpa, será ressarcido do que pagou ao particular.

Outro ponto controvertido que foi pacificado pelo STF é relativo ao lesionado poder ou não acionar diretamente o agente público que deu causa ao dano. O que daria ao lesionado, a possibilidade de receber a devida indenização de forma mais rápida, uma vez que não recairia sobre o sistema de precatórios. Nesse caso, aplicar-se-ia a Teoria da Responsabilidade Subjetiva.

No RE 327.904-SP em 2006, o STF entendeu que as ações indenizatórias devem ser propostas somente a pessoas jurídicas de direito público e as de direito privado prestadoras de serviços públicos, indicando que o § 6º do artigo 37, CF tem também o objetivo de proteger o servidor público que deverá responder administrativa e civilmente somente ao quadro a que esteja vinculado.

Processo: RE 327.904 SP   Órgão Julgador: Primeira Turma

Relator: CARLOS BRITTO

Ementa: RECURSO EXTRAORDINÁRIO. ADMINISTRATIVO. RESPONSABILIDADE OBJETIVA DO ESTADO: § 6º DO ART. 37 DA MAGNA CARTA. ILEGITIMIDADE PASSIVA AD CAUSAM. AGENTE PÚBLICO (EX-PREFEITO). PRÁTICA DE ATO PRÓPRIO DA FUNÇÃO. DECRETO DE INTERVENÇÃO. O § 6º do artigo 37 da Magna Carta autoriza a proposição de que somente as pessoas jurídicas de direito público, ou as pessoas jurídicas de direito privado que prestem serviços públicos, é que poderão responder, objetivamente, pela reparação de danos a terceiros. Isto por ato ou omissão dos respectivos agentes, agindo estes na qualidade de agentes públicos, e não como pessoas comuns. Esse mesmo dispositivo constitucional consagra, ainda, dupla garantia: uma, em favor do particular, possibilitando-lhe ação indenizatória contra a pessoa jurídica de direito público, ou de direito privado que preste serviço público, dado que bem maior, praticamente certa, a possibilidade de pagamento do dano objetivamente sofrido. **Outra garantia, no entanto, em prol do servidor estatal, que somente responde administrativa e civilmente perante a pessoa jurídica a cujo quadro funcional se vincular.** Recurso extraordinário a que se nega provimento.

Entretanto, por força da Lei nº 4.619/65, há de se admitir o ajuizamento da ação regressiva em face do servidor mesmo sem ter havido ainda o pagamento da indenização ao lesado, mas, no intuito de melhor harmonizar tal interpretação há de se consolidar a ideia de que, no final da ação regressiva, o servidor somente terá que indenizar algo ao Estado se restar demonstrado que o Estado já liquidou o seu débito com o particular que sofreu a lesão.

Pressupostos da Ação Regressiva:

1- Estado terá que provar, na inicial, já pagou a indenização ao lesado;

2- Aplica-se a Teoria da Responsabilidade Subjetiva;

3- Cabe o Estado provar a culpa ou dolo do agente.

Por fim, é bom relembrar, mais uma vez, que, nas ações indenizatórias ajuizadas contra a Fazenda Pública, aplica-se o prazo prescricional quinquenal previsto no Decreto nº 20.910/1932 (art. 1º), em detrimento do prazo trienal estabelecido no Código Civil de 2002 (art. 206, § 3º, V), por se tratar de norma especial que prevalece sobre a geral.

6.1. Prazo Prescricional do Direito de Regresso

Apesar de o tema ser controvertido na doutrina, o entendimento do STF é de que o direito de regresso ser imprescritível com fundamento no artigo 37, § 5º, CF. Este entendimento está consolidado no Mandado de Segurança nº 26.210 – STF, que adotou a tese, por maioria, da imprescritibilidade da ação de ressarcimento ao erário.

Comum em nosso país a ocorrência de escândalos em que políticos são processados civil e penalmente por desvio de dinheiro público, ocorre que algumas vezes, quando o caso vem à tona, o crime praticado pelo agente do Estado já se encontra prescrito, o que o isenta de responder penalmente. Portanto, o mesmo não ocorre com a responsabilidade patrimonial, tendo o sujeito que responder por ela a qualquer tempo que for descoberta.

Há uma corrente que discorda desta imprescritibilidade, alegando a supremacia do princípio da segurança jurídica, na qual o Estado estaria vinculado ao prazo máximo de 10 anos, conforme prescrito no artigo 205 do Código Civil, haja vista não existir lei específica regulando tal prescrição. Logo, aplica-se o prazo geral de prescrição da lei civil.

Alguns conceituados administrativistas advogam a tese da prescrição quinquenal, por meio da aplicação analógica do Decreto nº 20.910/32.

E, por fim, há correntes que abraçam a tese de que o prazo prescricional a ser aplicado é o trienal, previsto no inciso V do § 3º do art. 206 do atual Código Civil, a pretensão de reparação civil.

Consubstancia o entendimento da imprescritibilidade do STF o fato de que o Estado somente poderá acionar em regresso alguém quando tiver indenizado quem sofreu o dano, o que em razão do processo e do sistema de precatório, pode levar muito mais que os prazos de 3 (art. 206, § 3º, V, CC), 5 (Art. 1º, Decreto Lei 20.910/32) ou 10 anos (Art. 206, CC).

7. DENUNCIAÇÃO À LIDE

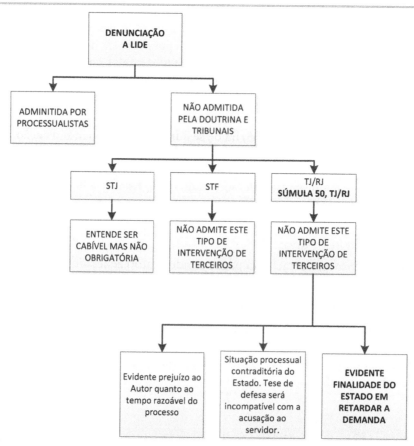

A denunciação a lide do servidor que deu causa ao dano em Ação indenizatória contra o Estado é admitida pelo Processo Civil (artigo 125, II, CPC), porém a doutrina majoritária do Direito Administrativo, onde os principais autores se perfilam, entendem este procedimento ser inadmissível por entenderem que a denunciação não acarreta economia processual, mas sim, imputa uma delonga ao processo em mais prejuízo a quem sofreu o dano, destaca-se ainda que na Administração denunciar seu servidor a lide, confessa, admite a culpa.

De acordo com a decisão abaixo, o STJ indica cabível a denunciação, porém não a tem como necessária.

> Processual. Agravo Regimental no Agravo de Instrumento. Ação de Indenização. Responsabilidade Civil Do Estado. Denunciação À Lide. Agente Causador Dano. Não Obrigatoriedade. Art. 70, III, CPC. Violação. Inocorrência.
>
> I - É entendimento assente nesta Corte Superior de que a denunciação à lide do agente causador do dano, em ações de indenização por responsabilidade civil do Estado, não seria obrigatória, permanecendo a possibilidade da Administração exercer seu direito de regresso, posteriormente, em ação apropriada.
>
> II - A irresignação da parte com julgado não tem o condão de infirmar seus fundamentos, ainda mais quando respaldado em posicionamento recente e reiterado deste STJ.
>
> III - Agravo regimental a que se nega provimento.
>
> (Ag. Regimental no Ag. de Instrumento 0114535-3 – Órgão Julgador – 1ª Turma – Rel. Min. Francisco Falcão.

TOME NOTA

Por sua vez, o STF entende ser inadmissível tal procedimento.

A Súmula 50 do TJ/RJ indica de forma clara a inadmissibilidade da denunciação da lide do servidor público que deu causa ao dano em ação indenizatória em face da Fazenda Pública.

> **SÚMULA 50, TJ/RJ**
> DENUNCIAÇÃO DA LIDE, PESSOA JURÍDICA DE DIREITO PÚBLICO AGENTES OU TERCEIROS.
> **"Em ação de indenização ajuizada em face de pessoa jurídica de Direito Público, não se admite a denunciação da lide ao seu agente ou a terceiro (art. 37, § 6º, CF/88)."**
> NOTAS: A responsabilidade do Estado e dos prestadores de serviços públicos é objetiva enquanto que a do funcionário é subjetiva, de sorte que a denunciação, se admitida, importará na introdução de novo *thema decidendum* na causa, o que a jurisprudência do Egrégio Superior Tribunal de Justiça não vem admitindo, sem se falar no indiscutível prejuízo que a denunciação trará ao autor. Se não bastasse, a denunciação acarreta para a Administração Pública uma situação processual contraditória, pois, se para excluir a sua responsabilidade na ação principal terá que provar que o dano não foi causado pelo seu servidor, para ser vitorioso na denunciação terá que provar a culpa desse mesmo servidor. Daí resulta que a defesa da Administração na ação de indenização é incompatível com a tese que terá que sustentar e provar na denunciação da lide ao seu funcionário. A toda evidência, se provar a culpa do seu servidor estará reconhecendo o pedido do autor. Logo, a denunciação tem por finalidade específica retardar a solução da demanda.

Destaca-se abaixo os relevantes argumentos identificados na Nota da Súmula acima:

> "... a denunciação, se admitida, importará na introdução de novo *thema decidendum* na causa, o que a jurisprudência do Egrégio Superior Tribunal de Justiça não vem admitindo..."
> "... indiscutível prejuízo que a denunciação trará ao autor."

"... a denunciação acarreta para a Administração Pública uma **situação processual contraditória**, pois, **se para excluir a sua responsabilidade na ação principal terá que provar que o dano não foi causado pelo seu servidor, para ser vitorioso na denunciação terá que provar a culpa desse mesmo servidor.**"

"A toda evidência, se provar a culpa do seu servidor estará reconhecendo o pedido do autor. Logo, **a denunciação tem por finalidade específica retardar a solução da demanda.**"

Em prova de concurso público, a resposta a pergunta "Pode-se denunciar o servidor a lide?", vai depender da prova em questão. Se a prova for de Direito Administrativo, deve-se responder negativamente, pois a denunciação a lide não é bem vista pelo Direito Administrativo. Desconheçemos autor de grande porte, em Direito Administrativo, que admita denunciação a lide.

A maioria da doutrina entende inadmissível com o correto argumento que tal fato trará um injusto encargo à vítima, pois o Estado, ao denunciar a lide, que tem como fundamento a economia processual, chamará ao processo o seu devedor e face à morosidade que se dá nos processos em que este figura, o sujeito lesado demorará mais tempo para ser ressarcido do que seria na ação comum. Da mesma forma, não se justifica que o lesado tenha que esperar a solução de outro litígio para ter o seu atendido.

São os seguintes argumentos não admitindo denunciação à lide:

Argumento 1: A Constituição não faz tal exigência, em termos de denunciação. Pelo Art. 37, § 6º, do texto Constitucional, o servidor responderá mediante à ação regressiva, após a Administração Pública indenizar o particular. Portanto, a Administração terá que pagar liminarmente.

Argumento 2: A denunciação à lide ao servidor é uma tolice, porque a Administração Pública, ao invés de se defender, está confessando que houve a culpa ou dolo do servidor. É como se reconhecesse a culpa do Estado.

Argumento 3: Há decisões isoladas na jurisprudência do próprio STJ no tocante da obrigatoriedade da denunciação da lide. No entanto, é de suma importante frisar que o Supremo Tribunal Federal torrencialmente, em suas decisões, é pela não aprovação, inadmissibilidade e afastamento da denunciação à lide.

Nesse sentido, vale citar a primorosa decisão sobre o tema:

"Correto o afastamento da denúncia à lide. O fundamento da denunciação é o inc. III, do art. 70, do atual Código de Processo Civil, com chamamento do responsável, por via de regresso, em decorrência de vínculo contratual ou legal. A hipótese dos autos, para a espécie de denunciação, como regresso por vínculo legal, tem fulcro na inovação do art. 37, § 6º, da CF, ação eventual que o Estado possa exercer contra o direto responsável, por culpabilidade própria. A primeira e segunda parte do citado dispositivo constitucional envolvem responsabilidade de natureza diversa, uma pelo risco administrativo, outra pela responsabilidade aquiliana, a outorgar fundamento jurídico diverso de cada hipótese. A introdução de fundamento jurídico novo na lide é incompatível com o instituto da denunciação, na espécie preconizada, art. 70, III, do CPC, cuja aplicação deve ser limitada às hipóteses de necessária garantia do resultado da demanda, por vínculo contratual ou legal. Tal não se inscreve como a hipótese de denunciação presente, dada a autonomia, das responsabilidades em exame (1o TACSP – 1º C. Esp. De jan./2017 – Ap. 511.292-5 – Rel. Oscarlíno Moeller"

Argumento 4: Se a Administração Pública defende o servidor, na contestação, afirmando que o mesmo não agiu com dolo ou culpa, não pode denunciá-lo à lide.

Argumento 5: A Súmula 50/TJ-RJ como visto acima fecha a porta contra a denunciação à lide.

A matéria é complexa, porém, a respeito da divergência, concordamos com o entendimento do Egrégio Superior Tribunal de Justiça, no sentido de que, mesmo o Estado não exercendo o instituto da denunciação a lide, nas ações de indenização, poderá exercê-lo na ação regressiva.[26]

---

26   Ementa: Processual Civil e Administrativo. Acidente de trânsito. Indenização. Responsabilidade civil Estado. Denunciação 'a lide do agente causador do dano. Não-obrigatoriedade. Ação regressiva.

8. LITISCONSÓRCIO

No tocante ao instituto do litisconsórcio, é facultativa a sua utilização. O sujeito lesado poderá ingressar diretamente contra o Estado, contra o agente causador do dano ou ainda contra os dois juntamente, não sendo necessário obedecer uma ordem em relação a isso.

Portanto, ao acionar o agente do Estado, terá que se fundamentar na responsabilidade subjetiva e só convém fazê-lo se houver subsídios para isso e a certeza de que aquele agente dispõe de recursos para cobrir o valor da indenização. Na falta dessa certeza, o sujeito lesado deverá acionar o Estado, pois terá uma maior garantia de ressarcimento, mesmo que para isso caminhe pela via dolorosa dos precatórios.

9. A RESPONSABILIDADE CIVIL DO ESTADO E O PODER DE POLÍCIA

A expressão poder de polícia abarca uma concepção ampla, que se refere a toda e qualquer ação restritiva do Estado em relação aos direitos individuais, e outra restrita, que se relaciona às prerrogativas atribuídas aos agentes que exercem as atividades administrativas do Estado. Neste último sentido, tal poder se reveste de maior amplitude, podendo até mesmo restringir e condicionar a liberdade e a propriedade, mesmo sendo estas direitos previstos como fundamentais na Lei Maior.

Sendo o poder de polícia uma atividade administrativa, oportuno consignar seus méritos em relação às demais, dada a sua importância em estabelecer a ordem pública, nas mais diversas manifestações de seus agentes imbuídos desse poder. Portanto, é através da execução do poder de polícia administrativa que o Estado vale-se para garantir substancialmente a tutela da ordem jurídica, vigiando a sua correta aplicação e evitando a violação desta.

Proprietário de veículo postula ressarcimento de perdas e danos em face da Companhia de Engenharia e Tráfego do Município do Rio de Janeiro – CET-RIO, Sociedade de Economia Mista, por furto de veículo estacionado em logradouro público na denominada "Vaga Certa".

A questão é polêmica, mas vem predominado em nossos Tribunais no sentido de que a CET-RIO não responderia porque não teria celebrado o contrato com o proprietário do veículo; não teria havido depósito, nem guarda, mas mero exercício do poder de polícia quanto ao uso de vagas públicas para o estacionamento. Com efeito, trata-se de simples exercício regular do poder de polícia, consistente no disciplinamento do tráfego e ordenamento do uso do espaço urbano.

Mister esclarecer que o poder de polícia administrativa e de polícia judiciária são de natureza diversa. Portanto, no que tange à responsabilização da Administração Pública, quando da prática de ambos decorrer danos a terceiros, violando os preceitos legais em vigor, o agir estatal deverá ser responsabilizado.

Em doutas palavras, melhor explicação sobre Polícia Administrativa e Polícia Judiciária nos dá o Mestre Diogo de Figueiredo Moreira Neto:[27]

---

1. Esta Corte perfilhou entendimento de que não e obrigatória a denunciação a lide do agente, nas ações de indenização baseadas na responsabilidade civil objetiva do Estado, mesmo em casos de acidente de trânsito. 2. Recurso especial improvido (RESP 91202-SP, Rel. Min. Castro Meira. Segunda Turma).

27   NETO, DIOGO DE FIGUEIREDO MOREIRA. Direito Administrativo de Segurança Pública. Ed. Forense, Rio de Janeiro, p. 120.

"Quanto à Polícia Judiciária esta se distingue nitidamente da Polícia Administrativa, pelo objeto de pela finalidade da atuação.

Quanto à finalidade, a diferença está na repressão: enquanto no exercício da Polícia Administrativa a repressão é própria da Administração que a emprega discricionária e executoriamente até restabelecer a ordem pública, no exercício da Polícia Judiciária, não cabendo a repressão é própria do Poder Judiciário, não cabendo uso da discricionariedade e da executoriedade senão instrumentalmente, no estrito limite para a Administração lograr a apresentação do responsável pela violação à ordem pública, eventualmente tipificada, como conduta punível, à Justiça.

Quanto ao objeto, a diferença reside na amplitude de ação da Polícia Administrativa, que para manter todos os aspectos da ordem pública, pode incidir sobre pessoas, individual ou coletivamente consideradas, sobre direitos, bens e atividades. Enquanto a ação da Polícia Judiciária para submeter ao Poder Judiciário aquelas violações específicas da ordem pública, tipificadas como crimes e contravenções penais, recai apenas sobre a pessoa dos indivíduos, singularmente considerados".

E acresce ainda que a ação do Estado está pautada pelo Direito. Seja ela vinculada (segundo a lei), discricionária (dentro dos limites da lei) ou livre (não impedida pela lei) sempre estará juridicamente referida.

Ante tal definição, resta-nos apenas enfatizar que outra não poderia ser a finalidade da Administração Pública no uso do poder de polícia, senão o alcance do bem público, através da proteção dos direitos individuais e coletivos e que, no que concerne à responsabilidade estatal, esta se configurará quando o poder de polícia for praticado com abuso de poder ou por omissão de sua execução, quando esta se fazia necessária.

A fim de tornar preciso o momento em que o Estado passa a ser responsabilizado pela atuação de seu poder de polícia, há que se mensurar onde termina o discricionário e onde começa o arbitrário.

Reportando-nos novamente os ensinos do mestre Diogo de Figueiredo, relata-nos o insigne jurista que[28] "a distinção entre discricionário e arbitrário decorrem dos princípios da legalidade, da realidade e da razoabilidade, expondo que a legalidade conforma o primeiro e o mais importante dos sistemas de limite, é a moldura normativa dentro da qual deve-se conter o poder de polícia de segurança. A realidade é o sistema em que estejam observados os parâmetros legais e a razoabilidade é uma relação de coerência que e deve exigir entre a manifestação de vontade do Poder Público e a finalidade específica, que a lei lhe adscreve".

Portanto, ao agir a Administração Pública perpassando os limites da discricionariedade e resultando a sua ação em dano, estará esta fadada ao dever de ressarcir o lesado. Registre-se que tal assertiva se aplica, da mesma forma, a atos provenientes do poder discricional.

10. A RESPONSABILIDADE CIVIL DO ESTADO E O ATO DE IMPROBIDADE ADMINISTRATIVA

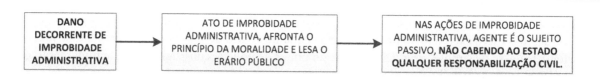

Entendemos oportuna uma breve distinção entre a responsabilidade do Estado por ato administrativo de seu agente e por ato de improbidade administrativa deste.

A responsabilidade civil do Estado por ato administrativo de seu agente se configura na obrigação que o Estado tem de ressarcir o terceiro que, por conduta comissiva ou omissiva de seus agentes, sofrer a violação de seus bens, caracterizando-se o dano e sendo certo que há um nexo causal que os vincule. Portanto, neste

---

28   DIOGO DE FIGUEIREDOMOREIRA NETO. Comentários sobre os Limites da Discricionariedade do Exercício do Poder de Polícia. 1º Congresso Brasileiro de Segurança Pública. Fortaleza. Maio de 2010.

diapasão, podemos afirmar que o sujeito passivo, ou seja, aquele sobre quem recairá a responsabilização, é o Estado, seja de forma isolada, subsidiária ou, até mesmo, solidária.

O mesmo não ocorre no que concerne aos atos de improbidade administrativa. A palavra improbidade, cujo significado é desonestidade, mau caráter, insurgiu-se na legislação na Carta de 1988, que estatui no parágrafo 4º do art. 37:

> § 4º Os atos de improbidade administrativa importarão a suspensão dos direitos políticos, a perda da função pública, a indisponibilidade dos bens e o ressarcimento ao erário, na forma e gradação previstas em lei, sem prejuízo da ação penal cabível.

Registre-se que referido dispositivo constitucional foi regulamentado pela Lei 8.429/92, que dispõe sobre os atos de improbidade administrativa.

A improbidade administrativa se configura por ato que decorre da ação do agente público em desacordo com o Princípio da Moralidade, um dos preceitos que norteia a Administração Pública, previsto no *caput* do artigo 37 da Constituição Federal e que cause dano ao erário público. Daí a consequência de que tais atos estarão eivados de vício insanável.

O legislador constituinte, e por corolário, o legislador ordinário, ao configurarem a previsão legal para os atos de improbidade administrativa, buscaram arraigar a plena moralidade no desempenho da função pública. Esta deve ser exercida sob a irrestrita observância dos princípios adotados pela Administração Pública, sobressaindo-se, sobretudo, o zelo pela moralidade pública.

Neste contexto, porém, o sujeito passivo da responsabilização é o agente administrativo que, através de sua conduta, contrariando os princípios constitucionais, causa prejuízo ao Estado, ainda que deste não tenha resultado prejuízo patrimonial a este ou a terceiros.

O Estado, nesta vertente, é tão somente o titular do direito de ter o seu nome zelado e alicerçado pela moralidade. Não se coaduna qualquer hipótese de responsabilização na eventual infração desta moralidade, ao contrário, passa este a ser sujeito ativo para responsabilizar o agente ímprobo.

11. A RESPONSABILIDADE CIVIL DO ESTADO E A LEI DE RESPONSABILIDADE FISCAL

A Lei Complementar nº 101, de 4 de maio de 2000, lei de Responsabilidade Fiscal trouxe uma inovação na legislação brasileira, conferindo à União instrumentos legais para um eficaz controle aos seus entes, em suas finanças, objetivando cerceá-los de utilizar o dinheiro público excessiva e inadequadamente, sem qualquer margem de planejamento.

A inovação da lei se configura no aspecto de que Governadores e Prefeitos têm a liberdade de suas transações financeiras minimizadas, sujeitando-se-lhes à política econômica da União.

Neste preceito legal, a responsabilidade recai sobre Governadores e Prefeitos, sendo estes o sujeito passivo desta responsabilização imposta pelo Estado, aqui, particularizada pela União, e para que esta se configure, necessário a inobservância pelos agentes públicos a estes preceitos.

O legislador reveste-se do princípio de que na Federação há Estados e Municípios mal administrados e que se utilizam do erário público de forma inadequada, gerando a inflação, e, portanto, obriga a nova lei a todos, indiscriminadamente, a seguir os seus pressupostos, até os que administram bem o dinheiro público.

Portanto, diante desta lei, bons e maus administradores se encontram no mesmo patamar e estão regulados sob o mesmo preceito legal. Não obstante, necessário observar que dada a grande diferença que Estados e Municípios apresentam, no contexto regional, alguns autores se antecipam à falência da finalidade desta lei, pois que atribui as mesmas responsabilidades a entes em patamares regionais e econômicos tão desiguais.

Vale dizer, a responsabilidade deve ser proporcional à capacidade de um ente em causar danos ao erário público. Um Município cujo orçamento não cobre sequer os gastos mínimos à dignidade de sua população não merece ficar à mercê de uma responsabilização econômica que, da mesma forma, pese sobre um outro muito superior economicamente. Seria um abismo social.

Não obstante, questiona-se entre os juristas a real necessidade desta lei, eis que os elementos para a punição de Governadores e Prefeitos já existia na legislação vigente, sendo apensas necessário para uma justa política orçamentária o seu fiel cumprimento.

Contudo, neste contexto, com a edição desta lei se materializa a assertiva de que há excesso de leis e pouco conhecimento em relação às mesmas, bem como falta de aplicabilidade destas aos casos concretos, equiparando-se o excesso de leis a objetos que se coloca num canto da casa, em lugares pouco visíveis, face à ineficácia de seu uso.

Com propriedade se expressou a esse respeito o então Ministro do Supremo Tribunal Federal, Marco Aurélio de Mello, em entrevista dada à Folha de São Paulo, em 22.04.2001:

Precisamos parar com essa mania de acreditar que vamos corrigir as mazelas do Brasil mediante novas leis. O que precisamos, em última análise, é de homens que cumpram as existentes.

Homenageamos a simetria da assertiva do referido Ministro, dando-lhe nuances mais persistentes, ao concluir que o Brasil precisa de uma nova configuração de seus ideais políticos e sociais, que só será possível através de Administradores conscientes de seu papel, e cujo princípio básico seja o da igualdade, sepultando os privilégios exercidos em nome de alguns e diminuindo as desigualdades sociais, através do estrito cumprimento do dever legal e bastando que sejam aplicados os preceitos legais, sobretudo os enunciados na Constituição Cidadã.

Observa-se que tanto o Poder Legislativo, usando da prerrogativa que lhe é inerente, abusa da edição de leis, sem, contudo levar em consideração a real necessidade destas no mundo prático, quanto o Poder Executivo, utilizando-se de função atípica, edita um amontoado de Medidas Provisórias, a seu bel prazer, valendo-se desta brecha para dar cabo a situações que julga urgentes, nem sempre, portanto, caracterizadas como casos de relevância e urgência.

Tais procedimentos empurram o regime democrático à beira de um abismo, tendo abaixo deste o povo como expectador incrédulo, a apreciar tal cena e a temer a sua queda.

12. A RESPONSABILIDADE CIVIL DO ESTADO POR ATOS LEGISLATIVOS

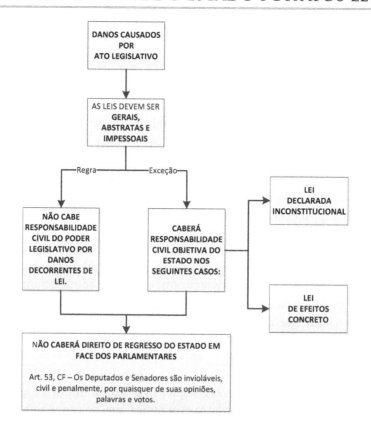

A regra é a Teoria da Irresponsabilidade do Estado por ato normativo via Poder Legislativo. A doutrina oferece uma série de argumentos, dentre os quais:

- **A soberania do Poder Legislativo.**

Sendo soberano o Poder Legislativo não pode ser responsabilizado pela prática de seus atos. Tal argumento é falho, uma vez que soberano é a União e nas relações internacionais e não um Poder da República. Se o Poder Legislativo fosse soberano, por força do Artigo 2º, da Constituição da República, o Poder Judiciário e o Executivo também o seriam.

- **Os deputados e senadores não são agentes públicos e sim agentes políticos.**

Por serem agentes políticos (membros do poder), e não públicos, jamais estariam abraçados pela responsabilidade do Estado, conforme Artigo 37, § 6º da CF/88. Esse argumento é falho, pois o artigo ao utilizar a expressão agente, que é uma expressão ampla contempla todo e qualquer representante do Estado, inclusive o agente político.

- **Efeito da lei.**

A lei tem efeito genérico, abstrato, assim, a lei recai sobre todos de igual forma, a lei não irá gerar prejuízos individualizados. Por essa razão, a lei não dá margem a indenizações particulares, porque o ônus da lei recairá sobre todos de igual forma. Esse argumento é valido, mas pode ser questionado uma vez que há a possibilidade de responsabilidade do Estado pela prática de ato lícito.

O exemplo clássico de responsabilidade do Estado pela prática de ato ilícito, oferecida por Celso Antônio é exatamente uma lei. Um Município através de lei resolve fechar um grupo de ruas no centro da cidade, tomando-se rua exclusiva de pedestres.

Ocorre que nessa rua existe um proprietário de edifício garagem, esse cidadão não teve o mesmo tratamento dado aos demais, ele sofreu um ônus maior do que os outros, teve o impedimento de continuar com sua atividade econômica porque foi fechado o acesso de veículos. Esse cidadão deverá ser indenizado por ato lícito praticado pelo Estado. Com base no princípio da impessoalidade e mais, da legalidade (porque o ato é lícito). Artigo 37, *caput* da CF/88, esse cidadão que teve um tratamento desigual, deverá ser indenizado.

Assim, se a lei trouxer um tratamento desigual para poucos em prol dos resultantes, esse grupo ou essa pessoa em razão do princípio da impessoalidade tem o direito de ser indenizado.

Há centenas de exemplos jurisprudenciais em matéria de preservação do meio ambiente, em matéria de preservação do patrimônio histórico artístico nacional, onde o Poder Público através atos normativos, resolve criar uma área de preservação ambiental (APA), não podendo ser explorada economicamente.

No tombamento, ocorre a mesma coisa.

Para fins de concurso público defender a irresponsabilidade do Estado pela prática de ato normativo exarado pelo Poder Legislativo.

No entanto, cuidado porque há duas exceções: Lei de efeitos concretos (lei específica) e a lei declarada inconstitucional.

O Poder Legislativo exerce uma relevante atividade no Estado Democrático, pois os seus membros, eleitos pelo povo, devem buscar realizar as suas aspirações, preenchendo as lacunas existentes nas normas legais que norteiam a vida em sociedade, na incansável luta para diminuir as diferenças sociais.

Por isso, legislar implica refletir, repensar e solidificar os anseios de uma sociedade. Ademais, as leis que vigoram no país incidem sobre todos, indiscriminadamente, salvo as leis específicas que regulam determinadas categorias, como, por exemplo, Estatuto dos Funcionários Públicos etc.

Inoportunamente, entretanto, se edita leis além do que seria necessário para regular todo um país. Tamanha é a quantidade de leis existentes que a grande maioria das pessoas nem sequer sabe da sua existência. Ocorre muito comumente que muitas delas caem no esquecimento até pelo próprio legislador.

As próprias leis em vigor dão margem a outras que porventura possam contradizê-las, ao preconizar: [...] salvo lei em contrário.

Tem-se uma verdadeira fertilidade legislativa, pois as leis se procriam indiscriminadamente. Entretanto, nem sempre a sua incidência é pacífica, gerando inúmeras controvérsias e calorosas discussões no Poder Judiciário.

As categorias das normas legais em nosso país são: constitucionais, leis ordinárias, regulamentos e medidas provisórias. Estas últimas somente podem ser editadas em caso de "relevância e urgência".

O Supremo Tribunal Federal assim se manifestou sobre esta espécie normativa:

> "O que justifica a edição de medidas provisórias é a existência de um estado de necessidade, que impõe ao Poder Executivo a adoção imediata de providências de caráter legislativo, inalcançáveis segundo as regras ordinárias de legisferação, em face do próprio periculum in mora que certamente decorreria do atraso na concretização da prestação legislativa" (STF, RT 645/200).

As normas de grau inferior devem ser compatíveis com as de grau superior sendo que a Constituição, por ser a Lei Maior, está acima de todas. Qualquer outra norma legal que for com ela incompatível, tornar-se-á inconstitucional.

Em princípio, o Estado não pode ser responsabilizado por atos legislativos, uma vez que a lei é um ato de soberania, o que se pressupõe não ensejar nenhuma reclamação que vise alguma compensação decorrente desta.

Segundo as palavras do mestre Renan Miguel Saad:[29] "As leis, em geral, criam uma situação jurídica geral, objetiva, impessoal, abstrata, não podendo atingir situação jurídica individual e concreta, pois se aplica a todos e por igual".

No entendimento do ilustre mestre José dos Santos Carvalho Filho,[30] "o ato legislativo não pode causar a responsabilidade civil do Estado, se a lei é produzida em estrita conformidade com os mandamentos constitucionais".

Acolhemos a interpretação do insigne jurista, no sentido de que a lei regularmente disciplinadora de certa matéria não seja passível de causar prejuízos ao indivíduo, já que a Constituição Federal, em seu artigo 5º, inciso XXXVI, assim reza: (...) "A lei não prejudicará o direito adquirido, o ato jurídico perfeito e a coisa julgada".

12.1. Leis Inconstitucionais

Na hipótese de leis inconstitucionais, outro é o entendimento, haja vista a suposição de que as leis infraconstitucionais devem ser compatíveis à Lei Maior, valendo-se o legislador da estrita observância ao que esta dispõe.

Quando algum dano é produzido a alguém, em decorrência de leis inconstitucionais, suscita-se a responsabilidade do Estado. Tal incidência decorre do fato de que o órgão legislativo não agiu com o devido zelo que lhe é imperativo quando da edição de normas legislativas.

Oportuno consignar que a responsabilidade só será caracterizada se o ato legislativo que se supõe inconstitucional produzir efetivamente dano ao particular. Caso esta lei, ainda que inconstitucional, não afete um bem jurídico tutelado, não há que se falar em sua inconstitucionalidade.

Imprescindível também que a lei seja expressamente declarada inconstitucional, para, a posteriori, se reclamar os danos desta proveniente. Caso não o seja, pressupõe-se que esteja sob a eiva de legalidade, já que incidem sobre as leis esta presunção[31].

Ao tratar de responsabilidade civil do Estado, expõe com muita propriedade o mestre José Cretella Júnior[32]:

> Se da lei inconstitucional resulta algum dano aos particulares, caberá a responsabilidade civil do Estado, desde que a inconstitucionalidade tenha sido declarada pelo Poder Judiciário. Sendo a lei,

---

29 SAAD, RENAM MIGUEL. O Ato Ilícito e a Responsabilidade Civil do Estado. Doutrina e Jurisprudência. Ed. Lumen Juris: RJ, p. 79.

30 JOSÉ DOS SANTOS CARVALHO FILHO, ob. cit., p. 449.

31 Ato legislativo – Inconstitucionalidade – Responsabilidade Civil do Estado. Cabe responsabilidade civil pelo desempenho inconstitucional da função do legislador (STF – RE 158.962 – Rel. Min. Celso de Mello – RDA 191-175).

32 JUNIOR, JOSÉ CRETELLA. RDA 153/16, 26

em regra, comando genérico e abstrato, o dano aos particulares emergirá de atos praticados em decorrência de lei inconstitucional, exceto no caso excepcional de leis que determinam situações jurídicas, de sorte que o dano será diretamente imputável à lei inconstitucional. Isso, entretanto, não altera em absoluto os termos da questão. O que é imprescindível é que se verifique o nexo causal entre a lei inconstitucional e o dano ocorrido.

O Estado será responsabilizado nas duas hipóteses: Quando o dano é proveniente da lei inconstitucional é a lei em si que provoca o dano, ao passo que quando o dano é derivado de ato praticado com base na lei inconstitucional, é o ato que o provoca.

12.2. Leis de Efeito Concreto

No caso da edição de leis de efeito concreto, que são as leis meramente formais, incide a responsabilidade civil sob a pessoa jurídica federativa que as originou, pois estas leis, não obstante a sua denominação, materialmente constituem meros atos administrativos. Daí equiparar-se a estes quanto à sua responsabilização.

As leis de efeito concreto individualizam as pessoas de sua destinação no momento em que são editadas. Como exemplo, é aquela lei que concede aumento a uma determinada classe de trabalhadores, uma lei que desapropria determinado imóvel, ou ainda a lei, geralmente municipal, que declara a limitação administrativa. Nestes casos, as leis não são gerais ou impessoais.

Exemplo clássico da incidência de uma lei de efeito concreto pode ser observado quando a sua edição determina o fechamento de certas ruas do centro de uma cidade, de modo a permitir apenas a circulação de pedestres nestas vias urbanas, hipótese em que a lei é reconhecidamente legal e legítima e se destina a atender um interesse coletivo, que é facilitar a passagem das pessoas que ali circulam.

Pode ocorrer, contudo, que nas citadas ruas haja edifícios garagem, legalmente constituídos, e cujos proprietários serão diretamente prejudicados, recebendo um tratamento anormal por parte da lei editada pelo Poder Público.

Neste caso, mesmo sendo o ato lícito e legítimo, aquele que se julgar prejudicado, sendo o proprietário do edifício garagem neste caso específico, fará jus a pleitear uma indenização da Administração Pública, por força do princípio da impessoalidade, posto que sofreu um ônus maior que as demais pessoas.

A lei municipal editada, que a princípio teria efeitos genéricos, incidiu um efeito prejudicial sobre os interesses pessoais do referido proprietário, os quais foram postos de lado em favor do interesse coletivo, e que sofreu uma queda nos seus negócios a partir dos efeitos desta lei.

Outro exemplo de lei de efeito concreto é o que se refere à edição de lei que determine a criação de áreas de preservação ambiental, quando, em cumprimento à determinação da lei retira-se de um particular uma propriedade produtiva, impedindo-o de continuar a sua atividade de exploração econômica daquela área.

Verifica-se que o ato legislativo, da mesma forma que o exemplo anterior, foi lícito e legítimo, mas importará em um tratamento anormal por parte do Poder Público a este proprietário, que terá suprimido os lucros que advinham do referido bem. Desta feita, é lícito que este prejudicado pleiteie uma justa indenização do Poder Público, com fundamento na diminuição de sua possibilidade de explorar economicamente a sua propriedade. Em sua alegação poderá se constatar que este sofreu um prejuízo causado por um ato lícito, que gerou um tratamento anormal em prol de toda a coletividade.

Importa acrescentar que este particular prejudicado poderá propor uma ação ordinária de desapropriação indireta, posto que não mais convém a ele preservar uma propriedade que não mais irá gerar lucro algum, e tendo em vista que por meio da ação de desapropriação, o valor indenizatório será consideravelmente maior que o devido em uma ação de indenização por diminuição de exploração de atividade econômica.

Em vez de optar por continuar com o bem economicamente prejudicado e receber uma indenização irrisória, este poderá optar por perder toda a propriedade e receber a verba indenizatória equivalente.

Outro exemplo muito semelhante é o que ocorreu em São Paulo, na reserva ambiental da Serra do Mar, onde a proprietária, uma editora, cobrava uma vultuosa indenização do Estado, por cauda da decretação de uma limitação administrativa, alegando que na área de sua propriedade havia uma jazida da qual ela não poderia explorar.

Com isso, pleiteou uma indenização por não mais poder usar aquela área e pelo prejuízo por não mais poder auferir lucros com a exploração da jazida. Ocorre que, neste caso específico, as jazidas são de propriedade da União, não sendo lícito a um particular explorá-la economicamente. Portanto, o magistrado que emitiu a decisão não atentou para este detalhe, tendo conferido decisão favorável e decidindo pelo pagamento da indenização pleiteada.

Contudo, a decisão a quo foi posteriormente modificada pelo STJ.

Outro exemplo: A encampação, que se constitui na retirada da delegação da prestação de um serviço público, se materializa através da edição de uma lei.

Pode-se retirar a delegação, como exemplo, de um serviço de transporte coletivo de uma empresa, devolvendo-a à Administração. Trata-se, pois, de uma lei de efeito concreto. Se ficar provado que não havia fundamento para aquela encampação, mas que esta se deu por um motivo de perseguição política, cabe uma ação indenizatória contra a Administração Pública, ou mesmo a impetração de Mandado de Segurança, pois a lei de encampação não é lei em tese.

12.3. O Estado Condenado a Indenizar pode agir Regressivamente em Face dos Deputados e Senadores?

Não se admite ação regressiva, pois como não tivemos uma Assembleia Constituinte e sim um Congresso Constituinte, eles legislaram em causa própria, conforme o Art. 53 da CF/88.

Art. 53. Os Deputados e Senadores são invioláveis por suas opiniões, palavras e votos.

13. RESPONSABILIDADE CIVIL DO ESTADO POR ATOS JUDICIAIS

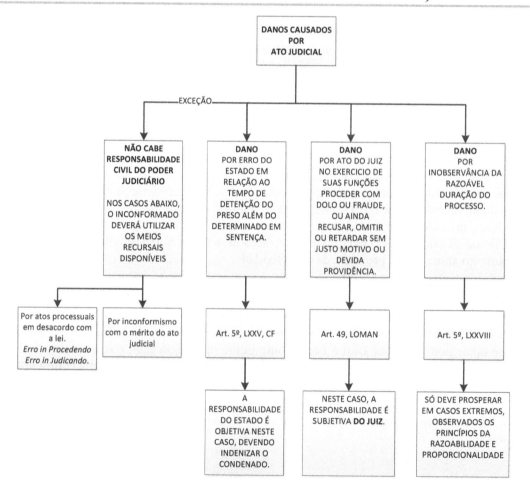

Os argumentos da irresponsabilidade do Poder Judiciário são:

- **Soberania do Poder Judiciário.**

Esse argumento é falho porque o Poder não é soberano e, sim, autônomo. Mas todos os livros de administrativo usam esse argumento, o que é lamentável.

- **São membros do Poder, Agentes Políticos.**

Argumento é falho, porque agente público (Artigo 37, § 6º da CF/88) abrange todo e qualquer tipo de representante do Estado, inclusive, agente de fato.

- **O Respeito e a Segurança à Coisa Julgada Transformam os Atos do Poder Judiciário na Teoria da Irresponsabilidade.**

Haveria a irresponsabilidade dos atos do Poder Judiciário em razão da segurança da coisa julgada. No entanto, esse argumento é falho, pois a legislação criou a ação rescisória (civil) e a ação revisional (criminal) pela qual a coisa julgada pode ser levantada para comprovar-se um erro judiciário.

As duas exceções da irresponsabilidade do Poder Judiciário estão expressas na Constituição Federal, no Artigo 5º, inciso LXXV, que são:

- Erro Judiciário;
- Pessoa que ficar presa além do tempo fixado na sentença.

Observação: A Administração da penitenciária não se confunde com o controle da execução da pena. A Administração de penitenciária é realizada pelo Poder Executivo, enquanto o controle de sua execução é levado a efeito pelo Poder Judiciário.

Assim, se há prisão além do tempo fixado na sentença a culpa não é da administração da penitenciária e sim do Poder Judiciária, através do controle das penalidades pelas Varas de Execuções Penais.

Sustentou-se durante muito tempo no Brasil a irresponsabilidade do Estado por atos do Poder Judiciário, mesmo quando o estudo da Responsabilidade Civil por Ato da Administração Pública – em certos casos, admitida mesmo sem culpa – já se mostrava balizado. Mas, ao se consagrar a responsabilidade emanada pelos atos desta, incoerente tornou-se recusar a responsabilidade pelos atos judiciários, pelo menos quanto àqueles "materialmente administrativos", que se decorre quando a atuação do magistrado compara-se à de um agente administrativo.

Cumpre-nos registrar que os atos jurisdicionais são aqueles praticados pelos magistrados no exercício de suas funções, tais como os despachos, as decisões interlocutórias e as sentenças.

Em princípio, os atos jurisdicionais são insuscetíveis de serem responsabilizados civilmente face ao princípio da soberania do Estado e ao instituto da coisa julgada. A maioria da doutrina homenageia este entendimento.

Porém, de acordo com o que dispõe o texto da Constituição da República de 1998, em seu artigo 37, parágrafo 6º, expressa está a responsabilidade do Estado por danos causados a terceiros por conduta de seus agentes (omissivas ou comissivas). Portanto, incluído nesta regra se encontra os danos decorrentes de atos judiciais. Incontestavelmente, consiste o serviço judiciário em um serviço público.

É de se notar que o teor do referido artigo, assim como dos correspondentes dispositivos das Constituições anteriores, desde a de 1946, abarca não somente a teoria objetiva do Estado, fundada no risco, mas também a teoria da responsabilidade subjetiva, fundada na falta de serviço, aqui entendidos: o mau funcionamento, o não funcionamento ou o atraso na prestação deste, bem como as faltas dos agentes que o realizam.

O magistrado, como operador do serviço estatal, é um agente público e age em nome do Estado, e os seus atos são, pois, diretamente atribuíveis a este, que por seu turno, tem o dever de responder por suas consequências. Registre-se que pela prática de atividade judiciária danosa, deve-se responder não somente pelos danos materiais, mas da mesma forma, por danos morais produzidos por seus agentes[33].

---

33 Prisão preventiva – Decretação – Indenização – Absolvição por insuficiência de prova. A prisão preventiva, quando fundamentada, não gera ao estado obrigação de indenizar o acusado em face de sua absolvição por insuficiência de provas,

A responsabilidade do Estado por ato judicial não é acolhida pacificamente na doutrina e nas decisões dos tribunais. Portanto, entendemos que não se pode sustentar a irresponsabilidade do Estado com a alegação de ser o exercício da função judiciária uma manifestação de soberania, pois se assim o fosse, estaria a ideia de soberania manifestamente contrária à responsabilidade do Estado, e este também se submete ao direito, até porque, dada a sua relevância política, deve ser o primeiro a aplicá-lo.

A intangibilidade pela lei da coisa julgada, conforme preceitua o artigo 5º, inciso XXXVI da Constituição Federal, recai apenas sobre os atos judiciais propriamente ditos (sentenças), não aos demais atos jurisdicionais (notadamente os materialmente administrativos). Fosse a coisa julgada, de fato, um obstáculo consistente que justificasse a irresponsabilidade, superada estaria esta tese, pois pode ser transposta através de ação rescisória, pelo prazo estipulado no art. 495 CPC, ou revisão criminal, a qualquer tempo.

A reparação do erro judiciário penal encontra previsão no inciso LXXV da Constituição Federal, que deve ter uma remissão ao art. 630 do Código de Processo Penal. Estes dispositivos legais deixam claro que o Estado pode ser responsabilizado por atos judiciais quando houver prisão além do tempo e erro judicial[34].

> Art. 5º [...]
> LXXV – "O Estado indenizará o condenado por erro judiciário, assim como o que fica preso além do tempo fixado na sentença".

O erro judiciário pressupõe a aplicação da responsabilidade subjetiva, eis que carece de prova de culpa. Entretanto, quando se tratar de prisão além do tempo fixado na sentença transitada em julgado, a responsabilidade é objetiva.

Claro está que o texto da Lei Maior não faz menção referente à distinção entre ação penal pública e ação penal privada, dispensando a sua observância, e que afirma expressamente a obrigação indenizatória do Estado por erro judiciário. O juiz (agente público) exerce atividade estatal em ambas ações, o que, por si só, caracteriza a atuação estatal por atos jurisdicionais.

Outra forma de responsabilidade do Estado pela prestação jurisdicional decorre dos prejuízos causados por denegação de justiça e por demora na prestação da tutela jurisdicional, o que se funda na teoria da falta do serviço.

A exclusiva responsabilidade pessoal do juiz está expressa no art. 143, do CPC, reproduzido no artigo 49 da Lei Orgânica da Magistratura Nacional, ao estabelecer que quando este, no exercício de suas funções, proceder com dolo ou fraude, recusar, omitir ou retardar, sem justo motivo, providência que deva determinar de ofício ou a requerimento das partes, o Estado será responsabilizado.

A responsabilidade civil dos juízes nos casos acima tratados é subjetiva, cabendo a quem sofreu o dano fazer prova explícita, inclusive com notificação do ocorrido ao magistrado pedindo providencias em 10 dias como instrui o parágrafo único dos artigos estudados.

---

34 posto ser ato de persecução criminal que repousa em juízo provisório. Recurso provido. (Resp 139980-MS, Min. Garcia Vieira).
Ementa: Erro judiciário. Responsabilidade civil objetiva do Estado. Direito 'a indenização por danos morais decorrentes de condenação desconstituída em revisão criminal e de prisão preventiva. CF, art. 5º LXXV, Código Processo Penal, art. 630. 1. O direito a indenização da vítima de erro judiciário e daquela presa além do tempo devido, previsto no art. 5º LXXV, da Constituição, já era previsto no art. 630 do Código Processo Penal, com a exceção do caso de ação penal privada e só uma hipótese de exoneração, quando para a condenação tivesse contribuído o próprio réu. 2. A regra constitucional não veio para aditar pressupostos subjetivos 'a regra geral da responsabilidade fundada no risco administrativo, conforme o art. 37, parágrafo 6º, da Lei Fundamental: a partir do entendimento consolidado de que a regra geral e a irresponsabilidade civil do Estado por atos de jurisdição, estabelece que, naqueles casos, a indenização é uma garantia individual e, manifestamente, não a submete à exigência de dolo ou culpa do magistrado. 3. O art. 5º, LXXV, da Constituição: e uma garantia, um mínimo, que nem impede a lei, nem impede eventuais construções doutrinárias que venham a reconhecer a responsabilidade do Estado em hipóteses que não a de erro judiciário *stricto sensu*, mas de evidente falha objetiva do serviço público da Justiça (RE 505.393 – PE – Recurso Extraordinário. Rel: Min. Sepulveda Pertence).

Exemplo contundente deste caso é o que foi tornado público pela ADPERJ (Associação dos Defensores Públicos do Estado do Rio de Janeiro) em 16/05/2018 quando por nota pública [35] indicou que em 3 de maio de 2018, a Defensora Pública Michele de Menezes Leite em atendimento no plantão judiciário, o caso da Sra. Merides da Silva Laranjeira, de 74 anos, que não estava recebendo os cuidados médicos e recursos adequados na emergência de um hospital particular, ajuizou a ação visando à imediata transferência da assistida para a UTI.

A necessidade de tratamento intensivo foi atestada em laudo médico que diagnosticou a senhora Merides com "assepsia pulmonar", condição de extrema gravidade, com risco de morte iminente.

A magistrada que atuava no plantão afirmou que: "Não há argumento que justifique a competência do Juízo do Plantão para a apreciação do alegado, na forma da Resolução CNJ nº 71/2009, em especial porque os pedidos foram deduzidos quase no horário do início do expediente forense, chegando ao gabinete às 10:50". Cumpre ressaltar, que, em sua decisão, a magistrada não fez nenhuma menção ao estado de saúde da senhora Merides.

Diante da gravidade do caso, a Defensora Pública, interpôs agravo de instrumento na primeira hora do próximo expediente forense especial (pois a decisão foi publicada quando já encerrado o expediente forense especial da manhã, depois das 11:00), no mesmo dia à noite.

Ao deferir a liminar, a Desembargadora alegou que "o perigo de dano irreparável ou de difícil reparação encontra-se demonstrado pelos documentos que instruem o feito", asseverando que: "Com efeito, constata-se claramente que a questão sob exame se enquadra dentre as medidas de urgência passíveis de apreciação em sede de Plantão Judiciário". E acrescentou que "o entendimento de que os autos chegaram em horário próximo ao fim do plantão não pode subsistir, pois estaria o magistrado reduzindo, por conta própria, o horário do plantão determinado por Resolução deste Tribunal".

Todavia, infelizmente, não houve tempo hábil para efetivar a decisão recursal, pois a Senhora Merides faleceu.

Deste exemplo, se verifica de forma evidente a possibilidade de responsabilização civil da magistrada com fundamentação clara no inciso II do artigo 143, CPC, face à omissão da juíza em apreciar a questão da ação.

Em decisão recente, a Suprema Corte rejeitou Embargos de Declaração ao Recurso Especial em ação de Responsabilidade Civil por Ato Judicial:

> Responsabilidade Civil do Estado por Ato Judicial. Jurisdição Voluntária. Alvará. Artigo 37, § 6º, da Constituição Federal. Discussão Sobre Seu Âmbito de Incidência. Matéria de Índole Constitucional. Ausência De Omissão Obscuridade ou Contradição.
>
> Se o Tribunal de origem, ao analisar o caso concreto, concluiu pela existência de prejuízo e pela negligência do magistrado, não cabe a esta Corte reexaminar o suporte fático que embasou esse entendimento.
>
> É perfeitamente possível que, conquanto a matéria tenha índole constitucional, cite o julgador, en passant, dispositivos de natureza intraconstitucional para reforçar sua fundamentação.
>
> "Não cabe recurso especial fundado em dissidência pretoriana, quando restrita esta à matéria de ordem constitucional" (RSTJ 60/314).
>
> O fato de o recurso extraordinário não ter sido admitido pouco importa para a solução do presente recurso especial, uma vez que, como é sabido, o juízo de admissibilidade dos recursos excepcionais é diferido e não está o relator vinculado ao entendimento adotado pela Corte a quo.
>
> Embargos de declaração rejeitados.
>
> (STJ – 2ª Turma – RE nº 122.349 – Embargos rejeitados – Unanimidade – Min. Rel. Franciulli Netto)

---

35   http://www.adperj.com.br/noticias_detail.asp?cod_blog=748

Dessa Forma, concluímos que o erro judiciário e a prisão além do tempo se constituem nos pressupostos para que o Estado seja responsabilizado por ato judicial. Na segunda hipótese – prisão além do tempo, a responsabilidade será objetiva e acrescente-se os casos de exceção quanto às prisões preventiva e temporária, nas quais é admitido o recurso.

Resta claro, contudo, que a menção do Texto Constitucional à palavra "erro" evidencia a necessidade de prova, o que caracteriza a responsabilidade subjetiva em casos de erro judiciário. No Processo Civil admite-se a comprovação de erro ou dolo do juiz, quando este teve a intenção do ato. Já no instituto do Processo Penal, há que provar a culpa. Ambos remetem à responsabilidade subjetiva.

Vejamos alguns acórdãos a respeito da responsabilidade civil por erro judiciário:

Indenização – Fazenda Pública – Responsabilidade civil – Erro judiciário – Reconhecimento de revisão criminal como pressuposto do pleito indenizatório – Necessidade – Precedentes – Inocorrência da hipótese do artigo 630 do Código de Processo Penal – Ausência, ademais, de prova de nexo causal entre a prisão e as perdas decorrentes – Ação improcedente – Recursos não providos (JTJ 223/53).

Indenização – Responsabilidade civil – Fazenda Pública – Danos morais – Prisão indevida, que teria sido motivada por prestação jurisdicional incorreta – Inocorrência, porém, de erro, negligência ou omissão na decisão atacada – Julgamento de procedência reformado, para dar-se pela sua improcedência – Reexame necessário e recurso da ré, providos para esse fim, prejudicado o da autora (Apelação Cível nº 31.893-5 – São Paulo – 7ª Câmara de Direito Público – Relator: Lourenço Abbá Filho).

Indenização – Fazenda Pública – Responsabilidade civil – Danos moral e material – Erro judiciário – Prisão indevida – Sentença condenatória penal desconstituída em ação revisional – Responsabilidade objetiva do Estado, independentemente da apuração de culpa, ou dolo, pelos atos de seus agentes – Verbas devidas – Recursos não providos (JTJ 225).

Indenização – Fazenda Pública – Responsabilidade civil – Magistrado – Condenação do autor em lugar de outrem – Falha do serviço público quando do indiciamento do verdadeiro autor do delito – Responsabilidade objetiva do Estado e não, pessoal, do Juiz – Carência afastada – Recurso provido – (STJ 200).

Na prisão preventiva, assunto de suma importância, quando determinada pessoa é presa de forma preventiva e, posteriormente, absolvida, deve ser indenizada pelo Estado por ter ficado impossibilitado de trabalhar, em conformidade com a jurisprudência assentada do STJ e do STF, mesmo na hipótese de ter sido absolvido por falta de provas.

Vale ressaltar que pelo entendimento jurisprudencial que a conduta lícita causadora de dano também deve reparar ou indenizar o cidadão.

O ilustre Ministro do STF, Celso de Mello, com mestria, afirma que "o princípio da isonomia estaria a exigir reparação em prol de quem foi lesado a fim de que se satisfizesse o interesse da coletividade". É lógico "Quem aufere os cômodos deve suportar os correlatos ônus."

Vale aqui, a respeito do tema, vale relembrar que o detento cumprindo o regime de semi-liberdade e comete crime não há que se falar em responsabilidade estatal, a não ser se houvesse participação do agente público no tiroteio.

A imputação de responsabilidade civil do Estado supõe a presença de dois elementos de fato – a conduta do agente e o resultado danoso – e um elemento lógico normativo – o nexo causal. Sem o nexo causal não pode haver a responsabilização.

O nexo causal é o resultado lógico-normativo, segundo o ministro, que consiste num elo referencial, numa relação de pertencialidade entre os elementos de fato; é normativo porque tem contornos e limites impostos pelo sistema de direito.

Para estabelecer nexo causal entre os fatos ocorridos significaria, na prática, atribuir ao Estado a responsabilidade civil objetiva por qualquer ato danoso praticado por quem deveria estar sob custódia. E, a respeito do assunto, mesmo estando em cárcere o infrator, mas se evadiu, não sendo capturado pelos agentes estatais,

após rompimento do lapso temporal, constitui causa excludente de responsabilidade e não se pode atribuir ao Estado a responsabilidade civil pela morte de terceiro.

14. RESPONSABILIDADE DO ESTADO PELA PRÁTICA DE ATO LÍCITO

Hipoteticamente, prisão preventiva feita licitamente, respeitando os requisitos do Código de Processo Penal. Ocorre que, ao término da ação, o acusado foi absolvido. Terá essa pessoa direito a indenização?

Em regra, a jurisprudência, de modo geral, nega, mas há posicionamentos em sentido contrário, admitindo indenização. Entendemos que, se uma pessoa sofre um tratamento desigual em prol do interesse coletivo, essa pessoa tem de ser indenizada, inclusive por dano moral.

Há um outro questionamento. Se o Estado indeniza uma pessoa, decorrente de erro judiciário, o Estado pode agir regressivamente em face do magistrado?

Não, porque, geralmente, o trânsito em julgado se dá nos colegiados, nos Tribunais e o entendimento é que a decisão dos Tribunais é emitida pelo órgão e não pelos integrantes do órgão.

Assim, a decisão é do Tribunal e não dos juízes. Se houver trânsito em julgado, também não caberia ação regressiva em face do magistrado, uma vez que o livre convencimento deste ficaria abalado se houvesse tal possibilidade. É a jurisprudência que fecha a porta para a ação regressiva.

No entanto, há um caso em que a ação regressiva poderá ser usada contra o magistrado conforme o art. 143 do CPC, que regula a atuação do juiz com dolo, fraude, má-fé.

Hely Lopes de Meireles diz que consta no Art. 143 do Código de Processo Civil a possibilidade da ação regressiva. Então, nesses casos, o citado autor entende que, se o juiz agiu com má-fé, o Estado responde e, posteriormente, poderá ingressar com ação regressiva em face do magistrado.

Há uma divergência doutrinária entendendo que, de acordo com o Art. 143 do CPC, a responsabilidade vai incidir pessoalmente em face do magistrado e não do Estado, o que discordamos com tal posição, uma vez que retira da pessoa que foi lesada o direito de acionar o Estado.

Caso concreto

O Estado X está realizando obras de duplicação de uma estrada. Para tanto, foi necessária a interdição de uma das faixas da pista, deixando apenas uma faixa livre para o trânsito de veículos. Apesar das placas sinalizando a interdição e dos letreiros luminosos instalados, Fulano de Tal, dirigindo em velocidade superior à permitida, distraiu-se em uma curva e colidiu com algumas máquinas instaladas na faixa interditada, causando danos ao seu veículo.

A partir do caso proposto, responda, fundamentadamente, aos itens a seguir.

A) Em nosso ordenamento, é admissível a responsabilidade civil do Estado por ato lícito?

B) Considerando o caso acima descrito, está configurada a responsabilidade objetiva do Estado X?

Sugestão de resposta:

A) A resposta é positiva. A responsabilidade do Estado pela prática de ato lícito assenta no princípio da isonomia, ou seja, na igualdade entre os cidadãos na repartição de encargos impostos em razão do interesse público. Assim, quando for necessário o sacrifício de um direito em prol do interesse da coletividade, tal sacrifício não pode ser suportado por um único sujeito, devendo ser repartido entre toda a coletividade.

B) A resposta é negativa. A configuração da responsabilidade objetiva requer a presença de um ato (lícito ou ilícito), do dano e do nexo de causalidade entre o ato e o dano. A culpa exclusiva da vítima é causa de exclusão da responsabilidade objetiva, uma vez que rompe o nexo de causalidade: o dano é ocasionado por conduta da própria vítima. No caso proposto, Fulano de Tal conduzia seu veículo em velocidade superior à permitida, distraiu-se em uma curva e deixou de observar as placas e o letreiro luminoso que indicavam a interdição da pista.

O município de Balinhas, com o objetivo de melhorar a circulação urbana para a Copa do Mundo a ser realizada no país, elabora novo plano viário para a cidade, prevendo a construção de elevados e vias expressas. Para alcançar este objetivo, em especial a construção do viaduto "Taça do Mundo", interdita uma rua ao tráfego de veículos, já que ela seria usada como canteiro para as obras.

Diante dessa situação, os moradores de um edifício localizado na rua interditada, que também possuía saída para outro logradouro, ajuízam ação contra a Prefeitura, argumentando que agora gastam mais 10 minutos diariamente para entrar e sair do prédio, e postulando uma indenização pelos transtornos causados. Também ajuíza ação contra o município o proprietário de uma oficina mecânica localizada na rua interditada, sob o fundamento de que a clientela não consegue mais chegar ao seu estabelecimento. O município contesta, afirmando não ser devida indenização por atos lícitos da Administração.

Acerca da viabilidade jurídica dos referidos pleitos, responda aos itens a seguir, empregando os argumentos jurídicos apropriados.

A) Atos lícitos da Administração podem gerar o dever de indenizar?

A questão proposta versa a responsabilidade civil da Administração por atos lícitos. A Constituição, ao prever a responsabilidade civil do Estado pelos danos que os seus agentes houverem causado, não exige a ilicitude da conduta, tampouco a culpa estatal. Não é, contudo, qualquer dano causado pelo exercício regular das funções públicas que deve ser indenizado: apenas os danos anormais e específicos, isto é, aqueles que excedam o limite do razoável, ensejam reparação correspondente.

B) É cabível indenização aos moradores do edifício?

No caso dos moradores, não cabe indenização, pois os danos são mínimos e dentro dos limites de razoabilidade, já que eles contam com saída para outra rua, não interditada.

C) É cabível indenização ao empresário?

Já na situação do proprietário da oficina, o dano é anormal, específico e extraordinário, uma vez que a atuação do município impede, na prática, o exercício de atividade econômica pelo particular, retirando-lhe a fonte de sustento. Assim embora o Poder Público Municipal tenha trazido a luz do princípio da supremacia do interesse público, uma conduta meramente restritiva em face da referida propriedade, é inegável seu teor tremendamente radical, o qual veio por ainda que temporariamente suprimir o potencial econômico da propriedade em voga, o que denota pelo princípio da razoabilidade pelo total cabimento de reparação pecuniária por conta dos aludidos prejuízos informados e demonstrados.

15. RESPONSABILIDADE DO ESTADO POR NOTÁRIOS E REGISTRADORES

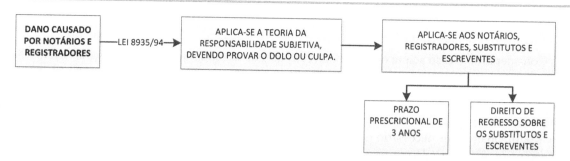

Este tem sempre foi contraditório, porém sempre foi tratado como de responsabilidade objetiva.

A função de Notários e Registradores tem previsão constitucional no artigo 236 e são pessoas particulares em colaboração com o poder público, nomeados por concurso público e exercem a função por meio de delegação.

O artigo 22 da Lei 8.935/94, que trata da responsabilidade civil dos notários e registradores, foi alterado em 2016 passando a responsabilidade para subjetiva, exigindo assim a comprovação de dolo ou culpa por parte destes indivíduos, seus substitutos ou escreventes.

Art. 22, Lei 8.935/94 – Os notários e oficiais de registro são civilmente responsáveis por todos os prejuízos que causarem a terceiros, por culpa ou dolo, pessoalmente, pelos substitutos que designarem ou escreventes que autorizarem, assegurado o direito de regresso.

Parágrafo único. Prescreve em três anos a pretensão de reparação civil, contado o prazo da data de lavratura do ato registral ou notarial.

Caberá ação de regresso do notário ao substituto ou escrevente autorizados nos casos de estes terem dado causa ao dano.

Nestes casos, a prescrição será de 3 anos conforme o parágrafo único do artigo 22, parágrafo único da Lei 8.935/94.